谨以此书献给

郑州市文物考古研究院
成立五十周年

《中国·郑州考古》编纂委员会

主　任　丁世显

副主任　阎铁成

委　员　王　哲　张建国　张延明　崔　凡
　　　　蔡　红　王春山　张京祖　范　强
　　　　任　伟　张湘洋　张松林　宋秀兰
　　　　顾万发

郑州文物考古与研究（二）

编辑委员会

主　任　张松林

副主任　宋秀兰　顾万发

委　员　胡亚毅　信应君　张家强　杜　新
　　　　刘彦锋　郝红星　姜　楠　张高岭
　　　　汪　旭　索全星　黄富成　吴　倩

主　编　张松林

副主编　张文霞　焦建涛

编　务　王庆利　扶明华　付晓静　肖　卫

中国·郑州考古（十三）
CHINA ZHENGZHOU ARCHAEOLOGY（XIII）

郑州文物考古与研究（二）

上

郑州市文物考古研究院　编著

科学出版社

北京

内 容 简 介

本书是郑州市文物考古工作者编写的第二部考古文集,内容包括田野考古发掘简报、报告及研究论文。40多篇考古发掘简报、报告中包括旧石器时代考古、新石器时代考古、夏商周考古、战国秦汉考古及隋唐宋元考古资料。资料齐全。40多篇论文涉及考古学理论与方法,各个历史时期的社会性质、文化面貌、艺术成就、古地理环境等研究成果,在考古学研究中具有一定的意义。

本书可供从事考古学、历史学、文物学等方面的工作者参考、阅读。

图书在版编目(CIP)数据

郑州文物考古与研究.2／郑州市文物考古研究院编著.—北京:科学出版社,2010

ISBN 978-7-03-029450-0

(中国·郑州考古;十三)

Ⅰ.①郑… Ⅱ.①郑… Ⅲ.①文物-考古-郑州市-文集
Ⅳ.①K872.611.4-53

中国版本图书馆 CIP 数据核字(2010)第 215518 号

责任编辑:张亚娜／责任校对:鲁 素
责任印制:赵德静／封面设计:黄华斌 陈 敬

科学出版社 出版
北京东黄城根北街16号
邮政编码:100717
http://www.sciencep.com

中国科学院印刷厂 印刷
科学出版社发行 各地新华书店经销

*

2010年11月第 一 版　　开本:787×1092　1/16
2010年11月第一次印刷　　印张:74 1/4　插页:31
印数:1—1 500　　字数:2 108 000

定价:498.00元(上、下册)
(如有印装质量问题,我社负责调换)

郑州文物考古与研究（二）

编辑委员会

主　任	张松林
副主任	宋秀兰　顾万发
委　员	胡亚毅　信应君　张家强　杜　新
	刘彦锋　郝红星　姜　楠　张高岭
	汪　旭　索全星　黄富成　吴　倩
主　编	张松林
副主编	张文霞　焦建涛
编　务	王庆利　扶明华　付晓静　肖　卫

积厚流广　步月登云

——郑州市文物考古研究院 50 周年献礼

在我国即将全面完成"十一五"规划，实施"十二五"规划之际，我院迎来了成立 50 周年的大喜日子。

郑州市文物考古研究院是在中原沃土上培育成长的一个集文物保护、考古调查、发掘、研究及古代建筑保护与文化遗产规划设计等工作于一体的学术研究机构。依托郑州丰厚的历史文化遗产资源，我们的考古工作者用手铲释读着一页又一页的"天书"。

郑州是国家历史文化名城，中国八大古都之一，在中华五千年文明史中占有十分重要的地位。早在中华民族的肇始时期，人类便在此生息、繁衍，创造出丰厚的旧石器文化遗存。截至目前，郑州地区已查明旧石器时代遗址和地点 400 多处，已成为旧石器考古和古人类研究的重要地区。大约一万多年前，以新密李家沟遗址为代表的中原地区率先发展原始农业，当时的人们使用磨光石器，制作陶器，定居于河旁台地，实现了旧石器时代向新石器时代的迈进，进而发展出较发达的农业文化——裴李岗文化。自 20 世纪 70 年代发现裴李岗遗址后，郑州地区共发现裴李岗文化遗址 60 多处，而且每年以 2~3 处的数量增加。以新郑唐户为代表的裴李岗聚落遗址的出现，预示着家庭与社会结构的进化。以石磨盘、石磨棒、石镰为特征的裴李岗文化发展到距今 7200 年左右，原始农业日益成熟，制陶技术不断进步，至巩义市瓦窑嘴遗址时，裴李岗文化逐渐向早期仰韶文化转化，泥制灰陶、原始蛋壳黑陶开始产生，而房屋也由半地下向地面建筑发展。

郑州市不仅是仰韶文化最早发现地之一，而且是遗存保存最丰富的地区之一。据不完全统计，目前郑州地区发现的仰韶文化遗址达 200 处以上，除郑州西山仰韶文化城址之外，新郑唐户遗址、巩义双槐树遗址分别发现超百万平方米的特大聚落遗址，预示着仰韶文化时期社会开始复杂化。一系列考古发现证明中原地区仰韶文化也并非一枝独秀。比如：经研究发现，从裴李岗文化时期开始，鼎类炊器便向四周呈放射状传播，而小口尖底瓶则接受庙底沟文化影响由鼓腹变为束腰状。而束腰状小口尖底瓶在嵩山以南地区流行双唇口，在嵩山以北和以东地区则流行蒜头口，亦反映出中原地区仰韶文化的考古和研究中仍有许多问题尚待解决。

河南龙山文化一直是中原地区考古发掘和研究的薄弱点，其原因一是缺乏全面、系统的调查和发掘工作；二是缺乏人员和精力的投入。因此郑州地区虽然发现了古城寨、王城岗大城等一批古城址，但仍然未弄清本地区河南龙山文化的基本面貌、文化谱系、社会发展性质等，亟需加大力度投入整理、研究等工作。

夏商周考古是全国，也是郑州地区长期以来关注和研究的重点。从1951年在郑州发现二里岗文化开始，郑州商城、郑州小双桥、登封王城岗、新密新寨、巩义花地嘴、荥阳大师姑、荥阳娘娘寨等夏商周城址陆续发现，使郑州地区成为夏商周断代工程，中华文明探源工程的中心地区。这些城址的发现为进一步确认禹都阳城，启居黄台，太康失国须于洛汭，太康居斟鄩，商汤都亳，仲丁迁隞（一说嚣）等历史事件提供了有力的证据，也为研究夏商分界、商周分界提供了新的证据。研究发现，中原地区，无论商灭夏，周灭商，中原地区古文化的强大生命力继续传承，并未因朝代更替而有改变，这也为中华民族5000年文明绵延不断提供了新的依据和支撑。

西周后期，随着郑桓公东迁，郑国成为春秋小霸，留下大量文化遗存。1932年新郑李家楼大墓的发现，曾轰动一时，但在此之后很长一段时间没有更大的突破。而1993年郑韩故城金城路，1995年至1996年春新郑市城市信用社和1996年中国银行新郑支行发现的郑国大型祭祀遗址，揭开了春秋战国考古的新篇章，而随后的郑国王陵和韩王陵的发掘则代表了春秋战国考古的新突破。

战国以后，随着政治中心的西移，郑州作为中华文明腹心地区的地位和作用仍然存在，得中原者得天下，优越的地理、交通、文化和经济优势使郑州仍是历朝历代重视的地区之一。郑州地区地上地下保存着大量东周以来的历史文化遗存，众多的冶铁遗址、陶瓷作坊遗址、寺院遗址以及得天独厚的古建筑群等吸引考古工作者纷至沓来。其中战国秦汉冶铁遗址的发现和研究成果为中国冶金史增添了许多新材料，巩义唐代青花瓷的发现则改写了中国青花瓷的发展史。

纵观郑州的历史文化遗存和郑州考古发掘的历程，郑州在中华文明史中的作用举足轻重。从2003年编写出版《郑州文物考古与研究（一）》，近8年的时间过去了，8年来，我们院又有许多新的发现和新的研究成果要向社会公布，我们希望通过编写《郑州文物考古与研究（二）》，在公布我们的新发现、新成果时，进一步梳理我们的资料，以便更为准确地找出我们的研究课题和下一步的主要研究方向。郑州历史悠久，古文化积淀深厚，需要发掘和可研究的东西甚多。我们相信，随着考古事业的不断壮大，越来越多的问题会得到解决，郑州市文物考古事业前途无量！我们也寄希望于年轻一代，他们年富力强，基础知识扎实，具有系统的专业理论和更优越的工作条件，他们将超越前代，创造更大的辉煌！

张松林

2010年10月20日

目 录

前　言

调查与发掘

中原地区旧、新石器时代过渡的重要发现——新密李家沟遗址发掘收获
　　……………………………北京大学考古文博学院　郑州市文物考古研究院（3）
新郑唐户遗址发现裴李岗文化大面积居址……………… 张松林　信应君　胡亚毅（7）
河南新郑市唐户遗址裴李岗文化遗存发掘简报
　　………………………………………… 张松林　信应君　胡亚毅　闫付海（10）
河南巩义市花地嘴遗址"新砦期"遗存………………………… 顾万发　张松林（35）
河南新密市新砦遗址东城墙发掘简报
　　………………………… 赵春青　张松林　谢　肃　张家强　魏新民（39）
河南新密市新砦遗址2002年发掘简报
　　………………………… 赵春青　张松林　顾万发　谢　肃　钱立森（59）
河南新密市新砦遗址浅穴式大型建筑基址的发掘
　　………………………… 赵春青　张松林　谢　肃　黄卫东　张巧燕（76）
河南荥阳大师姑遗址2002年度发掘简报………………… 王文华　陈　萍　丁兰坡（96）
郑州市老坟岗商代遗址发掘简报…………………………… 姜　楠　吴　倩　李根枝（113）
河南荥阳西司马遗址晚商墓地发掘简报……… 于宏伟　刘良超　魏青利　李　杨（139）
河南荥阳娘娘寨城址西周墓葬发掘简报………………………………………… 张家强（149）
河南登封告成春秋墓发掘简报………………………… 王彦民　汪　旭　焦建涛（165）
河南登封告成东周墓地三号墓………………………… 王彦民　姜　楠　焦建涛（183）
南水北调新郑铁岭墓地发掘简报………………………… 郝红星　黄　俊　王　丽（195）
郑州市高新区布袋李春秋墓葬发掘简报………………… 刘彦锋　丁兰坡　张巧燕（208）
郑州市市政工程总公司战国墓葬发掘简报……………………… 信应君　张文霞（225）
河南郑州普罗旺世住宅小区（一期）工程考古发掘获重要发现
　　………………………………………… 信应君　闫付海　张鹏林　张永清（243）
郑州信和置业普罗旺世住宅小区M126战国墓
　　………………………………………… 信应君　毛长立　闫付海　刘青彬（246）
郑州市南阳路家世界购物广场战国墓葬发掘简报……………… 信应君　张文霞（255）

河南巩义站街秦墓发掘简报	张文霞 顾万发 (299)
河南巩义西汉墓	汪 旭 黄 俊 张 倩 韩军锋 (313)
重庆云阳马沱墓地汉墓发掘简报	张建华 于宏伟 程红坤 (320)
重庆市云阳县马粪沱墓地 2002 年发掘简报	于宏伟 信应君 秦德宁 (331)
巩义万宝苑昱盈阁公寓汉墓群发掘报告	汪 旭 赵海星 王振杰 (353)
河南巩义市康店叶岭砖厂汉墓发掘简报	汪 旭 张 倩 陈 新 (377)
郑州市同洲花园小区汉墓发掘简报	信应君 张文霞 (399)
河南郑州鸿城服饰广场 3 号东汉墓简报	信应君 张文霞 (415)
郑铁经济房晋墓发掘简报	魏青利 薛 冰 任广岭 (424)
河南荥阳晋墓、唐墓发掘简报	张文霞 张家强 (432)
河南巩义站街晋墓	张文霞 王彦民 (443)
河南省储备局四三一处国库唐墓发掘简报	郝红星 黄 俊 赵 兰 (460)
巩义常庄变电站大周时期墓葬发掘简报	汪 旭 赵海星 王振杰 高中辉 (474)
河南郑州市永威鑫城唐墓发掘简报	张文霞 姜 楠 (486)
郑州上街区几座唐墓	张文霞 信应君 (494)
荥阳后王庄唐墓发掘简报	刘彦锋 丁兰坡 楚东亮 乔艳丽 (509)
郑州上街峡窝唐墓发掘简报	汪 旭 黄 俊 王运成 (576)
河南巩义市老城砖厂唐墓发掘简报	郝红星 张毅海 李 杨 (520)
河南省储备局四三一处国库唐墓发掘简报	黄 俊 郝红星 (528)
河南巩义站街花地嘴唐墓简报	张文霞 (535)
登封高村壁画墓清理简报	于宏伟 黄 俊 李 杨 (541)
荥阳槐西壁画墓发掘简报	于宏伟 刘良超 李 杨 (554)
河南登封城南庄宋代壁画墓	于宏伟 郝红星 李 杨 (561)
郑州高新区贾庄宋金墓葬发掘简报	索全星 胡继忠 丁兰坡 刘彦锋 (572)
郑州市东大街元代瓷器灰坑	郝红星 陈 新 李 杨 (587)
郑州黄岗寺明墓发掘简报	张文霞 (597)
郑州文庙维修保护与恢复建设工程考古调查简报	宋秀兰 王彦民 楚东亮 (603)

研究与探索

嵩山与嵩山文化圈	张松林 张 莉 (619)
嵩山文化圈在中国古代文明进程中的地位和作用	张松林 韩国河 张 莉 (650)
浅析河南具茨山岩画中的方形网格岩刻	宋秀兰 (656)
玉冠状饰定名浅析	张永清 (661)
黄帝文化与唐户遗址的考古新发现	信应君 靳宝琴 (674)
有熊之墟 考古学文化考证	信应君 胡亚毅 杜平安 (679)

"启居黄台之丘"及相关问题考证 …………………………………… 顾万发（684）
裴李岗文化与裴李岗时代 ……………………………………………… 张松林（689）
论龙虬庄陶文——并论"五帝"的一种称谓 ………………………… 顾万发（693）
学患无疑，狐疑则学患——释李维明先生《学患无疑 疑则有进》疑 ………
………………………………………………………………………… 顾万发（704）
三星堆、金沙一类"奇异"玉器构图来源、内涵、定名及相关问题研究 ………
………………………………………………………………………… 顾万发（727）
三星堆金杖图案内涵及金杖新论 ……………………………………… 顾万发（753）
论中国文化遗产标志的内涵 …………………………………………… 顾万发（759）
《"新砦期"研究》增补 ………………………………………………… 顾万发（767）
再论新砦陶器盖纹饰的复原问题 ……………………………………… 顾万发（779）
花地嘴遗址所出"新砦期"朱砂绘陶瓷研究 ………… 顾万发 张松林（783）
论花地嘴遗址所出墨玉璋 …………………………… 顾万发 张松林（802）
论二里头遗址新发现的大型绿松石龙形器 …………………………… 顾万发（810）
二里头遗址所出玉器"扉牙"内涵研究——并新论圭、璋之别问题 ………
…………………………………………………………… 顾万发 张松林（822）
论二里头文化与夏家店下层文化中的龙、蛇 ………… 顾万发 胡继忠（841）
二里头文化兽面纹牌饰的内涵、来源及其在中原及周边地区文明化进程中的地位
　　与作用 ………………………………………………………… 顾万发（855）
也论二里头类型二期遗存的变化——兼与王克林先生商榷 ……… 石艳艳 吴 倩（861）
论马桥遗址 M24 出土的特殊陶杯及相关问题 ……………………… 顾万发（868）
大甸子墓地陶器上的"特殊彩绘" ……………………………………… 顾万发（876）
中国早期有翼神兽问题研究四则 ……………………… 顾万发 黄 俊（915）
先商文化与商丘 ………………………………………………………… 吴 倩（920）
从考古发现看商族势力的消长 ………………………… 吴 倩 汪培梓（923）
陬都故址考——兼论亳都地望 ………………………………………… 宋秀兰（931）
"方孔石器"是古代乐器 ………………………………………………… 索全星（939）
周代出土铜钟及五音浅议 ……………………………………………… 刘青彬（943）
由夏历"五月五日"相关习俗的内容及其数学来源等论曾侯乙墓特殊甲胄上数字
　　的含义与甲胄性质 …………………………………………… 顾万发（951）
先秦马车构造技术探讨——关于重心平衡的问题 …………………… 黄富成（964）
楚方位尊卑考略 ………………………………………………………… 胡亚毅（981）
试论政府作为与汉代农业技术传播 …………………………………… 黄富成（973）
东魏北齐墓葬陶俑的分区特征 ………………………… 魏青利 司红伟（993）
镇墓兽小考 ……………………………………………………………… 胡亚毅（998）

隋唐时期的镇墓神物	张文霞 廖永民	(1008)
河南唐代白釉彩瓷综述	张松林	(1018)
唐青花的兴衰、外销及其在国外的影响	张松林 廖永民	(1027)
漫谈唐代青花瓷器	张松林	(1039)
郑州市上街区唐墓出土青花罐初探	张松林 廖永民	(1060)
河南唐代白釉彩瓷探析	张 倩 廖永民	(1066)
郑州市出土"盈"字款邢窑白釉瓷碗及相关问题	张小红	(1082)
洛阳地区东汉晚期至西晋墓葬制度的差异	魏青利	(1082)

文 物 保 护

郑州商代城墙保护刍议	宋秀兰	(1087)
郑州文庙的保护与复建	宋秀兰	(1093)
郑州文庙大成殿的抬升保护及其他	宋秀兰 马玉鹏	(1099)
关于现代繁华市区中大遗址保护的尝试——简述建设郑州商城遗址公园的风雨历程	宋秀兰	(1103)
优秀近现代民族建筑的保护和利用研究	宋秀兰	(1109)
传承与更新：乡土建筑文化延续与新农村建设的对立统一	宋秀兰 别治明	(1116)

考古发现与赏析

郑州战国墓出土布币述略	信应君 张文霞	(1125)
荥阳苜蓿洼墓地出土新莽布币	于宏伟 刘良超 乔艳丽	(1129)
河南荥阳苜蓿洼墓地出土的几枚汉印	于宏伟 刘良超	(1132)
郑州一座西晋墓出土的青瓷器	魏青利 任广岭	(1135)
新密市新发现一处古瓷窑遗址	张小红	(1137)
华夏族的传统炊器——鼎	廖永民	(1139)
追寻唐青花的轨迹	廖永民	(1141)
巩县窑仿金银器制品鉴赏	廖永民	(1146)
郑州铁路职工学校旧址的建筑特色	张 彦 张高岭	(1153)
商汤后裔——宋氏文化探源	宋秀兰 宋 歌	(1156)
建设郑州商城博物馆刍议	宋秀兰	(1166)
后记		(1170)

调查与发掘

中原地区旧、新石器时代过渡的重要发现

——新密李家沟遗址发掘收获

北京大学考古文博学院　郑州市文物考古研究院

2009年秋季，北京大学考古文博学院与郑州市文物考古研究院合作发掘河南省新密市李家沟遗址，发现距今约10500年至8600年连续的史前文化堆积。堆积下部出土有细石核与细石叶等典型的细石器遗存，上部则含绳纹及刻划纹等装饰的粗夹砂陶及石磨盘等。新发现的李家沟遗址，其早晚不同时期堆积的埋藏特点与文化内涵，以及共生的脊椎动物骨骼遗存等，均表现出明显的阶段性特点。早期尚属旧石器时代末期的典型细石器文化，晚期则已经具备新石器时代的文化特征。这一新发现清楚地展示了中原地区从旧石器时代之末向新石器时代发展的历史进程，为认识该地区及我国旧、新石器时代过渡等学术课题提供了十分重要的考古学证据。

李家沟遗址位于河南新密岳村镇李家沟村西。该处地形为低山丘陵区，海拔高约200米。地势由东北向西南部倾斜，黄土堆积发育。属于淮河水系溱水河上游的椿板河自北向南流经遗址西侧。李家沟遗址即坐落在椿板河左岸以马兰黄土为基座的二级阶地堆积的上部。该遗址是2004年底郑州市文物考古研究院进行旧石器考古专项调查时发现的。遗址所处位置有因煤矿采矿形成的塌陷，加之降水与河流侧蚀等自然因素的影响，临河一侧已出现严重垮塌。为全面了解遗址文化内涵，提供相应的保护对策与方案，北京大学考古文博学院与郑州市文物考古研究院联合组织实施本次抢救性发掘，并获得重要发现（彩版一）。

一、联结两个时代的重要剖面

李家沟遗址发掘的重要意义首先是发现包含旧石器时代晚期到新石器时代早期文化叠压关系的地层剖面，填补了本地区对于过渡阶段地层堆积特点认识的空白，为继续发现这类遗址提供了地层学方面的参照。

经过为期2个多月的发掘，共揭露遗址面积近30平方米。发掘探方分布在一条沿断层破碎带形成的沟谷两侧，形成南、北两个发掘区。两区的2个主剖面均包括了从旧石器向新石器时代过渡的地层堆积。北区的文化层厚约3米，从上向下分7层。第一至三

层为近代堆积；第四至六层为新石器时代早期堆积，发现数量较多的陶片、石制品与动物骨骼碎片等；第七层是仅含打制石器的旧石器文化层。南侧的地层堆积自上向下分4层，第一层为棕褐色的含碳酸钙胶结物层，此层常见于在本区新石器时代遗址，并被叠压在裴李岗文化层之下；第二层为灰白色的沙砾层。含零星陶片，按岩性与包含物特点，当与北区的第五、六层是同期堆积；第三层含少量打制石器与动物化石碎片，岩性特点和文化遗物均与北区的第七层相当；第四层的发现最为丰富，含船形、柱状等类型的细石核与细石叶等典型的细石器文化遗存，同时亦见人工搬运的石块及粗大石制品。第四层之下则为不含文化遗物的马兰黄土层。综合南北两侧剖面层位序列，清楚可见本地区从旧石器晚期向新石器时代过渡地层关系。

加速器^{14}C等年代测定结果进一步提供了过渡阶段的年代数据。采自沟南侧的第四层，即细石器文化层的3个木炭样品的加速器^{14}C年代测定结果，均分布在距今10300~10500年（经过树轮校正，下同）。而采自沟北侧新石器时代文化层木炭样品的加速器^{14}C年代测定结果，则分别为距今9000年（第5层）和8600年（第4层）。

二、典型细石器与新文化因素的共存

李家沟遗址旧石器阶段主要收获是在发现典型的细石器文化的同时，也有反映相对稳定栖居形态的大型石制品及人工搬运石块的出现。这一有别于早前发现的共存现象说明，本地区较晚阶段的新文化因素并不是突然出现，而是已经孕育在旧石器时代晚期之末。

旧石器文化遗存主要发现在南区第四层，南区第三层与北区第七层也有少量旧石器发现。李家沟细石器的发现显示该遗址早期居民拥有十分精湛的石器加工技术。他们应用船形和柱状细石器技术剥取细石叶。少量以石叶为毛坯的工具的存在，说明李家沟早期居民也掌握并应用石叶技术制作石器。成熟的石器工艺技术加工出典型的端刮器、琢背刀、石镞与雕刻器等典型的细石器组合。这些精致石器刃口锋利，轻巧便携，是便于专业化狩猎者长途奔袭狩猎使用的工具组合。这些工具所使用的原料也多是不见于本地的优质燧石，是远距离采集运输所得。以上特点显然还是典型的旧石器文化形态。

李家沟遗址南侧发掘区也发现有数量较多的脊椎动物骨骼遗存。动物骨骼多较破碎，部分标本表面有轻度的风化与磨蚀迹象。初步鉴定显示有牛、马与大型、中型和小型鹿类、猪以及食肉类、啮齿类与鸟类等。按照最小个体数目来统计，牛、马与大型鹿类等大型食草类的比例高达半数以上。动物遗存的情况也说明狩猎大型食草类动物仍是李家沟遗址早期阶段的主要生计来源。

在典型的细石器以外，李家沟遗址早期还发现数量较多的大型石制品。这类石制品的加工简单，器物形态亦不稳定。除有明确人工打制痕迹的石制品以外，还出现数量较多的人工搬运石块。这些石块多呈扁平块状，岩性为砂岩或石英砂岩，当来自遗址附近的原生岩层。其具体用途尚不十分明确，但显然应与当时人类的居住活动相关。这种情况并不见于时代较早、流动性更强的旧石器遗址，而与稍晚的新石器时代的发现比较接近，应该是过渡阶段新出现的具有标志性意义的文化现象。

三、早期新石器遗存的新发现

李家沟新石器阶段主要发现是较成熟的制陶技术的突然出现，以及细石器技术的明显变化。这两种情况均显示本地区旧、新石器时代过渡与华南及华北北部已有的发现并不相同，而可能有非本地技术因素在这里的旧、新石器时代过渡进程中发挥过重要作用。

新石器文化遗存主要发现在北区第四至六层。这一阶段的文化层明显增厚，说明遗址使用规模与稳定性远大于南区发现的细石器文化阶段。除了数量众多的文化遗物，北区还发现有很清楚的人类活动遗迹。其中最具特色的是石块聚集区。遗迹中心由磨盘、石砧与多块扁平石块构成。间或夹杂着数量较多的烧石碎块、陶片以及动物骨骼碎片等等。带有明显人工切割痕迹的食草类动物长骨断口，清楚显示遗迹区进行过加工动物骨骼的活动。大量烧石的存在则说明这里亦具有烧火的功能。虽然尚未发现柱洞等建筑遗迹的迹象，但石块聚集区显然应与当时人类的相对稳定的居住活动有关。

另一项重要的收获是在北区仅10平方米的发掘区内发现100多片陶片。陶片出土的情况说明当时人类就在发掘区原地或附近使用陶器。已发现的陶片均为粗夹砂陶。陶片颜色从浅灰黄色至红褐色均可见到。部分陶片的质地较坚硬，显示其烧成火候较高，已不是最原始制陶技术的特点。而其直接出现在不见陶片遗存的旧石器文化层之上，则显示这种较成熟技术或有可能并不是本地起源，而应该与技术或人群的交流与迁徙有关。不过这批陶片虽然包括多件不同陶器的口沿部分，但器形却很单调，均为直口的桶形罐类器物，仍保留有早期陶器的特点。尤其突出的是绝大部分陶片的外表都有纹饰，以绳纹为主，还有少量刻划纹。从总体来看，李家沟新发现的陶器无论是器物类型或是纹饰风格，均与本地区年代稍晚，广泛分布的裴李岗文化有比较的明显区别。

与早期的石器工业不同，本阶段仅见个别的宽台面柱状细石核，细石器的应用明显衰落，技术特点也与早期明显不同。虽然还有少量的燧石与石英类原料的石制品发现，但基本不见刻意修整的精制品。砂岩或石英砂岩加工的权宜型石制品的数量则较多。这类石制品的形体多较粗大。与早期的细石器工业的精制品组合完全不同，应是适应不同生计活动的结果。与早期相近并有进一步发展趋势的是数量众多的人工搬运的扁平石块的存在。从本阶段发现的石磨盘残段观察，部分扁平砂岩石块应是加工这类石制品的原料或荒坯。但更多的石块还应与当时人类的居住或建筑活动相关。

本阶段发现的动物化石种类亦较丰富，但与早期明显不同，数量较多的是中型和小型鹿类、大型食草类则仅见零星的牛类与马类骨骼碎片。另外也可见到少量的羊、猪以及食肉类的骨骼遗存。啮齿类以及鸟类的遗存则与早期没有明显区别。动物骨骼保存情况与本阶段石器工具组合变化的情况十分吻合，大型食草类动物遗存数量锐减与精制便携的专业化狩猎工具组合的消逝当密切相关。而大型的陶制罐类等储藏容器的出现，也暗示本阶段的生计方式的主要方面与早期相比，业已发生明显变化，即从以大型食草类动物为对象的专业化狩猎转向采集植物类的食物与狩猎并重的发展趋势。

中原地区联结着我国及东亚大陆的南北与东西，是探讨中华文明起源的核心地带。然而在这一地区旧石器时代晚期文化和已发现的新石器时代裴李岗文化之间，却存在着明显的缺环。这一缺环严重制约着史前学界对于该地区旧、新石器时代过渡与农业起源等重大学术课题的探讨，形成对该阶段文化面貌认识上的空白。李家沟遗址上述发现的重要意义，正在于其从地层堆积、工具组合、栖居形态到生计方式等多角度提供了中原地区旧、新石器时代过渡进程的重要信息，比较清楚地揭示了该地区史前居民从流动性较强、以狩猎大型食草类动物为主要对象的旧石器时代，逐渐过渡到具有相对稳定的栖居形态、以植物性食物与狩猎并重的新石器时代的演化历史，展示了本地区这一阶段历史发展的特殊性，填补了前述的缺环与空白。

（原载于《中国文物报》2010年1月22日第6版）

新郑唐户遗址发现裴李岗文化大面积居址

张松林　信应君　胡亚毅

目前已揭露裴李岗文化遗存4000平方米，发现裴李岗文化时期房址47座、灰坑166个、沟3条、壕沟1条，居住基址内排水系统1条、墓葬1座，对研究新石器时代早期房屋建筑方式及裴李岗文化时期聚落形态具有重大学术价值。

唐户遗址位于河南省新郑市观音寺镇唐户村西部和南部，溟水河与九龙河两河交汇处的夹角台地上。该遗址发现于20世纪70年代，是第六批全国重点文物保护单位。遗址面积100余万平方米，文化遗存堆积丰富，包含有裴李岗文化、仰韶文化、龙山文化、二里头文化及商、周文化，是一处多时代的聚落群址。其中仅单纯裴李岗文化遗存面积20万平方米，如果包括被仰韶文化等叠压的区域，有可能超过30万平方米，这也是我国目前发现最大的一处裴李岗文化时期的聚落遗址。

为配合南水北调中线干渠工程建设，郑州市文物考古研究院在新郑市文物局的配合下，于2006年6月开始对干渠占压部分进行了抢救性发掘。发掘区按象限分为4个区域，2006年发掘工作主要在Ⅱ、Ⅲ区进行，2007年主要在Ⅳ区进行。截至2007年5月底，已发掘面积4000多平方米。发现裴李岗文化时期的房址47座，灰坑166个，沟3条，居住基址内排水系统1条，壕沟1条，墓葬1座，出土了一批重要文物遗物（彩版二，1）。

从清理来看，发掘区地层堆积简单，Ⅱ区裴李岗文化层为汉代文化层所叠压，Ⅲ区裴李岗文化层为宋代文化层直接叠压，Ⅳ区裴李岗文化层则被明清文化层叠压。裴李岗文化层堆积较厚，一般在0.8~1.8米，最厚处可达3米以上。

已清理裴李岗文化时期房址47座，均为半地穴式，平面有椭圆形、圆形、圆角长方形和不规则形。门向有西南向、南向、东南向几种，大多朝向地势较低的一面。房子以单间式为主，共44座，双间式3座。房内居住面和墙壁均经过处理。有6座房内发现有用灶迹象，灶设在房屋中间或门道一侧。这批房址按结构形式大致可分为三种类型。

第一类：斜坡式门道单间式，共42座。包括单、双门道两种形制。单门道的40座，以07ZXTF26为例，平面椭圆形，门道位于西南侧，坑壁斜弧收，圜底。房外有柱洞14个，并在其东、西两侧各发现1个近圆形小坑，应与房屋建筑有关。双门道的2座，以07ZXTF22为代表，平面近圆形，门道位于南部稍偏西处，两门道相隔约0.5米。坑壁斜收，底部较平坦。房内东北部有一椭圆形坑，径长0.65~0.82米，其内包含有大量草木灰、炭粒及烧土块，可能为灶坑遗存；中部有一圆形坑，直径0.36米，应为房屋内部的承重柱洞。

第二类：阶梯式门道单间式：共2座。以06ZXTF21为代表，平面近圆形，门道位于东南部，平面呈不规则长方形，坑壁斜弧收，圜底，底部居住面由纯净黄土铺垫而成。房外发现柱洞8个。坑内填土堆积分四层，出土遗物较为丰富，包含有较多的炭粒、烧土块、陶片以及石器等（彩版二，2、3）。

第三类：斜坡式门道双间式，3座，均系二次扩建形成。以06ZXTF3为代表，由门道、东室、西室三部分组成。门道西南向，房屋分东、西两间。东间平面呈椭圆形，坑壁斜弧收，圜底；西间平底近圆形，坑壁竖直，平底。东、西房屋之间以过道相通。从发掘来看，该房子经过两次建造：第一次，为始建时期，包括门道、东间房屋及其下层居住面，该居住面上发现大块红烧土块和经过焙烧的长条状红烧土台，应为灶的残存遗迹；第二次，为扩建时期，包括东间房屋上层居住面、过道及西间房屋。

此外，在第Ⅳ发掘区的西南部T0315、T0415、T0316、T0416探方内，发现居住基址内的排水系统1条，编号为07ZXTG11，其形制如下：在T0315内，有两条支流依地势从西北向东南延伸，T0415内，一条支流由东北向西南伸展，最后这三条支流在T0315探方东南部汇流在一起，而后向西南进入到T0316探方内。已揭露部分长22.5米，宽0.2~0.9米，深0.15~0.2米，沟为斜直壁，下部内收，底近平。G11被H119、H122打破，同时打破H152和H194。该排水系统的发现，说明当时人们已经懂得利用自然地势来建造排水设施，反映了较为先进的建筑理念。

已清理裴李岗文化时期灰坑166座，按坑口形状可分为椭圆形、圆形、圆角长方形及不规则形四种，坑壁以斜弧壁为主，平底较多，个别为圜底。在这些灰坑中，可以明确用途的有26座，为窖藏遗迹。这批窖藏集中分布在房址附近，平面呈圆形或圆角长方形，直径在1.2~2.6米，深约0.7~1.3米。以07ZXTH92为例，开口于③层下，打破④层及生土，并打破H97和H98。平面呈椭圆形，方向90°。径长1.7~2.1米，壁近直，平底，底距坑口深1.2~1.3米。坑内填土共分4层，其中第4层土色黑灰，包含有较多炭粒和烧土颗粒，出土有较为丰富的陶片，可分辨器形有鼎、罐、壶、钵等。

壕沟：1条。位于Ⅲ区的东北部，经勘探和发掘初步确认该沟呈东南—西北向，已知长度300余米，沟宽10~20米，深2~4米。呈环状与九龙河相接，沟内堆积青灰色黏土。壕沟内侧分布有房址、灰坑等文化遗迹。

出土遗物以石器和陶器为主，石器主要为生产工具，分为打制石器和磨制石器两类。打制石器石质有石英砂岩、石英等，多为石核和石片，器形有砍砸器、刮削器和尖状器；磨制石器有石磨盘、石磨棒、石斧、石镰、石刀等。生活用具主要为陶器，以泥质和夹砂陶为多；陶色以红色为主，多不纯正，另有褐色，灰黑色，灰陶数量较少，火候略高。器类有鼎、罐、壶、钵、碗、甑、豆等。纹饰多素面，少量夹砂陶的器表施有划纹、篦点纹、戳刺纹等。典型器有侈口深腹鼎、罐形鼎、小口深腹平底罐、大口斜壁深腹罐、小口双耳壶、三足钵及圈足碗等。

发掘表明，现阶段唐户遗址裴李岗文化时期的居住基址可分为四组相对独立的单元，中间被生土隔离。第一组：位于第Ⅲ发掘区的西北部，发现F1、F2两座房址。因其紧邻九龙河，推测其西部遗迹可能被河道冲刷破坏。第二组：位于第Ⅲ发掘区的东北部，和第Ⅱ区发掘区的东南部相连，略呈带状环绕分布在上述壕沟的内侧。该组房屋建立在坡状地貌上，可能是为了便于排水。本组房址共计12座。第三组：位于第Ⅱ发掘区的东南部及西部，共计6座，包括F6～F7，F15～F18。值得注意的是，本区房址面积已经出现较大差别，如F16面积不到5平方米，而F7面积达到20平方米。另外在Ⅱ区发现人工修筑的沟1条，编号为06ZXTG10，已发掘区域沟长21.6米，宽0.75～1.1米，深0.5～0.6米，该沟打破F6、F7及F18。由此看来，当时可能已经具备了一定的社会组织，生产力水平达到了一定的高度。第四组，位于第Ⅲ发掘区的东南部和第Ⅳ发掘区的西南部，目前已发现房址27座（F21～F47）、灰坑120个。房址分布较有规律，从北向南大致分为三排。门多朝向西南，个别门朝向东南的房子被门朝向西南的房子打破。房屋外围分布有较密集的灰坑和窖藏遗迹，并出现多组迹象互相打破。新发现有双门道和阶梯式门道的房址，并且出现房址两侧各自分布1个灰坑，形成一个独立单位的布局特征。房址形制结构的新变化以及按照一定规律成排分布的特点，说明此组房屋在建造技术及布局形态上更加成熟，此区当为裴李岗文化聚落的核心区域。

从目前对于新石器时代早期裴李岗文化居址的研究来看，在150多处裴李岗文化遗址中，除舞阳贾湖外，只有新密市莪沟遗址发现房址6座，其他均为零星考古发现，而此次唐户遗址新发现的裴李岗文化时期的房址，不仅数量多，而且分为四个区，布局具有明显的规律性，这对于进一步研究裴李岗文化时期聚落布局具有重大学术意义；尤其是围绕在Ⅲ区房址周围壕沟的发现，开仰韶时代封闭式内向型环壕聚落的源头，为早期聚落考古研究增添了新的材料。南水北调作为跨世纪民心工程，渠道占压遗址区的面积甚大，随着今后抢救性考古发掘工作的深入开展，一定还会有更重要的考古发现。

（原刊于《中国文物报》2007年7月13日第5版）

河南新郑市唐户遗址裴李岗文化遗存发掘简报

张松林　信应君　胡亚毅　闫付海

一、遗址概况及发掘经过

唐户遗址位于河南省新郑市观音寺镇唐户村的西部和南部，地处溱水河与九龙河两河汇流处的夹角台地上，东北距新郑市约13.5公里，北距观音寺镇约1.5公里（图一）。遗址北起唐户村北，东达溱水河东岸，西临九龙河西岸，南至溱水寨南，历代相传该地为"黄帝口"。遗址东、西、南三面环水，地势北高南低，台地高出河床7~12米，海拔123~126米。

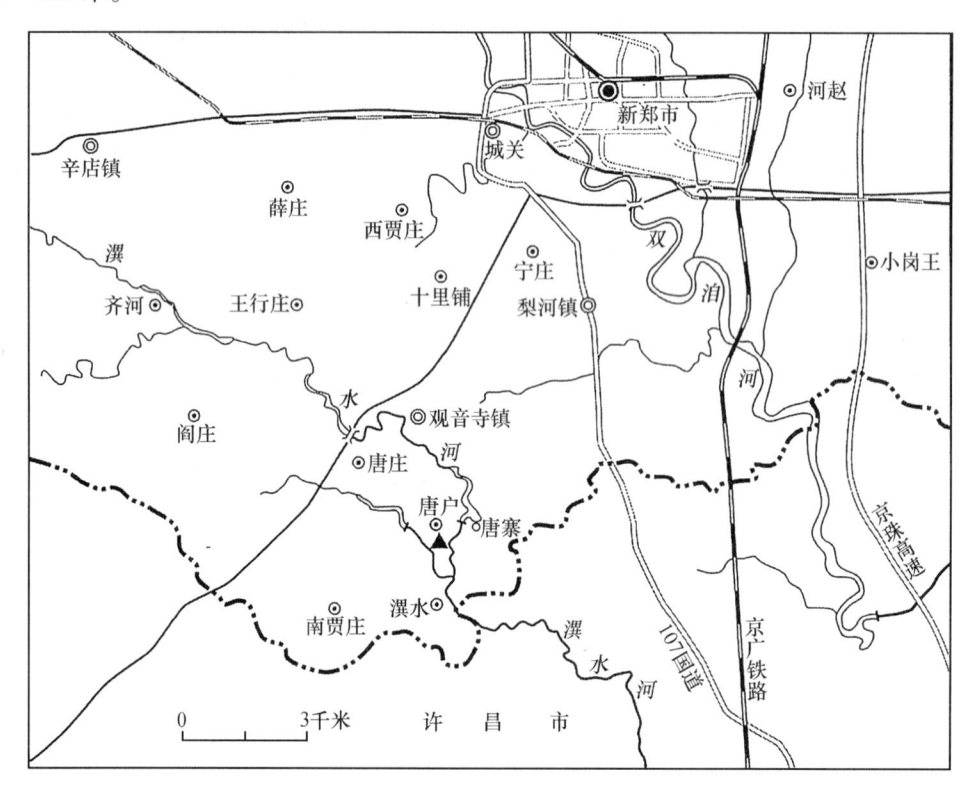

图一　遗址位置图

唐户遗址是第六批全国重点文物保护单位，遗址面积140余万平方米，是一处跨时代的聚落群遗址。其文化堆积丰富，包含有裴李岗文化、仰韶文化、龙山文化、二里头文化及商、周时期遗存。其中单纯的裴李岗文化遗存的分布面积达20万平方米，如果包括被仰韶文化等叠压的区域，其面积有可能超过30万平方米。南水北调中线西南—东北向干渠从遗址西部穿过，占压遗址面积约8万平方米。

2006年6月，经上级主管部门批准，郑州市文物考古研究院开始对渠道占压的唐户遗址进行部分发掘，采用象限布方法，将发掘区分为4个区域，即Ⅰ至Ⅳ区。发掘区统一布方，采用年度加地点、区号和探方号的方式对探方进行编号，采用年度加地点和遗迹序号的方式对遗迹进行编号。探方面积为10米×10米。2006年的发掘工作主要在Ⅱ、Ⅲ区进行，Ⅱ区发掘探方14个，Ⅲ区发掘探方31个，发掘面积共4380平方米，其中裴李岗文化遗存面积为2580平方米（图二）。发现裴李岗文化时期的房址22座、灰坑33个、墓葬1座、壕沟1条、沟2条，出土了一批重要的文化遗物。现将2006年的发掘情况简报如下（为了便于叙述，下文省略了探方、遗迹和遗物编号前的"2006ZXT"）。

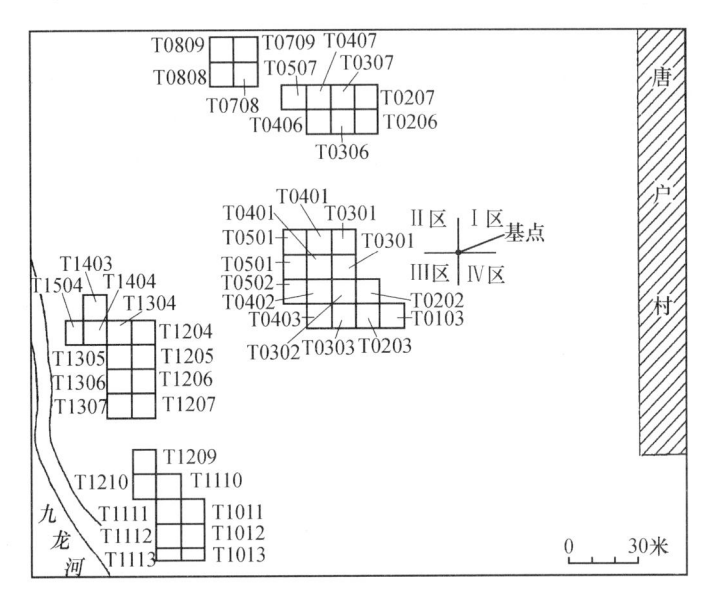

图二　Ⅱ、Ⅲ区探方分布平面图

二、地层堆积

遗址原为高低起伏的岗地，由于20世纪70年代平整土地，原来的地貌已被改变，局部地区文化层被严重破坏。从清理情况看，发掘区地层堆积简单，Ⅱ区的裴李岗文化层被汉代文化层叠压，Ⅲ区的裴李岗文化层直接被宋代文化层叠压。裴李岗文化层堆积较厚，厚度一般在0.8～1.8米。现以ⅡT0206、T0306北壁剖面，ⅢT0203、T0303、T0403北壁剖面，ⅢT1011、T1012、T1013西壁剖面为例介绍如下。

（一）Ⅱ区的地层堆积

本区的地层堆积除西部九龙河东岸局部垫起外，基本未遭破坏，保存较为完好。其地层堆积状况（图三）如下。

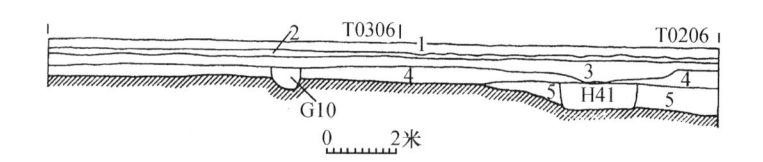

图三　ⅡT0206、T0306 北壁剖面图
1. 灰黄色耕土　2. 棕黄色土　3. 黄褐色土　4. 灰褐色土　5. 黑褐色土

第1层：灰黄色耕土，土质较松软，内含植物秸秆及现代砖、瓦碎块等。厚0.2～0.3米。

第2层：棕黄色土，土质略硬，结构疏松，内含植物根系及陶瓷片、砖瓦碎块等，为近代扰土层。深0.2～0.4、厚0.1～0.15米。该层分布于整个Ⅱ区。

第3层：黄褐色土，土质略硬，结构稍紧密。深0.35～1、厚0.2～0.6米。出土较多筒瓦、板瓦残片及泥质灰陶片等，为汉代堆积层。该层分布于整个Ⅱ区。该层下叠压G10，其年代为裴李岗文化时期。

第4层：灰褐色土，土质黏硬，结构紧密，内含炭粒、烧土粒等。深0.6～1.2、厚0.1～0.55米。出土少量泥质和夹砂红陶片，为裴李岗文化层。该层分布于整个Ⅱ区。H41 开口于该层下，年代为裴李岗文化时期。

第5层：黑褐色土，土质坚硬，黏性较大，内含极少量的炭屑和烧土粒。深1.1～1.9、厚0.1～0.8米。基本未见有遗物出土。该层分布于Ⅱ区局部地势较低洼处。

第5层下为生土，浅黄色，土质纯净，内含细粉砂。该层分布于整个发掘区。

（二）Ⅲ区的地层堆积

本区因平整土地，东、西部地层差异较大。东部因取土使文化层遭到严重破坏，有些地方耕土层下即为生土；西部河岸坡地多经垫起，与东部地面大体水平。Ⅲ区地面比Ⅱ区地面低1米左右。

东部地层堆积以ⅢT0203、T0303、T0403 北壁剖面（图四）为例说明。

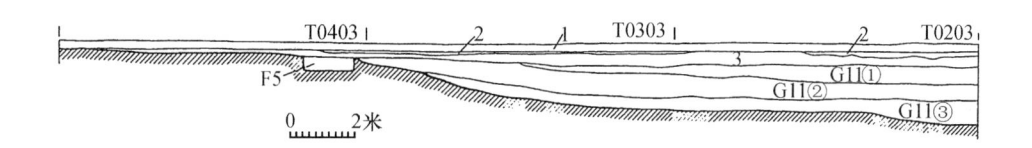

图四 ⅢT0203、T0303、T0403北壁剖面图
1. 灰黄色耕土 2. 棕黄色土 3. 褐红色黏土

第1层：灰黄色耕土，土质松软，内含现代砖块、塑料制品及农作物根系等。厚0.2～0.3米。该层下有些区域直接为生土。

第2层：棕黄色土，土质略硬，结构疏松，内含炭粒、烧土粒及砖瓦碎块、陶瓷片等，为近代扰土层。深0.25～0.65、厚0～0.4米。该层分布于Ⅲ区东部局部。

第3层：褐红色黏土，土质较硬，呈团粒结构，内含炭粒、烧土粒等。深0.25～0.8、厚0.2～0.5米。出土泥质和夹砂的红陶片、泥质灰陶片等。该层与Ⅲ区西部的第6层相当，为裴李岗文化层。F5、G11开口于该层下。F5的年代为裴李岗文化时期；G11为自然沟，其年代相当于裴李岗文化时期。

第3层下为生土，黄色，土质纯净，内含细粉砂。该层分布于整个发掘区。

西部地层堆积以ⅢT1011、T1012、T1013西壁剖面（图五）为例说明。

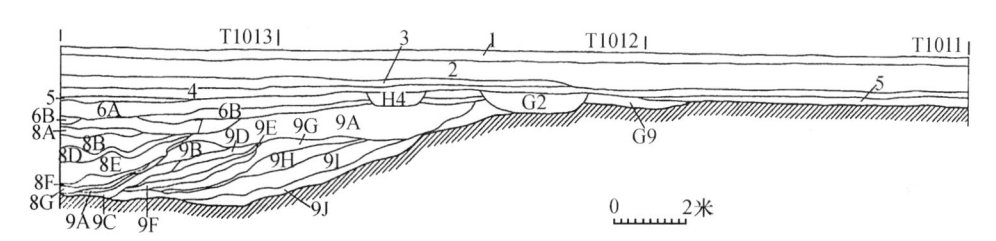

图五 ⅢT1011、T1012、T1013西壁剖面图
1. 灰黄色耕土 2. 黄褐色土 3. 浅灰色土 4. 浅褐色土 5. 红褐色土 6A. 褐红色黏土 6B. 褐红色黏土 7. 锈黄色粉沙土 8A. 灰白色土 8B. 灰白色土 8C. 灰白色土 8D. 灰白色土 8E. 青灰色土 8F. 粉白色土 8G. 灰白色土 9A. 青灰色土 9B. 青灰色土 9C. 浅青灰色土 9D. 灰白色土 9E. 浅灰色土 9F. 灰白色沙土 9G. 灰白色土 9H. 灰白色土 9I. 青灰色土 9J. 青灰色土

第1层：灰黄色耕土，土质较松软，内含植物根系、散碎的秸秆及砖瓦残块等。厚0.15～0.3米。

第2层：黄褐色土，杂有红褐色黏土块，土质较疏松，内含早期红陶片、瓷片及现代砖、瓦块等，为平整土地时的垫土层。深0.15～0.86、厚0.1～0.63米。该层分布于Ⅲ区西部。

第3层：浅灰色土，土质较软，结构细腻，内含炭粒、陶瓷残片、砖瓦碎块等，为近现代扰土层。深0.7～1.1、厚0.1～0.35米。该层分布于Ⅲ区西部。

第4层：浅褐色土，土质略硬，结构较细腻，内含料姜石粒。深0.88～1.85、厚0.12～0.45米。出土有灰陶片、青瓷片等，为明清地层。该层分布于Ⅲ区西部。G2、H4等开口于该层下。G2的年代较晚，为宋代；H4的年代为裴李岗文化时期。

第5层：红褐色土，土质稍硬、略黏，结构较紧密，内含炭粒、烧土粒。深1.05～2、厚0～0.35米。出土有少量泥质灰陶片、青釉瓷片等，为宋代地层。该层在Ⅲ区西部断续分布。G9开口于此层下，被G2打破，年代为裴李岗文化时期。

第6层：褐红色黏土层，可分为2个小层。

第6A层：褐红色黏土，土质较硬，呈团粒结构，夹杂炭粒及黄粉色土块等。深1.15～2.08、厚0～0.65米。出土有较为丰富的泥质和夹砂红陶片、石器残块等，为裴李岗文化层，该小层在Ⅲ区西部和西南部断续分布。

第6B层：较第6A层颜色稍深，土质坚硬，团粒结构紧密，黏性较大。深1.15～2.2、厚0～0.42米。出土有少量泥质和夹砂红陶片、泥质灰陶片等，为裴李岗文化层。该小层分布于Ⅲ区西南部。

第7层：锈黄色粉砂土，土质较纯净，结构细腻，含大量水锈斑，与发掘区内的生土相似，应是冲积的生土淤积而成。深1.78～2.25、厚0～0.35米。无遗物出土。该层分布于Ⅲ区西南部。

第8层：冲积淤积层，混杂有粗沙层。分布于Ⅲ区西南部地势低洼处。可分为7个小层。

第8A层：灰白色土，土质较软，结构松散，夹杂粗砂粒、炭粒等。深2～2.5、厚0～0.3米。出土有少量泥质和夹砂红陶片等。

第8B层：灰白色土，略泛青，土质略硬，结构紧密，内含炭粒。深2.25～2.85、厚0～0.5米。出土有少量泥质和夹砂红陶片等。

第8C层：灰白色土，土质结构松散，局部含大量粗砂，夹杂褐色水锈斑块，炭粒、料姜石粒等。深2.25～3.2、厚0～0.6米。出土有泥质和夹砂红陶片、石块、兽骨等。该层主要分布在探方东南部，西壁不见该层。

第8D层：灰白色土，土质略硬，结构紧密，夹杂波纹状细砂带、水锈斑点、炭粒等。深2.35～3.3、厚0～0.3米。无遗物出土。

第8E层：青灰色土，土质较硬且黏，结构紧密，夹杂褐色土块、水锈斑块、炭粒等。深2.25～3.65、厚0～0.65米。无遗物出土。

第8F层：粉白色土，土质稍硬，黏性较大，结构细腻，内含炭粒、兽骨等。深3.1～3.75、厚0～0.35米。

第8G层：灰白色土，土质疏松，结构松散，含砂量较大，内含褐红色及黑灰色土块、水锈斑块等。深2.85～3.8、厚0～0.3米。出土有少量红陶片。

根据地层内出土的遗物分析，第8层的年代相当于裴李岗文化时期。

第9层：冲积层，分布于Ⅲ区西南部地势低洼处。可分为10个小层。

第9A层：青灰色土，土质黏硬，结构紧密，内含炭粒、烧土粒、水锈斑点等。深1.6~2.55、厚0~0.75米。出土有数量较多的泥质和夹砂红褐陶片、少量的泥质灰陶片、石料、石片、碎骨片等。

第9B层：灰白色土，土色较深，土质较软，结构略疏松，内含较多粗砂粒、料姜石粒、黑褐色土块等。深2.4~3.15、厚0~0.5米。出土有少量泥质和夹砂红陶片、石块等。

第9C层：浅青灰色土，土质细腻，内含细砂、炭粒、水锈斑点等。深2.95~4、厚0~0.25米。出土有少量夹砂红褐陶片、泥质红陶片等。

第9D层：灰白色土，土质结构紧密，内含炭粒、料姜石粒等。深2.4~3.25、厚0~0.23米。出土有少量泥质和夹砂红陶片、螺壳等。

第9E层：浅灰色土，局部土色略黑，土质较硬，结构粗糙，含较多料姜石粒。深2.07~3.75、厚0~0.32米。出土有较多的泥质和夹砂红陶片、少量的泥质灰陶片、石料、螺壳、蚌壳、碎骨片等。

第9F层：灰白色沙土，局部为黄褐色粉砂土，土质较硬，结构松散。深2.5~3.8、厚0~0.2米。无遗物出土。

第9G层：灰白色土，土质松软，结构较紧密，内含炭粒、细黄沙淤积带等。深2.75~3.75、厚0~0.35米。出土有少量泥质和夹砂红陶片。

第9H层：灰白色土，局部略泛青，土质较松软，结构紧密，内含细砂、水锈斑点等。深3.25~3.5、厚0~0.1米。无遗物出土。

第9I层：青灰色土，土质较黏硬，结构紧密，内含褐黄色细砂层和白色细砂层、植物朽痕等。深约2.13~3.75、厚0~0.5米。无遗物出土。

第9J层：青灰色土，土质黏硬，结构紧密，且较纯净。深约3.58~4.1、厚0~0.3米。无遗物出土。

根据地层内出土的遗物分析，第9层的年代相当于裴李岗文化时期。

第9层下为生土，粉白色，土质纯净、黏硬，内含大量料姜石块。

由于发掘区地层破坏严重，各区地层堆积情况有所差异。经分析推断，Ⅱ区第4层应与Ⅲ区东北部的第3层、Ⅲ区西部的第6层相当，年代稍晚。Ⅱ区第5层应与Ⅲ区西部的第8、9层及Ⅲ区东北部的G11内的堆积相当，其年代较早。

三、遗　　迹

1. 房址

2006年的发掘共发现房址22座，按其分布地域可分成4个相对独立的单元，中间被生土隔离。第一单元房址位于Ⅲ区的西部，共2座（F1、F2）。因其紧邻九龙河，推测其西部遗迹可能被河道冲刷破坏。第二单元房址位于Ⅱ区的西部，共3座（F15~17）。

第三单元房址位于Ⅱ区的东南部，共3座（F6、F7、F18）。第四单元房址位于Ⅲ区的东北部，与Ⅱ区的东南部相连，略呈带状环绕在G11内侧的阶地上，包括F3~5、F8~14、F19~20；此外，原编号为灰坑的H31、H55经分析后确定为房址，重新编号为F57、F58，则第四单元房址共14座（图六）。

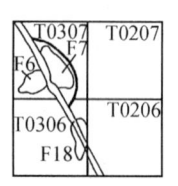

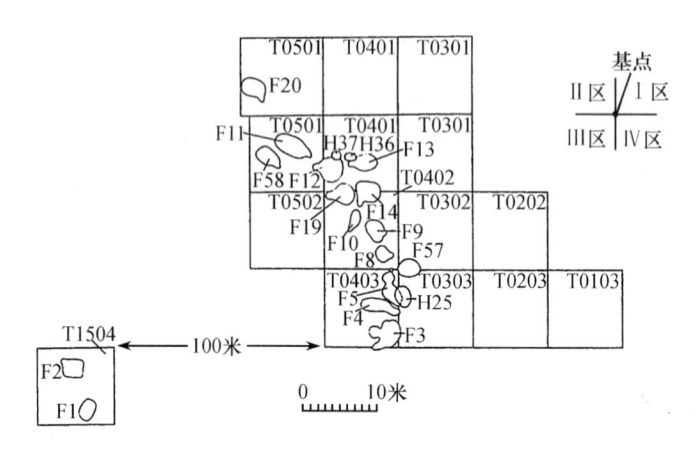

图六　Ⅱ、Ⅲ区房址分布图

房址总体保存较差，为斜坡门道半地穴式。平面呈圆形、椭圆形、圆角长方形和不规则形。可分为单间式和双间式两种，以单间式为主，共19座；双间式3座，系二次扩建而成。屋内的居住面和墙壁均经处理，其中3座房址内有用灶痕迹，灶多分布在房屋中间或门道一侧。房址周围分布有圆形或椭圆形的柱洞。

（1）单间式房址

共19座，其中椭圆形的9座、圆角长方形的6座、不规则形的4座。

①椭圆形房址　共9座，包括F6、F7、F11、F13、F16、F17、F19、F20、F57。下面以F7为例进行介绍。

F7　位于ⅡT0307内。开口于第3层下，打破第4层和生土，西部被G10打破。平面呈不规则椭圆形，口部长径6、短径3米，周壁斜直，底部略有倾斜，深约0.15~0.45米。门向西北，方向339°。门道长1、宽0.8~1.5米。房址外围发现7个柱洞，平面均呈圆形，直径0.2~0.26、深0.12~0.18米。柱洞内的填土呈灰褐色，土质较黏硬。房内的填土呈黑褐色，黏性较大，内含红烧土粒、炭粒等。房址外东部和北部被1条长约10米、宽约0.1~0.12米、深0.05~0.08米的小沟环绕，小沟西端被G10打破，南端依地势消失，推测该小沟应为F7的排水沟（图七）。

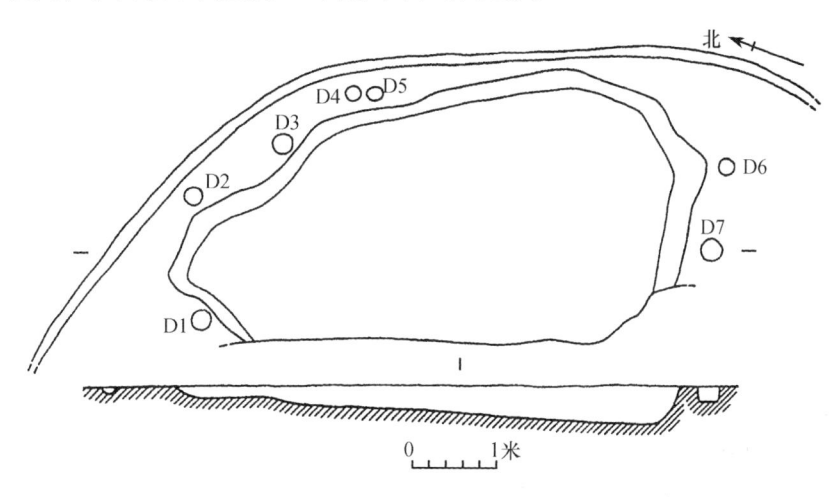

图七　F7平、剖面图

②圆角长方形房址　6座，包括F1、F2、F4、F10、F14、F15。下面以F2为例进行介绍。

F2　位于ⅢT1504内。开口于第6A层下，打破第6B层和生土，西南部被M14打破。房址平面近长方形，长2.9~3、宽2.3~2.46、深0.3~0.32米。门道位置不明。房内居住面较硬，东南部有一亚腰形的红烧土硬面，东西残长1.6、南北宽0.3~0.56米，应为灶的残存遗迹。房址外围发现7个柱洞，平面呈圆形或椭圆形，直径0.19~0.36、深0.08~0.14米。柱洞内的填土呈灰褐色，土质较黏硬。房内的填土呈灰褐色，土质较硬，结构较紧密，内含炭粒、红烧土粒等，出土有少量泥质和夹砂红陶片，可辨器形有折沿罐、三足钵、壶等（图八）

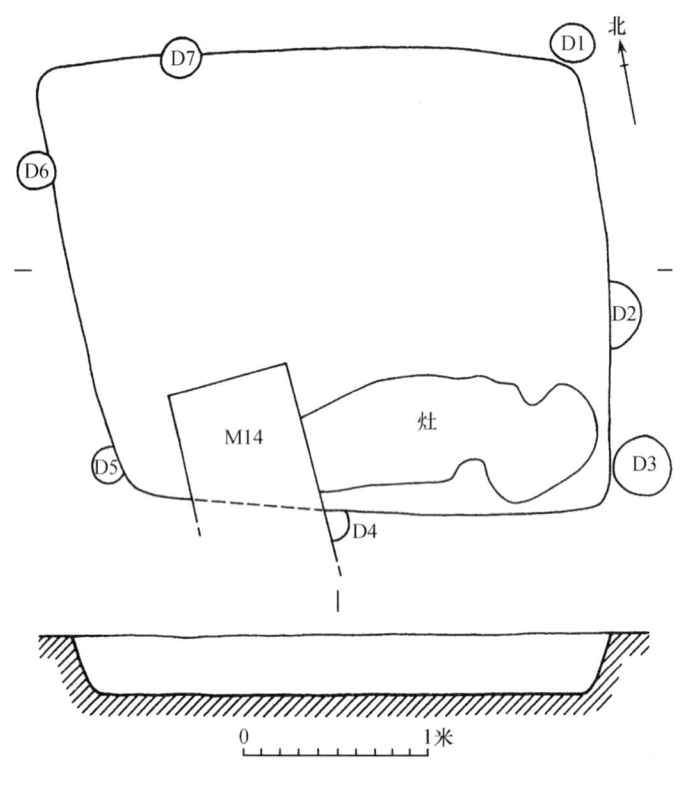

图八　F2平、剖面图

③不规则形房址　4座，包括F8、F9、F12、F58。下面以F12为例进行介绍。

F12　位于ⅢT0401西南部和T0501东南部。开口于第3层下，打破G11第1层及生土。房址平面呈不规则椭圆形，东西长3.38、南北宽1.5~3.36、深0.3米，周壁规壁，斜内收，底近平，居住面由黄灰色砂土铺垫而成。门向西，方向270°。门道东西长0.94、南北宽0.64~1.24、深0.13~0.3米。门道南、北两侧各有1个圆形柱洞。房址外围发现10个柱洞，平面均呈圆形，直径0.13~0.35、深0.05~0.1米。柱洞内的填土呈黑灰色，土质较硬。房内的填土呈黑褐色，土质较黏硬，内含炭粒、烧土粒等，出土有少量泥质红陶片、夹砂红褐陶片、泥质灰陶片等，可辨器形有罐、钵等（图九）。

（2）双间式房址

共3座，包括F3、F5、F18。下面以F3为例进行介绍。

F3　位于ⅢT0403东南部，T0303西南部原编号H20应为房址的一部分。开口于第3层下，打破G11的第1层及生土。由门道、东室、西室三部分组成。门向西南，方向238°。门道长1.56、宽1.14米。东室平面近椭圆形，口部长径3.7、短径2.58、深0.18~0.5米，周壁斜弧收，底略呈袋状。室内东北部有一长约2米、宽0.6米的黄褐土台面。西室平面呈圆形，直径1.64、深0.27，周壁竖直，底近平。东、西二室间以长0.66米、宽0.16米的过道相通。东室居住面分上、下两层。上层居住面深0.33~0.4、

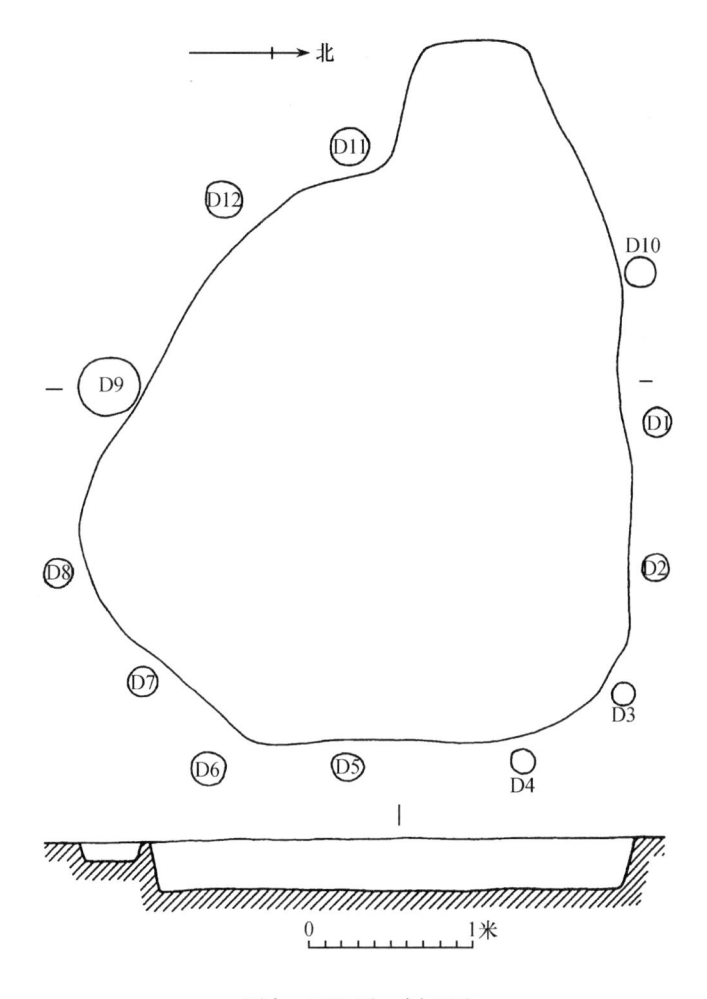

图九 F12 平、剖面图

厚 0.05~0.08 米，为纯黄土铺垫而成。居住面东北部近屋壁处发现有较多红烧土块，但用灶的迹象不明显。此层居住面略低于西室居住面。下层居住面深 0.52~0.54 米，面较平坦，南半部发现有大块的红烧土块和经过焙烧的长条状红烧土台，应为灶的残存遗迹。

房址外围发现 14 个柱洞，其中 D4、D5 属门道，D1~D3、D6~D8 属东室，D9~D14 属西室。柱洞距屋壁 0.24~0.4 米不等，平面呈圆形或近圆形，直径 0.13~0.24、深 0.05~0.12 米。除 D13 为圜底外，其余均为平底或近平底。房内的填土可分为 2 层。

第 1 层：黑褐色土，土质黏硬，结构较紧密，呈块状。东北部发现有较多草木灰、炭粒和红烧土颗粒。厚 0.33~0.4 米。出土较多夹砂和泥质红陶片，以夹砂红褐陶为主，红陶次之，可辨器形有鼎、壶、三足钵、罐等。该层在东室和西室均有分布。

第 2 层：灰褐色土，土质黏硬，呈块状，夹杂少量黄粉色土的斑点及炭粒、细白丝状物等。厚 0.12~0.18 米。出土有泥质和夹砂红陶片、红褐陶片，可辨器形有罐、钵、碗等。该层仅分布于东室下层（图一〇）。

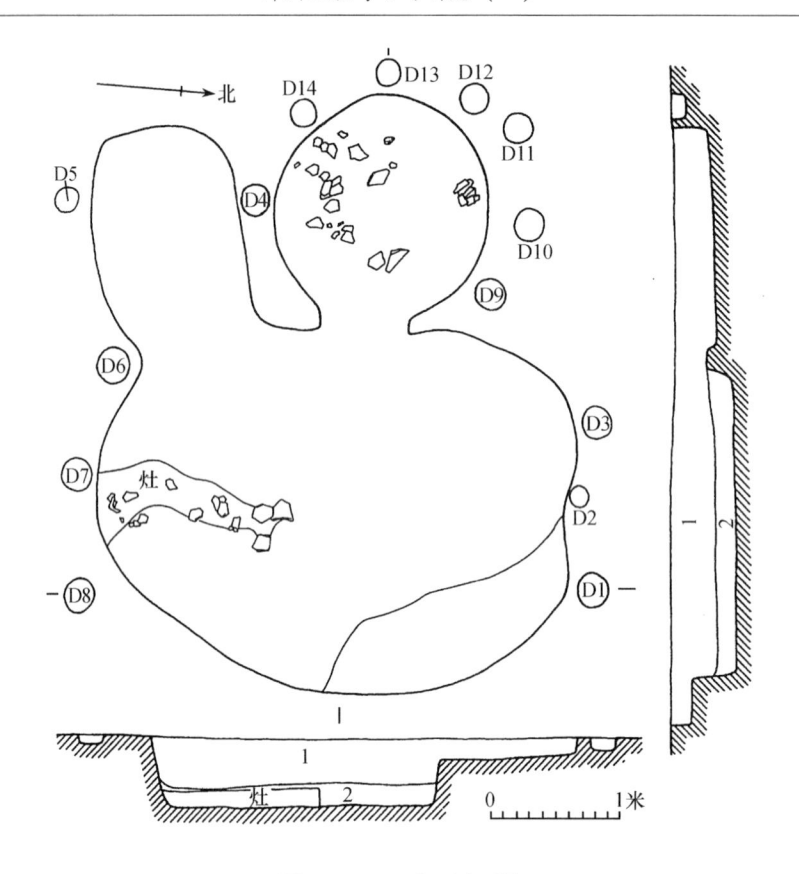

图一〇　F3平、剖面图
1. 黑褐色土　2. 灰褐色土

2. 灰坑

共33个，分布较为密集。按坑口形状可分为椭圆形、圆形、圆角长方形三种。坑壁有直壁、斜壁和弧壁三种，以斜壁和弧壁居多。坑底有平底、圜底和不规则形底，以平底居多。

（1）椭圆形灰坑

共21个。下面以H9、H29为例进行介绍。

H9　位于ⅢT1012西南部。开口于第5层下，打破第6层。斜弧壁，圜底近平。口径1.52～1.76、坑深约0.3米，坑口距地表1.06～1.19米。坑内填土呈深灰色，土质较黏硬，内含炭粒、烧土粒等。出土有泥质和夹砂红陶片，可辨器形有罐、钵、壶等，还有石饼、石料及碎骨片。

H29　位于ⅢT1012西南部，向南延伸至

图一一　H29平、剖面图

ⅢT1013内。开口于第 6A 层下，打破第 6B 层及第 9A 层。近直壁，平底。口径 1.24～1.9、坑深 0.9 米，坑口距地表约 1.35～1.4 米。坑内填土呈青灰色，局部泛黄褐色，土质略黏硬，内含炭粒、烧土粒、水锈斑块等。坑内出土陶片较为丰富，以夹砂红褐陶为主，泥质红陶次之，也有少量泥质灰陶，可辨器形有鼎、罐、壶、钵、碗等，还有石刀、石片及碎骨片等（图一一）。

（2）圆形灰坑

共 7 个。下面以 H26、H28 为例进行介绍。

H26　位于ⅢT0303 东南部。开口于第 3 层下，打破 G11 第 1、2 层及生土。斜直壁内收，近平底。口径 1.6～1.65、坑深 0.9 米，坑口距地表 0.25～0.35 米。坑内填土呈黑灰色，土质较黏硬。出土遗物以夹砂红褐陶片为主，泥质红陶片次之，也有少量灰褐陶片，可辨器形有罐、钵、壶、碗等，还有 1 件残石镰（图一二）。

H28　位于ⅢT0203 西部。开口于第 3 层下，打破 G11 第 1 层及生土，西部被 H27 打破。斜弧壁内收，近平底。口径 2.05～2.1、底径 1.8～1.9、坑深 0.5 米，坑口距地表 0.65 米。坑内填土呈黑褐色，土质较黏硬，内含炭粒、烧土粒等。出土有泥质红陶片、泥质灰陶片、夹砂红褐陶片等，可辨器形有三足钵、敞口罐等。

（3）圆角方形或圆角长方形灰坑

共 5 座。下面以 H25 为例进行介绍。

H25　位于ⅢT0303 西部。开口于第 3 层下，打破 G11 第 1、2 层及生土。平面近方形，竖直壁，近平底。南北长 2.1、东西宽 1.95、坑深约 0.65 米，坑口距地表约 0.35～0.4 米。坑内填土呈黑灰色，土质疏松。出土陶片以夹砂陶为主，泥质陶次之；陶色以红褐陶为主，还有少量灰褐陶；可辨器形有钵、碗、鼎、罐等（图一三）。

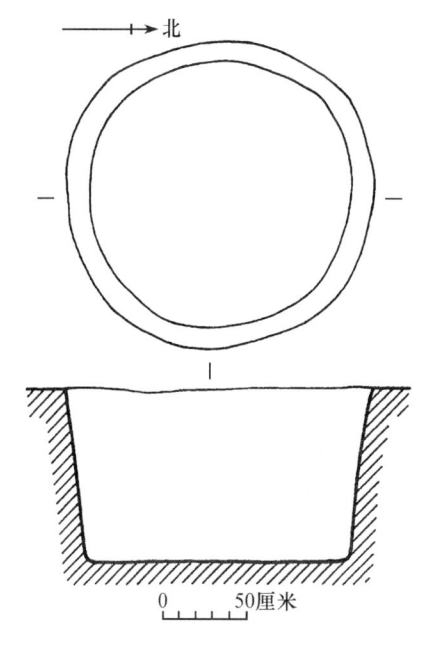

图一二　H26 平、剖面图　　　　　　　　图一三　H25 平、剖面图

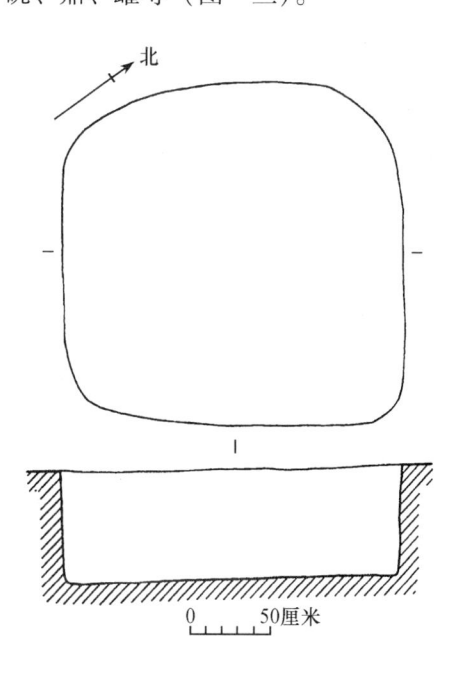

3. 沟

共发现 3 条。

G9　位于Ⅲ T1011 和 T1012 内。开口于第 5 层下，打破生土。平面呈不规则形，沟壁为斜坡状，底凹凸不平。沟长约 17.5、宽约 1.65 ~ 5.15、深约 0.5 ~ 0.65 米，沟口距地表约 1.17 ~ 1.35 米。G9 为自然冲沟，沟内填土呈青灰色，土质较硬，内含料姜石粒、田螺壳等，出土 1 件打制石器。

G10　位于Ⅱ T0206、T0306、T0307 内。开口于第 3 层下，打破 F6、F7 及 F18。平面呈长条形，沟壁斜直内收，平底。已发掘区域内的沟长 29.6、宽 0.75 ~ 1.1、深 0.5 ~ 0.6 米，沟口距地表 0.6 ~ 0.65 米。沟内填土可分为 2 层。

第 1 层：灰褐色土，土质较黏硬。深 0.4 ~ 0.45 米。

第 2 层：黄褐色土，土质略硬。深 0.1 ~ 0.15 米。出土 1 件泥质红陶片。

G11　位于Ⅲ区的东北部。经勘探和发掘，初步确认该沟呈东南—西北向，已知长度 300 余米，沟宽 20 ~ 40、深 2 ~ 4 米。G11 向西呈环状与九龙河相接，初步推断其可能为壕沟。沟内侧（西南）坡地分布有房址、灰坑等文化遗迹，沟上部被褐红色埋藏土叠压。沟内堆积可分为 3 层。

第 1 层：浅褐色土，土质较硬，内含炭粒、烧土粒。深 0.7 ~ 1.15、厚 0.3 ~ 0.4 米。出土有少量的泥质和夹砂红陶片、石块等。

第 2 层：深灰色沙质黏土，土质较硬，结构紧密，黏性较大，内含炭粒、烧土粒。深 1.05 ~ 2.35、厚 0.7 ~ 1.3 米。出土有较多的泥质红陶片，还有夹砂红褐陶片及石料等。

第 3 层：浅灰色土，土质较软，结构稍紧密。深 1.8 ~ 2.65、厚 0.1 ~ 0.4 米。无遗物出土。

4. 墓葬

据当地村民讲，发掘区地势原来较高，平整土地时曾挖出过石磨盘、石磨棒，而这两样器物在新郑裴李岗遗址墓地中曾作为随葬品大量出现，这为我们寻找其墓地提供了线索。发掘时，我们曾清理出一些长方形土坑，分布较有规律，可能是平整土地时被破坏的墓葬。目前可以确认为裴李岗文化时期的墓葬仅 1 座（M16），位于Ⅲ T0402 西南部、T0502 东南部。M16 为长方形竖穴土坑墓，开口于第 3 层下，打破生土。墓壁近直，口略大于底。墓口长 2.2、宽 0.75、墓深 0.32 ~ 0.4 米。墓内填土呈灰褐色，土质稍硬。墓内发现 1 具人骨，保存较差，头向西北，面朝西南，仰身直肢，右手弯曲置于腹上。随葬陶壶 1 件，仅存壶底，放在左趾骨下（图一四）。

图一四 M16 平、剖面图
1. 陶壶

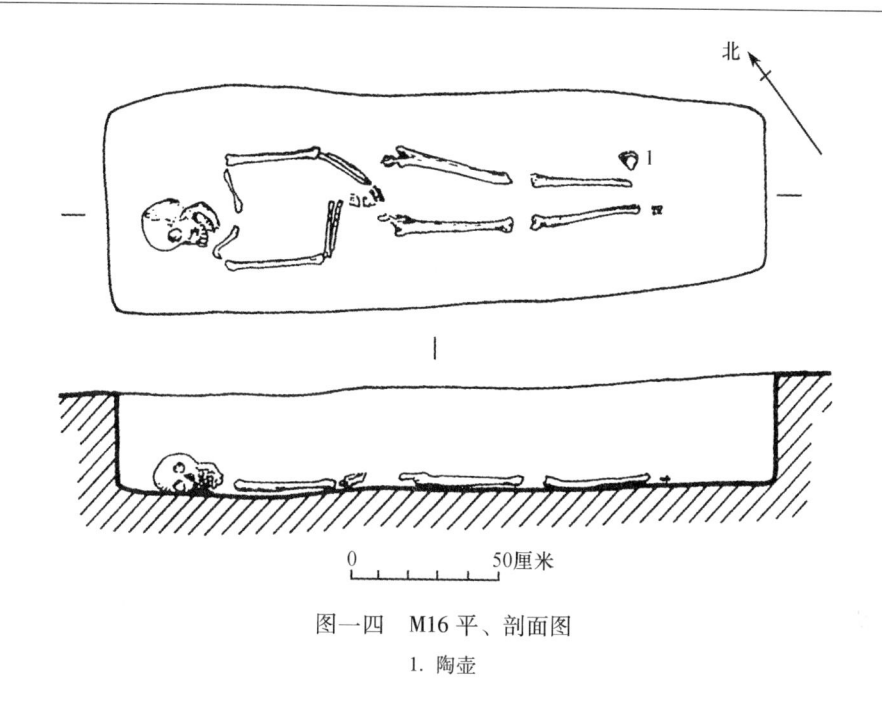

四、遗 物

出土遗物主要为石器、陶器，还有动物骨骼等。所出遗物均为残器，特别是陶器均为残片，能复原的较少。按其用途可分为生产工具、生活用器、装饰品等类。

1. 石器

多为生产工具，器形包括磨盘、磨棒、铲、镰、刀、斧、凿等。另外，还发现有较多石器残片和石料。

铲 4件。磨制。器身扁平。标本ⅢT1112⑥A:2，青灰色角闪石。圆弧形，一端残，双面弧刃。刃部有明显的使用痕迹。残长6.9、宽7.5、厚1.8厘米（图一五，1）。标本G11②:1，褐色粗砂质岩。两侧边呈弧形，中部有一对钻圆形穿孔。残长5.2、残宽6.5、厚2厘米（图一五，7）。

镰 3件。磨制。锯齿刃。标本H26:14，褐灰色细砂质岩。长条形，两端均残，弧背，双面弧刃。齿刃不太明显，可能是长期使用磨损所致。残长7.2、中部宽1.9、厚0.7厘米（图一五，15）。标本H29:5，青灰色石灰岩。残存柄部一角，直背。器表磨制光滑，器中部有一道浅槽状磨损痕。残长6.5、宽4.7、厚0.8厘米（图一五，10）。

刀 1件（H29:2）。青灰色石灰岩。磨制。平面呈半月形，弧背，双面弧刃。刃部磨损较甚。残长6.6、宽5.4、厚0.9厘米（图一五，6）。

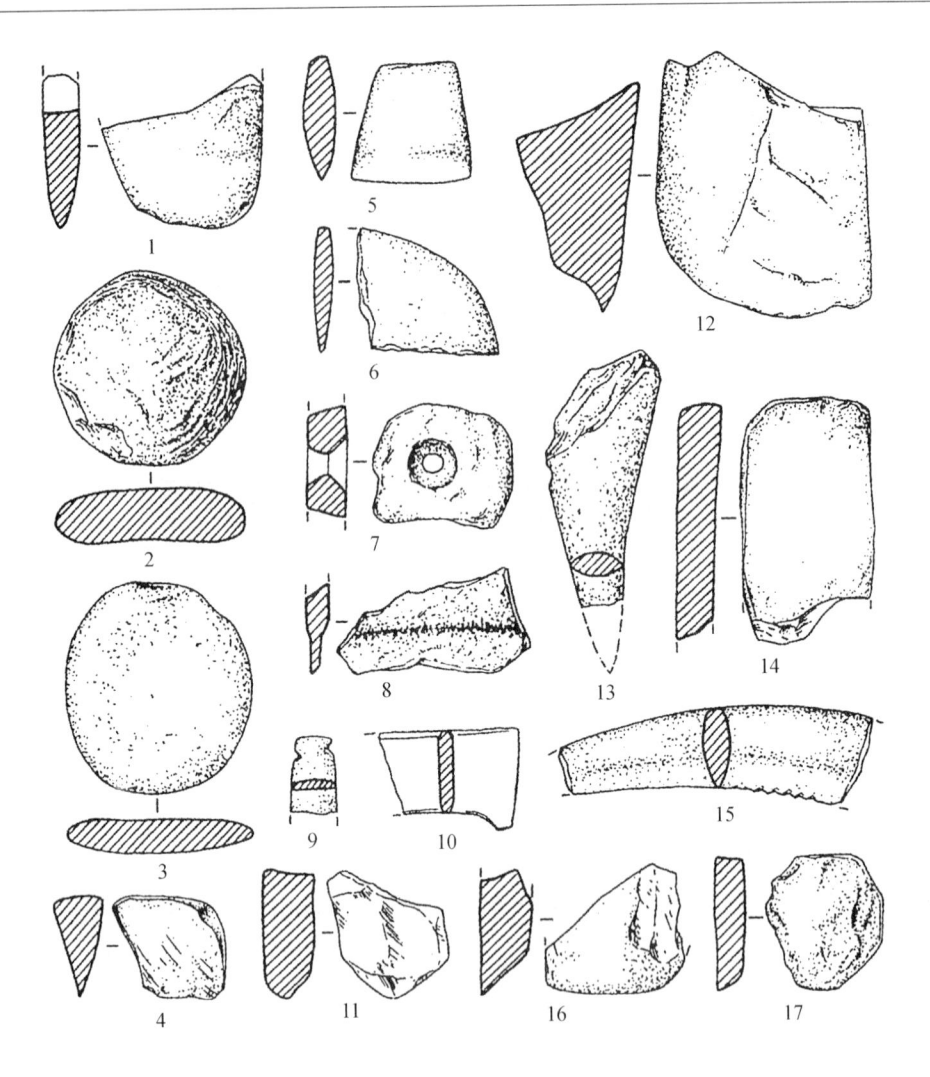

图一五　石器

1、7. 铲（ⅢT1112⑥A:2、G11②:1）　2、3. 石饼（H9:1、ⅢT1013⑨A:19）　4. 石片（ⅢT1012⑨E:13）　5. 凿（ⅢT1112⑥A:22）　6. 刀（H29:2）　8. B型砺石（ⅢT1113⑨A:1）　9. 坠（ⅢT1013⑨E:9）　10、15. 镰（H29:5、H26:14）　11、17. 石料（ⅢT1013⑨E:2、H10:4）　12. B型砍砸器（ⅢT1012⑨A:8）　13. 锥（ⅢT1113⑧A:2）　14. A型砺石（ⅢT1012⑨A:3）　16. A型砍砸器（H10:1）

凿　1件（ⅢT1112⑥A:22）。深灰色石灰岩。器形较小，器表磨制光滑，制作精细。平面呈梯形，上窄下宽，双面直刃，刃部锋利。顶部有磨损痕。长2.8、刃宽2.8、厚0.8厘米（图一五，5）。

锥　1件（ⅢT1113⑧A:2）。灰色细砂质岩。磨制。扁体，上宽下窄，尖部残。顶端有磨损痕。残长5.8厘米（图一五，13）。

坠　1件（ⅢT1013⑨E:9）。深灰色云母石。呈长方形，扁平薄体，上端两侧有两个对称的小缺口，以便系绳使用。残长1.8、宽1.1、厚0.25厘米（图一五，9）。

石饼　2件。标本H9:1，浅灰色石英砂岩。琢制。呈圆形，一面较平，另一面微凸。直径8.5、厚2.2厘米（图一五，2）。标本ⅢT1013⑨A:19，灰白色石英砂岩。略经打磨。呈圆形，一面内凹，另一面微上弧，中心处较平直。直径8.8~9.5、厚1.6厘米（图一五，3）。

砍砸器　3件。依刃部的差异，可分为两型。

A型　2件。单刃。标本H10:1，红色砂质岩。在锤击石片的背面修出微弧形的刃口，其余部位打制成厚边。长6、宽6.3、厚2.5厘米（图一五，16）。

B型　1件（ⅢT1012⑨A:8）。双刃。褐红色砂质岩。在石片的两端修理出刃口，一端为弧刃，另一端为直刃，余部打制成厚边。长9.5、宽10.3、厚5.2厘米（图一五，12）。

砺石　5件。依形制不同，可分为两型。

A型　3件。平面近长方形，面较平。标本ⅢT1012⑨A:3，黄绿色砂质岩。一面有明显微凹的弧形磨痕，另一面较平，未见磨痕。残长11、宽6、厚1.8~2.1厘米（图一五，14）。

B型　2件。平面呈不规则形，面不平整。标本ⅢT1113⑨A:1，褐红色砂质岩。两面均不平整，一面有磨损痕。残长9、宽4.8、厚0.6~1.2厘米（图一五，8）。

除上述器形较为明确的石器外，还清理出大量的石片和石料。质地有石英岩、石英砂岩、石灰岩等。

石片　标本ⅢT1012⑨E:13，红色石英砂岩。近方形，以一侧自然锐边为刃口。有使用痕。长5.2、宽4.6、厚2.3厘米（图一五，4）。

石料　标本ⅢT1013⑨E:2，白色石英岩。呈不规则形。长2.9、宽2.9、厚1.3厘米（图一五，11）。标本H10:4，灰色砂质岩。呈不规则圆形，扁平体。直径5.5~6、厚1.5厘米（图一五，17）。

另外，在20世纪70年代平整土地时，在遗址区内还曾采集到磨盘、磨棒、斧等裴李岗文化遗物，现存新郑市博物馆，此处略述。

磨盘　5件。其中采集的完整器有2件，此次发掘出土的残器有3件。均用灰黄色砂岩琢磨而成。器身窄长，前后两端均呈圆弧形，盘面中间因长期使用已明显下凹。标本采:1，器身较窄长，腰部两侧略内收，有四个较短的柱状足。长73、宽30.5、高3.6厘米（图一六，2）。标本采:2，平面呈鞋底状，前宽后窄，柱状足较高。长50.5、宽28、高6.5厘米（图一六，1）。

磨棒　3件。均为圆柱形。标本采:3，中间微鼓，两端略呈圆弧状。直径4、长25.5厘米。

斧　1件（采:10）。顶部稍残，刃部呈圆弧形，器体中部略厚，断面近椭圆形。长8.4、宽4.1厘米。

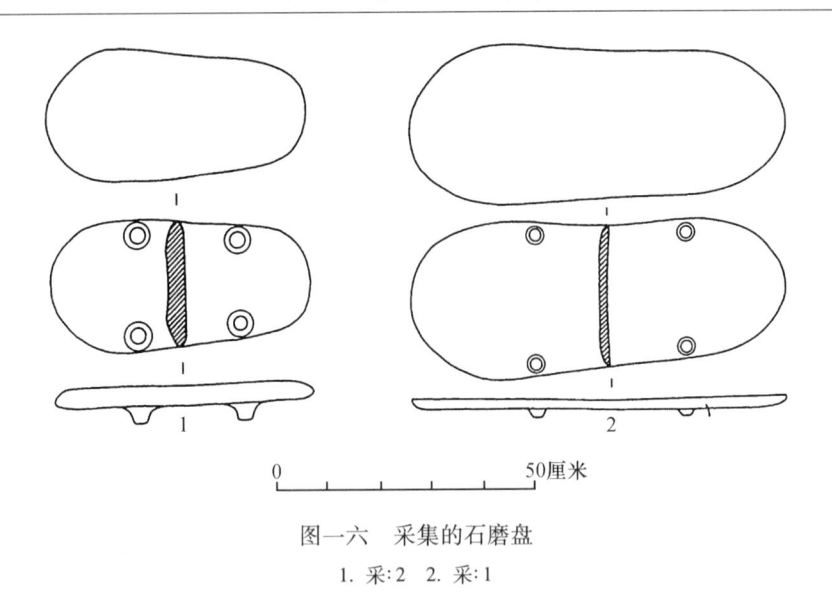

图一六 采集的石磨盘
1. 采:2 2. 采:1

2. 陶器

多为生活用器，由于烧制火候太低，陶片破碎较甚，有些几乎呈粉末状，无法复原。陶器均为手制，质地较疏松，可分为泥质陶和夹砂陶等。夹砂陶中多不同程度地掺有蚌料，另有一少部分掺入云母片。陶色以红陶为主，红褐陶次之，还有少量褐陶和极少量的灰陶。器表大部分为素面，部分磨光，施有陶衣，有些器物内壁也被磨光。纹饰有篦点纹、划纹、绳纹、乳丁纹等。器形有鼎、壶、碗、钵、盘、罐、甑、缸等。

鼎 11件。均为砂质夹蚌陶，以红褐色为主，还有少量灰褐陶。依口、腹形态的差异，可分为三型。

A型 4件。侈口，折沿。标本ⅢT1013⑨A:26，仅存沿部。器表呈红褐色，有灰斑，内壁呈黑灰色。沿微外折，尖圆唇。口径22、残高8厘米（图一七，15）。标本F3:10，器表呈灰褐色，内壁呈黑灰色。尖圆唇，沿外折较甚。口径27、残高12.6厘米（图一七，1）。

B型 4件。侈口，卷沿。标本H29:3，器表呈红褐色，内壁呈黑色。尖圆唇。残高6厘米（图一七，5）。标本ⅢT1113⑨H:3，器表呈红褐色，有烧炱痕。圆唇，腹部饰乳丁。残高5厘米（图一七，16）。

C型 3件。直腹。标本ⅢT1013⑥A:1，器表呈红褐色，内壁呈黑灰色。上部残，圜底近平，三圆锥状足略外撇。磨光。残高10厘米（图一七，14）。

鼎足 出土较多，多为夹砂陶，部分夹蚌或云母石。陶色以红色为主，红褐、褐色次之，均为素面。依形态不同，可分为二型。

A型 足呈圆锥状，锥体较大。依高矮、粗细不同，可分为二式。

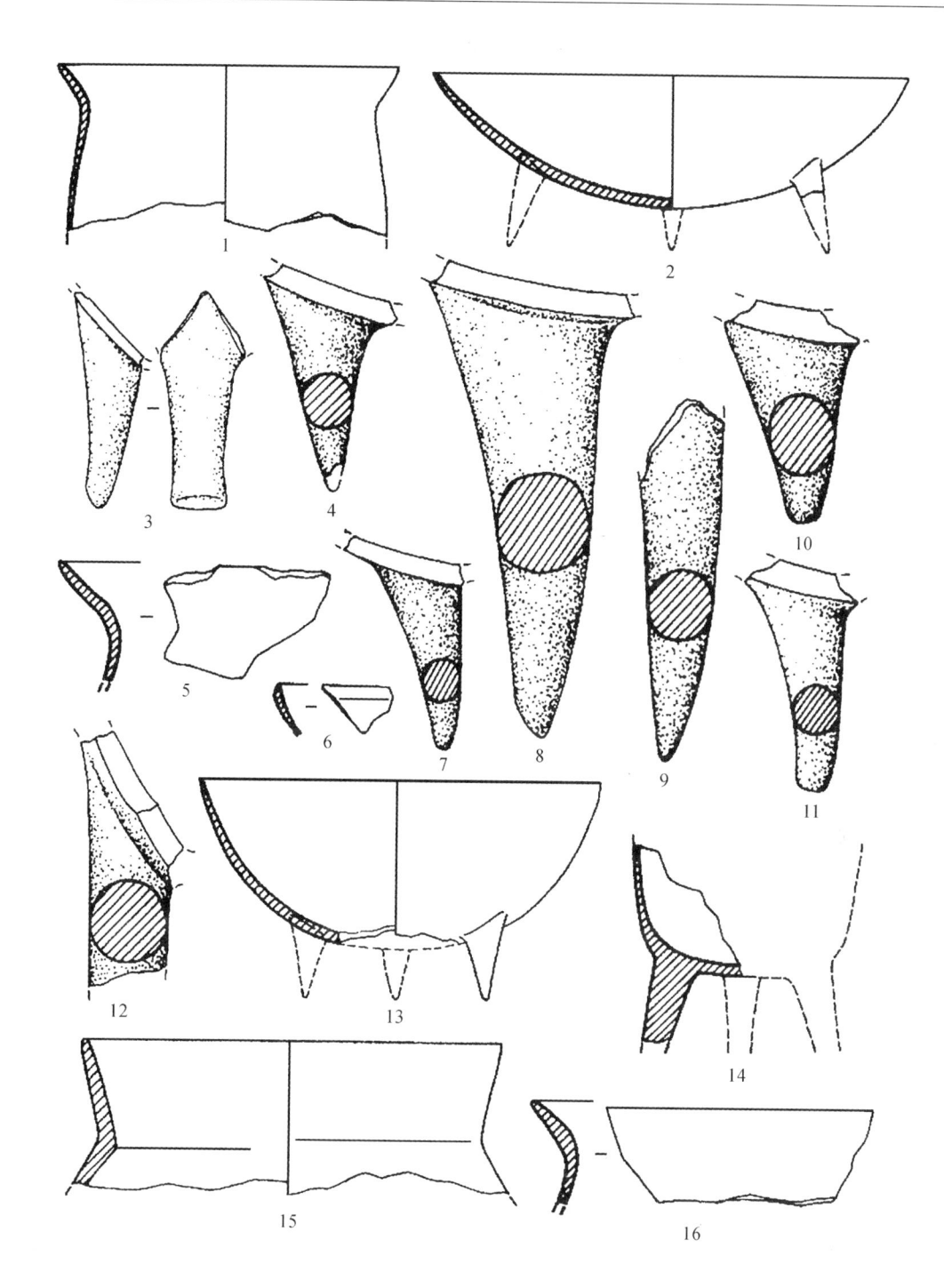

图一七 陶器

1、15. A型鼎（F3:10、ⅢT1013⑨A:26） 2. AⅡ式钵（ⅢT1113⑧A:1） 3. B型钵足（ⅢT1012⑥A:1） 4. AⅡ式钵足（ⅢT1112⑥A:8） 5、16. B型鼎（H29:3、ⅢT1113⑨H:3） 6. B型钵（ⅢT1013⑨A:42） 7. AⅠ式钵足（ⅢT1013⑨A:7） 8. AⅡ式鼎足（ⅢT1013⑨A:35） 9. BⅡ式鼎足（ⅢT1013⑨A:40） 10. AⅠ式鼎足（ⅢT0203④:3） 11. AⅢ式钵足（ⅢT1013⑨A:36） 12. BⅠ式鼎足（ⅢT1013⑨A:34） 13. AⅠ式钵（ⅢT1112⑥A:1） 14. C型鼎（ⅢT1013⑥A:1）

Ⅰ式：器体稍矮、较粗，足根部近圆。标本ⅢT0203④：3，夹砂褐陶。残高5厘米（图一七，10）。

Ⅱ式：器体较高、较细、足根部呈圆形。标本ⅢT1013⑨A：35，夹砂夹蚌红陶。器体稍弯。残高11.5厘米（图一七，8）。

B型　足略呈圆柱状。依粗细不同，可分为二式。

Ⅰ式：器体较高，足较粗，足根部呈圆形。标本ⅢT1013⑨A：34，夹砂褐陶。下部残。残高6.3厘米（图一七，12）。

Ⅱ式：足较细，足根部呈圆形或椭圆形。标本ⅢT1013⑨A：40，夹砂红褐陶。残高9厘米（图一七，9）。

壶　均为泥质陶，以红陶为主，还有少量棕红陶和灰陶。多为器物口沿、腹片和器底，有些矮小的锥状足可能是壶足。依肩部形态的差异，可分为三型。

A型　溜肩。均为泥质红陶。标本ⅢT1112⑥A：3，口径10、残高7.2厘米（图一八，14）。标本ⅢT1112⑥A：6，口沿残片。残高5.5厘米（图一八，12）。

B型　广肩。多为泥质红陶，少量为泥质灰陶，有磨光痕迹。侈口，尖圆唇或圆唇，高领。标本ⅢT1013⑨A：8，泥质灰陶，外施红衣，大多脱落。口径8、残高4厘米（图一八，19）。标本ⅢT1113⑨H：4，仅存口部。口径10、残高3.2厘米（图一八，13）。

C型　斜肩。尖圆唇或圆唇。标本ⅢT1013⑨E：13，灰胎褐红陶。口径6.1，残高5.6厘米（图一八，16）。

碗　分泥质和夹砂陶两种，以红陶为主，还有少量灰陶。能复原的很少，多为口沿、腹片及器底。依腹、底的变化，可分为四型。

A型　弧腹。均为泥质陶。依口、腹的变化，可分为三式。

Ⅰ式：近直口，浅弧腹。标本H26：1，泥质灰陶。平底。口径8.2、底径4.2、高3.2厘米（图一八，17）。

Ⅱ式：微敛口，弧腹，腹较深。标本H26：13，泥质红陶。薄胎，器表磨光。口径18、残高6.8厘米（图一八，8）。

Ⅲ式：敞口，圆唇。标本ⅢT1013⑨A：2，泥质灰陶。斜弧壁，下部残。磨光。口径21、残高5.5厘米（图一八，27）。

B型　斜腹。依腹的深浅，可分为二式。

Ⅰ式：腹较浅。敞口，尖唇。标本ⅢT1113⑨H：7，泥质红陶，内壁呈灰色。下部残。磨光，口沿下涂有一周灰色条带。口径16、残高3厘米（图一八，22）。

Ⅱ式：腹较深。敞口，尖唇。标本H8：1，泥质灰陶。下部残。口径14、残高4厘米（图一八，4）。

C型　假圈足。多为碗底。依假圈足高矮不同，可分为二式。

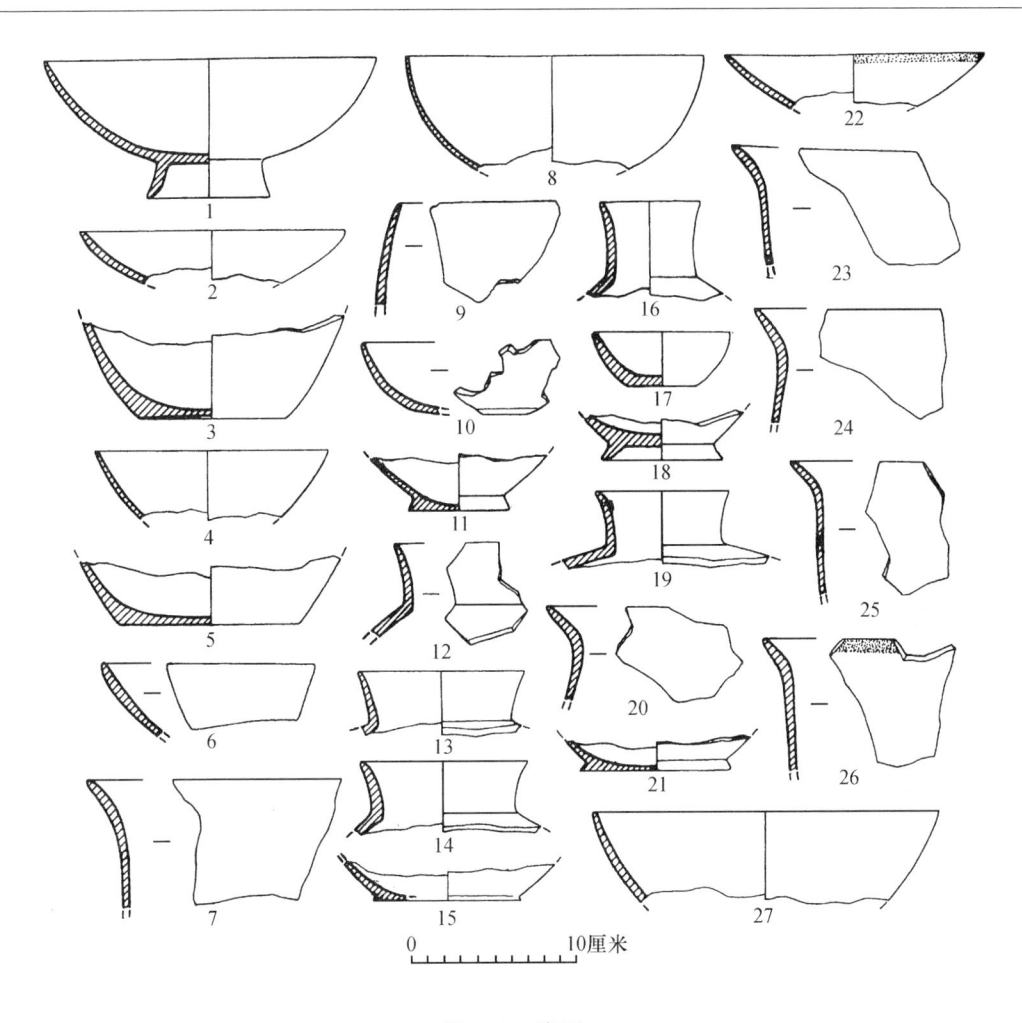

图一八 陶器

1. DⅠ式碗（H25∶1） 2. BⅠ式盘（H25∶3） 3. B型罐底（H26∶12） 4. BⅡ式碗（H8∶1） 5. C型罐底（ⅢT1013⑨A∶12） 6. BⅡ式盘（H29∶4） 7、23. BⅠ式罐（H26∶14、H29∶5） 8. AⅡ式碗（H26∶13） 9. A型罐（F3∶6） 10. A型盘（ⅢT1013⑨A∶1） 11. CⅠ式碗（ⅢT1013⑨A∶9） 12、14. A型壶（ⅢT1112⑥A∶6、ⅢT1112⑥A∶3） 13、19. B型壶（ⅢT1113⑨H∶4、ⅢT1013⑨A∶8） 15. CⅡ式碗（ⅢT1013⑨A∶41） 16. C型壶（ⅢT1013⑨E∶13） 17. AⅠ式碗（H26∶1） 18. DⅡ式碗（ⅢT1112⑥A∶7） 20、24. C型罐（ⅢT1013⑨A∶15、ⅢT1113⑨H∶12） 21. A型罐底（F3∶9） 22. BⅠ式碗（ⅢT1113⑨H∶7） 25、26. BⅡ式罐（F3∶7、ⅢT1113⑨A∶2） 27. AⅢ式碗（ⅢT1013⑨A∶2）

Ⅰ式：假圈足较高，外撇。均为泥质红陶。标本ⅢT1013⑨A∶9，下腹斜直。底径6、残高3.2厘米（图一八，11）。

Ⅱ式：假圈足较矮，外撇。标本ⅢT1013⑨A∶41，泥质红陶，内壁呈灰色。弧腹。底径8.8、残高2.2厘米（图一八，15）。

D型 圈足。依圈足高矮不同，可分为二式。

Ⅰ式：圈足较高，微外撇。标本H25∶1，泥质红陶，器表施红衣。微敛口，弧腹，高圈足。口径20、圈足径7.2、高8.2厘米（图一八，1）。

Ⅱ式：圈足较矮，外撇较甚。标本ⅢT1112⑥A∶7，泥质红陶，内壁呈灰色。圈足径7.3、残高2.8厘米（图一八，18）

钵　数量较多，但能复原者较少。多为器物口沿和腹部残片。依口沿形态的差异，可分为二型。

A型　敞口。均为泥质红陶，表面施红衣，多磨光。依腹部深浅的差异，可分为二式。

Ⅰ式：弧腹较深。圜底。标本ⅢT1112⑥A∶1，尖唇，圜底近平，锥状足较直。有磨光痕迹。口径21、高10.8厘米（图一七，13）。

Ⅱ式：浅弧腹。圜底。标本ⅢT1113⑧A∶1，尖唇，三足残，略外撇。口径25、残高6.4厘米（图一七，2）。

B型　敛口。器形较小。标本ⅢT1013⑨A∶42，细砂质褐灰陶，内壁呈黑色。弧肩，斜腹内收，下部残。口部有一周黑灰色条带纹。残高2.5厘米（图一七，6）。

钵足　数量较多，以泥质红陶为主，还有较多的灰胎红衣陶。依足部形态的差异，可分为二型。

A型　圆形锥状足。均为素面。依具体形态的差异，可分为三式。

Ⅰ式：足较高，锥状足下端略向外撇，横剖面近圆形。标本ⅢT1013⑨A∶7，泥质红陶。残高4.7厘米（图一七，7）。

Ⅱ式：足较高，锥状足较直，足端较锐。标本ⅢT1112⑥A∶8，泥质红陶。残高5厘米（图一七，4）。

Ⅲ式：足瘦高，较直。标本ⅢT1013⑨A∶36，泥质红陶。磨光。残高9厘米（图一七，11）。

B型　鸭嘴形扁状足。标本ⅢT1012⑥A∶1，泥质红陶。残高5.3厘米（图一七，3）。

罐　出土陶片数量较多，皆不能复原。多为砂质掺蚌，还有一部分是砂质掺云母，以及少量的泥质陶。依口、腹形态的差异，可分为三型。

A型　敛口。标本F3∶6，泥质灰胎红衣陶。口较小，无沿，腹外鼓。残高7、厚0.6厘米（图一八，9）。

B型　侈口。筒状深腹。多为夹砂掺蚌褐红陶，个别为夹砂红陶或夹蚌红陶。均为素面。依具体形态的差异，可分为二式。

Ⅰ式：筒状深直腹或微鼓腹。标本H26∶14，夹砂掺蚌褐红陶，砂粒较大，裸露在外。残高7.5厘米（图一八，7）。标本H29∶5，夹砂掺蚌褐红陶，内壁上有黑灰色斑块。圆唇，下部残。残高7厘米（图一八，23）。

Ⅱ式：口沿外侈较甚，接近卷沿，深直腹。标本ⅢT1113⑨A∶2，夹砂红陶，掺少量蚌末。尖圆唇，下部残。残高7.8厘米（图一八，26）。标本F3∶7，夹砂褐灰陶，掺有蚌料。尖圆唇，残高8厘米（图一八，25）。

C型　卷沿外翻，腹外鼓。标本ⅢT1013⑨A：15，夹砂掺蚌红陶。下部残。残高6厘米（图一八，20）。标本ⅢT1113⑨H：12，夹砂红陶。下部残。残高7厘米（图一八，24）。

罐底　分泥质陶和夹砂陶两种，以夹砂和夹砂掺蚌红褐陶为主。依底部形态的差异，可分为三型。

A型　假圈足。标本F3：9，泥质灰胎红衣陶。器表红衣均已脱落。底径9、残高2厘米（图一八，21）。

B型　平底微内凹。标本H26：12，夹砂红陶，掺少量蚌末，内壁呈黑灰色。下腹弧形内收。底径9、残高6厘米（图一八，3）。

C型　平底。标本ⅢT1013⑨A：12，砂质褐红陶，掺少量蚌末，内壁呈黑灰色。下腹斜内收。底径11、残高4厘米（图一八，5）。

盘　均残。依腹部形态的差异，可分为二型。

A型　弧腹，略浅。标本ⅢT1013⑨A：1，泥质磨光黑灰陶。形体较小。直口微敛，圆唇，圜底近平。残高4.4厘米（图一八，10）。

B型　斜弧腹。敞口。依腹部深浅不同，可分为二式。

Ⅰ式：腹较浅。标本H25：3，棕灰陶，内壁和胎呈灰色。尖圆唇，下部残。口径16、残高3厘米（图一八，2）。

Ⅱ式：腹较Ⅰ式深。标本H29：4，泥质红陶。圆唇。有磨光痕。残高4.2厘米（图一八，6）。

甑　分泥质陶和夹砂陶两种。均为甑底，无可复原者。标本ⅢT1013⑨A：30，夹砂褐红陶。圜底，底部有数个小圆形箅孔，下附圆锥状足，足残。残高2.3厘米（图一九，1）。标本F19：1，泥质红陶。底部有数个圆形小箅孔。器表有磨光痕迹。残高2.8厘米。标本ⅢT1012⑨A：1，泥质灰胎红衣陶。底部有数个圆形箅孔，下附圆锥状足。残高4厘米（图一九，4）。

缸　均为残片。标本ⅢT1112⑥A：12，夹砂掺蚌红陶。微敛口，方唇，斜直腹，下部残。腹壁较厚，器表饰绳纹。残高4厘米（图一九，5）。

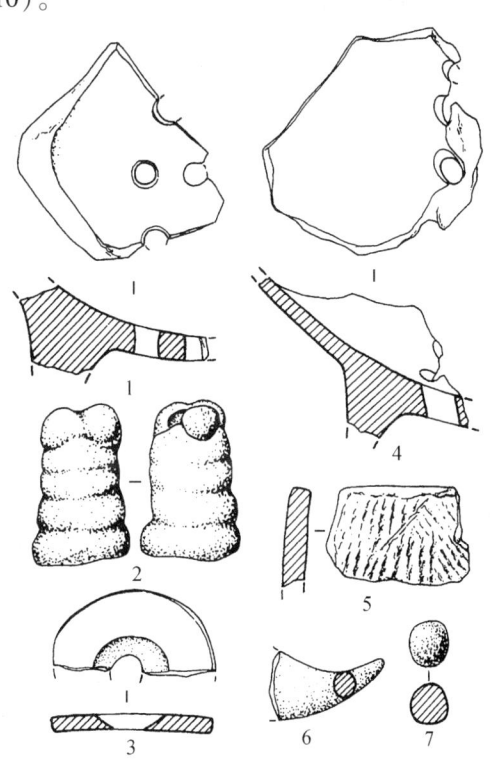

图一九　陶器

1、4. 甑（ⅢT1013⑨A：30、ⅢT1012⑨A：1）　2. 饰件（ⅢT1013⑨A：28）　3. 纺轮（ⅢT1012⑨A：15）　5. 缸（ⅢT1112⑥A：12）　6. 角把（ⅢT1013⑨A：29）　7. 弹丸（ⅢT1012⑨A：11）（5.1/4，余均1/2）

纺轮　1件（ⅢT1012⑨A:15）。残。夹砂掺蚌褐红陶。圆饼状，一面较平，另一面微内凹，直壁，中部有一圆形穿孔。直径4.4、厚0.4厘米（图一九，3）。

弹丸　1件（ⅢT1012⑨A:11）。泥质褐黄陶。圆形。直径1厘米（图一九，7）。

角把　1件（ⅢT1013⑨A:29）。泥质红陶。为装饰品。残长3.1厘米（图一九，6）。

饰件　1件（ⅢT1013⑨A:28）。夹砂灰红陶。圆筒形，中部有一穿孔。手制，泥条盘筑，有明显制作痕迹，做工粗糙。直径2.3~2.7、残高4.2厘米（图一九，2）。

五、结　　语

唐户遗址地处平原西部边缘地带，地势较高，由西北向东南呈缓坡状倾斜。其西南约3公里处为陉山，属低山丘陵区向山前洪积平原的过渡地带。从已发掘的地层堆积状况来看，晚更新世至全新世早期，本区有较大面积的浅平洼地和湖洼地，湖相沉积发育良好，是早期先民的理想生活场所。

1. 唐户遗址裴李岗文化遗存的相对年代

由于裴李岗文化时期制陶工艺水平较为原始，陶器烧成温度较低，唐户遗址出土的陶片均较残碎，能复原者极少。但从地层堆积来看，在ⅢT1012、T1112、T1013、T1113内，发现了早于褐红色埋藏土的第8、9层，即冲积淤积层，这两层堆积内出土有大量泥质和夹砂红陶片。同样，在Ⅲ区东北部的探方内，发现了早于褐红色埋藏土的壕沟内的堆积层，即G11内的堆积，出土有较丰富的红陶片和红褐陶片。相似的情况在Ⅱ区也有发现。这些冲积淤积层中陶片的发现，从层位角度证明了唐户遗址裴李岗文化时期的堆积至少可分为早、晚两期。早期地层包括Ⅱ区的第5层、Ⅲ区东北部G11内的堆积层、Ⅲ区西部的第8、9层。晚期地层包括Ⅱ区的第4层、Ⅲ区东北部的第3层及Ⅲ区西部的第6层。

因地层的扰动，房址残留遗迹基本接近底部，层位叠压关系如下。Ⅱ区开口于第3层下、打破第4层的房址有F6、F7、F18；开口于第4层下，打破第5层及生土的房址有F15~F17。Ⅲ区西部开口于第5层下、打破第6层的房址有F1、F2；东部开口于第3层下、打破G11及生土的房址有F3~F5、F8~F14、F19、F20、F57、F58。

根据地层叠压关系，我们初步认为这22座房址可分为早、晚两期。早期房址共17座，包括F3~F5、F8~F14、F15~F17、F19、F20、F57、F58。晚期房址共5座，包括F1、F2、F6、F7、F18。

从器物类型对比来看，唐户遗址出土的A型双耳陶壶（ⅢT1112⑥A:3）、深腹三足陶钵（ⅢT1112⑥A:1）、浅腹三足陶钵（ⅢT1112⑧A:1）、石磨盘（采:1），与新郑裴李岗遗址下层墓地出土的Ⅴ式双耳陶壶（M111:1）、Ⅵ式陶钵（M38:12）、Ⅴ式陶钵（M38:11）、Ⅱ式石磨盘（M95:1）形制相似，进而推测唐户遗址此类遗物的年代与新郑裴李岗遗址下层墓地的年代相当。唐户遗址出土的圈足陶碗（H25∶1）、平底陶碗（H26∶1）、石镰（H26∶14）等遗物，与裴李岗遗址上层墓地出土的Ⅳ式陶钵（M56∶4）、Ⅰ式陶碗（M36∶2）、Ⅴ式石镰（M74∶5）形制相似，其年代当与新郑裴李岗遗址上层墓地的年代[1]相当。因而总体上看，唐户遗址裴李岗文化遗存大致可分为如上早、晚两期。

2. 唐户遗址裴李岗文化遗存的独特性

郑州地区已发现裴李岗文化遗址百余处。这些遗址一般分布在北纬34°以北地区，主要在颍河、双洎河及其支流沿岸分布，包括新郑裴李岗[2]、唐户[3]、沙窝李[4]、西土桥、密县莪沟[5]、马良沟[6]、登封王城岗[7]、东岗岭、巩县铁生沟[8]、水地河[9]、坞罗西坡[10]、赵城、东山原、北营、中牟业王、长葛石固[11]等。从已发现的裴李岗文化遗存看，它们多分布在山前洪积扇或浅山区的河旁台地上，聚落面积较小，大部分在1万平方米左右，很少有超过2万平方米的。文化层堆积一般很薄，土色呈红褐色，包含物很少。与其他遗址相比，唐户遗址裴李岗文化遗存具有以下几个特征。

① 聚落规模大。唐户遗址裴李岗文化遗存面积达30万平方米，这是我国目前发现的面积最大的裴李岗文化时期的聚落遗址。

② 文化层堆积较厚，为褐红色埋藏土。一般厚0.8～1.8米，最厚处达3米以上。

③ 发现了大面积的居住址。根据地层叠压关系推断，这些房址具有反复建造的特征，说明当时居住环境相对稳定，房屋布局有明显的规律，这对研究裴李岗文化时期的社会组织结构和家庭形态等具有重要价值。

唐户遗址裴李岗文化遗存的独特性，是郑州地区其他裴李岗文化遗存所不具备的。从壕沟的情况及已发掘部分的迹象来看，该遗址居住区范围相当大，还应有更多房基存在。随着考古工作的不断深入，将大大丰富裴李岗文化遗存的内涵，对深入研究裴李岗文化的性质、分期及聚落形态具有重要意义，同时也为深入研究早期房屋建筑方式增添了新资料。

附记：此次发掘的领队为张松林，参加发掘的有信应君、胡亚毅、闫付海、张自强、王广才、梁艳娟，参加资料整理工作的有信应君、陈桂香、郭献军、闫付海，本文插图由焦建涛绘制，照片由信应君拍摄。

注 释

[1] a. 开封地区文管会等：《河南新郑裴李岗新石器时代遗址》，《考古》1978年第2期；b. 中国社会科学院考古研究所河南一队：《1979年裴李岗遗址发掘简报》，《考古》1982年第4期；c. 中国社会科学院考古所河南一队：《1979年裴李岗遗址发掘报告》，《考古学报》1984年第1期。

[2] 同[1]。

[3] 中国社会科学院考古研究所河南一队：《河南新郑唐户新石器时代遗址试掘简报》，《考古》1984年第3期。

[4] 中国社会科学院考古研究所河南一队：《河南新郑沙窝李新石器时代遗址》，《考古》1983年第12期。

[5] 河南省博物馆等：《河南密县莪沟北岗新石器时代遗址》，《考古学集刊》第1集，文物出版社，1981年。

[6] 开封地区文管会等：《河南密县马良沟遗址调查和试掘》，《考古》1981年第3期。

[7] 河南省文物研究所等：《登封王城岗与阳城》，文物出版社，1992年。

[8] 开封地区文管会等：《河南巩县铁生沟新石器早期遗址试掘简报》，《文物》1980年第5期。

[9] 廖永民、王保仁：《河南巩县水地河新石器遗址调查》，《考古》1990年第11期。

[10] 巩义文管所：《巩义市坞罗河流域裴李岗文化遗存调查》，《中原文物》1992年第4期。

[11] 河南省文物研究所：《长葛石固遗址发掘报告》，《华夏考古》1987年第1期。

（原刊于《考古》2008年第5期）

河南巩义市花地嘴遗址"新砦期"遗存

顾万发　张松林

花地嘴遗址位于河南省巩义市站街镇北瑶湾村南侧较为平坦的台地上，其东、南面为猴山等嵩山余脉，西面紧临伊洛河，北为断崖，海拔 90～110 米。遗址中现存"新砦期"遗存的面积约 30 万平方米，是由河南省社会科学院河洛文化研究所、巩义市文管所在 1992 年对洛汭地区进行文物普查时发现的[1]。据后来观察，调查时认定属龙山时代和二里头文化的陶器绝大多数非常近似"新砦期"器物，于是我们在 2001 年 6 月对该遗址进行了复查，结果证实了相关的判断。2001 年 9 月，我们清理了位于花地嘴遗址西段的温县—站街黄河桥工程取土区内发现的数个灰坑。2003 年 3～5 月，为配合基本建设，郑州市文物考古研究所又对该遗址进行了普探和小规模的试掘。2004 年 6～8 月，郑州市文物考古研究所与北京大学考古文博学院联合对该遗址进行正式发掘。经过数次发掘，一些重要的"新砦期"遗存相继被发现，现就遗存的概况作简要报道。

一、遗　　迹

由于该遗址在唐宋以前和近现代屡遭破坏，典型的"新砦期"地层发现很少，主要保存的是埋藏较深的遗迹。经过勘探和发掘，共发现 4 条环壕、3 个祭祀坑、10 余座房址、数个灰坑及 2 座陶窑。祭祀坑主要位于遗址的西北部；房址在西北部也有发现，但主要集中在遗址的中、南部；灰坑主要集中在房址周围。

四条环壕中的内侧三条相距颇近，均为圆角方形，每条环壕的宽度也不一致（中间的一条是否是环壕尚有待发掘证实，本文暂归入此类）。最外侧一条环壕距内侧第三条环壕较近，勘探距离为 9 米左右；此条环壕较宽，剖面为梯形，表面勘探宽度约 12、深约 5～6 米。经过勘探得知，四条环壕与外界的连接通道均在东南部位，并且都处在同一条近西北至东南向的直线上。这四条环壕的相互关系及具体性质还需要进一步的考古工作才能清楚。

祭祀坑主要为圆形口，直壁，坑体呈袋状，比一般的灰坑明显要深。其中 T40H138 现存口径为 3.5、底径 4 米。此坑中出土有大量的器物，尤其在西、南部从距坑口 1.5 米处开始至近底部堆积有大量的完整陶器（图一上）。在坑中部偏东的地方有一截面略近长方形的生土柱，土柱上有柱洞，土柱南端渐与坑底相连，土柱顶及坑底南、西部均有明显的踩踏面，土柱南端的坡面上也有几块非常明显的踩踏面。坑底东高西低，多数地方有明显的活动面,在坑底南部的地面上有数个贝壳,西北部地面上发现一块卜骨(图一下)。此坑的出土陶器中,有的还装有农作物或家畜遗骸;从堆积现状看,这些陶器显然是有意埋藏的。

房址多为地穴式,少数是在地穴式房基的基础之上填平后再建,另外还发现有连间的地穴式房址。房址的形状主要为圆形和长方形;有的房址地面中心立有柱子,柱洞多用料姜石和黄泥垫底;灶多突出墙外;多数房址无明确门道,少数门道的方向为近西南。

陶窑为"非"字形火道,袋状火膛,窑室上端已不存在。

灰坑的形制较多样,以圆形口、直壁、坑体略呈袋状者为主,也有的坑口呈长方形、圆角三角形等。

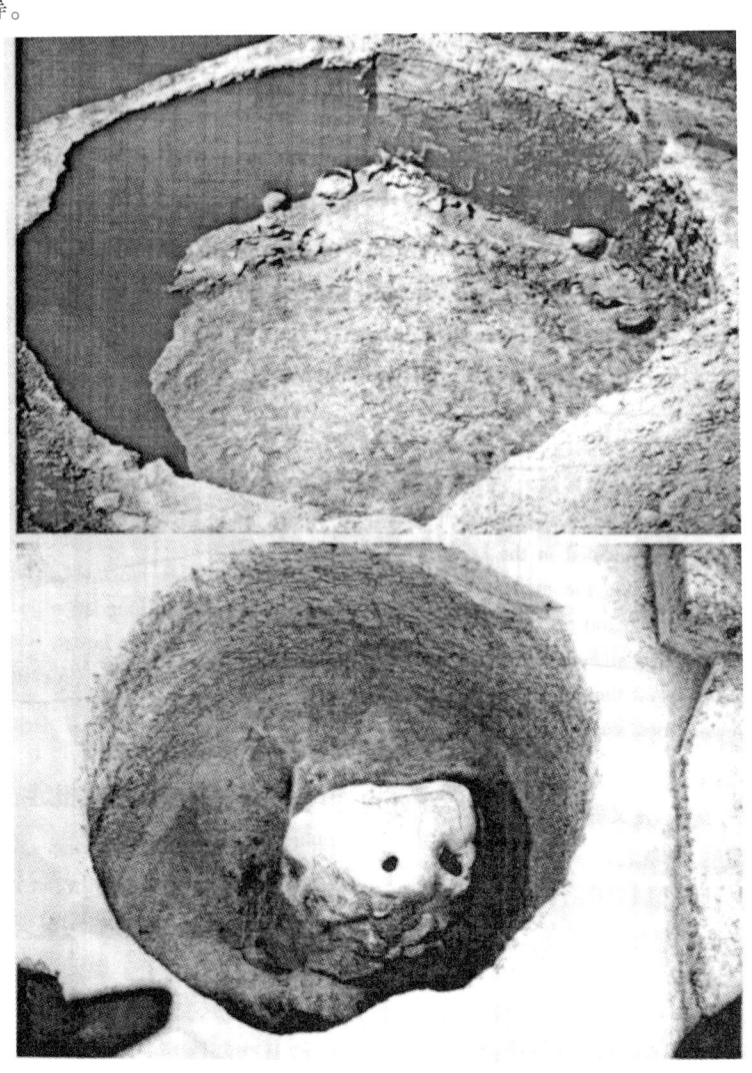

图一　圆形祭祀坑(T40H138)
上．坑中层器物出土情况(东→西)　下．坑底层遗迹(俯拍)

二、遗　物

花地嘴遗址发现的遗物中，完整器多出自于祭祀坑，残碎器物则多出自于其他遗迹之中。

玉器　种类包括钺、铲、璋、琮等。其中1件璋的首端凹弧，有双面刃、为全器最宽、最薄之处；下端有一孔，系单面钻，下端两侧有基本对称的"扉牙"。通长30厘米，宽度不一，厚约1.01厘米；孔直径0.7～1.11厘米（彩版三，1）。

骨、石、蚌器　骨器的总量较少，主要以镞、锥为主。石器中最常见的是梯形单孔刀、凿、镞、斧、钻、铲、网坠等，另外还发现不少制作精细的细石器。蚌器最常见的是镞和刀，另发现少量小型的"圭"形器。

陶器　通过两次发掘，我们获得了较为丰富的资料，发现了不少"新砦期"的制作精美的器物，主要有深腹罐、高领罐、子母口式器、附加堆纹瓮、浅盘豆、高足或小足鼎、澄滤器、平底盆、钵、深腹碗、器盖、鬹、觚、杯、盉、甗、甗、斝、蛋形瓮等（彩版三，2～5）。

三、花地嘴遗址发现"新砦期"遗存的意义

"新砦期"这一概念是在20世纪80年代提出的[2]，它对于夏文化的探索具有特别重要的学术价值。花地嘴遗址发现"新砦期"遗存的主要意义体现在以下几个方面。

① 花地嘴遗址"新砦期"遗存的发现将使学术界改变嵩山、万安山以北不存在"新砦期"的看法，继而会使对"新砦期"的类型学等相关研究取得新进展。

② "新砦二期晚段"与二里头文化一期（以二里头遗址一期为代表）的关系如何，以及何谓真正的"新砦期"等问题，学术界的观点并不一致。此次在接近二里头遗址的地区发现"新砦期"遗存非常有助于说明这一问题。就花地嘴遗址"新砦期"遗存的有关材料看，如果将非常接近"新砦二期晚段"的新砦遗址2000T6第5b～6层这一类遗存纳入"新砦二期晚段"，则"新砦二期晚段"与二里头文化一期或其早段应是大致同时的[3]。这样一来，只有"新砦二期早段"这类遗存符合"新砦期"这一概念。

③ 一般所谓的"新砦期"是否需要分期，大家的看法也不一致，但是从花地嘴遗址中"新砦期"遗存的文化面貌看，将所谓的"新砦期"分为两期比较合适。

④ 花地嘴遗址的"新砦期"遗存中存在明显的关中、晋中南甚至东方龙山文化因素，这一重要的发现一方面有助于探讨二里头文化的起源问题，另一方面也有助于说明"新砦二期早段"肯定早于二里头文化一期。再者，这一发现也非常有助于确定学术界多年来语焉不详的西、北周边地区有关文化相对于中原地区二里头文化而言的确切考古学年代。

⑤《史记·夏本纪》等文献中都有与"五子之歌"这一夏代早期历史事件有关的记载,我们在有关文章中也曾将位于洛汭地带的花地嘴遗址"新砦期"遗存与之联系[4],从2003年至2004年度在该遗址发现的重要遗迹、遗物及相关材料来看,这是很有可能的。

注　释

[1]　河南省社会科学院河洛文化研究所、巩义市文管所:《河南省巩义市洛汭地带古代遗址调查》,《考古学集刊》第9集,科学出版社,1995年。

[2]　中国社会科学院考古研究所河南二队:《河南密县新砦遗址的试掘》,《考古》1981年第5期。

[3]　顾万发:《"新砦期"研究增补》,《中国上古史研究专刊》第3辑,台湾兰台出版社,2003年。

[4]　同[3]。

（原刊于《考古》2005年第6期）

河南新密市新砦遗址东城墙发掘简报

赵春青　张松林　谢　肃　张家强　魏新民

　　新砦遗址的城墙与壕沟发现于 2002 年春季。2003 年秋，在新砦城址的东、北、西三面城墙上共开 5 条探沟以了解城墙结构。其中在东城墙上由南向北布 3 条探沟，即 CT2、CT14 和 CT4~CT13。在北城墙上布 BT2，在西城墙上布 AT53。2004 年秋至 2005 年春，为了解城墙拐角状况，又在城墙西北角布 5 个整体呈"L"形的探方，编号为 BT4~BT8。通过城墙及护城河多处地点的解剖，得知整座新砦城址均掩埋在今地表以下，平面形状基本呈圆角长方形，南以双洎河为自然屏障，现存东、北、西三面城墙及靠近城墙下部的壕沟（护城河）。东墙南半部已被双洎河故河道冲毁，现存南北长 160、高 4 米，未到底部；北墙东西长 924、高 5~6 米；西墙及其护城河的南端抵达双洎河的北岸，现存南北长 470 米、墙高 2.5 米。残存城墙墙体宽度通常在 9 米以上，护城河宽 10 余米至数十米不等（图一）。

　　现将东城墙 CT2 和 CT4~CT13 两条探沟的发掘情况简报如下。

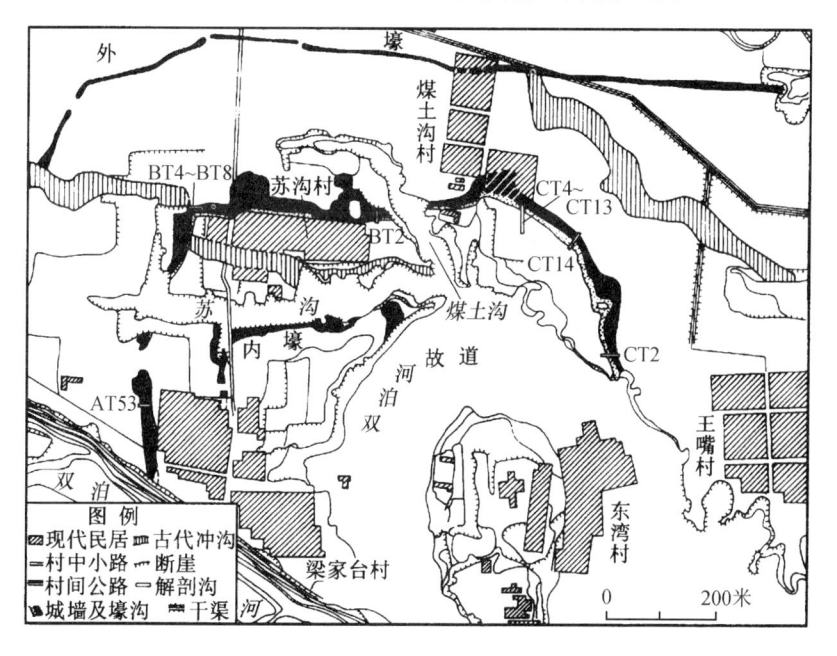

图一　新砦遗址城墙解剖沟位置图

一、地层堆积与城墙结构

CT2 与 CT4～CT7 的地层堆积及遗迹的关系基本相同，所见遗迹也应是相通的同一城墙和壕沟。这里为了保持发掘资料的原始性，仍采用发掘时两探沟内各自的编号予以叙述。

1. CT2

位于煤土沟自然村东南、双洎河故道北岸断崖北约 25 米处，东西横跨城墙与护城河。探沟为正东西向，东西长 31、南北宽 4 米。

（1）地层堆积

可分五层。以北壁剖面为例，介绍如下（图二）。

第 1 层：耕土层。黄灰色土，厚 0.05～0.25 米。

第 2 层：扰土层。分布于整个探沟。灰褐色土，夹杂黑灰土，质地较致密，距地表深 0.05～0.25、厚 0.05～0.24 米。出有青花瓷片、白瓷片、青瓷片及灰陶片等遗物。

第 3 层：扰土层。分布于探沟中部与东部。浅黄色土，质地较疏松，距地表深 0.17～0.48、厚 0.03～1.05 米。出有白瓷片、铁钉等遗物。开口于该层下的遗迹有 H86～H90、GⅠ、QⅠ、QⅡ和一条扰沟。

第 4 层：分布于 CT2 西北角。黄褐色土，质地较疏松，距地表深 0.3～0.38、厚 0.17～0.25 米。无包含物。开口于该层下的遗迹有 H91。

第 5 层：分布于探沟西部。红褐色黏土，质地较坚硬，距地表深 0.12～0.55、厚 0.47～0.78 米。出有少量龙山文化时期陶片。开口于该层下的遗迹有 M8 等。

第 5 层以下为生土。

（2）相关遗迹

包括二里头文化早期壕沟，新砦期晚段、早段壕沟，以及新砦期晚段、早段城墙等。

① 二里头文化早期壕沟（CT2GⅠ） 位于 CT2 东部，南北皆出 CT2 范围。开口于第 3 层下，打破龙山文化时期城墙（CT2QⅡ）、新砦期城墙（CT2QⅠ）和新砦期晚段壕沟（CT2GⅡ）。北宽南窄，底不规整，口距地表深 0.45～1.16 米，口东西宽 1.46、深 3.05 米。坑内堆积可分为十层。

GⅠ第 1 层：遍布于 CT2GⅠ。红褐色黏土，质地致密，距地表深 0.55～1.21、厚 0.2～0.35 米。出有陶深腹罐、花边罐、三足盘、圈足皿、豆、矮领瓮、器盖、甑、刻槽盆和卜骨等遗物。

GⅠ第 2 层：分布于 CT2GⅠ大部。黄褐色土，质地致密，距地表深 0.8～1.33、最厚 0.75 米，出土陶片可辨器形有罐、高领罐、子母口瓮、盆、鼎足、花边罐、器盖、刻槽盆、敛口鼎、折肩罐、碗、平底盆、钵、甑和附加堆纹瓮等，另有石刀和陶纺轮、网坠等遗物。

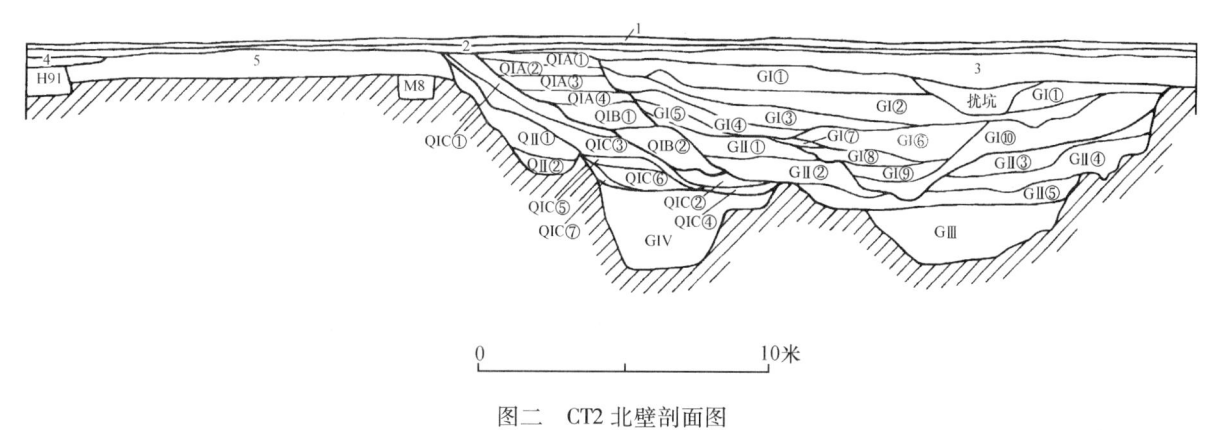

图二　CT2 北壁剖面图
1. 黄灰色土　2. 灰褐色土　3. 浅黄色土　4. 黄褐色土　5. 红褐色黏土

GⅠ第3层：分布于CT2GⅠ西部。深褐色土，质地致密，距地表深0.75~1.85、最厚0.53米。出有陶深腹罐、豆、器盖等。

GⅠ第4层：分布于CT2GⅠ西部。深黄色砂土，距地表深1.4~2.25、最厚0.55米。出有子母口瓮、矮领罐、花边罐、小罐等残片。

GⅠ第5层：分布于CT2GⅠ西部。浅黄色砂土，距地表深1.56~2.45、最厚0.44米。出有豆、平底盆等残片。

GⅠ第6层：分布于CT2GⅠ东部。深褐色土，质地致密，距地表1.95~2.5、最厚0.95米。出有深腹罐、鼎足、豆、器盖、深腹盆等残片。

GⅠ第7层：分布于CT2GⅠ西部。黄褐色土，质地致密，距地表深2.4~2.65、厚0.15米。出有深腹罐、盆等残片。

GⅠ第8层：分布于CT2GⅠ中部。浅褐色土，质地致密，口距地表深2.65~3.05、最厚0.35米，出有深腹罐等残片。

GⅠ第9层：分布于CT2GⅠ中部。深褐色土，质地致密，有淤积层，距地表深2.98~3.18、最厚0.36米。出有器盖、豆、平底盆等残片。

GⅠ第10层：位于CT2GⅠ东部。底部东高西低，呈倾斜堆积。灰色土，夹杂红烧土粒，距地表深1.25~3.5、厚0.24~1.1米。出有深腹罐、鼎、花边罐、鼓腹罐、小口高领瓮、器盖等陶器残片及石刀等。

②新砦期晚段壕沟（CT2GⅡ）　位于CT2中部偏东，南北皆出CT2。斜坡状，东西两侧高，中间低，底部不规整。此沟打破CT2GⅢ和CT2QⅠ，同时被CT2GⅠ打破。可分为六层。

GⅡ第1层：分布于CT2GⅡ西部。黄土，土质较疏松，口距地表深1.55~4、厚1.4~1.85米。出土陶片以灰陶为主，还有褐陶。纹饰有篮纹、附加堆纹、弦纹、绳纹、方格纹等。器形有施鸡冠耳的罐或鼎的口沿、口沿外侈的刻槽盆、圆镂孔的豆、折壁器盖、盖纽、圆唇折沿罐、子母口罐、小罐、深腹盆、平底盆、圈足盘、敛口钵等。该层下发现 2 个浅底草木灰坑，坑壁已被烧红，偏西侧的呈长方形，长 0.25、宽 0.17 米；偏东的呈圆形，直径约 0.11 米。

GⅡ第 2 层：分布于 CT2GⅡ西部。深褐色土，夹有淤积层，距地表深 2.87~3.75、最厚 0.65 米。出土陶片可辨器形有深腹罐、矮领罐、高领罐、深腹盆、平底盆等。

GⅡ第 3 层：分布于 CT2GⅡ东部，被 GⅠ第 10 层打破。褐色土，夹杂灰土，距地表深 1.66~3.3、最厚 0.5 米。

GⅡ第 4 层：分布于 CT2GⅡ东部，西部被 GⅠ第 10 层打破。黄褐色土，质地致密，距地表深 2.32~3.45、最厚 0.97 米。出土陶片以灰陶为主，还有红胎黑皮陶及红陶。纹饰有弦纹、方格纹、篮纹、附加堆纹。器形有深腹罐、器盖、高领瓮、折沿罐、刻槽盆等。

GⅡ第 5 层：分布于 CT2GⅡ中部和东部。深褐色土，致密坚硬，距地表深 3.37~3.8、最厚 0.52 米。出土陶片以灰陶为主，另有少量红陶。纹饰有篮纹、方格纹、附加堆纹、弦纹等。器形有折沿罐、器盖等。

GⅡ第 6 层：分布于 CT2GⅡ西南部，北壁不见。红褐色土，较疏松，口距地表深 3.45、最厚 0.39 米。出土陶片少，均为灰陶。纹饰有篮纹、弦纹。器形有豆、口沿唇部加厚的圆唇罐、小罐、圈足盘、平底盆等。

③ 新砦期早段壕沟（CT2GⅢ） 位于 CT2 东部，南北皆出 CT2，被 CT2GⅡ第 5 层打破。壁呈斜坡状，略圜底，距地表深 3.94~4.2、口宽 3.14~5.12、底宽 2.11~3.25、深 1.35~1.53 米。填土较杂乱，主体呈黄褐色，夹杂有小的淤积层。出土陶片以灰陶为主，少量红陶。纹饰有方格纹、篮纹、弦纹等。可辨器形有折沿罐、平底盆、鼓腹罐、碗、鼎等。

④ 新砦期晚段城墙（CT2QⅠA、B） 位于探沟中部，南北皆出 CT2。打破新砦期早段城墙（CT2QⅠC），又被二里头文化早期壕沟（CT2GⅠ）和新砦期晚段壕沟（CT2GⅡ）打破。整体呈斜坡状，上距地表深 0.39~0.65 米，现存东西宽 6.65、高 1.76 米。城墙内堆积可分为 A、B 两大层。

QⅠA 层：浅黄色土，质地较密。可分为四层。

QⅠA 第 1 层：分布于整个 QⅠA。黄土，内含料姜石，距地表深 0.4~0.45、厚 0.25 米。出有陶深腹罐腹部残片。

QⅠA 第 2 层：分布于 QⅠA 北部。浅黄色土，有水浸痕，质密，泛白色，距地表深 0.65~0.77、厚 0.25~0.3 米。

QⅠA 第 3 层：分布于 QⅠA 北部。浅黄色土，水浸痕较第 2 层少，距地表深 1.44~1.5、厚 0.3~0.37 米。出有碎陶片。

QⅠA 第 4 层：分布于整个 QⅠA 层。黄褐色土，土质较密，夹杂有红色黏土块，距地表深 1.15~1.4、厚 0.25~0.35 米。

QⅠB 层：可分为二层。

QⅠB第1层：分布于CT2QⅠB南部。浅黄色土，有水浸痕，泛白。距地表深1.6～2.1、最厚0.4米。出有陶三足皿碎片。

QⅠB第2层：分布于CT2QⅠB东部。红褐色黏土，局部夹杂黄色土，距地表深2.32、厚1.45米。出有陶器盖残片。

⑤ 新砦期早段城墙（CT2QⅠC）　位于CT2中部，南北皆出CT2。开口于CT2第2层下，被CT2QⅠA、B打破，同时又打破龙山文化城墙（CT2QⅡ）。平面不规则，北部最宽，距地表0.4～3.58米、口东西宽7.1～8.5、高2.01米。CT2QⅠC内堆积可分为七层。

QⅠC第1层：分布于QⅠC西部，呈西高东低的倾斜状堆积。黄土，土质较疏松。最高处距地表仅0.4米，现东西宽3.35、最厚0.5米。出土灰陶及红胎黑皮陶片。纹饰有篮纹和弦纹，器形有折沿尖唇罐。该层年代为新砦期早段。

QⅠC第2层：分布于QⅠC西部。橙色黏土。质地细腻，距地表深3.2～3.38、最厚0.9米。出土陶片少，均为灰陶。纹饰有绳纹和戳印的楔形点纹、方格纹、弦纹等。

QⅠC第3层：堆积呈西高东低的倾斜状，南部堆积较北部杂乱。浅黄色土，有灰黄色水锈斑，距地表深0.4、厚0.02～0.39米。出土陶片较少，主要是灰陶，少量黑陶及红褐陶。纹饰有篮纹、弦纹。器形有陶盆、高领罐，另有石铲、斧等。

QⅠC第4层：打破GⅣ。土色较QⅠC第3层浅，质地细腻，距地表深3.6、厚0.45米。

QⅠC第5层：分布于QⅠC西部。黄土，泛红色，质地细腻，距地表深2.85、厚0.04～0.35米。

QⅠC第6层：堆积较杂乱，黄褐色土，夹杂有红色黏土块和类似生土的灰白土等，距地表深3.2～3.3、最厚0.6米。

QⅠC第7层：红褐色土，质地较致密，距地表深2.85、最厚0.2米。出土少量灰陶片，纹饰有绳纹、戳印点纹、篮纹等。器形有口沿下刻划竖行波浪纹的敛口刻槽盆等。陶器器形为龙山文化晚期所常见，该层或为QⅡ坠落土块所堆筑而成。

⑥ 龙山文化护城河（CT2GⅣ）　位于CT2中部，被新砦期早段城墙（CT2QⅠC第4、第6和第7层）打破。底部东高西低。距地表深3.55～3.6、深0.34～2.3米。堆积较杂乱，黄褐色土，内含较多的淤积层。出土陶片以灰陶为主，有少量红褐陶。纹饰有篮纹、绳纹、弦纹。可辨器形有折沿方唇夹砂罐、小口高领罐、盆及石铲等，均为龙山文化晚期所常见。

⑦ 龙山文化城墙（CT2QⅡ）　位于CT2中部，南北出CT2。平面形状近长方形，剖面为西高东低的倾斜堆积。底部呈锅底状，是为城墙凹槽。顶层距地表深0.31米，东西残长3.35，最高处至底部3.05米。夯土层堆积分为二层。

CT2QⅡ第1层：被CT2QⅠC第3层打破。浅黄色土，质地疏松，距地表深0.31、厚3.15米。包含陶片较少，纹饰有绳纹、篮纹、弦纹等。器形有夹砂方唇折沿罐、泥质红胎黑皮折壁器盖。时代为龙山文化晚期。

CT2QⅡ第2层：红褐色黏土，质地较硬，底距地表3.4、厚0.09~0.37米。出土陶片少，纹饰有弦纹、绳纹、篮纹等。可辨器形有敛口钵、盆和盖纽等，属龙山文化晚期遗物。

2. CT4~CT13

位于煤土沟村南，其北端紧邻居民区。由10个5米×5米的探方连在一起，从北向南依次编号为CT4~CT13，各探方均为正南北向。其中北边的探方CT4~CT7叠压在城墙之上，CT8~CT13所在区域已是城墙内的生活区。因CT4北壁北距现代民房太近，未能继续向村内布方。因此，CT4~CT13未能全部发掘城墙之外的整个护城河，而只发掘到护城河靠近城墙的极少部分。为了了解城墙结构，后于CT4~CT7东侧，向东扩方。最终较清楚地揭示出东城墙及墙内生活区的一部分。

（1）地层堆积

可分八层。现以CT4~CT7西壁剖面和东壁剖面（图三）为例，介绍如下。

第1层：耕土层。遍布于CT4~CT7，厚0.15~0.25米。

第2层：近代扰土层。遍布于CT4~CT7。灰褐色土，距地表深0.3~0.4、厚0.1~0.22米。

第3层：唐代文化层。仅分布于CT5偏南部。浅黄色土，距地表深0.35~0.55、厚0.2米。出有瓷片等遗物。

第4层：汉代文化层。分布于CT4与CT5。红黄土，土质较松。距地表深0.55~0.8、厚0.1~0.4米。出有汉代绳纹瓦片等遗物。

第5层：周代文化层。仅分布于CT4与CT5北部。浅褐色土，距地表深1.05~1.2、厚0.25~0.4米。出有泥质灰陶罐、高柄豆、盘等。

第6层：分布于CT4与CT5北部。浅黄色土。距地表深1.05~1.2、厚0.25~0.4米。出有平底罐、器盖、钵等。

第7层：周代文化层。分布于CT4与CT5大部。黄褐色土，距地表深1.5、最厚0.44米。出有罐、盆等陶器残片。

第8层：仅分布于CT7内，直接被CT7第2层叠压。深褐色土，质地较硬，距地表深0.2~0.25、厚0.15米。出有夹砂灰陶薄胎深腹罐等龙山文化晚期陶器残片。

（2）相关遗迹

包括二里头文化早期壕沟，新砦期晚段壕沟与城墙、早段城墙，以及龙山文化晚期壕沟、城墙等。

①二里头文化早期壕沟（CT4~CT7GⅠ）　主要分布在CT4内，开口于该探沟第7层下。在探沟内南北宽8.4、距地表0.37~2.05、深3.05米。沟内堆积可分为七层。

GⅠ第1层：黄土，夹杂细砂，距地表深1.55、最厚0.65米。出土陶片以灰陶为主，另有黑皮陶。纹饰以篮纹居多，还有绳纹、方格纹和附加堆纹。器形有罐、钵、碗等。

图三 CT4~CT7 东壁剖面图

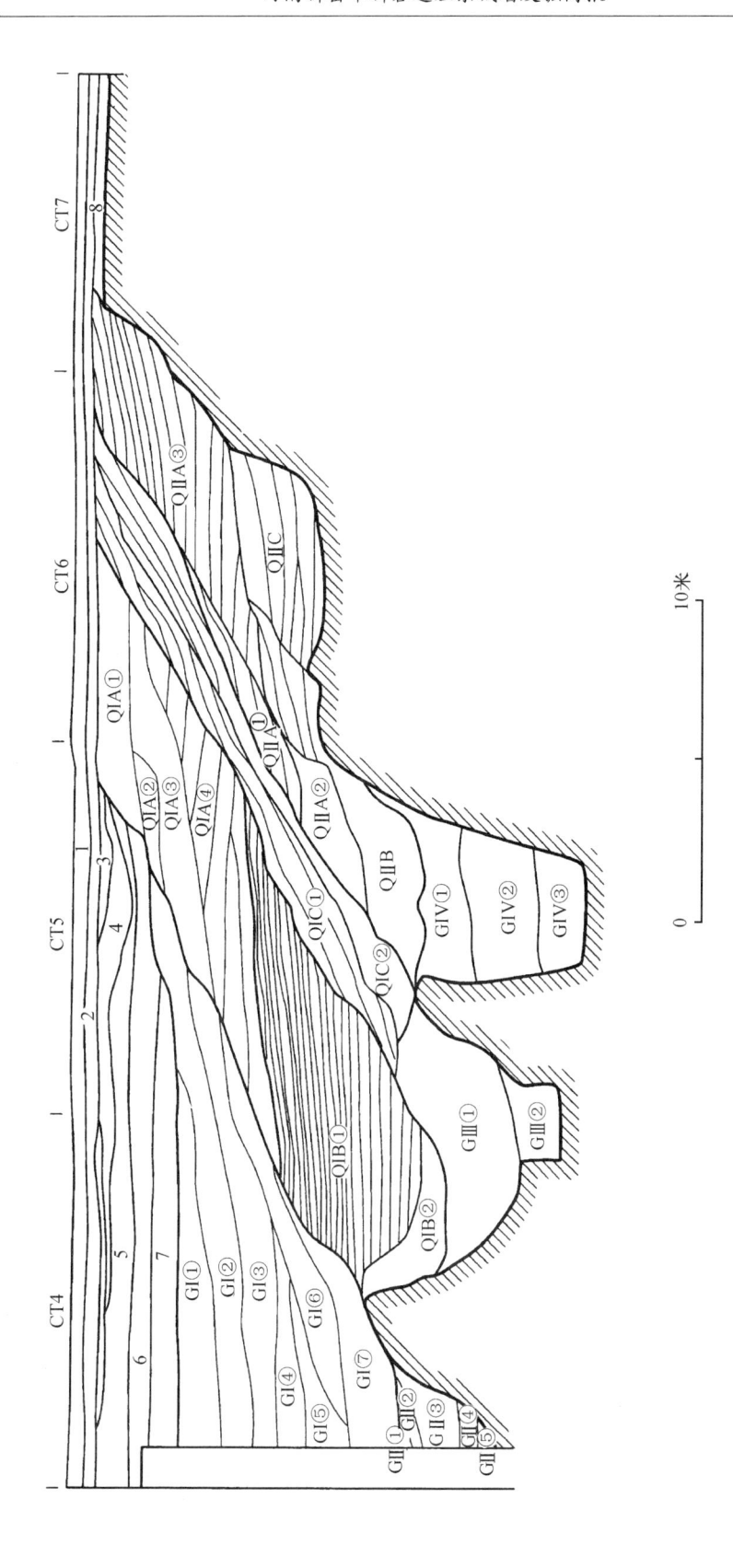

1. 耕土层 2. 灰褐色土 3. 浅黄色土 4. 红黄土 5. 浅褐色土 6. 浅黄色土 7. 黄褐色土 8. 深褐色土

ＧⅠ第2层：深褐色土，距地表深1.05～2.6，最厚0.45米。出有灰陶、黑皮陶及少量红陶片。可辨器形有深腹罐、盆、钵、碗等。

ＧⅠ第3层：浅褐色土，距地表深2.6、厚0.3～0.5米。出土陶片可辨器形有双耳瓮、壶、盘、深腹罐、豆、平底罐、碗、刻槽盆等。

ＧⅠ第4层：灰黄色土，土质疏松，距地表深2.9、最厚0.35米。出土陶片以灰陶为主，另有部分黑皮陶。可辨器形有器盖、罐、子母口瓮、器耳等。

ＧⅠ第5层：灰黄色土，土质松软，距地表深2.15～2.35、最厚0.65米。出土陶片以灰陶和黑皮陶为主。可辨器形有新砦期晚段的子母口瓮、卷沿平底盆、厚沿深腹罐、夹砂窄沿直腹罐、泥质罐等。

ＧⅠ第6层：黄土，土质疏松，距地表深2.2～3.9、最厚0.45米。陶片多为泥质灰陶，器形有花边罐、钵、深腹罐、敛口瓮、小口高领瓮、卷沿盆等。

ＧⅠ第7层：浅黄色土，距地表深2.75～4.65、最厚0.65米。所出陶片与ＧⅠ第5层及第6层基本相同，其中夹砂窄沿直腹罐与二里头文化早期同类器形相似。

② 新砦期晚段壕沟（CT4～CT7GⅡ） 位于CT4北部，开口于CT4～CT7GⅠ第7层下。据钻探得知，壕沟主体在探沟以北，被现代民居所压。距地表深4.6米，探沟内南北宽1.75、深1.3米。沟内堆积分五层。

ＧⅡ第1层：黄土，土质稍硬，含粉砂，距地表深4.45～4.55、厚0.05～0.15米。与ＧⅠ第7层区别明显。

ＧⅡ第2层：浅黄色土，土质较密，距地表深4.45～4.6、厚0.05～0.2米。出土陶片以泥质灰陶为主，少量磨光黑灰陶。纹饰有方格纹、篮纹。出土陶片较碎，可辨器形有深腹罐等。

ＧⅡ第3层：黄褐色土，土质密实，距地表深5.1～5.2、厚0.05～0.7米。出土陶片较多，以灰陶为主。纹饰有篮纹、方格纹、绳纹等。可辨器形有新砦期晚段的圆唇厚沿深腹罐、篮纹折肩罐、折壁器盖等。

ＧⅡ第4层：土色斑驳，土质密实，夹杂青灰色粉砂，厚0.05～0.25米。

ＧⅡ第5层：浅黄色土，土质稍硬，厚0.05米。

ＧⅡ第4、5层因发掘范围有限，未出陶片。

总体来看，CT4～CT7GⅡ出土陶片以泥质灰陶为主。纹饰有方格纹、篮纹、绳纹等，器形有折壁器盖等，陶器特征属新砦期晚段风格。因此，CT4～CT7GⅡ应为新砦期晚段壕沟。

③ 新砦期晚段城墙（CT4～CT7QⅠA、QⅠB） 分布于CT4、CT5和CT6北半部，东西均出探沟外。城墙整体呈倾斜状。最高处仅距地表0.3米，即直接开口于近代扰土层下。最深处距地表5.1、高4.85米。以CT4～CT7QⅠA第1层最南端和CT4～CT7QⅠB第2层最北端计算，现存南北宽10.2米。城墙堆积可分为二层，即QⅠA，QⅠB层。其中，QⅠA层又可分为四层。

QⅠA第1层：北部被CT5第5、6层打破，南部叠压QⅠA第3层及QⅠC第1层。黄花土，含有料姜石块，南北宽4米，距地表深0.35、厚0.45米。出土1片黑皮褐胎素面陶片。

QⅠA第2层：北部被CT5第6层及CT4~CT7GⅠ第2层打破，南部被QⅠA第1层叠压。黄花土，南北宽1.9米，距地表深0.95、厚0.2~0.35米。出土较多碎陶片，可辨器形有夹砂灰陶厚沿深腹罐、篦形豆座等。

QⅠA第3层：北部被CT4~CT7GⅠ第2、3层打破。黄花土，土质较硬，南北宽5.4米，距地表深0.75~1.2、厚0.5~0.65米。出土陶片少而碎，仅见罐类腹部残片。

QⅠA第4层：北部被CT4~CT7GⅠ第6、7层打破，南部倾斜叠压QⅠC第1层。黄花土，含青灰砂土块和较大的料姜石块，现南北宽7.45米，距地表深1~2、最厚0.8米。该层可分出近于平行的若干夯土层，系平夯，夯窝不很明显。出土陶片较少，以灰陶为主。纹饰有较浅的篮纹和斜方格纹，可辨器形有折肩罐。

QⅠB层：主要分布于CT4和CT5内，分两层。

QⅠB第1层：北部被CT4~CT7GⅠ第7层打破，南部叠压QⅠC第1层。现存南北宽6.65米，距地表深2.5~2.9、最厚2米。该层是夯筑质量最好的夯土层，夯层呈深褐色，土质密度最大。夯层明显，近水平状层层叠压，夯窝清晰，夯层厚6~7厘米，夯窝直径3~5厘米。夯窝排列不太整齐，不见集束夯打的现象，似随意夯打所至。夯土的来源可能是附近的深褐色生土，这种生土在CT8第3层下即可看到。该层出土陶片均为灰陶。纹饰有粗、细篮纹，可辨器形有钵、罐。

QⅠB第2层：位于CT4南部，范围较小，北距CT4~CT7GⅡ不足1米，应已接近原北部边缘。北端被CT4~CT7GⅠ第7层打破。黄褐色土，土质坚硬，密度大，现东西宽2.4米，距地表4、最厚1.1米。该层分层不够明显，未见陶片。

④ 新砦期早段城墙（CT4~CT7QⅠC） 主要分布于CT5、CT6内，呈倾斜状。北部被QⅠB第1层打破，南部打破Q11。最高处被探沟第2层叠压，距地表仅0.3米。从低处的QⅠC第1层北端到最高处的QⅠC第2层南端计算，现存南北宽9米。可分两层。青灰色土，含砂量较大，土质较疏松，与GⅢ内淤土的土质土色接近。每一层厚0.1~0.65米。因是倾斜堆积，已看不出明显的夯窝，但每一小层内部可划分出相互叠压的若干斜状薄土层。出土遗物大都属于龙山文化晚期。陶片以灰陶为主，纹饰有绳纹、篮纹、方格纹等，可辨器形有泥质灰陶深腹罐、小口高领罐、刻槽盆、碗、钵等。

⑤ 龙山文化晚期壕沟（CT4~CT7GⅢ） 位于CT4南部与CT5北部。沟口上部北边被QⅠB第2层打破，南边被QⅠC第2层打破。南北宽4米，沟口距地表深4.85米，沟深0.95~1.9米。沟内堆积分为二层。第1层现存南北两壁坡度较缓。灰黄色土，土质稍硬，最厚1.45米。出有泥质灰陶篮纹陶片，可辨器形有器壁较薄的罐类、器耳等。第2层直接挖于生土上，形成一沟槽。绿黄色土，含有淤沙，南北宽1~1.25米，口距地表深6、深0.6~0.7米。南北两壁陡直，底部平坦。出有器壁较薄的篮纹陶片和残石器。

⑥ 龙山文化晚期城墙（CT4~CT7QⅡ） 主要分布于CT5~CT7内。直接叠压CT7南部的生土层，最高处开口于本探沟第2层下，距地表深0.25米。整体被CT4~CT7QⅠC

第 2 层叠压,打破 CT7 第 8 层。可分 QⅡA、B、C 三层,其中 QⅡA 层又分为三小层。QⅡA 第 1 层和 QⅡB 层上部为数层斜状堆筑层,其余为平夯层。QⅡA、B、C 三层总体特点是靠近居址的南半部为平行叠压的平夯层,系直接把南壁切削成近阶梯状,便于平行夯打夯层;而靠近外围的北部夯层因被 QⅠC 打破,形成倾斜状的堆筑层。从低处的 QⅡB 层北端至高处的 QⅡA 第 2 层南端,最厚 4.5 米,现南北宽 9.35 米。

QⅡA 第 1 层:主要分布于 CT5 南部和 CT6 北部。由四薄层倾斜叠压堆筑而成。褐红色土,土质较硬,南北宽 3.65 米,距地表深 1.5～3.1、最厚 0.35 米。出土陶片有灰陶和黑陶,少而破碎。纹饰有篮纹。陶器具有龙山文化晚期风格。

QⅡA 第 2 层:主要分布于 CT5 偏南部。黄土,夯层不明显,南北宽 2.65 米,距地表深 2.75～4、最厚 1.1 米。出有龙山文化晚期的小口高领罐、深腹罐等。

QⅡA 第 3 层:主要分布于 CT6 及 CT7 北部。南部最高处开口在 CT7 第 2 层下,打破第 8 层,距地表仅 0.2 米;北部主体已被 CT4～CT7QⅡA 第 1 层打破。红黄色土,土质较硬,现南北宽 5.5、最厚 1.6 米。可见明显的夯层,夯层大致为平行叠压,有明显的夯窝,夯层厚 8～10 厘米。夯窝分圆形和椭圆形,直径为 5～8、深 1.5 厘米。出有龙山文化晚期的灰陶片,纹饰有篮纹、绳纹和斜方格纹。器形有罐、钵等。

QⅡB 层:主要分布于 CT5 南部和 CT6 北部,呈南高北低的倾斜状堆积。北部被 QⅠC 第 2 层打破,南部被 QⅡA 第 3 层所叠压。黄土,土质较硬,夹杂红褐色颗粒,现南北宽 5.25 米,距地表深 2.55～4.7、最厚 0.8 米。南半部分层明显。出有夹砂灰陶、泥质灰陶的绳纹和篮纹陶片,可辨器形有罐类、刻槽盆、器盖、豆把等。属龙山文化晚期。

QⅡC 层:分布于 CT6 内。北部被 QⅡB 层打破,南边紧贴生土壁。整体呈块状分布。深红色花土,土质较硬,距地表 2.25、厚 1.1 米。可细分为六薄层,每层厚 0.15～0.25 米。出有泥质和夹砂灰陶及黑陶片,可辨器形有深腹罐、钵、碗、鼎足等。属龙山文化晚期。

⑦ 龙山文化晚期壕沟(CT4～CT7GⅣ)位于 CT5 南部,被 CT4～CT7QⅡB 层叠压。南北两壁均为生土,较陡直,底部平坦。距地表 4～4.8、口南北宽 2.7、底宽 1.3 米。沟内堆积可分为三层。第 1 层,灰黄土,土色泛青,土质稍硬,厚 0.5～1.25 米。出有龙山文化晚期的泥质灰陶篮纹罐腹部残片及器耳。第 2 层,黄土发青,夹杂淤土,厚 0.6～0.7 米。出土较薄的篮纹陶片等。第 3 层,灰白色砂质土,含砂量较大,厚 0.5～0.6 米。未见包含物。上述地层堆积也见于 BT4～BT7 西壁剖面。

二、出土遗物

探沟内各遗迹所出遗物分别属于新砦遗址第一期即龙山文化晚期、第二期即新砦期和第三期即二里头文化早期。下面将一些典型标本介绍如下。

1. 龙山文化晚期遗迹出土陶器

深腹罐　标本 CT2QⅡ①:1,夹砂灰褐陶。已残。方唇,唇部有凹槽,唇下有凸棱,折沿，口沿内折棱凸出。残高3.4厘米（图四，3）。

小口高领瓮　标本CT2GⅣ:1，泥质灰陶。已残。圆唇，直领，平肩。素面。残高3.8厘米（图四，5）。

敛口钵　标本CT2QⅡ②:1，夹砂陶。已残。尖唇，斜壁。素面。残高2.6厘米（图四，4）。

钵　标本CT2GⅣ:3，泥质深灰陶。已残。厚圆唇，口微敛。素面。残高7厘米（图四，1）。

器纽　标本CT2QⅡ②:3，夹砂灰褐陶。已残。纽顶微内凹，束颈。纽径3.2、残高2.4厘米（图四，2）。

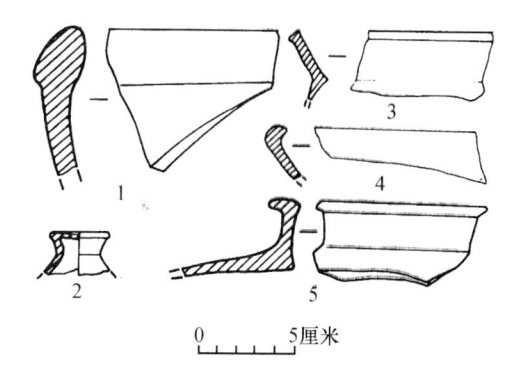

图四　龙山文化晚期遗迹出土陶器
1. 钵（CT2GⅣ:3）　2. 器纽（CT2QⅡ②:3）　3. 深腹罐（CT2QⅡ①:1）　4. 敛口钵（CT2QⅡ②:1）　5. 小口高领瓮（CT2GⅣ:1）

2. 新砦期遗迹出土陶器

① 新砦期早段陶器　均残，可辨器形有鼎、深腹罐、鼓腹罐、盆、刻槽盆、高领瓮、碗等。

鼎　标本CT2GⅢ:5，夹砂灰陶。尖唇，折沿，腹近直。饰方格纹。残高7.4厘米（图五，4）。

深腹罐　标本CT2GⅢ:3，夹砂灰陶。尖唇，宽折沿，口沿内折棱凸出，鼓腹。饰方格纹。残高6.3厘米（图五，10）。

鼓腹罐　标本CT2GⅢ:1，泥质灰陶。尖唇，折沿，沿面微内凹，口沿内折棱凸出。素面。残高6厘米（图五，2）。

盆　标本CT2QⅠC③:1，夹砂灰褐陶。方唇，卷沿，斜腹，腹部凹凸不平。素面。残高3.8厘米（图五，6）。标本CT2GⅢ:4，泥质黑陶。圆唇，直壁，浅腹，平底。高6厘米（图五，7）。标本CT2QⅠC⑦:3，夹砂灰陶。圆唇，卷沿，斜腹。素面。残高5厘米（图五，8）。

刻槽盆　标本CT2QⅠC⑦:2，夹砂灰黑陶。尖唇，敛口，厚沿，沿上有凸棱，斜壁。外壁饰剔刺纹，内壁有刻槽。残高4.4厘米（图五，1）。

高领瓮　标本CT2QⅠC②:1，泥质灰陶。圆唇，唇内外有凸棱。残高5.7厘米（图五，9）。

碗　标本CT2QⅠC②:2，夹砂灰陶。斜方唇，斜壁。素面。残高1.8厘米（图五，5）。标本CT2GⅢ:2，泥质灰陶，腹壁较厚。尖唇，斜腹，平底。口径15.8、底径9.6、高2.4厘米（图五，3）。

② 新砦期晚段陶器　均残，器形有深腹罐、子母口罐（鼎）、鼓腹罐、矮领罐、高领罐、深腹盆、平底盆、刻槽盆、高领瓮等。

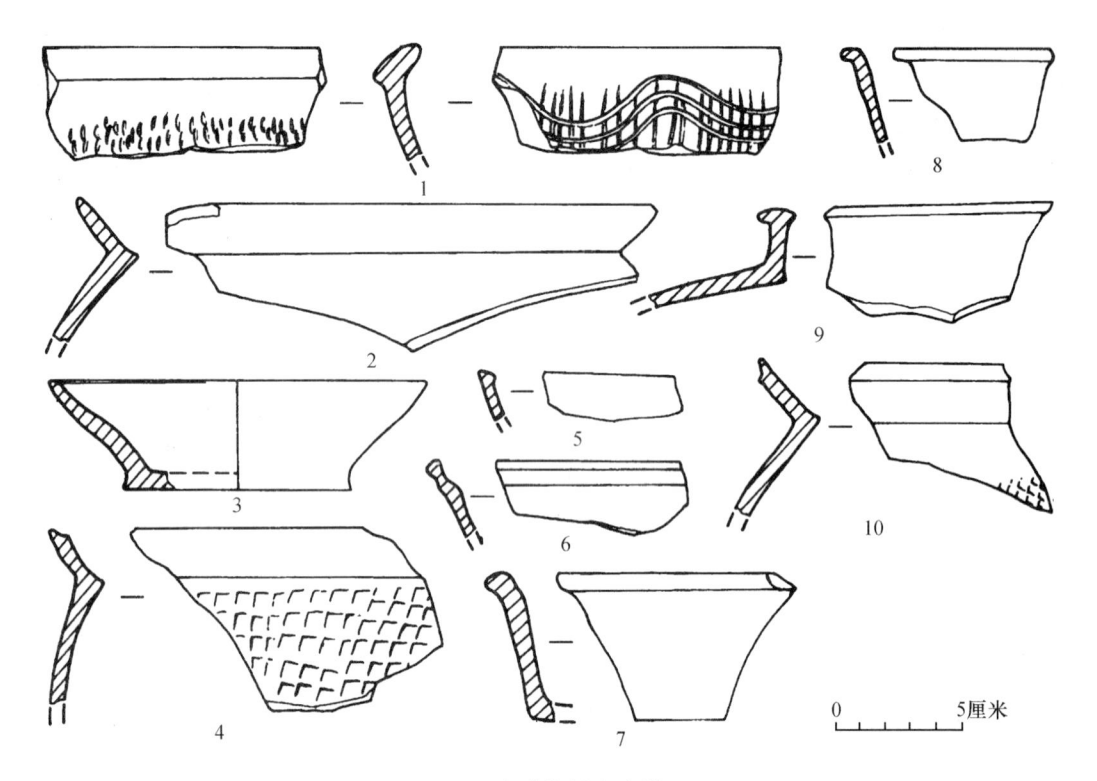

图五　新砦期早段陶器

1. 刻槽盆（CT2QIC⑦:2）　2. 鼓腹罐（CT2GⅢ:1）　3、5. 碗（CT2GⅢ:2、CT2QIC②:2）　4. 鼎（CT2GⅢ:5）
6~8. 盆（CT2QⅠC③:1、CT2GⅢ:4、CT2QⅠC⑦:3）　9. 高领瓮（CT2QⅠC②:1）　10. 深腹罐（CT2GⅢ:3）

深腹罐　标本 CT2QⅠA①:2，夹砂灰褐陶。方唇，折沿，口沿内折棱明显，鼓腹。腹部饰篮纹。残高 2.6 厘米（图六，20）。标本 CT2GⅡ②:8，夹砂灰褐陶。尖唇，折沿，沿面内凹，口沿内折棱明显，鼓腹。腹部饰篮纹。残高 9.2 厘米（图六，4）。

子母口罐（鼎）　标本 CT2QⅠA①:5，夹砂灰褐陶。敛口，方唇，唇上有凹槽，斜腹。腹部饰篮纹。残高 4.6 厘米（图六，15）。标本 CT2GⅡ①:3，夹砂陶。圆唇，敛口。腹部附鸡冠耳，饰四周凸弦纹和绳纹。残高 6 厘米（图六，9）。

鼓腹罐　标本 CT2QⅠB①:4，夹砂灰褐陶。尖唇，折沿，口沿内折棱明显。残高 4.6 厘米（图六，19）。

小罐　标本 CT2GⅡ②:1，夹砂灰褐陶。圆唇，折沿，沿面微内凹，口沿内折棱凸出，鼓腹。腹部饰两周凹弦纹。残高 5.4 厘米（图六，12）。

矮领罐　标本 CT2GⅡ②:3，夹砂灰褐陶。圆唇，侈口。残高 4.2 厘米（图六，5）。标本 CT2GⅣ②:7，泥质陶。圆唇，侈口。残高 5.3 厘米（图六，11）。

高领罐　标本 CT2GⅡ②:9，泥质陶。尖唇，卷沿。残高 6.6 厘米（图六，6）。

深腹盆　标本 CT2GⅡ②:4，夹砂灰褐陶。尖唇，唇部加厚，折沿，口沿内折棱凸出，腹微鼓。残高 8 厘米（图六，1）。

平底盆　标本CT2GⅡ①:9，夹砂灰褐陶。尖唇，折沿，沿上有一周凹槽，弧壁。素面。残高5.1厘米（图六，17）。标本CT2GⅡ②:10，夹砂陶。圆唇，敞口，厚沿，斜壁。素面。残高6.6厘米（图六，3）。

刻槽盆　标本CT2GⅡ①:10，夹砂灰褐陶。方唇，敛口，斜腹。沿部饰一周凹弦纹，腹部饰篮纹和方格纹，内壁有刻槽。残高6.8厘米（图六，7）。

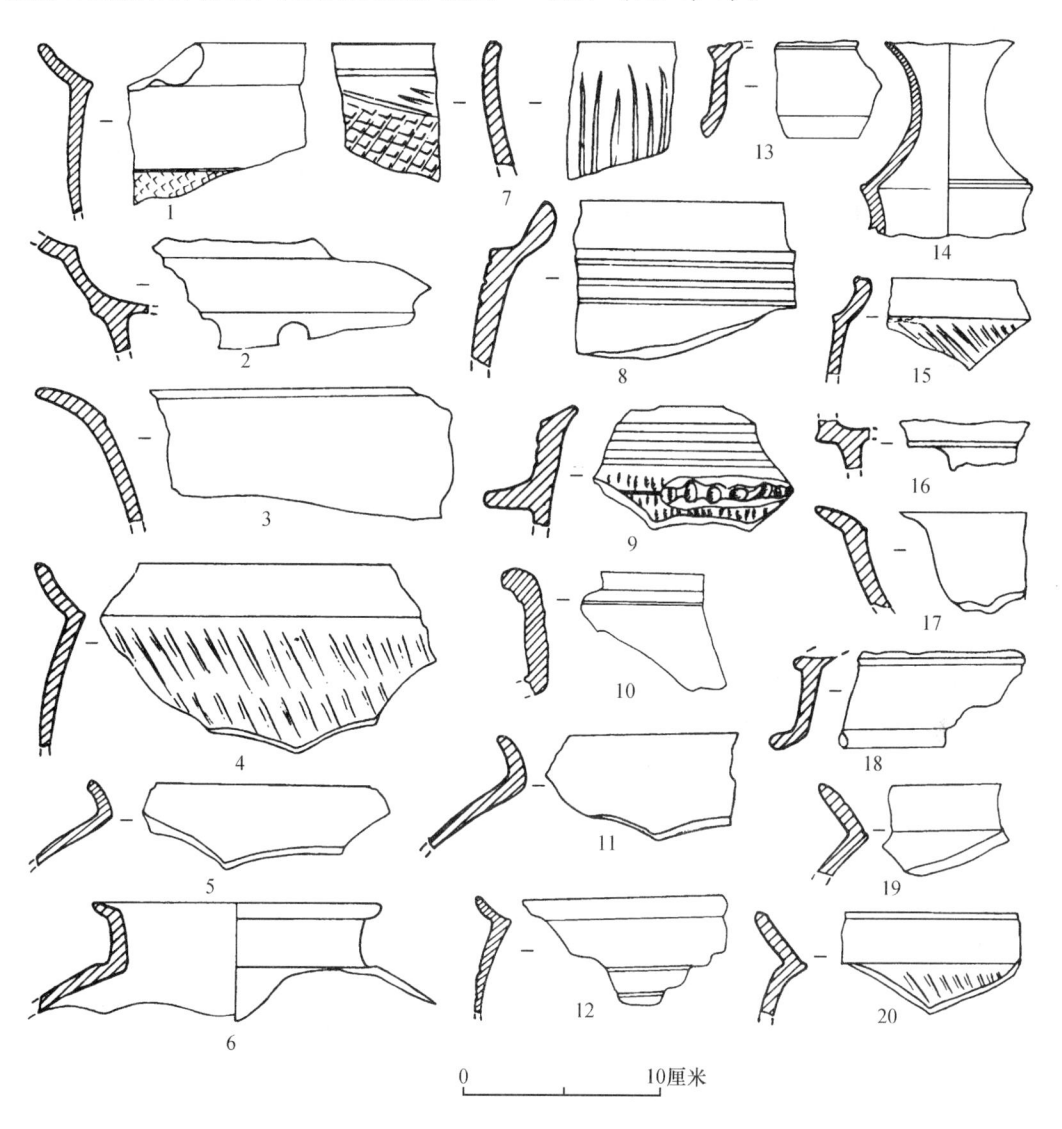

图六　新砦期晚段陶器

1. 深腹盆（CT2GⅡ②:4）　2. 圈足盘（CT2GⅡ①:5）　3、17. 平底盆（CT2GⅡ②:10、CT2GⅡ②:9）　4、20. 深腹罐（CT2GⅡ②:8、CT2QⅠA①:2）　5、11. 矮领罐（CT2GⅡ②:3、CT2GⅣ②:7）　6. 高领罐（CT2GⅡ②:9）
7. 刻槽盆（CT2GⅡ①:10）　8. 子母口瓮（CT2GⅡ②:6）　9、15. 子母口罐（鼎）（CT2GⅡ①:3、CT2QIA①:5）
10. 高领瓮（CT2GⅡ④:8）　12. 小罐（CT2GⅡ②:1）　13、18. 器盖（CT2GⅡ①:7、CT2QⅠB②:3）　14. 盖纽（CT2GⅡ④:5）　16. 三足皿（CT2QⅠB①:6）　19. 鼓腹罐（CT2QⅠB①:4）

高领瓮　标本 CT2GⅡ④：8，夹砂陶，器壁较厚。圆唇，侈口。残高 6.3 厘米（图六，10）。

子母口瓮　标本 CT2GⅡ②：6，夹砂陶，胎较厚。尖圆唇，敛口，斜腹。腹部饰三周凹弦纹。残高 8 厘米（图六，8）。

圈足盘　标本 CT2GⅡ①：5，夹砂陶。折沿，口沿内折棱凸出，斜壁，圜底，圈足残。圈足上有两个圆孔。残高 5.6 厘米（图六，2）。

三足皿　标本 CT2QⅠB①：6，夹砂陶。口与足已残。残高 2.6 厘米（图六，16）。

器盖　标本 CT2QⅠB②：3，夹砂灰褐陶。圆唇，折沿，折肩，肩上有凸棱，斜壁。残高 4.8 厘米（图六，18）。标本 CT2GⅡ①：7，夹砂灰褐陶。尖唇，折肩，肩上有凸棱，壁微斜。素面。残高 4.8 厘米（图六，13）。

盖钮　标本 CT2GⅡ④：5，夹砂灰褐陶。弧壁，壁上有一周凹弦纹。残高 9.8 厘米（图六，14）。

3. 二里头文化早期壕沟出土遗物

（1）陶器

多为残片。质地以夹砂陶为主，少量为泥质陶。可辨器形有鼎、深腹罐、花边罐、鼓腹罐、矮领罐、平底盆、刻槽盆、碗、豆、子母口瓮、高领瓮等。

鼎　标本 CT2GⅠ⑩：10，夹砂陶。圆唇，折沿，沿较窄，沿面上有一周凹槽，鼓腹。腹部饰方格纹。残高 6.8 厘米（图七，4）。

鼎足　标本 CT2GⅠ②：13，夹砂陶。扁状，足面粗糙。高 5 厘米（图七，7）。标本 CT2GⅠ②：14，夹砂陶。扁三角形状。表面粗糙，一侧有捏窝。残高 7.6 厘米（图七，24）。标本 CT2GⅠ⑥：4，捏制，乳头状。残高 2 厘米。

子母口鼎　标本 CT4GⅠ⑥：1，泥质灰陶。已残。圆唇，敛口。素面。残高 4 厘米（图七，1）。

深腹罐　夹砂灰褐陶。已残。标本 CT2GⅠ①：2，尖唇，折沿，沿面上有凹槽，鼓腹。腹部饰篮纹。残高 5.6 厘米（图七，23）。标本 CT2GⅠ①：4，圆唇，折沿，鼓腹。残高 7.8 厘米（图七，21）。标本 CT2GⅠ②：9，尖唇，折沿，沿微内凹，鼓腹。残高 5.6 厘米（图七，18）。标本 CT2GⅠ⑥：4，方唇，折沿，沿面微内凹，沿面上有一周凹槽，口沿内折棱明显，鼓腹。腹部饰方格纹。残高 6.8 厘米（图八，11）。标本 CT2GⅠ⑧：4，尖唇，唇部加厚，折沿，口沿内折棱凸出，鼓腹。腹部饰篮纹。残高 5.6 厘米（图八，6）。标本 CT2GⅠ⑩：8，圆唇，折沿，沿面较平，鼓腹。残高 6 厘米（图七，20）。标本 CT2GⅠ⑩：6，尖唇，唇部加厚，折沿，沿面上有一周凹槽，鼓腹。腹部饰方格纹。残高 6.2 厘米（图八，9）。

花边罐　夹砂灰褐陶。已残。标本 CT2GⅠ④：8，尖唇，矮领。唇下有一周附加堆纹。残高 2.8 厘米（图七，11）。标本 CT2GⅠ②：10，薄唇，折沿，沿微内凹，鼓腹。唇下有一周附加堆纹，腹部饰绳纹。残高4厘米（图七，17）。标本CT2GⅠ⑩：11，方唇，高领。唇下有一周附加堆纹。残高4.4厘米（图七，3）。

小罐　标本CT2GⅠ④：2，夹砂灰褐陶。已残。圆唇，折沿。腹部饰细绳纹。残高5.6厘米（图七，22）。

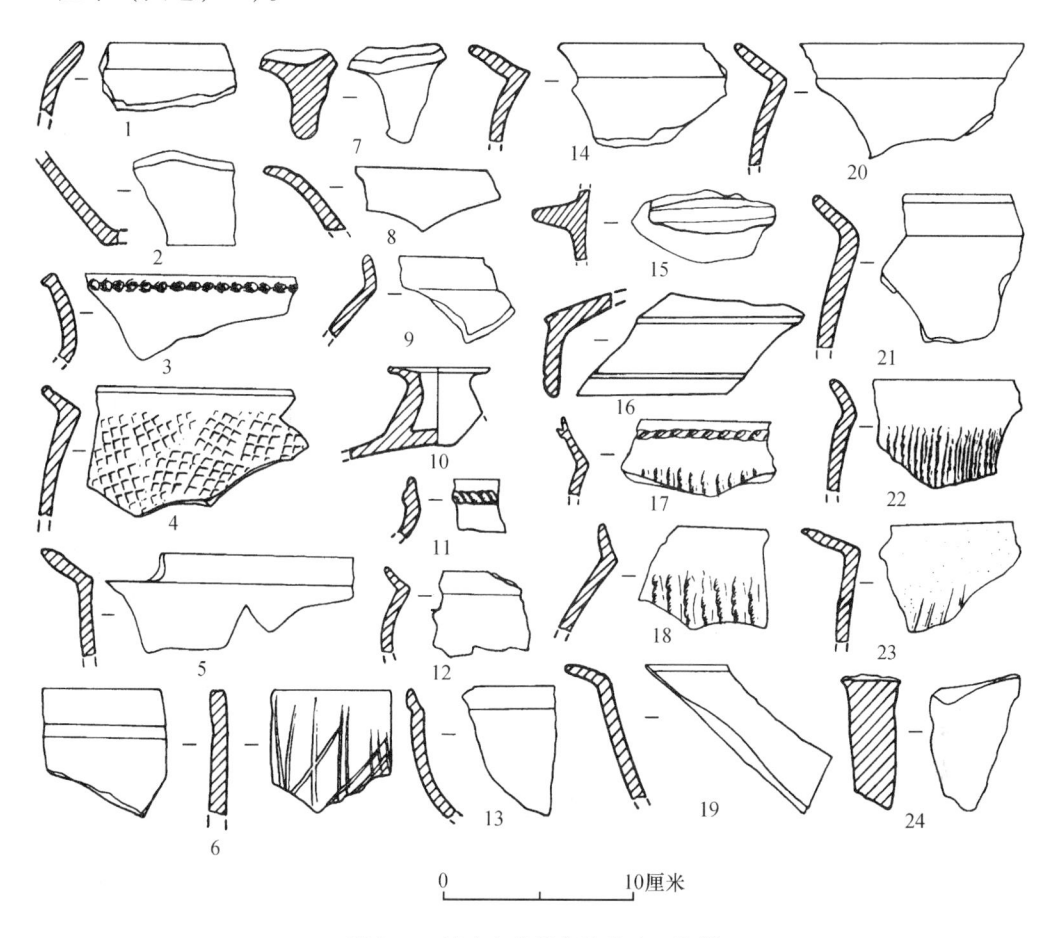

图七　二里头文化早期壕沟出土陶器

1. 子母口鼎（CT4GⅠ⑥：1）　2. 碗（CT2GⅠ②：11）　3、11、17. 花边罐（CT2GⅠ⑩：11、CT2GⅠ④：8、CT2GⅠ②：10）
4. 鼎（CT2GⅠ⑩：10）　5. 深腹盆（CT2GⅠ⑥：2）　6. 刻槽盆（CT2GⅠ②：3）　7、24. 鼎足（CT2GⅠ②：13、14）　8. 平底盆（CT2GⅠ⑤：3）　9. 矮领罐（CT2GⅠ④：7）　10. 盖纽（CT2GⅠ⑩：13）　12、13. 豆（CT2GⅠ⑥：5、CT2GⅠ④：4）
14. 鼓腹罐（CT2GⅠ②：1）　15. 鸡冠耳（CT2GⅠ④：9）　16. 器盖（CT2GⅠ⑩：12）　18、20、21、23. 深腹罐（CT2GⅠ②：9、CT2GⅠ⑩：8、CT2GⅠ①：4、CT2GⅠ①：2）　19. 盆（CT2GⅠ⑥：22）　22. 小罐（CT2GⅠ④：2）

鼓腹罐　夹砂灰褐陶。已残。标本CT2GⅠ②：1，圆唇，折沿，沿面上有一周凹槽，口沿内折棱凸出。残高5.4厘米（图七，14）。标本CT2GⅠ⑩：7，圆唇，折沿，口沿内折棱明显。残高6.2厘米（图八，13）。

矮领罐　标本CT2GⅠ④：7，夹砂灰褐陶。已残。尖唇，侈口。残高4.4厘米（图七，9）。

平底盆　夹砂灰褐陶。已残。标本CT2GⅠ⑤：3，尖唇，卷沿，沿面上有凹槽，斜壁。残高3.2厘米（图七，8）。标本CT2GⅠ⑨:6，圆唇，卷沿，斜壁，平底。素面。口径24.4、底径18.2、高3.4厘米（图八，5）。

刻槽盆　标本CT2GⅠ②:3，夹砂灰褐陶。已残。方唇，直口，直壁，外壁有一周凹槽。外壁饰篮纹，内壁有刻槽。残高6.4厘米（图七，6）。

深腹盆　标本CT2GⅠ⑥:2，夹砂灰褐陶。已残。尖唇，唇部加厚，折沿，口沿内折棱明显，斜壁。素面。残高3.2厘米（图七，5）。

盆　标本CT2GⅠ⑥:22，夹砂灰褐陶。已残。圆唇，折沿，斜壁。沿面上有一周凹弦纹。残高7.8厘米（图七，19）。

子母口瓮　标本CT2GⅠ④:1，夹砂灰陶。已残。方唇，唇部有凹槽。壁上有两周凹弦纹。残高5.6厘米（图八，7）。

矮领瓮　标本CT2GⅠ①:3，泥质陶。已残。圆唇，直领。残高5.6厘米（图八，4）。

高领瓮　标本CT2GⅠ⑩:14，泥质陶。已残。尖唇，侈口。领上有一周凹弦纹。残高7.2厘米（图八，2）。

碗　标本CT2GⅠ②:11，夹砂灰陶。已残。斜壁，平底。素面。残高4.4厘米（图七，2）。

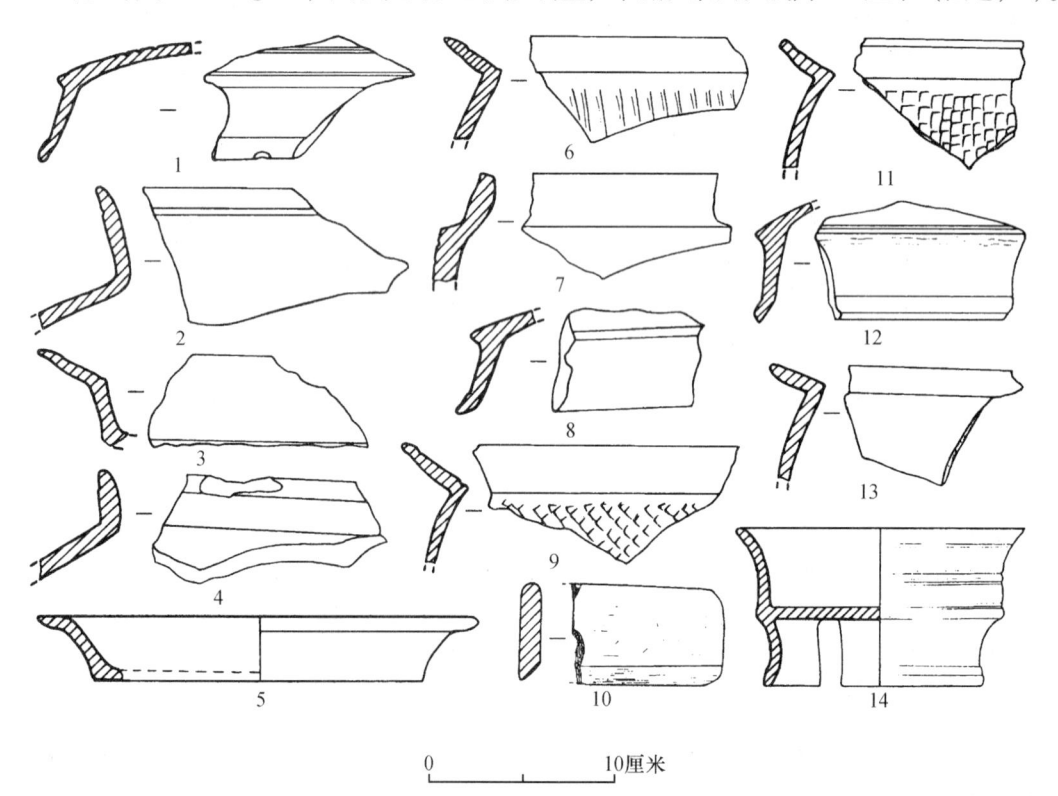

图八　二里头文化早期壕沟出土遗物

1、8、12. 器盖（CT2GⅠ②:8、CT2GⅠ①:7、CT2GⅠ⑨:3）　2. 高领瓮（CT2GⅠ⑩:14）　3. 圈足皿（CT2GⅠ①:5）　4. 矮领瓮（CT2GⅠ①:3）　5. 平底盆（CT2GⅠ⑨:6）　6、9、11. 深腹罐（CT2GⅠ⑧:4、CT2GⅠ⑩:6、CT2GⅠ⑥:4）　7. 子母口瓮（CT2GⅠ④:1）　10. 刀（CT2GⅠ⑩:2）　13. 鼓腹罐（CT2GⅠ⑩:7）　14. 三足皿（CT2GⅠ①:8）（10为石质，余为陶器）

豆 标本 CT2GⅠ④:4，泥质黑皮陶。已残。尖唇，沿面微内凹，弧腹。素面。残高 6.8 厘米（图七，13）。标本 CT2GⅠ⑥:5，泥质黑皮陶。已残。圆唇，折沿，沿面微内凹，鼓腹。素面。残高 4.6 厘米（图七，12）。

圈足皿 标本 CT2GⅠ①:5，夹砂灰褐陶。已残。尖唇，唇部加厚，折沿，沿上有一周凹槽，口沿内折棱明显，斜壁。素面。残高 4.8 厘米（图八，3）。

三足皿 标本 CT2GⅠ①:8，泥质灰陶。圆唇，侈口，平底，底有三瓦足。壁上有三周凹弦纹。口径 24、高 13.2 厘米（图八，14）。

器盖 夹砂灰褐陶。残。标本 CT2GⅠ①:7，尖唇，折肩，肩上有一周凸棱，斜壁，沿外撇。素面。残高 5.4 厘米（图八，8）。标本 CT2GⅠ②:8，圆唇，折肩，肩部微鼓，斜壁。肩上有凸棱及四周凹弦纹。残高 6.2 厘米（图八，1）。标本 CT2GⅠ⑨:3，方唇，折肩，直壁，沿外撇。肩上有凸棱，肩部饰一周凹弦纹。残高 6.2 厘米（图八，12）。标本 CT2GⅠ⑩:12，方唇，口微敛，折肩。肩上有一周凸棱，壁上饰一周凹弦纹。残高 5.4 厘米（图七，16）。

盖纽 标本 CT2GⅠ⑩:13，夹砂陶。已残。圆唇，折沿，内折棱明显。残高 4.8 厘米（图七，10）。

鸡冠耳 标本 CT2GⅠ④:9，夹砂灰褐陶。扁状，器表粗糙。残高 3.8 厘米（图七，15）。

（2）石器

刀 标本 CT2GⅠ⑩:2，磨制，表面光滑。已残。扁平形，有一对穿圆孔，单面刃。残长 6.2、宽 4.1 厘米（图八，10）。

三、结　　语

通过对 CT4~CT7 内城墙解剖得知，新砦遗址在龙山文化之前就有自然沟（CT4~CT7GⅣ），龙山文化时期将该自然沟填平修建龙山文化城墙（CT4~CT7QⅡ），其外侧则拓建护城河（CT4~CT7GⅢ）。到了新砦期的早段，或许因洪水的泛滥，导致 QⅡ 坍塌和 GⅢ 被淤满。当时的人们修整龙山文化晚期的城墙，形成 CT4~CT7QⅠC 第 2 层，即一层冲刷层，并在此层的基础上夯筑 CT4~CT7QⅠC 第 1 层。到了新砦期晚段，在 CT4~CT7QⅠC 第 1 层之上，继续向外拓展，新建 CT4~CT7QⅠA、B（新砦期晚段），紧邻其外侧相应地向外拓建新的护城河（CT4~CT7GⅡ）。最后，新砦期晚段的城墙（CT4~CT7QⅠA、B）和护城河（CT4~CT7GⅡ）又被二里头文化时期的冲沟（CT4~CT7GⅠ）所毁。为了了解 CT4~CT7 各种土层的干密度，我们在 CT4~CT7 探沟的西壁采集土样（图九），送交相关部门进行实验（表一）。实验表明：护城河内的淤土密度低于夯土层的密度；基槽最底层夯土的密度较低，说明底部垫土只经过稍许夯打；覆盖在 QⅡ 顶层的青灰沙土层，密度低于护城河内的淤土，这有可能是龙山文化城墙废弃时期雨水冲刷或人工翻动修理后的结果。

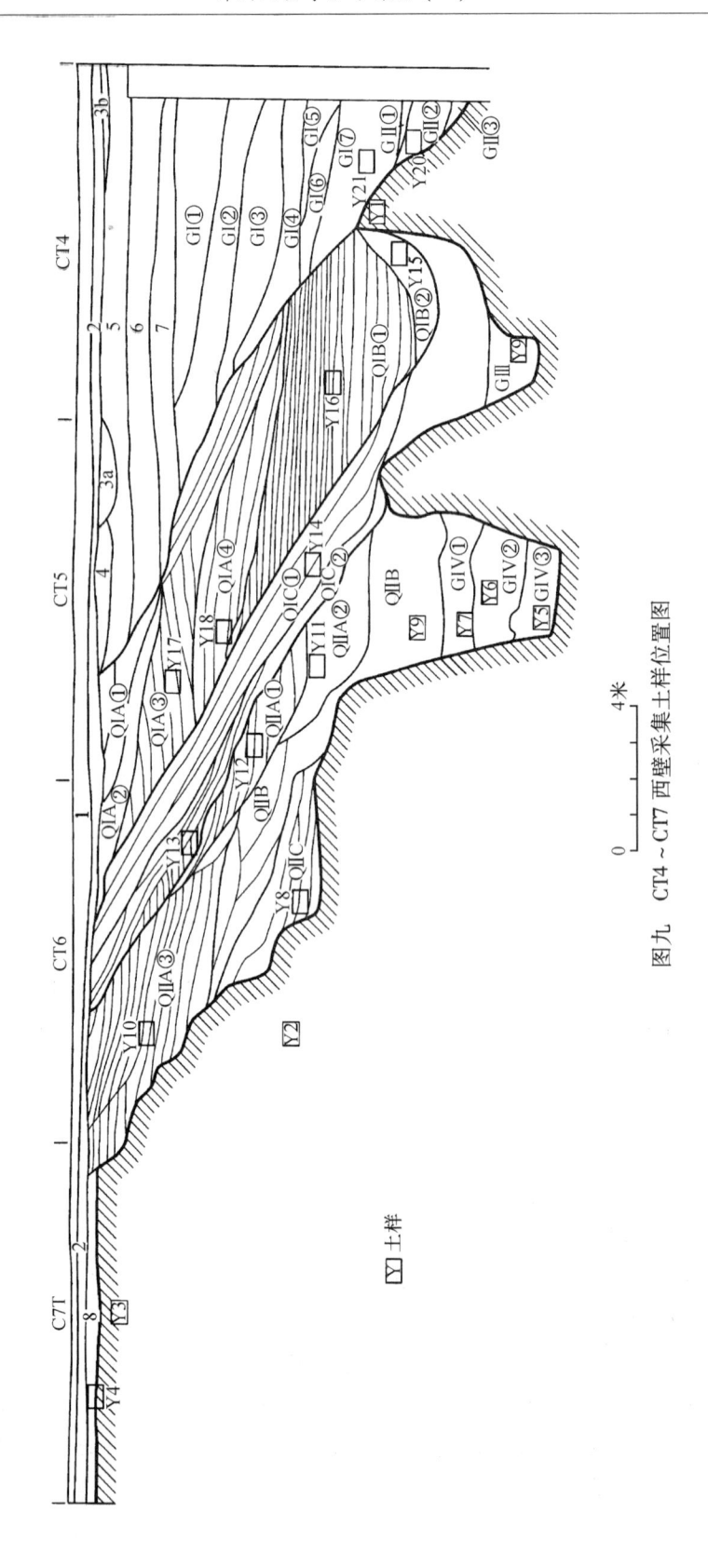

图九 CT4~CT7 西壁采集土样位置图

表一 河南新密市新砦遗址 CT4～CT7 土样实验成果报告表

野外土样编号	位置	种类	分期	含水率 W %	含水率比较	密度 ρ g/cm²	干密度 ρ_d	密度比较
21	GⅠ⑦	沟土	二里头文化	10.5	低	1.53	1.38	低
20	GⅡ②	沟土	新砦期晚段	15.0	高	1.59	1.38	低
19	GⅢ	沟土	龙山文化晚期	8.6	低	1.48	1.36	低
18	QⅠA④	夯土	新砦期晚段	10.4	低	1.57	1.42	中
17	QⅠA③	夯土	新砦期晚段	12.8	中	1.58	1.40	中
16	QⅠB①	夯土	新砦期晚段	17.8	高	1.72	1.46	中
15	QⅠB②	夯土	新砦期晚段	10.5	低	1.65	1.49	中
14	QⅠC①	夯土	新砦期早段	7.9	低	1.65	1.53	高
13	QⅠC②	夯土	新砦期早段	14.3	中	1.52	1.33	最低
12	QⅡA①	夯土	龙山文化晚期	13.6	中	1.63	1.43	中
11	QⅡA②	夯土	龙山文化晚期	12.6	中	1.57	1.39	较低
10	QⅡA③	夯土	龙山文化晚期	16.1	高	1.73	1.49	中
9	QⅡB	夯土	龙山文化晚期	15.9	高	1.68	1.45	中
8	QⅡC	夯土	龙山文化晚期	13.8	中	1.58	1.39	较低
7	GⅣ①	沟土	龙山文化晚期	13.0	中	1.55	1.37	低
6	GⅣ②	沟土	龙山文化晚期	15.3	高	1.73	1.50	较高
5	GⅣ③	沟土	龙山文化晚期	12.0	中	1.55	1.38	低
4	CT7⑧	文化层	龙山文化晚期	14.7	中	1.72	1.50	较高
3	CT8 褐红土	生土	龙山文化之前	14.3	中	1.74	1.52	较高
2	CT6 黄生土	生土	龙山文化之前	12.8	中	1.74	1.54	最高
1	CT3 泛青色生土	生土	龙山文化之前	14.4	中	1.68	1.47	中

实验单位：河南省工程水文地质勘察院实验室

需要说明的是，CT2 所见与 CT4～CT7 略同。即新砦第一期的居民将原自然沟填平并夯筑城墙，是为 CT2QⅡ第 2 层和 CT2QⅡ第 1 层，紧邻其外侧拓建配套的护城河（CT2GⅣ）。护城河紧邻城墙，导致城墙土容易向护城河内滑落。或许到了新砦期早段，原来的护城河已被填满。于是，新砦期早段的居民就清理护城河上部的淤土，并填上纯净的新土进行夯筑，形成了新砦期早段的夯土墙（CT2QⅠC）。同时，紧邻其外侧，向外拓建新的护城河（CT2GⅢ）。到了新砦期晚段，人们在CT2QⅠC的外坡顺势再修建新砦期晚段的城墙（CT2QⅠB和CT2QⅠA），其外围继续向外拓展更宽的护城河（CT2GⅡ第5层）。因护城河距离城墙太近，新砦期晚段的护城河（CT2GⅡ第1层至第4层）很快侵蚀了同时期的城墙（即CT2QⅠA、B）。最后，二里头文化时期，同样是一个大壕沟（CT2GⅠ）将新砦期晚段的城墙（CT2QⅠA、B）和护城河（CT2GⅡ）冲毁。

另外，新砦遗址所见将晚期城墙向外拓建在废弃的早期壕构（或护城河）之上的情况，亦见于湖南城头山[1]、四川鱼凫城[2]、郑州大师姑[3]等城址。斜行堆筑或夯筑墙体，更是为长江流域和黄河下游地区一些原始城址所常见[4]，新砦城墙采用这种筑墙方法或许是受上述地区影响的结果。这也与陶器群所见新砦城址与长江中下游及东方的文化交流现象相契合。

除了城墙和护城河以外，新砦遗址还发现了外壕和内壕。按照复原面积计算新砦城墙内面积约为70万平方米。如果将外壕与城墙之间的占地面积也计算在内，新砦城址的总面积将达到100万平方米左右。

新砦城址是目前发现的河南境内面积最大的龙山文化和新砦期的城址，它的发现对于研究中原地区和中国古代文明的起源与形成具有重要意义。

附记：此次发掘领队为赵春青，线图由焦建涛绘制，照片由赵春青拍摄。

注　释

[1] 湖南省文物考古研究所：《湖南澧县城头山——新石器时代遗址发掘报告》，文物出版社，2007年。
[2] 成都市文物考古工作队等：《四川省温江县鱼凫村遗址调查与试掘》，《文物》1998年第12期。
[3] 郑州市文物考古研究所：《郑州大师姑（2002~2003）》，科学出版社，2004年。
[4] 赵辉、魏峻：《中国新石器时代城址的发现与研究》，《古代文明》（第1卷），文物出版社，2002年。

（原刊于《考古》2009年第2期）

河南新密市新砦遗址 2002 年发掘简报

赵春青　张松林　顾万发　谢　肃　钱立森

河南新密市新砦遗址经1979年[1]、1999年[2]及2000年[3]发掘之后，其文化分期与谱系研究取得明显进展，"新砦期"的确认得到学术界的广泛肯定。自2002年起，新砦遗址的发掘研究工作被列为"中华文明探源工程"预研究和第一阶段研究聚落课题组的子课题，由中国社会科学院考古研究所河南新砦队和郑州市文物考古研究院共同承担。之后，新砦遗址发掘、研究的工作重点也由谱系研究转向聚落形态研究。

一、工 作 缘 起

新砦遗址总面积为70万~100万平方米，被黄土冲沟和双洎河古河道分割为相对隔离的四个区域，即今梁家台、苏沟、煤土沟和东湾四个自然村。为了便于工作，我们依据现代道路和自然地形，将新砦遗址编为A、B、C、D四区（图一）。2002年的工作重点是在以前工作的基础上，首先确定A、B、C、D四区是否为同一聚落。为此，2002年春在C区的煤土沟村东南布14米×4.5米的探沟CT1；在D区的东湾村（又名新寨村）的北边布2米×10米的探沟DT1。另外，据当地群众反映，在A区南部靠近双洎河北岸曾发掘出不少人骨。我们到现场复查之后，布2米×10米的探沟AT51，以寻找新砦墓地。

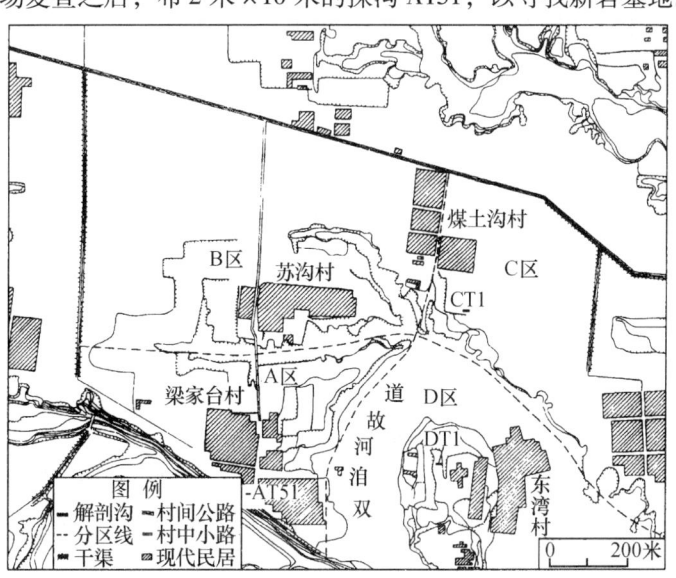

图一　新砦遗址分区与2002年发掘位置图

现将2002年AT51、CT1和DT1的发掘收获,简要报道如下。

二、地层关系

各区的地层关系不尽一致,现分别叙述。

1. A 区

以AT51南壁剖面为例,说明如下(图二)。

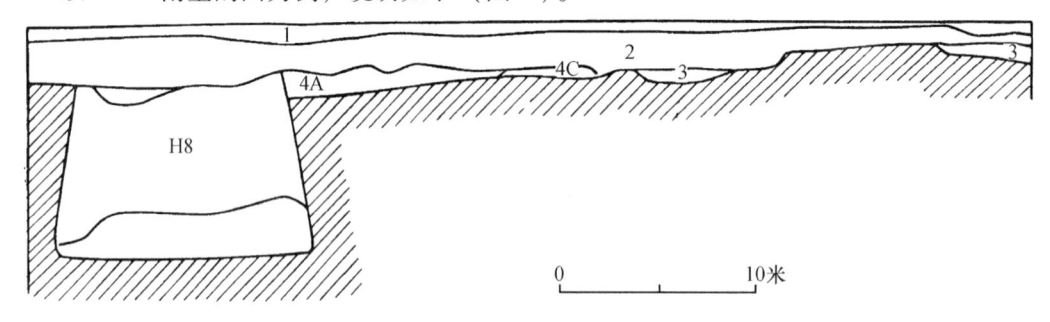

图二 AT51 南壁剖面图
1. 耕土　2. 扰土　3. 浅灰色土　4A. 浅黄土　4C. 黄土

第1层：耕土层,厚0.14~0.22米。

第2层：扰土层,厚0.54~0.6米。出土现代铁块、瓦和唐宋瓷片、新砦期陶片及龙山文化陶片。此层下叠压有西周时期的灰坑（AT51H7）和新砦期灰坑（AT51H8、H34）。

第3层：唐宋时期文化层。浅灰色土,内含黄土块,最厚0.18米。出有唐宋时期的瓷片和新砦期及龙山文化陶片。该层下叠压龙山文化时期的灰坑2个（AT51H4、H31）。

第4层：可分为A、B、C、D四小层。在南壁上可看到4A层和4C层。

第4A层：主要分布在探方中部。浅黄土,土质较密,厚0.04~0.32米。该层下叠压龙山文化灰坑1个（AT51H38）。

第4C层：黄土,厚0.1米。该层下叠压龙山文化灰坑2个（AT51H29、H30）。

第4层以下为生土层。

2. C 区

以CT1北壁剖面为例,说明如下（图三）。

第1层：耕土层,厚0.15~0.25米。

第2层：扰土层。分布于整个探方。浅黄土,土质干硬,厚0.12~0.27米。出有现代砖块和瓷片等。此层下叠压有CT1H1、H6、H11~H13、H22等新砦期灰坑。

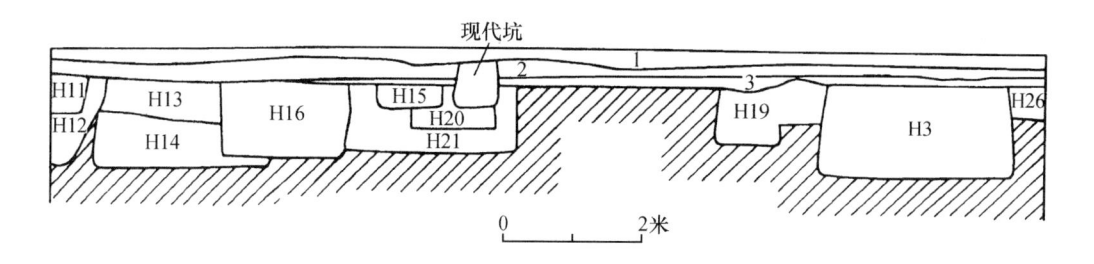

图三 CT1 北壁剖面图
1. 耕土 2. 浅黄土 3. 黄灰花土

第3层：分布于 CT1 东部和中部，西部可能被扰土破坏。黄灰花土，土质干硬，厚 0.08~0.1米。此层下叠压有 CT1H2、H3、H5、H14~H21、H23 等新砦期灰坑及 CT1H24~H26、H28 等龙山文化灰坑。

第3层以下为生土。

3. D 区

仅发掘了1条探沟（DT1），地层关系如下。

第1层为耕土层，第2层为扰土层，第3层至第6层为新砦期晚段文化层。因破坏严重，只发现新砦期晚段灰坑1个（DT1H27，开口于第2层下）和一段灰沟（DT1GⅡ，开口于第3层下）。不过，在第5层和第6层出土遗物中除大量新砦期晚段的遗物外，还发现个别新砦期早段和龙山文化晚期的陶片。

三、遗 迹

同以往历次发掘的结果一样，本年度发掘出的主体文化遗存仍可划分为龙山文化晚期和新砦期两大时期。所发现的遗迹主要为灰坑，另有2个残烧灶。

1. 第一期（龙山文化晚期）遗迹

（1）灰坑

共11座。据坑口形状，可分为两型。

A 型 共10座。坑口形状呈圆形或椭圆形。以 AT51H30、CT1H25 为例介绍如下。

AT51H30 位于探方中部偏西。开口于第2层下。被 AT51H29、H4 打破，并打破 AT51H37。圆形袋状，坑壁较规整，底近平，口距地表深0.6、口径1.42、底径2.84、深1.2米。坑内填灰土，无明显分层。

CT1H25 位于探方中部偏东。开口于第3层下。被 CT1H19、H3、H17 打破，并打破 CT1H28。圆形袋状，壁规整，底部近平，口距地表深0.45、口径2.4、底径2.5、深0.9米。

在坑壁上发现有长5.5、宽4厘米的工具痕迹。坑内堆积分为两层：第1层为灰土，土质疏松，内含红烧土、炭灰，厚0.2米。第2层为黄灰土，土质干硬，内含红烧土、炭灰，厚0.7米（图四）。

B型　仅1座（AT51H29）。坑口形状呈长方形，直壁。位于探方中部偏西。开口于第4C层下，打破AT51H30。坑底近平，口距地表深0.85~1.1、口长1.9、宽1.63米，底长1.9、宽1.63、深0.8~0.88米。坑内填浅黄土与少量灰土，出有丰富的动物骨骼碎片。另在坑底部西南、东南、东北处均发现略呈方形的红烧土堆积，每处均置有残碎的高领罐（图五）。

（2）烧灶

共2座，均残。CT1Z1，位于探方东部。开口于第3层下。可能因晚期地层的破坏，仅存部分灶壁，为不规则的红烧土（图六）。

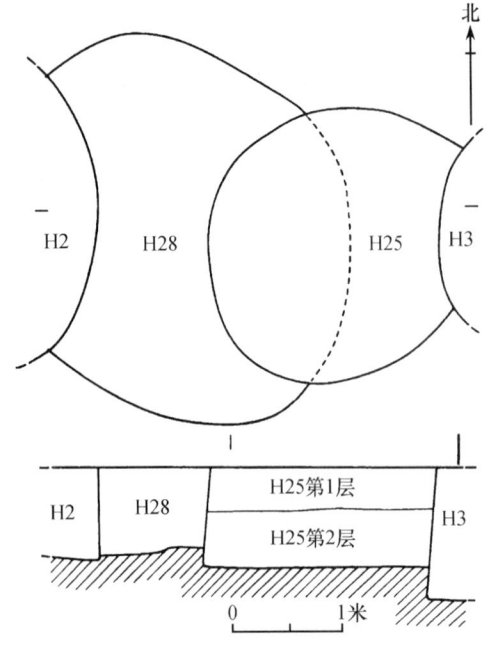

图四　CT1H25平、剖面图
第1层：灰土　第2层：黄灰土

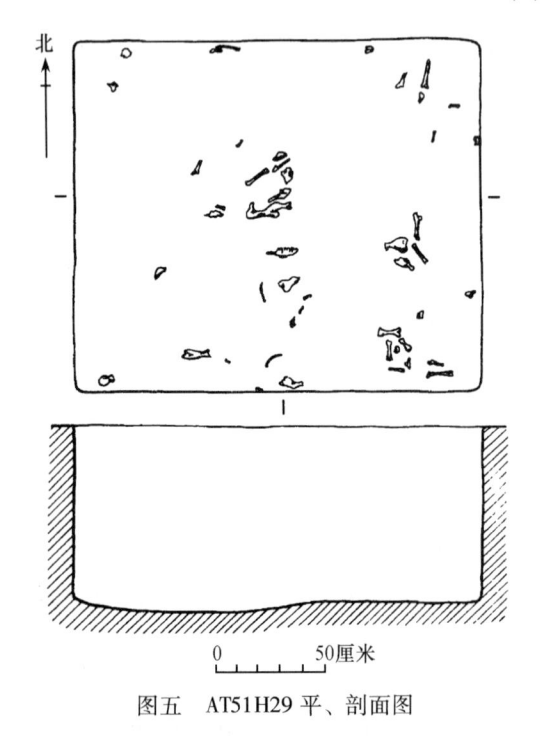

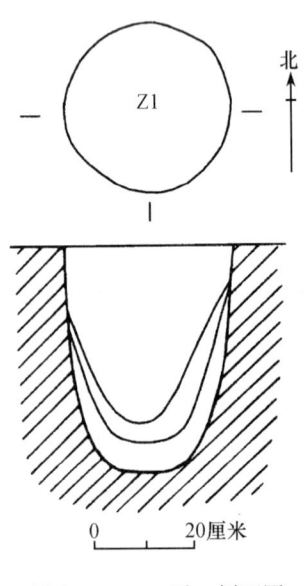

图五　AT51H29平、剖面图

图六　CT1Z1平、剖面图

2. 第二期（新砦期）遗迹

灰坑

共18座。除1座（CT1H15）为不规则形外，其余均为圆形或椭圆形。据形制不同，分为四型。

A型　共9座。圆形，坑壁呈袋状。以AT51H8为例，介绍如下。

AT51H8　位于探方东北角。开口于第2层下。坑壁规整，底近平，口距地表深0.44～0.6、口径2.12、底径2.65、深1.84米。坑内填土分两层，第1层为灰土，第2层为浅黄土。

B型　共5座。椭圆形，直壁。以CT1H13为例，介绍如下。

CT1H13　位于探方西北角。开口于第2层下，被CT1H11打破。坑壁规整，近直，底部西高东低，口距地表深0.45、坑口长2.4、宽1.5米，坑底长2.3、宽1.48、深0.82～0.9米。坑东壁上可见长5、宽3厘米的工具痕迹。坑内堆积分层不明显，为灰土，土质疏松，内含红烧土、炭灰等（图七）。

C型　共3座。椭圆形，斜壁。以CT1H17、H23为例，介绍如下。

CT1H17　位于探方东部偏南。开口于第3层下，打破CT1H23。底呈锅底形，口距地表深0.35、口长1.8、宽1.2米，底长0.8、宽0.4、深0.38米。坑内堆积为黄灰土，土质硬。分层不明显，内含红烧土、炭灰等（图八）。

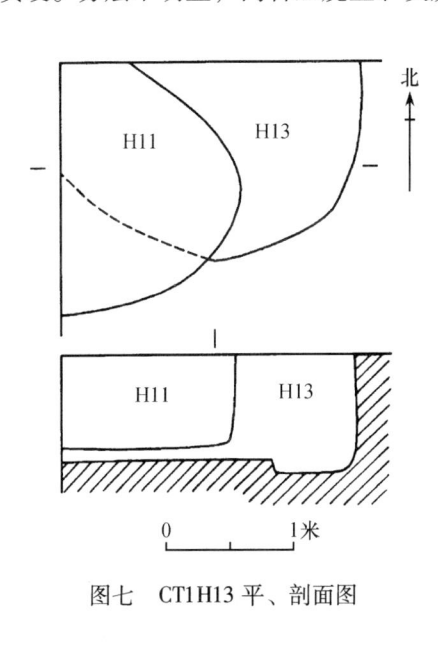

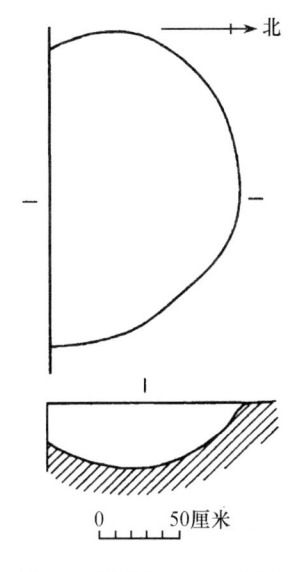

图七　CT1H13平、剖面图

图八　CT1H17平、剖面图

CT1H23　位于探方东南角。开口于第3层下，被CT1H17、H3打破。坑壁倾斜，底部为锅底状，有一层厚1.5厘米的细砂，口距地表深0.45、口长2.4、宽1.1米、底长1、宽0.4、深0.36米。坑内堆积分为两层：第1层为灰土，土质疏松，内含红烧土、炭灰，厚 0.1 米。第 2 层为黄灰土，土质干硬，内含红烧土、炭灰，厚 0.26 米（图九）。

D 型　1 座（CT1H15）。不规则形。位于探方中部偏北。开口于第 3 层下，被 CT1H2 打破，并打破 CT1H20、H21。坑壁近直，底部东高西低，坑口距地表深 0.5、口长 2.1、宽 0.8~1.1 米，底长 2、宽 0.8~1.05、深 0.5~0.82 米。坑内填灰土，土质疏松，内含红烧土块和炭灰等（图一〇）。

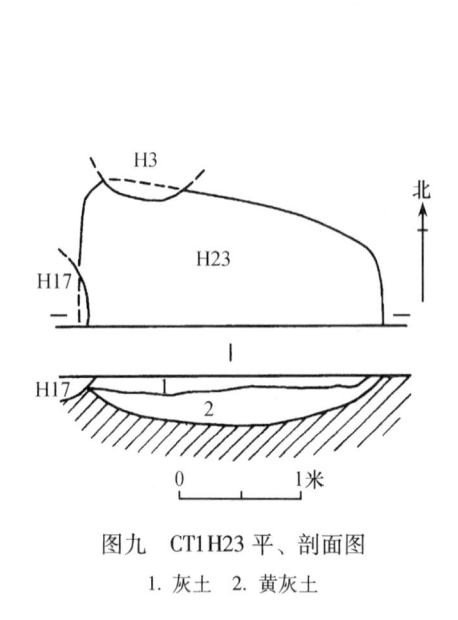

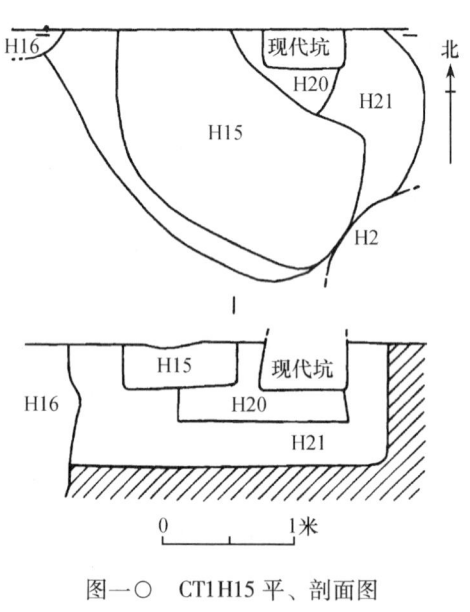

图九　CT1H23 平、剖面图
1. 灰土　2. 黄灰土

图一〇　CT1H15 平、剖面图

四、出土遗物

1. 第一期（龙山文化晚期）遗物

此次发掘的龙山文化晚期的灰坑当中，以 AT51H29、H30 和 CT1H25 出土遗物较多。现将这 3 个灰坑中具有代表性的遗物标本介绍如下。

（1）AT51H29 遗物

多为陶器，少量为石器。器类有陶深腹罐、小口高领罐、子母口瓮及石铲等。

陶深腹罐　标本 AT51H29:10，夹砂黑陶。已残。方唇，唇部有凹槽，折沿，沿面内凹，鼓腹。腹部饰方格纹。口径 24、残高 11 厘米（图一一，2）。

陶小口高领罐　标本 AT51H29:4，泥质灰褐陶。已残。圆唇，侈口。肩部饰两周凹弦纹。口径 7.5、残高 6 厘米（图一一，1）。标本 AT51H29:2，泥质磨光黑皮陶。尖唇，直领，圆肩，凹底。领部饰两周凹弦纹，肩部饰戳刺纹，腹部饰篮纹和两周凹弦纹。口径 14、底径 8.4、高 23.3 厘米（彩版六，1）。

陶子母口瓮　标本 AT51H29:6，泥质灰陶。已残。侈口，圆唇。残高 8 厘米（图一一，

图一一 AT51H29 出土遗物

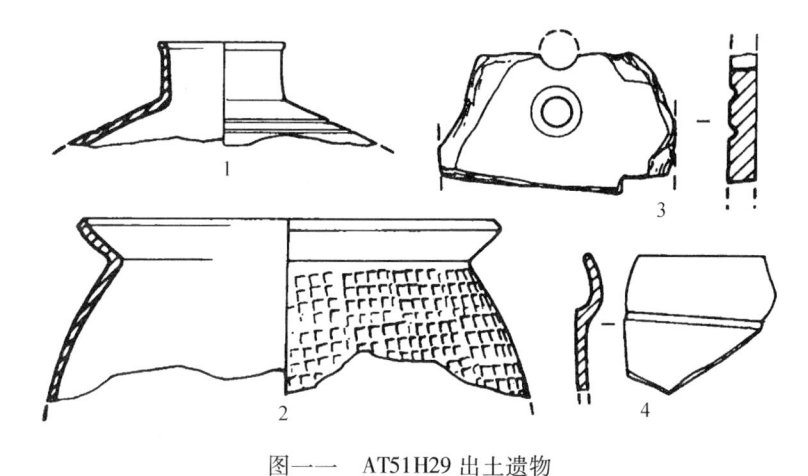

1. 陶小口高领罐（AT51H29:4） 2. 陶深腹罐（AT51H29:10） 3. 石铲（AT51H29:1） 4. 陶子母口瓮（AT51H29:6）

4)。

石铲 标本 AT51H29:1，灰白色。磨制。扁平状，有两个单面钻孔，一孔未钻透。残长 9 厘米（图一一，3）。

(2) AT51H30 遗物

以陶器为主，还有石器及卜骨等。器类有陶鼎足、深腹罐、圆腹罐、双耳罐、鼓腹罐、小口高领罐、双腹盆、碗等及石刀、镰、凿、镞等。

陶鼎足 标本 AT51H30:26，夹砂灰陶。扁三角形状，截面近长方形。高 2.6、厚 0.55~0.65 厘米。

陶深腹罐 标本 AT51H30:11，夹砂灰陶。已残。方唇，唇部有一周凹槽，侈口，折沿，沿面有一周凸棱，口沿内折棱凸出，鼓腹。腹部饰方格纹。口径 20.4、残高 14.4 厘米（图一二，2）。

陶圆腹罐 标本 AT51H30:12，夹砂灰陶。已残。方唇，唇上有一周凸棱，侈口，折沿，圆腹。腹部饰方格纹。口径 24、残高 10.2 厘米（图一二，6）。

陶双耳罐 标本 AT51H30:10，泥质灰陶。方唇，折沿，圆鼓腹，平底。腹部有两对称的桥形耳，耳已残。腹部饰篮纹和一周凹弦纹。口径 19.8、底径 10.2、高 21 厘米（图一二，7；彩版七，2）。

陶鼓腹罐 标本 AT51H30:3，泥质灰陶。已残。尖唇，侈口，折沿。腹部饰篮纹和四周凹弦纹。口径 26.7、残高 9 厘米（图一二，5）。

陶小口高领罐 标本 AT51H30:15，泥质灰陶。已残。圆唇，侈口，折肩。腹部饰篮纹。口径 7.5、残高 6.6 厘米（图一二，4）。

陶双腹盆 标本 AT51H30:8，泥质灰陶。尖唇，敞口，卷沿，沿上有一周凹槽，折腹，腹上有两对称的桥形耳，小平底。素面。口径 23.7、底径 5.4、高 14.4 厘米（图一二，1；彩版七，4）。

陶碗　标本AT51H30:9，泥质灰陶。尖唇，唇部有凹槽，敞口，斜壁，底微凹。素面。口径16.2、底径7.5、高5.8厘米（图一二，3）。

陶纺轮　标本AT51H30:1，黑灰陶。圆形，中间有一圆孔。一面饰蓖点纹。直径4、厚1.7厘米（图一三，3）。

石刀　标本AT51H30:6，青灰色。磨制。弧背，有一对穿圆孔，双面刃。长8.3、宽3.5、厚0.3厘米（图一三，6）。

石镰　标本AT51H30:4，磨制。已残。弓背，单面凹刃。残长9.4、宽3.3、厚约0.7厘米（图一三，1）。

石凿　标本AT51H30:7，黑灰色。磨制。扁平梯形，单面直刃。长3.47、宽2.5、厚1厘米（图一三，2）。

石镞　标本AT51H30:2，黑灰色。磨制，表面光滑。截面呈三角形，有铤。残长4.5厘米（图一三，4）。

卜骨　标本AT51H30:5，系牛羊胛骨制成。已残，表面有灼的痕迹。残长9.2、宽3.8厘米（图一三，5）。

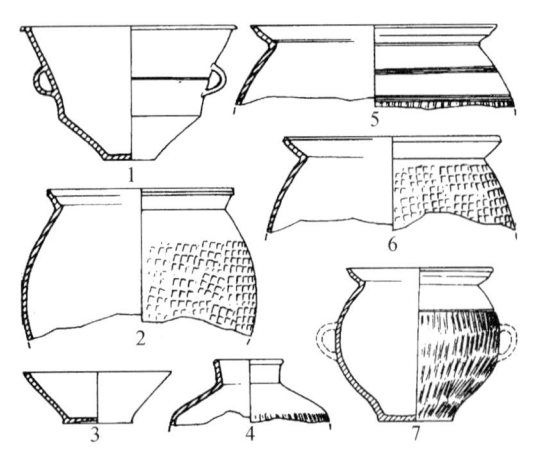

图一二　AT51H30出土陶器
1. 双腹盆（AT51H30:8）　2. 深腹罐（AT51H30:11）
3. 碗（AT51H30:9）　4. 小口高领罐（AT51H30:15）
5. 鼓腹罐（AT51H30:3）　6. 圆腹罐（AT51H30:12）
7. 双耳罐（AT51H30:10）

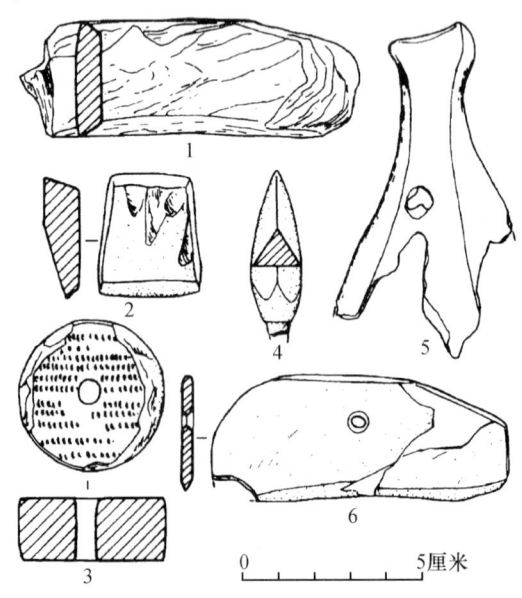

图一三　AT51H30出土遗物
1. 石镰（AT51H30:4）　2. 石凿（AT51H30:7）　3. 陶纺轮（AT51H30:1）　4. 石镞（AT51H30:2）　5. 卜骨（AT51H30:5）　6. 石刀（AT51H30:6）

(3) CT1H25 遗物

主要为陶器，器类有鼎足、鬲、深腹罐、高领罐、深腹盆等。

鼎足　标本 CT1H25:12，夹砂红褐陶。已残。扁三角形，截面呈长方形。素面。残高 6.5 厘米（图一四，5）。

鬲　标本 CT1H25:6，夹砂灰陶。已残。尖圆唇，侈口，高领，颈微曲。领上饰两周凹弦纹。口径 12、残高 7.2 厘米（图一四，4）。

深腹罐　标本 CT1H25:4，夹砂灰陶。已残。圆唇，唇上有凸棱，侈口，折沿，鼓腹。腹部饰方格纹。口径 27、残高 19 厘米（图一四，6）。标本 CT1H25:7，夹砂灰陶。已残。尖唇，唇部有一周凹槽，折沿，沿面内凹，鼓腹。沿上饰一周凹弦纹，腹部饰绳纹。口径 15.3、残高 19.8 厘米（图一四，3）。

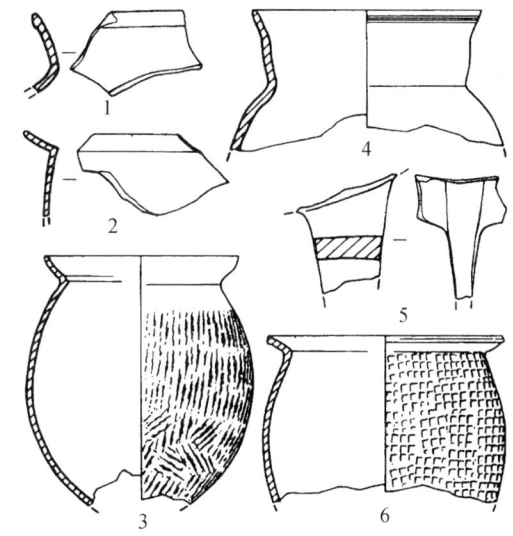

图一四　CT1H25 出土陶器
1. 高领罐（CT1H25:15）　2. 深腹盆（CT1H25:9）
3、6. 深腹罐（CT1H25:7、CT1H25:4）　4. 鬲（CT1H25:6）　5. 鼎足（CT1H25:12）

高领罐　标本 CT1H25:15，泥质灰陶。已残。圆唇，侈口。残高 4.3 厘米（图一四，1）。

深腹盆　标本 CT1H25:9，泥质灰陶。已残。圆唇，敞口，折沿，腹微鼓。残高 4.4 厘米（图一四，2）。

2. 第二期（新砦期）遗物

现以出土遗物较丰富的单位为例，简要介绍如下。

(1) AT51H8 遗物

有陶器、石器及骨器等。器类有陶甑、盆、刻槽盆，石铲，以及骨匕、锥等。

陶盆　标本 AT51H8:13，泥质灰陶。已残。圆唇，敞口，沿上有一周凹槽。素面。口径 27、残高 7.5 厘米（图一五，5）。

陶刻槽盆　标本 AT51H8:15，泥质灰陶。已残。圆唇，沿外撇，壁较直。外壁饰篮纹和一周凹槽，内壁有刻槽。残高 9.2 厘米（图一五，6）。标本 AT51H8:14，泥质灰陶。已残。圆唇，厚沿，壁较直。外壁饰篮纹，内壁有刻槽。残高 5.7 厘米（图一五，7）。

陶小盆　标本 AT51H8:12，泥质灰陶，已残。圆唇，唇部加厚，敞口，折沿，沿上有一周凹槽，折腹。壁上饰两周凹弦纹。口径 18、残高 7.2 厘米（图一五，3）。

陶甑　标本 AT51H8:1，泥质黑陶。尖唇，折沿，口沿内折棱明显，鼓腹，腹部有两对称的鸡冠耳，平底。腹部饰篮纹和一周凹弦纹。口径 23.2、底径 8、高 23.7 厘米（图一五，4；彩版七，3）。

石铲　标本 AT51H8：9，黑灰色。磨制。已残。扁平状，有一单面穿孔，双面刃。残长 7.8、宽 5.2、厚 1.3 厘米。

骨匕　标本 AT51H8：3，浅黄色。已残。系将一骨管剖开，一面磨平，一端保持骨结原状。残长 18、宽 1.7 厘米（图一五，18）。

骨锥　标本 AT51H8：7，通体光滑。剖面为圆形，一端有尖。长 8.6 厘米（图一五，14）。

卜骨　标本 AT51H8：6，浅黄色。已残。系肩胛骨制成，有多个灼孔。长 8.8 厘米（图一五，17）。

（2）CT1H1 遗物

所出陶器为深腹罐、子母口鼎、小口高领罐等。

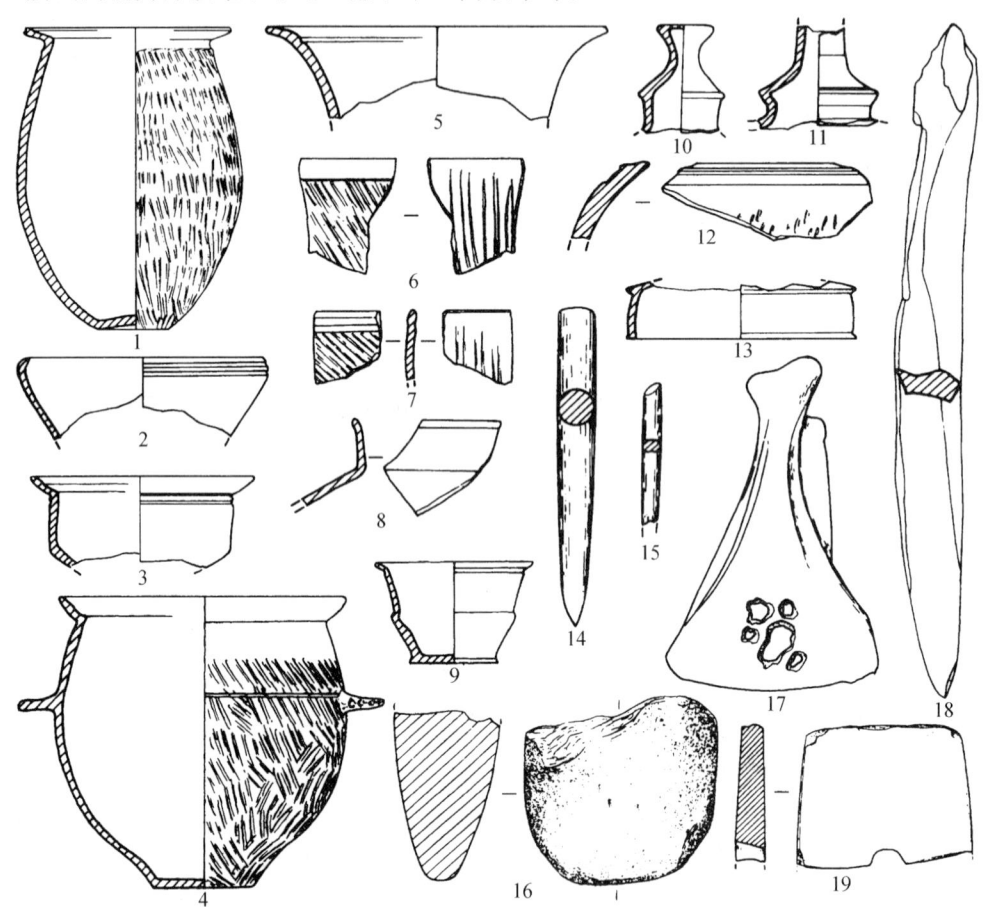

图一五　AT51H8、CT1H1、CT1H2 出土遗物

1. 深腹罐（CT1H1：3）　2. 敛口钵（CT1H2：8）　3. 小盆（AT51H8：12）　4. 甑（AT51H8：1）　5. 盆（AT51H8：13）　6、7. 刻槽盆（AT51H8：15、AT51H8：14）　8. 小口高领罐（CT1H1：9）　9. 曲腹碗（CT1H1：2）　10、11. 盖纽（CT1H1：4、CT1H2：16）　12. 子母口鼎（CT1H1：11）　13. 器盖（CT1H2：4）　14. 骨锥（AT51H8：7）　15. 骨簪（CT1H2：3）　16、19. 石铲（CT1H2：1、CT1H2：2）　17. 卜骨（AT51H8：6）　18. 骨匕（AT51H8：3）

深腹罐　标本 CT1H1:3，夹砂灰陶。方唇，唇部有一周凹槽，唇上有一周凸棱，折沿，腹较瘦长，凹底。腹部饰篮纹。口径 16.5、底径 5.7、高 24 厘米（图一五，1；彩版七，5）。

子母口鼎　标本 CT1H1:11，夹砂灰陶。已残。尖唇，唇上有一周凹槽，敛口。腹部饰绳纹。残高 6 厘米（图一五，12）。

小口高领罐　标本 CT1H1:9，泥质灰陶。已残。圆唇，沿外撇。残高 7.3 厘米（图一五，8）。

曲腹碗　标本 CT1H1:2，泥质灰陶。圆唇，侈口，平底，假圈足。素面。口径 12.6、底径 7.2、高 8.1 厘米（图一五，9；彩版七，1）

盖纽　标本 CT1H1:4，泥质灰陶。已残。纽较高。残高 8.7 厘米（图一五，10）。

（3）CT1H2 遗物

出土遗物较多，有陶器、石器和骨器。器类有陶敛口钵、杯、器盖及石铲、骨簪等。

陶敛口钵　标本 CT1H2:8，泥质灰陶。已残。圆唇，斜壁。沿下饰两周凹弦纹。口径 19、残高 6.6 厘米（图一五，2）。

陶杯　标本 CT1H2:5，夹砂灰陶。已残。尖唇，敞口，斜腹。素面。口径 11.5、残高 7.7 厘米。

陶器盖　标本 CT1H2:4，泥质黑陶。已残。方唇，折肩，肩上有凸棱，壁外鼓。素面。口径 18、残高 4.5 厘米（图一五，13）。

陶盖纽　标本 CT1H2:16，泥质灰陶。已残。纽较高，纽上有一周凹弦纹。残高 8.4 厘米（图一五，11）。

石铲　标本 CT1H2:1，磨制。已残。剖面略呈椭圆形，弧刃。残长 8.6 厘米（图一五，16）。标本 CT1H2:2，通体磨制，表面光滑。已残。近方形，有一两面对穿孔。残长 7.4、宽 9.4、厚 1.5 厘米（图一五，19）。

骨簪　标本 CT1H2:3，灰白色。已残。系用切割好的骨片磨制而成。整体呈扁平长方形，一侧有凹槽。残长 3.8 厘米（图一五，15）。

（4）CT1H5 遗物

出土遗物丰富，有陶器、石器及骨器。器类有陶鼎、深腹罐、鼓腹罐、折肩罐、平底盆、刻槽盆、高领瓮、曲腹碗、器盖等，以及石铲和骨凿、镞等。

陶鼎　标本 CT1H5:38，夹砂灰陶。圆唇，侈口，折沿，垂腹，圜底，底部有三乳状足。腹部与底部饰方格纹。口径 16.6、高 20.3 厘米（图一六，1）。

陶鼎足　标本 CT1H5:37，泥质红褐陶。已残。扁三角形状，横截面为椭圆形。素面。残高 6.4 厘米（图一六，17）。标本 CT1H5:40，泥质灰陶。已残。扁三角形状，一端有按窝。残高 8.6 厘米（图一六，16）。

陶子母口罐（鼎）　标本 CT1H5:54，泥质灰陶。已残。尖唇，腹近直。器表饰三周凹弦纹。残高 6.1 厘米。

陶深腹罐　夹砂灰陶。侈口，折沿。标本 CT1H5：17，圆唇，沿较窄，沿面有一周凹槽，鼓腹，底内凹。口径 27.4、底径 8.4、高 33.3 厘米（图一六，19）。标本 CT1H5：19，尖唇，鼓腹，底内凹。腹部饰绳纹。口径 25、底径 9.8、高 32.5 厘米（图一六，20）。标本 CT1H5：18，圆唇，沿较窄，沿面有一周凹槽，口沿内折棱凸出，鼓腹，底内凹。腹部饰方格纹。口径 23.8、底径 9.8、高 29.8 厘米（图一六，4）。标本 CT1H5：20，圆唇，口沿内折棱凸出，鼓腹，底内凹。腹部饰方格纹。口径 27、底径 9.2、高 30 厘米（图一六，3）。标本 CT1H5：21，尖唇，沿面有两周凹槽，口沿内折棱明显，鼓腹，底内凹。腹部饰方格纹。口径 21.4、底径 6.4、高 31.4 厘米。

陶鼓腹罐　标本 CT1H5：24，已残。尖唇，折沿，沿面内凹，口沿内折棱明显。口径 19、残高 4.3 厘米（图一六，9）。

陶折肩罐　标本 CT1H5：3，泥质灰陶。圆唇，侈口，平底。肩部与腹部饰篮纹。口径 12.5、底径 8.2、高 16.6 厘米（图一六，22；彩版六，2）。

陶平底盆　标本 CT1H5：4，泥质灰陶。圆唇，卷沿，沿上有一周凹槽，斜壁，假圈足。素面。口径 32.4、底径 19.2、高 7.9 厘米（图一六，8）。标本 CT1H5：13，泥质灰陶。尖唇，唇部及沿各有一周凹槽，敞口，平底。素面。口径 33.5、底径 22.7、高 8.5 厘米（图一六，7）。

陶刻槽盆　标本 CT1H5：16，泥质灰陶。斜方唇，折沿，直腹，圜底。腹部与底部饰篮纹，内壁有刻槽。口径 17.4、底径 7.8、高 14.2 厘米（图一六，2；彩版六，3）。

陶小盆　标本 CT1H5：64，泥质灰陶。已残。圆唇，敞口，折沿，沿面有两周凹槽。腹部饰两周凹弦纹。口径 19、残高 8 厘米（图一六，13）。

陶高领瓮　标本 CT1H5：22，泥质灰陶。尖唇，折肩，上腹较直，下腹内收，腹部有两对称的桥形耳，小平底。肩部饰两周凹弦纹，腹部饰绳纹和九周附加堆纹。口径 24、底径 12.3、高 37.2 厘米（图一六，21）。

陶曲腹碗　标本 CT1H5：10，泥质灰陶。尖唇，折沿，底微凹。素面。口径 15.7、底径 7.8、高 6.2 厘米（图一六，14；彩版八，2）。

陶器盖　泥质灰陶。标本 CT1H5：1，喇叭状纽较高。圆唇，折肩，肩上有凸棱，直壁，沿外撇。肩部饰三周凹弦纹。口径 21、高 13.2 厘米（图一六，5）。标本 CT1H5：11，纽较高。圆唇，折肩，斜壁，沿外撇。素面。口径 15.1、高 9.2 厘米（图一六，15；彩版八，4）。标本 CT1H5：12，高纽。尖唇，折肩，直壁。壁上有一周凹槽，肩部饰两周凹弦纹。口径 25.6、高 16.2 厘米（图一六，6；彩版八，1）。标本 CT1H5：15，已残。尖唇，折肩，直壁，沿外撇。肩上有一周凸棱，肩部饰四周凹弦纹。口径 19、残高 10.3 厘米（图一六，12；彩版六，4）。

石铲　标本 CT1H5：5，深灰色，磨制。单面穿孔。残长 10、宽 13 厘米（图一六，18）。

骨凿　标本 CT1H5：8，深灰色，磨制。已残。长条形，刃部磨制粗糙。残长 5.6、宽 1 厘米（图一六，10）。

图一六 CT1H5出土遗物

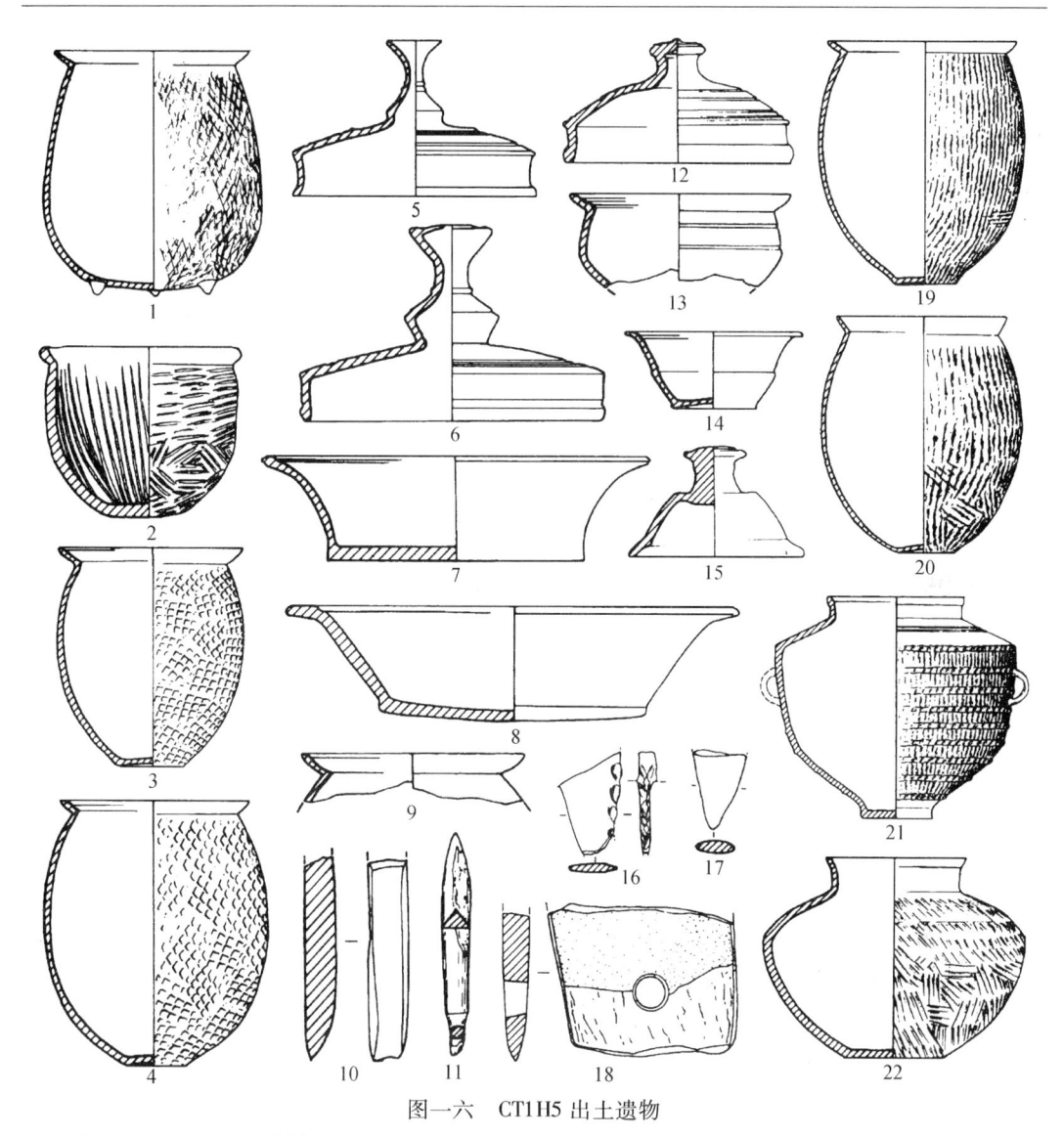

1. 鼎（CT1H5:38） 2. 刻槽盆（CT1H5:16） 3、4、19、20. 深腹罐（CT1H5:20、CT1H5:18、CT1H5:17、CT1H5:19） 5、6、12、15. 器盖（CT1H5:1、12、15、11） 7、8. 平底盆（CT1H5:13、4） 9. 鼓腹罐（CT1H5:24） 10. 骨凿（CT1H5:8） 11. 骨镞（CT1H5:7） 13. 小盆（CT1H5:64） 14. 曲腹碗（CT1H5:10） 16、17. 鼎足（CT1H5:40、37） 18. 石铲（CT1H5:5） 21. 高领瓮（CT1H5:22） 22. 折肩罐（CT1H5:3）

骨镞 标本CT1H5:7，磨制。三棱形锋，圆形铤，铤已残。残长6.4厘米（图一六，11）。

（5）CT1H6遗物

有陶器、石器，器类有陶深腹罐、子母口鼎、碗及石凿等。

陶子母口鼎 标本CT1H6:12，夹砂灰陶。已残。尖圆唇。残高2.3厘米（图一七，11）。

陶深腹罐 标本CT1H6:1，夹砂灰陶。已残。尖唇，侈口，折沿，沿面有凹槽，口沿内折棱凸出，鼓腹。腹部饰绳纹。口径13.4、残高10.5厘米（图一七，17）。标本

CT1H6：7，夹砂灰陶。圆唇，折沿，口沿内折棱凸出，鼓腹，小平底。腹部饰绳纹。口径26.7、底径9、高34.5厘米（图一七，16）。标本CT1H6：8，泥质灰陶。已残。尖唇，折沿，沿面有两周凹槽，口沿内折棱凸出，鼓腹。腹部饰方格纹。口径17.4、残高12厘米（图一七，5）。

陶碗　标本CT1H6：2，泥质灰陶。尖唇，敞口，沿部有一周凹槽，平底。口径15.2、底径7.4、高5.8厘米（图一七，7）。

石凿　标本CT1H6：5，磨制。近梯形，弧顶，器身中间有一两面对穿圆孔，单面刃。长6.6、宽7.2厘米（图一七，13）。

（6）CT1H15遗物

器类有陶鼎足、深腹罐、深腹盆、敛口钵等。

鼎足　标本CT1H15：14，夹砂灰褐陶。已残。足较小，乳头状。残高2.3厘米。

深腹罐　标本CT1H15：10，夹砂灰陶。已残。圆唇，折沿，沿较窄，口沿内折棱凸出，鼓腹。腹部饰方格纹。口径24、残高14厘米（图一七，3）。

深腹盆　标本CT1H15：5，泥质灰陶。已残。尖唇，窄沿，直腹。腹部饰篮纹。口径22、残高9.2厘米（图一七，1）。标本CT1H15：6，泥质灰陶。已残。圆唇，折沿，口沿内折棱明显，腹微鼓，有两个对称的鸡冠耳。腹部饰篮纹和三周凹弦纹。口径18、残高8厘米（图一七，4）。

敛口钵　标本CT1H15：3，泥质褐陶。圆唇，敛口，沿下有一周凹槽，斜壁，平底。口径14.4、底径7.5、高9.5厘米（图一七，8；彩版八，3）。

（7）CT1H18遗物

多为陶器，器类有鼎、深腹罐、矮领罐等。

鼎　标本CT1H18：4，夹砂陶。已残。平沿内敛，直壁。壁上饰四周凹弦纹。残高7.4厘米。

深腹罐　标本CT1H18：3，夹砂灰陶。已残。圆唇，折沿，沿面上有一周凹槽，鼓腹。腹部饰篮纹。口径17.4、残高5厘米（图一七，14）。

矮领罐　标本CT1H18：13，夹砂灰陶。已残。圆唇，矮领，内壁有一周凹槽。残高3.5厘米（图一七，9）。

不知名器　标本CT1H18：11，泥质灰陶。已残。圆唇，敛口。素面。残高4.8厘米（图一七，10）。

（8）DT1第6层遗物

有陶鼎足、敛口钵等。

鼎足　标本DT1⑥：21，夹砂灰褐陶。扁三角形，截面近方形。一侧有两竖排压印纹。残高10.6厘米（图一七，12）。

敛口钵　标本DT1⑥：26，泥质灰陶。已残。圆唇，斜壁。沿下饰两周凹弦纹。口径21、残高7.5厘米（图一七，2）。

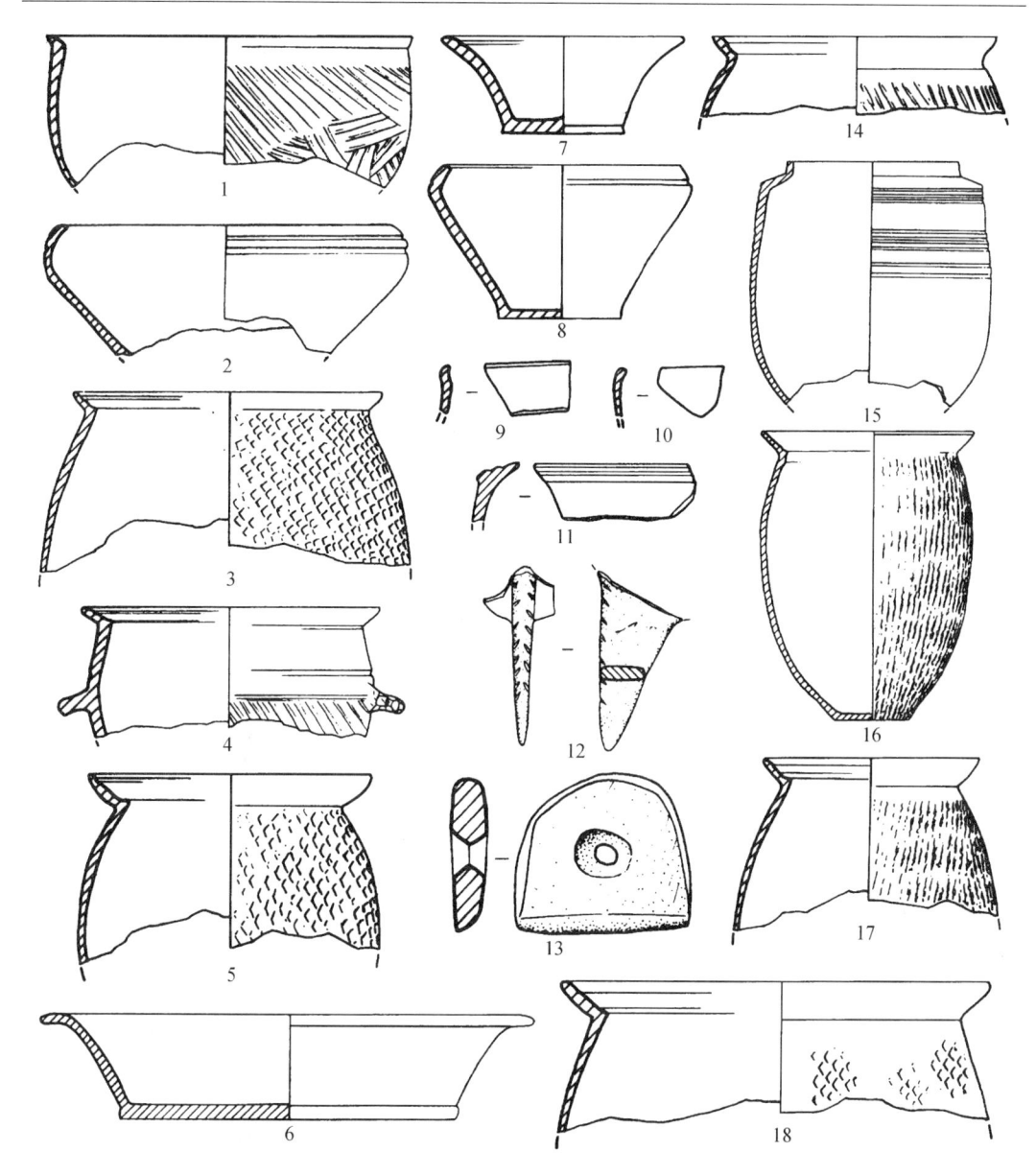

图一七　CT1H6、CT1H15、CT1H18、DT1第6层、DT1第3层出土遗物

1、4. 深腹盆（CT1H15∶5、CT1H15∶6）　2、8. 敛口钵（DT1⑥∶26、CT1H15∶3）　3、5、14、16、17、18. 深腹罐（CT1H15∶10、CT1H6∶8、CT1H18∶3、CT1H6∶7、CT1H6∶1、DT1③∶4）　6. 平底盆（DT1③∶1）　7. 碗（CT1H6∶2）　9. 矮领罐（CT1H18∶13）　10. 不知名器（CT1H18∶11）　11. 子母口鼎（CT1H6∶12）　12. 鼎足（DT1⑥∶21）　13. 石凿（CT1H6∶5）　15. 子母口罐（DT1③∶2）

(9) DT1第3层遗物

有陶深腹罐、子母口罐、平底盆等。

深腹罐　标本DT1③∶4，夹砂灰陶。已残。圆唇，折沿，沿面上有两周凹槽，鼓腹。腹部饰方格纹。口径27、残高8.1厘米（图一七，18）。

子母口罐　DT1③:2，泥质灰陶。已残。方唇，直腹。腹部饰八周凹弦纹。口径21、残高29.4厘米（图一七，15）。

平底盆　DT1③:1，夹砂灰陶。圆唇，卷沿，斜壁。素面。口径37.5、底径25.5、高8.2厘米（图一七，6）。

五、结　语

此次发掘的重要收获之一是查明遗址C区也经历了龙山文化晚期至新砦期两大阶段。至于D区，2002年在此仅发掘了20平方米，就已经发现有新砦期的地层和遗迹，调查时还发现有龙山文化晚期的陶片。因此，不宜轻易否定D区与其他三区共存的可能性。联系往年在A、B区的发掘结果，表明包括D区在内的新砦遗址各区，有可能是同步发展的同一个大聚落，而不大可能是相互分离的四个小聚落。这一认识成为我们从事新砦聚落研究的基础。

2002年发掘工作的另一个重要收获是，各区出现的多组地层关系再次表明，龙山文化晚期早于新砦期。而新砦期可进一步区分为早、晚两段，如从器物特征观察，CT1H18、DT1GⅡ和DT1第6层出土陶器符合新砦期早段的特征，上述新砦期其他单位则具有晚段的特征。^{14}C测年也反映出能够分段的可能性（表一）。需要说明的是，这一组新测定的绝对年代数据是由中国社会科学院考古研究所采用常规测年方法得出的，该组数据与此前由北京大学运用加速器质谱仪测定出来的新砦遗址测年数据[4]基本吻合，

表一　新砦遗址2002年CT1骨样品^{14}C年代数据表

实验室编号	原编号	样品物质	考古学分期	^{14}C年代 (1950, 5568)	树轮校正年代（OxCal v3.10）
ZK-6302	2002CT1H5	骨	新砦期晚段	3479±47	1880BC（68.2%）1740BC
ZK-6303	2002CT1H6	骨	新砦期晚段	3411±46	1770BC（68.2%）1630BC
ZK-6310	2002CT1H17	骨	新砦期晚段	4548±58	3370BC（19.7%）3310BC 3300BC（3.3%）3260BC 3240BC（45.2%）3100BC
ZK-6311	2002CT1H15	骨	新砦期晚段	3528±46	1930BC（28.8%）1860BC 1850BC（39.4%）1770BC
ZK-6313	2002CT1H2	骨	新砦期晚段	3516±42	1900BC（68.2%）1770BC
ZK-6305	2002CT1H19	骨	新砦期早段	3624±77	2140BC（12.8%）2080BC 2060BC（55.4%）1880BC
ZK-6312	2002CT1H25	骨	龙山晚期	3496±48	1890BC（68.2%）1750BC
ZK-6301	2002CT1H28	骨	龙山晚期	3495±145	2020BC（68.2%）1630BC

从而再次证明了"新砦期"的存在。

附记：参加此次发掘的有赵春青、顾万发、谢肃，领队为赵春青。器物由郭现军修复，线图由焦建涛绘制，照片由刘彦锋拍摄。

注　释

［1］　中国社会科学院考古研究所河南二队：《河南密县新砦遗址的试掘》，《考古》1981年第5期。
［2］　北京大学考古文博院、郑州市文物考古研究所：《河南新密市新砦遗址1999年试掘简报》，《华夏考古》2000年第4期。
［3］　北京大学古代文明研究中心、郑州文物考古研究所：《河南省新密市新砦遗址2000年发掘简报》，《文物》2004年第3期。
［4］　北京大学震旦古代文明研究中心、郑州市文物考古研究院：《新密新砦——1999～2000年田野考古发掘报告》，文物出版社，2008年。

（原刊于《考古》2009年第2期）

河南新密市新砦遗址浅穴式大型建筑基址的发掘

赵春青 张松林 谢 肃 黄卫东 张巧燕

2002年春,新砦遗址的工作重点由谱系分期转入聚落形态研究。由于工作之初便存聚落考古的学术理念,通过地面踏查和钻探以查明遗址范围和重点寻找遗址中心区,便成为开展聚落形态研究的第一步。这期间的重要成果之一,就是发现了浅穴式大型建筑。

一、发掘方法与过程

2002年春在钻探之初,就已经注意到今梁家台村东北的高台地偏北处有片区域,文化堆积比较纯净,不见更多的灰坑等,推测该处可能存在重要建筑。于是2002年秋在此地布10米×10米的探方5个(编号为AT1~AT3、AT5、AT6),7米×10米的探方1个(AT4),以进行大面积揭露。发掘不久,首先在AT4和AT5的第2层下清理了2座周代墓葬。在这2座墓葬的东西壁上暴露出浅穴式建筑基址的"南壁"及部分活动面。为寻找南壁的东端,在AT6的东边沿AT6的北壁往东7.8、往南3米,开挖探沟(AT6东扩1)。对该探沟的发掘显示出"南壁"并未到头,仍继续向东延伸。为了印证AT1~AT3内是否有与"南壁"相平行的"北壁",将AT1~AT3整体向北外扩3.5米。在扩方的范围内,发现了"北壁"。于是,以长5、宽2米探沟的形式沿"北壁"的走向,一直向东追寻至50米处,仍未抵达"北壁"的东端。据此判定这里应是一处至少长50米以上的大型建筑。至于该建筑的形制和结构如何,因2002年寒冬的来临,暂停发掘而不得知。

2003年,主要工作是寻找和发掘新砦遗址的防御设施,而对于大型建筑,仅在基址的中部进行了小规模的发掘。探方编号为AT24、AT25,发现1座打破大型建筑的房址(AT24F6)。

2004年秋,在2002年发掘的AT3、AT6以东布下南北两排共14个探方(AT7~AT17、AT14A、AT23、AT23A),每排长10、宽10米(仅AT16宽9米),予以大规模地揭露,但仍未发掘到该建筑的东端。2005年春夏,又向东依次布10米×10米的探方2个(AT26、AT27),在AT26南部布10米×10米的探方1个(AT29),在AT29东部布5米×10米的探方1个(AT30),最终找到了大型建筑的东端。

为了解大型建筑的建筑程序,分别在AT3与AT6和AT13与AT15内各开挖1条探沟,下掘至生土。其中,位于AT3与AT6内的探沟,靠探方东壁,正南北向,长22.1、宽1.5米;AT13与AT15内的探沟,南北长18.95、宽1米。为了究明"墙体"结构,在南、北"墙壁"上选择 7 处予以解剖。由于该建筑方向约为 86°，因此向北扩方 2.1 米，以完整揭露北壁。

另外，为了搞清大型建筑北侧的实际情况，结合以往的钻探结果，2004 年秋季于大型建筑以北按正南北方向，依次向北布 AT18～AT22 一排共 5 个探方（除 AT19 为南北长 5、东西宽 4.5 米外，余皆为南北长 5、东西宽 2 米）。发掘结果表明，这里分布有较多的灰坑，另有房基 1 座，未见大型建筑。同时，为了探寻大型建筑的西端，在 AT1 西部的农田断崖（现高约 1.7 米）下，东距 AT1 西壁约 1.5 米处，向西扩方（东西长 10、南北宽 5 米，编号为 AT1A）。由土崖西断壁可以看出，相当于 AT1 第 5 层下面的断崖上暴露出大型建筑（编号为 DF）的南壁，此处上距地表约 1.8、残宽 0.25、厚 0.15～0.2 米。断崖之下的 AT1A 内，已不见 DF 的西壁，只有 DF 之下的路土继续向西延伸。

据了解，这里的断崖是农田改造时修整而成，原为一慢坡。而 DF 西壁，可能在整治农田时被破坏掉了。果如是，则 DF 西壁或在断崖以西不远处。

总之，通过 2002～2005 年度的田野工作，在新砦遗址中心区发掘出 1 座较完整的大型浅穴式建筑基址（图一）。现将发掘情况，简报如下。

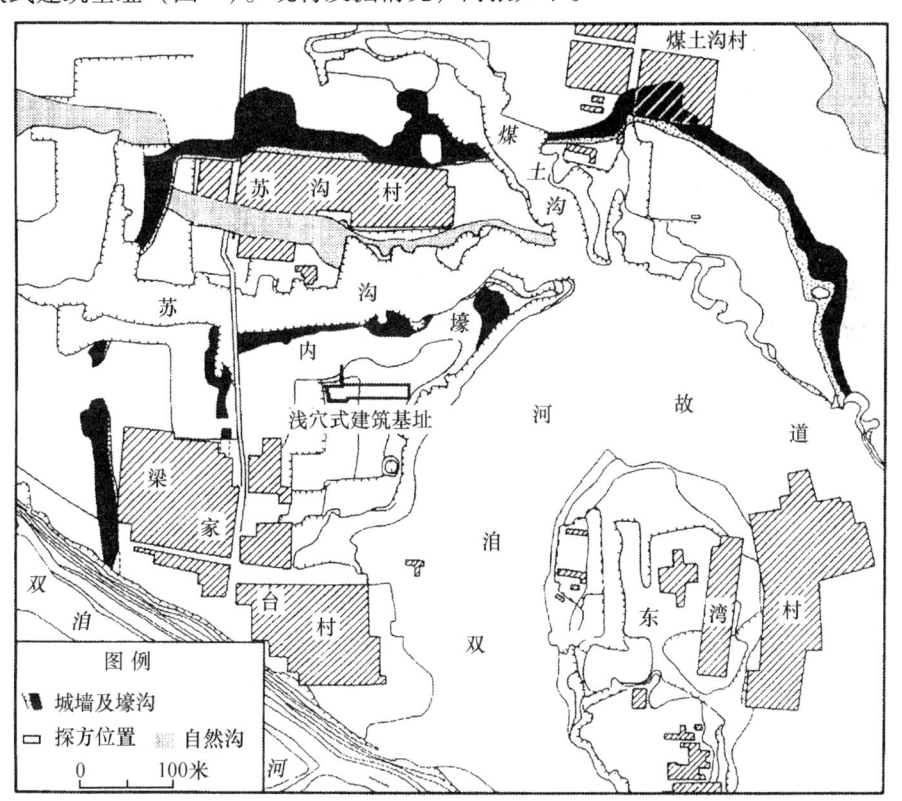

图一 新砦遗址浅穴式建筑基址位置图

二、地层关系

1. DF 所在探方的地层关系

DF 位于遗址中心区偏北部、内壕所环绕的内城偏北处。该处是遗址最高处，海拔 143.8 米。地势为西高东低，西部为高台地，高约 1.2 米。台地之下的东部因修整农田，呈缓坡状由西向东倾斜。东部遗迹已遭到严重破坏，致使从东到西的地层堆积不尽一致。现以发掘区西部的 AT3 与 AT6 内解剖沟东壁剖面为例，将 DF 的地层关系介绍如下（图二）。

第 1 层：耕土层。灰黄色土，土质疏松，厚 0.15~0.25 米。

第 2 层：扰土层。青灰色硬土，厚 0.1~0.3 米。内含少量碎陶片、木炭颗粒等。

第 3 层：二里头文化层。遍布探沟大部。灰褐色土，土质较疏松，最厚 0.75 米。出有较多陶片、少量兽骨及红烧土块等。陶器可辨器形有鼎、深腹罐、捏口罐、花边罐、折肩罐、小口高领罐、平底盆、三足盘、器盖、钵、豆等。此外，还有石凿 1 件。在 AT10 第 3 层下有 H106 等。

第 4A 层：二里头文化层。遍布探沟大部。灰褐色土，土质较疏松，最厚 0.5 米。出土遗物除石镞外，陶器可辨器形有鼎、圆腹罐、深腹罐、折肩罐、高领罐、刻槽盆、平底盆、豆、器盖、子母口瓮等。

第 4B 层：二里头文化层。分布于探方北部。灰褐色土，土质较疏松，内含红烧土颗粒、木炭等，最厚 0.5 米。南、北两边较高，中间微凹。包含物除石镞、骨锥外，陶器可辨器形有鼎、深腹罐、折肩罐、高领罐、平底盆、刻槽盆、盆、碗、三足盘、豆、器盖、子母口瓮、钵等。

第 5 层：二里头文化层。分布于探方西北角。青褐色和黄褐色土，结构呈颗粒状，内含红烧土颗粒、木炭、白石灰粒，最厚 0.45 米。南部稍高，中间及北部稍凹，以至于中间和北部直接打破了 DF 第 2 层活动面。出有少量碎陶片，可辨器形有鼎、花边罐、折肩罐、圆腹罐、曲腹盆、三足盘、刻槽盆、器盖、豆、钵、鬶等。此外，还出有人骨及人头骨等。

第 6 层：二里头文化层。斜坡状堆积，仅分布于探沟南部。灰黄色土，土质疏松，内含红烧土颗粒，最厚 0.5 米。直接打破第 7 层、第 8 层、DF 的"南壁"和 DF 第 1 层活动面。出有陶鼎足、深腹罐、高领罐、折肩罐、平底盆、刻槽盆、豆、器盖、钵等。

第 7 层：二里头文化层。分布于探沟南部。黄花色路土，土质较硬，结构起层，内含红烧土颗粒、炭粒等，厚 0.1~0.43 米。出有陶鼎、罐、深腹罐、折肩罐、圆腹罐、器盖、子母口瓮、钵。H71 开口于该层下。

第 8 层：二里头文化层。分布于探沟南部。灰色土，土质疏松，内含红烧土及木炭，厚 0.3~0.35 米。出有陶器、石器及骨器等。陶器可辨器形有鼎、鼎足、深腹罐、高领罐、折肩罐、圆腹罐、平底盆、刻槽盆、豆、器盖、钵、瓦足器等。另有石镞、戈、铲、

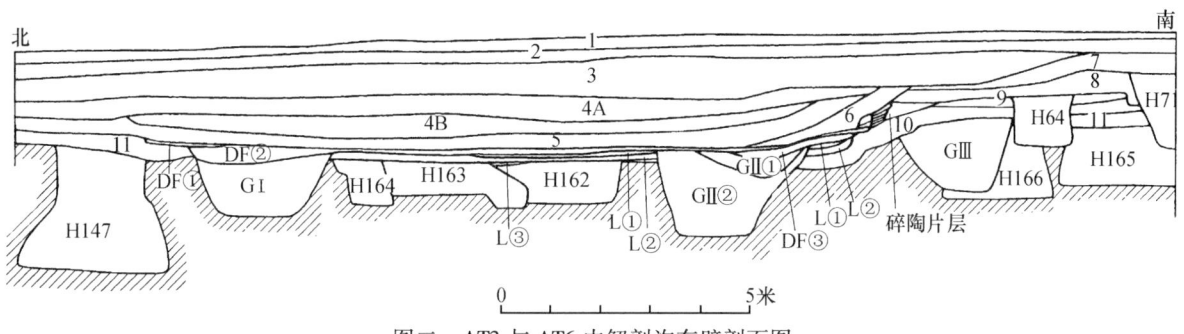

图二 AT3与AT6内解剖沟东壁剖面图

1. 灰黄色土 2. 青灰色硬土 3. 灰褐色土 4A. 灰褐色土 4B. 灰褐色土 5. 青褐色和黄褐色土 6. 灰黄色土 7. 黄花色路土 8. 灰色土 9. 灰黄色土 10. 黄灰土 11. 灰黄色土

斧、镰和骨簪、锥等，开口于此层下的遗迹有H64和DF。DF的"北壁"已被第5层打破，"南壁"及第1层活动面也被第6层打破。

DF第1层活动面：分布于南、北两墙内侧附近。黄白砂土，土质略硬，残存最厚0.15米。包含物较少。年代为新砦期晚段。

DF第2层活动面：分布于探沟内大部。黄灰土、土质较硬，呈层状，内含炭灰和烧土粒，残存最厚0.1米。出土陶片，可辨器形有折沿圆唇深腹罐、刻槽盆、器盖等，时代为新砦晚期。GⅠ开口于此层下，年代为新砦期晚段。

DF第3层：垫土层，仅分布于探沟南部。黄灰土，内含较多红烧土，最厚0.15米。包含陶片较少。GⅡ开口于此层下，打破早期路土（编号为L①、L②），而L①、L②又打破H150。年代为新砦期晚段。

碎陶片层：分布于南墙外侧，并被南墙叠压。黄灰土，含有砂性，最厚0.3米。内含较多碎陶片，可辨器形有施按窝纹的扁鼎足、深腹罐、矮领罐、鼓腹罐、平底盆、敛口钵等。年代为新砦期晚段。

路土层：分布于探沟中部，现存三薄层。被GⅠ、GⅡ和DF第2层活动面打破。灰土，土质较松，出土陶片较碎。时代为新砦期晚段。开口于此层下的灰坑有H162~H164。

第9层：新砦期早段文化层。分布于探方南部。灰黄土，土质较硬，厚0.3米。出有陶器、石器等遗物。其中陶器可辨器形有花边罐、平底盆、碗、甑、器盖、钵、豆、盉流等，石器有铲、锛。

第10层：龙山文化晚期文化层。分布于解剖沟南部，南高北低。黄灰土，土质略硬，内含红烧土和炭灰、兽骨，厚0.2~0.35米。出土陶片，可辨器形有折沿方唇深腹罐、高领罐、平底盆、圈足器、豆、碗。GⅢ、H166开口于此层下。

第11层：龙山文化晚期文化层。分布于解剖沟的南部和北部DF南、北墙下。灰黄土，土质略疏松，内含红烧土和炭灰、兽骨，厚0.2~0.4米。出土陶片较多，可辨器形有扁鼎足、折沿方唇深腹罐、小高领罐、平底盆、圈足盘、豆等。H147、H165开口于此层下。

2. DF 以北所布探方的地层关系

DF 以北的 AT18～AT22 的地层关系较为简单，见表一。

表一　AT18～AT22 地层关系对比表

地层＼探方	耕土层	扰土层	新砦期晚段文化层	新砦期早段文化层	龙山文化层	重要灰坑开口层位
AT18	第1A层	第1B层	第2层	第3层	第4层	H110 开口于第 1B 层下，H129 开口于第 4 层下
AT19	第1层	第2层		第3层	第4层	H124 开口于第 2 层下，F4、H132 开口于第 3 层下
AT20	第1层	第2层				开口于第 2 层下的灰坑有 H108、H114、H134 等
AT21	第1层	第2层				开口于第 2 层下的灰坑有 H116、H138 等
AT22	第1层	第2层 第3层 第4层 第5层 第6层			第7层	

三、DF 的形制与建筑程序

1. 平面形制与结构

大型建筑开口于第 8 层之下，残存最高处上距地表 1.75 米。平面呈条形。方向为 86°。该建筑西壁已遭农田破坏，东壁亦被近代扰土层破坏仅剩活动面。依据原东壁附近的活动面边界可大体推断出东壁的位置。大型建筑东西现存长 99.2 米，其中，主体部分南北宽 14.5 米。活动面从西向东 84 米处向南内收 2.4 米，形成刀把形（图三）。东部内收部分南北间距 11 米，主体部分南北墙间距 14.8 米。东端的北边向南内收部分地面稍高。

南北两壁和建筑内部均未发现承重柱留下的大型柱洞，只在南北两壁上发现个别小柱洞。这些小柱洞排列无规律，不能完全排除系晚期柱洞的可能，可见这不是一座带有房顶的普通建筑。建筑内部也未发现隔墙之类的遗迹，因此，这是一座不分间的通体式建筑。

2. 建筑结构与建筑程序

为了解建筑程序，我们在大型浅穴式建筑的中西部、中部、"南壁"和"北壁"上，开掘若干条大小不等的探沟，现以 AT3 与 AT6 为例，介绍其建筑顺序。

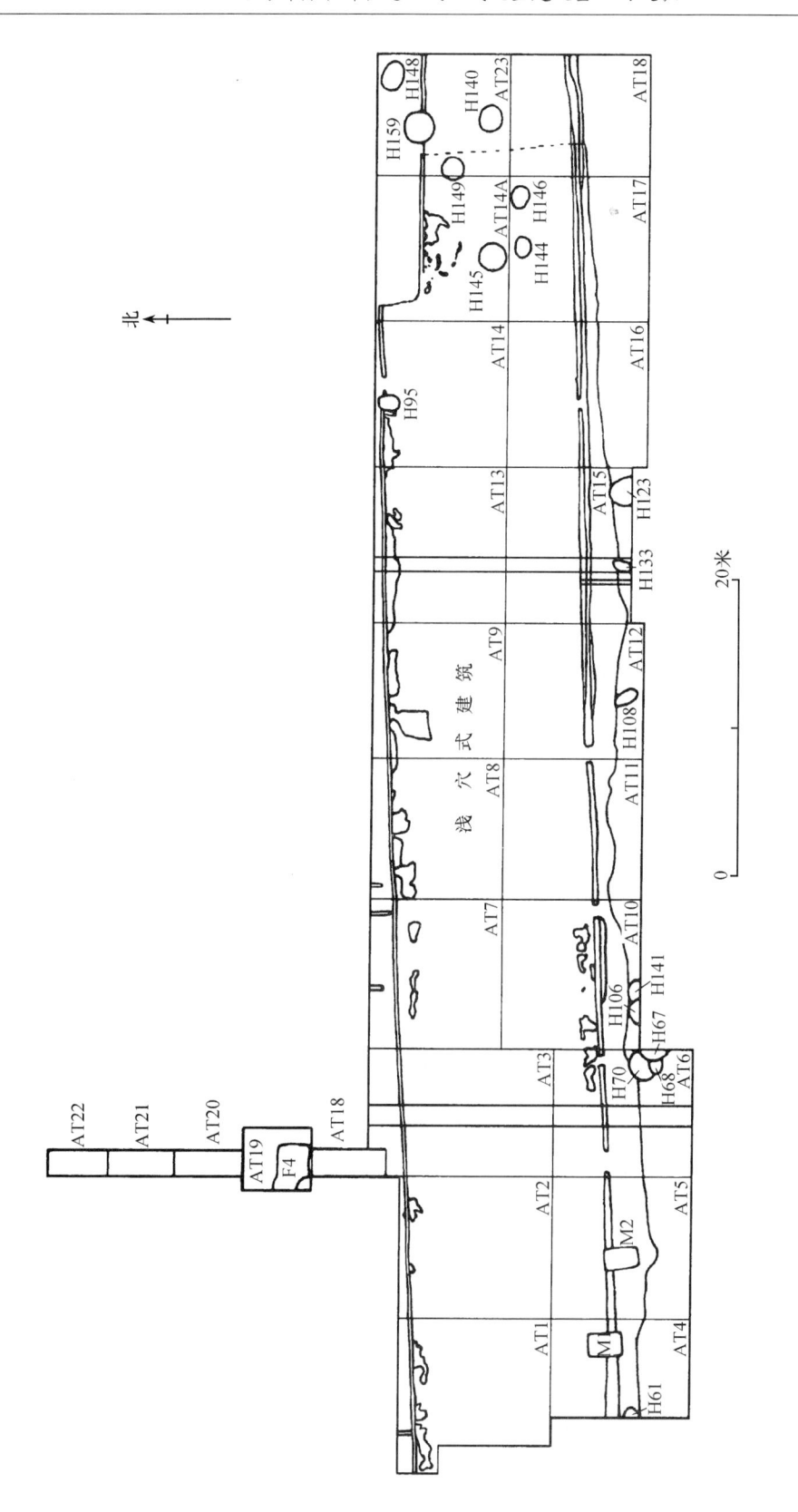

图三 浅穴式建筑基址(DF)平面图

龙山文化时期，这里原是分布有灰坑（H147、H165、H166）的居住地。灰坑废弃之后，这里出现了壕沟，有GⅢ打破了H166，后被龙山文化的堆积层所覆盖（第11层、第10层）。不久，又有龙山文化时期的人们在此挖了一个浅坑（H150）。新砦期早段，又被早段的文化堆积（第9层）所覆盖。

新砦期晚段，此地出现了灰坑（H162~H164），不久被一条大路（L①、L②、L③）所覆盖。前文介绍的碎陶片层，可能就是这条大路的最上层。这条大路使用不久，在其南北两侧便各自出现一条壕沟（分别为GⅠ和GⅡ）。这2条沟使用不久就被填平，在其上面筑起这座大型浅穴式建筑。大路已经探明的部分东西长逾140、南北宽10.4米。大路向东西两端延伸，向西基本对准西城墙缺口，向东直抵双洎河故河道的断崖，很可能是一条贯穿城内的主干道。

DF坐落于这条东西向大路的上面。换言之，DF以原有的大路为基础。其具体建筑过程如下。第一，截取原有的一条东西向大路位于内城中间的一段，向大路南北两边延展，挖成一个低于当时活动地面的大型基础浅坑。平整基坑底部，并铺设2层厚约5~10厘米的垫土层覆盖在原有的路土上。第二，在浅槽的南北壁（现仅能看到南北两壁，原或为周壁）上涂抹一层厚2~4厘米的黄泥，可阻挡壁外的活土不致塌落。第三，在涂抹黄泥之后即开始活动，形成最初的底层踩踏面即DF第3层活动面。第四，经过一段不太长的时期之后，涂抹的黄泥很容易塌落，于是在黄泥的内侧再加筑一条质地细腻紧密的宽25~40厘米的纯净土。该条带状的纯净土，似经过夯打，有明显的分层现象，类似一道"窄墙"，以再次加固基坑周壁。在南"墙"内壁还可以看到局部保留有涂抹的白灰皮。这道"窄墙"直接叠压在第3层踩踏面上，与它同时期使用的踩踏面即DF第2层活动面也在第3层踩踏面上再次加高，形成第二次使用时期的踩踏面。最后，再经过一段使用时期，第二次加筑的"窄墙"也会损坏，于是便在它的内侧加筑第二道"窄墙"，与之相应形成第三次踩踏面即DF第1层活动面。

这种不断加筑、使用的过程使得靠近南北两壁的地层从平面上看，最外侧是一条窄窄的黄泥条和数道基本平行的"窄墙"。无论是黄泥条还是"窄墙"，都不承重，其作用在于美观和加固浅槽内壁。所以，在"窄墙"上基本不见明显的柱洞，只有个别打破墙体的柱洞，其年代要晚于DF。

从剖面上观察，靠近南北两边的部位踩踏面高、靠近建筑中间部位的踩踏面较低，而且因二里头文化早期地层的破坏，在大型建筑的中间部位已经看不到踩踏面。

无论是哪一层踩踏面，靠近南北两边的地方保存得要比靠近中间的好。踩踏面多使用一种掺有细砂的白土铺就而成，经过雨水冲刷和浸泡后形成"千层饼"状。这表明这里是一露天建筑，且非从事日常活动的地方。

在大型建筑的南部"窄墙"处，发现数处"窄墙"中断形成宽0.7~1.7米的缺口。在缺口当中，有的还发现夹杂碎陶片的坡道呈阶梯状通向场外，或许是"门道"之类的出入口。

值得注意的是，沿大型建筑的北壁和南壁分布宽数十厘米至1米多的红烧土带。这些红烧土绝大部分不出活动场所的范围，大都沿活动场所的北壁和南壁分布。经解剖得知，这些红烧土层的结构不一，大致分三种：一是红烧土颗粒与黄土掺在一起，直接叠压和打破了北边"窄墙"和DF第1层活动面，应为后期废弃堆积，年代晚于大型建筑；二是含有草拌泥，仅在局部出现，且打破了"窄墙"；三是质地紧密，呈薄层均匀分布，分层明显，直接在最后一层踩踏面上夯打而成。我们认为前两种红烧土是晚于大型建筑的晚期堆积，这说明在这座大型建筑的附近还有建筑，而这些红烧土应是这些建筑废弃后被搬运到这里的。第三种红烧土不出北部边沿的范围，直接夯打在最后一层踩踏面之上，应是整治地面所致，仍与大型浅穴式基址的地面有关。第三种红烧土的下面，在靠近南、北两壁的地方还常见质地细腻、起层的白砂土。

四、其他遗迹

浅穴式大型建筑（DF）所在区域原是龙山文化时期的生活区，并发现有灰坑。新砦期早段，被一层文化堆积所覆盖。新砦期晚段，又在该处开辟道路。之后，在道路上扩建为DF。与DF处于同一层位的还有掩埋的整猪及部分灰坑。DF又被二里头文化堆积所叠压，并被二里头文化的灰坑打破。现将有关遗迹介绍如下。

1. 灰坑

H106 位于AT10西南部，向南伸出探方南壁。开口于第3层下，打破碎陶片层。坑口平面为圆形，斜直壁，直径约1.9、深2.6米，未到坑底。口部西侧贴有厚约5厘米的黄泥层。坑内出土陶器有小口折肩罐、带纽罐、花边罐、器盖等。该坑是DF废弃之后的二里头文化早期的遗迹（图四）。

H110 位于AT18西北部，开口于第1B层下。平面呈椭圆形，略呈袋状，底部北高南低，坑口长径1.8、底长径1.93、深约2.2米。坑内填土主要为黑灰土，土质疏松。出土陶片以泥质灰陶为主，泥质黑皮陶次之。以素面为主，篮纹次之。器形主要有鼎足、罐、盆、甑、刻槽盆、器盖、豆、钵、瓮、缸等。年化为新砦期晚段，是位于DF北侧与DF同时使用的遗迹（图五）。

H165 位于AT3与AT6解剖沟南部，开口距地表1.73米。坑东、西、南三壁均未发掘到边。现已发掘

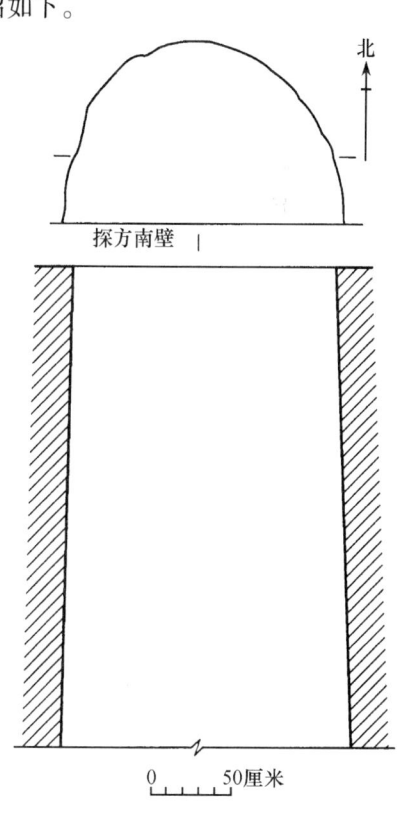

图四 H106平、剖面图

出的部分，平面形状为椭圆形，坑呈袋状，底部北高南低，口长径2.16、底长径2.55、深0.95米。坑内上部堆积中含有土坯。出土陶片，可辨器形有子母口鼎、折沿方唇深腹罐、高领罐、平底盆、刻槽盆、碗、豆、甑、鬻、盉等。该坑是DF之前龙山文化晚期的遗迹。

H108　位于AT20北部，开口于第2层下，打破H130。平面为圆形，直壁，圜底，口径约3、底径约3、深1.1米。坑壁经过贴泥加工，厚1~2厘米。坑内堆积为黑褐色土，土质疏松，内含较多红烧土颗粒及少量炭屑。出土陶片以泥质灰陶为主，夹砂灰陶次之。以素面为主，篮纹次之。器形以罐为主，器盖和瓮次之，另有少量钵等。年代为新砦期晚段，是位于DF北侧与DF共存的遗迹。

H134　位于AT20西南部，被H114叠压，打破H135。平面为圆形，斜壁，底微凹，口径1.6、底径约1.34、深0.52~0.58米。坑壁明显经过加工，十分平整。坑内堆积为黄褐色土，土质稍密。出有较多陶片及少量骨骼。出土陶片以泥质褐陶为主，泥质灰陶次之，有少量黑皮陶及夹砂灰陶。以素面为主，篮纹次之。器形有深腹罐、折肩罐、器盖等。时代为新砦期晚段，是位于DF北侧并与DF共存的遗迹（图六）。

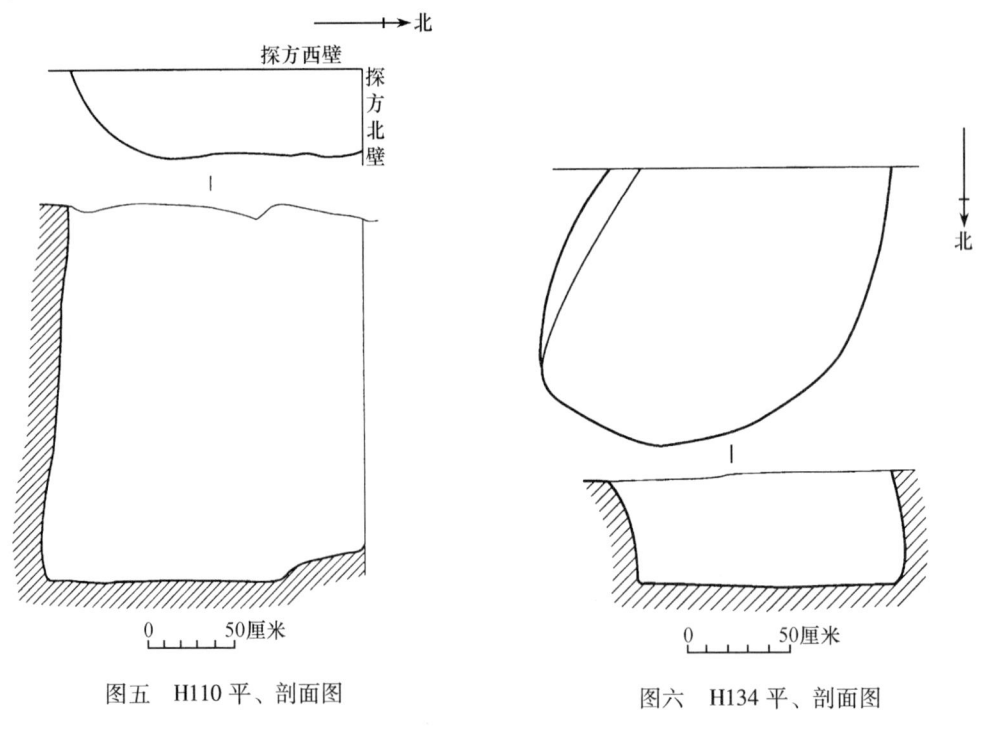

图五　H110平、剖面图

图六　H134平、剖面图

2. 房基

F4　开口于AT19第3层下，被H127打破。平面呈圆角方形，东西长约2.7、南北宽约2.5米。斜坡式门道，朝向西北，长约0.75米。墙体为平地起建，似经过拍打或夯筑，土质坚硬，残高约0.3米。居住面经过加工，局部见有白灰。房内堆积厚0.3~0.35

米，内含许多草木灰、红烧土，以及一些动物的骨骼和牙齿。在F4内曾发现一倒扣的陶罐，内含草木灰和红烧土，估计F4内曾倒塌过。在F4内靠近门道处发现保存较好的鹿角锄1件。出土陶片多为夹砂陶，纹饰以方格纹和篮纹为主。器形多为罐类。年代为新砦期晚段，或为DF北侧的附属建筑。

3. 猪骨

在2002AT4西南部第6层下，发现有一整猪骨架。猪头朝东，背朝北，身长约1.1米。整猪平放在DF之外的地面上，不见掩埋猪骨的坑穴。猪骨与DF的碎陶片层处于同一层位，紧邻DF南墙，可能与DF存在密切关系。

五、出 土 遗 物

这里仅将与浅穴式大型建筑基址有直接叠压、打破关系的遗迹和地层堆积中出土的遗物，简要介绍如下。

1. 打破和叠压浅穴式大型建筑基址的遗物

（1）AT6第8层

多为陶器，可辨器形有鼎、深腹罐、花边罐、高领罐、器盖等。另有骨镞等。

陶鼎　标本AT6⑧:16，夹砂灰陶。方唇，敛口，子母口状，鼓腹，腹部有一对鸡冠耳，圜底，底有三扁足，足已残。腹部饰篮纹和凹弦纹。口径17.6、高27.6厘米。

陶深腹罐　标本AT6⑧:4，夹砂灰褐陶。已残。尖唇，唇部加厚，折沿，口沿内折棱凸出。腹部饰粗绳纹。残高9.6厘米（图七，14）。标本AT6⑧:7，夹砂灰褐陶。已残。圆唇，口微侈，沿内侧有一周凹槽，鼓腹。腹部饰粗绳纹。残高9.2厘米（图七，13）。

陶花边罐　标本AT6⑧:6，夹砂灰褐陶。已残。圆唇，折沿，鼓腹。唇下有一周附加堆纹，腹部饰绳纹。残高5.6厘米（图七，2）。标本AT6⑧:11，夹砂灰褐陶。已残。圆唇，折沿，鼓腹。腹部饰绳纹。残高3.2厘米（图七，8）。

陶高领罐　标本AT6⑧:1，夹砂灰褐陶。已残。圆唇，口微侈。口径13.2、残高10厘米（图七，17）。标本AT6⑧:5，夹砂灰褐陶。已残。尖唇，侈口。残高6.6厘米（图七，11）。

陶器盖　标本AT6⑧:9，夹砂灰褐陶。已残。方唇，唇部有一周凹槽，折肩，肩上有凸棱，斜壁。残高3.6厘米（图七，3）。

陶纺轮　标本AT6⑧:15，灰褐陶，表面光滑。扁圆形，中间有一孔。直径4.2、厚1.5~2厘米（图七，12）。

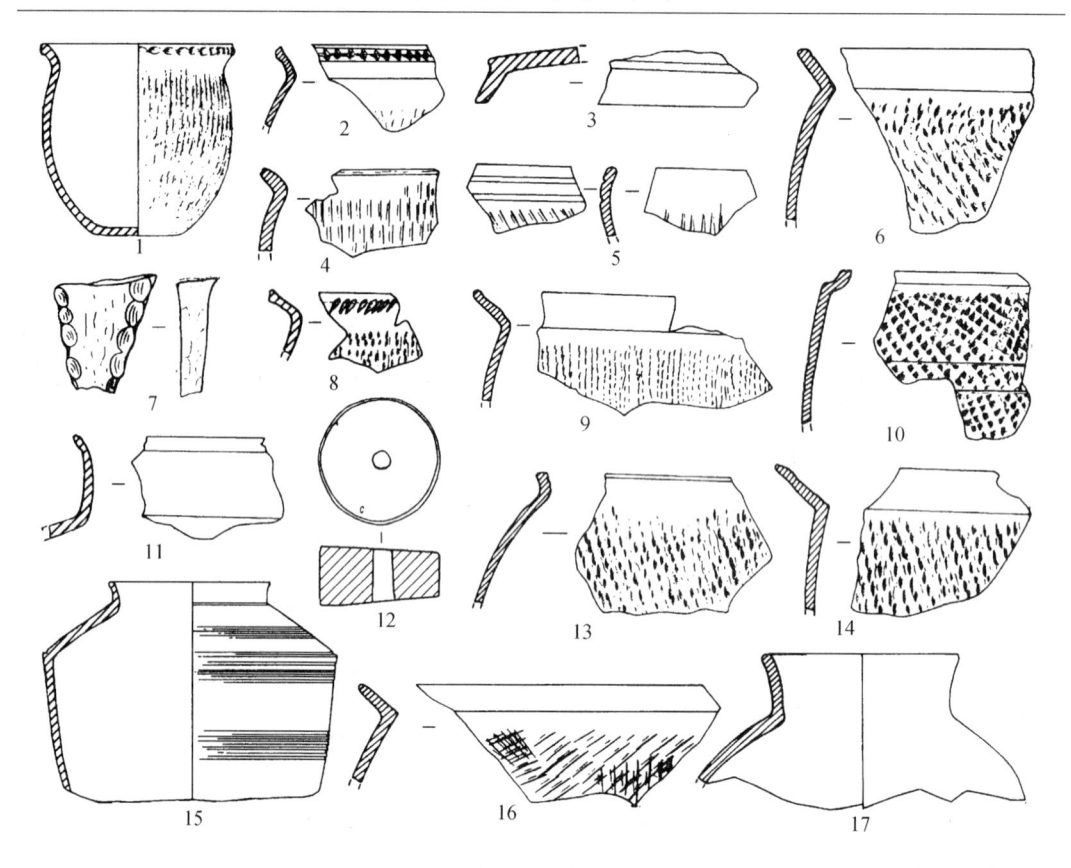

图七 AT6第8层、第7层出土陶器

1、2、8. 花边罐（AT6⑦:24、AT6⑧:6、AT6⑧:11） 3. 器盖（AT6⑧:9） 4、6、9、13、14、16. 深腹罐（AT6⑦:23、AT6⑦:18、AT6⑦:20、AT6⑧:7、AT6⑧:4、AT6⑦:17） 5. 刻槽盆（AT6⑦:21） 7. 鼎足（AT6⑦:22） 10. 子母口鼎（AT6⑦:19） 11、17. 高领罐（AT6⑧:5、1） 12. 纺轮（AT6⑧:15） 15. 折肩罐（AT6⑦:16）

骨镞 标本AT6⑧:13，柳叶形。截面为圆形，铤不明显。长5.1厘米（图八，3）。标本AT6⑧:14，不规则四棱形。锋与铤钝角相交，铤部磨制痕迹明显。长5.4厘米（图八，4）。

(2) AT6第7层

有陶器、石器及骨器，其中陶器有子母口鼎、深腹罐、花边罐、折肩罐、刻槽盆等，石器有铲、斧、镰、镞，骨器有镞等。

陶子母口鼎 标本AT6⑦:19，夹砂灰褐陶。已残。方唇，唇部有凹槽，腹微鼓。腹部饰方格纹和两周凹弦纹。残高10.8厘米（图七，10）。

陶鼎足 标本AT6⑦:22，夹砂褐陶。已残。扁三角形状。表面粗糙，两侧有捏窝。残高7.8厘米（图七，7）。

陶深腹罐 多为残片。据唇部特征，分为二型。

A型　3件。圆唇。标本AT6⑦:17，夹砂灰褐陶。折沿，鼓腹。腹部饰篮纹。残高8厘米（图七，16）。标本AT6⑦:18，夹砂灰褐陶。折沿，沿上有一周凹槽，鼓腹。腹部饰粗绳纹。残高12厘米（图七，6）。标本AT6⑦:20，夹砂灰褐陶。折沿，鼓腹。沿上有两周凹弦纹，腹部饰细绳纹。残高7.8厘米（图七，9）。

B型　1件（标本AT6⑦:23）。方唇。夹砂灰褐陶。折沿，沿较窄，鼓腹。腹部饰篮纹。残高5.6厘米（图七，4）。

陶花边罐　标本AT6⑦:24，夹砂灰陶。尖唇，侈口，鼓腹，平底。沿下饰一周附加堆纹，腹部饰绳纹。口径13.5、底径5.8、高12.5厘米（图七，1）。

陶折肩罐　标本AT6⑦:16，夹砂灰褐陶。已残。圆唇，矮领，斜腹。肩部饰四周凹弦纹，腹部饰十周凹弦纹。口径16.8、残高21.8厘米（图七，15）。

陶刻槽盆　标本AT6⑦:21，夹砂灰褐陶。已残。圆唇，敛口。外壁饰两周凹弦纹和篮纹，内壁有刻槽。残高4.2厘米（图七，5）。

石铲　标本AT6⑦:2，已残。扁平长方形，单面刃。表面光滑。残长18.7、宽8.2、厚1.75厘米（图八，8）。

石斧　标本AT6⑦:3，已残。近长方形。剖面略呈椭圆形，单面刃。长9.8、宽5.9、厚3.2厘米（图八，13）。

石镰　标本AT6⑦:1，已残。扁平状。弯月形，双面刃。残长8.1、宽4.65、厚1厘米（图八，5）。

石镞　标本AT6⑦:6，已残。剖面为三角形，有铤。残长4.9厘米（图八，2）。

石器　标本AT6⑦:4，已残。扁平状。残长6.5、厚1厘米。

骨镞　标本AT6⑦:5，不规则四棱形。器物表面较粗糙，铤不明显。残长6厘米（图八，1）。

(3) H106

有陶器、石器、骨器等，其中陶器有鼎、深腹罐、鼓腹罐、圆腹罐、小口罐、折肩罐、平底盆、深腹盆、器盖等，石器有凿、饰件等，骨器有锥等。

陶鼎　标本H106:14，夹砂灰陶。尖唇，高领，鼓腹，腹部有对称两耳，圜底，三乳状足。腹与底饰细篮纹和两周凹弦纹。口径14.1、高20.7厘米（图九，1）。标本H106:32，夹砂褐陶。已残。圆唇，折沿，沿较窄，口沿内折棱明显，鼓腹。腹部饰篮纹。残高6.8厘米（图九，3）。标本H106:33，夹砂灰陶。已残。尖唇，唇部加厚，折沿，沿较窄，口沿内折棱凸出，鼓腹。腹部饰细篮纹。残高6.8厘米（图九，12）。

陶深腹罐　依唇部特征，分三型。

A型　2件。圆唇。标本H106:13，夹砂灰陶。敞口，折沿，沿上有一周凹槽，鼓腹，底内凹。腹部饰方格纹。口径19.8、底径6、高25厘米（图九，16）。标本H106:16，夹砂灰陶。折沿，沿上有一周凹槽，口沿内折棱明显，鼓腹，小平底。腹部饰粗绳纹。口径24.9、底径7.8、高33.6米（图九，20）。

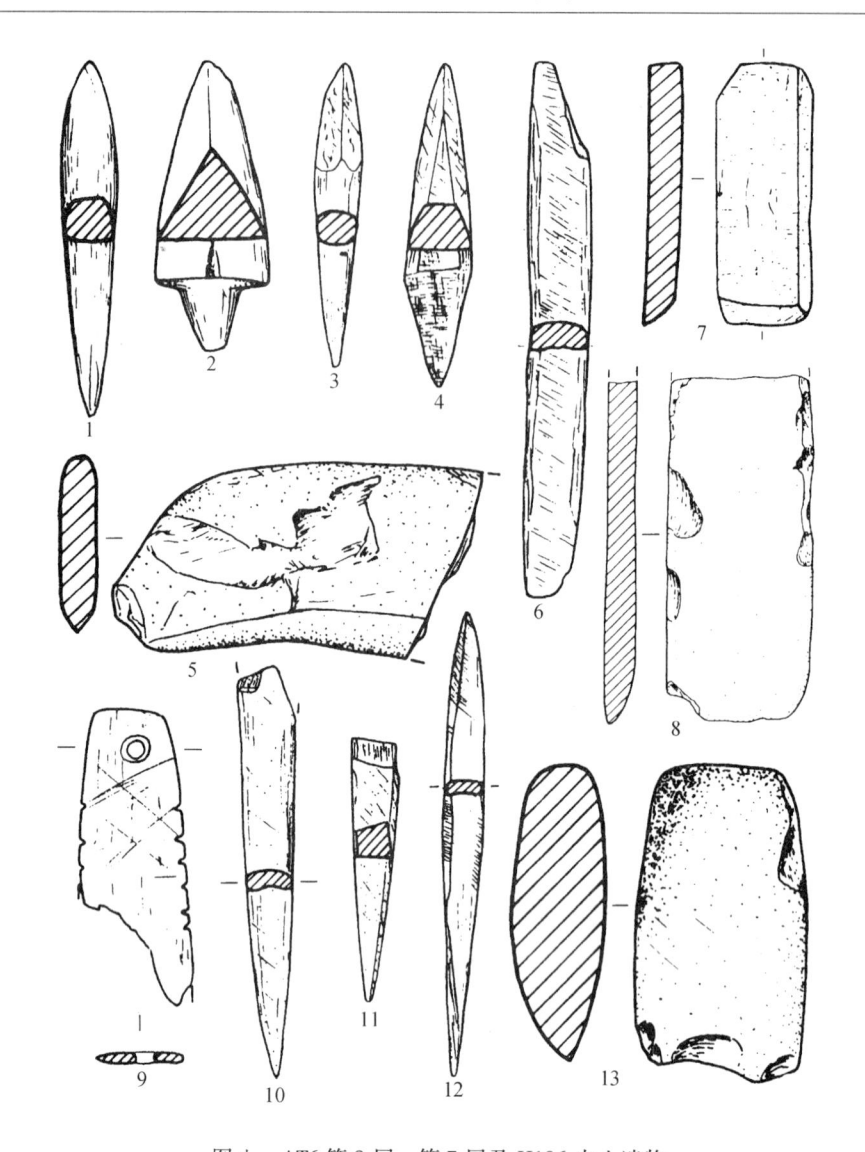

图八 AT6 第 8 层、第 7 层及 H106 出土遗物
1、3、4. 骨镞（AT6⑦：5、AT6⑧：13、AT6⑧：14） 2. 石镞（AT6⑦：6） 5. 石镰（AT6⑦：1）
6、12. 骨器（H106：8、7） 7. 石凿（H106：9） 8. 石铲（AT6⑦：2） 9. 石饰件（H106：10）
10. 骨锥（H106：5） 11. 石器（H106：6） 13. 石斧（AT6⑦：3）

B 型　1 件（标本 H106：22）。方唇。夹砂灰陶。已残。唇部加厚，折沿，鼓腹。腹部饰细绳纹。口径 26.4、残高 11 厘米（图九，10）。

C 型　4 件。尖唇。标本 H106：20，夹砂灰陶。已残。敞口，折沿，口沿内折棱明显，鼓腹。腹部饰细绳纹。口径 23.5、残高 28.4 厘米（图九，15）。标本 H106：21，夹砂灰陶。已残。敞口，唇部加厚，折沿，口沿内折棱凸出，鼓腹。腹部饰粗绳纹。口径 26.4、残高 17.8 厘米（图九，25）。标本 H106：29，夹砂灰陶。已残。唇部加厚，折沿，沿较陡，口沿内折棱明显，鼓腹。腹部饰粗绳纹。口径 25.5、残高 8 厘米（图九，8）。

标本 H106∶19，夹砂灰陶。已残。唇部加厚，折沿，口沿内折棱凸出，鼓腹。腹部饰粗绳纹。口径 25.5、残高 29.4 厘米。

陶鼓腹罐　标本 H106∶23，泥质黑皮陶。已残。尖唇，唇部加厚，敞口，折沿，口沿内折棱明显。口径 21.3、残高 8.4 厘米（图九，4）。

陶圆腹罐　标本 H106∶17，泥质灰陶。尖唇，直口，底内凹。腹部饰篮纹。口径 10.7、高 16.6、底径 7 厘米（图九，6）。

陶小口罐　标本 H106∶40，夹砂灰陶。已残。方唇，侈口，矮领。腹部饰篮纹，纹饰模糊。残高 5.4 厘米（图九，9）。

陶折肩罐　标本 H106∶24，夹砂灰陶。已残。圆唇，侈口，矮领，斜腹。肩部与腹部饰篮纹。口径 11.7、残高 10.2 厘米（图九，2）。标本 H106∶25，夹砂灰陶。已残。尖唇，矮领，斜腹。腹部饰篮纹。口径 12、残高 14 厘米（图九，11）。

陶平底盆　标本 H106∶37，夹砂黑皮陶。已残。方唇，卷沿，沿上有一周凹槽。残高 3.9 厘米（图九，18）。

陶深腹盆　标本 H106∶15，泥质灰陶。尖唇，唇部加厚，折沿，口沿内折棱明显，鼓腹，腹部有两个对称的鸡冠耳，底微内凹。腹部饰细篮纹。口径 20.7、底径 7.6、高 13.8 厘米（图九，23）。标本 H106∶36，泥质褐陶。已残。尖唇，唇部加厚，折沿，沿上有一周凹槽，口沿内折棱明显。腹部饰一周凹弦纹和方格纹。残高 8.2 厘米（图九，7）。标本 H106∶39，夹砂灰陶。已残。尖唇，唇部加厚，折沿，口沿内折棱明显，腹微鼓。腹部饰方格纹。残高 7.4 厘米（图九，19）。

陶高领瓮　标本 H106∶27，夹砂灰陶。圆唇，侈口，折肩，斜腹，腹部有对称的双耳，底微内凹。腹部饰数周附加堆纹和篮纹。口径 33 厘米（图九，5）。标本 H106∶28，夹砂灰陶。已残。尖唇，侈口，折肩。肩部饰三周凹弦纹，腹部饰附加堆纹。口径 35、残高 17.2 厘米（图九，21）。

陶器盖　多折壁，这是从新砦期遗留下来的作风。有的盖纽为菌状，则是二里头文化盖纽的特征。标本 H106∶18，泥质黑皮陶。菌状纽。圆唇，唇部加厚，折肩，直壁，肩上饰三周凹弦纹。口径 15.5、高 11.5 厘米（图九，22）。标本 H106∶30，泥质黑皮陶。已残。圆唇，折壁。盖壁表面有凸棱和两周凹弦纹。口径 39.6、残高 8.6 厘米（图九，24）。标本 H106∶31，夹砂黑皮陶。已残。圆唇，折肩，直壁。肩部有凸棱和一周凹弦纹。口径 26、残高 6.1 厘米（图九，14）。标本 H106∶35，夹砂灰陶。已残。尖唇，折肩，壁微斜。残高 4.9 厘米（图九，17）。标本 H106∶38，泥质黑皮陶。已残。尖唇，折肩。残高 4.4 厘米（图九，13）。

石凿　标本 H106∶9，长条形。扁平状，单面刃。残长 4.4、宽 1.6 厘米（图八，7）。

石饰件　标本 H106∶10，已残。体较薄，表面光滑。近长方形，上方有一对穿孔，两侧有凹槽。残长 5 厘米（图八，9）。

石器　标本 H106∶6，已残。不规则四棱形，磨制痕迹明显。残长 4.3 厘米（图八，11）。

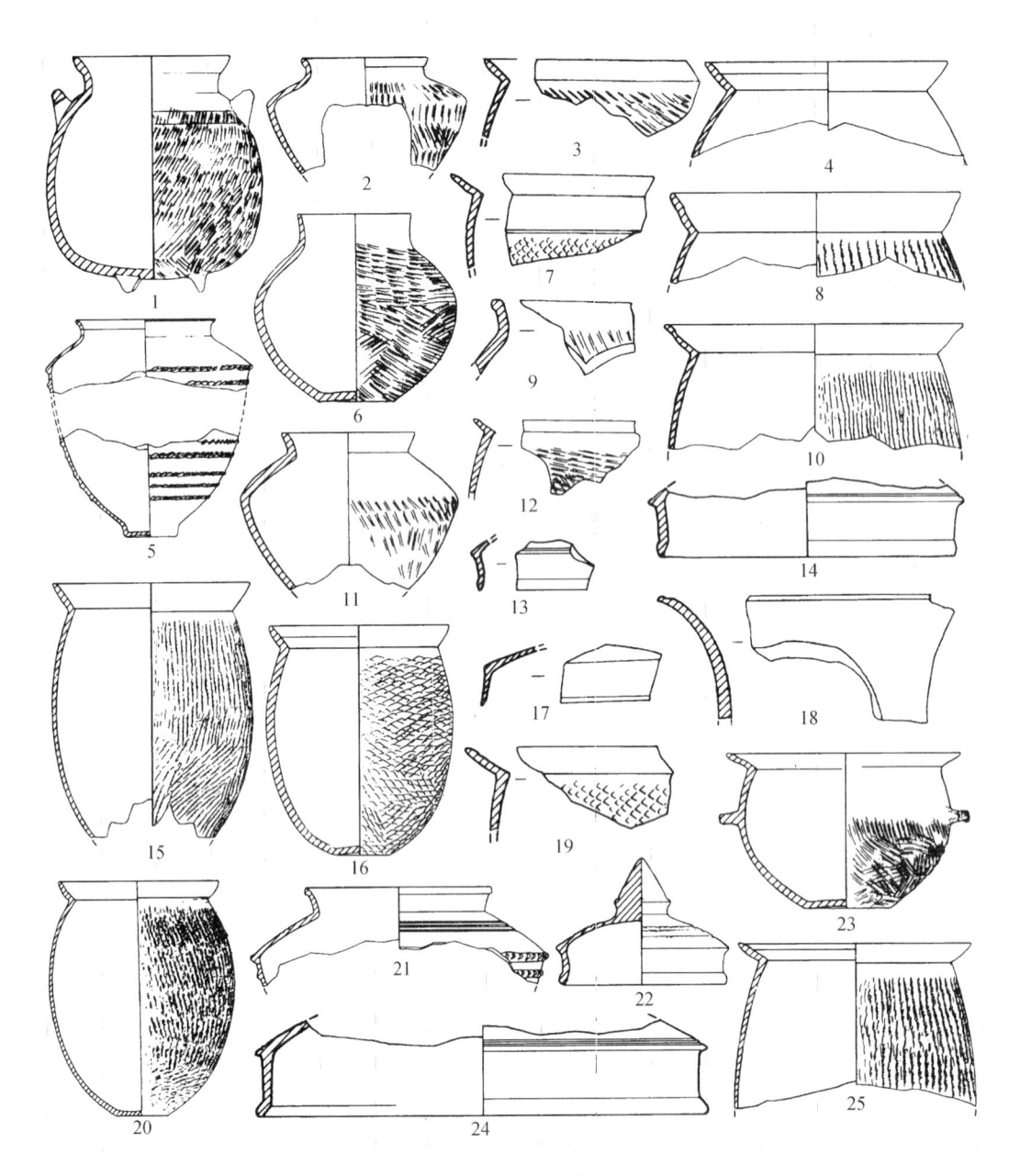

图九 H106 出土陶器

1、3、12. 鼎（H106：14、32、33） 2、11. 折肩罐（H106：24、25） 4. 鼓腹罐（H106：23） 5、21. 高领瓮（H106：27、28） 6. 圆腹罐（H106：17） 7、19、23. 深腹盆（H106：36、39、15） 8、15、25. C 型深腹罐（H106：29、20、21） 9. 小口罐（H106：40） 10. B 型深腹罐（H106：22） 13、14、17、22、24. 器盖（H106：38、31、35、18、30） 16、20. A 型深腹罐（H106：13、16） 18. 平底盆（H106：37）

骨锥　标本H106:5，已残。弧形，尖锋利。残长7厘米（图八，10）。

骨器　标本H106:7，已残。形状不规则，磨制痕迹明显。长1.8厘米（图八，12）。标本H106:8，已残。形状不规则，磨制痕迹明显。残长9厘米（图八，6）。

2. 浅穴式大型建筑使用时期的遗物

AT3解剖沟内DF第2层　主要是陶器残片，可辨器形有深腹罐、子母口罐、高领罐、盆、深腹盆及器盖等。

深腹罐　标本DF②:6，夹砂灰褐陶。已残。方唇，唇部有凹槽，折沿，口沿内折棱凸出，鼓腹。残高3.6厘米（图一〇，8）。

子母口罐　标本DF②:3，夹砂灰褐陶。已残。圆唇，腹微鼓。腹部饰篮纹。残高5厘米（图一〇，13）。

高领罐　标本DF②:2，泥质陶。已残。尖唇，口外侈，沿上有一周凹槽，沿下有一周凸棱。残高3.8厘米（图一〇，4）。标本DF②:7，泥质黑皮陶。已残。尖唇，口微侈，领上有一周凹槽。残高6厘米（图一〇，3）。

盆　标本DF②:8，夹砂灰褐陶。已残。尖唇，卷沿，斜壁。残高4厘米（图一〇，1）。

深腹盆　标本DF②:4，夹砂灰褐陶。已残。尖唇，唇部加厚，折沿，沿面上有凹槽。残高3.6厘米（图一〇，2）。

器盖　标本DF②:1，夹砂灰褐陶。已残。尖唇，折肩，斜壁微鼓。残高3.8厘米（图一〇，9）。标本DF②:5，夹砂灰褐陶。已残。尖唇，折肩，斜壁。残高4厘米（图一〇，7）。

3. 被浅穴式大型建筑叠压的遗迹出土遗物

（1）AT3与AT6碎陶片层

多为陶器残片，可辨器形有鼎足、深腹罐、矮领罐、鼓腹罐、平底盆、敛口钵、盅等。

鼎足　碎陶片层:10，夹砂褐陶。扁状足，足面较粗糙。残高5.6厘米（图一〇，16）。

深腹罐　碎陶片层:2，夹砂褐陶。已残。尖唇，折沿，鼓腹。沿面上有一周凹弦纹，腹部饰方格纹。残高5厘米（图一〇，6）。

矮领罐　碎陶片层:3，夹砂灰褐陶。已残。圆唇，口微侈。残高5厘米（图一〇，10）。

鼓腹罐　碎陶片层:1，夹砂灰褐陶。已残。圆唇，折沿，沿面微凹，口沿内折棱明显。残高5.6厘米（图一〇，18）。

子母口罐　碎陶片层:8，夹砂灰褐陶。已残。圆唇，口微敛。残高3.2厘米（图一〇，11）。

平底盆 碎陶片层:6，夹砂灰褐陶。已残。斜壁，底微内凹，假圈足。残高4.3厘米（图一〇，12）。碎陶片层:7，夹砂灰褐陶。已残。壁内弧，平底。残高4厘米（图一〇，5）。

敛口钵 碎陶片层:4，夹砂褐陶。已残。圆唇，斜壁。残高3.4厘米（图一〇，17）。

盅 碎陶片层:5，夹砂褐陶。斜方唇，斜壁，浅腹，平底，假圈足。口径11.3、底径8.4、高3.3厘米（图一〇，15）。碎陶片层:9，夹砂灰褐陶。已残。方唇，敞口，浅腹，平底。高3.6厘米（图一〇，14）。

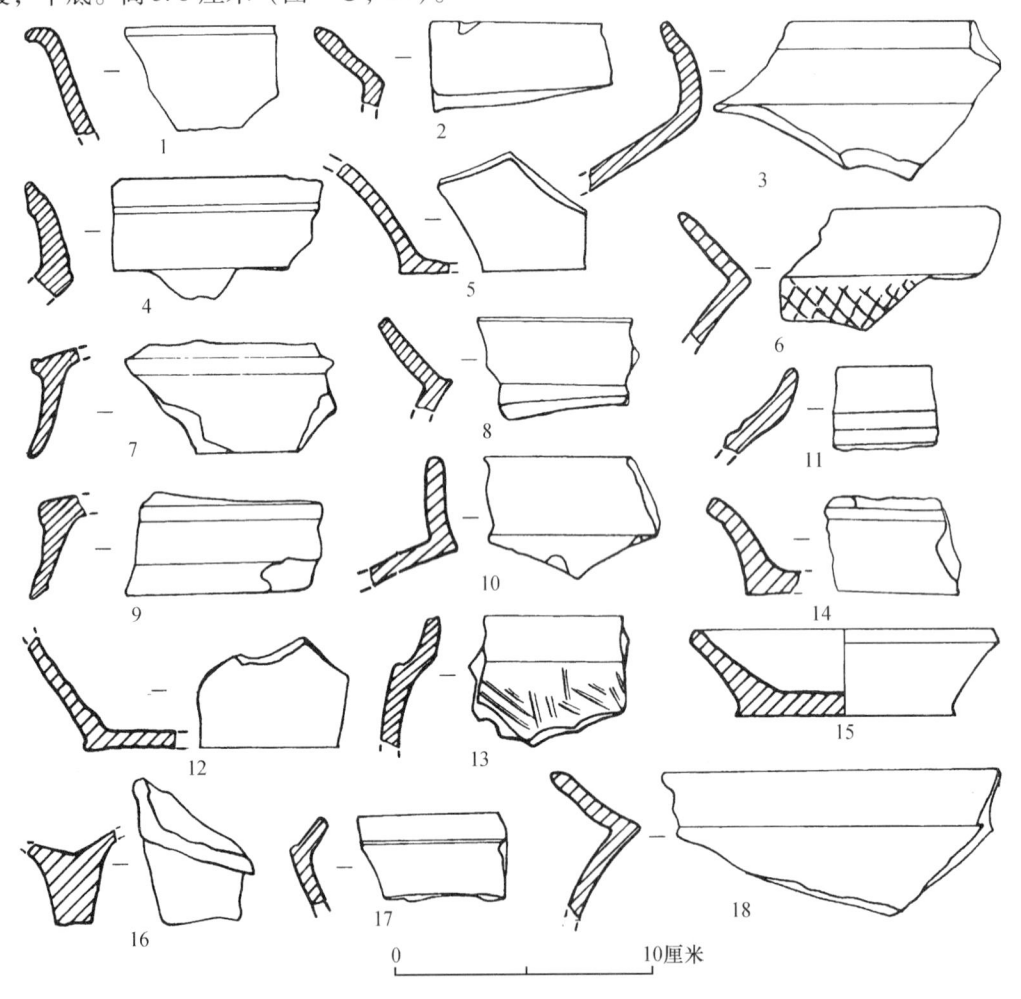

图一〇　DF第2层及碎陶片层出土陶器

1. 盆（DF②:8）　2. 深腹盆（DF②:4）　3、4. 高领罐（DF②:7、DF②:2）　5、12. 平底盆（碎陶片层:7、碎陶片层:6）　6、8. 深腹罐（碎陶片层:2、DF②:6）　7、9. 器盖（DF②:5、DF②:1）　10. 矮领罐（碎陶片层:3）　11、13. 子母口罐（碎陶片层:8、DF②:3）　14、15. 盅（碎陶片层:9、碎陶片层:5）　16. 鼎足（碎陶片层:10）　17. 敛口钵（碎陶片层:4）　18. 鼓腹罐（碎陶片层:1）

(2) GⅠ

多为陶器残片，器形有鼎足、深腹罐、圆腹罐、花边罐、高领罐等。

鼎足　标本GⅠ②:4，夹砂灰褐陶。近扁三角形状足，一侧有捏窝。残高6.4厘米（图一一，15）。

深腹罐　标本GⅠ①:8，夹砂灰褐陶。已残。圆唇，折沿，鼓腹。腹部饰方格纹。残高5.4厘米（图一一，5）。

圆腹罐　标本GⅠ①:5，夹砂灰褐陶。已残。方唇，唇部有凹槽，矮领。腹部饰篮纹。残高3.6厘米（图一一，6）。

花边罐　标本GⅠ②:3，夹砂灰褐陶。已残。尖唇，侈口，束颈。沿外有一周附加堆纹。残高3.6厘米（图一一，1）。

高领罐　标本GⅠ②:1，夹砂灰褐陶。已残。尖唇，沿下有一周凹槽。残高4.5厘米（图一一，2）。标本GⅠ②:2，夹砂灰褐陶。已残。尖唇，侈口。残高4.2厘米（图一一，3）。

(3) GⅡ

多为陶器残片，可辨器形有鼎足、深腹罐、花边罐、鼓腹罐、盆等。

鼎足　标本GⅡ②:10，泥质陶。已残。足较小，乳头状。残高3.2厘米（图一一，16）。

子母口罐（鼎）　标本GⅡ②:7，夹砂灰褐陶。已残。尖唇，敛口，斜壁。腹部饰方格纹。残高4厘米（图一一，8）。标本GⅡ②:8，夹砂陶。已残。圆唇，口微敛。残高3.4厘米（图一一，12）。

深腹罐　已残。标本GⅡ②:1，夹砂灰褐陶。方唇，唇部有凹槽，折沿，沿面微凹，口沿内折棱凸出，鼓腹。腹部饰方格纹。残高6.8厘米（图一一，20）。标本GⅡ②:3，夹砂灰褐陶。方唇，唇部有凹槽，沿较窄，鼓腹。腹部饰绳纹。残高5厘米（图一一，13）。标本GⅡ②:6，夹砂灰褐陶。尖唇，折沿，口沿内折棱凸出。腹部饰绳纹。残高4.8厘米（图一一，4）。

花边罐　标本GⅡ②:5，夹砂灰褐陶。已残。方唇，卷沿，腹微鼓。沿下有一周附加堆纹，腹部饰绳纹。残高5.6厘米（图一一，7）。

鼓腹罐　标本GⅡ②:2，夹砂灰褐陶。已残。圆唇，敞口，折沿。残高4厘米（图一一，18）。

盆　标本GⅡ②:9，已残。尖唇，侈口，束颈。残高5.6厘米（图一一，21）。

器盖　标本GⅡ②:4，夹砂灰褐陶。已残。圆唇，折肩，斜壁。折肩处有凸棱和两周凹弦纹。残高3.4厘米（图一一，10）。

(4) GⅢ

陶器器形有小口高领罐、平底盆等。

小口高领罐　标本GⅢ①:15，泥质黑皮陶。斜方唇，口微侈，平肩，鼓腹，底内凹。肩部有两周指甲纹和两周凹弦纹，腹部有一周凹弦纹和篮纹。口径15.9、底径9.4、高25厘米（图一一，23）。

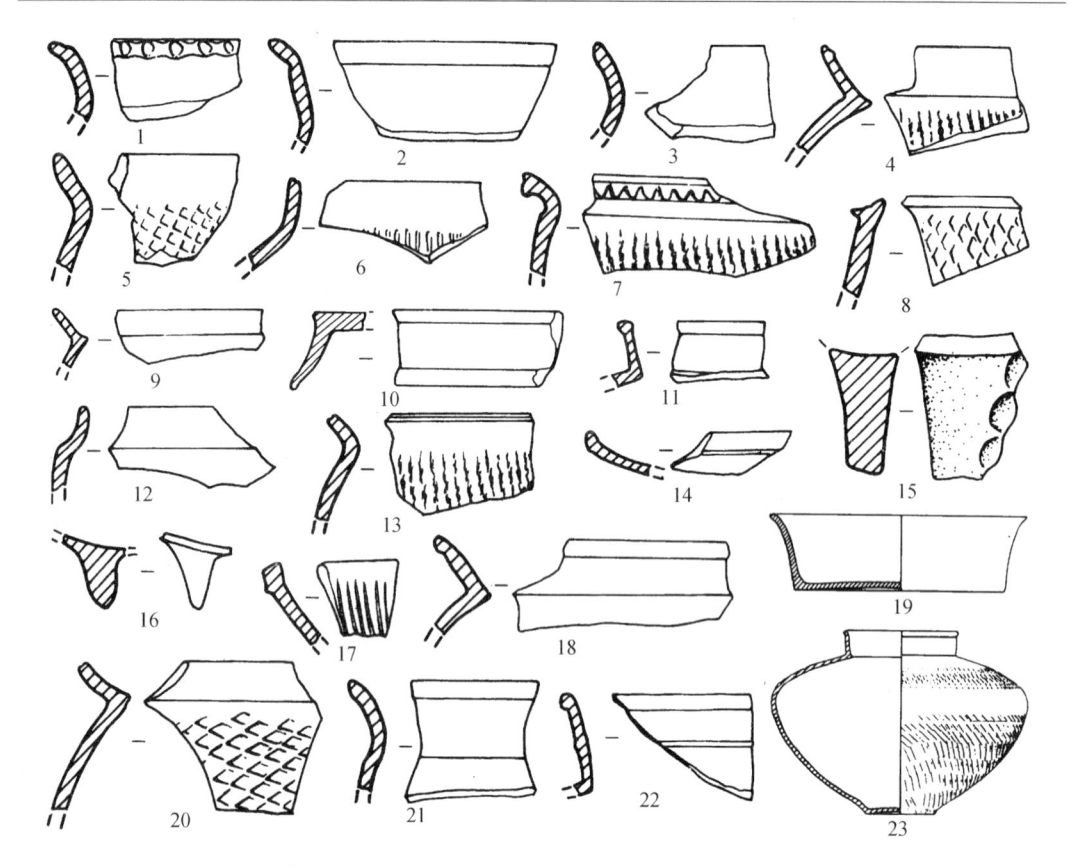

图一一 AT3~AT6GⅠ、GⅡ、GⅢ及H147出土陶器

1、7. 花边罐（GⅠ②:3、GⅡ②:5） 2、3、11. 高领罐（GⅠ②:1、GⅠ②:2、H147:5） 4、5、9、13、20. 深腹罐（GⅡ②:6、GⅠ①:8、H147:4、GⅡ②:3、GⅡ②:1） 6. 圆腹罐（GⅠ①:5） 8、12. 子母口罐（鼎）（GⅡ②:7、8） 10. 器盖（GⅡ②:4） 14. 盘（H147:9） 15、16. 鼎足（GⅠ②:4、GⅡ②:10） 17. 刻槽盆（H147:7） 18. 鼓腹罐（GⅡ②:2） 19. 平底盆（GⅢ③:16） 21. 盆（GⅡ②:9） 22. 高领瓮（H147:3） 23. 小口高领罐（GⅢ①:15）

平底盆 标本GⅢ③:16，泥质灰黑陶。尖唇，侈口，斜壁，底内凹。内外壁有轮制痕迹。口径24.6、底径19.8、高6.8厘米（图一一，19）。

4. H147

多为陶器残片，可辨器形有深腹罐、高领罐、刻槽盆、高领瓮等。

深腹罐 标本H147:4，夹砂灰褐陶。已残。圆唇，折沿，口沿内折棱凸出。残高3.6厘米（图一一，9）。

高领罐 标本H147:5，夹砂灰褐陶。已残。厚圆唇，唇部内外凸出。残高4厘米（图一一，11）。

刻槽盆 标本H147:7，夹砂陶。已残。斜方唇，沿较厚，斜壁。内壁有刻槽。残高5.4厘米（图一一，17）。

高领瓮　标本H147:3，夹砂灰褐陶。已残。圆唇，侈口。领部饰凸弦纹。残高6.9厘米（图一一，22）。

盘　标本H147:9，夹砂陶。已残。圆唇，浅腹。沿下有一周凹弦纹。残高3厘米（图一一，14）。

六、结　语

DF这一大型建筑基址所处位置重要，规模宏大，建造讲究，可见不是一处普通的活动场所。DF内部和墙壁上没有发现承重柱留下的柱洞，可见，它也不是一座盖有屋顶的建筑。活动面上遗留着千层饼状的砂质土层，这说明它可能是一座露天的浅穴式建筑。过去在二里头遗址的宫殿区已发现有与此相似的遗迹[1]。关于此类遗迹的性质，《礼记·祭法》曰："天下有王，分地建国，置都立邑，设庙、祧、坛、墠而祭之，乃为亲疏多少之数。是故王立七庙，一坛、一墠"。郑玄注曰："封土曰坛，除地曰墠"。"除"既有整平的意思，也有开掘的意思。墠，为祭祀用的经过清除的整洁的地面。《礼记·祭法》又云："瘗埋于泰折，祭地也。用骍犊。埋少牢于泰昭，祭时也。相近于坎坛，祭寒暑也。……四坎坛，祭四方也"。坎是坑的意思，新砦遗址中心区发现的这座浅穴式大型活动场所或许就与"墠"或"坎"之类的活动场所有关。

据钻探和试掘，在该活动场所南北两侧尤其是南边数十米以外，已经发现有大量红烧土和多层垫土层等建筑遗迹，并已发掘出一座面积较大的地面建筑。如对这一区域进行大面积地揭露，将有助于最终了解这一浅穴式大型活动场所的性质。

附记：先后参加钻探和发掘工作的有中国社会科学院考古研究所赵春青、谢肃、黄卫东、钟建，郑州市文物考古研究所张松林、顾万发、张家强、张巧燕，郑州大学历史与考古系硕士研究生以及南京大学历史系考古专业硕士研究生和本科生等。此次发掘领队为赵春青。线图由毕道传、焦建涛、刘夏青、徐松涛绘制，器物由郭相坤、徐松涛修复，照片由赵春青、祝贺拍摄。

注　释

[1] a. 中国社会科学院考古研究所：《中国考古学·夏商卷》第129页，中国社会科学出版社，2003年。

b. 李志鹏：《二里头文化墓葬研究》，见《中国早期青铜文化——二里头文化专题研究》第45页，科学出版社，2008年。

（原刊于《考古》2009年第2期）

河南荥阳大师姑遗址 2002 年度发掘简报

王文华　陈　萍　丁兰坡

一、遗址概况及发掘经过

大师姑遗址位于河南省荥阳市广武镇大师姑村和杨寨村南。北距黄河、西南距荥阳市区均为 13 公里，东南距郑州市区 22 公里（图一）。遗址所在地属于邙山山前低缓丘陵区，海拔 108～110 米（图二、图四）。2002 年春，我们在郑州西北郊开展夏商周考古专题调查时，发现该遗址的夏、商文化遗存都很丰富，而且遗址面积较大，四至清楚。为了搞清遗址的准确范围，我们对遗址进行了初步钻探，在遗址的北、东、南三面都发现了环绕遗址的壕沟，东壕较直，北壕和南壕都通入今索河河道。同时在南壕的内侧发现有一段东西走向、与南壕平行的硬土。在索河西岸今杨寨村南的台地上，也发现了与河东岸相同的堆积。2002 年 10 月，为了搞清遗址的性质，经报请国家文物局批准，我们对

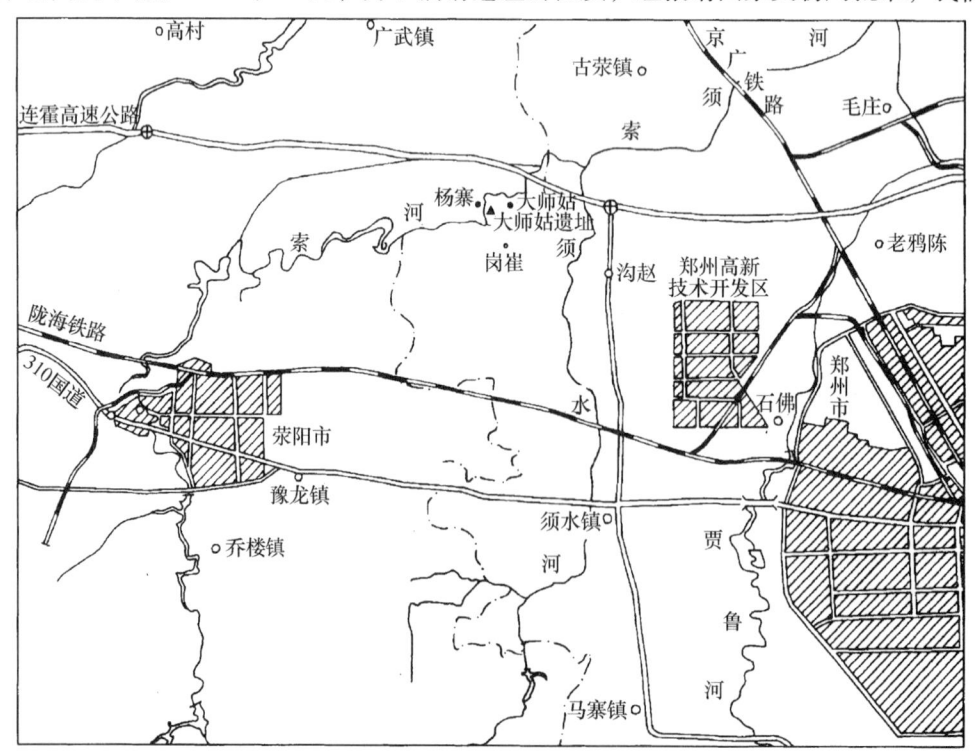

图一　大师姑遗址位置示意图

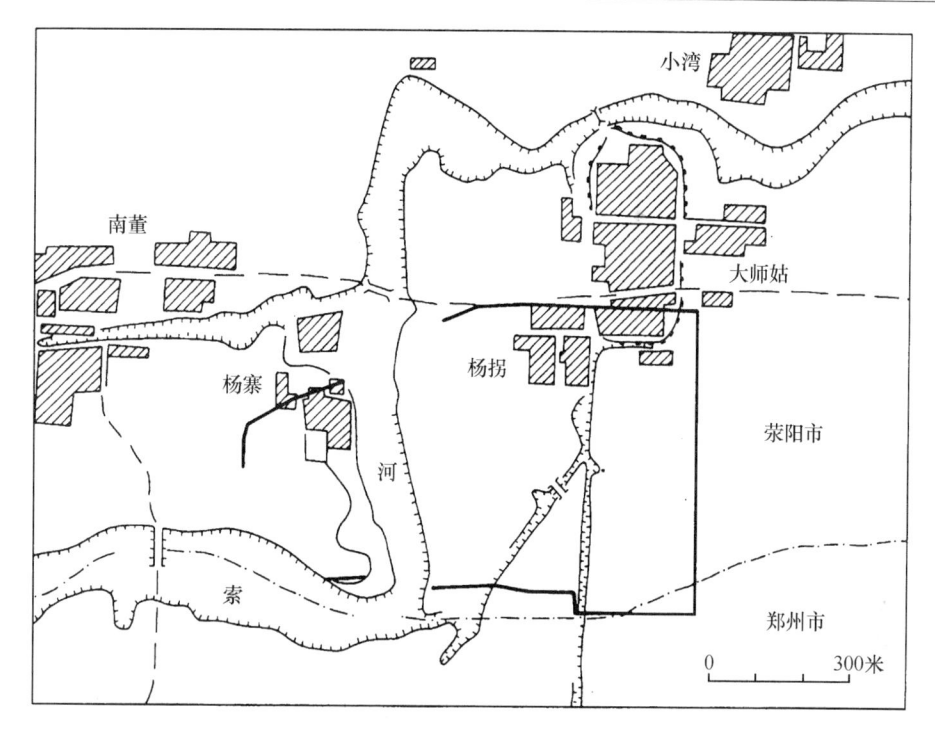

图二 大师姑夏代城址位置示意图

图三 索河西岸断崖所见南墙西段剖面

遗址进行了试掘。此次发掘共布7个探方，编号为02XDT1～02XDT7，其中T1、T5的面积为10米×10米（T1后来经过扩方后面积为10米×15米），T2的面积为3米×20米，T3、T4的面积为3米×15米，T6的面积为5米×10米，T7的面积为3米×30米，总面积为540平方米。这次发掘证实了钻探发现的南壕内侧硬土是二里头文化时期的夯土城垣，环绕遗址的壕沟为城垣的护城壕沟，在城垣和城壕之间还平行分布有早商时期的环壕，证明大师姑遗址是一处二里头文化时期的城址。2003年上半年，我们又对索河西岸杨寨村南地进行了重点钻探，对索河东岸进行了更为详细的钻探，发现索河东岸的城垣

图四　大师姑遗址航拍照片

图五　T3、T4、T7 发掘现场

和城壕越过索河继续延伸，并找到了城址的西墙、南墙西段、南墙东段部分地段、东墙北段和北墙西段，证明索河西岸的遗址也是大师姑二里头文化城址的一部分。同时为了便于下一步的发掘工作，我们对遗址进行了分区，确定了遗址永久总基点和若干测量点，形成了遗址的测量网络。由于遗址面积较大，为了避免探方编号系统过于庞大，我们没有采用统一象限布方法，分区主要是利用遗址的自然地形和道路，并结合遗址堆积的实际情况进行区域划分。遗址被划分为 6 个区，即Ⅰ～Ⅵ区。每个发掘区内自由布方，探方编号为年度号加区号加探方号。发掘所见遗迹单位每个区内统一编号，为年度号加区号加遗迹序号。2002 年度发掘的探方仍采用原编号（图一三），发掘以 T2、T3、T4、T7 和 T5 的收获最为重要（图五）。现将这 5 个探方的发掘情况简报如下。

图六 叠压城垣内侧地层中出土深腹罐（T3④c:94）  图七 叠压城垣内侧地层中出土大口尊（T3④c:87）

图八 城垣夯土中出土圆腹罐（夯⑤:7）  图九 城垣夯土中出土平底盆（夯④:1）

图一〇 G5中发现的坍塌夯土墙体堆积

图一一　坍塌夯土墙体夯窝

图一二　大师姑遗址出土二里头文化陶排水管（H75∶15）

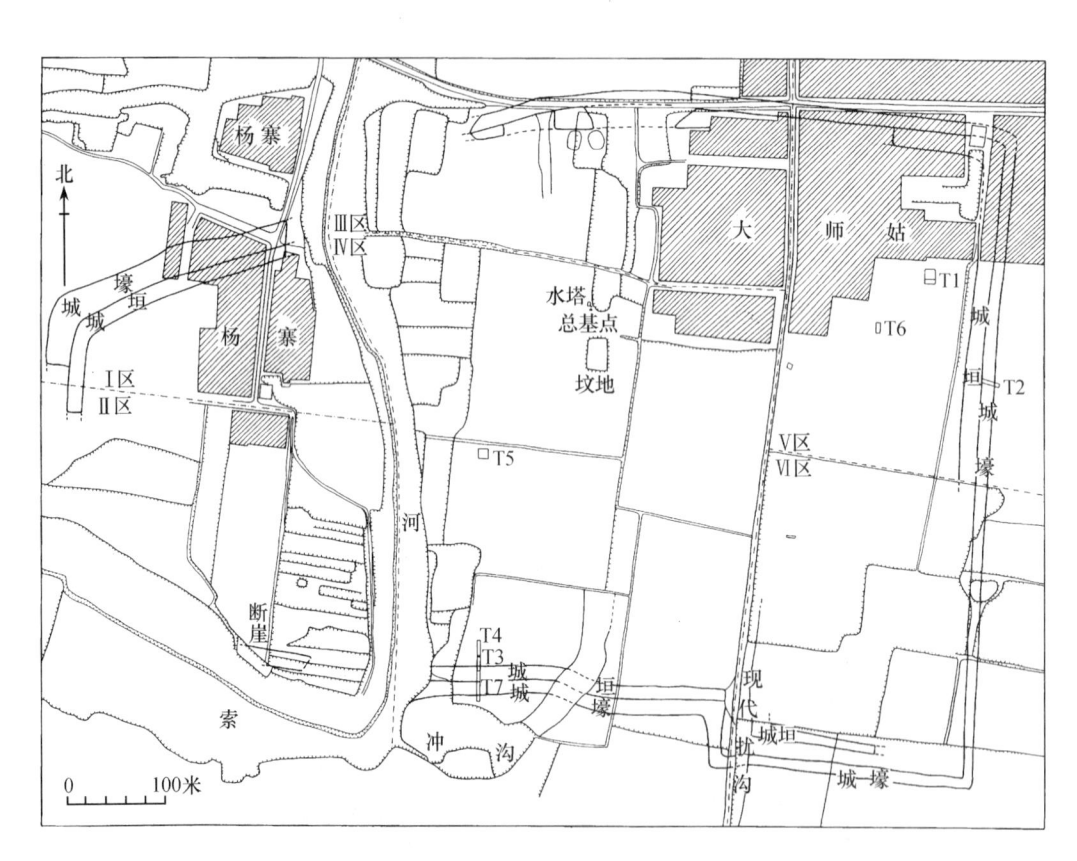

图一三　大师姑二里头文化城址总平面及探方分布图

二、地层堆积

1. T2 南壁（图一四）

第1层：耕土层。厚18～30厘米。黄灰色土，较松软。包含有大量散碎秸秆。

第2层：深18～30厘米，厚15～25厘米。青褐色土，土质疏松，较为纯净。包含有塑料袋等现代遗物，为现代扰土层。

第3a层：深30～60厘米，厚25～50厘米。黄褐色砂土，质疏松。包含有少量青花瓷片、素面布纹瓦，为明清地层。

第3b层：深75～85厘米，厚0～75厘米。红褐色砂土，土质紧密。包含有少量布纹瓦片和绳纹陶片，为汉代淤积层。此层叠压G1，G1又打破G2.

第4a层：深60～70厘米，厚0～50厘米，红褐色土，土质较硬，结构松散。无出土物。

第4b层：深60～115厘米，厚60～100厘米。黄褐色花土。包含有较多的破碎夯土块。无出土物。此层应为废弃夯土堆积层。

第4c层：深165～170厘米，厚0～15厘米。黄褐色花土，土质较硬，其中夹有青褐色土块。无出土物。

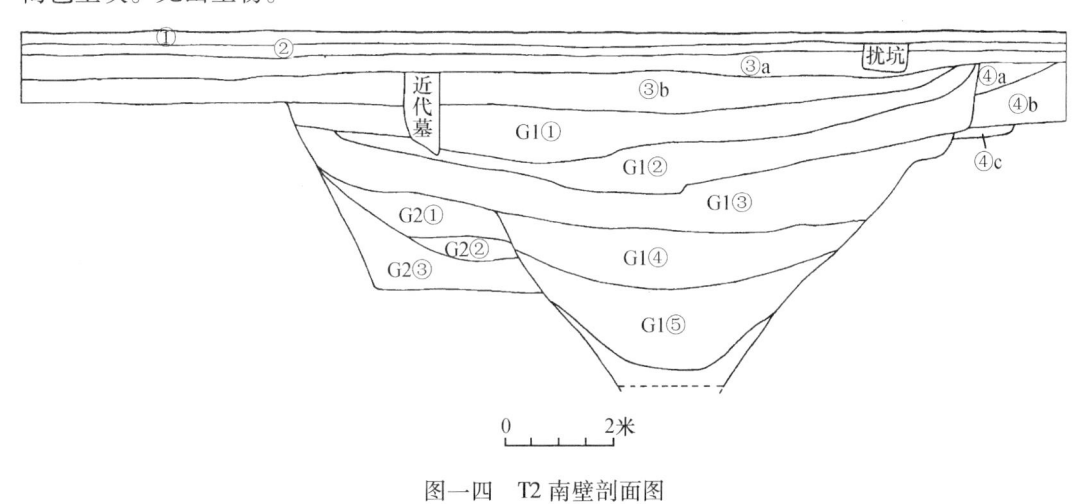

图一四　T2南壁剖面图

2. T3 东壁（图一五）

第1层：耕土层。厚8～30厘米。黄灰色土，较松软。

第2层：深18～30厘米，厚50～75厘米。黄色粉砂土，质松软。包含有少量瓷片、砖块，为明清地层。

第 3a 层：深约 100 厘米，厚 0~45 厘米。黄褐色土，质松软。包含有少量红烧土颗粒、东周陶片及较多的二里头文化陶片，为东周地层。

第 3b 层：深 85~150 厘米，厚 0~4 厘米。黑褐色土，质较松。包含有草木灰、黄土颗粒及较多的二里头文化陶片，为二里头文化地层。

第 3c 层：深 105~180 厘米，厚 0~40 厘米。青黄色土，质较硬。出土物丰富，均为二里头文化遗物，为二里头文化地层。

第 3d 层：深 125~200 厘米，厚 0~30 厘米。黄褐色土，质较硬。包含有少量炭屑和二里头文化陶片，为二里头文化地层。此层叠压一座二里头文化墓葬，编号为 02XDM5，出土陶盆、陶圆腹罐和陶尊各一件。

第 4a 层：深 75~220 厘米，厚 0~55 厘米。黄灰色土，质松软。包含有大量红烧土颗粒、炭屑，出土物丰富，为二里头文化地层。

第 4b 层：深 75~250 厘米，厚 0~40 厘米。黄灰色土，质较硬。包含有少量草木灰及红烧土颗粒，出土物较少，为二里头文化地层。

第 4c 层：深 70~290 厘米，厚 0~60 厘米。灰褐色土，质较硬。包含有草木灰、炭屑，出土物丰富，为二里头文化地层。

第 5a 层：深 70~290 厘米，厚 0~50 厘米。黄褐色土，质较硬。包含有少量红烧土颗粒、炭屑，出土少量二里头文化陶片，为二里头文化地层。

第 5b 层：深 100~340 厘米，厚 0~5 厘米。褐灰色土，质较硬。出土少量二里头文化陶片，为二里头文化地层。此层叠压 H1。

第 5c 层：深 310~360 厘米，厚 0~60 厘米。青灰色土，质较硬。包含有细腻淤积层，出土物较少，为二里头文化地层。

第 5d 层：深 165~310 厘米，厚 0~40 厘米。灰褐色土，质较硬。结构致密。出土少量二里头文化陶片。此层叠压南侧的夯土城垣。

第 5d 层以下为夯土城垣北坡。

3. T4 东壁（见图一五）

第 1 层：耕土层。厚 18~30 厘米。黄灰色土，较松软。包含有植物根系和现代砖瓦块。

第 2 层：深 18~30 厘米，厚 65~85 厘米。黄色粉砂土，质松软。包含有瓷片、砖块、布纹瓦等，为明清地层。此层叠压一条路土，编号 L1。L1 位于探方的西半部，东北—西南走向，南北纵贯探方。暴露的宽度为 30~285 厘米，堆积厚度为 0~60 厘米。黄褐色土，质较坚硬，呈细膜层状。出土有瓷片、砖块，为唐宋时期路土。

第 3 层：深 100~110 厘米，厚 30~45 厘米。黄褐色土，质较松。包含有红烧土颗粒、炭屑、料姜石等。

图一五 T3、T4 东壁剖面图

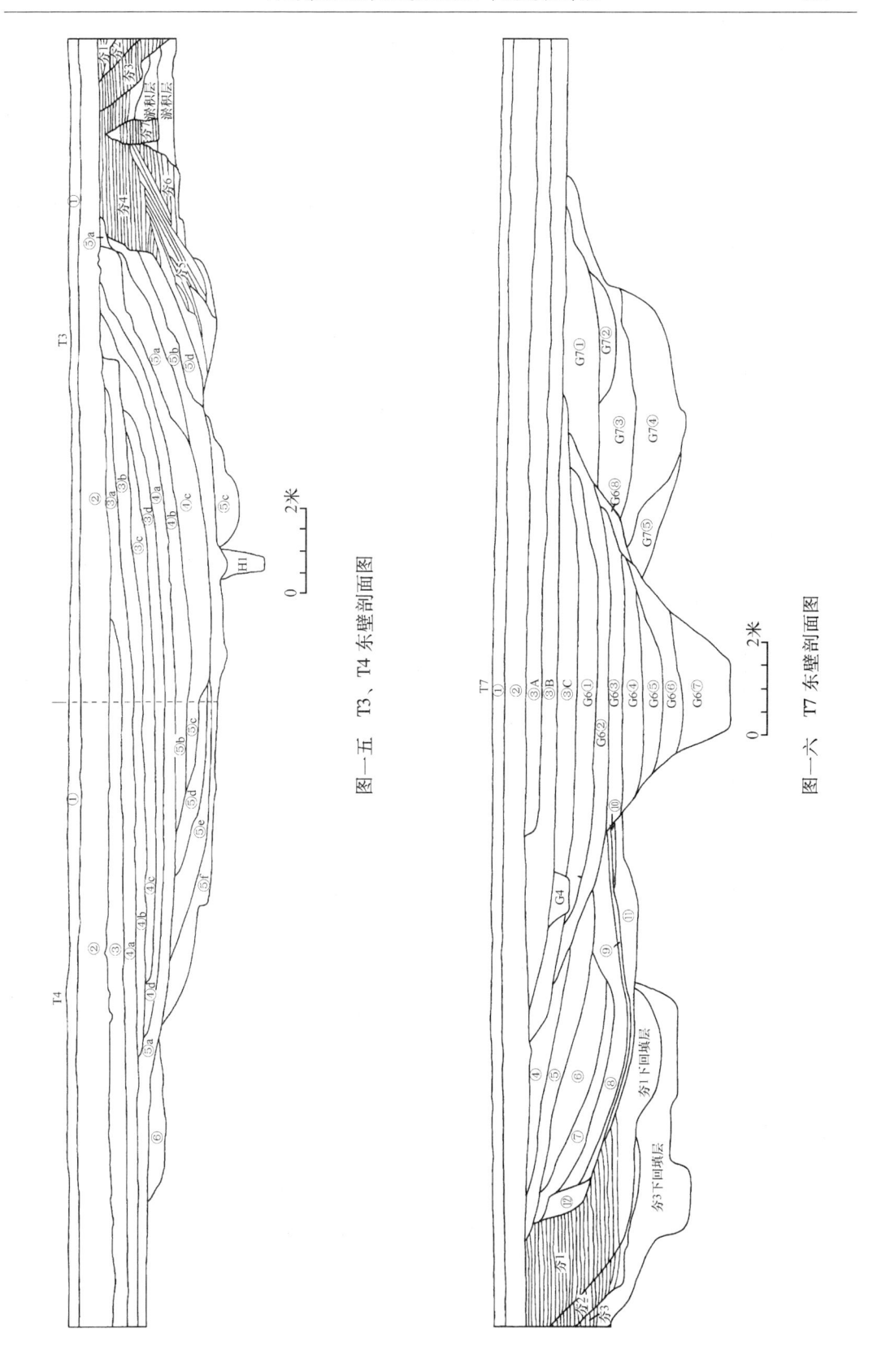

图一六 T7 东壁剖面图

第4a层：深130～140厘米，厚25～35厘米。黄褐色土，质较松。出土少量陶器残片，此层与T3的第3a层相通，为东周地层。

第4b层：深150～160厘米，厚0～30厘米。黑褐色土，质较松。包含有红烧土颗粒、炭屑和少量碎小陶片，此层与T3的第3b层相通，为二里头文化地层。

第4c层：深190～195厘米，厚0～30厘米。青黄色土，质较硬。出土有深腹罐、大口尊等。此层与T3的第3c层相通，为二里头文化地层。

第4d层：深190～225厘米，厚0～25厘米。黄褐色土，质较硬。出土少量陶器残片，器形有深腹罐、尊、盆等，此层与T3的第3d层相通，为二里头文化地层。

第5a层：深160～235厘米，厚25～35厘米。黄灰色土，质较硬。包含有大量红烧土颗粒、炭屑和少量料姜石，出土有深腹罐、花边圆腹罐、尊、盆、豆、缸、残石器、兽骨等，此层与T3的第4a层相通，为二里头文化地层。

第5b层：深255～260厘米，厚0～40厘米。深青灰色土，质松软。包含有较多的红烧土块、炭屑，出土有深腹罐、甗、大口尊、盆等，此层与T3的第4b层相通，为二里头文化地层。

第5c层：深285～300厘米，厚0～45厘米。青灰色土，质较软，结构松散。包含有红烧土块、炭屑等，出土有深腹罐、甗、盆、尊等，此层与T3的第4c层相通，为二里头文化地层。

第5d层：深255～320厘米，厚0～40厘米。青灰黑色土，质松软。出土物较少，器形有深腹罐、圆腹罐、缸、大口尊等，另有少量兽骨，为二里头文化地层。

第5e层：深250～340厘米，厚0～50厘米。青灰褐色土，质较软，结构疏松。包含有较多的红烧土颗粒、炭屑，出土有深腹罐、盆、尊、豆等，另有少量兽骨和残石器，为二里头文化地层。

第5f层：深230～350厘米，厚0～55厘米。黑灰色土，质较松软。包含有黄色硬土、废弃的窑壁残块，出土有深腹罐、圆腹罐、盆、大口尊等，此层与T3的第5b层相通，为二里头文化地层。

第6层：深200～225厘米，厚0～50厘米。灰褐色土，质较硬。包含有较多的红烧土块、炭屑等，出土有深腹罐、圆腹罐、盆、大口尊等，为二里头文化地层。此层叠压H41。

第6层以下为生土。

4. T7东壁（图一六）

第1～3a层：地层堆积及出土物与T3的第1～3a层基本相同。

第3b层：深80～110厘米，厚0～70厘米。黄褐色土，质松软。出土有少量早商时期的陶片。此层叠压G4，G4无出土物。

第3c层：深80～180厘米，厚0～45厘米。浅褐色土，质松软。出土有少量早商时期的陶片。此层叠压G6、G7，G6又打破G7。

第4层：深75～175厘米，厚0～50厘米。黄褐色土，质松软。出土有少量二里头文化晚期陶片。

第5层：深75～225厘米，厚0～50厘米。青褐色土，质较硬。出土有少量二里头文化晚期陶片。

第6层：深105～225厘米，厚0～65厘米。灰褐色土，质较硬。出土有少量二里头文化晚期陶片。

第7层：深90～225厘米，厚0～40厘米。红褐色土，质较硬。出土有少量二里头文化晚期陶片。

第8层：深145～250厘米，厚0～60厘米。黄褐色土，质较硬。出土有少量二里头文化晚期陶片。

第9层：深195～225厘米，厚0～10厘米。青灰褐色土，质细密。为淤积土。无出土物。

第10层：深约265厘米，厚0～10厘米。黄色土，质较硬。出土物极少。

第11层：深250～315厘米，厚0～50厘米。红褐色水锈土，质较硬，夹杂细密的白砂淤层。无出土物。

第12层：深105～220厘米，厚0～75厘米，南北宽50厘米，北与城垣紧贴。红褐色土，质较硬，纯净，结构紧密。无出土物。

第12层以下为夯土城垣南坡。

三、二里头文化城址

大师姑二里头文化城址位于荥阳市广武镇大师姑村和杨寨村南，今索河河道从城址南部向东于城址西南部折向北流，将城址分成东、西两部分，大部分在河东岸，少部分在河西岸。城址由城垣和城壕组成。城垣距现地表的深度不一，一般在1米左右。已发现的部分为南墙西段（图三）、南墙东段部分地段、西墙北段、北墙西段和东墙北段，其他地段暂未发现。城壕和已发现的城垣平行，除北壕西段因索河河道间隔和城址西南角暂未发现外，其余地段均已封闭。城址的范围依据城壕计算，东壕长620米；北壕长980米；西壕已发现的长度为80米，复原长度为300米；南壕已发现的长度为770米，复原长度为950米；因此已发现的总周长为2450米，复原总周长为2900米。所发现的二里头文化遗存全部集中在城垣和城壕以内，总面积约51万平方米。城址的方向除北壕西段呈东北—西南走向外，其余部分基本为近东西或近南北走向，其中东壕的方向为8°，南壕的方向为278°。整个城址呈东西长南北窄的长方形。

1. 城壕和城垣

（1）城壕

根据钻探情况我们分别对东部城壕和南部城壕进行了解剖。东部城壕（编号02XDG2）的开口距现地表约1.8米，沟深约3.65米，断面呈倒梯形，斜直壁，平底。壕沟内侧因被商代壕沟（编号02XDG1）打破，实际宽度已不明，现存宽度口部约为5米，底部约为3.25米（图一四）。沟内堆积分为3层：第1层为红色花土层；第2层为黄白色沙土层；第3层为红褐色土层。土质均较纯净，第1层和第2层无包含物，第3层出土有少量碎陶片，但无法辨明器形，从陶片上的绳纹看，应为二里头文化时期的遗物。南部城壕（编号02XDG7）的开口距现地表约1.4米，沟深约2.8米。外侧沟壁上部较缓，下部则较陡直；内侧沟壁被商代壕沟（编号02XDG6）打破，圜底，现存宽度口部约为9米（图一六）。沟内堆积分为5层，除第1层外，其余均为淤积层，无出土物。

（2）城垣

根据钻探和发掘情况，城垣现存顶部距现地表约0.8米，走向与二里头文化壕沟平行。内、外两侧均被二里头文化地层叠压，外侧地层又被商代壕沟打破，墙体打破生土。现存墙体顶部宽约7米，夯土墙体底部宽约13米。墙体结构较为复杂，根据土质土色的差别分为7层（见图一五、图一六）。

夯①层：位于墙体南部，从北向南倾斜堆积，水平夯筑。南北宽2～3米，该层夯土堆积厚约2.1米，黄褐色花土，质坚硬；夯层厚4～10厘米；夯窝为圆形，圜底，直径约4、深约2厘米；夯土下为较厚的回填土层，黄褐色，质较硬，含较多的料姜石颗粒，最厚处达0.65米。回填土层下有一层淤土层与夯①层和夯②层之间的交接处重合。无出土物。

夯②层：宽0.45、厚2米。浅褐色土，含黄色斑点，质较硬，经过夯打。夯窝、夯层情况与夯①层相同。无出土物。

夯③层：宽0.55～0.8米，上部厚1、宽0.8米，下部厚0.6、宽0.55米。黄褐色花土，质较硬，夹杂少量料姜石颗粒。夯窝、夯层情况与上述相同。其下为黄褐色回填土层，其北侧堆积线与夯③层、夯④层之间的界线下通。此层南北两侧较浅，中间较深，呈沟状，出土有深腹罐残片。

夯④层：位于墙体北侧，夯层的两侧及上部。褐色土，质较坚硬，经过夯打。夯层情况同上述，夯窝不清晰。其宽约2.6米，从夯⑦层两侧开始呈斜坡状堆积。南侧宽0.6、厚0.7米，北侧宽2.5、厚1米，出土有少量陶片。

夯⑤层：位于墙体北侧夯④层下，从北向南呈倾斜状堆积。灰褐色土，土质杂乱。上部夯层厚4～10厘米，下部夯层稍厚，出土有少量陶片。

夯⑥层：深褐色土。夯窝、夯层情况与上述相同。无出土物。

夯⑦层：宽0.6、厚1.3米。上部为黄色土，质疏松，未见夯层、夯窝；下部为浅褐色土，质较硬，经过夯打，夯窝情况与上述相同。该层打破淤积层，无出土物。

2. 出土遗物

（1）叠压城垣内侧地层中出土陶器

深腹罐　标本T3④b:20，夹砂灰陶。圆唇，敞口，长沿，沿端外侧加厚，斜肩。颈部抹光，颈以下饰中绳纹。口径23、残高6厘米（图一七，1）。标本T3④c:94，夹砂灰陶。方唇，敞口，短直沿，束颈，圆肩明显，下腹缓内收，圜底。腹饰中绳纹。口径20、高31.5厘米（图六、图一七，5）。标本T4⑤f:13，夹砂褐陶。窄方唇，敞口，长直颈，小折肩，腹部略外鼓。腹饰麦粒状中绳纹。口径24.3、残高10厘米（图一七，2）。标本T4⑤a:29，夹砂深灰陶。方唇，宽沿，沿根出平台，敞口，上腹较直，下腹斜弧内收，圜底。腹饰中绳纹。口径24.3、高33.2厘米（图一七，4）。

圆腹罐　标本T4⑤d:9，灰陶。圆唇，沿面略曲，束颈，斜圆肩。口部饰一周附加泥条压印花边，颈肩部素面抹光。口径17、残高4.5厘米（图一七，3）。标本T4⑤d:21，夹砂灰陶。方唇近圆，上有槽，敞口，直颈略内收，颈肩交接明显，底残。颈部饰绳纹后抹去，腹饰中绳纹。口径16.5、残高17.4厘米（图一七，7）。标本M5:2，夹砂浅灰陶。方唇，宽沿外翻，敞口，短直颈，溜肩，鼓腹，凹圜底。口径16.8、底径6.9、高20.8厘米（图一七，9）。标本T3⑤b:14，黑灰陶。圆唇，敞口卷沿，束颈，圆腹。颈部抹光，饰一周凸棱，颈以下饰细绳纹。口径14，残高5.7厘米（图一七，6）。标本T3④c:88，夹砂褐陶。尖圆唇，斜侈口，束颈，鼓腹。颈部抹光，颈以下饰中细绳纹。口径17、残高18厘米（图一七，8）。

高领罐　标本T3④c:89，深灰皮褐胎陶。尖圆唇，领部外卷，宽斜肩圆折，直腹。颈部及肩部略抹光，颈饰一周凹弦纹，肩饰两周凹弦纹，肩以下饰中绳纹。口径15、残高11.4厘米（图一七，11）。

甗　标本T3④c:87，泥质灰陶，圆唇，短沿外卷，沿面下凹，敞口，斜腹。腹上部抹光，饰两个对称的鸡冠鋬，以下饰较模糊的中绳纹。口径22.1、残高12.6厘米（图一七，12）。标本T4⑤c:1，黑皮褐胎陶。圆唇，宽沿斜折，沿面下凹，圆鼓腹，圜底，有4个箅孔。口部抹光，上腹饰两个对称的鸡冠鋬，以下饰中绳纹。口径24、高14.4厘米（图一七，14）。标本T4⑤b:1，灰陶。圆唇，宽沿外卷近折，深直腹，圜底。口部及上腹部抹光，以下饰中绳纹。口径22、高17.4厘米（图一七，13）。

刻槽盆　标本T3④a:1，灰陶。圆唇，卷沿，敞口，一侧有捏口，圆腹。颈部绳纹未抹净，颈以下饰细麦粒状中绳纹。口径18、残高10.8厘米（图一八，1）。标本T3⑤b:17，灰陶。圆唇，敞口，口部有流，颈稍长，凹圜底。口部抹光，颈以下饰中绳纹。口径20、底径9、高12.8厘米（图一八，2）。

平底盆　标本T3④c:96，深灰陶。方唇有浅槽，宽沿外卷，敞口，斜腹，底略圜

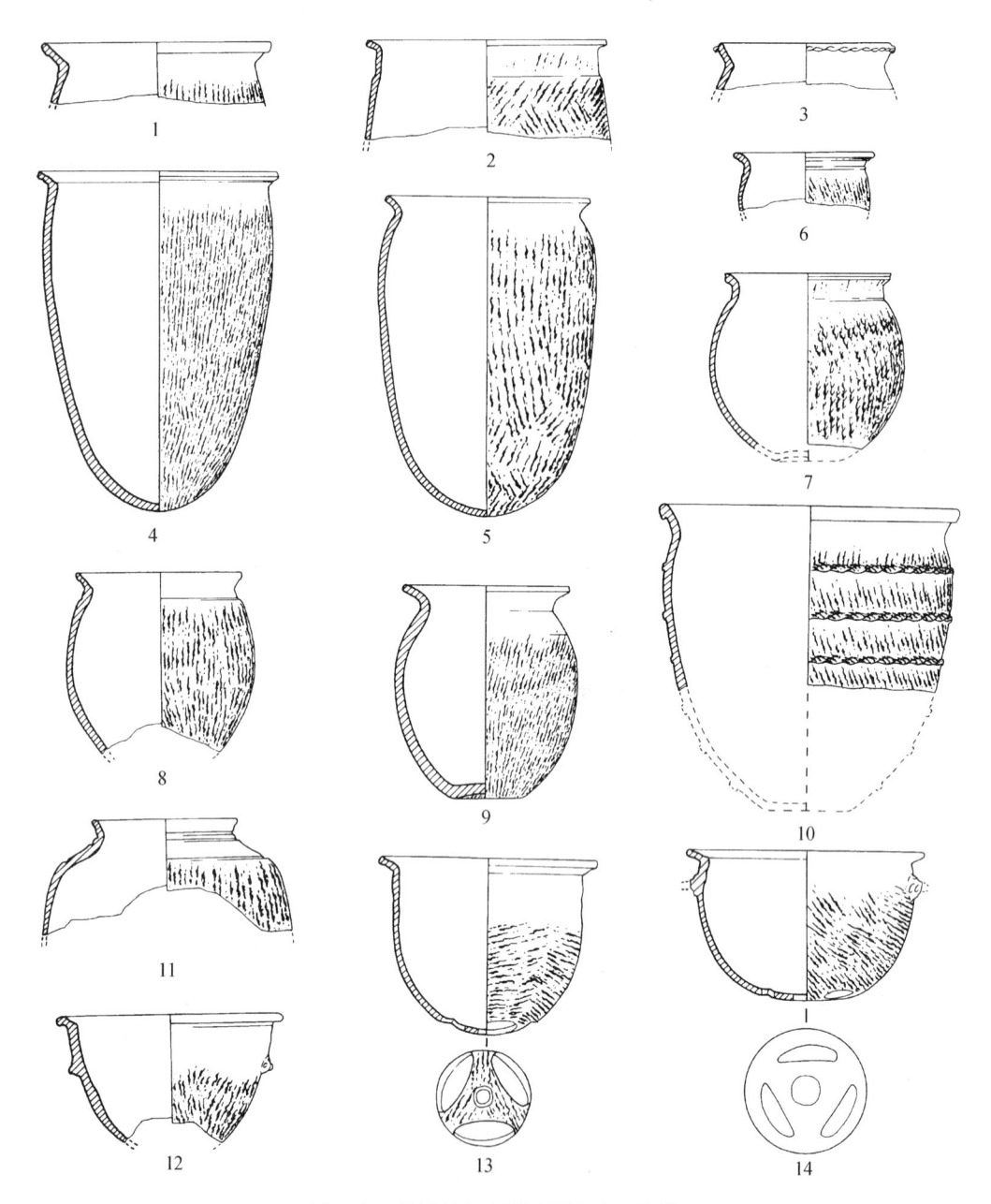

图一七 叠压城垣内侧地层中出土陶器

1、2、4、5. 深腹罐（T3④b:20、T4⑤f:13、T4⑤a:29、T3④c:94） 3、6、7、8、9. 圆腹罐（T4⑤d:9、T3⑤b:14、T4⑤d:21、T3④c:88、M5:2） 10. 缸（T4⑤d:22） 11. 高领罐（T3④c:89） 12~14. 甑（T3④c:87、T4⑤b:1、T4⑤c:1）

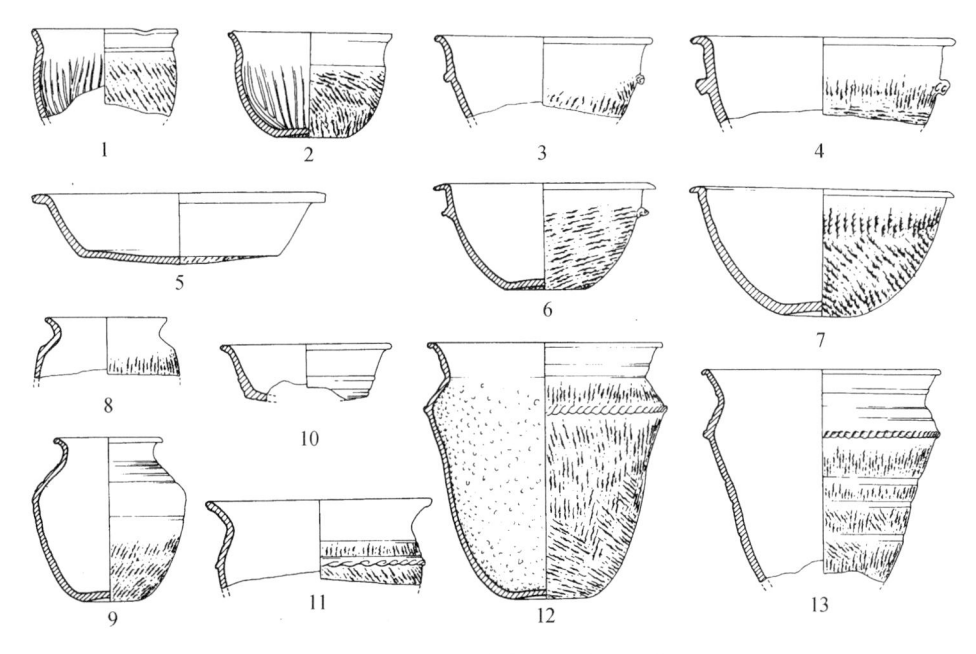

图一八 叠压城垣内侧地层中出土陶器
1、2. 刻槽盆（T3④a:1、T3⑤b:17） 3、4、6、7. 深腹盆（T3⑤b:19、T4⑤f:2、T3④c:13、M5:1）
5. 平底盆（T3④c:96） 8、9. 高领尊（T4⑤d:1、M5:3） 10. 豆（T3⑤d:1） 11~13. 大口尊
（T4⑤d:17、T3④c:87、T3④c:90）

凸。口部抹光。口径36、底径24.3、高8.5厘米（图一八，5）。

深腹盆 标本T3④c:13，泥质灰陶，尖圆唇，薄沿，敞口，斜弧腹，凹圜底。口部抹光，腹饰两个对称的鸡冠錾和粗绳纹。口径27.3、底径9.6、高12.8厘米（图一八，6）。标本T3⑤b:19，泥质灰陶。圆唇，敞口，腹上部内曲后略折，下腹斜收较急。口部抹光，折腹处饰两个对称的鸡冠錾，以下饰较浅的中绳纹。口径27、残高9.6厘米（图一八，3）。标本M5:1，泥质深灰陶。圆唇，短沿外卷，腹上部较直，斜弧腹，凹圜底。口部抹光，腹及底饰中绳纹。口径33、底径8.4、高15厘米（图一八，7）。标本T4⑤f:2，泥质褐陶，厚胎。方唇，短厚沿略下勾，敞口，深圆腹。口部抹光，腹饰两个对称的鸡冠錾和中绳纹。口径33、残高10.5厘米（图一八，4）。

高领尊 标本M5:3，泥质深灰陶，胎较厚。厚圆唇，沿外卷较甚，小口，宽斜肩圆折，斜腹，凹圜底。中腹以上抹光，饰三周凹弦纹，中腹以下饰较深的中绳纹。口径13.5、底径6、高19.8厘米（图一八，9）。标本T4⑤d:1，灰陶。圆唇，长沿外卷，窄肩近平，直腹。肩以上抹光，肩以下饰中绳纹。口径15、残高6.9厘米（图一八，8）。

大口尊 标本T3④c:90，灰陶。尖唇垂勾，短颈外敞，斜肩圆折，底残。口及颈肩部抹光，颈饰一周凸弦纹，肩饰两周凹弦纹，折肩处饰一周附加堆纹，腹饰间断中绳纹。口径30、残高61厘米（图一八，13）。标本T3④c:87，泥质灰陶。方唇，短颈外敞，沿端有小平台，宽斜肩内折，曲腹，凹圜底。口部抹光，肩以下饰麦粒状中绳纹和附加堆纹。口径29、高12厘米（图七、图一八，12）。标本T4⑤d：17，泥质灰陶。厚圆唇，短颈外敞，长斜肩，圆鼓腹。口部抹光，肩以下饰中绳纹和附加堆纹。口径28、残高10.5厘米（图一八，11）。

缸　标本T4⑤d：22，泥质黑灰陶。厚圆唇，短颈外敞，斜弧腹较深，底残。颈部抹光，颈以下饰三周附加堆纹，其上压印绳纹，器表饰麦粒状中绳纹。口径30、残高18厘米（图一七，10）。

豆　标本T3⑤d：1，泥质深灰陶。尖圆唇，敞口，斜直壁，近底处平折。腹中部饰一周凸棱，近底处饰一周凹弦纹。口径21、残高6.9厘米（图一八，10）。

（2）城垣夯土中出土陶器

圆腹罐　标本夯⑤：1，夹砂褐陶。尖唇，缘下饰宽边，短沿外卷，沿面下凹成盘口，直颈，小折肩。颈部抹光，颈以下饰细绳文。口径12、残高3.9厘米（图一九，2）。标本夯④：4，灰陶，宽方唇，下缘出尖棱，长沿外翻。颈部抹光。口径16.5、残高3.2厘米（图一九，1）。标本夯⑤：7，夹砂褐陶。方唇，短沿外卷近折，沿面下凹，敞口。口部及上腹抹光，下腹饰横向及斜向中绳纹。口径16.5、残高14.7厘米（图八、图一九，3）。标本夯③：1，夹砂夹蚌褐陶，火候低。方唇有窄槽，凹沿，束颈，溜肩，圆腹。颈部抹光，颈以下饰偏粗中绳纹。口径21、残高8.7厘米（图一九，4）。

平底盆　标本夯④：1，泥质褐陶。圆唇，敞口，曲腹，平底。内外壁抹光，腹饰一周凸弦纹，底边压印绳纹花边。口径33、底径26、残高7.2厘米（图九、图一九，9）。

深腹盆　标本夯④：2，泥质褐陶。圆唇，短沿下垂，沿面略凹，上腹内直外曲，下腹斜收较急。口部及器表抹光，近中腹处饰两个对称的鸡冠錾。口径23、残高4.3厘米。（图一九，7）。

器盖　标本夯④：3，泥质褐陶。厚圆唇，斜弧腹。器表抹光。口径19、残高3.3厘米（图一九，6）。标本夯⑤：3，泥质褐陶。圆唇，缘下饰宽边，斜圆腹。器表抹光。口径20、残高3.3厘米（图一九，5）。

高领瓮　标本夯⑤：6，泥质褐陶。方唇，长沿外卷，斜侈口，束颈，圆肩。器表饰多周凹弦纹，颈部有未抹净的绳纹。口径17、残高7.8厘米（图一九，8）。

（3）叠压城垣外侧地层中出土陶器

圆腹罐　标本T7⑥：2，夹细砂褐陶。方唇，高领外卷，束颈，耸肩，圆腹。颈部抹光，颈以下饰中绳纹。口径14、残高6厘米（图二〇，1）。标本T7⑧：1，夹砂褐陶。尖唇，唇缘外侧加厚，曲沿外卷，圆肩。颈部抹光，颈以下饰细绳纹。口径16、残高4.5厘米（图二〇，3）。

深腹盆　标本T7⑦：1，泥质褐陶。方唇，敞口，斜折沿，斜直腹。颈部素面，颈以下饰中绳纹。口径27、残高3厘米（图二〇，2）。标本T7④：3，泥质灰陶。方唇，短沿外卷，敞口，弧腹。颈部抹光，颈以下饰细绳纹。口径27、残高3.3厘米（图二〇，4）。

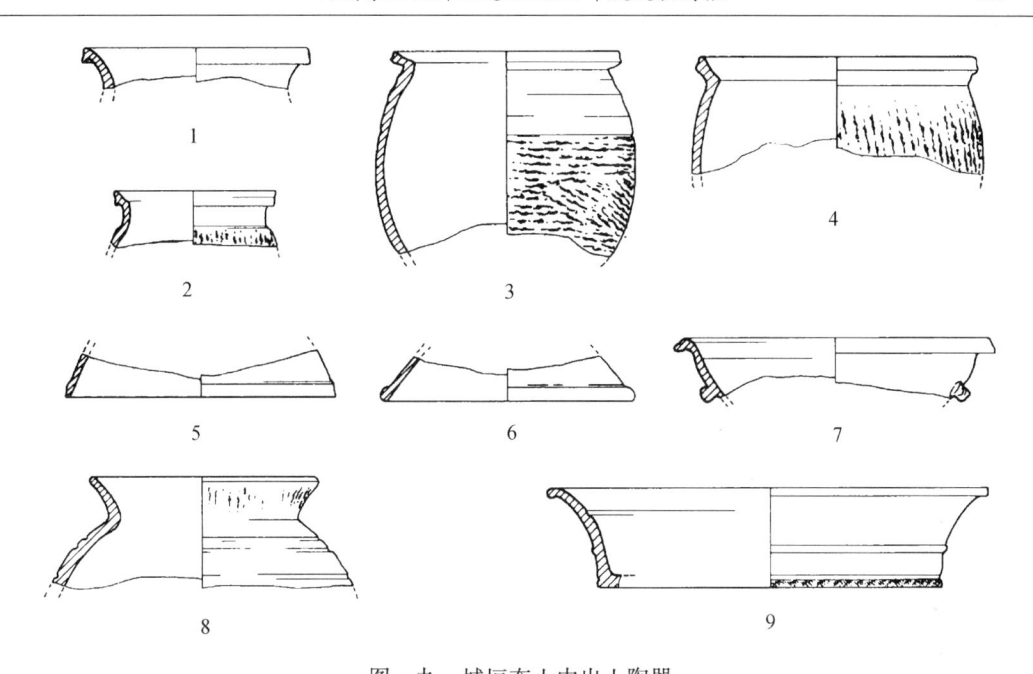

图一九　城垣夯土中出土陶器

1~4. 圆腹罐（夯④：4、夯⑤：1、夯⑤：7、夯③：1）　5、6. 器盖（夯⑤：3、夯④：3）　7. 深腹盆（夯④：2）　8. 高领瓮（夯⑤：6）　9. 平底盆（夯④：1）

为了了解遗址的堆积情况，我们还在遗址的中部偏西位置开了一个 10 米×10 米的探方，编号为 02XDT5，主要收获是清理了一条二里头文化晚期的灰沟，编号为 02XDG5。G5 为西南走向，斜壁圜底，南壁较缓，北壁较陡直。沟口宽约 7 米，沟深约 2.1 米，沟内发现了成片的坍塌夯土墙体堆积（图一○）。从现场情况判断，墙土是从原地倒入

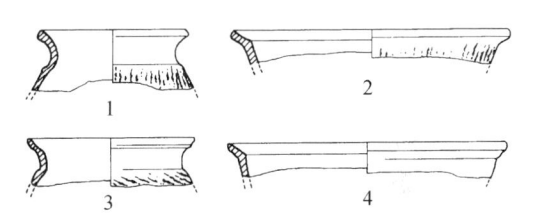

图二○　叠压城垣外侧地层中出土陶器

1、3. 圆腹罐（T7⑥：2、T7⑧：1）　2、4. 深腹盆（T7⑦：1、T7④：3）

沟内的，分布排列极有规律，应是原地倒塌而非异地搬运填入。墙体呈黄灰色，内含褐色土块及大量水锈，质地较硬，经过夯打，夯层明显，每层厚 5~7 厘米，夯窝略呈圆形，圜底，直径 5~6、深 0.5~1 厘米（图一一）。在 G5 东部发现一段倒入后呈直立状的夯土，残长 1.5、宽 0.6~0.65、高约 0.8 米。G5 内的墙土被 G5 的上层堆积叠压，出土有大量二里头文化晚期陶片。G5 打破 H75、H76，H75、H76 内也出土大量二里头文化晚期陶片。因此 T5 内夯土墙的坍塌时间应在二里头文化晚期。G5 北侧即为大师姑遗址的最高部分。结合 G5 内墙土坍塌及墙土分布的情况，我们认为 G5 以北的区域很可能分布有夏代晚期建筑基址。另外，在 G5 及其叠压的 H75、H76 内还出土有多件陶排水管（图一二），更加暗示了有建筑基址的可能性。

四、早商环壕

在大师姑二里头文化城址的四面均发现有早商环壕。从钻探与发掘的情况看，环壕与二里头文化晚期的壕沟平行分布，位于二里头文化晚期护城壕的内侧，环壕外侧或打破二里头文化晚期壕沟，或利用该壕沟的外侧壕壁，内侧则为新挖而成，并打破了叠压城墙的晚期地层。早商环壕的形制与二里头文化晚期壕沟不同，前者口部较宽，壁较缓，至中下部内收后较陡直，底部较平。从东部（编号为02XDG1）和南部（编号为02XDG6）解剖的情况看，沟口宽13~15米，底宽约1.5米（图一四、图一六）。G1和G6内出土的陶片较少且十分破碎，经初步观察，G1的第5层、第4层为二里冈下层早、晚期之间，第3层、第2层则为二里冈上层一期；G6的出土物较复杂，以二里头文化晚期为主，但也有少量二里冈期的遗物。

大师姑夏代城址是我国迄今为止发现的唯一一座年代和文化性质都十分明确的夏代城址，它的发现结束了我国夏代考古"夏代无城"的历史，填补了我国古代城址发展过程中的阶段空白。大师姑遗址不仅发现了夏代城址，而且在夏代城址的外侧还发现有早商二里冈文化下层阶段的大型环壕，城址内部早商二里冈文化上、下层遗存十分丰富，说明这里在早商时期仍是一处重要的聚落。通过对大师姑遗址夏商文化遗存的发掘和研究，将会为进一步确定夏商文化的交替年代这一我国夏商考古学中的重大学术问题提供新的依据。

领　　队：王文华
发　　掘：丁兰坡　陈万卿　王文华
整　　理：王文华　丁兰坡　陈　萍
绘　　图：陈　萍

（原刊于《文物》2004年第11期）

郑州市老坟岗商代遗址发掘简报

姜 楠 吴 倩 李根枝

老坟岗是对郑州市铭功路东侧、二七路西侧、太康路南侧、解放路北侧这一片区域的俗称。该区域处于郑州市中心，原为居民集中区。为配合郑州市旧城改造工程，2008年8～12月，郑州市文物考古研究院对铭功路东、民主路西、自由路南、解放路北的区域进行了大面积的发掘（图一），发掘面积为6000平方米，发现了仰韶、商代文化遗存及汉、宋墓葬群。现将发掘的商代遗存简报如下。

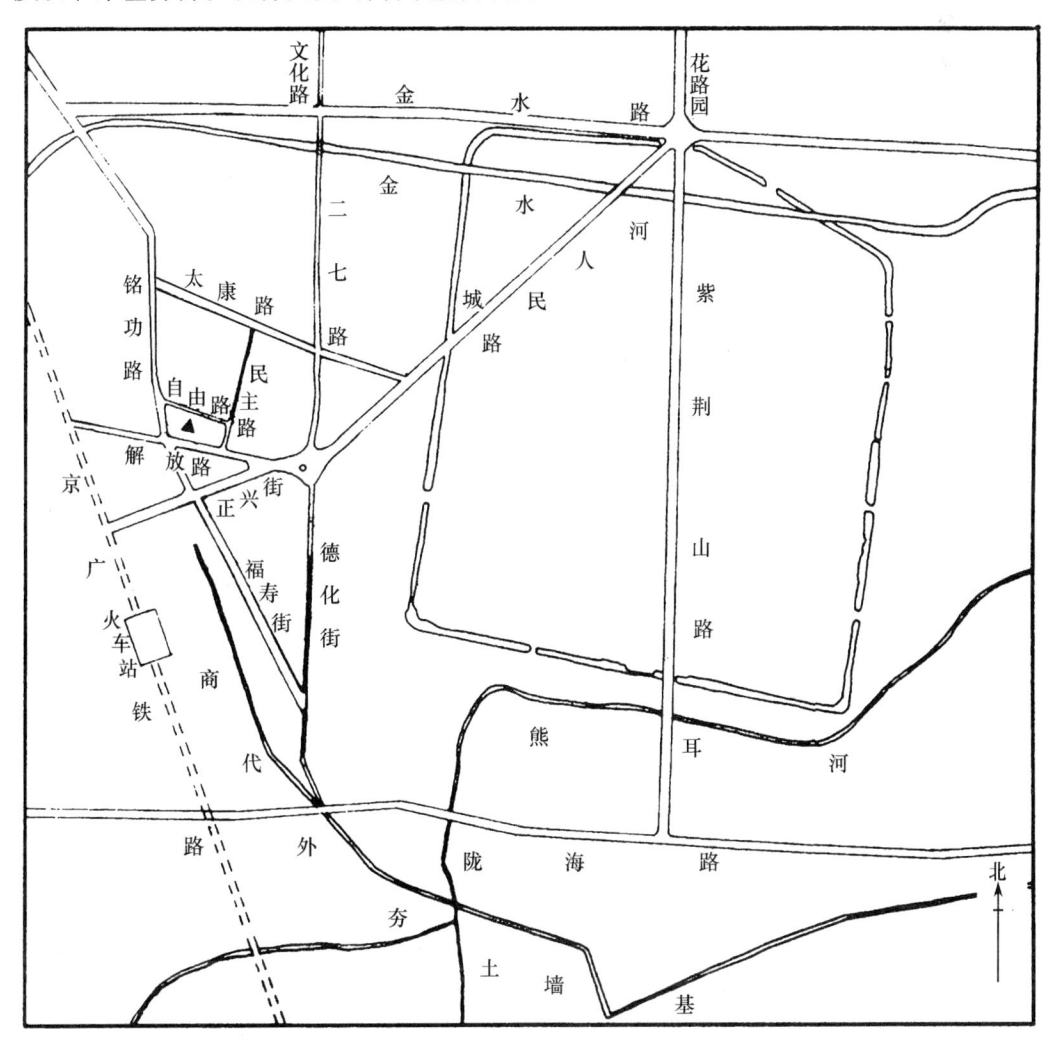

图一 老坟岗遗址发掘位置示意图

一、文化堆积

遗址整体的文化堆积较厚，但极不均匀，总体可分为5层。以夯土墙基为界分东西两部分，夯土墙基以西有4层堆积，没有商代文化层。夯土墙基以东有三层堆积，中部第三层下为商代文化层，东部第三层下有零星的仰韶文化层，无商代文化层，中部和东部之间相距40米，文化遗存被破坏无存。遗址中部被现代建筑严重破坏，有些地方被直接破坏至生土，完全打断了地层。现以T0510的西壁为例介绍如下（图二）：

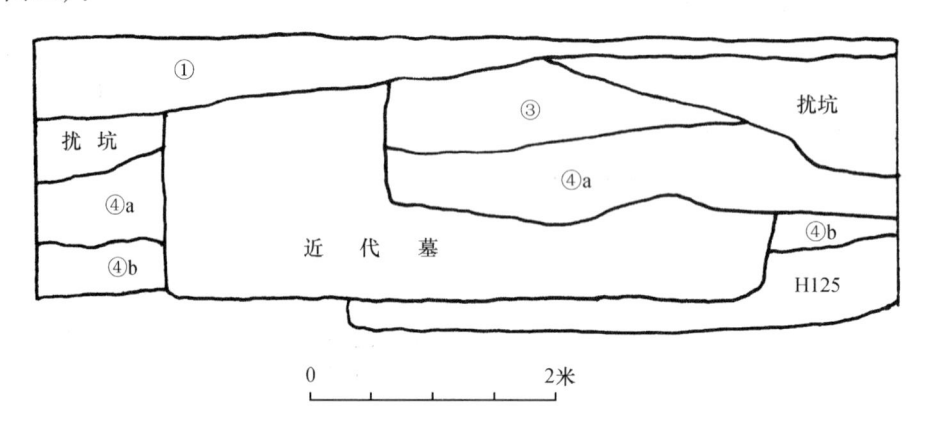

图二 T0510西壁剖面图
①黄灰色土 ③灰褐色土 ④a灰黑色土 ④b浅黄褐色土

第1层：现代生活层。黄灰色土，土质杂乱，结构疏松，厚0.1~0.5米。包含大量现代建筑垃圾及生活垃圾。

第3层：灰褐色土，土质稍硬，结构稍紧密，厚薄不均，深0.25~0.5米，厚0.5~0.6米。包含有唐宋时期瓷片、汉代瓦片、陶片等。为唐宋时期的文化堆积。

第4层：分为两亚层，堆积呈北薄南厚，为商代文化层。

④a层：灰黑色土，土质较硬，结构较为紧密，深0.65~1.1米，厚0.35~0.7米。包含商代陶片和少量仰韶时期陶片。

④b层：浅黄褐色土，土质较软，结构较为疏松，深1.55~1.7米，厚0.1~0.4米。包含较多商代陶片、少量仰韶时期陶片。

二、商代文化遗存

包含有文化层、灰坑及夯土墙基。

1. 文化层

依据地层叠压关系及出土遗物的特征，可将此次发掘的文化层分为两期。

（1）第一期文化遗存

即④a层。出土物多为陶器残片，有极少量残石器。陶质以泥质为主，占73.3%，其次为夹砂，有极少量磨光黑陶；陶色以灰陶为主，占83.7%，其次为灰黑色和灰褐色，另有极少量黄灰色、灰褐色等；纹饰主要是绳纹，其中中绳纹较多，占30.4%，其次为中粗绳纹、粗绳纹、弦纹、附加堆纹等，另有少量的圆圈纹、窗棂纹、方格纹、篮纹等；器形有鬲、甗、大口长腹罐、斝、大口尊、盆、甑、簋、小口瓮、捏口罐、豆、缸等，均残（表一）。

表一 老坟岗遗址商代文化陶片统计表（08ZKHT0610④a）

陶质 陶色 纹饰	夹砂				泥质			合计	百分比（%）
	灰	褐	灰黑	灰褐	灰	灰褐	灰黑		
中绳纹	29				53			82	30.37
中粗绳纹	21				13			34	12.59
粗绳纹	7				4			11	4.07
附加堆纹					9			9	3.33
素 面					50	10	28	88	32.59
磨 光							5	5	1.85
篮 纹	9	1						10	3.70
圆圈纹	5							5	1.85
方格纹					2			2	0.74
饕餮纹					1			1	0.37
窗棂纹					3			3	1.11
弦 纹					20			20	7.40
小 计	71	1			155	10	33	270	
百分比（%）	26.30	0.37			57.41	3.70	12.22		100
合 计	72				198			270	
百分比（%）	26.67				73.33				100
器形	鬲	4							4	9.09
	甗	3							3	6.82
	大口长腹罐			2					2	4.55

续表

陶质陶色纹饰		夹砂				泥质			合计	百分比（%）
		灰	褐	灰黑	灰褐	灰	灰褐	灰黑		
器形	鬲	1							1	2.27
	缸		1						1	2.27
	大口尊					10			10	22.72
	敞口深腹盆					1			1	2.27
	折沿浅腹盆					7			7	15.91
	甗					1			1	2.27
	簋					1			1	2.27
	豆					2			2	4.55
	小口瓮					4			4	9.09
	捏口罐					6			6	13.64
	器盖							1	1	2.27
小 计		8	1		2	32		1	44	
百分比（%）		18.18	2.27		4.54	72.72		2.27		100
合 计			11				33		44	
百分比（%）			35				75			100

鬲　7件。根据口部形态的不同分为两型。

A型　4件。夹砂灰陶。方唇，折沿，束颈，内沿面有凹槽一周，颈部多饰单圆圈纹，上下各有凹槽一周，腹饰中粗绳纹。依唇面的区别分三亚型。

Aa型　1件。标本T0610④a:1，唇面向外斜，口径16.8厘米（图三，1）。

Ab型　1件。标本T0610④a:2，唇面微向内斜，其上微起一棱，口径17.8厘米（图三，3）。

Ac型　2件。唇面稍直。标本T0610④a:3，唇面中间微鼓，口径17.8厘米；标本T0610④a:4，唇面平，颈部不饰圆圈纹，口径17.8厘米（图三，2、4）。

B型　2件。敛口，圆唇，折沿，束颈，沿面近唇部内凹。依口部形态的不同分两亚型。

Ba型　1件。标本T0609④a:2，夹砂灰陶。沿面较平，颈以下饰粗绳纹，口径15厘米（图三，5）。

Bb型　1件。标本T0609④a:1，夹砂灰棕陶。上缘上翘，颈部饰篦络纹，其下饰中细绳纹，腹部加饰篦络纹，口径18.4厘米（图三，6）。

C型　1件。标本T0610④a:5，夹砂灰陶。侈口，方唇，唇面微凹，沿面近唇部形成一宽平台，折沿，颈以下饰中粗绳纹，颈部及腹部加饰囵络纹。口径28.4厘米（图三，13）。

甗 3件。夹砂灰陶。方唇，侈口，折沿，束颈，上唇缘内侧有一周凹槽，形成子母口状，口内侧与沿面相交处内凹，颈以下饰粗绳纹。依口部特征分为两型。

A型 1件。标本T0610④a:10，唇面平，沿面稍宽，有宽且深的凹槽一周，下缘唇下突。口径23厘米（图三，9）。

B型 2件。唇面微内凹。标本T0610④a:13，沿面窄，中部内凹。口径25.8厘米。标本T0610④a:19，沿面稍宽，中部微内凹。口径27.2厘米（图三，10、11）。

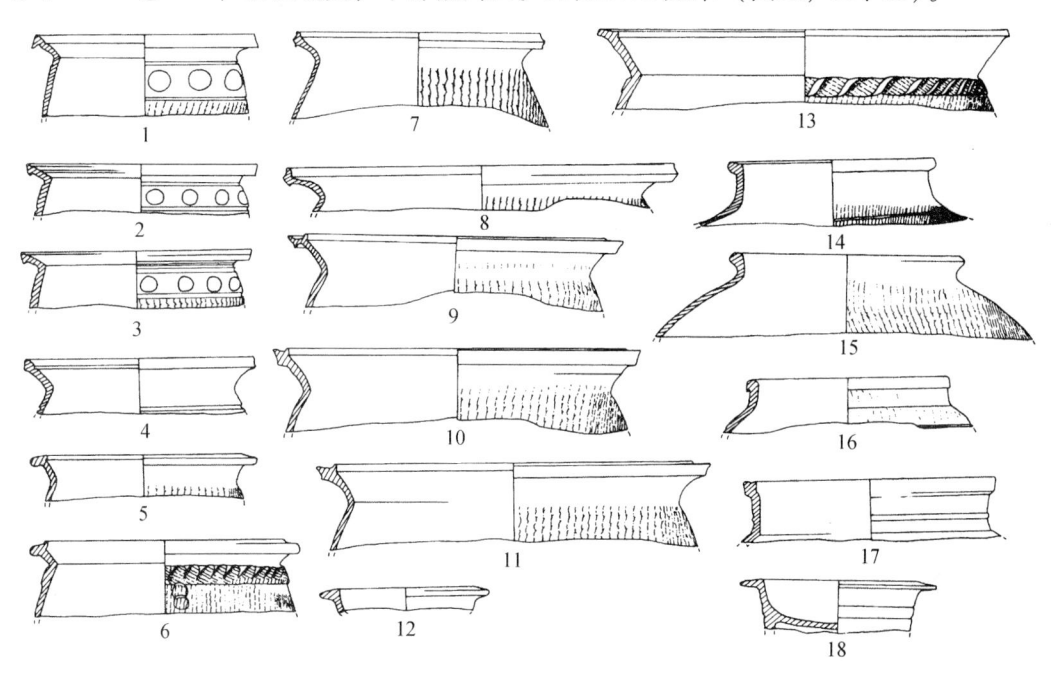

图三 老坟岗商代遗址出土陶器
1~6、13. 鬲（T0610④a:1、T0610④a:3、T0610④a:2、T0610④a:4、T0609④a:2、T0609④a:1、T0610④a:5）
7、8. 大口长腹罐（T610④a:6、T0610④a:9）　9~11. 甗（T0610④a:10、T0610④a:13、T0610④a:19）
12、18. 豆（T0609④a:7、T0610④a:25）　14~16. 小口瓮（T0610④a:11、T0610④a:14、T0510④a:12）
17. 大口瓮（T0510④a:15）

大口长腹罐 3件。夹砂灰陶。敛口，束颈，鼓腹，颈以下饰粗绳纹。依口部形态的差别分为两型。

A型 1件。标本T0610④a:6，唇面中间有一凸棱，棱较高，口径18.4厘米（图三，7）。

B型 2件。唇面上部内凹，下部平直，标本T0610④a:9，口径29厘米（图三，8）。

罍 1件。标本T0610④a:10，夹砂灰陶。敛口，方唇，唇外侧有凹槽一周，腰部有凹弦纹两周，腹饰中绳纹，口径10.4厘米（图八，3）。

大口尊 8件。陶片数量很多，口沿多为小残片，能确认为此期的有4件，能分型式的仅2件，大敞口，长颈，窄肩。依整体形态的不同分为两型。

A型　1件。标本T0610④a:15，方唇，唇面上有一周凹槽，折沿，颈部有一周凸棱，肩部饰一周附加堆纹，其下饰一周凸棱。口径36厘米（图四，1）。

B型　1件。标本T0610④a:16，颈以上残失，肩上有一周凸弦纹，肩部无附加堆纹而呈一凸棱，其下饰一周凸棱。上腹部饰窗棂纹。窗棂纹的上端及下端分饰一周凸弦纹，下腹饰中绳纹。残高30厘米（图四，2）。

敞口深腹盆　6件。泥质灰陶，敞口，深腹，沿面上饰有两周凹槽。标本T0610④a:22，圆唇，唇面上有一周凹弦纹。口径30厘米。标本T0510④a:11，圆唇近方，上腹外饰一周凸棱。口径35.6厘米（图四，3、4）。

折沿浅腹盆　5件。泥质灰陶。依口部的不同分为两型。

A型　2件。圆唇，唇部整体被绳纹压印，沿稍宽，沿面鼓，平折沿，沿面靠内侧微凹，内壁上部有一周凸棱，其下有一周凹槽，外壁上部有两周浅凹槽，下腹饰中粗绳纹。标本T0610④a:26，口径35.4厘米（图四，5）。

B型　2件。方唇，沿面上均有两周凹槽，腹内壁上部有凸棱一周。以沿面差别分两亚型。

Ba型　1件。标本T0610④a:18，沿面稍宽，唇部稍下垂，沿面上两道凹槽稍浅，上腹内壁有一周宽凸棱。口径34.4厘米（图四，6）。

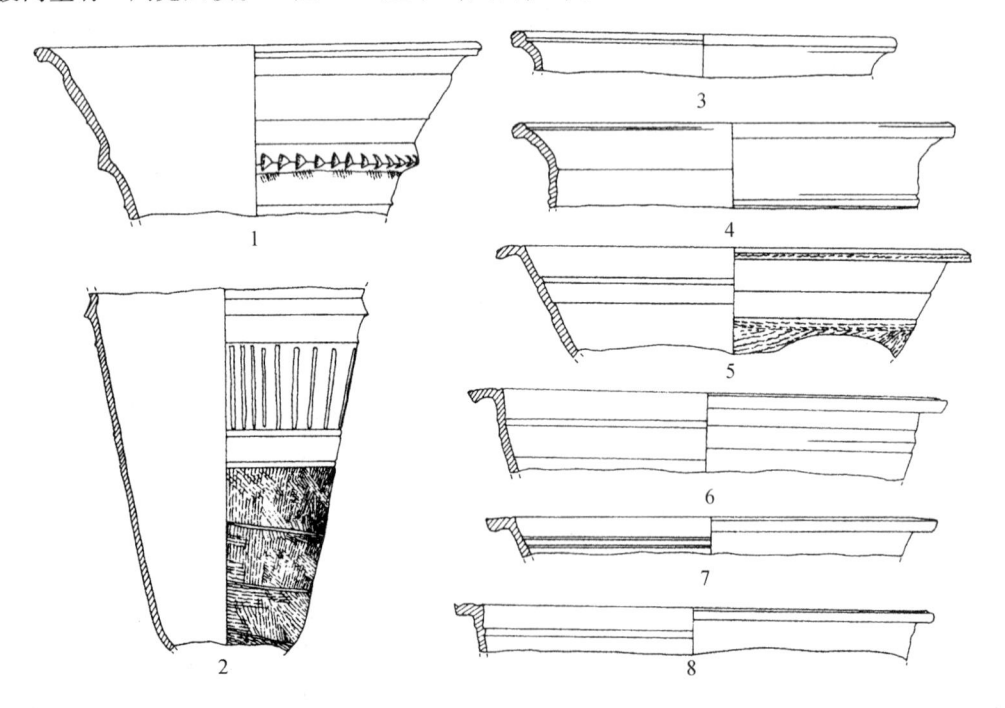

图四　老坟岗商代遗址出土陶器
1、2. 大口尊（T0610④a:15、T0610④a:16）　3、4. 敞口深腹盆（T0610④a:22、T0510④a:11）
5~8. 折沿浅腹盆（T0610④a:26、T0610④a:18、T0610④a:31、T0610④a:17）

Bb 型　2 件。沿面上两周凹槽明显，上腹内壁有一周凸棱。标本 T0610④a:17，口径 35.2 厘米（图四，8）。

C 型　1 件。方唇，沿面近内侧有一周凹槽，上腹内壁有两周凸棱。标本 T0610④a:31，口径 32.8 厘米（图四，7）。

卷沿浅腹盆　2 件。泥质灰陶，圆唇，卷沿，唇缘下勾明显，斜弧腹。标本 T0610④a:20，口径 36.4 厘米（图五，11）。

簋　2 件。泥质灰陶。依口部特征分为两型。

A 型　1 件。标本 T0609④a:11，器形较小，圆唇，窄折沿，颈微束。口径 12 厘米（图五，2）。

B 型　1 件。标本 T0610④a:30，敛口，圆唇，窄沿，沿面有两周窄而浅的凹槽，颈微束，腹微鼓，上腹有弦纹三周。口径 22.6 厘米（图五，1）。

小口瓮　5 件。泥质灰陶。能分型的有 3 件。依整体形态的不同分为三型。

A 型　1 件。标本 T0610④a:14，直口微侈，圆唇，短颈，溜肩，颈以下饰中粗绳纹，肩部部分绳纹被抹去。口径 16 厘米（图三，15）。

B 型　1 件。标本 T0510④a:12，圆唇外突，直领，溜肩，领、肩相交处有一周凹槽，领部有隐约可见的绳纹。口径 14.2 厘米（图三，16）。

C 型　1 件。标本 T0610④a:11，陶胎略厚。圆唇，窄折沿，颈部较高，广肩，颈以下饰中细绳纹。口径 13.8 厘米（图三，14）。

大口瓮　1 件。标本 T0510④a:15，泥质褐陶，方唇，直口，沿外突，颈部有一周凸棱。口径 17.4 厘米（图三，17）。

捏口罐　7 件。泥质灰陶，口部有手捏痕。依整体形态的不同分为三型。

A 型　4 件。折沿，近似三角缘，以口部形态不同区分为三亚型。

Aa 型　1 件。标本 T0710④a:2，圆唇，短沿，近内侧起榫，沿面稍平，颈以下饰中绳纹。口径 12 厘米（图五，3）。

Ab 型　2 件。圆唇，窄沿，沿面平，中间微鼓，两侧微凹，颈、肩分界不明显。标本 T0610④a:21，口径 11 厘米（图五，4）。

Ac 型　1 件。标本 T0610④a:23，圆唇，沿面平且下斜，近内侧不起榫。口径 12 厘米（图五，5）。

B 型　3 件。圆唇，撇口，长颈，依口部形态不同区分为两式。

Ⅰ式：1 件。标本 T0610④a:29，口微撇，有短肩，弧腹，颈以下饰中绳纹。口径 13.2 厘米（图五，7）。

Ⅱ式：2 件。唇部肥大，标本 T0510④a:9，口径 14.4 厘米（图五，8）。

C 型　1 件。标本 T0610④a:12，圆唇，直口，口内侧近唇部微下凹，颈微束。口径 14.4 厘米（图五，6）。

豆　3 件。泥质灰陶。均残。依口部形态不同分为两型。

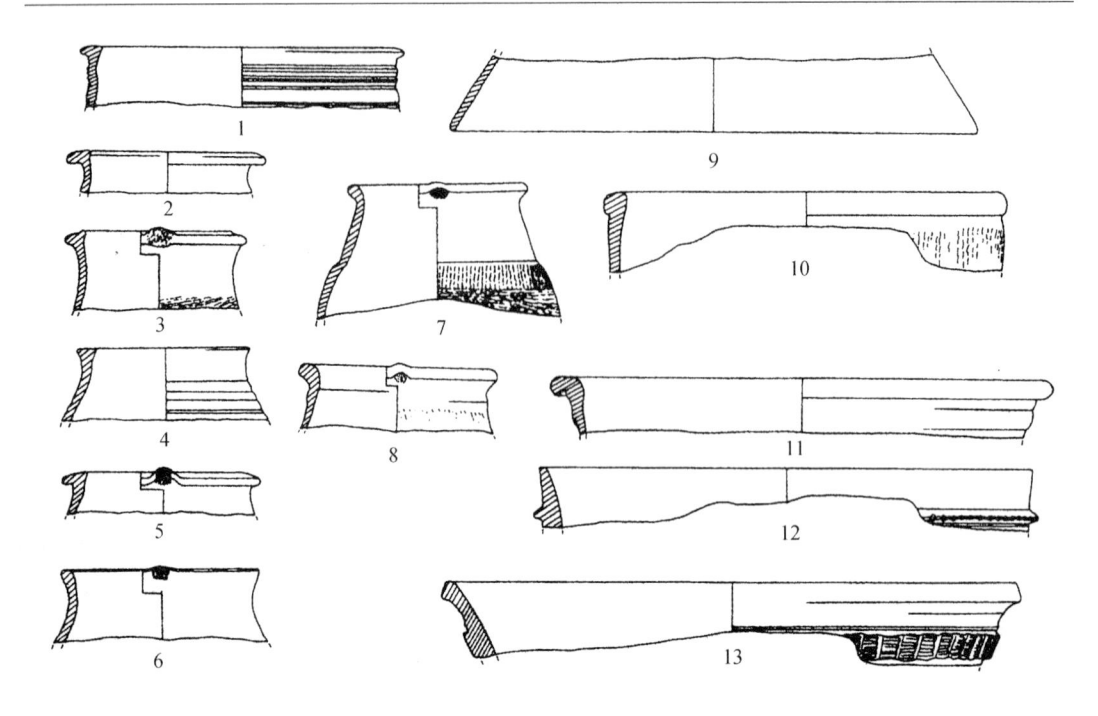

图五 老坟岗商代遗址出土陶器

1、2. 簋（T0610④a:30、T0609④a:11） 3~8. 捏口罐（T0710 ④a:2、T0610④a:21、T0610④a:23、T0610④a:12、T0610④a:29、T0510④a:9） 9. 器盖（T0610④a:27） 10、12、13. 缸（T0610④a:32、T0610④a:28、T0510④a:3） 11. 卷沿浅腹盆（T0610④a:20）

A型 1件。标本T0610④a:25，残豆盘，圆唇，折沿，沿面微鼓，浅盘，盘壁有凹槽两周。口径12厘米（图三，18）。

B型 2件。圆唇，窄折沿，沿面较平。标本T0609④a:7，口径10.2厘米（图三，12）。

器盖 1件。标本T0610④a:27，泥质黑陶，口部残片，覆钵状（图五，9）。

缸 7件。夹粗砂厚胎，夹有蚌末。口部形态多样，胎质和器表纹饰均有多种变化。依口部的不同分为三型。

A型 2件。黄褐陶，敞口，呈喇叭状。圆唇微方，上腹偏上部饰一周附加堆纹。标本T0510④a:3，口径44.6厘米（图五，13）。

B型 4件。棕红色陶，敞口，呈喇叭状，方唇，唇面微下凹。标本T0610④a:28，口径38.8厘米（图五，12）。

C型 1件。标本T0610④a:32，红陶，圆唇，唇部外突，器表饰绳纹。口径28.4厘米（图五，10）。

(2) 第二期文化遗存

即④b层。出土遗物多为陶器残片，另有极少量的残石器及印纹硬陶片。泥质陶数量较多，占57.5%，其次为夹砂陶，极少量磨光黑陶；陶色以灰陶为主，占85.1%，其次为灰黑色和褐色，另有极少量黄灰色、灰褐色等；纹饰以中细绳纹较多，占34%，其次为中绳纹、弦纹、附加堆纹等，另有极少量方格纹、饕餮纹、篮纹等；器形有甗、斝、大口尊、盆、甑、簋、小口瓮、大口瓮、捏口罐、壶、钵、缸等，均残（表二）。

表二 老坟岗遗址商代文化陶片统计表（08ZKHT0610④b）

陶质\纹饰	夹砂 灰	夹砂 褐	夹砂 灰黑	夹砂 红	泥质 灰	泥质 褐	泥质 灰黑	泥质 棕	合计	百分比（%）
中细绳纹	16								16	34.04
附加堆纹		4							4	8.51
燕纹							1		1	2.12
素面					16				16	34.04
弦纹					6				6	12.77
篮纹					1				1	2.12
方格纹					1	2			3	6.38
小计	16	4			24	3			47	
百分比（%）	34.05	8.51			51.06	6.38				100
合计		20				27			47	
百分比（%）		42.55				57.45				100
器形 甗	2								2	4.76
器形 斝	1								1	2.38
器形 缸		1		4					5	11.9
器形 大口尊					14				14	33.33
器形 折沿浅腹盆					6				6	14.28
器形 折沿深腹盆					2				2	4.76
器形 簋					1				1	2.38
器形 甑					2				2	4.76
器形 捏口罐					7				7	16.66
器形 印纹硬陶罐								1	1	2.38
器形 壶					1				1	2.38
小计	3	1		4	33			1	42	
百分比（%）	7.14	2.38		9.51	28.57			2.38		100
合计		8				34			42	
百分比（%）		19.05				80.95				100

鬲　仅见有腹部残片。

甗　1件。标本T0610④b:2，夹砂褐陶，胎稍厚。圆唇，卷沿近折，束颈，鼓腹，腹饰中粗绳纹。口径24厘米（图六，1）。

斝　1件。标本T0610④b:12，敞口斝。夹砂灰陶，窄方唇，敞口，沿上有两周下凹，直颈。口径15厘米（图六，2）。

大口尊　28件。泥质灰陶。多数为口沿小残片，难以分辨型式。能确认为该期的有10件。但仅有3件可分型式。以颈部的长短分两式，均为大敞口，长颈，颈外侧中部有一周凸棱。

Ⅰ式：2件。圆唇近方，肩部饰凸弦纹一周，肩部饰一周附加堆纹。标本T0610④b:9，口径32厘米（图六，3）。

Ⅱ式：1件。标本T0610④b:10，近似方唇，颈比Ⅰ式长，肩稍窄，肩以下残。口径29.4厘米（图六，4）。

折沿深腹盆　2件。泥质灰陶。平折沿，深腹。以整体形态不同区分为两型。

A型　1件。标本T0610④b:7，尖圆唇，唇部微下垂，腹较直，腹饰一周方格纹，上下各饰一周凸弦纹。口径20厘米（图六，6）。

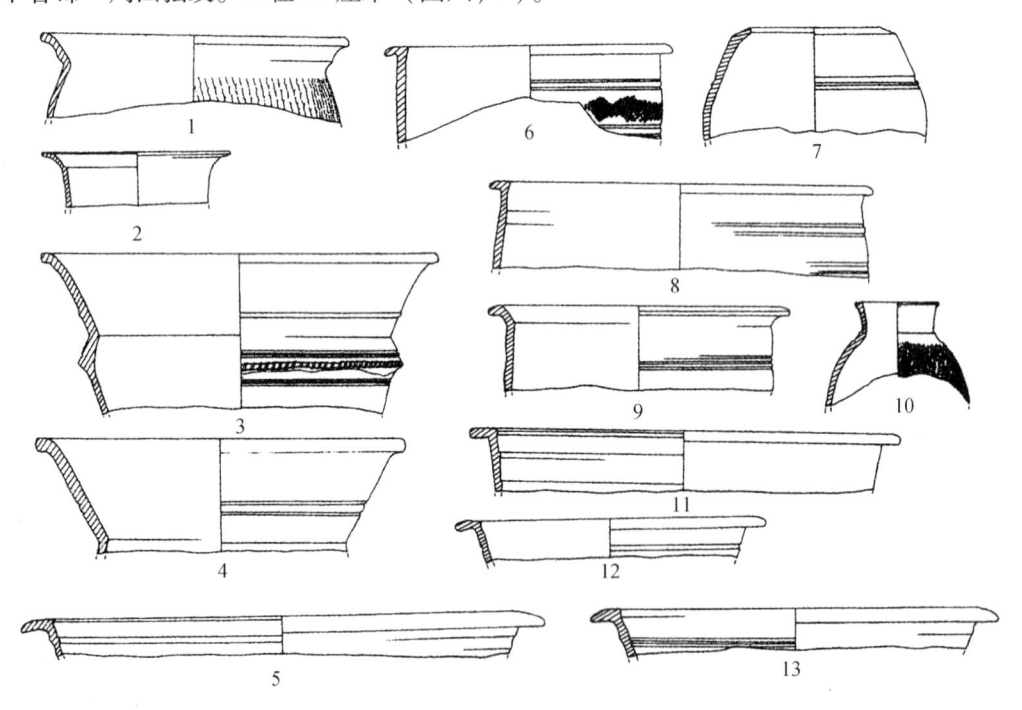

图六　老坟岗商代遗址出土陶器

1. 甗（T0610④b:2）　2. 斝（T0610④b:12）　3、4. 大口尊（T0610④b:9、T0610④b:10）　5、11、13. 折沿浅腹盆（T0609④b:6、T0610④b:21、T0610④b:4）　6、8. 折沿深腹盆（T0610④b:7、T0609④b:9）　7. 壶（T0610④b:18）　9. 敞口深腹盆（T0610④b:17）　10. 印纹硬陶罐（T0610④b:1）　12. 甑（T0610④b:5）

B 型　1 件。标本 T0609④b:9，圆唇，窄沿，腹微外弧。口径 28.2 厘米（图六，8）。

敞口深腹盆　2 件。泥质灰陶。圆唇，敞口，深腹，沿面外折，上腹饰两周凸棱。标本 T0610④b:17，口径 23 厘米（图六，9）。

折沿浅腹盆　6 件。泥质灰陶。折沿，浅腹。依整体形态不同分两型。

A 型　5 件。圆唇，唇缘微下垂，内壁上部有一周凸棱，以沿与内壁相交处有无内凹分两亚型。

Aa 型　2 件。沿面上无凹槽。标本 T0610④b:4，口径 28.8 厘米（图六，13）。

Ab 型　3 件。沿面靠内侧有一窄凹槽，内壁凸棱较粗，标本 T0609④b:6，口径 38 厘米（图六，5）。

B 型　1 件。标本 T0610④b:21，方唇，唇面内凹，沿面上有不明显的凹槽，内壁上部有一周凸棱。口径 31.4 厘米（图六，11）。

甑　2 件。折沿，圆唇，弧腹，唇缘下垂，上腹外壁中部有凹槽一周，依口部形态不同区分为两型。

A 型　1 件。标本 T0610④b:24，下腹饰中绳纹，内壁戳印小坑点。口径 22 厘米（图七，1）。

B 型　1 件。标本 T0610④b:5，沿稍宽，沿面微鼓。口径 21.4 厘米（图六，12）。

簋　1 件。标本 T0510④b:16，泥质灰陶，圆唇微方，敛口，窄沿，沿面有两周窄而浅的凹槽，圆鼓腹。上腹饰凸弦纹两周，下腹饰饕餮纹。口径 26 厘米（图七，2）。

壶　1 件。标本 T0610④b:18，泥质黑陶，器表磨光。方唇，敛口，唇面内凹，鼓腹，上腹与下腹相交处有凹槽两道，口径 11.6 厘米（图六，7）。

捏口罐　10 件。泥质灰陶。口部有手捏痕。依整体形态的不同分为四型。

A 型　5 件。折沿，近似三角缘，以口部的差别区分为三亚型。

Aa 型　1 件。标本 T0609④b:2，圆唇，沿面微鼓，近内侧微起榫。口径 11.4 厘米（图七，7）。

Ab 型　1 件。标本 T0609④b:5，圆唇，沿面较平，近内侧起榫。口径 12.6 厘米（图七，5）。

Ac 型　3 件。尖圆唇，沿面下斜，近口部起榫，沿面稍平，短颈，颈以下饰中粗绳纹。标本 T0610④b:28，口径 16 厘米。标本 T0610④a:22，近内侧起榫较高，沿面中间微鼓，两侧有两周浅凹槽，领与肩分界不明显，腹饰粗绳纹。口径 12.6 厘米。标本 T0609④a:4，口径 16 厘米（图七，6、8、9）。

B 型　2 件。标本 T0610④b:3，圆唇微外撇。颈、腹之间分界不明显。颈以下饰中细绳纹。口径 13.6 厘米（图七，10）。

C 型　1 件。标本 T0609④b:3，圆唇近方，宽折沿，沿面较平，器表饰中粗绳纹。口径 14.4 厘米（图七，13）。

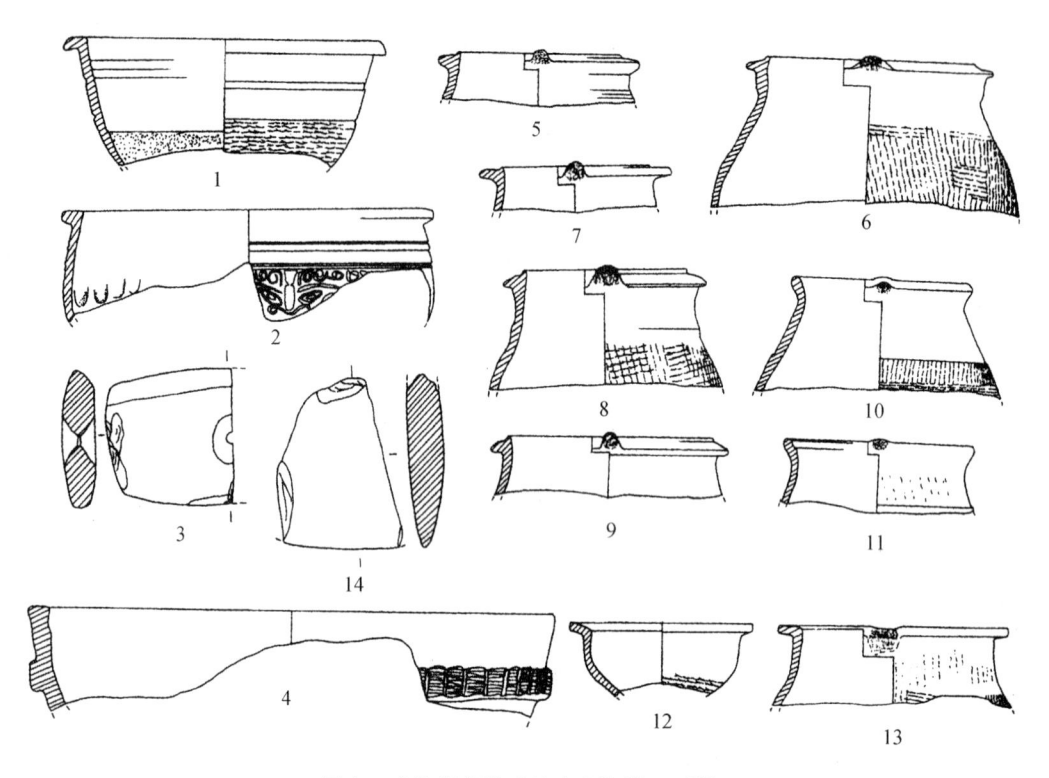

图七 老坟岗商代遗址出土陶器、石器
1. 甑（T0610④b:24） 2. 簋（T0510④b:16） 3. 石刀（T0609④b:14） 4. 缸（T0610④b:11） 5~11、
13. 捏口罐（T0609④b:5、T0610④b:28、T0609④b:2、T0610④b:22、T0609④b:4、T0610④b:3、T0610④b:27、
T0609④b:3） 12. 钵（T0610④b:26） 14. 石铲（T0609④b:13）

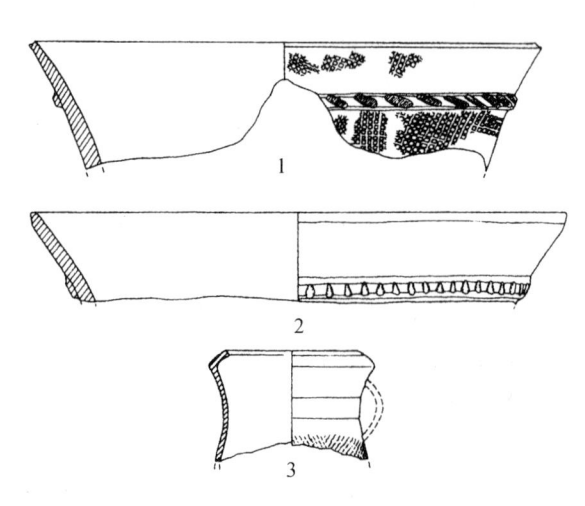

图八 老坟岗商代遗址出土陶器
1、2. 缸（T0610④b:8、T0610④b:6）
3. 斝（T0610④a:10）

D型 2件。标本 T0610④b:27. 圆唇，直口，内侧下凹，束颈。口径14厘米（图七，11）。

钵 1件。标本 T0610④b:26，泥质褐陶，圆唇近方，侈口，窄折沿，鼓腹，近底部饰粗绳纹。口径14.2厘米（图七，12）。

印纹硬陶罐 1件。标本 T0610④b:1，器表棕色，灰胎，方唇，唇面下凹，束颈，颈较高，鼓腹，颈以下饰燕纹。口径6厘米（图六，10）。

缸 3件。夹粗砂厚胎。夹有蚌末。形态多样，胎质和器表纹饰均有多种变化。根据整体形态的不同可分为两型。

A 型　1件。标本 T0610④b:11，平方唇，口较直，器表近口部饰一周附加堆纹。口径38.8厘米（图七，4）。

B 型　2件。均为夹砂褐陶，敞口，呈喇叭状，方唇。依口部差别区分为两亚型。

Ba 型　1件。标本 T0610④b:6，窄方唇，器表近口部饰一周附加堆纹。口径42.8厘米（图八，2）。

Bb 型　1件。标本 T0610④b:8，唇面内凹，器表近口部饰一周附加堆纹，下饰方格纹。口径40.8厘米（图八，1）。

石铲　1件。标本 T0609④b:13，青石质，一端有刃（图七，14）。

石刀　1件。标本 T0609④b:14，青石质，长方形，两端有刃，中间有穿孔（图七，3）。

2. 灰坑

共7个，坑口形状有圆形、长方形和不规则形三种。因遗迹单位较少，依灰坑为单位详述如下。其中 H27 坑口为长方形，长1.2米，宽0.8米，深7.5米，仅出两片陶片，不再介绍。

H4　位于 T0207 西北部，开口于扰土坑下，打破第5层。坑口为圆形，直壁平底，直径1.6米，深0.5米（图一四）。坑内堆积为灰褐色土，土质较为疏松，夹杂有炭粒、红烧土粒等。出土陶片不丰富，主要为泥质灰陶，占60%，其次为夹砂灰陶，另有极少量夹粗砂红陶和黑皮棕陶；纹饰以绳纹为主，占80%，其中细绳纹居多，占76%，部分为中细绳纹，其余为弦纹、附加堆纹、斜方格纹等；器形有鬲、大口尊、盆、小口瓮、捏口罐、豆、缸等，均残。

鬲　2件。夹砂棕褐陶。圆唇，卷沿。依口沿形态不同分为两型。

A 型　1件。标本 H4:9，沿外有隐约可见被抹去的绳纹。口径17厘米（图九，1）。

B 型　1件。标本 H4:8，沿端形成一平台，平台微下凹。口径12厘米（图九，2）。

大口尊　1件。标本 H4:1，泥质灰陶。方唇，侈口，短颈，宽肩。颈部有凸棱一周，肩部饰一周凸弦纹，肩、腹相交处饰一周附加堆纹。口径29.2厘米（图九，7）。

折沿鼓腹盆　2件。泥质灰陶，圆唇，窄折沿，鼓腹。以整体形态不同分为两型。

A 型　1件。标本 H4:4，唇面有浅凹槽一周，沿面上有凸棱一周，沿向内斜，上腹部饰两周凸棱。口径22.4厘米（图九，3）。

B 型　1件。标本 H4:3，沿面鼓，唇部下卷，腹部中间饰一周斜方格纹，上、下各饰凸弦纹一周。口径20.8厘米（图九，4）。

捏口罐　2件。泥质灰陶，圆唇，口微侈，束颈，溜肩，鼓腹，依口沿差别区分为两型。

A 型　1件。标本 H4:2，颈较瘦，颈以下饰中绳纹。口径9.4厘米（图九，10）。

B型　1件。标本H4:10，口部稍厚，微折。口径15.2厘米（图九，5）。

豆　1件。标本H4:7，泥质灰陶。圆唇，唇部下垂，沿面鼓，盘外饰一周窄凸棱。口径15厘米（图九，6）。

缸　2件。夹粗砂，厚胎。以整体形态不同分为两型。

A型　1件。标本H4:5，黑皮棕陶，方唇，直口，颈部饰一周附加堆纹，器表饰中绳纹。口径40厘米（图九，9）。

B型　1件。标本H4:6，红陶，方唇外突，直口，颈部饰一周附加堆纹，腹饰篮纹。口径46厘米（图九，8）。

H6　位于T0316西北部，开口①层下，打破仰韶文化层。坑口呈不规则形，长2.35米，宽0.6米，深0.4米。坑内堆积灰褐色土，土质疏松。出土极少量陶片。纹饰多为中细绳纹。可辨器形仅有盆，均为泥质灰陶。

敞口深腹盆　1件。标本H6:1，圆唇近方，敞口，折沿，沿面近唇部一周微凹，深腹，上腹微鼓，饰凸棱两周，下腹饰中细绳纹。口径31.4厘米（图一〇，1）。

折沿浅腹盆　1件。标本H6:2，圆唇，平折沿，上腹外壁有凹槽一周，下腹饰中细绳纹。口径26厘米（图九，11）。

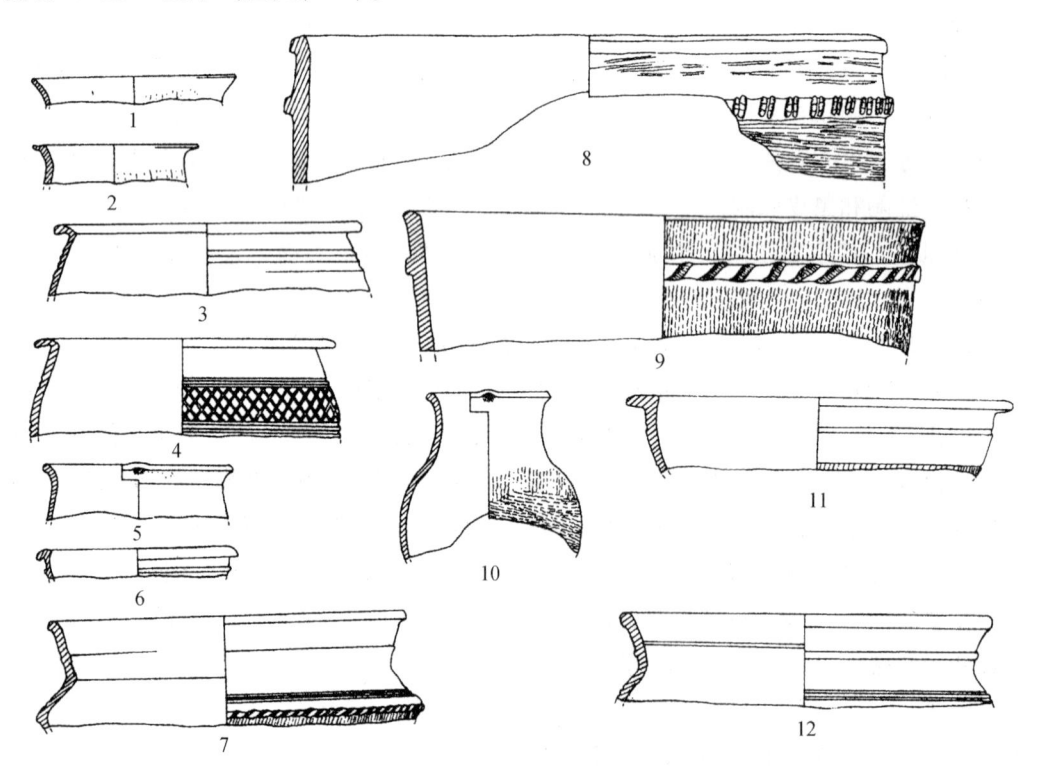

图九　老坟岗商代遗址出土陶器

1、2. 鬲（H4:9、H4:8）　3、4. 折沿鼓腹盆（H4:4、H4:3）　5、10. 捏口罐（H4:10、H4:2）　6. 豆（H4:7）　7、12. 大口尊（H4:1、H125:14）　8、9. 缸（H4:6、H4:5）　11. 折沿浅腹盆（H6:2）

H55 位于T0316北部，开口①层下，打破仰韶文化层。坑口呈长方形，口大底小，坑壁斜内收，平底。坑口长3.9米，宽1.7米；坑底长2.5米，宽0.6米，深2.4米（图一五）。坑内堆积为灰褐色土，夹杂大量的红烧土块。包含陶片数量不多。多为夹砂灰陶，占50%，其次为夹砂灰黑陶，占23%，另有少量泥质灰陶；纹饰多为细绳纹，占64.8%，有少量中细绳纹，其余为弦纹、斜方格纹、圈点纹；器形有鬲、甗、大口长腹罐、小口瓮、敛口瓮、捏口罐等，复原两件其余均残（表三）。

表三 老坟岗遗址商代文化陶片统计表（08ZKHH55）

陶质 陶色 纹饰	夹砂 灰	夹砂 黑褐	夹砂 灰黑	泥质 灰	泥质 黑褐	泥质 灰黑	合计	百分比（%）
细绳纹	27	4	16	1			48	64.86
中细绳纹	6		1	3		8	18	24.32
中绳纹	3					3	6	8.11
斜方格纹	1						1	1.35
弦纹				1			1	1.35
小 计	37	4	17	5		11	74	
百分比（%）	50	5.41	22.97	6.76		14.86		100
合 计	58			16			74	
百分比（%）	78.38			21.62				100

器形	夹砂 灰	夹砂 灰黑	泥质 灰	合计	百分比（%）
鬲	5	2		7	50
甗	1			1	7.14
鼎足	1			1	7.14
大口长腹罐	1			1	7.14
小口瓮			2	2	14.28
侈口瓮			1	1	7.14
捏口罐			1	1	7.14
小 计	8	2	4	14	
百分比（%）	57.14	14.29	28.57		100
合 计	10		4	14	
百分比（%）	71.42		28.57		100

鬲　7件。依整体形态特征分为四型。

A型　3件。夹砂灰陶，薄胎。依口沿特征区分为两亚型。

Aa型　1件。标本H55:2，圆唇，卷沿，弧腹，颈部以下饰中细绳纹。口径18厘米（图一一，2）。

Ab型　2件。尖圆唇，折沿，沿面近唇部有一周凹槽，颈以下饰极细绳纹。标本H55:3，口径15.2厘米（图一一，1）。

B型　2件。黑皮棕陶，胎稍厚。方唇，卷沿，束颈，鼓腹，颈部绳纹被抹去，颈以下饰细绳纹，上腹部加饰两周凹弦纹。标本H55:5，口径17厘米（图一一，5）。

C型　1件。标本H55:4，复原。夹砂褐陶，胎稍厚，方唇，唇面平，微下凹，侈口，束颈，颈部绳纹被抹去，颈、肩相接处饰一周捺点纹，弧腹，底部不分裆，微向外鼓，三实足近似扁三角形，稍外撇。颈以下饰细绳纹，绳纹稍模糊，器表部分贴敷一层泥，有火烧痕。足部上半部饰细绳纹，下半部抹光。口径16.6厘米，高19厘米（图一一，3）。

D型　1件。标本H55:1，复原。夹砂灰褐陶，胎稍厚。圆唇，敞口，束颈，弧腹，腹较瘦，分裆高，足根残。颈部抹光，颈以下饰细绳纹，纹道稍模糊。口径14厘米，残高13.6厘米（图一一，6）。

甗　1件。标本H55:6，夹砂灰陶，圆唇，卷沿，束颈，鼓腹。腹部饰极细绳纹，口径23厘米（图一一，8）。

大口长腹罐　3件。薄胎，盘口，方唇，卷沿。依口部形态不同分为两型。

A型　2件。夹砂灰陶，唇面上部有一周浅凹槽，下部较平。标本H55:8，口径19.8厘米（图一一，11）。

B型　1件。夹砂灰陶，唇面微凹，下缘呈尖状伸出。器表饰细绳纹。口径15.2厘米（图一一，7）。

小口瓮　1件。标本H55:10，泥质灰陶。圆唇外翻，小口，高领，领中部饰一周凸棱，领与肩相接处饰一周凹弦纹，广肩，肩部饰中绳纹，稍偏细。口径14.8厘米（图一一，9）。

侈口瓮　1件。标本H55:12，口沿小残片。泥质灰陶，圆唇，侈口，广肩，颈部有凸棱两周，肩部饰凹弦纹三周（图一二，15）。

捏口罐　1件。标本H55:9，泥质灰陶，圆唇，平折沿，长颈，颈部绳纹被抹去，但隐约可见。腹饰中粗绳纹。口径12厘米（图一一，4）。

卜骨　1件。标本H55:13，残，牛肩胛骨，上有数个圆形灼痕（图一一，10）。

H85　位于T0609中西部，开口④b层下，打破⑤层。坑口呈长方形，长2米，宽0.6米，深1.7米。斜壁，平底。坑内堆积灰褐色土，质疏松。出土陶片数量很少，基本为大口尊残片，其他器类的陶片不多。器形有大口尊、敞口深腹盆、小口瓮。另有1片折沿深腹盆腹部残片，腹内壁满涂朱砂。

大口尊 3件。形制相同，泥质灰陶。大敞口，圆唇近方，长颈，肩稍窄，颈、肩之上各饰一周凸棱，肩腹相接处饰两周附加堆纹。H85:1，口径40厘米（图一〇,2）。

敞口深腹盆 1件。H85:4，泥质灰陶，圆唇近方，敞口，卷沿，沿面外折，口径28厘米（图一〇,4）。

小口瓮 1件。H85:3。泥质灰陶，圆唇，口微侈，小口，高领，领部有两周凹槽，广肩，肩部饰两周弦纹，肩部饰中细绳纹，口径18.8厘米（图一〇,3）。

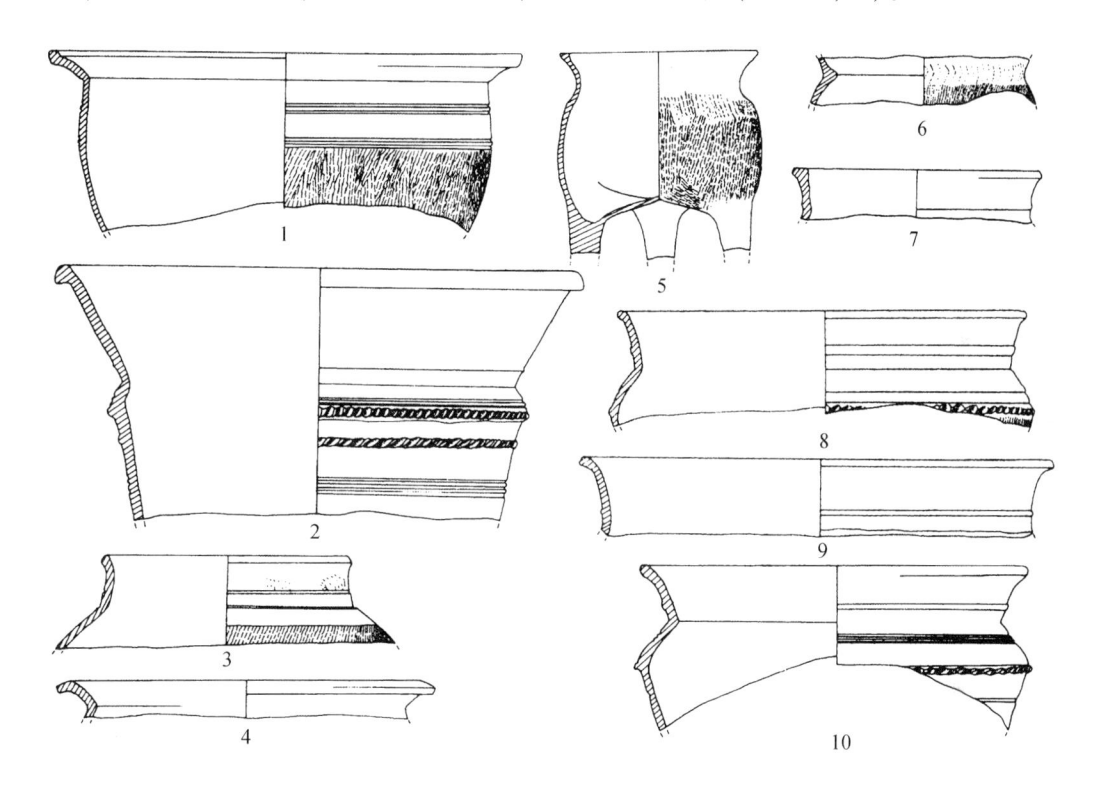

图一〇 老坟岗商代遗址出土陶器
1、4. 敞口深腹盆（H6:1、H85:4） 2、8~10. 大口尊（H85:1、H146:10、H146:8、H146:9） 3. 小口瓮（H85:3） 5. 鬲（H146:4） 6. 甗（H146:13） 7. 大口瓮（H146:12）

H125 位于T0510西北部，开口④b层下，打破⑤层。坑口呈不规则形，直壁，底部凸凹不平。坑内长6米，宽5.25米，深0.55~0.8米。坑内堆积灰褐色土，夹杂大量红烧土块及炭粒，质稍硬。包含物均为陶片，陶质分为泥质和夹砂两种，泥质占25.95%；陶色以灰色为主，占66.4%，有少量灰黑色和黑皮红陶；纹饰以细绳纹居多，占59.5%，另有部分中细绳纹和极少量的弦纹、附加堆纹；器形有鬲、甗、爵、大口长腹罐、大口尊、盆、瓮、捏口罐、缸等，复原1件，其余均残（表四）。

表四　老坟岗遗址商代文化陶片统计表（08ZKHH125）

陶质\陶色\纹饰	夹砂 灰	夹砂 黄褐	夹砂 灰黑	泥质 灰	泥质 黄褐	泥质 灰黑	黑皮红陶	合计	百分比（%）
细绳纹	50		28					78	59.54
中细绳纹	9							9	6.87
附加堆纹					5			5	3.82
素　面	10					20		30	22.9
弦　纹				9				9	6.87
小　计	69		28	9	5	20		131	
百分比（%）	52.67		21.37	6.87		13.3			100
合　计		97			34			131	
百分比（%）		74.05			25.95				100
器形 鬲	2							2	6.67
甗	3							3	10
大口长腹罐	3							3	10
爵	1							1	3.33
缸		1						1	3.33
大口尊				11				11	36.67
折沿浅腹盆				1				1	3.33
侈口尊						1		1	3.33
直口尊						1		1	3.33
捏口罐				6				6	20
小　计	9	1		18		2		30	
百分比（%）	30	3.33		60		6.67			100
合　计		10			20			30	
百分比（%）		33.33			66.67				100

　　鬲　2件。复原1件。卷沿，束颈。根据整体形态的不同区分为两型。

　　A型　1件。标本H125：3，夹砂灰陶。圆唇，沿下增厚，颈以下饰细绳纹。口径15.8厘米（图一二，1）。

　　B型　1件。复原。标本H125：2，夹砂黑褐陶，胎稍厚。尖圆唇，沿面近唇部呈窄平台，平台面微下凹，唇沿下微增厚，颈部较长，圆鼓腹，锥状足。腹部饰细绳纹，上腹部加饰一周凹弦纹，足部有刮抹痕迹。口径15.8厘米，高23厘米（图一三，1）。

　　甗　3件。颈以下饰细绳纹。根据整体形态的不同分为两型。

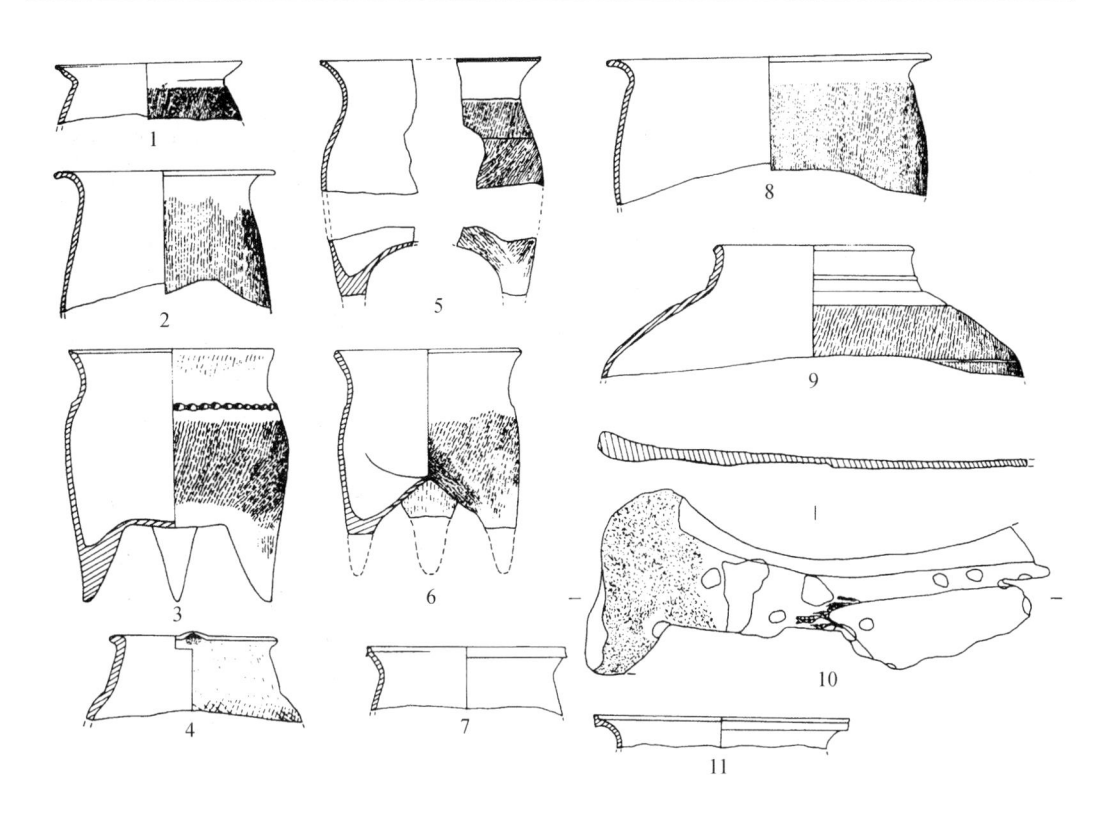

图一一 老坟岗商代遗址出土陶器、骨器

1～3、5、6. 鬲（H55:3、H55:2、H55:4、H55:5、H55:1） 4. 捏口罐（H55:9） 7、11. 大口长腹罐（H55:7、H55:8） 8. 瓿（H55:6） 9. 小口瓮（H55:10） 10. 卜骨（H55:13）

A 型 2件。薄胎。卷沿，束颈，鼓腹。以口部不同区分为两亚型。

Aa 型 1件。标本 H125:8，夹砂灰陶，圆唇，宽卷沿，沿下微起一棱，口径 25.6 厘米（图一二，2）。

Ab 型 1件。标本 H125:5，夹砂灰皮褐陶，尖圆唇，沿下增厚，口径 33.8 厘米（图一二，6）。

B 型 1件。标本 H125:4，夹砂棕褐陶，胎稍厚。侈口，圆唇，束颈，弧腹，口径 25 厘米（图一二，3）。

大口长腹罐 3件。夹砂灰陶，依整体形态不同区分为两型。

A 型 2件。方唇，盘口，唇面窄，唇面平直，束颈，颈以下饰细绳纹。标本 H125:7，口径 15.4 厘米（图一二，4）。

B 型 1件。标本 H125:9，折沿，敞口，唇面宽且下凹，沿面宽，下缘呈尖状外伸，腹饰中绳纹。口径 32.6 厘米（图一二，5）。

爵 1件。标本 H125:1，夹砂棕褐陶，直口，口外侧有弦纹两周，腰部微束，上有凹槽一周，圆鼓腹，足残，素面。残高 9.6 厘米（图一二，8）。

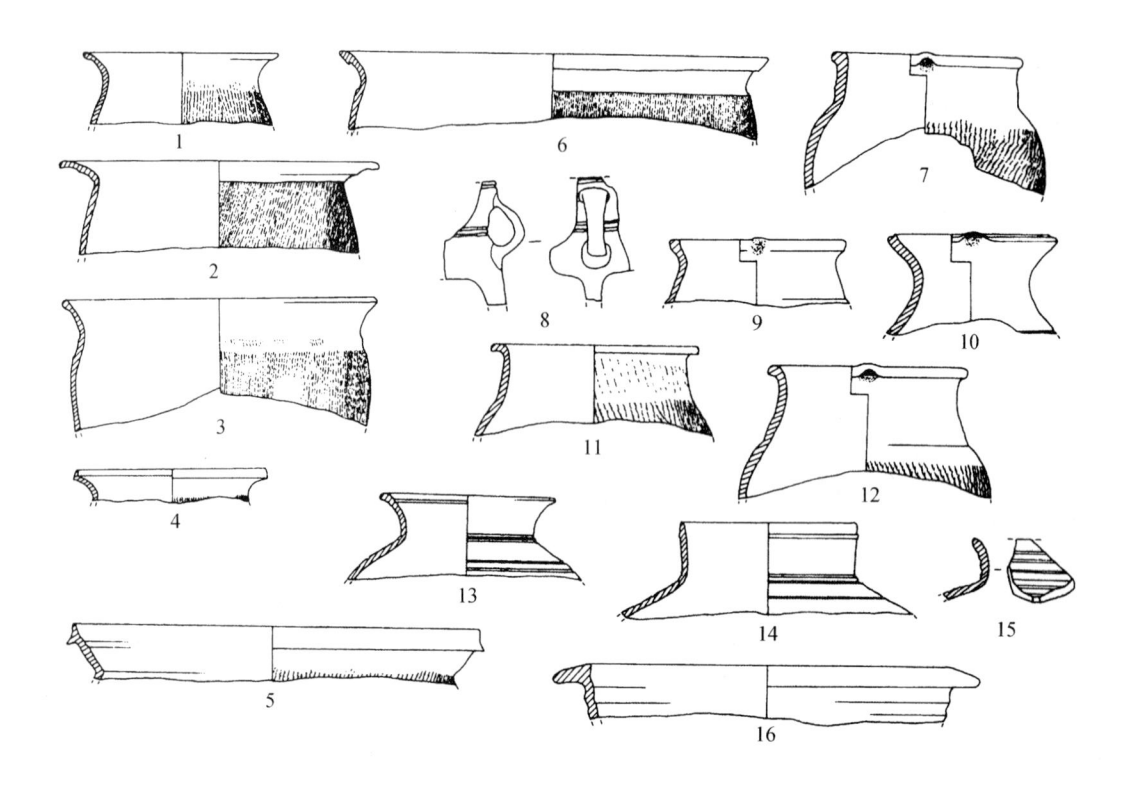

图一二 老坟岗商代遗址出土陶器

1. 鬲（H125:3） 2、3、6. 甑（H125:8、H125:4、H125:5） 4、5. 大口长腹罐（H125:7、H125:9） 7、9～12. 捏口罐（H125:26、H125:27、H125:29、H125:6、H125:25） 8. 爵（H125:1） 13. 侈口尊（H125:10） 14. 直口尊（H125:11） 15. 侈口瓮（H55:12） 16. 折沿浅腹盆（H125:24）

侈口罐 1件。标本 H125:31，夹砂灰褐陶，胎稍厚，尖圆唇，侈口，束颈，鼓腹，素面。口径21.4厘米（图一三，10）。

大口尊 11件。泥质灰陶，多数为口沿小残片，难以看出型式，能看出型式仅2件。圆唇，侈口，短颈，宽肩，颈部饰一周凸棱，肩部饰一周弦纹。标本 H125:14，圆唇，颈短，肩以下残。口径29.2厘米。标本 H125:13，颈稍长，肩、腹相交处饰一周附加堆纹。口径30.8厘米（图九，12；图一三，9）。

折沿浅腹盆 1件。标本 H125:24，泥质灰陶，圆唇，唇缘微下垂，弧腹。口径28厘米（图一二，16）。

直口尊 1件。标本 H125:11，泥质黑皮红陶，表面磨光。尖圆唇，直口，领较高，领外有凸棱两周，广肩，领部与肩部相接处有一周凸弦纹，肩上有一周凹弦纹。口径13.8厘米（图一二，14）。

侈口尊 1件。标本 H125:10，泥质黑皮红陶，表面磨光。圆唇，唇面及唇内侧各有一周凹槽，大敞口，宽沿，广肩，领与肩相接处有凸弦纹一周，肩部有凹弦纹两周。口径12.4厘米（图一二，13）。

捏口罐 6件。泥质灰陶，口部有手捏痕，束颈，溜肩。依整体形态的不同分为四型。

A型 2件。侈口外卷，圆唇。根据口部特征的不同分为两式。

Ⅰ式：1件。标本H125∶6，平卷沿较长，近折，唇面中部饰一周弦纹，领部有隐约可见的绳纹，以下饰中绳纹稍偏粗。口径22厘米（图一二，11）。

Ⅱ式：1件。标本H125∶25，卷沿，圆唇，领部饰数周线纹，肩以下饰中绳纹稍偏细，领与肩分界明显。口径14厘米（图一二，12）。

B型 1件。标本H125∶26，平卷沿近折，圆唇近方，沿极短，直领，腹饰中粗绳纹。口径13厘米（图一二，7）。

C型 2件。标本H125∶27，方唇，侈口，沿外突，束颈，溜肩。口径12.4厘米（图一二，9）。

D型 1件。标本H125∶29，敞口，卷沿，方唇，唇内有凹槽一周，束颈幅度较大。口径12厘米（图一二，10）。

缸 1件。标本H125∶30，夹砂黄褐陶，厚胎，质地较为粗糙。直口，平方唇，上腹较直，近口部饰一周附加堆纹，其下饰篮纹。口径31.4厘米（图一三，7）。

H146 位于T0609南部及T0509北部，开口于④b层下，打破⑤层。坑口呈不规则形，直壁，底部凸凹不平。坑口长8.5米，宽8.1米，深0.2～0.4米。坑内堆积灰黑色土，夹杂大量红烧土块及炭粒，质疏松。出土陶片以泥质为主，占89.06%，少量夹砂陶；陶色以灰色为主，占73.44%，少量灰黑色、褐色和橙色；纹饰以绳纹居多，占46.88%，细绳纹最多，少量中细绳纹及中绳纹，其次为弦纹，其余为少量的附加堆纹、斜方格纹、燕纹等；器形有鬲、大口尊、小口瓮、大口瓮、深腹盆、浅腹盆等，复原1件，其余均残。

鬲 1件。标本H146∶4，复原。夹砂灰黑陶，胎稍厚，圆唇，卷沿，沿面近唇部呈一平台，束颈，弧腹，足根残。颈以下饰细绳纹。口径14厘米，残高15.4厘米（图一〇，5）。

甗 1件。标本H146∶13，甗腰残片。夹砂褐陶。有腰隔，器表饰细绳纹（图一〇，6）。

大口尊 6件。泥质灰陶，敞口，短颈，颈部有凸棱一周，宽肩，依口部形态特征不同分为两型。

A型 5件。短颈，圆唇，肩、腹相交处饰一周附加堆纹。标本H146∶9，圆唇近方，唇面有一周细凹弦纹，肩上饰凸弦纹两周。口径30.2厘米（图一〇，10）。标本H146∶10，口径32厘米（图一〇，8）。

B型 1件。标本H146∶8，唇部微方，颈稍长。口径37厘米（图一〇，9）。

敞口深腹盆 1件。标本H146∶7，泥质灰陶，胎稍薄，圆唇，卷沿，敞口，沿面稍窄，上腹微鼓。口径24厘米（图一三，3）。

折沿浅腹盆　1件。标本 H146∶6，泥质灰陶，圆唇，平折沿，沿面微鼓，近内侧下凹，微起棱，腹内壁上部有一周凸棱，腹壁斜内收。口径34.6厘米（图一三，5）。

侈口瓮　1件。标本 H146∶11，泥质灰陶，圆唇，侈口，广肩，肩部有两周凹弦纹。口径12厘米（图一三，4）。

大口瓮　1件。标本 H146∶12，泥质灰褐陶，方唇，直口。口径17.6厘米（图一〇，7）。

敛口瓮　2件。标本 H146∶5，泥质灰陶，表面磨光，大口，矮领，广肩，肩上饰一周燕纹，燕纹上下各饰一周凸弦纹，内壁有戳印的小坑窝。口径27厘米（图一三，6）。

石铲　1件。标本 H146∶2，两端均残，青石质，通体打磨光滑，器体扁平，有肩（图一三，2）。

骨锥　1件。标本 H146∶1，完整。通体磨制光滑，前端锐利，后端呈三角形，内侧有凹槽，制作精细。长18.4厘米（图一三，8）。

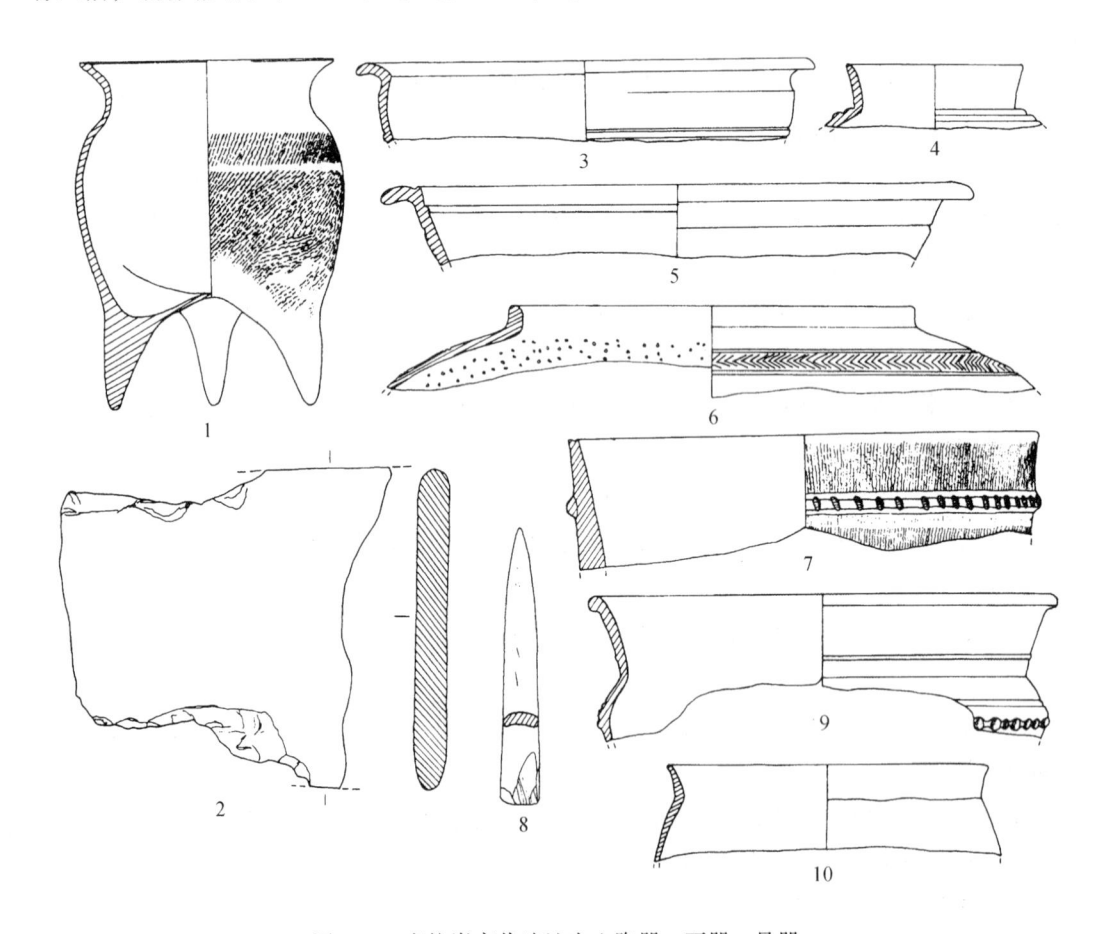

图一三　老坟岗商代遗址出土陶器、石器、骨器
1. 鬲（H125∶2）　2. 石铲（H146∶2）　3. 敞口深腹盆（H146∶7）　4. 侈口瓮（H146∶11）　5. 折沿浅腹盆（H146∶6）　6. 敛口瓮（H146∶5）　7. 缸（H125∶30）　8. 骨锥（H146∶1）　9. 大口尊（H125∶13）　10. 侈口罐（H125∶31）

图一四　H4 平、剖面图

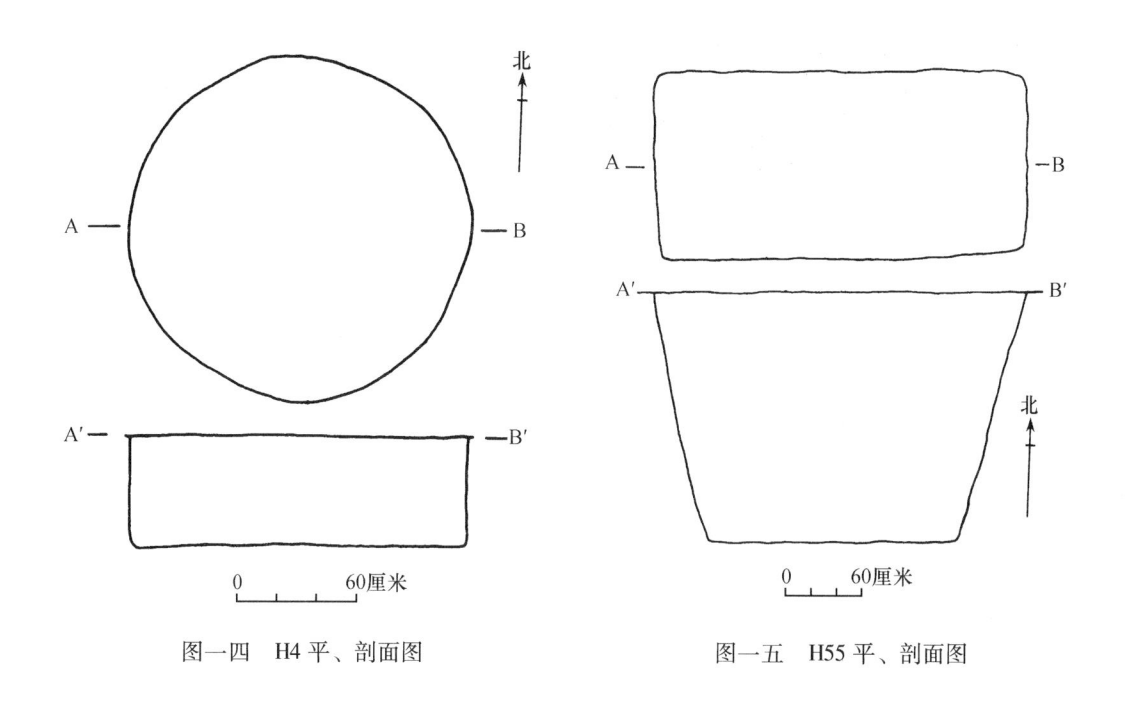

图一五　H55 平、剖面图

三、夯土墙基

发掘的夯土墙呈东北—西南走向贯穿发掘区（图一六、图一七），开口①层下，打破⑤层，发掘长度130米，在发掘区的中部略靠北向外弧。剖面形状呈倒梯形，上口东西宽12～14.8米，下口宽10.2～12.5米，现存深度为1.5～2.5米。城墙为分段夯筑，在发掘的区域内，从平面看共分8大段。从南向北分别编号夯1～夯8，宽度不等。在夯3与夯4之间以及夯5中各开了一条与城墙基槽垂直的探沟，分别编号为TG1、TG2，宽度均为5米。在TG1和TG2之间且与两者相垂直开了一条2米×14米的探沟，编号为TG3。在清理探沟的过程中发现，有些大段中又分为若干小段，如夯④又分为5小段。夯筑方法应是次序逐段逐层夯筑，在有些夯土段之间发现有使用夹板的痕迹。夯层明显，每层厚0.05～0.01米，每一层的土色都比较接近，多为灰褐色，少量黄褐和灰色，土质坚硬，呈颗粒状。每层夯窝均很密集，每平方米包含820多个夯窝，呈圆锥形，直径为0.02～0.06米，深0.03～0.01米，另外，夯窝也存在有重夯的现象。夯土中包含一些陶片，均为仰韶时期。夯土墙仅存基槽部分，上部无存。基槽的某些地方破坏严重，但从残存的部分来看，规模较大，形状整齐。在本段夯土墙基的中部从西侧向西60米内布方进行了发掘，仰韶文化层下为生土，未发现城壕的迹象。

发掘的夯土墙基建造在仰韶文化遗址上，并打破了该遗址。墙基夯土土色接近仰韶文化时期地层的土色，夯土中所包含陶片均属仰韶时期，这表明当时夯打该段城墙所用土为就近取材，取用的即是仰韶文化层的土。

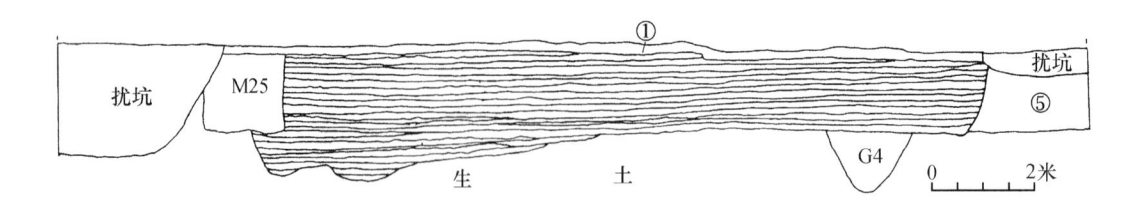

图一六　南壁剖面图

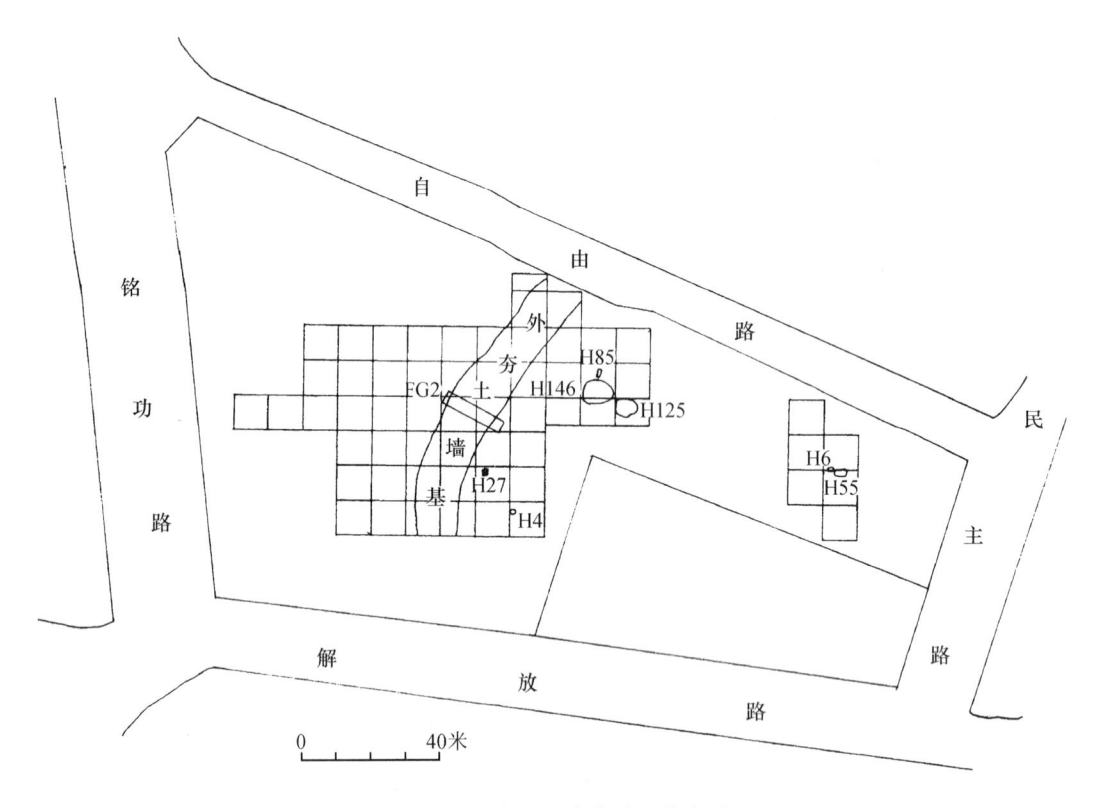

图一七　老坟岗遗址商代遗迹分布图

四、结　语

老坟岗区域 2002 年由郑州市文物考古研究院做过小规模发掘，首次发现有仰韶文化遗址，且发现了一段夯土墙基[1]。此次因旧城改造而进行的发掘，包含了前次的发掘范围。发现最丰富的仍是仰韶文化遗存，文化层分布于整个发掘区，遗迹、遗物丰富。商代遗存遭后期破坏严重，堆积不丰富。文化层仅分布在发掘区中东部的 9 个探方内，均在夯土墙的内侧，直接叠压在仰韶文化层之上。

发掘的商代遗存分为两期三个阶段。第二期仅有④a 层，所出的方唇带圆圈纹的 A 型鬲、折沿方唇饰粗绳纹的甗、大口长腹罐、敛口斝、长颈大口尊等均为商代二里冈上层时期的典型器物[2]，时代为二里冈上层。

第一期包括灰坑和④b层，该期又以H4、H6、H55、H125、H146为一组和H85及探方中的④b层为一组区分为早晚两段。④b层夹砂陶出土少，所出的卷沿圆唇甗具有二里冈下层H17阶段的特征[3]，大口尊颈稍长，簋的腹壁较直，但在部分器物上也呈现出稍晚的特征，如多数器物的器表绳纹较粗，簋的沿面上已出现两周凹槽，因此，该段应属二里冈下层H17阶段中偏晚的一组。

该期早段器物中夹砂陶的绳纹均为细绳纹，卷沿圆唇薄胎细绳纹鬲、窄唇的大口长腹罐、卷沿圆唇薄胎细绳纹甗、短颈宽肩大口尊等与铭功路H3和南关外H62同类器相同[4]，时代与其一致，因此该段应早于H17阶段，而属二里冈下层的早期阶段。早段的单位中以H55和H125比较典型，出土器物组合比较完整，其他单位也与其有共同的时代风格。该期中大量文化遗存是二里冈主体文化因素的延续，但有些器物特征则显见来自其他商文化类型，如H55和H125中的长颈鼓腹B型鬲，来源于辉卫型；H55中平底微鼓的C型鬲，H125中的棕褐色束腰鼓腹爵，来源于盘龙城型。这些陶器形态特征，表明了作为早期商文化的中心——郑州商城对周边其他类型的商文化不同程度的影响和吸收。

这段夯土墙基从其夯筑方法和夯层、夯窝的特征分析，并参考已发表的资料[5]，可以认为是属于商代二里冈期。从走向、所处地理位置及夯筑特征等方面看应是商代外夯土墙的一部分。但限于此次发掘资料限制，尚无法讨论此夯土墙基的具体年代，对其具体的修筑年代和废弃年代还不能做出明确的判断。

商代外夯土墙基最初发现于20世纪50年代[6]，其后在不同地段对外夯土墙基进行了多次钻探和发掘[7]，范围逐渐清晰。西部于1993年在福寿街和兴隆街交汇处的郑州饭店扩建工程中，发现商代外夯土墙呈南北向穿过基建区中部。再向北仅有钻探材料[8]。此次发掘的这段外夯土墙基，南距福寿街和兴隆街交汇处约300米。从走向上与其相对应，应该是外夯土墙基向北的延伸。近年来，我们在紧邻此地北部的自由路北侧的深国投和太康路与北二七路交叉口西北区域的丹尼斯百货两建设工地发现和发掘了两段夯土墙基[9]。深国投工地与此次发掘的夯土城墙相距约200米，呈西南—东北方向，与其走向能够相连，夯筑方法也相同。北二七路与太康路之间的一段，与深国投发掘的一段相距约150米，中间隔太康路，因条件所限无法做进一步工作，两者走向虽大致相对照，但夯筑方法与其余发掘的外夯土墙基夯筑方法不甚相同，根据打破此段夯土墙基的商代灰坑和墙基内的包含物，可以确定其时代同于这次发掘的第一期早段，而早于二里冈下层H17阶段。其余发掘的外夯土墙基则无商代灰坑或文化层的叠压和打破关系，墙基内也不见商代陶片。因此，两者是否相连还不能完全确定。从我们这几次发掘的结果看，郑州商城外夯土墙基的功用、走向、建造时代和建造方法是一个比较复杂的问题。其建造方法或许为逐渐修筑的，夯筑方法也不甚一致，其走向不太规则，这些问题还需要在今后工作中逐渐解决。

绘　　图：王　凯
摄　　影：蔡　强

注　释

[1] 郑州市文物考古研究院发掘资料。
[2] 河南省文化局文物工作队：《郑州二里冈》，科学出版社，1959年。
[3] 同[2]。
[4] 郑州市文物考古研究院：《郑州铭功路东商代遗址发掘简报》，《考古》2002年第9期；河南省文物工作队：《郑州南关外商代遗址的发掘》，《考古学报》1973年第1期。
[5] 河南省文物考古研究所：《郑州商城外夯土墙基的调查与发掘》，《中原文物》1991年第1期；河南省文物研究所：《郑州三德里、花园新村考古发掘简报》，《郑州商城考古新发现与研究——1985～1992》，中州古籍出版社，1993年；河南省文物考古研究所：《郑州商城外郭城的调查与发掘》，《考古》2004年第3期；郑州市文物考古研究所：《郑州市银基商贸城商代外夯土墙基发掘简报》，《华夏考古》2004年第4期。
[6] 同[2]。
[7] 同[5]。
[8] 河南省文物考古研究所：《郑州商城外郭城的调查与发掘》，《考古》2004年第3期。
[9] 为配合郑州市旧城改造工程2006年在深国投二七广场店和2007年在丹尼斯梦幻世界店区域内分别发现一段夯土墙基，资料暂未发表。

（原刊于《中原文物》2009年第4期）

河南荥阳西司马遗址晚商墓地发掘简报

于宏伟 刘良超 魏青利 李杨

西司马遗址位于河南省荥阳市高村乡西司马村西北部，南距连霍高速公路600米，北距黄河10公里，枯河从遗址东约1公里处流过，该遗址以坐标点为中心，东至司马小学，北至煤厂，西至苹果园，面积约80万平方米（图一）。

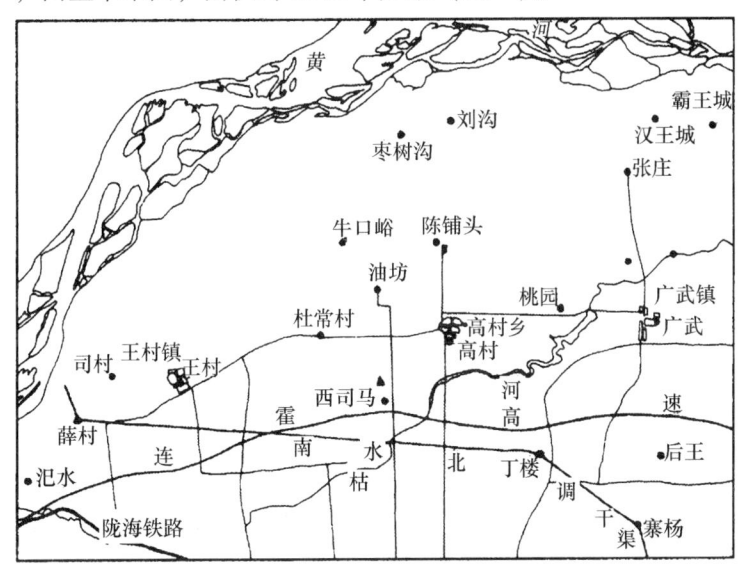

图一 荥阳西司马遗址位置示意图

2005年6月，荥阳市文物保护管理所工作人员发现该村村民在取土过程中，出土有陶器及乱骨，郑州市文物考古研究院闻讯后立即派人前往调查，报上级文物主管部门批准，随后展开抢救性考古发掘，共清理古墓葬123座，其中晚商墓葬82座、战国墓葬20座、魏晋墓葬2座、唐宋墓葬18座、清代墓葬1座。根据发掘情况来看，该遗址区墓葬以晚商时期最为集中和典型，现以M43、M40、M38、M20、M52、M29等6座墓葬为例将墓地的发掘情况简报如下。

一、墓地概况

墓地位于遗址西北部，大致分布于东西长约80米、南北宽约60米的范围内，在空间分布上分为西北、东南两块。墓葬全部开口在表土层下，绝大部分墓葬的上部已经遭到破坏，现存的口部已不是当时下葬时的墓口。墓葬均为土坑竖穴墓，平面形状为长方形，口小底大，填土经过夯打，墓葬长 2~3.4、宽 0.8~1.7、深 0.4~2.1 米（图二、图三）。

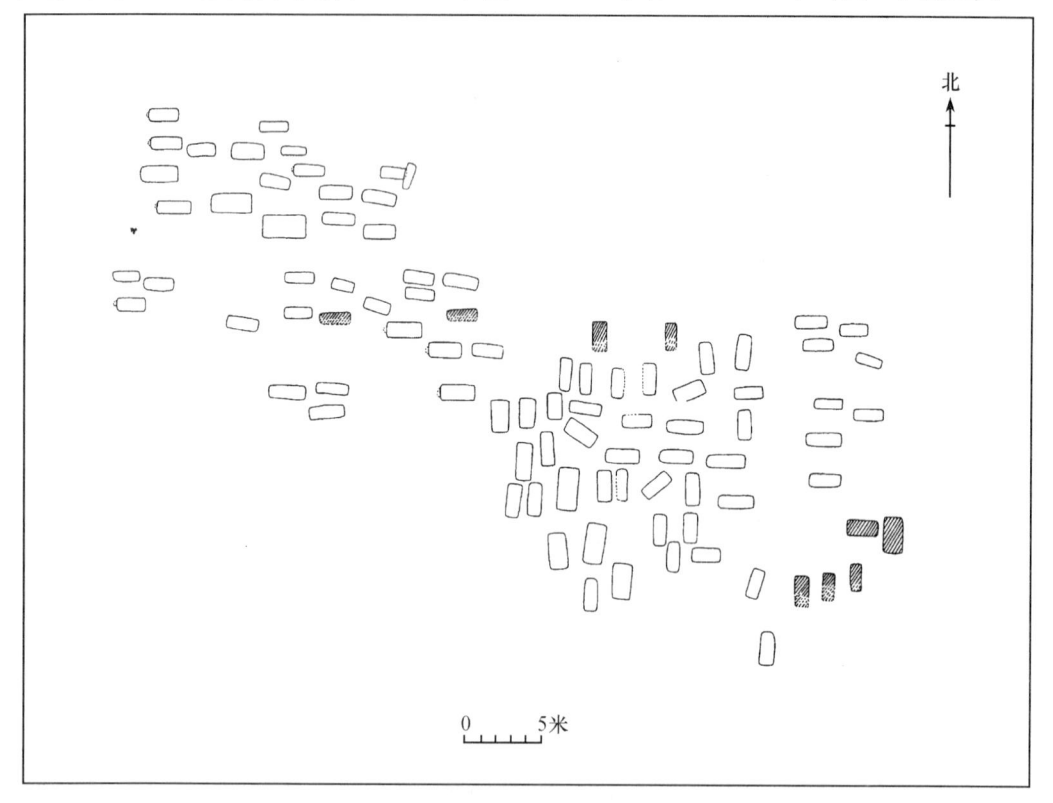

图二 荥阳西司马遗址晚商墓地平面分布图

图三 墓葬分布（由东南向西北）

大部分墓葬为单人仰身直肢葬式，骨架保存基本完好，个别墓葬为一棺一椁，大多为木质单棺，多数墓葬有随葬品，每座墓葬随葬品多少不一，少则一两件，多则 15 件，随葬器物一般置放于头端或头端壁龛内，有铜爵、铜觯、陶鬲、陶簋、陶豆、陶罐及蚌器、海贝等，器物组合形式有十多种。根据已发掘区域的情况分析，墓葬排列分布比较有规律，大致分为两大类：一类为南北向，仰身直肢，均头向南，部分有腰坑，内葬狗骨一具，器物放置于头端，器物组合为鬲、簋、豆、罐等；另一类为东西向，仰身直肢，均头向西，部分墓葬有腰坑，内葬狗骨一具，头端上方有一壁龛，内置陶器，器物组合为簋、豆、罐等。南北向墓葬主要分布在发掘区的中南部，分布比较密集；东西向墓葬主要分布在发掘区东北和西北部，分布较分散。同时期墓葬无打破关系，有晚商墓葬打破二里头文化灰坑和晚期墓葬打破晚商墓葬现象。南北向墓葬一般无壁龛，器物基本组合为鬲、簋、豆、罐。而东西向墓葬均有壁龛，器物基本组合为簋、豆、罐，一般不出陶鬲。

二、墓葬介绍

M43　位于墓地中南部。墓口距地表 0.3 米，开口第 1 层下，打破生土。墓向 195°。口小底大，墓葬平面呈圆角长方形，坑壁略外斜，平底。墓口长 2.78、宽 1.22 米，墓底长 2.9、宽 1.4、深 0.96 米。一棺一椁，椁长 2.5、宽 0.92、高 0.24 米，棺呈长方形，长 1.98、宽 0.74、高 0.24 米。墓底有长方形腰坑，长 0.7、宽 0.54、深 0.16 米，内殉狗一具。墓底清理人骨一具，仰身直肢，经鉴定墓主为壮年女性，头端置铜爵 1 件、铜觯 1 件、陶鬲 1 件、陶簋 2 件、陶豆 2 件、陶罐 7 件、蚌饰 2 件，口内及颈部随葬海贝共 37 枚（图四）。

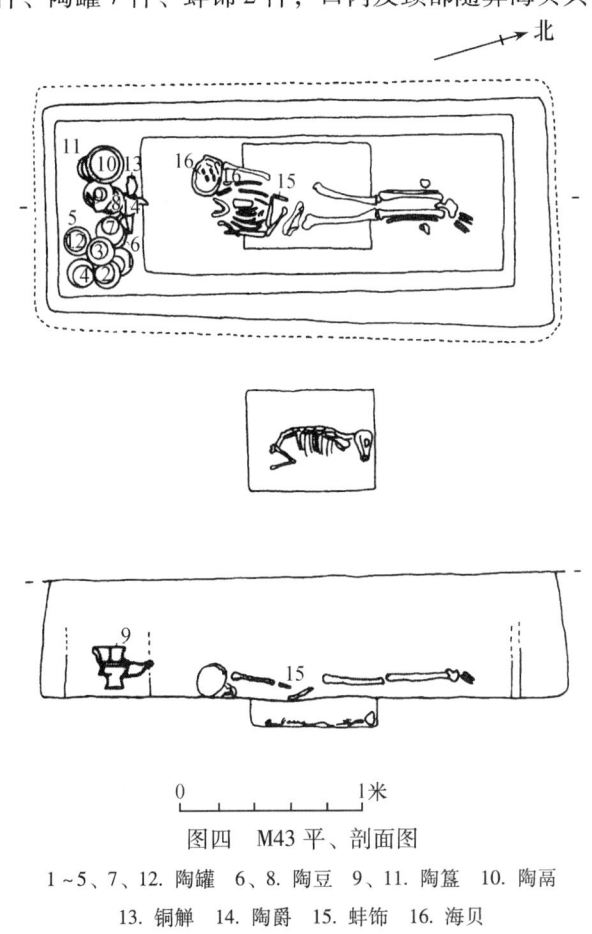

图四　M43 平、剖面图
1~5、7、12. 陶罐　6、8. 陶豆　9、11. 陶簋　10. 陶鬲
13. 铜觯　14. 陶爵　15. 蚌饰　16. 海贝

M40　位于墓地中南部。墓口距地表 0.3 米，开口①层下，打破生土。墓向 185°。墓口平面呈圆角长方形，直壁，平底。长 2.52、宽 0.84、深 1.14 米。墓底有长方形腰坑，长 0.54、宽 0.42、深 0.16 米，内殉狗骨一具。墓底清理人骨一具，经鉴定墓主为中年男性，仰身直肢，头端置陶鬲、陶簋、陶豆、陶罐各 1 件，口含海贝共 25 枚（图五）。

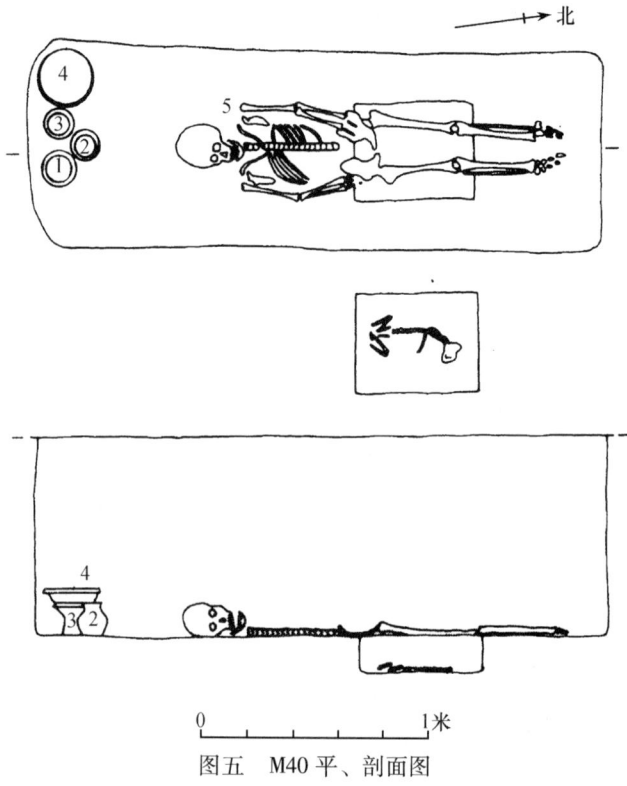

图五 M40平、剖面图
1. 陶鬲 2. 陶罐 3. 陶豆 4. 陶簋 5. 海贝

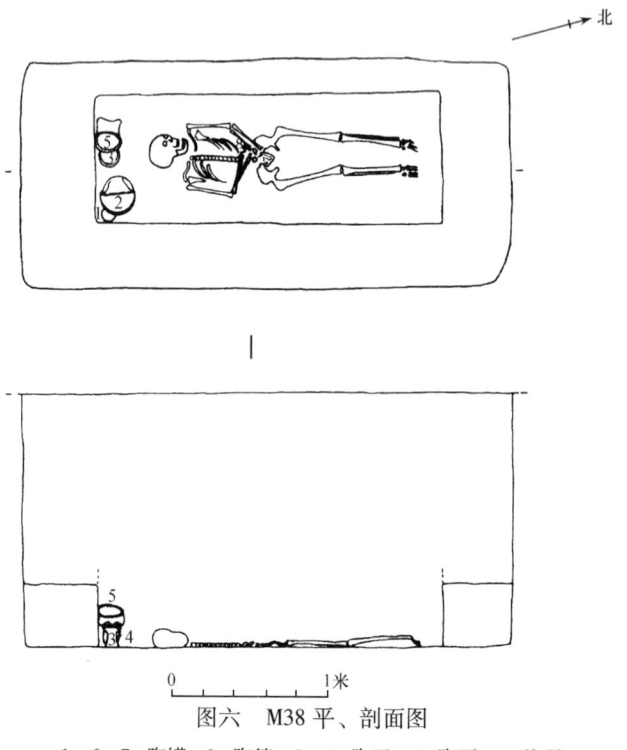

图六 M38平、剖面图
1、6、7. 陶罐 2. 陶簋 3、4. 陶豆 5. 陶鬲 8. 海贝

M38 位于墓地中南部。墓口距地表 0.3 米，开口第 1 层下，打破生土。墓向 195°。墓口平面呈圆角长方形，直壁，平底。长 3.2、宽 1.42、深 1.9 米。棺呈长方形，长 2.26、宽 0.82、高 0.38 米。墓底清理人骨一具，仰身直肢，经鉴定墓主为老年男性，头端置陶鬲 1 件、陶簋 1 件、陶豆 2 件、陶罐 3 件，手部、足侧随葬海贝共 8 枚（图六）。

M20 位于墓地中部。墓口距地表 0.3 米，开口①层下，打破生土。墓向 270°。墓口平面呈圆角长方形，坑壁略外斜，平底。墓口长 2.3、宽 1.06 米，墓底长 2.35、宽 1.06、深 1.9 米。棺呈长方形，长 2、宽 0.6、高 0.16 米。墓底有长方形腰坑，长 0.56、宽 0.46、深 0.26 米，内殉狗一具。西壁有壁龛，宽 0.56、高 0.3、进深 0.2 米，内随葬陶罐 3 件。墓底清理人骨一具，仰身直肢，经鉴定墓主为老年女性，头端置陶簋 1 件，口含海贝共 13 枚。

M52 位于墓地西北部。墓口距地表 0.3 米，开口①层下，打破生土。墓向 270°。墓口平面近长方形，直壁，平底。长 2.58、宽 1.14、深 1.42 米。棺呈长方形，长 2.1、宽 0.62、高 0.42 米。西壁有壁龛，宽 0.48、高 0.36、进深 0.2 米，内随葬陶簋 1 件，陶罐 2 件。墓底清理人骨一具，仰身直肢，经鉴定墓主为壮年女性，口含海贝共 18 枚（图七）。

M29 位于墓地中东部。墓口距地表 0.3 米，开口第 1 层下，打破生土。墓向 275°。

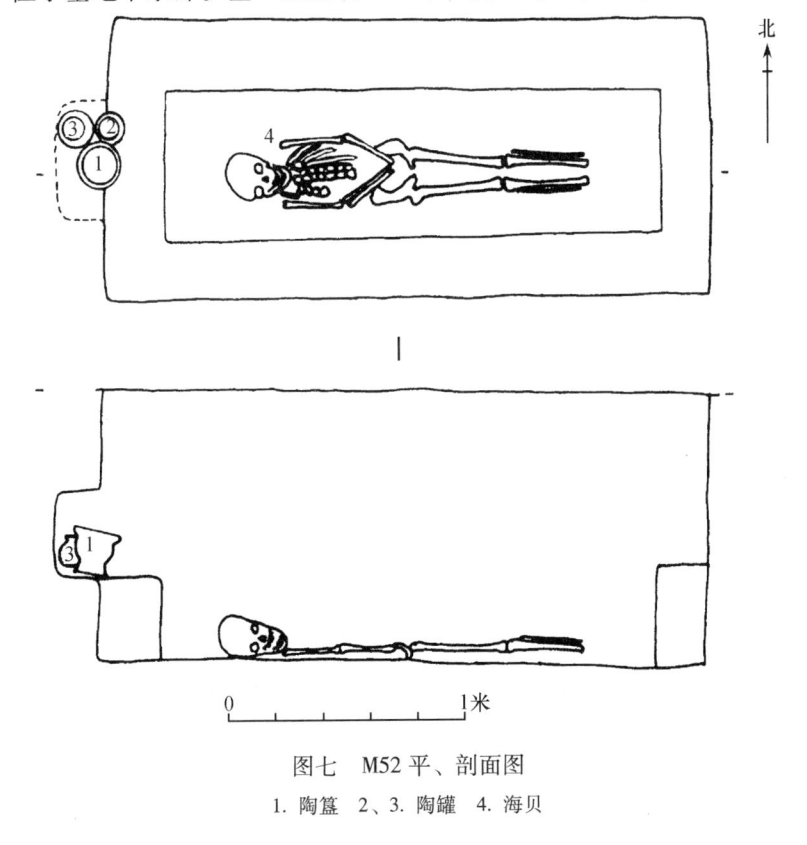

图七 M52 平、剖面图
1. 陶簋 2、3. 陶罐 4. 海贝

口小底大，墓口平面呈圆角长方形，西部坍塌，坑壁外斜，平底。墓口长2.3、宽0.84米，墓底长2.5、宽1.06、深1.32米。棺呈长方形，长1.7、西端宽0.6、东端宽0.4、高0.22米。西壁有壁龛，宽0.42、高0.24、进深0.22米。内随葬陶豆、陶罐各1件。墓底清理人骨一具，仰身直肢，经鉴定墓主为老年男性，口含海贝共7枚（图八）。

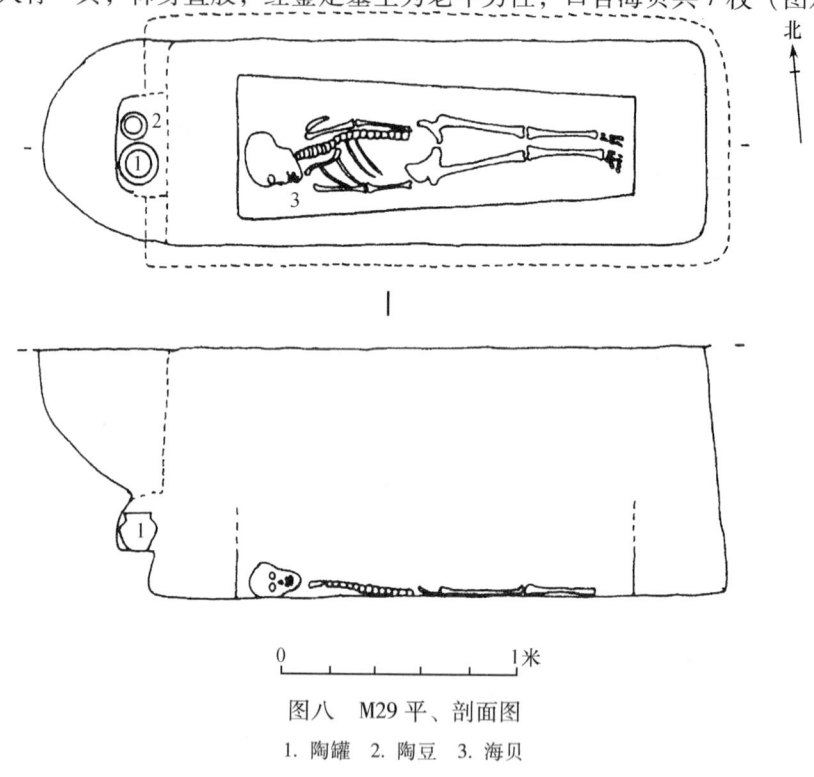

图八 M29 平、剖面图
1. 陶罐 2. 陶豆 3. 海贝

三、随葬器物

该墓地共出土铜器、陶器、蚌器等各类器物168件，海贝832枚。出土器物以陶器为主，泥质灰陶占大多数，夹砂灰褐陶次之，纹饰以绳纹、弦纹为主，凹弦纹、三角刻划纹次之，绳纹有粗细之分，粗绳纹多饰于陶鬲器表及裆部，细绳纹多饰于陶簋腹部，凹弦纹多饰于陶罐的肩部和陶豆的盘及柄部。陶器制法以轮制为主，模制与手制辅之。本简报主要介绍M43、M40、M38、M20、M52、M29等6座墓葬出土的铜器、陶器、蚌器计35件。器类有铜爵、铜觯、陶鬲、陶簋、陶豆、陶罐及蚌器、海贝等。

铜爵 1件。标本M43:14，长流略宽，短尾，菌状柱较高，敞口，直腹，卵形底，三棱实足外撇，带状鋬，鋬上饰兽头。腹饰雷纹。鋬内有铭文"祖丁"二字。流至尾长18厘米、高22.8厘米（图九，1；彩版一一，1）。

铜觯 1件。标本M43:13，椭圆形，侈口，束颈，颈较长，鼓腹，体长圆，腹径略大于口径，圜底，圈足略矮，外撇。口径7.8厘米、腹径8厘米、高12.9厘米（图九，

2；彩版一一，2)。

陶鬲　3件。标本M43:10，夹砂灰褐陶，扁方体，敛口，宽折沿，沿面上翘，沿面上有一周凹弦纹，腹外鼓，矮裆，袋足肥硕无足跟，腹及袋足皆饰粗绳纹，口径23.7厘米、高14.4厘米（图九，3；彩版九，1）；标本M38:5，夹砂灰褐陶，扁方体，敛口，宽折沿，沿面上翘，沿面上有一周凹弦纹，腹外鼓，矮裆，袋足肥硕无足跟，腹及足皆饰粗绳纹，口径21.9厘米、高11.6厘米；标本M40:1，夹砂红陶，敛口，方唇，折沿，沿面较窄，沿面上有两周凹槽，沿折处有明显的凸棱，分裆，乳状足，腹表面皆饰粗绳纹，足跟处无绳纹，口径18.4厘米、高15.3厘米（彩版九，2、3）。

陶簋　6件。均为泥质灰陶。标本M43:9，敞口，厚唇外翻，腹壁略弧，圜底，高圈足，圈足靠上部饰一周凹弦纹，器表饰三角划纹，划纹内填细绳纹，口径20厘米、通高14厘米（图九，4）；标本M43:11，敞口，方圆唇，腹壁略弧，圜底，高圈足，圈足中部一周凹弦纹。器表素面，口径18.8厘米、通高12.6厘米（彩版九，4）；标本M38:2，敞口，厚唇外翻，腹壁略弧，呈半球形，深腹，圜底，高圈足自上而下斜直外撇，圈足上部饰一周凹弦纹，器表饰三角划纹，划纹内填细绳纹，口径26.1厘米、通高15.5厘米（图九，5）；标本M40:4，敞口，厚唇外翻，腹壁略弧，呈半球形，深腹，圜底，高圈足，圈足饰一周凹弦纹，器表上部饰间断细绳纹，下部饰三角划纹，划纹内填细绳纹，口径25.3厘米、通高16.8厘米（彩版九，5）；标本M20:4，敞口，厚唇外翻，腹壁略弧，呈半球形，深腹，圜底，高圈足，器表上部饰间断细绳纹，器表饰三角划纹，划纹内填细绳纹，口径25.2厘米、通高17.7厘米（图九，6）；标本M52:1，敞口，厚唇外翻，腹壁略弧，呈半球形，深腹，圜底，高圈足，圈足靠上部有两周深且宽的凹槽，器表上部饰间断细绳纹，下部饰三角划纹，划纹内填细绳纹，口径22.5厘米、通高14.7厘米（彩版九，6）。

陶豆　6件。标本M43:6，泥质灰陶，敛口，深盘，盘腹弧收成圜底，盘底处折棱突出，喇叭状圈足，豆盘及豆柄饰两周凹弦纹，口径15厘米、通高13.2厘米（图九，7）；标本M43:8，泥质红陶，尖圆唇，敛口，深盘，盘底处折棱突出，腹部饰一周凹弦纹，圜底，喇叭状圈足，豆盘及豆柄饰两周凹弦纹，口径15厘米、通高16.2厘米（彩版一〇，1）；标本M38:3，泥质灰陶，厚唇，敛口，深盘，盘底处折棱不突出，圜底，喇叭状圈足，盘腹部及柄腰饰凹弦纹，口径13.5厘米、通高14.3厘米（彩版一〇，2）；标本M38:4，泥质灰陶，厚唇，敛口，深盘，圜底。喇叭状圈足，柄腰部饰一周凹弦纹，口径15.3厘米、通高13.8厘米（图九，8）；标本M40:3，泥质灰陶。厚唇，敛口，深盘，圜底。喇叭状圈足，口径11.5厘米、通高14.1厘米（彩版一〇，3）；标本M29:2，泥质灰陶，敛口，盘稍浅，盘腹向外斜直收成平底，喇叭状圈足，豆盘及豆柄饰凹弦纹，口径11.1厘米、通高13.8厘米（图九，9）。

陶罐　16件，均为泥质灰陶。标本M43:1，敞口，沿面近口部稍凹，内起一周凸棱，束颈，广肩，底不平，颈腹饰凹弦纹，腹部饰间断绳纹。口径14.4厘米、底径12厘米、高

图九 墓地出土遗物

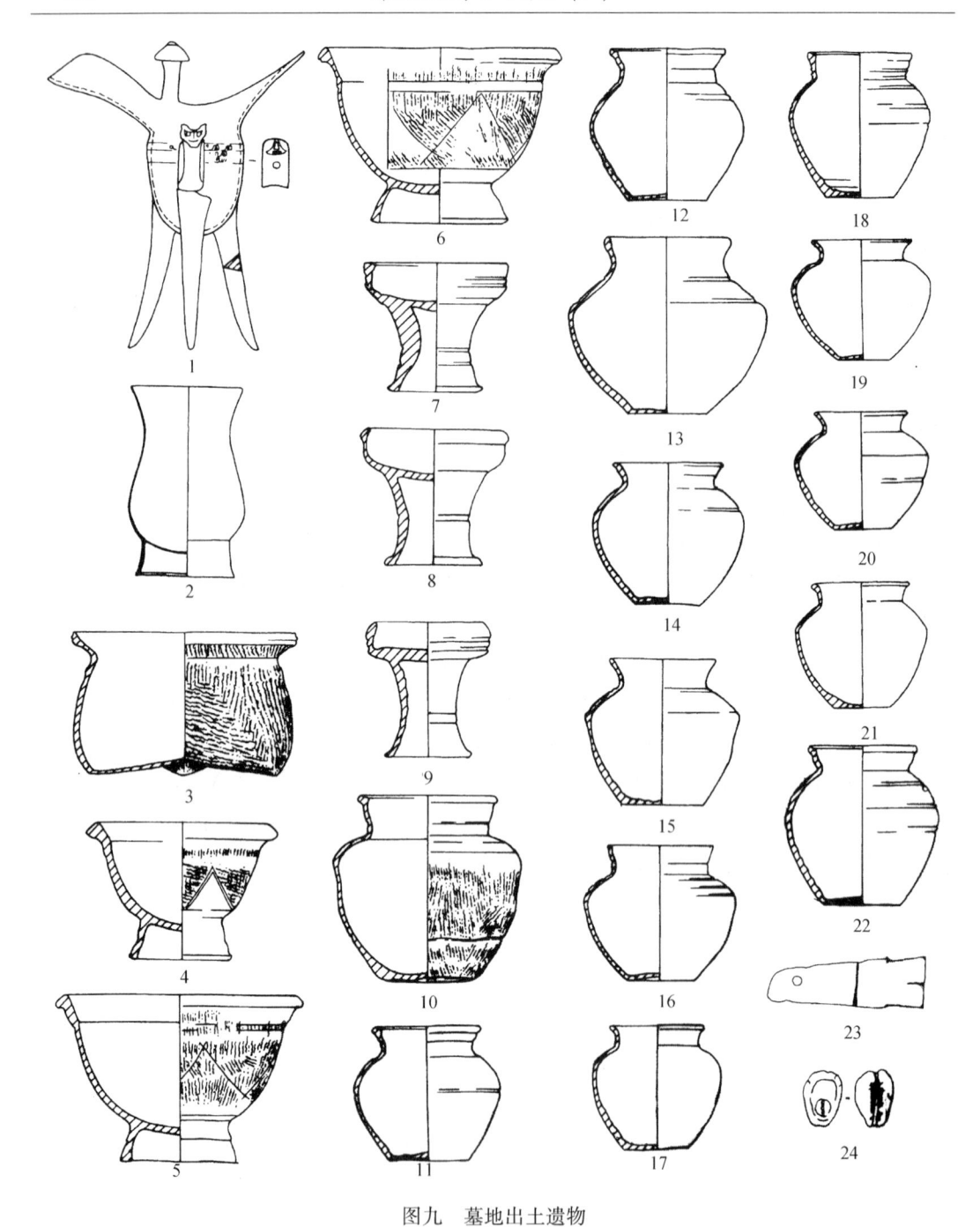

1. 铜爵 2. 铜觯 3. 陶鬲 4~6. 陶簋 7~9. 陶豆 10~22. 陶罐 23. 蚌饰 24. 海贝

19 厘米（图九，10）；标本 M43:2，敞口，束颈，圆肩，鼓腹，平底略内凹，颈、腹部各饰一周凹弦纹，口径 11.1 厘米、底径 7.8 厘米、高 13.8 厘米（图九，11）；标本 M43:3，侈口，尖圆唇，束颈，折肩，鼓腹，平底，颈、肩部各饰一周凹弦纹，口径 8.4 厘米、底径

5.5厘米、高12厘米（图九，13）；标本M43：4，敞口，沿面近口部稍凹，内起一周凸棱，束颈，溜肩，鼓腹，平底略内凹，肩部饰两周凹弦纹，口径12厘米、底径8厘米、高15.4厘米（图九，14）；标本M43：7，敞口，尖圆唇，束颈，折肩，鼓腹，平底，颈肩饰凹弦纹，口径11.1厘米、底径8.5厘米、高15厘米（图九，15）；标本M43：12，敞口，方唇，颈微束，溜肩，鼓腹，平底略内凹，颈肩饰凹弦纹，口径10.9厘米、底径6.9厘米、高13.8厘米（图九，16）；标本M40：2，敞口，卷沿，圆唇，束颈，圆肩，鼓腹，平底，素面，口径9.9厘米、底径6.2厘米、高12.6厘米（图九，17）；标本M38：6，敞口，圆唇，斜肩，鼓腹，平底略内凹，肩腹处饰瓦棱纹，口径9.3厘米、底径6.2厘米、高10.7厘米（彩版一〇，4）；标本M38：7，敞口，束颈，溜肩，鼓腹，盘底略内凹，颈、肩、腹部饰数周凹弦纹，口径11.1厘米、底径7厘米、高14.7厘米（图九，18）；标本M20：1，敞口，方唇，高领，折肩，弧腹，平底略内凹，领外一周凹弦纹，肩饰四周凹弦纹，口径10.6厘米、底径6.8厘米、高13.2厘米（彩版一〇，5）；标本M20：2，敞口，卷沿，圆唇，束颈，圆鼓腹，平底略内凹，素面，口径10.5厘米、底径5.8厘米、高12.2厘米（图九，19）；标本M20：3，敞口，卷沿，圆唇，束颈，圆鼓腹，平底略内凹，颈、肩及下腹部各饰一周凹弦纹，口径9.9厘米、底径5.7厘米、高12厘米（图九，20）；标本M52：2，敞口，卷沿，圆唇，束颈，斜肩，圆鼓腹，平底略内凹，腹部带两个錾手，颈、腹部各饰一周凹弦纹，口径9.3厘米、底径6.4厘米、高12.3厘米（彩版一〇，6）；标本M52：3，敞口，卷沿，圆唇，束颈，斜肩，圆鼓腹，平底，素面，口径9.9厘米、底径6.1厘米、高12.7厘米（图九，21）；标本M29：1，敞口，卷沿，方唇，束颈，圆鼓腹，平底略内凹，颈、肩及腹部各饰一周凹弦纹，肩部共有两个对称圆点，口径11.4厘米、底径8.1厘米、高16.4厘米（图九，22）。

蚌饰 2件。标本M43：15，用一长条蚌片做成，上端钻一圆孔，下端中间有一缺口，长5.6厘米、宽1.1~2.3厘米（图九，23）。海贝112枚。质地形状相同。标本M43：15，长2厘米、宽1.4厘米（图九，24）。

四、结 语

西司马遗址墓葬从出土器物特征分析，鬲，侈口、宽沿、束颈、腹稍外鼓，矮裆，腹饰绳纹。簋，侈口、厚唇、深腹、圜底、高圈足，腹饰三角划纹和竖绳纹。豆，直口、厚唇、浅腹、圜底、喇叭状圈足，盘腹及底座分饰弦纹数周。簋、鬲、豆等器物特征同安阳殷墟四期同类器物特征相近[1]，晚商器物特征明显。个别墓葬最早可以到中商，以晚商墓葬为主。

经过调查，在郑州西北和荥阳北部，晚商至西周早期遗址众多，近些年以来，经科学发掘的遗址有竖河遗址[2]、槐西遗址[3]、蒋寨遗址[4]、关帝庙遗址[5]、丁楼遗址[6]、胡村晚商贵族墓地[7]等。

史料记载，荥阳北部一带是西周早期封国——东虢国封地；郑州西北部为西周早期封国——管国封地；郑州东北部为祭伯城封地。《左传》隐公元年杜注云："虢叔，东虢君也……虢国，今荥阳县。"[8]《水经注·济水》云："索水又东，迳虢亭南，应昭曰：'荥阳，故虢国也'，今虢亭是矣。"司马彪《郡国志》："县有虢亭，俗谓平咷城。"[9]经专家考证，认为"平咷城"具体地点即在荥阳市广武镇南城村附近，而此次的发掘地点，距离文献记载的东虢国地点距离仅4公里左右。如此大规模的墓葬群和文献记载的东虢国地望联系起来，尤其显示了该遗址的重要性。因此，西司马遗址商周墓葬的发掘为寻找东虢国以及了解郑州地区晚商——西周时期社会经济及历史文化状况提供了重要线索。

领　　队：于宏伟
发　　掘：梁西乾　陈国乾　刘良超　于宏伟等
摄　　影：刘彦锋　蔡　强
绘　　图：李　杨　刘良超

注　释

[1]　中国社会科学院考古研究所：《安阳小屯》，世界图书出版公司，2004年。
[2]　河南省文物考古研究所：《河南荥阳竖河遗址发掘报告》，《考古学集刊》第10集，地质出版社，1996年。
[3]　郑州市文物考古研究院资料待发。
[4]　同［3］。
[5]　河南省文物考古研究所：《河南荥阳市关帝庙遗址商代晚期遗存发掘简报》，《考古》2008年第7期。
[6]　河南省文物考古研究所资料待发。
[7]　同［6］。
[8]　阮元《十三经注疏·春秋左传正义》卷二。
[9]　杨守敬《水经注疏》卷七。

（原刊于《中原文物》2009年第3期）

河南荥阳娘娘寨城址西周墓葬发掘简报

张家强

娘娘寨城址位于荥阳市豫龙镇寨杨村西北，西南距荥阳市 4 公里，东南距郑州市 18 公里。地理坐标北纬 34°49.908′，东经 113°25.830′。海拔 122 米（图一）。2004 年 8 月，郑州市文物考古研究院在此发现两周时期城址。城址北邻索河，西南是龙泉寺冲沟，东西长 1200、南北宽 800 多米，城址面积近 100 万平方米。分为内外两城，其中内城平面呈方形，外城平面略呈长方形。2005 年 5 月至今，郑州市文物考古研究院对其进行了连续发掘，共发掘面积 15000 平方米，其中包括西周时期墓葬 19 座。现将这批西周墓葬简报如下。

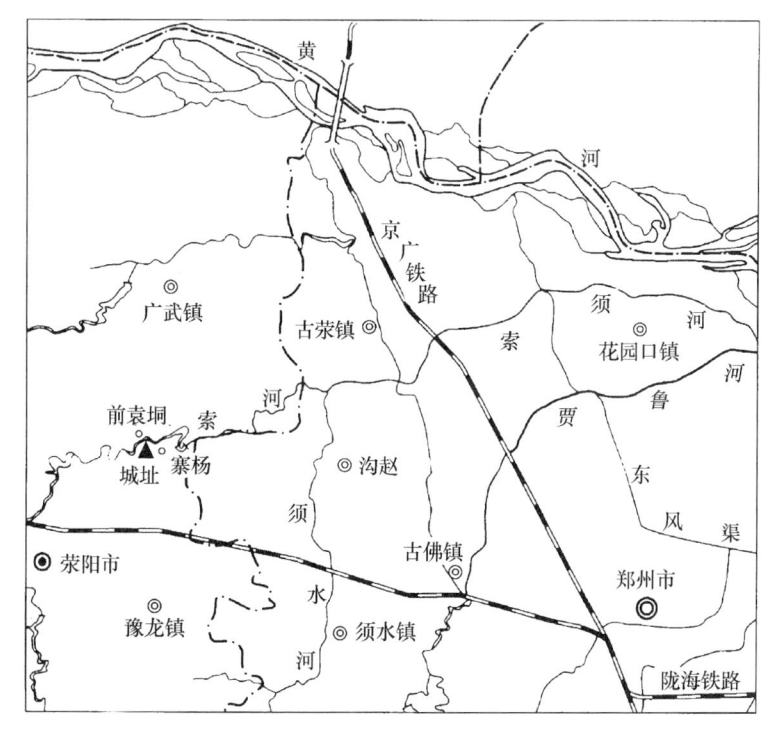

图一 城址位置示意图

我们根据娘娘寨城址的地形，以内城西南角为象限基点，将城址分为 4 个发掘区（Ⅰ区至Ⅳ区），其中Ⅰ区即城址的内城区。Ⅰ区内墓葬分布较为分散，没有规律，应为随意埋葬。在Ⅰ区发掘清理了 10 座西周时期的墓葬。

Ⅲ区位于外城以西，是整个城址的墓地。Ⅲ区内墓葬分布较集中，排列较整齐，墓葬方向基本一致，均为南北向，应该是按规律统一埋葬。在Ⅲ区已经发现近500座西周时期的小型竖穴土坑墓，我们对农民平整土地时揭露的9座西周墓进行了抢救性发掘。

19座西周墓葬均为长方形竖穴土坑墓，个别的口部为长椭圆形，普遍较为狭长，大小稍有差别。墓口一般长1.9~2.6、宽0.9~1.3、墓深1.5~3.5米，墓内多设有二层台。墓内填土多经过夯打，夯窝大小一致，均为圜底夯窝，直径4~6厘米，夯层厚10~20厘米不等。墓葬相互之间没有叠压打破关系，均打破生土。

这些墓葬绝大多数骨架尚存，均为单人葬。部分骨架保留较差，仅残留牙齿及一些碎骨。葬式多为仰身直肢，有少量侧身葬。葬具保存较差，多残留有木质单棺痕迹。

Ⅰ区内墓葬基本上都有殉狗的腰坑。10座墓葬中仅有4座有随葬品，随葬品多少不一，随葬品种类及摆放也没有规律可循。Ⅲ区内墓葬则均没有腰坑，基本上都有随葬品。9座墓中仅一座早期墓随葬一豆一罐，其余8座中，有7座均随葬一件陶鬲。陶鬲的摆放也有一定规律，男性墓主人的随葬品都放在头的右侧，女性墓主人的随葬品则放在头的左侧。

一、墓葬形制

M2 位于Ⅰ区T0502中部，方向95°。长方形竖穴土坑墓，墓口长2.2、宽1.05、墓深2.3米。墓内填五花夯土，夯层厚0.1~0.12米，夯窝不明显。棺长1.9、宽0.55、残高0.38米，有长方形腰坑。骨架保存较好，葬式为仰身直肢单人葬。墓主头朝东，身高1.6米。墓内未发现随葬品（图二）。

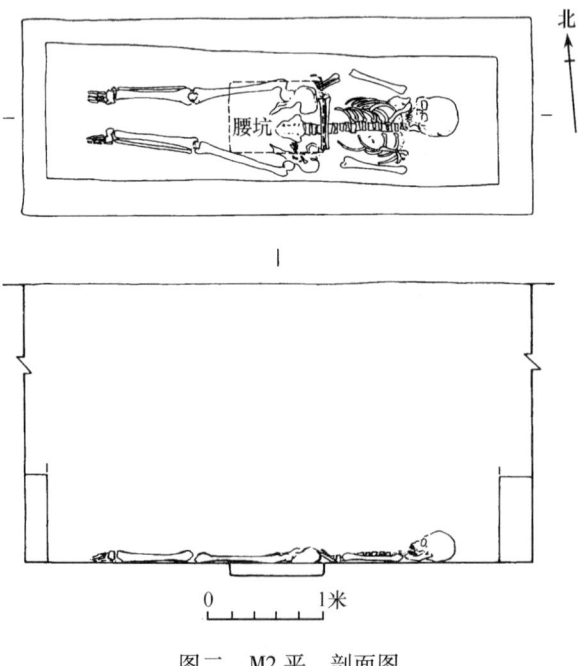

图二 M2平、剖面图

M3 位于Ⅰ区T0502北部偏东,方向95°。长方形竖穴土坑墓,墓壁近直,墓葬在深1.7米处缩小一圈。墓口长2.3、宽1.08米,墓底长2.1、宽0.8米,墓深1.38米。墓内填五花夯土,夯层厚0.12~0.15米,夯窝不甚明显。墓底有木棺,棺长1.9、宽0.55、残高0.3米。棺底有一腰坑,长0.68、宽0.3、深0.1米。腰坑内殉狗,头朝东,狗骨架已朽。单人葬,仰身直肢,墓主头朝东,身高约1.58米。无随葬品(图三)。

M8 位于Ⅰ区T0405中南部,方向0°。长方形竖穴土坑墓,墓口长2.8、宽1.4~1.5、深3.2米。墓壁近直,加工规整。墓内填红褐色花夯土,夯窝不明显。墓底四周有熟土二层台,宽约0.28、高0.6米。墓主人身下有一腰坑,坑内殉狗。葬具为一椁一棺,外椁内棺,已朽,只有朽痕。墓主头朝北,仰身直肢,面稍向东侧,双手交叉于腹部。保存状况较好,身高近2米。随葬陶鬲、陶豆各一件(图四、图六)。

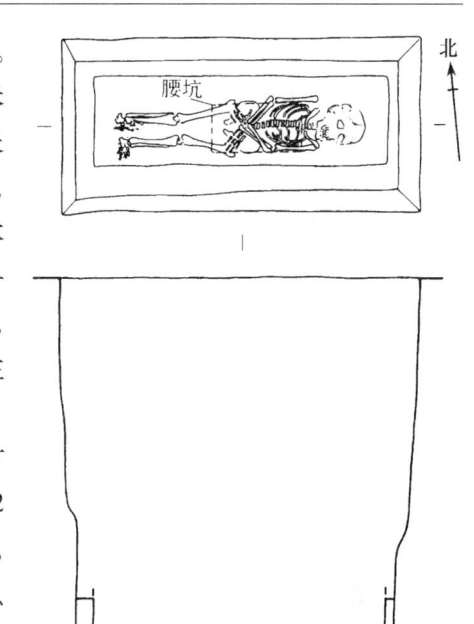

图三 M3平、剖面图

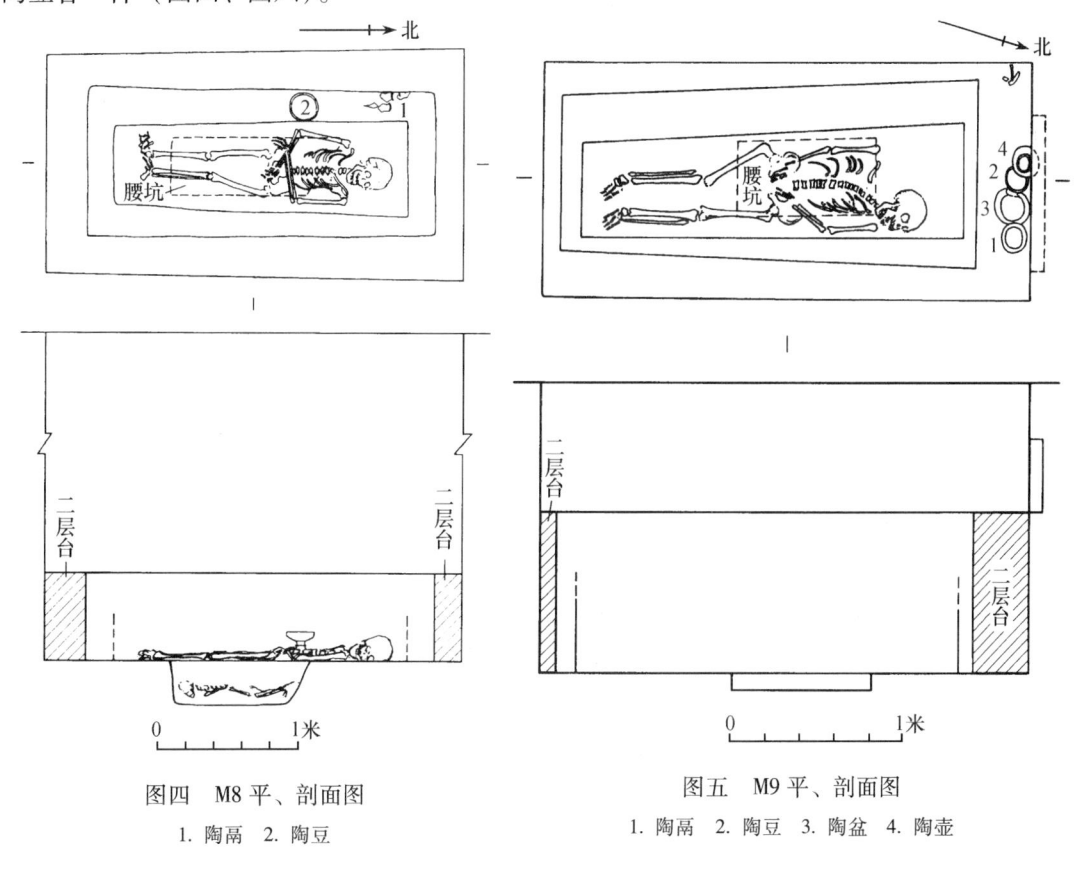

图四 M8平、剖面图
1. 陶鬲 2. 陶豆

图五 M9平、剖面图
1. 陶鬲 2. 陶豆 3. 陶盆 4. 陶壶

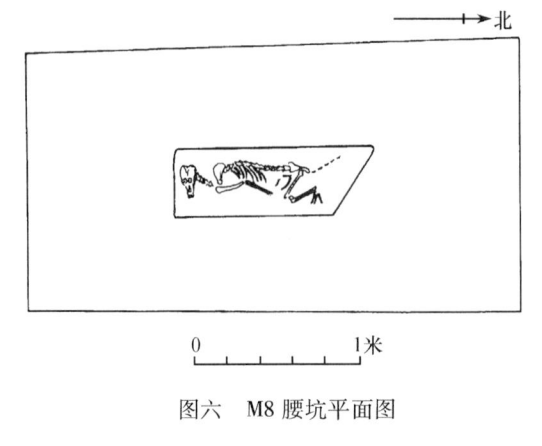

　　　　　　　　　　　　　　　　M9　位于Ⅰ区T0605的中部偏南，方向345°。长方形竖穴土坑墓，墓口长2.8、宽1.3、深1.74米。墓壁近直。墓内填黄色花夯土，夯层厚0.15～0.2米。墓室北部有壁龛，壁龛长0.9、宽0.1、高0.4米。墓底四周有熟土二层台，宽0.1～0.32米。墓主人身下有一长方形腰坑，腰坑内殉狗，腰坑长1、宽0.46、深0.1米。葬具为一椁一棺，仅留朽痕。椁长2.38、宽0.94、残高0.42米，棺长2.18、宽0.64、高0.4米。葬式为仰身直肢，头朝北，双手交叉于小腹，骨架长约1.84米。在头部壁龛内，放置有陶鬲、壶、豆、罐各一件（图五、图七；彩版一二，1）。

图六　M8腰坑平面图

　　M11　位于Ⅰ区T0405西南部，方向350°。长方形竖穴土坑墓，墓口长2.6、宽1.3、墓深2.6米。墓壁近直，加工规整。墓内填浅红褐色花夯土，夯窝不明显。墓底四周有熟土二层台，宽0.1～0.2、高0.6米。墓主人身下有一长方形腰坑，坑内殉狗。葬具一椁一棺，棺已朽，仅留朽痕。葬式为仰身直肢，双手交叉于腹部，骨架保存较好。随葬一件陶罐（图八、图九）。

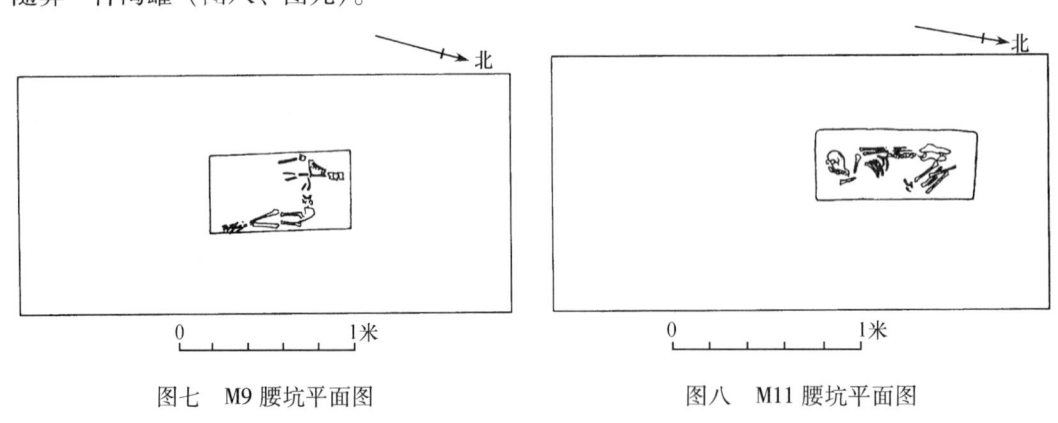

图七　M9腰坑平面图　　　　　　　　　　图八　M11腰坑平面图

　　M12　位于Ⅰ区T0605的南部偏东，方向355°。长方形竖穴土坑墓，墓口长2.6、宽1.34、墓深3米。墓壁近直，加工规整。墓内填黄色花土，经过夯打，夯层厚0.15～0.2米。夯窝不明显。墓底四周有熟土二层台，宽约0.1～0.28米。葬具为一棺，已朽。棺长2.28、宽0.94、残高0.86米。骨架保存较好，葬式为仰身直肢，头朝北，双手交叉于盆骨上。随葬陶鬲、豆各一件（图一〇）。

　　M13　位于Ⅰ区T0605的西部偏南，方向175°。长方形竖穴土坑墓，墓口长2.4、残宽1.2、墓深0.9米。墓壁近直，加工规整。墓内填黄花土，土质疏松。墓底四周有熟土二层台，宽0.15～0.26、高0.2米。葬具为一椁一棺，已朽，棺长约1.94、宽0.74、残

图九 M11 平、剖面图
1. 陶罐

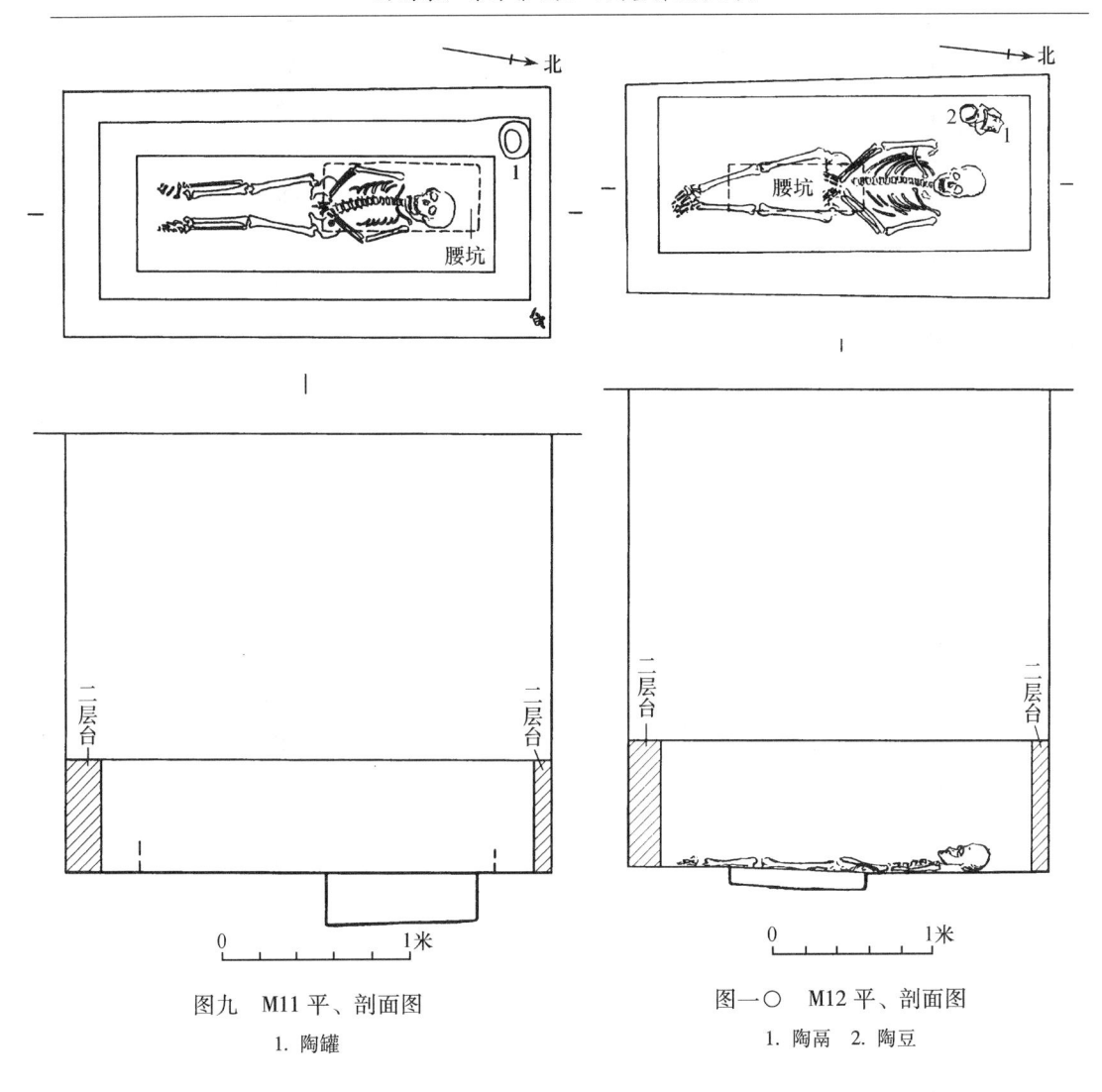

图一〇 M12 平、剖面图
1. 陶鬲 2. 陶豆

高 0.2 米。葬式仰身直肢，头朝南，骨架腐蚀严重。随葬玉璜 2 件、玉玦 4 件、玉冲牙 1 件、玉觿 1 件、玉饰 7 件、玛瑙串珠 22 枚（图一一）。

M25 位于Ⅰ区 T0708 的西南角，方向 180°。长方形竖穴土坑墓，墓口长 2、宽 0.65、墓深 0.5 米。墓壁近直，加工较为规整。墓内填黄色花土，土质疏松。无葬具。葬式为仰身直肢，头朝南、面向西，双手交叉于腹部，双膝并拢。无随葬品（图一二）。

M26 位于Ⅰ区 T0708 中部偏西，方向 0°。长方形竖穴土坑墓，墓壁近直略内收。墓口长 2.15、宽 0.83、墓深 1.1 米，墓底长 2、宽 0.78 米。墓内填花土，土质较硬。无葬具。葬式为仰身直肢，双手交叉于腹部，双腿伸直。无随葬品（图一三）。

M31 位于Ⅰ区 T0614 的西南部，方向 346°。长方形竖穴土坑墓，墓口长 2.45、宽 1.1、墓深 3.2 米。墓壁斜直内收，墓底长 2.4、宽 0.7 米。墓底有熟土二层台，高约 0.4 米。墓内填五花土，经过夯打，夯层与夯窝不明显。葬具为木棺，已严重腐朽。葬式仰身直肢，骨架保存不好。无随葬品（图一四）。

图一一　M13 平、剖面图

1、2. 玉璜　3. 玉觿　4~7. 玉玦　8. 玉冲牙　9~12、14、15. 玉饰　13. 网坠形玉饰　16. 玛瑙串珠

图一二　M25 平、剖面图

图一三　M26 平、剖面图

图一四　M31 平、剖面图

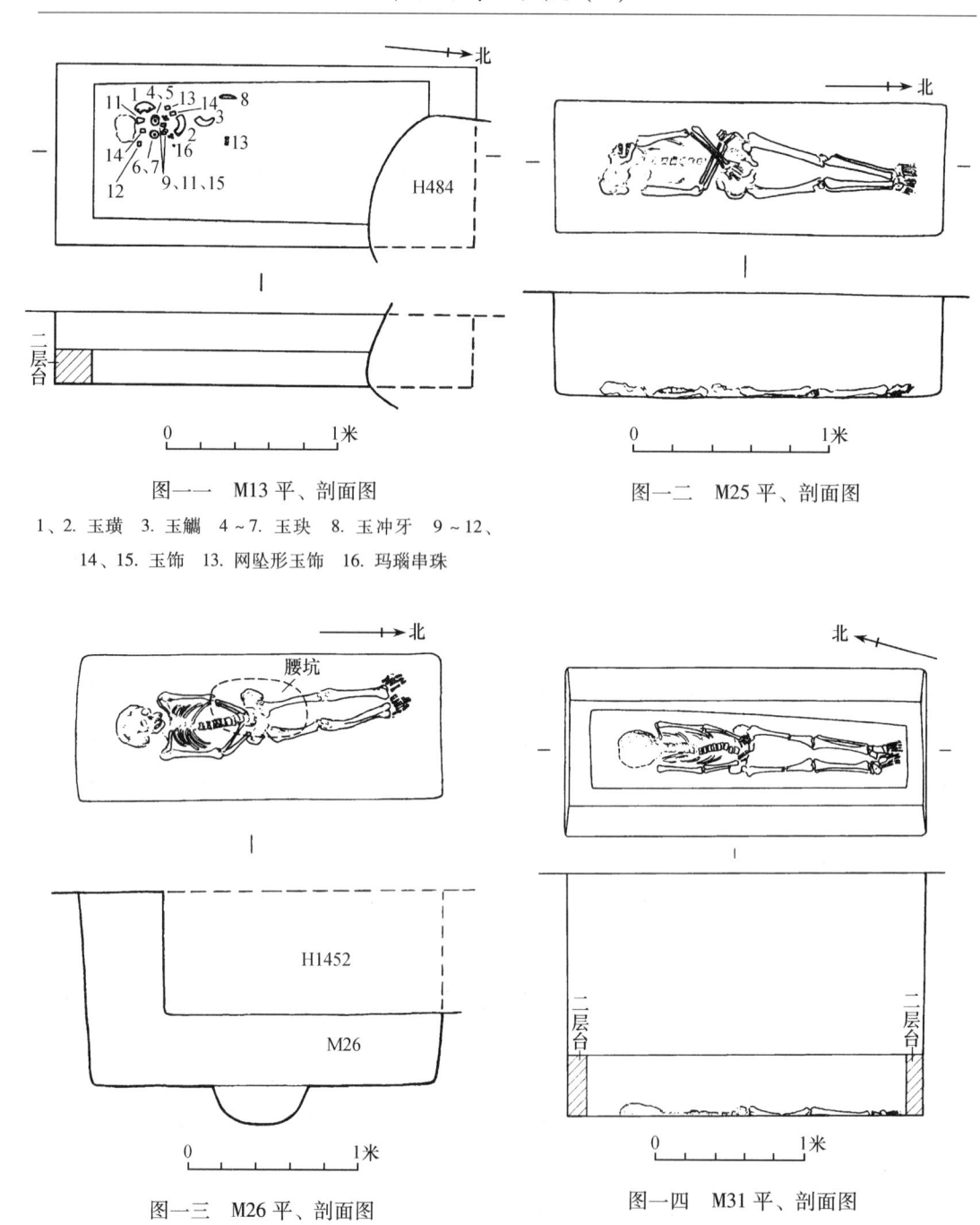

M34　位于Ⅲ区 T4014 的西南部，方向 5°。长方形竖穴土坑墓，墓口长 2.35、宽 1.04、墓深 1.25 米。墓壁近直，平底。墓内填黄色花夯土，葬具一棺，已朽，长约 2.05、宽 0.64、残高 0.3 米。葬式为仰身屈肢，头朝北，双臂置于腹部，双腿稍向右屈。随葬陶鬲一件（图一五；彩版一二，2）。

M35 位于Ⅲ区T4014的南部偏西，方向355°。长方形竖穴土坑墓，墓口长2.1、宽1.04、墓深1.3米。墓壁近直，平底。墓内填五花夯土。无葬具。葬式为仰身直肢，头朝北，骨架腐蚀严重。随葬陶鬲一件（图一六）。

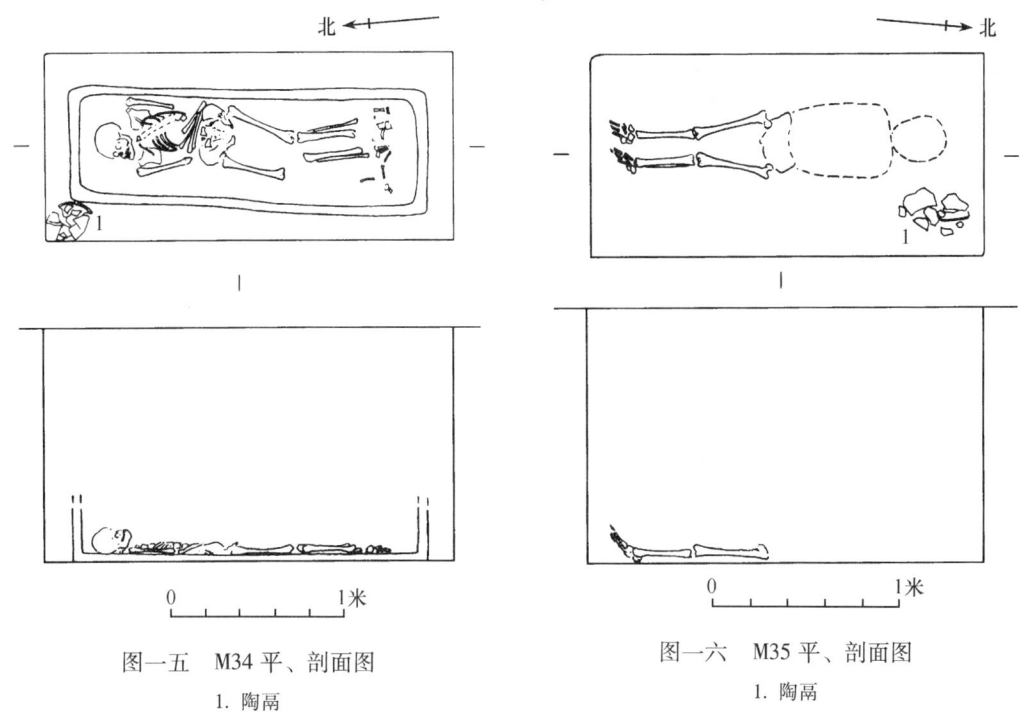

图一五 M34平、剖面图
1. 陶鬲

图一六 M35平、剖面图
1. 陶鬲

M36 位于Ⅲ区T4014的西部，方向350°。长方形竖穴土坑墓，墓口长2.08、宽1、墓深0.5米。墓壁近直，平底。墓内填黄灰色花土，土质疏松。葬具一棺，长约1.98、宽0.68米，棺板厚约0.06米。骨架保存较好，葬式为仰身直肢，头朝北、面向西，双手置于小腹部。随葬陶鬲一件（图一七；彩版一二，3）。

M37 位于Ⅲ区T4014的北部，方向3°。长方形竖穴土坑墓，墓口长2.45、宽1.2、墓深1.58米。墓壁近直。墓内填五花土，土质疏松。葬具一棺，棺长2.1、宽0.6~0.68、残高0.48米。棺已朽，棺板厚6~8厘米。葬式为仰身直肢，头朝北。骨架保存较差。随葬一件陶鬲（图一八；彩版一二，4）。

M38 位于Ⅲ区T4013的西南部，方向355°。长方形竖穴土坑墓，墓口长2.2、宽0.9、墓深0.46米。墓壁近直，不是很规整。墓内填灰色花土，土质疏松。葬具为一木棺，棺长1.88、宽0.5~0.6、残高0.12米，棺板厚约4厘米。骨架保存状况较好，葬式为仰身直肢，头朝北、面向西，双手放于腹部。随葬陶鬲一件（图一九）。

M39 位于Ⅲ区T4013的西北部，方向353°。长方形竖穴土坑墓，墓口长2.56、宽1.1~1.18、墓深1.2米。墓壁近直，墓底平坦。墓内填灰黄色花土，土质疏松。葬具为木棺，已朽。棺残长1.4、宽0.6、残高0.36米，棺板厚约6厘米。此墓被严重盗扰，盗洞口长0.78、宽0.62米。未发现骨架。随葬陶鬲一件（图二〇）。

图一七　M36 平、剖面图
1. 陶鬲

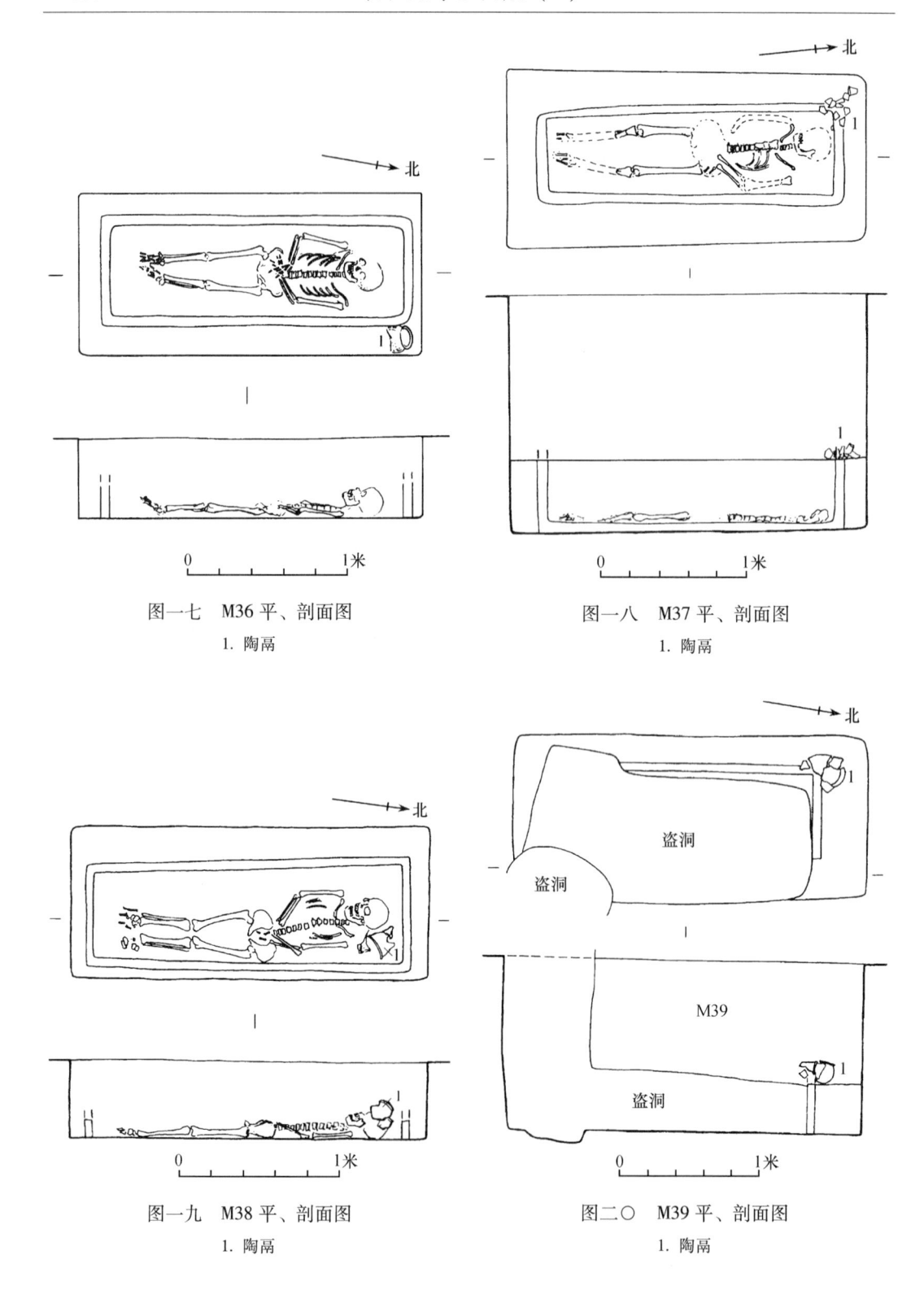

图一八　M37 平、剖面图
1. 陶鬲

图一九　M38 平、剖面图
1. 陶鬲

图二〇　M39 平、剖面图
1. 陶鬲

M40　位于Ⅲ区 T4013 的东北部，方向 353°。长方形竖穴土坑墓，墓口长 2.6、宽 1.06～1.1、墓深 2.2 米。墓壁近直，平底。墓内填黄花土，土质疏松。葬具为一棺，棺长 2.4、宽 0.7～0.76、残高 0.1 米，棺板厚约 4 厘米。骨架保存不是很好。葬式为仰身直肢，头朝北，面略向西，双手放于腹部。随葬陶鬲一件（图二一）。

M41　位于Ⅲ区 T4013 中部，方向 5°。长方形竖穴土坑墓，圆角，墓口长 2.64、宽 1.3、墓深 3.74 米。墓壁近直，平底。墓内填黄灰色花土，土质疏松。葬具为一椁一棺，已朽。椁长 2.37、宽 1.04、残高 0.4 米。棺长 2.03、宽 0.54～0.57 米。骨架保存较好，葬式为侧身直肢，头朝北、面向西，双手交叉放在腹部。随葬陶豆、罐各一件（图二二）。

M42　位于Ⅲ区 T4014 的西北角，方向 5°。为长方形竖穴土坑墓，墓口长 2、宽 0.7、墓深 0.2 米。墓壁近直，平底。墓内填黄色花夯土。无葬具。骨架保存较差，葬式为仰身直肢，头朝北、面向西。无随葬品（图二三）。

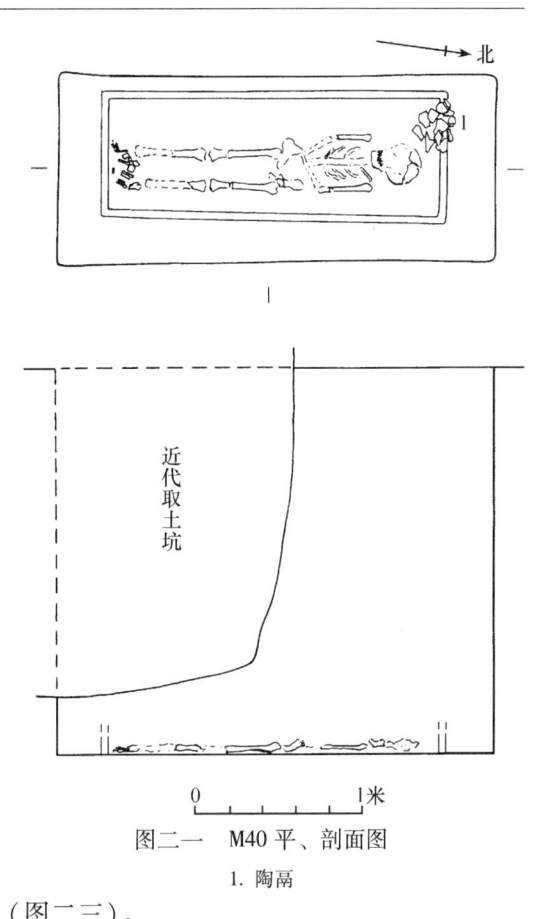

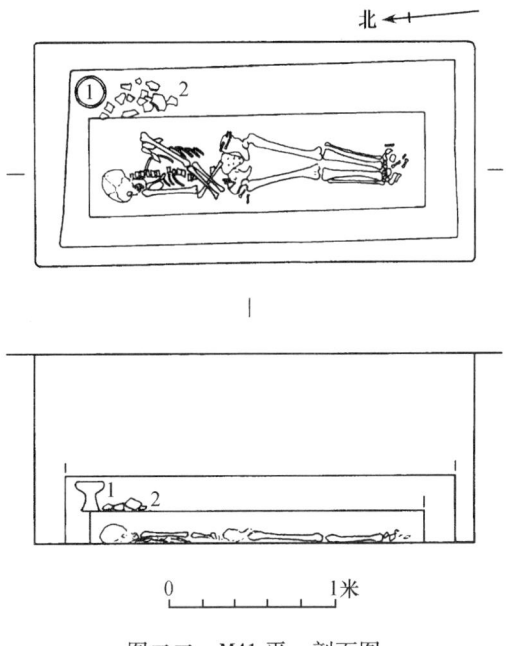

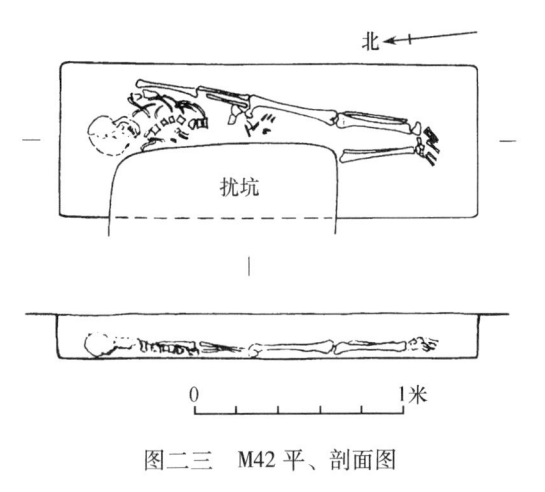

图二一　M40 平、剖面图
1. 陶鬲

图二二　M41 平、剖面图
1. 陶豆　2. 陶罐

图二三　M42 平、剖面图

二、随 葬 器 物

此次清理西周时期墓葬共 19 座，其中有随葬品的墓葬有 14 座。随葬品多为陶器，其次是玉石器。

1. 陶器

陶器多为夹砂灰陶，有少量夹砂褐陶和泥质灰陶。制法有手制和轮制两种。纹饰主要是绳纹，有凸弦纹、凹旋纹、云雷纹等，有少量素面陶器。器类有鬲、盆、罐、豆、壶等，以陶鬲居多。陶鬲裆部均有火烧痕迹，应为实用器。

鬲　10 件。可以分为弧裆鬲和分裆鬲两种类型。

A 型　1 件（标本 M35:1）。弧裆鬲。夹砂灰陶。折沿，尖圆唇，微束颈，无实足跟，弧裆，裆较低。颈部抹平，颈以下饰中绳纹。口径 17、高 14.5 厘米（图二四，1）。

B 型　9 件。分裆鬲。依据口沿及足的不同又分六式。

Ⅰ式：1 件（标本 M34:1）。夹砂灰陶。折沿，尖唇，外沿斜伸，微成盘口。袋足分裆，裆较低。颈以下通体饰中绳纹。口径 20、高 19 厘米（图二四，7）。

Ⅱ式：1 件（标本 M8:1）。折沿，方唇，沿面内侧有一周凹旋纹。微束颈，低裆近平，小乳足。夹砂褐陶，颈以下饰中绳纹。口径 16、高 11 厘米（图二四，2；彩版一三，1）。

Ⅲ式：2 件。卷沿，方唇，口微侈，束颈，袋足，低裆近平。标本 M12:1，夹粗砂灰陶，饰中绳纹。口径 14、高 11 厘米（图二四，3）。标本 M39:1，夹砂灰陶，饰较细绳纹。口径 17、高 15 厘米（图二四，6；彩版一三，2）。

Ⅳ式：3 件。卷沿近折，平口，方唇，束颈，鼓腹，低裆，袋足。标本 M37:1，夹砂灰陶，颈以下饰粗绳纹。口径 18、高 16 厘米（图二四，9）。标本 M38:1，夹砂灰陶，饰粗绳纹。口径 19、高 18 厘米（图二四，10；彩版一三，3）。标本 M40:1，夹砂灰陶。上腹饰两周"回"字纹，下腹饰绳纹。口径 11、高 15 厘米（图二四，5；彩版一三，4）。

Ⅴ式：1 件（标本 M36:1）。夹砂灰陶。平口，方唇，器身方正，袋足，低裆着地。颈部抹平，饰粗绳纹。口径 14、高 12 厘米（图二四，8）。

Ⅵ式：1 件（标本 M9:1）。夹砂灰陶。宽折沿，方唇，沿面内侧有数周凹旋纹，束颈，袋足低裆着地。颈以下通体饰粗绳纹。口径 18.6、高 14.1 厘米（图二四，4）。

罐　2 件。均为泥质灰陶。分为两式。

Ⅰ式：1 件（标本 M41:2）。卷沿，圆唇，口微侈，宽圆肩，鼓腹内收，平底。器内壁有轮旋痕迹。口径 10.5、腹径 15、底径 6.5、高 15 厘米（图二五，2）。

图二四 陶鬲

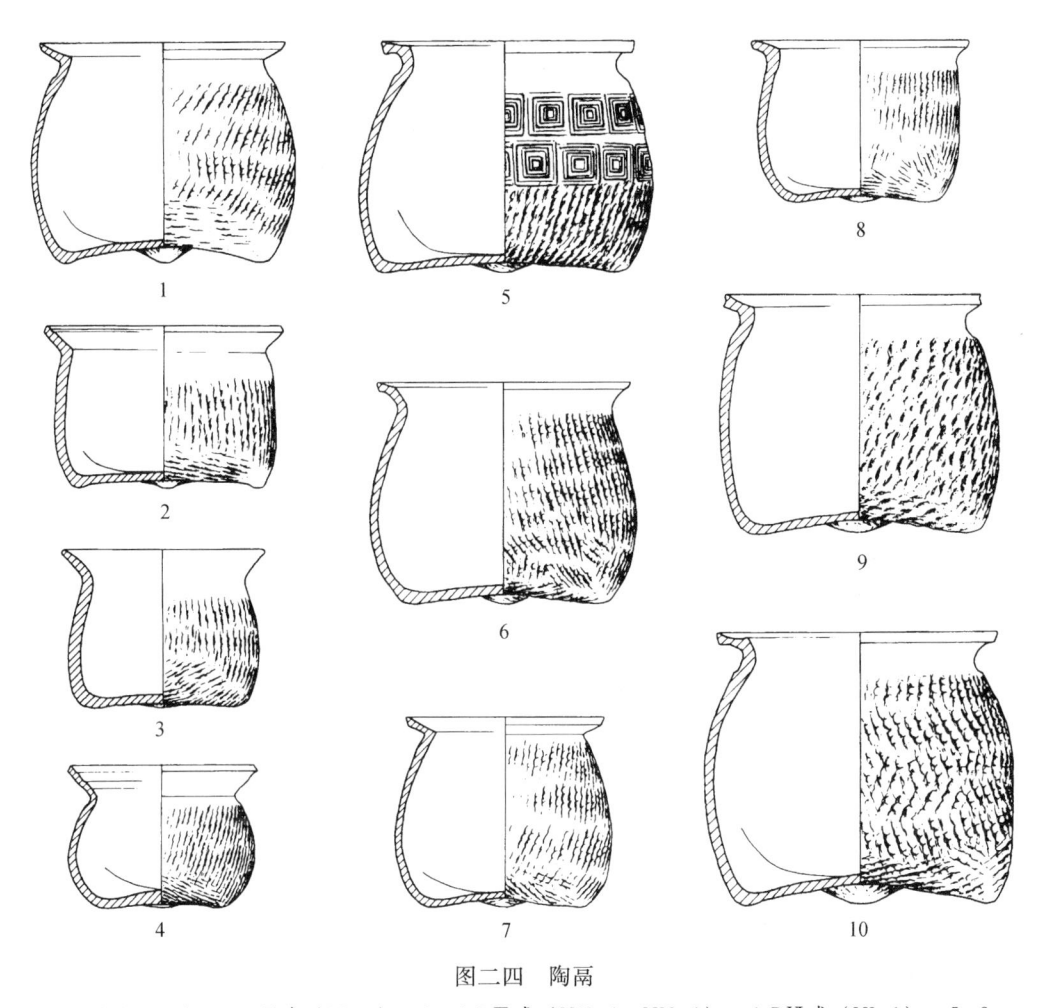

1. A型（M35:1） 2. BⅡ式（M8:1） 3、6. BⅢ式（M12:1、M39:1） 4. BⅥ式（M9:1） 5、9、10. BⅣ式（M40:1、M37:1、M38:1） 7. BⅠ式（M34:1） 8. BⅤ式（M36:1）

Ⅱ式：1件（标本 M11:1）。平口，方唇，束颈折肩，扁腹，大平底。肩部饰两周凹旋纹。口径11.5、腹径15.6、底径9.6、高12厘米（图二五，5）。

豆 2件。泥质灰陶。分为两式。

Ⅰ式：1件（标本 M41:1）。豆盘较深，敛口，喇叭状粗柄，柄较高。口径12.5、底径10.2、高12厘米（图二五，4）。

Ⅱ式：1件（标本 M8:2）。豆盘较浅，直口，圆唇，喇叭状柄。柄较细且低，柄上有一周凸棱。口径16.7、底径11.8、高11.3厘米（图二五，3；彩版一三，6）。

壶 1件（标本 M9:4）。夹粗砂褐陶。侈口，束颈，折肩，平底。口径11.2、腹径14.1、底径7.6、高13.9厘米（图二五，1）。

盆 1件（标本 M9:3）。泥质灰陶。侈口，宽折沿，方唇，沿面内侧有一道浅槽。深腹微鼓，在鼓腹处饰两周凸弦纹，下腹斜收成平底。口径17.8、底径8.5、高11.8厘

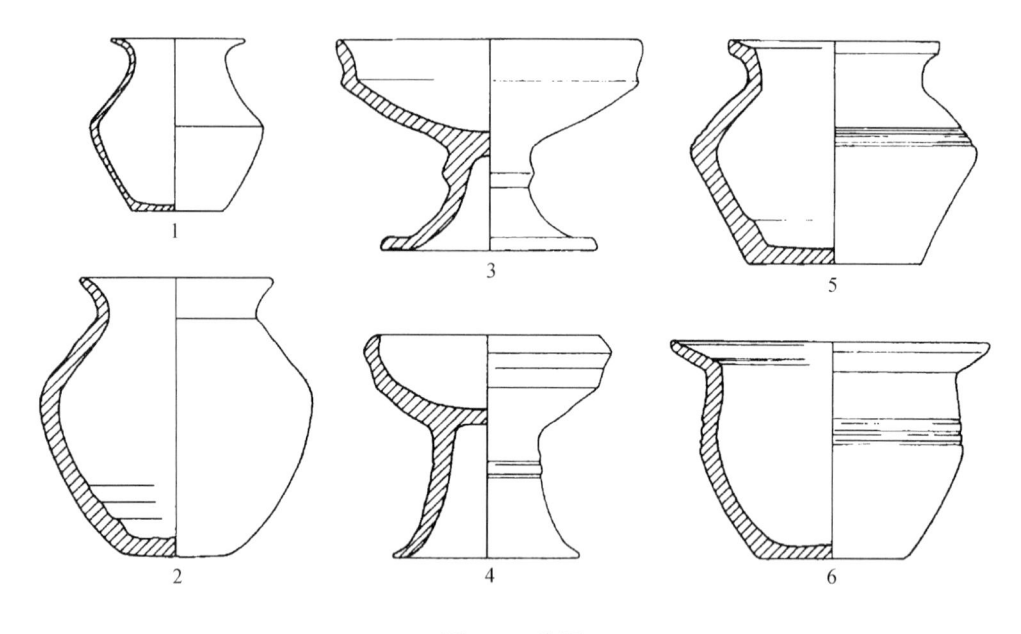

图二五　陶器

1. 壶（M9∶4）　2. Ⅰ式罐（M41∶2）　3. Ⅱ式豆（M8∶2）　4. Ⅰ式豆（M41∶1）　5. Ⅱ式罐（M11∶1）
6. 盆（M9∶3）

米（图二五，6；彩版一三，5）。

2. 玉石器

在 M13 发现了 16 件（组）玉器，种类有玉璜、玉玦、玉冲牙、玉饰、玛瑙串珠等。

玉璜　2 件。均为透闪石软玉。标本 M13∶1，青绿色，扁体弧形，两端各有一穿孔。素面。长 9.8、宽 4.2、厚 0.45 厘米（图二六，1；彩版一五，3）。

标本 M13∶2，白色，扁体弧形。单面雕琢双龙纹，另一面光素。两条龙均为头大身小，"臣"字目，长 12、宽 2.9、厚 0.3~0.4 厘米。头向相对，尖尾上下相叠。两端均有扉棱和穿孔，孔中间有台痕。雕刻手法为双阴线，线条粗犷流畅。通体抛光，晶莹温润（图二六，6；彩版一四，1）。

玉玦　4 件。均为透闪石软玉。其中 2 件素面，另 2 件刻有龙纹，形制基本相同。标本 M13∶4、M13∶5，白色，素面。直径 3.6、厚 0.3 厘米（图二六，4、5；彩版一六，1）。

标本 M13∶6、M13∶7，青色，单面阴刻 3 个虺龙纹。直径 3.8、厚 2.2 厘米（图二六，2、3；彩版一五，1、2）。

玉冲牙　1 件（标本 M13∶8）。透闪石软玉。白色獠牙状，圆端有小穿孔，已残。器身两面阴刻简化龙纹。残长 7.5、宽 1.3、厚 0.4 厘米（图二七，1；彩版一四，3；彩版一六，2）。

玉觽　1 件（标本 M13∶3）。白色，方头，弧背，尖尾。头、背部有突起的小扉棱。

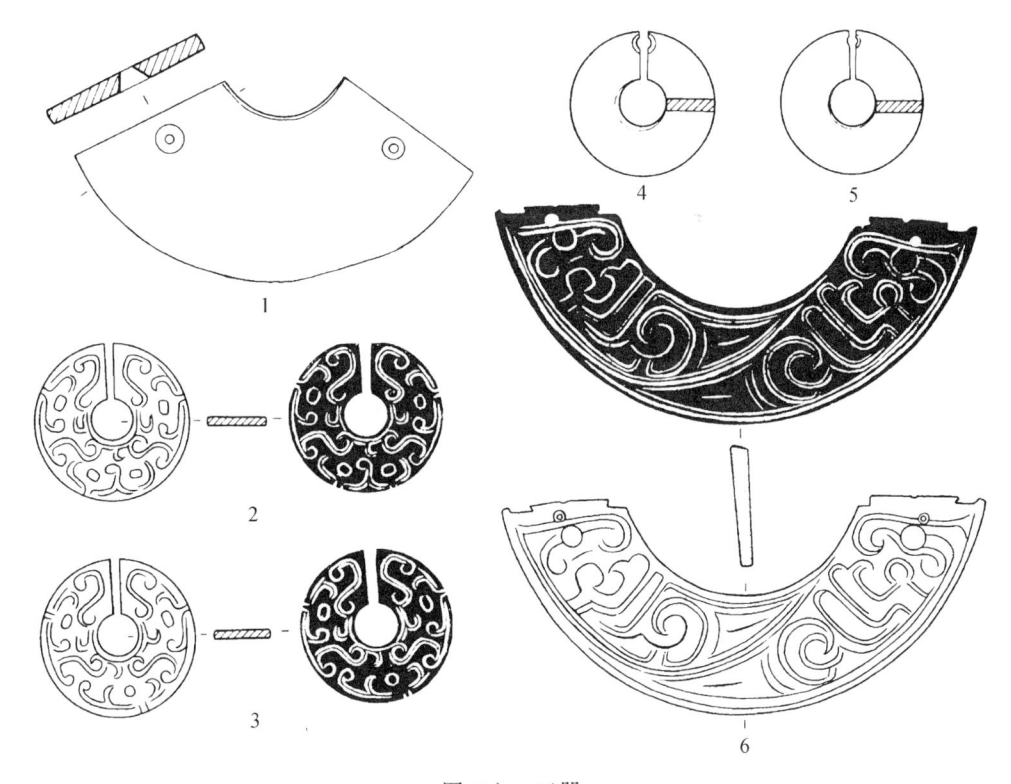

图二六 玉器

1. 璜（M13:1）　2~5. 玦（M13:6）及拓片、（M13:7、M13:4、M13:5）
6. 璜（M13:2）及拓片

器身两面满刻虺龙纹，线条繁缛而清晰，刀法硬朗流畅。长 10.3、宽 2.7、厚 0.15~0.2 厘米（图二八；彩版一四，2；彩版一五，4）。

玉饰　7 件。分为梯形牌饰、长方形牌饰、网坠形玉饰三种。

标本 M13:9~12、M13:9-15，透闪石软玉，白色玉牌饰，形状、大小相似。均呈梯形，一端有扉棱和 1~2 个圆形穿孔，另一端有一圆形穿孔。素面。宽 1.6~2、长 2.5~2.7 厘米（图二七，3、4、6~8；彩版一六，3）。

标本 M13:13，透闪石软玉，网坠形。白色，器身正面中部下凹，靠近两端也各有一道凹槽。正面刻有简化龙纹。长 3.3、宽 1.4、厚 0.4 厘米（图二七，2；彩版一五，5）。

标本 M13:14，透闪石软玉。白色玉牌饰，呈长方形，一端有突起的扉棱，两端各有一圆形小穿孔。单面刻有简化龙纹。长 2.5、宽 1.7 厘米（图二七，5；彩版一六，4）。

玛瑙串珠　22 个（标本 M13:16）。多为浅红色，体多呈圆柱形，中间有圆形穿孔。直径 0.6~1.2、孔径 0.1~0.3 厘米（图二九；彩版一五，6）。

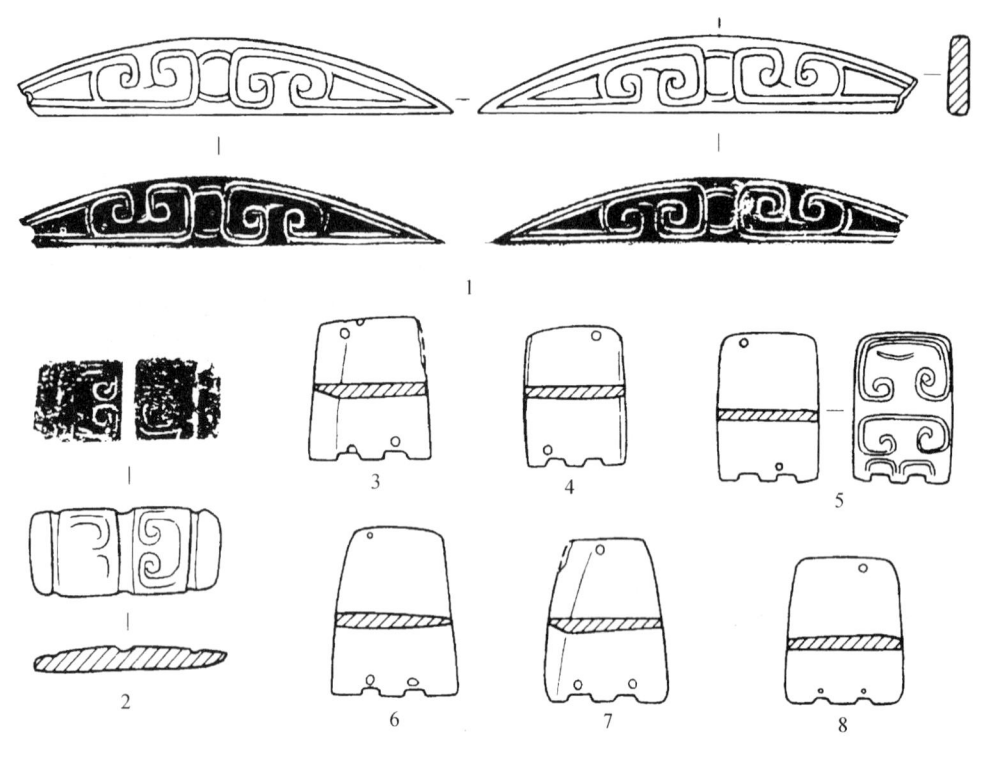

图二七　玉器
1. 冲牙（M13:8）及拓片　2. 网坠形玉饰（M13:13）及拓片　3、4、6~8. 梯形玉饰（M13:9、11、10、12、15）　5. 长方形玉饰（M13:14）

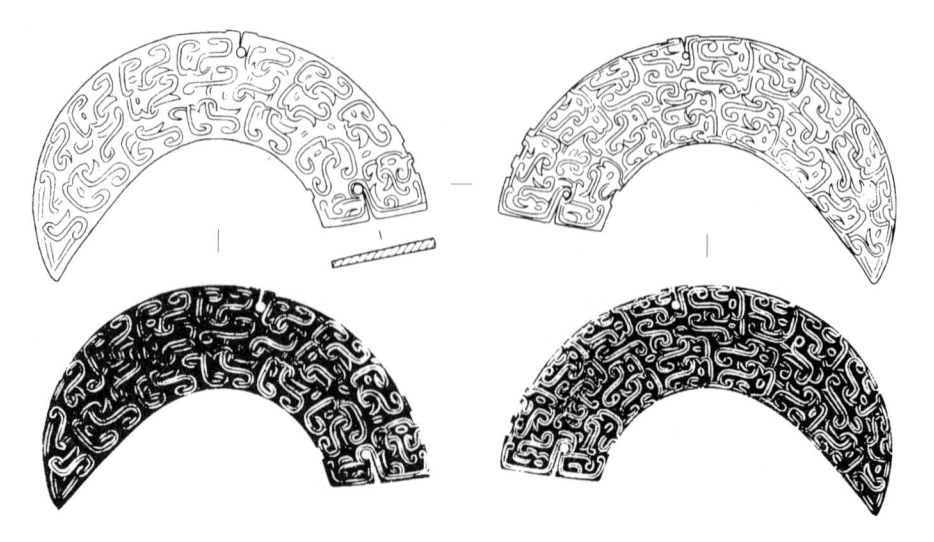

图二八　玉觽（M13:3）及拓片

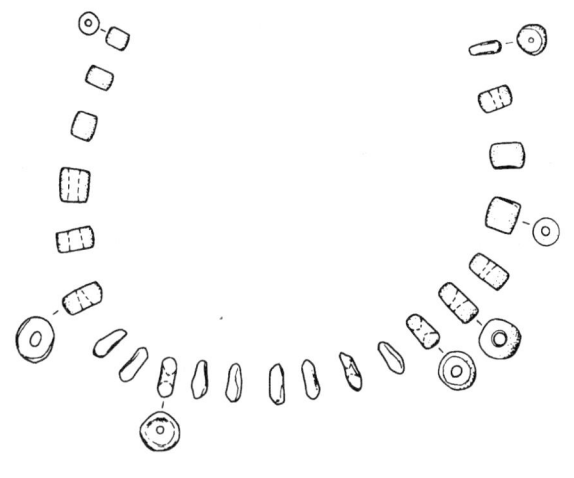

图二九 玛瑙串珠（M13∶16）

三、结　　语

娘娘寨城址的墓地在城址的西南部，即Ⅲ区。勘探和发掘表明，Ⅲ区内的墓葬分布密集而有规律，随葬陶器具有非常浓厚的商文化因素，典型的宗周文化因素基本不见。其中Ⅰ式罐、Ⅰ式豆、Ⅱ式罐、Ⅱ式豆与国内其他西周遗址及墓地出土的西周早、晚期同类器相似，陶鬲则较有地方特色。例如A型弧裆鬲（M35∶1）、BⅠ式分裆鬲（M34∶1），器物上部与张家坡西周墓地所出的Ⅱc式鬲基本相同，器物下部则差别较大[1]。鉴于娘娘寨城址西周灰坑、地层中常见这两种鬲，我们初步判断，这两种鬲的时代约为西周早期。BⅡ式分裆鬲与洛阳北窑西周早期Ⅲ式鬲相似[2]，但裆部较低，时代上应稍晚，当为西周中期。其他各式分裆鬲在口沿及颈部特征上，与天马—曲村遗址的西周晚期陶鬲相似，其时代当为西周晚期[3]。综上所述，19座墓葬的时代从西周早期延续至西周晚期。

荥阳娘娘寨城址是郑州地区迄今能够确认的首座西周时期的城址，娘娘寨城址西周时期墓葬的发掘，为研究中原地区的西周时期埋葬制度、人种族属等提供了重要资料。

附记：本文在写作过程中，得到郑州市文物考古研究院张松林院长的大力帮助与指导，在此深表感谢。

领　队：张松林
发　掘：黄富成　李　曼　吴　倩　魏青利等
绘　图：焦建涛
摄　影：蔡　强

注 释

[1] 中国社会科学院考古研究所:《张家坡西周墓地》,中国大百科全书出版社,1999年。
[2] 洛阳市文物工作队:《洛阳北窑西周墓》,文物出版社,1999年。
[3] 北京大学考古学系商周组、山西省考古研究所:《天马—曲村(1980—1989)》,科学出版社,2000年。

（原刊于《文物》2009年第9期）

河南登封告成春秋墓发掘简报

王彦民　汪　旭　焦建涛

　　1995年4月，登封市告成铝厂在施工时发现3座古墓，其中一号墓（编号M1）被当地村民盗挖。登封市公安局、登封市文物局随即派人赶往现场，追回被盗的铜鼎、簋、壶、簠、铜鱼等，计百余件。墓葬位于登封市告成镇袁窑村北，在颍河南岸长葛岭的坡地上。南靠箕山，北临颍河，隔河与古阳城相对。西北距登封城约16公里（图一）。二号墓（编号M2）位于一号墓西侧约2米处。现将这两座墓的发掘情况介绍如下。

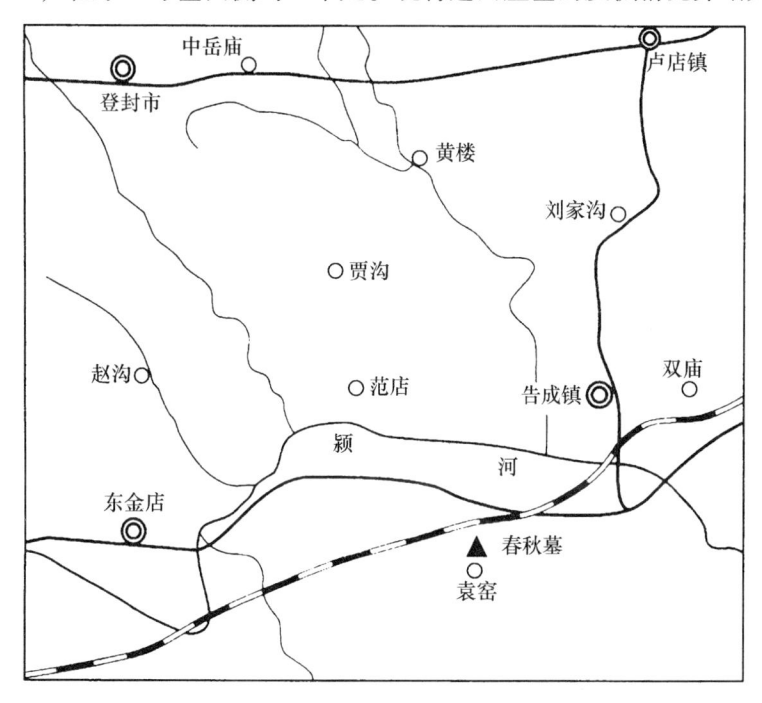

图一　墓葬位置示意图

一、一号墓（M1）

1. 墓葬形制

　　M1是一座平面呈长方形的竖穴土圹墓，方向6°（图二）。墓圹上口距地表深约

0.6~0.97米，墓口南北长5.4、东西宽3.58~3.76、墓深4米。四壁较规整，填土有夯筑痕迹，在深约2.5米处发现熟土二层台。墓底南北长约5.4、宽约3.6米。墓底中部有平面近长方形的腰坑，长1.1、宽0.6、深约0.2米。腰坑内有狗骨一具，朽蚀严重。

木质葬具均已腐朽，呈白粉状薄层，但仍可看出大致轮廓，应为一椁重棺。

木椁南北长4.8、东西宽约3.1米。椁顶用木料东西向平铺而成，木材长约3.1、宽0.18~0.34米，现仅存厚度约1厘米的朽灰薄层。发掘时椁室顶盖中部向下凹，应为腐朽塌陷所致。椁室四壁用木料平行叠垒而成，从残留的白色灰痕看，部分木料厚0.2~0.32米。椁外的填土形成熟土二层台，宽0.35~0.6米。从木椁残痕看，椁室壁残高可达1.56米。椁底用木料南北纵向平铺而成，木料宽0.18~0.3米。

木棺位于墓室中部，包括外棺、内棺。其中外棺因被盗扰严重，仅能看出部分轮廓，南北长2.4、东西宽1.48、残高0.55米。内棺的棺灰痕呈长方形，南北残长2.13、东西宽0.94、残高0.5米。棺内有朱砂薄层，部分厚约0.6厘米。棺内人骨多已腐朽，已被扰乱，仅能看出少量腿骨、头骨和牙齿。初步确认为单人葬，头向朝北。

由于墓葬被严重盗扰，随葬品尤其大件铜器已不知其原来位置，但部分器物的摆放位置痕迹依稀可见。从现在遗迹及调查情况看，青铜礼器主要放置在椁室南端。

2. 随葬器物

M1出土器物200余件，按质地分为铜、玉石、蚌器等。

（1）铜器

197件。器类主要有鼎、簋、方壶、盆、盘、簠、甗等。

鼎　7件。可分三式。

Ⅰ式：2件。折沿附耳鼎　宽沿，浅腹，器身较矮。

标本M1:130，敞口微敛，宽沿外折，斜方唇，附耳与口沿之间有柱相连。半球形圆鼓腹，圜底，下有三个蹄形足。口沿下装饰有目窃曲纹一周，耳侧面饰双凹线重环纹。口径35、通高29厘米（图三，3；图五，1、6；彩版一七，1）

标本M1:131，方唇，敞口微敛，圆鼓腹较浅，底近平，下有三蹄足，口沿下至上腹部饰窃曲纹一周。口径25、通高20厘米（图五，2、3；彩版一七，4）。

Ⅱ式：2件。侈口附耳鼎，侈口，沿外敞，附耳，半球形圆弧腹，圜底，下置三蹄足。

标本M1:133，器腹部饰卷云纹一周，计6组图案。口径29.5、通高24.5厘米（图三，2；彩版一七，2）。

标本M1:134，器耳有梁，器腹装饰云纹、目纹带一周，足顶端有简单兽面。口径26.5、通高24.3厘米。

Ⅲ式：3件。小折沿立耳鼎。大口，窄沿外折，口沿上各有一个对称的桥形立耳，半球形圆鼓腹，圜底，三蹄足。

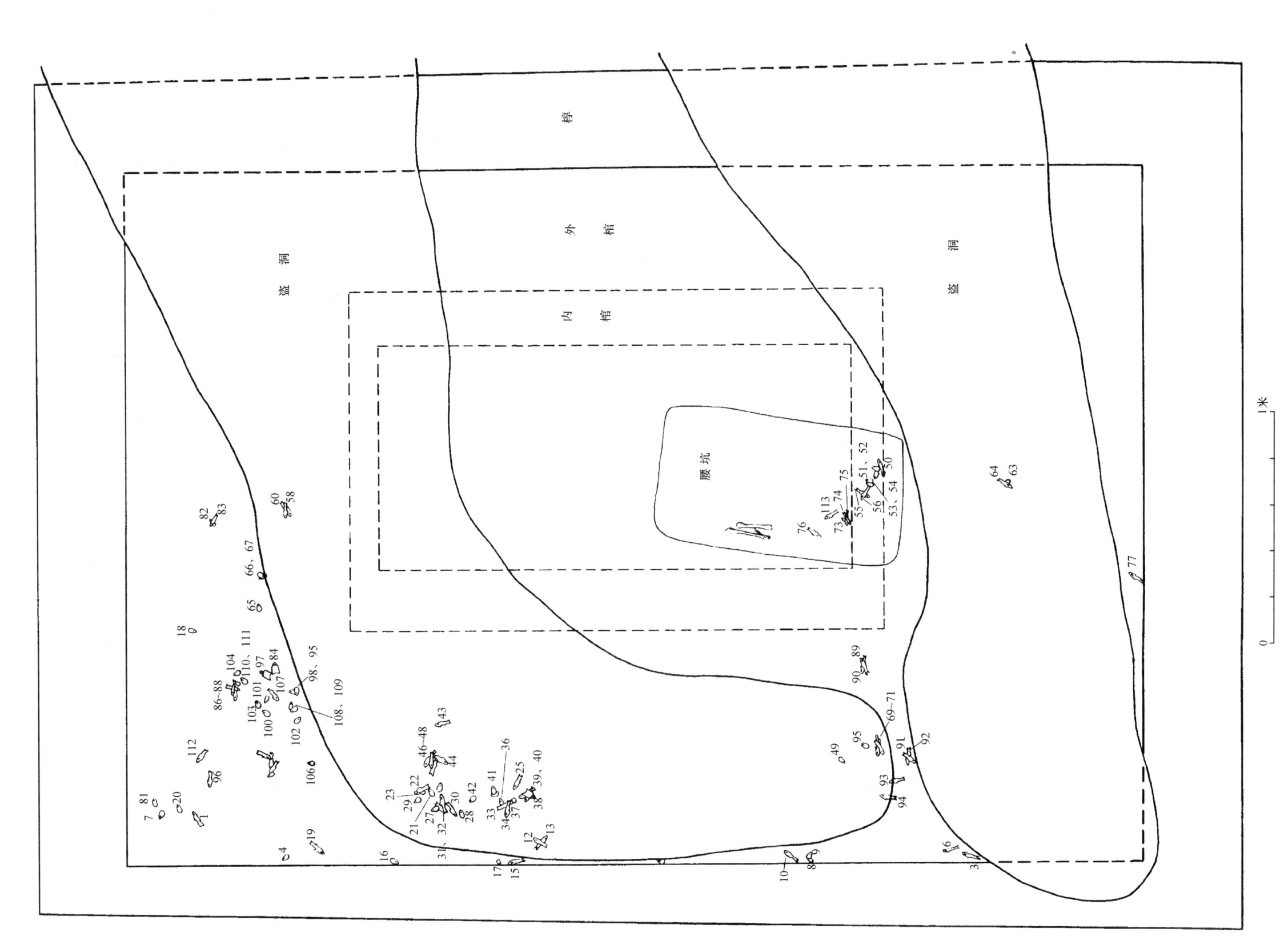

图二　M1平面及随葬器物出土位置示意图

1~3、6、10、12、13、15、19、22、25、30~34、39、40、43、44、46~48、50、55、56、58、60、64、69~71、74~79、83、86~94、96、105、107、112、113. 铜鱼　4、5、7~9、11、16~18、20、21、23、24、26~29、35~37、41、42、49、51~54、57、59、61~63、65~67、73、80~82、85、95、98~104、106、108~111. 玉饰　38、84、97. 铜铃

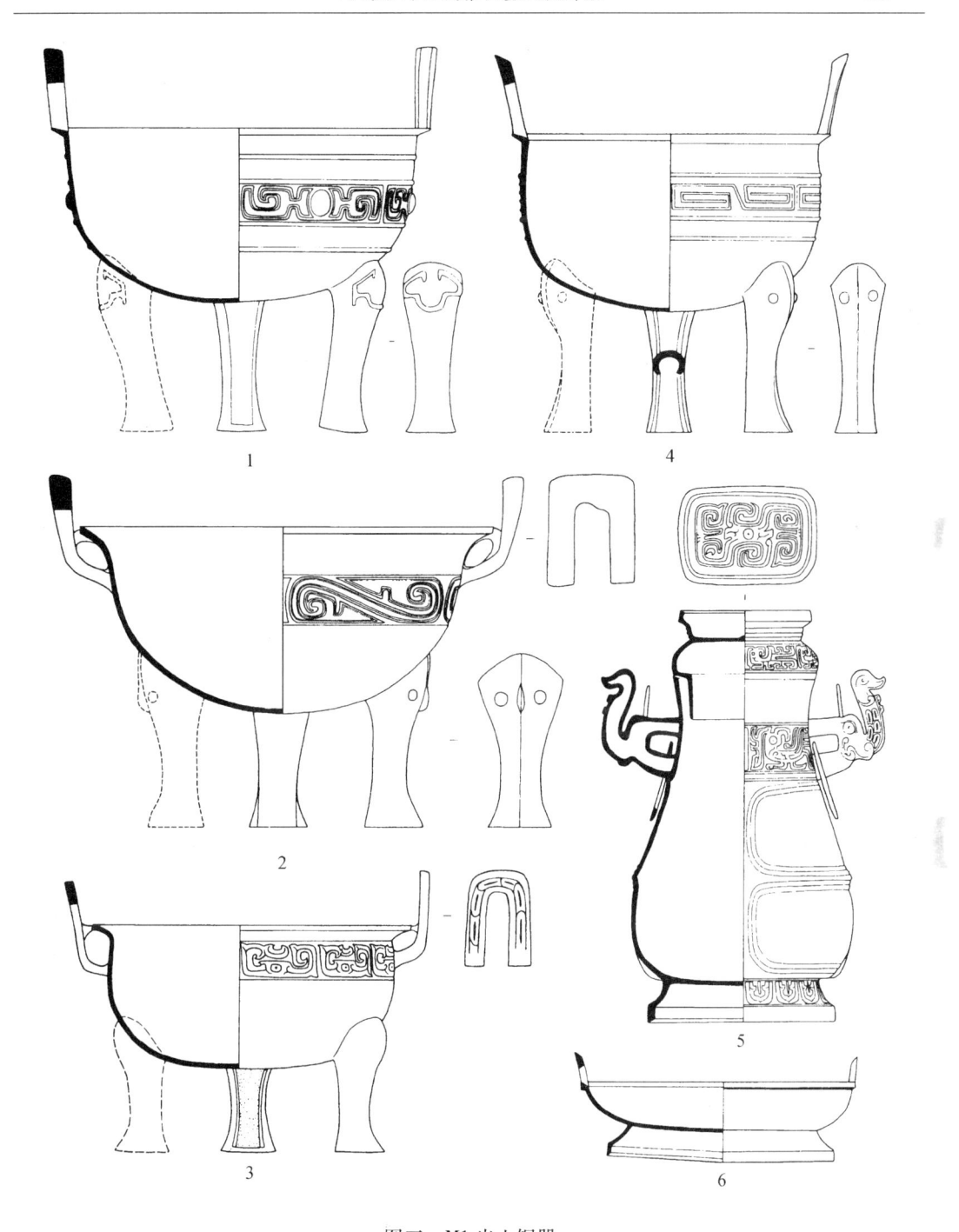

图三 M1 出土铜器
1、4. Ⅲ式鼎（M1:132、M1:135） 2. Ⅱ式鼎（M1:133） 3. Ⅰ式鼎（M1:130） 5. 方壶（M1:141）
6. 盘（M1:160）

标本 M1:132，器腹饰凸目变形窃曲纹一周，圆目和两组窃曲纹之间有凸起的扉棱，组成变形兽面。纹带上下和器腹上下各有凸弦纹一周。口径27、通高27厘米（图三，1；彩版一七，3）。

标本 M1:135，器腹饰行云纹带一周，纹带上沿为一周凸弦纹，下沿饰凸弦纹两周。口径约21.5、通高26.5厘米（图三，4；彩版一八，1）。

簋　2件。形制基本相同。有盖，器形扁圆，敛口，圆鼓腹，大圈足。圈足下接三个扁体兽状足，腹两侧各有一个对称的兽首形半环耳，半球状器盖，顶有喇叭形圆捉手。器表口沿下饰折曲纹带一周，腹饰瓦棱纹三周。器盖近口处饰重环纹一周，上接瓦棱纹两周。

标本 M1:137，口径19.5、腹径24、底径19.7~20.7、通高20.2厘米（图四，4；彩版一八，2）。标本 M1:138，口径18.6、底径20.5、通高21.5厘米（图四，5）。

方壶　2件。形制相同。壶上有盖，中空，顶部有圆角方形捉手。壶口外侈，长颈，圆腹下垂，圈足底端有折棱。壶盖顶面饰有凸目窃曲纹，盖侧面和壶颈均饰凤鸟纹一周。壶腹四壁起脊呈"十"字，圈足饰垂鳞纹一周。壶颈两侧各有一个长鼻兽首形衔环耳，器耳兽面，圆眼，双耳直立，长鼻上翘，环面饰弦纹三周。

标本 M1:141。器口下内侧壁有一处明显的刮削痕迹，被刮掉的铭文隐约可见。口径14.6~20.9、腹径24.7~31.6、底径21.8~27厘米，盖高9.4、盖口径13.5~18.3、通高57厘米（图三，5）。

标本 M1:142，器口沿下内侧壁有铭文，2行共4字："鲁侯作壶"。器盖内侧近口处也有一处竖行铭文，字体稍异，自上而下为"鲁侯作壶"。口径14.6~20.9、腹径24.7~31.6、底径21.8~27厘米，盖高9.4、盖口径13.5~18.3、通高57厘米（图四，3；图六；彩版一九）。

盘　1件（M1:160）。敞口，方唇，小折沿，沿上有对称的立耳，浅腹，大圈足外撇，圈足边缘有折棱。素面。口径30.2、底径23.5、通高11.4厘米（图三，6；彩版一八，5）。

盆　2件。器形相近。大口微敛，宽沿外折，折肩，弧腹下收，平底。

标本 M1:139，器侧各有一个对称的兽首形半环耳，在双耳之间的下腹，有一个兽首形半环竖纽。颈部饰窃曲纹一周，肩折部有两周窄条带纹，腹部饰粗体夔龙纹带一周。口径31.4、底径14、通高14.6厘米（图四，1；图五，7、8；彩版一八，4）。

标本 M1:140，器表颈部饰窃曲纹带一周，另有外范缝三条。口径27、底径11.7、通高14.3厘米（图五，9）。

簠　1件（标本 M1:143）。器盖与器身形制相似。均为长方形，直口，窄折沿，直颈，斜腹，平底，圈足四边正中有缺口。器盖颈部饰重环纹，器身颈部仅一侧有重环纹。该器铸工粗糙，有砂眼及铸渣块，圈足铸残，应为明器。口长27.8、宽23.6、通高19.6厘米（图四，6；图五，4；彩版二二，1）。

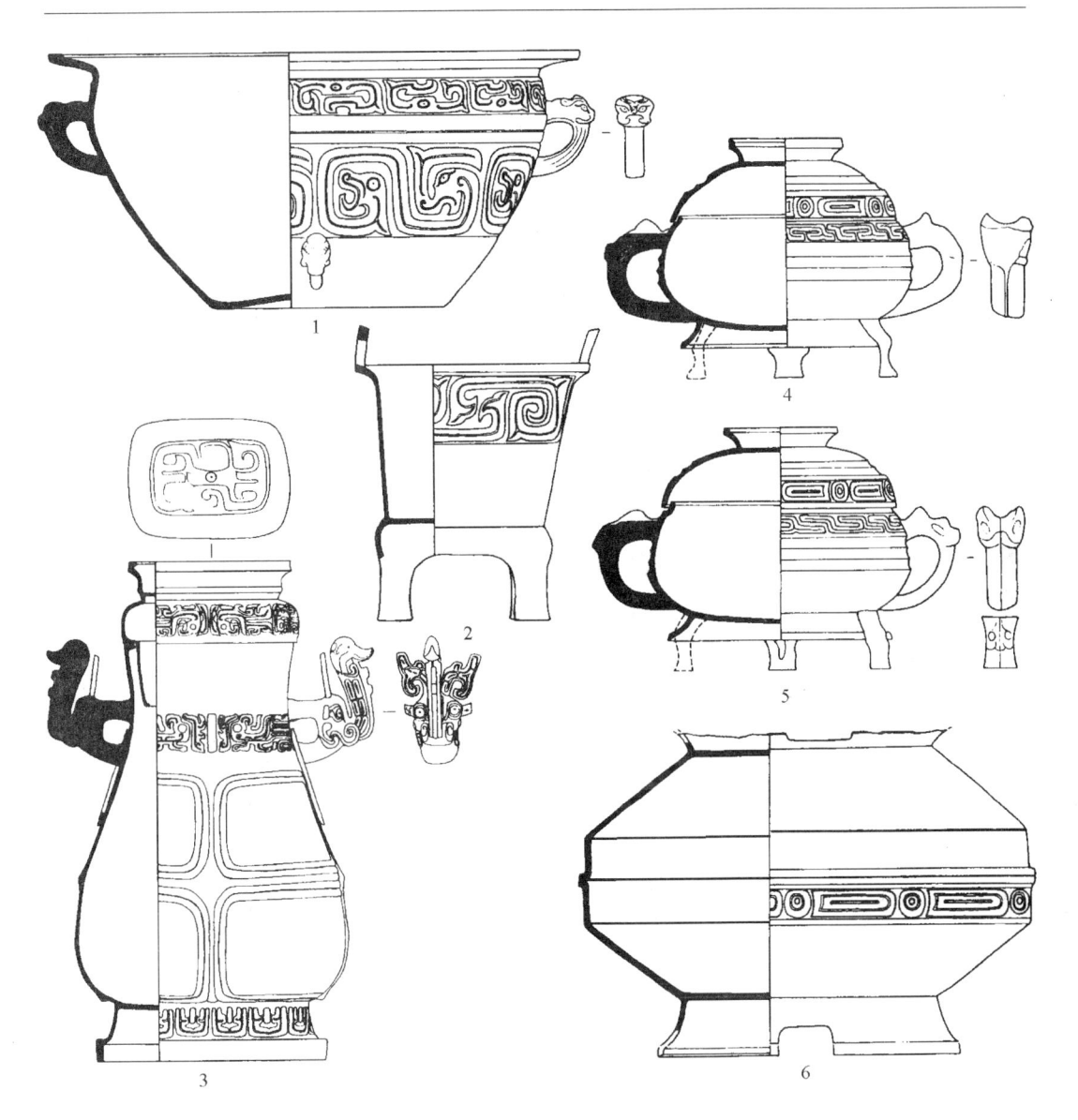

图四　M1 出土铜器

1. 盆（M1:139）　2. 甗（M1:158）　3. 壶（M1:142）　4、5. 簋（M1:137、M1:138）　6. 簠（M1:143）

甗　1件（标本 M1:158）。连体方甗。上部方甑，侈口，方唇，立耳，深直腹斜收，平底，无箅孔，口下饰窃曲纹带一周。下为方鬲，浅腹外鼓，无底，矮蹄足。口长 20、宽 17.1、通高 24.8 厘米（图四，2；图五，5；彩版一八，3）。

舌　1件（标本 M1:148）。近圆筒形，上细下粗。顶端尖凸，底近口处有两个长方形辖孔。上部器表呈条棱状，舌身中部有细箍一周。口径 5、顶径 3.7 厘米，辖孔长 2、宽 1 厘米，长 10.3 厘米（图七，9；彩版二一，5）。

马衔　1件（标本 M1:149）。环径 3.9、器长 21.1 厘米（图七，11）。

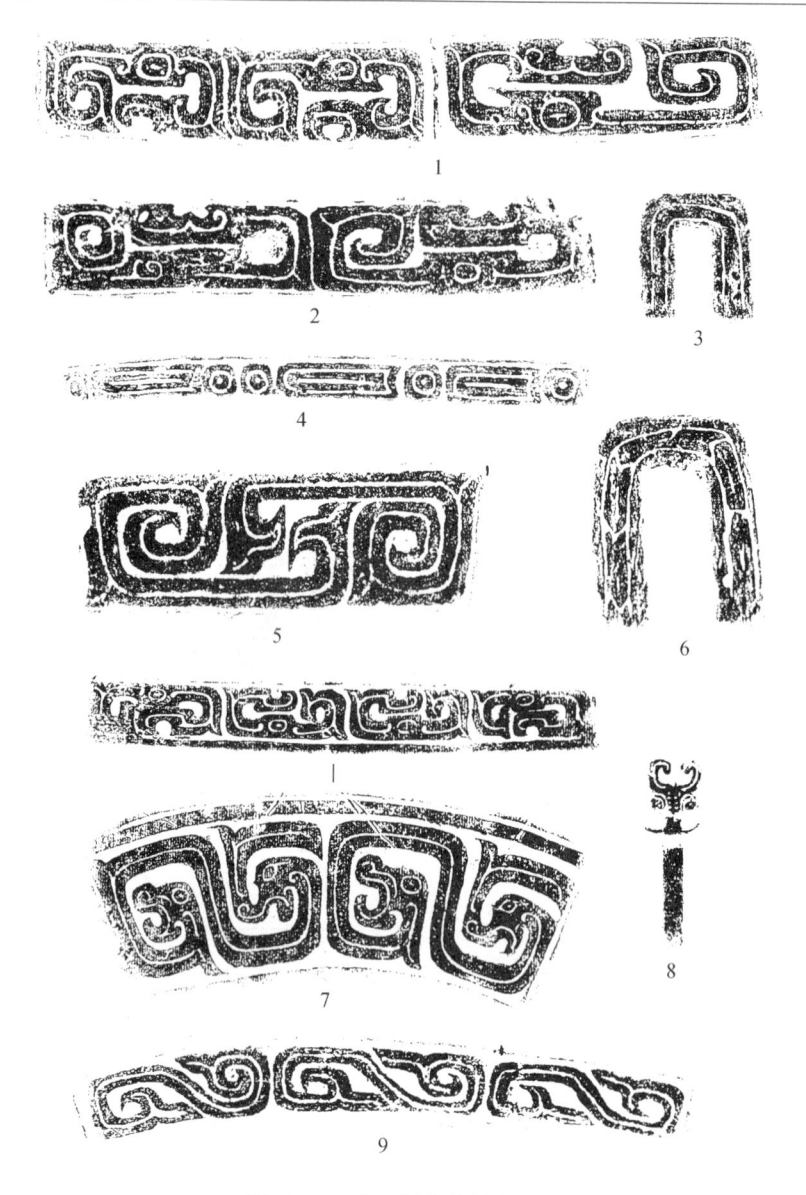

图五 M1 出土铜器纹饰拓片

1. Ⅰ式鼎（M1:130）腹 2. Ⅰ式鼎（M1:131）腹 3. Ⅰ式鼎（M1:131）耳 4. 簠（M1:143）腹 5. 甗（M1:158）腹 6. Ⅰ式鼎（M1:130）耳 7. 盆（M1:139）腹 8. 盆（M1:139）耳 9. 盆（M1:140）腹

銮铃　1件（标本M1:150）。已残，仅存铃体部分。扁圆形铃体，中含铃丸。铃正面有辐射状镂孔，铃体正中有圆形镂孔；铃体背面仅正中有一圆形镂孔。残高8.2、铃体长7.5、宽6.3、厚3.5厘米（图七，5；彩版二一，1）。

节约　3件，可分两式。

Ⅰ式：2件。"十"字形，形制相同。四边各伸出短管，内相通。正面鼓凸，上饰人面纹，大眼，阔鼻，齐发。背面中空，有一个圆角方孔。标本M1:151，长3、宽2.8、

图六 M1 出土铜壶（M1:142）纹饰及铭文拓片
1. 盖顶 2、3. 壶耳 4. 盖侧面 5. 腹部 6. 圈足 7. 壶颈内铭文 8. 盖内铭文

厚1.2、管径0.9厘米（图七，2；彩版二一，7左）。标本M1:152，长3、宽2.8、厚1.2、管径0.9厘米（图七，3；彩版二一，7右）。

Ⅱ式：1件（M1:153）。X形。2个短管相通，呈X形。正面鼓凸，上饰人面纹，大眼，阔鼻，齐发。背面中空，呈近方形孔。长3.3、宽3、厚1.4、管径0.9厘米（图七，1；彩版二一，7中）。

络饰　25件。多棱短管状，形制基本相同。两端管口均呈六边形，但一端口的一个外侧横边与另一端的两个外边棱角相对，使其侧面呈12个三角形的小平面组成的多棱体。出土于椁室西侧略偏北，出土时排列整齐。标本M1:154-2，器长1.65、口径约0.9厘米（图七，8）。

构件　1件（标本M1:155）。圆形铜管，呈三叉形，中空，应为车马器构件。器身为双范合铸，有明显的范缝，以及铸造时形成的铸孔。通体长8.3、圆管口径2.7、2.2和2厘米（图七，4；彩版二一，3）。

杖首　1件（标本M1:156）。圆柱形体中空，下有圆銎。上端渐细，弯曲勾向一侧，顶部作圆饼状。体侧有2个对称的圆形穿孔，用于固定木柲。口径约2.4、柄首直径4厘米，通长9.7厘米（图七，10；彩版二一，4）。

铃　8件。形制相近，扁体，平顶，上有桥形扁纽，口沿凹弧形。部分口内有三棱形长条铃舌，铃舌由下向上渐细，顶端有圆形系柄。

标本M1:147，通高5.7厘米，口纵3.2、横2.4厘米，纽高1.7厘米（图七，6）。

标本M1:97，体略长，扁纽，无铃舌。通高7.2厘米，口纵3.4、横2.5厘米，纽高1.8厘米（图七，7；彩版二一，6）。

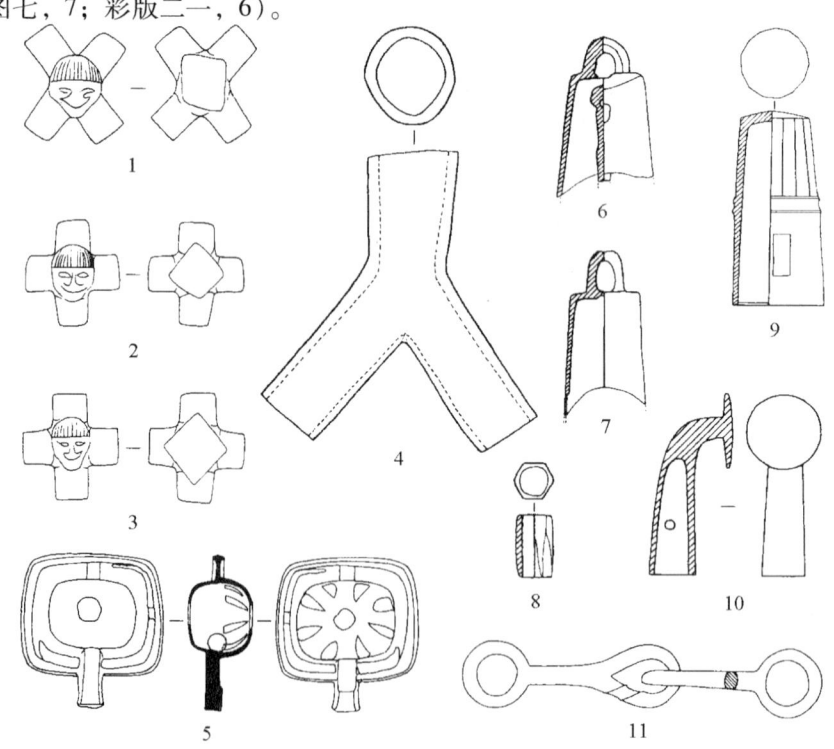

图七　M1出土铜器
1. Ⅱ式节约（M1:153）　2、3. Ⅰ式节约（M1:151、M1:152）　4. 构件（M1:155）　5. 銮铃（M1:150）　6、7. 铃（M1:147、M1:97）　8. 络饰（M1:154-2）　9. 舌（M1:148）　10. 杖首（M1:156）　11. 马衔（M1:149）

铜鱼　140件。形制相近，长扁平体，背有一鳍，腹有二鳍，尾分双叉。头部有扁圆形眼孔，浇口多在头部。

标本 M1:96，长7.4、宽1.8、厚0.2厘米。标本 M1:105，长8.6、宽1.9、厚0.2厘米。标本 M1:116，长6.8、宽1.8、厚0.2厘米。标本 M1:112，长8.3、宽2.4、厚0.2厘米。标本 M1:117，长8.2、宽2.3、厚0.2厘米。标本 M1:119，长7.7、宽2.1、厚0.2厘米。标本 M1:86，长8.3、宽2.1、厚0.2厘米。标本 M1:90，长7.2、宽1.7、厚0.2厘米。标本 M1:91，长7.2、宽1.8、厚0.2厘米。标本 M1:92，长7.2、宽1.6、厚0.2厘米。标本 M1:93，长7.1、宽1.8、厚0.2厘米。标本 M1:94，长8.3、宽2.4、厚0.2厘米（彩版二〇，1）。

（2）玉器

63件。主要器形有玉戈、玉饰等。

戈　1件（标本 M1:157）。黄褐色，有浅色斑纹。直援，援首呈尖状，中起折棱，直内，内上有一圆穿。通体磨光，双侧有刃，短内上侧有两个小凹槽。中部残。援残长10.4、宽3.6、厚0.38厘米，内残长5、宽3.7厘米（图八，1；彩版二一，2）。

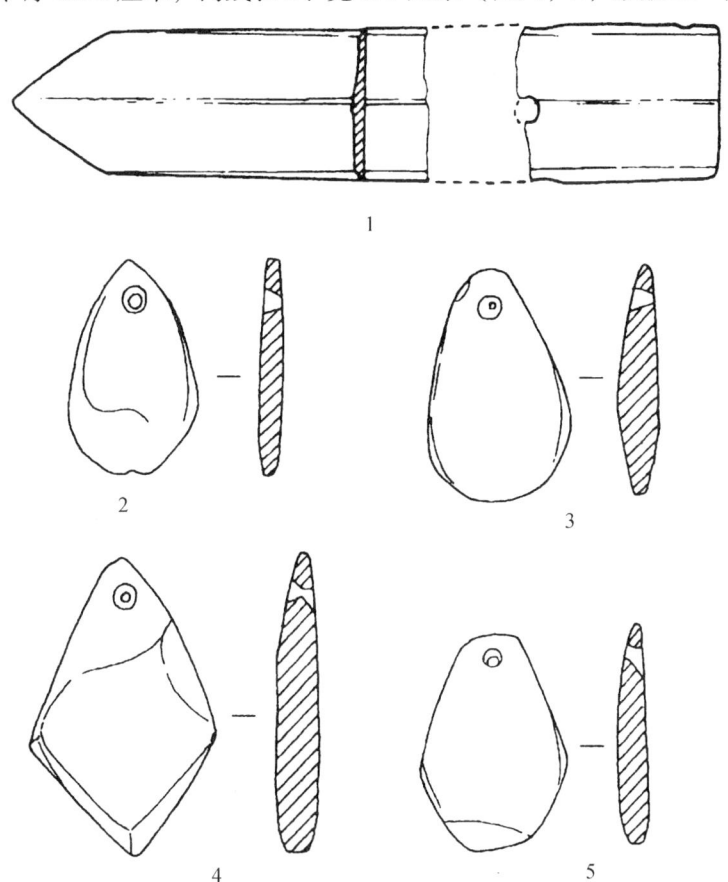

图八　M1出土玉器

1. 戈（M1:157）　2、3. Ⅰ式玉饰（M1:72、M1:109）　4. Ⅱ式玉饰（M1:106）　5. Ⅲ式玉饰（M1:5）

玉饰　62件。可分三式。多呈淡白色，少量泛淡黄色，大部分呈半透明状。扁平体，顶端多有一个小圆形穿孔。器形较小，一般长2.7~3.9、宽1.5~2.6、厚0.5~0.6厘米。

Ⅰ式：水滴形玉饰。标本M1:72，长2.6、宽1.7、厚0.3厘米（图八，2）。标本M1:109，长2.8、宽1.8、厚0.5厘米（图八，3）

Ⅱ式：菱形玉饰。标本M1:106，白色，半透明。扁平体，顶部渐薄，有一个对穿的小圆孔。长3.9、宽2.6、厚0.6~0.2厘米（图八，4）

Ⅲ式：圆角四边形玉饰。标本M1:5，扁平体，下部厚，顶部渐薄，有一个对穿的小圆孔。长2.7、宽1.8、厚0.4厘米（图八，5）。

二、二号墓（M2）

1. 墓葬形制

M2是一座平面呈长方形的土圹竖穴墓，方向352°（图九）。墓圹上口距地表深约0.65米，墓口南北长5.24、东西宽3.75~3.8、墓深5.4米。墓内填五花土，土质坚硬，有夯筑痕迹，但夯层多不规整。墓圹四壁较规整，深约3.5米处发现熟土二层台。墓底小于墓口，南北长4.62、东西宽3.08米。墓底中部有平面近长方形的腰坑，南北长约1.28、东西宽0.66、深约0.2米。腰坑内置狗骨架一具，虽骨骼已朽蚀严重，但仍能看出其大致形态，足南头西、呈屈体伏身侧卧状（图一〇）。

椁室南北长4.22、宽2.88米。木质葬具已朽成白色粉灰，但仍能看出大致轮廓。应为一椁重棺。

木椁顶盖用长约3.1~3.2、宽0.2~0.3米的木料东西向平铺而成，因已朽成白色粉灰薄层，原厚度不详。木椁四壁用木料平行叠垒而成，木料痕宽0.2~0.3米。从木椁痕迹可以看出，四壁所使用木料的厚度，南北两端厚0.25~0.3米，东西两侧厚0.2~0.25米。木椁四壁灰痕多已坍塌变形，从发掘清理时保存最高的木椁板灰痕看，原来椁室高度至少可达1.8米。木椁四壁外侧形成熟土二层台，宽0.2~3.5米。椁室底面用木料为南北方向平铺，长约4.22、宽0.2~0.3米，厚度不详，现仅存厚约1厘米的灰痕。

木棺均已腐朽，为灰白色粉状薄灰层，由外棺、内棺组成，外棺南北长2.6、东西宽约1.58、残高0.7米。外棺顶板的朽灰痕与木椁顶板灰痕叠压在一起，向下凹陷，部分落入棺内。侧面棺板虽已塌陷变形，但仍保留大致轮廓。内棺痕南北长2.18、宽约0.9米，棺顶与侧板均已腐朽塌陷。棺底铺有朱砂薄层，北端近人头处，朱砂层明显略厚。内棺中人骨已腐朽，多呈碎块和粉状堆积。从朽痕可以看出应为单人，头向朝北，似为仰身直肢。

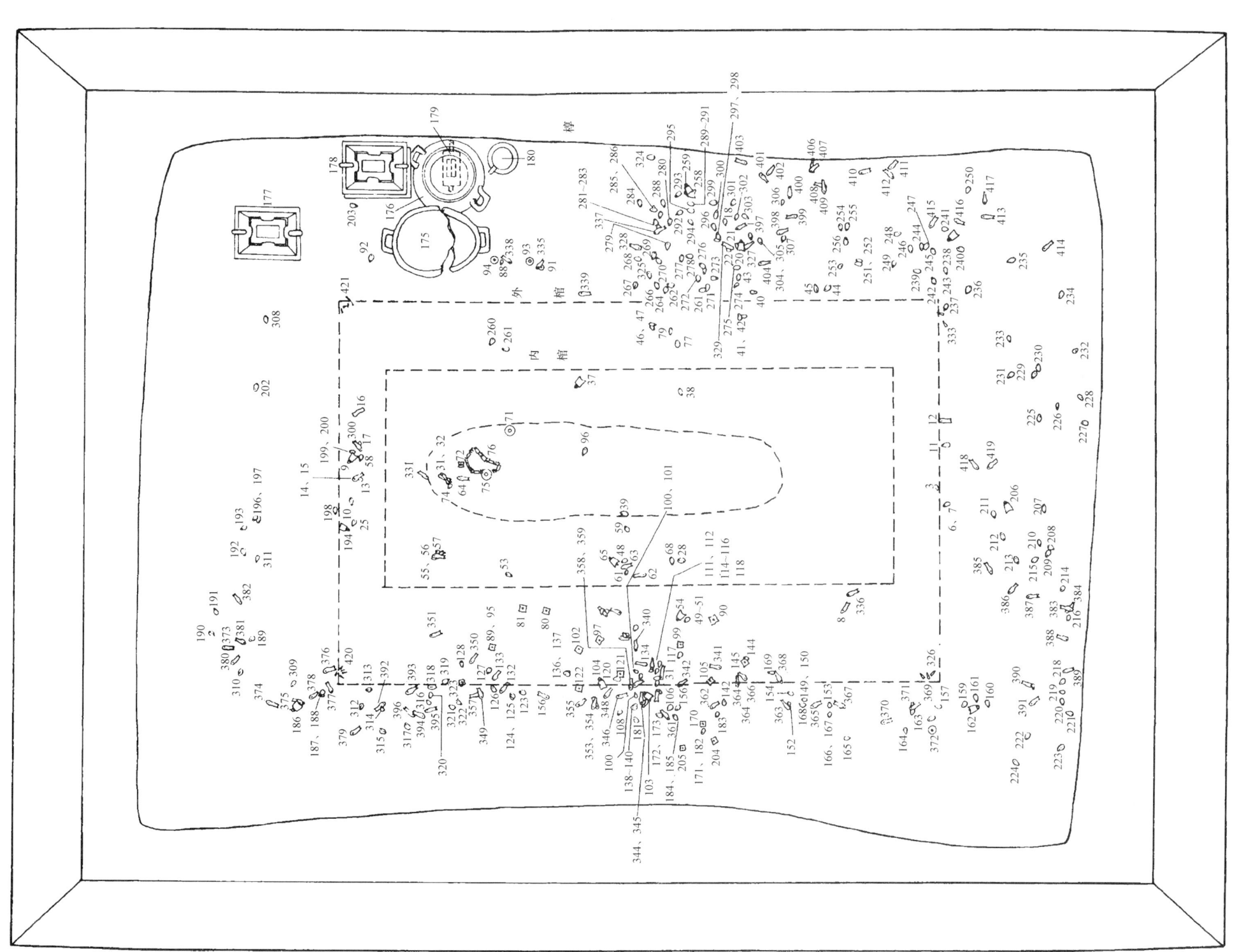

图九 M2 平面及随葬器物出土位置示意图

3. 骨贝 1、2、17、18、34、35、39～42、46、47、52、57、60、66、74、77、83、100、101、107、108、110、112、114、120、124、126、136、138、139、142～144、150、155～157、165、169、171、173、181、183、187～189、191、193、198～200、203、219、222、225～228、231～233、239～241、248、251、253、256、261、268、272～276、278、286、289、291、294、295、309、314、316、317、321。玉贝 5～7、10、11、14、15、19、21、22、24～26、28～30、33、38、43～45、48～51、53、58、59、61～70、79、84～86、88、92、96、98、106、109、111、113、115～119、123、125、127、128、134、137、140、141、149、151～154、158～161、163、164、166～168、172、182、184、185、190、192、195～197、201、202、207～218、220、221、223、224、229、230、234～237、242～247、249、250、252、254、255、257、260、262、264～267、269～271、277、279～285、287～290、292、293、296～308、310～313、315、318～320、322、324、325。蚌贝 8、12、13、16、23、31、32、55、56、62～64、82、131～133、135、327～331、334～351、353～419。铜鱼 9、20、37、54、65、103、104、162、186、194、206、238、258、259。方形蚌饰 71、75。玉玦 72。铜鼎 76。佩饰 80、81、89、90、95、97、99、102、105、121、122、145、170、204、205、323。铜杯 326、333、420、421。骨钉 176。铜盘 177、178。铜甗 179。铜盉 180。铜铃 91、93、94。圆形蚌饰 175。

出土器物中，大件的青铜器（鼎、盘、簋、盉、杯等）集中放置在棺外东侧、椁室内东北部。铜鱼、玉饰、蚌贝、蚌饰等小件器物散置在棺外椁内，玉串饰、玉玦、玉琮、玉璧等发现于棺内人骨颈、胸部。在棺的四角棺板灰内，均散落有骨钉数枚。

2. 随葬器物

M2出土器物共计522件（颗），按质地分为铜、玉、蚌、骨器四类。

（1）铜器

142件。器类主要有鼎、盘、簋、盉、杯、铃、棺饰、铜鱼等。

鼎　1件（标本M2:175）。敞口微敛，窄沿外折，对称两桥形附耳，浅腹略圆鼓，圜底，下置三蹄足。附耳有梁，器表饰简体云雷纹一周，纹饰带之下有一周凸弦纹。器壁较薄，蹄形足内侧及器耳处存有泥范芯。口径26.3、通高25.6厘米（图一一，4；彩版二二，3）。

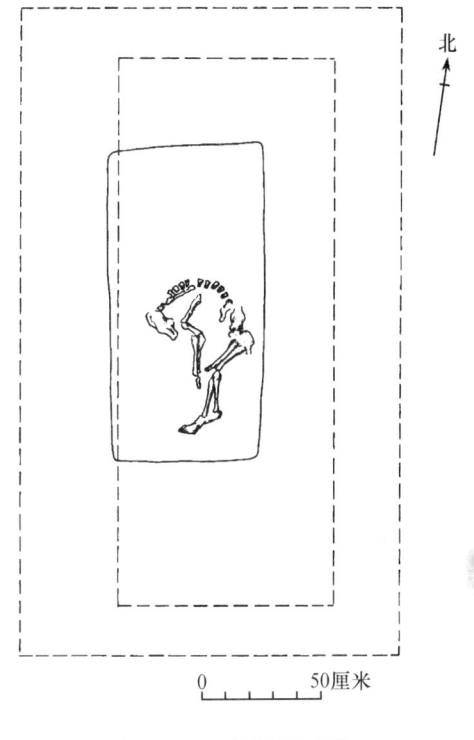

图一〇　M2腰坑平面图

盘　1件（标本M2:176）。大口，方唇，窄折沿，附耳有梁，浅腹，底略平，大圈足。上腹平直，器腹饰高目蟠螭纹一周，耳外侧饰重环纹。圈足大而外侈，器表饰有珠垂鳞纹一周。口径34、腹深5.3、底径26.1、通高14.2厘米（图一一，2；彩版二二，4）。

簋　2件。形制、大小基本相同，全器分为上下对称的两部分。长方形口，平折沿，方唇，口下有小段直壁，折收为斜腹，平底。下有近矩形圈足，直壁敞口，足底四边中部留有长方形豁口。器斜腹两端各附有兽首形环耳一个。腹壁饰双兽纹和双头长鼻蟠螭纹，并且加有高目圆睛。盖顶铸有双虎纹，沿下饰简体窃曲纹一周，器足饰窃曲纹。

标本M2:177，器物保存完整。盖顶双虎图案中，双虎呈对足状。口长27.9、宽22厘米，足长17.8、宽13.6厘米，通高17厘米（图一一，3；彩版二二，3）。

标本M2:178，出土时器略变形。盖顶双虎图案中，双虎呈叠置状。口长28.3、宽22.5厘米，足长17.8、宽13.2厘米，通高19厘米（图一一，6、图一二，1～3、5～8）。

盉　1件（标本M2:179）。上有四面坡屋顶式盖，与长方形口连铸一起，不能打开。扁体侧面近椭圆形，流作短直管状，半环形鋬。中空无底，底口近长方形，下有四个扁方形矮足。器腹饰卷龙纹，顶盖侧面饰方环纹。器内存有红泥陶内范，应为明器。腹长15.9、高9.1、厚5.5厘米，足高2.4、通高16.3厘米（图一一，5；图一二，4；彩版二二，5）。

图一一　M2 出土铜器

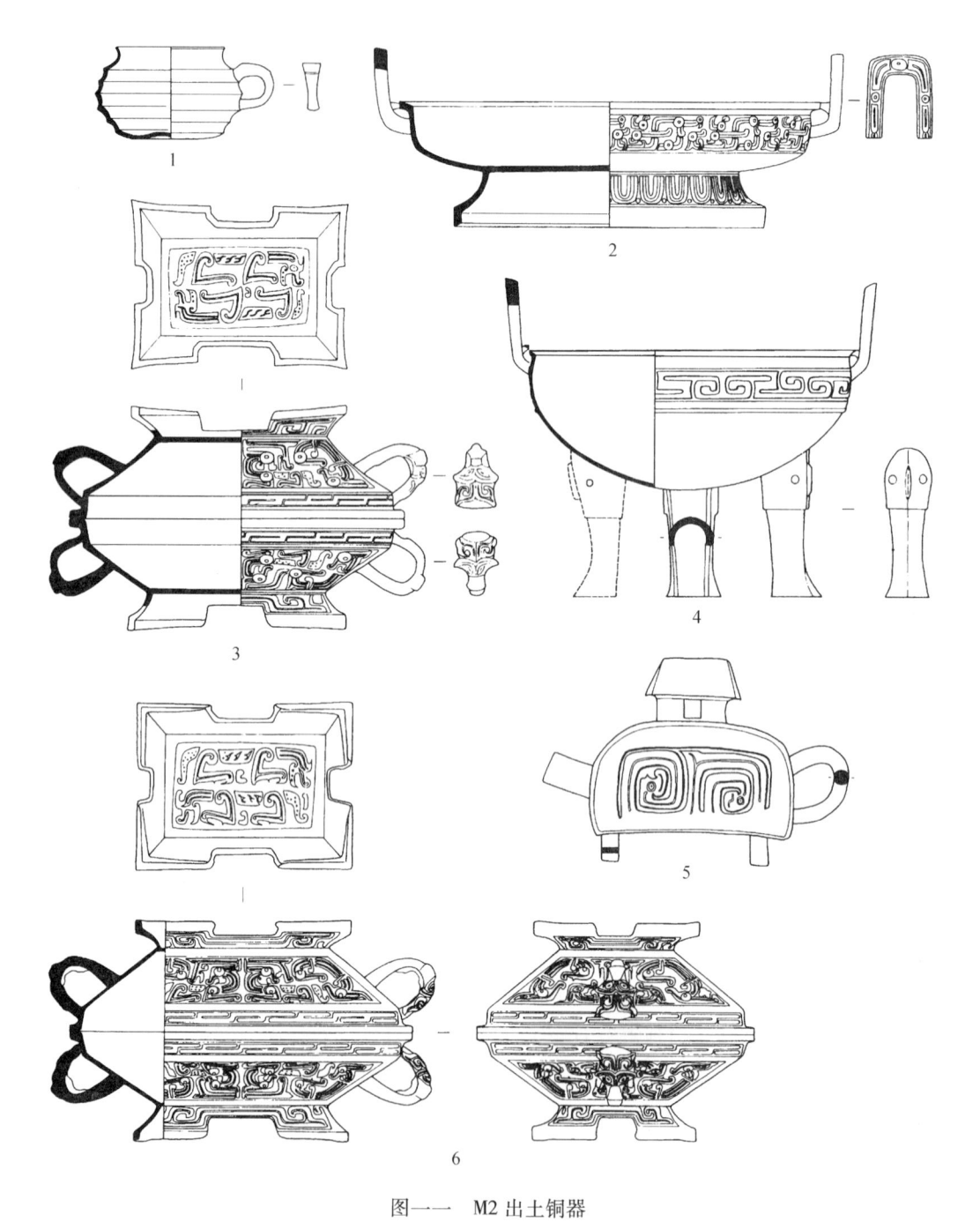

1. 杯（M2:180）　2. 盘（M2:176）　3、6. 簠（M2:177、178）　4. 鼎（M2:175）　5. 盉（M2:179）

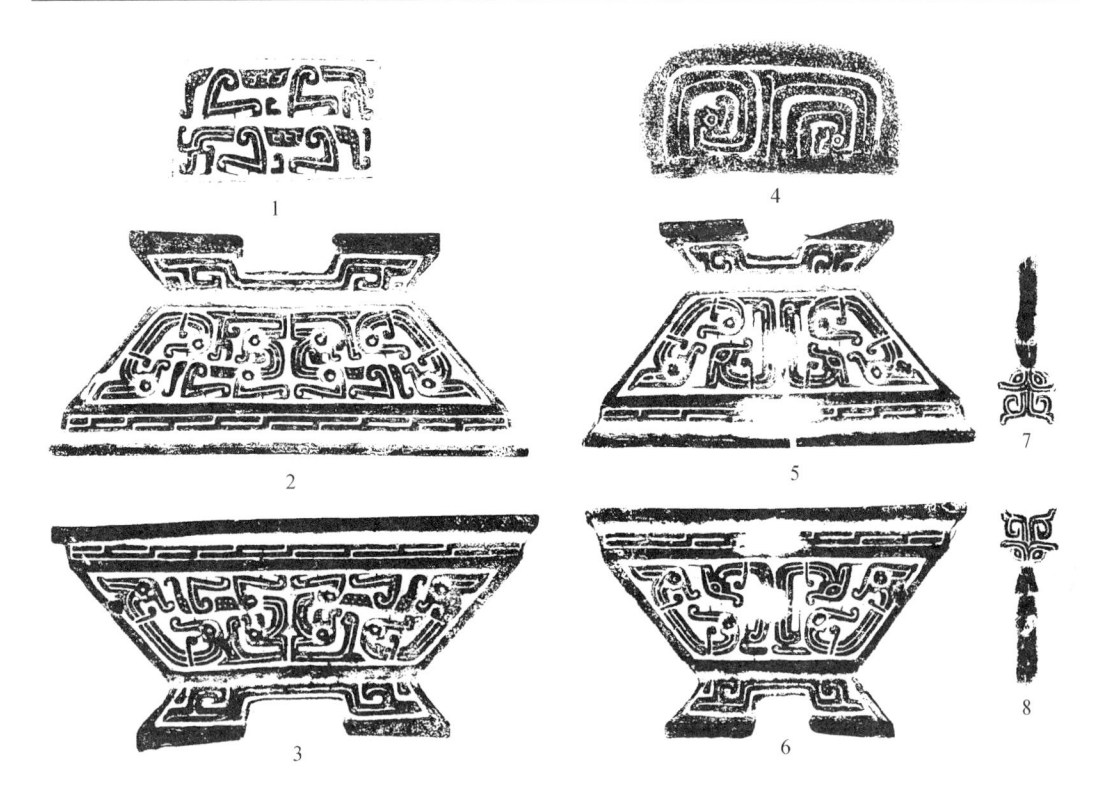

图一二 M2 出土铜器纹饰拓片

1. 簠（M2:178）盖顶部 2. 簠（M2:178）盖正面 3. 簠（M2:178）身正面 4. 盉（M2:179）腹 5. 簠（M2:178）盖侧面 6. 簠（M2:178）身侧面 7. 簠（M2:178）盖耳部 8. 簠（M2:178）身耳部

杯 1件（标本M2:180）。敛口，尖唇，卷沿，圆鼓腹，平底稍内凹，器一侧有半圆形环耳。器腹饰瓦棱纹五周。口径9、腹径11.8、高7厘米（彩版二二，6）。

铃 15件。形制、大小相近。扁体，平顶，上有半圆形扁环纽。两侧较直，向下斜张，口沿凹弧形。部分腔内还有长条状铃舌，铃一侧近顶部铸有一小孔，似可用于系吊铃舌。

标本M2:186，口纵3.1、横2.1厘米，铃舌长3、宽1.1厘米，长5厘米（彩版二〇，2左）。标本M2:258，口纵3.15、横2.1厘米，铃舌长3、宽1厘米，环高1厘米，长5厘米（图一三，3；彩版二〇，2中）。标本M2:259，口纵3.1、横2.1厘米，铃舌长2.9、宽1厘米，环高1厘米，体总长4.6厘米（彩版二〇，2右）。标本M2:238，口纵3.15、横2.2厘米，铃舌长2.9、宽1.1厘米，体总长4.5厘米（图一三，2）。标本M2:327，口纵3.51、横2.2厘米，铃舌长2.8、宽1厘米，体总长4.8厘米（图一三，1）。

棺饰 4件。出土在木棺灰表层，由薄铜片制成，偏南部、偏北部各有2件。虽已经严重锈蚀，但是还可以看出其大致形状。标本M2:27，器壁薄，出土时已锈残。大致呈半圆状，上部齐边，向上伸出三个直条形铜饰，呈"山"字状，顶端已经残断。器表面装饰浅压印纹。

铜鱼 117件。扁平体，有一背鳍和两腹鳍，尾分双叉，头部有小孔。用薄铜片制作，多数已经锈蚀。

标本M2:63，残长5.8、宽1.5厘米（彩版二〇，3-1）。标本M2:67，残长5.4、宽2厘米（图一三，4；彩版二〇，3-2）。标本M2:55，残长5.4、宽1.7厘米（彩版二〇，3-3）。标本M2:56，残长5.1、宽1.9厘米（彩版二〇，3-4）。标本M2:133，残长5.9、宽1.9厘米（图一三，6；彩版二〇，3-6）。标本M2:135，残长5.2、宽1.7厘米（图一三，7；彩版二〇，3-7）。标本M2:132，残长5.1、宽1.7厘米（图一三，5；彩版二〇，3-8）。标本M2:131，残长4.5、宽1.5厘米（彩版二〇，3-5）。标本M2:161，残长5.1、宽1.5厘米（彩版二〇，3-9）。标本M2:130，残长4.8、宽1.7、厚0.1厘米（彩版二〇，3-10）。

(2) 玉石器

193件（颗）。主要有玉璧、玉玦、玉琮、佩饰、玉贝等。

玉璧 1件（标本M2:326）。青灰色，有浅色斑纹。圆形，体扁平。直径7.4、内径1.4、厚0.4~0.5厘米（图一四，1；彩版二三，2）。

玉玦 2件。形制、大小相近，淡青白色，半透明。出于墓主人颈肩部。圆形，扁平体，正面饰有双头虺龙纹图案，龙首相对。标本M2:71，直径4.1、内径1.3、厚0.3厘米（图一四，2；彩版二四，1右）。标本M2:75，色略泛白，直径4.1、内径1.3、厚0.3厘米（图一四，3；彩版二四，1左）。

玉琮 1件（标本M2:72）蝉纹玉琮，青白色，半透明，方柱体，内有圆形筒状孔。侧面中部刻有2条平行竖直线，四侧棱均刻有一行3个蝉，其中2个朝上，1个朝下。高2.1、宽1、厚1厘米，内圆直径0.5~0.6厘米（图一四，4；彩版二四，1中）。

佩饰 1组（标本M2:76）。共101件（颗）。由盾形玉佩、椭圆形玉片、玛瑙珠、玛瑙环有规律地间隔串联组成。其中玛瑙珠呈双行串接。出土位置大致相当于墓主的颈部、胸部（图一五；彩版二三，1）。

盾形玉佩 9件。盾形，青白色玉。正面略凸起，经过抛光，刻有卷云纹图案。背面平，两端及背部有双斜穿细孔。标本M2:76-27，长2.4、宽1.2~1.5、厚0.2厘米。标本M2:76-1，长2.4、宽1.4~1.6、厚0.2厘米。

椭圆形玉片 1件（标本M2:76-10）。淡青白色玉，器表光滑。椭圆形扁平体，中

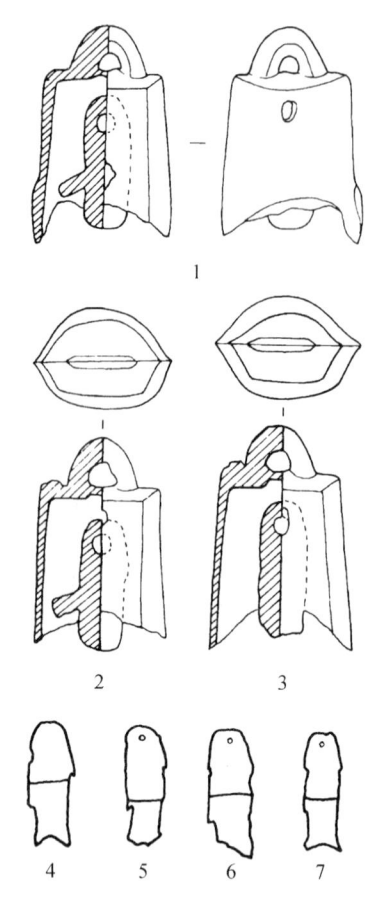

图一三 M2出土铜器

1~3. 铃（M2:327、M2:238、M2:258）
4~7. 铜鱼（M2:67、M2:132、M2:133、M2:135）

部有圆穿孔。长 1.4、宽 1、厚 0.15 厘米。

玛瑙环　1 件（标本 M2:76-12）。红色，扁圆形环，磨制光滑。直径 1.5、孔径 0.4、厚 0.7 厘米。

玛瑙珠　90 颗。近圆柱形珠，大小、厚薄不一，多为扁体。器表光滑，中部有小圆孔，呈红、黄两种颜色。一般直径 0.6~1、孔径 0.1~0.2、厚 0.3~0.9 厘米。

玉贝　88 件。玉多呈白色，半透明。形制相近，平面扁薄，体近水滴形，顶端有一小圆穿孔。正面略圆凸，中部有一条竖直凹槽线，背面较平。一般长 2.1~3、宽 1.6~1.8、厚 0.3~0.4 厘米。标本 M2:276，半透明白色玉，两面磨光，单孔单面钻。长 2.5、宽 1.6、厚 0.3 厘米（图一四，5；彩版二〇，4-1）。标本 M2:241，面较平，边稍薄。长 2.4、宽 1.7、厚 0.4 厘米（图一四，6；彩版二〇，4-2）。

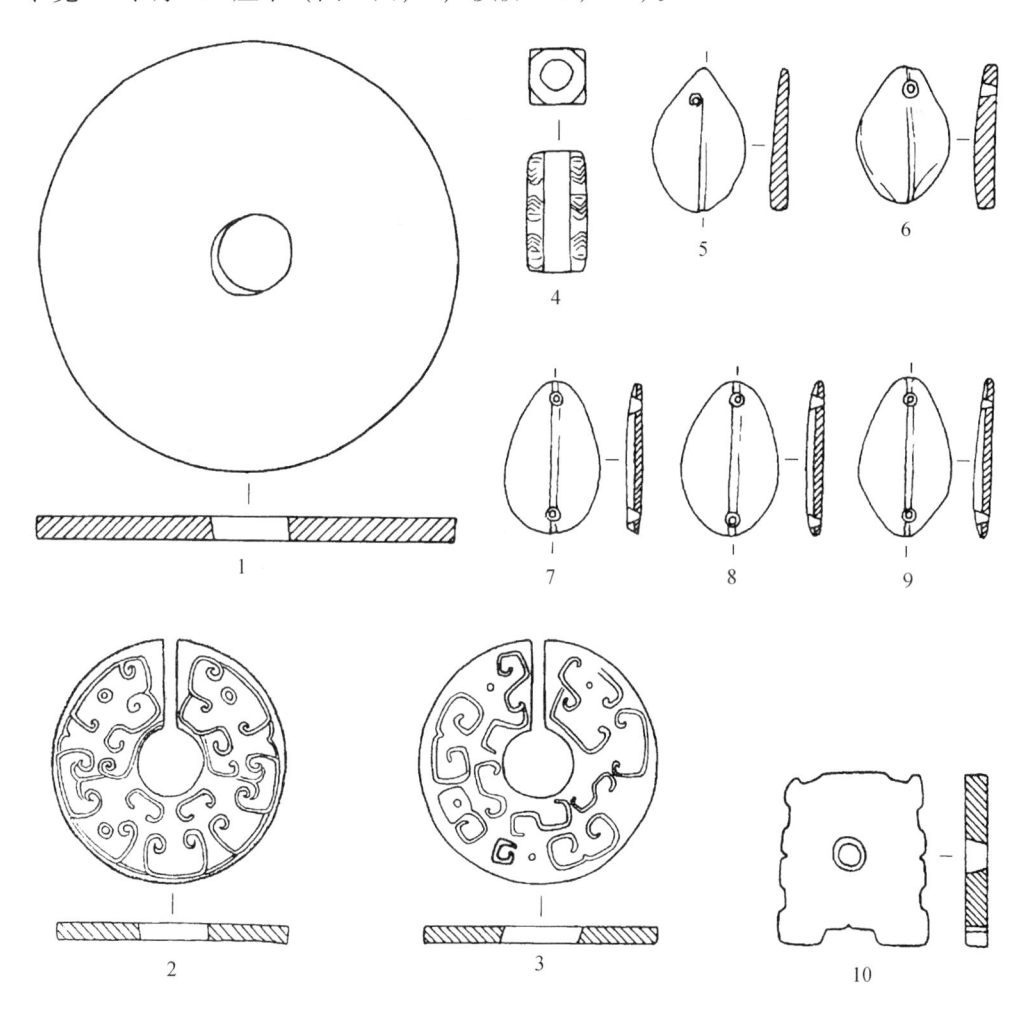

图一四　M2 出土玉器
1. 玉璧（M2:326）　2、3. 玉玦（M2:71、M2:75）　4. 玉琮（M2:72）　5、6. 玉贝（M2:276、M2:241）
7~9. 蚌贝（M2:270、M2:283、M2:269）　10. 方形蚌饰（M2:122）

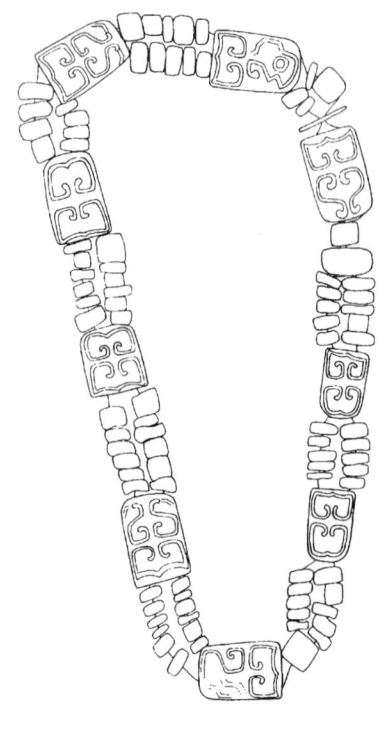

图一五 佩饰

(3) 蚌器

189件。有蚌贝、方蚌牌饰、圆蚌饰3种。

蚌贝 164件。形制相同，均呈水滴形，扁体。正面略圆凸，器表正中有一道竖直线凹槽，线槽两端多各有一圆形小穿孔。背面较平，侧边呈圆弧形。

标本M2:283，长2.7、宽1.8、厚0.4厘米（图一四，8；彩版二四，3-1）。标本M2:270，长2.6、宽1.7、厚0.3厘米（图一四，7；彩版二四，3-4）。标本M2:269，长2.7、宽1.6、厚0.3厘米（图一四，9；彩版二四，3-8）。标本M2:221，长2.7、宽1.6、厚0.4厘米（彩版二四，3-9）。

方形蚌饰 18件。形制相同，大小略异。体扁平，平面近梯形，周边有凹槽，形似扉棱，中央有圆形穿孔。素面。

标本M2:99，长2.6、宽2.1～2.4、厚0.4厘米。正面磨光，单面钻圆孔，孔径0.4～0.6厘米（彩版二四，2-1）。标本M2:145，长2.5、宽2.1～2.4、厚0.4厘米。正面磨平，中孔单面钻，孔径0.5～0.6厘米（彩版二四，2-2）。标本M2:90，长2.4、宽2.1～2.5、厚0.4厘米。正面磨平，上侧一小角稍残，孔径0.45～0.6厘米（彩版二四，2-3）。标本M2:122，面磨平，一角磨损。正面掉落白粉状物，器表粘有红色朱砂。长2.9、宽2.4～2.7、厚0.4厘米，孔径0.5～0.65厘米（图一四，10；彩版二四，2-4）。标本M2:105，长2.7、宽2.3～2.7、厚0.3厘米，正面平，中孔单面钻，孔径0.5～0.6厘米（彩版二四，2-5）。标本M2:97，长3、宽2.6～2.8、厚0.3厘米。正面平，中孔单面钻，孔径0.45～0.6厘米。一角残，器表泛白（彩版二四，2-6）。

圆形蚌饰 5件。形制相近，圆形扁平体，上面略凸，底面较平，中央有圆形穿孔。素面。

(4) 骨器

29件。主要有骨贝、骨钉等。

骨贝 3件。扁体，表面略凸起，中部有一道纵直槽，仿贝形状。标本M2:3，长2.7、宽1.8、厚0.3厘米。

骨钉 26件。出土在木棺四角的棺木灰痕内。呈楔形，大小不一，一般长约1.5～2厘米。标本M2:329-1，长1.6、宽0.9厘米。标本M2:330-1，长1.8、宽1厘米。

三、结　语

　　M1 已被严重盗扰，现仅通过出土器物来推测其相对年代。M1 出土的青铜礼器有鼎、簋、方壶、盘、盆、簠，这是西周晚期至春秋前期中小型墓葬内铜礼器的常见组合。其中，铜鼎与河南三门峡虢国墓地 M1820 的铜鼎[1]，以及山西天马—曲村晋侯墓地出土的铜鼎（M93:37）相似[2]，铜簋则与晋侯墓地 M62 的铜簋相似[3]。此外，铜方壶与晋侯墓地的铜方壶（M93:31）相似[4]，与虢国墓地出土的铜方壶（M2001:90）也近似[5]。

　　M1 出土的青铜器，纹饰主要有重环纹、窃曲纹、垂鳞纹、曲体龙纹等，也是西周晚期至春秋前期流行的装饰纹饰。综上所述，我们初步判断，M1 的时代为春秋前期。

　　M2 出土的铜器主要有鼎、盘、簋、盉、杯等。其中，铜鼎与河南桐柏钟鼓堂出土的蟠兽纹鼎相似[6]，后者的时代为春秋早期器。铜盘与三门峡虢国墓地太子墓出土的铜盘（M2011:44）相似[7]，时代属于西周晚期晚段，即宣、幽时期。M1 铜盘所饰高目窃曲纹、垂鳞纹等组合纹样，为西周晚期、春秋早期的常见纹饰。此外，铜簠与河南郏县太仆乡出土的铜簠相似[8]，后者似应为春秋早期器物[9]。根据对该墓出土的铜器的综合分析，我们初步推定，M2 的时代为春秋前期。

　　M1、M2 位置相距较近，墓葬地处古阳城，春秋前期属于郑国，墓主人可能是郑国贵族。M1、M2 均随葬大量的铜鱼，这也表明了墓主人的贵族身份。《礼记·丧大记》记载，大夫以上身份的人，棺饰才可以有"鱼跃拂池"。这说明。墓主人至少有郑国大夫一级的身份地位。

　　　　　　　　领　　队：李昌韬
　　　　　　　　发掘人员：王彦民　耿建北　傅得力　耿金生　李佑华
　　　　　　　　摄　　影：刘彦峰　陈　伟　王蔚波
　　　　　　　　拓　　片：张文霞
　　　　　　　　绘　　图：李　杨　陈　萍　焦建涛

注　释

[1]　中国科学院考古研究所：《上村岭虢国墓地》，科学出版社，1959 年。
[2]　北京大学考古学系、山西省考古研究所：《天马—曲村遗址北赵晋侯墓地第五次发掘》，《文物》1995 年第 7 期。
[3]　山西省考古研究所、北京大学考古学系：《天马—曲村遗址北赵晋侯墓地第四次发掘》，《文物》1994 年第 8 期。

［4］ 同［2］。

［5］ 河南省文物考古研究所、三门峡文物工作队：《三门峡虢国墓》，文物出版社，1999年。

［6］ 马承源：《中国青铜器》，上海古籍出版社，1988年。

［7］ 同［5］。

［8］ 《河南郏县发现的古代铜器》，《文物参考资料》1954年第3期。

［9］ 唐兰：《郏县出土的铜器群》，《文物参考资料》1954年第5期。

（原刊于《文物》2009年第9期）

河南登封告成东周墓地三号墓

王彦民　姜　楠　焦建涛

1995年，在登封市告成镇袁窑村北的坡地上，先后发现3座古墓。郑州市文物考古研究所、登封市文物局及时组织人员，进行了抢救发掘。墓葬南靠箕山、北临颍河，隔河与古阳城相望，西北距登封城约16公里（图一）。三号墓（M3）的发掘始于12月3日，至12月23日结束。墓内出土带铭文铜礼器，以及大量的随葬品。现将3号墓的发掘情况简报如下。

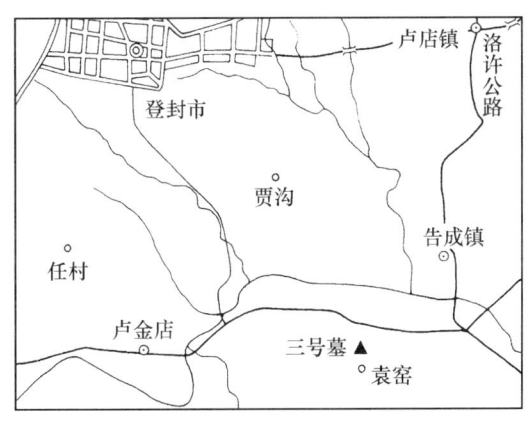

图一　墓葬位置示意图

一、墓葬形制

该墓土圹竖穴，平面呈长方形，墓向344°。墓室口略大于底，壁面较规整。墓口南北长5.16、东西宽3.85米，墓圹深5.04米。熟土二层台距离墓口深约3.5米，宽0.31~0.46米。墓底略平，南北长4.84、东西宽3.38米。

葬具为一椁重棺，已腐朽，仅余白色粉灰状痕面，但仍可看出葬具的基本情况。木椁长方形，顶面用方木东西向横铺。木料宽0.2~0.3、长约3.3米，厚度不详。木椁四壁用木料垒砌而成。椁室已严重变形，长4.47、宽2.85~3、高1.4~1.5米。椁室底面用方木南北向纵铺。

木棺在椁室内中部略偏北。外棺平面近长方形，长2.6、宽1.36~1.4米。因腐朽塌陷已变形，残高约0.6米。内棺长2.25、宽0.98~1米。棺内人骨已朽，根据残存的头骨、牙齿、盆骨及腿骨可以判定，此为单人葬，墓主头朝北，棺内铺有少量朱砂，在头骨附近较为明显（图二）。

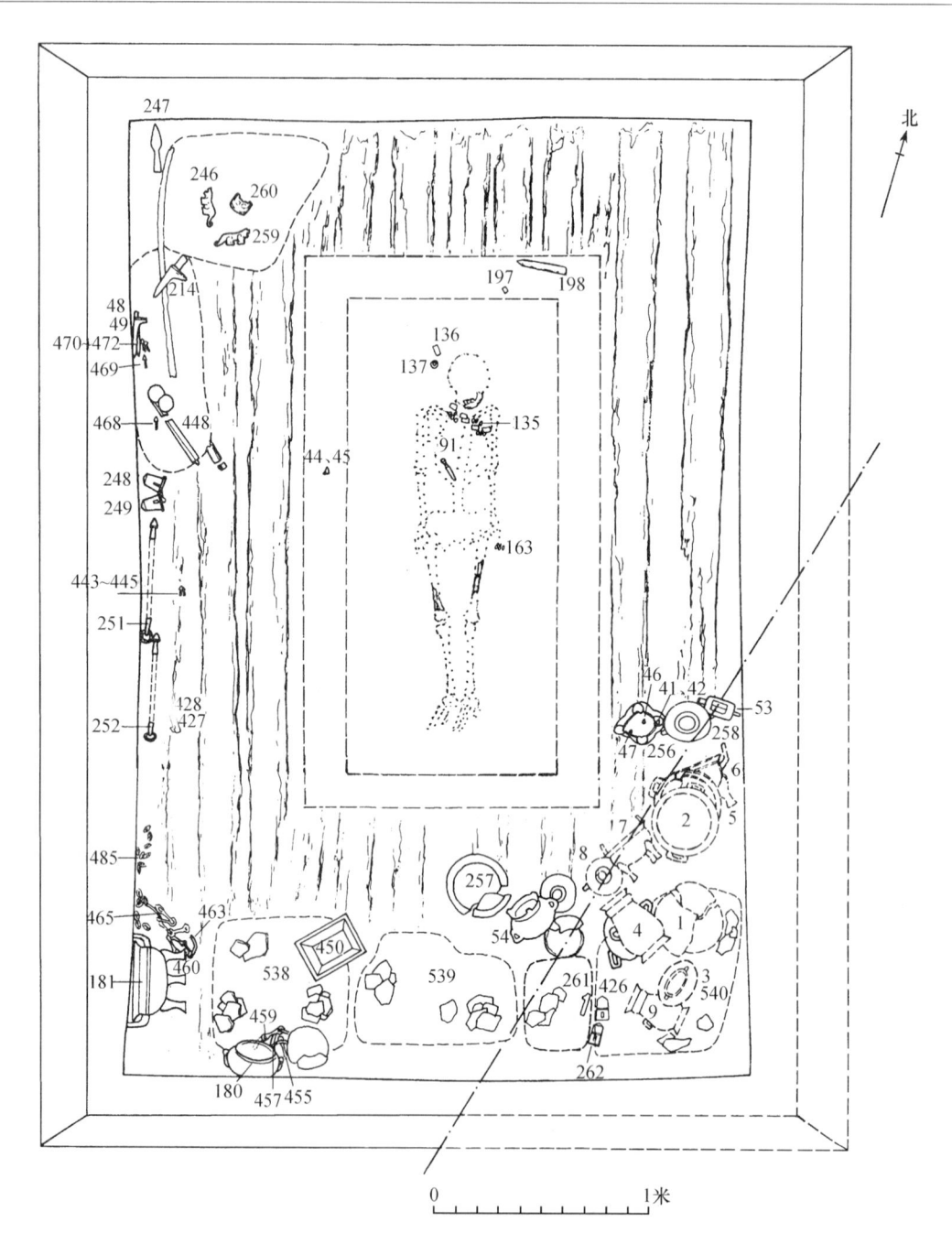

图二　M3 出土器物位置示意图

1. 铜盘　2、5~7、181. 铜鼎　3. 铜扁壶　4、9. 铜方壶　8、54、180、258. 铜簋　41、42、44~47. 玉坠 48、49. 铜戈　53. 铜盉　91. 玉柄形器　135. 玉片玛瑙串饰　136. 玉琮　137. 玉玦　163. 玉石管串饰　197. 方玉饰　198. 玉戈　246、259. 金虎　247. 铜矛　248、249、262、426. 铜车舌　251、252. 铜勾首器　256. 铜甗（鬲）　257. 铜盆　260. 兽面金牌　261、424、427、428. 铜车辖　443~445、468~472. 铜镞　448. 铜剑　450. 铜甗　455、457、459、463、465. 铜马镳　460、462. 铜马衔　485. 海贝　538~540. 护甲

墓室底下有腰坑，平面呈抹角长条形，南北长约0.92、东西宽约0.3、深0.2米。坑内有狗骨一具，朽蚀严重，但仍可看出头朝北，面朝东，呈屈肢侧卧状。

二、随葬器物

M3出土器物500余件（组），其中铜礼器、兵器、车马器均放置在棺外椁内，棺内北部出土玉饰、玛瑙串饰、玉玦、玉柄形器等。椁室南部和西侧放置的器物最多，不少器物叠压在一起。墓室南部以铜礼器、车马器为主，椁室西侧主要有车马器、兵器等。此外还有大量的带孔小玉饰、玉贝、铜鱼等，在棺外分散放置。

1. 铜器

鼎　5件。可分两式。

Ⅰ式：4件。附耳鼎。形制相近，大小依次递减。大口微敛，宽沿略向上外折，斜方唇，附耳有梁，半球形圆鼓腹，圜底，下有3个蹄形足。蹄足中段较细，向下逐渐宽大，内侧有纵向凹槽，内存有红色陶范。口沿下器腹饰一周窃曲纹，下接凸弦纹一周，凸棱明显，下腹部饰2周垂鳞纹。

标本M3:181，郑伯公子鼎。腹内侧壁有铭文4行23字，为"郑伯公子=耳作盂鼎，其万年眉寿无疆，子=孙=永宝用"。其中"子"、"子孙"三字为重文。口沿下器腹饰有目窃曲纹一周，耳面饰环带纹。通高29、口径37、腹深15厘米（图三，1；图四，1；彩版二五，1）。

标本M3:6，鼎腹内侧近口部有铭文4行17字，为"郑罗叔之子宝登作鼎，子=孙=永宝用享"。其中"子"、"孙"为重文。口沿下器腹饰窃曲纹一周，耳侧面饰双凹线纹。通高27、口径34.5、腹深12.6厘米（图三，2；图四，2；彩版二五，2）。

标本M3:5，鼎足制作粗糙，范缝明显，蹄足内侧有竖向凹槽，槽内泥范心尚未取出。口沿下饰窃曲纹一周，耳饰环带纹。通高26.5、口径32~34、腹深12.9厘米。标本M3:2，口下饰窃曲纹一周，耳饰环带纹。通高23.5、口径32.5~32.9、腹深11.9厘米。

Ⅱ式：1件（标本M3:7）。立耳鼎。大口，窄沿，立耳，半球形腹，三蹄足，器壁略薄。口沿下至器腹饰环带纹、凸弦纹、垂鳞纹各一周。通高22.8、口径24.4、腹深11.2厘米（图三，3；彩版二五，4）。

簠　4件。形制、大小均相近。有盖，器身子口，圆鼓腹，有两个对称的半环状兽首耳，圜底近平，喇叭形圈足，圈足底下附加三个鸭嘴形小扁足。覆碗状盖，盖顶正中有喇叭形握手，器口沿下饰重环纹一周，腹部饰三周瓦棱纹。圈足饰重环纹一周，器盖近口处饰重环纹带一周，器耳上兽首有卷曲状角。

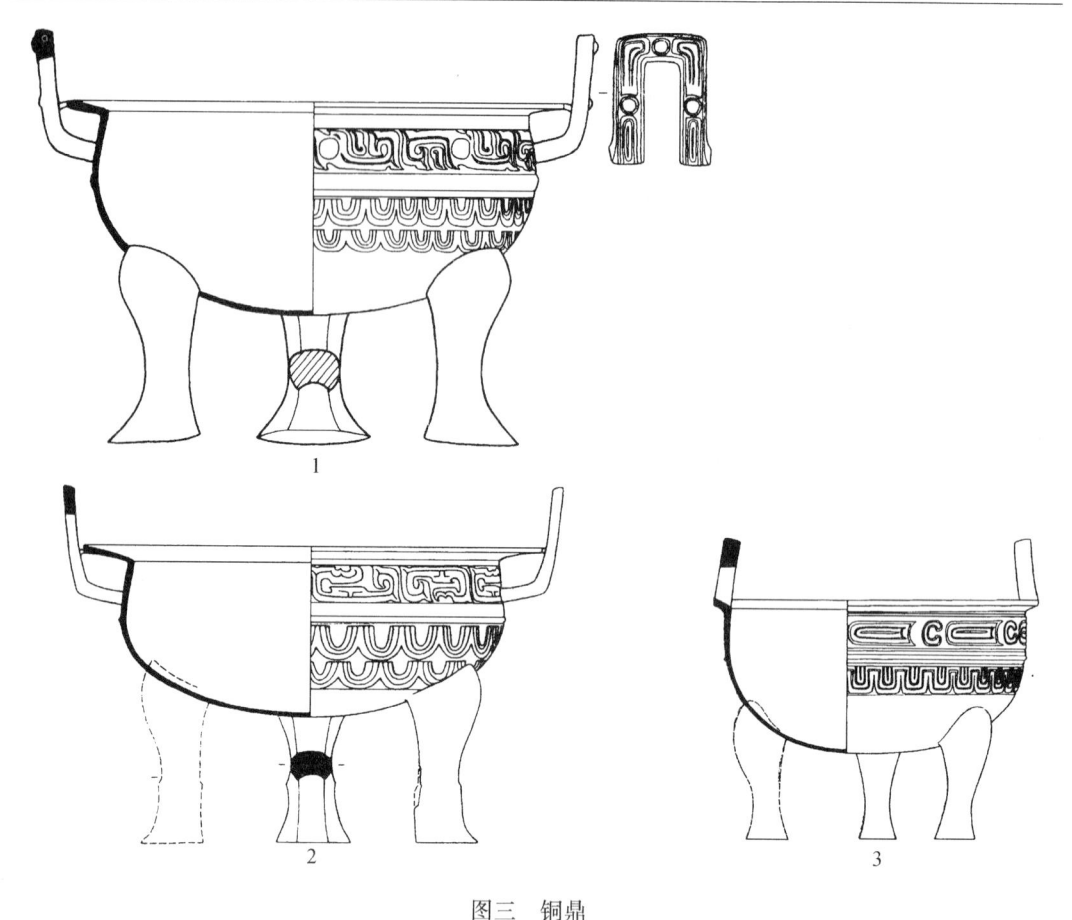

图三 铜鼎
1、2. Ⅰ式鼎 （M3∶181、M3∶6） 3. Ⅱ式鼎（M3∶7）

标本 M3∶54，通高 20.8、口径 17、底径 20.9 厘米（彩版二五，3）。标本 M3∶180，通高 20.3、口径 16.8、底径 20.7 厘米（图五，1）。

方壶 2件。形制、大小相近。有盖。器口近长方形，直口微敛，直颈，垂腹，腹最大径近底部，矮圈足外撇，圈足与盖顶捉手的形制相似。标本 M3∶4，出土时器内底部残存大量红泥陶范，通高 35、口径 17、腹径 25 厘米（图五，3；彩版二六，1）。

扁壶 1件（标本 M3∶3）。椭圆形口微侈，颈部对称有两个半环形耳，腹圆鼓呈卵形，平底。颈部饰 S 形双首卷龙纹一周。通高 28.4、口径 8.8～12.3、腹径 23.2、底径 9.1～12.3 厘米（图五，5；彩版二六，5）。

盘 1件（标本 M3∶1）。大口微侈，窄折沿，口两侧对称有桥形附耳，高出器口。浅腹，近平底，喇叭状圈足。口下腹壁饰重环纹一周。通高 11.2、口径 34.8、宽 38.5 厘米（彩版二六，4）。

盉 1件（标本 M3∶53）。盖呈两面坡屋顶状，体扁，略呈圆角长方形。腹一侧有管状短流，对应一侧为半环形耳，腹下有四个扁短足。腹两面饰变形夔纹。体盖连铸，中空，无底。腹内有范芯，应为明器。通高 15.1、宽 25.4 厘米（图五，4；彩版二六，3）。

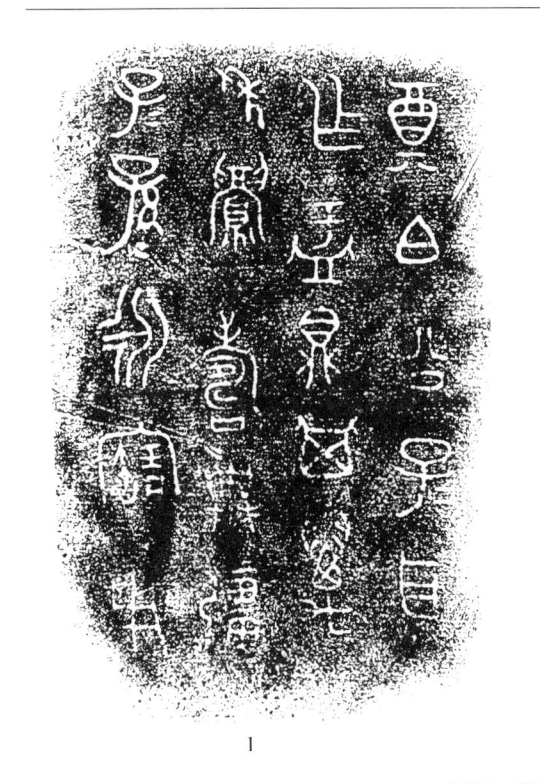

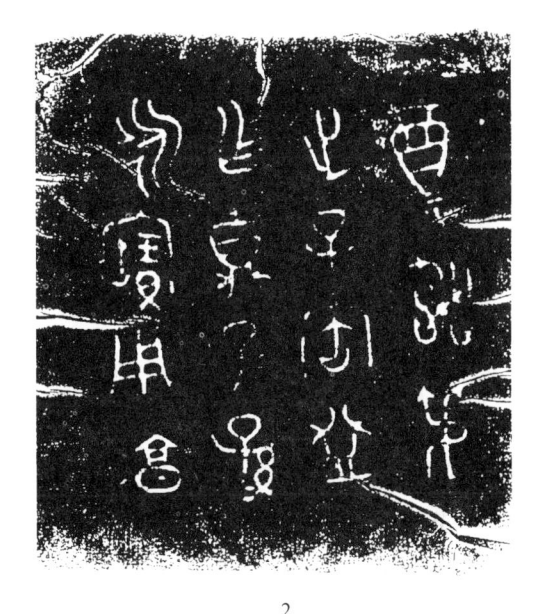

图四　铜鼎铭文拓片
1. M3:181　2. M3:6

甗　一套。由方甑、方鬲组成，通高35.3厘米（图五，6；彩版二六，2）。标本M3:450，方甑。侈口，方唇，立耳，斜腹下收，平底有箅孔。器表饰蟠螭纹、凤鸟纹等，器耳侧面饰双线纹。高20.7厘米，口径长27、宽22厘米，底径长16、宽11.6厘米。标本M3:256，方鬲。窄折沿，口内侧有凹槽，用来与甑相套接。束颈，两附耳与口唇间有双铸线相连。鼓腹，裆近平，四蹄形足，足内侧有竖向凹槽，槽内残存红泥范芯。无底，为明器。高18.2、口径长17.2、宽13.2厘米。

盆　1件（标本M3:257）。大口，宽折沿，束颈，圆折肩，弧腹，平底。口下饰窃曲纹，腹部满饰蟠螭纹。通高28.2、口径27.7、底径13~13.4厘米（图五，2）。

勾首器　2套（标本M3:251、标本M3:252）。形制、大小近同，每套都有首、尾两件。中间原本用木柲连接，出土时木柲已朽成粉灰。首部呈钩角圆筒状，两侧有圆形穿孔，用来固定木柲。顶部正面饰人面图案，双分齐发，杏眼，阔鼻，尖下颚。尾部呈圆筒状，体侧也有穿孔，用来固定木柲。末端渐细，呈扁圆形，上饰卷尾纹。尾末端穿一圆环，环饰扭丝纹。整器全长约60厘米（彩版二七，2）。标本M3:251，尾长9.2、筒径2、环径4.9~5厘米（图七，1）。标本M3:252，尾长9、筒径2.5、环径4.9厘米（图七，2）。

剑　1件（标本M3:448）。无格细茎圆首剑，锋稍残，刃极利。腊呈柳叶状，中脊鼓起，形成凸棱，从脊末端延长为扁圆柱形茎，首圆形内凹。剑从上有一铭文"上"字。残长36.6厘米（彩版二七，1）。

图五 铜鼎

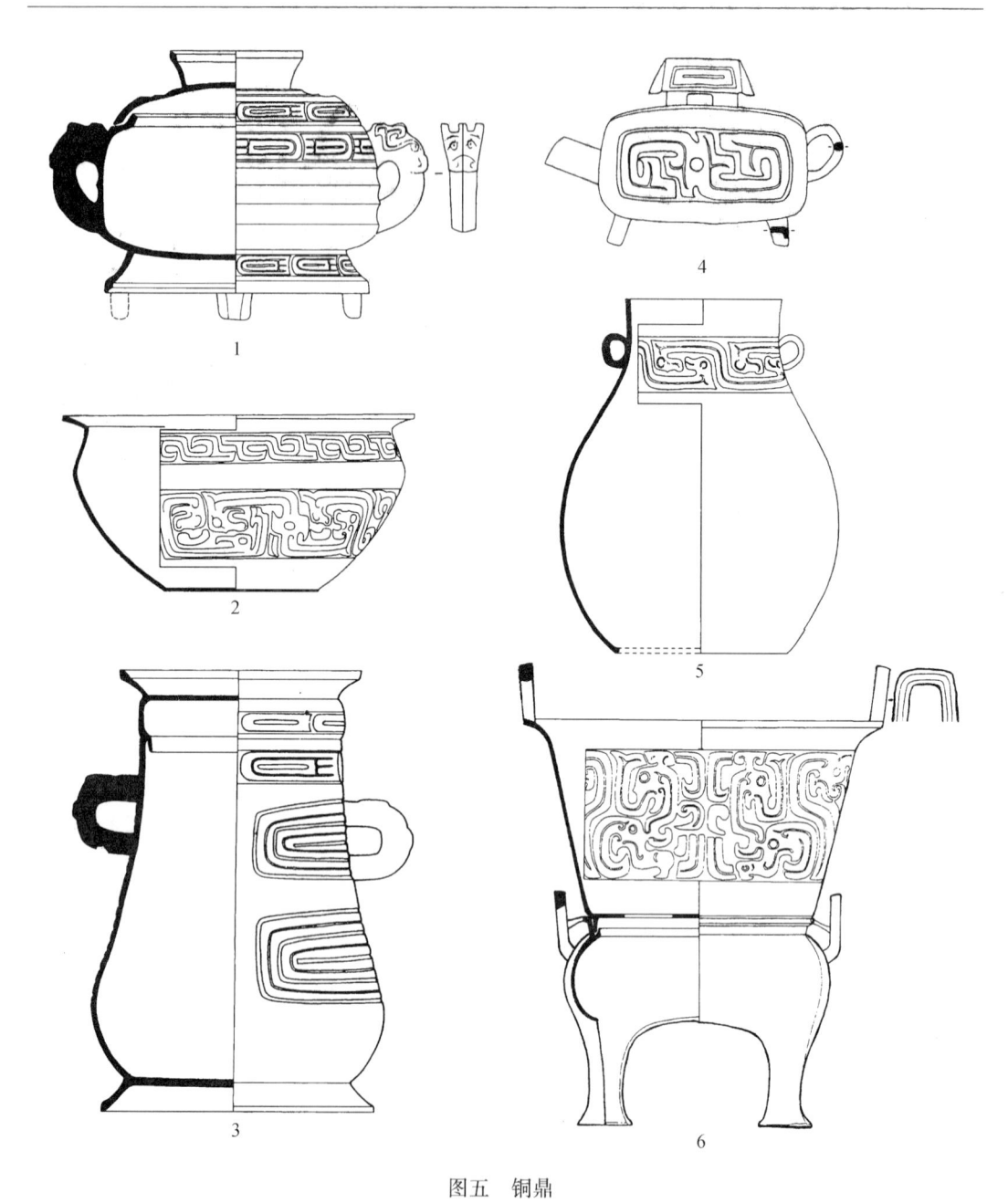

1. 簠（M3:180） 2. 盆（M3:257） 3. 方壶（M3:4） 4. 盉（M3:53） 5. 扁壶（M3:3） 6. 甗（M3:450、M3:296）

矛 1件（标本 M3:247）。阔叶长骹矛。叶形刃薄而锋利，中脊凸起，筒状长骹，骹中部有一个竖条形穿孔，通长11.9厘米（图六，1）。

戈 3件。可分两式。

Ⅰ式：2件。中胡素面戈，形制、大小相同。锋刃较为规整锋利，三角形前锋，援略平直，上刃微向上弧，下刃平缓，中有脊。近长方形内，内尾圆弧。胡较短，援本上部有一横长方形穿,栏侧有一竖长条形穿,内部有一圆穿。标本 M3:48,通长 24.85、援长 17.3 厘米(图六,6)。标本 M3:49,通长 24.8、援长 17.2 厘米(图六,5)。

Ⅱ式:1件(标本 M3:214)。中胡目纹戈。器形与前式戈相近,但在近本部的弧边凹三角纹,援本中部饰浮雕状的圆形目纹。援本上部有一圆穿,栏侧有一长条形穿,内部有一横条形穿。通长 25.1 厘米(彩版二七,3)。

镞　7件。可分四式。

Ⅰ式:1件(标本 M3:471)。圆锥状锋,锥形长铤。通长 6.7、铤长 3.6 厘米(图六,3)。

Ⅱ式:1件(标本 M3:443),锋呈三棱体,锥形铤。通长 5、铤长 2.8 厘米。

Ⅲ式:3件,大小基本相同。尖锋,双翼内收且靠近镞身,翼有侧刃。高脊,细圆柱状铤。标本 M3:445,一翼稍残。通长 8.15、铤长 3.1 厘米(图六,4)。

Ⅳ式:2件:形制、大小基本相同。尖锋,双翼外侈,有略带弧形的锋利侧刃。高脊,细圆柱状铤。标本 M3:469,翼、铤稍残。残长 4.5、铤残长 17 厘米(图六,2)。

车㬎　4件。可分两式。

Ⅰ式:2件。形制、大小基本相同。环带纹㬎。器体近圆筒形,顶端呈多棱状。侈口,沿外折。器表中部有一周凹弦纹箍,近口沿处饰环带纹一周,且有 2 个对穿的长方形辖孔,一侧有一小环纽(彩版二七,4)。标本 M3:248-1,通长 8.4、口径 7.85、顶径 3.9 厘米(图七,5)。标本 M3:249-1,通长 8.5、口径 7.8、顶径 3.9 厘米(图七,3)。

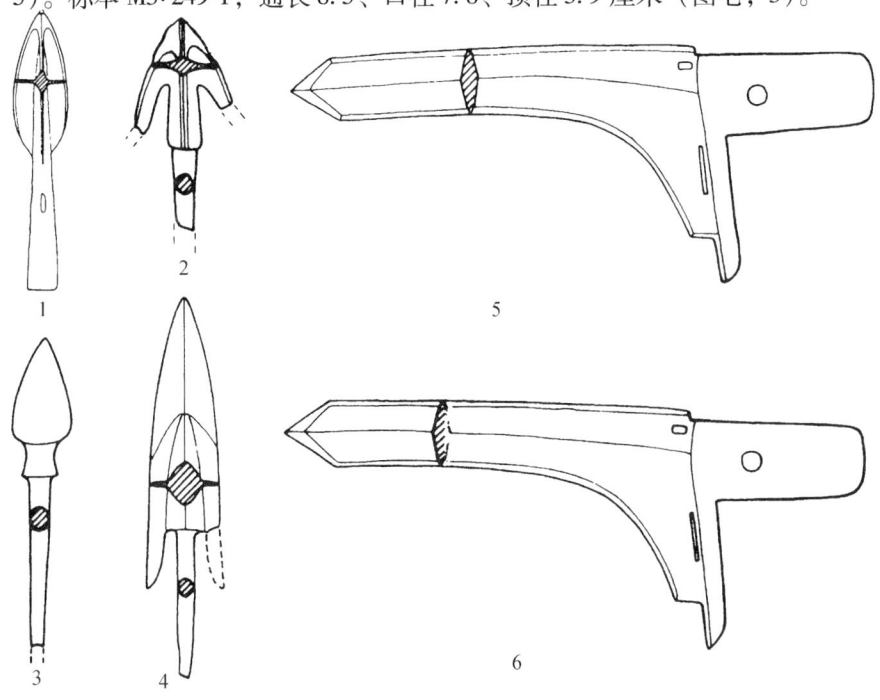

图六　铜兵器
1. 矛(M3:247)　2. Ⅳ式镞(M3:469)　3. Ⅰ式镞(M3:471)　4. Ⅲ式镞(M3:445)
5、6. Ⅰ式戈(M3:49、M3:48)

Ⅱ式：2件。形制、大小基本相同。素面多棱形舌。顶端为多棱体，器表中部有凹弦纹箍一周，近口沿处有2个对穿的长方形辖孔。标本 M3:426，通长 10.6、口径 4.7、顶径 3.8 厘米（图七，4）。

车辖　6件。可分三式。

Ⅰ式：2件。形制、大小基本相同。辖首正面为浅浮雕式兽面，圆目，阔眉，大嘴，上有双角。键尾呈圆角长方形，侧面有一穿孔。标本 M3:248-2，通长 7.8、宽 1.5、厚 0.95 厘米。

Ⅱ式：2件。形制、大小基本相同。辖首正面呈二级台阶状，侧面有一圆角方形的穿孔。标本 M3:427，通长 9.6、宽 2、厚 0.7~0.9 厘米（图七，11）。

Ⅲ式：2件。形制、大小基本相同。辖首正面呈三级台阶状，辖首侧面有一长方形的穿孔。标本 M3:261，通长 9.8、宽 1.8~2、厚 0.9~1.1 厘米（图七，12）。

马衔　10件。形制基本相同，均由两个近"8"字形的环形器套接而成。标本 M3:460，端环近圆形。通长 19.3、环径 3.6 厘米（图七，6）。

马镳　11件。器体较扁平，背有2环。可分三式。

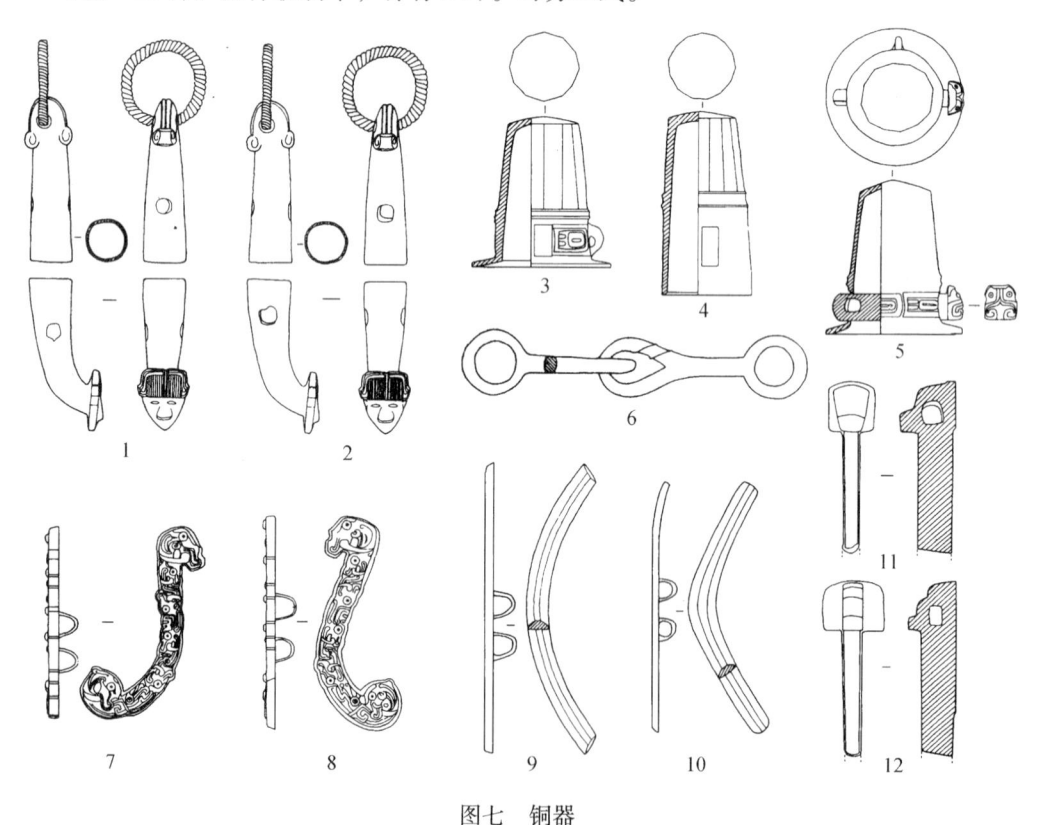

图七　铜器

1、2. 勾首器（M3:251、M3:252）　3、5. Ⅰ式车舌（M3:249-1、M3:248-1）　4. Ⅱ式车舌（M3:426）　6. 马衔（M3:460）　7、8. Ⅰ式马镳（M3:457、M3:455）　9. Ⅱ式马镳（M3:459）　10. Ⅲ式马镳（M3:465）　11. Ⅱ式车辖（M3:427）　12. Ⅲ式车辖（M3:261）

Ⅰ式：8件。龙纹镳。器身扁平，弯曲成S形，两端内勾，端首和器身均饰浅浮雕的蟠螭纹。每两件大小近似，形状、纹饰相反，组成一对，与一马衔配成一套（彩版二七，5）。标本M3:455，右向。长12、宽1.5、厚0.6厘米（图七，8）。标本M3:457，左向。长11.7、宽1.5、厚0.6厘米（图七，7）。

Ⅱ式：1件（标本M3:459）。器身弯曲成圆弧形，正面凸起，横截面呈三棱形。长15.8、宽1、厚0.6厘米。（图七，9）。

Ⅲ式：2件。器身折成圆弧角。正面凸起，中央较两端略宽。标本M3:465，长13.9、宽1.2~2.1、厚0.4厘米（图七，10）。

铜珠 10颗，发现于串饰上，与玉片、玛瑙串联在一起，大小、形制相近。器表有青铜锈，中有细穿孔。器中部凸起有折棱，纵剖面呈近菱形。直径0.4~0.6、厚0.5~0.6厘米。

2. 金器

金虎 2件。形制、大小近同。虎形轮廓，片状，表面压印有装饰图案。大嘴，圆目，尖耳，弧背，阔尾上卷，粗足，利爪。体表装饰重环纹、蟠螭纹等。器周有小孔8个，似用来缝缀到其他器物上。标本M3:246，头向左。通长13.7、高5.7、厚0.2厘米（图八，2；彩版二八，1）。标本M3:259，头向右。通长13.6、高5.6、厚0.2厘米（图八，3；彩版二八，2）。

兽面金牌 1件（M3:260）。兽面轮廓，近圆角方形，上出二耳。片状，表面压印有装饰图案。瞋目，与眉毛组成对鸟纹。方鼻，大嘴，鼻与嘴之间的纹饰组成兽面纹。器周近四角处有小孔4个。通高6.2、宽7.2、厚0.2厘米（图八，1；彩版二八，3）。

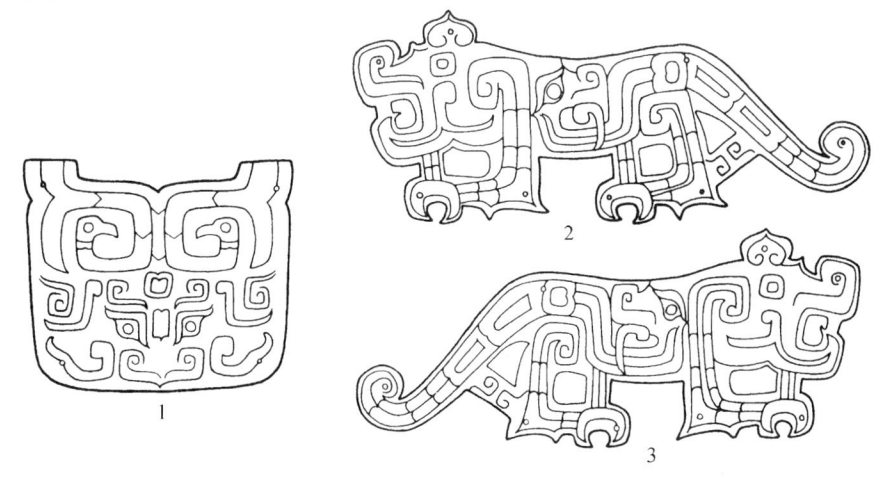

图八 金器
1. 兽面金牌（M3:260） 2、3. 金虎（M3:246、M3:259）

3. 玉石器

玉琮　1件（标本M3:136）。玉色泛白。方柱状，外方内圆，中为圆筒形孔。高2.4、宽3.7~5、孔径3.5~3.6厘米。

玉戈　1件（标本M3:198）。青玉，微透明，三角形锋，"一"字形窄长援，短直内，器中部有一个圆形小穿孔。锋、援皆有刃。长22、宽2.6、厚0.4厘米。

玉片玛瑙串饰　一组（标本M3:135）。170（颗），出土时串饰的连线已经腐朽。根据分布排列的情况看，这组串饰由单片玉片和双串玛瑙珠间隔，串联组合而成（图九，1；彩版二八，4）。玉片6件，青白色玉，形制相似，大小相近。均呈盾形，体扁平，底部圆角弧边。侧边平直，上面有2个小圆孔，从器背贯出，用于穿线连接串饰。正面刻有双线卷曲纹和弧线纹。标本M3:135-21，长2.2、宽1.9、厚0.25厘米。标本M2:135—121，长3、宽1.9、厚0.25厘米。

玛瑙珠　164颗，多为红色，半透明。短圆管形，部分大小、厚薄相近，也有相差略多的。直径0.6~0.9、厚0.2~0.7厘米。

玉片玛瑙铜珠串饰　一组（M3:484）。46件（颗），由单片玉片和双串玛瑙珠夹铜珠，间隔串联而成。

玉片　5件，青白色玉，形制相似，大小相近。盾形，体扁平，底端圆角弧边。侧边平直，上面有2个小圆孔，从器背贯出，用于穿线连接串饰，正面刻饰图案有两种，一种饰双线卷曲纹和弧线纹，另一种为变体双鸟纹。标本M3:484-11，器面饰变体双鸟纹。长1.9、宽1.6、厚0.2厘米。标本M3:484-38，器面饰双线卷曲纹和弧线纹。长2.1、宽1.5、厚0.2厘米。玛瑙珠31颗，红色，半透明。短圆管形，大小、厚薄相近，部分略有差别。直径0.4~0.8、厚0.2~0.6厘米，另有铜珠10颗，详见前文。

玉石管串饰　一组（M3:163）。142颗。串珠为白色，呈短圆管状，形制基本相同，直径0.3~0.4、厚0.2~0,7厘米。

玉玦　2件。青白色玉，形制、大小基本相同。标本M3:498，外径3、孔径0.9、厚0.2厘米（图九，7）。

玉环　4件。可分两式。

Ⅰ式：1件（M3:503）。大玉环。白玉，微透明。上下表面凸起，形成折棱，横断面近似菱形。外径3.3、孔径1.9、厚0.7厘米（图九，3）。

Ⅱ式：3件。小玉环。半透明，形制、大小基本相同。器表平齐，横断面近长方形。出土时断裂，位置在人骨颈部附近。标本M3:500，外径1.7、孔径0.8、厚0.3厘米（图九，2）。

方玉饰　2件。器体薄而扁平，略有弧面。标本M3:197，青白色玉，正面近方形。上边有一小长凹口，其他三边各有2个小凹口。器面中部有一圆穿孔。长1.8、宽1.5~1.6、厚0.1~0.2厘米（图九，4）。标本M3:499，白玉，正面近长方形。背面有浅双凸棱，内有贯孔。长2.6、宽1.9、厚0.2～0.4厘米（图九，8）。

玉柄形器　1件（M3:91）。白玉，器身近长条形。体略扁平，横断面呈长方形。束腰柄，顶部为覆斗形，底端平齐。通长10.7、宽1.2～1.6、厚0.5～1厘米。出土时器身粘满朱砂（图九，13）。

玉节（扣）　3件。白玉，略带浅黄。圆柱形，两端呈竹节状，中部内收。它应该是一种扣器，用带接其腰部。标本M3:488，长1.8、直径0.5～0.8厘米（图九，11）。标本M3:489，长1.8、直径0.5～0.8厘米（图九，12）。

玉坠　364件。白玉，略带浅黄。体扁平，近顶端有一个小圆穿孔。可分3式。

Ⅰ式：贝形坠，仿海贝。边壁圆滑，顶端略尖且薄，器体略厚，器表正面刻有一道浅竖槽。标本M3:42，长2.6、宽1.7、厚0.1～0.3厘米（图九，5）。标本M3:44，长3、宽1.8、厚0.2～0.4厘米（图九，9）。

Ⅱ式：菱形坠。平面近似菱形，部分器体略厚，顶端渐薄。标本M3:45，长4、宽2.6、厚0.25～0.6厘米（图九，6）

Ⅲ式：水滴形坠。边壁圆滑，顶端略尖，器体略厚，顶端渐薄。标本M3:30，长3.8、宽2.3、厚0.3～0.6厘米（图九，10）。

护甲　3件（套）。出土在棺外椁室内南端，东西排列。已严重朽蚀，但可看出其大

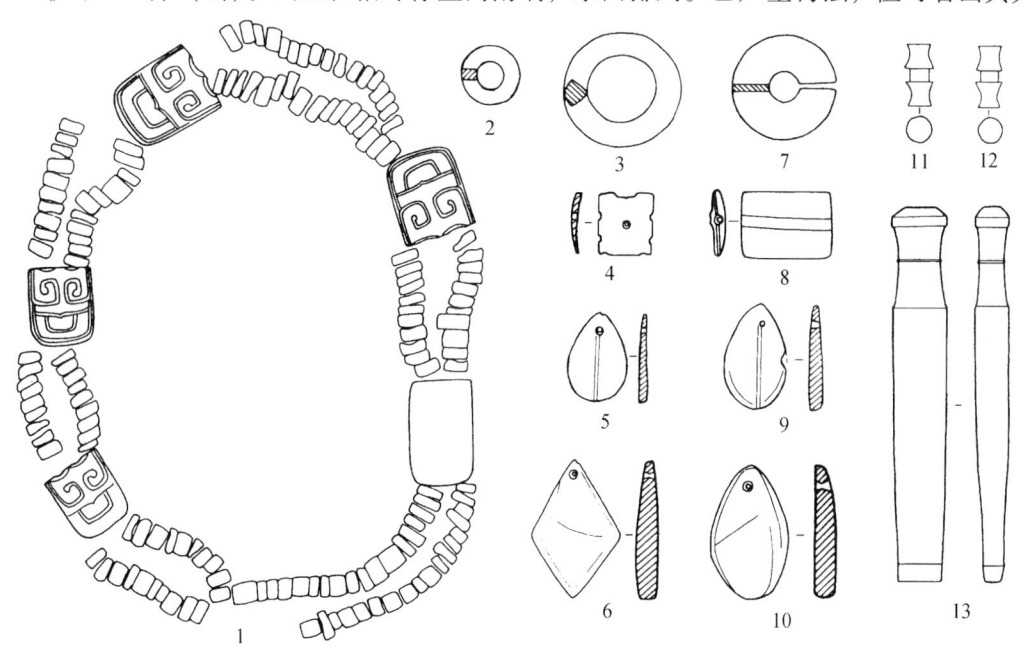

图九　玉石器

1. 玉片玛瑙串饰（M3:135）　2. Ⅱ式玉环（M3:500）　3. Ⅰ式玉环（M3:503）　4、8. 方玉饰（M3:197、M3:499）　5、9. Ⅰ式玉坠（M3:42、M3:44）　6. Ⅱ式玉坠（M3:45）　7. 玉玦（M3:498）　10. Ⅲ式玉坠（M3:30）　11、12. 玉节（M3:488、M3:489）　13. 玉柄形器（M3:91）

致范围，长约 70、宽约 50 厘米。护甲是用小块皮质甲片连缀而成，多层叠缀。皮质甲片带孔，表面缀有压印图案的薄铜片。

海贝　271 个。主要出土在棺外椁内西侧，分几组放置。堆放集中，似原本连缀在一起，部分有磨孔。标本 M3:485-1，长 2.2、宽 1.2、厚 1 厘米。

三、结　　语

M3 出土的青铜礼器主要有鼎 5、簋 4、方壶 2、扁壶 1、盘 1、盉 1、甗 1、盆 1 件。其中 I 式附耳鼎的器形、纹饰均与三门峡虢季墓出土的鼎（M2001:71）相似[1]，II 式立耳鼎则与上村岭虢国墓地出土的鼎（M1744:2、M1657:9）相似[2]。

M3 出土的铜簋与山西北赵晋侯墓地 62 号墓出土的簋（M62:83）相似，仅仅纹饰、圈足下的小足形状不同[3]。该墓出土的铜盘与上村岭虢国墓地出土的铜盘（M1705:11）相似[4]，此外，M3 出土的铜剑、矛、镞等，分别与上村岭虢国墓地出土的同类器（M1705:107、M1052:97、M1705:121）相似。该墓出土的组合玉饰，由盾形玉片、红玛瑙珠间隔串联组成，与上村岭虢国墓地出土的同类器（M1820:33）相似[5]。

从该墓出土器物的组合、形制来看，该墓的时代为春秋前期。

铜鼎的铭文为判断墓主人的身份提供了重要依据。标本 M3:181 腹内壁有铭文："郑伯公子子耳作盂鼎，其万年眉寿无疆，子子孙孙永宝用"。由此我们推测，墓主人可能就是郑伯公子子耳。

出土铜鼎的铭文承蒙李学勤先生释读，在此谨致谢忱。

领　　队：李昌韬
发　　掘：王彦民　耿建北　傅得力　耿金生　李佑华
绘　　图：李昌韬　李　杨　陈　平　焦建涛
摄　　影：刘彦峰　陈　伟　王蔚波

注　　释

［1］　河南省文物考古研究所、三门峡市文物工作队，《三门峡虢国墓》，文物出版社，1999 年。
［2］　中国科学院考古研究所编著《上村岭虢国墓地》，科学出版社，1959 年。
［3］　山西省考古研究所、北京大学考古系《天马—曲村遗址北赵晋侯墓地第四次发掘报告》，《文物》1994 年第 8 期。
［4］　同［2］。
［5］　同［2］。

（原刊于《文物》2006 年第 4 期）

南水北调新郑铁岭墓地发掘简报

郝红星 黄 俊 王 丽

铁岭墓地系郑韩故城外围一处比较重要的东周墓地，东南2.5公里即为巍峨高大的郑韩故城北城墙。墓地地处双洎河北岸及其两条支流所形成的三河间台地上，南北长650米，东西宽600米，面积近40万平方米。南水北调中线干渠通过墓地的西部、北部，占地面积15万平方米（图一）。

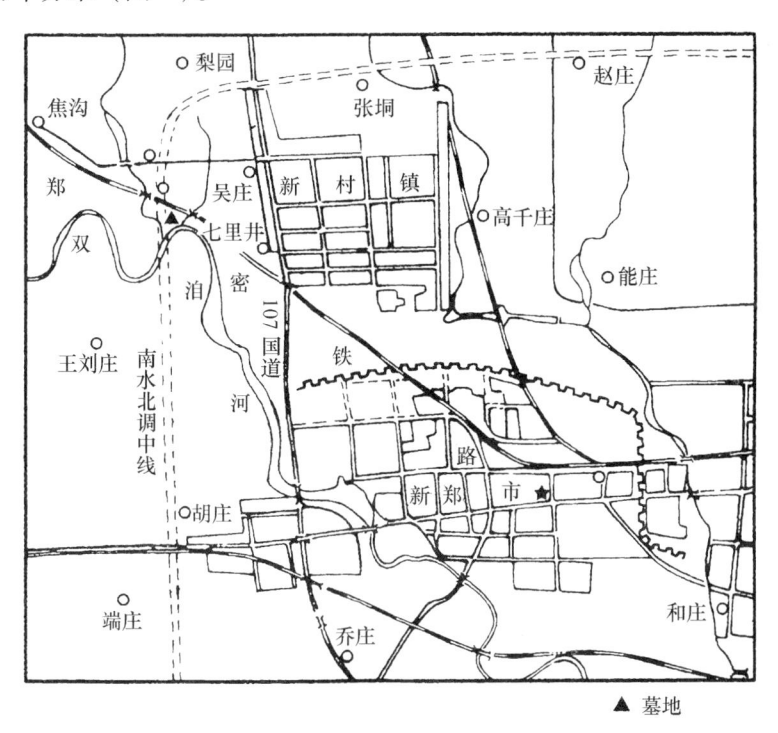

图一 铁岭墓地位置示意图

2006年7月至2007年8月，为配合南水北调中线工程建设，郑州市文物考古研究院在河南省文物局南水北调办公室的安排指导下，组织精干力量对铁岭墓地进行了考古发掘。我们将铁岭墓地按象限法分为4区，总基点位于铁岭村东水塔上，在Ⅲ区西南部干渠占压地段开方66个，发掘面积7000平方米，清理龙山文化、西周、唐代灰坑46个，西周房址5座，陶窑1座，东周墓葬301座，出土各类随葬品千余件。这里仅对墓葬部分予以简介。

发掘区墓葬分布密集，其西部、中部、东部之西半部绝大部分墓葬为东西向，东部之东半部均为南北向，是知墓地墓葬是按一定规划来进行的。东西向墓葬年代稍早，随葬品主要是体形较小的陶制明器，有的除此外也随葬体形极小的泥制器；南北向墓葬大部分年代略晚，主要随葬体形较大的陶器或彩绘陶器。兹介绍其中的4座墓葬，大体代表铁岭墓地的墓葬类型，读者自此可窥知铁岭墓地面貌。

一、M229

1. 墓葬形制

M229位于发掘区中部，东西向长方形竖穴土坑墓，方向284°。墓葬开口于耕土层下，打破商周文化层和生土层。墓口东西长3.65米，南北宽3米，墓底东西长2.9米，南北宽2.2米，深7.7米。墓室四壁经过修整，东北角东壁和北壁上各有10个方形脚窝，宽0.14米，高0.14米，进深0.1米，脚窝间距0.35~0.4米。墓底放置单椁单棺。椁长2.3米，宽1.5米，厚0.04米，存高0.3米。棺长2.12米，宽1.18米，厚0.06米，存高0.3米。椁、棺东挡板紧挨在一起，西挡板间放置随葬品。因空间狭窄，多数随葬品重叠放置在一起，自南向北有：陶鬲内放残陶罐1个，陶鬲下压羊骨；稍北2个陶罐相叠；再北2个陶鬲相叠；再北3个陶盂相叠；次北2个陶鬲相叠；最北为1陶罐。棺内尸骨一具，头西脚东，保存良好。墓主仰身直肢，左手压住右手置于腹部，口中含海贝12枚，脖子两边各3枚，左手握海贝3枚。棺内别无他物。经鉴定，墓主为中年男性（图二）。

2. 出土器物

墓中共出陶器12件，海贝21枚，羊骨3副。

罐 4件。根据口、颈、腹部特征可分为两型。

A型 3件，根据颈部特征可分为两式。

Ⅰ式：1件。标本M229:5，灰胎，直口，方唇，微束颈，弧折肩，腹部略弧内收，平底。口径7.4厘米，腹径12.4厘米，底径6.4厘米，高8.8厘米（图三，1）。

Ⅱ式：2件。灰胎，直口微敛，窄平沿，细圆唇，束颈，弧折肩，腹部斜直收或略弧内收，平底。标本M229:6，口径6厘米，腹径11.4厘米，底径6.4厘米，高7.2厘米（图三，2）

B型 1件。标本M229:7，褐红胎，褐衣，直口，窄方唇，微束颈，弧肩，鼓腹，平底。口径6.4厘米，腹径12厘米，底径6.2厘米，高7.2厘米（图三，3）。

鬲 5件，皆灰陶。根据口、肩、腹特征可分三式。

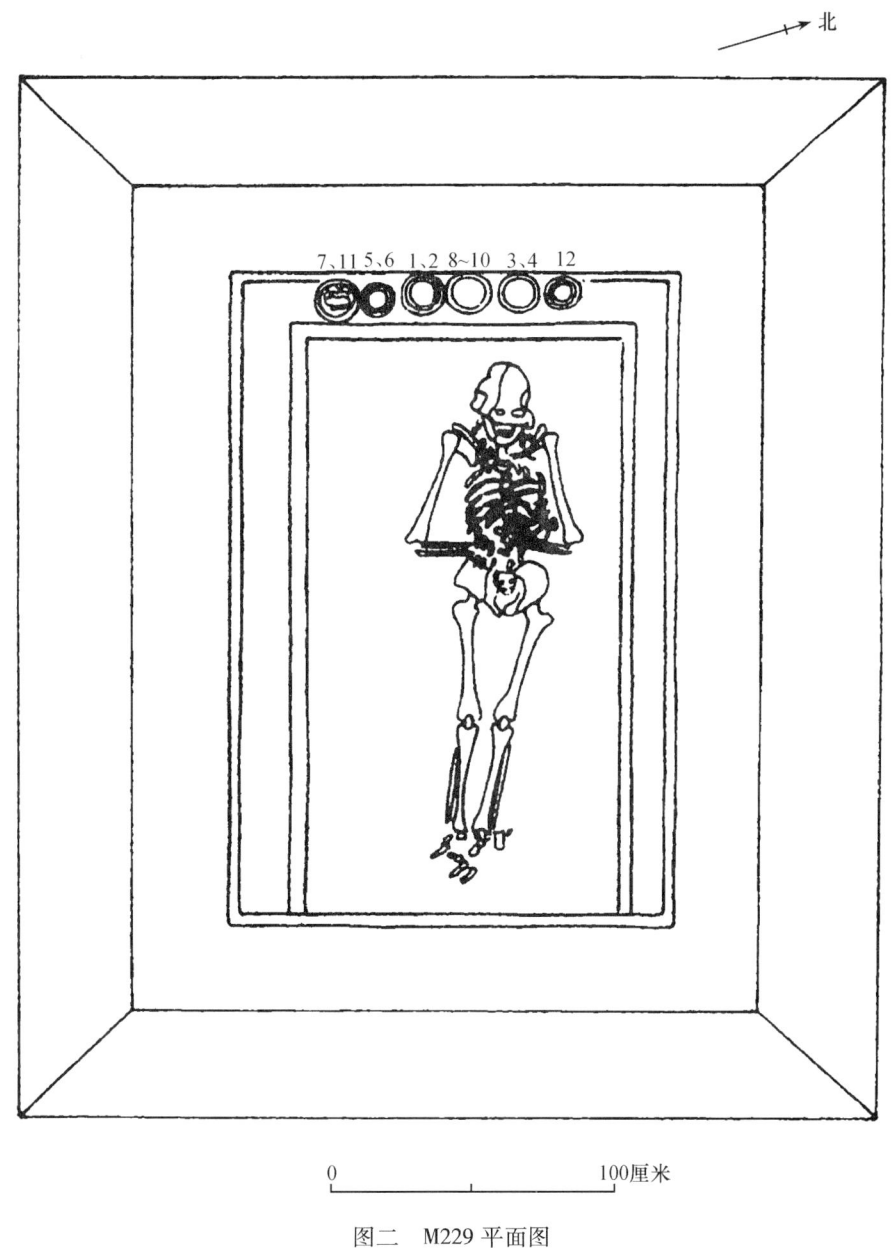

图二　M229 平面图

1~4、11. 陶鬲　5~7、12. 陶罐　8~10. 陶盂

Ⅰ式：2件。敛口，弧平沿外侧下倾，尖圆唇，短束颈，弧折肩，三浅袋足，鼓腹，窄平裆。肩部饰4周凹弧纹，腹、裆、足饰细绳纹。标本M229:3，口径9.4厘米，腹径13.2厘米，高7.4厘米（图四，1）。标本M229:11，口径9厘米，腹径13厘米，高7.4厘米（图三，6）。

Ⅱ式：2件。敛口，方唇，直领，斜折肩较窄，鼓腹，下腹斜收，三袋足分离较窄，裆稍高。标本M229:1，肩部饰2周凹弦纹，腹、裆、足饰细绳纹。口径8厘米，腹径

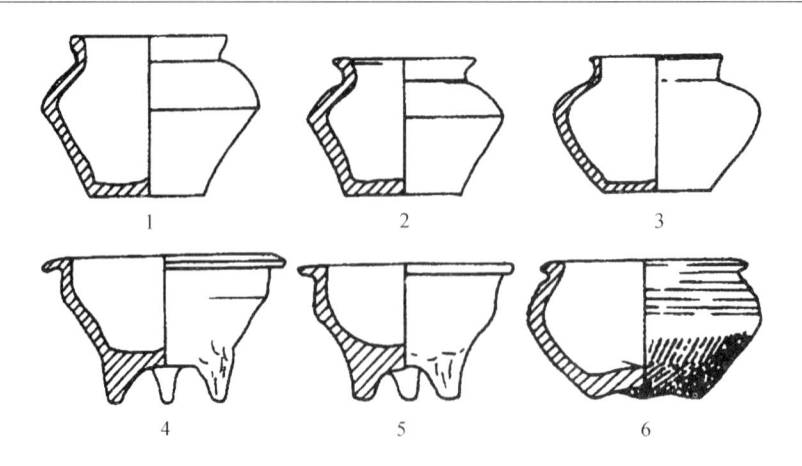

图三　M229 出土陶器
1. A 型 I 式罐（M229:5）　2. A 型 II 式罐（M229:6）　3. B 型罐（M229:7）
4、5. 盂（M229:8、M229:10）　6. I 式鬲（M229:11）

11.2 厘米，高 7.2 厘米（图四，2）。标本 M229:4，斜直领与极短折肩连接自然，弧平裆。口径 8.4 厘米，腹径 11.8 厘米，高 7 厘米（图四，4）。

III 式：1 件。标本 M229:2，直口微敛，窄平沿，方唇，微束颈，上腹直，下腹内收，三浅袋足稍分离，窄平裆略高。腹、裆、足略见绳纹。口径 10 厘米，腹径 11.2 厘米，高 6.8 厘米（图四，3）。

盂　3 件。灰胎，敛口，弧平沿外侧下倾，斜方唇或方圆唇，上腹直，下腹斜内收，平底，附三乳足。标本 M229:8，斜方唇，口径 10.6 厘米，腹径 12 厘米，高 8 厘米（图三，4）。标本 M229:10，方圆唇，口径 9.5 厘米，腹径 10.4 厘米，高 7.4 厘米（图三，5）。

海贝　21 枚，均为中型贝，长 2.5~2.8 厘米，宽 1.8~2 厘米，背面均有穿孔。

羊骨　羊右侧掌骨 1 段，右侧肱骨 3 段，骨长 10~11 厘米。肩胛骨 1 块，长 11.5 厘米，宽 6.5 厘米。鉴定为 3 个幼羊个体。

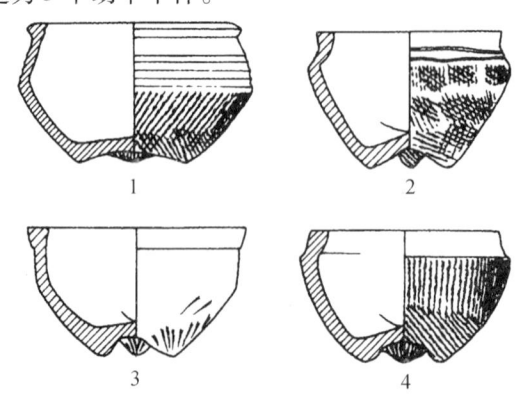

图四　M229 出土陶器
1. I 式鬲（M229:3）　2、4. II 式鬲（M229:1、M229:4）　3. III 式鬲（M229:2）

二、M285

1. 墓葬形制

M285 位于发掘区中北部，东西向长方形竖穴土坑墓，方向 298°。墓葬所处地段地层已被挖走 3 米厚，墓葬现开口于耕土层下，打破生土层。墓口东西长 3.5 米，南北宽 2.6 米，墓底东西长 3 米，南北宽 2 米，现深 3.5 米。墓室四壁经过修整，西北角西壁和北壁上各存 5 个近方形脚窝，宽 0.16 米，高 0.16 米，进深 0.1 米。脚窝间距 0.3 米。墓底放置单椁单棺。椁长 2.48 米，宽 1.68 米，厚 0.04 米，高 1.1 米。棺长 2 米，宽 1.1 米，厚 0.06 米，高 0.64 米。棺位于椁内正中，棺、椁西挡板间放置随葬品，自南向北有：兽骨、盂、罐、鬲，最北为泥制器。棺内尸骨一具，头西脚东，盆骨以上残为粉状。墓主口中含 8 枚海贝，仰身直肢，经鉴定牙齿，为中年女性。墓底中部建腰坑，东西长 0.46 米，南北宽 0.24 米，深 0.2 米，内中见零星狗骨（图五）。

2. 出土器物

墓内共出土陶器 8 件，泥制器 7 件，海贝 8 枚。

罐　2 件。灰胎褐衣，口微敛，方唇，直领微束，弧折肩，腹部斜直内收，平底略内凹，留绳切旋痕，内底亦有凸起的旋痕。标本 M285:2，斜直领微束。口径 6 厘米，腹径 11.7 厘米，底 6.4 厘米，高 9 厘米（图六，2）。标本 M285:4，直领微束，肩腹部粘一块红彩。口径 6.4 厘米，腹径 11 厘米，底径 6.4 厘米，高 9 厘米（图六，3）。

鬲　2 件。红胎，敛口，平折沿，尖圆唇，束颈，弧肩，鼓腹，下腹内收，三袋足宽矮，极低裆。肩、腹、足饰中绳纹，肩部绳纹被抹去，略成凹弦纹。标本 M285:3，口径 7.4 厘米，腹径 11.6 厘米，高 6.8 厘米（图六，1）。

盂　4 件。其中 2 件灰胎褐衣，敛口，弧平沿，圆方唇，上腹微鼓，下腹弧内收，腹间有棱线，平底，留绳切旋痕。标本 M285:7，口径 10.6 厘米，腹径 11.7 厘米，底径 5.2 厘米，高 6.3 厘米（图六，4）。标本 M285:8，腹部有 6 周轮制时留下的细凹弦纹。口径 10.8 厘米，腹径 12 厘米，底径 5.4 厘米，高 6 厘米（图六，5）。另 2 件灰胎，褐衣多脱色，敞口，平折沿下倾，方唇，腹部弧内收，平底。标本 M285:1，口径、内外腹壁粘些许红彩。口径 12 厘米，底径 6.4 厘米，高 5.2 厘米（图六，6）。标本 M285:5，口径 12 厘米，底径 6.4 厘米，高 5.4 厘米（图六，7）。

泥舟　1 件。标本 M285:13，椭圆形，平底，实心，两侧各捏一耳。长径 2.7 厘米，高 1.8 厘米（图六，8）。

图五 M285 平面图

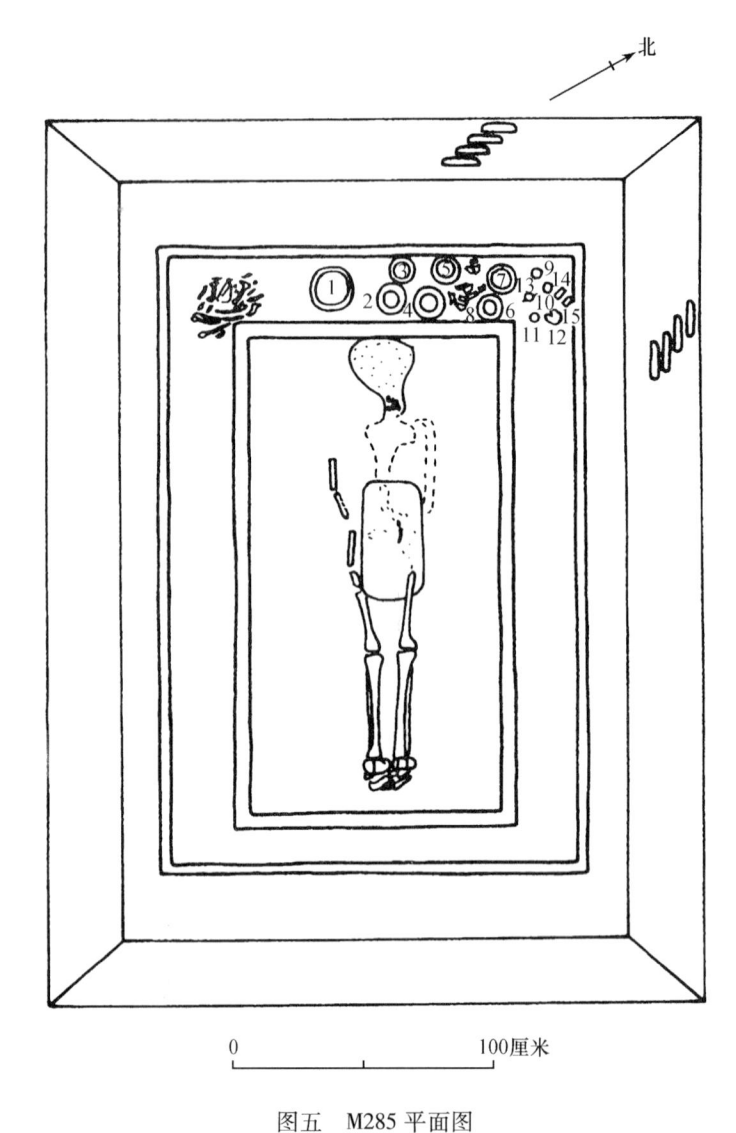

1、5、7、8. 陶盂 2、4. 陶罐 3、6. 陶鬲 9. 泥甑 10. 泥壶 11. 泥鬲 12. 泥饼 13. 泥舟 14、15. 泥梯形器

泥梯形器 2件，碑形。标本 M285:14，长 5.8 厘米，宽 1.9~2.9 厘米，厚 1.2~1.9 厘米，（图六，9）。

海贝 8 枚，出于死者口中，均残，大者长 2.3 厘米，宽 1.7 厘米；小者长 1.8 厘米，宽 1.3 厘米。

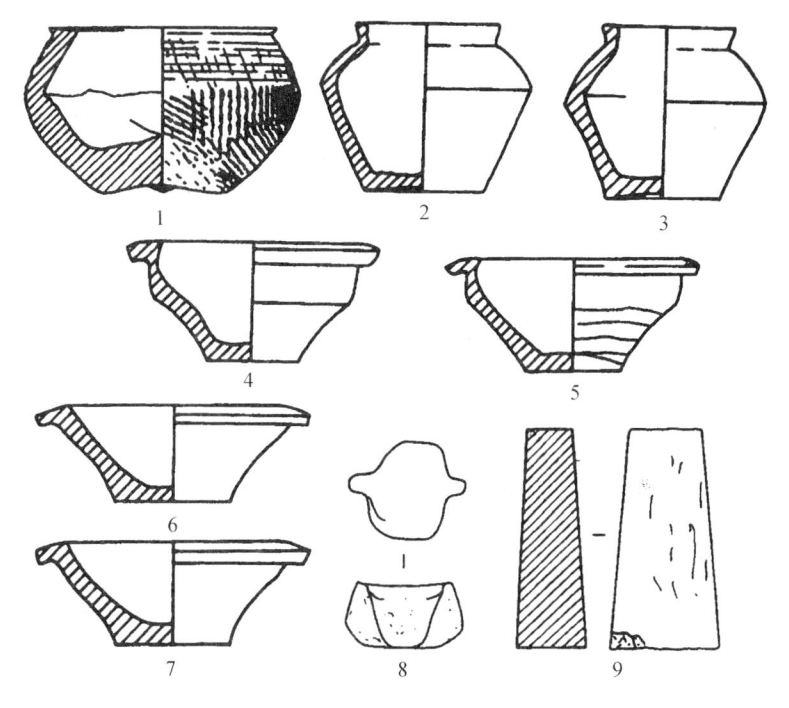

图六　M285 出土器物

1. 陶鬲（M285∶3）　2. 陶罐（M285∶2）　3. 陶罐（M285∶4）　4. 陶盂（M285∶7）　5. 陶盂（M285∶8）
6. 陶盂（M285∶1）　7. 陶盂（M285∶5）　8. 泥舟（M285∶13）　9. 泥梯形器（M285∶14）

三、M6

1. 墓葬形制

M6 位于发掘区东南缘，为南北向竖穴土坑墓，方向 8°。墓口原始层位已失，现开口于耕土层下，墓口南北长 3.1 米，宽 2.6 米，墓底南北长 2.5 米，宽 1.8 米，墓深 5 米。墓壁上部修整光滑，靠近西北角的北壁与西壁上建有不对称的脚窝 9 个，半圆形，宽 0.2 米，高 0.18 米，进深 0.18 米。北壁距墓底 1.1 米处建壁龛一个，长方形，拱顶，宽 1 米，高 0.75 米，进深 0.32 米，内放置陶器，自西向东有鼎、盖豆、豆、盘、匜、壶各 1。墓下部 1 米高的四壁内收 0.04 米，留有密集的工具痕，工具痕宽 0.04 米，深 0.01 ~ 0.03 米，长 0.1 ~ 0.2 米。墓底放置一椁一棺。椁长 2.4 米，宽 1.56 米，厚 0.08 米，高 1 米。棺居于椁内稍偏西处，长 2 米，宽 0.9 米，厚 0.08 米，存高 0.3 米。棺内仰身直肢躺着墓主，头向北，尸骨保存不好，经鉴定，墓主为老年女性。墓内上部填土经过平夯，夯层厚 0.18 ~ 0.25 米，发现 7 层（图七）。

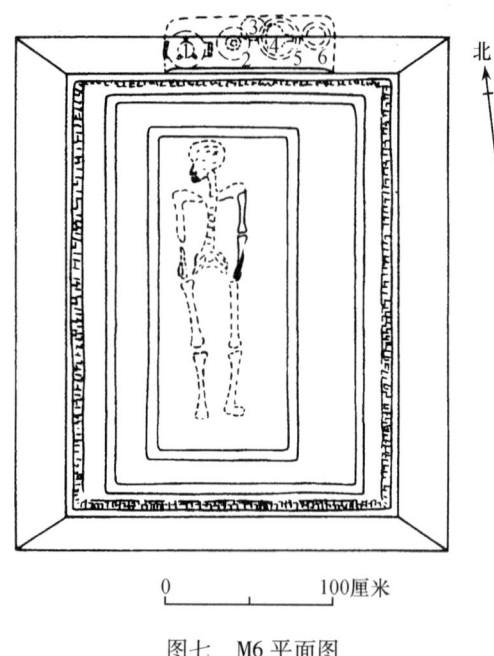

图七 M6平面图
1. 鼎 2. 盖豆 3. 豆 4. 匜 5. 盘 6. 壶

2. 出土器物

墓内共出陶器6件，均为于壁龛内，陶器皆灰胎褐衣。

鼎 1件。标本M6∶1，敛口，方唇，唇外凹槽承盖，宽附耳外撇，深弧腹略垂，圜底，蹄足中空。腹饰两道凸弦纹，弦纹以上饰列齿暗纹间交叉反"S"暗纹。盖为弧平顶，斜方唇，顶置3桥纽，纽内饰2道凸弦纹，外饰2道凹弦纹，弦纹间自内向外分饰反"S"暗纹、列齿间反"S"暗纹、三角横齿暗纹。口径17厘米，腹径22.8厘米，通高22.8厘米（图八，1）。

盖豆 1件。标本M6∶2，敛口，方圆唇，唇外凹槽承盖，深弧腹，圜底，细矮柄，大喇叭圈足，中、下腹饰2道凹弦纹。盖弧顶，斜方唇，上有圆柄捉手，捉手外饰4道凹弦纹，弦纹间反"S"暗纹多已不显。捉手中空，平顶，沿下倾，方唇。口径15.8厘米，柄径3.6厘米，座径13.5厘米，通高25.4厘米（图八，4）。

豆 1件。标本M6∶3，敞口，方唇，浅折腹，圜底，细高柄，喇叭足。盘内饰2道凹弦纹，弦纹间饰连齿暗纹。口径12.6厘米，柄径3.6厘米，足径9.6厘米，高19厘米（图八，6）。

壶 1件。标本M6∶6，侈口，方唇，束颈，弧肩，鼓腹，假圈足底。颈上部饰8道暗纹，颈下部及肩饰6道凹弦纹。盖为子口，方唇，弧顶，顶饰瓦纹。口径8.4厘米，腹径17.2厘米，底径9.2厘米，通高27.2厘米（图八，2）。

盘 1件。标本M6∶5，直口微敛，弧平沿，方唇，折腹，底略内凹。口径22.4厘米，底径12.6厘米，高6.4厘米（图八，3）。

匜 1件。标本M6∶4，椭圆形，敞口，平底，管状流略扬，尖尾内收，略高于器口沿，内底饰反"S"纹，内腹饰连齿纹。口径15厘米，底径8.4厘米，高7厘米（图八，5）。

图八　M6 出土陶器

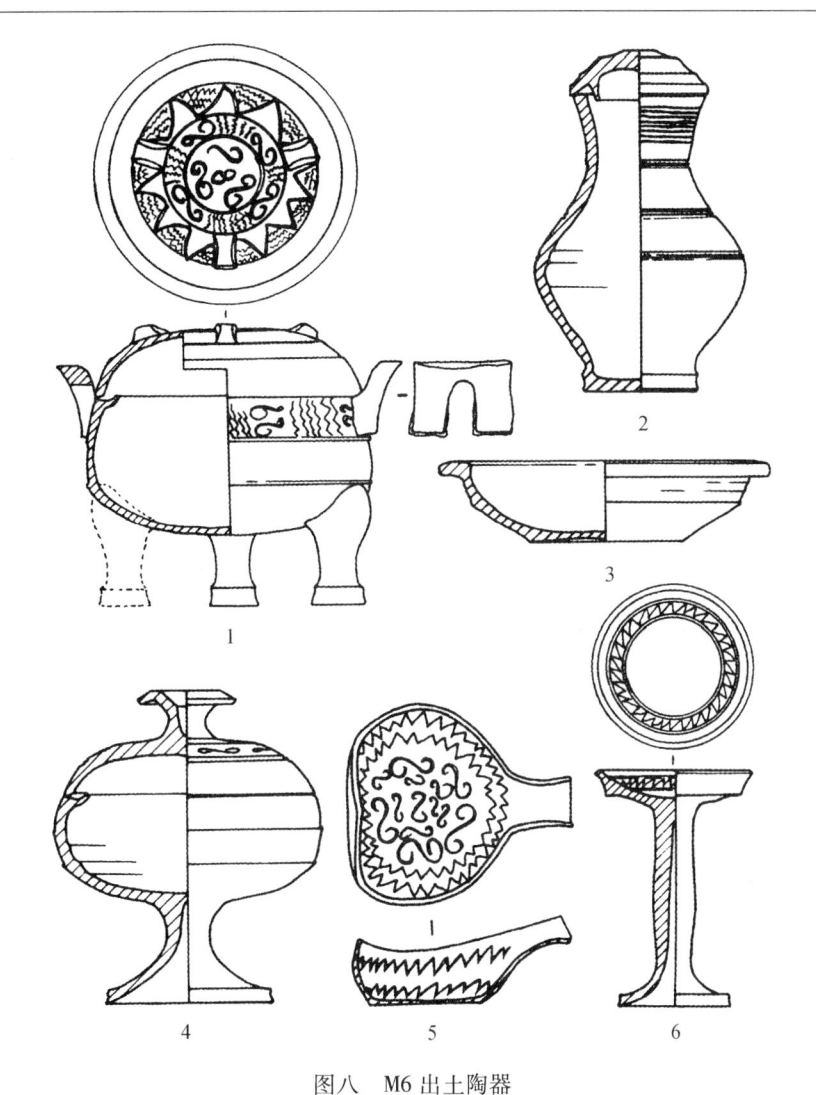

1. 鼎（M6:1）　2. 壶（M6:6）　3. 盘（M6:5）　4. 盖豆（M6:2）　5. 匜（M6:4）
6. 豆（M6:3）

四、M252

1. 墓葬形制

M252 位于发掘区东北缘，为南北向竖穴土坑墓，方向 18°。此处地层已失去 2 米左右，现开口于耕土层下。墓口南北长 3.1 米，南宽 1.9 米，北宽 2.1 米，墓底南北长 2.7 米，南宽 1.65 米，北宽 1.9 米，墓现深 4.7 米。墓壁修整光滑，靠近西北角的西壁与北壁上各存脚窝 9 个，近方形，宽 0.16 米，高 0.15 米，进深 0.1 米，间距 0.3~0.4 米。墓底置棺，棺长 1.96 米，宽 0.84 米，厚 0.06 米，存高 0.2 米。棺与北壁间放置随葬品，自西向东有：罍、鼎、盏、匜、舟、盘、盏盖、罍，其中匜放在舟内，最东边的罍内放有陶鸟1、陶匕2。棺内尸骨一具，仰身直肢，头向北，已成粉状，经鉴定牙齿，墓主为老年女性。墓主口中放置有玉琀，盆骨处放置1件铜带钩（图九）。

2. 出土器物

墓中共出土陶器10件，玉器3件，铜器1件。陶器皆为褐红胎褐衣，器外壁多裹银白色浆衣。

鼎 1件。标本M252:2，敛口，方唇，双附耳外撇且高，深腹近直，圜底，三兽足细高，内侧中空。盖为侈口，方唇，弧顶，顶置中空短柄圆提手。腹饰2道凸弦纹，弦纹间饰红色相对重三角纹，三角纹间点白彩，耳、足饰红、白相间条彩。口径15厘米，腹径19.2厘米，通高20.4厘米（图一〇，1）。

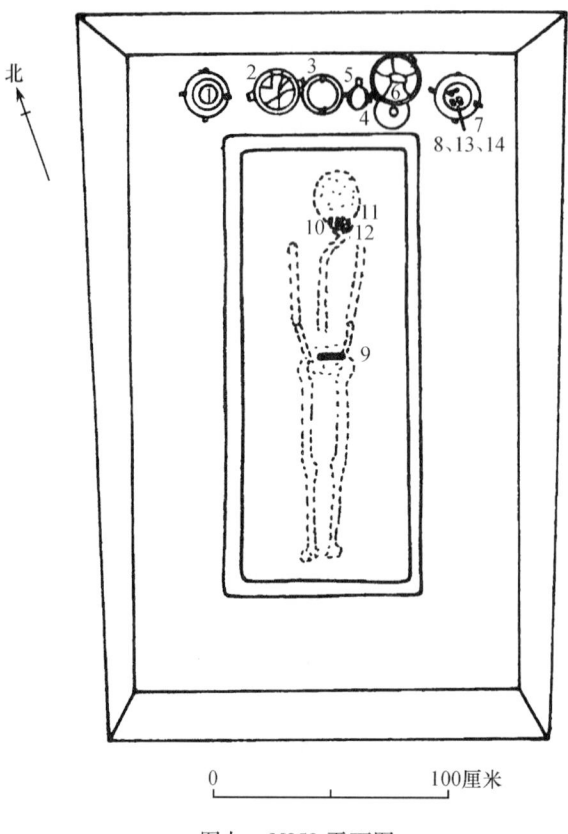

图九 M252平面图
1.罍 2.鼎 3.盏 4.匜 5.舟 6.盘 7.罍 8.陶鸟 9.铜带钩 10、11.玉柱 12.玉琀 13、14.陶匕

罍 2件。侈口，弧平沿，外侧下倾，方唇，束颈，弧肩，鼓腹，平底，三兽足较矮。肩对置2回首兽耳、2鼻状纽。颈、下腹饰红色相对重三角纹，三角纹间点白彩，耳及足饰红、白相间条彩。标本M252:1，口径9.4厘米，腹径20厘米，底径12厘米，高20厘米（图一〇，2）。

盏 1件。标本M252:3，敛口，方唇，上腹短直，下腹弧收，圜底，三兽足较矮，腹上部对饰2牛首耳、2鼻状纽。下腹饰红色相对重三角纹，三角纹间点白彩，耳、足红、白相间条彩。盖为侈口，方唇，弧顶，顶置中空短柄圆提手。口径13.4厘米，腹径16厘米，通高14.4厘米（图一〇，3）。

舟 1件。标本M252:5，椭圆形，侈口，窄卷沿，细圆唇，微束颈，浅腹，圜平底，三短足，沿外对置牛首耳。舟内壁涂银白色浆衣，外腹部饰红色相对重三角纹，三角纹间点白彩，耳、足饰红、白相间条彩。长径12.7厘米，短径10.5厘米，高7.6厘米（图一〇,6）。

盘 1件。标本M252:6，侈口，弧平沿外侧略下倾，方唇，双附耳外撇，浅折腹，圜底，三柱足较细。盘内壁及耳内壁涂银白色浆衣。口径19厘米，高8.8厘米（图一〇，4）

匜　1件，标本 M252:4，整体造型如牛，管状流上扬，上置两耳如牛首，腹浅，前窄后宽如牛腹，短尾似纽，下附三柱足，前二后一。匜内壁及管状流顶涂银白色浆衣，外腹及流两侧饰红色相对重三角纹，三角纹间点白彩，足饰红、白相间条彩。体长15.8厘米，高8厘米（图一〇，5）。

陶匕　2件。标本 M252:13，曲叶形，柄失，残长5厘米，宽3.5厘米，厚0.3厘米。标本 M252:14，柄、匕体残，体背饰重三角纹点白彩。残长4.2厘米。

陶鸟　1件。标本 M252:8，立姿，昂首，引颈，展尾，尾宽，高柱足。鸟身及足饰红条彩，红彩间点白彩。高7.2厘米（图一〇，7）。

玉琀　1件。标本 M252:12，钙白色，共7片，其一上有两穿孔，孔径1毫米，厚0.6毫米。玉琀也许为长方形。

玉柱　2件，出于墓主牙齿附近，也许是玉琀的组成部分。青玉质，方圆柱体，

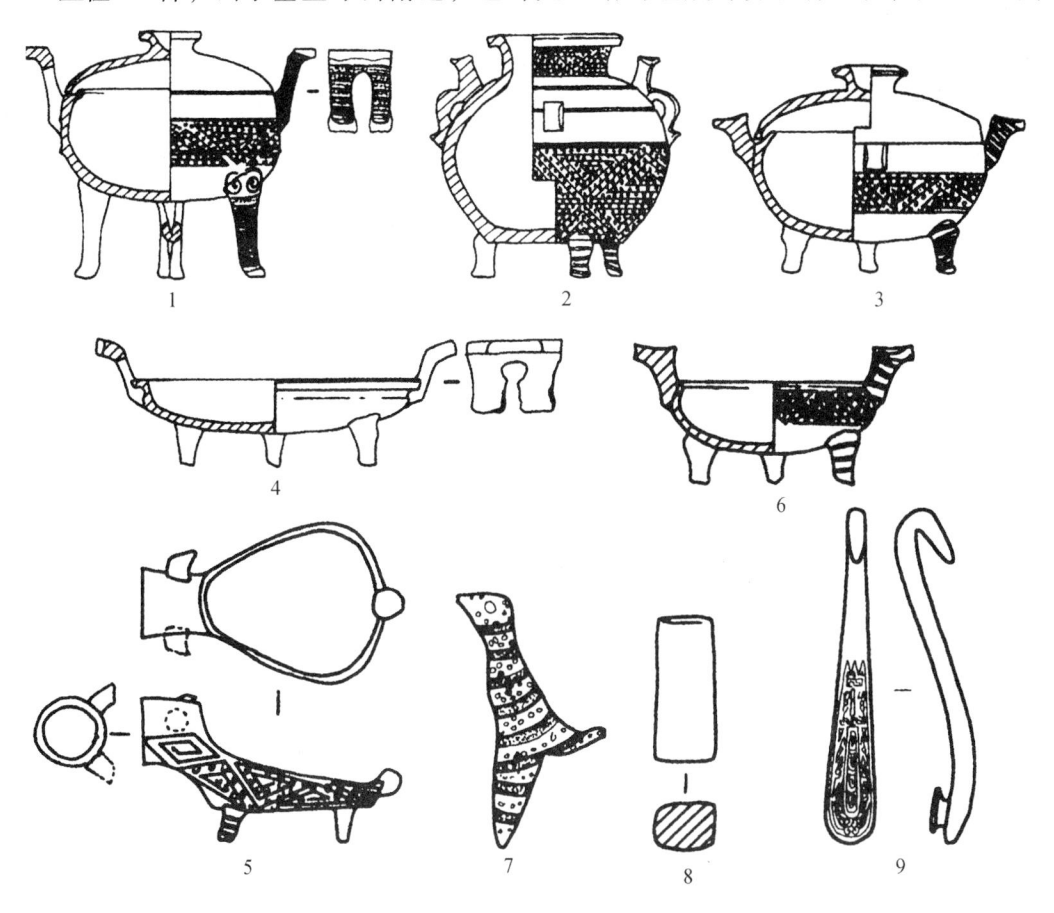

图一〇　M252 出土器物

1. 陶鼎（M252:2）　2. 陶罍（M252:1）　3. 陶盏（M252:3）　4. 陶盘（M252:6）　5. 陶匜（M252:4）
6. 陶舟（M252:5）　7. 陶鸟（M252:8）　8. 玉柱（M252:10）　9. 铜带钩（M252:9）

一端稍细。标本 M252:10，粗端径 0.95 厘米，细端径 0.9 厘米，高 2 厘米（图一〇，8）。

铜带钩　1 件。标本 M252:9，鸭首，长颈，扁圆腹，平背，宽圆尾，尾背置一纽，腹饰重环纹及变形云纹。长 9.5 厘米，尾宽 1.5 厘米（图一〇，9）。

五、墓葬年代

M229、M285 位于发掘区中部，二者相距 26 米，均为东西向长方形竖穴土坑墓，一椁一棺，随葬品置于棺椁之间。随葬品主要有罐、鬲、盂，M285 还随葬有泥制明器。虽然两墓出土的罐、鬲、盂细微处有差别，但均具有折肩、折腹的特征，它们同郑州碧沙岗甲组墓[1]出土的同类器完全一样，同郑州纺织机械厂 M43、M44[2]所出罐、鬲、盂也十分相似，同郑韩故城兴弘花园与热电厂[3]五、六期同类器风格接近。鉴于郑州地区出此类器物的墓葬少数仍存腰坑，同时铁岭墓地东西向墓尚能见到晚于上述器型 II、III 式之罐、鬲、盂，宜将 M229、M285 的年代定在春秋晚期。

M6 位于发掘区东南缘，为南北向竖穴土坑墓，器物放在壁龛中，器物组合为鼎、豆、壶、盘、匜。其中鼎足为蹄足，高柄豆盘壁斜直，壶为薄方唇，壶盖饰瓦纹，这些都是战国早期器物的特点。在洛阳烧沟[4]、郑州二里冈[5]都见到器物相类或相同的墓葬，时代应为战国早期。

M252 位于发掘区东北缘，为南北向竖穴土坑墓，器物放在棺与北壁间，器物组合为鼎、甗、盏、舟、盘、匜，应是郑国仿铜陶器。它的鼎耳有横沿，鼎足瘦高而足端外撇，为爪足，甗、盏的矮足也具这个特征，在郑州碧沙岗[6]、禹县白沙镇[7]、新郑唐户[8]都见到出土这类器物的墓葬。郑韩故城兴弘花园与热电厂出土的甗、盏，从型式看应比 M252 晚，故将 M252 的年代定在春秋中晚期之际。

领　　队：郝红星
发　　掘：董建国　袁国林　郭朝杰　李　浩　孟庆钢等
绘　　图：朱淑景

注　释

[1]　河南省文化局文物工作一队：《郑州碧沙岗发掘简报》，《文物参考资料》1956 年 3 期。
[2]　郑州市文物考古研究所：《郑州纺织机械厂东周墓葬发掘简报》，《华夏考古》2000 年 3 期。
[3]　河南省文物考古研究所：《郑韩故城兴弘花园与热电厂墓地》，文物出版社，2007 年。
[4]　中国科学院考古研究所：《洛阳烧沟附近的战国墓葬》，《考古学报》1954 年总第 8 期。

[5] 河南省文化局文物工作队：《郑州二里冈》，科学出版社，1959年。
[6] 同［1］。
[7] 中国科学院考古研究所：《河南禹县白沙的战国墓葬》，《考古学报》1954年总第7期。
[8] 开封地区文管会、新郑县文管会、郑州大学历史系考古专业：《河南省新郑县唐户两周墓葬发掘简报》，《文物资料丛刊》第2辑，1978年。

（原刊于《文物春秋》2008年第5期）

郑州市高新区布袋李春秋墓葬发掘简报

刘彦锋　丁兰坡　张巧燕

2004年11月，为配合郑州市高新区道路建设和明电舍（郑州）电气工程有限公司工程建设，郑州市文物考古研究所在项目所在地的布袋李村南（图一）进行了考古发掘，共清理古墓葬36座（图二），现将发掘结果报告如下。

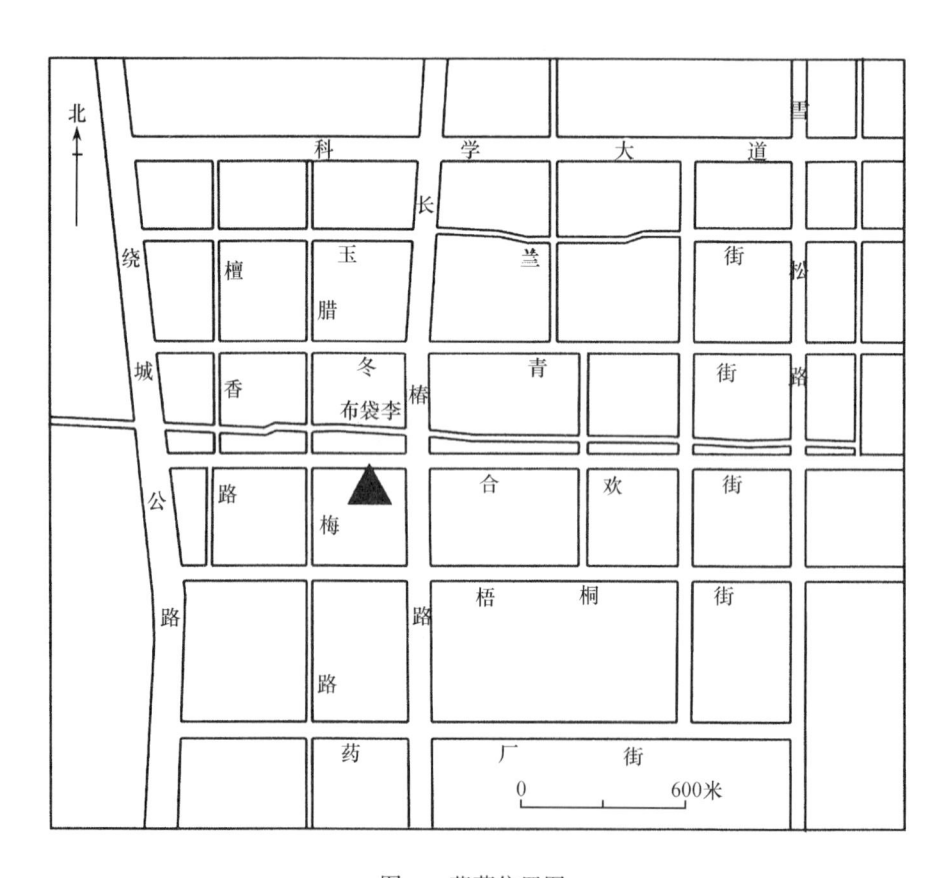

图一　墓葬位置图

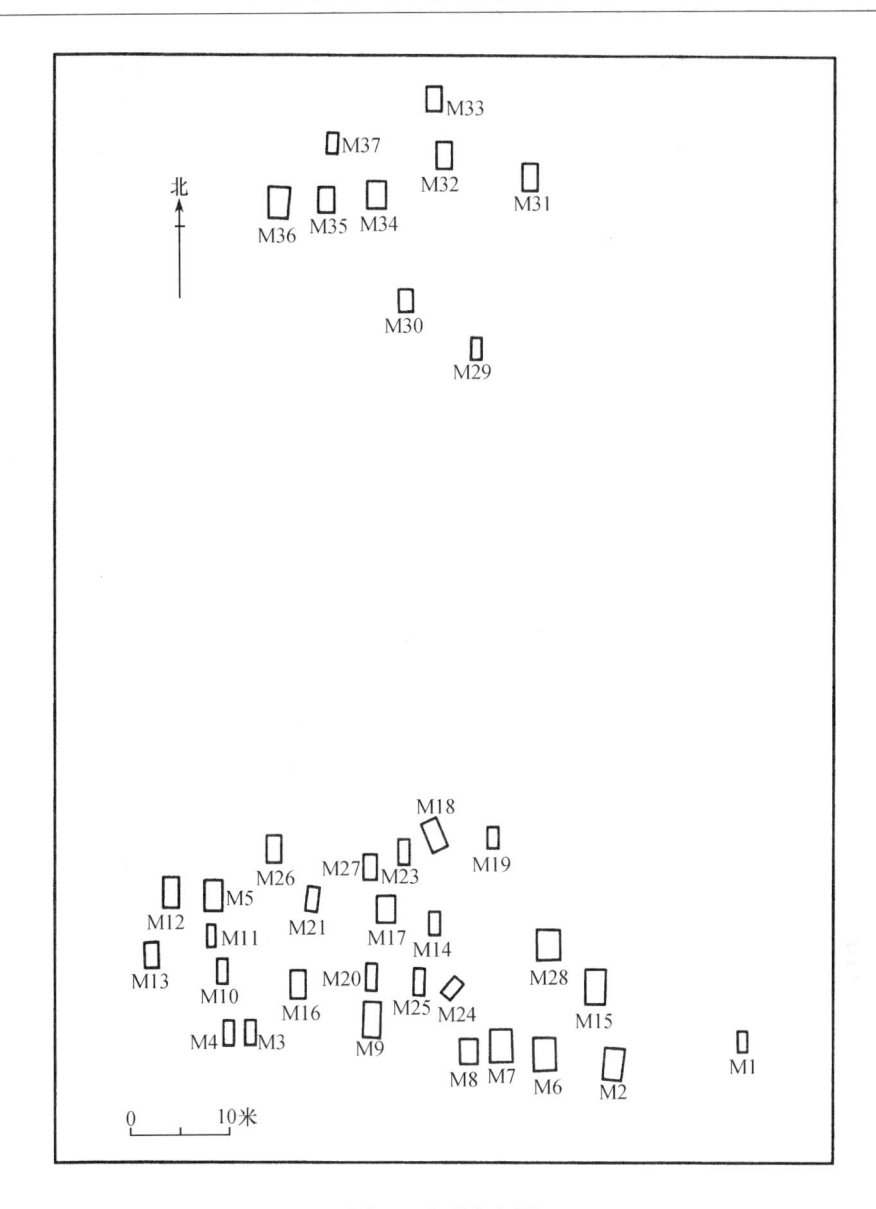

图二 墓葬分布图

一、墓葬形制

此次发掘的36座墓葬均为长方形土坑竖穴墓，多为南北方向，口长1.7~3.4米，宽0.85~2.3米，底长1.7~3.2米，宽0.85~2.3米，墓深0.3~4.80米不等，墓壁大多竖直或略为倾斜，一般墓葬口底同大或墓口略大于墓底，其中口底同大者22座，口大于底者14座。墓内填土均为五花土。

墓葬内葬具多使用木棺椁，但朽蚀严重，仅能见到棺椁灰痕。其中单棺墓葬10座，单棺单椁墓葬25座，重棺单椁墓葬1座，椁外均有二层台，在4座墓葬中设有壁龛。这批墓葬均为单人葬，葬式有仰身直肢和侧身屈肢两种，墓葬中的人骨保存情况较差，大部分骨架朽蚀严重。在保存情况较好的墓葬中也多仅存有头骨或肢骨，完整的骨架几乎没有。

这批墓葬均为单人葬，葬式有仰身直肢和侧身屈肢两种。在有随葬品的18座墓葬中，随葬品的放置情况有以下几种：置于头部或脚部的壁龛中，共4座；放置在棺外椁内或棺椁之间，共9座；放置在棺内墓主人腰部，共3座；其余2座墓葬随葬品的放置位置不详。

M4 长方形土坑竖穴墓，方向195°，坑壁较规整，口长2.6米，北宽1.26米，南宽1.36米，墓深2.55米。墓内置单棺，长1.96米，宽0.8米，棺痕厚0.1米，棺内有人骨架1具，仰身直肢，头向南，双手置于腹前。棺外有二层台，北宽0.2米，南宽0.26米，东宽0.2米，西宽0.3米。在墓葬北壁设有壁龛，长0.7米，高0.32米，深0.2米，壁龛内放置随葬品5件，为陶鬲、陶尊、陶盂各1件，陶豆2件（图三）。

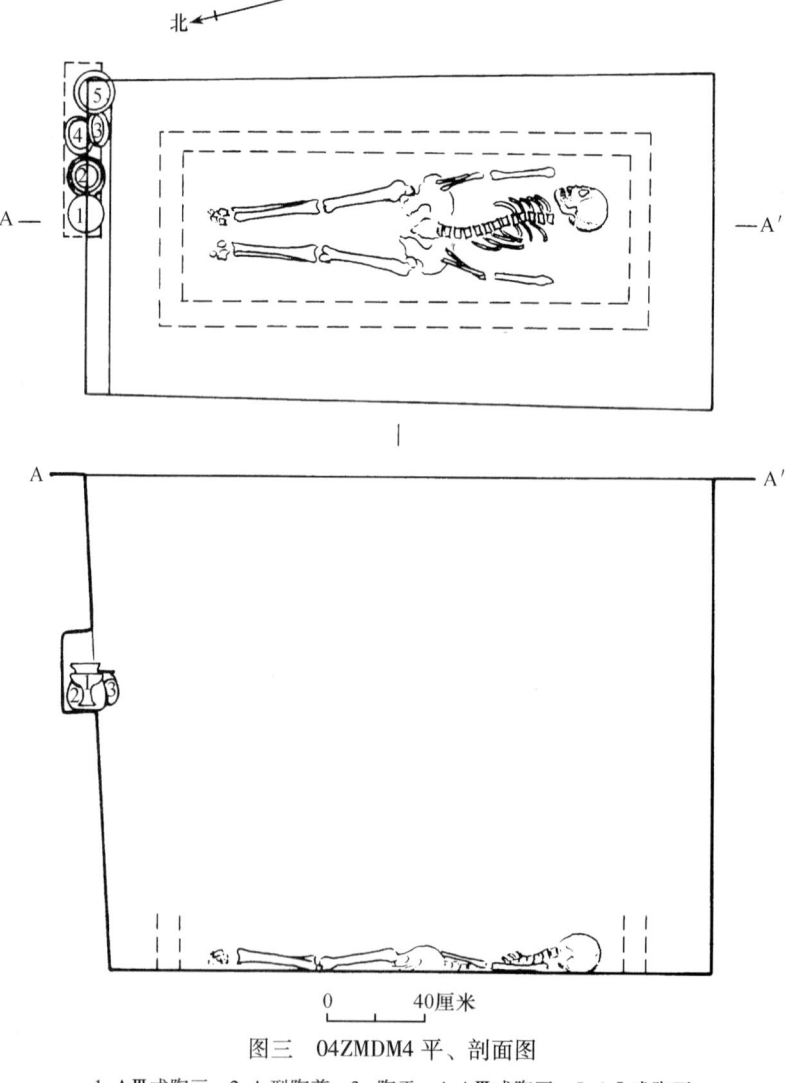

图三 04ZMDM4 平、剖面图
1. AⅢ式陶豆 2. A型陶尊 3. 陶盂 4. AⅢ式陶豆 5. AⅠ式陶鬲

M15 长方形土坑竖穴墓,方向31°,坑壁规整,口大底小,口长3.2米,宽2米,底长3.1米,宽1.9米,墓深2.2米。墓内置单棺单椁,棺室长1.68米,宽0.8米。椁室坍塌,可复原为长2.26米,宽1米。棺内有人骨架一具,侧身屈肢。椁外有活土二层台,北宽0.24米,南宽0.5米,东、西各宽0.4米。随葬品放置在棺外椁内,有陶鬲、陶罐、陶盂各1件(图四)。

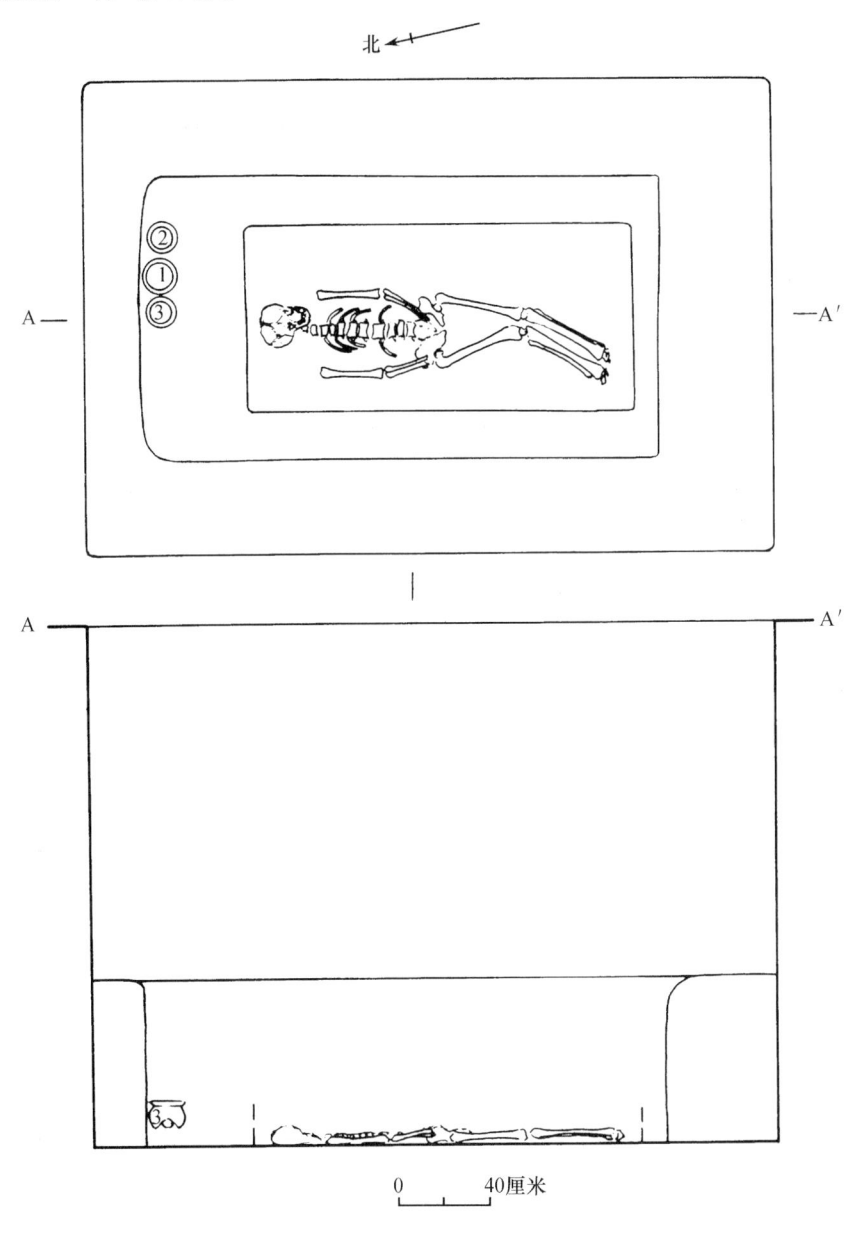

图四 04ZMDM15 平、剖面图
1. AⅢ式陶盂 2. AⅢ式陶罐 3. AⅢ式陶鬲

M20　长方形土坑竖穴墓，方向10°，坑壁比较规整平直，长2.2米，宽1.1米，墓深2.5米。墓内置单棺单椁，棺室长1.6米，宽0.42~0.48米，椁室长2.03~2.08米，宽0.85米，棺内置人骨架1具，仰身直肢。椁外有二层台，北台宽0.03米，南台宽0.07米，西台宽0.16~0.2米，东台宽0.06米。在墓葬的北壁设有壁龛，长0.9米，高0.4米，深0.32米。壁龛内有随葬品5件，为陶鬲、陶罐、陶盂各1件，陶豆2件（图五）。

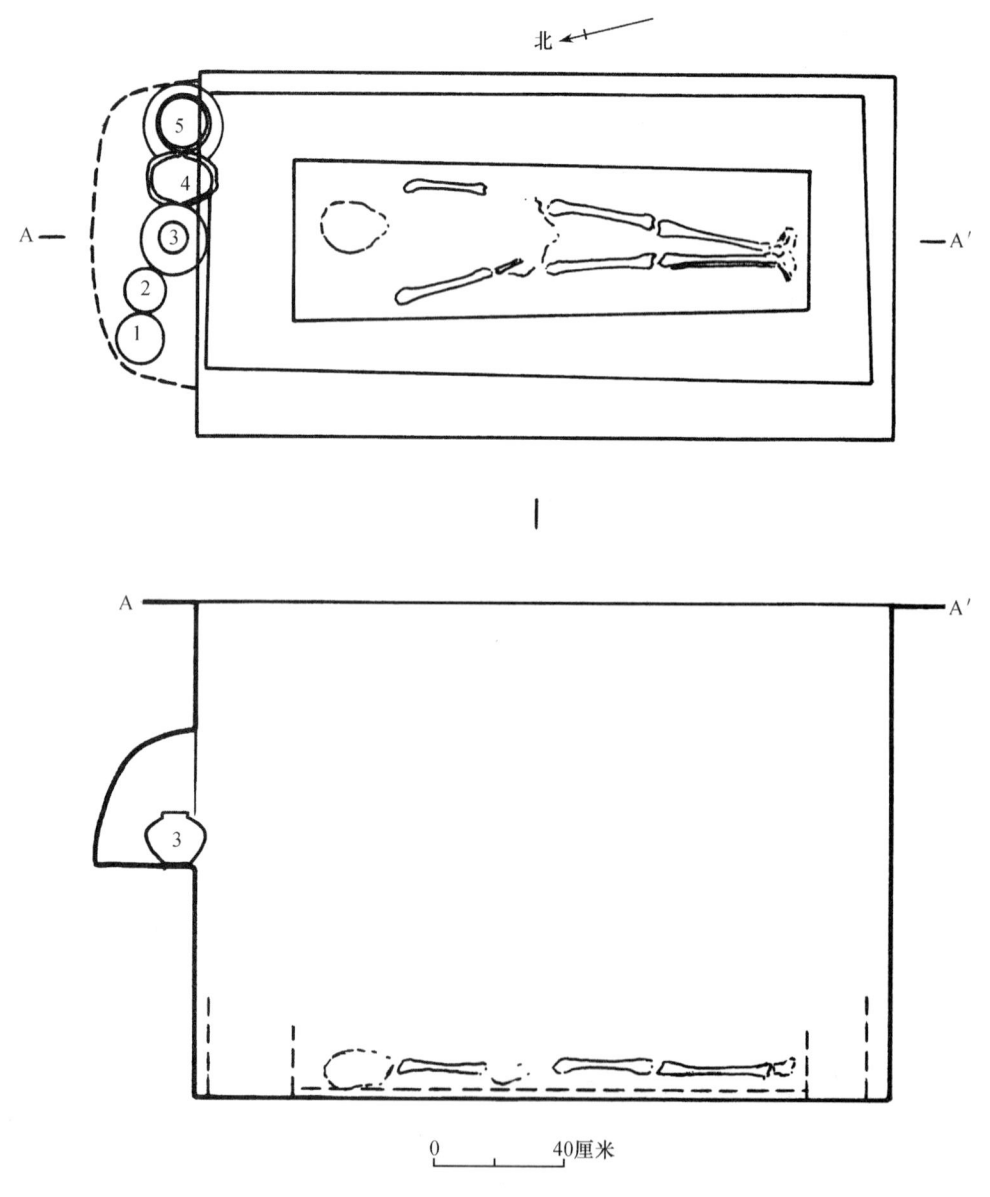

图五　04ZMDM20 平、剖面图
1、2. AⅠ式陶豆　3. C型陶罐　4. AⅠ式陶盂　5. AⅠ式陶鬲

M33 圆角长方形土坑竖穴墓，方向 5°，坑壁较规整，口长 2.4 米，宽 1.55 米，墓深 3 米。墓内置单棺单椁，棺室长 1.5 米，宽 0.6 米，椁室长 1.85 米，宽 0.85 米，棺内置人骨架 1 具，屈身直肢。椁外有二层台，北宽 0.26 米，南宽 0.31 米，东宽 0.34 米，西宽 0.34～0.39 米。在墓底的中部置有一长宽各 0.25 米，深 0.12 米的腰坑，内置随葬品陶盂、陶尊各 1 件（图六）。

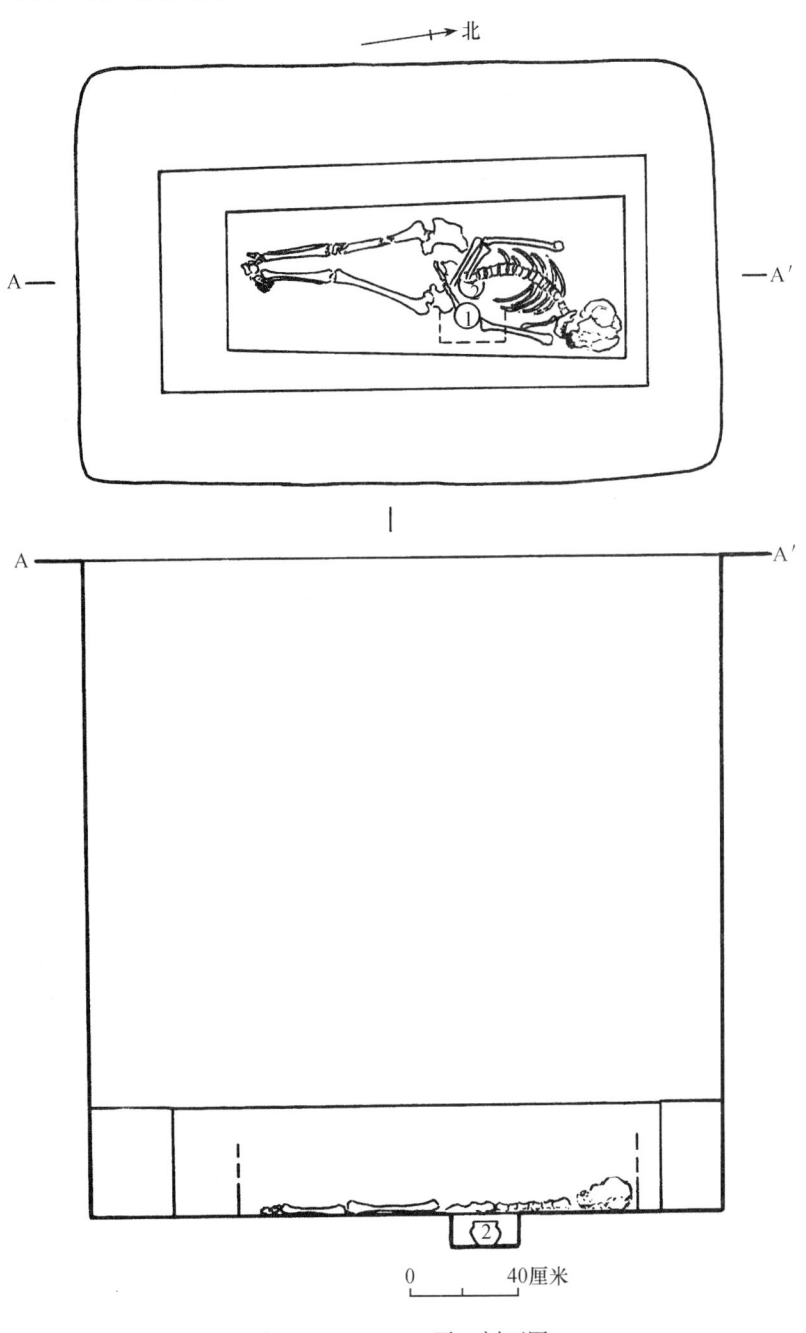

图六　04ZMDM33 平、剖面图
1. C 型陶尊　2. BⅢ式陶盂

二、随葬器物

此次清理的 36 座墓中，有随葬品的墓葬共 18 座，随葬品的放置情况有以下几种：置于头部或脚部的壁龛中，共 4 座；放置在棺椁之间，共 9 座；放置在棺内墓主人腰部，共 3 座；其余 2 座墓葬随葬品的放置位置不详。随葬器物少者 2 件，多者 7 件，均为陶器，部分陶器因烧制火候太低，破碎严重无法修复，可修复的器物共 58 件。陶器主要为泥质灰陶，亦有少量的夹砂红陶和灰陶等。器表纹饰有绳纹、弦纹、云雷纹等。器形有鬲、鼎、罐、盂、豆、尊、罍、盘、匜、器盖等。

鬲 9 件。夹砂红陶 6 件，泥质灰陶 2 件，夹砂灰陶 1 件。依颈部的特征可分为三型。

A 型 无领鬲，6 件，泥质灰陶 1 件，余为夹砂红陶。可分三式。

Ⅰ式：4 件。均夹砂红陶，敛口，折沿，弧肩，矮袋状足，肩部多饰数周瓦纹，腹部及足部饰绳纹。标本 M21∶5，尖圆唇，平折沿，弧腹，通身饰绳纹，腹部绳纹被一周弦纹截断。口径 16.8 厘米，通高 12 厘米。标本 M4∶5，圆唇，腹微折，口径 16.8 厘米，通高 13.5 厘米。标本 M20∶5，方唇，沿面不平，腹微鼓。口径 18 厘米，通高 14.4 厘米（图七，6；彩版二九，1）。

Ⅱ式：1 件（标本 M11∶2）。夹砂红陶，敛口，折沿，方唇，鼓腹，沿上外缘有一周凹弦纹，肩部饰数周瓦纹或弦纹，腹部及足部饰绳纹。口径 25.8 厘米，通高 22.2 厘米（图七，1；彩版二九，2）。

Ⅲ式：1 件（标本 M15∶1）。泥质灰陶，圆唇，折沿，敛口或近直口，弧肩，折腹，下接三乳状足，肩部饰数周瓦纹，足部饰绳纹。口径 10.8 厘米，通高 6.9 厘米（图七，4）。

B 型 矮束领鬲，2 件。可分两式。

Ⅰ式：1 件（标本 M10∶3）。夹砂灰陶，圆唇，平折沿，弧腹，裆近平，三乳状足，腹部及底饰绳纹。口径 19.8 厘米，通高 20.4 厘米（图七，2；彩版二九，3）。

Ⅱ式：1 件（标本 M19∶3）。夹砂红陶，方唇，唇面微凹，平折沿，鼓腹，矮袋状足，足尖圆钝，腹部及底部饰绳纹。口径 16.8 厘米，通高 15 厘米（图七，5；彩版二九，4）。

C 型 1 件（标本 M12∶1）。泥质灰陶，尖唇，卷沿，敛口，鼓肩，斜直腹，平底，下附三实足，足尖外撇，腹部饰绳纹。口径 16 厘米，通高 11.7 厘米（图七，3；彩版二九，5）。

鼎 2 件。分两型。

A 型 折耳鼎，1 件（标本 M28∶1）。泥质灰陶，子口承盖，口内敛，方唇，扁圆腹微折，平底，附三兽状足；圆握纽盖，盖面隆起，方唇。盖口径 18.4 厘米，鼎口径 17.6 厘米，通高 22.8 厘米（图八，2；彩版三〇，1）。

B 型 立耳鼎，1 件（标本 M16∶1）。泥质红胎灰皮陶，子口承盖，口内敛，圆唇，鼓腹较深，圜底，附三兽状足；圆握纽盖，盖面微弧，圆唇。盖口径 19.2 厘米，鼎口径

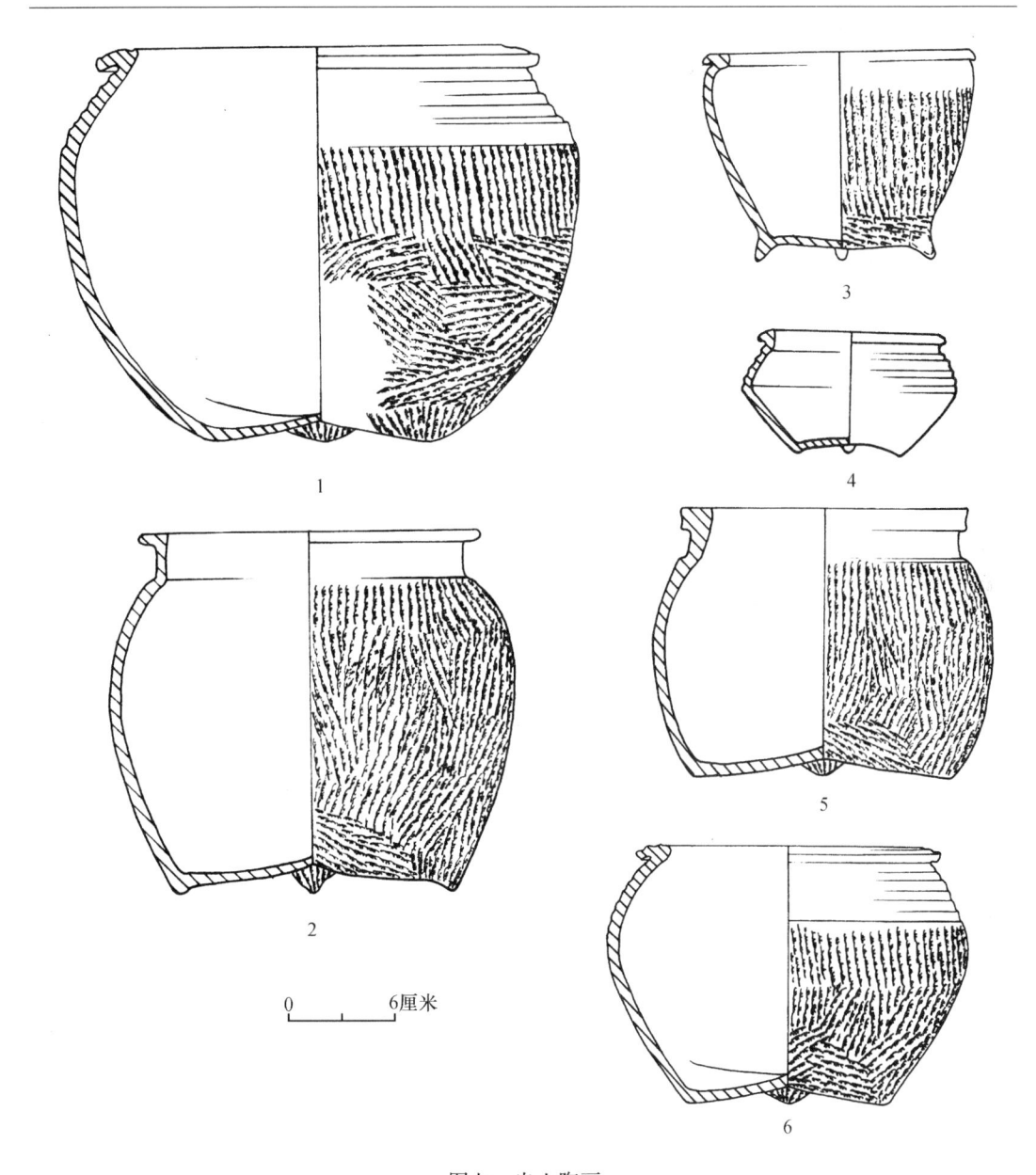

郑州市高新区布袋李春秋墓葬发掘简报 ·215·

图七 出土陶鬲
1. AⅡ式陶鬲（04ZMDM11:2） 2. BⅠ式陶鬲（04ZMDM10:3） 3. C型陶鬲（04ZMDM12:1）
4. AⅢ式陶鬲（04ZMDM15:1） 5. BⅡ式陶鬲（04ZMDM19:3） 6. AⅠ式陶鬲（04ZMDM20:5）

18.4厘米，通高25.6厘米（图八，1；彩版三〇，2）。

罐 6件。均为泥质灰陶。依颈部和腹部的特征可分三型。

A型 4件。可分三式。

Ⅰ式：1件（标本M21:2）。方唇，平沿，直口微敛，矮束领，耸肩，折腹，平底。颈部饰凸弦纹一周。口径12.6厘米，通高15厘米（图八，7）。

Ⅱ式：2件。形制相同，均为方唇，平沿，直口微侈，矮领，斜肩，折腹，平底，颈部、肩部和上腹部饰回纹。标本 M16:2，口径 12.6 厘米，通高 18 厘米。标本 M16:3，口径 11.4 厘米，通高 17 厘米（图八，3）。

Ⅲ式：1 件（标本 M15:2）。方唇，平沿，沿面微下斜，直口，矮领，斜肩，折腹，平底。口径 10.2 厘米，通高 11 厘米（图八，4）。

B 型　1 件（标本 M5:2）。方唇，侈缘，斜沿，垂腹，平底。口径 13.2 厘米，通高 15 厘米（图八，5）。

C 型：1 件（标本 M20:4）。圆唇，敛口，小高领，弧肩，折腹，平底。口径 10.2 厘米，通高 13.2 厘米（图八，6）。

盂　14 件。除 1 件泥质黑陶外，余均为泥质灰陶。依颈部特征可分为三型。

A 型　无领盂，8 件。可分三式。

Ⅰ式：5 件。均泥质灰陶，敛口，折腹，平底。标本 M24:2，方唇，平沿。口径 18 厘米，通高 10.5 厘米（图九，3）。

Ⅱ式：2 件。方唇，斜折沿，弧腹，平底。标本 M16:4，泥质黑陶，方唇，唇面有凹槽，斜折沿，圆腹，平底。口径 17.6 厘米，通高 11 厘米（图九，2）。

Ⅲ式：1 件（标本 M15:3）。泥质灰陶，圆唇，卷沿，弧折腹，平底。口径 16.2 厘米，通高 10.5 厘米（图九，6）。

B 型　矮束领盂，5 件。均为泥质灰陶。可分三式。

Ⅰ式：1 件（标本 M19:2）。方唇，折沿，敛口，折腹，平底，腹折处饰一周凹弦纹。口径 18 厘米，通高 10.8 厘米（图九，7）。

Ⅱ式：3 件。方唇，窄折沿，耸肩或鼓肩，弧腹，平底，素面。标本 M11:3，口径 17.4 厘米、通高 12 厘米（图九，1）。

Ⅲ式：1 件（标本 M33:1）。圆唇，无沿，折肩，折腹，平底。口径 13.5 厘米，通高 9 厘米（图九，5）。

C 型　1 件（标本 M35:1）。泥质灰陶，小方唇，平沿，口微敛，上腹略外撇，下腹折内收，平底，素面。口径 13.8 厘米，通高 8.7 厘米（图九，4）。

豆　12 件。敞口，折腹，喇叭状足。均为泥质灰陶。依其盘的特征可分二型。

A 型　折腹豆。11 件。可分三式。

Ⅰ式：2 件。口侈度大，腹折线靠上，弧底，盘较深，柄较粗。标本 M21:3，口径 16.2 厘米，通高 14.0 厘米。标本 M24:1，口径 17.4 厘米，通高 13.5 厘米（图一○，7）。

Ⅱ式：7 件。腹折线下移，弧底，盘趋浅，柄趋细。标本 M11:1，口径 13.8 厘米，通高 12.6 厘米。标本 M19:1，口径 18.3 厘米，通高 15.6 厘米（图一○，2）。

Ⅲ式：2 件。腹折线近底部，平底，盘较浅，柄较细。标本 M4:1，口径 13.2 厘米，通高 12 厘米（图一○，5）。

B 型　折腹豆。1 件（标本 M26:2）。近直口，弧壁，细柄。口径 12 厘米，通高 13.2 厘米（图一○，4）。

1、2. 0 ———— 8厘米
3~7. 0 ———— 6厘米

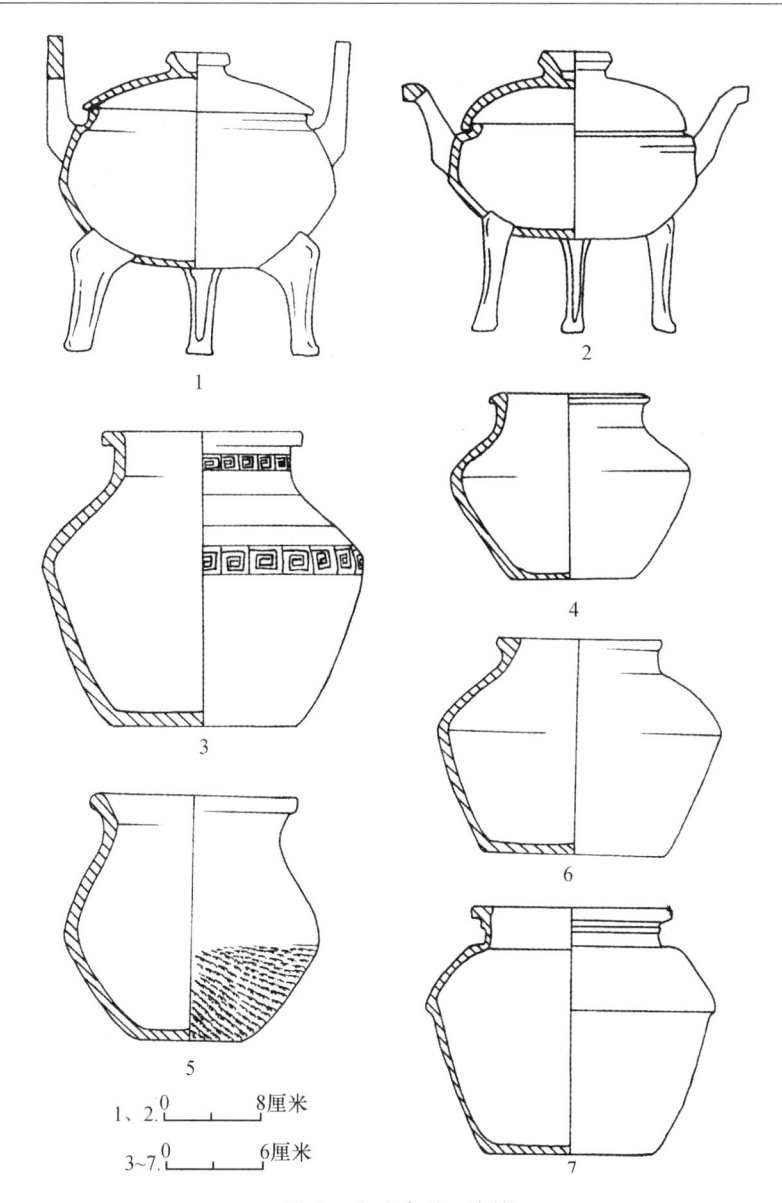

图八　出土陶鼎、陶罐
1. B型陶鼎（04ZMDM16∶1）　2. A型陶鼎（04ZMDM28∶1）　3. AⅡ式陶罐（04ZMDM16∶3）　4. AⅢ式陶罐（04ZMDM15∶2）　5. B型陶罐（04ZMDM5∶2）　6. C型陶罐（04ZMDM20∶4）　7. AⅠ式陶罐（04ZMDM21∶2）

尊　5件。均为泥质灰陶，依腹部和底部特征可分为三型。

A型　圜底尊，2件。高领，溜肩，垂腹，圜底，腹部及底部饰绳纹。M10∶2，圆唇，直口微侈。口径13.8厘米，通高24厘米（图一〇，1）。

B型　2件。侈领，斜肩，弧腹。标本M8∶3，圆唇，直口，窄平沿，高领外侈，底部微凹。口径12.6厘米，通高15厘米（图一〇，3）。

C型　1件（标本M33∶2）。尖唇，小口微敛，小高领微侈，斜肩，圆腹，平底，下腹部饰凹弦纹一周。口径9.6厘米，通高15厘米（图一〇，6）。

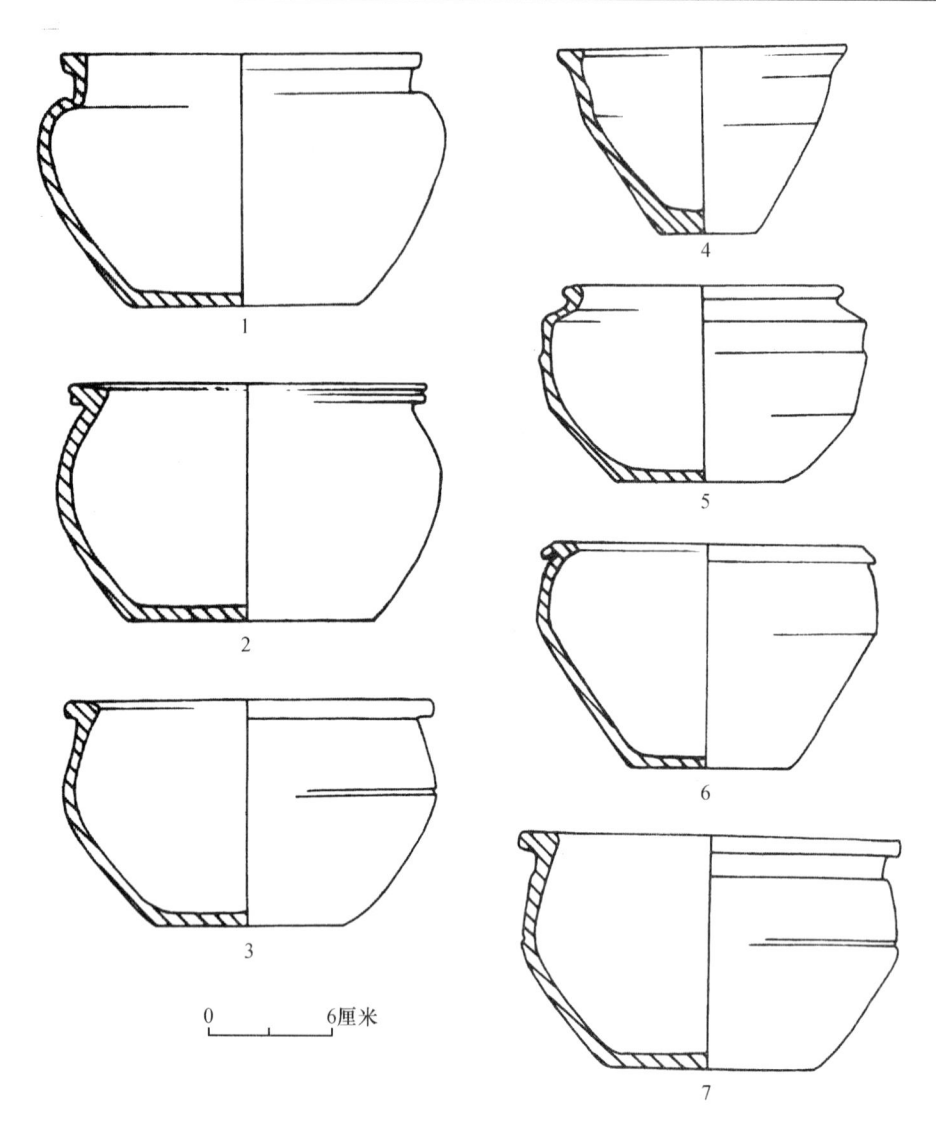

图九　出土陶盂

1. BⅡ式陶盂（04ZMDM11:3）　2. AⅡ式陶盂（04ZMDM16:4）　3. AⅠ式陶盂（04ZMDM24:2）　4. C型陶盂（04ZMDM35:1）　5. BⅢ式陶盂（04ZMDM33:1）　6. AⅢ式陶盂（04ZMDM15:3）　7. BⅠ式陶盂（04ZMDM19:2）

罍　2件。均为泥质灰陶。形制相同，侈口，方唇，唇面内凹，侈领，圆腹，平底，下附三兽状足，腹肩之间有两对对称的卧兽形耳，耳下饰四周凹弦纹。标本 M28:2，口径12厘米，通高26.4厘米。标本 M28:3，口径12厘米，高26厘米（图一一，2；彩版二九，6）。

敦　1件（标本 M28:7）。泥质灰陶，子口，圆腹微折，圜底近平，三兽状足，腹部饰两对对称附耳，其中一对为兽首形耳，口径16.2厘米，高10.8厘米（图一一，6）。

盒 1件（标本 M7:1）。子口，圆腹，平底，附两耳。口径13.2厘米，高6.9厘米（图一一，3）。

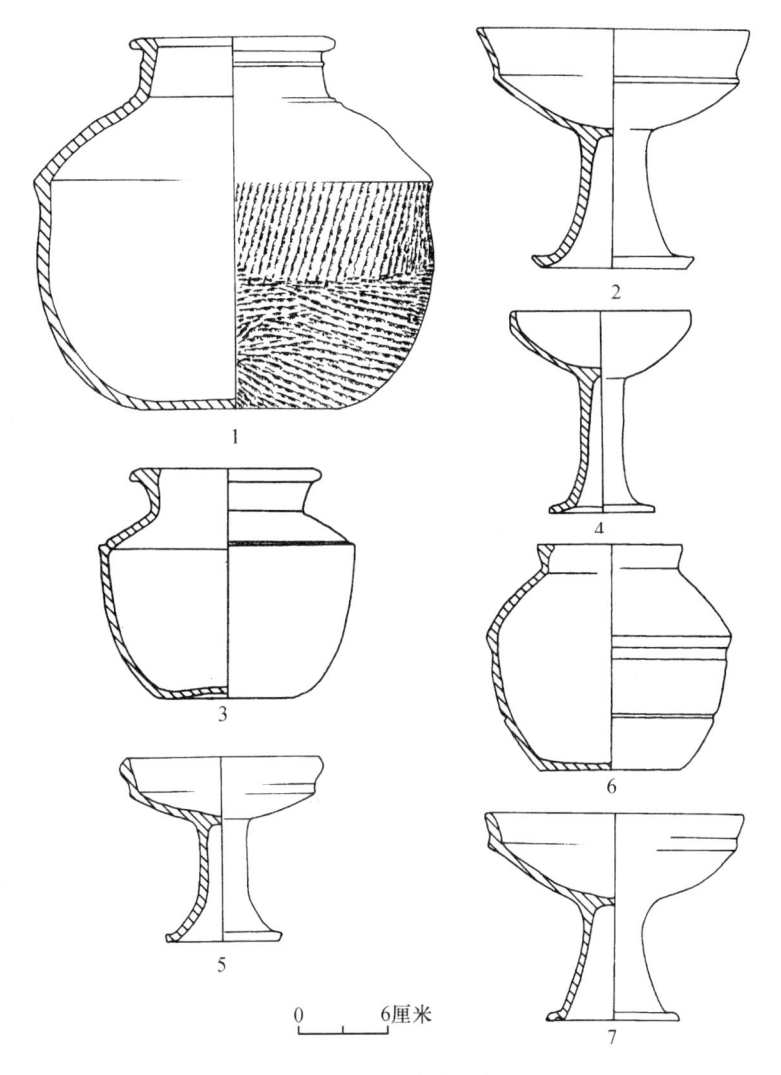

图一〇 出土陶尊、陶豆

1. A型陶尊（04ZMDM10∶2） 2. AⅡ式陶豆（04ZMDM19∶1） 3. B型陶尊（04ZMDM8∶3） 4. B型陶豆（04ZMDM26∶2） 5. AⅢ式陶豆（04ZMDM4∶1） 6. C型陶尊（04ZMDM33∶2） 7. AⅠ式陶豆（04ZMDM24∶1）

盘 3件，均泥质灰陶。分三型。

A型 1件（标本M28∶2）。敛口，方唇，唇面凹槽，浅腹，圈底，三实足。口沿处饰对称外折立耳，耳有方穿。口径24厘米，高9.3厘米（图一一，1；彩版三〇，3）。

B型 1件（标本M28∶6）。敛口，圆唇，腹稍浅，底平微内凹，腹部外附一对兽首形耳。口径15厘米，高9厘米（图一一，7；彩版三〇，4）。

C型 1件（标本M8∶2）。附两小耳。直壁，弧底，底部饰绳纹。口径9.6厘米，高3厘米（图一一，9）。

匜 2件。均为泥质灰陶。分二式。

Ⅰ式：1件（标本M28∶5）。弧腹，下接三足。前有流，流附双耳，尾部残，残长21

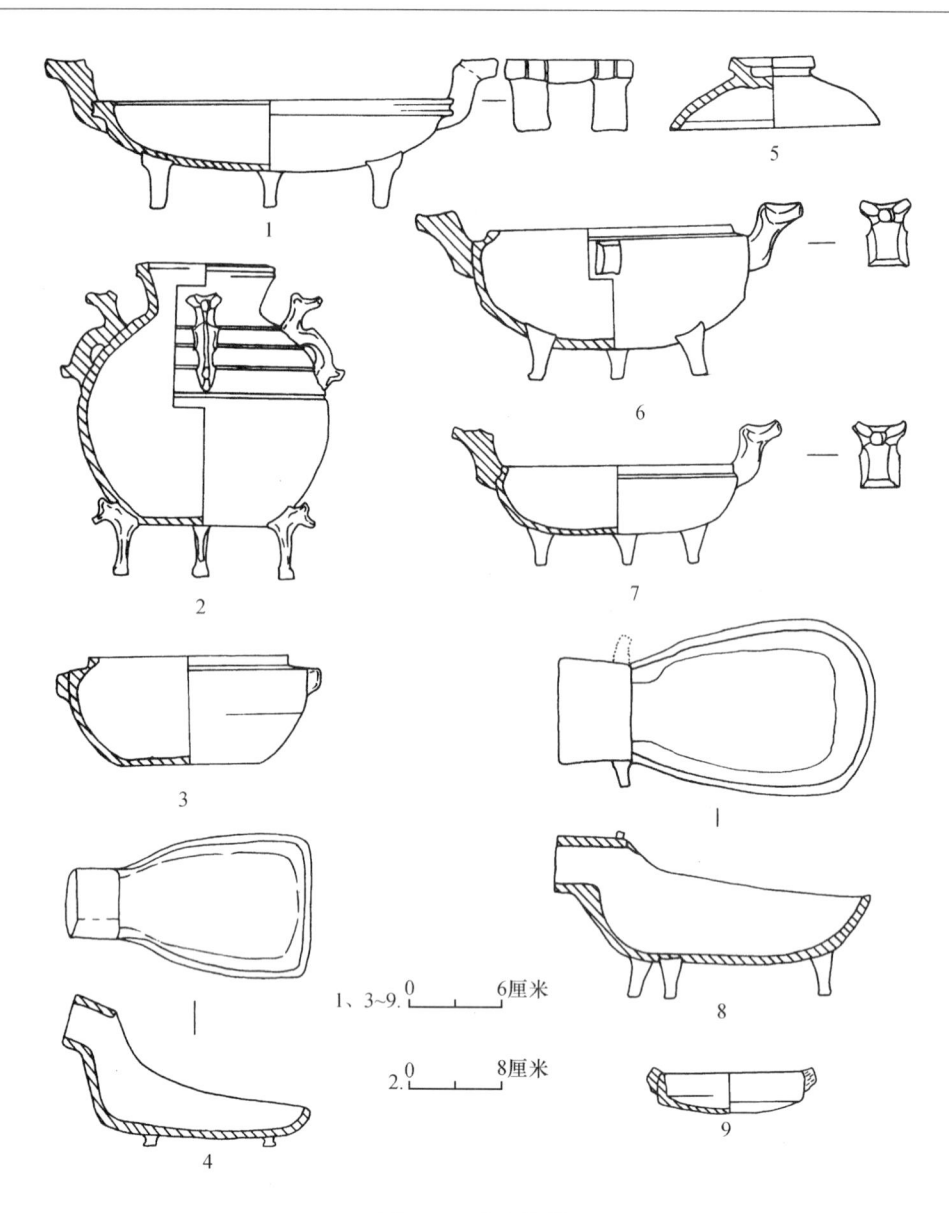

图一一　出土陶器

1. A 型陶盘（04ZMDM28∶2）　2. 陶罍（04ZMDM28∶3）　3. 陶盒（04ZMDM7∶1）　4. Ⅱ式陶匜（04ZMDM7∶2）
5. 器盖（04ZMDM8∶1）　6. 陶敦（04ZMDM28∶7）　7. B 型陶盘（04ZMDM28∶6）　8. Ⅰ式陶匜（04ZMDM28∶5）
9. C 型陶盘（04ZMDM8∶2）

厘米，通高 10.2 厘米（图一一，8；彩版三〇，5）。

　　Ⅱ式：1件（标本 M7∶2）。有流无尾，三矮足。长 16.5 厘米，高 9.6 厘米（图一一，4；彩版三〇，6）。

　　器盖　1件（标本 M8∶1）。泥质灰陶，弧壁，圆握纽。口径 13.8 厘米，通高 4.5 厘米（图一一，5）。

三、结　语

1. 随葬品的组合

这次发掘有随葬品的 18 座墓葬中，除 M6 的鼎、罐（？），M7 的鼎，M8 的鼎、豆，M24 的鬲、罐（？）等器物，因烧制火候太低，陶片较碎，无法复原外，随葬品中有明显的组合关系，大致可分为一下几类。

第一类：以鬲、豆、罐、盂为基本器物组合，或用这组陶器中的一种、两种或三种器物来随葬，具体的组合关系可分为以下几种。

① 鬲、豆、罐、盂（M20、M21、M24）

② 鬲、豆、盂（M11、M19、M26）

③ 罐、盂（M5）

④ 鬲、盂（M12）

⑤ 鬲、罐、盂（M15）

第二类：以鬲、豆、盂、尊为基本器物组合，或用这一组陶器中的两种器物来随葬，具体组合关系有以下两种。

① 鬲、豆、盂、尊（M4、M10）

② 盂、尊（M33、M35）

第三类：以鼎、罐、盂为器物组合。仅有 M16 一座墓。

第四类：以一鼎、双罍、两盘、一匜、一敦为基本组合。仅有 M28 一座墓。

第五类：以鼎（无法复原）、盒、匜为器物组合。仅有 M7 一座墓。

第六类：以鼎（无法复原）、尊、盘为器物组合。仅有 M8 一座墓。

在明确了器物组合之后，考察出土器物的型式变化，可将墓葬细分为以下四组。

第一组：M20、M21、M24

第二组：M11、M19、M26、M4、M10、M5、M16

第三组：M28

第四组：M12、M15、M33、M35、M8、M7

2. 分期与年代

第一期：以 M20、M21、M24 为代表。随葬品以鬲、豆、盂、罐为基本组合。其中 AⅠ式鬲与郑州碧沙岗的Ⅰ式鬲（M125∶11）[1]，AⅠ式豆与郑州碧沙岗的Ⅰ式豆（M127∶2，M106∶3）[2]，AⅠ式盂与郑州碧沙岗的Ⅰ式盂（M127∶5）[3]，AⅠ式罐与郑州碧沙岗的Ⅰ式罐（M148∶1）相同[4]，而此组墓葬在埋葬形制方面均为南北向，且随葬品均放置在壁龛内，因此此组墓葬的年代应在春秋中期稍晚。

第二期：① 以 M11、M19、M26、M5、M4、M10、M16 为代表。随葬品以鬲、豆、

盂、罐，鬲、豆、盂、尊或鼎、罐、盂中的一种、两种、三种或四种为基本组合。其中BⅠ式鬲同郑州碧沙岗 M34:2[5]，AⅡ式豆同郑州碧沙岗 M150:3[6]，AⅢ式豆同郑州碧沙岗 M104:4[7]，A型尊同郑州碧沙岗 M253:1[8]，AⅡ式盂同禹县白沙 M121:2[9]，AⅡ式罐同郑州碧沙岗 M155 的罐[10]，因此此组墓葬的年代应在春秋晚期。

② 以 M28 为代表。随葬品以一鼎、双罍、两盘、一匜、一敦为基本组合。此组墓葬的器形均仿铜器制作，仿铜器特征明显。其中 A 型折耳鼎与郑州碧沙岗 M227:10 的鼎[11]，罍与新郑李家村 M1:13 的罍[12]，盘则与禹县白沙 M129:4 的盘相同[13]，匜则介于禹县白沙 M155:2[14] 与郑州碧沙岗 M224:7[15] 之间。因此此组墓葬的年代也应在春秋晚期。

第三期：以 M15、M12、M33、M35、M8、M7 为代表，随葬品的基本组合不定，但此时出现了典型的春秋战国之际的器物，如 M15:1 的"鼎式鬲"，因此此组墓葬的年代应在春秋晚期偏晚或战国初期。

另有 18 座墓葬因为没有随葬品而无法归类，但根据墓葬的方向、葬具、葬式、骨架保存状况等特征推测这组墓葬的年代也应为春秋中晚期。

领　　队：刘彦锋
发　　掘：丁兰坡　张吉民　校庆义　潘　敏
绘　　图：校庆义

注　释

[1] 河南省文物局文物工作队第一队：《郑州碧沙岗发掘简报》，《文物》1965 年第 3 期。
[2] 同 [1]。
[3] 同 [1]。
[4] 同 [1]。
[5] 同 [1]。
[6] 同 [1]。
[7] 同 [1]。
[8] 同 [1]。
[9] 陈公柔：《河南禹县白沙的战国墓葬》，《考古学报》第七册。
[10] 同 [1]。
[11] 同 [1]。
[12] 河南省文物研究所：《河南新郑李家村发现春秋墓》，《考古》1983 年第 8 期。
[13] 同 [9]。
[14] 同 [9]。
[15] 同 [1]。

郑州市高新区布袋李春秋墓葬登记表

墓号	方向	墓葬形制	规格（长×宽－深）米	葬式	葬具	性别	随葬品	备注
M1	35°	长方形土坑竖穴墓	1.70×0.70－0.30	仰身直肢	单棺		无	
M2	30°	长方形土坑竖穴墓	3.00×1.90－2.40	仰身直肢	单棺单椁	男老	无	
M3	15°	长方形土坑竖穴墓	2.50×1.30－2.70	仰身直肢	单棺单椁		无	
M4	195°	长方形土坑竖穴墓	2.60×1.26－2.55	仰身直肢	单棺	男壮	AⅠ式豆、AⅢ式豆、A型尊、盂	豆2件
M5	15°	长方形土坑竖穴墓	2.60×1.46－3.05	仰身直肢	单棺单椁		BⅡ式盂、B型罐	
M6	8°	长方形土坑竖穴墓	3.00×2.25－3.70	侧身屈肢	单棺单椁		鼎、罐（无法复原）	
M7	10°	长方形土坑竖穴墓	3.30×2.30－3.85	仰身直肢	单棺单椁	男壮	Ⅱ式匜、C型盘（无法复原）	
M8	20°	长方形土坑竖穴墓	2.30×2.00－4.10	侧身直肢	重棺单椁	?老	B型尊、C型盘、器盖、鼎、豆（无法复原）	
M9	20°	长方形土坑竖穴墓	3.40×2.00－4.80	仰身直肢	单棺单椁		无	
M10	12°	长方形土坑竖穴墓	2.25×1.00－2.55	仰身直肢	单棺单椁	女壮	BⅡ式鬲、AⅡ式豆、BⅡ式盂、A型尊	
M11	10°	长方形土坑竖穴墓	2.00×0.80－1.75	仰身屈肢	单棺		AⅡ式鬲、AⅡ式盂、BⅡ式罐	
M12	20°	长方形土坑竖穴墓	2.90×1.34－2.70	仰身直肢	单棺单椁		C型鬲、AⅡ式鬲	
M13	13°	长方形土坑竖穴墓	2.35×1.40－2.30	仰身直肢	单棺单椁	男老	无	
M14	20°	长方形土坑竖穴墓	2.20×1.30－1.20	侧身屈肢	单棺	男壮	无	
M15	31°	长方形土坑竖穴墓	3.20×2.00－2.20	侧身屈肢	单棺单椁		AⅢ式盂、AⅢ式盂、AⅠ式罐	
M16	15°	长方形土坑竖穴墓	2.65×1.46－2.00	仰身直肢	单棺单椁		AⅡ式罐、AⅡ式盂、B型鼎	罐2件
M17	20°	长方形土坑竖穴墓	2.80×1.80－2.20	仰身直肢	单棺单椁	女中	无	
M18	350°	长方形土坑竖穴墓	3.20×1.50－3.80	侧身屈肢	单棺单椁		AⅡ式豆、BⅠ式盂	
M19	3°	长方形土坑竖穴墓	2.30×1.18－2.30	侧身屈肢	单棺		BⅡ式鬲、AⅡ式豆、BⅠ式盂	南壁龛

续表

墓号	方向	墓葬形制	规格（长×宽-深）米	葬式	葬具	性别	随葬品	备注
M20	10°	长方形土坑竖穴墓	2.20×1.10-2.50	仰身直肢	单棺单椁	女老	AⅠ式鬲、AⅠ式豆、AⅠ式盂、AⅠ式罐	豆2件北壁龛
M21	15°	长方形土坑竖穴墓	2.65×1.30-2.05	侧身屈肢	单棺单椁		AⅠ式鬲、AⅠ式、AⅡ式豆、AⅠ式盂、C型罐	豆2件北壁龛
M23	4°	长方形土坑竖穴墓	2.50×1.15-3.20	侧身屈肢	单棺	男壮	无	
M24	215°	长方形土坑竖穴墓	2.20×1.16-1.80	仰身直肢	单棺单椁	女老	AⅠ式豆、AⅠ式盂、鬲、罐（无法复原）	北壁龛
M25	20°	长方形土坑竖穴墓	2.20×0.85-2.40	仰身直肢	单棺		无	
M26	22°	长方形土坑竖穴墓	2.80×1.40-3.30	仰身直肢	单棺单椁	女壮	AⅡ式鬲、B型豆、AⅠ式盂、豆（残碎）	
M27	20°	长方形土坑竖穴墓	2.60×1.30-2.00	仰身直肢	单棺	男壮	无	
M28	20°	长方形土坑竖穴墓	3.20×2.50-2.50	侧身屈肢	单棺单椁		A型鼎、罍、A型盘、B型盘、Ⅰ式匜、敦	罍2件盘2件
M29	15°	长方形土坑竖穴墓	2.20×0.98-2.30	仰身直肢	单棺单椁		无	
M30	15°	长方形土坑竖穴墓	2.40×1.25-2.10	仰身直肢	单棺单椁	男老	无	
M31	10°	长方形土坑竖穴墓	2.65×1.40-2.00	仰身直肢	单棺单椁		无	
M32	20°	长方形土坑竖穴墓	2.70×1.50-1.90	仰身直肢	单棺	女老	无	
M33	5°	长方形土坑竖穴墓	2.40×1.55-3.00	仰身直肢	单棺单椁		BⅢ式盂、C型尊	
M34	3°	长方形土坑竖穴墓	2.50×1.80-3.20	仰身直肢	单棺单椁	男老	无	
M35	18°	长方形土坑竖穴墓	2.65×1.60-2.50	仰身直肢	单棺单椁	男中	B型尊、C型盂	
M36	30°	长方形土坑竖穴墓	2.80×2.10-3.30	侧身屈肢	单棺单椁		无	
M37	25°	长方形土坑竖穴墓	2.00×1.00-2.50	侧身屈肢	单棺		无	

郑州市市政工程总公司战国墓葬发掘简报

信应君　张文霞

2004年2～3月，为配合郑州市市政工程总公司住宅楼工程建设，郑州市文物考古研究所对工程区内古墓葬进行了清理，共发掘战国墓葬52座。现将发掘情况报告如下：

郑州市市政工程总公司战国墓位于郑州市南阳路南段西侧、金水路西段北侧，金水路42号院内。这一带地势较高，是郑州市区战国墓葬分布相对集中的地区，以往在周围地区曾多次进行发掘。这次发掘位于该墓葬区的西南部（图一）。所发掘墓葬位于南北排列的三幢拟建住宅楼基槽内，楼与楼间距18米，基槽宽12米。墓葬排列有序，大致南北布局，东西排列（图二）。发掘时基建方已将基槽表土推掉2米左右，部分墓葬已遭破坏，因此墓葬形制及出土随葬器物组合不明或不完全。本简报根据现存情况予以介绍。

图一　墓葬位置示意图

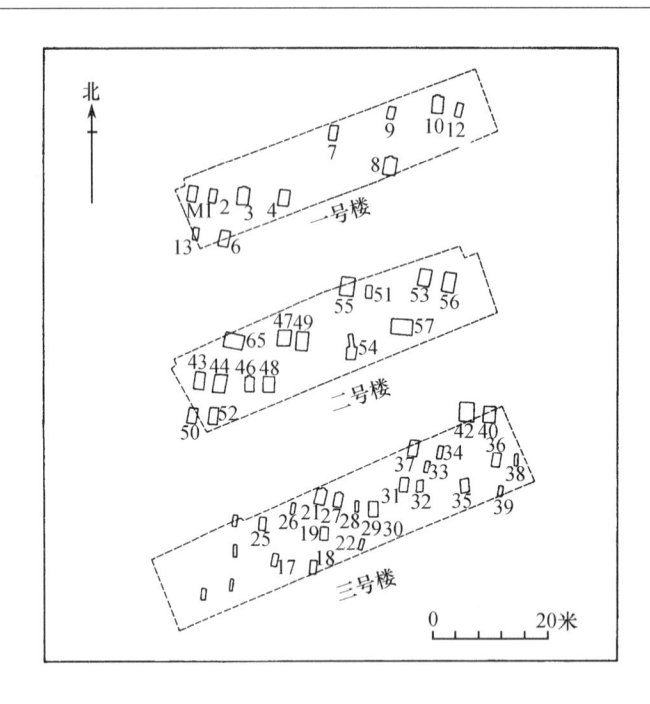

图二　郑州市市政总公司战国墓分布图

一、墓葬形制

52座战国墓中，51座为长方形竖穴土坑墓，1座为长方形竖穴土坑墓道洞室墓。长方形竖穴土坑墓又可分为两类：一类头端设有壁龛，共19座；一类头端不设壁龛，共32座。墓葬除2座为东西向外，余皆为南北向，方向在2°～275°。带壁龛的墓形制较大，一般口长2.2～3.7米、宽1.6～2.6米，底长2.2～3.1米、宽1.3～1.7米，墓深（指现存深度）1.1～1.9米。口部略大于底，坑壁倾斜。未带壁龛的墓，口长1.9～3米、宽0.7～2.5米，底长1.8～2.5米、宽0.6～1.5米，墓深0.1～1.26米。墓内填土为暗红色五花土，较黏硬，个别墓葬填土经夯打。

壁龛均设在头端墓壁上，内置随葬陶器。龛底距墓底高0.35～1.45米，口宽0.5～0.72米，高0.35～0.8米，进深0.3～0.5米。个别较深的墓，在墓室西、北两壁近角处有脚窝，脚窝多呈半圆形，宽0.15～0.2米，高0.1～0.16米，深0.1～0.2米，上下间距约0.4米。两排脚窝呈不对称交错分布。

墓内葬具均使用木棺椁，但朽蚀严重，仅能见棺椁灰痕。分为单棺墓和单棺单椁墓。52座战国墓中，葬具不明者8座（M19、M22、M23、M24、M26、M28、M38、M39），这些墓葬上部破坏较甚，现存深度一般在0.1～0.54米，多为0.3米左右。墓葬形制狭长，宽度一般0.7米左右，最宽的1.26米（M39），且多无随葬物品。推想现存深度可能即为墓室底部。单棺墓38座，一棺一椁墓6座（M1、M10、M21、M37、M42、M44）

均带有壁龛。葬式除 9 座墓因骨架无存或腐朽严重无法断定，M7 骨架散乱，葬式不详，推测可能属于二次葬，其余 43 座墓葬的葬式可分为四种形式：仰身直肢葬、仰身屈肢葬、侧身屈肢葬及俯身屈肢葬。其中仰身直肢葬 29 座（7 座墓骨架上体残，下部直肢，根据侧身及俯身葬式中未有直肢的特征，将这 7 座墓归于仰身直肢葬内），仰身屈肢葬 9 座，侧身屈肢葬 3 座，俯身屈肢葬 1 座。另外，屈肢葬式的墓葬除 M3、M27 外，墓壁头端均不带壁龛。现以 M29、M44、M45、M54 为例，分别介绍如下：

M29 长方形竖穴土坑墓，方向 2°。上部破坏，坑壁斜直，口大底小。现存开口长 2.76 米，宽 1.7 米；底长 2.5 米，宽 1.5 米；现深 1.36 米。墓底置一棺，棺长 2.13 米，宽 0.8 米，高 0.46 米。棺内有人骨架 1 具，上体残，下肢直，推测可能为仰身直肢。棺外为生土二层台，高 0.46 米。北二层台宽 0.17 米，东、西二层台宽 0.35 米，南二层台宽 0.2 米。未见随葬物品（图三）。

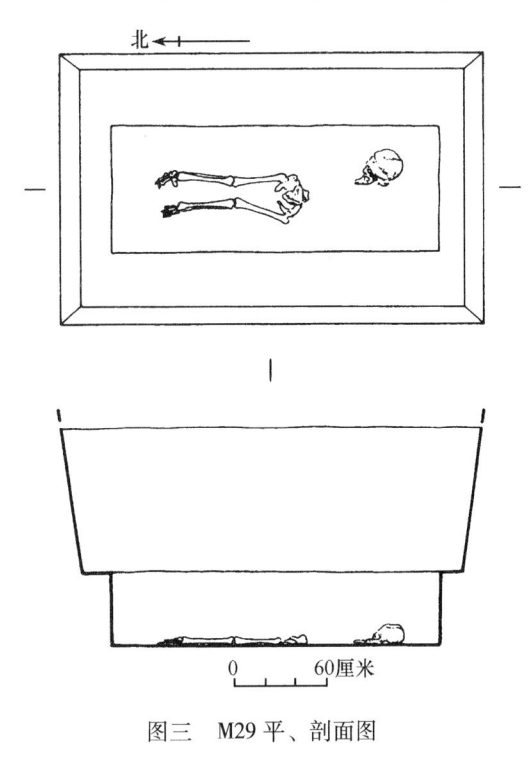

图三 M29 平、剖面图

M44 长方形竖穴土坑墓。方向 9°。坑壁斜直，口大底小。坑口长 3.2 米，宽 2.3 米；底长 2.66 米，宽 1.64 米；墓深 2.3 米。北壁中间设一壁龛，龛底距墓底高 0.92 米，口宽 0.65 米，高 0.36 米，进深 0.46 米。龛内置陶鼎、陶盒、陶壶、陶盘、陶匜各 1 件。墓底置一棺一椁，椁长 2.5 米，宽 1.3 米，高 0.6 米，椁板厚 0.07 米；棺长 1.95 米，宽 0.65 米，高 0.2 米；椁板厚 0.03 米。棺内骨架几乎无存，葬式不明，内随葬铜带钩 1 件，平首方足布 11 枚。椁外有熟土二层台，高 0.6 米。北二层台宽 0.1 米，东二层台宽 0.26 米，南二层台宽 0.24 米；西二层台宽 0.23 米（图四）。

M45 长方形竖穴土坑墓。方向 95°。坑壁斜直，口大于底，坑口长 3.4 米，宽 2.5 米；底长 2.56 米，宽 1.32 米。东壁设一壁龛。龛底距墓底高 1.45 米，口宽 0.8 米，高 0.45 米，进深 0.44 米，内置陶质鼎、盒、壶、盘、匜各 1 件。墓底置一棺，棺长 2.26 米，宽 1.1 米，高 0.4 米，厚 0.1 米。棺内置人骨架 1 具，头向东，仰身直肢。棺外有熟土二层台，高 0.4 米。东二层台宽 0.24 米，南二层台宽 0.45～0.55 米，西二层台宽 0.15 米，北二层台宽 0.24 米（图五）。

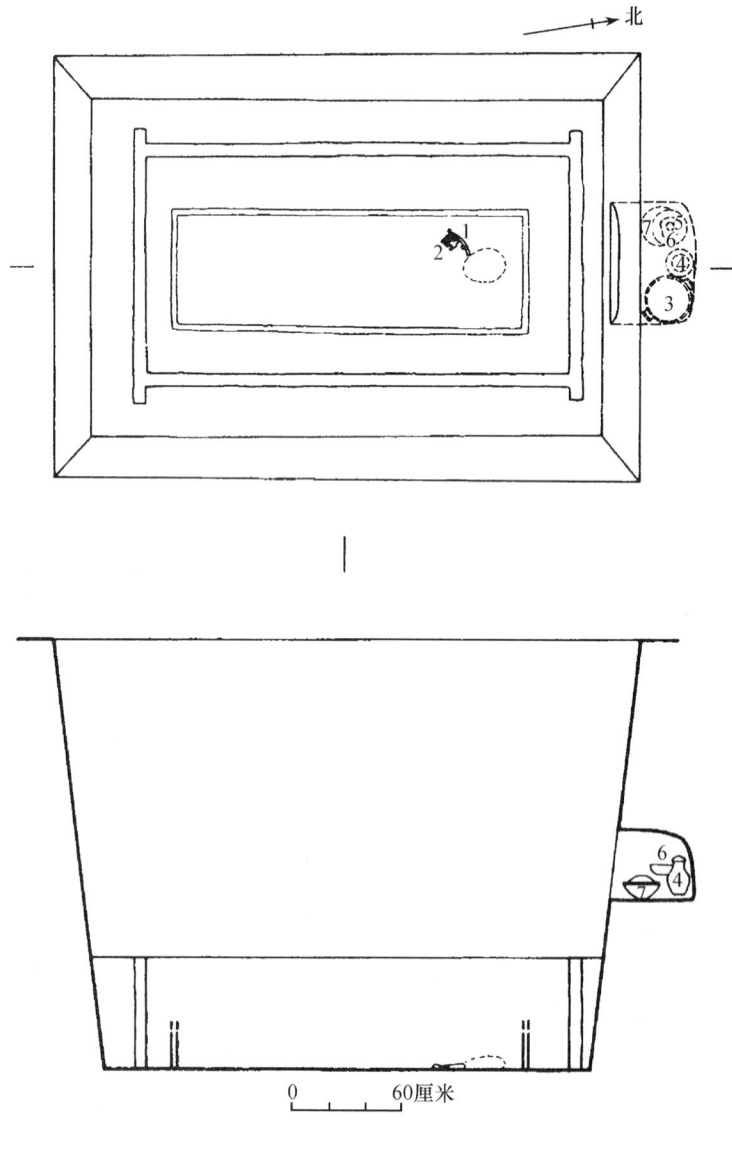

图四　M44 平、剖面图
1. 铜带钩　2. 平首布　3. 陶鼎　4. 陶壶　5. 陶匜　6. 陶盘　7. 陶盒

M54　长方形竖穴土坑墓道洞室墓。方向 187°。墓葬由墓道和墓室两部分组成。墓道位于洞室南端，上部破坏。墓道长 2.4 米，宽 1.5~1.6 米，现深 0.85 米。洞室顶部已挖毁，长 2.1 米，宽 0.8~0.9 米，高 0.65 米。洞室内置人骨架 1 具，头向北，仰身屈肢，骨架旁置铜璜 1 件（图六）。

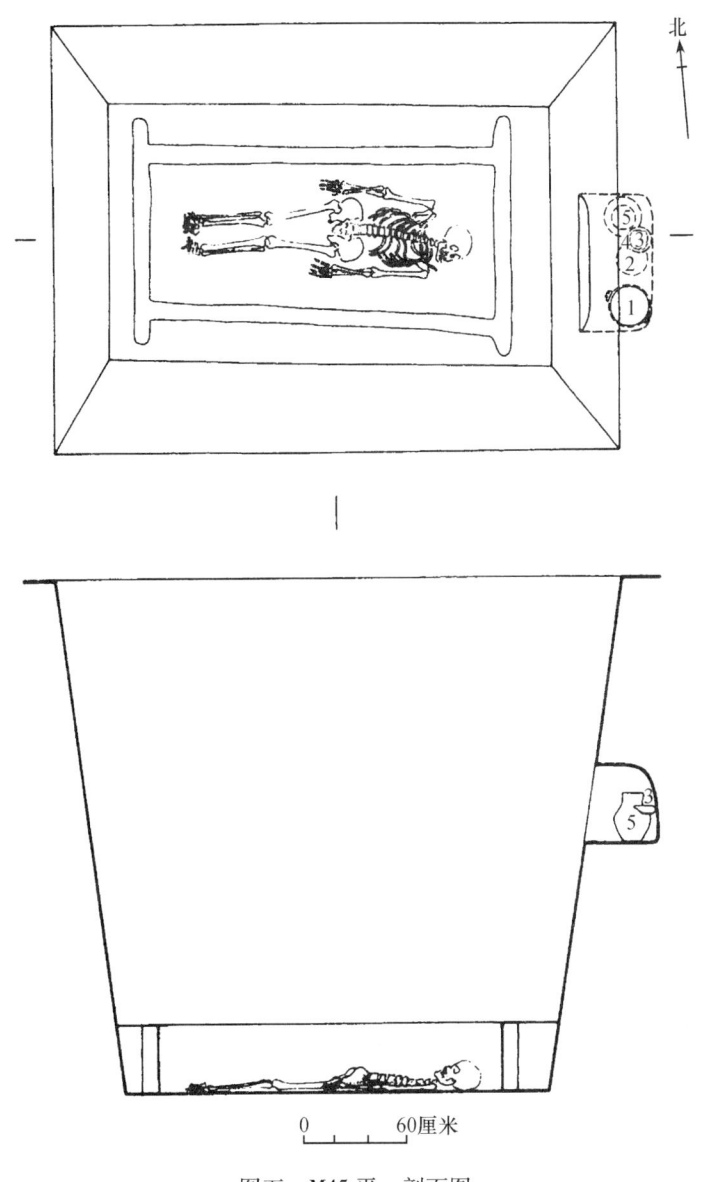

图五　M45 平、剖面图
1. 陶鼎　2. 陶盒　3. 陶匜　4. 陶盘　5. 陶壶

图六　M54 平、剖面图
1. 铜璜

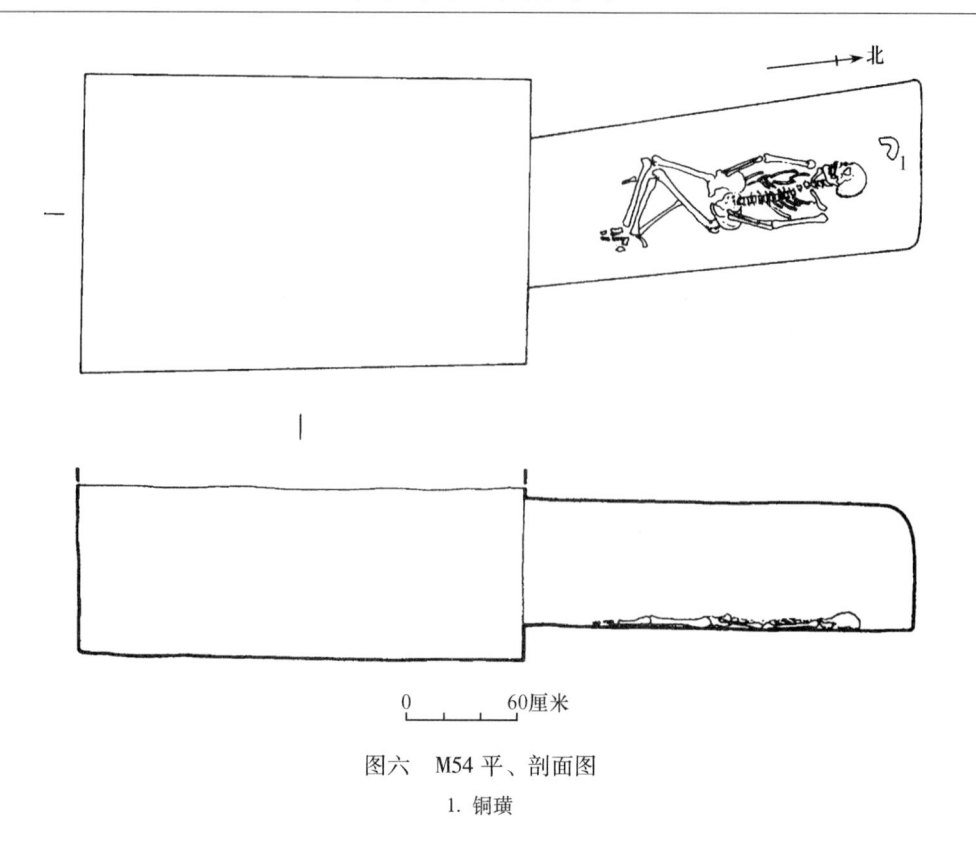

二、随葬物品

52 座战国墓中，有 16 座墓未有随葬品，其余 36 座墓葬均有随葬物品出土，少者 1 件，多者 10 余件，现分别介绍如下。

1. 陶器

36 座有随葬品的墓葬中，共有 25 座墓葬出土各类陶器 73 件。除 10 件因火候较低破碎严重无法修复外，完整器及可修复者共计 63 件。除 1 件为夹砂红陶外，余均为泥质灰陶。纹饰主要有绳纹、弦纹、瓦纹三种。绳纹常见于鼎的腹下部及底部，个别壶的腹部饰间断绳纹。弦纹主要见于壶的肩、腹部，鼎的盖、腹部及豆、壶外壁。瓦纹则常见于鼎、壶、豆的器盖上及壶的腹部。

陶器的制法主要有轮制、模制和手制三种。另外，在鼎足、鼎耳与器壁、豆柄与豆盘、壶底圈足结合部分，采用粘接法。匜的尾部和流部采用捏制法。部分壶、匜、盘及鼎的下腹部用竹片或其他工具刮削。

器型主要有鼎、豆、壶、盘、匜、罐、碗、盒、釜等。

鼎　12 件。分出于 12 座墓中，除 2 件因火候低破碎无法复原外，完整器共 10 件，分三式。

Ⅰ式：3件（标本M40:3、标本M53:5、标本M56:5）。敛口，子口承盖，弧腹，圜底或平底，三兽蹄形足。标本M40:3，弧腹较高，圜底，扁圆形附耳，无孔。蹄足粗壮，根部内侧中空。口径16厘米，通高20.6厘米（图七，1）。标本M56:5，子口微敛，深弧腹，方附耳方孔，上沿外撇。蹄足较矮，根部粗壮，内侧中空。盖顶平，有旋痕。腹饰凹弦纹一周。口径19.8厘米，通高18.3厘米（图七，2）。

Ⅱ式：4件（标本M8:1、标本M10:6、标本M44:3、标本M45:1）。子口承盖，上腹趋直，圜底近平或平底，方附耳外撇，方孔或无孔，三兽蹄足较高。标本M8:1，耳上部尖。盖圆隆，饰凹弦纹一周。口径18.2厘米，通高21厘米（图七，3）。标本M44:3，瓦状耳外撇，蹄足根部扁平，素面。口径19.5厘米，通高22厘米（图七，4）。标本M45:1，扁圆附耳外撇，扁圆孔不透。素面。口径19厘米，通高22厘米（图七，5）。

Ⅲ式：3件（标本M37:3、标本M42:4、标本M55:5）。子口内倾，圜底近平，方附耳或扁圆附耳，耳外部有凹槽，扁平蹄足较矮，外撇较甚。足与足间距增大，耳足间距缩小。标本M42:4，盖圆隆，素面。口径16.5厘米，通高18.5厘米（图七，6）。

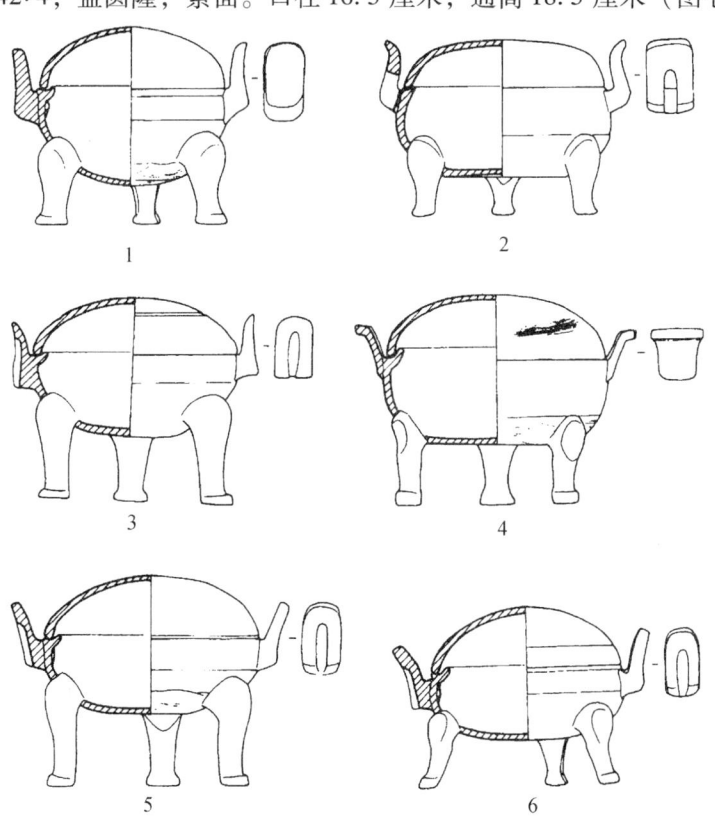

图七　出土陶鼎
1. Ⅰ式鼎（M40:3）　2. Ⅰ式鼎（M56:5）　3. Ⅱ式鼎（M8:1）　4. Ⅱ式鼎（M44:3）　5. Ⅱ式鼎（M45:1）　6. Ⅲ式鼎（M42:4）

壶　18 件。分出于 18 座墓中，除 3 件因破碎无法复原外，完整器物共 15 件，均为泥质灰陶，分两型。

A 型　13 件。分出于 13 座墓中，根据器物腹部的变化分四式。

Ⅰ式：3 件（标本 M45∶5、标本 M53∶2、标本 M56∶1）。侈口，平沿，短束颈，弧肩，球状腹，平底，盖顶近平。标本 M56∶1，底有轮旋痕，素面。口径 11.8 厘米，底径 12.5 厘米，通高 29.2 厘米（图八，1）。标本 M53∶2，火候较低。下腹部有刮削痕。口径 12 厘米，底径 11.5 厘米，通高 27.2 厘米（图八，2）。

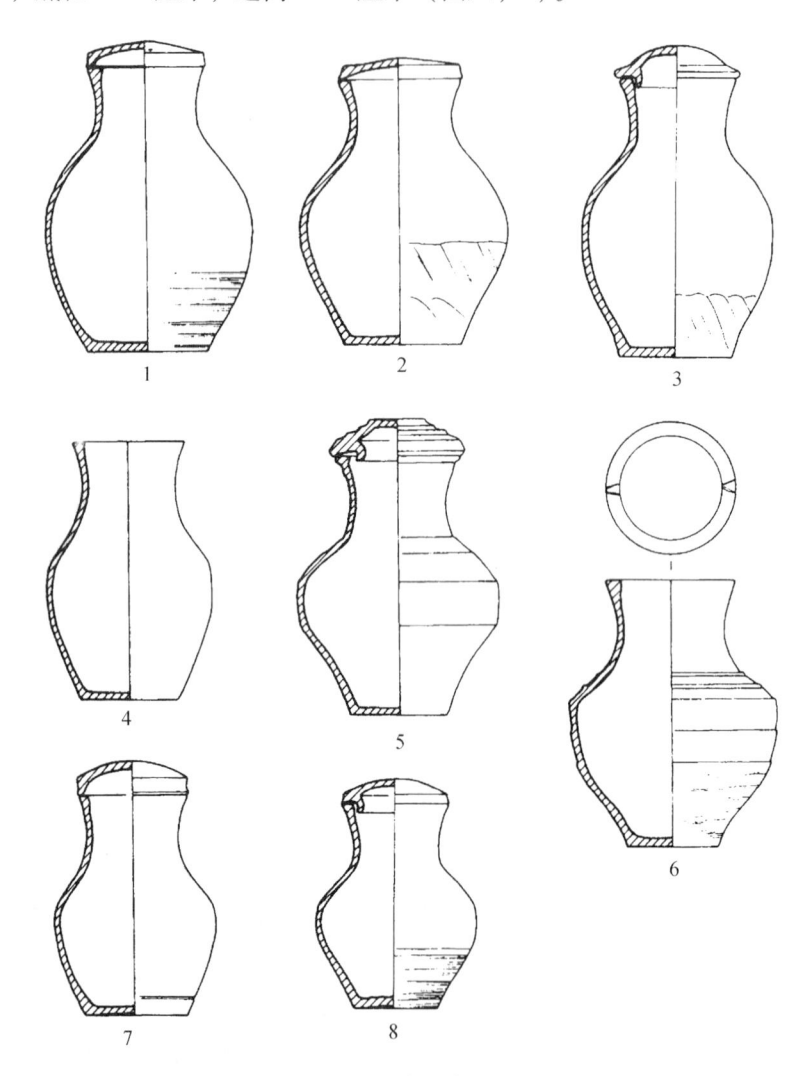

图八　出土陶壶

1. A 型Ⅰ式壶（M56∶1）　2. A 型Ⅰ式壶（M53∶2）　3. A 型Ⅱ式壶（M42∶1）
4. A 型Ⅱ式壶（M47∶2）　5. A 型Ⅳ式壶（M48∶1）　6. A 型Ⅳ式壶（M49∶1）
7. A 型Ⅲ式壶（M37∶6）　8. A 型Ⅲ式壶（M10∶3）

Ⅱ式：3件（标本M40:5、标本M42:1、标本M47:2）。侈口，平沿，束颈，溜肩，鼓腹，平底。标本M42:1，子舌盖，呈倒置釜状，下腹部有刮削痕，素面。口径11.5厘米，底径11厘米，高29.5厘米（图八，3）。标本M47:2，无盖。口径11.5厘米，底径10厘米，高24.6厘米（图八，4）。

Ⅲ式：4件（标本M8:5、标本M37:6、标本M10:3、标本M44:4）。直口或微侈口，颈微束，溜肩，鼓腹，平底，均有盖。标本M37:6，直口，盖平顶，素面。口径11厘米，底径10.5厘米，通高24.3厘米（图八，7）。标本M10:3，侈口，子舌盖，呈倒置釜状，平底微凹。口径10.5厘米，底径7.8厘米，通高22.1厘米（图八，8）。

Ⅳ式：3件。侈口，平沿，颈粗短微束，斜肩，直腹，下腹斜收，平底。肩饰凸弦纹、腹饰瓦纹。标本M48:1，子舌盖，盖饰瓦纹。口径12.4厘米，底径10厘米，通高28.2厘米（图八，5）。标本M49:1，器表磨光。口径12.5厘米，底径9厘米，高28.2厘米（图八，6）。

B型　2件。分出于2座墓中，分二式。

Ⅰ式：1件。标本M32:1，直口，方唇，平沿外展，短束颈，折肩，腹近直，下腹略收，平底，素面。口径11.5厘米，底径9厘米，高17.1厘米（图九，1）。

Ⅱ式：1件。标本M36:1，直口，方唇，平沿外展，短束颈，折肩，直腹，下腹收束较甚。假圈足，素面。口径12厘米，底径8.7厘米，高21.3厘米（图九，2）。

盒　共11件。分出于11座墓中。均泥质灰陶，根据口沿及腹部的变化可分为四式。

Ⅰ式：1件。标本M42:5，子母口微敛，弧腹斜收。圈足外撇。盖圆隆，素面。口径16厘米，底径9厘米，通高16厘米（图九，3）。

Ⅱ式：6件。子母口微敛，斜直腹，平底微凹，盖圆隆。标本M8:2，腹下部有刮削痕，素面。口径15.5厘米，底径8厘米，通高15厘米（图九，4）。标本M44:7，腹饰凸弦纹二周，盖饰凹弦纹两周。口径15.5厘米，底径8.2厘米，通高13.5厘米（图九，5）。

Ⅲ式：3件。敛口，弧腹，下腹微折，平底，带盖。标本M3:2，腹有轮旋痕。口径18.2厘米，底径8厘米，通高15.7厘米（图九，6）。

Ⅳ式：1件。标本M53:4，火候较低，敛口，内沿略低于外沿，弧腹，下腹收束较甚，平底。腹饰瓦纹，盖残未修复。口径16厘米，底径7厘米，高8.6厘米（图九，7）。

陶盘　9件。分出于9座墓中。1件因破碎严重未修复外，完整器物共8件，分两型。

A型　4件。均泥质灰陶，斜直腹，平底，分三式。

Ⅰ式：1件。标本M56:2，敞口，方唇，外沿稍高，素面。口径18厘米，底径7厘米，高4.7厘米（图九，8）。

Ⅱ式：2件。敞口，平沿微内勾。标本M44:6，腹斜收，平底微凹，饰瓦纹。口径

20.5 厘米，底径 8.8 厘米，高 5 厘米（图九，9）。

Ⅲ式：1件。标本 M55:4，敛口，尖唇，浅腹斜收，平底。口径 18 厘米，底径 6 厘米，高 4 厘米（图九，10）。

B 型　4件。均泥质灰陶，折腹，平底微凹。分二式。

Ⅰ式：2件（标本 M8:4、标本 M45:4）。标本 M45:4，敞口，平沿，方唇。口径 19.6 厘米，底径 6.8 厘米，高 5.3 厘米（图九，11）。

Ⅱ式：2件。口微敛，平沿，尖圆唇，浅腹斜收。标本 M40:1，口沿外缘微内凹，下部有刮削痕。口径 16.8 厘米，底径 5.7 厘米，高 4.5 厘米（图九，12）。

陶匜　9件。分出于 9 座墓中。除 1 件因火候低未修复外，完整器物共 8 件。敞口，方唇，短流，平底，分两式。

Ⅰ式：3件。椭圆形，均泥质灰陶，素面。标本 M56:3，深腹，有流有尾，短流略

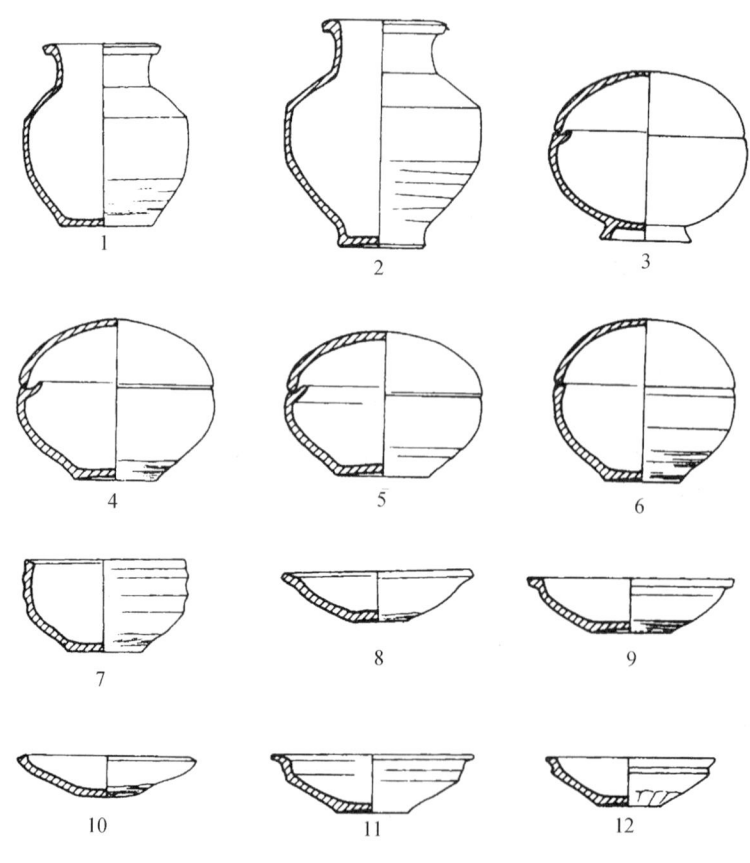

图九　出土陶器

1. B型Ⅰ式壶（M32:1）　2. B型Ⅱ式壶（M36:1）　3. Ⅰ式盒（M42:5）　4. Ⅱ式盒（M8:2）　5. Ⅱ式盒（M44:7）　6. Ⅲ式盒（M3:2）　7. Ⅳ式盒（M53:4）
8. A型Ⅰ式盘（M56:2）　9. A型Ⅱ式盘（M44:6）　10. A型Ⅲ式盘（M55:4）
11. B型Ⅰ式盘（M45:4）　12. B型Ⅱ式盘（M40:1）

低于口沿，尾内凹。平底微凹。口径11.3厘米，底径6厘米，高4.7厘米（图一〇，1）。标本M45:3，尾略高于口沿，下腹收束较甚，类假圈足。口径11.5厘米，底径4.8厘米，高4.2厘米（图一〇，2）。

Ⅱ式：5件。圆形或近圆形。均泥质灰陶。标本M10:5，深腹平底。尾略高于器沿，腹饰凹弦纹一周，下腹有轮旋痕。口径14厘米，底径6厘米，高5.7厘米。标本M37:5，腹饰瓦纹。口径12厘米，底径6厘米，高6厘米（图一〇，4、3）。

陶碗 10件。分出于8座墓中。除M4、M36分别出2件外，余皆出1件。其中单碗3件，分出于3座墓中，合碗7件。分两式。

Ⅰ式：6件。其中单碗3件。均泥质灰陶。直口或微敛，平沿，弧腹，平底。标本

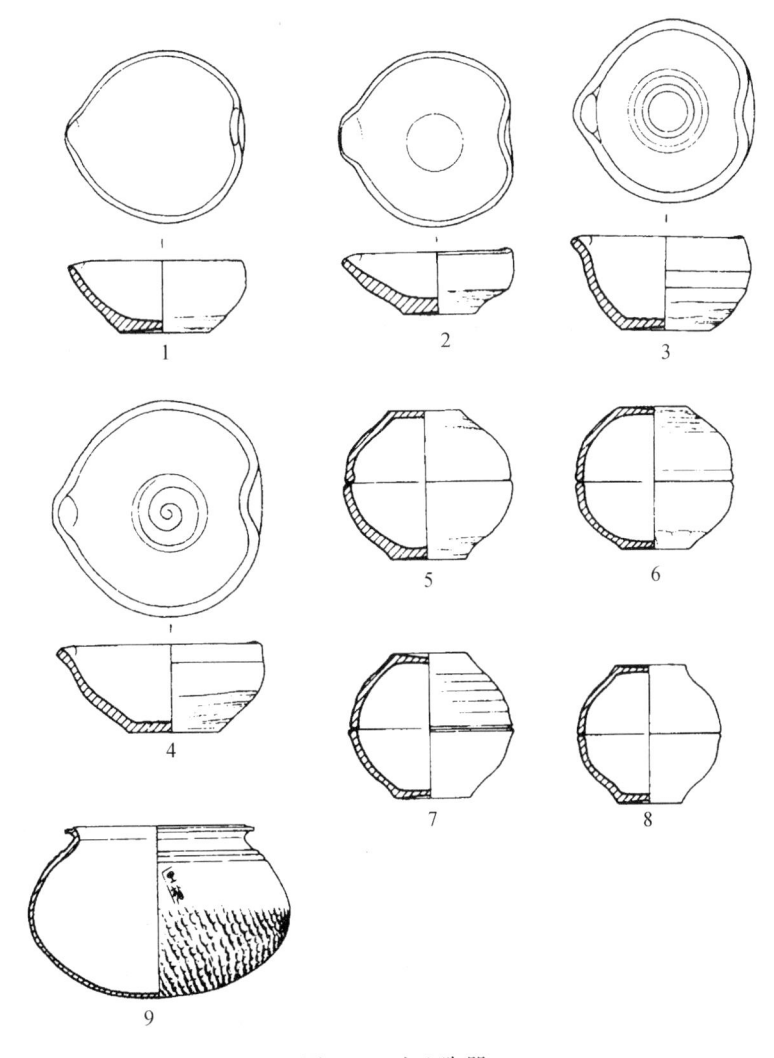

图一〇 出土陶器

1、2. Ⅰ式匜（M56:3、M45:3） 3、4. Ⅱ式匜（M37:5、M10:5） 5、6. Ⅰ式碗（M36:3、M46:2） 7、8. Ⅱ式碗（M4:3、M50:1） 9. 釜（M47:1）

M36:3，圆唇，假圈足。盖敛口，素面，内外均有轮旋痕。口径 16.5 厘米，底径 7.3 厘米，通高 14.5 厘米（图一〇，5）。标本 M46:2，口微敛，圆唇，腹下部有刮削痕，盖口沿下部有一周凹弦纹。口径 15.5 厘米，底径 7 厘米，通高 13.8 厘米（图一〇，6）。

Ⅱ式：4 件。均为合碗，泥质灰陶。直口，平沿，腹下部斜收。标本 M4:3，平底微凹，盖饰瓦纹。口径 16.2 厘米，底径 7.2 厘米，通高 13.8 厘米（图一〇，7）。标本 M50:1，弧腹斜收，平底微凹。口径 14.6 厘米，底径 6.5 厘米，通高 13.5 厘米（图一〇，8）。

陶釜　1 件。标本 M47:1，夹砂、夹蚌红陶。侈口，圆唇，沿上部有一周凸棱，短束颈。鼓腹，圜底。颈下部饰凸棱三周。腹、底饰粗绳纹。有烟炱痕。上腹部竖向压印两陶文（图一〇，9）。

陶罐　1 件。M2:1，残，未修复。

2. 铜器

有随葬品的墓葬中，共 23 座墓出土有铜器，铜器种类铜镜、铜带钩、铜璜、铜铃、铜削及铜钱币等，现分别介绍如下：

铜镜　1 件。M15:1，圆形，圆纽，素面，残。直径 7.8 厘米（图一二，1）。

铜带钩　14 件。分出于 13 座墓中。除 M35 出土 2 件外，其余 12 座墓每墓均出 1 件。分四式。

Ⅰ式：3 件。分出于 3 座墓中。形制较小，钩均残，扁圆腹，断面扁平，背一圆纽。标本 M16:1，腹呈半椭圆形。残长 5.1 厘米，宽 2.2 厘米（图一一，9）。标本 M31:1，圆腹。残长 3.4 厘米，宽 1.9 厘米（图一一，3）。

Ⅱ式：7 件。分出于 7 座墓中。钩残者 3 件。形体细长，较扁平，尾近圆或椭圆形，断面呈扁平，半圆或多棱形。背有一圆纽。标本 M10:1，鹅首形钩，腹部有一凸槽。长 7.6 厘米，宽 1.7 厘米（图一一，4）。标本 M9:1，形制较大，蛇首形钩，断面呈四棱形，面雕刻缠枝纹，内嵌绿松石。长 18.7 厘米，最宽 3.4 厘米（图一一，1）。标本 M37:1，形制同 M9:1，断面呈多棱形，腹部弯曲较甚，面镂雕，内嵌绿松石（图一一，2）。

Ⅲ式：2 件。竹节状，首均残。标本 M35:2，形制扁平，断面呈椭圆形，背有一圆纽，素面。长 12.2 厘米，宽 1 厘米（图一一，7）。标本 M57:4，尾椭圆形。通体似一蝉，尾部为蝉首，中部两条凸棱为蝉翼，首部为蝉尾（图一一，8）。

Ⅳ式：2 件。分出于 2 座墓中。形制较宽大，用凸纹镂雕成兽形纹饰。标本 M35:1，蛇首形钩。腹身透雕，五怪兽相互缠绕，背一圆纽，鎏金（图一一，5）。标本 M36:4，钩首残，椭圆形尾，腹部镂刻怪兽（图一一，6）。

铜璜　出土数量较多，大多残断，较完整的有 50 余件。可分为三式。

Ⅰ式：35 件。此式出土数量最多，全部为素面。可分为两类。一类正面平齐，背面

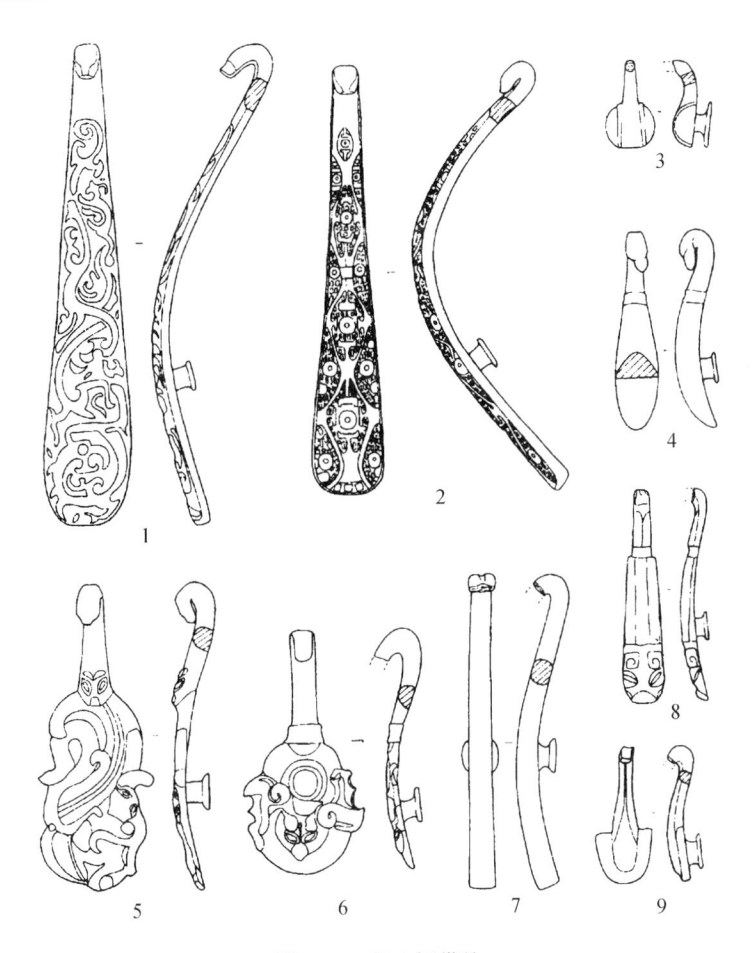

图一一 出土铜带钩

1. Ⅱ式带钩（M9:1） 2. Ⅱ式带钩（M37:1） 3. Ⅰ式带钩（M31:1） 4. Ⅱ式带钩（M10:1） 5. Ⅳ式带钩（M35:1） 6. Ⅳ式带钩（M36:4） 7. Ⅲ式带钩（M35:2） 8. Ⅲ式带钩（M57:4） 9. Ⅰ式带钩（M16:1）

上部边缘略为折起，拱两端较宽。另一类拱的宽度相同，大部分正面平齐，背面边缘略为折起。顶部有圆穿。长13.8~8.8厘米，厚0.05~0.06厘米（图一二，2、3）。

Ⅱ式：2件。拱的宽度相等，两面均平，弧度较小。标本M12:4，素面。残长8.8厘米，高5.8厘米。

Ⅲ式：13件。两端兽头形，分两类，一类兽头较拱内宽，另一类两端兽头与拱宽基本相同，纹饰主要有三角纹、方格纹、双涡纹、圆圈纹。顶部有一圆穿。兽头上端各有一穿，最长的11厘米，最短的9.6厘米（图一二，4、5）。

铜铃 1件。标本M12:3，与铜璜、水晶环等放在一起。铃桶略扁，口沿内凹呈弧形，顶有一圆纽。铃身镂孔。素面。口径长3.1厘米，通高5.2厘米（图一二，7）。

铜环 2件。均出于M40内，标本M40:13，圆形。直径分别为2.4厘米和1.9厘米

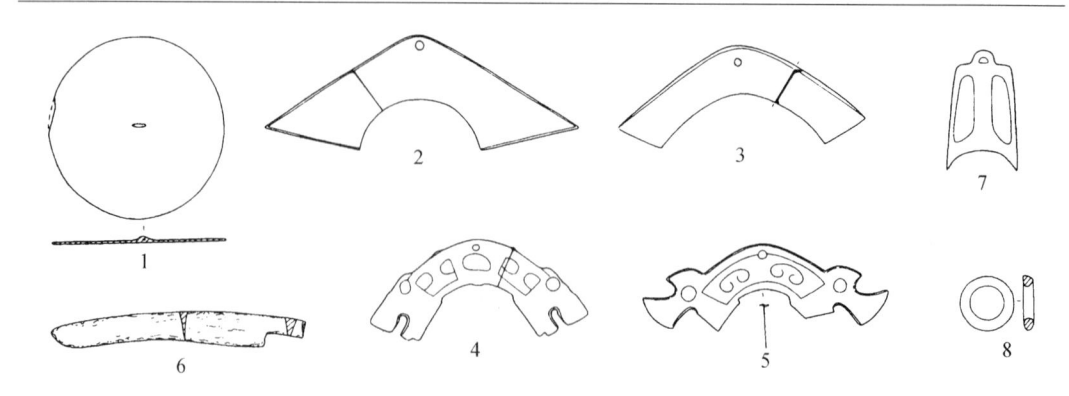

图一二　出土铜器
1. 铜镜（M15∶1）　2、3. Ⅰ式铜璜（M30∶5、M51∶2）　4、5. Ⅲ式铜璜（M12∶5、M30∶3）
6. 铜削（M12∶2）　7. 铜铃（M12∶3）　8. 铜环（M40∶13）

（图一二，8）。

铜削　1件。标本M12∶2，柄残。残长11.2厘米，身宽1.4厘米（图一二，6）。

钱币　11枚。均出于M44内。除2枚稍残外，余皆较完整。11枚钱币均为平首方足布，面背俱有周郭和纹饰。有"郯"、"平阳"、"宅阳"、"安阳"、"閺"、"郘子"、"北屈"、"虢邑"8种铭文。

"郯"布1枚。标本M44∶2，面有一直纹，上通于首。文字左右两半，分别在直纹两侧。背有一直纹在中，左右各有一斜线，下达于足。通长4.4厘米，宽2.4厘米，重6克（图一三，1）。

"宅阳"布1枚。稍残。标本M44∶11，反写左续"宅"字省笔。通长4.3厘米，宽2.4厘米，重4.8克（图一三，2）。

"平阳"布3枚。标本M44∶9，通长4.5厘米，宽2.6厘米，重5.8克（图一三，3）。

"安阳"布2枚，其1残。标本M44∶12，耸肩，束腰，钱体小而薄，线文细而规整。通长4.4厘米，宽2.5厘米，重5.6克（图一三，4）。

"閺"布1枚。标本M44∶8，借中直纹成字。通长4.5厘米，宽2.6厘米，重5.8克（图一三，5）。

"郘子"布1枚。标本M44∶10，文字反写。通长4.5厘米，宽2.4厘米，重5.6克（图一三，6）。

"北屈"布1枚。标本M44∶13，方足，耸肩，束腰。通长4.6厘米，宽2.5厘米，重5.8克（图一三，7）。

"虢邑"布1枚。标本M44∶15，残。

图一三 出土钱币拓片

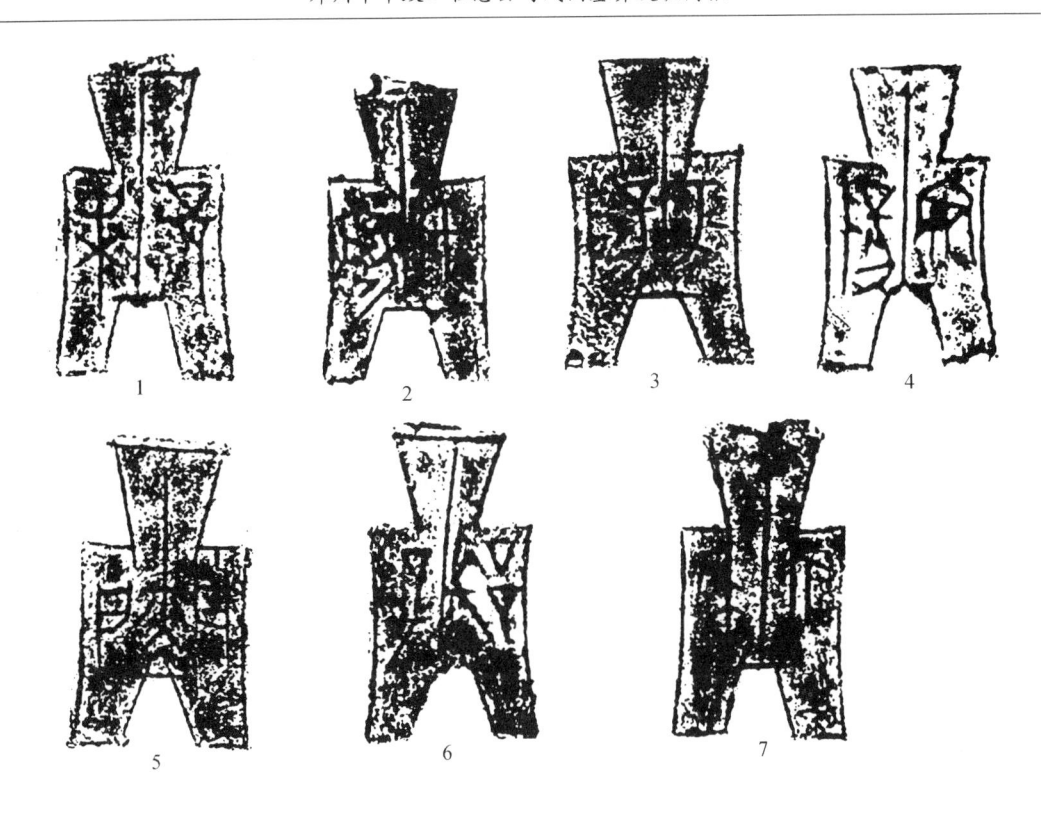

1. 鄴（M44:2） 2. 宅阳（M44:11） 3. 平阳（M44:9） 4. 安阳（M44:12） 5. 閺（M44:8） 6. 郘子（M44:10） 7. 北屈（M44:13）

3. 铁器

共出土铁器8件，均为带钩。分出于8座墓中（M13、M33、M37、M40、M46、M47、M48、M56），均残或锈蚀严重，形制不明。

4. 石器

共出土石器5件，分出于4座墓中（M10、M12、M28、M47）。

石璧 1件。标本M10:2，淡黄色，饰圆圈纹两周。直径4.2厘米，孔径1.6厘米，厚0.5厘米（图一四，1）。

石饰件 3件。标本M12:7，形制近四方形，浅白色。边长1.6厘米，厚0.2厘米（图一四，2）。标本M28:1，青石质，形制近长方形，一端有刃，稍残，可能为饭唅。长2.5厘米，宽1.6厘米，厚0.2厘米（图一四，3）。标本M40:20，形制扁平，淡蓝色，残。长2.5厘米，宽1.8厘米，厚0.25厘米（图一四，4）。

石镰　1件。M47:3，青石质，残。

5. 水晶

水晶　6件。其中水晶环3件，水晶珠3件。

水晶环　3件。M12出土1件，M40出土2件。放在墓中部，与铜璜、铃、料珠等放在一起，横断面呈多棱形。标本M40:10，内径4厘米，肉厚0.9厘米，宽1.1厘米（图一四，5）。标本M12:6，内径1.8厘米，肉厚0.6厘米（图一四，6）。

水晶珠　3件。出于M40内。均有穿孔，白色透明，扁圆形。标本M40:17，直径1.6厘米。标本M40:18，直径1厘米（图一四，10）。

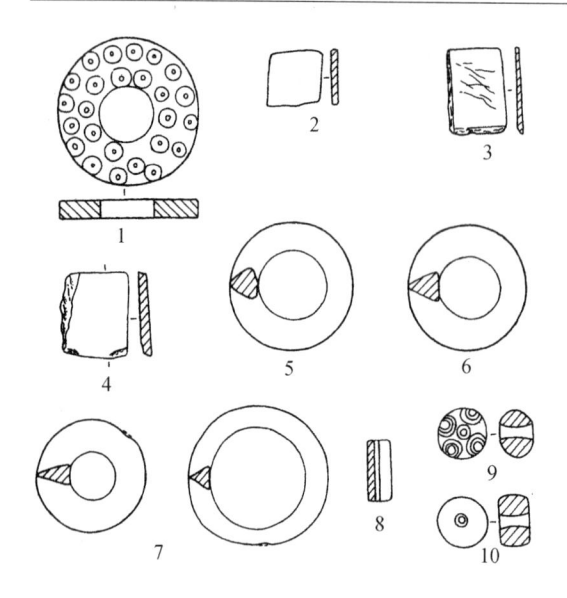

图一四　出土石、玉、骨及水晶
1. 石璧（M10:2）　2~4. 石饰件（M12:7、M28:1、M40:20）　5、6. 水晶环（M40:10、M12:6）　7. 骨环（M40:15）　8. 骨饰件（M40:16）　9. 料珠（M40:7）　10. 水晶珠（M40:18）

6. 玉器

1件。标本M47:5，淡绿色，三角形，素面。上有小穿孔，厚0.31厘米。

7. 骨器

骨环　3件。均出于M40内。标本M40:15，淡黄色，断面呈三角形，素面。最大内径2.9厘米，最小内径1.4厘米，肉宽0.7~0.9厘米（图一四，7）。

骨饰件　1件。标本M40:16，淡绿色，圆柱形，中有一穿孔。长1.7厘米，宽0.7厘米（图一四，8）。

料珠　5件。均出于M40内。标本M40:7，球形，中有圆孔。内胎为白色，外部涂有紫、白、褐彩。质料较软（图一四，9）。

三、随葬器物的组合

这次发掘墓葬数量较多，器物组合具有一定的规律，经分析，这批墓葬的陶器组合大致可分为四类。

第一类：分两种。
① 鼎、豆、壶、盘、匜
② 鼎、豆、壶

第二类：以鼎、盒、壶、盘、匜为基本组合，分三种。

① 鼎、盒、壶、盘、匜

② 鼎、盒、壶、匜

③ 鼎、盒、壶、盘

第三类：壶、釜。

第四类：分三种。

① 壶、合碗

② 合碗

③ 圜底罐

从以上陶器器物组合看出，其组合与郑州二里冈[1]、岗杜[2]、碧沙岗[3]、南阳路[4]、郑州纺织机械厂[5]等战国墓器物组合相似。第一类墓分别与二里冈一类墓的器物组合相同，第二类墓与二里冈二类墓的组合相同，第三类墓与郑州人民公园秦墓[6]的组合相同，第四类墓与二里冈三类的组合相同。第一类组合中的豆均不见于后三类组合的墓中，第二类的盒不见于第一类及三、第四类组合的墓中，第三类、第四类组合中的釜与合碗不见于前两类组合的墓中。根据郑州地区二里冈、岗杜等地大批东周墓葬的发掘情况来判断，第一类以鼎、豆、壶为基本组合的墓，要早于第二类出土盒的墓。第三类、第四类出土合碗的墓要晚于第二类出土盒的墓。盒取代豆，盘、匜逐渐减少。出盒的墓不出豆，出豆的墓不出盒，两者不并存。豆演化为盒被盒取代的演变关系清楚，这在许多战国墓中得以证实。

四、结　语

根据墓葬形制，随葬器物组合以及器物特征的差别，我们认为这批墓葬可分为三期。

第一期：即第一类墓（M56、M57），长方形竖穴土坑墓，坑壁倾斜较甚。葬式为仰身直肢、头端设有壁龛，随葬器物以鼎、豆、壶为基本组合。

第二期：即第二类墓（M3、M8、M10、M37、M40、M42、M44、M45、M53、M55），共10座。长方形竖穴土坑墓，墓葬形制与第一期相同，葬式除M3为俯身屈肢葬外，其余墓葬均为仰身直肢葬。随葬器物以鼎、盒、壶、盘、匜为基本组合。

第三期：即第三类（M47）、第四类墓。长方形竖穴土坑墓，个别墓头端不带壁龛，随葬器物直接放在墓室底部棺内。葬式分仰身直肢和仰身屈肢两种。随葬器物组合以壶、合碗（釜）为基本组合，多伴出铜带钩及铜璜等器物。

第一期墓葬除M57因随葬陶器火候低破碎无法修复，M56内出土的陶豆未修复，无法确认其形制外，其他随葬品以鼎、豆、壶为基本组合，是战国中期墓葬的典型特征。因而第一期墓时代当属战国中期或稍早。

第二期墓葬均设有壁龛，随葬器物组合以鼎、盒、壶、盘、匜为基本组合，盒完全取代豆。其时代当属战国中晚期。

第三期墓葬除 M47 随葬壶、釜外，其余墓葬以壶、合碗为基本组合，多伴出铜带钩、铜璜等小件器物，是战国晚期的典型器物组合，其中 M47 内的陶釜与郑州人民公园秦墓 M2:4 所出陶釜相同，其他器物特征也与郑州二里冈、岗杜、郑纺机的战国晚期墓的器物特征相同，其时代应是战国晚期。

根据上述分期结果，对照墓葬分布图，我们发现墓葬分布排列有序，朝向均有规律。墓葬间距相当稠密，墓间间距平均 2~4 米，且没有一例同期相互打破关系，表明墓葬的排列有一定的规则，推测可能是一个家族墓地。另外，根据对有骨架的墓进行鉴定，发现大部分两座相近的墓墓主人性别为一男一女，如 M40、M42、M53、M56，推测可能为夫妻异穴合葬墓。

领　　队：张松林
发　　掘：周明生　信应君
整　　理：信应君　张文霞
绘　　图：焦建涛　李　杨
摄　　影：刘彦锋　信应君
修　　复：郭秀芳　富秀玲

注　释

[1] 河南省文化局文物工作队：《郑州二里冈》，科学出版社，1959 年。

[2] 河南省文化局文物工作一队：《郑州岗杜附近古墓葬发掘简报》，《文物参考资料》1958 年第 10 期。

[3] 河南省文化局文物工作一队：《郑州碧沙岗发掘简报》，《文物参考资料》，1956 年第 3 期。

[4] 信应君、张文霞：《郑州市南阳路家世界购物广场战国墓发掘简报》，《华夏考古》2006 第 2 期。

[5] 郑州市文物考古研究所：《郑州纺织机械厂战国墓发掘简报》，《中原文物》1997 年第 3 期。

[6] 郑州市文物考古研究所：《郑州人民公园秦、汉墓发掘简报》、《郑州文物考古与研究》（一），科学出版社，2003 年。

（原刊于《中原文物》2006 年第 3 期）

河南郑州普罗旺世住宅小区（一期）工程考古发掘获重要发现

信应君　闫付海　张鹏林　张永清

2007年12月至2008年3月，郑州市文物考古研究院为配合郑州市金水区西史赵村城中村改造工程，对河南信和（郑州）置业有限公司普罗旺世（一期）住宅小区工程进行考古发掘，发现古墓135座，时代从战国到唐代，其中战国墓葬120座，汉墓14座，唐墓1座，出土了一批珍贵文物。本次发掘对研究郑州地区战国墓葬的布局、形制结构、葬俗、葬式及社会经济发展状况等具有重要价值。

一、战国墓葬

战国墓葬除6座为长方形竖穴偏室墓外，其余均为长方形竖穴土坑墓。长方形竖穴土坑墓一类设有壁龛（39座），一类不设壁龛（75座）。墓葬排列有序，除17座墓葬呈东西向外，其余均呈南北向。墓室口长2.3～5米，宽1.4～4米，深1.6～5.8米。口略大于底，坑壁斜直。墓内填土为暗红色五花土，较黏硬，个别墓葬填土经夯打。墓葬形制较完整，少量被盗扰或被汉代墓葬打破。壁龛除1座墓葬（M62）设在脚端墓壁上外，其余38座墓葬均设在头向一侧墓壁上，内置随葬陶器。

墓内葬具多使用木棺椁，但朽蚀严重，仅能见棺椁灰痕。多为单棺墓，个别形制较大的墓为一棺一椁或重棺。葬式除5座墓葬因骨架无存，除4座墓葬因骨架腐朽严重无法断定外，其余111座墓葬人骨架保存基本完整，葬式有仰身直肢葬、仰身屈肢葬、侧身屈肢葬、侧身直肢葬和跪肢葬。

出土随葬品的墓葬有81座，共287件器物。随葬陶器的墓葬65座，仅随葬小件物品的墓葬16座。随葬品少者1件，多者200余件，主要有陶器、铜饰件、兵器、铁器、骨器、玉器、水晶等。陶器主要放置在壁龛内，个别墓葬放置在头箱或棺内及棺椁之间，兵器和小件物品放置在骨架近旁。

M62　长方形竖穴土坑墓，方向185°。坑壁斜直，口大于底，坑口长2.8米，宽1.7米，底长2.3米，宽1.3米，深3米。北壁脚端上部中间设一壁龛，龛底距墓底高0.7米，口宽0.5米，高0.4米，进深0.3米。内置陶钵和陶罐各1件；葬具一棺，棺长2.1米，宽0.9米，深0.2米。棺内有1具人骨，头向南，仰身屈肢葬。棺内脚端左侧随葬陶碗 2 件。

M64　长方形竖穴土坑墓，方向 6°。坑壁斜直，口大于底，坑口长 3 米，宽 2 米；底长 2.76 米，宽 1.8 米，深 2.9 米。北壁中间设一壁龛，龛底距墓底高 1.22 米，口宽 0.9 米，高 0.58 米，进深 0.36 米．内置陶鼎 2 件、陶壶 2 件、陶豆 2 件、陶盘 1 件、陶匜 1 件。葬具一棺一椁，椁痕长 2 米，宽 0.96 米，深 0.3 米，厚 0.08 米。棺长 1.56 米，宽 0.55 米，厚 0.1 米。棺内人骨几乎无存。

M74　长方形土坑竖穴墓，方向 181°。坑壁斜直，口大于底．坑口长 2.9 米，宽 1.4 米；底长 2.7 米，宽 1.2 米，现深 1.5 米。葬具一棺，棺长 2.04 米，宽 0.8～0.84 米。随葬品均放置于棺内，有红陶釜 1 件，陶罐 1 件、陶壶 1 件、陶豆 1 件（置于陶壶内）、盒碗 2 套。人骨 1 具。仰身直肢。

M126　长方形竖穴土坑墓，方向 2°。口大于底，坑壁斜直。上部被 M66 打破。坑口长 5 米，宽 4 米；底长 3.56 米，宽 2.65 米；墓深 5 米。葬具一椁重棺。椁长 2.88 米，宽 1.9 米，椁痕厚 0.06～0.08 米，深 1 米。外棺长 2.38 米，宽 1.25 米，棺痕厚 0.08 米，现深 0.52 米。内棺长 2.1 米，宽 0.95 米，厚 0.06 米，深 0.4 米。内棺置人骨架 1 具，朽成粉状，仰身直肢葬。随葬品有陶器、车马器、兵器、铜饰件、骨器、玉器等。陶器放置在棺椁之间，车马器、兵器、铜带钩、饰件和贝币放置在棺内。陶器 30 件，器型有鼎 5 件、壶 6 件、深腹豆 5 件、高柄豆 10 件、盘 2 件、匜 2 件；铜器有铜带钩 1 件、铜铺首衔环 8 件、铜环 8 件、铜带环饰 1 件，兵器有铜剑 1 件、戈 1 件、镈 1 件、铜镞 4 件，车器有铜环 8 件、铜马衔 4 件、盖弓帽 20 件、车軎 4 件；玉器有玉（石）环 6 件、玛瑙环 1 件、石方形牌饰 1 件等；骨器有骨角形器（马镳）7 件、骨管 4 件。另出土有贝币 36 枚，骨币 80 枚。

二、汉代墓葬

汉墓分为砖室墓和土洞墓，砖室墓分为斜坡墓道砖室墓、竖穴土坑墓道砖室墓、甲字形墓和刀形墓，土洞墓为竖穴土坑墓道洞室墓，方向有南北向的，也有东西向的，排列无序。大部分被盗扰严重，仅 M132 保存较好。

M132　竖穴墓道砖室洞室墓。平面略呈长方形，墓道和墓室基本同宽，方向 271°。由墓道和墓室组成。墓道平面呈长方形，壁面较直，上宽下窄、口长 2.6 米，宽 1 米，底宽 0.8～1 米，深 3 米。墓室，券顶砖室，先掏挖成土洞，再在洞内砌砖。南壁和北壁条砖顺置错缝平砌，16 层楔形砖起券成拱顶。条砖顺置错缝平铺底。墓室长 2.4 米，宽 0.8 米，高 1.2 米。青砖封门，由 3 列条砖横置平砌，封门高 1 米。墓室内葬具已朽，发现 1 具人骨，仰身屈肢葬。随葬品丰富，放置在甬道和墓室前半部，有陶仓 10 件、陶罐 3 件、陶壶 4 件、陶灶 1 件、铁器 1 件、铜镜 1 件、五铢钱 2 枚。

三、唐代墓葬

  M127　长方形竖穴土坑墓，基本完好，上部扰乱，方向198°。由墓道、封门和墓室组成。墓道位于墓室南部，长方形，长1.65米，宽0.83~0.87米，距地表深0.5米，封门存高0.5米，下部用2层青砖纵向竖砌，上部用2块青砖横向平铺。封门厚0.45米。墓室长方形，长2.68米，宽0.9~0.96米，残深0.4米。葬具已朽，可能为木棺，有1具人骨，仰身直肢葬。随葬品放置在棺内人骨左侧，有白瓷盂1件、白瓷碗2件、瓷注子1件、陶砚1件、陶罐2件、铁器1件、铜扣1件、铜把手1件。

  根据对111座战国墓内人骨的初步鉴定，除4座墓主人无法确认性别外，男女性别比例基本相同，其中男性54个，女性53个；但年龄比差别较大．男性老年6例，中年35例，壮年（或青年）13例；女性老年12例，中年27例，壮年（或青年）12例，童年1例。从人骨鉴定情况分析，该墓地埋葬墓主人老年所占比例较小，以中年为主、青壮年次之。另外，发现数例头骨、腿骨骨折，胸椎错位，腿骨被锐器切断等现象。

  通过此次对该墓地的发掘，获得了一批郑州地区战国墓葬的重要资料，主要有以下收获：

  ① 此次发掘的战国墓葬形制规整，排列有序，与郑州家世界、市政公司、郑百文等战国墓葬区有许多相似的地方。墓葬形制多为竖穴土坑，壁规整斜直，口略大于底，一般在头端一侧墓壁设有壁龛，新出现在脚端墓壁设壁龛的现象。葬具均具棺椁。

  ② 随葬陶器以鼎、豆、壶、盘、匜为主要组合，另有釜、罐、盂、盒碗等。新出现随葬陶器呈偶数组合的现象。随葬陶器除放置在壁龛内，部分墓葬放置在头箱、脚箱及棺椁之间。根据墓葬形制及陶器组合的演变规律，推断墓葬时代当在战国中、晚期阶段。

  ③ 根据对墓内人骨的初步鉴定可知，这批墓葬墓主人以中年男女为主，青壮年也占相当大一部分，并且有些属于非正常死亡；而根据与该墓地相近的郑百文墓地多为阵亡将士推断，该墓地也有可能与战争有关。

  ④ 汉代墓葬及唐墓丰富了郑州地区汉唐墓葬的资料。

  ⑤ 这批墓葬对研究墓地的性质、墓葬形制、墓地的布局规律、丧葬制度及埋葬习俗等具有重要意义。

（原刊于《中国文物报》总第1674期，2008年11月14日）

郑州信和置业普罗旺世住宅小区 M126 战国墓

信应君　毛长立　闫付海　刘青彬

2007 年 12 月至 2008 年 3 月，郑州市文物考古研究院在郑州市西史赵村城中村改造工程中，清理了 135 座古墓葬。现将其中编号为 M126 的墓葬发掘情况简报如下（图一）。

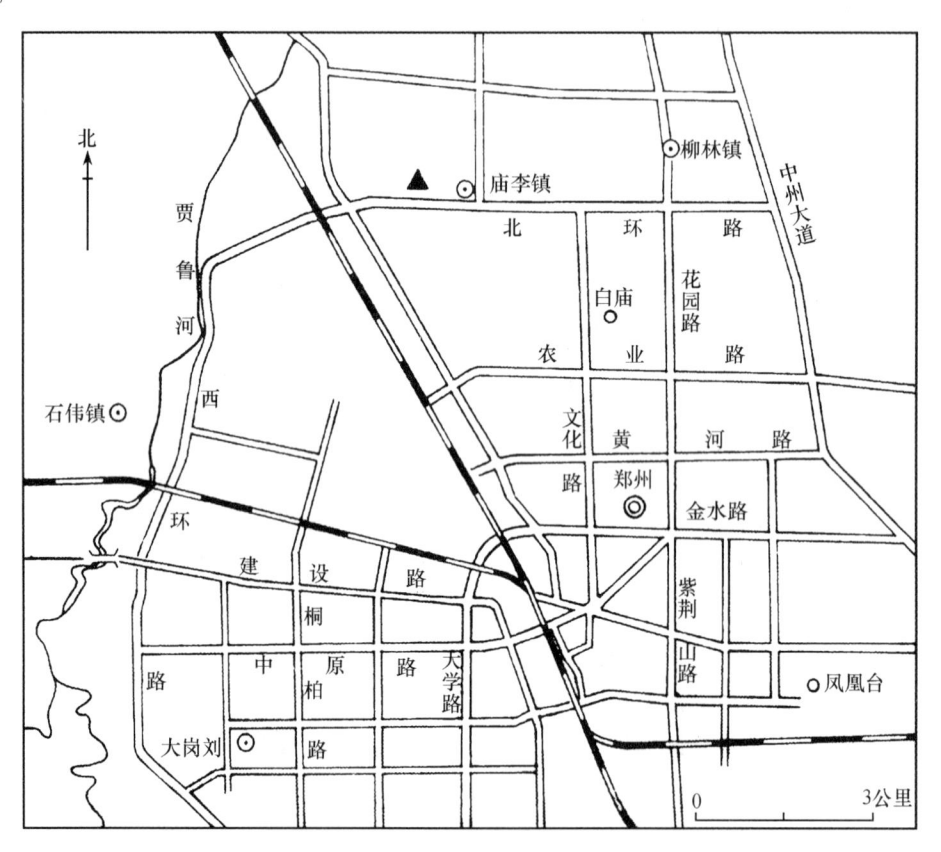

图一　发掘位置示意图

一、墓葬形制

M126 为长方形竖穴土坑墓，方向 2°。墓口叠压于现代建筑基础之下，口大于底，坑

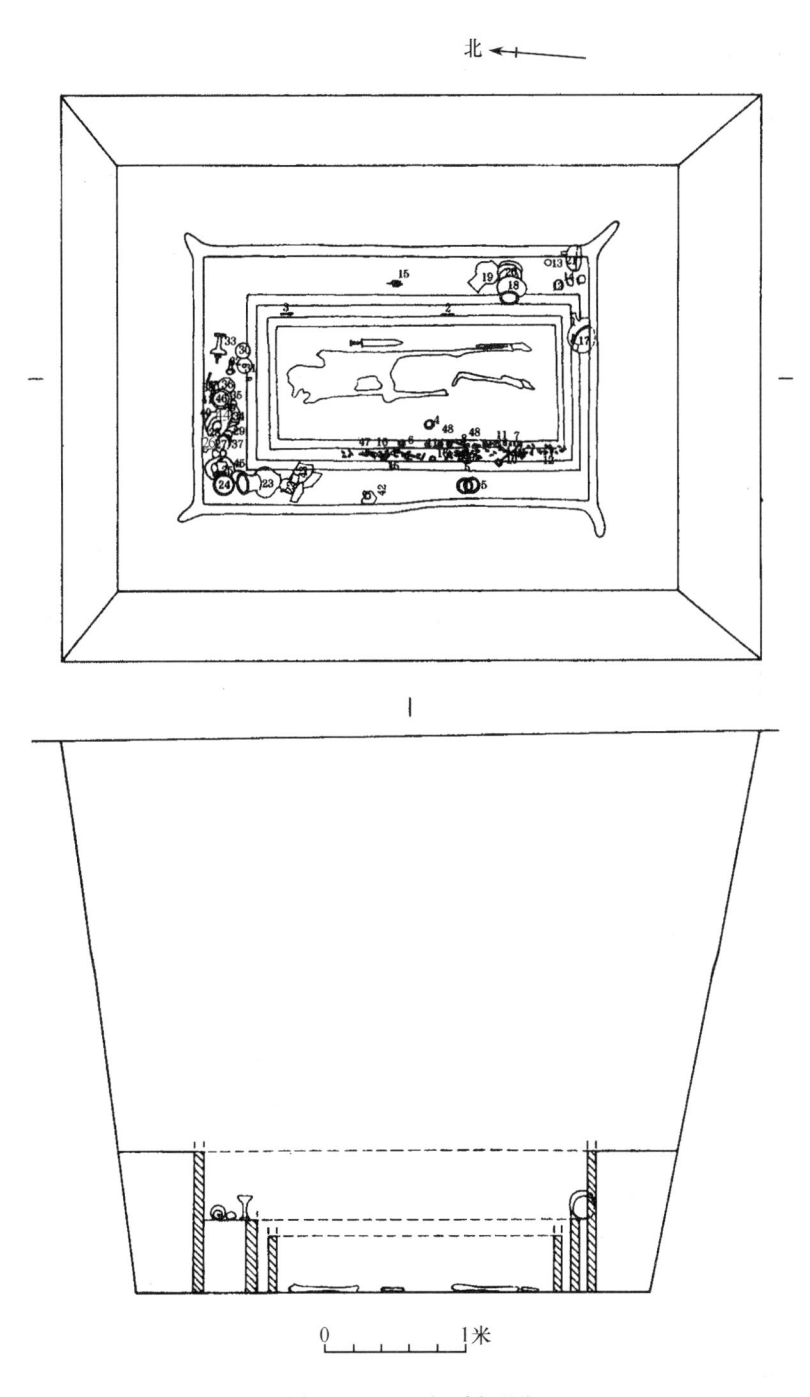

图二　M126 平、剖面图

1. 青铜剑 2. 铜戈 3. 铜镈 4. 玛瑙环 5. 铜扁圆环 6、48. 石璧 7. 骨管 8. 铜带钩 9. 马镳 10. 马衔 11. 铜扇形带扣 12. 齿纹贝 13. 铜环 14. 铜铺首衔环 15. 盖弓帽 16. 骨贝 17、20~22、28. 陶鼎 18、19、23、25. 陶壶 24. 陶豆 26、29. 壶形豆 27、44~46. 陶豆 30~39. 细柄豆 40. 陶中柱盂 41. 陶盆 42、43. 陶匜 47. 铜镞 49. 石琮 50. 铜方形带扣

壁规整斜直。上部被汉墓 M66 打破。墓口长 5 米，宽 4 米；底长 3.56 米，宽 2.65 米；墓深 5 米。填红褐黏土与沙土混合而成的五花土，经夯打。葬具为一椁重棺。椁长 2.88 米、宽 1.9 米，椁痕厚 0.06～0.08 米，深 1 米。外棺长 2.38 米、宽 1.25 米，棺痕厚 0.08 米，现深 0.52 米。内棺长 2.1 米，宽 0.95 米，厚 0.06 米，深 0.4 米。内棺置人骨架 1 具，朽成粉状，葬式仰身直肢，头向北，面向上。外棺与椁之间的西北角和东南角随葬陶器，外棺东侧随葬铜镦、戈，内棺东部人骨架左侧腰部佩剑。内外棺之间左侧随葬车器等饰物，但因发掘时冰冻较甚，一些器物不能确定原放置位置（图二）。

二、随葬器物

随葬品有陶器、兵器、车器、铜饰件、玉器、骨器等。陶器放置在棺椁之间西北部和东南部，兵器放置在棺内东侧，车马器、铜带钩及饰件、贝币等放置在外棺西侧。陶器共 30 件，有鼎 5 件、壶 4 件、深腹豆 5 件、壶形豆 2 件、细柄豆 10 件、盆 1 件、盂 1 件、匜 2 件。铜器有铜带钩 1 件、铜铺首衔环 8 件。铜兵器 8 件，包括剑 1 件、戈 1 件、镦 1 件、镞 5 件；车器有铜环 8 件、铜马衔 4 件、盖弓帽 20 件、长方形带扣 1 件、扇形带扣 4 件。玉器有玉（石）璧 4 件、玛瑙环 1 件、石琮 1 件等。骨器有马镳 8 件、骨管 4 件。另出土有贝币 36 枚、骨币 80 枚等。

1. 陶器

30 件。均为泥质灰陶。

鼎　5 件。分三型。

A 型　1 件。标本 M126:22，子口，深腹似球体，圜底，扁圆附耳外撇，四棱形扁足。腹底饰绳纹。口径 15.6 厘米，高 16.8 厘米。

B 型　2 件。子口承盖，深弧腹，圜底，方耳方孔，兽蹄形足。盖上有半环形纽。腹部饰两周凸弦纹。标本 M126:20，下腹饰绳纹，多经抹平。口径 20.4 厘米，通高 21.9 厘米（图三，1）。标本 M126:28，口径 22.2 厘米，通高 22.5 厘米（图三，2）。

C 型　2 件。子口微内敛，深腹，圜底，柱状足，有明显刮削痕，其中两足基本在一条线上。两侧附方形耳。腹饰两条凸棱。标本 M126:17，盖微隆。口径 17.6 厘米，通高 20.1 厘米（图三，3）。标本 M126:21，盖顶近平。口径 17.6 厘米，通高 19.2 厘米（图三，4）。

深腹豆　5 件。均泥质灰陶，分两型。

A 型　1 件。标本 M126:46，子口向内斜出，弧腹，圜底，直柄较高，喇叭形圈足，盖顶部有喇叭形捉手。腹饰网格状白色彩绘。口径 15.6 厘米，通高 21.5 厘米（彩版三一，2）。

B型 4件。形制相同。子口向内斜出较甚，弧腹圜底，喇叭形圈足。盖直口，弧腹，圜底，圆饼形纽，中间有一穿孔。腹部饰瓦棱纹。标本 M126:24，口径13.8厘米，通高14.7厘米（彩版三一，3）；标本 M126:27，口径15厘米，通高16.6厘米（图三，5）。

壶形豆 2件。形制基本相同。器身壶形，侈口，微束颈，球状腹，柱状柄，喇叭形圈足。标本 M126:26，无盖，口径5.6厘米，底径7.7厘米，高13.9厘米。标本 M126:29，子舌盖，顶近平。盖径5.8厘米，口径5.8厘米，底径8.2厘米，通高15.6厘米（彩版三一，4）。

细柄豆 10件。形制基本相同，6件豆盘饰暗纹，其余4件素面。侈口，尖圆唇，浅盘，腹壁呈直线，器底承柄，柄下接喇叭形圈足。标本 M126:35，豆盘饰齿状暗纹。口径13.5厘米，底径9厘米，高15.4厘米（图三，7）。标本 M126:37，素面，口径13.6厘米，底径9.4厘米，高14.9厘米（图三，6）。

陶壶 4件。形制相同。侈口，方唇，束颈，球状腹，矮圈足。颈、腹饰凸弦纹5周，凸弦纹间饰暗纹。标本 M126:18，颈饰暗网格纹，腹饰暗水波纹及网格纹。口径15.1厘米，腹径25.2厘米，底径12.3厘米，高29.7厘米（彩版三一，5）。标本 M126:25，颈饰暗水波纹，腹饰暗网格纹。口径14.7厘米，腹径24.2厘米，底径11.5厘米，高30.6厘米（彩版三一，6）。

陶盆 1件。标本 M126:41，侈口，方唇，宽平沿。腹微收束，平底。口径29.8厘米，底径19厘米，高7.7厘米（图三，8）。

中柱盂 1件。标本 M126:40，侈口，外卷沿，方唇，腹折曲，上腹部内束，平底。内底有残凸纽，可能为一柱或鸟形饰。口径25.9厘米，底径18.8厘米，高8厘米（图三，9）。

陶匜 2件。分两型。

A型 1件。标本 M126:43，椭圆形，敞口，圆唇，深腹，半圆形流，附兽形尾，假圈足。口径21厘米，底径8厘米，高9厘米（图三，11）。

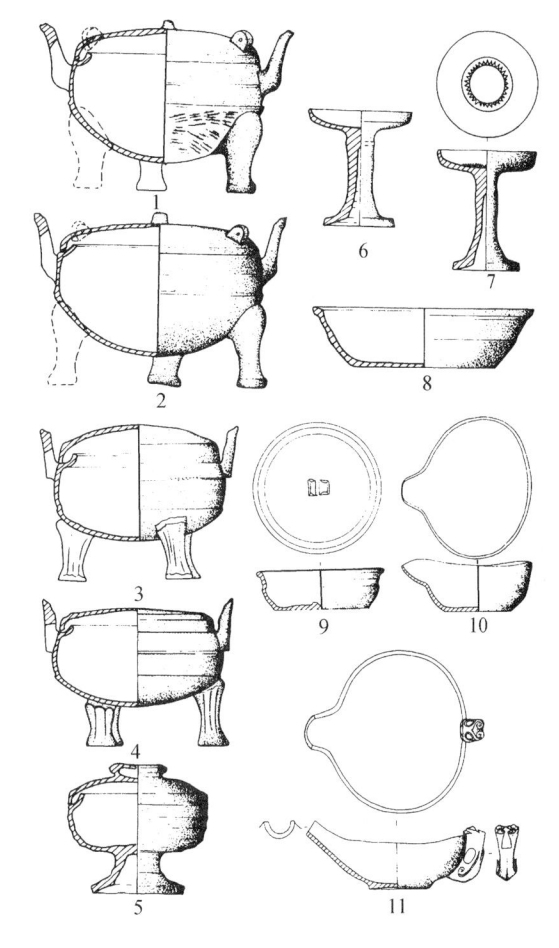

图三 墓中出土陶器
1、2. B型鼎 3、4. C型鼎 5. B型豆 6、7. 细柄豆 8. 陶盆 9. 中柱盂 10. B型匜 11. A型匜

B 型　1 件。标本 M126：42，椭圆形，口微敛，圆唇，深腹，平底，有流无尾。口径 19.5 厘米，底径 9 厘米，高 6.9 厘米（图三，10）。

2. 铜器

54 件。分为兵器、车马器、带钩等。

剑　1 件。标本 M126：1，铜质，木鞘。剑身中脊起棱，有从，素面广格，圆柱状实茎，双石箍，圆盘首微内凹。茎上有绦带缠绕痕。截面呈菱形。通长 39.8 厘米，茎长 7.6 厘米，首径 3.6 厘米，箍茎 2.4 厘米，格宽 0.7 厘米（图四，1；彩版三二，1）。

戈　1 件。标本 M126：2，戈援微扬，内尾圆弧，下端近直；阑侧三穿，内有一椭圆形穿。弧刃。戈援、胡、阑部套鞘，鞘由两薄木片作成戈形。通长 20.6 厘米，宽 2.8 厘米，厚 0.5 厘米（图四，2；彩版三二，2）。

镈　1 件。标本 M126：3，束腰杯形，上部截面略呈椭圆形，下部呈八棱形。上部有对称圆穿，饰菱形纹及勾连云纹，中部有一鸟形凸饰，喙前伸，腹饰卷云纹、勾连云纹。銎内有朽木痕。高 11.8 厘米，口径 2.7 厘米（图四，3；彩版三二，3）。

镞 5 件。镞身分为隆起的三刃，三刃向前聚成前锋，向后延长构成后锋，镞身背部形成凹槽，下端呈圆形，铤残。标本 M126：47-1，长 2.3 厘米，铤残长 1.5 厘米（图四，4）。

铜带钩　1 件。标本 M126：8，琵琶形，兽首形钩，平脊，腹身上端有二凸棱，背部有一圆形纽，截面呈扁方形，腹部饰错金涡纹和变形云纹，钩身镶嵌绿松石。长 15.5 厘米，宽 1.5 厘米（图四，5；彩版三二，4）。

铺首衔环棺饰　8 件。形制大小相同。兽面纹，衔一环。铺首衔环分铸并带凸榫。标本 M126：14，宽 4 厘米，环径 4.5 厘米（图五，1）。

马衔　4 件。铜质，在两根圆棒形杆两端，有对称椭圆环，中间以小环相套，大、小环均有明显磨损痕迹，应为实用器。每两件大小相同。标本 M126：10-1，素面。长 22.2 厘米，大环长径 5 厘米（图五，4）。标本 M126：10-3，大环与棒相接处的一端饰宽 0.5 厘米的索状纹。长 21.5 厘米，大环长径 4.5 厘米（图五，5）。

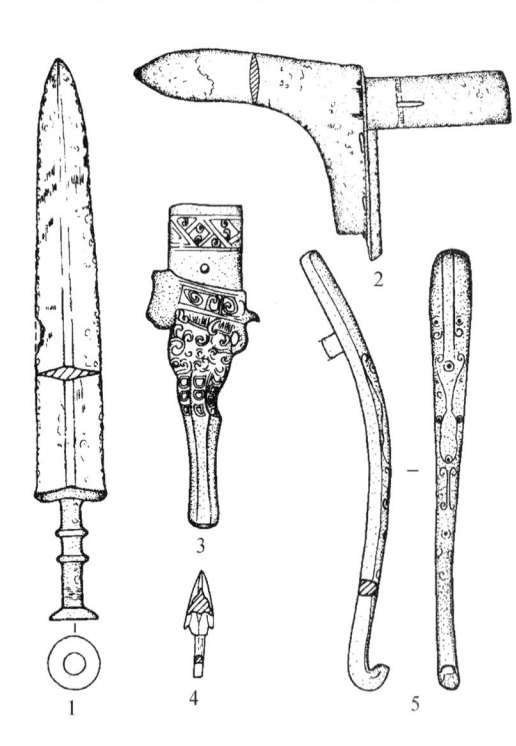

图四　墓中出土铜器
1. 剑　2. 戈　3. 镈　4. 镞　5. 铜带钩

盖弓帽　20件。完整者17件。标本M126:15-2，圆筒形，一端有牛角形钩，中部有一小孔，素面。长4.8厘米，口径1.2厘米（图五，2）。

铜环　8件。分为扁圆环和单圆环两种。

扁圆环　2件。形制大小相同。标本M126:5，断面呈扁方形。环径11.9厘米，宽1.8厘米，截面径0.25厘米。

单圆环　6件。素面。截面近圆形，每两件尺寸相同，分为大、中、小三种。标本M126:13-1，环径6.5厘米，截面径0.6厘米；标本M126:13-3，环径4.4厘米，截面径0.4厘米（图五，3）；标本M126:13-4，环径3.8厘米，截面径0.6厘米。

扇形带扣　4件。六棱体，扇形框，素面。标本M126:11，长2.2厘米，宽2.7厘米（图五，6）。

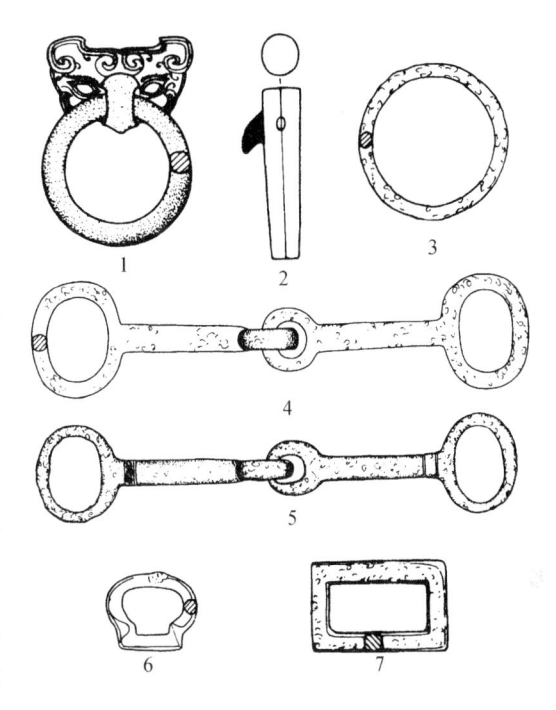

方框形带扣　1件。标本M126:50，方框形，六棱体，素面。长3.9厘米，宽2.5厘米，截面厚0.5厘米（图五，7）。

图五　墓中出土铜器
1. 铺首衔环棺饰　2. 盖弓帽　3. 单圆环　4、5. 马衔
6. 扇形带扣　7. 方框形带扣

3. 玉石器

6件。

玛瑙环　1件。标本M126:4，血红色。截面呈圆角三角形。直径5.6厘米，好径3.6厘米，厚0.8厘米（彩版三二，5）。

石璧　4件。均为素面。青灰色，有大面积绿锈色沁斑。标本M126:6-1，内缘断面圆弧，有明显的横向磨痕，外缘较薄，不均匀。直径3.5厘米，厚0.5厘米；标本M126:48-2，内、外缘断面均呈圆弧状。直径4.8厘米，厚0.6厘米（图六，1）。

石琮　1件。标本M126:49，灰白色砂岩，石质粗糙。平面为长方形，中心有一圆孔。面较平整，每一面各有两条竖向凹槽。内径1.3厘米，长4.2厘米，宽3.9厘米，厚0.9厘米（图六，2）。

4. 骨器

角形马镳 8件。均为实用器。基本完整者4件。骨质，用鹿角制成。一端尖，一端削成椭圆形，微弧，侧面钻有两个长方形孔。中部有磨损痕。标本 M126：9-1，长13.6 厘米，截面长径 1.8 厘米（图六，3）；标本 M126：9-2，长 11.4 厘米，截面长径 1.8 厘米（图六，4）；标本 M126：9-3，尖端残，残长 12.8 厘米，截面长径 1.8 厘米（彩版三二，6）。

骨管 4件。分两型。

A 型 2件。浅黄色，呈圆筒状，顶端口径大于底端口径。标本 M126：7-1，长 2.3 厘米，顶径 1.8 厘米，底径 1.4 厘米（图六，5）；标本 M126：7-2，长 2.5 厘米，顶径 1.6 厘米，底径 1.3 厘米。

B 型 2件，浅黄色，圆柱状。标本 M126：7-3，长 3 厘米，口径 1.2 厘米（图六，6）；标本 M126：7-4，长 3.3 厘米，口径 1.2 厘米。

锯齿纹贝 80枚。椭圆形，两侧刻有锯齿纹。标本 M126：12-1，长 3.4 厘米，宽 1.8 厘米，厚 0.8 厘米（图六，7）。

竖线纹贝 36枚。菱形，一面平，一面弧，弧面中部刻一竖行浅槽。标本 M126：16-2，长 2.9 厘米，宽 1.8 厘米，厚 0.3 厘米（图六，8）。

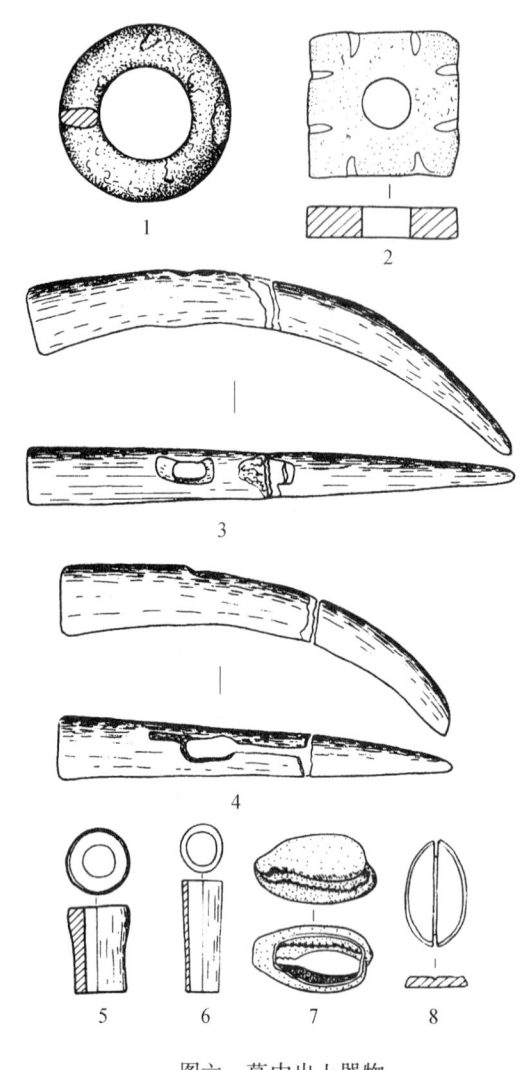

图六 墓中出土器物
1. 石璧 2. 石琮 3、4. 角形马镳 5. A 型骨管 6. B 型骨管 7. 锯齿纹贝 8. 竖线纹贝

四、结 语

1. M126 的时代

M126 是一座规模较大的墓葬。其形制为长方形土坑竖穴墓，从墓葬的口底形制来看，呈墓口明显大于墓底的仰斗状，是战国时期土坑竖穴墓的基本特征。墓中出土的随葬品以陶器、铜器、玉石器为主。陶器组合为仿铜礼器，以鼎、豆、壶、盘、匜为主，该组合的年代约相当于战国时期，这已为学术界所认同[1]。

墓中所出 A 型鼎与郑州化工地质勘探总院战国墓出土的陶鼎（M5：3）[2]、郑州市南阳路家世界购物广场战国墓 C 型 I 式鼎（M37：1）相类同[3]。B 型鼎与洛阳中州路Ⅲ A 式鼎（M2724：12）[4]、郑州市市政工程总公司战国墓葬 I 式鼎（M40：1）[5]相近。C 型鼎与郑州纺织机械厂战国墓 I 式鼎（M3：1，M7：1）[6]、洛阳中州中路东周墓（C1M8371：8）[7]鼎相近。A 型深腹豆与洛阳中州路 II 式（M2411：10）豆、B 型深腹豆与洛阳中州路 Ⅲ 式（M2303：5）豆形制相近[8]。陶壶与郑州市南阳路家世界购物广场战国墓 A 型 I 式（M40：3）、B 型 II 式（M62：3）相近[9]。壶形豆形制与郑州市南阳路家世界购物广场战国墓葬高足小壶（M15：7）[10]，河南南阳市程庄墓地东周墓葬壶形豆（M27：7、8）[11]形制基本相同。而陶匜具有明显的东周墓葬铜匜特征。从以上器形类比可知，A 型鼎、A 型深腹豆具有春秋晚期特征，陶壶、B 型鼎、C 型鼎、B 型深腹豆具有战国中期特征。由此可推断 M126 的年代当在战国中期或稍早。

2. 墓主人的身份

M126 墓葬形制较大，随葬品丰富，有陶礼器、兵器、车马器等，陶鼎 5 件，葬具为一椁二棺，兵器用剑，可见该墓墓主人身份不一般。

文献记载，天子九鼎，诸侯七鼎，卿大夫五鼎，士三鼎或一鼎，每个级别应与其在社会上的身份地位相符。《礼记》记载，鼎是盛牲之祭器，豆为食器，壶为酒器，匜为盥洗器，故随葬有鼎的墓主在身份地位上有可能高于无鼎的墓主。M126 随葬陶鼎 5 件，虽然难以排除用鼎者的行为有主观僭越之嫌，但与墓地其他随葬陶鼎的墓葬相比，其他墓葬的规模都比较小，随葬陶鼎的数量仅 1 件或 2 件，M126 墓主人的身份显然高于其他墓葬。

《周礼·檀弓上》："天子之棺四重。"《庄子·天下》："天子棺椁七重，诸侯五重，大夫三重，士再重。"《荀子·礼论》："天子棺椁十（七）重，诸侯五重，大夫三重，士再重。"赵化成先生认为：《周礼·檀弓上》中所谓"重"，专指棺的层数，而《荀子·礼论》、《庄子·天下》所云"天子棺椁七重"应为"三椁四棺"，"诸侯五重"应为"二椁三棺"，"大夫三重"应为"一椁二棺"，"士再重"应为"一椁一棺"，这一认识在学术界已基本达成共识[12]。M126 葬具用"一椁二棺"，墓主人当为士大夫之属。

棺椁制度是周代墓葬制度的重要组成部分，而棺椁多重制度则是棺椁制度的核心，它可以间接或直观地反映出墓主的身份、社会地位及其生前的经济状况乃至社会观念的变迁。自春秋晚期以来至战国中晚期，与用鼎制度一样，墓葬中初具形态的棺椁制度也遭到了破坏，往往有僭越礼制的现象，以至于难以将棺椁数量作为判断墓主身份的可靠标志。但从用鼎规格，棺椁数量及用剑、车马器和青铜铺首衔环棺饰等方面推断，M126 墓主人很可能为大夫或家族族长之类。

领　　队：索全星
发　　掘：闫付海　张鹏林　信应君　刘青彬
修　　复：郭秋燕
整　　理：信应君　郭秋燕　闫付海
绘　　图：李　杨
摄　　影：蔡　强　信应君

注　释

[1] 张辛：《中原地区东周陶器墓葬研究》，科学出版社，2002年。
[2] 郑州市文物考古研究所：《郑州市两处战国墓发掘报告》，《中原文物》1997年第3期。
[3] 郑州市文物考古研究所：《郑州市南阳路家世界购物广场战国墓葬发掘简报》，《华夏考古》2006年第2期。
[4] 中国科学院考古研究所：《洛阳中州路（西工段）》，科学出版社，1959年。
[5] 郑州市文物考古研究所：《郑州市市政工程总公司战国墓葬发掘简报》，《中原文物》2006年第3期。
[6] 郑州市文物考古研究所：《郑州纺织机械厂战国墓葬发掘简报》，《中原文物》1997年第3期。
[7] 洛阳市文物工作队：《洛阳中州中路东周墓发掘简报》，《文物》2006年第3期。
[8] 同［4］。
[9] 同［3］。
[10] 同［9］。
[11] 郑州大学历史学院考古系、河南省文物管理局南水北调文物保护办公室、南阳市文物考古研究所：《河南南阳市程庄墓地东周墓葬发掘简报》，《考古》2008年第5期。
[12] 赵化成：《周代棺椁多重制度研究》，《国学研究》第五卷，北京大学出版社，1998年。

（原刊于《中原文物》2009年第3期）

郑州市南阳路家世界购物广场战国墓葬发掘简报

信应君　张文霞

2003年10~12月，为配合郑州市南阳路家世界购物广场工程建设，郑州市文物考古研究所对工程区内古墓葬进行了抢救性考古发掘，共清理古墓葬72座，其中战国墓葬68座，汉代墓葬1座，宋代墓葬1座，清代墓葬2座。现将68座战国墓葬发掘情况报告如下。

一、墓葬的位置及分布

发掘地点位于郑州市区南阳路与黄河路交叉路口西南隅，市商业储运公司院内，南与岗杜相邻。岗杜一带地势较高，是郑州市区战国墓葬分布相对集中的地区，本次发掘地点位于该墓葬区的西北部（图一）。墓葬排列有序，大致呈东西向排列，南北布局，整个发掘区墓葬分布共分七排（图二）。

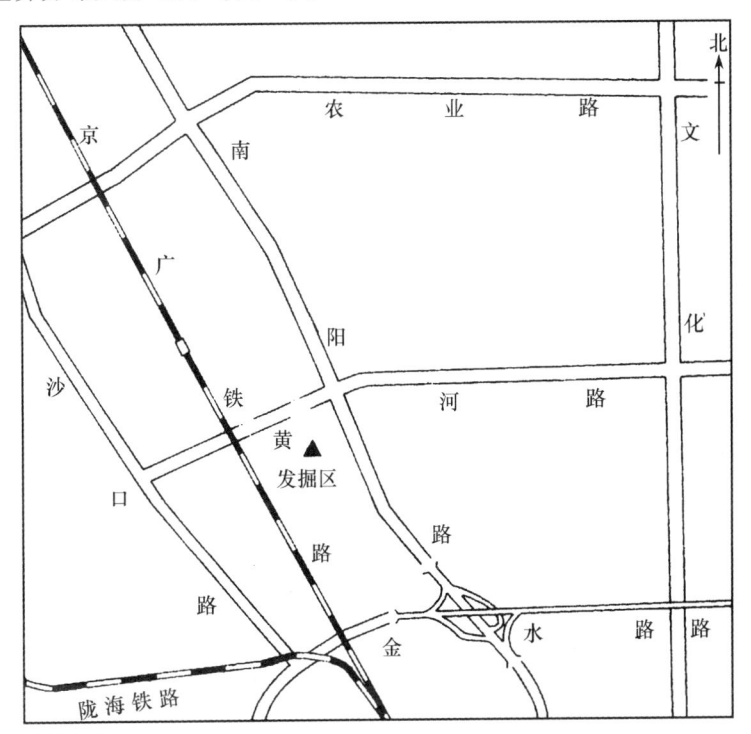

图一　郑州市南阳路家世界购物广场战国墓葬发掘区位置示意图

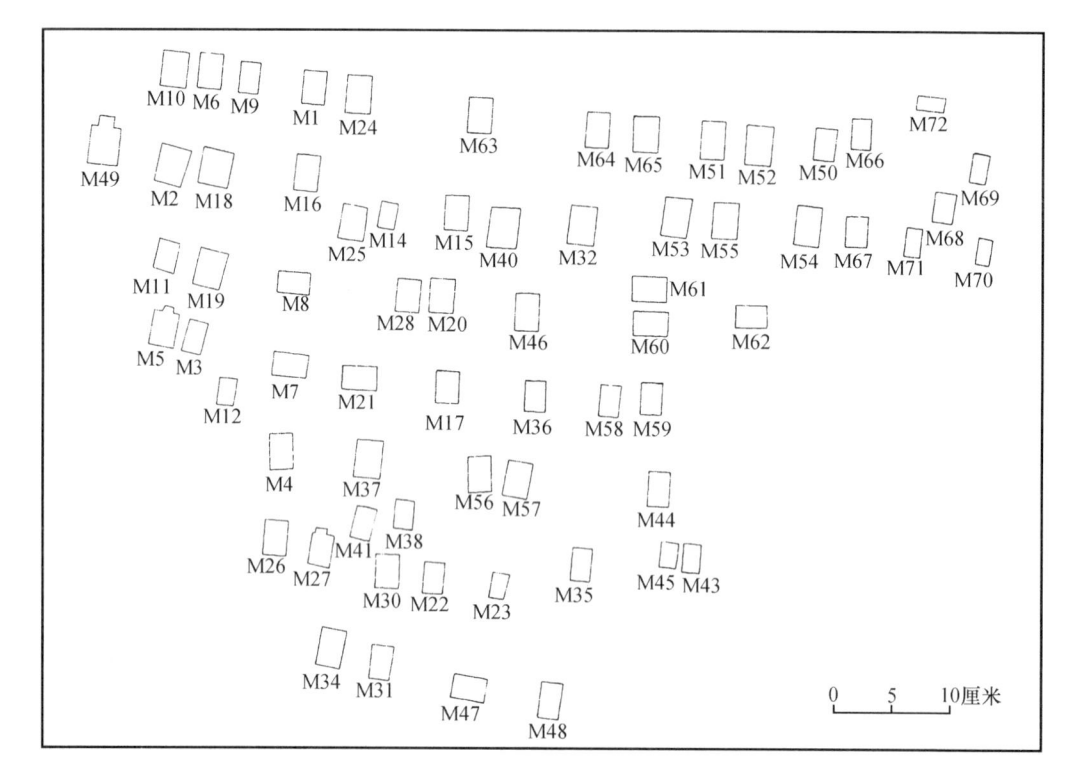

图二　墓葬分布图

二、墓 葬 形 制

68座战国墓中，63座长方形竖穴土坑墓，2座竖穴空心砖墓，3座长方形竖穴偏堂墓。长方形竖穴土坑墓又可分为两类，一类在头端设有壁龛，共44座，一类头端不设壁龛，共19座。除8座墓东西向外，其余均呈南北向，方向2°~358°。墓室一般口长2.4~3.5米，宽1.2~2.6米，底长2~3米，宽1.1~2.05米，墓深2.5~5.4米。口部略大于底，坑壁倾斜。墓室内填土为暗红色五花土，较黏硬，个别墓填土经夯打。坑壁为较疏松的黄沙土。

壁龛均设在头端墓壁上，内置随葬陶器。龛底部除个别墓与二层台平齐外，一般距墓底高0.7~1.3米，口宽0.4~1米，龛高0.35~1.05米，进深0.2~0.5米。个别较深的墓，在墓室东、北两壁近角处有脚窝，脚窝多呈半圆形，宽0.15~0.25米，高0.08~0.15米，深0.1~0.2米，上下间距约0.4米。两排脚窝呈不对称交错分布。

墓内葬具多使用木棺椁，但朽蚀严重，仅能见棺椁灰痕，分为单棺墓和一棺一椁墓。葬式除4座墓无骨架、5座墓因骨架腐朽严重无法断定外，其余59座墓的葬式可分为三种形式：仰身直肢葬、仰身屈肢葬和侧身屈肢葬。现以M15、M19、M23、M32、M40、

M61、M70、M71 为例，分别介绍如下：

M15　长方形竖穴土坑墓，方向 2°。坑壁斜直，口大底小。坑口长 2.9 米，宽 2 米，底长 2.3 米，宽 1.4~1.5 米，墓深 4.6 米。墓北壁设有壁龛，龛距墓底高 1.04 米，口宽 1 米，高 0.6 米，进深 0.44 米，龛内置陶鼎 1 件，陶豆 4 件，陶壶 2 件，陶盆 1 件，陶匜 1 件。墓底置一棺，棺长 1.9 米，宽 0.8~0.9 米，深 0.7 米，棺内有人骨架一具，仰身屈肢葬，双手放于骨盆处，腰侧置铜带钩 1 件。棺外有生土二层台，南二层台宽 0.1 米，东、北、西三面二层台均宽 0.3 米，高 0.7 米（图三）。

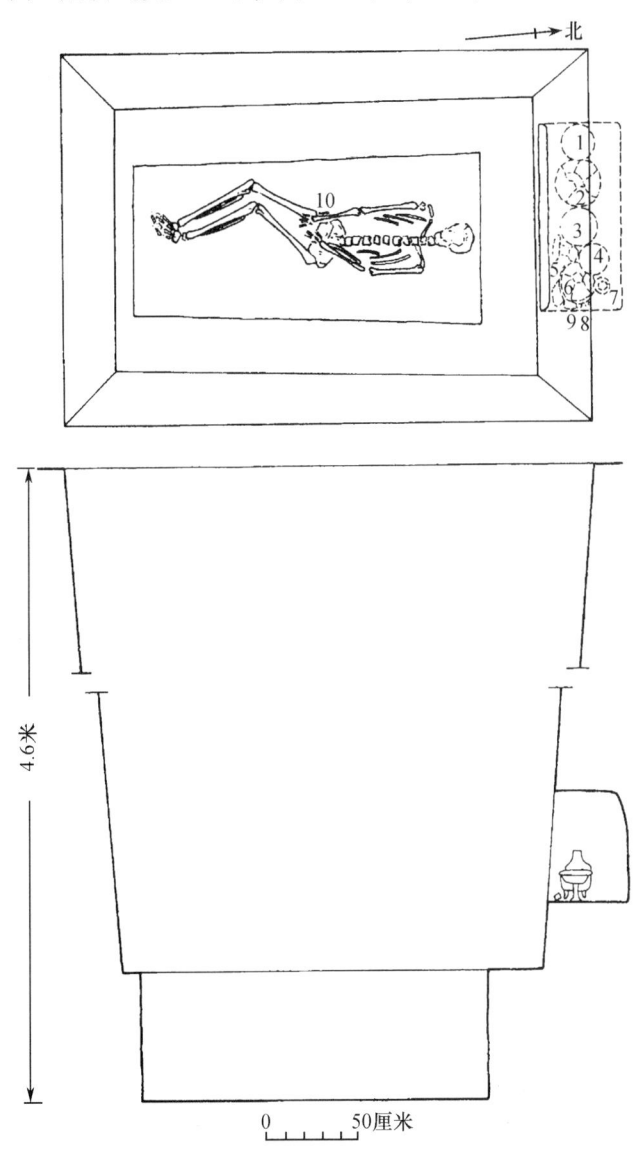

图三　M15 平、剖面图
1、7. 陶壶　2. 陶鼎　3~6. 陶豆　8. 陶匜　9. 陶盆　10. 铜带钩

M19 竖穴空心砖墓，方向 7°。墓葬形制是首先挖墓圹，下部留有生土二层台，内用空心砖砌成椁室。墓口北宽南窄，长 3.2 米，宽 2.4~2.5 米。墓室东西两壁各用四块、南北各用两块空心砖横立，底部用空心砖铺地。顶部见有木板痕，可能用板做盖。空心砖四壁向内的一面有花纹，底部铺砖朝上的一面也有花纹。全部为米字纹，空心砖椁室总长 2.44 米，宽 1.14 米，墓底距地表深 3.25 米。四壁空心砖长 1.08 米，宽 0.36 米，厚 0.15 米。北壁有一壁龛，底部与空心砖椁室上部平，口宽 0.6 米，高 0.36 米，进深 0.3 米，内放陶壶 1 件，合碗 1 套。墓底骨架已朽无存，中部有铜带钩 1 件（图四）。

图四 M19 平、剖面图
1. 陶合碗 2. 陶壶 3. 铜带钩

M23 竖穴土坑偏堂墓，方向6°。门长2.18米，宽1.4~1.68米，底长2.1米，宽1.96米，墓深1.3米。坑壁向下略斜收，东壁可能塌陷，不规整。东壁自墓口向下0.8米以下向外延伸，形成偏堂。葬具不明，墓底有人骨架一具，置于墓室东半壁偏堂内，仰身直肢葬。未见随葬品（图五）。

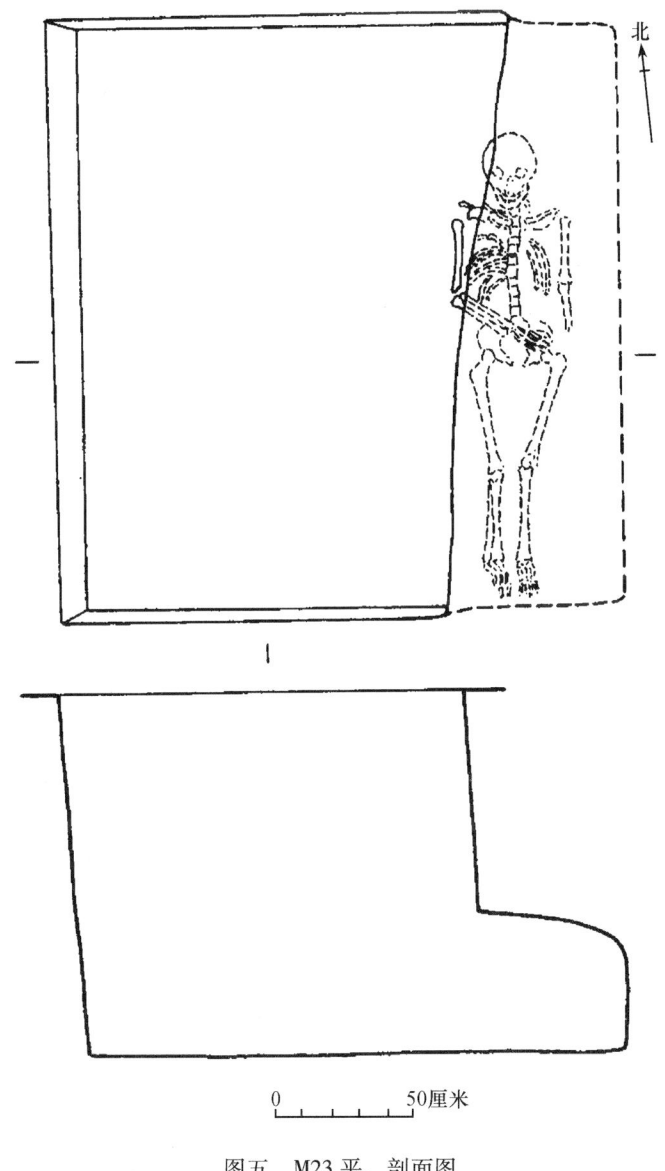

图五 M23平、剖面图

M32 长方形竖穴土坑墓，方向10°。坑壁向下斜收较甚，口长3.3米，宽2.2米，底长2.5米，宽1.7米，墓深4.7米。北壁及东壁近角处各有一排脚窝，半圆形，呈不对称交错分布。北壁设一壁龛，龛距墓底高0.8米，口宽0.64米，高1.04米，进深0.5米，龛内置陶鼎、盂、壶、匜各1件。墓底一棺，棺长1.9米，宽0.9米。棺内有人骨架一具，侧身屈肢葬。棺外有活土二层台，东二层台宽 0.36 米，南二层台宽 0.24 米，西二层台宽 0.26 米，北二层台宽 0.38 米，高 0.8 米（图六）。

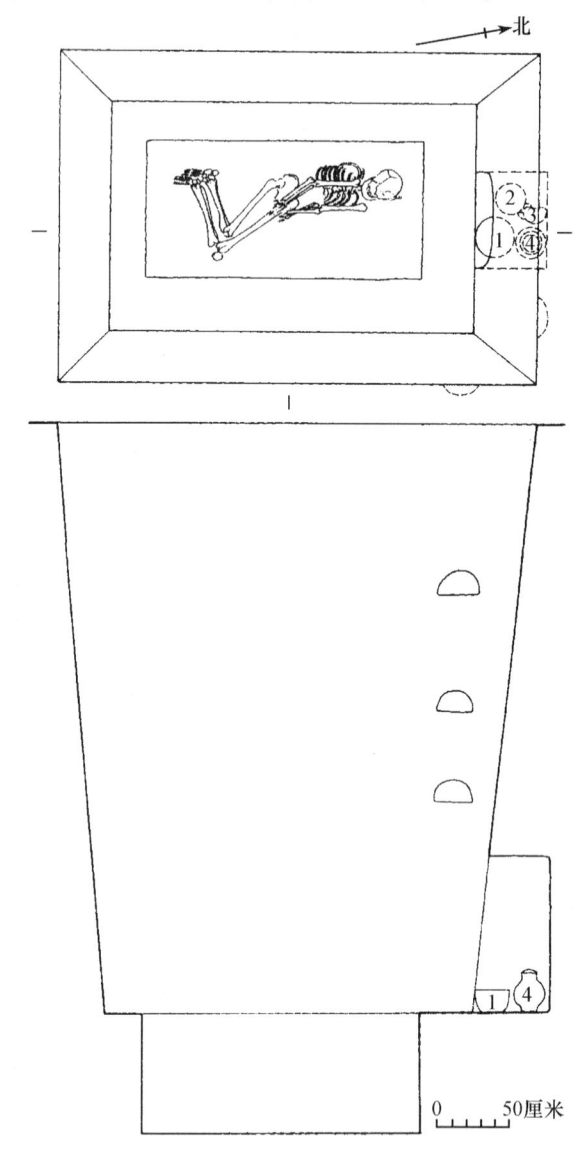

图六　M32 平、剖面图
1. 陶盂　2. 陶鼎　3. 陶匜　4. 陶壶

M40　长方形竖穴土坑墓，方向 10°。坑壁斜直，坑口长 3.5 米，宽 2.6 米，底长 2.9 米，宽 1.9 米，墓深 5.1 米。北壁设有壁龛，壁龛距椁顶上部 0.2 米。龛宽 0.64 米，高 0.6 米，进深 0.5 米，龛内放置陶鼎、豆、壶、盘、匜各 1 件。墓底置单椁单棺，椁长 2.5 米，宽 1.4 米，高 0.7 米，棺长 2.2 米，宽 1 米。棺内有人骨架一具，仰身直肢葬，头向北，双手置于腹前。棺内四角各置铜璜 1 件。椁外有生土二层台，东西二层台

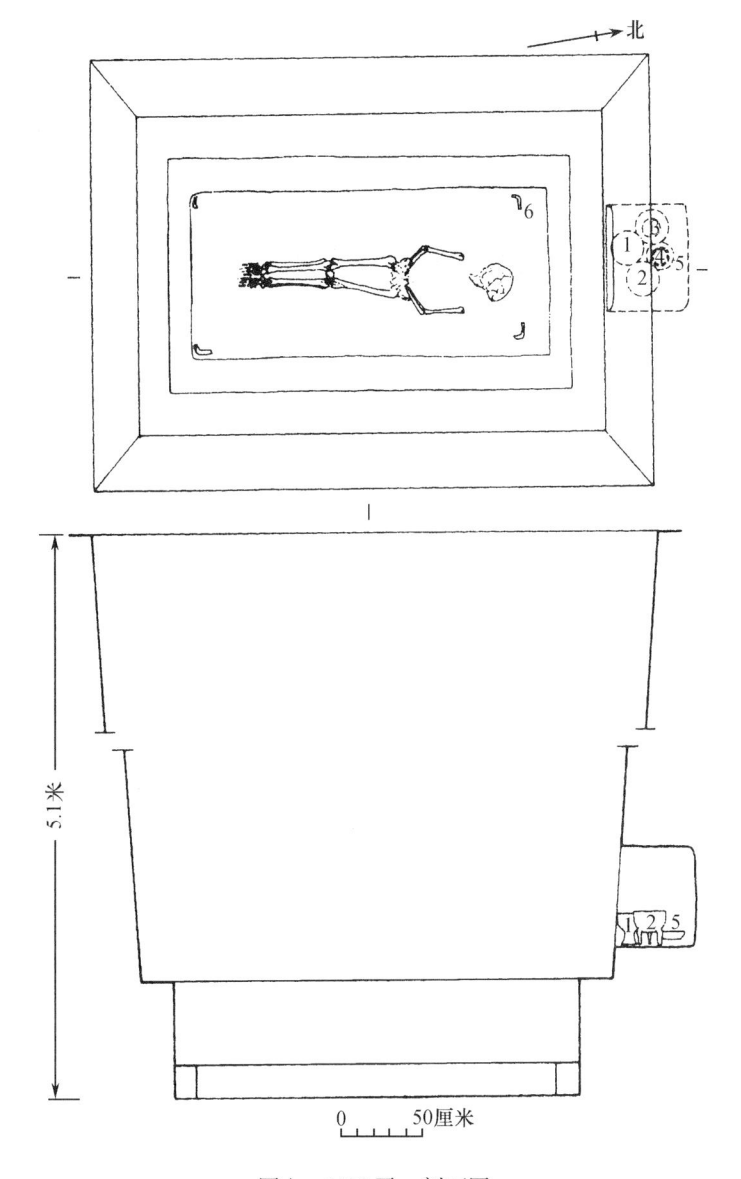

图七　M40平、剖面图
1. 陶豆　2. 陶鼎　3. 陶壶　4. 陶　5. 陶盘　6. 铜璜

宽0.26米，南、北二层台宽0.2米，高0.7米（图七）。

　　M61　长方形竖穴土坑墓，方向276°。坑口北壁被扰乱，坑壁向下斜收，口略大于底。坑口东西长3.1米，宽2.3米，底长2.7米，宽1.8米，墓深3.4米。西壁设有壁龛，龛距墓底高0.5米，龛宽0.6米，高0.6米，进深0.4米，内置陶鼎、豆、壶、盘、匜各1件。墓底有一棺，棺长2.06米，宽1.04米。棺内有人骨架一具，仰身屈肢葬。棺外有生土二层台，北二层台宽0.34米，西二层台宽0.23米，南二层台宽0.4米，东二层台宽0.4米，高0.3米（图八）。

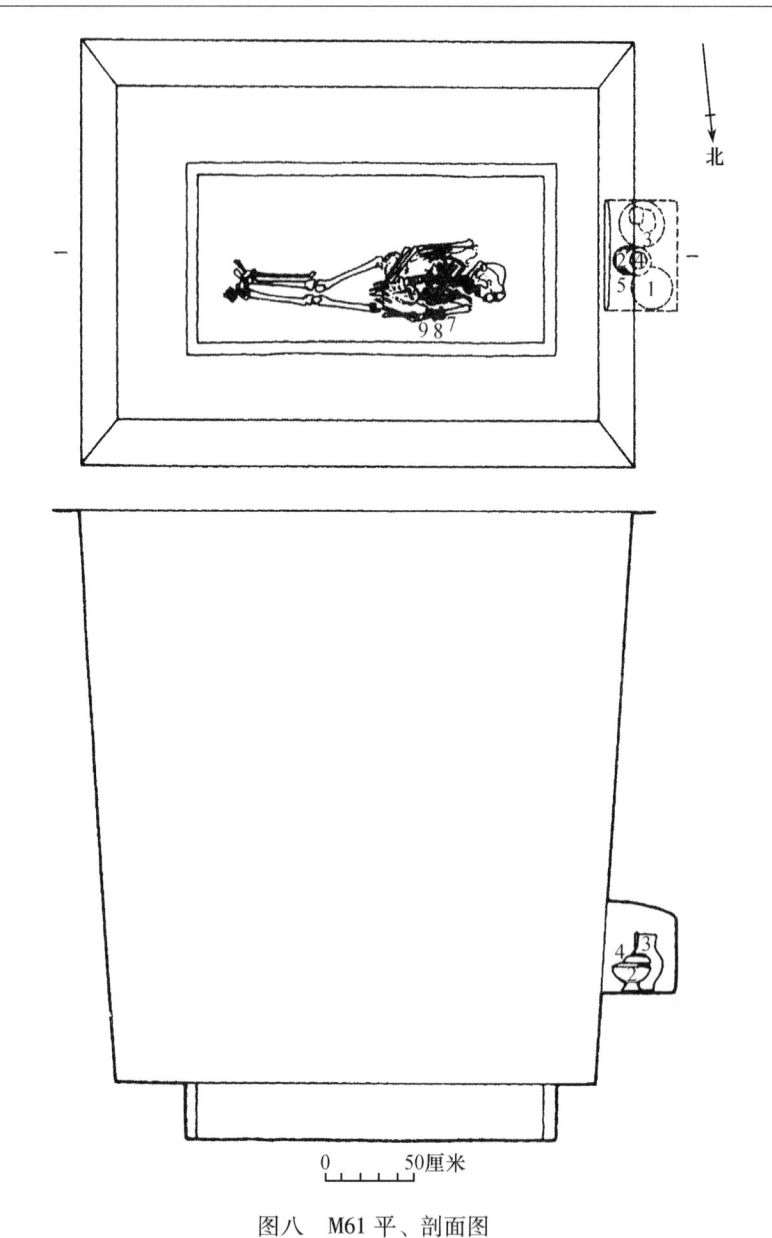

图八　M61平、剖面图
1. 陶鼎　2. 陶豆　3. 陶壶　4. 陶盘　5. 陶匜　6. 铜带钩　7. 铜璜　8. 料珠　9. 石环

M71　长方形竖穴土坑墓，方向6°。坑壁向下斜收，口长2.5米，宽1.4米，底长2.2米，宽1.2米，墓深1.8米，墓底一棺，棺长1.95米，宽0.8米。棺内有人骨架一具，侧身屈肢葬，左臂直伸，右臂屈收置于胸前。头端放置陶罐、碗各1件，铜带钩1件。棺外有生土二层台，东西二层台宽0.2米，南二层台宽0.15米，北二层台宽0.1米，高0.4米（图九）。

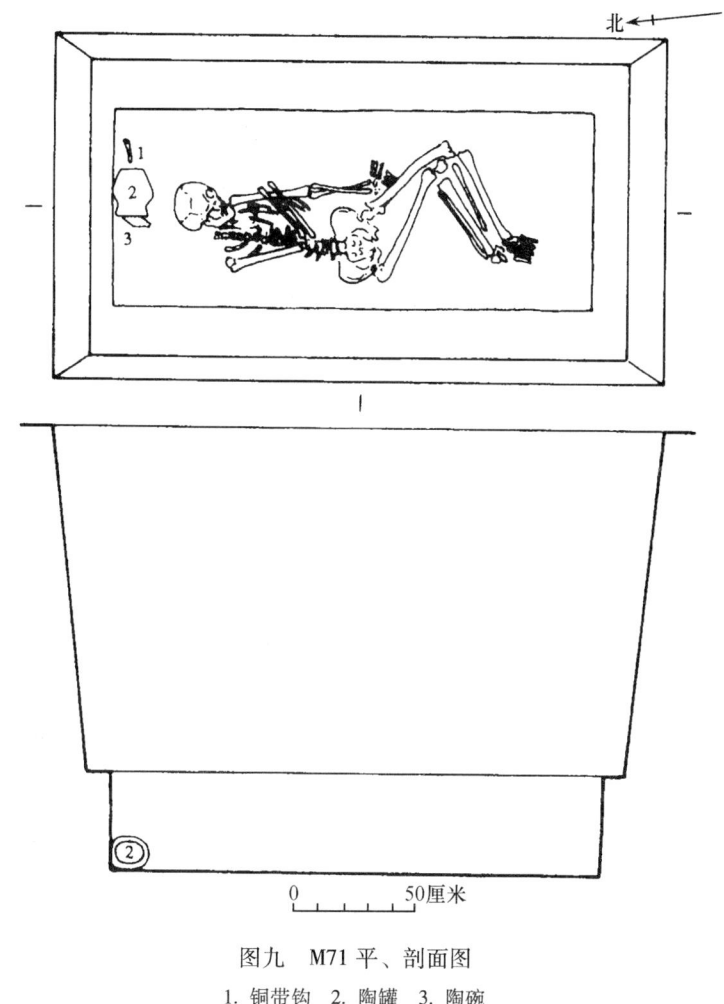

图九 M71 平、剖面图
1. 铜带钩 2. 陶罐 3. 陶碗

三、随葬器物

68 座战国墓中，有 10 座墓（M4、M5、M7、M8、M9、M17、M23、M36、M43、M46）未见随葬品，其余 58 座墓均有随葬物品出土，少者 1 件，多者 20 余件。现分类介绍如下：

1. 陶器

58 座有随葬品的墓，除 10 座墓（M12、M14、M38、M41、M49、M63、M68、M69、M70 等）没有随葬陶器外，其余 48 座墓中共出土各类陶器 183 件。陶器以泥质灰陶为主，有少量的泥质红陶。纹饰主要有绳纹、弦纹、瓦纹三种。绳纹常见于鼎及圜底罐的腹下部及底部，个别壶的腹部饰间断绳纹；弦纹主要见于壶的肩、腹，鼎的盖、腹及豆的外壁；瓦纹则常见于鼎及豆的器盖上。部分陶器上施有彩绘，主要用红、黄、白及黑等几种色彩构成三角纹、菱形纹、窗棂纹及连珠纹等图案，常见于鼎、壶的腹部。个别器物涂抹朱砂，主要见于盘、匜的内壁及鼎耳部位。

陶器的制法主要有轮制、手制和模制三种形式。另外，在鼎足、鼎耳与器壁，豆柄与豆盘，壶底圈足等结合部分，采用黏接法。匜的尾部和流部采用捏制法。部分壶、匜、盘及鼎的下腹部用竹片或其他工具刮削。约有近三分之一的陶鼎鼎耳与器壁的接合处采用类似榫卯结构的方法，即在鼎的上腹部挖一个扁方形的孔，再将制好的鼎耳榫部塞进孔内，这样鼎耳就成为活耳，可以随时取掉。鼎耳除1件（M30∶1）为圆环耳外，余均为方形，中间有孔或无孔。鼎足一般是模制而成，个别用手捏制，多为蹄形足，除个别足为圆柱状或棱柱状外，多为圆形或半圆形。半圆形足系圆形足一分为二而成，又有实足和中空两种。壶有平底和圈足两类。

器形主要有鼎、豆、壶、盘、匜、罐、碗、盂、盆、盒、高柄豆、杯、纺轮等。

鼎 34件。分别出于34座墓中。除2件因火候低破碎无法复原外，完整器物共计32件。根据整体形态的差异可分为四型。

A型 6件。弧腹，圆盖顶。泥质灰陶及红陶鼎各3件，泥质红陶鼎火候较低。分四式。

Ⅰ式：2件。口部子舌较大近直，上腹趋直，圜底，长方耳有孔或无孔，盖隆起，半圆形蹄足微内敛。标本M40∶1，泥质灰陶，素面。口径20厘米，通高17.8厘米（图一〇，1）。标本M56∶1，泥质红陶，耳无孔，素面。口径16厘米，通高18厘米（图一〇，4）。

Ⅱ式：1件。标本M28∶1，泥质灰陶，口部子舌变小向内斜出，腹向外鼓凸，圜底，耳较Ⅰ式略薄，方孔，半圆形蹄足，腹下部有刮削痕，腹饰凸弦纹一周，足内侧有凹槽。口径16.7厘米，通高20厘米（图一〇，2）。

Ⅲ式：2件。均泥质红陶，子口近平，方直耳，近半圆孔或无孔，半圆形蹄足较高，间距增大，耳与足间距缩小，下部有刮削痕。标本M62∶1，腹向下斜收，近小平底，腹饰凹弦纹一周。口径19厘米，通高16.6厘米（图一〇，6）。标本M65∶1，盖顶平，圜底，方耳无孔，素面。口径20.2厘米，通高19.3厘米（图一〇，3）。

Ⅳ式：1件。标本M2∶1，泥质灰陶，口部子舌向内斜出，弧腹斜收近小平底，耳变小外撇较甚，几乎与足相连，半圆形蹄足根部粗大，内中空。口径17厘米，通高19厘米（图一〇，5）。

B型 7件。短厚耳圆兽足瓦纹鼎。除1件（标本M61∶1）为泥质红陶外，余皆为泥质灰陶，弧腹，圜底或平底微凹。分三式。

图一〇　A 型陶鼎

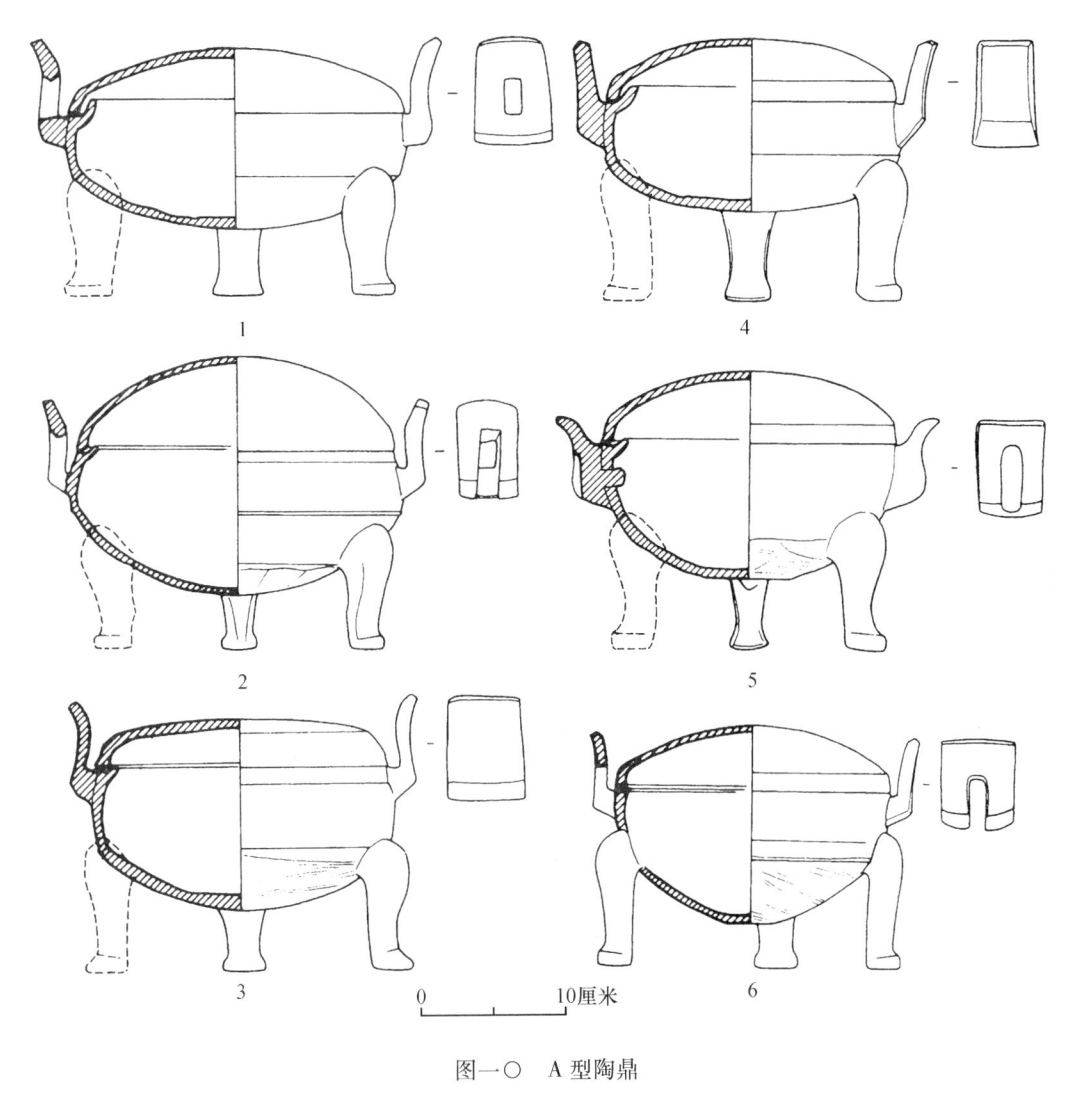

1. Ⅰ式（M40:1）　2. Ⅱ式（M28:1）　3、6. Ⅲ式（M65:1、M62:1）　4. Ⅰ式（M56:1）　5. Ⅳ式（M2:1）

Ⅰ式：2 件。厚方耳内敛，盖顶平类假圈足，蹄足粗矮，内侧有凹槽，腹饰瓦纹。标本 M26:1，口部子舌内折直立，方附耳，盖饰三扁圆纽及凸弦纹三周，腹下部饰凸弦纹一周，盖、耳、腹上部及蹄足底部均施白彩，顶施一周红彩。口径 21.2 厘米，通高 21.3 厘米（图一一，1）。标本 M27:1，耳榫卯结构，蹄足，盖顶有暗弦纹，施红、白彩绘。口径 20 厘米，通高 19.3 厘米（图一一，2）。

Ⅱ式：2 件。标本 M15:1，器表磨光，口部子舌较长向内斜出，方附耳，三足增高，中空，盖饰三扁圆纽及凸弦纹二周，腹饰凸弦纹一周。口径 24 厘米，通高 24 厘米（图一一，7）。标本 M61:1，器身泥质红陶，盖泥质灰陶，子口微敛，弧腹微鼓，平底，附耳方孔，上部成尖状，圆形蹄足粗壮，根部鼓凸，内侧有凹槽，其中一个鼎足位于鼎耳的正下方，盖鼓凸，顶部中间一孔，有轮痕，鼎身素面。口径 18.6 厘米，通高 22 厘米

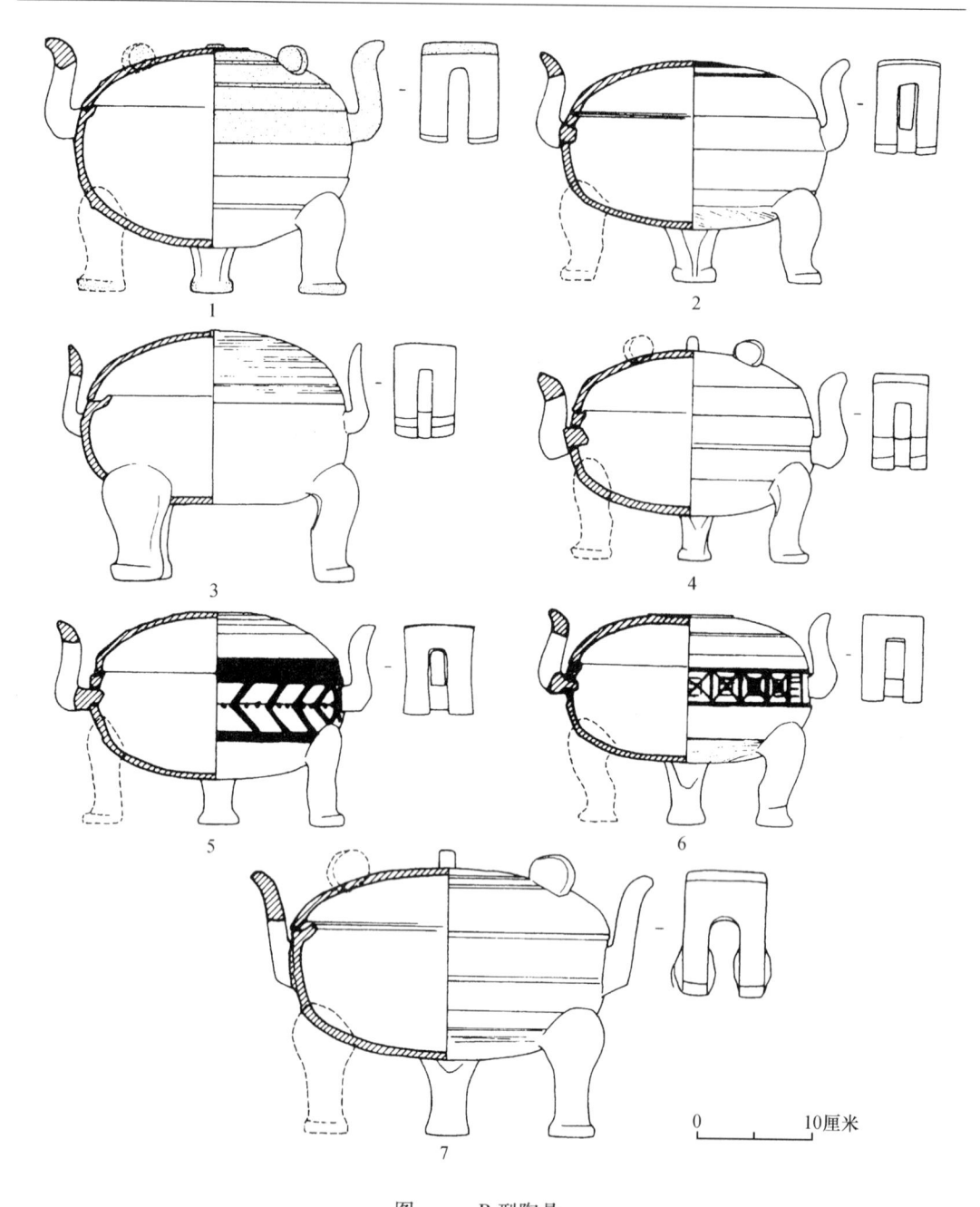

图一一　B型陶鼎
1、2. Ⅰ式（M26:1、M27:1）　3、7. Ⅱ式（M61:1、M15:1）　4~6. Ⅲ式（M35:1、M51:1、M1:1）

（图一一，3）。

Ⅲ式：3件。子口近平，盖顶平类假圈足，耳均榫卯结构，圜底近平，蹄足增高，根部内侧中空。标本M1:1，子口微敛，腹施红色彩绘，构成窗棂纹及菱形纹交叉图案，盖饰凹弦纹一周，腹底有刮削痕。口径21.2厘米，通高18厘米（图一一，6）。标本

M35:1，口部子舌变小，盖纽变小，间距较Ⅱ式更近，腹饰凹弦纹一周，耳足间距拉近。口径19厘米，通高19厘米（图一一，4）。标本M51:1，盖有轮旋痕，盖、腹口沿及腹下部分施一周带状红彩，腹中部施红、白相间彩绘构成菱形纹饰，间以红彩连珠纹点缀，耳施红彩。口径20厘米，通高18厘米（图一一，5）。

C型　7件。均泥质灰陶，子口微敛，圜底较深，方耳外折，盖圆隆，腹下部及底多饰绳纹。分四式。

Ⅰ式：1件。标本M37:1，口部子舌较大近直，垂腹，两耳一大一小，榫卯结构，盖中部有一长方形纽，棱柱状足，腹下部及底饰绳纹。口径15.5厘米，通高20.2厘米（图一二，1）。

Ⅱ式：1件。标本M47:1，子口，鼓腹，圜底更深，小方耳上部外撇，榫卯结构，蹄足粗矮，内侧中空，腹下部及底饰绳纹。口径19.8厘米，通高19.2厘米（图一二，2）。

Ⅲ式：4件。口部子舌变小向内斜出，上腹近直，下腹弧收，方附耳变薄，兽状足外撇、增高，根部饰模糊兽纹。标本M55:1，口径19厘米，通高21.1厘米（图一二，3）。

Ⅳ式：1件。标本M44:1，口部子舌近消失，弧腹斜收近小平底，方耳榫卯无孔，盖降起较高，扁平足较矮，耳下移与足几乎相接，盖饰瓦纹。口径18厘米，通高16.7厘米（图一二，4）。

D型　12件。平底，除1件（标本M32:1）为泥质红陶外，余均泥质灰陶，子口微敛，方附耳或环耳，多素面，柱状足或瓦棱状足。分五式。

Ⅰ式：2件。标本M24:1，火候较低，弧腹，下部横折至平底，厚方耳方孔，圆柱足较高，盖饰三个扁方纽，腹饰两道间断绳纹。口径17.2厘米，通高23厘米（图一三，6）。标本M32:1，泥质红陶，火候较低，口部子舌近直，方孔直耳较薄，无盖，腹饰凹弦纹一周。口径18.3厘米，通高19厘米（图一三，1）。

Ⅱ式：2件。标本M52:1，火候较低，方耳方孔，足有刮削痕，根部内侧中空，素面。口径19厘米，通高19厘米（图一三，2）。

Ⅲ式：3件。足较Ⅱ式变矮，耳变小。标本M30:1，环耳，足根部内侧中空，腹下部饰间断绳纹。口径19.6厘米，通高21厘米。标本M34:1，小方附耳，盖鼓凸，圆柱状足，根部内侧中空，腹下部有刮削痕，素面（图一三，8）。标本M57:1，方附耳外撇，孔不规则，蹄足外展，饰瓦纹。口径20.5厘米，通高20厘米（图一三，7）。

Ⅳ式：2件。方耳有孔或无孔，瓦棱状足，内有凹槽。标本M21:1，子口微敛，附耳外撇，腹饰凹弦纹一周，腹底有刮削痕。口径15.8厘米，高19.3厘米（图一三，4）。标本M31:1，小方耳无孔，下腹斜折至平底。口径18厘米，通高17厘米（图一三，3）。

Ⅴ式：3件。口部子舌近消失，平底微凹，耳变小下移与足相接，榫卯结构，饰瓦纹。标本M60:1，无盖。口径21.2厘米，通高15.7厘米（图一三，5）。标本M64:1，

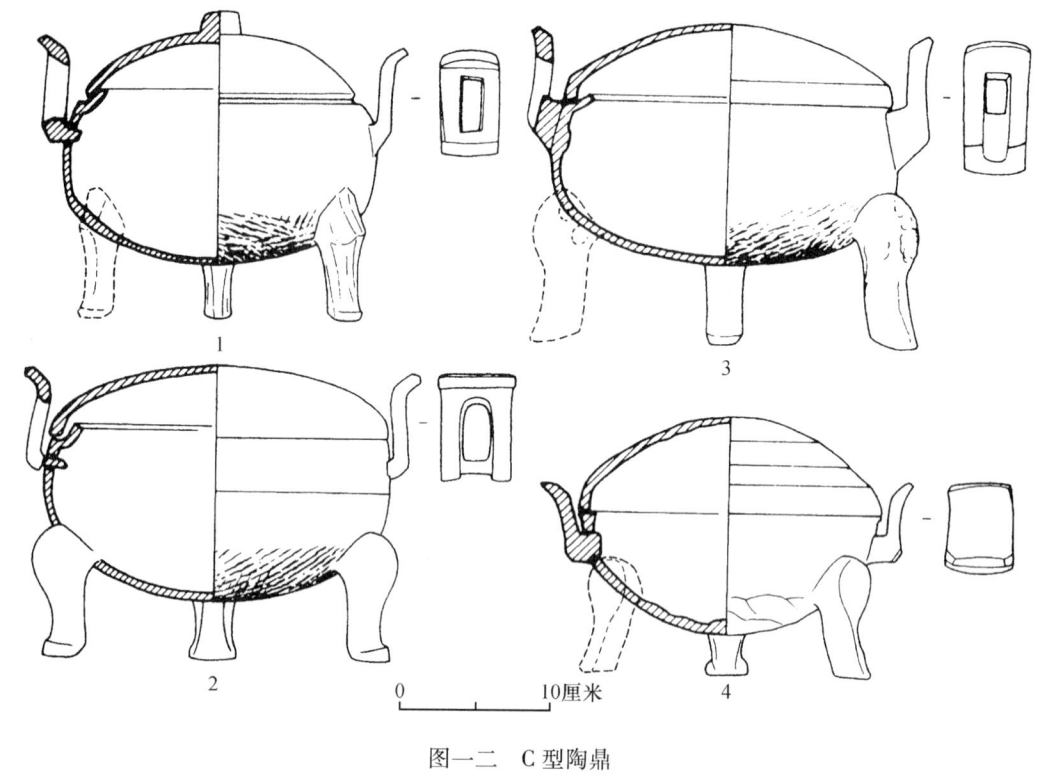

图一二 C 型陶鼎
1. Ⅰ式（M37:1） 2. Ⅱ式（M47:1） 3. Ⅲ式（M55:1） 4. Ⅳ式（M44:1）

盖饰凹弦纹，顶部类假圈足，蹄足外撇。口径 21.8 厘米，通高 18 厘米（图一三，9）。

豆 35 件。分出于 31 座墓中。除 3 件因火候较低无法复原外，完整器物共计 32 件。M15 随葬 4 件，M54 随葬 2 件，其余各墓均随葬 1 件。除 M15 的 2 件浅盘高柄豆外，另外 30 件陶豆根据其整体形态的差异可分为五型。

A 型 弧腹豆。9 件。除 1 件（标本 M61:2）为泥质红陶外，余皆为泥质灰陶。根据口沿及柄的变化分为六式。

Ⅰ式：2 件。口部子舌长且直立，豆柄粗高，圜底，喇叭口状盘座。标本 M64:2，腹饰凸弦纹一周，下有刮削痕。口径 13 厘米，底径 12.5 厘米，通高 15.2 厘米（图一四，1）。

Ⅱ式：2 件。口部子舌向内斜出，柄较Ⅰ式略细，喇叭口状圈足增高，口径与座盘几乎相等，素面。标本 M54:3，口径 14 厘米，底径 13.2 厘米，高 18.6 厘米（图一四，2）。

Ⅲ式：2 件。子口近直或微敛，盖圆隆，柄稍粗短。标本 M53:2，腹壁较直，有轮旋痕。口径 15.7 厘米，底径 10.5 厘米，高 18.7 厘米（图一四，3）。

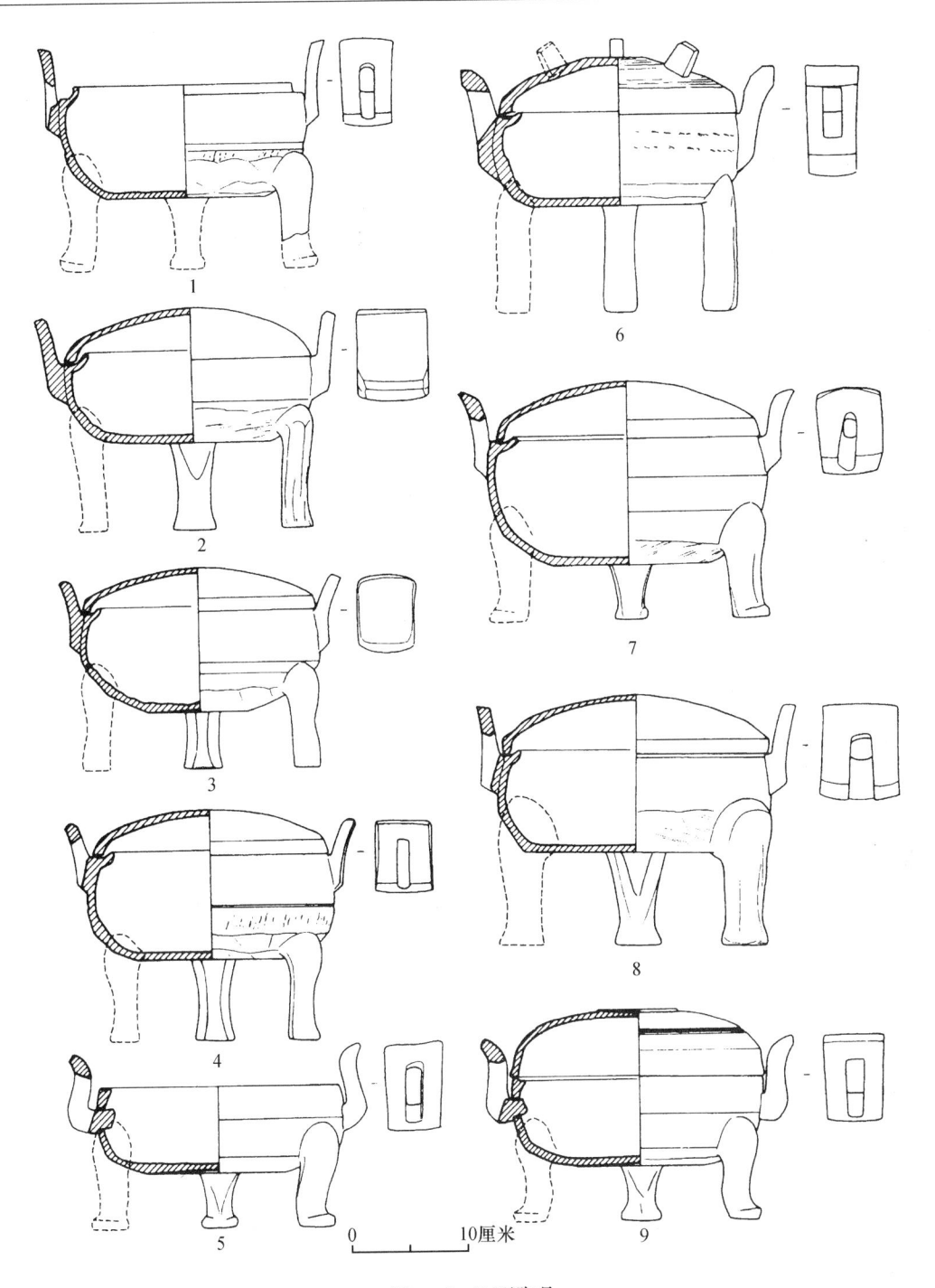

图一三　D型陶鼎

1、6. Ⅰ式（M32:1、M24:1）　2. Ⅱ式（M52:1）　3、4. Ⅳ式（M31:1、M21:1）　5、9. Ⅴ式（M60:1、M64:1）
7、8. Ⅲ式（M57:1、M34:1）

Ⅳ式：1件。标本 M61:2，泥质红陶，子口微敛，子舌近平，腹深，柄粗短，盖圆鼓。口径 14 厘米，底径 9.2 厘米，高 16.5 厘米（图一四，4）。

Ⅴ式：1件。标本 M35:2，口部子舌消失，敛口，深腹，盖低平，柄粗短。口径 20.5 厘米，底径 10.8 厘米，高 17.5 厘米（图一四，5）。

Ⅵ式：1件。标本 M58:2，敛口，腹弧收较甚，无柄，器身直接圈足，盖及腹饰瓦纹。口径 18.2 厘米，底径 9.5 厘米，通高 13 厘米（图一四，15）。

B型　折腹豆。13件。除1件（标本 M50:2）为泥质红陶外，余皆为泥质灰陶。根据口部及豆柄的变化分为五式。

Ⅰ式：1件。标本 M27:2，口部子舌长而直立，盖隆起较高，豆柄粗长，素面，盖直口，顶部似假圈足，施白彩。口径 14.7 厘米，底径 10.6 厘米，通高 19.3 厘米（图一四,6）。

Ⅱ式：3件。口部子舌稍短。标本 M40:2，盖圆隆，盘座外沿上翘。口径 15.3 厘米，底径 14 厘米，通高 20.5 厘米（图一四，7）。

Ⅲ式：5件。直口微敛，腹壁近直，圜底，盖低平，喇叭形盘座。标本 M21:2，口部子舌变小，柄变细。口径 15 厘米，底径 9.5 厘米，通高 17.6 厘米（图一四，19）。标本 M34:2，口径 18.5 厘米，底径 10.6 厘米，通高 19.5 厘米。标本 M50:2，泥质红陶，柄中空，口径 16.6 厘米，底径 10.5 厘米，通高 19.4 厘米（图一四，8）。标本 M51:2，盖为覆盘状，顶平，柄中空，喇叭状盘微外翘，口沿及盘座底施白彩，腹、柄施红彩，中部用红色彩绘构成网格纹图案，间点白彩。口径 16.7 厘米，底径 11.6 厘米，通高 19 厘米（图一四，18）。

Ⅳ式：3件。形制与Ⅲ式相同，唯柄粗短。标本 M25:2，口径 16 厘米，底径 4.2 厘米，通高 17.5 厘米。标本 M62:2，口径 15.9 厘米，底径 10.8 厘米，通高 17.4 厘米（图一四，9）。

Ⅴ式：1件。标本 M44:4，直口，圆唇，腹壁近直，折腹斜收，圜底无柄，腹壁直接圈足，盖顶中部平，饰凹弦纹一周。口径 16.2 厘米，底径 14.1 厘米，通高 14.1 厘米（图一四，10）。

C型　浅盘直柄豆。4件。均泥质灰陶，直口微敛，斜折腹，直柄，喇叭形盘座较小。分四式。

Ⅰ式：1件。标本 M24:2，盖微隆，子舌内倾，柄高直长，饰瓦纹。口径 16 厘米，底径 9 厘米，高 19 厘米（图一四，11）。

Ⅱ式：1件。标本 M28:2，敛口，弧腹，柄粗高。口径 16.3 厘米，底径 10.5 厘米，高 16.8 厘米（图一四，12）。

Ⅲ式：1件。标本 M52:2，盖平，柄短，腹饰瓦纹。口径 17.4 厘米，底径 8.3 厘米，通高 16 厘米（图一四，13）。

图一四 陶豆

1. A型Ⅰ式（M64:2） 2. A型Ⅱ式（M54:3） 3. A型Ⅲ式（M53:2） 4. A型Ⅳ式（M61:2） 5. A型Ⅴ式（M35:2） 6. B型Ⅰ式（M27:2） 7. B型Ⅱ式（M40:2） 8、18、19. B型Ⅲ式（M50:2、M51:2、M21:2） 9. B型Ⅳ式（M62:2） 10. B型Ⅴ式（M44:4） 11. C型Ⅰ式（M24:2） 12. C型Ⅱ式（M28:2） 13. C型Ⅲ式（M52:2） 14. C型Ⅳ式（M47:2） 15. A型Ⅵ式（M58:2） 16. D型Ⅰ式（M26:2） 17. D型Ⅱ式（M1:2） 20. E型（M15:3）

Ⅳ式：1件。标本 M47∶2，腹壁直且深，柄粗短，腹有轮旋痕。口径 15.2 厘米，底径 9.6 厘米，通高 16.6 厘米（图一四，14）。

D 型　盖顶有圆柄握手。2件。分两式。

Ⅰ式：1件。标本 M26∶2，泥质灰陶，直口深腹，圜底。口径 15.5 厘米，底径 9 厘米，通高 18.2 厘米（图一四，16）。

Ⅱ式：1件。标本 M1∶2，泥质灰陶，形制与Ⅰ式同，唯盖顶握手变小，柄中空。口径 15.5 厘米，底径 10 厘米，通高 19.5 厘米（图一四，17）。

E 型　2件。同出于 M15 内。均泥质灰陶，器表磨光，圜底近平，盖中部有中间微凹的柄形握手，短柄，喇叭口状圈足，盖、腹饰瓦纹。标本 M15∶3，口径 19 厘米，底径 12.3 厘米，通高 20.8 厘米（图一四，20）。

浅盘高柄豆　2件。同出于 M15 内。均泥质灰陶，口微敞，尖圆唇，柄细高。圜底，无盖，素面。标本 M15∶4，口径 15 厘米，底径 8.2 厘米，通高 18.8 厘米（图一五，4）。

圜底罐　6件。均泥质灰陶，小直口，折沿，方唇，直领，折肩，腹、底饰绳纹。分两式。

Ⅰ式：2件。上腹较直，下腹弧形内收。标本 M21∶3，口径 12.8 厘米，高 27 厘米（图一五，1）。标本 M67∶1，口径 12 厘米，高 25.3 厘米（图一五，5）。

Ⅱ式：4件。直领微束，垂腹。标本 M3∶1，肩饰暗弦纹。口径 13 厘米，高 29.6 厘米（图一五，6）。标本 M18∶1，肩饰暗弦纹。口径 13.5 厘米，高 29.6 厘米（图一五，2）。

平底罐　1件。标本 M71∶2，泥质灰陶，直口，平沿，方唇，短颈微束，折肩，腹斜收，平底微内凹，素面。口径 11.7 厘米，底径 10 厘米，高 14 厘米（图一五，3）。

壶　共 41 件。分出土于 39 座墓中。3 件因火候低破碎严重无法复原外，完整器物共 38 件，除 M2、M15 两座墓各随葬 2 件外，其余 37 座墓均随葬 1 件。其中泥质灰陶者 36 件，泥质红陶者 2 件（标本 M61∶3、标本 M62∶3）。标本 M15∶7 为高足小壶，标本 M24∶3 形制特别，不分型式。其余 36 件陶壶，根据壶盖及口沿变化分为三型。

A 型　12 件。子舌盖壶，均泥质灰陶，侈口方唇，束颈，圈足或假圈足。分五式。

Ⅰ式：3件。子舌直长，鼓腹，器物最大径在腹中部。标本 M40∶3，球状腹，盖呈倒置釜状，圈足较高，腹下部有轮旋痕。口径 11.2 厘米，底径 12 厘米，通高 28.8 厘米（图一六，1）。标本 M56∶3，盖为泥质红陶，平底。口径 12 厘米，底径 10 厘米，通高 27.2 厘米（图一六，4）。

Ⅱ式：2件。子舌变短，颈细长。标本 M15∶6，溜肩，盖呈瓦棱状，器表磨光，平底微凹，颈、肩、腹每两周一组，共饰四组凹弦纹。口径 13.3 厘米，底径 11.5 厘米，通高 40.5 厘米（图一六，5）。标本 M22∶3，圈足变矮，素面。口径 11.3 厘米，底径 11 厘米，通高 29.1 厘米（图一六，7）。

图一五 陶器

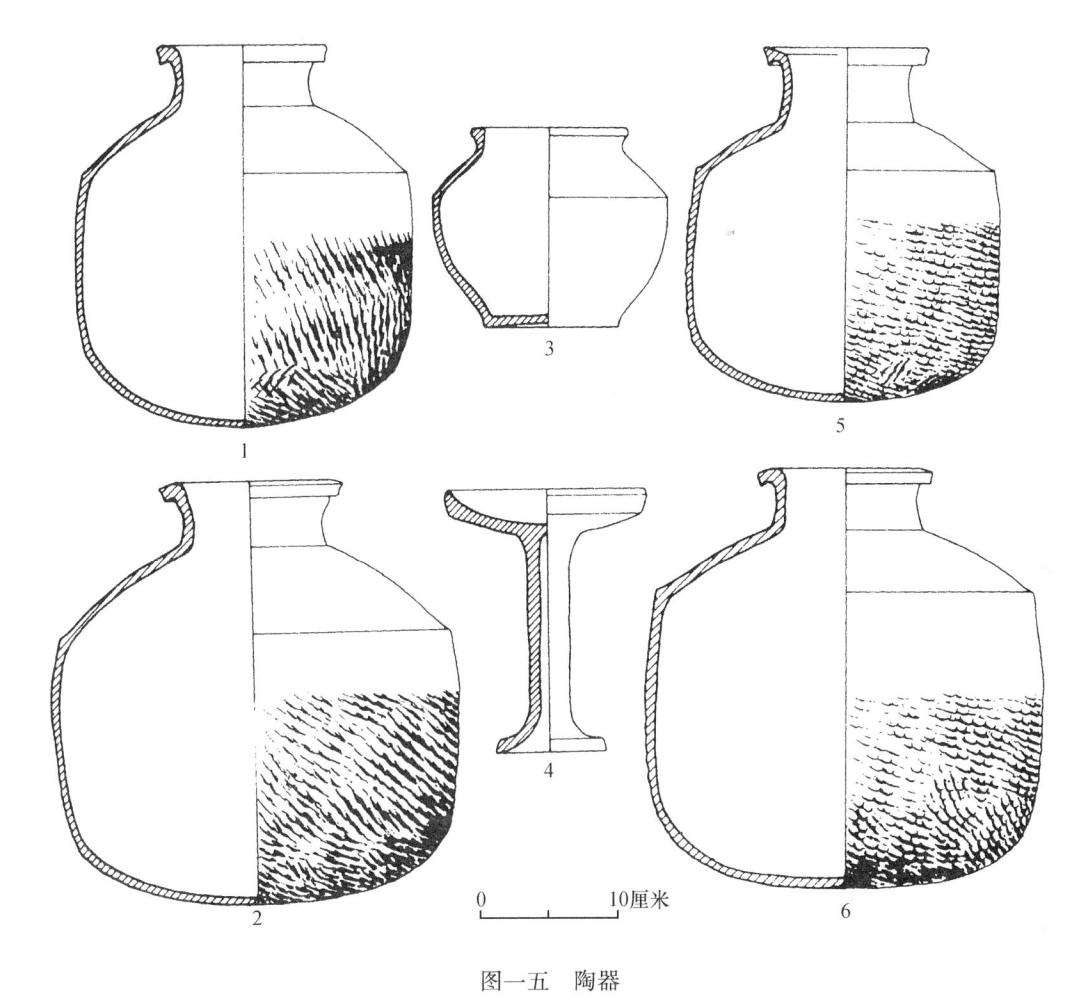

1、5. Ⅰ式圜底罐（M21:3、M67:1） 2、6. Ⅱ式圜底罐（M18:1、M3:1） 3. 平底罐（M71:2） 4. 浅盘高柄豆（M15:4）

Ⅲ式：2件。器物最大径上移。标本M54:1，圈足较Ⅱ式更矮，外撇，素面。口径11.4厘米，底径11厘米，通高28.7厘米（图一六，2）。

Ⅳ式：4件。盖子舌变短，器物最大径移至腹中部偏上。标本M51:3，盖顶平，口、腹、底施红白相间彩绘，口部用红彩构成三角纹，内点白彩，腹部施红白相间彩，构成麦穗纹。口径10.4厘米，底径10.5厘米，通高26.6厘米（图一六，6）。标本M53:3，盖子舌变短，假圈足，口下部施白色彩绘，腹部饰两周凹弦纹，中间用红、白、黄三彩间隔构成三角纹图案。口径10.8厘米，底径12厘米，通高29厘米（图一六，3）。标本M60:2，盖顶饰三个鸟形纽，鼓腹，腹饰两周瓦状纹。口径10.3厘米，底径9.8厘米，通高30厘米（图一六，8）。

Ⅴ式：1件。标本M64:3，盖子舌短小，器物最大径上移近肩处，平底微凹，腹饰凹弦纹一周。口径10.7厘米，底径10.6厘米，通高28.2厘米（图一六，9）。

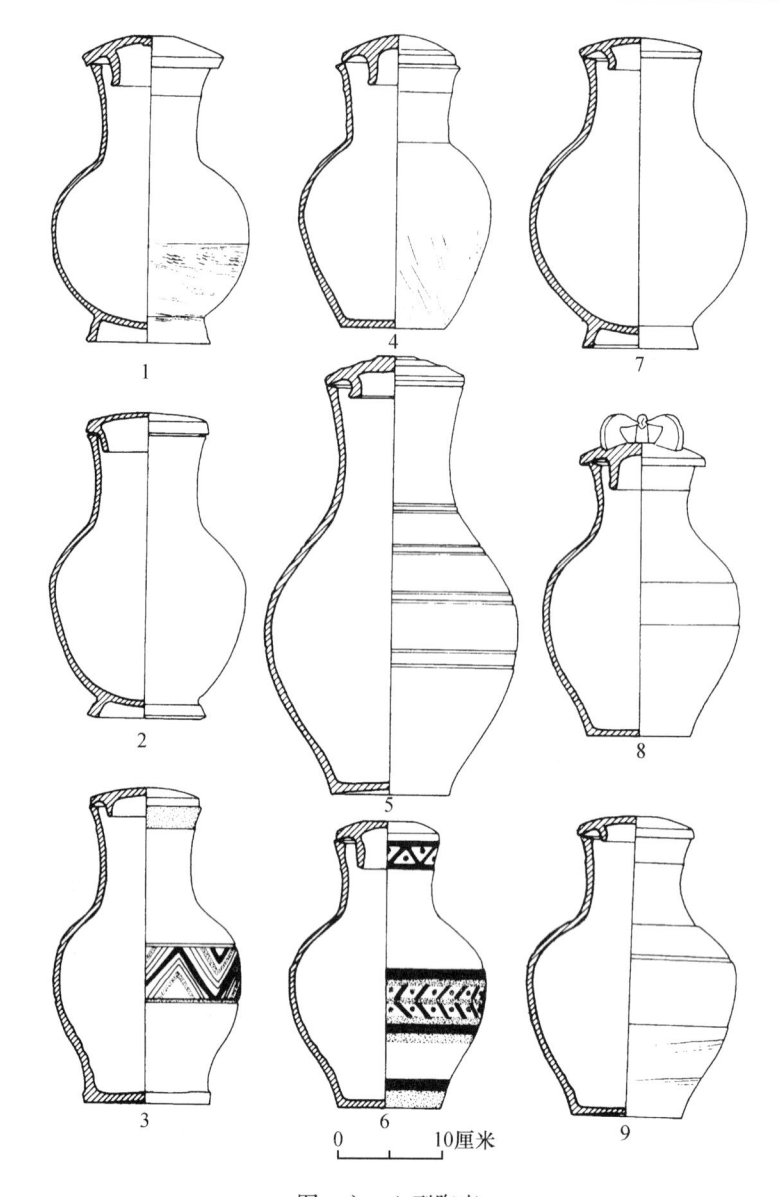

图一六　A 型陶壶

1、4. Ⅰ式（M40:3、M56:3）　2. Ⅲ式（M54:1）　3、6、8. Ⅳ式（M53:3、M51:3、M60:2）　5、7. Ⅱ式（M15:6、M22:3）　9. Ⅴ式（M64:3）

B型　13件。无舌盖壶。除2件（标本M61:3、标本M62:3）为泥质红陶外，余为泥质灰陶，侈口，方唇，束颈。分六式。

Ⅰ式：2件。球状腹，圈足较高，器物最大径在腹中部，素面。标本M25:3，颈中部有凸棱一周。口径11.5厘米，底径11厘米，通高30.8厘米（图一七，1）。标本M55:3，口径12厘米，底径12.2厘米，通高33.9厘米（图一七，5）。

Ⅱ式：4件。标本M26:3，盖顶部平，类假圈足，腹中部饰两周凹弦纹，口下部及腹部施白色彩绘，腹下部有轮旋痕。口径 11.2 厘米，底径 12.8 厘米，通高 29.3 厘米（图一七，2）。标本 M27：3，盖平顶，类似假圈足，腹饰间断绳纹，底部饰圆圈纹，圆圈内有"十"字凸棱。口径 11.4 厘米，底径 12.5 厘米，通高 26.4 厘米。标本 M50：3，圜底，圈足变矮，下腹部饰间断绳纹。口径 10.8 厘米，底径 10.4 厘米，通高 26.5 厘米（图一七，6）。标本 M62：3，泥质红陶，圈足变矮，盖为泥质灰陶，腹饰间断绳纹。口径 11.2 厘米，底径 10 厘米，通高 29.3 厘米（图一七，10）。

Ⅲ式：3 件。颈较Ⅱ式粗短，平底微凹，素面。标本 M30：3，腹下部有刮削痕。口径 10.6 厘米，底径 8.5 厘米，通高 27 厘米（图一七，3）。标本 M34：3，腹下端有刮削痕。口径 11.6 厘米，底径 12.5 厘米，通高 29 厘米。标本 M65：3，口径 11.7 厘米，底径 11 厘米，通高 29.3 厘米（图一七，8）。

Ⅳ式：1 件。标本 M2：6，颈短粗，微束，溜肩，下腹有刮削痕。口径 9.5 厘米，底径 9.5 厘米，通高 26.3 厘米（图一七，4）。

Ⅴ式：2 件。器物最大径上移。标本 M44：2，平底微凹，素面。口径 12.2 厘米，底径 11.5 厘米，通高 28.2 厘米（图一七，11）。标本 M61：3，泥质红陶，假圈足，颈饰凸弦纹一周，腹饰两周凹弦纹，底有一周凸棱，腹施白彩，已脱落。口径 11.5 厘米，底径 13 厘米，通高 34.1 厘米（图一七，7）。

Ⅵ式：1 件。标本 M48：1，束颈较甚，瓦棱盖，肩饰凸弦纹一周，腹饰瓦纹，器物最大径近肩部。口径 12.3 厘米，底径 11.3 厘米，通高 31 厘米（图一七，9）。

C 型　11 件。无盖壶。均泥质灰陶，侈口，方唇，束颈，溜肩或耸肩。分六式。

Ⅰ式：1 件。标本 M52：3，溜肩，鼓腹，圈足残，腹饰两周间断绳纹，器物最大径在腹中部，口径 12.2 厘米，残高 29.8 厘米（图一八，1）。

Ⅱ式：3 件。短颈微束，鼓腹，平底，器物最大径在腹中部，素面。标本 M32：3，口径 11.5 厘米，底径 11 厘米，通高 26.5 厘米（图一八，2）。标本 M57：3，口径 11.7 厘米，底径 14.4 厘米，通高 28.5 厘米。标本 M58：3，口径 11.1 厘米，底径 10.8 厘米，通高 25.8 厘米（图一八，2）。

Ⅲ式：2 件。形制与Ⅱ式基本相同，器物最大径上移。标本 M16：3，腹部饰半周凹弦纹，下部有刮削痕，口径 11.6 厘米，底径 11.5 厘米，通高 27.2 厘米（图一八，3）。

Ⅳ式：2 件。束颈细长，肩微耸，器物最大径上移至腹上部，平底微凹，颈、肩结合处饰凸弦纹一周，腹饰瓦纹。标本 M2：2，口径 12 厘米，底径 9.5 厘米，通高 26.2 厘米（图一八，4）。标本 M33：1，颈上部有两组不对称钻孔，每组 2 个。口径 11.9 厘米，底径 10 厘米，通高 26.4 厘米（图一八，7）。

Ⅴ式：1 件。标本 M66：1，厚方唇，耸肩，鼓腹，器物最大径在腹上部，腹下部收束较甚，平底，腹饰两周间断绳纹。口径 13.2 厘米，底径 10 厘米，通高 25.6 厘米（图一八，5）。

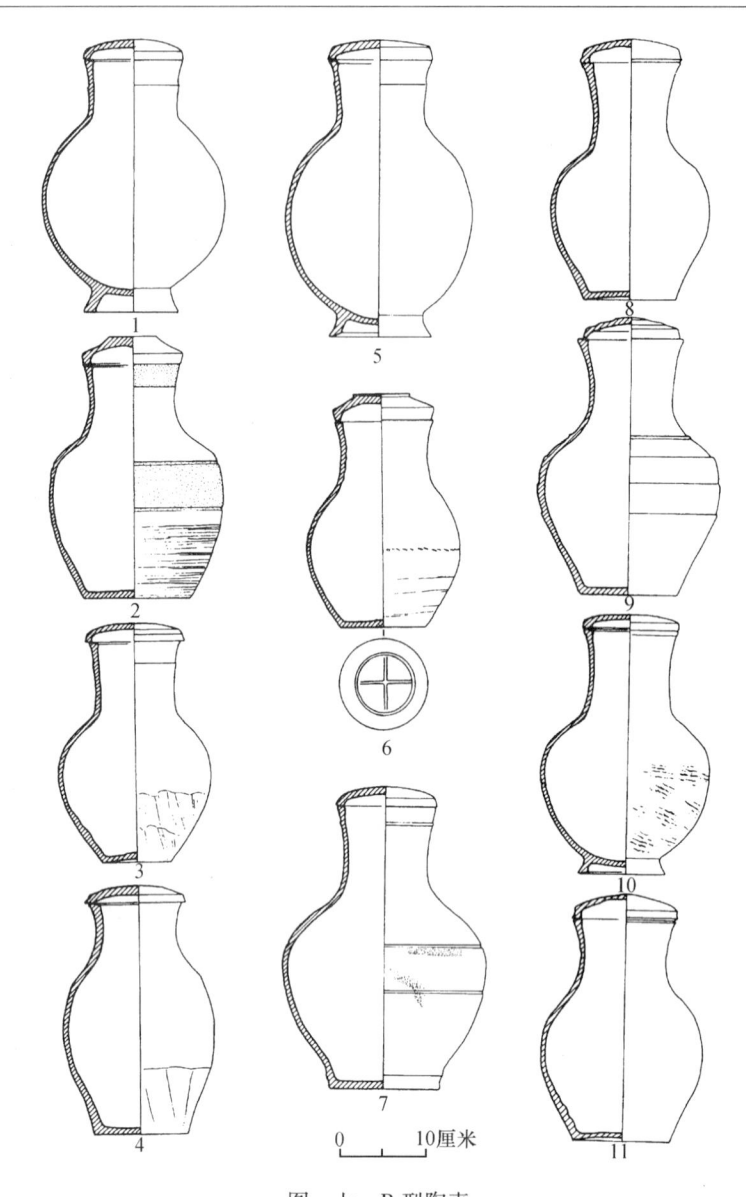

图一七 B 型陶壶

1、5. Ⅰ式（M25:3、M55:3） 2、6、10. Ⅱ式（M26:3、M27:3、M62:3）
3、8. Ⅲ式（M30:3、M65:3） 4. Ⅳ式（M2:6） 7、11. Ⅴ式（M61:3、M44:2） 9. Ⅵ式（M48:1）

Ⅵ式：2 件。盘口，束颈，耸肩，扁球腹，下腹收束较甚，假圈足，器物最大径上移至肩、腹相接处。标本 M11:1，颈、肩腹各饰两周凹弦纹。口径 13.8 厘米，底径 10 厘米，通高 26.8 厘米（图一八，6）。标本 M19:3，腹饰两周间断绳纹。口径 14.6 厘米，底径 10.5 厘米，通高 26.5 厘米（图一八，8）。

异型壶 1 件。标本 M24:3，喇叭状口，方唇，长颈束收较甚，折肩，下腹斜收，小平底，盖隆起较高，饰三个扁方纽，颈肩接合处饰凸弦纹一周，下腹刮削。口径12.6厘米，底径8.5厘米，通高29厘米（图一八，9）。

陶匜　25件。分出于25座墓中。分三型。

A型　18件。平底。分三式。

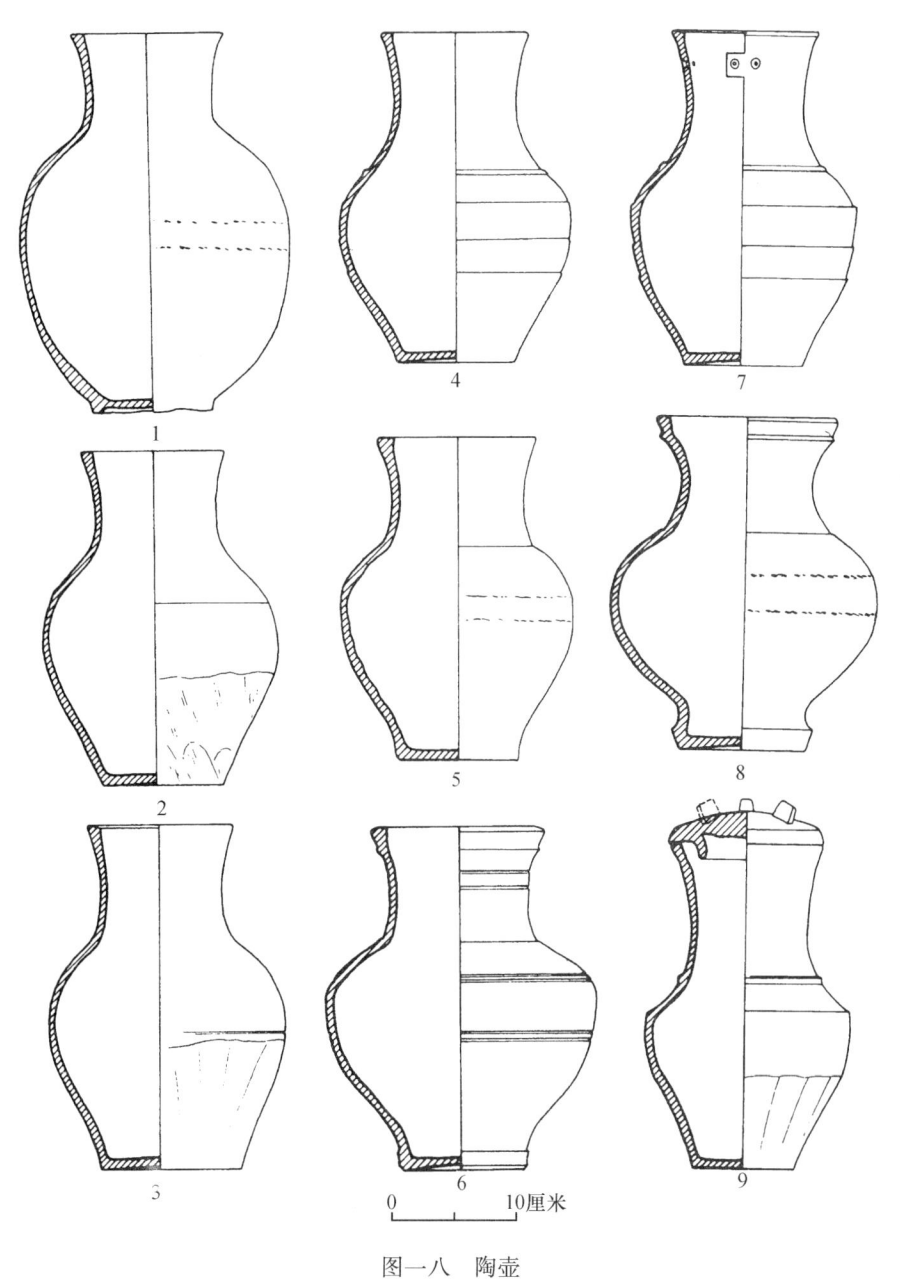

图一八　陶壶

1. C型Ⅰ式（M52:3）　2. C型Ⅱ式（M32:3）　3. C型Ⅲ式（M16:3）　4、7. C型Ⅳ式（M2:2、M33:1）　5. C型Ⅴ式（M66:1）　6、8. C型Ⅵ式（M11:1、M19:3）　9. 异型壶（M24:13）

I式：7件。泥质红陶1件（标本M32:5），余者为泥质灰陶，椭圆形，敞口，方唇，短流，个别器物内壁涂朱砂或白彩。标本M26:5，鸟形，鸟首流，有尾，深腹。口径7厘米，底径5厘米，高6厘米（图一九，4）。标本M25:4，泥质灰陶，腹稍浅，有流有尾，短流略低于口沿，尾部内凹。口径12.6厘米，底径7厘米，高5.2厘米（图一九，8）。标本M40:5，浅腹，有流有尾，短流略低于口沿，尾部内凹，口径下部有凹槽，腹下刮削。口径13.8厘米，底径6.6厘米，高5.1厘米（图一九，1）。

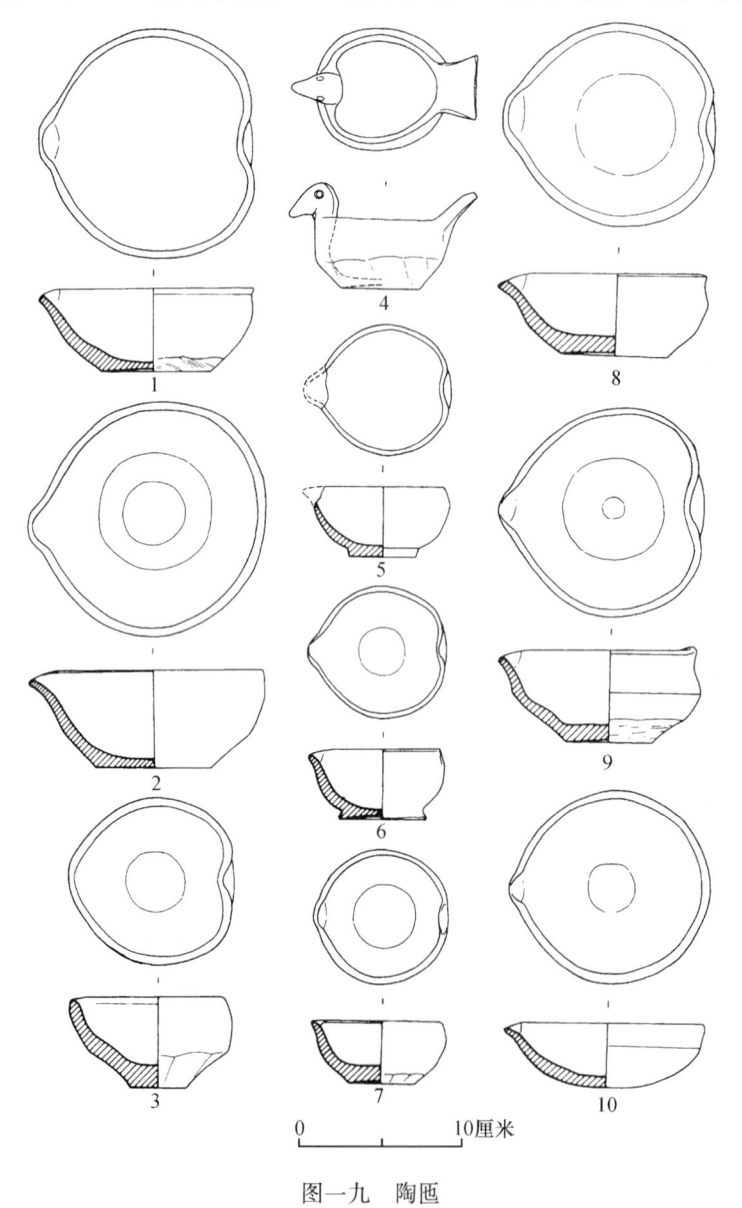

图一九　陶匜

1、4、8. A型Ⅰ式（M40:5、M26:5、M25:4）　2. A型Ⅱ式（M15:9）　3. A型Ⅲ式（M24:5）　5、9. B型Ⅰ式（M53:5、M65:5）　6. B型Ⅱ式（M1:5）　7. B型Ⅲ式（M2:5）　10. C型（M37:4）

Ⅱ式：10件。2件泥质红陶（标本M56:4、标本M61:5），余皆为泥质灰陶，平面呈圆形，平底或内凹。标本M15:9，短流略低于口沿，无尾，平底，素面。口径14.5厘米，底径7厘米，通高6厘米（图一九，2）。

Ⅲ式：1件。标本M24:5，泥质灰陶，平面呈圆形，敞口，尖唇，无流，深腹，平底，尾部内凹。口径10.3厘米，底径3.8厘米，通高5.7厘米（图一九，3）。

B型 6件。假圈足。分三式。

Ⅰ式：2件。均泥质红陶，椭圆形，素面。标本M53:5，口微敛，深腹，有流有尾，流残，尾内凹。口径8厘米、底径4.2厘米，高4.4厘米（图一九，5）。标本M65:5，敞口，圆唇，折腹，短流略低于口沿，尾内凹稍高于口沿，内壁有轮痕。口径12.8厘米，底径5.2厘米，高5.7厘米（图一九，9）。

Ⅱ式：3件。均泥质灰陶，平面呈圆形，有流有尾，素面。标本M1:5，敞口，方唇，流与口沿近平，尾内凹，假圈足微内凹，内施朱砂。口径8.2厘米，底径5.4厘米，高4.3厘米（图一九，6）。

Ⅲ式：1件。标本M2:5，泥质灰陶，平面呈圆形，深腹，流和尾近于消失。口径8厘米，底径4厘米，高3.8厘米（图一九，7）。

C型 1件。标本M37:4，泥质灰陶，平面呈圆形，短流无尾，流略低于口沿，圜底，素面。口径11.8厘米，高4.2厘米（图一九，10）。

盘 21件。分出于21座墓中，其中M25:5未修复，完整者共20件。分三型。

A型 13件。弧壁。分四式。

Ⅰ式：3件。均泥质灰陶，侈口，平沿内勾，浅腹弧收，平底。标本M51:4，内外均施朱砂。口径17.3厘米，底径6.8厘米，高4厘米（图二〇，1）。

Ⅱ式：4件。均泥质灰陶，敞口，平沿，形似豆盘去掉柄，平底微凹。M62:4，浅腹弧收，腹下部有刮削痕。口径14.4厘米，底径4.5厘米，高3厘米（图二〇，2）。

Ⅲ式：4件。泥质灰陶3件，泥质红陶1件，侈口，平沿，形似器盖。标本M30:4，泥质灰陶，浅弧腹，平底微凹，素面。口径20.4厘米，底径7厘米，高5厘米（图二〇，3）。

Ⅳ式：2件。均泥质灰陶，侈口，沿外折，弧腹，平底或圜底近平。标本M2:4，腹下部有刮削痕，平底微凹。口径17厘米，底径6.6厘米，高4.5厘米（图二〇，5）。标本M47:4，圜底近平，深腹，腹有轮痕及刮削痕。口径18厘米，底径3.5厘米，高4厘米（图二〇，4）。

B型 6件。折腹盘，均泥质灰陶。分四式。

Ⅰ式：2件。侈口，平沿内勾，浅折腹，平底内凹，素面。标本M40:4，口径19.5厘米，底径7.8厘米，高5.1厘米（图二〇，6）。

Ⅱ式：2件。侈口，平沿内勾，唇下端微凹，斜折腹，假圈足。标本M53:4，素面，口径17.7厘米，底径9.5厘米，高4厘米（图二〇，7）。标本M55:4，口径15厘米，底径8.8厘米，高3.1厘米（图二〇，8）。

Ⅲ式：1件。标本M34:4，侈口，平沿，方唇，浅腹斜折，外壁饰瓦纹，平底。口径17.3厘米，底径6.5厘米，高4.1厘米（图二〇，9）。

Ⅳ式：1件。标本M1:4，侈口，尖唇，沿外部下折，斜折腹，假圈足。口径15.3厘米，底径7.5厘米，高3.8厘米（图二〇，10）。

C型　1件。标本M52:9，泥质灰陶，侈口，沿外部下折，浅折腹，圜底近平。口径23.5厘米，高3.5厘米（图二〇，11）。

盆　1件。标本M15:10，泥质灰陶，侈口，方唇，宽平沿，浅腹斜折，平底微凹，器表磨光，上腹部饰暗弦纹。口径31.3厘米，底径13.8厘米、高8厘米（图二一，13）。

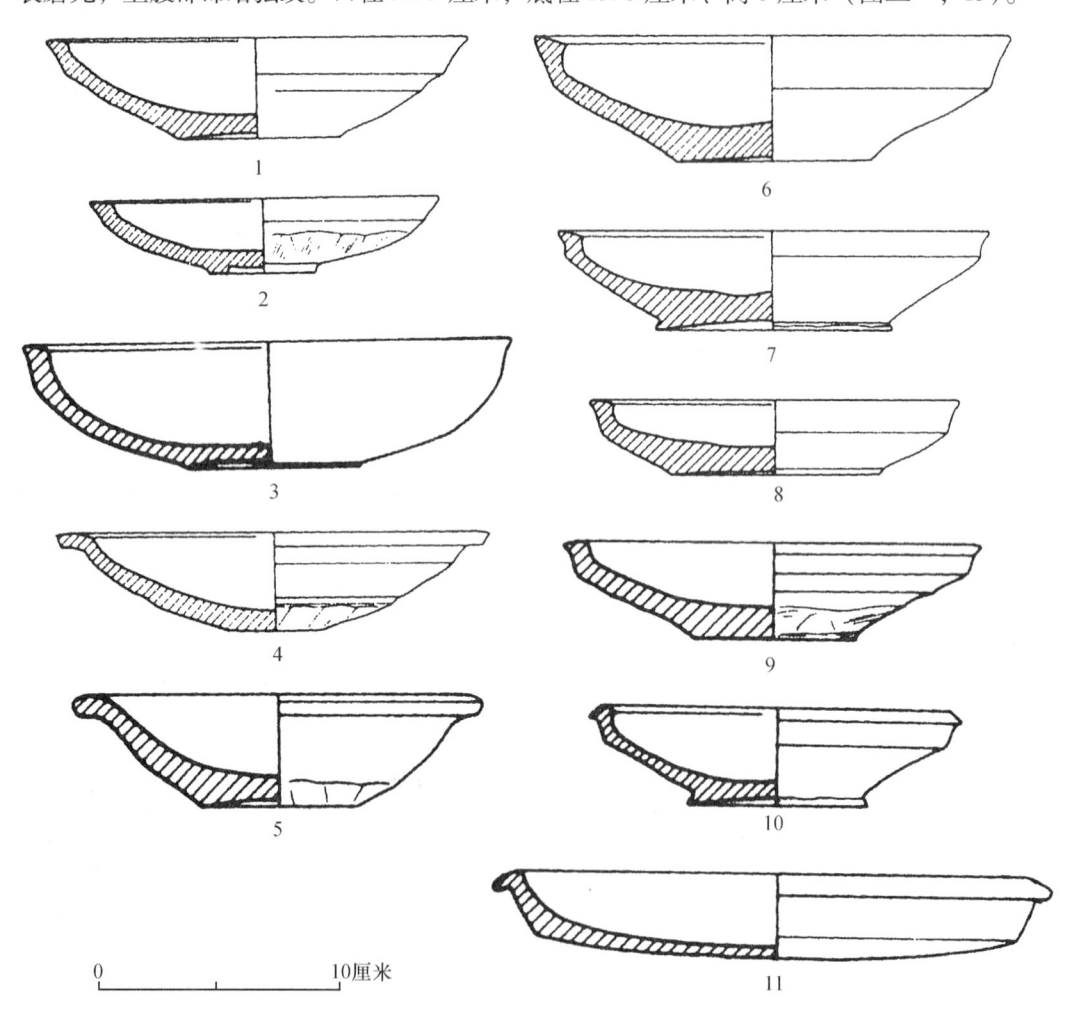

图二〇　陶盘
1. A型Ⅰ式（M51:4）　2. A型Ⅱ式（M62:4）　3. A型Ⅲ式（M30:4）　4、5. A型Ⅳ式（M47:4、M2:4）
6. B型Ⅰ式（M40:4）　7. B型Ⅱ式（M53:4）　8. B型Ⅱ式（M55:4）　9. B型Ⅲ式（M34:4）　10. B型Ⅳ式（M1:4）　11. C型（M52:9）

盒 2件。分两式。

Ⅰ式：1件。标本M65:2，泥质红陶，火候较低，子母口微敛，折腹，上腹较直，下腹斜收，平底微凹，盖平，素面。口径17厘米，底径5.8厘米，高13厘米（图二一，1）。

Ⅱ式：1件。标本M2:3，泥质灰陶，子母口微敛，斜直腹较深，平底，盖隆起较高，腹上部有轮旋痕。口径15厘米，底径8.5厘米，高13.2厘米（图二一，2）。

碗 13件。分出于13座墓中，其中6座墓各出土1件器物，出土2件器物的有7座墓。出土2件陶碗的为两件相扣，称"合碗"。分三式。

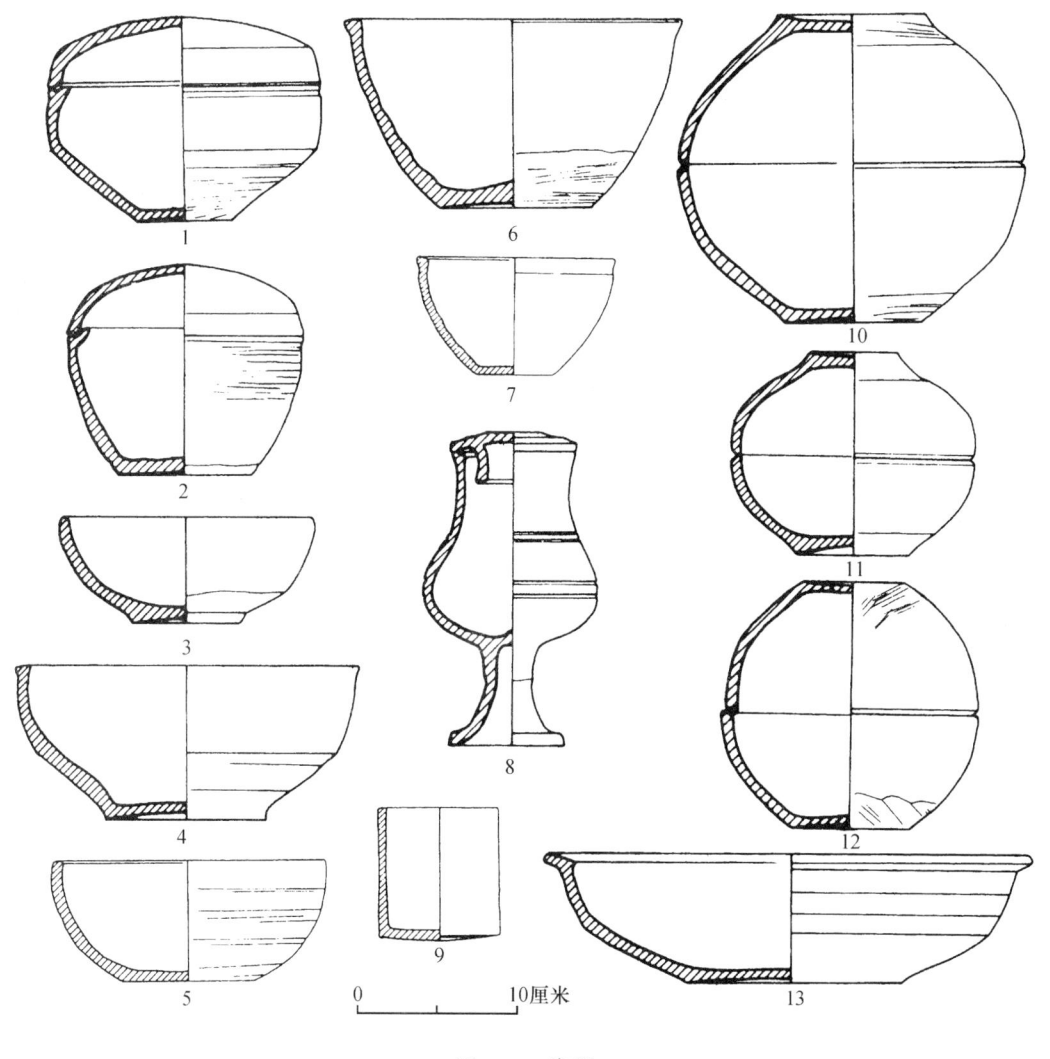

图二一 陶器
1. Ⅰ式盒（M65:2） 2. Ⅱ式盒（M2:3） 3. Ⅰ式碗（M2:7） 4. Ⅱ式碗（M18:2） 5. Ⅲ式碗（M48:3）
6. Ⅰ式盂（M32:3） 7. Ⅱ式盂（M48:2） 8. 高足小壶（M15:7） 9. 杯（M45:1） 10. Ⅰ式合碗（M19:1）
11. Ⅱ式合碗（M6:1） 12. Ⅲ式合碗（M45:2） 13. 盆（M15:10）

Ⅰ式：单碗，1件。标本 M2：7，泥质灰陶，敞口，圆唇，斜弧腹，平底微内凹。口径16厘米，底径7厘米，高6.5厘米（图二一，3）。合碗，1件。标本 M19：1，形制与 M2：7 相同，底部有刮削痕。口径22.4厘米，底径9.4厘米，通高19.2厘米（图二一，10）。

Ⅱ式：单碗，4件。均泥质灰陶，口微敛，方唇，腹略弧斜收，平底内凹，下部有轮旋痕。标本 M18：2，口径14.3厘米，底径9厘米，高6.5厘米（图二一，4）。合碗，5件。均泥质灰陶，口微敛，圆唇或方唇，斜弧腹，平底内凹。标本 M6：1，圆唇，口径15.8厘米，底径7.8厘米，通高12.6厘米（图二一，11）。

Ⅲ式：单碗，1件。标本 M48：3，泥质红陶，敛口，方唇，弧腹斜收，平底，形似钵，腹有旋痕。口径17.2厘米，底径8.8厘米，通高7.5厘米。（图二一，5）合碗，1件。标本 M45：2，泥质灰陶，敛口，方唇，斜弧腹，平底，下腹有刮削痕。口径16.5厘米，底径7.6厘米，通高15.3厘米（图二一，12）。

盂 2件。分两式。

Ⅰ式：1件。标本 M32：2，泥质灰陶，大口微敞，圆唇，斜弧腹，平底内凹，下腹有轮旋痕。口径21.5厘米，底径10.5厘米，高11.6厘米（图二一，6）。

Ⅱ式：1件。标本 M48，2，泥质灰陶，口微敛，圆唇，口沿下部微束，斜弧腹，平底，素面。口径19厘米，底径8厘米，高10.8厘米（图二一，7）。

杯 1件。标本 M45：1，泥质灰陶，直口平沿，直腹，底中部微凸，素面。口径7.7厘米，底径7.7厘米，高8.2厘米（图二一，9）。

高足小壶 1件。标本 M15：7，泥质灰陶，直口，尖唇，颈微束，垂腹，圜底，细柄，喇叭形圈足，有盖，肩、腹各饰两周凹弦纹，器表磨光，盖饰瓦纹。口径7.6厘米，底径7.2厘米，通高20厘米（图二一，8）。

纺轮 1件。M72：1，泥质灰陶，圆饼状，中有穿孔。直径3.9厘米，孔径0.9厘米，厚1.8～1.9厘米。

2. 铜器与铁器

铜镜 1件。标本 M10：4，羽状地纹四叶镜。圆形，三弦纽，方形纽座，由纽座向外伸出四叶，羽状纹为地纹，镜边缘为素平缘。直径9.9厘米（图二二，1）。

铜带钩 20件。分四式。

Ⅰ式：3件。形制较小，鹅首形钩，圆腹，断面扁平，腹背一圆纽。标本 M54：4，长6.5厘米，宽2厘米（图二二，5）。

Ⅱ式：13件。形体细长，较扁平，尾近圆，断面呈扁平，半圆或多棱形，正面中间凸起两道或三道脊棱，形成凹槽。标本 M44：6，断面扁平，钩残，正面有两凸棱形成三凹槽，内镶嵌绿松石，部分已脱落。残长11.5厘米（图二二，2）。标本 M63：1，断面扁平，尾半圆，首折钩。长12.5厘米（图二二，3）。

图二二 铜器

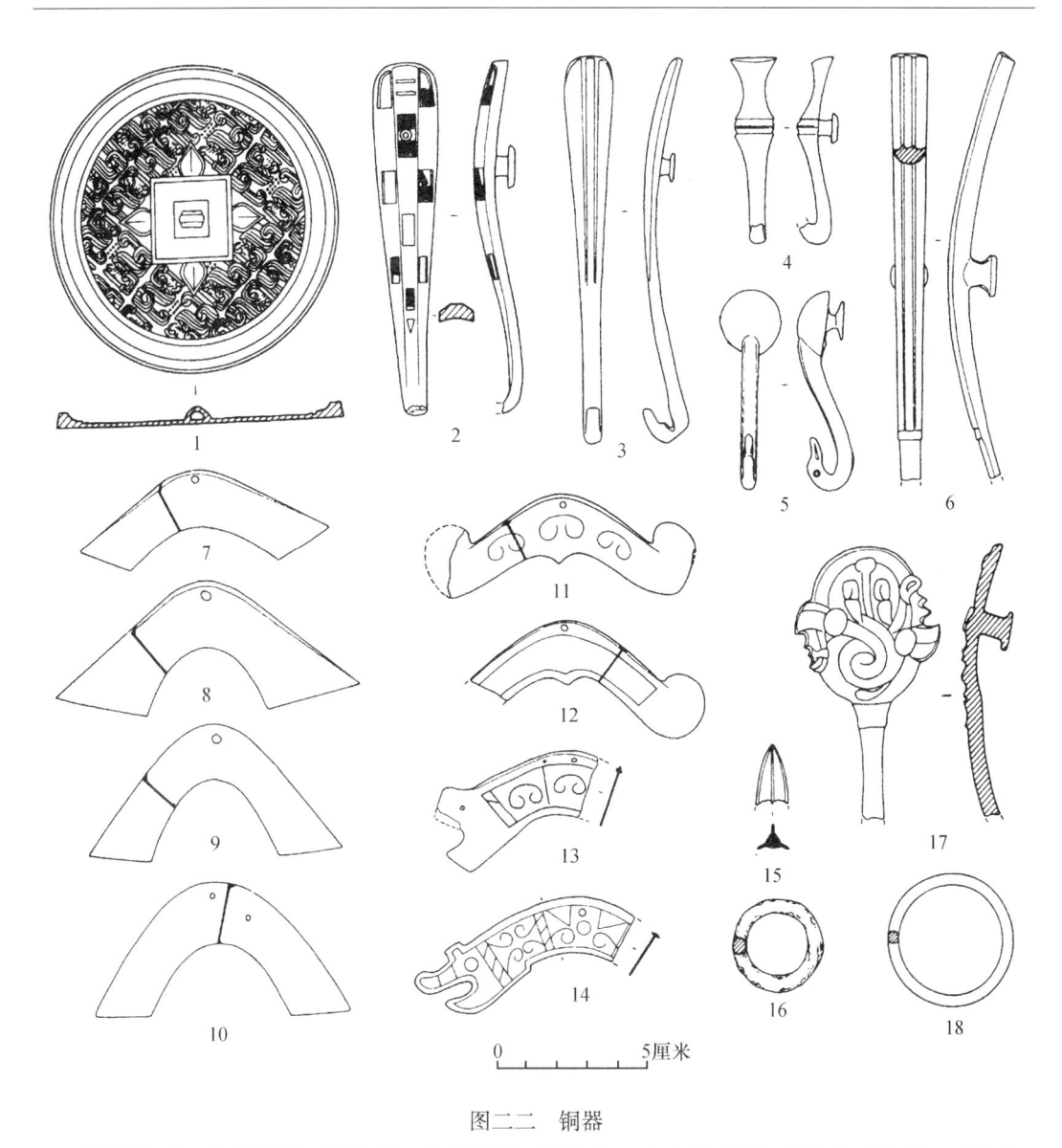

1. 镜（M10:4） 2. Ⅱ式带钩（M44:6） 3. Ⅱ式带钩（M63:1） 4、6. Ⅲ式带钩（M72:2、M10:3） 5. Ⅰ式带钩（M54:4） 7~10. Ⅰ式璜（M40:6、M47:14、M47:6、M61:7） 11、12. Ⅱ式璜（M47:13、M20:3） 13、14. Ⅲ式璜（M61:8、M65:6） 15. 镞（M49:2） 16. 环（M14:4） 17. Ⅳ式带钩（M38:1） 18. 环（M69:2）

Ⅲ式：3件。竹节状，首均残，断面扁平，背面凸起圆纽一般处于器物中部。标本M10:3，形体细长，弓形，正面两条凸棱凸起较高，首部收缩，残长13.8厘米（图二二，6）。标本M72:2，尾椭圆，中部有竹节，背纽在竹节处，钩残，残长6厘米（图二二，4）。

Ⅳ式：1件。标本M38:1，首残，腹呈椭圆形，较宽大，用凸纹堆成兽形纹饰。残长8.9厘米（图二二，17）。

铜璜　共55件。多残破，可复原完整者27件。分三式。

Ⅰ式：21件。全部为素面，正面平齐，背面上部略折起，拱两端较宽，顶部多为一个或两个圆穿，最长的10.5厘米，最短的8.5厘米。标本M47:6，残长8.5厘米（图二二，9）。标本M61:7，残长8.6厘米（图二二，10）。标本M40:6，残长8.5厘米（图二二，7）。标本M47:14、残长10.5厘米（图二二，8）。

Ⅱ式：3件。两头作圆形，拱顶内有一尖，素面，顶部背面边缘折起，顶有一穿。标本M20:3，素面（图二二，12）。标本M47:13，一端残，饰双涡线纹（图二二，11）。

Ⅲ式：3件。两头作兽头状，分两类。一类兽头较拱内宽，另一类两端兽头与拱宽度基本相同，纹饰主要有方格纹、三角纹、圆圈纹、双涡线纹等，顶部有一圆穿，一端残。标本M61:8，残长5.5厘米（图二二，13）。标本M65:6，残长7.5厘米（图二二，14）。

铜环　4件。素面，横断面近圆形。标本M14:4，外径3厘米，内径2厘米（图二二，16）。标本M69:2，外径4.3厘米，内径3.5厘米（图二二，18）。

铜镞　5件。同出土于一座墓内。标本M49:2，三棱状，铤残，置于头骨处。残长1.9厘米（图二二，15）。

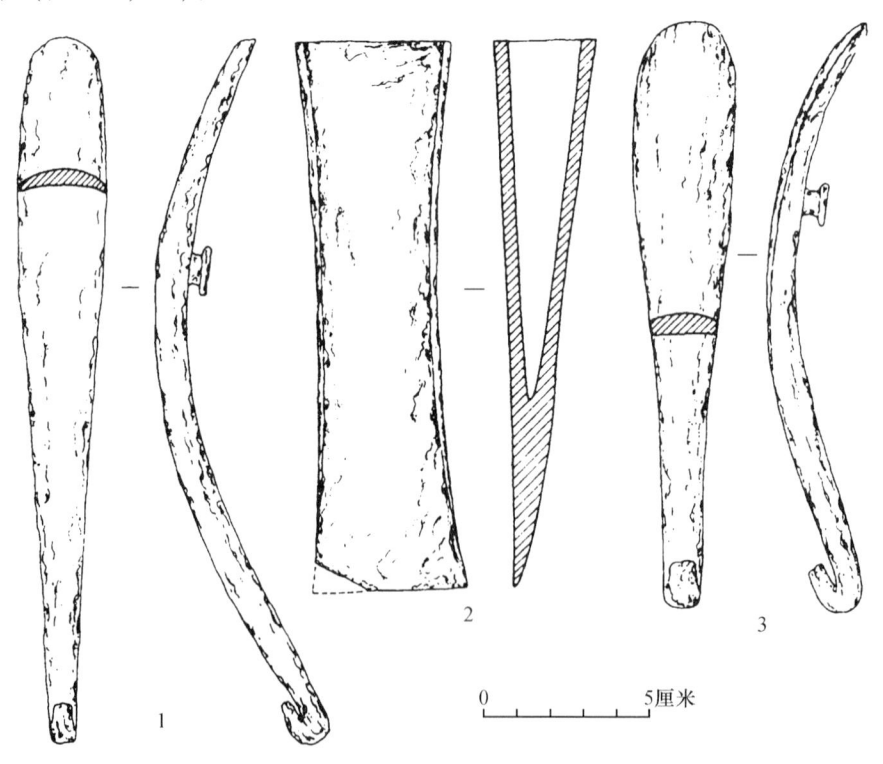

图二三　铁器
1. 带钩（M3:3）　2. 锛（M10:5）　3. 带钩（M2:12）

铁带钩　共9件。锈蚀严重，除2件完整，其余7件已残，形制大体与Ⅱ式铜带钩相同，断面呈月形，四棱形或多棱形。标本M2∶12，器身细长，蛇头形，椭圆形尾，弓形身，断面呈四棱形，正面嵌金，长17.8厘米（图二三，3）。标本M3∶3，形制与M2∶12接近，断面呈月形，长21.2厘米（图二三，1）。

铁锛　1件。标本M10∶5，锈蚀严重，断面呈三角形，中空，长16.5厘米，宽4.7厘米，厚3.1厘米（图二三，2）。

3. 玉器、石器、骨器、蚌器

玉璧　4件。分别出土于2座墓中。M14出土3件，放在墓室中部，与铜璜、骨器等放置在一起。浅白色，素面，断面呈四棱形，内径最小1.6厘米，最大3厘米，肉壁厚0.5~0.6厘米，璧宽1.1~2.8厘米。标本M14∶1（图二四，2），标本M14∶2，素面（图二四，1）。标本M52∶4，青色，素面，内径1.5厘米，肉壁厚0.4厘米，璧宽约1.3厘米（图二四，6）。

水晶环　3件。横断面呈多棱形。标本M2∶8，内径2.2厘米，内壁厚0.8厘米，璧宽0.9厘米（图二四，7）。标本M61∶1，内径2.9厘米，内壁厚1厘米，璧宽0.9厘米（图二四，5）。

玉璜　2件。形制与Ⅲ式铜璜相近，两端仿兽头状，头上有一凸棱，兽头与拱宽基本相同，上饰同心圆圈纹。标本M59∶2，残长4.7厘米，厚0.4厘米（图二四，4）。标本M59∶3，长5.5厘米，厚0.3厘米（图二四，3）。

玉凿　1件。标本M53∶6，青玉质，横断面呈三角形，含于死者口中，应为饭唅。长3.2厘米，宽1.7厘米，厚0.5厘米（图二四，9）。

玉片　1件。标本M41∶2，黄色，一侧有刃，横断面呈四棱形。残长4.7厘米，宽3.6厘米（图二四，8）。

石纺轮　1件。标本M69∶5，青灰色，断面呈四棱形，中有穿孔。直径3.8厘米，厚1.2厘米（图二五，11）。

石条　2件。标本M38∶2，断面呈八棱形，紫色。长5厘米，厚0.9厘米（图二五，3）。

料珠　20件。其中石珠6件，骨珠11件，料珠3件。有球形、椭圆形、菱形、圆柱形等，中间有圆孔，除骨料珠素面外，其余的外部多涂有彩料或刻有花纹。标本M2∶9，直径1.4厘米（图二五，5）。标本M47∶9，石质（图二五，6）。标本M59∶4，直径1.2厘米（图二五，8）。标本M59∶5，石质（图二五，4）。标本M47∶12，骨质（图二五，7）。

骨环　4件。其中2件为加工料，尚未成型，环状，外沿有凸棱，淡黄色，素面。标本M14∶5，近椭圆形，外径2.5~3.9厘米，内径2~2.7厘米，厚1.2厘米（图二五，10）。标本M52∶6，椭圆形，外径3~4.7厘米，内径2.2~3厘米，厚1.2厘米（图

图二四　出土器物

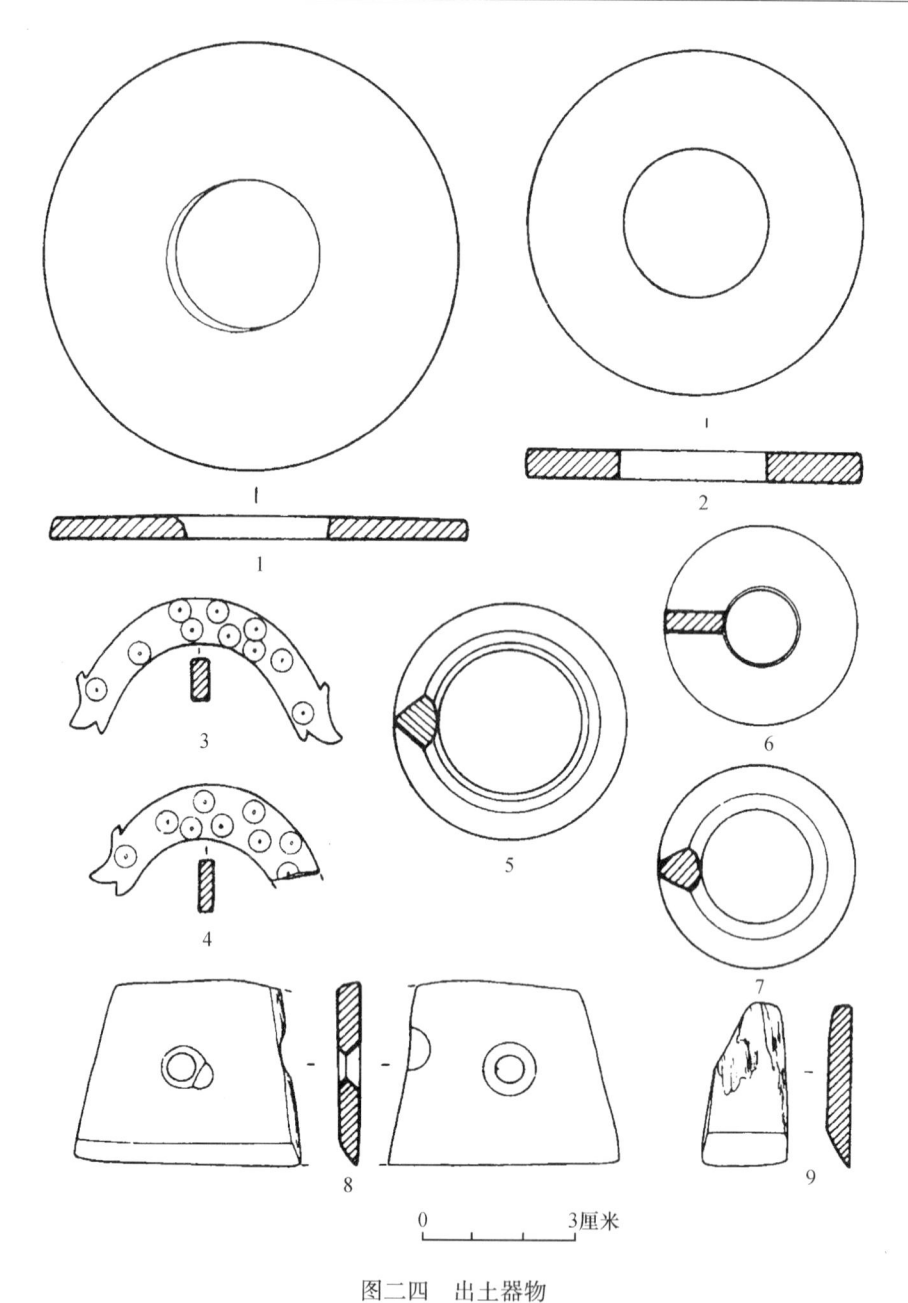

1、2、6. 玉璧（M14:2、M14:1、M52:4）　3. 玉璜（M59:3）　4. 玉璜（M59:2）
5、7. 水晶环（M61:1、M2:8）　8. 玉片（M41:2）　9. 玉凿（M53:6）

二五，14）。成品2件。标本M45:6，淡黄色，断面呈多棱形。标本M45:6，断面呈多棱形，外缘残，内径2.7厘米，外径4.2厘米（图二五，12）。

蚌环　1件。标本M47:10，白色，断面呈三角形，素面，内径2.2厘米，外径4厘米（图二五，13）。

图二五　出土器物

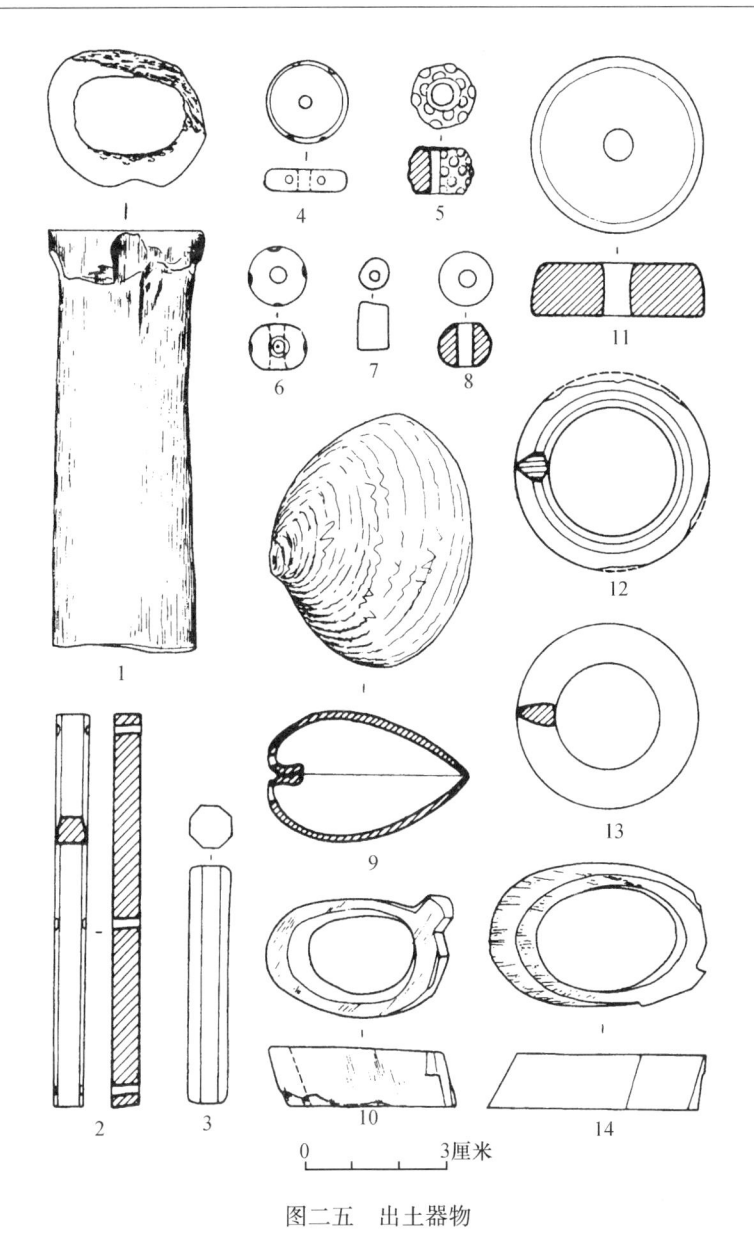

1. 骨管（M54:5）　2. 条形骨饰（M69:4）　3. 石条（M38:2）　4～6、8. 料珠（M59:5、M2:9、M47:9、M59:4）　7. 骨珠（M47:12）　9. 蚌壳（M60:4）　10、12、14. 骨环（M14:5、M45:6、M52:6）　11. 石纺轮（M69:5）　13. 蚌环（M47:10）

条形骨饰　4件。标本M47:11，断面呈四棱形，绿色，中间和两端各有一圆孔，素面。长8.5厘米，宽0.8厘米，厚0.6厘米。标本M69:4，淡黄色，形制同M47:11。长8.3厘米，宽0.7厘米，厚0.6厘米（图二五，2）。

骨管形器　2件。标本M54:5，淡白色，断面呈椭圆形，一端有凸棱。长9厘米（图二五，1）。

骨饰　1件。标本 M47：11，淡黄色，弓形，中有一穿，一端残。高1.2厘米，厚0.6厘米。

蚌壳　4件。标本 M50：4，放于陶鼎内。长4.8厘米，宽4.1厘米，高2.2厘米。标本 M60：4，放于头骨两侧。长5.4厘米，宽4.3厘米，高2.8厘米（图二五，9）。

四、随葬器物的组合

这次发掘墓葬数量较多，出土器物组合较完整。通过分析，器物组合大致分为七类。

第一类：鼎、盂、壶、匜（M32）。

第二类：以鼎、豆、壶为基本组合。可分为以下几种：

① 鼎、豆、壶、盘、匜。此种组合共有18座墓葬。

② 鼎、豆、壶、匜（M24、M37、M44）。

③ 鼎、豆、壶、盘（M52）。

④ 鼎、豆、壶、匜、盆（盘）、浅盘高柄豆、高足小壶（M15）。

⑤ 鼎、豆、壶（M16、M22、M31、M50、M57、M60）。

⑥ 鼎、壶（M20）。

⑦ 豆、壶（M54）。

第三类：分两种：

① 鼎、盒、壶、盘、匜（M65）。

② 鼎、盒、壶、盘、匜、碗（M2）。

第四类：鼎、豆、碗、圜底罐（M21）。

第五类：分三种：

① 碗、圜底罐（M18）。

② 合碗、圜底罐（M3、M6、M10）。

③ 圜底罐（M67）。

第六类：分三种：

① 合碗、壶（M11、M19、M66）。

② 碗、壶（M33）。

③ 碗、壶、盂（M48）。

第七类：分两种：

① 合碗、杯（M45）。

② 碗、平底罐（M71）。

这批墓葬中，M4、M5、M7、M8、M9、M17、M23、M36、M43、M46 等10座墓葬无随葬器物出土，M12、M14、M38、M41、M49、M59、M63、M68、M69、M70、M72 等11座墓葬虽然有铜、铁带钩及玉、石、骨饰件出土，但均无随葬陶器，所以无法归类。在上述七类组合的墓中，第一类组合中的盂，不见二、三、四、五、七类组合的墓中；而二类组合中的豆不见于一、三及五类以后组合中；第三类组合中的盒不见于其他类组合中，三类至七类组合中的合碗不见于一、二类组合及三类1种的组合中。二类以后的组合中均伴出铜或铁带钩及铜璜，玉、石、骨器等小件器物。

以上器物组合的分类结果及差别，显然代表着几种组合关系和墓葬在时代上的早晚之别。根据郑州碧沙岗[1]、岗杜[2]、二里冈[3]，洛阳中州路[4]，禹县白沙[5]等地大批东周墓葬的发掘情况来判断，第一类组合的墓要稍早于第二类组合墓，或与二类组合墓中的早段相近。第三类出土盒的墓要晚于第二类以鼎、豆、壶为基本组合的墓，而四类至七类出土合碗及圜底罐的墓要明显晚于第三类以前的墓。

五、结　　语

根据墓葬形制、随葬器物组合与郑州二里冈、岗杜、碧沙岗等地墓葬及器物组合相类比，我们认为这批墓葬可分为三期五段。

第一期　即第一段，包括第一类墓及第二类墓的部分墓葬，以 M15、M24、M26、M27、M32、M40、M56 为代表。器物类型有 A 型Ⅰ式、B 型Ⅰ式、D 型Ⅰ式鼎，B 型Ⅰ式、B 型Ⅱ式、C 型Ⅰ式、D 型Ⅰ式、E 型Ⅰ式豆，A 型Ⅰ式、B 型Ⅱ式、C 型Ⅰ式壶，A 型Ⅰ式、A 型Ⅱ式、B 型Ⅰ式、D 型Ⅰ式盘，A 型Ⅰ式、A 型Ⅱ式匜，另有Ⅰ式盂与高足小壶。器物制作多较规整，圈足器较多，仿铜性明显，多有纽及握手，多彩绘，个别器物表面磨光，饰暗纹。墓葬形制均为长方形竖穴土坑墓，均带有壁龛，口大底小。墓室长度一般为 3～3.5 米，宽度一般为 2 米，深度一般为 4～4.5 米。近南北向，葬式以仰身直肢葬为主，少量屈肢葬。

第二期　包括二段、三段。

二段　即第二类墓的部分墓葬，以 M16、M22、M28、M30、M34、M37、M47、M50、M51、M52、M53、M54、M57 为代表。器物类型有 A 型Ⅱ式、C 型Ⅰ式、C 型Ⅲ式、D 型Ⅱ式、D 型Ⅲ式鼎，A 型Ⅰ式、A 型Ⅱ式、A 型Ⅲ式、A 型Ⅳ式、B 型Ⅱ式、B 型Ⅲ式、C 型Ⅰ式、C 型Ⅲ式、C 型Ⅳ式豆，A 型Ⅱ式、A 型Ⅲ式、B 型Ⅱ式、B 型Ⅲ式、C 型Ⅰ式、C 型Ⅱ式、C 型Ⅲ式壶，A 型Ⅰ式、A 型Ⅲ式、C 型Ⅰ式盘，A 型Ⅰ式、A 型Ⅱ式、C 型Ⅰ式匜，伴出Ⅰ式、Ⅱ式铜带钩及璜形器和玉、石、骨器等。器物组合及墓葬形制与一段相同，墓室长度一般为 2.5～3 米，深度一般为 3.5～4.6 米。仰身直肢葬减少，屈肢葬增多。器物制作仍规整，彩绘仍较发达。圈足器减少，墓壁斜度增大。

三段　该段墓葬数量较多，主要为第二类墓，以 M1、M20、M31、M35、M44、M50、M58、M60、M61、M62 为代表。器物组合仍以鼎、豆、壶为基本组合。器物类型有 A 型Ⅲ式、B 型Ⅲ式、C 型Ⅲ式、C 型Ⅳ式、D 型Ⅱ式、D 型Ⅳ式、D 型Ⅴ式鼎，A 型Ⅰ式、A 型Ⅳ式、A 型Ⅴ式、A 型Ⅵ式、B 型Ⅳ式、B 型Ⅴ式豆，A 型Ⅳ式、A 型Ⅴ式、

B型Ⅰ式、B型Ⅱ式、B型Ⅴ式、C型Ⅱ式壶，A型Ⅱ式、A型Ⅲ式、B型Ⅱ式盘，A型Ⅰ式、A型Ⅱ式、B型Ⅲ式匜，一般均伴出有铜带钩及璜形器。墓葬形制同前段，均设有壁龛，墓室长度一般在3米左右，宽度2米左右，墓深2.5~4米。A型鼎及A型壶基本消失，A型豆数量增多。器物制作较粗糙，装饰部件少见，鼎口部子舌基本消失，鼎耳与鼎足间距缩小，基本相接，豆柄较矮。

第三期 包括四、五两段。

四段 即第三类墓与第四类墓，器物基本组合为鼎、盒、壶、盘、匜，新出现碗与圜底罐。以 M2、M21、M65 为代表。器物类型有 A 型Ⅲ式、A 型Ⅳ式、D 型Ⅳ式鼎，B型Ⅱ式豆，B 型Ⅲ式、B 型Ⅳ式壶，B 型Ⅰ式、B 型Ⅳ式盘，B 型Ⅰ式、B 型Ⅲ式匜。B型、C 型鼎基本绝迹，豆被盒取代，不见 A 型壶。葬式以屈肢葬为主。墓葬形制与前段相同，唯墓壁斜度变化大，不太规整，呈口大底小的漏斗状。墓深3.5米左右。

五段 即第五、六、七类墓葬，以 M3、M6、M10、M11、M18、M19、M33、M45、M48、M66、M67、M71 为代表。器物组合以合碗、壶、圜底罐为基本类型，主要有 B 型Ⅵ式、C 型Ⅳ式、C 型Ⅴ式、C 型Ⅵ式壶，Ⅰ式、Ⅱ式合碗及Ⅰ式、Ⅱ式圜底罐。器物制作较规整，弦纹及绳纹流行。壶的最大径一般在肩部，壶身常饰旋纹或弦纹。伴出的小件器物以铜、铁带钩及璜形器为主，另有铜镜及铜镞出现。墓葬形制仍以竖穴土坑墓为主，除 M3、M11、M17 未设龛外，大多设龛。出现少量竖穴空心砖墓及竖穴偏堂墓。墓室变窄浅，深度一般为1.5~2.5米，葬式一般为仰身直肢葬，屈肢葬也较多见。

第一期墓葬出土的鼎与岗杜 M40、M44[6]，二里冈 M44[7] 出土的同类器形制相同；豆与二里冈 M25、M174、M407 出土的同类器形制相同[8]；壶与二里冈 M103、M384、M415，匜与二里冈 M202、M221 出土的同类器相同[9]；盂与郑州加气混凝土厂东周墓[10] M4 出土的同类器形制相同。墓葬时代应属战国早期晚段。

第二期墓葬包括二、三两段。随葬品以鼎、豆、壶为基本组合，具有战国中期墓葬的典型特征。其中二段的鼎与二里冈 M36、M97、M409 出土的同类器物形制相同；豆与二里冈 M50:3、M165:1，壶与二里冈 M383:3[11]，岗杜 M53:2 同类器形制相同[12]。三段的鼎与岗杜 M39:5、M168:1[13]，豆与二里冈 M197:1、M451:2、M39:6（簋）[14]，壶与岗杜 M168:3、M109 等同类器形制相同[15]。本期二段应属战国中期早段，三段应属战国中期晚段。

第三期墓葬包括四、五两段。第四段器物组合以盒代豆，出现圜底罐与合碗，器物特征与岗杜[16]、二里冈[17]的战国晚期前段器物特征相同，具有由中期向晚期过度的特征。第五段器物组合以壶、合碗，圜底罐为基本组合，具有典型的战国晚期特征，应属战国晚期。

另外，10座无随葬器物的墓葬及11座虽有小件器物出土、但无随葬陶器的墓葬，期别无法归属，但从墓葬形制及铜带钩、铁带钩及璜形器来看，也与上述墓葬的时代相同，即战国中晚期。

附表一 郑州市南阳路家世界购物广场战国墓葬登记表

墓号	方向	墓葬形制	墓葬尺寸（单位：米）口长	口宽	底长	底宽	墓深	葬具	葬式	性别年龄	随葬品	备注
M1	6°	竖穴土坑墓	2.70	1.90	2.54	1.60	4	一棺一椁	仰身直肢	男中	鼎BⅢ1、豆DⅢ1、壶1残、盘BⅥ1、匜BⅡ1	壁龛
M2	10°	竖穴土坑墓	3.20	2.40~2.60	2.50	1.60~1.90	3.30	一棺	不详		鼎AⅣ1、盒Ⅱ1、壶CⅣ1、盘BⅣ1、匜BⅢ1、碗Ⅰ1、铁带钩1、铜环1、料珠1、水晶环2	壁龛
M3	13°	竖穴土坑墓	2.70	1.80	2.30	1.30	2.10	一棺	仰身直肢	女老	圜底罐Ⅱ1、合碗Ⅱ1、铁带钩1	
M4	358°	竖穴土坑墓	3	2.10	2.55	1.65	3.65	一棺一椁	仰身直肢		无	
M5	10°	竖穴空心砖墓	2.90	1.90	2.70	1.60	3.10	砖、椁	仰身直肢	男中	无	
M6	5°	竖穴土坑墓	3	2.10	2.70	1.80~1.90	2.60	一棺	仰身直肢	男壮	圜底罐Ⅱ1、合碗Ⅱ1	壁龛
M7	95°	竖穴土坑墓	3	1.90~2	2.30	1.36	3.60	一棺	仰身屈肢	男中	无	
M8	275°	竖穴土坑墓	2.90	1.80	2.40	1.40	4.58	一棺	不详		无	
M9	6°	竖穴土坑墓	2.55	1.60~1.70	2	1.72	2.20	一棺	仰身屈肢	女老	无	

续表

墓号	方向	墓葬形制	墓葬尺寸（单位：米）口长	口宽	底长	底宽	墓深	葬具	葬式	性别年龄	随葬品	备注
M10	6°	竖穴土坑墓	3	2.20~2.30	2.40	1.60~1.70	2.80	一棺一椁	仰身直肢	男壮	圜底罐Ⅱ1、合碗Ⅱ1、铜带钩Ⅲ1、铜镜1、铁铃1	壁龛
M11	10°	竖穴土坑墓	2.74	1.90	2.46	1.40~1.50	2	一棺一椁	不详		壶CⅥ1、合碗Ⅱ1	
M12	6°	竖穴土坑墓	2.40	1.50	1.90	1.30	2.20	一棺	仰身直肢	女老	铁带钩1	
M14	10°	竖穴土坑墓	2.40	1.40	2.30	1.30	3	一棺	仰身屈肢		铜簪Ⅰ3、铜环1、玉璧3、骨环1	
M15	2°	竖穴土坑墓	2.90	2	2.30	1.40~1.50	4.60	一棺	仰身屈肢	男老	鼎BⅡ1、豆E2、壶AⅡ1、匜AⅡ1、盆1、浅盘高柄豆2、高足小壶1	
M16	6°	竖穴土坑墓	2.80	2.10	2.54	1.56	4.10	一棺	仰身屈肢	男中	鼎1残、豆1、壶CⅢ1	壁龛
M17	2°	竖穴土坑偏堂墓	2.70	2	2.20	1.95	2.75	不详	仰身屈肢	男中	无	
M18	9°	竖穴土坑墓	3.10	2	2.70	1.80~1.90	3.20	一棺	仰身屈肢	男老	圜底罐Ⅱ1、合碗Ⅰ1、碗Ⅱ1	壁龛
M19	7°	竖穴空心砖墓	3.20	2.40~2.50	2.80	1.60~1.70	3.25	砖、椁	不详		壶CⅥ1、合碗Ⅱ1、壶1残、铜带钩Ⅲ1	
M20	3°	竖穴土坑墓	2.90	2.10	2.40	1.70	4.30	一棺	仰身屈肢	女中	鼎DⅤ1、壶1残、铜簪Ⅰ4、Ⅱ1	壁龛

续表

墓号	方向	墓葬形制	墓葬尺寸（单位：米）					葬具	葬式	性别年龄	随葬品	备注
			口		底		墓深					
			长	宽	长	宽					
M21	92°	竖穴土坑墓	3	1.90~2	2.60	1.60~1.70	3.20	一棺	仰身屈肢	男中	鼎DⅣ1、豆BⅢ1、圜底罐Ⅰ1、碗Ⅱ1	壁龛
M22	3°	竖穴土坑墓	2.80	1.80	2.50	1.50	2.40	一棺	仰身直肢	女老	鼎CⅢ1、豆DⅢ1、壶AⅡ1	壁龛
M23	6°	竖穴土坑偏堂墓	2.18	1.40~1.60	2.10	1.96	1.30	不详	仰身直肢	男中		
M24	5°	竖穴土坑墓	3.20	2.30	3.10	2.20	4.70	一棺	仰身直肢	男中	鼎DⅡ1、豆GⅡ1、壶1、匜AⅢ1、铁带钩1	壁龛
M25	10°	竖穴土坑墓	3.10	2.20	2.90	2	4.60	一棺	仰身直肢	男老	鼎CⅢ1、豆BⅣ1、壶BⅡ1、匜AⅡ1、盘1残	壁龛
M26	6°	竖穴土坑墓	3	2	2.50	1.40~1.50	4.50	一棺	仰身直肢	男壮	鼎BⅡ1、豆DⅡ1、壶BⅢ1、匜AⅡ1、盘AⅡ1	壁龛
M27	9°	竖穴土坑墓	2.80	1.80	2.30	1.30	4.60	一棺	不详		鼎BⅡ1、豆BⅢ1、壶BⅡ1、盘AⅡ1、匜AⅡ1	壁龛
M28	6°	竖穴土坑墓	2.80	2.10	2.40	1.40~1.50	3.48	一棺	仰身屈肢	男中	鼎AⅡ1、豆CⅡ1、壶CⅢ1、盘AⅡ1、匜AⅡ1	壁龛
M30	6°	竖穴土坑墓	2.90	2.10	2.30	1.40	3.60	一棺	仰身屈肢	男老	鼎DⅢ1、豆AⅡ1、壶BⅡ1、盘AⅡ1、匜AⅡ1、铜带钩Ⅰ1	壁龛
M31	10°	竖穴土坑墓	3	1.90	2.30	1.40	3.60	一棺	仰身直肢	男中	鼎DⅣ1、豆1残、壶1残	壁龛

续表

墓号	方向	墓葬形制	口长	口宽	底长	底宽	墓深	葬具	葬式	性别 年龄	随葬品	备注
M32	10°	竖穴土坑墓	3.30	2.20	2.50	1.70	4.70	一棺	侧身屈肢	男壮	鼎DⅠ1、盂Ⅰ1、壶CⅡ1、匜AⅠ1	壁龛
M33	7°	竖穴土坑墓	3	2	2.60	1.60	4.20	一棺	仰身屈肢	男中	壶CⅣ1、碗Ⅱ1	壁龛
M34	10°	竖穴土坑墓	3.20	2.20	2.60	1.80	3.60	一棺	侧身屈肢		鼎DⅢ1、豆BⅢ1、壶BⅢ1、匜BⅢ1、盘BⅢ1	壁龛
M35	8°	竖穴土坑墓	2.70	1.90	2.60	1.80	3.30	一棺	仰身直肢	女中	鼎BⅢ1、豆AⅤ1、壶AⅣ1、盘AⅡ1、匜AⅡ1、铜镞Ⅰ5	壁龛
M36	2°	竖穴土坑墓	2.70	1.70	2.25	1.30	3.15	一棺	侧身屈肢	女壮		
M37	6°	竖穴土坑墓	3.20	2.20	3	1.90	4	一棺	不详			壁龛
M38	8°	竖穴土坑墓	2.40	1.60	2.20	1.20	2.50	一棺	侧身屈肢	女青	鼎CⅡ1、豆AⅢ1、壶AⅢ1、匜Ⅰ1	
M40	10°	竖穴土坑墓	3.50	2.60	2.90	1.90	5.10	一棺一椁	侧身直肢		铜带钩Ⅳ1、石条2	壁龛
M41	15°	竖穴土坑墓	2.50	1.60	2.20	1.40~1.50	1.85	一棺	仰身直肢	男壮	鼎AⅠ1、豆BⅢ1、壶AⅠ1、盘BⅡ1、匜AⅠ1、铜镞Ⅰ4	
M43	5°	竖穴土坑墓	2.50	1.60			1.10	不详	侧身屈肢	男壮	铜带钩Ⅰ1、玉片1	

续表

墓号	方向	墓葬形制	墓葬尺寸（单位：米）口长	口宽	底长	底宽	墓深	葬具	葬式	性别年龄	随葬品	备注
M44	2°	竖穴土坑墓	2.80	1.90	2.30	1.40	2.50	一棺	不详	男老	鼎CV1、豆BV1、壶BV1、匜AⅡ1、骨管1、铜带钩Ⅱ1	壁龛
M45	5°	竖穴土坑墓	2.10	1.40			1.20	不详	仰身直肢	男中	合碗Ⅲ1、铜镞Ⅰ2、陶杯1	
M46	7°	竖穴土坑墓	3.40	2.10	2.78	1.62	3.20	一棺	侧身屈肢			
M47	100°	竖穴土坑墓	3	2	2.60	1.40	3.50	一棺	仰身直肢	女老	鼎CⅡ1、豆CⅣ1、壶AⅠ1、盘AⅣ1、钩Ⅱ1、铜镞Ⅰ3、蚌环1、铜环2、骨珠1、骨条1、骨饰1	壁龛
M48	8°	竖穴土坑墓	3.10	1.80	2.70	1.20	3.90	一棺	仰身屈肢	男中	壶BV1、盂Ⅱ1、合碗Ⅲ1	壁龛
M49	7°	竖穴土坑墓	3.20	2.50	3	2.05	3.70	一棺	侧身屈肢		铜镞5	
M50	2°	竖穴土坑墓	2.70	1.80~1.90	2.60	1.60~1.70	2.55	一棺	仰身直肢	男中	鼎CⅡ1、豆BⅢ1、壶BⅡ1、蚌饰2	壁龛
M51	2°	竖穴土坑墓	3.10	2.10	2.60	1.80	4.60	一棺	仰身屈肢	男老	鼎DⅢ1、豆AⅡ1、壶BⅢ1、盘AⅢ1、匜AⅢ1、铜带钩Ⅱ1	壁龛
M52	4°	竖穴土坑墓	3.30	2.30	2.50	1.60	4.60	一棺	仰身屈肢	女老	鼎DⅡ1、豆CⅡ1、壶CⅠ1、盘C1、骨环1、铜镞Ⅰ5、玉璧1、骨珠2	壁龛

续表

墓号	方向	墓葬形制	墓葬尺寸（单位：米）					葬具	葬式	性别年龄	随葬品	备注
			口		底		墓深					
			长	宽	长	宽						
M53	8°	竖穴土坑墓	3.20	2.30	2.80	1.90	4.80	一棺	仰身屈肢	男壮	鼎DⅡ1、豆AⅢ1、壶AⅣ1、盘AⅡ1、匜BⅡ1、玉觿1	壁龛
M54	8°	竖穴土坑墓	3.40	2.20	2.50	1.40	2.80	一棺	仰身直肢	男中	豆AⅡ2、壶AⅢ1、铜带钩Ⅰ1、骨管1	壁龛
M55	10°	竖穴土坑墓	3.10	2.20	2.70	1.70	4.50	一棺	侧身屈肢	男壮	鼎CⅢ1、豆BⅣ1、壶BⅡ1、盘BⅡ1、匜AⅡ1、铜带钩Ⅱ1、铜璜I5	壁龛
M56	358°	竖穴土坑墓	3	2~2.10	2.60	1.60~1.80	3.80	一棺	侧身屈肢	男中	鼎AⅠ1、豆BⅡ1、壶AⅠ1、盘AⅠ1、壶CⅡ1	壁龛
M57	11°	竖穴土坑墓	3.10	2.10	2.70	1.70	3.60	一棺	仰身屈肢	女老	鼎DⅢ1、豆BⅡ1、壶CⅡ1	壁龛
M58	7°	竖穴土坑墓	2.80	2	2.60	1.80	2.80	一棺	仰身直肢		鼎1残、豆AⅥ1、壶AⅣ1、盘AⅡ1、匜AⅡ1	壁龛
M59	3°	竖穴土坑墓	2.80	2	2.60	1.80	2.60	一棺	侧身屈肢	男壮	铜带钩Ⅱ1、铜璜I5、玉璜2、石料珠4、骨料珠10	
M60	275°	竖穴土坑墓	2.90	2	2.50	1.70	3.20	一棺	仰身直肢	男中	鼎DⅤ1、豆AⅣ1、壶AⅣ1、蚌壳2	壁龛
M61	276°	竖穴土坑墓	3.10	2.30	2.70	1.80	3.40	一棺	女老	鼎AⅢ1、豆BⅤ1、壶BⅡ1、盘AⅢ1、匜AⅡ1、铜带钩Ⅱ1、铜璜I3、Ⅲ2、料珠2	壁龛
M62	92°	竖穴土坑墓	2.70	1.90	2	1.40	2.60	一棺	仰身屈肢	男老	鼎AⅢ1、豆BⅣ1、壶BⅡ1、盘AⅡ1、匜AⅡ1、铜	壁龛

续表

墓号	方向	墓葬形制	墓葬尺寸（单位：米） 口 长	墓葬尺寸（单位：米） 口 宽	墓葬尺寸（单位：米） 底 长	墓葬尺寸（单位：米） 底 宽	墓深	葬具	葬式	性别年龄	随葬品	备注
M63	4°	竖穴土坑墓	3	2.20	2.70	1.80	2.25	一棺	不详		铜带钩Ⅱ1	壁龛
M64	2°	竖穴土坑墓	3	1.70	2.80	1.50	4.10	一棺	仰身直肢	男老	鼎DⅤ1、豆AⅡ1、壶AⅤ1、盘AⅢ1、匜AⅡ1	壁龛
M65	8°	竖穴土坑墓	3	2.10	2.50	1.70	2.80	一棺	仰身直肢	女中	鼎AⅢ1、盒Ⅰ1、壶BⅢ1、盘BⅠ1、匜BⅠ1、铜簧Ⅰ4、Ⅲ1	壁龛
M66	3°	竖穴土坑墓	2.60	1.70	2.40	1.50	2.12	一棺	仰身直肢	女老	壶CⅤ1、合碗Ⅱ1、铁带钩1、铜簧Ⅰ5	壁龛
M67	2°	竖穴土坑墓	2.60	1.90	2.40	1.50	2.30	一棺	不详		圜底罐Ⅱ1、铁带钩1、水晶环1	
M68	8°	竖穴土坑墓	2.70	1.80	2.40	1.30	2.30	一棺	侧身屈肢	男壮	铁带钩1、水晶环1	
M69	10°	竖穴土坑墓	2.50	1.40	2.20	1.30	1.70	一棺	侧身屈肢	男壮	铜带钩Ⅱ3、铜环1、石纺轮1、水晶环1、骨条3	
M70	7°	竖穴土坑偏堂墓	2.20	1.25	2	1.35	1.60	不详	侧身屈肢	男老	铁带钩1	
M71	10°	竖穴土坑墓	2.50	1.40	2.20	1.20	1.80	一棺	侧身屈肢	男中	碗Ⅱ1、平底罐1、铜带钩Ⅱ1	
M72	96°	竖穴土坑墓	2.40	1.20	2.30	1.10	1.50	一棺	仰身直肢		铜带钩Ⅲ1、铁带钩1、陶纺轮1	

该简报在整理与编写过程中得到张松林所长的悉心指导和大力支持。谨致谢忱。

领　　队：张松林
发　　掘：秦德宁　王　勇　信应君
整　　理：信应君　秦德宁　张文霞
绘　　图：焦建涛
修　　复：冯福庆　李恩圆　秦秀花

注　释

[1]　河南省文化局文物工作一队：《郑州碧沙岗发掘简报》，《文物参考资料》1956年3期。

[2]　河南省文化局文物工作一队：《郑州岗杜附近古墓葬发掘简报》，《文物参考资料》，1955年，10期。

[3]　河南省文化局文物工作一队：《郑州二里冈》，科学出版社，1959年。

[4]　中国科学院考古研究所：《洛阳中州路（西工段）》，科学出版社，1959年。

[5]　中国科学院考古研究所：《河南禹县白沙战国墓葬》，《考古学报》1959年7期。

[6]　同[2]。

[7]　同[3]。

[8]　同[3]。

[9]　同[3]。

[10]　郑州市文物考古研究所，《郑州市加气混凝土厂东周墓发掘简报》，《华夏考古》2001年4期。

[11]　同[3]。

[12]　同[2]。

[13]　同[2]。

[14]　同[3]。

[15]　同[2]。

[16]　同[2]。

[17]　同[3]。

（原刊于《华夏考古》2006年第2期）

河南巩义站街秦墓发掘简报

张文霞　顾万发

2003年7月,在巩义市站街镇北窑湾村花地嘴遗址,郑州市文物考古研究所发现了一处秦代墓地。该遗址位于村南的平坦台地上,西面紧邻伊洛河,北临冲沟。遗址现存面积约30万平方米(图一)。这次清理的墓葬有6座,现将发掘情况简报如下。

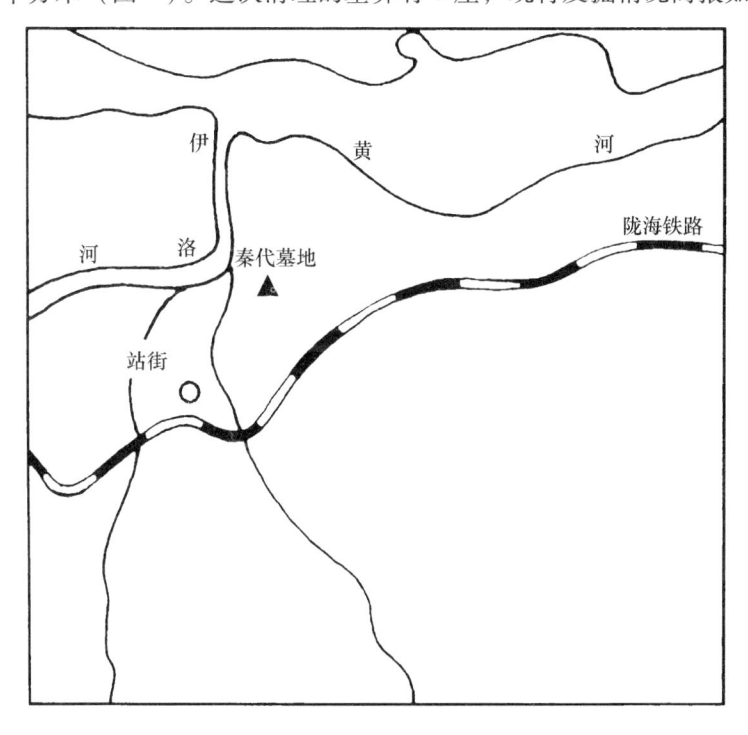

图一　墓葬位置示意图

一、墓葬形制

6座墓均为土洞结构,大墓道,小墓室,部分墓有壁龛。

1. M1

该墓为长方形竖穴墓道洞室墓,方向274°(图二)。开口于扰土层下,距地表深0.5

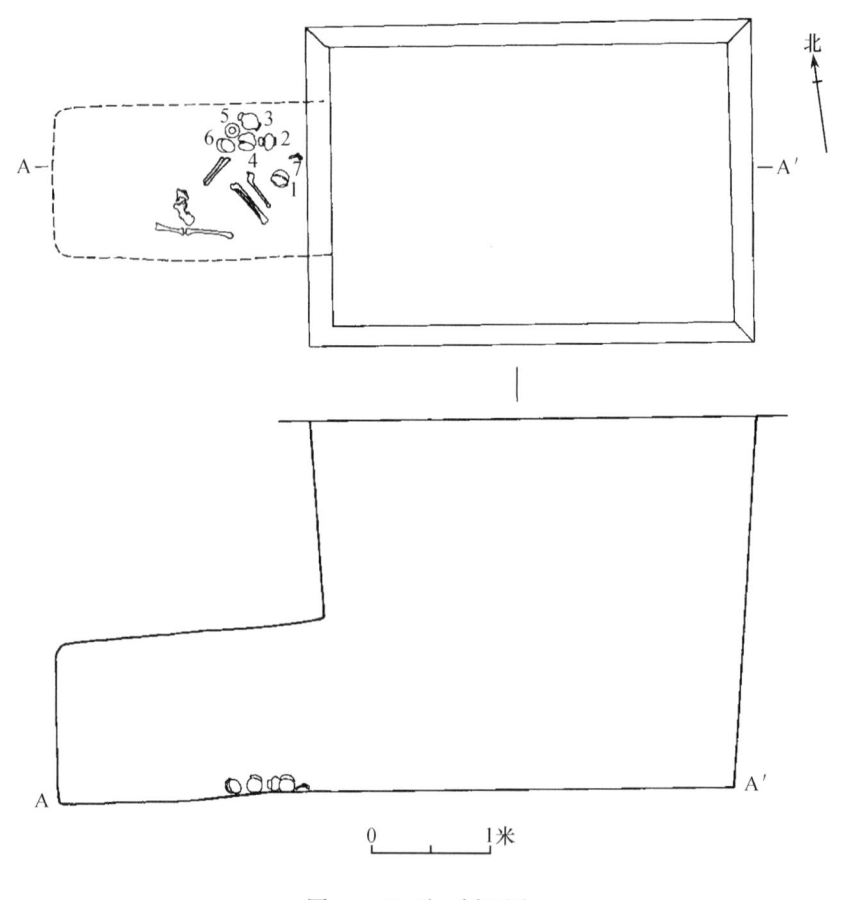

图二　M1平、剖面图
1、4、5. 陶盒　2、3. 陶壶　6. 陶钵　7. 铜带钩

米。墓道宽于墓室，位于墓室东侧。墓道平面呈长方形，口大底小，上口长3.6、宽2.6米。墓底较为平整，底长3.2、宽2.4、深3米。内填五花土夯土，夯层厚约20厘米，夯面平整。

墓室为土洞，平面呈长方形，顶已塌。东西长2.3、南北宽1.2~1.25、墓顶高1.3~1.34米。墓室顶面略向上圆弧，东端略低。内有淤土和塌土，土质疏松。墓室内有人骨一具，仅存零散肢骨，葬式不详。

随葬品7件，均置于墓室口处，包括陶壶2件、陶盒3件、陶钵1件、铜带钩1件。

2. M2

该墓为长方形竖穴墓道洞室墓，方向273°（图三）。开口于扰土层下，距地表深0.5米。墓道宽于墓室，位于墓室东侧。墓道平面呈长方形，口大底小，上口长3、宽2.05米。墓底为斜坡，底长2.6~2.65、宽1.95、深1.6米。内填五花夯土，夯层厚约20厘

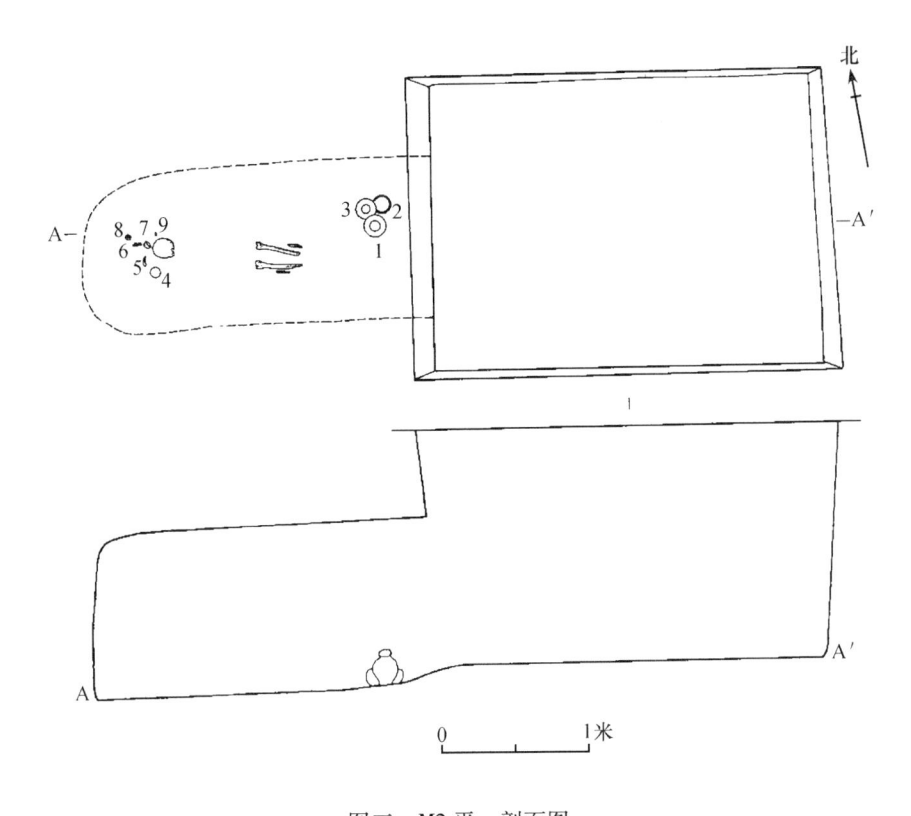

图三　M2 平、剖面图
1. 陶壶　2. 陶盂　3. 陶釜　4. 铜镜　5、6. 铜带钩　7. 铜铃　8. 半两钱　9. 水晶环

米，夯面坚硬。在墓道东南角处有脚窝，形状为椭圆形。

墓室为土洞，平面呈长方形，顶已塌。东西长 2.4、南北宽 1.1、墓顶高 1～1.15 米。墓室顶面略向上圆弧，东端略低。内有淤土和塌土，土质疏松。墓室内有人骨一具，仅存头骨和肢骨，葬式不详。

随葬品 9 件，均置于墓室口处，包括陶壶 1 件、陶盂 1 件、陶釜 1 件、铜镜 1 件、铜带钩 2 件、铜铃 1 件、半两钱 1 件、水晶环 1 件。

3. M3

该墓为长方形竖穴墓道洞室墓，方向 6°（图四）。开口于扰土层下，距地表深 0.7 米。墓道宽于墓室，位于墓室北侧。墓道平面呈长方形，口大底小，上口长 4.3、宽 3 米。墓底略倾斜，长 3.5、宽 2、深 4.3～4.6 米。墓道内填五花夯土，夯层厚约 25 厘米，夯面坚硬。在墓道东南两侧处，有上下脚窝 4 个，形状为椭圆形，深 0.2 米。

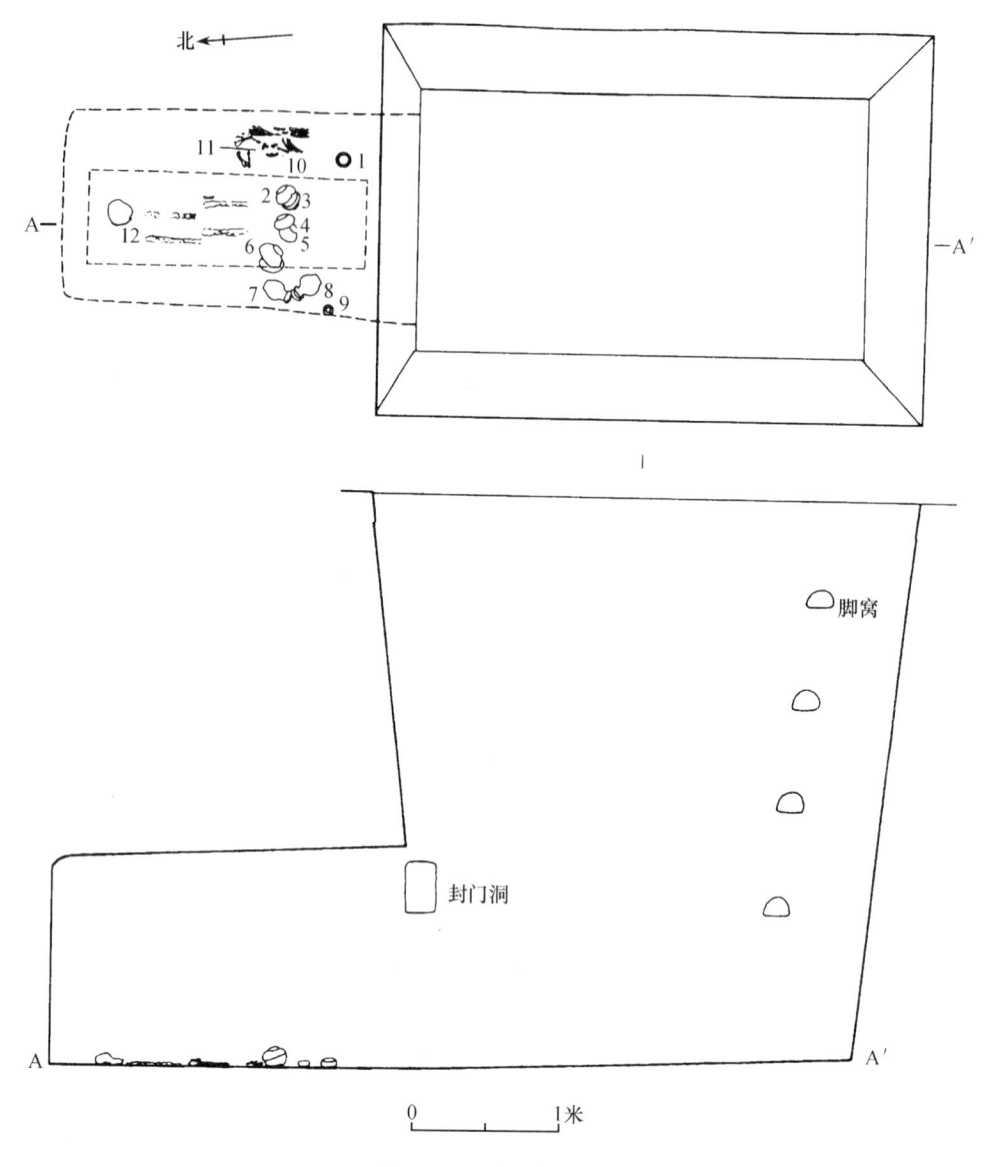

图四 M3 平、剖面图
1、12. 铜饰 2、4. 陶盒 3、5. 无盖陶盒 6. 陶盒 7、8. 陶壶 9. 陶匜 10. 铜带钩 11. 骨饰 13. 铁斧

墓室为土洞，平面呈长方形，顶已塌。墓室长2.5、南北宽1.5~1.6、墓顶高1.6~1.7米。墓室顶面略向上圆弧，北端略低。内有淤土和塌土，土质疏松。封门可能是用木板，已朽，仅在墓室口发现有封门柱的坑，具体尺寸不详。

葬具为一木棺，置于墓室中部。已朽，仅见朽木痕和棺底草木灰，灰痕范围长2.2、宽0.68~0.7米。墓室内有人骨一具，仅存零散肢骨，为仰身直肢葬，头朝北，面向上，随葬品21件，均置于墓室口处，包括陶壶2件、陶盒1件、无盖陶盒2件、陶盆2件、陶匜1件、铜带钩1件、铜饰2件、铁斧1件、骨饰9件。

4. M6

该墓为长方形竖穴墓道洞室墓，方向25°（图五）。开口于扰土层下，距地表深0.8米。墓道宽于墓室，位于墓室北侧，平面呈梯形，口大底小。平面墓道上口长5.8、宽3.2~3.6米，墓道底长5.4、宽3~3.4、深5.3米。墓道内填五花夯土，为一层硬夯土夹一层软夯土，厚30~40厘米。硬夯土平面有夯窝，呈圆形，直径约1.5厘米。

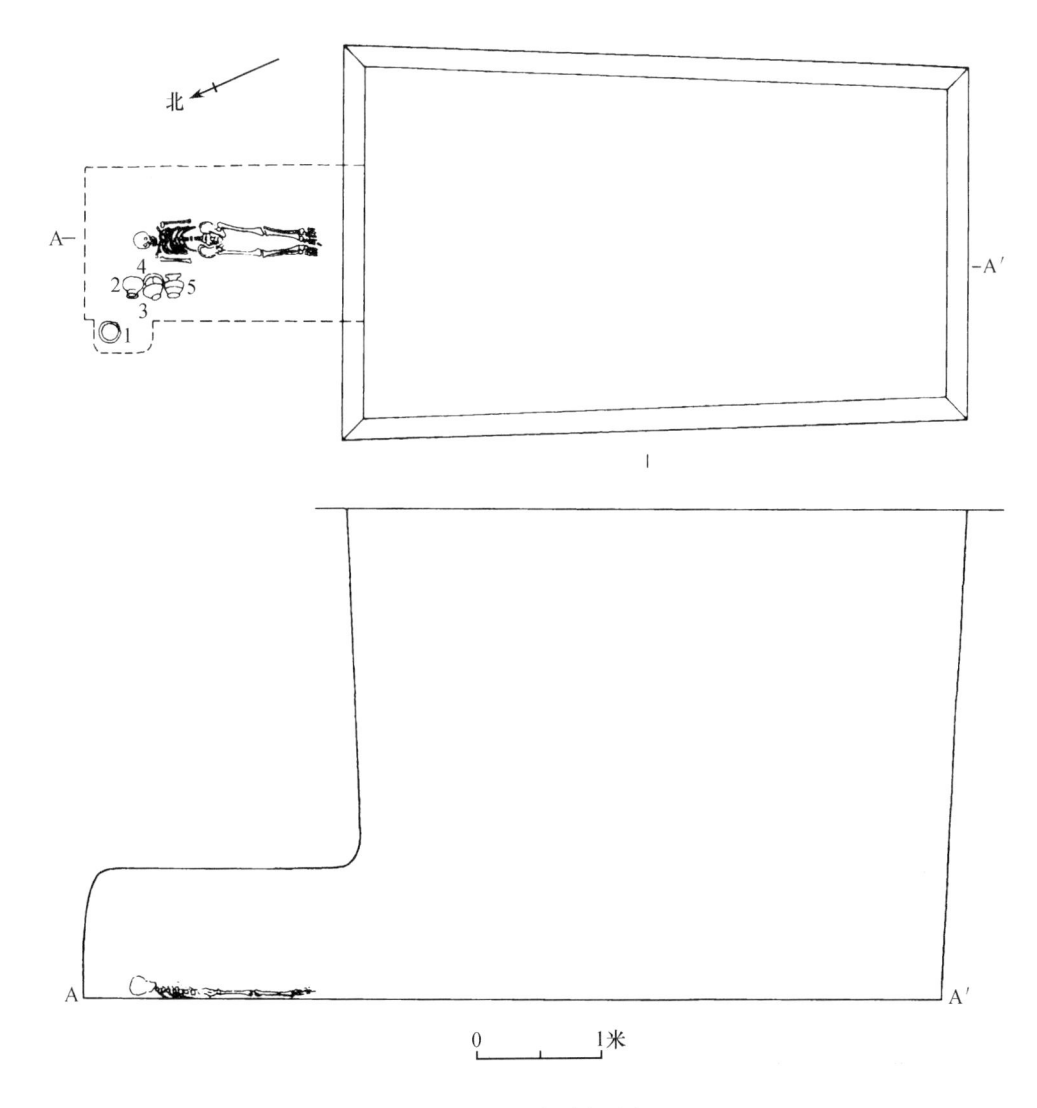

图五　M6平、剖面图
1. 漆器　2、3、5. 陶壶　4. 陶盆

墓室为土洞，平面呈长方形。南北长2.6、东西宽1.6、墓顶高1米。墓室弧顶，墓底为平底。墓室北部西壁有一壁龛，龛底高于墓底0.6米，平面呈长方形，拱顶，口宽0.5、高0.4、进深0.3米。墓室内有黄褐色淤土，土质疏松。封门可能是用木板，已朽，仅在墓室口发现痕迹，具体尺寸不详。

葬具为木棺，置于墓室中部，已朽，仅存少量棺痕。墓室内有人骨一具，保存较好，葬式为仰身直肢，头朝北，面向上。随葬品8件，分别置于墓室内和上层淤土内，包括陶壶3件、陶盆1件、铜环1件、铜钱1件、骨管1件。在小龛内还有漆器1件。

5. M10

该墓为长方形竖穴墓道洞室墓。方向17°（图六）。开口于扰土层下，距地表深0.9米。墓道宽于墓室，位于墓室南侧，平面呈梯形，口大底小，直壁略收，平底。墓道上

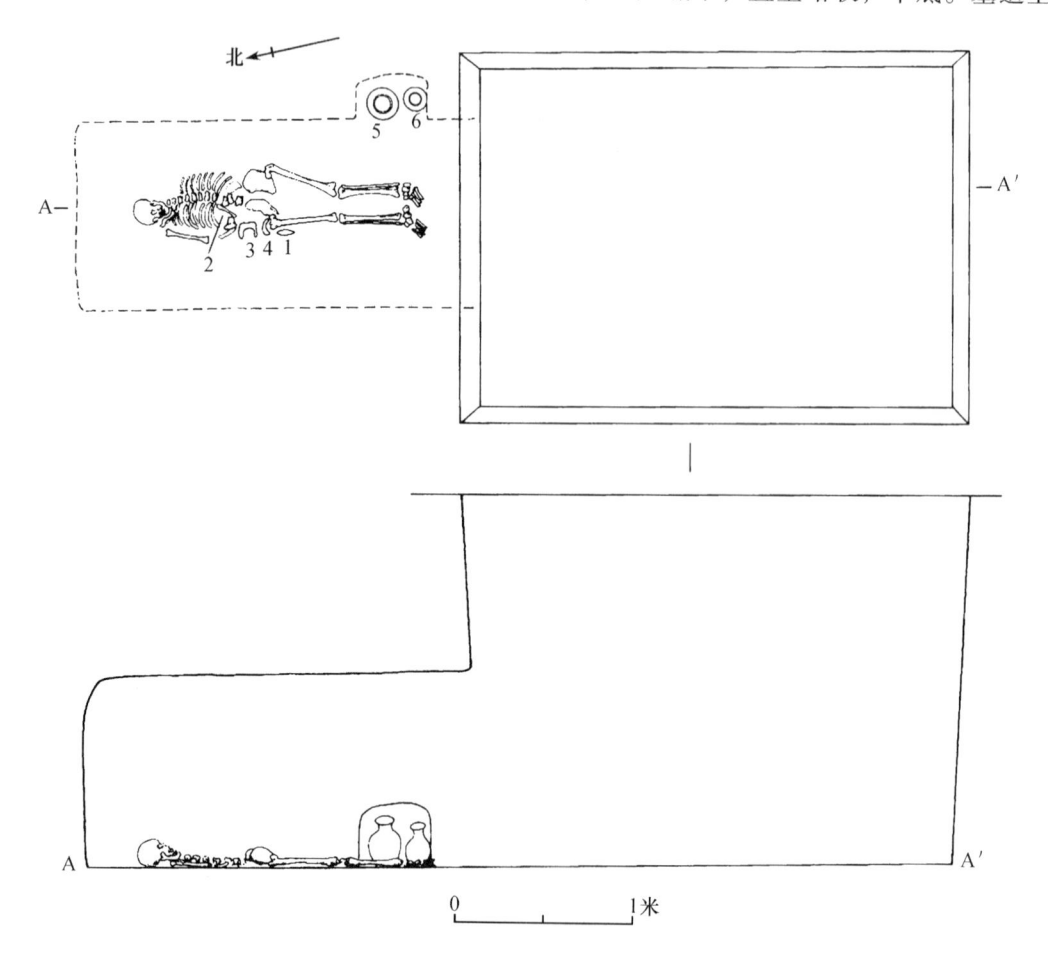

图六　M10平、剖面图
1、2. 铜铃　3. 铜璜　4. 铜饰　5、6. 陶壶

口长2.9、宽2.1米，墓道底长2.7、宽1.9、深3米。墓道内填五花夯土，夯层厚20厘米，土质坚硬，密度很大，在夯土层之间夹有五花土，土质松散。

墓室为土洞，平面呈长方形。墓室长2.2、宽1.05、墓顶高1.1米，墓室弧顶，平底。墓室口处西壁上有壁龛，呈长方形，拱顶，口宽0.4、高0.27、进深0.3米。墓室内有黄褐色淤土，含少量淤沙，土质较硬。

葬具为木棺，已朽，仅存少量棺灰及漆皮。墓室内有人骨一具，已朽，葬式为仰身直肢，头朝北，面向上。随葬品6件，包括铜铃2件、铜饰1件、铜璜1件，置于墓室内，在壁龛内还存放陶壶2件。

6. M11

该墓为长方形竖穴墓道洞室墓，方向17°（图七）。开口于扰土层下，距地表深0.9米。墓道宽于墓室，位于墓室南侧，平面呈梯形，口大底小，四壁略收，平底。墓道上口长2.1、宽1.46米。墓道底长2、宽1.34米，深2米，墓道内填五花夯土，夯层厚20厘米，土质坚硬，密度很大。

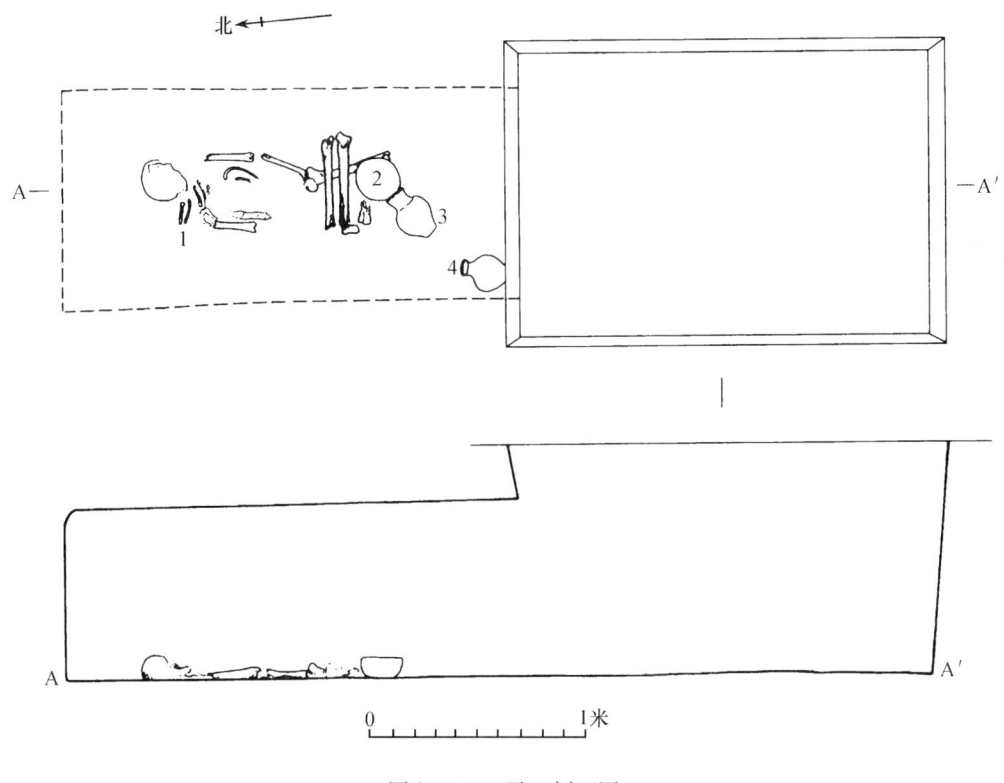

图七　M11平、剖面图
1. 铁器　2. 陶盆　3、4. 陶壶

墓室为土洞，平面呈长方形，墓室长 2.16、宽 1～1.4、墓顶高 1.1 米。墓室弧顶，直壁，平底。墓室内有黄褐色淤土，土质较疏松。

葬具为木棺，已朽，仅有少量棺灰痕迹。墓室内骨架比较零乱，已朽。葬式为侧面仰卧，头朝北，面向西。随葬品 4 件，包括陶壶 2 件、陶盆 1 件、铁器 1 件，置于墓室内。

二、随葬器物

随葬品共有 55 件，包括陶、铜、铁、骨、漆器和水晶器、铜钱等。

1. 陶器

26 件，均为泥质灰陶，种类有壶、盒、钵、盂、盆、匜、釜等。

壶　12 件。标本 M2:1，侈口，尖唇，折沿，束颈，溜肩，鼓腹，平底内凹。颈饰弦纹，肩和上腹部饰竖绳纹，腹部饰弦纹数周。口径 13.5、底径 12.5、高 24.3 厘米。（图八，5）。标本 M3:7，器身子口，侈口，斜方唇，折沿，束颈，溜肩，折腹，平底。带盖，盖为弧顶。口径 12.3、底径 11.3、高 25.3 厘米（图八，1；图九）。标本 M6:2，侈口，尖唇，折沿，溜肩，束颈，圆鼓腹，平底内凹，形成矮圈足。下腹部有旋痕。上附平顶形盖，盖上有旋痕。口径 12.3、底径 9.3、高 18.6 厘米（图八，2）。标本 M6:3，侈口，方唇，折沿，溜肩，束颈，圆鼓腹，平底。下腹部有旋痕。口径 12.5、底径 9.5、高 18.5 厘米（图一〇）。标本 M6:5，盘口，束颈，溜肩，鼓腹，下腹斜收，平底，假圈足。口径 13.1、底径 9.8、高 23.5 厘米（图八，3）。标本 M10:6，侈口，尖唇，折沿，束颈，溜肩，深鼓腹，平底。上腹部饰凹弦纹一周和细绳纹。口径 12.2、底径 8.2、高 26.5 厘米（图八，6）。

盒　6 件，其中 2 件是无盖陶盒。标本 M1:5，敛口，沿为子母口，弧腹，平底内凹。腹饰弦纹 2 周。带盖，盖面弧起。口径 12、底径 7.8、通高 13 厘米（图八，11；图一一）。标本 M3:6，敛口，沿为子母口，斜直腹，平底。腹部有弦纹。带盖，盖呈覆碗状。口径 16、底径 9.8、通高 15.5 厘米（图八，12）。标本 M3:3，无盖陶盒。子口，子口外有一凹槽，以承器盖。上腹较直，饰细绳纹，下腹部斜收，平底内凹。口径 15.3、底径 9、高 9.5 厘米。

钵　1 件（标本 M1:6）。敛口，圆唇，弧腹斜收，平底内凹。下腹饰凹弦纹一周。口径 17.5、底径 8、高 4.8 厘米（图八，4）。

盂　1 件（标本 M2:2）。敛口，尖唇，上腹较直，下腹斜收，矮圈足，口径 21.8、底径 7.8、高 10.2 厘米（图八，7）。

盆　4 件。标本 M3:4，折腹盆。侈口，圆唇，束颈，平底。上腹饰细绳纹，下腹有刮削痕。口径 19.4、底径 10、高 8.5 厘米（图一二）。标本 M6:4，卷沿，圆唇，浅腹，

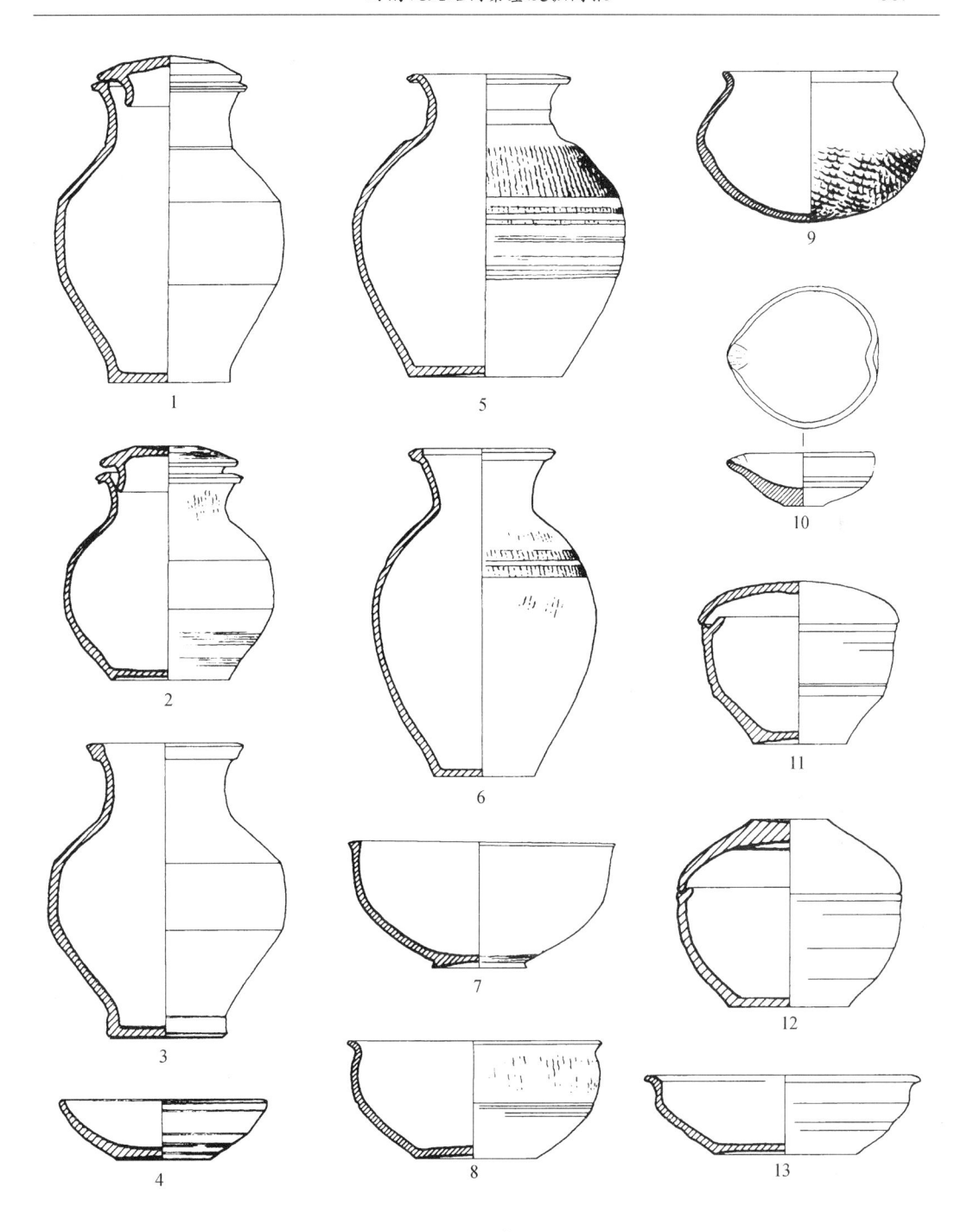

图八 陶器

1~3、5、6. 壶（M3:7、M6:2、M6:5、M2:1、M10:6） 4. 钵（M1:6） 7. 盂（M2:2） 8、13. 盆（M11:2、M6:4） 9. 釜（M2:3） 10. 匜（M3:9） 11、12. 盒（M1:5、M3:6）

上腹较直，下腹斜收，平底微内凹，腹部饰凹弦纹一周。口径23、底径12、高6.4厘米（图八，13）。标本M11:2，敞口，圆唇，折沿，弧腹，平底内凹。上腹饰细绳纹，下腹饰弦纹数周。口径21、底径10、高9.7厘米（图八，8）。

匜　1件（标本M3:9）。敛口，圆盘状，平底，尖圆流，流对面的沿部内凹。下腹有数周弦痕。口径11.3、高4.4厘米（图八，10）。

釜　1件（标本M2:3）。侈口，圆唇，弧肩，扁鼓腹，圜底。下腹及底部饰不规则绳纹。口径14、高12厘米（图八，9；图一三）。

图九　陶壶（M3:7）

图一〇　陶壶（M6:3）

图一一　陶盒（M1:5）

图一二　陶盆（M3:4）

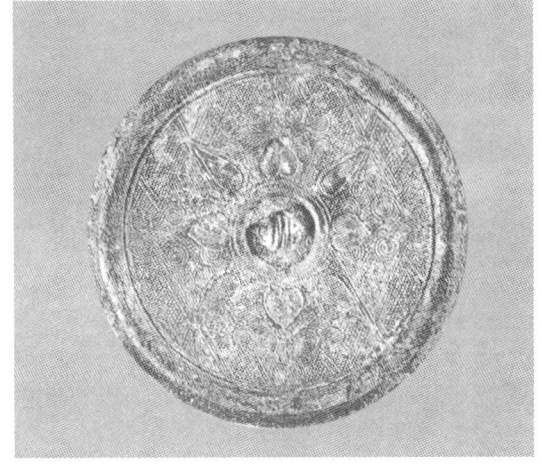

图一三　陶釜（M2:3）　　　　　　　　图一四　铜镜（M2:4）

2. 铜器

13件，包括带钩、镜、铃、环、璜、铜饰等。

带钩　4件。标本M1:7，腹部呈扁平条形，钩首为兽头形，纽位于体中部。长11厘米（图一五，2）。标本M2:6，钩作禽首状，圆纽位于尾部。长3.8厘米（图一五，6）。标本M3:10，体较长，钩首断缺，尾部为龙首，纽在中间部位。通体错金，镶嵌绿松石，但多处已脱落。残长20厘米（图一五，1）。

镜　1件（标本M2:4）。圆形，弦纽，圆纽座，纽座外围饰涡纹。纹饰由地纹与主纹组合而成，地纹包括圆涡纹、三角纹和碎点纹。在地纹之上，从圆纽座的边缘伸出4个桃形和桃叶状纹，呈十字交叉，将镜背分为四区。直径8.1厘米（图一四；图一五，12）。

铃　3件。标本M2:7，体扁，正视呈梯形，于口内凹，纽残。铃身饰一周网格纹和圆珠纹，内有长条形铃舌。残高4.1、肩宽3.7、口宽6.8厘米（图一五，10）。标本M10:2，体积较小，铃身扁平，环形纽，于口内凹，内有长条形铃舌。高4.6、肩宽2.3、口宽4.5厘米（图一五，4）。

环　1件（标本M6:6）。体扁，外侧凸起。外径5.3、内径3.1厘米（图一五，3）。

璜　1件（标本M10:3）。正面平齐，背面顶部边缘略微折起，拱两端较宽，顶部有一圆穿。长8.2、厚0.05厘米（图一五，11）。

铜饰　3件。标本M3:1，筒形，尖唇，直腹，平底。高3.9厘米（图一五，5）。

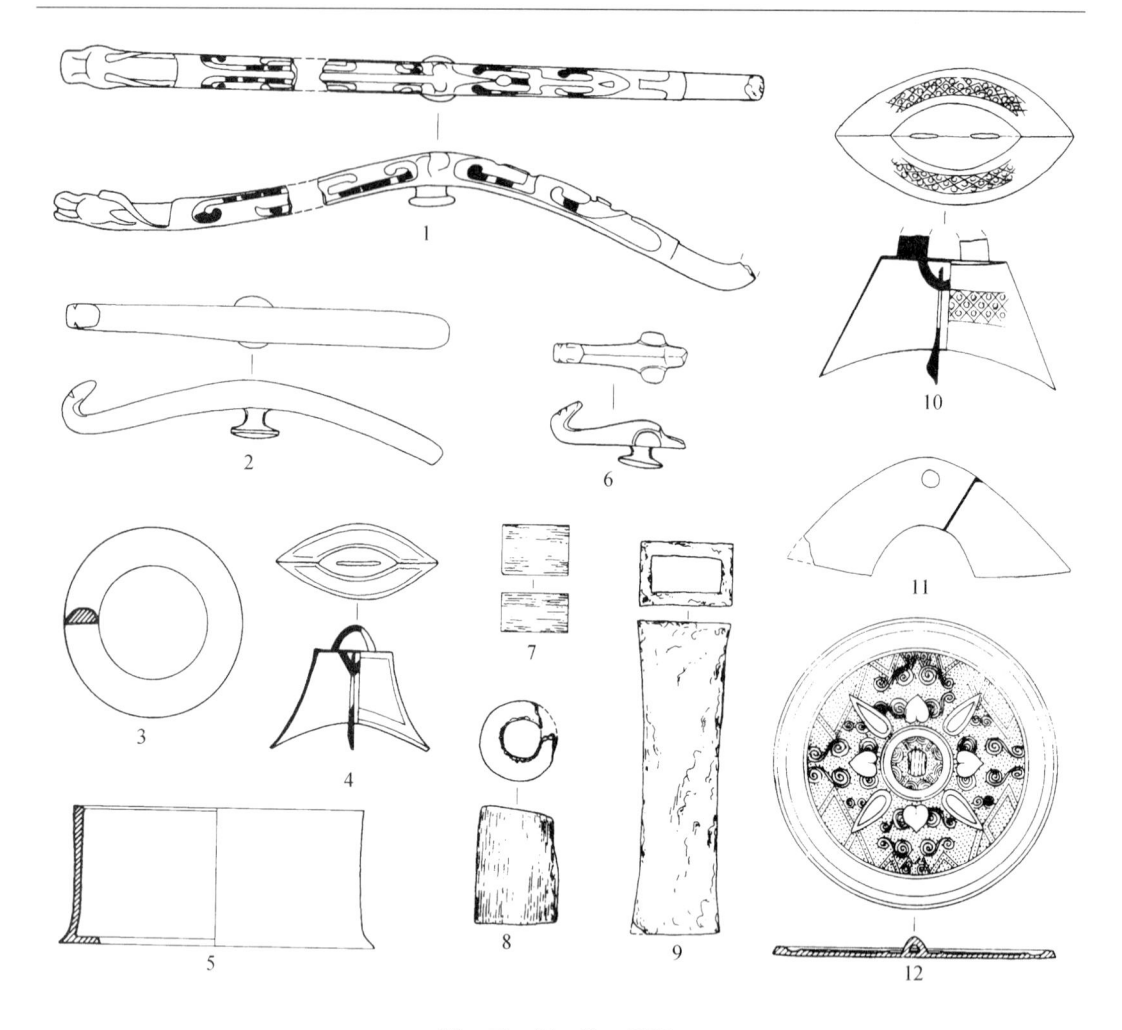

图一五　铜、铁、骨器

1、2、6. 铜带钩（M3:10、M1:7、M2:6）　3. 铜环（M6:6）　4、10. 铜铃（M10:2、M2:7）　5. 铜饰（M3:1）
7. 骨饰（M3:11）　8. 骨管（M6:1）　9. 铁斧（M3:13）　11. 铜璜（M10:3）　12. 铜镜（M2:4）

3. 半两钱

2枚。

标本M2:8，铜半两钱。"半"字上大下小，竖折较长，横笔较短，"两"字上横较短。直径3、穿径0.9厘米（图一六，1）。标本M6:8，此钱可能是铅或锡铸造，钱形较为规整。"半"字瘦长，竖折较长，横笔较短，"两"字无上横划。直径2.3、穿径1厘米（图一六，2）。

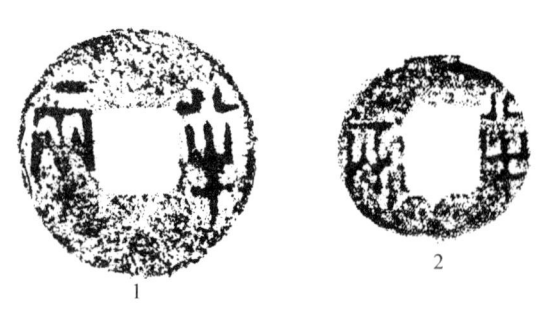

图一六　半两钱拓片
1. M2:8　2. M6:8

4. 铁器

2 件。

铁斧　1 件（标本 M3:13）。锈蚀严重。竖长方形，上有长方形銎，刃平齐。长 17.6、宽 5.5 厘米（图一五，9）。

铁器　1 件（标本 M11:1），已残。

5. 骨器

10 件。

骨饰　9 件。形状基本相同，平面呈长方形。标本 M3:11，牙黄色。长 2、宽 1.4、厚 1.1 厘米（图一五，7）。

骨管　1 件（标本 M6:7）。筒形，断面呈圆形。孔一头大，另一头略小。已残，残长 3.2 厘米（图一五，8）。

6. 其他

漆钵　1 件（标本 M6:1）。置于墓室壁龛内，无法提取。从痕迹来看，直径大约 20 厘米。

水晶环　1 件（标本 M2:9）。已残。

三、结　　语

1. 随葬器物的组合

这批墓葬的墓主均应为地位较低，所以墓葬规模较小，随葬品数量少，器物种类也不多，从随葬品观察，其陶器组合有一定的规律，这批墓葬的陶器组合大致分为以下四种：

第一种：壶、釜、盂（M2）

第二种：壶、盆（盂、钵）（M6、M11）

第三种：壶、盒、钵、匜（M1、M3）

第四种：壶（M10）

从 6 座墓看，壶是主要的随葬品，其次是盆，盂、匜又次之。

2. 墓葬年代

此次发掘的墓葬都有宽大的竖穴墓道，土洞墓室则相对窄小。郑州岗杜战国至汉代墓群中，就有一批这种类型的墓葬[1]。岗杜战国至汉代墓群位于郑州市内，与站街墓地相距70公里。在咸阳秦都遗址的秦人墓中,也有这类形制的墓葬,随葬品组合也相似[2]。

从随葬品来看,M2出土的四叶纹铜镜具有战国时期铜镜的特征[3]。此外,在M2、M6中各出土一枚半两钱,其中M6出土的半两钱不是青铜铸造的,可能是铅质货币,这种钱与西安南郊秦墓出土的半两钱相似[4]。

综合以上分析我们初步判定,这批墓是秦代墓葬。秦朝国祚较短,所以,这种风格的墓葬上限为战国。秦国军队进入中原以后,陶器如壶、盆、盂、匜等,均继承了中原地区战国末期的器物造型。但墓葬中使用大墓道,不同于战国土坑墓的特征,应是秦人入住中原后的遗存。同时又未见西汉初期的器物以及小墓道的墓葬结构,故可以推定其为秦代墓葬。

战国以前,中原地区流行斜坡墓道的土坑墓,汉代以后,则流行小长方形竖井式墓道土洞墓。秦王朝统一全国后,不仅在政治上对中原地区产生巨大影响,而且给墓葬形制也带来了巨大变化。这批秦代墓葬的发现,反映出秦统一中原以后,秦文化对中原地区的影响。

领　　队：张松林
发　　掘：顾万发　王玉红　王法成
绘　　图：焦建涛

注　释

[1]　河南文物工作第一队:《郑州岗杜附近古墓葬发掘简报》,《文物参考资料》1955年第10期。
[2]　咸阳市文物考古研究所编:《塔儿坡秦墓》,三秦出版社,1998年。
[3]　孔祥星、刘一曼:《中国铜镜图典》,文物出版社,1997年。
[4]　西安市文物保护考古所编:《西安南郊秦墓》,陕西人民出版社,2004年。

(原刊于《文物》2006年第4期)

河南巩义西汉墓

汪 旭 黄 俊 张 倩 韩军锋

为了配合巩义市市政工程，郑州市文物考古研究所在巩义市文物保护管理所的协助下，于1999年9～10月对市政局垃圾中转站工程区域内的古墓葬进行了考古发掘，共清理西汉墓葬5座，出土了一批具有研究价值的器物。现将发掘情况简报如下。

一、墓葬形制

5座墓葬编号为M1～M5，其中M1、M4为砖室墓，M2、M3、M5为土洞墓。所有墓葬均由墓道和墓室组成，墓道在北，墓室在南。由于墓室封闭较好，墓室内仅有少量淤土；葬具、骨架腐朽严重，仅见灰屑。从现场情况看，M1～M3的葬具为木棺，M4、M5的葬具不明。5座墓葬均为单棺，除M3墓主人的头向南外，余均头向北。除M1的葬式不明外，余均为仰身直肢葬。现以M1和M4为例介绍如下。

M1 砖室墓，方向13°。长方形竖穴墓，墓道长2.6、宽1.98、深5.3米，壁上可见清晰的筑造工具的痕迹，北端东北角的两壁各有一排脚窝。墓室用空心砖砌成，长3.4、宽1.3、深5.3米。墓室底部横向平铺9块空心砖，每砖长1.3、宽0.37、厚0.16米；墓门处横铺一空心砖，砖长1.4、宽0.16米；东、西两壁各用4块大空心砖纵向侧砌而成，每砖长1.52、宽0.5、厚0.16米；后壁用2块空心砖横向侧砌而成，每砖长1.3、宽0.5、厚0.16米。墓室北端用两砖并列立砌形成墓门，每砖高1.1、宽0.5、厚0.16米。墓顶自北向南横向平铺9块空心砖，尺寸与底部用砖相同。墓室净高1米。墓门外侧砌一砖形成门柱，砖长1.72、宽0.3、厚0.16米。墓室与墓圹间有空隙，局部用碎砖或碎瓦填塞，推测其建筑方法是先自墓道北端掏挖土洞，之后再用空心砖砌成墓室。发掘时在墓室南部中间发现有一长方形棺木灰痕迹，并可见少量腐朽棺板，其下尚有一层白膏泥，棺木灰长1.88、宽0.6米。骨架已朽成灰粉，头向北，葬式不明。墓室北部放置随葬品，有陶罐、陶鼎、陶盒、陶钫、陶壶、陶俑、陶俑首等，在棺外西南角还发现一些炭化谷粒（图一）。

M4 砖室墓，方向10°。长方形竖穴墓，墓道长2.4、宽1.32、深6.23米，南端的两壁各有一排脚窝。墓室用空心砖砌成，长约3.9米，分前、后两部分，似可称为前、后室。前室长约1.5、宽1.5～1.6、深1.1米，后室长约2.4、宽1.38～1.4、深1米。前室的底砖及顶砖长1.5、宽0.27、厚0.18米，壁砖长1.25、宽0.6、厚0.16米。后室

图一　M1 平面图

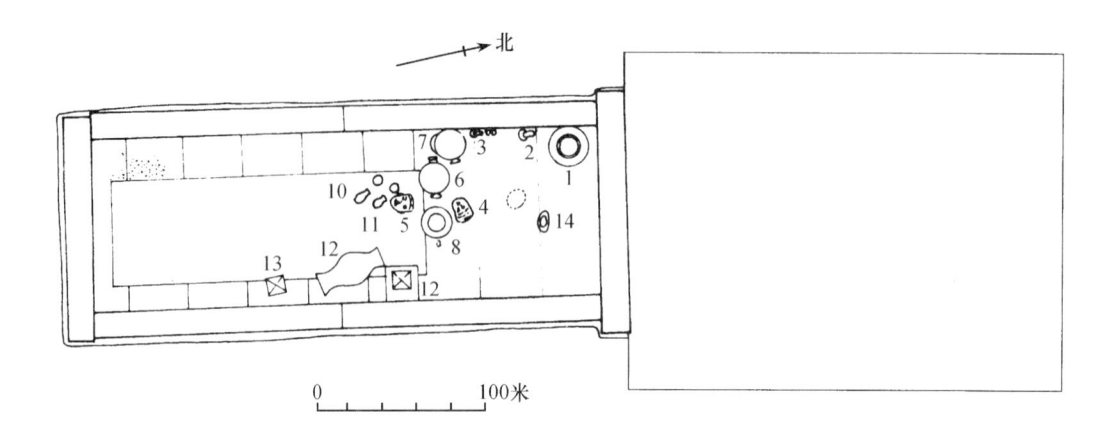

1. 陶罐　2、3. 泥塑　4、5. 陶俑首　6、7. 陶鼎　8、9. 陶盒　10、11. 陶壶　12、13. 陶钫　14. 陶俑（注：9 在 8 之下）

的底砖及顶砖长 1.36、宽 0.24、厚 0.18 米；后壁用 2 块砖横向侧砌，每砖长 1.36、宽 0.5、厚 0.14 米；东、西两壁各用 4 块砖纵向侧砌，每砖长 1.36、宽 0.5、厚 0.14 米。后室与前室以 2 块竖砖相连过渡。墓门为 2 块竖立的空心砖，每砖高 1.22、宽 0.6、厚 0.17 米；其下平砌一砖，砖长 1.78、宽 0.3、厚 0.16 米；上砌一砖，砖长 1.85、宽 0.27、厚 0.17 米（图二）。

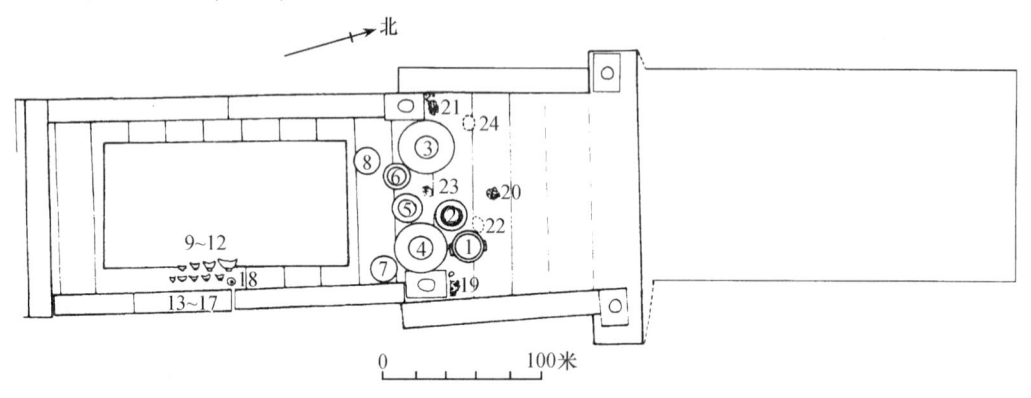

图二　M4 平面图

1、7、8. 陶鼎　2~6. 陶壶　9~17. 铜铃　18. 铜钱　19、20. 铅环　21. 铅毂　22. 漆器碎片　23、24. 陶俑首

二、随 葬 器 物

5 座墓葬出土的器物有陶器、铜器和铅器等。

1. 陶器

罐 7件。均为泥质灰陶。分三型。

A型 4件。侈口，束颈，圆肩，鼓腹，平底。分二式。

Ⅰ式：2件。尖圆唇。标本M2∶4，口径12.4、底径14.8、高30厘米（图三，1）。

Ⅱ式：2件。方唇。标本M1∶1，颈下至腹部饰有弦纹。口径10.8、底径15.8、高29.6厘米（图三，2）。

B型 1件（标本M5∶14）。直口，方唇，圆肩，鼓腹，平底。腹部饰三周凹弦纹。口径12.8、底径18.4、高30.8厘米（图三，3）。

C型 2件。侈口，圆唇，斜肩，垂腹，平底。标本M5∶2，口径10.4、底径8.4、高21.6厘米（图三，6）。

异形罐 1件（标本M5∶1）。泥质灰陶。造型奇特。侈口，尖圆唇，圆肩，鼓腹，平底。腹部饰绳纹，间有弦纹。口径10、底径8、高25.2厘米（图三，7）。

壶 9件。均为泥质灰陶。分三型。

A型 4件。束颈，溜肩，垂腹，假圈足。标本M1∶11，敞口。通体饰黑底白彩绘，颈部用白彩绘弦纹、三角形纹，腹部用白彩绘云纹、乳钉纹。口径5.4、底径4.6、高10.2厘米（图三，12）。标本M1∶10，盘口。通体饰黑底红、白彩绘，弧面形圆盖绘柿蒂纹、乳钉纹、圆形纹，颈部绘弦纹、三角形纹，腹部绘草叶纹。口径5.6、底径4、通高11.4厘米（图三，4）。

B型 2件。形制相同，大小、彩绘略有差异。盘口，有领，长束颈，溜肩，鼓腹，假圈足。通体饰灰底白彩绘。标本M5∶8，腹部绘近似三角形、圆形纹。口径5、底径4.6、高12.6厘米（图三，11）。标本M5∶4，腹部绘圆形纹。口径5.2、底径5.2、高12.6厘米（图三，16）。

C型 3件。形体较肥。通体饰灰黑底，红、白彩绘。分二式。

Ⅰ式：1件（标本M4∶5）。侈口，尖圆唇，束颈，溜肩，鼓腹，平底。腹部绘卷云纹、乳钉纹。口径10.2、底径7.2、高14.1厘米（图三，9）。

Ⅱ式：2件。敞口，沿外折，尖圆唇，束颈，圆肩，鼓腹，平底。标本M4∶6，腹部绘卷云纹、乳钉纹，图案与M4∶5略有差异。口径10.2、底径8.1、高15.7厘米（图三，8）。

鼎 5件。均为泥质灰陶。分二型。

A型 2件。敛口，弧腹，圜底，三蹄形足，双耳外斜、较短，钵形盖。标本M1∶6，通体饰白彩绘，盖面绘柿蒂纹、云纹、乳钉纹，腹部绘几何纹。口径15、通高16.2厘米（图四，1）。

图三 随葬器物

1. A型Ⅰ式陶罐（M2:4） 2. A型Ⅱ式陶罐（M1:1） 3. B型陶罐（M5:14） 4、12. A型陶壶（M1:10、M1:11）
5、6. C型陶罐（M2:5、M5:2） 7. 异形陶罐（M5:1） 8. C型Ⅱ式陶壶（M4:6） 9. C型Ⅰ式陶壶（M4:5）
10、14. 陶盆（M2:3、M2:2） 11、16. B型陶壶（M5:8、M5:4） 13. Ⅱ式陶盒（M1:8） 15. Ⅰ式陶盒（M5:6）
17. 铜铃（M4:9）

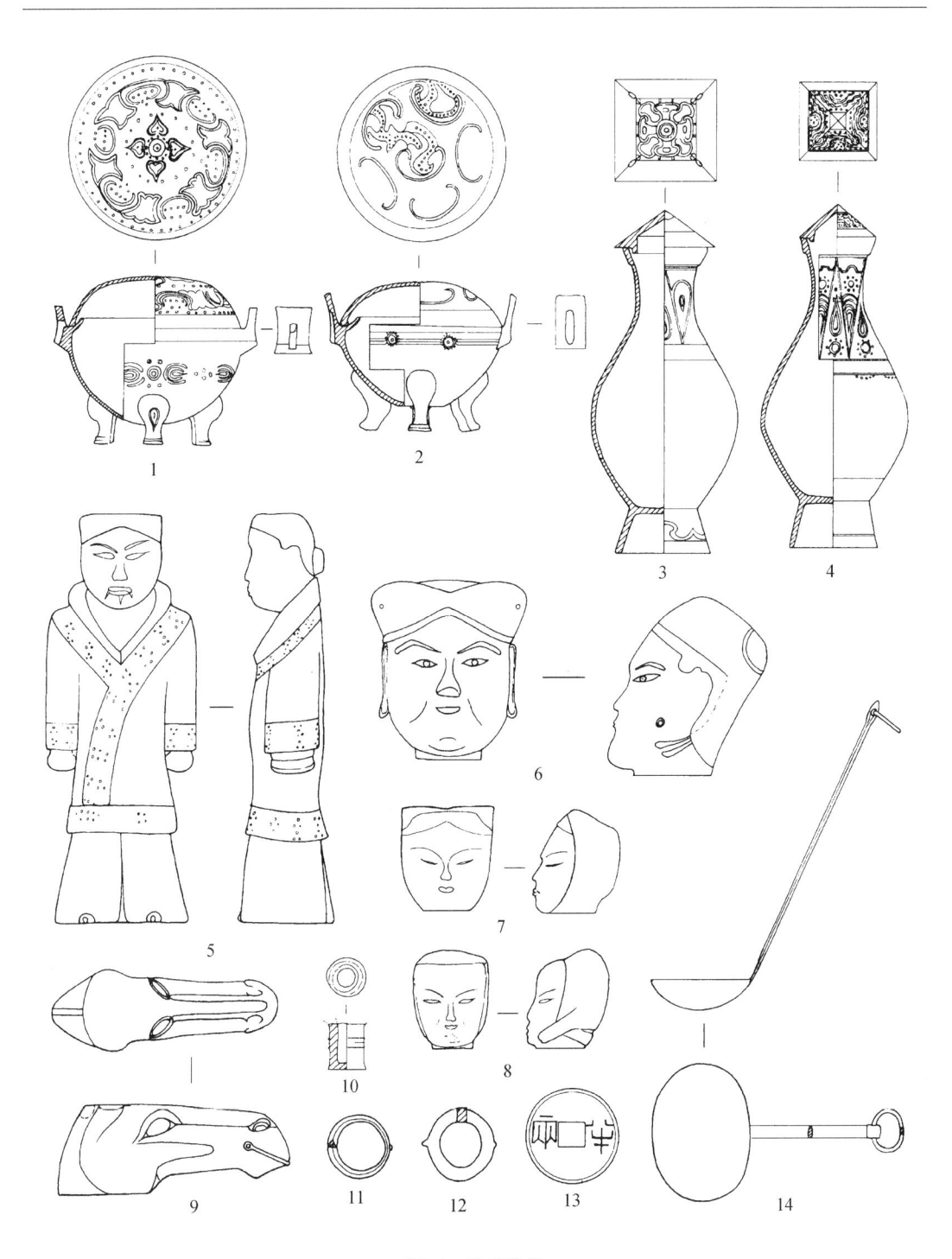

图四 随葬器物

1. A 型陶鼎（M1:6） 2. B 型陶鼎（M4:8） 3、4. 陶钫（M5:12、M1:12） 5~8. 陶俑（M1:14、M1:4、M5:11、M5:15） 9. 陶马俑首（M5:7） 10. 铅毂（M4:21） 11、12. 铅环（M4:20、M4:19） 13. 铜钱（M4:18） 14. 铜勺（M5:3）

B 型　3 件。敛口，弧腹，平底，三蹄形足，双耳外斜，较长，钵形盖。标本 M4∶8，通体饰红、白彩绘，盖面绘卷云纹，腹部绘三周弦纹，间有圆点纹。口径 13.5、通高 14.6 厘米（图四，2）。

钫　4 件。均为泥质灰陶。模制。侈口，方唇，高领，长颈，鼓腹，高圈足，覆斗形盖。通体饰黑、红、白彩绘。标本 M5∶12，盖面用红彩绘弦纹、八瓣叶纹，四刹绘直线纹，颈部用白彩绘三角形纹、弦纹，圈足用白彩绘云纹。口径 11.2、底径 12.8、通高 44.4 厘米（图四，3）。标本 M1∶12，盖面用白彩绘弦纹、云纹，四刹绘直线纹，颈部用白、红彩绘三角形纹、圆形纹、乳钉纹，腹部彩绘已基本脱落。口径 10、底径 12、通高 44.4 厘米（图四，4）。

盒　5 件。均为泥质灰陶。分二式。

Ⅰ式：3 件。敛口，深弧腹略鼓，假圈足，钵形盖。通体饰白彩绘，腹部绘圆形纹、乳钉纹，间有折线纹，盖面彩绘已脱落。标本 M5∶6，口径 15、底径 7.5、通高 13.2 厘米（图三，15）。

Ⅱ式：2 件。敛口，深弧腹，假圈足，钵形盖。通体饰白彩绘，盖面绘柿蒂纹、圆形纹、乳钉纹、云纹，腹部绘圆形纹、乳钉纹、近似三角形纹。标本 M1∶8，口径 15、底径 8.4、通高 13.5 厘米（图三，13）。

盆　2 件。泥质灰陶。敞口，沿外折，折腹，平底。腹部饰一周弦纹。标本 M2∶3，口径 26.8、底径 12、高 9.4 厘米（图三，10）。标本 M2∶2，口径 26.8、底径 12、高 9.6 厘米（图三，14）。

俑首　4 件。泥质红陶。模制。标本 M5∶15，武士俑，戴红色弁，面目清秀，双目平视，鼻直，小口。高 6.6 厘米（图四，8）。标本 M1∶4，头戴帻，饰对称小孔各一，黑发，面部微胖，浓眉大眼，面带微笑，大耳，面部饰红彩，应为男俑。高 11.6 厘米（图四，6）。标本 M5∶11，二分状发饰，黑发，面目清秀，红唇，面饰白彩，应为女侍俑。高 6.8 厘米（图四，7）。

俑　1 件（标本 M1∶14）。圆髻，面带微笑，目视前方，黑须，红唇，着皂衣，握手而立。高 26.8 厘米（图四，5）。

马俑首　1 件（标本 M5∶7）。泥质灰陶。合模制成。施红衣，长面，凸目，闭口。长 15.4 厘米（图四，9）。

2. 铜器

铃　9 件。桥形纽，平顶，器身较扁，上窄下宽，下缘呈弧形。器表饰有菱形纹。标本 M4∶9，宽 3.6～7、高 5.6 厘米（图三，17）。

勺　1 件（标本 M5∶3）。器如钵形，浅腹，高柄，柄端有一小孔，孔中穿一圆环。通长 22.2 厘米（图四，14）。

半两钱　4 枚。圆形，有郭，正方形穿，穿之左右篆书"半两"二字，字体狭长，字形规整,"两"字上为方角。标本 M4:18,直径3.1、穿径0.9厘米(图四,13)。

3. 铅器

环 2件。标本 M4:20,圆形,截面呈三角形。直径2厘米(图四,11)。标本 M4:19,圆形,截面呈方形。直径2.4厘米(图四,12)。

毂 1件(标本 M4:21)。残,圆桶状,短而粗。残长1.5、直径1.2厘米(图四,10)。

三、结 语

从墓葬形制看,这5座墓仍沿袭秦代的习俗,墓葬多为宽墓道小墓室,这一特征与《西安龙首原汉墓》中 A 型墓葬的形制相同[1],这种墓葬形制至西汉中期逐渐消失。从随葬器物看,出土器物较少,且未发现一件带有纪年的遗物,但陶鼎、盒、钫、罐为西汉早期常见的随葬器物组合[2],且未见早于或晚于西汉早期的器物。此外,出土的几枚"半两"铜钱,钱文高挺,均为汉初的八铢半两,而到西汉中期"半两"钱逐渐消失。同时陶钫的出土,也能为墓葬的断代提供可靠的依据,西汉中期以后的墓葬中已不再出土陶钫[3]。因此,这5座墓葬的年代应为西汉早期,它们为郑州地区西汉早期墓葬的断代提供了实物资料,对于研究郑州地区这一时期的丧葬习俗及相关问题具有一定意义。

本文在撰写的过程中曾得到张松林研究员、张建华副研究员的具体帮助,在此表示感谢。

发掘、绘图:张建华 李靖宇
拓 片:张建华

注 释

[1] 西安市文物保护考古所:《西安龙首原汉墓》,西北大学出版社,1999年。
[2] 同[1]。
[3] 孙机:《汉代物质文化资料图说》,文物出版社,1991年。

(原刊于《文物》2004年11期)

重庆云阳马沱墓地汉墓发掘简报

张建华 于宏伟 程红坤

马沱墓地是重庆库区一处重要的东周至六朝时期的墓地,位于重庆市云阳县双江镇马沱村（图一）。2001 年 9～12 月,为配合三峡工程建设,受重庆市文化局委托,郑州市文物考古研究所对马沱墓地进行了考古发掘。

墓地为一相对独立的台地,东、南、西三面为断崖,海拔 150 米。向南俯瞰长江,向北则为相对较缓的山坡地。M12 位于墓地的东南部,在发掘工作开始前即被盗,盗洞内出土釉陶器及青铜器残片等。我们对其进行了抢救性发掘清理,并将其编号为01YSMM12（下文简称 M12）。现将发掘情况简报如下。

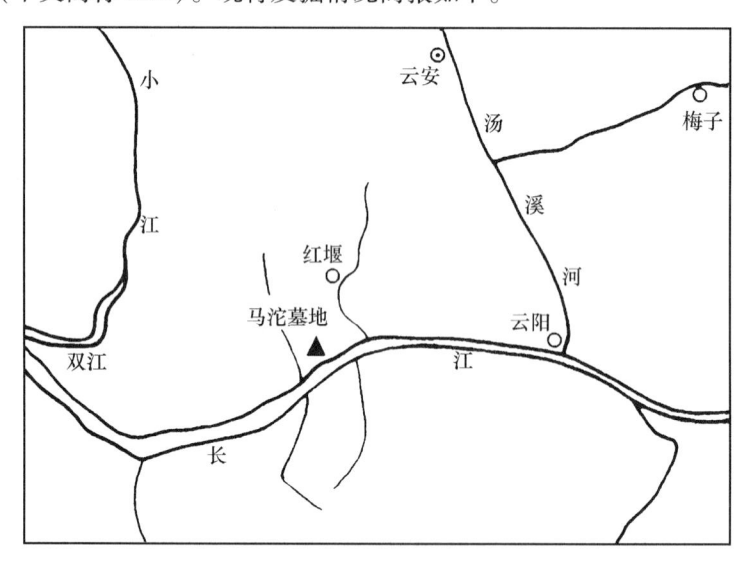

图一 墓葬位置示意图

一、墓葬形制

M12 是一座长方形竖穴土坑墓,开口于表土层下,墓口距地表深 35～40 厘米,方向 235°。坑口长 4.7～4.86、宽 3.56～3.64、深 1.1～2.1 米（北高南低）。墓室四壁规整,底部平坦。在墓内西北部和东北部,各有一个近期的盗洞。在墓室底部四角及东西两壁的中部,各有一块石板,似是有意放置。墓内填土略泛黄色,似经过夯筑。

图二 M12 平、剖面图

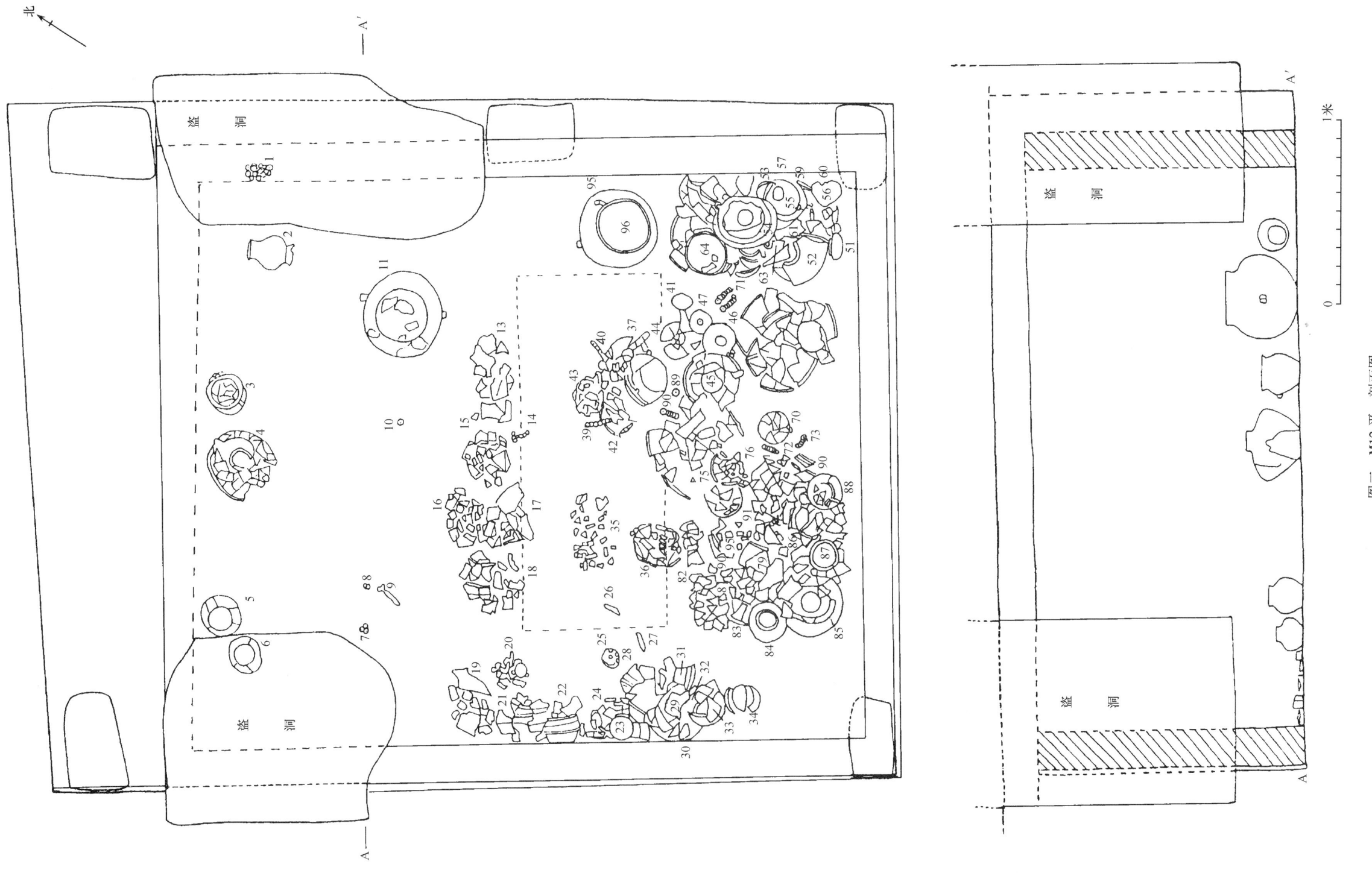

1、7、8、14、39、48、71、72、73、77、89、90. 铜钱币 2. 铜壶 3、91. 铜鉴 4、5、6、15、28~30、33、45、52、61、78、79、81、84、85、87、92. 陶罐 9. 铁削 10. 漆器 11、49、63. 陶甑 12. 铁釜 13、16、17、18、21~23、74、80、86、93. 釉陶盒（盖）20. 陶盆 25. 釉陶匜盖 26、27. 釉陶仓 19、24、42、75、76. 釉陶魁 41、65. 铁棺钉 9、46、60. 铜泡钉 11、69. 陶瓴 32. 釉陶博山盖 35、36、43、44、51、58. 釉陶勺 26、38、64、67. 釉陶灯 95. 铁扒钉 46、60. 铜泡钉 47、83. 釉陶博山炉 50. 铜量形器 53、59. 釉陶匜 54. 铜釜 55、56. 釉陶壶 62、68. 釉陶鼎 70、82. 釉陶盖 94. 铁扒钉

葬具为一椁一棺，从朽蚀痕迹分析，椁南北长4.1、东西宽3.4、高1.5米，椁板宽0.1～0.16、厚0.16米。棺位于墓室内中部略偏南，呈东西向，棺长1.88、宽0.8米。骨架已朽，葬式不明。随葬品分布在椁内、棺外，有铜器、铁器、陶器、釉陶器，另有铜饰件、泡钉以及"五铢"、"货泉"、"大泉五十"、"大布黄千"等钱币（图二）。

二、随葬器物

M12的随葬品十分丰富，虽曾被盗，但已修复和能辨出器形的器物达80余件，墓内还残留大量的无法修复的残碎陶片。器物种类主要有陶器（含釉陶器）、铜器、铁器、漆器等。

1. 釉陶器

共22件，包括鼎、盒、壶、釜、卮、魁、瓯、勺、灯、博山炉等。

鼎 2件。形制相同，均为泥质红陶。器表施酱红色釉，内壁及底无釉。敛口，圆唇，扁垂腹，腹中部饰凸弦纹一周，圜底近平，3个兽面蹄形足。两方耳外撇，耳中央有1个小圆孔。盖为弧顶，上有3个乳状纽。盖上模印浅浮雕图案，为柿蒂纹、山林和珍禽异兽等，外缘部饰三角形纹饰带。标本M12∶68，口径16、通高19.8厘米（图三，1；图七）。

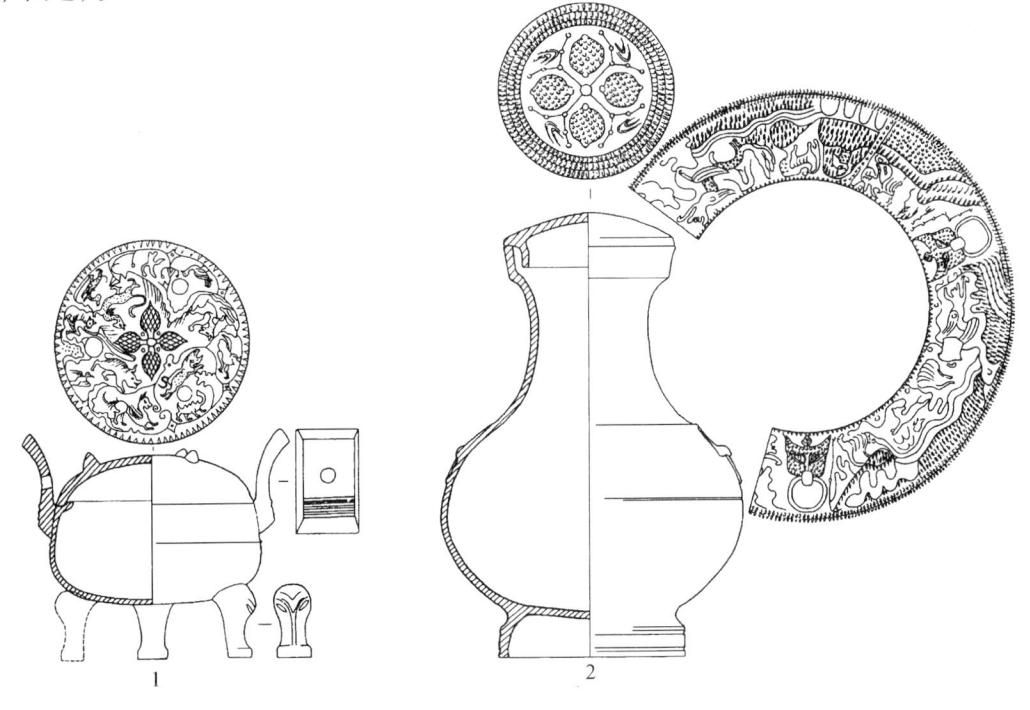

图三 釉陶器
1. 鼎（M12∶68） 2. 壶（M12∶55）

盒 4件。其中1件是盒腹，另3件仅余盒盖。均为泥质红陶，器表施酱红色釉，内壁及底无釉。标本 M12:35，仅余器身。敛口，圆唇，折腹，圜底，矮圈足。腹饰2组凸弦纹。口径10.5、底径18.2、高7.6厘米（图四，2）。标本 M12:43，盒盖。口径19、顶径11.5、高7.5厘米（图四，1）。

壶 2件。形制近同，均为泥质红陶，器表施酱色釉。盘口，长束颈，溜肩，扁圆腹，腹两侧对称饰铺首衔环，圜底，圈足。口上承盖，盖顶低弧。壶肩部及盖顶部均模印浅浮雕图案。标本 M12:55，肩部纹饰有山川、树木、珍禽异兽、星斗等，盖顶模印柿蒂纹、星斗、飞鸟等图案。口径15.8、底径17.5、通高40.8厘米（图三，2）。标本 M12:56，肩部模印星斗、山川、树木、珍禽异兽等，盖顶模印柿蒂、花草及动物图案。口径15.8、底径16.8、通高38厘米（图五）。

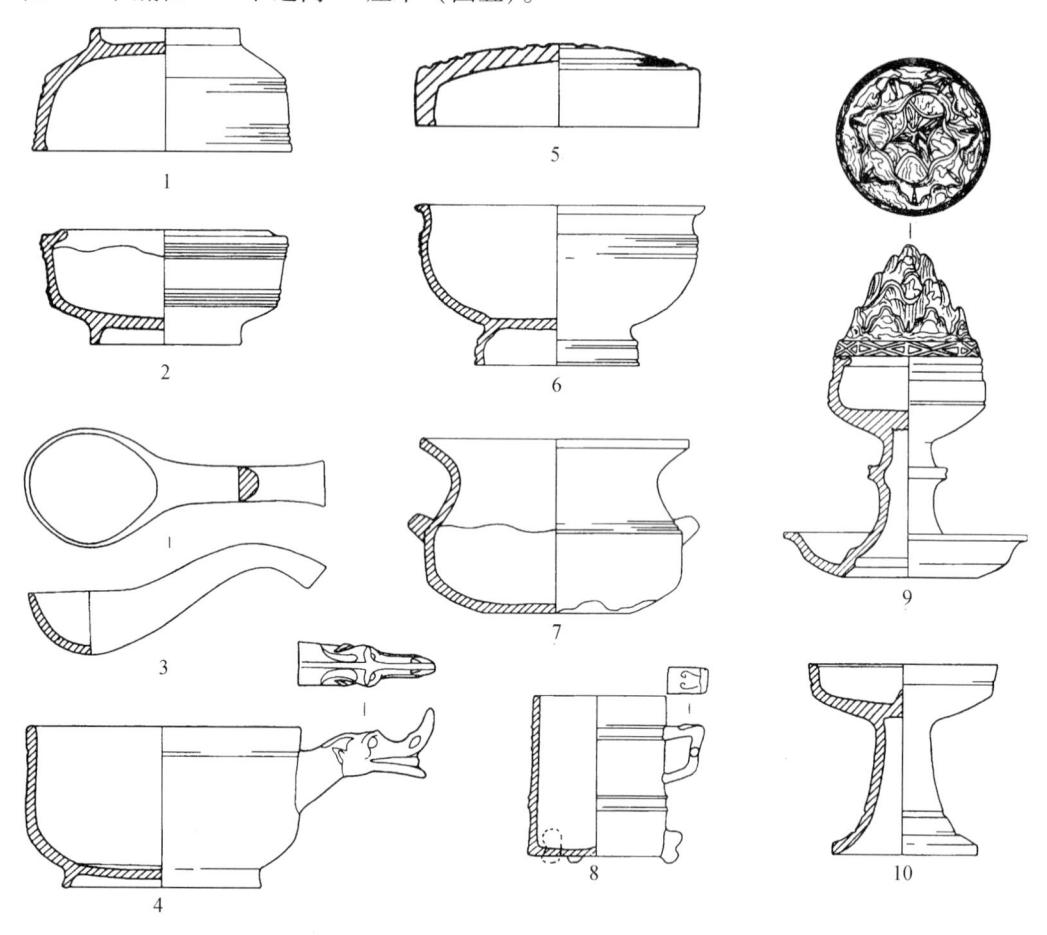

图四 釉陶器
1. 盒盖（M12:43） 2. 盒（M12:35） 3. 勺（M12:37） 4. 魁（M12:40） 5. 卮盖（M12:25） 6. 瓯（M12:53） 7. 釜（M12:46） 8. 卮（M12:20） 9. 博山炉（M12:47） 10. 灯（M12:41）

釜 2件。均为泥质红陶,酱红色釉,底未施釉。敞口,卷折沿,束颈,溜肩,肩部对称有2个泥条形系,折腹较浅,平底。肩饰凹弦纹。标本M12:46,口径18.5、底径10、高12厘米(图四,7;图八)。

博山炉 2件。形制近同,均为泥质红陶,满施绿釉。盖与炉腹呈子母口相扣合,盖面群峰耸立,釉色稍浅。器身敛口,扁鼓腹,平底,下接中空细柄,底座为盘形。标本M12:47,口径8、底座盘径17.2、通高22.7厘米(图四,9;图六)。另有釉陶博山盖1件(标本M12:32)。

灯 2件。形制近同,均为泥质红陶,施淡绿色釉。浅腹盘,直口,方唇,平底,底中部有锥状凸起,下接粗柄喇叭形座,柄中空。盘和底座上均饰凹弦纹。标本M12:41,釉质较差,脱釉严重,色淡绿。口径13、底径10、高13厘米(图四,10)。

魁 2件。形制近同。均为泥质红陶,除圈足底部外,其余均施釉。直口,方唇,圜底近平,矮圈足,兽首形把手。口部饰凹弦纹一周。标本M12:40,淡绿色釉,釉质差,脱落较甚。口径21.5、底径14.2、高11厘米(图四,4)。标本M12:67,暗绿色釉,釉质较好。口径21、底径13.7、高9.4厘米(图九)。

瓯 2件。形制近同。均为泥质红陶,器表满釉,釉质较好,几无脱釉。盆形腹,平折沿,方唇,沿下束颈,弧腹,圜底近平,高圈足。腹部及圈足饰凹弦纹。标本M12:53,釉色较暗。口径30、底径17、高16.5厘米(图四,6)。标本M12:59,釉色泛黄。口径29.5、底径16.5、高16.7厘米(图一〇)。

卮 1件(标本M12:20)。泥质红陶,外施绿釉,内壁无釉。直口直腹,平底,下接3个矮蹄足,腹上部有一方形的环状把手。器腹饰凹弦纹数周。口径9、底径9.2、通高11.4厘米(图四,8)。

图五 釉陶壶(M12:56)　　　　图六 釉陶博山炉(M12:47)

图七　釉陶鼎（M12∶68）　　　　　　　图八　釉陶釜（M12∶46）

图九　釉陶魁（M12∶67）　　　　　　　图一〇　釉陶瓯（M12∶59）

（卮）盖　1件（标本M12∶25）。泥质红陶，施淡绿色釉。直口，方唇，弧顶。顶部饰凹弦纹。口径9.8、高2.9厘米（图四，5）。

勺　1件（标本M12∶37）。泥质红陶，内外均施绿釉。圆腹，圜底，长柄弯曲。通长21厘米（图四，3）。

2. 陶器

共42件，包括罐、豆、钵、盆、甑、仓等。

盆　5件。多为泥质灰陶，分为三型。

A型　2件。形体较大。敞口，卷沿，圆唇，深腹斜直或微曲，平底。标本M12∶76，内壁有凹弦纹，疑似轮修痕。口径22.5、底径13、高11厘米（图一一，1）。

B型　2件。折腹盆。侈口，平折沿，厚方唇，折腹较浅，平底。标本M12∶19，泥质灰陶。器表所施白衣彩绘已脱落。口径23、底径8.5、高7厘米（图一一，2）。

C 型　1 件（M12:24）。浅弧腹盆。大口，平折沿，厚方唇，浅弧腹，平底。沿下有一圈宽凹槽，器表原施白衣彩绘，器底划有不规则的圆形和"井"字形暗纹。口径 29、底径 14、高 7.8 厘米（图一一，3）。

甑　3 件。均为泥质灰陶。分为二型。

A 型　2 件。形制相同。敞口，折沿，圆唇，沿下束颈，深弧腹，平底内凹，底有密集小孔。腹饰一周凹弦纹。标本 M12:63，器腹饰绳纹，大部分被抹去。口径 38、底径 15、高 19 厘米（图一一，4）。

B 型　1 件（M12:12），器形与 A 型盆相似，平底，底孔径较大。口径 37、底径 17、高 21.3 厘米（图一一，5）。

罐　16 件。均为泥质灰陶。分为六型。

A 型　7 件。小口圜底罐，疑作釜用。依据腹径的大小又分为 2 个亚型。

Aa 型　2 件。形体较小，腹径 20、高 13 厘米左右，锐折腹。小口，卷折沿较宽，圆唇，矮束颈，斜肩微弧，扁腹，圜底。肩饰凹弦纹，腹饰绳纹。标本 M12:84，口径 12.8、高 13.5 厘米（图一一，7）。

Ab 型　5 件。形体较大，腹径 34.5~36、高 22~24 厘米，圆折腹。小口，折沿，圆唇，矮束颈，斜弧肩，扁腹，圜底。肩部多为素面，腹部饰凹弦纹与绳纹组合。标本 M12:85，肩上部有刻划文字。口径 14.4、高 21 厘米（图一一，8）。

B 型　2 件。均为泥质灰陶。矮直口，圆唇，斜肩，折腹较宽，平底。肩饰凹弦纹，腹部模印菱形图案。标本 M12:79，口径 13.3、底径 14、高 15.3 厘米（图一一，9）。

C 型　2 件。小口，卷沿，圆唇，斜肩，折腹，腹壁较直，平底。器表多饰凹弦纹。标本 M12:5，泥质灰陶。口径 12.6、底径 14、高 13.8 厘米（图一一，10）。

D 型　1 件（M12:33）。泥质灰陶，整体形状扁矮。小口，圆唇，短束颈，弧折腹，平底。肩饰指压波浪纹。口径 11、底径 9、高 12 厘米（图一一，6）。

E 型　3 件。泥质灰陶，形体较大。小口微侈，圆唇，矮领，鼓肩，深弧腹，平底。肩、腹部饰绳纹和凹弦纹。标本 M12:81，口径 19、底径 20、高 24.8 厘米（图一一，11）。

F 型　1 件（M12:78），泥质灰陶。小口，圆唇，矮领，斜肩，下腹斜收，小平底。器表饰杂乱绳纹，多有抹痕。口径 18.6、底径 12.6、高 22.5 厘米（图一一，12）。

钵　7 件。均为泥质灰陶。据分析，此类器物可能是用作仓、罐类器物的盖，有些也可能单独使用。分为三型。

A 型　1 件（M12:57）。敞口，圆唇，浅弧腹，平底。口径 17.5、底径 6.5、高 6 厘米（图一一，13）。

B 型　1 件（M12:31）。敞口，厚圆唇，折腹内弧，平底。口径 22、底径 6.5、高 7.7 厘米（图一一，14）。

C 型　5 件。敞口，圆唇，近口部斜直，下腹弧收，平底。标本 M12:66，口径 17、底径 7.5、通高 6.5 厘米（图一一，15）。标本 M12:88，口径 17、底径 5、高 5 厘米。

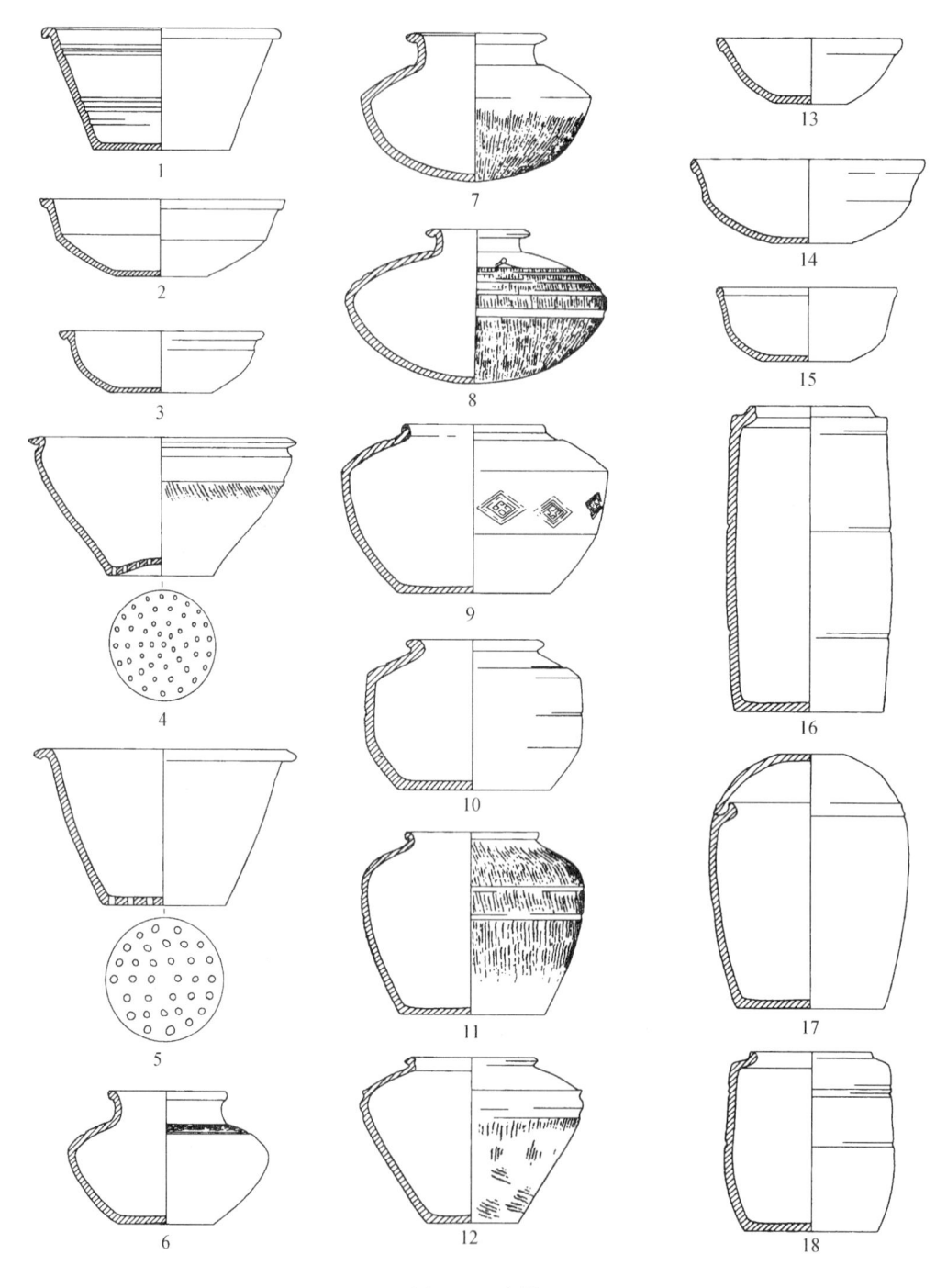

图一一 陶器

1. A 型盆（M12:76） 2. B 型盆（M12:19） 3. C 型盆（M12:24） 4. A 型甑（M12:63） 5. B 型甑（M12:12） 6. D 型罐（M12:33） 7. Aa 型罐（M12:84） 8. A 型罐（M12:85） 9. B 型罐（M12:79） 10. C 型罐（M12:5） 11. E 型罐（M12:81） 12. F 型罐（M12:78） 13. A 型钵（M12:57） 14. B 型钵（M12:31） 15. C 型钵（M12:66） 16. A 型仓（M12:93） 17. B 型仓（M12:17） 18. C 型仓（M12:21）

仓 11件。均为泥质灰陶。分为三型。

A型 1件（M12:93）。形体瘦高。小口，尖圆唇，筒形腹，直壁，平底。腹饰3周凹弦纹。口径11、底径14、高27.5厘米（图一一，16）。

B型 7件。器体较粗壮，弧腹，平底。腹部多饰2周凹弦纹。标本M12:17，盖面弧鼓，平顶，素面。口径15.2、底径14、高23厘米（图一一，17）。

C型 3件。形体较矮，腹壁直，近底部弧收，平底。腹部多饰凹弦纹。标本M12:21，口径11.5、底径12.5、高16.4厘米（图一一，18）。

3. 漆器

2件。均为耳杯，仅残余两侧的鎏金铜耳，未能修复。标本M12:27，耳上翘，弧腹，平底，假圈足。长8、宽6.6、高2.6厘米（图一二，5）。

4. 铜器

8件。种类有壶、洗、鍪、泡钉、量形器等。

壶 1件（标本M12:2）。器表鎏金。侈口，束颈，溜肩，圆鼓腹，腹对称有2个铺首衔环，平底，矮圈足。肩腹部饰凸弦纹数周。口径11.3、底径12、通高23.5厘米（图一二，1）。

洗 2件。形制相同。直口，斜折沿，深腹，腹对称有2个铺首衔环（环佚），平底。腹部饰凸弦纹数周。标本M12:64，口径23.8、底径12.5、高13.5厘米（图一二，2；图一三）。

鍪 2件。侈口，折沿，束颈，腹部对称有2个圆环耳，垂腹。耳饰绹纹，腹饰凸弦纹三周。标本M12:91，斜折沿，溜肩，圜底近平。口径18、高18厘米（图一二，3；图一四）。

釜 1件（标本M12:54）。侈口，斜折沿，扁垂腹，腹部对称有两个圆环耳，圜底。腹饰凸弦纹二周。耳饰绹纹。口径29.5、高19.3厘米（图一二，4；图一五）。

量形器 1件（标本M12:50）。形似量，直口直腹，平底，腹部有一环形把手。口径17、底径16.5、高9.7厘米（图一二，6；图一六）。

泡钉 1件（标本M12:10）。鎏金，已残。球形钉帽，锥形钉身。帽径1.9、残高1.6厘米（图一二，7）。

5. 铁器

8件。有釜、削、扒钉、棺钩等，均朽蚀严重。

釜 2件。形制相同。小口，高领，鼓肩，斜弧腹下收，小平底，腹部对称有2个宽环耳。标本M12:11，口径29、底径14、高34.5厘米（图一二，10）。

削 1件（标本M12:9）。环首，器身长条状，横断面呈楔形。长19.7厘米（图一二，11）。

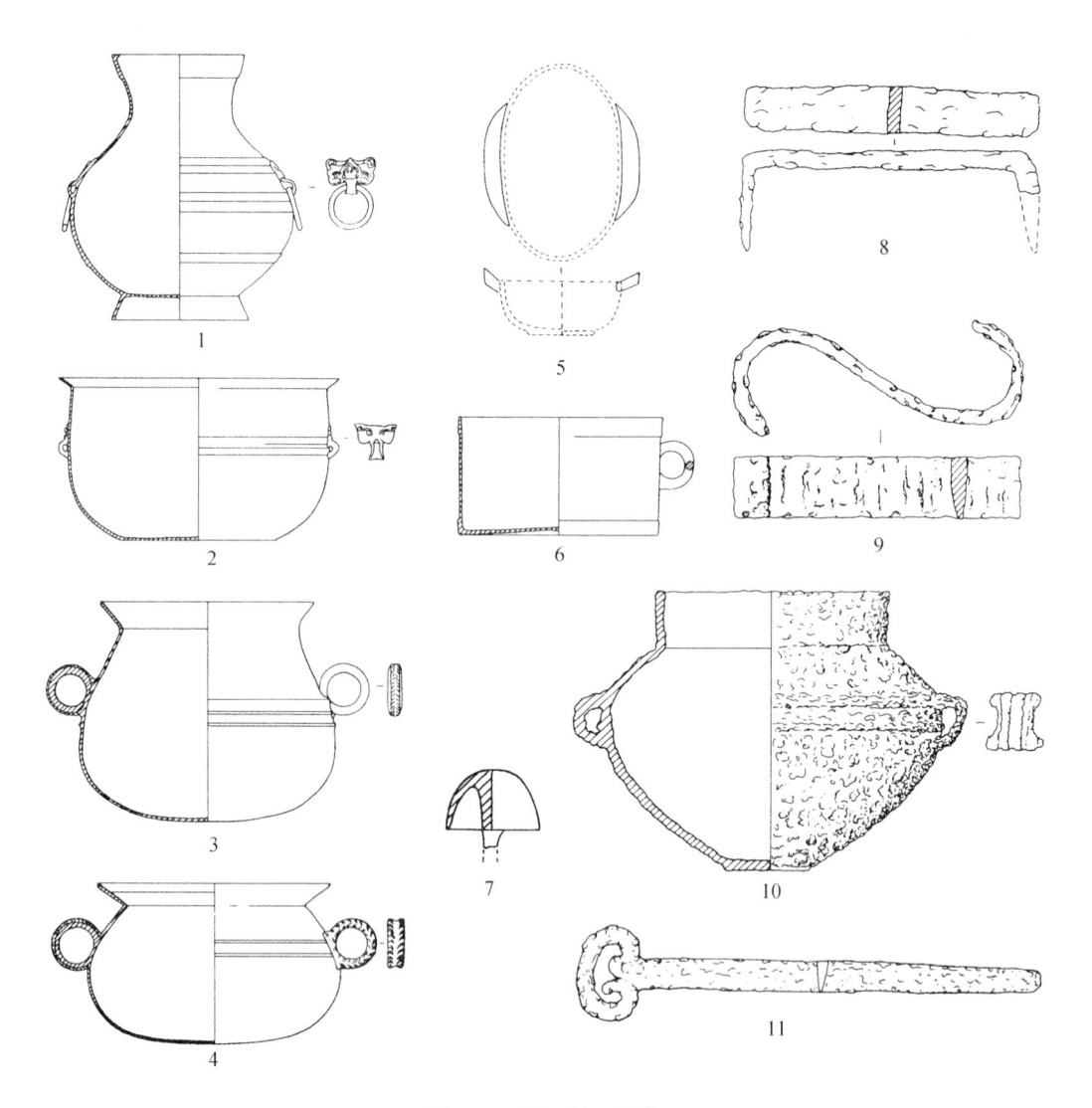

图一二　铜、铁、漆器

1. 铜壶（M12:2）　2. 铜洗（M12:64）　3. 铜鍪（M12:91）　4. 铜釜（M12:54）　5. 漆耳杯（M12:27）
6. 铜量形器（M12:50）　7. 铜泡钉（M12:10）　8. 铁扒钉（M12:94）　9. 铁棺钩（M12:95）　10. 铁釜（M12:11）　11. 铁削（M12:9）

扒钉　2件。体宽扁。标本 M12:94，长 12.5 厘米（图一二，8）。

棺钩　4件。体呈"S"形，横断面宽扁。标本 M12:95，长 13.8、宽 3 厘米（图一二，9）。

6. 铜钱

共出土 161 枚，种类有五铢钱 8 枚、"大布黄千" 20 枚、"货泉" 106 枚、"大泉五十" 27 枚（图一七）。

图一三 铜洗（M12:64）

图一四 铜鍪（M12:91）

图一五 铜釜（M12:54）

图一六 铜量形器（M12:50）

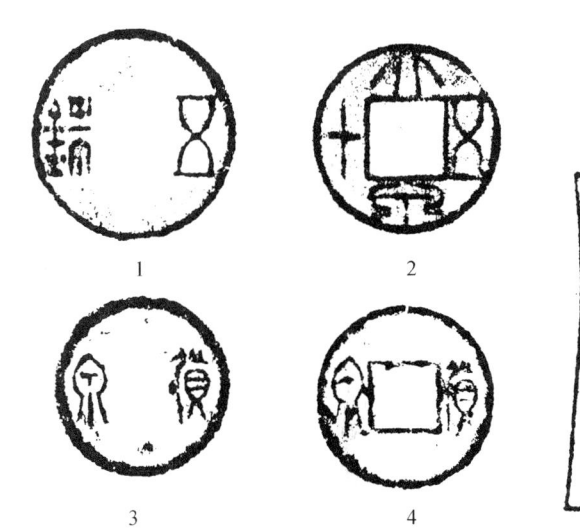

图一七 铜钱拓片
1. 五铢钱（M12:48） 2. "大泉五十"钱（M12:12） 3、4. 货泉（M12:14）
5. "大布黄千"钱（M12:77）

三、结　　语

M12虽已被盗，但仍出土较多器物。无论从墓葬形制还是从器物组合、器物特征来看，其时代特征均十分明显。

该墓虽然是长方形土坑竖穴墓，但已不同于当地的西汉早中期墓葬（多为狭长形），长宽已接近正方形，且尺寸较大，这与四川盆地、峡江地区新莽时期的土坑竖穴墓形制相似[1]。

随葬品的基本组合是鼎、盒、壶。在四川峡江地区，这种器物组合始见于战国晚期，流行于西汉时期，王莽时期仍然流行，东汉时逐渐消失。M12出土的釉陶盒，器腹方折，上下均有圈足，带有西汉晚期特征。另外，M12出土的陶圜底罐、盆、甑、釉陶博山炉以及铁釜、铜鍪、铜釜等，与云阳李家坝37号新莽时期墓[2]、巴县冬笋坝西汉后期墓[3]出土的同类器相近。M12出土铜钱有五铢钱、"大布黄千"、"货泉"和"大泉五十"，其中五铢钱均为西汉时期，未见东汉五铢钱。综上所述，我们可以将该墓葬时代大致定为新莽时期。

M12出土的釉陶器数量多，制作精美。已修复的釉陶器就有17件，还有许多釉陶残片不能修复或者辨出器形。釉陶绝大部分施釉均匀，釉色莹润，较少脱釉，与当地西汉晚期和东汉早期的釉陶器迥然不同。该墓对认识峡江地区的新莽墓葬具有重要的参考价值。

领　　队：张建华
修　　复：冯福庆　李恩圆　秦秀花
绘　　图：李　杨　王相锋
摄　　影：刘彦锋

注　　释

[1] 四川大学历史文化学院考古系、云阳县文物管理所：《云阳李家坝37号岩坑墓发掘报告》，重庆市文物局、重庆市移民局编《重庆库区考古报告集·1997》，科学出版社，2001年；何志国：《四川西汉土坑木椁墓》、《四川地区王莽时期墓葬》，绵阳市社会科学界联合会编《中国西南考古研究》，2001年。
[2] 同[1]。
[3] 四川省博物馆编：《四川船棺葬发掘报告》，文物出版社，1960年。

（原刊于《文物》2006年第4期）

重庆市云阳县马粪沱墓地 2002 年发掘简报

于宏伟　信应君　秦德宁

为配合三峡工程建设，郑州市文物考古研究所于 2002 年 1～4 月对重庆市云阳县双江镇的马粪沱墓地进行了考古发掘（图一）。发掘主要是在墓地的西南部，发掘面积 2600 余平方米，清理东周、两汉、六朝时期的墓葬 26 座，出土各类文物 300 多件。现将发掘情况简报如下。

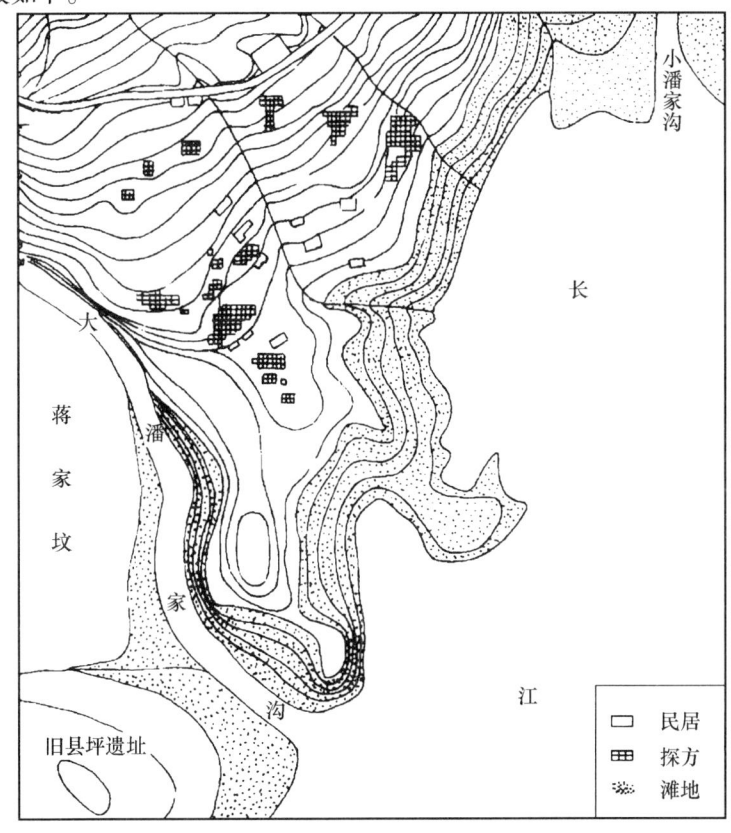

图一　墓地位置示意图

一、东周墓葬

共 4 座，即 M65、M71、M75、M77。

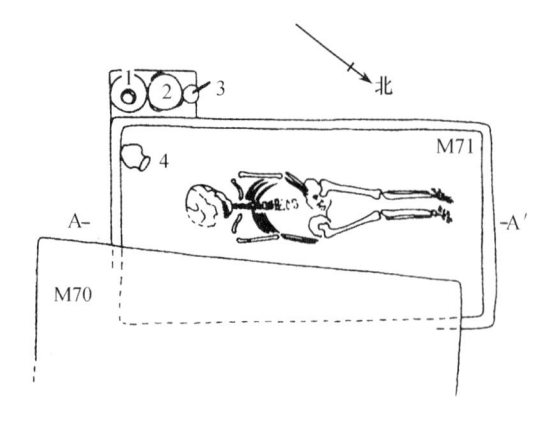

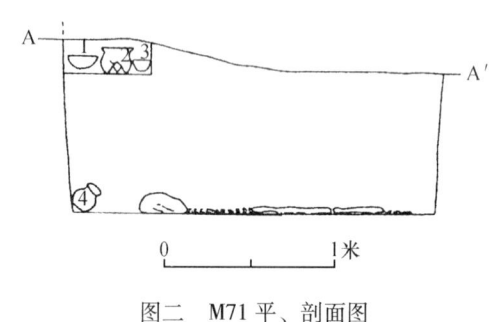

图二　M71平、剖面图
1. 陶豆　2. 陶鬲　3. 陶盂　4. 陶罐

1. 墓葬形制

均为长方形竖穴土坑墓，长 2~4.5、宽 1~2.6 米。墓口大于墓底，四壁略倾斜，个别墓有熟土二层台。骨架因朽蚀较严重，保存较差或已无存。葬具多已无存，从个别墓葬中残存的木质棺灰判断可能是以木棺为主要葬具。

M71　方向 155°，墓口长 2.2、宽 1.2 米，墓底长 2.1、宽 1.05 米，残深 1 米。在距墓底高约 0.8 米的西壁南端有一壁龛，龛口宽 0.7、进深 0.25 米，高度不详。龛内放置随葬品。墓底有骨架一具，头向南，仰身直肢（图二）。

2. 随葬器物

随葬器物主要为陶器和铜器，另有少量料珠。

（1）陶器

器类有鬲、鼎、敦、壶、豆和罐。

鬲　1 件（标本 M71∶2）。夹砂灰陶。口微侈，方唇，折沿，束颈，溜肩，直腹微鼓，裆近平，圆柱状三足。颈下通体饰绳纹。口径 19、高 20.9 厘米（图三，1）。

鼎　10 件。均为泥质灰陶。分三式。

Ⅰ式：盆形鼎。6 件。敛口，圆唇，子口承盖，深直腹略弧，圜底近平，足矮粗，方形耳，微外侈，三蹄形足。底饰绳纹，腹部饰凸弦纹，足内侧饰凹槽，足上部饰兽面纹。标本 M77∶27，口径 25、通高 28.5 厘米（图三，2）。标本 M77∶32，有盖。口径 22.8、通高 29.4 厘米（图三，4）。

Ⅱ式：盆形鼎。2 件。直口，圆唇，浅直腹，圜底近平，方形耳，外侈，三蹄形足。底饰绳纹，腹部饰凸弦纹。标本 M75∶29，口径 21.5、通高 25.4 厘米（图三，3）。

Ⅲ式：壶形鼎。2 件。小口，方唇，扁圆腹，圜底近平，三蹄形足。底饰绳纹，腹部饰凸弦纹和凹弦纹。标本 M75∶8，两环形耳，外侈。口径 11.2、通高 19.6 厘米（图三，5；图五）。标本 M75∶23，"凸"字形提梁。口径 9、通高 24.6 厘米（图三，6）。

敦　4 件。均为泥质黑皮陶。盖与器身均微侈口，弧腹，圜底，两者扣合成一椭圆体，盖与器身各有 3 个形制、大小相同的兽形纽或足。器表有红、黄、白相间的彩绘装

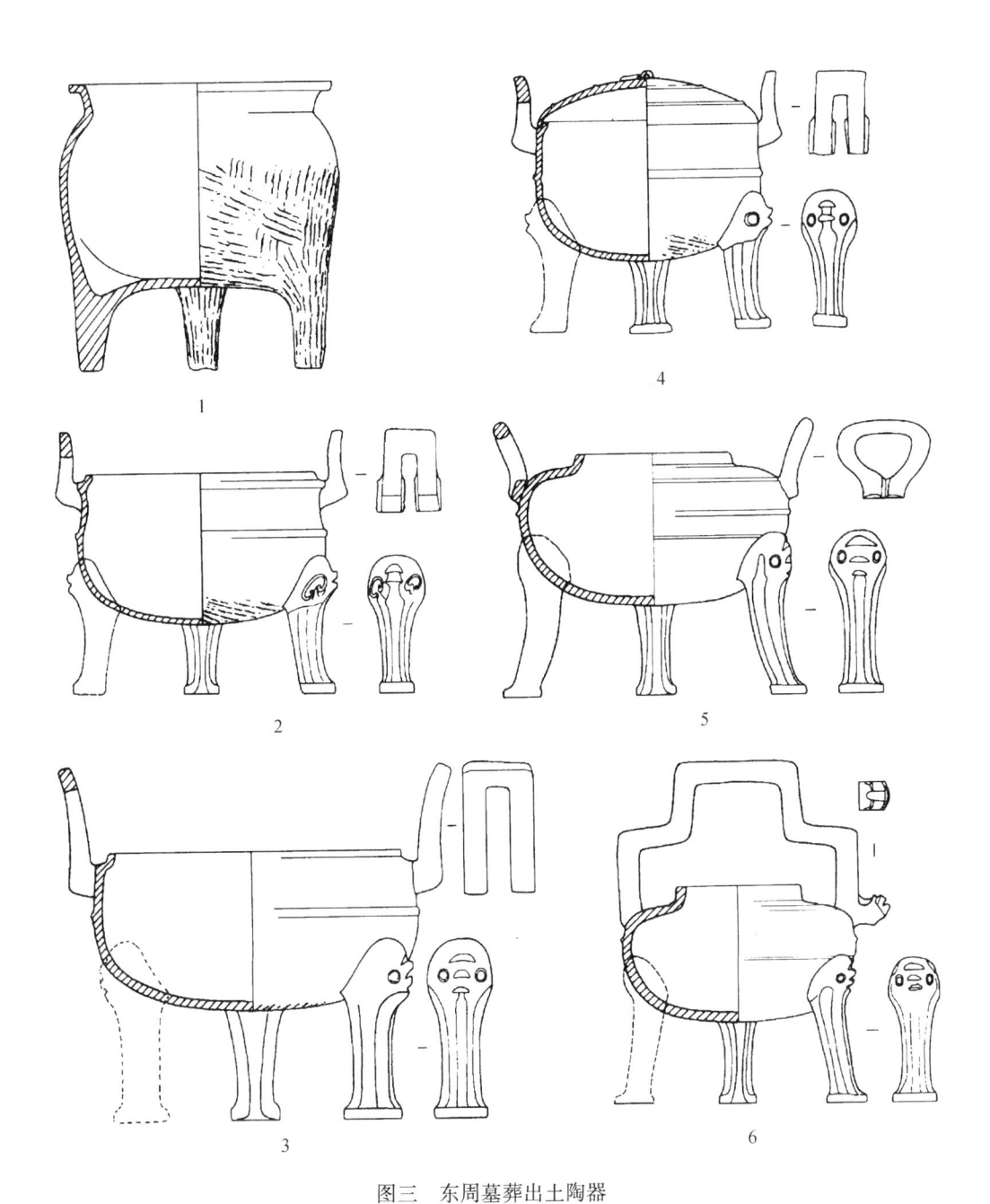

图三　东周墓葬出土陶器
1. 鬲（M71:2）　2、4. Ⅰ式鼎（M77:27、M77:32）　3. Ⅱ式鼎（M75:29）
5、6. Ⅲ式鼎（M75:8、M75:23）

图四　东周墓葬出土陶器

1、2. 敦（M75:10、M77:31）　3. Ⅲ式壶（M65:4）　4. Ⅱ式壶（M75:24）　5. Ⅳ式壶（M75:16）　6. Ⅰ式壶（M75:12）　7. Ⅰ式豆（M75:20）　8. Ⅱ式豆（M75:6）　9. 罐（M71:4）

饰。标本M75：10，器表饰菱形纹。口径18.5、高22厘米（图四，1）。标本M77：31，器表饰菱形纹。口径20、高24.2厘米（图四，2）。

壶 10件。分四式。

Ⅰ式：矮颈壶。1件（标本M75：12）。泥质灰陶。子母口，口微敛，方唇，扁圆腹，矮圈足。肩、腹饰数周凹弦纹，器表有红、白相间的菱形、卷云纹等彩绘装饰。口径12、底径15.6、高22.8厘米（图四，6）。

Ⅱ式：长颈壶。4件。泥质灰陶。子母口，口微敛，方唇，长颈，深鼓腹，矮圈足。标本M75：24，有浅盘形盖。肩、腹饰数周凹弦纹，器表有红色卷云纹等彩绘装饰。口径12.3、底径15.3、高34.1厘米（图四，4）。

Ⅲ式：长颈壶。1件（标本M65：4）。泥质黑皮陶。侈口，方唇，束颈，广肩，弧腹，矮圈足，器盖为弧形顶，顶上有三纽。器表饰数周凹弦纹，并有红色三角卷云纹等彩绘装饰。口径12、底径11.5、高32.5厘米（图四，3）。

Ⅳ式：长颈壶。4件。泥质灰陶。侈口，方唇，长颈微束，溜肩，深鼓腹，矮圈足。标本M75：16，器表饰数周凹弦纹，并有红色菱形纹等彩绘装饰。口径10.8、底径12.3、高27.3厘米（图四，5）。

豆 4件。均为泥质灰陶。分二式。

Ⅰ式：2件。子口，圆唇，浅直腹，圜底近平，细高柄，喇叭形圈足。标本M75：20，有盖，弧形盖顶有3个梯形方纽。盖、器身有红、黄、白相间的卷云纹彩绘装饰。口径13、底径9.5、通高19厘米（图四，7）。

Ⅱ式：2件。小口，圆唇，束颈，折肩，扁圆腹，圜底，细高柄，喇叭形圈足。标本M75：6，有盖，弧形顶。盖及肩、腹有红、黄相间的彩绘装饰。柄下部饰一周红彩带，下腹饰瓦棱纹。口径9、底径9.2、通高22厘米（图四，8；图六）。

罐 1件（标本M71：4）。泥质灰陶。侈口，方唇，束颈，溜肩，弧腹，平底。肩部饰暗网格纹。口径11、底径10.5、高14.4厘米（图四，9）。

（2）铜器

器类有剑、戈、矛和车饰。

剑 2件。分二式。

Ⅰ式：1件（标本M77：17）。仅残存剑柄。圆首，空茎，近首端粗。茎上残存木纹及布纹。残长5厘米（图七，4）。

Ⅱ式：1件（标本M65：1）。圆首，实茎，双箍，有格，圆首内凹，隆脊，无从。通长45、身宽4、茎长8.5、首径3厘米（图七，2）。

戈 4件。分二式。

Ⅰ式：2件。援短而宽，援末呈三角形，平脊，长方形内，胡较短，栏侧三穿，内上1穿。标本M77：9，通长15、援宽2厘米（图七，8）。

图五 东周墓葬出土Ⅲ式陶鼎（M75:8）

Ⅱ式：2件。援长而窄，援末呈三角形，隆脊，长方形内，胡较长，栏侧三穿，内上1穿。标本M77:3，通长23、援宽2厘米（图七，5）。

矛 6件。分二式。

Ⅰ式：2件。柳叶形，隆脊较平，两翼较窄，略弧，刃部锐利，椭圆形銎，中空至中腰。标本M77:8，通长9.3、銎口径1.1～1.4厘米（图七，3）。

Ⅱ式：4件。柳叶形，圆脊较粗，两翼宽而薄，翼脊分界明显，两刃弧收，尖锋，圆形銎，中空至前锋，銎两侧各有一半圆形系。标本M77:14，通长17.5、銎口径2.3厘米（图七，1）。

(3) 料珠

48枚。均出于M75。有白色、黄色、蓝色等，有穿孔。直径0.5～1.4厘米（图七，6、7、9～11）。

二、两汉墓葬

共12座，即M55、M59、M64、M70、M72、M73、M74、M76、M78、M79、M80、M81。

1. 墓葬形制

长方形竖穴土坑墓有M55、M70、M72、M73、M74、M78、M80、M81共8座，长1.8～4.5、宽0.8～3.5米，墓口与墓底基本同大，四壁较直。砖室墓有M59、M76、M79共3座。石室墓仅M64一座，方向110°，平面近刀形，由墓道与墓室两部分组成，墓道位于东端，墓道底部长2.1、宽1、深2米；墓室长2.8、宽1.2～1.9、深2米；四壁均用长条形石条垒砌而成，石条长度不等，宽0.1～0.12、厚0.1米；因破坏严重，墓顶形制不明，未见骨架、葬具及随葬品。

M73 长方形竖穴土坑墓，方向287°，长

图六 东周墓葬出土Ⅱ式陶豆（M75:6）

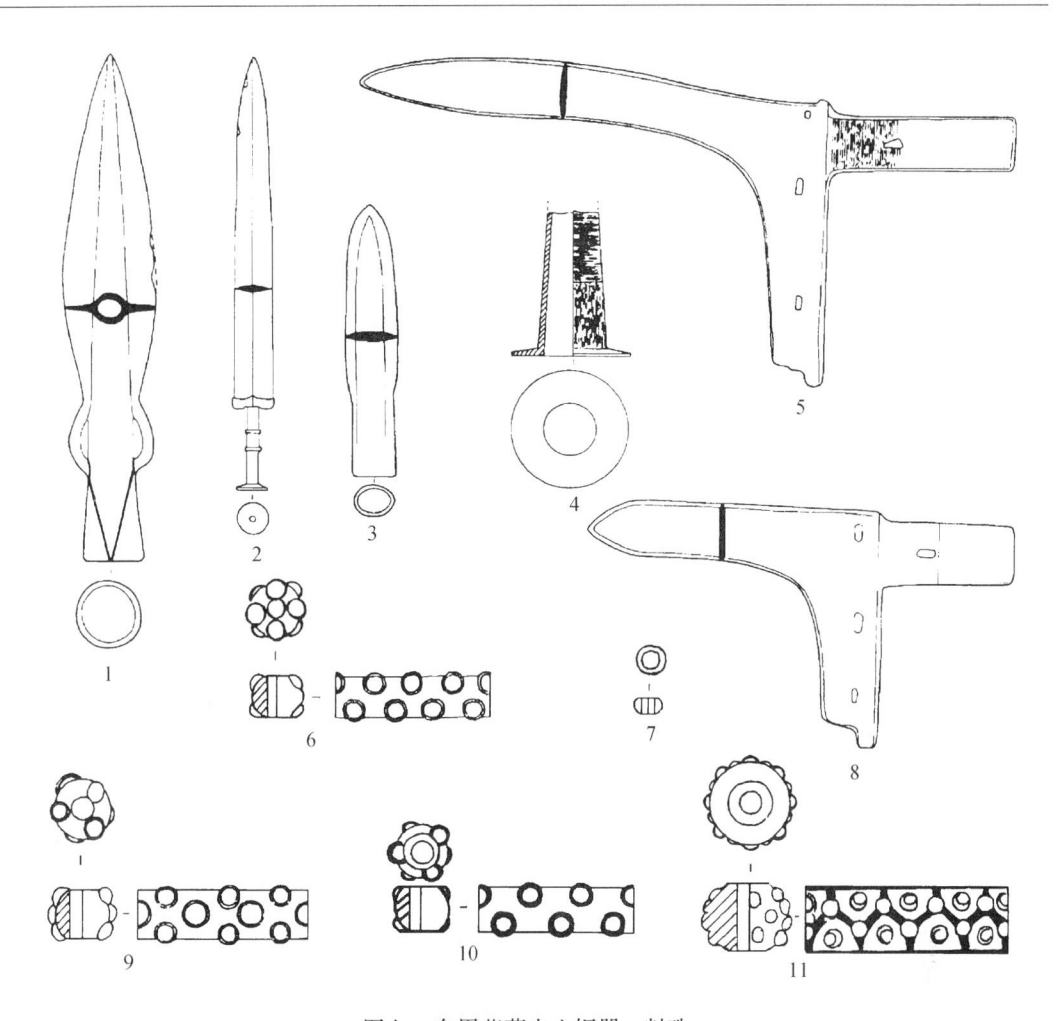

图七　东周墓葬出土铜器、料珠

1. Ⅱ式铜矛（M77:14）　2. Ⅱ式铜剑（M65:1）　3. Ⅰ式铜矛（M77:8）　4. Ⅰ式铜剑（M77:17）　5. Ⅱ式铜戈（M77:3）　6、7、9~11. 料珠（M75）　8. Ⅰ式铜戈（M77:9）

3.1、宽1.7~1.8、残深0.3米。墓底南侧放置随葬品，均为陶器。骨架及葬具已无存（图八）。

M59，砖室墓，方向60°，平面呈"凸"字形，由墓道与墓室两部分组成。墓道为长条形竖井式，长2、宽0.9、深1.25米。墓室为长方形券顶，长2.76、宽1.8、高1.98~2.05米。四壁以子母口砖单砖顺砌，墓顶用子母口砖横向侧立券成拱顶，墓底则以条砖铺地。在墓道与墓室相交处，以单砖平砌4层，然后立石块封堵，形成墓门。此墓骨架、葬具均已无存，随葬品仅见残铜镜和"五铢"钱币等（图九）。

2. 随葬器物

随葬器物主要为陶器和铜器，另有少量铁器。

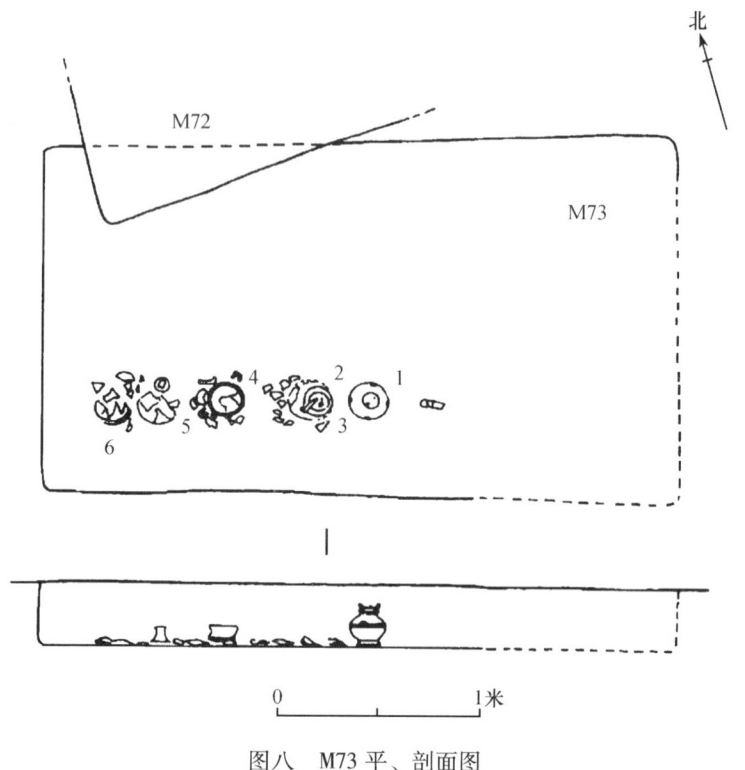

图八 M73平、剖面图
1. 陶壶 2. 陶盒 3. 陶勺 4. 陶鼎 5、6. 陶豆

（1）陶器

器类有鼎、壶、盒、豆、钵、甑、盆、盘、仓、罐和釜。

鼎 9件。均为泥质灰陶。分二式。

Ⅰ式：5件。敛口，圆唇或方唇，上腹部较直，下腹部弧内收，圜底或较平，方耳外侈，三蹄形足。腹饰凸弦纹或凹弦纹。标本M55:12，口径17.5、通高17.5厘米（图一〇，1）。标本M74:26，有盖。器表及盖施酱红色釉。口径15.2、通高15厘米（图一〇，2）。

Ⅱ式：4件。敛口，圆唇，弧腹，圜底，方耳外侈，三矮蹄足。腹饰凸弦纹或凹弦纹。标本M81:21，有盖。口径17、通高19厘米（图一〇，3）。标本M72:69，有盖。口径19、通高20.5厘米（图一〇，4）。

壶 13件。均为泥质灰陶。分五式。

Ⅰ式：折腹壶。2件。侈口，方唇，束颈，溜肩，折腹，平底。标本M74:43，肩饰两周弦纹。口径12.2、底径12、高16.8厘米（图一一，2）。

Ⅱ式：扁腹壶。1件（标本M81:3）。口微侈，方唇，颈微束，弧肩，鼓腹，平底，矮圈足。腹部有两个对称的环形耳。肩部饰凹弦纹。口径10.5、底径13.5、高18厘米（图一一，1）。

图九　M59 平、剖面图

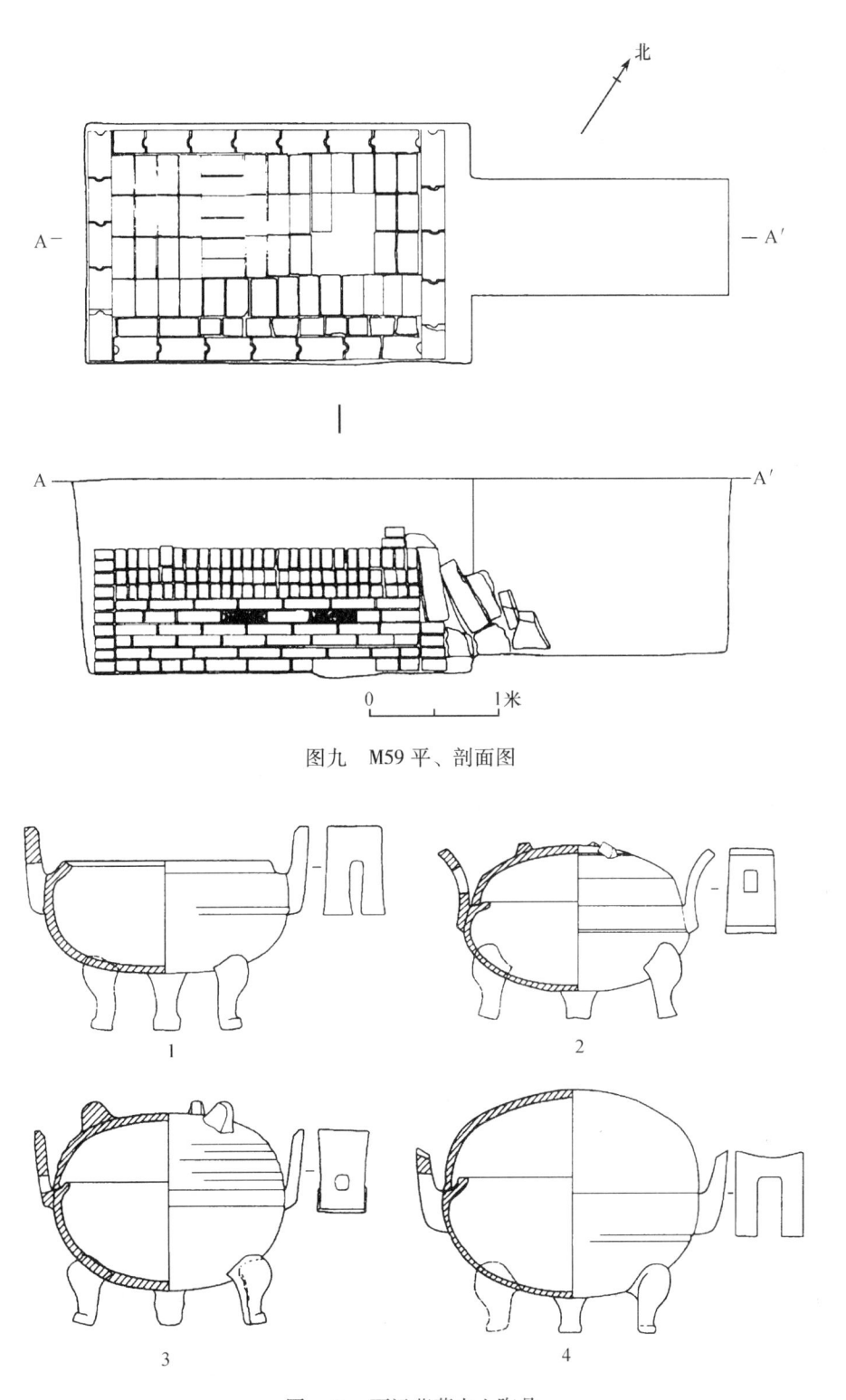

图一〇　两汉墓葬出土陶鼎
1、2. Ⅰ式（M55:12、M74:26）　3、4. Ⅱ式（M81:21、M72:69）

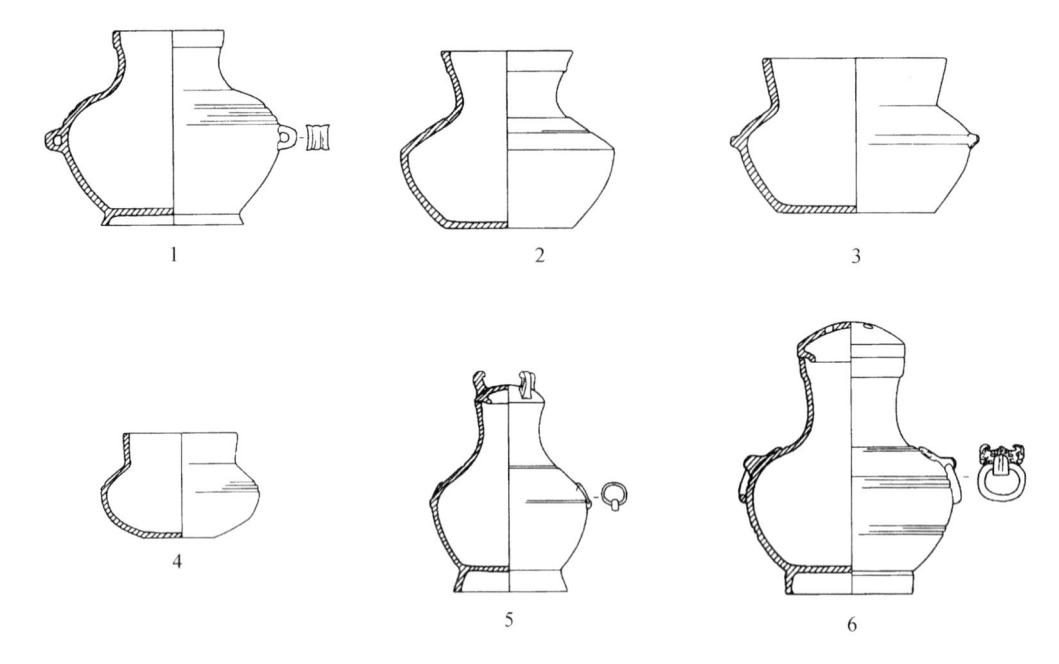

图一一　两汉墓葬出土陶壶

1. Ⅱ式（M81:3）　2. Ⅰ式（M74:43）　3、4. Ⅴ式（M72:74、M81:30）　5. Ⅳ式（M73:1）　6. Ⅲ式（M72:28）

Ⅲ式：高颈壶。3件。侈口，方唇，束颈，弧肩，鼓腹，平底或圜底，圈足较直。腹部有两个对称的兽面衔环铺首。标本 M72:28，有盖。口径 14.8、底径 18、高 38 厘米（图一一，6）。

Ⅳ式：细颈壶。2件。口微侈，方唇，颈微束，溜肩，弧腹，平底，圈足较高。标本 M73:1，有盖，盖上有三纽。腹部有两个对称的环形铺首。肩、腹部饰凹弦纹。口径 6.6、底径 10.4、高 20.8 厘米（图一一，5）。

Ⅴ式：直颈壶。5件。直口微侈，方唇，高领，溜肩，折腹，平底。标本 M81:30，口径 10.7、底径 6.5、高 9.7 厘米（图一一，4）。标本 M72:74，腹部有两个对称的乳丁形纽。口径 17、底径 14.6、高 14.4 厘米（图一一，3）。

盒　11件。均为泥质灰陶。分四式。

Ⅰ式：1件（标本 M74:42）。盖为敞口，方唇，弧腹，平底，矮圈足。器身为敛口，尖圆唇，弧腹，平底，矮圈足。盖与器身饰有凹弦纹。口径 17.2、底径 7.8、高 13.6 厘米（图一二，1）。

Ⅱ式：7件。盖为直口，方唇，下腹垂直，上腹弧内收，平底，矮圈足。器身为敛口，方唇，折肩，上腹垂直，下腹弧内收，平底，矮圈足。有的器物的盖与器身饰有凹弦纹。标本 M81:26，素面。口径 16.5、底径 8.9、高 16.5 厘米（图一二，2）。

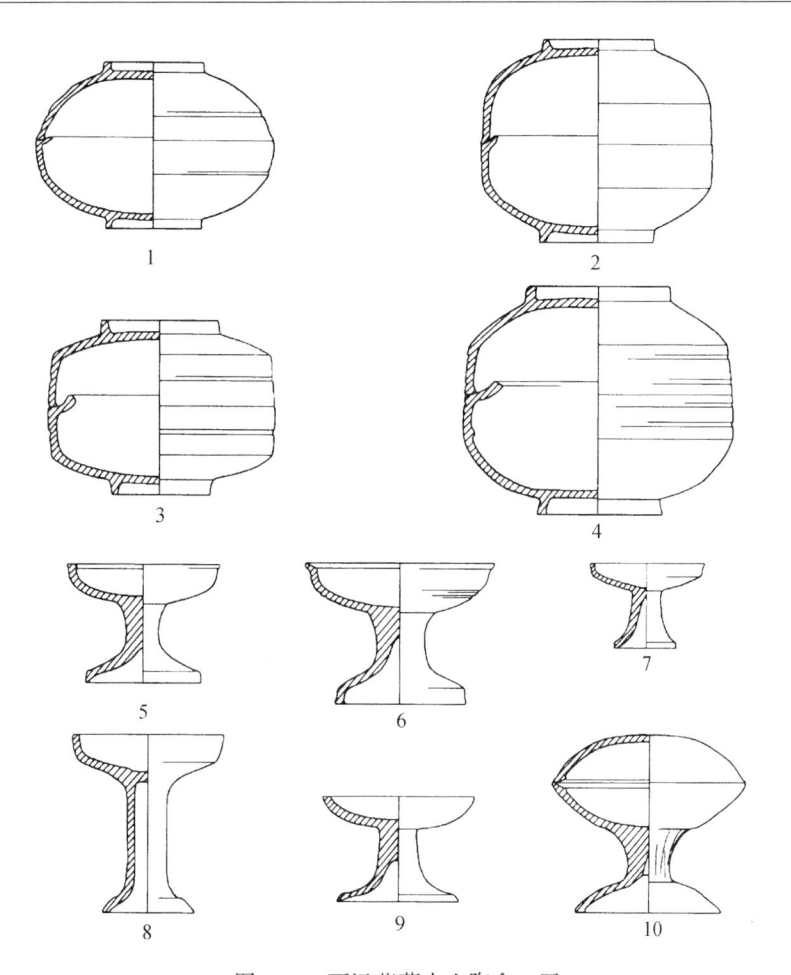

图一二　两汉墓葬出土陶盒、豆

1. Ⅰ式盒（M74:42）　2. Ⅱ式盒（M81:26）　3. Ⅳ式盒（M72:70）　4. Ⅲ式盒（M55:2）　5~7. Ⅰ式豆（M81:35、M55:15、M73:6）　8. Ⅳ式豆（M81:2）　9. Ⅱ式豆（M81:10）　10. Ⅲ式豆（M74:54）

Ⅲ式：2件。盖为直口，方唇，下腹垂直，上腹折内收，平底，矮圈足。器身为敛口，圆唇，上腹垂直，下腹折内收，平底，矮圈足。盖与器身饰有凹弦纹。标本M55:2，口径17、底径10.2、高18.8厘米（图一二，4）。

Ⅳ式：1件（标本M72:70）。盖为直口，方唇，直腹，圜底，矮圈足。器身为敛口，圆唇，直腹，圜底，矮圈足。盖与器身饰有凹弦纹。口径15、底径8、高14.3厘米（图一二，3）。

豆　7件。均为泥质灰陶。分四式。

Ⅰ式：矮柄豆。4件。直口或侈口，圆唇或尖圆唇，圜底，豆柄粗矮，喇叭形圈足。标本M81:35，口径12.5、底径9.5、高9.4厘米（图一二，5）。标本M55:15，豆腹饰有凹弦纹。口径15.2、底径10.5、高11.5厘米（图一二，6）。标本M73:6，口径9.4、底径5.2、高6.9厘米（图一二，7）。

Ⅱ式：矮柄豆。1件（标本M81:10）。敞口，方唇，浅弧腹，豆柄粗矮，喇叭形圈足。口径12、底径9.6、高8.3厘米（图一二，9）。

Ⅲ式：矮柄豆。1件（标本M74:54）。敞口，尖圆唇，唇面内侧斜直，腹斜直略弧，喇叭形圈足。有盖，弧顶。口径16、底径12、高14.5厘米（图一二，10）。

Ⅳ式：高柄豆。1件（标本M81:2）。直口微敞，圆唇，折腹，高柄，喇叭形圈足。口径12.5、底径7.5、高14.2厘米（图一二，8）。

钵　24件。均为泥质灰陶。分四式。

Ⅰ式：折腹钵。12件。敞口，尖圆唇，折腹，小平底。标本M81:41，口径16、底径6.2、高6.2厘米（图一三，1）。标本M72:41，口径13.2、底径6、高5厘米（图一三，2）。标本M81:9，口沿内侧有一周凹弦纹。口径15.5、底径5.5、高5.2厘米（图一三，3）。

Ⅱ式：鼓腹钵。2件。敞口，厚圆唇，鼓腹，平底。标本M74:74，口径18、底径6.5、高6.4厘米（图一三，4）。

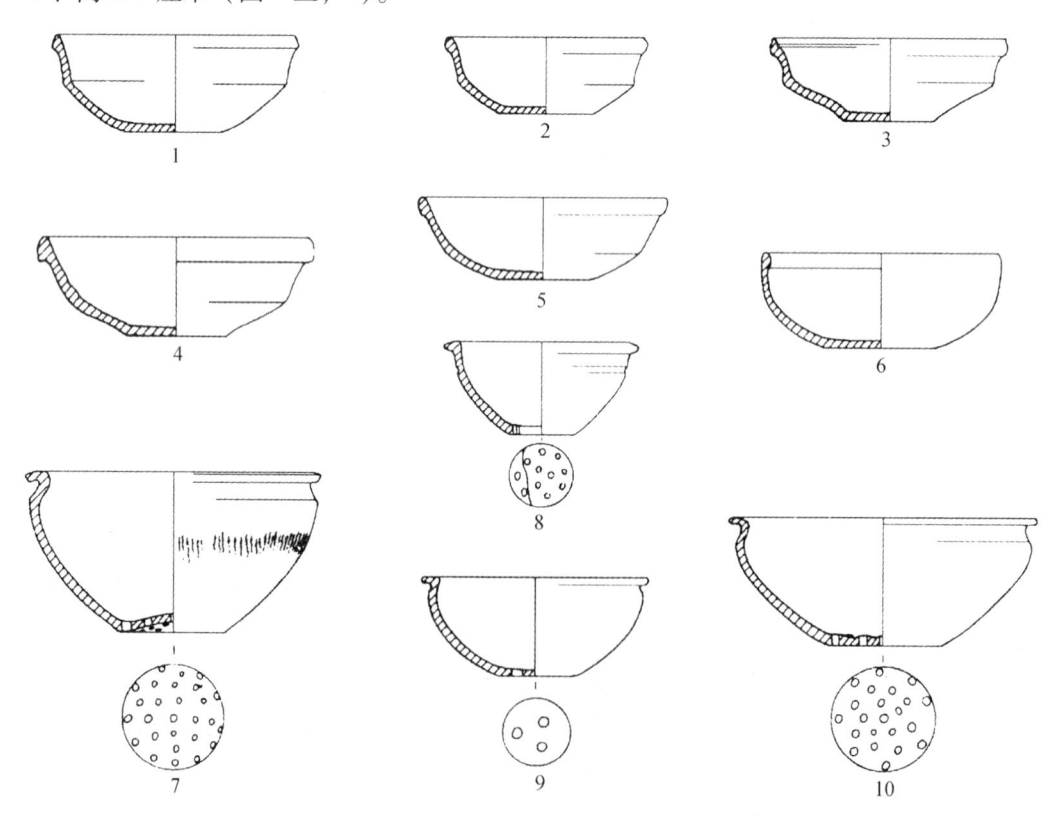

图一三　两汉墓葬出土陶钵、甑

1~3. Ⅰ式钵（M81:41、M72:41、M81:9）　4. Ⅱ式钵（M74:74）　5. Ⅲ式钵（M74:71）　6. Ⅳ式钵（M74:77）　7. Ⅰ式甑（M81:19）　8. Ⅳ式甑（M72:15）　9. Ⅲ式甑（M81:32）　10. Ⅱ式甑（M74:4）

Ⅲ式：弧腹钵。7件。敞口，圆唇，浅弧腹，平底。标本 M74:71，口径 16、底径 6、高 5.4 厘米（图一三，5）。

Ⅳ式：直口钵。3件。直口，圆唇内凸，弧腹，平底。标本 M74:77，口径 15.5、底径 6.5、高 6.4 厘米（图一三，6）。

甑 7件。均为泥质灰陶。分四式。

Ⅰ式：1件（标本 M81:19）。形体较大。敛口，卷沿，方唇，束颈，折肩，深弧腹，平底内凹，圆形箅孔。腹部饰绳纹。口径 29、底径 10、高 15.6 厘米（图一三，7）。

Ⅱ式：2件。敛口，卷沿近平，圆唇，束颈，弧腹，平底，圆形箅孔。标本 M74:4，口径 20、底径 7、高 8.2 厘米（图一三，10）。

Ⅲ式：3件。直口微敛，卷沿近平，圆唇，微束颈，弧腹，平底，圆形箅孔。标本 M81:32，口径 14.5、底径 4.2、高 6.4 厘米（图一三，9）。

Ⅳ式：1件（标本 M72:15）。侈口，折沿，尖圆唇，深弧腹，平底，圆形箅孔。腹部饰凹弦纹。口径 12.6、底径 4、高 6 厘米（图一三，8）。

盆 9件。分五式。

Ⅰ式：2件。直口，卷沿，方唇，上腹较直，下腹弧内收，平底。标本 M81:40，泥质灰陶。腹部饰一周凸弦纹。口径 13.8、底径 5、高 7 厘米（图一五，5）。

Ⅱ式：1件（标本 M74:6）。釉陶，红胎。口微敛，斜折沿，方唇，束颈，鼓腹，平底。器内外施黄釉，脱釉严重。腹部饰有凹弦纹并有两个对称的兽铺首。口径 25.4、底径 16、高 12.6 厘米（图一四；图一五，1）。

Ⅲ式：3件。敞口，斜折沿，圆唇，浅弧腹，平底。标本 M72:80，泥质灰陶。口径 21、底径 7、高 7.4 厘米（图一五，2）。

图一四 两汉墓葬出土Ⅱ式陶盆（M74:6）

Ⅳ式：1件（标本 M81:25）。泥质灰陶。口微敛，折沿，沿面宽平，方唇，浅直腹，圜底。上腹饰凹弦纹，下腹及底饰绳纹。口径 27、高 7 厘米（图一五，4）。

Ⅴ式：2件。侈口，平折沿，圆唇，折腹，平底。标本 M72:78，泥质灰陶。口径 24.2、底径 9、高 7.6 厘米（图一五，3）。

盘 11件。均为泥质灰陶。分二式。

Ⅰ式：8件。敞口，折沿，方唇，折腹，平底。标本 M72:77，口径 27.5、底径 12.3、高 7.1 厘米（图一五，9）。标本 M74:32，口径 27、底径 10、高 5.5 厘米（图一五，8）。标本 M72:31，口径 24、底径 10.4、高 6.3 厘米（图一五，6）。

Ⅱ式：3件。敞口，平折沿，方唇，弧腹，平底。标本 M74:33，口径 26、底径 12、

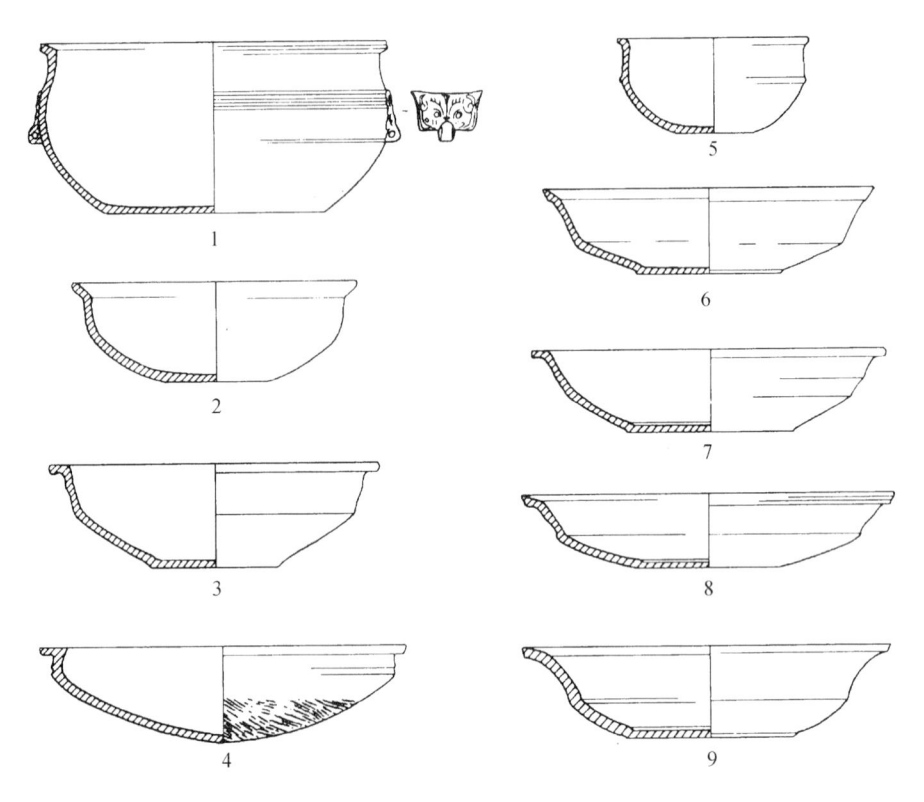

图一五 两汉墓葬出土陶盆、盘
1. Ⅱ式盆（M74:6） 2. Ⅲ式盆（M72:80） 3. Ⅴ式盆（M72:78） 4. Ⅳ式盆（M81:25） 5. Ⅰ式盆（M81:40） 6、8、9. Ⅰ式盘（M72:31、M74:32、M72:77） 7. Ⅱ式盘（M74:33）

高6.2厘米（图一五，7）。

仓 38件。均为泥质灰陶。分二式。

Ⅰ式：18件。敛口，方唇，折肩，深直腹微鼓，平底。盖为弧形顶。腹部饰有凹弦纹。标本M74:51，口径12.2、底径13、高18.5厘米（图一六，1）。标本M74:63，口径15、底径14.4、高18.4厘米（图一六，4）。

Ⅱ式：20件。敛口，方唇，平折肩，桶形腹，平底。盖为平顶。腹部饰有凹弦纹。标本M72:81，口径13.8、底径16.5、高20.4厘米（图一六，5）。标本M74:22，口径11.2、底径12.2、高14.3厘米（图一六，2）。

罐 19件。均为泥质灰陶。分三式。

Ⅰ式：3件。小口，平折沿，尖圆唇，束颈，溜肩，扁鼓腹，圜底。肩部饰凹弦纹，腹及底部饰绳纹。标本M81:36，颈部饰一周凸弦纹。口径14.5、高14.8厘米（图一六，3）。标本M74:40，肩部有一刻划符号。口径13.2、高15.2厘米（图一六，6）。

图一六 两汉墓葬出土陶、铜器

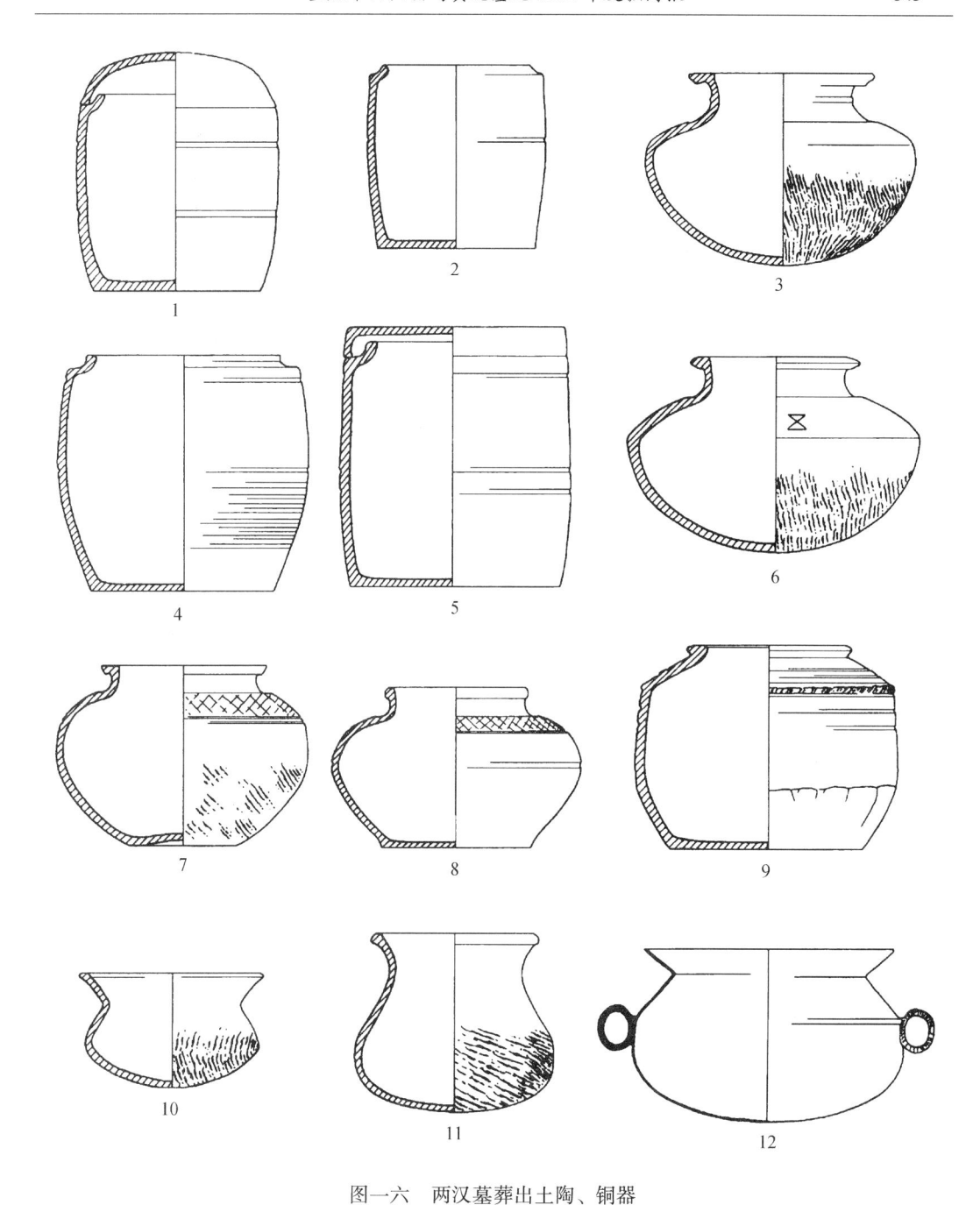

1、4. Ⅰ式陶仓（M74:51、M74:63） 2、5. Ⅱ式陶仓（M74:22、M72:81） 3、6. Ⅰ式陶罐（M81:36、M74:40）
7、8. Ⅱ式陶罐（M78:1、M74:55） 9. Ⅲ式陶罐（M74:50） 10. Ⅰ式陶釜（M74:47） 11. Ⅱ式陶釜（M81:7）
12. 铜釜（M81:17）

Ⅱ式：10件。小直口，方唇，束颈，广肩，鼓腹，平底或平底内凹。标本 M78∶1，肩部饰有网格纹和凹弦纹。口径12.8、底径8.4、高14厘米（图一六，7）。标本 M74∶55，肩部饰有网格纹和凹弦纹，腹部饰有凹弦纹。口径11.2、底径11.5、高12.5厘米（图一六，8）。

Ⅲ式：6件。敛口，尖圆唇，平折沿，束颈，折肩，折腹，平底。标本 M74∶50，肩、腹部饰有凹弦纹，折肩处饰一周附加堆纹。口径13、底径15.2、高16厘米（图一六，9）。

釜　2件。均为泥质灰陶。分二式。

Ⅰ式：1件（标本 M74∶47）。大敞口，圆唇，束颈，扁鼓腹，圜底。口径14.5、高8.8厘米（图一六，10）。

Ⅱ式：1件（标本 M81∶7）。侈口，圆唇，束颈，溜肩，垂腹，圜底。口径13、高14厘米（图一六，11）。

（2）铜器

器类有矛、镞、釜和棺饰件等。

矛　1件（标本 M81∶24）。圆脊，两翼较窄，两刃微弧，圆形銎中空至中腰。通长23.2、銎径2.4厘米。

镞　1件（标本 M81∶38）。铤残。三棱形。残长3.2厘米。

釜　1件（标本 M81∶17）。敞口，束颈，斜直肩，鼓腹，圜底。腹部有两个对称的环形耳。口径19.5、高13.5厘米（图一六，12）。

（3）铁器

器类有削、锄和棺饰件等。

削　2件。锈蚀严重。削身断面呈三角形，环形把手。残长15厘米。

三、六朝墓葬

共10座，即 M56、M57、M58、M60、M61、M62、M66、M67、M68、M69。

1. 墓葬形制

均为长方形砖室墓。形制简单，无墓道，墓室较窄，有的仅宽0.8米。有单室墓，也有双室墓。有单人葬，也有双人葬。埋葬相当随意，墓葬所用砖大多是东汉墓葬的旧墓砖。随葬器物较少，多为瓷器或陶器。

M56　长方形双室墓。方向140°，墓口长3.4、宽1.95、残深0.5～0.7米，两室东西并列。东墓室用小砖错缝垒砌而成，墓底以砖纵横墁地，长2.8、宽1米；随葬器物有瓷器、陶器及钱币等。西墓室与东墓室相连，其东壁就是东墓室的西壁，其他三壁则用规格不等的长条形石块砌筑，墓底用瓦片平铺，长3.25、宽0.8米；随葬器物有陶器、铜器、铁器及银器等（图一七）。

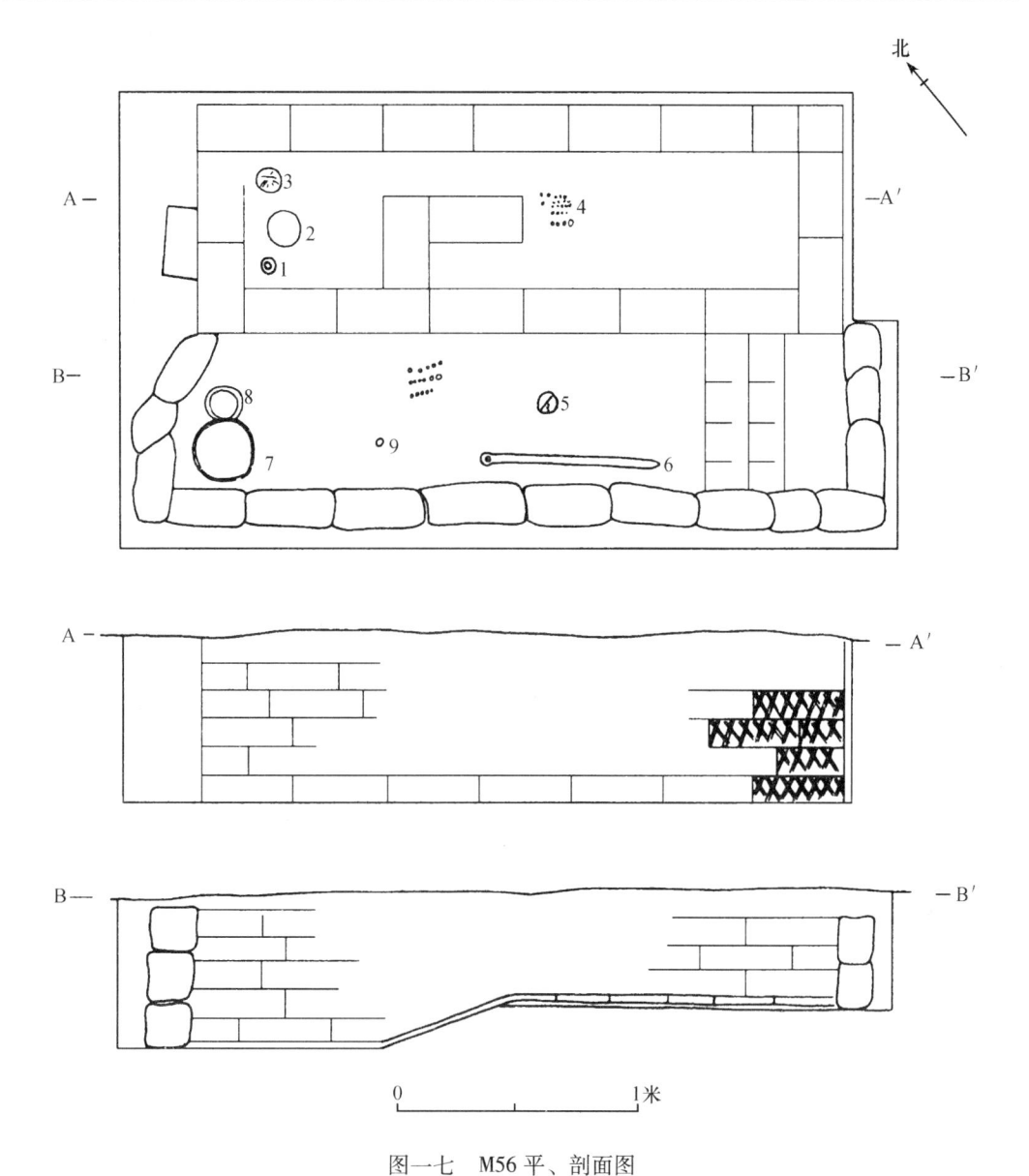

图一七 M56 平、剖面图
1. 瓷罐 2、7. 陶钵 3、8. 陶釜 4. 铜钱 5. 铜镜 6. 铁刀 9. 银戒指

2. 随葬器物

随葬器物主要为陶器、瓷器和铁器，另有少量银器和铜器。

（1）陶器

器类有罐、钵、盆和釜。

罐　1 件（标本 M66:1）。泥质灰陶。敛口，圆唇，平折肩，弧腹，平底。肩部饰一周竖向划纹。口径 11.2、底径 12.5、高 17.6 厘米（图一九，4）。

图一八　六朝墓葬出土Ⅰ式瓷罐（M66:4）

钵　4件。敛口，圆唇，弧腹，平底。标本M58:3，泥质灰陶。口沿外侧饰一周凹弦纹。口径16、底径7.3、高7厘米（图一九，1）。

盆　4件。均为泥质灰陶。分两式。

Ⅰ式：2件。敞口，方唇，折沿，弧腹，平底。标本M58:2，腹部饰有凹弦纹。口径23.2、底径11.3、高9.1厘米（图一九，3）。

Ⅱ式：2件。敞口，圆唇，弧腹，平底。标本M60:1，口径17.6、底径9.2、高6.2厘米（图一九，2）。

釜　3件。分两式。

Ⅰ式：1件（标本M56:8）。夹砂红褐陶。侈口，宽折沿，方唇，上腹较直，下腹弧内收，圜底。口沿以下饰有方格纹。口径13.8、高8.8厘米（图一九，5）。

Ⅱ式：2件。夹砂红褐陶。侈口，卷沿，圆唇，腹微垂，圜底近平。标本M57:3，口沿以下饰有方格纹和凹弦纹。口径14.8、高8.8厘米（图一九，6）。

（2）瓷器

器类有罐、盏和碗。

罐　4件。分三式。

Ⅰ式：1件（标本M66:4）。直口，圆唇，高领，溜肩，鼓腹，平底。肩部饰两周凹弦纹，肩、腹部饰细密的麻布纹。灰白胎，褐色釉不及底。口径9.2、底径9.8、高11.6厘米（图一八；图一九，11）。

Ⅱ式：2件。直口微侈，圆唇，束颈，溜肩，鼓腹，平底。标本M66:2，肩部饰一周凹弦纹和两周麦粒纹。灰白胎，褐色釉不及底。口径5.7、底径6.5、高7.2厘米（图一九，9）。

Ⅲ式：1件（标本M56:1）。直口，尖圆唇，高领，溜肩，垂腹，平底微内凹。灰白胎，褐色釉不及底。口径4、底径4、高4.8厘米（图一九，10）。

盏　2件。分两式。

Ⅰ式：1件（标本M61:2）。侈口，圆唇，弧腹，平底。灰白胎，褐色釉不及底。口径8.4、底径5.4、高3厘米（图一九，7）。

Ⅱ式：1件（标本M60:2）。敛口，圆唇，腹斜收，平底。青灰胎，豆青釉不及底。口径9、底径5.4、高3.6厘米（图一九，8）。

碗　1件（标本M69:2）。侈口，圆唇，弧腹，平底微内凹。口沿外侧饰一周凹弦纹。灰白胎，姜黄釉不及底。口径17、底径10.6、高5.4厘米（图一九，12）。

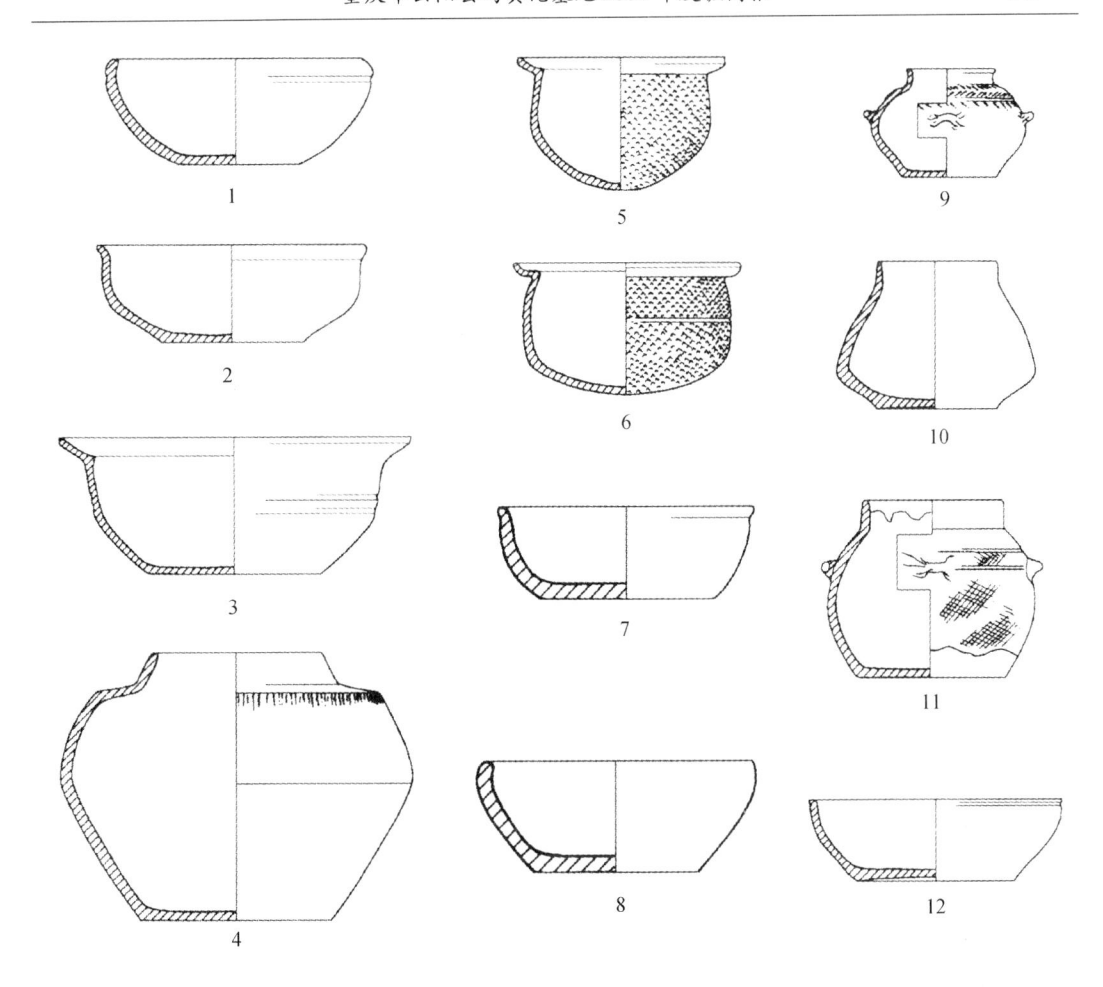

图一九 六朝墓葬出土陶、瓷器

1. 陶钵（M58:3） 2. Ⅱ式陶盆（M60:1） 3. Ⅰ式陶盆（M58:2） 4. 陶罐（M66:1） 5. Ⅰ式陶釜（M56:8）
6. Ⅱ式陶釜（M57:3） 7. Ⅰ式瓷盏（M61:2） 8. Ⅱ式瓷盏（M60:2） 9. Ⅱ式瓷罐（M66:2） 10. Ⅲ式瓷罐（M56:1） 11. Ⅰ式瓷罐（M66:4） 12. 瓷碗（M69:2）

（3）铁器

器类有刀、削、镰和棺钉等。

刀 2件。形制相同。圆形环首，直背直刃，刀身断面呈三角形。刀身有木鞘痕。标本M58:5，长116厘米（图二〇，3）。标本M56:6，长75.5厘米（图二〇，1）。

削 3件。均残。圆形环首，直背直刃，削身断面呈三角形。标本M66:8，残长34.5厘米（图二〇，2）。

镰 1件（标本M60:5）。仅存镰身。弧形，断面呈三角形。残长13.7厘米（图二〇，4）。

（4）银器

器类有簪和戒指。

簪　1件（标本 M66:5）。打制。环形，断面呈圆形。长11.9厘米（图二〇，6）。

戒指　1件（标本 M56:9）。打制。圆环形。直径2厘米（图二〇，5）。

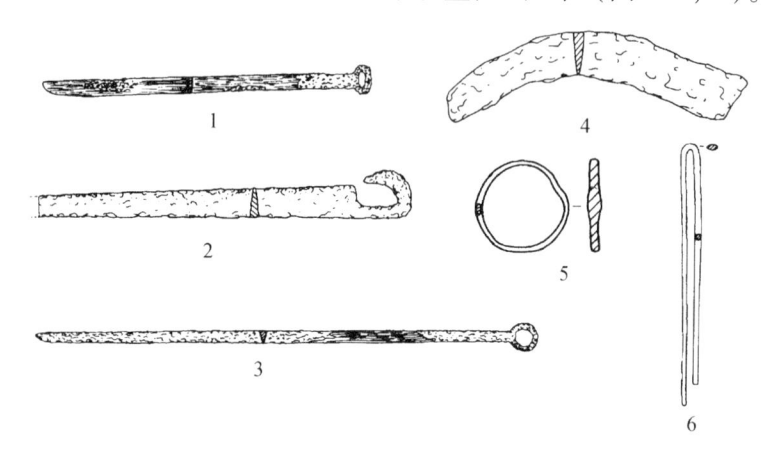

图二〇　六朝墓葬出土铁、银器

1、3. 铁刀（M56:6、M58:5）　2. 铁削（M66:8）　4. 铁镰（M60:5）　5. 银戒指（M56:9）　6. 银簪（M66:5）

（5）铜器

器类有指环和铜镜等。

指环　2件。打制。圆环形。标本 M61:3，直径2厘米。

四、结　　语

1. 墓葬分期

根据墓葬形制、随葬器物组合及形态演变的对比分析，我们将26座墓葬分为四期七段。

一期早段　有 M71。长方形竖穴土坑墓。陶器基本组合为鬲、豆、罐。

一期晚段　有 M65、M75、M77。长方形竖穴土坑墓。陶器基本组合为鼎、敦、壶、豆等，青铜兵器有剑、戈、矛等。

二期早段　有 M70、M73、M78、M80、M81。长方形竖穴土坑墓。陶器基本组合为鼎、盒、壶、豆，器形一般较小，同时出土有一定数量的铜兵器，并多出有铁器。

二期晚段，有 M55、M72、M74。长方形竖穴土坑墓。陶器基本组合为鼎、盒、壶，器形普遍增大，并多有装饰附件。

三期　有 M59、M64、M76、M79。砖室墓或石室墓。陶器基本组合为鼎、盒、壶。

四期早段　有 M56、M57、M58、M60、M61、M66、M67。长方形砖室墓。随葬器物有陶钵、陶釜、陶罐、瓷罐、瓷盏、铜镜、铜钱等。

四期晚段　有 M62、M68、M69。长方形砖室墓。随葬器物有瓷碗、铜镜、铜钱等。

2. 年代推断

本年度清理的 26 座墓葬中，未见明确的纪年材料，因此我们只能根据墓葬形制、器物组合及器物形制等来判断墓葬的时代。

一期　墓葬形制均为长方形竖穴土坑墓，且墓口一般大于墓底，四壁斜直，墓底多有二层台；所出陶器可分为两组，一组为鬲、豆、罐，另一组为鼎、敦、壶、豆，均为春秋战国时期典型器物组合。因此该期时代当在东周。第一组陶器组合中鬲、豆的形制分别与湖北当阳赵家湖春秋楚墓的 CⅢ式鬲、CⅡ式豆相近[1]，罐的形制与云阳李家坝的 AⅢ式罐相同[2]，表明该组器物的墓葬约在春秋晚期至战国之际。第二组陶器组合中鼎、敦、壶的形制与湖北当阳赵家湖 DⅥ式鼎、EⅤ式鼎、AⅥ式壶、BⅤ式壶、Ⅳ式敦相同或相近[3]，表明该组器物的墓葬当在战国中期。

二期　墓葬形制均为长方形竖穴土坑墓。早段落随葬器物的形体一般较小，Ⅱ式陶罐与云阳李家坝 10 号岩坑墓的陶罐形态相同[4]，Ⅰ式陶鼎与湖北荆州高台 CⅠ式铜鼎相同[5]，AⅠ式陶盒与湖北荆州高台Ⅰ式陶盒相近，时代当在西汉早期。晚段随葬器物中的Ⅱ式陶鼎与洛阳中州路所出陶鼎的形态相近[6]，Ⅲ式陶盒与广西贺县河东高寨西汉墓 M5 出土的Ⅱ式陶盒相同[7]，时代当在西汉中晚期。

三期　墓葬形制以砖室墓为主，根据现有材料看，峡江地区砖室墓的出现一般是在西汉晚期或东汉早期。因此该期墓葬的时代上限不会早于西汉晚期。因其所出陶器不多，仅从陶狗的形态看，与万州龙宝山陈家坝 M1 所出陶狗相同[8]，所出钱币则多属于东汉光武帝至桓灵时期，所以该墓葬的时代当在东汉中晚期。

四期　墓葬形制均为长方形砖室墓。瓷器大量出现，据研究川东地区的瓷器最早出现于东汉晚期或蜀汉时期，因此该期墓葬的时代上限应在蜀汉时期。所出四系罐、盘口壶、瓷碗等与长江中下游地区六朝时期的同类器物形制相同。因此，该期墓葬的时代当在蜀汉至南朝时期。其早段所出陶釜与丰都汇南墓群 M2 所出陶釜形态相同[9]，陶钵与上孙家寨 M5 所出Ⅲ式碗相同，M66 所出四系罐与安徽和县西晋纪年墓所出四系罐相同[10]，据此可将该段墓葬的时代定在蜀汉至西晋。晚段墓葬所出瓷碗与浙江金华古方东晋墓所出瓷碗形态相近[11]，因此四期晚段墓葬的时代当在东晋。

本年度发掘的墓葬的时代为东周至六朝时期，M71 将此墓地的使用年代提前至春秋战国之际，对于云阳旧县坪遗址的考古发掘与研究具有重要意义。

领　　队：张建华
发　　掘：张建华　秦德宁　王　晗　信应君　郎富海　于宏伟
修　　复：冯福庆　李恩圆　秦秀花　贺凤莲　郭现军
绘　　图：李　杨　王相锋
摄　　影：刘彦锋

注 释

[1] 湖北省宜昌地区博物馆、北京大学考古系：《当阳赵家湖楚墓》，文物出版社，1992年。

[2] 四川大学历史文化学院考古系、云阳县文物管理所：《云阳李家坝遗址发掘报告》，《重庆库区考古报告集·1997》，科学出版社，2001年。

[3] 同[1]。

[4] 同[2]。

[5] 湖北省荆州博物馆：《荆州高台秦汉墓》，科学出版社，2000年。

[6] 中国科学院考古研究所：《洛阳中州路（西工段）》，科学出版社，1959年。

[7] 广西壮族自治区文物工作队、贺县文化局：《广西贺县河东高寨西汉墓》，《文物资料丛刊》第4辑，文物出版社，1981年。

[8] 同[1]。

[9] 同[1]。

[10] 安徽省文物工作队、和县文物组：《安徽和县西晋纪年墓》，《考古》1984年第9期。

[11] 金华地区文管会：《浙江金华古方六朝墓》，《考古》1984年第9期。

（原刊于《文物》2004年第11期）

巩义万宝苑昱盈阁公寓汉墓群发掘报告

汪　旭　赵海星　王振杰

2003年2月，在配合巩义万宝苑昱盈阁公寓基建工程时，经文物钻探发现古墓葬29座。郑州市文物考古研究所当即派员，在巩义市文物保护管理所协助下进行了发掘。发掘工作历时近两个月，共发掘古墓葬29座，其中汉代墓葬25座（其他时期墓葬4座），出土随葬品322件，为研究郑州地区两汉时期社会经济、丧葬习俗等，提供了宝贵的实物资料。现将发掘情况报告如下：

一、地理概况

巩义万宝苑昱盈阁公寓位于310国道巩义北山口段东侧，西临巩义市民族饭店，东临北山口村，北距诗圣杜甫塑像500米，其周围地势平坦，古墓葬分布密集，以往曾多次进行考古发掘，清理出大量汉墓、唐墓，出土一批具有一定研究价值的文物（图一）。

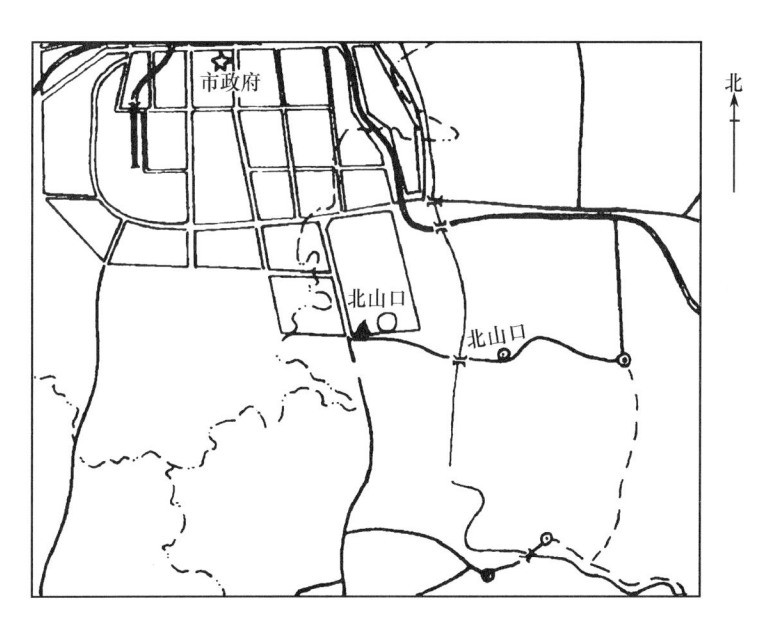

图一　巩义万宝苑昱盈阁公寓汉墓群位置图

二、墓葬形制

已发掘的 25 座墓葬（GWY0302M1—GWY0304M29），保存基本完好，葬具为木棺，但多已朽，人骨朽蚀严重，多呈骨粉。墓葬时代不同，可分为四个时期，即西汉中期、西汉晚期、新莽时期、东汉时期。

1. 西汉中期墓葬

12 座。空心砖结构，合葬墓（"隔山葬"，M2、M3、M4、M5、M6、M7、M9、M10、M12、M13、M25、M26），墓葬由墓道、墓室组成，中部由过洞相连。以下举例说明。

M6　方向 8°，墓道位于墓室北侧，平面长方形，口、底同大，长 2.26 米，宽 1 米，深 3.2 米，壁上有清晰的挖掘工具痕迹。墓道近中部东、西壁各开一壁龛，形制、大小相同，底长 0.5 米，通高 1.1 米，进深 0.16 米。墓门朝北，双层封门砖封门，即外层用 5 块小空心砖侧立封堵，砖长 1.12 米，宽 0.28 米，厚 0.12 米。内层用空心砖作门柱、门楣组成门框，中部用 2 块空心砖并列立砌形成墓门。墓室用空心砖砌成砖椁，长 3.3 米，宽 1.16 米，深 3.2 米。东壁用 2 层 6 块空心砖纵向侧砌而成。每块长 1.64 米，宽 0.46 米，厚 0.12 米，西壁南侧用 4 块大空心砖纵向侧砌而成。西壁北侧开一耳室（或曰通道），向西通向 M6。后壁用 2 块空心砖横向侧砌，每块长 1 米，宽 0.46 米，厚 0.12 米。墓室底部横向平铺 9 块，每块长 1 米，宽 0.38 米，棺木、人骨均已腐朽，葬式不详。墓顶自北向南横向平铺 9 块空心砖，尺寸与底部砖相同，其中第 1、第 2、第 3 块砖已断。耳室为长方形，门由空心砖门框、门楣组成，耳室南、北壁用空心砖砌成，顶部以横排空心砖封顶，底部平铺空心砖。出土随葬品 14 件，大部分放置于耳室内（图二，1）。

M7　方向 10°。墓道形制与 M6 相同，长 2.56 米，宽 1~1.16 米，深 3.4 米。墓门为 2 块竖立的空心砖，其外用空心砖作门柱、门楣组成门框，砖长 1.28 米，宽 0.7 米，厚 0.12 米。墓室系用空心大砖垒砌形成砖椁，平面呈长方形，长 3.3 米，宽 1.02 米，深 3.4 米。东壁共 2 层，用 3 个半块空心砖纵向侧立而成，每砖长 1.64 米，宽 0.46 米，厚 0.12 米。利用半块空心砖在东北角形成小门，向东与 M7 耳室相连，这样既可以连接两墓室，又可以废物利用，真是一举两得。南壁用 2 砖横向侧砌，墓室底部横向平铺 10 块，每块长 1 米，宽 0.32 米。棺木、人骨均已腐朽，葬式不详。墓顶由北向南横向平铺 9 块空心砖，尺寸与底部砖相同。西壁西北角开一耳室，室壁均为土壁，平顶，室内出土随葬品 8 件（图二，2）。从墓葬位置分析，中国传统上有左为上，右为下的风俗，在古代，女人的地位是比较卑贱的，其地位在男子之下，充分反映封建社会夫为妻纲、男尊女卑的道德观念。因此，我们认为 M6 墓主人为男性，M7 墓主人为女性。

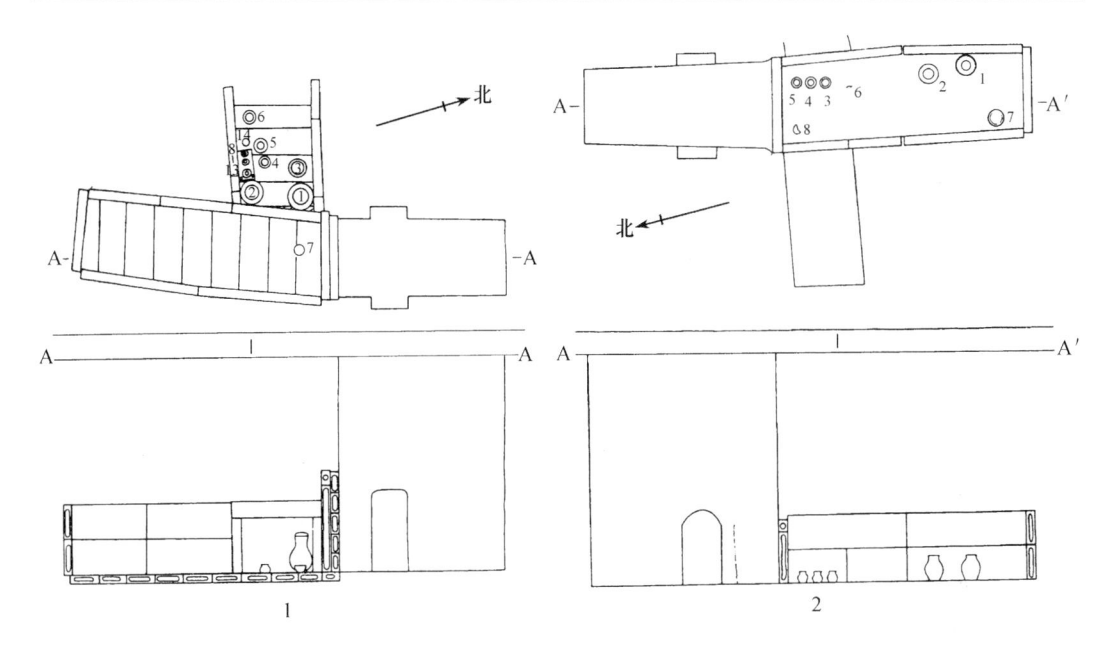

图二 M6、M7平、剖面图
1. M6平、剖面图（1~2.壶 3.鼎 4~6.罐 7.洗 8~13.灶1、甑1、釜4 14.锅）
2. M7平、剖面图（1~5.罐 6.带钩 7.釜 8.洗）

其次从出土物情况及墓室内淤土堆积情况分析，M6埋葬时间应早于M7，其性质应为夫妻合葬墓。

M12 位于M13东侧，方向12°。墓道平面长方形，位于墓室之北，平底，长2.3米，宽0.92米，深3.8米。靠墓道北端的东、西壁各有一排脚窝，墓道南端距底2.56米处有三角形壁龛一个，用途不详。墓门建筑方法与M7相同，墓室用空心砖砌成砖椁，长3.2米，宽0.9米，深3.8米。东壁用2层4块空心砖纵向侧砌而成，每块砖长1.42米，宽0.46米，厚0.14米，西壁南侧用2块大空心砖纵向侧砌而成。西壁北侧开一耳室，耳室门由空心砖砌成门框，耳室南、北壁用空心砖砌筑，顶部以横排空心砖封顶，底部平铺空心砖，向西通向M13，后壁用2块空心砖横向侧砌，每块长1.16米，宽0.46米，厚0.14米。墓室底部横向平铺9块，每块长1米，宽0.34米，厚0.12米，棺木、人骨均已腐朽，葬式不详。墓室中出土器物10件。墓顶自北向南横向平铺12块空心砖，尺寸与底部砖相同（图三，1）。

M13 方向10°，墓道与M12同，长2.16米，宽1米，深3.7米。墓门用双层封门砖封堵，与M6封门方法相同。墓室为空心砖结构，平面长方形，长3.16米，宽0.9米，深3.7米。西壁用2层6块空心砖纵向侧砌而成，每块长1.42米，宽0.46米，厚0.14米，东壁南侧用4块空心砖纵向侧砌而成，东壁北侧开一耳室，与M12相连。出土器物17件，大部分置于耳室之中。后壁用2块空心砖横向侧砌，墓室底部横向平铺6块，纵向平铺2块作棺床，棺木、人骨均已腐朽，葬式不详。墓顶自北向南横向平铺12块空心

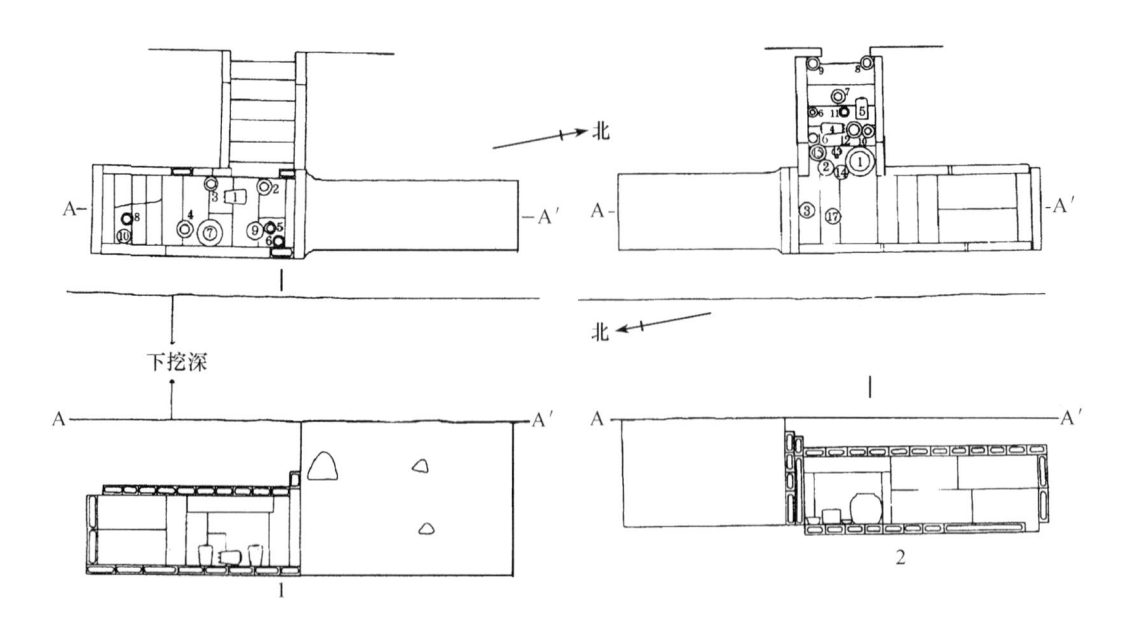

图三 M12、M13 平、剖面图
1. M12 平、剖面图（1~3. 仓 4. 鼎 5~8. 罐 9. 洗 10. 奁）
2. M13 平、剖面图（1. 瓮 2. 奁 3. 碗 4~10. 仓 11~13. 罐 14. 洗 15. 鼎 16. 器盖 17. 铜钱）

砖（图三，2）。M12、M13 两座墓葬应为夫妻合葬墓。

M4、M5，两座墓葬破坏较为严重。墓葬由墓道、墓门、墓室、耳室（过洞）四部分组成，整体结构与 M12、M13 基本相同，所不同的是，墓葬呈东西向，墓室底部只铺设了少量的空心砖，室壁均为土壁。据当地群众介绍，早年在平整土地时，因墓葬深度较浅，墓葬曾遭到严重破坏，器物被就地毁坏，墓葬形制与上述几座墓葬对比，笔者认为这两座墓葬也应属夫妻合葬墓。

2. 西汉晚期墓葬

1 座，小砖结构墓葬。M19。墓葬由墓道、墓门、墓室三部分组成，方向 188°。墓道为长方形竖穴式，位于墓室南端，长 2.8 米，宽 1.2 米，深 7.4 米，靠墓道南端的东、西壁各有一排脚窝。墓壁较为规整，墓口、底尺寸相同，墓门前用 32 层小砖平铺错缝内弧封堵，高 1.92 米。墓室建筑材料采用小砖，砖长 26 厘米，宽 12 厘米，厚 5 厘米。墓室平面呈长方形，长 3.8 米，宽 1.96 米，深 7.4 米。墓壁采用单砖错缝平砌，25 层逐渐收分起券，顺砖砌成拱形顶。北壁由空心砖做门柱、门楣组成门框，中部由小砖组成小门。门楣之上错缝平砌小砖 6 层，其用途不详，笔者推测是生者为死者营造的通向天堂仙境的大门。这种建筑方法，在宋代砖室墓、壁画墓中较为常见，例如登封黑山沟壁画墓就是采用这样的建筑方法，两者只是形制、用材略有差异，但在汉代墓葬中极少发现。铺底砖采用两顺两平的方法铺设。墓室东部发现一木棺痕迹，仅见部分棺灰和棺底白灰、棺钉，人骨已朽呈粉状，头向、葬式不详。所出土的器物均置于墓室之中（图四）。

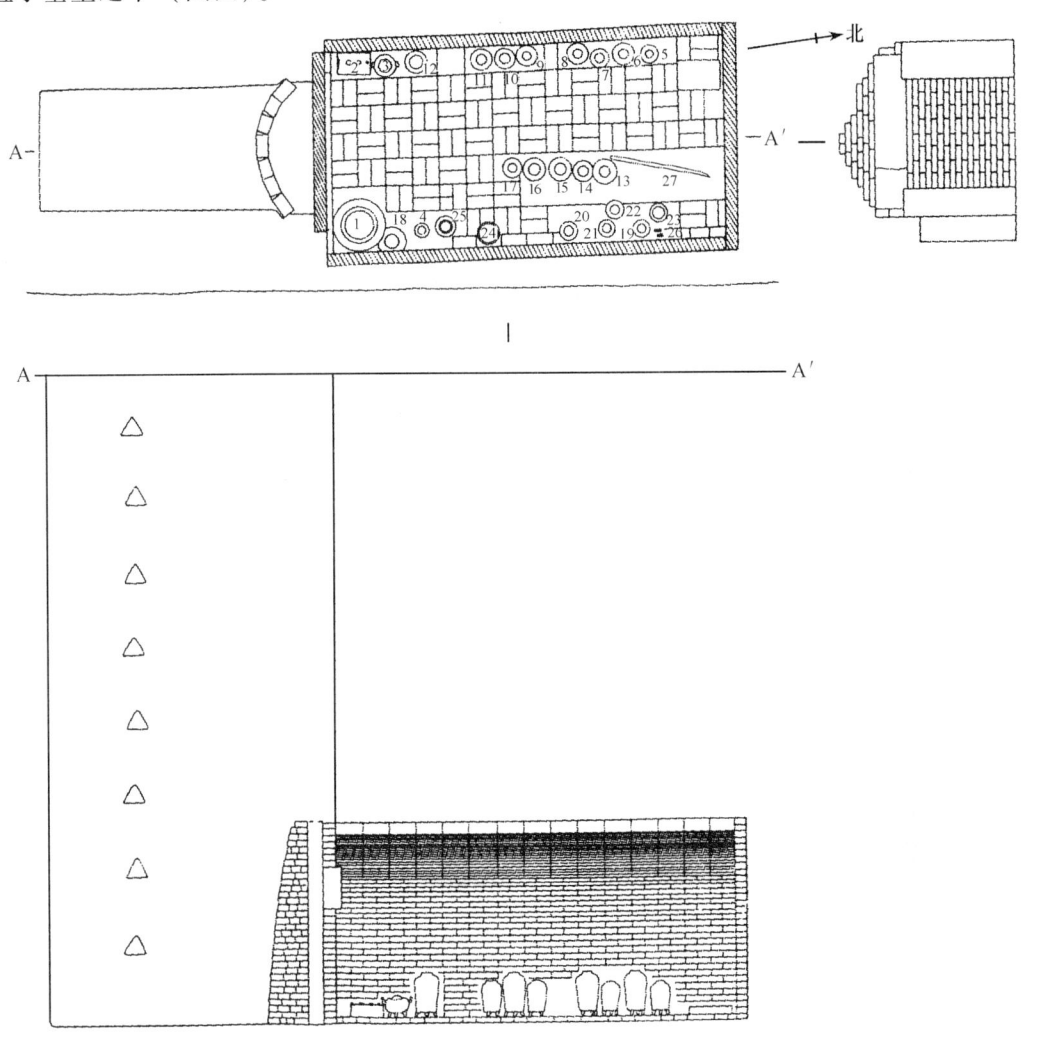

图四 M19 平、剖面图
1. 瓮 2. 灶 3. 鼎 4. 壶 5~17. 仓 18~23. 罐 24. 奁 25. 瓦 26. 铜钱 27. 剑

3. 新莽时期墓葬

10 座，依据建筑用材之不同，分为二型。

第一型：小砖结构墓葬，2 座（M1、M15）

M1 墓葬由墓道、墓门、甬道、墓室、东耳室五部分组成，方向 6°。墓道为长方形竖穴式，位于墓室北端，长 2.3 米，宽 1.08 米，深 4.8 米。靠墓道北端的东、西壁各有一排脚窝。墓壁较为规整，墓口、底尺寸相同，底部略呈斜坡状。墓门前用 14 层小砖平铺错缝内弧封堵，高0.84米。墓门北与墓道相连，成拱形状，墓门后砌有甬道，用小砖砌成拱形券顶。长方形小砖铺底，甬道长1米，宽1.5米，高1.5米。墓室位于甬道南部，长4.8米，宽1.8米，深4.8米。室壁用长方形小砖错缝平砌，上部壁砖脱落较为严重，顶部为拱形券顶，小砖顺砌错缝铺底。东壁中部开一耳室，拱形门，平面长方形，长方形小砖铺底。M1所出土器物均破损严重，除两件完整外，其余均为后期修复成型，因此，平剖图上未加标注。出土陶器27件，钱币30枚（图五）。

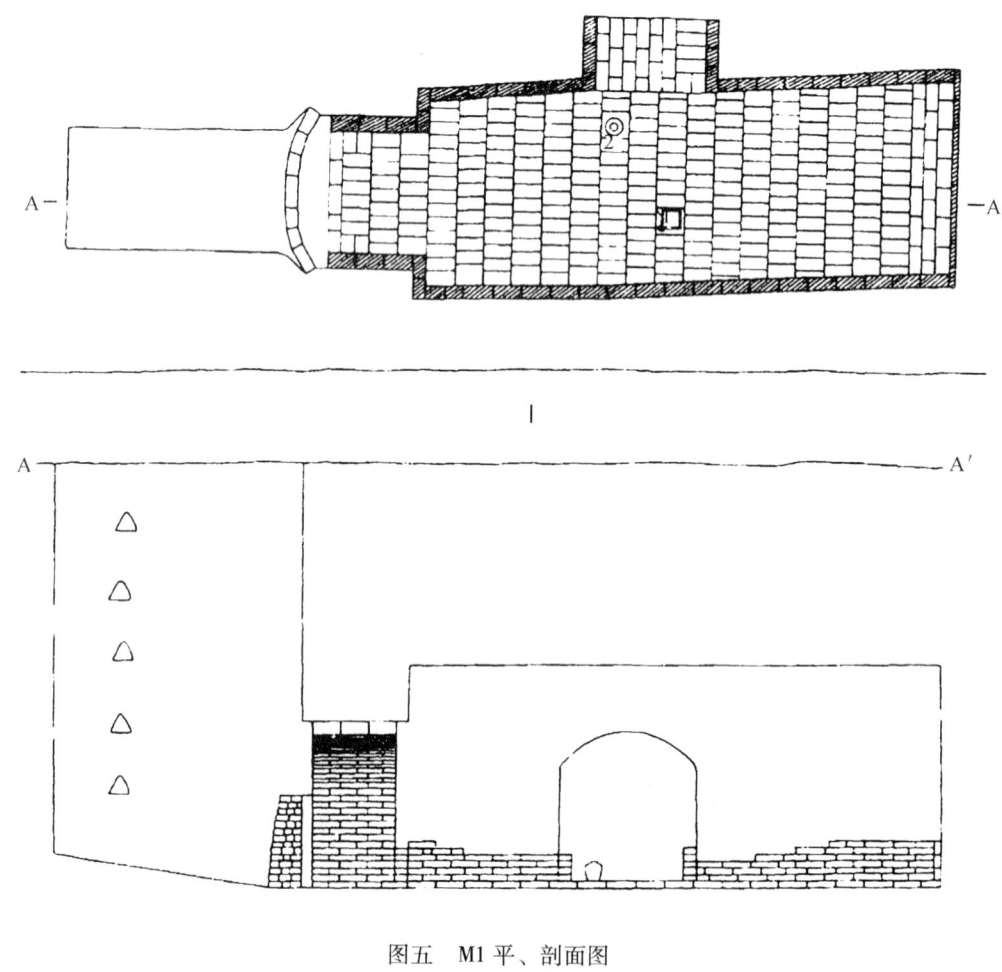

图五 M1平、剖面图
1. 井 2. 罐

M15 保存完好，出土器物丰富，为小砖券顶结构，由墓道、甬道、墓室、东耳室、西耳室五部分组成，方向5°。发掘时墓室上部被一水池叠压，庆幸的是水池深度未涉及到墓室顶部，墓室保存尚好。墓道为长方形土坑竖穴式，位于墓室东端。墓壁陡直，墓口、底尺寸相同，长2.7米，宽1.15~1.25米，深7.3米，东、西两壁各有一排脚窝。墓门北与墓道相接，为拱形门，门前未见有封门砖。墓门后砌有甬道，平面长方形，小砖结构，长1.74米，宽1.35米，高1.86米，底部用小砖交错平铺。墓室采用小砖结

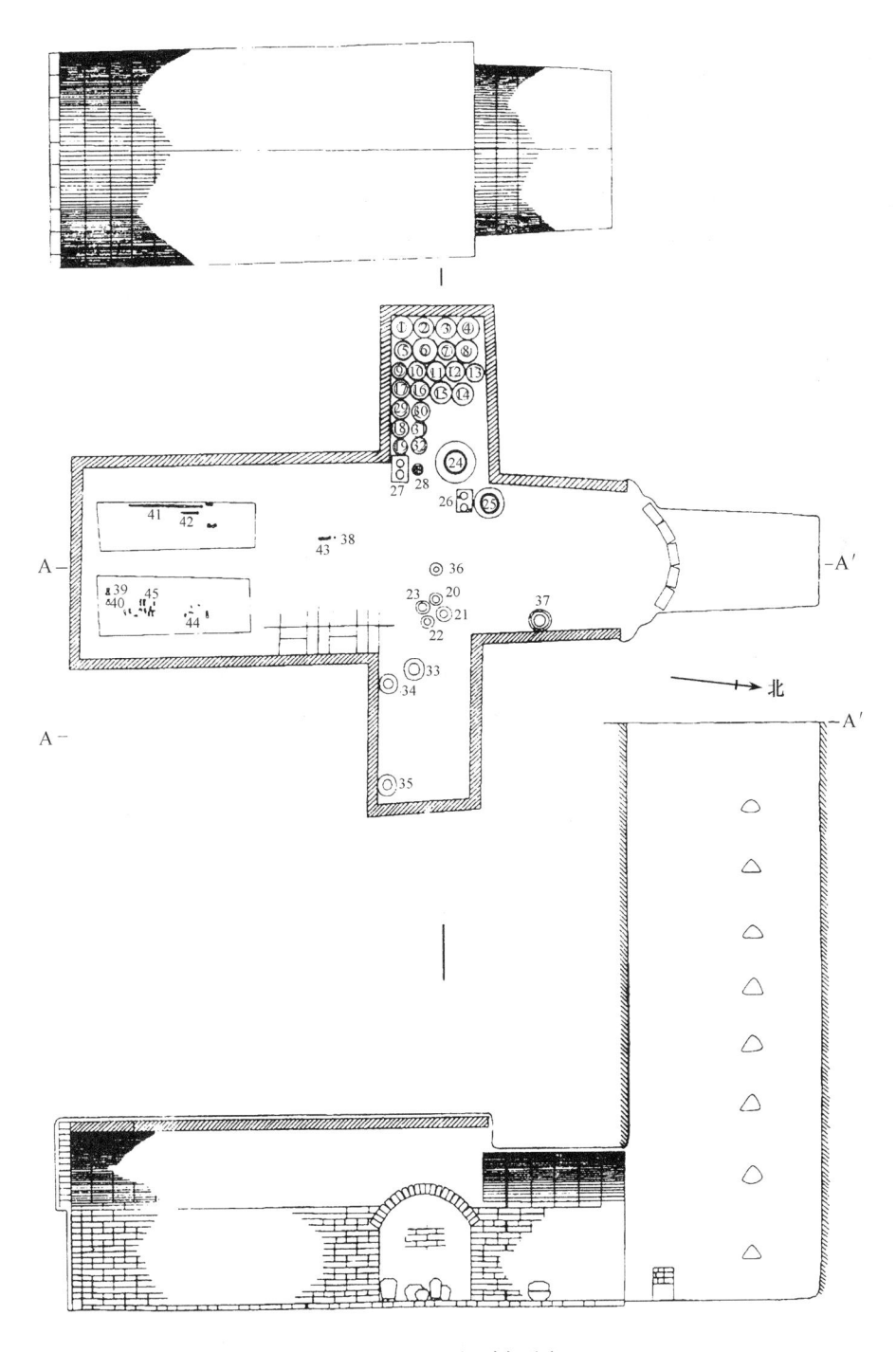

巩义万宝苑昱盈阁公寓汉墓群发掘报告 · 359 ·

图六　M15 平、剖面图
1~23. 仓　24、25. 瓮　26、27. 灶　28. 井　29~36. 罐　37. 盒　38. 环　39、40. 车軎
41. 剑　42. 刀　43. 铜钱　44. 带钩　45. 车饰

构，平面长方形，长 5.1 米，宽 2.3 米，深 7.3 米。砖与砖之间用坚硬白灰勾缝，由于封闭较好，室内淤土较少，器物基本保持原状，墓壁用长 0.3 米，厚 0.8 米的小砖顺置错缝平砌，在东、西壁 1.2 米开始起券，顶用长方形小砖侧立砌成南北 19 排。室内并列两棺，棺木已腐朽，仅留部分棺灰和棺底白灰、棺钉，人骨已成粉状，头向、葬式不明。墓底平铺顺砖。墓室东西两壁近墓门处各开一耳室，东耳室为长方形，长 1.8 米，宽 1.64 米，壁用长方形小砖顺砌错缝而成，室内放置器物 3 件。西耳室为长方形，拱形顶，长 1.7 米，宽 1.2 米，底部平铺顺砖，室内放置随葬品较多，其中出土陶仓数量达 23 件，出土陶仓上多有文字，且形制较大，表明墓主人生前占有相当数量的财富，其身份当为地主阶级或中下层官吏（图六）。

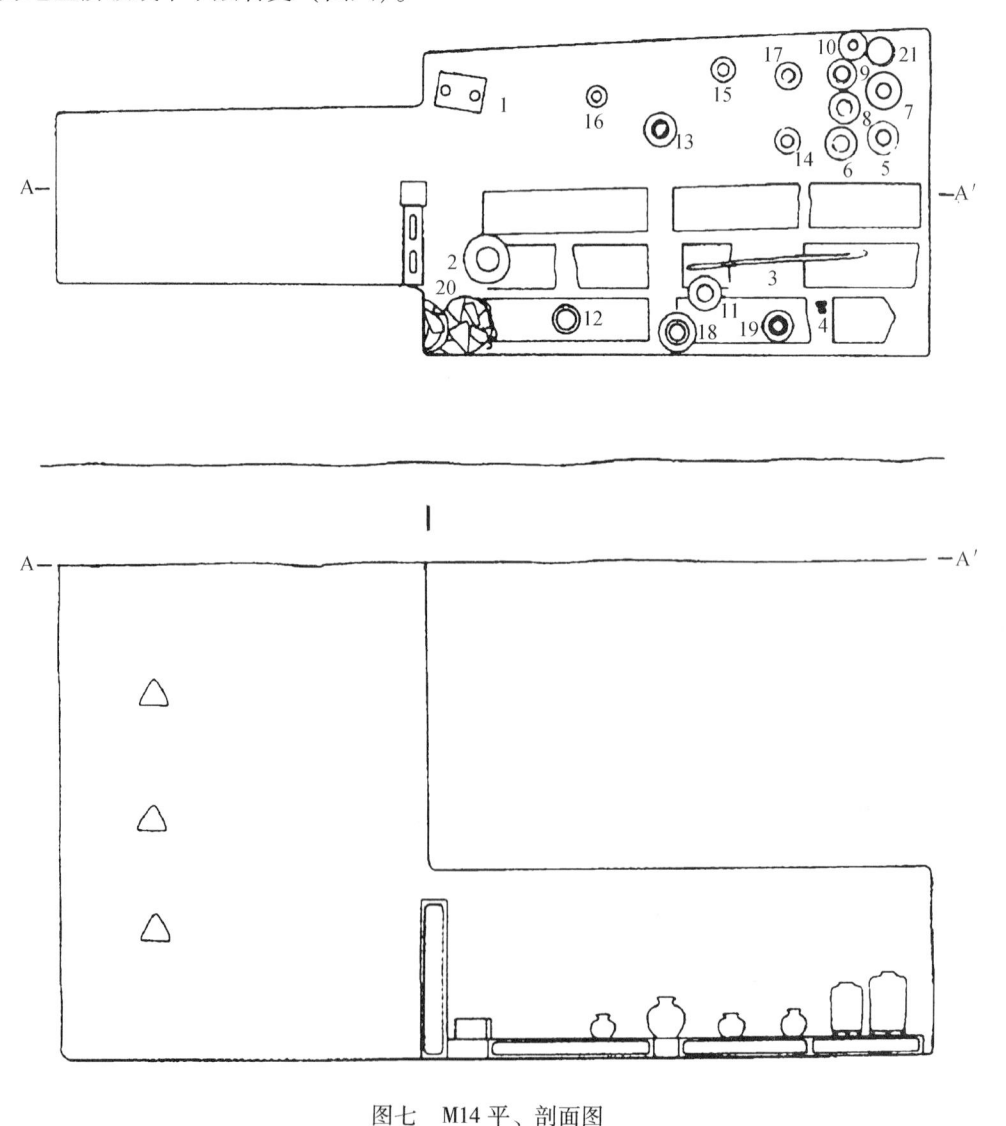

图七　M14 平、剖面图
1. 灶　2. 瓮　3. 剑　4. 铜钱　5～11. 仓　12. 盆　13～20. 罐　21. 釜

第二型：土洞墓，9座。形制基本相同，只是墓葬尺寸、大小略有差异。其中 M8 由墓道、墓室两部分组成，方向 5°。墓道位于墓室北端，长方形土坑竖井式，底部略呈小斜坡状，长 2.3 米，宽 0.92 米，深 3.7 米。墓室为长方形土洞，长 3.6 米，宽 1.2 米，深 3.7 米，四壁规则，平顶。器物均置于墓室北部。M14（仅在底部铺几块空心砖作棺床，也可视作土洞墓）由墓道、封门、墓室三部分组成，方向 4°。墓道位于墓室北端，长方形土坑竖井式，底部为平底，靠墓道北端的东、西壁各有一排脚窝。墓壁较为规整，墓口、底尺寸相同，长 2.5 米，宽 1.04～1.08 米，深 3.7 米。墓门西侧用 2 块空心砖封堵，墓室为长方形土洞，长 3.2 米，宽 1.82 米，深 1.9 米，四壁规则，平顶，底部西侧用残缺不全的小空心砖作棺床。所出土器物均置于墓室之中（图七）。

4. 东汉墓葬

1 座，横堂砖室墓，编号 M16。墓葬由墓道、甬道、墓室三部分组成，方向 351°。墓道位于墓室北部，南接甬道，长方形，靠墓道北端的东、西壁各有一排脚窝。墓壁较为规整，墓口、底尺寸相同，长 2.6 米，宽 1.12 米，深 4.9 米。甬道位于墓道与墓室之间，为过洞式，长 0.98 米，宽 1.12 米，甬道顶部已塌落，残高 0.66 米。墓室平面长方形，长 2.6 米，宽 5.72 米，深 4.92 米，壁砖破坏较为严重，仅存下部 3 层，从残存迹象分析，顶部为拱形券顶。室内未发现人骨架，疑为早期盗墓所致（图八）。

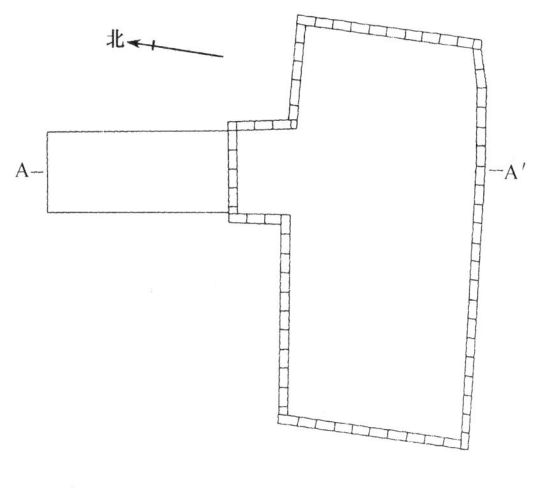

图八　M16 平面图

三、出 土 遗 物

1. 西汉中期墓葬

出土器物 109 件，根据不同质地可分为：陶器、铜器、铁器三类。分述如下：

（1）陶器

99 件。除另注明陶质、陶色外，均为泥制灰陶。青灰色，火候一般，多为轮制，模制次之。

仓　29 件。分为三型。

A 型　10 件。依据唇、肩部之不同，可分为三式。

Ⅰ式：1件。敛口无唇、折肩、筒腹、平底无足。标本 M13：5，通高 29 厘米，口径 10.4 厘米，腹径 19 厘米，底径 16 厘米，器身饰弦纹四周（图九，1）。

Ⅱ式：6件。有唇、折肩、筒腹、平底无足。标本 M13：10，扁圆唇，通高 29.4 厘米，口径 8.4 厘米，腹径 16.8 厘米，底径 15.6 厘米，器身饰弦纹四周（图九，2）。标本 M13：9，圆唇，通高 33.8 厘米，口径 9.2 厘米，腹径 17.6 厘米，底径 16.4 厘米，器身饰弦纹五周（图九，3）。

Ⅲ式：3件。圆唇、圆肩、筒腹、平底无足。标本 M10：6，通高 24.6 厘米，口径 9 厘米，腹径 18.2 厘米，底径 16.8 厘米，器身饰弦纹四周（图九，4）。

B 型 12件。依据腹部之不同，可分为三式。

Ⅰ式：1件。覆有碗形盖，圆唇较低，圆肩、筒腹、平底附三个熊形足或三个蹄形足。标本 M10：7，通高 30.8 厘米，口径 9.6 厘米，腹径 21.2 厘米，底径 20.4 厘米，平底附立三个熊形足（图九，5）。

Ⅱ式：6件。方唇较高，圆肩，上腹径大于下腹径，肩部饰凸弦纹三周，腹部有制作时留下的轮制痕迹，并留有烟熏的痕迹（外壁熏黑，应是当时的实用器）。平底下附三个蹄形足，较矮。标本 M12：4，口径 9.6 厘米，腹径 21.2 厘米，通高 31.6 厘米（图九，6）。

Ⅲ式：5件。直口圆唇，折肩，下腹部微束，器表饰弦纹四周，平底下附三个人面足。标本 M9：14，口径 9.6 厘米，腹径 21 厘米，通高 34.4 厘米（图九，7）。

C 型 7件。体矮胖，圆唇，圆肩，最大腹径在腹上部，腹部饰三组各三条凸弦纹，平底。标本 M9：4，口径 8.7 厘米，腹径 19.2 厘米，底径 16.5 厘米，高 22.9 厘米（图九，8）。

罐 34件。分为四型。

A 型 6件。口沿外折，方唇，短颈，上腹圆鼓，下腹内收呈筒形，腹部有多周凸弦纹（制作时留下轮痕），腹部最大径在罐颈下距底三分之一处，平底。标本 M10：1，腹上部刻有□□2字。口径 16.2 厘米，腹径 33.8 厘米，底径 17.2 厘米，高 42.4 厘米（图九，9）。

B 型 9件。侈口，尖唇，斜折沿，束颈，鼓腹，平底。标本 M7：5，肩部阴刻"N"形符号，口径 15.2 厘米，腹径 35.7 厘米，高 42 厘米（图九，10）。

C 型 11件。斜折沿，方唇，溜肩，近垂腹，平底。标本 M12：6，器表有轮制留下的痕迹，口径 9.7 厘米，腹径 14.3 厘米，高 14.7 厘米（图九，11）。

D 型 8件。直口方唇，沿外折，圆鼓腹，最大腹径在中部，平底。标本 M13：11，腹上部饰凹弦纹四周。口径 9.3 厘米，腹径 20 厘米，底径 11.1 厘米，高 19.1 厘米（图一〇，1）。

壶 3件。大小、形制相同。上置盖，口微外敞，有领，颈粗，腹椭圆，折曲状圈足，肩部模压铺首各一，肩部、腹部各饰凹弦纹两周，器表颈上部施酱色釉，下部施绿

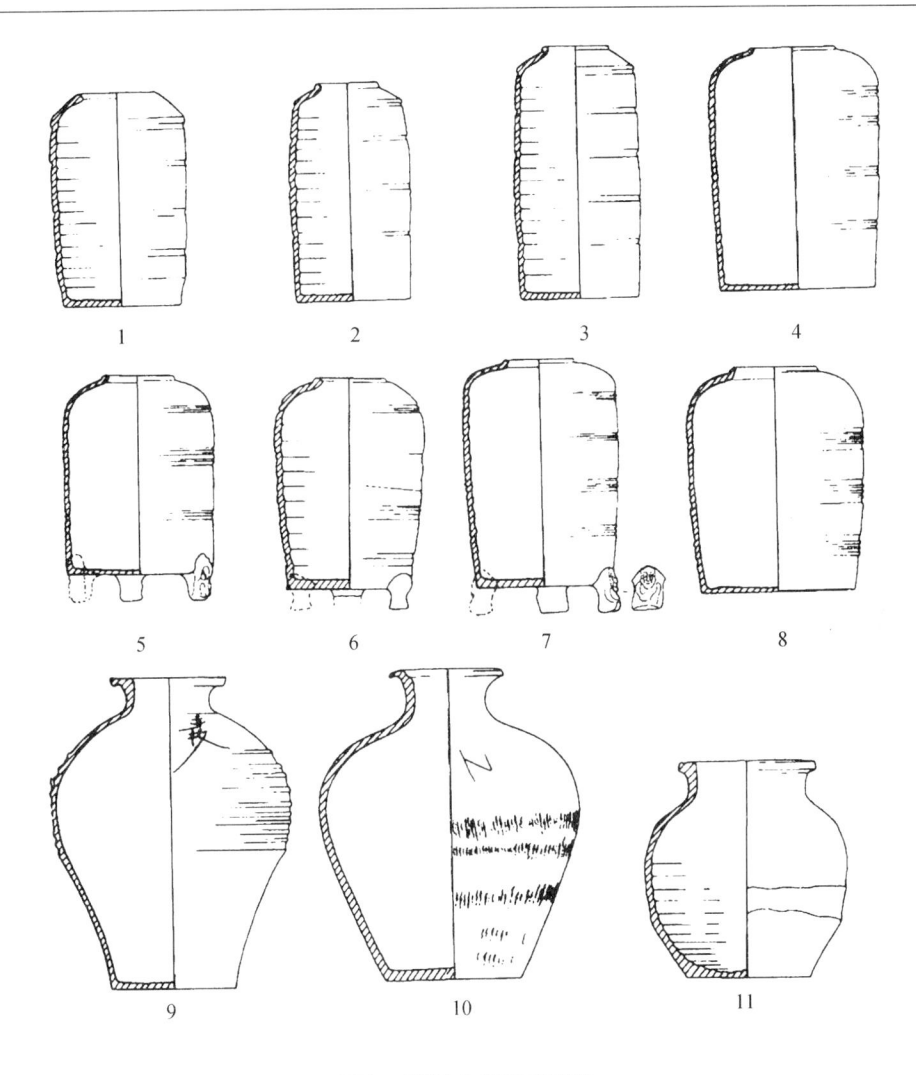

图九　西汉中期墓葬器物

1. A型Ⅰ式仓（M13:5）　2、3. A型Ⅱ式仓（M13:10、M13:9）　4. A型Ⅲ式仓（M10:6）
5. B型Ⅰ式仓（M10:7）　6. B型Ⅱ式仓（M12:4）　7. B型Ⅲ式仓（M9:14）　8. C型
仓（M9:4）　9. A型罐（M10:1）　10. B型罐（M7:5）　11. C型罐（M12:6）

釉，也就是双色釉，应该是色釉窑变产生的差异。这种制作工艺，在汉代是极少发现的[1]。盖缘略平折，顶隆起，缘与顶间分界明显，顶部饰一周凸弦纹（绳纹），顶部纽已残，周围饰有柿蒂纹。铺首兽面圆目高鼻，面目狰狞，须发弯曲向上翻卷。标本M6:2，口径18.5厘米，腹径37.7厘米，底径19.4厘米，通高53.6厘米（图一〇，2）。

小壶　1件。盘口，束颈，溜肩，球形腹，平底。标本M10:3，口径8.7厘米，腹径18.2厘米，底径9厘米，通高22.6厘米（图一〇，3）。

鼎　6件。敛口，圆腹，模制双耳向外斜出，圜底，下模制三足。标本M6:3，通身施酱黄釉，做工精细，釉色均匀明亮，击之声音清脆悦耳，反映了当时较高的制陶水平。

子母口，腹部凸弦纹一周，三个立姿兽面足外撇，足部施绿釉，口径25.8厘米，高18.7厘米（图一〇，4）。

奁　4件。圆筒形，直壁平底，底部有3足。标本M12:10，口部有2周阴刻纹，底部有3个蹄形足。口径23.2厘米，高19.7厘米（图一〇，5）。标本M2:1，底部有3个兽面足，口径22.7厘米，高19.7厘米（图一〇，6）。

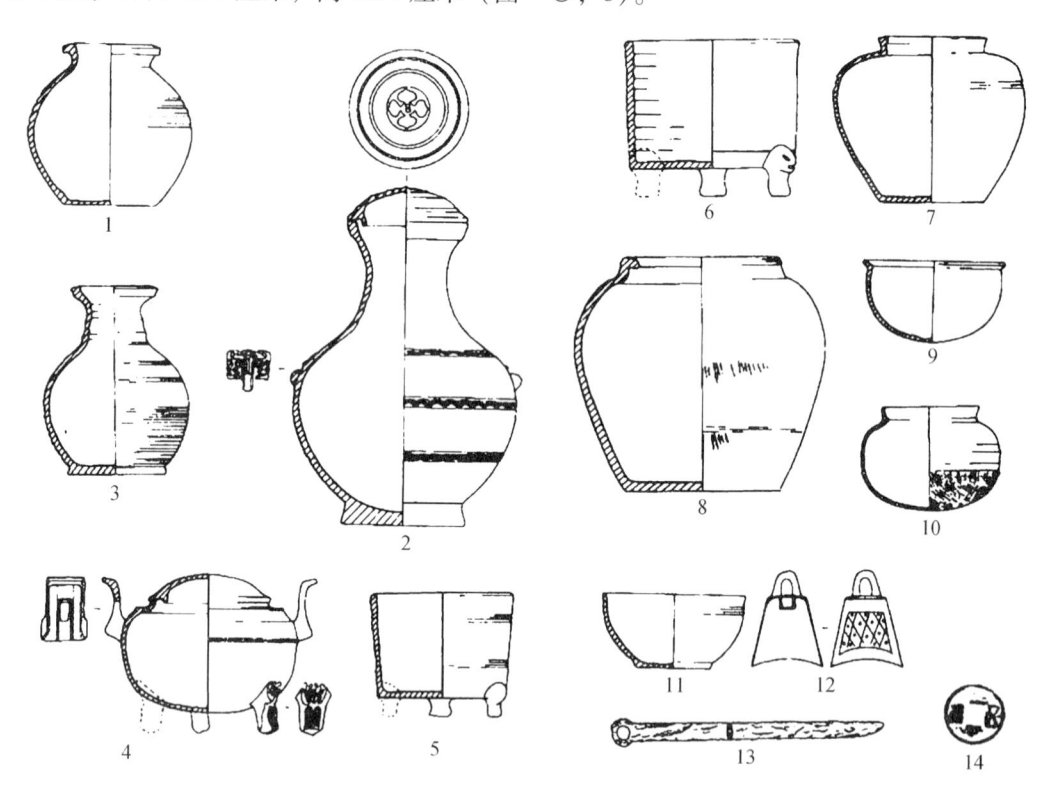

图一〇　西汉中期墓葬出土器物

1. 罐D型（M13:11）　2. 壶（M6:2）　3. 小壶（M10:3）　4. 鼎（M6:3）　5、6. 奁（M12:10、M2:1）　7. A型瓮（M9:1）　8. B型瓮（M13:1）　9. 洗（M12:9）　10. 釜（M7:7）　11. 碗（M13:3）　12. 铜铃（M4:1）　13. 刀（M10:4）　14. 铜钱（M13:17）

瓮　2件。分为两型。

A型　1件。直口方唇，圆肩，肩部饰阴线弦纹2周，扁圆腹，平底。标本M9:1，口径19厘米，腹径34.4厘米，通高28厘米（图一〇，7）。

B型　1件。大口，圆唇，沿外卷，圆肩，斜腹，平底。标本M13:1，口径28厘米，腹径43.5厘米，底径26.4厘米，通高39厘米（图一〇，8）。

灶　3件。分为两型。

A型　1件。标本M10:5，长32.3厘米，宽21.6厘米，高11.2厘米。呈长方形，灶面与灶身尺寸相同，上并列两火眼，灶端有方形防火墙，前壁开一弧顶形火门，饰有几何形纹饰。火门两侧各站立一门吏，左侧站立一男吏，头戴帽，面侧向右前方，有髯，身着长袍，宽衣大袖，两手交叉于胸前，面前方凸刻"二工石"三字；右侧站立一女吏，头顶扎一发结，面侧向左前方，着长袍，两手置于胸前，面前方凸刻"夫人"两字。后壁模印"猛虎图"，做工精细，形象逼真，虎口张，目圆睁，四肢有力，尾上翘，作奔跑状。一侧模印"农夫牵牛图"，农夫作奔跑状，一手拿镰，一手牵牛，发扎结，面向后，上身裸露，下着长裤，耕牛口微张，有角，四肢作行走状，尾下垂。一侧模印"虎牛争斗图"，猛虎昂首长啸，威风凛凛，奔牛奋蹄疾冲，争强好胜，真实再现了一千多年前猛兽相争的生动场面，具有一定的研究价值和观赏价值。灶面模印一周菱形纹饰，两侧模印大鱼各一条，火眼周围模印瓢、火钩、刀等。后壁开一圆孔作烟囱（图一一）。

图一一　A 型灶模印图拓片（M10∶5）
1. M10∶5 正面拓片　2. M10∶5 火门拓片　3. M10∶5 侧面拓片
4. M10∶5 侧面拓片　5. M10∶5 后壁拓片

B 型　分为两式。

Ⅰ式：2 件。标本 M9∶12，长 31.5 厘米，宽 31.8 厘米，高 22 厘米，呈长方形。灶面与灶身尺寸相同，前端开一半圆形火门，火门旁阴刻小树一棵，灶面有两个大火眼，上置一釜，釜上又承一甑，釜口内敛，折腹，圜底略平，甑敞口，方唇，斜腹内收，小平底，底部穿有 11 个气孔。另一火眼置一锅，敞口，方唇，斜腹内收，小平底。两个小火眼各置一小釜，敛口，折腹，小平底。灶面阴刻一周菱形纹，两个大火眼两侧并列阴刻两条大鱼。灶一侧面阴刻大鱼一条，另一侧面为素面。后壁开一圆孔作烟囱（图一二，1）。

Ⅱ式：1 件。标本 M6∶8，器形较大，是本次发掘中，做工最精细，保存最完整，附件最齐全的一件。灶面作长方形，中部开两个大火眼，一个上置一釜，釜上又承一甑；另一个上置一釜，釜上又承一锅。釜大小、形制相同，敛口，圆唇，折腹，小平底，锅敞口，斜折沿，弧腹，平底，甑的形制、大小与锅相同，底部穿有 14 个小气孔。前壁并

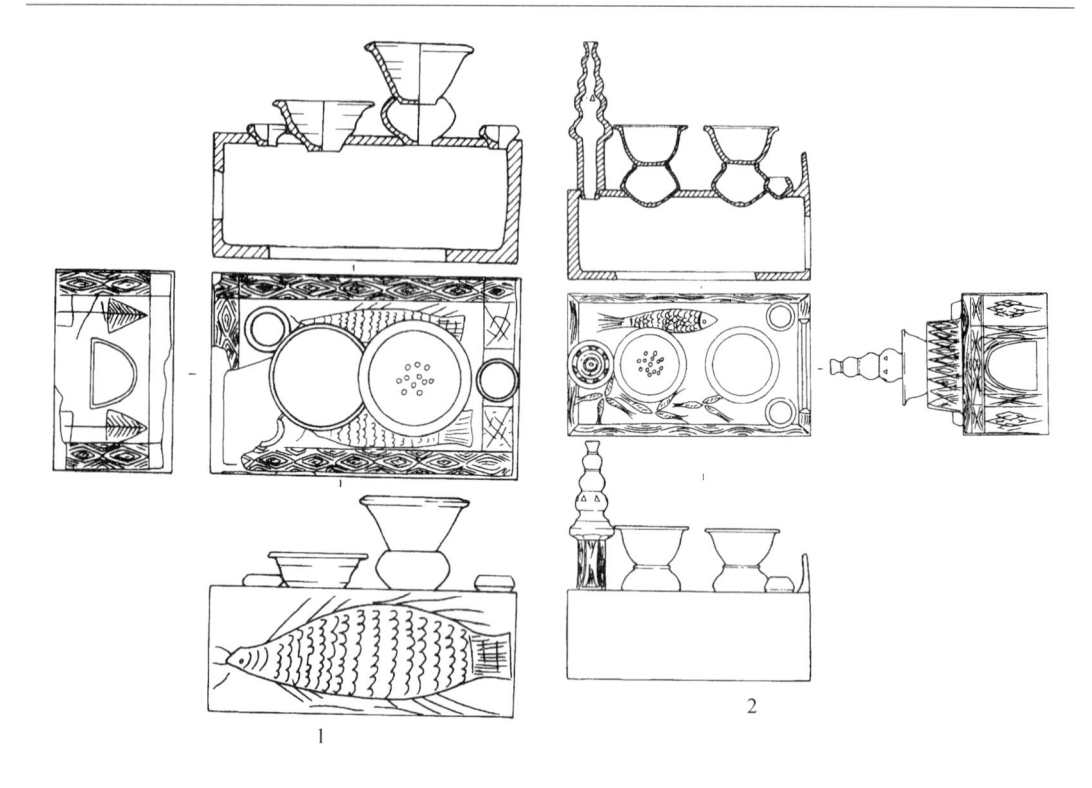

图一二　西汉中期墓葬出土陶灶

1. B型Ⅰ式灶（M9:12）　2. B型Ⅱ式灶（M6:8）

排开两个小火眼，上各置一小釜，敛口，折腹，小平底。灶面一侧阴刻一条大鱼，另一侧阴刻10条戏水玩耍的小鱼，画面表现的是鱼儿在母亲的带领下戏水的场面。灶端有方形挡火墙，前壁开一半圆形火门，周围饰有菱形纹，灶后壁开一方孔，上置塔形烟囱，共4层。长41厘米，高42.6厘米（图一二，2）。

洗　4件。形制、大小基本相同。标本M12:9，形仿铜洗，斜折沿，方唇，半球形腹，圜底。口径9.7厘米，腹径14.3厘米，高14.7厘米（图一〇，9）。

釜　2件。夹砂红陶，侈口，斜折沿，方唇，溜肩，圜底，近底部饰有细绳纹。标本M7:7，肩部有2个对称小孔，口径12.8厘米，腹径20.7厘米，高17厘米（图一〇，10）。

碗　1件。标本M13:3，侈口，斜折沿，尖唇，沿下饰有2圈凸弦纹，弧腹，平底。口径18.2厘米，通高9.1厘米（图一〇，11）。

（2）铁器

刀　2件。锈蚀严重，直式环首刀，尖部成弧形。标本M10:4，通长47.5厘米（图一〇，13）。

（3）铜器

铃　1件。标本M4:1，桥形纽，下缘角尖，内顶半环形纽上悬一舌，铃上饰乳钉纹。高 2.6 厘米，宽 2 厘米（图一〇，12）。

铜钱　1 枚。标本 M13:17，"五"字中间两笔近直，"铢"字的朱字头方折。郭径 2.5 厘米，穿径 0.9 厘米（图一〇，14）。

2. 西汉晚期墓葬

出土器物 27 件，根据不同质地可分为陶器、铜器、铁器三类（铜洗、铜钱、铁剑与新莽时期墓葬同类器物相同，这里不再叙述。）

仓　13 件。覆有碗形盖，圆唇较低，圆肩，筒腹，平底，附 3 个熊形足或 3 个蹄形足。标本 M19:15，体饰四周凸弦纹，口径 8.8 厘米，腹径 21.6 厘米，底径 18.6 厘米，通高 37.2 厘米（图一三，1）。

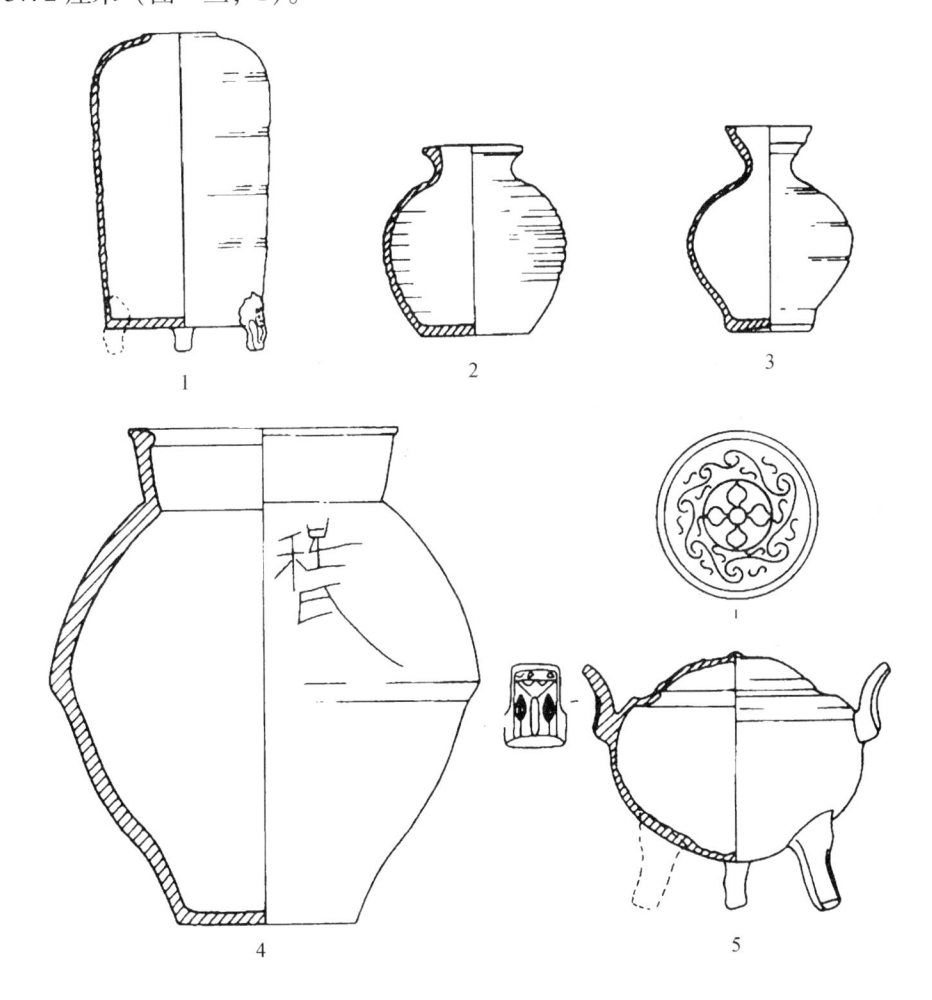

图一三　西汉晚期墓葬出土器物
1. 仓（M19:15）　2. 罐（M19:23）　3. 小壶（M19:4）　4. 瓮（M19:1）　5. 鼎（M19:3）

罐　7件。口方唇，沿外折，圆鼓腹，最大腹径在中部，平底。标本 M19:23，口径 12 厘米，腹径 21.9 厘米，底径 12.8 厘米，高 21.9 厘米（图一三，2）。

小壶　1件。标本 M19:4，器型较小，盘口，束颈，溜肩，椭圆形腹，腹部饰凸弦纹 5 周，折曲状假圈足。口径 7.8 厘米，腹径 14.6 厘米，底径 7.2 厘米，通高 18 厘米（图一三，3）。

瓮　1件。标本 M19:1，器型较大，口侈，直沿内折，折肩，腹内收，平底。肩部刻画"程氏"2字，最大腹径在腹下部。口径 15.6 厘米，腹径 25.7 厘米，底径 15.6 厘米，通高 36.6 厘米（图一三，4）。

鼎　1件。标本 M19:3，敛口，圆腹，模制双耳向外斜出，圜底，下模制 3 个蹄形足。双耳饰三角纹和树叶纹，口径 28.1 厘米，高 22.5 厘米（图一三，5）。

3. 新莽时期墓葬

第一型出土器物 89 件（不计铜钱），根据不同质地可分为陶器、铜器、铁器三类。分述如下。

（1）陶器

仓　30 件。分为两型。

A 型　21 件。覆有碗形盖，圆唇较低，圆肩，筒腹，平底附 3 个熊形足或 3 个蹄形足。标本 M15:4，腹部白衣竖写隶书"黄粱米千石"。通高 43.2 厘米，口径 12.5 厘米，腹径 24 厘米，底径 17.2 厘米。标本 M15:7，腹部白衣竖写隶书"黍米千石"。通高 40.8 厘米，口径 11.8 厘米，腹径 24.3 厘米，底径 18 厘米。标本 M15:8，腹部白衣竖写隶书"白粱米千石"。标本 M15:12，腹部白衣竖写隶书"□五百石"。标本 M15:11，腹部白衣竖写隶书"饼□千石"。标本 M15:6，腹部白衣竖写隶书"黄米粟千石"，内有粟类谷物。口径 10.8 厘米，腹径 30 厘米，底径 27.2 厘米，高 47.2 厘米。标本 M15:14，腹部白衣竖写隶书"琐□千石"。高 43 厘米，口径 10 厘米，腹径 27.2 厘米，底径 20 厘米。标本 M15:10，腹部白衣竖写隶书"鞠千石"，通高 40.8 厘米，口径 11.8 厘米，腹径 24.3 厘米，底径 18 厘米。标本 M15:15，腹部白衣竖写隶书"乡稻米千石"。通高 43.2 厘米，口径 10.4 厘米，腹径 24.4 厘米，底径 25 厘米（图一四，1）。标本 M15:2，腹部白衣竖写隶书"□千石"。标本 M15:16，腹部白衣竖写隶书"□□□千石"。通高 47.2 厘米，口径 4.8 厘米，腹径 25.6 厘米，底径 22 厘米。标本 M15:13，腹部白衣竖写隶书"小麦面百石"，通高 43.2 厘米，口径 12.5 厘米，腹径 24 厘米，底径 17.2 厘米。标本 M15:3，腹部白衣竖写隶书"□粟千石"。标本 M15:17，腹部白衣竖写隶书"□□千石"（图一四，2）。标本 M15:5，腹部白衣竖写隶书"麻千石"（图一四，3）。标本 M15:9，腹部白衣竖写隶书"金豆百石"。口径 10 厘米，腹径 20 厘米，底径 18.4 厘米，通高 34.2 厘米（图一四，4）。标本 M15:1，腹部白衣竖写隶书"白米粟千石"，仓内留有粟类谷物。高 43 厘米，口径 10 厘米，腹径 27.2 厘米，底径 20 厘米（图一四，5）。

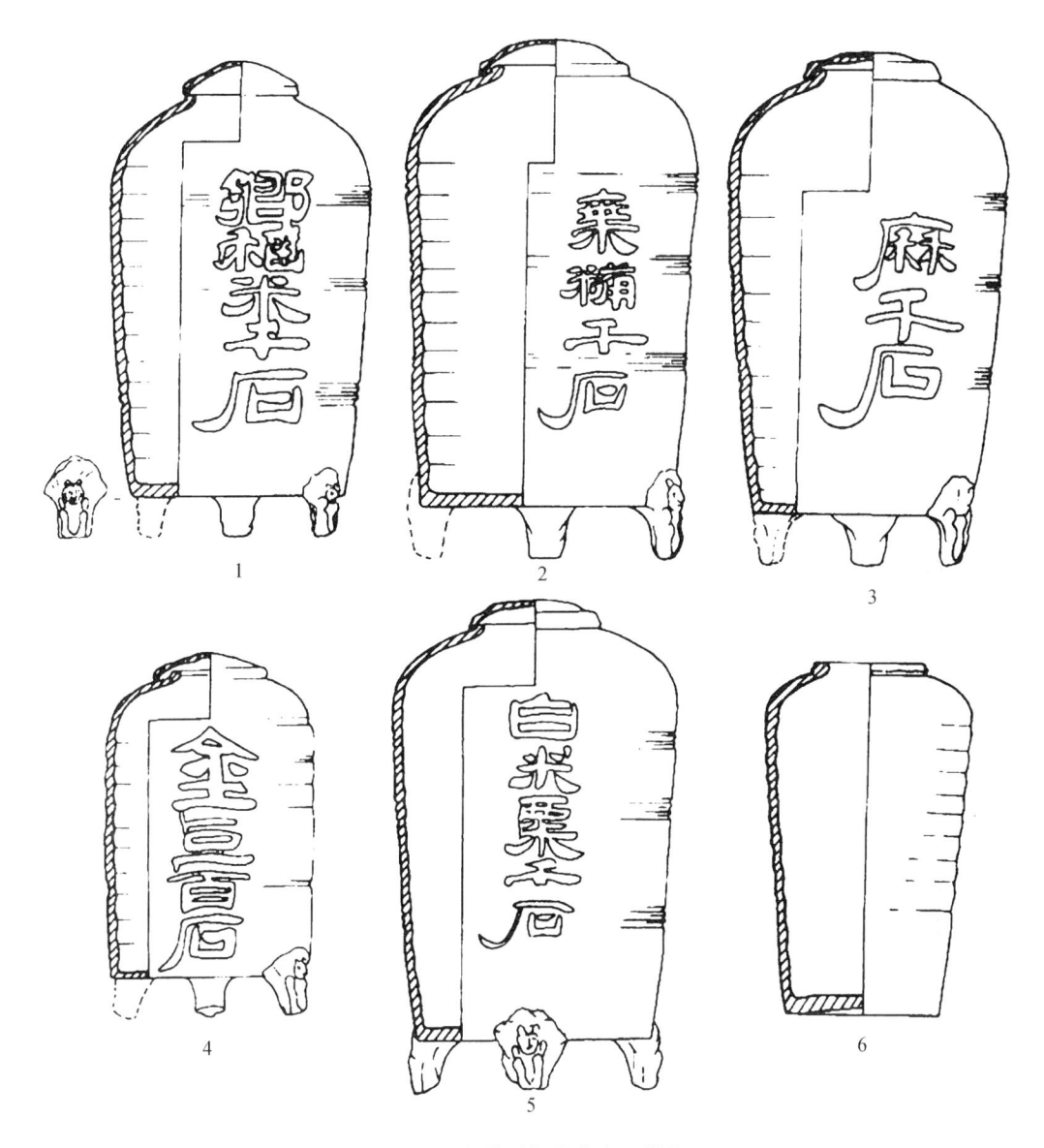

图一四 新莽时期墓葬出土器物
1~5. A型仓（M15:15、M15:17、M15:5、M15:9、M15:1） 6. B型仓（M1:22）

B型 9件。体态较修长，卷沿，圆肩，肩至腹下部饰多周凹弦纹。标本M1:22，口径10.8厘米，腹径20厘米，通高33厘米（图一四，6）。

罐：8件。直口方唇，沿外折，圆鼓腹，最大腹径在中部，平底。标本M15:30，腹部白衣竖写隶书"□千石"。口径11.6厘米，腹径21.4厘米，底径11厘米，高22.2厘米。标本M15:31，腹部白衣竖写隶书"小麦麸百石"。标本M15:29，腹部有轮制留下痕迹，腹径25.6厘米，底径17.6厘米，高20.8厘米（图一五，1）。

壶 4件。分为两型。

A型　2件。口微外敞，筒状束颈，无领，扁圆腹，喇叭状空心假圈足，泥质红陶，通体施绿釉。标本 M1:4，口径 15.6 厘米，腹径 25.7 厘米，底径 15.6 厘米，通高 36.6 厘米（图一五，2）。

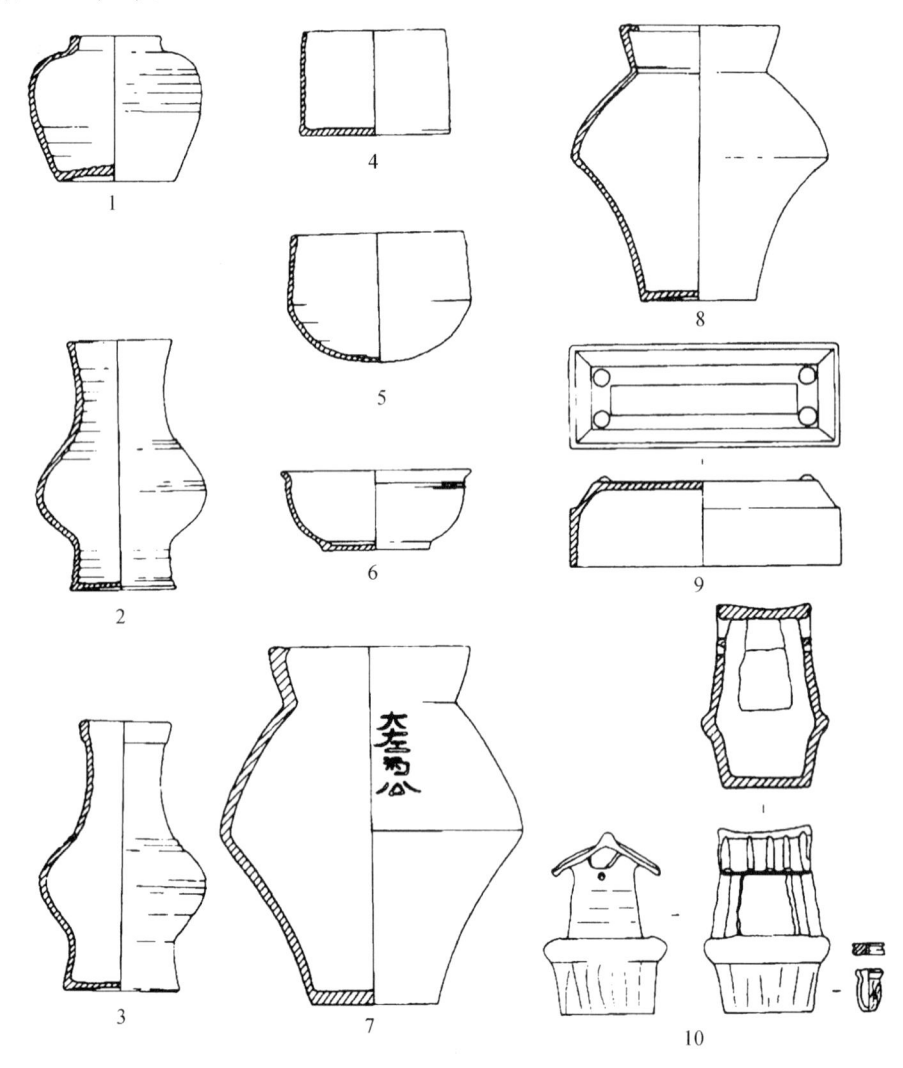

图一五　新莽时期墓葬出土器物
1. 罐（M15:29）　2. A型壶（M1:4）　3. B型壶（M1:7）　4. A型奁（M1:25）　5. B型奁（M1:6）　6. 盆（M14:12）　7、8. 瓮（M15:25、M15:24）　9. 盒盖（M1:19）　10. A型井（M15:26）

　　B型　2件。有领，口微侈，颈长，椭圆腹，颈腹间无明显界限，折曲状空心假圈足，腹上部、中部各饰三组凸弦纹。标本 M1:7，口径 12 厘米，腹径 25.4 厘米，底径 17.2 厘米，高 38.5 厘米（图一五，3）。

　　瓮　2件。口侈，直沿内折，折肩，腹斜收，平底。标本 M15:25，器型较大，肩部刻画"大左米公"4字，口径 29.5 厘米，腹径 45 厘米，底径 18 厘米，高 51.4 厘米（图一五，7）。标本 M15：24，最大腹径在腹中部。口径 23.4 厘米，腹径 37.6 厘米，底径 16.8 厘米，通高 29 厘米（图一五，8）。

奁　5 件。依底部之差异分为两型。

A 型　3 件。形制与奁基本相同，圆筒形，口径与底径相同，平底无足。标本 M1：25，口径 20.8 厘米，腹径 21.8 厘米，底径 21.2 厘米，高 15 厘米（图一五，4）。

B 型　2 件。敛口，圆唇，下腹部微外敞，圜底。标本 M1：6，口径 25.2 厘米，腹径 22.5 厘米，高 18.5 厘米（图一五，5）。

盆　2 件。标本 M14：12，素面，侈口，外折沿，圆唇，弧腹较浅，平底。口径 22.4 厘米，高 11.8 厘米，底径 15.6 厘米（图一五，6）。

鸡　2 件。标本 M1：5，雄鸡，立姿，头前伸，尾上翘，身上有七道凸凹纹作成羽翅状，腿粗。通身施白衣。通高 19.2 厘米。

灶　4 件。灶面模印耳杯、瓢、勺、扫帚、羊头、甲鱼、鱼等。标本 M15：26，长 27.5 厘米，宽 20 厘米，高 12.8 厘米（图一六）。

盒盖　3 件。盒残，仅存盖，平面长方形，顶呈盝顶形，顶端四角有四乳，中部有一长方形凹槽。标本 M1：19，长 39.5 厘米，高 13.5 厘米（图一五，9）。

井　3 件。分为两型。

A 型　2 件。形制相同，大小略有差异。井身与井栏合为一体，井为圆口，井栏上部有 2 孔，可承架滑轮，上置小井亭，硬山顶，上有脊，井身留有刮痕，井内有尖底水斗 1 件，上有提栏，敛口。陶井制作方法为轮制成型，后经加工而成。标本 M1：1，通高 24.4 厘米。标本 M15：28，井内有滑轮、水斗，滑轮平面成圆形，中部有一小圆孔，侧面有一凹槽。水斗做工粗糙，侈口，溜肩，平底。通高 13.8 厘米（图一五，10）。水斗 1 件，上有提栏，敛口。

B 型　1 件。标本 M1：14，井口为仿木十字交结的接头，井身呈方形，上置小井亭，四阿顶，上有脊。制作方法为单模成型，后经连接而成。通高 30.9 厘米。

案　1 件。仿漆器，平面呈长方形，案面平整，四周有一矮沿，无足。标本 M1：12，面长 55.5 厘米，高 1.4 厘米（图一七，1）。

耳杯　1 件。标本 M1：3，合模制成，仿漆器，椭圆形，两端微上翘，两侧有新

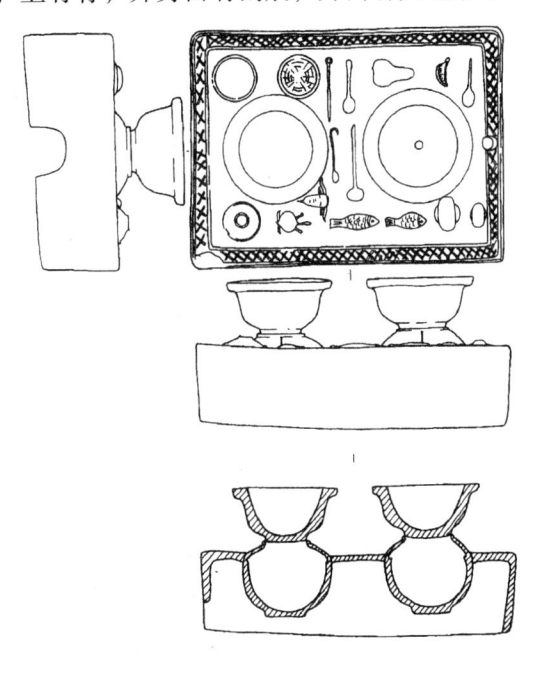

图一六　灶（M15：26）

月状耳，平底。直径11厘米，底径4.4厘米，高3.7厘米（图一七，3）。

狗　1件。标本M1:13，合模制成，立姿，平首，立耳，面部模糊不清，四蹄站立，尾部残，长19.5厘米，高12.6厘米（图一七，4）。

（2）铁器

剑　2件，均已残，长条状，有椭圆形柄环。断面呈三角形。标本M15:41，残长60厘米。（图一七，2）

（3）铜器

带钩　1件。标本M15:44，兽首形钩，背一圆纽，腹上鼓成弧，长7.4厘米（图一七，5）。

铜钱　76枚。分为五铢、大泉五十、货泉三种。

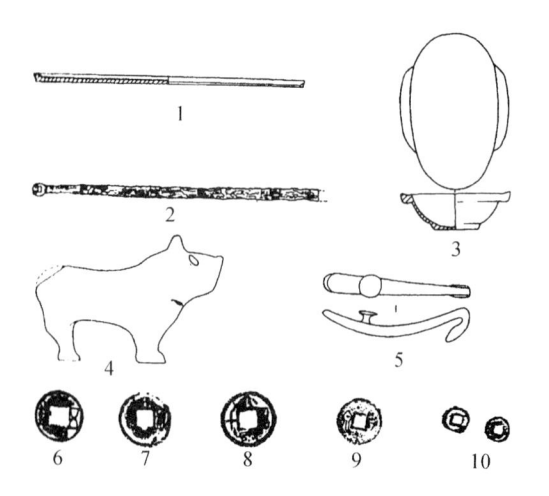

图一七　新莽时期墓葬出土器物
1. 案（M1:12）　2. 剑（M15:41）　3. 耳杯（M1:3）
4. 狗（M1:13）　5. 带钩（M15:44）　6～10. 铜钱
（M15:43、M1:29、M1:39、M1:46、M1:28）

五铢　54枚。"五"字、"铢"字较宽大，"五"字中间两笔弯曲；"铢"字的金字头为三角形，朱字头圆折。标本M15:43，郭径2.5厘米，穿径1.1厘米（图一七，6）。标本M1:28，较小，是历年发掘汉墓中较为少见的。郭径1.2厘米，穿径0.5厘米（图一七，10）。

大泉五十　21枚。钱的边缘有周郭，正方形穿，穿之上下有篆文"大泉"2字，左右有"五十"两字，其中"五"字中间两笔弯曲，与《洛阳烧沟汉墓》中的Ⅱ型五铢的"五"字相同。标本M1:29，郭径2.8厘米，穿径1厘米（图一七，7）。标本M1:39，郭径2.7厘米，穿径1厘米（图一七，8）。

货泉　1枚。钱的边缘有周郭，正方形穿，穿的左右有篆文"货泉"2字，标本M1:46，郭径2.3厘米，穿径0.7厘米（图一七，9）。

新莽时期墓葬（第二型）出土器物90件（不计铜钱），可分为陶器、铜器、铁器三类。现将陶器介绍如下：

仓　26件。依据足部之不同，可分为两型。

A型　11件。敛口，圆唇，圆肩，筒腹，平底无足。标本M11:6，口径8厘米，腹径17.7厘米，通高23.4厘米，器身饰弦纹4周（图一八，1）。

B型　15件。敛口，圆唇，圆肩，上腹径大于下腹径，肩部饰凸弦纹数周，平底下附3个熊形足或蹄形足。标本M14:6，平底下附3个熊形足，口径8厘米，腹径18厘米，高31.2厘米（图一八，2）。M14:7，平底下附3个蹄形足。口径9.6厘米，腹径16.5厘米，高28.3厘米（图一八，3）。

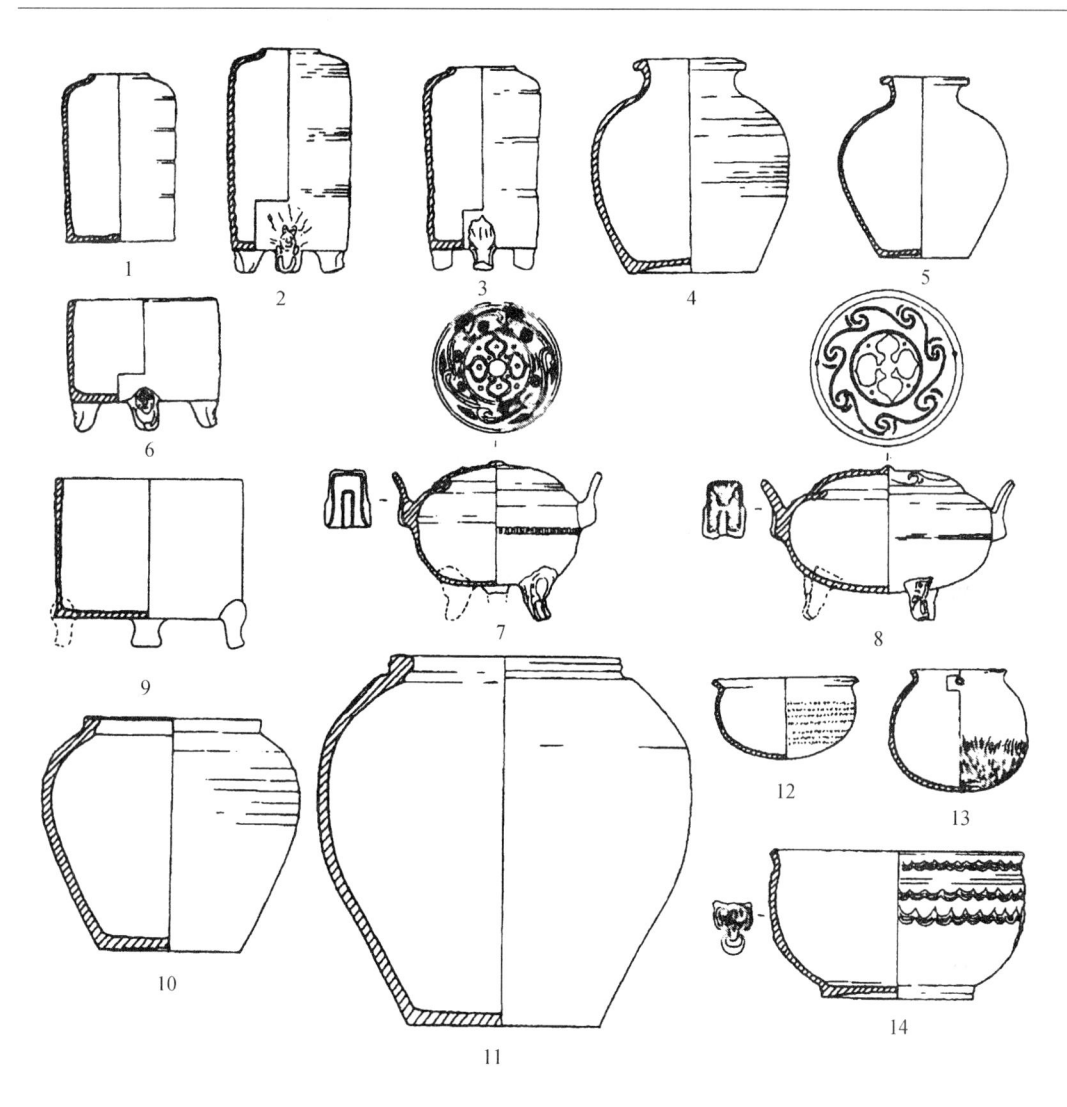

图一八　新莽时期墓葬出土器物

1. A型仓（M11:6）　2、3. B型仓（M14:6、M14:7）　4、5. 罐（M14:15、M14:16）　6、9. 奁（M11:13、M11:18）　7、8. 鼎（M11:9、M11:11）　10、11. 瓮（M11:2、M14:20）　12. 洗（M11:12）　13. 釜（M14:21）　14. 盆（M14:12）

罐　31件。直口方唇，沿外折，圆鼓腹，最大腹径在中部，平底。标本M14:15，器表深灰色，内壁酱黄色，疑是烧制时火候不到所造成的。口径12.3厘米，腹径21.5厘米，高22.7厘米（图一八，4）。标本M14:16，平底微内凹，口径12.8厘米，腹径24.9厘米，高25.6厘米（图一八，5）。

奁　3件。圆筒形，口径与底径基本相同，平底，下置3个兽面足或3个蹄形足。标本M11:13，下置3个兽面足，口径20厘米，高18.5厘米（图一八，6）。标本M11:18，下置3个蹄形足。口径20.1厘米，高19.1厘米（图一八，9）。

鼎　4件。直口，浅腹，模制双耳向外斜出，圜底，下模制3足。盖与器身接口作子母口。标本M11:9，腹部有一较宽凸棱，口径23厘米，高16.1厘米（图一八，7）。标本M11:11，半球形盖，中部一组柿蒂纹内有一乳钉纹，周围卷云纹，耳外侧饰小乳钉纹若干，3喙形足，口径27.7厘米，高14.7厘米（图一八，8）。

瓮　4件。口微侈，圆肩，扁圆腹，平底或内凹。标本M11:2，尖圆唇，肩部有制作时留下的轮痕数周，平底微内凹。口径25.6厘米，腹径37.6厘米，高32.7厘米（图一八，10）。标本M14:20，圆重唇，平底。口径33厘米，腹径54厘米，高52.5厘米（图一八，11）。

洗　4种。形制、大小基本相同。仿铜器，斜折沿，方唇，半球形腹，圜底，质较薄。标本M11:12，腹部饰7周蓖点纹，口径27.7厘米，高14.7厘米（图一八，12）。

釜　3件。夹砂红陶，侈口，斜折沿，方唇，溜肩，圜底，近底部饰有细绳纹。标本M14:21，腹部饰凸弦纹3周，口径12.3厘米，腹径18.2厘米，高13厘米（图一八，13）。

盆　1件。标本M14:12，侈口，斜折沿，尖唇，弧腹较深，平底，沿下饰有连弧纹，腹部对称模印铺首衔环各一，与《洛阳烧沟汉墓》四式铺首相同，铺首目圆睁，发上卷，口衔环。口径28.3厘米，底径16.5厘米，通高15.7厘米（图一八，14）。

4. 东汉时期墓葬

出土器物7件，均为陶器。

鸡　1件。标本M16:2，手制，立姿，头前伸，尾上翘。长15厘米，高14.2厘米（图一九，1）。

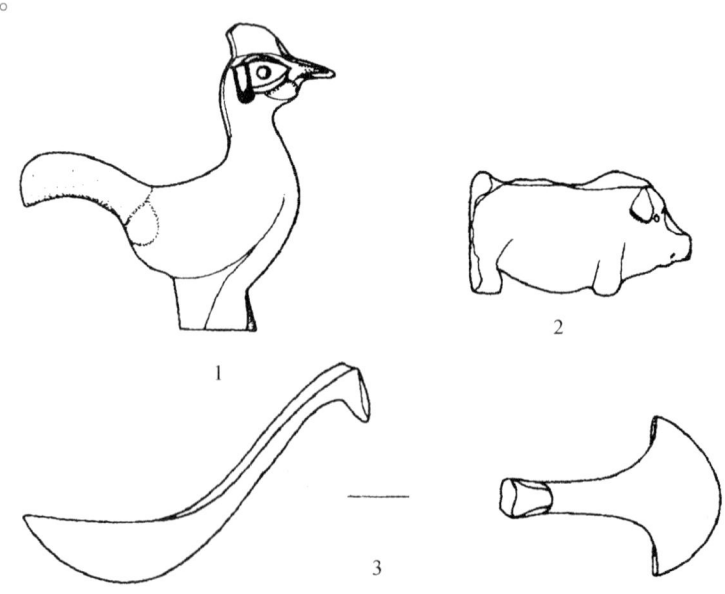

图一九　东汉时期墓葬出土器物
1. 鸡（M16:2）　2. 猪（M16:1）　3. 勺（M16:3）

猪　1件。标本M16:1，造型肥胖，滑稽可爱，长嘴，腿短粗，尾上翘。长10.4厘米，高5.6厘米（图一九，2）。

勺　1件。标本M16:3，手制，圜底，长柄弯曲。长16.6厘米（图一九，3）。

耳杯　4件。均碎，无法修复、绘图。

四、结　语

这批墓葬保存比较完整，出土随葬品十分丰富，并且种类繁多，这就给年代的断定提供了充分依据。

1. 西汉中期墓葬

此次发掘合葬墓数量较多，均为夫妻合葬墓，两座墓葬之间有过洞连接，体现了墓主人对人间生活的眷恋和对仙境生活的向往，与江苏、安徽一带"过仙桥"有些相似，俗称"隔山葬"。这种墓葬形制在郑州地区汉墓中，大规模的出现应该说是第一次。以M6、M7为例，墓葬布局与《洛阳烧沟汉墓》[2]第一型M156A、M156B大致相同，《洛阳烧沟汉墓》M156B定为第一期，将M156A归入第二期，也就是说，M156B早于M156A，这与笔者的判断相吻合，出土器物与《洛阳烧沟汉墓》同类器型相比，A型Ⅰ式仓相当于Ⅰ①仓，A型Ⅱ式仓相当于Ⅰ②仓，A型Ⅲ式仓相当于Ⅰ③仓，五铢钱相当于Ⅰ型五铢钱，出土陶壶相当于Ⅰ①型壶，因此，A型墓葬应属于《洛阳烧沟汉墓》第二期，时代应为西汉中期或晚期。

2. 西汉晚期墓葬

M19为单室小砖拱形券顶墓，出土器物28件，墓葬布局与《洛阳烧沟汉墓》第二期中的M403相仿，同类器型相比，两墓随葬品中的陶仓、陶壶、陶罐也大体相似。《洛阳烧沟汉墓》将第二型墓葬划入第三期，而M403是第三期中前期墓葬，时代相当于西汉晚期。由此看来，将M19的年代定为西汉晚期较为合适。

3. 新莽时期墓葬

M1从墓葬形制分析，其布局与《洛阳烧沟汉墓》第三期Ⅱ①型M60相同。M60是第三期后期墓葬，从出土器物看，以反映生活用具和模型类的器物为主。模型明器中陶井的出现，是西汉晚期墓葬的明显特征[3]，陶案的出现是新莽时期的特征[4]。虽然随葬品中狗鸡类家禽模型明器在洛阳汉墓中到东汉时才盛行，但在其他地区，新莽时期已广泛流行（如天凤五年郁平大尹冯孺人墓）[5]，此外，"大泉五十"、"货泉"均为王莽时期的货币。由此断定，M1的时代当在新莽时期。

M15发掘前没有遭到人为和自然的破坏，墓葬保存完整，墓室内只有少许淤土，室内器物未经扰乱，基本保持原状，共出土随葬品四十余件，是近几年来考古发掘中所不多见的。出土的二十余件陶仓,形制之大,文字之多,数量之繁,是历年来郑州地区发掘汉墓中所罕见的。部分陶仓内盛贮有农作物,虽已风化,但颗粒饱满透明,皆为当时的主要农作物。陶仓上的文字均为隶书,字迹工整,色彩鲜艳,用笔精细,文字多为粮食名称,种类繁多,与仓内所盛实物大致相同。这批陶仓的出土,为研究隶书的演变与发展,提供了重要依据,可谓是汉代的"原始字帖"。同时也为我们研究当时的农业发展提供了珍贵的实物资料。从墓葬布局分析与《洛阳烧沟汉墓》第三期Ⅱ②型墓葬中M135大致相同。M135属于第三期(后期)墓葬。出土器物与《洛阳烧沟汉墓》同类器物相比,A型仓与M126出土陶仓相同,五铢钱与Ⅱ型相同,陶井及"大泉五十"的出现也为断代提供了重要依据。此外,仓的数量增多,壶的数量减少,瓶的数量逐渐消失,是王莽时期的特点[6]。我们推测其年代当为王莽时期。

M8破坏较为严重,加之出土器物匮乏,本文在此只做简单的分析,其墓葬形制与《洛阳烧沟汉墓》中第三期Ⅱ①M63相同,时代应为王莽时期。王莽自公元9年建立新朝,至公元23年灭亡,仅有短暂的15年,这对中国漫长的历史来说,虽然只是昙花一现,然而,它毕竟给后人留下了许多历史文化遗产。

M16出土器物均残(后经修复成型,平剖图上未加标注),其墓葬布局与《洛阳烧沟汉墓》第五型Ⅴ①型M144相同,《洛阳烧沟汉墓》M143归入第六期,出土器物与《洛阳烧沟汉墓》M143同类器型相比,猪、鸡等造型相同,是第五型Ⅱ式器物,出土勺与M1027出土勺相同,因此,推测M16应为东汉晚期墓葬。综上所述,巩义万宝苑昱盈阁墓葬的发掘与整理,为研究郑州地区两汉时期历史文化提供了珍贵的实物资料。

领　　队:张松林
发　　掘:王中军　高中辉　王磨正　张满堂　汪　旭　王振杰
绘图拓片:李　杨
修　　复:林小英

注　释

[1] 西安市文物保护考古所:《西安龙首原汉墓》,西北大学出版社,1999年。
[2] 中国科学院考古研究所:《洛阳烧沟汉墓》,科学出版社,1959年。
[3] 中国社会科学院考古研究所:《新中国的考古发现与研究》,文物出版社,1984年。
[4] 南阳地区文物队、南阳县文化馆:《南阳汉郁平大尹冯君孺人画像石墓》,《考古学报》1980第2期。
[5] 同[3]。
[6] 同[3]。

(原刊于《中原文物》2004年第1期)

河南巩义市康店叶岭砖厂汉墓发掘简报

汪 旭 张 倩 陈 新

巩义康店叶岭砖厂，位于巩义市区西 6 千米处，东临伊洛河，东距康店镇 3 千米，西南接叶岭村。其地沟壑纵横，地势比较复杂，早年文物普查、农民耕地时，曾多次发现汉代墓葬。2001 年 9 月，砖厂在叶岭村北取土时，发现汉墓一座，后经钻探，在南北约 150 米、东西约 170 米的范围内，发现有古墓葬 14 座，墓葬均位于村北的岗上，郑州市文物考古研究所、巩义市文物保护管理所联合对此进行了考古发掘，发掘工作自 9 月开始，至 10 月底结束，共清理发掘了汉代墓葬 15 座，出土了一批较为珍贵的实物资料。现报告于后（图一）。

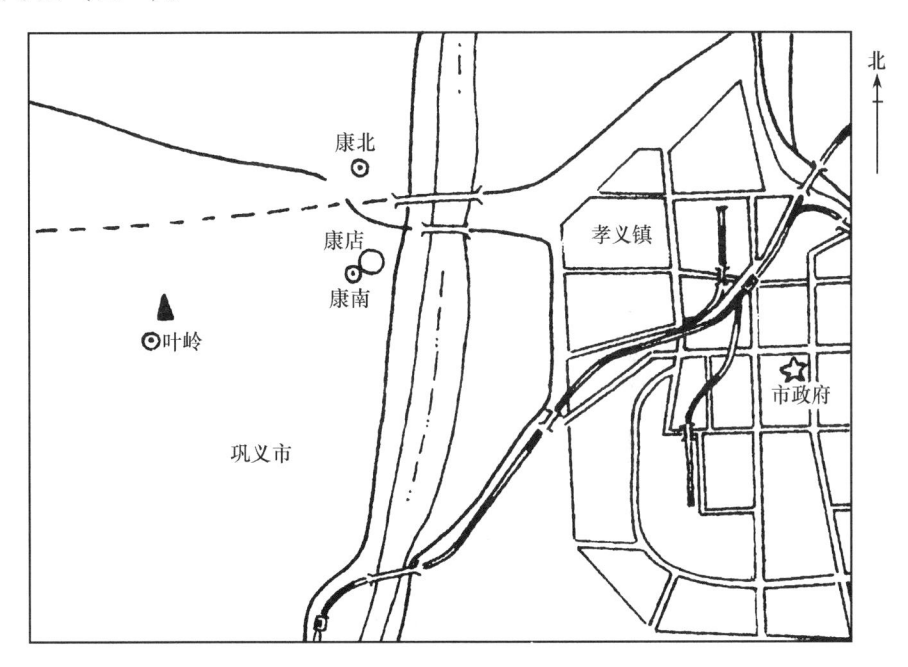

图一 巩义康店汉墓位置示意图

一、墓葬形制

15 座墓葬全部分布在叶岭村北台地上，排列比较整齐，没有打破关系。按照年代的先后，可将15座墓葬分为两类。

第一类：西汉中期墓葬。

空心砖结构，5座。依据耳室变化情况，分为三型。

A型　无耳室，2座（M12、M5），以M12为例。方向10°，由墓道、墓室两部分组成。墓道向北，由于场地所限，未做全部清理，土坑竖穴式，宽1.1米，长度不详。墓室系用空心砖所砌形成砖椁，平面呈长方形，长3.1米，宽0.9米，深3.2米，空心砖尺寸略有差异，墓顶用空心砖横排封顶，底部横向平铺5块，纵向平铺2块，未发现有棺灰的痕迹。东、西两壁为一块空心砖竖置及四块空心砖横置叠压而成，每块长1.32米，宽0.44米，厚0.12米。后壁用两块空心砖横向侧砌，每块长1.3米，宽0.5米，厚0.12米。墓室北部放置随葬品，计有陶瓮1件，陶鼎2件，陶罐1件（图二）。

B型　有一个耳室，1座，M15，方向7°，由墓道、耳室、墓室三部分组成。墓道位于墓室北侧，为长方形竖穴式，长2.3米，宽1.04米，四壁修整为直壁，底为平底。墓门朝北，由空心砖门柱、门楣组成门框，高1.16米，宽0.14米，两扇门也用空心砖制成。墓室系用空心砖所砌成形成砖椁，平面呈长方形，长3.04米，宽0.88米，底部横向平铺11块，砖长0.88米，宽0.28米，东、西壁由空心砖砌筑而成，砖长1.32米，宽0.45米，厚0.14米。耳室位于墓室北端东侧，为长方形，长1米，宽1.02米，高0.6米，耳室门由门柱、门楣组成，耳室壁均为土壁。未发现随葬品（图三）。

C型　有两个耳室，2座（M14、M9）。以M9为例。方向10°，平面呈"十"字形，由墓道、东耳室、西耳室、主室四部分组成。墓道位于墓室北侧，平面呈长方形，长2.66米，宽1.04米，深3.62米，土坑竖穴式，墓门前有空心小砖侧立叠压封堵。墓室呈长方形，长3.2米，宽1.04米，深3.48米，东、西壁用空心砖侧立而成。室底南、北部用空心小砖横向平铺，计7块，中部空心大砖纵向平铺，计2块。东西两壁近北部各开一耳室，呈长方形，各壁均为土壁。随葬器物均置于东西耳室之中（图四）。

第二类：西汉晚期墓葬。

依据建筑用材的不同，分为两型。

A型　空心砖、小砖混用，3座（M3、M7、M11）。以M11为例。保存较为完整，方向6°，由墓道、耳室、墓室三部分组成。墓道位于墓室北侧，为长方形竖穴式，长2.4米，宽1.2米，深4.2米。墓门前有用小砖顺砌而成的弧形封门，计28层，墓室系用空心砖、小砖混筑而成，平面呈长方形，长5米，宽2.02米，深4.14米。东、西两壁下部用空心砖侧砌错缝而成，空心砖大小略有差异，计3层，上部以小砖交错叠砌至1.3米起券呈拱形顶。空心大砖长1.1米，宽0.16米，空心小砖长0.7米，宽0.13米，小砖长0.28米，宽0.14米，厚0.06米，底东部、南部为小砖横置错缝平铺，西部为空心小砖纵向错缝平铺。墓室西北角开一耳室，近正方形，长0.6米，宽0.7米，高0.64米。随葬品分三部分摆放，墓室南部放置器物34件，耳室内放置器物4件，余者散布室内（图五）。

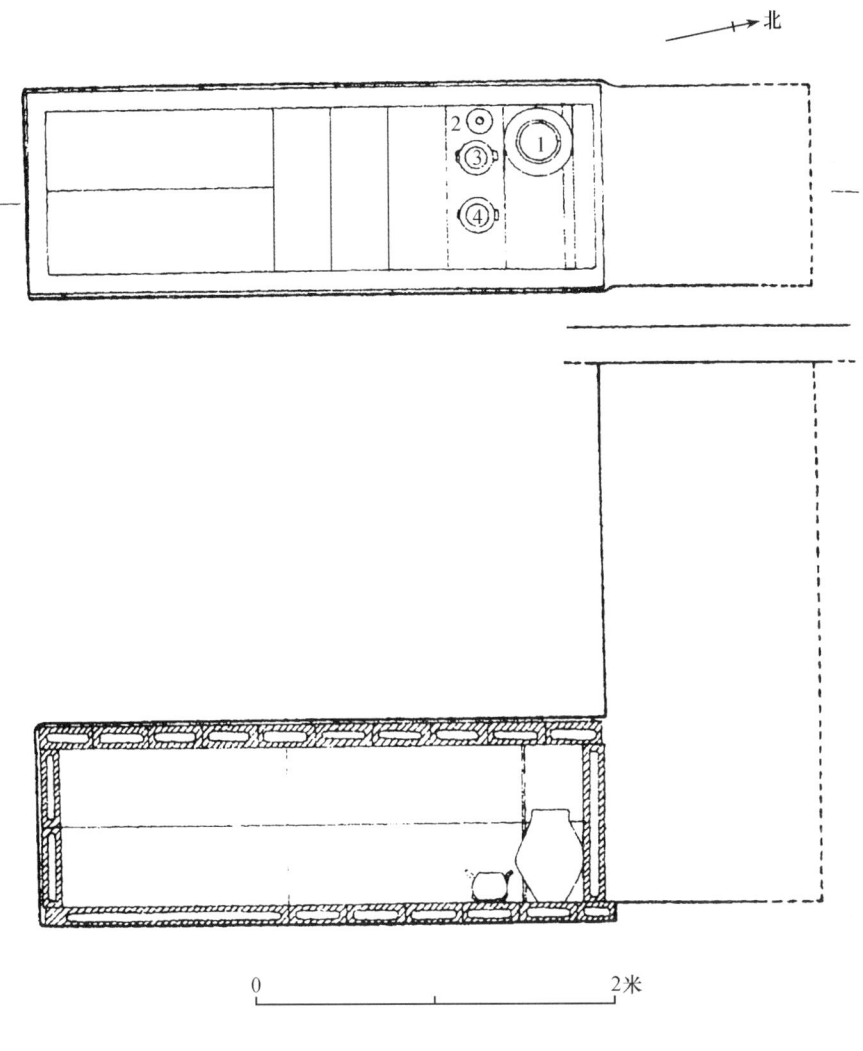

图二 巩义康店 M12 平、剖面图
1. 陶瓮 2. 陶罐 3、4. 陶鼎

B 型 小砖结构，7 座。依据有无侧室，可分为两亚型。

Ba 型：无侧室，5 座（M1、M4、M6、M8、M10）。以 M1 为例。方向 35°，由墓道、墓室两部分组成。墓道位于墓室北侧，平面呈长方形，长 2.4 米，宽 1.18 米，深 4.46 米，土坑竖穴式，墓门处有小砖顺砌内弧形封堵。墓室平面呈长方形，长 4.82 米，宽 2.02 米，深 4.36 米，由小砖砌筑而成，砖长 0.3 米，宽 0.16 米，厚 0.06 米。东西两壁由小砖顺置错缝平砌，1.4 米处起券呈拱形顶，底部小砖顺、平交错而成，其铺法：由东至西，两顺一平，两顺两平，一顺两平。器物分南北两部分放置，出土铜车饰件较多（图六）。

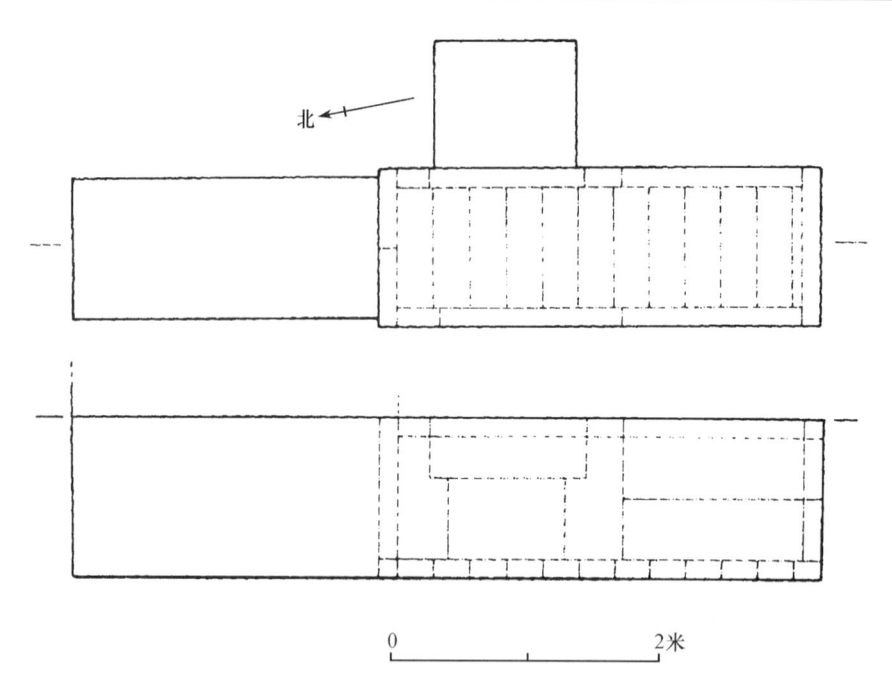

图三　巩义康店 M15 平、剖面图

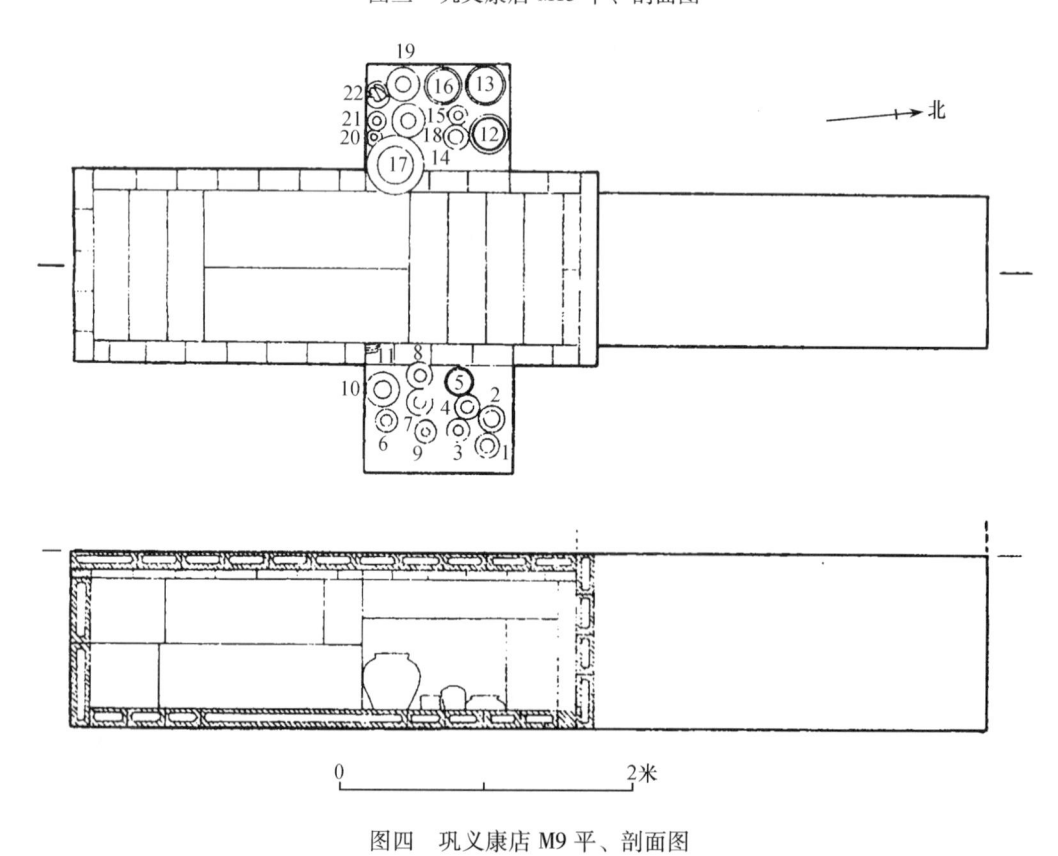

图四　巩义康店 M9 平、剖面图

1、2、4、7、8、14、18、19.陶仓　3、5、6、10、15、21.陶罐　9、20.陶壶　11.陶仓盖　12、22.陶釜　13.陶甑　16.陶奁　17.陶瓮　23.铅饰

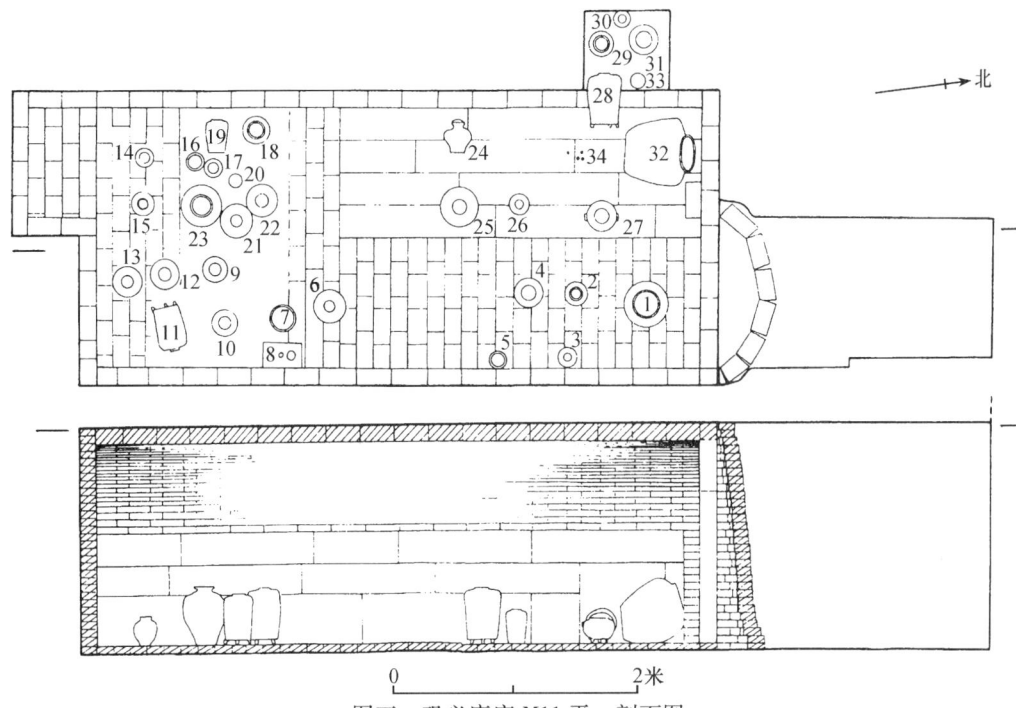

图五 巩义康店 M11 平、剖面图
1、32. 陶瓮 2、3、14、16~18、24、26、30、31. 陶罐 4、6、9~13、19、21、22、25、28. 陶仓
5. 陶甑 7. 陶洗 8. 陶灶 15、23. 陶壶 20. 陶仓盖 27、29. 陶鼎 33. 铜镜 34. 铜钱

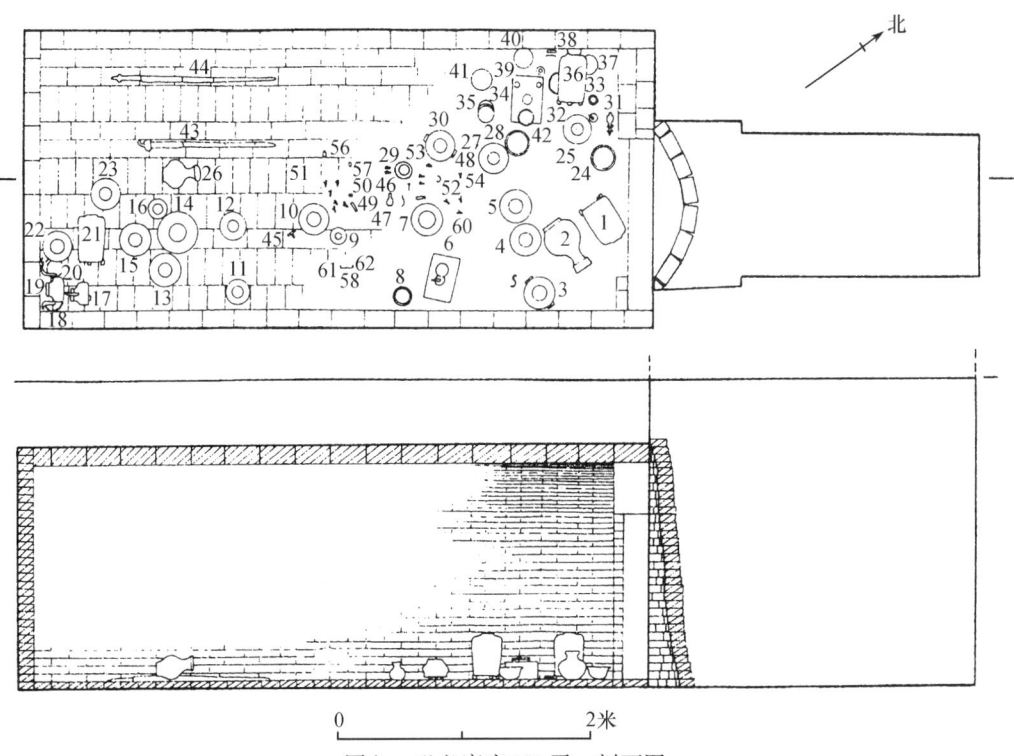

图六 巩义康店 M1 平、剖面图
1、4、5、7、10~13、15、21、27、36. 陶仓 2、14. 陶壶 3、17、19、30. 陶鼎 6、34. 陶灶 8、32. 陶锅 9、16、22、23、25、26、29. 陶罐 24、28. 铜洗 18、20、35、37、38、40、41、42. 陶器盖 31. 陶烟囱 33. 陶盘 39. 陶甑 43、44. 铁剑 45. 铜戈 46. 陶勺 47、48. 铜马衔镳 49. 铜弩机 50. 铜当卢 51、59. 铜伞柄箍 52、53、60. 铜弓帽 54. 铜车軏 55. 铜辖舌 56. 铜圆筒形器 57. 铜圆筒形器 58、61、62. 铜车器

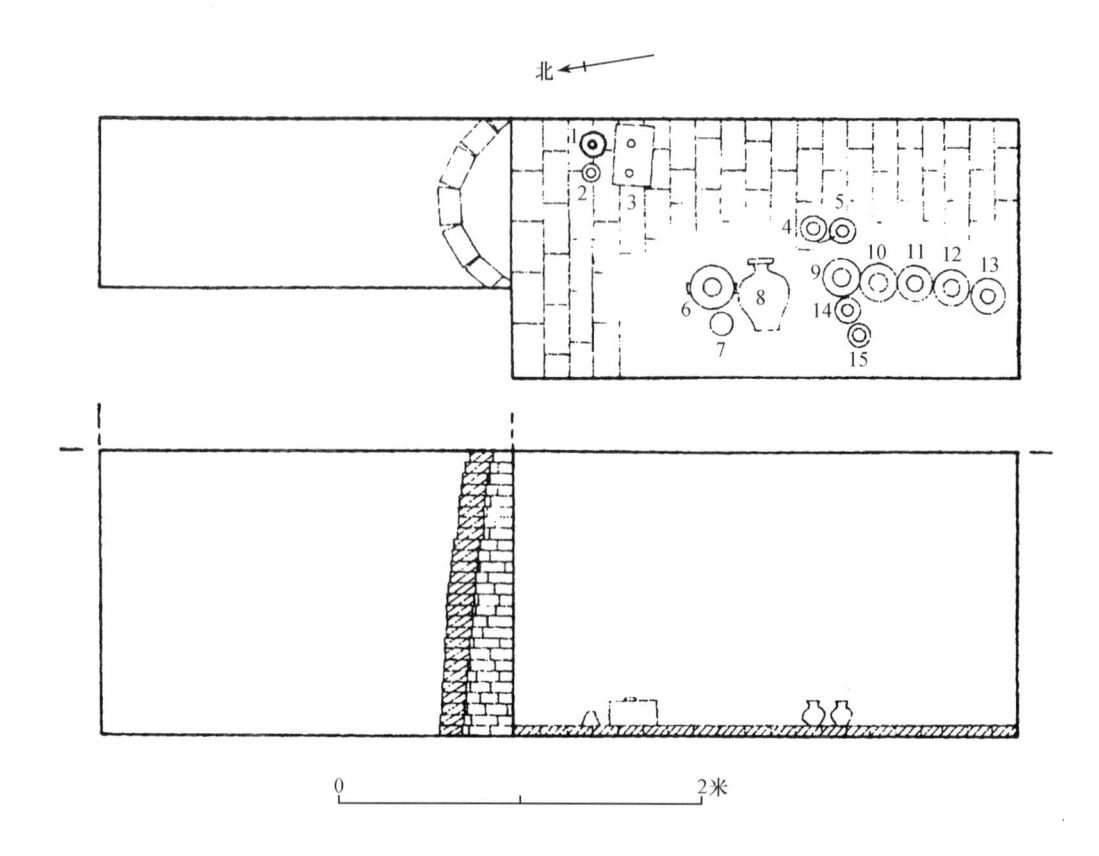

图七　巩义康店 M4 平、剖面图

1. 陶锅　2. 陶甑　3. 陶灶　4、5、8、14、15. 陶罐　6. 陶鼎　7. 陶仓盖　9~13. 陶仓

以 M4 为例。平面呈"刀"形，由墓道、墓室两部分组成。方向 9°，墓道位于墓室北侧，平面呈长方形，长 2.2 米，宽 0.92 米，深 3.5 米，土坑竖穴式，墓门处有小砖顺砌呈内弧形封堵，计 26 层，墓室平面呈长方形，长 2.8 米，宽 1.42 米，深 3.5 米，室壁均为土壁，墓底小砖错缝平铺而成，器物均置于墓室之中（图七）。

Bb 型：有侧室，2 座（M2、M13）。以 M2 为例。方向 15°，由墓道、侧室、主室三部分组成。墓道位于墓室北侧，平面呈长方形，长 2.32 米，宽 1.4 米，深 2.5 米，土坑竖穴式，墓壁陡直，东西两壁北端掏有两排脚窝。墓门处有小砖顺砌内弧形封堵，计 31 层，墓室平面呈长方形，长 5.7 米，宽 2.4 米，深 2.5 米。东西壁用小砖顺置错缝平砌，至 1.1 米起券呈拱形顶。墓室南端坍塌较为严重，底南部残留有少量铺地砖，其砌法为平砌错缝。墓室西壁近北部开一侧室，小砖 14 层起券呈拱形门，室壁均为土壁（图八）。

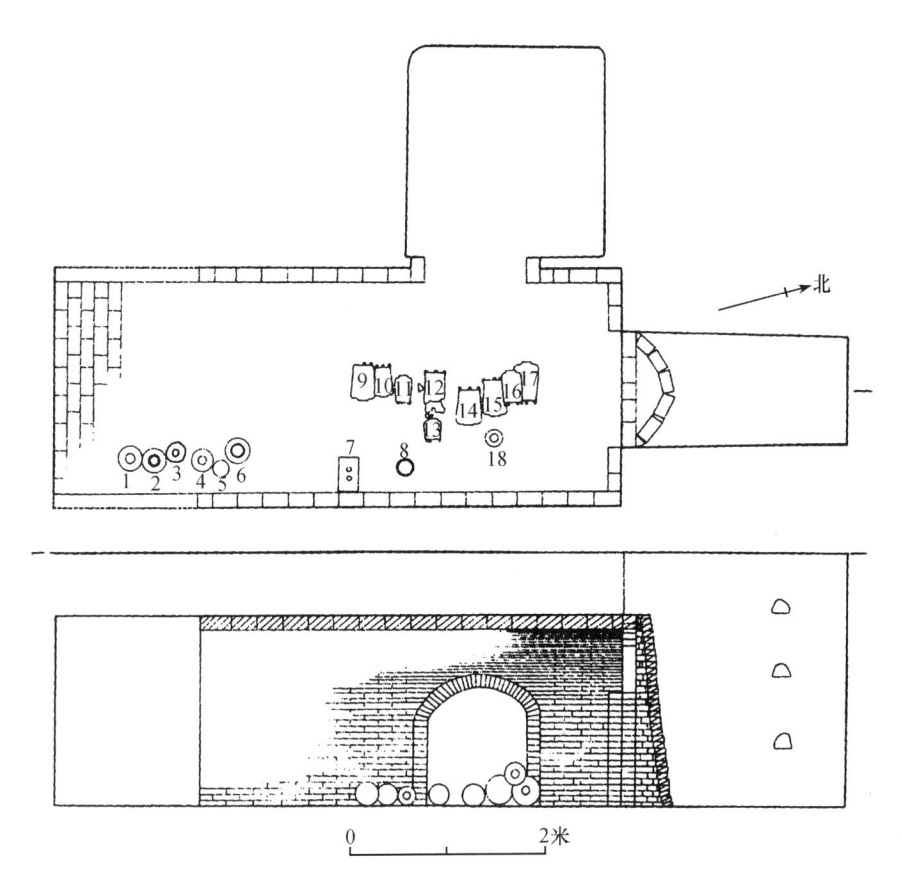

图八 巩义康店 M2 平、剖面图
1. 陶鼎 2、3. 陶罐 4、5、9~17. 陶仓 6. 陶壶 7. 陶灶 8. 陶碗 18. 陶瓮

二、随葬器物

15座墓葬出土器物271件（包括铜饰件、车饰件，器盖不计）。依其时代不同分述如下。

1. 西汉中期

（1）陶器

42件，除另注明陶质、陶色外，其余均为泥质灰陶。

罐 16件。依据口、肩部之不同，分为四型。

A型 4件。侈口，方唇，矮领，上腹圆鼓，下腹内收呈筒状，平底微内凹，卷沿，圆肩。标本 M14:8，肩部阴刻"左口氏"三字，腹中部饰阴弦纹六周，口径16.5厘米，底径18.5厘米，高42厘米（图九，1）。

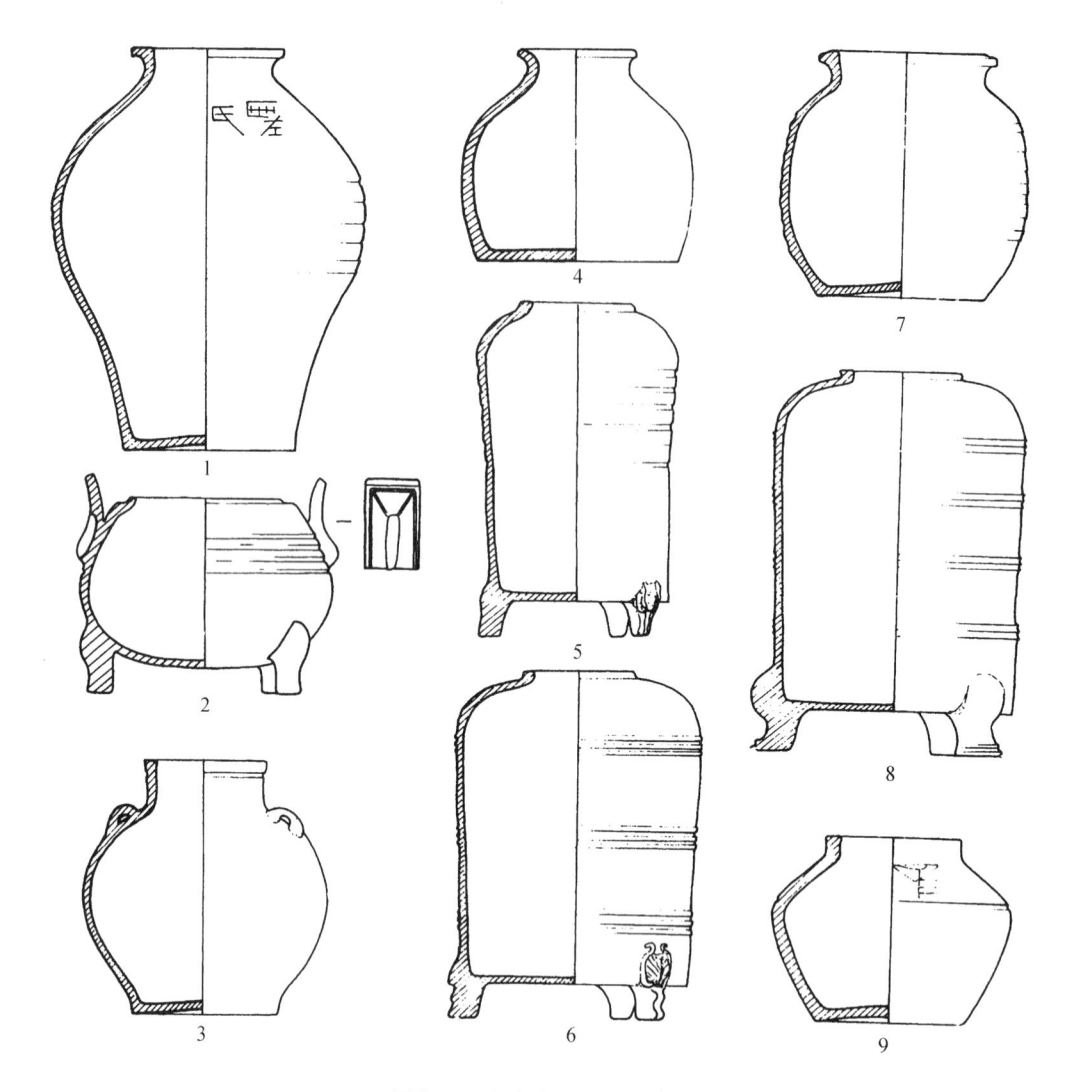

图九　巩义康店汉墓出土陶器
1. A型罐（M14:8）　2. 鼎（M12:3）　3. 壶（M9:9）　4. C型罐（M14:10）　5. B型仓（M9:2）　6、8. A型仓（M14:11、M14:12）　7. B型罐（M12:2）　9. D型罐（M9:6）

B型　3件。侈口，斜折沿，垂腹，平底微内凹。标本M12:2，尖圆唇，腹部有多周制作时留下的轮痕，口径9.4厘米，底径8.8厘米，高12.8厘米（图九，7）。

C型　5件。卷沿，束颈，垂形腹，平底微内凹。标本M14:10，尖圆唇，垂腹近直，大平底，口径9.3厘米，底径16厘米，高16.6厘米（图九，4）。

D型　4件。直口，方唇，广肩，最大腹径在腹中部。标本M9:6，颈下有阴刻三角形符号，肩部饰凹弦纹一周，平底微内凹，口径7.3厘米，底径8厘米，高9.6厘米（图九，9）。

仓　12件。依据腹部之不同，分为两型。

A型 7件。有唇，圆肩，筒腹，平底附三足。标本M14：11，通身施凸弦纹九周，平底附三鸥首足，口径9厘米，底径18厘米，高27.3厘米（图九，6）。标本M14：12，通身施凹弦纹八周，平底附三蹄形足，口径9.5厘米，底径19厘米，高29.2厘米（图九，8）。

B型 5件。有唇，圆肩，上腹径大于下腹径，平底附三足。标本M9：2，上腹部饰凹弦纹四周，平底附三兽面足。口径9厘米，底径14.5厘米，高26.5厘米（图九，5）。

壶 2件。标本M9：9，泥质红陶，敞口，束长颈，溜肩，鼓腹，圈足，颈下部饰有一组精细的波状划纹，肩部有两耳，腹部有数周细弦纹。口径9.5厘米，底径9厘米，通高19.6厘米（图九，3）。

鼎 4件。敛口，垂腹，模印双耳向外斜出，圜底近平，下置三蹄形足。标本M12：3，肩部饰凹弦纹，口径12厘米，通高17.1厘米（图九，2）。

瓮 4件。依据形制之不同可分为两型。

A型 1件。标本M12：1，器形较大，敛口，矮直领，斜肩，折腹，平底，口径26厘米，底径18.5厘米，高50.1厘米（图一〇，1）。

B型 3件。重唇，沿外卷，圆肩，鼓腹，平底微内凹。标本M14：7，口径30厘米，底径27.5厘米，高40厘米（图一〇，7）。

釜 1件。标本M9：22，夹砂红陶，敛口，折沿，方唇，溜肩，圜底，近底部饰有细绳纹，底部留有烟熏痕迹，应为当时的实用器，口径22厘米，高15.3厘米（图一〇，2）。

奁 1件。标本M9：16，口微敛，筒形腹，直壁微弧，平底，底部附三蹄形足，口径20.3厘米，底径19厘米，高19厘米（图一〇，3）。

甑 1件。标本M9：13，敞口，平沿外折，腹部饰凸弦纹七周，腹部下收，小平底，底部有小圆孔七个，口径29厘米，底径13.8厘米，高15.8厘米（图一〇，5）。

器盖 1件。破损严重，无法绘图。

（2）铁器

1件，刀。标本M14：15，扁圆形环，背、刃皆直，末端斜杀呈弧形，保存较完整，柄部留有草绳痕迹，中部附着刀鞘朽木痕迹，末端保存完好，通长72厘米（图一〇，4）。

（3）银器

1件。

银饰件 1件，标本M9：23，因破损严重，无法辨认是何器物，用途不详，出土时放置于陶奁内。侈口，方唇，束颈，颈部饰凸弦纹三周，口径1.6厘米（图一〇，6）。

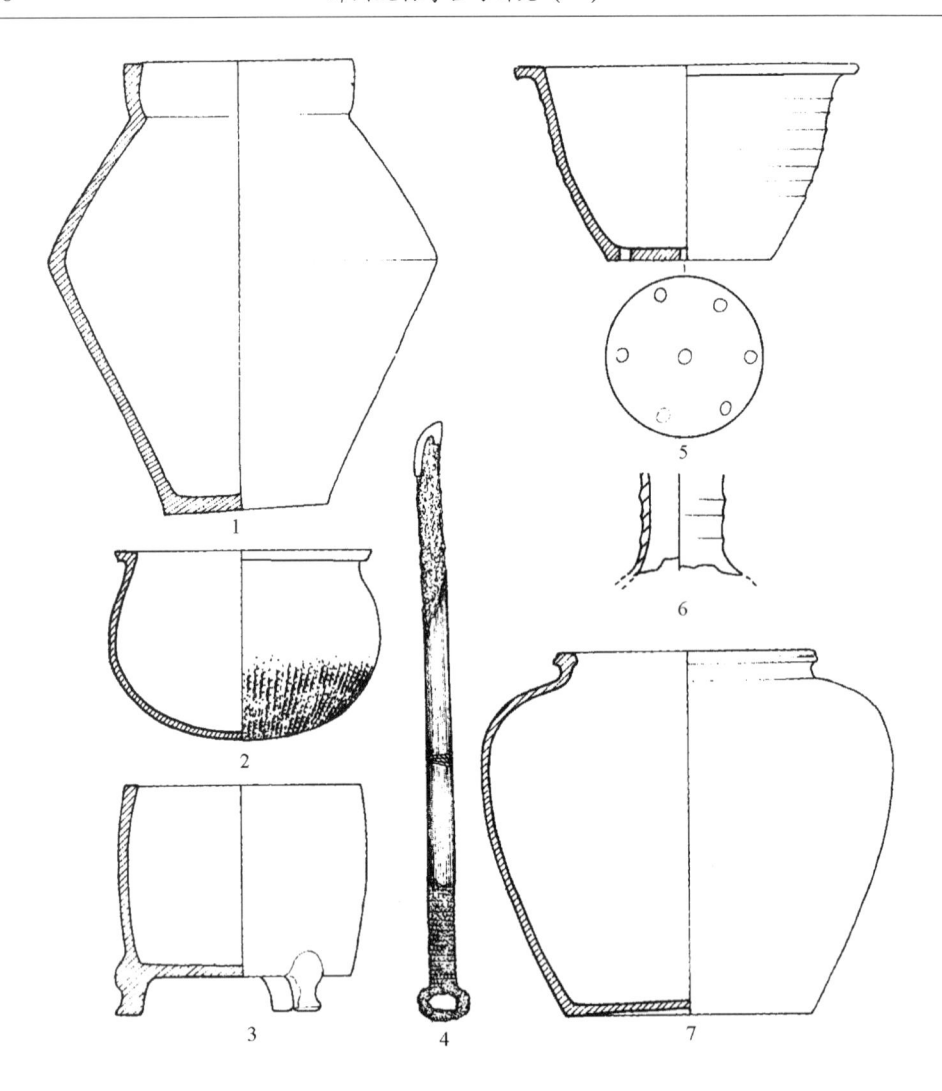

图一〇 巩义康店汉墓出土器物

1. A型陶瓮（M12:1） 2. 陶釜（M9:22） 3. 陶奁（M9:16） 4. 铁刀（M14:15） 5. 陶甑（M9:13） 6. 银饰件（M9:23） 7. B型陶瓮（M14:7）

2. 西汉晚期

（1）陶器

189件。除另注明陶质、陶色外，其余均为泥质灰陶。

罐 41件。分为两型。

A型 21件。侈口，方唇，矮领，上腹圆鼓，下腹内收呈筒状，平底微内凹，依据形制之不同，分为两式。

Ⅰ式：1件。标本M4:8，沿外折，广肩，口径16厘米，底径41.8厘米，高19厘米（图一一，1）。

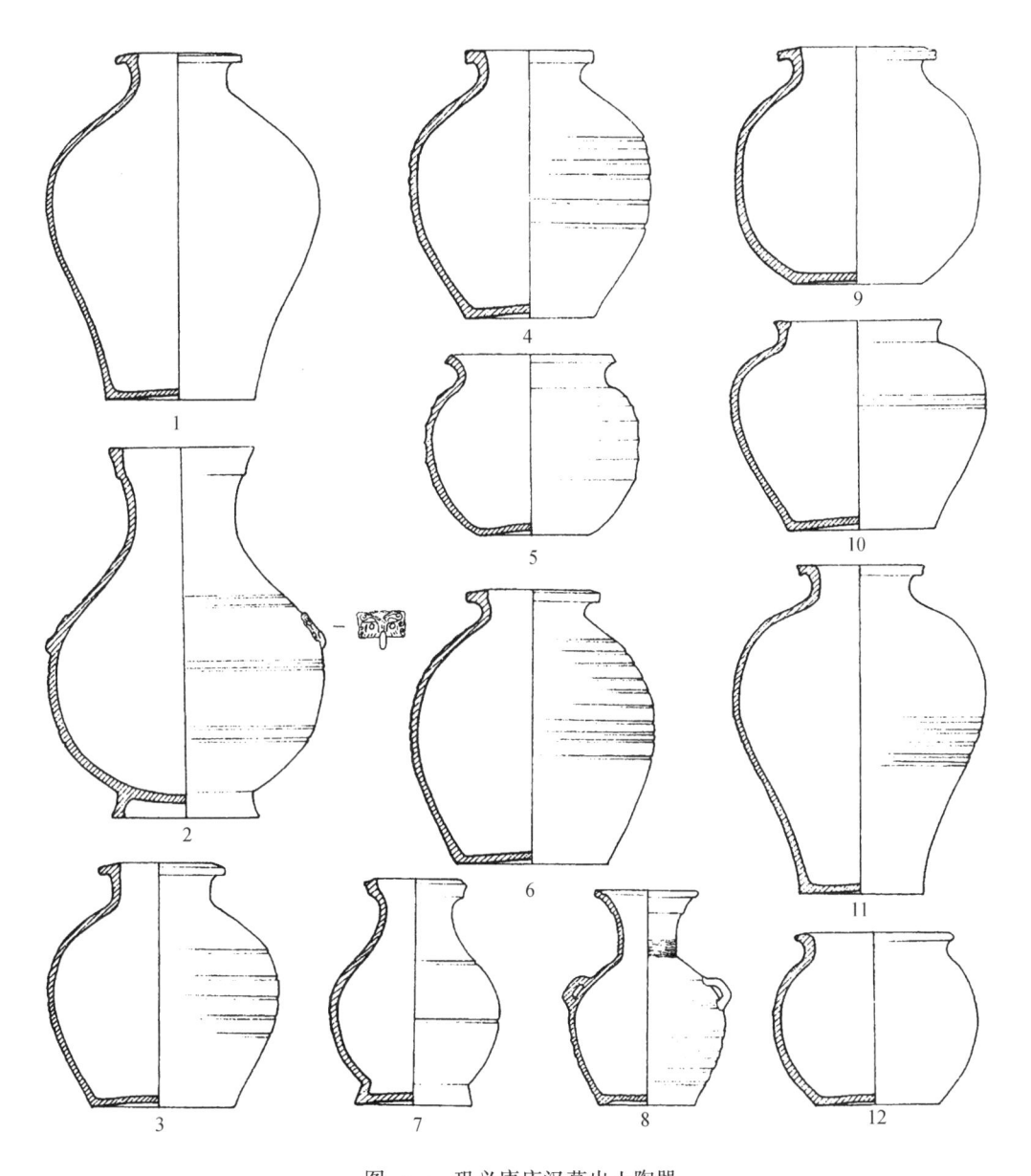

图一一 巩义康店汉墓出土陶器

1. A 型 I 式罐（M4:8） 2. 壶（M1:14） 3、4、6. B 型 I 式罐（M11:24、M1:26、M13:13） 5、12. B 型Ⅲ式罐（M8:11、M8:6） 7. 小壶（M9:20） 8. 异形壶（M2:6） 9. B 型Ⅱ式罐（M11:3） 10. A 型瓮（M2:18） 11. A 型Ⅱ式罐（M8:7）

Ⅱ式：20 件。卷沿，圆肩。标本 M8:7，腹下部饰宽带纹五周。口径 16 厘米，底径 16 厘米，高 40.2 厘米（图一一，11）。

B 型 20 件。依据形制之差异分为三式。

Ⅰ式：12 件。直口，方唇，平底微内凹。标本 M11:24，斜折沿，腹部饰凹弦纹五周，口径12厘米，底径14厘米，高22.5厘米（图一一，3）。标本M13：13，腹部有多周制作时留下的轮痕，口径12.5厘米，底径14厘米，高25.1厘米（图一一，6）。标本M1：26，外折沿，腹部饰凹弦纹五周，口径12厘米，底径11.8厘米，高24.3厘米（图一一，4）。

Ⅱ式：5件。侈口，斜折沿，垂腹，平底微内凹。标本M11：3，方唇，口径10厘米，底径8厘米，高14.3厘米（图一一，9）。

Ⅲ式：3件。卷沿，束颈，垂形腹，平底微内凹。标本M8：11，方唇，腹部有多周凸弦纹，口径10.6厘米，底径6.8厘米，高11厘米（图一一，5）。标本M8：6，尖圆唇，口径10.2厘米，底径8厘米，高10.5厘米（图一一，12）。

壶 3件。形制、大小基本相同。泥质红陶，通体施酱黄釉。盘口，束颈，椭圆腹，假圈足，肩部模压铺首各一，肩部、腹部各饰凹弦纹六周。标本M1：14，口径18.5厘米，底径19厘米，高45.3厘米（图一一，2）。

小壶 1件。盘口，束颈，溜肩，鼓腹，折曲状假圈足。标本M9：20，口径9.7厘米，底径10.7厘米，通高20.6厘米（图一一，7）。

异形壶 1件。标本M2：6，直口，方唇，短颈，溜肩，鼓腹，平底微内凹，肩部附两耳。口径10厘米，底径12厘米，通高19.8厘米（图一一，8）。

瓮 5件。依据形制之不同可分为两型。

A型 2件。直口，尖圆唇，圆肩，肩部饰凹弦纹两周，平底微内凹。标本M2：18，素面。口径16厘米，底径14厘米，高19.2厘米（图一一，10）。标本M11：1，颈下至底部饰有细绳纹。口径18厘米，底径18.2厘米，高25.9厘米（图一二，1）。

B型 3件。大口，重唇，沿外卷，广肩，近垂腹，平底微内凹。标本M6：1，唇部有一凹槽。口径28厘米，底径27厘米，高39.8厘米（图一二，7）。标本M11：32，垂腹，肩部阴刻"大李芳"三字，近底部饰有细绳纹及两周凹弦纹，底微凹。口径29厘米，底径24厘米，高50厘米（图一二，8）。

烟囱 1件。标本M1：31，陶灶附件，发掘时未与陶灶成套出土，因此，单独编号。呈塔形状，共分为三层，每层各有三个三角形排烟小孔，底座呈倒梯形，构思巧妙，做工精良，堪称是一件精美的艺术品。通高16.5厘米（图一二，6）。

仓 90件。分为四型。

A型 43件。标本M3：3，有唇，圆肩，筒腹，器身饰弦纹三周。圆唇，平底，通高25.5厘米。口径9厘米，底径13.5厘米（图一二，4）。标本M6：9，圆唇，平底微内凹。通高22.2厘米，口径9厘米，底径13厘米（图一二，5）。标本M13：9，器身饰弦纹四周。通高25.5厘米，口径8.5厘米，底径17厘米（图一二，3）。

B型 35件。依据腹部之不同，分为两式。

Ⅰ式：18件。有唇，圆肩，筒腹，平底附三足。标本M13：15，通身饰凹弦纹八周，平底附三兽面足。通高32厘米，口径10.2厘米，底径20.5厘米（图一二，10）。

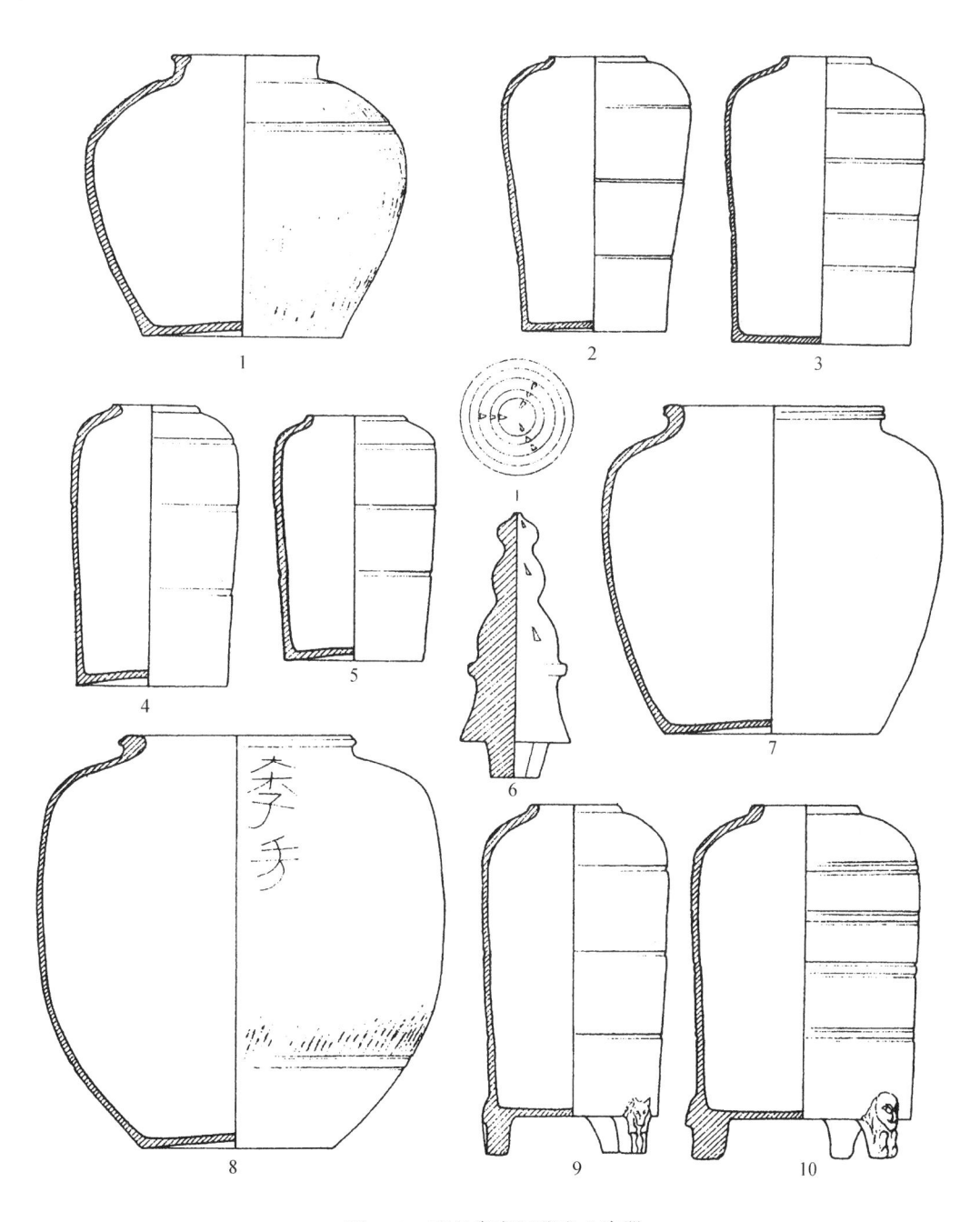

图一二 巩义康店汉墓出土陶器
1. A型瓮（M11:1） 2. C型仓（M3:2） 3~5. A型仓（M13:9、M3:3、M6:9） 6. 烟囱（M1:31）
7、8. B型瓮（M6:1、M11:32） 9. B型Ⅱ式仓（M10:21） 10. B型Ⅰ式仓（M13:15）

Ⅱ式：17件。有唇，圆肩，上腹径大于下腹径，平底附三足。标本M11：22，通身饰多周凹弦纹，平底附三兽面足。口径12厘米，底径23厘米，高44.2厘米（图一三，1）。标本M10：21，肩部之下腹部饰三周距离相等的凹弦纹，平底附三兽面足，口径8.7厘米，底径16厘米，高11.5厘米（图一二，9）。

C型　9件。形制相同，大小略有差异。圆唇，圆肩，上腹径大于下腹径，平底微内凹，无足，器身饰弦纹三周。标本M3：2，口径9.3厘米，底径13.5厘米，高25.2厘米（图一二，2）。

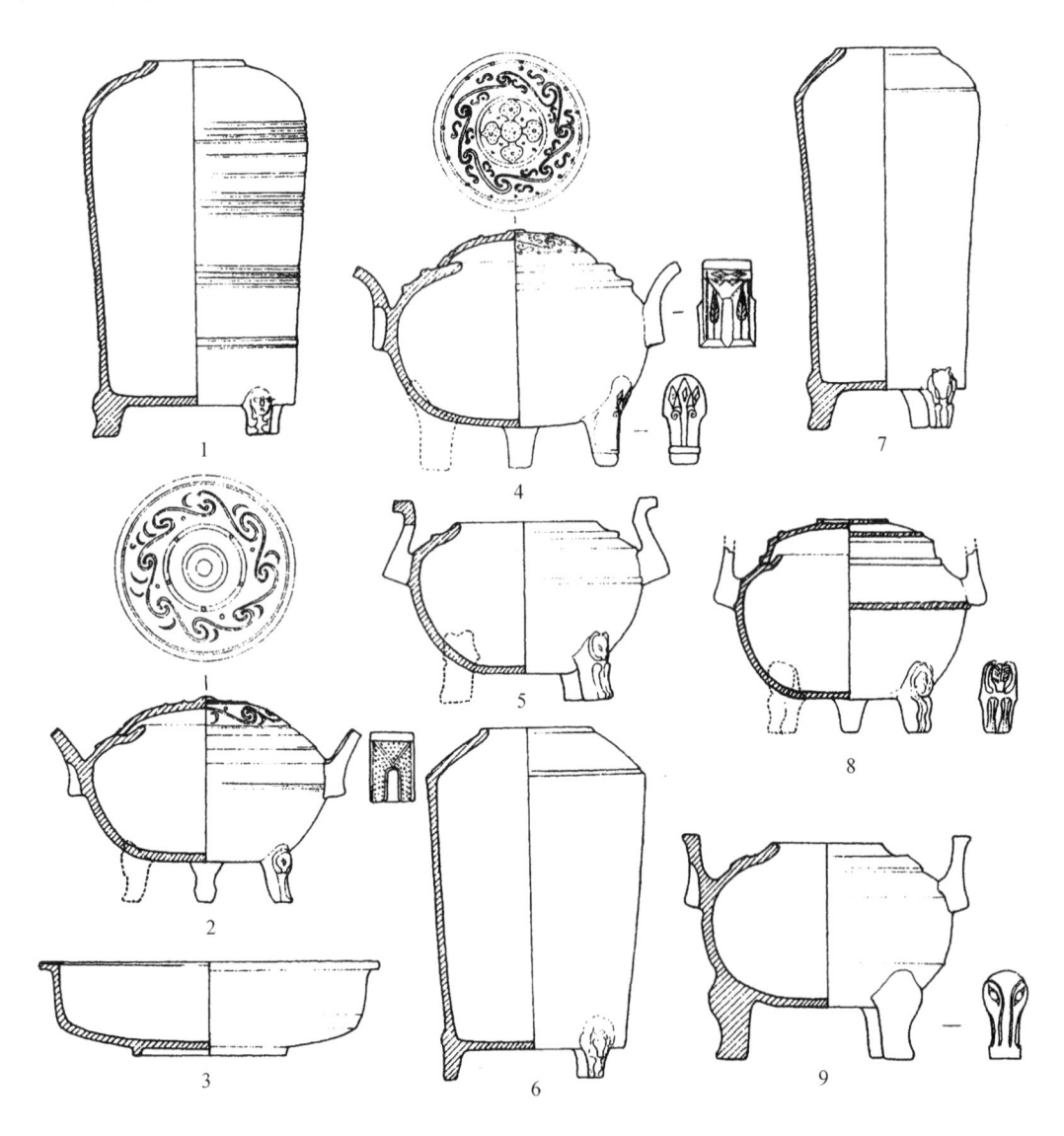

图一三　巩义康店汉墓出土陶器

1. B型Ⅱ式瓮（M11：22）　2、5. A型鼎（M1：3、M1：30）　3. 盆（M7：2）　4、8、9. B型鼎（M11：29、M6：2、M4：6）　6、7. D型瓮（M8：15、M8：8）

D 型　3 件。器细长，圆唇，折肩，上腹径大于下腹径，平底附三足。标本 M8∶8，口径 9.5 厘米，底径 14 厘米，高 34 厘米（图一三，7）。标本 M8∶15，口径 9 厘米，底径 15.8 厘米，高 31.8 厘米（图一三，6）。

鼎　12 件。分为两型。

A 型　7 件。敞口，浅圆腹，圜底近平，模制双耳向外斜出，最大径在两耳处，下置三足。标本 M1∶3，弧盖顶饰桥形纽，子母口，下置三熊形足，盖表饰有云纹，两耳饰复线纹、乳钉纹。口径 13 厘米，底径 10 厘米，高 18.5 厘米（图一三，2）。标本 M1∶30，模印双耳外折，耳下饰凸弦纹一周，下置三立熊形足。泥质红陶，内、外壁施绿釉，出土时，光泽依旧，仿佛是一件精美的铜器。口径 13 厘米，底径 8 厘米，高 18 厘米（图一三，5）。

B 型　5 件。敞口，垂腹，模印双耳向外斜出，圜底近平，下置三足。标本 M4∶6，三喙首形足，口径 10.2 厘米，底径 10 厘米，高 20 厘米（图一三，9）。标本 M6∶2，泥质红陶，外壁施绿釉。盖近平，盖表饰附加堆纹，子母口，耳下饰附加堆纹一周，下置三兽面足。口径 13.2 厘米，底径 10.5 厘米，高 18.8 厘米（图一三，8）。标本 M11∶29，弧盖顶饰桥形纽，子母口，盖表饰 S 纹、卷云纹、柿蒂纹间夹乳钉纹，耳饰草叶、菱形纹，下置三兽面形足。口径 10 厘米，底径 10 厘米，高 21.2 厘米（图一三，4）。

盆　1 件。标本 M7∶2，细泥胎，似涂有朱砂，直口，折沿，垂腹，矮圈足，底部饰弦纹二周。口径 21 厘米，底径 9.5 厘米，高 5.5 厘米（图一三，3）。

灶　8 件。分为三型。

A 型　6 件。长方形，灶面、灶身尺寸相同，上并列两大火眼。标本 M13∶6，灶面模印有菱形几何形纹饰一周，火眼两侧模印大鱼两条，鳖两只。前壁开一弧顶形火门，饰有几何形纹饰，后壁开一圆孔作烟囱，一侧模印猛虎图，做奔跑状，虎口张，目圆睁，四肢有力，尾上翘。另一侧模印蛟龙图，口张，爪向前，做飞行状。长 32 厘米，宽 22.5 厘米，高 11.1 厘米（图一四，1）。标本 M4∶3，前壁开一弧顶形火门，饰有几何形纹饰，火门两侧各站立一门吏，左侧站立一男吏，头戴帽，面侧向右前方，身着长袍，宽衣大袖，一手向前，手持棍状物体。右侧站立一女吏，头顶扎一发结，面侧向左前方，着长袍，两手置于胸前，做工较为粗糙，两吏面部模糊不清。灶端有方形防火墙，灶面模印复线纹两周，大鱼两条，菱形图案，瓢、勺、盘、筷。后壁模印拴马图，整幅图案用复线构成。马口张，呈立式，前腿微抬起，后腿弯曲，拴于三角形器物之上。一侧模印蛟龙腾飞图，龙呈飞行状。另一侧模印牛、鸡（凤）争斗图，牛头向下，前蹄跪地，后蹄后挑，尾上翘，做争斗状，鸡呈奔跑状。灶长 31 厘米，宽 21.5 厘米，高 13.5 厘米（图一四，2）。标本 M11∶8，灶端有方形防火墙，前壁开一弧形火门，饰有锯齿图案一周，火门两侧各站立一门吏，左侧站立一男吏，头戴帽，面侧向右前方，身着长袍，宽衣大袖，两手交叉于胸前，面前方凸刻"二工石"三字，右侧站立一女吏，头顶扎一发结，

· 392 · 郑州文物考古与研究（二）

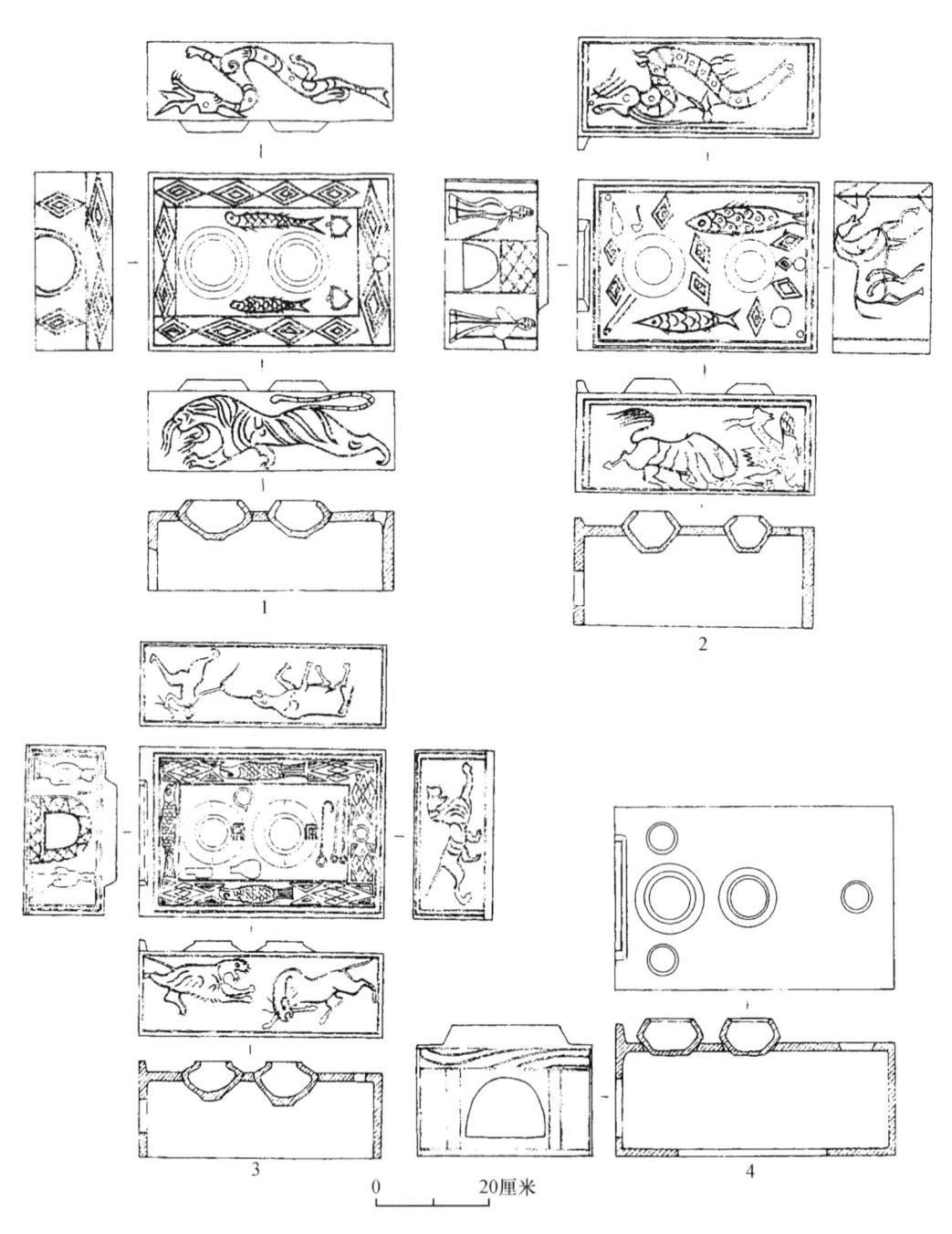

图一四 巩义康店汉墓出土陶灶
1~3. A 型（M13:6、M4:3、M11:8） 4. C 型（M1:34）

面侧向左前方，着长袍，两手置于胸前，面前方凸刻"夫人"二字。后端模印猛虎图，口张，尾上翘，四肢有力，呈奔跑状，张牙舞爪，盛气凌人。灶面外侧模印菱形几何图案一周，内饰大鱼三条，火眼四周模印勺、刀、瓢等。一侧模印"农夫牵牛图"，农夫做奔跑状，一手拿镰、鞭，一手牵牛，头扎结，面向后，耕牛口微张，四肢呈行走状，尾下垂。一侧模印"虎牛相争图"，猛虎威风凛凛，奔牛争强好胜，真实再现了一千多年猛兽相争的生动场面，弥足珍贵。整件器物，做工精细，构思巧妙，堪称为上等佳品，具有一定的研究价值和观赏价值。长 32 厘米，宽 21.3 厘米，高 15.5 厘米（图一四，3）。

B 型 1 件。标本 M1:6，长方形，灶面、灶身尺寸相同。灶端有方形防火墙，前端开一拱形火门，灶面模印一周水波几何纹，中部并列一大、两小火眼，大火眼上置一釜，釜上又承一甑，釜口内敛，溜肩，圆腹，下内曲呈平底，甑敞口，外折沿，方唇，斜腹内收，小平底，底部穿有 5 个气孔。灶长 33 厘米，宽 18.3 厘米，高 21.6 厘米（图一五，1）。

C 型 1 件。标本 M1:34，素面，平面长方形，灶端有方形防火墙，前端开一拱形火门，周围饰复线纹，灶面中部并列两大火眼，一小火眼，两侧开两小火眼，两大火眼各置釜 1 件，形制、大小相同，口敛，方唇，折腹，平底。灶长 36 厘米，宽 23.1 厘米，高 17.5 厘米（图一四，4）。

釜 3 件。敞口，沿外折，方唇，下腹斜收，小平底。标本 M4:1，口径 11.5 厘米，底径 4 厘米，高 5.3 厘米（图一五，13）。

甑 2 件。敞口，平沿外折，腹部下收，小平底。标本 M11:5，近底部饰弦纹，连弧纹，底部有近三角形小孔 6 个。口径 8.7 厘米，底径 3 厘米，高 5.1 厘米（图一五，8）。

盘 1 件。标本 M1:33，侈口，方唇，弧腹，平底。口径 9.5 厘米，底径 3.8 厘米，高 4 厘米（图一五，9）。

碗 1 件。标本 M2:8，轮制，斜折沿，尖唇，弧腹，下曲折呈平底，沿下有一折痕。口径 16.5 厘米，底径 6 厘米，高 5.4 厘米（图一五，2）。

洗 1 件。标本 M11:7，敞口，斜折沿，方唇，圆腹，圜底，腹部饰凹弦纹三周。口径 24 厘米，高 9.5 厘米（图一五，4）。

勺 2 件。质细，涂朱砂，手制，削制而成，形似瓢形，前端宽肥，圜底，直柄。标本 M1:46，通长 7.8 厘米（图一五，7）。

器盖 36 件。因散乱置于墓中，不能与相应器物扣合，故单独介绍。均为圆形，依其形制略有差异，分为五型。

A 型 14 件。形似钵，盖面素面，依据缘处之不同，分为两式。

Ⅰ式：6 件。无缘。标本 M1:38，盖面饰凹弦纹一周。口径 14.5 厘米，高 3 厘米（图一五，3）。

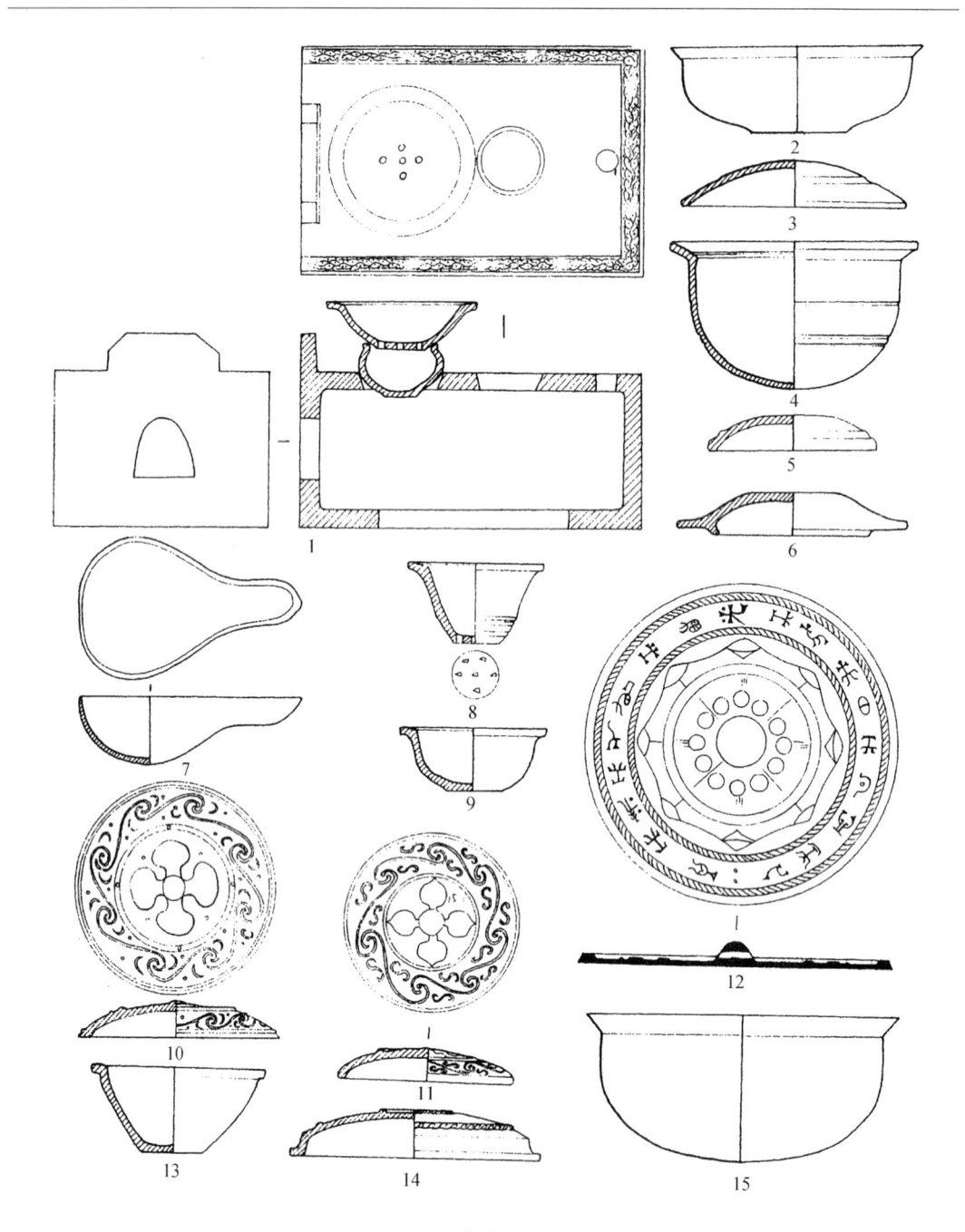

图一五　巩义康店汉墓出土器物

1. B 型陶灶（M1:6）　2. 陶碗（M2:8）　3. A 型Ⅰ式陶器盖（M1:38）　4. 陶洗（M11:7）　5. A 型Ⅱ式陶器盖（M3:10）　6. C 型陶器盖（M1:18）　7. 陶勺（M1:46）　8. 陶甑（M11:5）　9. 陶盘（M1:33）　10. E 型陶器盖（M13:5）　11. B 型陶器盖（M11:20）　12. 铜镜（M11:33）　13. 陶釜（M4:1）　14. D 型陶器盖（M1:41）　15. 铜洗（M1:24）

Ⅱ式：8件。有缘。标本M3∶10，盖表饰凸弦纹一周。口径11厘米，高2.2厘米（图一五，5）。

B型　8件。素面，盖顶平，无缘。标本M11∶20，口径11.2厘米，高2.3厘米（图一五，11）。

C型　4件。素面，平顶，折缘，泥质红陶，饰绿釉。标本M1∶18，口径15厘米，高2.7厘米（图一五，6）。

D型　2件。平顶，折沿，盖表饰附加堆纹两周，泥质红陶，施绿釉。标本M1∶41，口径16.5厘米，高3厘米（图一五，14）。

E型　8件。形似钵，小圆纽，盖表饰云纹、"S"纹，中部饰柿蒂纹。标本M13∶5，口径13.5厘米，高2.4厘米（图一五，10）。

（2）铜器

35件。出土铜饰件、车饰件较多。

铜镜　1件。标本M11∶33，昭明镜，出土时仍可光洁照人，直径12厘米，圆纽，圆纽座，纽外饰联珠纹一周，内区八连弧，连弧纹外饰有一周弦纹，两者之间及镜边缘饰短斜线，缘较窄，镜面有一周铭文"内清以昭明光象日月"（图一五，12）。

衔镳　3对。分两型。

A型　1对。标本M1∶48，衔残，镳呈"S"形，两端饰云气纹，扉棱内有镂孔叶饰。镳长11.2厘米（图一六，1）。

B型　2对。标本M1∶47，衔分三节，两端呈环形相连，中间一节较短，镳呈"S"形，两端饰有云气纹扉棱。衔长10.2厘米，镳长9.1厘米（图一六，19）。

弩机　1件。标本M1∶49，郭前端较窄，面上刻有箭槽，郭身有两键穿通，固定望山、悬刀，键的横闩两端均有帽。郭长4.5厘米，前端宽1厘米，后端宽1.5厘米，高2.5厘米（图一六，15）。

当卢　1件。标本M1∶50，镂空花边，背部有两个半圆形纽，长20.2厘米（图一六，13）。

伞柄箍　2件。圆管形，管内残朽木痕迹。标本M1∶51，中心饰弦纹四周，两端各饰弦纹一周。长9.4厘米，直径1.6厘米（图一六，2）。标本M1∶59，中心饰弦纹两周，两端各饰弦纹一周。长8.7厘米，直径1.6厘米（图一六，3）。

盖弓帽　15件。车饰件。圆柱形，中空成銎，口缘处略大，上端稍缩小。标本M1∶51，顶部如一圆球，器中部向上挑起一钩，长3.1厘米（图一六，6）。标本M1∶53，顶部近圆形，器中部一钩微下折后上挑，高3.1厘米（图一六，5）。标本M1∶26，器中部的钩稍直，长3.1厘米（图一六，4）。

车饰件　1件。标本M1∶54，呈倒"U"形，断面呈圆形。长2厘米，宽2.2厘米（图一六，14）。

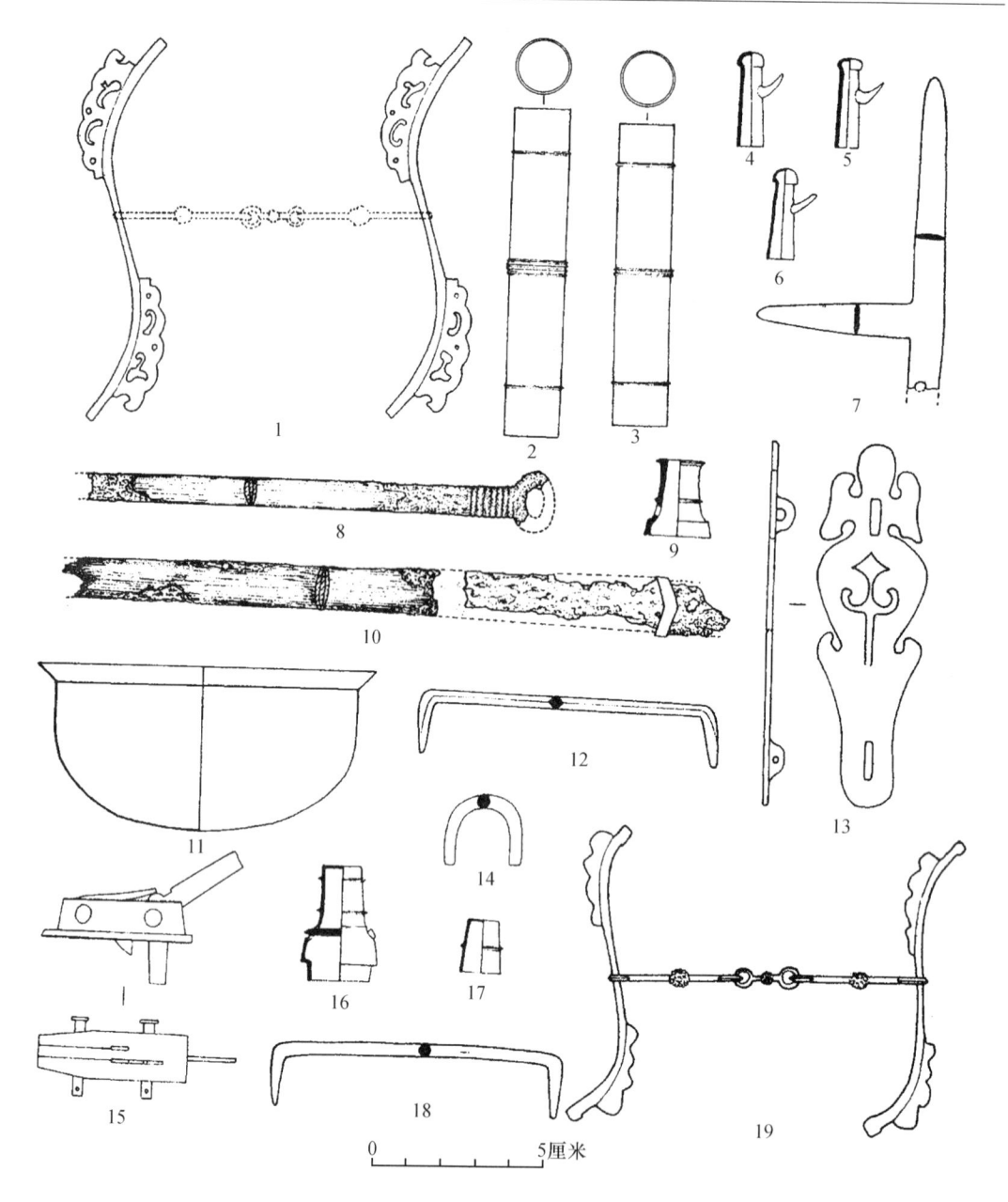

图一六 巩义康店汉墓出土铜器

1. A 型衔镳（M1:48） 2、3. 伞柄箍（M1:51、M1:59） 4~6. 盖弓帽（M1:26、M1:53、M1:51） 7. 戈（M1:45） 8、10. 剑（M1:44、M1:43） 9. 车䇮（M1:56） 11. 洗（M7:3） 12、18. 车构件（M1:62、M1:61） 13. 当卢（M1:56） 14. 车饰件（M1:54） 15. 弩机（M1:49） 16. 车辖（M1:55） 17. 圆筒形器（M1:57） 19. B 型衔镳（M1:47）

车辖　1件。标本M1:55,辖一端有略斜的帽,一端有孔,附于舌上,舌下口缘宽大,两侧略向内收,中部及末端各有一箍,末端略平。长3.6厘米,下口径3.2厘米(图一六,16)。

车舌　1件。标本M1:56,下口阔大,中部及末端处各有一箍,近口部有对穿长方形孔。长2.2厘米,口径2厘米(图一六,9)。

圆筒形器　1件。标本M1:57,呈梯形状,底部略宽于顶部,中部饰有一箍棱,平底。口径1.5厘米,高1.3厘米(图一六,17)。

车构件　3件。铜条两端垂直折下。标本M1:62,断面菱形,长9.8厘米(图一六,12)。标本M1:61,断面呈圆形,长9.5厘米(图一六,18)。

洗　4件。形制相同,大小略有差异。标本M7:3,口外侈,尖唇,弧腹,内壁磨光,圜底(图一六,11)。标本M1:24,口径20.2厘米,高9厘米(图一五,15)。

戈　1件。标本M1:45,残,刺与胡相接处呈直角,残长8.7厘米(图一六,7)。

(3) 铁器

3件。

剑　首、末端残,茎与剑身连接处有铜镡相连,其下残留剑鞘朽木痕迹。标本M1:43,残长54厘米(图一六,10)。标本M1:44,残长47厘米(图一六,8)。

三、结　　语

此次发掘的墓葬均为小型墓葬,保存基本完整,未发现墓葬间有打破关系及被盗扰现象。从墓葬布局来看,墓向基本一致,方向相近,表明其葬俗的一致性,说明这一墓地是一处保存完整、性质单一的墓葬分布区,其年代间距相差不会很久远。这次发掘虽未发现带纪年的遗物,但可从以下两方面推断其年代。

1. 第一类墓葬

墓葬形制:从墓葬布局上分析,墓室顶均为平顶,室壁由空心砖构成,此类墓葬在《洛阳烧沟汉墓》中将其归入第一型墓葬,以M15为例,其形制与《洛阳烧沟汉墓》第一型中M153大致相同,《洛阳烧沟汉墓》[1]将其归入第一期墓葬Ⅰ(1)。

随葬品:出土器物与《洛阳烧沟汉墓》同类器型相比,A型罐与Ⅰ(1)相同,出土鼎与Ⅰ(1)相同,出土瓮与M412出土物基本相同,A型Ⅰ式仓与Ⅰ型③相同,B型Ⅱ型与Ⅱ型①相同,但是出土陶仓、陶奁均为西汉晚期器物。综上所述,我们认为,将此类墓葬的年代,定在西汉中期偏晚较为合适。

2. 第二类墓葬

墓葬形制:从墓葬布局上分析,墓室顶均为弧形顶,室壁由空心砖或小砖构成,其中 M11 与《洛阳烧沟汉墓》中Ⅱ型中 M46 相同，M1 与Ⅱ型中 M85 相同，《洛阳烧沟汉墓》将其归入第三期（前期）墓葬。

随葬品：出土器物与《洛阳烧沟汉墓》相比，陶壶与Ⅱ①相同，异型壶与异型②相同，陶鼎与Ⅱ①相同，陶鼎与Ⅱ②相同，此外还出土有西汉中晚期流行的典型器物昭明镜。依据以上对比，我们认为此类墓葬的时代应在西汉晚期。

随葬品是墓葬的一个重要组成部分，它不仅对于研究当时的丧葬礼俗、等级制度、社会经济等有着重要意义，同时也是墓葬分期断代不可缺少的重要材料。这批墓葬的发掘与整理，为研究郑州地区西汉时期的丧葬习俗及相关问题提供了新的资料。

领　　队：张松林
发　　掘：顾万发　王中军　李靖宇
绘　　图：王相逢　王中军　李靖宇
拓　　片：张文霞

注　释

[1]　洛阳区考古队：《洛阳烧沟汉墓》，科学出版社，1959 年。

（原刊于《华夏考古》2005 年第 3 期）

郑州市同洲花园小区汉墓发掘简报

信应君　张文霞

同洲花园小区位于郑州市管城区五里堡村北部，北临二里冈南街，南临金城路，向西约 200 米为紫荆山路，东 400 米为城东南路。北约 2 公里为郑州商城（图一）。这里是一处起伏和缓的岗地，称为二里冈，20 世纪 50 年代，为配合城市基本建设曾进行过考古发掘。

2004 年 4~5 月，为配合小区建设工程，郑州市文物考古研究所对区内古墓葬进行考古发掘，共清理古墓 34 座，其中汉墓 28 座，明清墓葬 6 座。发掘时，基槽已下挖 1.5~3.5 米不等，部分墓葬上部已挖毁。现将汉墓发掘情况简报如下。

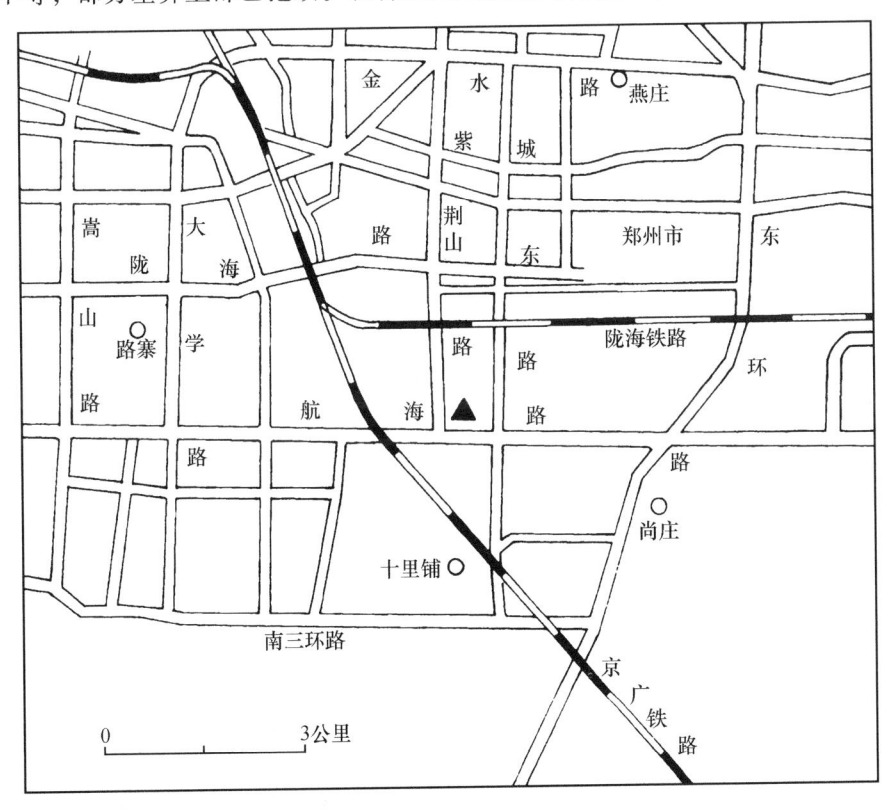

图一　郑州市同洲花园汉墓位置示意图

一、墓 葬 形 制

这次发掘的汉墓除 2 座刀形砖室墓及 1 座多室砖室墓外，余皆为洞室墓。洞室墓又分为空心砖洞室墓、土圹洞室墓及小砖券洞室墓三种。

根据墓葬的整体特征，我们将这批墓葬分为四型。

A 型　平顶空心砖及土圹墓。

墓葬形制多为长方形，墓室略宽于墓道或与墓道同宽，个别带有耳室。墓室一般较长，棺前放置随葬物品。可分为两个亚型。

Aa 型　平顶空心砖墓，共 10 座，除 M18、M33 有耳室外，余均不带耳室。

M33　墓道平面近长方形，位于墓室东端，方向 100°。墓道长 2.54、宽 1～1.26 米，壁面陡直，南北两壁各有一行三角形脚窝。墓道现深 2.02 米，距地表深约 3.72 米。墓道底与墓室底部在同一水平面上。洞室土圹长 3.8、宽 1.22 米。土圹内用 1.16 米×0.45 米×0.14 米规格的空心砖构筑墓室。北部用 3 块空心砖分上下两层侧立叠置，洞室口用 2 块空心砖侧立封堵，南壁后部用 2 块空心砖分上下两层侧立叠置。前部靠洞口处有一长方形耳室，耳室进深 1.32、宽 1.22 米。东、西、南三壁各用两块空心砖上下侧立叠置，耳室口东西两侧分别用一块规格 0.66 米×0.26 米×0.15 米的空心砖竖立作门柱，以 1.16 米×0.24 米×0.15 米空心砖横置作门楣。墓室用 11 块空心砖、耳室用 4 块空心砖平铺作底，顶部用空心砖横置平铺封顶。墓室后部置一木棺，朽成粉状，内有人骨 1 具，仰身直肢。随葬品有陶器、铜器及钱币等。陶器放置于棺前和耳室内，铜器和钱币置于棺内（图二）。

Ab 型　土圹洞室墓，共 13 座。其中带耳室的墓葬 4 座，双棺墓 2 座。分两式。

Ⅰ式：11 座。均为单棺墓。M25，长方形竖井式墓道，位于墓室南端，方向 188°。墓道长 2.5、宽 1.0、残深 2.2 米，距地表深 3.7 米。壁面陡直，东西两壁壁面各有一行三角形脚窝。洞室口高 1.3 米，用三块 1.12 米×0.32 米×0.12 米的空心砖并列竖立作封门。洞室长 3.4、宽 0.9～1.1 米，前部略宽于后部。平顶，顶高 1.3 米。底用小砖平铺，封门内侧用三块小砖横向平铺，其余用小砖纵向错缝平铺，前后共 10 排。一棺，置于墓室后部，内有人骨架一具，腐朽较甚，可辨葬式为仰身直肢。随葬陶器放置棺前，铜镜，钱币等放置棺内人骨处（图三）。

Ⅱ式：双棺墓。2 座。M16 为长方形竖井墓道，位于墓室东端，方向 98°。墓道上口长 2.7、宽 0.92～1.1、残深 2.9 米，距地表深 3.9 米。壁面陡直。洞室平面近刀形，长 4.4、宽 1.5～2 米，墓室平顶，高 1.36 米。底略低于墓道，用小砖错缝平铺。墓室后部两棺，各置人骨架一具，其中一具仰身直肢，另一具腐朽较甚。因该墓属两次建造，且盗扰严重，随葬品摆放位置较乱（图四）。

B 型　弧顶单棺室小砖券墓。

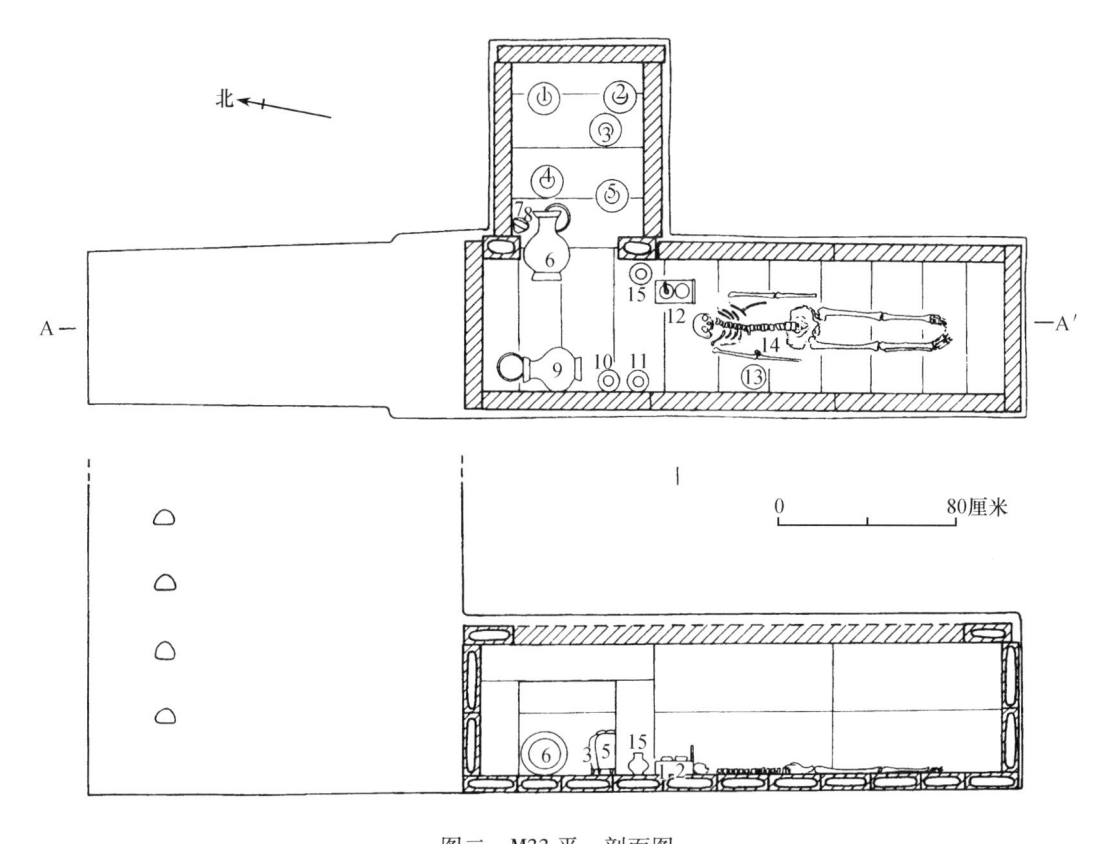

图二 M33 平、剖面图
1~5. 陶仓 6~11、15. 陶壶 7. 陶甑 8. 陶碗 12. 陶灶 13. 铜洗 14. 铜钱

M4 长方形竖井土坑墓道，位于墓室东部，方向93°。长2.7、宽1.1米，开口距地表深1.3、底深3.1米。壁面陡直，底部较平。墓室土圹长4.04、宽1.4、高1.4米。墓室底低于墓道底约0.4米。盗扰严重，封顶及南、西两壁墓砖基本无存，仅北壁尚存16层。砖的规格为0.32米×0.15米×0.04米。墓壁砌法采用错缝顺平砌，0.6米高处开始起券，纵联式券。底部铺砖扰乱严重，纵横分节平铺。前半部北侧有一耳室，口宽0.7、进深1、高0.9米。底用小砖两纵两横平铺。内置随葬陶器。葬具不明。骨架腐朽无存（图五）。

C型 刀把形砖室墓2座，均被盗扰，随葬品几乎无存。M22，整体呈"刀"形，由墓道、墓门、甬道、墓室四部分组成。方向3°。长方形竖井土坑墓道，位于墓室北部。因受地势限制，墓道北端未进行清理，残长1.32、宽1.06米，开口距地表深1.5、底深2.5米。壁面陡直，底平。封门砖残存5层，呈弧状封堵。甬道南接墓室，长0.76、宽1米。墓室平面近长方形，墓砖几乎无存。土圹长4.1、宽2.3、深2.5米。底与墓道底基本齐平。随葬品放置较乱，主要在甬道与墓室连接处（图六）。

D型 1座。M27，长方形斜坡墓道多室砖室墓。墓葬扰乱严重，由斜坡墓道、甬道、前室、侧室及后室五部分构成。随葬品无存。

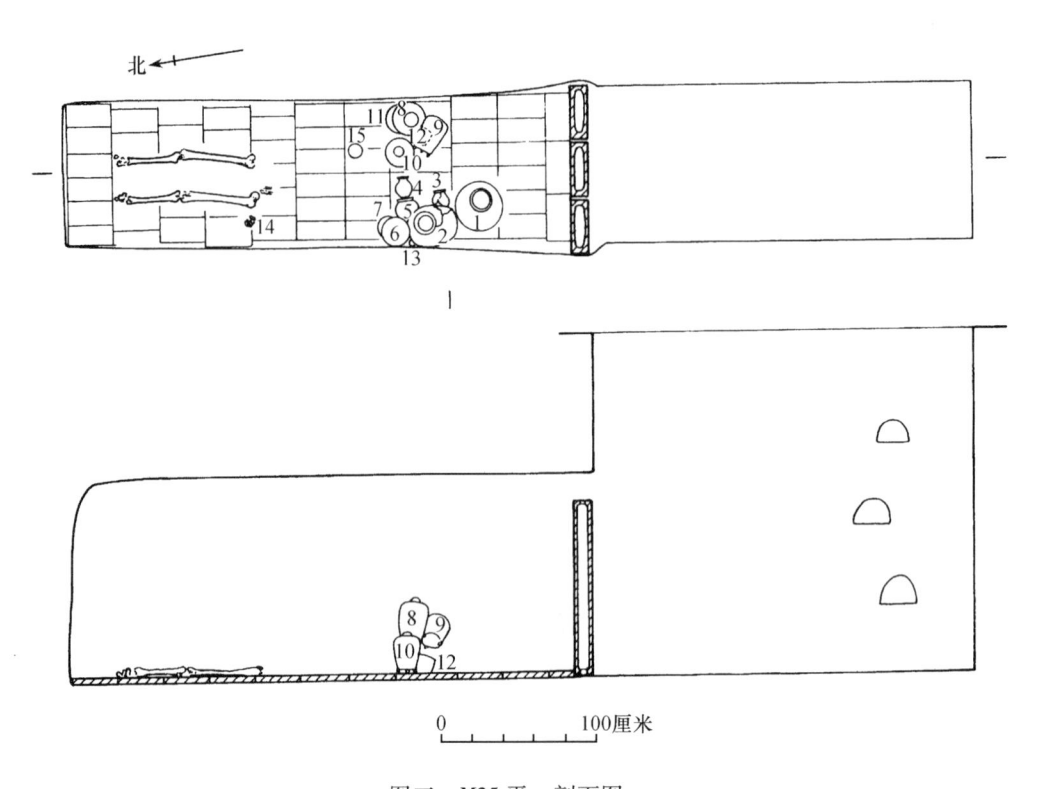

图三　M25 平、剖面图
1、2、5、7. 陶罐　3、4、13. 陶壶　6、8～11. 陶仓　12. 陶灶　14. 铜钱　15. 铜镜

二、出土器物

此次发掘共出土各类随葬器物 165 件，其中陶器 148 件，铜器 6 件，铁器 8 件，骨器 3 件。

陶器　器形有壶、罐、瓮、仓、灶等。

壶　8 件。依口、腹、圈足的不同分四式。

Ⅰ式：1 件。标本 M1:3，泥质灰陶。盘口外敞，细颈，圆腹，腹中部有两个对称的模制铺首。折曲状圈足。盖边缘略折平，顶部隆起。通体施酱色釉。颈上部饰连珠纹三周，颈下及肩、腹分饰凹弦纹二周。口径 14.4、腹径 34.6、底径 14.1、高 49.5 厘米（图七，1）。

Ⅱ式：2 件。盘口，短领中部微凹，细颈，溜肩鼓腹。腹中部有两个对称的模制铺首。折曲状圈足。带盖，盖边缘折平，顶作圆形。标本 M33:6，泥质灰陶。肩、腹分饰凹弦纹三组。口径 22.4、腹径 35.2、底径 21.2、高 49.5 厘米（图七，2）。

Ⅲ式：4 件。均泥质灰陶。侈口略呈盘状，平沿，短束颈，斜肩，球状腹，直筒状圈足。标本 M7:6，唇外侧有一周凹槽，假圈足内凹，肩、腹饰暗弦纹。口径 13、腹径

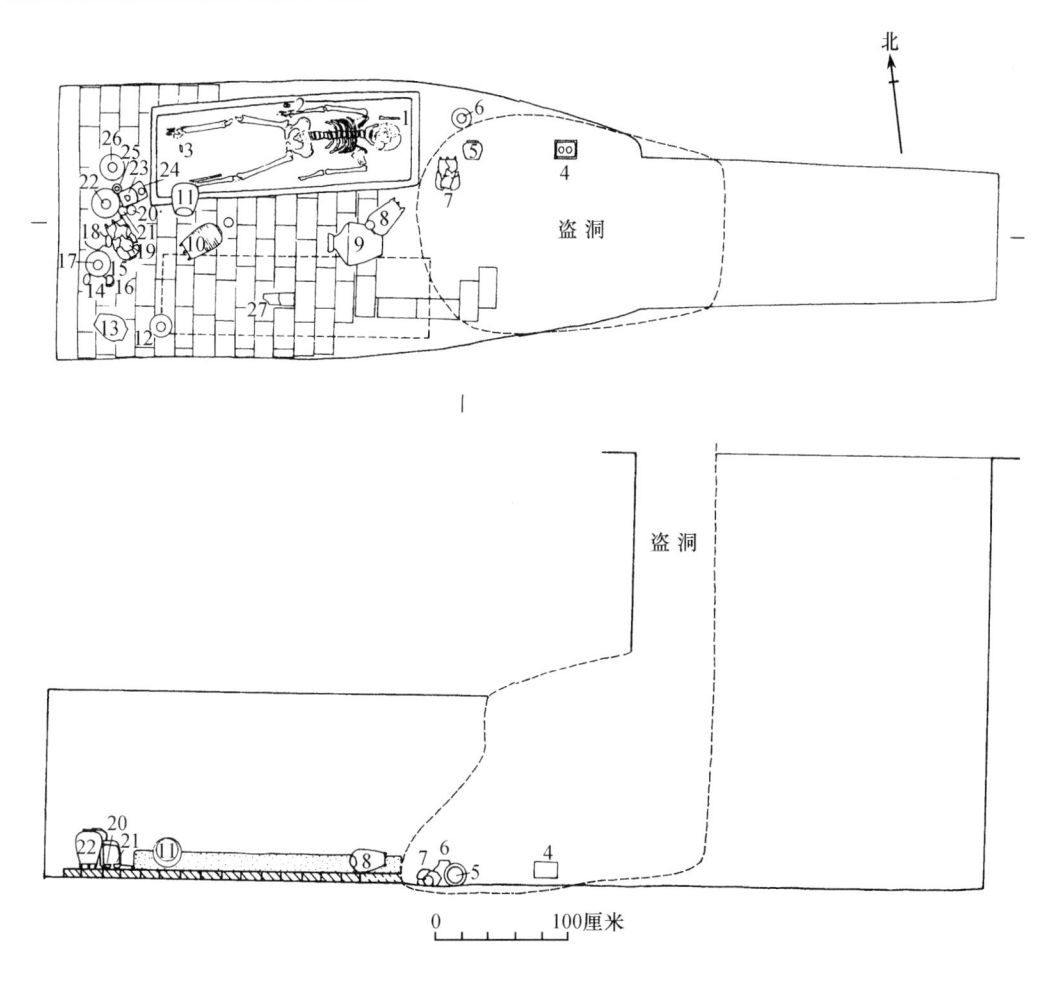

图四 M16平、剖面图
1. 铁削 2. 铜钱 3. 车䡇 4、23. 陶灶 5、9、11、13. 陶罐 6、14、18. 陶壶 7、8、10、12、17、19、22、26. 陶仓 15、16、20、21. 仓盖 24. 釜 25. 甑 27. 铁铲

19.2、底径10.5、高22.5厘米（图七，3）；标本M28:3，尖唇，假圈足较直。腹饰暗弦纹。口径12.3、腹径19、底径9.9、高23.7厘米（图七，4）。

Ⅳ式：1件。标本M28:2，泥质灰陶。盘口，尖唇，唇外侧有一周凹槽，短束颈，鼓腹，下腹斜直收，平底内凹。口径13.8、腹径18.8、底径9.9、高23.7厘米（图七，5）。

小壶 15件，分两型。

A型 11件。均泥质灰陶。依口、腹变化分三式。

Ⅰ式：1件。盘口，短束颈，扁圆腹，直筒式假圈足。标本M10:5，腹饰凹弦纹二周。口径8.1、腹径14、底径6.3、高17.1厘米（图八，1）；标本M33:10，假圈足内凹，肩饰凹弦纹二周，腹饰凹弦纹三周。口径7.2、腹径12,7、底径7.2、高15.1厘米（图八，2）。

Ⅱ式：4件。盘口，口沿略凸，尖唇较厚。短束领，圆腹，假圈足内凹略外撇。标

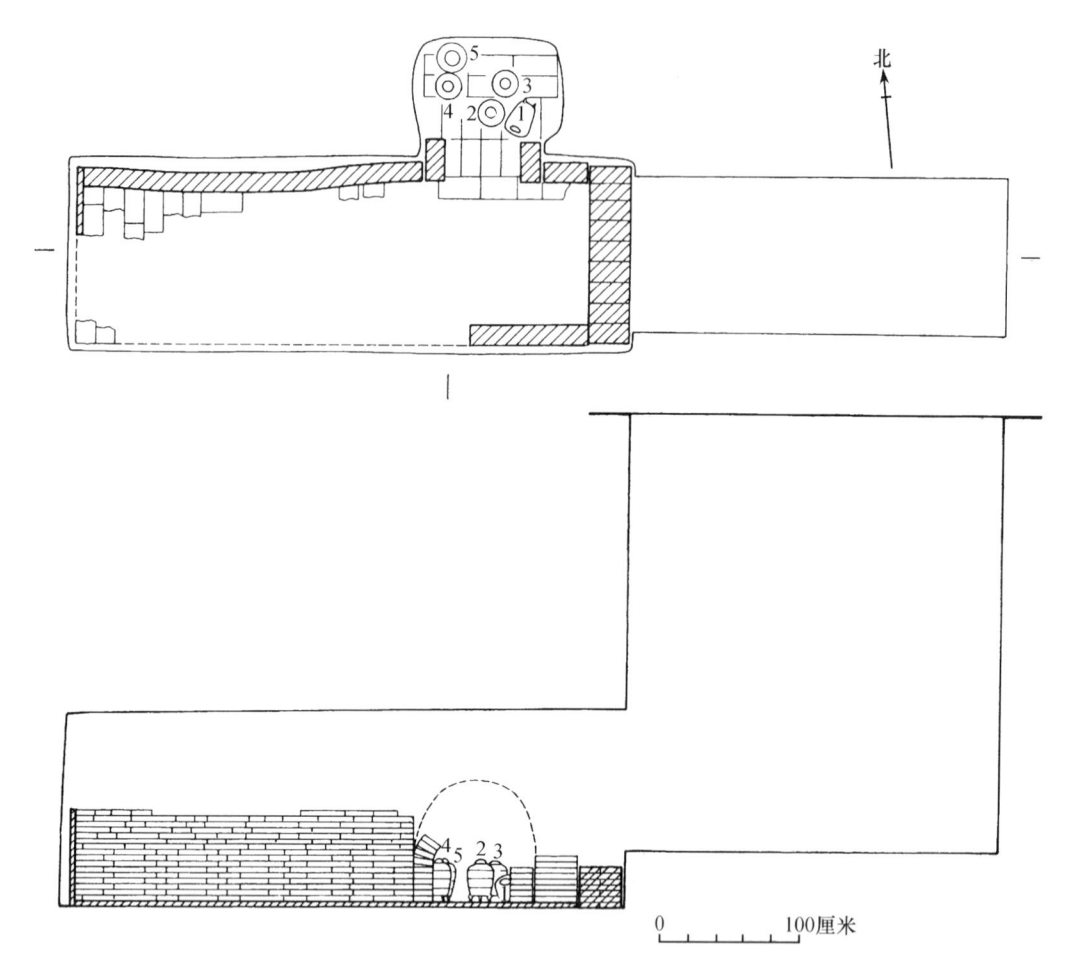

图五 M4 平、剖面图
1~5. 陶仓

本 M16:18，肩饰凹弦纹二周，腹饰一周。口径 8.1、腹径 12.6、底径 7.5、高 15.9 厘米（图八，3）。

Ⅲ式：3件。均出于 M25 内。盘口，束颈，斜肩，鼓腹，平底内凹。盘口下部有一周凸棱。标本 M25:13，口径 7.8、腹径 11.7、底径 7.2、高 15.6 厘米（图八，4）。

B 型 4件，分两式。

Ⅰ式：2件。均出于 M1 内。红陶胎，施酱色釉。侈口，平沿，尖唇，束颈细长。斜肩，扁圆腹，假圈足。标本 M1:9，直筒状假圈足。腹饰凹弦纹。口径 8.1、腹径 12.9、底径 5.8、高 17.2 厘米（图八，5）。

Ⅱ式：2件。均泥质灰陶。侈口，平沿，尖唇，束颈，斜肩，扁圆腹，假圈足。标本 M18:10，平底内凹，肩、腹分饰两细凹弦纹。口径 8.4、腹径 13.3、底径 6.9、高 16.2 厘米（图八，6）。

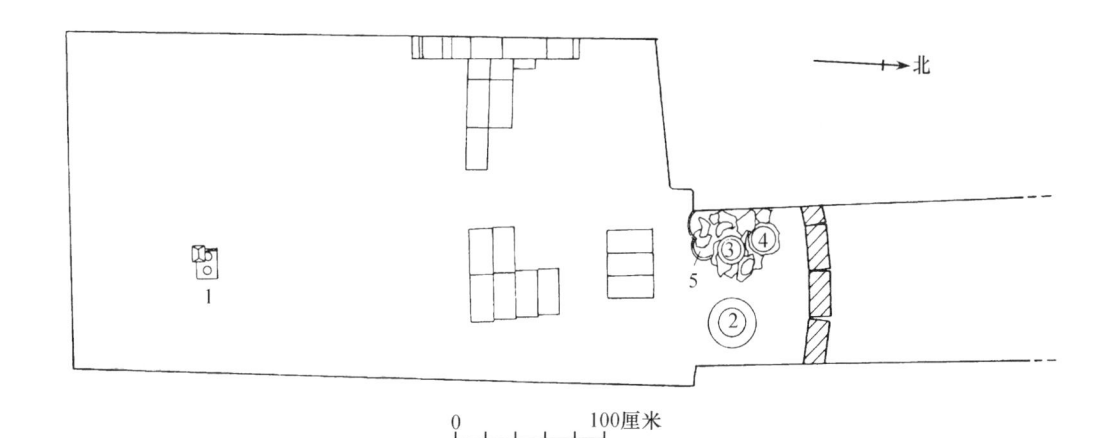

郑州市同洲花园小区汉墓发掘简报

图六　M22平面图
1. 陶灶　2. 陶罐　3、6. 陶罐（残）　4、5. 陶仓（残片）

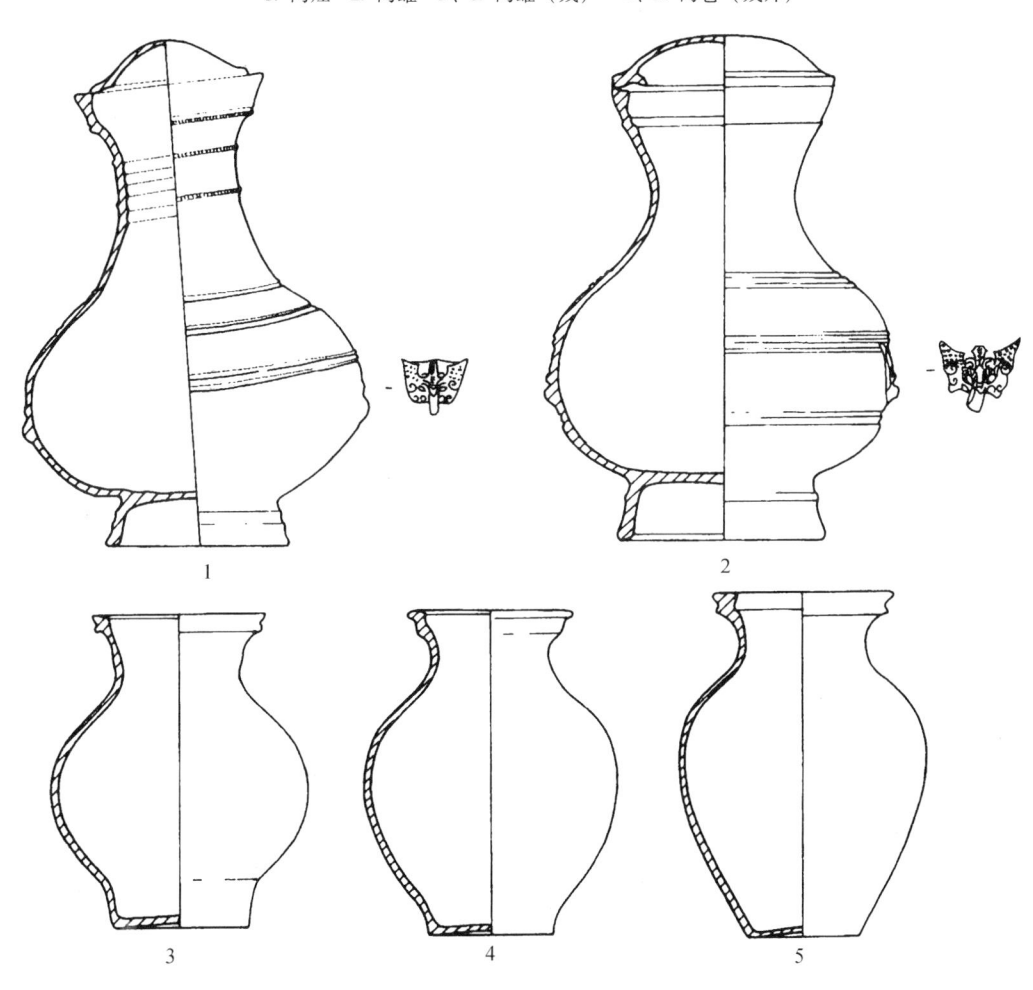

图七　出土陶壶
1. Ⅰ式（M1:3）　2. Ⅱ式（M33:6）　3、4. Ⅲ式（M7:6、M28:3）　5. Ⅳ式（M28:2）

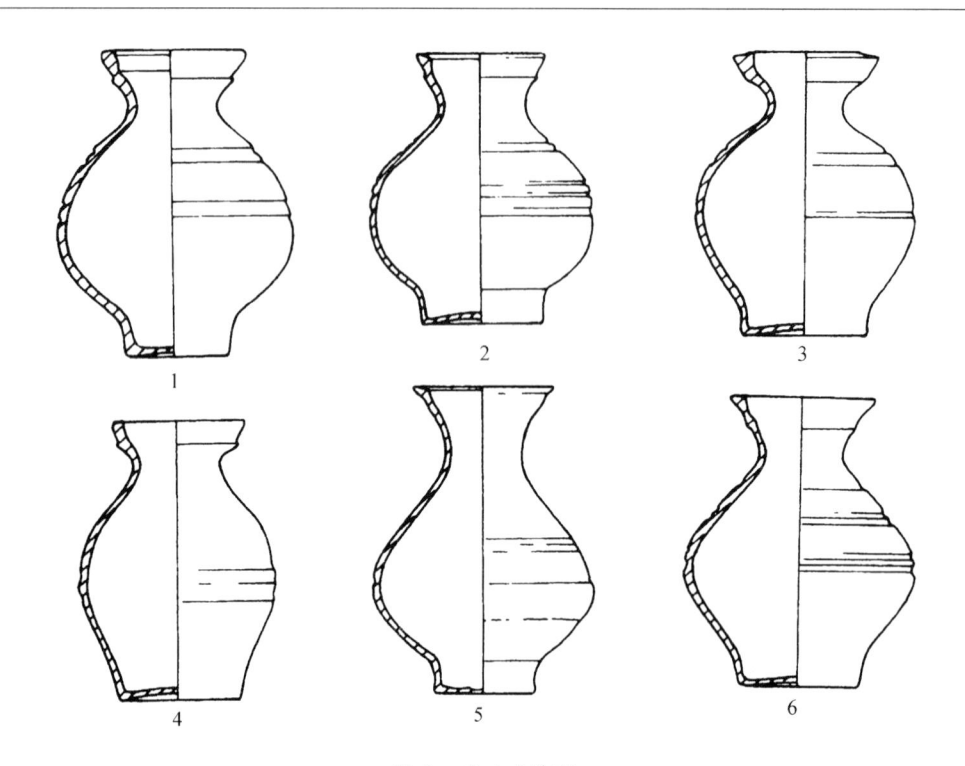

图八　出土小陶壶

1、2. A型Ⅰ式（M10:5、M33:10）　3. A型Ⅱ式（M16:18）　4. A型Ⅲ式（M25:13）
5. B型Ⅰ式（M1:9）　6. B型Ⅱ式（M18:10）

罐　21件。均泥质灰陶。依口、腹部、底部的变化分六型。

A型　2件。敛口罐，依口、腹的变化分两式。

Ⅰ式：1件。标本M5:1，方唇，短束颈，圆肩，鼓腹，平底内凹。腹饰凹弦纹数周，腹上部有刻划符号"大、艹"。口径12.9、腹径29.1、底部16.2、高29.4厘米（图九，5）。

Ⅱ式：1件。标本M25:1，沿外折，厚圆唇，上腹扁圆，下腹斜收，圆平底。腹内壁有旋痕。肩饰暗弦纹，下腹饰凹弦纹数周。腹部有刻划符号："≈｜、｜§"。口径14.4、腹径32.2、底径16、高42厘米（图九，6）。

B型　7件。侈口，方唇，外折平口沿，短束颈。分两式。

Ⅰ式：2件。圆肩，鼓腹，平底。标本M1:2，唇外侧有一周凹槽。口径16.8、腹径3.28、底径16.8、高38.4厘米（图九，9）。

Ⅱ式：5件。广肩，鼓腹，平底内凹。标本M2:1，器表磨光，颈肩接合处模印细密菱格纹一周，肩、腹分饰凹弦纹一周，腹部饰对称模印铺首。口径19.2、腹径36.2、底径19.2、高37.8厘米（图九，10）；标本M13:1，尖圆唇，颈微束。颈肩接合处模印细密菱格纹一周，肩腹相接处饰两对称环耳。口径13.5、腹径24.5、底径10.8、高27.9厘米（图九，11）。

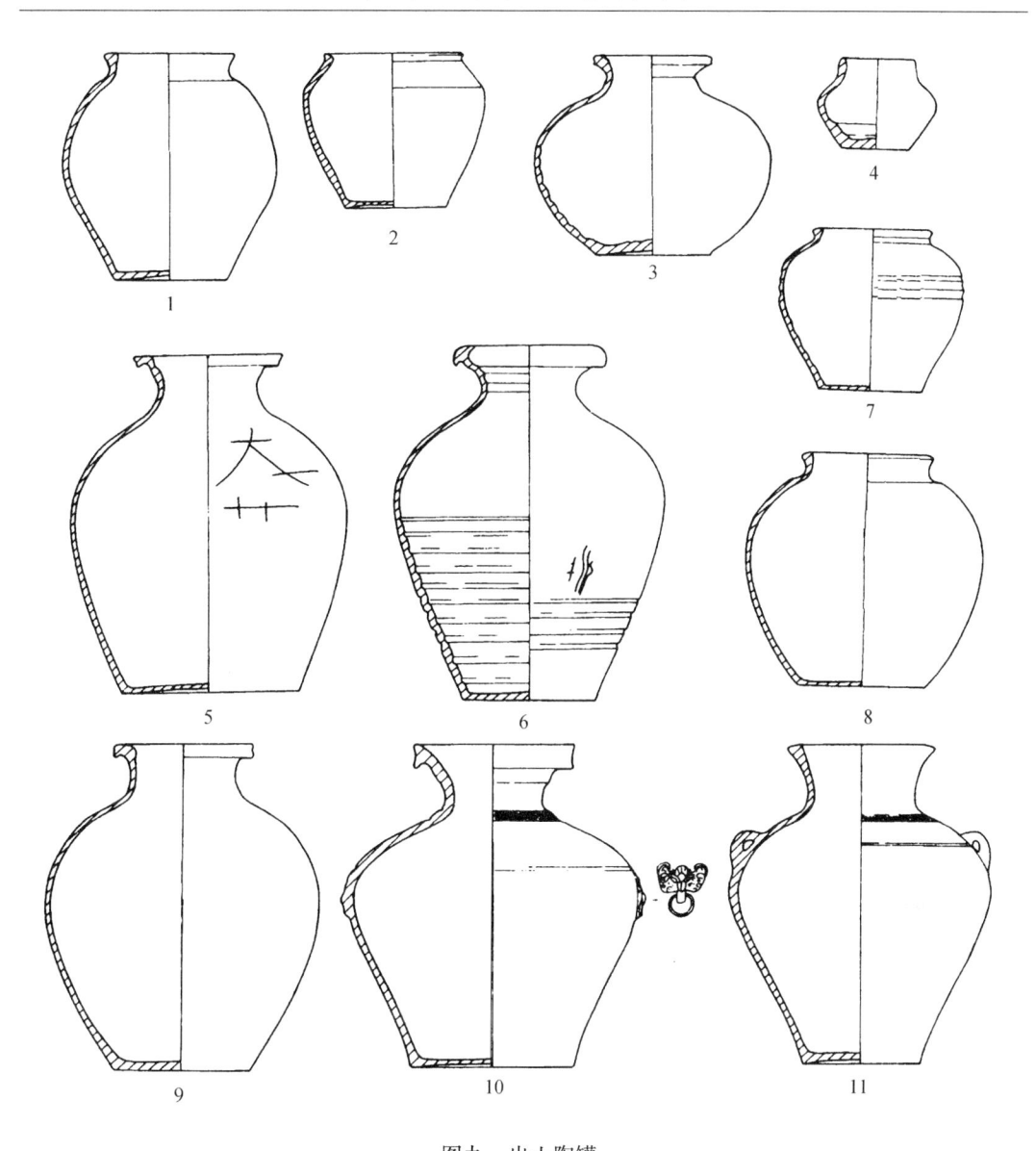

图九 出土陶罐

1. C型Ⅱ式（M17:2） 2. C型Ⅲ式（M16:5） 3. D型（M5:4） 4. F型（M11:4） 5. A型Ⅰ式（M5:1）
6. A型Ⅱ式（M25:1） 7. E型（M10:8） 8. C型Ⅰ式（M7:7） 9. B型Ⅰ式（M1:2） 10、11. B型
Ⅱ式（M2:1、M13:1）

C型 4件。分三式。

Ⅰ式：2件。侈口，圆唇，短束颈，圆肩，鼓腹，平底。标本M7:7，口径12.3、腹径22.1、底径11.7、高20.7厘米（图九，8）。

Ⅱ式：1件。标本M17:2，微侈口、圆唇，束颈，溜肩，腹略鼓，下腹内曲，平底内凹。素面。口径11.7、腹径19.2、底径11.7、高19.8厘米（图九，1）。

Ⅲ式：1件。标本M16:5，口微敛，圆唇外卷，折颈，弧腹斜收，平底微凹。口径

12.3、腹径16.5、底径9.9、高13.5厘米（图九，2）。

D型　2件。侈口，沿外卷，斜唇，束颈，平底微凹。标本 M5∶4，器表磨光。溜肩，扁圆腹。口径10.5、腹径21.2、底径10.2、高17.4厘米（图九，3）。

E型　5件。外卷沿，尖圆唇，短束颈，鼓腹，下腹弧收，平底或微内凹。标本 M10∶8，腹饰凹弦纹三周。口径11.1、腹径17、底径9.6、高14.1厘米（图九，7）。

F型　1件。标本 M11∶4，釜形罐，直口微侈，扁圆腹，下腹斜收，平底。口径6.6、腹径11.2、底径6.3、高8.1厘米（图九，4）。

大口瓮　4件，均泥质灰陶。卷沿，尖唇，圆肩，鼓腹，平底或微内凹。标本 M7∶2，肩、腹部模印戳印纹二周。口径13.2、腹径27.8、底径17.1、高26.1厘米（图一〇，1）；标本 M34∶3，腹饰凹弦纹一周。口径12.6、腹径23、底径12.3、高21.6厘米（图一〇，2）。

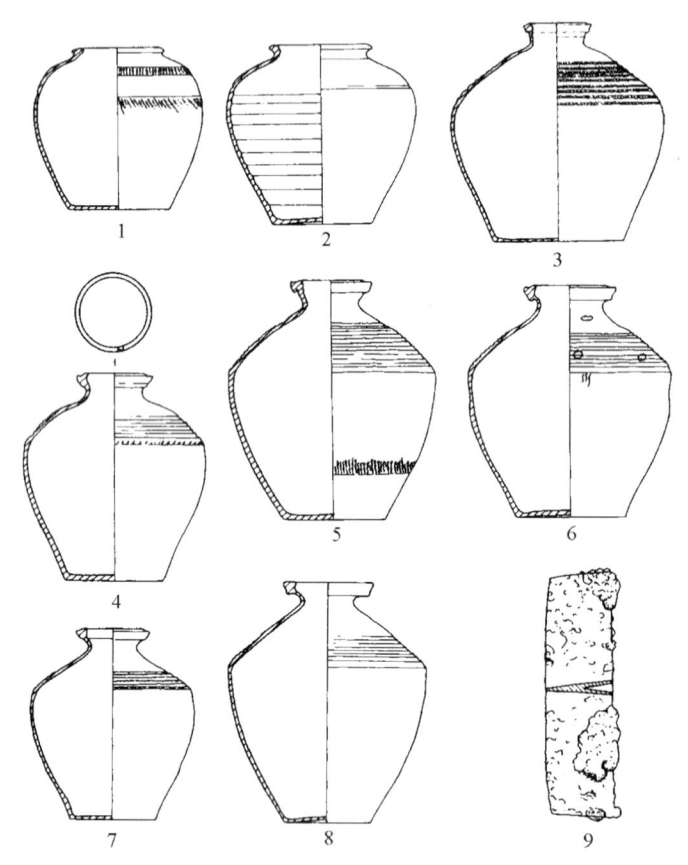

图一〇　出土陶瓮和铁甬

1、2. 大口瓮（M7∶2、M34∶3）　3. A型Ⅰ式小口瓮（M7∶1）　4. A型Ⅱ式小口瓮（M26∶1）
5、6. B型Ⅰ式小口瓮（M18∶16、M34∶1）　7. A型Ⅱ式小口瓮（M6∶1）　8. B型Ⅱ式小口瓮（M16∶9）　9. 铁甬（M1∶1）

小口瓮　18件。均泥质灰陶。根据整体形态分两型。

A型　11件。弧肩，分两式。

Ⅰ式：6件。侈口，尖圆唇，沿面凸起，短束颈，弧肩，鼓腹，平底。标本M7∶1，最大径在肩腹相接处。肩部饰绳纹数周，有抹痕。口径9、腹径34.6、底径21.3、高35.4厘米（图一〇，3）。

Ⅱ式：5件。侈口，方唇，沿面有凸棱，短束颈，腹略鼓，下腹斜收较甚，平底。标本M6∶1，肩饰凹弦纹数周，内间饰绳纹。口径9.6、腹径27.5、底径14.1、高30.3厘米（图一〇，7）；标本M26∶1，肩饰凹弦纹数周，腹饰绳纹一周。口沿上有刻划符号"N"。口径10、腹径30.8、底径16.4、高33.8厘米（图一〇，4）。

B型　7件，折肩，分两式。

Ⅰ式：6件。侈口，尖唇或方唇，短束颈。折肩，腹斜收，平底。标本M18∶16，肩饰凹弦纹数周，下腹饰间断绳纹。口径10.8、腹径34、底径16.4、高38.4厘米（图一〇，5）；标本M34∶1，腹部挤压，下腹收束较甚，平底内凹，肩饰凹弦纹数周，上有两对称穿孔。口径11.6、腹径33.2、底径18、高36.8厘米（图一〇，6）。

Ⅱ式：1件。标本M16∶9，侈口，平沿，短束颈，斜折肩，下腹斜收，平底内凹。肩饰弦纹数周。口径10.8、腹径32.2、底径14.1、高38.4厘米（图一〇，8）。

陶仓　66件。依口、肩、足不同分两型。

A型　3件，无足。均泥质灰陶。直口微敛，圆唇，短颈，鼓肩，下腹斜收，平底。标本M2∶2，肩饰弦纹两周，下腹有刮削痕，内壁布满旋痕。口径8.1、腹径17.6、底径9、高23.4厘米（图一一，5）。

B型　63件。带三足。分三式。

Ⅰ式：16件。均泥质灰陶，小直口，圆唇，圆肩，筒腹近直，三兽足。标本M28∶7，口承盖，盖中部隆起较高，饰百乳纹。腹饰弦纹三组。口径5.4、腹径18.9、底径15.9、通高27厘米（图一一，3）；标本M33∶1，帽形盖，盖上模印两条互相撕咬的巨龙，形态生动逼真，外饰短线纹一周。口径6、腹径23、底径21.2、通高34.2厘米（图一一，1）。

Ⅱ式：41件。除5件为泥质红陶外，余皆为泥质灰陶。敛口，弧肩，腹饰凹弦纹，斜腹，平底附三兽足。标本M7∶8，红陶胎，施绿釉，有盖，盖饰四叶纹及百乳纹。口径6、腹径17.5、底径13.2、通高27厘米（图一一，2）。

Ⅲ式：6件。泥质灰陶。敛口，弧肩，腹斜收较甚。泥饼式红陶盖，四棱状三足。腹饰凹弦纹。标本M16∶20，口径5.9、腹径18.4、底径14.8、通高29.7厘米（图一一，6）。

灶　16件。均为长方形。无底。依火眼多少，灶面纹饰，灶具装制不同分两型。

A型　2件。单火眼。泥质灰陶，前壁开有半圆形火门，灶面开一火眼。标本M2∶4，后壁高起开一挡烟墙，上附烟道。灶面中部开一火眼，上置一釜，敛口，折腹，平底。

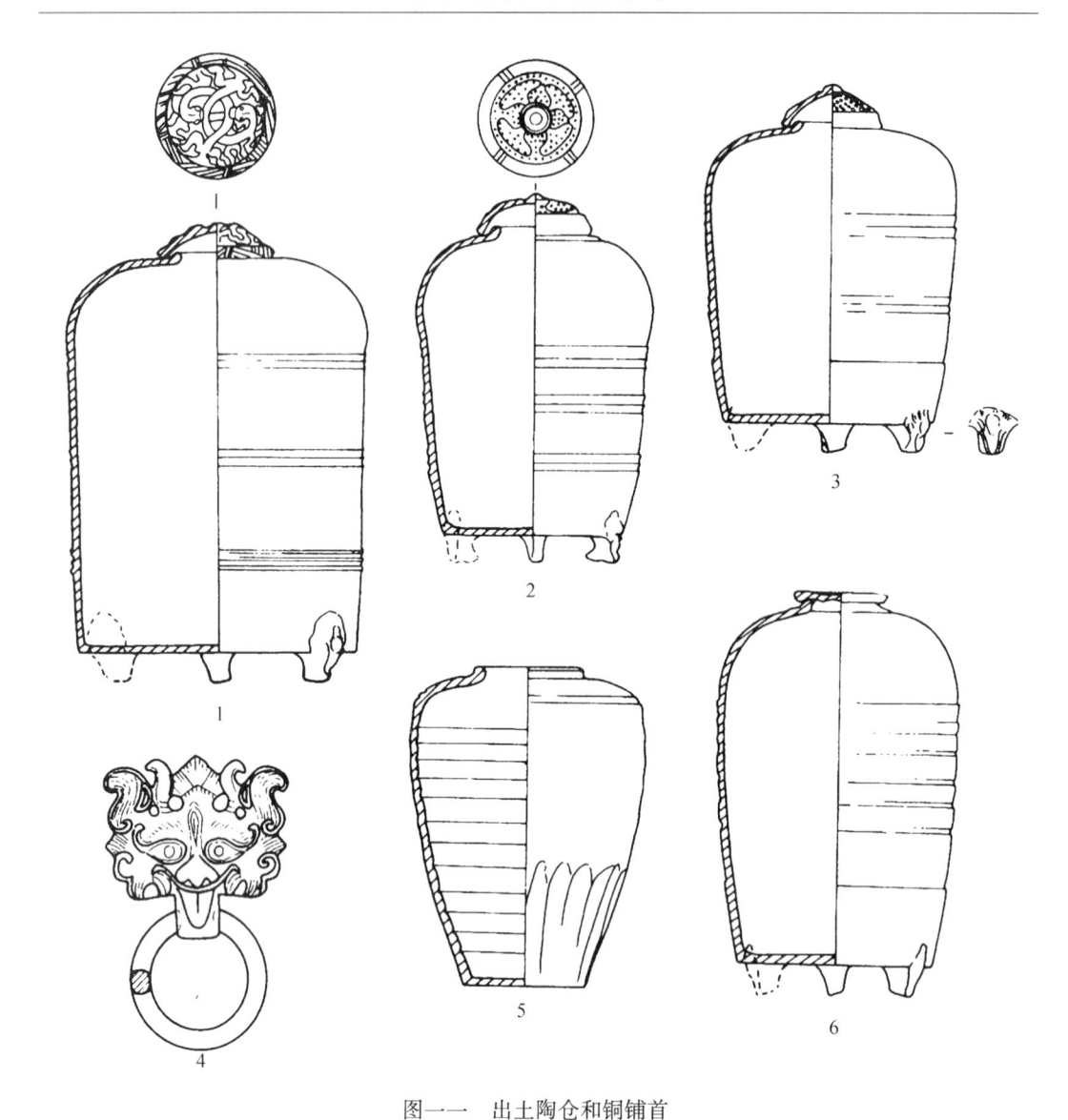

图一一 出土陶仓和铜铺首
1、3. B型Ⅰ式陶仓（M33:1、M28:7） 2. B型Ⅱ式陶仓（M7:8） 4. 铜铺首（M18:1） 5. A型陶仓（M2:2）
6. B型Ⅲ式（M16:20）

釜上承一甑，敞口，尖圆唇，斜腹，平底。甑上又承一盆，敞口，平沿，斜腹，平底。灶面饰菱形纹。灶长16.8、宽13.5、前壁高9、后壁高17.9厘米（图一二，3）。

B型 14件。双火眼。依有无棚分两式。

Ⅰ式：13件。无棚。泥质灰陶，个别施酱色釉。前壁开有半圆形火门。灶面及前壁饰圆圈纹，菱形纹。后壁高起开有挡烟墙，上附烟道。灶面中部略弧起，开二火眼。标本M1:4，前火眼上置一釜，敛口，圆唇，折腹，平底。釜上承一甑，敞口，折沿，斜腹，平底。后火眼上置一釜，形制同前。釜上承一碗，敞口，平沿，方唇，腹略弧收，

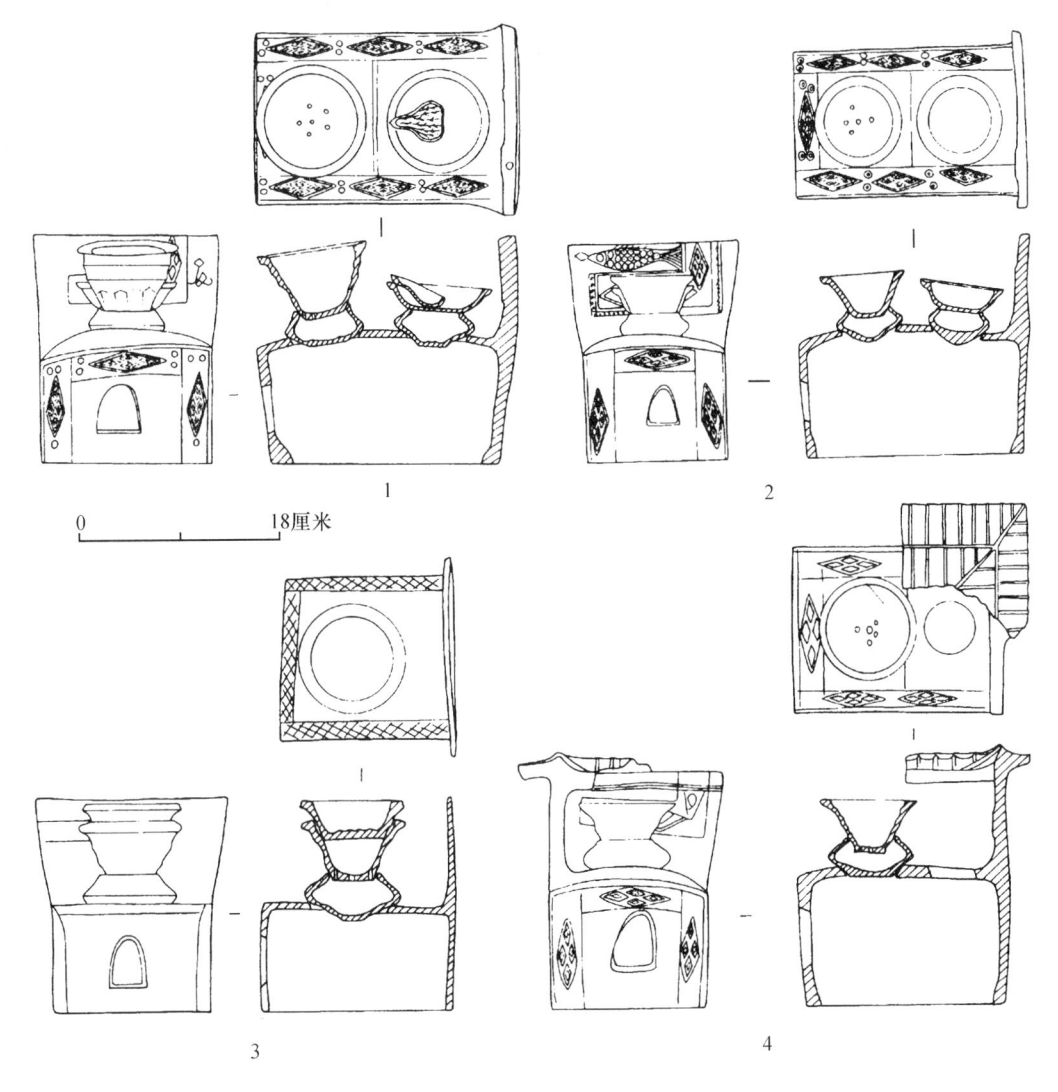

图一二 出土陶灶

1、2.B型Ⅰ式（M1:4、M6:3） 3.A型（M2:4） 4.B型Ⅱ式（M22:1）

平底内凹。内置一勺，勺身椭圆形，有柄，内有凸线草叶纹。釜、甑、碗均为泥质红陶，施酱色釉。勺为泥质灰陶。灶长26.6、宽17.4、通高22.5厘米（图一二，1）；标本M6:3，泥质灰陶。长方形，前壁设半圆形灶门。后有挡烟墙，墙上有烟道。灶面微鼓，开二火眼。前火眼上置一釜一甑，后火眼上置一釜一盆。灶前壁、灶面及烟墙上饰菱形图案及圆圈纹、鱼纹。灶长24、宽14.1、通高21.6厘米（图一二，2）。

Ⅱ式：1件。有棚。标本M22:1，红陶胎，通体施酱色釉。前壁开一半圆形火门，后有挡烟墙与上部硬山顶棚相连。灶面中部弧起，开二火眼。前火眼上置一釜一甑。灶面及前壁饰菱形图案，棚上饰素面瓦垄。灶长20.8、宽13.5、高21.6厘米（图一二，4）。

铜器 6件。

铜镜 2件，分出于2座墓中，均为日光连弧铭文镜。圆形，圆纽，纽座外一圈内向八连弧纹，其外有铭文一周，"见日之光，天下大明"，字间加以"ơ"、"田"字符号。平缘。标本M18:2，直径8.3、缘厚0.4厘米（图一三）。

铜铺首 2件，均出于M18内。两耳上翘外撇，中间呈三角形。两目鼓凸，眉上扬卷曲，突鼻，下有一衔环。标本M18:1，长7.1、宽4.6厘米（图一一，4）。

铜洗 2件。均残。体极轻薄，易破碎。斜唇向上，外折沿，腹如半球形，圜底。腹上有一对称铺首衔环。

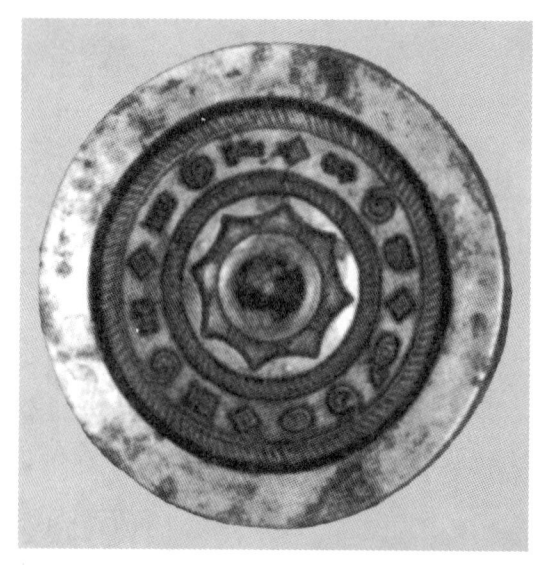

图一三 铜镜（M18:2）

钱币 280枚。分出于16座墓中。其中半两钱1枚，五铢线274枚，大泉五十5枚。

半两 1枚。残，出土于M1内。

五铢钱 274枚，包括剪轮五铢，分出于15座墓中。钱文"五铢"，方形穿，面背有周郭，部分钱币有穿上横画和穿下半星。分三式。

Ⅰ式：标本M18:3，钱文字体多短而宽放，"五"字交股多呈直笔，"铢"字"金"字头如一带翼箭镞或三角形，"金"旁略低，"朱"字头方折。钱径2.5、穿径1厘米（图一四，1）。

Ⅱ式：标本M23:4，钱文规整，字体修长秀丽，风格较为一致。"五"字交股笔缓曲，上下两横交接处略向内收。"铢"字"金"字头比Ⅰ式略小，四点方形较短，"朱"字头方折，下垂笔基本为圆折。钱径2.6、穿径1厘米（图一四，2）。

Ⅲ式：标本M11:12，钱文宽大，"五"字交股弯曲甚大，"铢"字"金"字头呈三角形。"金"旁较"朱"旁略低，"朱"字头方折。钱径2.3、穿径1厘米（图一四，3）。

剪轮五铢 数量较多，近100余枚。从钱文分析上述三式均有。部分钱币外郭剪去较多，钱文仅剩一半。标本M25:14，钱径1.7、穿径1.1厘米（图一四，5）。

图一四 铜钱

1~3. Ⅰ、Ⅱ、Ⅲ式五铢钱（M18:3、M23:4、M11:12） 4.大泉五十（M12:3） 5.剪轮五铢（M25:14）

大泉五十　5枚。标本 M12:3，穿孔正方，钱周边及穿面背均有郭，字文深峻。钱径2.7、穿径0.9厘米（图一四，4）。

铁器　共8件。器形为铲、削、軎、环等。

臿　3件，锈蚀严重，残。标本 M1:1，长条形，体扁，背中空有銎（图一〇，9）。

削　2件。残。

车軎　1件。残。

铁环　2件。圆形，锈蚀严重。

骨器　3件，四棱形，中空，均残。

三、结　　语

1. 墓葬时代

此次发掘的28座墓葬，以 A 型墓居多，共20座，而且这些墓葬的布局多是两座墓平行并列，除 M16、M32 为双棺墓外，其余均为单室墓，墓壁、券顶封门砖的砌法基本相同[1]，只有用砖不同。尤其值得注意的是，个别墓葬虽然两墓室独为一体，但室前侧有一耳室连接两室，应为异穴合葬形式。如 M17、M18 相通，M23、M24 相通，M33、M34 相通，与烧沟汉墓 M156A、M156B 相同。另外，M25 用空心砖作封门，墓底用小砖铺底，是空心砖墓向小砖墓过渡形式。M16、M32 为双棺土圹墓，底铺小砖，与烧沟汉墓 M170 相类[2]。B 墓的 M4 与烧沟汉墓的 M403 接近[3]。C 墓与荥阳赵家庄汉墓 D 型 II 式墓相近[4]。D 墓虽然破坏严重，但其形制与烧沟汉墓 V 型 I 式墓较为接近[5]。

从墓葬出土的随葬器物分析，出土的 A 型罐、B 型罐分别与荥阳赵家庄汉墓的 A、B 型罐形制相同[6]，A 型壶与烧沟汉墓 I 2 基本相同，B 型壶与烧沟汉墓 II 1 相同，B 型仓与烧沟汉墓 I 1 相同[7]。陶瓮与荥阳赵家庄汉墓 B 型瓮较为接近[8]。出土的 A 型灶、B 型灶分别与烧沟汉墓的 I 2 II 3 基本相同[9]。日光连弧铭文镜习见于西汉中晚期墓葬中。出土的五铢钱，分别与烧沟汉墓的 I、II、III 型所述特征相同[10]。另外，在出土五铢钱的14座墓葬中，有7座出剪轮或磨郭五铢，特别是 M23 出土70多枚钱币，均为剪轮或磨郭五铢。剪轮五铢盛行于西汉晚期成帝、哀帝之世，说明出土剪轮五铢的墓葬，其年代上限不早于西汉中期。综上所述，我们初步推断，该墓葬区第一型与第二型墓的年代当在西汉晚期，第三型墓的年代当在新莽时期或东汉早期，第四型墓虽然没有随葬物品类比，但其形制是东汉晚期墓葬的典型特征，应属东汉晚期。

2. 墓葬的性质

二里冈地区是郑州市区墓葬分布相对集中区域，配合基本建设曾多次进行过考古发掘，发现了数量较多的战国两汉墓葬。此次发掘的汉墓布局有一定规律，区域分布较为密集，规划整齐，同期打破现象甚少，推测可能是自由埋葬的同姓家族墓葬区。

两汉时期钱币成为商品买卖过程中的重要支付手段，生者自然以为死后也存在这种商品买卖行为。因此，表现在墓葬中就是钱币作为随葬品大量出现。这批墓葬中有15座墓随葬铜钱，此种现象固然与墓主人的贫富有关，也和钱币在当时使用状况有关。西汉后期的成帝、哀帝之世，新莽时期，社会矛盾尖锐，币制也随之混乱。这些墓内随葬钱币的现象，显系和货币改制、通货膨胀，货币贬值等因素有关。

领　　队：张松林
发　　掘：周明生　焦建涛　信应君
整　　理：张文霞　信应君
绘　　图：焦建涛　信应君

注　释

[1]　中国科学院考古研究所：《洛阳烧沟汉墓》，科学出版社，1959年。
[2]　同1。
[3]　同1。
[4]　郑州市文物考古研究所：《荥阳赵家庄汉代墓群发掘报告》，《郑州文物考古与研究（一）》，科学出版社，2003年。
[5]　同[1]。
[6]　同[4]。
[7]　同[1]。
[8]　同[4]。
[9]　同[1]。
[10]　同[1]。

（原刊于《考古与文物》2007年增刊）

河南郑州鸿城服饰广场 3 号东汉墓简报

信应君　张文霞

为配合郑州鸿城服饰广场工程建设，2005 年 7 月至 8 月，郑州市文物考古研究所对工程区内的古墓葬进行了抢救性发掘。共发掘汉墓 4 座，其中仅 M3 保存较好，现将墓葬清理情况介绍如下。

一、地理位置

鸿城服饰广场位于郑州市管城区东太康路与人民南路"十"字交叉口的西南端。东距郑州商城西城墙约 150 米。M3 位于发掘区的西部（图一）。

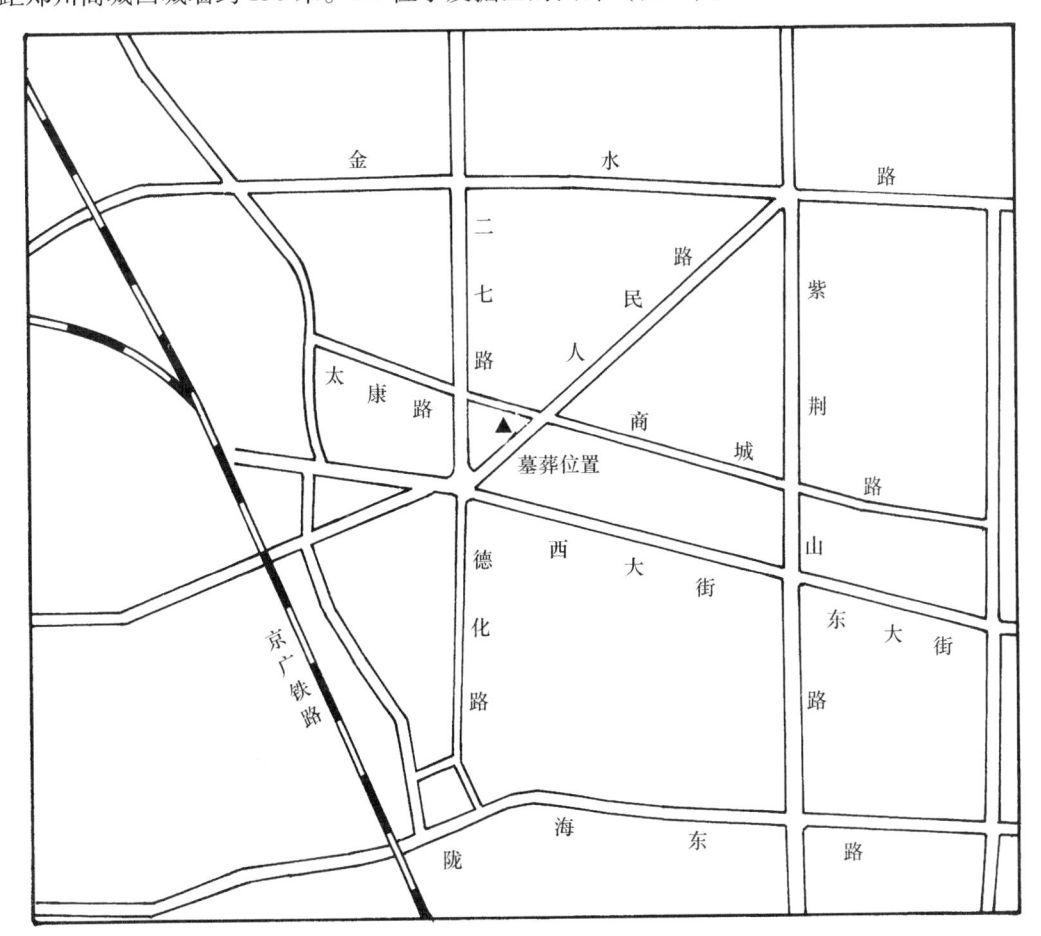

图一　墓葬位置示意图

二、墓葬形制

该墓为长方形斜坡墓道多室砖室墓，平面呈"十"字形，坐西朝东，由墓道、甬道、前室、后室、左右侧室及前室北耳室等几部分组成（图二）。通长16.85米，方向95°。

墓道　平面呈东西向，长方形，位于墓室东端。底为斜坡状。墓道末端南北两侧各有一侧室。通长10.5米，墓道东宽1.3米，西宽1.4米。地表下5米见墓道开口，墓道末端距地表深7.8米。

甬道　平面呈长方形，弧形顶，高1.47米，宽1.4米，进深0.9米。底部有铺砖，墓道与甬道间用平砖错缝叠砌呈内向圆弧形封门。封门上部有一盗洞。

墓室　分为前室、后室、南、北两侧室。前室、后室及南侧室均为小砖砌筑，弧顶，采用小砖纵连券。北侧室土洞。

前室　平面近方形，东西长2.1米，南北宽2.04米，深2.38米。四壁用小砖错缝顺平砌。前壁靠南端有一拱顶形门洞与甬道相通。后壁用一南北向砖墙与后室相隔，中间有二个拱形门洞与后室相通。北壁前端有一耳室。平砖铺底，呈"人"字形图案。

后室　平面呈长方形，与前室连为一体，东西长2.52米，宽2.04米，高2.38米。四壁均砖砌，前壁即前室后壁，经两拱形门洞与前室相通。南面门洞宽1.1米，高1.42米，进深0.3米。北侧门洞宽0.5米，高0.9米，进深0.3米。后室中部一棺，朽成粉状，底部铺有白灰。墓圹后部向里掏挖。平砖铺底，呈"人"字形图案。

南侧室　位于墓道西端南侧，由墓道南壁掏洞形成一近长方形甬道与墓道连通，甬道长1.4米，宽1.1米，高1.32米。甬道口用小砖平铺叠砌封门。墓室平面呈长方形，南北长3.8米，宽2米，高2米。墓壁平砖错缝顺砌，拱顶，底部平铺砖，呈"人"字形图案。室内两棺，朽成粉状。

北侧室　位于墓道西端北侧，与南侧室相比稍偏东，为一土洞洞室。墓室与墓道有一短甬道相通。甬道口用砖封堵。甬道长0.6米，宽1.24米，高1.1米。洞室长1.86米，宽1.5米，高1.3米。弧顶，内置两棺。

三、葬具与葬式

葬具腐朽较甚，可确认为木棺，共5具，其中后室1具，南侧室2具，北侧室2具。除北侧室内骨架保存较好，葬式可辨认为仰身直肢外，后室及南侧室内骨架均朽成粉状，葬式不明。

图二 M3平面

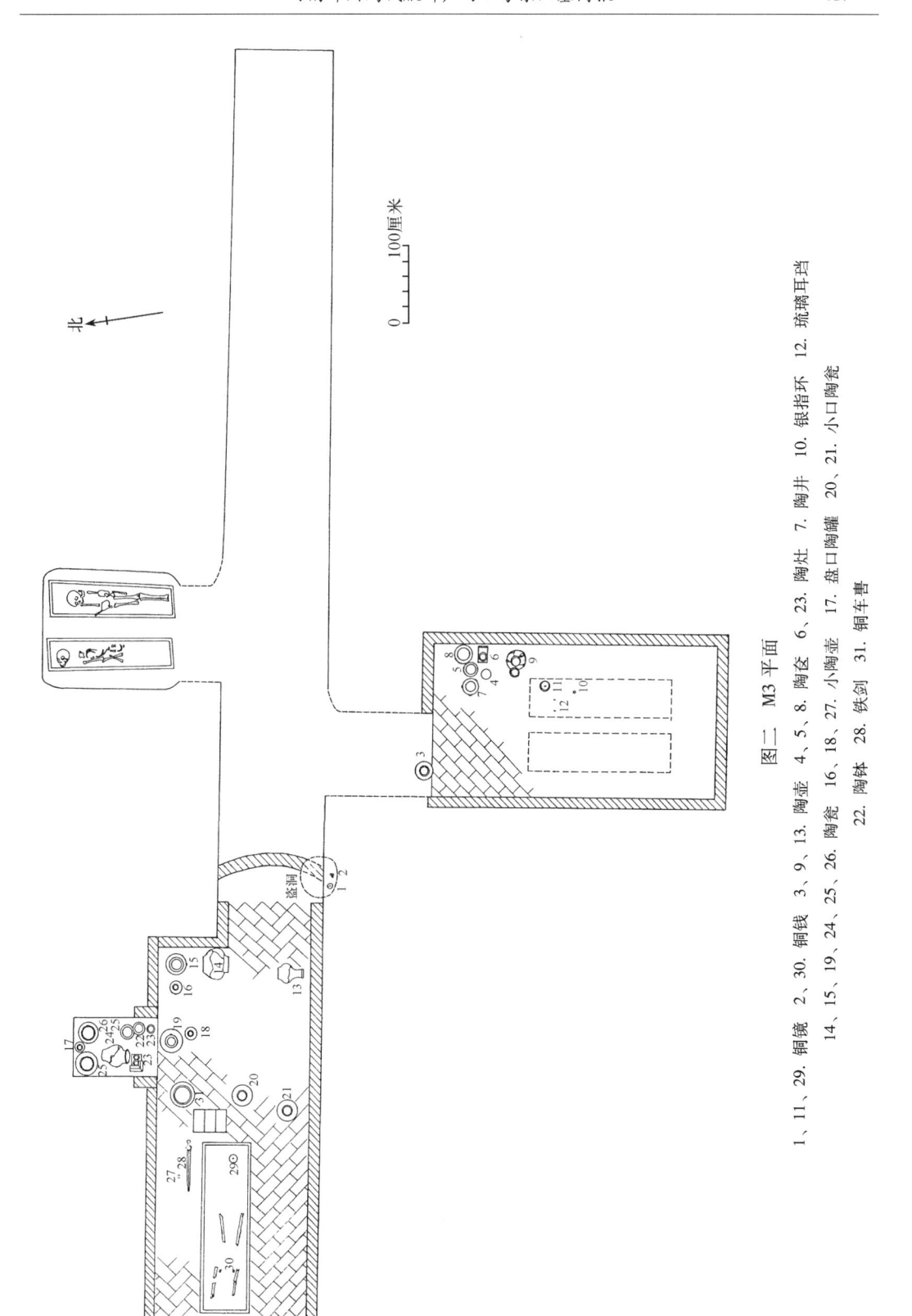

1、11、29. 铜镜 2、30. 铜钱 3、9、13. 陶壶 4、5、8. 陶瓷 6、23. 陶灶 7. 陶井 10. 银指环 12. 琉璃耳当 14、15、19、24、25、26. 陶瓮 16、18、27. 小陶壶 17. 盘口陶罐 20、21. 小口陶瓮 22. 陶钵 28. 铁剑 31. 铜车害

四、随葬器物

该墓共出土随葬器物 69 件。主要有陶器,铜镜,铜钱、铁器及其他小件器物等,随葬物品主要分部在前室、后室、耳室及南侧室内。

1. 陶器

均为泥质灰陶,轮制或手制。纹饰主要有弦纹,菱格纹,鱼纹等。主要器形有罐、壶、瓮、奁、灶、井、钵等。

盘口罐　1 件,M3:17,侈口,方唇,折沿,束颈,圆肩,鼓腹。唇上有凹弦纹两周。底部内凹。口径 18 厘米,腹径 30.3 厘米,底径 17.2 厘米,高 39.2 厘米(图三,1)。

壶　3 件。其中 1 件残,另外 2 件形制相同。标本 M3:3,侈口,尖唇,束颈,斜肩,圆鼓腹,下腹内曲呈假圈足,微内凹。子舌盖,顶部饰博山图案。颈、肩、腹分饰凹弦纹数周。口径 14 厘米,腹径 25.6 厘米,底径 17.3 厘米,通高 36 厘米(图三,4)。

小陶壶　3 件,形制相同。标本 M3:18,盘口,束颈,鼓腹,假圈足。盘口及腹饰弦纹。口径 8 厘米,腹径 13.2 厘米,底径 6.5 厘米,高 17.1 厘米(图三,3)。

瓮　8 件。依口、腹的不同分四型。

A 型　1 件,形制较大。标本 M3:14,直口微敛,厚方唇,短颈,广肩,鼓腹,平底。素面。口径 21.4 厘米,腹径 41.2 厘米,底径 21.2 厘米,高 35.6 厘米(图三,2)。

B 型　1 件。标本 M3:19,大口瓮,沿外卷,尖唇,短束颈,鼓腹,下腹斜收,近底部有一圆孔,平底微内凹。口径 24.4 厘米,腹径 31.2 厘米,底径 18.2 厘米,高 26.8 厘米(图三,8)。

C 型　4 件。敛口内折,尖圆唇,斜直领,束颈,鼓肩,折腹,下腹斜收成平底。形制相同,但大小略有差别。标本 M3:26,领部有一周凹槽,肩饰凹弦纹。口径 20.8 厘米,腹径 32 厘米,底径 18 厘米(图三,6)。

D 型　2 件。小口瓮,内沿稍高,圆唇,束颈,鼓腹,下腹斜收,平底或微内凹。肩饰弦纹。标本 M3:21,斜肩,下腹内曲。肩部刻"南周"二字(图三,7)。口径 14.4 厘米,腹径 29.8 厘米,底径 14.4 厘米,高 38 厘米(图三,5)。标本 M3:20,折肩,下腹斜收,平底内凹。口径 13 厘米,腹径 25.8 厘米,底径 13.7 厘米,高 30.6 厘米(图三,9)。

奁　3 件,其中一件为盖。依据器物整体形态分两型。

A 型　1 件。标本 M3:5,直口内敛,斜直壁,口小于底,平底,下附三兽面足。奁壁中间饰二组凹弦纹。口径 16.5 厘米,底径 18.9 厘米,高 11.6 厘米(图四,1)。

B 型　1 件。标本 M3:8,直口微敛,腹壁微内束,平底。腹壁饰凹弦纹一周,内壁

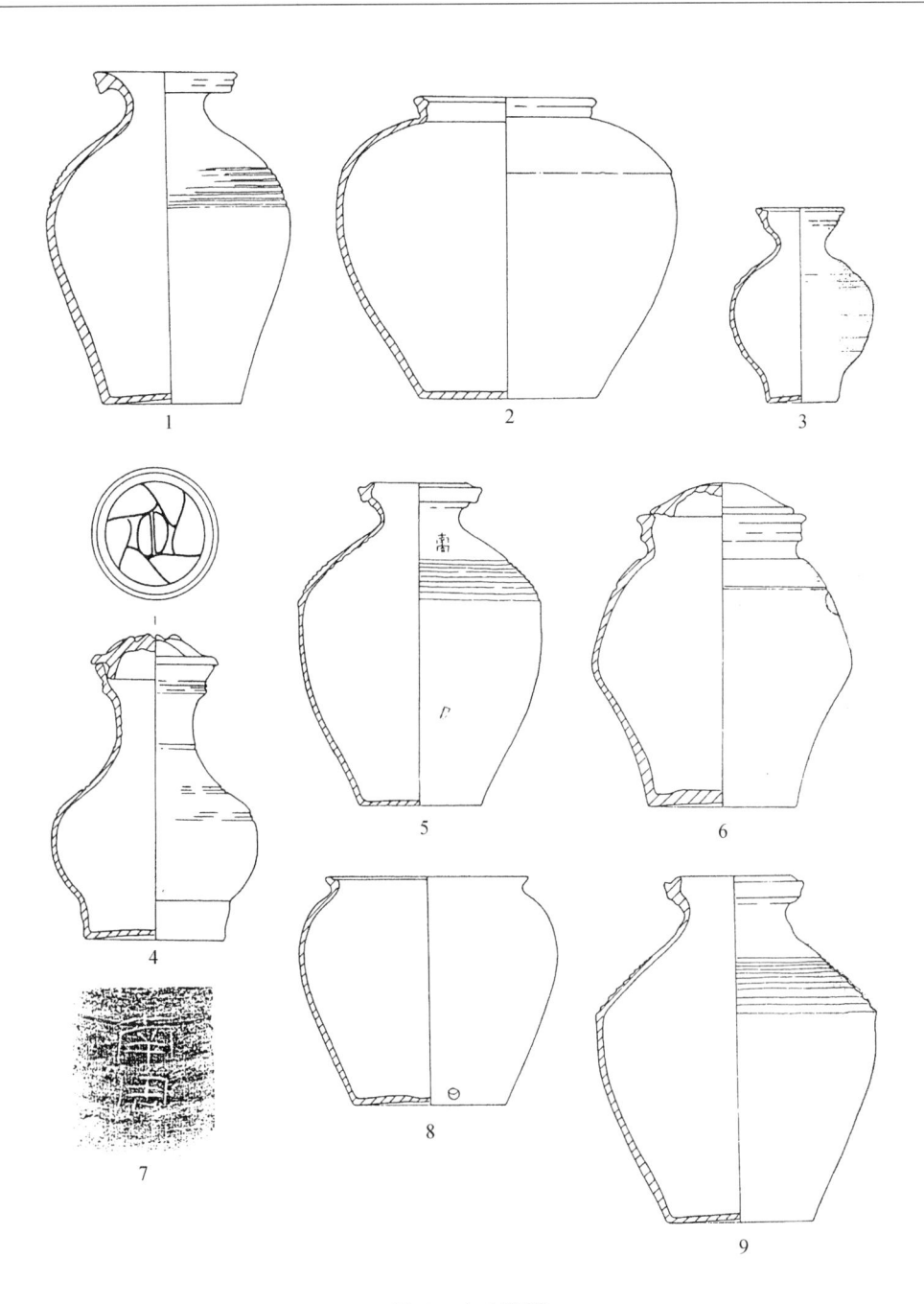

图三 出土陶器
1. 盘口罐（M3:17） 2. A型瓮（M3:14） 3. 小陶壶（M3:18） 4. 陶壶（M3:3） 5. D型瓮（M3:21） 6. C型瓮（M3:26） 7. "南周"拓片（M3:21） 8. B型瓮（M3:19） 9. D型瓮（M3:20）

有轮旋槽。口径 16.8 厘米, 底径 19.5 厘米, 高 16.2 厘米 (图四, 2)。

奁盖　1件。标本 M3:4, 直口微敛, 筒形腹, 顶部略鼓, 上饰三乳针纹及凹弦纹一周。口径 21.9 厘米, 高 16.5 厘米 (图四, 3)。

灶　2件。均长方形, 无底。分两型。

A 型　1件。标本 M3:6, 前壁开有半圆形灶门, 后壁高起开一方形烟囱。灶面略鼓, 前侧开一火眼, 上置一釜, 敛口, 斜腹, 圜底, 釜上承一甑, 敞口, 折沿, 斜腹, 平底, 底有八个镂孔。灶面前部饰鱼纹。长 17.9 厘米, 宽 11.5 厘米, 前壁高 6.5 厘米, 后壁高 12.3 厘米 (图四, 4)。

B 型　1件。标本 M3:23, 有棚。前壁开一半圆形火门, 后壁开一方形烟囱与上部硬山式顶棚相连。灶面中部略弧起, 开二火眼, 上置釜甑。棚上饰素面瓦垄, 前壁饰菱形纹, 后壁饰鱼纹。长 22.2 厘米, 宽 17.8 厘米, 前壁高 11 厘米, 后壁高 22.4 厘米 (图四, 5)。

井　1件。标本 M3:7, 井沿略凸, 外折。圆筒状腹, 平底微凹, 井壁下部有一圆孔。内外壁均有轮旋痕。口径 14.1 厘米, 底径 13.0 厘米, 高 10.5 米 (图四, 6)。

钵　1件。标本 M3:22, 敞口, 束颈。弧腹, 圜底。素面。口颈 15 厘米, 高 6.6 厘米 (图四, 7)。

2. 铜镜

共 3 件。均为圆形, 依镜面尺寸、纹饰不同分三型。

A 型　1件。标本 M3:29, 四乳四虺镜, 圆纽, 圆纽座, 纽座外饰两周射线纹, 中间饰四乳钉及四虺纹, 虺纹的内外有两只鸟。外缘略高。直径 10.4 厘米, 缘厚 0.35 厘米 (图四, 9)。

B 型　1件。标本 M3:1, 四神博局镜, 锈蚀严重。纹饰局部可辨。圆纽, 圆纽座, 座外饰一周凸弦纹和一弦纹方格。凸弦纹内饰对称四组（每组三线）短竖线, 其间各饰一组（每组二线）短弧线条。方格内四角饰铭文, 可辨"长宜子孙"四字。外饰双线方格。主纹由 T、V、四神及鸟兽组成。T 形两侧各有一带圆座乳钉, 鸟兽纹饰锈蚀严重。主区外缘饰一周短斜线纹, 外区宽平缘, 饰一周锯齿线及卷云纹。直径 14.2 厘米, 缘厚 0.45 厘米。

C 型　1件。标本 M3:1, 博局镜, 形制较小, 锈蚀严重。圆纽, 圆纽座, 座外双线方栏, 方栏四角各饰一乳钉。主纹由 T 纹, 禽鸟组成。T 纹两侧各饰一带圆座乳钉, 间饰双鸟及云纹。外饰短斜线纹及三角纹各一周。素缘。直径 9.6 厘米, 缘厚 0.2 厘米。

3. 铜钱

39 枚。分为大泉五十和五铢两种。

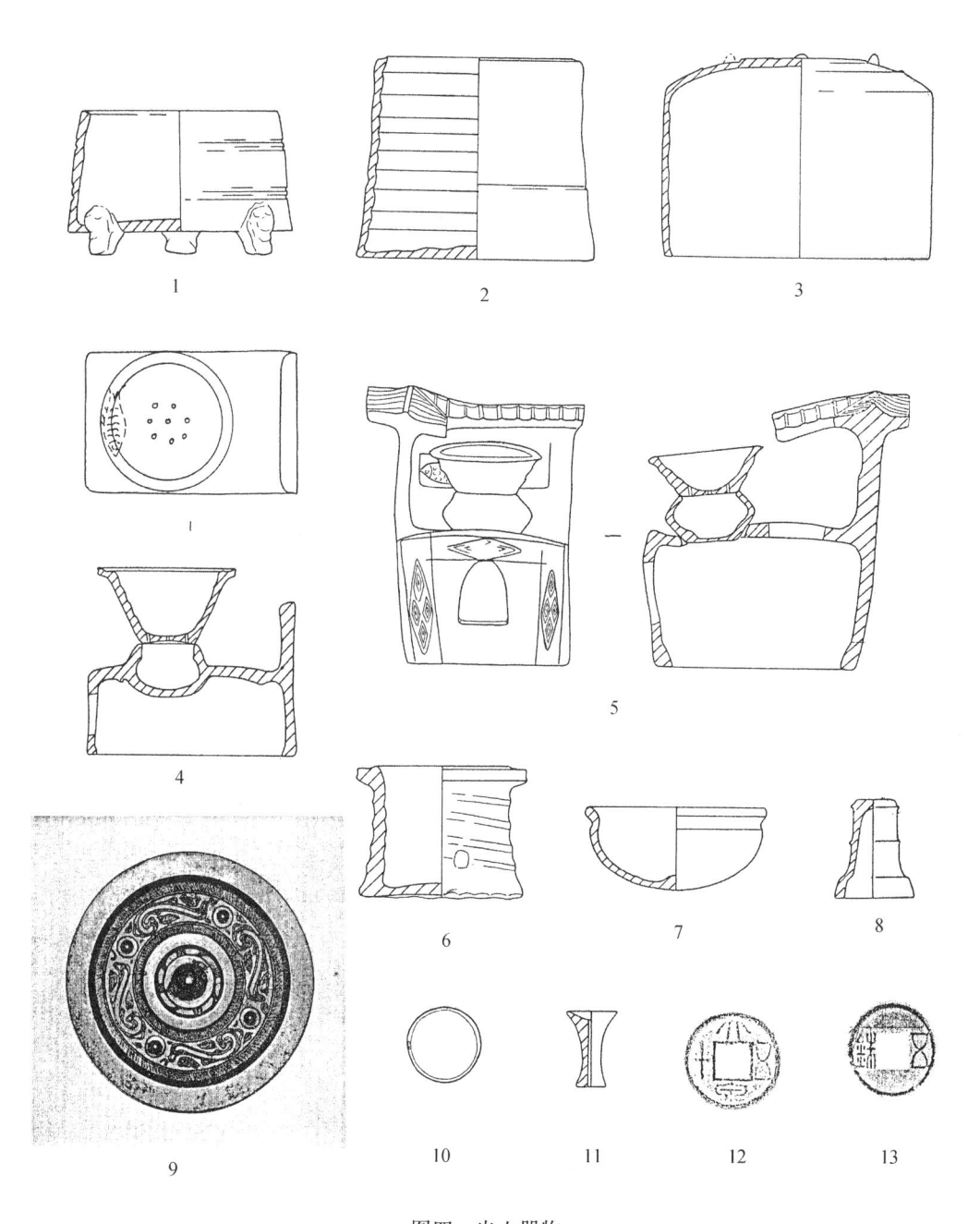

图四 出土器物

1. A 型陶奁（M3:5） 2. B 型陶奁（M3:8） 3. 陶奁盖（M3:4） 4. A 型陶灶（M3:6） 5. B 型陶灶（M3:23）
6. 陶井（M3:7） 7. 陶钵（M3:22） 8. 铜车軎（M3:31） 9. 铜镜（M3:29） 10. 银指环（M3:10）
11. 琉璃耳珰（M3:12） 12. 大泉五十（M3:30） 13. 五铢钱（M3:2）

大泉五十　16 枚。铜质较好，铸造精良，正方形穿，周边及穿正背均有郭。标本 M3∶30，直径 2.6 厘米，穿径 1 厘米（图四，12）。

五铢钱　23 枚。材质轻薄，周边及穿背均有郭。标本 M3∶2，钱文较宽大，"金"字头如一三角形，"金"字四点较长，"朱"字头圆折。直径 2.4 厘米，穿径 0.9 厘米（图四，13）。

4. 铁器

铁剑，1 件（标本 M3∶28）。残。

5. 铜车軎

1 件（标本 M3∶31）。軎身中空，呈筒状，一端较大，中腰有凸棱一周，两端相通。长 2.7 厘米，厚 0.3 厘米（图四，8）。

6. 银指环

1 件（标本 M3∶10）。圆形，直径 2 厘米，厚 0.1 厘米（图四，10）。

7. 琉璃耳珰

2 件。形制相同。标本 M3∶12，琉璃质。口大于底，中间收束，呈喇叭状。口径 1.4 厘米，高 2 厘米（图四，11）。

五、结　语

①该墓形制较为特殊，但仍具有明显的时代特征。墓葬由斜坡墓道，甬道，主室，耳室及侧室组成。主室及南耳室用小砖砌筑，墓顶采用弧顶纵连式结构，保留有《洛阳烧沟汉墓》第二型墓的特征，主室中间用砖墙分隔，形成等宽的前室和后室。后室为棺室，与前室间有两拱门相通，初步具备了前堂后室的特征。这种特点又与《洛阳烧沟汉墓》第三型的特征相近[1]。因此从其形制分析，该墓具有东汉早期向中期过渡的特征。

②墓内所出"大泉五十"铸行于王莽时期，《汉书·食货志》："王莽居摄变汉制……更造大钱，径寸二分，重十二铢，文曰'大钱五十'"。"五铢"钱与《洛阳烧沟汉墓》Ⅲ型相同[2]。出土的四乳四虺镜"流行于西汉中晚期—王莽时期"；四神博局镜"出现于西汉晚期，王莽与东汉早期为最盛"[3]；长宜子孙镜东汉中期流行，而四神规矩镜则基本消失[3]。这三面铜镜具有明显的演变特征，说明该墓的时代不晚于东汉中期。

③M3 的随葬器物组合与西汉晚期墓发生明显变化，以鼎、敦为标志的礼器成分已经消失，组合之中以壶、罐、瓮、奁等生活用具为主，模型明器仅见灶、井，不见猪圈、家畜、家禽等，所出陶罐与荥阳赵家庄汉墓出土的 B 型Ⅰ式罐相似[4]，陶壶与《洛阳烧

沟汉墓》所出三型Ⅱ式陶壶类同[5]，C型陶瓮与河南巩义市新华小区汉墓出土的B型陶瓮相似[6]，D型瓮与郑州市南关外汉墓所出小口罐[7]相同。陶灶与陶奁均为东汉早中期墓葬出土同类器物所习见。以上特征，具有明显的过渡特点，使我们对东汉墓随葬器物的演变轨迹，又有了一些新的认识。

综上所述，M3的时代与烧沟汉墓第五期相近，应不晚于东汉中期。值得一提的是，M3的南北两耳室建在墓道两端，而不是在墓室的两侧，显系与主室不在同一时期兴建，其建成时间应略晚于主室。特别是北耳室，仅为一形制狭小的土洞墓室，内置骨架2具，葬式散乱，无随葬物品，其身份可能性为殉葬的侍婢之属。这种特征，为我们研究汉代墓葬的形制及墓主人身份提供了新的资料。

发掘整理：周明生　韩炜炜　张文霞　信应君
绘　　图：焦建涛　李　杨

注　释

[1]　中国社会科学院考古研究所：《洛阳烧沟汉墓》，科学出版社，1959年。
[2]　同[1]。
[3]　程林泉、韩国河：《长安汉镜》，陕西人民出版社，2002年。
[4]　郑州市文物考古研究所：《荥阳赵家庄汉代墓群发掘报告》，《郑州文物考古与研究（一）》，科学出版社，2003年。
[5]　同[1]。
[6]　郑州市文物考古研究所：《河南巩义市新华小区汉墓发掘简报》，《华夏考古》2001年第4期。
[7]　河南省文化局文物工作队：《郑州南关外东汉墓的发掘》，《考古》1958年第2期。

郑铁经济房晋墓发掘简报

魏青利 薛 冰 任广岭

2007年12月,为配合郑铁经济房建设管理办公室住宅楼工程项目,由郑州市文物勘探队进行文物钻探,在施工范围之内发现古墓葬一座(图一)。经上级文物部门批准,由郑州市文物考古研究院进行发掘,现将情况简报如下。

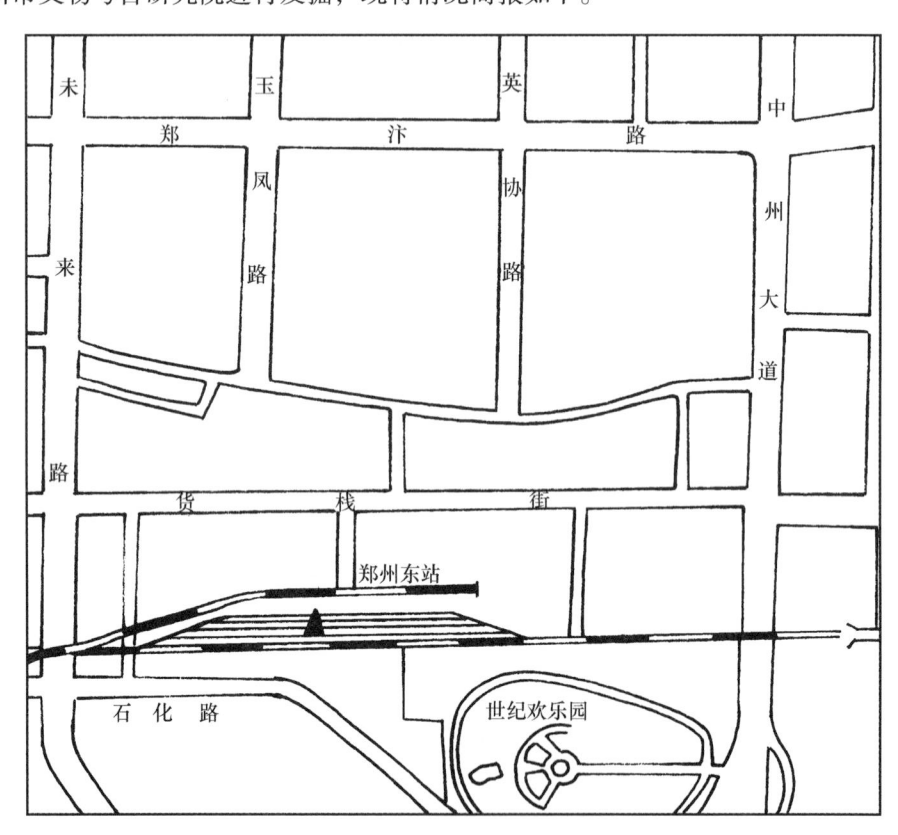

图一 郑铁经济房晋墓位置示意图

一、墓葬形制

08ZTJM1(以下简称M1)为洞穴明券砖室墓,方向95°,由墓道、甬道、墓室三部分组成。

墓道位于墓室之东，长方形，东部呈斜坡状，西部底平。开口距现地表2.8米，长4.6、宽1、深1.6米。封门砖下部由三块空心砖叠置，上部7层青砖错缝平铺，顶部略内收，墙高1.6米。

甬道南北两壁用小砖错缝砌成，高20层，以上用两层侧砖券成拱顶。长0.8、宽1.04、高1.46米。铺地砖一字形平铺。

墓室为长方形，长3.7、宽1.4、顶高1.6米。四壁先错缝平铺砌7层，其上横丁、平铺各1层，复横丁1层，之上平铺5层。自0.8米处单层侧砖起券，顶用小砖削成楔形填塞。墓室西壁偏北处置一小壁龛，高0.23、宽0.17、进深0.25米。墓室北壁偏西处置棺，腐朽无存，尸骨亦朽，头西脚东。铺地砖为一字形错缝平铺。墓室共用砖3种，第一种长30、宽15、厚4.5厘米；第二种长30、宽14、厚5厘米；第三种长27、宽13、厚6厘米（图二）。

墓内绝大部分器物保留在原位置。甬道南、北壁处共放置陶罐、瓷罐5件。墓室南壁自东向西分别放置陶罐、帐座、多子槅、瓷壶、陶碗等6件器物。头骨附近散置铁镜、铜饰件、银发钗共7件，釉陶小壶疑自他处漂移至此，墓主左手戴银手镯1对，身体散落铜钱19枚。

二、随葬器物

墓中随葬器物19件，以陶质明器为主，少数器物如铁镜、铜饰件、陶壶为实用器，依铜、铁、银、瓷、陶质地分述如下。

1. 铜器

铜环 1件（标本M1:2）。推测为漆奁上所用拉环。圆环形，直径2.5厘米。断面扁圆，直径0.03~0.04厘米（图三，7）。

铜饰件 1件（标本M1:4）。残，疑为漆奁盖上的饰件，柿蒂形，薄片状，每瓣内置圆形水晶1枚，柿蒂中心置较大圆形水晶1枚。柿蒂瓣长5.5厘米，宽5厘米，水晶直径1.5~2厘米（图三，4；图六，3）。

铜饰 （标本M1:6）。散落于头部处，鎏金，圆形薄片状，直径为1厘米，推测为头部饰物。

铜钱 19枚（标本M1:19）。锈蚀严重，大致可看出为五铢，其中宽郭五铢直径2.6厘米，最小的剪轮五铢直径1.7厘米。

2. 铁器

铁镜 1件（标本M1:3）。锈蚀严重，圆形，圆纽，直径为16.5厘米（图三，6；图六，4）。

图二 80ZTJM1 平、剖面图

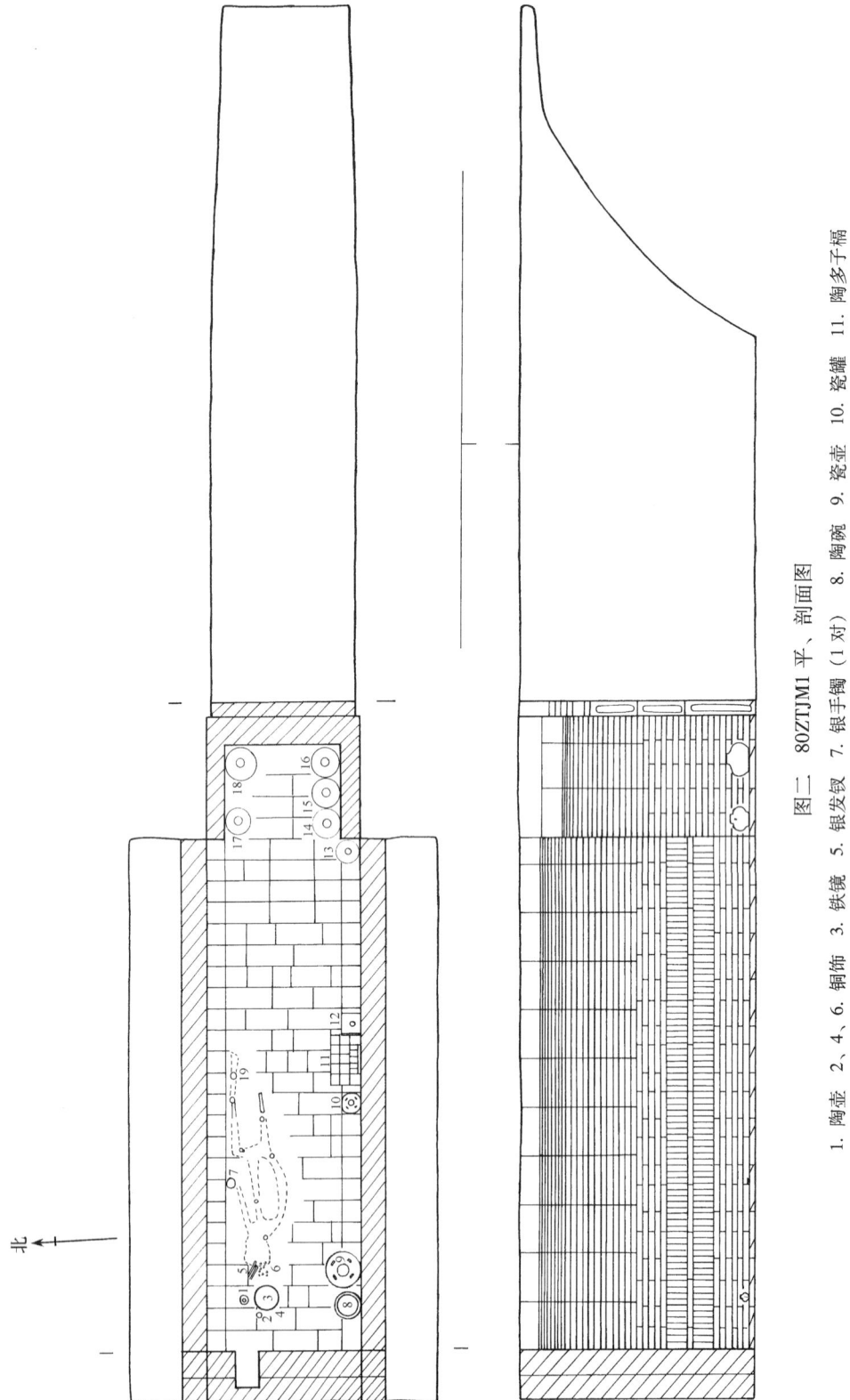

1. 陶壶 2、4、6. 铜饰 3. 铁镜 5. 银发钗 7. 银手镯（1对） 8. 陶碗 9. 瓷壶 10. 瓷罐 11. 陶多子槅 12. 陶帐座 13~16、18. 陶罐 17. 瓷罐 19. 铜钱

郑铁经济房晋墓发掘简报

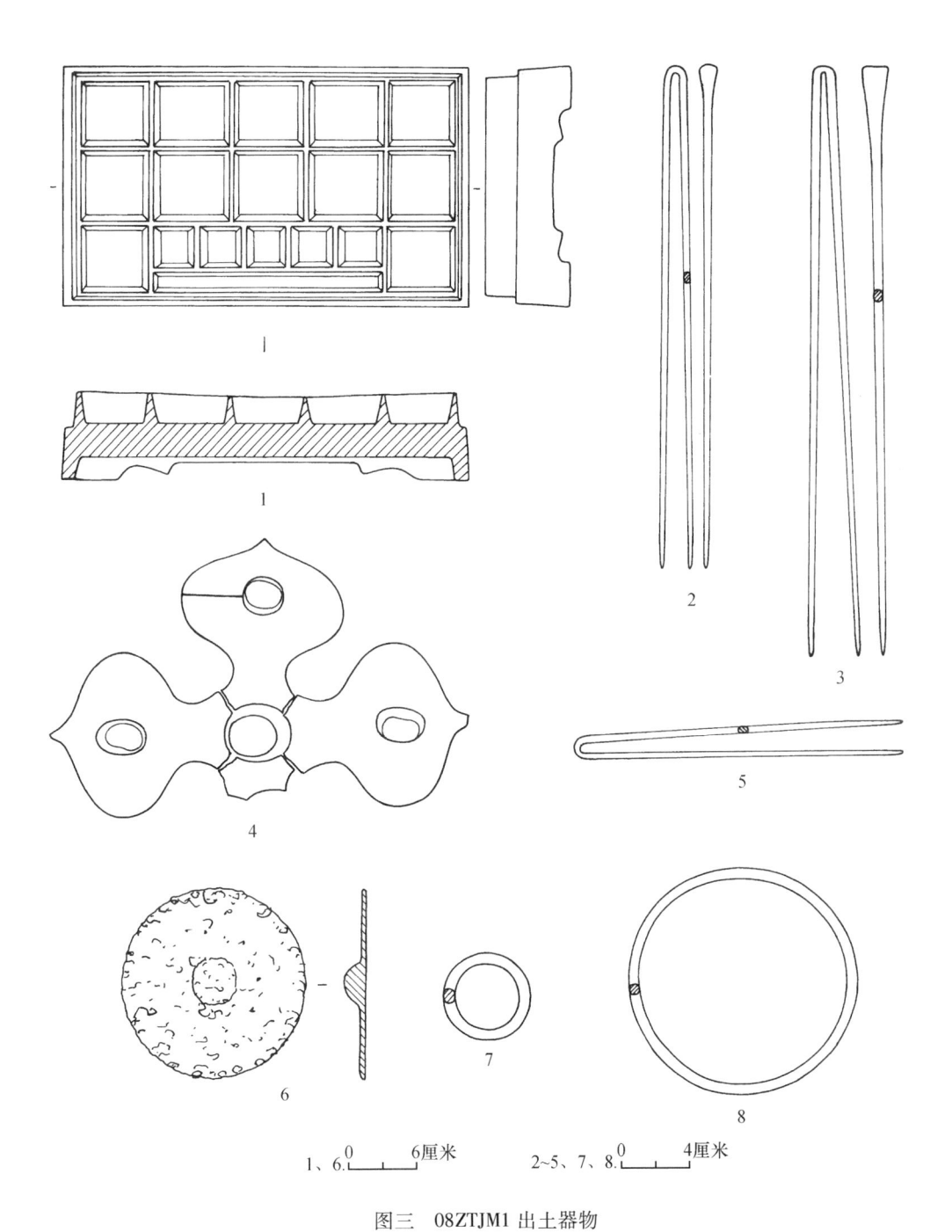

图三 08ZTJM1 出土器物
1. 多子槅（M1:11） 2、3、5. 银簪（M1:7） 4. 铜饰件（M1:4） 6. 铁镜（M1:3） 7. 铜环（M1:2）
8. 银镯（M1:5）

3. 银器

簪 3件（标本 M1∶7）。呈"U"字形，长、中、短各一件。长分别为17、14.5、9.7厘米（图三，2、3、5；图六，6）。

镯 1对（标本 M1∶5）。形状大小相同，圆环形，断面扁圆，直径6.8厘米（图三，8；图六，5）。

4. 瓷器

瓷壶 1件（标本 M1∶9）。盘口，束颈，溜肩，肩置四桥状系，鼓腹，平底内凹。口沿内壁及外壁大部施褐釉，釉层厚，有气泡及流釉现象。口径9.7、腹径22、底径16.4、高21.2厘米（图四，1；图五，1）。

瓷罐 2件（标本 M1∶10、M1∶17）。形制相同。内外施褐釉，外不及底。直口，方唇，短领，弧肩，肩部对称附桥状四系，鼓腹，平底略内凹。标本 M1∶10，口径4.6、腹径10.8、底径6、高9.3厘米。标本 M1∶17，口径8.1、腹径18.1、底径9、高13.5厘米（图四，3、7；图五，2、3）。

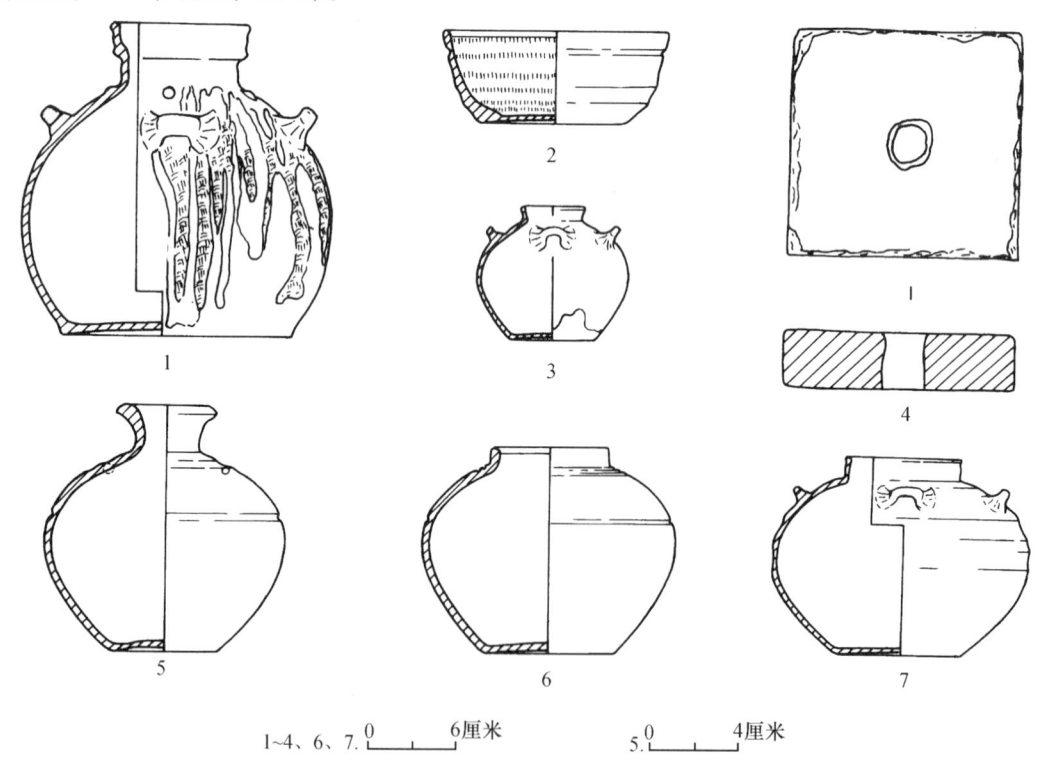

图四　08ZTJM1 出土器物

1. 瓷壶（M1∶9）　2. 陶碗（M1∶8）　3、7. 瓷罐（M1∶10、M1∶17）　4. 陶帐座（M1∶12）　5. 釉陶壶（M1∶1）
6. 陶罐（M1∶13）

图五　08ZTJM1 出土器物
1. 瓷壶（M1:9）　2、3. 瓷罐（M1:10、M1:17）　4. 釉陶壶（M1:1）　5. 陶罐（M1:13）　6. 陶碗（M1:8）

5. 陶器

有罐、碗、多子榼、帐座等，均泥质灰陶，轮制。

陶壶　1件。（标本 M1:1）。敞口，卷沿，尖圆唇，束颈，弧肩，鼓腹，平底略内凹。肩、腹部各有凹弦纹1周，肩部三支钉痕，通体施酱黄釉。口径2.4、腹径5.7、底

图六　08ZTJM1 出土器物
1. 陶多子槅（M1:11）　2. 陶帐座（M1:12）　3. 铜饰件（M1:4）　4. 铁镜（M1:3）　5. 银镯（M1:5）
6. 银簪（M1:7）

径2.5、高5.6厘米（图四，5；图五，4）。

陶罐　5件。形制相同，大小相近。直口，圆唇，直领，弧肩，鼓腹，平底略内凹，颈部有凹弦纹2周，腹部有凹弦纹1周。标本 M1:13，口径8.3、腹径17.9、底径9.5、高14.1厘米（图四，6；图五，5）。

碗　1件（标本 M1:8）。敞口，圆唇，斜直腹，平底略内凹。口沿下凹弦纹1周，内壁满饰蓖点纹。口径16、底径9.6、高6.2厘米（图四，2；图五，6）。

多子槅 1件（标本M1∶11）。长方形，大小方格15个，矩形足，足间呈门状。长36、宽20.8、高7.4厘米（图三，1；图六，1）。

帐座 1件（标本M1∶12）。方形，中心有一直径2.4厘米的圆孔，边长6、高3.9厘米（图四，4；图六，2）。

三、结　　语

郑铁经济房晋墓，是郑州地区经发掘保存较好的晋墓，为斜坡墓道的砖砌单室墓，为郑州地区西晋墓常见。从随葬器物看，多子槅、四系罐、帐座等都是西晋墓葬特有的器物。郑铁经济房釉陶壶（M1∶1）与洛阳谷水晋墓（FM5）[1]标本M5∶40基本相同，陶碗与洛阳谷水晋墓（FM5）[2]标本M5∶9形制近似。虽然墓内未见纪年材料，但从随葬品特征来看，我们认为该墓时代应为西晋中晚期。

M1∶17与安徽和县西晋纪年墓[3]中出土的瓷四系罐较为近似，后者腹部最大径在上部，造型稍显生硬，而M1∶17造型肩腹部浑圆，生动自然，应是中原地区的产品。M1所出的3件青瓷器为中原地区瓷器的研究提供了弥足珍贵的实物资料。

领　　队：顾万发
发　　掘：魏青利
绘　　图：李　阳
摄　　影：蔡　强

注　释

[1] 洛阳市第二文物工作队：《洛阳谷水晋墓（FM5）发掘简报》，《文物》1997年第9期。
[2] 同[1]。
[3] 安徽省文物工作队、和县文物组：《安徽和县西晋纪年墓》，《考古》1984年第9期。

河南荥阳晋墓、唐墓发掘简报

张文霞　张家强

2004年4月，郑州市文物考古研究院联合荥阳市文物保护管理所，对荥阳市西新区310国道北侧的4座墓进行发掘（图一）。其中M2被严重盗毁，现将其余3座墓的发掘情况简介如下。

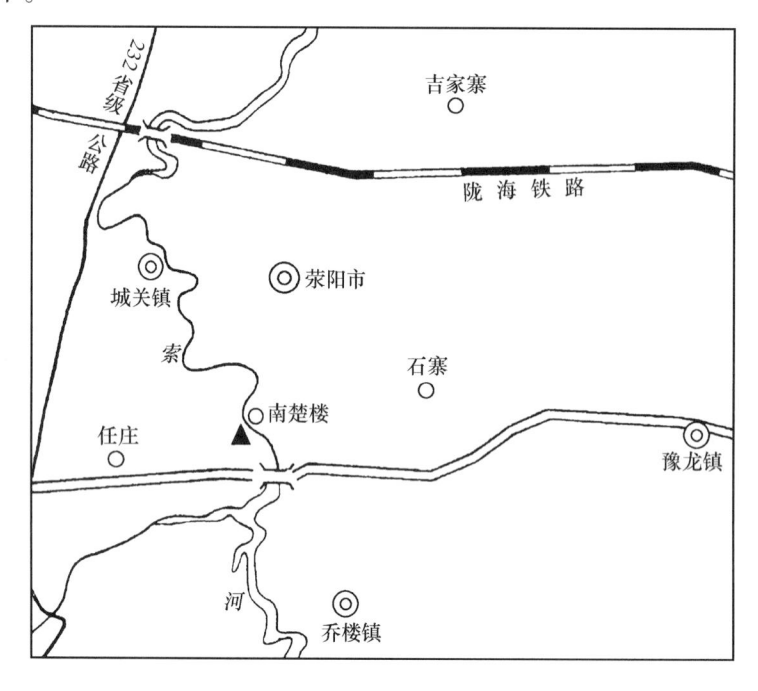

图一　墓葬位置示意图

一、唐　墓　（M1）

M1为斜坡墓道土洞墓，方向185°，由墓道和墓室两部分组成（图二）。墓道位于墓室南侧，平面呈长方形，南宽北窄。上口长6.3、宽0.85~1米，底长6.9、宽1~1.2米，深3.2米。在墓道底与墓室之间设一凹槽，长1.16、宽0.08、深0.06米，可能原有木质墓门。墓室平面呈梯形，拱顶，长2.77、宽0.98~1.2、高1.1米。墓室东壁设一壁龛，宽0.58、进深0.38、高0.48米。龛内随葬瓷器4件。墓室已被扰动，仅见零星肢

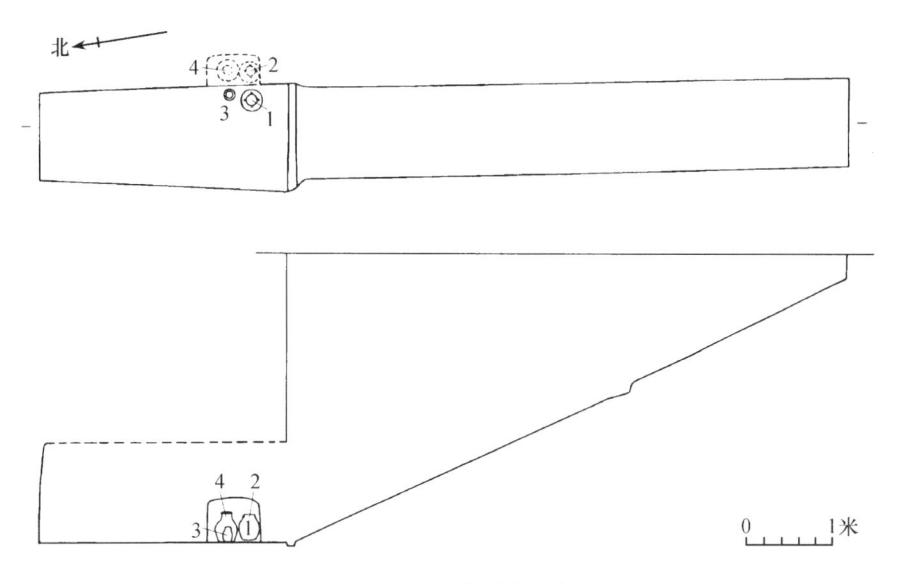

图二　M1 平、剖面图
1、2. 青瓷四系罐　3. 褐釉盘口壶　4. 青瓷盘口壶

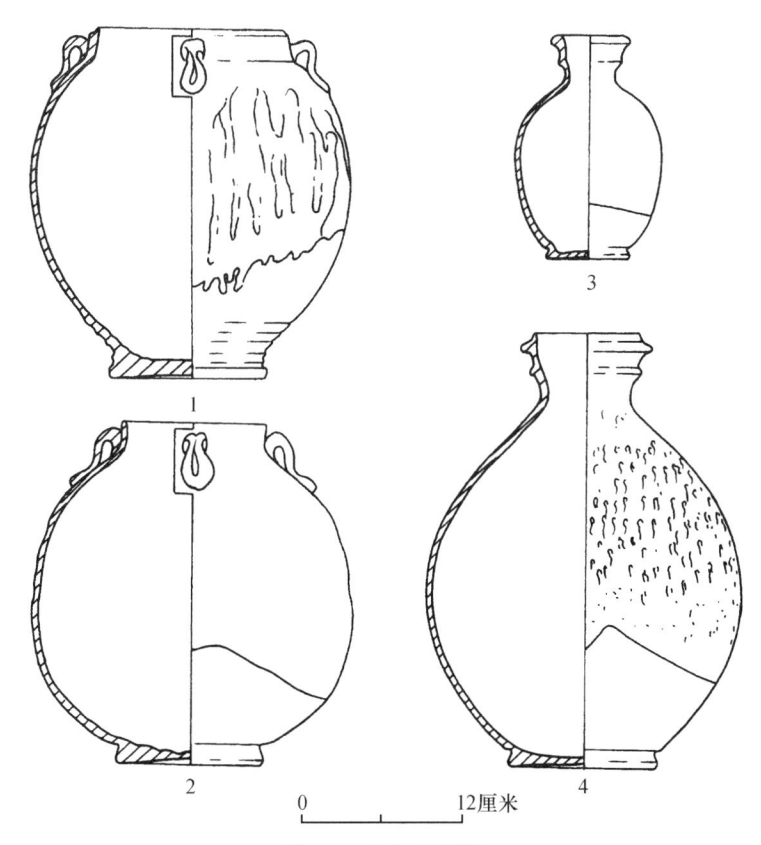

图三　M1 出土瓷器
1、2. 青瓷四系罐（M1:1、M1:2）　3. 褐釉盘口壶（M1:3）
4. 青瓷盘口壶（M1:4）

骨。现将M1出土器物介绍如下：

青瓷四系罐　2件。标本M1:1，敛口，尖唇，斜直领，弧肩，肩部对称4系，圆鼓腹，假圈足外撇，平底微凹。灰色胎，口沿及腹部大部施青釉，近圈足处有数周弦纹。口径14.1、腹径24、底径11.4、高25.2厘米（图三，1；图四）。标本M1:2，直口，圆唇，弧肩，肩部对称4系，球形腹，假圈足外撇，平底微凹。灰色胎，口沿及腹部大部施青釉。口径10.8、腹径24.3、底径10.8、高24.6厘米（图三，2；图五）。

盘口壶　2件。标本M1:3，盘口，圆唇，束颈，圆肩，鼓腹，假圈足外撇，平底微凹。白胎，口沿及腹部大部施褐釉。口径5.4、腹径11.1、底径6、高16.2厘米（图三，3）。标本M1:4，略见盘口，尖圆唇，束颈，垂鼓腹，假圈足外撇，平底略凹。灰色胎，口沿及腹部大部施青釉，晕散成梅花点状。口径8.5、腹径23.7、底径11、高31.2厘米（图三，4）。

图四　青瓷四系罐（M1:1）

图五　青瓷四系罐（M1:2）

二、晋　墓　（M3）

M3为斜坡墓道砖室墓，方向280°，由墓道、甬道、前室、后室、侧室五部分组成（图六）。墓道位于墓室西侧，靠近甬道处为平底，长5.9、宽0.8、深4.2米。甬道近方形，长0.9、宽1、高1.04米。单券拱顶。甬道前设两道封门，前用小砖砌成，墙高1.5米，墙后并立2块空心砖，高1.2米。

前室平面近方形，长2.7、宽2.6、高2.55米。南北两壁略弧，至1米高起券，穹隆顶。墓室北部并置两棺，棺长均2.08米，宽0.44～0.56米。棺内铺白灰，各置仰身直肢尸骨一具。北棺尸骨头部散置铜镜、银簪、铜簪、漆器，为女性；南棺头部置铁犁铧、

图六 M3平面图

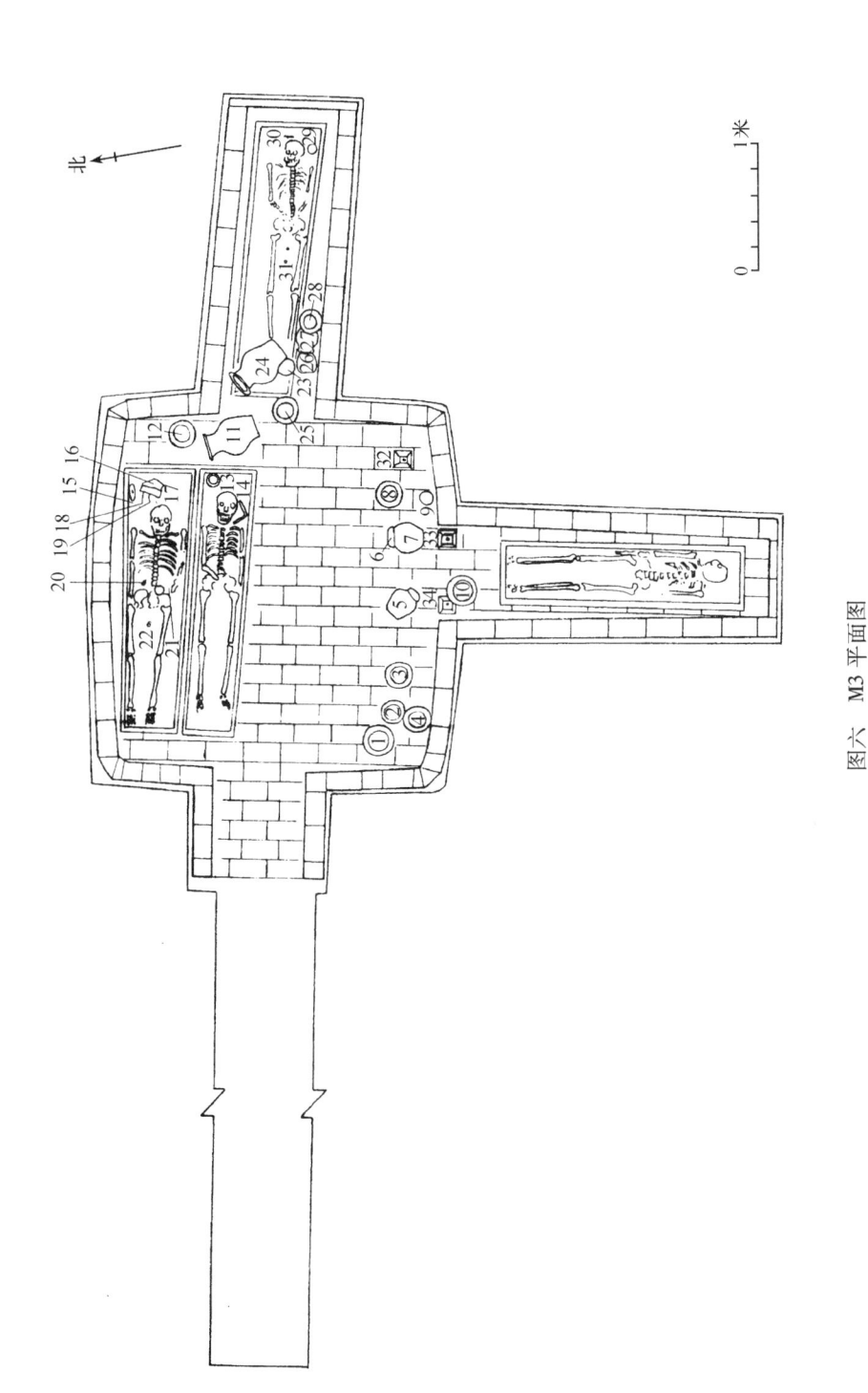

1~4、8、27. 高领陶罐 5、23. 卷沿陶罐 6、25. 陶碗 7、10、12、26、28. 矮领陶罐 9. 铁灯 11、24. 盘口陶罐 13、15、29. 铜镜 14. 铁犁铧 16. 漆器 17、30. 银簪 18、19. 铜簪 20. 骨珠 21. 银镯 22、31. 铜钱 32~34. 陶帐座

铜镜，为男性。两棺北侧见陶罐 2 件，墓室南壁放置陶罐 8 件、陶碗 1 件、铁灯 1 件、帐座 3 件。

后室平面呈长方形，长 2.7、宽 0.7、高 1.05 米。单券拱顶。内置木棺，棺内有仰身直肢尸骨一具，头部见铜镜、银簪、为女性。棺东端放置陶罐 5 件、碗 1 件。侧室平面呈长方形，长 2.64、宽 0.7、高 1.06 米。单券拱顶。内置木棺，棺内有仰身直肢尸骨一具，性别不详。前室、后室、侧室和甬道的壁砖均为错缝平砌，前室、后室和甬道的地面均用砖错缝平铺。

M3 共出土器物 32 件、铜钱 28 枚。器物按质地分为陶、铜、银、铁、骨、漆器等，分次叙述。

1. 陶器

20 件，有罐、碗、帐座，均为泥质灰陶。

罐　15 件，又可分为高领罐、矮领罐、卷沿罐、盘口罐。

高领罐　6 件。敛口，圆唇，圆肩，鼓腹，最大腹径靠近肩部，平底微内凹。标本 M3:2，肩部饰 2 周弦纹。口径 11.4、腹径 19.8、底径 9.3、高 17.1 厘米（图七，1；图八）。标本 M3:3，口径 10.9、腹径 18、底径 9.3、高 16.3 厘米（图七，2）。

矮领罐　5 件。其中 2 件器形稍大，敛口，方唇，弧肩，鼓腹，肩部饰凹弦纹 2 周。标本 M3:7，口径 13.2、腹径 25.5、底径 12.8、高 21 厘米（图七，8）。另有 3 件器形较矮，敛口，圆唇，斜肩，鼓腹，平底微内凹。标本 M3:28，口径 12.1、腹径 17.7、底径 12.6、高 13.4 厘米（图九，3）。

卷沿罐　2 件。侈口，圆唇，短束径，圆肩，鼓腹，平底微凹。标本 M3:23，口径 12.5、腹径 21.3、底径 10.6、高 22.5 厘米（图七，4；图一〇）。

盘口罐　2 件。侈口，平沿，方唇，口部略呈盘状。束颈，弧肩，鼓腹向下斜收，最大径在肩部，平底。标本 M3:11，平底微内凹，肩腹部装饰锥刺纹数周。口径 19.2、腹径 23.4、底径 16.6、高 30.9 厘米（图七，9）。标本 M3:24，腹部饰两条绚索纹。口径 22.2、腹径 23.7、底径 15.3、高 31.8 厘米（图七，10）。

碗　2 件。圆唇，敞口，口沿下饰一周凹弦纹，深弧腹，假圈足较矮。标本 M3:25，口径 17.7、底径 10.5、高 6.4 厘米（图九，1）。

帐座　3 件。标本 M3:32，方形，盝顶，顶面略凹，中有一方形穿孔。长 14.8、宽 13.2、高 6.8 厘米（图七，6）。标本 M3:33，方形，盝顶，顶面略凹，中有一臼形坑。长 13.2、宽 13.2、高 6.6 厘米（图七，7）。

2. 铜器

铜镜　3 件。标本 M3:15，龙虎镜。圆形，圆纽，圆纽座。一龙一虎夹纽对峙，两

图七 M3、M4 出土陶器

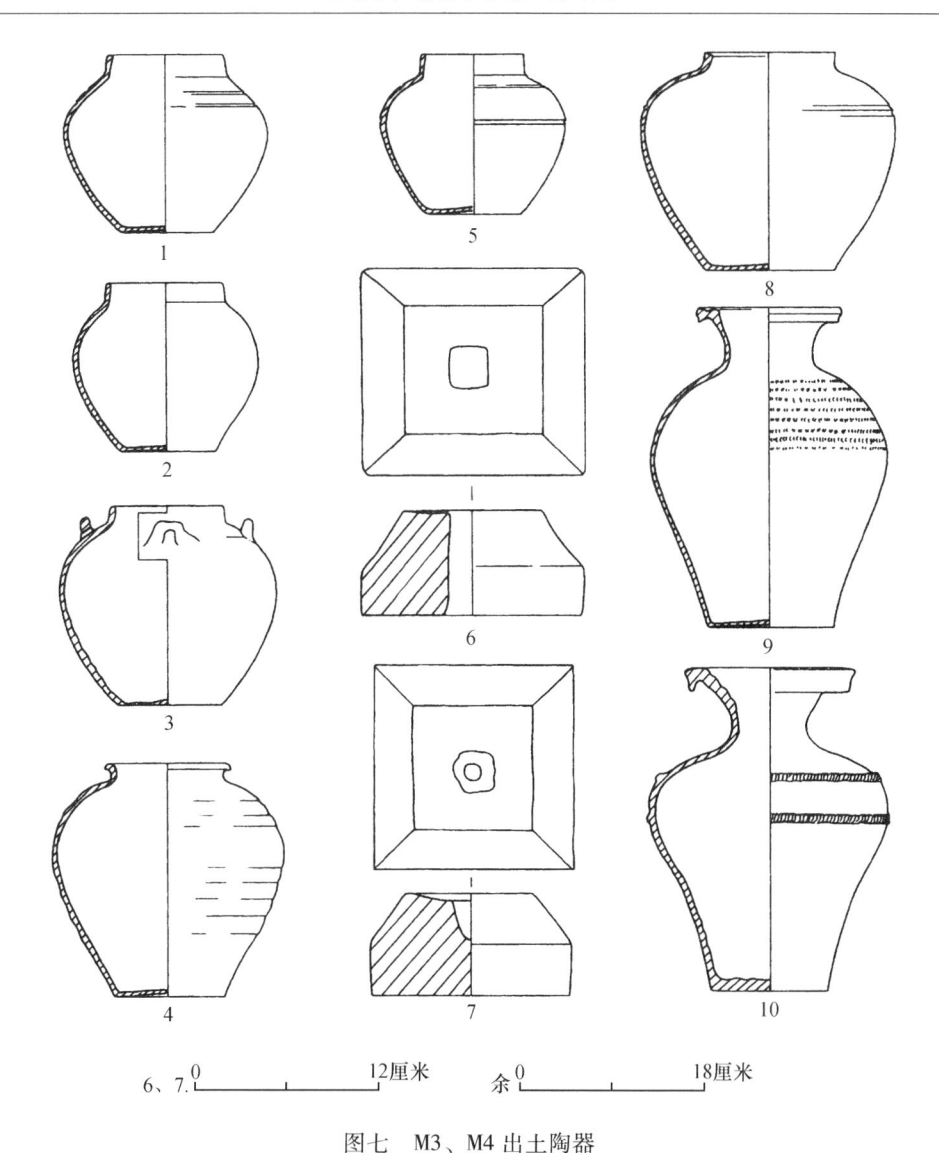

1、2、5. 高领罐（M3:2、M3:3、M4:3） 3. 四系罐（M4:2） 4. 卷沿罐（M3:23）
6、7. 帐座（M3:32、M3:33） 8. 矮领罐（M3:7） 9、10. 盘口罐（M3:11、M3:24）

者头部之间置一圆圈，或为绣球、龙珠。其外为短斜线纹与锯齿纹，宽素缘。直径7.9厘米。标本 M3:29，"位至三公"镜。圆形，圆纽，圆纽座。纽座上下两条竖线之间有"位至"和"三公"四字，两侧饰夔凤图案，外饰弦纹两周、斜线纹一周，宽素缘。直径9.9厘米（图一一）。标本 M3:13，残损严重，仅剩三分之二，可辨纹饰为内连弧凹面圈带镜。圆形，圆纽，圆纽座。座外为内向连弧纹带，一周凹面圈带之外为素面宽平缘。直径13.8厘米。

铜簪 2件，其中1件残。标本 M3:18，呈"U"形。长10.2厘米（图九，6）。

图八 陶高领罐（M3∶2）

3. 其他

银镯 1件。标本M3∶21，圆环形，素面，断面扁圆。直径6.8厘米（图九，7）。

银簪 2件。形制相同。标本M3∶30，呈"U"形。长9.2厘米（图九，5）。

铁灯 1件（标本M3∶9）。圆形，口微侈，圆唇，浅腹，平底，口沿等距有三个乳状小纽，器底有3个乳状足。内底设锥，用以插烛。口径11、高4.2厘米（图九，9）。

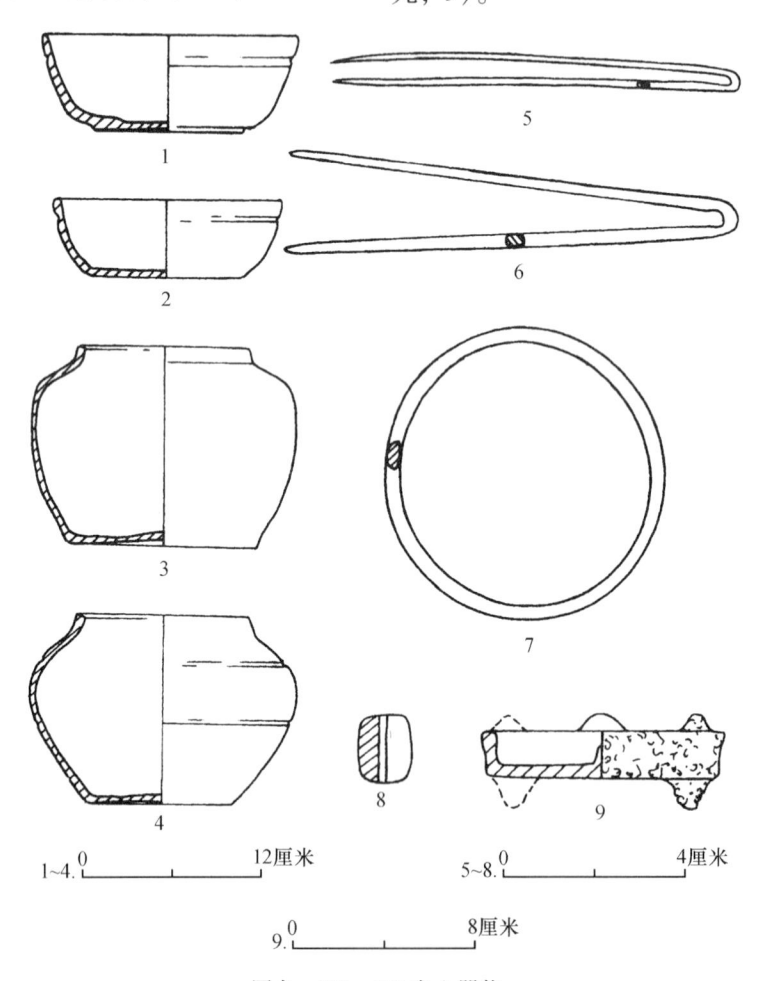

图九 M3、M4出土器物

1、2. 陶碗（M3∶25、M4∶5） 3、4. 陶矮领罐（M3∶28、M4∶6） 5. 银簪（M3∶30） 6. 铜簪（M3∶18） 7. 银镯（M3∶21） 8. 骨珠（M3∶20） 9. 铁灯（M3∶9）

图一〇 陶卷沿罐（M3:23）　　　　图一一 "位至三公"铜镜（M3:29）

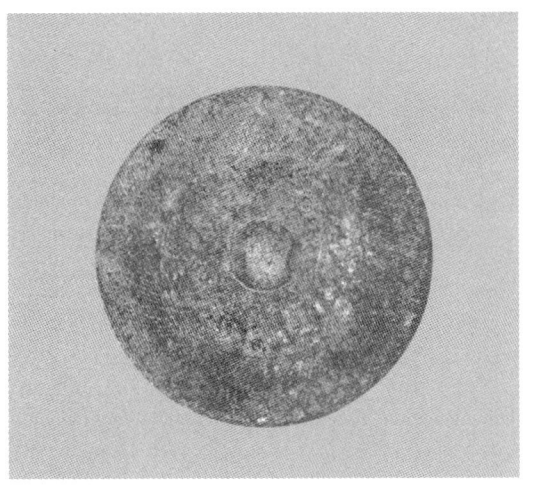

铁犁铧 1件（标本M3:14）。已残，锈蚀严重。

骨珠 1件（标本M3:20）。黄色，近方形，中间有穿孔。长1.5、直径1.2厘米（图九，8）。

漆器 1件（标本M3:16）。朽毁，已无法辨识器形。

另外还出土铜钱28枚，为五铢钱和货泉，大多数锈蚀严重，仅有个别能辨识。

图一二 陶四系罐（M4:2）

三、晋 墓（M4）

M4为半斜坡墓道砖室墓，方向280°，由墓道、甬道、前室、后室四部分组成（图一三）。墓道位于墓室西侧，西部为竖井式墓道，中部为过洞，东部为天井。墓道长6、宽0.72~0.84、深5米。天井两壁设有脚窝，脚窝宽0.25、高0.15、进深0.2米。甬道长方形，长1.06、宽0.86、高1.14米。拱顶，上贴附平砖一层，砖铺地。甬道口处并置3块竖立的空心砖作为封门。空心砖上砌平砖两层，通高1.66米。

前室平面近方形，长1.8、宽1.66、壁砖残高0.72米。穹隆顶已塌，未见铺地砖，系盗墓所致。墓室西南角放置陶罐5、陶碗1件。后室位于前室的东侧，平面呈长方形，长2.9、宽1.34米，壁砖残高0.42米。券顶已塌，砖铺地。见铜钱5枚。甬道和前室、

图一三 M4 平、剖面图

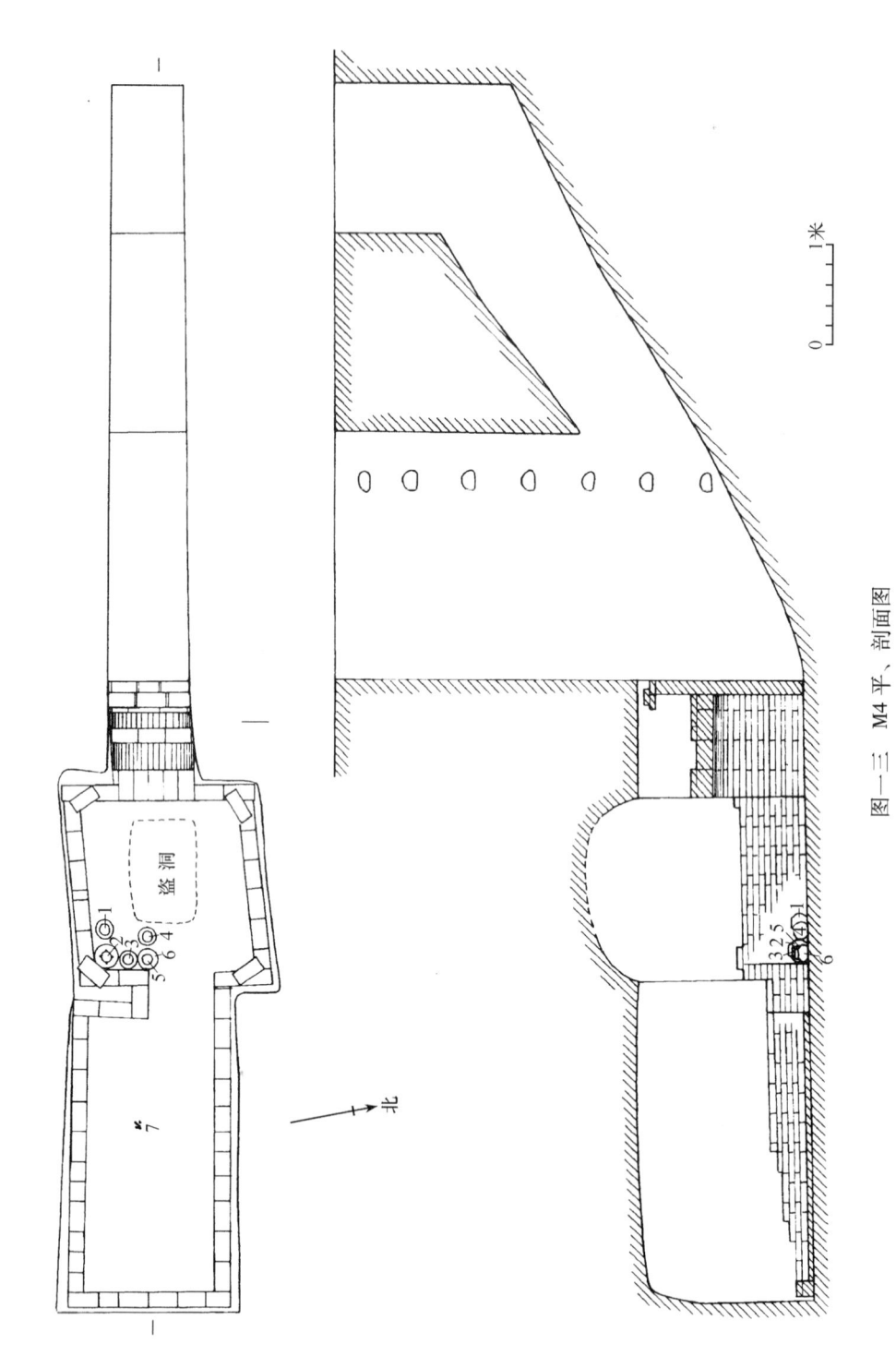

1、3、4、6. 陶罐 2. 陶四系罐 5. 陶碗 7. 铜钱

后室的壁砖均为错缝平砌。

M4 共出土陶器 6 件、铜钱 5 枚。陶器有罐 4 件、四系罐 1 件、碗 1 件，均为泥质灰陶。

陶罐　4 件，形制相似。标本 M4:3，高领罐。敛口，圆唇，直领，弧肩，扁鼓腹，平底内凹。肩部和腹部各有凹弦纹一周。口径 10、腹径 18.3、底径 9.7、高 15.7 厘米（图七，5）。标本 M4:6，矮领罐。敛口，方圆唇，矮斜领，弧肩，鼓腹，平底内凹，肩部和腹部各有凹弦纹一周。口径 12、腹径 18.3、底径 9.3、高 12.3 厘米（图九，4）。

四系罐　1 件（标本 M4:2）。直口，圆唇，短直领，圆肩，鼓腹，平底。肩部置 4 个横桥形耳，耳处有一条凸弦纹。口径 11、腹径 21.3、底径 9.8、高 19.4 厘米（图七，3；图一二）。

碗　1 件（标本 M4:5）。敞口，圆唇，唇下一周凹槽，弧腹，平底。口径 16、底径 10.5、高 5 厘米（图九，2）。

铜钱　5 枚，锈蚀严重。

四、结　语

M1 出土 4 件瓷器，其中盘口壶很有特点，内部盘口已接近消失。盘口壶隋末唐初表现为垂腹，盘口宽大。公元 675 年，腹部最大径逐渐上抬至中部，盘口变窄[1]。到了盛唐时期，壶的最大径已接近肩部[2]。芝田唐墓 88HGZM88 盘口壶口沿内壁已成斜直线，时代在 750 年左右[3]。因此，M1 的年代应为唐代中期。

M2、M3 的墓葬形制与洛阳及郑州地区的晋墓大致相同。随葬器物中，四系罐（M4:2）、陶罐（M4:3）与嵩县果酒厂晋墓的四系罐和陶罐相似[4]，陶罐（M3:28）与郑州上街水厂晋墓的陶罐相似[5]。此外，铜镜（M3:13）与嵩县果酒厂晋墓的铜镜相似，"位至三公"铜镜（M3:29）也与洛阳谷水晋墓铜镜 M5:35 相似[6]，因此我们认为，M3、M4 的时代应为西晋中晚期。

附记：参加发掘整理的有张家强、周明生、张文霞，本文得到郑州市文物考古研究院郝红星研究员的指导，特此致谢！

领　　队：张松林
绘　　图：李　杨　焦健涛
摄　　影：刘彦锋

注　释

[1]　富平县文化馆、陕西省博物馆、文物管理委员会：《唐李凤墓发掘简报》，《考古》1977 年第

5 期。

[2] 郑州市文物工作队:《郑州地区发现的几座唐墓》,《文物》1995 年第 5 期。

[3] 郑州市文物考古研究所:《巩义芝田晋唐墓葬》,科学出版社,2002 年。

[4] 洛阳市第二文物工作队:《嵩县果酒厂晋墓发掘简报》,《中原文物》2005 年第 6 期。

[5] 汪旭、张倩等:《郑州上街水厂晋墓发掘简报》,《郑州文物考古与研究(一)》,科学出版社,2003 年。

[6] 洛阳市第二文物工作队:《洛阳谷水晋墓(FM5)发掘简报》,《文物》1997 年第 9 期。

(原刊于《文物》2009 年第 9 期)

河南巩义站街晋墓

张文霞　王彦民

2001年10月，巩义市铝厂修建厂区道路中，发现晋代砖室墓葬一座，报请上级文物主管部门批准，郑州市文物考古研究所在巩义市文物保护管理所配合下进行了抢救性考古发掘，现将发掘清理结果报告如下。

一、地理位置与历史沿革

墓葬位于河南省巩义市站街镇西偏南3公里处的黄土丘陵上，西距洛阳40公里，东距大梁130多公里，北依黄河，南连嵩岳，是古代东西交通要道（图一）。历史上夏商时代属畿内之地，西周时期地近东周，春秋属郑，战国属韩，秦属三川郡，汉晋属河南郡，唐代属河南府。这里多汉晋与唐宋墓葬，当地群众称之为龙尾。

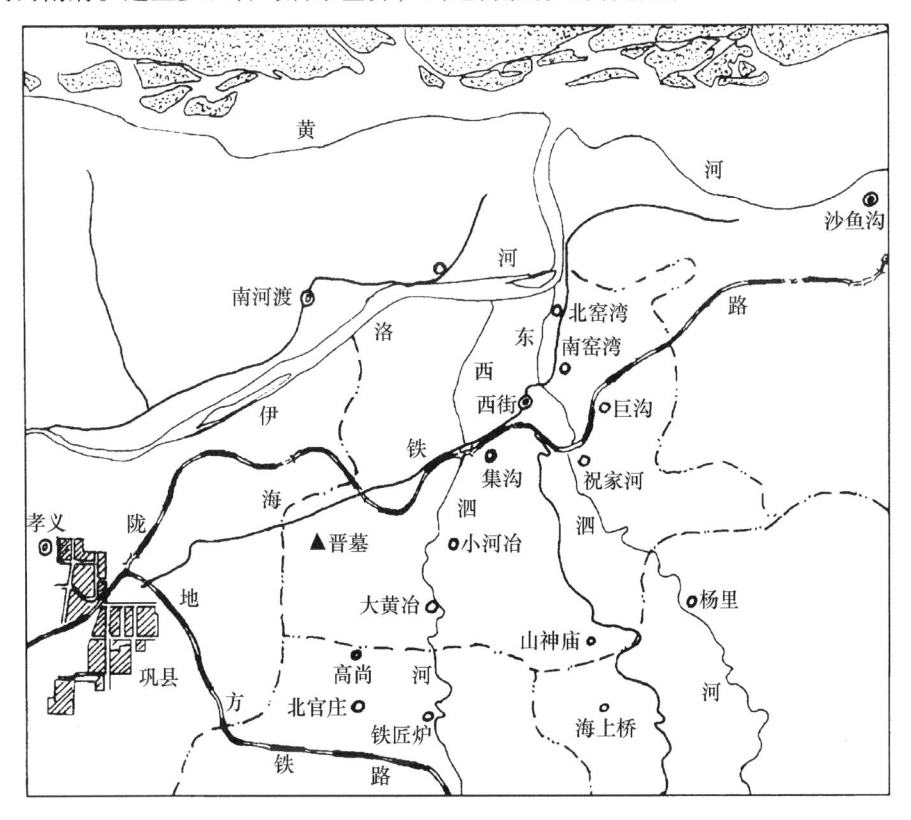

图一　墓葬位置示意图

二、墓葬概况

该晋墓发掘前地表已被铲土机挖去一部分，墓葬主室已被铲出一个 2 米见方的洞，但墓葬内保存完好，仅有少量淤土。整个墓葬由墓道、前甬道、前室、内甬道、主室和后室组成，纵深 9.2 米，平面呈"串"字形。由于墓道被现代建筑物覆盖，未发掘。前甬道长 1.2、宽 0.92、顶高 1.3 米，拱形顶。甬道与墓道连接处用方砖平铺错缝，砌成封门墙。前室进深 1.17、宽 1.7、顶高 1.96 米，穹隆顶。内甬道连接前室与主室，进深 1.06、宽 0.92、顶高 1.34 米，拱形顶。主室略呈弧边圆角方形，进深 3.1、宽 2.7～3.1、顶高 3.18 米，穹隆顶。后室进深 2.7、宽 1.41、顶高 1.6 米，拱顶。长方形灰砖垒砌墓室四壁，砖长 32、宽 16、厚 6 厘米。楔形砖垒砌墓顶，砖长 36、宽 16、厚 4～6 厘米。墓室四壁以八顺一丁垒砌八层后逐渐向内叠涩成顶。墓室底与外甬道底在同一水平线上，铺地砖一层，作平排顺铺。整个墓的砖缝均用石灰浆勾缝，非常牢固（图二）。

墓室内保存基本完整，虽然尸骨腐朽严重，但骨架、随葬品摆放位置基本保护原状。从清理情况看，后室置双棺，棺均已朽，仅存朽木灰烬，人骨也已成为朽灰。从灰烬遗存情况看，双棺中分别埋葬男女尸骨各 1 具，其中东侧为男墓主，棺长 2.05、宽 0.67 米，高度不详。墓主骨架长 1.76 米，棺内有枕、带钩等；西侧为女墓主，棺长 2.1、宽 0.66 米，高度不详。骨架长 1.74 米，头饰铜簪、银簪、银环及琉璃兔等。后室西北角置陶厕；主室摆放随葬品，中北部置 2 个方形漆案，靠西壁中部摆放瓷罐 2、铜釜 1、陶灶 1、陶罐 1、漆圆盒 1、漆案 1、漆方盒 2、陶鸭 2、陶帐座 1、泥帐座 2、铁剪 1、炉 1；东北角摆泥帐座 1、漆方盒 1、铁剪 1、铜熏炉 1、铁镜 1 件；东南角摆陶罐 3、陶碗 1、陶灶 1、铜熨斗 1、陶魁 1、陶俑 2 件等，前甬道内置陶罐 2 件，其他还有陶狗、陶鸡、陶鸭等。

三、随葬器物

巩义站街晋墓出土随葬品以陶器为主，计有 31 件（组），另有铜器 11 件、铁器 4 件、石器 3 件、玻璃器 1 件、瓷器 2 件、泥质器 2 件、料珠 1 件、漆木器 11 件、钱币 40 余枚。

1. 铜器

铜器有砚滴、洗、杯、熨斗、熏炉、弩机、带钩、铺首、叉形饰、铃等。

砚滴 1 件（标本 M1∶38）。神兽形，阔口，龇牙，头有双角，大耳，背饰卷曲鬃毛，体饰梅花斑，长尾上卷贴于臀部，四肢伏地，口啣耳杯，腹空，脊上附中空圆柱，圆柱中插中空铜管，口部有小孔与腹通。设计奇巧，造型精美。体长 14.6、宽 0.7、通高 8.1 厘米（图三，图一九）。

河南巩义站街晋墓

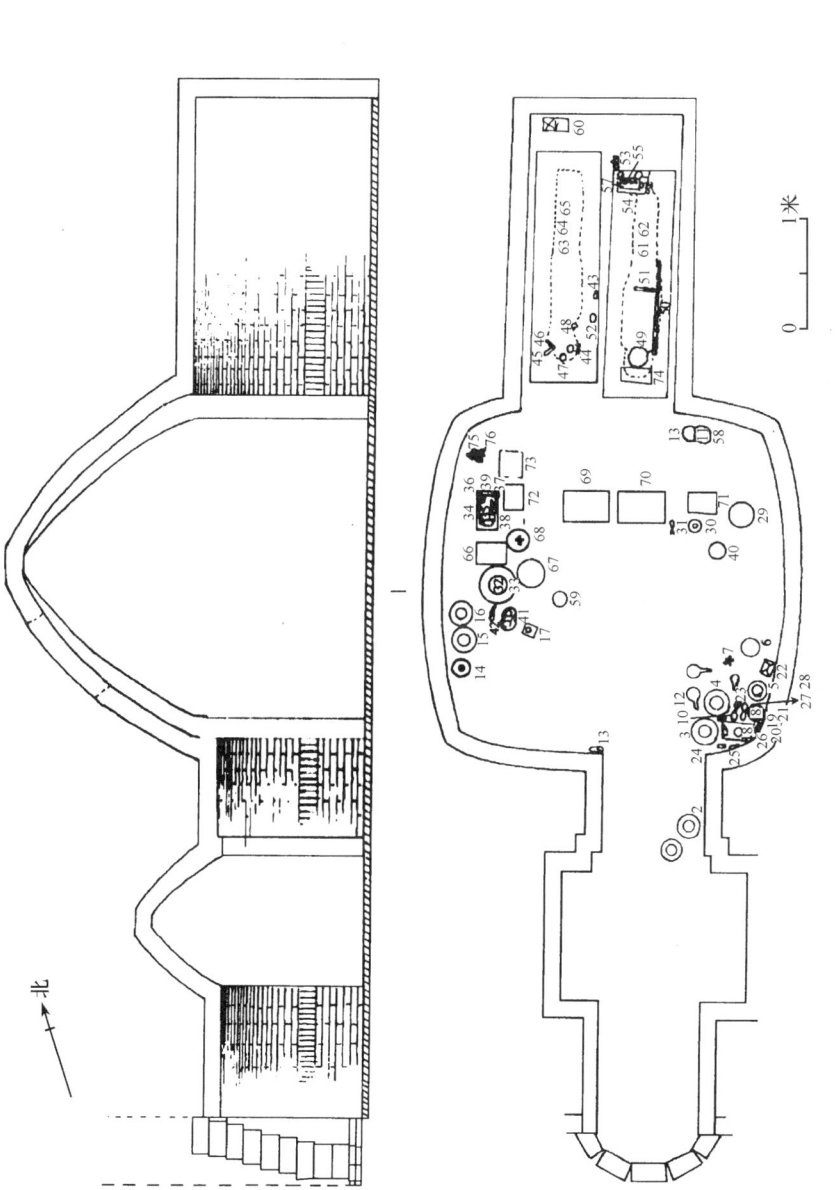

图二 墓葬平、剖面图

1~5. 陶双系罐 6. 陶碗 7. 陶盘 8、12. 陶魁 9. 陶勺 10. 耳杯 11. 铜熨斗 13. 陶狗 14. 陶灯 15、16. 瓷罐 17. 陶帐座 18. 陶灶 19. 陶井 20、21. 陶俑 22. 墨块 23. 陶仓（呈粉末状）24. 陶碓 25、26. 陶鸡 27、28. 陶鸭 29. 陶薰炉 30. 铜熨斗 31. 陶洗 32. 铜洗 33. 陶炉 34、54. 石砚板 35. 小铁刀 36. 石印坯 37、52. 银镯 38. 铜砚滴 39、57、66、71~73. 漆方盒 40、49. 铜镜 41、58. 泥镇 42. 铁器（锈蚀严重）43. 琉璃器 44. 铜铃 45、46. 银簪 47、52. 银镯 48. 料珠 50. 铁刀 51. 铜弩机 53. 铜带钩 55. 铜叉形饰 56. 铜单柄杯 59. 墨块 60. 陶猪合 61~65. 铜钱 67. 漆圆盒 68. 漆圆盘（铜扣饰、漆铺首）69、70. 漆方案 74. 漆枕 75、76. 陶盘

洗　1件（标本 M1:32）。侈口，尖唇，浅弧腹，平底微圜，薄胎。口径20.4、高8.1厘米（图五；图二〇，1）。

单柄杯　1件（标本 M1:59）。直口微敛，圆唇，腹微鼓，平底内凹，口部一侧附短把手，把手呈平板状，中部有直径5厘米的圆孔，圆孔四周有5个小圆孔。杯底饰阴线同心圆葵花图案，内底饰龙纹。口径6.5、高2.2厘米（图六；图二〇，2）。

熨斗　1件（标本 M1:11）。宽折沿，侈口，浅弧腹，平底微圜，半圆柱状长柄，设兽首衔斗沿。口径16、柄长21、高5.3厘米（图四；图二〇，9）。

熏炉　1件（标本 M1:30）。由炉盘和炉体组成，炉盘侈口，折沿，浅折腹，平底微内凹，圈足凸棱状，口径14.8厘米。炉体为博山炉。炉身釜形，子口，腹下底部有镂孔，附三兽足，口部一侧有短把手，把手上镂有小圆孔。炉盖为母口，盖壁镂长方形和菱形孔，4个小方孔和1个菱形孔为一组，共12组，顶部为6个小山，再镂12个小圆孔。炉高10厘米（图七；图二〇，3）。

弩机　1件（标本 M1:53）。郭长15、前端宽2.8、后端宽1.4、高2.6厘米。面上有三道箭槽，郭身横穿两键，用于固定望山、牙、悬刀（图八；图二〇，5）。

叉形饰　1件（标本 M1:55）。呈两端三叉形。中部长方形框内透雕龙纹，三叉中部端首有圆孔，两侧叉首作兽头状装饰。长14.1、两端宽4、中部宽2.6厘米（图九；图二〇，4）。

铺首　2件。形制相同。标本 M1:68-2，牛首状，大犄角，浓眉，大眼圆睁，鼻套圆环。长4.9厘米（图二〇，8）。

扣饰　1件（标本 M1:68-1）。饰件呈四瓣柿蒂形薄片，中部穿铜扣，扣内套圆环。直径1.5厘米（图二〇，6）。

铃　1件（标本 M1:44）。空心椭圆球形，上附半圆系，下部留有小孔，内有铃球。宽1.2、高1.9厘米（图二〇，7）。

带钩　1件（标本 M1:51）。椭圆体，屈身，兽首，体中附茵状圆柱。长15.5厘米（图二一，2）。

2. 银器

镯　1对（标本 M1:47、M1:52）。形状大小相同。圆环形，素面，断面呈圆形。直径5.3厘米（图一〇；图二一，5）。

簪　1对（标本 M1:45、M1:46）。形制大小相同。簪体呈"U"字形。长9.9、断面最大直径0.2厘米（图一一；图二一，6）。

3. 铁器

刀　1件（标本 M1:50）。直身，平背，单刃，环状刀把，柄部有细绳缠裹，斜尖。刀身锈较重，出土时见有刀鞘，已朽。残长108、宽3.6厘米（图二一，1）。

图三 铜砚滴（M1:38）

图四 铜熨斗（M1:11）

图五 铜洗（M1:32）

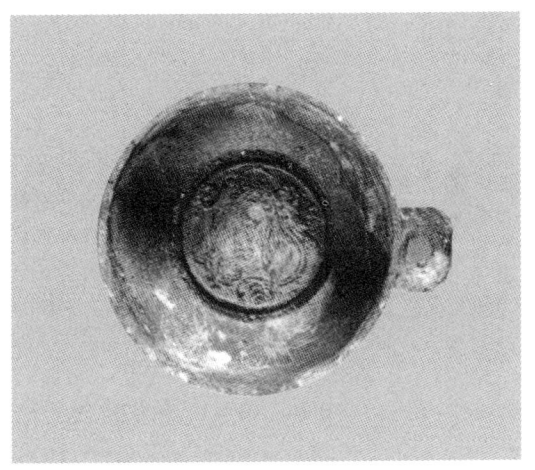

图六 铜单柄杯（M1:59）

图七 铜熏炉（M1:30）

图八 铜弩机（M1:53）

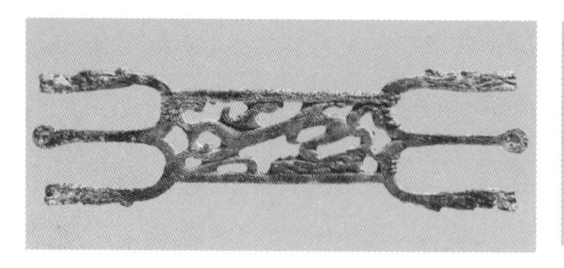

图九　铜叉形饰（M1:55）

图一〇　银镯（M1:47、M1:52）

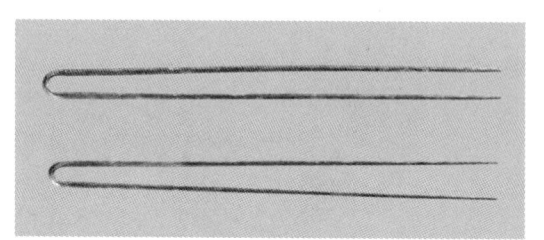

图一一　银簪（M1:45、M1:46）

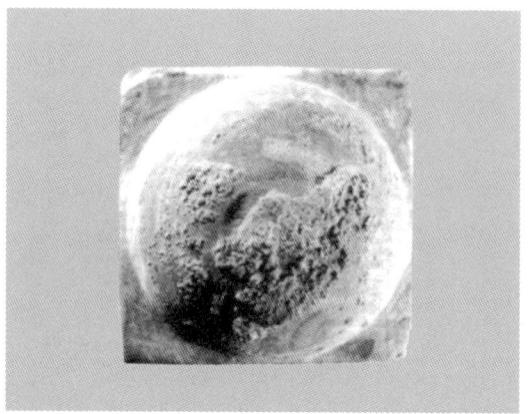

图一二　石印坯（M1:36）

图一三　琉璃器（M1:43）

图一四　A型瓷罐（M1:15）

图一五 B型瓷罐（M1:16）

图一六 陶侍俑（M1:20、M1:21）

图一七 陶鸡（M1:25、M1:26）

图一八 陶鸭（M1:27、M1:28）

剪 1件（标本M1:31）。交股剪。残长21厘米（图二一，7）。

镜 2件。形制相同，仅大小有别，均锈蚀严重。标本M1:49，圆饼状，半圆纽，穿圆形小孔。直径14、厚0.4厘米。标本M1:40，直径18、厚0.4厘米（图二一，3、4）。

4. 石器

砚板 2件。形制基本相同，均为长方形薄板状，表面磨制光滑。标本M1:34，形制规整。长21、宽13.2、厚0.6厘米。标本M1:54，一侧有残损。长20.2、宽12.2、厚0.5厘米（图二一，8、9）。

印坯 1件（标本M1:36）。呈方座半球形，磨光。底长2、宽1.9厘米（图一二；图二一，10）。

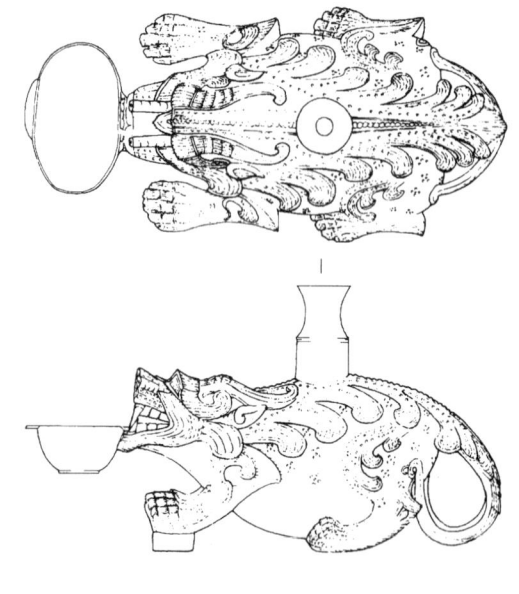

图一九 铜砚滴（M1:38）

5. 琉璃器

1件（标本M1:43）。呈蹲卧的羊形，头残。长4.9、高3.1厘米（图一三；图二一，12）。

6. 料珠

1件（标本M1:48）。算珠形，中间镂孔。直径1.1厘米（图二一，11）。

7. 瓷罐

2件。可分两型。

A型 1件（标本M1:15）。短直口，圆唇瘦肩，鼓腹，平底内凹。肩上附对称双系，肩饰阴线刻倒三角纹一周，腹饰压

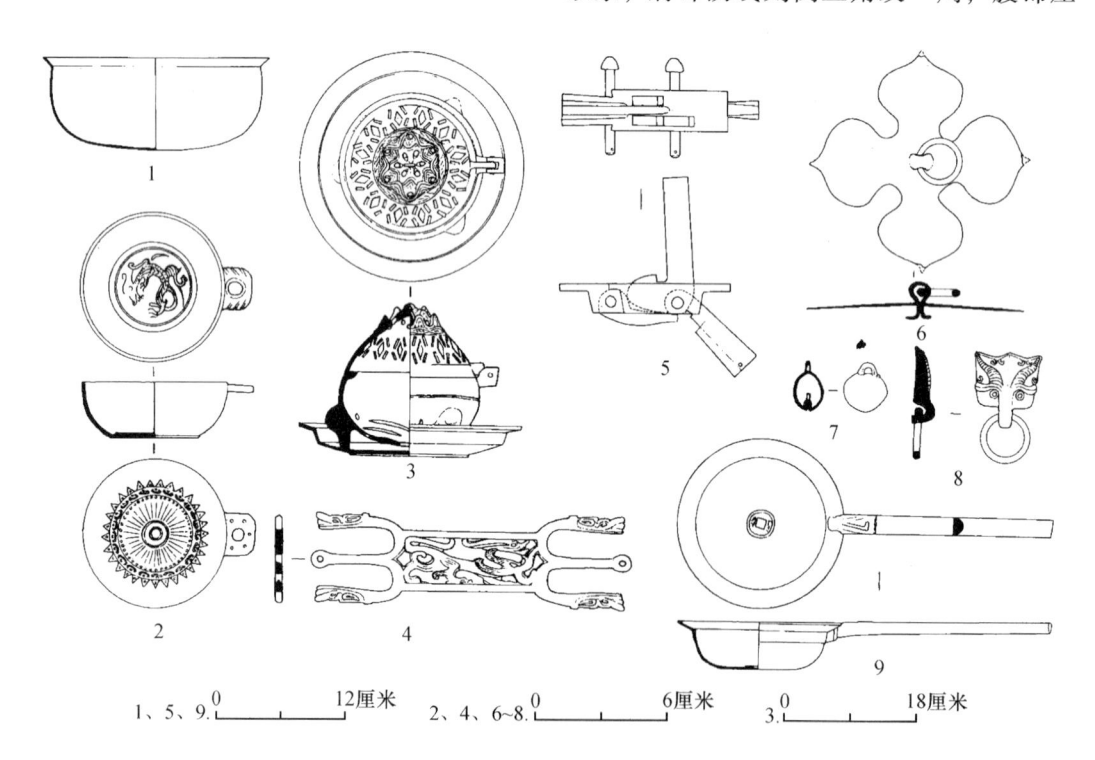

图二〇 出土铜器
1. 洗（M1:32） 2. 单柄杯（M1:59） 3. 熏炉（M1:30） 4. 叉形饰（M1:55） 5. 弩机（M1:53）
6. 扣饰（M1:68-1） 7. 铃（M1:44） 8. 铺首（M1:68-2） 9. 熨斗（M1:11）

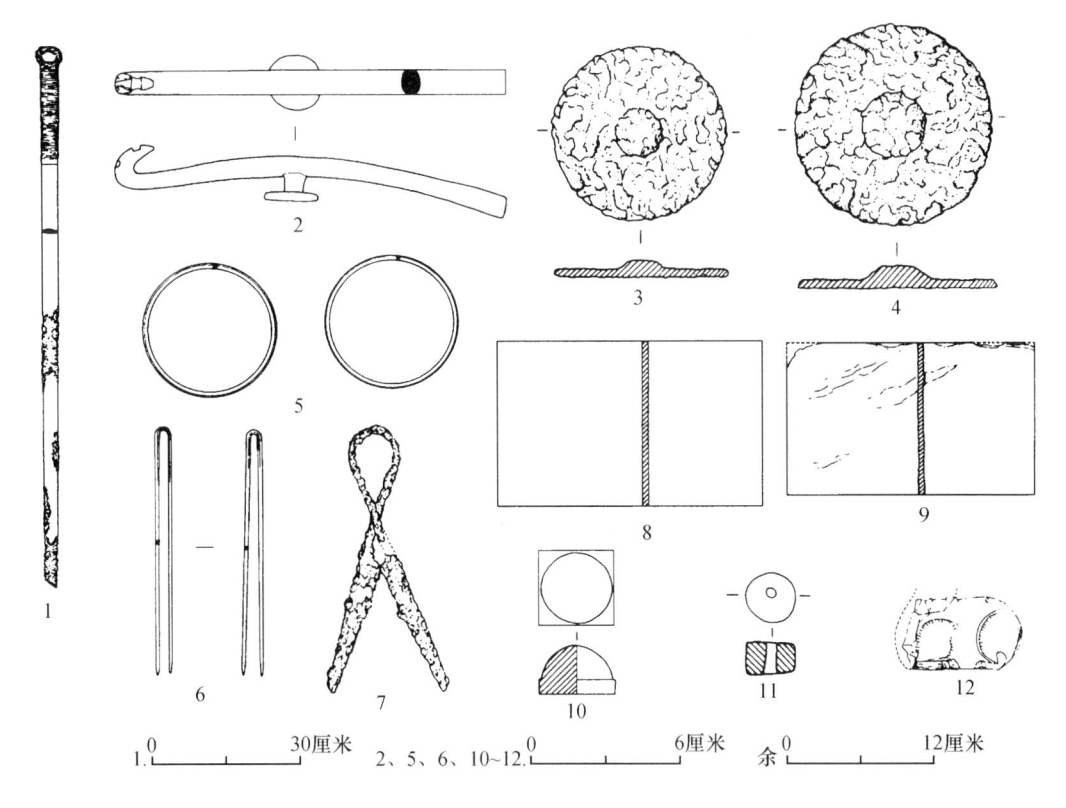

图二一 出土器物

1. 铁刀（M1∶50） 2. 铜带钩（M1∶51） 3、4. 铁镜（M1∶49、M1∶40） 5. 银镯（M1∶47、M1∶52） 6. 银簪（M1∶45、M1∶46） 7. 铁剪（M1∶31） 8、9. 石砚板（M1∶34、M1∶54） 10. 石印坯（M1∶36） 11. 料珠（M1∶48） 12. 琉璃器（M1∶43）

印方格纹，腹中部以上饰淡青釉。口径11、底径15.6、高21.9厘米（图一四；图二三，7）。

B型 1件（标本M1∶16），直口，圆唇，斜肩，鼓腹，平底微内凹。肩上对称附桥状四系，通体饰黑釉。口径12.5、底径13.6、高24.6厘米（图一五；图二三，8）。

8. 陶器

有俑、建筑模型、罐、碗、盘、魁、勺、耳杯、灯、炉、磨、帐座等。

侍俑 2件。标本M1∶20，头戴平顶小帽，面部黑色绘出胡须，身着交领宽袖长袍，双手交置胸前。高12.8厘米（图一六，左；图二二，1）。标本M1∶21，头戴冠，着交领宽袖长袍，双手抄于胸前。高12.4厘米（图一六，右；图二二，2）。

狗 1件（标本M1∶13）。体形肥硕，小耳直立，四肢发达，尾卷于臀部，颈系链圈，身前有带饰。长12.3、高7.2厘米（图二二，3；图二六）。

鸡 1对。泥质灰陶。标本M1∶25，站立状，高冠，长尾，腹部两侧刻划双翅，翅

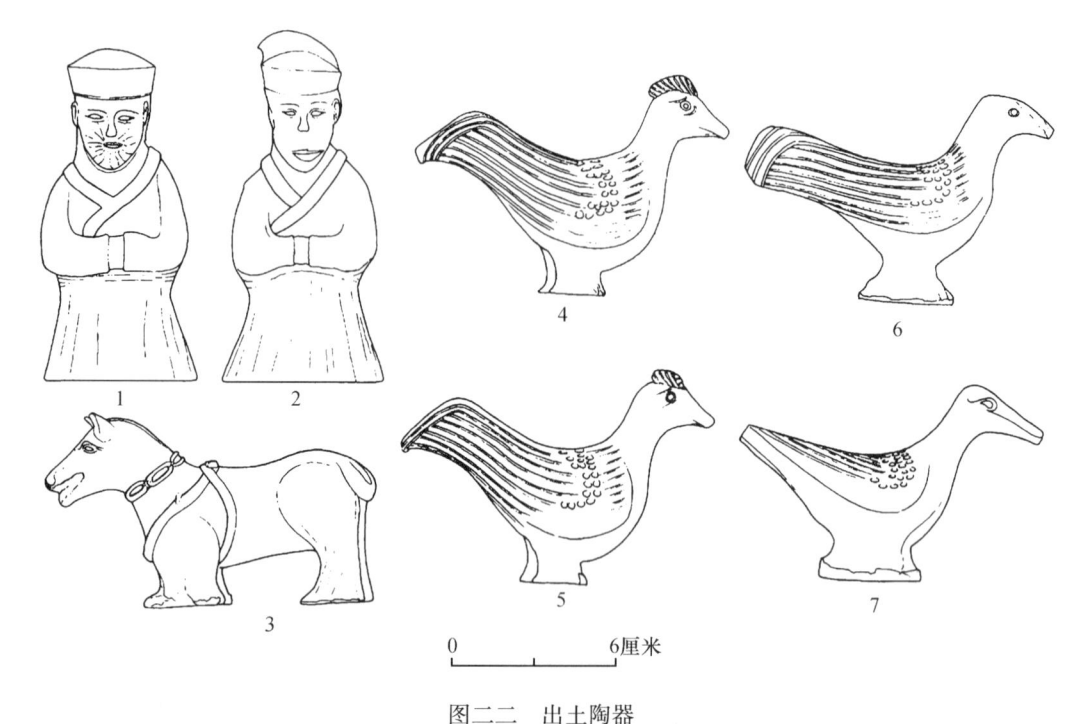

图二二 出土陶器
1、2. 侍俑（M1:20、M1:21） 3. 陶狗（M1:13） 4、5. 陶鸡（M1:25、M1:26）
6、7. 陶鸭（M1:27、M1:28）

上饰圆点。体长 11.8、高 8.2 厘米（图一七，右；图二二，4）。标本 M1:26，矮冠，其他与前同。长 11.7、高 7.9 厘米（图一七，左；图二二，5）。

鸭　1 对。泥质灰陶。标本 M1:27，昂首，扁嘴，翘尾，站立状，身体肥硕，体两侧刻划双翅。长 11.6、高 7.9 厘米（图一八，左；图二二，6）。标本 M1:28，长扁嘴，小尾，站立状，体略小。长 11.4、高 7.2 厘米（图一八，右；图二二，7）。

双系罐　5 件。均泥质灰陶，短直口，圆唇，瘦肩，鼓腹，平底，肩饰一周凹弦纹。标本 M1:1，出土时内有木炭灰。口径 11.4、底径 10.5、高 17.5 厘米（图二三，1）。标本 M1:3，口径 10.5、底径 10.5、高 18.5 厘米（图二三，3）。标本 M1:4，口径 12.5、底径 11.5、高 21 厘米（图二三，6）。此罐上置一小陶盆（标本 M1:4-1），口径 14.7、底径 7.5、高 4.7 厘米（图二三，5）。陶盆内放置一勺（标本 M1:4-2），长 6.1 厘米（图二三，4；图二七）。标本 M1:2，腹部饰一周凹弦纹，出土时内有粟。口径 12.3、高 19.2、底径 11.4 厘米（图二三，2；图二八）。标本 M1:5，口径 12.5、底径 11.5、高 21 厘米。

洗　1 件（标本 M1:29）。泥质灰陶。侈口，折沿，浅曲腹，平底。内底有轮制同心圆痕，中部模印对鱼纹。口径 32、足径 21.2、高 7.2 厘米（图二三，15）。

碗　1 件（标本 M1:6）。大口，圆唇，弧腹，平底。唇外饰一周凹弦纹。出土时碗内有薏苡米。口径 18、足径 0.6、高 5.9 厘米（图二三，10；图二九）。

河南巩义站街晋墓

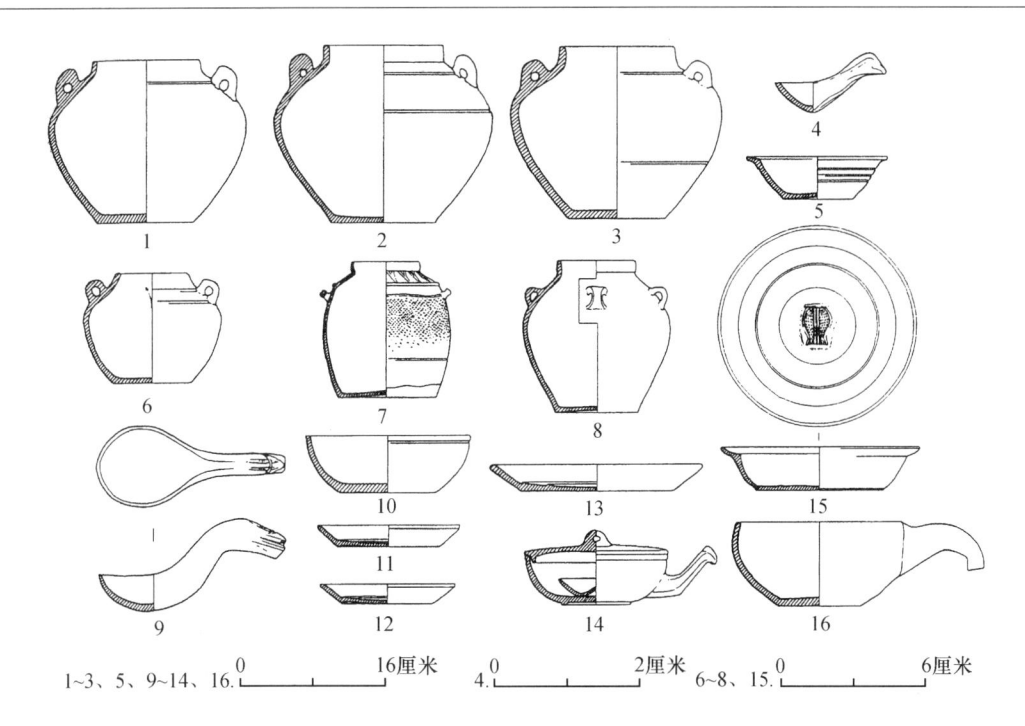

图二三 出土器物
1~3、6.陶双系罐（M1:1-4） 4、9.陶勺（M1:4-2、M1:9） 5.陶盆（M1：4-1） 7.A型瓷罐（M1:15） 8.B型瓷罐（M1:16） 10.陶碗（M1:6） 11~13.陶盘（M1:7、M1:75、M1:76） 14.B型陶魁（M1:12） 15.陶洗（M1:29） 16.A型陶魁（M1:8）

盘 3件。形状相同，大小有别，均泥质灰陶。侈口，圆唇，浅腹，平底，内底留有轮制凸棱。标本M1:7，口径13、底径11.2、高2.3厘米（图二三，11）。标本M1:75，口径14.5、底径9.8、高2厘米（图二三，12）。标本M1:76，口径23.1、底径16、高2.9厘米（图二三，13）。

魁 2件。均泥质灰陶，大口，圆腹，口与上腹部或中下腹部一侧附短柄。分两型。

A型 1件（标本M1:8），口微敛，腹圆鼓，口径18、底径9、高9.1厘米（图二三，16）。

B型 1件（标本M1:12）。大口，弧腹，矮圈足，有盖，盖有桥形纽，柄附于下腹部一侧，器内置一小勺，勺长7.2厘米。口径15、底径7.2、高5.5厘米（图二三，14；图三〇）。

勺 1件（标本M1:9）。泥质灰陶。勺较大，勺柄为兽首。长10.1厘米（图二三，9）。

耳杯 1件（标本M1:10）。泥质灰陶，椭圆形，侈口，两侧附耳。口部长13、高3.8厘米（图二四，3）。

灯 1件（标本M1:14）。泥质灰陶。豆形，灯碗侈口，呈杯状，杯底有凸柱。柄为束腰喇叭形，高15.7厘米（图二四，4）。

图二四 出土陶器
1. 炉（M1:33） 2. 井（M1:19） 3. 耳杯（M1:10） 4. 灯（M1:14）
5. 仓（M1:22）

炉 1件（标本M1:33）。大口，束腰，平底，炉内设炉箅，炉口外侧饰两周附加堆纹。炉体下部一侧有圆形火口，出土时炉内保存有较多木炭和炭灰。口径28.7、底径18.4、高20.4厘米（图二四，1；图三一）。

井 1件（标本M1:19）。上为井棚，两面坡顶，棚内设井架和滑轮，井呈敛口桶状，宽井沿，平底，井内置水斗。陶井通高21、井口径15、井底径14.5厘米（图二四，2；图三二）。

仓 1件（标本M1:22）。泥质灰陶。四阿状顶，起脊，瓦垄规整，前壁用线装饰，中部开门。高16.4厘米（图二四，5）。

猪舍 1件（标本M1:60）。猪舍分为圈与厕所，下部为长方形猪圈，中部有隔墙，留门洞，前为猪圈，后为猪舍。猪舍左侧设阶梯通二层厕所，厕所为两面坡屋顶。长22.1、宽21.8、高22.3厘米（图二五；图三三）。

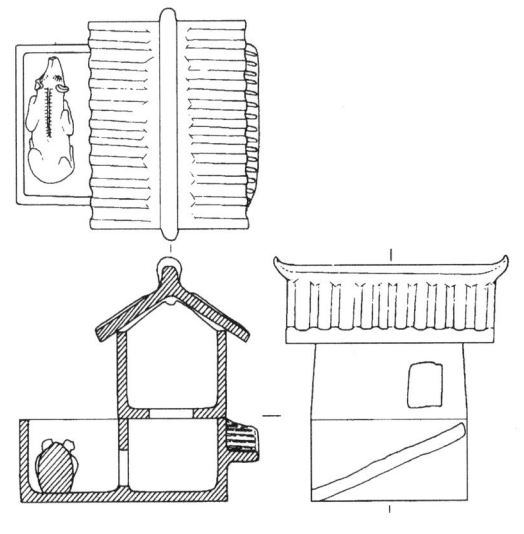

图二五 陶猪舍（M1:60）

图二六 陶狗（M1:13）

图二七 陶双系罐、陶盆、陶勺（M1:4、M1:4-1、M1:4-2）

图二八 陶双系罐（M1:2）

图二九 陶碗（M1:6）

图三〇 B型陶魁（M1:12）

图三一　陶炉（M1:33）

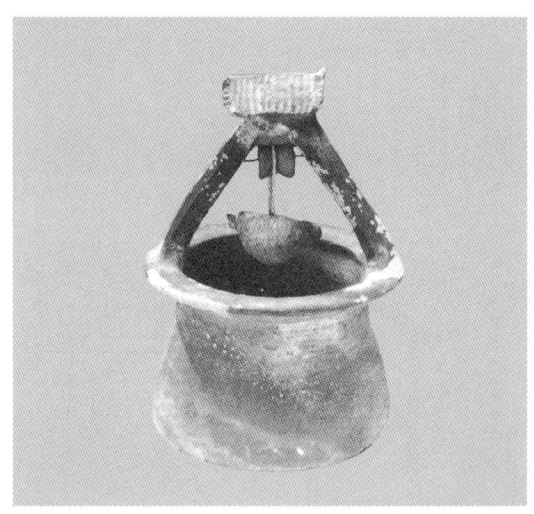

图三二　陶井（M1:19）

图三三　陶猪舍（M1:60）

图三四　陶灶（M1:18）

图三五　陶磨（M1:23）

图三六　泥镇（M1:41）

灶 1件（标本M1∶18）。泥质灰陶。长方形中空灶体，灶前壁中部设方形灶门，后壁设烟囱。灶台中部设有三个圆形灶孔，中部置甑，前部置釜和锅，呈"品"字形分布。灶孔旁分置钩、勺、帚等炊具。长23.5、宽13.3~14.8、高10.6厘米（图三四；图三八，1）。

磨 1件（标本M1∶23）。泥质灰陶。圆盘状体，分上下两部分。磨盘扣合面刻辐射状槽。直径8.5、高4厘米。磨架呈三角形。长11.5厘米（图三五；图三八，2、3）。

图三七 泥镇（M1∶58）

碓 1件（标本M1∶24）。泥质灰陶。由基座、支架、杵、臼组成，杵呈"十"字形，臼外圈起一周凸棱。通长13.6、宽6.5

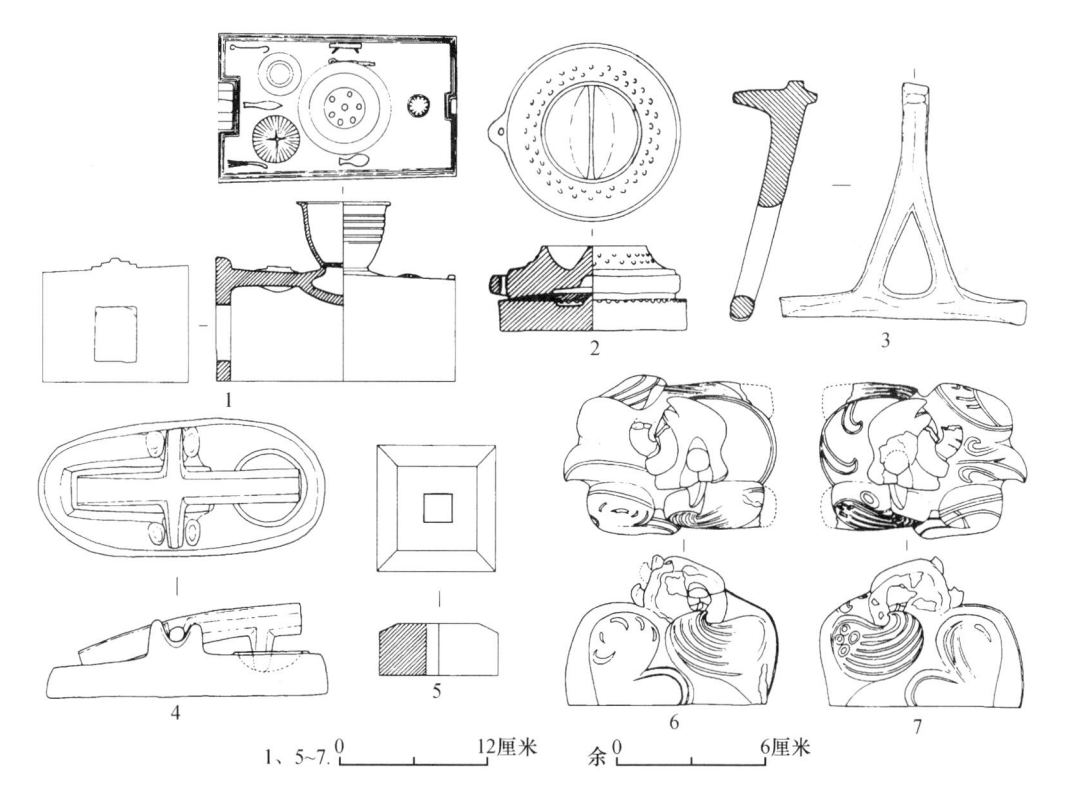

图三八 出土器物
1. 陶灶（M1∶18） 2. 陶磨（M1∶23） 3. 陶磨架（M1∶23-1） 4. 陶碓（M1∶24） 5. 陶帐座（M1∶17）
6、7. 泥镇（M1∶41、M1∶58）

厘米（图三八, 4）。

帐座 1件（标本M1∶17）。帐座呈盝顶方形, 断面梯形, 中部设方孔。座底边长17.4、座顶边长12、高6、帐座孔边长2.6厘米（图三八, 5）。

9. 泥镇

2件。稍残, 兽形, 呈团身状。标本M1∶41, 较完整, 长20.2、高14.2厘米（图三六; 图三八, 6）。标本M1∶58, 长19.5、高12.4厘米（图三七; 图三八, 7）。

10. 漆器

主要器形有圆盒、枕、盘、方盒、案等, 多数变形朽毁, 从残留的痕迹可知其直径。

圆盒 1件（标本M1∶67）。周围和盖壁已毁, 盖顶中部为四瓣柿蒂纹铜饰。直径22厘米。

圆盘 1件（标本M1∶68）。侈口, 浅腹, 平底。直径26厘米。

方案 2件。形制基本相同, 均为长方形。标本M1∶69, 较为完整, 长44、宽30厘米。

方盒 6件。形制大致相同, 有长方形和正方形两种。标本M1∶66, 长方形, 长30、宽20厘米。标本M1∶73, 正方形, 边长24厘米。

枕 1件（标本M1∶74）。位于死者头部附近, 为长方形。长28、宽14厘米。

11. 铜钱

五铢 35枚。钱周边及穿背面有郭。直径2.6、穿径0.9厘米（图三九, 1）。

货泉 5枚。钱周边及穿正背均有郭。直径2.2、穿径0.8厘米（图三九, 2）。

图三九 出土钱币
1. 五铢（M1∶61） 2. 货泉（M1∶62）

12. 其他

墨块 1件（标本M1∶56）, 圆锥形, 顶部残。底径2.5、残高1.9厘米。

薏苡米 放置在陶碗内, 仅存空壳。白色, 有光泽, 瘦长形, 两端有小孔。直径0.7、长1.1厘米。

四、结　语

巩义铝厂晋墓, 是郑州地区发掘的保存较好、规格较高的晋墓。该墓平面呈"串"字形, 分主室、前室、后室, 属中型墓葬, 形制与洛阳机车工厂东汉壁画墓[1]和南阳独山西坡画像石墓拱券顶型墓葬相近[2]，仍保留有东汉与曹魏时期遗制。从随葬品看，该墓出土器物较多，尤其是铜砚滴造型别致，制作精良，是难得的艺术珍品。男墓主棺内脚下漆盒内虽然置有弩机、石砚板、铜叉形饰及身佩铁刀等，但较多的文房用具则表明墓主具有浓厚的文人身份特征。

关于墓葬的朝代，虽然墓内未见纪年材料，但从随葬品特征看，应为晋代早期遗存。

巩义站街晋墓保存较完整，器物摆放位置清晰，器物群完整，对了解晋代墓葬制度和社会生活状况具有重要意义。

领　　队：张松林
发　　掘：王彦民　张松林
绘　　图：王相峰　张文霞
照　　相：刘彦峰

注　释

[1] 洛阳市文物工作队：《洛阳机车工厂东汉墓》，《文物》1992年第3期。
[2] 张卓远：《南阳魏晋墓葬》，《华夏考古》1998年第1期。

（原刊于《文物》2004年第11期）

河南省储备局四三一处国库唐墓发掘简报

郝红星 黄俊 赵兰

　　河南省储备局四三一处国库位于巩义市供销社新村南侧,东为永厚陵,西临环城路(图一)。2001年4月,巩义市文物保护管理所文物钻探队在储备局四三一处国库院内钻探后发现五座唐墓,郑州市文物考古研究院联合巩义市文物保护管理所对其进行了抢救性发掘,其中M3、M4出土器物丰富,故予以介绍。

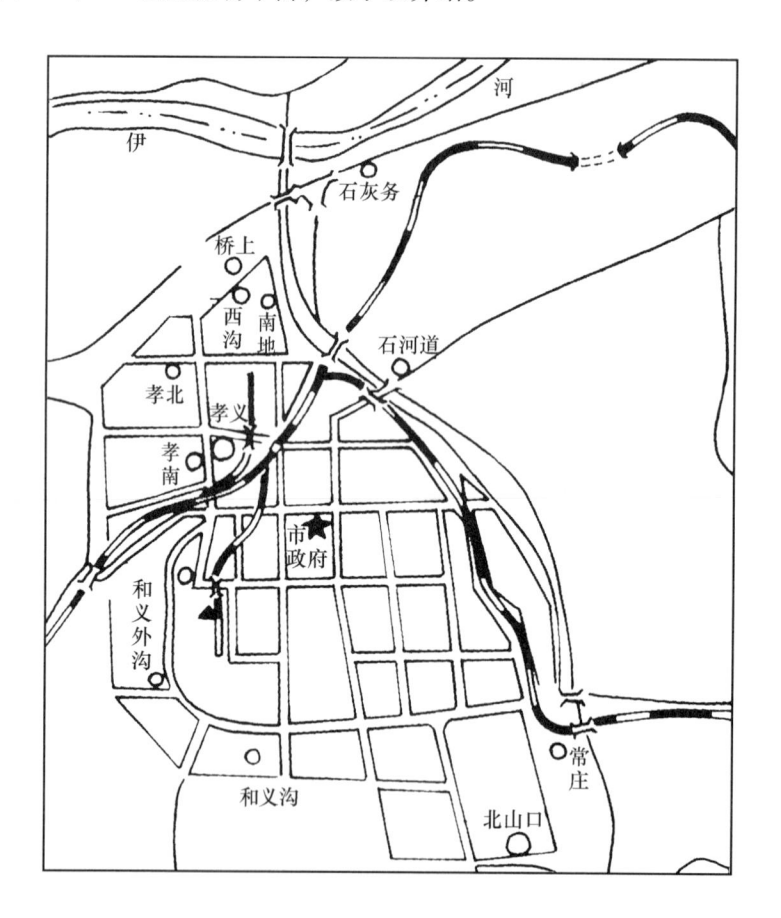

图一　墓葬位置示意图

一、M3

1. 墓葬形制

M3 为竖井墓道的土洞墓，由墓道、甬道、墓室三部分组成，方向170°，深4米（上部0.6米地层被取走，墓口原始深度不知）（图二）。

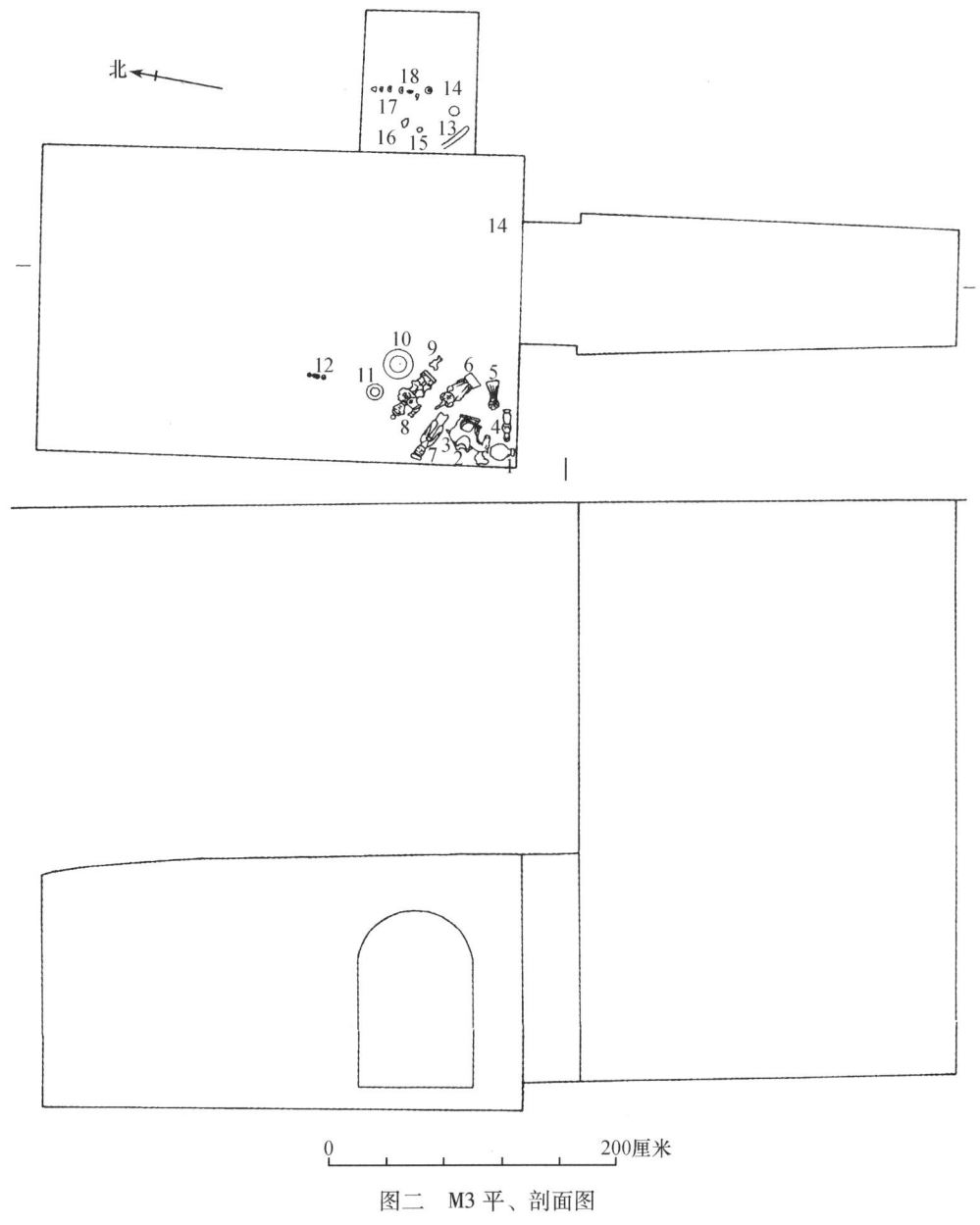

图二　M3 平、剖面图

1. 盘口壶　2. 驼　3. 马　4. 幞头俑　5. 女侍俑　6. 镇墓兽　7. 文官俑　8. 武士俑　9. 鸡　10. 四系罐　11. 瓶　12. 铜钱　13. 铜钗　14. 铜镜　15. 唾盂　16. 蚌　17. 铜带具　18. 四系壶

墓道　长方形，位于甬道南部，底南部稍高。长 2.64 米，南宽 0.82 米、深 3.7 米，北宽 1 米、深 3.8 米。

甬道　长方形，位于墓室南壁偏东处，拱顶。长 0.4 米，宽 0.86 米，顶高 1.3 米。

墓室　长方形，拱顶。长 3.34 米，宽 2.2 米，顶高 1.4~1.5 米。墓室被扰，西部置棺，棺底留有铜钱，未见尸骨。随葬品放在棺的西南部，多数倾倒，大体仍在原位。自南向北有盘口壶、男侍俑、女侍俑、驼、马、镇墓兽、文官俑、武士俑、鸡、罐、瓶、铜钱。墓室东壁南部设一耳室，长方形，拱顶。长 1 米，宽 0.8 米，顶高 1 米，底比墓底高 0.16 米。耳室内未见尸骨，偏外处放置铜钗、铜镜、蚌壳、唾盂、四系壶、铜带具等。根据器物性质，耳室下葬的或为未成年的女孩。

2. 出土器物

出土器物 21 件，质地分为陶、瓷、铜、蚌等。陶器、瓷器中除特别标明胎质外，均由白黏土制成。俑类合模制成，灶、井、磨、碓单模制成，器皿轮制。

（1）陶器

10 件。

三彩镇墓兽　1 件。标本 M3:6，人面镇墓兽，粉红黏土胎。头顶高粗角残断，两耳外展，下连络腮胡须，肩生羽翼，前肢粗壮，蹄足，无尾，蹲坐于椭圆形空心中台岩座上。角、脑后、耳背、络腮胡涂黑彩，耳内、嘴唇涂橘黄彩，翼、胸、腹、前肢饰黄、绿、白三彩，背、后肢酱黄彩，酱黄釉流落台座上。俑面容冷峻，眉骨高耸，铃形目突出，塌鼻，两颊成球状，抿嘴，嘴上八字胡须飘至耳际，颌下络腮胡须卷曲。残高 36 厘米（图三，1）。

三彩武士俑　1 件。标本 M3:8，发上拢成髻，肩披龙首披膊，着开口式臂襦，甲身两圆护，腹护呈半圆形，胸、腰系索带，腰索下桃形短蔽膝，甲身下摆饰流苏，内有衬裙，下着裤，小腿罩膝裤，足着靴。右手握拳上举，左手叉腰，重心支于左腿，左脚踩牛臀，右脚踩牛头，牛卧于椭圆形低台座上。俑眉骨粗隆，双目圆睁，面容较瘦，略颔首。脖子下以点施酱黄、绿釉，多处地方露胎，视之色泽冷凝，很有重装铠甲的味道。通高 42 厘米（图三，2）。

三彩文官俑　1 件。标本 M3:7，白黏土微泛红。拢发，头戴黑色一梁进贤冠，身穿酱黄色右衽宽袖襦，襈饰绿彩，褾施黄、白、绿三彩，腰系大带，下着白裙，足部残，拱手而立。俑面阔嘴方，高鼻，双目炯炯有神，眉、眼眶、胡须用黑彩描出，唇涂红彩，视之十分威严。残高 39 厘米（图三，3）。

三彩幞头俑　1 件。标本 M3:4，头戴黑色幞头，身穿酱黄色团领窄袖袍，下着裤，足着黑靴，拱手立于底板上。俑粉面高眉，小眼，蒜头鼻，小嘴，脸瘦削。高 22 厘米（图三，4）。

三彩女侍俑　1 件。标本 M3:5，粉红黏土胎。头残，身着淡黄色交领窄袖襦，外罩

图三 M3 出土三彩器
1. 镇墓兽（M3:6） 2. 武士俑（M3:8） 3. 文官俑（M3:7） 4. 幞头俑（M3:4） 5. 女侍俑（M3:5）

淡黄色交领半袖，双乳突显，下束酱黄色曳地百褶裙，腰际飘垂两带，足着靴，袖手捂腹立于地。残高19厘米（图三，5）。

三彩马 1件。标本 M3:3，勾首，抿嘴，扬脖，肩略抬起，臀略后挫，束尾，立于底板上。分缨，剪鬃，背置鞍鞯，袱于中部松束。马面、鬃、尾施白釉，鞯施黑彩，袱橘红彩，左侧鞯下马的腹部露胎，下绘两弧形黑彩，余施酱黄釉。高31.2厘米。

三彩骆驼 1件。标本 M3:2，昂首，抿嘴，扬脖，尾卷于左臀，立于地。驼光背，大部施白釉，鬃、垂胡、双峰、股、尾施酱黄釉。高36.9厘米。

三彩鸡 1件。标本 M3:9，冠高喙短，颈粗体肥，短尾，鸡爪未做出。冠、颈羽、尾施橘红彩。高8.9厘米。

三彩四系壶 1件。标本 M3:18，敛口，方唇，斜直领，窄平肩，鼓腹，假圈足外撇，圈足底略内凹。肩置四系（均残断），四系间堆饰四朵菊花，花周围饰一周联珠纹。口唇及外壁大部施酱釉、白釉、绿釉。口径1厘米，腹径4.5厘米，圈足径2.35厘米，高5.15厘米。（图四，1；图五）

三彩唾盂 1件。标本 M3:15，盘口，束颈，颈以下残，内外壁施黄、白、绿三彩。口径4厘米，残高2.7厘米（图四，2）。

（2）瓷器

3件。

四系罐 1件。标本 M3:10，白瓷胎，略泛黄，敛口，方唇，斜直领，溜肩，鼓腹，

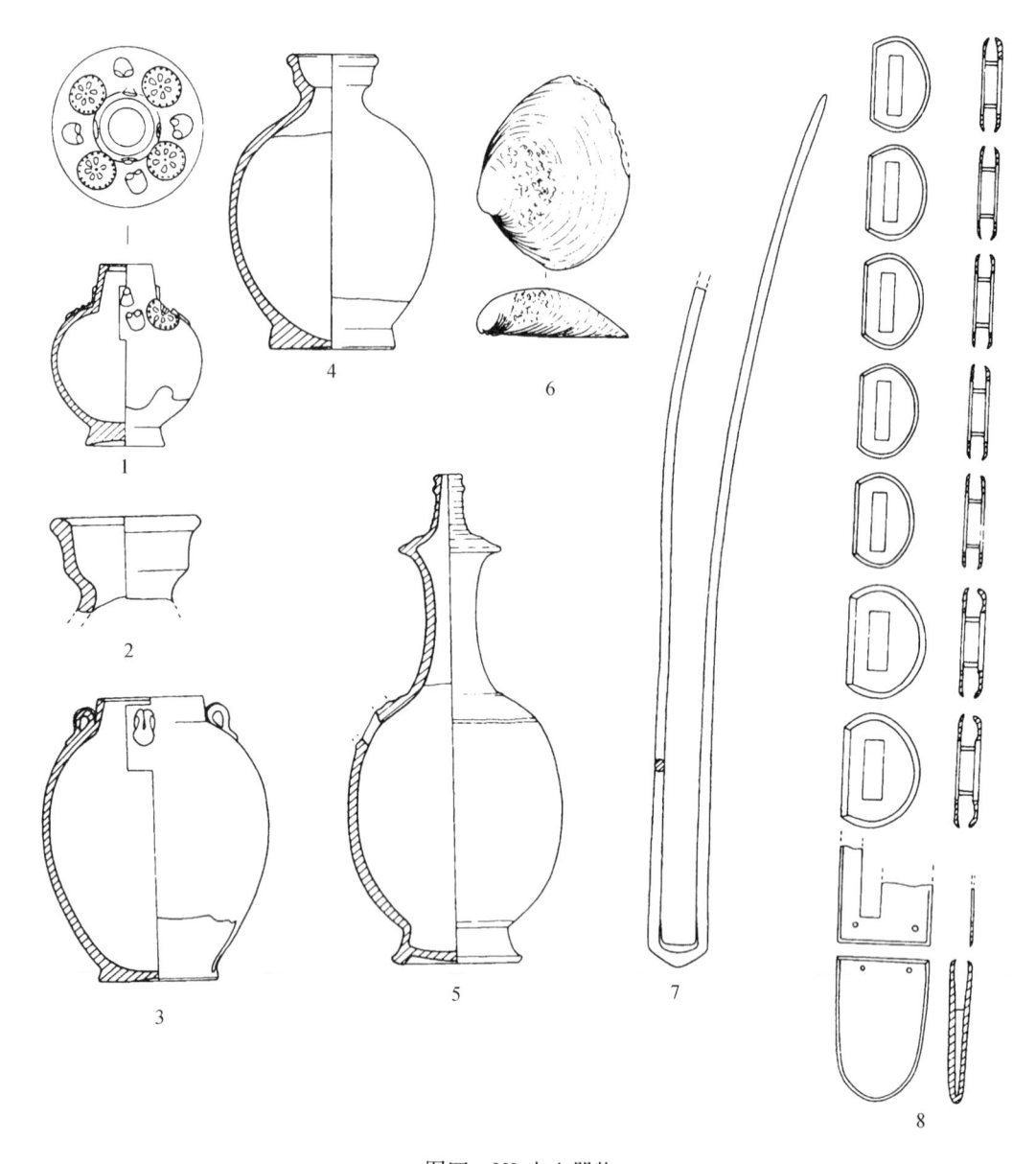

图四　M3 出土器物

1. 四系壶（M3:18）　2. 唾盂（M3:15）　3. 四系罐（M3:10）　4. 盘口壶（M3:1）　5. 瓶（M3:11）
6. 蚌壳（M3:16）　7. 铜钗（M3:13）　8. 铜带具（M3:17）

假圈足外撇，圈足底中部略凹，肩置四系。内壁及外壁大部施褐釉，方唇顶部釉被刮去。口径8.4厘米，腹径20.4厘米，圈足径10.8厘米，高24.2厘米（图四，3；图六）。

盘口壶　1件。标本M3:1，盘口，圆唇，短束颈，弧肩，鼓腹，假圈足外撇，圈足中部凹陷。内壁上部施白釉，外壁施釉近圈足，圆唇顶部釉被刮去。口径4.8厘米，腹径24厘米，圈足径7.4厘米，高16.6厘米（图四，4）。

瓶　1件，标本M3:11，由盖与瓶组成。盖上部呈直流状，口部双唇，唇下饰凹弦纹，下部外张与瓶喇叭口对合在一起。瓶细长颈，弧肩，橄榄球腹，圈足外撇，颈肩处一周凸弦纹，肩部两周极浅细凹弦纹，流失落。瓶外壁施白釉近圈足，直流及瓶颈内壁亦施白釉。流口径0.6厘米，腹径12.4厘米，圈足径7.6厘米，高27.7厘米（图四，5）。

（3）铜器

7件。

铜镜　1件。标本M3∶14，银白色，镜裂，有铜锈。圆形，三角缘，薄胎，内外区以一周圆凸棱作界格。内区蹲兽纽，头高尾低，无座，以外对称饰四朵垂枝葡萄蕾与嫩叶，枝叶蔓于凸棱上。外区与四蕾对应地方饰四仰叶，叶旁对出两垂枝葡萄，共八串，葡萄间四朵仰枝葡萄蕾。直径7.3厘米，缘厚0.7厘米（图七）。

铜钗　1件。标本M3∶13，"U"形，剖面呈圆形，前部稍弯。长24.8厘米（图四，7）。

铜带具　1件。标本M3∶17，由带銙、铊尾组成，带扣遗失。带銙分为半圆形、长方形两种，均有长方形古眼。半圆形带銙存7枚，分大小两种。大者长径3.3厘米，短径2.3厘米，厚0.7厘米；小者长径2.7厘米，短径1.7厘米，厚0.6厘米。方形带銙存一枚，仅存下片，残长2.8厘米，宽2.7厘米。铊尾柳叶形，中空，长4.1厘米，宽2.7厘米，厚0.65厘米（图四，8）。

铜钱　4枚。标本M3∶12，钱文略短，字口深峻。"通"字的"甬"字头小，开口较大，"辶"的三点不连，末笔斜后上挑。"元"字首横短小，位置偏右，次横左斜上挑。"宝"字之"贝"二横与框不连。穿背上一星。为典型的武德开元钱。直径2.5厘米，穿径0.65厘米，郭宽0.2厘米。

图五　四系壶（M3∶18）　　　　图六　四系罐（M3∶10）

(4) 蚌壳

1件。标本 M3:16，贝面有弧形纹理，边略残。长4.4厘米，宽5.5厘米（图四，6）

二、M4

1. 墓葬形制

M4 为半斜坡墓道的土洞墓，由墓道、甬道、墓室三部分组成，方向179°，深5.1米（上部0.5米地层被取走，墓口原始深度不知）（图八）。

图七　铜镜（M3:14）

墓道　位于甬道南部，半斜坡状。长3.1米，南宽0.7米、深2.2米，北宽0.9米、深4.56米。

甬道　位于墓室南壁偏东处，拱顶。长0.46米，南宽0.9米，北宽1米，顶高1.2米。

墓室　长方形，拱顶，北壁略弧。长2.64米，南宽1.96米，北宽2.16米，顶高1.4~1.6米。墓室西部置棺，未见尸骨，棺周围放置随葬品。棺东自南向北有镇墓兽、鹅、武士俑、磨、猪、灶；棺北有碓、罐；棺西自南向北有羊、铜带具、鸡、井、男侍俑、马、驼等。

2. 出土器物

墓中共出土器物15件，质地分陶、铜两种。

(1) 陶器

14件。

三彩镇墓兽　1件。标本 M4:2，兽首，头顶两长弯角（一角失），内侧相向，角根部有节，节上内侧生支角，两角间宝珠失落，板须前有两小耳，肩生羽翼，呈半月板状，无尾，蹄足，蹲坐于椭圆形空心低台座上。兽低额高眉，铃目阔鼻，大口狂张，颔下三缕胡须。兽角施白釉，支角施蓝釉，角以下兽背施酱黄釉，正面施蓝、黄、白釉，以蓝釉为主，设色淡雅。兽整体塑造呈现宁静稳重之态。高35.7厘米（图九，1）。

三彩武士俑　1件。标本 M4:3，发上拢成宝髻，髻根束带，肩披龙首披膊，着开口式臂褠，甲身两圆护，腹护呈桃形，胸、腰系索带，腰索下桃形短蔽膝，甲身下摆饰流苏，内有衬裙，下着裤，小腿罩锦纹膝裤，足着靴。右手握拳上举，左手叉腰，重心支于左腿，左脚踩牛臀，右脚踩牛头，牛卧于椭圆形低台座上。髻带、龙首披帛、衬裙饰橘黄彩，腹护周围橘黄色云纹，甲身下摆、蔽膝上饰橘黄条彩，甲身右侧下摆之黑色甲叶脱落，

图八　M4平、剖面图

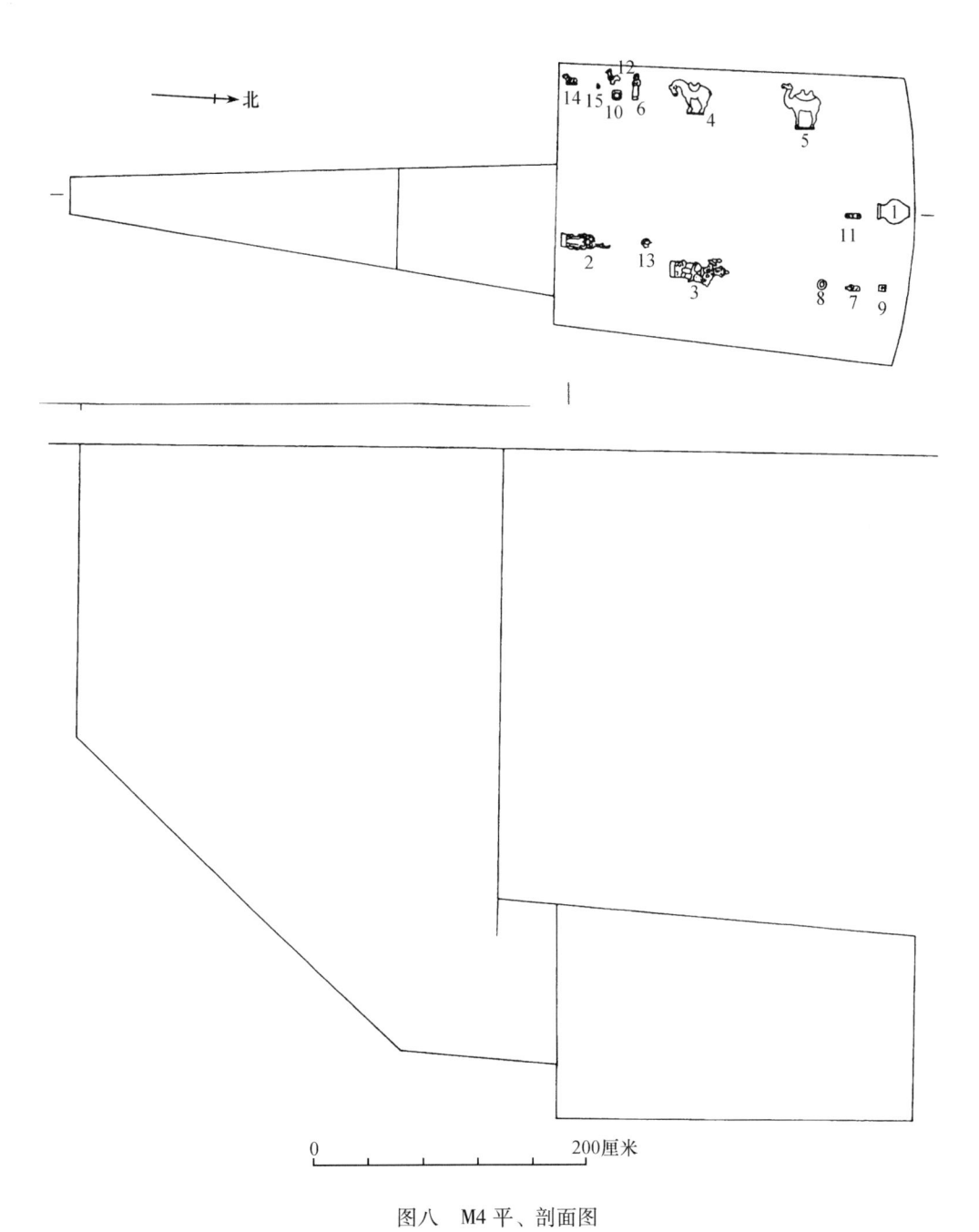

1. 罐　2. 镇墓兽　3. 武士俑　4. 马　5. 驼　6. 幞头俑　7. 猪　8. 磨　9. 灶　10. 井　11. 碓　12. 鸡　13. 鸡　14. 羊　15. 铜带具

胸护、腹护、流苏饰绿彩，膝裤饰黑条彩，臂褠、靴饰枣红彩，牛身涂黑斑，台座涂黑色粗条彩。俑立眉，环眼突出，高鼻秀嘴，面容清癯。通高42.5厘米（图九，2）。

三彩幞头俑　1件。标本 M4:6，头戴黑色幞头，身穿酱黄色团领窄袖袍，下着裤，足着靴，拱手立于底板上。俑粉面，阔眉，圆眼，直鼻，小嘴，视之甚觉文雅。高20.2厘米（图九，3）。

马　1件。标本 M4:4，勾首低垂，扬脖，肩略抬起，束尾，立于底板上。马分缨，剪鬃，背置鞍鞯，袱于中部松束。马脸颊、脖、腿、腹、臀施枣红彩与橘黄彩，鞯施黑彩，袱施橘黄彩。高26厘米。此俑底板背划写行书"李景元"三字（图九，4）。

图九　M4出土器物
1. 镇墓兽（M4:2）　2. 武士俑（M4:3）　3. 幞头俑（M4:6）
4. 马（M4:4）　5. 驼（M4:5）

骆驼　1件。标本M4:5，昂首，扬脖，抿嘴，尾摆于右臀，背置橘红色毯，色多脱落，立于底板上。驼嘴、鼻、耳涂橘红彩，眼眶绘黑线，脸颊绘黑须，鬃、驼峰、腿、腹施枣红彩。驼蹄做得较小，与常见骆驼不同。高34.5厘米。底板背亦划写行书"李景元"三字，与前"李景元"写法略有不同，但从笔迹上看，应为一人所书（图九，5）。

猪　1件。标本M4:7，肩高臀低，厚嘴微张，小眼大耳，小尾摆于左臀，四肢曲卧于地。肩、颌鬃毛模印，体涂黑彩（脱落），耳、眼、嘴涂橘黄彩。长10.6厘米（图一〇，1；图一一，1）。

羊　1件。标本M4:14，淡灰色黏土胎，昂首，抿嘴，弯角，短尾，四肢蜷曲于底板上，颌下、腹侧、臀后饰体毛。长10.2厘米（图一〇，2；图一一，2）。

鸡　1件。标本M4:12，冠高喙短，长颈，翘尾，雄立于地。冠、颈、翅、尾、腿涂黑彩。高10.4厘米（图一〇，3；图一一，3）。

鹅　1件。标本M4:13，雏鹅，体肥润，回首伏颈于背，头、颈、翅涂红彩，多脱落。高5.8厘米（图一〇，4；图一一，4）。

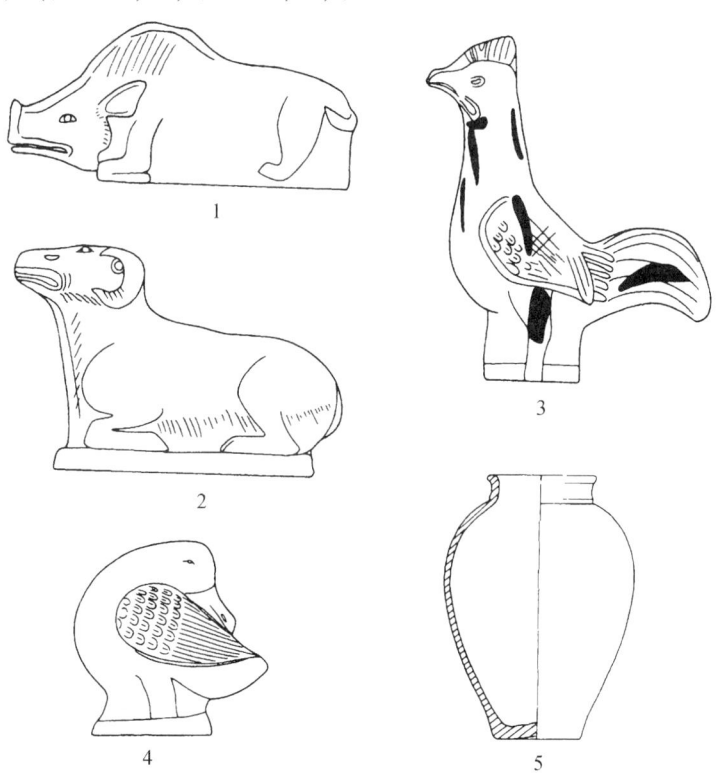

图一〇　M4出土陶器
1. 猪（M4:7）　2. 羊（M4:14）　3. 鸡（M4:12）　4. 鹅（M4:13）
5. 罐（M4:1）

图一一　M4 出土陶器

1. 猪（M4:7）　2. 羊（M4:14）　3. 鸡（M4:12）　4. 鹅（M4:13）　5. 灶（M4:9）　6. 磨（M4:8）
7. 碓（M4:11）

灶　1件。标本 M4:9，梯形台体，正面设半圆形门，上有极低山形挡烟墙，灶面一锅（锅未做出），上有盖，锅后有短小长方形挡烟墙。灶门上方涂枣红彩以示火焰，灶壁三角、灶面两边、锅盖亦涂枣红彩。长5.6厘米，宽4.9厘米，高3.6厘米（图一一，5；图一二，1）。

磨　1件。标本 M4:8，磨扇稍凹，台座下部外侈，磨扇周匝凸棱涂枣红彩，扇内点涂两点表示磨眼。直径6.5厘米，高2.4厘米（图一一，6；图一二，2）。

井　1件，标本 M4:10，井呈梯形台体，井框置于井壁之上，榫接处有铆钉，铆钉

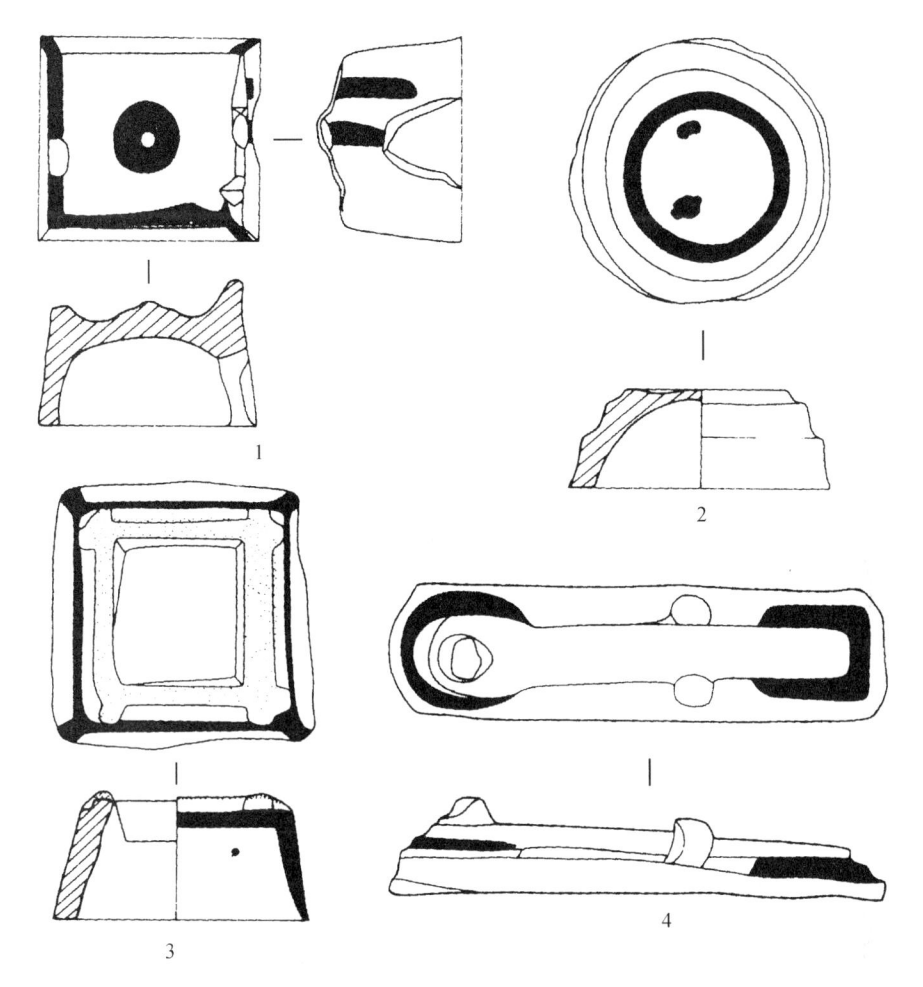

图一二 M4 出土陶器
1. 灶（M4:9） 2. 磨（M4:8） 3. 井（M4:10） 4. 碓（M4:11）

制作不规整，井口用刀削成。井壁四角及四边上部涂黑红彩，井框涂淡褐彩。底边长6.5厘米，高3.1厘米（图一二，3）。

碓 1件。标本 M4:11，底边为抹角长方形，一端置圆臼，一端置长方形碓垫，柱状支架，碓柄与底板连在一起，遮住臼与碓垫之大部，可见圆杵之顶。臼、碓垫涂枣红彩。长12.4厘米，宽3.3厘米，高2.4厘米（图一一，7；图一二，4）。

陶罐 1件。标本 M4:1，浅粉红黏土胎，侈口，圆唇，束颈，弧肩，鼓腹，平底略内凹，颈肩处有弦纹一道。口径9.6厘米，腹径17.7厘米，底径7.8厘米，高24厘米（图一〇，5）。

（2）铜器

1件。带具，标本 M4:15，仅见一带銙，半圆形，由上下两片组成，用三钉铆在一起，中有长方形古眼。长径2.6厘米，短径1.7厘米，厚0.65厘米。

三、结　语

1. 年代

唐墓年代常根据墓中镇墓兽、武士俑、文官俑、武官俑来判断，因为这些器物变化快，在5至10年间形状已有显著不同，侍俑类（侍俑、马、驼）及器皿类由于跨度大变化小而不宜作为断代的标准器。

M4没有文官俑、武官俑，可以根据它的镇墓兽、武士俑来判断。镇墓兽双角较高，角中部有支角，角前宝珠失落，双翼为羽翼，底座为低台座。与巩义芝田耐火材料厂M36[1]、巩义食品厂M1[2]镇墓兽相比，支角升高，翼不再是秃掌状，而是膀部与羽部分开，但羽部又没有像巩义食品厂M1镇墓兽那样用笔绘出羽毛或用刀刻出，只是呈半月板状，台座与耐火材料厂M36镇墓兽台座等高而低于巩义食品厂M1镇墓兽台座，同时台座上也没有穿孔，说明M4比耐火材料厂M36略晚而早于巩义食品厂M1。从武士俑来看，M4武士俑本身与巩义食品厂M1武士俑没有什么不同，但卧牛台座不及巩义食品厂M1卧牛台座高，也没有穿孔。参考芝田唐墓，我们将M4年代定在675~680年间。

M3与M4两墓可以相比。前者镇墓兽台座作山岩形，比后者稍高，属于中台座，翼之羽部用刀刻出，不像后者那样呈半月板状。M3武士俑与M4武士俑没有区别。文官俑进贤冠之展筒呈窄条状，高到冠耳顶部，故M3应比M4略晚。M3镇墓兽台座比巩义食品厂M1镇墓兽的中台座低，没有穿孔，武士俑与巩义食品厂M1武士俑没有什么区别，只是台座低得多，因此M3应在M4与巩义食品厂M1之间，年代在680~685年之间。

2. 器物组合

M3、M4器物组合与郑州地区一般唐墓不同，所有器物均为单一出现。同时期的唐墓镇墓兽、武士俑、马、骆驼这四种主要俑类绝大多数唐墓为成对出现，但在这两座墓里只有一个。按照《大唐六典》所记四神名称，镇墓兽与武士俑应成对出现，这种镇墓兽、武士俑、马、驼等器物单体出现，可能是当时随葬品主流组合之外的一种组合，或与埋藏规格低有关。

3. M3、M4的器物风格

M3所出瓷瓶流已失。洛阳安菩夫妇墓[3]出土一件瓷瓶，流为折状盘口，可作参考。M4从器物造型来看，大多数器物与同期器物不同。镇墓兽两角内侧相向，不同于常见的向前弯曲。翅膀羽部呈半月板状而没用彩绘出或用刀刻出。武士俑卧牛饰黑斑，台座饰黑条彩，这种现象极少见。马勾首特甚。骆驼蹄做得特小，不够尺寸。鹅、鸡翅膀之短羽模印成U形，排列有序也不像常见的呈凸点状。陶罐颈肩处有一弦纹，胎呈淡粉红色，较少见。碓支架为细圆柱体，前端臼为圆形，后端有碓垫，常见碓支架为长方体，不见硾垫。灶正面有极低挡烟墙，与同期的较高挡烟墙有较大区别。

领　　队：王文华
发　　掘：张建华
绘　　图：李　杨　郝红星

注　释

[1]　郑州市文物考古研究所：《巩义芝田晋唐墓葬》，科学出版社，2003年。
[2]　同[1]。
[3]　洛阳市文物工作队：《洛阳龙门唐安菩夫妇墓》，《中原文物》1982年第3期。

（原刊于《中原文物》2008年第3期）

巩义常庄变电站大周时期墓葬发掘简报

汪　旭　赵海星　王振杰　高中辉

2003年11月，郑州市文物考古研究所、巩义市文物保护管理所在配合巩义市北山口常庄变电站扩建过程中，抢救性发掘大周时期墓葬一座（0311GCBM1），发掘工作于2003年11月28日开始，至12月1日结束。现将清理情况报告如下（图一）。

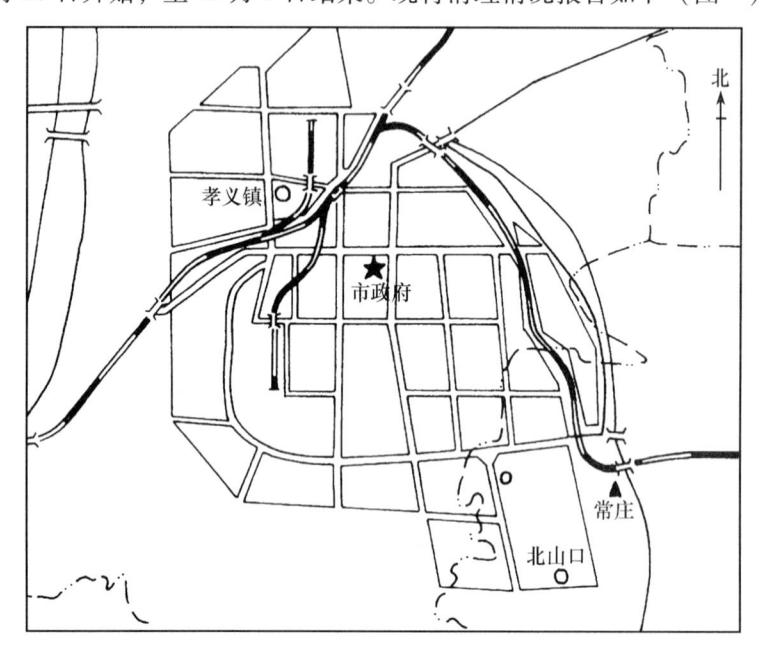

图一　墓葬位置图

一、墓葬形制

由于早年坍塌较为严重，墓葬已遭到不同程度的破坏。从现存部分看，墓葬由墓道、过洞、天井、甬道、墓室五部分组成。平面近"甲"字形，呈南北向，方向3°。墓道位于过洞北部，平面近梯形，南宽北窄，底部北高南低呈斜坡状，南宽1.3米，北宽1米。开口于地表下2.3米处，其上叠压扰土层和灰褐色土层。该墓有过洞、天井各一。过洞位于墓道与天井间，长方形，拱顶，长1.92米，宽0.86米。天井位于过洞与甬道之间，平面为长方形，长0.7米，宽1.4米，北深4.5米，南深4.9米。甬道位于天井和墓室

图二 墓葬平、剖面图

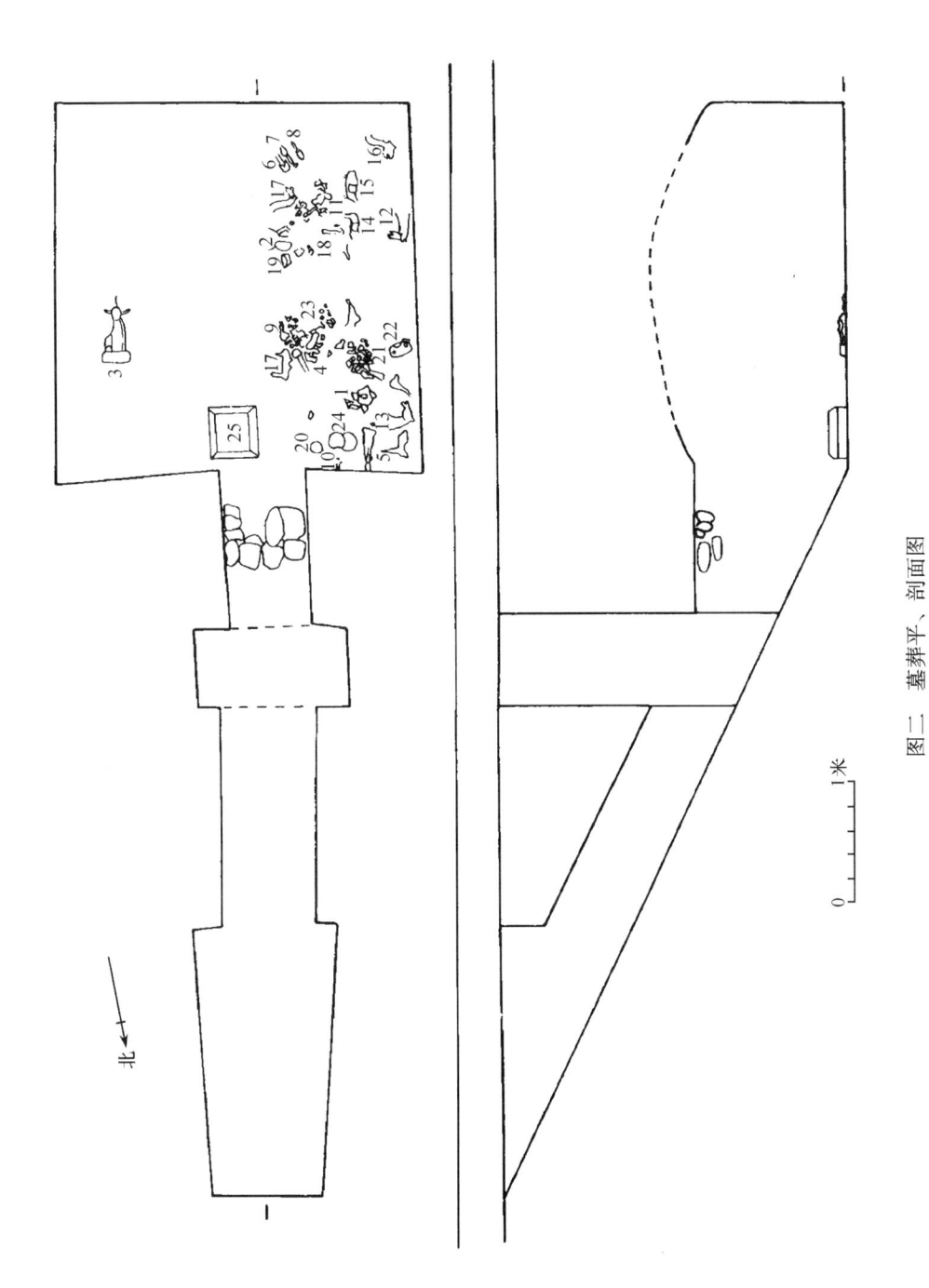

1、2. 天王俑 3、4. 镇墓兽 5~8. 男侍俑 9. 牵马俑 10. 伏听俑 11. 胡帽俑 12~15. 陶马 16、17. 陶骆驼 18. 陶碓 19. 陶井 20、21. 陶磨 22. 陶灶 23. 陶碗 24. 陶车 25. 石墓志

间，为过洞式，平面呈长方形，拱顶，长 1.4 米，宽 0.8 米，中部用一层鹅卵石封堵，石下用土填起。墓室平面近正方形，东西宽 3.26 米，南北长 3.3 米，墓圹已不甚整齐，坍塌较为严重，木棺已朽成灰，人骨架亦腐朽无存。随葬器物除墓志外，均为陶塑制品。大多分布于墓室东侧，器表多饰彩绘，有天王俑、镇墓兽、侍俑、文官俑、马、骆驼、伏听俑、碓、灶、井、磨、酱釉俑等，破损严重，大多经过后期修复（图二）。

二、随葬器物

共计 25 件，除墓志为石质外，其余均由白黏土制成。

天王俑　2 件，合模制成。标本 M1:1，体态高大，雄壮威武，头梳宝髻，护领上折，身着明光铠，肩有龙首披膊，胸前圆护呈桃形，腹护呈半圆形，革带齐备，甲下刻饰流苏，小腿着膝裤，足着高腰靴，足下踩踏跪羊形高台座。国字形脸庞，浓眉，二目圆睁，阔鼻，墨绘八字胡须，张口露齿，神情刚健，凶猛可怖，使人望而生畏。左手扶于腰际，右手握拳上举。通体饰黄、绿彩。高 76.2 厘米（图三）。标本 M1:2，头戴束发冠，簪失，身着明光铠，肩有龙首披膊，甲身胸索上饰有花结，胸护上部呈方形，下部弯曲呈钩形，腰系带，腰带下的膝裙绘方格状甲片，甲身下摆饰流苏，足着高腰靴，足下踩踏跪羊形高台座。眉弓凸起，双目圆睁，目视右方，八字胡须，张口露齿，面部狰狞，作发威状，右手扶于腰间，左手握拳前伸，手指空握，原持物已失。通体饰黄彩。高 72.3 厘米（图四）。

镇墓兽　2 件，合模制成，人面、兽面各 1 件，依其面部特征之不同，可分为二式。

Ⅰ式：标本 M1:4，面部眼、口、鼻近于人形，周身饰繁缛彩绘。独角缭绕，脑后戟形饰残断，双耳外张过甚，国字脸，浓眉凸眼，阔鼻大口，露齿，八字胡须，与 M1:1 面部表情相同，做工细腻，色彩鲜明。肩生羽翼，呈掌形，羽齿展开，双肩鬃毛向上卷曲，前腿直立，下附蹄足，臀部无尾，踞坐于长方形穿孔高台之上，后背彩绘卷纹似表示鬃毛，这种独特的方法，以往较少发现。通体饰黄、红、绿彩。通高 77.8 厘米（图五，图六）。

Ⅱ式：标本 M1:3，面部凶狠似狮，头上伸出两角，顶端向内钩曲，脑后饰戟，板须，肩生双翼残，怒目圆睁，大口，作吼状，獠牙外露，胸脯绘云纹，前腿直立，下附蹄足，臀部无尾，呈踞坐状，坐于穿孔高台之上，体态凶猛矫健。通体饰黄彩。通高 79 厘米（图七，图八）。

男侍俑　4 件。形制大致相同。标本 M1:5，头戴幞头，巾较高，可见额前系带，圆脸杏眼，高鼻，八字胡须，颔下有髯，面容温和，抿嘴微笑。身着圆领右衽紧袖长袍，腰系黑色带，足蹬靴，袖手而立于平托板上，通体饰黄彩。高 30.4 厘米（图九）。标本 M1:6，形制与 M1:5 相同，高 30.5 厘米。通体施红彩（图一〇）。标本 M1:7，垂首，八字胡须，双手交叉拱手胸前，一副虔诚的样子。通体施黄彩。高 24.2 厘米。标本 M1:8，头残缺，身着圆领长袍，双手交叉拱于胸前，腰系黑色带，直立于台座之上。通体饰黄、红彩。残高 19.3 厘米。

图三 天王俑（M1:1）

图四 天王俑（M1:2）

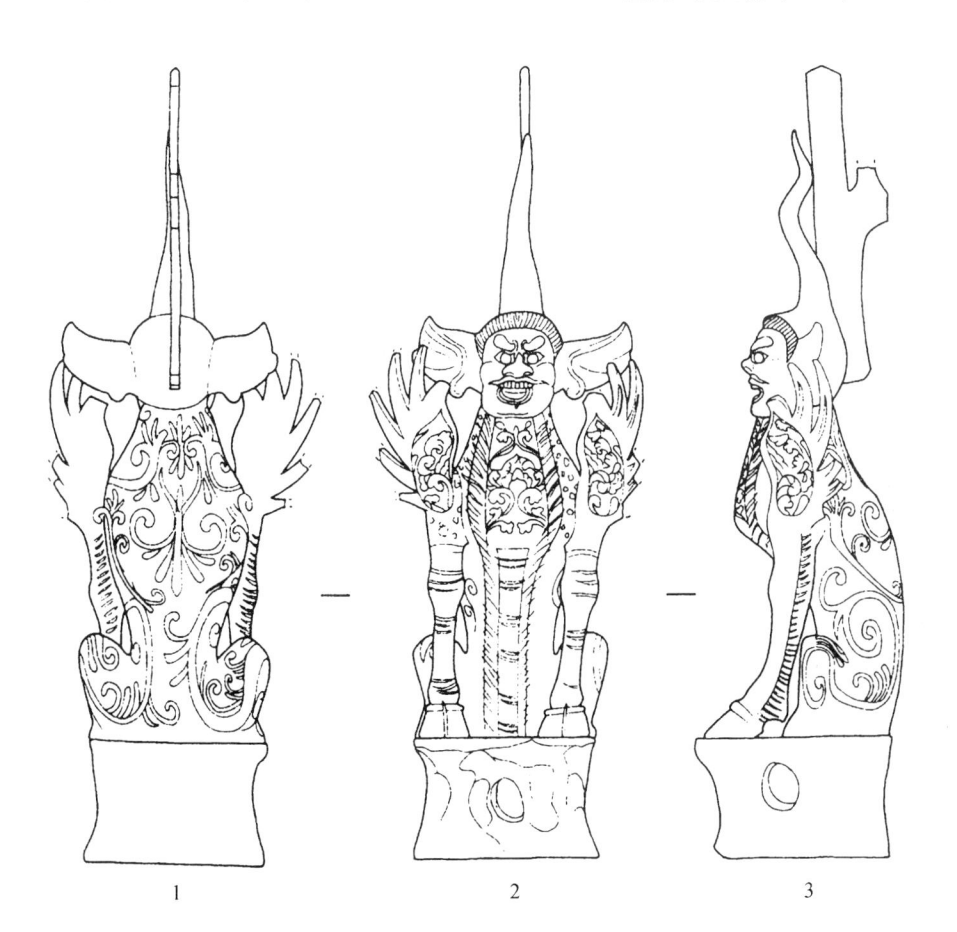

1　　　　　　　2　　　　　　　3

图五 镇墓兽（M1:4）

图六 镇墓兽（M1:4）　　　　　　图七 镇墓兽（M1:3）

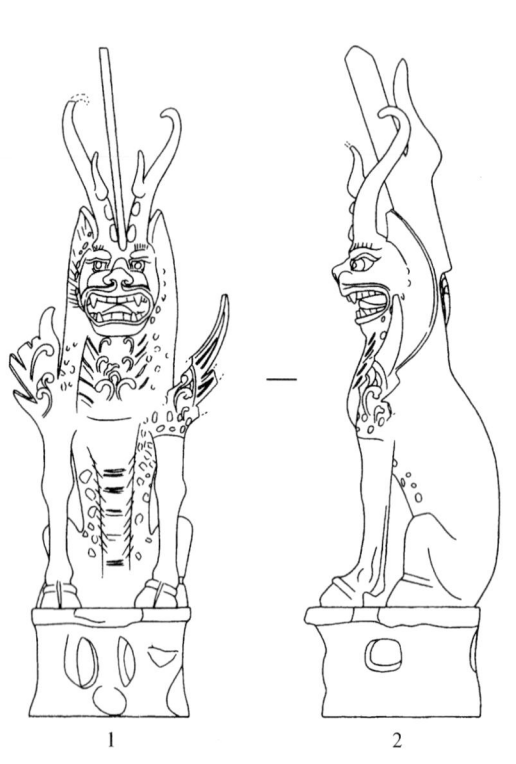

图八 镇墓兽（M1:3）　　　　　　图九 男侍俑（M1:5）
1. 正视　2. 侧视

图一〇 男侍俑（M1:6）

图一一 牵马俑（M1:9）

牵马俑 1件。标本M1:9，墨绘发、眉、胡须。发中分，其下成辫挽于首后，圆脸高鼻，双目凸出，显为胡人扮相。身穿窄袖大翻领燕尾袍，腰系带，下着小口裤，足蹬靴，双手握拳中空作牵缰状，直立于台座之上。通体饰黄彩。高31.6厘米（图一一）。

伏听俑 1件。标本M1:10，头戴幞头，身着长袍，腰束带，抄手屈腿作匍匐状，头埋于两臂间。通体饰黄彩。体长11.2厘米（图一二）。

胡帽俑 1件。标本M1:11，通体酱色釉，体态较小，头戴翻沿胡帽，脸庞圆硕，大眼，蒜头鼻，面容清秀，身着交领窄袖袍，腰系带，足着靴，左腿弯曲，右腿跪地，怀抱一似琵琶之物。高9.9厘米（图一三）。

马 4件，模制。造型基本相同，均无镫。通体饰红、黑、黄彩。标本M1:12，勾首、昂脖、齐鬃、分缨，双耳竖起，双

图一二 伏听俑（M1:10）

目炯炯有神，络头齐全，鞍鞯齐备，鞍为椭圆形，鞍上有鞍袱，鞍袱打结向下垂，鞍前有攀胸，体态矫健，短尾细结并上翘，四腿直立于长方形托板之上，体态均匀，线条流

畅，神气十足。通高46厘米（图一四）。标本M1:13，与标本M1:12形制相近，目视前方，齐鬃，鞍前无攀胸，通高57.6厘米（图一五）。标本M1:14，分缨，齐鬃，首戴络头、胸、尾、攀胸、鞦均齐全，攀胸、鞦交叉成带，背置兽毛鞍鞯，鞍袱较大约占鞍鞯三分之二，通高30.7厘米。标本M1:15，与标本M1:14造型相同，络头、攀胸、鞦齐全，背上置鞍鞯，上有酷似虎皮的纹饰，攀胸、鞦上有桃形、圆形花饰，通高29.6厘米。

图一三 胡帽俑（M1:11）

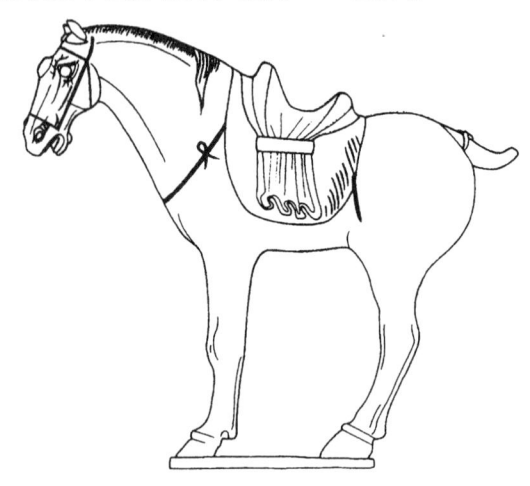

图一四 马（M1:12）

图一五 马（M1:13）

骆驼 2件。形制相同，通体饰红、黑、黄彩。标本M1:16，曲颈昂首，作嘶鸣状，通身光洁，四腿修长，站立于长方形托板之上，驼峰较高，双峰处附有椭圆方格图案毡毯，通高55.2厘米（图一六）。标本M1:17，上唇残，尾贴于臀部，通高55厘米（图一七）。

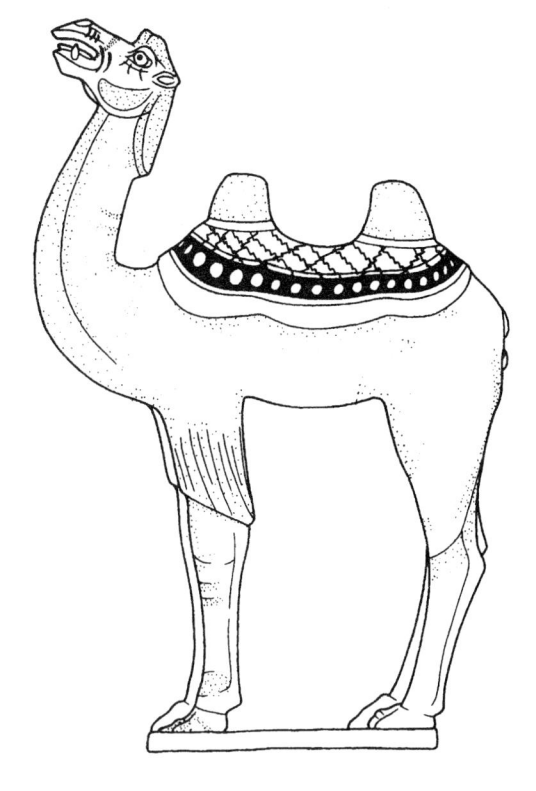

图一六 骆驼（M1∶16）

图一七 骆驼（M1∶17）

碓　1件。标本M1∶18，通身饰白、黑彩。底板为长方形，底角圆润，单模制成，上塑杆架、杠杆、臼、杵。长14厘米（图一八）。

井　1件。标本M1∶19，通身饰白、红彩，模制，仿木结构，方形井栏，俯视呈井字形，侧视呈上小下大的梯形。高3.9厘米，底宽7.4厘米（图一九）。

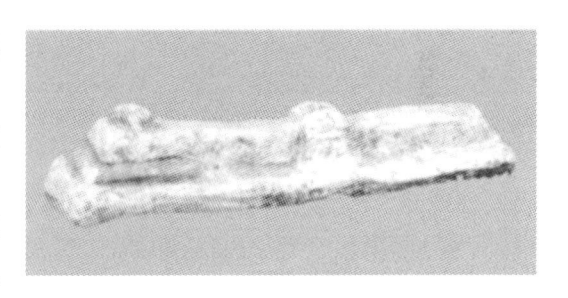

图一八 碓（M1∶18）

磨　2件。可分为二式。

Ⅰ式：标本M1∶20，模制，圆形，双层磨盘，上下近垂直，上扇有一对磨眼，通身饰白彩。直径7.5厘米，高3.7厘米（图二〇）。

Ⅱ式：标本M1∶21，模制，圆形，体态小，底盘下部外侈，上扇有两个磨眼，通身饰白彩。直径5.7厘米，高2.4厘米（图二一）。

灶　1件。标本M1∶22，长方形，中间有一圆形灶孔，置锅处涂黑以示锅，前面火墙高于灶面，边缘台阶状，拱形灶门。通身饰白彩。长6.6厘米，宽5厘米，高4.7厘米（图二二）。

图一九 井（M1:19）　　　　　图二〇 磨（M1:20）

图二一 磨（M1:21）　　　　　图二二 灶（M1:22）

图二三 碗（M1:23）

三彩碗　1件。标本M1:23，敞口，圆唇，斜弧腹，口至底部有数十周弦纹，内饰三彩，平底。口径10.1厘米，高3.2厘米（图二三）。

车　1件。标本M1:24，仅存车厢、车轮。车厢呈方形，上有卷棚式顶盖，两端上翘，前檐刻出木栏，后檐在右侧留一窄门，似供上下车之用，顶中部饰有四道凸棱，通身饰白彩。车厢最高处9.4厘米，车轮牙宽毂大，十二幅。轮径5.7厘米（图二四）。

文官俑仅见少量残片，无法修复。

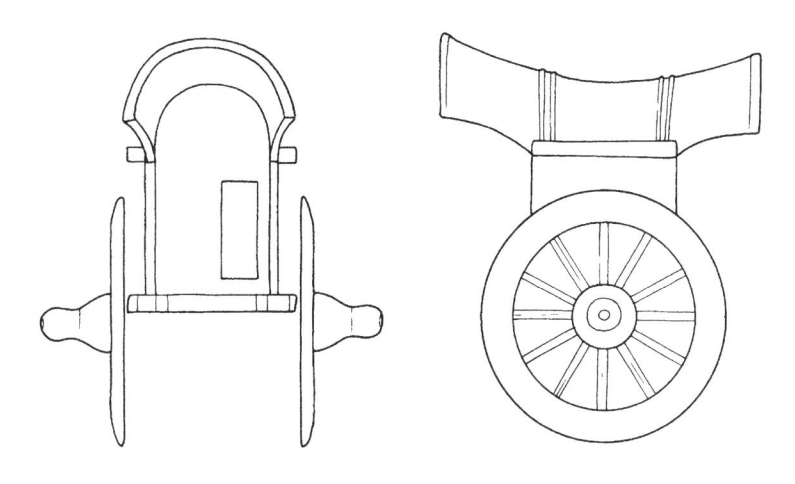

图二四　车厢、车轮（M1∶24）

图二五　阎方墓志（M1∶25）

墓志　一合。标本 M1∶25，方形，青石雕刻而成，出土时位置没有移动，志、盖基本无错动。顶盖呈正方形，为盝盖顶式，盖顶四周斜杀，浅刻上"大周故处士阎君墓志铭"。志石基本呈正方形，边长46厘米，宽44厘米，厚19厘米，石上划格刻文，楷书，共24行，满行23字，共524字。文中多处使用武周时期造字。如：年、月、日、人、地、星、天等，笔画繁琐（图二五）。

三、关于墓主人

阎方，字仲玄，河南新安人，处士，享年50岁。所谓处士，非官名，泛指有才德而隐居不仕之人。夫人卜氏，"兰仪风茂"、"六行克修"、"七德皆备"，"六行"指六种善行，即孝、友、睦、任、恤、娴。"七德"指武功的七种德行，即尊贵、明贤、庸、长老、爱亲、礼新、亲旧。墓志中对其祖、父辈均无记述，这在唐代墓志中较为少见，也许是其先辈无显赫之人，或许是与墓主人身为隐士，终身不仕有关。另外未记载墓主人生、卒的时间，只是讲述了与夫人卜氏同葬于大周长安二年。因此，笔者认为该墓葬为二次合葬墓较为适宜。文中提到嵇中散即嵇康，曾任中散大夫，人称嵇中散。

四、结　语

武则天统治时期属盛唐时期，人民安居乐业，政治、经济、文化高度发展。这一时期统治阶级生前极尽所欲，死后厚葬成风。当时"王公百官，竞为厚葬"，奢侈豪华的厚葬之风已播及深远，甚至进入了寻常百姓人家，政府虽屡颁禁厚葬、葬丧葬逾礼的诏令，但结果却是屡禁不止。这一时期是三彩最繁荣发展的阶段，其数量剧增，品种齐全，色彩绚丽，一改初唐时期数量少，品种单调，色彩不够丰富绚丽的特点。人物、动物造型高大丰硕，制作工艺也日益成熟。无论是做工，还是造型，均堪称佳品。可以这样说，进入盛唐以后，随葬品的四大组合经过一段充实已逐渐完备，是一代唐风在丧葬礼仪制度的完整体现。此外胡俑的出现，是唐王朝与各国人民友好往来的历史见证，同时也表现出唐王朝兴盛的局面。

此次发掘的墓葬形制虽小，但出土随葬品尚考究，种类齐全，造型神形兼备，使人赏心悦目。所出土的陶俑体态较大，比例合理，彩绘华丽，显现了盛唐陶俑之风格。依志文记载，阎方埋葬时间为武则天长安二年（702年），是生产唐三彩的顶峰时期，但此墓所出器物除一件三彩器外，余者均为彩绘陶器，这样两者之间就形成了一个矛盾。笔者认为两者间的制作工艺、使用的材料质地、模具应当是相同的，只是彩绘器经一次烧制后饰彩绘而成，而三彩器是经过一次烧制、饰釉后进行二次烧制而成的。造成此类情况的原因可能受诸多因素的影响：首先三彩的使用在当时可能有规定，如墓主人的等级、身份、地位等。其次和墓主人家庭的经济承受能力有关，在当时三彩器的价格贵于彩绘器。

墓志记述了墓主人埋葬于"巩县西南千五里"的"侯山"。其中"千五里"有误，应为"十五里"，"侯山"应为现在的黄冶西岭，清乾隆十年《巩县志》载"县西为侯山，汉王玄隐于此，封隐侯"，故名。从其位置分析，这与现在的地理位置正吻合。

巩义唐墓过去清理较多，但未经盗扰，资料保存完整的并不多见。大周时期墓志以往曾收集过几方，但这一时期墓葬出土尚属首次。这座有绝对纪年的墓葬资料，对郑州地区唐代墓葬分期研究，又增添了有价值的实物资料。

（撰稿时得到赵玉安、付永魁两位老师的具体指导，在此表示衷心感谢！）

发　　掘：高中辉　汪　旭　王振杰　赵海星
绘　　图：陈　萍
照　　像：刘彦锋
拓　　片：张文霞

（原刊于《中原文物》2005年第1期）

河南郑州市永威鑫城唐墓发掘简报

张文霞 姜楠

2006年3月，郑州市永威置业有限公司鑫城小区二期工程经文物钻探发现墓葬5座，郑州市文物考古研究院随即对位于郑州市淮河路南侧100米处（图一）的这5座墓进行了发掘，现将情况介绍如下：

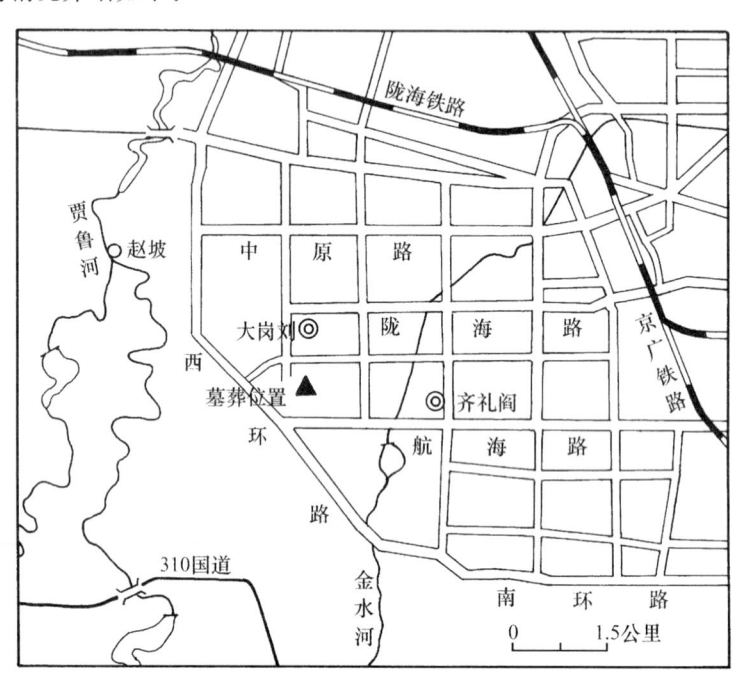

图一 郑州市永威鑫城唐墓位置示意图

一、墓葬形制

墓葬分甲字形和刀形洞室墓两种，前者2座，后者3座，均为长方形竖穴斜坡墓道。

甲字形墓 2座（M3、M4），均被盗扰，随葬品较少。

M4 整体呈"甲"字形，由墓道、甬道、墓室三部分组成，方向6°。墓道，长方形竖井式，位于墓室南部，南壁略内收，两壁设三角形脚窝，底南端有一宽0.4米、高0.4米的台阶，上口长2.5米，宽1~1.16米，底长2.3米，宽0.8~1.04米，深3.2~3.8米。墓道北端，残留六块侧立土坯封门砖。甬道，位于墓道与墓室之间，长1米，宽0.96米，高1.2米。墓室，平面呈长方形，壁面较平直，平底，拱顶已坍塌，长2.3米，宽1.46~1.6米，高1.2米。墓室内发现零碎的残骨，随葬品位于墓室北部（图二）。

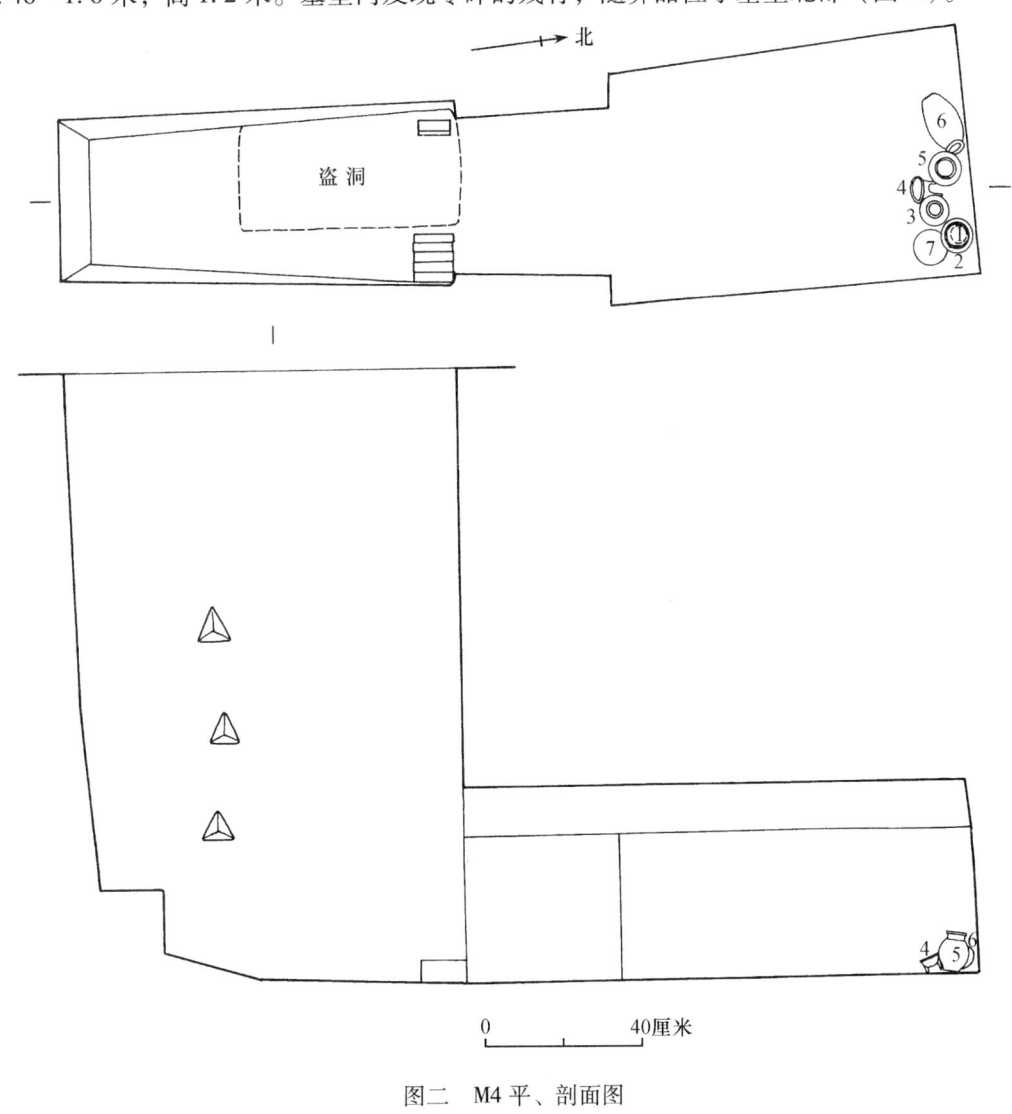

图二 M4平、剖面图
1、5. 陶罐 2、3、6. 陶瓶 4. 铁鼎 7. 漆器

刀形墓 3座（M1、M2、M5），均被盗扰，随葬品甚少。

M2 呈刀形，由墓道、墓室组成，方向7°。墓道，长方形竖穴井式，位于墓室南部，斜直壁，底南高北低呈斜坡状，长2.5~2.66米，宽1~1.1米，深4.44~5.1米。墓室平面呈长方形，壁面较平直，平底，拱顶，长2.72米，宽1.64~1.78米，高1.4米。在墓室内发现零碎的残骨，随葬品主要放在墓室的东部（图三）。

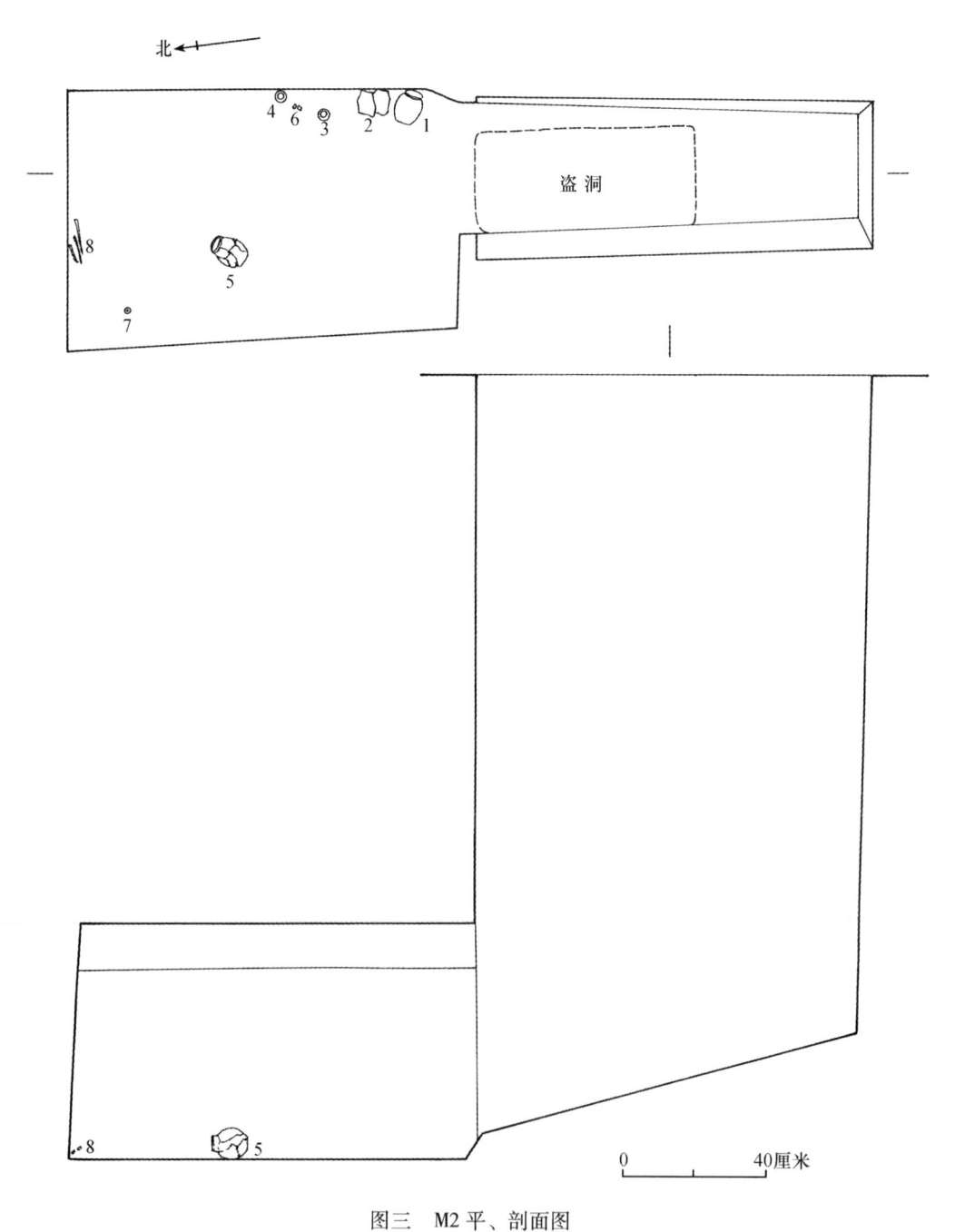

图三　M2 平、剖面图
1、2、5. 陶罐　3、4. 三足炉　6. 漆片　7. 墨块　8. 铁器　9. 铜钱

二、随葬器物

此次发掘共出土各类随葬器物 32 件，其中陶器 14 件、瓷器 7 件、铁器 5 件、铜镜 1 件、

骨饰1件、砖墓志1合、铜钱60枚，另有墨块、漆器等。

1. 陶器

罐 9件。均泥质灰陶。依外部特征的变化分三式。

Ⅰ式：1件。标本M2∶1，侈口，圆唇，口内壁有凹槽，束颈，弧肩，鼓腹，平底微内凹，肩置双系。口径12.5厘米，腹径20.4厘米，底径12.2厘米，高18.9厘米（图四，1）。

Ⅱ式：7件。标本M2∶5，口微敛，圆唇，束颈，圆肩，鼓腹，下腹斜收，平底微内凹，肩上对置条状双系，葬时故意打破。口径15.5厘米，腹径22.8厘米，底径11.1厘米，高21.8厘米（图四，2）。标本M3∶3，口径14.6厘米，腹径20.7厘米，底径11厘米，高21.6厘米（图四，3）。

Ⅲ式：1件。标本M4∶1，侈口，短束颈，溜肩，鼓腹，平底略内凹。口径13.2厘米，腹径22.2厘米，底径10.3厘米，高25.8厘米（图四，6）。

瓶 6件。均泥质灰陶。标本M3∶6，小盘口，圆唇，束颈，溜肩，鼓腹平底，底微凹，胎较厚。口径9.3厘米，腹径22.2厘米，底径12.2厘米，高32.2厘米（图四，4；彩版三三，3）。标本M4∶2，小盘口，卷沿，束颈，鼓腹平底，底微凹，胎较厚。口径9.3厘米，腹径20.2厘米，底径11.5厘米，高29.6厘米（图四，5）。

2. 瓷器

注子 1件。标本M5∶2，青釉，侈口，圆唇，束颈，溜肩，流和鋬手残，垂腹，圈足外撇。口径8.4厘米，圈足径8.8厘米，高21.9厘米（图五，8；彩版三三，4）。

罐 1件。标本M1∶1，白瓷胎，侈口，圆唇，束颈，圆肩，鼓腹，假圈足外撇，底微凹，颈肩处置对称双耳，一耳残，腹上部饰弦纹二周，腹部上有烧制时与其他器物粘接的痕迹，体施深褐色釉，施釉不到底。口径10厘米，腹径20.4厘米，底径10.9厘米，高21.4厘米（图五，3；彩版三三，1）。

碗 2件。标本M3∶8，侈口，圆唇，下腹弧收，假圈足微内凹，内外壁施姜黄釉，制造工艺粗糙。口径18.6厘米，底径11.3厘米，高8.3厘米（图五，1；彩版三三，2）。

盏 1件。标本M5∶4，白瓷胎，侈口，圆唇，弧腹，假圈足微内凹，内外壁施褐色釉，施釉不到底。口径11.6厘米，底径5.6厘米，高3.4厘米（图五，6）。

三足炉 2件。标本M2∶4，青釉，侈口，圆唇，矮束颈，扁圆腹，圜底，下腹置三足，上腹饰凹弦纹一周。口径4.5厘米，高5.5厘米（图五，7）。标本M2∶3，白瓷胎，直口，短颈，圆唇，扁圆腹，圜底，下腹三足已残，通体施绿釉，有脱落现象。口径3.8厘米，高4.1厘米（图五，4）。

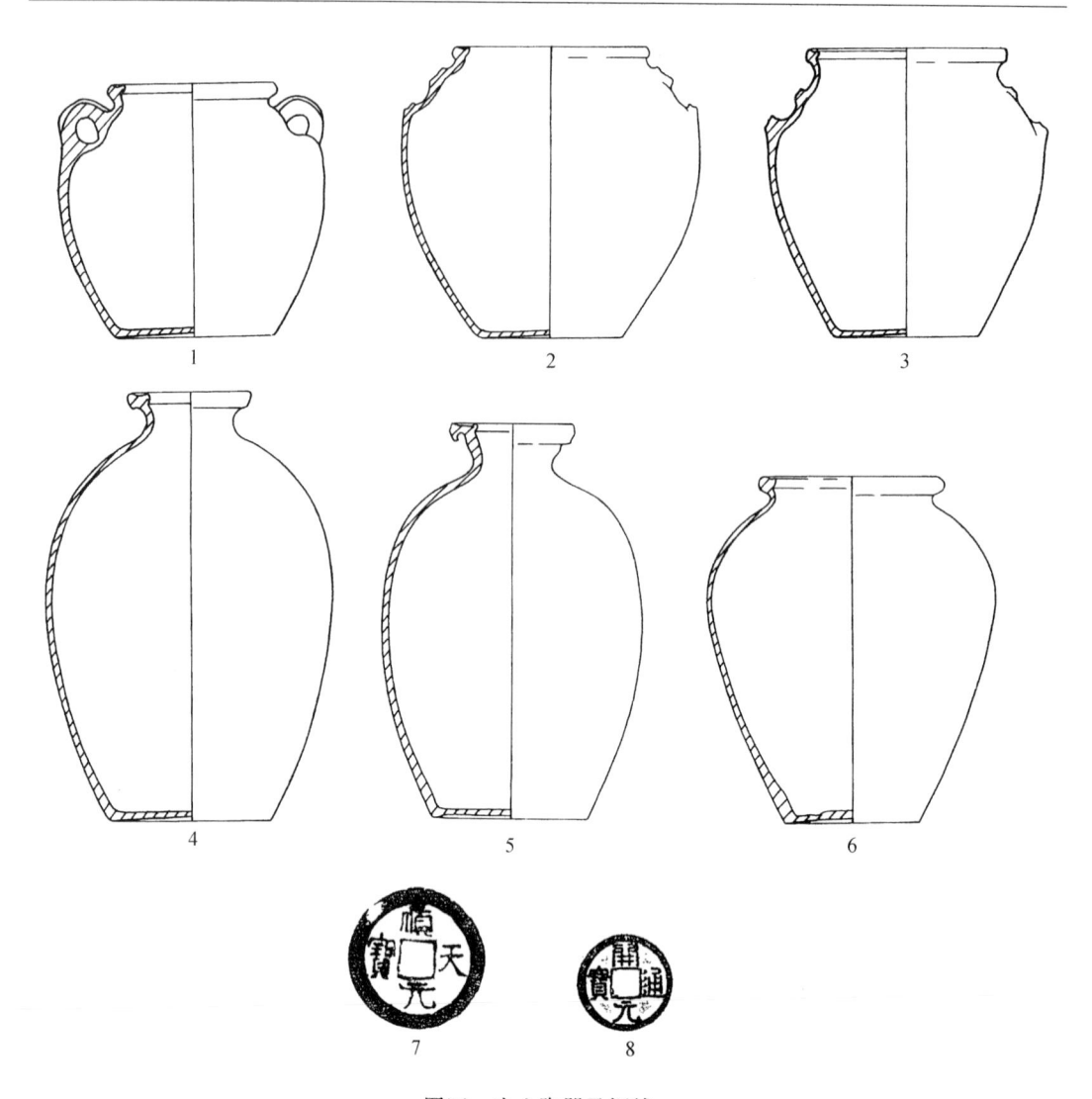

图四 出土陶器及铜钱

1. Ⅰ式陶罐（M2:1） 2、3. Ⅱ式陶罐（M2:5、M3:3） 4、5. 瓶（M3:6、M4:2） 6. Ⅲ式陶罐（M4:1） 7. "顺天元宝"（M3:10） 8. "开元通宝"（M3:5）

3. 铜器

铜镜 1件。标本M3:9，为四方委角形，素面无纹，镜背中部有半圆形纽，镜缘较宽。边长12厘米，缘厚0.3厘米（图五，2）。

铜钱 共60枚，有"顺天元宝"和"开元通宝"两种。

顺天元宝 1枚。标本M3:10，阔郭规整，内郭较窄，铸造工艺水平较高，面文"顺天元宝"四字旋读，背穿上部有一仰月纹。直径3.5厘米，穿径0.9厘米，厚0.3厘米（图四，7）。

图五　出土器物

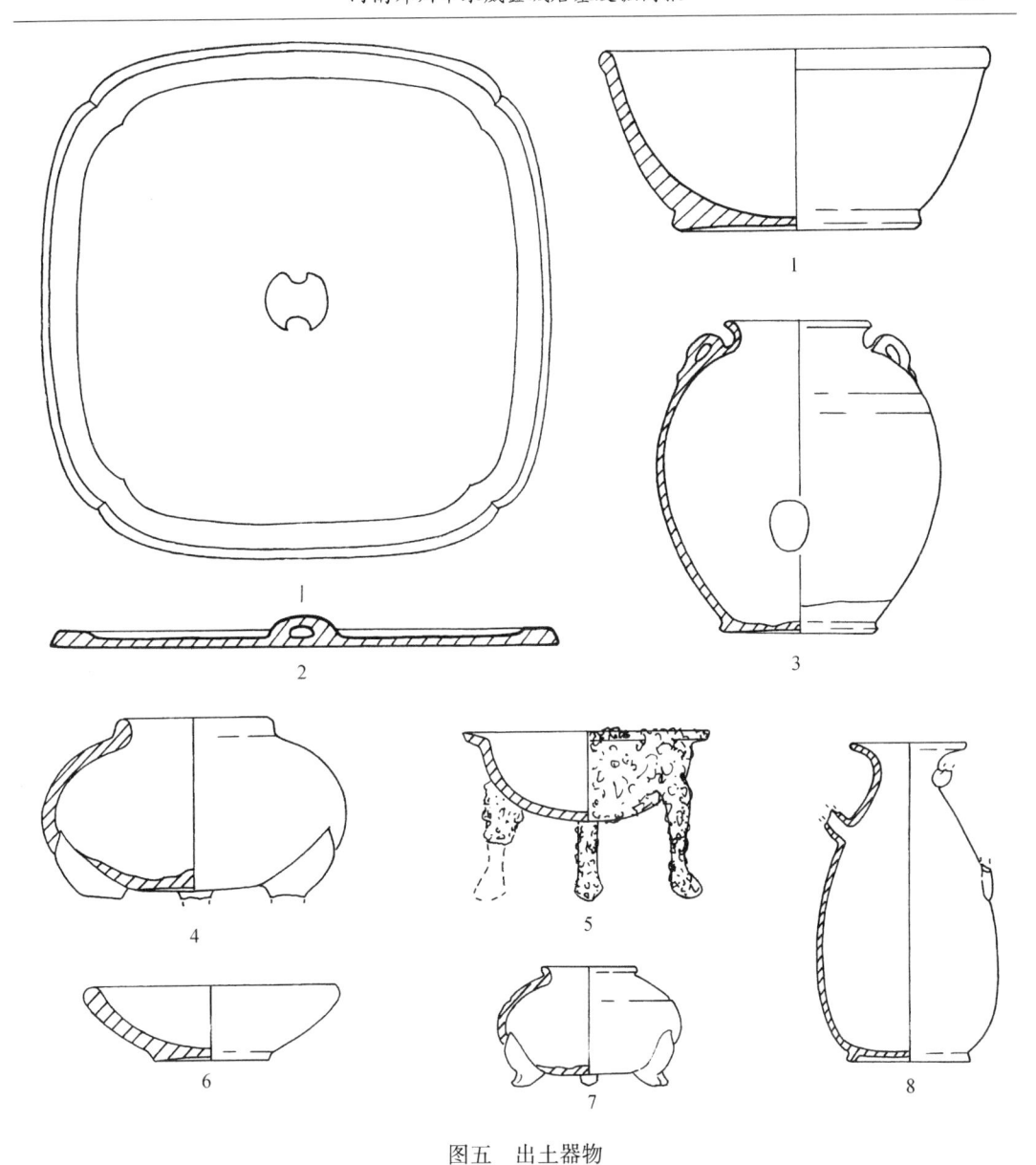

1. 瓷碗（M3:8）　2. 铜镜（M3:9）　3. 瓷罐（M1:1）　4. 三足炉（M2:3）　5. 铁鼎（镬）（M4:5）　6. 瓷盏（M5:4）　7. 三足炉（M2:4）　8. 注子（M5:2）

开元通宝　59 枚。M3:5，轮廓规整，钱文清晰，字体端庄。"通"字的"甬"字头小，开口较大，"辶"的三点不连，末笔上挑。元字首横短小，次笔左挑。背无月纹。直径 2.4 厘米，穿径 0.7 厘米，厚 0.15 厘米（图四，8）。

4. 铁器

鼎（镬）3 件。标本 M4:5，侈口，折沿，弧壁，圜底，下附三蹄足。口径 17.3 厘米，高 11.7 厘米（图五，5）。

铲　1 件。标本 M1:2，整体呈长方形，锈蚀严重，已断裂数块。长 35 厘米，宽 19 厘米。

铁器　1 件。标本 M2:8，锈蚀严重，无法辨认其器型。

5. 砖墓志

一合。标本 M5:1，用方形砖扣合而成，上盖素面无字。志文用墨书，志文从右向左竖写，共 15 行，出土时文字有部分漫漶不清，但大部分能辨认志文。边长 36 厘米。录文如下：

唐文清　张君彭□刘氏墓誌銘/君名宗武清河縣人尊祖諱□□□皇祖諱□眉進□涂天優遊日□□□禄遷至/于鄭州子□□□鄭人焉□合葬□軍左一將/副將兼鄭州軍事銜前虞侯久□師旅公□/相忠四遠悉奉之芳名榮於宗族右即是副/使之弟二字也去大和四年正月十四日終於懷化里/私地也□□年二有七劉氏先死隔年□月一日葬/當年十八差夫差婦寶以少年春秋末被并奄長/□合便□六月遷于鄭州西南齊解原附祖塋/之北合葬于此也更無兒女繼嗣父母合此號/無□痛絶心懷悲恸□瞻后恐陵谷遷變□□堆□□道託斯文將紀他曰　銘曰/大□弱冠　婦及笄年　禍何偏差　并設幽泉/父□□斷　親眷潸然　唯有孤月　空照塋前/

6. 骨饰

1 件。标本 M5:6，乳白色，雕刻花卉纹，做工甚精细，已残。

7. 墨块

2 块。标本 M2:7，呈不规则形状，已残，尺寸不详。

8. 漆器

2 件。标本 M2:6、标本 M4:7，已经变形朽毁，无法辨认其形状。

三、结　语

M1、M2、M5 的墓葬形制均为"刀"形墓，M3、M4 为"甲"字形墓葬，其形制在唐代早晚均有，所以无法据此判断其时代，只有从出土器物方面来进行分析。

M1 随葬品只有 2 件，从出土的瓷罐和偃师杏园 M2845 的瓷罐相似[1]，应为中唐时期。M2 出土的陶罐与偃师杏园 M0419 的罐相似[2]，该墓应为晚唐时期。M3 出土"顺天元宝"铜钱，时间为上元元年至宝应元年（760~762 年），恰值安史之乱末年。该墓的"顺天元宝"和洛阳北郊唐墓的"顺天元宝"相同[3]，"顺天元宝"铸量较少，墓葬出土不多，在已发表的唐墓资料中还未发现，应该说此钱在郑州唐墓中也是首次发现。M4出土的陶罐（M4:1）与偃师杏园M1041的罐基本相似[4]，因此该墓应为盛唐时期。M5出土的墓志有明确的纪年，为大和四年（830年），因此，此墓的年代应定在唐代晚期。

发掘整理：周鸿昌 梁艳娟 姜 楠 张文霞
绘 图：焦建涛 李 杨

注 释

[1] 中国社会科学院考古研究所：《偃师杏园唐墓》，科学出版社，2001年。
[2] 同[1]。
[3] 四川大学历史文化学院考古学系、洛阳市文物工作队：《洛阳北郊唐墓》，《文物》2006年第3期。
[4] 同[1]。

郑州上街区几座唐墓

张文霞　信应君

郑州市上街区文化馆在城市基本建设过程中，先后抢救性清理数座唐墓，并出土一批文物。由于时间久远，发掘资料佚失，1998年这批文物被移交给郑州市文物考古研究院。下面对其中4座唐墓出土器物分别进行介绍：

一、上街供销社唐墓（SGM1）

1. 瓷器

9件。

双系瓷罐　1件。标本SGM1:2，侈口，圆唇，短束颈，圆肩，鼓腹，下腹弧收，假圈足外撇，肩部对称双耳。黑釉，外部施釉不及底。口径8.5厘米，底径8.9厘米，高17.8厘米（图一，1）。

瓷罐　1件。标本SGM1:1，口残，短束颈，圆肩，鼓腹，下腹弧收甚，平底似假圈足，制作粗糙。腹部饰数周弦纹，上腹部施酱黄色釉。底径8.2厘米，残高19.5厘米（图一，2）。

盘口壶　1件。标本SGM1:5，器型较小，盘口较浅，接近消失，卷唇，束颈，圆肩，鼓腹，平底，假圈足。腹部施褐釉不及底。口径3.6厘米，底径4.1厘米，高8.2厘米（图一，7；彩版三四，1）。

瓷碗　3件。形制基本相近，大小相同。标本SGM1:7，敞口，圆唇，浅腹，玉璧形底，内外壁施酱黄釉。口径15.4厘米，底径6.9厘米，高7.8厘米（图一，3；彩版三四，3）。

瓷盏　3件。形制基本相同，大小相近。标本SGM1:6，敞口，圆唇，斜壁，平底略内凹，外壁有流釉的痕迹，内壁施褐色釉。口径11.6厘米，底径5.3厘米，高3.8厘米（图一，4；彩版三四，4）。

2. 陶器

1件。砚，标本SGM1:9，泥质灰陶，簸箕形，周角圆润，打磨光滑，器底一端附二圆锥状足。长11.7厘米，宽8.9厘米，高3.6厘米（图一，6；彩版三四，2）。

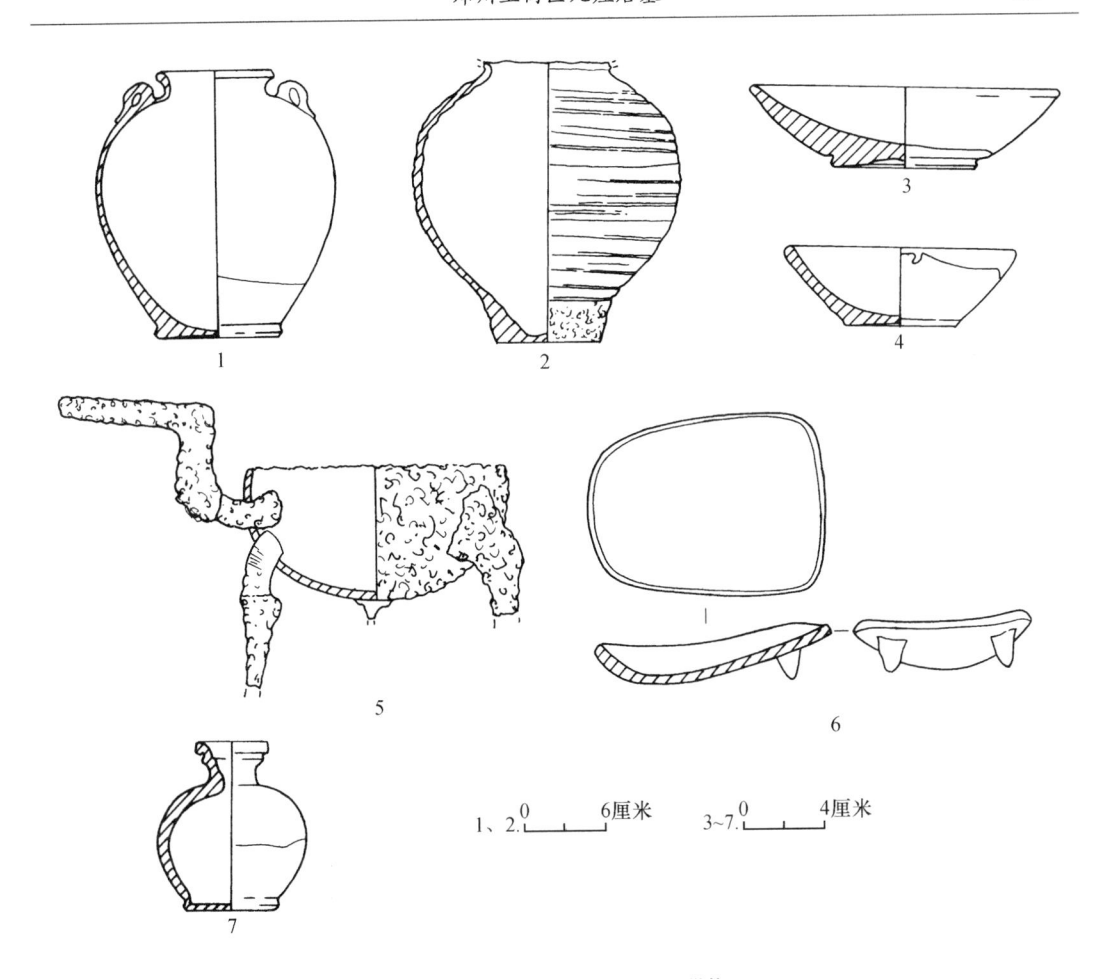

图一　上街供销社唐墓出土器物

1. 双系瓷罐（SGM1:2）　2. 瓷罐（SGM1:1）　3. 瓷碗（SGM1:7）　4. 瓷盏（SGM1:6）　5. 鐎斗（SGM1:10）
6. 陶砚（SGM1:9）　7. 瓷壶（SGM1:5）

3. 铁器

1件。 鐎斗，标本SGM1:10，由曲柄与鼎身组成，柄端呈鸟头形，鼎身如碗，下附三足，足残。口径12厘米，残高13厘米（图一，5）。

4. 铜钱

开元通宝　5枚。标本SGM1:11，字体工整，笔画纤细。钱背穿上有月痕。钱径2.4厘米，穿径0.7厘米，厚0.15厘米。

二、上街碘加工厂唐墓（SDM1）

1. 瓷器

2件。瓷注子，形制相同，器型大小有别。标本SDM1∶1，侈口，卷沿，圆唇，短束颈，窄肩，垂腹，假圈足。肩部对置两泥条状系，另一方向有短流与攀。通体施褐釉。口径8.5厘米，底径9.8厘米，高21.4厘米（图二，1；彩版三四，6）。

2. 陶器

15件。

双系罐 2件。泥质红陶。标本SDM1∶16，口微敛，圆唇，束颈，溜肩，鼓腹，下腹弧收，平底。肩部有对称双系已残。通体施一层白色化妆土，上有彩绘，上腹部一周黑彩几何纹，下腹部一周花卉。口径12厘米，底径9.5厘米，高22.8厘米（图二，2）。标本SDM1∶15，直口，双唇，唇间略成凹槽，可以加盖，短束颈，溜肩，鼓腹，下腹弧收，平底略内凹。肩部有对称双系。口径10厘米，底径11.8厘米，高22.4厘米（图二，3）。

陶罐 1件。泥质红陶。标本SDM1∶19，侈口，圆唇，短束颈，溜肩，腹部斜内收，平底。器表制作不规整。口径10.8厘米，底径10厘米，高18.1厘米（图二，4）。

女侍俑 1件。标本SDM1∶11，残，面容丰腴，面部表情模糊不清，头梳半翻髻，身穿窄袖长裙，肩披披帛，袖手掩于披帛下，足着高头履。高24.7厘米（图二，7）。

男侍俑 1件。标本SDM1∶12，残，面部模糊不清。头戴幞头，身穿紧袖长袍，腰系带，足蹬靴，袖手而立，站于方形托板上。通高20.8厘米（图二，8）。

骆驼 1件。标本SDM1∶14，昂首，一驼峰残，背置驮囊，立于底板上。高34.6厘米（图二，5；彩版三五，1）。

羊 1件。标本SDM1∶6，红陶，体形较小。昂首，嘴残，弯角，短尾，四肢蜷曲于地。体长10.8厘米（图二，10）。

猪 1件。标本SDM1∶5，红陶，呈伏卧状。嘴前伸，尖耳贴附颈侧。体长11.8厘米（图三，6）。

狗 1件。标本SDM1∶7，红陶。昂首远视，大耳下垂，前肢直立，蹲坐于托板上。高11.6厘米（图二，6）。

鸡 1件。标本SDM1∶4，红陶，体形较小。头残，大尾上翘。残高6.6厘米（图二，9）。

灶 1件。标本SDM1∶10，红陶。正面设半圆形灶门，上有山形挡烟墙，灶体呈长方形。灶面中部有一凹坑，为锅，无烟囱。长8.2厘米，宽7.1厘米，高8.6厘米（图三，2）。

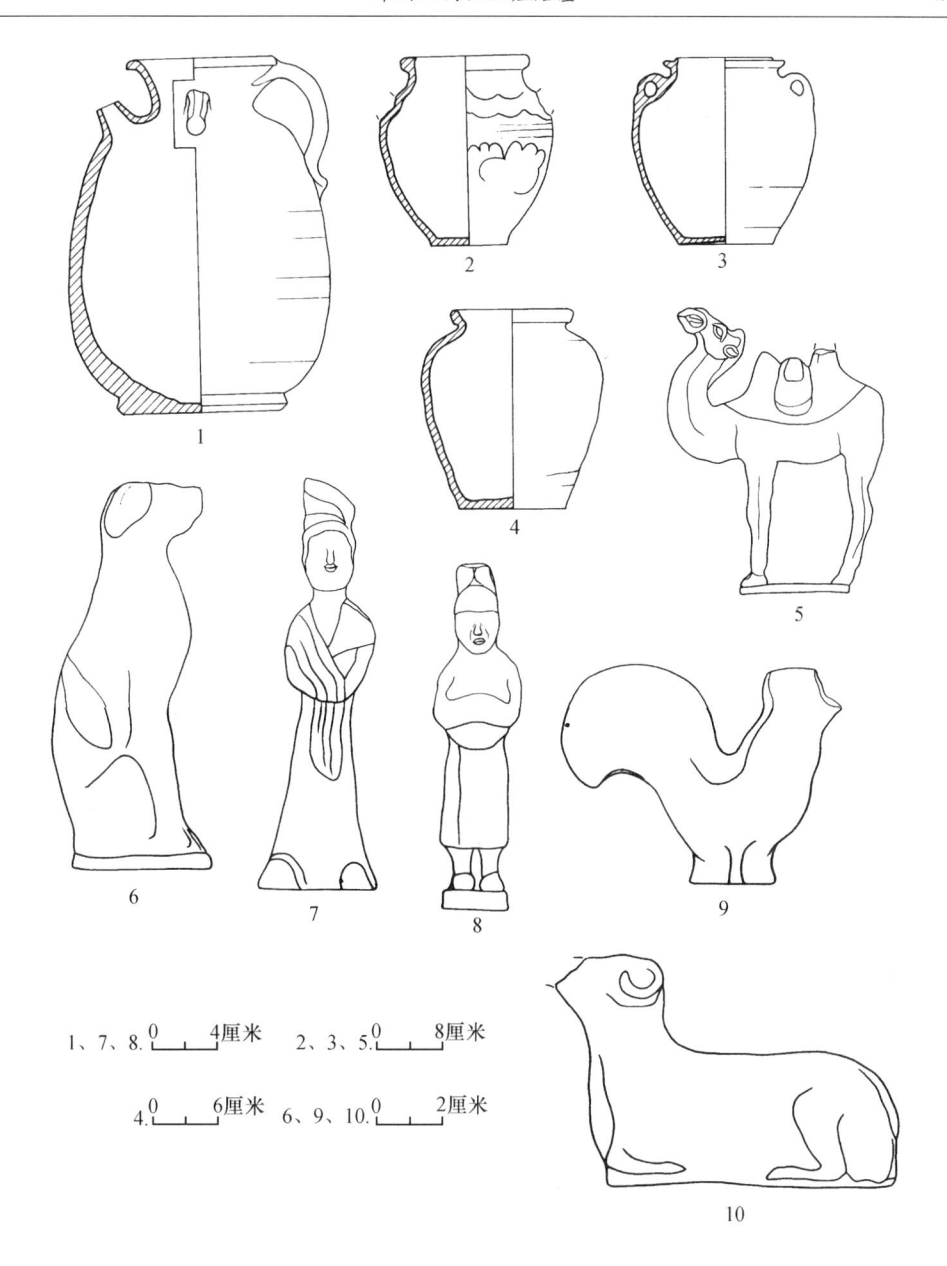

图二　上街碘加工厂唐墓出土器物

1. 瓷注子（SDM1:1）　2、3. 双系罐（SDM1:16、SDM1:15）　4. 陶罐（SDM1:19）　5. 骆驼（SDM1:14）　6. 狗（SDM1:7）　7. 女侍俑（SDM1:11）　8. 男侍俑（SDM1:12）　9. 鸡（SDM1:4）　10. 羊（SDM1:6）

磨　1件。标本SDM1:9，红陶。台座稍高，磨扇出三叉。直径8.4厘米，高3.7厘米（图三，1）。

井　1件。标本SDM1:3，红陶。近方形，井框与井壁连为一体，四壁分制，然后粘合在一起。长7.5厘米，宽7.3厘米，高4.7厘米（图三，7）。

碓　1件。标本SDM1:8，红陶。平面呈长方形，上有长条形碓柄，前有杵，中有支架。长14厘米，宽4.7厘米，高2.3厘米（图三，4）。

车　1件。标本SDM1:13，卷棚，两端翘起，车轮牙窄毂大，十六辐。车长21.5厘米，高23.7厘米（图三，3）。

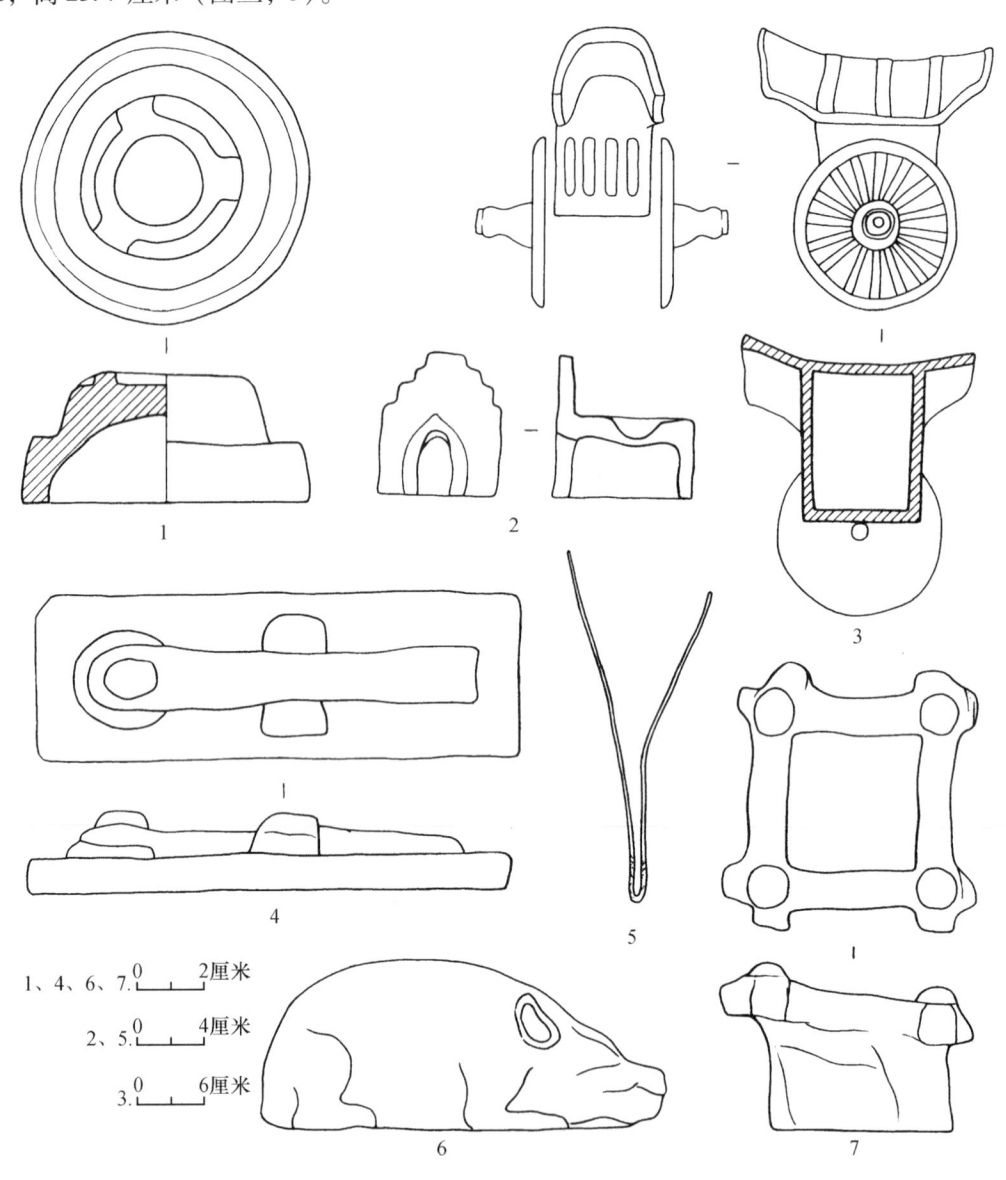

图三　上街碘加工厂唐墓出土器物
1. 磨（SDM1:9）　2. 灶（SDM1:10）　3. 车（SDM1:13）　4. 碓（SDM1:8）　5. 银簪（SDM1:17）
6. 猪（SDM1:5）　7. 井（SDM1:3）

3. 银器

1件。银簪，标本SDM1∶17，"U"形，残长19.6厘米（图三，5）。

4. 铜钱

开元通宝　2枚。标本SDM1∶18，字体较清晰工整。钱径2.3厘米，穿径0.7厘米，厚0.15厘米。

三、上街南洋冷饮食品厂唐墓（SNM1）

陶器

24件。

陶瓶　1件。标本SNM1∶2，泥质灰陶。浅盘口，窄平沿，沿面有凹槽，尖圆唇，束颈，圆肩，鼓腹，平底内凹。口径4.3厘米，底径9.6厘米，高24.6厘米（图四，1）。

陶罐　3件。标本SNM1∶6，泥质红陶。侈口，圆唇，短束颈，溜肩，鼓腹，下腹斜内收，平底。通体施一层白色化妆土，彩绘多已脱落，在腹部绘一周不规则黑彩几何纹。口径9.9厘米，底径9.3厘米，高20.1厘米（图四，2）。标本SNM1∶1，侈口，圆唇，短束颈，溜肩，鼓腹，下腹斜收，平底。口径8.7厘米，底径9.4厘米，高25.51厘米（图四，3）。标本SNM1∶3，器形同标本SNM1∶6，器形略矮胖，口径10.2厘米，底径9.6厘米，高15.4厘米（图四，4）。

镇墓兽　2件。白彩已经脱落。标本SNM1∶9，人面兽身，浓眉大眼，阔鼻大嘴，猪耳外展，头上独角残，肩生火焰形双翼，牛蹄足，前肢直立，蹲坐于方形底板上。高29.2厘米（图五，6；彩版三六，1）。标本SNM1∶21，兽面，大猪耳，粗眉大眼，阔鼻，张口，露齿，头顶双角已残，肩生火焰形双翼，牛蹄足，前肢直立，蹲坐于方形底板上。高34.1厘米（图五，1；彩版三六，2）。

武士俑　1件。标本SNM1∶23，头戴宝顶盔，两侧三角形护耳，肩披披膊，胸护圆形，腰下系长方形短蔽膝，甲身下摆饰有流苏，甲身彩绘多脱落，下着裙，足着靴，双手叉腰，立于底板上。高43.4厘米（图五，2）。

男侍俑　2件。形制相似，高低有别。标本SNM1∶13，头戴幞头，面部模糊不清，下着裙，足着靴，拱手立于方形底板上。高21.2厘米（图四，9）。

图四　上街南洋冷饮食品厂唐墓出土陶器

1. 陶瓶（SNM1:2）　2~4. 陶罐（SNM1:6、SNM1:1、SNM1:3）　5. 侏儒俑（SNM1:16）
6、7. 俑头（SNM1:8、SNM1:12）　8. 女侍俑（SNM1:7）　9. 男侍俑（SNM1:13）
10. 伏听俑（SNM1:14）　11. 羊（SNM1:19）　12. 鸡（SNM1:11）

侏儒俑　1件。标本SNM1:16，头戴幞头，大眼，小鼻，面带笑容，右手残，左手垂立，身穿团领袖袍，腰束带，足着靴，立于方形底板上。高10.8厘米（图四，5）。

伏听俑　1件。标本SNM1:14，头戴幞头，粗眉大眼，身穿团领袖袍，腰束带，抄手屈腿，附于地。体长16厘米（图四，10）。

女侍俑　1件。标本SNM1:7，面部表情模糊不清。头梳高髻，身穿交领窄袖襦，肩

图五　上街南洋冷饮食品厂唐墓出土陶器
1、6. 镇墓兽（SNM1:21、SNM1:9）　2. 武士俑（SNM1:23）　3. 狗（SNM1:15）
4. 马（SNM1:5）　5. 碓（SNM1:22）

披帛，下着长裙。高23.7厘米（图四，8）。

俑头　2件。标本SNM1:8，半身俑，头梳倭堕髻，面部不清，拱手。残高10.2厘米（图四，6）。标本SNM1:12，残。头戴宝顶盔，两侧三角形护耳，浓眉大眼，阔鼻大嘴。残高10.1厘米（图四，7）。

马　1件。标本SNM1:5，勾首，扬脖，鬃毛整齐，无革带，短尾，背置鞍鞯，站立于方形底板上。高 35.2 厘米（图五，4；彩版三七，1）。

牛　1 件。标本 SNM1:20，头前伸，两短角，卷尾，四肢壮实，立于地上。高 12.6 厘米（图六，5）。

羊　1 件。标本 SNM1:19，昂首，抿嘴，弯角，短尾，四肢蜷曲于地。长 12.3 厘米，高 8.1 厘米（图四，11）。

狗　1 件。标本 SNM1:15，昂首，大耳，前肢直立，蹲坐于托板上。高 12.4 厘米（图五，3）。

鸡　1 件。标本 SNM1:11，瘦高，头残，大尾上翘，立于底板上。残高 10.3 厘米（图四，12）。

灶　1 件。标本 SNM1:10，正面设半圆形灶门，上有山形挡烟墙，灶体呈长方形。灶面中部有一锅，无烟囱。长 8.2 厘米，宽 6 厘米，高 7 厘米（图六，4）。

磨　1 件。标本 SNM1:17，台座稍高，上扇无孔。直径 7.4 厘米，高 3.5 厘米（图六，二）。

井　1 件。标本 SNM1:18，近方形，井框与井壁为一体，四壁分制，然后粘合在一起。长 8.5 厘米，宽 8.2 厘米，高 3.7 厘米（图六，1）。

碓　1 件。标本 SNM1:22，平面呈长方形，四角圆润，上有长条形碓柄，前有杵，中有支架。长 14.4 厘米，宽 5.3 厘米，高 2.1 厘米（图五，5）。

车轮　1 对。标本 SNM1:4，车轮牙宽毂大，车辐仅制出八辐。直径 12.6 厘米（图六，3）。

四、上街基督教堂唐墓（SJM1）

1. 陶器

27 件。

镇墓兽　2 件。标本 SJM1:24，兽面，大耳，大眼，阔鼻，张口露齿，头顶有带节双角，肩部双翼残，偶蹄，前肢直立，蹲坐于低台座上。高 41.6 厘米（图七，1；彩版三六，3）。标本 SJM1:25，人面兽身，大猪耳，怒目，宽鼻，阔口，头顶有弯曲独角，肩生火焰形双翼，偶蹄，前肢直立，蹲坐于低台座上。高 41.2 厘米（图七，2；彩版三六，4）。

武士俑　2 件。形制相同。标本 SJM1:23，头戴宝顶盔，肩披龙首披膊，甲身系胸索，其上有花结，胸前两圆护，腹护半圆，甲身下摆饰流苏，下着裙，足着靴，两手握拳，立于椭圆形低台座上。高 44.4 厘米（图七，4；彩版三七，3）。

牵马俑　2 件。形制相同，其中一件头残。标本 SJM1:20，头戴幞头，粗眉大眼，大鼻阔口，身穿右衽翻领长袍，腰系带，足着靴，左手下垂握拳，右手作持缰状，立于方形底板上。高 51.2 厘米（图七，3；彩版三七，2）。

1、2、4. 0⎯⎯2厘米 3、5. 0⎯⎯4厘米

图六 上街南洋冷饮食品厂唐墓出土陶器
1. 井（SNM1:18） 2. 磨（SNM1:17） 3. 车轮（SNM1:4） 4. 灶（SNM1:10） 5. 牛（SNM1:20）

男侍俑 2件。形制基本相同。标本SJM1:12，头戴幞头，大眼，高鼻，抿嘴，身穿团领长袍，足着靴，拱手立于方形底板上。高24.3厘米（图七，6）。

女侍俑 4件。形制基本相似。标本SJM1:9，头梳高髻，细眼长鼻，小嘴微张，上穿窄袖襦，外披团领半袖，肩披长帛，下着长裙，足着履，拱手立于地。高26.4厘米（图七，5）。标本SJM1:13，头梳高髻，面部模糊不清，上穿窄袖襦，肩披长帛，足着履，拱手立于地。高21.8厘米（图七，7）。

俑头 1件。标本SJM1:30，头戴幞头，粗眉大眼，高鼻，阔口，面相英俊，残高5.9厘米（图七，8）。

马 3件。形制基本相同，其中标本SJM1:28、SJM1:29完全相同。标本SJM1:28，头小颈长，体形健壮，尾残。马鞍另外作成附件，搭于马背上。右前腿屈抬，另三腿直立在平托板上。全身红褐色彩绘多已脱落。通高57.4厘米（图八，3；彩版三七，1）。

图七 上街基督教堂唐墓出土陶器

1、2. 镇墓兽（SJM1:24、SJM1:25） 3. 牵马俑（SJM1:20） 4. 武士俑（SJM1:23） 5、7. 女侍俑（SJM1:9、SJM1:13） 6. 男侍俑（SJM1:12） 8. 俑头（SJM1:30）

标本SJM1:26，头小颈长，体形健壮，短尾，马背置鞍鞯，上有袱，四腿直立于方形托板上。全身彩绘大部分脱落。通高35.6厘米（图八，1；彩版三五，4）。

骆驼 1件。标本SJM1:27，体形高大，昂首，头高于背，驼嘴残，驼峰较高，尾附于臀部，四腿站立在方形平托板上。通高67.2厘米（图八，4；彩版三五，2）。

图八　上街基督教堂唐墓出土器物
1、3. 马（SJM1:26、SJM1:28）　2. 羊（SJM1:14）　4. 骆驼（SJM1:27）

牛　1件。标本 SJM1:1，牛身躯健壮，双角残，双目圆睁，尾贴附于臀上，四腿粗壮，站立于长方形底板上。高 16.2 厘米（图九，5）。

羊　1件。标本 SJM1:14，昂首，抿嘴，双角弯曲，短尾，四肢蜷曲于地上。长 11.8 厘米（图八，2）。

图九　上街基督教堂唐墓出土陶器

1. 井（SJM1:16）　2. 灶（SJM1:5）　3. 狗（SJM1:17）　4. 磨（SJM1:15）　5. 牛（SJM1:1）　6. 鸡（SJM1:4）

狗　1件。标本 SJM1:17，尖嘴，大眼，大耳，尾贴于臀部，四肢伏卧于地上。长 13.5 厘米（图九，3）。

鸡　2件。体形基本相同。标本 SJM1:4，体形较大，高冠啄短，长尾高翘，站立在托板上。高 10.7 厘米（图九，6）。

磨 1件。标本SJM1:15，平面圆形，制作比较简单，磨盘小，上有凹槽，直径7.8厘米，高2.6厘米（图九，4）。

灶 2件。形制大致相同，大小不等。标本SJM1:5，平面呈方形，正面设半圆形灶门，上有山形挡烟墙，灶面中部有一锅，无烟囱。长9.5厘米，宽9.4厘米，高12厘米（图九，2）。

井 2件。形制大致相同。标本SJM1:16，近方形，井框与井壁为一体，四壁分制，然后黏合在一起。长9.7厘米，宽8.6厘米，高4.3厘米（图九，1）。

2. 铜器

1件。

铜镜 1件。SJM1:3，圆钮，钮外四海兽飞奔于葡萄枝蔓间，凸弦纹外葡萄枝、蔓连绵。直径8厘米，缘厚0.8厘米（彩版三四，1）。

五、结 语

上街区的这批唐墓，虽然墓葬形制不祥，但从出土的器物组合来看，与洛阳唐墓及郑州地区唐墓的随葬品组合也有相同之处。器物的形制也基本相同或相似。

上街供销社唐墓：最具时代特征的器物是砚台与玉璧底碗，侧边外弧的风字砚在公元754年郑巩墓、814年的郑绍方墓都能见到，而玉璧底碗在公元806年的三门峡印染厂唐墓[1]已经见到，因此此墓年代可定在唐代晚期。

上街碘加工厂唐墓：从墓葬出土的器物来看，双系陶罐（SDM1:16）与三门峡庙底沟唐宋墓葬M198:2双系陶罐基本相似[2]，所以该墓的大致时代可定在中唐末期至晚期初期。

上街南洋冷饮食品厂：墓中出土有镇墓兽，时代可作具体确定，这种蹄足、蹲坐底板上的镇墓兽一般出现在公元660～675年间，而过了此段时间，镇墓兽就出现在低台座上了，如偃师柳凯墓[3]、郑州丁彻墓[4]。

上街基督教堂：墓中的镇墓兽与武士俑均为低台座，和郑州丁彻墓[5]的镇墓兽与武士俑相同，故两墓地的年代也差不多，应为公元676～680年间。

本文介绍的4座唐墓，是上街区唐墓的一部分，在郑州地区（包括巩义、荥阳）也发掘了很多的唐代墓葬，出土的随葬器物有相同处，也有不同处，在巩义的唐墓多出土较多的唐三彩，还有大型的三彩俑类出现，而郑州、荥阳、上街墓葬的随葬器物种类以红素胎俑和陶器为主，也伴有瓷器、铜器和其他器类出现，但不多，未见三彩器出现。此次整理的是上街区20世纪80年代的一批唐代墓葬出土的器物，这批器物也为我们今后研究郑州地区唐代墓葬的分期提供了较好的资料。

绘 图：焦建涛

注　释

[1]　河南省文物考古研究所:《河南三门峡市印染厂唐墓清理简报》,《华夏考古》2002 年第 1 期。
[2]　河南省文物考古研究所:《三门峡庙底沟唐宋墓葬》,大象出版社,2006 年。
[3]　洛阳市第二文物工作队、偃师县文物管理委员会:《河南偃师唐柳凯墓》,《文物》1992 年第 12 期。
[4]　郑州市文物考古研究所:《郑州唐丁彻墓发掘简报》,《华夏考古》2000 年第 4 期。
[5]　同[4]。

荥阳后王庄唐墓发掘简报

刘彦锋　丁兰坡　楚东亮　乔艳丽

2003年3～6月，为配合郑州西南绕城高速公路建设，郑州市文物考古研究院在荥阳市文物保护管理所的配合下，于荥阳市广武镇后王庄发掘一处仰韶文化遗址和几座唐宋时期的墓葬（图一）。其中几座宋墓被盗毁严重，而且没有遗物，因此不再介绍。仰韶文化遗址发掘报告另文发表。在此仅将两座唐代墓葬的发掘情况介绍如下。

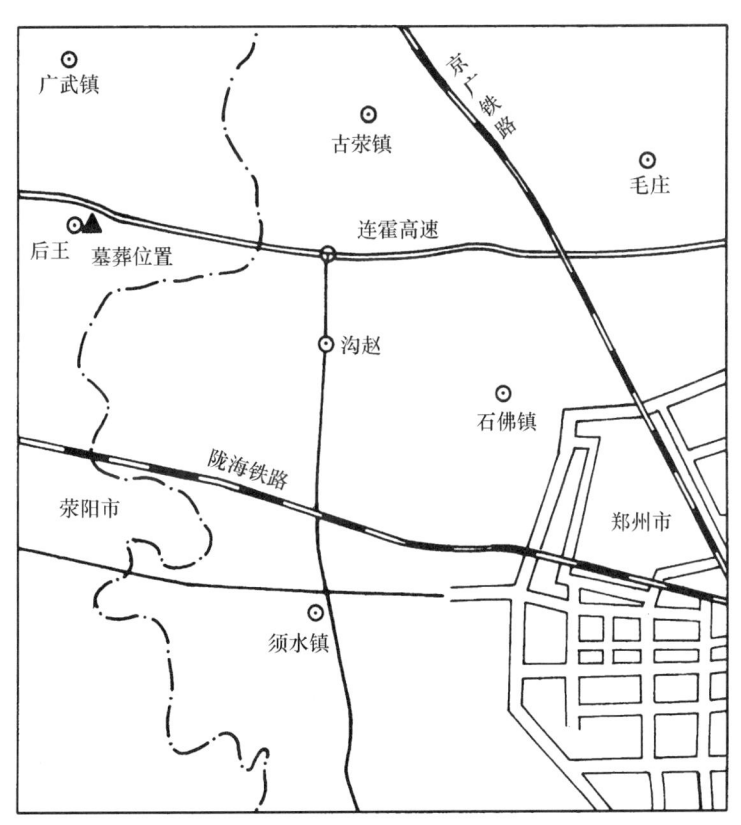

图一　墓葬位置示意图

一、荥阳市广武镇后王庄 XGHM7

1. 墓葬形制

此墓于 2003 年 3 月 30 日开始发掘，4 月 13 日发掘结束。墓葬由墓道、甬道和墓室三部分组成（图二）。墓道在南部，为长方形竖穴墓道，墓道口位于地表下 1.1 米，长 3.4 米，宽 0.7~1 米。墓道底部南高北低，呈斜坡状，在甬道口前有一凹坑，墓道最深处距地表 5.3 米。墓道北为甬道，拱形顶，甬道南北长 0.7 米，东西宽 1 米，高 1.3 米。墓室呈南宽北窄的长方形，南部最宽 1.2 米，北部最窄 1.04 米，南北长 2.46 米，墓室顶部应为拱形顶，现由于年代久远及进水等原因，顶部已塌陷。

在甬道口靠西部的地方，发现石质墓志一合，墓室东部发现人骨架一具，头向北，保存较差，只剩部分头骨、肢骨，在墓室西部发现陶罐 1 件，残铜钵 1 件，铁剪刀 1 件，另外还发现铜钱和残瓷片。

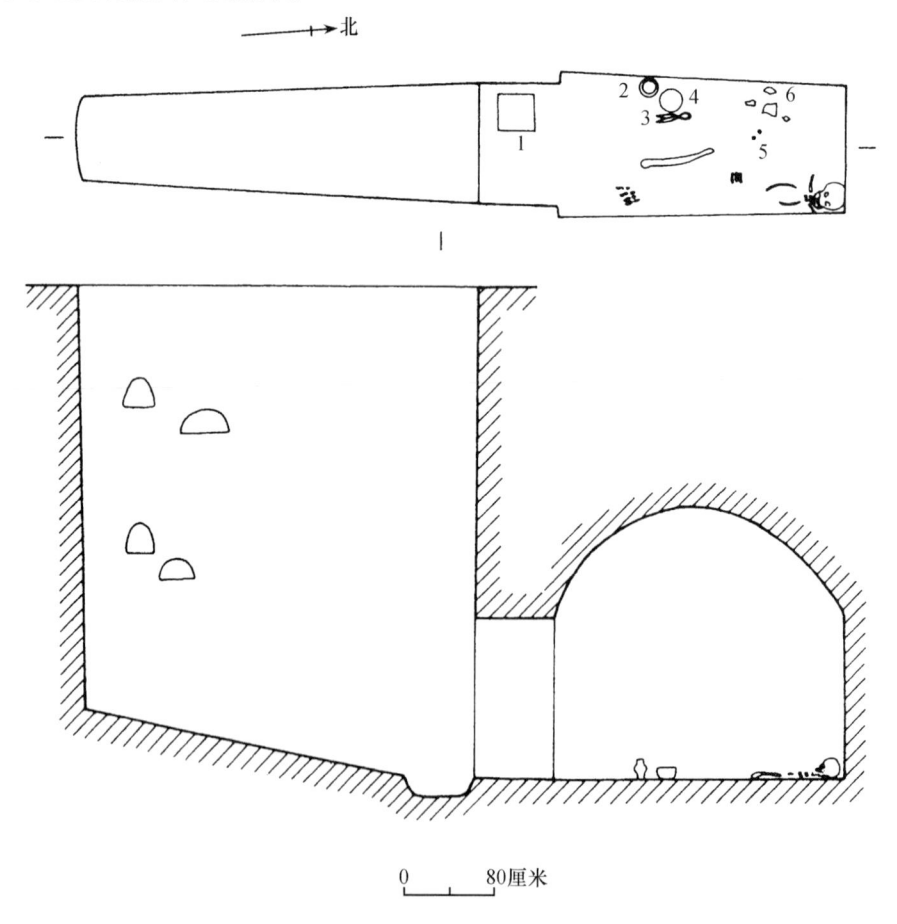

图二 XGHM7 平、剖面图
1. 墓志 2. 陶罐 3. 铁剪刀 4. 铜钵 5. 铜钱 6. 瓷罐

2. 出土遗物

陶罐　1件。编号为XGHM7∶2，泥质灰陶，直口稍敛，尖唇，短颈微束，圆肩，鼓腹，平底内凹。腹部有数道弦纹。通高17厘米，口径9.2厘米，底径8.2厘米（图三，1；图四，1）。

铜钵　1件。编号为XGHM7∶4，由于铜质较差而且壁很薄，出土时已残。敛口，厚唇，弧腹，平底。通高9.5厘米，口径16厘米（图三，3；图四，2）。

铁剪刀　1件。编号为XGHM7∶3，出土时铁锈生满剪身。剪刀把呈"8"字形，直刃，剪背较厚。长16.5厘米（图三，6）。

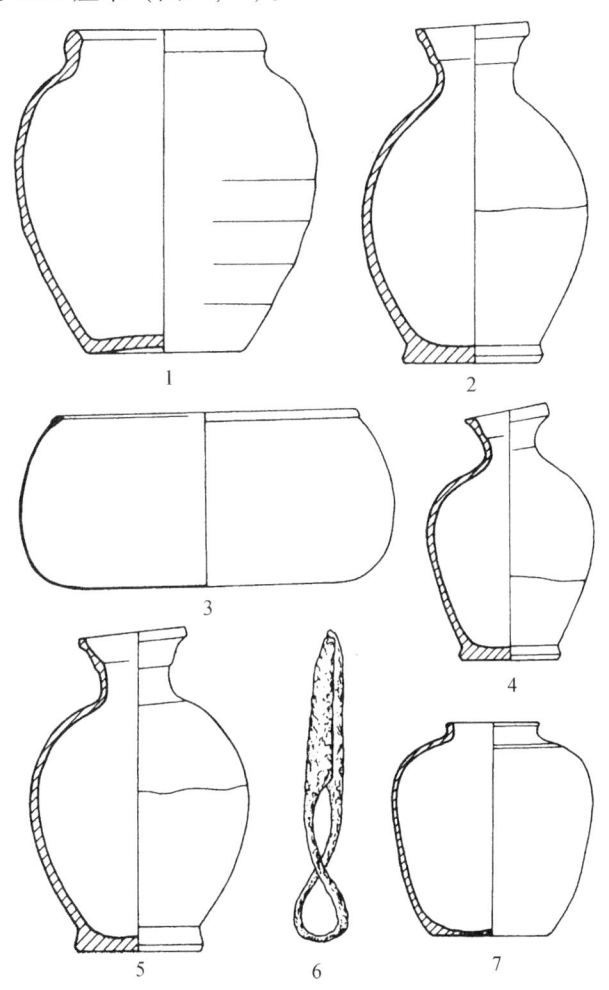

图三　荥阳市后王庄唐墓出土器物
1. 陶罐（XGHM7∶2）　2、4、5. 瓷壶（XGHM8∶1、XGHM8∶2、XGHM8∶3）　3. 铜钵（XGHM7∶4）
6. 铁剪刀（XGHM7∶3）　7. 瓷罐（XGHM7∶6）

瓷罐 1件。编号为XGHM7:6，出土时为碎片。白釉白胎，瓷质很细腻，烧制质量很好，直口微侈，无颈，圆肩，弧腹，下腹斜收，平底。肩部有两道弦纹。通高11.2厘米，口径5厘米，底径6.1厘米（图三，7；图四，3）。

图四 荥阳后王庄唐墓出土遗物
1. 陶罐（XGHM7:2） 2. 铜钵（XGHM7:4） 3. 瓷罐（XGHM7:6） 4~6. 瓷壶（XGHM8:1、XGHM8:2、XGHM8:3）

另外在墓室内还出土有 2 枚铜钱，为开元通宝。

墓中出土一合墓志，青石质。编号 XGHM7：1，盖为盝顶，上面阴刻楷书"唐故王府君夫人墓铭"，分 3 行，每行 3 个字，用阴线分割，字的四边饰以云纹；四刹面分别饰有线刻青龙、白虎、朱雀、玄武四神画像；四侧面为素面（图五）。

墓志为方形，边长 30.5 厘米，四侧阴刻十二生肖，每边 3 个，生肖之间为高山或树木相间，十二生肖均为兽头人身，手持笏板。动物头像形象生动，线条流畅。墓志文共 17 行，刻工粗劣，前后字体大小不一，笔道不规则。故每行字数不同，最多的 21 字，现录文于后（图六）。

图五　XGHM7 出土墓志盖　　　　图六　XGHM7 出土墓志铭文

唐故王府君夫人公孙氏墓志铭并序/应日试百篇吕龟撰/夫人高阳公孙氏夫人令淑传德贞洁守风和六亲以/为能备四德而为礼依养幼小谨慎卑恭日往月/来更于星纪不幸天钟大祸以及其身霜殒舜/英风催楚柳遇斯其祸逃不可全于咸通十二年/九月廿二日终河南府阳翟县四会坊之私第也享/寿七十有五嗣子三人长曰玚次曰珮次曰瑾并有/英才著于当代或称俊彦或号英髦忠孝立/身善于颜丁者矣有女三人奉闺门之礼为/贞洁之风长少亡次适太原郭氏外高祖/高阳公孙氏讳皓府君虽未启举迁/及大茔夫人自夏城归祔平阴归德乡西史/村清岗权厝礼也所虑陵谷变改谨刻石为其铭曰/平阴故地　清岗贵堂　四神备矣　万古名彰/贞洁传世　历劫难忘　愁云墓郁　松柏苍苍

二、荥阳市广武镇后王庄 XGHM8

此墓是修路时在路基外取土时发现，墓室已被毁坏，形制不明。出土有瓷壶 3 件，墓志 1 合。

3 件瓷壶形制基本相同，白胎，盘口，束颈，溜肩，圆腹，饼状足，上部施酱釉，施釉只到腹部，编号分别为 XGHM8∶1、XGHM8∶2、XGHM8∶3。口径分别为 6 厘米、4.4 厘米、5.6 厘米，通高分别为 17.5 厘米、13.2 厘米、16.7 厘米，底径分别为 6.6 厘米、4.8 厘米、6.4 厘米（图三，2、4、5；图四，4、5、6）。

出土墓志 1 合，形制较特别（图七）。墓志盖为盝顶，顶上有一龟趴于中部，头向前伸，前肢向前，后肢蜷曲，形态生动。龟两旁用阴线刻方格，格内篆刻"大唐故李府君墓志铭"，刻工非常粗劣，字体大小不一，笔道不规则（图八）。四刹周边为卷云纹，中部梯形方框内为大朵花瓣，四侧面周边为一周连弧纹及乳钉纹，中间方格内为垂幕纹。

图七　XGHM8 出土墓志

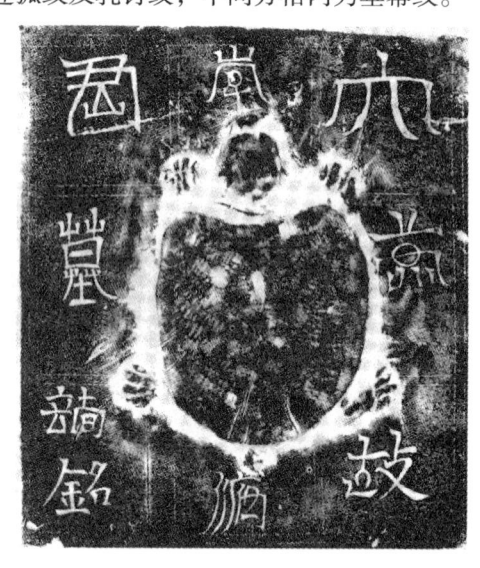

图八　XGHM8 出土墓志盖

图九　XGHM8 出土墓志铭文

墓志为方形，边长 33 厘米。墓志四侧面用阴刻双线从内到外画出五个方框，中部方框为折枝花卉图案，之外是一周卷云纹，再向外分别为斜方格纹和两周卷云图案。志文 19 行，用细线刻出方格，每格一字，楷书，满行 20 字，共 338 字，现录文于后（图九）。

李府君墓志铭并序/府君讳廉字思廉其先陇西郡人也祖乔邓州参军/父亮授本州司马并簪缨相承冠冕不绝不患无位/患已不立君辞家为国弃笔从戎一战而獯虏弥除/再战而亭障清肃先有常法赏其有功策其崇勋乃/酬上柱国便归故里不求高名呜呼彼苍何苦逝者/如斯以开元廿三年岁

次己亥正月三日寝疾殒于/私舍以其月十九日合葬于广武山南十里平原礼/也夫人南阳郡韩氏有淑嫂之德怀母仪之风先殒/之年于兹二祀嗣子大进哀号擗踊孝同曾参吐/血伤神恸泪于院寂次子小进少夭今亦同圹葬焉/呜呼妥其宅兆乾于坟茔万岁千秋恐陵谷之迁变/天长地久叹泉壤之幽深勒铭此时用表其事乃述铭曰/昂昂/李公少禀仁风入幕为国输忠罢归田里优游/以终郁郁佳城李公长人悽怆丘陇苍芒原隰东接/荥阳西际虢邑逝者如水白驹仍急沉沉泉壤去者/不回蕙心玉貌皆变黄埃一闭幽壑千秋不开勒铭贞石埋于夜台。

三、结　语

　　两座唐墓，形制虽小，但均出土有墓志，对这类小型墓葬的断代有很大的帮助。依墓志所述，XGHM7为王夫人公孙氏之墓，于"咸通十二年九月廿二日"死于"河南府阳翟县"。咸通十二年即公元871年，阳翟县即现在的禹州市。葬于"平阴归德乡西史村"，平阴应为河阴之误，据民国年间修《河阴县志》卷二《沿革考》记载："河阴为县见于正史者凡五，而属之豫州则自魏改平阴为河阴始然。此孟津之河阴非荥汜间之河阴也，荥汜间之河阴始于唐开元后世，不审误合为一……"，"又案唐置河阴，本析荥汜武三县……今之河阴仅荥汜故地耳。"

　　XGHM8为李廉之墓，李廉于"开元廿三年岁次己亥正月三日寝疾殒于私舍，以其月十九日合葬于广武山南十里平原"。开元廿三年即公元735年。其志铭"东接荥阳，西际虢邑"是对文献记载虢国地望的佐证。

领　　队：刘彦锋
发　　掘：范　海　楚东亮　师宗林
绘　　图：乔艳丽
拓　　片：刘福来

（原刊于《中原文物》2007年第6期）

郑州上街峡窝唐墓发掘简报

汪 旭　黄 俊　王运成

2006年10月，为了配合中国铝业河南分公司基本建设工程，郑州市文物考古研究院在郑州市上街区文化新闻出版局的配合下，对该公司所征地进行考古钻探，发现古墓葬25座，其中一座唐墓较重要（编号为 ZSL0610M7，以下简称 M7）。现将 M7 的发掘情况简报如下。

一、墓葬位置与形制

M7 位于郑州市上街区峡窝镇西约4公里，东距郑州市约30公里，西距巩义市黄冶唐三彩窑址约19公里，北依黄河。墓葬平面呈"甲"字形，由墓道、甬道、墓室组成，方向187°。墓道开口于耕土层下，平面近梯形，竖穴式，南窄北宽，长3.4、南宽0.92、北宽1.6米，填土为五花土。东西两壁分别有7个近三角形的脚窝，其底长0.34、高0.2、进深0.18米，底部平坦。甬道位于墓道与墓室之间，平面呈长方形，拱顶土洞式，平底，墓门前无封门砖，长1.1、宽1.4、高1.3米。墓室位于甬道北侧，平面近梯形，南宽北窄，长3.26~3.34、宽1.76~2.02米，拱形顶，保存较好，墓室壁构筑规整，底部平坦，深度与墓道、甬道相同。葬具、人骨已朽，葬式不详，出土器物均为瓷器，散置于墓室底部东西两侧（图一）。

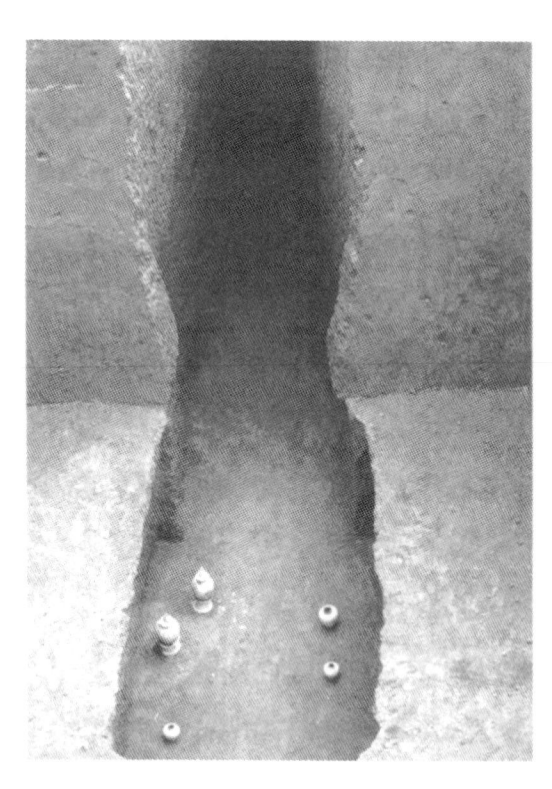

图一　M7 全景

二、出土瓷器

出土瓷器共5件，均完整，其中青花塔式罐2件，白瓷罐3件。

青花塔式罐 2件。形制相同，大小略有差异。均由盖、罐体、台座、圈足组成。盖呈塔刹状，刹座为一覆碟刹身，罐体为敞口，圆唇，束颈，圆肩，弧壁，平底，下有碗形台座，喇叭形圈足。胎质坚硬，呈乳白色。盖、器身、器座施白色透明釉至圈足下部，釉色洁白，部分呈淡黄色，无脱釉现象。标本M7：3，盖釉下饰蓝彩草叶纹、"卐"字符，肩部饰两周凸弦纹，其下饰蓝彩牡丹纹、卷草丛叶纹、束花纹。另绘一幼童呈站立状，手中拿弯钩状长物，下部有一圆球，作击打状。蓝彩浓淡不一，有少量黑色斑点，无晕散现象。盖高12.2、罐高23.7、腹径18.9、座高12.5、通高44厘米（图二；图四；彩版三七，1）。标本M7：4，盖釉下饰蓝彩草叶纹、"卐"字符，肩部饰一周凸弦

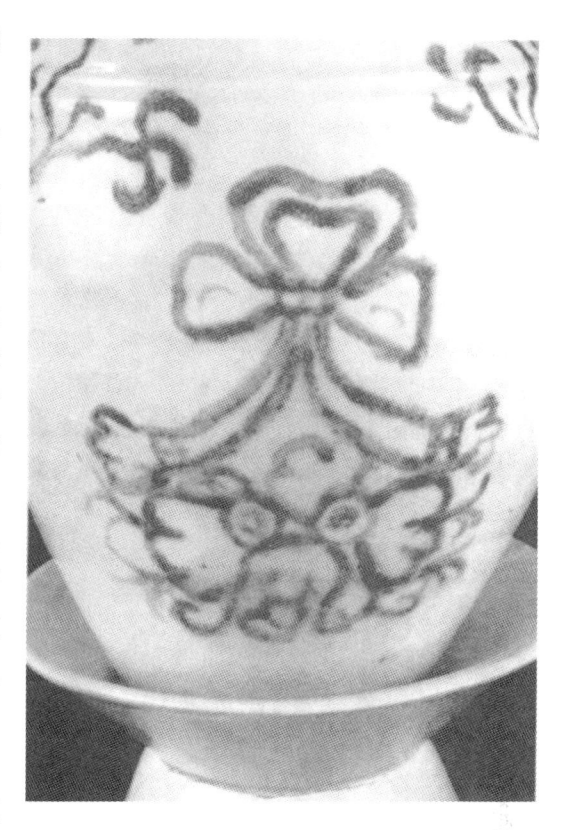

图二 青花塔式罐（M7：3）局部

纹，釉下饰蓝彩牡丹纹、卷草丛叶纹、蝴蝶纹。蓝彩浓淡不一，有少量黑色斑点，无晕散现象。盖高12.6、罐高23.7、腹径19.5、座高12.5、通高44.2厘米（图五；彩版三七，2）。

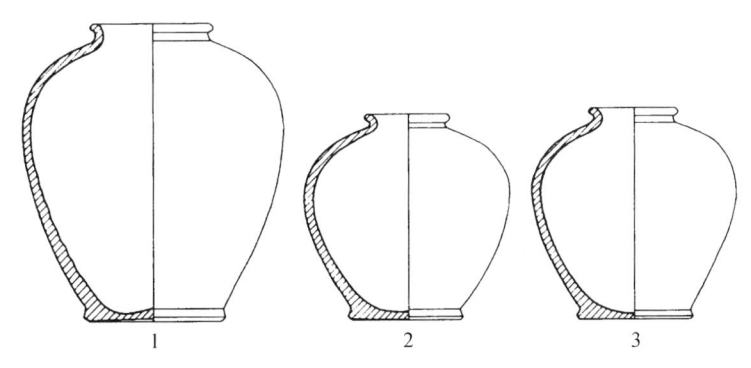

图三 白瓷罐
1~3. M7：1、M7：2、M7：5

图四 青花塔式罐（M7:3）

白瓷罐 3件。形制相同。侈口，圆唇，束颈，圆肩，弧腹，平底，底下部斜削一周。米黄色胎，胎质坚硬。标本M7:1，口径8、腹径16.7、底径9、高18.5厘米（图三，1）。标本M7:2，口径5.4、腹径13、底径7.2、高12.8厘米（图三，2）。标本M7:5，口径5.9、腹径13.2、底径7.8、高13.2厘米（图三，3）。

三、结　语

M7的形制为河南地区唐代中期流行的墓葬形制。从M7的规模看，为小型墓葬，墓主一般应是社会地位比较低的平民。但从随葬器物看，却不符合当时的一般情况，在该墓中随葬较珍贵的青花塔式罐和白瓷罐。由此，我们认为墓主可能并非一般平民。

图五　青花塔式罐（M7:4）

从青花塔式罐的造型和制作工艺看，代表了当时较高的瓷器制作水平。青花塔式罐的盖、罐体、台座和圈足均分别制作，然后粘接成一体，这种造型也见于唐三彩的同类器。从青花塔式罐的装饰纹样看，它是以氧化钴为着色剂，在釉下绘制纹样，技法娴熟，布局合理。可以看出，唐青花瓷器的制作工艺达到了一个新境界。

附记：本文在写作过程中得到了张松林院长、廖永民先生的指导与帮助，在此致谢。

领　　队：顾万发
发　　掘：汪　旭　王中军　王运成
绘　　图：王中军　张　倩　焦建涛

（原刊于《文物》2009年第1期）

河南巩义市老城砖厂唐墓发掘简报

郝红星　张毅海　李　杨

2001年1月，郑州市文物考古研究所与巩义市文物保护管理所在巩义市站街镇老城砖厂联合发掘两座唐墓（图一）。编号01ZGLCM1、01ZGLCM2（以上简称M1、M2）。两墓均被盗，前者出土器物零乱破碎，多数不能修复；后者器物种类较为齐全，且有一定数量的三彩俑与陶俑，现简报于后。

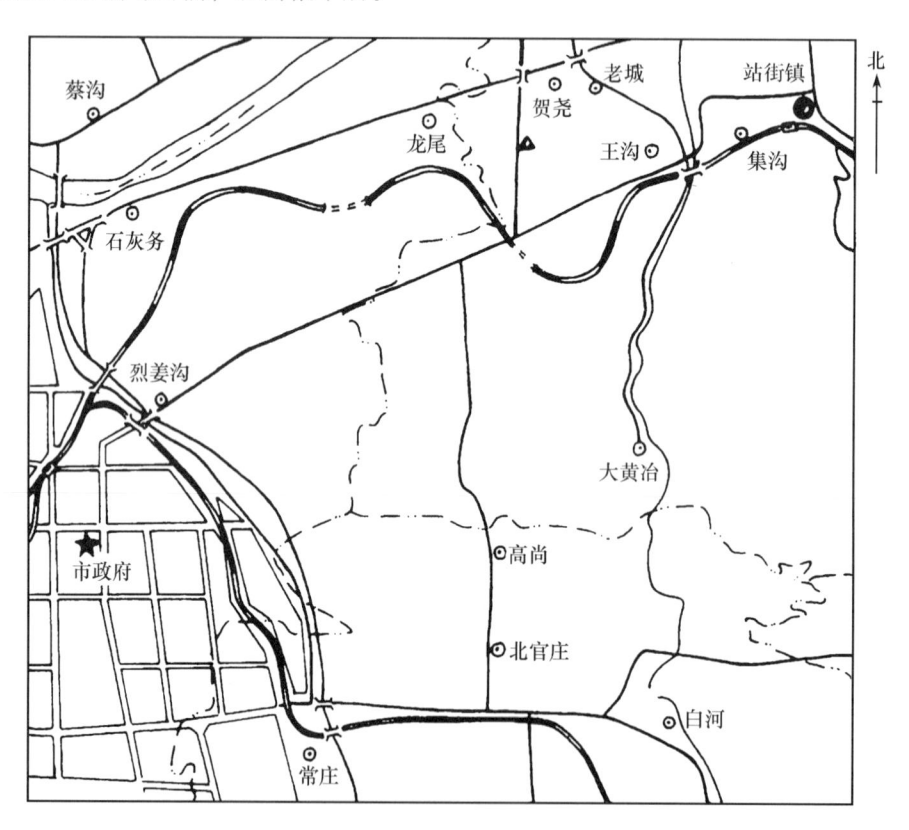

图一　巩义市老城砖厂唐墓位置示意图

一、墓葬形制

M2由墓道、甬道、墓室组成，方向192°，深2米。墓道，位于甬道南端，斜坡式，长方形，残长3.8米，南宽0.92米，北宽1米。甬道，位于墓道与墓室之间，过洞式，长方形，拱顶，长 1 米，宽 0.9 米，顶高 1 米。墓室为土洞式，拱顶，长 2.6 米，南宽 1.6 米，北宽 1.44 米，顶高 1.24 米，根据墓门的深度及墓室大小，推测其原有深度可能在 4 米左右，则 M2 墓道长约 7.4 米，墓道南宽约 0.88 米。在清理过程中，发现墓道中有残砖及瓷片。墓室西部置棺，人骨零乱地位于淤土中，棺南放置 2 件陶罐、1 件陶盘，棺北放 1 件瓷碗。墓室东部摆放俑类及家用器物，靠近墓室东壁自南向北依次放有碓、井、磨、狗、鸡及鹅，西边则有镇墓兽、武士俑、文官俑、男女侍俑、马、骆驼等（图二）。

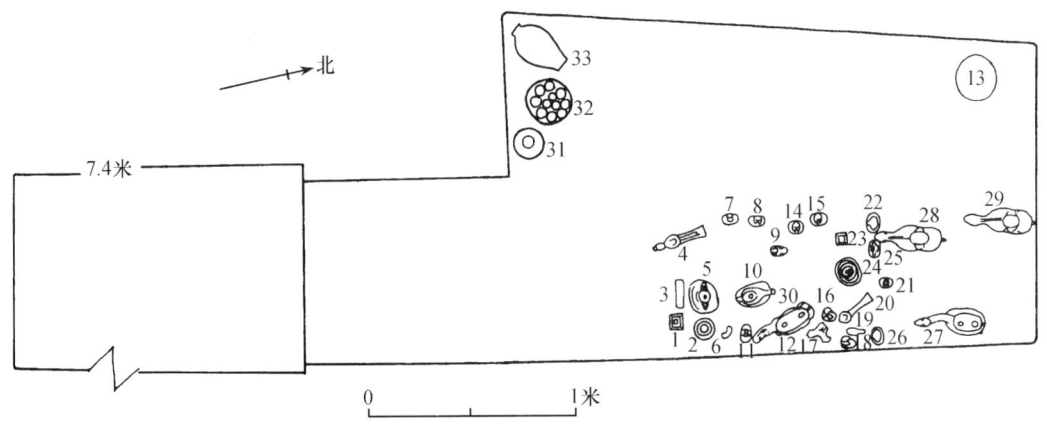

图二 老城砖厂 M2 平面图
1. 陶井 2. 陶磨 3. 陶碓 4、7、8、11、14、15、20、21、25、30. 陶俑 5. 陶镇墓兽 6. 陶狗 9. 陶羊 10. 三彩武士俑 12、27. 三彩骆驼 13. 瓷碗 16、18. 陶鹅 17. 陶鸡 19. 陶猪 22、26. 三彩牵马俑 23. 陶灶 24. 三彩文官俑 28、29. 三彩马 31、33. 陶罐 32. 多子盘

二、出土文物

M2 共出土 33 件器物，均由白色黏土制成，个别器物黏土略发红。

镇墓兽 1 件。标本 M2:5，为三彩。造型系人面镇墓兽，头顶高粗角，两耳外展，肩生羽翼，前肢粗壮，蹄足，无尾，蹲坐于椭圆形空心低台座上。角、脑后、耳背涂黑彩，耳内涂橘黄条彩，嘴唇亦涂橘黄彩，翼、胸、腹及前肢施黄、绿、白三彩，背、后肢施酱黄彩。隆眉高耸，铃目高鼻，两颊突出，抿嘴，嘴上八字胡须飘至耳际，颌下络腮胡须不清。此镇墓兽高 41 厘米（图三，1；图六，1）。

武士俑 1 件。标本 M2:10，三彩俑头梳宝髻，肩披龙首护膊，着开口式臂褠，甲身两圆护，腹护呈桃形，胸、腰系索带，腰索下桃形短蔽膝，甲身下摆饰流苏，内有衬裙，下着裤，小腿罩有膝裤，足着靴。左手叉腰，右手握拳上举，重心支于左腿，两足分踏卧于椭圆形低台座上卧牛的头部和臀部。臂褠、衬裙涂酱黄釉。铠甲、裤、膝裤施黄、白、绿三彩，很好地表现了铠甲的质感与特点，牛施黄白釉。俑粉面，隆眉，突眼，高鼻，唇涂橘红彩，黑须多脱落。通高 42 厘米（图三，2；图六，2）。

1、4~9 0————8厘米　　2、3 0————20厘米

图三　老城砖厂唐墓出土三彩俑
1. 镇墓兽（M2:5）　2. 武士俑（M2:10）　3. 文官俑（M2:24）　4. 牵马俑（M2:22）　5、6、8、9. 女侍俑（M2:4、M2:20、M2:25、M2:21）　7. 幞头俑（M2:8）

文官俑　1件。标本 M2∶24，三彩俑。头戴黑色进贤冠，展筒涂橘红彩，身穿酱黄色右衽宽袖襦，襈、褾饰绿彩，腰系大带，下着白裙，腿间为酱黄色长飘带，足着靴，拱手立于椭圆形空心低台座上。俑粉面，浓眉大眼，直鼻高挺，嘴上胡须飞动，嘴下美髯低垂，十分儒雅。高 42.6 厘米（图三，3；图六，3）。

幞头俑　4件。系一模所出，2件施酱黄釉，1件施黄釉，1件素胎。标本 M2∶8，头戴黑色幞头，身穿团领窄袖袍，内着裤，足着靴，右手握住左手，施叉手礼，立于底板上。俑粉面粗眉，环眼，阔鼻，抿嘴略上撅，脖子以下施酱黄釉。高 24.9 厘米（图三，7）。

牵马俑　2件。系一模所出，标本 M2∶22，三彩俑，发中分，下端成辫挽于脑后，身着绿色翻领窄袖袍，下着裤，足蹬靴，双手置于胸前，做握缰绳状。宽额，浓眉，鼓目，阔鼻，胡人相。高 29 厘米（图三，4）。标本 M2∶26，全身未施釉，着白袍，白裤，白靴。高 29 厘米。

女侍俑　6件。按其发髻的差异，分成两种形制。

反绾髻俑　2件。系一模所出。标本 M2∶25，素胎，头梳反绾髻，上着橘红色交领窄袖襦，外罩白色交领半袖，肩披枣红色披帛，下束白色间色裙，足着红靴。柳眉，细目，高鼻，小嘴，拱手立于地上。高 27 厘米（图三，8）。标本 M2∶20，三彩俑，头失，上着酱黄色交领窄袖襦，外罩淡绿色半袖，肩披绿色披帛，下束黄色曳地长裙，足着云头履。残高 20.3 厘米（图三，6；图六，4）。

低髻俑　4件。其中 2 件稍大者系用一模制出。标本 M2∶21，头梳低髻，上着交领窄袖襦，外罩半袖，肩披帛，下束曳地长裙，足着云头履，拱手立于地，俑胖脸，细眼，髻、头至足部施酱黄釉，上衣处釉色稍淡。高 25.2 厘米（图三，9）。另 2 件稍小者亦为一模制成。标本 M2∶4，头梳低髻，上着淡黄色交领窄袖襦，外罩淡黄色交领半袖，肩披淡黄色披帛，下束黄色曳地长裙，拱手立于地。俑脸施粉红彩，秀眉，细目，高鼻，小嘴，神情娴静。高 21.4 厘米（图三，5）。此俑背墨书"宝□"二字，"宝"字只显上半部。标本 M2∶7，脸施粉红彩，从头至足施黄釉。高 21.4 厘米。

马　2件。为一模所出，均为三彩马。标本 M2∶28，勾首，扬脖，肩略抬起，臀后挫，束尾，立于底板上。分缨，剪鬃，头佩络头，嘴饰镳，背置鞍鞯，袱于中部松束。马面、鬃、尾施白釉，鞯施黑彩，袱为橘黄彩，余施酱黄釉。高 33.6 厘米。（图四，1；图七，1）

骆驼　2件。标本 M2∶12，三彩驼，昂首，扬脖，抿嘴，尾摆于左臀，背置三彩花毯，立于底板上。鬃、垂胡、驼峰、腹及股施白釉，余施酱黄釉。此驼前腿有飞毛，高 40 厘米（图四，6；图七，3）。标本 M2∶27，彩绘，昂首，扬脖，抿嘴，尾亦摆于左臀，背置橘黄色圆毯，立于底板上。鬃、垂胡、驼峰及腿腹部涂枣红彩，该驼前腿上部亦有飞毛，高 38.4 厘米（图四，8）。

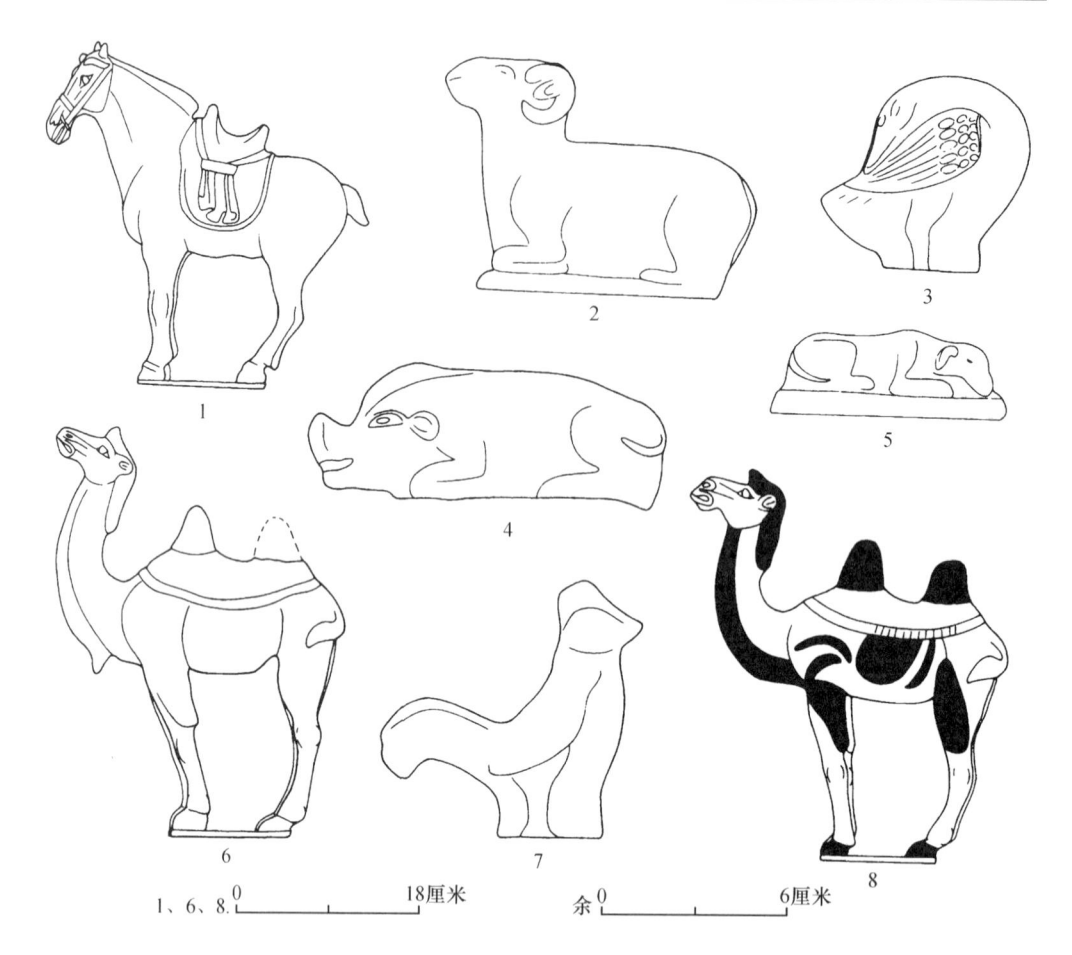

图四　老城砖厂唐墓出土器物

1. 三彩马（M2:28）　2. 陶羊（M2:9）　3. 陶鹅（M2:16）　4. 陶猪（M2:19）　5. 陶狗（M2:11）
6. 三彩骆驼（M2:12）　7. 陶鸡（M2:17）　8. 彩绘骆驼（M2:27）

猪　1件。标本M2:19，模制，体肥壮，厚嘴短尾，四肢卧于地，体施黄釉。长12厘米（图四，4）。

鸡　1件。标本M2:17，为公鸡，模制，冠高喙短，长尾后翘，制作不甚工整，体施黄釉。高8.5厘米（图四，7）。

羊　1件。标本M2:9，模制，昂首，抿嘴，弯角，小耳，四肢跪屈于底板上，躯体施黄釉。长10.6厘米（图四，2）。

鹅　2件，系一模所出。标本M2:16，颈长体肥，回首伏于背，施黄釉。高6.5厘米（图四，3）。

狗　1件。标本M2:11，模制，身体蜷曲，四肢伏卧于底板上，垂头耷耳，昏昏欲睡。体施黄釉。长8厘米（图四，5）。

灶　1件。标本M2:23，模制，大致呈梯台体，下面设半圆形灶门，上有山形挡烟墙，灶面中部做出锅形，其后有长方形低矮挡烟墙，素胎。长6.5厘米，宽5.4厘米，高3.9厘米（图五，1）。

磨 1件。标本M2:2，模制，磨扇有两眼，台座下部外侈，磨扇及盘施淡黄釉。直径6.8厘米，高2.7厘米（图五，7）。

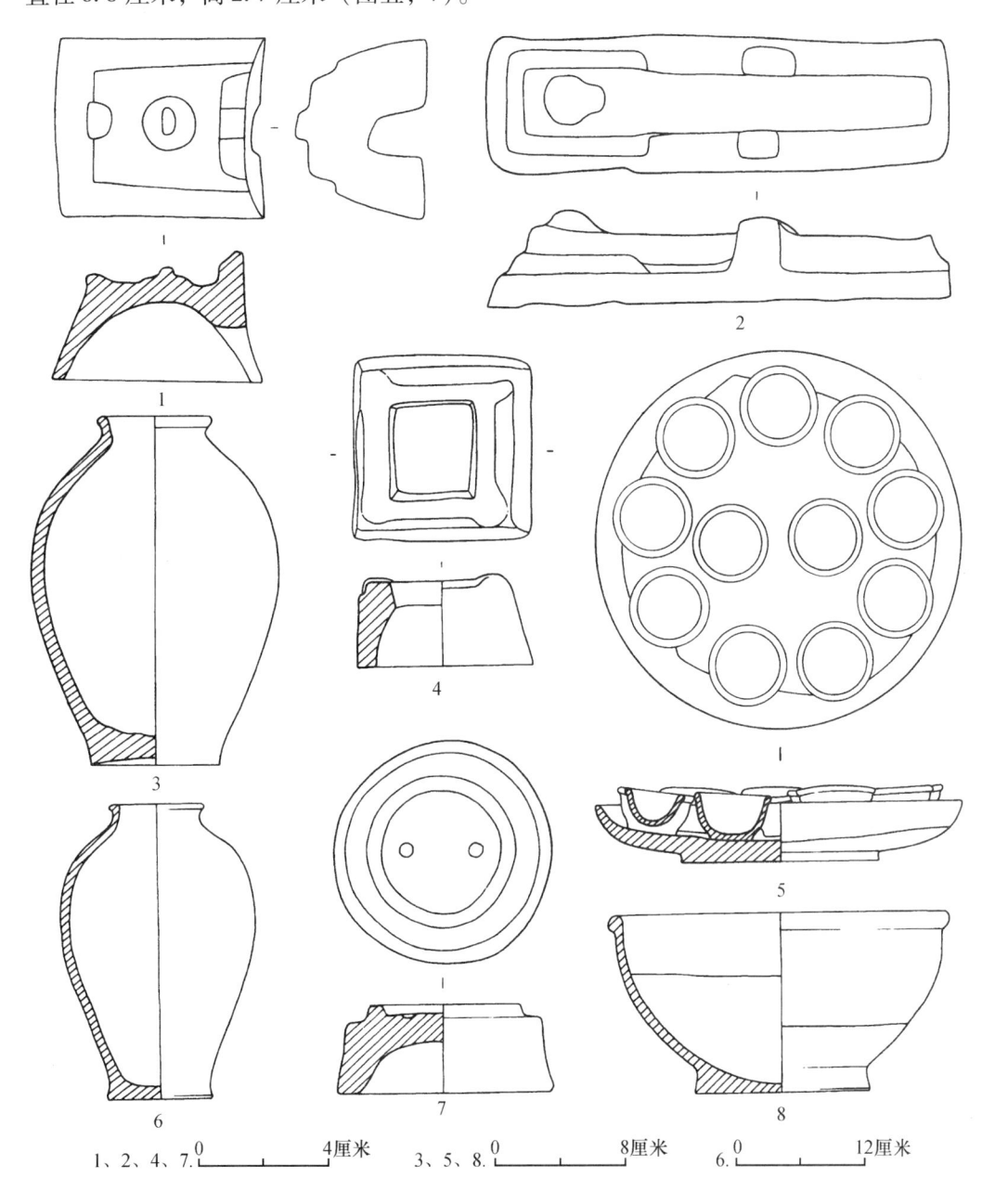

图五 老城砖厂唐墓出土器物
1. 陶灶（M2:23） 2. 陶碓（M2:3） 3、6. 陶罐（M2:31、M2:2） 4. 陶井（M2:1） 5. 多子盘（M2:32） 7. 陶磨（M2:2） 8. 瓷碗（M2:13）

井　1件。标本 M2:1，模制。井体为梯形台体，井框置其上，框榫接处有圆铆钉，铆钉制作不规整，井口用刀削成。井框及一面井壁涂黄釉。底边长 5.7 厘米，高 2.8 厘米（图五，4）。

碓　1件。标本 M2:3，模制，长方形底板，两支架较矮，碓柄同底板连在一起，臼外形呈长方形，大部隐没在碓柄头端之下，可见杵之上端，碓柄施黄釉。长 14.5 厘米，宽 4.2 厘米（图五，2）。

碗　1件。标本 M2:13，白瓷胎，器形较大。侈口，圆唇，深弧腹，大平底，口沿内壁及外壁大部施淡青釉。口径 20.8 厘米，圈足径 11.2 厘米，高 11 厘米（图五，8）。

多子盘　1件。标本 M2:32，侈口，圆唇，浅弧腹，假圈足，内底略凹，内置 11 个酒盅，口沿内外施青白釉，酒盅内壁施青白釉。盘口径 23.4 厘米，底径 12.6 厘米，高 3.6 厘米，酒盅口径 4.8 厘米～5 厘米，底径 3 厘米，高 2.6 厘米～2.8 厘米（图五，4；图七，2）。

陶罐　2件。标本 M2:33，白黏土制成，胎局部微泛红，口微侈，尖圆唇，短束颈，弧肩，鼓腹，平底。口径 9.3 厘米，腹径 18.4 厘米，底径 9.9 厘米，高 27 厘米（图五，6）。标本 M2:31，白黏土制成。侈口，圆唇，弧肩，鼓腹，平底略内凹。口径 6.2 厘米，腹径 15.4 厘米，底径 8 厘米，高 21.3 厘米（图五，3）。

三、结　语

1. 年代

巩义老城砖厂 M2 所出器物可分为神器类（镇墓兽、武士俑、文官俑）、侍俑类（男、女侍俑、牵马俑、马、骆驼）、家用类（羊、猪、狗、鸡、灶、磨、井、碓等）、器皿类（罐、盘），根据巩义以往发掘的唐墓的特征（以下所引巩义唐墓均见《巩义芝田晋唐墓葬》[1]一书），较能准确判断墓葬年代的器物只有神器类、侍俑类、家用类、器皿类在三四十年内没有变化或变化很小，只能作为断代旁证。镇墓兽、武士俑的发展序列为台座由低到高。如公元 672 年的偃师杨堂墓[2]，镇墓兽和武士俑均立于底板上，到公元 676 年的郑州丁彻墓[3]，二者已立于低台座上，至公元 691 年的孟津屈突札墓所出者[4]，其下的台座已变为高台了。老城 M2 镇墓兽、武士俑的台座还没有发展到巩义食品厂 93HGSM1 中的中台座，故此将 M2 的年代定在 675～680 年间。同时，M2 中马的肩部抬起，骆驼的头颈高扬，陶磨的底座外侈，灶井的造型为梯形台体，上述这些都是这一时期此类器物的特征。

2. 器物组合

老城 M2 出土器物共 33 件，包括神器类、侍俑类、家用类，器物组合比较齐全。

三彩器（包括单彩器）多达 24 件，约占总数的 73%，是目前郑州地区所发现的属于 650~720 年间出三彩器比例最大的一座唐墓，由此可见墓主的经济实力。它的神器类器物中的镇墓兽、武士俑、文官俑都只有一件，而巩义 650~720 年间的唐墓此三器一般成对出现，如耐 M36，两个文官俑一个已经演变成武官俑，因此 M2 这种神器类器物单一出现，有可能是当时主流器物组合之外的一种组合。

3. 器物特征

M2 以三彩器见长，它的大型器物均为三彩俑，如镇墓兽、武士俑、文官俑及马、驼等。三彩俑颜色艳丽，处置得当，施釉技术已十分娴熟。中小型俑如男女侍俑、羊、鸡、狗、猪以及磨、井、碓多饰酱黄釉或黄釉，一件反绾髻俑施三彩，一件牵马俑为绿釉，这也是巩义唐墓施釉的一般规律，即大型俑施三彩，中小型者施单彩，施三彩的极少见。墓中所出碗，口沿内壁及外壁大部施淡青釉，目前巩义唐墓中仅见此一件，用作饭碗显然太大，从其位置来看，棺前放置的是罐、盘（酒、茶具），它放在棺后，仍应视为饮食类器具，即饭碗（墓中未见到其他样式的碗）。笔者在巩义小黄冶唐三彩窑址早期地层中发掘到很多这种碗，此墓的年代对于小黄冶窑址地层的年代判断有一定的借鉴作用。

发　　掘：汪松枝　李靖宇
绘　　图：李　杨

注　释

[1]　郑州市文物考古研究所：《巩义芝田晋唐墓葬》，科学出版社，2003 年。
[2]　河南省文物考古研究所：《郑州古荥师家河唐墓清理简报》，《华夏考古》2001 年第 3 期。
[3]　偃师商城博物馆：《河南偃师四座唐墓发掘简报》，《考古》1992 年第 11 期。
[4]　郑州市文物考古研究所：《郑州丁彻墓发掘简报》，《华夏考古》2000 年第 4 期。
[5]　310 国道孟津考古队：《洛阳孟津西山头唐墓发掘简报》，《华夏考古》1993 年第 1 期。

（原刊于《华夏考古》2006 年第 1 期）

河南省储备局四三一处国库唐墓发掘简报

黄　俊　郝红星

　　河南省储备局四三一处国库位于巩义市供销社新村南侧，东为永厚陵，西临环城路。1995年7月，四三一处国库在本单位院内进行宿舍楼建设，巩义市文物保护管理所对楼基进行了文物钻探，在一号楼基内发现唐墓2座（图一）。郑州市文物考古研究院联合巩义市文物保护管理所对其进行了抢救性发掘，其中M1被盗严重，仅见少量俑的残体，M2出土器物丰富，多为俑类，予以介绍如下。

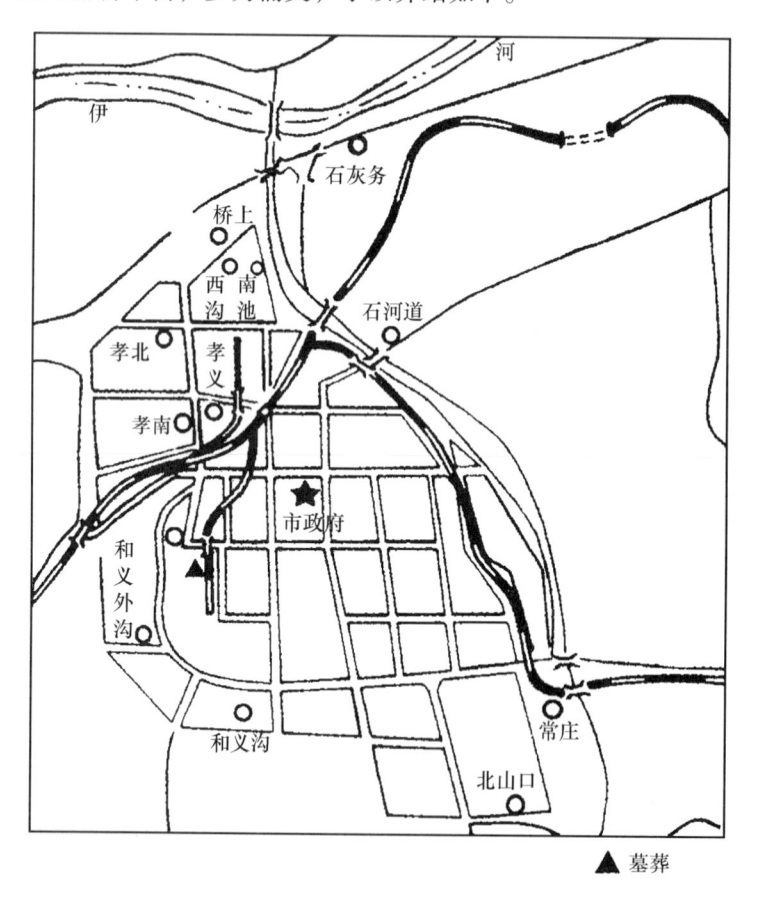

图一　墓葬位置示意图

一、墓葬形制

M2发掘资料佚失,根据钻探图纸及发掘者回忆,墓葬形制如下:

M2为斜坡墓道土洞墓,由墓道、甬道、墓室组成,深5.5米,方向约185°。

墓道 斜坡状,长5.4米,宽0.8米。

甬道 位于墓道与墓室之间,拱顶。长1米,宽0.8米,高约1.2米。

墓室 长方形,拱顶。长2.5米,宽1.9米,高约1.5米。墓室西部置棺,随葬品多放置在墓室东部,墓志、俑类偏前,器皿类偏后。随葬品位置有移动,个别器物破碎,显然墓葬早年曾被盗。

二、出土器物

M2共出土器物23件,质地分为陶、瓷、铜等。

1. 陶器

19件。除个别为青灰陶胎外,均由白黏土制成。

镇墓兽 1件。标本M2:2,兽首,头顶两角已失,板须前有两小耳,肩生羽翼,无尾,蹄足,蹲坐于椭圆形空心低台座上。兽低额粗眉,凸眼高鼻,大口狂张,颌下三缕胡须。兽翼施绿彩,背、胸施橘黄彩,台座黑彩。通高27厘米(图二,1)。

武士俑 1件。标本M2:3,头梳宝髻,方脸略右倾,隆眉,突眼,高鼻,嘴角方正,神态润朗。肩披龙首披膊,着开口式臂褠,甲身两圆护,腹护呈桃形,胸、腰系索带,腰索下桃形短蔽膝,甲身下摆饰流苏,内有衬裙,下着裤,小腿罩膝裤,足着靴。左手叉腰,右手握拳上举,右腿上抬,重心支于左腿,足踩牛头臀尾,牛卧于椭圆形低台座上。臂褠、裤、靴涂枣红彩,龙首、衬裙橘红彩,甲身下摆流苏涂绿彩,牛涂黄彩,多脱落,台座黑彩。通高42厘米(图二,2)。

文官俑 1件。标本M2:4,拢发,头戴黑色一梁进贤冠。面阔嘴方,细眉细目,面露微笑。身穿枣红色交领宽袖襦,褾施橘黄彩,腰系大带,下穿白裙,足着靴,拱手立于黑色空心中台座上。通高42.5厘米(图二,3)。

武官俑 1件。标本M2:5,四方脸,眉弓突出,眼窝深陷,高鼻,小嘴厚唇,十分威严。头戴鹖冠,身着橘红色交领宽袖襦,腰系大带,下着橘红色裙,襦、裙色多脱落。足着靴,拱手立于黑色空心中台座上。通高43厘米(图二,4)。

幞头俑 1件。标本M2:10,粗眉,蒜头鼻,眼、嘴不清。头戴黑色幞头,身穿橘红色团领窄袖袍,袍前有两道划痕,系制作时留下的。袍色脱落,内着裤,足着靴,右手握住左手,施叉手礼,立于底板上。通高25厘米(图二,6)。

· 530 ·　　　　　　　　　　郑州文物考古与研究（二）

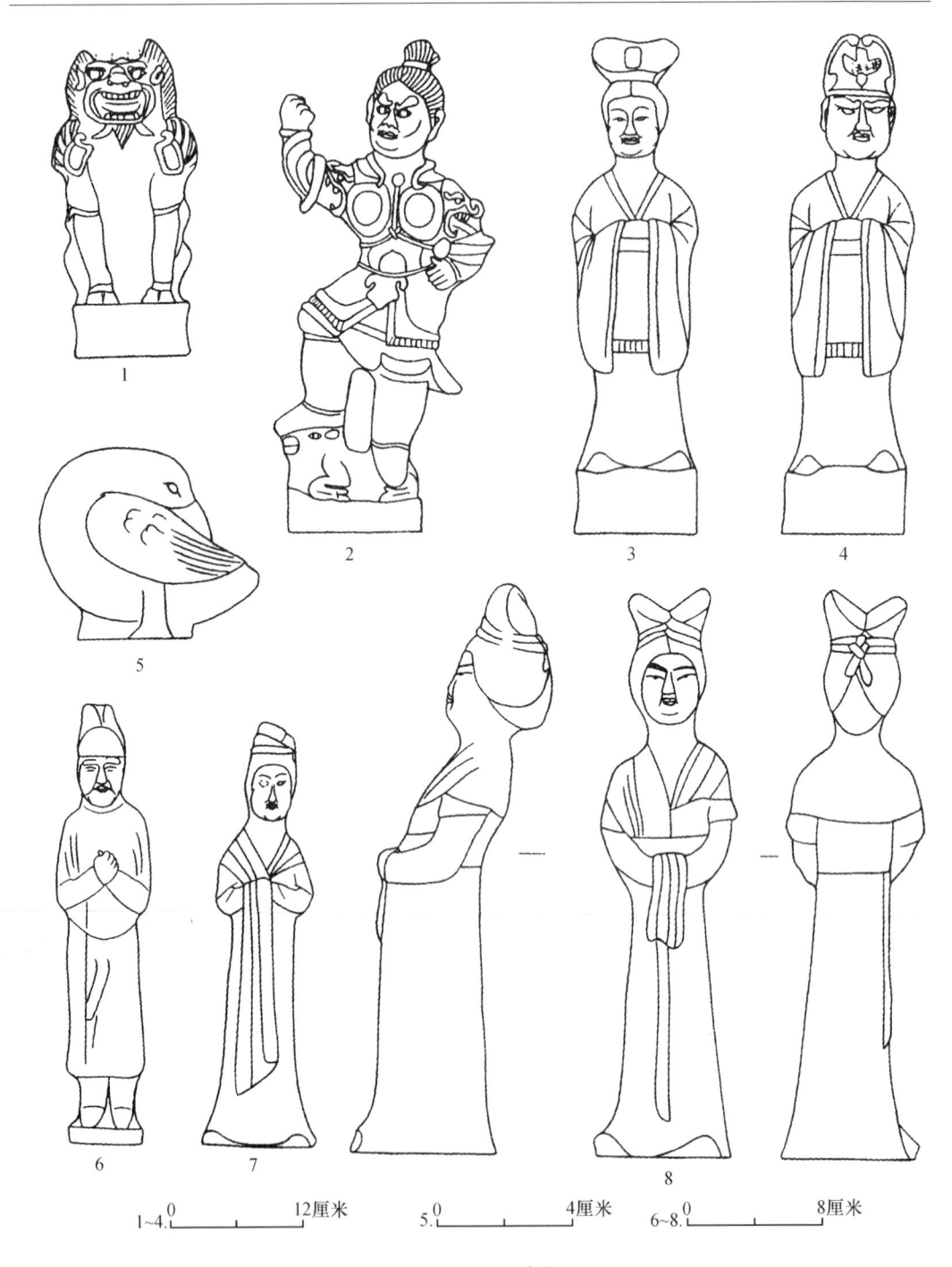

图二　M2 出土陶俑

1. 镇墓兽（M2:2）　2. 武士俑（M2:3）　3. 文官俑（M2:4）　4. 武官俑（M2:5）　5. 鹅（M2:7）
6. 幞头俑（M2:10）　7. 低髻俑（M2:9）　8. 反绾髻俑（M2:12）

伏听俑　1件。标本M2:18，头戴幞头，身着团领袍，抄手屈腿俯于地，头枕臂上。长13.5厘米，宽7厘米（图三，4）。

反绾髻俑　2件。用模一样，但在捏合过程中，一件上身后仰，显得腹部突出，一件身略直。标本M2:12，头略后仰，胖脸，阔眉，细眼，直鼻，小嘴，神态安详，双手捂于腹部，手上搭巾。头梳反绾髻，上着枣红色交领窄袖襦，外罩枣红色交领半袖，肩披枣红色短披帛，下束淡黄色曳地长裙，腿间垂一长带，右侧腰后亦垂一带，足着靴。高32.4厘米（图二，8）。标本M2:13，身稍直，襦、半袖、披帛均为淡黄色，裙枣红色，余与前者相同。高33厘米。

低髻俑　1件。标本M2:9，头梳低髻，小嘴胖脸，眉目不清。胸部施橘黄彩。上着白色交领窄袖襦，外罩白色交领半袖，肩披白帛，下束枣红色曳地长裙，足着靴，拱手而立。高24厘米（图二，7）。

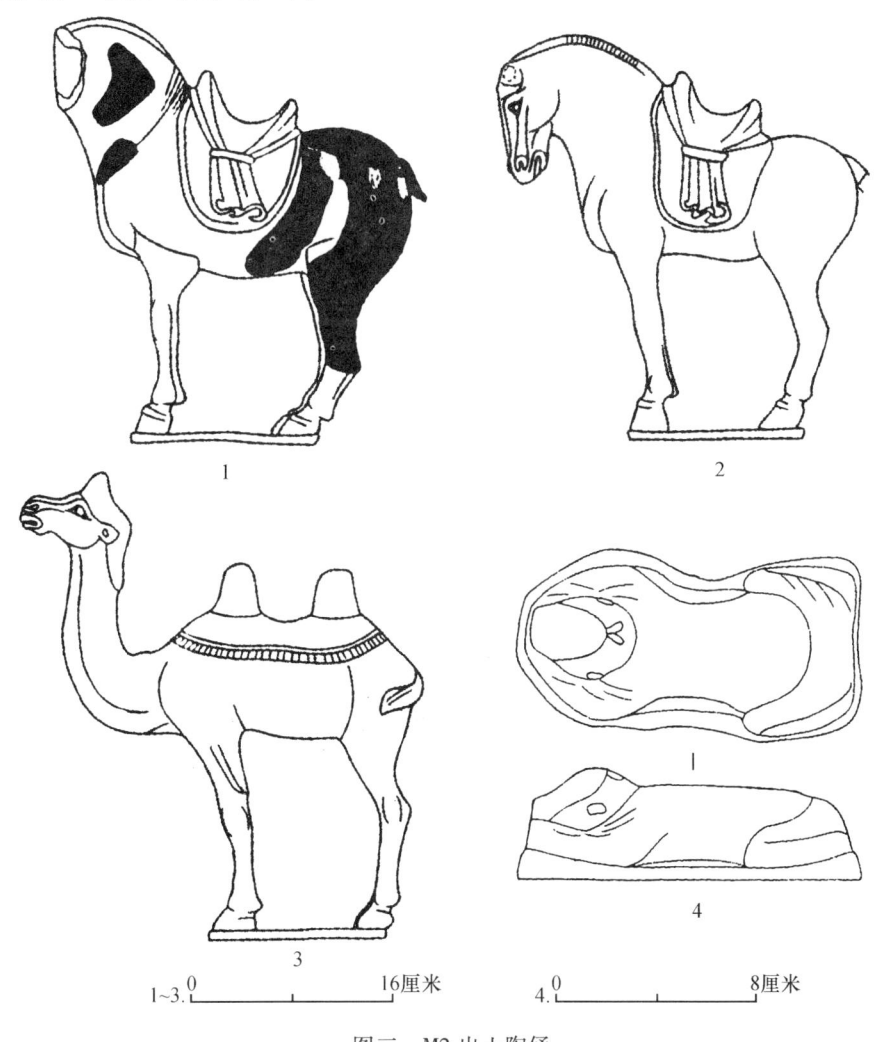

图三　M2出土陶俑

1、2. 马（M2:14、M2:15）　3. 骆驼（M2:16）　4. 伏听俑（M2:18）

马 2件。标本 M2:14，勾首残失。扬脖，肩略抬起，束尾，立于底板上。马大部剪鬃，背置鞍鞯，袱于中部松束，胸、臀垂杏叶。马脖、腹、后腿、臀施枣红彩，杏叶橘黄彩，鞯黑彩，袱橘黄彩脱落。高32厘米（图三，1）。此马腿、腹接合部用模痕迹明显。标本 M2:15，勾首，扬脖，肩略抬起，束尾残，立于底板上。剪鬃，背置鞍鞯，袱于中部松束。鞯未施彩，袱施橘黄彩。高30.5厘米（图三，2）。

骆驼 2件。一模所出，施彩一致。标本 M2:16，体毛黄色，昂首，抿嘴，脖下垂，尾摆于左臀。背置橘红色毯，色多脱落，立于底板上。嘴、鼻、耳涂橘红彩，峰枣红彩。高35.4厘米（图三，3）。

鹅 1件。标本 M2:7，雏鹅，体肥润，回首伏颈于背，制作粗糙。高5.4厘米（图二，5）。

灶 1件。标本 M2:6，模制，梯形台体，正面设半圆形门，上有极低山形挡烟墙，灶面一锅（锅未做出），上有盖，后有短小长方形挡烟墙。长5.8厘米，宽4.9厘米，高3.6厘米（图四，1）。

磨 2件。标本 M2:8，形制较为特殊，由磨扇、台座组成。磨扇起一周凸棱，内凹，对置两眼，表示进粮之处，凸棱外模印一周磨齿，磨扇咬合在台座上，则此磨台座既是台座，又充磨之下扇。台座略外侈。直径6.5厘米，高2.8厘米（图四，3）。

盘口壶 1件。标本 M2:21，青灰陶胎，盘口，圆唇内折，束颈，弧肩，腹略鼓，平底略内凹，未施釉。口径4.4厘米，腹径15.6厘米，底径8.8厘米，高25.4厘米（图四，5）。

墓志 1合。标本 M2:1，方砖制成，由志盖与志砖组成。志盖方形，盝顶，先在面上刷一层白灰，然后用笔蘸墨于四刹绘云纹，顶面绘十字形云纹带，云纹仅剩残迹。边长35厘米，厚6厘米。志砖方形，顶面亦刷一层白灰，稍厚，然后涂墨，用硬质工具于其上刻划志文，共17行。由于水浸，字悉数脱落，仅在第3行及第17行辨识出"登"、"碎"二字。边长35厘米，厚6厘米。

2. 瓷器

2件。

四系罐 1件。标本 M2:20，敛口，方圆唇，斜直领，溜肩，鼓腹，假圈足外撇，圈足底中部略凹，肩置四系。口唇及外壁大部施白釉，脱落殆尽。口径8厘米，腹径22.5厘米，圈足径11厘米，高28.5厘米（图四，4）。

灯盏 1件。标本 M2:19，泛黄瓷胎，敞口，浅弧腹，极低假圈足，内壁施黄釉，口唇外部部分有釉。口径9.2厘米，圈足径4.5厘米，高2.9厘米（图四，2）。

图四　M2 出土器物

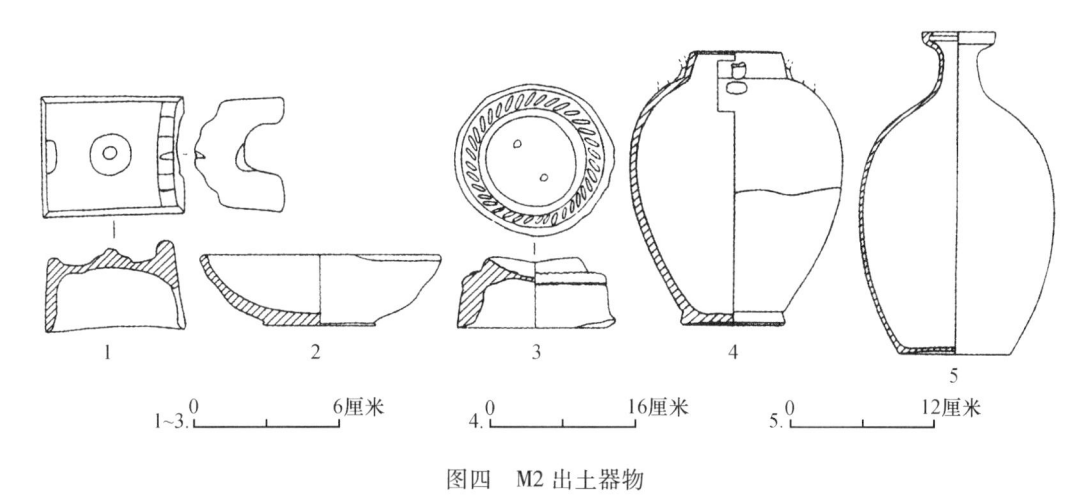

1. 灶（M2:6）　2. 灯盏（M2:19）　3. 磨（M2:8）　4. 四系罐（M2:20）　5. 盘口壶（M2:21）

3. 铜钱

2 枚。皆为开元通宝。钱文略短，字口深峻。标本 M2:21，直径 2.5 厘米，穿径 0.75 厘米，郭宽 0.2 厘米。

三、结　语

1. 年代

M2 出土的砖墓志，因文字脱落殆尽，殊为可惜。该墓的断代只能根据随葬品中神器类器物来判断其大致年代。出土的兽首镇墓兽颌下三缕胡须，羽翼，低台座高 4.5 厘米，与巩义芝田 M151[1]镇墓兽相同，而武士俑与巩义芝田 M151 武士俑除发髻略有区别外，造型、服装也一致。巩义老城砖厂 M2[2]出土有低台座三彩人首镇墓兽，它的年代与巩义芝田 M151 差不多，而巩义老城砖厂 M2 的武士俑从造型到尺寸与 M2 的武士俑几乎一样。M2 之文官俑进贤冠展筩稍低，台座为 5.8 厘米高的中台座，比老城砖厂 M2 文官俑的低台座高 1.9 厘米。顾及到文官俑有先行发展起来的情况，如约 670 年郑州古荥师家河唐墓[3]（镇墓兽无底座，蹄足，文官俑展筩较低，台座高 7 厘米），我们不能单凭台座之高低就肯定 M2 的文官俑比老城砖厂 M2 文官俑晚。M2 的武官俑鹖冠比较成熟，目前能与之相比的只有巩义芝田耐火材料厂 M36[4]的武官俑。M36 出土有低台座镇墓兽，武官俑立于底板上，鹖冠冠饰为山形额花而非鹖鸟，是鹖冠的初出形式，与 M2 武官俑有较大差距。从这点来说，M2 的年代要晚于芝田耐火材料厂 M36。综合以上诸多因素，我们认为 M2 与芝田耐火材料厂 M36、巩义芝田 M151、老城砖厂 M2 同处一期，其中耐火材料厂 M36、芝田 M151 和老城砖厂 M2 偏早，而 M2 偏晚，其时间均在 675~680 年间。

2. 器物组合

M2 出土器物有神器类（镇墓兽、武士俑、文官俑、武官俑）、侍俑类（幞头俑、伏听、反绾髻俑、低髻俑、马、驼）、家用类（鹅、灶、磨）、器皿类（瓷罐、盏、盘口壶），器物组合比较完整，但家用类中缺少猪、井、碓，器皿类中没见常见的碗、盘。神器类器物每种只有一件，与郑州地区多数唐墓不同。按照《大唐六典》所记四神名称（祖明、地轴为镇墓兽，当圹、当野为武士俑），镇墓兽与武士俑应成对出现。此墓镇墓兽、武士俑均为单体出现，可能是当时随葬品主流组合之外的一种组合。

绘　　图：李　杨　郝红星

注　释

[1] 郑州市文物考古研究所：《巩义芝田晋唐墓葬》，科学出版社，2003 年。
[2] 郑州市文物考古研究所、巩义市文物保护管理所：《河南巩义市老城砖厂唐墓发掘简报》，《华夏考古》2006 年第 1 期。
[3] 河南省文物考古研究所：《郑州古荥师家河唐墓清理简报》，《华夏考古》2001 年第 3 期。
[4] 同 [1]。

（原刊于《文物春秋》2009 年第 3 期）

河南巩义站街花地嘴唐墓简报

张文霞

2008年8月,在巩义市站街镇北窑湾村南侧花地嘴遗址较为平坦的台地上,郑州市文物考古研究院为配合基本建设抢救性发掘了唐代墓葬4座,该遗址南面为猴山等嵩山余脉,西面紧临伊洛河,北为断崖,海拔90～110米(图一)。此次发掘,其中M1保存较好,现将墓葬清理情况介绍如下。

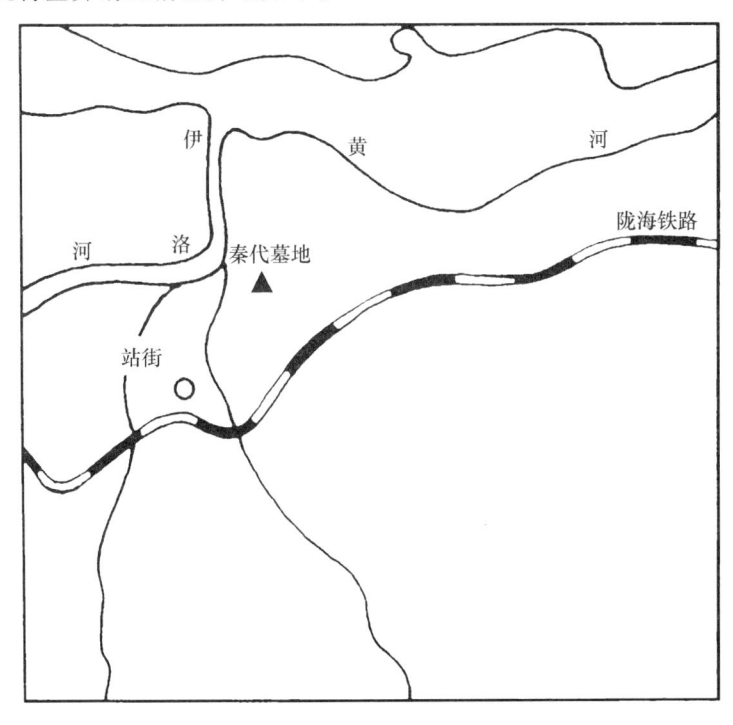

图一 墓葬位置示意图

一、墓葬形制

M1为半斜坡墓道的土洞墓,由墓道、甬道、墓室三部分组成,方向179°,深5.1米;墓道位于甬道南部,半斜坡状。长3.1厘米,南宽0.69米、深2.18米,北宽0.89米、深4.56米;甬道位于墓室南壁偏东处,拱顶。长0.46米,南宽0.9米,北宽1

米，顶高 1.2 米；墓室长方形，拱顶，北壁略弧。长 2.64 米，南宽 1.95 米，北宽 2.15 米，顶高 1.4~1.57 米。墓室内未见尸骨，随葬品主要有镇墓兽、武士俑、女侍俑、男侍俑、骆驼、罐、鸡、羊、灶、井、磨等（图二）。

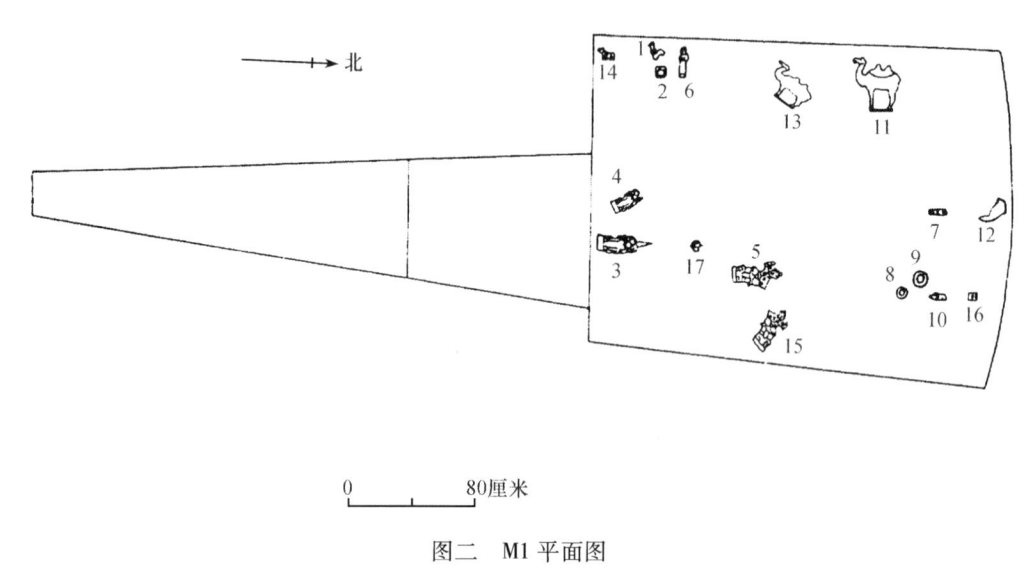

图二　M1 平面图
1. 鸡　2. 井　3、4. 镇墓兽　5、15. 武士俑　6、10. 男侍俑　7. 女侍俑　8、9. 陶罐　11、13. 骆驼　12. 罐　14. 羊　16. 灶　17. 磨

二、出 土 器 物

墓中共出土器物 17 件，均在胎上施白衣，后施红彩。

陶罐　3 件。2 件形制相同，泥质红陶。标本 M1：8，口微侈，圆唇，短束颈，弧肩，鼓腹，平底。腹部饰云纹一周。口径 9 厘米，腹径 16 厘米，底径 8.6 厘米，高 22.2 厘米（图三，1）。标本 M1：9，口微侈，圆唇，短束颈，弧肩，鼓腹，平底微内凹。腹部饰云纹，大部分脱落。口径 9 厘米，腹径 16 厘米，底径 8.6 厘米，高 22.5 厘米（图三，2）。标本 M1：12，残。

武士俑　2 件。标本 M1：5，头梳宝髻，肩披龙首护膊，着开口式臂鞲，甲身两圆护，腹护呈桃形，胸、腰系索带，腰索下桃形短蔽膝，甲身下摆饰流苏，内有衬裙，下着裤，小腿罩有膝裤，足着靴。左手叉腰，右手握拳上举，重心支于左腿，两足分踏卧于椭圆形低台座上卧牛的头部和臀部。俑眉骨粗隆，双目圆睁斜视，面容凶狠，粉彩多已脱落。通高 42 厘米（图三，4；彩版四〇，1）。标本 M1：15，头梳宝髻，肩披龙首护膊，着开口式臂鞲，甲身两圆护，腹护呈桃形，胸、腰系索带，腰索下桃形短蔽膝，甲身下摆饰流苏，内有衬裙，下着裤，小腿罩有膝裤，足着靴。右手叉腰，左手握拳上

图三 出土陶器

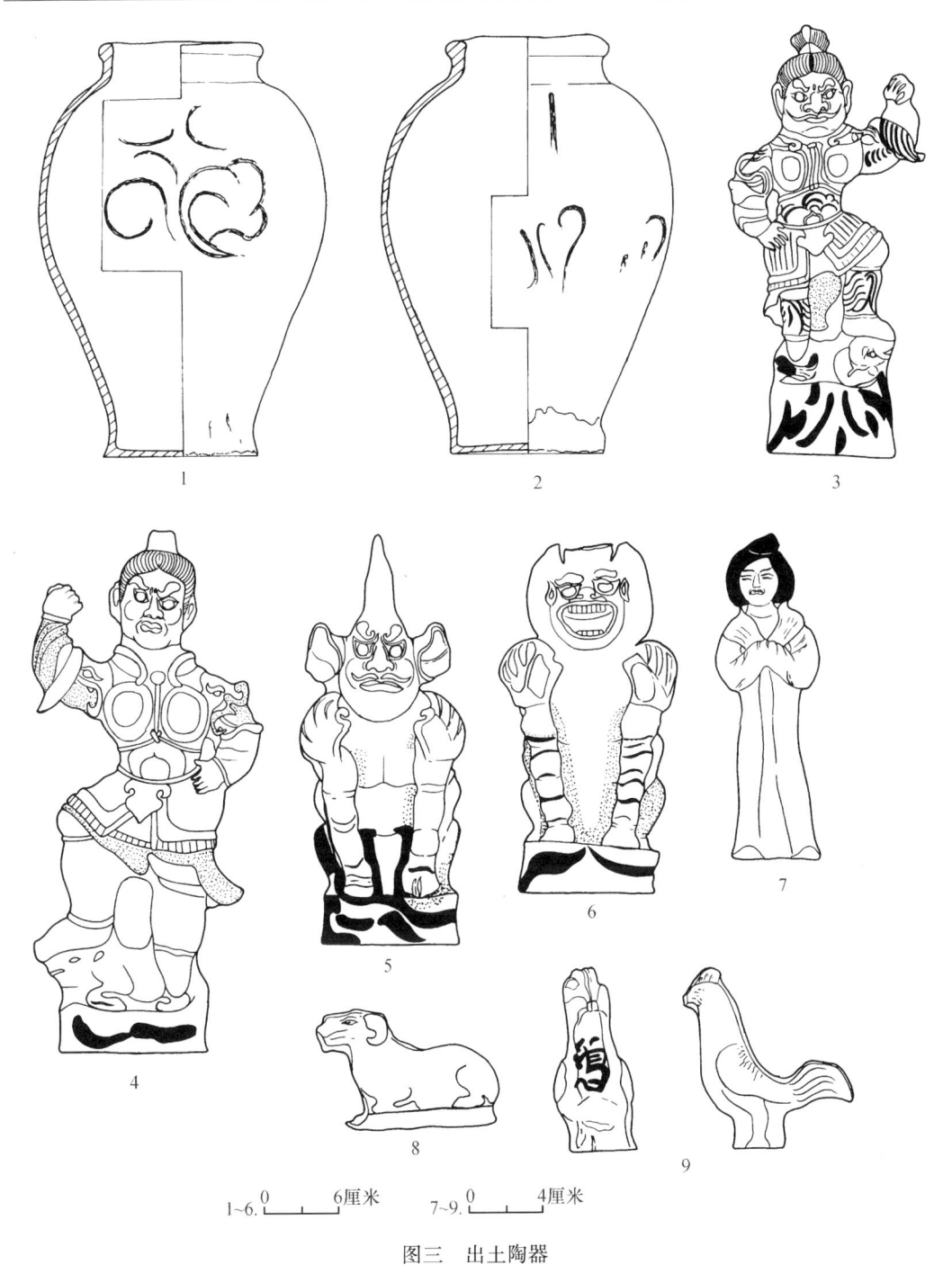

1、2. 陶罐（M1:8、M1:9） 3、4. 武士俑（M1:15、M1:5） 5、6. 镇墓兽（M1:3、M1:4）
7. 女侍俑（M1:7） 8. 羊（M1:14） 9. 鸡（M1:1）

举，重心支于右腿，两足分踏卧于椭圆形高台座上卧牛的头部和臀部，台座上饰黑彩。俑浓眉凸眼，阔鼻，嘴紧抿，长胡须向上翻，粉彩多处脱落。通高34.3厘米（图三，3；彩版四〇，2）。

镇墓兽　2件。标本M1:3，造型系人面镇墓兽，头顶高粗角，两耳外展，肩生羽翼，前肢粗壮，蹄足，无尾，蹲坐于椭圆形空心低台座上。粉彩多脱落，仅有角上部黑彩，台座黑彩。兽隆眉高耸，铃目高鼻，两颊突出，阔嘴，嘴上八字胡须上翘。通高33厘米（图三，5；彩版四〇，3）。标本M1:4，兽首，头顶双角残，板须前有两小耳，肩生羽翼，无尾，蹄足，前肢直立，蹲坐于椭圆形空心低台座上。兽凸眉大眼，隆鼻，阔口巨舌，口、肢、腹、体涂红彩，台座黑彩。通高28.5厘米（图三，6；彩版四〇，4）。

女侍俑　1件。标本M1:7，体态丰满，细目丰颊，面带微笑，发饰黑彩，头梳高髻，身着宽袖长裙，露足，袖手胸前恭立。通体涂白粉并饰红彩，大部分脱落。通高17.4厘米（图三，7；彩版三九，4）。

男侍俑　2件。标本M1:6，头戴黑色幞头，面带微笑，八字胡须，颌下有须，身穿圆领袍，束腰，小肚外鼓，下着裤，足着靴，拱手立于不规则方形底板上。通体饰红彩，多已脱落。通高19.4厘米（图四，4；彩版三九，2）。标本M1:10，头戴黑色幞头，一脸苦相，左边面部稍残，身穿圆领袍，束腰，下着裤，足着靴，拱手立于方形底板上。通体涂白粉并饰红彩，多已脱落。通高18.5厘米（图四，5；彩版三九，1）。

骆驼　2件。标本M1:11，昂首，扬脖，驼嘴高扬，尾卷于左臀，背置圆毯，立于底板上。鬃、垂胡、驼峰及腿腹部涂枣红彩，驼前腿有飞毛，高38.7厘米（图四，2；彩版三九，3）。标本M1:13，昂首，扬脖，驼嘴高扬，驼峰较高，尾摆于左臀，立于底板上。全身施黄彩，多脱落露胎，鬃、垂胡、驼峰及腿腹部涂枣红彩，该驼前腿上部亦有飞毛，高40.5厘米（图四，1）。

鸡　1件。标本M1:1，模制，冠高喙短，长颈，长尾后翘，雄立于地，制作不甚工整。鸡颈部有墨书"鸡"字。高10.4厘米（图三，9）。

羊　1件。标本M1:14，模制，昂首，抿嘴，弯角，小耳，四肢蜷曲于底板上，羊腹部有墨书"羊"字。长10厘米（图三，8；彩版四一，4）。

灶　1件。标本M1:16，制作简单，大致呈梯形台体，下面设半圆形灶门，上有山形挡烟墙，灶台上有墨书。长6.9厘米，宽5.4厘米，高3.9厘米（图四，7；彩版四一，2）。

磨　1件。标本M1:17，磨扇稍凹，台座下部外侈，磨扇周围有凸棱，磨扇上面有墨书。直径6.7厘米，高2.2厘米（图四，6；彩版四一，3）。

井　1件。标本M1:2，井体为梯形台体，制作不规整，井体一侧有墨书"井"字。底边长6厘米，高3.1厘米（图四，3；彩版四一，1）。

图四 出土陶器

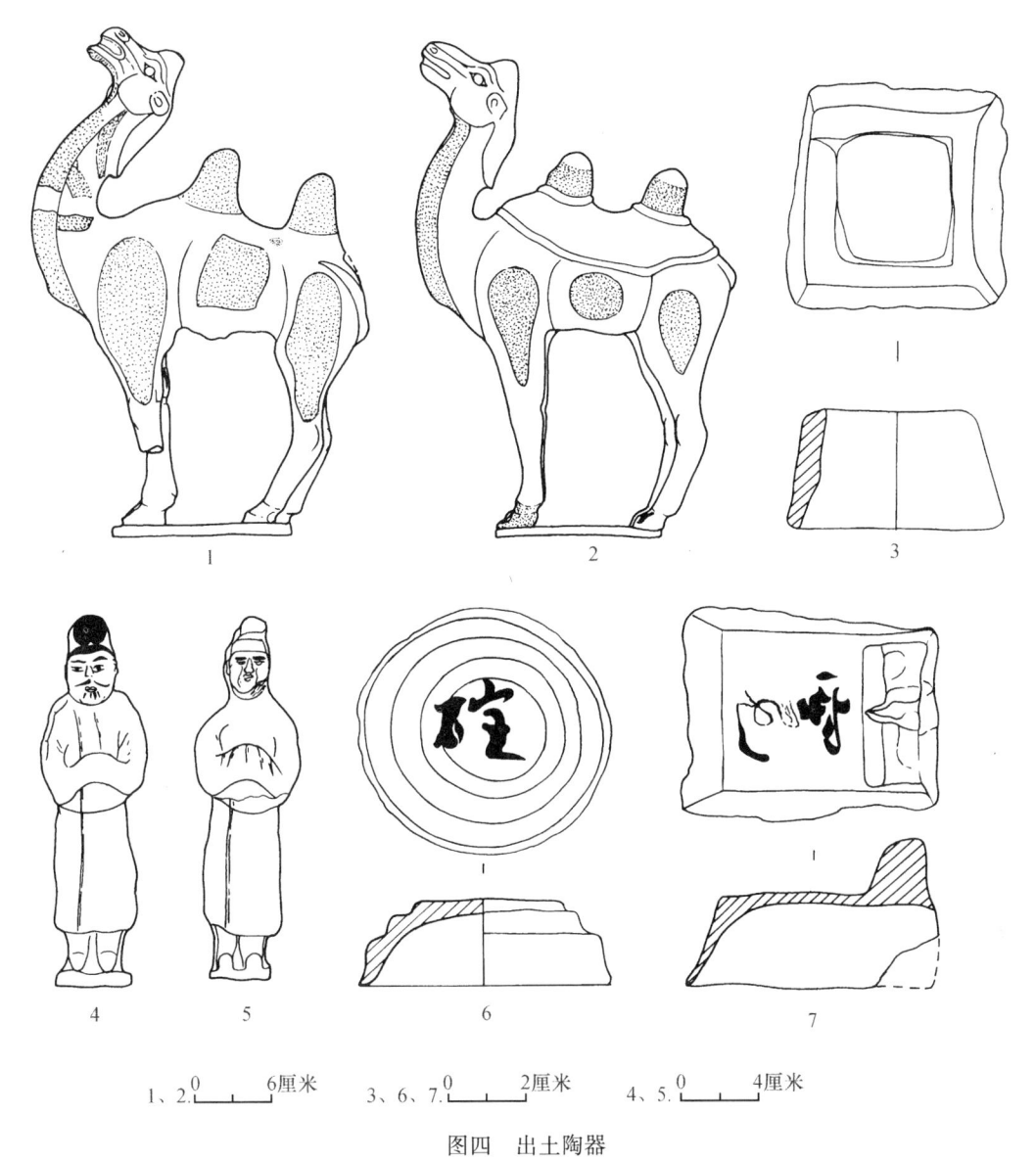

1、2. 骆驼（M1:13、M1:11） 3. 井（M1:2） 4、5. 男侍俑（M1:6、M1:10） 6. 磨（M1:17） 7. 灶（M1:16）

三、结　语

花地嘴遗址 M1 出土的器物大致分为神器类（镇墓兽、武士俑）、侍俑类（男、女侍俑、骆驼）、家用类（羊、鸡、灶、磨、井等）、器皿类（罐），根据巩义一带以往发掘唐墓和器物的特征，较能准确判断墓葬年代的器物只有神器类、侍俑类，其他类型只能作为断代旁证。而此次巩义花地嘴发掘的 M1 出土的镇墓兽和武士俑就能较准确的判断墓葬的年代,该墓出土镇墓兽、武士俑各 2 件,镇墓兽(M1:4)(M1:3)与 431 处国库唐墓[1]的镇墓兽(M4:2)(M3:6)完全相同,武士俑(M1:5)与 431 处国库唐墓[2]出土的武士俑(M3:8)也完全相同,因此,该墓的年代应在 680~685 年之间。

绘　　图:李　杨　焦建涛
照　　相:蔡　强

注　释

[1] 郑州市文物考古研究院:《河南省储备局四三一处国库唐墓发掘简报》,《中原文物》2009 年第 3 期。
[2] 同[1]。

登封高村壁画墓清理简报

于宏伟　黄　俊　李　杨

2003年7月，登封市铁路有限公司在修建告成—白坪铁路时，铁路穿过告成镇高村村南一台地，将一古墓破坏。郑州市文物考古研究所与登封市文物局闻讯后赶赴现场，发现古墓位于铁路路基内，铲车在挑挖铁路边沟时将古墓墓顶揭去，室内淤土过半，露出部分壁画。由于壁画墓大致完好，我们对此墓进行了清理。

一、地　理　位　置

高村位于告成镇西4公里的颍河南岸漫坡地上，西北距登封市区10公里，村南横亘一东西长6.5公里的土岭。此岭是其山山前低岭，岭前有宽窄不等的台地，高村村南台地即处于这狭长台地的东部。颍水自西而来，遇岭西端受阻，折向东北，经岭前行至告成镇，又东南流9公里注入白沙水库。古墓位于台地的南部，北距颍河1100米，东距著名的阳城贵族墓地400米（图一）。

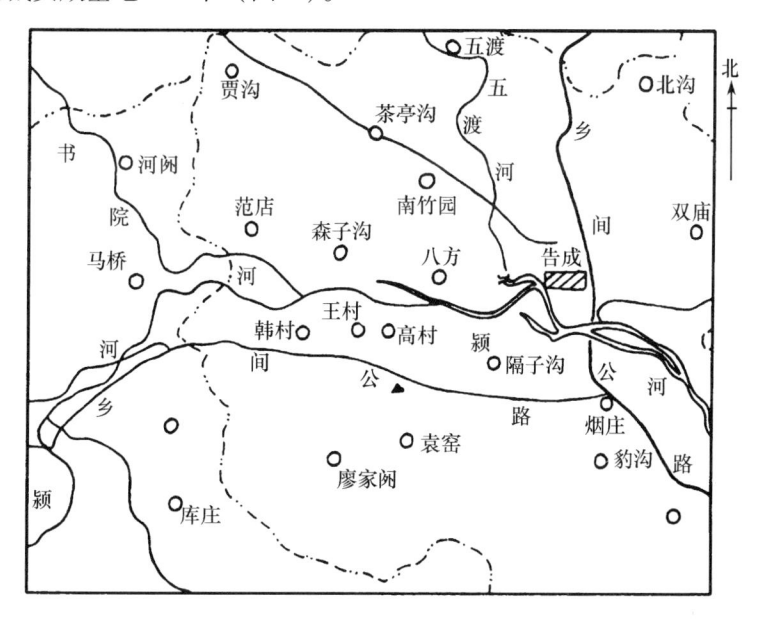

图一　高村壁画墓位置示意图

二、墓葬形制

墓为斜坡墓道单室砖券墓，方向192°，深5米，由墓道、墓门、甬道、封门砖、墓室五部分组成，编号03ZDGGM1（图二）。

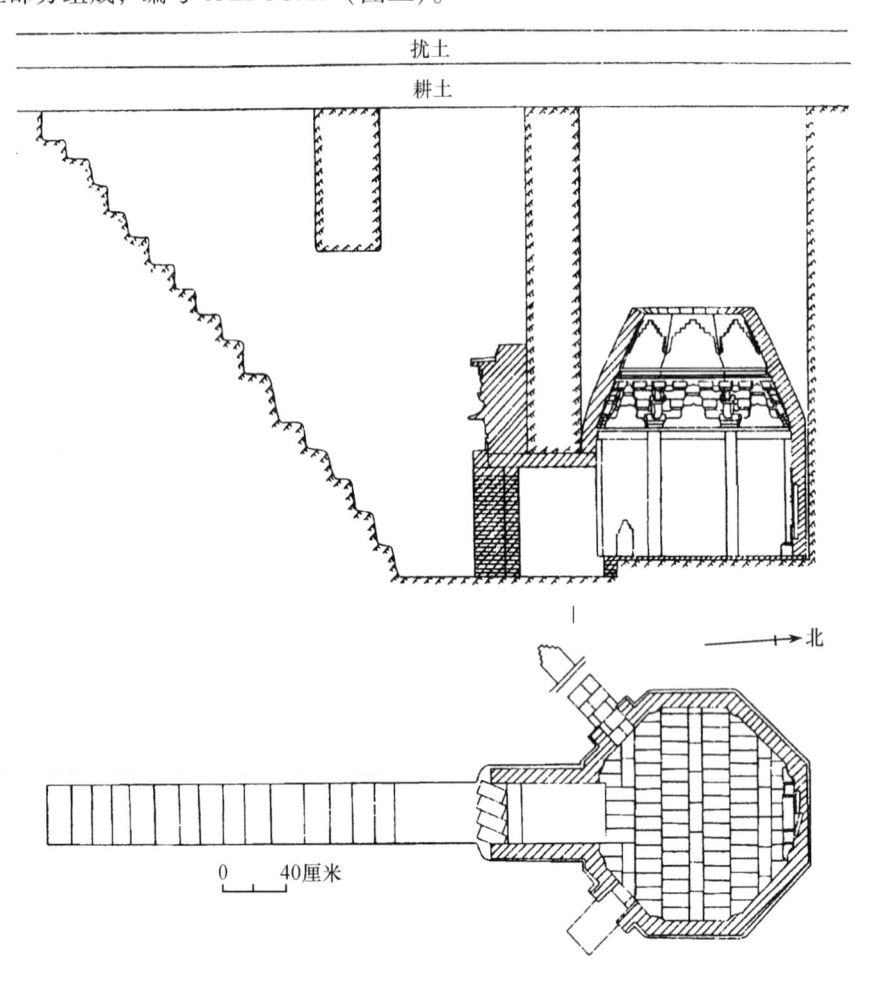

图二 高村壁画墓平、剖面图

墓道 位于甬道南端，长方形，呈阶梯式，北部开一天井。墓道总长6.96米，宽0.7米。共15级阶梯，台阶宽0.3米，高0.2米~0.56米。天井长1.76米，宽0.7米。

墓门 位于甬道与墓道之间，下部由立颊、门额、上额组成，上部为门楼。立颊宽0.15米，高1.47米，立颊内露出甬道券顶。门额宽0.69米，高0.14米，两侧饰两个栀花形门簪。上额抹角，宽0.69米，高0.05米。上额之上为普柏枋，其上置一计心造四铺作。栌斗下设皿板，上伸出一昂及泥道栱，昂上置耍头、令栱、令栱上为素枋、抹角橑檐枋、椽、檐、仰覆瓦、脊。墓门通高2.28米，宽0.65米（图三、图四）。

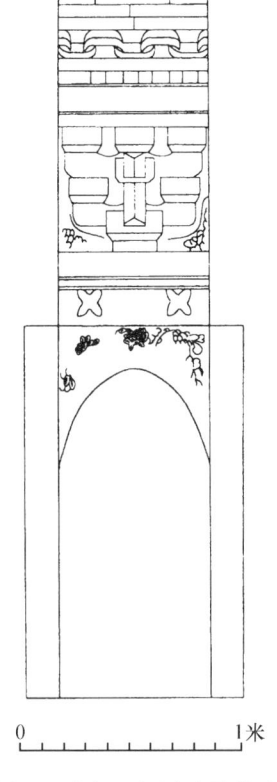

图三　墓门正视图及甬道壁画

甬道　位于墓室南壁正中，砖券，单层拱顶，两壁涂抹白灰，下有地仗。长1.32米，宽0.9米，高1.3米。

封门砖　甬道南部封堵两道封门砖，南一道纵砖错角平铺至甬道顶，外有4层横砖平铺，高1.5米。北一道横砖平铺，高1.3米。墙总厚0.56米。

墓室　从平地往下挖一直桶状土坑，然后在坑内砖砌墓室，呈八边形，每边长0.8米，墓室直径2.4米。室内青砖铺地，单层，高于甬道底0.25米，形成倒"凹"字形棺床。棺床前一极短空地，与甬道底平，长0.08米，宽0.9米，空地东、西、北三面为棺床的壁砖上涂白灰。墓室自下而上分为四部分：下部内壁连接处砌8个抹角倚柱，因涂有地仗，抹角不明显，柱高1.38米，无柱础，柱间砌阑额、普柏

图四　墓门斗栱

枋。南壁中为甬道，北壁设一假门，由门砧、地袱、立颊、门额、樗柱、上额、门扇组成，门扇一扇半掩，门额上两长方形门簪，簪端盝顶（图五，1）。西南、东南两壁中部各有一小耳室，顶逐层收杀成梯形。中部转角处柱头上设8个转角铺作，均为四铺作单抄计心造。栌斗上有华栱、泥道栱，泥道栱上承慢栱，做成鸳鸯交手栱形式。华栱上置耍头、令栱，令栱上有替木，上承橑檐枋。以上为8个梯形界面，界面内用砖砌出垂花饰。顶部为攒尖顶（顶残）。墓残高3.2米。

三、壁 画

壁画分为人物壁画、木作彩画及墓顶彩画三种。人物壁画均绘在白灰面上，白灰下为草拌泥地仗，而木作彩画及墓顶彩画白灰层下均无地仗。

1. 下部人物壁画

墓室下部南壁中设甬道，甬道两侧绘有壁画。

甬道东壁 出行图。图中绘三人一马，马头略扬，小耳竖起，前缨分披，朝南静静立于地上。马背置鞍鞯，枣红袱，头系辔头，胸有攀胸，臀有鞦。三人立于马左侧，均头戴黑色无脚幞头，着团领窄袖袍，下着裤，足着线鞋。前一人为牵马者，袍前襟掖起，露出蓝色内衬，右手似牵缰绳，面朝南。中一人为墓主，黄袍，身背弓和箭箙，回身与身后一人交代什么。此人双掌合十，臂肩挟一竹制马鞭，恭恭敬敬地听着主人吩咐（图三，2；彩版四二，1）。

甬道西壁 烙饼图。图中绘三女子，头束高髻，插步摇，身着褙子，下着长裙。南侧女子，蓝色褙子，菱纹围裙，坐于鏊前，双袖挽起，右手持铁条翻饼。鏊下炉火正旺，鏊右侧放一圆盒，内有烙饼。中坐一女，红色褙子，红色碎花围裙，身前一矮案，挽袖持杖，正擀面饼。北侧女子，青色褙子，叠胜纹裙子，双手托盘，正欲送饼，似走却又回首（图三，1；彩版四二，2）。

西南壁 升仙图。图中上部绘黄色横帐、红色幔帐，垂黄色组绶。帐下砖砌一梯形顶耳室，从耳室飘出一团五彩祥云，祥云之上站立两人。左者，身着白色宽袖袍；右者，身着枣红色交领窄袖襦。耳室左侧一女侍，头梳双垂髻，髻系红带，身着蓝色窄袖褙子，下着红色叠胜纹白裙，足着尖鞋，袖手而立。耳室右侧立一男侍，头戴黑色无脚幞头，身着淡青色团领窄袖袍，腰系红带，足着鞋，双手抱于胸前。整个场面表现为"恭迎逝者升天"（图六，2；彩版四三，1）。

西壁 备宴图。图中上部绘黄色横帐、红色幔帐，垂赭黄色组绶。帐下二女侍。左女头梳双垂髻，系红丝带，身着蓝色宽袖褙子，下着红色叠胜纹白裙，腰间所系似为蔽膝，蔽膝下垂蓝色宽带，足着尖鞋，双手端盘，盘内盛物。右女头梳高髻，插簪，衣着

图五　高村壁画墓展开示意图（一）

同前，唯褙子枣红色，双手端盘，盘内盛水果，上有盖。身左侧地上卧一黑狗，长尾，口微张，眼视左方。身前放置一瓶座，中插一瓶。瓶座周围散置扫把、压股剪、熨斗、尺子等（图六，3；彩版四三，2）。

西北壁　宴饮图。图中上部绘黄色横帐、红色幔帐，垂黄色组绶。帐下左侧绘一黑色直足直枨方桌，桌上摆放壶1件、食盒1件、杯2盏、罐1件、碗1件。桌后立一妇人，头梳高髻，着浅蓝色碎花宽袖褙子，下着红色叠胜纹裙子，拱手目视桌前男子。男头戴黑色无脚幞头，身着黑色团领宽袖袍，内着交领衫，足着尖头靴，袖手坐于一搭脑上翘的靠背椅上，脚踏脚床。椅上搭红色椅衣。男身后立一屏风，呈铁锈红色。此二人应为墓主夫妇（图六，4）。

东北壁　备宴图。图中上部绘黄色横帐、红色幔帐，垂黄色组绶。帐下二女侍。左女头束高髻，身着蓝色中袖褙子，下着叠胜纹白裙，腿间长带，足着尖鞋，双手持一茶炉，炉内炭火熊熊，炉托上一茶碗，目视前方而行。身后紧随一人，高髻，红色褙子，黄裙，尖鞋，手提一长颈注子。两人身后一铁锈红桯的屏风，屏风左前侧放一条状物，

图六　高村壁画墓展开示意图（二）

似为榻床之类东西；左后侧立一灯檠，杆顶置灯盏，盏下有悬鱼、圆托板。女侍脚前地上蹲一黑花猫，脖系红带，头顶垂一线球，尾后一手卷（图五，2；图七）。

东壁　侍洗图。图中上部绘黄色横帐、红色幔帐，垂黄色组绶。帐下左侧一铁锈红桯的屏风，屏风前一盆架，搭脑端呈蕉叶式，右侧搭白巾，盆架束腰，雕饰壸门。盆架右侧一女侍，头梳双垂髻，系红带，身着蓝色中袖褶子，下着红色叠胜纹白裙，足着尖鞋，左手端碗，右手提水桶，走向盆架（图五，3；图八）。

东南壁　升仙图。图中上部绘黄色横帐、红色幔帐，垂黄色组绶。帐下砖砌一耳室，同西南壁耳室，耳室飘出一团五彩祥云，祥云之上站立两人。左侧男性（头失），着红色窄袖袍，足着尖鞋，袖手。右侧一女，头梳高髻，着蓝色窄袖褶子，下着白裙，袖手。耳室两旁拱手而立两侍女，梳双垂髻，髻系红带，着中袖褶子，下着裙，足着尖鞋。左女蓝褶子，红色叠胜纹裙，右女红褶子，黄裙（图五，4）。

2. 栱间壁人物壁画

共8幅，均为行孝图。

西南壁　画面中绘三人。左侧一人，头戴无脚幞头，着红色团领袍，腰束黑带，足着靴，眼望对面军头，拱手施礼，身前地上放置一篮、一巾。军头头戴缨盔，身披铠甲，坐于一块岩石上，左手摁腰，右手前指，质问前人。身旁站立一军士，头扎巾，身披裲裆甲，手握旗杆（也可能是兵器），面无表情，注视施礼人。画左下角、右下角绘山峦，左上方题记"蔡顺"2字。画面表现的是"蔡顺拾椹供亲"的故事（图六，2；彩版四三，3）。

西壁　画中绘四人。左侧两人，一人头戴黑色幞头，身着红色团领袍，腰束白带，下着黑裤，足着鞋，躬身施礼，向对面军头哀求什么。身左一人，头戴无脚幞头，白袍，红带，亦拱手作揖，眼望军头。军头坐于山前一块岩石上，头戴兜鍪，身着红色战袍，外罩铠甲，左手摁于胯部，右手前指，厉声喝问对面红衣人。身右站立一军士，头戴兜鍪，着白色战袍，手持红旗。画左上方题记"赵孝宗"3字，画面表现的是"赵孝宗行孝"故事（图六，3；图九）。

西北壁　右侧台基上立两檐柱，柱间悬红色幔帐，帐下一年老妇人，头梳高髻，包以白巾，着淡蓝色褙子，袖手坐于搭脑上卷的靠背椅上。身前一长方案，案衣淡青色，沿下红色，案上似放有物品。案前站立两人，男子头戴黑色幞头，着蓝色团领袍，面向老妇人施礼。身左女子头梳高髻，包以红巾，着红色交领窄袖襦，下着粉红色曳地长裙，拱手，眼望男子。画左上方题记"丁兰"2字，画面表现的是"丁兰刻木事亲"故事（图六，4；彩版四三，4）。

北壁　右侧绘一低台建筑，青瓦覆顶，柱檐下红色幔帐高悬，柱间置一长方形卧榻。一老年妇人，头梳高髻，系以红带，着白色交领襦，下着白裙，袖手盘腿坐于榻上。阶前地上坐一年青妇人，髻系红巾，红襦，粉红裙，左手撩裙，露出右腿，右手拿刀，正欲割肉。身后柱前袖手立一侍女，白襦，红裙，默默注视妇人。画左上方题"王武子"3字，画面表现的是"王武子割股奉亲"的故事（图五，1；图一〇）。

东北壁　画右绘一男子，头戴黑色幞头，身着黑色团领窄袖袍，内着交领衫，袖手，臂肩间挟持一鞭，正迈步行走。男子右前方并排两象，象前一前一后有两头黑猪，均俯首而行。空中七鸟，来回飞翔。画右下角绘山，并题记"尧舜子"，画面表现的是"舜孝感动天，大象耕田"的故事（图五，2；图一一）。

东壁　画右绘一低台建筑，青瓦覆顶，檐柱间悬红色幔帐。帐下一妇人，头梳髻，包以白巾，着白色交领窄袖襦，下着粉红裙，左手拄一短棍，右手前指一男子，坐于座墩之上，座墩罩红衣。身后立一屏风，黑桯，桥式底座，屏心草书，字不识。身前男子，头戴幞头，着红色团领窄袖袍，拱手与妇人说话。画左上题记"韩伯愈"3字，画面表现的是"韩伯愈泣杖行孝"的故事（图五，3；图一二）。

东南壁 画左绘四棵竹子，竹周生出九棵竹笋。竹前一人，头扎巾，身着粉红色宽袖袍，足着鞋，坐于地上，左手放于腿上，右手支膝，掩面哭泣，身后置一竹篮。篮后立一妇人，头梳高髻，身着粉红色交领宽袖襦，下着白裙，足着鞋，身略前倾，右手前伸，似在劝说前者。右上侧题记"孟宗"2字，画面表现的是"孟宗行孝，哭竹生笋"的故事（图五，4；图一三）。

南壁 画面绘三人。左侧一人，头戴扎巾，着短裤，卧于冰上，身旁二鱼跃出水面，衣服挂于岸边树枝上。右侧岸上两妇人，头扎巾，着粉红色交领宽袖襦，下着曳地长裙。一人右手抬至额际，目露诧异。一人拱手，默然注视冰上之人。画中上部题记"王祥"，画面表现的是"王祥卧冰求鲤"故事（图六，1；图一四）。

3. 上部人物壁画

共 8 幅。

西南壁 祥云中拱手站立一女子，头梳双高髻，髻系红巾，着白色交领阔袖襦，襈、褾蓝色，下应为裙，腿间垂大带（图六，2；彩版四三，5）。

西壁 流云之上站立一女子，衣饰同前，右肩扛一拂尘（图六，3；图一五）。

西北壁 流云之上站立一女子，衣饰同西壁，右肩亦扛一拂尘（图六，4；图一六）。

北壁 流云中赤脚站立一女子，头部不清，似为菩萨，有头光，身着红色阔袖襦，双手合十于胸（图五，1；图一七）。

东北壁 流云中站一男子，头饰不清，身着白色团领窄袖袍，腰系带，拱手施礼（图五，2；图一八）。

东壁 流云中站立一女子，头梳高髻，髻系红带，身着白色交领阔袖襦，襈、褾蓝色，双手持盘，盘内有物（图五，3；图一九）。

东南壁 流云中站立一女子，头梳双垂髻，系红带，插组簪，身着白色交领阔袖襦，襈、褾蓝色，双手持盘，盘内盛物（图五，4；彩版四三，6）。

南壁 流云之上站立一女子，头梳双高髻，髻系红带，衣着同前，双手斜持拂尘，眼往左看（图六，1；图二〇）。

4. 木作彩画

墓门 墓门立颊、门额、甬道拱顶正面均绘红晕缠枝牡丹，普柏枋以上至椽檐彩绘多脱落，也为牡丹花之类。

墓室南壁 甬道口外红彩、蓝线各一周，蓝线外绘红晕缠枝牡丹，壁顶悬红色、黄色横帐。

墓室北壁 假门上所绘图案均脱落。假门之上为黄色卷帘，壁顶悬红色、黄色横帐。

倚柱　倚柱所绘纹饰一样，菱纹籫头间绘红色一整二破仰莲瓣。

阑额　白地上以红彩留出圆纹，圆内涂两红点。相邻一额则绘连续半方胜，胜心绘仰莲。

普柏枋　两端绘蓝色、红色籫头，枋心两侧蓝色，中留白。

铺作　壁室南壁两侧两铺作相同，北壁两侧两铺作相同。西壁左侧铺作同北壁铺作，右侧铺作同南壁铺作。东壁左侧铺作同南壁铺作，右侧铺作泥道栱与令栱图案一样。

图七　备宴图

图八　侍洗图

图九　赵孝宗图

图一〇　王武子图

图一一　尧舜子图

图一二　韩伯愈图

图一三　孟宗图

图一四　王祥图

图一五　西壁上部人物画

图一六　西北壁上部人物画

图一七　北壁上部人物画

图一八　东北壁上部人物画

图一九　东壁上部人物画

图二〇　南壁上部人物画

南壁铺作　皿板、栌斗上绘蓝缘，内以红彩勾斗心，内施红色半方胜，胜心绘仰莲。泥道栱，蓝缘，内勾红色栱心，心内绘半方胜，胜心仰莲。华栱，蓝缘，栱心绘红色方块。慢栱、令栱，蓝缘，白地上以红彩留圆纹，圆内点红彩。耍头，蓝缘内绘红方块。泥道栱、慢栱、令栱、华栱之斗皆蓝缘，斗心绘蓝色长方块，唯令栱心斗红方块内绘半方胜。替木，蓝缘，内用红彩勾心，心内点红彩。

北壁铺作　泥道栱栱心为圆纹点红彩，令栱栱心为半方胜，胜心仰莲，同南壁铺作正好相反。令栱心斗饰圆纹点红彩。余同南壁铺作一样。

橑檐枋　白地上以红彩留方胜，胜心点红彩。相邻一枋则白地上以红彩留圆纹，圆内点红彩。

5. 墓顶彩画

砖砌垂花饰上绘红、蓝条彩，垂花饰以上八个界面绘红色方胜，胜心绘莲花。

四、遗　物

墓室由于水浸、骨架腐朽严重，人数、头向、性别均不能辨。左右耳室各见小孩骨头。甬道底出有残陶盆 1 件、研磨石 1 块，墓室棺床上放置买地券 1 块。

陶盆　可复原，泥质灰陶，敞口，卷沿，圆唇，浅弧腹，平底。口径 41 厘米，底径 22 厘米，高 15.6 厘米（图二一）。

石核　一端稍粗，细端有颜料痕迹，长 8 厘米，径 6 厘米。

买地券　砖制，方形，边长 32 厘米，厚 5 厘米，墨书文字脱落不清。

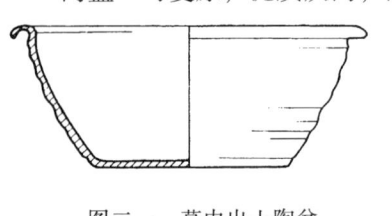

图二一　墓内出土陶盆

五、结　语

高村壁画墓出土的买地券，文字不能辨识，我们只能根据墓葬形制、壁画两个方面来判断它的年代。

1. 墓葬形制

墓为阶梯墓道的八边形砖室墓，墓门上砌门楼，墓壁设假门、倚柱、阑额、普柏枋、铺作、橑檐枋、垂花饰，同黑山沟壁画墓（1097 年）[1] 几乎一样，只是铺作略为简单。

2. 壁画

高村壁画墓主色只有红色一种，比黑山沟壁画墓少，但墓壁下部倚柱饰绘一整二破仰莲，家居人物上悬幔帐、横帐，北壁假门上方饰卷帘，同黑山沟壁画墓如出一辙。壁画下部绘家居生活，中部栱间壁绘孝行故事，上部绘道士、道姑等内容，也同黑山沟壁画墓完全相同。

故此，高村壁画墓的年代应与黑山沟壁画墓年代相近，亦在北宋末年。高村壁画墓有两点是目前郑州所发掘的宋代壁画墓中没有见到的，一是墓道带天井，另一是墓室西南壁、东南壁各筑一耳室。墓道带天井在唐代级别较高，宋代是否也是如此，尚不敢断定，因高村壁画墓的铺作复杂程度、壁画色彩种类、画工水平都不及黑山沟壁画墓。

墓室内设小耳室，存放孩童尸骸，则属偶然。高村壁画墓以红彩为主，兼用蓝色，少见黄色，所绘人物线条粗放，面部表情程式化，有些甚至男女不分。但在甬道西壁绘烙饼图，实为罕见，也是郑州宋墓所仅见。

领　　队：郝红星
发　　掘：张满堂　耿建北　于宏伟
绘　　图：李　杨
临　　摹：刘建洲

注　释

[1]　郑州市文物考古研究所、登封市文物局：《河南登封黑山沟宋代壁画墓》，《文物》2001年第10期。

（原刊于《中原文物》2004年第5期）

荥阳槐西壁画墓发掘简报

于宏伟　刘良超　李　杨

2008年3~4月，郑州市文物考古研究院为配合荥阳槐西希格玛欧洲产业基地一期工程建设，在其基建工地，清理魏晋、宋、金、明各个时期墓葬共36座，其中宋代壁画墓一座，编号为0803XHM13，墓内壁画保存基本完整，并且壁画内容有一定的独特性，现将清理情况报告如下。

一、墓葬概况

墓葬区位于荥阳市豫龙镇槐西村西北部台地上，该地处檀山东段南麓，地势北高南低，东临关公路，西距唐王路约300米，南临中原西路，北临郑州市商业技师学院（图一）。

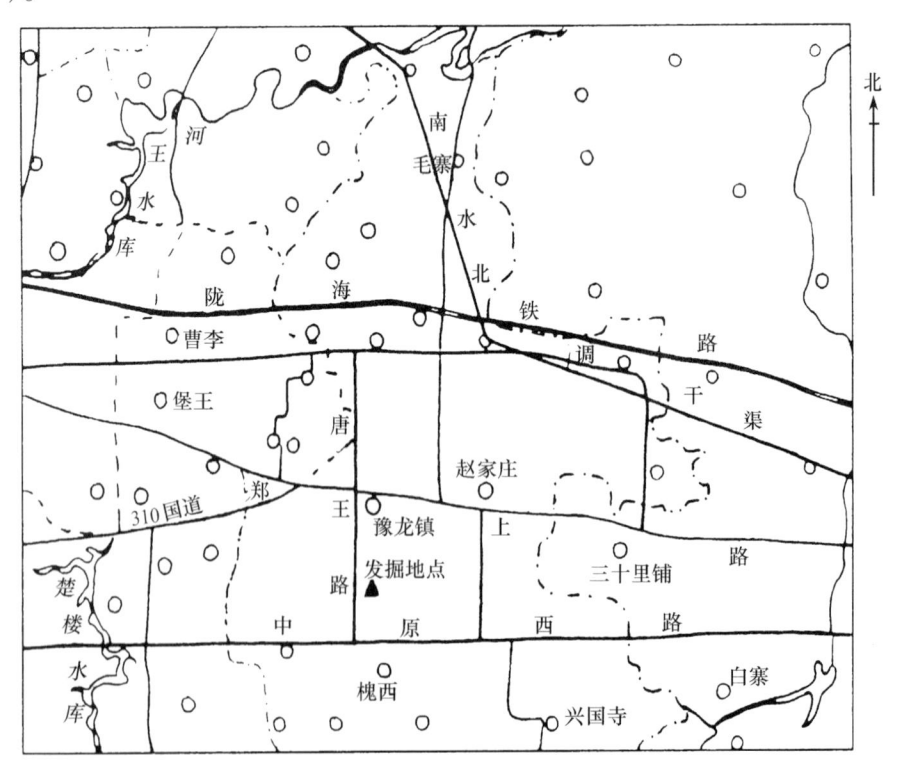

图一　槐西壁画墓位置示意图

0803XHM13 为长方形竖穴墓道土洞墓，方向 183°，由墓道、甬道、墓室三部分组成。墓道位于墓室南部，长 2 米，宽 0.56～0.8 米，四壁较直，墓道南部东西两壁有对称脚窝，墓门位于墓室与墓道之间，宽 0.8 米，高 1.1 米，用土坯封门，土坯长 0.3 米，宽 0.15 米，厚 0.05 米。甬道位于墓室南壁正中，宽 0.8 米，高 1.1 米。墓室平面为长方形，南北宽 1.74 米，东西长 2.1 米，盝顶，墓室高 1.66 米，底距地表深 6.6 米（图二）。

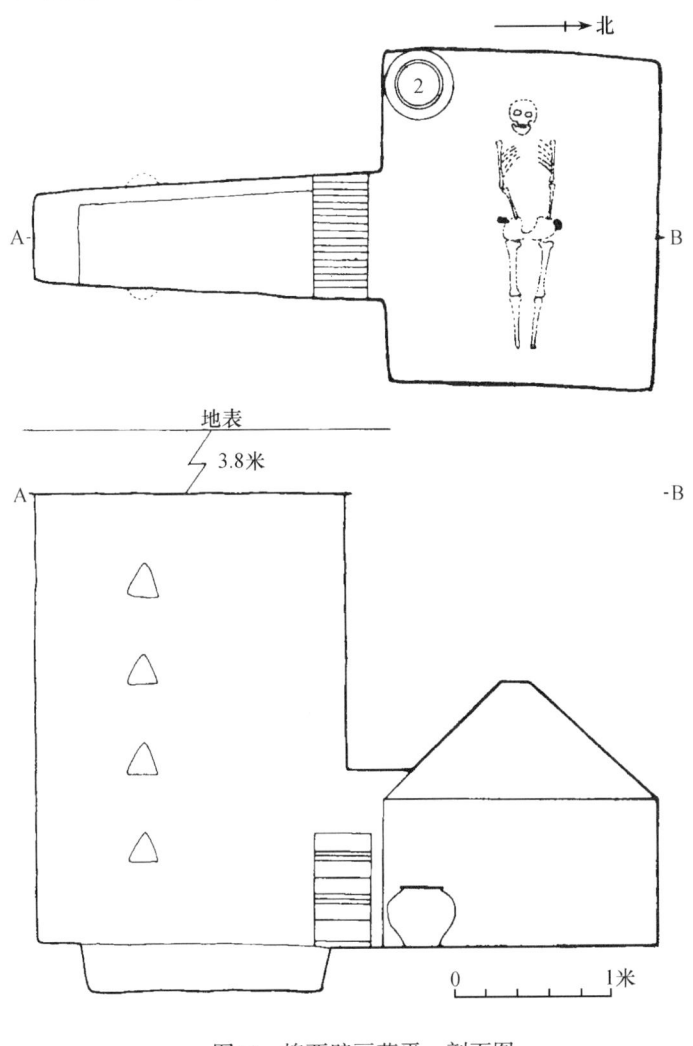

图二　槐西壁画墓平、剖面图

二、壁 画 内 容

墓门上部及墓室内四壁绘有壁画，壁画直接绘于土洞壁上，先于墙壁上涂白灰，再用墨线勾勒出人物、器皿轮廓，然后于内填入红、黄、蓝、黑等颜料。墓室四角影作四根红色倚柱，倚柱上绘一整二破方胜，胜间填赭红牡丹花。由于附近施工震动，造成壁画不同程度剥落，现就其基本内容介绍如下。

墓门上部壁画保存较差，内容应为斗拱之类。

墓室内壁画保存基本完好，壁画分上下二层，下层以红线隔开分成上下两部分，下部绘居家图、梳妆图、备宴图、出行图。上部绘行孝图，共计15幅，墓顶与下部壁画用双红线隔开，四面绘有一藻井，部分塌落，西面保存较好，依次叙述（图三）。

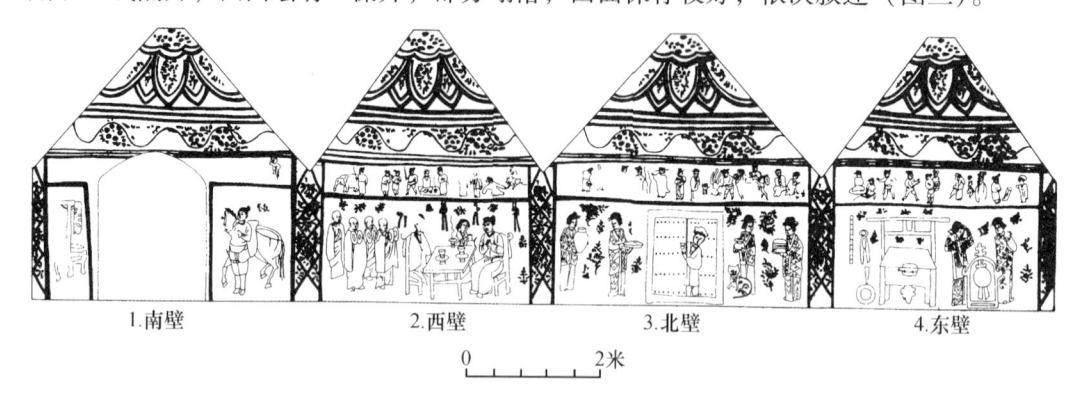

1.南壁　　　　　2.西壁　　　　　3.北壁　　　　　4.东壁

0　　2米

图三　槐西壁画墓壁画展开示意图

1. 壁画下层内容

西壁下部　居家图。上悬赭褐色与红色组绶与碎花幔帐，帐下右半部绘一直足直枨方桌，桌上摆托盏二、灯台一。左侧女主人头梳高髻，戴耳环，面部满是皱纹。身着红色交领褙子，内着白衫，下束白裙。双手环抱胸前，端坐于一搭脑上翘的赭色靠背椅上，椅上搭黑色椅衣。右侧男主人头戴黑色无脚幞头，着白色团领宽袖袍，双手合于胸前，坐于一搭脑上翘的赭色靠背椅上，椅上搭黑色椅衣。二人中间走来一侍女，头梳双垂髻，着白色交领褙子，双手持一白瓷注子，面向男主人。画面左半部绘四位僧侣，左一僧人，内着赭黄色僧袍，外披淡黄色袈裟，双手托一朵莲花于胸前。左二僧人，内着赭黄色僧袍，外披红色袈裟，双手击钹。左三僧人，身披浅黄色袈裟，双手击钹，左四僧人，内着红色僧袍，身披赭黄色袈裟，双手击钹。四位僧人中，除左三僧人面向右侧张望外，其余三位僧人均面向右侧的男女墓主人。从画面分析，应在为墓主人作法事活动（图三，2；彩版四八，1、2）。

北壁下部　备宴图。在整个画面人物间空隙绘牡丹花，整幅画面可分为三部分，左侧绘二侍女，均束高髻，插步摇，外穿红黑花纹交领褙子，左边侍女下束淡黄色百褶长裙，右边侍女下束百褶碎花长裙，左侧侍女双手端一黑色坛子，面向前方，右侧侍女双手托一花边瓷盘，盘内盛物。正回首张望。中间绘一实榻朱漆大门，门绘五路门钉，一侍女头束白帕，外穿红色褙子，下束白褶裙，左手抚门，上半身探出门外张望。右侧绘二侍女，均束高髻，插步摇，着装同左半部侍女，左侍女双手端一黄色壶类器物，回首面向对面侍女，身下半蹲一黑狸猫，右侧女子双手托一圆形盛物，似为盒子之类（图三，3；彩版四四，1）。

东壁下部　梳妆图。在整个画面人物、物品间空隙绘赭红色小碎花，整幅画面可分为两部分，左半幅绘直尺、交股剪、熨斗各一，其右绘一柜，直足，直枨，正面设锁钥各一，柜后立一衣架。右半幅绘二女子，中间绘红色镜架，镜架上悬一圆镜。镜架左边女子梳高髻，外穿黑色花纹褙子，下束百褶裙，作理鬓状，正对镜梳妆。右边女子头梳高髻，外穿赭黄花纹褙子，下束百褶裙，双手合于胸前，回眸望镜（图三，4；彩版四四，2）。

南壁东下部　梳洗图。绘一红色盆架，搭脑端上翘，盆架束腰，鼓腿，腿装圈枨，上置一盆，盆架上搭一条碎花毛巾（图三，1）。

南壁西下部　出行图。绘一人一马。男子头戴黑色无脚幞头，上穿白色团领窄袖袍，下着裤，足着线鞋，右手牵缰。马抬足正行，背上配红色马鞍，胸有攀胸，臀有鞦（彩版四五，1）。

2. 壁画上层内容

行孝图。共计15幅，行孝内容为舜子行孝、赵孝宗行孝、丁兰行孝、韩伯瑜行孝、杨香行孝、田真行孝、郭巨埋儿、刘明达行孝、王武子行孝、孙元觉行孝、鲍山行孝、曹娥行孝、曾参行孝等。

西壁上南部　画面中绘一男子，头戴折角幞头，身着红色团领长袍，左臂下垂，右臂持杆行走，身右一白象。此画面应为"舜子孝，感动天，象为耕，鸟为耘"的故事（图三，2；彩版四五，2）。

西壁上中南部　画面中绘三男子，右边一人，头戴黑色折角幞头，着红色团领窄袖袍，下着白裤，右手持剑。左侧两人均戴幞头，拱手施礼，毕恭毕敬，一着淡黑色团领袍，一着深黑色团领袍，此画反映的应为"赵孝宗行孝"的故事（图三，2；彩版四五，3）。

西壁上中部　画面中绘两人，右一人，头戴黑色折角幞头，身着红色团领窄袖袍，略躬身，双手于胸前作施礼状，左一妇人，似盘膝坐于席上，席上有物烟雾缭绕，似为香炉。此应为"丁栏刻木事亲"的故事（图三，2；彩版四六，1）。

西壁上中北部　此幅画多残，画面中绘两人。右为一妇人，头梳髻，穿淡黄色对襟旋袄，下着红裙，右手执杖，左为一男子，身着浅黄色团领窄袖袍，面向妇人。《历代孝子汇编》载："伯俞亳州人，少有过，母笞之，泣，母曰：'吾他日笞子，未尝泣，今何泣也？'对曰：'往者杖痛，知母康健，今杖不痛，知母力衰，是以悲泣。'"此画反映的应为这段故事（图三，2）。

西壁上北部　画面中绘两人。右一人圆脸短发，上着红色褙子，下着黑裙，骑于虎上。虎正奔向一红衣老者，老者头戴牛角幞头，作惊恐状。该画面反映的应是"杨香行孝"的故事。但这幅壁画杨香所骑动物形似牛，比较奇怪（图三，2；彩版四六，2）。

北壁上西部　此幅剥落严重，画面中绘三人，左一人，身着红色团领长袍，双手掩面，腰挂一篮。中间隔一物，右一男子，头戴黑色折脚幞头，下部残。此画面反映的应是"蔡顺拾椹供亲"（图三，3）。

北壁上中西部　画面中绘三人，中间一人头戴展脚幞头，身着红色团领长袍，位于左右两人之间，右手指向其身侧一树，面向右边一人，其左右两人均戴黑色无脚幞头。此画面反映的应为"田真三兄弟在紫荆树下分家"的故事（图三，3；彩版四六，3）。

北壁上中部　画面中绘三人，右一男子，头戴黑色无角幞头，身穿黑色圆领短袍，面左而立，左手拿锹。前方地上冒出道道瑞气。左一妇人，头束额帕，着红色褙子，膝旁一小孩，抬头望母亲。此画面反映的应为"郭巨为母埋儿"的故事（图三，3；彩版四六，4）。

北壁上中东部　画面中绘三人，右一男子，头戴黑色无角幞头，身穿红色圆领短袍，骑在马上，怀裹幼儿，面向左侧妇人，回首观望，此画面反映的应为"刘明达卖儿救父"的故事（图三，3）。

北壁上东部　画面左侧绘一老妇，盘坐于方石之上，双手交叉于腹前。右侧一妇人，头梳包髻，着红色褙子，背对老妇露出左腿，一手持刀，身前放有两具器皿。此画面反映的应为"王武子妻割股奉亲"的故事（图三，3；彩版四七，1）。

东壁上北部　画面中绘三人，中一男子，着黑红色中袖袍，头发作双角，右手拖一肩舆，眼望右侧男子。右一男子，头戴幞头，着黑袍，右手指向中间之人。画面最左一红衣男子，戴无脚幞头，坐于席上，此画面反映的应为"元觉行孝"的故事（图三，4；彩版四七，2）。

东壁上中北部　画面中绘三人，左边一人，头戴黑色折脚幞头，着黑色团领窄袖袍，下着白裤，右手持剑，左手指向左侧之人，左侧之人头戴无脚幞头，着黑色圆领袍，下着白裤，身背一篓，内坐一妇人，正向右边之人作揖，此画面反映的应为"鲍山行孝"的故事（图三，4；彩版四七，3）。

东壁上中南部　画面中绘二人，左边一妇人俺面而泣，面前一尸骨似乘云升起，右边一男子，头戴通天冠，身着红色交领宽袖袍，手持一物于胸前。此画应为"曹娥泣江"的故事（图三，4；彩版四七，4）。

东壁上南部　画面中绘两人，右边一妇人，红巾扎髻，上着黑色交领窄袖襦，下束红色长裙。左边一男子，戴黑色幞头，着红色团领袍，面向妇人施礼，身侧放一担柴。此画应为曾参"啮指心痛"的故事（图三，4；图四）。

图四　荥阳槐西壁画墓东壁上南部

南壁上西部　剥落严重，只能辨清一男子身穿红色团领长袍，发作垂髫，右手抬起，此画表现的应为"老莱子娱亲行孝"的故事（图三，1）。

三、出土器物

骨架位于墓室中部，已朽成粉末，大致可辨，头向西，仰身直肢，性别不详。墓主身侧随葬铜钱5枚，在墓室西南角随葬陶瓮1件。

陶瓮　1件，标本0803XHM13∶1，泥质灰陶，直口，尖圆唇，鼓肩，下腹斜收，平底，下腹部有三道凹弦纹，口径29.2厘米，腹径45厘米，底径22厘米，高36.4厘米（图五）。

铜钱　5枚，天圣元宝1枚（标本0803XHM13∶2-1），旋读，篆书，面径2.55厘米，穿径0.8厘米，缘宽0.25厘米（图六，1）。

皇宋通宝　1枚（标本0803XHM13∶2-2），直读，篆书，面径2.4厘米，穿径0.65厘米，缘宽0.35厘米（图六，2）。

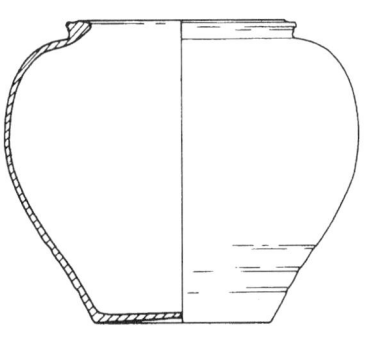

图五　陶瓮（M13∶1）

治平元宝　2枚（标本0803XHM13∶2-3），旋读，篆书，面径2.4厘米，穿径0.7厘米，缘宽0.25厘米（图六，3）。标本0803XHM13∶2-4，旋读，真书，面径2.35厘米，穿径0.7厘米，缘宽0.2厘米（图六，4）。

绍圣元宝　1枚（标本0803XHM13∶2-5），旋读，篆书，面径2.4厘米，穿径0.7厘米，缘宽0.25厘米（图六，5）。

图六　铜钱拓片
1. M13∶2-1　2. M13∶2-2　3. M13∶2-3　4. M13∶2-4　5. M13∶2-5

四、结　语

M13形制与宋金时期小型墓类同，根据出土货币可以推断该墓年代的上限当为绍圣元年。孝子故事是封建伦理道德观念的反映，早在汉魏时即已流传，宋金时更为广泛流行。以此为题材作壁画内容的有：山西芮城潘德冲石椁上雕刻的二十四孝[1]、兰州中山林金代雕砖墓[2]、焦作金墓[3]、荥阳司村壁画墓[4]荥阳孤伯嘴壁画墓[5]等。从该壁画人物造型、绘画技法等方面看，与荥阳司村壁画墓、孤伯嘴壁画墓基本相同，所以推测该墓的年代应与二者差不多，其年代下限为北宋末或金初。

M13形制、壁画风格与登封、新密地区宋金壁画墓有较多不同之处。首先，登封、新密地区多为长方形斜坡或台阶式墓道，该墓为长方形竖穴墓道，墓道两壁有脚窝。其次，该墓为四边形土洞墓，登封、新密地区宋墓墓室多为砖砌仿木结构六角、八角形。再次，M13壁画布局与登封壁画相比，内容有些不尽合理，而且条例不甚清晰，似为仓促之间所作。墓室四壁经过简单修整，打制不是十分精细，无地仗，仅在墓壁及墓顶涂白灰一层，然后于其上直接作画，而且画风朴实，具有典型的民间画匠风格。因此，此墓虽然有宋初四边形壁画墓的形制，却是基于财力不足的减省之作，它的墓室结构，壁画施工与线条草率，也都体现这一特征。值得一提的是，西壁绘制的僧侣作法事图是以前从未发现过的壁画题材，M13的发掘为郑州地区宋金壁画墓的研究增添了新的资料。

领　　队：于宏伟
发掘整理：郝红星　刘良超　于宏伟
绘图照相：刘良超　李　杨

注　释

[1]　山西省文物管理委员会、山西省考古研究所：《山西芮城永乐宫旧址宋德方、潘德冲和"吕祖"墓发掘简报》，《考古》1990年第9期。
[2]　甘肃省文物管理委员会：《兰州中山林金代雕砖墓清理报告》，《文物参考资料》1957年第3期。
[3]　河南省博物馆、焦作市博物馆：《河南焦作金墓发掘简报》，《文物》1979年第8期。
[4]　郑州市博物馆：《荥阳司村宋代壁画墓发掘简报》，《中原文物》1982年第4期。
[5]　郑州市文物考古研究所、荥阳市文物保护管理所：《河南荥阳孤伯嘴壁画墓发掘简报》，《中原文物》1998年第4期。

（原刊于《中原文物》2008年第5期）

河南登封城南庄宋代壁画墓

于宏伟　郝红星　李　杨

1982年5月，在登封市城南庄村李世民院内发现一座壁画墓（图一），当时河南省文物考古研究所对其进行了清理，并采取了加固保护措施。2003年7月，户主上报市文物局，准备在该墓所在位置建住宅楼，郑州市文物考古研究所闻讯后组织人力，重新对墓葬进行了测绘和壁画临摹。

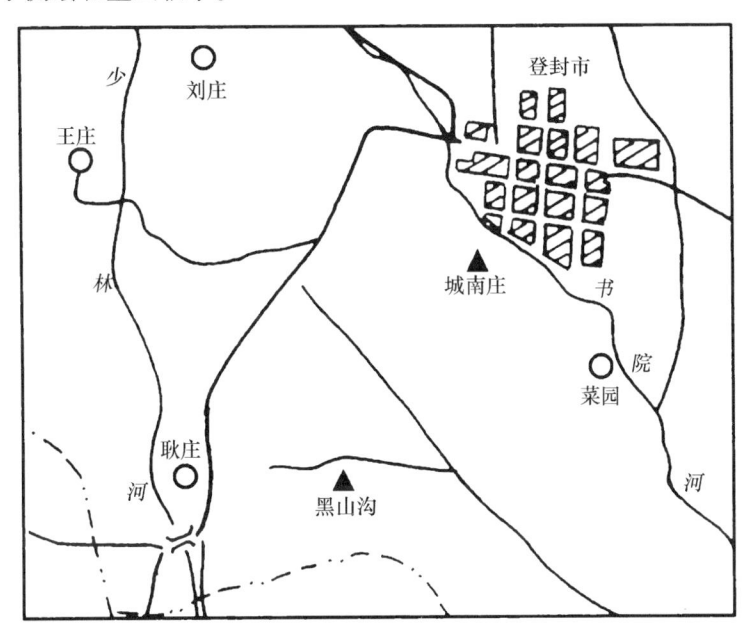

图一　墓葬位置示意图

一、墓葬形制

该墓为斜坡墓道单室砖券墓，方向192°，深4.3米，由墓道、墓门、甬道和墓室四部分组成（图二）。

墓道　位于甬道南端，长方形，斜坡式。残长3.74、宽0.8、深4.3米。

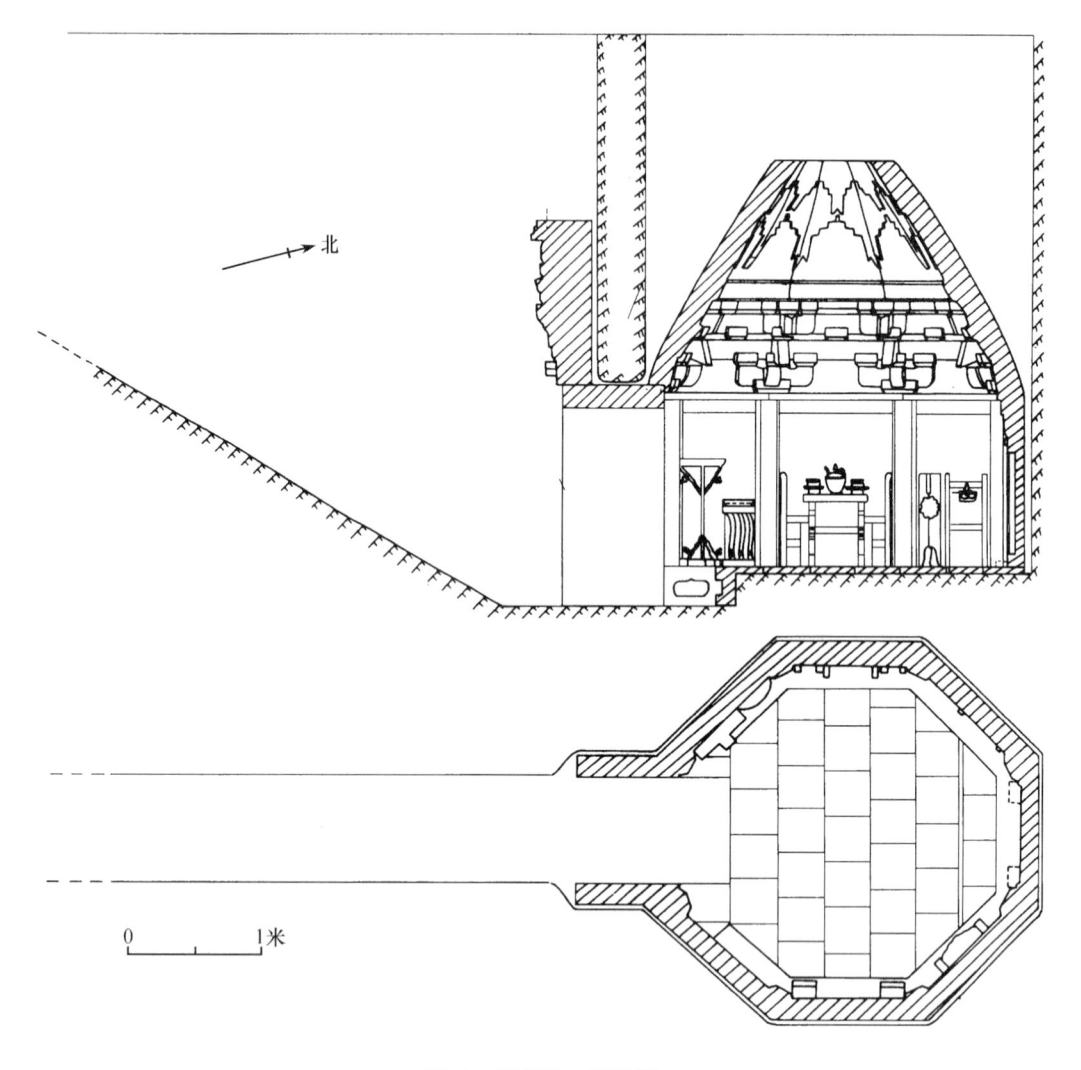

图二 墓葬平、剖面图

墓门 位于墓道与甬道之间，下部由立颊、门额、上额组成，上部为门楼。立颊高1.69米，立颊内露出甬道券顶。门额宽1.12、高0.17米，两侧饰两个六角形门簪。上额抹角，宽1.12、高0.1米。上额之上为普柏枋，宽1.12，高0.11米。其上砌东、西柱头铺作各半朵，补间铺作一朵，均为单抄计心造四铺作。补间铺作栌斗伸出华栱、泥道栱，华栱交互斗上置耍头、令栱，令栱上为素枋、抹角橑檐枋、檐椽、望板、门脊。墓门通高2.87、宽1.12米（图三、图四）。

甬道 位于墓室南壁正中，单层拱顶，1.1米起券，两壁涂抹白灰，下有地仗，所绘壁画已脱落。长0.78、宽0.8、高1.5米。

图三 墓门正视图

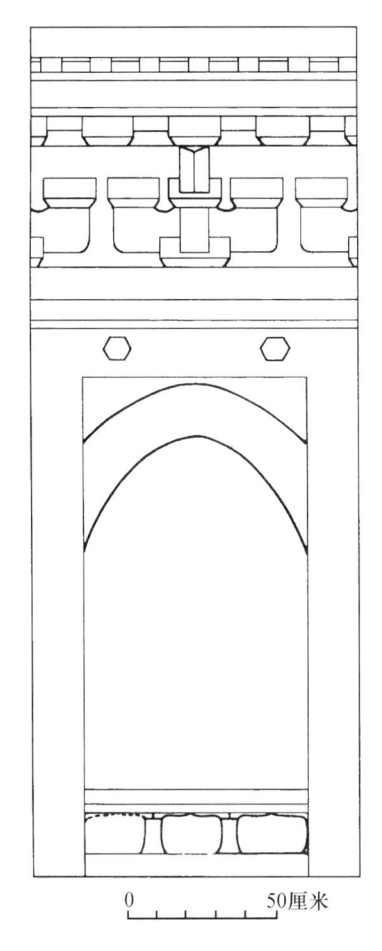

图四 墓门门楼

墓室 从地面往下挖一直桶状土坑，然后在坑内砖砌墓室，呈八边形，边长0.8米，墓室直径2.5米。墓室内方砖铺地，单层，高于甬道底0.3米，形成倒"凹"字形棺床。棺床前有一空地，与甬道底平，长0.38、宽0.8米，空地东、西、北三面为棺床的壁砖，雕饰壶门。墓室自下而上分为四部分：下部内壁连接处砌八个抹角倚柱，柱高1.24米，无柱础，柱间砌阑额、普柏枋。南壁中为甬道，北壁设假门一，由门砧、地栿、立颊、门额、槫柱、上额、门扇组成，门扇一扇半启，门额上有两个长方形门簪，边削成弧形。中部转角处柱头上设八个转角铺作，均为五铺作单抄单昂重栱偷心造。栌斗上有华栱、泥道栱，泥道栱上承慢栱。慢栱做成鸳鸯交手栱形式，其散斗上承柱头枋。华栱上置昂，昂之交互斗上置耍头、令栱，令栱上有素枋，上承抹角橑檐枋。以上为八个梯形界面，界面间用砖砌出两层垂花饰。顶部为攒尖顶，大部分顶已残。墓残高3.34米。

二、壁　　画

壁画分为人物花卉壁画、木作彩画及墓顶彩画三种。人物花卉壁画均绘在白灰面上，白灰面下为草拌泥地仗，而木作彩画及墓顶彩画的白灰面下均无地仗。

1. 下部人物壁画、家具

墓室下部南壁为甬道，甬道两侧曾绘有壁画，惜已脱落。

西南壁　梳妆图。上悬黄、淡青横帐。横帐下左侧砖砌货架，架台左右设悬牙，"十"字底座上与其对应设支牙，牙上饰四枚三瓣蕉叶，纵方向设站牙。右侧砌圆形盆架，上置一盆，盆架三弯腿，下有托泥。盆架旁两侍女，左女头梳高髻，身着粉红色交领窄袖襦，下着白裙，右手垂于体侧，左手前探，仰面注视右侧侍女。右女头梳高髻，髻系丝带，身着白色窄袖褙子，左手接右侧侍女递过之物，右手抬至额际，作理鬓状，似以盆水为镜，观赏花容（图五；图七；图二一，2）。

图五　墓室下部西南壁梳妆图　　　　图六　墓室下部西北壁壁画

图七 墓室下部西南壁梳妆图局部

图八 墓室下部西壁宴饮图

图九 墓室下部东北壁壁画

西壁　宴饮图。上悬黄、淡青横帐，横帐下砌一直足直枨方桌和两靠背椅。桌足自上至下饰花牙，牙下部呈站立状，桌上放置托盏二、注一。两椅由于空间不够，椅面较窄，后两足上部较弯。左侧椅上袖手端坐一妇人，头戴莲花冠，插步摇，着粉红色褙子，下着白裙，显得雍容华贵，目光祥和。桌旁站立两侍女，左女头梳高髻，束粉红色额带，着白色褙子，手捧一盘，盘内两小盘，内放水果或食物。右女头梳高髻，系带，插白角梳，着白色窄袖褙子，下着白裙，左手平端茶碗，右手提举注子至胸前（图八；图一〇；图一一；图二一，3）。

图一〇　墓室下部西壁宴饮图局部　　　　图一一　墓室下部西壁宴饮图局部

西北壁　上悬黄、淡青横帐，下砌烛台、柜各一。左侧烛台顶部为筒状，用以承烛，柄中部饰荷叶，足呈曲齿状。右侧柜直足，直枨，侧面设锁（图六；图二一，4）。

东北壁　上悬黄、淡青横帐，下砌一镜架。镜架顶设三层搭脑，搭脑两端饰六枚五瓣蕉叶，上搭脑中部饰一枚三瓣蕉叶，两足间设一枨，枨上雕半镜，枨下为三层抽屉。由于有抽屉，此镜架也可能为四足，足下有纵向支座（图九；图二一，6）。

东壁　上悬黄、淡青横帐，下砖砌一直足直枨直搭脑的衣架，枨上有矮老，足侧设站牙，足下有梯形支座。衣架间似绘有花卉（图一二；图二一，7）。

东南壁　上悬黄、淡青横帐。帐下左侧砌交股剪、熨斗各一。右侧砌一灯檠，檠置三盏，三曲齿状足（图一三；图二一，8）。

图一二　墓室下部东壁壁画

图一三　墓室下部东南壁壁画

2. 中部人物壁画

原有8幅，现存7幅，均为百子图。

西南壁　周绘折枝牡丹，花丛中一幼儿，着团领窄袖白袍，腰束带，足着靴。幼儿髡发，圆脸，高鼻，大耳，嘴眼较小，面露憨相，两臂前伸，似扑地上一蝶（图一四；图二一，2）。

西壁　牡丹花中一幼儿，着白色团领窄袖袍，外罩吊带袍，腰束带，足着靴。幼儿髡发，眉清目秀，高鼻小口，头略昂，上身前倾，两臂夯开，似在跑步（图一五；图二一，3）。

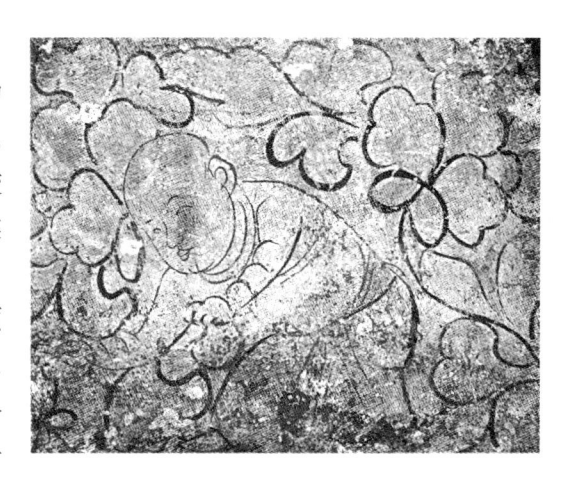

图一四　墓室中部西南壁壁画

西北壁　牡丹花中一幼儿，服饰同前，头略大，浓眉，大眼，蒜头鼻，厚嘴唇，左肩扛一枝莲花，作赶路状（图一六；图二一，4）。

北壁　折枝牡丹花中一幼儿，服饰同前，额宽平，细眉小眼，高鼻小嘴，两足分立，双手合举，两眼平视，似在顶礼膜拜（图一七；图二一，5）。

东北壁　绘一朵牡丹花（图一八；图二一，6）。

图一五　墓室中部西壁壁画

图一六　墓室中部西北壁壁画

图一七　墓室中部北壁壁画

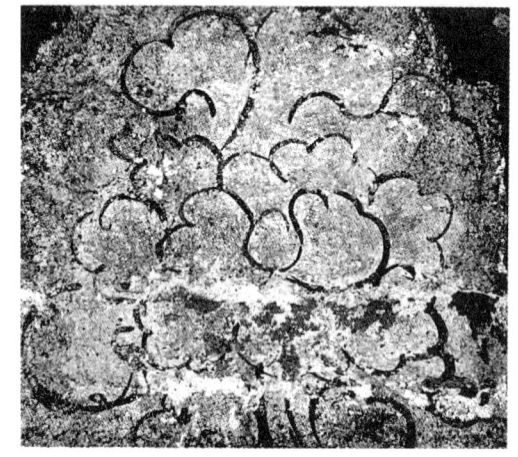

图一八　墓室中部东北壁壁画

东壁　折枝牡丹花中一幼儿，服饰同前，面容冷峻，右肩扛一枝莲花，作行走状（图一九；图二一，7）。

东南壁　折枝牡丹花中一幼儿，服饰同前，头略大，眯眼下视，双手扯一线绳（图二〇；图二一，8）。

3. 上部花卉壁画

八个梯形界面绘牡丹、莲花，相互间隔，现存3幅（图二一，4~6）。

图一九　墓室中部东壁壁画　　　　　　　图二〇　墓室中部东南壁壁画

4. 木作彩画

墓门门楼　原绘有彩画，惜已不清。普柏枋尚见红彩，令栱上隐约可见牡丹花残迹。

墓室南壁　甬道拱顶上方于阑额、普柏枋位置用红彩影作橑檐枋、檐椽、连檐。

墓室北壁　假门上涂白灰，门扇绘五路门钉（图二一，5）。

倚柱　用红彩绘一整二破莲瓣，绝大部分已脱落，有无箍头不清。

阑额　绘红彩，中留白。

普柏枋　绘红彩。

铺作栌斗、栱上原绘有牡丹花纹，现多已不清。

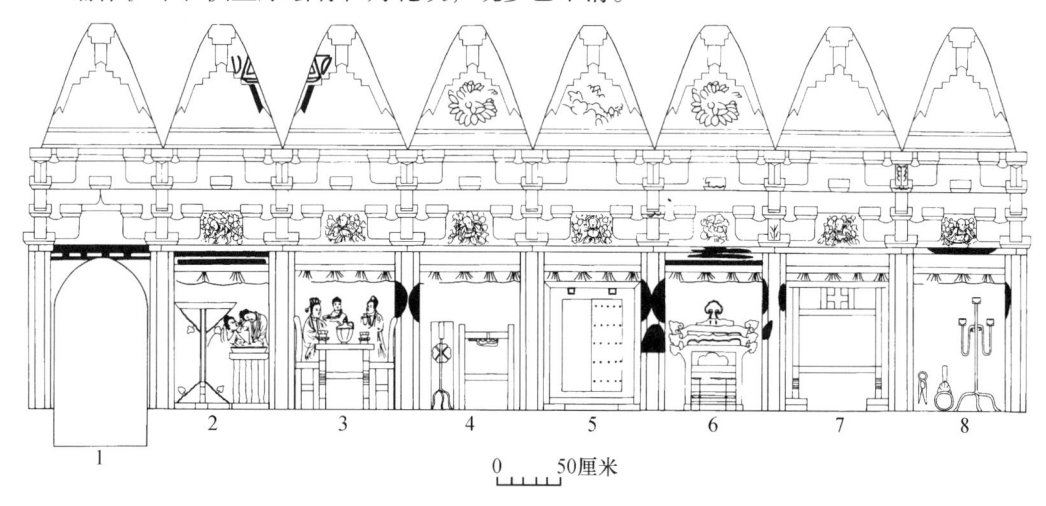

图二一　墓葬壁画展开示意图

5. 墓顶彩画

垂花饰上绘黑条彩与红色叠胜（图二一，2、3）。

三、遗　物

据河南省文物考古研究所的发掘人员介绍，墓室被扰，骨架腐朽严重，性别不详。甬道底部出土1件残瓷注子和1件酱色瓷盏。

四、结　语

1. 年代

城南庄壁画墓南距黑山沟壁画墓[1]（1097年）仅1.8公里，两墓在形制方面有诸多相似之处，如均为八边形砖室墓，倒"凹"字形棺床，甬道南端设门楼，墓壁下部砌倚柱、阑额、普柏枋，中部为转角铺作，上部为梯形界面及垂花饰。不同之处有：前者棺床座饰壸门，后者光素；铺作前者为五铺作单抄单昂重栱偷心造，令栱上承素枋，后者为五铺作单抄单昂重栱计心造，令栱上承替木；垂花饰前者两重，后者一重。壁画方面两墓除倚柱上所施彩画相同外，余均不同。城南庄壁画墓用砖雕砌的桌、椅、货架、衣架、镜架、烛台、灯檠、盆架、注子、托盏、熨斗、剪子等，黑山沟壁画墓或是没有，或是差别较大。相反，这些家具、器皿与郑州南关外北宋砖室墓（1056年）墓壁上用砖雕砌的家具、器皿有明显的承继关系[2]。但城南庄壁画墓的八边形墓室与南关外北宋砖室墓的方形墓室不同，且后者的木作、铺作也较简单。相同之处仅在于倒"凹"字形棺床座均饰壸门。综合考虑，城南庄壁画墓的年代应靠近1056年，而距1097年稍远。

2. 壁画特征

城南庄壁画墓以蓝彩（泛青）为主，用于人物、花卉、铺作彩画，红彩主要用于木作及墓顶彩画，少见黄彩。墓壁所绘人物、花卉用蓝彩线描，不加敷色，看上去淡雅、洗练，使整个墓室有清静之感。倚柱、阑额、普柏枋与垂花饰的红彩又给墓室增添了些许热烈气氛。

墓室中部栱间壁所绘的百子图，画师用笔细腻、圆润，人物神情捕捉准确，是宋代壁画墓中的精品，也是宋代绘画水平的具体体现。

领　　队：张松林
发掘、整理：郝红星　张满堂
　　　　　　于宏伟　李　杨
绘　　图：李　杨
临　　摹：刘建洲

注　释

[1] 郑州市文物考古研究所、登封市文物局：《河南登封黑山沟宋代壁画墓》，《文物》2001年第10期。
[2] 河南省文化局文物工作队第一队：《郑州南关外北宋砖室墓》，《文物》1958年第5期。

（原刊于《文物》2005年第8期）

郑州高新区贾庄宋金墓葬发掘简报

索全星　胡继忠　丁兰坡　刘彦锋

郑州航天电子技术有限公司位于郑州市西北部的高新技术产业区（简称高新区）的贾庄村东部，东临西绕城路，南面合欢西街，西邻红叶路（图一）。为配合郑州航天电子技术有限公司建设，郑州市文物考古研究院于2006年10月至12月对此进行考古发掘。发掘共清理遗迹单位107个，其中以宋金墓葬为大宗，有64座，另外的清代墓葬出土遗物很少。宋金时期的墓葬形制典型，出土了一批代表性器物，现将该时期的墓葬情况简报如下。

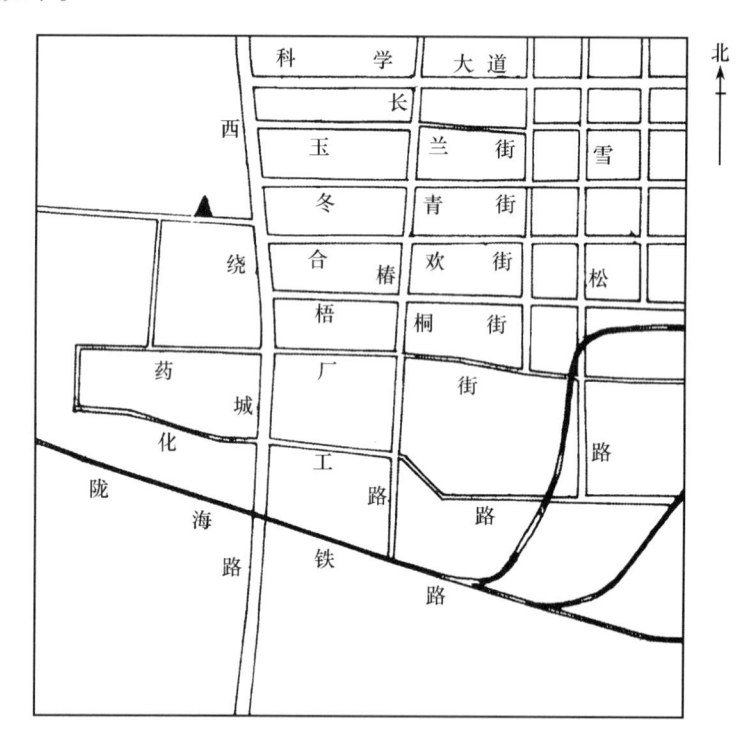

图一　郑州高新区贾庄宋金墓葬位置示意图

一、墓葬分布情况及其层位

这批宋金墓葬分布于发掘区的东部，布排密集，较为整齐，相互间很少有打破现象

（图二）。发掘区的地层自上而下分三层：①层为耕土层，②层为浅黄色质地松软的明代地层，③层为黄褐色较硬的宋代文化层，该层中出土有"花"字大瓷碗、圈足粉青瓷杯等瓷片。这批墓葬均开口于②层下，打破③层及生土。

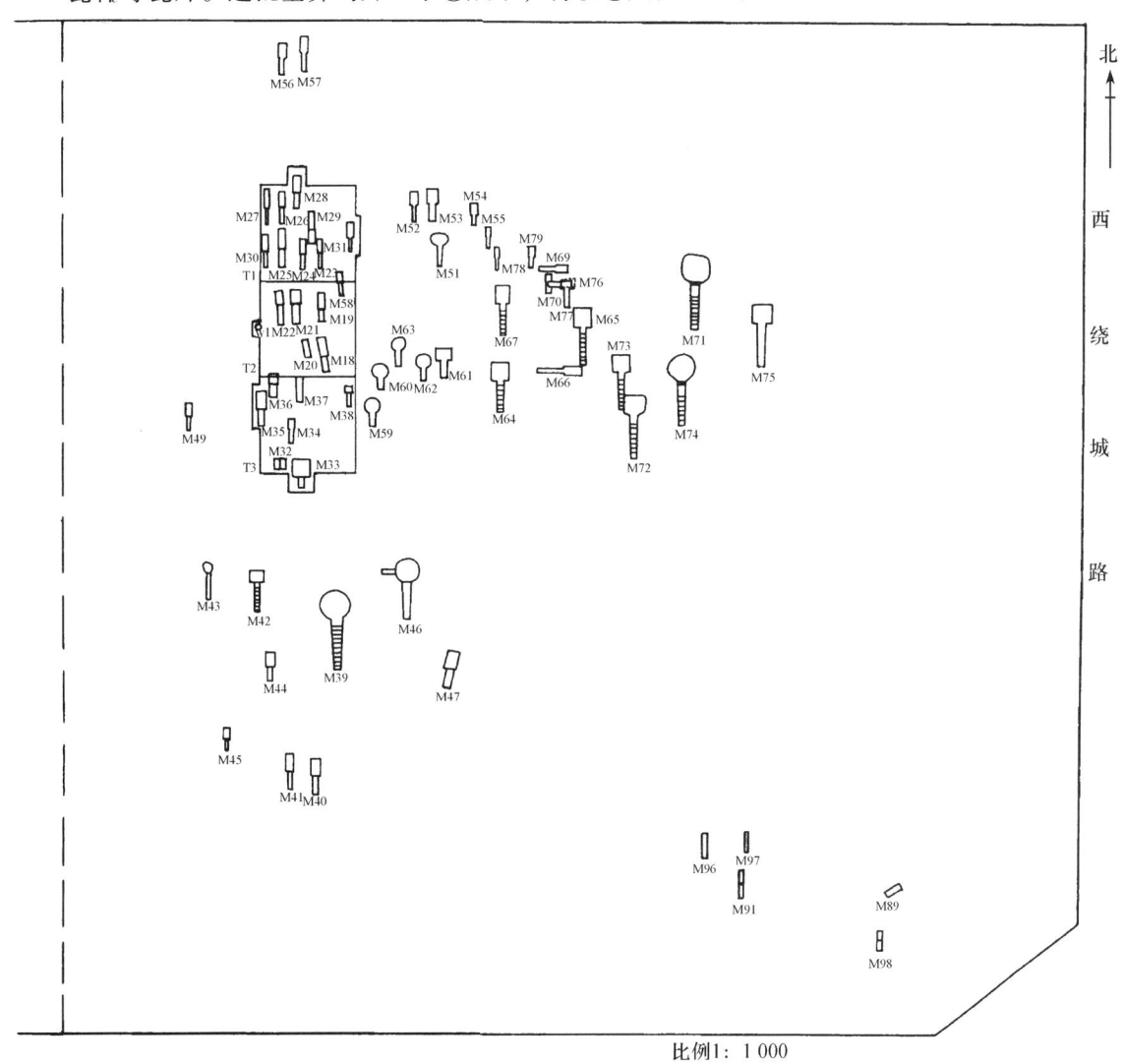

图二 郑州高新区贾庄宋金墓葬分布位置平面图

二、墓 葬 形 制

这批墓葬以墓道、墓室的不同形制分四类，即台阶式墓道砖室墓、竖井式墓道土洞墓、竖井斜坡式墓道土洞墓及瓮棺葬。

1. 台阶式墓道砖室墓

由台阶式墓道、门楼、甬道、墓室四部分组成，形制较大，规格较高，主要分布于墓区的东缘。共有 10 座，均被盗扰一空，仅残剩台阶墓道及墓室土圹，其中尚残存墓门楼的有 M71、M73、M74。M73 的墓门楼保存较完整。现以 M73 为例进行介绍。

M73 方向 183°，墓道被 M72 打破，但仍可复原，墓道长 4.9 米，宽 0.8~0.9 米，深 3.1 米，土制 11 级台阶较规整，可供上下。台宽 0.25~0.3 米，高 0.2~0.25 米。台阶与墓门底部之间平坦，长 1.1 米，宽 0.95 米（图三）。墓门楼位于甬道与墓道之间，砖砌仿木结构，由门洞、门楼两部分组成。门洞高 1.58 米，顶部呈弧状，两侧有残损的立柱。门洞上部为门楼，由门额、斗栱铺作、枋、椽及坡顶组成。门额两侧饰二朵方形门簪，再上为普柏枋，枋上中部置一偷心造四铺作。铺作为栌斗上伸出华栱、泥道栱，直接承托橑檐枋，再上为椽头、檐枋，然后是坡状扣

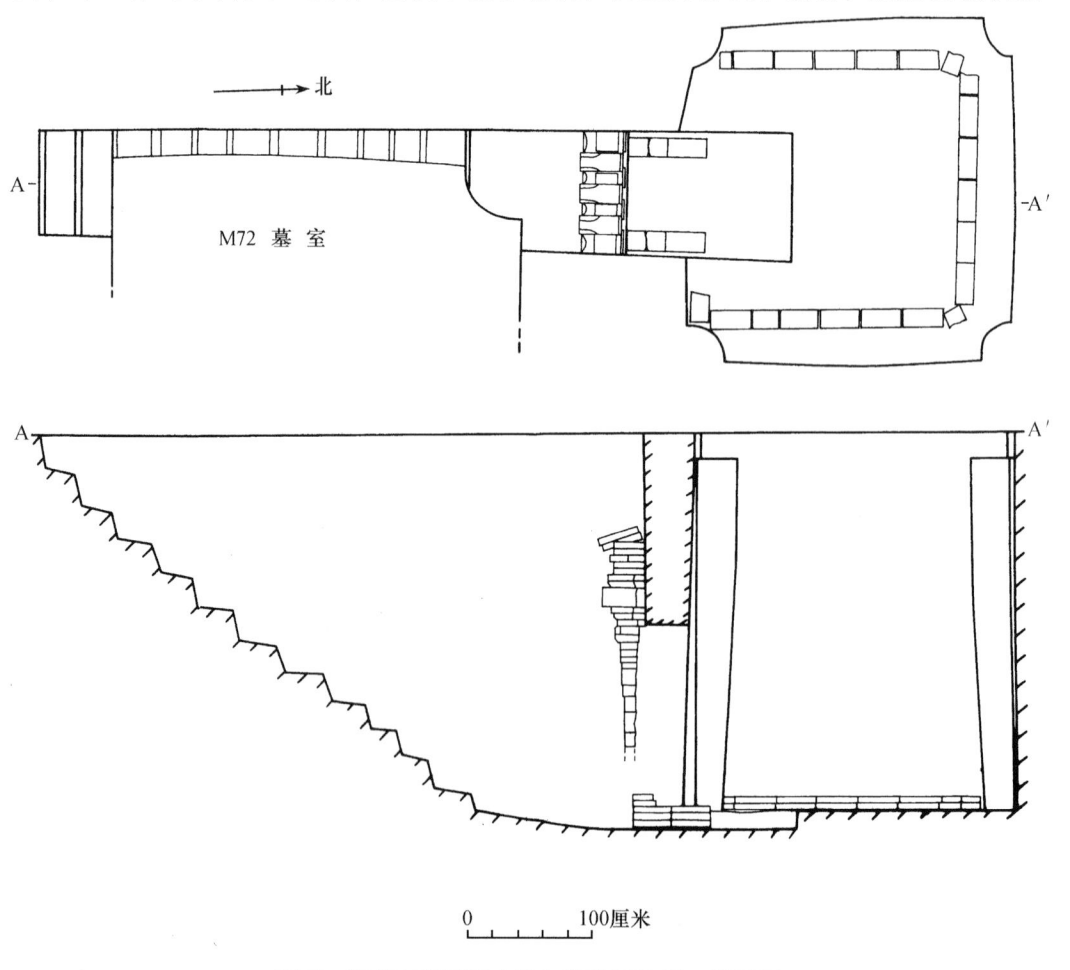

图三 郑州高新区贾庄宋金墓葬 M73 平、剖面图

合的仰覆瓦垄。墓门楼正面装饰彩绘，惜脱落较甚，仅残留痕迹（图四）。甬道位于墓门楼与墓室之间，呈弧顶洞状土圹，系掏挖而成。底部两侧残存二道平砌的三层砖墙，长0.62米，应为甬道的长度。甬道原应为砖砌洞状通道，惜已破坏殆尽。墓室残存平面为弧边四方形土圹，四角为向内鼓出的生土柱，上端刹去柱头，高2.6米。墓室底部平面为"凹"形，最低处与甬道一致，其余部分高约0.15米，为砌棺床的底胎。墓室土圹周沿，残存二层平砌的砖墙，应为砖室墓壁的残留。M73由于破坏严重，清理过程中未见出土器物。

另外，M71亦由台阶墓道、门楼、甬道、六角形墓室组成。墓室土圹呈六边形，口小底大，口径3.66米，底径4.5米，由于遭到破坏，推测应为六角形砖室墓，规模较大。在墓室底部出土有瓷片，修复后为鸡腿瓶、六出葵口形白瓷盘、酱釉瓷盏各1件。

2. 竖井式墓道土洞墓

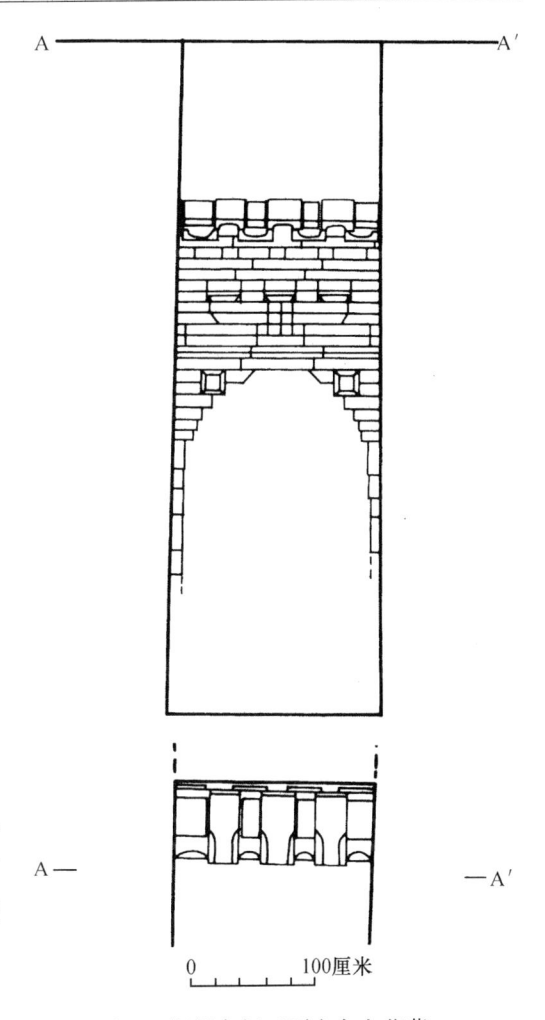

图四　郑州高新区贾庄宋金墓葬
M73墓门楼平、剖面图

这类墓葬的墓室为长方形土洞，墓道居于墓室南部，平面长方形，竖井状，壁直底平。分布于发掘区的东南角，有M91、M96、M97、M98等，其中M91形制完整，出土有3件器物，较为典型。

M91　方向191°，墓道长方形竖井式，长1.8米，宽0.55米，深2.5米，壁直底平。洞室底平面略呈长方形，北端弧边，长2.13米，宽0.55~0.88米，高1.1米。墓室葬人骨架1具，头北足南，面部向东，仰身直肢。葬具为木棺，已腐朽。出土有"开元通宝"铜钱4枚及豆青釉双耳瓶、白釉瓷盏各1件（图五）。

3. 竖井斜坡式墓道土洞墓

这类墓葬较多，分布于台阶式墓道的西部，密集成片，排列规整。墓室平面为长方形、方形、椭圆形、不规则形等，以长方形为主。墓道上部为竖井，其南壁均向内斜收，底呈坡状通至墓室。多数墓葬已遭盗扰，一些墓葬有出土物。以M21、M22、M44、M53、M57为例作介绍。

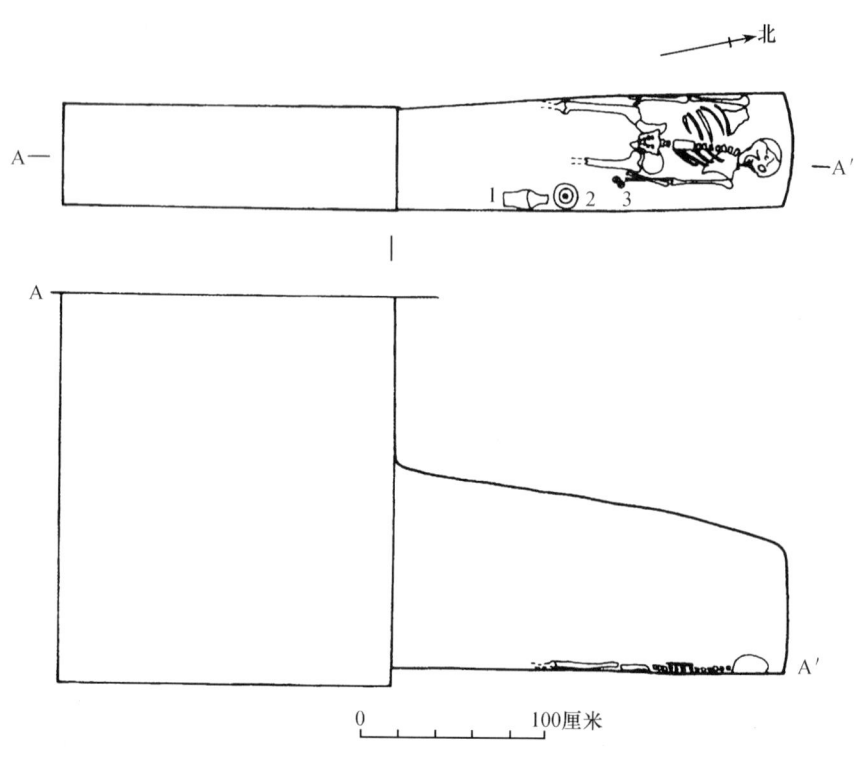

图五　郑州高新区贾庄宋金墓葬 M91 平、剖面图

M21　方向178°，墓道口大底小，口长2.5米，宽1.2~1.3米，深2.1~2.35米；底长2米，宽0.82~1.04米。洞室长方形，长2.2米，宽1.07米，高1米。内葬人骨架1具，头南足北，面向上，仰身直肢。葬具为木棺痕迹，长方形状，长1.92米，宽0.6米，残高0.09米。棺内出土瓷罐1件、铜环两枚及"开元通宝"、"宋元通宝"、"熙宁元宝"、"元丰通宝"、"正隆元宝"等铜钱116枚（图六）。

M22　方向172°，墓道口长2.18米，宽0.94~1米，深2.05~2.3米；底长1.85米。洞室弧角长方形，长2.3米，宽1~1.22米，高0.9米。内葬人骨架1具，头北足南，面向上，仰身直肢。长方形木棺葬具，痕迹长1.92米，宽0.63米，残高0.1米。棺内随葬瓷碗、瓷罐、铜簪各1件，及"宋元通宝"、"祥符元宝"、"政和通宝"等26枚铜钱。

M44　方向186°，墓道口长2米，宽0.7~0.8米，深1.5~1.7米；底长1.65米，宽0.4~0.6米，呈坡状至洞室。洞室平面长方形，长2.2米，宽0.74米，高1.2~0.85米，平底，壁规整。未见人骨、棺具痕迹。出土瓷罐1件。

M53　方向186°，墓道口长1.8米，宽0.76~1.05米，深2~2.06米；底长1.55米，宽0.8~1.05米，南壁内收明显，缓坡状底。墓室为椭圆形洞室，长2.2米，宽1.5米，平底。盗扰无出土物。

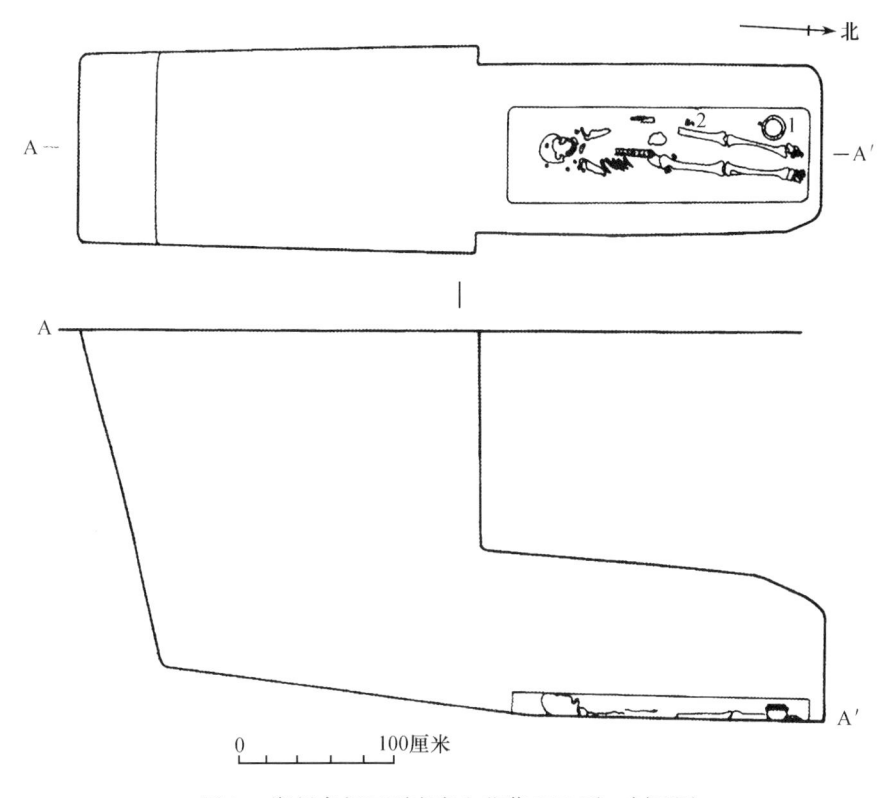

图六 郑州高新区贾庄宋金墓葬 M21 平、剖面图

M57 方向180°，墓道长2.2米，宽0.88~0.96米，深2.04~2.3米，南壁内收，底呈坡状至洞室。墓室长方形土洞，底较平。清理墓道及墓室时，有零星人骨出土，表明已被盗扰。菊花纹瓷碗1件，分别于墓道、墓室中出土残片，修复后基本完整。墓室出土折二式"元丰通宝"、"政和通宝"各2枚。

4. 瓮棺葬

仅一例，编号W1，位于墓区西部。圆筒形坑，坑径1.18米，深0.88米。内放置陶盆两个，上下扣合，内盛人骨。出土"天禧通宝"、"天圣元宝"、"皇宋通宝"、"元祐通宝"等8枚铜钱。

三、出土器物

1. 瓷器

碗 5件，分三式。

Ⅰ式：1件，标本T2③：1，敞口，圆唇，斜腹，下腹内收，圜底，圈足。灰胎。器内及口沿施白釉，器表腹部施黑釉不及底。碗内底部画一周黑釉圆圈，其半圆岔分双线，圆内草书"花"字。口径20厘米，底径7.2厘米，高7.2厘米（图七，1）。

Ⅱ式：1件，标本M57:1，敞口，圆唇，腹微弧，下腹部斜收，近平底，圈足较深。器内白釉，壁画三周酱褐色圆圈，圆内画写意折枝菊花图案。口沿和器表腹部以下施酱褐色釉，口沿下为一周宽带白釉。器表有流釉现象。器底、圈足分别有5个砂钉痕迹。口径19.2厘米，底径6.8厘米，高6.8厘米（图七，2；图八）。

Ⅲ式：3件。侈口，圆唇，斜直腹，圜底，圈足。标本M22:1，灰胎白釉，器表腹部以下露胎。壁内画两周浅黄褐色圆圈，底草书"花"字。口径14.8厘米，底径6.4厘米，高5.2厘米（图七，3；图九）。标本M34:1，灰胎，器内白釉，底画两周浅黄

图七 郑州高新区贾庄宋金墓葬出土瓷器
1. Ⅰ式碗（T2③:1） 2. Ⅱ式碗（M57:1） 3~5. Ⅲ式碗（M22:1、M34:1、M33:1） 6. 小碗（M71:3）
7. Ⅰ式盏（M91:2） 8. Ⅱ式盏（M51:1） 9. 杯（T3③:1） 10. 六出葵花盘（M71:2）

褐色圆圈，圆内以三笔勾勒出简洁的草叶纹饰。器表口沿、腹部施黑釉，下腹及足部露胎。器内底、圈足分别有 5 个支钉痕迹。口径 18 厘米，底径 7.2 厘米，高 6 厘米（图七，4）。标本 M33:1，残，可复原。灰红胎，器表腹部施黑釉，器内及口沿下为黄青釉。口沿下施釉不严合，露出白色化妆土。深圈足，露胎，器底心凸出。器内底及圈足上有支钉痕迹（图七，5）。

小碗　1 件，标本 M71:3，侈口，圆唇，上腹稍鼓，下腹内收，小圜底，浅圈足。灰胎。外表下腹及足部露胎，其余均施酱色釉。口径 11.2 厘米，底径 4.4 厘米，高 4 厘米（图七，6）。

盏　2 件，分二式。

Ⅰ式：1 件。标本 M91:2，敞口，圆唇，斜直腹，平底，圈足。灰红胎。外表及足部露胎，其余在白色化妆土上施白釉。器内底部有 3 个支钉痕迹。口径 12.8 厘米，底径 6 厘米，高 5.6 厘米（图七，7）。

Ⅱ式：1 件，标本 M51:1，敞口，圆唇，斜腹，圜底，圈足中有鸡心，下腹、足部露灰胎，其余均在白色化妆土上施白釉。腹部有 3 个支钉痕迹。制作粗糙。口径 9 厘米，底径 3.2 厘米，高 2.8 厘米（图七，8）。

图八　Ⅱ式瓷碗（M57:1）　　　　图九　Ⅲ式瓷碗（M22:1）

图一〇　杯（T3③:1）

杯　1件，标本T3③:1，敛口，圆唇，下腹内折，平底圈足。青灰胎。外表下腹及足部露胎，其余部分为粉青釉。口径10.4厘米，底径5.6厘米，高6厘米（图七，9；图一〇）。

盘　1件，标本M71:2，侈口，尖唇，六出葵口形，斜壁直腹，平底，白胎白釉。盘内底部遗有4个支钉痕迹。口径13.6厘米，底径5.6厘米，高2.8厘米（图七，10）。

瓶　1件，标本M91:1，敛口，窄沿尖唇，长颈，弧肩，上腹鼓，下腹内收，平底。肩部有对称的条形素耳。器表腹部以下露胎，肩、颈及器内均施豆青釉。内壁有上下平行的凸棱。口径6.4厘米，腹径10.4厘米，底径6.4厘米，通高23.6厘米（图一一，1；图一二）。

鸡腿瓶　1件，标本M71:1，体格硕大，胎厚重坚致。小口微敛，斜沿尖唇，矮颈，溜肩，上腹鼓，下腹瘦长内收，隐圈足。器内外有凸棱。灰胎酱釉。口径7.2厘米，腹径21.2厘米，底径12厘米，通高52.8厘米（图一一，2；图一三）。

罐　8件，分四式。

Ⅰ式：3件，敛口，圆唇，矮颈略鼓，弧肩，颈与肩部饰对称的垂叶形耳，鼓腹，圜底，圈足。标本M23:1，白灰胎黑釉，口沿、下腹、足部露胎。口径12.4厘米，腹径14厘米，底径6.8厘米，高10.8厘米（图一一，3；图一四）。

M30:1与M23:1相仿，口径11.6厘米，腹径14.4厘米，底径7.2厘米，高10.8厘米（图一一，4）。标本M21:1，口沿饰白色化妆土，器内壁上部、器表颈、肩部施酱釉，有流釉现象，其余部分露胎。口径12.4厘米，底径6.4厘米，腹径14.2厘米，高10.2厘米（图一一，5）。

Ⅱ式：2件，直口，圆沿，矮直颈，溜肩，鼓腹，圜底，圈足，足底凸起。标本M22:2，黄灰胎，内外底均露胎，其余部分施浅青釉，口径11.6厘米，腹径15.2厘米，底6.4厘米，高11.2厘米（图一一，6；图一五）。标本M25:1，褐砂胎，器表下腹及足部饰红色化妆土，其余部分着薄釉显胎本色，器体砂眼较多。口径14厘米，腹径16厘米，底径7.2厘米，高11.6厘米（图一一，7）。

Ⅲ式：1件，标本M40:1，敛口，圆唇，削肩，对称式垂叶素耳，鼓腹较深，圈足。口沿、下腹及足部饰白色化妆土，其余部分均施浅酱釉。口径13.8厘米，腹径15.4厘米，底径7.2厘米，高15.4厘米（图一一，8）。

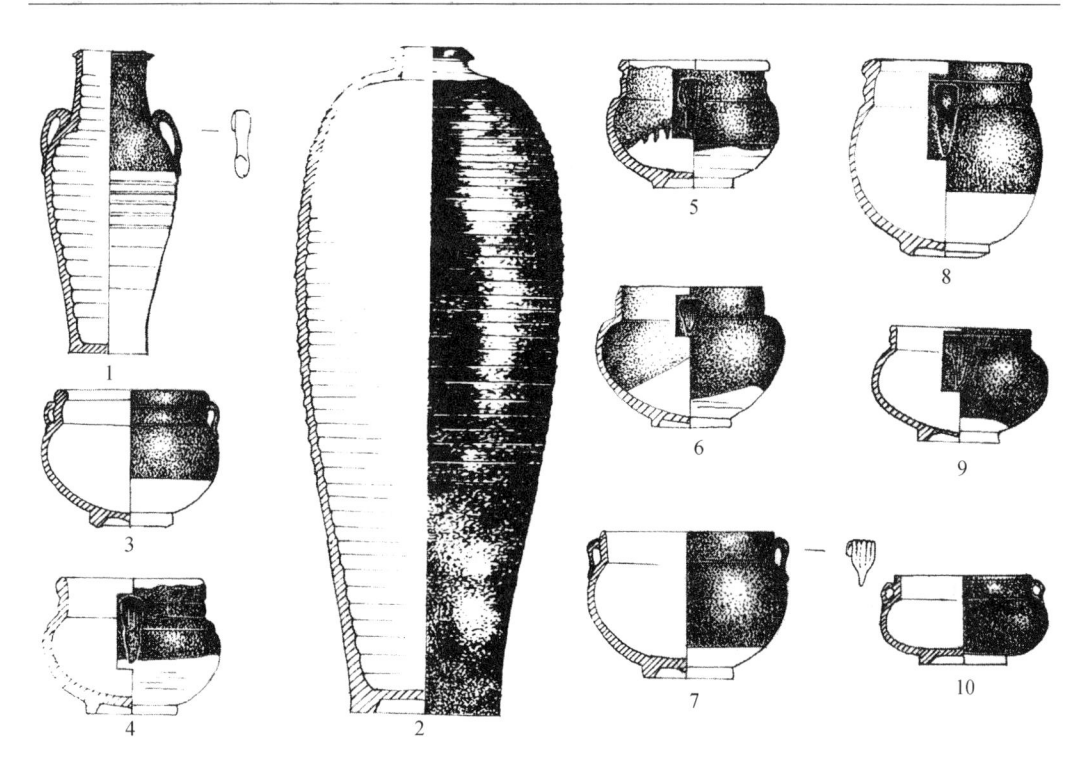

图一一　郑州高新区贾庄宋金墓葬出土瓷器
1. 瓶（M91:1）　2. 鸡腿瓶（M71:1）　3~5. Ⅰ式罐（M23:1、M30:1、M21:1）
6、7. Ⅱ式罐（M22:2、M25:1）　8. Ⅲ式罐（M40:1）　9、10. Ⅳ式罐（M47:1、M44:1）

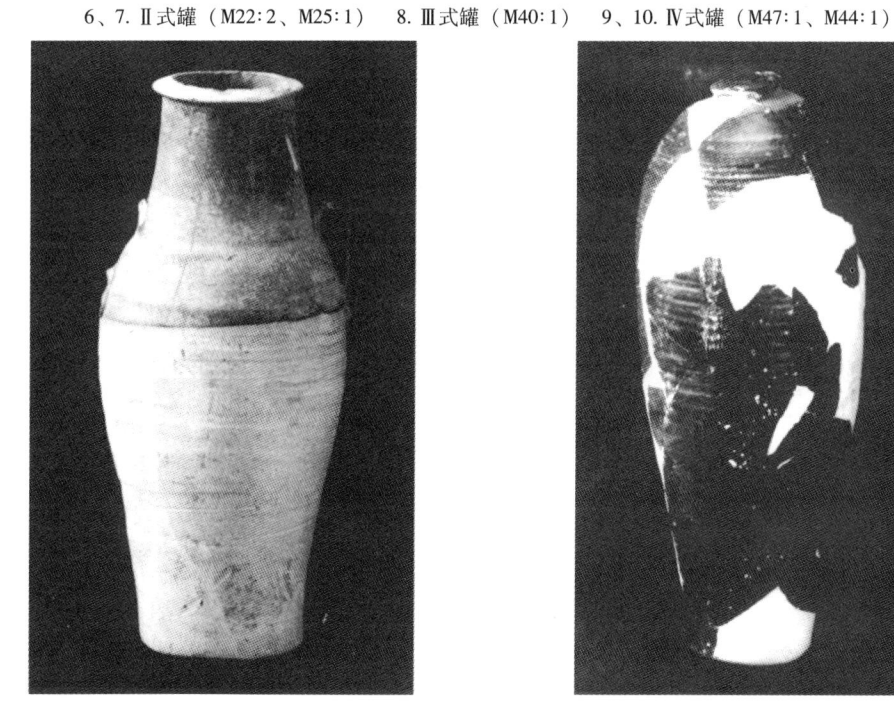

图一二　瓶（M91:1）

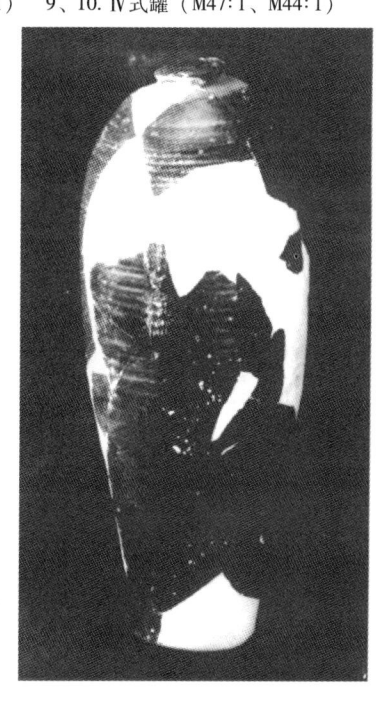

图一三　鸡腿瓶（M71:1）

图一四 Ⅰ式瓷罐（M23:1）　　　　　图一五 Ⅱ式瓷罐（M22:2）

Ⅳ式：2 件。直口，圆唇，鼓腹而矮，底略平，圈足，足底凸起明显。下腹及圈足露胎，其余部分施黑釉。标本 M44:1，口径 11.2 厘米，腹径 13.6 厘米，底径 7.2 厘米，高 7.2 厘米（图一一，10）。标本 M47:1，残，口径 11.6 厘米，腹径 14.4 厘米，底径 6.8 厘米，高 9 厘米（图一一，9）。

2. 陶器

陶盆 3 件，泥质灰陶，圆口，鼓腹，平底。分三式。

Ⅰ式：标本 T3③:2，尖唇，腹部饰一周阴弦纹，平底微鼓。口径 31.6 厘米，底径 19.2 厘米，高 12.8 厘米（图一六，3）。

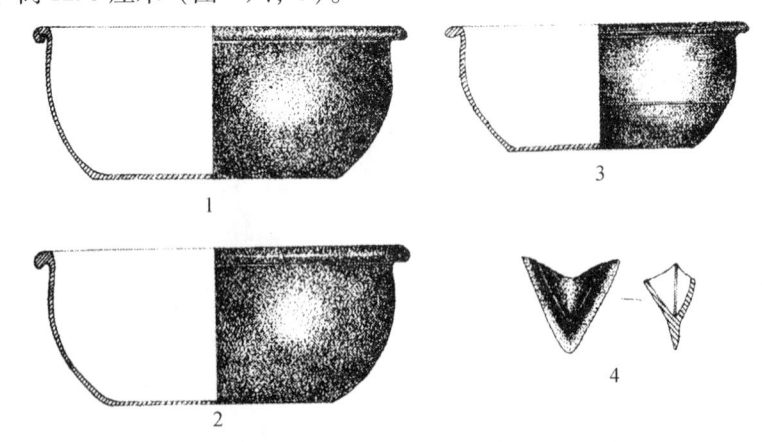

图一六　郑州高新区贾庄宋金墓葬出土陶器、铁器
1. Ⅱ式陶盆（W1:1）　2. Ⅲ式陶盆（W1:2）　3. Ⅰ式陶盆（T3③:2）　4. 铁耧铧（M34:2）

图一七 郑州高新区贾庄宋金墓葬出土铜钱

1. 宋元通宝 2. 太平通宝 3、4. 淳化元宝 5、6. 至道元宝 7. 熙平元宝 8. 景德元宝 9. 祥符元宝 10. 祥符通宝 11. 天禧通宝 12、13. 天圣元宝 14. 明道元宝 15、16. 景祐元宝 17~19. 皇宋通宝 20. 至和通宝 21. 至和元宝 22、23. 嘉祐通宝 24. 治平元宝 25. 治平通宝

图一八 郑州高新区贾庄宋金墓葬出土铜钱

1. 治平元宝　2~5. 熙宁元宝　6~8. 元丰通宝　9~11. 元祐通宝　12~14. 绍圣元宝　15. 元符通宝　16~18. 圣宋元宝　19、20. 政和通宝　21. 元丰通宝（折二）　22. 元祐通宝（折二）　23. 政和通宝（折二）　24. 开元通宝　25. 正隆元宝

Ⅱ式：标本 W1:1，卷沿，口径 44 厘米，底径 25.6 厘米，高 15.6 厘米（图一六，1）。

Ⅲ式：标本 W1:2，圆唇，口径 44 厘米，底径 24 厘米，高 15.8 厘米（图一六，2）。

3. 铜器

铜笄　1 件，标本 M23:4，呈长"U"形，尖头，尾部稍粗而弯曲，长 13 厘米。

铜环　2 件，标本 M21:3，圆环状，直径 2.5 厘米，系铜条弯制而成，截面直径 0.2 厘米。

铜钱　共 265 枚，其中 M21 有 116 枚，M22 有 26 枚，M56 有 91 枚，其余由 M18、M23、M26、M27、M30、M57、M91、W1 等墓葬内出土。有唐"开元通宝"、金代"正隆元宝"、及宋代八帝（除宋钦宗）23 种 42 类等铜钱。"正隆元宝"为金海陵王正隆年间（1156～1160 年）铸，是年号最晚的铜钱，M21、M56 各出土一枚（图一七，1～25；图一八，1～25）。

4. 铁器

铁耧铧　1 件，标本 M34:2，中空三角形，长 9.6 厘米，宽 9.6 厘米，高 5.6 厘米（图一六，4）。

四、小　结

这批墓葬由于没有明确的纪年标志，我们只能根据发掘情况、墓葬形制、出土物等，对它的性质、时代进行一些初步的推断。整体看，墓葬分布密集有序，墓向基本一致。从地层上看，均开口于第 2 层下，向下打破第 3 层及生土层。第 3 层为北宋晚期文化层，出土了"花"字瓷碗、圈足青瓷杯、陶盆等陶瓷器，说明这些墓葬不能早于北宋晚期。墓葬中出土了金代"正隆元宝"铜钱，所以其下限应在金代。墓葬形制分台阶式墓道砖室墓、长方形竖井式墓道土洞墓、竖井斜坡式墓道土洞墓、瓮棺葬四种，其中台阶式墓道的墓葬形制相对来讲比较大，规格应该较高级，可能是有一定社会地位的士绅或族内富裕之家的坟墓。而其他三种形制的墓葬数量多，规模不大，分布有序，是族中百姓墓葬。台阶式墓道砖室墓，主要分布于墓区内的东缘，由墓道、门楼、甬道、墓室等部分组成，M71、M72、M73、M74 比较典型。这些墓葬规模较大，但盗扰严重，仅残剩土圹，对比研究困难。但 M73 尚保存有较好的墓门楼，其斗栱铺作与登封箭沟宋代壁画墓[1]的墓门铺作相似，M71、M74 虽然损毁较甚，却与 M73 风格相同。M72 打破 M73 的墓道东侧，表明 M73 应稍早于 M72，但时代上应属同时期。此外，M71 出土的鸡腿瓶、六出葵口形白瓷盘相当典型，鸡腿瓶与观台磁州窑Ⅶ型 2 式经瓶[2]相似，具有北宋晚期特征。因此这几座墓葬为北宋晚期的可能性较大。长方形竖井式墓道洞室墓共有 4 座，位于发掘区的东南角，形制较小，与其他墓葬相距较远，葬制风格有差异性，应该另作区别。M91 出土的圈足白瓷盏、双系豆青瓶，具有北宋晚期特征，时代应属北宋晚期。竖井斜坡式墓道土洞墓，数量多，成片密集排列。墓道平面为等腰梯形，南壁一般向内斜收，底部呈坡状通向洞室，是这种形制墓葬的明显特征。M21、M56 出土了金代"正隆元宝"铜钱，说明时代应属金代。M23、M30 与 M21 位置相近，出土的瓷罐同属Ⅰ式瓷罐，与 1988 年发掘的荥阳城关金墓 M7 的黑瓷罐一样[3]。M22 与 M21、M57 与 M56 皆东西相邻，时代相近。M22、M25 出土Ⅱ式瓷罐，M22、M57 以及 M34 出土的"花"字碗、菊花纹碗、草叶纹碗也具有相同的制作风格，应该属于金代墓葬。需要说明的是 M40、M44、M47 等墓葬分布于墓区南部边缘，出土了Ⅲ式、Ⅳ式瓷罐，其最大腹径已至下腹部，比Ⅰ式、Ⅱ式瓷罐的时代特征为晚。

以上情况说明，这批墓葬除东南角 4 座外，应属一个家族墓地，由东向西、自北向南排列。东部的墓葬早于西部，北部的墓葬早于南部，东部的墓葬明显比西部的形制大、规格高，从北宋晚期延续至金代。墓葬中出土的唐代"开元通宝"、金代"正隆元宝"及种类繁多的宋代铜钱也殊为珍贵。这些资料为研究宋金时期的墓葬形制、社会经济及古代民俗文化提供了实物佐证。

领　　队：刘彦锋
发　　掘：丁兰坡　索全星　王振宇　郑立敏
　　　　　赵宏发　王　冰　郭留通
绘　　图：张　倩　张清池
照　　相：蔡　强

注　释

[1]　郑州市文物考古研究所：《登封箭沟宋代壁画墓》，《郑州宋金壁画墓》，136 页，科学出版社，2005 年。

[2]　北京大学考古系、河北省文物研究所、邯郸地区文物保管所：《观台磁州窑址》，214 页，文物出版社，1997 年。

[3]　陈立信、马德峰：《河南荥阳城关发现两座金墓》，《华夏考古》1999 年第 4 期。

（原刊于《中原文物》2009 年第 4 期）

郑州市东大街元代瓷器灰坑

郝红星　陈　新　李　杨

2000年12月~2001年3月，郑州市文物考古研究所在郑州市东大街与紫荆山路交叉口西约150米处的长江置业商住楼工地发掘3个探方，其中0012ZZCJT3H26（以下简称H26）出土瓷片极为丰富（图一），现择以先行发表。

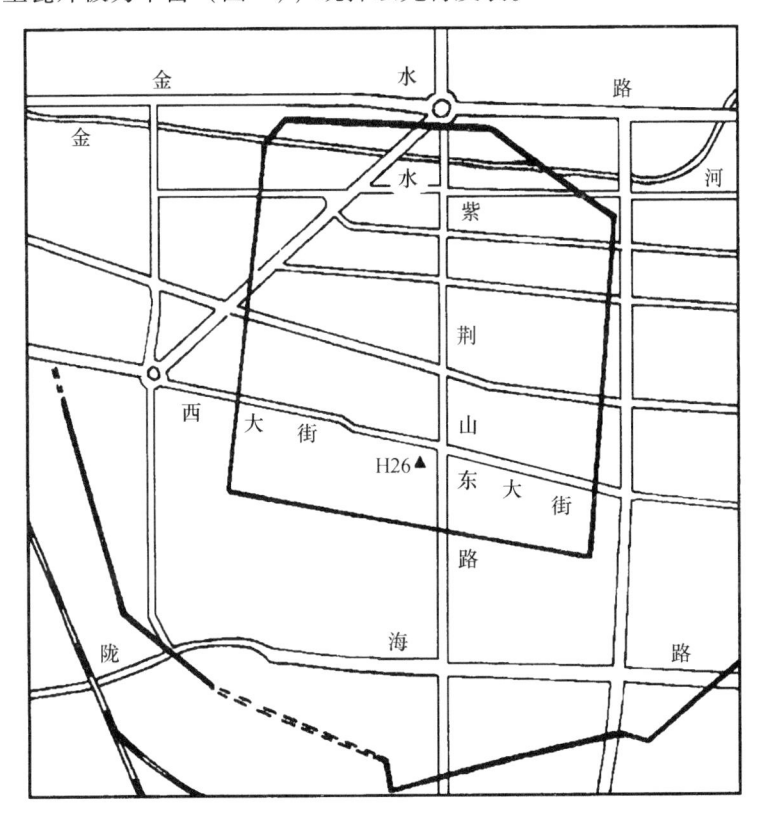

图一　H26位置示意图

一、灰坑形制

H26的开口层位已失（探方的晚期地层被铲车除去），从T3南壁来看，H26应开

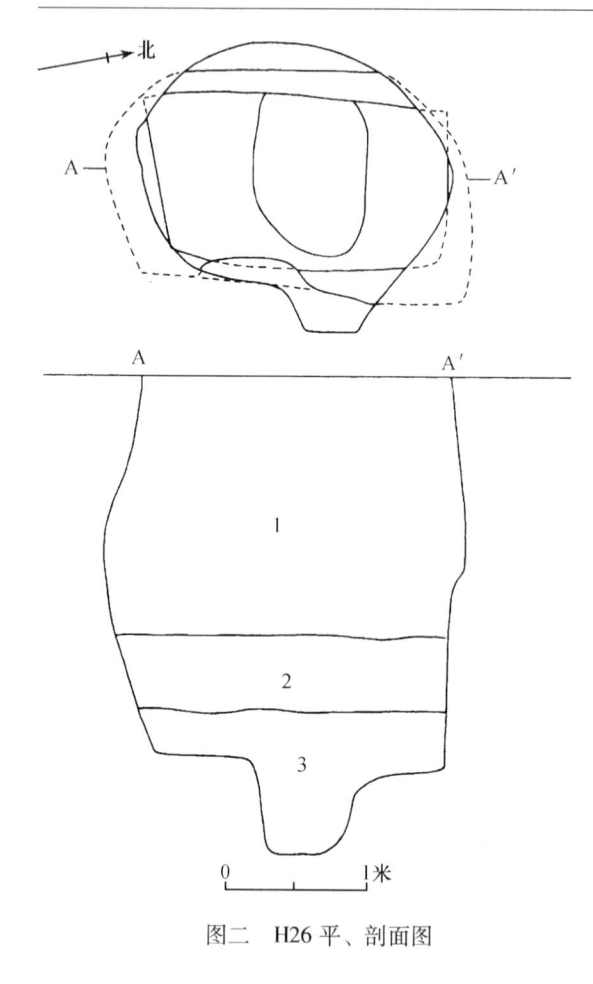

口于 T3 第 3 层下，现存开口距地表 1.5 米。H26 原为长方形，上部坑壁为唐文化层，四壁塌方后呈椭圆形，长 2.24、宽 2 米；中部坑壁为战国、商代夯土层，大致呈长方形；下部为沙质生土，略呈长方形，长 2.16、宽 1.2 米；底部的中部有一小坑，长 0.8、宽 1.1、深 0.6 米。H26 深 3.3 米，方向 8°。坑内填土分 3 层，第 1 层为青灰土，含草木灰 80% 以上，厚 1.8 米，出土大量青瓷、白瓷、褐釉瓷等瓷器碎片；第 2 层为褐灰土，草木灰含量较第 1 层少，厚 0.5 米，出土瓷片同第 1 层，数量较少；第 3 层为褐土，不含草木灰，厚 1 米，出土瓷片碎且少（图二）。H26 出土的瓷器中以白釉、青釉居多，褐釉次之，天蓝釉最少。现按时代顺序，根据瓷器所占比例的多少依次介绍如下。

图二　H26 平、剖面图

二、出土器物

1. 唐代

瓷器按釉色分有姜黄釉、白釉和褐釉。

（1）姜黄釉

器形有碗和注子。

碗　5 件。分二型。

A 型　3 件。器形较大。口微侈，圆唇，唇外有凹槽，深弧腹，假圈足。内壁施满釉，外壁施半釉。标本 H26:1，口径 18、足径 12、高 7.2 厘米（图三，1）。

B 型　2 件。器形较小。侈口，圆唇，唇外凹弦纹或凹槽，浅弧腹。内壁施满釉，外壁施半釉。标本 H26:2，口径 13.6、残高 5.4 厘米（图三，2）。

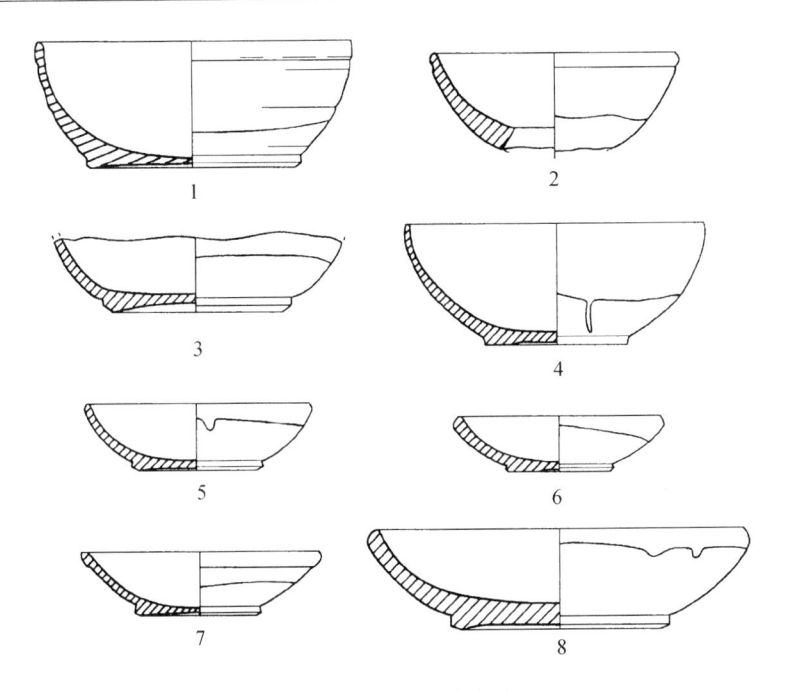

图三　H26出土唐代瓷碗

1. 姜黄釉A型（H26:1）　2. 姜黄釉B型（H26:2）　3. 白釉A型Ⅰ式（H26:3）　4. 白釉A型Ⅱ式（H26:4）　5. 白釉B型Ⅰ式（H26:5）　6. 白釉B型Ⅱ式（H26:6）　7. 白釉C型（H26:7）　8. 褐釉（H26:8）

注子　1件。直口，直颈，两股泥条鋬，颈以下残。

（2）白釉

器形有碗和注子。

碗　14件。分三型。

A型　4件。器形较大。分二式。

Ⅰ式：1件。形制同姜黄釉A型碗。内壁施满釉，外壁施半釉。标本H26:3，足径10.6、残高4厘米（图三，3）

Ⅱ式：3件。直口，尖圆唇，深弧腹，圈足极矮。内壁施满釉，外壁施半釉。标本H26:4，口径17、足径8、高6.8厘米（图三，4）

B型　4件。器形较小，分二式。

Ⅰ式：2件。侈口，尖圆唇，浅曲腹，假圈足微内凹。内壁施满釉，外壁施半釉。标本H26:5，口径12.4、足径7.4、高3.8厘米（图三，5）。

Ⅱ式：2件。侈口，尖圆唇，浅曲腹，玉璧底。内壁施满釉，外壁施半釉。标本H26:6，口径11.2、足径6、高3.2厘米（图三，6）。

C型　6件。侈口，圆唇，浅弧腹，假圈足微内凹。内壁施满釉，外壁施半釉。标本H26:7，口径13.2、足径7.2、高3.6厘米（图三，7）。

注子　6件。分二型。

A型　5件。直口，圆唇，直颈，颈以下残。

B型　1件。翻卷沿，束颈，颈以下残。

（3）褐釉

器形仅有碗一种。

碗　1件。侈口，尖圆唇，浅曲腹，假圈足微内凹。内壁施满釉，外壁施半釉。标本 H26：8，口径 10.4、足径 6.2、高 2.8 厘米（图三，8）。

2. 五代

瓷器仅见白釉碗。

碗　25件。分二型。

A型　20件。侈口，尖圆唇，缓曲腹，矮圈足。通体施化妆土，内壁施满釉，外壁施釉不及底。标本 H26：9，口径 10.4、足径 3.3、高 3.8 厘米（图四，1）。

B型　5件。侈口，圆唇，斜直壁，矮圈足外撇。通体施化妆土，内壁施满釉，外壁施釉不及底。标本 H26：10，口径 19.6、足径 8、高 6.4 厘米（图四，2）

3. 宋代

瓷器按釉色分有白釉和青釉。

（1）白釉

器形仅有碗。

碗　17件。分二型。

A型　14件　圈足较矮。分二式。

Ⅰ式：10件。曲腹，圜底，圈足。标本 H26：11，足径 7、残高 4.4 厘米（图四，4）。本所曾在郑州商城一座宋墓中发现一件白瓷碗，其底部特征与此碗极其相似（图四，5）。

Ⅱ式：4件。圈足略加高，有的足内削。通体施化妆土，内壁施满釉，外壁施釉不及底。标本 H26：18，足径 6、残高 4.4 厘米（图四，6）。

B型　3件。曲腹，圈足窄而高。通体施化妆土，内壁施满釉，外壁施釉不及底。标本 H26：19，足径 6、残高 7.4 厘米（图四，7）。

（2）青釉

器形仅有碗。

碗　5件。侈口，圆唇，深弧腹，圈足微外撇。标本 H26：46，口径 10.2、足径 3.5、高 4.9 厘米（图四，3）。

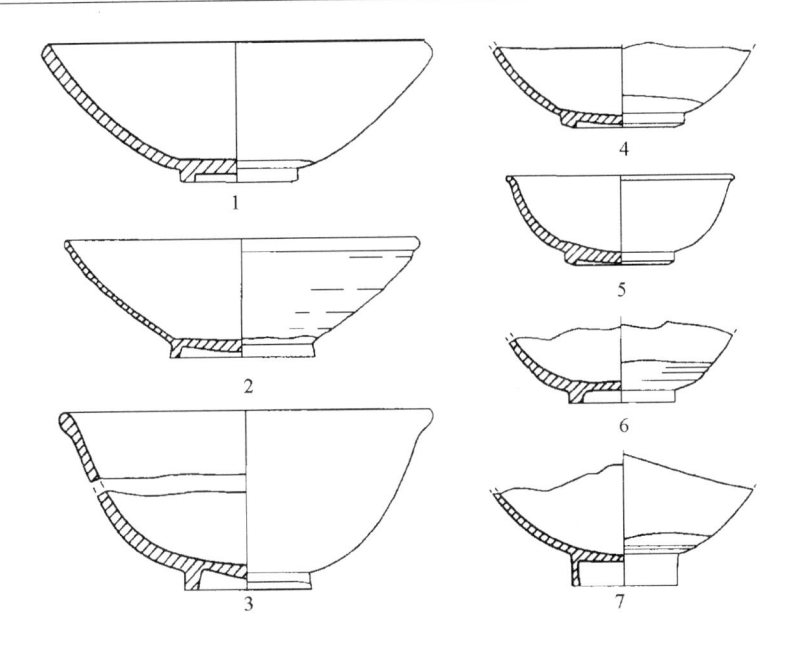

图四　H26 出土五代、宋代瓷碗

1. 五代白釉 A 型（H26：9）　2. 五代白釉 B 型（H26：10）　3. 宋代青釉（H26：46）　4. 宋代白釉 A 型 I 式（H26：11）　5. 郑州商城宋墓出土白釉碗　6. 宋代白釉 A 型 II 式（H26：18）　7. 宋代白釉 B 型（H26：19）

4. 元代

瓷器按釉色分有白釉、青釉、天蓝釉和褐釉。

（1）白釉

器形有碗、盏、瓶和杯。

碗　80 件。分三型。

A 型　72 件。侈口，圆唇，缓曲腹，圈足。内壁施满釉，外壁施半釉。标本 H26：13，口径 22.6、足径 7.8、高 6.7 厘米（图五，1）。标本 H26：16，口径 13.8、足径 6、高 4.5 厘米（图五，2）。

B 型　1 件。侈口，圆唇，深弧腹，圈足。内壁施满釉，外壁施半釉。标本 H26：17，口径 19、足径 7.4、高 8 厘米（图五，3）。

C 型　7 件。口微敛，尖圆唇，缓曲腹，圈足，内底深凹。内壁施满釉，外壁施半釉。标本 H26：21，内壁以白釉为底，上部施红彩弦纹，碗心施红彩葵花、绿叶，足底墨书"天水"二字。口径 16.6、足径 5.2、高 6.2 厘米（图五，5）。标本 H26：20，内壁以白釉为底，上部施红彩弦纹，碗心开光，内书"清静道德"四字。口径 16.6、足径 5.2、高 6.2 厘米（图五，4）。

盏　7 件。器形较小。敞口，方圆唇，斜直腹，圈足。标本 H26：22，口径 8.8、足径 3.8、高 2.2 厘米（图七，6）。

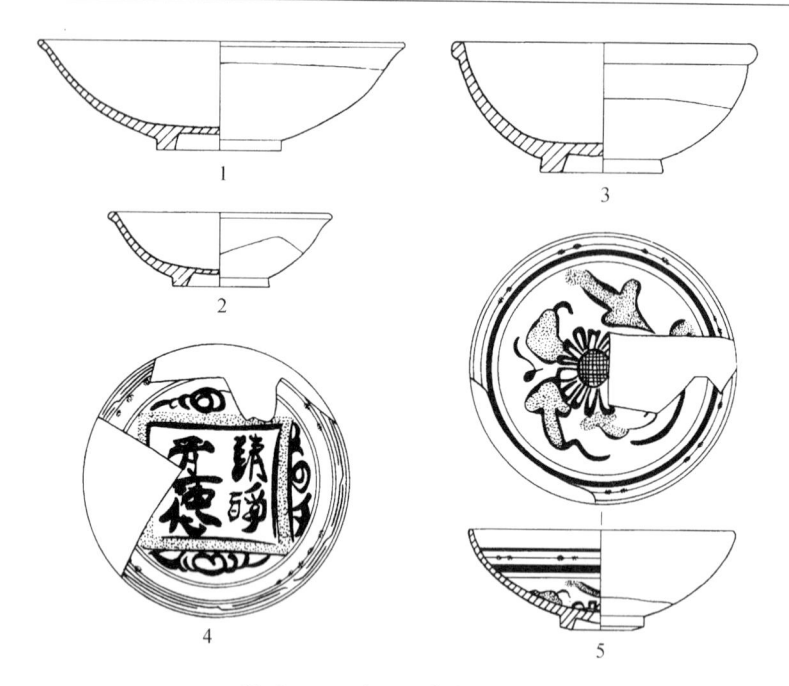

图五　H26 出土元代白釉瓷碗
1、2. A 型（H26:13、H26:16）　3. B 型（H26:17）　4、5. C 型（H26:20、H26:21）

瓶　1件。标本 H26:25，口部残，四泥条系残存下半段。椭圆形腹，假圈足外撇。上部施白釉，下部施黑釉，四系间施褐色草叶纹，四系下及下腹部各有一周褐彩带。腹部等距用褐彩书写"严肃相夜"四字，"严"字残甚。腹部 17.8、足径 9.3、残高 23.7 厘米（图八，4）。

杯　2件。直口，尖圆唇，直壁，下部残。标本 H26:26，口径 10.4、残高 6.2 厘米（图七，8）。

（2）青釉

器形有碗、盘和杯。

碗　42件。釉色又可细分为淡青釉、粉青釉、青灰釉、青黄釉、青绿釉、豆绿釉，其中淡青釉碗 17 件，粉青釉碗 2 件，青灰釉碗 10 件，青黄釉碗 2 件，青绿釉碗 2 件，豆绿釉碗 9 件。碗底墨书"兰州天水"的有 2 件，墨书"天水"的有 8 件。根据碗的口、腹、圈足的特征，分三型。

A 型　37 件。器形较大。口微敛或直口，圆唇，深曲腹，圈足外撇，内底深凹。标本 H26:27，淡青釉，口径 18.6、足径 4.6、高 9.6 厘米（图六，1）。标本 H26:32，青灰釉，口径 20.6、足径 6.4、高 9.6 厘米（图六，2）。标本 H26:30，淡青釉，口径 18.4、足径 5.4、高 7.6 厘米（图六，3）。

B型 2件。器形稍小。敛口，尖圆唇，浅曲腹，圈足，内底较平。标本H26：41，青灰釉，口径16、足径7、高4厘米（图六，4）。标本H26：47，青灰釉，口径15.6、足径7、高3.4厘米（图七，1）。

C型 3件。口微敛，圆唇，浅曲腹，圈足外撇，内底深凹。标本H26：42，粉青釉，口径15、足径5.6、高5.8厘米（图六，5）。标本H26：43，豆绿釉，口径14.5、足径4.2、高6.2厘米（图六，6）。

盘 1件。侈口，折沿，圆唇，浅腹，平底，圈足。标本H26：48，青灰釉，口径18、足径8、高3.3厘米（图七，2）。

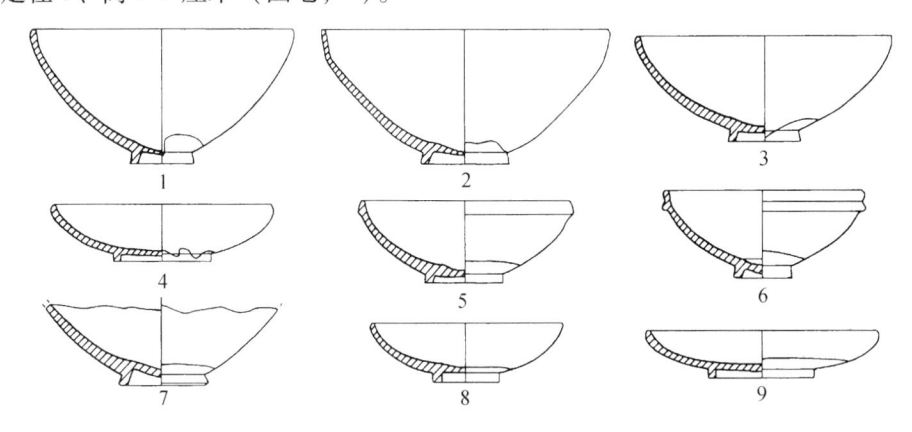

图六 H26出土元代青釉、天蓝釉瓷碗
1~3. 青釉A型（H26：27、H26：32、H26：30） 4. 青釉B型（H26：41） 5、6. 青釉C型（H26：42、H26：43） 7. 天蓝釉A型（H26：52） 8. 天蓝釉B型（H26：53） 9. 天蓝釉B型（H26：54）

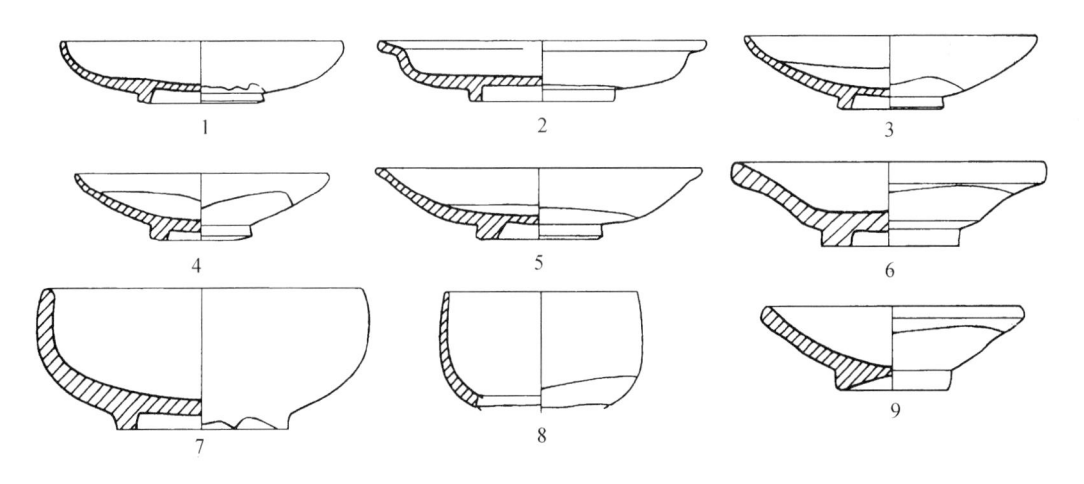

图七 H26出土元代瓷器
1. 青釉B型碗（H26：47） 2. 青釉盘（H26：48） 3~5. 褐釉碟（H26：63、H26：64、H26：56） 6. 白釉盏（H26：22） 7. 青釉杯（H26：51） 8. 白釉杯（H26：26） 9. 褐釉盏（H26：55）

杯　5件。敛口，圆唇，浅直腹，圈足。标本 H26∶51，淡青釉，口径9、足径4.7、高3.8厘米（图七，7）。

（3）天蓝釉

器形仅有碗一种。

碗　18件。分二型。

A型　13件。器型较大。口微敛或直口，圆唇，深曲腹，圈足外撇，内底深凹。标本 H26∶52，足径6.6、残高5.8厘米（图六，7）。

B型　5件。器形稍小。敛口，尖圆唇，浅曲腹，圈足，内底较平。标本 H26∶53，口径13.6、足径4.8、高4.2厘米（图六，8）。标本 H26∶54，口径16.8、足径7.6、高3.4厘米（图六，9）。

（4）褐釉

器形有碗、碟、盏、罐和梅瓶。

碗　2件，均为口沿残片。侈口，圆唇。

碟　24件。器形大体一致，尺寸略有差别。敞口或侈口，圆唇，浅曲腹，圈足外撇。内壁施半釉，碟心露出化妆土（仅在碟心部分施化妆土），多呈五角形或椭圆形，外壁施半釉。标本 H26∶63，口径16、足径6、高4厘米（图七，3）。标本 H26∶64，口径14、足径5.8、高3.6厘米（图七，4）。标本 H26∶56，口径18、足径7、高3.8厘米（图七，5）。

盏　1件。器形较小。敞口，方圆唇，斜直腹，假圈足内凹。标本 H26∶55，口径7、足径3.2、高2.3厘米（图七，9）。

罐　4件。分二型。

A型　1件。大口微敛，近直腹，腹以下残，口外置两系。标本 H26∶69，口径13、残高9厘米（图八，1）。

B型　3件。直口，圆唇，短颈，鼓腹，圈足。标本 H26∶71，腹径10.4、足径7、残高7厘米（图八，5）。

梅瓶　3件。仅见腹部、底部残片。其中1件腹壁布满手指形成的凹弦纹，另2件腹壁光滑，圈足外壁与腹壁不分。

H26还出土了7件陶器，其中陶砚5件，陶蓝彩炉2件。

陶砚　5件。灰陶胎。长方形，砚面四曲。标本 H26∶76，长17.2、宽11、厚2厘米（图八，3）。

陶蓝彩炉　2件。红陶胎。敛口，折沿，短颈略鼓，鼓腹，腹以下残。通体施化妆土，口沿及外腹壁上部施蓝彩，蓝彩点施墨彩。标本 H26∶78，口径10.8、腹径12、残高5.6厘米（图八，2）。

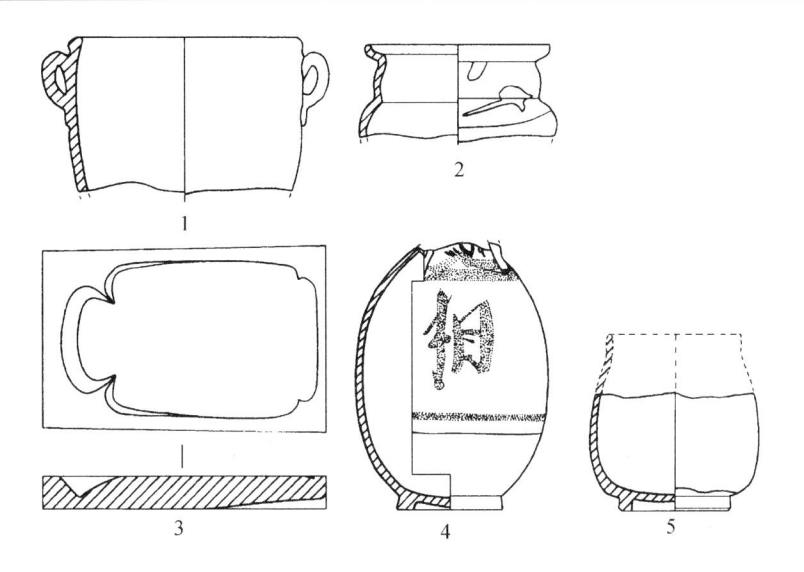

图八　H26 出土元代陶瓷器

1. 褐釉 A 型瓷罐（H26:69）　2. 陶蓝彩炉（H26:78）　3. 陶砚（H26:76）　4. 白釉瓷瓶（H26:25）　5. 褐釉 B 型瓷罐（H26:71）

三、结　语

（1）元代以前的器物。H26 出土了一些元代以前的瓷器，可能是坑壁塌落而陷进来的唐宋地层中的遗物。其中唐代姜黄釉 A 型碗、姜黄釉注子、白釉碗、白釉注子均有灰、黄两种胎，胎质细密，白釉则泛青，与河南密县（现为新密市）西关窑[1]的同类器相同，应是西关窑的产品，时代约在公元 800 年以后。五代白釉 A、B 型碗也是西关窑的大宗产品，这种碗一直使用到宋代前期。宋代白釉 A 型碗是五代白釉 A 型碗的延续和发展。

（2）元代器物。H26 出土的元代瓷器以白釉碗、青釉碗和褐釉碟为主。白釉碗的来源较复杂，不能一一确定其产地。大部分白釉碗的胎为褐色或土黄色，釉则白中泛黄，推测其为河南宝丰一带民窑的产品。白釉红彩碗的足底墨书"天水"二字，胎黄而疏松，无疑出自天水。白釉瓷瓶与河北三河县元墓[2]出土的橄榄形瓷瓶一样，应是磁州窑的产品。青釉 A 型碗器形较大，其中有 10 件碗底墨书"天水"或"兰州天水"，它们同陕西宝鸡元墓[3]出土的天青釉深腹碗相似。青釉 B 型碗器形较小，胎粗而灰，釉中有气泡，它们与天蓝釉碗均为河南禹县钧窑的产品。青釉 C 型碗釉色有粉青与豆绿，与河南宝丰清凉寺出土的汝瓷碗风格一致。褐釉碟均为灰褐胎，内底多呈五角形或椭圆形露胎，与河北磁县观台窑[4]、观兵台窑[5]所出土的黑釉盘风格相近。

（3）H26 中的填土以草木灰为主，内含大量瓷片，应是在短时期内形成的，出土瓷器以碗、碟、盘、杯、罐为主，推测此坑是酒肆一类场所的垃圾坑。

领　　队：王文华
发　　掘：郝红星　于宏伟　陈　新
绘　　图：郝红星　李　杨

注　释

[1]　郑州市文物工作队、密县文管所：《河南密县西关瓷窑遗址发掘简报》，《考古》1995 年第 6 期。
[2]　河南省文物研究所、河北大学历史系、三河县文物保管所：《河北三河县辽金元时代墓葬出土遗物》，《考古》1993 年第 12 期。
[3]　刘宝爱、张德文：《陕西宝鸡元墓》，《文物》1992 年第 2 期。
[4]　北京大学考古系、河北省文物研究所：《河北省磁县观台磁州窑遗址发掘简报》，《文物》1990 年第 4 期。
[5]　秦大树：《河北省磁县观兵台古瓷窑遗址调查》，《文物》1990 年第 4 期。

（原刊于《文物》2004 年第 11 期）

郑州黄岗寺明墓发掘简报

张文霞

2004年4月2日夜，在郑州市嵩山路与南三环西北角黄岗寺村（图一）一居民在老宅基地上进行房屋改造时，发现砖室墓一座，郑州市文物考古研究院闻讯后，立即派人前往处理。经勘察，确认古代墓葬后，即报上级文物部门批准，并对该墓进行清理，现将此墓情况简报如下。

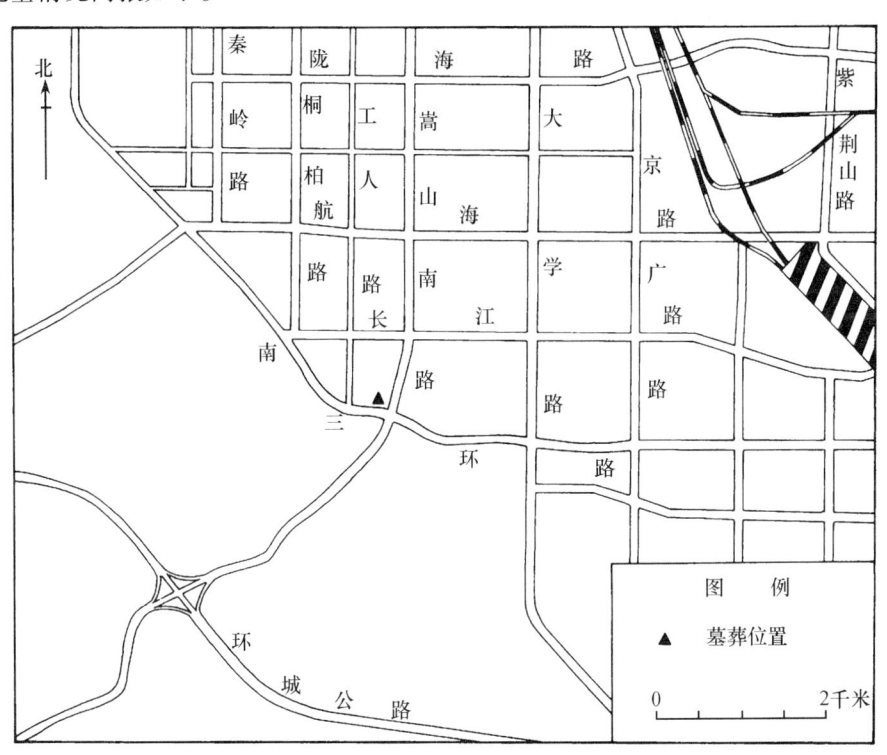

图一 墓葬出土位置示意图

一、墓葬结构

该墓为一座南北向的砖室墓，方向为正南正北。

墓道位于墓室北部，被民房建筑物所压，无法清理，具体尺寸不详。

墓门保存良好，由石门楣、门框、石门、门墩组成。门楣长1.92、宽约0.46、厚0.16米，单扇石门高1.38、宽0.54、厚0.09米。墓门装在石门墩上，石门墩长约0.4米，宽、高均为0.21米。石门墩之间，石门之下，用砖封堵，共3层。石门在关闭后，被一石条由里向外自动滑落堵死，为了滑落顺利，特在石条与石门之间垫上铁片，石条的后端立砖一块，以防滑脱。石条呈梯形，长0.9、上宽0.18、下宽0.24、厚0.05~0.07米。

墓室平面近方形。墓顶距地表约1米，顶呈拱形。底部平铺青砖，1.7米处起券，墓室四壁用青砖平铺错缝砌至0.8米（12层砖），以上墙壁、券顶皆用草拌泥抹底，而后白灰涂抹，未见壁画。墓室南北长3.5、东西宽3.34、高2.86米，墓室东西两壁中部各有一个拱形壁龛，未见随葬品。东壁龛高0.7、宽0.35、进深0.32米，西壁龛高0.7、宽0.38、进深0.32米。东西两龛在距墓室底0.52米处起券（8层砖）。然后砌砖四层，至0.8米，以上涂抹白灰。两壁龛口均堵平砖一层，无后墙。北墙居中有一镶嵌墓志（买地券）的拱形壁龛，高0.92、宽0.54米，底部距墓室底0.52米（8层砖）。壁龛内退后约0.08米砌单砖墙，将壁龛封堵，然后将墓志镶嵌此处。

墓葬除南墙右上部有所坍塌外，基本保存完好，墓室底部有约0.12米的淤土。棺木已腐朽散落，地上见有棺钉。墓志落于北墙壁龛的下方，压在腐朽棺板之上。供台位于棺床南部，为四块青砖铺成，摆供器物基本完好（图二）。供台下边立砖10块，上边二横二顺平铺错缝四块青砖，方向与棺床基本平行。供台长0.62、宽0.3、高0.21米。棺床位于墓室中部偏西，呈西北东南向，棺木内人骨用丝绸缠绕，腐朽较严重。由于墓主人姓荆，是荆世家族的祖宗，根据当地的习俗，缠绕在棺内的死者未能打开，无法辨识性别。棺床为青砖铺成，长1.92、宽0.54~0.78、高0.18米。在其东边有两具腐朽严重的人骨，无法辨认性别，推断可能是死者的夫人，二次迁葬至此，头向北，长度约1米。

二、随葬器物

该墓保存较好，随葬器物13件，出土器物有瓷盘6件，爵杯3件，小瓷壶1件，瓷香炉1件（彩版五〇，1），墓志（买地券）一方，铜钱28枚。现分述如下：

瓷盘 6件。形制相同，均为孔雀蓝釉，火候较低（彩版五〇，2）。标本M1:5，身作菊花瓣状。敞口，圆唇，斜直腹，平底，矮圈足，器内外均施蓝釉。胎薄体轻，仿皮漆，口径11、底径6.4、高2厘米（图三，1；彩版五〇，3）。

爵杯 3件。形制相同，均制作精良，施牙白色釉。标本M1:8，短流，狭深，尾宽而深，柱置于尾、流接合处，自杯体起稍露头，杯体浅小，直壁，圜底，三足根部为狮首，下部一舌长伸至底，无鋬手。杯外底有一模印字，不识。杯口长12、宽5.9厘米，杯高9.7厘米（图三，2、3；彩版五一，1、2）。

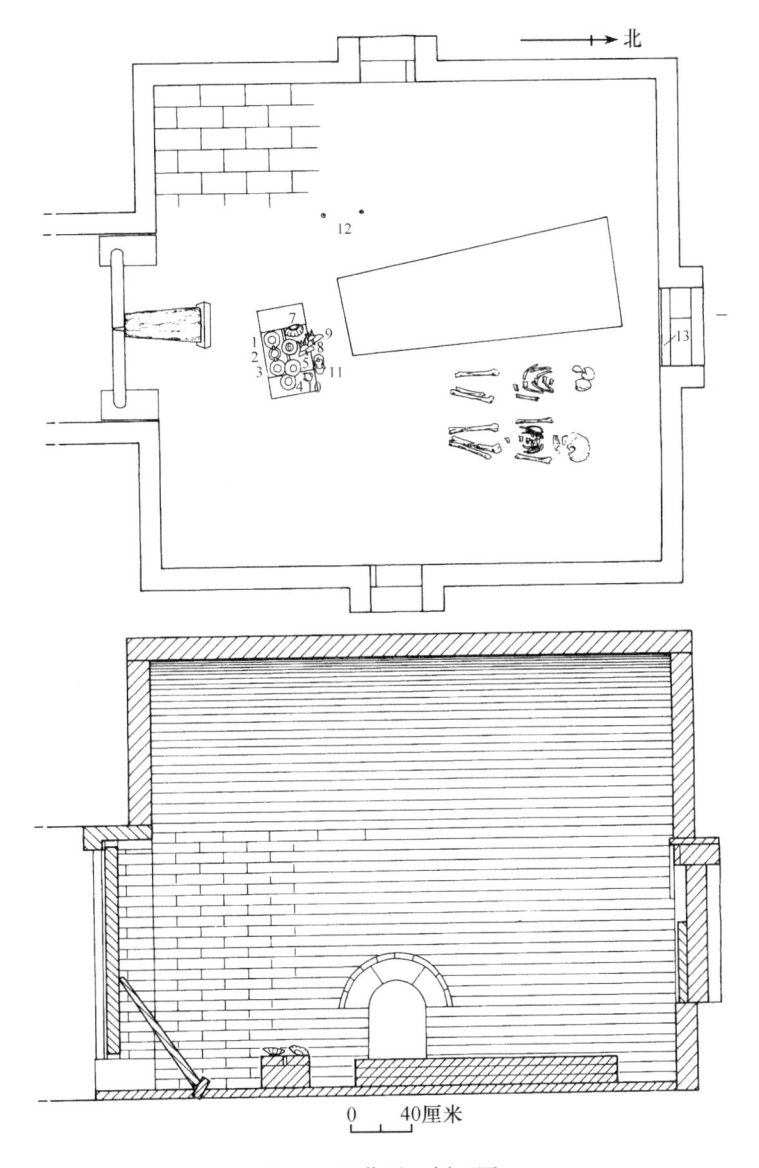

图二 墓葬平、剖面图
1、3~7. 瓷盏 2. 瓷炉 8、9、11. 爵杯 10. 小盏 12. 铜钱 13. 买地券

小瓷壶 1件。标本M1:10，体小，白胎，腹部以上施黄釉，腹部以下露胎。口隐于盖下，弧肩，鼓腹，下腹斜收，假圈足，平底。体侧置一狮首状短流，肩部设三环式錾手，錾手下为双层覆莲式盖，盖顶圆珠纽，流、盖、錾连做。肩、腹部有凹弦纹两周。腹径10、底径3~3.3、高6.5厘米（图三，4；彩版五一，3）。

瓷香炉 1件。标本M1:2，侈口，方唇，束颈，鼓腹，平底，三足，两立耳稍外撇，颈部有一钱文图案，器内壁及外底素胎，唇、耳两侧、腹部釉呈深蓝色，余淡蓝色。内有香灰。口径6.2、高10厘米（图三，5；彩版五一，4）。

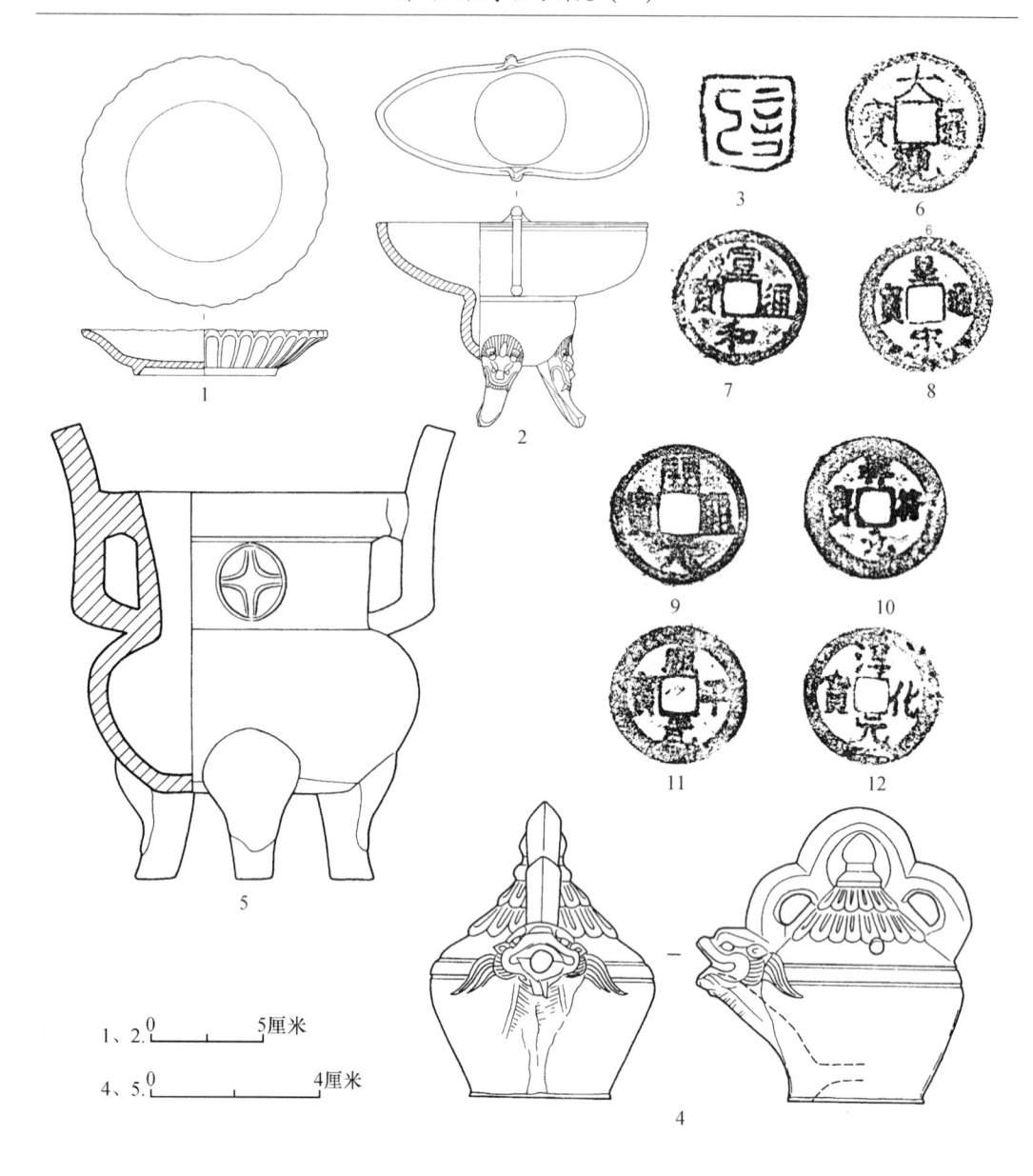

图三　出土瓷器、铜钱
1. 瓷盘　2、3. 爵杯　4. 小瓷壶　5. 瓷香炉　6~12. 铜钱

铜钱　28 枚。标本 M1:12，大部分锈蚀严重，钱文不清，能辨认钱文的有 7 枚。

大观通宝　直读，面径 2.5、穿径 0.6、缘宽 0.2 厘米（图三，6）。

宣和通宝　直读，面径 2.4、穿径 0.6、缘宽 0.2 厘米（图三，7）。

皇宋通宝　直读，面径 2.3、穿径 0.5、缘宽 0.15 厘米（图三，8）。

开元通宝　直读，面径 2.4、穿径 0.7、缘宽 0.15 厘米（图三，9）。

祥符元宝　旋读，面径 2.5、穿径 0.7、缘宽 0.15 厘米（图三，10）。

咸平元宝 旋读，面径2.4、穿径0.55、缘宽0.15厘米（图三，11）。

淳化元宝 旋读，面径2.4、穿径0.55、缘宽0.15厘米（图三，12）。

买地券 1方。标本M1:13，青石，近方形，边长53、宽52、厚6厘米。自左向右，楷书小字，共23行，满行41字，计671字（图四）。记述墓主之子为父母购买阴宅及埋葬情况，内容较为详细，录文如下（换行以"/"表示）：

图四 买地券

维大明国万历三年岁次乙亥八月初一日丙寅朔十五日庚辰立券良辰据/河南开封府郑州南冯保人氏见居黄岗村住奉祭孝子荆时震伏缘父亲荆文德停柩居室/未卜茔坟夙夜忧思不遑所厝遂今日者卜此岗原末去潮迎地占袭吉家望东北生旺之原/创立茔兆北方玄武太阳帝座鸾驾凤阁拱迎左边金箱功曹抱掩前面午方帝辇天财宝盖/皇榜捧砚

山潮迎边玉印直符装奉其地可作艮山为主坤向为案下壬穴观地脉乾兑来龙/拆转正北过脉左抱右掩前潮后倚西南贪狼水来潮流向东方放廉贞水长流而去坐于壬/临武星作主堪为宅兆出备银钱九万九千九百九贯文又兼五色信帛买到后土墓地一方南北长一/十八步东西阔一十五步五分开平方八卦塚积地二百七十九步共地一亩一分五厘一毫六丝北入壬/穴三步八分五厘七毫四丝甲申满南入壬穴一十四步一分四厘二毫六丝庚寅满西入壬穴五步/五分三厘六毫六丝甲午定东入壬穴九步九分六厘三毫四丝甲午开合得四禽四兽捧穴东至/青龙西至白虎南至朱雀北至玄武内方勾陈管分擘四域丘承墓伯封步界畔道路将军/齐整阡陌致使千秋百载永无殃咎若有干犯并令将军亭长缚付河伯令备牲牢酒脯百味/香新共为信契财地交相各已分付令工匠修茔安立已后永保休吉/知见人岁主乙亥登明之神月主乙酉从魁之神代保人今日直符故气邪精不得争恡先有居/者永避万里若违此约地府主吏自当其祸耻葬主里外存亡悉皆安吉急急如/五帝使者女青律令券立二本一本奉付/后土一本乞付墓中令亡故父亲荆文德收把准备付身永为照用今分券背上又书/合同二字故非口永不侵争须至券者右给付荆文德收执为照/代保人/年直符庚戌河魁之神/月直符丁未小吉之神/日直符丁未小吉之神/时直符丙戌河魁之神/大明万历三年八月十五日立　券　孝子　荆时震

三、结　　语

这是近年来郑州市区发现的又一座带有明确纪年的砖室墓。该墓出土有纪年买地券，为万历三年，地券上记墓主人所居之村名为冯保黄岗村，该村今天仍称黄岗寺，荆氏后裔仍居于斯。

据了解，中原地区宋代到明代的墓葬内发现不少买地券，大多是青砖制成，朱笔楷书，而该墓出土的买地券则是青石制成，刻楷书小字，比较少见。尤其墓中出土的瓷爵，造型古朴，制作精良，是少见的明代瓷器精品。墓室内有两具尸骨，因腐朽严重无法辨认性别，一具尸骨用丝绸缠绕，另两骨尸骨在旁边，可能是迁葬，骨架摆放规整，应为夫妻合葬。买地券仅记墓主姓荆名文德，夫人姓名略去，未提墓主生平事迹，可见墓主只是一般平民。墓主儿子自称孝子荆时震，为父亲购买阴宅，建起较大的砖室墓，可见史书所载明朝奢靡之风。此墓的发掘整理为我们了解明代万历时期河南地区的丧葬习俗提供了重要的考古资料，具有较高的学术研究价值。

领　　队：张松林
发　　掘：王彦民　焦建涛　张文霞
绘　　图：焦建涛

（原刊于《东方博物》第三十一辑）

郑州文庙维修保护与恢复建设工程考古调查简报

宋秀兰　王彦民　楚东亮

郑州文庙恢复建设与维修保护工程位于郑州市管城区东大街24号，按照恢复建设设计方案要求，恢复建设的尊经阁下设消防水池。2005年1月31日上午，施工队在修建地下消防水池的基础内发现古代砖结构建筑遗迹。接到通知后，郑州市文物考古研究院与郑州商城遗址保护管理处及时组织专业人员对现场进行了考古调查（图一）。现将考古调查情况简报如下：

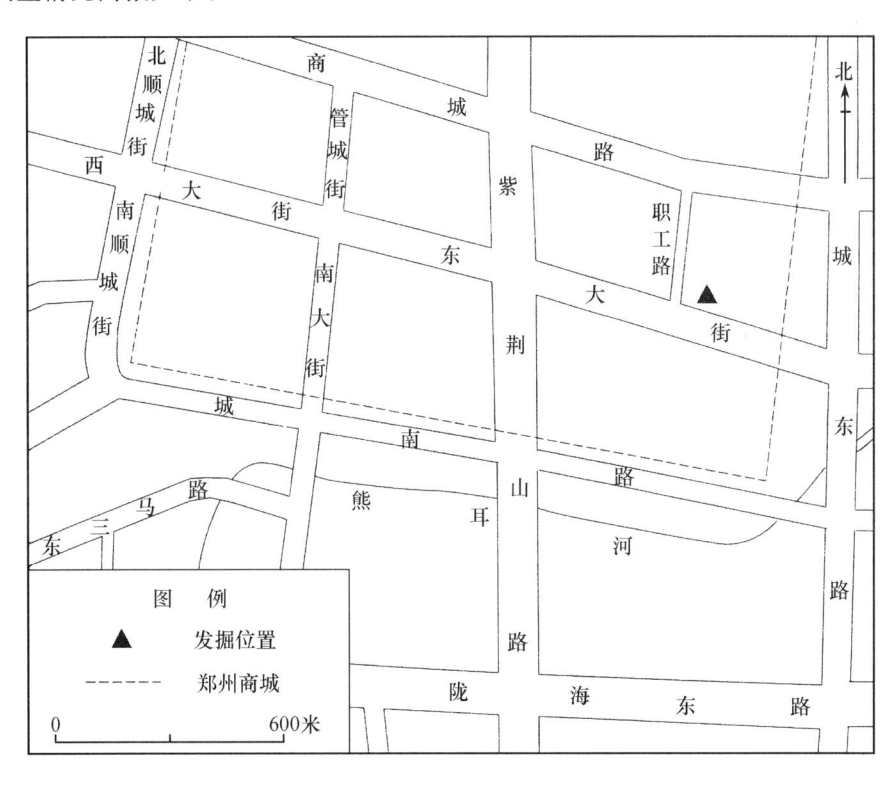

图一　郑州文庙维修工程考古发掘位置示意图

一、历 史 背 景

文庙，亦称孔庙、先师庙、文宣王庙，既是历代祭祀我国古代伟大的哲学家、思想家、教育家、儒家思想的创始人孔子的地方，也是中国古代尊儒崇文、祭祀圣贤、学习礼仪、讲读经籍、商文议事的地方。

郑州文庙属官庙，位于郑州市东大街东段路北（属郑州市管城区），遵守坐北朝南的规制，为古都郑州之文脉。地理坐标：北纬34°44′56″，东经113°40′55″。恢复建设后的文庙，建筑群为中国传统的廊庑式三进院落，南北长180米，东西宽约46米，占地8280平方米，共有建筑十七座，是河南省现存规模较大的文庙之一。

始建于东汉永平年间的郑州文庙已有近2000年的历史，在漫长的历史长河中，它随着社会的变迁而时兴时废、数毁数立。鼎盛时期的郑州文庙，占地约5万余平方米，建筑布局严谨，规模宏大，红墙碧瓦，俨如皇宫一般。中轴线上共有五进院落，殿宇廊亭200余间。遗址处于恢复建设的尊经阁，应属文庙原明伦堂之后的位置。在此地下近5米深的位置发现仓储与器皿，这对于研究郑州文庙在汉唐时期的建制与文化有着重要意义。

二、地层堆积

尊经阁属恢复建设工程，依施工要求建筑基础为东西长约23米、南北宽约17米的长方形竖穴坑槽，在下挖至深约4.8米时，发现了古文化遗存，其文化堆积可分6层。现以坑槽北壁为例加以介绍：

第1层　表土层。有路土、水泥地坪、砖结构墙基、三七灰土基础等，厚1.5~1.6米。

第2层　扰土层。浅灰色杂土，深2.24~3.2、厚0.64~1.04米。出土有残砖块、瓦、瓷片，炉渣等。

第3层　明清文化层。浅灰色土，深3~4.4、厚0.7~1.4米。出土有白瓷片、青花瓷片、残砖块等。

第4层　宋代文化层。黄灰色土，质略硬，深3.8~4.2、厚0.3~0.9米。出土有黑、白瓷片，白地黑花瓷片、烧土粒等。

第5层　宋代文化层。浅黄灰色土，质略硬，深4~4.7、厚0.3~0.7米。出土有黄釉瓷片等。

第6层　汉文化层。浅灰色土，质略硬，深4.5~5.3、厚0.5~0.8米。出土有砖结构，陶片、瓦片等。

三、遗迹和遗物

基础坑槽内东北部发现2处古代砖砌结构遗迹（图二）。

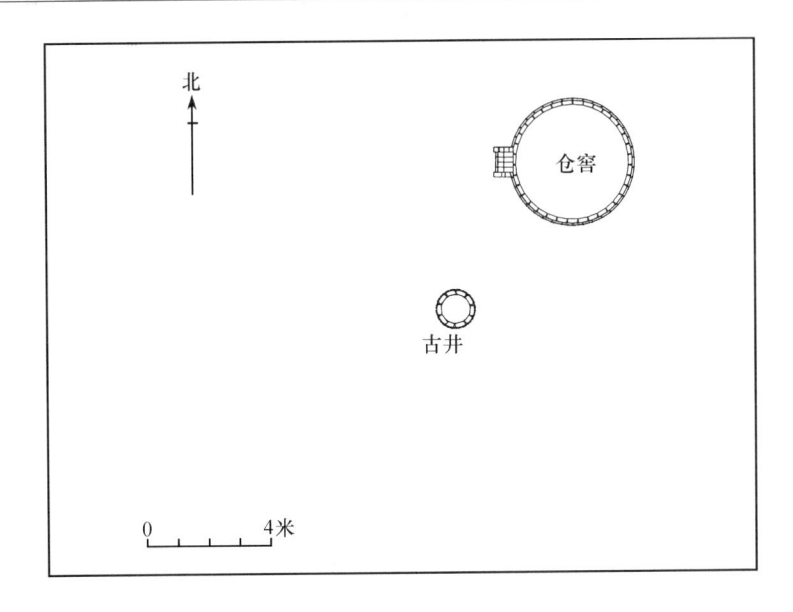

图二　遗迹分布示意图

1. 遗迹

（1）仓窖（ZWC）

位于基础坑内东北部，距地面深约4.5米，坐标：北纬34°45.023、东经113°40.945，±8。

砖结构圆形主体，周壁采用侧立砖错缝顺砌，仅存砖结构3层，直径3.92米，残高0.52米；西侧有方形小池口，东西长0.65米、南北0.96米，两侧壁用平砖错缝顺砌、西壁用立砖错缝顺砌。填土为浅灰色五花土、内出土有陶案残片、板瓦、砖块等（图三）。

（2）古井（ZWJ1）

位于仓窖西南3.5米。距地面深约4.4米的基槽内坑底发现，圆形砖结构，上口直径0.92米，小砖平砌呈侧壁，深4.5米，下部直径略大约1.2米（图四）。

2. 出土遗物

在古井的填土中出土有大量瓷片、陶器残片，还有部分完整的小件器物及瓷器等。出土器物中保存较完整及已复原的有60余件，可分瓷、陶、银、铜、石五类。可以辨认的器形主要有：银簪，铜币，石球，瓷罐、瓷碗、注子、瓷灯、瓷炉、瓷盒、瓷羊、瓷狗、瓷面饰，陶罐、陶盆、陶缸、陶塔、小饰品、围棋子、骰子等。

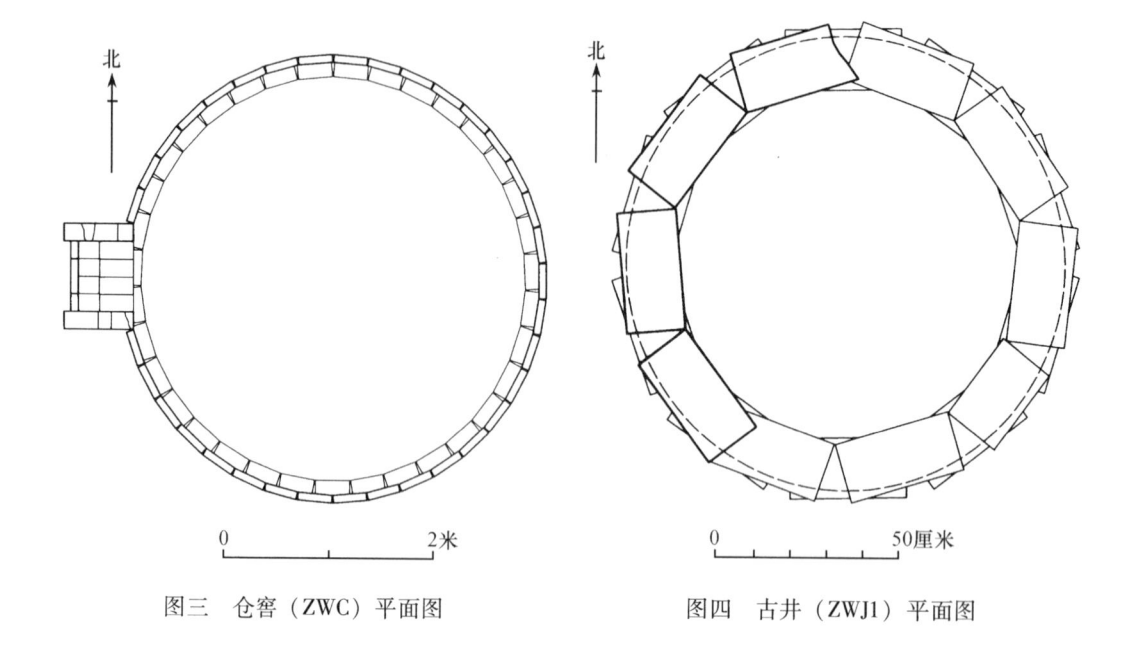

图三　仓窖（ZWC）平面图　　　　图四　古井（ZWJ1）平面图

（1）瓷器

43件。主要器形有罐、碗、盏、灯、炉、盒及羊、狗、面饰等。

瓷罐　6件。形制多样，大小不等。

黑釉双系罐　标本J1:1，粗灰胎，直口，方唇，微束颈，深弧腹，矮圈足。口下有两个对称泥条系，肩腹部有轮制时留下的凸棱。内外施半釉，唇部刮釉。口径12.3、底径10.4、高19.2厘米（图五，1；彩版五二，1）。

褐釉双系罐　标本J1:7，粗褐胎，近直口，圆唇，束颈，圆鼓腹，假圈足。口下有两个对称泥条系，腹部有轮痕不明显。内施全釉，外施酱褐釉不及底，唇部有刮釉痕迹。口径5.8、底径3.4、高6.5厘米（图五，4；彩版五二，2）。

花斑白釉罐　标本J1:8，黄灰胎，施白化妆土，侈口、圆尖唇，束颈，圆肩，鼓腹，矮圈足。器内满施褐釉，口沿内壁及外壁施白釉，器表白釉中间散有浅灰色斑点。口径5.7、底径4.2、最大腹径8.2、高6.5厘米（图五，5；彩版五二，3）。

黑釉提梁小罐　标本J1:9，褐灰胎，直口，圆尖唇，直领，圆鼓腹，假圈足。口上有一圆弧泥条提梁。器表施黑褐釉不及底。口径3、底径2.5、最大腹径4.3、通高5厘米（图五，6；彩版五二，4）。

白釉小瓷罐　标本J1:B15，灰胎，施化妆土，小口，直领，圆鼓腹，假圈足。口上有一泥条提梁残，外壁施白釉不及底，褐足。残口径2.4、底径2.8、残高3.9厘米。

灰黑釉小瓷罐　标本J1:B10，灰胎，小口，束颈，圆肩，鼓腹，平底。外壁施灰黑釉不及底。口径、底径均为2.4、残高3.7厘米。

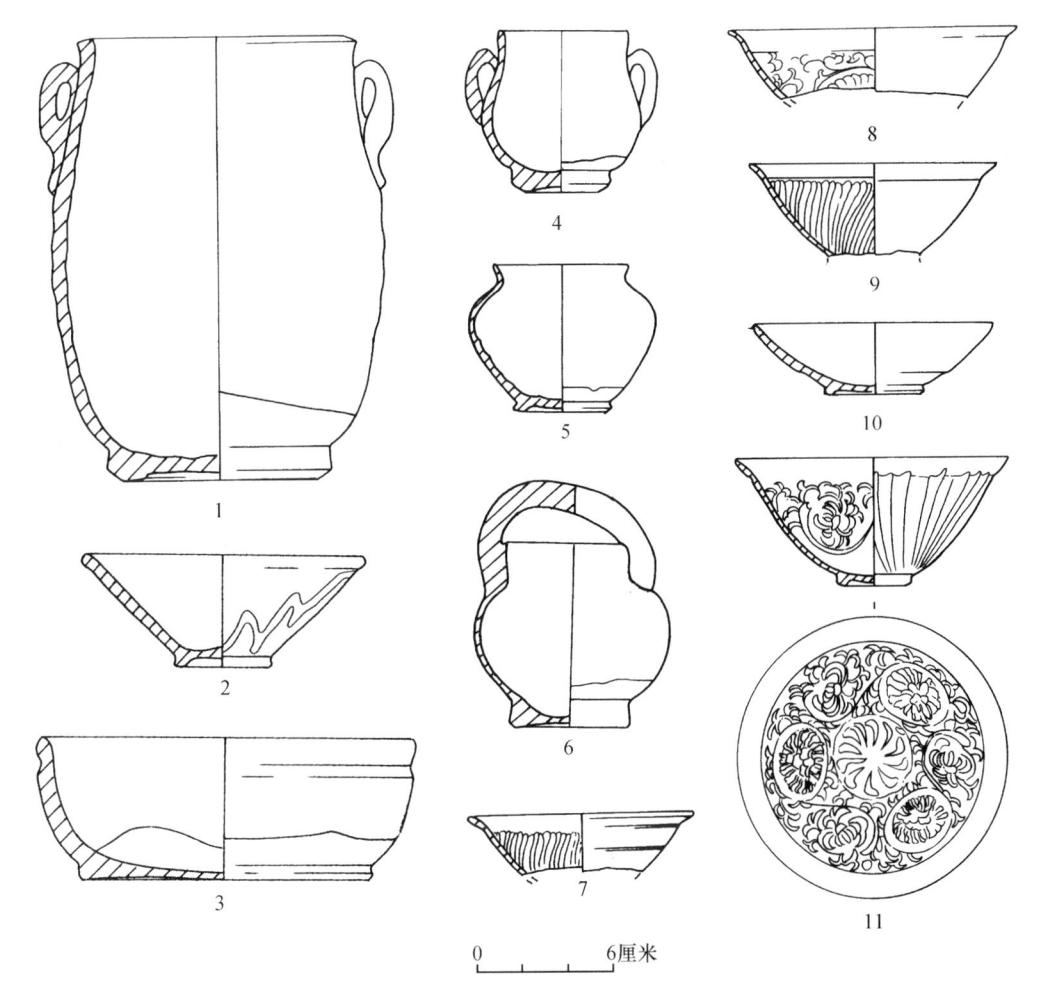

图五 ZWJ1 出土瓷罐、碗
1. 黑釉双系罐（J1:1） 2. 灰白釉瓷碗（J1:2） 3. 黄釉瓷碗（J1:35） 4. 褐釉双系罐（J1:7） 5. 花斑白釉罐（J1:8） 6. 黑釉提梁小罐（J1:9） 7～9. 青釉瓷碗（J1:B7、J1:B5、J1:B6） 10. 白釉瓷碗（J1:50） 11. 青釉瓷碗（J1:36）

瓷碗　14 件。

黄釉瓷碗　标本 J1:35，褐黄胎，侈口，圆唇，弧腹，假圈足。内外施半釉。口径 13.3、底径 10.4、高 6.2 厘米（图五，3）。

灰白釉瓷碗　标本 J1:2，敞口，圆唇，斜腹，小圈足。通体施灰白釉。口径 12.5、足径 4.1、高 4.8 厘米（图五，2；彩版五二，6）。

白釉瓷碗　标本 J1:50，灰胎，施白化妆土，敞口，尖圆唇，弧腹，小圈足。内施满釉，外施白釉不及底，器表有开片。口径 11.8、底径 4.5、高 3.3 厘米（图五，10）。

青釉瓷碗　出土有青釉碗残片标本 10 件，可以看出多为敞口，圆唇，弧腹，小圈足，通体施青釉。标本 J1:36，内壁剔刻缠枝花卉，外壁剔成竖棱纹。口径 12.2、足径

3.4、高5.3厘米（图五，11；彩版五二，5）。标本J1：B5，灰胎，内壁剔刻侧棱纹，中心一朵团花。口径10、足径3.2、高4.7厘米。（图五，8）。标本J1：B6，灰胎，器内侧棱纹。残高3.8厘米（图五，9）。标本J1：B7，灰胎，器内侧棱纹。残高4厘米（图五，7）。

瓷灯　7件。多为灰胎，施白色化妆土。敛口或直口，平折沿略下倾，圆唇，直壁，圜底或圜平底，柄足或喇叭足。多数外施白釉不及底。标本J1：3，直口，圜底，外施白釉及底，器表有开片。口径8.7、底径3.6、高5.7厘米（图六，4；彩版五三，1）。标本J1：5，直口，圜平底，喇叭圈足。口径12、底径6.9、高8.8厘米（图六，2；彩版五三，2）。标本J1：6，敛口，圜底，极短柄足，外施白釉及底。口径9.7、底径3.2、高5厘米（图六，1）。标本J1：25，黄白胎，圜平底，柄足略高，外施白釉及底。口径11.4、底径4.8、高7.5厘米（图六，3）。标本J1：26，敛口，圜平底，短柄足。口径9.1、底径3.5～5.8厘米（图六，5；彩版五三，3）。标本J1：27，直口，圜底，短柄足。口径9、底径3.4、高5.3厘米（图六，6；彩版五三，4）。标本J1：28，敛口，圜底，短柄足。口径8.5、底径2.9、高5.3厘米（图六，7；彩版五三，5）。

瓷炉　1件。标本J1：4，黄白胎，直口，平折沿略下倾，圆尖唇，深腹，圜底，下附兽爪状五足，足雕兽面，足间腹壁饰一朵团花。器表饰绿釉。口径15.5、高9.8厘米（图六，8；彩版五三，6）。

壶　3件。

小壶　标本J1：30，褐黄胎，施白化妆土。颈部以上残，圆肩，短流，深直腹，假圈足。外施白釉及底。腹径4.3、底径3.4、残高7.1厘米（图七，3）。

黄釉瓷壶　均为口颈部残片，褐黄胎，施化妆土。侈口，圆唇，高束颈，圆折肩，鼓腹，颈下有流，颈侧有一个泥条系。器表施黄釉。标本J1：B1，折肩处饰凹弦纹2周。残高7.5厘米。标本J1：B2，颈侧除泥条系外，另有1'双泥条式鋬，内外壁施黄釉。残高10厘米（图七，1）。

瓶　3件。

白釉瓷瓶　标本J1：49，灰胎，施化妆土。侈口，束颈，广肩，圆鼓腹，假圈足外撇。外施白釉不到底。口残径2.4、底径3、残高6.8厘米（图七，2）。标本J1：B14，灰胎，施化妆土。深腹、圈足。外施白釉不到底。底径6.6、残高5.9厘米。

黑釉瓷瓶　标本J1：B11，灰胎，深腹、假圈足。外施黑釉不到底。底径7.5、残高5.5厘米。

小圆盒　3件。均子口，直腹，内平底，假圈足或圈足，无盖。标本J1：37，黄褐胎，假圈足，器壁、器内施青白釉。口径3.1、底径2.1、残高1.8厘米（图七，5）。

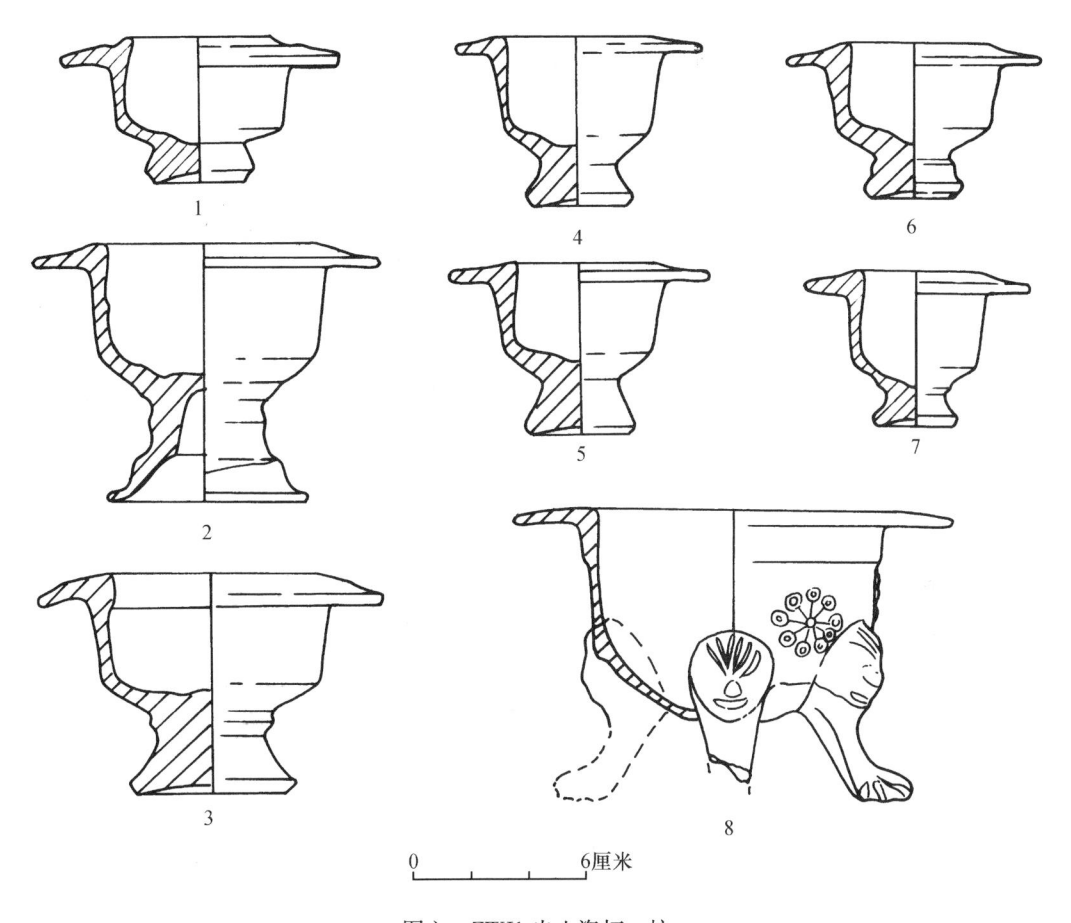

图六　ZWJ1 出土瓷灯、炉

1~7. 白釉瓷灯（J1：6、5、25、3、26、27、28）　8. 瓷炉（J1：4）

标本 J1：38，灰胎，假圈足，器壁、器内施青白釉。质硬。口残、盖失，口径3.3、底径2.6、残高1.9厘米（图七，4）。标本 J1：39，白胎，矮圈足。口径4.8、底径2.9、残高3.2厘米（图七，6）。

小盅　2件。标本 J1：40，灰胎，施化妆土，侈口，圆唇，浅腹，假圈足，圆唇、圆弧腹、假圈足。内满釉，外施白釉不及底。口径4.2、底径2.2、高1.9厘米（图七，8）。标本 J1：41，灰胎，施化妆土，敛口，圆唇，弧腹，假圈足。内满釉、外施白釉不及底。口径4.2、底径2.2、高1.9厘米（图七，7）。

小件器物　4件。多应为玩具，有羊、狗、马、面饰等。

小羊　1件。标本 J1：33，灰胎，昂首，直立于地，垂耳翘尾。头部施褐釉，颈下全施白釉。残高6.8厘米（图八，1；彩版五四，1、2）。

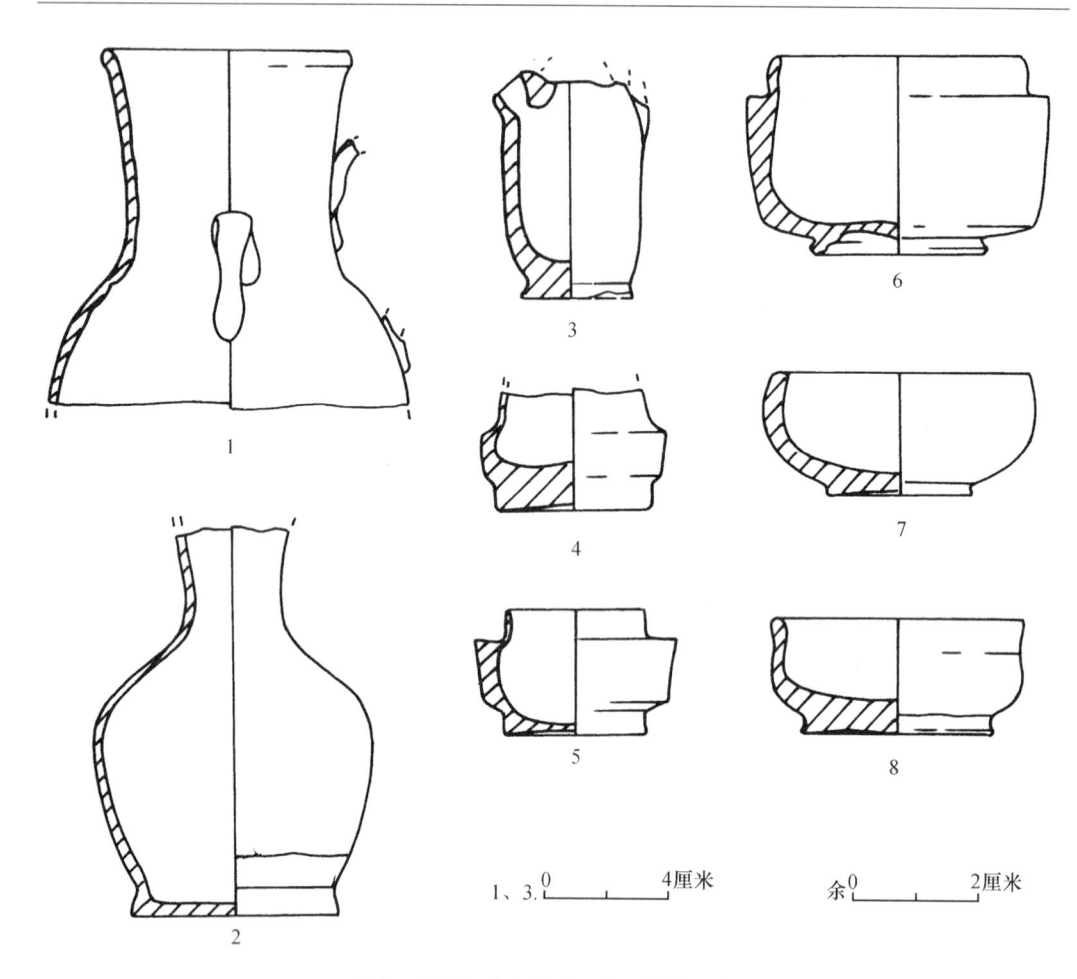

图七 ZWJ1 出土瓷壶、瓶、圆盒、盅
1. 黄釉瓷壶（J1:B2） 2. 白釉瓷瓶（J1:49） 3. 小壶（J1:30） 4~6. 小圆盒（J1:38、37、39）
7、8. 小盅（J1:41、40）

白瓷狗　1件。标本 J1:B8，灰胎，直首，长嘴，耸颈，两只长耳向前耷在头上。体施白釉，眼珠点褐釉。残高 4.8 厘米（图八，5）。

绿釉马　1件。标本 J1:B9，浅灰胎，昂首，立耳，垂鬃，带有缰绳。体施绿釉。残高 4.8 厘米（图八，6）。

小兽面饰　1件。标本 J1:34，黄灰胎，凶目，立眉，阔鼻，龇牙，络腮胡须。面施绿釉。宽 2.9、残高 5.4 厘米（图八，4；彩版五四，3）

（2）银、铜、石、贝蚌器

7件。

银簪　1件。标本 J1:29，细长体，簪首呈空心球状，浮雕缠枝花卉，簪首与柄间有八瓣花托。残长 6.5 厘米，簪首球径 2.7 厘米（彩版五四，4）。

铜币　3件。方孔圆钱，锈蚀严重，字迹模糊。直径约 2.5 厘米。

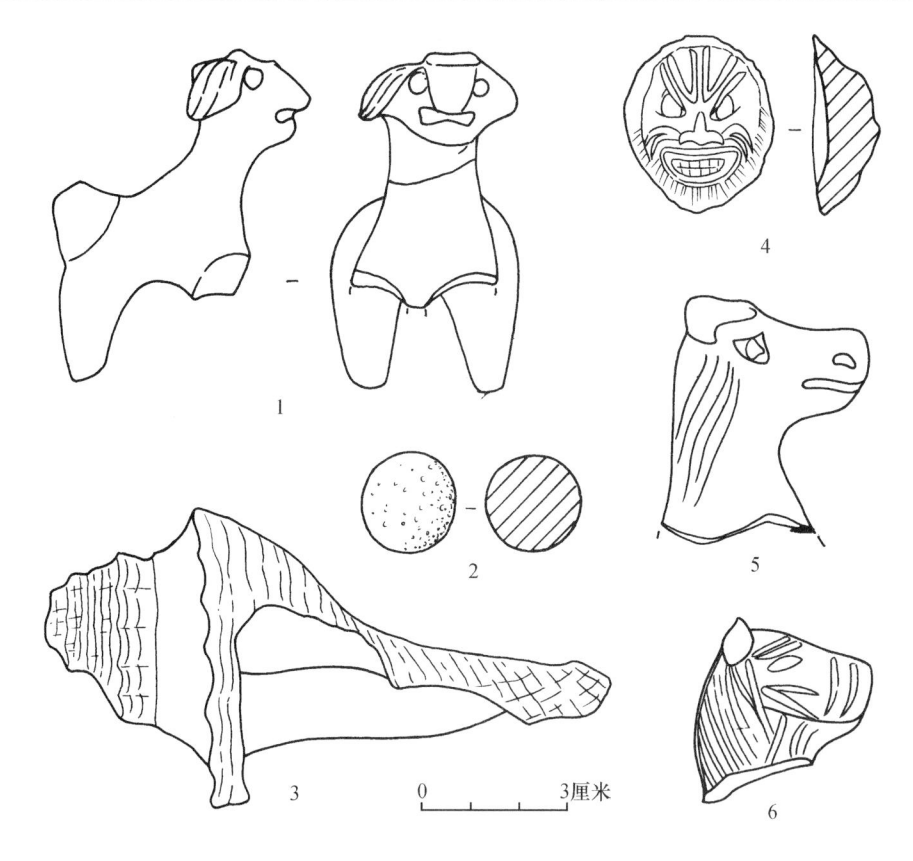

图八 ZWJ1 出土器物
1. 瓷羊（J1：33） 2. 石球（J1：32） 3. 海螺（J1：43） 4. 小兽面饰（J1：34） 5. 白瓷狗（J1：B8） 6. 绿釉马（J1：B9）

标本 J1：31-1，景祐元宝，祐字模糊。标本 J1：31-2，咸平元宝，咸字模糊。

石器　2 件。

石球　标本 J1：32，泛红色石质，器表磨光。直径 1.7 厘米（图八，2；彩版五四，5）。

石坠　标本 J1：42，青石质，圆柱形，底面平，顶略弧。直径 4.2～4.8、高 5.7 厘米（彩版五四，6）。

海螺　1 件。标本 J1：43，海螺壳，高 11.5 厘米（图八，3）。

（3）陶器

40 余件。出土的残陶器约 3000 余片。主要器形有罐、陶盆、陶缸，还有陶壶、陶塔、小饰品、围棋子、色子等。其中以红陶小饰品为以往发掘中少见。

小饰品　12 件。泥质红陶，椭圆扁体，正面高浮雕图案，应为一种玩具类小饰品。

荷叶鸳鸯饰　标本 J1：13，中部有一只游动中回首的鸳鸯，周有水草。长 3.7、宽 2.7、厚 1.1 厘米（彩版五五，1）。

串鱼饰 标本 J1:14，以线纹为底纹，四条鱼攒头向前，抢食水草。长 2.9、宽 2.3、厚 0.9 厘米（彩版五五，2）。

虎饰 标本 J1:15，虎昂首阔步急行于草丛中，垂耳，翘尾。长 2.5、高 1.9、厚 0.7 厘米（彩版五五，3）。

龙饰 标本 J1:16，立姿，昂首，长嘴大张，肢爪雄健有力，衬有云纹。长 2.6、宽 1.9、厚 0.85 厘米（彩版五五，4）。

武士 标本 J1:17，头戴高冠，身穿右衽宽袖长袍，腰系带，右手持降魔杵于肩，左手后摆，右足前趋，做行进状。高 3.4、宽 2.5、厚 1.2 厘米（彩版五五，5）。

髯者 标本 J1:18，眉目清晰，须髯浓重，头包巾，身着交领宽袖袍，肩挎包，面左拱手于腹前。衬有勾卷云纹。高 2.8、宽 1.9、厚 0.8 厘米（彩版五五，6）。

少年 标本 J1:19，头戴冠，鬓插英雄球，上着右衽窄袖短袍，下着裤，两腿交叉。身后为线纹，身侧为蕉叶。高 2.8、宽 1.9、厚 0.8 厘米（彩版五六，1）。

持卷者 标本 J1:20，上着右衽宽袖袍，下着百褶裙，右手前举持书卷，左手曲置腹前。高 3.8、宽 2.8、厚 1.2 厘米（彩版五六，2）。

蹲者 标本 J1:21，上着右衽宽袖袍，下着百褶裙，双手持书，蹲于地，作阅读状。高 2.7、宽 2.1、厚 0.7 厘米（彩版五六，3）。

半蹲者 标本 J1:22，头梳高髻，身穿团领宽袖袍，右手前伸，左手按持一物似斗笠，半蹲于地上。高 2.6、宽 2、厚 0.8 厘米（彩版五六，4）。

叉腰者 标本 J1:23，人物姿态略显模糊，左手叉于腰间。高 2.7、宽 1.8、厚 0.7 厘米（彩版五六，5）。

变形人物 标本 J1:24，上体人形明显，双臂曲张外展，下体变形呈柱状，体侧一杵。衬有云纹。长 2.7、高 2.1、厚 0.7 厘米（彩版五六，6）。

围棋子 2 件。白黏土胎，扁圆体，边缘圆滑。标本 J1:10，器面饰有花、叶图案。直径 1.8、厚 0.4 厘米（图九，1）。标本 J1:11，素面，器面平滑。直径 1.9、厚 0.5 厘米（图九，2）。

骰子 1 件。标本 J1:12，白黏土胎，正方体，棱角多磨圆，6 面分铸点数，呈圆坑状。棱长 0.9 厘米（图九，6）。

陶球 1 件。标本 J1:44，泥质灰陶，素面。直径 2.3~2.5 厘米（图九，3）。

车轮 1 件。标本 J1:45，窄牙，中为毂孔，14 根辐条。直径 6.3~6.5、厚 0.8 厘米（图九，4）。

陶塔 2 件。红陶制成，为密檐式方塔，上部呈锥形，体涂白彩。标本 J1:46，残存上部，残高 6.2 厘米（图九，5）。标本 J1:47，残存中部 4 层，残高 4.1 厘米（图九，7）。

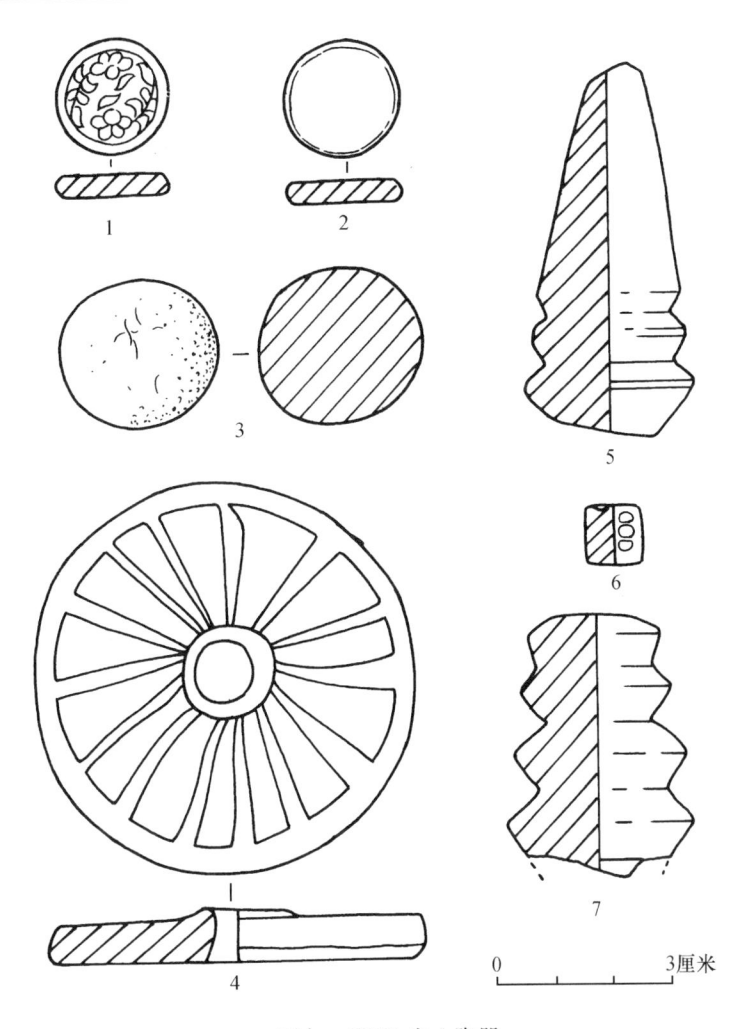

图九 ZWJ1 出土陶器
1. 花面围棋子（J1:10） 2. 光面围棋子（J1:11） 3. 陶球（J1:44） 4. 陶轮（J1:45） 5、7. 陶塔（J1:46、J1:47） 6. 骰子（J1:12）

陶壶 1件。标本J1:48，泥质灰陶，素面。侈口，束颈，肩置一短流，圆鼓腹，小平底。腹径7.1、底径3.9、残高7.9厘米（图一〇，8）。

陶罐 数十件，均泥质灰陶，复原11件，根据口、沿、肩部特征分为五式。

Ⅰ式：4件，素面，敛口，方唇，唇面有凹槽，短束颈，弧肩，鼓腹，平底。肩部对置双系，素面。标本J1:51、口径15.5、通高15.5、最大腹径20.3、底径9.5厘米（图一〇，1）。标本J1:52、口径13.4、通高15.1、最大腹径19.7、底径7.7厘米（图一〇，2）。标本J1:53、口径13.6、通高16.3、最大腹径21.2、底径10厘米（图一〇，3）。标本J1:55、口径14.3、通高15、最大腹径20.5、底径10.2厘米（图一〇，5）。

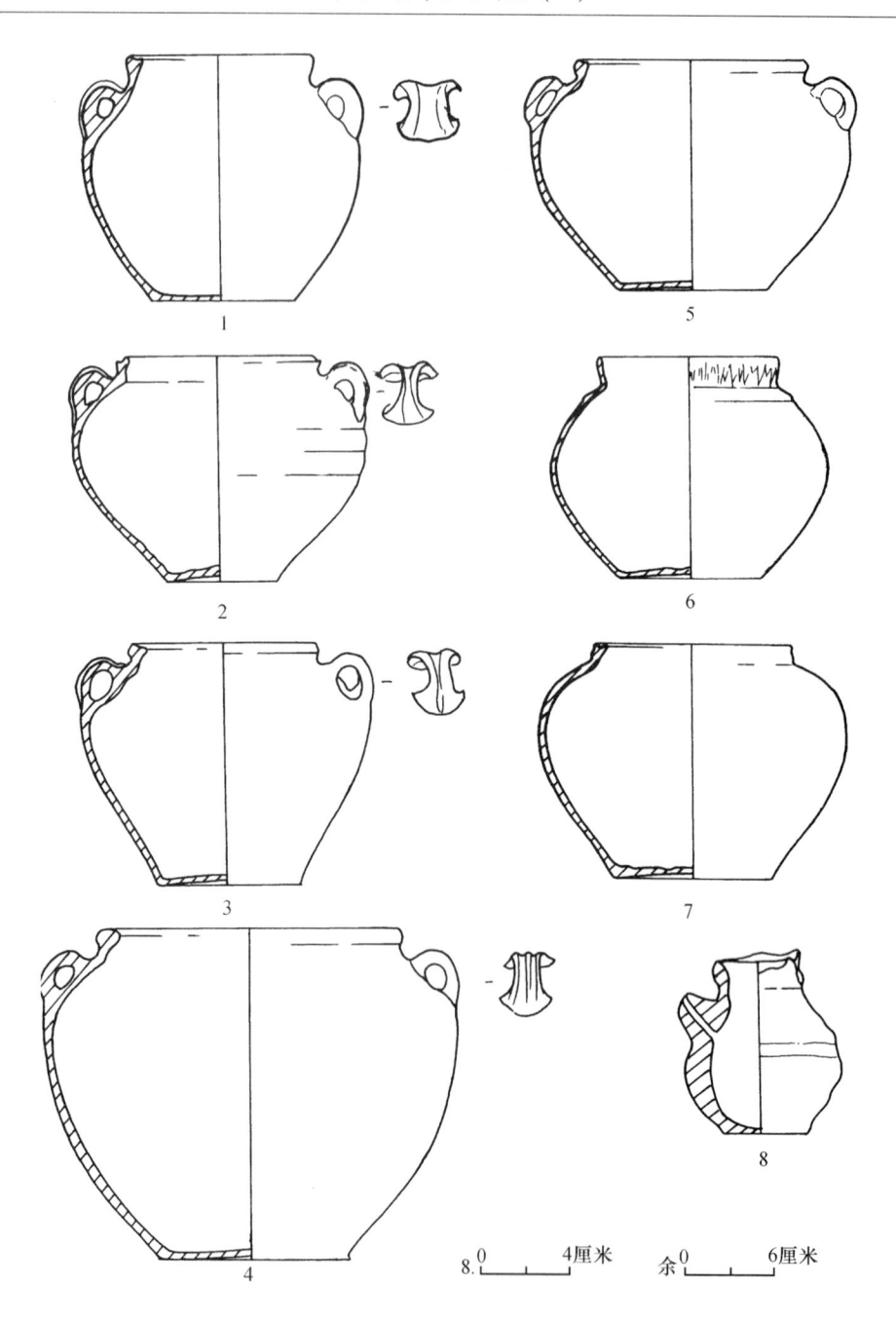

图一〇　ZWJ1 出土陶罐、壶

1~3、5. Ⅰ式陶罐（J1:51、52、53、55）　4. Ⅲ式陶罐（J1:54）　6. Ⅱ式陶罐（J1:56）

7. Ⅴ式陶罐（J1:57）　8. 陶壶（J1:48）

Ⅱ式：1件。标本 J1:56，侈口，圆唇，直领，弧肩，鼓腹，平底。口径 11.7、通高 14.7、最大腹径 18.9、底径 9.6 厘米（图一〇，6）。

Ⅲ式：2件。敛口，圆唇，短束颈，弧肩，鼓腹，平底，肩部对称双系。标本

J1:54，口径 19.7、通高 21.5、最大腹径 27.8、底径 13.3 厘米（图一〇，4）。标本 J1:58，口径 20.3、通高 22.4、最大腹径 29.8、底径 14.8 厘米（图一一，1）。

Ⅳ式：3 件。敛口，平唇，短束颈，弧肩，鼓腹，平底，肩部对称双系。标本 J1:59，口径 19、通高 22、最大腹径 29、底径 14 厘米（图一一，3）。标本 J1:60，口径 20.5、通高 25.1、最大腹径 31.5、底径 16.4 厘米（图一一，4）。标本 J1:61，口径 20.5、通高 24.1、最大腹径 30.4、底径 16 厘米（图一一，2）。

Ⅴ式：1 件。标本 J1:57，敛口，方唇，唇面有凹槽，弧肩，鼓腹，平底。口径 14、通高 15、最大腹径 20.6、底径 10.2 厘米（图一〇，7）。

陶盆　标本 J1:B12，泥质灰陶，素面。敞口，平折沿，斜直腹，平底。残高 12.2 厘米。

陶缸　标本 J1:B13，泥质灰陶，素面。大口，厚圆唇，深腹。残高 17.1 厘米。

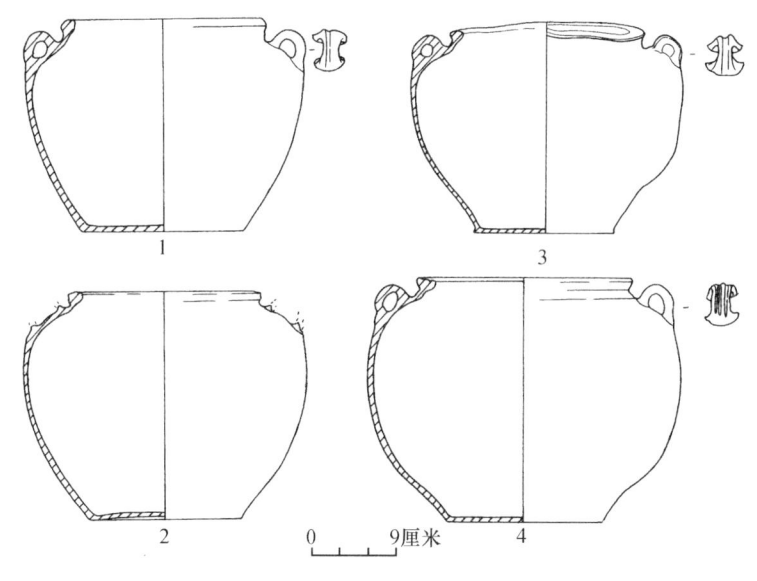

图一一　ZWJ1 出土陶罐
1. Ⅲ式陶罐（J1:58）　2～4. Ⅳ式陶罐（J1:61、J1:59、J1:60）

四、结　语

维修郑州文庙时的考古发现具有重要的意义，它对文庙的历史沿革、文庙的建制等都提供了实物佐证。

我们通过对文化层包含物的初步研究，得出以下结论：

（1）砖结构遗迹发现于汉代文化层，仓窖的形制及出土器物，应为汉代遗迹。

（2）古井位于宋时期文化层中，其中出土的陶、瓷器，亦多为宋物。黄釉瓷碗、黄釉瓷壶、白釉小壶、泥质灰陶小壶等，应为后期抛入的唐代器物，青釉瓷碗、白釉瓷灯，为典型的宋代器物。根据古井的形制及出土物，推断古井应为宋代遗迹。

（3）汉代文化层为文庙的始建年代提供了依据。郑州文庙始建于东汉永平年间，我们只见于史料记载，却没有任何的实物佐证。文庙保存下来十多块石碑，最早的只有明代的，就连文字记载的文庙地形图，也只有明清时期的。文庙发现的汉宋实物，为文庙始建于汉代以及其历史发展提供了实物资料。

（4）通过对尊经阁下明清时期的文化遗存与大成殿月台前明清时期文化遗存的地层关系之对比，明析了我们对大成殿在文庙建制中位置的认识。在文庙大成殿抬升工程的考古调研中，我们发现大成殿月台前2.2米左右的地下存在有明代的青砖地坪。而尊经阁恢复建设工程下的明清文化层却是在3~4.4米左右，两地相距只有50米左右，但是，大成殿地坪却高于其后的建筑地坪1.2米左右，这样，就从侧面揭示了明清时期的文庙大成殿的规模和气势，以及大成殿在文庙所有建筑中的至高无上地位。

（5）为庙学合一提供了依据。在出土器物中，发现有不少生活用具、娱乐器具，如：仓储、碗、罐、水井、小泥偶、围棋等，说明当时的文庙绝对不仅仅是一种祭祀的场所，而是兼有教书育人的职能。

（6）这次考古发现填补了一项郑州市考古发现的空白。在尊经阁文化遗存中，有一种红陶小饰品为以往发掘中所仅见。这种泥质红陶，椭圆形扁体，正面有多种高浮雕式图案，应是当年流行的一种工艺玩具类小饰品。

相传宋代七夕节流行一种儿童玩物，即小泥偶，俗呈"磨喝乐"。《东京梦华录》中有记述：在开封每年"七夕，潘楼街东宋门外瓦子、州西梁门外瓦子、北门外、南朱雀门外街及马行街内，皆卖磨喝乐，乃小塑土偶耳。"

这种"小塑土偶"可能因器小又不宜保存（我们这次发现的实物，最长不超过4厘米，厚1厘米左右），在以往的考古发掘中从来没有发现过。这次出土的椭圆形扁体红陶小饰品为我们研究宋代"磨喝乐"提供了珍贵的实物资料。

本次考古调查中还发现，后殿（崇圣殿）的基础坑槽内、东壁底部叠压有少量商代文化层。因为基本不在建筑基础范围内，未做进一步清理，后殿东部的下一步建筑施工，须特别注意。

绘　　图：李　杨　焦建涛
摄　　影：蔡　强

中国·郑州考古（十三）

CHINA ZHENGZHOU ARCHAEOLOGY（XIII）

郑州文物考古与研究（二）

下

郑州市文物考古研究院　编著

科学出版社

北　京

研究与探索

嵩山与嵩山文化圈

张松林　张　莉

嵩山作为五岳之中，在中国历史上发挥了极为重要的作用。有历史记载以来，嵩山一直作为皇帝封禅的首选对象，然而与原始文化圈联系在一起认识，则是近年来才刚刚提出的问题，因此，很有必要就此问题进行深入的探讨和研究。

一、问题的提出

1984年下半年第一作者在山东兖州参加国家文物局田野考古领队培训班期间，因对中国黄河流域仰韶文化的类型和分期进行研究，从中发现，当时考古学界对文化、文化类型、考古学分期的概念使用相当混乱，把文化、文化类型、文化分期混为一谈，遂起念要对其内涵进行梳理，并进而发现当时对黄河流域仰韶文化的研究多为平面关系，很少对上下系列和渊源关系进行系统研究，因而冒昧地提出《试论仰韶文化的类型与类型划分》[1]。随着研究工作的深入，进而发现黄河流域的仰韶文化实为几支独立起源的文化体，他们在发展中逐步交流、影响、融合后，在距今6000年前后形成一个大的文化体系。而正是在探讨其各自渊源和地域范围时发现了一个很有趣的现象，仰韶文化中各个类型的文化体均有一个围绕不同山体起源、发展、扩散、融合的现象，同时还发现全国考古学文化中均呈现出这一现象。所以在1987年雷兴山先生来访中，曾向他提及山地文化圈现象，雷先生同意这一提法，并鼓励成文。但当时由于学识水平有限，加上年龄较轻，所以一直在心中酝酿，直到1999年，该问题在头脑中的轮廓越来越清楚后，2004年在张莉同志协助下发表《嵩山文化圈在文明化进程中的地位和作用》一文[2]，并拟正式启动编写《嵩山文化圈》一书[3]，由此开启对整个山地文化圈的研究。

二、山地文化圈与中国新石器时代文化起源

要讨论嵩山文化圈，就不能不介绍人类与山地、山地与山地文化圈之联系，否则一开始就讲嵩山文化圈，好像天上掉下了一个什么怪物，不易为人们接受。我们从近一个世纪的考古和研究得知，学术界已基本上承认人类起源于动物，科学的说法是起源于古

猿，此结论已由大量学者在100年前论述过[4]，且为考古材料所证实。鉴于猿类主要生活于山地森林之中的缘故，决定了人类与山地和森林的不解之缘。类人猿从有意识制造第一件工具而揖别猿类后，几百万年间一直与山地和森林保持极为紧密的依赖关系，他们居住于山地森林，依靠其自然资源生存繁衍、发展和进化。从旧石器考古资料得知，古人类历史99.99%的时间为旧石器时代。人类从类人猿到更新世的直立人，更进一步进化到新人，主要是攀援于山地林木之间，居住于洞穴和石缝内，以采集、渔猎为主，不仅使体质日益进化，而且生活内容不断丰富。尤其随着经验的积累，生产工具的不断改进，生产力水平的不断提高，促使人类社会由旧石器时代向新石器时代迈进。从近百年考古发掘成果，尤其近年来考古发掘发现的新石器早期或中早期遗址看，无论东胡林人[5]、仙人洞[6]、甑皮岩[7]、玉蟾岩[8]或是裴李岗文化[9]、老官台—大地湾文化[10]、磁山文化[11]、查海文化[12]、南庄头文化[13]、北辛—后李文化等[14]，都有一批不同时代连续发展的古文化遗址围绕大山成环状分布的状况，不仅反映山地农业起源的问题，尤其是凸现出新石器时代早期人类脱离旧石器时代，从山上走向山前台地（或丘陵台地），再走向河旁台地和平原，不同地域文化中心的人们创造出不同新石器时代山地文化圈的现象[15]。进而为我们研究不同文化类型的文化渊源与发展系列提供了珍贵材料。说到山地文化圈，首先应声明的是它不是一个绝对概念，它有它的客观存在意义与差异，提出它并不否定河湖台地与黄土丘陵在新石器时代早期文化与农业起源中的地位及作用，同时也并非所有山脉必然能形成文化圈问题，否则喜马拉雅山也会成为一个山地文化圈，岂不惹大笑话？而能够形成山地文化圈的山脉必须有一定的生态因素、地质与地理条件，例如目前可以确认为山地文化圈的只有嵩山文化圈、泰山文化圈、秦岭文化圈、太行文化圈等，而嵩山文化圈是其中最为典型，形成的最为充分，文化面貌和文化系列发展最清楚的一个实例。

三、嵩山的地理形势与自然条件

嵩山不仅是五岳之首而被历代重视，而且其特殊的地理位置、良好的气候、优越的地理环境和地理形势，丰富的生物资源和水资源等，为嵩山文化圈奠定了坚实的物质基础，而一个古人类群体大部分人从几十万年前至几千年前一直在这里生存和繁衍，则成为嵩山文化圈形成的内在原因。

嵩山位于中原腹心地区，像一条黄龙横卧于黄河中游下段之南，自西向东有万安山、三尖山、安坡山、马鞍山、档阳山、少室山、太室山、五指岭、尖山、大傀山、具茨山等依次排列，东西绵延达100余公里，自南向北有箕山、太室山、马鞍山、五指岭、万山、广武山，直达黄河（此指历史上最早的河道，至少包括新乡市以南大部分地区），南北绵延近百公里，如果向南把许昌、禹州，向西把汝州、伊川、宜阳、偃师、洛阳等包括在内，面积可能超过2万平方公里（图一）。在这广大的区域内，

嵩山与嵩山文化圈　　　　　　　　　　　　·621·

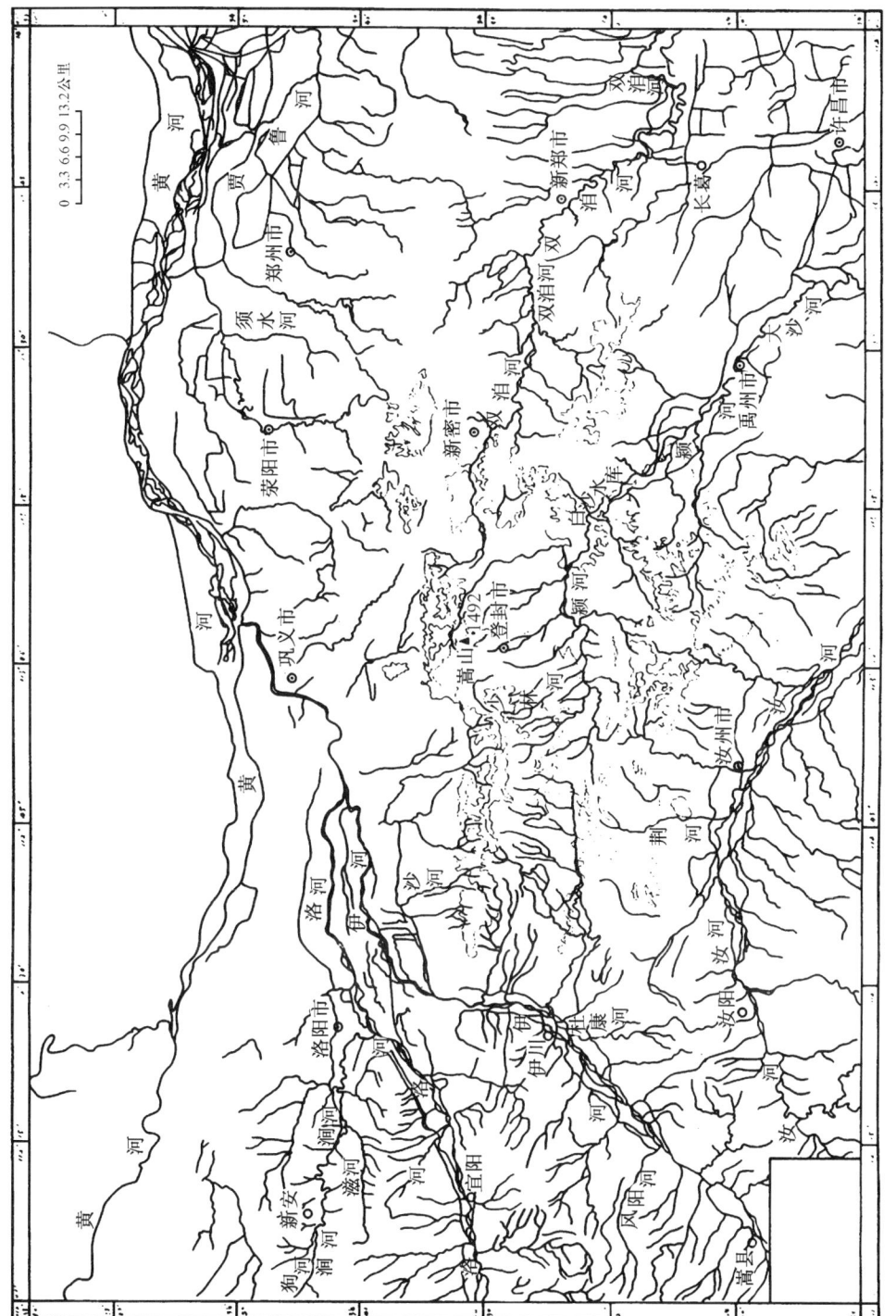

图一　嵩山地区地理形势图

高山耸立，矮山起伏，沟壑纵横，河流遍布，山泉、小溪无数，水资源充沛，尤其是嵩山形成于距今25亿年前，先后经25亿年前的"嵩阳运动"，18亿年前的"中岳运动"，8亿年前的"少林运动"[16]，构造复杂，冲积伞和冲积扇发育，具有良好的山前台地和河旁冲积台地，土地肥沃，又是气候上的南北交汇处，是各种植物生长的良好场所。从气候看，这里属于暖温带山地季风气候。区内海拔高度相差悬殊，嵩山主峰峻极峰海拔1492米，山内颍河海拔高度仅有400米左右，而东部平原地区海拔高度只有80多米，相差达1000米以上，由于气候随海拔高度不同而变化，所以降雨量也因海拔高度变化而增减，具有明显的垂直气候变化。据地质部门统计，海拔500米以下地区，春季大致在3~5月间，有60天左右；夏季从5月下旬至9月初，有110天左右；秋季从9月上旬至11月初，有50多天，冬季从11月上旬末到次年3月中旬，约有140天，具有冬长夏短，四季分明之特点。而海拔高度500米以上地区，夏季逐渐缩短，冬季相应延长。在1200米以上海拔地区，全年无夏，冬季和春秋各占一半。这个统计基本反映嵩山地区的气候特征。从降雨量看，年降雨量多在700~800毫米之间。因山地发育好，原始植被丰富，所以河流众多，河流密度在0.32公里/平方公里，在大河谷地和山前平原地区，地下水埋藏丰富。嵩山地区分属黄河和淮河两大水系，属于黄河水系的大河有伊河、洛河、汜水等，属于淮河水系的较大河流有颍河、汝河、索河、贾鲁河、双洎河等。受地质构造和地势的控制，河流多自西向东、向北、向南流。在水系结构上，主要河流多发育在并行山脉之间，支流众多，均匀注入，且不对称性比较明显。嵩山地质地形起伏较大，部分山地基岩直接裸露地表，褶皱、断裂及各类流水层发育良好，为地下水补给和储存提供了有利条件。在主要有第三系及第四系松散堆积物覆盖的平川地区，沉积物厚度由山地向平川逐渐加大，地下水质好，储量丰富。

嵩山地区位于豫西平原中部山地的北部，北与黄土丘陵相连，东接豫东平原，西过伊洛平原，区内地貌类型复杂多样。总体看，地貌类型以高丘陵、低丘陵所占面积最大，其次是低山和浅低山，深中山和浅山的面积最小。嵩山北部山地丘陵区包括嵩山山地和山前丘陵两部分，南部山地丘陵区包括箕山山地和山前丘陵。嵩山与箕山之间还有登封盆地，宽谷北部发育嵩山山前洪积平原，盆地南部为颍河河谷，是地势平缓的冲积平原，颍河和其他河流还发育有较宽的河漫滩和三级阶地。

嵩山地区的土壤分为棕壤、褐土、潮土和马兰黄土。棕壤分布于海拔800米以上的中山地区，气候较温润，植被类型繁多，以阔叶林占优势，也有针叶林分布，现森林覆盖率达60%以上。褐土主要分布于海拔200~800米的浅山丘陵，黄土丘陵和谷地两侧河地上，上限与棕壤相连，下限与潮土相接，成土土质多为第四纪黄土及其坡积、洪积和冲积物；植被以中生夏绿林和旱生阔叶林及灌木野草相伴。潮土，俗称浅色草甸土，主要分布于河流两侧冲积平原和地势较低的洼地中，是河流冲积形成后经人类耕种而熟化的土壤。马兰黄土多为风积，主要分布于沿黄河的丘陵地带，土层巨厚，达数十米，乃至近百米。

嵩山以25亿年的土壤堆积，物种和植被演化，更新世以来地层发育完整，暖温带动植物繁多，不同海拔高度、不同环境生长有百余种植物，有大量野生动物，河流中有丰富的鱼、虾和蚌类资源，从人类诞生始就具有良好的人类生存环境和基础条件。

四、嵩山地区古文化遗存与古文化

嵩山地区良好的地理、气候、资源和环境仅仅是人类生存和优秀人类历史文化遗产的载体和外在因素，而具有上下连续不断发展，并具有强大生命力和影响力的部族才是形成文化圈的内在条件和决定因素。从近百年来对以嵩山为中心的地区进行无数次大规模考古调查和长期考古发掘研究证明，嵩山地区遗留着极为丰富的古文化遗址即为可靠的实证材料。

从目前郑州地区已登记在册的文物单位已近3000多处[17]，其中旧石器时代遗址目前已超过100处（图二），裴李岗文化遗址近百处（图三），仰韶文化遗址200余处（图四），河南龙山文化遗址200余处（图五），夏代遗址近百处（此为20世纪80年代调查数字，现已接近200多处），商代遗址100多处（图六），同时有仰韶文化时期古城址1处，100多万平方米规模的超大型环壕聚落遗址（因未正式进行考古发掘，而不知有无城址）1处，河南龙山文化时期古城址3处，夏代城址3处，夏代环壕聚落遗址1处，商周城址20多处（图七）。这些仅是环嵩山地区古文化遗址中的一小部分。从近年郑州地区进行的区域拉网式考古调查结果看，目前所知古文化遗址的数量仅为实际储量的1/5～1/10。其中1990年在巩义坞罗河一条小河两侧的调查中，就发现古文化遗址23处，是原来已知遗址的36倍[18]。2003年冬天对巩义洛汭的调查中，发现古文化遗址80多处，比原来所知7处增加了10多倍[19]；2003年对巩义至登封高速公路路经范围内的文物调查中，发现古文化遗址28处，是原来的14倍[20]；2003年底在对郑州机场至开封高速公路郑州段的文物调查中，很多人认为这是黄河泛滥区，不会有什么发现，结果发现古文化遗址28处。尤其是对郑州东部新城区的文物普查中，过去习惯上认为这个区域全新世以前为海侵区，进入全新世以后才成为沼泽湖泊区，除原来已知道的6处古文化遗址外，不可能再有什么遗存了，结果在秋季作物遮盖的情况下，从2004年8月我们仅用40天时间就发现文物遗迹单位48个[21]；而2004年12月开始的新密市双洎河上游旧石器遗址考古调查中，在20天的时间里，就发现旧石器遗址30多处等等[22]。大量调查数据说明嵩山地区作为中华文明腹心地区，地下文物遗存之丰富，已超出正常认识，更远远超出过去的调查数量。然而遗址的数量并非是形成文化圈的唯一依据，还需有许多历史文化因素、政治因素、历史传承和氏族共同体长期绵延不断发展的内容等。

旧石器时代遗存分布图

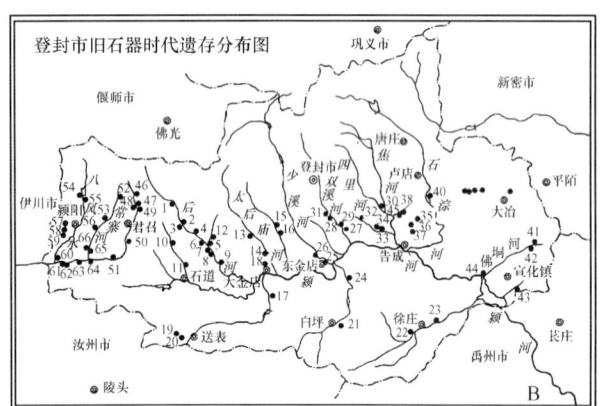

登封市旧石器时代遗存分布图

新密市旧石器时代遗存分布图

荥阳市旧石器时代遗存分布图

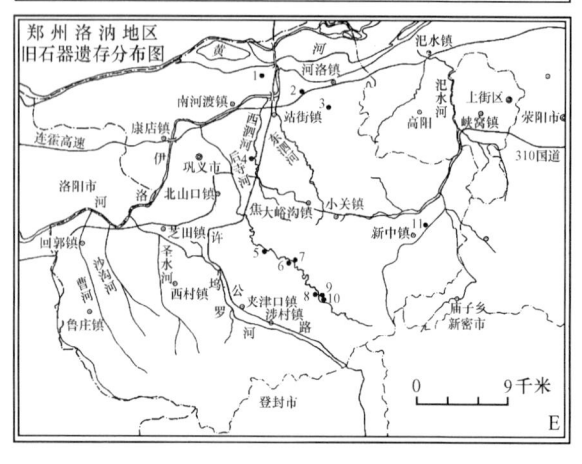

郑州洛汭地区旧石器遗存分布图

图二 旧石器时代遗存分布图

旧石器时代 1. 小南海遗址 2. 汉高城遗址 3. 六堆峪遗址 4. 函谷关旧石器出土点 5. 孟村旧石器遗存点 6. 邢家村旧石器出土点 7. 赵吾旧石器遗存点 8. 朱阳旧石器遗存点 9. 赵家沟旧石器出土点 10. 张家湾旧石器出土点 11. 侯家坡旧石器出土点 12. 会兴沟旧石器出土点 13. 王官沟旧石器出土点 14. 沟旧石器出土点 15. 青山遗址 16. 南村旧石器出土点 17. 凯旋路旧石器出土点 18. 王宗店洞穴遗址 19. 张湾旧石器出土点 20. 灵井遗址 21. 锄沟峪古人类化石出土点 22. 神仙洞遗址 23. 莲花寺岗旧石器遗址 24. 跑马岭旧石器出土点 25. 土门旧石器出土点 26. 马山口旧石器出土点 27. 八里庙旧石器出土点 28. 四里庄旧石器遗存点 29. 叶湾旧石器遗存点 30. 石羊岗旧石器遗存点 31. 小空山遗址 32. 杏花山猿人遗址 33. 打石山遗址 34. 后胥山遗址 35. 诸神庙遗址

登封市 1. 水磨湾旧石器地点 2. 宋沟旧石器地点 3. 瓦窑坡旧石器地点 4. 月湾旧石器遗址 5. 后河旧石器遗址 6. 下河村旧石器地点 7. 下河村动物化石地点 8. 阎坡动物化石地点 9. 王上村动物化石地点 10. 贾沟旧石器地点 11. 崔楼旧石器地点 12. 后河东南旧石器地点 13. 梅村动物化石地点 14. 雷村西坡旧石器遗址 15. 文村动物化石地点 16. 郭家沟旧石器地点 17. 石板坡旧石器地点 18. 大金店旧石器地点 19. 西送表旧石器遗址 20. 西送表东南旧石器地点 21. 高崖头旧石器地点 22. 后湾旧石器地点 23. 禹洞洞穴遗址 24. 库庄化石地点 25. 东金店遗址 26. 袁村旧石器地点 27. 河闸旧石器地点 28. 北旨村砖厂旧石器 29. 铁炉沟旧石器地点 30. 纸坊旧石器地点 31. 北旨村西司湾旧石器地点 32. 王家台动物化石地点 33. 小李家闸旧石器地点 34. 茶亭沟（北李家闸）旧石器地点 35. 孟家沟旧石器地点 36. 肖家沟动物化石地点 37. 北刘家闸动物化石地点 38. 方家沟旧石器遗址 39. 王家闸动物化石地点 40. 冯窑旧石器地点 41. 刘家庄旧石器地点 42. 佛垌旧石器遗址 43. 蔡沟旧石器遗址 44. 鬼谷洞洞穴遗址 45. 马家沟旧石器地点 46. 黄城动物化石地点 47. 大冯村旧石器遗址 48. 陈窑旧石器遗址 49. 邓窑旧石器地点 50. 胥店旧石器地点 51. 西王庄旧石器地点 52. 范堂旧石器地点 53. 常寨旧石器地点 54. 宋窑动物化石地点 55. 宋窑东动物化石地点 56. 夏庄旧石器遗址 57. 北范寨旧石器遗址 58. 大沟村动物化石地点 59. 南范寨动物化石地点 60. 郭寨旧石器地点 61. 刘寨旧石器地点 62. 刘寨动物化石地点 63. 孟窑旧石器地点 64. 火星庙旧石器遗址 65. 付庄旧石器地点 66. 郭庄旧石器遗址

荥阳市 1. 织机洞洞穴遗址 2. 夏顶旧石器地点 3. 王宗店旧石器地点 4. 龙门口旧石器地点 5. 王泉旧石器地点 6. 田闸动物化石地点 7. 田闸砖厂旧石器地点 8. 张家窝旧石器地点 9. 牛马坑旧石器地点 10. 王沟动物化石地点 11. 马涧嘴动物化石地点 12. 里沟旧石器地点 13. 冯家岭化石地点 14. 桥沟旧石器地点 15. 谷山庙旧石器遗址 16. 蝙蝠洞洞穴遗址 17. 牛王庙村化石地点 18. 孙家岭旧石器遗址 19. 凤凰台动物化石地点 20. 杨树动物化石地点 21. 冯沟动物化石地点 22. 观沟动物化石地点 23. 椹树嘴旧石器地点 24. 袁寨旧石器地点 25. 石洞沟化石地点 26. 杨村人骨化石地点 27. 康村动物化石地点

新密市 1. 西施村吴家闸遗址 2. 西施村刘东遗址 3. 东施村西沟遗址 4. 东施村化石地点 5. 冶东村砖厂旧石器地点 6. 界河村化石点 7. 刘门村旧石器地点 8. 碾坡村旧石器地点 9. 天爷洞洞穴遗址 10. 莪沟遗址 11. 新庄砖厂旧石器地点 12. 高沟化石点 13. 西于沟一组旧石器地点 14. 黄寨旧石器地点 15. 罗湾遗址 16. 朱家沟旧石器地点 17. 楼上庄遗址 18. 秋树堰化石地点 19. 龙脖村旧石器地点 20. 刘山寨旧石器地点 21. 泉源河遗址 22. 赵家闸旧石器地点 23. 外沟砖厂旧石器地点 24. 下华沟遗址 25. 李家沟遗址 26. 冯家闸遗址 27. 苇园南遗址 28. 苇园东南遗址 29. 苇园东遗址 30. 土门西北旧石器地点 31. 土门东南遗址 32. 薛坡遗址

郑州洛汭地区 1. 洪旧石器遗址 2. 裤衩地化石地点 3. 龙王庙沟化石地点 4. 拜将台化石地点 5. 后寺河猿人洞 6. 民权藏经洞 7. 民权猿人洞 8. 洪河盘龙山洞穴遗址 9. 洪河南岭旧石器地点 10. 龙尾坡洞穴 11. 西温堂南沟化石地点

郑州文物考古与研究（二）

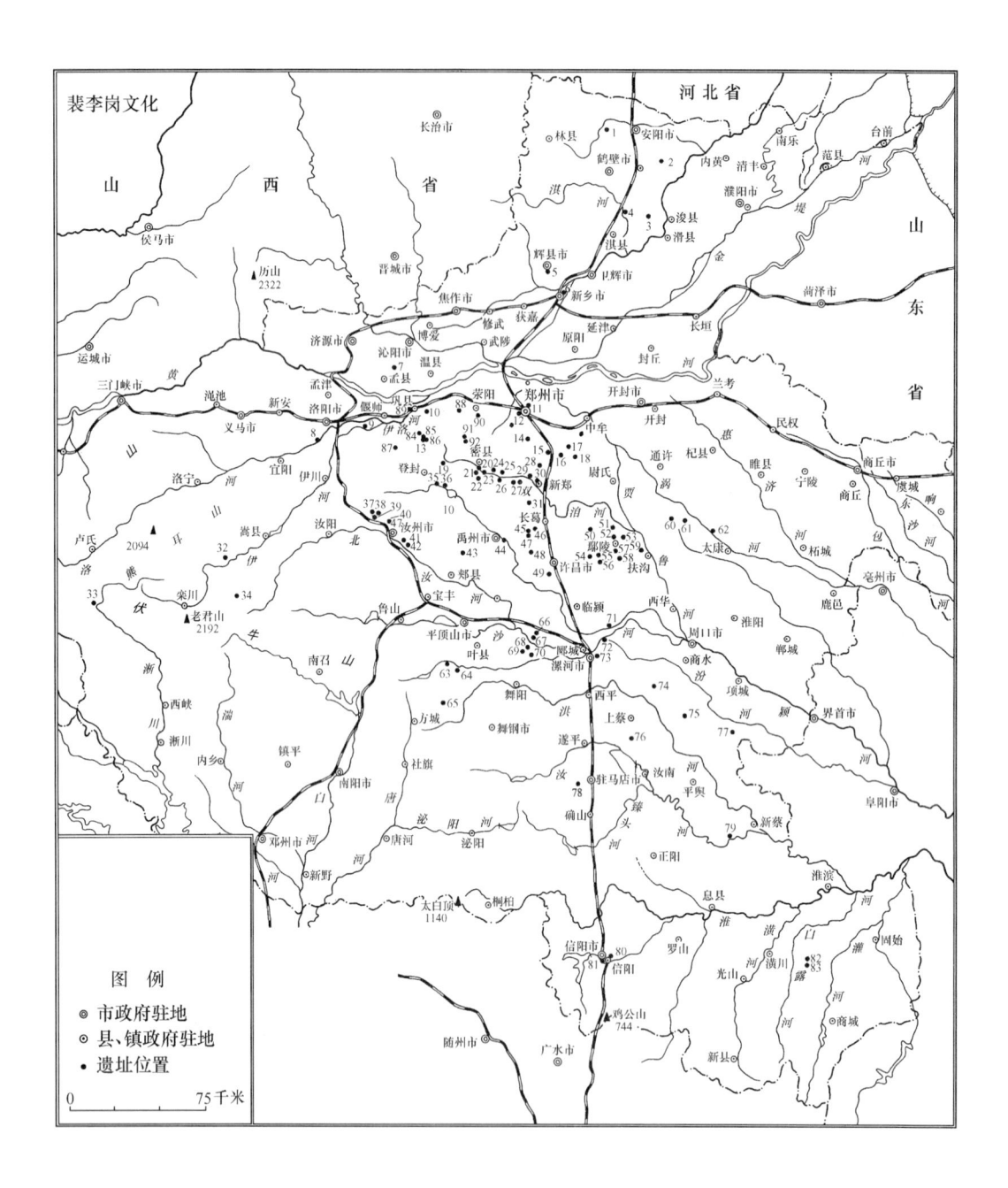

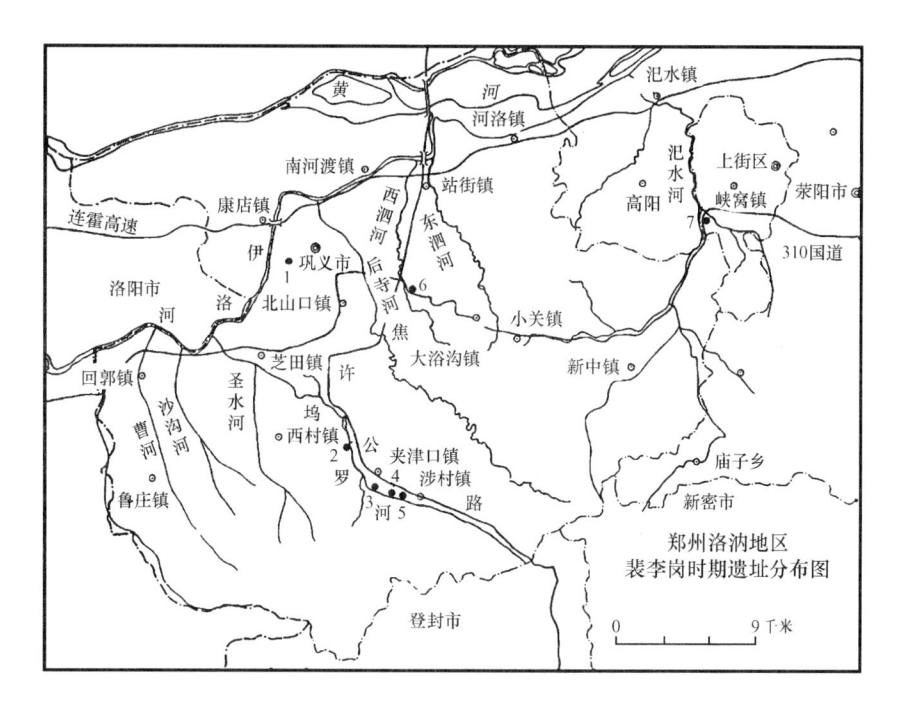

图三　郑州洛汭地区裴李岗时期遗址分布图

裴李岗文化　1. 洪岩遗址　2. 程岗遗址　3. 凌湖遗址　4. 花窝遗址　5. 孟庄遗址　6. 骆驼湾遗址　7. 子昌遗址　8. 杨窑遗址　9. 高崖遗址　10. 水地河遗址　11. 岳寨遗址　12. 宋庄遗址　13. 铁生沟遗址　14. 沙窝李遗址　15. 洪府遗址　16. 店张遗址　17. 冯庄遗址　18. 业王遗址　19. 向阳遗址　20. 老城遗址　21. 青石河遗址　22. 莪沟北岗遗址　23. 杨家网遗址　24. 马良沟遗址　25. 张湾遗址　26. 王嘴遗址　27. 西土桥遗址　28. 岗时遗址　29. 裴李岗遗址　30. 岭西遗址　31. 唐户遗址（裴李岗—商周）　32. 乌稍岭遗址　33. 薛家岭遗址　34. 窑场遗址　35. 王城岗遗址　36. 双庙沟遗址　37. 前户西遗址　38. 阎湾遗址　39. 后户遗址　40. 槐树荫南遗址　41. 辛庄遗址　42. 中山寨遗址　43. 水泉遗址　44. 枣王遗址　45. 西杨庄遗址　46. 南张庄遗址　47. 石固遗址　48. 灵井遗址　49. 丁集遗址　50. 夹岗遗址　51. 古城遗址　52. 滕岗遗址　53. 半截岗遗址　54. 丁庄遗址　55. 刘庄遗址　56. 双堂遗址　57. 唐庄遗址　58. 蝎子岗遗址　59. 雁周遗址　60. 前闸遗址　61. 宋马岗遗址　62. 方城遗址　63. 文集遗址　64. 十二里庄遗址　65. 大张庄遗址　66. 大岗遗址　67. 湖南郭遗址　68. 贾湖遗址　69. 阿岗寺遗址　70. 张可庄遗址　71. 小白庄遗址　72. 付庄遗址　73. 翟庄遗址　74. 航寨遗址　75. 高岳集遗址　76. 尹庄遗址　77. 后高老家遗址　78. 刘阁杨庄遗址　79. 郭家遗址　80. 平桥车站遗址　81. 南山嘴遗址　82. 霸王台遗址　83. 陈岗遗址　84. 坞罗西坡遗址　85. 北营遗址　86. 东山原遗址　87. 府店东遗址　88. 程湾遗址　89. 瓦窑嘴遗址　90. 翟寨遗址　91. 织机洞遗址　92. 北坡遗址

郑州洛汭地区　1. 瓦窑嘴遗址　2. 坞罗西坡遗址　3. 北营遗址　4. 铁生沟遗址　5. 东山原遗址　6. 水地河遗址　7. 程湾遗址

龙山文化遗址分布图

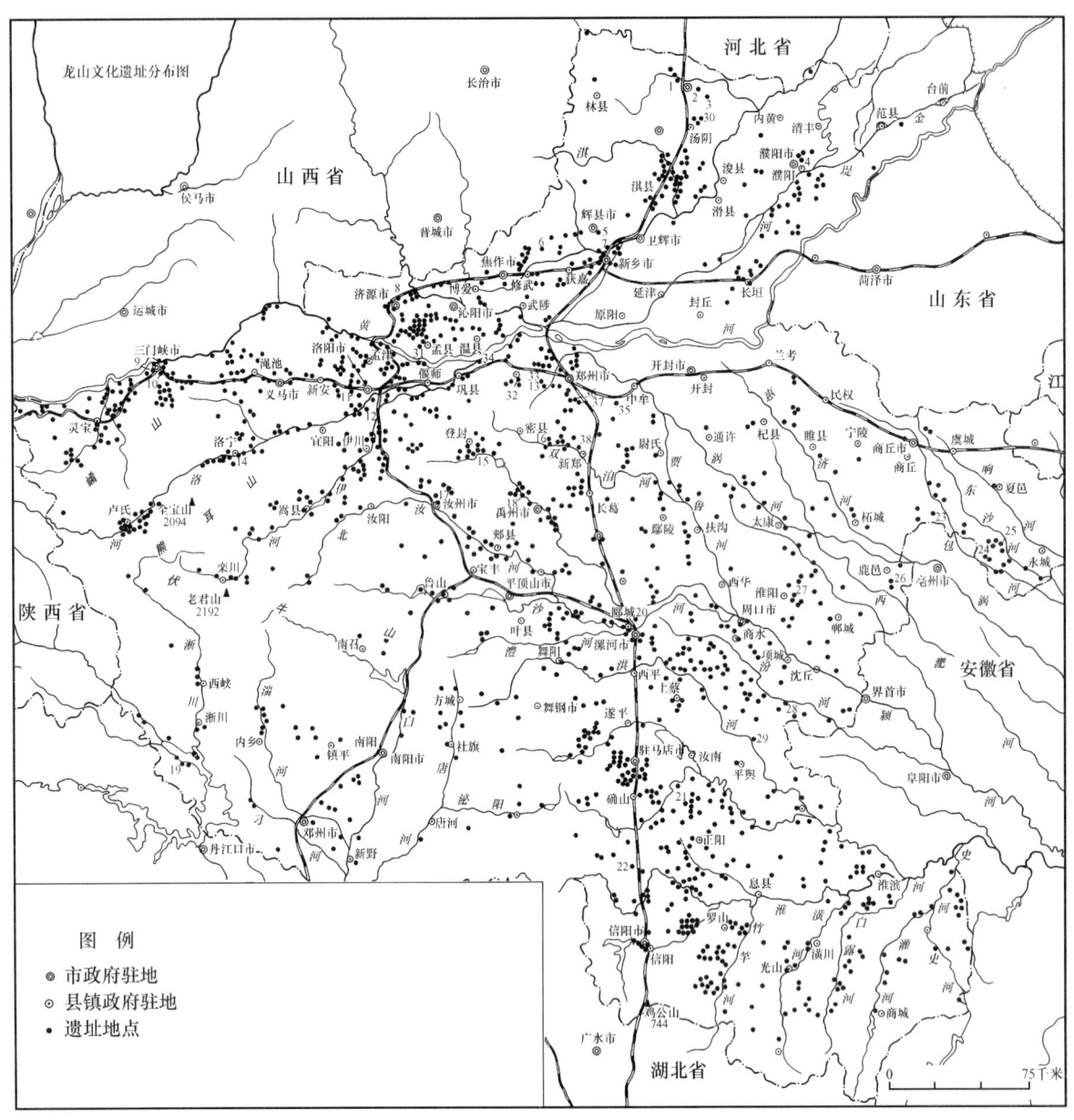

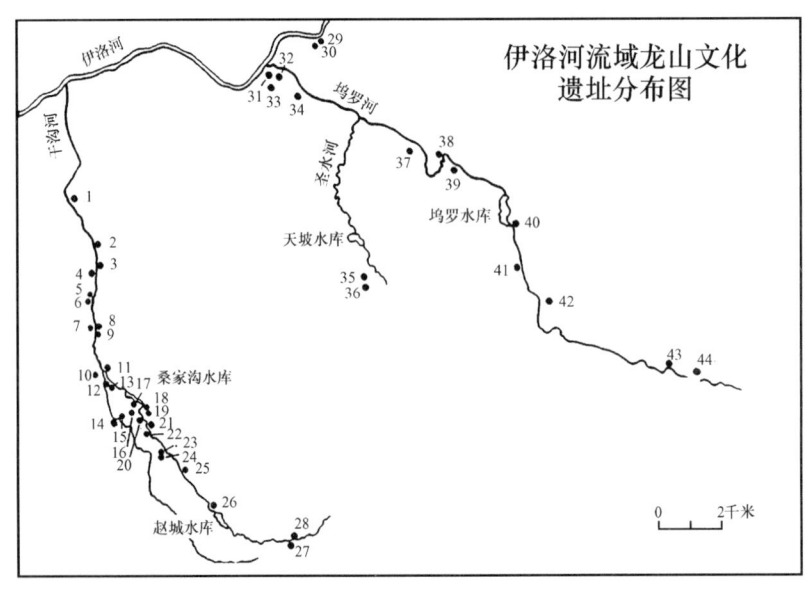

伊洛河流域龙山文化遗址分布图

嵩山与嵩山文化圈 ·629·

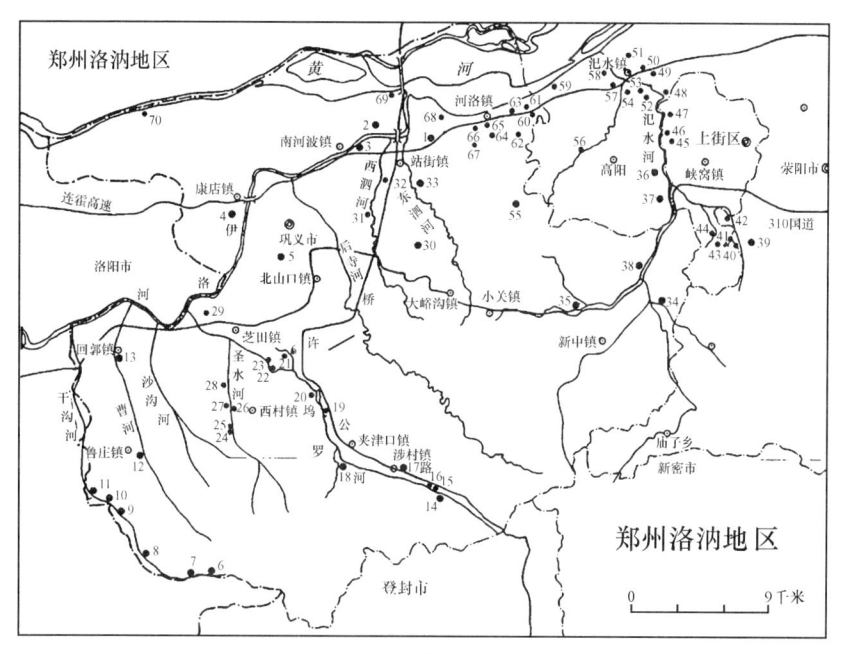

图四 仰韶文化遗址分布图

仰韶文化 1. 大司空村遗址 2. 后岗遗址 3. 大赉店遗址 4. 西水坡遗址 5. 聃城寨遗址 6. 洛丝潭遗址 7. 肖寺遗址 8. 庙底沟遗址 9. 仰韶村遗址 10. 王湾遗址 11. 秦王寨遗址 12. 青台遗址 13. 点军台遗址 14. 大河村遗址 15. 大张遗址 16. 中山寨遗址 17. 阎村遗址 18. 谷水河遗址 19. 竹林遗址 20. 老坟岗遗址 21. 茶庵遗址 22. 下王岗遗址 23. 安国城遗址 24. 茅草寺遗址 25. 黑庄遗址 26. 翟遗址 27. 岳庄遗址 28. 大李庄遗址 29. 前杨遗址 30. 站马屯西遗址

伊洛河流域 1. 刘乐寨南遗址 2. 顾家屯东遗址 3. 顾家屯南遗址 4. 马屯西村遗址 5. 三官庙北遗址 6. 桑沟南遗址 7. 三官庙窑场东南遗址 8. 桑沟五队北遗址 9. 滑城河西遗址 10. 滑城河北遗址 11. 冯寨西北遗址 12. 南村寨东南遗址 13. 赵城西遗址 14. 赵城西南遗址 15. 赵城遗址 16. 赵城水库东遗址 17. 半个寨遗址 18. 邢村东遗址 19. 李家窑西南遗址 20. 稍柴遗址 21. 羽林庄南遗址 22. 天坡村遗址 23. 龙谷堆遗址 24. 堤东遗址 25. 喂庄西南遗址 26. 喂庄西遗址 27. 喂庄东遗址 28. 罗口东北遗址 29. 坞罗水库西遗址 30. 东山原遗址 31. 涉村东遗址 32. 上庄南遗址 33. 上庄东南遗址 34. 大南遗址

郑州高新技术产业开发区 4. 白寨遗址 8. 杜寨遗址 9. 水牛张遗址 13. 郭村遗址 16. 大谢遗址 27. 焦庄遗址 28. 布袋李遗址 39. 陈庄遗址（仰韶—商）

郑州洛汭地区 1. 水沟遗址 2. 董沟遗址 3. 仓西遗址 4. 野狼沟遗址 5. 里沟遗址 6. 李家窑西南遗址 7. 邢村东遗址 8. 赵城遗址 9. 冯寨遗址 10. 南村寨遗址 11. 桑家沟遗址 12. 鲁庄遗址 13. 回郭镇遗址 14. 大南沟遗址 15. 上庄东南遗址 16. 上庄南遗址 17. 涉村东遗址 18. 夹津口遗址 19. 南店遗址 20. 坞罗遗址 21. 喂庄东北遗址 22. 喂庄东遗址 23. 喂庄西遗址 24. 沟东遗址 25. 龙谷堆遗址 26. 西村遗址 27. 天坡遗址 28. 羽林庄遗址 29. 稍柴遗址 30. 海上桥遗址 31. 大瑶头遗址 32. 马鞍山遗址 33. 柏茂遗址 34. 米北遗址 35. 口头遗址 36. 小里河西遗址 37. 司庄遗址 38. 竹川遗址 39. 南周村遗址 40. 周固寺遗址 41. 周固寺北遗址 42. 竹叶遗址 43. 核桃冲遗址 44. 杨家口遗址 45. 石咀遗址 46. 连三村遗址 47. 沙固遗址 48. 漙沱遗址 49. 清净沟西咀遗址 50. 红庙顶遗址 51. 北门沟西咀遗址 52. 新沟遗址 53. 康岭遗址 54. 凤凰寨遗址 55. 韩冈遗址 56. 杨村南遗址 57. 翠屏山遗址 58. 张飞寨遗址 59. 十里堡遗址 60. 英峪南遗址 61. 英峪西岭遗址 62. 源村遗址 63. 伏羲台遗址 64. 沙鱼沟南岭遗址 65. 桑树咀遗址 66. 仁存沟南岭遗址 67. 胡坡南地遗址 68. 双槐树遗址 69. 神都山遗址 70. 解放岭遗址

仰韶文化遗址分布图

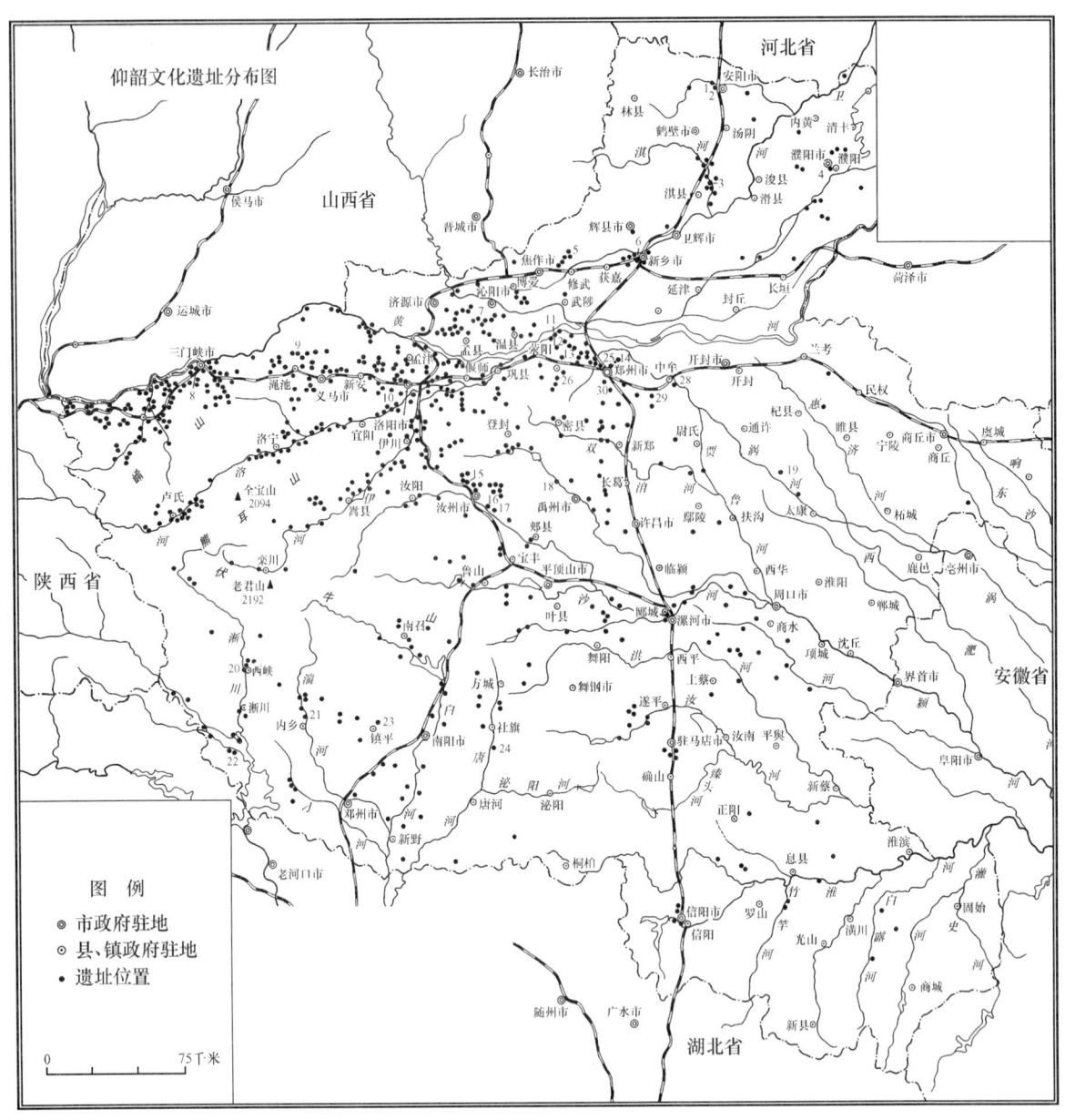

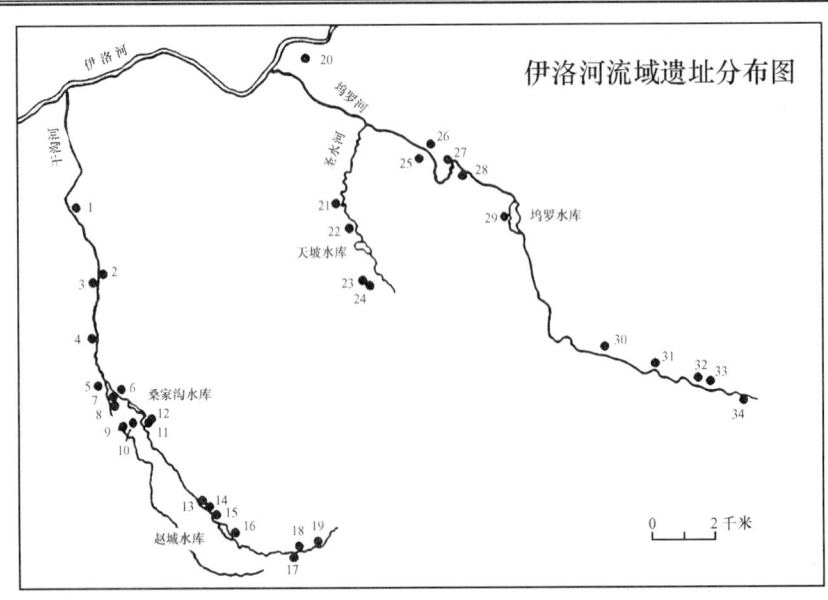

图例
◎ 市政府驻地
○ 县、镇政府驻地
• 遗址位置

0　75千米

伊洛河流域遗址分布图

0　2千米

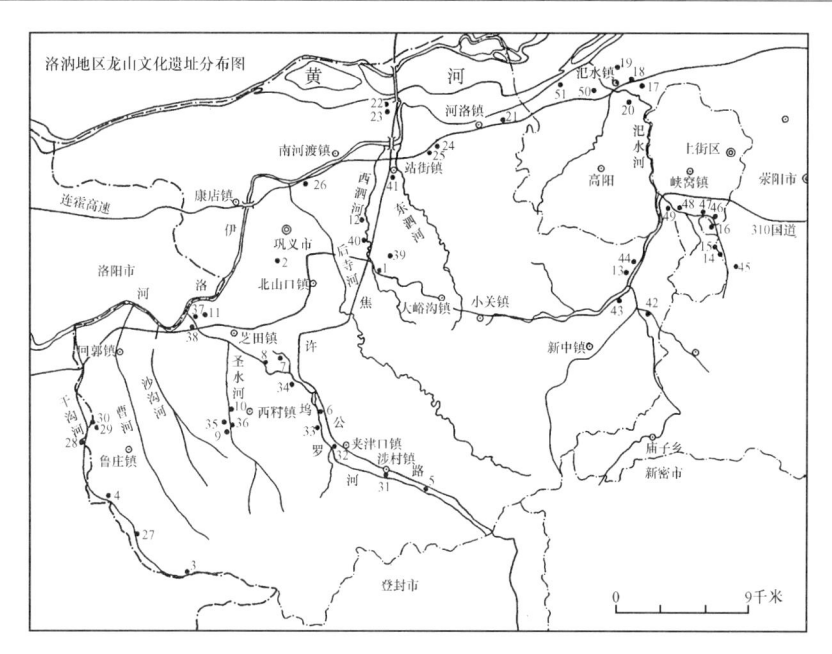

图五　龙山文化遗址分布图

龙山文化　1．后岗遗址　2．八里庄遗址　3．大寒遗址　4．马庄遗址　5．孟庄遗址　6．李固遗址　7．鲁堡遗址　8．庙街遗址　9．庙底沟遗址　10．三里桥遗址　11．王湾遗址　12．煤李遗址　13．马庄遗址　14．禄地遗址　15．王城岗遗址　16．新寨遗址　17．煤山遗址　18．瓦店遗址　19．下王岗遗址　20．郝家台遗址　21．刘备台遗址　22．皂角树遗址　23．营廓遗址　24．王油坊遗址　25．造律台遗址　26．栾台遗址　27．平粮台遗址　28．骨头冢遗址　29．台子寺遗址　30．白营遗址　31．小潘沟遗址　32．上河村遗址　33．瓦屋孙遗址　34．花地嘴遗址　35．大庄东南遗址　36．站马屯遗址(马岗)　37．十八里河遗址　38．望京楼遗址(龙山-商)

伊洛河流域　1．刘乐寨南遗址　2．念子庄西北遗址　3．顾家屯东遗址　4．顾家屯南遗址　5．李家沟东遗址　6．孙家门南遗址　7．马西村遗址　8．马屯遗址　9．马屯遗址　10．三官庙北遗址　11．桑沟西北遗址　12．三官庙窑场遗址　13．三官庙窑场东遗址　14．府西村北遗址　15．滑城河西遗址　16．滑城河北遗址　17．南村寨南1遗址　18．南村寨南遗址　19．冯寨西北遗址　20．滑城河东遗址　21．冯寨西南遗址　22．府北村北遗址　23．颜良寨水库西遗址　24．颜良寨西遗址　25．小相西南遗址　26．赵城遗址　27．半个寨遗址　28．邢村东遗址　29．叶茂沟遗址　30．小南沟遗址　31．小訾店北遗址　32．南石遗址　33．小訾店南遗址　34．南石路南遗址　35．堤东遗址　36．金钟寺遗址　37．喂庄西南遗址　38．喂庄东遗址　39．罗口东北遗址　40．坞罗南店遗址　41．寺院沟遗址　42．双河遗址　43．涉村东南遗址　44．上庄东遗址

郑州高新技术产业开发区　2．南董遗址　19．堂李遗址　20．丁楼遗址　22．祥营遗址　31．布袋李遗址　34．关庄遗址(龙山、商)　36．石佛遗址　43．白庄遗址(龙山、西周)

郑州洛汭地区　1．水地河遗址　2．里沟遗址　3．邢村东遗址　4．南村寨东遗址　5．上庄东南遗址　6．南店遗址　7．喂庄东北遗址　8．喂庄西遗址　9．沟东遗址　10．西村遗址　11．稍柴遗址　12．大瑶头遗址　13．小里河西遗址　14．周固寺遗址　15．周固寺北遗址　16．竹叶遗址　17．清静沟西嘴遗址　18．红庙顶遗址　19．北门沟西嘴遗址　20．康岭遗址　21．伏羲台遗址　22．神都山遗址　23．刘家沟遗址　24．小滹沱岭遗址　25．宋家嘴遗址　26．石灰务遗址　27．小相西南遗址　28．李家沟遗址　29．念子庄西北遗址　30．老鳖盖遗址　31．涉村东南遗址　32．双河遗址　33．寺院沟遗址　34．罗口遗址　35．金钟沟遗址　36．官寨遗址　37．北石遗址　38．南石遗址　39．费沟北岭遗址　40．王遗址　41．鳌岭遗址　42．米南遗址　43．豆寨遗址　44．小里河遗址　45．黄花寨遗址　46．柏庙河遗址　47．魏岗遗址　48．何寨西南遗址　49．方顶遗址　50．杨树坡遗址　51．南屯遗址

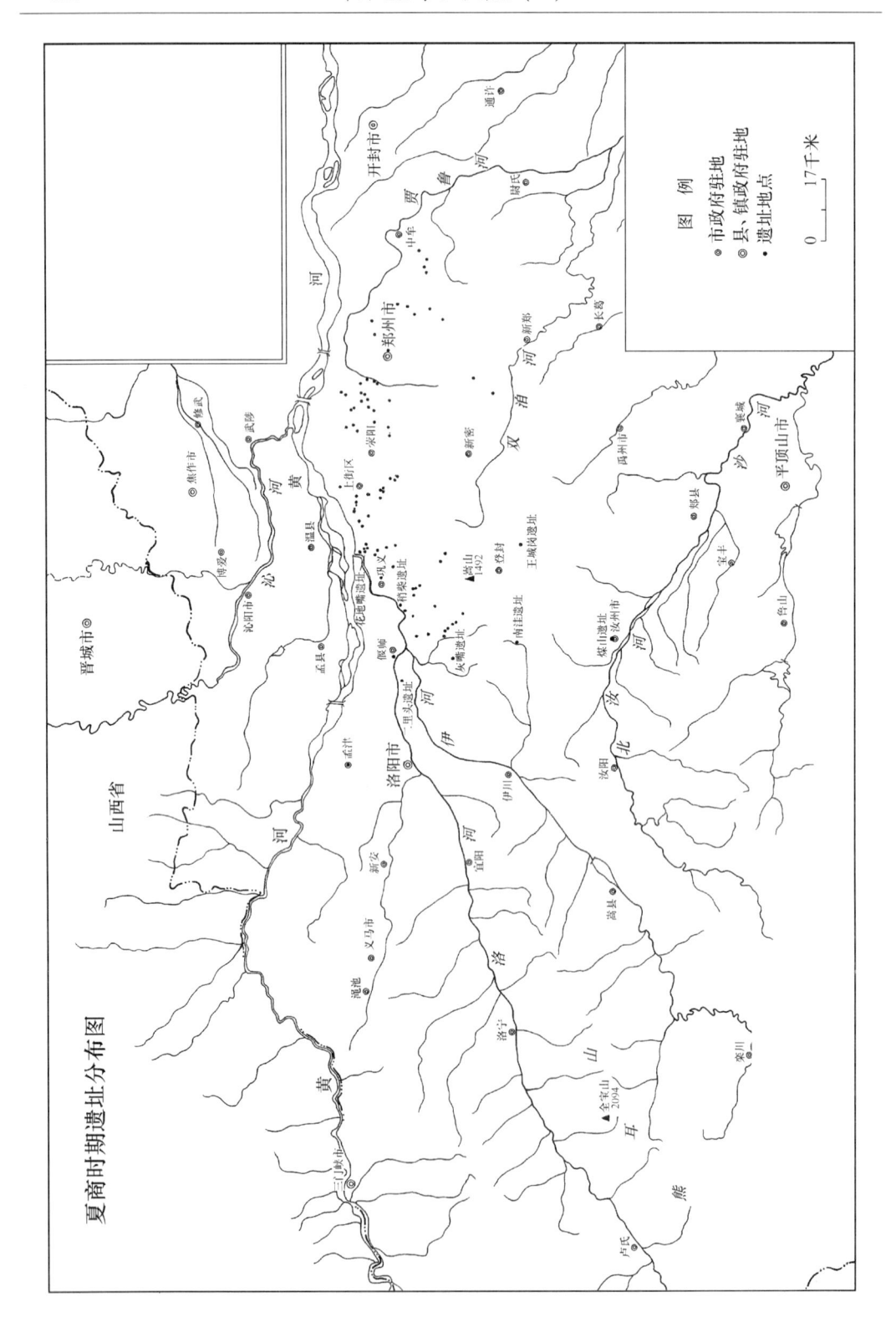

夏商时期遗址分布图

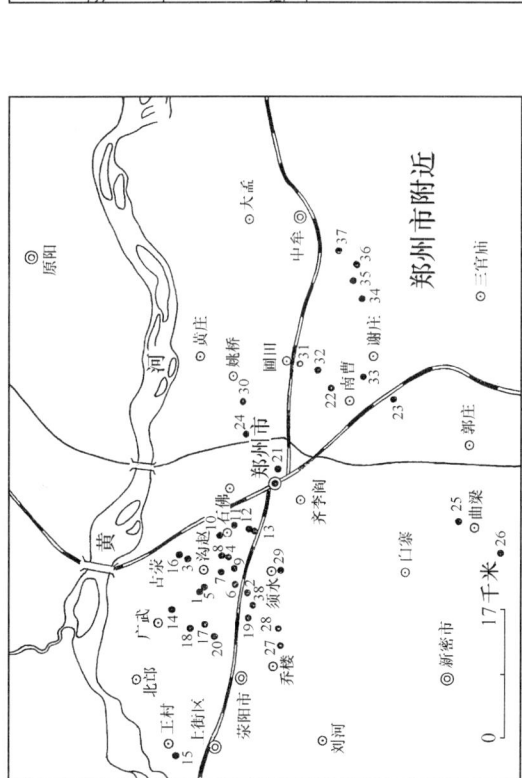

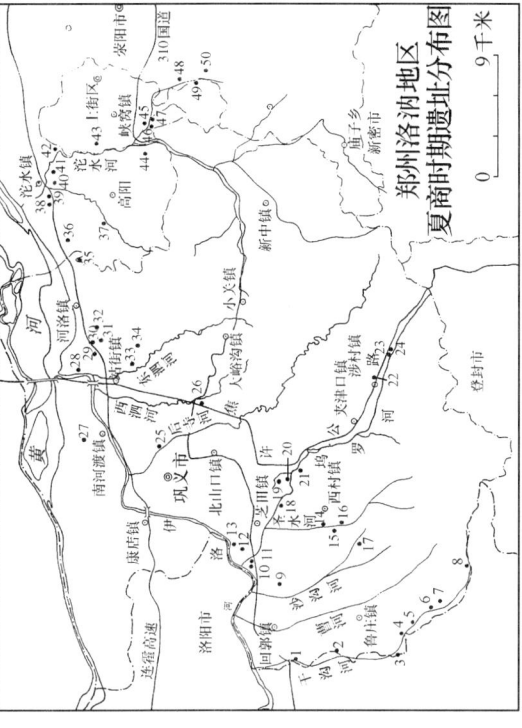

图六 夏商时期遗址分布图

郑州市附近 1. 大师姑城址（二里头） 2. 东赵村遗址 3. 前庄王遗址（二里头、商） 4. 洼刘遗址（二里头） 5. 岗崔遗址 6. 贾庄遗址（商） 7. 堂李遗址 8. 大里遗址（夏、商） 9. 郭庄遗址（商） 10. 关庄遗址（商、周） 11. 孙庄遗址（商、周） 12. 陈庄遗址（仰韶、周） 13. 辛庄遗址（商、周） 14. 点军台遗址 15. 薛村遗址 16. 小双桥遗址（商） 17. 官庄遗址（夏、商） 18. 丁楼遗址（西周） 19. 蒋寨遗址（商、周） 20. 娘娘寨遗址（商、周） 21. 郑州商城 22. 曹古寺遗址 23. 碾庄遗址（商、东周） 24. 小营点军台（商） 25. 新砦遗址 26. 曲梁遗址（二里头、商、商） 27. 白河遗址 28. 槐西遗址（二里头、商） 29. 三里堤遗址（二里头） 30. 李庄遗址（商） 31. 李家铺遗址（商周） 32. 大燕庄遗址（商） 33. 阎坟遗址（商） 34. 前杨坟遗址（二里头） 35. 大庄遗址（二里头、商、商） 36. 东赵遗址（二里头、商、商） 37. 十里头东南遗址（商）

郑州洛汭地区 1. 干沟遗址（二里头） 2. 老鳖盖遗址（龙山、商） 3. 桑家沟西遗址（仰韶） 4. 南村寨遗址（二里头） 5. 冯寨遗址（仰韶） 6. 小相西沟遗址（仰韶、龙山、商、周） 7. 赵城北遗址（商） 8. 邢寨遗址（龙山、商） 9. 金山坡遗址（仰韶、龙山、商、周） 10. 小营店遗址（商） 11. 南石遗址（龙山、商、周） 12. 稍柴遗址（仰韶、龙山、二里头、商） 13. 东沟遗址（二里头、商） 14. 西村遗址（仰韶、商） 15. 金钟寺遗址（二里头、商） 16. 鳌坡遗址（二里头） 17. 张嘴遗址 18. 费窑遗址（商） 19. 喂庄东北遗址（仰韶、龙山、商、周） 20. 白土坡遗址（仰韶、龙山、二里头、商） 21. 罗口遗址（二里头、商） 22. 康沟遗址（商） 23. 七星铺遗址（商周） 24. 上庄南遗址（仰韶、龙山、商周） 25. 烈姜沟遗址（二里头、商） 26. 白河西遗址（龙山、商） 27. 柏茂遗址（商） 28. 岳岭遗址（仰韶、龙山、二里头、商周） 29. 水沟遗址（商） 30. 小溥陀岭遗址（商） 31. 毛沟遗址（二里头、商） 32. 马脖子遗址（汉） 33. 柏屏山遗址（商） 34. 康岭遗址（仰韶、新砦期、商、周） 35. 大桐寨遗址（龙山、西周、汉） 36. 向寨南遗址（东周） 37. 周沟遗址（二里头、商） 38. 白河遗址（龙山、商） 39. 翠屏山遗址（二里头） 40. 凤凰寨西遗址（仰韶、新砦期、商、周） 41. 廖岭遗址（仰韶） 42. 溥陀遗址（仰韶、商） 43. 石嘴遗址（仰韶、商） 44. 司屯遗址（仰韶、商） 45. 向寨西遗址（仰韶、二里头） 46. 方顶东遗址（二里头） 47. 向寨南遗址（商） 48. 凤凰台遗址（二里头、商、汉） 49. 笼葱嘴遗址（商） 50. 榆树庄遗址（商）

1. 殷墟　2. 南故城城址　3. 邘城矿城　4. 孔悝城遗址
5. 卫国故城　6. 安阳城址　7. 共城故城　8. 轵国故城
9. 邢国故城　10. 府城遗址　11. 南阳屯城址　12. 修武故城
13. 州城故城　14. 偃师商城　15. 东周王城城址　16. 京城古城址　17. 郑州商城　18. 刘国故城　19. 滑国故城
20. 负黍故城　21. 阳城故城　22. 华阳故城　23. 密国故城
24. 郐国故城　25. 郑韩故城　26. 长葛故城　27. 雍梁故城
28. 泉店城址　29. 鄢陵故城　30. 雍丘故城　31. 圉城故城
32. 卢氏故城　33. 鄀国故城　34. 白羽城遗址　35. 龙城遗址　36. 城父故城　37. 西不羹故城　38. 桐丘故城　39. 固城村城址　40. 女娲城遗址　41. 西华城址　42. 陈楚故城
43. 鲁阳故城　44. 鞼城故城　45. 胡国故城　46. 召陵故城
47. 昆阳城　48. 马岗城址　49. 柏国故城　50. 小寨故城址
51. 吴房故城　52. 上蔡故城　53. 顿国故城　54. 南顿故城
55. 古项城址　56. 沈国故城　57. 道国故城　58. 新蔡故城
59. 固城仓古城址　60. 楚王城　61. 太子城　62. 江国故城
63. 古息城遗址　64. 黄国故城　65. 期思故城　66. 番国故城
67. 新砦遗址　68. 王城岗遗址　69. 大师姑遗址　70. 小双桥遗址　71. 花地嘴遗址　72. 南洼遗址

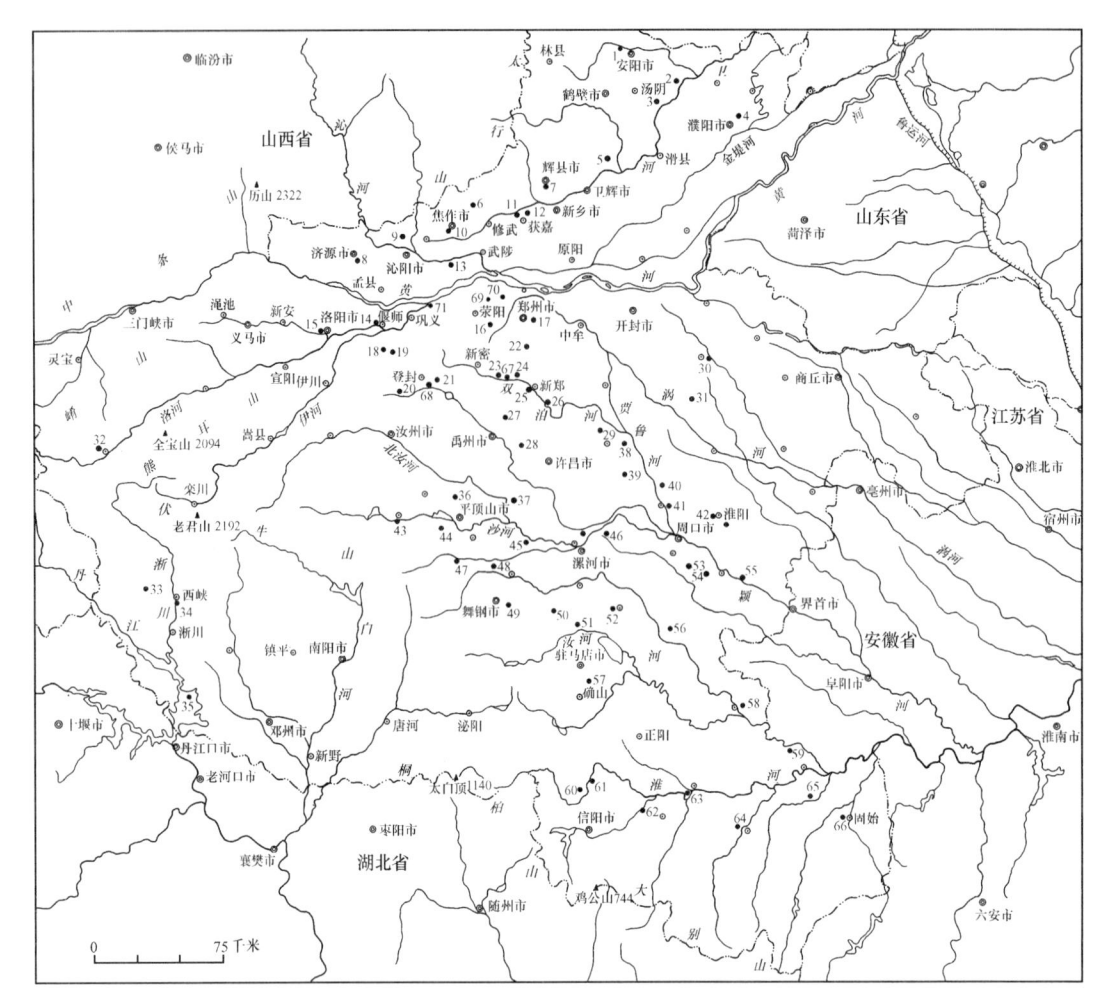

图七　夏商周古城址分布图

从已知情况看，嵩山周围地区古文化遗址分布稠密，而且历史链条一环扣一环，从旧石器中期起，就有大批猿人生活于此。而到10万年前大冰期时，嵩山地区并没有像西方学者用线粒体DNA测试遗传基因技术测出的结论那样，中国猿人并没有灭绝，而是继续发展和传宗接代，最有力的证明就是在荥阳织机洞旧石器时代遗址内发掘出土2万～10万年之间丰富的遗存，大量旧石器制品反映出的中国猿人文化的不间断继承和发展，没有发现3万～5万年之间有南非人迁徙来的蛛丝马迹，因之嵩山地区也成为我国探讨人类起源的重点地区[23]。进入全新世以后，虽然嵩山地区目前尚未发现北京东胡林人时代的遗存和南庄头遗址时代的遗存[24]，但却在嵩山周围发现的占全国裴李岗文化时代80%以上的7000～9000年前的新石器时代遗址，反映出嵩山地区是我国农业起源最早，原始农业最发达的地区，也是裴李岗文化最发达的地区。嵩山周围目前已知的裴李岗文化遗址达50多处，如果把周边地区计算进去，不下80处。这些遗址主要呈以嵩山为中心散布于河旁冲积台地上，他们是由嵩山地区更新世时期文化基础上发展起来的新石器文化。裴李岗文化遗址内居住区已与墓葬区分离，房屋多为半地穴式房基，墓葬多为长方形竖穴土坑墓，多仰身直肢葬，南北向居多，随葬器物组合因男女而有别，而不同墓葬随葬品数量悬殊较大。裴李岗文化是比较发达的新石器文化，无论是生产工具、生活用具均已进入成熟阶段。从发掘出土的生产工具看，有石斧、石铲、石刀、石镰及石磨盘、石磨棒等，陶质生活用具有鼎、罐、瓮、壶、盆、三足钵、钵、碗、杯、盘等，无论造型、制作工艺、烧制水平都相当高，尤其陶鼎的出现，不仅开辟中华古文明中视鼎为重器的鼻祖地位，最重要的是奠定了在中华文明腹心地区，鼎作为中华民族心目中至高无上地位的基础，而鼎从8000～9000年发生，经2000多年的发展，成为黄帝部族的神器及黄帝以后国家权力象征，在中国历史上长期产生重大影响[25]（图八）。

裴李岗文化自其产生起，就以强大的生命力和发展势头迅速发展，到了距今7000年左右就已发展至相当高水平，从巩义瓦窑嘴遗址发掘结果看，陶器生产可见端倪。在瓦窑嘴遗址出土的陶器中陶器制作精良，不仅有传统的泥质橙陶、夹砂褐陶，而且泥质红陶施陶衣现象增多，同时黑皮陶、灰陶大量出现，尤其蛋壳陶的出现已超出常人想象[26]。瓦窑嘴遗址出土的蛋壳陶厚度仅有2毫米，可见其制陶水平高超。从陶色观察，当时除了使用氧化焰烧制陶器外，还原焰技术已相当成熟。从瓦窑嘴遗址灰坑内出土木炭的^{14}C年代测定数据，树轮校正后距今（6850±70～7295±90）年。从器型上看，瓦窑嘴遗址所出土的器类从此开始，从裴李岗文化的基础上蜕变，向仰韶文化早期过渡。其钵、碗、卷沿盆、圈足甑、小口瓮等，已见早期仰韶文化的雏形。尤其是罐形鼎、盆形鼎，从裴李岗文化中最早发生，由此开始逐渐发展成嵩山地区最典型和最具代表性的炊器，经久不衰，到仰韶文化时期成为一个庞大的器物群。

从大量考古资料和研究结果看，嵩山地区在裴李岗文化之后发展起来的是仰韶文化，是渊源于裴李岗文化发展起来的新的文化阶段，有人按考古学文化命名原则提出"秦王寨类型"等意见[27]，不管其提出时怎么不完善，但以目前考古发掘资料的研究

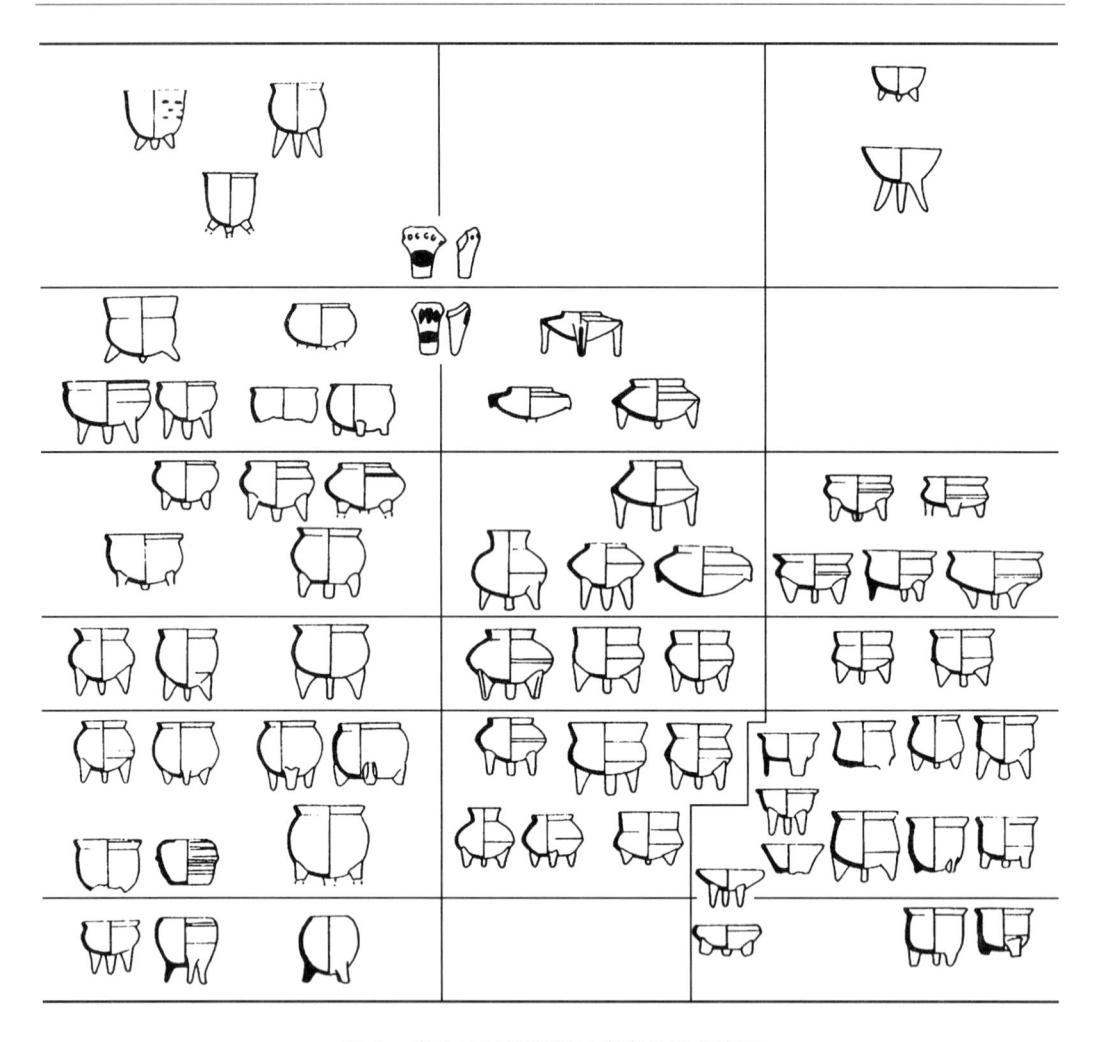

图八 嵩山地区新石器时代陶鼎演变简图

成果看，嵩山地区仰韶文化作为仰韶文化中的一种类型不仅有地域概念、时空概念，而且从文化面貌和发展演变系列均有扎实的文化载体来体现。嵩山地区仰韶文化从距今7000年左右萌发于裴李岗文化晚期，大致到距今6700年左右完成了过渡，成为新石器时代中晚期的典型文化。嵩山周围地区仰韶文化近200处之多，它以鼎、甑为主要炊器，以罐、瓮、缸、盆等为主要存储器，以碗、钵、豆、杯、盘等为主要饮食器，同时从仰韶文化中期受半坡类型文化影响出现小口尖底瓶，配以壶、平底瓶等为汲水器，以石斧、梯形石铲、石凿等为主要生产工具，另有大量纺轮、骨簪、骨锥、石镞、骨镞、蚌刀、蚌镰、石刀等，其中最具特色的是大量白衣彩陶的出现，充分地反映了嵩山地区新石器时代中晚期的艺术造诣和文化面貌。人们在钵、盆、瓶、碗、缸、壶等常用器的上腹部或中腹部先施纯白色陶衣，然后施以褐色为主，配合红、黑、黄色颜料绘出的圆点弧线三角纹、树叶纹、多足虫纹、弦纹、条带纹等图案，技法流畅，褐白分明，不仅具有极为浓厚的装饰效果，而且成为区域文化的象征（图九）。在嵩山地区仰韶文化考古中

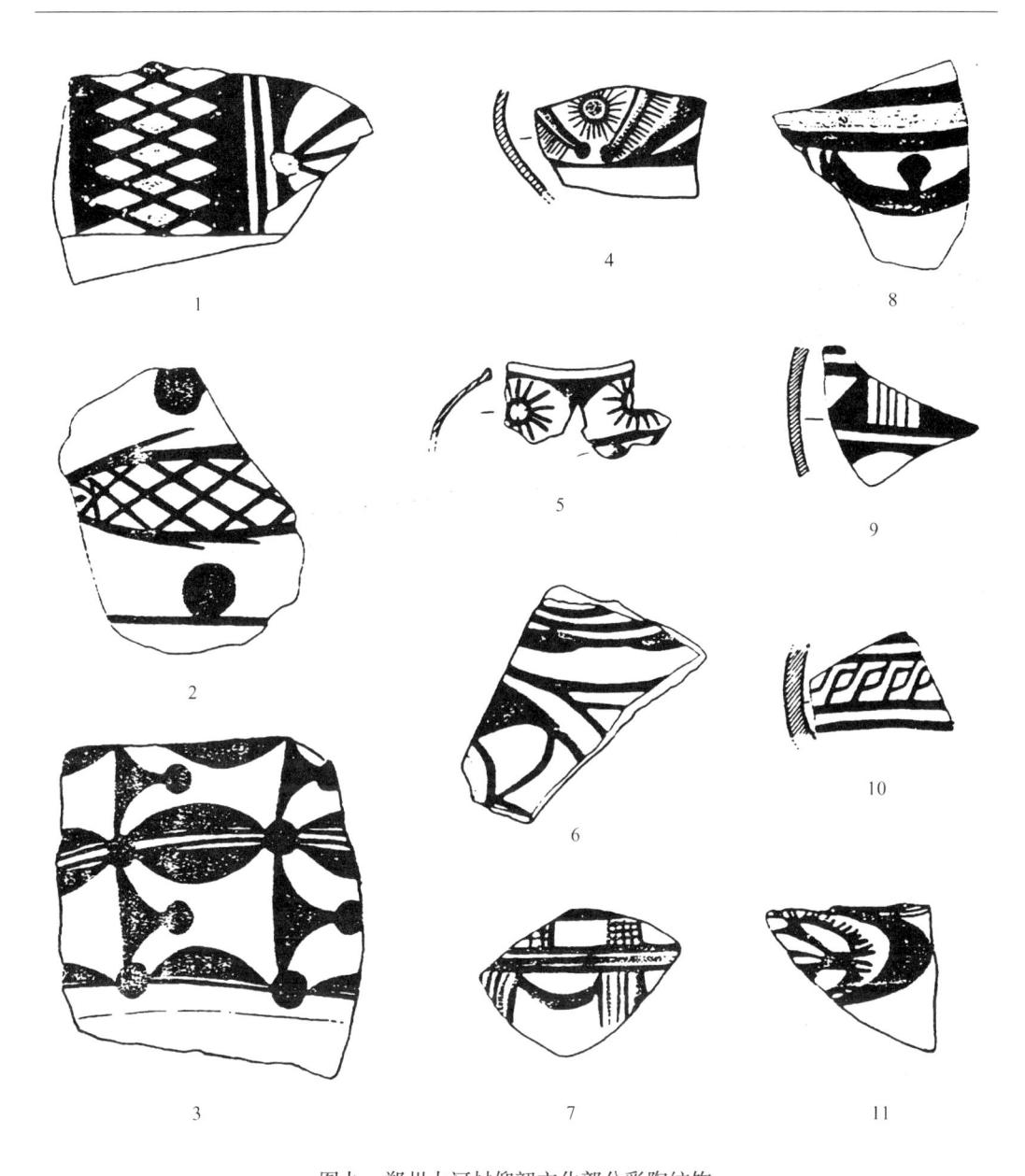

图九 郑州大河村仰韶文化部分彩陶纹饰
1. 菱形纹 2. 鱼纹和圆点纹 3. 弧边三角形和圆点纹 4. 日晕纹 5. 太阳纹 6. 弧线纹 7. 平行直线和方格形、舟形纹 8. 平形直线纹 9. 釉陶三角纹和平行直线纹 10. 釉陶互字纹、短平直线纹、平行带状纹 11. 睫毛纹

发现，嵩山地区仰韶文化时期多流行地面建筑，尤其从仰韶文化中期以后流行用长方形、方形和连间排房，木骨草拌泥墙体使用大火烧烤，房基、墙体和地面烧烤温度高，呈砖红色，十分坚硬，犹如现代土窑烧制的红砖，有关科研单位曾对地面测定，结果是其强度相当于今日100#水泥的强度[28]。当时房屋的制作水平可见一斑。嵩山文化圈内仰韶文化时期发现墓葬属中晚期的较多，而且多使用专门墓地，按顺序依次排列，墓葬

多使用长方形竖穴土坑，葬式多仰身直肢葬，墓葬内已开始使用圆木垒筑的棺椁，但随葬品均极少，多见一、二个纺轮，或骨簪、骨锥，仅个别墓葬中随葬有 1~3 件陶器，极个别墓随葬有玉片现象[29]，截至目前尚未见有氏族首领大墓和大型祭祀坑等，同时还较多发现灰坑埋人现象和乱葬坑等。参考郑州地区发现的西山古城（图一〇）与洛汭双槐树大型环壕聚落遗址（图一一），是否预示社会已发生阶层，地位分化，还有待今后考古资料证实。

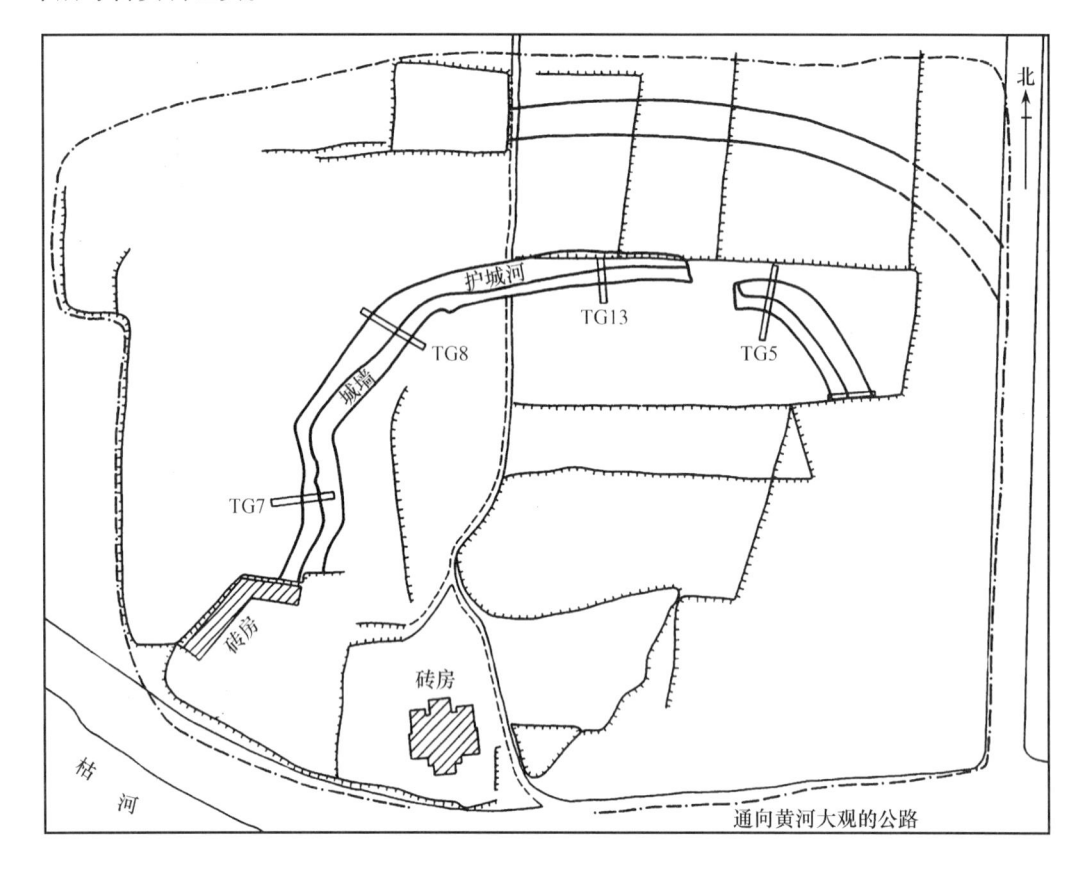

图一〇　西山仰韶文化古城址平面图

嵩山地区在 4700 年左右进入河南龙山文化时代，从《中国地图集·河南分册》中发现，嵩山地区河南龙山文化包括与其他文化遗存共存的遗址在内，共有 200 多处，占河南龙山文化遗址总数的 1/6，其中登封王城岗[30]、新密新砦[31]、偃师灰嘴[32]等属大型遗址，还有新发现的河南龙山文化城址——新密古城寨城址、新密新砦城址、登封王城岗城址等。从文化面貌上看，嵩山地区河南龙山文化是从嵩山地区仰韶文化直接发展起来的新的文化阶段，其文化内涵中仍以鼎为主要炊器的传统得到进一步发展，而且随着小口尖底瓶等的消失，袋状足器如鬶、斝、鬲及甕等器物不断发展壮大，陶器表面装饰随着彩陶的消失，绳纹、条纹、方格纹及附加堆纹等进一步普及，并不断对外施

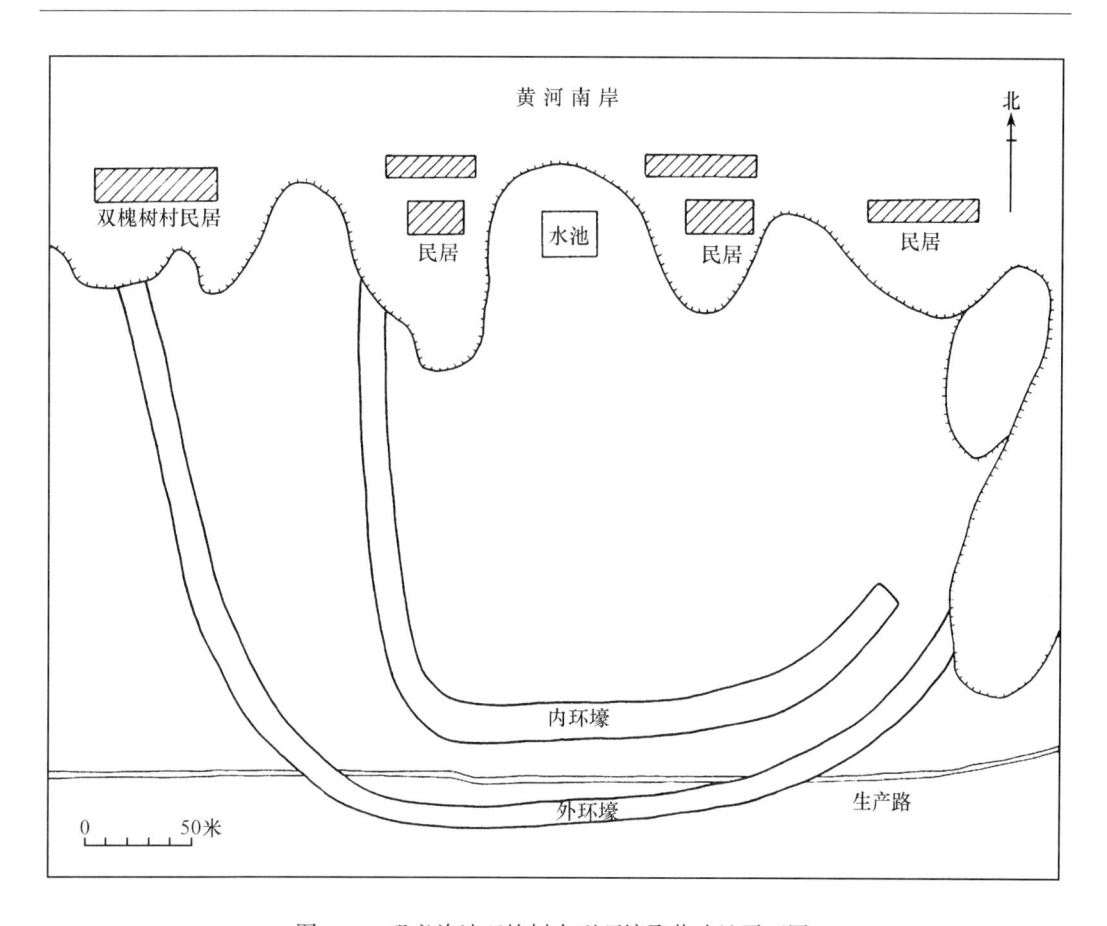

图一一　巩义洛汭双槐树大型环壕聚落遗址平面图

加影响力，同时吸收周边地区文化因素，从房子看，红烧土房基已绝迹，随之为白灰面地面所代替，而墓葬材料发现极少。随着河南龙山文化的发展和繁荣，大型聚落遗址增多，其新密市新砦遗址龙山文化环壕聚落已超过100多万平方米，另外登封王城岗、新密老寨等聚落中心遗址不断涌现，其遗址中多伴随河南龙山文化城址存在，反映社会正在发生剧烈变化。大约从公元前21世纪左右，嵩山地区进入夏代，而全国政治、经济、文化、军事中心已在嵩山确立，目前已发现的夏代遗址有150处之多，其中特大中心聚落遗址有登封王城岗、新密新砦、巩义花地嘴[33]、登封南洼[34]、荥阳的大师姑[35]、荥阳薛村[36]、偃师二里头[37]、偃师灰嘴[38]、平顶山蒲城店[39]、郏县薛店乡太仆[40]、孟津常袋乡菠萝窑[41]、宜阳县柳泉乡水兑[42]、嵩县库区乡老樊店[43]、伊川白元乡白元[44]、禹州火龙乡瓦店[45]等，这些遗址多和河南龙山文化遗存共生，动辄40万～50万平方米，有多处超过百万平方米，尤其近年发掘的登封王城岗城址、新密新砦城址（图一二）、登封南洼环壕遗址（图一三）、巩义花地嘴城址（图一四）、荥阳大师姑城址（图一五）等，加上已经发掘了20多年的偃师二里头宫殿基址，为我们描绘出嵩山地区在夏代时期的政治、经济、文化等的繁荣情景。

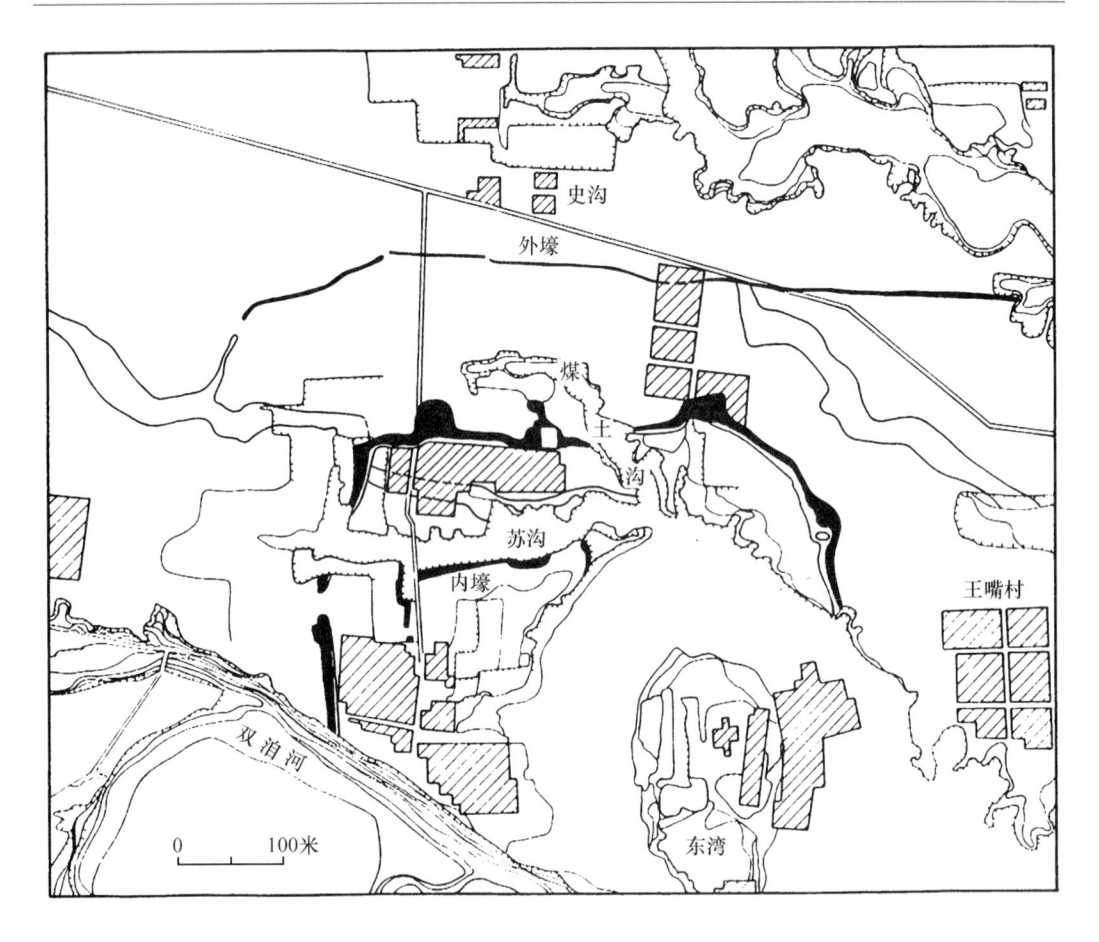

图一二　新密新砦夏代城址平面图

夏代以后，商汤灭夏更是以嵩山为其政治中心。越来越多的材料证明商族不仅有可能发源于郑州地区，而且先后在郑州和偃师建都达200多年之久，留下了郑州商城[46]（图一六）、偃师商城[47]（图一七）和郑州小双桥[48]之隞都等重要城址与遗存，同时仅嵩山北侧就发现有商代早期遗址达100多处。在这些遗址中，经发掘的郑州商城达16平方公里，偃师商城近190万平方米，小双桥遗址达100多万平方米，遗存中有城址、宫殿基址、祭祀坑、青铜器窖藏坑、贵族墓葬等。经发掘发现这些城址规模宏大，布局严谨，城外宽大的护城河及环壕与城墙不仅构成严密的防御体系，而与宫殿、青铜重器等联系起来，不难看出嵩山文化圈进入繁荣期后，为中国早期统一国家的统治中心和首都。

商代从河亶甲迁都以后，随着政治中心北移和西周以后政治中心的西迁，嵩山地区长期不再为一统天下的国都，但其经济、文化中心的地位没变。西周初周封管权鲜于郑，史称管国，又封东虢国、郐国、古密国、崇伯国、祭伯国等；东周初桓公迁郑，建立郑国，曾一度小邑天下。战国时期更是群雄中原逐鹿，所以仅从考古资料所知，郑州

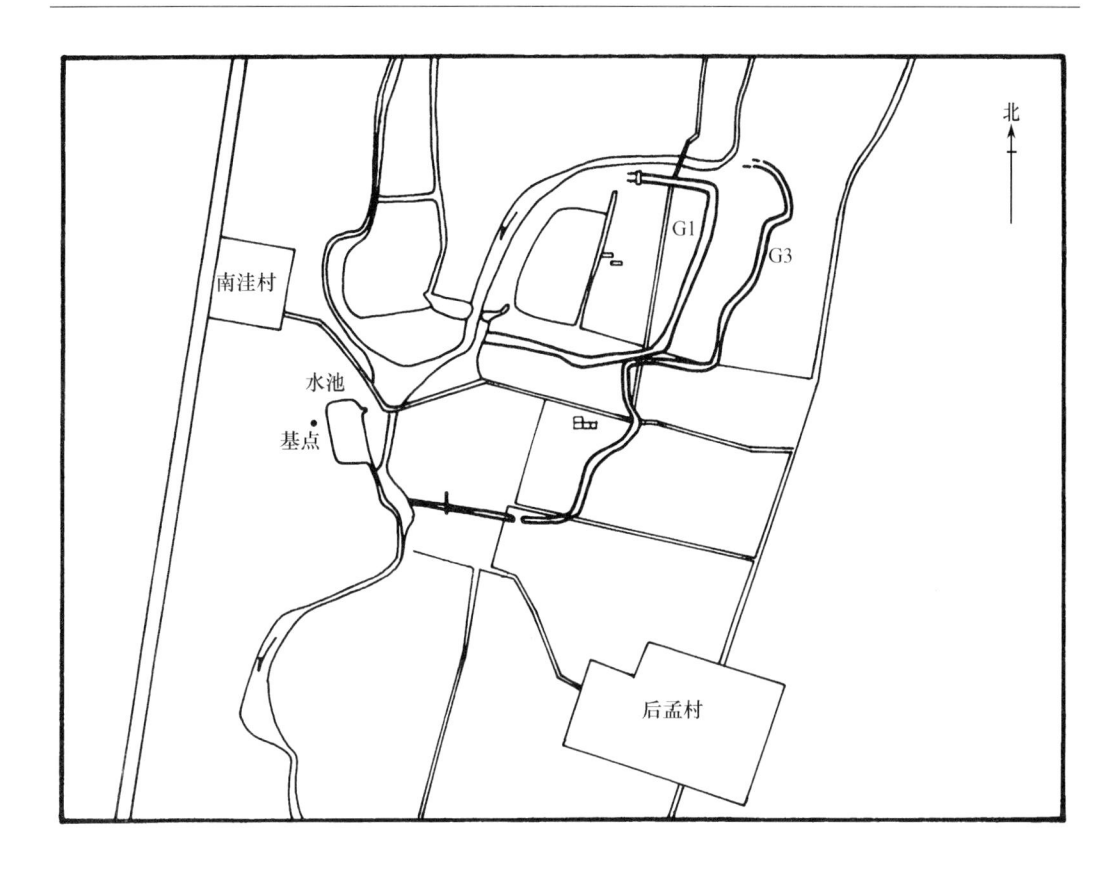

图一三　登封南洼环壕遗址平面图

地区目前尚保存有遗迹的古城址达50多处[49]。

秦汉以后，中原地区与大一统国家的关系更为密切，成为西汉王朝立国的根据地，东汉至宋代王朝的近畿之地，地下地上遗留有极为丰富的历史文化遗产，而魏晋、隋唐、宋元明清之寺院和宗教遗迹更是数不胜数，在中华民族悠久历史和厚重古文化中占有核心地位。

五、嵩山文化圈的发生与发展

嵩山地区以极其厚重的历史文化内涵孕育和培养了深厚的历史文化遗产，形成一个极具生命力和深远影响力的文化圈。然而这个文化圈是什么时候产生和怎么发展的，就需要做深入的研究和探讨。世界人类起源研究结果表明，据南非考古资料，大约500万年前人猿分野，而今因种种缘故在嵩山地区尚未发现早期人类生活遗存，同时就是发现了，我们也不能讲嵩山文化圈就是从人类早期就是发生地。从目前考古调查和考古发掘情况，结合世界人类起源研究中10万年前大冰期人类灭绝说观察，再结合近年嵩山地区连续不断发现的2万~14万年前旧石器时代的巩义洪沟遗址、荥阳织机洞遗址、新密溱

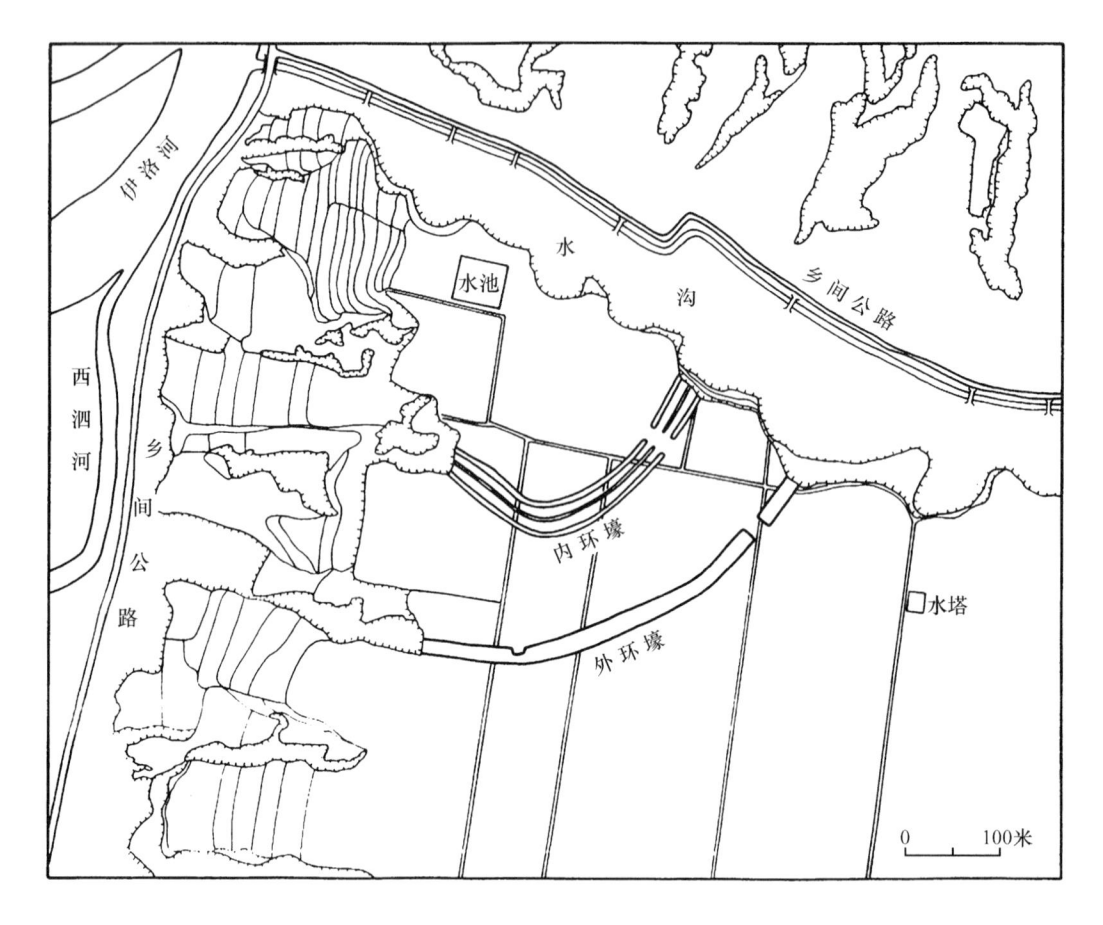

图一四 巩义花地嘴遗址平面图

水、洧水上游旧石器遗址群观察，此时嵩山地区作为中国中心腹地，南北方旧石器文化过渡带和人类南北、东西交流通道，从旧石器考古资料中发现四周文化交流已非常频繁，且充分地证明华北旧石器工业技术和华南旧石器工业技术并存。其中从嵩山南麓采集的旧石器和巩义洪沟遗址发掘出土的旧石器中有明显的华南砾石石器文化因素，而荥阳织机洞遗址发掘的旧石器制品则主要为中国猿人石器制作传统技术。如果再以近年一些生物学家以线粒体基因技术测定 10 万年前大冰期时除南非外其他人类均已灭绝，中国现代人为 3 万年前迁徙来的南非人的后裔，而荥阳织机洞遗址发掘出土的旧石器遗存则完全为中国猿人文化传统，并没有发现南非人的文化因素等。我们推测至少 3 万年前嵩山文化圈即已在中国北方旧石器文化长期发展基础上开始萌生，从此以后，大约经历了 2 万年左右，居住于嵩山地区的先民们用自己聪明的智慧和勤劳的双手，在原始采集和渔猎经济基础上发明了以有意种植驯化粮食作物的技术，从而进入新石器时代。虽然在嵩山地区尚未发现最早的新石器时代遗址，但从目前发现的占全国裴李岗文化时期遗址总量 80% 左右的古文化遗址，可以旁证嵩山地区是中国农业起源最早、最集中和最

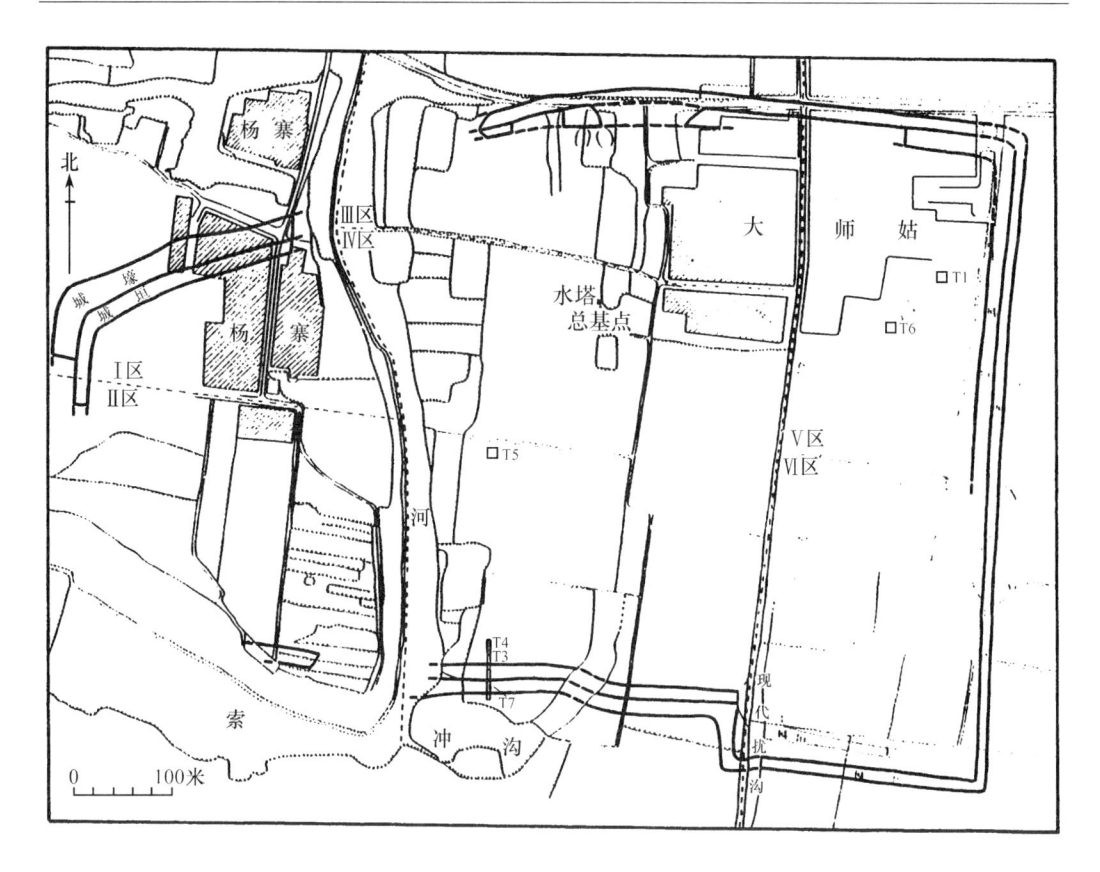

图一五　荥阳大师姑城址平面图

发达的中心地区。正因为嵩山地区是原始农业发生最早，并以最快速度发展的地区，所以到距今7000～9000年左右人口急剧增多。人们因农业发展和居住需要而纷纷搬到河旁台地或河谷冲积平原，进入沿河或沿湖而居的定居时代，为以后的社会快速发展奠定了基础，也促使裴李岗文化成为新石器时代一个重要发展阶段的基础。所以，我们从裴李岗文化整体面貌研究得出，嵩山文化圈从裴李岗文化时期即已形成，并从此进入快速发展阶段。

进入仰韶文化时期以后，嵩山文化圈像一匹快速奔驰的骏马，快速急驰，迅猛发展，使其进入基本成熟时期。从目前掌握的最新调查材料看，嵩山地区的秦王寨类型在裴李岗文化的基础上不断发展和壮大，尤其在距今6500年以后，随着气候日渐变暖[50]，生产力水平不断提高，人口迅猛增长，社会生产中剩余物品的增加，不仅使氏族组织日益完善，家庭也随之变化，尤其最原始状态贫富差别的产生，从仰韶文化考古发掘出土的房基和乱葬坑中已显露出阶层差别和地位差别迹象。此时，嵩山地区仰韶文化中红烧土房基与半地穴房基并存，排房、套间房和单间房同在，尤其大部分墓葬中一反裴李岗文化厚葬之风，变成许多墓葬连一件小器物也见不到；而从精神生活上看，彩

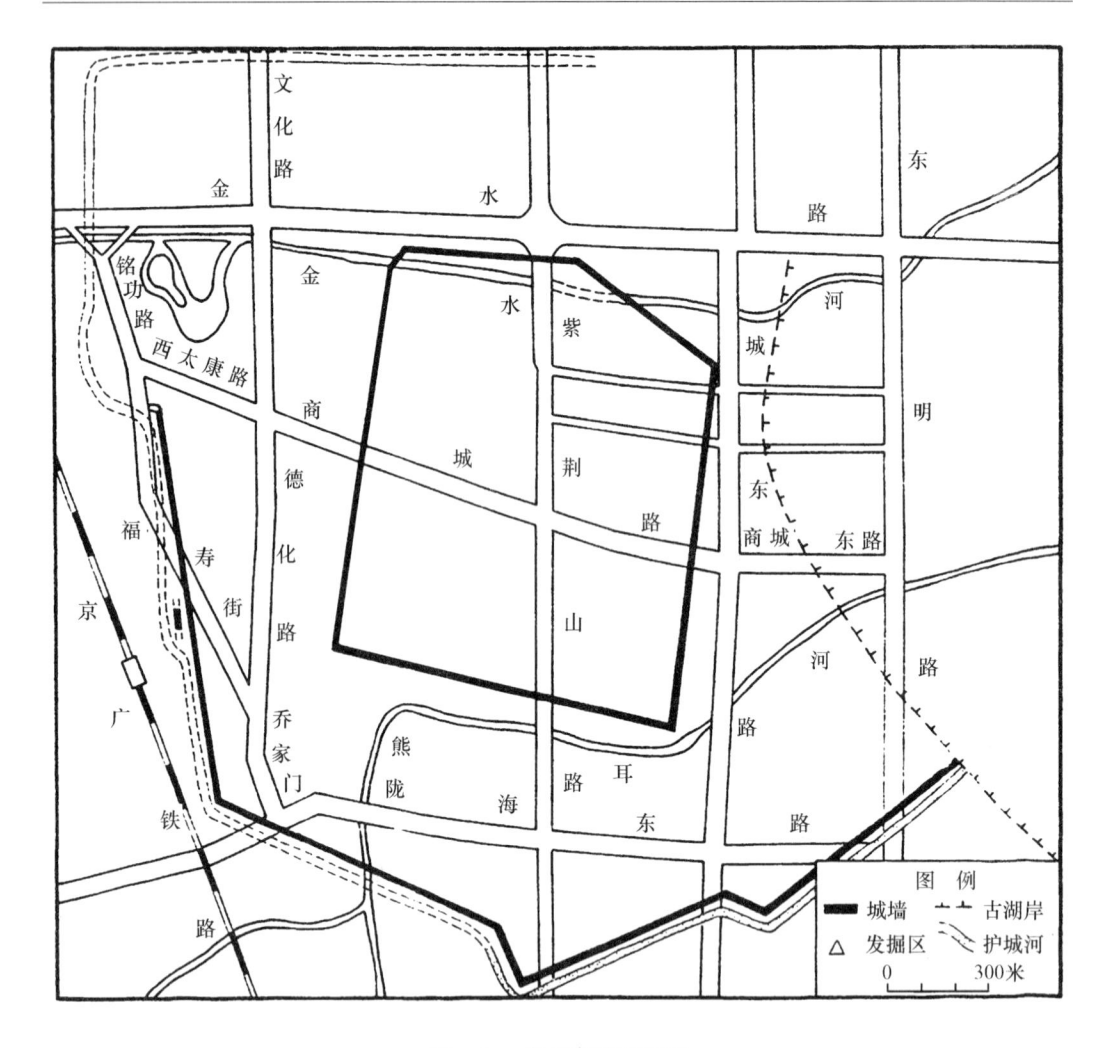

图一六 郑州商城平面图

陶也在距今6500年左右开始繁荣,而大量精美彩陶在排列有序的套间红烧土房间内出土也是一种显现和预示[51]。从陶器群情况看,反映出距今6500年以后陶器群形成,以鼎为主要代表炊器的陶器群也在各个遗址中得到充分体现,虽嵩山地区至今尚未发掘特大型仰韶文化时期的聚落中心遗址,但与周边对比,如河南濮阳西水坡遗址作为一个聚落中心遗址,出土的陶鼎不仅器形大,而且有一种王者风范。非聚落中心遗址中出土的鼎则相对较小。近年,我们在巩义洛汭发现一处近百万平方米的仰韶文化时期双环壕聚落遗址,如果今后能够试掘,我们相信这个特大型中心聚落遗址的考古发现肯定会使以上看法得到印证。再从历史传统和史籍记载看,嵩山地区是黄帝活动集中的地方和有关黄帝进行祭祀活动的中心区域,以前尚未发现特大型遗址,而新郑发现的唐户遗址和最近在巩义洛汭黄帝祭河处发现的洛汭双环壕聚落遗址等具有较为重要的意义。从史书记载看,黄帝的主要活动均绕嵩山而发生,所以无论从历史传说或是考古发现,均证明

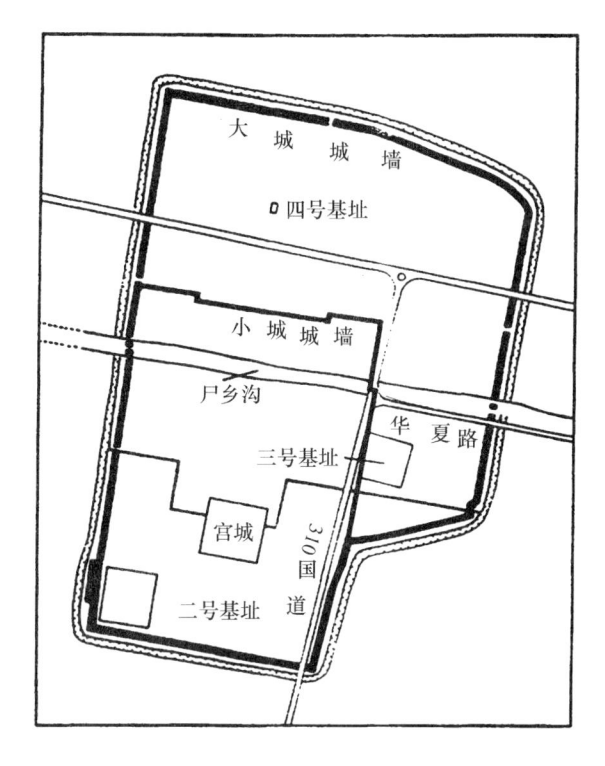

图一七　偃师商城平面图

仰韶文化早中期，嵩山地区已成为一个成熟的文化圈。

自仰韶中期以后，到仰韶文化晚期早段郑州地区有西山古城等，从西山古城的夯土城址结合郑州地区从荥阳点军台遗址，登封颍阳遗址、郑州尚岗杨遗址等遗址内发现的乱葬坑遗存看，仰韶文化中期已迈入文明门槛已有许多学者论及。如果这个推测无误，那么历史传说中炎黄与蚩尤之战、炎黄之战恐怕就是最早的文明火花。鉴于此，我们认为嵩山文化圈的形成，也是中原作为中心腹地发展形成最早文明的结果。

仰韶文化以后，嵩山地区也从仰韶文化时代逐渐过渡到河南龙山文化时期。河南龙山文化时期的嵩山地区即开始为大一统文明古国筑造基础和积聚力量。距今4100多年左右的大洪水，为雄才大略的夏禹提供了舞台，大禹继承其鲧长期的治水事业，并由此为建立大一统夏王朝奠定了基础。正因此，夏启在夏禹之后会很轻松地从益手中夺取政权，建立夏族的"家天下"，使嵩山文化圈进入巅峰阶段。从中国考古学诞生80多年间，经数代人共同努力，我们终于取得了夏文化考古研究新的突破和重大阶段性成果，先后于登封告城镇王城岗一带发现小城的基础上发现大城城址，规模达50万平方米，从城壕与城址看，北城墙与城壕残存至少已超630多米，墙基宽20多米，城外环壕口宽10米，深3~4米，根据叠压打破关系确认为河南龙山文化晚期城址，而传说和史料记载中的夏禹之都，即史载"禹都阳城"。根据距战国阳城仅百米之隔而被确认。在王城岗城址废弃之后,又在河南新密市新砦发现规模达100多万平方米的河南龙山文化城址,这个城址包括内城、外城、环壕等,并于2004年在内城中部发现了规模超过1500平方米以上的大型排房基址,是继王城岗以后发展起来的又一夏代都城。结合地望和历史地理沿革,"启居黄台",此很可能为夏启所居之都——黄台。夏启之后,后羿代夏,太康失国,居洛汭,作五子之歌,10年弗返。我们在巩义洛汭发现早于二里头一期文化,同时又晚于河南龙山文化晚期遗存的花地嘴古城址,面积达30多万平方米,有内城、外环壕、大型祭祀坑等,出土有玉璋、玉钺、玉璜、玉琮及朱砂彩绘陶瓮等丰富的考古资料。太康复国后始居斟鄩,斟鄩在何处,据史书及历史考证,多认为在巩义小訾殿一带,有人认为巩义芝田稍柴遗址即为斟鄩,但也有学者提出河南偃师二里头文化遗址为斟鄩的意见。史书载,太康始居斟鄩,更不迁都。如果此记载无误,那么夏王朝几百年间所都均以嵩山为中心,也形成一个文化圈。因此讲,嵩山文化圈到夏代进入顶峰时期,此应有扎实的考古材料支持。

商汤灭夏之后,汤始居亳。目前考古学界和史学界有三种意见,一说都郑亳,一说都偃师西亳,一说都商丘之亳。但以前两种意见为主,尤以"郑亳说"为盛。从目前的考古资料看,郑州商城仅内外城的规模即16平方公里,它包括了外廓城、内城、护城河、宫城等,宫城内有宫殿和各种排供水设施等,外城内有冶铸作坊区、制陶作坊区、制骨作坊区以及青铜器祭祀坑等。在3600年前建造如此大规模、功能齐全、设计严谨、布局合理的都城,不仅令人叹惊,同时也反映嵩山地区这片沃土深厚的历史积淀及厚重的古文化底蕴,丰富的自然资源和勤劳勇敢的人们以极大的聪明才智创造出了历史辉煌。商汤在郑州建都之后,嵩山已作为政治、文化、经济中心地位历十王九代共190多年之久。仲丁迁隞,隞都就在郑州北郊古荥城一带,隞都使用2代26年。即使不把黄帝在郑州建都的历史计算在内,夏至商代先后在嵩山周围建都达26王,计700年之久,不仅奠定了嵩山地区作为中华文明中心腹地的地位,而且奠定了中华大一统的中央皇权的基础。

商王朝从河亶甲迁相之后,嵩山地区虽然作为政治中心地位有所削弱,但洛阳、开封的兴起,仍使嵩山地区在中华文明史上占据重要地位,尤其嵩山作为五岳之尊,它在神权和宗教信仰方面的地位丝毫未弱,一直延续至今。

六、山地与嵩山文化圈之联系

从对嵩山地区古文化遗存的梳理和分析研究,我们可以明确地看出嵩山文化圈的存在及对中华文明化进程中发挥的决定性作用,那么嵩山文化圈是否仅仅是一个孤立的现象或偶然产生的单例呢?在对中华民族古文化进行长期研究中,有不少学者已就此问题进行过许多的探讨和研究回顾一下,不难发现这里有一个规律性的东西,如苏秉琦先生的区系类型学说把中国古文化分为十个地区,后来又将中国史前文化区系按条款划分为北方、东方、中原、东南、西南和南方等六区[52]。严文明先生在论及中国史前文化的统一性与多样性时将中国考古学文化划分为中原、甘青、山东、浙江和长江中游六大文化区[53]。张光直先生将龙山文化划分为相互关联的山东、良渚、黄河中游、齐家和青龙泉五个区[54]等。这些都是在建筑中国古文化平面分布的基础上，根据中国地域辽阔、旧石器文化进化到一定程度后，产生新石器早期文化，并分别发展，互相交流，影响融合，最后为形成中华大一统文化寻找渊源工作的一部分，其中也包含有文化圈之因素。我们将中国史前古文化按文化面貌划分为若干个大区后，不难发现中原地区是以嵩山为核心发展区，山东则以泰山为核心区[55]，东北与内蒙古则为赤峰红山文化区，陕甘为秦岭文化区，南方有衡山文化区，河北与山西交接处，包括豫北则为太行山文化区等，如此等等，不一而足，均反映出山地文化圈的现象。所以，我们根据嵩山文化圈的研究，引申出一个山地文化圈问题。山地文化圈在中国古文化圈中发挥了十分重要的作用，今天提出来作为一个问题进行研究，应该是比较重要的问题，同时又是一个十分复杂、工作量浩大的工作。从嵩山文化圈的发生、发展与形成研究中发现，中国古文化中山地文化圈绝对不是一个可以任意套用的文化概念，也不是所有山地均可以产生山地文化圈，而一个文化圈的形成要有许多有相互联系的条件，从目前研究情况看，大概有以下几条：①有悠久的历史和优厚的地质条件，也就是山地形成较早，地质面貌齐全，并有植物和动物生长、生存和繁殖的良好条件。②地理位置中，有较好的气候条件和水资源。③山不可太高，同时山地范围也不能太大，否则绵延千里，很难形成文化圈。而且有中山、浅山、河谷台地及与平原连续的过渡地带，有足够的发展区域。④有连续不断生长、发展的古人类群体，而这个群体又具有较强的生存能力和发展力，具有自己连续发展的文化系列。⑤能不断吸收周边先进文化因素，又保持独立传统，对外有较强辐射能力。⑥有可供拓展空间等等。嵩山地区正是具备了这些条件，才可能形成一个在中国历史上占有重要地位的文化圈，同时，其他文化圈大多亦是如此，在此限于篇幅，不再赘述，留待《山地文化圈初论》中进行更深入的探讨。

山地文化圈的研究是一个复杂的系统工程，目前仅从文化面貌上讲还很不全面，随着学科的发展和科技的进步，还需要开展多学科、多方位的研究工作，我们初步拟定下一步应开展以下工作：

①古地理环境与古气候的系统观察、分析与研究；

②古植被与动物种群的综合分析和研究；

③人类种群的系统研究；

④人类饮食结构与生活习惯的研究；

⑤文化发展序列的研究；

⑥历史背景和文化传统的研究；

⑦意识形态和宗教信仰的研究；

⑧地理环境系统与山地文化圈的研究。

本文是积 20 年之思考才得出的一点看法，而一个文化圈的研究，还不只限于文化现象的分析研究，甚至还要辅以现代科技手段，多学科协作才可能做得更深入，我们相信随着社会发展，科学进步，体质人类学、环境学以及其他学科的介入，将会把山地文化圈研究得更透彻。限于水平，谬误之处可能贻笑大方，但作为考古学中的一个理论问题，需更多人关心和支持。因此，欢迎同行批评指正。

注　释

[1] 张松林：《浅谈仰韶文化的类型与类型划分》、《论仰韶文化》，《中原文物》1986 年特刊。

[2] 张松林、韩国河、张莉：《嵩山文化圈在中国文明进程中的地位和作用》，《中国社会科学院古代文明中心通讯》第九期，2005 年 1 月。

[3] 待刊。

[4] 孔会平：《世界古代史研究的新成果》，《历史研究》1980 年第 1 期。

[5] 巧石军、筀艳：《北京发现我国新石器早期完整人类骨架》，《光明日报》2004 年 10 月 25 日。

[6] 江西省博物馆：《江西万年大源仙人洞洞穴遗址第 2 次发掘报告》，《文物》1976 年第 12 期。

[7] 广西壮族自治区文物工作队等：《广西桂林甑皮岩洞穴遗址的试掘》，《考古》1976 年第 3 期。

[8] 袁家荣：《玉蟾岩获水稻起源重要新物证》，《中国文物报》1996 年 3 月 3 日。

[9] 中国社会科学院考古研究所河南一队：《1979 年裴李岗遗址发掘报告》，《考古学报》1984 年第 1 期。

[10] 北京大学考古教研室华县报告编写组：《华县、渭南古代遗址调查与试掘》，《考古学报》1980 年第 3 期；张朋川、周广济：《试谈大地湾一期和其他类型的关系》，《文物》1981 年第 4 期。

[11] 河北省文物管理处等：《河北武安磁山遗址》，《考古与文物》1981 年第 3 期。

[12] 《辽西发现查海原始村落遗址》，《人民日报》1988 年 10 月 8 日第 3 版。

[13] 保定地区文物管理所：《河北徐水县南庄头遗址试掘简报》，《考古》1992 年第 11 期。

[14] 中国社会科学院考古研究所山东队等：《山东滕县北辛遗址发掘报告》，《考古学报》1984 年第 2 期。

[15] 拙文：《山地文化圈初论》，待发。

[16] 林景顺：《河南嵩山国家地质公园》，中国摄影出版社，2003 年。

[17] 国家文物局主编：《中国文物地图集·河南分册》，中国地图出版社，1991 年。

[18] 巩义市文物研究所等：《巩义市坞罗河流域裴李岗文化遗存调查》，《巩义市坞罗河流域仰韶文化遗址调查》，《中原文物》1992 年第 4 期。

[19] 郑州市文物考古研究所内部档案。

[20] 同 [19]。

[21] 郑州市规划勘探设计院、郑州市文物考古研究所：《郑州市郑东新区文物古迹保护规划》，内部资料。

[22] 郑州市文物考古研究所：《河南新密市溱、洧水两岸旧石器遗存调查资料》，内部调查报告。

[23] 张松林、刘彦锋：《织机洞旧石器时代遗址发掘报告》，《考古学报》2003 年第 1 期。

[24] 同 [13]。

[25] 廖永民：《试析豫中地区原始时代的陶鼎》，《中原文物》1988 年第 1 期。
[26] 张松林：《瓦窑嘴裴李岗文化晚期制陶工艺》，《中原文物考古研究》，大象出版社，2003 年。
[27] 李衍坦：《关于"仰韶文化"的讨论综述》，《考古》1964 年第 7 期。
[28] 见甘肃大地湾遗址对红烧土房基测试报告，内部资料。
[29] 郑州市文物工作队：《青台仰韶文化遗址 1981 年上半年发掘简报》，《中原文原》1987 年第 1 期。
[30] 河南省文物研究所：《登封王城岗与阳城》，文物出版社，1991 年。
[31] 中国社会科学研究院考古研究所等：《河南新密市新砦遗址 2000 年发掘简报》，《文物》2004 年第 3 期。
[32] 河南省文化局文物工作队：《河南偃师灰嘴遗址发掘简报》，《文物》1959 年第 12 期。
[33] 顾万发等：《巩义花地嘴遗址发现"新砦期"遗存》，《古代文明研究》总第十八期，2003 年第 9 期。
[34] 郑州大学历史学院、郑州市文物考古研究所调查资料。
[35] 郑州市文物考古研究所：《郑州大师姑》，科学出版社，2004 年。
[36] 同 [19]。
[37] 中国社科院考古研究所：《偃师二里头》，中国大百科全书出版社，1999 年。
[38] 同 [32]。
[39] 同 [17]。
[40] 同 [17]。
[41] 同 [17]。
[42] 同 [17]。
[43] 同 [17]。
[44] 同 [17]。
[45] 同 [17]。
[46] 河南省文物考古研究所：《郑州商城》，文物出版社，2001 年。
[47] 河南省文物研究所：《郑州小双桥遗址的调查与试掘》，《郑州商城考古新发现与研究》，中州古籍出版社，1993 年。
[48] 郑州市文物考古研究所调查资料。
[49] 同 [19]。
[50] 李文漪：《中国第四纪植被与环境》，科学出版社，1998 年。
[51] 郑州市文物考古研究所：《郑州大河村》，科学出版社，2001 年。
[52] 苏秉琦：《关于考古学文化的区系类型问题》，《文物》1981 年第 5 期。
[53] 严文明：《中国史前文化的统一性与多样性》，《文物》1987 年第 3 期。
[54] 张光直：《中国相互作用圈与文明的形成》，《庆祝苏秉琦考古五十五年论文集》，文物出版社，1989 年。
[55] 周昆叔、张松林等：《嵩山文化圈》，《中原文原》2005 年第 1 期。

（原刊于《中原地区文明化进程学术研讨会文集》，科学出版社，2006 年）

嵩山文化圈在中国古代文明进程中的地位和作用

张松林 韩国河 张 莉

嵩山作为五岳之中，在中国历史进程中曾发挥了极为重要的作用。然而，长期以来，人们在研究和认识嵩山时，多数局限于自然景观或人类历史以来的人文景观，或者仅对历史文化内涵中的某个方面有所涉猎，却极少对嵩山文化圈进行整体认识和研究。在中国文明进程研究中发现，嵩山以其特殊的地理位置、地理环境及各方面的自然条件，从生物起源、人类起源、文明起源中均占有重要地位，尤其在中国文明进程中，以其深厚的文化底蕴、连续不断地发展形成的中华民族早期国家形式及各方面条件，使其占据独有的地位和发挥了重要作用。

一、嵩山与嵩山文化圈的地貌特征

嵩山像一条巨龙横卧于黄河之滨的中原大地上，自西向东依次排列有万安山、三尖山、安坡山、马鞍山、挡阳山、少室山、太室山、五指岭、尖山等，嵩山主体东西绵延100余公里，南北宽约60公里，面积达6000多平方公里。依近山地而形成的冲积扇、冲积平原、沉积盆地和台地计算，其范围应当包括今河南省登封市、偃师市、新密市、荥阳市、巩义市及相邻地区，如果根据人类活动辐射区域计算，嵩山文化圈的区域更大，可达数万平方公里左右，基本上囊括古黄河以南（指汉代以前古黄河）、长江以北、华山以东、徐州以西及中原地区。

嵩山山脉属秦岭山系东延的余脉，向东北、东南方向呈扇形展开，区内地势起伏较大，地貌复杂多样。首先是区内海拔高度悬殊甚大，最高峰高达1500多米，而郑州市以东最低海拔高度只有70多米，高差近1500米，形成以低山丘陵为主、冲积扇平原为辅、还有深低山、浅低山、深中山和浅中山的地貌。嵩山北部为高山和山前丘陵。嵩山中部少室山、太室山最高，海拔1500~1600米，属深中山类型，嵩山西部两边连接偃师和巩义，相对高差800米左右，属浅中山类型，其东接新密、新郑，除浅山外，多为山前丘陵和平原，南接许昌、禹州。嵩山的历史非常古老，先后曾经在距今25亿年、18亿年和8亿年三次构造活动，是在"重力滑动构造"中创立出今天的嵩山[1]。嵩山地区复杂的地貌形态使河流众多，水源充沛，而且暖温带山地季风气候使该地区四季分明，宜于人类生存。而以褐土带为主，棕土、潮土兼之的土壤更使植被茂盛、物种繁多、动物群丰富，为人类生存、生活和文明起源奠定了深厚的物质基础（见《嵩山与嵩山文化圈》，后简称为《嵩》，图一）。

二、嵩山与嵩山文化圈的发生和发展

嵩山文化圈与世间所有事物一样，也有其发生和发展的历史。地质学家根据嵩山地层发育情况以及各时代的沉积岩组合、岩浆活动、变质作用和构造改造的特点，给嵩山编出一部发展史。其最早可溯及太古宙，距今30多亿年。在嵩山30多亿年漫长的地质历史中，其作为中国最早出露的陆地，不仅在地球演化、生物起源研究中是优秀的自然宝库，而且在人类起源，尤其文明起源中占据独特优势。据嵩山地质构造和古环境观察，大约在新生代第四纪早期以猿制造第一件工具开始，使猿完成了从猿到人的演变过程。而在此之前，嵩山从几十亿年演化中不仅为人类生存奠定了雄厚的自然资源基础，而且以其独特的地理优势，极有可能成为人类起源的重要地区之一。由于嵩山地区开展旧石器考古起步较晚，而且进行旧石器考古的人员匮乏，所以长期以来不仅嵩山地区旧石器考古是个空白，而且考古学界对嵩山地区旧石器以及古人类的认识基本是一个空白。到20世纪80年代初，在全国开展的文物普查工作中，郑州市文物考古工作者根据有关线索，在嵩山周围浅山区中，首先从荥阳崔庙镇王宗店村织机洞内发现旧石器时代遗存[2]，此后由于巩义神北洪沟马兰黄土下层发现旧石器中晚期遗存[3]，并陆续在登封君召、井沟，郑州侯寨小庙嘴[4]，荥阳庙子乡蝙蝠洞[5]，巩义站街等地发现一批旧石器地点或遗址[6]（见《嵩》图二）。现已对荥阳织机洞、蝙蝠洞，巩义神北洪沟等遗址进行发掘，并取得丰富的考古成果。经整理发现，嵩山地区旧石器时代虽然属华北旧石器系统，是以细小石片为主的北方工业文化；同时从巩义神南洪沟遗址、登封君召旧石器地点均发现以砾石石器占相当比例的现象，从文化方面反映出嵩山地处中国中部、黄河与长江之间的地理位置特征。从旧石器南北文化研究中，有人提出旧石器文化交流走南阳通道[7]，嵩山周围目前发现的旧石器均晚于北方的周口店中国猿人文化，也晚于大荔人石制品组合[8]，而早于南部具有基本相同石制品特点的南阳小空山[9]的组合，这显示出嵩山地区以其特殊的地理位置和优越环境，从旧石器时代中期已产生具有独自特征的文化圈。所以，把嵩山文化圈发生时代定于更新世中期的旧石器中期文化阶段是有实物根据的。其自发生后，经旧石器晚期至新石器早期为限，属于嵩山文化圈的发生与发展阶段。

三、嵩山文化圈的发展与形成

嵩山地区第四纪沉积物分布广泛，地层巨厚，一般都在27～102米之间。第四纪是地球史上最新的一个纪，它不仅是被子植物和哺乳动物高度发展的时代，也是人类发生、发展和成熟的时代。嵩山地区在这个时代基本上继承了新第三纪的构造格局和地貌景观，并继续发展，豫西山地这时进一步抬升。嵩山地区的几条大河——黄河、淮河、卫河及其支流已基本定型，而且为全新世早期人类最早进入以原始锄耕农业、制陶、磨光石器及逐渐迁移到河旁台地定居奠定了基础。目前嵩山地区除因各种原因尚未发现新石器时代早期早段遗存外，已在嵩山山区及嵩山周围地区发现一大批距今7000～9000年的新石器时代早期晚段遗存，即裴李岗文化遗存。

嵩山山区及周边地区目前已发现裴李岗文化遗址达近百处（见《嵩》图三），其中已发掘近20处。通过大量考古材料和研究结果证明，裴李岗文化已是基本成熟的新石器时代文化。从大量考古资料看出，裴李岗文化就是以嵩山为核心的，是嵩山地区目前所发现的最早的新石器文化。这种文化以鼎为主要灶具、以桶状罐、钵为盛储器，另外还有三足钵、杯、豆、盘、瓮、碗等。这种文化在基本形成一套比较齐全的陶器群后，不仅迅速建立起延续发展的体系，而且形成对四周地区发生重要影响的文化圈。进入仰韶文化以后，以嵩山为中心的文化圈不仅以其极大影响力和扩展力显示出嵩山文化的强大的生命力，同时有与仰韶文化共同体融为一体，发展成为以黄河为纽带，并向四周辐射的仰韶文化体系。在仰韶文化系统中，除基本陶器群的特征和彩陶艺术风格的基本相似或相近外（见《嵩》图四），以嵩山为中心地区内的仰韶文化仍继承和发展了裴李岗文化以鼎为主要炊煮器的陶器群，并形成以白衣彩陶为文化载体的嵩山文化圈特征。在嵩山文化圈内，鼎文化在仰韶文化中期已发展到了极致，不仅有盆形鼎、罐形鼎、釜形鼎、瓮形鼎、壶形鼎、钵形鼎，还有双联鼎等，为进入中国早期文明时代形成以鼎为主要礼器的阶段奠定了基础（见《嵩》图八）。大约距今4700年左右，中原地区进入以灰陶为主的河南龙山文化时代，嵩山地区在高度发展的仰韶文化的基础上也进入早期文明时代——城邦制（或曰区域性文明时代）文明时代，这不仅从郑州西山古城、新密古城寨等古城中可见一斑（见《嵩》图七），而且从荥阳点军台遗址乱葬坑[10]、登封颍阳遗址排葬坑[11]等可见远古社会阶层分化的痕迹。同时从史书传说中，《史记·五帝本纪》载："黄帝居轩辕之丘"，《古史考》："有熊国君，少典之子。"《集解》引皇甫谧曰："受国于有熊，居轩辕之丘。"北魏·郦道元《水经注》卷二十二载："或言新郑县，故有熊氏之墟，黄帝之所都也。"另外还有大量史籍史料中均记黄帝主要活动和重大事件均位于以嵩山为中心的区域内，如《水经注·异闻录》载："黄帝东巡河过洛，修坛沉璧，受龙图于河、龟书于洛，赤文绿字。"《竹书纪年》沈注："龙图出河洛，赤文篆字，以授轩辕，接万神于明庭。"另有史载黄帝生于姬水（今新郑之溱水，秦统一后改名），《庄子》载："黄帝将见大隗于具茨之山。"《汉书·地理志》："黄帝登具茨之山，升于洪堤上，受神芝图于黄盖童子，即是山也。"由诸史籍可见黄帝主要活动遍及郑州、新郑、新密、禹县、伊川、洛阳、偃师、登封、巩义、荥阳等。而这些县区内有关黄帝的活动遗迹及传说故事达百余处，有三皇山、黄帝岭、力牧台、黄帝宫、风后陵等。而考古发掘资料与史料中均可见，嵩山文化圈大约在仰韶文化时期（亦曰黄帝时代）已全面形成，并向早期国家形态迈进，到夏代达到鼎盛时期。进入商代中期以后，虽然政治中心北移，但嵩山文化圈仍然发挥大的影响和作用，以至于西周初置三监之首的管叔于郑，建立管国，相继设东虢国、郐国等，进入春秋以后，更是城池林立。据统计，史料记载的郑州古城达60多处，形成一个极大的古城群。

四、嵩山文化圈与周围文化体的关系

嵩山文化圈自仰韶文化早期晚段形成之后，就以极强的生命力在中州大地上迅速发展、壮大和向更高阶段——嵩山文化圈的鼎盛时期发展，并确立中华民族摇篮的地位。在裴李岗文化时期嵩山文化圈形成以鼎为主要文化特征的文化圈雏形后，即对四周文化产生影响，经仰韶文化早期前段发展，至仰韶文化早期后段已经全部成型，至仰韶文化中期早段进入成熟期，并向四周发生强大的影响力，使鼎文化达到长江以南地区，不仅影响到青莲岗文化，而且在河姆渡文化中有其踪影。对东部传播的影响更早，从北辛文化中已见到嵩山文化圈鼎文化的影响。向北已过长城以外，不仅嵩山文化圈内鼎的形制，尤其彩陶文化的影响也已达松辽地区。向西主要影响至洛阳以西的三门峡地区，在陕西关中地区一些仰韶文化遗址也可见到其踪迹。由此可见嵩山文化圈对外影响力之大，影响范围之广。

嵩山文化圈不仅是一个强大的文化范畴，而且从社会、政治、经济、军事等方面都是当时的一个高度发达的地区。从社会发展阶段上讲，从大量考古资料，尤其是西山古城、荥阳点军台遗址乱葬坑、登封颍阳遗址排葬坑以及大量的连一件陪葬品都没有的单身墓葬群均显示出仰韶文化中期以后社会已发生剧烈变化，很有可能进入地域性早期国家形态阶段，以至城堡也随之产生。在经济方面，嵩山地区及周边地区因复杂的地貌形态，尤其有大面积河旁台地、冲积平原，使其利于原始农业的发展，而品种丰富的农业作物加上肥沃的土地，丰沛的水源，使农业经济高速发展，产生剩余，由此促生阶级的产生。嵩山地区在军事上处于四方之中，东蔽大梁（开封），西扼崤关，北通幽燕，南达湖广，从黄帝时期即被视为天下之中，此后被历代统治者视为得天下之象征，更使嵩山地区成为中国文明进程中的突破和中心区。

五、嵩山文化圈在中国早期文明产生中的作用

嵩山文化圈经历旧石器时代、新石器时代的发展，积淀了极为丰富的文化底蕴和博大精深的古文化积淀，大约到了距今4100年前，由于洪水使夏族担当起统一中国的历史重任。夏禹作为一代豪杰，利用治理洪水统一中国，建立中国历史上第一个统一的奴隶制王朝。夏统一全国绝对不是中国历史上的偶然事件，它是嵩山文化圈古代氏族社会阶段发展、环境因素、历史因素以及文化发展因素共同作用的结果。首先是这里处于四

方之中，嵩山文化圈不断对外扩张，同时也不断吸取周边文化因素，在民族交流和文化融合中占有极强优势，并在不断吸取周边先进文化中壮大发展自己的结果。这在世界历史上也是一个规律，凡能够积极与周边交流，并积极吸取周边先进文明的民族总是首先强大的民族。其二，嵩山文化圈内黄帝文化从与东夷蚩尤及炎帝之战后就不断发展和强大，经几千年发展，已有了牢固的基础。其三，嵩山文化圈内的自然环境优势，是其成为中国早期文明的催化剂。如果仔细查看一下夏王朝所都：禹都阳城，在登封告城王城岗[12]；启居黄台，在新密市黄台[13]（从丁山说）；太康始居斟鄩，今偃师二里头或曰巩义稍柴一带[14]；太康失国居洛汭，在巩义洛汭一带[15]；太康复国后继续居斟鄩等，均绕嵩山而都，与嵩山文化圈的关系是密不可分。进一步讲，是嵩山文化圈孕育了第一个大统一的奴隶制王朝。所以我们讲，山地文化圈绝对不是一个陈旧的老话题，在探讨中国文明起源中，应突破过去仅囿于由农业起源研究中才重视山地文化的问题，而应把眼光放的更宽更广，真正重视山地文化圈在文明起源中的重要作用，它在人类发展史中与河流文明具有同样重要的地位和作用。今后随着研究的深入，我们会发现中国人的五岳情结，其实也即是山地文化圈情结。

六、在区域文明进程中山地文化圈的地位和作用

在中国文明探源研究中，人们长期以来一直十分重视河流文明问题，甚至发展到认为一条区域河流也成为什么文明发源中心的趋势，而山地，尤其是大山名岳在考古学和历史学研究中除旧石器考古研究及向新石器文化过渡、原始农业起源中有所涉猎之外，基本上是空白的，然而山地在中国文明进程中的作用已远远超过这些范围。近年来，在研究中国文明进程中，尤其是早期文明起源与区域文明进程研究中，学者们发现，山地文化圈的研究在古文明研究中的作用并不亚于大河巨川。因此，本文就嵩山文化圈在中国文明进程中的地位和作用进行了初步的探讨，总结起来，有以下几点不成熟的意见，希望引起学界重视。

① 中国地域广大，幅员辽阔，人类历史绵延不断，在世界上具有独有的文明进化特征，而同时其文明进程也有自己的特点。所以研究中国文明进程时一定要把握中国自身的特点，不可随意套用外国模式。

② 文明进程与区域文明研究是一个十分复杂的系统工程，必须从全方位、多学科的角度去认识和研究，绝对不可能一蹴而就。

③ 山地文化圈，尤其是五岳文化圈的提出是一个史实，绝非头脑发热或哗众取宠的提法，它不仅是中国历史上的人文情结，而且是历史现象，应予以深入研究。

④ 在中国历史上，人类祭祀大河和五岳的记载很多，但最多的是祭山，尤其是进入文明时代以后，皇帝多到五岳封禅，而不封河、封江，也可见五岳之重要，其中封嵩岳时代最早、次数最多，此问题顾颉纲先生曾有专述，此不多讲。

⑤ 本文仅为初步探讨，认识还很肤浅。山地文化圈为一个大课题，它牵扯到许多方面，并非所有大山或名岳都可以形成一个文化圈，诸如目前五岳中可以确定的只有嵩山和泰山可以称为文化圈，而其他的则需要作很多工作。从嵩山文化圈研究中发现，凡形成文化圈的大山必须有许多要素。诸如，首先山体形成的时代必须较早，具有早期人类生存的条件和基础，并真正有古人类长期生存和活动的基础；第二，山体不能太高，纬度必须适中，像喜马拉雅山就无此条件；第三，山体周围必须有较多的浅山和丘陵，再向外必须有冲积平原；第四是有良好的植被和充沛的水源；第五应有适宜耕种的土壤及相关条件。此外，还应有必备的交通条件和其他因素。

注　释

[1] 林景顺：《河南嵩山国家地质公园》，中国摄影出版社，2003年。
[2] 张松林、刘彦锋：《织机洞旧石器时代遗址发掘报告》，《考古学报》2003年第1期。
[3] 席彦召等：《河南巩义市洪沟旧石器遗址试掘简报》，《中原文物》1998年第1期。
[4] 郑州市文物考古研究所调查资料。
[5] 李占扬：《河南荥阳蝙蝠洞发现旧石器》，《人类学学报》1993年第3期。
[6] 郑州市文物考古研究所调查资料。
[7] 张森水：《管窥新中国旧石器考古学的重大发展》，《人类学学报》1999年总18卷第3期。
[8] 吴新智、尤石柱：《大荔人遗址的初步观察》，《人类学学报》1979年总17卷第4期。
[9] 小空山联合发掘队：《1987年河南南召小空山旧石器遗址发掘报告》，《华夏考古》1988年第4期。
[10] 郑州市博物馆：《荥阳点军台遗址1980年发掘报告》，《中原文物》1982年第4期。
[11] 张松林等：《河南登封几处新石器时代遗址调查》，《考古》1995年第6期。
[12] 河南省文物考古研究所：《登封王城岗与阳城》，文物出版社，1997年。
[13] 丁山：《由三代都邑论其民族文化》，《国立中央研究院历史语言研究所集刊》第五本第一分册，商务印书馆，1935年。
[14] （北魏）郦道元：《水经注》卷十五·洛水，上海人民出版社，1984年。
[15] 同[14]。

（原刊于《中国社会科学院古代文明研究中心通讯》第9期，2005年1月）

浅析河南具茨山岩画中的方形网格岩刻

宋秀兰

具茨山位于河南中部中岳嵩山东麓，西起新密，经新郑、禹州两市交界，至新郑、长葛交界处止，东抵华北平原，系嵩山东支中最长的一支。海拔600～793米，由西而东横亘约40公里，成为颍河与双洎河（古洧水）的分水岭（图一）。

具茨山岩刻分布在该山东部约20公里范围内，多数出现在山脊，山坡及沟壑向阳一面的岩石上（图二）。岩画可分为两类：一类是表示具象的岩刻，此类稀少，如阴线刻裸体男、女人物形象，重点夸张女性生殖器；另一类是表示抽象的岩刻，占绝大多数，形态较多，大致有圆形凹穴（亦称杯状穴）、网格、沟槽、线条符号等，也见各种形态元素的组合形式。

图一　具茨山俯视（镜向西）　　　　图二　岩刻分布位置（镜向东）

一、对具茨山岩画的认识

岩画是一种石刻文化，在人类社会早期发展进程中，人类祖先用粗犷、古朴、自然的方法，以大自然赐予人类的大山大石为对象，利用石刻来描绘、记录他们的生产方式和生活内容，它是人类社会的早期文化现象，是我们的先民们留给我们的珍贵的文化遗产。中国岩画大致分布：南方在广西、四川、云南、贵州、福建等地，岩画大都以红色涂绘，颜料是以赤铁矿粉调和牛血等而成的；北方以阴山、黑山、贺兰山、阿尔泰山等为主，岩画大都是刻制的，有敲凿与线刻等。

具茨山地处中原，在这里发现的岩画，属中原地区首次发现，填补了中原地区无岩画的空白。通过对具茨山岩画的了解，更确切地讲，笔者认为它具有岩书的性质。世界各地以及我国的岩画，大都是反映了当时社会的生产生活场面，远古的人们在岩壁上刻下他们的种种生活印迹，图形有动物、植物、狩猎、游牧、战争、反映生殖崇拜、男女交媾、怪异的人头像、毡帐、车轮、车辆等器物，还有天神、地祇、祖先以及手印、足印、动物蹄印等，它们只是一种对现实的反映。而具茨山岩刻很少有上述现象，其刻画抽象、神秘，它不是一种对现实简单的具象反应，它应是一种对上古历史的一种记载，是对人类诞生至人类产生文字期间的社会现象的记录，也应该有对上古时期传说故事的实物印证，蕴涵着博大精深的文化内涵。可以说，它是一部翻开的供我们研读的石书，也可以讲是岩书。

二、对具茨山岩刻中方形网格刻石图案的分析

1. 方形网格——围棋的雏形

具茨山岩刻中常见的方形网格刻石，使笔者想起了"尧造围棋，以教子丹朱"的故事。相传，尧的儿子丹朱虽长大成人，却不务正业，其母请帝尧管教，帝尧便对丹朱的母亲说：你让人把丹朱找回来，再让他带上弓箭到平山顶上去等我。丹朱到了山上，连打猎都不想学习，尧就用箭头在一块平面山石上用力刻画了纵横十几道方格子，让卫士们捡来石子，分给丹朱一半，手把着手地将自己在率领部落征战过程中的作战谋略，利用石子传授讲解给丹朱，并讲到石子棋中包含着很深的治理百姓、军队、山河的道理。以后的虞舜也学帝尧的样子，用石子棋教子商均。

目前，已发现的具茨山岩石刻画中，由圆形、方形、条形以及网状等岩刻符号组成，达 3000 余幅（图三）。其中，方形网格的图案屡见不鲜，大概有两种类型：一为小方格组成的方形石刻，一为米字格组成的方形米字格石刻。方形方格刻石大多数是由每边六条线组成，共 36 条线，形成 25 个方格；个别是由每边四条线组成，共 16 条线，形成 16 个方格。笔者认为这个图形，应该是我国最早的围棋盘的形状。其理由如下：

图三　岩刻

（左：河图洛书，镜向西北；右：崖边缘处的图谱，镜向东）

其一，围棋在我国古代称为弈，在整个古代棋类中可以说是棋之鼻祖，相传已有4000多年的历史。据《世本》所言，围棋为尧所造。晋朝人张华在《博物志》中说："尧造围棋，以教子丹朱。"还说："舜以子商均愚，故作围棋以教之。"从时代来看，在具茨山南坡上，发现了全新世褐色黏土直接叠压凹穴岩刻的地层证据，褐色黏土为全新世古土壤，最早距今约8000~8500年，大致和中原地区早期裴李岗文化的时代一致，为利用地层学研究岩刻年代提供了线索（图四）。专家根据地层关系研究判断，应该距今4000~8000年。另外，具茨山位于新郑、新密和禹州等地的交界处，而此地据史料记载正是黄帝经常活动的场所，为三皇五帝时期，这样的话，不但史书有记载，而且时期也相吻合。

图四 地层叠压关系

东汉的马融在《围棋赋》中将围棋视为小战场，把下围棋当做用兵作战，"三尺之局兮，为战斗场；陈聚士卒兮，两敌相当"。三国时期许多著名军事家像曹操、孙策、陆逊等都是疆场和棋枰这样大小两个战场上的佼佼者。另外，在甘肃敦煌莫高窟石室发现的南北朝时期的《棋经》已经载明当时的围棋棋局是"三百六十一道，仿周天之度数"，表明这时已流行19道的围棋了。

其二，考古发掘出土文物曾发现围棋棋盘图案。在甘肃永昌县鸳鸯池出土的原始社会末期的陶罐[1]，不少绘有黑色、红色甚至彩色的条纹图案，线条均匀，纵横交错，格子齐整，形状很像现在的围棋盘，但纵横线条只有10~12道。湖南湘阴县一座唐代古墓，随葬品里有围棋盘一件，大小呈正方形，纵横各15道[2]。内蒙古考古工作者1977年4月发掘的一座辽代古墓里，挖出围棋方桌，高10厘米，边长40厘米，桌上画有长宽各30厘米的围棋盘。棋盘纵横各13道，布有黑子71枚，白子73枚，共144

枚。河北望都一号东汉墓中发现了一件石质围棋盘，此棋盘呈正方形，盘下有四足，纵横各17道线[3]。

上述虽然只有寥寥几件围棋盘发现，但足以说明几点：首先，毋庸置疑的是，围棋在原始社会时，已具雏形。纵横交错的棋盘图形已经基本形成。其次，从出土棋盘的十、十三、十五道线来看，具茨山岩刻中的六道线也就不足为奇了。同时这也说明一个问题，就是围棋不可能是一天里突然创造出完美，而是经过了由简单到复杂的发展变化过程，时间跨越数千年，集聚了无数智人雅士的智慧和经验，逐渐改进、丰富，最后形成今天这种规模直至十九道线围棋的发展过程的。由此可见，被人们形象地比喻为黑白世界的围棋，是人类历史上最悠久的一种棋艺，由于它将军事、科学、艺术、竞技和培养人们的智慧、意志、情操融为一体，有着发展智力、培养品质和机动灵活的战略战术思想意识的特点，因而，不但几千年来长盛不衰，而且，由于围棋是尧帝发明的，所以，我们的上古祖先把它作为一种图腾崇拜雕刻在石岩上，应该是顺理成章的事情。根据以上分析，我认为具茨山石刻的方形方格图案，应该是上古先民雕刻的围棋盘。

2. 方形米格——象棋的雏形

具茨山发现的米字方形图案，我认为应该是象棋图案的雏形。这样的图案发现了几个，分别是由六条线组成（图五）。

传说象棋起源于黄帝时代。北宋晁补之《广象戏格·序》："象戏，兵戏也。黄帝之战驱猛兽以为阵；象，兽之雄也，故戏兵以象戏名之。"是"棋中有象"而得名说。现代棋史专家孟心史先生力主此说："古所谓象棋，本以象形得名。"六壬式盘把天上的星宿运转、地上的四季变化及人与这种时空的关系都集于一盘，并有机地联系起来，本身是对古代人所认识的宇宙模式的模仿，这种宇宙模式首先发端于《周易》的整体思维方式和太极式的宇宙框架理论。《易传》指出："《易》之为书为，广大悉备，有天道焉，有地道焉，有人道焉。兼三才而两之，故六。六者，非它也，三才之道也"，"盈天地之间唯万物"。这种整体宇宙观认为，天地人三才是一个整体，所谓"万物统体——太极"即指此。"《易》有太极，是生两仪，两仪生四象，四象生八卦，"太极整体内的各部分的联系不是机械的，而是"生生之谓易"的有机联系。因此，作为六博象棋的设计思想，首先吸收了《周易》的整体宇宙理论。

象棋亦是从无到有，从简到繁，从低级到高级一步步发展的，是一代又一代中国人根据社会发展创造的，是融入八卦的卦象而正式命名的。无极生太极，太极生两仪，两仪生四象，四象生八卦，八卦生六十四卦，六十四卦生万物。八卦变化无穷，象棋变化

图五 方形米格岩刻（镜向北）

也无穷尽！也许这正是象棋的奥秘之所在。所以，具茨山岩刻方形米字格图案，也应该是我国最早发明的象棋图案的雏形。如此推断，具茨山上的岩刻，亦应该是我们的先民为纪念这一伟大的发明而刻石的。特别值得一提的是，这一推理如果能成立的话，也是对外国学者所谓中国无象而印度有象，所以象棋是印度发明的这种学说的一种批判。

由于笔者不是搞岩画研究的，对具茨山深厚的文化内涵了解研究也很肤浅，之所以写出这篇文章，希望引起方家广泛重视中原地区难得的岩画现象，本篇文章意在抛砖引玉，不当之处，希望各位专家批评指正。

注　释

[1]　甘肃省博物馆文物工作队、武威地区文物普查队：《永昌鸳鸯池新石器时代墓地的发掘》，《考古》1974年第5期。
[2]　湖南省博物馆：《湖南湘阴唐墓清理简报》，《文物》1972年第11期。
[3]　河北省文物管理委员会、北京历史博物馆：《望都汉墓壁画》，中国古典艺术出版社，1955年。

（原刊于《文物研究》第16辑）

玉冠状饰定名浅析

张永清

玉冠状饰是良渚文化发现的一种非常独特的玉器类型（图一）。其形体扁平，上大下小，整体形状犹如"凹"或"凸"字，顶部中央一般呈冠状形制，下端多有短榫及钻孔。其发现初期，数量少，功能不确定，称呼不一，直至浙江余杭县反山和瑶山出土大批量此类器物之后，方引起重视，浙江省文物考古研究所描述其形状为"体扁平，上大下小，如倒梯形。上端作冠顶状，下端锯割出一扁短榫头，榫上钻有2～5个等距离小孔，既可嵌插，又可销插固定，原应相接在某种木质实体的顶端"[1]。并根据其形制和出土位置，将之命名为"玉冠状饰"，沿称至今。

其实，玉冠状饰自20世纪70年代初被发现以来，其名称不一，分别有垂障形玉佩饰、玉佩饰、倒梯形器、玉佩、冠状饰（或叫冠形饰、冠型饰、冠状器、冠形器等）、玉饰、玉梳背等。本文将全国玉冠状饰的发现出土、发掘报告及相关研究性文章中对玉

| 反山 M17:8 | 瑶山 M2:1 | 反山 M16:4 |
| 草鞋山 M199:2 | 暑庙遗址出土 | 汇观山 M4:4 |

图一　良渚文化玉冠状饰

冠状饰的称呼进行了总结，并拟通过玉冠状饰出土位置、形制及纹饰分析，将玉冠状饰的定名问题进行总结和探析。不当之处，敬请方家批评指正。

一、玉冠状饰的发现和出土

玉冠状饰最早被关注是在1957年，陈左夫《良渚古玉探讨》公布了一件地下出土的玉冠状饰，并称之为"玉梳背饰"[2]。之后，玉冠状饰一直未见出土和报道。到1972年，江苏吴县草鞋山出土了一件（M199:2），此后伴随着良渚文化遗址的大规模发掘，玉冠状饰连续被发掘出土。整个20世纪70年代、80年代、90年代以及21世纪初期，玉冠状饰在江苏省的吴县草鞋山遗址和张陵山遗址、江宁县咎庙遗址、武进寺墩遗址、昆山少卿山遗址和赵陵、海宁县、常熟罗墩遗址，上海青浦福泉山遗址，浙江省的余杭县反山、长命乡锥山村、瑶山、嘉兴大坟遗址、汇观山、吴家埠、桐乡普安桥遗址和新地里遗址、星桥后头山遗址、海盐县龙潭港遗址和周家浜遗址等地相继发现。此外，浙江省德清县、余杭县星桥横山各采集1件，上海博物馆藏1件。据不完全统计，在江苏、上海、浙江三地共24个地点出土和采集的良渚文化玉冠状饰总数达61件（未明确出土件数的地点均按照至少出土1件计算），其中浙江省数量最多，约42件，江苏省11件，上海8件（表一）。

表一 玉冠状饰数量统计表

序号	出土地点及编号	数量	出土年度	出处
1	江苏省吴县草鞋山出土（M199:2）	1	1972	浙江省文物考古研究所、上海市文物管理委员会、南京博物院：《良渚文化玉器》图版116、117，文物出版社、两木出版社，1990年2月
2	江苏省南京市江宁县咎庙出土（?）	1	1976	牟永抗、云希正主编：《中国玉器全集·原始文化》图八〇、八一，河北美术出版社，1993年3月
3	江苏吴县张陵山遗址出土（M4:03）	1	1977	南京博物院：《江苏吴县张陵山遗址发掘简报》，《文物资料丛刊》6辑，1982年
4	江苏武进寺墩遗址出土（T3:1，残）	1	1978	《江苏武进寺墩遗址的试掘》，《考古》1981年第3期
5	余杭吴家埠新石器时代遗址出土（M8:3、M15:4）	2	1981	浙江省文物考古研究所：《余杭吴家埠新石器时代遗址》，《浙江省文物考古研究所学刊》，科学出版社，1993年

续表

序号	出土地点及编号	数量	出土年度	出处
6	江苏省吴县张陵山东山遗址出土（M1:?）	1	1982	浙江省文物考古研究所、上海市文物管理委员会、南京博物院：《良渚文化玉器》图版108，文物出版社、两木出版社，1990年2月
7	上海福泉山良渚文化墓地出土（?）	?	1979、1982	《上海福泉山良渚文化墓地》，《文物》1984年第2期
8	上海青浦福泉山良渚文化墓地出土（T27M2:44，T21M4:54）	2	1983~1984	《上海青浦福泉山良渚文化墓地》，《文物》1986年第10期
9	福泉山新石器时代遗址出土（M60:54、M74:44、M101:39、M109:1）	4	1984	黄宣佩：《福泉山——新石器时代遗址发掘报告》，文物出版社，2000年
10	江苏省昆山县少卿山遗址出土（M1:15）	1	1984	《江苏省昆山县少卿山遗址》，《文物》1988年第1期
11	浙江余杭反山良渚墓地出土（除M19、M21外，其余9座墓各出1件）	9	1986	《浙江余杭反山良渚墓地发掘简报》，《文物》1988年第1期
12	良渚文化反山墓地出土（?）	4	1986	《良渚文化反山墓地》，《浙江学刊》，1991年第1期
13	余杭瑶山良渚文化祭坛遗址出土（11座墓各出1件）	11	1987	《余杭瑶山良渚文化祭坛遗址发掘简报》，《文物》1988年第1期
14	浙江嘉兴大坟遗址出土（M1:7）	1	1989	《浙江嘉兴大坟遗址的清理》，《文物》1991年第7期
15	浙江余杭汇观山良渚文化祭坛与墓地出土（M3:3，M4:4及采集品:9）	3	1991	《浙江余杭汇观山良渚文化祭坛与墓地发掘简报》，《文物》1997年第7期
16	昆山市赵陵新石器时代遗址出土（?）	?	1991	钱峰：《昆山市赵陵新石器时代遗址》，《中国考古学年鉴》194页，文物出版社，1992年
17	海宁良渚文化祭坛和墓葬出土（M5:?）	1	1993	《海宁清理良渚文化祭坛和墓葬》，《中国文物报》1993年9月19日
18	江苏常熟罗墩遗址出土（M7:2）	1	1993~1994	《江苏常熟罗墩遗址发掘简报》，《文物》1999年第7期
19	浙江省海宁市佘墩庙遗址1号墓出土	2	1995	古方：《中国出土玉器全集》30页，科学出版社，2005年

续表

序号	出土地点及编号	数量	出土年度	出处
20	余杭瑶山遗址出土（M14:10）	1	1996~1998	《余杭瑶山遗址1996~1998年发掘的主要收获》,《文物》2001年第12期
21	浙江桐乡普安桥遗址出土（M11:6）	1	1997	《浙江桐乡普安桥遗址发掘简报》,《文物》1998年第4期
22	浙江省海盐县龙潭港良渚文化墓地出土（M9:12）	1	1997	《浙江省海盐县龙潭港良渚文化墓地》,《考古》2001年第10期
23	浙江省海盐县周家浜遗址出土（M30:1）	1	1999	古方：《中国出土玉器全集》, 科学出版社, 2005年；浙江省文物考古研究所：《浙江考古精华》图版104、116, 文物出版社, 1999年
24	浙江省桐乡市新地里遗址6号墓出土（M6:?）	1	2001	古方：《中国出土玉器全集》, 科学出版社, 2005年
25	浙江桐乡新地里遗址出土（M98:5）	1	2001	《浙江桐乡新地里遗址发掘简报》,《文物》2005年第11期
26	浙江余杭星桥后头山良渚文化墓地出土（M9:8、M13:2、M21:6、M21:7）	4	2004	《浙江余杭星桥后头山良渚文化墓地发掘简报》,《南方文物》2008年第3期
27	上海博物馆藏	1	?	牟永抗、雲希正主编：《中国玉器全集·原始文化》图二六五, 河北美术出版社, 1993年3月
28	浙江省德清采集	1	?	良渚文化博物馆、香港中文大学文物馆：《东方文明之光：良渚文化玉器》图版29、30,《香港中文大学文物》, 1998年
29	浙江省星桥横山采集	1	?	同上

注：共24个地点出土和采集，共61件，其中采集品4件，未确定出土件数的地点均按至少1件计算。

二、玉冠状饰名称发展的三个阶段

随着玉冠状饰的不断出土，人们对其功能的认识越来越清晰，其称呼也渐趋统一。本文以浅薄之学将玉冠状饰的名称演变划分为三个发展阶段（表二）。

表二 玉冠状饰名称发展的三个阶段

名称	出土地点	出处
第一阶段：20 世纪 70 年代至 80 年代中期，称为玉佩（饰）		
垂幛形玉佩饰	1977 年江苏吴县张陵山	南京博物院：《江苏吴县张陵山遗址发掘简报》，《文物资料丛刊》6 辑，1982 年
玉佩饰	1978 年江苏武进寺墩	南京博物院：《江苏武进寺墩遗址的试掘》，《考古》1981 年第 3 期
玉佩	1979、1982 年上海青浦福泉山	上海市文物保管委员会：《上海福泉山良渚文化墓地》，《文物》1984 年第 2 期
玉佩	1983～1984 年上海青浦福泉山	上海市文物保管委员会：《上海青浦福泉山良渚文化墓地》，《文物》1986 年第 10 期 黄宣佩、张明华：《上海青浦福泉山遗址》，《东南文化》1987 年第 1 期
玉佩	1984 江苏省昆山县少卿山	苏州博物馆、昆山县文管会：《江苏省昆山县少卿山遗址》，《文物》1988 年第 1 期
第二阶段：20 世纪 80 年代中后期至 90 年代末，统称为玉冠状饰（冠形饰、冠形器、冠形璧等）		
冠状饰	1986 年浙江省余杭反山	浙江省文物考古研究所反山考古队：《浙江余杭反山良渚墓地发掘简报》，《文物》1988 年第 1 期
冠形器	共收录 13 件	浙江省文物考古研究所、上海市文物管理委员会、南京博物院：《良渚文化玉器》，文物出版社、两木出版社，1990 年 2 月
冠形璧	1986 年浙江省余杭县长命乡锥山村	王明达：《良渚文化反山墓地》，《浙江学刊》1991 年第 1 期
冠状饰	1987 年浙江余杭瑶山	浙江省文物考古研究所：《余杭瑶山良渚文化祭坛遗址发掘简报》，《文物》1988 年第 1 期
冠状饰	1991 年浙江余杭汇观山	浙江省文物考古研究所、余杭市文物管理委员会：《浙江余杭汇观山良渚文化祭坛与墓地发掘简报》，《文物》1997 年第 7 期
冠状饰	1991 年江苏省昆山市赵陵	钱峰：《昆山市赵陵新石器时代遗址》，《中国考古学年鉴》，1992 年
冠状饰	浙江余杭吴家埠	浙江省文物考古研究所：《余杭吴家埠新石器时代遗址》，《浙江省文物考古研究所学刊》，科学出版社，1993 年
冠状饰	共收录 11 件	牟永抗、雲希正主编：《中国玉器全集·原始文化》，河北美术出版社，1993 年 3 月
冠状饰	1993 年浙江海宁	王明达、潘六坤、赵晔：《海宁清理良渚文化祭坛和墓葬》，《中国文物报》1993 年 9 月 19 日
冠状饰	1995 年浙江海宁	刘斌、赵晔：《海宁发现良渚文化重要墓地》，《中国文物报》1995 年 8 月 6 日

续表

名称	出土地点	出处
冠状饰		刘斌：《良渚文化的冠状饰与耘田器》，《文物》1997年第7期
冠状/形饰	1993年4月~1994年10月江苏常熟罗墩	苏州博物馆、常数博物馆：《江苏常熟罗墩遗址发掘简报》，《文物》1999年第7期
冠型器	1996~1998年浙江余杭瑶山	浙江省文物考古研究所：《余杭瑶山遗址1996~1998年发掘的主要收获》，《文物》2001年第12期
冠状饰	1997年浙江桐乡普安桥	北京大学考古学系、浙江省文物考古研究所、日本上智大学联合考古队：《浙江桐乡普安桥遗址发掘简报》，《文物》1998年第4期。
冠状饰	1997年浙江海盐县龙潭港	浙江省文物考古研究所、海盐县博物馆：《浙江省海盐县龙潭港良渚文化墓地》，《考古》2001年第10期
第三阶段：20世纪90年代末至今，玉冠状饰与玉梳背饰并称		
玉背象牙梳	1999年浙江海盐县周家浜	浙江省文物考古研究所：《浙江考古精华》，文物出版社，1999年
梳背饰		杨晶：《史前时期的梳子》，《考古与文物》2002年第5期
梳背饰		黄建秋：《良渚文化玉梳背饰研究》，《学海》2004年第2期
玉梳背	2001年浙江桐乡新地里	浙江省文物考古研究所、桐乡市文物管理委员会：《浙江桐乡新地里遗址发掘简报》，《文物》2005年第11期
冠状玉梳背	共收录9件	古方：《中国出土玉器全集》，科学出版社，2005年
冠状器/梳背	2004年浙江余杭星桥后头山	浙江省文物考古研究所、浙江杭州市余杭区文管会：《浙江余杭星桥后头山良渚文化墓地发掘简报》，《南方文物》2008年第3期

第一阶段：20世纪70年代至80年代中期，称为玉佩（饰）。在此阶段，玉冠状饰多在江苏、上海地区出土，数量少，用途不明，未引起重视，学者研究不多，江苏、上海发表的相关发掘报告则将其定性为玉佩类饰品，称之为玉佩、玉佩饰等。

第二阶段：20世纪80年代中后期至90年代末，命名多与"冠"字相连，基本上统一称为玉冠状饰（或叫冠形饰、冠状器、冠形器、冠形璧等）。1986年和1987年，浙江省文物考古研究所分别在余杭反山和瑶山发掘了良渚文化墓地和祭坛遗址，分别出土9件和11件玉冠状饰，引起学者重视，浙江省文物考古研究所根据其形状及出土位置，将其定名为"玉冠状饰"，于1988年1月正式公布曰："以往多有出土，均据有小孔可穿系而称之为玉佩，似不确。现据在墓内位置和器形与神人所带羽冠形状相似，命名为玉冠状饰"[3]。此后，玉冠状饰在浙江地区又多有出土，浙江地区在相关发掘报告和研究文章中对此类似器物均多以玉冠状饰称之。

第三阶段：20世纪90年代末至今，玉冠状饰与玉梳背饰并称。1999年，浙江省海盐县周家浜遗址30号墓出土了一件完整的玉背象牙梳，通高10.5厘米，由玉质梳背饰和象牙梳身镶嵌组合而成（图二）。上面的玉质梳背饰，形同"冠状饰"，顶宽6.4厘米，素面，嵌于象牙梳的顶端，以两枚横向销钉固定；下面为象牙梳身，下有梳齿6枚。这一发现，使人们似乎一下子清楚了玉冠状饰的用途，即作为梳子的组件而镶嵌于梳子的上端，也因此解决了玉冠状饰的定名问题，将玉冠状饰定名为了"玉梳背饰"。但截至目前，也只有周家浜遗址发现了这样一件镶嵌在梳子上端的玉冠状饰，良渚文化其他遗址中均未见其与梳子类器物共身出土，而是单独出现。正因为如此，学者对"玉梳背饰"的称呼既无法否认，也不能统称所有的"玉冠状饰"为"玉梳背饰"，因此，这个阶段发表的发掘报告和研究性论文中，出现了两个名称并用的情况。

期间，日本学者林巳奈夫对海外公私收藏的玉梳背饰进行研究，认为与河姆渡文化的碟形器有关，并以其形状命名，称为倒梯形器[4]。也有个别学者将之简称为"玉饰"[5]。

图二　玉背象牙梳（周家浜30号墓出土）

三、名以"玉冠状饰"最为科学

自1999年周家浜30号墓出土的玉质象牙梳出土以来，尽管玉冠状饰和玉梳背饰处于并称阶段，但研究者多侧重称该类器物为"玉梳背饰"。笔者认为，这件器物的出现确实明确肯定了该类器物的一个用途，称这件器物的上端玉质部分为玉梳背饰是完全正确的，但不能因此而统称所有的此类器物为"玉梳背饰"，因为玉冠状饰的真正用途虽渐趋清晰，但至目前仍不能完全肯定。而且，此件仅是孤证，良渚文化遗址出土的此类器物尚不见其他与梳子共身出现的范例，是因为其下嵌的梳子为木质而朽掉还是其他原因，不得而知，因此以"玉梳背饰"称之不够确切。同时，笔者依据此类器物的出土位置、形制和所饰"神徽纹"分析认为，"玉冠状饰"之名能够全面地体现其含义，以此称之才是相对科学而全面的。简析如下：

1. 玉冠状饰的出土位置

据不完全统计，良渚文化遗址中出土的玉冠状饰近60件，均出自墓葬，从相关的发掘报告中，我们可以肯定在浙江余杭吴家埠、反山、瑶山、汇观山、普安桥、龙潭港、星桥后头山，上海青浦福泉山，江苏常熟罗墩等遗址中，其均置于墓主头端、头骨一侧或后侧（表三）。考古学研究中，判断出土器物的功能，很多情况下是从其放置的位置来断定，比如玉玦，人们就是从其在墓葬中放置于墓主人的耳部而由此断定其又一功能为耳饰的。玉冠状饰如此多地出土于墓主头端、头骨一侧或后侧，无疑说明，其是作为墓主人头上的物件而使用的，或实用，或装饰，或二者兼备，犹如现代女性使用的发卡，其功能之一当为冠饰。

表三 玉冠状饰出土位置、形制、纹饰一览表（不完全统计）

出土地点	出土位置	形制	纹饰
吴县草鞋山（M199:2）	?	倒梯形，两侧斜弧，近下端凹弧内收，下部榫处有3孔	正面居中为兽面纹，两角为鸟纹，背面下半部纹饰为左右对称的四鬼扁方凸面，各刻平行细弦纹，象征羽冠
江宁县咎庙（?）		倒梯形，顶端成凹凸状，下端短榫处有3孔	正、背面正中雕琢浅浮雕兽面纹
吴县张陵山（M4:03）	?	倒梯形，上端中部作半圆形冠顶状，下端横槽处有3孔	素面
吴县张陵山东山（M1:）	?	倒梯形，上端中部作弧凸形冠顶状，下端短榫处有3孔	素面，器表有割锯痕迹
武进寺墩（T3:1,残）	?	倒梯形，略呈凹形，下端榫处有2孔	素面
余杭吴家埠（M8:3）	墓主头端	倒梯形，上部作凹凸状，下端短榫处有3孔	?
余杭吴家埠（M15:4）	墓主头端	倒梯形，上部作凹凸状，下端有短榫处	?
青浦福泉山（T27M2:44）	?	倒梯形，上端呈凹凸形，中间有一尖凸，尖凸下方有1孔，下端圆弧状短榫处有3孔	?
青浦福泉山（T21M4:54）	?	倒梯形，上端呈凹凸形，中间有一尖凸，尖凸下方有1孔，下端横槽处有3孔	?
青浦福泉山（M60:54）	?	倒梯形，上端作凹凸状，下端横槽处有2孔	?
青浦福泉山（M74:44）	墓主头端	倒梯形，上端作凹凸状，下端短榫处有3孔	?
青浦福泉山（M101:39）	墓主头端	倒梯形，上端作凹凸状，下端短榫处有2孔	?

续表

出土地点	出土位置	形制	纹饰
青浦福泉山（M109:1）	头骨处	倒梯形，上端作凹凸状，下端短榫处有2孔	?
昆山少卿山（M1:15）	?	倒梯形，上端呈凹凸形，中间一尖凸，尖凸下方有1镂孔，下端横槽处有3孔	素面，带褐斑
余杭反山（M14:174）	头骨一侧	倒梯形，上端呈凹凸形，中间一尖凸，尖凸下方有1镂孔，下端短榫处有2孔	素面
余杭反山（M15:7）	头骨一侧	呈凸字形，中间一凸起，下端短榫处有3孔	透雕，凸部有一神徽纹
余杭反山（M16:4）	头骨一侧	呈凸字形，中间一凸起，下端短榫处有5孔	透雕神徽纹
余杭反山（M17:8）	头骨一侧	倒梯形，顶部呈凹凸状，下端短榫处有4孔	正面雕琢简化神徽纹
余杭反山（M22:11）	头骨一侧	倒梯形，顶部呈凹凸状，下端短榫处有3孔	镂雕，凸部有一神徽纹
余杭反山（M23:36）	头骨一侧	倒梯形，顶部呈凹凸状，下端短榫处有3孔	素面
嘉兴大坟（M1:7）	?	倒梯形，略作凹形，上端作冠顶状，下端短榫处有2孔	粉白色，素面
余杭汇观山（M3:3）	墓主头端	倒梯形，顶部作凹凸状，下端短榫处有3孔	?
余杭汇观山（M4:4）	墓主头端	近梯形，顶部作凹凸状，下端短榫处有2孔	素面
余杭汇观山（采集品:9）	?	倒梯形，顶部作凹弧状，下端短榫处有2孔	?
昆山市赵陵（?）	?	?	?
海宁（M5:?）	?	?	?
常熟罗墩（M7:2）	头骨旁边	近梯形，上端作凹状，下端无榫，有2孔	素面
海宁佘墩庙（M1:?）	?	倒梯形，顶端作凹状，中间一尖凸，下方一镂孔，下端短榫处有3孔	素面

续表

出土地点	出土位置	形制	纹饰
海宁佘墩庙（M1:?）	?	倒梯形，顶端作凹状，中间一尖凸，下方一镂孔，下端短榫处有2孔	素面
余杭瑶山（M2:1）	墓主头端	倒梯形，顶部作凸起状，中部靠下有一镂孔，下部短榫处有3孔	正面中部阴刻一兽面纹，短榫上方刻饰卷云纹带
余杭瑶山（M7:63）	墓主头端	倒梯形，顶部作凹凸状，中间一尖凸，下方一镂孔，下部短榫处有2孔	素面
余杭瑶山（M9:6）	?	倒梯形，上端呈凹凸形，中间一尖凸，尖凸下方有1镂孔，下端横槽处有3孔	素面
余杭瑶山（M11:86）	墓主头端	倒梯形，顶部作凹凸状，下部短榫处有5孔	正、背面阴刻一兽面纹
余杭瑶山（M12:?）	?	倒梯形，顶部作凹凸状，下部短榫处有3孔	?
余杭瑶山（M14:10）	?	倒梯形，顶部呈凹凸状，下端短榫处有3孔	?
桐乡普安桥（M11:6）	墓主头端	倒梯形，上端作凹凸状，下榫处有2孔	素面
海盐县龙潭港（M9:12）	头骨一侧	倒梯形，上端作凹凸状，中间一尖凸，下方有1镂孔，下端无榫，其中一角处有1孔	素面
海盐县周家浜（M30:1）	?	倒梯形，顶端作凹状，中间一尖凸，下部短榫处嵌6齿梳	正、背面刻席纹
桐乡市新地里（M6:?）	?	倒梯形，顶端呈凹凸状，中间圆弧，无短榫，下端有2孔	素面
新地里（M98:5）	?	倒梯形，顶端呈凹凸状，中间一尖凸，下端无榫，无孔	素面
余杭星桥后头山（M9:8）	头骨一侧或后侧	近方形，顶端呈凹凸状，中部圆弧，下端无榫，有2孔	素面
余杭星桥后头山（M13:2）	头骨一侧或后侧	横向长方形，顶端呈凹凸状，中部圆弧，下端无榫，有2孔	素面
余杭星桥后头山（M21:7）	头骨一侧或后侧	横向长方形，中间一尖凸，下端短榫处有2孔	素面
余杭星桥后头山（M21:6）	墓主头部后侧	近方形，顶端呈凹凸状，中间圆弧，下端无榫，有2孔	素面

2. 玉冠状饰的形制

关于玉冠状饰的形制,浙江省文物考古研究所首先将其器形与神人所带羽冠联系起来,认为二者很相似,并依此而定名为"冠状饰"。玉冠状饰除个别为横向长方形或近正方形外,多数为倒梯形,顶端为凹凸状,中间部分犹如神人羽冠,将其定名为冠状饰是相对科学的。玉冠状饰自发现以来,曾分别有江松[6]、刘斌[7]、方向明[8]、杨晶[9]、黄建秋[10]等几位先生对其作过不同的型式分类,并对其型式进行了细致地分析,或认为似鸟形冠,或认为其源于耘田器,或将其分为凹、凸状;而黄建秋先生将玉冠状饰的各个细部进行了定名,将上缘中部或凹或凸的部分称为冠部,并分之为弧冠、平冠或弓冠,对玉冠状饰的"冠"状形制进行了深入解析。而"玉梳背饰"之名仅能体现该类器物的一种功能即用途,无法体现其形制,以其名之显然有些片面。

玉冠状饰下端多割锯出短榫头(有称横槽),其上钻有 2~5 个等距离小孔,或嵌插,或销插固定,浙江省文物考古研究所认为其原应相接在某种木质实体的顶端。以此看来,其作为梳背饰似乎是很好的结构,周家浜 30 号墓出土的一件确实成为再好不过的佐证,似乎以"玉梳背饰"名之再确切不过。但出土的玉冠状饰中,尚有一部分没有短榫头,而是直接在下端钻有等距或对称的小孔,如江苏常熟罗墩 M7:2、浙江余杭星桥后头山 M9:8、M13:2、M21:6 以及桐乡市新地里遗址 6 号墓出土的玉冠状饰等(图三);个别下端甚至无钻孔,如浙江桐乡新地里 M98:5,这样就不能嵌插在某一物件上,孔部或许用于绑系(无孔的自然不能嵌插或绑系)。但作为梳背饰来讲,绑系的结构似乎不够稳定和实用,那么这些无榫头或无孔而不能嵌插固定、甚至不能绑系的物件到底是用作什么呢,尚无定论,如此分析,则不能认为其功能就是玉梳背饰,因此以"玉梳背饰"而统称之就显得不妥。

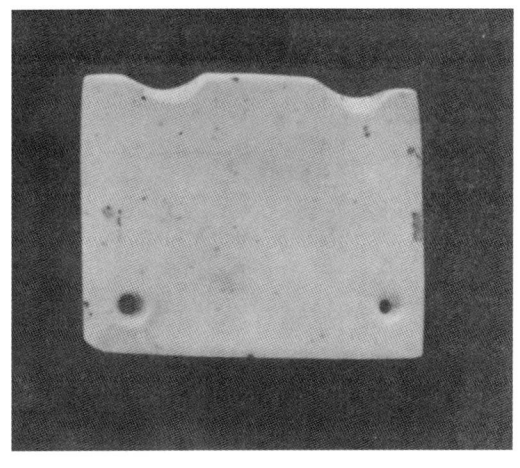

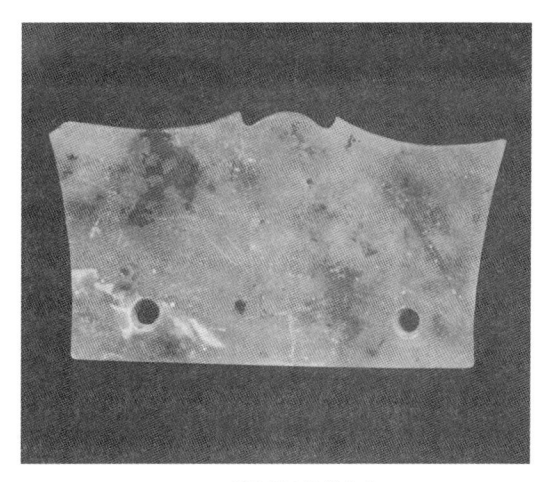

后头山 M21:6　　　　　　　　　　　　新地里6号墓出土

图三　下端无榫、有对称钻孔的玉冠状饰

此外，上海青浦福泉山，浙江余杭反山、瑶山、海盐县龙潭港、海宁余墩庙，江苏昆山少卿山等地均出土的玉冠状饰中，部分器物的冠部下方还镂刻有一孔（图四），此孔可能仅作为雕饰孔存在，也可能用于佩挂。玉冠状饰发现初期，上海地区视其为佩饰类，命名为玉佩（饰），也未尝不可，不过，此名之含义完全可以由"玉冠状饰"之名来体现，因为"冠状饰"可以解释为"犹如神人羽冠的佩饰"，要比"玉佩（饰）"更为全面。

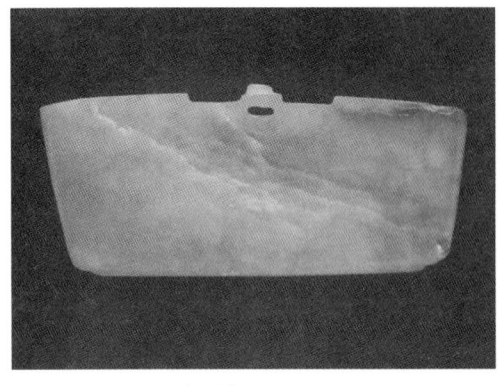

龙潭港 M9:6 　　　　　　　　　瑶山 M7:63

图四　顶端有镂孔的玉冠状饰

3. 神徽纹

良渚文化遗址中，在浙江余杭反山的 M14:174、M15:7、M16:4、M22:11，瑶山的 M11:86、M2:1，江宁县笞庙，江苏吴县草鞋山的 M199:2 等玉冠状饰上，刻有一种神秘的图案，除此之外，这种图案还广泛见于良渚文化玉器中的玉琮、玉钺、三叉形器、半圆形饰上，反山、瑶山遗址的简报作者认为其是一种兽面神，是良渚人的主要崇拜神，是"神徽"，即称这种"神人"与兽面复合而成的纹饰为"神徽纹"，亦有称"兽面纹"（图五）。

反山玉琮 M12:98所饰神徽纹 　　反山玉钺 M12:100所饰神徽纹 　　反山玉冠状饰 M22:11

图五　良渚文化玉器神徽纹

神徽纹是良渚文化最为典型的纹饰，其确切含义至今仍众说纷纭，主要有三种：一为人兽合一的神像，即中间为人脸，上面是发型，中间为两只胳膊，下面是羽化了的胳膊和腿，脚变成爪形；二为巫师乘坐在神兽上，即上面是巫师，下面是神兽；三为整体是一个大面具，即上面为冠帽，中间为眼睛，下面为鼻子和口部，冠帽成为一种夸张的饰物。第一、三种含义分别与人之头冠相关。据方向明先生解释[11]，其头上所带，外层是高耸、宽大的冠，可称羽冠，可能是将头发加工成羽状或粘贴的羽毛扇。民族学中，普陀库多人、翡及安人就有在头上装饰羽冠的习俗[12]；我国南方和东南亚出土的一些古代铜钺、铜鼓上亦常见"羽人"形象[13]，浙江省文物考古研究所即是依据其似"羽人"形象而将之定名为"冠状饰"。戴上羽冠，除了装饰之外，还给人以神秘的力量，这可能是良渚人的一种原始信仰，良渚人将羽冠视为图腾或神徽，因此，如同带有"神徽纹"的玉琮、玉钺等良渚玉器一样，带有"神徽纹"的玉冠状饰也被良渚人视作身份地位的象征和标志[14]，作为一种礼器而存在。所以，"玉冠状饰"之名不仅体现了此类器物的功能、形制，还体现出良渚文化的精神内涵，达到了物与神的融合与统一，这样的功用是"玉梳背饰"和"玉佩（饰）"之名所不能体现的。

由以上对全国各地几乎所有出土冠状类玉器的出土位置、形制和纹饰的分析及推断得出结论：目前，"玉冠状饰"的名称最能够真实体现该类玉器的功能，它不仅仅反映了该类玉器现实生活中的作用或作为礼器的象征意义，还包涵了良渚文化的精神内涵，最为全面，最为确切。

注　释

[1]　浙江省文物考古研究所反山考古队：《浙江余杭反山良渚文化墓地发掘简报》19页，《文物》1988年第1期。
[2]　陈左夫：《良渚古玉探讨》，《考古通讯》1957年第2期。
[3]　同[1]。
[4]　林巳奈夫：《关于良渚文化玉器的若干问题》，黎中义译，《南京博物院集刊》7集，1984年。
[5]　陆耀华：《浙江嘉兴大坟遗址的清理》，《文物》1991年第7期。
[6]　江松：《良渚文化的冠形器》，《考古》1994年第4期。
[7]　刘斌：《良渚文化的冠状饰玉耘田器》，《文物》1997年第7期。
[8]　方向明：《良渚文化冠形玉器》，《日中文化研究特集/良渚文化》第11号。
[9]　杨晶：《良渚文化玉质梳背及其相关问题研究》，《文物》2002年第11期。
[10]　杨晶：《史前时期的梳子》37～38页，《考古与文物》2002年第5期。
[11]　黄建秋：《良渚文化玉梳背饰研究》，《学海》2004年第2期。
[12]　方向明：《良渚文化玉器所反映的原始宗教》，《江西文物》1991年第1期。
[13]　E·格罗塞著，蔡慕晖译：《艺术的起源》第65页，商务印书馆，1987年。
[14]　郑羽平：《羽人探谜》，《民间文学论坛》1987年第5期。

黄帝文化与唐户遗址的考古新发现

信应君　靳宝琴

　　2006年6~12月，郑州市文物考古研究院配合南水北调工程，对唐户遗址进行了全面调查和局部发掘。调查发现旧石器加工地点2处，核定遗址面积为100余万平方米，是一处多时代文化聚落群址。其裴李岗文化和仰韶文化内涵丰富，发现有房址、灰坑、墓葬等重要文化遗迹。出土有石磨盘、磨棒、石铲、石镰及陶器等一批重要的文化遗物，对于研究遗址的性质、区分区域类型等具有重要价值。笔者将此次调查、发掘的成果与古史传说中的少典和黄帝氏族结合在一起进行考证，认为唐户遗址裴李岗文化和仰韶文化同黄帝氏族的历史传说具有密切联系，唐户遗址有可能是黄帝"都有熊"的有熊之墟。

　　唐户遗址位于新郑市观音寺镇唐户村南部和西部，溱水河与九龙河两河汇流处的夹角台地上，东、南、西三面环水，地势北高南低，高出河床7~12米。海拔高度123~126米。历代相传称该地南端为"黄帝口"。遗址北面紧邻唐户村，向南伸展到溱水寨北寨。面积达100余万平方米，是一处多时代文化的聚落群址。

一、唐户遗址考古概述

　　唐户遗址的考古工作开始于20世纪70年代。1976年9月至1977年1月，当地村民平整土地时发现了这处丰富的新石器时代文化和夏、商、周三代文化遗存。为配合平整土地，1976年12月，原开封地区文物管理委员会、郑州大学和新郑县文物管理委员会在唐户联合举办了一次文物培训班，发掘了少数探方和一批两周墓葬，并采集了一些仰韶文化、龙山文化和夏、商、周文化遗物[1]。1978年，中国社会科学院考古所对唐户遗址进行过一次调查。1982年春，又进行了一次调查和试掘，试掘面积66平方米，发现有裴李岗文化及龙山文化早期遗迹[2]。2003~2004年，河南省文物考古研究所为配合中华文明探源工程预研究子课题——新密古城寨城址周围新石器时代聚落分布形态研究项目，对唐户遗址再次进行了系统调查，将遗址面积核定为54万平方米，新发现了晚于龙山文化，又早于二里头一期文化的新砦期文化。初步认定唐户遗址"或许与传说时代黄帝氏族的重要中心聚落有关"[3]。2006年6~12月，郑州市文物考古研究院配合南水北调工程，对唐户遗址周围的遗迹再次进行全面调查、勘探和发掘。首先以遗址为中心对周边地理环境进行了调查，在遗址区河岸断崖地层剖面中发现分布范围较广的湖相沉积层。同时在唐户村东部溱水河东岸及南部九龙河南岸断崖马兰黄土地层内发现2处丰富的旧石器加工地点，采集了部分石制品。调查确认遗址面积达100余万平方米。唐户村西南部是裴李岗文化遗存，面积逾10万平方米，仰韶文化时期，聚落中心向南扩展，西南部将裴李岗文化覆盖一部分，面积增加。龙山文化时期，聚落中心又再次南移，一直延伸拓展到遗址南部，溱水寨北岗上。到龙山文化晚期以后的新砦期，则更向南，直抵溱水河与九龙的交汇处。此后的二里头及商、周文化遗存多经交叠，始终连绵不断，成为规模较大、年代久远，而且地位重要的大型聚落群址。

二、唐户遗址考古新发现

在系统调查的基础上，对遗址西北部南水北调渠线占压区域进行了考古发掘。发掘面积4000平方米，发现丰富的裴李岗文化遗迹、遗物及汉代、宋元、明清等多个时期的文化遗存。

唐户遗址裴李岗文化共发现可以确认的裴李岗文化房址21座。房址结构均为半地穴式，平面形状呈椭圆形、圆角长方形和不规则形。门道以斜坡式为多，门向多西南向。房子以单间式为主，共17座；多间式4座，均为双间，应是多次扩建而成。房内居住面和墙壁均经过处理。有些房内有用灶痕迹。房子周围分布有圆形或椭圆形柱洞。现以F3、F21为例介绍如下：

F3，位于Ⅲ区T0404内，平面呈不规则椭圆形，由门道、东室、西室三部分组成。门道方向西南，为斜坡式，房屋分东西两间，东间平面近椭圆形，坑壁斜弧收，底略呈袋状。东北部有黄褐土台面。西间房平面呈圆形，坑壁竖直，底近平，房内堆积较多陶器残片。东、西两间房之间以过道相通。房屋外围发现有圆形柱洞。房内有始建和扩建两个时期的居住面，其中始建时期居住面发现大块红烧土块和经过焙烧的长条状红烧土台，应为灶的残存遗迹。

F21，位于Ⅲ区T0113内，平面呈不规则长方形，门道位于东南部，结构为台阶式。坑壁斜收，略呈弧状，圜底。坑内堆积分四层，出土物较为丰富，包含有大量陶片、炭粒、烧土块、石器及人或动物牙齿。底部居住面由纯净黄土铺垫而成。

灰坑的形状与结构比较复杂，按坑口形状可分为椭圆形、圆形、圆角长方形及不规则形四种，坑壁多为斜弧壁，平底较多，个别为圜底。

出土遗物以石器和陶器为主，石器主要为生产工具，有石磨盘、石磨棒、石斧、石镰、石刀等；生活用具主要为陶器，以夹砂和泥质陶为多；陶色以红色为主，多不纯正，另有褐色、灰黑色。灰陶数量较少，火候略高。器类有鼎、罐、壶、钵、碗等。多素面，少量夹砂陶的器表施有划纹、篦点纹，戳刺纹等。典型器物有侈口深腹鼎及罐形鼎，多为锥状足。罐有小口深腹平底罐及侈口斜壁深腹罐，壶多为小口双耳壶及三足壶。钵分为三足和无足两种。另有泥质红陶圈足碗及平底碗。

唐户遗址的仰韶文化时代是该遗址发展的鼎盛时期，面积达40余万平方米，文化堆积层厚约3米。经调查试掘，发现数量较多的房基和墓葬，出土遗物有石器、陶器和骨器等。房基包括门道、柱洞、灶坑、烧土台、地面残块和大量的草拌泥烧土块。地面残块用细砂、料礓石、小石子和黏土混合筑成，并经火烧，非常坚硬，且平整光滑。出土的石器有斧、铲、凿、刀、镞及研磨器等。陶器分为泥质和夹砂两种，多为红陶，主要有红顶钵、盆、碗、罐、瓮、盆形鼎、罐形鼎、釜形鼎、大口尖底瓶、小口尖底瓶、大口尖底缸、壶、豆等。另发现有少量彩陶。骨器有针、镞、角靴形器等。唐户遗址仰韶文化的相对年代，根据出土遗物的类比分析，可分为早、中、晚三期，分别与大河村仰韶文化前一期、第二期、第三期年代相当[4]。龙山文化主要分布在遗址南部，文化层厚2~4米。出土遗物有石器和陶器。石器主要有铲、斧、锛、刀等，陶器可分为泥质和夹砂两大类，陶色主要以灰陶为主，褐陶次之，黑陶较少。器型主要有鼎、罐、瓮、豆、碗、杯等。

遗址中其他时期的文化遗存，在发掘中仅见汉代文化层及宋、元、明、清墓葬，本文不予概述。

三、唐户遗址的聚落环境与文化

唐户遗址文化遗存堆积丰富，旧石器时代晚期就有人类在此生活，历新石器时代的裴李岗文化、仰韶文化、龙山文化及二里头、商、周文化，以至于汉、宋、元、明、清等时代，均是人类生活的重要居址。唐户人在此由旧石器时代的采集、渔猎生活，发展到新石器时代裴李岗时期的定居农耕生活，生产力得到较大发展，生活水平明显改变。到了仰韶文化时代，唐户聚落的经济、文化发展达到鼎盛时期。此后龙山文化、二里头文化及商、周文化在此基础上继续延续，形成文化遗存丰富、历史延续久远的重要中心聚落群址。

人类自从走出洞穴的那天起，就开始了选择其居住地的过程，尤其是进入定居生活之后，居住址的选择在人们生活中就显得尤其重要。"按一定规则组织在一起的人群居住在一定区域，构成聚落。聚落必有其形态。聚落形态是对环境的一种适应，应被看成是文化的内涵之一。聚落形态的研究，是寻找某一特定环境范围内的聚落形态的特点及其成因，也即聚落形态的文化适应特质。"[5]那么，唐户新石器时代聚落的形态是如何形成的呢？

首先，唐户新石器时代聚落位置的选定本身就是唐户人观察自然、利用自然的结果。唐户遗址分布在北纬34°以北中纬带地区，地处平原西部边缘地带，地势较高，海拔高度123~126米。属低山丘陵区向山前洪积平原的过渡地带。地势由西北向东南缓状倾斜。从该地区地层堆积状况来看，旧石器时代晚期到新石器时代早期，本区有较大面积的浅平洼地和湖洼地，湖相沉积发育良好。河流两旁黄土堆积深厚，土壤排水良好，土质肥沃，宜于原始状态下耕作，是早期先民理想的生活场所。

其次，优越的自然环境为聚落的建立与发展提供了有利条件。在距今 8000 年左右的全新世中期，这里气候适宜，水热条件优越，南方暖湿气候作用在北方沃土黄土之上，形成适宜农作的红褐土黄土古土壤及适宜栽培作物生长的气候环境条件。在这种自然环境条件下，唐户人走出洞穴、山林，脱离"茹毛饮血"的旧石器时代，选择适宜居住的河旁台地，构筑房屋，耕作农业，制作陶器，开始比较稳定的定居生活。唐户聚落得以持续发展，形成规模较大的中心聚落群址，一方面是唐户人认识自然，顺应自然发展的结果，同时还有赖于人类本身在适应自然和改造自然之中产生的无数经历和智慧的积淀。

四、黄帝文化与唐户遗址的关系

黄帝是中华民族的人文始祖，黄帝文化是黄帝时代所创造发明的文化，她发源于河南中部淮河流域的颍河上游和黄河中游的郑洛地区。其中心区当以中岳嵩山为中心，形成了文化因素独特又绵延不断的嵩山文化圈。《国语·晋语》："昔少典氏娶于有蟜氏女，生黄帝、炎帝，黄帝以姬水成，炎帝以姜水成。"《帝王世纪》云："神农之末，黄帝受国于有熊，居轩辕之丘，因以为号。"《水经注·洧水》云："皇甫士安《帝王世纪》：或言（新郑）县故有熊氏之墟，黄帝之所都也。郑氏徙居之，故曰新郑矣。"《通鉴外纪》卷一上注引皇甫谧云："新郑，古有熊国，黄帝之所都。受国于有熊，居轩辕之丘，故因以为名，又以为号。"《括地志》云："郑州新郑县，本有熊之墟也。"以上文献说明，黄帝氏族发祥地当在今新郑市一带。又唐司马贞《索引》曰："轩辕丘，在河南新郑西北。"据此我们似乎可以将找寻的方向定在新郑市西北。"我们认为少典族文化遗存，要围绕裴李岗文化遗址去寻觅，黄帝族的文化遗存则需要从仰韶文化中去发现，尤其是与裴李岗文化遗址有关的仰韶文化遗址，还有传说与黄帝活动地域相关或与'西北'地望吻合的新石器时代遗址，都应在我们注意之列。裴李岗、西土桥、人和西南场和南李庄遗址，虽然符合西北地望，但面积较小，一般都是 1 万~5 万平方米，其中仅有两处有仰韶文化遗存，所以估计不会是少典氏族和黄帝氏族活动的重点区域。"[6]而此次通过配合南水北调工程，对唐户遗址进一步的调查发掘，发现有旧石器文化、新石器时代的裴李岗、仰韶、龙山、新砦期文化及二里头文化和商、周文化。表明了唐户遗址是一处包含多时代文化遗存的大型聚落群址。遗址面积大，延续时间长，文化内涵丰富，这在新郑一带的新石器时代文化遗址中是十分罕见的。其重要意义体现在以下几个方面：

首先，在马兰黄土地层中，发现旧石器加工地点 2 处，石制品非常丰富，这对研究旧石器时代晚期向新石器时代早期文化的过渡具有极其重要的学术价值。同时也说明这一地区有着古老的文化渊源和适合早期人类生活的自然环境。

其次，唐户遗址裴李岗文化堆积深厚，一般在 0.8~1.8 米。遗存分布面积达 10 万平方米，聚落规模大，已形成一定布局，环壕聚落的雏形已经出现，房址分区布局且共存于同一聚落。居住建筑中发现有多次扩建的半地穴式房子。唐户遗址裴李岗文化遗存的独特性，对深入研究裴李岗文化的性质、分期及聚落考古具有重要意义。

唐户遗址仰韶文化分布范围广大，面积达 40 余万平方米。文化层堆积深厚，出土遗物丰富。遗址内发现的仰韶文化房基残迹，包括有数量较多的墙壁和地面残块，特别是地面残块用砂石和黏土混合筑成，并经火烧，平整光滑，质地坚硬。这是其他仰韶文化遗址房基地面中所少见的，应是高层次的房基建筑遗迹，说明唐户遗址仰韶文化阶段经济相当繁荣，建筑技术水平高度发达，应是该时期政治、经济、文化的中心区域。

如果把考古发现同古史传说联系起来分析，则可以看出唐户遗址裴李岗文化和仰韶文化同黄帝氏族的历史传说具有密切的联系。唐户遗址的裴李岗文化阶段正相当于黄帝的父族少典阶段，少典氏文化是有熊部落早期的历史文化，而黄帝族文化是在少典氏文化长期积累的基础上，发展壮大起来的中晚期仰韶文化。唐户遗址延续的历史年代长，文化内涵丰富，遗址传为黄帝戎马基地，东南部为传说中的"黄帝口"。传为黄帝南巡历经之关。唐户遗址发展鼎盛时期的仰韶文化阶段，正相当于传说中的黄帝时代。因此，我们认为，唐户遗址有可能是黄帝"都有熊"的有熊之墟。该遗址新石器时代的延续发展，对于研究中华文明史有重要的价值和深远的意义。

注　释

[1]　开封地区文管会等：《河南新郑县唐户两周墓葬发掘简报》，《文物资料丛刊》1978 年第 2 集。
[2]　中国社会科学院考古所河南一队：《河南新郑唐户新石器时代遗址试掘简报》，《考古》1979 年第 3 期。
[3]　河南省文物考古研究所等：《新郑唐户新石器时代遗址调查》；《中原文物》2005 年第 5 期。
[4]　同[3]。
[5]　俞伟超等：《考古学新理解论纲》，《中国社会科学》1992 年第 6 期。
[6]　蔡全法：《炎黄文化研究若干问题之管见》，《河南文物考古论集》，河南人民出版社，1996 年。

（原刊于《华夏源》第 1 期，2007 年 4 月）

有熊之墟 考古学文化考证

信应君 胡亚毅 杜平安

黄帝是中华民族的人文始祖，关于黄帝故里在新郑的说法，不仅在2000年来的历史文献上得到确认，而且也得到当代许多专家学者的认同。战国《竹书纪年》："黄帝轩辕氏……元年，帝即位。居有熊。"晋皇甫谧曰："有熊，今河南新郑是也。"《史记·正义》："《括地志》云：'郑州新郑县，本有熊氏之墟也。'"北魏郦道元《水经注·卷二十二》曰："洧水又东迳新郑县故城中……皇甫士安《帝王世纪》云：'或言县故有熊氏之墟，黄帝之所都也。'"宋《路史·国名记》也载："少典，有熊帝之开国，今郑之新郑。"以上文献均记载上古时代，在嵩山东麓的新郑一带为有熊国，最早的国君是少典。当代许多史学家、炎黄文化研究专家都认为少典既是有熊部落的氏族名号，又是部族首领。少典时代，在考古学上相对应的是新石器时代早期的裴李岗文化。继少典氏族之后，我国进入了炎黄时代，史学家大都认为黄帝和炎帝是产生于少典氏族的两个子族，炎帝在先，黄帝在后。黄帝时代，对应在考古学文化上应是新石器时代中期的仰韶文化。文献记载，少典和黄帝时代都居住在有熊之墟，那么有熊之墟的具体地望在哪里？笔者就此问题结合唐户遗址的考古发现谈一点自己的看法，以求教于方家。

一、有熊之墟与少典、黄帝的关系

文献记载，黄帝乃有熊国君少典之子，有关少典氏的记载主要有：

春秋《国语·晋语四》："昔少典娶有蟜氏，生黄帝、炎帝。黄帝以姬水成，炎帝以姜水成。"

《史记·五帝本纪·集解》说："黄帝，号有熊。"司马贞《史记索引》释："（黄帝）号有熊者，以其本是有熊国君之子故也。"

《帝王世纪》载："神农之末，黄帝受国于有熊，居轩辕之丘，因以为号。"

宋张君房《云笈七鉴》："轩辕黄帝，姓公孙，有熊国君少典之次子也。伏羲生少典，少典生神农及黄帝，袭帝位，居有熊之封焉……始学于大颠，长于姬水。帝年十五，心虑无所不通，乃受国于有熊，袭封君之地。"

上述记载，至少反映了两个问题：①少典甚至其先祖时期，已有"有熊之封"，有熊已是其活动的中心地域。②黄帝袭其父少典的"封君之地"，其活动的中心区域仍然在有熊。也就是说，有熊这个地方，是一处经过人们长时间活动的，生产力较为发达的核心聚居地。反映在考古学文化上，则必须是新郑周边地区的面积较大，延续时间较长，且发现较高规格建筑基址的一处文化聚落遗址。

二、有熊之墟的考古学文化观察

新中国成立以来，我国史前考古学研究取得了长足地发展，各地区文化区、系的建立，为我们探讨史前时期的原始氏族奠定了必要的基础。

郑州地区新石器时代遗存，已发现裴李岗文化遗址有百余处，这些遗址一般都在北纬34°以北地区，主要沿颍河、双洎河及其支流沿岸分布，地点有新郑裴李岗、唐户、沙窝里、西土桥、邓湾、岗时，密县莪沟、马良沟，登封王城岗、东岗岭，巩县铁生沟、水地河、坞罗西坡、赵城、东山原、北营，中牟业王，长葛石固等。从已发现的裴李岗文化遗存分析，多分布在山前洪积扇或浅山区的河旁阶地上，聚落面积较小，大部分在1万平方米左右，很少有超过2万平方米的。文化层堆积一般很薄，土色呈红褐色，包含物很少。仰韶文化遗存发现数量虽然较多，然而规模较大，出土遗物较丰富的，只有郑州大河村遗址，面积达40多万平方米，但是该遗址距新郑较远，显然不具备有熊之墟的地望。此次配合南水北调工程，进一步对唐户遗址进行调查和发掘，核定遗址面积100余万平方米，发现有旧石器文化、新石器时代的裴李岗、仰韶、龙山、新砦期文化及二里头和商、周文化。

裴李岗文化堆积位于遗址西北部，地层堆积深厚，一般在0.8~1.8米。遗存面积达10万平方米，环壕聚落的雏形已现。到了仰韶文化时期，聚落中心向南扩展，西北部将裴李岗文化覆盖一部分，面积达到40万平方米，发现规格较高的房屋建筑基址和"水泥"地面设施，体现出它具有统治中心的地位。龙山文化时期，聚落中心再次南移，一直延伸拓展到遗址南部的溱水寨北岗上。到龙山文化晚期及其以后的新砦期，则更向南，直抵溱水河与九龙河的交汇处。此后的二里头及商、周文化遗存多经交叠，始终连绵不断，成为规模较大、年代久远、地位重要的中心聚落群址，与其他遗址相比，更具备有熊之墟的条件。

1. 唐户遗址的自然环境

在原始社会时期，环境对于一个聚落的发展具有举足轻重的作用。唐户遗址位于北纬34°以北的中纬带地区，其西南约5公里处为陉山，属低山丘陵区向山前洪积扇平原的过渡地带。地势由西北向东南缓坡状倾斜。从已发掘的地层堆积来看，晚更新世至全新世早期，本区有较大面积的浅平洼地和湖洼地，湖相沉积发育良好，利于早期先民取水、制陶等生产、生活活动。这种面临大量水体环境、滨水而居的特点与已经发现的新石器时代早期的人们选择居住地的特点相一致。在距今8000年左右的全新世中期，这里气候适宜，水热条件优越，南方的暖湿气候作用在北方黄土之上，形成适宜耕作的红褐土黄土古土壤，河流两旁古土壤堆积深厚，土壤排水良好，土质肥沃，极其适宜早期栽培农作物的生长，原始的农业文明开始悄然诞生。我们在调查唐户遗址周边地理环境时，在遗址东部溱水河东岸及南部九龙河南岸的断崖马兰黄土地层中发现2处堆积丰富的旧石器加工地点，说明至少在旧时期时代晚期，这里已经有了人类活动的踪迹。综上所述，唐户遗址周围优越的自然环境为早期先民提供了便利的生产、生活用具和丰富的食物来源，从食、住、行三个方面满足了人们的生活需要，是早期先民的理想生活场所，为其后的新石器时代文化发展奠定了基础。

2. 唐户遗址与黄帝传说

唐户遗址位于新郑市西南12.5公里处，以该遗址为中心的黄帝文化遗址、古迹有二十多处，主要有轩辕丘、姬水河、具茨山、黄帝口、黄帝饮马泉、少典祠、风后岭等。在这些遗迹中，最有地望标志的当属姬水河了。《国语·晋语四》、《史记》、《帝王世纪》、《太平御览》、《通鉴外纪》等都说黄帝生（居）于轩辕之丘，"长于姬水"、"都有熊"。轩辕丘和有熊已被学界确认在河南新郑，那么姬水也有可能在新郑。现在的新郑市境内共有五条河流（双洎河、黄水河、溱水河、梅河、潮河）。在这五条河流中，以溱水河流域黄帝文化遗址、遗迹和传说最多，共有黄帝文化遗址和黄帝文化祠庙10多处。李耀宗认为："姬水，古称'阴水'，距城西南25里。沿河45里，传为黄帝戎马基地，其间有'黄帝口'，传为黄帝南巡历经之关"。"黄帝口"位于唐户遗址的东南部，溱水河与九龙河两河交汇处，可见古姬水有可能就是现在的溱水河。又《太平寰宇纪》载："新郑县西南九里，旧二乡今四乡，黄帝都于有熊即其地。"唐户遗址恰位于新郑市西南，东部有溱水河，上游有少典祠、中游有"黄帝口"，这些均与史籍记载黄帝活动的姬水，有熊之墟的地望相符。

3. 唐户遗址裴李岗文化与少典氏族

2006年唐户遗址考古发掘，发现裴李岗文化时期的重要文化遗迹，有房址21座，灰坑49座，沟2条，壕沟1条。裴李岗文化时期环壕聚落雏形已经出现。

从已发掘情况来看，21座房址可分为四组。第一组：位于第Ⅲ发掘区的西北部，发现2座房址，包括F1、F2，因其西部紧邻九龙河，推测其西部房址有可能被河道切割破坏。第二组：位于第Ⅲ发掘区的东北部，和第Ⅱ发掘区的西南部的遗迹相连，略呈带状分布于较高的壕沟内侧。房址东北侧成斜坡状向下，推测这样的分布特征可能是为了便于排水。本组房址共计12座，包括F3～F5，F8～F14，F19～F20，并在房址周围发现有窖藏遗迹。第三组：位于第Ⅱ发掘区的东南部及西部，共计6座房址，包括F6～F7，F15～F18。值得一提的是：在F7的东北部发现一条宽约0.1～0.12米的小沟，可能为房屋的散水设施。另在Ⅱ区T0206、T0306、T0307探方内，发现一条引水或排水沟（G10），已发掘区域沟长21.6米，宽0.75～1.1米，深0.5～0.6米，打破F6、F7。

从其形成原因来看，应是人为修筑。由此来看，当时人们应具备一定的社会组织，生产力达到较高的水平，才有能力来挖掘这条沟。第四组，位于第Ⅲ发掘区的东南部和第Ⅳ发掘区的西南部，目前仅发现1座房址（F21）和6个灰坑，出土有大量泥质和夹砂红陶片。钻探表明，这四组房址中间是被生土隔断的，证明它们是相对独立的；又根据其均分布于壕沟内侧岗地上，说明它们之间又是有联系的。四组房址相互隔断，表明它们可能代表着四个不同的核心家庭；同处于同一壕沟内侧，说明他们可能属于同一氏族。

从上面介绍来看，唐户遗址裴李岗文化时期显然已有一定的聚落布局意识，人们从群居生活中分化出来，按照一定的血缘关系进行居住。虽然，其房屋形制没有整齐划一，房址分布显得较为凌乱，与仰韶时代大河村聚落的严谨规划有着鲜明的差异，但是环壕聚落的发现，证明当时裴李岗人的聚落是内向的，开仰韶时代封闭式内向型环壕聚落的先河，对于仰韶文化时期的聚落形态布局具有重要作用。

原始农业和陶器的出现是新石器时代的两个重要标志。唐户遗址出土的裴李岗文化遗物，以石器和陶器为主，石器主要为生产工具，有石磨盘、石磨棒、石斧、石镰、石刀等；生活用具主要为陶器，以夹砂和泥质陶为多；陶色以红色为主，多不纯正，另有褐色、灰黑色。灰陶数量较少，火候略高。器类有鼎、罐、壶、钵、碗等。多素面，少量夹砂陶的器表施有划纹、篦点纹、戳刺纹等。石制生产工具及陶器的发现，说明裴李岗文化时期，唐户人已经开始了定居的农业生活。

综上所述，我们可以看出裴李岗文化时期的唐户人已经处于一个较高的文化发展水平上，唐户遗址裴李岗文化地层堆积较厚，且出现成组的房屋居址，这说明唐户遗址裴李岗文化时期的先民们已经开始了定居生活，不但使用石磨盘和石磨棒来加工谷物，而且学会了制作陶器，原始社会农业文明的步伐在这里正悄然崛起。因此，唐户遗址裴李岗文化堆积作为少典氏族活动的遗存是可靠的。

4. 唐户遗址仰韶文化的独特性与黄帝氏族

唐户遗址发展到仰韶文化阶段，达到鼎盛时期，面积达40余万平方米，文化层厚约3米。调查表明，古城遗址面积18万平方米，王垌遗址12万平方米，长葛石固遗址10万平方米，其余的如高坡岩遗址、洪府遗址、岳庄遗址、南李庄遗址等都在10万平方米以下。从以上遗址规模来看，唐户遗址规模最大，为考古学上的一级聚落，构成了区域内以唐户遗址为中心的聚落群。唐户遗址仰韶文化的相对年代，可分为早、中、晚三期，分别与大河村仰韶文化前一期、第二期、第三期年代相当。调查试掘中发现数量较多的房基和墓葬，出土大量石器、陶器和骨器等。房基包括门道、柱洞、灶坑、烧土台、地面残块和大量的草拌泥烧土块。地面残块用细砂、料姜石、小石子和黏土混合筑成，并经火烧，非常坚硬，且平整光滑。其大规模、高规格的房屋建筑遗迹的揭露和铺设类似"水泥"地面的建筑基址的发现，说明该遗址应具有政治统治的中心地位。这一时期陶器种类大大增加，主要有红顶钵、盆、碗、罐、瓮、盆形鼎、罐形鼎、釜形鼎、大口尖底瓶、小口尖底瓶、大口尖底缸、壶、豆等。另发现有少量彩陶。器物类别的增多显示出社会生产力的极大发展，马克思曾经说过：生产力决定上层建筑。伴随着社会生产力的发展，黄帝时代可能已经有了城，《史记·封禅书》说："黄帝时，为五城十二楼，以候神人。"我们在调查中获知，现唐户村南部原有一道西北东南向的土岗，西至九龙河东岸，东接溱水河西岸，当地人俗称"南岗"，往南沂水寨北也有一道东西向土岗，当地人称为"北岗"，西端抵河，东端至当地人所称的"城门口"。据此，我们推断南北两道土岗可能是两道城墙（可惜两道高岗上世纪七十年代平整土地时已被挖掉），而东西两侧以河流作为天然屏障，形成一座规模较大的城址。唐户遗址仰韶文化和龙山文化主要分布在此区域内。如果唐户遗址经过进一步的考古工作，证实其仰韶文化阶段确实发现古城或大型环壕聚落的话，那么，"有熊之墟"在唐户就确定无疑了。

三、结　语

对于上古时代传说的考证必须结合考古学文化，这样才有可能复原古代社会。笔者认为：一个文化的产生必须要有一定的渊源。唐户遗址从旧石器时代晚期开始直至现在都有人类在居住，其优越的自然环境和古老的文化渊源在整个新郑地区都是十分罕见的。无论从史籍考证、民间传说还是考古学文化内涵考证上都表明：唐户遗址是少典时期至黄帝时期的一个核心聚落居址，应该是黄帝都有熊的"有熊之墟"。

（原刊于《中华根脉》2007年4月刊）

"启居黄台之丘"及相关问题考证

顾万发

夏启之居，有夏邑[1]、冀都[2]、阳翟[3]、阳城[4]、黄台之丘[5]诸说，但是早年其中任何一说均未能得到证实。近年来，随着系列重要的考古发现，其中不为学界重视的"黄台说"已获得了更多的论据，特别是考古学方面的。包括笔者在内的不少学者近年已就这一问题有过讨论，但是这些讨论在文献和结论方面多有缺憾，所以，于夏王朝真正开端之首都这一重要问题，笔者认为颇有再论之必要。

一、"启居黄台之丘"观点的提出

将《穆天子传》所载启与"黄台之丘"的内容概括为"启居黄台之丘"的观点源于丁山先生《由三代都邑论其民族文化》[6]一文有关夏代诸王之居的列表，其云："都邑名——黄台之丘，迁居者——启"，这种概括笔者在《"新砦期"研究》[7]及《〈"新砦期"研究〉增补》[8]中均有讨论，并在《〈"新砦期"研究〉增补》中指出，丁山先生所言启居"黄台之丘"实际是以居之"喻都其附近"。

二、与启相关的"黄台"之典籍背景

我们知道，丁山先生所据文献主要是明正统道藏本《穆天子传》及唐李善注谢惠连《文选·雪赋》中有关"黄台"的句子。实际上尚有诸多典籍引用了《穆天子传》中有关"黄台"（有的作"黄"或"黄室"）之句，由于不同典籍中此句话的内容多不完全相同，所以我们将相关文献予以辑出，以备准确地理解文献和讨论相关问题。明正统道藏本《穆天子传》："丙辰，天子南游于黄台之丘，以观夏后启之所居，乃□于启室"[9]、唐李善注《文选·雪赋》、徐坚《初学记》、欧阳询《艺文类聚》卷2等载《穆天子传》中此句为"天子游黄台之丘"、依晋郭璞注清洪颐煊校平津馆本《穆天子传》曰："天子南游于黄□室之丘"[10]、宋官修《御览》卷592《穆天子传》曰"天子南游于黄室之丘"、宋官修《御览》卷34《穆天子传》曰"天子游黄室之丘"、清陈逢衡《穆天子传注补证》曰"天子南游于黄，□室之丘……"等不同表述，并且历代研究者对同一描述也多有不同见解。另，《密县县志》及《河南府志》曾记载新砦城址附近的"力牧台"又名"皇台岗"。

三、关于"黄台之丘"的地望问题

丁山先生曾据文献考证出[11],《穆天子传·卷五》中的有关"黄台"的这段话反映出启应居于"黄台之丘"附近,并且此"黄台之丘"应在密县、新郑之间,确切地说他认为应"在洧水与黄水之间"的"皇台岗",赵春青亦认为《穆天子传·卷五》中的"黄台"应为此"皇台岗",即《密县县志》及《河南府志》所载新砦城址附近的"力牧台"[12],确是。从民国张六甲所绘"溱洧源流图"中的"皇台岗"位置与现今"力牧台"位置相近似看,"力牧台"之论可能相当晚。另,不少注家将"黄"解释为《春秋》中的"黄崖"[13]或位于今河南潢川县的春秋时的古黄国[14],实际按《穆天子传·卷五》的记述,丙辰时,天子不可能到达古黄国,又据《水经注疏》及《左传·哀公二十八年》杜预注等,"黄崖"与"黄台"的地理距离很近,"黄台"在赤涧水东北附近,"黄崖"在赤涧水东南附近,"黄崖"名称的来源显然应与"黄台"有关,但是毕竟与之不是同一地名,至于新砦城址以东的黄台村,现在认为是由于姓黄的人居此地得名,但是其更早的来源估计应与附近的"皇台岗"有关。另外,按清杨守敬等《水经注疏》、清汪士铎《水经注疏图》(图一)及考古调查,在禹县、长葛临界也有地名"皇台岗"、"黄台(寨)"等,并且据《魏书》记载,当地曾设过"黄台县",附近又有"黄水"、"均台"等水名及地名。"黄水"在密县新郑之间亦有,并且是丁山先生考证"黄台之丘"所在地望的一个重要论据[15],估计与"黄台"应有关,文献又载启有"均台之享"[16],所以夏启之居在此地之"黄台"(或"皇台")单据文献和有关地理名物看,也有可能。

四、关于"黄台之丘"的古史问题

单依文献和地理学材料,我们发现,"黄台之丘"与夏启之居的问题并不容易解决,至少禹县、长葛临禹县地界的地名"皇台岗"、"黄台(寨)"、"黄水"及其附近等亦有可能为夏启之居。因为丁山先生考证的所依据《穆天子传·卷五》中的"黄台"、"黄泽"等名称在禹县、长葛临禹县地界均有。所以这时我们只有参照考古发现,从实证的角度予以论证。在禹县的"皇台岗"、"黄台(寨)"、"黄水"区域至今未发现龙山文化或新砦期时的重要遗址,但是在密县、新郑之间确有发现,显然夏启之居最可能在密县新郑之间,再参照夏商周断代工程之年表和相关 ^{14}C[17]数据,当然我们有理由将夏启之居与新砦遗址相关联。

五、考古学年代与夏启之居

张国硕先生曾将新砦期与启关联过[18],虽然其当时未明确论证新砦遗址与启居有关。笔者曾将古城寨古城与启关联过,亦就新砦遗址与"黄台"的关系作过详细的讨论[19],当时的新砦古城尚未发现。近来赵春青先生又提出新砦城址很可能为夏启之居的卓见。诸位学者的卓识非常重要,但是我们必须注意,新砦遗址申报 2004 年全国十

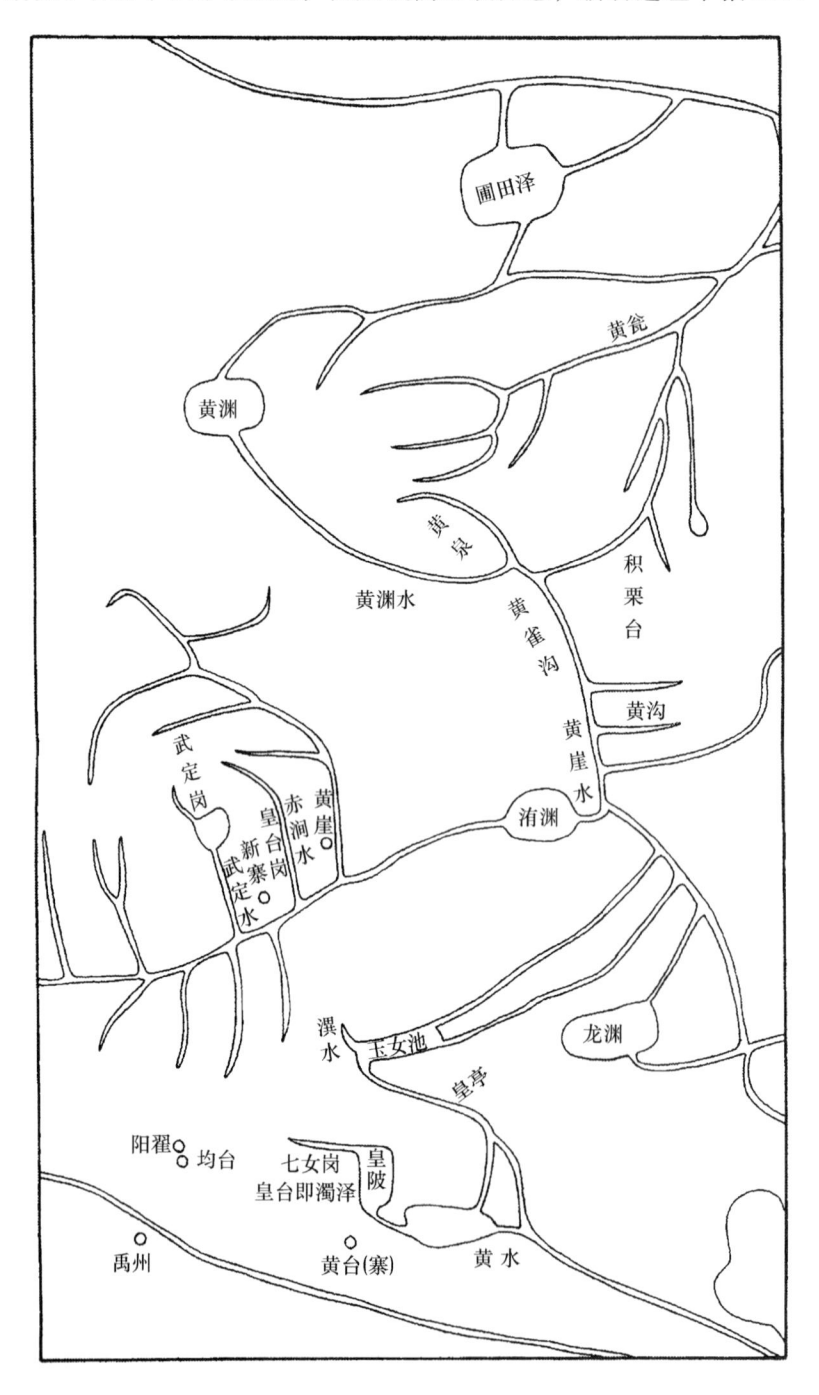

图一 依(清)汪士铎《水经注疏图》

大考古发现的有关材料表明，此遗址有两座城，一为龙山文化晚期城，一为新砦遗址二期晚段城[20]。无论从一般的遗迹现象看，还是从兽面纹、玉器、铜器等高级别的礼仪用物看，新砦遗址一期是该遗址较为繁盛的时期，新砦遗址二期晚段是该遗址最为繁盛的时期，新砦遗址二期早段此遗址处于不景气阶段[21]，所以，笔者认为夏启之居[22]应为新砦龙山文化晚期城址[23]，新砦遗址新砦二期晚段城址应与少康之都有关[24]，笔者的这种观点的其他文献及考古学依据为：

① 诸多文献载，夏启在帝位的时间为 9 年或 10 年，在夏伯位为 30 年[25]，无论怎样计算，夏启之年均无法与整个新砦城时间跨度近似，况且新砦二期晚段为该遗址的繁盛时期，此遗址又缺乏新砦二期早段城墙等重要建筑。

② 《古本竹书纪年》："(启)帝即位于夏邑"[26]，《今本竹书纪年》载："帝启，元年癸亥，帝即位于夏邑"，又载："……奉少康归于夏邑[27]。诸侯闻之，立为天子，祀夏配天，不失旧物"[28]。此几句中之"夏邑"很有可能是指同一地方，于此，则新砦遗址一期诚为启居之"夏邑"，则其二期晚段城当视为"归于夏邑"的少康所居。

③ 《尚书·五子之歌》等载，因为太康失国，其兄弟五人只好"畋于有洛之表"。恰好，在洛汭所在，我们发现了出有相当级别的重要礼仪用物、祭祀现象、住防设施等的属于新砦二期早段的花地嘴遗址[29]，这一阶段恰为新砦遗址的不景气阶段，显然，将其与"五子之歌"时段关联无论从古文献角度还是考古学的角度均是有相当依据的。

夏代早期的王都问题，是夏文化研究中的著名难题，相信随着启都、五子之所、少康之都的确定及其他地区重要考古发现的不断面世，这些问题将会逐渐明朗化。

注　释

[1]　见《古本竹书纪年》、《今本竹书纪年》等。

[2]　见《今本竹书纪年》。此论应误，王国维在《今本竹书纪年疏证》言："今本于尧、舜、禹皆云'居冀'者，盖以《左传·哀公六年》杜预注云：'唐、虞及夏皆都冀方'，故云然"之论甚是。王国维《今本竹书纪年疏证》(《海宁王静安先生遗书》石印本)收于方诗铭、王修龄《今本竹书纪年疏证》(上海古籍出版社，1981 年)。

[3]　《古本竹书纪年》："(启)帝即位于夏邑"，注引《统笺》："郡国志颍川阳翟禹所都，盖禹始封于此，为夏伯。启即位于此，故曰夏邑。"

[4]　此论亦出自丁山先生。其在《由三代都邑论其民族文化》一文中言："意者洧黄之间即夏后启故居。《地理志》阳翟县下云：'夏禹国'实'夏后启都'之误。夏后启之居阳城，《穆天子传》之确证也"。丁山先生将"黄台之丘"(喻启居)与"阳城"相混是我们在赞同其"洧黄之间即夏后启故居"的观点的同时应予以注意的。

[5]　丁山：《由三代都邑论其民族文化》，《国立中央研究院历史语言研究所集刊》第五册第一分册，1935 年。

[6]　同[5]。

[7] 顾万发:《"新砦期"研究》,《殷都学刊》2002年第4期。

[8] 顾万发:《〈"新砦期"研究〉增补》,《中国上古史研究专刊——夏文化研究专集》,王仲孚主编,台湾兰台出版社,2003年。

[9] 郭璞注:"疑此言太室之丘嵩高山,启母在此化为石,而子启亦登仙,故其上有启室也",《汉书·武帝记》:"元封元年,登封中岳,见夏后启母石",颜师古注引《淮南子》:"涂山氏化为石,石破生启"。从我们的考证看,于《穆天子传》中之"启室",这些注释是错误的。

[10] 从《穆天子传》现存各版本文字看,其文中表示缺文的一个方格并不一定表示原简仅缺一字。

[11] 同[5]。

[12] 赵春青:《新密新砦城址与夏启之居》,《中原文物》2004年第3期。

[13] 《左传·哀公二十八年》:"伯有廷劳于黄崖"杜预注:"荥阳苑陵县有黄水",《水经注》载"黄"指"《春秋》中的'黄崖'"。

[14] 郭璞《穆天子传》注。

[15] 丁山先生在P687注[13]文中"黄水"与"黄泽"等同。

[16] 《左传·昭公四年》:"夏启有钧台之享"。

[17] 夏商周断代工程专家组编:《夏商周断代工程1996~2000年阶段成果报告(简本)》,世界图书出版公司,2000年。

[18] 张国硕:《夏纪年与夏文化遗存刍议》《中国文物报》2001年6月20日7版。

[19] 顾万发:《〈"新砦期"研究〉增补》,《中国上古史研究专刊——夏文化研究专集》,王仲孚主编,台湾兰台出版社,2003年。

[20] 赵春青等:《河南省新密市新砦遗址发现城墙和大型建筑》,《中国文物报》2004年3月3日一版。

[21] 新砦遗址的新砦二期早段的城墙未见。

[22] "居"与"都"在古籍中有时无别,本文即为此类用法。

[23] 此城址建于龙山文化晚期,盖在新砦二期早段时渐废。

[24] 拙文《新砦期研究增补》曾将新砦二期晚段的大型建筑与少康关联,现在发现这一时期又有城墙,于此,拙文的观点还是有据的。

[25] 《真诰》卷15注中所言《古本竹书纪年》载:启在位39年,实际是其为夏伯的时间为夏伯30年,在帝位9年。《帝王世纪》(《太平御览》卷八十二皇王部引)、《册府元龟》、《皇极经世书》、《资治通鉴外记》、《通志》、《文献通考》、《资治通鉴前编》载启在帝位9年(概依"明年改元");《帝王世纪》(《史记·夏本纪·集解》引)、《古今刀剑录》载启在帝位10年(概为"因其元年")。

[26] 《古本竹书纪年》注引《统笺》:"郡国志颍川阳翟禹所都,盖禹始封于此,为夏伯。启即位于此,故曰夏邑",这类论据显然从理,但是不符合本文所论的考古实际。

[27] "夏邑"初本为一通用名词,于此当指具体城址。

[28] 《今本竹书纪年》于此句下有"(启)归于冀都"语,实误。

[29] 位于巩义站街镇,属于古籍中所论的"洛汭"或广义的"天下之中"地区。

(原刊于《古代文明研究通讯》总第22期,2004年9月)

裴李岗文化与裴李岗时代

张松林

裴李岗遗址自 1977 年发现，至今已有 30 多年的历史了。裴李岗遗址的发现开辟了中国史前考古的新视野，在 20 世纪八九十年代，其与河北磁山文化、陕西老官台—李家村文化、山东后李文化、湖南彭头山文化、东北兴隆洼文化等一起掀起中国新石器早期文化研究新高潮。但是这种高潮持续了 10 多年之后，又渐次转入了沉寂期，那么这种沉寂是解决问题之后的沉寂还是学术突破前的沉寂呢？我认为应该是后者。为此，在裴李岗文化发现 30 周年庆典之际，斗胆提出"裴李岗文化与裴李岗时代"这一命题。

一

裴李岗遗址是 1977 年农村土地平整过程中偶然发现的一处新石器时代早期遗址，因其独特的文化内涵而被学界命名为裴李岗文化。说到裴李岗遗址的发现，可能带有很大的偶然性，但回顾一下中国考古学史，我们就会发现所有这些偶然里都包含着必然。它们都是勤劳智慧的中国人民创造的文化遗产，也是一代又一代考古工作者艰苦卓绝努力的成果。

中国考古学经历了近百年的奋斗而逐渐发展成熟。中国考古学的诞生以 1921 年瑞典地质学家安特生发掘河南渑池仰韶村遗址为标志，虽然安特生首先发现和发掘了仰韶村遗址，但限于中国史前考古资料的匮乏和西方学者的偏见，使他得出中国彩陶文化"西来说"的结论，这个结论虽在 20 世纪 30 年代被刘跃先生进行了更正[1]，但直到 20 世纪 50 年代初仍有较大影响和市场[2]。

新中国成立以后，中国考古事业蓬勃发展，文化部第一、二、三、四期学习班培训了一大批优秀的考古工作者。这些考古工作者秉承历史使命，克服千难万险，发现和发掘了一批新石器时代遗址，极大地开拓了人们的视野，丰富了人们对中国史前文化的认识。正是由于认识的不断提高，人们不仅对"中国文化西来说"进行了彻底否定，而且对中国新石器时代早期文化起源问题进行了有益探索。当时发现最早的新石器文化是西安半坡文化，但其年代早不过距今 7000 年这一大关，那么 7000 年以前的古文化在哪里呢？这对当时的考古工作者来说又是一个挑战。

我们知道，以安特生先生发掘河南渑池仰韶村遗址为代表的中国早期考古学采用平层下挖法进行发掘，这种方法一直沿用了近十年，直到 1931 年梁思永先生发掘安阳后冈遗址时，考古层位学概念才正式树立。地层学应用于考古学后，中国考古学取得了长足的发展，新石器时代中晚期遗址不断被发现，但早期遗存因人类活动少而很少被发现，即使在仰韶文化或龙山文化底部发现裴李岗文化或更早堆积，也会被错误地认为是生土层而停止发掘，因而错失了许多机遇。

河南新郑裴李岗遗址的发现不仅使人们认识了以石磨盘、石磨棒、三足钵、锯齿镰为代表的一种全新的新石器时代早期文化面貌，而且也为中原地区仰韶文化找到了源头，有力地支持了"中国文化本土起源说"，使中国考古学者对寻找更早期古文化遗存有了更深入的哲学思考，开启了探索中国新石器时代早期文化遗存面貌的一扇大门。

二

裴李岗文化发现30年后的今天，仅嵩山地区调查和发现的裴李岗文化遗址已达160多处，这些遗存的 ^{14}C 测年为距今9000~7000年间，典型遗址有河南新郑裴李岗遗址[3]、舞阳贾湖遗址[4]、新密莪沟遗址[5]、长葛石固遗址[6]、新郑唐户遗址[7]等，经过正式考古发掘的有新密马良沟遗址[8]、新郑沙窝李遗址[9]、巩义瓦窑嘴遗址[10]、巩义水地河遗址[11]、巩义铁生沟遗址[12]、汝州中山寨遗址[13]、郏县水泉遗址[14]等26处。30年来，经众多考古学家对裴李岗文化遗址的发掘、整理、研究，目前对于裴李岗文化的主体面貌、文化分期、文化类型、社会经济、组织状况、年代等都有了初步认识，但是随着河南新郑唐户遗址30万平方米裴李岗文化遗存的发现，似乎之前形成的一些认识又需要重新被更正，正如李伯谦先生所言："新材料的发现是学科前进的重要推动力，以田野调查发掘为特征的考古学尤其如此。随着新材料的不断发现，原有的学术观点也必将不断更新、补充和完善。"[15]

在裴李岗文化发现以后，中国考古学界掀起了新石器时代早期考古研究的高潮，全国范围内发现新石器时代早期古文化遗址超过200多处，这其中包括陕西的老官台—李家村文化，甘肃秦安大地湾文化，河北武安磁山文化，山东后李、北辛文化，长江流域的城背溪文化、河姆渡文化，淮河中游的双墩文化，东北地区的兴隆洼文化等。从目前已发表材料看，距今9000~7000年之间的古文化遗址几乎遍布全国，再加上早于1万年前的河北徐水南庄头遗址、北京市门头沟东胡林遗址、江西万年仙人洞遗址、广西桂林甑皮岩遗址等，中国境内新石器时代早期文化体系框架基本形成。

以裴李岗文化为代表的距今9000~7000年间的古文化遗存遍布全国，过去曾有研究者提出"前仰韶文化"这个概念。大量考古资料证明，全国大部分地区普遍存在有距今9000~7000年间的古文化遗存，而且还有可能存在更早时期的。对于如此丰富、时间跨度达5000年之久的新石器时代早期文化，我们研究时总有太多疑惑，为便于学术研究，给社会一个较为明晰的概念，我们认为统称为一个时代更好，而在为这个时代命名时，考虑到这一时期以裴李岗文化遗存最丰实，数量最多，研究也最全面，代表性最强，因此，将其称之为"裴李岗文化时代"，岂不妥哉？即使今后发现新的更早的新石器早期文化遗存，也可以纳入这个大的时代去认识、去研究。

三

自 20 世纪 70 年代裴李岗文化发现以来，引发了中国新石器时代早期文化遗存研究的新突破，然而就目前来看，大到全国、小到中原地区，这一阶段的考古学研究都几乎处于半停滞状态，这不得不引起我们的关注。

就裴李岗文化而言，发掘过的遗址不算很多，而且有相当部分的发掘材料未见发表，即使发表过的资料，因受当时条件所限，也都较为简略；裴李岗文化的类型、文化谱系等问题的论述因没有丰富的资料作为基础略显单薄，至于说社会形态、生存环境等深层次问题都处于浅尝辄止的状态。我们都知道，新石器是在旧石器的基础上发展而来的，世界考古学界普遍认定新石器时代文化发生于距今 12000 年前的旧石器时代晚期，其标志为原始农业，定居，陶器和磨光石器的产生。这四个标准是西方学者首先提出，并且在中国考古学界得到响应，但中国新石器起源与西方是否完全一致？尤其是近年来"新的文化西来说——中国早期新石器时代文化通过湄公河通道或北方通道传入中国"重新占据我们的视野时，搞清楚中国境内新石器早期文化发展谱系，寻找中国境内旧石器时代向新石器时代过渡性文化遗存成为我们考古工作者的当务之急。近十年来，郑州市文物考古研究院为提高学术积淀，连续对郑州地区的山区和黄土台地进行全面性普查，在仅调查五分之三的区域内已发现旧石器和化石地点 360 多处，其中半数以上为旧石器时代晚期遗存。尤其重要的是，我们在 10 多处马兰黄土上层地点内发现旧石器与陶片共生，用热释光测年后，发现其时代都在距今 1 万年以上，为寻找旧、新石器过渡性遗存提供了线索。目前郑州市文物考古研究院正与北京大学合作开展此项工作。随着工作的不断深入，我们希望能有突破性发现。

随着社会的发展，我们不可能再遇到 20 世纪 70 年代那种土地大平整的机会，但随着社会迅猛发展，大规模基本建设不断，我们还是可以从一些大型基本建设项目寻找新发现。尤其是第三次全国文物普查的开展，为我们探索早期文化遗存提供了新契机。我们坚信，只要有更多的同志投入到中国新石器时代早期文化研究当中，那么取得突破的日期也就不会远了。作为一个在基层工作的老考古人，对裴李岗文化研究进入沉寂期提出自己的一些看法，谬论一定不少，但是我们希望通过纪念裴李岗文化发现 30 周年研讨会的召开，通过这本论文集的出版，抛砖引玉，以期带动更多学者参与到新石器时代早期文化遗存研究当中。

注　释

[1] 尹达：《新石器时代》，生活·读书·新知三联书店，1955年。
[2] 考古所河南调查团：《河南成皋光武区考古纪略》，《科学通报》1951年第二卷。
[3] 开封地区文管会、新郑县文管会：《河南新郑裴李岗新石器时代遗址》，《考古》1978年第2期。
[4] 河南省文物考古研究所：《舞阳贾湖》，科学出版社，1999年。
[5] 河南省博物馆等：《河南密县莪沟北岗新石器时代遗址》，《考古学集刊》第1集，1981年。
[6] 河南省文物研究所：《长葛石固遗址发掘报告》，《华夏考古》1987年第1期。
[7] 河南省文物管理局南水北调文物保护办公室郑州市文物考古研究院：《河南新郑市唐户遗址裴李岗文化遗存发掘简报》，《考古》2008年第5期。
[8] 开封地区文管会等：《河南密县马良沟遗址调查与试掘》，《考古》1981年第3期。
[9] 中国社会科学院考古研究所河南一队：《河南新郑沙窝李新石器时代遗址》，《考古》1983年第12期。
[10] 郑州市文物工作队巩义市文物管理所：《河南省巩义市瓦窑嘴新石器时代遗址的发掘》，《考古》1999年第11期。
[11] 郑州市文物考古研究所：《河南巩义水地河遗址发掘简报》，《郑州市文物考古与研究》，科学出版社，2003年。
[12] 开封地区文管会：《河南巩县铁生沟新石器时代早期遗址试掘简报》，《文物》1980年第5期。
[13] 中国社会科学院考古研究所：《河南汝州中山寨遗址发掘报告》，《考古学报》1991年第1期。
[14] 中国社会科学院考古研究所河南一队：《河南郏县水泉新石器时代遗址发掘简报》，《考古》1992年第10期。
[15] 李伯谦：《对郑州商城的再认识》，《古都郑州》2005年第4期（总第6期）。

（原刊于《论裴李岗文化——纪念裴李岗文化发现30周年暨学术研讨会》，科学出版社，2010年）

论龙虬庄陶文
——并论"五帝"的一种称谓

顾万发

一、龙虬庄陶文材料简介

1993年4~6月，南京博物院考古研究所在江苏省高邮市一沟乡龙虬庄遗址的发掘调查过程中，发现一块磨光泥质黑陶盆口沿的残片，学术界认为其时代为王油坊文化晚期[1]。在此陶片上刻有图文（图一）。左边的字以直线为主，和甲骨文有相似之处。

二、学术界的论证

此陶文发表以后，国内外的学者都特别关注，有的学者认为右边的字类似甲骨文，左行为四个似动物侧视图形，第一个似兽，第二个似鱼或鳖，第三个似蛇，第四个似鸟[2]；有的学者认为左边的四个图案为

图一 龙虬庄陶文

具有祝尤之功的神兽，右边字竖读为"□年祝尤"[3]；有的认为其文字为水书，内容与祭祀、祈福有联系[4]，还有的认为其为东夷文字[5]或与生殖崇拜有关[6]。

三、我们的观点

我们认为这些图文的释读格式是，左边四个图案为四个神物[7]，右边四字为"祝尤"类的巫术、"符箓"语言，右边四字应自上而下读，前两字应读为"五帝"[8]，后两字可以饶宗颐先生的意见，暂释为"祝尤"。后两字读法的原因可以参阅饶宗颐先生的解释，前两字的读法，我们在此略作论证：

① 第一字，形状与新石器时代、卜辞及金文中的"五"字极其相似，第二字的组

合实际为一倒三角形与一建木字形的组合，这属于卜辞及金文中帝字的最常见造型，与新石器时代的"帝"字亦类似[9]。具体材料请参阅图二。当然，新石器时代已出现"帝"字的观点，学界可能有人并不赞同，但是，弗利尔玉璧符与"帝"字造型相关的情况则不利于学界的这一看法，图三，2 为神鸟（a）—斗魁（b）—北斗个星（c）—昆仑台（d）—台内象征北斗神的神兽（e）—台内负北斗星的神鸟位于神首，其中北斗个星在不少民族和文献中被认为是"天柱"，"建木"又相当于"天柱"，显然，(a)—斗魁（b）—北斗个星（c）的"建木化"即相当于"帝"字。另，我们发现图三，2 之"帝"字中有"五"字，而数术之"五"字可以表示"中心"、"天中"、"地中"等含义，图三，3 之"帝"字中有"H"符号，这一符号具有表示"中心"的功能，从此可见"帝"字之木并非一般之木，应为位于天地之中心的巨木，即"建木"，这与图三，4 之北斗星位于天下之中即帝之下都昆仑台之上的造型、北斗可视为天柱的民族学思想是特别相符的。

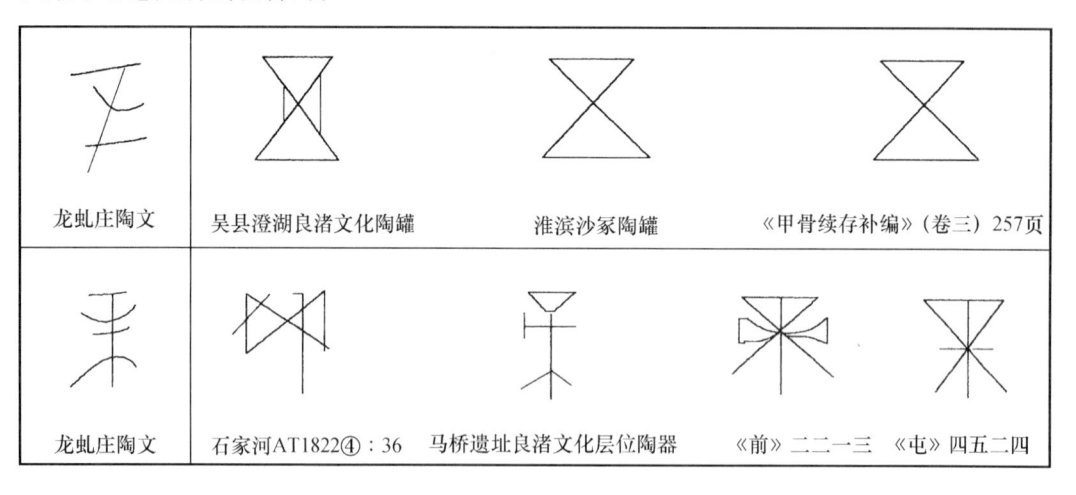

龙虬庄陶文	吴县澄湖良渚文化陶罐	淮滨沙冢陶罐	《甲骨续存补编》（卷三）257页
龙虬庄陶文	石家河AT1822④：36	马桥遗址良渚文化层位陶器	《前》二二一三　《屯》四五二四

图二　龙虬庄陶文与相关陶文、文字

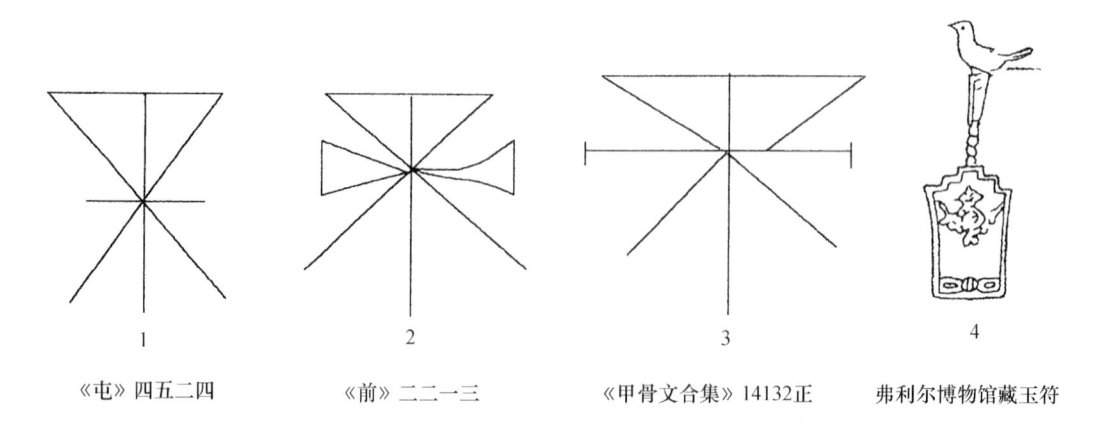

1　《屯》四五二四
2　《前》二二一三
3　《甲骨文合集》14132正
4　弗利尔博物馆藏玉符

图三　"帝"字造型的相关情况

②"五"字的出现及对其的崇拜其实很早，像与河图洛书有联系的凌家滩玉版[10]，其上的4、5、5、9即蕴涵着对数字"五"崇拜的思想，代表北斗的斗形高领瓮上有时以"五"字以示之。我们已论明，"帝"字的出现亦很早，此字在石家河文化早期就已出现，著名的弗利尔玉璧及吉斯那玉琮之刻划符同样表明当时应有"帝"字。

③ 将此两字释读为"五帝"，其与整个图案及其陶片上其他文字的内涵相符。综合的看，左边的四个神像实际可以视为是代指五帝的，其之所以为四个而非五个，可能与中方为虚的认识有关，或者亦有可能是以当时的人王或其祖先来充当中方的帝。1942年9月在长沙东郊子弹库出土的楚墓有关材料似可作为论据之一[11]。此帛书言及青木、白木、赤木、黑木、黄木等天柱，但是帛书中只画了四木，中方之黄木却并未表现。当然，似乎不排除其中的一个帝像由于陶器损缺而缺失的可能。以右边的话语"五帝祝尤"与左边图案之组合，实际相当于"符箓"及"符箓语"，左边为具有除咎威力的神灵，右四字为除咎之语，整个陶文的意思是："五帝"除邪、化吉、解殃或曰"祝尤"。

四、关于"五帝"称谓问题的一个说明

诚似我们所论，整个图文的解释还是较有说服力的，但是，有个特殊问题尚需论证：当时是否可能存在"五帝"的思想认识？我们认为，这是有可能的。论据有：

① 四方合中方为五方的概念起源甚早，卜辞中有明确的证明材料，《诗经》中的"以社以方"的记载同样有助于说明这个问题。

② 五方各有其神的概念同样起源甚早，五方之神同为上帝之臣的思想同样历史悠久。卜辞中已出现"帝臣"（《后编》上·30·12、《甲编》779）、"帝五臣"（《粹编》13）、"帝五工臣"（《粹编》12、《后编》上·26·15）等专用名词，文献同样印证了这样的认识，像《左传·昭公十七年》记郯子曰："我高祖少暤挚之立也，凤鸟适至，故纪于鸟，为鸟师而鸟名……五雉为五工正"，陈梦家先生推测说："五工正相当于卜辞的'帝五工臣'"[12]。商代小双桥遗址所出青铜构件，其上有明确的四象材料。

③ 卜辞中，祭祀四方神灵时，有时用"帝"祭方式，这从一定程度上说明四方神是可以称为帝的[13]。

④ 我们认为此陶文四神物应为四方神，不宜为视为四方风神。因为在讨论四方神的时候，实际的潜台词是还有中方神，但是在讨论四方风神时，却一般不说中风神。当然，这里我们应说明与四方风有关的"五气"概念。《淮南子·天文训》云："甲子气燥消，丙子气燥降，戊子气湿浊，庚子气燥寒，壬子气清寒"。有学者据此绘有示意图（图四），并认为"五气"即为无中方的五方之气，或曰"五行"，同时认

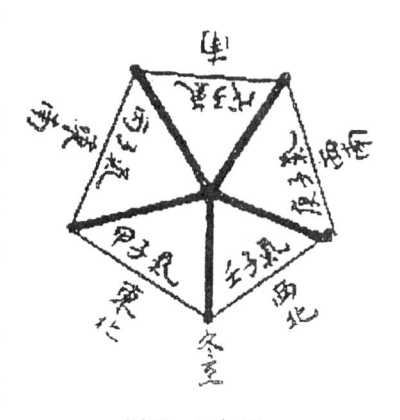

图四 五气图

为：此"五气"运用于制历的时间很早。在"少昊氏"时，由于以二分二至为治历定时，"五气失其治历之用，遂演为万物存在之宇宙论根源"，在解释《礼运》"播五行于四时"，其又认为："初为五气舆二至二分之配合，将五方所向之五气播散四方"，"五气既散入四正之位，合虚中之位而成为中央舆四正之五方新义，此为五行方位之新格局"[14]。我们认为，即使"五气"概念起源甚早的观点可以成立，亦不影响我们的结论，因为开始以二分二至为治历定时的时间从《左传·昭公十七年》等文献看，不晚于少昊氏时期，从考古学材料，像濮阳西水坡45号墓的"二象"和"北斗"，具有明堂某些特征的太谷白燕F504这座建筑中心的四维"十字架"等现象看，显然不晚于公元前4800~6000年。又这些反映四方与中方之思想与卜辞中的四方风、四方概念是一脉相承的，于此，在龙山时代就不太可能存在《淮南子·天文训》所云的"五气"之思想。所以，此陶文四神物应为类似《合集》14294[15]、《合集》14295[16]所论的四方神[17]。

⑤ 我们知道，《大戴礼记·五帝德》、《庄子·天运篇》、《荀子·非相篇》、《大略篇》、《逸周书·尝麦解》等文献中已言及"五帝"，其中《大戴礼记·五帝德》、《庄子·天运篇》、《荀子·非相篇》、《大略篇》等所论"五帝"是纵向"五帝"，与"五帝时代"[18]意义上的"五帝"属于一类，由此可见，早在战国时已有纵向"五帝"或意义相当于"五帝时代"的称谓，从考古学发现[19]、夏商周三代断代[20]、卜辞内容和各种平面"五帝"说中"五帝"之间有时代跨度的现象看，出现纵向"五帝"说的时代不会早到三代，但是，纵向"五帝"说之所以称"五帝"而非"六帝"、"九帝"等，除可能由于那个时代确实只有此五帝[21]或只有此五帝功勋卓著而以之为那个时代的代表之原因外，早期平面"五帝"说应为纵向"五帝"说的重要思想来源。当然，我们认为出现纵向"五帝"说的时代较晚，并不代表我们不赞同中国古史中确实出现过"五帝时期"，我们只是认为将那一时期总结为"五帝时期"或"五帝时代"的观点出现较晚，并且这一称谓是与早期平面"五帝"说是有联系的。

五、关于神像特殊造型的讨论

我们看到，四个神像造型特殊，基本造型为"蹲踞"式。关于这类"蹲踞"式造型的含义，不少学者做过讨论，有的认为就是实际的"蹲踞[22]"，有的认为其与生殖崇拜有关[23]，还有的学者认为"蹲踞"式形象是诸多神的造型，具体原因除生殖崇拜方面有所解释之外，其他神有这类姿态的原因并未论明[24]，有的学者认为这类"蹲踞式"是萨满作法的最高境界之姿态[25]，实际上其仍未回答此类姿态的真正含义，未回答为何此类姿态是"萨满行事时的最高境界"，其实这类姿态多是源于"攀援建木"姿态的，是表明某神具有沟通天地的法术，只是由于"攀援建木"姿态的逐步仪式、形式化，所以有的这类姿态的神灵双手有时才并未"弯握"，实际代表的是同样的功用；

而学界早已证明，中国早期不少神灵、神祖、巫者，特别是北斗神、与北斗神有密切联系的神灵、神祖或类金沙铜巫史、商人高祖夔或俊之类的神职人员[26]，其作法时的艺术化姿态多是呈"蹲踞"式的。像赵陵山遗址所出新石器时代的"蹲踞"式玉人，其位于玉钺的中心，而玉钺中心又可象征极星或天中[27]，所以此玉人功能在于使死者可以升于上天。死者之所以可以这样，是由于其墓中随葬有"蹲踞"式玉人，此随葬物可以使死者可以像神帝或神灵一样，能呈"蹲踞"式，就是说他们同样可以像神灵一样，攀缘建木登天[28]。商代"蹲踞"式玉人及其表示天中的"⊕"字符号同样可以作为重要论据[29]。这说明"蹲踞"式的造型是龙虬庄神像可以称为"帝"的重要依据。

图五　龙虬庄陶刻"蹲踞式"方帝　　　　图六　赵陵山 M70∶71

六、先秦文献中的"五帝"、"五官"、"五方神"称谓与龙虬庄陶文中的"五帝"称谓

先秦文献中早已有各种"五帝"、"五方神"的说法：
①《大戴礼记·五帝德》宰我问五帝于孔子，孔子曰：
"黄帝，少典之子也，曰轩辕……颛顼，黄帝之孙，昌意之子也，曰高阳……帝喾。……玄嚣之孙，蛴极之子也，曰高辛……帝尧……之子也，曰放勋……帝舜，蛴牛之孙，瞽史之子也，曰重华"。
《国语·鲁语》：
"黄帝能成命百物以明民共财，颛顼能修之，帝喾能序三辰以固民，尧能单均刑法以仪民，舜能勤民事而野死"。
此外，《礼记·祭法》、《吕氏春秋》中《适音》和《诬徒》二篇亦然。例如《适音》中载：昔黄帝令伶伦作为律……帝颛顼生自若水，实处空桑……帝喾命咸黑作为声歌……帝尧乃立，乃命质为乐……帝舜立，命延乃拌瞽叟之所为瑟。这一五帝说在《史记·五帝本纪》之后得到普遍认可。

②《礼记·月令》曰："季春之月……其帝太皞，其神句芒，孟夏之月……其帝炎

帝，其神祝融，季夏之月……其帝黄帝，其神后土，孟秋之月……其帝少暤，其神蓐收，孟冬之月……其帝颛顼，其神玄冥"。不少学者认为这样的认识是在战国之末奠定的，与"阴阳五行说"有关。《吕氏春秋·十二纪》所记载类似。《山海经·海外经》载句芒、祝融、蓐收和禺强为东、南、西、北四方神，《礼记·月令》则以玄冥为北方之神。

《淮南子·时则训》载："……太昊句芒之所司者。……赤帝祝融之所司者。……黄帝后土之所司者。……少昊蓐收之所司者。……颛顼玄冥之所司者"。在《天文训》中，则以五帝为五星之帝："何谓五星？东方木也，其帝太昊。……南方火也，其帝炎帝。……中央土也，其帝黄帝。……西方金也，其帝少昊。……北方水也，其帝颛顼"。

《管子·五行篇》说："昔者黄帝得蚩尤而明于天道，得大常而察于地利，得奢龙而辨于东方，得祝融而辨于南方，得犬封而辨于西方，得后土而辨于北方。黄帝得六相而天地治、神明至。"

《孔子家语·五帝》老耽之言："天有五行，水、火、金、木、土，分时化育，以成万物，其神谓之五帝"。王肃注"五帝"云："五行之神，佐天生物者"。

《朱子语类》卷一《理气上·太极天地上》："气之精英者为神，金、木、水、火、土，非神，所以为金、木、水、火、土者是神"。

《左传·昭公二十九年》蔡墨言：夫物，物有其官……官宿其业，其物乃至……故有五行之官，是谓五官，实列受氏姓，封为上公，祀为贵神。社稷五祀，是尊是奉。木正曰句芒，火正曰祝融，金正曰蓐收，水正曰玄冥，木正曰后土。……少暤氏有四叔：曰重、曰该、曰修、曰熙，实能金、木及水。使重为句芒，该为蓐收，修及熙乌玄冥，世不失职，遂济穷桑，此其三祀也。颛顼氏有子曰犁，为祝融；共工氏有子曰句龙，为后土，此其二祀也。后土为社稷，田正也。有列山氏之子曰柱，为稷，自夏以上祀之；周弃亦为稷，自商以来祀之。

③《逸周书·尝麦解》记载："赤帝大慑，乃说于黄帝，执蚩尤，杀之于中冀，以甲兵释怒，用大正顺天思绪，纪于大帝。用名之曰：绝辔之野。乃命少昊请司马鸟师，以正五帝之官，故名曰质。"《庄子·天运篇》曰："夫三皇五帝之礼仪法度，不矜于同而矜于治"、"三皇五帝之治天下，名曰治之而乱莫甚焉"、"余语女三皇五帝之治天下：黄帝之治天下，使民心一……尧之治天下，使民心亲……舜之治天下，使民心竞……禹之治天下，使民心变……"。《吕氏春秋·尊师篇》曰："此五帝之所以绝，三代之所以灭"，《荀子·非相篇》曰："五帝之外无传人，非无贤人也，久故也。五帝之中无传政，非无善政也，久故也。禹汤有传政而不若周之察也，非无善政也，久故也。传者久则论略，近则论详"。《大略篇》曰："诰誓不及五帝，盟诅不及三王，交质子不及五伯"。在《荀子》和《逸周书》之后提到五帝的先秦文献还有《晏子春秋》、《楚辞·情诵》、《甘石星经》等。

从所述文献看，在战国时代，"五帝"、"五方神"的提法很多见，主要是纵向"五帝"说与横向"五帝"、"五方神"说。在我们看来，战国五方之"五帝"实际应视为是在"五方神"的基础上而提出的一种说法，在其中虽然出现了不同年代的古帝，应是由于时人认为那些逝去的古帝已变为神的缘故。同时，从卜辞的材料看，商代"五帝"称呼特别是四方之帝尚未与圣王关联，所以，龙虬庄陶文中的"五帝"特别是其中的四帝应视为自然之神。

从文献本身的年代来看，《大戴礼记·五帝德》要早于《礼记》，更早于《吕氏春秋》，许多学者根据成书越早其可信性越大的一般规律认为，《大戴礼记·五帝德》一系的五帝说更可信[30]。我们从卜辞材料和龙虬庄陶文看，似不是这样。另，五方意义上的"五帝"一词在《逸周书·尝麦解》中就已出现，刘起釪等先生又认为《逸周书·尝麦解》所记为西周之事，成文时间应为战国之时[31]，这就说明五方意义上的"五帝"一词的出现时间很早，当然横向"五帝"与金、木、水、火、土之"五行"观念的关联时间则较晚，那些认为《史记·五帝本纪》"五帝说"的思想来源较《礼记·月令》或《吕氏春秋》"五帝说"的思想来源更早的认识不符合实际。

七、龙虬庄刻划陶片的性质

诚似所论，龙虬庄陶片的刻划为除殃、镇邪类文字和相关的图画，则此陶片或原器物显然具有镇邪、祝尤之功，这种书写"五帝"镇文的材料，我们曾在东汉、唐代、宋代的与镇墓有关的考古材料中有所发现[32]，这些考古材料的质地有的为陶、石质地。于此，我们初步以为，龙虬庄刻划陶器残片的性质有可能类似晚期的镇墓石、解殃瓶或罐，其有可能是死者的随葬品，原来有可能是完整的，可以暂时命名为镇墓陶片、镇墓盆或解殃陶片、解殃盆。于此观点，学界可能会有不同意见，因为学术界在谈到镇墓神物的时候，往往认为其起源较晚[33]。实际不然，新石器时代墓葬中随葬的兽面神物像刻有神像的玉钺、圭、陶、铜面具、镶嵌绿松石兽面文牌饰其实多具有这种功能，只不过我们原来未发现过图文并茂的罢了。另外，龙虬庄陶片的图画为"蹲踞"式，实际与新石器时代的不少兽面神姿态类似，这更有助于说明龙虬庄陶片的刻划确实可以视为是除殃、镇邪类文字和相关的类丁公"陶文"（实际为"C"字龙）、吉斯那玉琮"文字"（实际为"单旋符"或"C"字龙）一样的畏神像。商代小双桥遗址所出青铜构件，其上有明确的四象材料，这可以视为是以四象镇宅的较早材料，这同样说明在商代四象五方神确实具有镇邪的功能，至于汉代古籍文献、建筑明器和铜镜铭文中的这类说明四象五方神具有除殃、镇邪功能的材料就更多了。

八、结　　语

从我们的讨论可以发现，龙虬庄陶文与"五帝"有关是可信的，此时的"五帝"

特别是其中的四方之帝很可能是自然之神，尚未与历史中的任何具体人物关联，这一"五帝说"应是《礼记·月令》、《吕氏春秋》一系"五方神"说的重要思想来源，同时亦是其中"五帝说"的重要思想基础，龙虬庄陶文之"五帝"与早期五行[34]、五方色尤其是"五德终始说"并无关联。

注　释

[1] 《中国文物报》1993年9月5日。

[2] 张敏：《龙虬庄陶文的发现与殷商甲骨文之源》，台北《故宫文物月刊》第15卷第5期，1997年8月。张敏：《从史前陶文谈中国文字的起源与发展》，《东南文化》1998年第1期。

[3] 饶宗颐：《谈高邮龙虬庄陶片的刻划图文》，《东南文化》1996年第4期，又载《江汉考古》1996年第4期。其认为："故这一片图文，不啻是《山海经》畏兽图之小型缩影，古代祝尤巫术之写照"。

[4] 刘志一：《龙虬庄陶文破译》，《东南文化》1998年第1期。其认为龙虬庄陶文与"'变体彝文宗教示意书'、'水书'、'白摩书'，都是刻划形式的表音文字古夷（彝）文，和描绘形式的表意文字象形文字融合的产物"。刘志一将龙虬庄陶文译为："水家祖妣在上，现贡肥（鲤）鱼、雄鸡、金龟、老牛共十筒（桶），请享用，并保佑子孙平安昌盛"。

[5] 魏晓明、汪清：《汉字产生时代的历史考察》，《安徽史学》2000年第4期，我们认为龙虬庄陶符的形体构成与甲骨文的象形文字系统相比，存在着明显的差异，把龙虬庄陶符看成是古代东夷文字的一种是恰当的，但把它看做是甲骨文的胚胎形态，还缺乏有力的旁证。

[6] 周晓陆：《生命的颂歌——关于释读龙虬庄陶文的一封信》，《东南文化》1998年第1期。

[7] 《龙虬庄陶文的发现与殷商甲骨文之源》论著认为："右行四个图形，酷似动物侧视图形，第一个似兽，第二个似鱼或鳖，第三个似蛇，第四个似鸟。整个陶片刻文似包含了一个完整的文辞或完整的意图，左行四字可以连读，又可以表示其右图形的含义。若一字一图为一组，正好四组，其含义究竟是四方还是四时？是四渎还是四岳？是四神还是四灵？还难断定"，我们认为基本可以认为是四方神。

[8] 关于龙虬庄陶文与"五帝"有关的认识，我们在有关论著中已言明。

[9] 关于"帝"字的含义，学术界数有争论，代表观点有：

吴大澂《说文古籀补·附录》说："疑古帝字本……如花之有蒂，果之所自出也"，王国维说："帝者，蒂也。……但象花萼全形"（《观堂集林》卷六），胡适和刘半农也有类似之讨论（参见《古史辨》上海古籍出版社，1982年，第二册），魏建功从音韵学方面作补充证明，"帝"与"花柄"有关（魏建功《读〈帝与天〉》，《北京大学研究所国学门月刊》第一卷第三号，1926年。收入《古史辨》第二册），郭沫若更进一步说："是否即帝，虽无确证，然以帝为蒂，（吴氏）实为倡始。……王谓象花萼全形者，是也。……知帝为蒂之初字，则帝之用为天帝义者，亦生殖崇拜之一例也。"（郭沫若《释祖妣》，载《甲骨文字研究》，科学出版社，1962年），李孝定认为："帝字古文象花蒂之形，殆无可格。郑樵《六书略》已有此说，郭（沫若）之说尤为详审。"（李孝定《甲骨文字集释·帝》台北："中央研究院"

历史语言研究所，1970年），王明荣认为，"从甲骨文、金文中'帝'字的整体分析，它表示苍穹之上的宇宙的起点，或天上的创造世界的最高神灵"、"'曼达拉'既是一种文化现象，也是一种心理现象。中国上古文化中的'帝'字，是古朴的曼达拉图形"、"'帝'字是来源于中国（甚至世界）远古文化的一种原型，而且它本身仍体现着这一原型。这种原型只可意会，难以言传；只可义指，不能物指。这一文化原型由来已久，在'帝'没有产生之前既已存在。随着人类文明的光临和人间王的产生，'社会原型'与'文化原型'激烈撞击，直接导致了'帝'字的产生。'帝'既是现实社会的产物，也是文化传统的结果。如果说'道'（或'理'）体现了中国中世纪的文化精神，那么我们也可以说，'帝'体现中国上古时代的文化精神"、"'帝'象征着宇宙生成原形"。

另有学者认为"帝"为太阳神，这方面的论著有，何新《诸神的起源》第7页（北京：三联书店，1986年），詹鄞鑫《上帝观的起源、发展及其影响》（《天津师大学报》1988年第5期），杨希枚《论商周社会的上帝太阳神》（《中国史研究》1992年第3期），林巳奈夫《饕餮——帝说补论》（《史林》第76卷第5号，日本史学研究会，1993年9月版）等。另，章炳麟在《吴清卿〈字说〉手批》中，提出了古"帝"字来自于天上的飞鸟形状，康殷先生在《文字源流浅说》等中，认为"帝"字的原形是人工制作神物的象形。

何驽的北京大学考古学系2001年博士论文《长江中游文明进程》（146~149页）论著认为石家河文化早期肖家屋脊遗址AT1822④：36陶文是"帝"字，此看法正确，因为此类陶尊在大汶口文化、良渚文化等中均有发现，大汶口文化的这类陶尊上有一类常见符号，而这些符号多为"'单旋符'—三层或三峰昆仑"造型或"天顶—璇玑—建木—斗魁"造型。但是其有关"帝"字为"人祖至上神菁茅藉的形象"的论断可商榷，因为所谓"角杯符"实际就是"单旋符"，这类符的意义实际与红山文化勾云形玉器、大汶口文化陶符上端、仰韶文化中的"单旋符"一样是可以代表天神之元的，即北斗神或曰当时的极星神，亦即为当时的天帝。

董楚平先生曾将弗利尔玉璧符一类造型与"帝"字联系，这是很有见地的，但是其仍然是从生殖崇拜方面予以解释的，显然与我们的观点不同。

于"帝"字之意，尚有"燎祭"、"地界栏"、"外星飞形器"等无稽之谈，此不多述。

[10] 凌家滩玉版周围的穿孔，学术界多认为其与河图、洛书有联系。

[11] 帛书八行一段说"长曰青□榦，二曰朱□兽，三曰□黄难，四曰□墨难干"。

[12] 陈梦家先生在《殷墟卜辞综述》（科学出版社，1956年版）中推测说："五工正相当于卜辞的'帝五五工臣'。"

[13] 辛亥，内贞：今一月帝令雨？四日甲寅夕……

辛亥卜，内贞：今一月（帝）不其令雨？

辛亥卜，内贞：禘于北，方曰宛，凤（风）曰□，求年？

辛亥卜，内贞：禘于南，方曰微，凤（风）夷，求年？一月。

贞：禘于东，方曰析，凤（风）曰劦（协），求年？

贞：禘于西，方曰彝，凤（风）曰韦，求年？

[14] 邓立光：《五行之源起流变及其哲学意义》，《中国文化》第12期。

[15] 东方曰析，凤（风）曰劦（协）。

　　　　南方曰因，凤（风）曰微。
　　　　西方曰，凤（风）曰彝。
　　　　□（北）□（方）□（曰）夗，凤（风）曰□。
[16]　同[13]。
[17]　胡厚宣先生在《甲骨文四方风名考证》论著（《甲骨学商史论丛初集》第二册，成都齐鲁大学国学研究所石印本，1944 年）中认为四方名非神名，杨树达在《甲骨文中之四方风名与神名》论著（《杨树达文集》之五《积微居甲文说》，上海古籍出版社，1986 年，第 78~79 页）中认为四方名应为神名，王晖先生在《论殷墟卜辞中方位神和风神蕴义及原型演变》论著（复印件）中表示支持"四方名为神名说"，并增加了新的论据。同时，在此篇论著中，他还讨论了卜辞四方神名与晚期五方神名、五方帝的区别及联系，这于我们理解龙虬庄陶文中"五帝"所指是有重要参考意义的。
[18]　许顺湛：《中国历史上有个五帝时代》，《中原文物》1999 年第 2 期。
　　　李先登、杨英：《论五帝时代》，《天津师大学报》（社会科学版）1999 年第 6 期。
　　　曹桂岑：《论中国古代的"五帝时代"》，《华夏考古》2001 年第 3 期。
[19]　考古学中发现的礼仪、墓葬、建筑等与文献中有关"五帝"时代的一些特征较为相符。
[20]　夏、商、周断代特别是商、周的较为确切年代使"五帝"时代的考古学年代较为清晰。
[21]　那个时代的帝应不限于五个，称"五帝"可能与崇拜数"五"的思想有些联系。
[22]　李济：《跪坐蹲居与箕踞——殷代石刻研究之一》（《"国立中央研究院"历史语言研究所集刊》第 24 本）吴大澂《字说》引《白虎通》、《论语》、《论语集解》等中的相关材料，曾得出"蹲踞"之姿态"无礼仪"的结论，其所言"蹲踞"显然与本文所论的"蹲踞式"不同。
[23]　王作新：《汉字发生的社会学基础》，《历史文献学论集》，华中师范历史文献研究所编，崇文书局，2003 年。
[24]　汤惠生：《原始艺术中"蹲踞式人形"研究》，《中国历史博物馆馆刊》1996 年第 1 期。
[25]　张明华：《凌家滩、牛河梁抚胸玉立人说明了什么》（《中国文物报》2005 年 3 月 18 日）。
[26]　神灵、神祖、神巫有时是集于一人的。另，金沙铜巫史双手弯握，或仿执玉琮，以此形式表明其可攀援建木、天柱通天。商人高祖夒，实际是"蹲踞式"造型，同样表明其有攀援建木通天之术。
[27]　钺可以视为斗魁，所以其之穿可以视为当时的极星或北斗星，"蹲踞"式玉人位于其中心，显然表明"蹲踞"式形象可以是形象化的可成为帝者的造型。不过并不说明"蹲踞"式形象均可称为帝，"蹲踞"式造型可以是诸多神、巫的常见造型。
[28]　玉人首之神鸟实际与"天命玄鸟"之神鸟内涵一致。
[29]　关于此玉器上所见"⊕"字符号的含义，学术界有所研究，像潘守永等的《古代玉器上所见"⊕"字符号的含义——"九曲神人"与中国早期神像模式》（《民族艺术》2000 年第 4 期）、尤仁德的《帝俊玉像》（《故宫文物月刊》总第 160 期）等。我们认为其应为表示玉人与"天中"神关系密切的特殊造型，此玉器上所见"⊕"字符号应蕴涵有"天中"、北斗之意，其中的"十"字意为四方之中，"○"形符表示天圆。同时，此类符号多位于神人之"环跳穴"（有一件此"⊕"字符位于腿、足之间，像四盘磨出土商代圆雕石人），此为髀之关键，被中医学界称为"髀枢"，联系濮阳西水坡 45 号墓有以人腿骨代表斗杓的现象，我们

有理由相信,此类玉器上的"⊕"字符号位置和内涵具有与"天中"、北斗相关的特殊意义。

[30]　孙锡芳:《〈史记·五帝本纪〉可信性研究》,2004年西北大学历史学博士论文。

[31]　刘起釪:《古史续辩》,第613页,社会科学文献出版社,1991年。

[32]　东汉的材料见罗振玉:《贞松老人遗稿甲集》卷一。唐、宋的材料见郑州市文物考古研究所编著《中国古代镇墓神物》,第1~29页,文物出版社,2004年。

[33]　见《中国古代镇墓神物》,第1~40页。

[34]　学术界关于"五行"的最早含义有"五气"说(参阅[4])、"五行星"说(参阅[31]一书有关《尚书》"甘誓"篇之"五行"一词的讨论)。

（原刊于中国殷商文化学会:《北京平谷与华夏文明:国际学术研讨会论文集·2005》,社会科学文献出版社,2006年）

学患无疑，狐疑则学患

——释李维明先生《学患无疑 疑则有进》疑

顾万发

李维明先生近作《学患无疑 疑则有进》之文[1]（以下简称《学》文），对笔者两年前发表的《"新砦期"研究》一文[2]（以下简称《新》文）有颇多见识，为说明有关问题，今就《学》文之问题略作论述，以就教于《学》文作者。因为《学》文作者虽然是分"材料问题"、"论据问题"、"论证问题"、"论题问题"、"方法问题"等5个方面向笔者发问，但是其各部分及其注释的主题相互混杂，所以我们只好以其提出的具体问题为基础作以回答，以便于讨论。

《学》文作者在论及笔者掌握的在《新》文中用以讨论"新砦期"的一些基础材料时，指出："不排除其来源于参观介绍和误写的可能"。如果单言"不排除其来源于参观介绍"倒还可理解，言及"误写"不知何据。事实上笔者所依据的这些基础材料（主要指新砦、花地嘴、大寨岭等遗址），要么出自笔者主持或参与发掘、调查、主持的遗址，要么是笔者在断代工程的安排下或应邀参与过或对早期关键材料进行过简单整理或甄别的，笔者绝不会像《学》文作者那样仅凭少量"新砦期"材料、在对"新砦期"器物缺乏明确识别的情况下、对陈列的少量新砦遗址遗物经过短时间的"参观介绍"和"几个月"的"认真学习"后，就对有关"新砦期"的问题发表系列"高论"。对考古学文化的详细分期，需要以实在的对相关遗址的田野考古材料相当熟悉为基础，这是不争的道理，尤其对于很久以来发表材料较少、又未被学界真正识别的"新砦期"而论，更是如此。当然，也许《学》文作者的"认真学习"和"研习"可以弥补这类不足！说到这里，《学》文作者仍会像他在《学风濯濯 学史昭昭——关于"新砦期"论证三题》[3]中所说的那样，其仅是就"新砦期"论证而作文的，但是实际上，大家都能看到，《学》文作者的最初目的显然是为了否认"新砦期"的存在并继而维护某种夏文化观点的，只是随着"新砦期"后来在学界逐步得到确认（邹衡先生最近参观了花地嘴遗址的部分出土文物后表示："这一段还是存在的"），才不得已多次"声明"其是"无意"于否认"新砦期"的存在的，并继而强调其作文的所谓目的仅是为了说明"新砦期"的论证问题。像《学》文作者在《来自"新砦期"论证的几点困惑》[4]及《二里头文化一期遗存与夏文化初始》[5]中认为："这样作为包含一期两组的新砦二期遗存难于（按：第二篇文章为'很难'）在河南龙山文化晚期与二里头文化早期之间寻找到（按：第二篇文章此处无'到'字）足够的时空立足"，不久又在《学风濯濯 学史昭昭——关于"新砦期"论证三题》中及《学风濯濯 学史昭昭——例证方酉生教授谪难》[6]中强调"无意否认'新砦期'的存在"。简单对照，其目的、立场和商榷的结果显矣。

《学》文作者言笔者在论述学术界有关"新砦期"的不同意见时，遗漏了有关学者的观点，并称"在未有将所有不同意见全部穷举归谬的情况下，其有关认识也只能作为一种学术观点而已，并不能凌驾于其他学术观点之上"。首先，我想问《学》文作者，作文时必须得将所有观点"穷举归谬"？你是否自己做到了？其实，不同学者作文时所关涉到的材料面不同的状况简直太正常了，这有什么值得疑问和指责的呢？其次，以己之观点为更合理应是学者们作文的最基本语境，怎能将此说成是：将自己的学术观点"凌驾于其他学术观点之上"？如总是对自己的观点没有足够的信心的话，那还为何目的去将自己的观点写成文字？一种学术观点的优劣，终是由学术史来决定的，不会因为什么权威来论定的，更不是什么研究员们特别是非真实水平的"研究员"们来决定的。再者，笔者并未像《学》文作者所言的那样，将韩建业、杨新改的佳作《王湾三期文化研究》[7]遗漏，我在对《新》文中"新砦期"文化归属的讨论一节还特别对包括"王湾三期文化"在内的河南龙山文化作了讨论（《殷都学刊》2002年第4期28页第4行、第31～34行）。不知带着主观批评意识的《学》文作者对自己作文的基本材料是怎样口口声声自称是经过"认真学习"的？！

《学》文作者对笔者文中的"广义考古学文化"、"大东方"、"新砦期"等概念及相关论述提出疑问。关于这些问题，我们认为：

第一，对考古学上所称的文化概念的描述并不是沉沉的"死板"，学术界在运用这一概念时可以扩展这个概念，像"鼎文化圈"、"鬲文化圈"等就是范例。《学》文作者怎么评价这类用词？

第二，笔者所用的"新砦期"及相关概念，我在原文已有说明："本文因对'新砦期'概念有专节论证，所以在一般情况下对可大概通用或可通过附近文字确知其内涵的概念，用词时未都详加讲究"，在这种情况下，笔者认为这些概念并未有什么不清晰。"传统所论的新砦期"就是指包括《学》文作者在内的诸多学者作文时所用的不能正确反映"新砦期"内涵的"新砦期"，"真正的新砦期"就是指时间与文化面貌上相当于"新砦二期早段"的一类遗存，"广义的新砦期"就是强调指"单从具有过渡性质文化面貌方面而论"的"新砦二期"一类遗存，"新砦文化亚态"是在参考有关学者提出的"新砦文化"这一概念的情况下提出的，主要是说明"新砦二期"一类遗存尚到不了可称一个文化的地步，但是又比较特殊，至于"以新砦二期为代表的一类遗存"等概念，内容更是清楚，有什么不妥？倒是《学》文作者在为自己《二里头一期遗存与夏文化初始》之文中图四及相关论述的错误进行辩解时说到的

"笔者所谓新砦期遗存系泛指学界诸家学者所言"之"系泛指学界诸家学者所言"的"新砦期"到底是什么内涵令人费解。况且《学》文作者写此文时，是否认存在"新砦期"的（笔者按：其不久又声明其"无意否认'新砦期'的存在"），在这样的基础认识错误的状况下，讨论"新砦期"问题的观点又有多少是正确的呢？《学》文作者没有在新的文章中承认这么明显的基础错误，却仍在设法辩解，这种学术态度实在少见！

第三，有关"大东方"等概念。《学》文作者认为笔者使用"东方（文化）元素"、"大东方特色"等将不同时期、不同地域、不同性质、不同族属的考古学文化实现一统。我首先需要说明的是，笔者并不像《学》文作者所说的那样，将有关文化"一统"，我只是将它们中的有关元素联系在一起，这正是深层文化因素、文化联系分析的需要。寻找文化来源和关联时当然应包括不同性质、不同族属的考古学文化，否则何谈文化因素、文化联系分析？更何况这些文化在有些方面非常相似或有继承关系，而且，这些文化也并非像《学》文作者所说的那样全属于不同的族属，请《学》文作者还是去读读《东夷源流史》等著作并概揽三代以前的有关礼仪、宗教方面的物什及讨论吧！其次用"大东方"的概念将相关文化联系起来，这并无不妥，暂不说"大东"之词文献中早已有之（其与"大东方"概念无法等同，但是均与东方有关）[1]，单说在谈及考古学文化时用"大东方"有何问题？如果按《学》文作者的意思，"大欧洲"等将不同民族、不同国家囊括在一起的概念也不妥？其次，这些概念并非为笔者"发明"，其中考古学上的"大东方"一词，《学》文作者的导师也在"河南省文物考古研究所成立50周年学术会议"上同笔者谈过这一概念。

第四，《学》文作者自己在使用概念时存在随意现象（详见相关讨论）。正像我们已言明的，其在对《二里头一期遗存与夏文化初始》之文中图四及相关论述的错误进行辩解时，说到"笔者所谓新砦期遗存系泛指学界诸家学者所言，考虑到学界存在'新砦期'是不同文化混合物的意见……"，真不知其用的到底是哪个"新砦期"的概念。

《学》文作者指出《新》文中有的文献和文字出现失误问题。《新》文中的文献和有关文字确实存在误写或语句"改字"问题，笔者欢迎相关的批评，但是我应说明的是：

首先，一篇文章是更注重其是否有学术创见呢？还是更注重其文字和符号呢？我这里不是说文字和符号等的规范化不重要，只是想说明学术创见的相对更重要性。当然《学》文作者是不会同意这样的观点的，从其曾为自己发表作品的年代被笔者误写少了一年很是"不安"，倒不为自己作品文字叙述的似乎表面化规范

---

[1] 参见《诗·鲁颂》、《诗·小雅》。另有关"广义东方"的问题可见：栾丰实《论"夷"与"东夷"》（《中原文物》2002年第1期）及注（27）之讨论。

(其实也有不少问题，详见有关讨论）而无任何学术创见"不安"的现象就可明白。另外笔者所引用的有关文献及错字，在多大程度上影响了笔者的观点和论证？像笔者在《新》文中引用有关"帝相"、"仲康"等文献时的所谓"改字"及将"稍柴"写成"稍砦"等现象，并不影响笔者对文献含义的正确理解，这又怎能影响笔者的论证呢？

其次，其将明显为疏忽造成的误字说成是"改写"。还有，其将可能为由于计算机在文本转化时出错等原因造成改字现象说成是"写作"，像其言《顾文》将79年新砦发掘地层T2③写作T2（r）"，这些还罢了，在详细寻找别人的这类错误的同时，却对自己不以为然，其这方面文风的主要问题在于：

（1）文中极其随意地多次出现任意分段、分句的现象，显然不符合最基本的汉语规范。这方面现象太多，读者可随便阅读《学》文作者有关文章，即可发现。

（2）文中也有不少"写作"类错误。略谈几例看看：像其在《来自"新砦期"论证的几点困惑》中将T6③"写作"T6⑧，但在更证中却说成是"误印"，不知以下现象是否也是"误印"：《二里头一期遗存与夏文化初始》图中的H16（笔者按：《学》文作者已更正为H6）、《殷都学刊》2003年第4期第32页《学》文注释⑦在引用《夏商周断代工程1996—2000年阶段成果报告·简本》（9）这一书名时，在"成果"与"简本"之间有一"?"符、在《学风濯濯 学史昭昭——关于"新砦期"论证三题》中，错误地说明提出"新砦期二里头文化"的时间为"20世纪70年代"（《殷都学刊》2003年第3期第28页左栏），同在本文它处则又为"20世纪80年代"（《殷都学刊》2003年第3期第25、30页左栏）、在《二里头文化一期遗存与夏文化初始》中，《学》文作者将稍柴H20分别列入二里头文化一段和二段（2002年第1期《中原文物》34页右栏）。笔者按：即使此单位为跨段单位，为何"不事先予以说明"，而且从其对一段、二段的特征描述看，显然连这种可能都不是）、除造了个颇为"著名"的"刻槽罐"还不够，又在"二里头文化一期甲群""典型器物群"中造出个"花边甗"来（2002年第1期《中原文物》34页左栏）、渑池郑窑报告中已明确对暂划到第一期的那件釜灶时代性质有疑问（笔者按：原报告主要依据是：此器造型与新石器时代有关文化典型器非常相似及该器所在单位仅出此器），但在《学》文作者处却成了其所谓二里头文化一期"豫西山区型"的"文化特征"的代表之一（《中原文物》2002年第1期36页左栏）、将密县黄寨遗址写成"黄砦"（寨、砦在地名中常无别，但是，原考古简报始终用的是"寨"字，显然与发表资料不符，更不符合《学》文作者的"严谨"学风）等等。对于这些问题《学》文作者自己会不会"不安"、"惊骇"或认为是"学界罕见"呢？

再者，《学》文作者由于自己对有关文献及历史地理缺乏了解，所以多次横生疑惑并予以指责，较为突出的例证之一就是"启居黄台之丘"问题。有关这方面的文献及论证，现叙述答复如下：

一、"启居黄台之丘"观点的提出。将《穆天子传》所载启与"黄台之丘"的内容概括为"启居黄台之丘"的观点源于丁山先生《由三代都邑论其民族文化》[10]一文有关夏代诸王之居的列表，其云："都邑名-黄台之丘，迁居者-启"，这种概括笔者在《"新砦期"研究》及《〈"新砦期"研究〉增补》(《中国上古史研究专刊（三）》，王中孚主编，兰台出版社，2003年8月版。本文发表时未及校对，《学》文作者又有写作的材料了）中均有讨论，并在《〈"新砦期"研究〉增补》中指出，丁山先生所言启居"黄台之丘"实际是以居之"喻都其附近"。

二、与启相关的"黄台"之典籍背景。我们知道，丁山先生所据文献主要是明正统道藏本《穆天子传》及唐·李善注谢惠琏《文选·雪赋》中有关"黄台"的句子。实际上尚有诸多典籍引用了《穆天子传》中有关"黄台"（有的作"黄"或"黄室"）之句，由于不同典籍中此句话的内容多不完全相同，所以我们将相关文献予以辑出，以备准确地理解文献和讨论相关问题。明正统道藏本《穆天子传》："丙辰，天子南游于黄台之丘，以观夏后启之所居，乃□于启室"、唐李善注《文选·雪赋》、唐徐坚《初学记》、唐欧阳询《艺文类聚》卷2等载《穆天子传》中此句为"天子游黄台之丘"、依晋郭璞注清洪颐煊校平津馆本《穆天子传》曰："天子南游于黄□室之丘"、宋代官修《御览》卷592《穆天子传》曰"天子南游于黄室之丘"、宋官修《御览》卷34所言《穆天子传》曰"天子游黄室之丘"、清陈逢衡《穆天子传注补证》曰"天子南游于黄，□室之丘——"等不同表述，并且历代研究者对同一描述也多有不同见解。另《密县县志》及《河南通志·古迹（下）》曾记载新砦城址附近的"力牧台"又名"皇台岗"。

三、关于"黄台之丘"的地望问题。丁山先生曾据文献考证出，《穆天子传·卷五》中的有关"黄台"的这段话反映出启应居于"黄台之丘"附近，并且此"黄台之丘"应在密县、新郑之间，确切地说他认为应"在洧水与黄水之间"的"皇台岗"，赵春青亦认为《穆天子传·卷五》中的"黄台"应为此"皇台岗"，即《密县县志》及《河南通志·古迹（下）》所载新砦城址附近的"力牧台"[9]。不过"力牧台"范围小。从民国张六甲所绘"溱洧源流图"中的"皇台岗"位置与现今"力牧台"位置近似看，"力牧台"之论可能相当晚。另，不少注家将"黄"解释为《春秋》中"黄崖"或位于今河南潢川县的春秋时的古黄国，实际按《穆天子传·卷五》的记述，丙辰时，天子不可能到达古黄国，又据《水经注疏》及《左传·哀公二十八年》杜预注等，"黄崖"与"黄台"的地理距离很近，"黄台"在赤涧水东北附近，"黄崖"在赤涧水东南附近，"黄崖"名称的来源显然应与"黄台"有关，但是毕竟与之不是同一地名，至于新砦城址以东的黄台村，现在认为是由于姓黄的人居此地得名，但是其更早的来源估计应与附近的"皇台岗"有关。另外，按清杨守敬等《水经注疏》、清汪士铎《水经注疏图》及考古调查，在禹县、长葛临界也有地名"皇台岗"、"黄台（寨）"等，并且据《魏书》、清道光《禹洲志》、《太平寰宇记》等记载，附近曾设过"黄台县"，附近又有"黄水"、"均台"等水名及地名,《统笺》又曰:"启即位于此(按:阳翟),故曰夏邑"。《水经注·溟水》又载其附近有"夏亭",《水经注·洧水》又载:"黄陂水注之,水出西北黄台七女岗北",会贞按:"《地形志》:黄台县有黄台岗,黄皇古通,黄台岗盖即黄台。七女岗:《寰宇记》黄台在阳翟县东北四里,七女岗在县东北三十里"。"黄水"在密县新郑之间亦有,并且是丁山先生考证"黄台之丘"所在地望的一个重要论据,估计与"黄台"应有关,文献《左传·昭公四年传》又载:"夏启有钧台之享",所以夏启之居在此地之"黄台"(或"皇台")单据文献和有关地理名物看,也有可能。

另据《穆天子传·卷五》载:"于黄泽,东游于黄泽,宿于曲洛。废□,使宫乐谣曰"黄之池……黄之泽……"。则显然在巩县伊洛河流域有"黄泽",又《水经注疏·卷十五》京相璠曰:"訾城北三里有黄亭,即此亭也。《春秋》所谓次于黄者也",《水经注·洛水》:"洛水又东,濁水注之,即古湟水也,水出南原(黄亭下)",《水经注疏·卷十五》杨守敬于此句曰:"《春秋·昭公二十二年》,王猛居于皇。《左传》言次于皇,又言伐皇,本作皇。《续汉志》,巩县有湟水。刘《注》引《左传》王子猛居于湟。则此作湟所本也下文又引《春秋》作次于湟,乃本京相璠等皇亭之说也。"《水经注疏·洛水》又言:"《续汉志》,巩县有黄亭。杜《注》,巩县西南有黄亭。亦在今西南"。根据这些文献,陈中勉《中国古代历史地图集》中春秋时"皇"的位置、清汪士铎《水经注疏图》有关皇亭与湟水的位置判断,在今芝田镇、孝义镇一带距离稍柴遗址不远的地方也有皇地、皇亭和湟水,不过由于其附近未有有关黄台的记载和相关大型龙山文化遗址,所以从文献考证看,启不太可能居于附近。当然在夏文化中心区的这类相关文献亦值得重视。

四、关于"黄台之丘"的古史问题。单依文献和地理学材料,我们发现,"黄台之丘"与夏启之居的问题并不容易解决,至少禹县、长葛临禹县地界的地名"皇台岗"、"黄台(寨)"、"黄水"附近等亦有可能为夏启之居。因为丁山先生考证的所依据《穆天子传·卷五》中的"黄台"、"黄泽"等名称在禹县、长葛临禹县地界均有。所以这时我们只有参照考古发现,从实证的角度予以论证。在禹县的"皇台岗"、"黄台(寨)"、"黄水"区域附近,发现了以龙山文化晚期遗存为主的瓦店遗址,在密县古城寨发现了龙山文化晚期城址,在密县新砦发现了新砦城址(新砦二期晚段或龙山文化晚期与新砦二期晚段),再参李伯谦先生有关王朝更替与文化变迁模式的理论、夏商周断代工程年表之考古学年代、相关 ^{14}C 数据及古籍文献,当然我们有理由将夏启之居与三者均可关联。

五、考古学年代与夏启之居。张国硕先生曾将新砦期与启关联过[12],虽然其当时未明确论证新砦遗址与启居有关。笔者曾将古城寨古城与启关联过,亦就新砦遗址与"黄台"的关系作过详细的讨论,当时的新砦古城尚未发现。近来赵春青先生又提出新砦城址很可能为夏启之居的卓见。诸位学者的卓识非常重要,但是我们必须注意,新砦遗址申报2004年全国十大考古发现等有关材料表明，此遗址有两座城，一为龙山文化晚期城，一为新砦遗址二期晚段城[13]。无论从一般的遗迹现象看，还是从兽面纹、玉器、铜器等高级别的礼仪用物看，新砦遗址一期是该遗址较为繁盛的时期，新砦遗址二期晚段是该遗址最为繁盛的时期，新砦遗址二期早段此遗址处于不景气阶段，所以，笔者认为，若新砦龙山城确存在，则新砦龙山文化晚期城址有可能是夏启之居，新砦遗址新砦二期晚段城址应与少康之都有关，若新砦龙山城不存在，则古城寨古城与启居应相关，瓦店遗址由于面积及重要遗迹现象尚未发现等原因可能性小。笔者的这种观点的其他文献及考古学依据为：

a. 诸多文献载，夏启在帝位的时间为9年或10年（《真诰》卷15注中所言《古本竹书纪年》载：启在位39年，实际是其为夏伯的时间为30年，在帝位9年或10年），在夏伯位为30年，无论怎样计算，夏启在帝位之年均无法与整个新砦城（龙山及新砦二期晚段城）时间跨度近似，况且新砦二期晚段为该遗址的繁盛时期，此遗址又缺乏新砦二期早段城墙等重要建筑。

b. 《古史纪年》："（启）帝即位于夏邑"，《今本竹书纪年》载："帝启，元年癸亥，帝即位于夏邑"，又载："……奉少康归于夏邑。诸侯闻之，立为天子，祀夏配天，不失旧物"。此几句中之"夏邑"很有可能是指同一地方，于此，则新砦遗址一期诚为启居之"夏邑"，则其二期晚段城当视为"归于夏邑"的少康所居。王国维在《今本竹书纪年疏证》言："今本于尧、舜、禹皆云'居冀'者，盖以《左传·哀公六年》杜预注云：'唐、虞及夏皆都冀方'，故云然"之论甚是（王国维《今本竹书纪年疏证》，《海宁王静安先生遗书》石印本，收于方诗铭、王修龄《今本竹书纪年疏证》，上海古籍出版社，1981年2月第一版）。

c. 《史记·夏本纪》、《水经注·卷十五》引《竹书纪年》、《尚书·序》、《尚书·夏书》等文献记载，因为太康失国，其兄弟五人只好"须于洛汭"或"徯于洛之汭"。恰好，在洛汭附近，我们发现了出有相当级别的重要礼仪用物、祭祀现象、住防设施等的属于新砦二期早段的花地嘴遗址，这一阶段恰为新砦遗址的不景气阶段，显然，将其与"五子之歌"时段关联无论从古文献角度还是考古学的角度均是有相当依据的。

d. 依据《穆天子传》及《古本竹书纪年》等中有关黄台及均台的记载，启之居另外的可能应在古城寨与瓦店。但是若《今本竹书纪年》所载"奉少康归于夏邑"与《古史纪年》"（启）帝即位于夏邑"中的"夏邑"所指相同，则只有新砦遗址最符合，当然这是在存在新砦龙山阶段城的情况下，否则，古城寨、瓦店附近的古地理地名等就与启居黄台的有关条件相符，尤其有可能的是所在遗址面积近50万平方米、又有龙山文化城墙和宫殿建筑的古城寨古城（笔者在《北京大学古代文明通讯》、《古都郑州》等刊物所发表的有关黄台的论述未谈及瓦店遗址，因为瓦店遗址仅20多万平方米，并且未发现重要遗迹现象。不过其或附近显然应属于启时与均台有关的地方）。

《学》文作者简介标明自己不仅从事"夏商考古"，而且"夏商历史研究"也是其

"主要从事"的范围，不知《学》文作者对"夏商历史"的这些必备文献及研究状况有多少了解？由此可以明确看出，《学》文作者在文中对拙文有关文献的讨论，多是临时按图索"籍"！

另，《学》文作者在论述"启居黄台"问题时，引用《郑州晚报》2002年12月21日A3的封三新闻作驳论依据，试问《学》文作者，这类报纸的"新闻"符合你自己非常强调的引用资料要科学规范的要求否？考古学界现在谁不知道在非文物界文化媒体报道中早已存在"新闻炒作"和"误引学者言论"的现象？你也相信该新闻中类似"宫殿中有夯土灶台"之语的报道否？《学》文作者不至于将这类资料都搜作为指责依据之地步吧！

《学》文作者对本人在《新》文中将1999年新砦遗址发掘简报（14）中的一件"中口罐"（1999HZT1H148：8）改为"小足鼎"，说成是"为其随意更改自己参与撰写的原始报告材料再添例证"，《学》文作者又在利用极其有限的线图材料进行极其简单的对照状况下，断言笔者的改动"实属牵强"，并由此类问题得出笔者"意在有关'新砦期'论证科学性的讨论中同时充当'正方'和'裁判'的双重身份"。关于此问题：我再次强调，1999HZT1H148：8是一件小足鼎，笔者曾在此单位找到了剩余的残陶片，并且有的正好是足部。当1999年新砦遗址发掘简报正式发表前，笔者发现了原稿中的这个问题，于是本着实事求是和"将这些失误近早纠正过来""现在认识中有不对的就应该改正"（《学风濯濯 学史昭昭——例证方酉生教授谪难》引用，《东南文化》2003年第1期18页左栏）的态度和想法，将这个失误予以改正。这应是符合发表新的、正式的材料规则的，与《学》文作者赞同的"现在认识中有不对的就应该改正，这就是科学态度"观点有何不符？《学》文作者多次强调不能随意改动原始材料，请问对错了的材料予以更正时，何谓"随意"，何谓"不是随意"？《学》文作者意在于改动时必须事先予以说明，于此，我亦不以之为全然，考古材料的具体问题以正式报告或简报为准的原则学界包括《学》文作者应很熟悉。况且，如果每个不关其文主旨的问题在一篇文章中均要事先予以说明，那还叫什么文章？《学》文作者在"新砦期"存在与否的争辩中失败后，在讨论与"新砦期"问题密切相关的文章中多次声明其"无意于否认'新砦期'的存在"，但却从未见到任何明确的转变原因说明，这又是为何？《学》文作者在对笔者指出的其《二里头一期遗存与夏文化初始》之文中图四及相关论述的错误进行辩解时，说道："笔者所谓新砦期遗存系泛指学界诸家学者所言，考虑到学界存在'新砦期'是不同文化混合物的意见，在这种可能性尚未排除的情况下，……"，请问，即使你是正确的（实际是错误的），你为何不在原文中"事先予以说明"呢？《学》文作者文中这类"问题疑问"相当多，在此不需多论。

《学》文作者在对笔者指出的其《二里头一期遗存与夏文化初始》之文中图四及相关论述的错误并不接受却进行了奇怪的诡辩，《学》文作者还提出了几个"论据"。为正视听，我们不妨对此问题再加审视：

关于这些"论据"及其《二里头文化一期遗存与夏文化初始》原文等，我们从以下这几个方面予以讨论：

首先，《学》文作者在《来自"新砦期"论证的几点困惑》中认为"这样作为包含一期两组的新砦二期遗存难于在河南龙山文化晚期与二里头文化早期之间寻找到足够的时空立足"、"所以新砦期二里头文化至少一部分遗存可归属于二里头文化一期早段"；《学》文作者在《二里头文化一期遗存与夏文化初始》中认为"新砦期遗存属于二里头文化一期早段"、"二里头文化一期是夏文化早期遗存"、"该遗存的发现的意义是对二里头文化一期遗存文化内涵的丰富和补充"（笔者按：其后来又改变了观点，声明不否认"新砦期"的存在）。从这些论述可以明显看出：《学》文作者在《来自"新砦期"论证的几点困惑》中对"新砦期"的认识是矛盾的，既不承认"新砦期"，又认为其"至少一部分遗存可归属于二里头文化一期早段"；《学》文作者在《二里头文化一期遗存与夏文化初始》中已改变了观点，论定"新砦期遗存属于二里头文化一期早段"。从其言"这样作为包含一期两组的新砦二期遗存⋯⋯"可知其这时所使用的新砦期概念的物质内容显然"是以新砦子项目小组所言的新砦期为讨论基础"（《学》文《殷都学刊》2002年4期29页右栏），其否认这一现象才真的"实属单边曲解"。当然，其在文中也使用了其他内涵的"新砦期"概念，像"系泛指学界诸家学者所言"的（按：不知是何内涵）及为"不同文化混合物"的等等，这两个概念的物质内容与新砦子项目小组所言的《学》文作者使用的"新砦期"并不一致，由此可以看出，《学》文作者所用的"新砦期"概念是多么的"严谨一致"。

其次，《学》文作者在《二里头文化一期遗存与夏文化初始》中将二里头文化一期分为早晚两段，其依据是："据Ⅱ.ⅤT104⑤叠压Ⅱ.ⅤT104⑥判断本段相对晚于上段"，《学》文作者怎么能单凭这么一组地层关系、并且在Ⅱ.ⅤT104⑤与Ⅱ.ⅤT104⑥器类很少相同从而很难获得二里头文化一期诸多器类早晚段演变特征的情况下就"判断本段相对晚于上段"呢？《学》文作者真够其自称的"学风务实"的了！《学》文作者可能会辩称其同时参考了其他遗址（笔者按：至少其在本文中未说明），据笔者所知，即使其参考了其他遗址的地层关系，也很难得出其文中的结论。其经过参考其他遗址地层关系写成的文章就是其在《二里头文化一期遗存与夏文化初始》中提到的《二里头遗址二里头文化陶器编年辩微》，其实这篇文章中二里头一期早段的器物多数属于二里头一期晚段并且此"辩微图"显然主要是"看图造序"的。据笔者了解"仅看图就造序"是这篇文章当年被《考古》杂志拒绝的主要原因。真正懂得田野考古学的学者都深知"看图造序"的危害，但是至于今天，随便看看《学》文作者的几篇文章，就知道他的"沙发学风"依旧！

总之，"需要说明的是，笔者在提出所谓新砦期应归入二里头文化一期早段的认识基础上，将新砦遗址与二里头遗址一期部分陶器进行特征比较。考虑到相关材料公布有限，笔者将比较时限设在二里头文化一期内进行，《顾文》作者大概没有看到是在二里头文化一期这一时限框架内进行的图题说明"。《学》文作者用这段话作为辩解的论据,实在与笔者指出其图四及其论述错误无关。我所指出的是"其将其认为属于二里头文化一期早段的新砦期器物与其认为属于二里头一期晚段的器物作比较"之错误。《学》文作者写此段文字时可能意识到这个用以辩解的"论据"有问题,所以《学》文作者又退了一步,辩解道:"就考古学研究而言,地层单位的年代与其中部分遗物的年代可能出现并非一致的现象,即较晚的地层单位内可包含部分早期遗物。《顾文》作者对此十分清楚,并在文中作为论据使用,不知为何不言矛盾?据此判断,《顾文》为拙作指出的这处矛盾,实属人为制造"。我们知道,较晚的地层单位内确可包含部分早期遗物,但是这类遗物特别是陶器在作考古学分期研究时一般是予以剔除的,严谨的学者是不会以之作为重要论据使用的,尤其对于那些难于准确论定其为"早期遗物"者。顺便问问《学》文作者,你有什么论据证明Ⅱ.ⅤT104⑤中单单就是此件器物为"早期遗物"呢?更何况Ⅱ.ⅤT104⑤还是你文中唯一的一组分期依据中的两个单位之一呢?即使笔者对你的这个错误的指责都不对,那么,既然你现在承认了"新砦期",显然你"将比较时限设在二里头文化一期内进行"、"是在二里头文化一期这一时限框架内进行的"的假设按你现在所依照的观点显然是错了,所以你将不得不或至多得出"自己当时没错现在错了"的滑稽结论。另,我在《新》文中提到渑池郑窑所出的甑有可能是早期遗物,是在这类特征者在洛阳及其以西地区二里头文化中基本不见、嵩山以南的早期二里头文化及龙山文化中常见的前提下提出的,即我们有有利的论据认为"其很可能为'早期遗物'",《学》文作者不妨再读读笔者的原文。

　　《学》文作者断章取义这一点在《学》文中的"新砦期与二里头文化到底是什么关系?"一节中表现得极为明显。我在文中谈论到新砦期与二里头文化的关系时,前提是我尚无法肯定"新砦二期晚段"与"二里头文化一期"的早晚关系,所以在行文时肯定会予以表现。同时《学》文作者对我的"如果不考虑这些因素,完全从地域类型的角度来描述可能更为严谨"的重要说明(《殷都学刊》29页右栏)、"如果新砦二期晚段与二里头一期同时……(如果新砦二期晚段确实同时于二里头一期的话)……(如果新砦二期晚段确实早于二里头一期的话)(《殷都学刊》29页右栏)、另,如果新砦二期晚段与二里头一期同时的话,则对地域性的化分可作如下调整"(《殷都学刊》35页左栏)两段内容只字不提。另《学》文作者还将笔者不是首席写作者的文章中的某句话与笔者论著中的话结合起来用作为指责的依据。我在《新》文中早已指出,当时我尚不能肯定"新砦二期晚段"与"二里头一期"的早晚关系(笔者的新认识曾以《〈"新砦期"研究〉增补》为题正式发表,论文发表时未校),所以对"新砦二期晚段"早于或同时于"二里头一期"的情况均作了学术讨论(《殷都学刊》31—35页),《学》文作者对此很清楚,在《学》文中其也数次提到笔者的观点,怎么其在这段讨论中就不再清楚了呢?更为成问题的是其在《学》文中言:"则与其言新砦期'下与二里头文化紧密相连'矛盾"(《殷都学刊》31页右栏)。"下与二里头文化紧密相连"这句话出自《河南新密市新砦遗址1999年试掘简报》(《华夏考古》2000年第4期)。对此：首先，作为一个简报的共同写作者观点可以保持一定程度的不同，这是很正常的。如果合作者观点必须都相同的话，我看全世界的合作者共同是写不了几篇简报的。其次，即使你认为在那篇文章中我们合作者的意见完全相同，但那是2000年12月份发表的，而我的新观点是2002年12月发表的，不以作者新观点为讨论基础，却以旧的为基础，显然是为己之需，随意拿来。这算不算"移花接木"？

《学》文作者指出笔者"随意""曲解"了他的有关学术观点。如"《顾》介绍'新砦期'与禹时之晚段至仲康前一段对应，这样的观点为笔者首创。然而事实是，笔者从未表述过这样的观点"。我们从《学》文作者《二里头文化一期遗存与夏文化初始》中看到："二里头文化一期绝对年代……大致可以包括夏王朝初期禹、启、太康、中康、相四世五王的事迹"，又从该文注23说明中看到："夏年中应包括禹的部分年代，但不是全部"，我们知道古本《竹书纪年》、《帝王世纪》、《太平御览》、《路史》等文献中载有夏代王年，断代工程也提供了不少重要的测年材料，《学》文作者又在《二里头文化一期遗存与夏文化初始》中认为：二里头文化一期可以均得夏积年中的百年左右、"新砦期又属于二里头文化一期早段"、"夏年中应包括禹的部分年代"（笔者按：《学》文作者认为二里头文化一期至四期为夏文化），则按照这些数字推算，将"'新砦期'与禹时之晚段至仲康前一段对应"这种看法归于《学》文作者怎么就是对其学术观点的"曲解"呢？

《学》文作者指出笔者在《新》文中"只介绍学术界对其'新砦二期'的赞誉之词，而对学术界有关'新砦期'论证中存在的诸多失误现象提出的批评却只字不提"，此论完全不顾基本事实。首先，对这些批评，笔者已与相关学者联名（《学》文作者称之为"聚众"）予以说明了，有发表文章为证。其次，笔者在《新》文中并非"只介绍学术界对其'新砦二期'的赞誉之词"，实际上对诸多不同意见，笔者多作过介绍，至少其中明显包括《学》文作者的"高见"。再者，倒是《学》文作者在《学》文中对笔者指出的其在《二里头一期遗存与夏文化初始》中对"二里头文化一期"遗存的定义、分区、分型等重要错误"只字不提"。

《学》文作者指出笔者在选取论据时，有"党同伐异"之嫌。首先，连《学》文作者也应承认，笔者有关"新砦期"的观点与目前所有的其他学者均不全同。其次，对这些学者的观点，笔者也发表过不完全同意的评论，《新》文中就有。为学术故，就是对于笔者"参与过标本选送工作"的《夏商周断代工程1996—2000年阶段成果报告·简本》75页图十五之有关"新砦期"的图表，笔者也在《新》文中发表过看法。再者，假设选取别的学者的正确观点作为自己文章的论据是"党同伐异"的话，我认为这样的"党同伐异"没什么不正确。

《学》文作者指出笔者在论述有关"新砦期"研究的学术意义时，论及到"新砦期"研究关涉到"虞夏的界限"和"夏商王朝分界"的表述是"不一致"现象。看来

《学》文作者对笔者的观点实在是无法再找出什么别的问题来。笔者认为"新砦期"研究的重要学术意义在于从考古学上有可能找到"后羿、寒浞代夏"事件的年代,如果"新砦二期早段"被确定为与"后羿、寒浞代夏"相应,则从考古学方面向夏王朝起始两个方向联系,显然有助于解决"虞夏的界限"和"夏商王朝分界"。这种对"新砦期"研究的学术意义的表述,在《学》文作者处却被完全孤立为两个无关的语法短语,然后被人为地制造为"不一致"。的确,两者的用词确实不一致!

《学》文作者提出"用传世的文物作为论据的说服力有多大?"、"不知顾文根据什么将大甸子墓地与上甲微征讨有易氏联系起来。另外,不知'二里头文化有关人群'因何与有易氏一些人一起经甘肃前往四川?《顾文》所言这段事实的文献根据是什么?这里所言的牟族对应的是'二里头文化有关人群',还是'有易氏人群'?"等疑问,并举笔者文中提到的"齐家坪的铜牌饰"、"大甸子墓地彩绘图案"、"有易氏与瑶民"、"青铜鬶"、"牟族"等及其论述予以否认笔者的观点。又指出"《顾文》依据这两件脱离地层而孤立存在的器物,作出时代类比恐怕靠不住"等。

第一,《学》文作者混淆了"传世的文物"、"传出于某地的文物"、"无明确出土层位的采集品"、"流散品"、"征集品"等概念,因之对上述笔者文中提到的器物的不同价值实际上采取的是完全否定的态度或赞同"传世的文物"看待。事实论之,笔者所举的这些文物除山东这件"青铜鬶"外,均不能称之为"传世品"。

第二,学术实践证明,"传世的文物"、"传出于某地的文物"、"无明确出土层位的采集品"、"征集品"等经鉴定为真品者,其价值往往不可忽视,尤其是对于在有的地域相对集中地出现风格相近的器物更应认真对待。像著名的日照两城镇"玉北斗神面圭"以及相关玉器、诸多著名的带铭铜器就是代表。

第三,笔者在论证相关论点时,并非仅将这些器物作为唯一论据,我还列举了其他材料。《学》文作者应当很明显地看出笔者的观点是以一组材料为依据的。像笔者在论证"后羿、寒浞代夏"问题时,除提及山东这件"青铜鬶"外,我还列举了丰富的考古学和文献材料,《学》文作者为何对除"阻穷西征"等外的这些考古材料和其他文献不予以说明不妥呢?

第四,还有,《学》文作者在指责笔者有关齐家文化年代的讨论时谈到"学界还有判断齐家文化年代下限年代更晚……"等等,我这里需要说明的是,笔者并不否认齐家文化年代下限年代在各处结束不一的看法,我在文中只是反证齐家文化年代下限年代较早的观点。《学》文作者举出这类观点,不知是否又是为了"穷举"?即使如此,诸多的相关观点也尚未列出,至少包括《学》文作者导师的观点。《学》文作者还指责"《顾文》依据这两件脱离地层而孤立存在的器物,作出时代类比恐怕靠不住",请《学》文作者看看有关原文:"像齐家坪的铜牌饰、庄浪的壶式盉……等等……夏家店下层文化与三星堆文化具有一定的关联,像大甸子墓地的彩绘有的图案(像M663:1,更早的渊源与日照两城镇玉圭北斗神图案有关)极其类似真武藏包包遗存的双'S'兽面铜牌饰"，显然这些论据不限于"两件脱离地层而孤立存在的器物"，而且"等等"表明我们在此并未详举其他有关论据，像美国大都会博物馆所藏齐家文化盉（笔者按：美国友人惠赐线素描图）、安特生有关论著中提到齐家文化陶盉[13]、有明确出土层位的陶盉[14]。其中对于大地湾等遗址出土的具有二里头文化风格的器物，笔者为文时曾咨询过《学》文作者的导师邹衡先生，其曾见过并同意其可能是具有二里头文化风格的器物。

第五，至于说到"阻穷西征"问题，《学》文作者说笔者"颠倒了学术观点的承继关系"、"大概是与己见不合之故"而省略"顾颉刚先生关于羿被看成篡位之君为东汉人所造的观点"，这种指责实在是牵强附会。笔者说"顾颉刚先生亦赞成此解"，特别是其中的"赞成"一词仅为表明我们对"西"字的理解相同罢了，没有任何"颠倒了学术观点的承继关系"的嫌疑，这样有什么意义呢？笔者为收集顾颉刚先生的全部作品，早年就与上海古籍出版社及先生生前助手王郁华老先生有过联系。关于所谓"大概是与己见不合之故"而省略"顾颉刚先生关于羿被看成篡位之君为东汉人所造的观点"之论，我想问，在引论别人的观点时是否必须全盘接受和引用？其实，我未引论顾颉刚先生的其他观点，显然主要是因为我不同意他与童书业的有关羿、浞代夏的其他看法，我仅引论其以"西"字为"向西"解的观点，是为反证学界以"西"为"自西"（按：即从西向东）的看法提供更多的材料。

第六，关于有易氏与瑶民关联的文献，主要见于《山海经》，当然，《学》文作者可能会说，学界尚有其他解释，我这里声明，我不赞成这些观点。从考古材料看，夏家店下层文化与三星堆文化具有一定的关联，像我们早已谈到的，"大甸子墓地的彩绘有的图案像 M663:1 极其类似真武藏包包遗存的双'S'兽面铜牌饰"①。当然还有诸多相似内容，此暂不赘述。至于有易氏与夏家店下层文化的关联，学界没有可信的反正。诸多杰出学者都承认河北易水流域与有易氏有关，而恰是此区域有相当的文化遗迹可划归夏家店下层文化。因为历史地名形成的因素复杂，这时候我们就必须参照考古学的发现了。既然，夏家店下层文化中期的中心在易水向北的地域，结合先商文化的考古学年代，为何不能认为其时的有易氏中心在此呢？又，三星堆文化与二里头文化、二里头文化与夏家店下层文化（信仰中有不少"东夷"内容）、三星堆文化与"东夷"信仰关系密切已是不争的考古事实，四者之间又有共同的相

---

① 在王青博士所论诸牌饰中（《镶嵌绿松石铜牌饰初步研究》，《文物》2004 年第 6 期），除三星堆文化仓包包遗址的一件有双"S"图案的牌饰外，王青博士的"多层"认识不妥，"心形符"与神面的"两角"不应视为"多层"。"多层牌饰"主要存在于夏家店下层文化。另，这些首有"心形符"的牌饰图案实际在二里头诸多铜牌饰、大甸子墓地彩绘牌饰中均有，其源于早期玉圭及北斗玉雕上的头有负"心形符"神鸟的北斗神图案。晚期其还显现于三星堆埋藏坑 Ea 型玉璋（《三星堆祭祀坑》报告称为 Ea 型玉戈）及金沙遗址的类三星堆 Ea 型的玉璋 2001CQJC:141 的造型中。

似点，如牌饰。齐家文化中又发现不少包括铜牌饰在内的具有二里头文化风格的器物①，与齐家文化时代有所重合的石峁、新华、东龙山等遗存与二里头文化密切相关，石峁等遗存的高级别信仰与早、中期三星堆文化又有相当的关联，像分歧式牙璋方面等等，所有这些考古学事实以及在三星堆文化三星堆两个"埋藏坑"中诸多"狗头冠"与畲、瑶族妇女的"狗头冠"极其相似等状况使笔者相信我在文中提到的《学》文作者对之疑惑不堪的系列观点的价值。

第七，至于其所言的牟族对应的是'二里头文化有关人群'，还是'有易氏人群'，很明显，牟族早期的重要来源地应在东方，后来迁徙至各地，夏时其先来到二里头文化区域，成为"二里头文化有关人群"。关于牟族，我们还需谈谈《学》文作者的其他错误疑问：《学》文作者断言："'牟'与'目'两字未见直接通假的文例"。我这里仅略集几则有关"牟"、"眸"、"目"的文献：《说文新附·目》"目作牟"，《集韵·侯》"目，通作牟"，《释名·释形体》"童子，或曰牟子"，王先谦《释名疏证》引苏兴曰："目，与牟同"，《周礼·秋官·小司寇》"五曰目听"，郑玄注："观其牟子"，孙诒让正义："牟，俗作眸"，《荀子·非相》"尧舜参牟子"，扬孟注："牟，与眸同"等。《学》文作者如果还有疑问，就请再看看裘锡圭先生在《古文字学概论》第 230～231 页就此字的论述[15]。另，我想问问《学》文作者，你见到过甲金文中有"牟"否？据笔者所知，此"牟"字出现相当晚，概在汉以后。又甲骨文中常见"目"族，据郑杰祥先生考证商时有的就在今豫西（离今中牟颇近），而这些地方是夏时"单目符"集中出土的地方，而且在河南省地理研究所的有关学术会议上，郑杰祥先生还与笔者谈到可将"中牟"及中牟县出土的"单目符"铜戈与"牟（或眸）"族关联。河南龙山文化王湾三期时段之前，"单目符"文化元素主要集中于东方，在新砦期时开始大量地出现于此。

《学》文作者又说"具有明确地层关系，能够看出具象的'目'符，在《顾文》所谓的东方地区只见对称的'双目'形，单'目'符却在中原地区的裴李岗文化遗存中可见（见河南省文物考古研究所编著《舞阳贾湖》，科学出版社 1999 年版 446 页图三一七）。从类型角度观察，《顾文》所谓的东方地区'双目'符多为旋形或圆形，而中原地区的裴李岗文化、二里头文化'目'符为'臣'字形，在未有陈列其演变谱系的情况下，不能随意判断其渊源关系。"、"出土文献所见单'目'字，见于裴李岗文化甲骨刻划符号、郑州早商文化陶文，商代甲骨文中有'目'族记载，商代青铜器铭文

---

① 王青博士认为庄浪博物馆所藏出于秦城区的铜牌饰头顶为羊角形，误。实际应视为"介"字形天盖，据笔者研究，铜牌饰头顶之主体多为"天盖"或"心形符"（有的为羽冠），这亦与牌饰的北斗神内涵和头顶造型符合，至于牌饰代表物，应为以龙或虎表现的北斗神。王青观点见：《镶嵌绿松石铜牌饰的初步研究》（《文物》2004 年第 6 期）。笔者有关牌饰的主要观点见拙著：《"新砦期"研究》（《殷都学刊》2002 年第 4 期）；《大汶口文化新出奇异器物研究——并新论牙璋、牌饰的由来及相关问题》（《郑州文物考古与研究（一）》，北京：科学出版社，2003 年 8 月）、《论好川墓地"亚腰形"漆器上的玉片饰——"三层台"、"介首方相"的凹面特征与二里头等文化铜牌饰的相似与相关》等。

也有'目'铭，不过这些'目'均为'臣'字形，也不在《顾文》所谓的东方地区"、"《顾文》……，超越夏、商、西周时期有关材料，选择数千年前所谓东方地区的原始社会'双目'符比附，不过是强调大东方文化向西方的传播，以便为古史记载'后羿代夏'等一系列历史事件铺垫"。关于这些论述，如果是研究过中国早期艺术史的学者恐怕都会好笑的。于此我想简单予以谈论谈论：首先，《学》文作者将笔者有据（可见本文论述）的关联说成是"选择数千年前所谓东方地区的原始社会'双目'符比附"，而其将相隔数千年的"裴李岗文化甲骨刻划符号"① 与"郑州早商文化陶文"等仅凭造型相似就无据关联的做法却不是"比附"，或许是"附会"更合适吧！另外，将相关文化元素关联并不一定将时间限定在固定的时间内，像早在红山文化、大汶口文化、山东龙山文化、四川三星堆、金沙文化或遗址中存在的有关象征攀缘建木的"蹲居式"北斗神或巫②及其首神鸟组合③的内涵可以用战国中晚期的"兵避太岁"戈与汉代《史记·封禅书》中的"太一锋"④灵旗的图案内容作为论据：《史记·封禅书》载的"太一锋"灵旗图案，包括日月、登龙、北斗，"兵避太岁"戈中的三龙为"登龙"（按李零先生的认识[16]，日月即为"太一锋"灵旗中的日月，北斗即为图中的神物，即代指太一。我们看到，"兵避太岁"戈中的神人正好为头戴实际可视为"帝"字的"建木符"并呈"蹲居状"，这类造型往往源于北斗神或巫的攀缘建木造型，显然此类造型者身份多很高，"夏"字的造型亦有助于说明这个问题，"夏"字源于"攀援建木"的姿态——"蹲踞式"造型，意为王朝的统治者是能够沟通天地之神子，或是以能"攀援建木"的、"格于上下"的神（像北斗）为国名，从与玄鸟、高辛（即昆仑台上的"辛"——串圆建木及天顶端▽）之神话和名氏极其相符的弗利尔玉璧之"神鸟—天柱顶类昆仑之▽形—北斗串圆·天柱—昆仑台"符号看，"商"字与这一内涵亦非常相关，因为商人的高祖俊字或夒字等就是这类"蹲踞式"造型。另，出自《史墙盘》

---

① 《学》文所提的是其中龟甲上所刻的一"单目符"。此符，蔡运章先生认为与卦象文字有关，详见蔡运章：《远古刻划符号与中国文字的起源》，《中原文物》2001年第4期。

② 三星堆、金沙、国墓地所出"弯握手"铜人实际与新石器时代至于商周常见的"蹲踞式"神人内涵相当，这类神基本均有"弯握手"，有的手中有圆柱物，是象征"建木"的，无物的"弯握手"空隙亦是象征"建木"的，此造型均为源于"攀援建木"的姿态，从"兵避太岁"戈中的北斗神人"弯握手"所握神物看，无物的"弯握手"有时可象征握有神龙。这类"蹲踞式"神人实非"蹲踞"，李济先生在《跪坐蹲居与箕踞——殷代石刻研究之一》（《国立中央研究院历史语言研究所集刊》第24本）一文中有关的观点是错误的，中国早期的诸多"蹲踞式"图案或玉神（巫）、铜神（巫）实际源于"攀援建木"的姿态，这在红山文化、良渚文化、龙山文化（形象多仅为面，是"蹲踞式"的省略表达形式，像诸多玉圭上的神面及玉雕神面等价）、二里头文化（形象多仅为面，绝大多数是"蹲踞式"的省略表达形式，像当时的牌饰即是这样，其中只有极其少数为无足双身龙，实际上，即使是龙身，只要其表现了双足或双手，仍可看出其"蹲踞式"姿态）、商周文化中均有不少材料。

③ "兵避太岁"戈中的神人为"蹲居状"，头戴"建木符"，建木上为神鸟，与头有神鸟的北斗神造型相同。这类构图的考古、宗教及民族学材料其实很多见，像玉圭、玉雕等，三十多年来学术界的数十篇专论均未能识出！

④ "兵避太岁"戈中的"太一神"之名并不是像李零先生认为的那样是因为"太一神"为大字形，是由于其为天神之首的缘故。另，李零先生对"太一神"的造型描述有误，现在所见的所谓"太一神"的造型实际均为具有攀援建木内涵的"蹲踞形"。与"太一锋"有关的早期考古材料有：大甸子及晋侯墓地玉圭（四"穿"）、三星堆及金沙遗址有关的玉璋（三"穿"）。

"夏"字，从语境及《克鼎》"柔远能尔"、《晋姜鼎》"柔变百邦"等看不宜释为"猱，宜释为"夏"，因为"夏"的本意最初应是"中国"，同时，从"上帝司夏"下句"尤受天子绾命，方蛮无不妣见"（将"中国"与"四方"作"互文"似概念处理）看，将此字释为"夏"，似更有理由。周人自称为"有夏"，有助于说明"夏"是"中国"或"天下"的意思。其实称"中国"或"天下"为"夏"是很早的事（童书业：《春秋左传研究》第7页，上海人民出版社，1980年版。郑光：《我对夏文化的认识》，《中国上古史研究专刊》（夏文化研究专辑），台湾兰台出版社，2003年8月版），上帝是始终"司夏"的，至于人间的统治者，则由上帝"尤保受"代天统治的"绾命"（见《史墙盘》）。此"夏"字从《史墙盘》尤其是东土六国的文字看，均为"蹲踞式"（《史墙盘》不明显，不过从其身与首位置不在同一直线上知，其仍属于"蹲踞式"），其形象尤其是姿态、发式与周代的"蹲踞式"玉人极其相似，但其实际并不是"蹲踞"，其造型的含义与商之高祖夒一致，由此，我们认为夏人应为中国之人，其位于文化学意义上的天下之中，与天中北斗或极星相对，显然可以视为是"蹲踞式"样的攀缘建木天柱的人。至于《史墙盘》中的"夏"字，两肩处对称，似为卜辞中"舞"字中人手所持之饰，其"蹲踞式"造型不明显为服装所掩，脚的左右端不太像"羽符与龠"，甲、金文中"龠"字与此"夏"字右下符不似。"夏"与"乐"有关，主要是指"乐"的总称，像"九夏"等。"夏"字，显然像有的学者认为的那样是与甲骨文中的"舞"字是有关的，其字主体为"蹲踞式"人，其字之侧形确类"舞"，并且"蹲踞式"确是不少巫者舞蹈的主要动作。卜辞中的"舞"并无"夏"义，只是此"舞"所适用的场合特别重要（其对象可与高祖并称等），这方面与"夏"字的造型主体、本质含义的级别均类似，并均可用于描述相关的礼仪、宗教现象。金文中的"上帝司夏"之"夏"字，总体与"舞"字相似（将其左右两下端的符号和上端的符号接起来，实际非常类似卜辞中的"舞"字），"上帝司夏"之"夏"字右下端的符号可以视为是左下端的变体，《史墙盘》之"丰"字的写法可以证明我们的观点。可以肯定"夏"字中人的主体为"蹲踞式"的侧面。至于"帝"字，应与"建木"有关，其顶端实际可以视为类汉代西王母的昆仑座顶端的"天柱顶端的设置"，并不是建木之蒂。与玄鸟、高辛（即昆仑台上的建木及▽即"辛"字首）神话极其相符的弗利尔玉璧之"神鸟—天顶—北斗串圆（天柱）—昆仑台"符号有助于证明之。建木上明为本文所论的北斗神头顶的神鸟，综合的看，即为典型的与早期圭类玉器上的头有神鸟北斗神造型相同。此旗帜之所以可以称为"太一锋"，是因为此图较为古朴，其所构图的思想应源于以北斗为极星即以北斗为太一神的时代，或者是基于北斗始终的重要性，就像汉代的镇墓瓶和明代的棺椁上的星象，虽然其时的北斗已不是极星，但是仍然多将其绘入，有的还作为主图一样。另，二里头文化的兽面纹牌饰早期重要的文化来源之一的大汶口文化诸多基本相同的刻画符号，有的刻于瓮棺上（有的位于墓葬西北，与北斗星因天倾西北而位于西北的视觉位置极其相符），其显然与二里头文化兽面纹牌饰可为随葬品之用有相似之处，其与晚期像明代与葬仪有关的七星板、七星床的意义亦相似，即在于表明二里头文化的兽面纹牌饰具有避邪的重要功能。此类论证主要逻辑依据是文化传承的连续性特质。有关的理由，《学》文作者还可以看看李零先生的"关公战秦琼"之论[17]。至于引用文献的取舍问题，显然本质上不能依早晚论，当以正确与否论，《学》文作者当清楚。

其次，从其论可以看出《学》文作者有关中国早期艺术史的知识尚需完善。认为"这些'目'均为'臣'字形"的观点是错误的，尚有方形的或旋目。另，东方的"臣"字形目即使不论及已被海内外诸多古玉专家证真的传世品，就是在考古材料中也有发现，并且这些材料可进一步说明那些传世品的可信性，尤其是新砦刻绘北斗神像陶器盖的出土更以无可争议的论据证明了这样的看法。我问问《学》文作者，在新砦刻绘北斗神像①陶器盖出土以前，是何种原因使人能造出与其造形如此相似的图案？由此，《学》文作者说"《顾文》所谓的东方地区只见对称的'双目'形"等观点因而亦属于无稽之谈。其实"双目符"与"单目符"是一样的，东方、二里头遗址早已出现例证，因为两者在早期都可以代表"北斗神"，民族学材料显示以目代表某神是常见的事[18]。《学》文作者如果还有疑问的话，我想再谈个例证：我们都知道，三星堆文化早期曾出土过一件陶豆，其豆座上有一"单目符"②，这类相关文物在关中二里头文化时代也有发现，另外，我们在属于"中华文明探源预研究工程"的花地嘴遗址也发现过这类陶豆，并且，其中两件豆座上为"单目符"，另一件豆座上为"双目符"。当然，《学》文作者如果还有疑问的话，欢迎惠顾或耐心静气地等待我们发表照片及线图材料。

《学》文作者对笔者有关"新砦期"与"后羿、寒浞代夏"的有关论证及论据疑惑重重，并有不少错误理解。兹略提重要几例予以讨论：

其认为笔者在《顾文》中表述的"新砦期"分布区"南接近豫南、北在伊洛平原、西到渑池、东达豫东……"，这种描述错误地理解了笔者的观点。首先，笔者在论及渑池之甑时，只是言这类造型的"器类"是早期文化风格的遗留，我的原文是"被认为是新砦二期重要器类的深腹盆形甑在渑池郑窑二里头文化一期中同样存在"、"那些甑

---

① 借此言明：我原来认为其头顶为"社符—羽冠"，应准确地改为"最初渊源自具有建木内涵的符号或羽冠饰"，其他类似图案亦然。另，陶寺墓地的龙衔之木最好视为建木，商周时有的神龙口中之舌为类饕餮的冠心之形的现象有助于证明我们的观点。出土（见高庙遗址、石家河文化罗家柏岭遗址）或传世的龙山时代的北斗神或仿北斗神之高祖或巫有吐舌的现象，这与《史记·天官书》所言的"斗为天之喉舌"极其相符亦可证明之。帛书太一附近有"社"字，实际是言太一所在与五行中的"土"有关，即太一位于戊己位（中位），此图属于"太一派"非"天一派"。

② 豆座上的"单目符"与瑶山、王油坊、香炉石、蒿式、三星堆、新砦、二里头等遗址所出高领瓮、陶豆之类器物上的"单目符"、"五"或"介字形天盖符"一样，可以表示北斗或"天中"；另数术中天地之中均可用"五"代表，"八角符"即是两个五，从新石器时代及古数术看，"五—五"为"天中"无疑，崧泽文化有的陶人足为"八角符"、红山文化贵族死者双腿为"五"或"五五"形亦是明确的证据。

可能是早期遗留",显然,笔者不同意将渑池之甗的时代定为"新砦期"。能说明笔者未将渑池及附近地区纳入"新砦期"分布区的另一重要论据是,笔者在"'新砦期'遗存的地理分布及地域性"一节中穷举当时所知的'新砦期'相关遗址时,并未论及"渑池郑窑"。其次,我们所论及的"新砦期"遗存,是在以"新砦二期早晚两段"为参照的基础上,分别论述的,我们所论的"后羿、寒浞代夏"事件是与"新砦二期早段"类遗存相关联的,而《学》文作者将自己错误定义的"新砦期"分布区域代替笔者的提出的与"后羿、寒浞代夏"事件相关联的"新砦二期早段"分布区域,并继之错误地指出"这一现象与《左传》记载后羿代夏是'因夏民以代夏政'似乎不符"(笔者按:《学》文作者指出笔者在文中用了一些"可能"类用语,其文中也有不少,这就是一个。其实,这类用语没什么可指责的)。

其在《学》文中指出笔者"将'新砦二期晚段'与少康复国对应、新砦三期与帝杼对应,显示少康中兴之后不久,夏王朝控制范围反而退缩,这与《国语·鲁语》解所言杼'兴夏道'和《竹书纪年》记载杼'征于东海'相悖",并言"这样就无法保证避免少康复国与继之帝杼在年代比附上出现重合的可能"。首先,笔者想问的是,《学》文作者一方面认为笔者"将《左传》记载'后羿、寒浞代夏'与早于《左传》成书年代有千余年之久遥的'新砦二期早段'比附"不妥,那么,你在此引用这些文献还有何用?多少学者利用《左传》考证的早于其成书千余年的成果又成了什么?其次:笔者首先将"新砦二期晚段"与"少康复国"对应(经笔者研究,新砦遗址的属于"新砦二期晚段"的古城和大型建筑应属于少康之都——夏邑,《古本竹书纪年》载少康所归之"夏邑"应在《今本竹书纪年》所载夏启所即位之"夏邑"——新砦龙山城。注意,古城寨龙山城可能略早于新砦龙山城,所以,新砦龙山城若确实存在则更有可能为启居。),继之显然"新砦三期"可与帝杼关联。正如《学》文作者所引用笔者的观点那样,由于笔者当时尚未肯定得出"新砦二期晚段"与二里头一期的早晚关系之结论,所以,确实"无法保证避免少康复国与继之帝杼在年代比附上出现重合的可能",但是我们均可看明白,在"新砦二期晚段"与二里头一期的早晚关系之结论得出前,将"二里头一期"用作讨论这一问题显然无法得出任何有关少康、帝杼与二里头文化一期对应关系的有价值结论,所以,笔者此时仅用"新砦二期晚段"、"新砦三期"这两个概念讨论"少康复国"、帝杼的考古学文化年代问题。同时因为同样的原因,我们也没有讨论有关夏王朝控制范围问题。近来,我们通过对新旧材料的研习,发现"新砦二期晚段"应与"二里头一期"或其早段相当,如此,则新砦三期可与"二里头一期晚段加二里头二期一段"或二里头二期相当,那么有关夏王朝控制范围与相关世王的关联的问题是有可能讨论明朗的。

《学》文指出,笔者所论的如果将"新砦二期早段"与"后羿、寒浞代夏"事件关联从而有利于说通"五子之歌"、"少康复国"、"靡奔有鬲氏"、"方夷来宾"等问题的看法,"不仅材料本身有限,还包括作者掌握材料的有限和分析材料的有限"。关于这个问题实际上我们已作了详细的回答，学界可明鉴是谁"掌握材料的有限和分析材料的有限"？

首先，"羿、浞代夏"、"五子之歌"、"少康复国"、"靡奔有鬲氏"等事件实际是一个短期总事件上的"事件链"。在利用考古材料进行古史研究时，我们解释某个总事件的非文字等的考古材料本身和本质上是有限的，衡量用以解释这个短期总事件的某一或某组考古材料的优劣，关键是看这个总事件的"事件链"统一于某一或某组考古材料之下的个数，既指"事件顺序"及"事件链"的长度，原则上顺序越严格、"事件链"越长就越优。可惜《学》文作者错误地理解了笔者所论的"有限材料"和其他相关重要问题的"事件链"的真正含义，无端也无基本研究历史逻辑知识地横生出如此之类的疑问！

其次，《学》文作者否认新砦期存在的观点已被诸多考古学材料证明是没有依据的，于是其又将支持反对"羿、浞代夏"与二里头文化早期（笔者按：我在有关文章中认为"羿、浞代夏"与"新砦二期早段"即"真正的新砦期"基本同时，"新砦二期晚段"基本同时于二里头一期或其早段[19]）关联的观点作为自己的任务①。"羿、浞代夏"的考古支持材料除了我们列举的诸多论据外，支持我们观点的考古材料继续在发现，像"新砦二期早段"诸多器物出现的具有东方风格的高圈足特征、诸多房基出现的具有当时山东地区的半地穴式风格（像尹家城），尤其是"新砦二期早段"的玉器，东方风格更多，其中的牙璋虽然具有较多的神木石峁玉器特征，但是其"阑"、抛光处理、很不显见切割迹象等方面的风格特征却是渊源自山东的。另外，还有完整的朱砂绘"雌雄北斗"②图案等。当然我们这里予以言明的是，这些东方风格的器物出现于中原，并不是说全是由羿、浞带来的，只是说多是因"羿、浞代夏"之事才出现，实际上，当"羿、浞代夏"之时，夏王朝为了寻求支持、盟友，曾利用羿、浞与东方族群的矛盾和自己与东方原有的关系，与东方族群的联系进一步加强。像与有仍氏、有虞氏等之间既是这样。总之，突然在中原传统上认为是夏人统治中心的地区增多或出现这类级别较高、数量较多的东方文化因素，很有可能与文献中记载的早期夏史中的"羿、浞代夏"事件有关联，其他如贸易、交换、馈赠、单纯文化模仿、文化人类学意义上的"涵化"等原因应可以排除或可被视为次要。

《学》文作者多处指责笔者有关太谷白燕 F504 的相关简论。从其指责的论述看，

---

① 我们以确切的考古材料和文献证明了"真正的新砦期"是"羿（浞）代夏"时的夏文化。这再次证明了李伯谦先生于1986年提出的"二里头类型是'后羿代夏'以后的夏文化"观点的正确性。李伯谦先生的观点见其著《二里头类型的文化性质与族属问题》，《文物》1986年第6期。

② 诸多玉器上的两种神面均应视为雌雄北斗神无疑，像河南省文物商店所藏龙山文化玉北斗神等。与"雌雄北斗神"相关的文献见《拾遗记》及《淮南子》，与之相关的考古学材料见红山文化、凌家滩文化中所出的并蓬猪、并蓬人形神及牛河梁遗址第十六地点所出北斗7星坑中的双猪（见中国社会科学院考古研究所内蒙古第一工作队《内蒙古赤峰市兴隆沟聚落遗址2002—2003年的发掘》，《考古》2004年第7期）。以猪代表北斗的论证请见冯时《中国天文考古学》，第三章：观象授时，中国社会科学出版社，2000年11月。

《学》文作者对天文考古显然是个外行。我仅为了向学界有个解释，在这里特将自己有关太谷白燕 F504 的初步研究成果作以简要介绍，与之有关的研究成果可参见笔者的有关论文。另，我曾在 2002 年写成《太谷白燕 F504 内涵研究——并新论"明堂"、"九州"、"昆仑"、"天中"、"璇玑"等相关问题》，拙文曾蒙冯时先生指教，现已送有关专家帮助审阅。我的研究结论中的主要观点是：

a. 太谷白燕 F504 的九个窑洞为古二十七（或八）宿之分，并且根据星名的上古音三三押韵及周易中的有关系辞用语特点等认为还有可能是均分。

b. 太谷白燕 F504 的恒显圈周围的七个圆坑代表北斗七星，埋有四个陶瓮的四个圆坑代表斗魁。考古及文献材料中的"北为坎""坎属水"、《郭店楚简老子丙篇》附之"太一生水"、"瓮盛北斗"、"瓮盛水"、有不少陶器刻有代表中心的"五"或"帝"字、"马王堆帛书登龙前有瓮"、"殷墟乙五基址附近以斗形大口尊排列为北斗七星"、"大汶口文化尉迟寺遗址陶中空北斗神像"、"福泉山三层昆仑台上的大口尊祭器"、"大汶口文化诸多北斗斗魁为斗形"、"浙江宋代有的佛塔塔基中心周围有七个瓮"等均可证明之。

c. 太谷白燕 F504 中心之"亚"形显然为斗魁所绕，应代表"天中"，著名的山西黎城戚北斗神瞳中有"亚"（以北斗星为目）及卜辞中出现"亚"庙的现象算作是重要论据。我们可以肯定此"亚"是后来可称为"天室"的明堂造型采取"亚"形（五室制度）或与"亚"有关的造型（类太谷白燕 F504 的九室制度）和金文中与族徽有关"亚"的依据和渊源，继而商周时"蹲踞式"（实非李济先生所论的"蹲踞"，当为"攀缘建木之态"）玉人身上的"⊕"符内涵就很明显了①。太谷白燕 F504 时代属于龙山文化早期，与黄帝时的"合宫"（见《三辅黄图》）建筑在形制方面应有关，黄帝时的明堂又称为"神斗"（见《尚书·帝命俭》），正与太谷白燕 F504 中心有北斗相符。至于龙山时代的明堂造型，可参考河南柘县鹿台岗"Ⅰ号基址"及广西武鸣附"昆仑道"的亚形岩洞墓室②。商代及周初的"亚"形墓的"亚"形及内涵——死者的"天堂"亦肯定由本文所论而来。又于此，我们可以平息历史上久讼不决的五室或九室明堂之争，严格的明堂中的五室者可以视为是九室者省略"亚"形的外九室（位置类太

---

① 详见待刊拙著《论金沙铜人"弯握"手势源自"攀缘建木、天柱"——并论诸多"蹲踞式"神人的"攀援建木"内涵及其"⊕"符的"天中"内涵》、《论位于死者手或手腕的玉琮、玉璧、有领璧及马匹式玉器中心的"天柱-建木"内涵》、《论三星堆、金沙遗址所出"鱼·鸟·矢图"与〈淮南子·时则〉、〈吕氏春秋·季冬〉、〈遁甲〉等文献所载"射鱼"礼的关联——兼再论"八格图"与"鱼凫"》、《论金沙铜人"十三左旋符"冠与〈礼记·郊特性〉"（天子）祭（天）之曰，戴冕藻十有二，则天数也"、〈礼记·明堂位〉"（鲁君）乘大路……旌十有二旒，日月之章……"之记载的相关性》、《论"反入堇圭"与"堇礼"中的其他用圭现象》等文中都有相关说明。

② 李珍等：《广西武鸣发现早期岩洞葬》，《中国文物报》2003 年 8 月 8 日。岩洞葬中的"石铲"实际代表北斗神，之所以用石铲农具，应与古人常以北斗授农时及"民以食为天"等现象有关，类似的例子还有圭体采用铲或锛形、河姆渡文化中的以农作物水稻图表现北斗神。

谷白燕 F504 的九个窑洞建筑）形成的。

d. 太谷白燕 F504 西北之门应称之为类似《史记·封禅书》中公玉带所示黄帝时明堂图的"昆仑道"，即六壬式盘中的天门。龙山时期广西武鸣采用"亚"形墓室的岩洞葬之门也在西北这与古人认为西北可为昆仑、为升天之道、天又倾西北的思想及其相符，注意，我不认为时的"昆仑"现象只在西北存在。至于公玉带所示黄帝时明堂图的"昆仑道"在西南，主与"在五行盛行时，太一神居中，多与北斗有关的黄帝则被置于西南"的现象有关，因为黄帝曾被认为位于天下之中，天下之中又可与昆仑相应，所以黄位置改变，时人就错误地将昆仑道附之；又西南成都在有关文献中也曾被看作天下之中，倾西北的天相应的西北山区和成都西的山区又可被认为是相连的，这些当亦为可能之原因。

e. 太谷白燕 F504 的九个窑洞围成的图，显然是一幅天文图无疑了，但同时其形状与诸多文献和古九州图谱中描述的禹时九州、黄帝名义上的"统治"范围较为相似。所以在参照相关论据的情况下，我又认为此图的"天分之九部"与"地分之九州"相应。因而我在文中认为"所谓九州的事实有可能更早"，由于考虑到中国早期国家地域形成的过程复杂、实际统治与名义统治问题等原因，所以我没能肯定。现在看来，在笃信天地相应的当时，虽然晚期九州的确切制度尚未出现，但是九州雏形的思想确实已经存在了。

f. 太谷白燕 F504 东南突出，"天中"向西，明显地反映了"天倾西北"的思想。从天地相应的太谷白燕 F504 的北斗及"亚"形的位置看，其时的人文地中应在河南、陕西、山西三省界线及附近（晋中、关中有关巨型遗址、灵宝北洋萍及附近地区遗址应属于庙底沟类型到龙山文化早、中期的"天中"区域），当时真正的地理"地中"在图中反映的应"天中"之人文"地中"的东南，即洛阳及其附近地区，这后来同时成为龙山文化晚期到商周等时期的人文"地中"。太谷白燕 F504 西南区域与古代的梁州的位置很相似，这极其有助于我们判断此图中有关区域的现代具体地理位置，此一信息于早期历史地理、国家区域范围思想产生过程等重要问题的研究极其重要。

g. 太谷白燕 F504 顶并非原简报所认为的那样是塌陷所致，其应是用于观测的，与"璇玑玉衡"的内容有关。另顶之变线处正投影正好围绕北斗七星，显然应视为恒显圈。恒显圈有围绕"亚"，这应是《山海经》所论——昆仑为弱水环绕及文献中所载——明堂为辟雍所绕等的天文学方面的渊源。

h. 太谷白燕 F504 清楚地反映出早期六壬式栻盘的内涵及渊源，并证明"有领璧"为象征性的"玑衡"无疑。

《学》文作者还就笔者谈到的区分河南龙山文化与二里头文化陶器一个标志问题（《学刊》2002 年第 4 期 27 页左）提出疑问（《学刊》2003 年第 4 期 31 页）。其言：笔者认为《顾文》这一考古学文化断代方法并不具备普遍意义，因为以纹饰距离口沿的远近来区分龙山文化和早期二里头文化，其标准是相对的，更何况'无口沿的残片'；

笔者将这样的标志验证于龙山文化和二里头文化早期共存的登封王城岗、新密新砦、郑州洛达庙遗址，均有相反的例证；历史研究中一般不鼓励孤证论定，分辨考古学文化的性质亦然；笔者认为有关新石器时代和夏、商前期的考古学研究，由于缺少文字这样的硬证，所以要求研究者提供的证据要具备群组性。《顾》文凭借这一孤证区分复杂的文化内涵和性质的方法倒是简单，但是否可信，就另当别论了"。《学》文作者的错误在于：

首先，我所说的这个标志是在龙山文化与早期二里头文化之间，从我的这段讨论中大家还可以明显看出，我尤其是指龙山文化晚期与早期二里头文化特别是与新砦二期、二里头文化一期之间（笔者按：新砦二期晚段与早段之间也可部分适用，读者可参见《新》文有关论述），《学》文作者将二里头文化遗存属于二里头文化中晚期的洛达庙遗址纳入到应用范畴显然与笔者的限定时间不符。

其次，我的原文为"鼎、罐凡未在器身上端作磨光处理者，其所饰纹饰大多距离口沿特别的近"（笔者按：包括"无口沿的残片"，主要是指仍保存有其上端距离口沿处），显然"大多"一词表明可以存在"例外"或"标准是相对的"、非绝对的，《学》文作者所验证的，除有的是由于其明显错误地理解了有关遗址的二里头文化时段之外的"例外"之外，正是笔者观点允许存在的"例外"。同时考古学者都明白，考古学中的所谓某个"分期标准"毋庸置疑，在本质上都允许出现例外，具体地判断某个器物的期别，有时尚需其他标准或共存器来予以判断，这难道不是常识？

再者，我认为"这种风格应被视为区别龙山文化和早期二里头文化的一个极易掌握的有效标志"，并非认为是"唯一"标志，这种方法适用于我们所论的诸多遗址的那类鼎、罐中的70%～80%左右，这样的适用率为何不可作为判断标志之一呢？我现在仍对我总结的这个规律相当自信。但是多疑的《学》文作者却偏偏将"一个"理解为"唯一"，"堂而皇之"地将"凭借这一孤证区分复杂的文化内涵和性质"、"历史研究中一般不鼓励孤证论定"等制造的指责掷过来。这里顺论，看到《学》文这样的作者在《学》文中"历史研究中一般不鼓励……"、"笔者认为有关新石器时代和夏、商前期的考古学研究……"等语，觉得风格、语境颇似王朔小说和冯小刚电影中某些人物的"随着生产力的发展"、"为了社会的进步"！

本文主要是就《学》文作者对《新》文的主要疑问作以简要回答和评论，对《学》文的其他问题以及《学》文作者有关"新砦期"其他相关文章中诸多有关问题暂不讨论，像其一方面指责方酉生先生拼凑文章，可是自己却在《二里头文化一期遗存与夏文化初始》中将自己已发表的数千字的《来自"新砦期"论证的几点困惑》基本不改个字地全部纳入等等。《学》文的问题太多，简略计算，简直可以写成戏说版的《"失"三百》，按某种学风，笔者似应再详加评述，但是一方面本文篇幅有限，另一方面，我个人实在是不赞成多写这类文章的，如果再写，显然就有"批判悖论"之嫌了。在此，我只想简单再谈几句：学术要发展，确实需要的是务真求实的学风，尤其对于考古学而论，更是如此。我们在学术之路上，都需要对学术界和自己的学风予以审视。笔者认为，兴务真求实学风之前提是：解决"沙发考古"问题。"沙发考古学者"不去认真从事实际工作，善于纸上谈兵，是很难写出什么有价值、有创见的有助于促进考古学前进的考古学论著来的，尤其是以田野考古学材料为基础的论著，学术史已证明了这个铁律。这样的"考古学者"多了，将是中国考古学术之疾患！将是中国考古学界之悲哀！《学》文作者如果不愿成为这类，为学术界亦为个人故，在发扬编辑本领的同时，是不是需要改改自己的其他文、学之风呢？企愿《学》文作者能够学风"濯濯"不"拙拙"，以待"学史"去"昭昭"！

参 考 文 献

[1] 李维明：《学患无疑 疑则有进》，《殷都学刊》2003年第4期。
[2] 顾万发：《"新砦期"研究》，《殷都学刊》2002年第4期。
[3] 李维明：《学风濯濯 学史昭昭——关于"新砦期"论证三题》，《殷都学刊》2002年第3期。
[4] 李维明：《来自"新砦期"论证的几点困惑》，《中国文物报》2002年第1期。
[5] 李维明：《二里头文化一期遗存与夏文化初始》，《中原文物》2002年第1期。
[6] 李维明：《学风濯濯 学史昭昭——例证方酉生教授谪难》，《东南文化》2003年第1期。
[7] 韩建业，杨新改：《王湾三期文化研究》，《考古学报》1997年第1期。
[8] 夏商周断代工程专家组：《夏商周断代工程1996—2000年阶段成果报告（简本）》，世界图书出版公司，2000年。
[9] 赵春青：《新密新砦城址与夏启之居》，《中原文物》2004年第3期。
[10] 张国硕：《夏纪年与夏文化遗存刍议》，《中国文物报》2001年6月20日第7期。
[11] 赵春青等：《河南省新密市新砦遗址发现城墙和大型建筑》，《中国文物报》2004年3月3日第1期。
[12] 北京大学考古文博学院，郑州市文物考古研究所：《河南新密市新砦遗址1999年试掘简报》，《华夏考古》2000年第4期。
[13] 安特生：《Researches into the prehistory of the Chinese》，《BMFEA》1943 NO.15.
[14] 水涛：《中国西北地区青铜时代考古论集》，202页图六：K5523. 科学出版社，2001年。
[15] 裘锡圭：《古文字学概论》，商务印书馆，1985年第1期。
[16] 李零：《星官索隐》，《中国方术续考》，东方出版社，2002年第8期。
[17] 李零：《关公战秦琼的可行性研究》，《中国方术续考之"代前言"》，东方出版社，2002年第8期，第2版。
[18] Cramford, O. G. S. The Eye Goddess. London, 1957.
[19] 顾问：《巩县花地嘴遗址发现新砦期遗存》，《古代文明研究通讯·总第十八期》，北京大学震旦古代文明研究中心编，2003年第9期。

（原刊于《殷都学刊》2004年第4期）

三星堆、金沙一类"奇异"玉器构图来源、内涵、定名及相关问题研究

顾万发

一、前　　言

在著名的三星堆及金沙遗址中出有数量众多的各式玉器，学术界对这些玉器的研究已取得不少成绩。但其中有一类极其重要的玉器，虽有不少观点发表，但多语焉不详，且缺乏有力论据。笔者在研习有关的材料时发现，这类"奇异"玉器其实并不"奇异"，它是有相当清晰的形成史和内涵的。对这类玉器的正确解读，有助于我们理解古代各种玉器及相关牌饰或图案之间的内在联系。现以其中具有代表性的材料为例，试作论证如下，请批评指正。

二、材料简介

目前，这类玉器在三星堆遗址发现最多[1]。金沙遗址仅发现一件，不过却具有相当特别的造型和图案。我们选择其中具有代表性的三件略作介绍：

（1）三星堆1986Ea型：K1:235-5[2]（图一，23），完整。其主体为分歧式玉璋，首有一神鸟，在玉璋上有凹弧刃式玉璋图案。

（2）三星堆1986Ee型：K1:90[3]（图一，33），残。其主体为分歧式玉璋，首有一学界常论的"蝉形纹"或"心形符"。

（3）金沙2001CQJC:141[4]（图一，24），残。其主体为分歧式玉璋，在玉璋上有增饰的"蝉形纹"或"心形符"[5]，据三星堆所见这类玉璋及其造型判断，其首应为一神鸟。

三、"心形符"造型、内涵的讨论

从所介绍的几件代表器物看，"心形符"是本文所论主要器物造型或纹饰的关键组成部分，所以在讨论各器物总体内涵等核心问题之前，我们首先对"心形符"的内涵予以简要讨论（图二）。

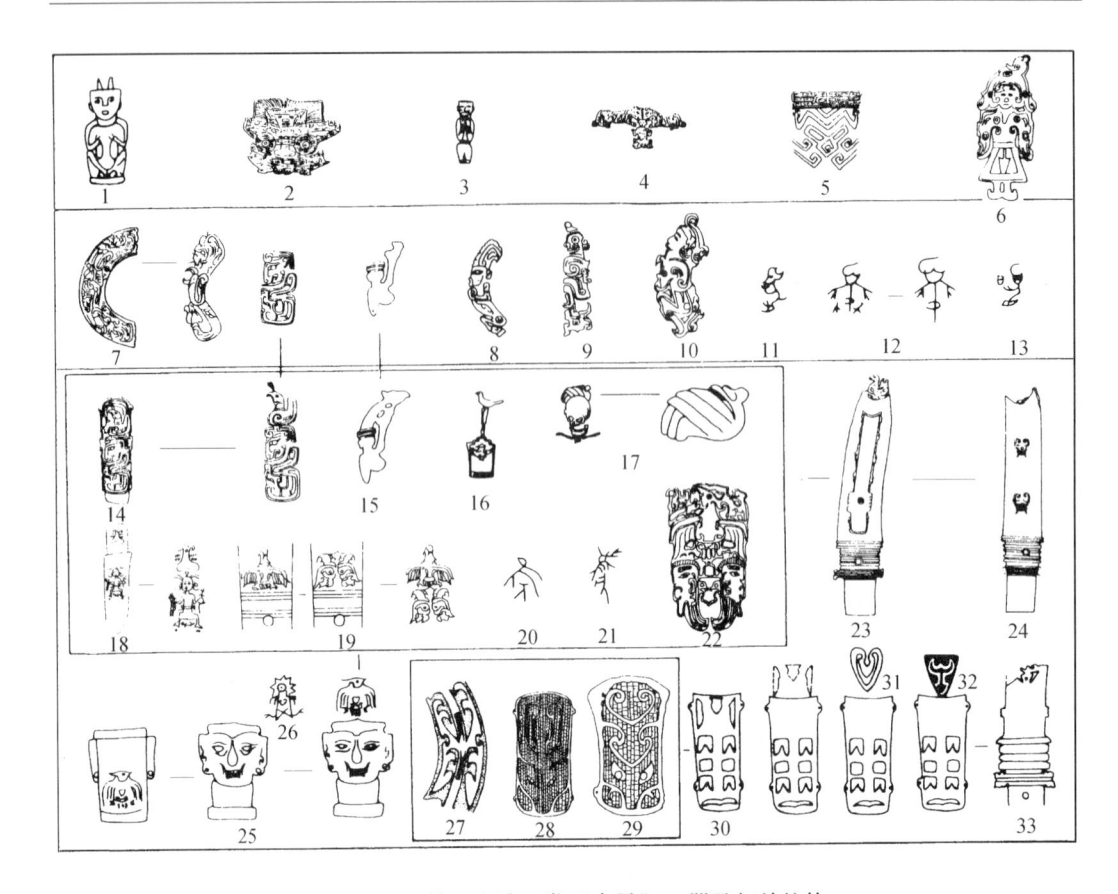

图一 三星堆、金沙一类"奇异"玉器及相关纹饰

1. 柳林溪 T1216⑥:83 2. 反山 M12:98 3. 凌家滩 M29:14 4. 1957 年 6 月安徽阜南月儿河龙虎尊 5. 殷墟采集白陶罍 6. 晋侯墓地 M8 出土 7. 晋侯墓地 M63 出土 8. 妇好墓出土 9. 强家村 1 号墓出土 10. 晋侯墓地 M63 出土 11.《甲骨文字诂林》1543 12. 墙盘铭文 13. 伯夏父簋铭文 14. 张家坡 M121:30 15. 赵陵山 M70:71 16. 弗利尔玉璧 17. 牛河梁遗址第十六地点出土 18. 荆门车桥出土 19. 天津市艺术博物馆藏 20.《佚》八八八 21.《掇》一•四五五 22. 故宫博物院藏 23. 三星堆 K1:235-5 24. 金沙 2001CQJC:141 25. 上海博物馆藏 26.《金文编》228 27. 大甸子墓地 M1150:2 28. 1999 年纽约新展品 29. 沙可乐博物馆藏 30. 高骈铜牌饰 31. 大甸子墓地 M378:2 32. 大甸子墓地 M387:3 33. 三星堆 K1:90

其中图二,4 为两个"单旋符"组成的"心形符",甲骨文、金文中有的"文"字组成的构件"心"及金文中有的神鸟所负亦为这种"心形符"(图一,26)。我们发现：如果看图二,7 的深色部分,其显然是由两个常可以作为北斗神或祖或巫眼睛的"单旋符"组成,我们如果看图二,7 中的白色部分,其造型则与甲骨文中的"心"字的一种写法类似,图二,6 等也属于这种构图模式。图二,6a 深色部分为典型的"心形符",图二,6b 则显然是两个与图二,7 的深色部分为一类的"单旋符"。图二,5b 实际是图二,6b 的"紧凑型",与图二,2a 一致,图二,5b 中剖即为两个"单旋符"。图二,5 这一构图与其他"心形符"略有不同的是,其将"单旋符"和"心形符"

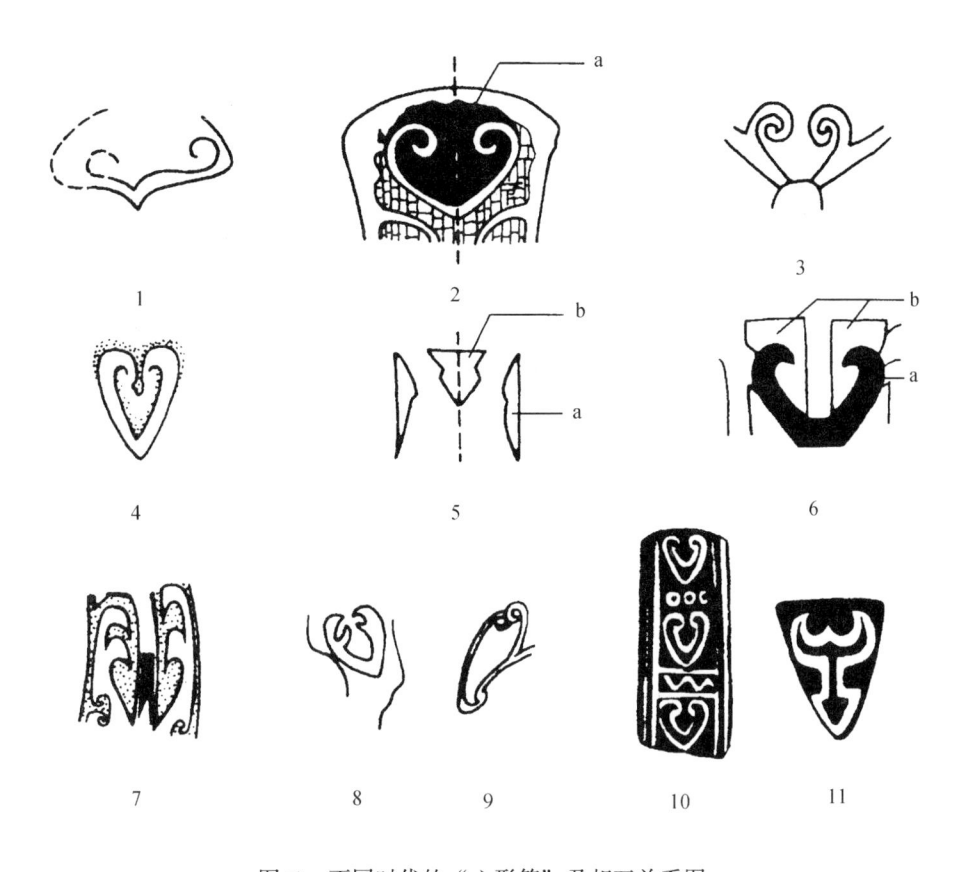

图二　不同时代的"心形符"及相互关系图

1. 二里头Ⅳ212⑤∶1　2. 沙可乐博物馆藏　3. 王城岗 M63∶26　4. 大甸子墓地 M378∶2　5. 高骈铜牌饰　6. 仓包包 87GSZJ∶36　7. 大甸子墓地 M1150∶2　8. 三星堆遗址鸭子河畔采集　9. 圣弗朗西斯科亚洲艺术馆藏　10. 三星堆 80～81DaT2②　11. 大甸子墓地 M387∶3

的组合由"互生图"而分离为"单旋符"和"心形符"两个明显的个体，并且，将"心形符"又分离为两个单一的略微变形的"单旋符"（图二，5a）。很显然，图二，1、4、9、10、11等实质上与图二，7、5、6为同类，不过，其并不像图二，5那样是一种强调与"心形符"原多为"互生型"但在这里却被分离为由两"单旋符"合成的"紧凑型"图案；图二，5b。另外，我们在图二，2中用深色显示的 a，其显然与图二，5b一致，其中剖即为图二，6b[6]。在神首明确标识出由"单旋符"组成的"心形符"，蕴示图中的神具有中心地位[7]或可沟通天地、格于上下，与蕴涵"攀援建木"之义的"蹲踞式"[8]玉人身上的⊕形符号意义类似[9]（图一，8）。这种"心形符"有时为神鸟所负（图一，22），并且还可与北斗神像（图三，1）、"亚"形或"菱形"[10]（图三，2、3）、类"N"形彗首的北斗符[11]互相置换，其还常常单独或与神鸟一起作为北斗神的"冠"，如图一，25、27～30等。

图三 身负北斗神像或象征"天中"菱形的神鸟形象
1. 台北故宫博物院藏 2. 天津市艺术博物馆藏 3. 台北故宫博物院藏

四、"建木通天"问题的考古学讨论

"建木通天"的说法在文献中有丰富的记载,《山海经·海内经》载"有木……名曰建木……太皞爰过,黄帝所为",《淮南子·坠形训》载"建木在都广,众帝所自上下……盖天地之中也",《抱朴子·内篇·地真十八》等中也有类似的记载。不过至今未有人在考古学中找到特别令人信服的三代以前的实证。虽然有学者指出三星堆遗址所出的几棵神树中有的为建木[12],但是这些看法至今仍有许多争论。我们认为,有关考古材料完全可以证明在中国古代早已存在"建木"思想及其表现形式。由于这个问题于本文的讨论非常重要,又由于学术界不少人对这类问题的研究或现象始终以"玄学"评价或等闲视之,不怎么相信"建木"思想及其表现形式在很早的时候就已出现,不认可其所具有的重要学术价值,所以,我们有必要在此略作论述。

好川墓地[13]发现一件漆器(图五,1),此漆器是由一亚腰梯形与一"树"组成,我们认为:

(1) 此"亚腰形"与已被证明为"斗魁"形状的二里头文化铜牌饰[14](图五,7)、夏家店下层文化中的彩绘牌饰[15](图一,27、图四,14)、大汶口文化刻符中的"梯形"[16](图五,9)、与大汶口文化刻符有关的二里头文化铜牌饰的"梯形"(图五,8)等造型、内涵有关。

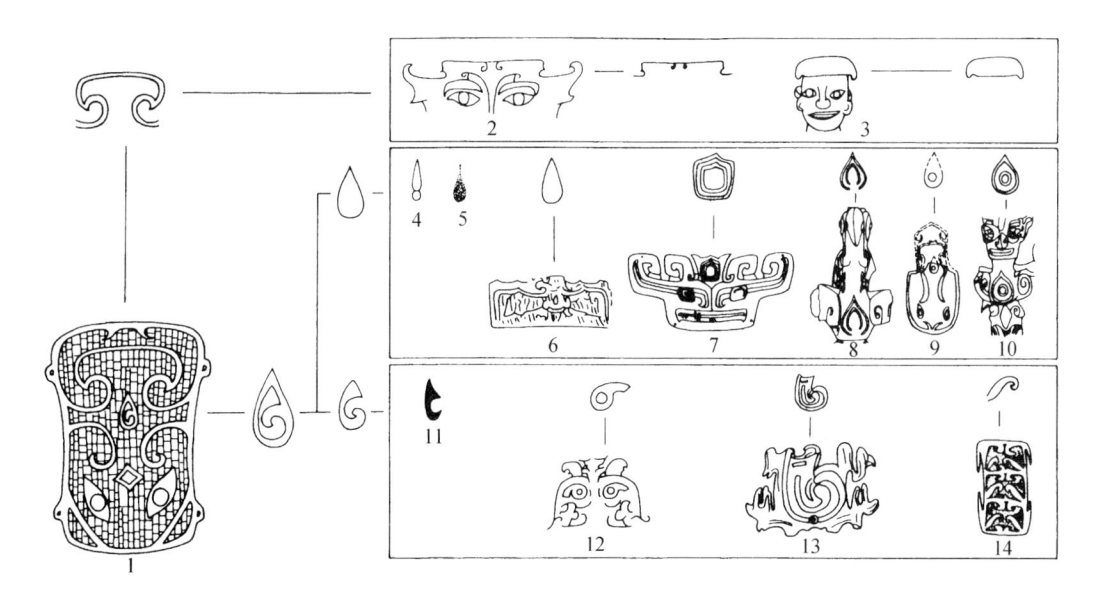

三星堆、金沙一类"奇异"玉器构图来源、内涵、定名及相关问题研究 ·731·

图四

1. 保罗·辛革藏　2. 史密森宁研究院藏　3. 黄君孟夫妇墓出土　4. 马王堆"白灌"　5. "N"形彗首　6. 沙可乐博物馆藏　7. 三星堆 K2③:231-1　8. 三星堆 K2②:194-1　9. 二里头采集:26　10. 三星堆 K2③:72　11. 大连郭家村采集　12. 天津市艺术博物馆藏　13. 内蒙古巴林右旗采集　14. 大甸子墓地 M452:1

（2）在好川墓地，此类"亚腰形"漆器还有不少，多数漆器上均有玉片饰，而在这些玉片中，有三类非常重要，这就是"三层台"[17]（图五，5，参照图五，10）、"介首方相"[18]（图五，2、3）及"多圆串柱"[19]（图五，4，参照图五，10），从《尔雅·释丘》、《山海经·西山经》等文献的记载可知，"三层台"正是"昆仑丘"，而"昆仑丘"在诸多文献中均载是上应北斗的；从冯时先生有关大汶口文化中诸多刻符性质的讨论看[20]，好川墓地的"介首方相"正是北斗神的造型；另，从弗利尔玉璧图案[21]（图五，10）、习以北斗为天柱的民族学材料及反映天柱信仰的其他考古材料看，"多圆串柱"正是代表北斗的。这些玉片可充分证明"亚腰形"漆器的"斗魁"性质。

（3）弗利尔玉璧之图案为"神鸟—天柱顶端—北斗天柱—昆仑台"，"昆仑台"就是其中的"三层台"，与北斗有关，其造型为"亚形"梯形，有的还以"亚形"梯形为主体绘成一神兽面[22]。这种"神鸟—天柱顶端—北斗天柱—昆仑台"的构图造型类似良渚文化中的北斗神造型。另弗利尔玉璧之图案与《诗·商颂》中的"天命玄鸟，降而生商"、《诗·长发》中的"帝立子生商"、《史记·殷本纪》中的"见玄鸟，坠其卵，简狄吞之，因孕生契"、《楚辞·天问》中的"简狄在台誉何宜"[23]等记载相符[24]，亦有助于说明"亚形"梯形可代表"斗魁"。这个神话中的玄鸟与弗利尔玉璧之"神鸟—天柱顶端—北斗天柱—昆仑台"图中的神鸟相应，这个神话中的卵与"神

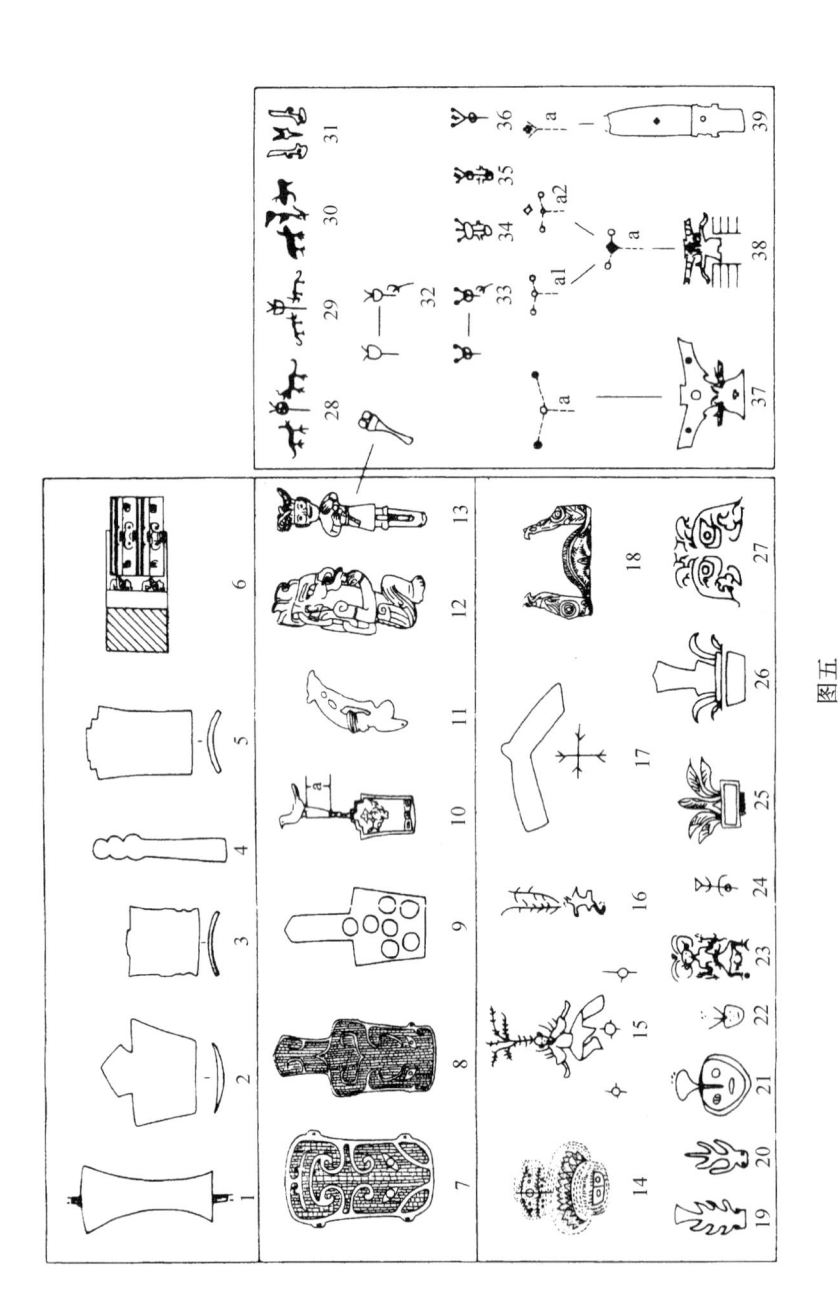

图五

1. 好川墓地 M8:2 2. 好川墓地 M10:2-1 3. 好川墓地 M60:2-7 4. 好川墓地 M10:2-2 5. 好川墓地 M10:2-3 6. 反山 M12:90 7. 二里头 M11:7 8. 沙可乐博物馆藏 9. 营县陵阳河 M7 10. 弗利尔岩画 11. 赵陵山 M77:70 12. 大洋洲 XDM:628 13. 金沙 2001CQJC:17 14. 四川大邑县董场乡董家村三国画像砖墓 15. 彝族祖先支格阿尔像 16. 云南沧源岩画 17. 成都船棺 18. 河姆渡（商业街 M9） 19. 渔国墓地竹园沟 M21:15 20. 渔国墓地竹园沟 M11:1 21、22. 将军岩岩画 23. "兵避太岁"戈 24. 四川大学藏铎于 25. 河姆渡 T213④A:84 26. 营县陵阳河 M11 27. 天津市艺术博物馆藏 28.《诗古灵》一三、八 29.《续殷》二、附六 30.《积古》一 31. 兮铖 32.《合集》27302 33.《合集》28145 34.《合集》28145 35.《金文编》416 36.《金文编》415 37. 弗利尔玉陶 38. 金沙玉琮 2001CQJC:61 39. 三星堆 K1:161

鸟—天柱顶端—北斗天柱—昆仑台"图中的北斗"多圆串柱"中的单个星体相应，"台"或"九层之台"与"神鸟—天柱顶端—北斗天柱—昆仑台"图中的"三层昆仑台"相应，至于"神鸟—天柱顶端—北斗天柱—昆仑台"图中的"形似偃盆，下狭上广"之造型[25]，则可能代表天柱的顶端，其与"帝"字之"▽"、"▼"相应，与莒县陵阳河 M17 所出的"天顶—璇玑—斗魁"图案中"介"字形天盖顶发现的造型亦相应。整个"神鸟—天柱顶端—北斗天柱—昆仑台"图去掉神鸟或再去掉三层"昆仑台"并将"多圆[26]串成的北斗天柱"用建木代替[27]，则整个图案实际即变为卜辞或金文中的"帝"字。另，"帝"字为中央之木，从字形方面亦可找到相关论据，如"帝"字中的"✕、冖、囗、○"，应是表示此木位于天地之中的意义，特别是有的"帝"字中的"✕（五）"字[28]，在三代以前的材料中很多是代表"中央"的[29]，其表明"帝"字为上应天中的、位于大地中央或曰昆仑台之上的大禾即建木无疑。

（4）《淮南子·坠形训》等文献载建木位于大地中央，是上应天中的"通天柱"，位于天中的北斗在许多民族中亦被认为是"天柱"[30]，所以两者关系非常密切，在被证明是建木的神树上常常同时绘出北斗九星或代表北斗的几个圆，像本文所论的将军岩岩画[31]及彝族祖先支格阿尔的神像[32]即能证明我们的观点；另，从其他方面亦可以判断出建木与北斗具有密切关系，如从《长沙子弹库帛书·创世篇》及《长沙子弹库帛画》[33]就可以明确看出，地之中央的黄木本质上显然与北斗神相应，因为其他四木象征四时之神，这与"北斗四指以建四时"的授时思想恰相符。诸多文献中有神人攀援"建木"—"通天柱"的记载，如卜辞中的神树有被作为神祖降临之凭借的[34]，《山海经·南山经》记载有的神树被作为"帝降之处"，像"帝休"、"帝屋"，首都博物馆所藏的十八节玉琮，其代表"建木"—"通天柱"的中空柱上刻有"▽"形符[35]，"▽"形符显然可以代表"帝"，羌族人认为祖先可以降邻神树。又从《史记·封禅书》的有关记载及湖南宁乡四面"大禾"铭鼎的造型可见到北斗神帝与"大禾"、"建木"相关的一些遗风[36]，好川墓地"亚腰形"漆器又被证明是代表北斗的，于此，则好川墓地"亚腰形"漆器的中贯之木正与弗利尔玉璧图案之"北斗—天柱"相应，显然即是文献中所载"建木"的代表和象征。

总之，"亚腰形"漆器的"亚腰形"代表北斗（神），中贯之木是文献中的"建木"，整个构图为：北斗神攀援建木、"格于上下"或北斗与建木相组。早晚的诸多神人或巫或祖的"蹲踞式"及其手或（和）足"弯握"之造型（图五，11、12、13）显然是表示"攀援建木"姿态的[37]，当然神人或巫或祖的很多是"蹲踞式"的"形式化"、"仪式化"，如金沙铜巫史[38]（图五，13）、晋侯墓地有的玉人（图一，6）双腿并不弯屈，凌家滩玉人双手并不"弯握"，还有的是"蹲踞式"的省略表达形式，形象多仅为面，如诸多玉圭上的神面（图一，19）、牌饰（图一，27、28、29）及玉雕神面（图一，25）等。笔者认为这类神面是"蹲踞式"姿态的省略是有有力的论据的，举例论之，如图一，19、22、25 与图一，15、17、18 显然为一类，但是图一，19、22、25 的神人仅为人面，显然是"蹲踞式"姿态的省略式；图一，27、28、29 的神面之首为"心形符"冠，这种"心形符"常是位于神人之首的神鸟所负的（图一，25），并且从图一，23、25、29 看，这类神鸟及"心形符"可以同时或单独位于神物之首，所以图一，27、28、29 等的神面之冠可以换为类似图一，15 的神鸟，由此可知图一，27、28、29 一类神面是图一，14、17、18 一类"蹲踞式"神像的省略；再如图五，7 神面之冠主体实际是一弧顶"介"字形的天盖冠，其与图一，2、图五，6 等的神人之冠是相同的，显然图五，7 的神面造型可视为是图一，2、图五，6 一类"蹲踞式"神像的省略。

从我们的讨论看，好川墓地"亚腰形"漆器的"亚腰造型"显然可以相当于图五，6、7、11、23、27 的神、巫、祖或神、巫、祖之面[39]、图五，14、15、16、19、20 的神、巫、祖或死者，图五，21、22 的神、巫、祖，图五，25、26 的神，这些图案中的"树"亦当与"亚腰形"漆器的中贯之木同样，应视为是"建木"，其中图五，15 的飞升形象非常符合《论衡》"龙无尺木，不能飞天"的记载[40]，图五，14 神树有九个圆，可能与北斗九星相符，图一，19 及图五，23 的神为北斗或太一神[41]，其首代表冠的树显然为"建木"，其与图五，24 之建鼓所在的"帝"字形建木的相似性有助于证明之。

图五，17 之符号，刻于船棺上，不少学者认为是族徽或为代表族徽的"扶桑"[42]。我们认为其上端为典型的类马王堆帛画"天门"的"介"字形天盖[43]，位于天盖之下和大地之中的显然应为"建木"，其总体为"亚"形，实有指示其为"天下之中"之木的意思。其实，在葬具上刻划"建木"、"北斗"等相关符号，目的是使死者灵魂能攀援升天并有厌胜的作用，这种现象出现很早并延续很长时间，图五，26 即是刻于作为随葬品的斗形瓮[44]上的"天顶—璇玑—斗魁—建木"符号[45]，广西武鸣发现的附昆仑道的早期"亚"形岩洞葬中随葬有代表"北斗—天柱"的石铲[46]，二里头文化、齐家文化墓葬及夏家店下层文化大甸子墓地随葬代表"北斗神"的铜牌饰或彩绘牌饰[47]，陶寺墓地ⅡM22"船棺葬"[48]随葬有源于钟祥六合 W4∶2[49]一类北斗神的玉神面（ⅡM22∶135）[50]，汉代镇墓瓶上所绘的北斗、与北斗有关的星象或书写的与北斗有关的镇墓文[51]，"加七星板于梓内"或"床上唯施七星板"的仪制[52]，明代木椁笭板上镂刻的北斗七星[53]等。特别值得注意的是，有的船棺葬风俗本身就含有建木崇拜的思想。

从本文的讨论可知，中国古代有关"建木"的思想起源很早，考古材料亦非常丰富，学界不应再对"建木"研究这类学术讨论以一个"玄"字待之了。

五、三星堆、金沙这类奇异玉器的造型来源及内涵讨论

有了对"心形符"造型、内涵及"建木通天"问题的研究，我们对三星堆、金沙

这类奇异玉器的造型来源及内涵等问题就可以较为容易地予以讨论了。

（1）我们知道，在四川高骈早年曾出土过一件铜牌饰，其为典型的无阑璋形[54]（图一，30），其上端冠的结构，学界多年来未能准确识出。从我们有关"心形符"的研究可知，其实际即是一种"心形符"[55]，可以与其他类型的"心形符"互换。此铜牌饰下端的图案即为明显具有二里头文化[56]、夏家店下层文化[57]、龙山文化风格的北斗神面[58]，如果我们将"心形符"的位置提升并换成其他型的"心形符"或曰"蝉形纹"（图一，31、32），即可得到与三星堆、金沙奇异玉器中的首有"心形符"的玉器相似的造型（图一，33），又承我们的论证及图一所示，这类"心形符"常为神鸟所负，"心形符"与神鸟有时又可以互代，所以，如果我们将"心形符"换为神鸟或将负"心形符"的神鸟省略心形符，即得到与三星堆、金沙奇异玉器中首有神鸟的玉器相似的造型（图一，23、24）。至于金沙这件玉器上的多重"心形符"，从玉琮和柄形器看，其意义与单个无别[59]，这类多重"心形符"在三星堆遗址早就出现过（图二，10）。又承我们有关北斗神、巫祖面与神鸟构图模式的讨论[60]，可以很容易得到相关图案、造型的演变序列（参见图一）。另，我们应知道，三星堆、金沙这类奇异玉器上的神鸟并不是鸷鸟类，所以示勇、镇敌等可能不是其主要的含义[61]。

（2）我们曾在有关文章中证明，玉璋的造型源自于建木类大禾之枝叶或与神鸟之翅等相关的"单旋符"的造型[62]，三星堆、金沙这类奇异玉器的主体显然是玉璋的造型，这类造型源自常见的分歧式玉璋，只不过其具有玉圭或玉戈的某些造型特征罢了。

（3）三星堆、金沙这类奇异玉器的扉牙内涵。关于玉器的扉牙内涵问题，我们有过专门的讨论[63]，三星堆、金沙这类奇异玉器的扉牙内涵仍然符合我们有关玉器扉牙内涵的论点：圭类或圭类级别器物的扉牙主要是"天盖形"或"多重'介'字形"，璋类或璋类级别的扉牙主要是"半天盖形"或"半多重'介'字形"，尚有一些璋类或圭类等玉器的扉牙因为其他原因并未严格遵循这一规则。

三星堆遗址玉器之扉牙或阑，绝大多数的主体为身有扉牙的双首伏虎，本文所论的这两件即是如此，金沙遗址这件扉牙的下"阑"残，从这类玉器的总特征看，其下阑或为双虎类兽首或为"半多重天盖形"。这类扉牙或阑早在石峁遗址、二里头遗址就已出现，商代各地尤其是南方亦有不少发现，三星堆、金沙遗址这几件奇异玉器扉牙造型的早期渊源显然在北方，直接来源应在本地早期。关于这个问题，笔者在有关文章中有详细讨论[64]，兹不赘述。

这些玉器每侧的扉牙上阑主要为"半多重天盖形"，剩余的扉牙组合为身有扉牙的双首伏虎，虎身之扉牙从理论上讲，应属于"单旋符"形或"单旋符"形的变体。另其中的三星堆 Ee 型 K1：90 上阑上端的扉牙近似"介"字形，应与圭、璋互仿现象有关，其中尤其值得提出的是，双首伏虎这类神物与相关的猪、龙、凤等常是围绕属于圭之层次的钺、方壶、"史"或"事"字主体、"事"字（图五，28、29、30、31），天盖大禾（图五，18）、"亚形"、"帝"字、三峰天冠的，其之所以既可以作为圭类的扉牙主体又可以作为有的璋之扉牙主体，主要原因仍是我们已论的：圭、璋均与建木、北斗有关，圭、璋扉牙特征有时特别是晚期有互仿现象[65]。

（4）三星堆、金沙一类奇异玉器的穿与其他诸多玉器的穿一样，与当时的北斗星或极星有关[66]。

六、三星堆、金沙奇异玉器定名问题讨论

我们初步厘清了三星堆、金沙这类奇异玉器的造型来源、内涵等实质性问题，那么，这类玉器应称为何名呢？笔者认为，其应定名为"璋"，论据为：

（1）从这类奇异玉器的来源看，高骈铜牌饰显然外形为无阑之璋。从考古学材料可以证明这类凹弧刃的璋与分歧刃的璋分别与"单旋符"及其"分歧变体"有关[67]，并且其内涵是一致的。

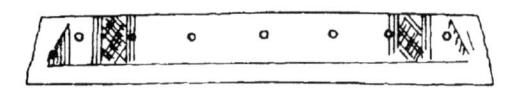

图六　二里头遗址玉刀（ⅦKM7：3）

（2）三星堆遗址中属于Ea型"玉戈"的一件玉器（图一，23）刻有明显的璋的图案，如果此件器物为圭，则在其上刻璋符是为何？我们只能理解为此图案为一指示符号，意指其所在虽然有圭的某些特征，但是实际仍为璋，这与二里头遗址玉刀上再刻划简易玉刀形图案的风格类似（图六）。

（3）从所论可知，这类奇异玉器主体图案构图形式的早期来源均属于圭的层次，但是这并不能证明三星堆、金沙这类奇异玉器为圭，这主要是因为，圭、璋均与建木、北斗有关，所以其图案或扉牙可以互仿。又，这种互仿主要是在圭、璋形成一段时间后才出现的，我们又早已证明早期的这类材料基本是符合《说文》等"半圭为璋"的记载的[68]，尤其是这类材料的首始终基本遵循这一规律，从商代晚期开始，出现明显偏锋的圭、戈类器物，其中有的或许可以名璋。同时，圭、璋在功能相似或出现明显偏锋的圭、戈类器物可以名璋的时候，其使用者仍然是有级别之差的，所以，这时候仍不宜认为圭、璋无别，文献及金文中"反入堇璋"和"反入堇圭"的现象均有，不过"反入堇圭"现象少，应与相关人身份较为特殊有关[69]。另《史墙盘》中的"方蛮无不觐见"[70]、《弋卣》中的"即觐于上下帝"，显然本质意义上相当于持圭类见周王或帝，如同《穆天子传》中周穆王拿着玄圭宾西王母之神一样，从《仪礼·觐礼》看，这些显然亦应视为"瑾献"之礼。

（4）从我们的论证来看，本文所论的这类奇异玉器，实际可视为是凹弧刃及分歧刃式玉器，笔者曾在有关文章中详细证明了将凹弧刃、斜直刃及分歧刃式玉器称为璋的合理性[71]，这里再就这一观点提供出自三星堆文化的重要论据：

《周礼·考工记·玉人》及《山海经·南山经》中有以璋祭山川的记载，三星堆报告提供的有关玉器上的图案（K2③:201-4）（图七，1）恰好有助于说明这一点。显然，若想从考古学上证明此玉器为璋，则证明此玉器上的图案主体与山或山水相关是非常关键的。目前论之，论据概有三：①"河灵巨灵"神话。张衡《西京赋》薛综注、扬雄《河东赋》、《遁甲开山图》李善注、干宝《搜神记》卷十三、《水经注·河水》郦道元注、《史记·正义》引《括地志》、《路史》、诸多"纬书"及晚期诗文中有此神话或类似神话，其中多数明确记载：河灵手、脚之印在两处，符合此玉器上仅见手未见足的现象。陈德安先生曾认为此玉器上手的图案与《国语·楚语》中的"黎抑下地"神话有关[72]，黄建华认为"神山两侧还刻画有自天而降的两只巨手，作握拳状拇指触于山腰上，很可能是古代蜀人想象中作为天界神力的象征，或者是神灵助佑的展示"[73]，庞永臣则认为整个图案与蜀王诸妃祁子有关[74]，饶宗颐先生则不以为然，其据张衡《西京赋》薛综注、扬雄《河东赋》将三星堆遗址这件玉器上图案的神人之手与"河灵巨灵"神话关联，甚是卓识[75]。②图七，1、4刻符实际为"心形符"及"长方的梯形"，其与圭、璋图案等可以关联，并且可以视为卜辞中的岜字[76]（图七，4、5），岜字的含义在卜辞中主要为一级别很高的神[77]，商王有时会亲自佑之，又此符的造型与诸多的"天顶—璇玑—斗魁符"（图七，6）或北斗神造型（图七，7~10）相关，"斗"又可视为当时的"太一神"[78]，则显然此符又与"斗"或"太一生水"相关，若此，则此幅图案表示的即是名"岜"的类"太一神"的"河灵"开山造河或曰"生水"的神话。③图七，2、3刻符实际应为獐牙，古人认为獐与山关系非常密切，《周礼·考工记·玉人》载"山以章，水以龙"，《说文解字句读》载"獐，山物也"，《山海经》载"鹿在山上者，獐不能挈也"，在大汶口文化中常用獐牙作为"獐牙形器"的牙之材料，笔者曾证明具有厌胜等功能的"獐牙形器"的造型与"介"字形或平首形天盖或神人冠形状内涵有相似之处[79]（图七，2、3、6~10），显然，"獐牙形器"的獐牙即相当于北斗神冠的"单旋符"或曰"建木之枝"，即是说其可以视为璋。所以，用此獐牙符号标识其所在为山是合理的。综合来看，此玉器图案第一段的内容主要是与"河灵巨灵"神话内容有关的，另一段是表现与以璋祭山有关内容的，整个玉器及图案非常明确地表现了《周礼·考工记·玉人》、《山海经·南山经》等文献所谓的"以璋祭山川"的记载。于此，我们判断这件或这类玉器为璋的观点是无何疑问的，我们相信此件玉器及图案是目前所能找到的命名分歧首和斜直（凹）首玉器为璋的最有价值的论据，亦由此，我们可以得出结论：祭山之璋的形态至少应包括分歧首和斜直首两种，又从花地嘴遗址玉璋[80]出土时正位于当地最高的为当地人民所崇拜的猴山所在方向的状况看，还应包括花地嘴这类凹弧刃的玉璋。

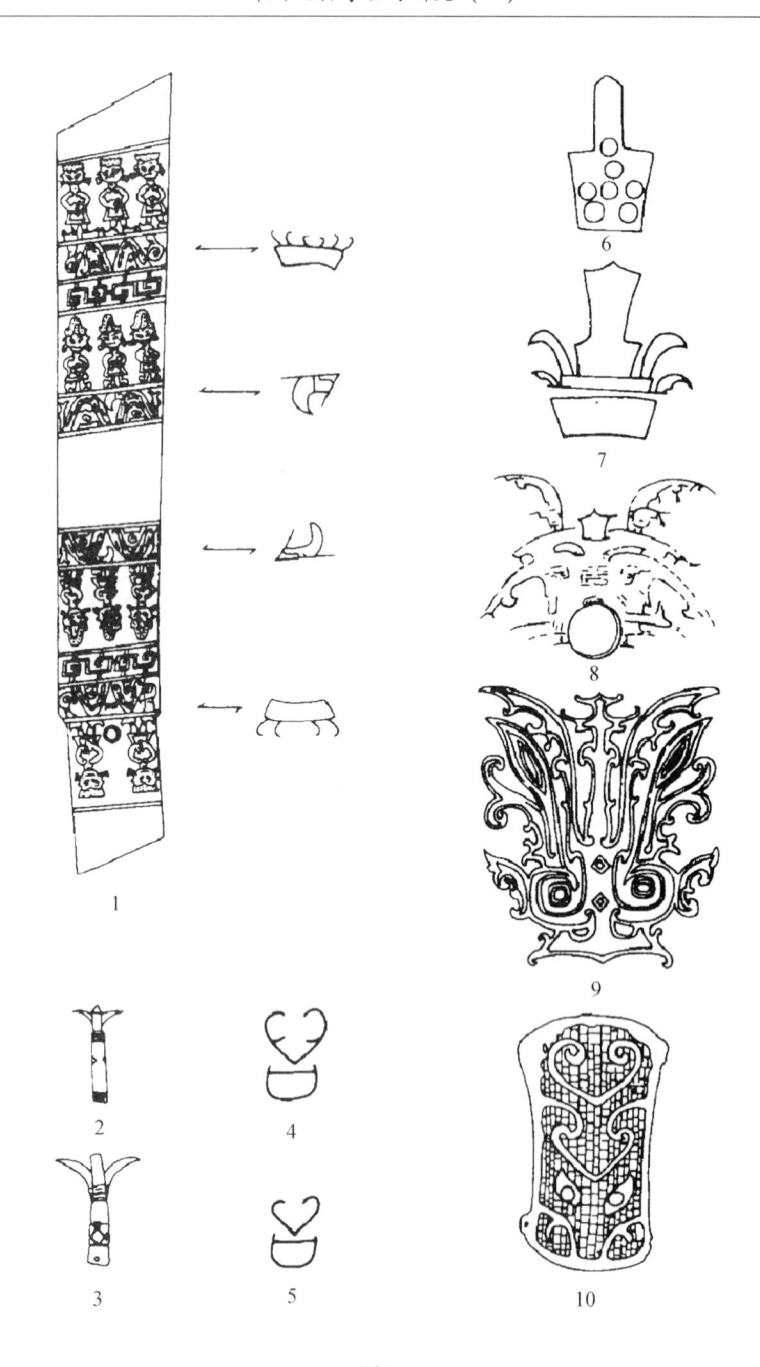

图七

1. 三星堆 K2③:201-4 2. 大汶口 M6:10 3. 刘林 M25:4 4. 《乙》四五八四 5. 《前》八.六.三 6. 莒县陵阳河 M7 采集 7. 莒县陵阳河 M11 出土 8. 温索普圭 9. 台北故宫博物院藏 10. 沙可乐博物馆藏

七、相关问题讨论

从前面的论证可以看出，三星堆、金沙这类奇异玉器与诸多重要器物密切相关，它的内涵在古代礼仪制度中亦有重要地位，这有助于说明诸多相关问题，我们在此略论几则：

（1）有关图画文字的讨论。卜辞有"𢍪"字[81]，金文中有造型类似的徽铭[82]，其中父丁簋铭与本文讨论的三星堆、金沙玉器的主体很相似。我们认为，其虽然是实用的捕鸟工具，但是其渊源可能是源于"神鸟与建木"的，只不过创作者这种希望以特殊造型达到多捕鸟的用意与其本质含义的关联可能因其晚期目的为实用，从而使其本质规定渐渐在人们思维或认知中归于消解。《史记·封禅书》言："宫室被服非象神，则神物不至"。显然，这类捕鸟工具铭或字的"捕鸟功能"可视为是"神物至"的俗化[83]。另，由于"心形符"与"亚"有时可以互换，并且，三星堆报告提供的另外一件这类玉器上就刻有一"亚"形[84]（图五，39，Ea型，K1：161），所以，由三星堆、金沙这类奇异玉器抽象成的"图画文字"与甲骨文[85]（图五，34）、金文[86]（图五，35）中的"亚单"相似，与由弗利尔玉镯、金沙玉琮图案抽象成的"图画文字"（图五，37a、38a、38a1、38a2、39a）亦有些相似。这种关联的依据是：冠与建木、建木与北斗、"单"字与"史"字、建木、北斗可以互相有关（参看图五，13、28～39）。从我们的有关讨论可知，圭、璋均与"建木—北斗"有关，它们的原始意义和功能应有相同的方面，所以其之间是可以互相模仿的，但是其所在场合、使用者的级别及历史过程中形成的其他特质多是不能等同的。

（2）从这类奇异玉器定名的论证看金沙铜"巫史"及与其有关的圭、璋方面的问题。由于神鸟（或"心形符"）与人面鸟身神人可以互换，此类神人与"蹲踞式"或源于"蹲踞式"造型的巫、神、祖可以互换，所以，假设三星堆、金沙这类奇异玉器上的神鸟换为源于"蹲踞式"造型的巫神，则其与位于支架上的金沙铜"巫史"构图显然相似（图五，13），由此亦可以认为金沙铜人所在为璋。我们曾经证明在"丫"形的造型中，如果除去其中的"史"字之主体形、单、盾、干字等形，从"五瑞"的名物角度看，剩下的主要应属于璋，但是"丫"形冠则仍属于圭的层次。至于"蹲踞式"玉人所在木柄，从好川墓地的"北斗神—建木"图看（图五，1），则应视为建木主体——"圭"，但是，我们已证明三星堆、金沙这类奇异玉器为璋，所以，这里所论的"神鸟（或'心形符'）—人面鸟身神—'蹲踞式'或源于'蹲踞式'的造型的巫、神、祖"的这一互换链条基本是无法连续的。又，以"丫"形作为天冠的考古学材料在夏、商时亦有发现[87]（图八），因此，据此认为金沙铜人所在为璋的认识亦可能是错误的。金沙铜"巫史"所在假设是"丫"形,则应视为是属于圭的层次的"冠之丫形"的实物化,金沙铜人所在假设是"▽"及木柄形[88],则与弗利尔玉璧昆仑台上所画的北斗串星及其上端的"下狭上广"的"天柱顶端"昆仑形(图五,10a)相应,金沙铜"巫史"则与其天柱顶端的神鸟相应[89]。我们这里需特别言明:我们已证明圭、璋的本质均与建木有关,无非是圭为主体,璋为枝叶。玉琮可以相当于圭或建木主体,可以用于"通天"[90],璋可以视为建木枝叶[91],属于建木,同样可以"通天",红山文化中出现的诸多"马箍式"玉器,不少位于头顶[92],与北斗神头顶常为"建木—天柱"符号[93]的情况相符,尤其是这种"马箍式"造型的玉器实质上属于"立体"的璋,其中空柱与玉琮的中空柱类似,用以象征建木,这种"立体"的璋与常论璋的造型的联系,类似玉琮上粗下细的中空柱或外形与常论的玉圭造型之间的联系[94]。神人的丫形冠显然是去掉中心结构的常论"建木",不是分歧的"璋"[95],所以神人的丫形冠仍然相当于圭的层次。

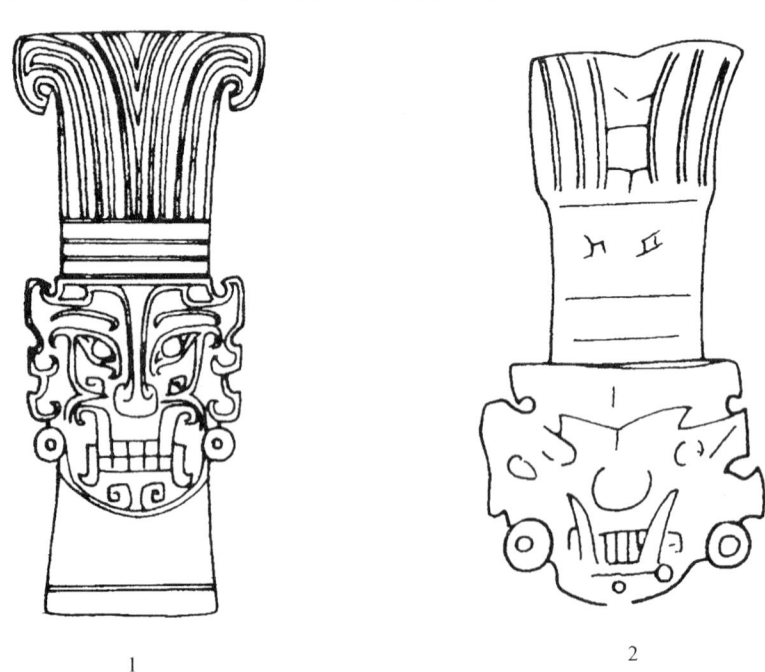

1   2

图八　戴丫形冠的北斗神形象
1. 新干大洋洲 XDM:633　2. 赛克勒博物馆藏

(3)文化因素问题初步分析。三星堆、金沙这类奇异玉器蕴涵的北方文化元素随着文化传播主体、载体到达蜀地,又与当地文化元素一起,被成功地用于高层的礼仪实践,为创造具有混合文化特征的、极其灿烂夺目的蜀文明作出了自己的重要贡献。

① 三星堆、金沙这类奇异玉器蕴涵的北方文化元素显然不是在其所处时代从外地传来的，这类因素向蜀地的传播应有一个过程，笔者认为概在二里头文化二至四期之间。虽然二里头文化向蜀地的传播可能到二里头文化四期[96]，路线亦有两条[97]，但是三星堆、金沙这类奇异玉器蕴涵的北方文化元素主要应是在二里头文化二至三期之间从伊洛出发[98]，经过东龙山及石峁文化区的关中、齐家文化区的天水、庄浪、临洮，经过嘉陵江、川北等地，到达成都平原的，并且有证据表明这是一条很重要的路线，相关的论据在三星堆遗址有不少发现。由于距离太远，器物变异度明显等原因[99]，在此仅就这条路线中间地带的有关材料加以论证。甘肃、关中包括东龙山在内的一些遗址很早就与齐家文化、二里头文化关系密切。秦安县的遗址就出土具有二里头文化中期风格的器物[100]。在甘肃临洮齐家坪[101]及秦城区曾发现典型的具有二里头文化构图风格的铜牌饰[102]，其中齐家坪铜牌饰的虎式兽面还有石家河文化构图风格[103]，这一风格应是二里头文化早就吸收的。在此地域发现铜牌饰，很显然应将其视为三星堆、金沙这类奇异玉器蕴涵的北方文化元素为此时由此路线传来的一个重要论据，因为三星堆、金沙这类奇异玉器蕴涵的北方文化元素在牌饰中明显存在，而且三星堆文化区发现有四件铜牌饰。在甘肃庄浪刘堡坪[104]、临洮齐家坪[105]等齐家文化的遗址中出有典型的具有二里头文化风格的陶盉，由于陶牌饰可能存在传世性或变异节奏慢等问题，单以其讨论有关年代可能尚有不确定性，所以，我们可以重点论证此类陶盉的年代。这类陶盉，陶流前倾、圆首为虎面、口为心形、主体为假圈足壶形。口为心形的陶盉在孟津小潘沟[106]等遗址的龙山文化晚期、浙江江山肩头弄[107]、新砦等遗址的新砦二期晚段[108]、东马沟二里头文化二期[109]、二里头遗址二期晚段到三期[110]中均有发现，主体为壶形的盉或类似的壶[111]在肖家屋脊石家河文化早期[112]、三房湾乱石滩文化晚期[113]、姜寨客省庄文化晚期[114]、浙江江山肩头弄[115]、二里头遗址二里头文化二到三期[116]、伊川南寨二里头文化二期[117]中均有发现。综合考察这些不同文化中的这类特殊的器物，我们可以发现：石家河文化为壶形盉的重要源头；马桥文化的盉之主体——壶受到当地良渚文化双耳壶造型的影响；齐家文化的盉之主体与肖家屋脊石家河文化——姜寨客省庄文化盉之主体系统有关；二里头文化二至三期盉之主体与三房湾乱石滩文化晚期盉之主体有关；齐家文化、马桥文化的盉口均与二里头文化有关[118]。综合各方面的特征，笔者认为：齐家文化的盉口与二里头文化三期的盉口最相似[119]，齐家文化的盉之主体与伊川南寨及马桥文化中的这类器也有相同处，所以，齐家文化的壶式陶盉应属二里头文化三期无疑。川北的白龙江流域江围等遗址曾发现过典型的具有齐家文化风格的器物[120]，三星堆文化区发现早期只在石峁附近存在的分歧式玉璋。

② 文化因素传播模式。笔者认为这些文化因素的传播具有深刻的历史背景。不少学者曾颇有见识地将蜀地文化中的夏文化元素与古史中的"桀奔南巢"记载关联[121]，从我们的论证看，蜀地文化中的夏文化元素其实有相当数量在夏未亡之前就

已传至[122]，最为明显的是三星堆文化早期发现过具有典型二里头文化风格的陶盉与陶豆，尤其是刻有象征北斗神面"单目符"的陶豆[123]，在二里头文化"新砦期"时就有发现[124]。又因为蜀地文化中有的文化元素同时具有夏家店下层文化和二里头文化风格，三星堆文化中诸多神人头顶的狗头冠及诸多神狗之首与畲、瑶族的狗头冠非常相似，又据《山海经·大荒东经》载，畲、瑶族与有易氏有联系[125]，于此我们认为二里头文化二至三期之间的文化因素南传蜀地的历史背景之一应为：上甲微征有易，有易南逃。

（4）有关中国古代早期不同造型玉器及其图案的整合问题。中国古代早期玉器造型及图案繁多，我们在平时的研究中主要是注重了各个个体的研究，虽然有不少学者对"六（五）瑞"或"六器"作过总的研究，但他们实际上主要关注的仍是这些玉器的不同方面。显然，以前我们对这些玉器的造型甚或图案的整合问题关注得很少或忽略了。实际上加强对这个问题的研究，应是玉器学研究中的一个亟需，其角度与以前玉器学研究中常用的寻找差异的思路是相反的，因此有些发现是原有方法所不易获得的。中国古代的早期玉器及其图案主要为圭、钺、戚、刀、琮、璧、神人或神人神兽组合、玑衡（有领璧）、璇玑、璋、璜、龙、神鸟、琥等及其图案，这些不同名称的器物及其图案，从说明三星堆、金沙奇异玉器来源及构图特征的图一、类"N"形彗首的北斗符及相关玉器符号的图四看，很多在造型和内涵方面（主要是"北斗"）是相互关联的，从图一、图四的有关图案中，我们可以看出：至少圭、牌饰、玉琮、不同时代的诸多"蹲踞式"神人、神鸟及有关玉玦、玉雕神面[126]、璋的内涵基本是一致的。其中玉琮与其他玉器的关联不仅表现在其上的"蹲踞式"神人与神兽，还表现在玉琮的中心与玉圭实际可视为立体与平面的关系[127]，"马箍式"玉器与斜直刃玉璋之间亦是如此，玉琮与玑衡（有领璧）、玉璧常位于死者腕或手中，均可示意死者"攀援天柱"升天[128]。另外，玉璇玑与有的玉璜、玉玦与玉神鸟、玑衡与玉璧及有的玉戚、玉琮与柄形器及玉虎、玉虎与玉璋的扉牙、玉璋与玉神图案、玉圭、玉璜、勾云形玉器等在造型、图案和内涵方面都或有相同之处。在此强调加强对这些不同玉器整合问题研究的同时，应注意原始意义与其历史、动态意义的不同，于此我们将会容易理解这些玉器为何有的互有关联却在某时段又在功能、适用的具体场合等方面出现并不一致的现象。例如：从神人示意"攀援建木"的"蹲踞式"姿态可以明确看出，玉琮可用于"通天"[129]，玉圭同样可以[130]，但是在礼仪制度化的过程中，玉圭又被逐渐赋予相当多的其他功用，其与玉琮在很多的方面已不同；玉璋最初与建木之枝有关，玉圭与建木亦有关，两者均可用于"通天"，但是在使用者的级别等方面却逐渐显示了较为明显的不同，等等。

八、结　　语

综述所论可知：

① 三星堆、金沙这类奇异玉器实际是璋。

② 这类奇异玉器的图案及其构图源自于圭类，其中的神鸟与早期北斗神头顶的神鸟意义类似，与卜辞中的帝使之"风"和萨满教中的"信息鸟"、《诗·商颂》中的天所命之"玄鸟"亦相似，可以助神、巫、祖沟通人神天地或显示祖的高贵的卵生身份。

③ 这类奇异玉器图案中的"心形符"常为神鸟所负，当神鸟省略时可表示与神鸟类同的意义。

④ 璋之主体为天柱建木（为其枝叶）造型；其之穿为北斗星或曰当时的极星；其与亚、圆亚、类N形彗首实非彗首的代表北斗的刻符、"心形符"等同样可以代表中心或与中心相关的意义。

⑤ 这类奇异玉器扉牙中的双首虎意义类金文徽铭与玉、铜器中的同类神兽，有保护、示勇、避兵的意义；此类玉璋与其他同类器物一样，可用于祭祀，可为神职人员所执，在用于天地之术时，神职人员幻为类"蹲踞式"北斗神巫等，在神鸟携助下攀援"建木"升降于天地。

⑥ 中国古代早期有些不同造型的玉器及其图案在造型及意义方面有可以适当整合的现象。

总之，这类玉器级别高，造型别致，来源清晰，内涵明确，对于了解中国远古礼仪特别是澄清古圭、钺、璋等玉器、牌饰、北斗、斗魁、建木、昆仑等之间的复杂关系、外来礼仪制度在当地文明化进程中的地位及作用、当时的社会结构及主体国家地域延伸化的过程和模式等都极具学术价值。

注　　释

[1]　四川省文物考古研究所：《三星堆祭祀坑》，文物出版社，1999年。此报告称这类玉器为"E型玉戈"。

[2]　同[1]。

[3]　同[1]。

[4]　成都市文物考古研究所、北京大学考古文博院：《金沙淘珍——成都市金沙村遗址出土遗物》，文物出版社，2002年。

[5]　增饰的"蝉形纹"或"心形符"图案本身又有增饰。所增饰的图案仍是常见的"蝉形纹"或"心形符"的组成单元，即所谓的"单旋符"。有关"单旋符"考古材料的最早系统讨论，可参见王仁湘：《关于中国史前一个认知模式的猜想》，《中国史前考古论

集》，科学出版社，2003年。王仁湘先生早就注意到二里头M4:5所出铜牌饰神兽造型与"单旋符"有关，可惜其将铜牌饰图案看倒了，并将铜牌饰神兽之冠误认为是目。有关"单旋符"的内涵、表现形式、识别及其与中国早期礼仪之器的密切关联等问题请参见拙著：《大汶口文化尉迟寺遗址新发现奇异器物研究——并新论"牙璋"、"牌饰"的由来及其与"北斗"的关系》，《郑州文物考古发现与研究（一）》，科学出版社，2003年；《二里头遗址所出玉器犀牙内涵研究——并新论圭、璋之别问题》，《殷都学刊》2003年第3期；《花地嘴遗址所出"新砦期"朱砂绘陶瓷研究》，《古代文明研究通讯》总第二十三期，2004年12月。

[6] 图二，1，3，4均与图二，2一致。

[7] 金文中"文"字中的"心"符有时就用可代表中心意义的"五"或"亚"代替，见容庚编著，张振林、马国权摹补；《金文编》635页1489"文"，中华书局，1998年11月。

[8] 详见拙著：《大汶口文化尉迟寺遗址新发现奇异器物研究——并新论"牙璋"、"牌饰"的由来及其与"北斗"的关系》，《郑州文物考古发现与研究（一）》，科学出版社，2003年。

[9] 拙著：《论金沙铜人"弯握"手势源自"攀缘建木、天柱"——并论诸多"蹲踞式"神人的"攀援建木"内涵及其"⊕"符的"天中"内涵》，待刊。

[10] "菱形"均可视为"亚"形。

[11] 从反山M16:4玉神人天盖冠下的造型看，应视为北斗星。可参见图四诸图案。

[12] 徐朝龙：《中国古代神树传说源流》，《扶桑与若木——日本学者对三星堆文明的新认识》，巴蜀书社，2002年。

[13] 浙江省文物考古研究所等：《好川墓地》，文物出版社，2001年。

[14] 同[8]。

[15] 中国社会科学院考古研究所：《大甸子——夏家店下层文化遗址与墓地发掘报告》，科学出版社，1996年。

[16] 冯时先生认为这类梯形为斗魁，甚是。见冯时：《中国天文考古学》124~126页，社会科学文献出版社，2001年11月。

[17] 《好川墓地》M60:2-12、2-13、M10:2。

[18] 《好川墓地》M60:2-7、M37:1、M62:4、M10:2，玉片的凹面特征与铜牌饰非常相似并相关。

[19] 《好川墓地》M10:2。

[20] 同[16]冯时论著。

[21] 邓淑苹：《良渚玉器上的神秘符号》，《故宫文物月刊》1992年第10期。

[22] 昆仑台内神兽与其他相关玉器上可代表北斗神或其组成部分的神兽为一类神物。

[23] 此句中的"台"，《吕氏春秋·音初篇》将其描述为具有晚期风格的"九层之台"，实际应为三层的"昆仑台"。另，营为高辛氏，此称呼像"商"字一样，与"神鸟—天柱顶端—北斗天柱—昆仑台"图之"'辛'字首"形物显然应相关。

[24] 邓淑苹：《"天命玄鸟，降而生商"》，《故宫文物月刊》总第四十二期，1986年第9期。从邓淑苹《良渚玉器上的神秘符号》（《故宫文物月刊》第十卷第九期，1992年第10期）、邓淑苹《由良渚刻符玉璧论璧之原始意义》（浙江省文物考古研究所：《良渚文化研究——纪念良渚文化发现六十周年国际学术讨论会文集》，科学出版社，1999年）看，其三

层坛内所刻神鸟为"背着太阳飞翔的'阳鸟'","祭坛上所立的神鸟,代表天帝,鸟立高柱的造型,源于河姆渡文化"。我们则认为,祭坛为三层昆仑坛,三层昆仑坛内神鸟所负为表示"天中"、"极星"意义的菱形"亚",北斗天地柱上所立的神鸟及三层昆仑坛内所刻的神鸟应与天命之"玄鸟"相应,类"生商"或曰生"俊"的神鸟,不会是"阳鸟"。北斗串圆在玄鸟神话中相当于神鸟之卵,这与帝王往往神化自己出生的卵生思想是一致的。

[25] 见《十洲记》。

[26] 圆代表北斗星中的单个星体。

[27] H. B. Alexander, North American. The Mythology of North American (L. H. Grayed) Boston, M. Jones, 1916. Uno Holmberg, Finno-Ugric, Siberian, The Mythology of All Rcaes (C. J. A. Mac Culloch. ed) Boston, M. Jones, 1927. 中国考古材料中也有不少反映以北斗作为天柱思想的,除弗利尔玉璧之类的图案外,尚有一些,如尉迟寺遗址所出的常刻划"北斗—璇玑—天盖"等符号的大口尊,有时被接成"矩形",显然与《周髀算经》"环矩以为圆"的天文学思想有关,并且,《周髀算经》言"夫矩之于数,其裁制万物唯所为耳",这与《史记·天官书》载位于天中的北斗可以"临制四向"的中心及首要地位相符。材料见中国社会科学院考古研究所安徽工作队、蒙城文化局:《安徽蒙城县尉迟寺遗址 2003 年度发掘的新收获》图五,《考古》2004 年第 3 期。另,在红山文化和邓家湾等地的屈家岭、石家河文化中,有不少筒形器物或类似尉迟寺遗址所出的常刻划"北斗—璇玑—天盖"等符号的大口尊被接成或排列成圆形或柱形,显然均是与天或天柱关联的,如《邓家湾》图二十一、一一九等,其中图二十一,AT301 每单元为类器盖柄的造型,显然为"天柱"的象征(湖北省文物考古研究所等:《邓家湾》,文物出版社,2003 年)。另,良渚文化中的以玉琮连续包围死者的所谓奇怪现象同样可以作类似解释。

[28] 《前》三.二一.三。

[29] 中国民间称"五五节"为"天中节",著名的"河图洛书"中,"五"为"天中",大家熟知的考古材料中经常代表中心的"八角符"像凌家滩玉版,实际即是两个"五"。另从新石器时代始,不少与天盖或斗魁有关的陶豆盘、陶豆座或陶斗形瓮类容器上面常刻有"五"字,意思与此相近。曾侯乙墓所出一件甲衣的心口位置前后各有一表示中心和具有厌胜功能的"五"字亦属于此类现象,因为诸多文献在描述圣王、神人的掌握天权、顺应天意、胸怀天下之品质特征时,往往言其"胸怀北斗",而北斗又位于"天中",所以可以以"五"字表示。与应"天中"的"通天建木"有关的汉代的所谓摇钱树(鲜明:《再论早期道教遗物摇钱树》,《成都钱币》1997 年第 3 期),其中"五利"、"五利后"钱铭与《史记·封禅书》中"蹲踞"于"神树"之上的"五利将军非常相关",有的钱铭又为"五五",显然与"五五"具有中心的意思和厌胜的功能相符,汉代不少有铭铜镜的铸造时间往往虚拟为五月五日的现象同样有助于说明我们的观点。

[30] 同 [27]。

[31] 转引自王大有、王双有:《图说中国图腾》99~100 页图案,人民美术出版社,1998 年。

[32] 同 [31],62 页图 51,1。

[33] 冯时:《中国天文考古学》13~51 页,社会科学文献出版社,2001 年 11 月。

[34] 在一期卜辞中有"贞,来于咸𤐫"之辞(《缀合》200),于省吾在《甲骨文字释林·释𤐫、

朱》中认为"㞢"字"为朱之初文","应读为次,指巫咸被祭的神主位次",在第四期甲骨文中,有:"于大甲㞢玉,三牛。于大甲㞢玉,一牛"(《邺》三下四二.六),于省吾在《甲骨文字释林·释㞢、朱》中认为:"㞢"也应读次,指大甲的神主位次言之。显然,这种表示所祭巫咸、大甲位置的"㞢"字,显示其先祖神灵可降临于这个位于中心的神树即建木之上的。河姆渡文化中曾有以水稻似作物代建木的现象,这主要是由于两者同为"中和"之物。刘志一《从民族语言看原始谷类作物称呼来源与分化》(《农业考古》2001年第1期)认为,水稻在瑶族古音为"禾"(《说文解字》等又言"禾"为"中合之物",建木应位于昆仑之上,昆仑又有"大禾",所以,建木可以视为是昆仑之"大禾")。《说文·茜》"祭束茅加于祼圭"及《周礼·天官·庙师》"祭祀共萧茅"等记载有助于说明这些问题。

[35] 石志廉:《最大最古的❀纹碧玉琮》,《中国文物报》1987年10月17日。

[36] (五利将军)夜立白茅之上受印,以示不臣也。而配天道者,且为天子道天神矣。……佩六印,贵震天下,汉代蜀地的"钱树"有的有"五利"、"五五"钱铭,显然说明了"钱树"与"天梯"或"建木"或通"天中"之木("五五"从文献看这里实际喻指"天中"并有厌胜功能)有关联,具体材料见鲜明:《再论早期道教遗物摇钱树》,《成都钱币》1997年第3期。

[37] 手或(和)足"弯握"物,从早期的材料看,象征建木之形或物,或同时参看晚期有关材料像荆门车桥"兵避太岁"戈等中的类似神人手执之物还可为龙、"杖"、兵等物,应与避邪、作法等有关。晚期类似的神人手执之物有龙特别是兵器等物,除与"巫"有关外,还与"武"有关。

[38] 见〔8〕相关论证。笔者有关金沙铜人身份的观点现在基本未变,不过,从铜人造型看,其为重史的身份是可以肯定的,其与军事领导或王的关联尚需论据。

[39] 这类神物,有的学者称为"神怪",有的学者称为"神灵",有的学者称为"鬼怪",较有代表性的称呼是邓淑苹先生的命名"神祖",笔者认为需要适时称谓,因为这些神物有时单为北斗神,像二里头文化及相关文化中的铜或彩绘牌饰,有的应为具有北斗神子或凡神(化身)身份的神圣祖先,即邓淑苹先生所谓的"神祖",同时,这些神又一般具有攀援建木、沟通天地的"巫"之特征,所以本文所论的诸多神像均以此说明理解为主,文中不予严格称谓。邓淑苹先生文见其著作《雕有神祖面纹与相关纹饰的有刃玉器》,《刘敦愿先生纪念文集》,山东大学出版社,1999年。

[40] 卜辞中有的"龙"字首为"辛"符号(与"商"字字首、帝喾高辛之"辛"同),实际为与"帝"字有关联的"建木",符合《论衡》"龙无尺木,不能飞天"的记载。

[41] 同〔16〕。

[42] 孙华等:《神秘的王国——对三星堆文明的初步理解与解释》,巴蜀书社,2002年。

[43] "介"字形冠系由邓淑苹先生命名并作系统论述的,详见其《晋、陕出土东夷系玉器的启示》(《考古与文物》1999年第5期)、《雕有神祖面纹与相关纹饰的有刃玉器》(《刘敦愿先生纪念文集》,山东大学出版社,1999年)、《论雕有东夷系纹饰的有刃玉器》(连载于《故宫学术季刊》第十六卷第3、4期)等论文。

[44] 此类瓮常置于墓室西北,这是由于时人认为,位于天中的北斗因"天倾西北"的原因而在视

觉上是位于北方的。

[45] 同[16]。

[46] 李珍等：《广西武鸣发现早期岩洞葬》，《中国文物报》2003年8月8日1版。

[47] 彩绘牌饰主要见于夏家店下层文化，除大甸子这一夏家店下层文化遗址与墓地为代表外（具体材料见注[15]），李殿福《吉林省库仑、奈曼两旗夏家店下层文化遗址的分布与内涵》（《考古学资料丛刊》1983年第7期）等材料可参看。

[48] 王晓毅：《古城·宫殿·大墓·观象台》，《文物世界》2002年第3期；中国社会科学院考古研究所山西二队等：《2002年山西襄汾陶寺城址发掘》图9，《中国社会科学院古代文明研究中心通讯》第5期；中国社会科学院考古研究所山西二队等：《2002年山西襄汾陶寺城址发掘》图8彩绘杯（M22:15），《中国社会科学院古代文明研究中心通讯》第5期。

[49] 荆州地区博物馆：《钟祥六合遗址》，《江汉考古》1987年第2期。

[50] 此墓底四周有五周抹泥，"五"意为"天中"，这有助于说明玉神面的中心神性质，又这类神面出有阴阳工艺两件，也符合《淮南子》等文献中有关位于天中的"雌雄北斗"的记载。

[51] 蔡运章：《洛阳汉墓若干陶器文字浅释》，《甲骨金文与古史研究》，中州古籍出版社，1993年。

[52] （北齐）颜之推《〈颜氏家训〉·七·终制》云："床上唯施七星板"。又《〈通典〉卷八五·表制·三》引《大唐元陵仪制》言："加七星板于梓内。"

[53] 王德庆：《江苏铜山县孔楼村明木椁墓清理》，《考古通讯》1956年第6期。

[54] 敖天照、王有鹏：《四川广汉县出土商代玉器》，《文物》1980年第9期。

[55] 同[8]。

[56] 其铜质地和镶嵌绿松石的风格的渊源应在中原二里头文化中心区，不过绿松石加工方法和形状则在中原的山西、山东地区的早期和商代时有发现。具体的牌饰图案详见王青：《镶嵌铜牌饰的初步研究》，《文物》2004年第5期。

[57] 同[8]。另其倒V形眉应源于夏家店下层文化之大甸子墓地M723:1等。可参见拙著：《二里头兽面纹牌饰在中原及周边地区文明化进程中的地位及作用》，《中原地区文明化进程学术研讨会论文集》，科学出版社，2006年。

[58] 其方形目的特征在二里头文化早期有发现，在龙山文化及更早的高庙等文化中亦有发现。诸多文献表明方形目或"方瞳"是神灵或寿星的重要特征，这与北斗主生、主寿的意义相符。详见拙著：《花地嘴遗址所出"新砦期"朱砂绘陶瓮研究》，《古代文明研究通讯》总第二十三期，2004年12月。

[59] 这类北斗神、祖或巫有的为面，实际为"蹲踞式"完形的省略，"蹲踞式"神实非"蹲踞"，李济先生在《跪坐蹲居与箕踞——殷代石刻研究之一》（《国立中央研究院历史语言研究所集刊》第24本）一文中有关的观点是错误的，中国早期的诸多"蹲踞式"图案或玉（铜）神、祖、巫实际源于"攀援建木"的姿态，这在红山文化、良渚文化、龙山文化、二里头文化、商周等文化中均有不少材料；张明华在《凌家滩、牛河梁抚胸玉立人说明了什么》（《中国文物报》2005年3月18日7版）的论文中认为这类"蹲踞式"是萨满作法的最高境界之姿态，实际上其仍未回答凌家滩、牛河梁抚胸玉立人姿态的真正含义，未回答为何此类姿态是"萨满行事时的最高境界"，实际上这类抚胸玉立人姿态仍然是源于"攀援建木"的姿态，只是

由于"攀援建木"姿态的逐步仪式、形式化，所以他们双手有时才并未"弯握"，实际代表的是同样的功用；王作新之《汉字发生的社会学基础》（《历史文献学论集》，崇文书局，2003年9月）及潘守永等的《古代玉器上所见"⊕"字符号的含义——"九曲神人"与中国早期神像模式》，（《民族艺术》2000年第4期）认为"蹲踞式"姿态与生殖崇拜有关的观点同样是错误的。

[60] 同[57]之《二里头兽面纹牌饰在中原及周边地区文明化进程中的地位及作用》。神鸟站于神首的材料，除了本文所论到的首有神鸟的玉雕及一面有神鸟一面为神面的玉圭这类材料外，良渚文化饰有一只或两只神鸟及神人的"玉冠饰"、玉钺同样属于此范畴，龙山文化中有的首有神人的神面玉雕同样可以视为是省略首之神鸟的模式。

[61] 孙机先生在《龙山玉鸷》（《远望集》，陕西人民美术出版社，1998年）的论著中认为王亥之首神鸟为"蘁"类，我们认为不确，准确地说应为"隹"（《佚》八八八）或"鸟"（《掇》一·四五五）。孙机先生并就此否认商人之"天命玄鸟"神话以及李学勤先生有关《玄鸟妇壶》（《西清古鉴》19.14）中"玄鸟"之词的讨论（《古文献论丛》220～221页，远东出版社，1996年）。实际上，"帝"字、"商"字、"高辛"、高祖王亥之首有神鸟之造型、高祖俊之蕴涵"攀援建木"之意的"蹲踞式"造型、"天命玄鸟，降而生商"的卵生神话等与弗利尔玉璧符号即"神鸟—天柱顶端（'辛'字首）—北斗串圆（天柱）—昆仑台"（本文图一，16、图五，10）极其相符。我们认为卜辞中商人的高祖之一王亥之首有神鸟的现象是模仿北斗神造型的，其高祖俊的蕴涵"攀援建木"之意的"蹲踞式"姿态同样是模仿北斗神造型的。这类模仿现象出现很早，牛河梁第十六地点一号积石冢中的死者头顶即有为天所遣命的为溧阳奎回首神鸟造型之本的玉鸟，死者双腿似蹲。具体内容参见辽宁省文物考古研究所：《辽宁凌源牛河梁第十六地点》，《中国文物报》2004年4月16日6版。另，《山海经·大荒东经》载："有人曰王亥，两手操鸟，方食其头"，历代注者不得其解，若暂不论及西周的一件铜饰，实际此为一模仿"蹲踞式"北斗神的造型；由于王亥首有神鸟，所以看起来好像是"方食其头"，因为王亥此"蹲踞式"造型的双手向上，离头顶的神鸟很近，如赵陵山M70:71（本文图一，15），所以文献的初作者误以为是"两手操鸟"。全句实际应为"有人曰王亥，两手操鸟，（鸟）方食其头"，或者可能是将"鸟"字误为"方"字（"鸟"字的有些写法与"方"字有些近似），实际是"有人曰王亥，两手操鸟，鸟食其头。"

[62] "单旋符"最早是有关学者用以称呼有关彩绘符号的。

[63] 拙著：《二里头遗址所出玉器扉牙内涵研究——并新论"圭"、"璋"之别问题》，《殷都学刊》2003年第3期。

[64] 同[63]。

[65] 同[63]。

[66] 同[63]。

[67] 同[63]。

[68] 同[8]及[63]。

[69] 笔者在拙著《二里头遗址所出玉器扉牙内涵研究——并新论"圭"、"璋"之别》中认为"反入堇圭"的现象应与"具体场合"或"使用者的身份"有关，孙庆伟据《四十三年逨鼎》、《善夫山鼎》、《颂鼎》等金文材料认为"反入堇圭"和"反入堇章"的不同"很可能

是因为他们的身份地位不同而造成的礼仪上的差别",见《说周代册命礼中的"反入堇章"和"反入堇圭"》,《古代文明研究通讯》总第二十三期,2004年12月。

[70] 戴家祥以《麦尊》:"锡馘臣二百家"、《礼记·丧大记》:"君即位于阼,小臣二人执戈立于前,二人立于后"等文献解释馘字的含义,甚为确当,其论述见戴家祥主编:《金文大字典》2577页,学林出版社,1995年1月。

[71] 同[63]。

[72] 四川省文物考古研究所:《三星堆祭祀坑》358页,文物出版社,1999年4月;又见陈德安:《浅释三星堆二号祭祀坑出土的"边璋"图案》,《南方民族考古》第三辑87~88页,四川科技出版社,1991年。

[73] 黄建华:《三星堆玉璋图案探讨》,《四川文物》2000年第5期。

[74] 庞永臣:《蜀王诸妃祁子图——三星堆遗址边璋纹饰新解》,《文史杂志》2000年第2期。

[75] 饶宗颐:《古史重建与地域扩张问题》,《九洲》第二辑,商务印书馆,1999年11月。

[76] 《乙》四五八四及《前》八·六·三。

[77] 少数情况下用为动词。

[78] 同[33]。

[79] 同[63]。

[80] 拙著:《巩义花地嘴遗址发现新砦期遗存》,《古代文明研究通讯》总第十八期,2003年9月。

[81] 《后》一一二一一。

[82] 《金文编》168父乙尊、辛亚斝、父丁簋。

[83] 从金沙玉琮图案的冠之主体看,这类捕鸟工具铭或字与"单"级别有关。

[84] 四川省文物考古研究所《三星堆祭祀坑》报告称Ea型玉戈,K1:161上的镂空造型为"桃形",但是从Ea型玉戈K1:161的线图看为"亚"形,笔者曾就此问题请教陈德安先生,经过其验证,确为梅花似的"亚"形。

[85] 《合集》28145。

[86] 《金文编》(附录上)415~416。

[87] 另保罗·辛革所藏的一件二里头文化牌饰中神面之冠为丫形,材料未发表。

[88] 红山文化中的神鸟有的即蹲于▽形符上。金沙遗址亦曾出有这类金器,见成都市文物考古研究所:《成都金沙遗址Ⅰ区"梅苑"地点发掘一期简报》,《文物》2004年第4期。此遗址所发现的金器有的可以组合,如其中的人面具(2001CQJC:465)、几字形金冠(2001CQJC:222,为类铜牌饰的"天盖冠")及金冠带(2001CQJC:688)等。

[89] 金沙铜人为巫史身份,其腰擂之物即为"史",他能攀缘或"爰"建木。金沙遗址、强国墓地、三星堆遗址所出"弯握手"铜人实际与新石器时代至商周常见的"蹲踞式"神人的功能相似,这类神基本均有"弯握手",有的手中有圆柱物,本质是象征"建木"的,无物的"弯握手"圆柱形空隙本质上亦是象征"建木"的,此造型均为源于"攀缘建木"的姿态,即这类"蹲踞式"神人并非"蹲踞"。另,早晚期的"蹲踞式"神人"弯握手"所执有的为象征建木的"杖",如故宫博物院1956年所收藏的红山文化玉神,晚期出现过双首龙似物,如荆门车桥"兵避太岁"戈中的北斗神。

[90] 张光直先生认为玉琮中孔所穿的棍子就是天地柱；林巳奈夫认为玉琮中孔是神明祖先凭依的小室；邓淑苹先生认为玉琮是在典礼中置于圆形木柱上端，作为神祖的象征。诸家对玉琮中孔的理解基本类似，不过未明确指出其是"建木象征"的本质。另，沟通神灵时，玉琮的具体使用方法应以广汉三星堆、金沙铜人的造型为重要代表，确切证明玉琮中孔应象征沟通天地建木的考古学材料是好川墓地的一件亚腰形漆器。玉琮中孔的象征物，从我国古代典籍的记载看，准确地说应称为"建木"。相关具体文献请见张光直：《谈琮及其在中国古史上的意义》，《文物考古论集——文物出版社成立三十周年纪念》，文物出版社，1986年；邓淑苹：《由"绝地天通"到"沟通天地"》，《故宫文物月刊》1988年第10期；林巳奈夫观点转引自邓淑苹：《由"绝地天通"到"沟通天地"》；好川墓地的一件亚腰形漆器见浙江省文物考古研究所等：《好川墓地》，文物出版社，2001年12月。另明确支持林巳奈夫观点的文献材料见于［34］、［36］以及有关祭祀、五利将军、五利后等记载或考古材料，不过林巳奈夫观点并未谈及具有中国传统的"建木"，因为天地柱在世界各地的巫教中多有此类教义。

[91] 同［63］。另，曾提出璋的造型与耒耜有关这一代表性论点的林巳奈夫先生近来又修改了观点，认为璋的造型除与耒耜有关外，还应是"若木—日晕之花"的造型，并同时认为这类造型是模仿了现实中的水仙等植物（林巳奈夫：《论三星堆一、二号坑出土的璋》，《扶桑与若木——日本学者对三星堆文明的新认识》90～108页，巴蜀书社，2002年4月）。林巳奈夫认为璋的造型与植物、神树造型有关的思路是正确的，但是其观点仍是错误的。本人曾在［63］的论著中证明了璋的造型、内涵与建木、大禾或之枝叶有关，甚或与其他依赖的、"中和"的、被神化的主作物（像稻）有关，看来林巳奈夫先生与笔者的思路是有些不谋而合的。

[92] 红山文化中出现的诸多"马蹄式"玉器实际是立体的玉璋，具体论述见［63］。

[93] 《史记·孝武帝本纪》及《史记·封禅书》中所论"太一锋"，学界提出的最早考古学材料是湖北荆门车桥"兵避太岁"戈（李零：《星官索隐》，《中国方术续考》307～329页，东方出版社，2000年10月）。从《史记·封禅书》中太史所持伐南越的灵旗——"太一锋"上所绘图案内容知，其中的神人即是所论的"北斗神"，此神人的造型亦有助于说明这个问题；其中的神人为"蹲踞"式，头戴"建木符"，建木上为神鸟，整体构图与新石器至商周均多见的头有神鸟的北斗神祖（有的巫采用同样的造型）造型相同（本文图一，15）。

[94] 玉琮的中空柱的平面化即为玉圭，即玉圭可以视为是"通天柱"，这应是在其上刻划神人（多仅为神面，从反山M12:98上的完整神人"蹲踞式"造型看，神面实际为"蹲踞式"神人的省略形式）的最为重要的依据之一。

[95] 早期去掉中心的相当于圭的层次的"建木"之冠在连云港将军岩岩画等材料中有发现。

[96] 杜金鹏：《三星堆文化与二里头文化的关系及相关问题》，《四川文物》1995年第1期。

[97] a. 李伯谦：《城固铜器群与早期蜀文化》，《考古与文物》1983年第2期；b. 孙华：《四川盆地的青铜时代》，科学出版社，2000年；c. 张天恩：《天水出土的兽面纹铜牌饰及有关问题》，《中原文物》2002年第1期。

[98] 夏家店下层文化元素应先到二里头文化区，或经过文化融合并与二里头文化一起西走南传。

[99] 特别是铜牌饰，由于缺乏地层关系，很难单依牌饰本身判断时代的早晚。

[100] 承蒙邹衡先生惠告知。

[101] 杨美莉女士在 1999 年安阳"纪念甲骨文发现 100 周年暨殷商文明国际学术研讨会"上所提交的《试论二里头文化的嵌绿松石铜牌》的论文及讲演中公布了这一信息。

[102] 同［97］c，图一，2。

[103] 戴应新在《神木石峁龙山文化玉器》论著中介绍过一件具有石家河文化风格的玉虎，甘肃临洮齐家坪齐家文化中的铜牌饰图案中的虎面似乎与之有所联系，不过，夏家店下层文化之大甸子墓地所出的彩绘牌饰中的神兽面亦具有石家河文化风格，三星堆文化中的有关牌饰与大甸子墓地所出的彩绘牌饰有关，所以，齐家坪齐家文化中的铜牌饰图案这种"石家河文化风格"有可能来自夏家店下层文化。

[104] 同［97］c，图三，2。

[105] J. G.. Andersson, Reasearch into the prehistory of the Chinese, BMFEA. No. 15, Stockholm, 1943；水涛：《中国西北地区青铜时代考古论集》202 页，科学出版社，2001 年；张天恩：《天水出土的兽面纹铜牌饰及有关问题》图三，3，《中原文物》2002 年第 1 期。

[106] 洛阳博物馆：《孟津小潘沟遗址试掘简报》，《考古》1978 年第 1 期。

[107] 牟永抗：《浙江新石器时代文化的初步认识》，《中国考古学会第三次年会论文集》，文物出版社，1984 年。

[108] 新砦二期晚段发现过残片。

[109] 洛阳博物馆：《洛阳东马沟二里头类型墓葬》，《考古》1978 年第 1 期。

[110] 据郑光先生言，二里头文化二里头遗址二期开始出现，三期增多。

[111] 二里头文化中的这类器，学界多称其为"象鼻盉"。

[112] 石家河考古队等：《肖家屋脊》，文物出版社，1999 年。

[113] 湖北省文物考古研究所：《湖北天门市石家河三处新石器时代遗址发掘》，《考古学集刊》第 10 集，文物出版社，1996 年。

[114] 西安半坡博物馆等：《姜寨——新石器时代遗址发掘报告》，文物出版社，1988 年。

[115] 同［107］。

[116] 中国社会科学院考古研究所：《二里头文化陶器集粹》，中国社会科学出版社，1995 年 5 月。

[117] 河南省文物考古研究所等：《河南伊川县南寨二里头文化墓葬发掘简报》，《考古》1996 年第 12 期。

[118] 杨建芳先生早年曾注意到石家河文化陶盉与二里头、齐家文化陶盉有关。详见杨建芳：《"窜三苗于三危"的考古学研究》，《东南文化》1998 年第 2 期，又收入《中国古玉研究论文集——杨建芳师生古玉研究会古玉研究系列之一》，台湾众志美术出版社，2001 年。

[119] 这类盉口在二里头文化二期晚段出现定型者，主要流行于二里头文化三期。此观点笔者在拙著《"新砦期"研究》（《殷都学刊》2002 年第 4 期）中有说明。

[120] 甘肃省考古工作队：《白龙江流域考古调查简报》，《文物资料丛刊》1978 年第 2 期。

[121] 同［93］。

[122] 孙华先生认为有可能从二里头文化二期开始，二里头文化有关元素就已传到蜀地。详见孙华：《试论三星堆文化》，《四处盆地的青铜时代》，科学出版社，2000 年。

[123] 三星堆遗址 1980 三区第 3 层。材料见四川省文物管理委员会等：《广汉三星堆遗址》，《考

古学报》1987 年第 2 期。

[124] 拙著：《花地嘴遗址所出特殊陶豆初步研究》，《古代文明研究通讯》（待刊）。

[125] 《山海经·大荒东经》："有易杀王亥……有易潜出……名曰摇民。帝舜生戏，戏生摇民。" 珂案："此言摇民除有易所化之一系而外，复有一系是由帝舜之裔戏所生。此乃摇民传说之异闻，故附记于此。其实有易即戏也，易、戏声近，易化摇民即戏生摇民也。" 其中"摇民"应即"瑶民"。

[126] 多为省略式的"蹲踞式"姿态。

[127] 有的玉圭采用了钺、锛的特征，当与它们的北斗、王权等象征意义有关。

[128] "马箍式"玉器、玉琮、玑衡（有领璧）的中心可以象征"天柱"，玉璧的中心可以象征"天中"，所以，其位于死者之腕或手可以示意死者可以攀之升天。

[129] 同［89］。

[130] 我们发现周原西周时有的死者手握玉圭（显然不是文献中所谓的"玉握"），这一方面可能用以表明死者身份，另一方面有可能作为死者升天的工具，因为玉圭可以视为"通天柱"，龙山时代诸多玉圭上刻有神人像的现象表明，这些神人可以缘玉圭升降天地，此时的玉圭与玉琮中空柱作用是相似的。西周时有的死者手握玉圭的材料请见刘云辉：《西周玉圭研究》，《周原玉器》265~274 页，中华文物学会，1996 年 4 月。

（原刊于《古代文明》第 4 卷，2005 年）

三星堆金杖图案内涵及金杖新论

顾万发

在中国,特别是西南地区的先秦考古中,三星堆遗址占据着极为重要的地位。在这里,学术界发现了数以千计的精美艺术品,尤其是其中的"三星堆金杖"(图一)[1]特别地引人关注。中外学者在数量可观的论著中,对这件奇异器物发表了诸多个人观点。季智慧认为金杖整个图案与鱼凫有关,其中鱼代表"鳖灵",凫代表"杜宇"[2],胡昌钰、蔡革认为整个图案表示鱼凫王灭亡之意[3],段渝认为"鱼·鸟·矢·人"正反映了《山海经》中"颛顼死即复苏,是为鱼凫"的记载[4],白剑将三星堆出土的金杖上的"鱼变鸟"图与《山海经》中"颛顼死即复苏,是为鱼凫"的记载相联系,并认为金杖上的"鱼变鸟"图是氐羌先祖承继的昆仑神之一[5],邱登成认为金杖图案中的人面代表蚕丛,鱼、鸟代表柏灌、鱼凫及杜宇,所谓"矢"实应是穗形木柄,与蜀人稷社崇拜有关[6],屈小强等认为金杖为代表王权、神权、财权的权杖[7],陈德安等认为"鱼被射杀,鸟又连箭杆,带鱼成队飞来,是蜀人根据顺势或模拟巫术的原理雕刻出的通过巫术而希冀捕鱼成功的渔猎祈祷图"[8],展览说明《三星堆传奇——华夏文明探索》认为金杖整个图案主体为:神鸟负箭射之鱼飞来,具体内涵未详论[9],杜正胜认为整个图案蕴示了"鱼凫族"灭亡或式微的神话或历史[10],陈立基的认识类陈德安先生在《三星堆报告》中所持观点,他在其论著中还转述有两种观点:有人认为"这是象征分别以鱼和鸟为祖神崇拜的两个部族联合组成的鱼凫王国";有人认为"鱼能潜渊,鸟能升天,鱼鸟图案象征着金杖具有上天入地的功能,是蜀王通神的法器"[11],刘少匆认为鱼·鸟为吉祥图,箭代表威武,人为王者,整体是具有吉祥图案的"灵杖"[12],黄剑华认为人面为太阳神,飞鸟代表族属,箭代表神权,黄剑华又认为此金杖为法杖[13],罗明赞同此杖为王杖或权杖的观点,并认为:"鱼、鸟、矢"图案表示的是"赠矢击杀鱼、凫的会盟大礼",鱼、凫为两个族图腾,鱼、凫两族是蜀王统治的"本钱"[14],陈淳赞同此杖为王杖或权杖的观点,并认为:"鱼、鸟、矢"图案中的鱼、鸟"有可能是古蜀祭司特有的助他升天入地和见神视鬼的神灵","矢"为通天的"中央之柱"[15],刘学堂认为"射鱼纹"器物与生殖崇拜有关,应为"祈求部族或王国兴盛的法器"[16]。李复华说:"鸟应是杜宇族的图腾象征,因传说杜宇死后化为杜鹃鸟。鱼则是后来开明氏(即鳖灵)的图腾象征,传说其为楚人,死,其尸随江而上,至蜀复生。出土金器上有个奇怪的现象,就是鱼的形象可怕凶猛,十分不善;或者鱼头上插着箭头,箭尾还带着鸟羽,显然表明了鱼、鸟之间的敌对关系。笔者认为这正是外来开明氏取代杜宇族时激烈战争的反映。金杖应是蜀王的权杖，上面的图案应该不是一般的图案，而是有着重大历史意义的象征。这从一个侧面反映了传说中蜀王朝的更替并非没有依据"、"《华阳国志·蜀志》则称：'周失纲纪，蜀先称王。有蜀侯蚕丛，其目纵，始称王……次王曰鱼凫……后有王曰杜宇，教民务农，……遂禅位于开明，……'这种王朝的更迭已反映在三星堆、金沙出土金器上的鱼、鸟、人的图案中，它们记录了三星堆以前传说中的王朝，即部落是以鱼、鸟等为图腾的，它们曾在这一地区有过较大的发展"[17]。

笔者在研习古籍、金文等文献时，发现于三星堆金杖图案尚有另一解释模式。以下，笔者也将自己的有关考证结论予以论述，并就教于学术界。

文献列举及分析

①《遹簋》（《三代》8·52·2）："隹六月即望，穆王在莽京，呼渔于大池"。

②《攸鼎》（《三代》4·13）："隹十月，王在莽京，辛卯，王渔于□池，呼□从渔"，从《遹簋》看，《攸鼎》此铭的两句可补全为"王渔于大池，乎渔从渔"，即王射鱼于明堂辟雍，并由渔师协助。

③《静簋》（《三代》6·55）："隹六月初吉……，王令静司射学官，……王以吴来、……邦周射于大池"。

④《伯唐父鼎》（《中华文史论丛》，1981年第4期）："乙卯，王飨莽京，王贲，辟舟临舟龙……王格，乘壁舟……（用）射绕、杼虎、貉、白鹿、白狼于辟池……"[18]。

⑤《麦方尊》（《西清古鉴》8.33）："……在辟雍，王乘于舟，为大丰，王射大鸿禽……"。

⑥《淮南子·时则训》"季冬之月，……命渔师始渔，天子亲往射鱼，以荐寝庙"；《吕氏春秋·季冬、纪第十二》："是月也，命渔师始渔，天子亲往，乃尝鱼，以荐寝庙"，高诱注《吕氏春秋》曰："天子自行观之"。陈奇猷《吕氏春秋新校注》据《淮南子·时则》言："非观鱼，乃射鱼也"，其论甚是。我们知道，一般的渔，当属《穀梁传》所谓"卑者之事"，观鱼，则类杨伯峻在《春秋左传注·隐公五年》（中华书局，1989年版）

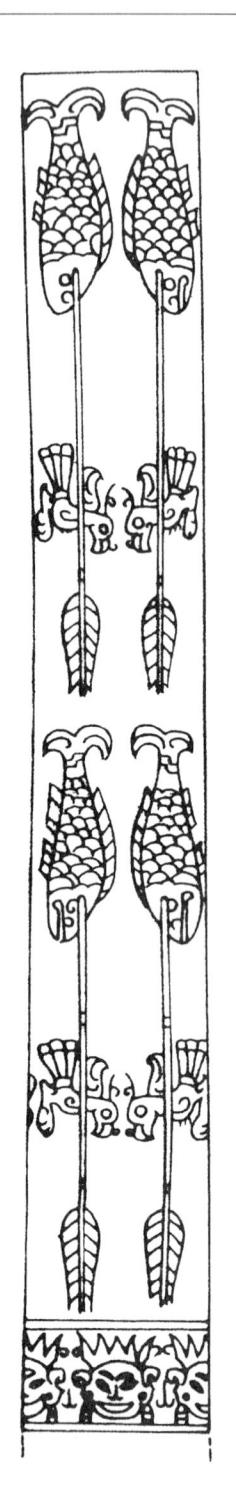

图一　三星堆祭祀坑
　　　祭杖（K1:1）

中所论，多指"戏乐之事"，而天子所行之荐寝庙之事，显然属于重礼，从文献记载可知，此类重礼，天子必自射其牺。像《国语·楚语下》载："天子帝郊之事，必自射其牺"，《左传·隐公五年》臧嘉伯云："鸟兽之肉不登于俎，皮革、牙齿、毛羽不登于器，则公不射"，《穀梁传》言："礼、尊不亲小事，卑不贪大功。"《礼记·月令·季各》孙希旦集解："是月鱼美，于始鱼而天子亲往，为将荐寝庙，重其事也"。

⑦《尔雅·释天》、《公羊传·桓公八年》等文献称"尝"为"秋祭先王"，《诗·小雅》、《礼记·礼制》、《周礼·春官·大宗伯》等文献有相似的记述。本文所论的"尝鱼"之"尝"意为"尝新"，而非特指"秋祭先王"的"尝祭"，这从《礼记·月令》的具体记述及孙希旦等人的解释中可以明显看出。《国语·里革》有载："古者大寒降……取名鱼登川禽，而尝之寝庙"，此中之"尝"从语法角度似可释为"尝祭"，实际并不正确，首先其季节即与"秋"不符，所以"尝之寝庙"可能应为"尝之荐于寝庙"之略。

《三礼》及《颂鼎》、《望敦》、《寰磐》等文献中均载有与"寝庙"有关的内容，从这些材料看，寝庙中当置有先王的木主。天子、诸侯荐于寝庙之牺牲即是献于先王的。

⑧从《麦方尊》等可以明确论定，西周之时肯定已有明堂辟雍类建筑，从湖南澧县城头山[19]、太谷白燕 F504[20]、杞县鹿台岗Ⅰ号建筑基址[21]、广西武鸣"崖墓"[22]等材料来看，辟雍的存在是有其考古学基础的[23]。另，古代文献论及辟雍，每每强调其"四方"的特征：

刘向《五经通义》言及辟雍、泮宫时语："诸侯不得观四方，故缺东南，半天子之学，故曰泮宫"。

李尤《辟雍》言："辟雍岩岩……双观四张"。

《三辅黄图》论辟雍为："水广四周"。

《独断》言："天子曰辟雍，谓水流四面如璧"。

《白虎通义·辟雍》："垣宫名之别尊也，明不得化四方"。

《诗·大雅·灵台》，《毛传》："水旋丘如璧，四方来贺者均之也"。

于明堂、辟雍强调"四方"以及古天子行礼于明堂、天室时注重"观四方"等论点，学界或会据《天亡簋》"王凡三方"予以反证，我们并不以为然。据笔者研究，《天亡簋》铭的内容主要是记载武王"受命帝国"（《史记·封禅书》）后，据惯例而行"封禅"之事的，其中"王凡三方"与《史记·封禅书》中桓公所说的北、南、西三方的语境是一致的。

三星堆金杖图案的含义及金杖性质

从所述的文献可以看出：

1. 西周之际，明堂、辟雍或大池肯定是存在的。

2. 天子在季冬之月，为行荐寝庙之礼，会在明堂、辟雍或大池或辟池之中亲自射鱼，获鱼后，以犬等合之，再荐于藏有先祖木主的寝庙，即尝新于先王。又因为古时论于明堂、辟雍，多强调四方，论及"礼射"时，也多强调四方，像郑玄注《礼记·大射仪》言："礼射唯四"，所以，天子于明堂辟雍行射鱼之礼时，也会表现"四方"的特征。又三星堆金杖时代虽然未及周代，但与其构图一致的金沙"鱼、鸟、矢、人"冠带已近周初[24]，所以可由此知，商晚期与周初的这种射鱼荐于寝庙以尝先王之礼的内涵及模式是相似的。据此我们当可以就三星堆金杖及其图案给出合理解释，其图案意为：其中的巨鸟代表时王，其与鱼、矢图的组合代表时王于明堂辟池中行射鱼之礼，鸟负鱼、矢向两神人而来，代表时王向两位祖先行尝新之礼，"鱼、鸟、矢"图为四组蕴含"辟雍四方"、"礼射唯四"的古仪。循此，则此金杖准确地讲当属于"祭杖"。

相关问题讨论

① 三星堆"鱼、鸟、矢、人"金杖上的巨鸟代表时王，而巴蜀历史上柏灌[25]、鱼凫、杜宇三族群均可视为鸟，我们在本文中已证明金杖上的鱼是季冬荐于寝庙先王之鱼，与一般所论的捕鱼之凫既"鱼凫"中的"鱼"并无直接联系，所以我们可以由此获得一个重要信息，即在此金杖上巨鸟所代表的时王这前，其族群可能有二位先王统治过蜀地。如果三星堆神树上的巨鸟与"柏（树）灌"可关联的话，则此金杖上的巨鸟当代表柏灌族群在当时的王者。

② 在金沙遗址曾出有一件饰有与三星堆金杖类似图案的金冠带，其上有四组"鱼、鸟、矢"图和四个人面（图二）。在三星堆遗址中出现过类似的人面（图三）。从我们所论的文献看，此"鱼、鸟、矢"图为四组，仍是为了强调了明堂"辟雍"或"大池"的四方，其四人面当代表时王的四位祖先。此四位人面与三星堆金杖上人面造型有别，如果三星堆金杖所属时代属"柏灌"族群的话，则金沙冠带上的人当属"鱼凫"族群的四位祖先。注意，金沙冠带上曾出现过双"鱼、鸟、矢"图绕同一人面的状况，因而出现有一人面单独存在的情形，这可能是由于此金带作为冠饰，而冠饰又强调正面的原因使然。

图二　金沙金冠带（2001CQJC:688）

③ 三星堆金杖与金沙金冠带图案中的人面不一致，但是鸟的造型基本相同，这告诉我们，以三星堆金杖与金沙金冠带为礼仪之物的祭祀主体虽然名称不同，但是却可能具有共同的远祖、共同的祖先象征物或曰图腾。当然，亦有可能是这样的情况：以三星堆金杖与金沙金冠带为礼仪之物的祭祀主体确实属于不同的族群具有共同的远祖、共同的祖先象征物或曰图腾。还有可能出现这样的情况：此类鸟本为神鸟，区域内可视为不同族群的祭祀主体都以之为最高层次的图腾或崇拜物，所以时王均以之为其神化的象征，就像在新石器时代，从东北到东南，不同的统治或祭祀主体有不少均以猪或猪龙为最高层次的图腾或崇拜物一样[26]。虑及在三星堆遗址中曾出现过与金沙遗址金冠带上四个人面类似的圆形铜人面，又从金沙考古学面貌与三星堆考古学面貌特别是在高层礼仪方面具有相同性的特征看，第一与第三类说法较有可能。

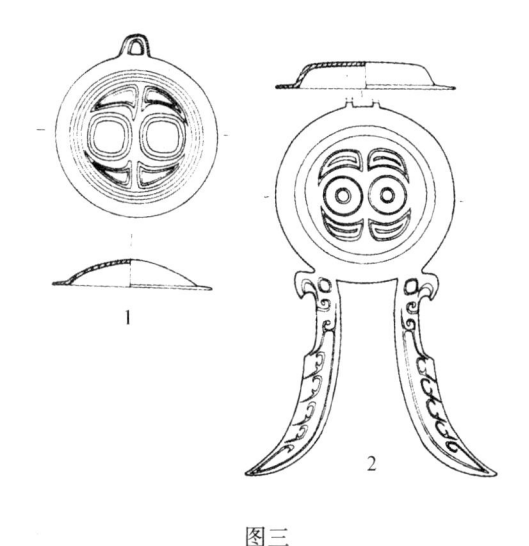

图三
1. 三星堆 K2③:103-22　2. 三星堆 K2③:115-7

结　　语

三星堆、金沙文明是古蜀文化研究中的重点，深刻理解这一文明的关键之一便是应对其中的奇异器物予以合理阐释。本文以考古学材料为基础，同时通过对相关古籍及金文文献的检视，初步论证了三星堆金杖图案的内涵及相关问题，从文中可以看出，笔者的观点与学界目前的诸多看法很不一致，限于笔者学疏，欢迎学界予以斧证！

注　　释

［1］　四川省考古研究所编著：《三星堆祭祀坑》图三十四，编号 K1:1，文物出版社，1999 年。
［2］　季智慧：《神树·金杖·笇与蜀文化》，《四川文物·1989 年广汉三星堆研究专集》。
［3］　胡昌钰、蔡革：《鱼凫考——也谈三星堆遗址》，《四川文物·1992 年三星堆古蜀文化研究专集》。
［4］　段渝：《四川通史》（一），四川大学出版社，1993 年，第 33～34 页。
［5］　白剑：《三星堆金杖"鱼鸟——华夏古老神奇的"鲲鹏之变》，《阿坝师范高等专科学校学报》2004 年第 6 期。
［6］　邱登成：《广汉三星堆出土金器管窥》，《三星堆与巴蜀文化》，巴蜀书社，1993 年，第 193～195 页。
［7］　屈小强等：《三星堆文化》，四川人民出版社，1993 年，第 78～81 页。

[8] 陈德安：《三星堆报告》，文物出版社，1999年，第444页。陈德安等：《三星堆——长江上游文明中心探索》，四川人民出版社，1998年，第50页。

[9] 《三星堆传奇——华夏文明探索》（展览说明），台湾太平洋文化基金会，1999年。

[10] 杜正胜：《人间神国——三星堆文明循礼》台湾太平洋文化基金会，1999年，第33~34页。

[11] 陈立基：《趣说三星堆》四川文艺出版社，2000年12月，第163页。

[12] 黄剑华：《古蜀的辉煌》巴蜀书社，2003年，第314页。黄剑华：《金沙遗址金冠带图案探索》，《文博》2004年第1期。

[13] 刘少匆：《三星堆文化探秘及〈山海经〉断想》昆仑出版社，2001年12月版，第59~60页。

[14] 罗明：《三星堆和金沙古蜀金器"射鱼纹"之管见》，《中国文物报》2004年7月9日第7版。

[15] 陈淳：《古蜀金器"射鱼纹"之我见》，《中国文物报》2004年8月27日第7版。

[16] 刘学堂：《古蜀金器"射鱼纹"寓义考》，《中国文物报》2004年8月27日第7版。此文认为"射鱼纹"器物与生殖崇拜有关，应为"祈求部族或王国兴盛的法器"。

[17] 李复华：《从三星堆、金沙遗址出土文物看蜀文化大转移的政治意义》，《中国历史文物》2003年第5期。

[18] 此铭告诉我们，古帝王在明堂辟池中所猎动物种类可以很多。

[19] 湖南省文物考古研究所：《澧县城头山古城址发掘简报》，《文物》1999年第6期。

[20] 晋中考古队：《太谷白燕第二、三、四地点发掘简报》，《文物》1989年第3期。《史记·封禅书》中昆仑道在西南，这与五行思想盛行之后，黄帝被列于西南有关，与西南地区像成都及其附近被有的文献称为"天下之中"可能亦有关联。

[21] 鹿台岗龙山文化Ⅰ号遗迹，是与"明堂"造型内容有密切联系的建筑。参见郑州大学文博学院、开封市文物工作队：《豫东杞县发掘报告》，科学出版社，2000年。

[22] 李珍等：《广西武鸣发现早期岩洞葬》，《中国文物报》2003年8月8日1版。按语："石铲"实际代表北斗神，之所以用石铲农具，应与古人常以北斗授农时及民以食为天等现象有关，类似的例子还有圭体采用铲或锛形、河姆渡文化中的"六枝盆景"似的"大禾"等等。另武鸣地区所出龙山时代的附"昆仑道"的内有"石铲"的亚形"岩洞葬"与太谷白燕F504一样，形制、内容应与黄帝时的"合宫"式建筑有联系，明白这一点，非常有助于我们论证太谷白燕F504中的7个圆代表北斗，因而有助于论证中国古代有用陶中空器以示天顶、璇玑、北斗（或极星）或与其相关造型、及明堂辟雍的内涵造型等文化现象。

[23] "王凡三方"中的"三方"有的学者理解为四方，似误。其范围当与《史记·周本世》、《逸周书·度邑解》中武王所观"三方"的范围一致，加上武王所在的嵩岳一方，此"四方"即是《何尊》中的"中国"的范围。详论请见拙著：《"天亡簋"铭"封禅"新解》（待刊）。

[24] 《金沙淘珍》第24页，成都市文物考古研究所、北京大学考古文博学院编著，文物出版社，2002年4月版。

[25] "柏灌"之"柏"有可能与东汉《五经异议》（许慎）等中所言的殷之木或曰社树之"柏"意义类同。

[26] 冯时：《中国天文考古学》第三章，社会科学文献出版社，2001年。

（原刊于《江汉考古》2006年第2期）

论中国文化遗产标志的内涵

顾万发

2001年，四川成都金沙遗址出土了一个用剪纸般技术制作一块金箔（图一），《中国文物报》2005年8月17日《关于启用中国文化遗产标志的公告》告知世界，成都市金沙遗址出土的被称为"金沙太阳神鸟金饰"的图案被作为中国文化遗产标志（图二）。

图一　　　　　　　　　　　　　图二

1. 标志内涵的认识

关于这一标志的内涵，《关于启用中国文化遗产标志的公告》一文称：

"专家认为，太阳神鸟图案是中华先民崇拜太阳艺术表现形式的杰出代表之作，所表达的追求光明、团结奋进、和谐包容的精神寓意，彰显了中国政府和人民保护祖国文化遗产的强烈责任心和神圣使命感"。

"有人说，中国文化遗产标志是一张国家级的金名片。这个标志图案简明，富有诗意，不论是从美学角度还是历史角度上看，都很有中国特色。标志选择局部特定的东西而不以具象的东西为基本，很好"。

"有人认为，太阳神鸟图案昭示的是：勤于思索，善于吸纳，巧于运作，勇于创新。4鸟、12太阳光芒的内涵与形式都独具特色，寓示着中华民族的飞腾、复兴，也体现了一种吉祥温暖的氛围。螺旋纹旋转的造型代表中国文化生生不息，极具哲理性和视觉动感，有视觉美感，抽象的造型给人以想象的空间，色彩具有中国文化味道"。

《文化遗产标志公布"四鸟绕日"众望所归》（新华网 8 月 16 日电）称：

据国家文物局办公室主任彭常新介绍，由国内著名专家联名推荐的这一金饰图案构图严谨、线条流畅、极富美感，是古代人民"天人合一"的哲学思想、丰富的想象力、非凡的艺术创造力和精湛的工艺水平的完美结合。

"专家认为，'四鸟绕日'图案是中华先民崇拜太阳艺术表现形式的杰出代表之作，所表达的追求光明、团结奋进、和谐包容的精神寓意，彰显了中国政府和人民保护祖国文化遗产的强烈责任心和神圣使命感。以此作为中国文化遗产的标志体现了中华民族传统文化强烈的凝聚力和向心力，表现了中华民族自强不息、昂扬向上的精神风貌"。

其文又称：

"'太阳神鸟'金饰外径 12.5 厘米，内径 5.29 厘米，厚度 0.02 厘米，重量 20 克。外廓呈圆形，图案分内外两层，都采用了透空的表现形式。内层图案为等距分布的十二条弧形齿状芒饰，芒饰按顺时针方向旋转。外层图案由四只等距分布相同的鸟构成。鸟均作引颈伸腿、展翅飞翔的状态，飞行的方向与内层图案的旋转方向相反。在红色衬底上观看，该金饰内层图案很像一个旋转的火球或太阳；外层图案中的鸟很容易使人联想到神话传说中与太阳相关的神鸟，据此，专家学者将其定名为'太阳神鸟'金饰"。

"太阳神鸟金饰体现了中华民族对太阳崇拜的习俗。中国古代的先民们常常将太阳与鸟联系在一起，古代文献中就有许多关于太阳和神鸟的记载"。

"在出土的中国古代有关太阳崇拜文物图案中，以成都金沙遗址'太阳神鸟'金饰的图案最为精美，其构图严谨、线条流畅、极富韵律，所表达的内涵寓意深远，是古代人民深邃的哲学宗教思想、丰富的想象力、非凡的艺术创造力和精湛工艺水平的完美结合。十二道顺时针旋转的光芒与四只逆向飞翔的神鸟，表达了远古先民对太阳的追求，对光明的向往。'太阳神鸟'是希望的象征，体现了中华儿女世世代代团结奋进、和谐包容的精神。四凤绕阳，祥瑞吉祥，充满活力与生机的太阳神鸟给人以巨大的感召与动力，并伴随着现代中国一起腾飞"。

《"金沙太阳神鸟"将成为中国文化遗产标志》（新华社 2005 年 8 月 8 日电）称：

据国家文物局介绍，"金沙太阳神鸟"图案又被称为"四鸟绕日"，画面是四只神鸟围绕着太阳飞行。中心的太阳向四周喷射出十二道光芒，呈现出强烈的动感，象征着光明、生命和永恒。十二道太阳光芒与四鸟的"十二"与"四"是中国文化经常使用的数字，诸如十二个月、十二生肖、四季、四方等，表达了先民们对自然规律的深刻认识。整体的圆形图案寓意民族团结、和谐包容，圆形的围合也体现了保护的概念。

《中国文物信息网》之《中国文化遗产标志获得好评》称：

专家认为，太阳神鸟图案是中华先民崇拜太阳艺术表现形式的杰出代表之作，所表达的追求光明、团结奋进、和谐包容的精神寓意，彰显了中国政府和人民保护祖国文化遗产的强烈责任心和神圣使命感。

有人认为，太阳神鸟图案昭示的是：勤于思索，善于吸纳，巧于运作，勇于创新。4鸟、12太阳光芒的内涵与形式都独具特色，寓示着中华民族的飞腾、复兴，也体现了一种吉祥温暖的氛围。螺旋纹旋转的造型代表中国文化生生不息，极具哲理性和视觉动感，有视觉美感，抽象的造型给人以想象的空间，色彩具有中国文化味道。

四川在线、四川日报2005年8月9日消息：《"神鸟"成为中国文化遗产标志 我们期待着》亦汇集了不少四川学者的观点：

① 魏学峰认为，神鸟就是金乌，是背太阳的神鸟，而且只有金乌才有3足。从吉祥意义上说，这种所谓神鸟就是传说中的凤，鸾凤和鸣在传统文化中是吉祥、和谐之兆。谭继和先生认为："太阳神鸟"在体现太阳崇拜这一"追求与渴望"的同时，还体现出"和谐包容、团结奋进"思想。太阳神鸟是蜀人表现太阳崇拜的独有方式，表达出天、地、人和谐包容的意识。这是从古蜀人的太阳崇拜根源而形成的思想，它象征人与社会、自然和谐共处；生态、文态、业态协调发展；包含了古人三才（阴、阳、和）、四时（一年四季）、五行（金、木、水、火、土）。其包容性已非常充分地体现出来。

② 诸般礼器中，最引人注目的，是"太阳神鸟"金箔饰品。金箔为圆形，浑如今天的剪纸，中间为旋转齿状光芒，宛如转动的火球，象征太阳，周围四只神鸟展翅环绕，图案线条流畅、动感十足。

③ 有考古专家对"太阳神鸟"金箔图案作出了两种解释：一是据《山海经》中"帝俊生中容……使四鸟"等有关中国远古神话中太阳神帝俊的记载，旋转的火球是太阳神，围绕着它的四只鸟是太阳神的使者，并寓意东南西北四个方向；二是旋转的火球是太阳，四只鸟是托负太阳在天上运行的神鸟，该图案表现的正是"金乌负日"这一中国古代神话传说。

④ 四川省文物考古研究院研究员黄剑华撰文阐释道，……而中国古代则广为流传着"十日"神话。根据《山海经》中的记述，"十日"是帝俊和羲和的10个儿子，它们每天早晨轮流从东方扶桑神树上升起，化为金乌或太阳神鸟在宇宙中由东向西飞翔，到了晚上便落在西方若木神树上。它们被古人描述为金乌的化身，是会飞翔的太阳神鸟。联系到三星堆的考古发现揭示出的古代蜀人以鸟为图腾，特别是凤鸟与太阳神鸟在古代蜀人精神观念中占有特殊地位，金沙遗址出土的太阳神鸟金饰箔，就是古蜀人太阳崇拜和鸟崇拜合一的生动而绝妙的显现。而且，这一象征着古蜀人精神信仰的太阳神鸟金箔，显然不会作为实用器物上的装饰。从其尺寸和精致程度上来看，这件神奇的金饰箔很可能是金沙遗址统治者宗庙或神庙中的供奉品，是古代蜀人心目中的神圣象征。

关于这件标志的内涵，《中国文物报》2005年8月12日《媒体扫描》汇有不少相关评论，其中有人提出了新的认识：

① 这个标志形态还不错，不管从美学角度还是历史角度上看，它都可以作为中国

文化遗产的标志使用。这不是"太阳神鸟图"！也不是"四鸟环日图"！这是四方风图，就是胡厚宣发现的甲骨文四方之风（凤）。整个圆金箔片与太阳无关。这个圆金箔片是平面化了的良渚文化镯形琮。

② 在四个风鸟身上各找一个重心点，用直线连接四个重心点，得一正方形，以此代表"地"，而地具有"阴气"，作此正方形的外接圆，以此代表"天"，而天具有"阳气"，圆方相接处为阴阳二气相合处，"合气生风（凤）"。既然要选此图作为中国文化遗产的标志，就要说透它的历史文化底蕴，因为今天的外国人平均文化水准很高，思维严密，你不能用空洞的赞美性言辞去介绍这个标志。哪有太阳的光芒是螺旋形的，那是用来表现风（凤）沿着周天在运行（详见《律书》）。四只鸟的形状特征是：介于有形与无形之间。说它是鸟，仅仅是指它们的轮廓而言。其实仔细观察，它们没有明确的首、尾、翼；它们好像在飞行，可为什么一翼和一腿相接？这正好说明它们实质上是风（凤）。风是气体的流动。气体是无形的，而它的运动借助于烟尘，又是有形可辨的，如龙卷风就是旋涡形的。

2. 标志内涵的新阐释

其实，早在此所谓"金沙太阳神鸟金饰"发现不久，就有不少学者作过讨论，几乎都认为有十二旋臂造型的圆为太阳或太阳神，围绕着它的四只鸟是"太阳神的使者"或曰"托负太阳在天上运行的神鸟"，就是国学大师饶宗颐先生亦有文认同。我们认为，该图案内涵确实与古代"金乌负日"这一中国古代神话传说有联系，其中的四鸟确实可以视为是四太阳鸟，但是我们绝不能将金箔中心的圆视为是"太阳"，其真正的象征是"天中"或"天极"，是与"帝"有关的：我们的论据是：

① 四子、四鸟的诸多神话中，使四鸟者或四子之天父多是帝的身份（有的文献中有帝俊之裔使四鸟等内容），在早期中国，帝与"天中"或"天极"密切相关，除夏桀等基本没有与太阳相比喻的。

② 在四子、四鸟神话宇宙模型中，四鸟或四子是背负太阳运行于天盖的或直接运行于天盖的，其轨迹相当于衡，于此则使四鸟者或四子之天父是位于天盖之中心的，显然其应与"天中"或"天极"密切相关。

③ 所谓"金沙太阳神鸟金饰"实际与金沙遗址所出的三鸟有柄铜T字形璧特别类似，三鸟实际是四鸟的省略，就像濮阳西水坡45号墓三子是四子的省略一样。T字形璧，与学术界常论的玉石璧的意义是同样的，其之中空的平面不过是极星、北斗的平面，中空则是极星、北斗的立体化，而民族学材料中，当时的北斗是可以被视为天柱的，所以玉璧之为极星、北斗平面化的圆与T字形璧之"圆柱"意义是同样的。能证明铜、石、玉器，像璧、钺、刀、圭、璋、戚等之中空或穿的象征意义是当时的极星或北斗的论据还有：

（1）冯时先生曾证明一类多孔玉刀之穿可以象征极星，而钺、斧、戚实际可视为是多孔刀的一个单元[1]。

（2）我们曾证明认为钺、斧、戚等的造型为梯形，这实际与斗魁的造型一致[2]。

（3）玉璧可以象征天，这是无疑问的，玉璧之中孔与天盖之中心显然应意思是一致的，天盖中心显然为天极，则玉璧中孔的意义显然可以象征天极，T字形铜、石、玉璧的中孔显然同样可以象征天柱。

（4）玉璧、T字形玉璧中有的四周尚有天盖形造型，天盖下的圆，从新石器时代以至汉代以来诸多天盖与圆相组的有关材料看，显然表示的是当时的极星，而不是太阳。诸多有天盖冠神物之神格同样有助于证明我们的观点。尤其值得提出的是所谓的璇玑或璇玑类材料，其之造型我们已证明其与"单旋符"或天盖有关，而这类"单旋符"从红山文化玉器、新石器时代玉人、花地嘴陶斗形瓮朱砂绘神人、二里头文化铜牌饰神物的眼睛看，显然可与当时的"天极"或"天中"关联的。

（5）已陈述过的赵陵山遗址玉钺（图三），出土时玉钺中心有一"蹲踞式"神人，"蹲踞式"神人的神格我们早有讨论，我们认为他们与北斗等极星神祖有密切关系，具有仪式等方面内容的"蹲踞式"神人所在的地方显然可能是天帝之所在或相关圣地，即有可能是天极之所在。"蹲踞式"之造型，我们曾证明其与攀缘建木有关，建木可以视为通天之柱，北斗又被有的民族认为是天柱，显然这与钺等之中空的意义又是不矛盾的。

（6）黄剑华先生对于金沙铜质三鸟T字形璧认为[3]（图四）：

"那周围有凸起高领的圆孔，不就是圆日的象征吗？三只神鸟所表现的不同是托负着太阳在宇宙中由东向西飞行的情景吗？很显然，这件器物同样是古蜀时代昌盛的太阳神话传说和太阳崇拜观念的产物，是古蜀族以太阳崇拜为母题的祭祀活动中的一件重要器物"；

"将这些图像资料作为参考，现在再来看金沙遗址出土的青铜有领璧形器，上面刻画的三只神鸟也是典型的长颈单足、羽尾华丽、展翅绕日飞翔之态，显而易见就是对太阳神话传说中三足乌的一种形象表现。从时代的承袭演变关系来看，正是古代蜀人这些

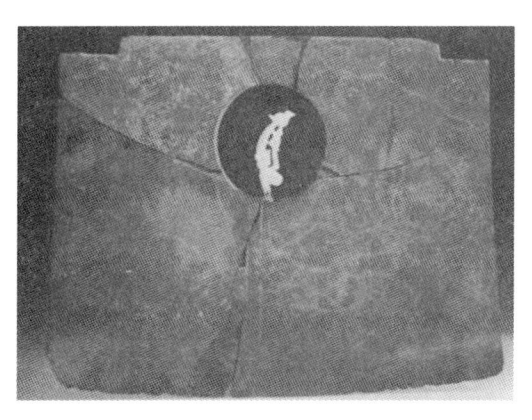

图三　　　　　　　　　　　图四

含义丰富、构思绝妙的图像，对后世的图案纹饰产生了积极而久远的影响。不仅战国与秦代的铜镜上有三鸟环日图，汉代瓦当上有绕日飞行的三鸟纹，而且在汉代画像石《羿射九日》图中刻画的栖息于扶桑神树上的也是三足金乌，可知这在古人心目中皆是对三足乌最为生动的表现"；

"金沙遗址青铜三鸟纹有领璧形器上圆孔与凸起圆形高领所象征的日轮，以及太阳神鸟金箔饰上漩涡状的太阳图像，说明古蜀族对崇尚的太阳形态有多种表现方式，或作圆日之形，或刻画成光芒四射的旋转之状。其实，这种不拘一格、丰富多样的表现手法，早在远古时期就有了，我们在仰韶文化以来的彩陶上和原始时期的岩画上都可以看到各种形式描绘的太阳图像，在青铜纹饰上更有大量的、形式多样的表现，可谓由来已久、源远流长"。

黄剑华先生的此段论述有利于说明金沙遗址出土的"金沙四神鸟金饰"之"神鸟"与太阳有关，但是并不能证明金沙遗址出土的"金沙四神鸟金饰"之中心是太阳，我们的论据同样可从我们有关 T 字形璧的论述中找到[4]。

3. 新石器时代的神鸟不都与太阳与关的论据

学术界以往所提很少，实际这方面的论据很多，像表示与北斗或其时极星有密切关系的神、祖、巫的头顶或附近的神鸟、昆仑台之"北斗—天柱—斗魁"上站立的神鸟，这些显然都不能视为太阳鸟[5]，否则无法符合整个造型具有北斗或其时极星内涵的构图理念。尤其是有的玉钺上绘有神鸟，玉钺之穿正好为神鸟所负，若论钺之中心的象征意义，其又只可能可象征当时的极星，若此，则此神鸟显然不能视为是阳鸟。与"斗建一辰为一月"相符的二里头文化"十"或"亚"字纹的铜盘和钺同样有助于证明我们的观点（图五）。

图五

4. 在四子、四鸟神话模型中，四子与四鸟被认为是中心神之子

四子与四鸟可以被视为是运天盖或太阳之神，这显然属于太阳神或金乌，但这是否表明其父就是太阳神呢？实际不然，否则同时生日、月的神为何不能是月亮神呢？世界各地的远古神话有助于回答这一问题。像印加文明中，印加帝国尊奉太阳为唯一的主神，除太阳之外，他们还从内心里崇拜"帕查卡马克"为不相识的至高无上的神，对他的尊敬胜过太阳；但不为他敬献祭物，也不建造神庙，他们虽未看见他，他也从未现身，然而他们却相信他的存在。这简直就是中国古代商王朝商人的"上帝"。

5. 不少学者认为 12 左旋符象征太阳光芒

这是不正确的,有光芒的还可以是其他星星,这 12 个左旋符的意义实际表示的是当时的斗极或极星之光,12 是天数;同时其还象征一年有 12 个月。像《礼记·郊特性》载:"(天子)祭(天)之日,戴冕藻十有二,则天数也";《礼记·明堂位》载:"(鲁君)乘大路……旌十有二旒……"。这种思想在中国中古时期仍然是很盛行的,像《隋书礼仪志》载:"于是定令,采用东齐之法。乘舆衮冕,垂白珠十有二旒,以组为缨,色如其绶,黈纩充耳,玉笄"。冠与这些古文献记载相符的腰搢"史"之巫器、头戴 13 左旋符弧形冠的金沙铜"巫史"(图六)之内涵有助于说明被作为中国文化遗产标志的金沙金箔的圆形不是太阳,12 左旋符亦不是太阳的光芒。

图六

至于有学者认为金沙遗址出土的"金沙四神鸟金饰"之"四鸟"是可以与四方神、四子甚至是四方风联系的,我们认为这是可以的,有学者不同意这样的看法,他们的重要论据可能就是:四鸟在学术中尚有不同解释,可以认为是四兽。

的确《山海经》中曾有多处关于帝俊之裔"使四鸟"的记述,如《大荒东经》中说"有葛国,黍食,使四鸟:虎、豹、熊、罴"、"帝俊生中容,中容人食兽、木实,使四鸟:虎、豹、熊、罴"、"帝俊生晏龙……食黍,食兽,是使四鸟"、"帝俊生帝鸿,帝鸿生白民,白民销姓,黍食,使四鸟:虎、豹、熊、罴"、"帝俊生黑齿,姜姓,黍食,使四鸟",另《大荒南经》中说"帝俊妻娥皇,生此三身之国,姚姓,黍食,使四鸟"等。

"有葛国黍食使四鸟虎豹熊罴",珂案:又山海经记帝俊之裔俱有"使四鸟"或"使四鸟:豹、虎(或虎、豹)、熊、罴"语,此葛国(妭国)亦"使四鸟",则其为帝俊之裔更无疑问矣;经文"虎豹熊罴",宋本作"豹虎熊罴"。帝俊之裔之有"使四鸟:豹、虎(或虎、豹)、熊、罴"能力者,盖出于书舜典所记益与朱、虎、熊、罴争神神话。书舜典云:"帝(舜)曰:'畴若予上下草木鸟兽?'佥曰:'益哉!'益拜稽首,让于朱、虎、熊、罴。帝曰:'俞,往哉!汝谐。'此其外貌固历史也,而其实质则神话也。汉书人表考(清梁玉绳撰)卷二云:'江东语豹为朱。'则此'朱、虎、熊、罴'旧注所谓舜之四臣者,实'豹、虎、熊'、四兽也。而益者,燕也,即诗玄鸟所谓'天命玄鸟,降而生商'之玄鸟是也。益为古代殷(商)民族之祖宗神,帝俊与舜均无非此神之化身"。帝俊即殷墟卜辞所称"高祖夔"者,……古既有"玄鸟生商"之说,其鸟头者亦当为玄鸟（燕）之头无疑矣。则帝俊（舜）与益，实二而一也。舜典谓舜使益驯草木鸟兽而为之长，益"让于朱、虎、熊、罴"者，历史学家对古神话之修改与涂饰也。推其本貌，想当无此彬彬有礼之美妙景象……益与豹、虎、熊、罴四兽争神而四兽不胜，终臣服于益，舜典"帝曰'往哉汝谐'"之实质盖指此也。四兽既臣于益，故益之子孙为国于下方者，乃均有役使四兽之能力。帝俊即益，故山海经帝俊之裔亦有"使四鸟"或"使四鸟：豹、虎、熊、罴"之记载。

于"有司幽之国帝俊生晏龙食黍食兽是使四鸟"之"四鸟"，郝懿行云："四鸟亦当为虎、豹、熊、罴，此篇言使四鸟多矣，其义并同。"

从相关论述看，学术界于"四鸟"之意，确是多认为是豹、虎、熊、罴四兽，但是在我们以为，实际"使四鸟：豹、虎、熊、罴"类断句可能为"使四鸟、豹、虎、熊、罴"。我们这样判断，不是从语法的角度，因为那样无法论证何为正确，我们依据的主要是考古学材料。因为从考古学材料看，"四鸟绕中心"的材料很多，出现的时代亦早。又，于"有招摇山，融水出焉。有国曰玄股，黍食，使四鸟"之"四鸟"，珂案为"《海外东经》作'（使）两鸟夹之'"，这与早期考古学材料中"四鸟"往往可以省略为"两鸟"的现象特别相符。

这样看来，"使四鸟"或"使四鸟：虎、豹、熊、罴"可能是说役使的既有四鸟，也有四兽。

中国是世界上重要的文明古国，对于作为其文化遗产的标志——金沙四鸟金箔内涵的说明应是清晰和科学的，所以简作是文以辩之。

参 考 文 献

[1] 冯时：《中国天文考古学》中国社会科学出版社，2007年1月1日第1版。
[2] 顾问：《大汶口文化尉迟寺遗址新出奇异器物研究》，《郑州文物考古与研究》，科学出版社，2003年。
[3] 黄剑华：《太阳神鸟的绝唱——金沙遗址出土太阳神鸟金箔饰探析》，《社会科学研究》2004年1期。
[4] 同[2]。
[5] 同[2]。

《"新砦期"研究》增补

顾万发

笔者在2000年和2002年,曾就"新砦期"的有关问题发表过一些意见[1],此后,笔者听到了学界的有关反应,同时,花地嘴等遗址新发现的考古材料也促使我们对"新砦期"的有关问题进行了再思考,以下,笔者就将有关想法作以论述和说明,不妥之处,尚请学界继续指正。

一、有关"新砦期"概念的再研究

在《"新砦期"研究》(以下简称"新"文)一文中,笔者曾提出现行的各种"新砦期"的概念需要厘清,我们的基本的意见是:原有的一些概念因客观原因确实亟须完善。像《河南密县新砦遗址的试掘》一文[2]中的H2、H3、H5、H7、H11、M1等几个单位曾被包括原文作者在内的不少学者作为"新砦期"的代表主体,实际上其仅是我们"夏商周断代工程新砦专案小组"于1999年所确立的"新砦期"概念的晚段;《试论稍柴下层遗址的文化性质》一文[3]中的煤山遗址所谓早于密县新砦遗址"新砦期"的单位,像煤山75H70,实际上该单位属于较为典型的"新砦二期晚段"遗存,即赵芝荃先生早年所论的"新砦期"一类遗存,其次,此文将本属于二里头文化一期晚段的典型单位,像稍柴60—63H35归到了新砦期,再者,其至少将一定数量的单位,像稍柴60—63H15、H33等归到二里头文化一期,实际上其应属二期。类似这样的看法至于现在仍有不少,如果再不对类似的概念作以判辨,显然不利于对"新砦期"这个关系到早期夏文化的重要学术课题作客观的讨论,进而使相关的论点失去最基本的立论基础和最基本的逻辑性。

最近有关学者发表的说法也都有可商榷之处,比如说,认为"新砦期"整个同时于二里头一期的观点[4]就是由于未严格依照地层学和将不同类型或亚型文化的器物过于简单对比的结果,笔者在《"新"》文中已有专论。

就是我们"夏商周断代工程新砦专案小组"自己在1999年所确立的"新砦期"概念内涵,单就个人观点而言,亦需调整。其中最重要的就是:改原来所说的"新砦期"两段为两期(虽然在考古学的分期中,有先分为若干再论期的,从而一段也可称为一期,但是,我们在当时简报中的分段并非如此),并且第一期显可以再分为两段。这一看似无关紧要的改动在讨论相关古史及文化类型等问题时显得很有必要,至少这符合考古学分期的最基本的标准。这个问题无须多论，笔者认为今后的有关"新砦期"的研究实践会对之证实或证伪的。另，笔者在《"新"》文中断言"'新砦二期早段'绝对早于以二里头一期为代表的二里头文化一期"，新增的论据是：花地嘴遗址"新砦期"遗存发现了与神木新华、石卯等遗址所谓的"龙山文化晚期"（其中剩下的部分分别相当于客省庄文化晚期及二里头文化一期至二期，笔者在《新》文中在论证齐家文化可晚至二里头文化二～三期时所举的论据，像庄浪所山及安特生论著中所载相当于二里头二～三的壶似盉、齐家坪等遗址所出的与二里头文化相关的二件铜牌饰、大地湾所出的相当于二里头文化二期的陶盆，也有利于证明笔者的判断）部分遗存、朱开沟文化二段略晚至三段最早及《晋中考古》（晋中考古队编著，文物出版社出版，2000年）中的五期第4段略晚遗存基本同时的有关器物；笔者在《"新"》文中对"新砦二期晚段"与二里头一期的早晚关系未能肯定，现在看来"新砦二期晚段"有可能主要是早于二里头一期晚段（此二里头一期相当于郑光先生在"夏商周断代工程"报告中所论的一期及二期早段，下同），这样一来，"新砦二期晚段"一类遗存有可能与二里头一期早段重合。经过近来对花地嘴遗址修复的部分陶器资料特别是其中的西北文化因素的整理和对新砦遗址考古材料的观察，新增的"新砦二期晚段"总体上早于二里头文化一期晚段但与二里头一期早段两者有可能同时的比较重要的依据是：在新砦遗址的新砦二期晚段与二里头文化二期早段之间的属于二里头一期较晚时段的层位，即像笔者在《"新"》文中特别提到的新砦2000HXXT5⑤a一类遗迹，在我们最近的考古发掘中仍有发现，并且这样的层位有的被叠压在我们在《"新"》文中所说的篮纹绳纹相差不多的遗迹之下，也就是说，篮纹绳纹相差不多的遗迹（主要应为二里头文化二期早段，其部分类似于郑光先生在"夏商周断代工程"报告中所论的二期中段），不单叠压"新砦二期晚段"，有的还叠压类似新砦2000HXXT5⑤a一类遗迹，这有利于证明我们原来的观点-新砦2000HXXT5⑤a一类遗迹应属于（并非等同）二里头文化一期；注意，新砦2000HXXT5⑤a一类遗存就"新砦二期晚段"及新砦四期的材料看，其时间段较短，文化面貌非常接近"新砦二期晚段"。并且，非常接近新砦2000HXXT6⑤b—⑥层的（是可以划归"新砦二期晚段"的）有关遗存中出有类似二里头文化一期的化边罐，这些情况说明"新砦二期晚段"一类遗存有可能与二里头一期早段所处时段已基本没有什么间隔，花地嘴遗址"新砦期"遗存相当于朱开沟文化二～三期及晋中杏花村四期略晚的器物、二里头一期发现的三足皿、具有王油坊类型风格的隔鼎、陶壶、与花地嘴新砦期带棱陶碗、鼎及有关的陶豆、陶鼎等也有利于说明这一观点的成立，现在看来，至少97夏商周断代工程二里头YLVH58、59等单位类似于"新砦二期晚段"，承蒙郑光先生惠示，这些单位出现过很少量新砦期早段的典型器像陶豆、罐等的残片，这种情况一般仅会出现在"新砦二期晚段"的遗存中。综上所述，笔者以为："新砦二期晚段"与二里头一期早段同时的可能性仍然存在，非常接近新砦

2000HXXT6⑤b—⑥层的有关遗存（可以划归"新砦三期"或"新砦二期晚段"的晚段）有可能属于一般所论的二里头文化一期晚段。原来我们认为二里头一期有关器物晚于"新砦二期晚段"者有可能多于属于二里头一期的晚段或者有其承自花地嘴新砦期或其他相关遗存的特征或地域特征，我们在《"新"》文中认为的二里头一期早段相对"新砦二期晚段"一类遗存的某种程度的突变的看法确有可能被证实。当然，这一判断的前提之一是：以新砦2000HXXT5⑤a一类遗存此时的发展不具有明显的停滞性。这里需要说明，在论及"新砦二期晚段"与二里头一期（不计二里头遗址的仰韶、龙山时代的遗存）有所重合的时候，将二里头一期划分为几段再将其第一段与"新砦二期晚段"并列与将"新砦二期晚段"分为几段再将其最晚段与二里头一期或其早段并列的意思并不相同。再者，我们有关"新砦二期晚段"与二里头文化一期（以二里头一期为代表）早晚关系的新认识还基于这样一些理由：二里头一期早段中的有关器物或其特征仅在花地嘴等遗址的"新砦期"遗存中有发现，伊洛地区除二里头文化一期外在又未发现非常近似"新砦二期晚段"的遗存，而且二里头文化一期早段的宏观特征与"新砦二期晚段"比较相似；具体的讲，二里头一期陶鼎、罐的窄口沿风格与花地观"新砦期"遗存非常近似，二里头一期陶鼎足的"单耳坠"及花边的粗犷风格在花地嘴"新砦期"遗存中较为常见，而陶鼎足的这种风格在"新砦二期晚段"基本不见，目前仅发现过一件，二里头一期有一种常见的薄胎陶豆柄，豆座端内龛，面起台阶，这种豆座在"新砦二期晚段"中不见，在花地嘴"新砦期"遗存中则较为常见，稍柴H20，其中的陶鼎与花地嘴"新砦期"遗存2001HZH32等单位所出者非常相似，而恰是此单位的主体面貌却非常接近似"新砦二期晚段"，花地嘴"新砦期"遗存中发现过一些长方形灰坑，这种灰坑在"新砦二期晚段"中基本不见，但是二里头一期却有一些发现，等等。当然，我们在这里需要强调的是，如果单就考古学文化面貌看，花地嘴"新砦期"遗存与新砦"新砦二期晚段"的关系明显密切于其与二里头一期的关系，无论是从器类上还是具体的器物特征方面，这是有利于证明"新砦二期晚段"早于二里头文化一期的，可如果是这样，则在存在过较丰富的"新砦二期晚段"遗存（像花地嘴、大寨岭等遗址）的嵩山以北的广大地区就会不存在"新砦二期晚段"类遗存，这种现象在整个巩义、偃师文物普查得较为细致的状况下，不太容易解释，尤其是，在新砦遗址，晚于一般所论"新砦二期晚段"的层位，像新砦2000HXXT5⑤a一类遗存，时间段非常短，无法等于整个二里头文化一期，如果将新砦2000HXXT5④一类遗存算作二里头文化一期晚段，这和二里头遗址二里头文化更为合理的有别于《二里头》报告分期的新的分期又不相符，综合花地嘴"新砦期"的测年看，我们现在可以认为"新砦二期晚段"与二里头一期早段同时。不过，本文所论也告诉我们，在断论"新砦二期晚段"与二里头文化一期的早晚关系方面，尚需再做些工作，像新砦遗址三期的论证及何谓二里头（文化）一期内涵的论证等等。

另，在《"新"》文中，笔者曾特别提出何谓"真正的新砦期"的问题，随着原来所谓的"新砦期"被分为两期的论断被花地嘴等遗址新的考古发现进一步证实，这个问题还是会再被讨论的，因为，只有"新砦二期早段"才符合真正的、严格的过渡期的要求。一旦"新砦二期晚段"总体上与二里头文化一期早段同时的可能性被证实，那么，舍"新砦二期早段"则就根本不存在我们所谓的"新砦期"。如果将"新砦二期"整个视为过渡期，从文化面貌上估计尚可说得过去，但是与一般意义上考古学方面的一期称谓不符，我们不希望再出一个类似"庙底沟二期"等的模型。所以笔者仍然建议称"新砦二期早段"一类遗存为真正的"新砦期"，至于"新砦二期晚段"可认为属于早期二里头文化"新砦型"。顺便指出，早期二里头文化"新砦期"延续的时间与以前所论的任何一种"新砦期"均不重合，"新砦期"可延续到新砦遗址三、四期，其大概在二里头二期中段才与二里头类型趋同性更明显。另外，一旦一般所谓的"新砦期"被分为两期，就现有资料看，真正的"新砦期"，至少包括新砦、煤山两个类型，其中新砦类型又可划分为新砦及花地嘴两个亚型。2003年在花地嘴遗址最近发现的西北方因素（相当于神木石卯、新华部分"龙山文化晚期"、朱开沟文化二至三期、晋中龙山文化杏花村四期略晚）又一次证明了笔者的观点。

另，笔者在《"新"》文中有关"新砦期"的有关特征器的说法尚需完善。笔者原来认为：郝家台遗址有些器物从线图看类似"新砦期"器物，但是实物可能类王城岗龙山器物，不属于新砦期。近来，承蒙曹桂岑、杨肇清两位先生惠示详观，其中确有"新砦期"器物，只不过其有一定的地域性而已。特别是其中的甗，多为底有孔而周壁无，这种风格非常类似二里头等遗址的一期甗孔的位置特征，但是，笔者并不认为只有二里头文化一期的甗孔才有此类位置特征，实际上，就接近的时代论之，具有这种甗孔的位置特征的甗在驻马店杨庄遗址早就出现，郝家台遗址"新砦期"的甗孔的位置特征（包括甗形）应与驻马店杨庄等遗址的甗有关，其少量的罐形甗（外形类似豫西龙山文化中的大多数甗形及"新砦期"新砦型的甗形）的甗形的位置特征也与驻马店杨庄遗址山文化晚期的甗有关。至于二里头一期的甗，其甗孔的位置风格主要应来自以郝家台、煤山等遗址为代表的南方（花地嘴、新砦等遗址的"新砦期"遗存少量甗也有这一风格，但是类甗多为斜腹小罐形或者具有类似豫北及豫东地区风格的小甗孔），其甗形则较多的来自附近地区。另，二里头一期有的甗饰满纹饰应是其这时的重要特色之一，南方驻马店杨庄等遗址的甗也有这一特征。另外，二里头一期有的深腹罐特征类郝家台遗址新砦期的深腹罐的有关特征（主要是沿的软折特征及少量的平圜底特征），其中深腹罐沿的软折特征在豫北长垣、河北哑巴庄、北京镇江营等地的龙山文化（基本属于造律台类型的变体或与其他文化的混合体）中也存在，这提醒我们在讨论新砦二期晚段的深腹罐与一般所论的二里头文化一期的深腹罐早晚联系的时候，应注意地域性。

二、关于"新砦期"考古学文化归属问题的补充

有关"新砦期"的考古学文化归属问题学界目前有三种观点:
(1) 将其归属于王王湾三期文化[5]
(2) 将其归属于二里头文化[6]
(3) 最近又有学者认为应将其"新砦期"与二里头文化,一期合在一起,组成一个新的文化:新砦文化[7]

笔者曾在《试论新砦陶器盖上的饕餮纹》一文[8]中曾提出过"新砦二期一类遗存"这一概念,言下之意是说此类遗存较为特殊,不过笔者并不认为特殊到另称一个文化的地步,所以,在《"新"》文中,笔者在对这一问题进行了详细讨论的时候,提出,虽然"新砦二期早段"与龙山文化晚期关系密切,但是从一般意义上的考古学文化而论,仍应将其与龙山文化分开,"新砦二期一类遗存"与龙山文化有密切联系的主要意义在于说明文化间的连续性等问题;从广义上论,"新砦期"肯定属于二里头文化,无论其晚段与二里头一期的早晚关系如何。但是从狭义的角度看,其因有一定的特殊性或可认为其属于"新砦文化亚态"(类早期二里头文化"新砦期")。《"新"》文中对有关观点已谈了不少看法,这里我想就有关师友所论的新砦文化问题再谈谈自己的浅见:首先,二里头文化一期与新砦期如果合称为一个文化,显然原来的二里头文化二期及新砦三期、四期只能属于另一种文化,且不说二里头二期与二里头一期的关连程度如何,单从新砦三期、四期来看,其与新砦二期的关联是较为密切的,显然,将其划归另一个文化,颇为困难。其次,前不久,在庆祝河南省文研所成立五十周年的学术会议上有几位朋友在谈到有关新砦期的考古学文化划分问题时认为:考古学文化划分在有的情况下仅是进行研究的一种技术性手段而已,所以各人角度不一。我是相当赞同这一表述的前半句的,因为中国古代文明的连续性非常强,在有的情况下,为了研究方便而区分的不同名称的考古学文化不应都被视为不同民族的文化,从这个意义上说,对考古学文化的划分有的只是一种技术性手段而已,但是,对于在划分考古学文化时各人角度可以不一的观点,笔者则认为尚需谨慎论之。承前论,考古学文化的划分在有的情况下确是一种进行研究的技术性手段,但是视其为一种研究的技术性手段只是对考古学文化功能的定位,而不是对考古学文化的性质界定。实际上,考古学文化的划分不得不遵循一定的规则,否则,其是很难作为技术性手段的。当然,这里需要提明的是,学界目前所论的具体的考古学文化在多数情况下主要是以陶器论之的,显然判断一个文化的性质在很多情况下是不能仅以此论据的。

三、与"新砦期"相关的重要古族史问题的再研究

关于"新砦期"与相关古史的关联,以前主要有以下几种几点:

(1)"新砦期"(实指"新砦二期晚段")与禹启对应[9]。

(2)"新砦期"(实指"新砦二期晚段")与禹时之晚段至仲康前一阶段对应[10]。

(3)"新砦期"(实指"新砦二期")与启对应[11]。

笔者曾在《试论新砦陶器盖上的饕餮纹》一文中曾提出"新砦期"应与后羿、寒浞相关联,进而又在《"新"》文中具体提出"新砦二期早段"应与后羿、寒浞相关联。笔者提出这一看法的最重要的论据是:在"新砦二期早段"出现不少东方因素。有不少学者曾对笔者的观点表示异议,对此问题现再说明如下:

我们曾注意到,在"新砦二期"早段,尤其是"新砦期"的小范围内(基本在今郑州市所辖范围内),较当地龙山文化明显增多了一些东方(意为包括豫东等地的大东方,后羿有可能在豫东北有过活动)文化因素,像青铜鬶、牙璋、玉钺、树叶状符号(2000HXXT4H53:21,城子崖遗址有发现)、单目符(可代表"北斗"又被著名的牟族用作族徽,根据考古发现及文献知,牟族曾居住于莱芜、密县、二里头、荆南寺、香炉石、蔺式、三星堆等地)、圆锥形的穿孔、V形(石家河龙山文化早期、青龙泉与大寺龙山文化晚期、石峡文化、晚期仰绍文化中有不少穿孔鼎足,注意其时代、造型与之的区别)、"亚"字形(剖面为"亚",在日照等地的龙山文化及太原东太堡、渑池郑窑、偃师二里头等遗址中均有发现)、花边鼎足(有的为中原风格,花边与东方不尽一致,但更多的主要是在其影响下而出现的)、子母口式器(有些子母口式器来自于王城岗、乱石滩、本地的龙山文化)、器盖、平底盆等等。尤为值得提出的有四项。①是单目符。我们佑道单目符造型是与东方(包括湖南高庙文化区以东等地,高庙文化是中国古代最早兴起北斗崇拜的重要地区之一,学界并未关注这一重要现象!)早期盛行的北斗星、极星神(准饕餮)崇拜等方面的精神文化是分不开的,其特殊表现模式在此时中原地区的出现应表明与之紧密关联的笃信北斗星、极星神的东方族群极有可能有些在此时来到中原,"东西方"在此以前有多年的来往,北斗星、极星神的崇拜现象早已在东方存在,这些高级别的精神文化在中原地区虽然也有些存在,但是其表现模式有的却与东方有较大的区别,特别是东方的表现图案和载体基本未在除山西、陕西等地的中原地带特别是豫西龙山文化中发现过(豫西南虽有极其有限的发现,但主要与石家河文化有关),目前仅在豫东濮阳西水坡、巩义八卦台及晋中南发现过相关的与东方有一定区别的北斗崇拜遗迹现象(仰韶时代的彩绘除外),并且时代较早,为仰韶文化晚期或龙山文化早期,至较晚的时候,中原地区也出现过与东方北斗崇拜具体形式类似的器物,像二里头文化中的铜、有机质、刻画牌饰及郑州商城近期所出的北斗神像(2001:ZSC8ⅢT6M1:6)[12],其中郑州商城近期所山的北斗神像与好川墓地 M60:2-7 极其相似[13],不过其可能是传世品,这是颇耐人寻味的。②是牙璋。牙璋这类器物早期的产生地应在山东,神木石后应与之基本同时或略晚,不过,笔者在此特别指出,石后应是"分歧首璋"的最早产地,其与三星堆文化的联系值得学界重视。牙璋的早期造型与河姆渡文化、大汶口文化、各地龙山文化等中诸多"天盖·北斗图"或"玉北斗神像"中作为装饰的符号一致,像日照两城玉锛上的神像,其冠上的羽状装饰(实际为"单旋符"),其中心为双"璋"(即两侧的"单旋符")所组成的"圭",两侧则为半"圭"的"璋"(有"阑"之璋的下端之"阑"在某种程度上可认为是"戚侧天盖之半",这从考古学方面充分说明林巳奈夫、王永波、戴应新等学者主张的"璋"源于"耒"或"耜"并与"铲币"相关的观点是绝对错误的。早中期诸多"璋"首有刃,显然与玉石钺或斧有关,但这并不表明其内涵像林巳奈夫、夏鼐、王永波、戴应新等学者主张的那样仅与农业祭祀有关,其之所以采有这种特征,是因为玉石钺或斧甚或锛可为军政之权的象征物并且在本质上可与"圭"内涵一致的缘故)。牙璋这种高级别的器物随着其他具有东方风格的器物出现于夏王朝的中心区,尤其值得深思。③关于墓葬方面的问题。在新砦期早段发现的少量墓葬中,随葬品中不少恰为典型的含东方元素的器物:子母口式的附V形、穿孔形足的鼎,这显然表明墓主或其所在人群的风俗与东方有关。④是青铜鬹。这类铜器,仅只在《西清古鉴》[14]中有一图,这件的外形及所饰条纹的风格非常接近山东中东部地区特别是潍淄地带龙山文化中的同类陶器,学界有人认为其流具有夏家店下层文化(按:二里头、南阳寨东等地的二里头文化二期中此类器物也有这种特征)之风格,实际上,这种风格者在山东及河南龙山文化少量袋足鬹或三实足壶似鬹(有的学者称之为爵)上也有体现,而就现有的古史材料,这里正是后羿、寒浞活动的主要地域(尚包括豫东北的有关地带)。这种在小范围内突然出现或明显增多含有东方文化因素的常用器物及高级别的精神文化产品的状况,特别是像"准饕餮"等与猪相关(有时与虎也有联系)的北斗星神崇拜、尚用青铜质鬹、牙璋等特殊器类等具有一定地域性风格的状况(尚用青铜质鬹的地域性尤其狭窄!),很自然地让我们将其与早期夏史中的羿、浞代夏事件相关联,并且这样的关联与将有重要发现的花地嘴遗址"新砦期"遗存与"五子之歌"事件联系的观点相符。当然,学界或会提出所谓"新砦二期晚段"一类遗存也有不少东方因素,为何单将"新砦二期早段"一类遗存与后羿、寒浞代夏联系?对此问题,《"新"》文中已有详论,笔者认为"新砦二期晚段"这一阶段也有不少东方因素的原因与少康有关,而少康与当时的豫东及山东的联系从《左传》等诸多文献来看确实是非常密切的。

  这里,我们必须强调的是,学界也有不少反对后羿、寒浞代夏事件存在论者,除极端反对论者顾颉刚、童书业等先生从文献方面提出一些所谓的论据外[15],现在大多数反对论者对将"新砦二期早段"出东方因素与"后羿、寒浞代夏"事件相关的观点的最为经典的反对论据为:那些东方因素早就传来了!于此,我们需要说明的是,我们并不否认更早的时候,东方因素曾经西来,实际上,即使是一个非专业的学人也不会对相邻文化经常有来往的现象感到奇怪。但是我们必须看到:①原在豫西龙山文化中存在的东方因素,新砦期时的造型大多已有明显变化,尤其是数量开始剧增;②在豫西龙山文化中原来不存在的东方因素,新砦期时也已开始出现;③大东方因素(我们并非仅指山东地区,尚包括豫东北的有关后羿活动的地域,这里再次强调此点)虽然在整个器物群中并不占特别的优势（除当地龙山文化因素外，其因素数量位次为第二，有的单位中其与当地因素相当），但是，这并不能成为后羿、寒浞代夏事件存在论的反证，因为，一方面，在"因夏民"以代夏政的时局下，不太可能出现东方元素到处充斥的现象，另一方面，我们必须看到在这些元素中有的具有相当级别，特别是其中有关风俗习惯信仰的东方元素也突然出现在新砦期中，并且极其显眼，所以，我们不能仅看数量而忽视层次，再者，相当一些区域的确凿的历史事件在考古学上并未反映出明显的文化变迁之状况（像著名的"九州之戎"等），虽然一方面说明我们在作相关论断时，不可随意，但是，另一方面，也可说明如果在考古学上表现出了一定程度的文化变迁，当表明在历史上确可能发生过有关重要此事。特别是在信仰等高级考古学文化因素方面发生文化变迁的情况。

另外，有学者虽然承认后羿、寒浞代夏事件在历史上确有此事，但是却认为其中的后羿是来自西方的（与二里头文化二期对应）[16]。笔者曾就此问题有过详论，这里再就羿、寒浞代夏事件及夏文化渊源"西北说"等有关问题略作论述或补充：

首先，笔者并不完全否认文中所记载的西方与"有穷"有关的地名、族名确可能存在，像《西次三经》就载："槐江之山——东望恒山四层，有穷鬼居之，各在一搏"，郭璞言："——有穷，其总号耳"，《淮南子·地形》也载："弱水山自穷石"，注云："穷石，山名也，在张掖"，等等。但是笔者认为与代夏之前和其时的有穷氏羿之真正所在可能无关，而应有别的原因：

（1）可能与少昊有关。《尸子》载："少昊金天氏邑于穷桑，曰五色下照穷桑"。《拾遗记》："少昊——一号金天氏，亦曰金穷氏"。显然，少昊之氏名与穷桑之地有关，而穷桑之位置，学界有充分依据认为其是在东方的。但是，少昊在古代又被称为是西方的司"反景"之神，在五德中又配属西方，清·马骕《绎史》又认为少昊为侯伯时可能曾居于西方，所以少昊在西方可能有所活动或因五行说的出现而被定位于西方，这样一来，在当地出现与有穷有关的地名是易于理解的。

（2）另外，古时论地理讲求对称，大多名称是不同的，像《山海经》中的东西方六座日月出入之山。但是有时有的称呼也可能相同，像太阳所入之地一般被称为昧谷（或作柳谷，见《尧典》）、蒙谷（见《淮南子·天文》），但有时就被称为与其所山之地名一样的"汤谷"（见《大荒西经》）。所以，西方有与少昊有关的地名之原因，此也为可能者之一。

（3）可能与"西北昆仑"的性质有关。《海内西经》载："昆仑之墟——百神之所在"，《水经注·河水》引《遁甲开山图》荣氏注："天下仙圣，治在柱州昆仑山上"；《博物志》卷一引《御览》卷八及《古微书》卷32载："有昆仑山，——圣人、仙人之所集也。——其白水东南流入中国，——其山中应于天，最居中，——中国东南隅居其一分，是好城也"；《十洲记》言："（昆仑）真官仙灵之所宗"。显然，这样一个群神荟萃之地多一个少昊或羿又算什么。如此，则出现相关之名亦就不奇了。像《帝王世纪》、《左传襄公四年传》载后羿之子死于"穷门"可算是最实的一例了。另特请注意，将西北祁连山等地作为"昆仑"的专名应是战国以来的思想，盖与大九州理论有关；"昆仑"的现象早在良渚等文化中就已出现，像其中的源于"三衡"的三级（像福泉山）或三重（像瑶山）祭坛或祭祀遗迹、图像（利尔1、2、3号玉璧上的"神鸟·北斗天柱·昆仑台"符号）及玉片饰（像好川墓地、陵阳河墓地所出的三级昆仑台似单面凹玉片）等等，所以，西北出现与少昊或羿有关的地名或传说的时代很可能像大九州说一样较晚。

（4）《山海经》与《淮南子》中羿活动于禹以前，则西方的与有穷有关的地名可以是在夏代后羿之前就有的；《楚辞》中羿活动于启以后，即西方的与"有穷"有关的地名可能与代后羿有关，即使如此，也不能定论夏代后羿为西来，因为，一方面此地名有可能是因夏代后羿西去（或巡行或征伐等）而得，另一方面也有可能是类第二点所论，夏代后羿死后被认为已升天为神，游历于"西北昆仑"等地（此为帝之下都，众神所在），并因而在西方及其周围产生有关地名。

（5）《西次三经》所载的恒山为四层，这类超过三级的台或山在宗教，巫术有关的中国古代文化的早期设施中少见，不过，在红山文化的少数遗迹现象中也有体现。其比三级尚多一级，估计级别不会低，其应与"昆仑丘"性质类似。另外"有穷鬼居之，各在一搏"与共工台"隅有一蛇"（见《海外北经》）、轩辕丘"四蛇环绕"（见《海外西经》）、二里头渊源自东方的"天顶（'盖'纽）、璇玑（'盖'柄）、斗魁（'盖'体'）图"之"多蛇绕斗魁"（见《二里头陶器集粹》图一七一。中国社会科学院考古研究所编著，大百科全书出版社出版，1995年版）内涵相当一致，并且，这类台的图案化在大溪等文化中有关八角星符号上有明显的体现，这种八角星符号中有三级坛台符，同时在其中的四角中正好有四头双身蛇。这也可以说明各居在恒山"一搏"的有穷鬼的宗教神话色彩较浓而无明显的史实色彩。

其次，笔者认为，花地嘴"新砦期"遗存的有关器物与西北方时代接近的相关遗存的有些因素有关，像花地嘴遗存的簋、斝等与朱开沟文化二至三期、《晋中考古》考古学编年的五期四段略晚、神木石峁、新华等遗址的所谓"龙山文化晚期"部分遗存的相关器物有关，也许有的学者还会由此认为花地嘴"新砦期"偏晚阶段的牙璋亦可能来自石峁、新华等遗址的所谓"龙山文化晚期"、内蒙古大汶口二期的至少部分遗存相当于二里头文化的最早阶段——"新砦期"；其次，学界以在论及些遗存的年代时，往往认为它们"已跨入了夏代的门槛或夏纪年"，这种认识是有问题的，因为从本文的讨论知，认为它们已跨入了"二里头文化的门槛"才是正确的；再者这表面上似乎有助于支援后羿西来说，但是其对豫中等地为何会在"新砦期"早段发生文化变迁、尤其是在"新砦期"时为何会突然出现不少东方文化因素等问题却不易作出令人较为信服的解释。退一步讲，即使依据这些材料能够说明后羿西来有其可能，时间也绝不会晚到《二里头二期文化与后羿代夏问题》之文所言的二里头文化二期。

第三，关于"新砦期"与启对应的问题。笔者在《"新"》文中虽然认为将"新砦期"与启关联的论点有一定的意义，但是仍然坚持自己的观点，现在就有关问题补充说明如下：

关于启居何处，于史载尚无法明确定论，不过学界有不少人认为其当在禹县附近，禹县最为重要的有可能和早期夏文化有关的遗址当首选瓦店。据当年的发掘者讲，在瓦店确有"祭坛"等重要现象（原来大家都认为祭坛于龙山文化晚期，但是因为原来所认为的龙山文化晚期有可能属于"新砦期"，所以这个问题尚需证明），又在瓦店，笔者也确曾发现有新砦早段的遗迹现象（像断代工程瓦店遗址 T4④、T3F4 等等）[17]，但是这类遗迹在瓦店及其附近遗址并不丰富，瓦店及其附近遗址最丰富的遗存时代属于中原龙山文化晚期，所以，将启与"新砦期"及瓦店等遗址关联，尚需更多的材料予以支援。启居的另一个地方，据唐·李善注《文选·雪赋》、唐·徐坚《初学记》及唐·欧阳询《艺文类聚》卷二等引《穆天子传》言，启可能居于"黄台之丘"，其实，《穆天子传·卷五》中的此句话尚有"天子南游于黄□（按：从《穆天子》现存各版本文字看，其文中表示缺文的一个方格并不一定表示仅缺一字）室之丘——"（依晋·郭璞注、清·洪颐煊校平津馆本等）、"天子南游于黄室之丘——（见宋·官修《御览》卷34、592）、'天子南游于黄'，□室之丘——"（见清·陈逢衡《穆天子传注补证》）等不同表述，并且对同一描述也有不同见解，所以是否一定是"黄台之丘"尚无法肯定。退一步讲，即使确实为"黄台之丘"，并且其实确实可信，笔者也认为其时的"黄台"不太可能是位于新砦遗址以东并距其极近的"黄台"，笔者曾在《"新"》文中说过，新砦附近确有"黄台"一地名。经过实地的进一步调查得知，距新砦遗址极近的东向确有地名"黄台"，不过据当地的老者讲，此地之所以叫"黄台"是因为当地姓黄的人多；丁山先生曾据上述有关文献考证《穆天子传》所论启所居之"黄台"在密县、新郑之间，确切地说他认为应在洧水与黄水之间[18]，但是据笔者实地考察和考证，丁山先生所谓的"黄台"应在赤涧水与黄水之间，赤涧水东北与东南至今仍分别有"皇台岗"和"黄崖"地名，在此范围内，只有古城寨古龙山城与之相符了。另外，密县古城寨龙山文化古城，时代为龙山文化晚期，其距新砦遗址附近之"黄台"也不过近四十里，所以，如果启曾在古城寨龙山文化古城建过都或居住过，则"黄台"在其畿内，言称"启居黄台"亦可，因为这类台有可能像《山海经》、《穆天子传》等中的"帝尧台"、"帝舜台"、"重璧台"、"昆仑台"等一样，级别很高，所以可以"居之"喻都其附近。另外，还有可能出现启仅"居""黄台"而非都之，"居"与"都"有时有别，学界早已辩之，此不赘言。再退一步讲，即使新砦遗址附近之"黄台"与唐·李善注引《穆天子传》等所言的启所居之"黄台"有关，显然只能将其与新砦遗址相关，而在新砦遗址，"新砦期"早段的遗迹同样不丰富，最为丰富的是所谓"新砦二期晚段"的一些遗迹，这样一来，如果在新砦及"黄台"附近找不到"新砦二期"早段的与都城相符的遗迹的情况下（现在看来不可能），即使视启居此，也只能说启与"新砦二期晚段"相应而不应与整个"新砦二期"相应，"新砦二期晚段"相应而不应与整个"新砦二期"相应，"新砦二期晚段"发现的有关大型建筑[19]（可能属于文献中语焉不详的少康所处之时代。此大型建筑基址尚未清理出全貌，有关媒体的报道对我们的表述引述得不尽真实）可能会有助于这一论断。如果确实是这样，则禹就有可能与所谓的"新砦二期早段"相应。即使如此，这一看法也显然与一般所谓的"二里头文化为由启开始的夏文化"的论断不同。总之，笔者目前认为古城寨龙山文化古城应与启关联，"新砦二期晚段"遗存有可能与少康时代有联系。

最后，关于夏文化的发源地域问题。有关这一问题的回答，原有"中原说"[20]、"东南说"[21]、"西北说"[22]三论。近来又有学者重申"西北说"[23]，但是在学界并未获得太多的支援，新近在花地嘴发现的二里头文化最早阶段遗存中的西北因素可能会成为"西北说"学者的新论据，不过笔者以为这样的认识并不合理：首先，将二里头文化等同于夏文化是否合适？其次，在花地嘴遗址二里头文化的最早阶段"新砦期"时是发现了西北方因素，但是其他地方的"新砦期"遗存中却基本不见；再者，花地嘴遗址发现的西北方因素虽然有一些，但是相对于总量而论仍然有限，另外这些西北方的因素（像斝、蛋形瓮等）在二里头文化"新砦期"以后的石峁、内蒙古河套等原地仍有发展，但是在"新砦期"以后的二里头文化中心区遗存——像夏代王都二里头遗址中，却基本不见或少见。还有，花地嘴"新砦期"遗存中的高级别器物像玉璋、玉钺、玉铲等，有的学者可能会认为其应渊源自石峁等遗址，实际论之，并不一定是这样，花地嘴遗址发现的玉璋为黑色，这似乎具有石峁玉器的风格，但是石峁的"黑玉"（杨伯达先生不太赞成戴应新先生的"墨玉"说[24]，多透明，另外，山东地区有的玉璋也发现有黑色的，同时，花地嘴遗址发现的与玉璋时代相同的数件玉钺为大孔、近圜首，这是石峁、新华等遗址玉器中所不见的，而言特征正是东方有关玉器的突出特征。综合看来，花地嘴遗址二里头最早阶段发现的西北因素应视为文化、地域交流的产物，不应成为夏文化"西北"说的论据，当然也不应成为"后羿西来说"的凭证。另，我们认为，学界在讨论夏文化的发源地域问题的时候，有很多学者将其与二里头文化等同，这是不科学的，夏文化应是一个综合的概念，夏人、夏族、夏统治集团的内涵是有区别的，二里头文化本质是一个文化概念。根据文献讨论的所谓夏文化的发源地，也只能是说是夏文化的早期中心地域或夏王朝统治者的早期地望所在而已，从中国社会科学院古研究所、北京大学等学术机构在陶寺、王城岗遗址的最近发现看，这一早期地望应在中原。至于二里头文化的发源地域，亦应在中原，确切地说，主要应处于今郑州市、禹州市、汝州市、郾城等所辖地域内。

四、结　语

笔者在本文中对笔者原来有关"新砦期"的若干问题的初步看法作了一些补充和新论，希企能够有助于学界进一步详细了解"新砦期"的本质内涵，以利促进早期夏文化、夏商年代总体结构等重要课题的研究。另外，为了文章的完整性及大陆以外的学者阅读方便，我们也刻意引用了《"新"》文中少量的关键性原文；对有关问题像"启居黄台之丘"的考证，因牵涉到较为复杂的历史地理问题及限于篇幅，在本文中尚无法展开论述，请详见拙作《"启居黄台之丘"考证》。

注　释

[1]　顾万发：《"新砦期"研究》，《殷都学刊》2002年第4期。
[2]　中国社会科学院考古研究所河南二队：《河南密县新砦遗址的试掘》，《考古》1981年第5期。
[3]　林秀贞：《试论稍柴下层遗址的文化性质》，《考古》1994年第12期。
[4]　李维明：《来自"新砦期"论证的几点困惑》，《中国文物报》2001年1月11日第7版；《二里头文化一期遗存与夏文化初始》，《中原文物》2001年第1期。
[5]　韩建业，杨新改：《王湾三期文化研究》，《考古学报》1997年第1期。
[6]　中国社会科学院考古研究所河南二队：《河南密县新砦遗址的试掘》，《考古》1981年第5期。
[7]　杜金鹏：《新砦文化与夏文化——夏文化再探讨随笔》，《中国社会科学院古代文明中心通讯》第二辑。
[8]　顾万发：《试论新砦陶器盖上的饕餮纹》，《华夏考古》2000年第4期。
[9]　李德方：《二里头类型的文化来源及相关问题》，吉林大学考古系编《青果集》，知识出版社，1990年。
[10]　李维明：《来自"新砦期"论证的几点困惑》，《中国文物报》2001年1月11日第7版；《二里头文化一期遗存与夏文化初始》，《中原文物》2001年第1期。
[11]　张国硕：《夏纪年与夏文化遗存刍议》，《中国文物馆》2001年6月20日第7版。
[12]　河南省文物考古研究所：《郑州商城新发的几商墓》，《文物》2003年第4期。
[13]　浙江省文物考古研究所、遂昌县文物管理委员会：《好川墓地》，文物出版社，2001年。
[14]　《西清古鉴》，迈宋书馆，乾隆十四年钦编，光绪十四年铜版影印本卷32第16部。
[15]　顾颉刚、童书业：《夏史三论》，《古史辩第七册（下）》，上海古籍出版社，1982年。
[16]　郑杰祥：《二里头二期文化与后羿代夏问题》，《中原文物》2001年第1期。
[17]　河南省物考古研究所：《瓦店遗址1999年度发简报》，《考古》2000年第1期。
[18]　丁山：《由三代都邑论其民族文化》，《中央研究院历史语言研究所集刊》第五册第一分册。
[19]　李伯谦：《迎接古代文明研究的新高潮》，《古代文明研究通讯》2003年第1期（总第16期），北京大学震旦古代文明研究中心编。
[20]　金景芳：《中国奴隶社会》，上海人民出版社，1983年。
[21]　陈剩勇：《东南地区：夏文化的萌芽与崛起》，《东南文化》1991年第1期。
[22]　郭沫若：《中国史稿》第一册，1976年。
[23]　姬乃军：《关于夏文化发祥地的思考》，《考古与文物》1999年第1期。
[24]　杨伯达：《古玉史论》，紫禁城出版社，1998年，183页。

（原刊于《中国古代史研究专刊》台湾台兰出版社，2003年）

再论新砦陶器盖纹饰的复原问题

顾万发

早年，笔者曾为文就新砦遗址所出的陶器盖上的纹饰（图一）问题作了简单讨论[1]。在文中，我们曾对此纹饰的兽面[2]主体做了部分复原（图二）。不久，王青先生亦为文探讨了这个问题[3]。受王文启发，我们认为尚可继续就此纹饰的复原问题作一讨论，以为补充。

图一　新砦遗址残器盖纹饰

图二　新砦遗址残器盖纹饰部分复原

（1）关于神冠的线图问题。我们在原文中发表的线图中，神冠的上端少了一条线（图三）。此问题，我们早已在其他文章中予以说明了[4]。

（2）关于神兽鬓耳部分的复原。王文认为笔者原文所复原的单线条的鬓耳部分应为近似双线条（图四）。我们认为这一复原不妥，因为首先从陶器盖上残存的图案看，其鬓耳部分是非常完整的，从其拓片（图五）及视图可以证明这一点。其次，这种"T"字形鬓（有时可视为耳），在或早或晚的类似神面中均有发现，像上海刀上的神面（图六）及大甸子墓地的有关神面即是如此。

（3）关于此神面冠的高度问题。暂时不论复原图案的连接方法等的正误，在王青先生的复原图中，神面的冠过低，冠的变形亦有问题，因为：

图三　新砦遗址残器盖纹饰（旧图） 　　　图四　王青复原新砦遗址残器盖纹饰

图五　新砦残器盖纹饰拓片
（99HXXTH24∶1）

图六　上海刀神面

① 从复原的陶器盖较为准确的周长看，其与王青先生的复原图单元所占弧长之商值不为整数或余数无法视为可忽略误差。

② 在王青先生的复原图中，如果将残器盖弧边依其弧度延长，会与冠相交，这显然与冠只存于盖面有矛盾。

③ 从传世的真品看，这类不是较单纯人形的有柳叶状凤羽冠饰的神面，其冠的长度一般长于脸长，并且，即使其冠的中心仍有图案，其冠的高度亦不会有太明显变化。

若按照王所述的冠的连接方式，并依据本文所论的复原关键点，我们认为在盖面上复原出的神面应为10个（图七）。

（4）关于冠的中心是否会有其他图案的问题。从陶器盖上残存的柳叶状冠饰所处位置的空间看，其中心似乎不会再有什么图案。这显然与台北故宫所藏的玉圭上的神冠图案不符，不过，在当时及更晚的时候，Y形冠还是存在的[5]（图八、图九）。

（5）从史密森宁研究院所藏的玉神面（图一〇）的眉、冠、鼻等构图看，此图复原尚有其他变数，像其冠就可能不是与鼻线直接连接的，这是因为按这种方法特别是王青先生的复原方法，整个图案是不封闭的，这与当时这类构图的总风格是不相符的。

图七　新砦遗址出土残器盖纹饰复原图之一

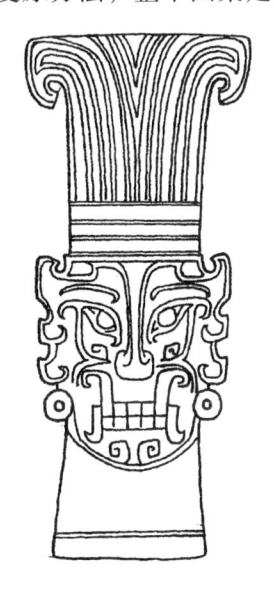

图八　新干大洋洲出土玉神像

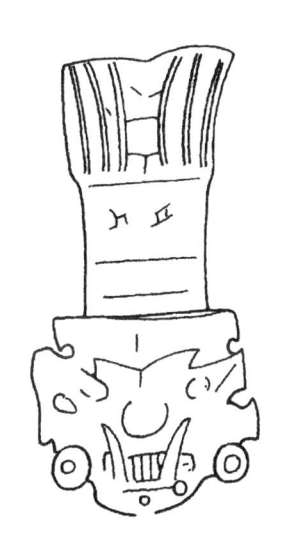

图九　赛克勒博物馆藏玉神像

图一〇　史密森宁研究院藏品

（6）我们曾认为此陶器盖上图案形状为一神面，不过有些学者认为其为一龙形[6]。的确，在中国早期艺术史中，神面龙身的造型确是不少，但是陶器盖上残存的柳叶状造型，与石家河文化凤尾、新石器时代其他神面冠饰特别相似，所以，还是将其视为神面冠饰更有依据一些。

以上几个方面，是我们就新砦遗址所出陶器盖上纹饰复原问题的几个补充意见，关于此图案实际的形状、冠的形态及其与神顶的确切连接方式，尚待新的材料证实。

注　释

[1] 顾万发：《试论新砦陶器盖上的饕餮纹》，《华夏考古》2000年第4期。

[2] 我们在有关文章中认为这类神属于"北斗神"，具体内容请见顾万发：《大汶口文化尉迟寺遗址新出奇异器物研究》，《郑州文物考古发现与研究》（一），科学出版社，2003年。

[3] 王青：《浅议新砦残器盖纹饰的复原》，《中原文物》2002年第1期。

[4] 顾万发：《二里头遗址所出玉器犀牙内涵研究——并新论圭、璋之别问题》，《殷都学刊》2003年第3期。

[5] 美国的保罗·辛革医生（Dr. Paul Singer）收藏有两件镶嵌绿松石铜牌饰，其中一件上的神冠即为Y形冠。

[6] 李丽娜：《也谈新砦陶器盖上的兽面纹》，《中原文物》2002年第4期。杜金鹏：《中国龙 华夏魂——试论偃师二里头遗址"龙文物"》，朱乃诚：《二里头文化"龙"遗存研究》《二里头遗址与二里头文化研究——中国·二里头遗址与二里头文化国际学术研讨会论文集》，北京：科学出版社，2006年。

（原刊于《嵩山文化研究》第1辑，2009）

花地嘴遗址所出"新砦期"朱砂绘陶瓮研究

顾万发　张松林

花地嘴遗址位于巩义市站街镇，属于广义的天下之中——洛汭地区。经过近年来的考古工作，我们在这一遗址有相当重要的发现[1]，尤其是近来发现的一对朱砂绘陶瓮，造型完整，图案奇特，价值颇高。

一、出土情况简介

朱砂绘陶瓮出土时已是碎片，分别散落在相距颇近的东西两个灰坑中，其中西面的一个为长方形，东面的一个为近正方形，并有火烧的迹象。经过复原，我们发现这两个陶瓮都有器盖，器盖上也有朱砂绘图案。与朱砂绘陶瓮残片共存的还有数量众多的其他陶器碎片，那些陶器制作得非常精致，主要有延续本地龙山文化风格的鼎、罐、瓮、钵、甗，具有东方龙山文化风格的瓮、鬶、三足盘、豆、鬲、单耳环、平底盆，具有西方关中、晋南有关文化风格的斝、簋、蛋形瓮，豫西南、鄂西北龙山文化风格的盉等。另外，属于同一个体的陶片及朱砂绘陶瓮残片分别发现于两个灰坑中，显然表明两个朱砂绘陶瓮的使用时间和两个灰坑的埋藏时间是基本相同的。

二、材料介绍

朱砂绘陶瓮1（图一）：完整，编号03HZT57H144∶1。陶瓮本身及器盖均为泥质，褐红陶胎，器表褐灰；器盖纽顶略尖，盖顶较平，盖壁较直，近盖顶处有两条明显的凸棱，盖顶上均匀地用朱砂绘有4个圆，盖壁中间位置的外缘绘有一条宽带，盖壁下端外缘加厚；陶瓮本身为子母口，双横宽带耳，瓮腹外鼓略垂，向下渐收为假高圈足；陶瓮上端用朱砂绘一神兽面，神兽面下端与两耳上端连线平行，在两耳下端，还有一朱砂绘宽带；两耳所在宽度的器表有一周二方连续三角形纹，每个三角形内以右倾平行线填充；陶瓮口径23厘米，高41.5厘米，底径13.8厘米，厚0.6~0.9厘米。

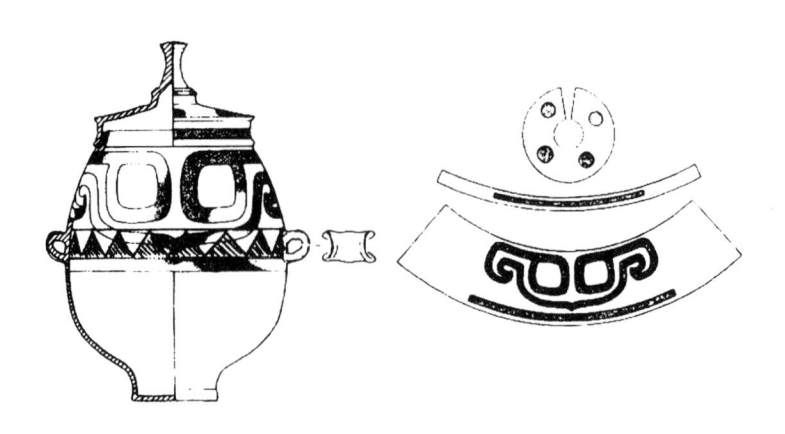

图一　朱砂绘陶瓮03HZT57H144:1及纹饰展开图

朱砂绘陶瓮2（图二）：完整，编号03HZT57H145:1。陶瓮本身及器盖均为泥质，褐红陶胎，器表褐灰；器盖纽顶略突出，盖顶较平，盖壁较直，近盖顶处有一条明显的凸棱，盖顶上均匀地用朱砂绘有六个圆，盖壁中间位置的外缘绘有一条宽带，盖壁下端外缘加厚；陶瓮本身为子母口，双横宽带耳，瓮腹外鼓略垂，向下渐收为假高圈足；陶瓮上端用朱砂绘一神兽面，神兽面下端与两耳上端连线平行，在两耳下端，还有一朱砂绘宽带；两耳所在宽度的器表有一周二方连续三角形纹，每个三角形内以右倾平行线填充；陶瓮口径24.5厘米，高40厘米，底径12.8厘米，厚0.6~0.9厘米。

图二　朱砂绘陶瓮03HZT57H145:1及纹饰展开图

三、朱砂绘神像图案结构说明

朱砂绘神像图案1：双目近方形；双目上端线向两端延出，并与附近朱砂线带构成展开的内弯两腭，鼻端及上腭呈倒"介"字形；器盖实为其冠，即相当于神像中常见的"介"字形[2]天盖冠。神物与陶瓷的整个造型与二里头文化、夏家店下层文化"介"字首兽面纹绿松石镶嵌牌饰或彩绘牌饰一致。

朱砂绘神像图案2：双"单旋符"形目；倒"T"字形鼻；鼻子上端有一倒近似三角形；眼睛符号的外边为树叶状的造型，可以视为两颊或鬓；同朱砂绘神像图案1一样，器盖实为其冠，即相当于神像中常见的"介"字形天盖冠。神物与陶瓷的整个造型与二里头文化、夏家店下层文化"介"字首兽面纹绿松石镶嵌牌饰或彩绘牌饰同样一致。

四、文化因素分析

1. 神像

（1）来源

就现在的考古材料而言，目或瞳以方为主形的现象最早出现于湖南高庙文化的高庙遗址的有关图案中[3]，时代次之的应为山西黎城戚（图三，2)[4]。类似的材料还有沙可乐刀（图四，5)[5]、圣路易戚（图四，4)[6]、芝加哥美术馆藏玉神[7]、首都博物馆藏玉神（图四，7)[8]等等。黎城戚、沙可乐刀、圣路易戚学界一般认为属于"华西系统玉器"[9]，其上的图案则被认为是属于略微变异的东方式的。这似乎表明朱砂绘神像1的双方目特征与华西系统文化有关，不过具有典型东方风格的何东圭（图五，2)[10]、关氏镂孔圭（图五，1)[11]所饰神面中有的神目或瞳及具有石家河文化风格的芝加哥玉北斗神之瞳（图四，6）也为方形。

目为"单旋符"[12]形的材料在中原的仰韶文化[13]、东方的大汶口文化[14]、红山文化[15]（图四，1）、山东龙山文化[16]（图四，2、3）、华西系统的具有石家河文化风格的龙山文化[17]（图四，4、5）、西北方的陶寺文化[18]、山西其他地方的龙山文化（图三，2)[19]、四川西北的早期文化[20]及其他晚期文化[21]中均有发现，多为彩绘或刻划的形式，但是就时代及造型的相似度等方面而论，朱砂绘神像图案2的"单旋符"形目应与山东龙山文化同类形目关系较为密切。

早于或同时于新砦期的鼻端及上腭呈倒"介"字形或近似倒"介"字形同时两腭具有内卷风格的神像，就考古材料而论，我们只在山东地区发现过，这就是著名的山东日照两城镇圭（图三，1)[22]，同属典型山东龙山文化风格的还有藏于台北故宫博物院的神面玉圭（图六，1、2)[23]。由此我们可以肯定地认为朱砂绘神像图案1的鼻端及上腭呈倒"介"字形同时两腭具有内卷风格的特征来自于山东龙山文化。

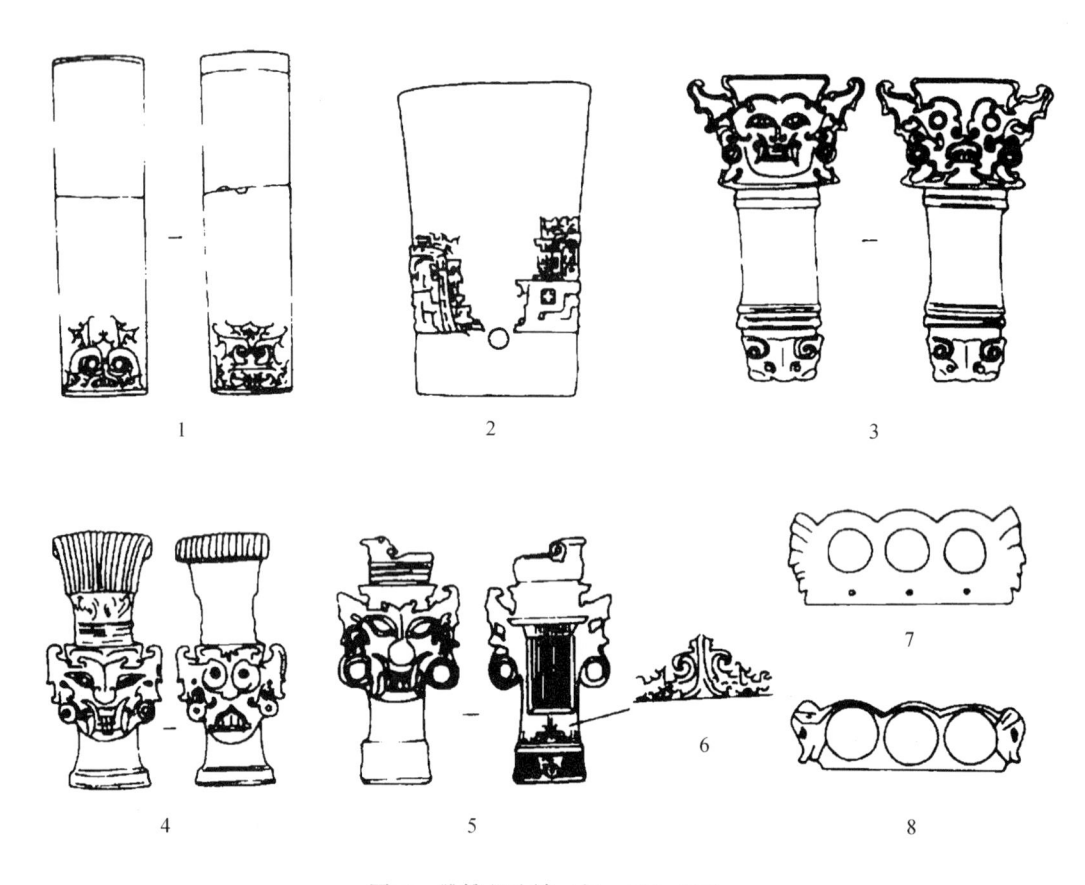

图三　雌雄北斗神（祖、巫）图示

1. 两城镇圭　2. 黎城戚　3. 沙可乐博物馆藏　4. 沙可乐博物馆藏　5. 上海博物馆藏　6. 何东圭　7. 建平牛河梁第二地点一号冢17号墓　8. 凌源三官店子城子山2号墓

　　早于新砦期的典型的倒"T"字形鼻[24]，就现有考古材料而论，我们在湖北天门石家河遗址发现过[25]，传世、征集或流散品中也有不少相关材料。像中国傅忠谟《古玉精英》[26]、美国旧金山亚洲美术馆[27]、原藏史密森宁研究院，现藏沙可乐博物馆具有石家河龙山文化风格的玉神首（图三，3）[28]，及台北故宫博物院所藏具有山东龙山文化风格的玉圭所饰神首[29]的鼻子造型等等。这类神面的鼻子造型显然应视为朱砂绘神像2之倒"T"字形鼻子的渊源。另朱砂绘神像2之倒"T"字形鼻子上端的分歧现象在所述的有些玉神首上也有体现。

　　朱砂绘神像2眼睛符号外边的树叶状造型，实际可以视为是"单旋符"的变体。我们曾经在陶寺遗址龙山文化早期遗迹所出的彩绘图案中发现过这一元素（图七）[30]，不过两者之间尚有时间缺环，并且朱砂绘神像2眼睛符号外边的树叶状造型应为鬓或颊，而陶寺遗址所出的这一彩绘图案元素是作为"单旋符"形目的组成部分。

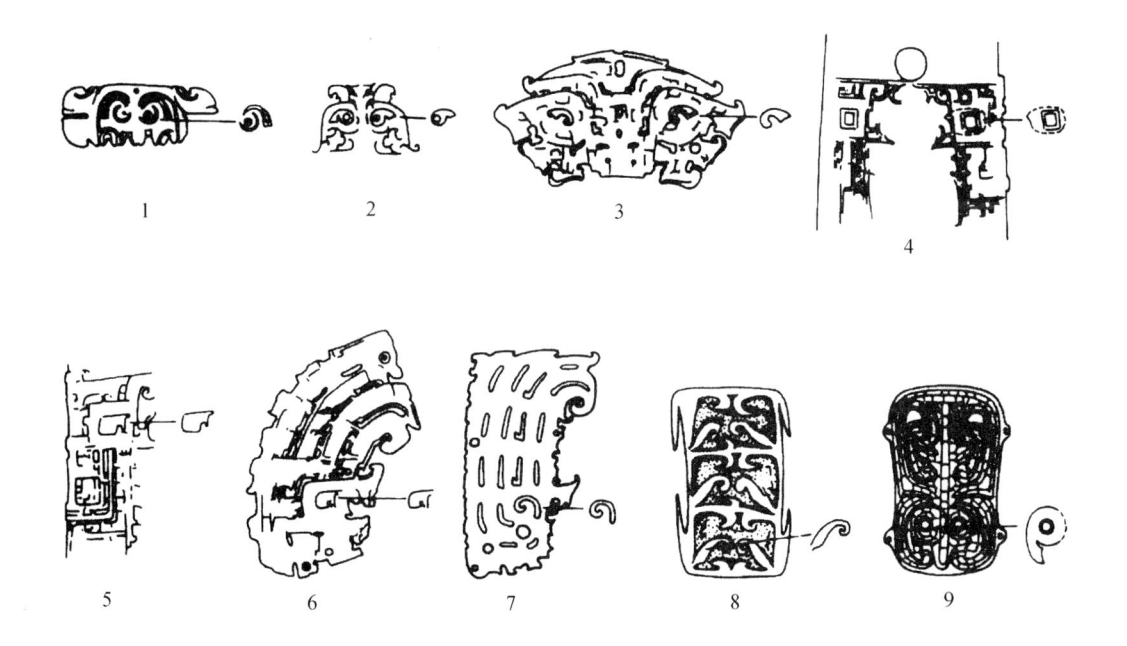

图四 不同时期北斗神目造型
1. 哲里木盟玉器 2. 天津市艺术博物馆藏 3. 临朐朱封玉雕（M202） 4. 圣路易斯 5. 沙可乐刀 6. 芝加哥博物馆藏 7. 首都博物馆藏 8. 大甸子陶器彩绘牌饰（M452:1） 9. 二里头牌饰（M4:5）

图五 方瞳北斗神
1. 关氏镂空圭 2. 何东圭

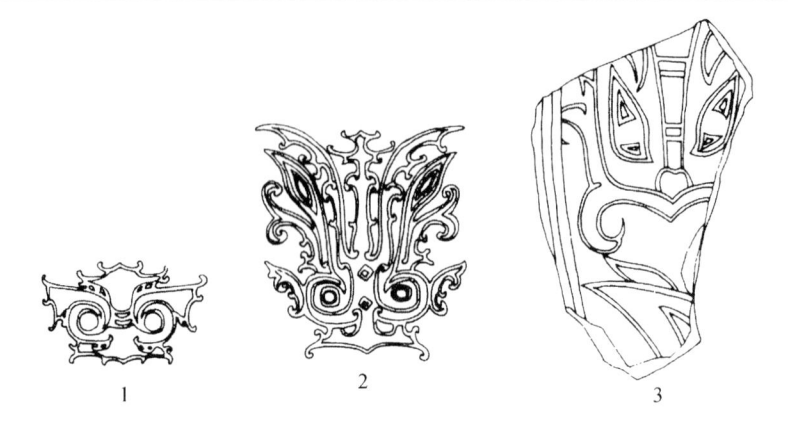

图六 倒"介"字形图示
1、2. 台北故宫博物院藏 3. 新砦陶片（1999HZTIH29∶1）

这对神像的冠均为天盖状。我们知道天盖冠的考古学材料最早出现于河姆渡文化[31]，在良渚文化、大汶口文化、诸多龙山文化之中均有出现。花地嘴朱砂绘神像的冠中有圆的星象，冠形又摹形天盖，这种造型非常近似于大汶口文化中的有关刻划图案，像出于菱阳河墓地的两件（图八）[32]一件刻有7个圆，一件刻有5个圆，与花地嘴朱砂绘神像天盖冠中的圆数完全一致（器盖中心实际应视为一圆），整个造型及结构与花地嘴朱砂绘神像天盖冠也非常一致。当然，花地嘴朱砂绘神像天盖冠与大汶口文化中的这类刻划图案之间有时代缺环，这应是由于在山东龙山文化中存有这类造型的图案、实物，在东西方文化往来时传到了西方。像山东龙山文化的一些神像的冠就是大汶口文化中的"介"字形或多重"介"字形图案传承而来的。

花地嘴朱砂绘神像与二里头文化中的牌饰、龙山时代诸多玉圭、刀、戚所刻的神像、玉雕神像一样仅为神首，若复原其全形，从图九的有关图案看[33]，显然有时应为"攀援建木"有关的"蹲踞式"造型，"蹲踞式"神实非"蹲踞"，不少学者的论证值得商榷[34]。这类造型从考古学材料看，最早出现于东方[35]。

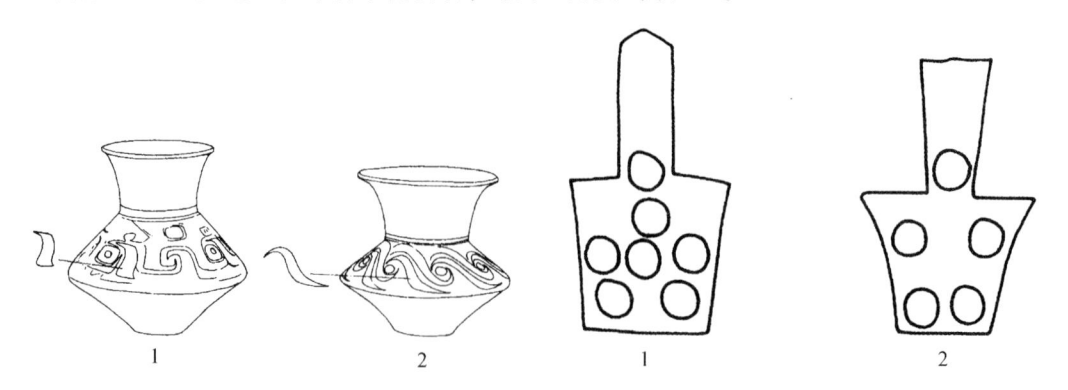

图七 陶寺早期墓出土彩绘陶器上的单旋符
1. 陶寺（M3002∶49） 2. 陶寺（M3015∶42）

图八 莒县菱阳河墓地陶器上的刻文
1、2. 天顶璇玑、北斗图案

花地嘴朱砂绘神像 1 没有绘出神像的嘴，这种风格在山东龙山文化中出现过，在石家河文化中也出现过，不过石家河文化中的这类神像主要为雕塑，所以这种未绘出神像嘴的艺术风格明显应来自山东龙山文化。

我们注意到，花地嘴朱砂绘神像主体是呈带状绘于陶瓮上的，并且有明显的边界线带，这种风格在具有山东龙山文化风格的诸多玉圭上均有发现，毋庸置疑，这种带状绘画风格应与东方龙山文化有明显的联系。

（2）去向

显然，花地嘴朱砂绘神像的诸多元素在以后的类似题材中均有发现，值得重点提出的是：

① 严格的"单旋符"形目在二里头文化二—三期（图四，9）[36]、夏家店下层文化中期[37]均存在，商、周文化仍有发现，但是多数造型有所变化，不严格的"单旋符"形目直到春秋战国甚或汉代时仍可见到。

② 倒"T"字形鼻这类造型在夏家店下层文化中期非常常见[38]，在商周甚至更晚的文化中也特别多。

③ 倒"介"字形上腭，在"新砦遗址二期晚段"曾有发现（图六，3）[39]，在夏代晚期、商、周文化中仍然存在，但是总量不是太多。

④ 天盖形冠，在二里头等文化的铜牌饰中有许多发现，但是以后这类标准的天盖冠则较少见，以后时代里的许多"介"字或凹首"介"字形冠虽然本质上源于或仍可视为天盖冠，但是许多已明显羽化或已变形[40]。

⑤ 方形或略方形的目或瞳在商、周时的饕餮面中仍有发现。

⑥ 我们已论明，花地嘴朱砂绘神像的"复原全形"应与"蹲踞"式造型有关。这类造型在龙山时代诸多玉圭、刀、戚刻划神像、玉雕神像、二里头、夏家店下层文化、齐家文化、三星堆文化中的"兽面纹"铜质或彩绘牌饰上的神像，商、周、战国、秦汉等不同时期时的玉人、神人[41]、虎"食"人图案[42]、避兵图案[43]、镇墓神物画像图案或雕塑[44]中均有明确体现。至于这种"蹲踞"式造型的含义，我们认为应主要与仪式化的"攀援建木"姿态有关。

⑦ 朱砂绘神像主体呈带状的风格在二里头文化玉圭上的相关图案和三代及其以后的各类器物的装饰风格中均有发现。

2. 陶瓮

（1）来源

与陶瓮器盖类似者，广泛存在于豫东[45]、山东[46]；豫北、淮北等地只是影响所及；豫西地区在新砦期以前极少发现。由此我们可以认为花地嘴新砦期数量众多的器盖应视为东方文化元素。

与花地嘴新砦期子母口陶瓮类似者，广泛存在于豫东王油坊[47]、清凉寺[48]鹿台岗[49]，山东中西、西部的伊家城[50]、城子崖[51]，河北东南部的哑叭庄[52]等遗址，河北省的大城山[53]，北京南端的镇江营[54]，豫北的辉县孟庄[55]，山西长治小神[56]等遗址只是影响所及。由此我们可以认为花地嘴新砦期数量众多的这类陶瓮也应视为大东方文化元素。

（2）去向

这类陶瓮的器盖在新砦期以后的二里头文化特别是其二里头类型中仍然存在，虽然造型有所改变。

这类陶瓮在新砦期以后的二里头文化一期的新砦类型中仍然存在[57]，在新砦[58]、黄寨[59]等少数遗址延续至二里头文化二期中段，以后这类早期二里头文化新砦类型中曾经广泛存在的器物在各地趋于消亡。

五、朱砂绘神像图案有关特殊造型和特殊之外的讨论

朱砂绘神像图案1：双目为近方形，从有关文献看[60]，方形目或方瞳往往是神人或寿仙的特征，这表明了朱砂绘图像具有神性。

朱砂绘神像图案2：双目为"单旋符"形，此类造型的目，我们在有关文章中已证明其往往可以与星象神有关。特别是与"天中"的北斗星或其时的极星有关[61]，黎城戚与其他斧、钺、戚一样，外形可与"斗魁"关联，在其上所饰北斗神的"单旋符"形目之方瞳中标识"中心"、"天中"的"亚"很有助于说明我们的观点[62]。鼻子上端的倒近似三角形，位于两眉之间，属于相面术中所谓的"明堂"处，从相关图案看，此处常为一菱形，实即变形的"亚"形[63]。由此可见，倒近似三角形的意义应相当于变形的"亚"形或曰功能同"亚"形。这仅是我们简单的位置比照的结果，实际上文献和考古发现也支持我们的观点。像"亚"形经过诸多学者论证已被证明确实与"明堂"高度相关，特别是考古材料——商代"蹲踞式"玉人身上所饰表示"圆天之中"的⊕、太谷白燕F504这一仿天地的模型建筑中表示"天中"、"中心"的"亚"形之内涵更有利于证明之[64]，这说明相面术中所谓"两眉之间为明堂"或"两眉之间为天庭，入内一寸为明堂"的说法并非虚妄。又从《史记·封禅书》等文献看，明堂的主要功能之一是用来拜上帝的，上帝的"帝"字，从兴化南荡与"五帝"有关的陶文[65]及卜辞中的"帝"字造型看，其上端绝大多数确为一倒三角形，这种倒三角形在弗利尔玉璧等玉器刻符[66]中正位于由北斗个星"堆"成的"北斗天柱"的上端，在首都博物馆所藏玉琮之象征"通天柱"的中空柱内也有这个符号[67]。倒三角形又符合《十洲记》中有关"昆仑"的定义——上宽下狭，与汉代西王母的昆仑座很相似，"昆仑"又是与"天中"相应的。所以我们有理由认为朱砂绘神像图案2中鼻子上端的倒近似三角形是神像具有"中心"地位的标志符号之一。

承前所论，两个器盖形冠，实际是天盖形冠，则在天盖上的圆显然视为星象当最合理。

绘于弧面上的这两个朱砂图案，若绘于平直的面上，并不会改变其神格，但是将图案绘于弧面上的现象，其本质意义上应蕴涵着一种"以形示天"或与"攀援天柱"、"象征天柱"有关的传统。[68]因为这类神面或相关造型特别是在早期多是附于弧形材质上或本身即为弧形的。像好川墓地漆器上的玉北斗[69]和玉三层昆仑台[70]、大汶口文化中的三层昆仑台[71]、二里头及相关文化中的神兽面纹牌饰[72]，良渚文化、石家河文化刻于玉琮及玉柱的北斗神、巫、祖或以玉琮一角为造型的北斗神、祖、巫[73]，等等。这表明花地嘴遗址人群在以弧面形式展现神像风格的传承中起到了重要的承上启下的作用。

六、朱砂绘神像的神格讨论

我们认为朱砂绘神像的神格为北斗神，论据为：

① 冯时先生曾经证明大汶口文化中的类似有关刻划图案与北斗密切相关，并证明有关刻划图案中的圆代表北斗星[74]。于此，则花地嘴新砦期朱砂绘陶瓮两个器盖上的圆亦应代表北斗星无疑。

② 冯时先生曾经证明不少与花地嘴新砦期朱砂绘神像类似的图像代表北斗神[75]。我们也曾增补了一些论据[76]，其中尤其值得一提的是，邳县四户镇大墩子的一幅彩绘神面（M30:9）[77]，显然可视为花地嘴新砦期朱砂绘神像的渊源之一，而这一彩绘神面正是由七星所规划的，其北斗的神格尽显无疑。

③ 花地嘴新砦期朱砂绘神像绘于陶瓮上，陶瓮为明显的"斗"形，以斗形器物象征北斗或北斗单个星体的考古材料非常多，最具有代表性的莫过于太谷白燕"F504"[78]、殷墟商墓[79]、殷墟乙五基址的北斗遗迹了[80]；其中太谷白燕"F504"代表斗魁的四个圆坑中埋有4个斗形的高领瓮，殷墟商墓所出的所谓铜炮弹形器物正为斗形，其上有双手托"亚"形的职业型族徽，显然说明其族与天官有关，乙五基址的北斗遗迹是由埋在地下的7个斗形大口尊组成的。以斗形器物象征北斗或北斗单个星体的宗教和民俗学材料也很常见，最具有代表性的莫过于道教和东南有关人群中的"拜斗"习俗了[81]。

从图九看，著名的"兵避太岁"戈图案[82]与本文所论的朱砂绘神像等类图案结构有密切关系，而"兵避太岁"戈图案与"太一锋"结构相关并在文献中有所反映，所以最有利于说明朱砂绘神像为北斗神这一问题。

"兵避太岁"戈，我们在论证其上图案的含义时，应参照早期的"神鸟—北斗（神、巫、祖）"模型，应将其上的神鸟与神人作为整个造型予以看待[83]。但是，20世纪60年代至今，数位考古、方术、古文字等方面的学者就"兵避太岁"戈或相关材料所写的十余篇专论[84]中均忽略了这一极其关键的方面。战国时期这类神人非常多见[85]，他们的姿态虽然不尽相同，但是从考古材料及《山海经》中有关珥蛇、执蛇、践蛇类神人的记载看[86]，多与最早源于北斗神"攀援建木"姿态的"蹲踞式"有联系[87]。至于"兵避太岁"戈神人，参照李零先生的研究，显然其应与《史记·封禅书》之"灵旗"图案中的"北斗"相符（整个"灵旗"图案主题名为"太一锋"）。虑及汉代"太一避兵图"[88]中的"太一"题记，则"兵避太岁"戈中的神人应为"太一"。表面看来，似乎"太一避兵图"造型内容与"灵旗"上"太一锋"图案内容不一致，一个为太一，一个为北斗，实际上，这并不矛盾，因为北斗曾当过极星，是当时的太一，本身又非常重要，这也是不少文献和栻盘中存在"北斗"代指"太一"的重要原因。另外，有的学者已指出其中的"三龙"为"太岁"即"天一三星"[89]，当是。珥蛇等造型实际在新石器时代有关北斗神或祖、巫的形象中就出现过[90]，夏、商、周时两侧有龙的"饕餮"或巫人亦可视为珥蛇造型[91]。出于楚地、造型为巴蜀式、文字主体为楚式[92]的"兵避太岁"戈上的神人的似鸟身、珥蛇等特征表明此神有与楚远祖壹鸣有类似的造型。不过这并不改变我们对"兵避太岁"戈神人神格的判断，因为很多族群在塑造神像时往往增加其远祖的某些特征，就像他们在描述远祖时往往为之增加神的某些特征的情况一样。

我们同时认为这两个朱砂绘北斗神像为一对，即其为雌雄北斗神，论据为：

①《淮南子》等文献中早有"雌雄北斗神"的记载[93]。

② 二元特别是阴阳的概念起源甚早，尤其对于某一神灵而言，往往有阴阳之别。

③"雌雄北斗神"的考古材料有很多，像著名的上海刀[94]黎城戚（图三，2）[95]、沙可乐博物馆所藏玉雕神[96]、河南省文物交流中心原藏上海博物馆现藏的双面玉神[97]（图三，5）（这个双面玉神中有一个为抽象造型，与图三，6何东圭[98]、溧阳圭[99]类似）、两城镇圭（图三，1）[100]、石家河文化双面玉神（图三，3、4）[101]等。但是于此类观点学界很少有人认同，所以我们这里就略举有关材料予以说明。

凌家滩遗址曾出有一件著名的玉器（图九，2）[102]，这件玉器的主要构成符号为：一只神鸟、一八角形符号和两猪。我们知道，冯时先生曾经系统地论证了中国古代有以猪象征北斗的习俗[103]，新石器时代、三代至于更晚之时，我们也发现不少神鸟站立于北斗神、太一神或神祖、巫头顶的现象[104]，尤其是卜辞中商人先祖王亥的"亥"字，不少均摹写为一神鸟站于一猪（图九，5、6）。这些材料充分证明两点：第一，猪可以象征北斗、北斗神神圣先公；第二，神圣先公头顶常可有一神鸟，意在标明其祖先与神有关，确切地说，与北斗神有关，商人"天命玄鸟，降尔生商"的"卵生神话"与之非常相符。于此，则凌家滩遗址这件著名的玉器可以认为相当于神鸟立于北斗之首，其中的八角形符号为两个"五"，从数术材料尤其是河图、洛书来看，"五五"位置的中心显然可以视为"天中"，中国民间至今仍称"五五节"为"天中节"，这说明凌家滩遗址神鸟与考古学中其他负北斗的神鸟显然属于一类，与"北斗应天中"的古数术天文学认识亦相符。综上所述，凌家滩遗址这件玉器中的造型符号猪应代表北斗[105]，这两头猪又为"并蓬"式的，显然应视为"雌雄北斗神"。

陶寺遗址曾出有两件类似湖北钟祥六合遗址 W40 所出的玉北斗神[106]，此两件神物同出一墓，其中一件为明确的阳线刻（M22∶135）[107]，一件无线刻（M22∶136）[108]，一阴一阳的概念非常明确，这与 1983 年河南省光山县宝相寺黄君孟夫妇墓所出的一对青玉神像类似。

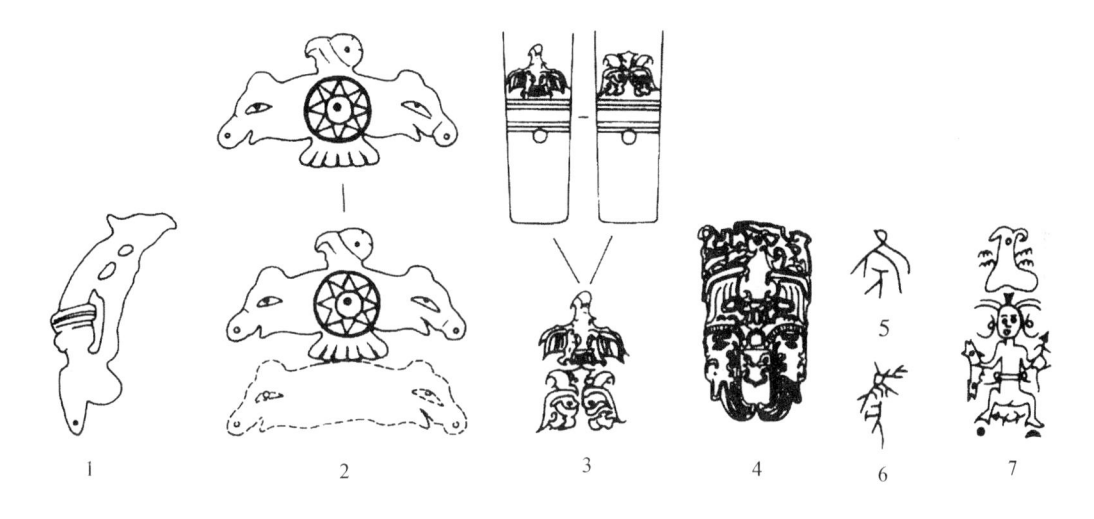

图九　"神鸟—北斗神（祖、巫）—猪"图示

1. 赵陵山（M70∶71）　2. 凌家滩（M29∶6）　3. 天津市艺术博物馆藏　4. 首都博物馆藏　5.《佚》八八八
6.《掇》一·四五五　7. "兵避太岁"戈

红山文化牛河梁第二地点第一号积石冢 M4 中同时随葬两件相背（同"并蓬"）的猪龙[109]，而这类猪龙，冯时先生已证明其代表北斗[110]，另在红山文化中还出有"并蓬"式的双猪神[111]（图三，8）、双神人[112]（图三，7），双蛇[113]玉器。

在南京北阴阳营遗址属于北阴阳营文化第三期的一座墓葬中[114]，随葬有两把相背的七孔石刀，而这类石刀，冯时亦证明其代表北斗[115]，其雌雄的意义是明显的。另外，我们曾在有关文章中以有"'介'字形天盖形"扉牙的玉钺等材料证明玉钺之孔可代表或象征北斗或当时的极星[116]，就是这些玉钺，在墓葬中的位置有不少是相背放置的，像福泉山 M9、M40、M109、M101、M139、M144 等[117]。

七、相关问题讨论

从花地嘴新砦期朱砂绘陶瓮我们不仅可以获得已述的结论，由此我们还可获得其他相当重要的信息，尤其值得提出的有：

① 从凌家滩遗址著名的"雌雄北斗神"这一考古材料的论证出发，我们可以对相当一批相关考古材料获得新的认识。像被诸多学者所论及的双面刻玉圭或玉钺上的神像，双面神像玉雕等，实际多属于"雌雄北斗神"或与之有关联[118]。"并蓬"式的神人或代表神的神兽亦属于此类。有学者可能会提出疑问，为何我们所述有的北斗神的头顶没有神鸟，有的北斗神只有单面，有的北斗神与虎或龙有关，等等。这里，我们略作简要回答：有的北斗神头顶没有神鸟，实际是一种省略。有的北斗神只有单面，可能只代表雌或雄的北斗神，或者是笼统地代表北斗神。有的北斗神与虎或龙有关，主要与这些人群或族群的崇拜物有一定关系。像崇拜虎的石家河文化人群往往把虎作为北斗神的"神座"或将虎置于神首，崇拜龙（亦崇拜虎）的二里头文化人群往往把龙作为北斗神的重要构形。二里头发现的所谓绿松石龙形器实际有可能即是嵌在"亚"形斗魁漆器上的[119]，这样做的目的是增强本族群的象征物或崇拜物与北斗神的关联。而且从考古材料看，虎在当时各族群中是普遍受崇拜或因畏惧而受崇拜的，所以在与猪有关的北斗神的若干特征中增加虎的某些特征实不为奇，崇拜龙的人群同样也会这样。另外这种现象一般出现于北斗神造型传播的过程中，这时的北斗神造型的主体已概念化，其中不少神像之中仍然具有猪的特征或成分，像虎座的石家河文化有的北斗神还具有猪的獠牙（图三，3）[120]，等等。

② 从有关花地嘴新砦期朱砂绘陶瓮的讨论来看，其本身的文化元素较为复杂，东、西方当时的文化元素在此均有体现。再结合相关的考古发现看，当时的社会确实处于一种较为动荡的时期。结合有关王朝变迁与文化变迁关系的理论[121]、文献记载[122]和历史地理的相关考证[123]，我们有理由认为，新砦期有可能与羿、浞代夏的时段基本相应，花地嘴新砦期遗址有可能与"五子之歌"事件相关联[124]。

八、结　语

花地嘴"新砦期"朱砂绘神物，是中原地区目前发现的、有明确时代的、最具代表性的与北斗信仰有关的材料之一。它出现于"新砦期"这一特殊的转折时段，本身又非常特殊，自身所包含的文化元素又较为清晰，所以，它的发现非常有助于促进中国早期艺术史尤其是夏代早期艺术史的研究。同时由于这类神物或表征符号显然是与权力、族群信仰等精神层面的观念密切相关，其所处时段是文献所载的夏代早期的变乱时节，所在地又属于诸多文献所载的夏代早期政坛人物活动的重要区域，所以又有利于从文化因素来源、信仰表达形式来源等角度，深入探讨与文化变迁相应的政治变迁等极具价值的历史问题。

注　释

[1] 顾万发、张松林：《巩义花地嘴遗址发现"新砦期"遗存》，《古代文明研究通讯》总第十八期，北京大学考古文博学院震旦古代文明研究中心编，2003年。

[2] 邓淑苹：《晋陕出土的东夷系玉器的启示》，《考古与文物》1999年第5期；《论雕有神祖面纹与相关纹饰的有刃玉器》，《刘敦愿先生纪念文集》，山东大学出版社，1998年。

[3] 参见贺刚：《中国史前艺术神器的初步考察》，《长江中游史前文化暨第二届亚洲文明学术讨论会论文集》，岳麓书社，1996年。

[4] 1980年山西省文物工作委员会编著的《山西出土文物》图61。邓淑苹：《晋陕出土的东夷系玉器的启示》，《考古与文物》1999年第5期；刘永生、李勇：《山西黎城神面纹玉戚》（复印件）。

[5] 邓淑苹：《论雕有东夷系纹饰的有刃玉器》，图四十四及图七，3，《故宫学术季刊》第十六卷第3、4期连载。

[6] 拓黄濬：《古玉图录初集》一卷，尊古斋，北京，1939年，第7页。Childs_ Johnson, Elizabeth, Ritual and pouwer: Jades of Ancient China, illus, 83, China Institute In America, 1988. Dragons, Masks, Axes and Blades from Four Newly_ Documented Jade_ Producing Cultures of Ancient China. 邓淑苹：《论雕有东夷系纹饰的有刃玉器》，图七，5

[7] 林巳奈夫著、杨美莉译：《中国古玉研究》，238页，图5～12，台湾艺术图书公司出版，1997年，

[8] 藏于首都博物馆，照片见林巳奈夫：《关于石家河文化的玉器》，图版30.1，邓聪主编《东亚玉器》，香港中文大学出版，1998年。林巳奈夫先生将此件玉器放倒了，并将此神物误认为是凤。

[9] 华西系统玉器的命名系为邓淑苹先生，其正式以华西系统玉器为题进行论述的文章可见其论著：《也谈华西系统玉器》，（一）至（六），载于1993～1994年《故宫文物月刊》总125～130期。

[10] Salmony Alfred, Carved Jade of Ancient China, illus, 33, Gliiick Press, Berkeley, Califorlia, 1938. The Neolithic to the Qing, illus, 10：14, the British Museum, 1995。邓淑苹：《论雕有东夷系纹饰的有刃玉器》，论文图五，6，《故宫学术季刊》第十六卷第3、4期连载。

[11] 杨伯达编：《关氏所藏中国古玉》图30，香港中文大学文物馆，1994年。邓淑苹：《论雕有东夷系纹饰的有刃玉器》图七，6，《故宫学术季刊》第十六卷第3、4期连载。

[12] 王仁湘：《关于中国史前一个认知体系的猜想》，《中国史前考古论集》，科学出版社，2003年。

[13] 马宝光：《庙底沟类型彩陶纹饰新探》，《中原文物》1988年第3期。

[14] 栾丰实：《海岱地区彩陶艺术初探》，《海岱考古发现与研究》，山东大学出版社，1997年。

[15] 郭大顺：《以辽河流域为中心的新石器文化》，《考古学报》1985年第4期；辽宁省文物考古研究所：《牛河梁红山文化遗址与玉器精粹》，文物出版社，1997年。

[16] 杜金鹏:《论临朐朱封龙山文化玉冠饰及相关问题》,《考古》1994年第1期。

[17] 见沙可乐刀、圣路易戚等。

[18] 见中国社会科学院山西二队等:《2002年山西襄汾陶寺城址发掘》,《中国社会科学院古代文明研究中心通讯》第5期。

[19] 像山西黎城戚。

[20] 王仁湘:《黄河上游彩陶南传之路探索(摘要)》,《中国社会科学院古代文明研究中心通讯》第8期。

[21] 同[20]。

[22] 刘敦愿:《记两城镇遗址发现的两件石器》,《考古》1972年第4期。

[23] 邓淑苹主编:《国立故宫博物院藏新石器时代玉器图录》,图117,台北,1992年。邓淑苹:《论雕有东夷系纹饰的有刃玉器》,论文图二十六,2,《故宫学术季刊》第十六卷第3、4期连载。

[24] 倒"T"字形鼻的造型设计思想与"心"字形的设计思想一致,"心"字形的变形既为倒"T"字形。

[25] 湖北荆州博物馆等:《肖家屋脊》,文物出版社,1999年6月,图二五一。

[26] 傅忠膜:《古玉精英》,香港中华书局,1990年。

[27] Rene_ Yuon Lefebure d'Argence, Chinese Jades in the Avery Brundage Collection, The de Young Museum Society, 1972, 图10.

[28] Salmony, Alfred, Carved Jade of Ancient China, Gliiick Press, Berkeley, Califorlia, 1938. 图版32：3.

[29] 《故宫古玉图录》图2,台北,1982年。邓淑苹主编:《国立故宫博物院藏新石器时代玉器图录》,台北,1992年。邓淑苹:《论雕有东夷系纹饰的有刃玉器》图二十七,2,《故宫学术季刊》第十六卷第3、4期连载。

[30] 中国社会科学院考古所山西工作队:《1978~1980年山西襄汾陶寺墓地发掘简报》,《考古》1983年第1期。

[31] 浙江省文物工作队:《河姆渡遗址第一次发掘报告》,《考古学报》1978年第1期。

[32] 山东省考古所:《山东莒县陵阳河大汶口墓葬发掘简报》,《史前研究》1978年第4期。王树明:《谈陵阳河与大朱村发现的陶尊"文字"》,《山东史前文化论集》,齐鲁书社,1986年。

[33] 邓淑苹:《论雕有东夷系纹饰的有刃玉器》。

[34] 李济:《跪坐蹲踞与箕踞——殷代石刻研究之一》,《国立中央研究院历史语言研究所集刊》第24本。张明华:《凌家滩、牛河梁抚胸玉立人说明了什么》,《中国文物报》,2005年3月18日7版。王作新:《汉字发生的社会学基础》,《历史文献学论集》,华中师范历史文献研究所编,崇文书局,2003年9月。潘守永等:《古代玉器上所见"⊕"字符号的含义——"九曲神人"与中国早期神像模式》《民族艺术》2000年第4期。

[35] 信仰北斗的习俗分布很广泛,但是以"蹲踞式"造型表示"攀援建木"的巫俗,早期东方应浓于西方。

[36] 河南省文物考古研究所：《渑池县郑窑遗址发掘报告》，《华夏考古》1987年第2期。中国社会科学院考古所：《偃师二里头——1959～1978年考古发掘报告》，中国大百科全书出版社，1999年6月，图124，7。

[37] 中国社会科学院考古所：《大甸子——夏家店下层文化遗址与墓地发掘报告》，科学出版社，1998年10月，图五六，2。

[38] 《大甸子——夏家店下层文化遗址与墓地发掘报告》，图六〇，5（M663:1）。

[39] 顾万发：《试论新砦陶器盖上的饕餮纹》，《华夏考古》2000年第4期。

[40] 羽冠的造型实际上仍然与天盖冠一致，其之所以用羽质天盖冠，这与神人冠顶和天盖顶常有神鸟的现象有关。

[41] 像《山海经》中四极神之一的"北极"之神禺强、夸父国的"大人"、《诗·小雅》以及《史记·周本纪》等中与巫卜或神话人物有关的"大人"。

[42] 参见陈佩芬：《虎卣》，上海博物馆编《虎卣》，1998年。李学勤：《试论虎食人卣》，《南方民族考古》第一辑，四川大学出版社，1981年。施劲松：《论带虎食人母题的商周青铜器》，《考古》1998年第3期。

[43] 周世荣：《马王堆汉墓的"神祇图"帛画》，《考古》1990年第10期；李家浩：《论"太一避兵图"》，《国学研究》第一卷，北京大学出版社，1993年。

[44] 这些镇墓神物画像图案或雕塑，多数执有蛇，有的仍然为近似的"蹲踞式"造型。

[45] 中国社会科学院考古研究所河南二队等：《河南永城王油坊遗址发掘报告》，《考古学集刊》第5辑。

[46] 山东大学历史系考古专业：《泗水尹家城》，文物出版社，1990年。

[47] 同[45]。

[48] 北京大学考古系、商丘地区文管会：《河南夏邑清凉山遗址发掘报告》，《考古学研究》（四），北京大学考古系编，科学出版社，2000年。

[49] 郑州大学文博学院、开封市文物工作队：《豫东杞县发掘报告》，科学出版社，2000年。

[50] 同[46]。

[51] 国立中央研究院、山东省政府合组山东古迹研究委员会、国立中央研究院历史语言研究所：《城子崖》，中国科学公司印刷，民亨印务公司制版，1934年，图版一九，3。

[52] 河北省文物考古研究所、沧州地区文物管理所：《河北任丘哑巴庄遗址发掘报告》，《文物春秋》1992年增刊。

[53] 河北省文物管理委员会：《河北唐山市大城山遗址发掘报告》，《考古学报》1959年第3期。

[54] 北京市文物研究所：《镇江营与塔照——拒马河流域先秦考古文化的类型与谱系》，中国大百科全书出版社，1999年。

[55] 河南省文物考古研究所：《辉县孟庄》，中州古籍出版社，2003年。

[56] 山西省文物考古研究所晋东南工作站：《常治小常乡小神遗址》，《考古学报》1991年第4期。

[57] 新砦遗址发掘资料。

[58] 同[57]。

[59] 河南省文物考古研究所：《河南密县黄寨遗址的发掘》，《华夏考古》1993年第3期。

[60] 参阅:(晋)王嘉《拾遗记》卷三载:"唯有黄发老叟五人,或乘鸿鹤,或衣羽毛,耳出于顶,瞳子皆方"、(唐)李白(李太白诗二十)之《登泰山之二》:"山际逢羽人,方瞳好容颜"、(唐)·李咸用《批沙集二》之《临川逢陈百年诗》:"麻姑山下逢真士,玄肤碧眼方瞳子"等。

[61] 顾万发:《大汶口文化尉迟寺遗址新发现奇异器物研究——并新论"牙璋"、"牌饰"的由来及其与"北斗"的关系》,《郑州文物考古发现与研究》(一),科学出版社,2003年。顾问:《二里头遗址所出玉器扉牙内涵研究——并新论"圭"、"璋"之别问题》,《殷都学刊》2003年第3期。

[62] 黎城戚神面眼睛中的"十"字形是表示"中心"或"天中"之意的,族徽的象征图文位于"亚"形中与显贵死者位于"亚"形(商、周大墓)中的象征意义相似,都在于表明其神祖或死去的显贵是升位于天堂的、"天中"的。

[63] 我们从上海市博物馆和台北故宫博物院所藏的有关玉琮上的符号可以证明,这两件玉琮上一件为"介"字形天盖(实际可视为类金沙玉琮上的冠),另一件为"菱"形。实际上,这些符号的意义与弗利尔玉符意义应是相类似的。

[64] 晋中考古队:《山西太谷白燕第二、三、四地点发掘简报》,《文物》1989年第3期。

[65] 龙虬庄考古队:《龙虬庄——江淮东部新石器时代遗址发掘报告》,科学出版社,1999年9月,图二二三,1。

[66] 邓淑苹:《由良渚刻符玉璧论璧之原始意义》,《良渚文化研究——纪念良渚文化发现60周年国际学术讨论会文集》,浙江省文物考古研究所编,科学出版社,1999年6月,图二、三、五。

[67] 石志廉:《最大最古的纹碧玉琮》,《中国文物报》1987年10月17日。

[68] 浙江省文物考古研究所等:《好川墓地》,文物出版社,2001年12月,图七○(M10:2)、图七五(M60:2-12、13)。

[69] 《好川墓地》图七○(M10:2)、图七四(M37:1、M62:4)、图七五(M60:2-7)。

[70] 王青、苏兆庆:《关于山东莒县陵阳河出土的小玉片》,《中国文物报》2004年12月3日7版。

[71] 冯时:《中国天文考古学》,社会科学文献出版社,2001年11月,第81~186页。

[72] 目前所见的所有铜牌饰仅有一件是正面为北斗星象的平板形。

[73] 湖北省荆州博物馆、湖北省文物考古研究所、北京大学考古学系:《肖家屋脊》,文物出版社,1999年6月,图二五一。

[74] 同[71]。

[75] 同[71]。

[76] 同[61]。

[77] 南京博物院:《江苏邳县四户镇大墩子遗址探掘报告》,《考古学报》1964年第2期

[78] 同[64]。

[79] 刘雅鸣等:《殷墟发现三千年前罕见青铜器》,《河南文物工作》1999年第6期。

[80] 参阅石璋如:《"月比斗"与"夕比斗"》。材料承蒙冯时先生惠寄。

[81] 道教及有的民族同时崇拜南、北斗，有时还以两个容器象征之，道教有关南、北斗的内容可参见晋干宝《搜神记》及《古今图书集成》所收《神异经》等中所引用的道家文献。
[82] 王毓彤：《荆门出土一件铜戈》，《文物》1963 年第 1 期。傅天佑、郑家茂：《新发现的"大武"青铜戚》，《中国文物报》，1994 年 12 月 25 日。
[83] 从《淮阴高庄战国墓》（淮阴市博物馆，《考古学报》1988 年第 2 期）中的各式与蛇有关的神人看，神人头顶的神鸟是可以省略的（《淮阴高庄战国墓》图二五，2 与图一八，3），并且神人首是可变为鸟首的（《淮阴高庄战国墓》图二五，1）。这种现象是有悠久历史传统的。
[84] 俞伟超：《"大舞闹兵"铜戚与巴人"大武"舞》，《考古》1963 年第 3 期。俞伟超：《"大武"舞戚续记》，《考古》1964 年第 1 期。马承源：《关于"大武戚"的铭文及图像》，《考古》1963 年第 10 期。俞伟超、李家浩：《论"兵避太岁"戈》，《出土文献研究》，1985 年。李学勤：《"兵避太岁"戈新证》，《江汉考古》1991 年第 2 期。李零：《湖北荆门"兵避太岁"戈》，《文物天地》1992 年第 3 期。饶宗颐：《再论"太岁开兵"戈》，《冰茧彩丝集——纪念缪钺教授九十寿辰暨从教七十年论文集》，四川大学历史系编，成都出版社，1994 年 9 月。李家浩：《再论"兵避太岁"戈》，《考古与文物》1996 年第 4 期。国光红：《生民神话与〈大武〉乐—兼说"大武"戚》，《南方文物》1997 年第 2 期。李零：《太一崇拜的考古研究》，《中国方术续考》，东方出版社，2001 年 8 月。
[85] 河南博物院等：《郑公大墓青铜器》，大象出版社，2001 年 10 月，第 142 页。
[86] 参阅《山海经·大荒北经》、《山海经·海外北经》。
[87] 珥蛇、执蛇、践蛇类神人多与最早源于北斗神"攀援建木"姿态的"蹲踞式"有联系，显然表明"蹲踞式"是很多神人造型的共同特征，并不是只有某个神才是这种姿态，所以具体到某一图像时，其是何神尚需具体讨论。
[88] 同[43]。
[89] 李零：《太一崇拜的考古研究》。
[90] 邓淑苹：《晋、陕出土东夷系玉器的启示》，《考古与文物》1999 年第 5 期。
[91] 李学勤：《试论虎食人卣》，《南方民族考古》第一辑，四川大学出版社，1981 年。施劲松：《论带虎食人母题的商周青铜器》，《考古》1998 年第 3 期。
[92] 俞伟超、李家浩：《论"兵避太岁"戈》。
[93] 《淮南子·天文训》："北斗之神，有雌雄，……雄左行，雌右行……"。
[94] 上海博物馆：《上海博物馆中国古代玉器馆》，1996 年，第 9 页。
[95] 同[4]。
[96] 同[28]。
[97] 梁正平：《神灵的玉器—人兽面纹玉器赏析》，《中国玉文化玉学论丛》，紫禁城出版社，2004 年 1 月。
[98] 同[10]。
[99] 汪青青：《溧阳出土的良渚文化玉器讨论——神人兽面鸟纹圭》，《东方文明之光——良渚文化发现六十周年纪念文集》，海南国际出版社，1996 年 9 月。

[100]　同［22］。

[101]　同［28］。

[102]　安徽省文物考古研究所：《安徽含山凌家滩》，《1998中国重要考古发现》，文物出版社，2000年。

[103]　同［71］。

[104]　首有神鸟的神物可能与卵生神话有联系，但是不一定是商人的玄鸟神话。

[105]　天文学史专家陈久金先生在《星象解码》一书中也从冯时认为（群言出版社，2004年10月，第25页），凌家滩遗址这件玉器造型应是猪、北斗、极星三位一体的象征。

[106]　荆州地区博物馆：《钟祥六合遗址》，《江汉考古》1987年第2期。

[107]　王晓毅：《古城·宫殿·大墓·观象台》，《文物世界》2002年第3期。

[108]　中国社会科学院山西二队等：《2002年山西襄汾陶寺城址发掘》，《中国社会科学院古代文明研究中心通讯》第5期。

[109]　辽宁省文物考古研究所：《辽宁牛河梁红山文化女神庙与积石冢群发掘简报》，《文物》1986年第6期。

[110]　李恭笃：《辽宁凌源县三官甸子城子山遗址试掘》，《考古》1986年第6期。刘国祥先生曾言明，兴隆洼二期聚落"首领"式人物的旁边埋有一雌一雄两头整猪，详见刘泷等：《敖汉旗城子山夏家店下层文化考古新发现4000年前的中心性祭祀遗址》，《内蒙古日报》（汉），2000年11月1日第5版。

[111]　同［71］。

[112]　刘淑娟：《红山文化玉器类型探究》，《辽海文物学刊》1995年第1期。

[113]　《天津市艺术博物馆藏玉》，文物出版社，香港两木出版社，1993年10月，图83。

[114]　南京博物院：《北阴阳营——新石器时代及商周时代遗址发掘报告》，文物出版社，1993年，图七（M131）。

[115]　同［71］。

[116]　量博满：《关于新石器时代的钺——论圆孔的象征意义》，林巳奈夫：《有孔玉石斧孔的象征》，《良渚文化研究——纪念良渚文化遗址发现六十周年国际学术讨论会论文集》，科学出版社，1999年10月版。这些学者均认为钺、斧之孔与太阳或月亮有关，实误。我们曾证明钺、斧之孔与北斗或其时的极星有关，钺、斧与斗魁造型、内涵相似等可作为论据。

[117]　上海文物管理委员会：《福泉山——新石器时代遗址发掘报告》，文物出版社，2000年。

[118]　这些玉神或刻绘于玉质或陶质上的神物，本文对他们的称呼并未严格，因为这些神物有时单为北斗神，像本文所论的二里头文化及相关文化中的铜或彩绘牌饰。有的应为具有神性的祖，即邓淑苹先生所谓的"神祖"，确切地说应为具有北斗神身份或化身或与之有密切联系的"神祖"，像临朐朱封M202所出两件玉簪。同时，这些神又一般具有攀援建木、沟通天地的"巫"或"神巫（wizard或sorcerer）"之特征，所以本文所论的各神像均以此说明理解为主，文中不予严格称谓。

[119]　许宏等：《河南偃师二里头遗址发现大型绿松石龙形器》，《中国文物报》2005年1月21日。

[120]　同［28］。

[121] 李伯谦:《关于早期夏文化——从夏商周王朝更迭与考古学文化变迁的关系谈起》,《中原文物》2000年第1期。

[122] 《史记·夏本纪》、孔壁本《古文尚书》、白纳本《古文尚书》、今传伪孔本《古文尚书》及《墨子》等文献有《五子之歌》篇名或一些具体内容。

[123] 顾问:《"启居黄台之丘"及相关问题考证》,《东南文化》2004年第6期。

[124] 顾问:《"新砦期"研究》,《殷都学刊》2004年第4期。《〈"新砦期"研究〉增补》,《中国上古史研究专刊(三)》(台湾),王中孚主编,兰台出版社,2003年。

(原刊于《中国历史文物》2006年第1期)

论花地嘴遗址所出墨玉璋

顾万发　张松林

花地嘴遗址位于古洛汭地区，是"新砦期"的一个颇具代表性的遗址[1]，2002~2004年，考古人员在此发现了一批玉器，其中有一件器形完整、造型别致的墨玉璋（图一），由于我们认为其具有非常重要的学术价值，所以，这里我们就将有关材料作以介绍并作相关讨论。

一、情况介绍

玉璋出土于一圆形略呈袋状的坑中，位于近底部的南端；出土时略向西南倾斜，首端向上；在玉璋北侧有一人骨架，面向北；此坑填土可分为数层，褐、白土相间，显然系有意所为，褐土中不时发现陶、石、骨等质地的器物碎片，白土较为纯净。玉璋为黑色，略泛绿，通高30厘米，宽度不一，厚约1.01厘米。宽端孔径为1.11厘米，窄端孔径0.7厘米，其上保留有不清晰的切割痕，从微显的痕弧线及其两端的线路走向看此玉器似应为长板类工具横向切割初步成形，器物表面处理得较为光滑。其首凹弧有双面刃，为全器最宽、薄之处，向下厚度渐变均匀，中间略窄，至下端又略微增宽，底端特征属于略微的"璋柢射"。下端有一穿，系单面钻，从穿的特征看，其应是先单面钻，待快钻透时，再从一面将剩余部分敲击掉，以至形成两端较宽的非双面钻的穿。下端两侧有基本对称的"扉牙"，每侧"扉牙"的组成单元长度不一，形状略近一个六台阶梯，每台的台面，中间略底，微弧；两侧的这种"半多重天盖形"的"阑"[2]，在笔者所掌握的学界已发表及未发表的牙璋材料中，未见有造型与其一致的，仅有出土于二里头遗址一件的上阑部分与其较为近似[3]；从表面看，玉质颗粒堆积质密。

图一

二、时代判断

玉璋胎较厚；首凹弧不太明显；两侧高度差数不多的多个"扉牙"中尚未出现"兽首"形者，"扉牙"中，每个中间略底微弧的台面与早期玉璋的"单阑"特征非常相似。另，玉璋所出单位的包含物全属于"新砦二期"早段，既笔者曾提到过的"真正的新砦期"[4]，由此我们可以判断，此玉璋的时代应不晚于"新砦二期"早段，又，此玉璋用材据河南省地理研究所和黄委会有关矿物专家初步判断有可能就在附近地区、其这种多"扉牙"特征又预示"双阑"者或"单阑"下端有"扉牙"的玉璋可能会出现，所以，综合地判断，此玉璋应制作于"新砦二期早段"。

三、文化因素分析

在早期玉璋中，总的特征与花地嘴遗址玉璋相似的，主要存在于石峁遗址，像花地嘴遗址玉璋与石峁遗址有的玉璋在长宽比例、玉材的颜色等方面较为一致。常见黑色玉质者是关中石峁类玉器的一个明显的特色，又，花地嘴遗址在"新砦二期"早段时发现不少具有石峁及其附近地区风格的陶斝、玉铲等[5]，所以我们认为花地嘴遗址玉璋的这些特征渊源应在西方。不过，我们在花地嘴遗址附近的宋家嘴遗址龙山时期的遗存中也发现过黑色的玉器，而且其中有件黑色玉器为石峁类遗址所不见的具有东方风格的大孔钺[6]，在辉县孟庄也发现黑色石钺[7]，这说明我们在判断此件玉璋的用黑色材质的文化元素的来源时，应当特别认真地注意时间问题，既此地玉器用黑色材质的特征如果是西来的，可能在早于"新砦二期早段"的龙山文化晚期就已传来。另，像花地嘴这件"扉牙"有2个以上、其中却不含"兽首"并且"扉牙"本身并不是"神面中剖线"[8]的玉璋，在其他早期材料中可信的只有山东沂南等地所出的少数几件[9]。这表明，花地嘴玉璋的这些风格有可能渊源自东方，花地嘴遗址出土的具有特别明显东方风格的诸多遗迹、陶器、艺术品[10]有助于证明我们的观点。花地嘴玉璋的多"扉牙"特征显然在当地的二里头文化中传播下去了，但是承上述讨论指出，与其特别相似者很少。

四、相关问题讨论

（1）《周礼·考工记·玉人》、《山海经·南山经》等文献中有以璋祭山或山川的记载，不少学者又在三星堆文化中找了较为确切的论据[11]。由此，我们可以认为：花地嘴遗址的这件造型与三星堆文化有关玉器相似的玉器可能即为玉璋；又，花地嘴遗址玉璋出土时正位于坑的南方，此为当地最高的、为当地人们所崇拜的嵩山余脉——猴山所在之方位，所以花地嘴遗址的这件玉璋有可能具有祭山的功用。

（2）早期文献中记载的圭，凡言其首之大概造型的，多载是"剡上"的[12]、"圜首"的[13]或"杼上终葵首"的[14]，不过学界一般也把平首的玉版甚或玉钺也称之为圭[15]，由此，铲、二里头、齐家、三星堆文化兽面纹牌饰、大甸子墓地彩绘牌饰等都应属于圭的层次。我们发现，与花地嘴玉璋所在单位紧挨的另一祭祀坑所出的一件玉器，正是我们常论的玉铲，从圭璋经常相组的情况看，此一现象有助于说明玉铲类器物确可称之为圭。

（3）花地嘴玉璋属于二里头文化"新砦期"，是中原地区目前发现的时代最早的玉璋，其首为凹弧刃。在中原及周近地区，目前发现的早期玉璋中，山东地区的几件全为凹弧刃，二里头遗址发现的8件也是如此，唯独神木及其附近地区的玉璋既有凹弧刃的，又有分歧式的，另外，除神木、湖北沙市观音堂镇汪家屋台[16]及其附近地区，中原地区夏商晚期也未发现分歧类玉璋，从这些现象我们可以获得以下观点：A：神木及其附近地区是分歧式玉璋的最早产地。B：三星堆及金沙文明中的分歧式玉璋渊源应在神木及其附近地区，或包括湖北省的少数地区，两地的文化关联之时代比学界一般认为的要早，产生的原因之一应与夏家店下层、二里头文化人群由此地前往三星堆文明区有关[17]，继而，三星堆文明中的外来人群所出地域应包括神木及其附近地区。

（4）承前文论明，花地嘴玉璋的部分文化元素渊源自山东地区，与其共存的尚有具有特别明显东方风格的诸多遗迹、陶器和艺术品。另外，在新密、新郑、禹县、郑州市、荥阳市、郾城、驻马店等地、市均发现类似的遗址，这些遗址中有些在此时具有数量较多的东方文化元素，其中有的元素还具有一定的级别，突然在中原这个传统上被认为是夏人统治中心的地区增多或出现这类东方文化因素，很有可能与文献中记载的早期夏史中的"羿、浞代夏"事件有关[18]，其他如贸易、交换、馈赠、单纯文化模仿、文化人类学意义上的"涵化"等原因应可以排除或可被视为次要。当然我们这里需要予以言明的是，这些东方风格的器物出现于中原，并不是说全是由羿、浞带来的，只是说多是因"羿、浞代夏"之事才出现，实际上，当"羿、浞代夏"之后，夏王朝为了寻求支持、盟友，曾利用羿、浞与东方族群的矛盾和自身与东方原有的关系，与东方族群的联系也有进一步加强，像与有仍氏等之间即是这样[19]，与"五子之歌"有关的花地嘴遗址出现的东方元素有可能多属于这类[20]。

（5）关于此类玉器颜色的命名问题。

戴应新先生将石峁的黑色玉器命之为"墨玉"[21]，邓菽苹先生称这类玉器为"黑玉"或"墨黑玉"[22]，清章鸿钊先生曾以为黑色玉即墨玉[23]，于此类玉色，杨伯达先生依据清代有关"墨玉"颜色的实际含义，认为石峁类颜色之玉应称为"黑玉"，亦即"玄玉"或"璗"[24]。的确，若依据早期文献，称此类颜色之玉为"玄玉"确是较为恰当的，因为：

① 称这类玉色为"玄"的文献时代较早并且比较多见。《礼记·月令·孟冬之

月》："天子衣黑衣，服玄玉"，《穆天子传》卷三："乃执白圭玄璧以见西王母"，《书·禹贡》："禹赐玄圭，告厥成功"，《楚辞·招魂》："玄玉之梁些"，《山海经·中山经》"錞于玄石"，《山海经·西次山经》："黄帝是食是飨。是生玄玉"，《水经注·湘水》："山下多玄石"，《后汉书》卷五二之《崔骃传》："乃将镂玄珪"，《水经注》卷十五[25]："殷汤东观于洛……黄鱼双跃，出济与坛，黑鸟以治，随鱼亦上，化为黑玉赤勒之书……"，等等。当然由于古籍中青、玄、黑有时含义相似，所以早期文献论中所谓的"玄玉"有可能为"黑玉"，也有可能为青或青绿色玉。

② 古籍中"玄"、"黑"互释的例子较多，但是"玄"、"墨"互释的例子很少，同时，"玄"更常用于与天文、数术、礼仪等类事物有关的描述，并且"玄"往往被用来代表天之色。

（6）关于时人为何喜以此类黑色的玉料制作礼仪类玉器的问题。

五方的概念产生应很早，但是五方与五色相应的概念产生较晚，"三统—五德"及"五德终始说"概念的产生时间亦很晚，概在战国。所以，这些学说中的与"黑"有关的理论主体不宜视为以此类黑色的玉料制作礼仪类玉器的原因。我们认为：黑为玄，为天色，各种礼仪类玉器又多与天有关，所以，以黑色的玉料制作礼仪类玉器的目的有可能在于显示其与天有关的内涵，尤其是石峁地区，属于古雍州，是与倾西北之天的"天中"相应的人文意义上的"地中"，所以，其地较多地以此类黑色的玉料制作礼仪类玉器，有可能只是为了特别彰显或强调其应"天中"的位置特色和人文内涵[26]。当然，采用何色玉料制作礼仪类玉器尚有材料来源限制、地域颜色审美观[27,28]、文化模仿、偶然性等方面的原因。

另，文献中曾载夏人有尚黑的习俗，象《礼记·檀弓上》："夏后氏尚黑"，《春秋繁露·三代改制质文》更明确地记载夏人"大宝玉黑"，《礼记·明堂位》、《拾遗记》、《吕氏春秋》、《韩非子·十过》及《路史·后纪·夏后氏》等文献中也有相关记载。学术界又有不少学者认为夏人的渊源在西北[29]，再加上近年来神木石峁、新华等地发现不少黑色玉器等原因，以至于很多人以为"夏后氏尚黑"之论是有依据的，诚如是，则文化主体为夏人的花地嘴遗址及附近地区发现黑色玉器就不足为奇了，不过从我们有关"天"、"玄"含义的讨论及夏代晚期的考古材料看，"夏后氏尚黑"之论只能适用于夏后氏某支在某一时段并且仅是在用玉方面的情况，有的学者笼统地认为"夏后氏尚黑"的观点是需更多论据的[30]，与"三统—五德"及"五德终始说"关联的"夏后氏尚黑"之论，更是缺乏确切论据的。

（7）关于此类颜色玉料的产地问题。

戴应新先生认为石峁黑色玉料的产地应在陕西、内蒙古、甘肃等地[31]，杨伯达先生认为应在蜀地[32]，《古玉考》谓新疆莎车产"黑如墨"之玉，《魏略》曰："大秦国出五色玉"，《太平御览》云"西蜀出黑玉"。《云林石谱》云"蜀之永康军，产异石……皆青黑……"，四川有关的工艺美术材料记载"永康玉，直至今天，人们还用它制作器物，称为'灌县玉器'"[33]，依据《三星堆一、二号祭祀坑出土玉石器岩石类型鉴定报告》[34]，三星堆文化中的玉料的产地主要在茂县—汶川—灌县一带，三星堆、金沙遗址中又确实有此类颜色较黑的玉石器，并且这些玉器中，一类与石峁黑色玉料近似，另一类材质较差，颜色略青，应为蜀西陇川镇所出[35]，"西蜀出黑玉"似指此类玉。四川巫山大溪遗址出土过一件黑玉人面[36]，从材质看，玉质较近似石峁风格，柳林溪遗址大溪文化层出土有一件"蹲踞式"双冠（似猪龙双耳）黑玉人[37]，材质较近似黑石，由此可以认为具有石峁风格的黑色玉料在湖北及附近地区有可能存在，《水经注·湘水》中"山下多玄石"的记载有助于我们的观点。石峁黑色玉器的材质有两类，一类质地好、略透明，另一类质地差、不透明，据悉，在石峁附近地区的甘肃等地区发现过略透明黑颜色的玉料，所以石峁及其附近地区的"黑如墨"略透明之玉有可能来自于本区域。又，据笔者研究，三星堆文化"分歧式"玉璋的早期渊源应为中原的石峁及其附近地区，湖北、关中应是其中间的联系地带，由此可知，三星堆文化早期与石峁及其附近地区应有关联，亦由此判断，不排除石峁及其附近地区发现的黑色玉料有的可能与西蜀有关，不过可能性较小。依据考古学材料，在良渚文化、大汶口文化、仰韶文化、山东龙山文化、马家窑文化中亦发现过少量黑玉或近黑色的墨绿玉，另，依据有关藏品[38]及北京大学考古文博学院赵朝洪等先生的考古发现[39]，在红山文化岫岩玉中也发现有黑色的。

花地嘴遗址及附近地区发现的黑色玉器的材质与石峁质地差、不透明的一类玉料相似，与其他地方的黑色玉质区别明显，不过从中国科学院、河南省地理研究所有关学者目验的结论看[40]，这类玉质及地质产状的玉石在偃师、巩义两市南面的嵩山及熊耳山有发现。

当然，我们对此类颜色玉料的产地的讨论，仅是初步的，准确的论证尚需相关自然学科方面的技术鉴定。

（8）玉璋，有的学者认为其最初产地在山东地区[41]，有学者认为其最初产地应在华西地区[42]，花地嘴"新砦期"玉璋的发现，当会为此类问题的进一步讨论提供新的宝贵材料。因为，若想讨论清楚这一问题，我们必须注意东、西方交通之中间地段尤其是河南所出的玉璋，以前在河南所出的玉璋时代最早的为二里头文化三期，显然于玉璋最初产地在东方还是在西方这类问题的讨论无任何帮助，但是，花地嘴玉璋则不同，其属于"新砦期"，这个时期恰是与东西方同时期的龙山文化晚期及关中石峁文化早期时代相当的阶段，是学界诸多学者所认同的玉璋的最早出现的时期。再综合山东沂南地区所出几件玉璋的时代及形制[43]，我们认为玉璋最初产地在东方的观点应较为可信。

（9）以前发现的二里头文化的所有玉璋均为"凹弧刃"，但是由于那些玉璋均属于二里头文化中晚期，所以我们无法肯定地认为二里头文化河南地区只盛行"凹弧刃"式璋，花地嘴玉璋属于"新砦期"，"新砦期"又属于广义的二里头文化的最早阶段，由此我们可以相信二里头文化河南地区只盛行"凹弧刃"式璋的观点。

五、结　　语

花地嘴玉璋造型完整，工艺娴熟，所出单位性质重要，是中原地区目前发现的、具有明确出土层位的、时代最早的玉璋，它的出土，非常有助于探讨中原古文化中玉璋的发展史及中原玉璋与周边地区同类器的关系，同时这类高级别的器物所蕴涵的丰富信息也非常有助于从新的角度探讨远古黑玉及早期夏文化中的其他相关重要问题。

注　　释

[1] 顾万发：《巩县花地嘴遗址发现新砦期遗存》，《古代文明研究通讯》总第十八期，2003年9月，北京大学震旦古代文明研究中心编。

[2] 顾万发：《大汶口文化尉迟寺遗址新发现奇异器物研究——并新论"牙璋"、"牌饰"的由来及其与"北斗"的关系》，《郑州文物考古发现与研究（一）》，科学出版社，2003年。

[3] 中国社会科学院考古研究所编著：《偃师二里头——1959—1978年考古发掘报告》第342页图238：3（ⅧM7：5），中国大百科全书出版社，1999年。

[4] 顾万发：《"'新砦期'研究"增补》，《中国上古史研究专刊》第三辑，王仲孚主编，台湾兰台出版社，2003年。

[5] 花地嘴遗址陶斝的造型在陕西、山西及内蒙古等省或自治区均有发现，从地域及相似度方面判断，主要应来自关中及晋中南地区。

[6] 石峁及附近地区虽然发现不少玉器，但是其中却没有大孔玉钺。《周原玉器》一书（刘云辉著，台湾中华文物学会出版，1996年4月版）中第256页图二七七的一件玉器（原书称为"钺形玉环"），虽然与大孔玉钺很相似，但是从刘云辉先生处证实其不是玉钺。

[7] 河南省文物考古研究所：《辉县孟庄》彩版二，4（ⅧT171H347：1），中州古籍出版社，2003年。

[8] 邓淑苹：《论雕有东夷系纹饰的有刃玉器》之文中认为芦山峁玉刀的"扉牙"为"神祖"面的中剖线，《故宫学术季刊》第十六卷第三、四期。

[9] 山东省博物馆：《山东沂南县发现的一组玉石器》，《考古》1998年第3期。
于秋伟：《牙璋趣谈》，《文史杂志》2001年第1期。

[10] 像地穴式房子、三足盘、高圈足器、单耳杯、穿孔陶鼎、朱砂绘雌雄北斗图案、陶塑伏虎形、玉琮、玉钺等。

[11] 陈德安：《浅析三星堆2号祭祀坑出土的"边璋"图案》，《南方民族考古》第三辑，四川科技出版社，1991年。
黄建华：《三星堆玉璋图案探讨》，《四川文物》2000年第5期。
庞永臣：《蜀王诸妃祁子图——三星堆遗址边璋纹饰新解》，《文史杂志》2000年第2期。

[12] 《说文解字·玉》："剡上为圭"。

[13] 《考工记·玉人》之、琬圭，郑玄注："琬，犹圜也"。

[14] 《说文解字·玉》:"大圭,长三尺,杼上终葵首"。

[15] 清吴大澂《古玉图考》中将常见的玉钺命名为"镇圭",邓淑苹《论雕有东夷系纹饰的有刃玉器》之文(《故宫学术季刊》第十六卷第三、四期)中的"温索普圭"实际亦为钺形,陈甘棣在《一件有良渚文化风格又有龙山文化特征的玉钺》一文(《杭州师范学院学报》1995年第2期)中亦将"温索普圭"称为钺。

[16] 院文清:《石家河文化玉器概论》图3,6,《故宫文物月刊》第15卷第5期,总第173期。

[17] 顾万发:《"新砦期"研究》,《殷都学刊》2002年第4期。

[18] 顾万发:《"启居黄台之丘"及相关问题考证》,《古代文明研究通讯》总第十八期,2003年9月,北京大学震旦古代文明研究中心编。又见《东南文化》2004年第6期。

[19] 同 [17]。

[20] 同 [18]。

[21] 戴应新:《神木石峁龙山文化玉器探索(一)》,《故宫文物月刊》45~47页,总125期。

[22] 邓淑苹:《"玉器时代"论辩评议》(结纲篇),台湾东大图书公司,1998年。

[23] 清·章鸿钊:《石雅》上编123页,玉类第三卷:玉。中央地址调查所1927年《地质专报》甲种2号。

[24] 杨伯达:《"鬼"玉考》认为黑玉有两类,《故宫博物院院刊》2004年第1期。《玉傩面考》,《中原文物》2004年第3期。

[25] 《御览》卷八十三所载类似。类似的文字从《御览》卷九三一、《初学记》卷三十、《类聚》卷九九看,当引之于《尚书·中侯》。

[26] 不少学者将石峁及附近地区多出黑色玉器与夏人尚黑的习俗关联,并从而认为夏人的故乡在西北。

[27] 吕卫平:《中国尚黑的美学探微》,《装饰》2004年第5期。
王悦勤:《中国史前彩陶饰纹"尚黑"之风的审美观照》,《民族艺术》1999年第3期。

[28] 郭沫若《中国史稿》第一册。人民出版社,1976年7月版。
姬乃军:《关于夏文化发祥地的思考》,《考古与文物》1999年第1期。

[29] 何光岳:《夏族尚黑的流传与影响》,《安徽史学》1994年第1期。

[30] 同 [21]。

[31] 杨伯达:《古玉史论》第183页,紫禁城出版社,1998年。

[32] 四川省工艺美术协会编:《四川省工艺美术资料》(内部资料)。

[33] 核工业云南地质局测试中心等:《三星堆一、二号祭祀坑出土玉石器岩石类型鉴定报告》:茂县—汶川—灌县,《三星堆祭祀坑》500~514页。文物出版社,1999年。

[34] 张擎等:《金沙遗址出土玉器概述》,《玉魂国魄》第188~199页,费孝通主编,北京燕山出版社,2002年。

[35] 中国玉器编辑委员会:《中国玉器全集》第一册图八八,河北美术出版社,1993年。

[36] 国务院长江三峡建设委员会办公室、国家文物局编著:《秭归柳林溪——长江三峡工程文物保护项目报告乙种第二号》彩版一:T1216⑥:85,科学出版社,2003年。

[37] 过江:《身藏千年玉 胸怀万古情——访古玉收藏家台湾日月坊主人林敬超先生》,《文物天地》2004年第11期。

[38] 北京大学考古文博学院、台湾震旦基金会"2004年高级玉器研讨班"赵朝红先生《古玉原料的产地及种类》讲义。
[39] 承蒙中国科学院河南地理研究所陈友秀研究员告知。
[40] 杨伯达：《古玉史论》第177页，紫禁城出版社，1998年。
[41] 同［22］。
[42] 山东省博物馆：《山东沂南县发现的一组玉石器》，《考古》1998年第3期。

（原刊于《商都文明》2007年4期）

论二里头遗址新发现的大型绿松石龙形器

顾万发

中国文物报 2005 年 1 月 21 日第 1 版刊登了河南偃师二里头文化早期大型夯土基址（3 号基址）院内的一座贵族墓中发现的一件大型绿松石龙形器[1]，发掘者已就其基本特征和性质作了简要的介绍和讨论。现依据有关报道材料谈谈本人的简单见解。

一、绿松石龙形器的突出重要特征

依据介绍的相关材料观察，组成此石龙的绿松石主要为纯净的天蓝色[2]；石龙的双目为"臣"字形，睛的两端为弧角三角形；吻部略突出，鼻头呈蒜头状，平面视图为"心"字形，鼻梁在面中特别显现，并分段，表现鼻梁的半圆形玉柱雕有平行凸弦纹，鼻端根部所雕的"浅槽装饰"，实际是为了表现鼻头的"心"字形平面；两腭横向展开并内弯；面部轮廓为梯形；龙身正中为数个菱形纹路；龙身波状小幅度弯曲；龙形器物的上端为一组绿松石组成的图案。

二、原形判断及依据

依据发掘者和修复者[3]的观点，绿松石造型应是粘嵌于某种有机物上的，这种看法是十分正确的，但是于这种有机物的形状，修复者认为尚难判断。我们认为这种有机物的总造型有可能是类似二里头文化部分牌饰的造型，即两端宽的亚腰形（图一，1），依据是：

① 发掘材料显示，二里头文化的绿松石神物类造型常为嵌于铜质牌面上，并且据悉在 20 世纪 70 年代和 90 年代，学术界在二里头遗址中曾经发现过绿松石镶嵌的有机质兽面纹牌饰。

② 绿松石石龙上端的造型，与有的二里头文化的铜牌饰神兽面之象征天盖的天盖形冠或羽冠造型较为近似，像依据发掘者的描述，绿松石石龙上端的造型为"上部由一排横长方形石片和一排纵长方形石片平行嵌合而成，下部则表现出连续的似勾云纹的图案"[4]，这与二里头文化有的铜牌饰神兽之冠的部分造型是相似的（图一，3a）[5]。若绿松石石龙上端造型中的"似勾云纹的图案"是多个相同单元的排列，可以理解为代指"天盖冠"，因为这类造型早期曾被作为神面所在玉圭的装饰线带[6]，有时还作为

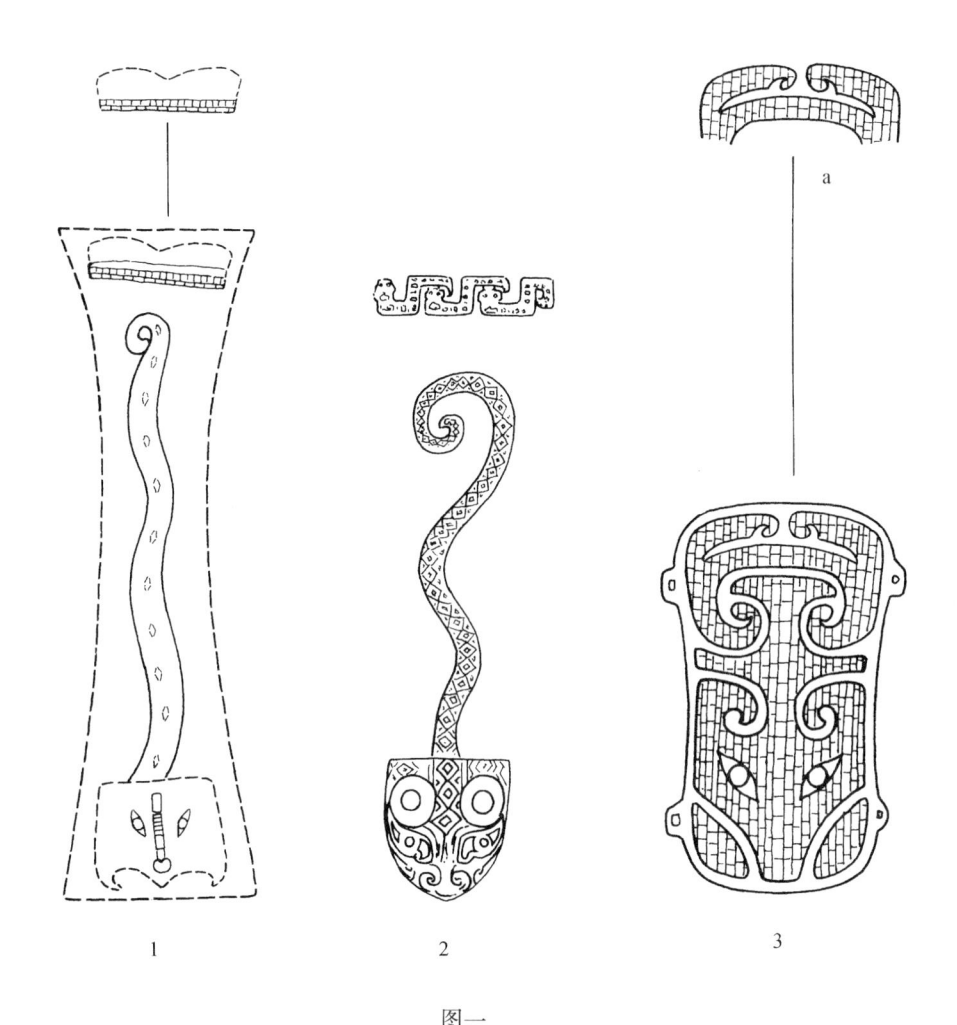

图一
1. 绿松石龙承托物象征性复原 2. 商代铜觥 3. 二里头铜牌饰

神冠的主题装饰出现[7]。另，从照片看，绿松石石龙上端的造型似乎有分歧现象，这种分歧式的天盖冠在保罗·辛革先生所藏的一件牌饰中存在[8]，在龙山时代及晚期商代出土的早期或仿古玉人造型中均存在[9]。又，从商代与二里头这件神龙造型特别相似的一幅龙纹图案（图一，2）及诸多饕餮上端的有关图案[10]看，与绿松石石龙垂直的上端的造型有可能是两条勾云形的龙，这仍然可以视为冠，因为以双龙或双首龙代表冠的现象在考古学和民族学中均存在，像夏家店下层文化中有的彩绘牌饰中神冠即为双龙组成的"人"字形天盖冠[11]，晋侯墓地有的玉人、台湾高山族神祖的图案中都发现以双头蛇为冠的现象。当然，我们所说的商代的这些图案中，与龙身垂直的部分可为三条或一条小龙，并且从相关的一幅龙图案[12]看，这类小龙造型也可置于龙侧，所以其与本文所论二里头遗址发现的这件绿松石龙形器略有区别，这是我们需要注意的。对于这种位于龙或饕餮面上端的这类小龙个体的组合或线带，从前文所论龙山时代的有关神面之冠造型具有装饰线带特征的情况看，它们可为装饰，有时可以充当冠，若这样，则本文所论的绿松石石龙上端的造型若为小龙，则既有可能作为装饰，也有可能作为冠的象征，考虑到二里头文化时期发现的中空神器神龙上端造型多为天盖类造型的情况，我们认为绿松石石龙上端的造型，即使是小龙，亦是可以作为天盖的象征的。

③ 在我们发现的所有铜牌饰中，未见有以完形龙的造型出现的，但是从二里头文化两件陶中空神器所刻划的图案看[13]，以完形龙的造型表现牌饰所代表的神是可以的，我们这样认为的依据是：

第一，陶中空神器刻划图案的龙首（图二，1；图三，1），有的与一些铜牌饰中神兽的面（图二，3）非常相似[14]，同时，陶中空神器为器盖形，其在二里头文化中已多次出现[15]，我们已在相关文章中证明其即为冯时先生所论的大汶口文化中的"天顶—璇玑—斗魁"造型[16]，所以在其象征"斗魁"的地方出现神龙的现象是符合"斗魁"与"天中"、"昆仑（台）"可以互相相应、相关的古代认知的[17]，与文献中的在相当于"昆仑（台）"的建筑中常会"隅有一蛇"的记载也是相符的[18]。同时，在二里头遗址所出的一件中空神器的图案中，还发现有一个动物（图二，1a），诸多学者都以为是羊等，我们认为应是猪[19]，这与以猪或猪龙象征或代表北斗的考古发现非常相符[20]。

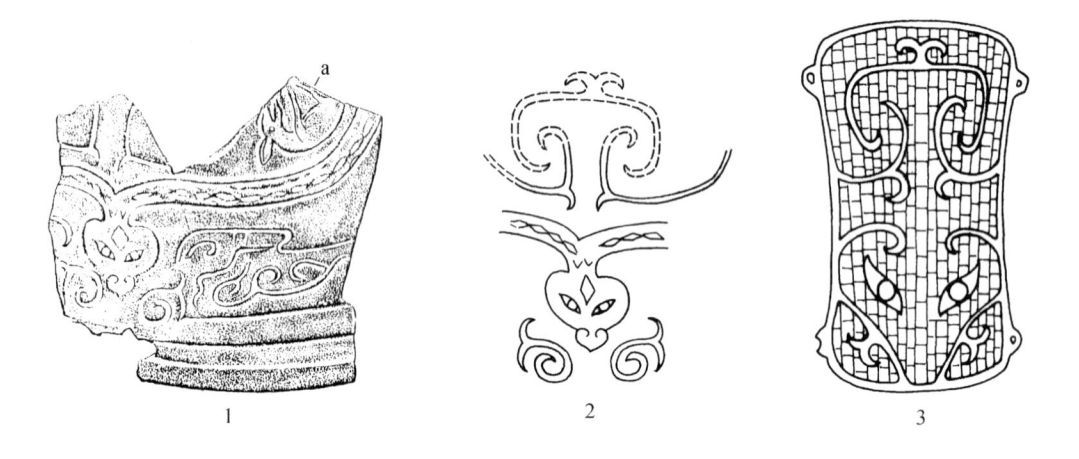

图二 器盖似中空神器图案及牌饰
1. 二里头遗址出土 2. 中空神器主体图案简单复原 3. 保罗·辛革藏品

第二，以完形龙代表北斗神的现象早在新石器时代就已出现[21]，这并不奇怪，因为以神兽代表或组成某神在各种传说、神话中是很多见的现象。如在龙山时代以前，代表北斗或与北斗神有关的神（巫或类邓淑苹先生所谓的神祖）除以人（面、形）、神人——神兽组合造型[22]、神人——神兽纵向造型[23]、神人——神兽相背造型[24]、神人——神兽单列造型[25]来表示外，有时还以神猪龙、猪（面）、神蛇来代表。从龙山时代及其以后，这些风格仍然明显存在，在这时，特别是龙山时代，在以神权、男权为

图三 不同时期器盖似中空神器圆案与牌饰
1. 二里头遗址出土 2. 大甸子出土 3. 沙可乐第 3 件藏品 4. 二里头遗址出土
5. 大师姑遗址出土 6. 莒县陵阳河 M7 出土

贵、善于和喜好以北斗神为神化的男祖先为特征的社会背景下，时人还特别注重发展早期就已出现的神兽面的人性化特征，发展神人与具有人性化特征神兽之间的二元联系风格，即特别地将神人、神兽与阴阳神、神祖关联，以表明与之关联或代表某神特别是北斗神的神兽在神祖或神的具体造像中具有一定的位置。像在高庙文化、兴隆洼文化、良渚文化中，四齿神兽有时作为北斗神或与北斗神有密切关系的神祖巫的造型组成部分，在龙山文化阶段，除仍然有这类独立表达的神面之外，不少神面显然是作为雌雄北斗神、神祖中的阳的一方并多以与另一方组成二元的形式而出现的[26]。

第三，在陶中空神器刻划图案中，神龙上端的造型，经过复原论证，其中一件

（图二，1）实际为与沙可乐博物馆第1件藏品（图二，3）神兽冠一致的天盖造型[27]，另一件实际为"人"字形天盖（图三，1a），本质上与许多兽面纹铜牌饰（像沙可乐博物馆第3件藏品（图三，3a）[28]或彩绘牌饰（像大甸子墓地出土的牌饰，图三，2a）[29]中神兽之冠——天盖冠造型是一致的[30]，这证明陶中空神器图案中的神龙的象征意义确实可与沙可乐博物馆第一件藏品及其他神兽面牌饰中的神兽相应[31]。

第四，既然陶中空神器刻划图案中的神龙可以与沙可乐博物馆第一件藏品中的神兽相应，则表明完形的一首双身神龙的象征意义是可以相当于牌饰的主题图案的。又一首双身神龙从某种意义上可以视为是单体龙的横向展开，不一定非与肥遗龙关联，所以二里头文化这件绿松石龙可以作为或相当于牌饰的主题图案是有论据的。

第五，诸多学者已提出兽面纹牌饰中神兽有的首类虎，这应是正确的，但是对于其完整造型，学者们很少论及，我们认为，从商、周时期的饕餮造型看，除可以为具有悠久历史的"蹲踞式"造型外（图四）[32]，还可以为龙身[33]。

图四 安阳殷墟陶罍纹饰

④ 二里头文化出土的铜牌饰常与铜铃共出，并多位于死者的胸部，而此一发现中，在龙体中间确有一铜铃，石龙亦位于人的身上，这为判断绿松石造型依托有机物的形状判断提供了参照。

另据发掘材料[34]，"整个龙形器及其近旁发现多处红色漆痕"，由此描述，我们无法清楚整个龙形器及其近旁多大范围内有红色漆痕，经过请教发掘者许宏先生得知，这一范围似乎基本与龙的主体造型一致，只是在龙的主体和由绿松石条形、云形组合成的造型之间有较宽的漆片分布区域，若排除其他情况的话[35]，则此器物确实可称为绿松石龙形器，即使如此，这并不改变我们对其与二里头等文化中的牌饰造型含义基本一致的看法，因为由于这样一个龙形器物的虎式兽面及由绿松石条形、云形组合成的造型宽于中间，以至于整个器物及其依托物仍然为类二里头等文化中牌饰的重要造型[36]：两端宽中间窄，呈亚腰状。

当然，从陶中空神器刻划图案看，似乎绿松石龙形器有可能嵌于其他造型对象的弧形面上，因为，陶中空神器刻划图案虽然是刻于陶中空神器相当于斗魁的地方[37]，但是同好川墓地、陵阳河墓地单面凹玉神面、昆仑台[38]、花地嘴朱砂绘神像[39]、夏家店下层文化彩绘牌饰神[40]、青铜器上的神兽一样，由于其是位于弧形面上的，所以同样可以表达弧形牌饰所能蕴涵并显示的可以物象象征"天柱"的思想。但是这种可能性很小。

三、文化因素讨论

依据相关报道，此件绿松石嵌饰器物时代属于二里头文化二期，从早期材料看，绿松石嵌饰器物的诸多特征早已出现：

像"臣"字形目，早在红山文化、薛家岗文化、良渚文化、山东、湖北龙山文化、晋中南、关内区域的龙山文化或稍晚的文化中就已出现。时代特征鲜明的新砦期时，同样有这类"臣"字形目，与绿松石嵌饰器物时代较为接近的新砦遗址二期晚段[41]、二里头遗址一期相关遗存中这类"臣"字形目出现也不少[42]。二里头文化二期及其以后更是非常多见。

像蒜头形鼻头，在主要属于家河龙山文化的相关玉神面中有发现，像现藏于上海博物馆的龙山时代的玉人首[43]等。二里头文化二期以后基本不见这么明显的蒜头形的鼻头，不过鼻头造型仍是艺术造像的作者非常重视的。

立体形状为蒜头状的鼻头平面视图为"心"字形，这类造型在石家河龙山文化肖家屋脊遗址发现的玉神人造像中发现过这一特征[44]，在传世的有关玉器或图案中同样有发现，新砦遗址所出神面也有这一风格[45]，更早的材料在良渚文化中有不少发现[46]。二里头文化二期以后仍有不少发现。

分段的鼻梁在面中特别显现，半圆形玉柱雕有平行凸弦纹，鼻梁分段与刻划平行凸弦纹这两类风格应互有影响，若不严格区别的话，实际可近视为同类风格。这种风格在良渚文化[47]、山东龙山文化[48]、石家河文化[49]中均有发现，新砦遗址的二期晚段即相当于二里头一期或其早段的遗存中同样发现过这类造像风格[50]。相当于二里头文化二期—三期的夏家店下层文化阶段的彩绘牌饰[51]、二里头文化四期以前的铜牌饰中仍有发现。

龙首为梯形，这类造型在良渚、山东龙山、石家河、新砦期等文化和期别中均有发现，较早的渊源还应包括大汶口文化"天顶—璇玑—斗魁"图中[52]的斗魁造型。晚期的所谓饕餮面本质上均可视为是梯形或其变体，不过真正与该龙首梯形比较相似的往往是一些盘龙之首[53]。

龙面的吻突出，横向展开的两腮内弯，整个造型为倒"人"字形，这种造型的渊源笔者在有关文章中有详论[54]，兹不赘述。在晚期的饕餮面中，这一特征有时仍有体现，不过并不明显。另龙面的吻与鼻头端界不一，这与新砦陶器盖上的神面造型完全一致。

龙身正中为数个菱形纹路，这类菱形构图在早期神面中广泛存在，早期材料中的这类造型多位于神面的眉间、鼻中或"人中"的位置[55]，在陶纺轮、代表北斗的陶器、代表天柱及神的玉琮等器物上均有发现。晚期则在很多龙身或饕餮造型中有体现。

龙身波状小幅度弯曲这种特征，在早于二里头二期的材料中所发现的材料，时代均较早，像马家窑文化中呈瓮形的陶人首的蛇，濮阳西水坡 45 号墓中代表四象之一的东方苍龙，黄梅石龙，查海石龙等，这些具有龙身波状小幅度弯曲特征的材料与二里头文化这件绿松石龙形器物之间是否有传承关系，不易论定。从二里头文化二期开始，龙身波状小幅度弯曲这种特征在考古材料中不时地有所出现（图一，2）[56]。

我们已初步证明龙形器物的上端的一组图案与二里头文化铜牌饰中神兽有羽饰或以羽饰表现的冠为一类，是象征天盖的。由此，我们很容易知道其来源和去向。有羽饰或以羽饰表现的天盖形冠在良渚文化、大汶口文化、山东龙山文化、石家河龙山文化、华西系统龙山文化或稍晚、新寨期、二里头文化一期等相关文化或期别的玉神之冠和玉圭、玉钺类扉牙造型中均有发现，晚期饕餮的冠多可视为是羽饰的或以羽饰造型表现的天盖形冠或其变体。

另镶嵌绿松石成器的风格在仰韶文化、山东龙山文化中都曾发现过，综合地看，二里头遗址二期的这件绿松石龙形器的这一风格渊源应在东方。至于其所用绿松石的产地，从其天蓝色的纯净质地和颜色判断，与二里头文化有的铜牌饰所用绿松石一样，有可能来自湖北省的郧县[57]。

四、内涵讨论

实际上，在有关论述中，我们已证明此器物的性质及神格，这里再补论几点：

① 它与牌饰所代表的神灵是一致的，即北斗神[58]，此器物应视为是一件法器，在死者生前应用于辟邪、厌胜，或用于避兵[59]，死后用作随葬品，仍具有所述功能，这有些像萨满的法器。此绿松石器物不太可能是用于膜拜的神偶，因为若是众崇的偶像，一般不会随葬，但是这不表明我们否认有的代表北斗的神物可用为崇拜之偶像[60]。

② 鼻头为蒜头形，平面视图为"心"字形，鼻梁在面中特别显现，龙身正中为数个菱形纹路，这些造型在整个器物的造型中非常地显眼，这显然是刻意表现的。遗憾的是，囿于某些学术樊篱，学术界对这类艺术作品的这些特殊特征以往多注重类型、时代等方面的研究，而几乎无人探讨古人为何这么重视面形、鼻子和龙脊，面形、鼻子与龙脊为何会有如此特殊的造型等非常具有实质性的问题。实际对这些问题的研究和解释，是我们真正理解这些造像内涵和功能的最重要的工作，同样这也是图像志、图像学、象征学、符号学研究的最为重要和本质的内容，尤其对于中国这样很早就非常注重并神秘化五官、气色、脉向、经络等方面并具有文化含蓄特质的国家所发现的艺术、宗教类作品，学术界更应理性地运用多学科知识并以中国的传统理念为基础来获得认知，这样才是真正地在艺术史研究领域实践、创造和本土化新考古学。当然，众所周知，西方认知考古学学者的研究实践告诉我们，对于早期材料进行研究并能得出确切结论的工作确实是比较困难的，不过由于我们中国存在具有悠久历史和神秘特色的相面术和中医经络学认知理论，所以对于中国古代的艺术品的图像志、图像学、象征学、符号学等角度的研

究，运用我们本土的这些研究工具是具有天然的优越性和一定的科学性的。的确，在古代神像的研究中，特别是对于那些我们不太注意或不知为何的造型特征内涵的研究方面，古老的相面术和中医经络学的有关说法确可给我们一些相当有益的启示。像《灵枢经第49》"五色独决于明堂乎"？又言"明堂者，鼻也"，《太平圣惠方》"明堂一穴，在鼻直上入发际一寸"，诸多相术典籍又言眉间是"命宫"，鼻尖是"财帛宫"。又，依据经络学，眉间"命宫"以及鼻子基本位在督脉的脉端，故通督脉，督脉为"阳脉之海"，督脉又"循行脊里，属于脑"，与脑和脊髓有密切联系，并络一身之阴气。由所述古籍所论可以看出，"命宫"、鼻子、脊柱在古人以为特别的神秘和重要[61]，所以在相关造型中当然会特别显示。

③龙首为梯形，从诸多这类神面造型与天顶—璇玑—北斗符号的渊源关系看，显然是象征斗魁的，《周礼·夏官》中所谓的"方相氏"称呼即源于此，"方相氏"之"黄金四目"与斗魁四星恰相应的现象更有利于说明问题，这更有利于从一般饕餮内涵的角度证明神龙的神格问题[62]。

五、结　　论

综上所述，二里头文化贵族墓中发现的这件大型绿松石龙形器，与二里头文化兽面纹牌饰、中空器盖似神器的造型或其图案中神兽、神龙密切相关，应为当时人们思想中最高神灵的代表。

注　释

[1]　a. 许宏等：《河南偃师二里头遗址发现大型绿松石龙形器》，《中国文物报》2005年1月21日第1版。b. 李珍萍：《2004年度全国十大考古新发现揭晓》之3，《文物天地》2005年第5期，总第67期。c. 李存信：《二里头墓葬龙形器饰物的清理与保护》，《中国文物报》2005年5月6日第8版。d. 中国文物报社：《2004年度全国十大考古新发现出土文物精品欣赏》图17，《中国文物报》2005年5月4日8版。e. 中国社会科学院考古研究所官方网站及《中国社会科学院研究生院院报》均有相关报道。

[2]　同[1]。

[3]　同[1] a、c。

[4]　同[1] a。

[5]　这一观点详见拙著：《大汶口文化尉迟寺遗址新出奇异器物研究——并新论牙璋、牌饰的由来及其与北斗的关系》，《郑州文物考古发现与研究（一）》，科学出版社，2003年。

[6]　台北故宫博物院藏玉圭。《故宫古玉图录》图2，台北，1982。

[7]　Salmony Alfred, Carved Jade of Ancient China, illus, 33, Gliiick Press, Berkeley, Califorlia, 1938。

[8] 保罗·辛革所藏的这件牌饰，似尚未发表，笔者仅从友人处获得素描材料。

[9] 江西省文物考古研究所：《江西新干大洋洲商墓发掘简报》图一九，2，《文物》1991年第10期。龙山时代的这类非发掘品有萨克勒氏所藏的玉神面，其中冠上的神人应类似良渚文化中的神人，有四牙的神面类似于良渚文化中的神兽，更严格地讲，从具有神人性特征这方面看，其更类良渚文化中单独出现的戴冠神兽，这两个神面显然具有二元、阴阳的含义，其中的四牙者，可以视为是与北斗密切相关甚或视为是北斗的神祖之阳，另一神面则可视为是神祖之阴，在祖先神话中神祖之阴常被认为是现实世界之人，但是显然可与另一北斗神共称之为雌雄相组的北斗神，其他类似的两神面材料均可这样理解。萨克勒氏所藏玉神面的彩色照片见张明华《中国玉器发现与研究100年》236页右图之下，上海书店出版社，2004年。

[10] 蔡易安编著：《中国龙凤艺术研究》图45，河南美术出版社，1987年。

[11] 中国社会科学院考古研究所编著：《大甸子——夏家店下层文化遗址与墓地发掘报告》图五五，9（M827：2），科学出版社，1996年。

[12] 蔡易安编著：《中国龙凤艺术研究》图47。

[13] 中国社会科学院考古研究所二里头工作队编著：《偃师二里头——1959～1978年发掘报告》图125，4（ⅤT212⑤：1），中国大百科全书出版社，1999年。蔡易安编：《中国龙凤艺术研究》图34。

[14] 沙可乐博物馆第1件藏品，Osvald Sire, Kinas Knost Under the Artusenden, Volume 1, Stockholm, 1942. 线图见王青：《镶嵌铜牌饰的初步研究》（《文物》2004年第5期）图一，2。又甘肃天水市博物馆藏铜牌饰，张天恩：《天水出土的兽面牌饰及有关问题》图一，2，《中原文物》2002年第1期。另，美国的Dr. Singer所藏牌饰中有一件与之类似。

[15] 器盖状代表"天顶—璇玑—斗魁"的中空神器除所论者以外，又见于洛阳市文物工作队：《洛阳皂角树——1992～1993年洛阳皂角树二里头文化聚落遗址发掘报告》（科学出版社，2002年10月版）图版九，3（92H14：1），又见于中国社会科学院考古研究所编著：《二里头文化陶器集粹》（考古学专刊乙种第三〇号，中国社会科学出版社，1995年5月版）图版170、171，又见于郑州市文物考古研究所溥沱河遗址二里头文化二期遗存的发掘材料，又见于《郑州大师姑》（郑州市文物考古研究所编著，科学出版社，2004年11月版）图版二三，5（G5①d：94）。

[16] 冯时：《中国天文考古学》第13～51页，社会科学文献出版社，2001年11月版。

[17] "斗魁"绕"极星"，显然可以代表"天中"，"昆仑（台）"位于天下之中，可视为"通天柱"，其正是与"天中"相应的，著名的弗利尔玉璧刻符最能说明这一问题。

[18] 《山海经·海外北经》载"共工之台""隅有一蛇"。《礼记·檀弓》载"褚幕丹质，蚁结于四隅，殷士也。"饶宗颐《画颖：殷代器物上彩绘的"蚁结"》（时报文化公司出版，1993年版）认为"殷之蚁结，似今之'蛇纹画'"。由于"蚁结于四隅"者为棺幕，棺为死者之居，从商、周时期的"亚"字形墓蕴涵的"天中"之意看，显然可类比具有中心意义的"台"。

[19] 应为猪，并有可能是公猪。

[20] 既然龙象征北斗神，为何又以猪示意北斗神。我们认为这与早期的以猪龙象征北斗神的现象有关，是"猪龙"的又一表现形式。

[21] 同 [16]。
[22] 浙江省文物考古研究所反山考古队：《浙江余杭反山良渚墓地发掘简报》图一九、二〇 (M12:98)，图二六 (M12:100，神鸟可以位于神人首)，《文物》1988年第1期。
[23] 同 [13] 图二二, 2 (M18:6)。
[24] 南京博物院：《苏州草鞋山良渚文化墓葬》图一二, 2 (M199:2)，《东方文明之光——良渚文化发现60周年纪念文集》，徐湖平主编，海南国际新闻出版中心出版发行，1996年。神人——神兽相背造型在龙山时代以前非常少见，龙山时代开始多了些，可参见梁郑平：《神灵的玉器——人兽面纹浅析》，《中国玉学玉文化论丛》，杨伯达主编，紫禁城出版社，2002年。
[25] 柳冬青：《红山文化》251页，内蒙古大学出版社，2002年9月版。
[26] 观点见注 [5] 拙著。
[27] 沙可乐博物馆第1件藏品，Osvald Sire, Kinas Knost Under the Artusenden, Volume1, Stockholm, 1942，线图见王青《镶嵌铜牌饰的初步研究》(《文物》2004年第5期) 图三, 1。具有这类造型冠的还有二里头遗址 M11:7。
[28] 沙可乐博物馆第3件藏品，Osvald Sire, Kinas Knost Under the Artusenden, Volume1, Stockholm, 1942，线图见王青《镶嵌铜牌饰的初步研究》(《文物》2004年第5期) 图一, 3。
[29] 夏家店下层文化彩绘牌饰材料有中国社会科学院考古研究所编著《大甸子——夏家店下层文化遗址与墓地发掘报告》彩版五, 4 (M838:1)、彩版六, 1 (M901:1)、彩版七, 2 (M840:2)。
[30] 有"人"字形"冠"（实际象征"天盖"）的神龙图案材料见蔡易安编著《中国龙凤艺术研究》图35，有关牌饰之天盖冠的讨论及观点见注⑤拙著。另，"人"字形"冠"与神龙位置不协调，估计是设计未详使然。另"人"字形冠类似于"介"字形冠上端，"人"字形称呼源于林巳奈夫著杨美莉译：《中国古玉研究》之"中国古玉的钼牙"，台湾艺术图书公司出版，1997年7月版。"介"字形冠称呼源于邓淑苹《古代玉器上的奇异纹饰研究》，《故宫学术季刊》四卷一期。对于这类造型，有时称为"人"字形较为合适，多数称为"介"字形比较合适。
[31] 观点见注 [5] 拙著。
[32] 观点见注 [5] 拙著。
[33] 发掘者许宏先生认为二里头文化兽面纹牌饰有的可能是二里头遗址这类绿松石龙形器的省略形式，这是有可能的，详见其在《考古》2005年第7期的佳作。
[34] 同 [1] a。
[35] 像有的地方的有机质地的承托物已无法轻易发现、有机质地的承托物不是全漆的、承托物早已因地质等原因而不易保全，等等。
[36] 铜牌饰造型本质上是源于斗魁造型的，但是有的有所变化。
[37] 陶中空神器器盖似的部分相当于斗魁的观点请参阅拙著《二里头遗址所出玉器扉牙内涵研究——并新论圭、璋之别问题》，《殷都学刊》2003年第3期。
[38] 参阅王青、苏兆庆：《关于山东莒县陵阳河出土的小玉片》所论诸图案，《中国文物报》2004年12月3日7版。当然在红山文化、良渚文化中的三层坛台的考古资料、羊子山土台资料均可有助于说明昆仑台问题。这类三层台，不少学者以之为坛，像饶宗颐先生认为与"坛坎"

[39] 拙著:《花地嘴遗址所出"新砦期"朱砂绘陶瓮研究》,《北京大学古代文明研究通讯》2004年第4期,北京大学震旦古代文明研究中心编。

[40] 参阅[29]所论考古报告。

[41] 拙著:《试论新砦陶器盖上的饕餮纹》,《华夏考古》2000年第4期。

[42] 中国社会科学院考古研究所编著:《偃师二里头——1959~1978年考古发掘报告》图22,1(ⅣT22⑥:11),中国大百科全书出版社,1999年。

[43] 中国玉器全集编辑委员会:《中国玉器全集》图39,河北美术出版社,1995年。另可参阅注[24]梁郑平:《神灵的玉器——人兽面纹浅析》论文中的玉神。

[44] 湖北省荆州博物馆等:《肖家屋脊》图二五一,1(W6:32)、4(W6:17),文物出版社,1999年6月版。这两件神物中,有四牙者类良渚文化中的四牙神兽(有时其作为神人的组成部分),无四牙者类良渚文化中的神人,龙山时代的双面或共存一玉器的神物均含有类似的内容。

[45] 同[41]。

[46] 方向明:《良渚文化玉器纹饰研究》图二,8(瑶山M2:1),《良渚文化研究——纪念良渚文化发现60周年国际学术讨论会文集》,科学出版社,1995年。

[47] 浙江省文物考古研究所:《余杭瑶山良渚文化祭坛遗址发掘简报》图二六(M10:6),《文物》1988年第1期。

[48] 刘敦愿:《记两城镇发现的两件石器》,《考古》1972年第4期。

[49] 现在所见具有石家河文化风格的这类作品都是非发掘品。

[50] 拙著:《试论新砦陶器盖上的饕餮纹》,《华夏考古》2000年第4期。

[51] 中国社会科学院考古所编著:《大甸子——夏家店下层文化遗址与墓葬发掘报告》图五五,5(M1203:2),科学出版社,1996年。

[52] 同[16]。

[53] 蔡易安编著:《中国龙凤艺术研究》图39。

[54] 同[39]。

[55] 台北故宫博物院藏玉圭中的神面,见《故宫古玉图录》图2,台北,1982。又见方向明《良渚文化玉器纹饰研究》图二,10(瑶山M10:21)、11(瑶山M2:17)。有的在"人中"的表示"中心"意义的"菱形符"有时可用表达同样意义的"人"字形"天盖"符号代替之。

[56] 龙身波状小幅度弯曲的龙或蛇,实际与不少饕餮的夔龙之身是一致的。

[57] 涂怀奎:《秦岭地区主要玉石矿床特征研究》,《地质找矿论丛》2000年15卷第1期。此论文认为湖北绿松石含Fe_2O_3与H_2O多,主要表现为褐铁矿和水高岭石较多,这与二里头遗址有的铜牌饰有铁锈的情况相符,像《考古》1992年4期所载二里头遗址M57:4铜牌饰。当然二里头遗址发现有不少可能来自西方的绿色绿松石,但是很少用于镶嵌早期的铜牌饰(可以参考绿松石的颜色判断二里头文化铜牌饰的时代早晚),由此看来,时人当以牌饰为相当重要之物,同时可以认为,时人多认为绿松石中质地好、天蓝色者为贵,这与当今的判断标准是类似的。

[58] 观点见注［5］拙著。
[59] "北斗所击，不可与敌"，见何宁《淮南子集释》282 页，中华书局，1998 年。
[60] 王吉怀等：《大汶口文化惊现罕见器物》图一，1，《中国文物报》2000 年 5 月 1 号第 1 版。讨论见注［5］拙著。
[61] 而且从医学的角度看，这类看法确有一定的科学性。
[62] "方相氏"之"黄金四目"与斗魁四星恰相应，这类现象在夏家店下层文化和三星堆文化的牌饰中都有发现。"四目神"应源于北斗神。林巳奈夫《饕餮——帝说补论》(《史林》第 76 卷第 5 号，日本史学研究会，1993 年 9 月版) 论著中所举四目材料中的音乐类铜器的饕餮有的不是"四目"，四人面方鼎，从其"大禾"铭文看，应是相当于昆仑之上的神灵，从其所属时代看，应为与北斗或其时极星有关的神灵或神秘先公，其他"四目"类饕餮无法肯定为帝舜之像，因为"四目"本来自于"斗魁四星"，与"四目"有关的传说中的古帝不止一个，效仿或自认为与北斗神有密切关系者的造型均可有"四目"特征。所谓"饕餮"最本质和核心的象征意义，我们认为与北斗神或其时的极星神有关是无疑的，林巳奈夫等学者以之为与太阳有关的帝之观点是错误的，至于其是否与祖先有关，个人认为神化的先公会与之有关联，因为不少族群往往将其祖先神化，与天帝关联。尤其特殊的是，商周时期，有的以某动物为族群象征的人们还往往将所谓的饕餮增加诸多这一动物的特征，像商代族符为鹿的鹿鼎，就将所谓的饕餮增加诸多鹿的特征，以至于可称为鹿形饕餮。

(原刊于《古代文明研究通讯》2005 年 6 月)

二里头遗址所出玉器"扉牙"内涵研究

——并新论圭、璋之别问题

顾万发　张松林

一、前　　言

  二里头遗址，是夏王朝的重要都城之一，多年来，有相当数量的玉器在此地被发现。这些玉器，因其所处时代并非常有助于说明中国早期文明史中的礼仪、名物制度等诸多方面的重要性而备受学界关注，相关的学术研究已取得不少成果，然而对这些玉器上扉棱的内涵问题，大家却始终是语焉不详。有鉴于此，笔者现将我们有关这一问题的研究的初步结论予以具体论述[1]，以供同好评正。

二、相关材料简述

  据笔者统计，二里头遗址目前已公开发表并配有线图的带扉牙玉器共有 19 件（《二里头》报告[2]及新近有关二里头遗址玉器讨论的文章[3]中线图、图版及编号有明显讹误，另偃师博物馆所藏的其他相关器物未纳入），为下文论述方便，我们对这些玉器分类予以简述：

  戈（图一，1），1 件。87YLⅤⅥM57：21，属二里头文化四期。近内处略起一扁平"阑"，左"阑"之上有两组小扉牙，两组小扉牙之间略显内凹，"阑"上右侧有两个扉牙，实际上其应与左侧两组小扉牙对称，只不过由于使用等原因而磨损。

  戚，13 件。其中：

  璧戚 4 件（虽然知其为璧戚但扉牙缺失者不计），分属二里头文化三、四期。ⅥKM3：13（图一，2），属于二里头文化三期，两侧各有六条扉牙，每侧中间的两个扉牙距离较近，所有扉牙均以此两个扉牙中间部分的中心点为对称，最外侧的两个扉牙略上卷，有"飞檐"似效果；ⅧKM5：1 及 84YLⅥM11：5（图一，3、4），基本情况类似ⅥKM3：13；ⅧT22③：2（图一，5），此器已残，现存部分存有 4 个扉牙。我们这里予以特别说明：斧形大孔玉钺早在 5000 年前的凌家滩、良渚等（图二，1，高城墩 M8）

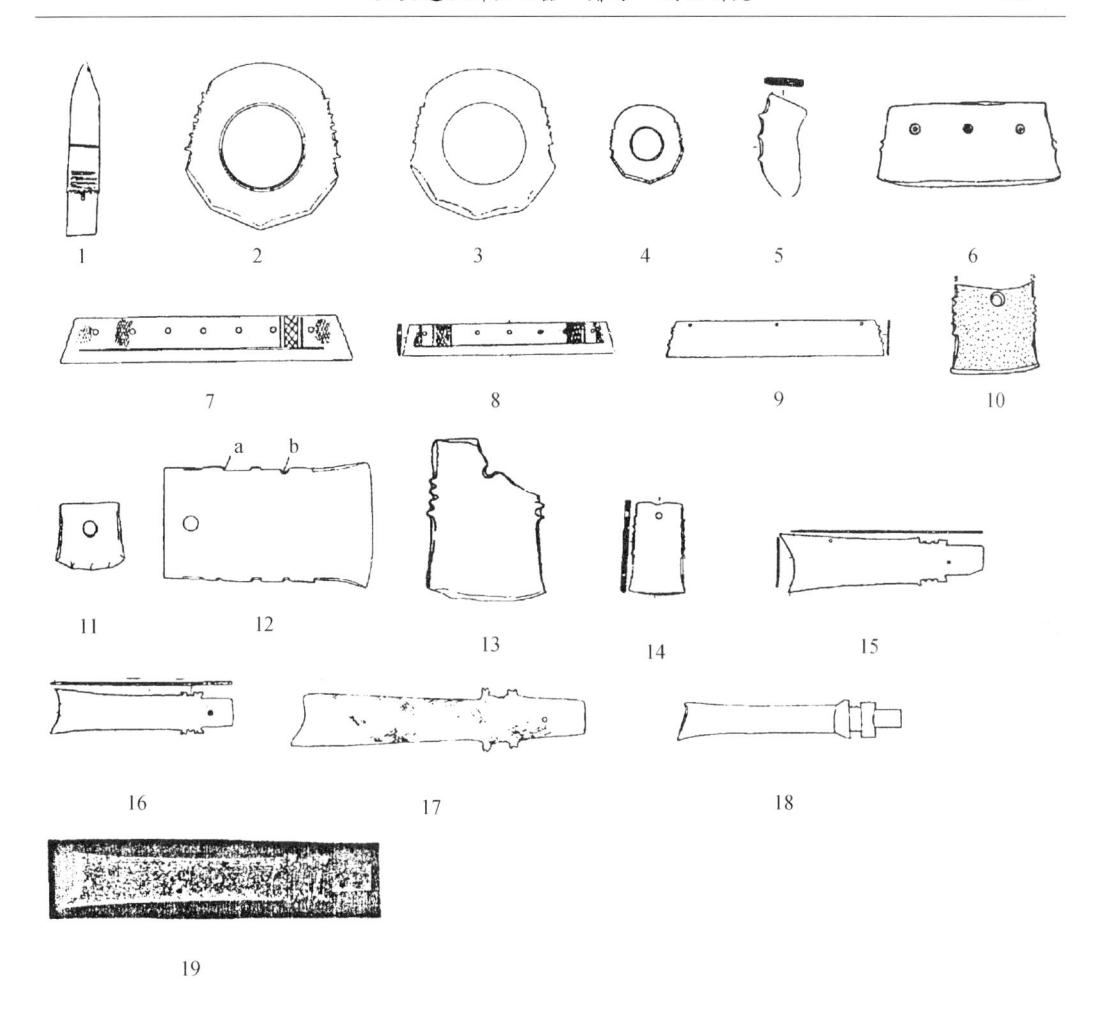

图一

文化中就已出现，但是就璧钺论之，从花地嘴等遗址发现的几件龙山及新砦期的大孔玉钺看，以前除红山文化等发现少量所谓的不严格的略方"璧钺"之外，真正的璧钺仅从新砦期（至多可到龙山文化晚期）才有发现，并且我们可以较为肯定地说只是到了二里头文化二期晚或三期时，才开始出现真正的侧有扉牙的所谓璧钺。商周时除仍有大孔玉钺、戚（图二，2，张家坡西周基地 M273：3。多斧形）外，又出现不少铜质大孔钺或戚。

刀戚 4 件（？），分属二里头文化三、四期。82YLⅨM5：1（图一，6），属于二里头文化三期，两侧各有两个扉牙；《二里头》报告图 238：4（图一，7），从偃师县文化馆《二里头遗址出土的铜器和玉器》一文[4]，知其编号：75ⅦKM7：3 不正确，此器当属于另一单位，《二里头》报告认为其

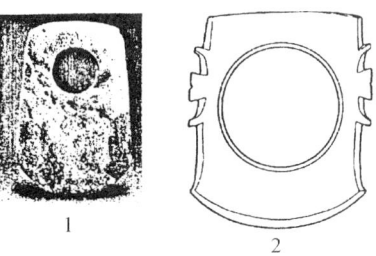

图二

属于二里头文化四期，其两侧各有四个起伏较缓的扉牙，其中右侧的扉牙的平均宽度较为均匀（估计可能是 75 Ⅶ KM7：3 的简画，存疑）；75 Ⅶ KM7：3（图一，8），应属于二里头文化四期，其两侧各有六个扉牙，仔细观察可发现其中心的两个扉牙间距略宽，内凹略明显；87YL Ⅵ M57：9（图一，9），属于二里头文化四期，两侧各有四个扉牙，每侧扉牙中间的两个距离较宽，显然可以之分为两两一组。

斧戚 5 件，分属二里头文化二、三、四期。82YL Ⅸ M4：5（图一，10），属于二里头文化二期，其两侧各有六个扉牙，三三呈对称状，最外侧的两个扉牙上卷，有较明显的"飞檐"似效果；82YL M6：1（图一，11），其扉牙及时代类似 82YL Ⅸ M4：5，不过"飞檐"似效果不明显；《二里头》报告图 238：1（图一，12），从偃师县文化馆《二里头遗址出土的铜器和玉器》一文知其编号：Ⅶ KM7：2 不正确，此器当属于另一单位，《二里头》报告认为其属于二里头文化四期；其两侧各有四个较宽平的扉牙，左右侧的扉牙不对称，其中右侧的 a 处应与 b 处类似，此器缺刻；Ⅲ 采：11（图一，13），属于二里头文化四期，其两侧各有四个较直的扉牙（为石质，纳入玉类）；另，《二里头》报告图版 168：3（图一，14），由于其编号也为 Ⅶ KM7：2，又显然与《二里头》报告第 341 页描述的图 238：1 之"钺"不是同一件器物，经检验《二里头遗址出土的铜器和玉器》简报知，其应为真正的 KM7：2，属于二里头文化四期，其两侧各有六个扉牙，三三呈对称状，三三扉牙之间有一明显的内凹将六个扉牙分为三三一组；扉牙多上卷，有相当明显的"飞檐"效果。

璋，共计 5 件，分属二里头文化三、四期。80YL Ⅴ M3：4（图一，15），属于二里头文化三期，其每侧扉牙复杂，其中下"阑"为开口兽首形，上"阑"为常见的无牙"似梯形"，两"阑"之间为两组四个小扉牙；80YL Ⅴ M3：5（图一，16），其每侧扉牙复杂，其中上"阑"扉牙的具体造型应基本以左侧保存较好者为准，下"阑"可分为两小部分，其中下端为高开口兽首形，首顶有两个小扉牙"鬃"，上端为接近但还未完备的兽首形，上"阑"上端上折，下端为一组两个小扉牙，两"阑"之间也为一组两个小扉牙"鬃"。Ⅲ KM6：8，属于二里头文化三期，其每侧扉牙复杂，其上下"阑"突出，为回首张口兽（确切地说应是虎）形，两"阑"之间向中间渐收为一个"凹"（图一，17）；《二里头》报告图 238：3（图一，18），其编号：Ⅶ KM7：5 从偃师县文化馆《二里头遗址出土的铜器和玉器》一文知不正确，此器当属于另一单位，《二里头》报告认为其属于二里头文化四期，其上"阑"与一般的"似梯形阑"相比增加了一斜宽扉牙，总体类"台阶"，其下"阑"左右侧的上下各有一似兽面口似的小缺口（《二里头》报告图版 168：2 是真正的 Ⅶ KM7：5）；Ⅶ KM7：5，《二里头》报告图版 168：2（图一，19），其每侧扉牙极其复杂，其中下"阑"下端为首顶有四个小扉牙"鬃、角"的开口兽首形，上端为首顶有四个小扉牙的高开口兽首形，上"阑"为常见的两扉牙加"似梯形"，两"阑"之间为三组六个小扉牙"鬃"。

三、扉牙内涵讨论

对于这些玉器的扉牙，学界以前主要是着重于类型学方面的研究，这方面的研究固然重要，然而，其内涵为何是更重要的，是强调精神层面内涵的现代考古学所不容忽略的。在目前的研究状况下，加强对这一方面有关问题的研究，非常有助于我们深刻理解有关玉器的本质，也利于我们解决一些相关的疑难问题。关于这些玉器扉牙的内涵，以下，我们分两类予以论述。

第一类，这类玉器，主要是指戚，它们在本质上属于"圭"之层次。笔者认为，这类玉器的扉牙实际上是"天盖"或"介"字形天冠或羽冠（一般是多重的），而不是有关学者特别主张的牛角似造型[5]。另外还有一个规律：这些扉牙的数目如果为奇数，则中间一个扉牙表示"介"字形天冠、羽冠或"天盖"之顶端，如果为偶数，则中间两个扉牙的间隔表示天顶，其多略显弧内凹，与"璇玑"幽深的说法正合（参见《豫东杞县发掘报告》[6]鹿台岗H75之"天盖图"），其实，很早以来，中分天盖及"介"字形天盖这两种表示模式是并列的（图三）。我们的论据是：

① 二里头玉戚的主要特征及内涵显然与龙山时代的一些玉戚有关，因而龙山时代有关的玉戚扉牙的内涵应等同于二里头玉戚，又二里头玉戚本质上均属于"圭"之层次（《佚周书·世俘解》及《尚书·顾命》等中，"圭"的层次高于"钺"，我们认为这是层次的细化，类似极星与北斗、北斗主星与次星之别，也是各类礼器趋向高度符号化的一种表现），所以其之扉牙的内涵应与玉戚相同。目前，龙山时代有不少玉戚被发现，虽然有的扉牙因残损或太简朴而不太容易予以说明，但是也有少量玉戚的扉牙造型清晰完整，并且这类玉戚还是出土品，所以其可信度也毋庸置疑，而恰恰是这类玉戚的扉牙是极其明显的"天盖"形或"介"字形冠形。能说明这一观点的最具代表性的例子是1号黎城戚（图一二，1c）。

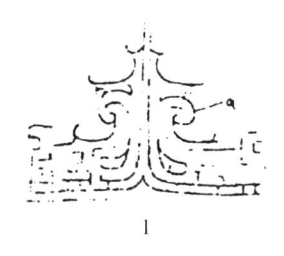

图三

② 龙山时代数量众多的北斗神像均多有"介"字形冠，这类冠本质上显然可以视为含有"天盖"或"圭"的意义，而二里头玉戚中有的扉牙恰恰与这类"介"字形冠非常一致（图四）。如此则二里头有的玉戚的简单或不是特别明显的扉牙的内涵自然也就不太可能有其他含义了。其实，在大汶口文化、红山文化、石峡文化等之中有的玉璇玑或玉玦[7]上，"介"字形天盖或冠虽然大部分表现形式较为复杂，但是有时其表现得也特别简单，甚而还出现仅用一个扉牙表示的例子（图五）。

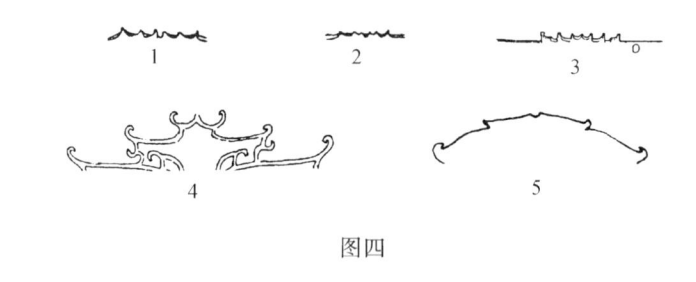

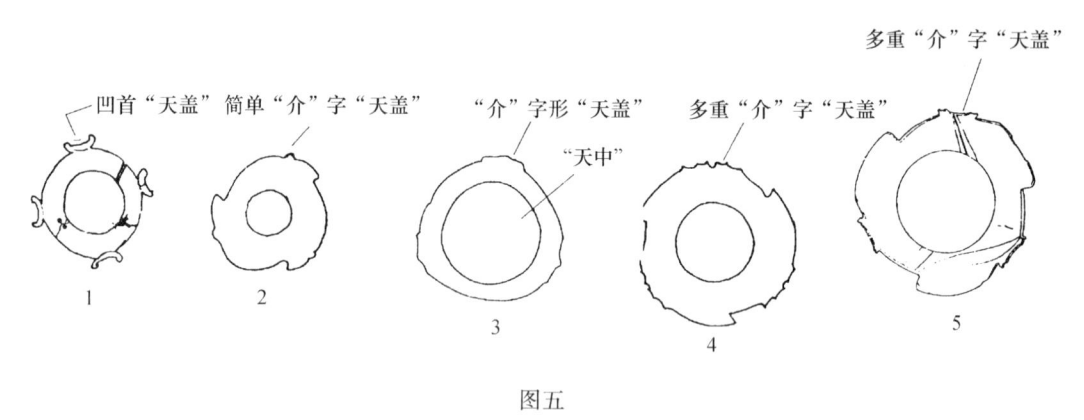

图四

图五

③ 我们知道，在中国早期的美术图案中，天盖往往是与天文学、宗教学中的北斗（神）[8]或极星（神）相关联的。我们发现，有些玉戚的两侧，不是饰扉牙，而是径直刻划着北斗神像，像这类一组两个的神像或可视为《拾遗记》中所载的"雌雄北斗神"或斗神与祖，黎城斧戚上的两神造型（图六，1）及法国吉美博物馆所藏"神鸟·璧形戚"（图六，2）上的神面造型可以充分说明这一观点（此图有助于说明带扉牙璧形戚产生时代晚于两侧带北斗神像璧形戚），注意，黎城戚两侧的北斗神像，面向相倒，这是特别需要注意的。这类神面方向相倒，可能反映了阴阳的概念，另一方面，似乎是说明此神是在天地界之中来来往往的，类似所谓太一下行八宫又归于中宫。其实早在大汶口文化、关中仰韶文化中，有些彩绘神面也是递次相倒的，另，邓淑苹在《晋、陕出土东夷系玉器的启示》一文中所引用的芦山卯玉琮上代表神面的四对双目也是递次相倒的[9]（图六，3、4、5）。我们认为这些玉戚的扉牙表示"天盖"或"介"字形冠，还有一个重要的理由，那就是这些璧戚均为四歧，明显是四孔刀形戚的缩略形，而且与斗魁四星的内涵极其相符。

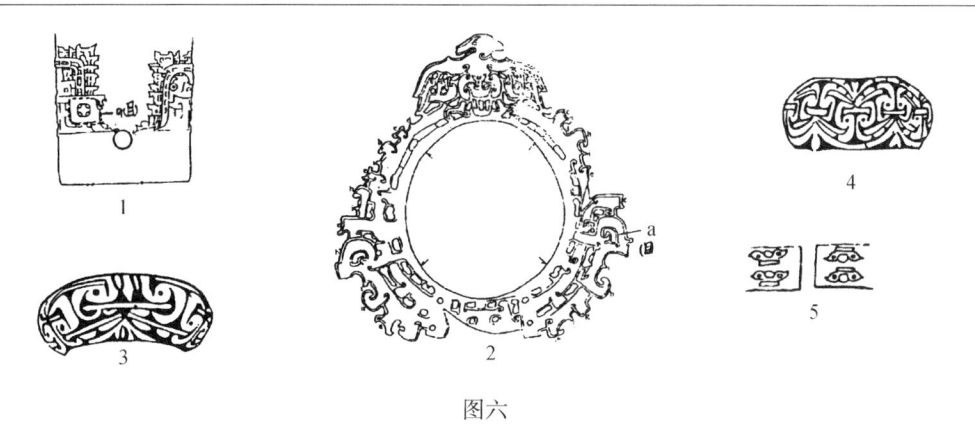

图六

④ 与大多数刻有扉牙的玉戚相比，这些玉戚中有的两侧的起伏棱实际是北斗神像的中剖线（图六，1）。这类北斗神像实际是玉戚"穿"的另一表现模式，因为这些"穿"本质上是可视为"北斗"的代表星或极星的，与璧戚有关的某些玉璧（中间大圆为极星，周围是斗魁四星）非常有助于证明我们的论述（图七）。在中国古代已被证实为表示天顶—璇玑—北斗的图案中[10]，斗魁的造型往往是倒梯形的或亚腰梯形的，像大汶口文化中的天顶—北斗图，另二里头、齐家、三星堆、夏家店下层等文化中的标识北斗神的彩绘（或青铜或刻划或有机质）牌饰等等也为此类造型，而斧、钺、戚、刀多数正为此形，这非常明确地说明戚类两侧的扉牙被视为"天盖"形或"介"字形冠是非常合理的（图八）。

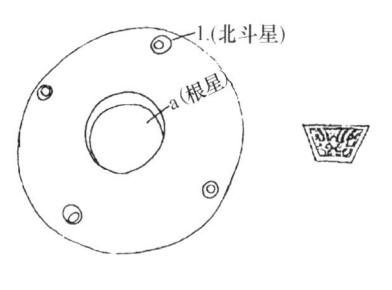

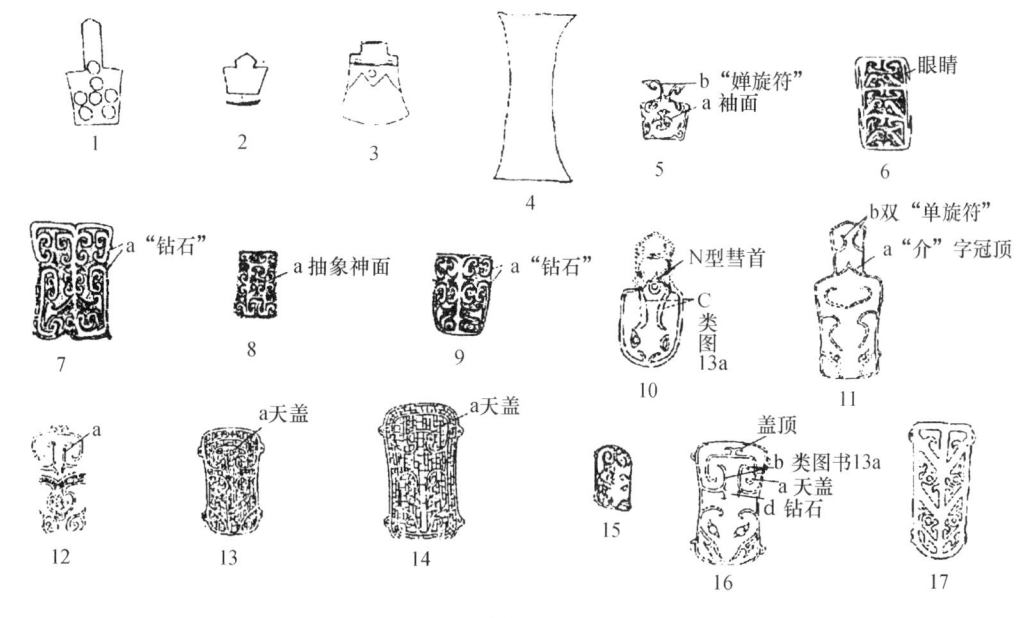

图七

图八

⑤ 二里头文化时期，北斗崇拜之风非常盛行，这是我们所持有关玉戚犀牙内涵观点的宏观依据：河姆渡文化第四层所出的一件陶钵上，曾刻有一戴"介"字形冠的图案（图九，1），不少学者认为其两目是太阳[11]，实际上并不正确，它们真正代表的是天顶下的北斗个星：天璇和天玑，两个圆大小不一也有助于否定其为太阳的观点。而这一图案显然也属于二里头、齐家、三星堆等文化中的铜（或刻划）牌饰、大甸子墓地的"彩绘牌饰"一类图案的早期渊源之一[12]。而二里头等文化中的有关"兽面"牌饰正是代表北斗神的。也许有的学者会认为生物或动物怎么会代表天文意义上的北斗呢？实际上，以本民族崇拜的生物或动物代表"天中"是极其常见的现象，像中国古代有以蛙、鱼（见西部的仰韶等文化）、虎（见石家河文化及金文中的"天虎"等）、刺猬（见东北萨满教的某些支系的天文"理论"[13]）代表"天中"的，最著名的例子应是三星堆文化及黄宗文化，其是以鱼（附带凫）代表"天中"的，反映这一内容的最重要的图案就是两文化中的"鱼·鸟·矢"图（图一〇，1），此图与纳西族"猪·矢"图（图一〇，2）。纳西族有的文献像《碧卦帕松》认为其中的猪是"黄金大蛙"[14]，有的认为是"龟"，类似金文中的"天鼋"）基本一致，"矢"在其中由"射杀"之意义转为"正"、"直"、"的"等相近的涵义（其实甲骨文中被诸多学者隶为"镝"和"臬"的字就是"帝"、"鼻"与"矢"的组合），这一"鱼·鸟·矢"图充分说明所谓"鱼凫"实际应是指位近"天中"之鱼附近的"凫"或"天中"之鱼及"凫"，有的学者认为金沙新出的有关鱼的造型（图一〇，3）有"凫"的特征并因而认为其是真正的"鱼凫"[15]，此论恐尚需再论，实际上金沙新出的这种鱼的鼻前向上的造型在三星堆遗址祭祀坑所出的狗、龙首上均有，巴蜀图语中的全部鼻前有突出部分的鸟，其鼻前有突出部分均向下（图一〇，4）。在二里头遗址除铜牌饰、刻划牌饰等北斗神物外，尚有另一类与北斗有关的祭祀类器物，这就是渊源自东方的"天顶（'盖'纽）·璇玑（'盖'柄）·斗魁（'盖体'）图"（图一一，见《二里头陶器集粹》图一七一。根据滹沱岭、皂角树等遗址二里头文化同类器重新复原）[16]。相当于二里头文化三期时的三星堆文化仓包包遗址有一件铜牌饰（图九，2），学界素来对其不太在意，实际上这件牌饰极其重要。其上凸铸的相连的两个圆，正是相连的代表北斗的天璇和天玑，其充分证明有关部分牌饰的"北斗"内涵。也许有的学者会认为用直线将某一星宿相连的风格起源较晚，实则非是，早在江苏邳县刘林彩陶钵（图九，3）。其为由七星规划的北斗神，参见嘉祥武良祠汉代"黄帝斗车"画图九，4）及山东莒县大朱村大汶口文化 M17 陶尊上的北斗图案（图九，5）已充分说明了这一点；承前论，大汶口文化莒县大朱村 M17 所出的一件陶尊上，刻有一北斗图案，其斗魁中有四个圆，显然这就是"斗魁"四星，大甸子墓地的"彩绘牌饰"中有的神物有四目（图九，6），三星堆文化仓包包遗址的一件铜牌饰上的神也有四目（图九，7），毋庸置疑，它们均应渊源自"斗魁"四星，这也正是学界多年来语焉不详的《周礼·夏官·方相氏》等文献及民族学中所论的方相氏"黄金四目"、黄帝、舜、仓颉、某些少数民族祖先傩面（朝鲜族有，图九，8）等四瞳或四目的真正的深层文化来源。

图九

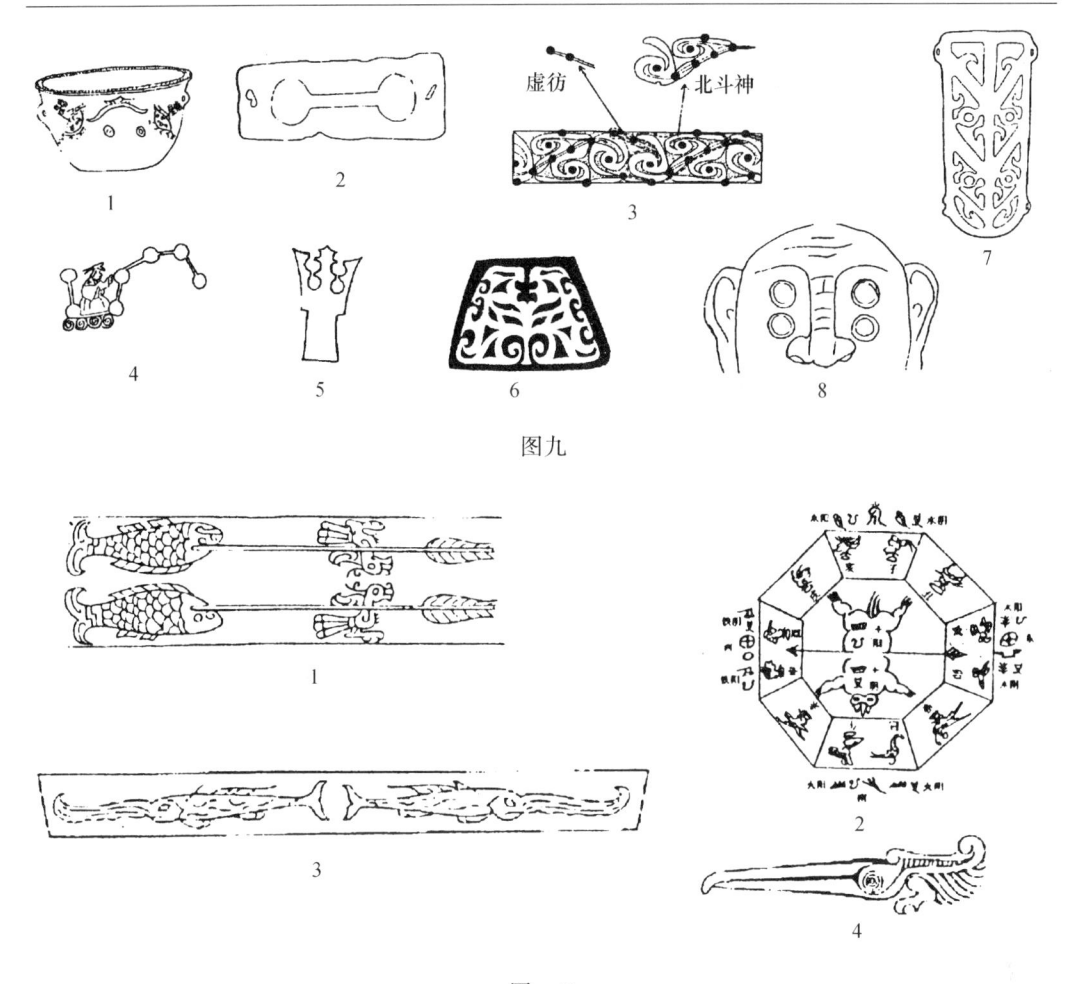

图一〇

⑥ 87YLⅤⅥM57:21 之戈的扉牙，类二里头 80YLⅤM3:5 所出牙璋之上"阑"的造型，如同我们在下文中讨论的那样：这一造型仍可视为"半天盖"或"半介字形天冠"，当然，另一方面其也清楚地说明了牙璋之"阑"趋向复杂化过程中的一个极其重要的环节。至于为何在玉戈上采用了这一造型，详见下文讨论。

第二类，玉璋。学界以前对于这类玉器扉牙的研究虽然开展得非常广泛，但是多集中于形制的分析而略于内涵方面的探讨。我们认为二里头遗址目前公布的 5 件玉璋的扉牙主要是由半重天盖或"介"字形冠与一身双首（正反首）虎或一首虎组成的。我们的论证于下：

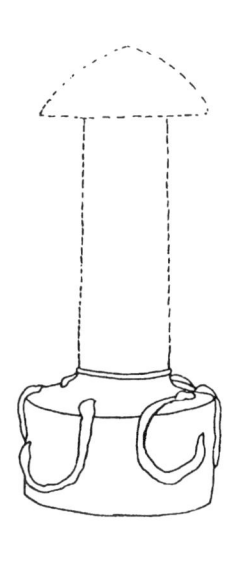

其一，为了说明这一问题，我们首先需要了解最早时期玉璋扉牙的造型及内涵。我们知道，最早时期玉璋扉牙的造型主

图一一

要为两类，一类是单"阑"的"似梯形"（图一二，1a、1b、2a），一类为多牙形（图一二，3a。目前所见最早的一件有四个扉牙），从相关的图案（图一二）可以说明，这些扉牙均可视为天盖或"介"字形冠顶之半。像图一二，1a的"阑"（实际是半"天盖"或曰半"圭"）之棱角突出不明显，应是"黎城戚"（含义类圭）类玉器侧饰的一类弧角"介"字形天盖（图一二，2b。外形及含义类尖首圭）的一半。"黎城戚"的"穿"为极星。其他多穿者则为极星和北斗星，当以北斗星为极星时，则可视为北斗的数个星，形制大者与位近中心者为北斗中的重要个星和亮星；图2a"阑"的棱角突出明显，"阑"上端内凹明显，其与"凹'介'字形天盖"之一半一致。"凹'介'字形天盖"（有的为多重）在玉戚上也有不少发现。图一二，3a之"牙"在最早的一批牙璋中略显特殊，从放大图看可视为"多重'介'字形天盖或冠"之一半；另，从花地嘴新砦期所出的牙璋之牙来看，笔者认为我们的这一判断是正确的。另外，可能属于二里头文化四期的《二里头》报告图238：3（图一，18），其上"阑"与一般的"阑"相比增加了一斜宽扉牙，或者可以将其整体看成近似"台阶"状，我们认为它与花地嘴新砦期牙璋的扉牙有关，花地嘴新砦期牙璋的扉牙台阶较多，最下端的台阶虽然为近长方形，但是其实际的内涵在本质上相当于最早时期玉璋扉牙的"似梯形"[17]，由两

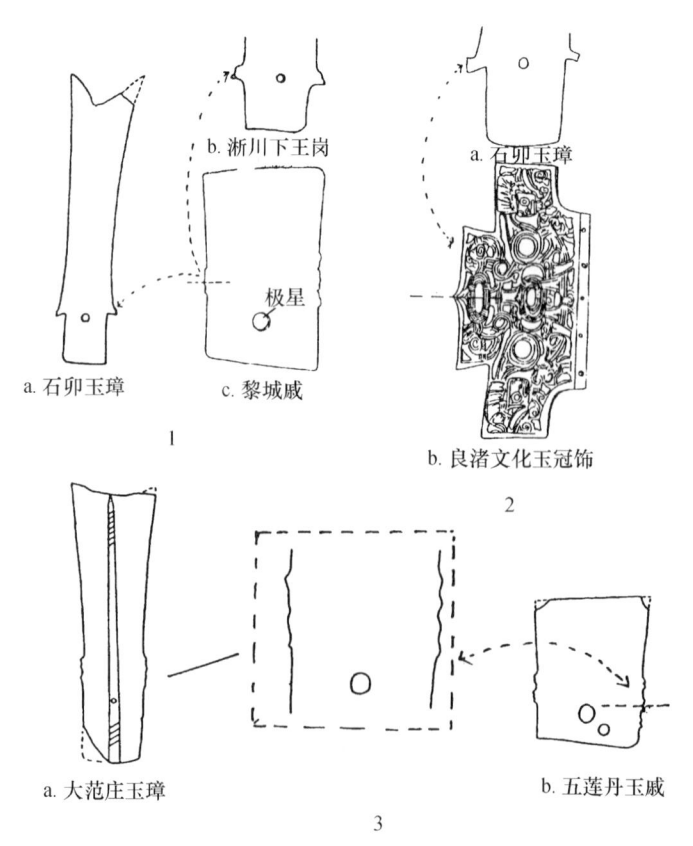

图一二

个这类"半重天盖"或'介'字形天盖或冠组成的"天盖"或'介'字形天冠造型在更早的良渚文化遗存中也有一些发现,像花厅墓地中就存在这类造型(图一三)。再者,我们得出的这一结论,还非常符合郑玄《周礼》注、《诗·板》、《说文》等文献所反映或记载的"半圭为璋"的说法。由于"半圭为璋"的说法学界有不少学者像杨伯达先生等并不赞同[18],其又与我们有关玉璋扉牙的观点非常相关,所以这里特费笔墨予以简证:从图一四a中,我们可以明显看到:

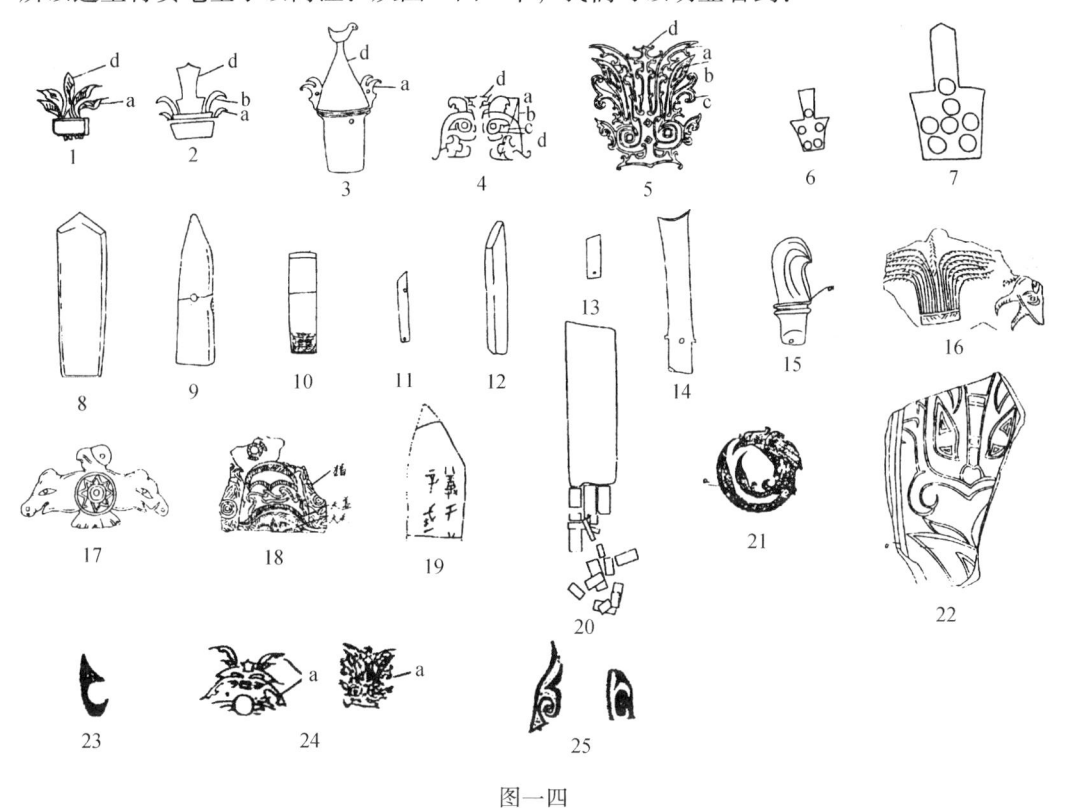

图一三

图一四

① 图一四a,1、2、3、4、5的a均为"璋"形,其中图一四a,1表明这类"单旋符"确与"大禾"、"社树"或"稻"有关(参见图一四a之16,其与图一四a之1、2、3等内涵相同,因为"稻"可视为音"禾",南方有少数民族像瑶族读"稻"就为"禾"音[19]),又有两猪相佐,类凌家滩有关玉神鸟(参见图一四a,17)及河姆渡另一图案(参见图一四a,18)。从文献来看,中国古代一般是称禾为中域、中和之物,从考古材料看,至少在河姆渡文化时,稻在东南地区人群的意思中也曾被视作具有中心的具有神性的圣物,其实在古代,双凤、双龙、双虎等端物所绕者往往具有很高的级别,楚墓彩绘中的双凤绕"帝"字已无可争辩地证明了这一观点(图一四a,23),金文中习见的双犬或虎、龙所饶"'史'字主体"(图一四a,25,"'史'字主体"与

"天盖·北斗"或"建木·斗魁"有关)与金沙铜人腰揣之物(图一四a,26)一致也有助于说明我们的论点(我们之所以认为双犬或虎所绕及金沙铜人腰揣之物为"'史'字主体"形而非"单"形之工具,有一个重要的论据,这就是金沙铜人的姿态及装束正反映了战国之前"巫"、"史"不分的状况)。图一四5b表明"单旋符"或"璋"确与神鸟之翅膀或羽有关,从内蒙古小山及大南沟等遗址的陶尊类器物的刻划图案中可以看出,"单旋符"或"璋"与龙、鹿、猪龙等翅膀或髦也有关。

② 图一四a,5c表明一般的"单旋符"(或图案意义上的凹弧刃式"璋")上端有的可呈"分歧状"的造型(歧首实物"璋"造型产生的依据)。图一四a,4b、c、d表明"单旋符"可以充当冠饰、腭饰(甚或同时充当腭)、眼睛。图一四a,2b与图2a造型略有不同,实际是一致的。图一四a,5b与图一四,5a本质意义相类,其又与石家河文化郭家柏岭、妇好墓出土的凤尾(图一四a,21a)、神冠饰(图二〇,a)、新砦所出的北斗神冠羽(图一四a,22a)相当一致。

③ 图一四a,1、2、3、4、5之d表示"天顶",也即由两图案意义上的"璋"或"单旋符"组成的"圭",图一四,1、4、5极其清楚地表明各图中的d是由各图中的两a组成,也即是表明"半圭为璋"之论具有的相当正确性,有的学者极力主张璋或牙璋为圭类,又说璋为圭半仅是造型方面的比较,两者并无深层关联并有层次之分[20],这显然是不符合考古发现的,图一四a中的"璋"形符号均位于"圭"形符号两侧的现象既是明证,同时这种观点也不符合众多的文献记载[21]。显然认为璋或牙璋属于圭类的总观点是错误的,由此而来诸多具体观点也是站不住脚的。学界或许会用有的北斗神目(即"单旋符")其中的圆为北斗个星[22]为璋形的考古材料(图一四a,4)予以反证,实际也不正确,因为北斗神目虽然贵为北斗,但是仍然位低于极星,即使其时是以北斗为极星,我们也可认为此时璋穿是低于作为极星的另外某北斗个星的;红山、夏家店下层文化中有的勾云形玉器中心为璋形"单旋符"(图一五),其虽然可以作为某种意义上的"中心"看待,但是从红山、夏家店下层文化中的北斗神的眼睛造型看,其仍然可以解释为北斗某星,无非在有的勾云形玉器中充当或代指极星而已,我们同时应注意,有的"单旋符"

图一五

圆的一端之中有一飞鸟,这时似乎可解释为阳鸟,但是,笔者认为,从薛家岗所出的彩绘玉刀及玉钺上所绘的负"圆"(实际为北斗个星)飞鸟图与台北故宫博物院藏玉圭上的神鸟所负北斗像(图一六,其中图一六,4a、5a为与北斗有关的神像无疑)来看,飞鸟所负之"圆"并不一定就是太阳。综合而论,可解释为或仅可解释为阳鸟的情况在早期较少,这一解释模式的盛行估计较晚,而且这一模式将"三尾羽神鸟"错释为了"三足鸟",并从很早的时候就开始被予以讹传。另从良渚、龙山到商周等文

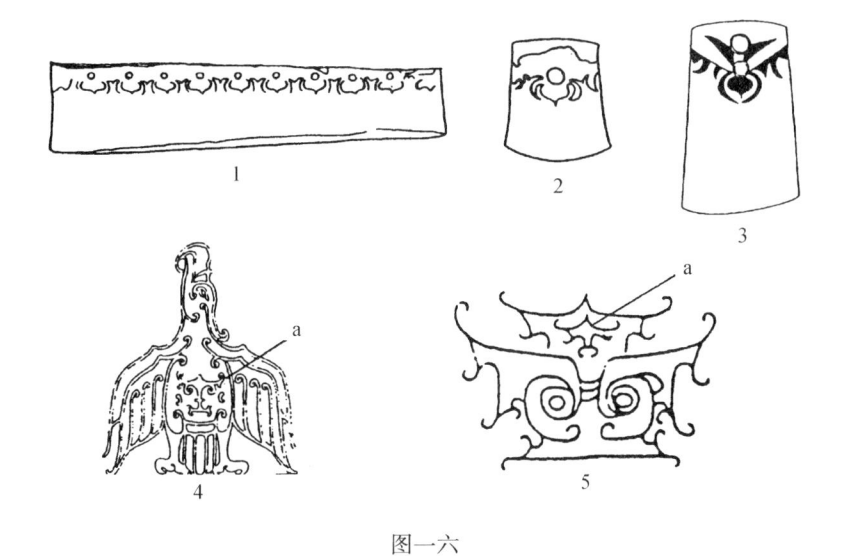

图一六

化中有不少"夋"形神人首的发型或冠也为璋形"单旋符"的(图一七,其中图一七,1为反山出土,图一七,2为殷墟出土),其本身的层次可以相当于级别很高的神鸟(图一七,3,张陵山出土),按说,这时候的发型或冠应为神鸟、双璋形"单旋符"或多个互为对称的璋形"单旋符"组成才是正确的,但是为何不是如此的呢,实际上,原因很简单,因为这些"夋"形神人图案或雕塑表现的多是侧面(甲骨文中的"夋"字亦是如此),显然,我们也只能见其冠的侧面,即为介字形之半,当然,考古材料中也有少数例外,像朝头墩出土的正面神(图一七,4)及河南省文物商店所藏的一件正面北斗神之首就为一"单旋符"(图一七,5),笔者认为这些神人的冠之所以如此表示,可能是为了特别标识此神相对于极星神而言是地位略低的北斗神而已,或者解释为此类造型者是以"单旋符"代指介字形冠或天盖。另,早期的玉石质实物除凌家滩、石峁等地的少数例子外,基本都有"阑",此"阑"即"天盖"之半或北斗神"介字形(天、羽)冠"之半。另,笔者特别指出,有"阑"之璋实际应视为两"半戚"与"半圭"的组合,注意,我们所论的"半戚",主要是指璋的侧饰为戚侧饰的"天盖"之半或北斗神"介字形(天、羽)冠"之半。早期璋中带"阑"者占绝大多数(石峁文化中有少量不带"阑"者,其中有些应是由源于薛家岗文化的"长梯形玉刀"改制而成),据《周礼》郑玄注、《诗·板》《说文》等反映的"半圭为璋"的说法严格而论并不准确,其对有"阑"之璋并

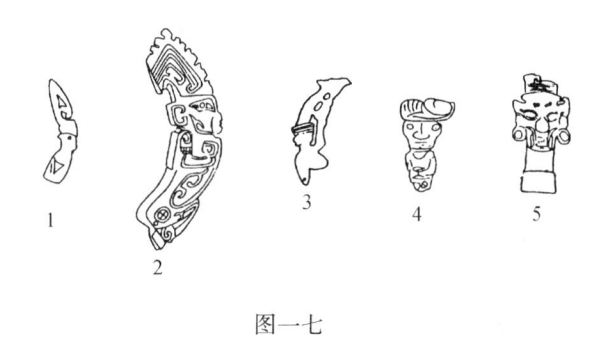

图一七

不适用。这也说明当时学界并不完全理解早期的有关圭、戚、璋等的名物制度，当然这是就戚、圭分论而言的。总的说来，"半圭为璋"的说法还是能够成立的，虽然郑玄等论者有可能是就较晚时期的无"阑"璋而论的。

④ 图一四a之6的"天顶"（或曰"圭"首，不过这类侧为凹弧形的"圭"首除在有的古图谱中发现之外，在非图案的考古实物中从未见过，所以，实物中不会有之）之侧与图一四a之2、4、5一样为凹弧形，其一半既是常见的"单旋符"，也是绝大多数璋首尤其是早期凹弧形璋首的典型造型像图一四a，14。另请参阅图一四b。另请参阅图146。

⑤ 图一四之7的天顶侧为斜直刃，类似的"圭"在早期仅有少量实物（像图一四a，8、9），其一半也即为璋，不过这类璋的数量即使在春秋战国的考古实物中也不太多见，早期仅在良渚文化（图一四a，11）中出现过这类严格而论为斜弧刃的璋，目前仅此一件（石峁遗址有一件略似），其应为侧为斜弧刃的圭之一半，这类圭在良渚文化以后的玉北斗神首（实际为北斗神头上之天顶）上有体现，有些实物玉圭首也为这一形式）、菱家滩文化、石峁文化中有少量发现（红山等文化中的一些斜口陶器、斜口无底马匝似玉器、斜端圆柱形玉器似乎与"璋"有关），晚期在三星堆文化晚期遗存中有所发现。西周至东周的金文等文献中有不少处提到其时有璋，但是这种斜直刃的璋的数量总的来说发现不多，张家坡西周墓出土过一件斜首有"阑"[23]的"玉柄器"，应归于璋（图一四a，20，张家坡西周墓地M301:12）。

⑥ 图一四，15说明"单旋符"确可独立成为柄形器物，这从另一方面说明我们有关"单旋符"与牙璋或璋关系论断的正确性。另请注意图一四a之15a与"阑"的区别。

其二，牙璋的"阑"，从目前有关学者尚未发表的出土材料看，在中原地区二里头中期偏早的时候出现过一种特殊的变化：有的单"阑"变为在单"阑"上端增附两个小扉牙。这一造型非常重要，其一方面说明这一造型仍可视为"半天盖"、"半介字形天冠"或"单首开口兽"，另一方面也清楚地说明了牙璋之"阑"趋向复杂化过程中的一个极其重要的环节，本文所论的二里头75YLⅦKM7:5所出牙璋之上"阑"正为这一造型。

其三，我们知道，不少文献均将虎与军事关联；考古学方面也有不少发现（图一八），例如，早在5500年左右的凌家滩等遗存中，就发现过长条形的玉伏虎，另外，这类单独存在的个体实物虎（有的为立虎）延续时间极长，像二里头、三星堆、黄宗等文化及传世品中就有铜质或玉质者，也有一些被刻、雕、铸于龙山至西周时代的刀戚、玉钺或铜钺、矛等之上（雕、铸于玉钺或铜钺等之上者可以视为是圭类模仿璋类之饰），这类虎在汉代仍很流行，再者，我们还注意到，在从商代晚期开始出现的不少回首兽类中，其中就有"回首"虎，除牙璋扉牙之"回首"虎早在石峁文化、二里头文化之中出现之外（其中ⅢKM6:8的扉牙为一身双对面"回首"虎，

80YLⅤM3：4为一首一身正首虎，80YLⅤM3：5扉牙下端为正反虎首，上端扉牙接近虎面，《二里头》报告图版168：2之ⅦKM7：5之下端为正反首虎），目前所见商代晚期者仅为图案，还有，我们还发现在石家河等文化中，玉虎有时似与北斗有联系。而牙璋的"穿"与北斗确实有些关联，像我们曾经证明"单旋符"与牙璋造型密切相关，这类"单旋符"又经常充当北斗神或与其相应的人间帝王的眼睛，而北斗（神）或与其相应的人间帝王的眼睛往往又恰用北斗个星来予以标识，像新砦、二里头、荆南寺、香炉石等遗址出有代表北斗的陶瓮，其上就刻有一臣字形单目（图一九，二里头81YLⅢT22⑤：2。被著名的牟族用为族徽）。上述材料说明：长条形虎在中国古代文化中一直是受到特别重视的，并且与军事、祭祀等有相当密切的关系；而据《周礼》等文献知，牙璋又具有军事方面的功能，这与将这类虎饰于牙璋之侧的现象非常相符，同时这些牙璋的"阑"及其附近小扉牙的形状与这类虎的造型单从外形看也是比较相似的。晚期牙璋的扉牙与虎的讨论还可见邓淑苹先生有关文章。至于虎背上的扉牙，实际可解释为虎身之鬃，从有关图案看（图二〇），这类扉牙本质上是同方向的"单旋符"类。

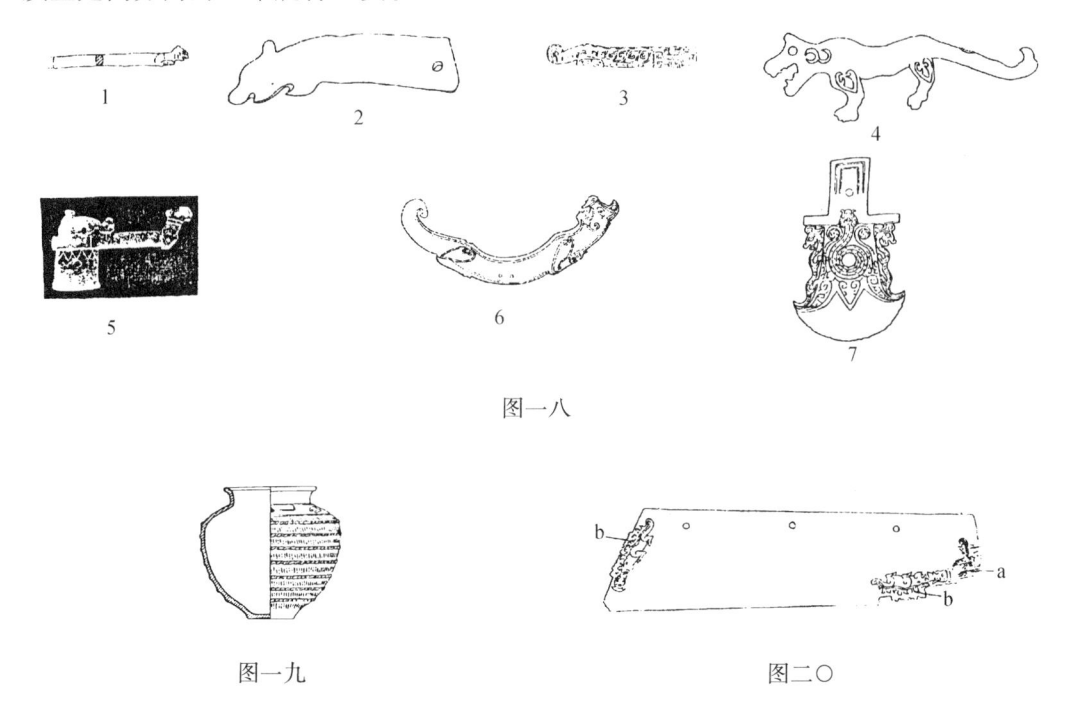

图一八

图一九   图二〇

其四，我们认为这类玉器的扉牙与天盖或"介"字形天冠有关，还有一重要论据，这就是在有关文化中曾出现过以玉石制作北斗神的例子，像广西隆安大龙潭龙山文化中被诸多学者称之为"石铲"的器物（图一四a，24，其与图一四a，3尉迟寺所出的大汶口文化北斗神物较为一致），实际就是北斗神像，这可以认为是戚类的具象化。

四、不同扉牙与有关器类的相组模式

从上面的讨论可以看出，二里头文化时期，"天盖"形或"介"字形冠状的扉牙往往是与层次相当于圭、戈的戚类玉器相组的，半"天盖"形或半"介"字形冠状的扉牙往往是与璋类玉器相组的，这种现象持续时间较长，直到西周时，仍然有不少玉戚的扉牙为"天盖"形或"介"字形冠状的（图二，2），并且不少可归入"圭"类的柄形器，其周身所饰或"阑"饰的主体仍为"介"字形（图二一，1，2 张家坡西周墓地M302:15、M121:30）。但是，这并不是绝对的，像本文所论的有关玉戈早在二里头文化时的就采用了璋类的扉牙装饰。而且随着人们的思想及具体器类的发展消涨，圭、戈类玉器采用璋饰的例子增多，像商代晚期及西周时的一些玉（铜）钺及玉戈采用了早期璋"阑"大量采用的带牙"似梯形"及虎形饰，等等（图二一，3，江西新干商代墓出土。另参见图一八之，7，张家坡西周墓地出土铜钺或戚）。另外，如果殷志强先生在《古玉至美》中所论的那件传出浙江（属于良渚文化?）早年某工程现场的具有"半天盖形"或"似梯形"阑的玉戈的真实性可信的话，则圭、戈之"阑"仿璋"阑"这一现象出现的时代还可提前。另外章浦眉力所出的有"阑"（其"阑"类似本文所论的二里头玉戈）玉器，其首如果确是圜首并且确属学界所隶的新石器时代的话，则其也有助于说明这一问题。

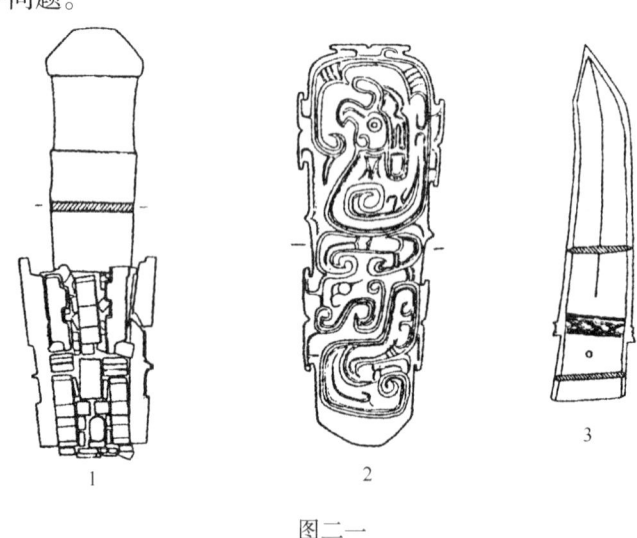

图二一

五、圭、璋之别的问题简论

有关圭、璋之别的问题，学界的看法非常不一致。从《颂鼎》、《史颂簋》、《卫盉》、《竞卣》、《庚嬴鼎》、《大簋》、《五年琱生簋》、《诗经》等诸多金文及其他先秦文献看，璋（确切地说，这主要是指周时的璋，有的时代为周晚）主要用于王赏于臣（《竞卣》之"赏竞章"）、臣献或拜于王（《颂鼎》之"反入堇章"）或馈赠（《五年琱生簋》之"余惠于君氏大章"），这样有的学者就将其与《史墙盘》之"方蛮亡不叚见"及《哈佛玉戈》[24]之相关铭文比较，从而认为圭（戈）即璋，璋扉牙仅是源于"阑"的一类装饰[25]。我们认为此论尚需商榷：首先文献中不乏圭（戈）、璋有别之论；其次金文文献中尚有"反入堇圭"（见眉县新近发现的《四十三年迷鼎》）[26]这虽然在一方面说明圭（戈）可能即是璋，但是另一方面也可以说明诸侯拜见周王时也可持圭，也就是说圭（戈）、璋还可能是有别的；如果此一材料仍不能完全说明圭（戈）、璋有别的话，则我们看看《琱生五年簋》铭文，其中"章"与"圭"同时出现，如果圭（戈）、璋无别，我们将如何解释？再者，本文有关圭（戈）、璋产生发展的考古材料（像图一四a等）所反映的情况又如何解释？本文中有关这些玉器扉牙与北斗或极星关联的（半）天盖、（半）介字形冠、神虎等的关联很显然不利于将这类扉牙视为源于"阑"的观点，而且本文有关各种造型戚（本质上相当于圭、戈）之扉牙与有关璋之扉牙的论证非常有助于说明"半圭为璋"的诸多合理性。笔者以为之所以出现"反入堇圭"之类情况（见《四十三年迷鼎》），可能是持者身份特殊，或者与周当时的礼乐制度崩坏的状况（这时候持圭〔戈〕者见周王者增多）或场合有关（圭可作为代表身份的符信，各诸侯方蛮平时应都具有，在有些场合像祭祀周王先祖等时，诸侯方蛮可以持之，而在册命等场合则多不持之）。安阳刘家庄晚期商墓中有少量墨书玉片的材料也不能说明圭（戈）、璋无别[27]（图一四a，19，殷墟刘家庄墓地）。其说明：在当时，中原地区有些人群将戈中明显偏锋者视为璋或反之，这显然属于圭（戈）、璋互仿、假借现象并说明圭（戈）、璋应当有别。我们在本文中特别讨论的圭（戈）、璋互仿、假借现象，从无可争议的考古材料看，主要是圭（戈、钺、戚）类仿璋之扉牙，并且数量有限，璋仿圭类的现象较少，而且主要是图案方面的（参见高骈璋形北斗神面铜牌饰）。圭（戈）至少从商代晚期开始仿璋之扉牙的状况开始增多，在三星堆、金沙等南方地区，不仅出现具有璋之扉牙的圭（戈），而且有不少纯粹的"弧首"、"斜直首"或"分歧"首璋，在中原及西部地区，具有璋之扉牙的圭（戈）时有发现，但是纯粹的"弧首"、"斜直首"或"分歧"首璋却不见或少见，而且往往玉质较差没有扉牙。这种情况可以说明两个问题：首先，有璋之扉牙的圭（戈）有时因其采用了璋之扉牙，或许可称为璋（之所以可称为璋，主要还是指其中的偏锋明显者或同时有璋之扉牙者），这样称谓的原因从另一方面说明圭（戈）、璋在本质上是有别的，其次，不同地域圭（戈）、璋互仿的状况及对圭（戈）、璋之别的看法不尽相同，远离王朝中心的地区可能保存了更多更古的文化面貌。总之，我们认为，圭（戈）、璋出现"无别"的现象主要是对于一般意义上的璋与偏锋明显的圭（戈）而言的，并且这种现象除中原地区的商代中晚期及周时外，其他地区较少，地域间对这种圭（戈）、璋之别和联系的实行程度也有差异，本文所论的考古发现完全可以说明这一观点，而且这种情况应解释为圭（戈）、璋互仿或假借现象。这正好说明不能因此而抹杀圭（戈）、璋在诸多场合和长时间内的本质之别。

六、结　语

本文讨论的主要是二里头文化玉器扉牙的内涵问题，但是从本文的讨论不难看出，更早及更晚的此类玉器的扉牙虽然造型有所变化，但是绝大多数均有类似的内涵，甚而龙山时期的玉龙、鸟、北斗神及商周时的玉人冠、平首或弧首图案圭（或有柄）之扉牙，均可用本文的理论予以明确论证，其中有的扉牙虽然位于冠顶或相当于"介"字形符号的位置，但是由于图案或器物主体表现的是侧面，所以这时应当作半"天盖"形或半"介"字形冠状的扉牙处理。另外正同我们早已指出的那样，有的玉神面的中剖线之"扉牙"仅仅表示形貌的起伏，与本文所论扉牙无关。这两类"扉牙"的区别一般很明显，但是也有少数不易区分，像芦山卯七孔玉刀的扉牙（图二二），一般说来，这类素面刀戚的如果仅有扉牙，则应是"天盖"形或"介"字形冠形，如果刻划北斗神像，则其扉牙应是神面的中剖线，但是芦山卯七孔玉刀虽然未划出北斗神面，但是其扉牙的造型却是神面的中剖线。这告诉我们，判断扉牙的具体内涵时，尚需特别认真观察。当然也有极少数玉器扉牙的内涵因形成过程特殊等原因而不宜完全适用本文的理论，此有专文另论。另从本文讨论还可以看出，研究有关玉器扉牙的造型、内涵及具体造型间的关联是研究圭、璋之别问题的又一重要考古学方法。

图二二

笔者在 2002 年参加了"中国古代文明探源预研究工程——新砦项目"，为配合这一项目的研究，在郑州市科委、社科联、文化局等领导单位的积极支持下，我们申请了"早期夏文化研究"这一项目，本文即是我们有关这一项目的研究成果之一。在本文即将付梓之际，我们谨向热情支持我们的有关单位和领导表示衷心的感谢！

注　释

[1] 有关玉器扉牙内涵问题，笔者早在《大汶口文化尉迟寺遗址新发现奇异器物研究——兼新论二里头等文化中的铜（刻划、彩绘）"牌饰"、及"璋"的内涵及来源》一文中就予以了讨论，详见张松林主编，《郑州文物考古与研究（一）》，科学出版社，2003 年。

[2] 中国社会科学院考古研究所编著：《偃师二里头——1958—1978 年考古发掘报告》，中国大百科全书出版社，1999 年。

[3] 陈雪香：《二里头遗址墓葬出土玉器探析》，《中原文物》2003年第3期。

[4] 偃师县文化馆：《二里头遗址出土的铜器和玉器》，《考古》1978年第10期。

[5] 邓淑苹：《雕有神祖面纹与相关纹饰的有刃玉器——刘敦愿先生纪念文集》，山东大学考古系编，山东大学出版社，2000年。

[6] 郑州大学文博学院、开封市文物工作队：《豫东杞县发掘报告》，科学出版社，2000年。

[7] 从太谷白燕F504之"附昆仑道的天分九部、地分九洲明堂图（合宫）"可以证明其时璇玑应是由北斗个星所规划的，从这一材料看，称"三牙或四牙璧"一类玉器为璇玑，虽然不是特别准确，但是还是基本符合这类玉器的本质内涵。另，这类所谓的璇玑，有的可以看成是由那斯台玉团体龙鸟形器（《玉典》中有数件传世品）或良渚（为图案）等遗址所出的鸟龙的三个或四个个体所围成的（出现过方向不一致者），其中有的有"天盖"或"介字形冠"，这些"天盖"或"介字形冠"与中间的圆构成外形及意义均类似河姆渡T29④:6的图案。

[8] 冯时：《中国天文考古学》，社会科学技术出版社，2001年。

[9] 邓淑苹：《晋、陕出土东夷系玉器的启示》，《考古与文物》1999年第5期。

[10] 同[8]。

[11] 王大有、王全有：《图说中国图腾》第101页，北京：人民美术出版社，1995年。

[12] 有关"彩绘牌饰"这一概念及其内涵，笔者早在2000年就已提出。有关这一重要发现，笔者曾首先与陈星灿博士在郑州市崤山宾馆论及，不久又与郑光、刘绪、杜金鹏等先生详论过并随即就此问题写作了《三星堆文化"兽面纹"青铜牌饰及相关重要古族史问题研究》一文（此文认为三星堆文化仓包包双"S"形"兽面纹"青铜牌饰店下层文化大甸子墓地的有关彩绘牌饰的双"S"图案有关，但比之更简化，时代应相当于二里头文化三期）。2002年8月，笔者曾将此文寄给李伯谦和李学勤先生予以请教，其中李学勤先生不久即表示支持笔者文中的材料分析部分。以后，在先生和朋友们的鼓励下，笔者在《"新砦期"研究》一文中公开发表了这一观点。国内外学界以前和最近虽然均有人注意到夏家店下层文化大甸子墓地的有关彩绘图案与二里头文化青铜牌饰图案的关系，但是均未将夏家店下层文化大甸子墓地的有关彩绘图案当成整体的"彩绘牌饰"来处理，这显然无法使我们发现与二里头文化青铜（有的为刻划）牌饰属于一类的有关"牌饰"的多样性及促进"牌饰"的类型学和商周青铜器上有关图案的功能研究，这是非常可惜的。另，陆思贤《二里头遗址出土铜牌饰纹饰解读》（《中原文物》2003年第3期）一文论及到二里头文化的铜牌饰与"北斗"有关，虽然其理由与笔者有较多区别，然其观点主体可谓与笔者不谋而合，具体论述（笔者文中还有不少有关"彩绘牌饰"的详细讨论）请详见拙文《"新砦期"研究》（《殷都学刊》2002年第4期。）及《大汶口文化尉迟寺遗址新发现奇异器物研究——并新论"牙璋"、"牌饰"的由来、内涵等相关问题》（见《郑州市文物考古研究所文集》，张松林主编，科学出版社，2003年）。

[13] 富育光：《萨满教与神话》，北京大学出版社，1990年。

[14] 戈阿干：《东巴骨卜文化》，云南民族出版社，2000年。

[15] 孙华：《金鸟首鱼纹带（2001CQJC:687,1）——金沙淘珍——成都市金沙遗址出土文物》，成都市文物考古研究所，北京大学考古文博院，文物出版社，2002年。

[16] 中国社会科学院考古研究所编著：《二里头文化陶器集粹》，中国大百科全书出版社，1995

年。）。此书中此"天顶·璇玑·斗魁"图复原不确。

[17]　就花地嘴遗址"新砦期"遗存的相关材料看，二里头文化一期（以二里头一期为代表，总体上，我们目前认为最好将郑光先生在断代工程其间所定的二里头一期及二期早段合称为二里头一期，下同）早段中的有关器物或其特征仅在花地嘴遗址"新砦期"遗存中有发现，伊洛地区除二里头文化一期外现在又未发现非常近似"新砦二期晚段"的遗存，而且二里头文化一期早段的宏观特征与"新砦二期晚段"基本相似，所以我们现在觉得二里头文化一期早段有异于"新砦二期晚段"的某些特征可能是地域性的，"新砦二期晚段"与二里头文化一期的早段大致同时的可能性是有可能被证实的，如果将非常接近新砦2000T6⑤b—⑥的一类遗存（其中出有类似二里头一期的花边罐）纳入"新砦二期晚段"，则"新砦二期晚段与二里头文化一期大致同时的可能性也是有可能被证实的。这样一来，只有"新砦二期早段"类遗存符合"新砦期"这一概念。"新砦二期早段"与神木石卯、新华等遗址所谓的"龙山文化晚期"（其中剩下的部分分别相当于客省庄文化晚期及二里头文化一期至二期）的部分遗存、朱开沟文化二段略晚至三段最早及《晋中考古》（晋中考古队编著，文物出版社出版，2000年）中的五期第4段略晚基本同时。深刻了解"新砦期"或"新砦二期晚段"与二里头一期的早晚关系非常有利于我们理解牙璋造型特别是其扉牙的演变过程。具体内容详见拙文《"新砦期"研究增补》，台湾师范大学《上古史研究专刊》（夏文化研究专集），2003年即刊。

[18]　笔者并不赞成杨伯达先生的有关"璋柢射"、"璋"、"边璋"等的有关观点，我们不能拘泥于含有不少晚期内容的《周礼》的有关记载。杨伯达先生的观点见其著《古玉史论》，紫禁城出版社，1998年8月版。

[19]　刘志一：《从民族语言看原始谷作物称呼来源与分化》，《农业考古》2001年第1期。

[20]　王永波：《耤形端刃器的起源、定名和用途》，《考古学报》2002年第2期。

[21]　在《琱生五年簋》中，"大圭"与"章（璋）"就是同时出现的，其之间显然有别。

[22]　"单旋符"一端的圆形或方形（有的方中还有标识其为中心的"亚"，像黎城戚两侧的北斗神像）显然指代某一中心，在我们目前发现的材料中，绝大多数代表北斗或极星或与之有关的神人之眼睛。

[23]　此"阑"由规整的玉片组成，其宽基本等于器端，所以不是严格意义上的"阑"。

[24]　李学勤：《论美澳收藏的几件商周文物》，《文物》1979年第2期。

[25]　孙庆伟：《〈考工记·玉人〉的考古学研究》，《考古学研究（四）》，北京大学考古系编，科学出版社，2000年。

[26]　刘怀君等：《四十二年、四十三年逑鼎铭文试释》，《文物》2003年第6期。

[27]　孟宪武、李贵昌：《殷墟出土的玉璋朱书文字》，《华夏考古》1997年第2期。

（原刊于《殷都学刊》2003年第3期）

论二里头文化与夏家店下层文化中的龙、蛇

顾万发　胡继忠

二里头文化与夏家店下层文化，是中国早期文明中具有代表性的两个考古学文化，其中的艺术品，尤其是其中的龙、蛇，在中国早期艺术史的研究方面，具有重要的和不可替代的价值。

一、二里头文化龙、蛇资料

1. 二里头遗址

ⅤT210④B:3[1]（图一，1）。龙爪，从动物学的角度看，龙爪与禽类动物或蜥蜴有相似之处，时代为二里头文化三期。

ⅤT212③:1[2]（图一，3）。器盖似中空神器，其上刻有一只带爪和鱼鳍似装饰的龙，龙的附近有一神帝或神巫、神祖面，时代为二里头文化三期。

图一　二里头遗址出土龙、蛇资料

ⅤT212⑤:1[3]（图二，4）。此陶器为器盖似中空神器，与ⅤT212③:1为同一器物。有"亚"字镂孔，蛇纹，臣字形无瞳双目，蛇身弯曲，我们原认为象征天盖的"介"字形实际属于图一，3神龙之首，时代为二里头文化三期。另有学者认为蛇有双首。

Ⅴ·ⅡT107③:2[4]（图一，5）。蛇纹，臣字形有瞳双目，心字形鼻首，印堂处为菱形，蛇身亦有菱形纹路，此蛇与龟同存，时代为二里头文化四期。

ⅣT17②:4[5]（图一，2）。蛇纹，蛇身弯曲，身有弯曲，有菱形纹路，时代为二里头文化四期。

92YLⅢH2:1[6]（图二，1）。器盖似中空神器，其上有3条浮雕似蛇，蛇身有菱形装饰，时代为二里头文化二期。

92YLⅢH2:2[7]（图二，3）。器盖似中空神器，其上有6条浮雕似蛇，蛇身有菱形装饰，时代为二里头文化二期。

绿松石龙[8]（图三，2）。依据相关材料观察，组成此石龙的绿松石主要为纯净的天蓝色；石龙的双目为"臣"字形，睛的两端为弧角三角形；吻部略突出，鼻头呈蒜头状，平面视图为"心"字形，鼻梁在面中特别显现，并分段，表现鼻梁的半圆形玉柱雕有平行凸弦纹，鼻端根部所雕的"浅槽装饰"，实际是为了表现鼻头的"心"字形平面；两腭横向展开并内弯；面部轮廓为梯形；龙身正中为数个菱形纹路；龙身波状小幅度弯曲；龙形器物的上端为一组绿松石组成的图案。时代为二里头文化二期。

蛇纹，双圆形目，时代为二里头文化二期[9]（图一，3）。

一首双身龙，心字形鼻子，双目为臣字形，蛇身有近菱形纹路，并有不少装饰线。其具体形状，我们已在有关论著中复原过，时代为二里头文化三期[10]（图二，2）。

在二里头文化三期的一件方杯上，有一蛇，圆形目[11]（图一，4）。

03VG14:16[12]（图四，4）。蛇纹，蛇身弯曲为圆，蛇尾内曲，蛇首上曲。

2. 新砦遗址

新砦遗址新砦期时，在一件陶杯上发现过有神鸟羽似装饰的蛇纹，材料尚未公布。

3. 花地嘴遗址

花地嘴遗址新砦期时的一件陶豆上发现过残刻划，有可能是蛇纹，材料尚未公布。

4. 杨庄遗址

H8:1[13]（图四，5）。杨庄遗址第三期Fa型陶鼎装饰，以纽索状附加堆纹为龙身，龙头高额，似猪头。

另据悉，二里头文化的相关遗址尚有龙、蛇材料未公布。

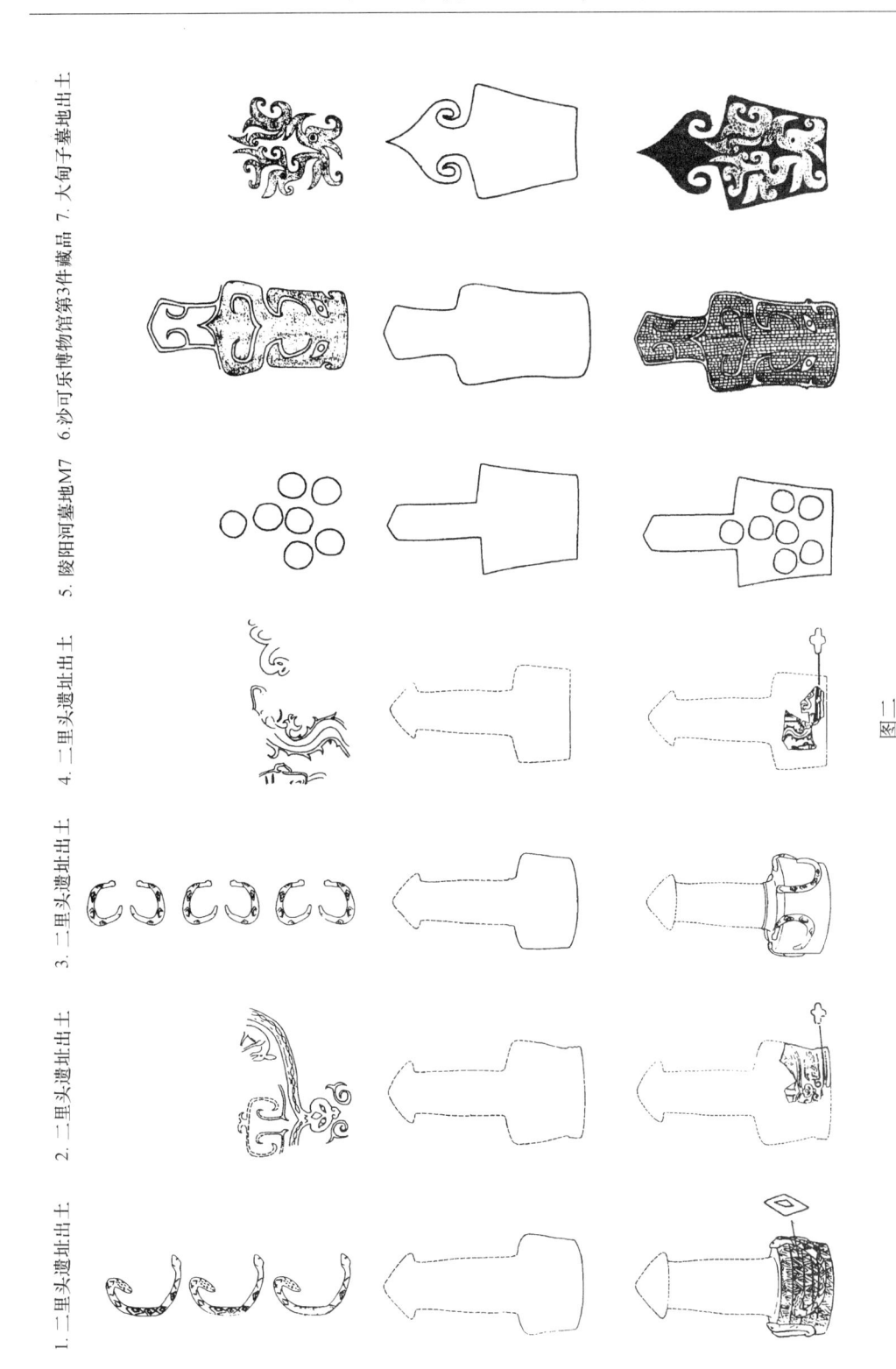

1. 二里头遗址出土　2. 二里头遗址出土　3. 二里头遗址出土　4. 二里头遗址出土　5. 陵阳河墓地M7　6. 沙可乐博物馆第3件藏品　7. 大甸子墓地出土

图二　牌饰、天帝—璇玑—斗魁、亚腰形—梯形—斗魁—昆仑台、中空神器、亚形—菱形、神龙—蛇—猪龙、北斗神关联图

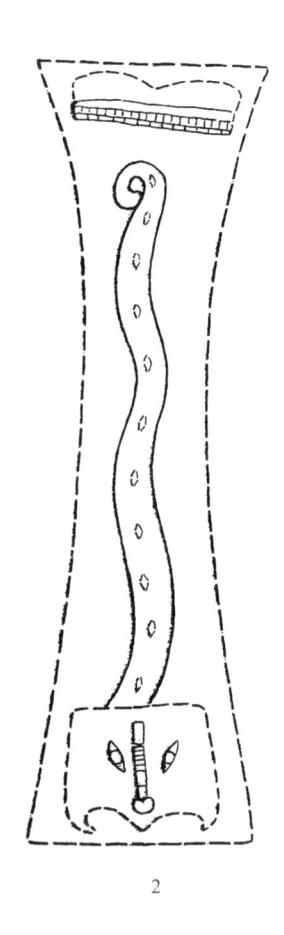

图三
1. 商代铜觥（《中国龙凤艺术研究》第46幅） 2. 二里头遗址出土

二、夏家店下层文化中的龙、蛇资料

夏家店下层文化的龙、蛇材料，主要出现在大甸子墓地：

M827：2[14]（图五，1）。在一高领罐上，彩绘有两个基本相同的神面，神面倒置，神面之冠由一头双身蛇组成（图五，5），蛇身有明确的鳞片纹路。在整个神面从印堂到腭的地方，又套色出两条龙（图五，4），若将龙尾视为鱼，又可视为两条鱼龙，龙身的单旋符形目装饰这时候应视为鱼的眼睛组成。神面有双近菱形目和瞳，倒"T"字形鼻首，鼻首附近有倒"介"字形，双目与鼻子的造型实际可以视为是两条一首双身龙，每条龙的脑袋为侧面造型（图五，2、3）。

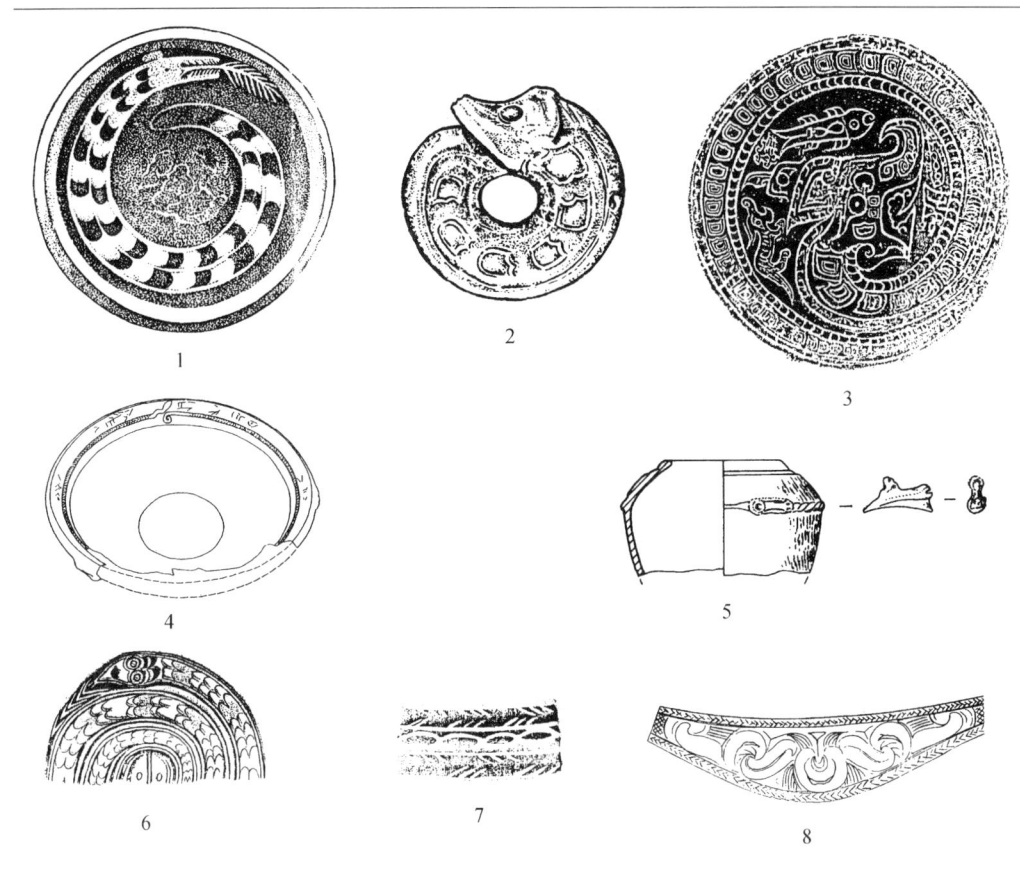

图四

1. 陶寺遗址出土（《中国龙凤艺术研究》第 17 幅） 2. 妇好墓出土仿红山文化风格玉猪龙（《中国龙凤艺术研究》第 42 幅） 3. 妇好墓出土铜盘（《中国龙凤艺术研究》第 40 幅） 4. 二里头遗址出土 5. 杨庄遗址出土 6. 大甸子墓地出土 7、8. 大甸子墓地出土

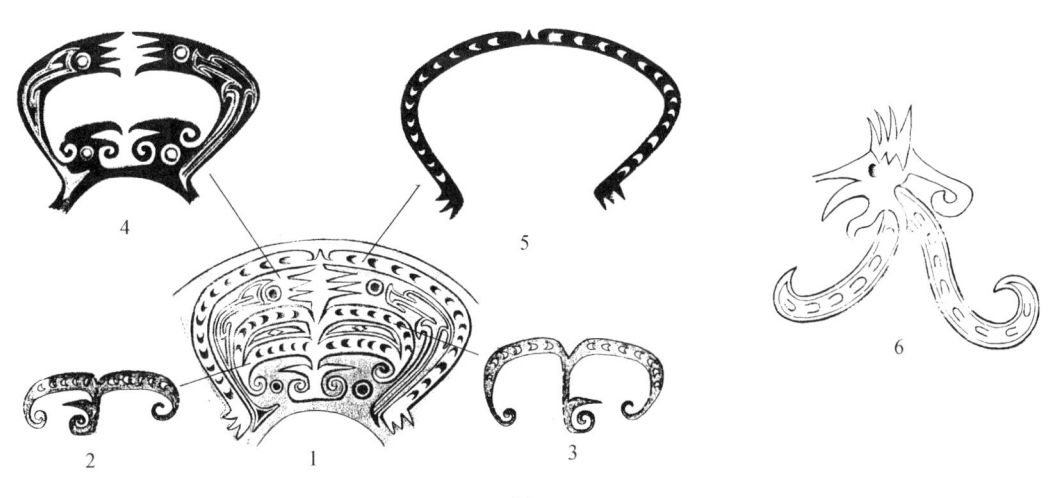

图五

1. 神面正面 2. 一首双身猪龙 3. 一首双身猪龙 4. 猪龙或鱼猪龙 5. 一首双身龙 6. 大甸子墓地出土（《中国龙凤艺术研究》第 10 幅）

M717:2[15]。在一矮领圜肩罐上，彩绘有一组六条龙（图六，1），龙尾下曲，龙身以底色形成"U—V"形的鳞片纹路，龙身弯折变化，与 M810:8 类，龙首似神鸟首，但亦可以认为是龙、蛇首，并且从器盖上所绘的盘蛇首造型看（图四，6），仅视其为神龙较符合实际。在矮领罐上，与具有"U—V"形的鳞片纹路龙相连接的还有六条基本一致的猪龙，上腭上曲，下腭下曲，有单旋符式冠和右曲的角，龙身很短（图六，1）。M715:2 的彩绘龙与 M717:2 的龙一致。

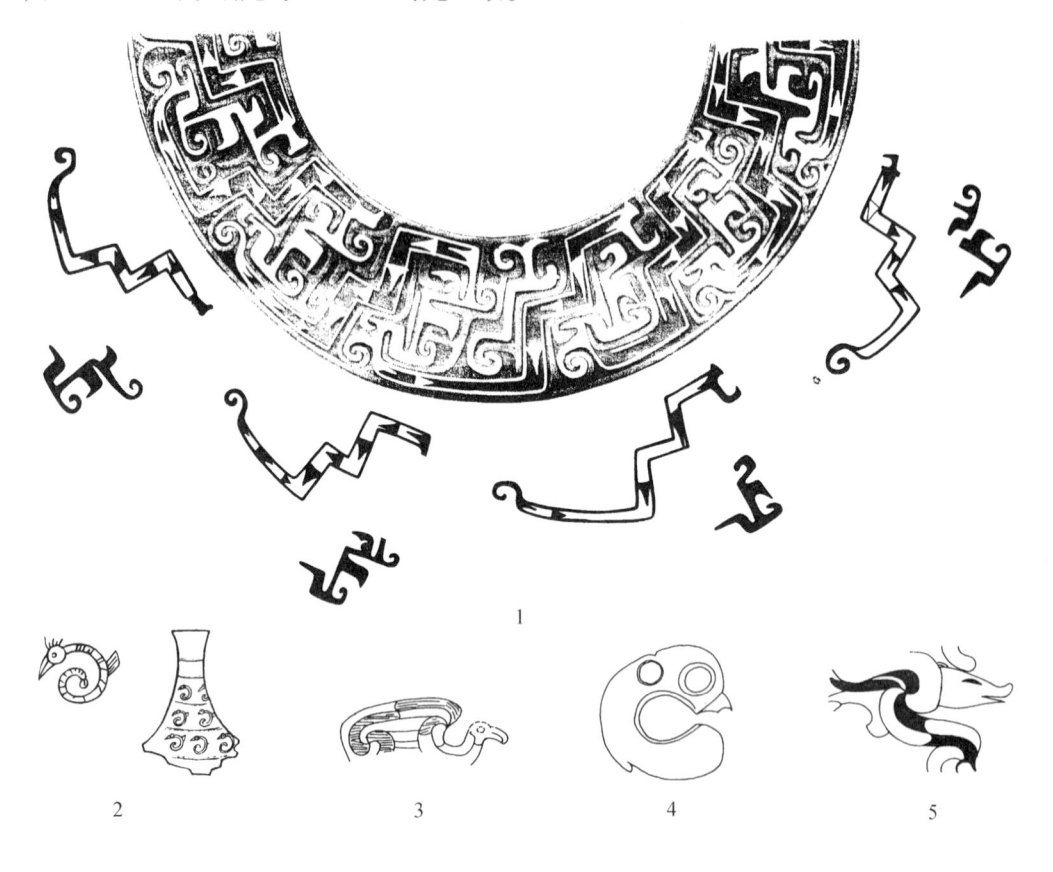

图六

1. 彩绘神龙与猪龙　2. 浙江省博物馆藏良渚文化陶器（《中国龙凤艺术研究》）第 16 幅　3. 敖汉旗小山 T3546F1:鸟龙　4. 那斯台出土鸟龙　5. 敖汉旗赵宝沟遗址出土猪龙

M810:8[16]。在一陶罐上，彩绘有两组六条龙，龙身有横线，龙首似神鸟首（图七）。M905:12、M905:16、M867:4 等应属于同类，注意，此神龙首亦可以认为是龙、蛇首，并且从器盖上所绘的盘蛇首造型看（图四，6），仅视其为神龙较符合实际。

M905:7[17]（图八，2）。彩绘"介"字首牌饰神面的套色造型为四条龙（图八，1），龙的整体形象未全画出，主要显示的是龙首，与图六，1 的猪龙类似，龙的上腭上曲，下腭下曲，有的有明显的右曲角，或左曲的冠羽，在这些牌饰的周围则为随牌饰形

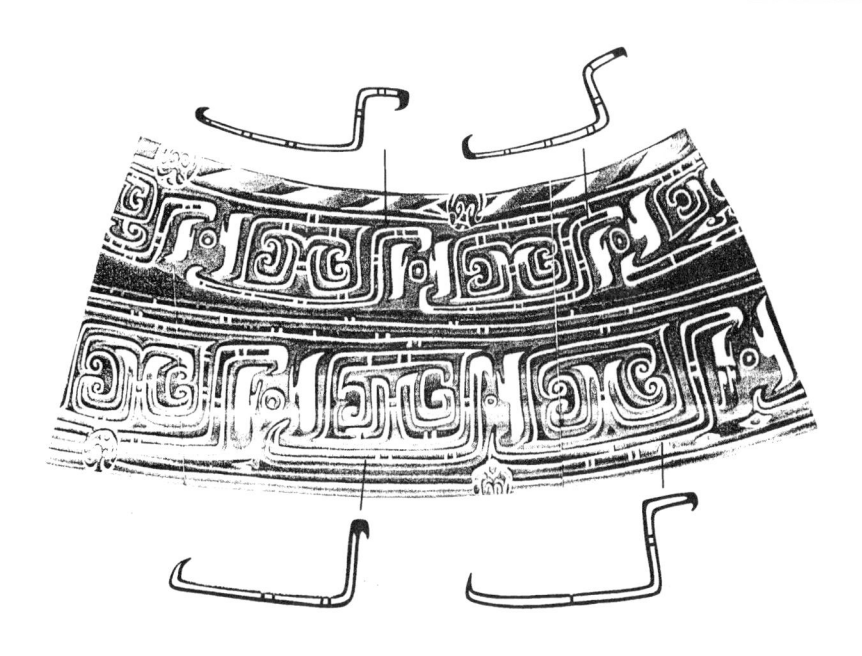

图七

大甸子墓地出土

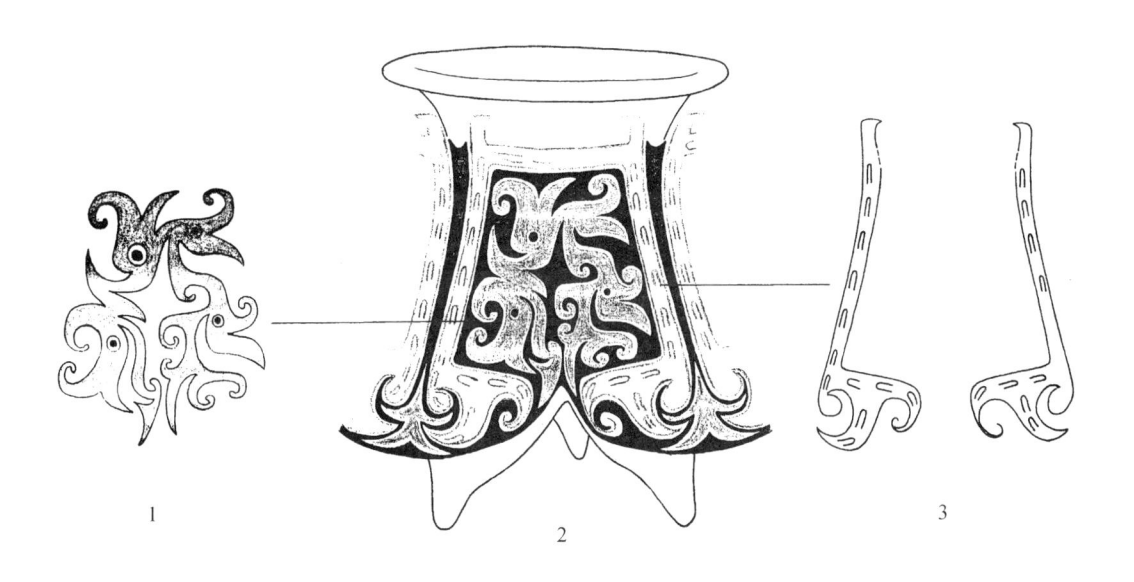

1　2　3

图八

1. 四猪龙　2. 彩绘牌饰及装饰　3. 猪龙装饰

变化的两条龙，龙的上腭上曲，无角，有单旋符冠羽（图八，3）。M838：1、M901：1、M840：2 这三件陶鬲上均有类似的龙。M672：10 与 M905：7 一致。另，尚有一些彩绘显然是这类龙的变形组合，像 M817：1、M1102：1 即属于此类，有一些是以龙的部分作为装饰带，像 M453：10、M452：1、M723：1、M316：1、M706：7 等即属于此类。

M659：4[18]（图四，6）。在一陶质器物盖上，彩绘有两条盘龙，圆形双目，弯月眉，可以视为"U—V"形的鳞片纹路。

M444：1[19]（图四，7）。龙身造型，身有鳞片和类鱼鳍似装饰。

M458：2[20]（图四，8）。玉镯类器物装饰图案。面主体近似心字形，印堂为倒三角形，冠为具有红山文化风格的立体单旋符，与龙山时代常见的神冠造型一致，此装饰图案可能与边界的装饰带组成龙，龙首为神面，龙身为鳞片装饰，这种装饰在 M1109：4、M910：3 等的彩绘中有发现，当然，此图案亦有可能仅为一省略龙身的神面[21]。

一首双身龙造型[22]（图五，6）。身有 U 形纹路，头有四峰冠，下腭有髭，角下曲，上腭略上曲，下腭下曲，有舌，圆目。

三、二里头文化、夏家店下层文化中龙、蛇文化因素及相互联系讨论

1. 二里头文化

在二里头文化分布区域，学界在时代与其接近的龙山时代的遗址中，除在陶寺遗址发现过盘龙外[23]（图四，1），很少发现龙、蛇类艺术品，这应是有原因的，一个可能的原因是未发现重要的遗迹现象。就现有的考古材料讨论，我们认为：

二里头文化中以牌饰类为代表的龙的造型之面容多与东方联系密切，山东龙山文化、石家河龙山文化中的东方文化元素应是其重要来源，直接来源多应为新砦期类文化[24]。当然，夏家店下层文化亦于之有些影响，像二里头文化中的一首双身龙图案造型附近装饰线的以横线连接的风格（图二，2）显然来自夏家店下层文化[25]，其双身的构图法在夏家店下层文化中亦很普遍（图五）。

二里头文化中的 C 形龙的 C 字造型风格，在红山文化（图六，4）、陶寺龙山文化（图四，1）中曾有发现，夏家店下层文化同样有发现（图四，6），估计二里头文化 C 形龙 C 字造型风格与夏家店下层文化应有联系，龙尾内曲的风格就是一样的（图六，1）。

二里头文化中有少数龙，像杨庄遗址发现的猪龙，有的元素，像龙首有猪首的某些特征，有可能来自夏家店下层文化，因为这类猪首龙在夏家店下层文化中多有发现。

二里头文化新砦遗址所出的蛇造型，具有良渚文化风格。

二里头文化的龙、蛇造型及相关元素，在商文化中仍有不少发现，有的变化很小，像二里头遗址发现的绿松石铜龙造型，在商文化中基本未变[26]（图三，1），陶"水

鉴"上的蛇与鱼同时出现及龙、蛇呈C字形造型的现象（图四，4），在商、周时的铜盘中仍有[27]（图四，3）。

2. 夏家店下层文化

在夏家店下层文化分布的中心地域，有悠久的龙、蛇文化基础，相关材料表明其中的龙、蛇造型不少具有本地传统，像猪龙[28]、鸟龙[29]，在红山文化小山遗址中就发现过类似者（图六，3、5），鳞片似装饰在兴隆洼等诸多遗址发现过[30]，至于龙身的菱形装饰纹路有可能来自二里头文化，更早的渊博应在东方、东北方[31]。

至于有可能是龙身的彩绘牌饰神面造型则来源复杂[32]，神面的不少特征应与东方龙山时代文化元素及二里头文化中的东方元素有联系，同时有不少特征则应来自红山文化、小河沿文化，像V形眉、菱形目等[33]。

承所述，夏家店下层文化中的单个龙、蛇或"彩绘牌饰"的省略龙身的虎首或其他神首的造型元素在二里头文化中已有体现，其实，夏家店下层文化中的有些"彩绘牌饰"元素在商、周甚至汉代的文化中仍有传承，若视岳石文化、马桥文化中发现过属于夏家店下层文化彩绘图案是一个个案的话[34]，则在西南的三星堆文化中发现夏家店下层文化尤其是其中龙、蛇文化的相关造型就应视为一个典型了，像三星堆文化中的菱形目[35]、V形眉[36]、神面有"黄金四目"[37]、神面主体为双S造型[38]等元素显然应与夏家店下层文化有关，当然，连接区域应是二里头文化区域，二里头文化中发现的菱形目[39]等夏家店下层文化元素可以作为重要论据，有易氏的迁徙亦可能是原因之一[40]。尚值得重视的一个问题是，夏家店下层文化中的那件神面（图五），以双龙为冠，商周至于唐宋时期考古学、民族学中发现的和文献中记载的以蛇为冠[41]，珥、践两蛇[42]等造型均可视为是这类早期风格的延续。

四、二里头文化、夏家店下层文化中龙、蛇内涵

关于这些文化中的龙、蛇内涵问题，我们在有关论文中已有过一些讨论，在这里再予以讨论。

① 其中的作为牌饰主体图案的虎首、龙首或其他神面首之类的龙，我们认为其代表或象征北斗神[43]，其位置有的在死者之胸，与《山海经·海内西经》在叙述昆仑风物时言"膺有赤蛇"类似；器盖上的龙，亦可以代表或象征北斗神，器盖代表天盖[44]；二里头文化、夏家店下层文化中的猪龙，内涵应类似冯时先生对于红山文化猪龙的认识[45]，同样是代表或象征北斗神的或是北斗神的特色装饰；器盖似中空神器上的龙、蛇应是与二里头文化青铜、刻划、有机质牌饰神物密切相关的圣物、保护神，因为器盖似中空神器与二里头文化、夏家店下层文化的"介"字首牌饰造型、内涵一致，而夏家店下层文化有的"介"字首彩绘牌饰的斗魁造型中就有龙、蛇或为龙、蛇所绕，

器盖似中空神器的盖体实际与"介"字首牌饰的斗魁造型相应，与文献中记载的产赤蛇之"昆仑"(《山海经·海内西经》)、"四蛇卫之"的"颛顼之丘"(《山海经·海外北经》)、"四蛇相绕"的"轩辕方丘"(《山海经·海外东经》)、"隅有一蛇"的"共工之台"(《山海经·海外北经》)照应，所以器盖似中空神器的盖体之龙、蛇与"介"字首牌饰斗魁造型、神台、方丘之龙、蛇同样是相应的[46]。注意，我们将所述文献与牌饰、器盖似神器的关联，是讨论这类龙、蛇及商周青铜器动物纹样核心含义、代表或象征意义的最有说服力的论证方式之一。同时我们还可以将其与龙山时期、商周春秋战国以来的手、足为龙形或执龙、珥龙、腰龙、践龙等玉雕或图案等材料关联，从这些关联看，牌饰、器盖似神器之龙、蛇，显然应视为保护神和圣物，可以适时地被视为神人的法器，并在一定情况下可以象征、代表当时的极星神或北斗神。由此而来我们看商周青铜器物之动物纹，亦可视为类似文献所载神圣之台等地的圣物，其中的饕餮或龙、蛇有时还可以象征、代表当时的极星神或北斗神。自然，这类有"好"的特质者，应具有明德敬祖、渲染中国传统人文美好信仰的功能。

② 陶"水鉴"上的蛇，与鱼同时出现，可以认为是为了与"陶鉴"功能相符而设计的装饰，可以表现水的平静清澈，这应属于倾向世俗化的图案，若详细讨论，则可认为，鱼、蛇不仅表现了水的平静清澈，似乎还可使人视之即知与鱼、蛇这类水生物密切联系的水，又若此蛇可以象征北斗、极星，则此类思想又可视为西周时期的明堂辟雍[47]、战国时盛行的"太一生水"之学说[48]的早期思想渊源。

③ 我们知道，濮阳西水坡 45 号墓四象中的东象是用尾上曲的龙表示的，西象是以虎来表示的；而小双桥遗址中所出的四灵铜建筑构件中，东象是以龙来表示的，北象同样是用一条龙表示的，并且是用同一条龙来表示的，南象是以一蹲踞式的鸟首神灵来表示的，西象是以一虎来表示的；内蒙古小山陶尊之星象图中的北象是以鹿来表示的，北斗是以一猪龙来表示的（图六，5），南象是以一神鸟来表示的；内蒙古敖汉赵宝沟T3546F1 所出陶尊之星象图中，北象是以鹿或鹿龙来表示的，南象是以鸟龙来表示的并且此龙尾内曲（图六，3）；曾侯乙墓漆箱四象中的东象是以龙来表示的，北象是以鹿来表示的，西象是以虎来表示的；虢国墓地铜镜四象中的北象是以鹿来表示的，东象是以鸟来表示的，西象是以虎来表示的，南象是以鸟来表示的；洛阳卜千秋墓中的四象与之类似，战国时的文献及《史记·天官书》等文献提到北象为玄武，尚有晚期文献以四象均为龙。从所描述的材料，我们可以看到，濮阳西水坡 45 号墓所代表的应是中原仰韶文化时期的此地域人们的观念，内蒙古小山陶尊之星象及敖汉赵宝沟 T3546F1 所出陶尊之星象应是代表红山文化人们的地域观念的，从这些材料可以看出，东、南、北及中宫星象均可与龙关联，其造型均可有龙的特征，小双桥遗址中所出的四灵铜建筑构件中东象、北象同样用一条龙予以表示当属于同类现象；另，从敖汉赵宝沟 T3546F1 所出陶尊之星象及小双桥遗址中所出的四灵铜建筑构件等材料看，四象的代表可以不严格遵循星象具体造型，如其南象代表即为一鸟首神灵，虽然有鸟的很多特征，但是已有

了不少人的特征。战国秦汉为何出现以玄武代表北象的现象，敖汉赵宝沟 T3546F1 所出陶尊之星象及小双桥遗址中所出的四灵铜建筑构件等与星象有关的材料似可视其为古老的思想来源。北斗神以龙表示可能应是北象与龙有关的早期渊源。

④ 综合地看，若夏家店下层文化中的有的龙（图六，1；图七）可以视为神鸟龙的话，从红山文化（图六，4）、赵宝沟文化（图六，3）及相关材料（图六，1）看，其有可能蕴涵有南宫星象的意义，此龙与代表北斗神的猪龙共存的现象应视为中宫与四象关联的一种表现形式，同样从此龙与代表北斗神的猪龙共存的现象看，此神鸟龙若只视为神蛇，则显然其可以为东宫星象或北宫星象代表，但是从"枃攜龙角"的认识看，其应代表东宫星象为佳。若依猪、龙单独表示可以共同代表北斗星（图二，2）或以图二之 1、2、3、4、6、7 等材料看的话，则其又可视为北斗星的象征。

⑤ 陶"水鉴"上的蛇，造型特别，曲尾，应在龙、蛇文化的研究中具有较重要的价值。我们知道，红山文化发现的所有"C"形龙均无曲尾特征，其他早期的曲尾龙又不呈"C"字形，不过，需要注意，陶"水鉴"上"C"字形蛇的曲尾是内曲尾，与商代外曲尾的"C"字形龙、蛇仍然是有区别的。当然，夏家店下层文化中出现过上曲尾的非呈"C"字形的神龙，虽然其不呈"C"字形，但是其对商代外曲尾的"C"字形龙、蛇造型可能是有所影响的。

⑥ 依据冯时先生的观点，我们可以从甲、金文"龙"字的造型看到，甲、金文中的这些龙形似应包括箕宿[49]，若此，三星堆那玉龙若为东象代表，则不包括箕宿[50]，商代外曲尾玉龙似应包括箕宿[51]，陶"水鉴"之蛇所代表的东象不包括箕宿。又，若从"枃攜龙角"的认识看，图六，1 神龙可以视为是东宫星象，图七显然很有可能与图六，1 的神龙一致，龙尾与龙首曲向相反，从图四，4 看，首应上曲，尾应内曲，显然其所代表的东宫星象不包括箕宿，由此可见，若可以这样判断的话，东宫仓龙中出现箕宿的时间有可能是从商代开始出现的。

⑦ 二里头遗址所出的大型绿松石铜龙，造型与可能代表东宫的商代铜觥上的龙（图三，1）类似[52]，但是个人曾证明其类神圣之台的圣物，可以象征或代表北斗神[53]，与图二之 1、2、3、4、6、7 之神龙、蛇一样。

至于其他的龙、蛇造型，其内涵亦应主要限定在礼仪信仰方面，此不赘述。

五、结　　语

中国龙、蛇文化源远流长，在龙、蛇文化的研究中，学界多认为新石器时代至商代之间的考古学材料缺乏，龙、蛇文化的地域特征、地域分布不明，从本文的讨论尤其是有关夏家店下层文化中龙、蛇材料的确认和讨论看，这一时期的材料还是较为丰富的。现有材料能够论明，在当时社会中具有重要地位的二里头文化与夏家店下层文化的龙、蛇文化是很发达的，龙、蛇造型众多、内涵丰富，两考古学文化中的龙、蛇文化联系密切，同时这些材料亦是基本可以代表当时龙、蛇文化基本面貌的，并且，这些材料可以清楚地说明新石器时代至商代龙、蛇文化的发展变化脉络。

注　释

[1]　中国社会科学院考古研究所编著：《偃师二里头——1959~1978年考古发掘报告》图125：1，中国大百科全书出版社，1999年。

[2]　同［1］，图125，3。

[3]　同［1］，图125，4。

[4]　同［1］，图199，6。

[5]　同［1］，图200，1。

[6]　中国社会科学院考古研究所编著：《二里头陶器集粹》，图版170，中国社会科学出版社，1995年。

[7]　同［6］，图版171。

[8]　许宏等：《河南偃师二里头遗址发现大型绿松石龙形器》，《中国文物报》2005年1月21日第1版；李珍萍：《2004年度全国十大考古新发现揭晓》之3，《文物天地》2005年第5期，总第67期；李存信：《二里头墓葬龙形器饰物的清理与保护》，《中国文物报》2005年5月6日第8版；中国文物报社：《2004年度全国十大考古新发现出土文物精品欣赏》图17，《中国文物报》2005年5月4日第8版；中国社会科学院考古研究所河南二里头工作队：《河南偃师二里头遗址中心区的考古新发现》，《考古》2005年第7期图版六、七；此绿松石龙牌饰与墓主、玉神鸟簪、白陶"单旋符"的组合与首有神鸟、神鸟簪、神面簪的神人、死者或单个牌饰所表达的含义是一致的。又见《2004年中国重要考古发现》（国家文物局主编，文物出版社，2005年5月版）一书第51页，中国社会科学院考古研究所官方网站及《中国社会科学院研究生院院报》均有相关报道。

[9]　蔡易安编著：《中国龙凤艺术研究》图23，河南美术出版社，1987年。

[10]　同［9］，图34。

[11]　同［9］，图36。

[12]　许宏、陈国梁、赵海涛：《二里头遗址聚落形态的初步考察》，《考古》2004年第11期，图版八，5；又见国家文物局主编：《2004年中国重要考古发现》第51页，文物出版社，2005年。

[13]　北京大学考古学系、驻马店市文物保护管理所：《驻马店杨庄——中全新世淮河上游的文化遗存与环境信息》图七二，5、图版二三，4右，科学出版社，1998年。

[14]　中国社会科学院考古研究所编著：《大甸子——夏家店下层文化遗址与墓地发掘报告》图五五：9，科学出版社，1996年。

[15]　同［14］，图六六，5。

[16]　同［14］，彩版二四。

[17]　同［14］，彩版十八，1。

[18]　同［14］，图七三，6。

[19]　同［14］，图七四，11。

[20] 同［14］，图八二，1。
[21] 类弗利尔玉镯神冠。
[22] 同［9］，图10。
[23] 同［9］，图17。
[24] 新砦类遗址中已发现诸多具有东方风格的艺术品。参阅拙著：《试论新砦陶器盖上的饕餮纹》，《华夏考古》2000年第4期；《花地嘴遗址所出"新砦期"朱砂绘陶瓷研究》，《中国历史文物》2006年第1期。
[25] 参阅［14］之图六三，7、图六九，3。
[26] 同［9］，图45、图46、图47。
[27] 同［9］，图40。
[28] 参阅陆思贤：《中国神话考古》图一一五，文物出版社，1995年。
[29] 参阅陆思贤：《中国神话考古》图一一四、图一一五。另，在浙江省博物馆藏有一件罐，陶罐刻有不少鸟龙，请参阅［9］图16，本文图六，2。
[30] 参阅郭大顺：《龙出辽河源》一书56页图十四，文物出版社，1999年。
[31] 红山文化、山东龙山文化、良渚文化的神面发现过菱形装饰或菱形印堂。
[32] 牌饰主要为龙身龙面、猪面、虎面或其综合。
[33] 参阅［14］，图五五，5、图六五，3、图五六，5。
[34] 岳石文化中发现的夏家店下层文化元素除陶色、陶质之外，主要就是彩绘单旋符，马桥文化中发现过少量的T字形单元组成的彩绘，应具有夏家店下层文化风格。
[35] 四川省考古研究所编著：《三星堆祭祀坑》图一一五，1、2、3，文物出版社，1999年。
[36] 参阅敖天照、王有鹏、刘瑛：《四川广汉县出土的商代玉器》简报中的璋形牌饰，《文物》1980年第9期。
[37] 四川省文物考古研究所三星堆工作站、广汉市文物管理所：《三星堆遗址真武仓包包祭祀坑调查简报》，《四川考古报告集》，文物出版社，1998年。
[38] 参阅［37］，A型铜牌饰87GSZJ:16。大甸子墓地彩绘牌饰M663:1与三星堆文化仓包包遗存A型铜牌饰87GSZJ:16一致。
[39] 同［6］图版四四二。
[40] 有易氏与夏家店下层文化有密切关联，三星堆文化的狗头冠与畲族、瑶族的民族特色服饰之一的狗头冠相似，《山海经》等文献记载有易氏与瑶族密切关联，这些可以与有易氏南逃的记载可以相应。
[41] 商、周时发现的诸多玉神首有虎面龙或龙、蛇装饰，显然夏家店下层文化中的以蛇为冠的现象应为这类风俗的早期渊源。
[42] 文献中有不少有关"珥蛇"的记载：《山海经·大荒北经》记载："大荒之中，有山名曰成都载天。有人珥两黄蛇"。《山海经·海外北经》称："北方禺强，人面鸟身，饵两青蛇"。《海外西经》称："西方蓐收，左耳有蛇，乘两龙"。《山海经·大荒西经》记载："西南海之外，赤水之南，流沙之西，有人珥两青蛇，乘两龙"。其实，珥蛇、执蛇、践蛇类材料出现很早，学界未予以注意罢了，像考古学材料发现，马家窑文化彩绘人首形罐之人首及龙山时代有的玉人首上有绘蛇或"珥蛇"的现象，商代的虎食人卣中的神巫及妇好墓玉人双手或双腿有两

蛇。另，像西周时期，诸多玉人双手、双足为龙，头亦有龙形装饰，商代有的玉人腰已有龙、蛇或虎首龙形物了。

[43] 具体论述详见拙著：a：《大汶口文化尉迟寺遗址新发现奇异器物研究——并新论"牙璋"、"牌饰"的由来及其与"北斗"的关系》，《郑州文物考古发现与研究（一）》，科学出版社，2003年；b：《二里头遗址所出玉器犀牙内涵研究——并新论"圭"、"璋"之别问题》，《殷都学刊》2003年第3期。

[44] 器盖可以象征天盖，因为，盖形与当时对天形的认知一致，有的盖纽为猪、八角符、或神鸟、玄鸟形，而猪、八角符可以象征天中，神鸟或玄鸟是常站于"天盖"或"天盖"形冠上的。

[45] 冯时：《中国天文考古学》第124~126页，社会科学文献出版社，2001年。

[46] 器盖似中空神器的盖体、"介"字首亚腰形或梯形牌饰斗魁造型与神圣之"帝台"、"昆仑台"、大汶口文化特殊刻符、弗利尔玉璧神符、新石器时代诸多倒梯形玉神像、玉钺之梯形或亚腰造型相应，器盖似中空神器的盖体之龙、蛇、"介"字首亚腰形或梯形牌饰斗魁造型之神蛇、龙与文献记载的神圣之"帝台"、"昆仑台"中的龙、蛇可以相应，如，《山海经·海外东经》云："帝颛顼葬于阳，九嫔葬于阴，四蛇卫之"，《山海经·海外北经》亦云："轩辕之丘，在轩辕国北，其丘方，四蛇相绕"，"共工之台""隅有一蛇"，《山海经·海内西经》在叙述昆仑风物时言"开明西有凤凰、鸾鸟、皆戴蛇、践蛇，膺有赤蛇"，《礼记·檀弓》载"褚幕丹质，蚁结于四隅，殷士也"，饶宗颐《画颅：殷代器物上彩绘的"蚁结"》（时报文化公司出版，1993年）认为"殷之蚁结，似今之'蛇纹画'"。红山文化玉猪龙，冯时认为其之穿可以视为是极星，其为C字形表明其与璇玑四游有关，因此这些龙（图六，1、2；图二，6、7）同样可以与"帝台"、"昆仑台"、牌饰中的龙、蛇相应。特别予以说明的是，器盖似中空神器器盖之"十"或曰"亚"字形镂空、菱形装饰，应是明示其相当于具有"中心"含义的"昆仑台"，与所谓饕餮面上的"钻石"、上海博物馆所藏玉琮之菱形符、商代蹲踞式或曰"俊"式神人之⊕符、明堂之"亚"、神人、神鸟目中之"亚"、族徽之"亚"框本质意义上是可以相关联的。

[47] 《郭店楚篇·老子丙篇附》曾载"太一生水"篇。《逦篇》（《三代》8·52·2）、《攸鼎》（《三代》4·13）、《静篇》（《三代》6·55）、《伯唐父鼎》（《中华文史论丛》，1981年第4期）、《麦方尊》（《西清古鉴》8·33）等均有与明堂辟雍有关的记载。

[48] 参阅[47]。

[49] 冯时：《中国天文考古学》第303~320页，第六章第五节：四象起源考，中国社会科学技术出版社，2001年。

[50] 同[49]。

[51] 同[49]。

[52] 同[49]。

[53] 北京大学考古文博学院震旦古代文明研究中心编：《论二里头遗址发现的大型绿松石龙形器》，《古代文明研究通讯》总第二十五期，2005年。

（原刊于《中国·二里头遗址与二里头国际学术研讨会论文集》科学出版社，2006年）

二里头文化兽面纹牌饰的内涵、来源及其在中原及周边地区文明化进程中的地位与作用

顾万发

一

二里头文化兽面纹牌饰数量众多，尤其是笔者基本复原的两件刻划牌饰价值非常重要。我们认为二里头文化兽面纹牌饰造型、内涵的较直接来源主要为两个方面，即山东龙山文化（包括石家河龙山文化之中与山东龙山文化有关的玉器文化部分）和夏家店下层文化。就山东龙山文化而论，主要是单向传播，就夏家店下层和齐家文化论之，是以二里头文化为主导的文化关联。当然更早的材料亦很多。二里头文化兽面纹牌饰内涵属于北斗神。论据主要为：其造型多为斗魁形或斗魁加天盖形；三星堆文化中仓包包遗址中的同类牌饰，有的明显为一个由双圆（天璇与天玑）连成的代表北斗的星象图案；为二里头文化兽面纹牌饰渊源的有的北斗神面显然为七星规画（邠县刘林遗址）；首有"心形符"或"天盖"造型冠的二里头文化兽面纹牌饰的构图与或早或晚的（有的首有神鸟，晚期在战国的材料中仍有发现，像著名的荆门车桥"兵避太岁"戈等）省略"蹲踞式"造型部分的（"蹲踞式"实际为"攀缘建木"姿态，李济先生有关商周"蹲踞式"玉人内涵的判断是错误的）北斗神（或巫）构图类似；二里头文化牌饰有的代表北斗神兽面（为龙、虎等形，早于其者个别有猪的特征）头顶的羽冠显然应源自龙山文化北斗神头顶的神鸟或羽冠。北斗神头顶置神鸟或羽冠的现象早已存在，之所以用这类装饰，是有其特别用意的。尽管有羽冠的兽头顶仍可有神鸟，但是我们可以按逻辑判断，北斗神头顶置羽冠的现象最初除与"建木"（帝字造型源于其）之类的"大禾"有关外，还同时与头顶置神鸟的现象密切相关；大甸子墓地及三星堆文化中的四目牌饰均源于斗魁四星的思想，这显然亦使我们对《史记·五帝本纪》等文献中所论的"'黄帝四面'或'四目'、'帝舜名重华'"，《史记·正义》中所载的帝舜"目重瞳子"，《周礼·夏官·方相氏》中所论的学界聚讼已久的方相氏之"黄金四目"，《荀子·非相》中所论的尧、舜"参眸"，《声律启蒙·姓氏谱》中所论的仓颉"四目"，《述异记》中所述的蚩尤"四目"，《论衡·骨相》中所论的"舜目重瞳"及"文王四乳"有了正确的理解；在好川墓地，曾出土了一件非常重要的漆器，此漆器主体为类牌饰的"亚腰"斗魁型，漆器表面是形状不一的玉片饰（这类漆器的玉片饰有的为类良渚文化或弗利尔

玉器刻符中三层台似的昆仑台、北斗串圆天柱及为弧面二里头文化铜牌饰渊源的弧面戴"介"字形天盖冠的玉北斗神等），中贯一树木为"建木"无疑，这显然反映了北斗神——建木牌饰常见关联模式。

二

笔者曾在夏家店下层文化中发现了与二里头文化兽面纹牌饰属于一类的"彩绘牌饰"，其数量多，类型全，具有一定的地方特征。由这些牌饰基本可以解决所有有关牌饰的非科技考古方面的问题。夏家店下层文化中的牌饰以大甸子墓地及相关遗址中陶器上的彩绘牌饰为代表，其中有相当数量彩绘牌饰的主体是由几个相同的微型"彩绘牌饰"所组成。不同器物上的这些"彩绘牌饰"虽然本质意义上没有什么区别，但是具体的造型并不完全相同。这些彩绘牌饰有的图案造型及牌饰外形不仅与二里头、齐家、三星堆等文化中的青铜（少数为有机质或刻划。仓包包遗址中的多重双S形兽面构图严格地讲现在仅在夏家店下层文化中有发现）牌饰基本一致，同时与其他文化亦有关联。

三

齐家文化的牌饰，目前共发现两件，其中一件的主要造型和图案与二里头文化有关牌饰非常相似，另一件的神兽面颇似大甸子墓地有关"彩绘牌饰"中的神兽，其他图案、外形在二里头和大甸子墓地有关"彩绘牌饰"中均有相似者，即使其中含有夏家店下层文化元素，其以铜为质的特征应来自二里头文化，并且其中的夏家店下层文化元素亦是经过二里头文化区或经过二里头文化的锤炼后传到齐家文化区的。我们这样判断还基于这样的理由：在齐家文化区出有典型的具有二里头文化风格的陶器，如陶盉等；在关中有关遗址中地发现有典型的具有二里头文化风格的陶器等；另外，在二里头文化区亦发现一些具有齐家文化风格的花边罐等。

四

三星堆文化中目前共发现4件铜质的牌饰，其图案中的不少元素与夏家店下层文化有关，但是亦有元素像质地等与二里头文化有关。同齐家文化铜牌饰中的可能属于夏家店下层文化的元素一样，其中的夏家店下层文化元素亦是经过二里头文化区或经过二里头文化的锤炼后传到蜀地的，当然由于其中可能包含着夏家店下层文化中与瑶族有关的有易氏部分人群的迁徙，所以其中的夏家店下层文化风格较浓。主要论据是：

（1）三星堆文化有些元素在夏家店下层文化中均可找到来源。除本文已论者之外，像三星堆文化中用杖之特点，在红山文化（故宫博物院所藏红山文化站于猪神之上的为"蹲踞式"造型的神人玉佩）及夏家店下层文化大甸子墓地中就有。

（2）夏家店下层文化特别是大甸子墓地的彩绘与三星堆文化关系密切，而这一区域在其时族属问题相当复杂，笔者以为至少其应包括由红山—小河沿文化延续下来的人群、与山东龙山文化有关的夷人族群及著名的有易氏。而据文献载，有易氏曾受到先商上甲微的攻击，一部分人是在河伯的帮助下逃往南方的，这一人群即是后来畲、瑶族的先人，这是比较可信的：

① 三星堆文化中明显有夏家店下层文化因素，而有易氏为夏家店下层文化的重要代表之一，虽然学界认为有易氏主要存在于易水流域，但是我们认为夏家店下层文化中期时，西辽河流域应为其主要聚居地之一。另一方面，即使有易氏其时主要存在于易水流域，从考古学文化面貌判断，西辽河流域所具有的宗教类思想（突出表现为彩绘等方面），易水流域的有易氏也应持有，从易水流域附近的夏家店下层文化墓葬中也出有彩绘器方面看，这是完全有可能的。目前，彩绘器在这一区域之所以比较少见，墓葬等重要遗迹现象发现较少可能是主要原因。

② 据《山海经·大荒东经》等载，畲、瑶族的先人与有易氏有关，瑶、畲族妇女的狗头冠与三星堆文化埋藏坑中持象征通天法器（源自"攀缘建木"神态）的铜人之冠和三星堆文化中诸多神狗之首又极其相似，三星堆玉璋上祭祀者的姿态与瑶、畲族有关祭祀者的姿态又极其相似，由此可见，有易氏确有可能先到过三星堆文化区。另，饶宗颐先生认为迁三苗所至之"三危"在岷山区域，俞伟超先生由此认为三星堆文化人群中包括三苗人。我们认为，三星堆文化存在与石家河文化类似的头戴索冠带等文化关联现象于此论有助，因为三苗与犬有些关联，三星堆文化中确实又发现不少犬的材料。但是我们知道，主要是依据《后汉书》等少量资料得出的三苗的犬图腾理论在民族学界存有很多有道理的异议，同时，畲、瑶族的犬图腾材料很多，学界于此的意见亦较为一致。再者，夏家店下层文化的墓中随葬犬的现象相当普遍，所以，三星堆文化人群中包括三苗人当无疑，但是与犬有关的应是夏家店下层文化中的有易氏。

五

我们以考古学材料为基础，论述了二里头文化兽面纹牌饰的来龙去脉，由此可见，早期渊源在东方及具有东方文化风格遗物地域的这种奇特的器物，在东方龙山文化、二里头文化、夏家店下层文化、齐家文化、三星堆文化的相互交往及各自自身的发生或发展中扮演了一个极为重要的角色。二里头等文化中的"兽面纹"牌饰属于精神文化产品，其将当时最重要的几个文化区互相关联，显然，其在研究现代考古学特别强调的活文化载体的思想本质方面，具有天然的特殊优越性，尤其是这种级别高、形成演化史清晰的器物，出现在中国古文明发生显著的地域变革和重新整合之重要时刻的最具代表性的数个文化中，其在这一规模文明化进程中的重要作用可想而知。

（1）二里头文化兽面纹牌饰的诸多重要元素是经过各种方式从东方传来的，这些元素可以说是当时东方地域文明的精华，其蕴涵的文化内容是其文化活的载体——人的思想内容的主题，有材料表明这些东方文化元素在当地的衰落应在当地龙山文化的末期，其在中原地域的规模出现应始于"新砦二期早段"或"花地嘴二期"，即真正的"新砦期"。这至少在表面上给我们一个明显的印象是，东方文明的衰落是随着这些东方文化元素的西传开始的，从此以后，东方地域的古文明程度再也没有超过中原，而中原地域的古文明却从此开始了更加迅速的发展，始终在各文化中占据着显著的政治优势和物质优势。笔者曾在《新砦期研究》、《论新砦龙山城为"启居黄台之丘"》及《论新砦遗址新砦二期晚段城为太康所归"夏邑"》中提出，在中原地域，兽面纹牌饰的具体表现模式应是区分夏、商文化的关键，中原商文化中虽然未见兽面纹牌饰，但是没人怀疑，兽面纹牌饰的诸多因素已被商文化高层主体广泛采用并在后续文化中以主体文化的代表得以传承，不过是略微变革了表现形式而已。另外，从有的饕餮明显有蹲踞式造型看，亦可判断三代饕餮的本质内涵及其与早期"蹲踞式"北斗神或巫的关联。

东方文明的衰落，中原地域古文明的新生，其实有诸多的因素，像环境变迁，社会统治模式和技术的优劣、人口问题、资源问题，等等，不过，我们认为礼仪制度的变迁和改革应在其中起着重要的作用，其对物质存在的反作用不可低估。可以相信，中原地域正是借含有诸多东方文明内容特别是其表现形式的古礼仪的约束力和凝聚力，从而在政治及物质方面焕发出新的生机和活力。

（2）辽河流域在红山文化时获得了重要发展，各种重要的礼仪建筑、玉器等文化遗物耀眼灿烂，但是从小河沿文化开始，其渐渐失去了文化的辉煌，甚而在夏家店下层文化早期，其地域文化仍然没有什么是值得时人骄傲的。但是到了夏家店下层文化中期，这一状况得到显著改观，出现了城墙、规模"经营"的礼仪石质建筑、设施，等等，文化地域亦广为扩展。我们注意到，此时的夏家店下层文化有两个突出特征：第一，在夏家店下层文化出现相当数量的二里头文化元素，像学界常论的有关陶质礼器——陶爵、陶盉，等等，实际上还有部分随葬的玉、石圭及斧钺等，尤其重要的是其中还应有彩绘牌饰（这类彩绘牌饰学界以前虽然有人注意到其图案与二里头文化兽面纹牌饰图案有关，但是均未将其作为牌饰来处理），这些数量众多的彩绘牌饰来源复杂，但是显然像我们已论证的那样有相当元素与二里头文化兽面纹牌饰有关。第二，夏家店下层文化的这些文化元素中，保留有相当数量的早期地方文化因素，包括这些因素的具体表现形式，其中突出表现的就是北斗神崇拜，像其中发现的巨型石猪、各式牌饰、诸多的"单旋符"形目、菱形目、三环石坛、石堆，等等。这些北斗崇拜的思想在红山文化中广为存在，其经过一段的沉默后在夏家店下层文化中期焕然出现，当有一定的原因。我们知道，二里头文化兽面纹牌饰是代表北斗神的，其渊源在东方，东北地区的古文化族群很多与东夷又有相当的关联，在红山文化时期，其地与东方在玉器、北斗崇拜及其具体表现形式等方面有密切的联系，像牛河梁三环石坛与凌家滩三环形玉璧、三方形石坛与凌家滩三层坛、良渚文化中诸多三层或三围昆仑台造型内涵相当一致以及我们讨论的其他文化元素像溧阳圭，等等，所以，当二里头文化渊源在东方的代表北斗神的兽面纹牌饰传到辽河流域时，很容易获得当地族群的文化认同，并很容易焕发当地族群对自己原生文化的自豪感和"文艺复兴"思想。以此为背景，东北地区与中原夏文化在"意识形态"方面达成了相当的共识，从而更有利于加强两文化之间的联系和高层之间的信任，在当时存在"契约"同盟或臣服之盟的状况下，能以这种文明礼仪模式为基础获得一个方国或盟友，当显示出以二里头文化兽面纹牌饰为代表的这种神奇之物的神奇来。

（3）齐家文化区发现的牌饰虽然较少，但是因为其地处二里头文化、夏家店下层文化与三星堆文化早期交通线的中间地段，所以特别重要。中原地区具有先进的文化，齐家文化所在地域又有其特色，显然二里头文化、夏家店下层文化载体经过其所在地域，双方从中均可以获益。从齐家文化区发现的具有二里头文化风格的陶盉的时代看，其中的铜牌饰时代应属于二里头文化二至三期，这亦正是该文化在关中西部和秦城地区之间地区发展的重要时期，二里头文化铜牌饰在其文化发展中的作用显然不像二里头文化铜牌饰在夏家店下层文化发展中的作用那么明显，这可能与其仅位于"交通站"的地位有关，不过，从二里头文化中花边罐渐增的考古学现象看，二里头文化铜牌饰及其所蕴涵的思想在其中发挥着相当重要的作用。此文化因素的载体在经过齐家文化区时，相关的新理念、信仰及具体模式，尤其是内地具有一定政治意义的先进的生产青铜器的技艺当为齐家文化的发展做出过有价值的贡献。

（4）三星堆文化中的牌饰，显然具有二里头文化、夏家店下层文化双重因素，学界早已指出随着这些牌饰的传来，当有一定的二里头文化人群随之而来。笔者又认为有易氏的一支曾经经过二里头文化区与二里头文化有关族群，像原为东夷的牟族在二里头文化二至三期时曾经到达蜀地。蜀地在三星堆文化前为具有强烈地方特征的宝墩文化，学界虽然有人认为找到了某些从宝墩文化向三星堆文化过渡的遗存，但是这无法从总体上改变三星堆文化相对于宝墩文化而言具有相当强的突变性这一考古现象，而在促成这一"突变"的原因中，二里头文化相关元素的前来似乎不可或缺。除了本文所讨论的铜牌饰之外，尚有其他二里头文化元素在三星堆文化早期出现，中、晚期中的具有二里头文化风格的玉器至少有部分是传自于早期的，很多元素还具有相当的级别，像其早期的陶盉、陶鼎足、陶豆（有的带有单目符号，代表北斗，可为牟族徽铭，此件陶斗与花地嘴"新砦期"遗址所出者非常相似）等显然是受到二里头文化的强烈影响而形成的。三星堆文化晚期在一器上刻划同一类器的风格也很类似二里头文化及石峁遗存文化。三星堆文化中晚期的有些因素有部分是三星堆文化中早期的二里头文化因素在当地流传或发展，尤其是其中的北斗崇拜思想，在三星堆及金沙文化中，传承地非常明显，像晚期的奇特玉璋、各式的玉琮、玉圭璋、建木铜树、三星堆的纵目观星尤其是北斗星的巫、握手以示攀缘建木北斗天柱的三星堆铜巫及金沙铜"巫史"等。

由此可以看出，三星堆文化的出现与二里头文化、夏家店下层文化的南传非常相关，其具体的重要表现之一是铜牌饰在此文化的早期出现。又，铜牌饰的文化元素像菱形目等在晚期数量众多，甚至其构图结构亦被较为完整地在三星堆文化晚期和金沙遗址的高层礼仪用品中传承下去。尤其重要的是，三星堆文化及金沙遗址类文化中的北斗崇拜思想及其具体表现模式都与中原实际上没有本质的区别，虽然三星堆及金沙铜人、陶猪首等的地方色彩似乎较浓，但是其实质多与中原有关，像握手铜人实际与其周围或早或晚文化中的"蹲踞式"玉人、铜器图案神人为一类，即均与攀缘"建木—天柱—北斗"有关，并且这类握手铜人中戴"狗头冠"者与有易氏和畲、瑶族有关，其在三星堆文化中地位显赫，属于巫政类神职人员；反映当时存在巫史不分现象的金沙铜巫腰揣之物为"史"字主体状的工具，显然造型源于中原；陶猪首象征北斗，这在中原及东方出现的时代很早，像淅川下王岗、新砦等猪头形器盖。总之，三星堆文明的出现和发展，其有些内容和形式都与二里头文化、夏家店下层文化有相当的关系，尤其是与二里头文化、夏家店下层文化中的蕴涵北斗崇拜和三代美术诸多构图元素的牌饰及其传播载体是密切相关的。

六

二里头文化的兽面纹牌饰，级别高，数量多，内涵、功能清楚，来源明确，功能传播广泛。其图案元素、文化内涵，甚至是具体表现形式，在当时的中原及周边地区的宗教、艺术、礼仪、政治等领域中始终占据着非常重要的地位，并在增强这些地域之间的政治、文化联系，促进各地域文明化进程、加强礼仪的制度化变革、提高各地域之间有关事物的公共化程度和"中国"威信等方面起到了非常积极的作用。

（原刊于《中原地区文明化进程学术研讨会文集》，科学出版社，2006年）

也论二里头类型二期遗存的变化

——兼与王克林先生商榷

石艳艳 吴 倩

二里头文化是1953年首先在河南省登封县玉村遗址发现的[1]。其分布范围不仅遍及河南全省，而且山西省西南部和陕西省东部都有发现。目前，学术界把二里头文化大致划分为豫西地区的二里头类型、晋南地区（包括山西东南部）的东下冯类型、豫东地区的牛角岗类型、豫西南地区的下王岗类型和豫南地区的杨庄类型[2]。其中，二里头类型和东下冯类型资料最丰富，因而最受学术界关注。二里头类型分为四期已基本成为学术界的共识，但因其各期文化内涵的变化及其复杂性，学者们对其四期的性质以及来源多有争议。《中原文物》2004年第4期刊发了王克林先生的《从后羿代夏论二里头二期文化的变化》一文（以下简称"王文"），笔者拜读此文后，颇有收益之余，又略感疑窦甚多。如二里头类型第一期到第二期确有变化，正如王先生所提到的第二期出现了一些新的因素，但这变化是否表明与后羿代夏有关或者就可以说夏文化起源于晋南呢？我们认为，单从这些变化无法得出王先生的结论，二里头类型应是来源于河南龙山文化晚期，二里头类型第一期和第二期是同一文化的不同发展阶段，它们并不是两种性质不同的文化。

一

王文认为山西晋南龙山文化晚期是早期夏文化，东下冯类型第一期和第二期是夏代前期文化，二里头类型第二至四期是夏代后期文化。其论据有三：二里头类型第二期始见鬲、甗；文献中记载的"夏墟"即是"夏人的起源故地"；碳十四测年相合[3]。我们认为，这三个论据都是经不起推敲的，因而得出的结论并不能令人信服。

首先，根据二里头类型第二期始见鬲、甗就推断二里头类型来源于东下冯类型的论点显得过于武断。一个文化的来源应由构成该文化的主要因素决定。深腹罐、圆腹罐、鼎、甑为二里头类型第一至四期的主要陶炊器，而鬲、甗在二里头类型中所占比重极小。根据《偃师二里头——1959~1978年考古发掘报告》[4]，二里头类型第一期器类为28种，完整和能复原的达72件，炊器类共44件，其中深腹罐为13件，圆腹罐17件，鼎 8 件，甑 5 件，鬲仅有腹部残片一件。值得注意的是，第一期已经有鬲。第二期的陶器是在第一期遗存的基础上发展而来的，炊器仍以夹砂罐为主，鼎和甑的数量也较多，仅见少量鬲腰。复原器 55 件，其中深腹罐 9 件，圆腹罐 23 件，鼎 8 件，甑 8 件，鬲仅见腰部残片 2 件，斝足 2 件，未发现有完整的或可复原的鬲和斝。第三期炊器类仍以深腹罐和圆腹罐为主，鼎和甑的数量仍比较多，鬲和斝极少见，开始出现可复原的鬲，其中，深腹罐 29 件，圆腹罐 17 件，鼎 13 件，甑 7 件。

报告中写道：第三期的鬲呈罐形，器身中部捏出分裆线，底部较平，下附实足尖。由此可见，二里头遗址的陶鬲是仿罐的形制，从圆腹罐（鼎）发展而来的。且发现不多，形态各异，表明陶鬲正处于开始制作的阶段，该遗址共出 10 件，可复原 3 件。

不仅二里头遗址中鬲和斝所占比例极小，二里头类型的其他遗址也是如此。1981年秋在温县北平皋清理了 4 个属于二里头类型第四期的灰坑，其出土陶器中夹砂罐约占 35%，而鬲、斝不足 5%[5]。就连王先生自己也在文中写道："就陶鬲的数量论，仅有两件鬲足。"而陶斝"也仅出土两件残片"。因此，鬲和斝显然不能作为"二里头二期文化中最具标志性的炊器"。而王先生却以此证明二里头类型来源于东下冯类型，实在有"武断"之嫌。

其次，《左传》中有关于晋国（唐国）立国之"夏墟"的记载，但有关"夏墟"的含义和地望目前学术界尚未有定论。而王先生提出"称'墟'者，顾名思义，夏人的起源故地也"。但这一概念并不确切，学术界也没有这一说法。《辞源》将"墟"解释为"大丘"[6]。《吕氏春秋·贵直》："使人之朝为草而国为墟。"注："墟，丘墟也。"《左传·僖公二十八年》："晋侯登有莘之墟，以观师。"此处之"墟"应为故城、废址。潘安仁《西征赋》："窥秦墟于渭城，冀阙缅其堙尽。"注："《声类》曰：墟，故所居也。"《荀子·解蔽》："此其所以丧九牧之地，而墟宗庙之国也。"此处之"墟"应为动词，即"使成废墟"。据此，夏墟可以被认为是夏族的废墟或是夏族曾经居住的地方，而不能说明是夏人的起源故地。

再次，目前因为用碳十四测年的误差太大，学术界已很少单独采用碳十四测年得出的结论，只是作为参考。更何况，王文中有些说法也是自相矛盾的。比如王文指出："晋南的东下冯晚期龙山文化年代为公元前 2000 年左右，与这里二里头文化东下冯类型年代公元前 1900 年正相衔接。"而其引用的《夏县东下冯》发掘报告说"夏始年为公元前 2300 年，夏终年为公元前 1700 年"。这显然证明东下冯类型甚至包括东下冯龙山文化晚期均属于其所认定的夏代积年的晚期。如果二里头类型再晚于东下冯类型，那么二里头地区的夏文化充其量只剩下 100 多年的时间了，而这并不符合考古发掘的实际。

此外，我们认为王文中还有几处不妥：

首先，既然王文认为二里头类型来源于晋南，则第一期就应有晋南的因素，但王先生在文中鲜有提到二里头类型第一期，似乎二里头类型是从第二期开始的，而其第一期是一种独立的文化。

其次，王先生在论述后羿的活动地域时说："无独有偶，在今……吉县等地，均有众多商周时期北方系青铜器出土，这些遗存无一不是后羿后裔戎狄族自有史可考的夏代以来就活动于此的见证。"这些地区出现的商周时期的青铜器怎么就是后羿后裔戎狄族的文化遗存呢？对此文中并没有详细的论证。

再次，王先生用了大量的篇幅论述二里头类型文化的族属，但只论述了后羿部族逐渐发展壮大及"代夏"这一段历史，并没有说明二里头类型的族属。虽然这是一个不需要说明的问题，因其前文已经指出，二里头文化属于夏文化，那二里头类型的族属当然属于夏族。但文中这一部分文不对题的论述反而让人以为夏文化是后羿部族创造的。而众所周知，后羿代夏这一历史事件并没有改变夏文化的族属。

二

二里头类型第一期和第二期到底是一种什么关系呢？我们认为，二里头类型的第一期和第二期为同一类型文化中连续发展的两个阶段，这是有大量考古材料可以证明的。

二里头类型第一期和第二期之间紧密衔接，构成二里头类型的一个重要环节。二里头类型第一期和第二期的主要遗存都没有脱离偃师二里头遗址。两者的文化内涵有着明显的共同点。如在陶质上，二者都以泥质灰陶和夹砂灰陶为主，并有一定数量的泥质黑陶和夹砂棕陶；在陶器的制法上，以轮制为主，又有极少量的手制；陶器的烧成温度普遍不高，陶质较软，陶胎较厚；陶器的纹饰多为篮纹、方格纹和绳纹，惟第一期篮纹较多，第二期绳纹较多，附加堆纹和鸡冠耳在第一、第二期都很流行；纹饰装饰器类亦多相同，如绳纹多饰于鼎、圆腹罐、甑、盆上，附加堆纹多饰于圆腹罐的口部，盆、甑的上腹多饰鸡冠耳；器形均多折沿、鼓腹、平底或圜底或凹圜底；在器物组合方面，这两期的典型炊器均为扁三角足罐形、盆形鼎、底有5个或6个孔的盆形甑、束颈圆腹罐、深腹罐等；盛器主要有折沿深腹盆、平底盆、泥质深腹罐、小口深腹直领瓮、大直领罐、三足盘、浅腹盆、平折沿浅盘高柄豆等，饮器主要为觚和盉。在遗迹方面，多见大小不一的浅窖穴，其形状有圆角长方形、方形、椭圆形、不规则形等，墓葬有长方形竖穴墓和无墓穴墓两种，前者多仰身直肢，后者多骨架残缺，散落于灰坑、灰层之中；生产工具多使用石、骨、蚌器，有石铲、石镰、石凿、石刀、石斧、骨锥、骨镞、蚌铲、蚌镰等[7]。更为重要的是二里头类型第一期和第二期所具有的典型器之间的递嬗关系是十分明显的。比如深腹罐由第一期的平底到第二期的圜底；圆腹罐由第一期的直口到第二期的侈口、敞口；鼎的底部由第一期的平底变为第二期的圜底；盆形鼎则由第一期的宽折沿到第二期的窄折沿，由深腹变为浅腹；甑由第一期的平底发展为第二期的圜底；深腹盆由第一期的沿内侧有凸棱到第二期凸棱消失，唇由宽而窄；器盖腹壁的折角由明显而圆钝[8]。二里头类型第一期和第二期所使用的器物，如扁三角形单耳罐、扁三角足盆形鼎、束颈圆腹罐、底有4孔（或3孔）的盆形甑、高领罐、折沿深腹盆、平底盆、三足盘、盉、盆形研磨器、蒜头形高把纽器盖等，大都在二里头第三期乃至第四期继续被使用，只是有些器物的形制随着时间的推移而有所变化。

据以上分析可知，二里头类型是夏文化的主体，二里头类型第一期和第二期是二里头类型第一期至第四期发展链条中的一个重要环节，它们之间的差异主要是表现为同一文化面貌的渐变。二里头类型的四期文化是连续发展的，其间并不存在明显的缺环，因此并不存在由于外来民族的入侵而中断的现象，更不是来源于别的地区的考古学文化。

三

如果说二里头类型早期与河南龙山文化晚期有少量不能衔接之处（王文中也指出了这一点），那么，20世纪80年代在河南密县新砦遗址[9]发现的新砦期遗存正好填补了这一缺环。河南龙山文化晚期、新砦期、二里头类型第一期前后衔接，一脉相承，在物质文化方面的沿袭关系非常明显。

在陶器方面，三者之间的承继关系表现得尤为突出。首先，三者的陶器器类基本相同，如均有鼎、深腹罐、甑、鬶、盆、刻槽盆、大平底盆、大口罐、高领罐、圈足罐、豆、碗、壶、觚、鬹、瓮、缸和器盖三足盘或四足盘等。其次，其陶器的纹饰也大同小异，发展序列清楚。河南龙山文化晚期的纹饰以大方格纹和篮纹为主，细绳纹、弦纹、刻划纹、指甲纹和附加堆纹只占一部分。篮纹纹痕很深，边棱整齐，有竖行和左右斜行，纹理清晰；方格纹较工整，边棱整齐，有正方形和长方形。新砦期以篮纹和方格纹为主，其次是细绳纹、弦纹、刻划纹和指甲纹等，附加堆纹增多。篮纹有的较浅，边棱较圆，多为左右斜行，少数平行，风格与前期不同；方格纹有的较深，边棱清晰，粗细不一，形态多变，与前期相似。二里头类型第一期以篮纹为主，方格纹和绳纹次之，附加堆纹盛行，弦纹、刻划纹和指甲纹不多；新增加几何形压印纹；篮纹纹痕平浅，边棱较圆，宽短或窄长，多为上左下右斜行，有的交错排列，纹理不及龙山晚期的清晰；方格纹较浅，边棱较圆，通常一件器物上面纹饰规整、清晰，下面则模糊不清；二里头类型第一期盛行的鸡冠耳，在龙山文化晚期已出现，到新砦期数量增多。再次，其陶器在质料方面基本相同，制陶技术的发展和陶器形态的演变也一脉相承。

河南龙山文化晚期与二里头类型第一期的承袭关系在石器、骨器、蚌器的制法和形制方面也表现明显。比如河南龙山文化晚期、新砦期、二里头类型第一期的石器制法基本相同，均以磨制为主，器形规整，边棱整齐，多数通体磨光；其骨器器形也基本相同，主要有铲、凿、镞、锥和针等；其蚌器不仅制作方法相同，器形也十分相似，都有刀、锯、锥、镞和纺轮等。

河南龙山文化晚期、新砦期与二里头类型的建筑形制、结构亦十分近似，同时也反映出有明显的承袭关系。河南龙山文化晚期出现较大面积的夯土基址和夯土围墙，无疑是二里头遗址的大型宫殿建筑基址的前身[10]。

四

不可否认，二里头类型第二期是出现了一些新因素，如在纹饰上以细绳纹取代了一期的篮纹的统治地位；在器形上又新出现了鬲，但这并不能改变其主体性质，只能说明它的确受到了其他同时期的考古学文化的影响。

二里头文化第一期的遗址多发现于豫西，如偃师二里头、洛阳东干沟、登封告成等地。而其第二期的遗址分布范围比第一期有所扩大，除上述地区外，在郑州地区及山西南部地区也有发现。由此可以说明：第一，夏人的活动范围是随着时间的推移而不断扩大的；第二，夏人的活动中心，在夏代的前期是逐渐北移的[11]。在北移过程中，即创造了一种新的类型文化，即东下冯类型，而二里头类型第二期新出现的因素中，主要是受到了东下冯类型的影响。

东下冯类型主要分布于晋西南和陕西东部，已发现的遗址主要有山西夏县东下冯、永济马铺头、翼城憨军、曲沃曲村、陕西华县南沙村等。东下冯类型中的鬲和斝在炊器中占有相当比例，而鼎类少见。东下冯类型目前可以分为早、中、晚三期[12]。其早期陶器以泥质灰陶和夹砂灰陶为主，泥质和夹砂褐陶次之，泥质黑陶占一定数量；一般制陶火候较低，陶色不均，陶胎较厚；纹饰以较细的绳纹为主，弦纹和附加堆纹次之，再次是篮纹；常见鸡冠形耳和舌形器錾，盛行口沿饰花边之风，器形多为侈口或卷沿，不见折沿，圜底和凹圜底数量较多，平底较少。此期陶器与二里头类型第二期的陶器相似，年代亦相近[13]。正如李伯谦先生所指出的："如果进一步分析，还不难发现，在两个类型相同或相近的器物中，除个别器物外，多数在二里头类型中出现得较早，而在东下冯类型中出现得较晚。例如，盉和大口尊、爵等，分别在二里头类型一、二期已经出现，而在东下冯类型中直到第二期或第三期才出现。这当然不是偶然的现象，我们认为，这不仅证明东下冯类型开始形成的年代晚于二里头类型形成的年代，而且说明，决定东下冯类型文化性质的上述因素的出现，与二里头类型有密切关系，东下冯类型的形成，很可能就是以豫西为中心分布区域的二里头类型发展到一定阶段，向晋南地区传播发展并和当地文化逐渐融合的结果。"[14]

五

在同一时期内，共存的考古学文化在发展过程中，势必会互相影响，"太康失国"、"后羿代夏"等夏代历史上重大的政治事件无疑会加速文化之间的交流和融合。关于后羿部族之起源，学术界有不同意见，但多数学者认为，后羿属于东方部族。我们认为此说应是符合客观实际的。

"夷"在古代最初即是指东方民族。《礼记·王制》："东方曰夷，披发文身。"《说文》："夷，从弓从大，东方之人也。"《后汉书·东夷列传》记载："东方曰夷。"夷人分布在今黄河下游和淮河流域，其活动地域包括今山东全省和江苏北部、安徽北部以及河南东部等地。李伯谦先生认为："山东龙山文化为东夷文化。《左传》襄公四年等先秦文献称羿为'夷羿'，羿前加夷，可见其属于东夷系统。"[15]

关于二里头类型与东方文化的密切关系，已有不少学者做过分析研究。1965年，方酉生先生在分析二里头类型形成时指出，"二里头类型应该是继承河南龙山文化的基础上，吸取了山东龙山文化的一些因素而发展成的"[16]。邹衡先生也认为，二里头文化的觚、爵、鸡彝、瓦足簋四种器物大多来自东方[17]。李伯谦先生则认为，二里头文化中所包含的具有东方文化因素的几种器物，如鬶、觚、豆、单耳杯、三足盘等，从形制上看更接近于龙山文化的同类器[18]。

二里头类型发现的东方文化因素，不仅表现在陶器器形上面，而且在陶系方面也有所反映。黑陶是山东龙山文化最具特征的陶系，而二里头类型第一期也存在大量的黑陶或黑皮陶，所占比例几乎达其一半。

尤其值得注意的是，二里头类型墓葬陶器组合中常见的觚、鬶、盉等酒器和三足盘、平底盘、豆等食器，在河南龙山文化晚期墓葬中较为罕见，而在山东龙山文化的墓葬却常可见到。这正说明二里头类型居民所使用的某些礼仪及风俗习惯是由东方传来的[19]。

进一步分析可以发现，二里头类型包含的东方文化因素，大多见于二里头第一期偏晚和第二期偏早，早期数量相对较少，这最大的可能即是李伯谦先生所指出的是"后羿代夏"的结果[20]。

"随着夷人入住华夏，夷人的传统文化必然大量涌入中原，并与当地文化相结合，即使后来'少康复国'夷人被逐，山东龙山文化的某些因素也不能完全被抛弃。"[21]相反，正是在两大地区文化因素融合的基础上，夏礼才得以逐步完善，从而极大地丰富了夏文化的内涵，对二里头类型的重新崛起也起到了积极的推动作用。

注　释

[1]　韩维周等：《河南登封县玉村古文化遗址概况》，《文物参考资料》1954年第6期。
[2]　中国社会科学院考古研究所：《中国考古学·夏商卷》，中国社会科学出版社，2003年。
[3]　王克林：《从后羿代夏论二里头二期文化的变化》，《中原文物》2004年第4期。
[4]　中国社会科学院考古研究所：《〈偃师二里头〉1959～1978年考古发掘报告》，中国大百科全书出版社，1999年。
[5]　北京大学历史系考古专业商周组等：《晋豫鄂三省考古调查简报》，《文物》1982年第2期。
[6]　商务印书馆编辑部：《辞源》，商务印书馆，1986年。
[7]　牛克成：《二里头文化一、二期遗存的性质问题》，《夏文化论文集》，文物出版社，2002年。
[8]　同[7]。

[9] 中国社会科学院考古研究所河南二队：《河南密县新砦遗址的试掘》，《考古》1981年第5期。
[10] 赵芝荃：《试论二里头文化的源流》，《考古学报》1986年第1期。
[11] 张国硕：《从夏族北上晋南看夏族的起源》，《郑州大学学报〈哲学社会科学版〉》1998年第6期。
[12] 赵芝荃：《关于二里头文化类型与分期的问题》，《夏文化论文集》，文物出版社，2002年。
[13] 同[12]。
[14] 李伯谦：《东下冯类型的初步分析》，《中原文物》1981年第1期。
[15] 李伯谦：《二里头类型的文化性质与族属问题》，《文物》1986年第6期。
[16] 中国科学院考古研究所洛阳发掘队：《河南偃师二里头遗址发掘简报》，《考古》1965年第5期。
[17] 邹衡：《试论夏文化》，《夏商周考古论文集》，文物出版社，1980年。
[18] 同[15]。
[19] 吕琪昌：《从夏文化的礼器探讨夏族的起源》，《中原文物》1998年第3期。
[20] 同[15]。
[21] 同[15]。

（原刊于《中原文物》2007年第3期）

论马桥遗址 M24 出土的特殊陶杯及相关问题

顾万发

在《马桥——1993~1997年发掘报告》[1]中，曾公布过一件特殊的陶杯，此件器物已发表近4年，并未有学者予以注意，我们认为其具有特殊意义，所以这里为文予以论证。

1. 出土情况简介

在遗址Ⅱ区出有10座墓葬，虽然比较分散，但是仍然可以看出，这是一个临时墓地。其中Ⅱ区M204（图一）较为重要，墓主为一30~40岁的男性，有6件随葬品，其中位于死者左膝处的一件陶杯M204:3，值得重视。该陶杯为良渚文化多见的宽把杯，据发掘者描述，其特征是：泥质黑陶，口微敛，直腹微鼓，矮圈足，阔把，上有二孔。阔把外侧上部饰简化兽面纹，中部刻划一符号。口径8.2厘米，高12厘米。

2. 陶杯特殊特征判读

依据发掘者描述，陶杯"阔把外侧上部饰简化兽面纹，中部刻划一符号"。实际上，阔把外侧上部所饰的所谓"简化兽面纹"，直观地看应是一鸟首，其喙突出，双目清晰，显然是鸟的造型；发掘者所说的"中间刻划一符号"，更明确地说就是新石器时代各地常见的、学术界特别关注的"八角（星）纹"。

3. 陶杯特殊特征的涵义

依据我们对陶杯特殊特征判读，阔把外侧上部所饰的应是一鸟首，整个阔把为鸟身，中部刻划的符号为"八角（星）纹"，显然若把阔把造型的鸟与"八角（星）纹"作整体看待时，一个有价值的造型组合就出现了，这一造型组合正与被学术界特别予以关注的凌家滩遗址大墓出土的著名玉鸟几乎一致（图二，6），只是凌家滩玉鸟的翅膀为猪首、鸟首方向与之不一致罢了。关于猪首的问题，我们有过讨论[2]，至于神鸟之首方向不一致，我们认为其意义是无区别的，像同是神鸟与神人题材意义类似的图案，弗利尔玉圭上的神鸟与台北故宫博物院玉圭上的神鸟之首的方向就不一致（图三）。

凌家滩遗址出土的玉鸟，学术界多有讨论，笔者在有关论文中亦曾论及。我们曾认为凌家滩玉鸟类似"天命玄鸟"中的"玄鸟"，与新石器时代中诸多玉器中的神鸟相类。参阅图二。

论马桥遗址 M24 出土的特殊陶杯及相关问题   · 869 ·

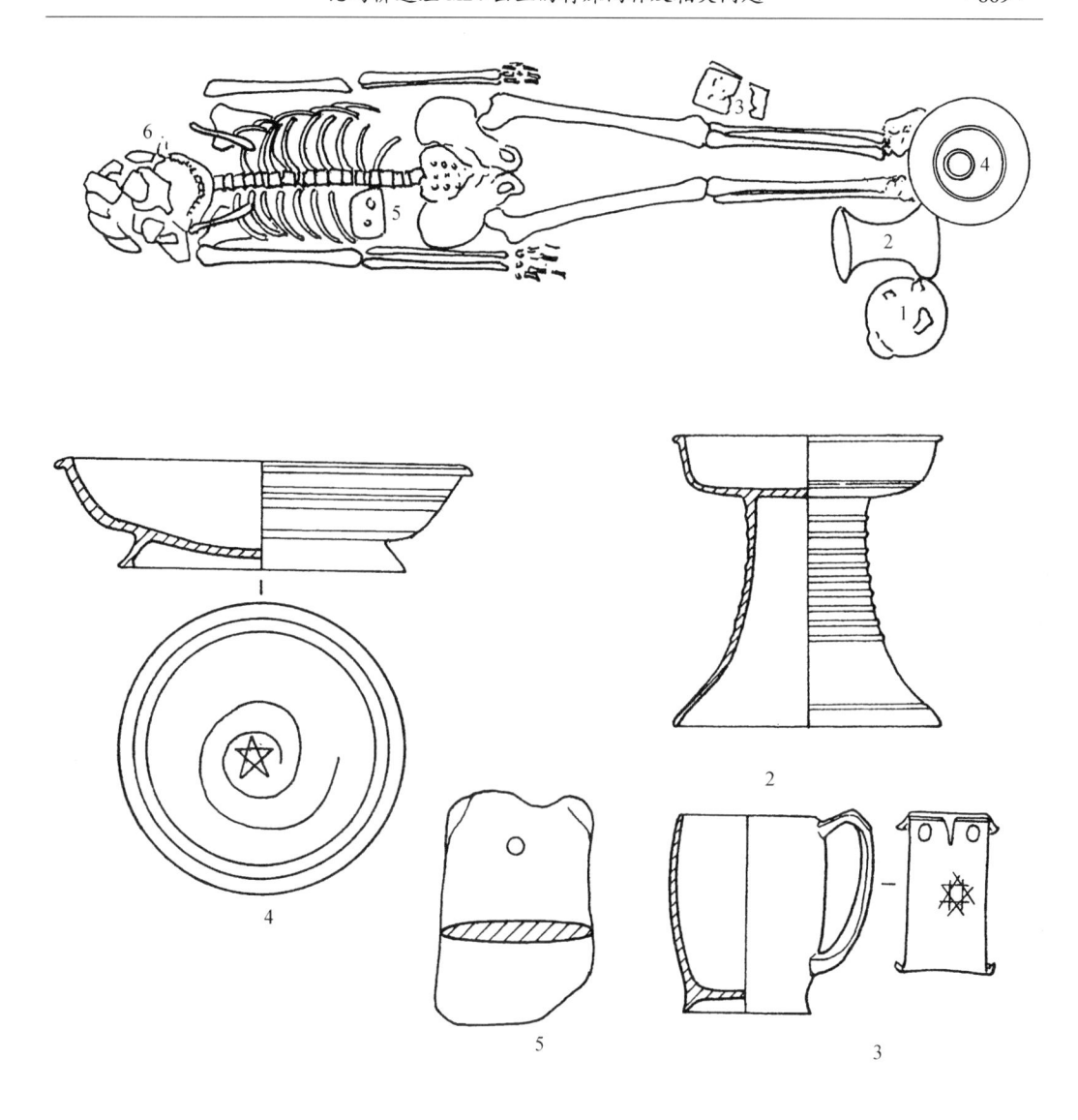

图一　马桥遗址 II M204 及其随葬品
1. 陶鼎　2. 陶豆　3. 陶阔把杯　4. 陶圈足盘　5. 石斧　6. 绿松石锥形器

我们还认为，凌家滩遗址出土的玉鸟上的"八角（星）纹"与新石器时代至于商周诸多神鸟或具有神鸟某些特征的"蹲踞式"神人所负之符号或图案相关（参阅图二），实际是具有方向性的涵示"中心"意义的符号，与"亚"形类似。"亚"形在世界各地历时的古文化中具有不同的特殊意义，中国早期的"亚"形是否有的具备可以具有示意"天中"或相关"中心"意义的功能？我们认为是有的，最为重要的依据之一是，太谷白燕 F504（图四，3）这一具有天地结构和明堂某些特征的建筑，另外高庙遗址的某些陶刻划（图四，2）及龙山时代鹿台岗遗址具有明堂某些特征的建筑（图

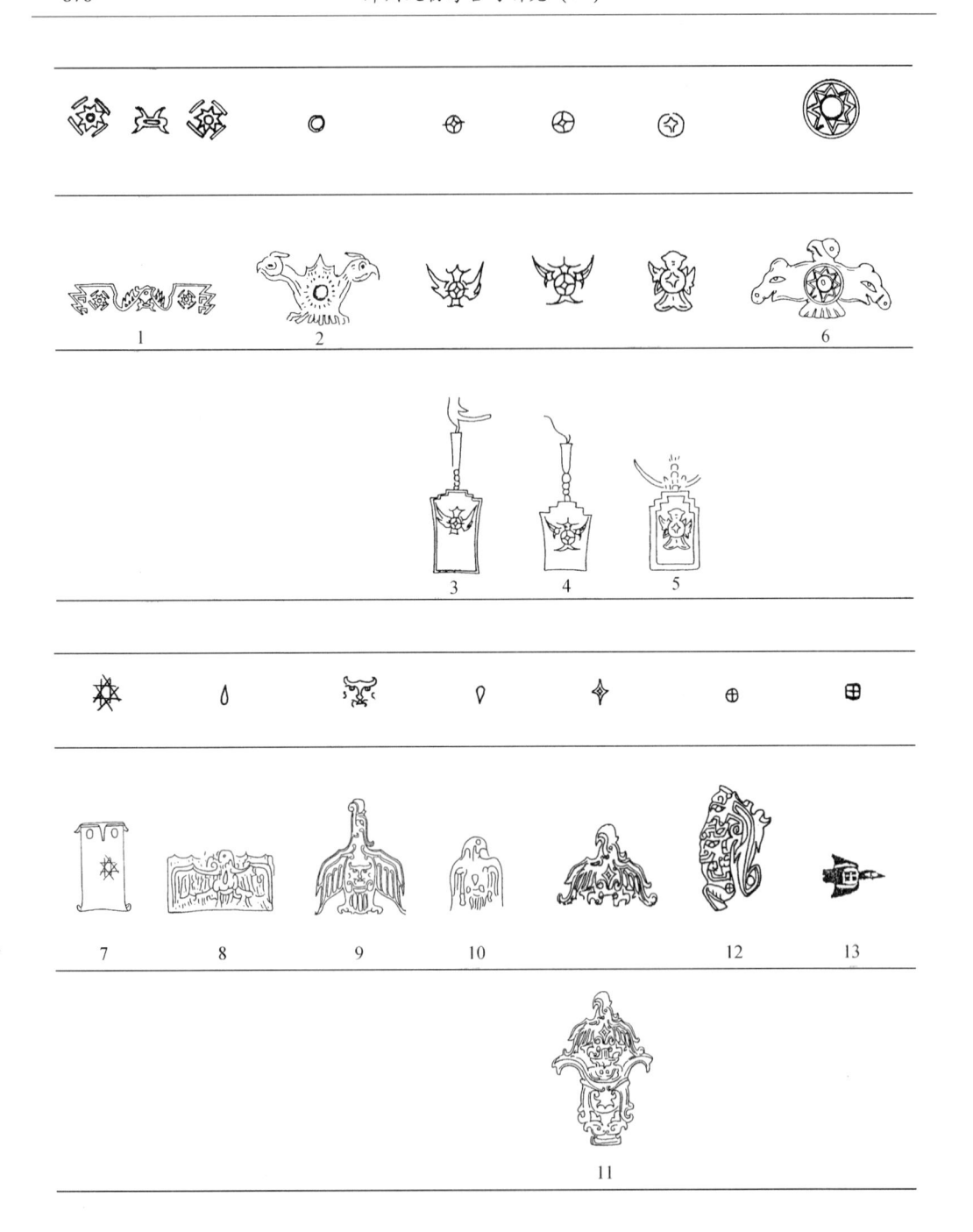

图二

1. 湖南高庙遗址（引自林河著：《中国巫傩史》，第244页，花城出版社，2001年8月） 2. 刻划图案（引自浙江省文物考古研究所：《河姆渡——新石器时代遗址考古发掘报告》上册，图七〇，3，文物出版社，2003年8月第一版） 3. 蓝田山房藏玉璧 4. 台北故宫博物院藏玉璧 5. 吉斯拉玉琮 6. 凌家滩玉鸟M29：4 7. 马桥遗址ⅡM204：3 陶杯 8. 吉美博物馆藏玉璜 9. 台北故宫博物院藏玉圭 10. 上海博物馆藏玉人 11. 天津博物馆藏玉佩 12. 明尼波利斯艺术院藏品（引自《中国古代玉雕》，PL，XX3） 13. 殷墟玉雁（M216：24）

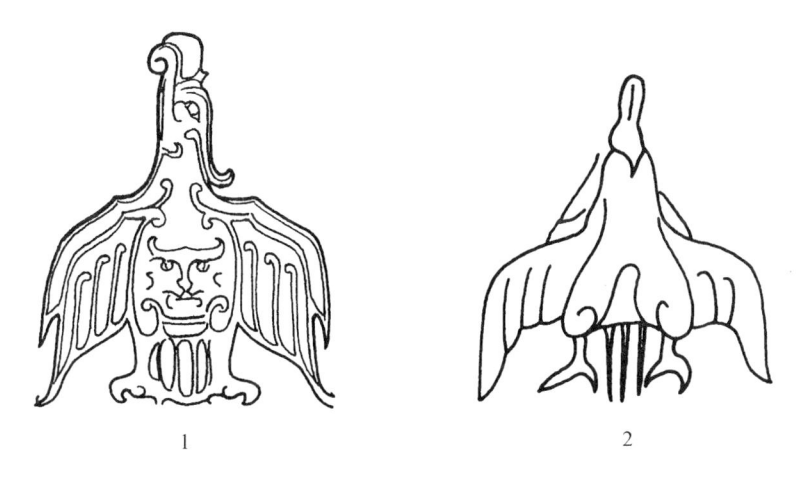

图三

1. 台北故宫博物院藏玉圭　2. 弗利尔玉圭

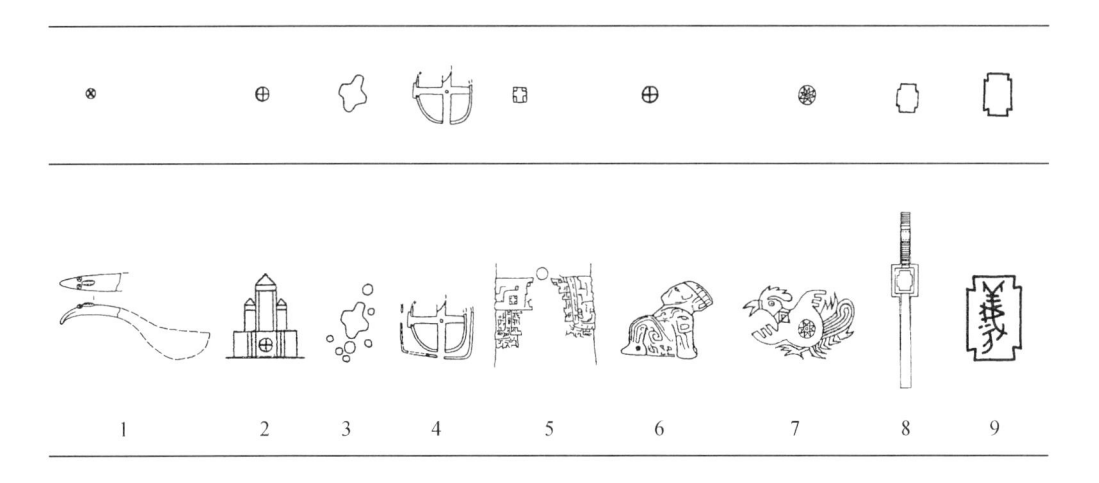

图四

1. 宜昌路家河陶勺（采:48）　2. 刻划图案（引自《长沙南沱大塘遗址发掘简报》黄纲正、王立华执笔,1995年长沙"长江中游史前文化及亚洲文明学术讲座会"论文）　3. 太谷白燕F504　4. 鹿台岗遗址I号遗迹　5. 黎城戚　6. 四盘磨圆雕石人　7. 苗族刺绣"阳鸟纹"（引自林河著:《中国巫傩史》,第218页,花城出版社,2001年8月）　8. 后冈殷代大墓（石璋如:《河南安阳后冈的殷墓》,《历史语言研究所集刊》第十三本,1948年）　9. 亚羲（中国社会科学院考古研究所编:《殷金周文集成释文》第六卷,香港中文大学出版社,2001年10月第一版）

四,4）亦可作为辅助论据。此类建筑确凿无疑地表明中国早在新石器时代时已用"亚"形表示与"中心"有关的意义了。参阅图二。

于此,马桥遗址这件特殊陶杯特殊特征的含义应是很清楚的了。不过为何以此"神鸟负'八角（星）纹'"作为把手呢？具有信仰内容的图案在器物上的具体位置有时可能不会刻意表示，但是有时可能会，此件陶杯上的特殊特征应是典型的示范，我们初步以为由于神鸟、"八角（星）纹"可以与"北斗星"关联，北斗星又可与勺子类器物造型关联，所以，此件陶杯的杯体可以视为是"斗魁"，阔把可以视为是"斗杓"，执柄即执掌权力。

4. 有关与之有联系的早晚期材料的讨论

我们认为，"阔把造型的鸟负'八角（星）纹'"的造型在良渚文化中还有类似的材料，这就是弗利尔一类玉璧上的有关造型，这些造型背负"圆——亚"，或曰"圆——菱形"，实际表现的就是"天中"的概念，其中的圆示意"天"，"亚"形或"菱形"是具有方向性的涵示"中心"意义的符号，是与"八角（星）纹"属于一类的，有的"八角形"本身即与菱形有联系。更早的材料在湖南高庙遗址陶刻画中有发现，画中一神鸟负四齿神兽面，双翅膀各有一"八角形"符号，"八角形"符号周围是四边不连续的弧方形，这一组合的造型及意义与玉琮可以关联。从高庙遗址的这一材料看，"八角形"符号位于神鸟翅膀，中心为一神兽，似乎与所述"阔把造型的鸟负'八角（星）纹'"一类图案的造型不完全相符，但是从考古发现的材料看则不然。神兽一般是位于中心的，但是从凌家滩神鸟这一材料看，雌雄神兽——猪却成为两个翅膀，或曰位于两个翅膀，又显然此类神兽可与北斗神或具有中心之类意义之神关联，所以其与"八角形"符可以关联，这又正好说明在此类图像系统中，神兽位于翅膀或中心及"八角形"位于翅膀或中心意义类似。参阅图二。

商周时仍有以或可与北斗星关联的"蹲踞式"神鸟作不同器物之把手的（图五），尤其是三星堆文化中的类《山海经·西山经》中所言的"婴勺"造型的可与"玄鸟"、"北斗"关联的有些鸟形勺（图四，1），其类黎城戚神（图四，5）一样，目中有"亚"形，可以说明这个问题。

另，神鸟负具有"中心"等意义符号的材料，最早出土于高庙遗址，又出土于凌家滩遗址，马桥遗址的这一材料是时代略晚者之一，类似者尚有不少，龙山时代亦曾发现类似材料[3]（图二，8、9、10、11），二里头文化时的材料现在尚未发现，商代相关材料除所述以外，有两类值得提出，一类是出土于安阳的两件玉鸟，身有"⊕"形符号（图二，13），一类是数量诸多的"蹲踞式"玉人（图二，12），少量玉人像四盘磨者不是"蹲踞式"（图四，6），其中不少身之"髀枢"的位置或踝之近"昆仑"、"申脉"的位置有"⊕"形符[4]，而这些玉人多有神鸟的特征。这样的话，所述神鸟或具有神鸟特征的"蹲踞式"玉人与"阔把造型鸟负'八角（星）纹'"图案中的"阔把造型鸟"相应，"⊕"、"⊕"、"❂"、等则与"阔把造型鸟负'八角（星）纹'"造型中的"八角（星）纹"相应。至于神鸟负"中心"或"八角星纹"的更晚材料在少数民族中有发现（图四，7），不过除彝族等数量不多的少数民族的认识与其早期含义有关外，多数对其含义的认识已有误判，像现今许多人一样误以为其与太阳有联系。另，与"中心"有关的礼仪数术符号"五"存在于玉饰（城头山遗址）、陶豆（新砦）、陶斗形瓮（新砦）等上的情况、金文中以"五"、"菱形符"为"族徽"或"吉祥符"的情况、数术中"五"的含义、商、周初重要墓葬或墓室为"亚"形（图四，8）、金文中"族徽"所附"亚"形符（图四，9）等情况有助于我们理解本文论证，此不赘述。

5. 参照执钺等现象谈墓主身份问题

马桥遗址Ⅱ区M204随葬有这件有特殊特征的陶杯，由于这件陶杯意义非凡，所以，我们认为对于判断这位墓主身份应有重要价值。由于这件陶杯的特殊特征与礼仪有联系，所以，死者的身份有可能与礼仪有联系。

图五 弗利尔博物馆藏

又，据发掘者报告，墓主为一30~40岁的男性，有6件随葬品，是10座墓中数量最多的，并且除了这件特殊的阔把杯之外，尚有1件10座墓中其他9座墓中均未出现的玉器。

另，依据发掘报告描述，此墓主右手执有带柄石钺（M24:5），而执钺往往是一般礼仪、军事礼仪中重要人物的突出特征。这方面的考古学材料很多，像肖家屋脊遗址石家河文化早期的执钺人像（图六，1），甲骨文中的商人高祖"夒"的执钺造型（图六，2、3）[5]，等等。另，文献中同样有诸多记载，像：

《逸周书·克殷》："（武王）先入适王所，乃克。射之三发而后下车，而击之以轻吕，斩之以黄钺。"

《尚书·牧誓》："王左仗黄钺，右秉白旄以麾。"

《史记·殷本纪》："赐弓矢斧钺，使得征伐。"

《史记·殷本纪》记载商的开国君主汤："自把钺以伐昆吾，遂伐桀。"

《国语·鲁语》："大刑用甲兵，其次用斧钺。"

《逸雅》："钺，豁也。"

《书经》云："钺以金饰，王无自由之理，左杖以为仪耳。"

汉刘熙《释名·释兵》："钺，豁也。所向莫敢当前，豁然破散也。"

《史记·周本纪》："周公把大钺，召公把小钺，以夹武王，衅社，告纣之罪于天及殷民"。

《三国志·魏志·曹休传》："帝征孙权，以休为征东大将军，假黄钺，督张辽等及诸州郡二十余军。"

《通典·礼二四》："晋制黄钺车，驾一马，大驾行次于华盖后，御麾左右又有金钺车、金钲车，并驾三马。"

图六

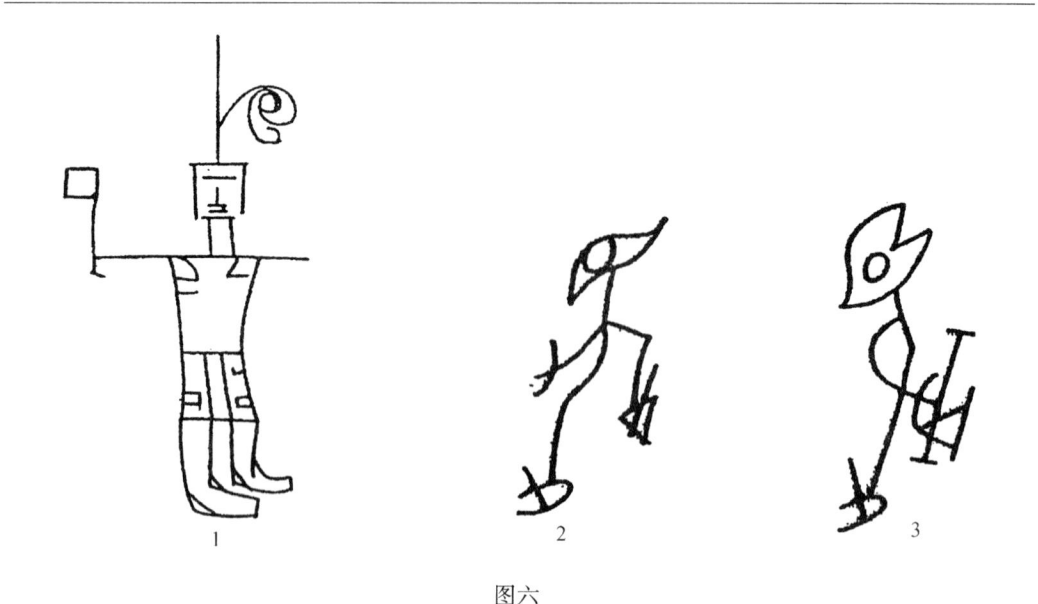

1. 石家河 H357∶5 2.《屯》346 3.《合集》六三〇〇

再者，甲骨文和金文中的"王"和"皇"字，即有作斧钺形状的部分，说明当时的使用者具有相当高的地位，同时甲、金文等文献及诸多墓葬随葬情况表明不少礼仪中都有钺、戚一类，此不赘述。

综合地看，此墓的埋藏情况表明，此墓主有可能是一个小村落中的有军权和礼仪祭祀权的决策成员，从文化人类学的角度看，或是表明埋葬者希望死者在另一个世界里成为一个这样的人。

注　释

[１]　上海市文物管理委员会编著，上海书画出版社出版，2002年12月版。

[２]　论述见拙著：《花地嘴遗址所出"新砦期"朱砂绘陶瓮研究》，《中国历史文物》2006年第1期。另山西近出双面以阴、阳不同线刻示其雌雄特征的玉神面有助于理解这个问题（玉神面材料见李建生、王金平：《试论山西出土的玉器》图一，《文物世界》2006年第5期）。

[３]　龙山时代的这些材料，有的神鸟所负为"心"形、"水滴"形或"神面"造型，意义仍与"中心"或"中心神"有关，我们已有相关论证，此不赘述。

[４]　关于此玉器上所见"⊕""⊕"形符号的含义，学术界有所研究，象潘守永等的《古代玉器上所见"⊕"字符号的含义——"九曲神人"与中国早期神像模式》（《民族艺术》2000年第4期）、尤仁德的《帝俊玉像》（《故宫文物月刊》总第160期）等认为其与太阳或生殖崇拜有关。我们认为，其应为表示玉人与"天中"关系密切的特殊造型，此玉器上所见"⊕"字符号应蕴涵有"天中"、北斗之意或与之有密切联系，其中"十"字意为四方之中，"⊕"形符表示天圆。同时，此类符号多位于神人之"环跳穴"，四盘磨出土商代圆雕石人（服饰

龙纹、饕餮纹，身份应与巫、礼之职务有关），其"⊕"字符位于腿骨与踝之间，在具有"广漠无艮"之含义、近高突如高山之外踝的"昆仑"、"申脉"等附近，同"髀枢"一样位于髀之另一端点，这两者均为髀之关键，一个被中医学界称为"髀枢"，一个近于内涵特殊的"昆仑"、"申脉"，联系到濮阳西水坡45号墓有以人腿骨代表"斗杓"的现象、古人以身测影的风俗及中医经络思想的历史，我们有理由相信，此类玉器上的"⊕"字符号位置和内涵具有与"天中"、北斗相关的特殊意义。另"⊕"形符号的含义与"⊕"字符号的含义近似，"□"形，从考古学材料看，有时位于"八角符"之中心，有的位于彩绘双旋符中心，像陶寺等遗址；又不少神人特征之一是具有"方瞳"，道家以为人之修成，先易气，再易形方为成功，而易形之突出特征即是瞳由圆易为方。《六书》曰："人受气以生，以目最先。神之所聚，无非目也。……故方瞳者，形化之大成，得道之符征也"，《列仙传》、《抱朴子》之《论仙篇》、《微旨篇》、《祛惑篇》、《神仙传》及诸多诗文中均有类似记载，所以可以初步地认为其表示的是与神人有关的四方之中、方正、严正的意思。有关论述还可见拙著《论龙虬庄陶文——并论"五帝"的一种称谓》（《北京平谷与华夏文明国际学术讨论会文集——夏商周文明研究之七》，王宇信等主编、中国殷商文化学会等编，社会科学文献出版社，2006年3月版）。

[5] 由此可知，甲骨文中的商人执钺造型之高祖"□"（左"夒"右"戊"，有学者认为是左"夏"右"戊"）与高祖"夒"确是一人，增"钺"可以明示其有刑兵之权、威武之势，这还有助于我们更好地理解有关古文字为何会有增形体等类问题。

（原刊于《古代文明研究》通讯总第三十一期，2006年12月）

大甸子墓地陶器上的"特殊彩绘"

顾万发

大甸子墓地[1]是夏家店下层文化中最具代表性的遗存之一,其丰富的内涵多年来深为学界所关注,尤其是其中的彩绘,更是大家特别关注的一个中心问题。笔者在对中国早期艺术文化史进行研习的过程中,也曾特别关注过大甸子墓地的彩绘。笔者发现,大甸子墓地的彩绘中,也有与二里头等文化中"青铜兽面纹牌饰"造型内涵相似甚或基本相同的一类图案[2]。笔者现将这一重要问题加以论述,敬请方家斧正。

一、有关材料的介绍

大甸子墓地的不少陶器上均有彩绘,其中有相当数量彩绘的主体是由几个相同、相似或不同的"彩绘单元"所组成。不同器物上的这些"彩绘单元"虽然本质意义上没有什么区别,但是其具体的特征较为特殊,亦不完全相同。这类特殊"彩绘单元"种类很多,颇有研究价值。下面简要介绍大甸子墓地的彩绘材料。

1. M317:2

梯形,或曰"斗魁形",四目,双T形珥,柳叶眉,"亚"字形鼻子,双腭内弯。从造型风格看,有镂空成形的风格(图一,2)。

图一 "黄金四目"纹图示
1. 莒县大朱村 2、3. 大甸子(M317:2、M371:10) 4. 仓包包(87GSZJ:36)

2. M371∶9

近长方形，双单旋符目，倒 T 形鼻首（图二）。

3. M4∶1

总体为"亚"字形，"介"字形主冠，冠顶装饰的中心为双层 X 形，冠顶装饰的侧面为单个 X 形的 1/2，其组合正好形成与中心造型一致的 X 形（图三）。当然，此 X 形实际可以视为"介"字或

图二　"单旋符目"神兽纹（大甸子 M371∶9）

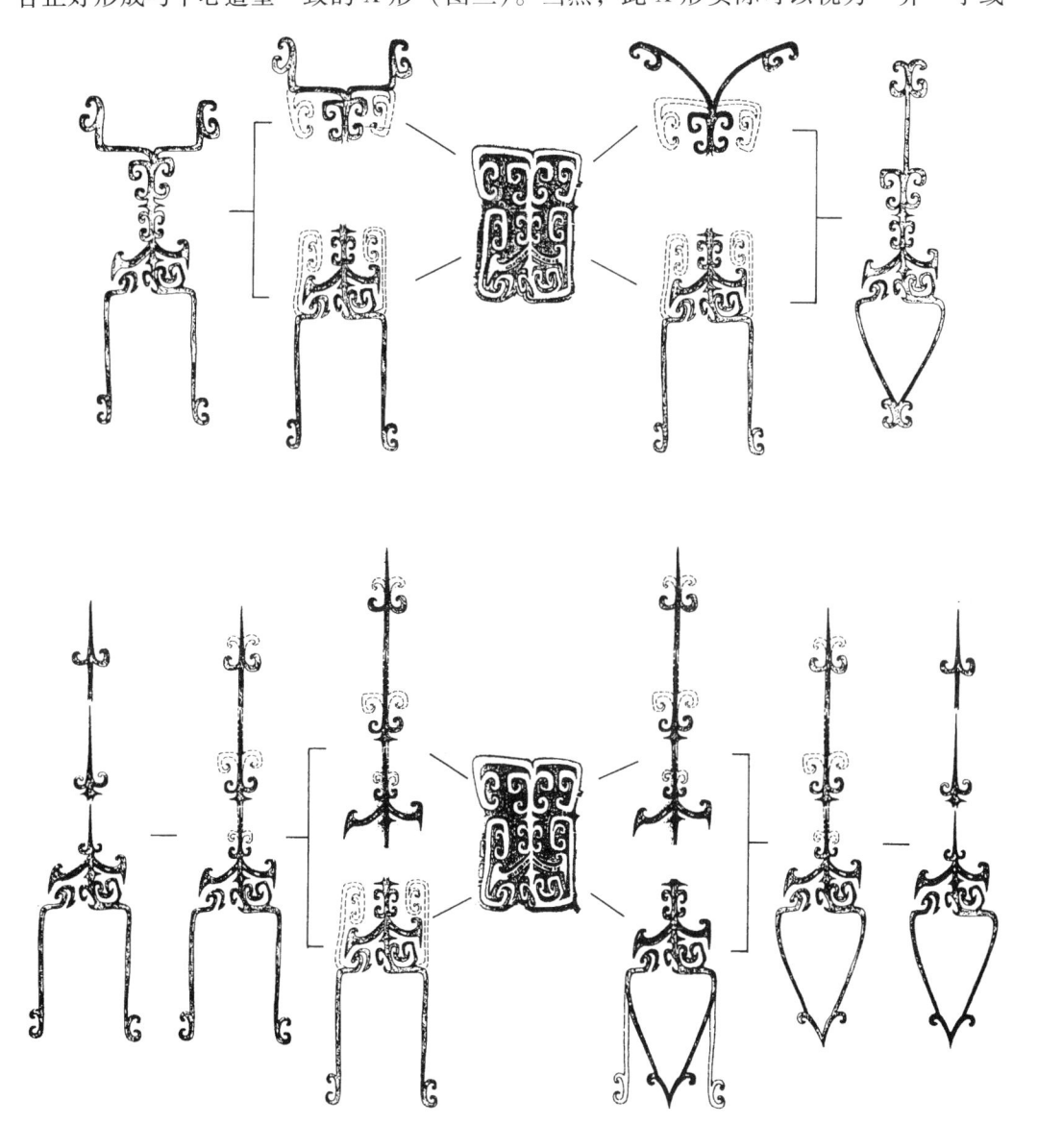

图三　"亚"字形彩绘部分变化示意图（大甸子 M4∶1）

"个"字形。M905:20 神面之冠的双层"介"或"个"字形可变形为双层 X 形，这有助于此一问题的讨论（图四，1）。这类设计方法在中国早期艺术史神灵冠的造型中很是多见，例如大汶口文化陶尊"符号"、龙山文化及其他文化中的玉器神面造型及相关刻划图案材料。另外，此神物的印堂处有一常见的菱形，双目未画清楚，应与 M522:6（图五）类似。双"珥"为 C 形，可以组成同冠顶造型一致的 X 形，实际其可以视为面下的装饰。特别应注意的是，参照上海刀及石峁玉戚等玉器的神面（图六）[3]，此神面上的装饰造型可以视为是与冠顶不对称的倒"介"字形，或是与冠顶 X 或"介"字对称的倒 X 或倒"介"字形。倒"介"字形不可简化为倒"个"字形，因为若视其为倒"个"字形，则一般应视其为嘴，这与其本身是神面的装饰是不符的，当然，此神面下的装饰，参照 M1115:4（图九），还可为其他形式。

图四 "介"字形冠与 X 形冠互变示意图（大甸子 M1240:2）

4. M371:10

此类牌饰原形应为近似长方形，弧顶形天盖冠，神面表现的主要是四目，四只眼睛均为变形的单旋符类型（图一，3）。M377:28 同样属于此类。

5. M905:20

此为两个神物面。每个神物面冠为双层"个"字形冠，鼻首明显，双腭内弯（图四，1）

6. M663:1

牌饰的主体有近"介"字形冠顶，或可视为三峰式，也可称为天冠的顶。造型的

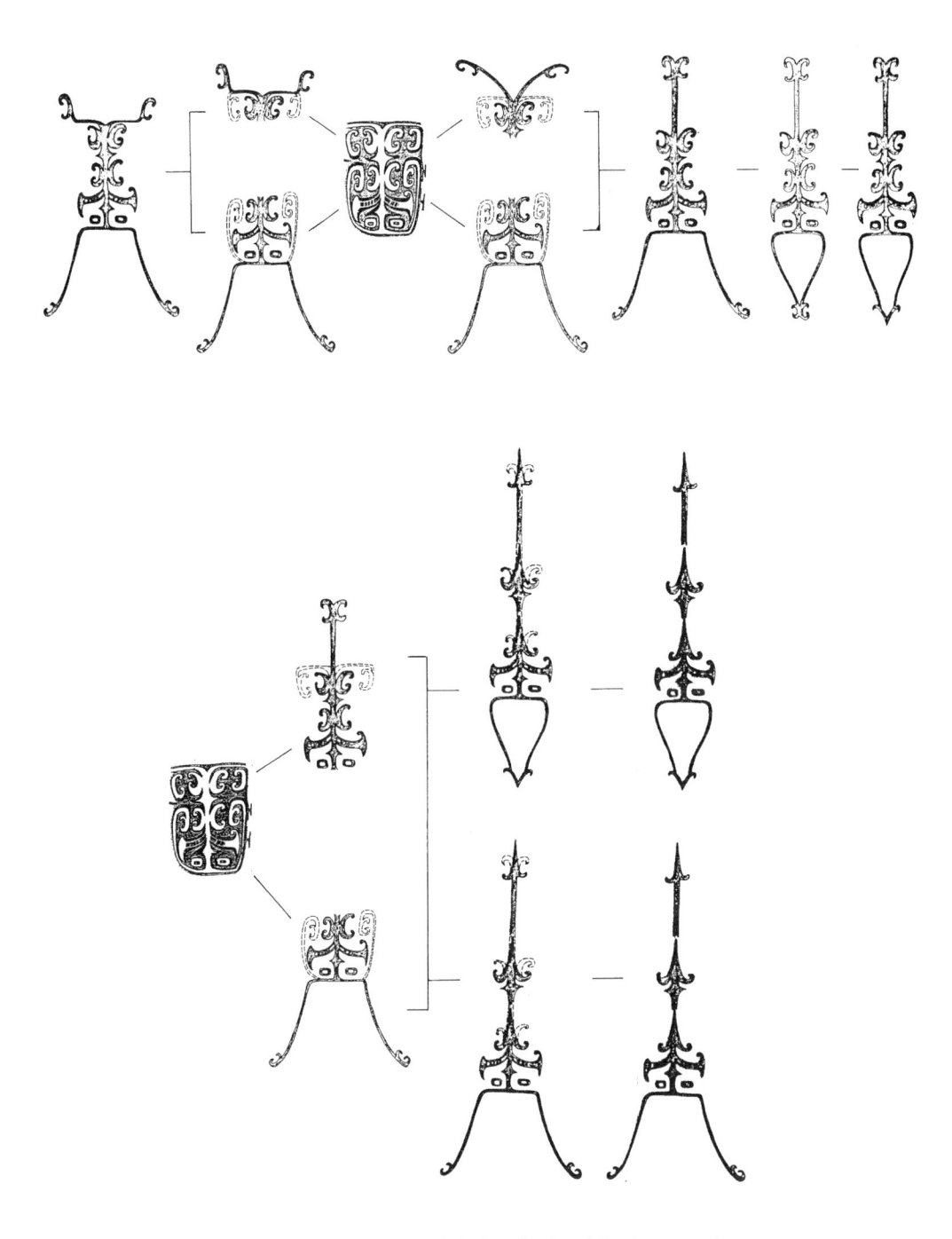

图五　彩绘神面部分变化示意图（大甸子 M522:6）

主体为相同的分为三层的 3 个神面（图七，2）。这属于很特殊的造型，多层造型在良渚文化、石家河文化、二里头文化玉器图案中均有发现。三个神面中，每个神面主冠为"介"字形，双目为单旋符形，单旋符形的目与"介"字形冠又组成两个近似"S"的

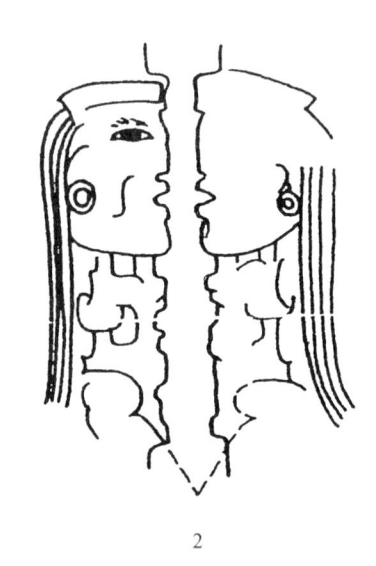

图六　玉器上的神面
1. 上海刀　2. 石峁戚

图七　多层双S彩绘与青铜牌饰比较图
1. 仓包包（87GSZJ:16）　2、3. 大甸子（M663:1、M726:17）

造型[4]，倒T形鼻首。M726:17（图七，3）与之类似。其中M726:17 Ⅰ与M663:1基本一致，M726:17 Ⅱ应与M663:1一致，不过原绘者画得不规范。

7. M371:7

主冠为"介"字形，冠顶为X形装饰，实际可以视为"介"字形变体，与主冠组成多重"介"字形。双目无瞳，印堂处为菱形，双腭外弯，双珥为C形，可以组成同冠顶造型一致的X形。特别应注重的是，同M4:1一样，参照上海刀等玉器神面（图六，1），M371∶7 神面下的装饰造型可以视为是与冠顶 X 或"介"字对称的倒 X 或倒"介"字形。不过，神面下的装饰还可为其他形式（图八）。

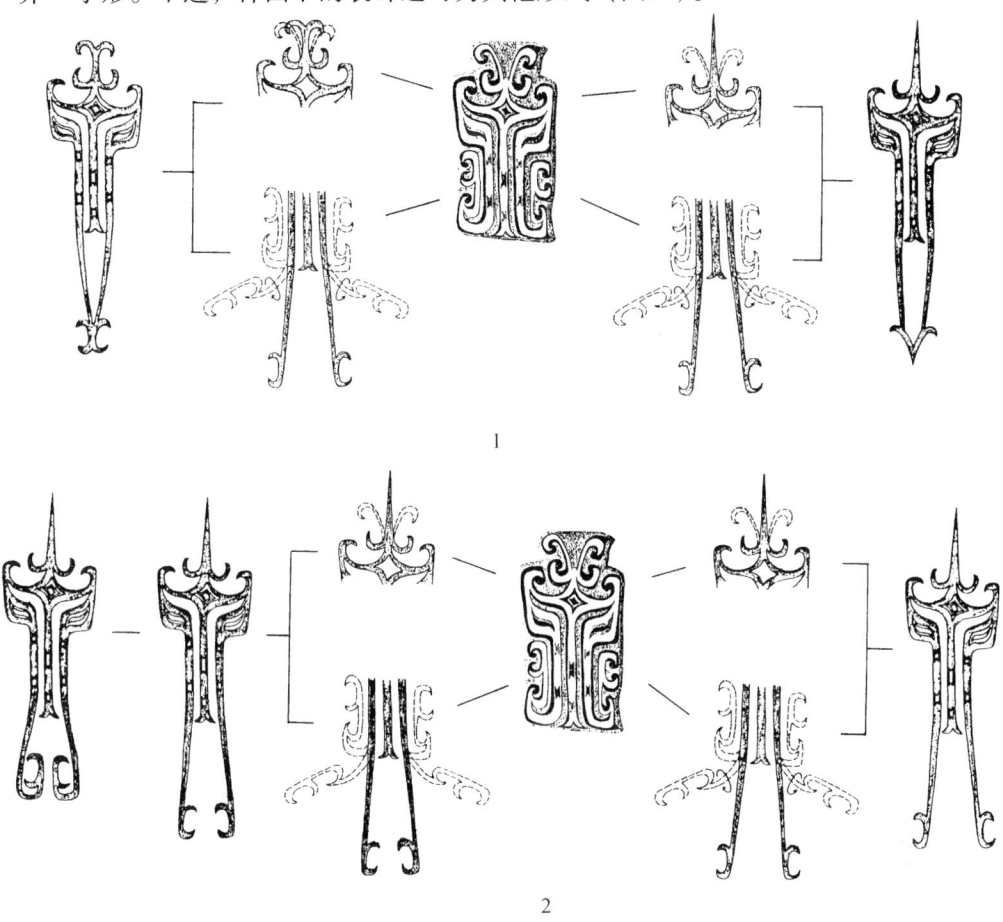

图八　彩绘神面部分变化示意图（大甸子 M371∶7）

8. M1115∶4

陶罐上共有两个神兽面，上下端有装饰带，相当于青铜牌饰的框，整个图案造型、结构实际与兽面纹牌饰相同[5]。从不清晰的照片看，神灵构图应为多重"介"字形天盖冠，菱形印堂，圆形双目，鼻子上亦有一菱形，双腭内弯，鼻端由 X 形和"人"字形组成，两侧为 C 形装饰，性质类似 M4∶1 中的同类造型（图九）。

9. M371∶10

冠的主体为 X 形，与冠顶装饰实际可以视为羽冠，神物双腭外弯（图一〇，1）其双目与日本南馆所藏铜牌饰（图一〇，2）[6]类似，是菱形的。神面两侧的造型参照 M1115∶4 等，可以作不同的复原。

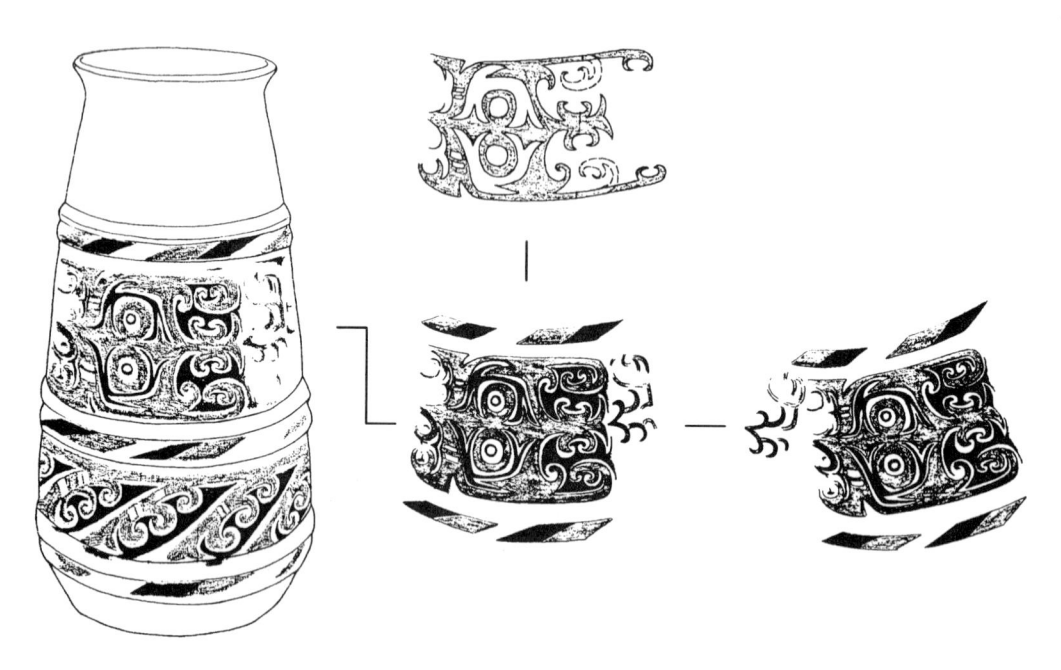

图九 彩绘神面（大甸子 M1115:4）

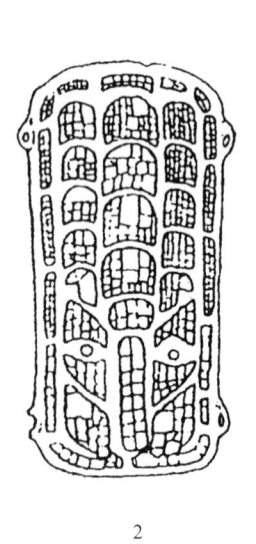

图一〇 彩绘神面
1. 大甸子（M371:10）　2. MIHO 博物馆藏铜牌饰

10. M453∶10

梯形，总共由5个基本相同的小牌饰组成。其中第2、3个小牌饰造型基本完备，有双目与鼻子，第1、4、5个有双目，但是鼻子绘得不完整。另第2个神物方向与第1、3、4个神物方向相反，第5个神物应向右旋转90°方为正方向（图一一）。

11. M452∶1

近长方形或"亚"字形。共由3个相同的小牌饰组成，每个小牌饰显示的结构为：额、冠——双单旋符形目——鼻首（图一二）。

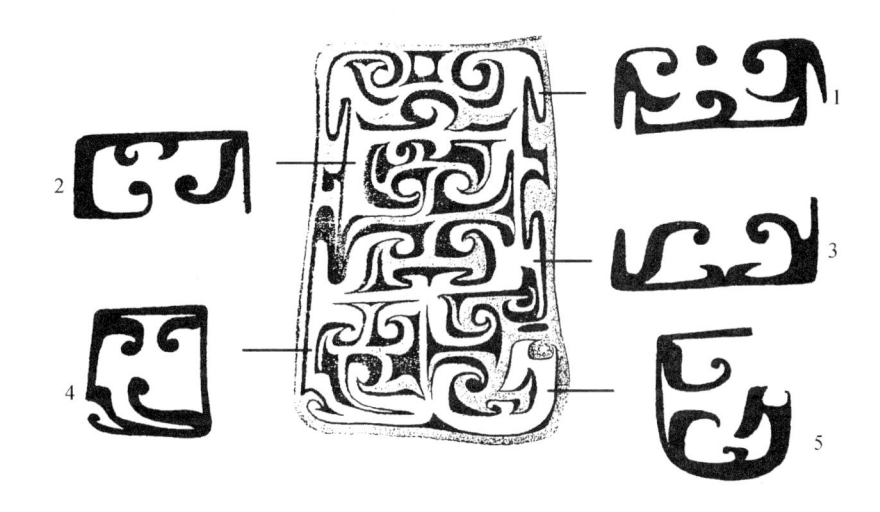

图一一　五神面组合彩绘（大甸子 M453∶10）

图一二　三神面组合彩绘（大甸子 M452∶1）

12. M316∶1

"亚"字形（图一三，1）。若读灰色部分（图一三，2），则可以视为Y形冠，T形珥，单旋符形目，亚形与T字形组成鼻子，双腭内弯。若读白线（图一三，3），则为羽冠，双单旋符形目，U形鼻首，双腭内弯。

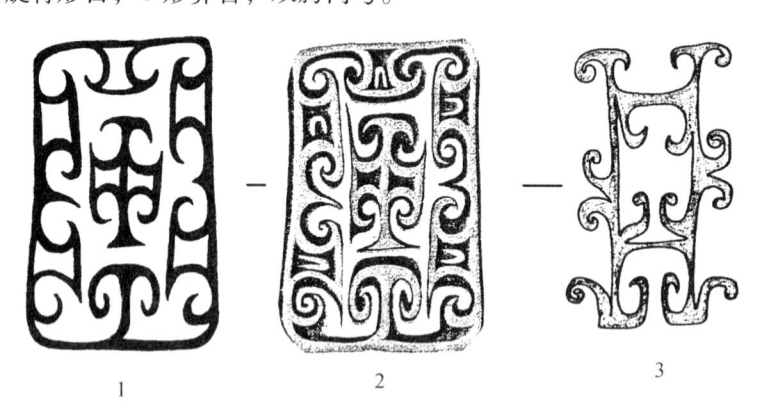

图一三　彩绘神面（大甸子 M316∶1）

13. M723∶1

近长方形，主要由两个神物面组成（图一四，1）。一个神物有Y形冠、单旋符形目，"亚"字形鼻子（图一四，2）。这个神物面若读白线（图一四，3），则与M316∶1类似，另有一只代表神灵的眼睛。整个牌饰可以视为戴"介"字形冠及羽饰的神面造型。

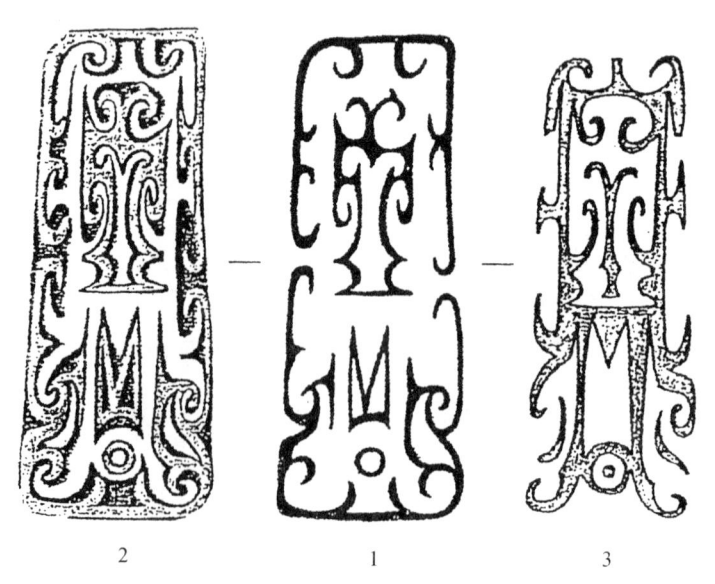

图一四　彩绘神面（大甸子 M723∶1）

14. M761：1

近梯形，有羽冠，其造型与 M371：7、M612：26 等神灵（图一五，2、3）的冠为一类，即一个 X 与"介"字形，矩形眉，双腭外弯，双腭端与近似 M371：7、M612：26 神灵的双珥造型"互文省略"，双颊各有一与龙山时代诸多玉人首类似的 S 形。若读红的颜色，则神灵为"介"字形冠，双颊有 S 形，倒 T 形鼻首等（图一五，1）。

图一五　彩绘神面
1. 大甸子 M761：1　2. 天津圭　3. 美国史密森宁学会藏

15. M659：4

从器物图的宽装饰带中可以发现，至少有两类特殊彩绘单元。一类是以单旋符形目代表神灵类型的，另一类是以双单旋符形目代表神灵类型的，不过此类型无明显的眼瞳。每个"彩绘单元"之间以栅栏式线带隔离，栅栏式线带从 M672：9（图一七）看，有时可以视为另一种彩绘单元（图一六）。

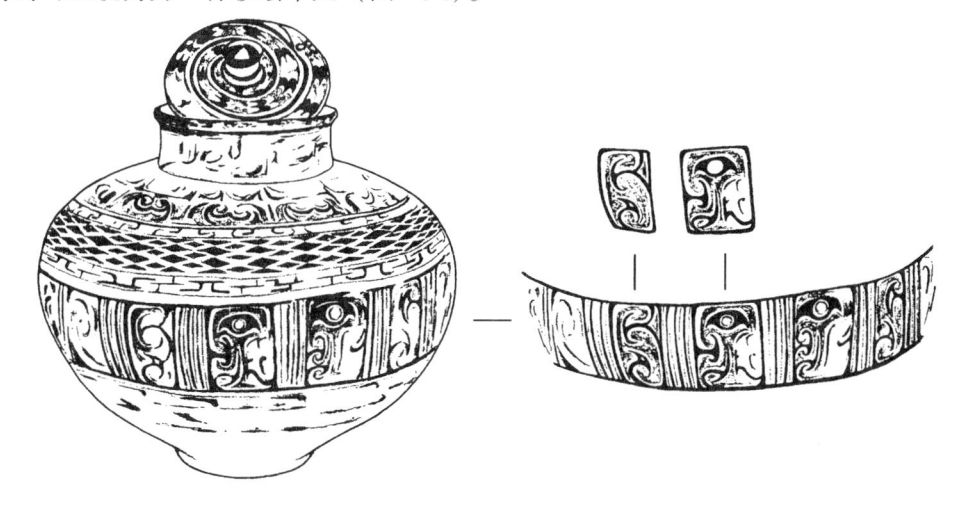

图一六　多神面组合带状彩绘（大甸子 M659：4）

16. M672∶9

从器物图的宽装饰带可以发现，至少有 3~4 类彩绘单元，彩绘单元之间以目符相隔。有的彩绘单元以具有明显眼瞳的双单旋符形眼睛为主体图案造型，有的以无明显眼瞳的双单旋符形目为主体图案造型，有的彩绘单元主体图案较为抽象。另外，其中的栅栏式造型，在 M659∶4 的装饰线带中是作为"隔离带"出现的，但是在此却占据彩绘单元的位置，暂时将其作为一个彩绘单元看待（图一七）。

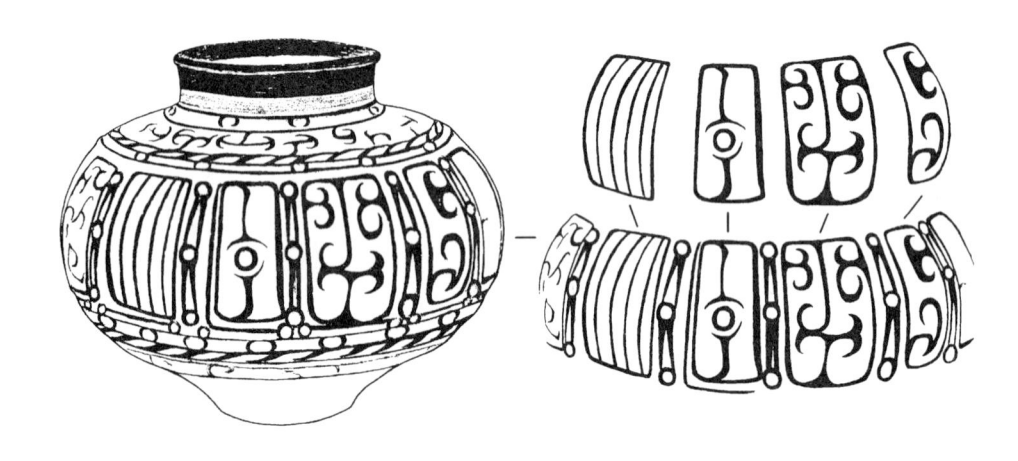

图一七　多神面组合带状彩绘（大甸子 M672∶9）

17. M1150∶2

两条装饰带中共有 8 组神灵面造型，实际可以视为 8 个二里头等文化中"兽面纹青铜牌饰"的图案化（图一八，1）。神灵面的左右均有隔离线带，相当于镶嵌绿松石兽面纹青铜牌饰的框（图一八，2）。单个神灵冠的主体为"心"字形，这是我们曾论证的由神灵头顶神鸟常负的与极星或北斗意义相关的造型。珥呈倒 T 形，双单旋符形目。

18. M1150∶1

整个陶鬲表面共有 6 个完整的牌饰似造型的神灵图案和 6 个这类神灵的冠[7]，可以作简单复原，其结构与 M1150∶2 一致（图一九）。

19. M838∶1

整个陶鬲表面共有 3 个单元，方向倒立，每个单元周围由一体双首龙或双龙随形相绕（图二〇，1）。每个单元本身的界限是由一个个单旋符联缀组成，每个单元神灵的首端是由两个单旋符组成的，复原后可视为"介"字形首、圭形首（图二〇，3），或

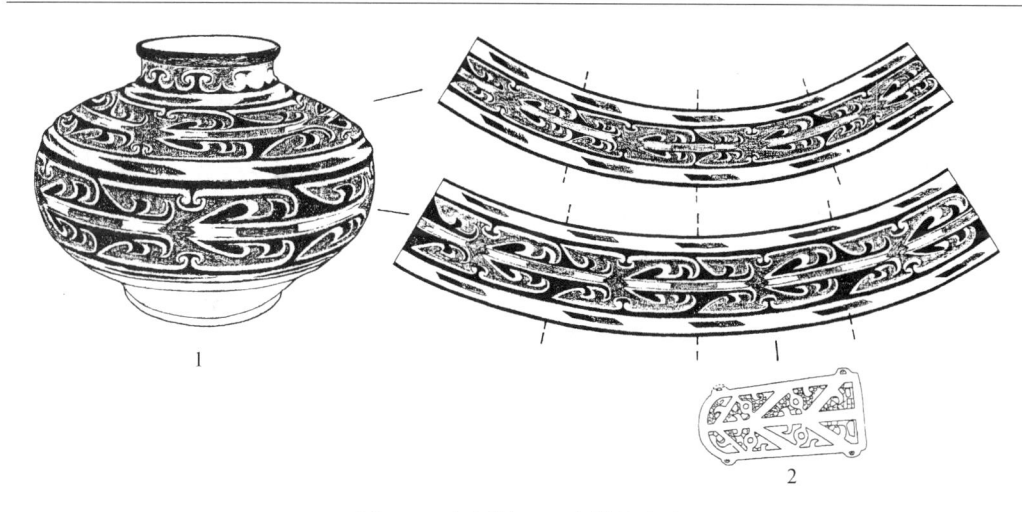

图一八　相同神面组合带状彩绘
1. 大甸子（M1150:2）　2. 真武（87GSZJ:36）

复原为顶呈 Y 形的近似"介"字形首（图二〇,4），这类冠与有的铜牌饰神灵冠（图二〇,2）或刻画的牌饰类神灵之冠（图二七,50）类似。神灵面目不是特别规整，不过 T 形珥、倒 T 形鼻显得较为清楚一些。

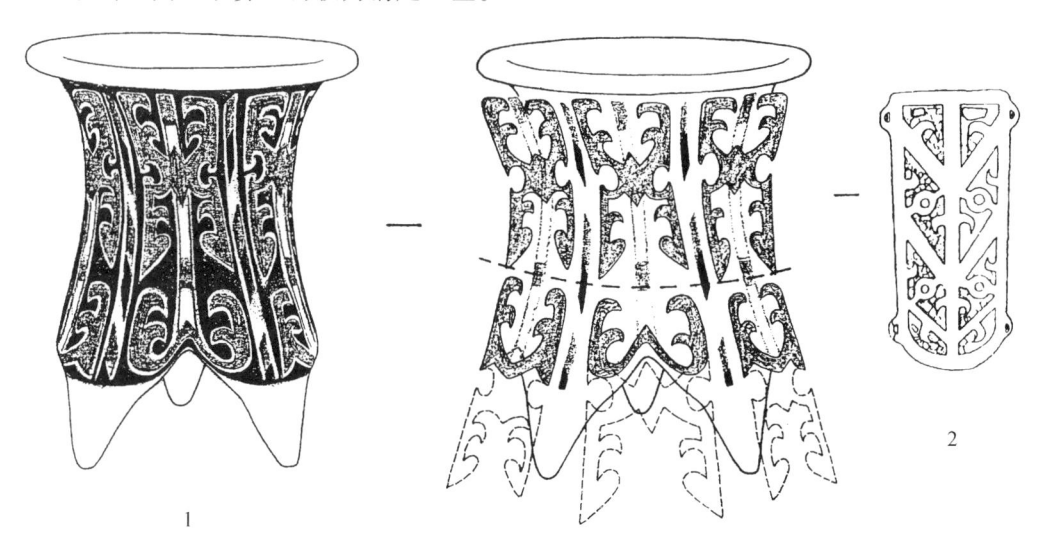

图一九　相同神面组合带状彩绘
1. 大甸子（M1150:1）　2. 真武（87GSZJ:36）

20. M901:1

总的方面与 M838:1 等类似。神灵面目不易识别，仅印堂处的菱形、双单旋符形目、倒 T 形鼻还有些清楚（图二一）。

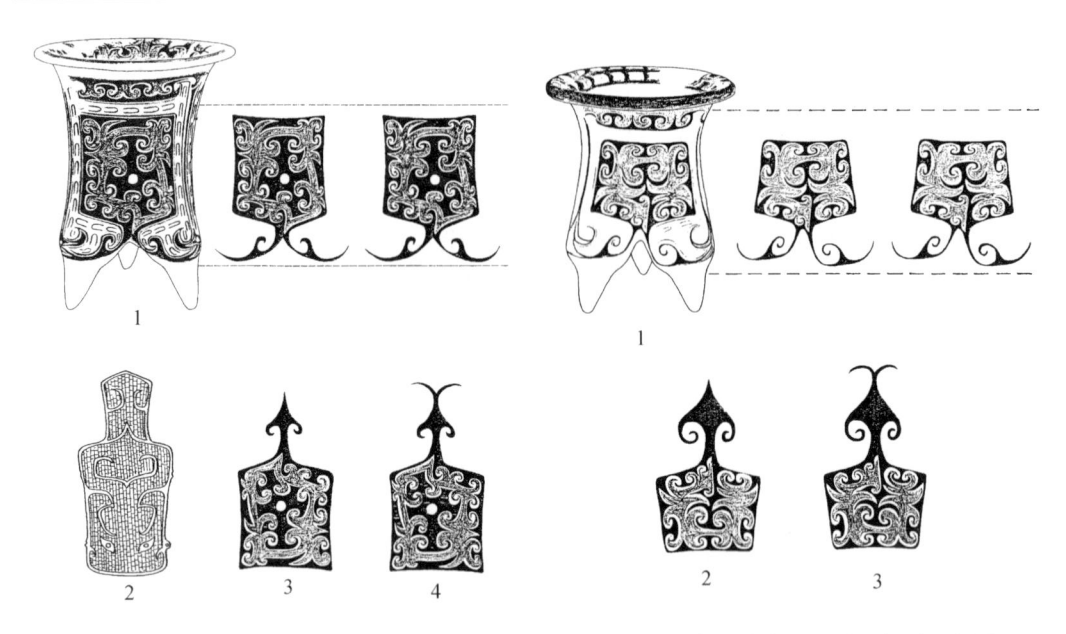

图二〇　彩绘展开图及复原示意图
1. 大甸子 M838∶1　2. 沙可乐博物馆第三件藏品

图二一　陶鬲彩绘展开图及复原示意图
（大甸子 M901∶1）

21. M905∶7

与 M838∶1、M901∶1 类似。神灵面目不是特别清晰，若读"介"字形单元的白线，则可以视为 4 条龙（图二二）。

22. M840∶2

与 M838∶1 等相似。神灵之 T 形珥、倒 T 形鼻子尚可辨识（图二三）。

23. M791∶2

整个陶鬲表面共有 3 个单元，每个单元界限不易划清，整个神面基本为对称式的，"介"字形冠，单旋符形目（图二四）。

24. M603∶2

整个陶鬲表面共有 3 个彩绘单元，呈近长方形，神面的具体结构组成不清晰（图二五）。

25. M1219∶1

整个陶鬲表面共有 3 个彩绘单元，3 个单元相连，无法断开，整个图案亦连在一起，并且较为抽象（图二六）。

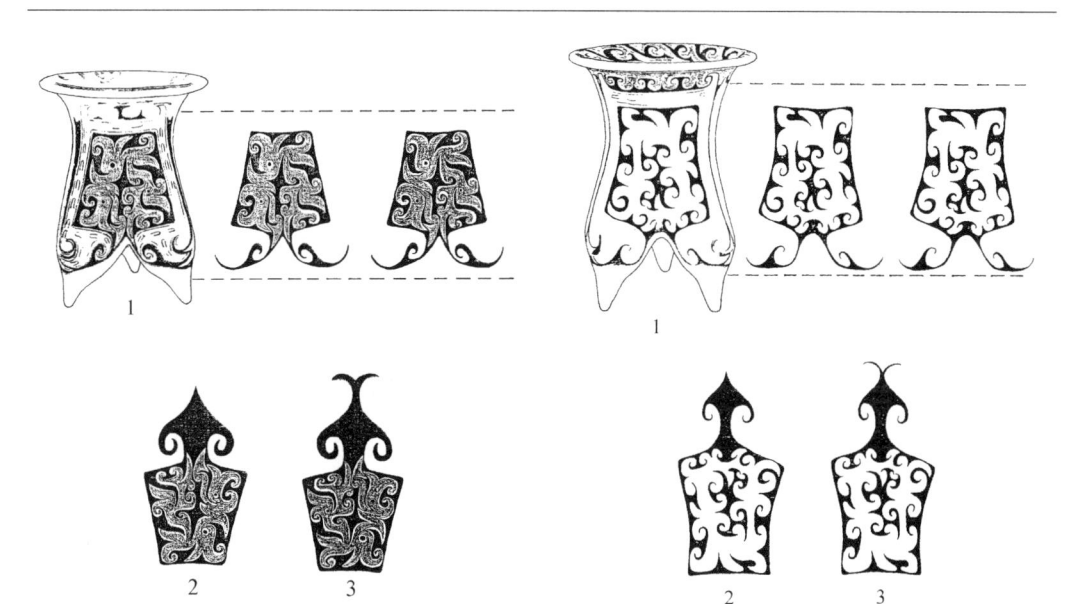

图二二 陶鬲彩绘展开图及复原示意图
（大甸子 M905:7）

图二三 陶鬲彩绘展开图及复原示意图
（大甸子 M840:2）

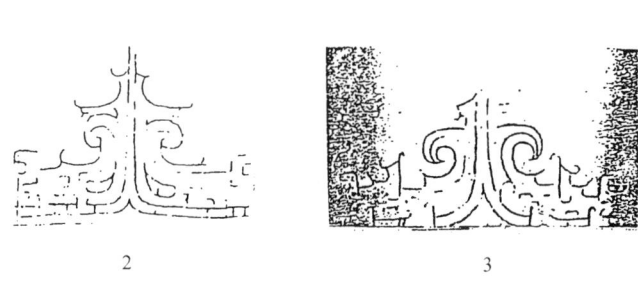

图二四 陶鬲彩绘展开图
1. 大甸子 M791:2 2. 溧阳圭 3. 何东圭

另外，由于大甸子墓地的彩绘资料发表的不全、照片不清晰或艺术创作者未严格设计等原因，以至于有的彩绘图案的结构如（M726:17Ⅱ）无法详细描述。所以，大甸子墓地的特殊彩绘较之于现在所论述的还应多一些[8]。

图二五　陶鬲彩绘展开图
（大甸子 M603:2）

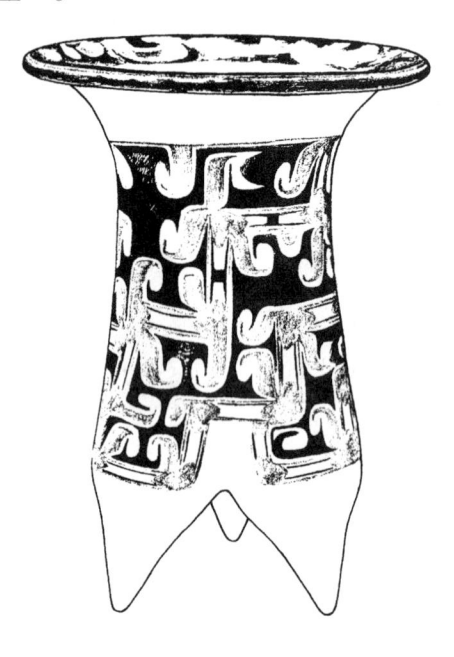

图二六　陶鬲彩绘
（大甸子 M1219:1）

二、大甸子墓地陶器上"特殊彩绘"的类别

我们可以从不同的角度对这些特殊彩绘予以分类：

1. 从"彩绘单元"的轮廓来看，可以分为四型

A 型　梯形加圭首形（图二〇至图二三）。这一型的圭首由于多位于陶鬲的足上，所以它常常被分离为两个"单旋符"。其之所以可以被分离为两个"单旋符"，是因为这类"圭"有时可以视为是由两个"单旋符"[9]组成。

B 型　"亚"字或近"亚"字形。又分为两个亚型。

Ba 型　两端宽度基本一致（图五、图一二）。

Bb 型　一端略窄（图一一、图一三、图一四）。

C 型　近似长方形（图一六、图一七）。

D 型　典型的梯形（图一, 2）。

2. 从"彩绘单元"的图案结构方面看，可以分为三型

A 型　整个"彩绘单元"外形与二里头等文化中的兽面纹青铜牌饰类似，其自身又是由 3 个或多个相同或相似的相当于二里头等文化兽面纹青铜牌饰"彩绘版"的小单元组成。又分为 2 个亚型。

Aa 型　几个相同的小单元纵向排列，方向一致（图一二）。

Ab 型　几个相同或相似的小单元方向不一致，排列有变化，有的为纵向排列放置，少量为横向放置（图一一）。

B 型　由两个不同的套色"彩绘单元"主体（图一三）或多个相同的神面造型组成（图一二），像 A 型一样，外形与有的二里头等文化中的兽面纹青铜牌饰类似。

C 型　由单个神面组成的（图七）。

3. 从同一件器物上几个"彩绘单元"的连接方式来看，可以分为两型

A 型　是 3 个彩绘单元相连，中间有隔离带，隔离带有的为图案，有的基本是空白（图一六、图二五）

B 型　是 3 个彩绘单元相连，彩绘单元之间无法截然断开，有的图案甚至是连在一起的（图二六）。

4. 从彩绘单元的具体图案看，可分为两型

A 型　此类彩绘单元上所绘神物的具体形态有的有明确的五官或部分五官形态，有的仅以单目代表神面（图一七）。

B 型　此类彩绘单元上所绘神物的具体形态不甚清楚，较为抽象，有的甚至全是由"单旋符"或变形"单旋符"等互相连成的非具象图案（图二五、图二六）。

三、大甸子墓地"特殊彩绘"的来源及去向问题

1. 来源问题

大甸子墓地这类"特殊彩绘"的外形不仅与二里头等文化中青铜、有机质牌饰或线刻牌饰的造型基本一致，同时与河姆渡文化、良渚文化中的"斗魁"形符号、大汶口文化中的"天顶·璇玑·斗魁"符号、好川墓地的"斗魁"形漆器、好川墓地、莒县陵阳河"天顶·璇玑·斗魁"形或曰"斗魁—昆仑丘"形玉片、山东龙山或石家河文化中有"斗魁"面形的神人玉器、良渚文化、红山文化中的"天顶·璇玑·斗魁"形玉器等也有一定的渊源关系。从具体图案看，组成上述一类"特殊彩绘"图案的有些具体造型在红山、山东龙山、石家河、二里头等文化之中均可发现相似者。我们知

道，大甸子墓地所属的夏家店下层文化与山东龙山文化、二里头文化均有较为密切的关系，作为夏家店下层文化早期源头之一的红山文化与大汶口文化的关系也非一般，二里头文化与山东龙山文化的密切关系更是大家所公认的。这样看来，大甸子墓地这类"特殊彩绘"的文化来源显然有可能是多元的。另外，本文在论及大甸子墓地的一类"特殊彩绘"有关因素的渊源时，显然在有些文化因素与我们所指出的为其渊源的材料之间，就目前的考古发现看，尚存在缺环，这是需要说明的。

(1) 大甸子墓地一类"特殊彩绘"的直接来源

从外形来看。在早期夏家店下层文化材料尚不丰富的情况下，我们初步认为：大甸子墓地一类"特殊彩绘"A、C型的直接渊源应为二里头文化，笔者的主要论据。现在，我们虽然未在二里头文化早期的材料中发现牌饰或斗魁类符号，但是我们却在其中发现一定数量的与之有密切关联的东方因素，像新砦遗址所出的北斗神物[10]、花地嘴遗址所出的牙璋、玉钺以及陶瓮上所饰的雌雄北斗神面等[11]。而且从诸多迹象来看，"新砦期"恰为羿、浞代夏之时[12]。显然，在这时候有较重要的东方因素西传是无疑的。这些情况说明，二里头文化早期有可能存在这类牌饰或斗魁形符号元素。

夏家店下层文化之大甸子墓地遗存与二里头文化的关系非常密切，二里头文化中的高级别器物像陶爵、陶鬶等在其中均有发现，因而在其中出现二里头文化牌饰的"彩绘版"并不奇怪。

石家河文化的有关元素像玉蝉等在大甸子墓地中出现过，除可能是经过神木石峁等地传去之外，经过二里头文化区再北传也应有可能，二里头文化中发现的具有石家河文化风格的玉禽等有助于证之[13]。

我们发现，夏家店下层文化大甸子墓地一类"特殊彩绘"的因素在三星堆文化铜牌饰中有所表现（图二七，35、48）[14]。显然，大甸子墓地一类"特殊彩绘"有关元素的南传应有相当部分经过了二里头文化区。二里头文化薛村遗址（图二八，2）[15]所出的与大甸子墓地"特殊彩绘"有关的刻划（图二八，1），同样有助于说明这一问题。

大甸子墓地A型一类"特殊彩绘"虽然有明显的自身特征，但是其不少特征明显是受二里头文化中同类牌饰的影响而形成的。

大甸子墓地的D型"特殊彩绘"，虽然可以视为是类二里头等文化中青铜牌饰的梯形，但是较短，在目前发现的各文化的铜、有机质或刻划牌饰中，未见有造型与其较为一致的例子，倒是在被认为属于山东或石家河龙山文化的传世品中，有造型与D型类似的玉牌饰（图二七，20）[16]。不过考虑到时间因素，我们认为，大甸子墓地的D型一类"特殊彩绘"外形的主要渊源应是二里头文化，只是已有所变异，或者是因为D型彩绘单元是三连续分布的，由于其所在陶罐（M371:2）面积的限制才变短的。

大甸子墓地一类"特殊彩绘"的外形，目前看来，其主要的直接渊源为二里头文化。实际上，它们均有更早的来源，像A型早在大汶口文化（图二七，12）、好川墓地（图二七，14、15）、弗利尔玉璧的昆仑台符号（图二七，8）[17]中就已出现。B型的标

图二七 大甸子墓地"特殊彩绘"外形、内涵源流示意图

1、4. 反山（M12:90、M12:100） 2、3、14、15. 好川墓地（M8:2，M60:2-20，M60:2~7，M10:2） 5. 划城岗（M63:26） 6. 余杭瑶山（M2:1） 7. 牛河梁遗址第十六地点 8. 弗利尔博物馆藏品 9. 薛家岗 10. 邳县大墩子 11. 莒县陵阳河墓地M7 12. 莒县大朱村 13. 尉迟寺 16. 养德堂虎纹壶 17、18、29. 台北故宫博物院藏品 19. 黎城咸 20. 享利·哈德希藏品 21. 沙可乐 22. 沙可乐博物馆藏品 23. 关氏缕孔面文圭 24、28. 温索普集 25. 石卯采集 26. 两城镇圭 27. 陶寺 仓包 30~38. 大甸子（M453:10，M4:1，M452:1，M317:2，M663:1，M838:1，M1150:2，M901:1，M905:7） 39、41. 偃师二里头（M57:4，M11:7） 40、46、48. 沙可乐博物馆第二件藏品 (87GSZJ:17，87GSZJ:36，87GSZJ:16) 42. 1999年纽约新展品 43. 四川广汉高骈出土 44. 金沙村遗址（2001CQJC:5） 45. 甘肃天水博物馆藏品 47. 沙可乐博物馆第三件藏品 49. 沙可乐博物馆第二件藏品 50. 偃师二里头采:26

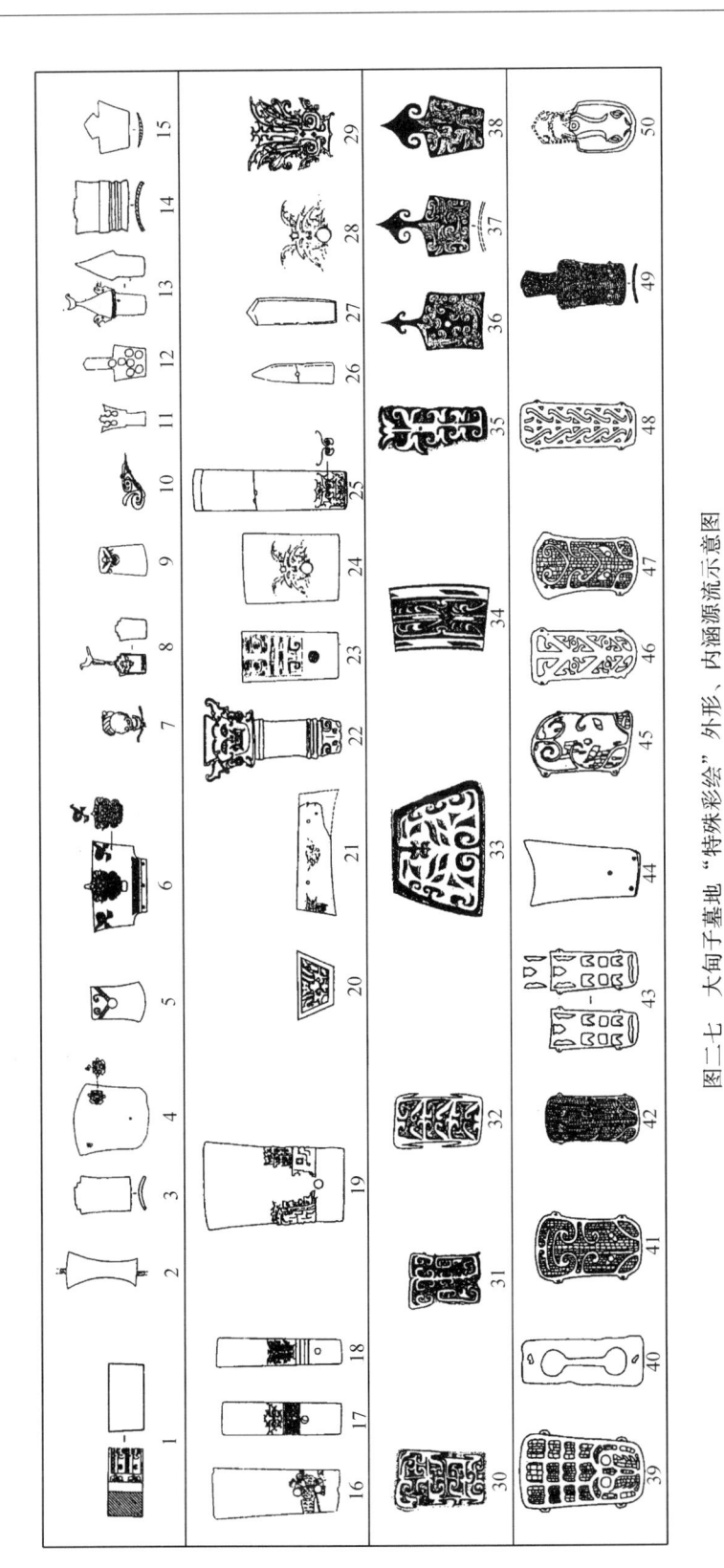

准的早期渊源现在仅在好川墓地中发现过（图二七，2）。不过，大汶口文化、好川墓中的那些作为 A 型早期渊源图案的梯形部分（图二七，12、15）显然也可视为是 B、C、D 型的早期渊源的变体。这里需要说明的是，龙山时代似乎缺乏这方面的直观材料，其实不然，山东龙山、石家河等文化中众多的"北斗神"或相关神、祖、巫的图案中，均蕴涵有相关的信息，像这些"北斗神"或相关神、祖、巫的头顶多有明显的"天盖"，其脸形也多为倒梯形或亚腰形的"斗魁"或"方相"形状，它们与牌饰造型、内涵均非常相关（图二九）。

图二八　大甸子墓地"特殊彩绘"与二里头文化纹饰的比较
1. 大甸子 M4∶1　2. 薛村 H132

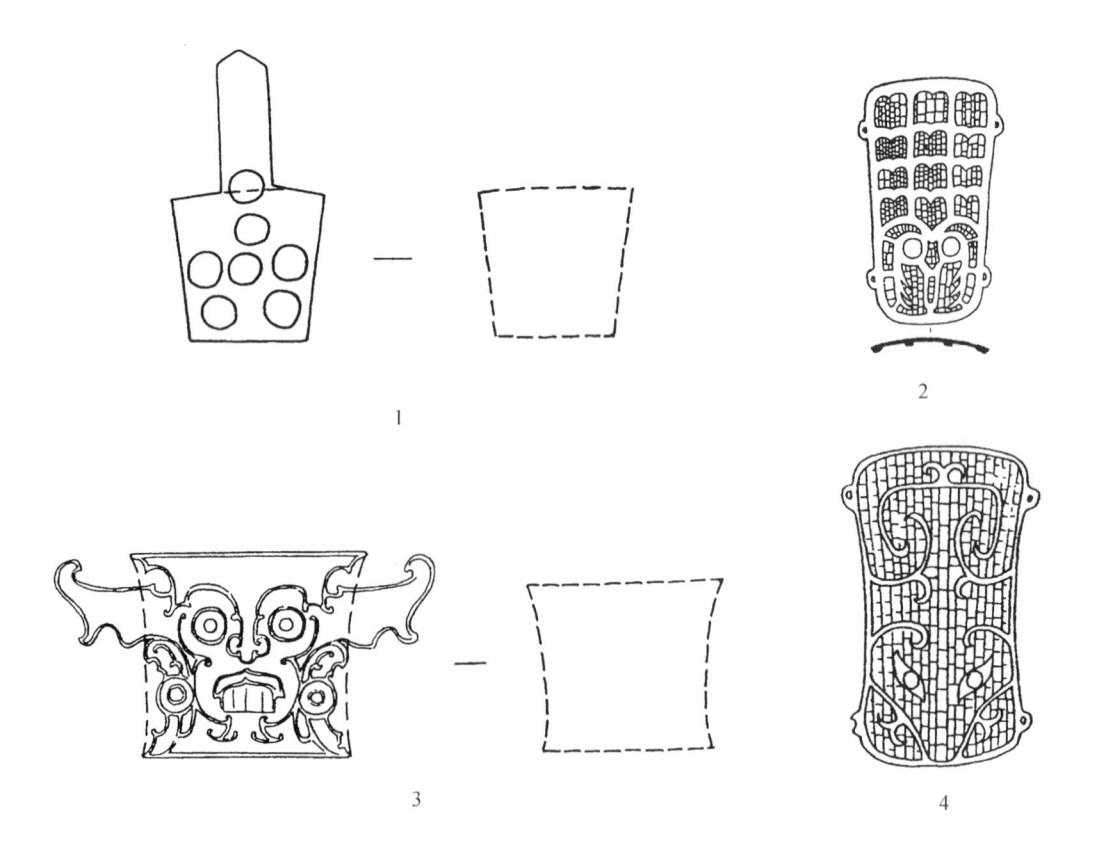

图二九　不同考古学文化的图案造型
1. 陵阳河 M7　2. 二里头 M57∶4　3. 芝加哥艺术研究院藏　4. 沙可乐博物馆藏

(2) 大甸子墓地一类"特殊彩绘"具体图案的来源

来源较为复杂，我们仅择要予以论述。图案中的多数组成眼睛等造型的"单旋符"与红山—小河沿文化系统有关。我们知道，早期的"单旋符"在河姆渡、良渚、马家窑、仰韶、大汶口、大溪、红山—小河沿、山东龙山、山西龙山、石家河等文化中均有发现。这些"单旋符"的内涵虽然非常类似，它们均可以充当目、冠饰，有时还可以两两组合为"圭"形，但是各地"单旋符"的具体造型却有所不同，特别是红山文化的"单旋符"，其虽然源自仰韶文化，但是其中大多数的造型有较为明显的地域特征，红山—小河沿文化有的"单旋符"虽然与良渚、大汶口文化的"单旋符"造型比较相似，但是考虑到地域传承优势，我们认为大甸子墓地一类"特殊彩绘"图案中的"单旋符"多数是与本地域的红山—小河沿文化的"单旋符"直接相关的。

图案中的北斗神目有的有V形眉（图一四），这一特征应与红山—小河沿文化系统有关。因为，就目前所知的早于大甸子墓地所处时代的材料中，仅在小河沿文化中发现过类似的例子。

图案中神物面及冠上均有国际汉学界称之为"钻石"并误认为是与太阳有关的菱形符号（图三、五、八），其风格在山东龙山文化有关玉器图案（图二七，29）上及二里头文化有关铜牌饰图案（图三〇，5）上均有发现，如果讲求整个图案严格的位置因素的话，大甸子墓地有的"特殊彩绘"图案的这一风格应与二里头文化关系更密切，亦有可能是互相影响的。

图案中有的神物有"介"字形冠，面容"中分"（图二四，1），此风格应来自东方。溧阳圭（图二四，2）以及不少传世玉圭上的图案（图二四，3），与大甸子墓地"特殊彩绘"中的这类图案可构成基本连续的系列。

由双S构成神物面的风格（图七，2、3），目前可见的早于大甸子墓地所处时代的近期可靠材料，大多来自山东龙山文化（图二七，25）或石家河文化，更早者可在仰韶及大汶口文化（图二七，10）中找到，其中三里桥、刘林遗址中彩陶钵上的图案及两城镇玉圭上的图案，可与大甸子墓地、三星堆文化有关牌饰的双S神物面构成一个较完备的演化系列（图二七，10、25、35、48）[18]。

图案中有的神物之面（图五）非常类似石家河文化、神木石峁文化中出现的玉虎，从地域因素看，神木石峁文化可能是其直接渊源。另外，传出甘肃齐家坪遗址的一件私人藏铜牌饰上的神物面也有这一风格[19]，这里提出来以供参考。

图案中有的神物面两腭外卷，有的双眉为矩形（图一五，1）。神物面两腭的这一风格在二里头文化中有一定体现。像二里头二期的一件骨刻器[20]，其上的嘴中造型似梅花的神物两腭就外卷。另外，我们在传世的山东龙山文化玉器——天津圭的图案中也发现过这类神面（图一五，2），神物具有矩形眉的风格在传世的山东、石家河龙山文化玉器图案中有所体现（图一五，3）。真正与其造型几乎完全一致的，是日本《南馆图录》中所收的一件具有二里头文化风格的铜牌饰（图一〇，2）。所以综合地看，大

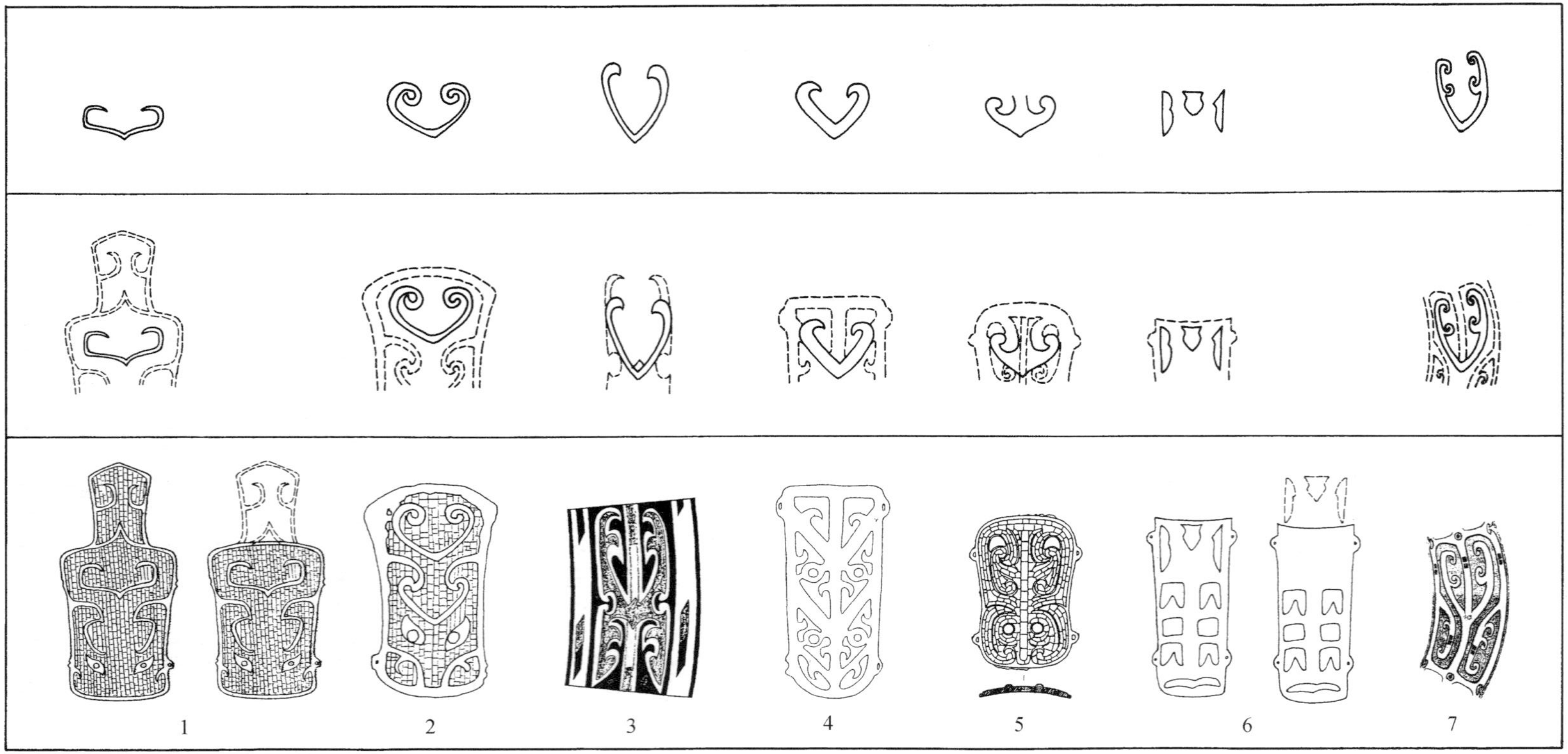

·896· 郑州文物考古与研究（二）

图三〇 大甸子墓地"特殊彩绘"与青铜牌饰神兽面冠首"心"形比较说明图
1. 沙可乐博物馆第三件藏品 2. 沙可乐博物馆第二件藏品 3、7. 大甸子M1150:2、M866:3 4. 仓包包87GSZJ:36 5. 偃师二里头M4:5 6. 四川广汉高骈出土

甸子墓地这种一类"特殊彩绘"的这一造型特征应与二里头文化直接相关。

图案中有的神物冠是由两个"单旋符"组成的心形（图一八，1）。二里头（图三〇，5）、三星堆文化（图一八，2）中的诸多铜牌饰均有这一风格，这类符号常为神鸟所负。这种心形符，我们曾在薛家岗文化（图二七，5）、石家河文化（图一六，6）中发现过，中原地区其后至二里头文化二期以前，考古材料中尚未发现未变形的这类冠，所以我们目前似乎尚无法肯定大甸子墓地彩绘中的这一符号的准确的直接来源，不过二里头文化中晚期这一符号数量较多，估计大甸子墓地的这类"特殊彩绘"的这一风格应是受其直接影响而形成的。另外，这种心形符与其下神面组合成的图案，直接渊源应来自于二里头文化，像二里头 M57 所出的那件铜牌饰之图案既是这种构图，更早的渊源可在龙山文化中找到[21]。

在大甸子墓地的"特殊彩绘"中，有的牌面上有多组纵向排列的相同神面（图一二）。这一风格在二里头文化的方柱柄形器、石家河文化的片状柄形器及良渚等文化的多节玉琮及玉柄形器上均有体现，就时代及地域等状况而论，大甸子墓地的这类"特殊彩绘"的这一风格应与二里头文化直接相关。

在大甸子墓地的"特殊彩绘"中，有的冠上有两个或一个 X 形符号（图三、五、八），从大甸子墓地这些的彩绘图案的变化图来看（图三、五、八），其应是源自山东龙山、石家河等龙山文化中的富有装饰化意味的两个半"介"字形冠饰符号的组合。

大甸子墓地的"特殊彩绘"彩绘时所用的颜料主要有红、黄、白三种，目前虽然在山西陶寺、山东西吴寺等龙山文化遗址发现过类似的用彩风格，但是辽宁双坨子遗址龙山文化这类彩绘的数量多，风格与其更为接近[22]。

菱形的眼睛在红山—小河沿文化系统中广泛存在[23]，良渚文化中有极少量的存在，从数量、地域传承优势以及相似度等多方面观察，大甸子墓地的"特殊彩绘"上的神物双目的菱形特征应来自红山—小河沿文化系统。

大甸子墓地有的"特殊彩绘"上的神物，有两两纵向或横向排列的四个眼睛（图一，2、3），其与红山文化中的有关玉器[24]及山东莒县大朱村大汶口文化 M17 陶尊上的"斗魁四星刻符"图案有相似之处[25]，较直接的渊源有可能是红山—小河沿文化。

大甸子墓地有的"特殊彩绘"上的神物的鼻子上有横线（图一〇，1），这种风格在良渚文化、山东龙山文化、石家河文化、新砦期等中均出现过，较直接的渊源有可能是新砦期类文化遗存。此外，在大甸子墓地中，有的神面双颊各有一个 S 形（图一五，1），与龙山时代诸多玉人首类似[26]。

2. 关于大甸子墓地的一类"特殊彩绘"的去向

大甸子墓地这类"特殊彩绘"的造型、主体图案元素在时代晚于它的夏、商等文化的美术材料中，均有极其明显的体现。

二里头文化中晚期的菱形目（图三一，1~3）、日本《南馆图录》中所收的一件具有二里头文化风格的铜牌饰菱形目[27]、二里冈时期的玉菱形目（图三一，4）[28]，均应是在大甸子墓地彩绘菱形目（图三一，5）风格影响下而产生或发展的。三星堆文化仓包包遗存的一件铜牌饰，有菱形四目，显然与大甸子墓地的菱形目图案、四目北斗神这类"特殊彩绘"有关；另外，三星堆祭祀坑中，出有很多这种菱形目（图三一，6），同样最初应来自夏家店下层文化。三星堆文化仓包包遗存的多重双S图案铜牌饰（图二七，48）[29]，虽然其以铜作质地等特征与二里头文化相关，但是其具体图案及近长方形的外形，显然来自大甸子墓地有关"特殊彩绘"（图二七，35）。

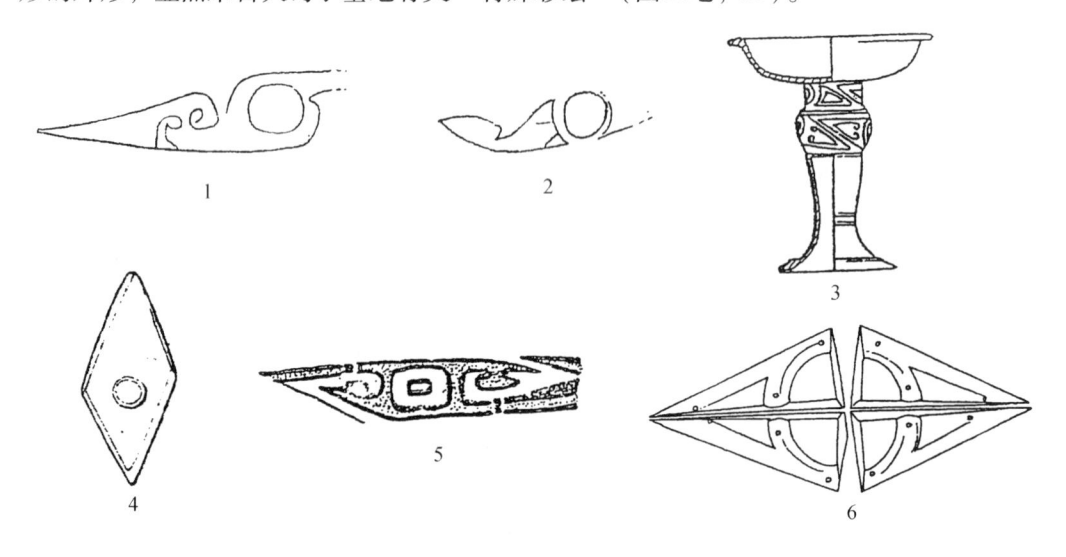

图三一　不同考古学文化的菱形目图案
1. 二里头《二里头陶器集粹》，图四四七，中国社会科学出版社，1995年　2. 渑池郑窑 H71:3　3. 郑州洛达庙 H26:1　4. 二里头菱形玉ⅣT18②:17　5. 大甸子 M806:1　6. 三星堆 K2③:101、106、99、8-1

前文所论的三星堆文化仓包包遗存的那件菱形四目铜牌饰（图一八，2），在其面的上端，有个明显的心形符号。这一特征虽然在属于二里头文化的有关铜牌饰神面之冠中亦存在[30]，但是就组成心形符号的单个"单旋符"造型看，与大甸子墓地有关彩绘"单旋符"极其相似（图一八，1）。二里头文化 M57 所出铜牌饰图案中，也有这类符号（图三〇，5），不过较之大甸子墓地有关的彩绘"单旋符"（图三〇，7），其与三星堆文化仓包包遗存这一铜牌饰的心形符号差别明显。

大甸子墓地有心形符冠的这类"特殊彩绘"的构图模式，不仅在二里头文化中有不少发现，而且在高骈（图三〇，6）、三星堆及金沙遗址有关玉璋上仍有非常明显的体现。四川高骈遗址所出的三星堆文化璋形铜牌饰神物有"V"形眉（图三〇，6），就目前的材料看，其应来自大甸子墓地有的彩绘图案（图一五，1）。至于楚文化中的有关玉牌饰（图三二），与四川高骈璋形铜牌饰图案应有较密切的关联，不过，两者之间有明显缺环。

二里头及三星堆文化中出现过镂空的铜牌饰（图二七，39、46），其镂空的风格似乎与大甸子墓地的"特殊彩绘"有联系，因为我们在大甸子墓地的一类"特殊彩绘"中，发现过可称之为"彩镂"的技法，像本文所论的 D 型一类"特殊彩绘"既是如此。

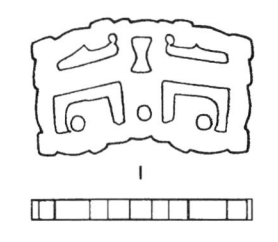

心形符与其下神面组合成的总神面的彩绘风格，在二里头文化、三星堆文化中仍然存在，对商代代表某位特殊神灵的特殊文字的形成，似乎亦有重要作用[31]。

图三二　江陵望山沙冢石珮
（WM2∶T53-3）

四、大甸子墓地"特殊彩绘"的内涵及功能分析

从本文的有关讨论可以看出，大甸子墓地的这类"特殊彩绘"图案与二里头等文化中铜牌饰的图案为一类神物，这些神物的更早造型、内涵，渊源于河姆渡、良渚、大汶口、山东龙山、石家河等文化系列中的刻符或玉神像，而这些刻符或玉神像又多与北斗有关[32]。显然，大甸子墓地这类"特殊彩绘"图案之主体亦应代表北斗神，或与之有关。同时，除了大甸子墓地这类"特殊彩绘"的外形与"斗魁"或"天顶·璇玑·斗魁"等类图案一致外，我们尚有更多的论据证明，大甸子墓地的这类"特殊彩绘"之图案代表北斗神或与之相关的神。

属于大汶口文化的江苏邳县刘林遗址，曾出有一件彩陶钵，其上的神物（图三三，9）显然属于大甸子墓地"特殊彩绘"有关图案的早期渊源，而这一图案正是由北斗七星所"规划"的，这一图案与微山"黄帝坐北斗汉画"（图三三，8）相似，均符合《素问·五行运大论》所载"黄帝坐明堂"记载，与太谷白燕 F504 具有明堂造型某些特征的建筑（图三三，10）在意义、造型方面均有密切关系。另外，二里头文化有一器盖，似中空神器（图三三，4），其象征斗魁的器体上除有神龙以外，尚有一人面，同样象征的应是北斗神帝或神祖坐斗魁的意思。

河姆渡文化第四层所出的一件陶钵上，曾刻有一戴"介"字形冠的图案（续图三四，1），不少学者认为其两目是太阳[33]，实际上并不正确，它们是代表北斗的天枢和天玑[34]，两个圆大小不一，也有助于否定其为太阳的观点。而这一图案显然也属于大甸子墓地这类"特殊彩绘"中有关图案的早期渊源。三星堆文化仓包包遗址有一件铜牌饰（图二七，10），学界素来对其不太在意，几乎所有的学者在研究二里头等文化中的铜牌饰时，均未提及此一牌饰，实际上这件牌饰极其重要，其上凸铸的相连的两个圆，正是相连的代表北斗的天枢和天玑。也许有的学者会认为，用直线将某一星宿相连的风格起源较晚，实则非是，本文所论的邳县刘林彩陶钵图案七星相联（图三三，9），以及山东莒县大朱村大汶口文化 M17 陶尊上天顶—北斗图案（图一，1）斗魁四星相联的状况，以及中原地区可以视为是北斗象征的斗形彩陶瓮上的北斗星像图（图三五，1），已充分说明了这一点。

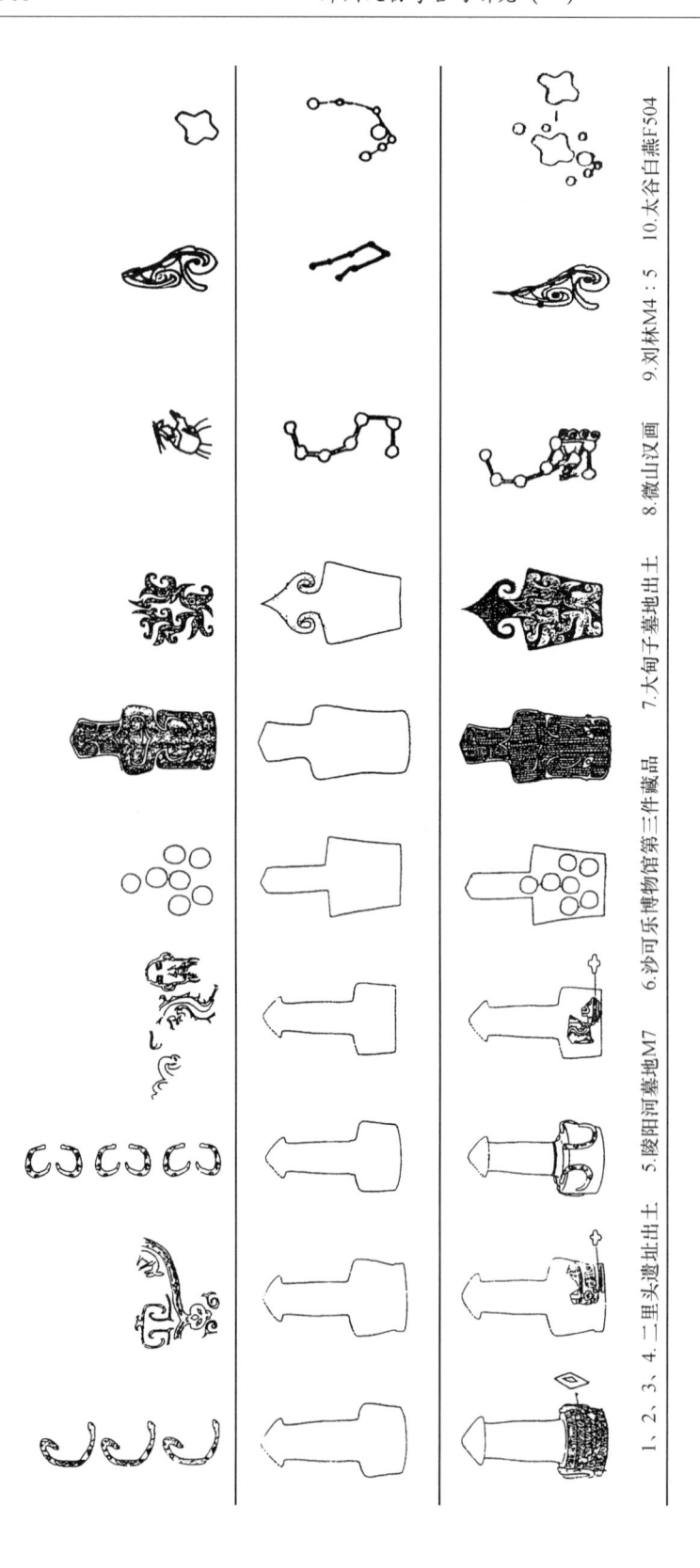

图三三 大甸子墓地特殊彩绘与相关的斗魁图案

1、2、3、4. 二里头遗址出土 5. 陵阳河墓地M7 6. 沙河乐博物馆第三件藏品 7. 大甸子墓地出土 8. 微山汉画 9. 刘林M4∶5 10. 太谷白燕F504

牌饰、天顶—璇玑—斗魁、亚腰形—梯形—斗魁—昆仑台、中空神器、亚形—菱形、神龙—蛇—猪龙、北斗神关联图

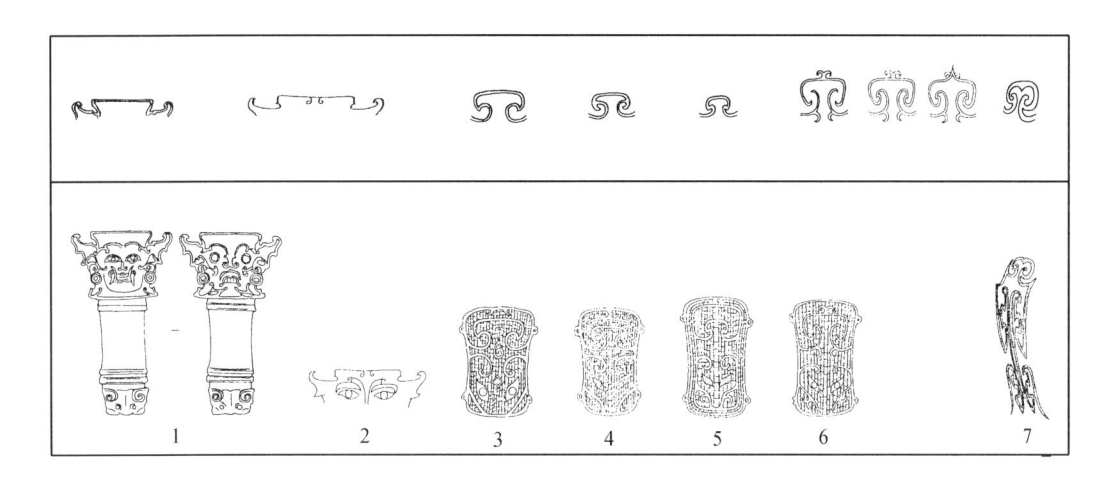

图三四　大甸子墓地特殊彩绘与相关图案、神人、神兽天盖冠比较图

1. 沙可乐博物馆藏品　2. 史密森宁研究院藏品　3. 保罗·辛格藏品　4. 偃师二里头 M11:7　5. 欧洲所藏中国青铜器遗珠　6. 沙可乐博物馆第一件藏品　7. 大甸子 M371:10

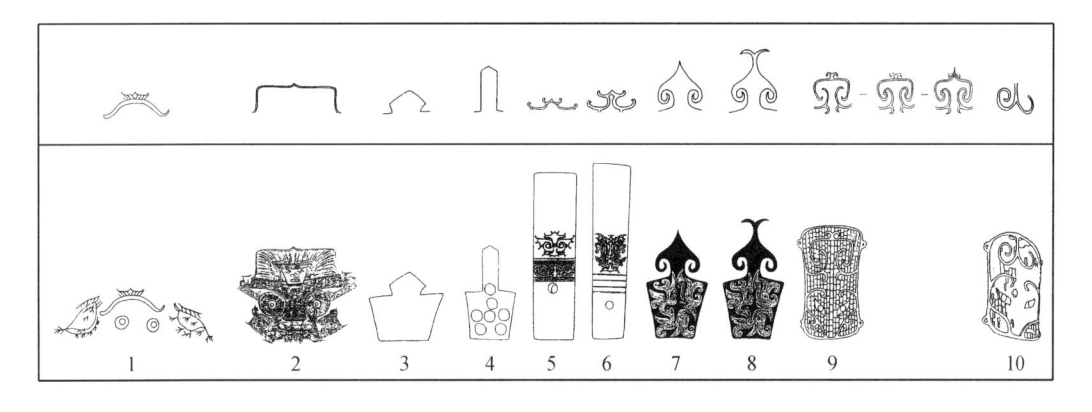

续图三四　大甸子墓地特殊彩绘与相关图案、神人、神兽天盖冠比较图

1. 河姆渡陶钵　2. 反山 M12 玉琮　3. 好川墓地 M10:2　4. 莒县陵阳河墓地 M7　5. 台北故宫博物院藏　6. 台北故宫博物院藏　7、8. 大甸子 M905:7　9. 沙可乐博物馆第一件藏品　10. 甘肃天水博物馆藏品

大汶口文化莒县大朱村 M17 所出的一件陶尊上，刻有一天顶·璇玑·北斗图案，其斗魁中有四个圆，显然这就是斗魁四星。大甸子墓地"特殊彩绘"中有四目神物（图一，2、3），三星堆文化仓包包遗址铜牌饰上的神也有四目（图一九，2）。毋庸置疑，这样的设计均应渊源自斗魁四星的思想。

在中国古代的文化中，有用陶中空器以示天顶·璇玑·北斗、极星或与其相关造型的文化现象[35]，像尉迟寺遗址的红烧土广场和龙山时代的遗迹中发现的陶制中空神物（图三五，2、4）。在桂南大龙潭龙山文化晚期遗址[36]中，有一处由石铲围成的圆坑形遗迹，而尉迟寺遗址的红烧土广场和龙山时代的遗迹中发现的陶制中空神物（图三五，

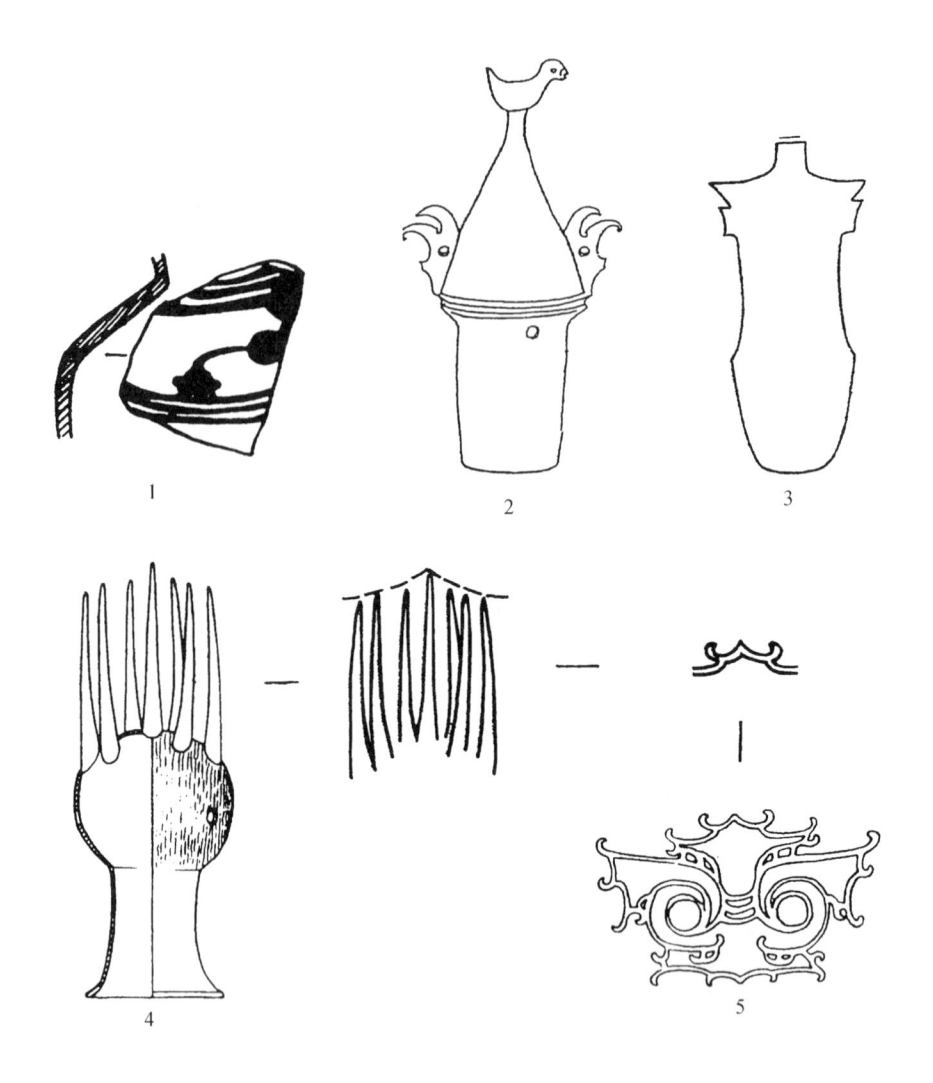

图三五　古代陶器及陶器、玉器上的图案
1. 大河村　2. 尉迟寺　3. 桂南大龙潭　4. 尉迟寺 F79:5　5. 台北故宫博物院藏

2）与大汶口文化、龙山文化尉迟寺所出陶制北斗神器及龙山时代的玉雕北斗神像均类似（图三五，5）[37]，它们的造型显然与大甸子墓地"特殊彩绘"图案有关。

从这类"特殊彩绘"图案的渊源看，其显然应视为北斗神或相关神灵，只不过，无论其为人身或龙身[38]，从其相对于完整的蹲踞式与北斗有关的神形看（图三六），这类"特殊彩绘"上的神，无论是人形还是神形，均可认为是省略了手、足等。

大甸子墓地的这类"特殊彩绘"显然与二里头等文化中铜牌饰为一类，则其功能当与铜牌饰有所类似，因而，我们如果了解了铜牌饰的功能，自然也可以在一定程度上知道这类"特殊彩绘"的主要功能。

图三六　商代陶、铜器上的纹饰
1. 陶罍（安阳殷墟采集：256）　2. 铜尊（安阳小屯 M331：R2072）

从这些铜牌饰、其他北斗神物的出土情况及文献中的有关记载来看，它很可能被适时用作护身、驱兵避敌、厌胜、拜祭、帮助巫史、死者升天的神器，而绝非是有些学者所说的马具[39]或其他器物。理由如下：

首先，在大汶口文化尉迟寺遗址红烧土质的广场上出土的陶制"天顶·北斗神物"，是仪式中拜祭的对象，则表示北斗的铜牌饰可能也具有与其类似的功用，在仪式中其可以被系附于有机物上，以供朝拜或聚众。良渚文化福泉山遗址的一件代表北斗的陶尊，被埋在三级昆仑坛台类的祭坛之上，显然其也是受祭拜的对象，这一现象也有助于说明本文的论点[40]。

其次，《汉书·王莽传》载，王莽被困时，曾持"灵威斗"以御兵，道家也常用北斗七星剑或踏天罡阵以制邪恶。

第三，大汶口文化的诸多陶尊常被用为葬具，其上常刻"天顶·璇玑·斗魁"符号，有的并涂有蕴涵有新生、厌胜意义的朱砂。这种符号的主要功能从殷墟乙五基址附近的北斗图看，在于指明陶尊为"斗"，这些斗一般位于墓室西北，与北斗视觉方向相符，有时位于死者脚下，示意死者位于斗内，即是意指死者灵魂升入天堂，"七星板"的记载与考古实例、微山"黄帝坐北斗"汉画以及"黄帝坐明堂"的记载，可以证明这一说法。另外，汉代的不少有关以"黄帝或黄神北斗"作为镇墓文的考古材料，也可说明我们的观点[41]。

第四，龙山时代有不少出土和传世玉器，其中一类正反两面为一神鸟和一神人，显然与大甸子墓地"特殊彩绘"属于一类，而这类玉器中，还常常出现在一件器物上有两个神面的现象，如溧阳圭、日照两城镇圭、山西黎城戚、河南文物商店所藏玉神等，这类玉器上的两神面，非常符合《淮南子》中所言的"雌雄北斗"的记载。牛河梁遗址第16地点北斗7星坑中出有双猪[42]、红山文化中出有玉质猪、龙或神人[43]、金坛三星村遗址出土的一组骨牌[44]等现象，应是考古学方面的论据。从民族学的角度可知，这类构图也具有避邪的功能。

二里头等文化的铜、有机质或刻划牌饰中，有两件非常特殊。一件为美国保罗·辛革的藏品之一（图三七，3）[45]，另一件为二里头文化的采集品（图二七，50）[46]。在两者图案中的天盖下，有一"水滴形"符，我们认为，这种符号可能与彗星或彗星袭北斗有关。

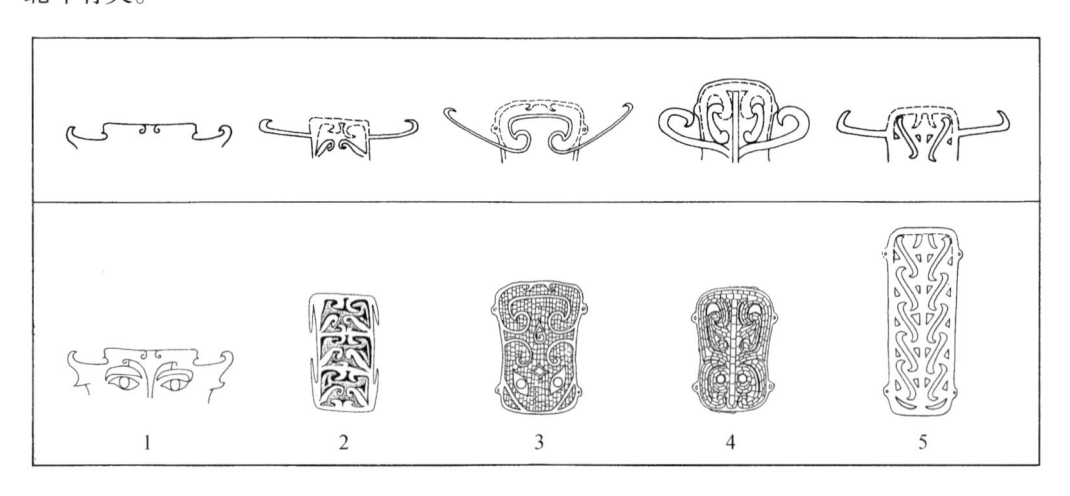

图三七　大甸子墓地特殊彩绘、青铜牌饰神兽冠首变化示意与玉神冠首比较图
1. 史密森宁研究院藏品　2. 大甸子（M452∶1）　3. 保罗·辛格藏品　4. 偃师二里头（M4∶5）　5. 仓包包（87GSZJ∶16）

首先，在天盖下的符号极可能是某种天体的造型，而这种水滴形天体的总外形只有1943年奥尔洛夫所命名的N形彗首与之相符，这种彗首在马王堆帛书《云气彗星图》中有明确的图案[47]。并且，这种彗首与"心形符"及北斗神面常可互替地为神鸟所负，同时，神鸟所负之"心形符"又有表示"位于中心"之意义，显然是可以视为代表北斗的。类似的材料在山东龙山、石家河、二里头、三星堆等文化中均有发现。

其次，彗星在我们的通常印象中，一直被认为是古文献中所言的"妖星"[48]，这似乎与北斗在人们思想中具有重要崇高地位的现象不符，但是实际上，从先秦二十三条论及彗星的文献特别是《左传·昭公十七年》等记载来看，在早期，其最基本的含义应是"除旧布新"或"吐故纳新"，崧泽文化中有的死者以水滴形玉器作为口含，可能正是应用了这一点[49]。再者，彗星的出现对某一方是不吉的，但是对相关的另一方而言，则是吉兆。从武王伐纣的相关文献记载看[50]，彗柄面向何处即彗被何处者所执，则此处者即得利，这与汉代征伐之时以绘"太一锋"的"灵旗"指所伐之国的现象有些类似[51]。另外，对某一事物非常恐惧或敬畏，也常常是形成对该类事物崇拜或奉之为图腾的重要原因。这在民族学考古学材料中相当普遍。例如，北斗神或与之相关的神祖头顶的神鸟在良渚文化（图二七，8）和红山文化（图二七，7）中主要是燕、凤一类，卜辞中模仿北斗神造型的高祖王亥之首的神鸟为雒类，但是在龙山文化中，却出现不少首为鸷类的神像。此外，被证明为北斗神的诸多造型显然具有怪兽的特征，西王母的形象也是逐渐远善化，亦有助于说明这个问题。

第三，这类奇异符号出现很早，早在良渚文化中就存在。同时，这类材料不少，只不过多数是将其中的以"单旋符"表示的北斗星省略或变为圆形[52]，当然没有圆形或以"单旋符"表示北斗星时，可以认为其仅代表彗星。这类神鸟负"彗袭北斗"或"彗星"天象的材料，显然是源于"神鸟负北斗"现象的。

第四，我们注意到，在保罗·辛革这件藏品的天盖冠下，有一水滴形符号（图三七，3）。我们认为，此符号的含义为"彗袭北斗"，论据如下：

"彗袭北斗"是一种天文现象，中国古代文献中早就有记载。《春秋·鲁文公14年》记载："秋，七月，有星孛入于北斗"。单就北斗星而论，在早期考古学材料中也时有发现，冯时先生于此有专门的讨论[53]。

二里头及相关文化中的牌饰，本质上属于梯形，这一造型显然来自于北斗斗魁，特别重要的是，这些牌饰上的图案的早期形式，有的明显为北斗七星所"规画"，有的牌饰上有四目或两星，显然与"斗魁四星"、"方相氏黄金四目"（《周礼·夏官》）或常用来代表北斗的天枢、天玑两星密切相关。这些特征表明了牌饰中神面的北斗神或与之相关的神祖身份，此神有可能与彗星关联。

我们曾以诸多的论据证明，牌饰的冠之主体为"天盖"形（图三七）[54]。保罗·辛革所藏这件牌饰上的奇异符号就正位于"天盖"下，所以，其非常有可能为某种天体。那么，在北斗神或相关神祖头顶的天体显然应是北斗星，这种标志性装饰方法在环太平洋文化圈的美术作品[55]、佛教造像[56]和中国戏剧脸谱[57]中普遍存在。保罗·辛革的藏品图案中的奇异符号，是学界常论的"单旋符"。于此符，笔者曾以诸多的论据，证明其在代表北斗神目的同时，可以代表北斗神或相关神祖[58]。我们的这一判断还基于神可以眼睛予以表示的民族学理论和现象[59]。

五、相关问题的讨论

大甸子墓地这类"特殊彩绘"的发现，有利于我们澄清不少学术问题，以下我们仅提出较重要的方面予以简论：

（一）大甸子墓地"特殊彩绘"在研究神兽面牌饰方面的意义

1. 有关"牌饰"的发现复原问题

参照大甸子墓地A型"特殊彩绘"（图二〇至图二三）及哈佛大学的那件带有"介"字形圭首的铜牌饰（图二七，49），我们可以在二里头遗址中发现两件被学界视为一般图案的刻划牌饰（图二七，50），并可对之进行初步复原。

2. 非发掘品类兽面纹牌饰的鉴定问题

现藏哈佛大学赛克勒博物馆（原为 Grenville. L. Winthrop 所藏）的铜牌饰中，有一件带有"介"字形圭首（图二七，49）。因为此类造型的铜质牌饰目前仅发现此一件，很多学者因此认为，此件牌饰为赝品。大甸子墓地 A 型"特殊彩绘"的出现，使这一问题可以得到解决，此铜牌饰当为真品无疑。

3. "特殊彩绘"中"彩绘单元"与兽面纹牌饰的比较研究

"特殊彩绘"中有很多"彩绘单元"不仅与兽面纹牌饰外形很相似，甚而某些具体构图亦非常一致，像二者中均发现神兽首有心形符（图三〇）或与早晚"介"字形、平顶天盖冠有关的天盖冠现象存在（图三四，1、2）。二者中还存在将神兽冠、冠饰等刻意"变形"（图三八），以使整个神兽呈现为"亚"形或梯形的现象（图三、五）。二者中同样存在神面上下造型基本对称（图三九）、神面有四目（图一）或神面主体（主要是部分冠及眼睛）呈近双 S 形（图七）等现象。

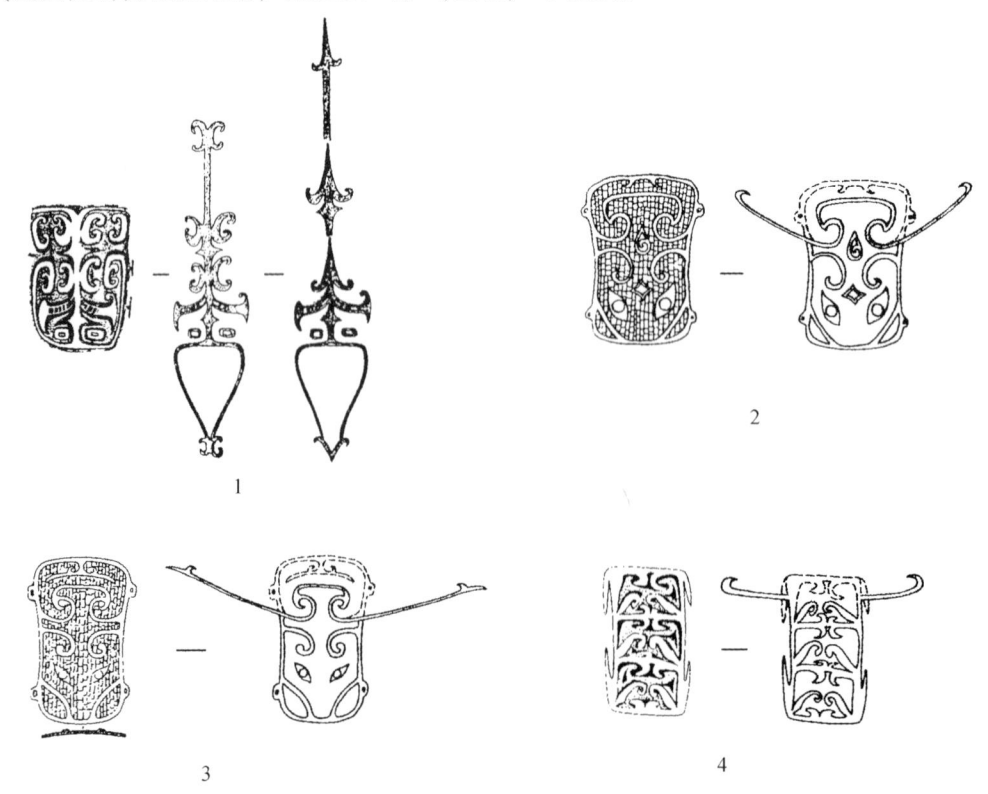

图三八　大甸子墓地特殊彩绘、"亚"形青铜牌饰与其变化形式比较图
1. 大甸子（M522:6）　2. 保罗·辛格藏品　3. 偃师二里头（M11:7）　4. 大甸子（M452:1）

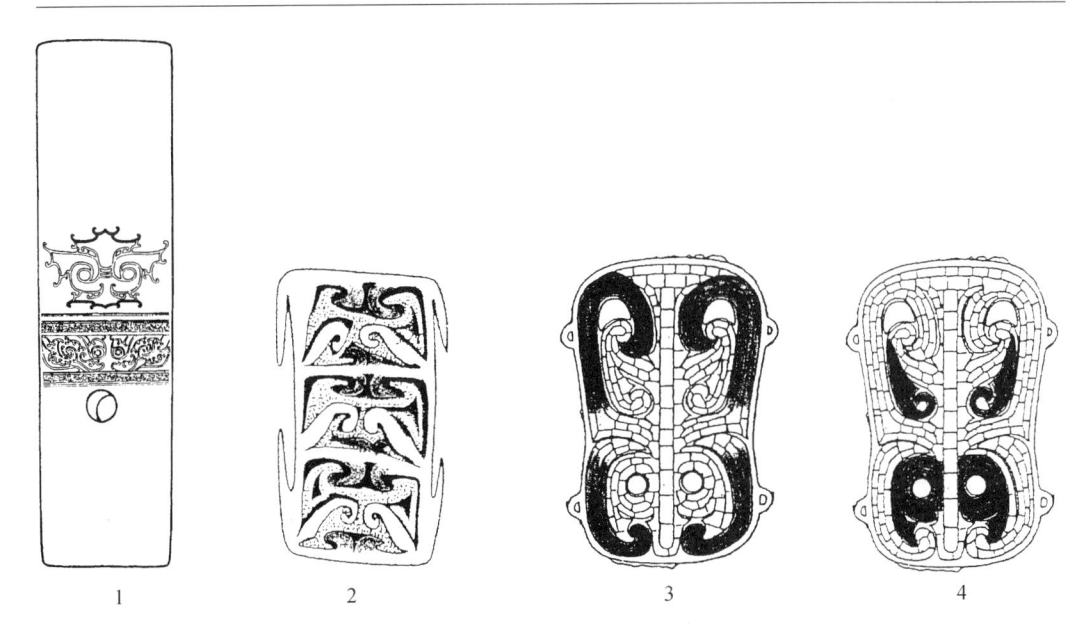

图三九 大甸子墓地特殊彩绘、青铜牌饰、玉牌饰神兽面装饰对称原理说明比较图
1. 台北故宫博物院藏品 2. 大甸子（M452∶1） 3、4. 偃师二里头（M4∶5）

  二者之间不仅互相影响，还在某些方面有共同的来源（图二七）。例如，两者的外形与早期的钺、戚、圭、刻划符、玉神外形及玉琮平面外形非常相似，本质意义上均可视为是属于梯形或曰斗魁形。二者与钺、斧、刻划符、亨利·哈得希所藏一类玉神牌等外形具有联系，本人曾在有关文章中详细讨论过[60]，此不赘述。关于玉圭、戚与镶嵌铜牌饰外部形态的关系，我们认为，二者是有传承关系的，因为本质意义上，玉圭、戚与钺、斧、刻划符、亨利·哈得希所藏一类玉神牌是一致的，形状均为蕴涵斗魁之意的梯形或近似长方形。两者的内涵同样均与北斗有关，玉琮的中空象征通天柱，其剖面形状多为反映斗魁的梯形，其神面为往来天地的神灵或巫，其显然与牌饰相似。具有斗魁形状的有关玉器像良渚文化的有关玉器，包括王青在其有关论文中所提到的那件玉器（瑶山墓地 M10∶20）[61]，均蕴涵有铜牌饰、"特殊彩绘"单元的内涵和外形。所以，将这些材料视为镶嵌铜牌饰和"特殊彩绘"单元的渊源之一是有依据的，这个问题有学者曾有所论及[62]。我们知道，玉圭的整个形状、玉琮剖面，总的来说本质上都应属于斗魁形的倒梯形或近似长方形，尤其是有图案的玉圭、玉琮，其造型、结构正好相当于特殊"彩绘单元"或兽面纹牌饰（图四〇）。参照兽面纹牌饰的命名，称有图案的玉圭为玉牌饰亦不为过，当然考虑到这些牌饰弧背的特征，我们认为，好川墓地等发现的造型弧背的玉神面，应视为兽面纹牌饰的早期重要来源之一。

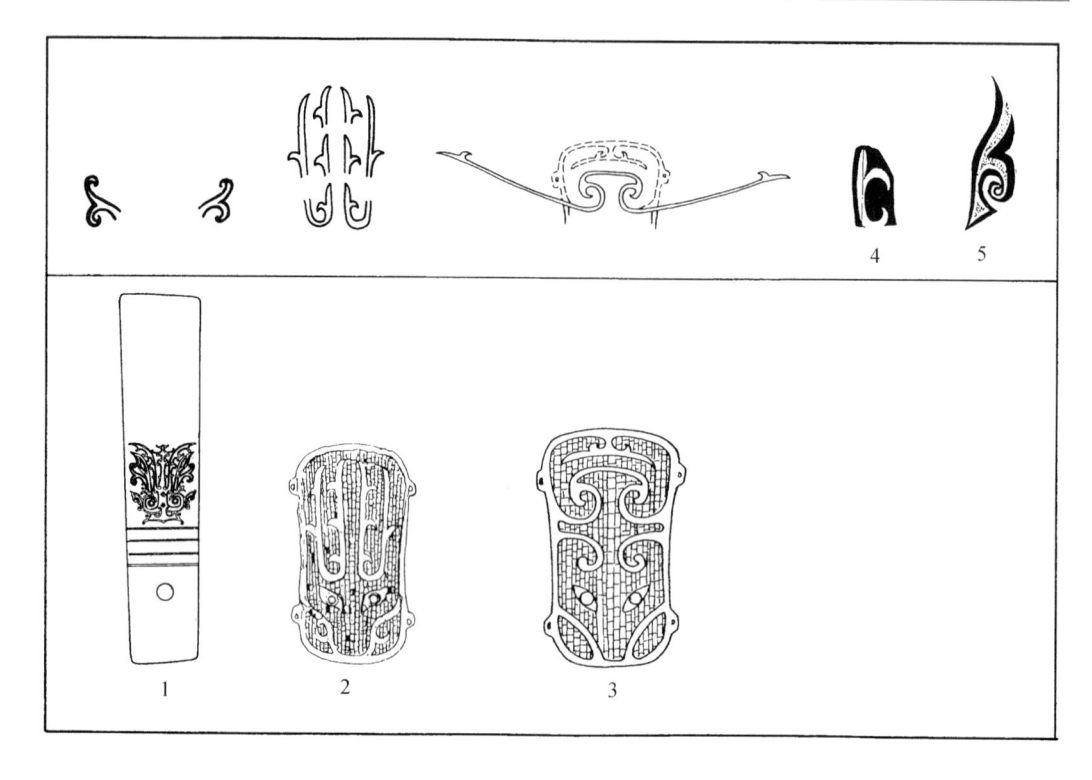

图四〇 青铜牌饰冠首变化与玉牌饰神兽冠首、大甸子墓地彩绘比较图
1. 台北故宫博物院藏品 2. 檀香山艺术学院藏品 3. 偃师二里头（M11:7） 4. 大甸子（M371:7） 5. 大甸子（M840:2）

（二）从大甸子墓地"特殊彩绘"看商周青铜器上动物纹样的功能与内涵

关于商周青铜器上动物纹样的功能、内涵问题，学术界的主要观点如下：张光直先生根据《道藏》及萨满教的有关材料认为，商周青铜器上的动物纹样是巫师之"蹻"或是萨满们的"助手"[63]。林巳奈夫认为，商周青铜器上的饕餮是与太阳有关的神帝[64]。在《左传·宣公三年传》中，王孙满曾向周定王陈述青铜器上"物"的作用，认为它们可以"协于上下，以承天休"，又可充当使鬼怪异神"莫能逢之"的善意保护神的角色。关于"物"为何，解释不一[65]。有的学者认为，饕餮应是祖先的造型[66]。有的学者认为，饕餮是具有警戒功能的神怪[67]。有的学者认为饕餮与生死主题有关[68]。Jordan Paper 及 Elizabeth Childs–Johnson 等认为，饕餮是巫师的面具[69]。

事实上，与饕餮造型有关的大汶口文化特殊象征符与北斗有关[70]，龙山时代诸多玉神面的方面与北斗斗魁有关（图二九），三星堆文化中神面四目与斗魁四星有关，三星堆文化有件铜牌饰的星象图案与天枢和天玑有关[71]，新砦期神像冠上的星象与北斗有关[72]，二里头等文化中的饕餮面牌饰形状与斗魁形即梯形有关[73]，有的玉器神面双耳所戴人首龙与北斗有关[74]。

由于大甸子墓地这类"特殊彩绘"的主体图案与商周青铜器上的诸多动物纹样或饕餮造型相似，所以，这类"特殊彩绘"绘于鼎、鬲等器物上的形式又与饕餮铸于青铜器上极其相似，商周青铜器上的有关动物纹样或饕餮的功能应与北斗神帝有关。

在此需简要说明的是，商代的不少饕餮为"攀援建木"的蹲踞式样（图二八）[75]或蹲踞式的龙形[76]，证明饕餮主题是与极星神或曰当时的上帝[77]有关。当然，这里还需要说明的是，我们并不认为商周青铜器上的所有动物纹样均代表北斗神或北斗神帝，同时，由于时代的发展，我们也不认为商周青铜器上的诸多与北斗神密切相关的动物纹样没有变异增损。另外，萨满教的有关理论[78]确实可以应用于理解商周等器物上的诸多动物纹样之功能，但是，它与萨满教中的动物精灵是既有联系亦有区别的。萨满教中的动物精灵则相当多，但是三代或更早的器物上的神物，一般是限定在常见的几类动物方面，并且从其演化的谱系看，大多数与前文所论的北斗星神有历史渊源。另外，在社会角色的定位中，拥有或使用三代甚或更早的这类神器者，自所谓"绝地天通"的阶段以来，便是为政治或其他团体服务的。而一般意义上的萨满则多是服务于庶民的，其民间性、非正式性的特色非常突出。

（三）从大甸子墓地有关"特殊彩绘"看"四目"、"参眸"、"重瞳"等奇相问题

"四目"、"参眸"、"重瞳"等奇相，是大家喜好讨论的一个问题，文献中亦有不少记载[79]，学术界聚讼多年而不决[80]。其实，参照大甸子墓地特殊彩绘、兽面纹牌饰及其来源就可以明确看出，"四目"、"参眸"、"重瞳"、甚至文王四乳等奇相，均是源于"斗魁四星"之天文学认识的。另从有关记载材料看，"重瞳"等奇相者，往往具有圣主特征[81]。

六、结　　语

综上所述，大甸子墓地数量众多、造型多样的这类"特殊彩绘"，蕴涵着丰富的历史文化信息。对这一材料的发现和研究，将会深化我们有关二里头等文化中青铜等质地牌饰的研究。同时，大甸子墓地诸多的"特殊彩绘"与更早、更晚多种形式的艺术史材料关系均非常密切，因而，加强对这类"特殊彩绘"的讨论，将会有利于促进中国早期礼仪美术史的研究。

注　　释

[1]　中国社会科学院考古研究所：《大甸子——夏家店下层文化遗址与墓地发掘报告》，科学出版

社，1996 年。
[2] 有关这类"特殊彩绘"可视为"彩绘牌饰"，笔者早在 2000 年就已提出，参见《二里头遗址所出玉器犀牙内涵研究——并新论"圭"、"璋"之别问题》，《殷都学刊》2003 年第 3 期。
[3] 上海博物馆：《上海博物馆玉器馆》，第 9 页，1996 年。
[4] 有关"单旋符"考古材料的类型讨论，参见王仁湘：《关于中国史前一个认知模式的猜想》，《中国史前考古论集》，科学出版社，2003 年。王仁湘先生注意到二里头 M4∶5 铜牌饰双目与"单旋符"的关系，可惜他将图案看倒了。
[5] "五"字实际与"中心"往往有关。战国时的有关材料表明，"五五"往往与互有关联的"端五"、曾侯乙墓武士"护身符"、钱树的"辟邪符"相关。而神面印堂和鼻子上的两个菱形，实际相当于两个"亚"或两个"五"，所以，神面如此造型的意义应是很清楚的。
[6] 李学勤：《从一件新材料看广汉新出土的铜牌饰》《中国文物报》1997 年 11 月 30 日。
[7] 这反映其时的艺术形式中，连续带状装饰的风格是较为盛行的。
[8] 具体论述详见拙著：a.《大汶口文化尉迟寺遗址新发现奇异器物研究——并新论"牙璋"、"牌饰"的由来及其与"北斗"的关系》，《郑州文物考古发现与研究（一）》，科学出版社，2003 年；b.《二里头遗址所出玉器犀牙内涵研究——并新论"圭"、"璋"之别问题》；c.《巩义花地嘴遗址发现"新砦期"遗存》，《古代文明研究通讯》总第十八期，2003 年 9 月。
[9] 同［8］。
[10] 顾万发：《试论新砦陶器盖上的饕餮纹》，《华夏考古》2000 年第 4 期。其中的神物，有学者认为是龙，尚需商榷。学者观点请见朱乃诚：《二里头文化龙遗存研究》（中国社会科学院考古研究所《中国二里头遗址与二里头文化国际学术研讨会论文集》，2005 年）。
[11] 同［8］。
[12] 顾万发：《"新砦期"研究增补》，《中国上古史研究专刊》第三辑，王仲孚主编，台湾兰台出版社，2003 年；晋中考古队：《山西太谷白燕遗址第二、三、四地点发掘简报》，《文物》1989 年第 3 期。
[13] 从《河南偃师二里头遗址中心区的考古新发现》（中国社会科学院考古研究所二里头工作队《考古》2005 年第 7 期）等材料看，源于石家河文化的一类玉鸟簪，在二里头文化墓葬、石峁文化中均位于死者首，显然与红山文化、良渚文化、石家河文化、山东龙山文化中神鸟位于死者或神人首的情况类似，其蕴涵的是有关族群的"玄鸟生商"类卵生神话。
[14] 大甸子墓地一类"特殊彩绘"M663∶1 与三星堆文化仓包包遗存 A 型铜牌饰 87GSZJ∶16 的关系密切。
[15] 参见《河南省文物考古研究所 2005 年度考古快报》。
[16] 王大有、王全有《图说中国图腾》，第 159 页图 6 所示的亨利·哈德希的藏品，人民美术出版社，1998 年。
[17] 弗利尔玉璧之图案为"神鸟—斗魁—北斗天柱—昆仑台"图。其中的斗魁"形似偃盆，下狭上广"（《十洲记》），其与帝字之"▽"、"▼"相应，整个"神鸟—斗魁—北斗天柱—昆仑台"图去掉神鸟或再去掉"昆仑台"并建木化，实际即为"帝"字。由此可见，"帝"字与建木和北斗都有关，并不仅与"建木"有关。
[18] 关于这类由多层双 S 组成的牌饰造型、内涵的阐释，学术界看法不同。有学者认为，该坑出

[19] 杨美莉女士在1999年安阳"纪念甲骨文发现100周年暨殷商文明国际学术研讨会"上提交的《试论二里头文化的嵌绿松石铜牌》论文公布了这一信息。

[20] 承蒙郑光先生惠示线图。此梅花形牙齿为商代晚期常见,在二里头文化二期晚段发现此物,值得学界密切重视。

[21] 上海博物馆:《上海博物馆玉器馆》,第8页。1996年。

[22] 辽宁省文物考古研究所:《双砣子与岗上——辽东史前文化的发现和研究》,第15~17页,科学出版社,1996年。

[23] 中国社会科学院考古研究所:《敖汉赵宝沟——新石器时代聚落》,第170页,图137,6,中国大百科全书出版社,1997年。

[24] 辽宁省文物考古研究所:《牛河梁红山文化遗址与玉器精华》,第61页,图三,9,文物出版社,1997年。此器物斗魁或斗神面有7个孔(头顶也有一孔),与北斗七星相符。此牌饰斗魁处实有6个孔,其中两孔为系。

[25] 冯时:《中国天文考古学》,第124~126页,社会科学文献出版社,2001年。

[26] 龙山时代,不少玉雕神面的脸廓或脸上有双S形或双反S形线条。

[27] 详细论证参见拙著《大汶口文化尉迟寺遗址新发现奇异器物研究——并新论"牙璋"、"牌饰"的由来及其与"北斗"的关系》,《郑州文物考古发现与研究(一)》,科学出版社,2003年。

[28] 中国社会科学院考古研究所编著:《偃师二里头——1959—1978年考古发掘报告》,图255,2,中国大百科全书出版社,1999年。

[29] 同[27]。

[30] 湖北省文物考古研究所:《江陵望山楚墓》,第158页,图一○四,7、8,文物出版社,1996年。

[31] 三星堆祭祀坑所出玉器(K2③:201-1)之代表神名,由"心"字和"口"字组成特殊象征符,其中的心形与牌饰冠上的心形相应,口与神的"方面斗魁形脸"相应,这正是卜辞中的一个特殊神名的写法(《乙》四五八四、〈前〉八·六·三)。

[32] 同[25]。

[33] 同[16],第101页。

[34] a. 有关璇玑可用北斗七星来"规划"的讨论,可见[25]第94页;b. 江晓原:《〈周髀算经〉的盖天宇宙结构》,《自然科学史研究》第15卷第3期。

[35] 用陶中空器以示"天顶·璇玑·北斗"或极星的现象,与北斗位于北方位、北为卦"坎"、"坎"为水、《郭店楚简》之"太一生水"、斗可盛水(陶器中空可以盛水)等内容密和,这表明,这一现象有数术等方面的文献予以支持。

[36] 广西壮族自治区文物工作队:《广西隆安大龙潭新石器时代遗址发掘简报》,《考古》1982年第1期。

[37] 关于尉迟寺遗址所出的属于大汶口文化时期的陶制奇异器物,详论参见[6]。尉迟寺所出属

[38] 于龙山文化时期的覆罐似陶制神器，首之 7 个锥似物和诸多北斗神像组成冠的单元数一致，尤其是 7 个锥似物，平视时呈"介"字形，显然与很多神人冠形一致，可以认为是象征、象形天盖意义的羽似神冠，覆罐象征璇玑—斗魁。

从龙山时代诸多人身形、鸟身形蹲踞式北斗神、祖、巫及商代少数人身形蹲踞式饕餮、蹲踞式虎等材料看，个别牌饰神物省略的有可能会是人身、鸟身甚或虎身，但是这仅是逻辑推理的认识，但是从现有的二里头文化时期的材料看，牌饰之神物应是龙身。

[39] 郑若葵：《论中国古代车马的渊源》，《华夏考古》1995 年第 3 期。

[40] 上海文物管理委员会：《福泉山——新石器时代发掘报告》，图五四，文物出版社，2000 年。

[41] 蔡运章：《洛阳汉墓若干陶器文字浅释》，《甲骨金文与古史研究》，中州古籍出版社，1993 年。

[42] 刘国祥先生曾言，兴隆洼二期聚落"首领"式人物的旁边，埋有一雌一雄两头整猪，详见刘泷等《敖汉旗城子山夏家店下层文化考古新发现 4000 年前的中心性祭祀遗址》，《内蒙古日报》（汉），2000 年 11 月 1 日第 5 版。

[43] 辽宁省文物考古研究所：《辽宁牛河梁红山文化女神庙与积石冢群发掘简报》，《文物》1986 年第 6 期；李恭笃：《辽宁凌源县三官甸子城子山遗址试掘》，《考古》1986 年第 6 期；刘淑娟：《红山文化玉器类型探究》，《辽海文物学刊》1995 年第 1 期；《天津市艺术博物馆藏玉》，图 83，文物出版社、香港两木出版社，1993 年。

[44] 《1998 年中国重要考古发现》第 14 页，江苏金坛三星村遗址，文物出版社，1999 年。

[45] 林巳奈夫：《中国古代の玉器》，第 352 页，日本弘文馆，1991 年。

[46] 中国社会科学院考古研究所编著：《偃师二里头——1958 年—1978 年考古发掘报告》，图 199，5，中国大百科全书出版社，1999 年。

[47] 顾铁符：《马王堆帛书〈云气彗星图〉研究》，《中国古代天文文物论集》，第 39～41 页，中国社会科学院考古研究所编，1989 年。

[48] 南美洲有的部落认为，彗星现是吉祥之征兆。

[49] 上海市文物古迹管理委员会编：《崧泽——新石器时代遗址发掘报告》，彩版四，5，文物出版社，1987 年。

[50] 详见《淮南子·兵略》。

[51] 详见《史记·孝武帝本纪》及《史记·封禅书》。"太一锋"的出现，学界提出的最早考古学材料是湖北荆门车桥"兵避太岁"戈。我们认为，其中的神人为蹲踞式，头戴"建木符"，建木上为神鸟，整体构图与新石器至商周均多见的头有神鸟的北斗神（有的巫或祖采用同样的造型）造型相同。所以，"太一锋"的渊源很早，只不过不同时代具体的星官有所变化罢了，但是不管怎样变化，其始终与"天中"或当时的极星有关，所以"彗袭北斗"与之是有意义方面关联的。

[52] 以圆形表示者，是否可以视为彗核？

[53] 同 [27]。

[54] 顾万发：《大汶口文化尉迟寺遗址新发现奇异器物研究——并新论"牙璋"、"牌饰"的由来及其与"北斗"的关系》，《郑州文物考古发现与研究（一）》，科学出版社，2003 年。

[55] a. 张光直：《美术、祭祀与神话》，辽宁教育出版社，2001 年；b. 王大有：《图说美洲图腾》，

人民美术出版社，1998年。

[56] 佛教造像中，很多菩萨的冠中心有一"化佛"像，它是菩萨的升华。考古学中的北斗神造型常被神巫或先祖像运用，所以我们运用北斗神名时，则意味着其有可能会被视为祖形或圣巫，这时其首天盖下的北斗星或北斗神意义类似"化佛"，意为神巫像北斗神一样具有法力。

[57] 与中国古代面具、巫仪有关的中国古代戏剧脸谱，常在脸谱的"印堂"处用特殊造型显示此脸谱所代表的神、人之本质特征。

[58] 同 [8]。

[59] 郑岩等译、巫鸿著：《眼睛就是一切——三星堆艺术与芝加哥神像》，《礼仪中的美术——中国古代美术史文编》，生活·读书·新知三联书店，2005年。

[60] 同 [8]。

[61] 王青：《镶嵌铜牌饰所见中国早期文明进程问题》，《东方考古》第一集，山东大学东方考古研究中心编，科学出版社，2004年。

[62] 同 [61]。

[63] a. 张光直：《濮阳三蹻与中国古代美术中的人兽母题》，《中国青铜时代》，生活·读书·新知三联书店出版，1999年；b.《商周青铜器上的动物纹样》，《考古与文物》1981年第2期。

[64] a. 林巳奈夫：《所谓饕餮纹表现的是什么——根据同时代资料之论证》，《日本考古研究者中国考古学研究论文集》，香港东方书店，1990年；b.《饕餮——帝说补论》，《史林》第76卷第5号，日本史学研究会编，1993年。

[65] 巫鸿认为是"族徽"，参见《九鼎传说与中国古代美术中的"纪念碑性"》，《礼仪中的美术——中国古代美术史文编》，郑岩等译，生活·读书·新知三联，2005年。饶宗颐认为，图铸象物，谓"诸谲诡异状者通曰物"，此"物"即畏兽是矣。此类动物，若螭龙、饕餮之类，均是畏兽、天狩（《澄心论萃》，第266页，上海文艺出版社，1996年）。敏泽也认为，"'象物'者，并非简单地模拟客观自然存在之物……而是包含着超现实物质存在的幻想之物在内的，例如上帝、鬼、神，以至夔龙、饕餮等"（《中国美学思想史》第一卷，第32页，齐鲁书社，1987年）。国内的研究者一般认为，九鼎所象之"物"，"当然包括自然的物象，或说来源于客观物象，但就其刻划铸造的形象看，是属于人心营构的虚像"（王兴华：《中国美学论稿》第21页，南开大学出版社，1993年）。

[66] 吕继祥在《商代"饕餮纹"含义之探讨——从商人鸟图腾论及"饕餮纹"》（《烟台师范学院学报（哲社版）》1991年第1期）一文认为，商代"饕餮纹"是由威严的人面和鸟构成，其主要艺术表现手法是，把鸟翅（或两个完整的鸟）对称地放在人首之两侧，其内在含义是商人对图腾和祖先的崇拜。

[67] 王光尧在《商周青铜器饕餮纹的寓意》（《文物春秋》1994年第3期）一文认为，"深究其义仍不外于警戒昭示的作用，好使统治者知道可能遭流放的四夷处境之险恶。"

[68] 亨格在《月的神话和象征》一书中，认为饕餮是牛头、并由牛角曲形代表月亮推断饕餮是月神，代表着死亡和黑暗，光明与生命。参见艾兰著、杨民等译《早期中国历史思想与文化》，辽宁教育出版社，1999年。

[69] 艾兰著、杨民等译：《早期中国历史思想与文化》，辽宁教育出版社，1999年。

[70] 同 [25]。

[71] 同 [8]。
[72] 顾问:《花地嘴遗址所出新砦期朱砂绘陶瓮研究》,《中国历史文物》2006 年第 1 期。
[73] 同 [8]。
[74] 台北故宫博物院所藏龙山时代的一件玉圭上,神人珥两 C 形人首蛇,此蛇应是此神人的神物,其应与北斗有关。
[75] 泉屋博物馆、赛奴奇博物馆所藏商代的虎食人卣中的人、虎实际应视为是蹲踞式,应是"攀援建木"的姿势。曾侯乙墓漆绘的神人中,有的仍是这类侧首造型。另从殷墟有关白陶上的人身形蹲踞式饕餮看,商代省略式的饕餮,有的可以为"攀援建木"的人身形蹲踞式样。
[76] 商代不少饕餮的完形为龙。从龙的足形看,可以视为是"攀援建木"之龙的蹲踞式。
[77] 当时的极星神有可能是北斗中的某一颗、北都星附近的其他星或假设星。
[78] 孟慧英:《中国北方民族萨满教》,第 103~106 页,社会科学文献出版社,2000 年。
[79] "黄金四目"的解释,《汉魏古注十三经》、《唐宋注疏十三经》、《清人注疏十三经》、《十三经注疏修订本》及近现代的有关著述的解释均未深明其义。
[80] a. 曹琳:《四目·方相》,《民族艺术》1994 年第 1 期; b. 钱弗:《"方相四目"图说》,《民族艺术》1995 年第 2 期。
[81] 《史记·项羽本纪》:"吾闻之周生曰,舜目盖重瞳子。……又闻项羽亦重瞳子"、裴骃《集解》引《尸子》:"舜两眸子,是谓重瞳"。《论衡·骨相》:"尧眉八彩,舜目重瞳"。这些早期文献说明,圣人往往有此重瞳特征,晚期不少文献同样以重瞳象征圣明天子,像宋文莹《玉壶清话》卷四杨大年以诗贻馆中诸公曰:"闻戴宫花满鬓红,上林丝管待重瞳。"明邵璨《香囊记·琼林》:"三策献重瞳,独占鳌头圣恩重"。

(原刊于《古代文明》第 7 卷,2007 年 6 月)

中国早期有翼神兽问题研究四则

顾万发 黄 俊

熟悉艺术史的学者都知道,有翼神兽问题的研究是一个非常国际化的课题,我国的不少学者,从20世纪30年代至今,已就这个问题的诸多方面作了广泛的研究,并取得了不少成绩,笔者不揣学浅,现将有关这一问题的几个认识作一论述,并请方家斧正。

(一)关于中国有翼神兽出现的时间问题

对于中国的有翼神兽出现的时间问题,有学者认为是战国[1],有学者认为是春秋[2],还有的认为是西周[3]或商代[4]。在笔者以为,中国的有翼神兽出现的时间应该更早一些,值得论述的早期有翼神兽有:

从考古材料看,中国的有翼神兽最早出现于赵宝沟文化,目前发现的是有翼猪龙、有翼鸟龙和有翼神鹿或鹿龙(图一)[5]。

图一 敖汉旗小山 F2②:30

能够明确论定为有翼神兽的商代材料是三星堆文化晚期与有易氏和瑶民有关的有翼神狗(图二)[6],其数量多,翼明显。

商、周时期的不少神兽已有双翼的某些特征(图三),可以视为有翼神兽。

另,在研究中国有翼神兽起源和演变等问题时,湖南新干商代文化遗存所出的有翼神鸟人也值得重视[7]。

国内外均有不少学者认为有翼神兽最早出现于公元前3000年两河流域的美索不达米亚平原,然后才向地中海沿岸、近东、中亚、南亚、东亚等地传播并与当地的文化结合[8],笔者认为,有翼神兽最早出现的地方应是中国的东北地区,时间约为公元前5000～前4700年或前5200～前4200年[9],早于两河流域约1200～

图二 三星堆 K2②:296

图三　安阳小屯 M331: R2072

2000年。不过从东西方各地有翼神兽的题材和具体风格看，中国的东北地区很可能是一个独立的起源区，其时与西方并无明显的联系。至于两河流域有翼神兽风格经中间地带传播，从而在中国区域内出现的时间，至多早到春秋。

（二）关于西周一件"有翼神兽"的识别问题

罗泰先生曾认为西周中期的邓仲牺尊好像有翅膀，对有翼神兽颇有研究的学者李零先生对此予以了确认[10]，实际上，在笔者看来，被李先生认为是翅膀造型的双鸟和夔龙并不是代表主体动物之翼，它们实际是主体动物两旁的对称物，其意在表明中间动物为主体和中心。这类构图很多见，早期主要是平面构图，另在与"单"、"亚"有关的"族徽"中也有发现。

（三）春秋战国时期几件有翼神兽有翼风格的来源问题

杜德兰（Alain Thote）教授认为新郑李家楼郑伯墓立鹤方壶上的两条龙有翅膀，李零先生对此予以了确认[11]。这类神兽的双翼特征，或有可能来源中原商周多见的伏虎、龙或饕餮的鬃或翅膀的因素[12]。

甘肃泾川出土过一件提梁盉[13]，故宫博物院[14]广东省博物馆[15]和上海博物馆[16]各藏有一件类似青铜器，学界多认为其为战国早期，这类提梁盉有的为鸟形兽足，有的为鸟身兽首或足[17]。这类铜器造型在商周时并不多见，不过湖南长沙宝提院所出的一件商代双鸟提梁盉与它们非常相似[18]。

巴蜀地区战国时期有不少有翼神虎，其中为分歧造型的风格应来源于本地，特别是三星堆及其延续的文化。另，中山王墓曾发现一件方壶，其上神兽的双翅与巴蜀地区战国时期有翼神虎之翼类似[19]，从此神兽的头尾之饰的造型看，其来源于中原多见的伏虎或饕餮的鬃或翅膀也有可能。

（四）中国早期有翼神兽及相关器物造型中的一个重要本土元素

我们发现，在为数不多的中国早期有翼神兽的造型中，常在神兽的头顶或神兽所在器物的顶端有一神鸟（图四）[20]，这种"神鸟在顶构图"在希腊——罗马艺术、西亚两河流域艺术、中亚和欧亚草原等地的斯基泰艺术中并不多见，时代又很晚[21]，而在中国却是从很早就出现了，并且延续的时间很长[22]，像尉迟寺遗址所出的一件陶器[23]，其中神鸟所在的"介"字形顶象征天盖，其下的器物主体则象征北斗或北斗神[24]，巩义市站街镇花地嘴遗址所出的两件硃砂绘带盖陶器更能说明我们的观点[25]。我们认为在神兽的头顶或神兽所在器物的顶端有一神鸟是中国古文化的固有传统，不仅在考古学方面有诸多的实物依据，在文献方面也有文可征，最重要的莫过于《周易·系辞》中的"制器尚象"之论了。关于"制器尚象"之"象"的含义，素有争论[26]，笔者以为，肯定包括仰者所观之"天象"，尤其是其中的"天顶——北斗"之象。神鸟位于天顶，概因古人以为天动的原动力为其所予之认识及其他原因[27]，晚期有的器物特别是首有神鸟的（鸠）杖、（钱）树、博山炉、铜甬钟、"桃都树"、西王母的昆仑座等实际均与北斗可以柱形的连星体示意、天柱可与建木相关等思想有关[29]，北斗又可以斗形物象征之，这自然包括卣、甕、尊、罐等形物[29]。当然，随着时代的变迁，这类造型之器的内涵多仅仅集中于表示避邪或吉祥之意义，像汉代不少墓门上就出现过这类图案[30]。

图四

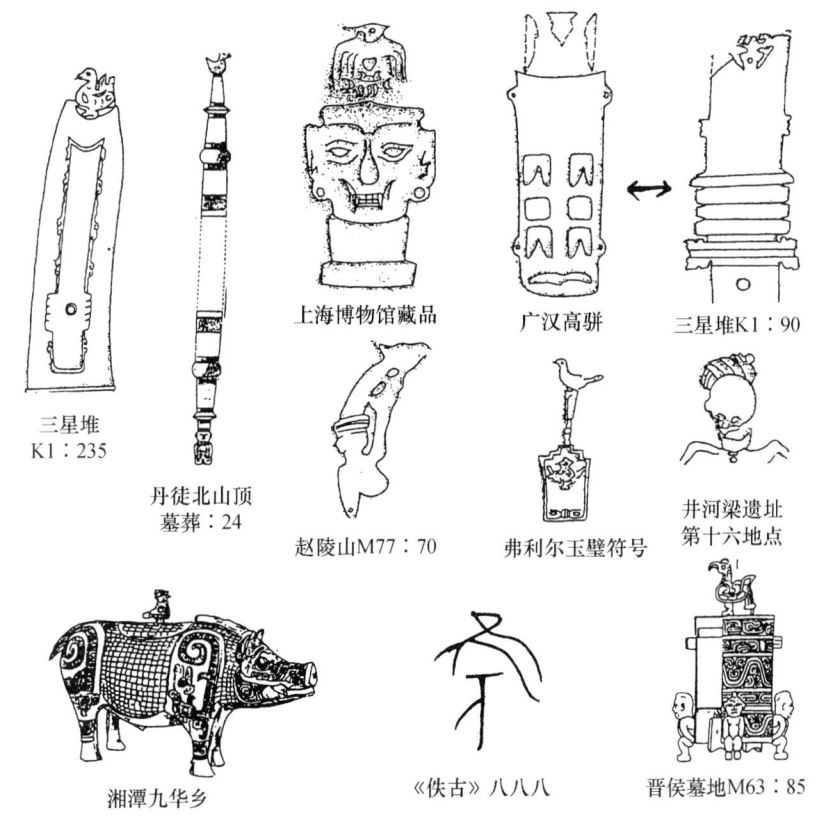

（五）结语

从本文的讨论可以发现，中国的有翼神兽出现的时间很早，从中国有翼神兽的整个发展史看，新石器时代到战国以前可视为一个特殊的历史阶段，在这一阶段，在中国有翼神兽的形成与发展过程中未发现明确的外力作用，始终有着自己的本土特色。

注　释

[1]　滕固：《六朝陵墓调查报告》，中央古物委员会，1935年。据李零先生认识（李零：《论中国的有翼神兽》，《中国学术》第五辑，商务印书馆，2001年1月。其观点源于徐中舒：《古代狩猎图像考》《徐中舒历史论文选集》，中华书局，1998年）。

[2]　《论中国的有翼神兽》，《中国学术》第五辑，商务印书馆，2001年。

[3]　李零：《再论中国的有翼神兽》，2001年4月1日在国家图书馆《中国学术》演讲稿，收入李零著《出山与入塞》（文物出版社，2004年）。

[4]　龚良：《陵墓有翼神兽石刻的发展及其艺术源流》，《华夏考古》1994年第1期。

[5]　其中有翼猪龙、有翼神鹿未见有鸟尾者，有翼鹿龙有鸟尾。另有鸟尾和圆的神物之造型应与卵（实际可视为天上的北斗星）生神话有关。

[6]　四川省文物考古研究所：《三星堆祭祀坑》，233页图一二九 K2③:296，文物出版社，1998年第10期。此神狗有翼，认为三星堆文化与西方有关的的有的学者可能会认为与西方艺术有关，实际并非如此。

[7]　大洋洲的这件玉人为"蹲踞"式，双手、足皆"弯握"，显然与攀缘建木有关，其有双翼，主要与中国传统的"神鸟——北斗（神、巫）"神话母题和造型有关，并不是西方有翼神兽传播的结果。

[8]　无翼的 sphinx（与古埃及语 sspnn 可能有关）早在公元前3000纪的埃及就已出现，有翼的 sphinx 在两河流域出现时间概在公元前1600纪，griffin 早在公元前3000纪的两河流域就已出现。

[9]　中国社会科学院考古研究所：《中国考古学中碳十四年代数据集（1965—1991）》文物出版社，1991年。中国社会科学院考古研究所：《敖汉赵宝沟——新石器时代聚洛》，中国大百科全书出版社，1997年。

[10]　同[3]。

[11]　同[3]。另，新郑郑公大墓的一件云纹罍上的龙有明确的未分歧双翼，材料见河南博物院、台北国立博物馆编：《郑公大墓青铜器》120页，大象出版社，2001年。

[12]　中国早期的龙有的有"鱼鳍"似装饰，这类装饰有可能为以后神兽出现翼的特征起到了作用。像二里头遗址新出的一件绿松石龙（许宏等：《河南偃师二里头遗址发现大型绿松石龙形器》，中国文物报，2005年1月21日），其有源于斗魁的"方相"首，长身，这是商代诸多方首盘龙造型的重要来源（其蒜头型鼻头显然源于上海博物馆所藏的具有石家河文化风格玉神首［《中国玉器全集》（第二卷）图178］，原河南文物交流中心所藏现上海博物馆所藏的另一件具有石家河文化风格雌雄玉神首神像之一也有这种造型的鼻头），这一神龙周身就有"鱼鳍"似装饰。

[13]　见《中国青铜器全集》第七卷图版50。

[14]　参见故宫博物院编：《故宫青铜器》图版286，紫禁城出版社，1999年。

[15] 广东省博物馆：《广东省博物馆藏品选》图版17，文物出版社，1999年。

[16] 参见李学勤、艾兰：《欧洲所藏中国青铜器遗珠图版135-A-B》，文物出版社，1995年。

[17] 这类提梁盉有的为鸟形兽足，有的为鸟身兽首或足，鸟形者，其翼是自然的，兽首者有翼有时应考虑与诸多传说中的怪鸟是否有联系。

[18] 见朱凤翰：《古代中国青铜器》图一〇、八七，南开大学出版社，1995年第1期。

[19] 中山王墓曾发现的这件方壶，其上神兽的双翅与巴蜀地区战国时期有翼神虎之分歧造型翼类似。

[20] 《泉屋清赏新编》图版12—15，日本京都：便利堂。

[21] 同［2］图四五：1（Pazyryk出土的鞍鞯）。

[22] 至今这类造型在瑶族等少数民族的祖先造像中仍然有发现。

[23] 王吉怀、李丽娜：《大汶口文化惊现罕见器物》中国文物报，2000-5-1。

[24] 在尉迟寺遗址所出的龙山文化七足形冠镂孔器，其首七个锥似物，以中间一个为中心，以其宽度延伸出一个平面，其他几个在这个平面上的投影与中间这个构成七组合的"介"字形，此"介"字形与我们常论的北斗神头顶的七组合的"介"字形冠造型、内涵、数目均相应，其"鬶底罐"与我们常论的北斗神面相应，同时亦有天盖——璇玑的内涵，显然，这也是以陶制物代表北斗的个案。材料见中国社会科学院考古研究所安徽工作队、蒙城县文化局：《安徽省蒙城县尉迟寺遗址2003年度发掘的新收获》图五，《考古》2004年第3期。

[25] 顾问：《花地嘴新砦期遗址所出新砦期殊砂绘陶瓷研究》，《北京大学震旦古代文明研究通讯》总第二十三期。

[26] 参见刘克明：《关于制器尚象》，《华中建筑》1998第2期；庾潍诚：《论周易的制器尚象》，《周易研究》2000年第2期。

[27] 参见有关学者对楚帛书中"四神乃作"的讨论。详细论述见李零：《楚帛书的再认识》，《中国文化》第十期，1994年；冯时：《中国天文考古学》第二章《中国古代的天文与人文》，社会科学文献出版社，2004年。另，有的这类器物顶不是神鸟，出现过为龙、虎的，具体原因详见拙著：《花地嘴新砦期遗址所出新砦期砂绘陶瓷研究》，《北京大学震旦古代文明研究通讯》，总第二十三期。

[28] 北斗在不少民族中被看成是天柱，中国古代不少考古材料和文献同样表明古人有此意识，弗利尔玉璧上的"神鸟——北斗天柱——昆仑台"符号（与"天命玄鸟，降而生商"、"简狄在台"等神话极其相符）切实地证明了这一点。晚期的（鸠）杖、（钱）树实际上均是源于"北斗——天柱——建木"这一关联模式的。（钱）树作为随葬品，汉代授予寿者以（暧）杖，实际与北斗主寿有关，又北斗可视为天柱或建木，所以其显然与仙人、使人升天、不死等概念有关。

[29] 早期象征北斗或其个星的陶器或铜器（象殷墟遗址曾出土的诸多学者不知其为何物铜"炮弹形器"），多以"斗形"表示，但是商周以来至于战国的晚期，有不少为卣、瓮、方尊、单耳鼓形壶等造型，这些造型有的与斗类似，有的只是示意而已。

[30] 多为神鸟立于铺首顶的造型。

（原刊于《殷都学刊》2003年第4期）

先商文化与商丘

吴 倩

先商文化是指《史记·殷本纪》中所载契至汤十四位商族先公为代表的活动踪迹，即《国语·周语下》云"玄王勤商，十有四世而兴"的历史。

文献记载，商族是一个经常迁徙的部族。《尚书·序》："自契至于成汤八迁。"张衡《西京赋》称："殷人屡迁，前八后五。"其所迁地望，近代学者王国维先生做过专门的考证：自契至于汤十四世，商族的大部分时间是在商丘度过的。

商丘一带属华北黄淮平原的一部分，自古就有众多的丘岗、河流和湖泊。根据历年来所出的古黄河象、犀牛、马、牛、鹿等动物化石，表明一万年前后，这一带曾是气候温和、草木茂盛、动物繁多。历次文物普查和考古发掘，发现的古文化遗址均坐落在古河道两岸的丘岗台地之上（当地群众称之为堌堆），遗址常伴随出现大量螺蛳壳和动物化石。这说明数千年前，这一带曾是河流纵横，湖泊沼泽连片，丘岗起伏连绵，水草林木茂盛，各种动物出没其间。孟诸泽在其北，睢水贯其中，涡水在其南。这一古老而肥沃的土地，为远古人类提供了理想的生息繁衍之地。古文献中确有许多关于商先王在今商丘地区活动的记载。《史记·殷本纪》云："契，封于商。"《荀子·成相篇》："契玄王，生昭明，居于砥石迁于商。"王国维先生在《说商》中考证："古之宋国，实名商丘，丘者虚也。宋之称商丘，犹洹水南之称殷墟，是商在宋地。"《左传·昭公元年》："迁阏伯于商丘，主依，商人是因。"杜预注："商人，汤先。相土封商丘。"又云："商丘，宋地。""宋、商、商丘三名一也，梁国睢阳县也。"《孟子》曰："汤居亳，与葛为邻。"《汉书·地理志》曰："葛，今梁国宁陵之葛乡。"葛在今河南宁陵北，多数学者所共识。史载商汤与有莘氏联姻。《史记·殷本纪》云伊尹为"有莘氏媵臣"，《集解》引《列女传》曰："汤妃有莘氏之女。"关于有莘氏之地望，一种说法是有莘氏在今开封。《史记·殷本纪·正义》引《括地志》云："古莘国在汴州陈留县东五里，故莘城是也。"《陈留风俗传》云："陈留外黄县有莘昌亭，本宋地，莘氏邑也。"另一种说法在今山东曹县境内。《左传·僖公二十八年》记载，"晋侯登有莘之墟"。杜预注："有莘，古国名。"《左传·桓公十六年》杜预注："莘，卫地。阳平县西北有莘亭。"《元和郡县图志》卷十六魏州莘县条云："莘亭在县北十三里。"今曹县境内尚有"莘冢集"之地名。尽管存在以上两种争议，但开封陈留、曹县均离商丘地区不远。

正因为有诸多文献的支持，有人提出，商丘的起源与先商文化有关；亦有人提出，商丘南即是商汤南亳之所在。最初学术界有关"先商文化"的探讨多集中在商丘。

1936年，中央研究院历史语言研究所李景聃等在豫东的调查和发掘，揭开了先商文化探索的序幕[1]。1976~1977年，中国社会科学院考古研究所与商丘地区文管会在豫东进行了一系列调查和发掘，目的是探讨商代文化的渊源关系[2]。1987年鹿邑栾台遗址的发掘[3]，1988年夏邑清凉山遗址的发掘[4]，证明豫东东部地区是岳石文化的分布区。1994~1996年，中国社会科学院考古研究所与美国哈佛大学组成的联合考古队，为寻找先商遗迹先后发掘了商丘潘庙、虞城马庄和柘城山台寺三个遗址，发现了龙山文化和岳石文化地层[5]。但他们均未在商丘地区发现大量先商文化分布区。

因此，有学者据此认为，豫东地区遍布岳石文化而没有先商文化，有学者则认为郑州地区年代最早的南关外期商文化来源于岳石文化，这支岳石文化的创造者即是先商时期的居民。更有学者明确指出："岳石文化一般相信就是历史上东夷的文化，而商出于夷是中国古代史上的常识，所以先商文化也许就是岳石文化的一支。"[6]也有观点认为，商丘永城的"王油坊类型便是先商文化，东夷文化是它的渊源，而冀南、豫北的漳河型、辉卫型则是它的发展和分支"[7]。

目前，我们还不能评价上述观点的孰是孰非，但即便按照邹衡先生所给先商文化定的考古学含义，商丘地区也不是先商文化分布的空白地带。

上文提到的1994~1996年的在柘城山台寺的发掘中，有着意外重要的发现。张长寿、张光直两位先生在文中这样写道："在很小的范围里发现了五间东西相连的房基……在这排房子的南边约30米处，有一个祭祀坑，略成圆形，其中埋九条整牛和一个鹿头，有的牛已经肢解。这个牛坑使山台寺的龙山文化遗址与殷商文明搭上了密切的关系。《世本·作篇》'核作服牛'；《楚辞·天问》'该秉季德……胡终弊于有扈，牧夫牛羊。'；《管子·轻重戊》'殷人之王，立帛牢，服牛马。'；《易·旅上九》'（王亥）丧牛于易'。"这里面的几个名字包括王亥和该，据王国维说都是王亥。殷代先祖与家牛这种密切的关系，是别的朝代的祖先所没有的。殷商考古的遗址里常有祭牛的痕迹，牛是大牢，一个祭坑里有9条牛，表明祭祀重要和祭祀者地位的非同一般。龙山文化遗址里面这个发现是没有先例的。两位先生进一步指出："它或许说明龙山文化的一支……在豫东发展出来的山台寺可以代表的一支特殊的晚期龙山或岳石文化，它就是殷商文明的前身。"[8]

1988~1992年间，郑州大学历史系（现历史学院）考古专业会同开封市文物工作队及河南省文物研究所，分别对开封杞县鹿台岗遗址进行了发掘和试掘，发现了先商文化鹿台岗类型[9]，其绝对年代大致与先商文化漳河型第三期相当或略早，但其具有自身特征。即有学者指出，鹿台岗类型分布到商丘西部应是不成问题的[10]。

2002年11月至12月，为进一步了解商丘地区夏商时期考古学文化的面貌和特征，郑州大学历史学院陈旭教授率领几个研究生，对面积较大有调查价值的24处新石器至夏商时期遗址进行重点复查，调查中发现先商文化遗址五处：民权县李岗、吴岗、牛牧岗，睢县周龙岗，柘城史堌堆，并且在李岗遗址采集到典型的漳河型先商文化遗物[11]。

开封东部和商丘西部先商文化的发现，预示着盘踞于豫北、冀南的先商下七垣文化势力，在夏文化末期甚至更早，沿着其统治薄弱的偏远地带抵达豫东地区，进一步加强了与东夷的联盟[12]，尔后西指灭夏。这恰与上述文献记载相和。

商丘地区目前发现先商文化遗存量少，可能有好几个方面的原因。商丘地区地处黄淮平原，是著名的黄泛区。境内黄沙淤积很厚，北部厚达 11～12 米，南部也有 5～6 米，地表所见遗物甚少。古代的商丘，即使有丘陵、平地、高岗，经过几百年的水患，低凹之处和这种地形上的城址，尽被填平覆掩。正如张长寿、张光直两位先生所指出："这样看来，最有希望的找寻途径是向地底下先找到古代平地平面，再在古代地面上面找寻当时平地上的古代遗址。"[13]另外，还疑与先商部族辗转征战、非整族迁徙、逗留时期短暂等不无关联。因此，商丘地区先商文化的具体情况有待于进一步的考古发掘。

注　释

［1］　李景聃：《豫东商丘永城调查及造律台黑孤堆曹桥三处小发掘》，《中国考古学报，第二册》，1947 年。
［2］　中国社会科学院考古研究所河南二队：《1977 年豫东考古纪要》，《考古》1981 年第 5 期，总第 385 页。
［3］　河南省文物研究所：《河南鹿邑栾台遗址发掘简报》，《华夏考古》1989 年第 1 期。
［4］　北京大学考古队：《河南夏邑县清凉山遗址 1988 年发掘简报》，《考古》1997 年第 11 期，第 24 页。
［5］　张长寿、张光直：《河南商丘地区殷商文明调查发掘初步报告》，《考古》1997 年第 4 期。
［6］　栾丰实：《试论岳石文化与郑州地区早期商文化的关系——兼论商族起源问题》，《华夏考古》，1999 年第 1 期，第 87 页。
［7］　郑伯昂：《先商文化及其渊源与发展新探》，《商文化论文集（上）》，文物出版社，2003 年第 18 期。
［8］　同［5］。
［9］　郑州大学文博学院等：《豫东杞县发掘报告》，科学出版社，2000 年。
［10］　魏兴涛：《试论下七垣文化鹿台岗类型》，《考古》1999 年第 3 期，第 72 页。
［11］　郑州大学历史学院考古系：《豫东商丘地区考古调查简报》，《华夏考古》2005 年第 2 期，第 17 页。
［12］　张国硕：《论夏末早商的商夷联盟》，《郑州大学学报》2002 年第 2 期，第 92 页。
［13］　同［5］。

（原刊于《平顶山学院学报》第 22 卷第 1 期，2007 年 2 月）

从考古发现看商族势力的消长

吴 倩 汪培梓

商族是我国古老而强大的民族之一，曾经创造了灿烂辉煌的商文化，在中华民族形成和中华文明积淀中有着举足轻重的地位。从甲骨文的发现、安阳殷墟的发掘，到郑州商城、偃师商城的先后揭露，再到小双桥遗址、洹北商城的依次面世，抚去层层的历史尘埃，商文化的神秘面纱被渐趋揭开，商文明的整体轮廓日益呈现于世人面前。随着晚商文化、早商文化的先后确认，有关先商文化、商族起源和流变、中商文化等课题便成了专家学者探索的热点。在此情况下，从整个商族文化不同阶段的发展演变中梳理出商族势力发展、动荡、强大、衰亡的基本线索，对于丰富对商民族的认识，了解其同周边各民族之间的关系、不同文化之间的交流与融合，特别是动态地把握商代疆域，都具有十分重要的意义。

一、先商文化形成与商族势力的兴起

商族有文字可考的历史是从其始祖契开始的。《诗经·商颂·玄鸟》云，"天命玄鸟，降而生商"，始有契；《史记·夏本纪》也有关于商祖契被"封于商，赐姓子氏"的记载；而且可知契同夏、周先祖禹、弃皆为尧舜酋邦联盟中的重要成员[1]。毫无疑问，在夏王朝统治的一定时期内，商族只是夏民族统治下的一支附属力量。为了在部族斗争中求得自身的生存与发展，商族曾进行了频繁的迁徙（张衡《西京赋》："殷人屡迁，前八后五"）。从契至汤，传十四世，商族终于灭夏建立了商王朝，正所谓"玄王勤商，十有四世而兴"（《国语·周语》下）。

先商文化是考古学界在晚商文化和早商文化先后确定的基础上，为寻找商文化源头和夏文化而提出的重要课题，是指在商民族建国前相当于夏朝统治时期由商人创造的文化，其文化主体应当包括在从契至商汤的时间段内。有关先商文化所属与分布问题，同商族起源问题关系密切，学术界曾对此进行了广泛探讨。虽然仍未取得一致意见，但却给人很多的启示和可资借鉴的成果。根据早商文化和夏文化探索的经验，我们认为探讨先商文化也应遵循以下几个原则：一是文化特征与基本确定的早商文化有较明显的渊源关系；二是文化年代当在商代建立之前的夏代纪年之内；三是分布区域当在文献记载的商民族活动范围内且与夏文化较邻近的地区。以此为参照，以较公认的早商二里冈文化为基点向前追溯，邹衡先生认为同其前后相连的所谓先商文化"南关外型"、"辉卫型"

"漳河型"遗存最有可能是先商文化[2]。李伯谦先生进一步以"下七垣文化"命名并进行讨论，借以概括先商文化漳河型和辉卫型，并认为其主体分布区域同后岗类型龙山文化基本重合，还确信"后岗类型龙山文化无疑是先商文化的重要来源"，而且"大量吸收了晋中地区龙山文化的因素"[3]。也有的学者提出以郑州C1H9为代表的二里冈文化第一组、下七垣文化（仅指漳河型）前三段和后岗二期文化的较晚阶段，应该是先商文化自后而前的三个阶段[4]。无独有偶，关于商族的起源，有学者更详细考证其最早源于山西南部，接着辗转晋中、晋南地区，之后经多次迁徙，终于在豫北、冀南逐渐发达起来，最终形成了一支可与夏王朝抗衡的强劲势力[5]。我们认为，先商文化当有自己的主体文化类型，但并非与某个单一的考古学文化完全对等，而应当由多个不同发展阶段的考古学文化共同组成。

研究发现，下七垣文化与客省庄二期文化都以灰陶为主，盛行绳纹，并以鬲为主要炊器，二者之间似有一定渊源关系。下七垣文化的卵形瓮、高领鬲、大型敛口瓮等，应来自晋中地区龙山至二里头阶段的文化因素；小口瓮和爵当是受二里头文化因素影响的产物；少量器表带刮痕的素面褐陶豆、尊形器、小口瓮等，就是来自岳石文化或受岳石文化影响的器物。又据邯郸涧沟等遗址的地层关系，下七垣文化堆积叠压在龙山文化层之上，且下七垣文化早期遗存中以鬲、甗、斝、罐、豆、瓮、平底盘为主的器类组合，器表绳纹装饰，橄榄状罐、绳纹平底盆、甗、斝、平底盘、鼎、小口瓮等器物造型等，皆与后岗类型龙山文化有着密切联系，显然二者具有较强的前后承递关系。从各主要遗存的文化内涵本身来看，以下七垣文化为主体的先商文化尚没有较大规模的聚落和城址，仅发现一些灰坑、陶窑和简单的房基；未见有文字和较大型的铜器，生产生活用具还多是些石、骨、蚌器，铜器为小件的刀、镞和笄等，有卜骨。可见，与同期的夏王朝相比，物质力量还十分薄弱，商族势力仍处于不断积聚和渐趋兴起阶段。

客观来说，在没有确切文字证据出土之前，任何对先商文化的推断都可能有悖于历史的真实，但我们总可以通过现有资料找到最接近实际的线索。根据以上研究成果，我们认为，先商时期，商族势力可大致分为两个阶段：前期还极其弱小，其生存空间时常受到夏王朝主流势力和其他外族势力的挤压，迁徙不定，曾在晋南、晋中一线活动，因而携带了大量晋南二里头文化东下冯类型和晋中光社文化及更早的龙山时代文化因素。直到在豫北、冀南一带稳住脚跟，吸收了东部岳石文化因素，并融合了当地的河南龙山文化后岗类型文化因素之后，最终形成了有自身特色的下七垣文化，此后商族势力开始大增。在继续南下和西指灭夏的过程中，下七垣文化继续吸收东方岳石文化因素和南方二里头文化因素，势力更加壮大起来，在郑州地区进行了最后集结，终于战胜了强大的夏王朝。在考古学文化上当表现为早于或相当于以C1H9为代表的二里冈下层一期早段或郑州南关外期[6]应是先商文化的最后形态。

二、早商文化发展与商族势力的扩张

20世纪50年代初,在郑州发现二里冈文化,根据地层叠压关系和器物演化序列,被划分为郑州二里冈上、下层遗存,并确定为早于安阳殷墟的商文化[7]。后来,二里冈文化再次被分为四期,即二里冈"下层"和"上层"各分二期[8]。随着考古新发现的不断增多,二里冈前三期又被拉出作为早商文化一、二、三期,而二里冈上层二期(或称白家庄期)遗存被划归中商文化一期[9]。为便于问题的探讨,本文采用后一种分法。以此为标准,已发掘的早商文化重要遗存有:郑州商城、偃师商城、垣曲商城、东下冯商城、府城商城、孟庄商城、盘龙城商城、登封王城岗遗址、耀县北村遗址等。

从作为主体形态的二里冈文化分期可以看出早商文化各个阶段的不同内涵和当时的基本社会概貌。第一期以郑州二里冈C1H9、电校H6[10]为代表。陶器以夹砂和泥质灰陶为主。陶器群中可以明显区分为渊源有别的下七垣文化、二里头文化、岳石文化等几类文化因素。青铜器品种、数量较少,器壁较薄,目前可以确定为本期的青铜器仅有爵。当时商族已在郑州定居并营建宫殿类建筑。第二期以二里冈C1H17、宫殿区C8T62夯土上面的灰土层[11]等为代表。陶器以夹砂和泥质灰陶为主,上期延续下来的几类文化因素仍依稀可辨。青铜器的品种和数量增多,器壁加厚。该期为郑州商城的兴盛期。第三期以二里冈C1H1和C1H2、北二七路M1[12]、铭功路M2[13]等为代表。陶鬲口沿以方唇为主,流行上腹部饰同心圆纹。敛口爵和鬲式敛口斝大量出现。青铜器的品种和数量增多。该期为郑州商城的繁盛期。从整体上看,早商遗存迄今已发现七座城址,其中两座具有王都性质;出现了多处区域性的中心聚落,灰坑和墓葬亦有更多发现;除大批石、陶、骨、蚌器外,青铜礼器出土甚多。同先商时期相比,早商文化异常丰富,物质实力大大提高,甚至远远超过夏代。

早商时期,商文化的分布更清楚地体现出商族势力的扩张。早商一期时,商人主要经略"有夏之居",因此其统治中心主要在以偃师商城和郑州商城为核心的伊洛-郑州一线,逐渐形成早商文化二里冈类型;一期晚段可到晋南地区,与夏文化的分布范围大体重合,在此逐渐形成早商文化东下冯类型。到早商二期时,随着商王朝的巩固,商族势力大规模扩展,往西强力向关中东部挺进,在此逐渐形成早商文化北村类型;北到冀南的磁县下潘汪,在豫北、冀南逐渐形成早商文化琉璃阁类型;南到黄陂盘龙城,在江汉平原一带逐步形成早商文化盘龙城类型;东到豫东的鹿邑栾台等地,并加速向东南、东北方向推进。早商三期时,商族势力进一步扩张,遗址点数量急剧增多。往西进到耀县、铜川一线;往东至整个豫东地区,商文化开始代替原有的岳石文化,在泰沂山脉以北的济南一带逐渐形成早商文化大辛庄类型;往东南方向,在江淮地区,商族势力已达到巢湖以东的大城墩一带逐渐形成早商文化大城墩类型;南部以盘龙城为中心商族势力向周围扩展;往北,商文化重返太行山东部一带,发现的遗址有邯郸龟台寺、藁城台西等，大体覆盖了原下七垣文化漳河型的主要分布区，甚至远至太行山以北的壶流河流域，逐渐形成早商文化台西类型。总之，在这一时期，商文化在积极吸收岳石文化、大量继承下七垣文化和二里头文化因素的基础上，商族势力有了质的飞跃，并借助灭夏之余威，通过西进、北挺、南下、东扩，实现了疆土的迅速拓展。短短百余年间，其势力范围远远超出了夏王朝统治区域。

三、中商文化调整与商族势力的巩固

经过早商时间的迅速发展，进入商文化中期的繁荣时期。中商文化的提出[14]，是较新的研究课题。它不仅使包括郑州小双桥和安阳洹北商城在内的一批商代遗址有了明确的归宿，从而填补了早商文化和晚商文化之间一定的时间缺环，而且使整个商文化系统更加充实完整起来，进而为相关问题的研究探讨提供了新的思路。

从现有考古材料看，属于该阶段的重要遗存较多地见于藁城台西[15]、邢台曹演庄[16]、安阳三家庄和小屯[17]、济南大辛庄[18]、郑州小双桥[19]、安阳洹北商城[20]等地。根据相关遗迹单位及出土陶器特征，中商文化可分为三期：第一期以郑州白家庄遗址第2层及小双桥遗址为代表。偃师、郑州二商代早期的都城相继衰落并最终遭到废弃，郑州商城有大批青铜器出土[21]，始建于早商时期的南关外和紫荆山北铸铜作坊仍在继续使用。与此同时，郑州西北郊的古荥一带，却突然兴起一个规格颇高的遗址群，有学者认为其核心区域的小双桥遗址当是仲丁所迁隞都[22]。第二期以安阳洹北商城内1997年发掘的早期遗存及河北藁城台西早期墓葬为代表。本期在洹水北岸小屯殷墟对面出现较大规模的城址和较高规格的遗存。此前商文化遗址分布较为密集的郑州——偃师一线，已极少发现该段遗存，大量文化遗存在豫北、冀南一带密集出现，这就标志着中商文化核心区域的大转移。第三期以安阳洹北商城内1997年发掘的晚期遗存及河北藁城台西晚期居址与晚期墓葬为代表。由于洹北商城遗址规格较高，且其年代略早于主体遗存为商王武丁之后的小屯殷墟时期，故有学者认为该遗址很有可能是盘庚迁殷的最初地点[23]。

中商文化是在早商文化基础上发展起来的，其分布地域曾一度比早商时期有进一步扩展，东到泰沂山脉一线；西抵关中西部岐山、扶风；北面近抵长城；南逾长江。这一时期商代遗存有两点显著变化：一是中原地区各文化类型的调整和文化核心的北移。原早商文化的二里冈类型、东下冯类型和琉璃阁类型相继削弱，并分别代之以白家庄类型、小神类型和曹演庄类型；更为重要的是，商文化遗存的核心区域由郑州—洛阳一带转移到豫北、冀南的安阳—邢台一带。二是周边各文化类型如台西类型、北村类型、盘龙城类型、大城墩类型和大辛庄类型等都先后得到了加强，而豫东、鲁南、皖北和苏北地区有迹象形成新的文化类型。由此可见，这一时期基本处史学界所称的中衰阶段，可能包括了文献所记载的商王室内部"比九世乱"、"诸侯莫朝"、频繁迁都、对外征伐等相关的重大事件，商族势力经过调整巩固，为后来商王朝的鼎盛打下了基础。

四、晚商文化繁荣与商族势力的极盛

晚商文化是指商王朝统治时期最后阶段的商文化。在各个阶段的商文化中，晚商文化最早被发现和确认，并集中体现在安阳小屯殷墟主体遗存的发掘和研究上。

根据当时发掘者的研究成果，晚商文化可以分为前后相连的四期[24]。结合殷墟出土的甲骨刻辞和铜器铭文[25]，可以初步推断出晚商文化各期的年代。第一期，年代约在武丁早期。小屯作为王都的中心，已经建立起若干宫殿、宗庙和铸铜作坊。第二期：约相当于武丁后期至祖庚、祖甲时期。宫殿宗庙区的西、南两面开始挖掘环城壕沟。铸铜作坊继续增加，并出现制骨作坊。小屯以外居民点的范围扩大，侯家庄西北岗一带的王陵区已经建起，普通家庭墓地数量增多。第三期：约相当于廪辛、康丁、武乙、文丁时期。深壕环绕的小屯及其附近继续发挥都城宫殿宗庙区的核心作用。铸铜作坊由原来主要集中于殷墟东北部而开始向南、向西扩展。第四期：总体上约相当于商代最后两王帝乙、帝辛时期，但该期最晚阶段或可延长到西周初年。整体来看，晚期遗存更加丰富，宫殿、宗庙、墓葬、作坊等足迹规模宏大，青铜器种类和数量更多，造型和纹饰也更加精美，并出现了大批制作精美的玉器。所有这些，都体现出晚商时期物质力量的增强，商文化整体达到顶峰。

与早商、中商文化相比较，晚商文化的分布范围与格局发生了较大的变化。也主要表现在三方面：一是其中心分布区在豫北、冀南一较大范围内并保持相对稳定，最高规格遗存在小屯殷墟。二是商文化在西、南两个方向大大收缩。今湖北、陕西、江苏境内许多原早商和中商文化分布带，至晚期已为性质不同的其他考古学文化所取代。三是在山东境内，商文化向东保持着较强的进取势头，几乎占领了除胶州半岛之外的整个山东地区。根据现有材料来看，晚商文化的具体分布情况是：泰沂山脉以北，商文化发展到淄河和潍河附近。泰沂山脉以西及鲁西南地区仍为商文化所控制，但苏北地区已很少有商文化分布。皖北地区和皖中东部至晚商早期仍为商文化所控制。河南几乎全省应属晚商分布区。中商末期商文化开始撤出两湖，至晚商时期，桐柏山以南已基本不见商文化分布。陕西境内，晚商文化从陕西西部退缩至西安附近，文化面貌表现出浓厚的地方特色。山西境内，晚商文化遗存发现极少。晚商文化的北限停留在拒马河流域，今北京南部、河北中南部曾发现晚商文化偏早阶段遗存。这一时期，商代核心遗存随整个外围控制区而整体北移，商族势力达到鼎盛之后而走向衰退。

五、后商文化余晖与商族势力的消亡

武王伐纣、商王朝被周王朝取代之后，商族势力遭受致命打击而走向崩溃瓦解，商遗民在一定区域和一定程度上还保留原有文化基因，使得后人依然能够感受到一抹商文化微弱的余光。后商文化，即商遗民文化，在此代指商王朝灭亡之后相当于西周早期商民族所创造的文化，其所体现的后商势力同武王伐商和周初对商遗民实行的分而治之的政策关系密切。

这种文化遗存主要分布在殷墟安阳、西周东都洛邑、晚商贵族微子启所封之宋地及其他西周早期封国内。洛阳东郊西周墓明显分为两个区域，其中瀍河以东至塔湾一带被认为是"殷顽民"墓区，墓葬均设有腰坑，有的带有曲尺形墓道，随葬品有青铜或陶质酒器爵、觚、觯等，有的青铜器上还带有商族的符号[26]。从北窑西周遗址出土的陶器来看，一些相当于成王、康王时期的器物如矮裆绳纹鬲、三角划纹簋、三角划纹盘、大口深腹雷纹尊、圆腹绳纹罐、折肩三角划纹罐、圆角鼓腹瓮和高领斜肩深腹瓮等陶器，与安阳殷墟晚期的陶器无甚区别[27]。说明该地区的商文化被周文化真正取代用了至少数十年的时间。通过对湖南地区发现的大量商周青铜器的认真研究[28]，有学者认为其中部分铜器的年代属商代晚期至春秋中期，包括人面方鼎、铭"己冀"分裆鼎、铭"癸冀"卣、铭"戈"卣、父乙爵、父乙罍、父丁爵、庚父戈鼎等，其中冀、戈是殷代望族，商代铭冀、戈字族徽的铜器甚多。铜器纹饰盛行兽面纹、夔纹，且多见扉棱、浮出的兽面等装饰手法。铜器成分属青铜，与中原地区商周铜器相一致。曲阜鲁国故城城内西部西周墓地的甲组墓，墓圹相对较宽，葬式多为仰身直肢，盛行腰坑和殉狗之风。随葬器物以鬲、簋、豆、罐、盂为主，流行圈足器和圜底器。均显示出明显的商代遗风[29]类似材料各地还有较多，这里不再赘举。总体看来，它们有一个共同特点，即商文化作为独立的形态已经不复存在，多数遗存已在不同程度上同周文化或当地土著文化相融合。

从这些考古材料来看，结合文献资料分析。我们不难看出，在商代灭亡之后的西周初期，商族势力被完全剿灭和同化还有一个相当长的过程[30]，但整体上处于周族的统治和监管之下。除一部分远逃他乡不知所终之外，大部分留在殷都旧地归商纣王之子武庚继续统治或在各封国就地定居，另有大批在周初被迁东都洛邑，周公平武庚叛乱后分别被迁往微子启所封之宋和康叔所封之卫。这些在周朝统治下的商族后遗势力，有时还可能制造反周事端，但最终被新起的周族势力所镇压和同化。

综上所述，一系列的考古发现和研究表明，整个商族文化遗存在不同地区的分布和内涵具有较大差异，不同时期呈现出不同的展、缩态势，不难看出商族势力在不同时期消长迥异，先后经历了兴起、扩张、调整、极盛、消融几个不同阶段。故体现商族势力的商代疆域不宜一概而论。

注　释

[1]　李民：《尧舜时代与陶寺遗址》，《史前研究》1985年第4期。

[2] 邹衡：《夏商周考古学论文集·试论夏文化》，文物出版社，1980 年。

[3] A. 李伯谦：《先商文化探索》，《庆祝苏秉琦考古五十五年论文集》，文物出版社，1989 年。《夏文化与先商文化关系探讨》，《中原文物》1999 年第 1 期。

B. 郑彤：《下七垣文化来源探索》，北京大学《青年考古学家》第 9 期，1997 年。

[4] 张立东：《先商文化浅议》，《中国商文化国际学术讨论会论文集》，中国大百科全书出版社，1998 年。

[5] 李民：《关于商族的起源》，《郑州大学学报》1984 年第 1 期。

[6] 河南省博物馆：《郑州南关外商代遗址的发掘》，《考古学报》1973 年第 1 期。

[7] A. 河南省文化局文物工作第一队：《郑州商代遗址的发掘》，《考古学报》1957 年第一期。

B. 河南省文化局文物工作队：《郑州二里冈》，科学出版社，1959 年。

[8] 安金槐：《对于郑州商代二里冈期陶器分期问题的再探讨》，《华夏考古》1988 年第 4 期。

[9] 中国社会科学院考古研究所：《中国考古学·夏商卷》，中国社会科学出版社，2003 年。

[10] 河南省文物研究所：《郑州电力学校考古发掘报告》，《郑州商城考古新发现与研究》，中州古籍出版社，1993 年。

[11] 河南省文物研究所：《郑州商代城内宫殿遗址区第一次发掘报告》，《文物》1983 年第 4 期。

[12] 河南省文物研究所：《郑州北二七路新发现三座商墓》，《文物》1983 年第 3 期。

[13] 郑州市博物馆：《郑州市铭功路西侧的两座商代墓》，《考古》1965 年第 10 期。

[14] 唐际根：《中商文化研究》，《考古学报》1999 年第 4 期。

[15] 河北省文物研究所：《藁城台西商代遗址》，文物出版社，1985 年。

[16] 河北省文物管理委员会：《邢台曹演庄遗址发掘报告》，《考古学报》1958 年第四期。

[17] A. 中国社会科学院考古研究所安阳工作站：《安阳殷墟三家庄东的发掘》，《考古》1983 年第 2 期。

B. 孟宪武：《安阳三家庄发现窖藏青铜器》，《考古》1985 年第 12 期。

C. 中国社会科学院考古研究所安阳工作站：《安阳小屯村东北地的发掘》，《考古》1989 年第 10 期。

[18] 山东大学历史系考古专业、山东省文物考古研究所、济南市博物馆：《1984 年秋济南大辛庄遗址试掘述要》，《考古》1995 年第 6 期。

[19] A. 河南省文物研究所：《郑州小双桥遗址的调查与试掘发掘》，《郑州商城考古新发现与研究》，中州古籍出版社，1993 年。

B. 河南省文物考古研究所、郑州大学文博学院考古系、南开大学历史系博物馆学专业：《1995 年郑州小双桥遗址的发掘》，《华夏考古》1996 年第 3 期。

[20] 《河南安阳新发现商代城址》，《光明日报》2000 年 1 月 8 日。

[21] 河南省文物考古研究所、郑州市文物考古研究所：《郑州商代铜器窖藏》，科学出版社，1999 年。

[22] 陈旭：《商代隞都探寻》，《郑州大学学报》1991 年第 5 期；《郑州小双桥遗址的年代和性质》，《中原文物》1995 年第 1 期。

[23] A. 唐际根、徐广德：《洹北花园庄遗址与盘庚迁》，《中国文物报》1999 年 4 月 14 日。

B. 杨锡璋、徐广德、商炜：《盘庚迁殷地点蠡测》，《中原文物》2000 年第 1 期。

[24] 中国科学院考古研究所安阳发掘队:《1962年安阳大司空村发掘简报》,《考古》1964年第8期。

[25] A. 中国科学院考古研究所:《小屯南地甲骨》前言,中华书局,1980年。

B. 中国科学院考古研究所:《殷墟发掘报告(1958~1961)》第77页,文物出版社,1987年。

C. 董作宾:《安阳侯家庄出土之甲骨文字》,《田野考古报告》第一册,1936年。

D. 中国科学院考古研究所:《殷墟妇好墓》第224~228页,科学出版社,1980年。

E. 中国科学院考古研究所安阳工作队:《安阳殷墟西区一七一三号墓的发掘》,《考古》1986年第8期。

[26] 河南省文物研究所编:《河南考古四十年》,河南人民出版社,1994年。

[27] 叶万松、余扶危:《洛阳北窑西周遗址陶器的分期研究》,《考古》1958年第9期。

[28] 王恩田:《湖南出土商周铜器与殷人南迁》,《中国考古学会第七次年会论文集》,文物出版社,1992年。

[29] 山东省文物考古研究所等:《曲阜鲁国故城》,齐鲁书社,1982年。

[30] 李民、张国硕:《夏商周三族源流探索》,河南人民出版社,1998年4月。

隞都故址考

——兼论亳都地望

宋秀兰

郑州商城遗址从发现距今已有近四十年的历史了。围绕郑州商城是亳都或是隞都的争论也有三十多年，至今仍无定论。近几个月来，《东方家庭报》组织国内专家对郑州商城的性质进行了大讨论，专家各抒己见，从郑州商城的历史地位、城池规模、文化内涵、史料记载等方面进行了分析讨论。本文试从考证敖地与桑林所在之处，及对有关文献记载的地名分所等，来阐述自己对商汤都亳和仲丁迁隞的粗浅看法，试图为郑州商城都属的确定尽自己一点微薄的力量，希望得到国内外专家的指教。

商族是我国历史上一个古老的民族。最晚在夏代建国之初，它已经活动在黄河流域。后经过十四代四百多年的发展到成汤时，势力强盛起来，商族四出征战，灭了夏桀，在中原地区取代了夏朝的统治地位。成汤建立商王国后，曾五次迁都。所谓"汤始居亳"，"仲丁自亳迁于嚣（隞）"，"河亶甲自嚣迁于相"，"祖乙居耿（邢）"，"盘庚居殷"。

郑州商城是建国初文物工作者发现的一处商代王都遗址，那么它是何王所居之都呢？根据史料和前辈专家学者的分析研究，认为"郑州商城非隞即亳，非亳即隞。"究竟是敖还是亳呢？让我们首先看一看隞的所在地。

一、敖地位于荥阳西北临河的敖顶山

敖是商代中期仲丁迁都的地址，考证和确定敖的位置，对于研究商代早期商汤居亳的位置问题，具有重要的意义。本文，从探讨敖仓的位置入手，以此证明敖地及隞都的所在。

1. 对史书有关敖地记载的分析

史书有许多关于敖和敖仓的记载。《竹书纪年》记载："帝仲丁迁敖于河上。"河，在古代是黄河的专称，黄河古道从今牛口峪向东北方向流去。史料所载，敖既临河，又在山上，这就首先确定了敖只能在牛口峪以西临河的山丘上，而不会在牛口峪东顺河东北走向的平原上。

《史记·项羽本纪》:"汉军荥阳,筑甬道属之河,以取敖仓粟。汉之三年,项王数侵夺汉甬道,汉王食乏,恐,请和,割荥阳以西为汉。"

《集解》瓒曰:"敖,地名,在荥阳西北山,临河有大仓。"《正义》引《括地志》云:"敖仓在郑州荥阳县西十五里……秦时置仓于敖山,名敖仓云。"

按汉代荥阳在今古荥镇,唐代荥阳即今荥阳。这段记载说明,汉王刘邦军在荥阳时,是在古荥镇以西的地区"以取敖仓粟"的,具体位置在荥阳县西北十五里的山上,濒临黄河处。

又《史记·郦生陆贾列传》:"汉三年秋,项羽击汉,拔荥阳。汉兵遁保巩、洛……汉王数困荥阳、成皋,计欲捐成皋以东,屯巩、洛以拒楚。郦生因曰:'臣闻知天之天者,王事可成;不知天之天者,王事不可成。王者以民为天,而民以食为天。夫敖仓,天下转输久矣,臣闻其下乃用藏粟甚多,楚人拔荥阳,不坚守敖仓,乃引而东,今适卒分守成皋,此乃天所以资汉也。方今楚易取而汉反却,自夺其便,臣窃以为过矣。且两雄不俱立,楚汉久相持不决,百姓骚动,海内摇荡,农夫释耒,工女下机,天下之心未有所定也。愿足下急复进兵,收取荥阳。据敖仓之粟,塞成皋之险,杜太行之道,距蜚狐之口,守白马之津,以示诸侯效实形制之势、则天下归矣'"。按这一段记载,敖仓应是在成皋以东的荥阳境内。

其他谱书,多有类似记载。

《汉书·地理志》:"敖仓在荥阳"。

《后汉书·郡国志》:"周宣王狩于敖,左传宣公十二年,'晋师在敖鄗之间',秦立为敖仓。"杜预注:"敖,鄗二山在荧(荥)阳县西北。"

皇甫谧《帝王世纪》:"仲丁自亳徙于河上也,或曰敖矣。秦置仓于其中,故亦曰敖仓城也。"

《太平寰宇记》:"敖山在(荥阳)县西十五里,春秋时晋师救郑在敖、口之间,二山名。宋武帝北征记曰:'敖山,秦时筑仓于山上,汉高祖亦因敖山,筑甬道,下汴水,即此地也。'"

《史记·殷本纪》:"帝仲丁迁于敖。"《集解》孔安国释敖曰:"地名。"皇甫谧曰:"或云河南敖仓是也。"已明确了"敖"与"敖仓"同属一地。

诸如类似记载,还有许多,在兹从略。

综合历代文献所记里程、方向、地形地势、周边环境,我们认为敖地位于旧河阴县治(今天广武乡)西二十里,今荥阳县治西北三十里的敖山,即在今荥阳县西北马沟村和牛口峪一带。

2. 秦建仓于敖地,敖地在荥阳

根据文献记载的地点和方位,及"敖"与"敖仓"同居一地的说法,笔者认为,只要找到敖仓，敖地的所在就可确定，那么，仲丁迁敖的隞都，也就可以基本确定下来。有了这一思路，笔者先后数次到荥阳县西北的马沟、牛口峪及其周围作了实地考察，认为以下几个方面与敖仓有密切关系：

（1）对于河、济水、汴水的实地考察

史料谈及，敖仓临河，又临济水、汴水。其实，这三处河水，在荥阳县西北的敖山一带应属一水。河，过去专指黄河，元代以前河道是经今牛口峪附近向东北流去；济水是古四渎（江、河、淮、济）之一。发源地在今河南省济源县，在荥阳县西北的温县西南入河，入河后与黄河同流一段，又分支出来向东流去；汴水即战国时的鸿沟，汉代改名浪荡渠，隋唐又称通济渠，是由黄河引出的人工水道。

据《水经·渠水注》讲，济水分河东南流是在石门。《水经·济水注》说，荥口石门在敖仓城的东北；还说"济水迳敖山北。"《太平寰宇记》曰："在（河阴）县南二百五十步，首受黄河，一名通济渠，一名浪荡渠。"《闲学纪闻·郡县志》云：汴水在河南府河阴县南二百五十步，今名通济渠。《河阴县志》说得更明确："汴渠、鸿沟、荥口石门、浪荡渠实属一水，因各代河道变迁而异名。"

河阴县是唐开元年间析荥泽、武涉、汜水三县地而置，据前几年在广武乡曹庄村发现的唐代路碑得知，当时的河阴县城在曹庄西北十八里，即位于牛口峪东不远的刘沟村正北，现已被黄河淹没。河阴县城在黄河东岸，县城南不远就是汴水与河、济水的分水处。可以说，河、济、汴三水的合并流程应是西起济水入河处的汜水镇西，东至牛口峪一带。黄河由此折向东北流去，济水向东流，汴水从刘沟西北引水东南流。敖仓濒近河、济、汴三水交流而又即将分道之处，正在今马沟、牛口峪一带。

（2）对于鸿沟的实地考察

《秦史集》载："敖仓位居荥阳西北山上，临河，正因鸿沟转入黄河之处。"这里指出了敖仓与鸿沟的关系。

鸿沟是战国魏惠王时期人工引黄河水开凿而成的水道，即上文所提及的汴水。它分别和济、汝、淮、泗四条大川会合，沟通了当时的宋、郑、陈、蔡、曹、卫等国，形成了贯穿大河南北的"国际"交通网。从开封、宛丘（淮阳）、下蔡（安徽寿县）、定陶、濮阳等地都可循着支流到达鸿沟口。交通极其便利，转运粮食非常方便，这是秦建粮仓于敖山的决定条件。

这一带现在地形为，牛口峪大坡立窦王碑处往东有一条大沟，约五华里长，越过一道山岭，就是刘沟。刘沟在河阴县南，似属开渠引水的鸿沟口。由此向南有一道四里左右的沟渠，宽三百米左右，深二米左右，系人工开凿。沟两侧高山沟底两米多的土台上，有住家户。沟底两边有比较明显的水流冲刷痕迹，蜗牛壳，料礓石比比皆是。在四里左右处折向东，横跨广武山（今称邙山岭），直达上任庄，然后折向南，进入旎然河，又向东南流入开封一带。这道沟当地群众仍称之为鸿沟，并传说是古代的运粮河。

由此说来，敖仓位距鸿沟很近的马沟、牛口峪一带，当无大的疑问。敖仓所在的地形恰像一把圈椅，在临河的广武山上，西从老寨圪垯慢慢向南弯曲，凹进约有二里，又逐渐向北伸，正好把马沟、牛口峪挡在里面。秦在其中置仓，四周易守难攻，又可防河水侵袭，再加上便利的交通，位置选的真是恰到好处。

(3) 对于甬道的实地考察

《史记》、《汉书》都多处谈到汉军筑甬道以取敖仓粟的问题。

公元前206年，汉刘邦和项羽在彭城（今徐州）激战，汉军败退荥阳，且军势复振，韩信又和项羽大战一场，反败为胜。败楚后汉军驻在荥阳，韩信命令军士沿着河滨筑起甬道，以取敖仓粮食。上面说过。汉代荥阳在今郑州西北二十余公里的古荥镇。据考察这条甬道还断续可见。从牛口峪大坡顶上起首，往东经咸顶、周胡洞、樊铺头、段铺头、刘铺头、陈铺头、秦铺头、赵村、周寨、水泉、广武，一直到古荥镇有一条平均约八米深、十米宽，当地群众俗称的"路沟"。此路沟有"四十五里皇殿街"、"四十五里皇道沟"之称。我们认为这不可能是一条街道。因沿路沟附近没有古建筑遗存。如果是条四十五里长的浩大街道，《史记》、《汉书》应该是有记载的。而"四十五里皇道沟"则比较接近事实。汉往来于甬道，以取敖仓食，沿途的一溜铺头，可能是运粮中转站或休息的地方。后来汉王坐了天下，群众称之为"皇道沟"，这是有道理的。

除此之外，不可设想谁会从古荥阳挖出一条这么漫长的甬道有何用处。如果上述汉筑甬道不错的话，那么敖仓的位置也就随之可定。南道的终点——马沟、牛口峪一带，正是敖仓故址所在。

(4) 对于广武城的实地考察

三国魏孟康注《汉书》云："于荥阳筑两城相对为广武，在敖仓西广武山上。"晋戴延之《西征记》："三皇山上有二城，东曰东广武，西曰西广武，各在一山头，相去百余步，（汴）水从广武涧中东南流，今涧无水。城各有三面，在敖仓西。"北魏郦道元《水经注》："济水又东迳西广武城北……济水又东迳东广武城北，济水又东迳敖山北，《诗》所谓'搏狩于敖'者也。其山上有城，即殷仲丁之所迁也。"

以上注释和记载皆云敖仓在广武城之东，因此有必要对广武城的位置作一说明和考证。目前对广武城所在比较流行的说法是，"东广武城就是现在的霸王城，西广武就是现在的汉王城。"并由此说，"敖山……现在已沦到楚王城与桃花峪之间往北的黄河中，其故地距南崖广武山麓大约在1.5公里到两公里间[1]。"也有学者认为，敖山、敖仓应在霸王城之东的今黄河大桥附近[2]。

我们同样认为敖仓应在广武的东面，但不同意广武城就是汉、霸二王城的说法。荆三林先生在《汉就敖仓食时间问题——附论广武城非汉、霸二王城》一文中作了详细论述，我们仍持此说。在今王村乡北，有一古代城址，俗称老寨圪垯，多出土战国秦汉遗物，这个城址可能就是《汜水县志》所载的："广武城在县东北五里。"在马沟、牛口峪西部的敖峰顶上也有一城，其下为池沟，沟中有泉水北流、向西隔一大涧为寨八坪古城遗址，俗称池沟寨，城壁的建筑与汉、霸二王城完全一致。包含物为战国秦汉物，出土有汉瓦及铁制一字插和六角锄。这几个城址都在成皋以东、敖仓以西，紧靠黄河的广武山上，与史书记载相符。而汉、霸二王城当是汉之四年（前203年）九月以后，"汉军广武，楚亦军广武"的对垒地点，仍应称作汉、霸二王城而不应叫广武城。

马沟、牛口峪均在上述考证的广武城东不远。敖仓的位置也就在此附近。

（5）出土实物

在对马沟、牛口峪一带地形的考察过程中，我们发现了一些粮仓的遗迹和实物。

首先需要说明的是，在今马沟、程庄村中及其西南部，有较多的陶窑遗址。这里的陶窑有火门、火道和通风口，内部及附近有较多的残砖烂瓦，瓦有筒瓦和板瓦，皆绳纹，为秦汉遗物无疑。

在村中和村北部。除了一部分陶窑遗迹外，有较多的粮仓遗迹。仓与窑不同，无火门与火道，内部不是砖块，而是粮食灰样的东西。这里的粮仓主要有两种，一种是窖，与洛阳出土的战国粮窖非常相似。平面呈圆形，底面和四壁均经过火烧，呈蓝色，壁厚约十五公分。《周礼·匠人》载："囷窌仓城。"注曰："穿地曰窌。"杨倞、《荀子·富国》注："窌窖窖也。掘地藏谷也。"可见窖就是地下仓。这种仓在村中发现几处，过去在村北犁地时发现许多，因大搞平整土地和水利，大多毁坏殆尽。还有一种称庾，"'庾'按《说文解字》有两种解释，一说：'水漕仓也'，即以水转粮。存放粮食的这种仓称之为庾。'一曰仓无屋者'。《释名》：'庾，裕也。言盈裕也，露积之言也。盈裕不可胜受，所以露积之。'"如果《说文》后一种解释能够成立，《释名》也释得正确，仓既无屋，又是露积，当然就是露天仓了。说明秦汉时期不仅有露天仓，而且还有露天仓的专有名称。[3]按《说文》对"庾"的两种解释，这里都可以对上号。这里临河，以水转粮非常方便；再一是这里出土许多大瓮，多高三尺余，亦有高一、二尺者，往往并排发现，概为储粮之用。按章怀《后汉书·安帝纪》注："敖即《诗》'搏兽于敖'，秦于此筑太仓，亦曰敖庾。"出土实物和文献记载基本一致，敖仓在今马沟、牛口峪一带的可能性极大的。

（6）群众座谈

在马沟、牛口峪一带调查时，我们还与马沟大队党支部负责同志协商，召开了群众座谈会。

大队干部冯金水说："1973年修马沟渡槽时，这里发现很多窖形烧土坑。1977年平整土地时，二百多亩地又挖出八十多个，有圆形和方形两种，圆形窖有的口小底大，有的口大底小，直径一般是四、五尺，窖壁皆经过火烧。"张海和说："在这种窖坑里，有些底部放有谷子糠样的东西。"有些老人回忆说："记得小时候大水过后，断崖上露出许多仓和陶罐，大的能盛一百多斤粮食，小的能盛一斗多。"还有的群众说，"俺这里的人新中国成立前出门背的钱褡裢上，都绣着'敖仓'或'仓头'二字。传说这里是老辈子的粮库。"

当然。群众的说法不能作为证据，但至少可以说给我们提供了重要线索。况且，这些说法与我们考察发现的材料基本一致，与历史文献记载亦相吻合，这里是敖仓故址的可能性的确是很大的。

综上所述，我们的结论是，今荥阳县西北的马沟、牛口峪一带很可能就是敖地、敖山的所在，帝仲丁迁于此，后来秦在此地筑仓，故有敖仓。

既然敖有了着落，那么，郑州商城是亳都就可以无可争辩的了。当然，说郑州商城是亳都，并不是只由此而证之，而是郑州商城本身也有它的许多论据。

二、亳都即郑州商城

记载及郑州商城遗址的灿烂文化为依据，简要谈一下自己的粗浅看法。

1. 古代文献记载

《春秋·襄公十一年》："公会晋侯、宋公、卫侯、曹伯、齐世子光、莒子、邾子、滕子、薛伯、杞伯、小邾子伐郑。秋七月，己未，同盟于亳城北。"杜注："亳城，郑地。"

《国语·楚语上》："昔殷武丁……以入于河，自河徂亳。"

以上两条我们看到，亳在郑地。距黄河不太远。

《左传·襄公十一年》："夏，郑子展侵宋。四诸侯伐郑。……右还，次于琐。围郑。观兵南门，西济于济隧。郑人惧，乃行成。秋，七月，同盟于亳。"

《逸周书·作雒解》载："武王克殷，乃立王子禄父，俾守商祀。"晋·礼晃注："封以郑，祭成汤。"

《尚书·序》："自初至成汤凡八迁，汤始居亳，从先王居。"

以上几条中，我们看出郑与成汤有一定关系，成汤都亳，那么，亳应在郑地无疑。上述文献没有明确指出亳位于郑地的具体位置，但，从古至今在郑地发现的商代王都遗址，只有郑州一处，这样，我们有理由认为郑州商城遗址就是郑地的汤都亳城。另外，《说文解字》卷五下："亳，京兆杜陵亭也。"虽然有的人认为杜陵在陕西长安县西南，但荥阳有平兆城，也曰京兆城，郑州有杜陵，这个问题应引起我们充分的重视和注意。

2. 郑州商城出土陶文的印证

1956年以来，在郑州商城北部和东北部的金水河、白家庄一带，曾发现数批东周时期的陶文，这些陶文是用印戳打上去的，其中以"亳"、"亳丘"陶文为多。陶文多为阴文，个别为阳文，字体工整。根据出土陶器的器形来判断，带"亳"的陶器属郑州当地烧造的，是地名的标志。有的先生指出亳指的是亳社。《周礼·考工记》载："匠人营国……左祖右社"。这批陶文发现于早商大型宫殿建筑遗址附近，应是早商的宗庙、社祭的地方。

《礼记·郊特性》郑玄注："薄（亳）社，殷之社、殷始都亳（薄）。"这样看来，亳社应是商代遗留下来的宗庙，也就是殷人进行祭祀的地方，起始于亳都，后来流行于各地的。

3. 郑州商文化的状况与成汤时代的经济政治相吻合

从文献上看，商汤时期是商代在政治上和经济上的强盛时期，"汤十一征而无敌于天下"，威震中原，形成了"昔有成汤，自彼氐羌，莫敢不来享。莫敢不来王……"的政治局面。这种局面和郑州商城的发掘资料相映照。

郑州商代遗址有 25 平方公里的广阔范围，长达 7 公里的高大城垣，多座雄伟的宫殿建筑。并且商文化分布密集，范围广泛，堆积丰富，又发现有冶铜、制骨、制陶等各种手工业作坊遗址和不少奴隶主墓葬等重要遗存。郑州商代城墙宏伟，据专家推断，每天投入一万人进行劳动，需修筑长达五年方能建成。从城墙建筑技术之高超和建筑气魄之雄伟来看，可以说是我国古代劳动人民在建筑史上的杰作。另外，大量青铜器、玉器的出现，大型青铜重器的出现等，都反映了经济的繁荣，政治上的强盛。这种政治经济状况符合于成汤立国时的国情。

4. 郑州商城文化的年代和商汤使用该城的年代相仿

商汤建都亳后，历外丙、仲壬、太甲、沃丁、太庚、小甲、雍己、太戊，凡五世九王，皆都于亳。以后商都虽屡迁徙，但此地名并没有改变，古城一直沿用。《周语·楚语》上："昔殷武丁……自河徂亳，于是乎三年默以思道。"说明武丁时还到过亳都。《史记·殷本纪》："帝武乙立，殷复去亳处河北。"说明在商代后期亳还一直被沿用。

这种情况和郑州商代遗址的沿用年代相吻合。据考古发掘现象表明，郑州商城在夏商时期文化堆积最为丰富，有相当于二里头文化的洛达庙类型；有与之时代相仿的南关外类型；有商代早期的二里冈下层和二里冈上层时期的文化内涵，也有商代中期偏早的白家庄期文化因素；还有人民公园期相当于商代晚期中段的文化内涵。

5. 成汤祷雨处距郑亳不远

《吕氏春秋》、《淮南子》诸书均有商汤祈天祷雨于桑林，终降大雨的记载。《主术训》曰："汤之时七年旱，以身祷于桑林之际，而四海之云凑，千里之雨至。"《庄子·养生主》："庖丁为文惠君解牛合于《桑林》之舞。"释文："《桑林》，司马云、汤乐名。"按：当是成汤祷雨于桑林之乐舞。那么，桑林在何处呢？

笔者 1985 年文物普查得知，荥阳县王村乡有桑林村，村中有汤王庙。庙门前墙壁嵌有"汤王庙"碑，庙内墙壁嵌有记述汤王祷雨于桑林的石碑一块。距该村不远，还有汤王沟。如果桑林村是商汤祈天祷雨处的话，郑州商城恰在桑林正东方，这无疑又给郑州商城为汤始居亳的亳都增添一佐证。

综上所述,笔者认为,"汤始居亳"的亳都,应是今郑州商城;仲丁迁敖的隞都,应在荥阳县西北临黄河的仓头一带,或隞城已沦于河。

注　释

[1]　史念海:《河山集》二册,三联书店,1981年。
[2]　邹衡:《夏商周考古论文集》文物出版社,1980年。
[3]　禚振西、杜葆仁:《论秦汉时期的仓》,《考古与文物》1982年第6期。

（原刊于《古都郑州》2004年9月）

"方孔石器"是古代乐器

索全星

自从岳石文化发现方孔石器之后，小双桥商代遗址也曾有不少多件同类石器出土，有认为它是农具"石䦆"，有的叫它"方孔铲形器"，也有谨慎地称之为"长方形穿孔石器"。最近，通过对新出土的仰韶文化方孔石器的分析研究，笔者认为它应是古代乐器石磬。现将自己的浅见汇报于后，期望大家指教。

2008年夏秋之时，郑州市文物考古研究院对建业壹号城邦遗址进行考古发掘，在仰韶文化晚期的灰坑（08JYCBH247）内出土了一件方孔石器。这件方孔石器，青灰色岩石，呈上窄下宽的梯形，长21厘米，宽9.5~11.5厘米。其横断面为扁梯形，两面磨制光亮，没有明显的锋刃，上部中间凿出一眼长方形孔（图一，1、2）。对此方孔石器当时不知其用途，难以准确命名。因为该遗址同时期遗存中出土较多的石铲、石斧等，我们亦侧重在农具方面考虑，名之曰"方孔铲形器"[1]。

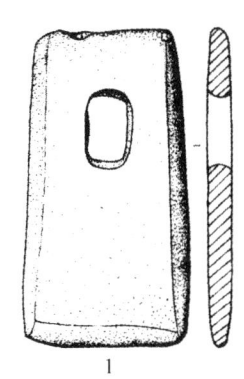

图一　建业壹号城邦遗址出土的石磬

方孔石器最早发现于山东岳石文化的遗址中，目前出土有110件，被称作"石䦆"[2]。一般认为它是岳石文化所特有的一种典型的掘土农具。考古调查表明，出土方孔石器的遗址集中在泗水尹家城（图二，3）、临沂八块石（图二，1）、广饶营子（图二，4~6）、邹平古城（图二，2）等，区域性较强[3]。岳石文化的时代相当于我国的夏代与商代早期之际，年代在公元前2000~前1500年之间。这是山东省出土方孔石器的情况。

小双桥商代遗址位于河南省郑州市西北约20公里的石佛镇小双桥村西南部，遗址中部有夯土台基，并分布有人祭、牲祭两种祭祀坑。经1990年试掘，1995年、1996年到1997年和1999年到2000年的三次考古发掘，获得方孔石器达78件之多，有的两边还涂有红色带状纹（图三，2），制作精良，被称作"长方形穿孔石器"[4]。这是目前河南省出土方孔石器较多且集中的地方。

郑州小双桥遗址在学术界被认为是商王隞都或商王宗庙祭祀遗址，是一处重要的具有较高级别的商代遗址，出土如此之多的方孔石器，自然引起许多专家学者的极大关注。

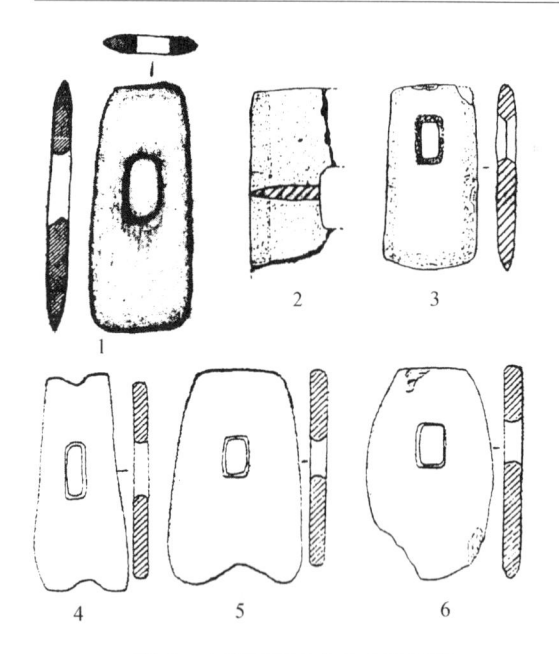

图二 山东岳石文化的方孔石磬
1. 临沂八块石遗址采集　2. 邹平古城遗址采集
3. 泗水尹家城遗址出土　4~6. 广饶营子遗址出土

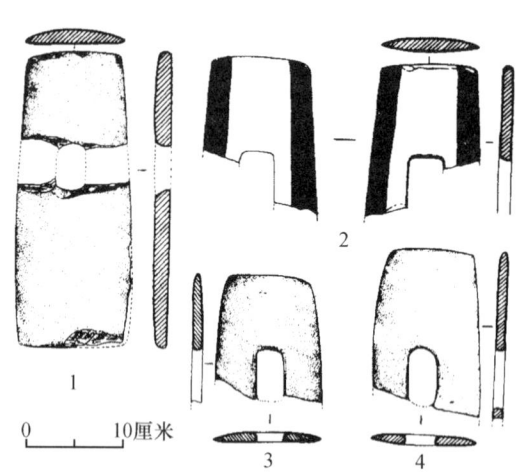

图三 小双桥遗址出土的方孔石磬
1. 方孔石磬（ⅣH65:5）　2. 红彩方孔石磬
（ⅣH16:2）　3、4. 方孔石磬（ⅣT74⑤:1、ⅣT74④:8）

学者们比较一致地认为小双桥遗址的方孔石器是商王"仲丁征蓝夷"凯旋带回的战利品[5]。就是说这批方孔石器是从山东岳石文化区内得到的。笔者查阅河南省文物局第六批全国文物保护单位材料《小双桥遗址》的申报文件，方孔石器"在遗址中发现较多，一般为青石琢磨而成，平面近长方形，上部较窄，两侧边有刃，侧刃磨制较锋利，上下两端磨痕多较明显，但又不做成刃部，个别的下边能看出刃来，但较厚钝，不锋利，中间靠上部有一长方形孔，穿孔处多不经打磨"（图三，1、3、4）。这些方孔石器在商代王都或商王室的祭祀遗址中集中出现，显然不可能是用于切割、掘土的农具。说明当时发掘者将方孔石器定名为"长方形穿孔石器"是慎重的。

通过对郑州建业仰韶时期方孔石器的观察，发现它周缘棱角圆钝，没有明显的刃部，器身琢磨光滑，但有白点状琢痕，难以与掘土、切割的农具联系起来，倒像是件线条简洁明快的艺术品。再观不甚规整的方孔，有琢磨修整的痕迹，说明制作方孔虽然必要，但不是主要的。这样的方孔即使套上方形榫头的木柄也难以真正结合牢固，加之刃部无锋，并不利于农业劳动。

新石器时代，舞阳贾湖遗址出现了早期的骨笛，仰韶文化遗存中，不仅有较多的乐器陶铃、陶鼓、陶埙出土，还有表达较高文化艺术的彩陶，陶寺遗址的大墓内出土了特磬[6]，大汶口遗址出土了陶羊角形号[7]，我国原始礼乐文化的发展已初具规模。建业方孔石器会不会是一种礼乐之器？笔者试探性地对它进行敲击，这件石器竟能发出悦耳悠扬的声音。反复测试，声音始终如斯。笔者不谙音律，但尚能辨别这种不俗的声音之美，感觉方孔石器可能是一种打击的石质乐器。测试的方法，左手食指钩住石器的方孔，右手持残石器（石铲的一部分）轻击石器表面即发出清越激扬的音响，所击部位不同，声音似有差异。承蒙张松林院长关照，笔者又对我院收藏的两件小双桥遗址标本方孔石器[8]作了同样的测试，结果基本一致，声音只是较前者厚实些。

因此，我认为方孔石器是古代乐器——石磬。《说文》："磬，乐石也。从石殸，象縣虡之形，殳击之也。"马如森《殷墟甲骨文实用字典》："磬，从象磬形，象事字，字像手持锤击磬之形。古乐器。本义是磬。"甲骨文"磬"字的写法是𣪊、𣪊[9]，从其形状上就可看出，一人手持乐锤敲击悬挂的石磬使之发出音响，是用磬演奏音乐的情形。比照实物，方孔是为悬挂石磬而琢的，用之套在有方形木榫的磬架上，方孔和木榫并不需要结合得很牢实，只是起个固定磬的作用。如果固定得太牢实，磬的音质就会下降。当方孔与木榫套合时略有间隙，敲击石磬才能使它的音量充分发挥出来。器身上的白点桊痕应是击打石磬造成的剀点。这种石器不是古代农具，而是礼乐之器石磬。方孔石磬用方榫套挂，圆孔石磬用绳索系挂，这是石磬两种不同的悬挂方法。所以它的方孔不规整而有磨痕，刃部圆钝却无锋，小双桥遗址有些石磬表面涂朱，这些现象就容易理解了。

石磬是我国古老的石制打击乐器，为"八"音的"石"音。《世本》记载"黄帝使伶纶造磬"，石磬应该出现于新石器时代仰韶文化时期。它是先人们劳动生活的产物，即在制作石器时发现有些石头可以发出声音而为之。所以它的形状有不规则形、铲形、长条形、镰刀形等，制作石磬是受材料形状限制的。偃师二里头遗址3号祭祀坑出土了一批物品，其中就有1件石磬[10]。到了商代，一些贵族墓用石磬来随葬代表身份，妇好墓出土5件长条形石磬，制作比较精细，磬身上分别刻有文字和虎纹。大概在商代，商王室把这种方孔石磬规定为宗庙祭祀的礼乐之器。西周建立后，礼乐文化专制化，将石磬统一为圆孔曲尺形，秦汉以降，更是因袭不变。长期以来，人们习惯于圆孔曲尺形石磬，而遗忘了方孔石磬，所以当发现这种方孔石磬时，也难怪我们茫然不识。古代在娱乐、筵宴、庆典、祭祀、集会等场合都会用磬礼。《诗经·商颂》中有"既和且平，依我磬声"，反映了用磬伴奏进行乐舞的情景。《诗经·周颂·执竞》的"钟鼓喤喤，磬筦将将"则是磬用于宗庙祭祀或祭祖。

其实，郑州建业与小双桥这两处的方孔石磬虽然有许多相似之处，但它们还是有区别的。首先，前者时代早，为仰韶晚期，显得厚重；后者是商代中晚期，制作较规整灵性。其次，前者系青灰色火成岩，石质细腻，声音清亮；后者是青绿色或青灰色细砂岩，手感较糙涩，音质稍显浑厚。再次，前者通体均较圆钝光滑；而后者磨制平整，棱角分明，有的侧边锐利似锋。

相关部门对小双桥石磬作的岩相特征研究表明[11]，商王室选择方孔石磬的石料是有标准的，"似乎有意地避开了含磁铁矿、黄铁矿相对较多、硬度稍低的黑色或灰黑色岩，而多选择灰绿色和灰色岩石。"石磬作为礼乐之器从选料到制作是十分讲究的，特别是小双桥的方孔石磬不仅出土数量多，其形状、颜色、大小等都相对的一致，有些石磬还绘饰了两道红色宽带纹。这些石磬出土于被认定为商王都或商王宗庙祭祀遗址内,这是很有意义的。商王室在小双桥举行相关仪典活动时可能使用了礼乐演奏,包括编磬,同时对那些敲击破裂的、音律不准的石磬作随祭和掩埋处理,这应该是小双桥遗址石磬破裂较多的原因。

以上关于"方孔石器"的认识如果成立,对仰韶文化、岳石文化、商文化等相关问题的深入研究都会产生新的启示,也为研究我国古代音乐史增添了新资料。

(张松林院长曾对本文作具体指导,并亲自测试小双桥石磬,谨致谢意)

注　释

[1] 索全星、刘彦峰等:《郑州市发现一处仰韶文化晚期遗址》,《中国文物报》2009 年 7 月 10 日。
[2] 任相宏:《岳石文化的农具》,《考古》1995 年第 10 期。
[3] 刘敦愿:《山东临沂新石器时代遗址调查》,《考古》1961 年第 11 期;山东省文物考古研究所等:《山东广饶新石器时代遗址调查》,《考古》1985 年第 9 期。
[4] 河南省文物考古研究所:《1995 年郑州小双桥遗址的发掘》,《华夏考古》1996 年第 3 期。
[5] 任相宏:《郑州小双桥出土的岳石文化石器与仲丁征蓝夷》,《中原文物》1997 年第 3 期;张国硕:《商王伐东夷事件之考古学佐证》,《中国文物报》1998 年 2 月 4 日。
[6] 中国社会科学院考古研究所山西工作队:《1978~1980 年山西襄汾陶寺墓地发掘简报》,《考古》1983 年第 1 期。
[7] 山东省文物考古研究所:《大汶口续集·大汶口遗址第二、三次发掘报告》,科学出版社,1997 年。羊角形陶号出土于灰坑(H82:6)内。
[8] 郑州市文物考古研究院藏,资料未发表。标本 2 件,完整,浅绿色细砂岩,两边有刃,上、下边较圆钝,表面磨制精细,方孔较规整。
[9] 马如森:《殷墟甲骨文实用字典》,上海大学出版社,2008 年。
[10] 中国社会科学院考古研究所二里头工作队:《偃师二里头遗址新发现的铜器和玉器》,《考古》1976 年第 4 期。
[11] 刘效彬、李素婷等:《郑州小双桥遗址出土长方形穿孔石器岩相特征》,《华夏考古》2009 年第 2 期。

(原刊于《中原文物》2009 年第 5 期)

周代出土铜钟及五音浅议

刘青彬

一、引　　言

　　对于我国出土乐器的关注，古已有之。早在宋人"金石学"的研究中，就已涉及了一些出土的古乐器，多为钟磬之属。范围也仅及于乐器的形制、铭文和年代方面，并未从青铜器的大范围中细化出来。"五四"之后，音乐考古学的雏形开始出现，产生了刘半农、杨荫浏、李纯一、黄翔鹏等一批音乐考古学家、音乐史学家，使我国音乐考古学开始步入正轨。继1978年曾侯乙墓的发掘之后，对古乐器的考古学研究有了长足发展。直至《中国音乐文物大系》的编纂整理，我国在音乐考古学方面已积累了丰富的资料。对于古乐器的研究目标，李纯一先生作了很好的阐释，即"研究古代乐器的年代、类型、体系和性能，阐明它的发生、发展演变和消亡的序列和规律，以及它在社会历史发展中的作用、地位和意义"[1]。

　　西周礼乐制度的推行和东周的礼崩乐坏，使乐器在西周出土文物中占有相当高的比重。而作为乐器主体的铜钟，更是体现了周代音乐的最高水平。同时，这一时期在乐理、音律方面所创造的成就，也令人叹为观止。本文拟从两周出土铜钟入手，探讨铜钟的一些基本问题及与五音的对应承流关系，以了解周代的音乐造诣高度，并初步解决铜钟组合方面的问题。

二、周代出土铜钟概况

1. 两周铜钟出土及研究情况

　　西周铜钟大都出土于大型墓葬和铜器窖藏，多成套出土，即为编钟，重要发现有：山西曲沃晋侯稣编钟，陕西宝鸡强国墓编钟[2]，长安普渡村长囟墓[3]，张家坡井叔墓编钟[4]，河南三门峡虢季墓编钟，陕西扶风齐家青铜器窖藏柞钟、中义钟及眉县窖藏编镈等。这一时期多按严格的乐悬制度，且有较固定的组合搭配。

　　春秋战国时期铜钟迅速繁荣和急剧衰落，各地均有出土，主要有：山东长清仙人台M6编钟，河南新郑韩故城4号乐器坑编钟，山东沂水刘家店子M1编钟、编镈，陕西宝鸡杨家沟太公庙秦公钟、秦公镈，河南辉县琉璃阁编钟、编镈，山西长治分水岭编钟，河南淅川和尚岭M2编钟，湖北随州擂鼓墩M1（曾侯乙墓）编钟等[5]。

国内不少学者对于这一时期铜钟的形制演变、礼乐制度、音律变化等进行过较深入的研究，在论著方面主要有李纯一《中国上古出土乐器综论》、王子初《中国音乐考古学》、《中国音乐文物大系》等，文章主要有王子初《晋侯稣钟的音乐学研究》、《礼乐重器镈的发掘与研究》，马承源《商周青铜双音钟》[6]、《晋侯稣编钟》[7]、蒋定穗《试论陕西出土的西周钟》[8]等。另外《音乐研究》杂志上也有不少关于这一时期的铜钟研究。

2. 铜钟的种类及形制结构

按形体结构的不同，周代铜钟可分为甬钟、纽钟、镈钟及錞钟[9]。

（1）甬钟

甬钟是出现于西周初期的重要乐器，在周代铜钟中处于主体地位，占比例最大。甬钟钟体为合瓦形，下口弧形，钟体中央为钲，两侧有钟枚18颗，分列6组，其间为篆，下沿为鼓部，顶部有圆柱形甬，甬下部有凸起的旋，旋上有斡。

西周时期的甬钟多自成编例，3~16枚一套不等。早期（周穆王以前）为3件一组，现举四例列表[10]（表一）。

表一　部分西周编钟测量登记表

器号	甬长（cm）	体高（cm）	铣长（cm）	鼓间（cm）	重量（kg）
竹园沟M7 12、11、10	10、11.4、9.8	24.2、21.4、18.9	21、18、16	14.5、14、10.8	7.25、6、4.35
茹家庄M1 28、29、30	11.1、11.4、9.4	20.4、19.6、14.5	18.1、16.6、12	12.4、11.7、8.4	4.65、4.25、2.85
长囟墓 4、3、2	15、14.5、12	32.5、29.5、26	27.5、25、21	19、18、15	20、?、?
平顶山魏庄窖藏 1、2、3	12、14.6、9.7	28.7、26.4、15.8	24.2、22、12.9	16.6、15.8、8.8	9.5、11、2.3

这一时期甬钟的特点为：①三件一组，根据测音，多按"角、羽、角"的模式组合；②侧鼓表面无第二基音标志，内壁光平而无隧脊，表明当时还未使用第二基音；③体较短，钲部较长，无铭文；④甬腔根部留有泥芯；⑤素干，前两钟钲部有圆圈纹饰，第三钟（小钟）无。

西周中晚期甬钟多为8件一组，如虢季作协钟、柞钟、中义钟都为8件一组，晋侯稣编钟为16件2组。这一时期已开始有意识地使用第二基音，即侧鼓音，一般是前两钟鼓用正音，后六钟鼓右有鸟纹标志，兼用正侧鼓音，这一时期与前一时期有如下不同：①八件一组，有意识的使用第二基音；②铭文出现，内容涉及多方面。

综上观之，西周甬钟的形制结构无明显变化，但各部位之间比例的发展变化复杂，钟体由瘦长渐变为粗短，舞部和钟口与体高的比例逐渐增大，同时钟厚与体高的比例、舞部和钟口的纵横之间比例又基本不变[11]。从纹饰上看，西周时期钟的纹饰朴实简练，据界格的变化可分为四型：细乳钉界格钟，细阳线界格钟，阴线界格钟，粗阳线界格钟，型又分式[12]。

及至东周，青铜钟数量剧增，按其特征，可分为中原地区与南方地区（即周式和楚、越式）两种类型。中原地区甬钟多柱形甬，或上细下粗，平舞，铣部微侈，弧于，钲部两面共有36枚，纹饰以云纹、窃曲纹、夔龙纹、鸟纹、兽面纹为主，代表如山东长清仙人台邿国墓11件甬钟（春秋早期偏晚），河南新郑韩故城206件编钟（春秋中期），山西长治分水岭编钟（战国中期），东周洛阳王城M131甬钟16件（战国晚期）等；南方地区的甬钟深受中原地区的影响，但又有自己独特的楚越风格。总体来说，南方的甬钟形体瘦长，纹饰繁缛。最著名的当属曾侯乙墓的大型编钟，共有65件铜编钟，其中甬钟45件，代表了我国青铜音乐时代的最高水平。

（2）纽钟、镈钟、錞钟

纽钟约出现于西周末期，盛行于春秋战国。纽钟与甬钟的根本区别在于悬挂部件之不同，前者为纽，后者为甬，体制方面基本无异，只是前者钲部大多设乳（乳状短枚），后者大多设枚（圆台状长枚）。早期的纽钟为9件一套，如河南陕县虢太子元墓编钟和闻喜上郭村M211编纽钟，其后大多为7～10个构成序列，并可奏出完整音阶。

镈钟也是合瓦形腔体，与纽钟一样有悬纽，但其于口平齐，不似甬纽钟成弧。殷末周初镈的形制已有了基本的规范，及至春秋中期之后，形制愈来愈大，造型也愈来愈豪华，纹饰繁缛。代表如秦公镈、山西太原全旺村赵卿墓编镈、江苏邳州九女墩2号墩编镈等。

錞钟是李纯一先生命名的，是一种很有地方特色的铜制钟体打击乐器。形制是穹顶较小，两铣侈度较大而口微凹或平的合瓦体，两面上部正中有一对长方形穿孔。錞多为倒八字形，个别为"V"形或"T"形。多发现于云南广西等地，数量很少，不赘述。

3. 铜钟的源流问题

我国文献中很早就有关于钟的起源的记载：《山海经·海内经》："炎帝之孙伯陵，伯陵同吴权之妻阿女缘妇，缘妇孕三年，是生鼓、延、殳。始为侯，鼓、延是始为钟，为乐风。"《世本·作篇》："倕作钟。"这些记载虽不能完全令人信服，但足以说明其产生时间久远。

在甬钟的起源问题上，目前尚存争议。早期学者如郭沫若、容庚、唐兰、郭宝钧、华觉明等皆认为西周甬钟由殷镛（殷商编铙，三件一组）发展而来，陈梦家主张甬钟由殷镛经南方镛（南方大铙）演变而成，马承源也认为甬钟的形式是从南方镛演化而来。

李纯一认为：西周编甬钟是在继承殷镛传统的基础上，吸收南方镈的长处，一方面扩大共鸣腔（即钟体），以增加音量；另一方面将乳状短枚改进为二叠圆台状长枚，再辅以钲篆边框上的小乳钉，以增强负载作用，从而使性能得到提高[13]。

镈钟最早出现于南方的湘水流域及其邻近地区的一种青铜乐器，在制礼作乐中为西周统治者所采用。纽钟在西周的末期才初露端倪，进入春秋以后开始在乐钟的舞台上成为主角之一。纽钟多自名为"钟"，少数为"铃钟"或"钟铃"，意即为甬钟与铃的组合体。但从形制上看，纽钟主体是钟而非纽，且铃出现早于甬钟、镈钟，而纽钟出现晚于前两者，所以应当认为纽钟是甬钟吸收铃或镈的纽制派生出来的一种较小的新式钟。纽钟的出现，主要是为了发展钟类乐器旋律性能的需要。

三、五音与周代音律

1. 五音

从殷商到西周，通过不断地音乐实践，逐步确立了五声音阶的观念，称五音，又叫五声，即宫、商、角、徵、羽，相当于现在简谱中的1、2、3、4、5、6。最早见于《管子·地员篇》；"凡听徵，如负豕，觉而骇；凡听羽，如马鸣在野；凡听宫，如牛鸣窌中；凡听商，如离群羊；凡听角，如雉登木（以鸣，音疾以清）"（注：近学者多认为该书是战国至秦汉各家学说的汇集）。《国语》中伶州鸠与周景王的问答也涉及了五音[14]。

关于五声的确立，《管子》载："凡将起五音之首，先主（立）一而三之，四开以和九九，以是生黄钟小素之音，以成宫。三分而益之以一，为百有八，为徵。不无有三分而去其乘，适足，以是生商。有三分而复于其所，以是生羽。有三分去其乘，适足，以是生角。"大意为：若求出五音，先求得一个标准音"黄钟"，把它作为"宫"音，再就宫音的弦长增加三分之一，即得低四度的徵音；在就徵音的弦长减去三分之一，即得高五度的商音；商音弦长增加三分之一，得低四度的羽音；就羽音的弦长减去三分之一，可得角音。这就是按弦长确立五音的三分损益法。列为算式：

$(1 \times 3 \times 3 \times 3 \times 3) = 81$（宫）

$81 \times (1 + 1/3) = 108$（徵）

$108 \times (1 - 1/3) = 72$（商）

$72 \times (1 + 1/3) = 96$（羽）

$96 \times (1 - 1/3) = 64$（角）

按相对高度，则是以徵为最低音的五声音阶。但当时也有以宫为最低音的五声音阶。《国语·周语下》伶州鸠答周景王问时说："大不逾宫，细不过羽，夫宫，音之主也，第以及羽。"这也是常见音阶之一。五声音阶加上变徵、变宫便形成了七声音阶。曾侯乙编钟铭文中有"□宫"（即变宫）[15]一名，可知这一时期已确立了七声音阶。《左传》中已有"为歌，八风、七音、六律以奉五声"。七声即是宫、商、角、变徵、徵、羽、变宫，相当于现在简谱中的1、2、3、4、5、6、7。这是关于音阶的理论，五音指明乐曲的调性，规定音程的大小，其中宫商角徵羽等属于唱名性质，不含有固定音高的意义。如宫商距离为一个全音；角徵距离为一个小三度之类。为了合乐和旋宫的需要，这一时期又有"十二律"的发明。

2. 六律、六吕、十二律吕

十二律名称初见于《吕氏春秋·音律篇》："黄钟生林钟，林钟生太簇，太簇生南吕，南吕生姑洗，姑洗生应钟，应钟生蕤宾，蕤宾生大吕，大吕生夷则，夷则生夹钟，夹钟生无射，无射生仲吕。三分所生，益之一分以上生；三分所生，去其一分以下生。"黄钟、太簇、姑洗、蕤宾、夷则、无射为六阳律，大吕、夹钟、仲吕、林钟、南吕、应钟为六阴律。阳律为律，阴律为吕，又称同，以是有六律、六吕、十二律吕。在曾侯乙墓乐钟铭文中，已有六律之名，且与《国语》六律依次对应，律序也相互吻合。由此可见，它们也就属于"阳声"的六律，上2：3-6和上3：3-7编钟就是按照六律组成的[16]。五音十二律之后，又有了旋宫的方法，《礼记·礼运》说："五音六律十二管，旋相为宫也。"旋宫即是转移主调位置，一个调可以旋宫十二次，五种调式共可得六十调[17]。在曾侯乙编钟的铭文中，也发现了旋宫理论的存在。

四、周代铜钟的组合及与五音的对应关系

1. 铜钟组合与五音对应

在现代技术手段的帮助下，青铜钟的测音工作得以开展，音阶结构的研究有了较大的发展。20世纪80年代初期，马承源先生通过对周代青铜器的研究发现了周钟双音的结构[18]。黄翔鹏、李纯一等人通过对乐钟的测音情况，对青铜钟的音阶结构进行了分析和研究。

周灭商，因此西周时期的钟是没有"商"音的，编钟只有"宫角徵羽"四声结构，这种组合可能与当时"雅乐"常用这四种调式有关[19]。《周礼·春官·大司乐》载："圜钟（夹钟也）为宫，黄钟为角，太簇为徵，姑洗为羽……函钟（林钟）为宫，太簇为角，姑洗为徵，南吕为羽……黄钟为宫，大吕为角，太簇为徵，应钟为羽……"。各钟调式在不同的礼仪活动中是规定以不同的律高为主音的，既有调式变化，又有宫位转换，但不出宫角徵羽。春秋早期的编钟在"隧音"系列中补足了"商"音，构成了完整的五声音阶。

甬钟是所有青铜乐器中测音工作做得最多的。西周早期甬钟多为三件一组，未正式使用侧鼓音，音阶按"角、羽、角"的模式，首尾两钟相距纯八度，中间一钟

和首尾两钟分别相距纯四度和纯五度。中晚期为一般为八件一组，全部音阶避免"商"音，是按三声羽调即"羽、宫、角"模式。首次两钟发单音，从第三钟开始便按"角、羽"模式循环展开，同时第二基音正好填补相邻两钟正鼓音构成的大音程间的空当，起着充实本调和确定本调特性的作用。第三钟至第八钟把同体的隧音与鼓旁音调成小三度的关系。春秋战国时期，甬钟组合以八件和九件一组为多，在正鼓音中增加了商、徵两个正音，进而增加一个或两个变音，从而六声或七声齐备，在调式上较多的使用了徵调和商调。到战国时编钟的音列从不够完整的半音阶发展成了完整的半音阶。

纽钟的测音较甬钟少，它的组合是七声徵调模式，音域跨中高音区的三个八度。镈钟的音列结构尚不明确，在乐钟组合中，具有低音和声功能。

关于铜钟与东周时期礼器的组合情况，有人做过专门的统计，将其分为四种情况[20]。（1）纽钟（或甬钟）一组，共9件。这类组合在北方地区的43座墓葬中（不含郑韩故城礼乐器坑及太宫庙窖穴）见6座，楚文化区有5座，其中信阳两座楚墓所出纽钟一组为13件。（2）纽钟、编磬两种各一组（或钟两组）组合，总数20件左右，多见纽钟和编磬的组合。这类组合北方地区10座，楚文化区5座。（3）钟两组，磬一组（或钟三组），总数在30件左右。（4）钟三组（或三组以上），编磬一组（或一组以上），总数近40件或超过40件。可以看出，前三类墓葬有出青铜列鼎的都是5件或7件，一般都有相当数量的兵器和车马器，表明墓主身份为大夫。第四类中所出铜礼器凡有升鼎的为9件。墓主身份明确又居国君地位的有蔡侯墓、曾侯乙墓、中山王墓，地位可能接近的有沂水刘家店子M1、擂鼓墩M2。

通过上述乐器组合的分析，可知当时贵族享用乐器的繁简情况，确定同他们身份的高低密切相关。周人在等级方面规定了严格的乐悬制度。所谓乐悬，其本意是指必须悬挂起来才能进行演奏的钟磬类大型编悬乐器。《周礼》载："王宫悬，诸侯轩悬，卿大夫判悬，士特悬。"从出土实践来看，似乎只有国君及个别上卿方能配置起合声作用的大型低音钟镈，而其他有资格享用"金石之乐"的贵族，主要是大夫，则仅备中高音编钟和编磬。

2. 曾侯乙编钟与其乐学价值

曾侯乙编钟是中国历代音乐考古发现多套青铜编钟中最为完备的一套，全套编钟由钟架1副，钟65件，挂钟构件65副，演奏工具8件组成。65件青铜钟，有纽钟、甬钟、镈钟三种，分上中下三层8组。上层为3组纽钟，中层为3组甬钟，下层为2组大型甬钟，另有镈钟一件，按大小依次排列。它们作为体现音乐客观事实的具体物证，表明中国先秦时代音乐实践的形态构成和乐学理论，已经涉及原先未能知晓的广泛领域，达到足可让世人为之震惊的世界先进水准。

曾侯乙编钟所在架位置乃至各个悬钟部件，都刻有表明各钟正鼓音所当本调或本组阶名的铭文。例如中3：9正鼓所标阶名为"羽"（姑洗均），篆上刻铭为"姑洗之羽"，钩架和键上刻铭为"□钟之大羽"，键2为"□钟之少羽"。据此，曾侯乙编钟的一架组合应是固定不变的[21]。

从曾侯乙编钟、编磬系统铭文标记的乐学涵义来说，证实我国在公元前5世纪以前的音乐生活中，即已经科学地树立起了绝对音高和相对音高概念，音阶及其阶名、变化音名、升降音概念，音列以及若干八度分组的音域、音区概念，音律相生（生律）音律相应（和声）的音程概念，同律异音、异律同位的不同律制概念，以及与旋宫转调音乐实践相关联的宫调概念，等等。其铭文中关于乐律关系的论述，更是达到了前所未有的高度。

乐律关系论述的内容，主要有律名对应说明、阶名对应说明和八度音对应说明。

律名对应说明，主要是就某国的某律与其他国家或地区的律名进行对应联系。有14件钟的乐律铭文属于这一内容，其中涉及楚、齐、周、晋、申等六国的律名，"根据这六国（地）的六律对应说明和楚国六个'浊律'就可得出全部十二律的关系"[22]。阶名对应说明主要是以姑洗均中某音为核心，阐述其在其他均中的音级及名称。有39件钟的乐律铭文属于这一范围。十二半音的基本称谓系列之外，在同一音位里，往往还有1至13个异名，连同钟架、挂钟构件铭文中的阶名及异名共66个之多。最重要的当属"变宫"、"和"两音阶名的出现，它使七声音阶在当时是否完备的疑难最终得以解决。八度音对应说明，主要是将音级相同而音区或所在八度组不同的乐音的名称进行对应联系，其中有些以律名对应，有些以阶名对应[23]。

从曾侯乙编钟、编磬所具音乐演奏性能来说，曾钟中的"变宫"、"和"两音的出现，从而证实先秦时代七声音阶在音乐实践中已经得到广泛运用，为古代三种音阶中七声新音阶（以"变宫"、"和"为两个变音）一种构成的研究，提供了实物运用的确凿证据。同时改正了后世人们对先秦文献所及"旋宫"材料的怀疑，不仅确证当时旋宫理论及其实践的确存在，而且所含实际内容和运用水平，远远超过有关历史文献记载，为此类乐学课题提供了丰富、具体的早期实例。

从曾侯乙诸乐器显示的律学意义来说，先秦十二律及其计算方法的具体断代，由此亦得以明确；曾钟生律法与《管子·地员篇》三分损益法之关系既得以证实，又显示其另有"颛（羽）—曾"三度生律法的纯律传统，这一传统为其后的进一步研究，提供了重要乐学基础和律学数据，同时也为先秦钟律主要来源于弦律传统的认识，充实了新的证据；又由于曾侯乙五弦器的首次发现，结合曾钟钟律的将有关正律器（律准）视为五弦器形制的"弦准"研究课题，推进到结合具体实物而进行研究考释的新阶段。

五、结　　论

周代乐与礼同等重要，在雅乐中占重要地位的钟乐就得到了充分的发展。因此在西周时期便有了八件成套的编钟,历经春秋时期的九件、十二件成一组而达列了战国曾侯乙墓集 64 件为一整架的庞大钟鼓乐队的出现。在音阶方面,从西周中期编钟鼓右鸟纹的出现开始,每钟两音之间大都成小三度音程关系,分别构成音列中的角徵或羽宫音,形成西周编钟羽、宫、角徵、羽宫四声音阶的结构特点,到春秋战国时的七声音阶的完全确立,十二律、旋宫理论的熟练应用,都可以看出周代在音乐上的高超造诣。

注　释

[1]　李纯一:《中国上古出土乐器综论》,文物出版社,1996 年。
[2]　卢连成、胡智生:《宝鸡强国墓地》,文物出版社,1988 年。
[3]　陕西省文物管理委员会:《长安普渡村西周墓的发掘》,《考古学报》1957 年第 1 期。
[4]　中国社会科学院考古研究所:《张家坡西周墓地》,中国大百科全书出版社,1991 年。
[5]　中国社会科学院考古研究所:《中国考古学·两周卷》,中国社会科学出版社,2004 年。
[6]　马承源:《商周青铜双音钟》,《考古学报》1981 年第 1 期。
[7]　马承源:《晋侯稣编钟》,《上海博物馆集刊》第 7 期,上海书画出版社,1996 年。
[8]　蒋定穗:《试论陕西出土的西周钟》,《考古与文物》1984 年第 5 期。
[9]　同[1]。
[10]　同[1]。
[11]　同[8]。
[12]　王世民、陈公柔、张长寿:《西周青铜器分期断代研究》,文物出版社,1999 年。
[13]　同[1]。
[14]　夏野:《中国古代音乐史简编》,上海音乐出版社,1983 年。
[15]　黄翔鹏:《先秦音乐文化的光辉创造——曾侯乙墓的古乐器》,载湖北省博物馆:《随县曾侯乙墓发掘简报与论文汇编》,1979 年。
[16]　李纯一:《曾侯乙墓编钟铭文考索》,《音乐研究》1981 年第 1 期。
[17]　廖辅叔:《中国古代音乐简史》,人民音乐出版社,1982 年。
[18]　马承源:《商周青铜双音钟》,《考古学报》1981 年第 1 期。
[19]　同[8]。
[20]　王世民:《春秋战国葬制中乐器和礼器的组合情况》,《曾侯乙编钟研究》,湖北人民出版社,1992 年。
[21]　同[16]。
[22]　同[16]。
[23]　王子初:《中国音乐考古学》,福建教育出版社,2001 年。

(原刊于《文物研究》第 16 辑)

由夏历"五月五日"相关习俗的内容及其数术来源等论曾侯乙墓特殊甲胄上数字的含义与甲胄性质

顾万发

在曾侯乙墓[1]中曾出有数件甲胄,其中有一件颇为特殊(图一),在前后胸各有一绦线围成的"五"字造型装饰,多年来,学术界并未予以注意。我们认为,这一特征特别重要,对甲胄的性质判定有重要价值,对相关问题的研究具有重要意义。

图一

一、与"五月五日"有关的习俗

参照相关典籍和文献[2]我们可知,在我国,与夏历"五月五日"有关的节日习俗有:

1. 饮菖蒲酒、雄黄、朱砂酒

如唐代《外台秘要》、《千金方》、宋代《太平圣惠方》,元代《元稗类钞》、明代《本草纲目》、《普济方》及清代《清稗类钞》等古籍书中,均载有此酒的配方及服法。明代刘若愚在《明宫史》中记载:"初五日午时,饮朱砂、雄黄、菖蒲酒";清代顾铁卿《清嘉录》记载:"研雄黄末、屑蒲根,和酒以饮,谓之雄黄酒";《清嘉录》引冯慕冈《月令广义》:"五日,用朱砂酒辟邪解毒,馀酒涂额胸手足心,无虺蛇之患。又以洒墙壁门窗,以避毒虫":吴曼云《江乡节物词》小序云:"杭俗,五日蒲根入火酒,和雄黄饮之,或以涂小儿额上"。布依族每年端午节时亦有饮雄黄酒之俗;《白蛇传》中许仙五月初五让白娘子喝下雄黄酒使其现原形的故事应属于雄黄驱邪之俗。

2. 制艾物、菖蒲物求吉祥

《荆楚岁时记》云:"五月五……采艾以为人,悬门户上以禳毒气",又云:"端午,以菖蒲生山润中一寸九节者,或镂或屑,泛酒以辟瘟气";《岁时广记》引《岁时杂记》云:"端午刻蒲剑为小人子,或葫芦形,带之辟邪";《辽史礼志》亦云"五月重五日,午时,采艾叶和棉著衣";纳西族、布依族等均有类似习俗。

3. 制蛊术

清代南沙三余氏撰的《南明野史》载,五月五日毒气最盛,放大、小蛇在瓦坛里的蛊毒可以置人于死地。

4. 辟"五毒"术

民间有一种"天师镇宅"的年画,可以威镇五毒——蝎子、蜈蚣、蛇、壁虎、蟾蜍。古代端午节还盛行一种压胜物和门饰,叫"天师艾",每逢农历五月初五,民间用泥做成张天师像,以艾为头,以蒜为拳。另有采百药、捕蟾以避"五毒"等习俗。屈原《楚辞》即有"浴兰汤兮沐芳华"的句子,《大戴礼·夏小正》记:"五月……煮梅为豆实也,蓄兰为沐俗也"。

5. 戴灵符

《抱朴子·内篇》说:"五月五日佩赤灵符于身边";宋吴自牧《梦粱录·五月》:"仕宦等家以生于午时砵书'五月五日天中节,赤口白舌尽消灭'之句";宋周密《武林旧事·端午》载"又以青罗作赤口白舌帖子,与艾人并悬门楣,以为禳檜";《京本通俗小说·菩萨蛮》云"五月五日午时书，赤口白舌尽消除；五月五日天中节，赤口白舌尽消灭"。

6. 五彩装饰

依据《风俗通义》等记载，汉代人们在五月五日，用青、赤、黄、白、黑五色彩丝绞成的细索系在手臂之上，称为"长命缕"、"续命缕"、"辟兵缯"、"五色缕"、"朱索"等。《荆楚岁时记》载："以五彩丝系臂，名曰辟兵，令人不病瘟"，纳西族每年农历五月初五日，长辈要给十五岁以下的孩子绕扎五色棉线，称"续命线"。男孩绕左腕，女孩绕右腕。续命线需戴一个月的时间，等到六月二十七日火把节最后一天才解下烧掉。这天大人给小孩手臂系上五色手绳，叫"健绳"，待以后弃绳时，要粘上糯米饭，抛至屋瓦上让飞鸟含去（粘去），谓孩子可无病无痛、长命百岁。《泉州府志·风俗篇》载："小儿以五色丝系臂曰长命缕"，闽南侨乡之俗，取五色丝线拧成一般，系于小孩手臂上，自五月五日系起一直至七月七，才解下来连同金楮焚烧，《太平御览》引《风俗通》佚文："又有条达等织组杂物，以相赠遗"，条达，即彩色织丝带，亦与五色丝相同。梁吴均《续齐谐记》说："今若有惠，可以楝叶塞其上，以五彩丝缚之，此二物蛟龙所惮也"。在东晋葛洪的《抱朴子》中又记述有将五色纸挂于山中，召唤五方鬼神护佑之意之术。为什么五彩丝线有这么大的威力呢？有学者以为源于我国古代的五行观念或可能源于古代南方人的"文身断发，以辟蛟龙之害"之俗。我们认为，与我国古代的五行观念有关的思想是正确的，确切地说，古代把五行与五色关联，又以五色象征五方鬼、神。与五色有关的五神、五帝厌胜辟邪的材料在汉代厌胜钱和镇墓材料中很多见，与五帝厌胜有关的最早考古学材料在新石器时代已有发现，像龙虬庄"五帝祝尤"陶文画[3]。另，"五"字与中心、北斗等的关联亦应是重要原因。

二、与"五月五日"有关的其他材料

与"五月五日"有关的除各种习俗之外，较为多见的应是冶炼方面的材料。这方面的最早记载是汉代王充的《论衡·乱龙》，其言："阳燧取火于天，五月丙午日中之时，消炼五石，铸以为器，乃能得火。"，晚世亦发现了不少铜镜材料可为证明，像罗振玉《古镜图录》卷中第二十九面，有铜镜外层铭文"五月五日太岁在未吴郡郑蔓作其……"等字，《太平广记卷第二百三十一器玩三》载："吕晖等遂移镜炉置船中，以五月五日午时，乃于扬子江铸之"、李肇《国文卷》补下："扬州贡江心镜，五月五日扬子江心铸也"、白居易《百炼镜》诗云："百炼镜，熔范非常规，日辰置处灵且奇，江心波上舟中铸，五月五日日午时，琼粉金膏磨莹已，化作一片秋潭水。镜成将献蓬莱宫，钿函金匣锁几重，人间臣妾不合照，背有九五飞天龙，人人呼为天子镜……"、温州瑞安红旗乡礁石村唐代土坑墓曾出土方形委角四灵八卦镜，其玄武左右有"五月五日"、"百炼铜"字样。据载，日本京都府福知山市的光丰古坟出土一面"三角缘神兽镜"铭文为"景初四年五月丙午之日，陈是做镜，吏人铭之，位至三公，毋人铭之，保自宜孙，寿如金石兮"。《论衡·率性篇》："阳遂取火于天，五月丙午日中之时，消炼五石，铸以为器，磨砺生光，仰以向日，则火来至，此真取火之道也"。丙与午于方向并属南，于五行并属火，日中时刻，阳气至极。《黄帝内经·素问》："日中阳隆"，《黄帝内经·灵枢》："日中而阳隆"，马王堆帛书周易《二三子问》："日中而盛"。于五月丙午日日中这一极致的时辰制镜，为的是在最好的时间取火。另铜镜在古代还可以用以辟邪，像我们发现不少汉代铜镜出现与辟邪有关的铭文，如"左龙右虎辟不羊，朱乌玄武顺阴阳，子孙备具居中央，长保二亲乐富昌"，"辟不羊"即"辟不祥"。汉代铜镜的青龙、白虎、朱雀、玄武四象等本身就有辟邪之功，若为五月丙午日造，则其阳气更能增加其辟邪的功能，同时，五月丙午日本身可与"五"、"五五"、"天中之帝"、"五帝"有关，所以单单这个日期就使刻载之物具有不少神秘功能。

另，考古学材料中还发现过不少"五五"和少量"五金"铭铜钱，显然是用于厌胜的[4]。

东晋初范汪《祠制》："仲夏荐角黍。"黍，卜辞中曾提到"黍"，是我国西北、华中地区的主要农作物之一。《礼记·月令》载：仲夏之月"农乃登黍，是月也，天子乃以雏尝黍，以含桃先荐寝庙"。《风土记》言："仲夏端午，烹鹜角黍"，《太平御览》卷三十一引晋代周处《风土记》："仲夏端午。端，初也。俗重五日与夏至同。……一名粽，一名角黍。……盖取阴阳包裹未（分）之象也"。这些记载说明，黍可以用来祭祀祖先和神，汉、晋时粽子用黍的习俗与先民祭黍或用黍来祭祀祖先和神的习惯有联系。同时，我们知道黍为禾类，考古学材料表明，新石器时代的西北是其重要产地，显然其可视为是古代应"天中"之"地中"地区的重要农作物，而这类农作物显然可被时人视为"嘉禾"，自然，"嘉禾"与"天中"关联，这与"五"或"五五"可以表示"中心"的功能有联系。另，《史记·封禅书·第六》云："（五利将军）夜立白茅之上受印，以示不臣也。而配天道者，且为天子道天神矣……佩六印，贵震天下"，汉代蜀地的"钱树"有的有"五利"、"五五"钱铭，显然说明了"嘉禾"、"钱树"与"天梯"或"建木"或通"天中"之木可以关联[5]。

三、"五月五日"的二元特征

睡虎地秦简甲种《日书·玄戈》记载："五月，东井、七星大凶，胃、参致死"，董勋《问礼俗》："五月，俗称恶月"；应劭《风俗通》："俗云：'五月到官，至免不迁'"；

《荆楚岁时记》云："五月，俗称恶月，多禁忌"；清代严可均辑的《全后汉文》、《唐国史补》卷下等有类似记载。《风俗通义》、《论衡》、《后汉书》等古书都有"不举五月子"，即不将五月所生的孩子扶养成人的内容，金文中似有反映此习俗的族徽[6]。五月初五日之子，为双五，更被视为不祥之人，像战国时齐国显贵孟尝君、田文、东晋大将王镇、宋徽宗等人。传说，每年五月五日午时，这个时辰是所有妖魔鬼怪都出来活动。这个时辰是"三五"相重，就是五月、五日、午时（午音同五），是魔鬼的时辰，所以古人又将这个节叫"重五节"、"五毒日"。另一方面，从"与'五月五日'有关的端午节习俗形成的远古思想基础"的论述看，"五五"或"五月五日"往往又具有"中心"意义等"好"的方面。同时，我们又看到，孟尝君、宋徽宗等人虽然被视为"不举子"，但是其本身又为具有相当身份的贵人。"五五"或"五月五日"本身应具有"二元"特征，只不过晚期其"好"的方面逐步式微罢了。"五五"或"五月五日"可以与夏至关联[7]，《礼记·月令》在论及"夏至"时说："是月也，长日至，阴阳争，死生分"，这同样可以说明"五月五日"可以具有二元特征。

四、"五月五日"有关习俗形成的远古数术思想基础

时在夏历五月五日的端五节，又称为端阳节、重午节、重五节、女儿节、天中节、地腊节等。学术界认为其大约形成于春秋战国之际。从史籍上看，"端五"二字最早见于晋人周处《风土记》："仲夏端五，烹鹜角黍"。"端五"的来源有多种说法，与屈原、伍子胥、曹娥等有关的说法显系晚出。在我们以为，本文所述这些端午诸多习俗虽然来源不一，但是时人遵从这些习俗的目的从所述材料看主要是为了趋吉的，其于"五月五日"应有趋吉仪式、礼法这一主题思想的最早来源应与古人的数术思想有关。我们知道，早在公元前5000年左右的凌家滩文化中，就已发现与河图洛书有关的材料，在早期考古学材料中亦发现不少与"五"、"五五"或"五十"有关的蕴涵数术思想的材料（图二）。根据我们的研究，这时期有的数字"五"、"五五"或"五十"（图二，1）可以代表"中心"、"天极"或"北斗"[8]，像彭头山遗址所出玉坠（图二，3），其上即有一"五"字，这与其可以与"建木"关联并呈圭形应是相符的；龙山时代王油坊遗址所出的陶瓮（图二，2），刻有五个"五"字，这与陶瓮为斗形，可以用以象征北斗的情况相符[9]；商代目形玉（图二，5）有"五"字，这是由于其像"单目符"一样可与北斗神或中心神关联；至于龙山时代（图二，4）和商代陶豆盘有"五"字，除用为"计数"、"标识"等情况之外，有的应视为是表示此陶豆是用于敬"天中"神的祭器，这与陶豆豆盘可以与"天盖"相关的现象是相符的[10]。又由于时人认为"北斗"具有辟兵或辟邪的功能，则与之可以关联的数字同样可被神秘化。数字"五"或"五五"可与"中心"关联，除在考古材料中有不少发现之外，在不少易图论述中均有说明，像宋朱震《汉上易传卦图》于《河图》："黄帝书土生数五，成数五。《太玄》以五五为土，五即十

图二

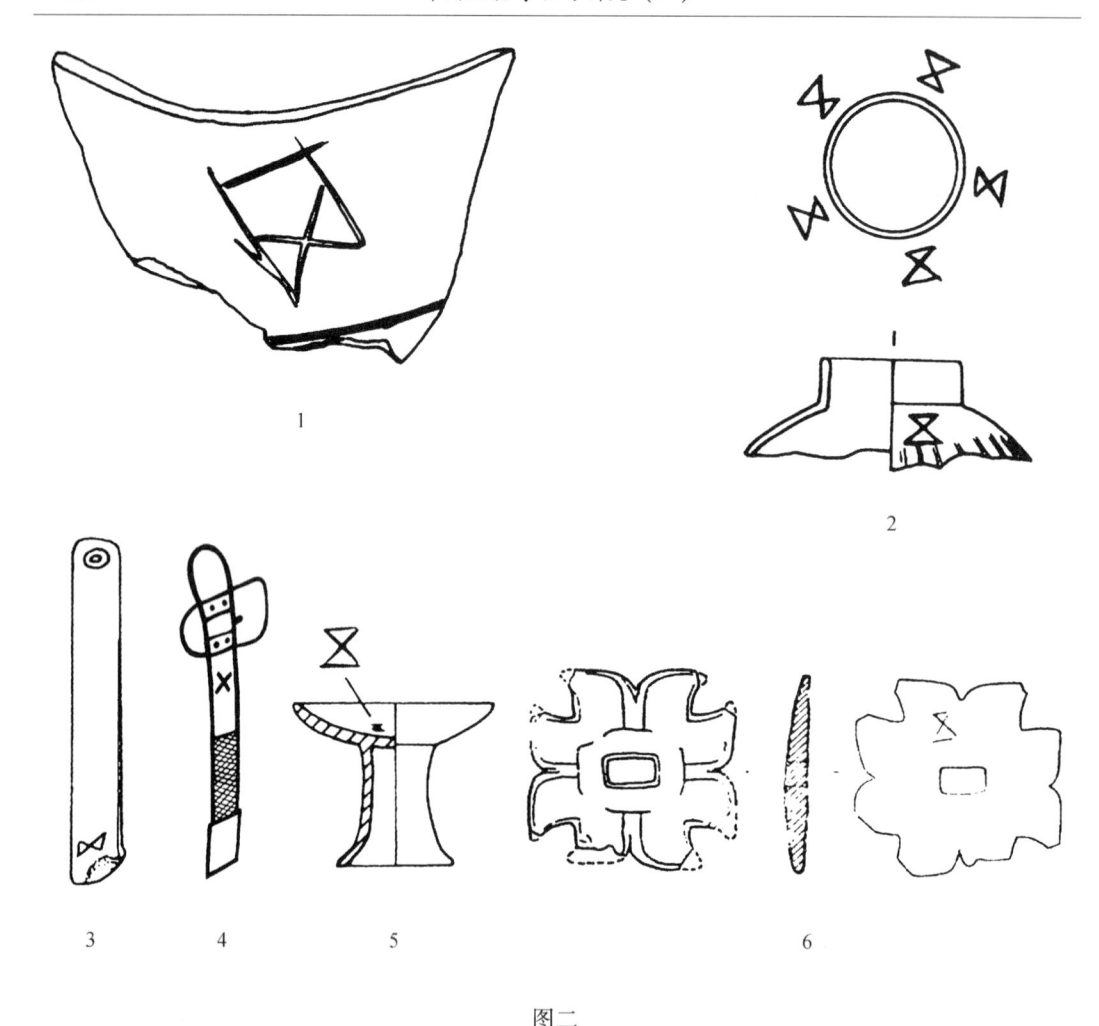

1. 瓮（瓦店遗址出土，国家博物馆藏） 2. 瓮（王油房遗址出土） 3. 玉坠（彭头山遗址出土） 4. 汝州"鹳鱼石斧图"的石斧 5. 豆（SZH45∶1，宋家嘴遗址出土） 6. 单目符玉片（殷墟 HPKM1001）

也"；于《洛书》："'洛书'，刘牧传之，一与五合而为六，二与五合而为七，三与五合而为八，四与五合而为九，五与五合而为十。一六为水，二七为火，三八为木，四九为金，五十为土。十即五五也。又曰：'《太玄》曰：一与六共宗，二与七共朋，三与八成友，四与九同道，五与五相守'。范望曰：'重言五者，十可知也。一、三、五、七、九奇数，二十有五，所谓天数；二、四、六、八、十偶数，所谓地数'。故曰：'天地之数五十有五数，五即十也。故'河图'之数四十有五，而五十之数具，'洛书'之数五十有五，而五十之数在焉。惟十即五也，故甲巳九，己庚八，丙辛七，丁壬六，戊癸五，而不数十，十盈数也"；清胡渭《易图明辨》于《扬子玄图》曰："扬子（雄）《太玄图篇》曰：'一与六共宗，（范望解云：在北方也）。二与七共朋，（在南方也）。三与八成友（在东方也），四与九同道，（在西方也）。五与五相守，（在中央也）'。张子曰：'天下之数止于十，穷则自十而反一，其言十者，九之偶也。扬雄亦曰五复守于五者，盖地数无过天数之理。故知数止于九，九是阳极也。十也者，姑为五之偶焉耳'"。按：《太玄》演五行之数，不曰五与十相守，而曰五与五相守，隐其十而不言何也？盖子云覃思浑天，参摹而四分之，极于九九八十一首，每首九赞，以五行之数，分隶九赞之下，故其说曰：鸿本五行，九位施重。此十之所以隐而不言也与。势不得复用十也'；宋刘牧《易数钩隐图》于天五图曰："至于天五，则居中而主乎变化，不知何物也，强名曰'中合之气'，不知所以然而然也"。这些易图论述时代较晚，但是其中有些数术思想的出现，从所述考古学材料、金文中的卦象材料、卦象中以"初五"为贵等情况看，应是很早的。

五、端午、端五、五月五三者的联系

《艺文类聚》卷四引《琴操》曰："介子绥割其胖股，以唤重耳。重耳复国，子绥独无所得，绥甚怨恨，乃作《龙蛇之歌》以感之，终不肯出。文公令蟠山求之，子绥遂抱木而烧死，文公令民五月五日不得发火。"《史记·孟尝君列传》载，战国孟尝君田文在这天出生，因为"五月子者，长与户齐，将不利其父母"，其父田婴不准养育。《抱朴子》载："或问辟五兵之道，答曰：以五月五日作赤灵符着心前"。由此看来，先秦只有五月五日一说，当时尚未发现"端五"或"端午"一词，"端五"一词首见于晋周处《风土记》，琼载"仲夏端五，烹鹜角黍。端，始也，谓五月初五日也"，正史中只有宋人撰的新旧《唐书》和《旧五代史》才出现"端午"一词，其实还有人认为称"端五"为"端午"是为了避唐玄宗八月初五日生之讳。当然亦有不少学者认为"端午"一词的来源与北斗和其斗柄五月之指向有联系，即与"夏至"有关，南梁宗懔《荆楚岁时记》确有载，其曰"夏至节日食粽"。《后汉书·礼仪志》记载，汉代五月五日的风俗来源于三代"夏至"，韩鄂在《岁华纪丽》中亦将端午节解释为"口吐正阳时当中（仲）夏"。《吕氏春秋》记载，天子在"夏至"举行尝黍仪式，以祭祀祖先。

有学者认为"端午"一词的来源或是与"五"、"午"音、意义有联系的现象有关。从本文有关"五"或"五五"的考古材料看，"五"或"五五"的特殊性质早在新石器时代即已出现。至于对"夏至"的关注，考古学材料同样表明其时代可以早到新石器时代。从《艺文类聚》等文献看，早期的所谓"端五"是与"五"数关联较为密切的，而未论及"午"或"夏至"，从西周金文中的历日材料看，"午"在当时并未被视为不吉利之数，当时较为吉利的历日是"丁亥"。综合地看，"端午"节来源于"端五"节，"端五"节来源于"仲夏端五"，"仲夏端五"来源于"五"或"五五"崇拜、禁忌以及夏历五月的自然环境，"五"或"五五"崇拜和禁忌来源于古人的有关数术或数与北斗关系的认识。至于将"端午"称谓与斗柄指向关联是不正确的，但是从本文的讨论看，"端午"称谓与斗柄所指是无法关联，但是"端午"的早期含义却是可以与斗柄或其指向关联的，因为"五"或"五五"是可与"北斗"关联的，夏历五月或五月初五时，斗柄确是指向南方的。四神或四子中为何南方夏至神或夏季神与北斗关系更为密切，同样可能是由于"五"或"五五"可与"北斗"关联[11]以及夏至或夏季确实又与夏历五月关系密切使然。至于"端午"的早期含义是否与"夏至"有联系，从本文的讨论看，这种联系仍然是建立在"五"或"五五"崇拜和禁忌基础上的，或者与"夏至"有时与"五月初五"相重或相近的情况有关。

本文所谓的崇拜、禁忌与"五"、"五五"、"五月初五"有关，此"五"、"五五"、"五月初五"是属于一种还是多种历法体系，显然于本文的有关讨论非常重要，这里略作讨论。

《逸周书·周月解第五十一》言：凡四时，成岁，有春夏秋冬，各有孟仲季以名，十有二月，中气以著时。应春三月中气，惊蛰、春分、清明。夏三月中气，小满、夏至、大暑；秋三日中气，处暑、秋分、霜降；冬三月中气，小雪、冬至、大寒。闰无中气，指两辰之间。万物春生夏长，秋收、冬藏。天地之正，四时之极，不易之道。夏数得天，百王所同。其在商汤，用师于夏，除民之灾，顺天革命，改正朔，变服殊号，一文一质，示不相沿，以建丑之日为正，易民之视。若天时大变，亦一代之事，亦越我周王致伐于商，改正异械，以垂三统，至于敬授民时，巡狩祭享，犹自夏焉。

春秋战国时的《孔丛子·杂训》亦有类似记载，悬子问子思曰："颜回问为邦，夫子曰：'行夏之时'。若是，殷周异政为非乎"？子思曰："夏数得天，尧舜之所同也。殷周之王，征伐革命以应乎天，因改正朔。若云天时之改尔，故不相因也。夫受禅于人者，则袭其统；受命于天者，则革之，所以神其事，如天道之变然也。三统之义，夏得其正，是以夫子云"。

从所论文献可知，尽管朝代变迁，历朔改易，但是属于与"敬授民时巡狩祭享"之事宜密切联系的"五"、"五五"及"五月五"崇拜、禁忌，从历法的角度看是"自夏"的，这有助于了解"五月五"禁忌是具有自然方面基础的，同时亦说明了其有时被视为与"夏至"同的重要原因。

六、曾侯乙墓特殊甲胄的特殊数字的含义及甲胄性质

综合当时的兵阴阳家之风及本文有关"五月五"的论述，特别是有关"五月五"崇拜、禁忌的数术基础、汉、六朝"五五"或"五金"厌胜钱的论述，我们可以知道：

① 曾侯乙墓的甲胄上的"五五"数字具有特殊意义，"五五"即是用于厌胜的数字符号，并且这一特殊符号与厌胜有关的历史是很悠久的。

② 参照《明宫史》"五毒艾虎补子蟒衣"之载[12]、前述《辽史礼志》"艾叶和棉著衣"之载[13]，特别是参照"五彩装饰"与"辟兵缯"有关联、"五月五日作赤灵符着心前"与"辟五兵之道"有关联、汉代"太一锋灵旗"与北斗、辟兵有关联[14]等古俗记载，并参照考古学中发现的早期与"五"、"五五"、"五帝"等有关材料，我们可以确切地说此件甲胄应视为一件具有特殊含义和功能的神奇之物——辟兵衣。

七、相关问题简论

曾侯乙墓的特殊甲胄上的特殊数字的含义及甲胄性质，我们很清楚了，由之我们可以对有关现象作出解释：

① 曾侯乙墓漆棺有不少持兵者（图三），站于窗棂旁[15]，这些人冠多为羽冠，有的为鸟身、足，这与新石器时代以来的神人、神鸟造型有明确联系，特别是在神鸟之菱形装饰，实际可以与"五"关联方面。这些奇特之人上衣前胸均有两个或三个"五"联成一体，我们认为，参照以往论证、曾侯乙墓的特殊甲胄上的特殊数字的含义、甲胄性质，新石器时代神鸟之菱形装饰可以与"五"关联，以及这些奇特之人的造型、装束、身份，我们可以认为这些两个或三个"五"实际可以与"五月五日"、"五月五日午时"关联，可视为是辟邪尤其是辟兵符号。

图三
1. 持兵武士（《曾侯乙墓》图二一）

② 商代有两神蛇绕为"五"形的（图四，1），曾侯乙墓漆棺彩绘中有不少神蛇，缠绕为两个或三个"五"（图四，2、3、4），含义之一应同持兵武士胸前符号。汉代不少玉器、画像砖、石中的这类题材，意义之一亦应是这样。

③ 汉代不少金缕玉衣，单组金缕连接造型多为"五"字形，亦可视为具有辟邪或辟兵之义。

④ 考古学材料、岩画及诸多民族史诗中，有的人物主体绘为"五"字形（图五），可视为表明其具有辟邪或辟兵之功，并具有某种意义上的"中心"地位[16]。

⑤ 从新石器时代出土的不少神、祖、巫像看，有的首有"介"字形冠、神灵簪，身带神龙，有的珥人首神龙、鱼[17]；夏、商、周、战国、秦汉时期有不少神、祖、巫首蛇（图六，4）、执蛇（图六，5）、珥蛇（图六，3、4、5）、践蛇（图六，4、5）、腰蛇（图六，1、4、5），或服装之袖、裤绘蛇（图六，2、3）、四肢为龙、蛇（图六，4）[18]、身绘饕餮、或腰结"五"字（图六，1）、头"戴"饕餮（图六，3）等，这表明这些服饰均具有特殊的辟邪功能，辟兵很可能是有的服饰的功能之一，有明确功能铭文的"兵辟太岁"戈神人是一个更确切的论据。

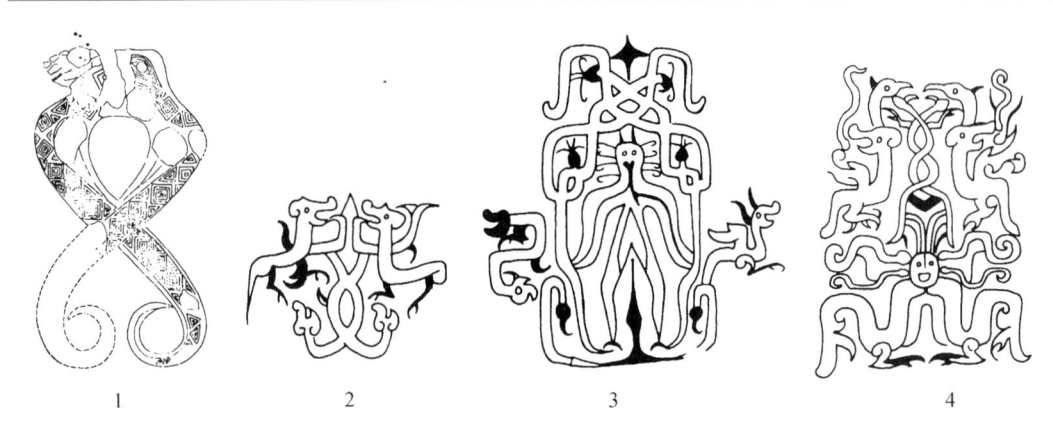

图四

1. 漆绘图案（殷墟 HPKM1001）　2. 漆绘图案（《曾侯乙墓》图一八）　3. 漆绘图案（《曾侯乙墓》图一八）
4. 漆绘图案（《曾侯乙墓》图二〇）

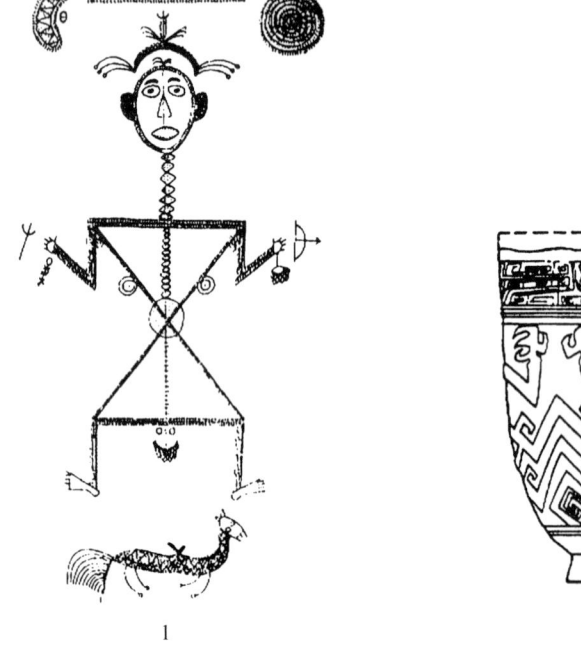

图五

1. 彝族祖先支格阿尔（《图说中国图腾》61页：50，王大有、王双有著，人民美术出版社，1998年5月）
2. 殷墟小屯采集陶罍

由所述可知，考古学中有不少特殊服饰的材料，时代很早。同时我们看到，辟邪、辟兵衣或具有辟邪、辟兵功能的服饰，其辟邪、辟兵功能的表现形式虽然很多，但是以特殊数字表现的，具有数术色彩的，则与数字中神秘的"五"关联最多。

综合地看，中国早期，在考古学发现的以特殊数字表现辟兵的服饰中，曾侯乙墓的有关材料是最具代表性的，尤其是其中的甲胄。

由夏历"五月五日"相关习俗的内容及其数术来源等论曾侯乙墓特殊甲胄上数字的含义与甲胄性质

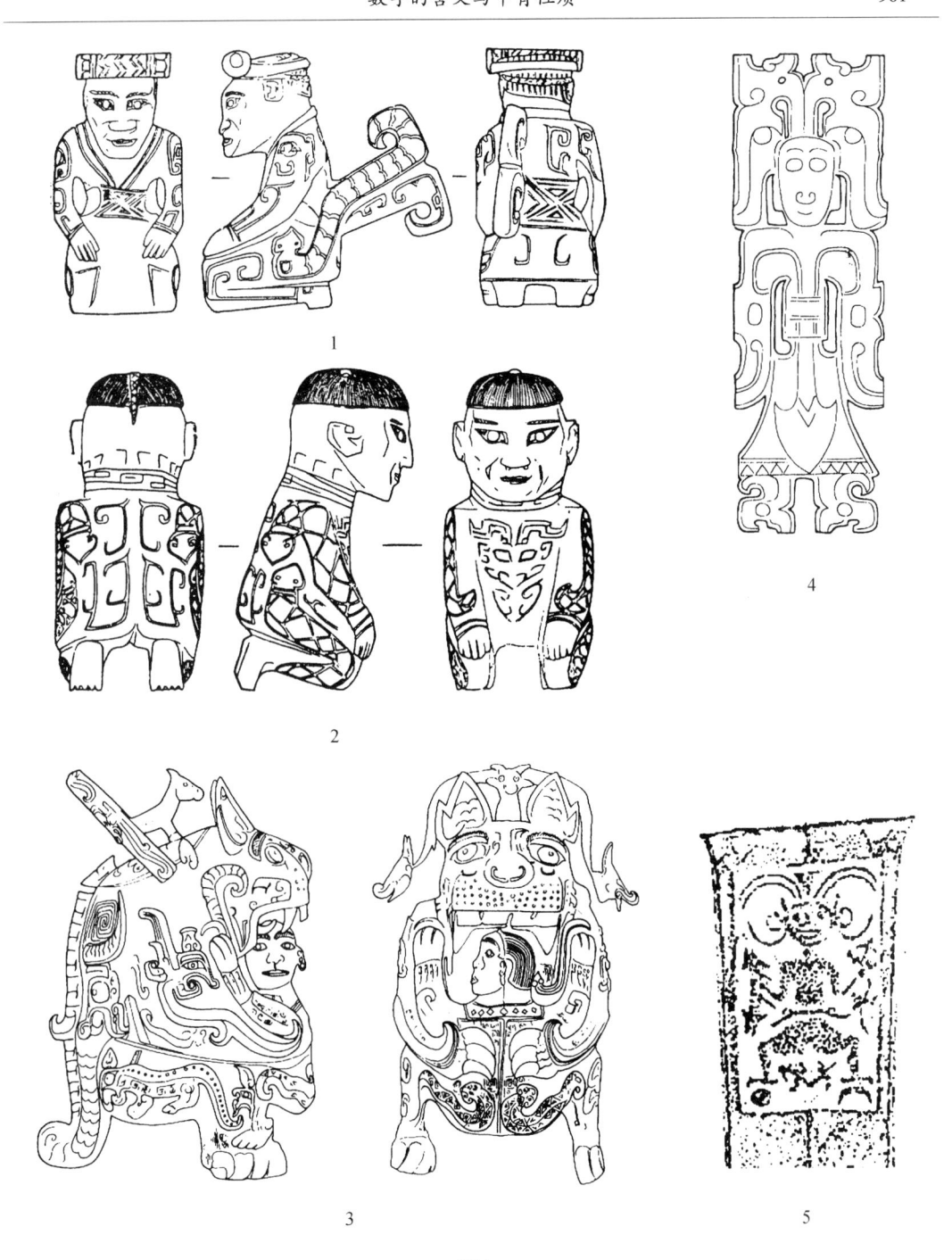

图六

1、2. 殷墟（M5:371） 3. 法国赛奴奇博物馆藏 4. 天津历史博物馆藏 5. "兵避太岁"戈

注　释

[1] 湖北省博物馆编：《中国田野考古报告集考古学专刊》，《文物出版社出版》，1989年版。

[2] 主要参照：黄石：《端午礼俗史》，香港泰兴书局，1963年；南朝宗懔：《荆楚岁时记》，岳麓书社，1986年版；宋陈元靓：《岁时广记》（天一阁本）；闻一多：《端午考证》，《闻一多全集·第5卷》，湖北人民出版社，1993年版；萧放：《〈荆楚岁时记〉研究》，北京师范大学出版社，2000年版；金苹苹、吴珊：《端午节民俗文化特色初探》，《绍兴文理学院学报》2002年第6期；都春屏：《屈原与五月五日——端午的渊源及意义》，《三峡大学学报（人文社会科学版）》2003年第4期；关童：《端午新考》，《杭州师范学院学报（自然科学版）》2003年第6期；高丙中：《端午节的源流与意义》，《民间文化论坛》2004年第5期；蒋方：《唐代端午节庆探释》，《湖北大学学报（哲学社会科学版）》2005年第4期；王小娟：《五月五、屈原与端午》，《乐山师范学院学报》2005年第4期；陈利华：《端午节起源新说》，《南平师专学报》2006年第1期；晏波：《端午节的历史渊源与民俗的初步形成》，《西安文理学院学报（社会科学版）》2005年第6期等。

[3] 饶宗颐：《谈高邮龙虬庄陶片的刻划图文》，《东南文化》1996年第4期，又载《江汉考古》1996年第4期。其认为："故这一片图文，不啻是《山海经》畏兽图之小型缩影，古代祝尤巫术之写照"。拙著《论龙虬庄陶文——并论"五帝"的一种称谓》，《北京平谷与华夏文明国际学术讨论会文集——夏商周文明研究之七》，王宇信等主编、中国殷商文化学会等编，社会科学文献出版社，2006年3月版。

[4] 汉、三国、六朝时的考古学材料中还发现过"五五"钱。汉代"五五"铭钱有许多人认为是当时错范或戏铸的，实则不然（三国时考古学材料见王冠卿：《曹魏故城出土曹魏五五》，《西安金融》2002年第6期等）。六朝时期的材料见丁福葆：《历代古钱图说》135页（中华书局，2005年9月版），不过丁福葆认为六朝"五金"钱有可能是"五铢"钱文"铢"字省"朱"得来，似不正确。公元1世纪时在扶南王国发现过少量"五金"铭钱，在六朝时代亦曾发现过。"五五"显然是用于厌胜的，"五金"实际是五种矿物质，依据陈国符先生（《中国早期外丹黄白法词谊考录》，《道藏源流续考》，台湾明文书局，1983年版）所引《孙真人丹经》，"五金"为"朱砂、水银、雌黄、雄黄、硫黄"，又据李零先生研究（《五石考》，《中国方术续考》，东方出版社，2001年版），"五金"与"五石"关系密切，与中国早期"五色石"（《淮南子·览冥》）亦有密切联系，所以其亦可被认为具有厌胜之功能。"五金"铭钱曾出现于公元1世纪的扶南王国，对于研究"五金"钱的历史、"五金"概念厌胜的历史及中国与柬埔寨全境、越南南部、泰国南部直至马来西亚半岛之间的文化往来具有重要意义，此不赘述。扶南王国"五金"钱材料见周春燕等：《扶南王国"五金"钱改写汉字出现的历史》（新华网2004-05-24 08：12：15）等。

[5] "五五"从文献看这里实际可以喻指"中心"。

[6] 《风俗通义》、《论衡》、《后汉书》等古书都有"不举五月子"，即不将五月所生的孩子扶养成人的内容，金文中似有反映此习俗的族徽（参见于省吾：《释 》，《考古》1979年第4期）

[7] 都春屏（《屈原与五月五日——端午的渊源及意义》）认为"五月五日"可以与夏至关联。实

际上,"五五"同样可以与之关联。

[8] 从"大易之数"及易图数术的相关内容看,"五五"或"五十"都可以代表"中心"。

[9] 斗形陶瓮可以用以象征北斗的观点有许多论据,最重要的应是太谷白燕 F504 中标识斗魁的四个圆形坑中所埋的陶器——斗形瓮及殷墟乙五基址所出代表北斗七星的大口尊,二里头、新砦、荆南寺、香炉寺等夏商遗址所出刻有代表北斗神的"单目符"的陶瓮等亦是重要依据。

[10] 陶豆豆盘可以象征天盖在考古学中有不少论据,象新砦期、三星堆文化的豆座上有的刻有目符、龙山文化有的豆盘刻有"五"字、新砦期有的豆柄刻有神像等材料。

[11] "四神"或"四子"中南方夏至神或夏季神与北斗关系更为密切,从战国子弹库帛书夏季神具有可与中心神关联的"夒"似形象、濮阳西水坡 45 号墓独以南方神的腿骨用作"斗杓"等考古学材料看,确是这样。

[12] 《明宫史》:"五月,初一日起,至十三日止,宫眷内臣穿五毒艾虎补子蟒衣",这种衣服绣有"五毒"——蝎、蛇、蜈蚣、壁虎、蟾蜍和艾虎图形,古人认为可以辟邪除秽。

[13] 《辽史·礼志》云"五月重五日,午时,采艾叶和棉著衣"。

[14] 参阅《史记·封禅书》。

[15] 曾侯乙墓漆棺上武士附近的图案,有的学者认为是窗棂,从战国时期的漆器等相关材料看,确是这样。

[16] 殷墟白陶之"饕餮"与"人形"应是"虎食人"造型,其中"人形"为"蹲踞式",不过已明显装饰化,似蕴涵"五"字,其他白陶上的类似折线有的应具有同样的意思。

[17] "介"字形冠,神灵簪,人首神龙珥等都属于首饰,仍属于服饰范畴。

[18] 从图像学方面看,新石器时代死者双手执龙,商、周时期服装的腿、胳膊绘蛇及人的四肢为蛇、龙的这些造型,与战国时期执蛇、珥蛇、践蛇、腰蛇等造型具有密切关联,在研究战国时期执蛇、珥蛇、践蛇、腰蛇等诸多图像的渊源时,这些早期材料值得学术界特别重视。

(原刊于北京大学《古代文明研究通讯》,2007 年第 1 期)

先秦马车构造技术探讨

——关于重心平衡的问题

黄富成

车器在我国出现的历史很早。根据文献记载和考古材料推论，我国用车的历史可上溯到公元前19至公元前17世纪的夏王朝纪年之内[1]，至少于商代早期双轮车在我国就已经使用了[2]。目前最早的完整马车见于1981年发掘的殷墟西区的一座车马坑，其绝对年代为公元前13世纪[3]。商车在结构形制上还具有许多原始特点，表现为轴长、轨宽、辐疏等易导致重心失衡的缺陷。经过两周的演变发展，随着技术的进步和人们在实践中对力学知识的掌握，马车在结构上的平衡与协调渐趋合理，在技术上为后世车器形制的发展奠定了良好的基础。

一

车作为交通运输工具的目的就是为了人们在应用中的方便，人与车的协调是先秦车辆制作中首要考虑的因素。因此，古人造车是根据乘车人的不同身高来确定轮的直径，采取了设计模数制，以轮径为设计模数，以辀长为辅助基数[4]。此即《考工记》所谓"轮崇、车广、衡长，三如一，谓之三称"，车舆的深、宽，轸木长度、径围等构件皆以轮径尺度推算而定。轮径的长短直接影响到车舆重心力矩的大小，重心过高不利人登车，过低则加重马的牵引负荷，即"轮已崇，则人不能登也；轮已庳，则于马终古登阤也"。由于古车的升降处门均开在舆后，舆底过高，不便于人们上下车，所以以轮径为设计模数，就是参考了人体下半身的高度来确定舆底的高度。考古出土两周时期的古车遗痕，其轮径一般在130~140厘米，即半径为65~70厘米，再加上轴的半径和辀、车轸的高度，则舆底和地面的距离应在80厘米上下，接近于一般人体高度的一半，正适合于人们上下车[5]。《考工记》"人长八尺，登下以为节"所要求的设计原则正表明了古人对轮径的选取是基于人与车的平衡与协调关系来制定的。

二

牵引力与车辆重心力之间的平衡直接关系到车辆运行的平稳、乘坐的舒适及畜力功效的发挥等。驱动力是通过车辀的传送来实现的,因此对于辀在车辆构造中的形制结构就至关重要。在出土的先秦马车中,车辀的形制基本上为曲形。这里首先要明确的是,辀和辕在先秦车制中是两个不同的概念和构件,不能混淆。在《考工记·辀人》中已明确地提出"辀有三度",又以"国马"、"田马"、"驽马"三种驾马之车区分之,同时又指出,"今夫大车之辕挚……必纵其牛"。实际上,《考工记》已明确区分了驾牛大车之辕与驾马小车之辀的若干不同特征,只是汉世以后的不少学者往往以辀、辕互译,易引起今人的误解。事实上,辀、辕在先秦车制中的不同有四:辀一根,辕二根;辀形弯曲,辕形平直;辀两侧驾马,辕中间驾牛;辀为兵车、乘车、田车之构件,辕为大车(辎重车)构件[6]。

辀是车制中的主要任木之一,辀木煣曲有效地解决了两种作用力的平衡问题:一是由于马颈驾衡守轭之处与车轮中心点有一定的水平差,辀取曲形可使辀前端仰高以就马颈,又可使后端平直以就轮轴,达到前后结构重心力的平衡;二是车舆(载重)的重量大多压于轴上,小部分重力沿辀达于衡上,达于衡上的重量在经过辀的曲处时使重心下移,保持了车舆重心力的平衡,不仅使车子不易倾覆,且由于在马车行进过程中,重心力在经过辀曲处时产生一种向前摆动的重心惯性力,使马力虽欲罢而又不能,此即《考工记》所谓"劝登马力,马力既竭,辀犹能一取焉"。这是古人对惯性作用力的较早认识,牛顿定律在此得到经验性的阐释。反之,直辕牛车则不能有效地解决车辕牵引力和车厢重心力的平衡问题,它只能通过移动货物来调整车厢的重力,以免辕压牛颈过甚。

辀的曲度和曲位如何对车的整体构造质量和牵引力功效的大小有直接的关系。《考工记》提出"辀有三度"的质量标准,即"国马之辀"、"田马之辀"、"驽马之辀"是根据马匹不同的体形和任载能力而有不同的制作要求。根据出土马车的可辨形制来分析,殷周的车子辀出舆前即逐渐上曲,辀前端高在115～130厘米[7]。陕西陇县边家庄五号墓所出木车,其辕(辀)木压在车厢下面的部分和车的底座平齐,出车厢底座以后逐渐向上翘起[8]。洛阳老城区发现的四座西周车马坑[9]、沣西张家坡[10]、北京琉璃河[11]、宝鸡西周弱国茹家庄墓地[12]等,所见车辀形制大皆如此;也有曲位取在辀出舆前位置的,如山西上马墓地春秋车马坑中之古车,原报告中没有详细说明车辀曲位始于何处,但在其遗迹图和复原图中都清晰表明数辆古车的车辀大多曲位始于辀出舆前一半处(始上曲)[13]。而在淮阳马鞍冢战国楚墓二号车马坑之四号车,其辕(辀)体较直,唯前端微上翘[14],这种曲位取在了靠近辀与衡相连的位置上。从各时期车辀曲位的位置变化情况来看,似乎曲位在逐渐朝近衡端移动,而曲度亦有所增大:一方面是牵引力矩的变化使马的牵引效率更高;另一方面表明人们对木材的煣制加工处理技术更加娴熟,对梁式材料结构力学的认识有了更深的经验体会。但同时辀的曲度不能过大,否则会使车前部的支点过高,抬高车的重心,车子在疾驰急转时由于离心力的作用而产生的倾覆力矩也就大,容易翻车。且辀曲过大,无法用较粗韧的木材,难以达到"顾典"的要求,是故"辀深则折,浅则负。"

不仅如此，辀曲的技术还使得车子在恶劣的情况下，由于重心结构的平衡协调更利于对马匹的保护及发挥曲辀车的优势。《考工记》云："凡揉辀，欲其孙而无弧深，今夫大车之辕挚，其登又难；既克其登，其覆车也必易。此无故，唯辕直且无桡也。是故大车平地既节轩挚之任，及其登阤，不伏其辕，必缢其牛。此无故，唯辕直且无桡也。故登阤者，倍任者也，犹能以登。及其下阤也，不援其邸，必缢其牛后。此无故，惟辕直且无桡也。"这段文字精辟地指出直辕牛车在上下坡时的种种弊病皆归根于辕直且没有弯曲度。车子在上坡时由于坡度的作用使得车厢的重力线向车轮支点的后面移动，即车厢的重心不再通过轮径的中心点，而是偏离了原处于平衡状态下重心线一个角度，使得重心向后倾移，破坏了原来的平衡力矩，车厢重力分解为平行于路面和垂直于路面的分力，所以使原来以轮径中心点为平衡力中心的状况发生了改变，成为了以车厢为平衡力矩的中心点，而车厢重心此时处于不稳定状态中。重心力矩的改变相应地引起了牵引力的力矩变化，造成头轻尾重，此时牵引力必须加上车厢重心分力方可继续前进，就会出现"必缢其牛"及"倍任者也，犹能以登"的现象。同理，车辆在下坡时，重心前移，对牛的惯性推力又增加了重力分力，这种合力加大了对牛后部的迫击程度，亦必然会出现"必缢其牛后"的现象。马车的优势在于车辀首曲上仰，重心下移，又由于采用轭靽式系驾法，轭辀处的靽绳作用于轴上，使得马的受力点在颈首及胸前，轭辀的牵引力部分抵消了车厢的重心分力[15]，减轻了整个牵引力负荷。因此，受力点的分散降低了各处的附加分力，使局部受力减轻，比直辕牛车的负荷形势要好得多。

三

保持车辆重心的平衡与协调是古车制造中最基本的要求，重心的平稳是车辆安全行驶的基本条件。影响车辆重心位置的关键构件是轮径、轴长及舆的大小，衡与辀只是在引力结构上与车子重心有一种平衡与协调的互补关系，对平衡车舆重心位置的直接影响不是很大。表一是根据各地出土的商至战国时期遗迹清晰、有量可测的马车主要构件尺寸数据汇总而成（表一）。从表中反映的情况来看，车子主要部件的演变有一定的规律，它基本上反映了人们在长期的车辆制作与应用过程中为改进车器在平衡力结构方面所做的努力与进步。

首先，商周时期马车的衡长及辀长变化不大，虽有差异，但总体上仍是根据马匹体形及车辆种类按比例设计，并最终形成"辀有三度"，衡长有制（即轮崇、车广、衡长，三如一）的制作规则。衡的长度以轮径为依据，使牵引系统和辐重部分在车的前后结构上能保持一种协调关系，120～140厘米的宽度不仅与轮的直径相协调，且充分满足了两服马并驾齐驱的宽度需求。

其次，从商至周，马车的轮径变化亦不大。如前所述，轮径大小是依据人体身高而定的，轮径过高，不利攀登；轮径过低，不仅影响车速，在战场上还会由于位置低而处

表一　先秦部分马车主要构件尺寸一览表　　　　　单位：厘米

时代	序号	出土地点、车马坑（墓）、车号	轮径	辐条	轨距	毂长	轴长	轴径	衡长	辀长	舆广	舆深	舆高
商代	1	孝民屯南地 M7	133~144	22	217	26	306	13~15	110	256	129~133	74	45
	2	孝民屯南地 M1613	126~145	18	224		294	10	113	290	150	107	45
	3	郭家庄 M52	134~150	18	230		308	10~12		216	261	142~146	93~103	50
	4	郭家庄 M146	120~141	16	223		300~312	10~12	220	266	168~172	106~109	47~49
	5	西安老牛坡	140	16	225		315		240		160	72	14+
商周	6	宝鸡茹家庄 BRCH:3	120	20	200	53	275	8	105	270	101	60	25
	7	宝鸡茹家庄 BRCH:2	120	20	210	43	270	8	110	260	130	70	30
	8	宝鸡茹家庄 BRCH:1	120	20	200		260	8	116	265	115	70	17
	9	张家坡 M157	140	22		47	145+	8	142		115	80	21
	10	北京琉璃河 M52:11	140	24	244	40	308	8			150	90	
	11	洛阳中州路 M4	144	24	220		317	8.50	202	291+	132	85	
春秋	12	边家庄春秋墓 M5	115	16	114	30	164	5.50	88	182	70	60	
	13	三门峡虢国墓 M1051:1	107	25	166		200	6	100	300	100	100	27
	14	三门峡虢国墓 M1727:2	125	26	180		236	6.50	140	296	123	90	33
	15	太原赵卿墓 1 号车	115	30	190	40	256	9		136	120		
	16	太原赵卿墓 9 号车	134	32	188	50	258	10		328+	120	97	
	17	山西上马墓地 M1:1	145	35	183		275	6	120	360	112~118	100	44
	18	山西上马墓地 M1:2	132	32	164		244	6~8	124	340	114	104	38
	19	山西上马墓地 M2:2	137~140		208	60	260	4~8			100	93	22+
	20	山西上马墓地 M3:1	134	29	176	64	252	4.50~8	104	320	110~117	83	30
	21	山西上马墓地 M3:3	134	29	176	56	240	4~8	124	275	100~106	95	22
战国	22	淮阳马鞍冢 4 号车	136	32	208	65	294	11	146	340	142	94	34.50
	23	淮阳马鞍冢 7 号车	146	32	195	59	274		125	310	160	98	
	24	淮阳马鞍冢 13 号车	136	32		40	257		136	490	105~190	83~178	103+
	25	洛阳中州路 M19	169	18+	200	40	277		141	340+	160	150	
	26	甘肃平凉庙庄 M6:1	127	30	195	60	274	8	145	290	140	95	30~51
	27	甘肃平凉庙庄 M7:2	114	30	200	50			136	267	126	99	40
	28	辉县琉璃阁车马坑 1	140	26	190	38	242		170	170+	130	104	
	29	辉县琉璃阁车马坑 16	130	30	182	24	236+		140	210+	140	105	
	30	三门峡机械厂车马坑 1	145	34	177	33	250		70+	262	100	74	

注：带"+"号者表示此物为残存尺寸。

于弱势地位。轮径的长期稳定完全是人、车之间平衡协调关系的结果。与轮径不同的是轮上的辐条逐渐增多，从晚商的 18 根左右到战国时的 30 根左右，这一发展的趋势表明人们对轮辐承载车舆重心的结构力学的认识在逐渐加深。辐条的增多使得辐式轮的强度和轻便达到了前所未有的高度，使用寿命也得到延长，这是人们对轮——车器核心构件制作技术娴熟掌握的结果。

第三，车舆的发展趋势是逐渐变小，从商车舆厢横广动辄 140~160 厘米逐渐向西周的 130~150 厘米过渡，至春秋战国时，车舆横广一般为 120~140 厘米，其纵深亦从 100 厘米左右减至 90 厘米左右。车舆的（载）重荷是构成车辆重心力的物质基础，车舆面积的缩小有利于稳固重心的位置，但这一变化是与轴长的演变分不开的。

最后，能够充分反映车辆重心结构平衡程度的是车轴长度的变化。从表一可以看出商车轴长多在 306 厘米到 315 厘米，直径在 12 厘米左右，轨宽亦达 225 厘米上下。这种长轴、宽轨、稀辐的大组合、疏结构木质马车，本身在构件间相互组合的强度上就弱，再加上长轴使重力集中于轴心一点，使轴易折断，而且重心力矩过长不利于车辆的转弯变向，因此在结构上商车还具有许多不合理的构造缺陷。虽然这种长轴宽轨车行走平稳，但由于马的行进速度较快，其重心平稳的长处很容易在车辆转向时由于重心力矩过长而受挫。西周时，马车的轴长渐减至 280 厘米左右，直径在 8 厘米，轨宽 200 厘米。这种积极的变化使车的性能有了进一步的提高：一是轴长及轨宽变小，相对来说使车舆的重心力得到分散，两轮毂承受的压力减轻了单位面积上轴的压力强度；二是轮毂长度增加，由 26 厘米达到 50 厘米左右。这是适应长轴变短后，由于重心力矩的缩短而在车辆疾驶时易失去平衡，为保持车辆重心的稳定而设置的平衡措施。至春秋战国时，轴长一般在 240 厘米到 270 厘米，轨宽亦降至 180 厘米到 190 厘米，辐条数稳定在 30 根左右，而毂长在 40 厘米到 60 厘米。这一时期车子在结构形制上比较稳定，各构件间的相互作用力比较协调，尤其是后期轮毂的加长弥补了轴变短后重心失衡的缺陷，是古车制造中在解决平衡力结构问题上的一个独创，反映了当时人们在机械结构力学上的进步与创新。

但必须指出，长短毂各有利弊，在不同的车型上可能有不同的需求，所谓"短毂则利，长毂则安"[17]即指此意。如秦陵二号铜车就属长毂（亦称畅毂）安车，重心平稳，乘坐舒适，不易翻车。但长毂车在路狭或两车相错时易于碰撞，发生"毂击"。据《史记·田单传》载，战国时，"单为临淄市掾……燕师长驱平齐，而田单走安平，令其宗人尽断其车轴末，而傅铁笼。已而燕军攻安平，城坏，齐人走，争涂（途），以轊折车败，为燕所虏，唯田单宗人以铁笼故，得脱"。《史记·苏秦传》亦云："临淄之中七万户……临淄之涂车毂击。" "毂击"在战场上是一个非常严重的问题，因此对车毂的加固和防护至关重要。在淮阳马鞍冢楚墓中四号车车毂上，有数道铜箍来加强毂的强度，使其在战场上发生毂击时不被碰坏而能持久作战，显然这是一辆有较好防护措施的典型战车[18]。

四

两周时期，随着加工技术手段的进步和在实践中对材料结构力学认识的加深，人们在保持马车重心平衡的技术上又有了新的突破。

伏兔和当兔的构造与运用是古车演变过程中在技术上的新发展。目前在商代的车子上还没有发现二者的痕迹，但在周代的车迹中已多次发现了伏兔的遗迹。根据出土材料来看，伏兔的形制不完全相同。有戴震、阮元所描绘的"钩心"[19]形制，如山西上马墓地1号车马坑1、2号车、2号车马坑1号车、3号车马坑2、3号车，报告中皆云其伏兔为马鞍形，轴承其凹入部分。秦陵二号铜车的伏兔其断面近梯形，上平承舆，下凹函轴[20]；也有呈长方形[21]的，如长安张家坡2号车马坑2号车、琉璃河西周1号车马坑、上马墓地3号车马坑1号车等伏兔为长方形。估计伏兔在西周初现时，人们只是用一长方形的木块填充在舆下轴上，以平衡车舆，随着认识的深入，后来便把下部做成凹形，以利固轴。

虽然形制上略有差别，但伏兔的功能却是共同的。首先，它起着平衡车舆重心的作用。先秦古车，舆底軨与轴的连接一般是通过挖槽嵌合以保持二者处于同一平面，若不能使二者的连接处于同一平面内，则势必会使车舆重心不稳，行车时重心的偏斜对车和人的安全极为不利。但挖槽嵌合刻削过甚，会大大降低軨、轴的杠杆强度，折断任木。然通过在舆底軨下轴上添加木块，可有效地解决这种两难的问题。木块（伏兔）的添加使得軨、轴的挖槽较浅，甚至不用挖槽而直接以绳索捆绑，增强了二者的结构强度，同时填充了由于舆架高轴上后而使轴与轸木之间出现的悬空空间，使得舆下与两伏兔处于同一平面内共同支撑车舆的重心；其次，伏兔起着阻止轮毂内侵的关键作用。制止轮毂的内侵和外逸是车辆制造的一项关键技术，制止轮毂外逸的构件——辖在先秦时已普遍使用，此物虽小却极重要，即如《淮南子·人间训》所云："夫车之所以能行千里，以其要在三寸之辖。"制止轮毂内侵的技术，在伏兔没有出现前一般是通过变化毂孔直径和轴径来解决的[22]，也就是使毂孔外端径小于内端径，车轴两端入毂后收杀变细，以破坏车毂内侵的条件。如安阳郭家庄M52车马坑中车"轴的中部较粗，直径为0.12米，出舆时径0.11米，入毂时径0.10米"[23]。在安阳郭家庄M7车马坑中也是轴的中部粗，最大径为0.15米，两端较细，最小径为0.13米，軎的口径只有6厘米[24]；安阳郭家庄M43的情况是"两轮间轴径10厘米，轴两端插入毂内部分直径9.50厘米"[25]。在两周没有伏兔的车子上，这种技术得到了延续。如在宝鸡茹家庄西周墓地1、2号车马坑中车子没有伏兔，其轴中径8厘米，轴端径为5.5～6厘米[26]。但需指出的是，这种靠变化毂孔径和轴径来阻止轮毂内移的措施存在一定的危害性，因为入毂部分的车轴与毂孔内部在斜面压力的作用下其摩擦力是不均衡的，受力不均会影响到轴、毂的运行安全和使用寿命。而伏兔出现后，由于其横置在轴上，一部分压于舆下，一部分露出舆外直接抵住轮毂，这样就直接制止了轮毂的内侵，同时因不用改变轴径和轮毂内径而使其所受负载力均衡，利于行车安全。如在辛村西周卫墓 M1 中，其车轴上的伏兔有轴饰固定在车轴上，它直接的作用就是抵住轮毂，防止其内移。[27]

当兔位于舆底辀下轴上，是连接辀与轴的构件，它像一只深伏的兔子处在两伏兔之间，故称当兔。其所处的位置使得人们在考古发掘中一般难觅其踪。在山东淄博市淄河店二号战国墓中第 20 号车上，有一当兔长 14 厘米，宽 8 厘米，其与辀、轴的连接用革带固定[28]。当兔垫于舆底之下，亦是为了解决辀、轴相交后的不平衡而添置的，因此与伏兔同样起着平衡车舆重心的作用。

另一种技术上的创新就是战国时期出现的轮绠（辐条）装置（《考工记》谓"眡其绠，欲其蚤之正也"），它表明人们对拱梁结构力学的认识已经进入到了一个新的阶段。对绠的理解，郑玄释为："绠谓轮箄，轮虽箄，爪牙必正也。"戴震补注为："辐上端入毂中，用正柄。下端入牙中，用偏柄。令牙外出，不与辐股骰参值，是为绠绠之言便箄也。蚤正谓众辐齐平，虽有绠之减，蚤皆均正也。"孙诒让在《周礼正义》中认为"轮不箄必左右讫摇"，用此法"则重势微注于内，两轮订之而定，无倾掉之患。"即用此法，使辐在内倾分力的作用下、紧抓轮牙，使轮不易外脱。当道路起伏不平时，纵使车身向外倾斜，由于轮绠所起的调剂作用，车子仍不易翻倒，是一种符合力学原理的装置方法[29]。采用这种装置的轮子，由于其蚤、蓇都是偏榫，各辐装好后都向毂偏斜，因此从外侧看，整个轮形成一个中凹的浅盘状[30]。这种装置使得轴所承受的重力通过轮毂上的辐条传送至轮牙后，会在轮牙的内侧产生一种反作用力，对轮形成一种内收的作用，增强轮的载重强度。同时，这种装置使得辐条从侧面看是直的，从宽面看则稍弯曲。这种弯曲可防止重心的变化，郭宝钧先生指出："一旦路有偏坡，轮下偏，舆之重心亦必移到偏下一侧，而此轮的负荷即倍重。设辐在轮中，原系垂直，则轮偏时，辐股之力即偏出轮牙垂线之外，支力反而减弱，车亦易倾。若辐股向内隆起，及至车偏时，辐股正与爪牙垂直，可增加双倍的支持力，而车亦不易倾。"[31]可见轮绠装置对车舆重心平衡力问题的解决可谓是独具匠心。但这种装置要求技术条件较高，制作起来费工误时，虽然在文献中言之凿凿，但一般车器的制作很难达到这种要求，目前只在辉县的战国墓中发现这一个例，可见这一技术在车器上的应用并不普遍。

总之，车子运行的平稳需要各部件间作用力的配合与协调，对平衡力问题的解决是技术发展和成熟的过程，也是车子向着方便、快捷、安全方向发展的过程。由于在实践中对材料结构力学和机械结构力学等科技知识的理解日益深化，到战国中后期，在体积庞大的独辀马车还未淘汰之前，结构简单、乘驾方便的单马双辕马车已悄然出现。淮阳马鞍冢楚墓一号车马坑中发现的双辕马车就代表了马车的这种发展趋势，至两汉时，单马双辕车渐代替独辀车而流行于后世。毫无疑问，正是先秦时期人们对车器制作中各种平衡力构造技术问题的解决，奠定了后世车辆在结构与形制上发展的技术基础。

注 释

[1] 郑若葵：《论中国古代马车的渊源》，《华夏考古》1995年第3期，第41~56页。
[2] 王学荣：《商代早期车辙与双轮车在中国的出现》《三代文明》，中国殷商学会等编，科学出版社，1999年，第239~247页。
[3] 中国社会科学院考古研究所实验室：《放射性碳素测定年代报告（一一）》（标本ZK——1032），《考古》1984年第7期，第649~653页。
[4] 周世德：《考工记与我国古代造车技术》，《中国历史博物馆馆刊》1989年第12期，第67~80页。
[5] 郭宝钧：《殷周车器研究》，文物出版社，1998年，第6页。
[6] 杨英杰：《先秦战车形制考述》，《辽宁师范大学学报（社科版）》1984年第2期。
[7] 张长寿等：《殷周车制略说》，见：中国考古学研究编委会编：《中国考古学研究》，文物出版社，1986年，第149页。
[8] 陕西省考古研究所宝鸡工作站：《陕西陇县边家庄五号春秋墓发掘简报》，《文物》1988年第11期，第14~23页。
[9] 中国社会科学院考古研究所洛阳唐城队：《洛阳老城发现四座西周车马坑》，《考古》1988年第1期，第15~23页
[10] 中国社会科学院考古研究所：《张家坡西周墓地（1983—1986年发掘报告）》，中国大百科全书出版社，1999年，第338页
[11] 中国社会科学院考古研究所琉璃河工作队：《1981—1983年琉璃河西周燕国墓地》，《考古》1984第5期，第405~416页.
[12] 宝鸡市博物馆：《宝鸡𢎭国墓地》，文物出版社，1988年，第398页。
[13] 山西省文物考古研究所：《上马墓地》，文物出版社，1994年，第239~259页。
[14] 河南省文物考古研究所等：《河南淮阳马鞍冢楚墓发掘简报》，《文物》1984年第10期，第1~17页。
[15] 孙机：《中国古马车的三种系驾法》，《中国古舆服论丛》，文物出版社，1993年，第51页。
[16] 晚商与西周时盛行曲衡，即在衡的两端装上弯曲上翘的矛或其他铜饰，是贵族车器的一种装饰品，孙机认为此即《诗经》中提到的"错衡"，有的报告亦把它计入衡的有效长度之内，应作区别。
[17] 戴震在《考工记》中补注曰："大车短毂取其利也，兵车、乘车、田车畅毂取其安也。"
[18] 杨泓：《战车与车战二论》，《故宫博物院院刊》，2000年第3期，第36~52页。
[19] 戴震在《考工记图》中谓："伏兔，又名輹，在车轴上左右，上平载舆，（下凹）函轴"阮元在《车制图解》中解释为："輹在舆底而衔于轴上，其居轴上之高与周围径同，至其两旁则作半规形，与轴相合……钩轴后又以革以固之。"
[20] 孙机：《始皇陵二号铜车马对车制研究的新启示》，《文物》1983年第7期。
[21] 张长寿等：《说伏兔与画𫐓》，《考古》1980年4期，第361~364页. 文中认为古车上的伏兔为长方形，没有戴、阮所说的"函轴心"形制，从出土材料看并非如此。

[22] 张彦煌等：《殷车的复原与古车制作的若干工艺试探》，《文物季刊》1994年第4期，第32~41页。

[23] 中国社会科学院考古研究所安阳工作队：《安阳郭家庄西南的殷代车马坑》，《考古》1988年第10期，第882~893页。

[24] 中国科学院考古研究所安阳工作队：《安阳新发现的殷代车马坑》，《考古》1972年第4期，第24~28页。

[25] 中国社会科学院考古研究所安阳工作队：《1969~1977年殷墟西区墓葬发掘报告》，《考古学报》1979年第1期，第27~146页。

[26] 同［12］第394~397页。

[27] 同［7］。

[28] 山东省文物考古研究所：《山东淄博市临淄区淄河店二号战国墓》，《考古》2000年第10期，第46~65页。

[29] 孙机：《中国古独辀马车的结构》，《文物》1985年第8期，第25~40页。

[30] 中国科学院考古研究所：《辉县发掘报告》，科学出版社，1956年，第50页。

[31] 同［5］：第16页。

（原刊于《华夏考古》2006年第4期）

试论政府作为与汉代农业技术传播

黄富成

区域农业发展不但受到自然资源状况的制约，还与当地的农业技术水平、劳动力构成以及农业政策倾向等有密切关系。汉初，各地农业经济发展的不平衡性突出表现在农业技术与劳动力资源的地区差异上，而经济落后地区又往往是中央政府统治的薄弱之处，这就使得一些边远荒僻之地在地权控制的斗争中常常游离于集权政府的地缘政治之外。因此，如何促进农业经济在各地的均衡发展就成为汉政府强化相关管理职能的重要环节。本文从政府作为角度，分析汉代职官的劝农制度、铁官制度和政府的边疆政策等，探讨边远落后地区农业生产技术的传播机制。

一、职官"劝农"是农业技术传播的重要保障

在农业社会里，农业生产管理是各级政府最基本的一项职能，农业管理不仅是农官系统的职责，它也成为整个职官制度藉以发挥效能的重要组成部分。如武帝时政府通过告缗把从商人那里得来的巨额财富分配给水衡、少府、太仆、大农等诸官衙府，专置农官，用于经营农业生产（《汉书·食货志》）。在汉代的职官系统中，中央有"大司农"（亦称"大农"），主管全国财政以及物质的征收、均输与调拨等事务。"搜粟都尉"，则是协助大司农的高级农官，主要管理农业收入，从政策层面来教导农业生产[1]。事实上，汉代劝勉农桑的具体任务主要由郡一级的官吏来督导完成。在每年春耕大忙季节，地方政府都要颁布春令，督促农民及时耕种，"班春"成为地方政府劝课农桑的一项重要职责（《后汉书·百官志（五）》）。《后汉书·百官志》中明确指出农桑、户口、垦田、钱谷、赋税、救灾等是地方郡守政绩考核的主要内容。这些内容既是一地社会经济发展的重要指标，也是政府赋役征收的基本依据。因此，汉代郡县官员"劝民农桑"、提高产量的职责促使地方政府很注意先进农业生产技术的引入和传播，在偏远落后地区尤其如此。

农业生产技术的推广与应用最终还要依靠县、乡基层吏员的努力来实现。武帝末年，搜粟都尉赵过改进铁犁牛耕，发明耧车，推行代田法（《汉书·食货志（上）》），使农业生产效率大为提高，"用力少而得谷多"。赵过在推行新技术时，充分利用职官系统的职能作用，让大农的下属机构制作田器，让地方两千石组织各地县令培训基层乡官，并将新农具的使用方法和新的耕种方法传授给乡村中善于耕作的人，以起到示范推广作用。对没有耕牛的农户，则"教民相与庸挽犁"。在新技术推广的过程中，基层乡村农官

"力田"等起到了积极的作用。"力田"是高后时所置乡官,其作用是"劝导乡里,助成风化"(《后汉书·明帝纪》李贤注)。他不仅是乡官系统的一员,而且还是种田能手,他们的作用就是在乡村中传播农业生产技术,引导乡里百姓归农务本。而县署各诸曹掾史,春夏农忙时节则成为劝农掾(《后汉书·百官志(五)》),要履行劝勉农桑的职责。正是得益于汉代职官制度中各级官吏的"劝农"职责,铁犁牛耕等新技术才在两汉时期获得了较大的发展。在陕西、河南、河北、山东、辽宁等地出土了大量汉代铁犁铧和耧足[2],说明职官劝农是卓有成效的。

地方官吏对农业生产技术传播与发展的作用突出表现在三个方面:

一是铁制农具与牛耕的推广。农具是衡量农业发展程度的重要标尺,也是农业技术体系的重要组成部分。铁犁牛耕是汉代先进农业生产技术的代表,因而成为地方官员所极力倡导和推广的对象。宣帝时齐俗奢侈,民好末技,不田作。渤海太守龚遂,劝民务农桑,使民卖刀剑买牛犊(《汉书·龚遂传》)。东汉初,杜诗在南阳造作水排鼓风,提高炼炉温度,使农器的铸造质量大为提高(《后汉书·杜诗传》)。任延在九真作田器,教民垦辟,广拓土田。王景在庐江时,当地人因不知牛耕而荒废不少良田,王景便教民用犁耕田,使境内丰给(《后汉书·循吏列传》)。在北方,崔寔在《政论》中说:"辽东耕犁,辕长四尺,回转相妨,即用两牛两人牵之,一人将耕。"可见到东汉末时,牛耕在边郡也有很大发展。

二是农田水利的发展。水利是农业的命脉,大中型农田水利工程技术复杂、耗费巨大,因此水利技术的传播与发展离不开各级政府的积极作为。汉武帝时,政府在关中大兴水利,相继修建了六辅渠、白渠、龙首渠等灌溉工程,其他地区的水利事业及引水灌溉技术也有很大发展。如文翁在蜀地穿湔江引内江水灌溉(《汉书·文翁传》)、何敞在汝南修理旧渠引水灌田(《后汉书·何敞传》)、张禹在下邳徐县开水门,通渠灌溉(《后汉书·张禹传》)。这一时期,陂塘修筑技术已较为成熟,因此稻田垦辟较多。如召信臣在南阳修建马仁陂,增灌田三万余顷(《汉书·召信臣传》);在西南,益州太守文齐"兴起陂池,开通灌溉,垦田两千余顷"(《后汉书·西南夷传》);建武十三年(37),邓晨用水工许扬在汝南兴复鸿郤陂,起塘四百余里,灌田数千顷(《后汉书·许扬传》)。后来秦彭在山阳开稻田数千顷,并亲自勘察田地,分别肥瘠,建立了农田分类管理制度(《后汉书·循吏传》)。随着农田灌溉事业的进步和管理制度的完善,高纬度地区的大规模稻田开发成为现实。东汉初,渔阳太守张堪在孤奴(今北京顺义县)广开稻田八千余顷(《后汉书·张堪传》)。同时,大型人工陂塘开始出现。永和五年(140),会稽太守马臻在会稽山北麓修筑堤陂,建成一大型人工蓄水陂湖——鉴湖,解除了宁绍平原的水旱威胁[3]。在广东佛山澜石东汉墓中出土的水田模型上,塑有形态逼真的陶牛和"V"字形铁犁铧[4],可见农田水利技术的推广在偏远的南方地区也颇有成效。

三是发展家庭纺织业。农、桑并举是战国以来小农经济思想实践的基本结论[5],也是汉代集权政体立国的重要经济基础。因此向边远落后地区传播内地先进的家庭纺织技术，也是各级官吏"劝民农桑"职责的组成部分。王景在庐江时"训令蚕织"，大力发展家庭纺织业。茨充为贵阳太守"教民种植桑麻纻之属，劝令养蚕织屦"。崔寔任五原太守时，苦边民冬月无衣，乃斥卖官府储峙，延请雁门织师教民制作纺织工具和纺织技术，纺织业在北方边地得以发展（《后汉书补注》卷十二）。可见，东汉时期政府官员的积极作为，使边远地区的纺织业有了一定发展。

二、铁官制度推动铁农具及其铸造技术的传播

铁器为田农之本。两汉时期铁官制度的建立和完善使得铁农具及其铸造技术在各地得到广泛推广与发展。汉初，由于大盐铁商人的经营活动威胁到了国家财政安全和社会稳定，因而成为政府抑制和打击的主要对象[6]。武帝时"尽笼天下盐铁"，断然实行盐铁专营政策，以国家行政力量垄断矿产资源和铁器的冶炼、铸造与销售，在全国产铁地设铁官四十九处，其最南处在广陵国（今扬州市）和犍为郡的武阳（四川彭山）、南安（四川夹江），最北处在辽东郡的平郭（辽宁盖县）（《汉书·地理志》）。大部分铁官则分布于冶铁技术较为成熟和发达的河南、河北、江苏、四川等地。国家垄断盐铁的产销对汉代冶铁技术和铁农具的传播方式有很大影响。

汉代铁官制度的基本架构是，中央的大农丞内设铁官，在产铁的郡县设大铁官，负责铁矿石的开采、冶炼及铁器铸造、运销等。不产铁的郡县设小铁官，销旧器铸新器。通过大农丞下属的均输职官和铁官系统，在全国范围内运输、征调、销售各铁官作坊的铁器制品和半成品。西汉时各郡国的铁官属大司农统一管辖，光武中兴后改为地方郡县直接管理（《后汉书·百官志三》），地方的自主权限增大，一些产铁地始设铁官。建武中卫飒在桂阳罢私铸，起铁官，但依然受中央政府的调控。从考古发现及文献记载来看，两汉时期全国范围内铁制工具（农具）的生产与调销已形成了一定的管理制度和均输区域：

一是铁官铭文标识制度。我国古代的工业生产自商周时就有"工商食官"和"物勒工名"的传统，前者指官府垄断工业的生产与销售渠道，后者则指在器物上铭刻制造作坊、作工等内容，形成工业生产的监察机制。秦时加强了国家对社会经济活动的法律干预，专门制定了《工律》，政府对工业标准化生产实行强制性管理。汉承秦制，规定"百工为器物，皆有尺寸斤两斛斗轻重之宜，使得其法，"（《汉书·任敖传》如淳语）。铁器官营后，标准化生产的管理制度得到进一步发展，突出的标志就是铁官铭文标识制度的逐步完善。在各地出土的汉代铁制农具上发现有不少篆文铭刻（阴文或阳文），经过考证，学者们确认这些铭文是汉代铁官地及作坊号的省文或简称[7]。如"河一"、"河二"、"河三"代表河南郡铁官所辖的一、二、三号冶铸作坊的产品。"阳一"、"阳二"代表该器物为南阳郡铁官一、二号作坊所产。"东二"、"东三"为河东郡铁官二、三号冶铸作坊的产品。"山阳二"指山阳郡二号铁官作坊，王莽时改山阳郡为巨野郡，故考

古发现中亦有"巨野二"之铭文。而"淮"指临淮郡铁官,"蜀郡成都"指蜀郡临邛铁官[8],"中山",代表中山国铁官,"济"指济南郡铁官,"莱"指东莱郡铁官,"川"则是颍川郡铁官作坊的标志等。铁官铭文制度的意义在于:一是在全国范围内进行统一组织编号,省文做到简洁明了又不重复;二是各铁官作坊按序编号,统一组织,便于标准化工业生产的管理;三是便于中央的监察与异地调销。铭文监察制度成为汉代铁制农具传播与发展的重要保障。

二是汉代铁器的调销与均输按照区域相邻的原则进行。由于汉代的铁官基本集中在今河南、河北、山东、江苏、四川等内地冶铸技术发达地区,而政府又垄断了矿石的开采、冶炼与铁器铸造,因此铁官较少或没有铁官的其他广大地区,对铁器的需求就必须依靠官方的均输渠道来获得。从历史地理的区位考察,各地铁官产品的均输渠道似乎以秦岭(淮河)为界,此线以南的汉中、南阳、蜀郡和临淮各郡大铁官向南方和西南供铁;以北的各郡大铁官向西北、北部边郡直到东北朝鲜供铁[9]。这种地域上的划分有确凿的考古资料证据,如在江西修水县(西汉属豫章郡)出土一汉代铁铲,其表面铸有阳文汉隶"淮一",同时出土的还有莽币"大布黄千"[10]。由于新莽改西汉临淮郡为淮平郡(武帝元狩六年置,其中盐渎、堂邑二县有铁官),可知这批铁农具为王莽时淮平郡所造,通过均输渠道从江北调运至江南地区。而有"淮一"铭文的铁锸又输至广西的贵县。江西省清江县发现有汉代南阳郡铁官"阳二"作坊生产的铁锸;蜀郡铁官作坊的"蜀郡、成都"铁锸,南输至云南鲁甸一带(汉犍为郡);庐江郡作坊的"江"字铁斧则从安徽顺江而上,至湖北铜绿山矿区作为采矿的工具[11]。1964年在咸阳出土的一件犁铧上有"川"字铭文,当为颍川郡铁官作坊的产品。后来在陇县出土的一批铁铧上均铸有"河二"、"东二"铭文,同时出土的还有王莽时的"大泉五十"、"布泉"、"货泉"等铜钱[12],显然这批铁器是新莽时从河南郡、河东郡调运而来。中原铁器冶铸技术向北传播的证据,可在朝鲜平安南道大同郡(汉为乐浪郡所辖)釜山面遗址出土的铭有"大河五"的铁斧铸范上得到验证[13]。大河郡置于武帝元鼎元年(前116),于宣帝甘露二年(前52)改为东平国(今山东东平)。这说明在汉置东北四郡之后,在铁官制度的作用下,短短几十年间铁器及其锻铸技术已经传到了其所控辖的几乎所有行政区域。

三是汉代铁农器的均输调销,不仅输送冶铸成品,而且还向中原周边地区提供铁板材及铁条材等铁制半成品。采取这样的技术输出措施,是为了满足许多没有大铁官或铁官冶铸作坊的地区发展本地经济的需要。各地从中原大铁官作坊调购半成品及铸范工具后,可根据本地实际生产发展的需求,锻造不同的器物。如朝鲜出土的"大河五"铁斧铸范系从中原愉送;武帝时胶东、鲁国铁官被罢掉后(《汉书·终军传》),山阳郡作坊的"山阳二"、"巨野二"农具范就提供给鲁国的小铁官作坊[14],以满足本地对铁农具的需求。李京华先生的研究表明,广州、贵州、朝鲜甚至日本九州出土铁农具的共同特点,是严格仿照中原铸器锻造而成[15],这正表明大铁官对边远地区输出的多是铁制半成品及锻铸技术,反映了铁官制度下铁器标准化生产管理体系的作用,以及中原地区农具制造技术对外输出的方式与途径。

汉代的铁官制度成为汉政府进行铁农具及相关生产技术传播的重要保障。无论是从铁官的布局、铁器及冶铸技术流传的区域范围，还是地方官员在落后边远地区铸造田器、教民犁耕的事实，都说明职能制度的建设对政府作为有着积极意义，并由此促进了先进农业生产技术在全国各地的传播与发展。

三、边地经济政策实践促进农业技术的推广与普及

边疆地区作为地缘政治的利益枢纽，对巩固政权和维护统一政体来说极为重要。汉武帝在北方斥逐匈奴、羌、胡，占领河套地区、河西走廊及湟水上中游。在南方则平定西南夷及南粤，置初郡十七。但这些新开疆土仅仅依赖武力占领而缺乏经济支撑显然不能保持长治久安，所以对边控制的经济战略便成为汉政府拓边之后的首要任务。边疆地区原来以游牧经济为主，这里地势偏远，人口稀少，缺乏农业生产与生活设施，因此边地农业经济的发展在很大程度上要依靠政府的投入来推动。

西北边地屯田的理论及政策始出于文帝时期，《汉书·晁错传》载晁错"守边备塞，劝农力本"的具体政策措施就是徙民实边，由政府提供住房、田器等基本生活生产设施，将内地农业社会移植到边地。武帝完成拓边任务之后，这一屯田策略随着边地政治、军事进程的一体化而得以逐步实施，它主要包括四个方面的内容：

一是政府投资和个体产权制度的确立，这是边地农业发展的基本前提。西北边地缺乏农业劳动力及技术资源，政府投入是边地屯田的前提条件，同时又以个体产权的确立和优惠借贷措施来激励移民屯田实边。如昭帝元凤三年（前78）诏令"边郡受牛者勿收责"，师古注引应劭语："武帝始开三边，徙民屯田，皆与犁牛"（《汉书·昭帝纪》）。元狩间，徙贫民于关以西，充朔方以南新秦中等地，数十万人衣、食、产业皆由政府供给（《汉书·食货志》）。平帝元始二年（2）为安置流民，政府改安定呼池苑为安民县，募徙贫民，"至徙所，赐田宅什器，假与犁、牛、种、食"（《汉书·平帝纪》）。

二是政策性移民。移民作为劳动力与技术的双重载体对边地农业的发展至关重要，移民以内地人口稠密地区为主要来源。元朔二年（前127）和元狩四年（前119），武帝两次就从内地向朔方及其以南的陇西、北地、西河、上郡等新秦中地区移民达八十余万（《汉书·武帝纪》），后又在"上郡、朔方、西河、河西开田官，斥塞卒六十万戍田之"（《汉书·食货志》）。昭帝始元六年（前81）又设金城郡，以内地移民充实之。根据居延汉简所记，当时居延地区的屯田移民主要来自淮阳、昌邑、魏郡、东郡、大河、巨鹿及汉中等郡国，包括今河南、山东、河北、陕西等省。《居延汉简甲编》简1590记载，始元二年，淮阳国一次派遣到居延的田卒就达1500人。据估计，到元始二年（2），西北屯田区的内地移民及其后裔至少有150万[16]。

三是农业新技术在边地的推广与应用。武帝末年，牛耕技术与代田法在内地试验成

功后，被推广到居延、边城等边郡地区。在敦煌东北甜水井汉代遗址中出土的铁镰、锸头等农具[17]，说明中原移民为西北边地带去了冶铁、牛耕及农田水利技术。《居延汉简释文合校》（简称《合校》）简148·47；273·14；275·19等多次出现"代田"之文，说明以抗旱保墒为目的的农业新技术在这里得以推广应用。西北绿洲农业的发展与农田水利建设密不可分，开渠引水技术在屯区得到广泛应用，简文中还多次出现如"临渠燧"、"广渠燧"、"甲渠官"等与屯田水利管理有关的文字。《合校》303·15（大湾）记"始元二年戍田卒千五百人，为驿马田官穿泾渠，乃正月己酉淮阳郡"；140·15（金关）载一河渠卒档案："河渠卒河东（河东郡于今山西夏县西北）皮氏毋忧里公乘杜建二十五"。这些都是指戍田卒在居延开沟作渠，引水灌溉。

四是边地农业行政管理体制的建立。武帝时为促进边地屯田的发展，专设农都尉管理当地的垦田殖谷事业（《后汉书·百官志》），其下有令、丞、亭长等吏员，形成了农都尉、田官农令、农亭亭长三级屯田生产管理机构[18]。居延汉简中的"代田仓监"、"渠侯官"、"水门卒"、"河渠卒"等表明屯区各生产单位分工明确，职责划分细致。各种职官的设立和完善有力地促进了农业技术在边地的传播。

由于汉政府重视西北边地屯田事业的发展，边地农业发展卓有成效。当时，河西四郡设置之后，"凉州之畜为天下饶……风雨时节，谷籴常贱，少盗贼，有和气之应，贤于内郡"（《汉书·地理志（下）》）。农业的发展使边郡的粮食储积比较充裕，汉政府在宣帝甘露三年和元帝初年，两次赐送匈奴呼韩邪单于部边谷达五万余斛（《汉书·匈奴传下》）。东汉时，政府继续在西域柳中（今新疆吐鲁番地区）一带屯田，由河西四郡供耕牛、谷食（《后汉书·西域传》），河西走廊成为政府经营西域的重要后勤基地。

对南方及西南边地初郡的治理，汉政府采取了"各以地比"的经济援助方略[19]。《史记·平准书》讲到对南方初郡的治理是"毋赋税。南阳、汉中以往郡，各以地比给初郡吏卒奉食币物，传车马被具。"《索隐》谓"南阳、汉中已往之郡，各以其地比近给初郡。"《汉书·食货志》师古注曰："地比，谓依其次第，自近及远也。""初郡"指汉武帝在平定西南夷和南粤后在南方各地"置初郡十七"。这一策略就是依靠南阳、汉中、巴、蜀等经济较发达地区对相邻的南方边地进行政策性援助，通过输出内地人力、物力、技术和资金等，促进初郡经济的发展，实现政府对南方边地的行政统辖。

这一经济政策的形成肇始于武帝对西南边疆的开发过程中。建元年间，由于开道西南受蛮夷阻攻，"吏发兵诛之，悉巴、蜀租赋不足以更之，乃募豪民田南夷，入粟县官，而内受钱于都内。"此后又因"初郡时时小反，杀吏。汉发南方吏卒往诛之，间岁万余人，费皆仰给大农，大农以均输调盐铁助赋"（《史记·平准书》）。可见政府在开拓南方初郡的过程中已经形成了一定的财政分摊机制，这种机制仍然坚持了政府投入的原则。在表现形式上就是通过派驻相邻内郡的流官、募徒内地劳动力、调拨内地铁器等途径来促进南方初郡的农业开发及农耕文化的传播。如南阳张堪、李严，颍川李膺，汝南周举、许靖，广汉王堂、郑纯、刘宠、梓橦、文齐、雍陟等对西南的治理都颇有政声。而南阳任延、汉中锡光在南粤地区的治理中，教民铸作田器、推广牛耕、开水田、习礼仪，逐渐改变了南方土著落后的农业生产面貌。尤其是在汉代铁官制度作用下，南阳、临淮、蜀郡、庐江等郡的铁官产品不断输送至云南、两广等地。内地各郡对南方边郡实行铁农具输出的区域化管理措施，是汉政府对南方边郡实行"各以地比"经济援助政策的具体表现之一。

正是得益于汉政府"各以地比"的区域经济援助方略，内地先进的农耕生产技术才不断传播到荒远的南方边郡，逐步改变了南方的农业生产面貌。东汉后期，西南蛮夷叛乱，米贵至斗千钱，民皆离散。广汉景毅出任益州太守，在他的治理下，米降至"斗八钱"（《华阳国志·南中志》）。说明当地的农作不仅有一定的基础，而且农业社会正常的生产与生活秩序也得到恢复。赵佗时期，岭南已有大量内地居民定居（《史记·主父偃传》、《淮南王安传》），当地的农业有一定进步。1976年，在广西贵县罗伯湾（汉属郁林郡）一号汉墓中出土的《东阳田器志》木牍上，清楚地记载着墓主人从北方带来的随葬品有锸、锄、钪等铁农具[20]。东汉初，马援南征交趾，由交趾、合浦等地供应军粮（《后汉书·马援传》）。据《水经注·叶榆水》载："后汉遣伏波将军路博德讨越王，路将军到合浦，越王令二使者赍牛百头，酒千种及二郡户口簿诣路将军"。越王进献牛、酒，并把用以征收赋税的户口簿献出来，从侧面说明了当地农业发展的情形。

四、余　论

两汉时期，农业技术传播有多种因案，但政府的积极作为无疑起着直接的作用。通过政府职能体系的建设和实践，促进农业生产技术在边远地区的传播与发展是这一时期政府作为的主要行政机制。同时必须指出，有时政府的制度和政策也会成为技术传播的一种障碍。汉初出于政治目的，对周边政权实行封锁，禁止输出内地铁器、牛、马等农业生产的重要资源，引起蜀地商人向西南及南粤输出铁器等物品的走私活动（《汉书·司马相如传》），后来匈奴浑邪王到长安朝拜，"贾人与市者，坐当死者五百余人"（《汉书·汲黯列传》）。即使是武帝拓边之后，出于对侯国势力的防范，对江南广大的侯国地区也采取了限制经济发展的策略[21]，尤其对铁器等重要物资的供应采取限制和定向供给的政策，以至于鲁国原有的铁官被罢掉后，不得不从附近的山阳郡（巨野郡）来输入铁制半成品和铸范来锻造本地所需的铁制工具，所有这些都对技术传播构成了一种制度性障碍。

本文经笔者导师、南京农大人文学院惠富平教授审阅并提出修改意见，谨致谢忱！

注　释

[1]　缪启愉：《齐民要术》校释，农业出版社，1982年。

［2］　刘庆柱:《秦汉考古五十年》,《考古》1999年第9期。
［3］　汪家伦、张芳:《中国农田水利史》，农业出版社，1990年。
［4］　徐恒彬:《汉代广东农业生产初探》,《农业考古》1981年第2期。
［5］　高敏:《秦汉时期的重农思想蠡测》,《秦汉史论集》，中州书画社，1982年。
［6］　高敏:《试论汉代抑商政策的实质》,《秦汉史论集》，中州书画社，1982年。
［7］　李京华:《汉代铁农器铭文试释》,《考古》1974年第1期。
［8］　李家瑞:《两汉时代云南的铁器》,《文物》1962年第3期。
［9］　李京华:《中国秦汉冶铁技术与周围地区的关系》,《中原古代冶金技术研究》，中州古籍出版社，1994年。
［10］　江西省文物管理委员会:《江西修水县出土战国青铜乐器和汉代铁器》,《考古》1965年第6期。
［11］　李京华:《河南古代的铁农具》,《农业考古》1984年第2期；1985年第2期。
［12］　陕西省博物馆:《陕西省发现的汉代铁铧和鐴土》,《文物》1966年第1期。
［13］　王巍:《中国古代铁器及冶铁技术对朝鲜半岛的传播》,《考古学报》1997年第3期。
［14］　李步青:《山东滕县发现铁范》,《考古》1960年第7期。
［15］　同［9］。
［16］　葛剑雄:《西汉人口地理》，人民出版社，1986年。
［17］　敦煌文物研究所考古组等:《敦煌甜水井汉代遗址的调查》,《考古》1975年第2期。
［18］　杨剑虹:《从居延汉简看西汉在西北的屯田》,《西北史地》1984年第2期。
［19］　黎小龙:《论两汉王朝西南边疆开发中的“各以地比”之治理方略》,《西南师范大学学报》（社科版）2002年第2期。
［20］　广西壮族自治区文物工作队:《广西贵县罗伯湾一号墓发掘简报》,《文物》1978年第9期。
［21］　朱世陆:《汉武帝时代江南、岭南经济地位的变迁》,《中国社会经济史研究》2000年第1期。

（原刊于《农业考古》2008年第1期）

楚方位尊卑考略

胡亚毅

方位词，本来只是表示方向或位置的，但是，在中国传统礼制代表之作《仪礼》、《礼记》当中，却经常出现"以……为上"等带有明显方位尊卑概念的词汇，古人到底以什么方位为尊？关于这个问题，自古以来就有争论：如清初学者顾炎武在《日知录》中得出"古人之座以东向为尊，故宗庙之祭，太祖之位东向。即交际之礼，亦宾东向，而主人西向"的结论[1]；而凌廷堪在《礼经释例》中则有："室中以东向为尊，堂上以南向为尊"一说[2]；刘恭懋在《方位礼仪》一文中认为"古人以中为尊，左右为卑"并认为"前、后、左、右方位与朝向密切相关，若以北方为前，则后为南、左为西，右为东。两向相对，通常以北为尊、南为卑，西为尊、东为卑。"[3]；饶尚宽在《试论古文字形的方位系统》一文中，认为"古文字形的方位系统是面北确定的"，"古君王，尊者位北，臣民，卑者位南；宫室北房为贵，南房为贱；祭祀宴饮，东为尊，而西为卑。"并认为：尊左还是尊右，与方位系统有关，臣民面北定方位，则左西右东，东为尊；君王面南定方位，则左东右西，左为尊[4]。综合上述学者的意见，我们发现东、西、南、北四个方位都有作为尊位的理由，这种结果的出现，是因为以往学者多依据史料进行研究，而对史料所反映的时间、地域问题没有进行区分。为此，笔者欲结合楚系墓葬和楚国城邑遗存对楚国方位系统尊卑问题进行初步探讨。

在此，笔者需要指出的是，本文之所以讨论楚国方位，主要原因是近年来对于楚系墓葬的研究日臻成熟，《史记》鸿门宴："项王、项伯东向坐；亚父南向坐——亚父者，范增也；沛公北向坐；张良西向侍"的记载已经成为千年以来人们讨论方位尊卑的经典案例。胡厚宣先生于1934年发表了《楚民族源于东方考》[5]对楚人来源进行了考证，之后《当阳赵家湖楚墓头向的两点启示》更是将墓主人头向和族源联系起来[6]。可见，方位的尊卑后面还隐藏着其他社会信息。方位文化已经成为中国传统文化的一部分，我们今天重新探讨楚国方位尊卑这一问题，主要是基于近年来所发现的楚系墓葬不但保存较为完好，而且随着简牍的出土和铜器铭文的发现，墓主人的身份等级取得一定的共识，同时楚国城邑考古也取得了一些成绩，而这些考古资料的获得，为我们重新探讨楚国方位尊卑这一命题提供了实物依据。

一、以往学界对于楚方位尊卑的讨论

史料中，关于楚方位记载，且被广泛研究的主要有以下几条：

1. 以东向为尊

楚人以东向为尊位，这在许多史料中都可以看出端倪：颜家安在《屈赋与楚俗杂识》一文中指出：《楚辞》中对于四方的描述，以西南方为多，而且描述详尽，而对于东方的描述，则多带有敬畏、神话的色彩[7]。《楚辞·远游》记述四方的顺序时按照："东方句芒……西方蓐收……南方祝融……北方颛顼"的次序排列[8]。《仪礼·少牢馈食礼》和《仪礼·特牲馈食礼》尸的位置都是在室内西墙前，东向。由此可见，"室内以东向为尊"，无论是对活人，对死者（神主），还是对暂充死者的尸，都是同样有效的。

2. 以北向为尊

李炳海认为："楚辞描述中有崇拜北方的倾向"，在提到北方天宫时，"伴随出现的有楚族先祖颛顼、水深玄冥等"，祖先崇拜和神灵崇拜构成了北方崇拜的内涵[9]。另外在他的《楚辞所反映的东夷空间观念》一文中，指出"楚族以南北作为基本方位，以北向为尊……作者的思维应该沿着南北方向延伸推移。然而，实际情况并非完全如此。从总体看，楚辞作者在对空间方位加以调遣时，东和西也是处于很重要的位置"，其原因作者认为是与东夷族的文化影响有关[10]。

3. 以左为尊

目前我们所知道的楚的官职名称有：左司马、右司马、左尹、右尹、左史、右史等，在这些官职中，均以左者为尊。另外，楚在列阵作战时以左路军为上军。《左传·桓公八年》记录了楚国与随国之间的一场战争，当时的季侯对随侯说："楚人尚左，君必左，无与王遇，且攻其右，右无良焉，必败"。而作为楚人的老子在《道德经》中也有"君子居则贵左"[11]的记载。

二、楚系墓葬资料所反映的方位尊卑小考

关于楚墓的等级，郭德维先生在《楚系墓葬研究》中有过精辟的论述，他通过分析认为：以墓坑的规模并主要以墓口的大小，以鼎制、以棺椁重（层）数为主要依据都是有欠妥当的，并指出椁的规模大小和椁的分室跟墓主人的身份等级有关联，木椁分室的多少，大体上标志着墓主身份等级的高低。除此以外，陪葬与人殉、殉葬车马器物等葬制也可表达墓主人的身份等级[12]。《礼记·丧大记》曰："棺椁之间，君容祝，大夫容壶，士容甒"。《礼记》卷十八《杂记》曰："瓮、甒、筲、衡实见间而后折入"，郑注云："实见间，藏于见外椁内也"。"见"或是傍棺外壁立的薄木板。"而后折入"即订好棺盖板。可见随葬器物要藏于棺椁之间。对楚系大墓来说，棺椁之间的空隙被分割成为

不同的箱，藏不同的随葬器物，正是由于箱的出现，为我们探讨楚墓方位的尊卑提供了可能。下面就根据已出土的考古资料，在前人研究的基础上，依据楚墓分箱的不同对楚墓随葬品摆放位置进行考察，对楚墓各等级墓葬所反映的方位尊卑进行初步探讨，以求教于方家。

1. 以安徽寿县李三孤堆[13]为代表的楚王一级的墓葬

该墓因 1933、1935、1938 年被盗，出土大批重要文物而引起轰动，尤其是 1938 年国民党将领李品仙又对此墓进行了彻底的洗劫，以致连棺、椁等全部被盗走。关于该墓的墓主人，大部分学者认为是战国晚期楚幽王的墓。关于该墓的形制，郭德维先生根据已发现的楚墓形制遗迹以及 1934 年中央研究院李景聃的调查简报和邓峙的《李品仙盗掘楚墓亲历记》对其进行了复原（图一）。关于随葬器物的分布，郭德维根据工人的口述，认为重礼器主要出于东部头箱。可见楚国王族对东向的重视。

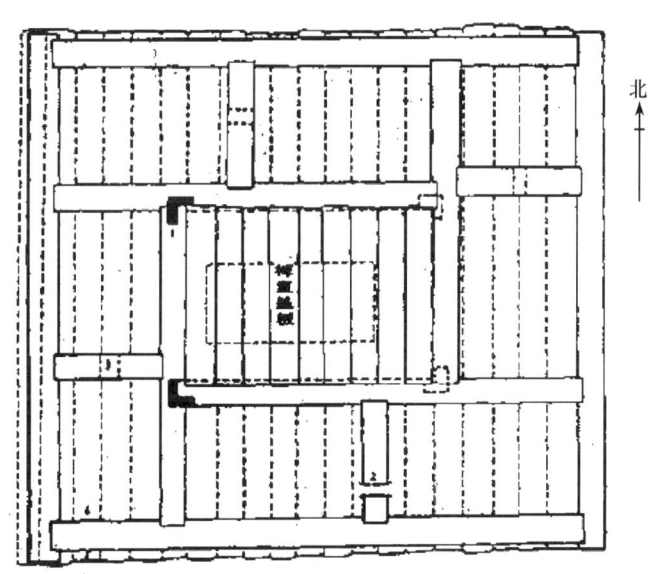

图一 李三孤堆楚墓墓葬形制复原图（摘自郭德维《楚系墓葬研究》，80 页）

2. 以长台关楚墓为代表的封君或卿一类的贵族墓[14]

随县曾侯乙墓[15]：据发掘报告称，此墓方向正南。整个椁室分为北、东、中、西四室。在东室中部略偏西，置主棺一具（南北向），其东有陪棺六具，其西有陪棺两具。在主棺西侧，置狗棺一具。墓主人的尸体置于内棺，头朝南。各室随葬器物分布如图二所示：报告中称为"中室"的这个室中，随葬礼乐重器。从方位上看，此"中室"

处于南方这个位置，最尊。其次才是北室的车马器，再次为西室其他器物。墓主人的棺位于东室，这在一定程度上表明以"东"为尊的概念。

信阳长台关 M1[16]：M1 是一座规模较大的木椁墓。墓向 102°。斜坡墓道位于墓室东面，墓主人头向东。在该墓的左后室出土了一组遣册，从竹简内容看，这组遣册是按照机构或职官名称来记录随葬品的，总计七项："□□□器，□人之器，□室之器，□豆之器，乐人之器，集□之器。□之器。"

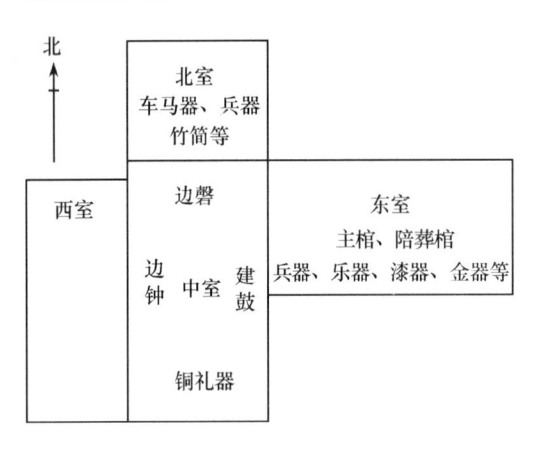

图二 曾侯乙墓随葬品布局示意图

该墓椁室分为前室、中室、左侧室、右侧室、后室、左后室、右后室，共七室。各室随葬器物的总体情况是：前室放有竹简、乐器、漆案、铜礼器和陶日常用器；左侧室放冥车；右侧室放漆案、俎、豆、杯、陶鼎等；后室置陶俑和镇墓兽、左后室有竹简、工具箱、床、席、案、几等；右后室有漆案、豆、瓮和竹器等。各室所放随葬品如图三所示。

此墓共七个椁室，随葬品又分为七项记录，七个椁室似乎各有专用，与七类随葬品相对应。从该墓随葬品的布局来看：随葬品的尊位很显然是以礼乐器所在的前室（东）为尊，按照东—北—西—南顺序排列的。

信阳长台关 M2[17]，结构和规模均和一号墓相似，墓道方向为 104°。斜坡墓道位于墓室东部，墓主人头部也向东，M2 曾被盗掘两次，墓内遗物凌乱。发掘中，常会遇到一件器物被拆开放置在不同的地方。尽管如此，发掘者认为，从发掘时的迹象，仍可供了解各室置放随葬器物情况（图四）：左侧室以乐器为主，兼有其他各类器物，计有成套的木编钟、木边磬、瑟、鼓等及陶质的瓮、壶、罐、鼎、盘、匜等。右侧室置有各种车马器。前室多放置日常器皿、后室只见木案及陶鉴、木炭等。左后室出土有镇墓兽、漆器等，右后室出土有彩绘的木方壶、杯、豆、陶壶等。从随葬品摆放位置看，此墓随葬品的布局是以左右侧室所出的乐器、陶礼器和车马器为尊的。在方位上体现的是：以南为尊或者以北为尊。

总之，上述三座墓葬在随葬品配置上均表现出尚南、尚东的特点。

3. 以包山楚墓[18]为代表的楚上大夫级的墓

1986～1987 年，在纪南城之北约 16 公里的荆门十里铺东南，发现了包山大冢，编号为包山 2 号墓。在包山土岗上分布有冢墓 5 座和无冢墓 3 座，基本在南北一条直线上，时代早的在南，等级较高的偏东，大小并存。

北 ←		北 ←	
前室 铜礼器、铜乐器、漆木器、 陶器、竹简等		前室 日常生活器皿	
左侧室 车马器、 竹木器、 丝织品等	主室	右侧室 漆木 生活 用器、 陶器、 果核等	左侧室 乐器、 陶礼器 及生活 用器	主室	右侧室 车马器
左后室 铜、漆、 陶、竹 生活用器	后室 漆木器、镇墓兽	右后室 漆、陶、竹 生活用器	左后室 镇墓兽、 漆器	后室 木案、陶鉴、木炭等	右后室 木器、陶器

图三　信阳长台关 M1 随葬品布局示意图　　图四　信阳长台关 M2 随葬品布局示意图

　　包山 M2：墓道向东，方向 93°。死者头向东，椁内分东、西、南、北、中五室，中室内置四重棺，其余四室放置随葬品。其中东室放置礼器、食器；南室放置车马器、兵器；西室放置生活用器；北室放置竹简和日常用具。墓主为男性，头东足西，仰身直肢，面朝北。据竹简记载，墓主为邵㢼，官居左尹，身份相当于上大夫。下葬年代为公元前 316 年。随葬品在各室的放置如图五所示。此外，此墓出土了大量的遣册，并按类分室放置。遣册放置如下：第一组遣册：置于东室，题记简云：

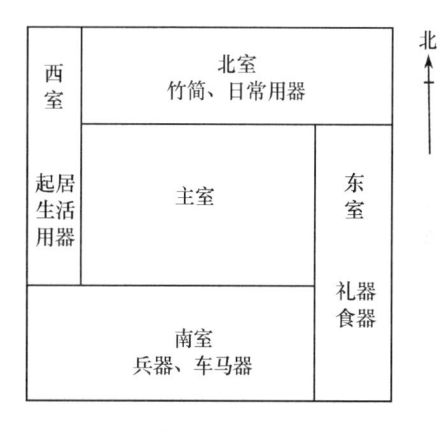

西室 起居 生活 用器	北室 竹简、日常用器	
	主室	东室
	南室 兵器、车马器	礼器 食器

图五　包山楚墓 M2 随葬品布局示意图

"飤室之金器"，所记器物皆见于东室。第二组遣册：置于南室葬器之下，题记简云："大兆之金器"，所记器物为礼食器，皆见于东室。第三组遣册：放于南室，所记为车马器，兵器，所记器物皆见于南室。第四组遣册：放于西室葬器之下，题记简云："厢梢之器所以行"，所记物品主要见于西室和北室。从随葬品配置上，很显然，东室和南室所藏器物代表墓主人身份等级，而西室和北室则是藏日常生活用器，包山楚墓随葬品配置表现出以南或以东为尊位的特点。陈伟先生认为：在目前的释文中，以墓道所在的东面为起点，按逆时针方向展开的方位顺序是不对的。"大司马悼滑救甫之岁享月丁亥之日，左尹葬。"，是统摄全部遣册的，当放在最前。其次"简 153，简 154 两次讲到帝苴之前的四至，均以南、东、北、西为序，可见楚人计数方位是从南开始，逆时针方向展开的。"

"如果将南室的'用车'简放在前面，同室所出的'大兆'之器次之，东室所出的'食器'又次之，西室所出的'相稍之器'居后，则不仅可解决上述矛盾，又与楚人的计数方位相一致，似更为可靠。"[19]陈伟先生的观点同样表明该墓随葬品配置应该以南、东为尊位。

4. 以望山楚墓[20]为代表的楚下大夫——士一级墓

望山 M1：此墓由封土堆、墓道、墓坑和墓室组成，形制为长方形竖穴，墓道在墓坑东边正中，方向100°。椁室分为头箱、边箱和棺室三部分。头箱在椁室的东部，主要放置铜、陶礼器，边箱在椁室的西南部，主要放置车马兵器和生活用器。棺室在椁室的西北部。棺内葬式为仰身直肢葬，人骨架头朝东（图六）。

望山 M2：此墓由封土堆、墓道、墓坑和墓室四部分组成，已被盗。墓道在墓坑东边中部，墓向94°，椁室分为头箱、边箱和棺室三部分。头箱在椁室的东部，主要放置陶铜礼器、漆木器。边箱在椁室的南部，与棺室等长，主要放置车马器、漆木用器、兵器和竹简。棺室：在椁室的西北部，内置三棺（图七）。人骨架保存完整，头向东，仰身直肢葬，经鉴定为女性，推测为M1家族成员。

图六　望山 M1 随葬品布局示意图　　图七　望山 M2 随葬品布局示意图

从随葬品所放置的位置来看，望山 M1、M2 同样表现出以东、以南为尊位的特征。

禹王城南曹家岗 M5[21]：斜坡墓道位于墓坑东壁正中，墓葬方向78°，椁室由隔梁分割成头箱、边箱、椁室三部分。头箱内放置漆案、耳杯、木俑、铜敦等，边箱与头箱拐角处放置一镇墓兽。边箱内放置铜礼器和车马器等，此外还有竹笥，内置竹简7枚。棺室内仅在头向的一端放置石璧1件（图八）。墓主人头朝东，经鉴定，应为一女性。报告认为其身份等级相当于下大夫级。从随葬品所放置的位置来看，曹家岗 M5 表现出的方位尊卑为：以出土礼器的边箱（南）为尊——次东室。

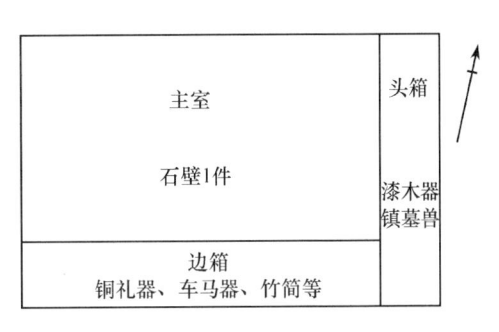

图八 曹家岗 M5 随葬品布局示意图

5. 以江陵雨台山楚墓为代表的楚国下层社会等级的墓葬[22]

雨台山楚墓位于楚都纪南城东北，墓葬年代从春秋中期到战国晚期，延续时间长达400余年，共发掘楚墓558座。雨台山楚墓墓向和头向大多数一致。墓向以南北向居多，东西向较少；头向也以南向居多，其他向较少。有墓道的墓，墓道大多设在墓室的南端。有壁龛的墓，龛的位置均在墓室南壁即头向一端。这种方向大多朝南的埋葬习俗，可能与楚人的宗教迷信思想有关[23]。除雨台山外，当阳赵家湖发掘的 297 座墓[24]，江陵九店发掘的 597 座墓[25]中，约 70% 以上的墓葬头向朝南，可见向南是楚国下层民众普遍的埋葬习俗。

宋公文在《楚墓的头向与葬式》一文中对楚系墓葬头向方位进行研究，指出："楚中、高规格的墓葬头向尚东，"表现在："第一，一般楚单个中、大型墓葬头向尚东"，"第二，凡楚公族的家族墓葬头向皆东"，而"较低规格的墓葬头向尚南"[26]的结论。张胜琳、张正明在《上古墓葬头向与民族关系》一文中指出墓葬头向与民族的来向一致[27]。徐士友在《当阳赵家湖楚墓头向的两点启示》的两点启示中认为：墓葬头向与祖源有关，并认为迄今已发现的可以确定墓主为公族的大型楚墓，头向皆从东，这是楚人东来说的表现。而江汉地区的土著楚蛮，墓葬头向从南，也是遵照自己丧葬传统，二者并没有发生强制性的影响[28]。郭德维在《楚系墓葬研究》中，将已经发现的楚国墓葬分为 12 个主要墓区。其中处于楚国政治中心的纪郢区、鄢郢区、城阳区、丹淅区、澧州区、陈郢区、寿春郢区等墓葬方向均以向东和向南为主。其他如东鄂区、洞庭区、长沙区、苍梧区、黔中区等主要以小型墓为主，有的为楚巴文化共存，有的为楚越文化共存，有的受到秦文化因素影响，墓葬方向不太固定[29]。

上述对墓葬的讨论中，我们没有将墓主人所葬之室和随葬品所处之室放在一起加以讨论，而是将墓主人的头向作为标尺来讨论随葬品的方位尊卑，这和《仪礼》中统于某物的概念是一致的。综上所述，笔者认为楚人在随葬品位置的摆放上，表现出"尚东"

和"尚南"的习俗。还需要提及的是楚人也"尚中",这是由墓主人在大墓中的位置决定的,即使是曾侯乙墓,墓主人的棺也位于其他陪葬棺的中间。

三、楚国城邑布局中的方位尊卑考

楚立国八百年,其都城到底有多少,都城的布局情况如何?目前还是一个谜,清人王鸣盛曰楚都有五[30],曲英杰先生则以为楚都有七[31],冯永轩先生认为楚都有十[32]。近年来,包山楚简中又发现许多带"鄩"字的地名,学界或以为是楚之别都[33]。传世文献和出土文献资料使得楚国都城扑朔迷离。本文的目的在于探讨楚都方位布局,在考古资料十分缺乏的情况下,我们将目前已知所有楚系区域的城邑的资料都纳入进来,希望从考古学角度看,能够得出一点结论。目前工作开展比较好的且布局比较明确的几个都邑的情况如下:

1. 楚都纪南城是目前考古工作做得最为充分的楚国都邑遗址

郭德维先生根据考古发掘钻探的成果对其进行了复原研究。纪南城因其在纪山之南而得名,从目前的发现情况来看,楚都纪南城平面呈长方形,东西长 4450 米,南北宽 3588 米,面积 16 平方公里。城内发现有夯土台基 84 座,其中绝大部分集中在城内东部,尤以东南部最为密集,在这组建筑的东、北两面,各发现一组夯土墙遗迹,在夯土墙遗迹的东侧又有凤凰山古河道从南向北流过,这些情况表明,城内东南部应是宫殿区所在,其夯土墙遗迹应是宫城城垣。郭德维认为"就城内的布局看,实际只分为两大区即东区与西区。…显然,东区比西区更重要,就东区来看,南部比北部重要。城内中南部即宫殿区,是其核心"[34]。

2. 楚皇城遗址

位于宜城东南 7.5 公里处。城址平面呈长方形,分为内城和外城两个部分,方向 340°,南北长 1840 米,东西宽 1720 米。城内东北部较高地区有小城基址,南北长 800 米,东西宽 400 米。大城西南部发现有制陶作坊遗址[35]。

3. 寿春故城

关于楚寿春城,目前田野考古工作尚未全面展开,学界有不同的认识,尤其是对于城址的布局争议很大,晏昌贵在《楚国都城制度再认识》一文中对目前存在的三种认识进行了剖析[36],笔者在此不再赘述。

4. 成阳遗址

学界认为可能是河南信阳楚王城故址，其城由大、小二城东西并列，小城在大城的西南部，小城内西半部有大型夯土台基，可能是宫殿区[37]。

5. 潜江龙湾遗址

从1987年开始，湖北省潜江市博物馆和湖北省荆州博物馆在潜江龙湾遗址进行了大量的考古工作，调查和发掘表明：该遗址东西长约12公里，南北宽约9公里，面积108平方公里。时代从西周中期到战国中期。遗址分为东、西两区，东区以龙湾镇放鹰台宫殿基址群为主体，由22个夯土台基组成龙湾楚宫殿基址群。西区以张金镇黄罗岗古城址为主体。其中规模最大的放鹰台1号宫殿基址位于龙湾楚宫殿基址群的最东边，还位于放鹰台上四处夯土基址的东南部。1号宫殿基址只有一座高台主体建筑，这个高台位于1号宫殿基址的东侧，并且为了显现其高大雄伟，特意降低了正（南）面一层台的高度。学界基本认为放鹰台一号宫殿基址是楚国离宫别苑章华台旧址[38]。从营造方式上，表明楚国王室对于"东"这个方位的高度重视。

6. 楚地方都邑遗址

截至目前考古调查或发掘的楚国地方城邑已达50多座[39]，从考古调查和发掘来看，楚国地方城邑规划具有整体性，集中体现在城邑的布局上。所谓城邑的规划布局，主要指宫城的布局、墓葬区的分布和手工业作坊的分布。作为本文考察的要点，目前宫城位置比较明确的有：

当阳季家湖楚城址[40]：宫城在城内东部偏北处。

古鄀城由内外城组成[41]，内城在外城的东部；

东不羹城的宫殿遗址[42]，在城内东北部。

蓼城[43]：内城位于外城的东部；

草店坊城[44]：夯土台基位于城内东部；

鄂王城[45]夯土台基位于城内中部偏东。

作京城[46]：城内东北部高地发现有较多的板、筒瓦及小砖块等。建筑遗物的成层堆积表明，这座高台很可能是古代重要建筑基址所在，有可能是当时的贵族住地。

云梦楚王城[47]：由大、小两城组成，宫城在外廓城的西侧；

湖北大冶五里界古城址[48]，在西南和东部中段地势较高处发现有大型建筑基址，古城可能为春秋时期与采矿、冶炼有关的城址。

通过上述考察，我们发现楚国都城和一般城邑布局大多以东北、东南为重心，从而体现了楚人方位观念中对"东、南"的重视。至于有个别城的重心位于西南部，我们不排除受到地形地貌或者其他因素的影响的可能。

值得注意的是近年来《江陵九店楚简·日书》[49]的发表和《云梦睡虎地秦简·日书》[50]的发表，对于我们了解楚地的居住习俗有了一定的帮助。九店楚简简文内容过于残断，从简文中大致可知，楚人在居住空间的选择上，是将方位、地形地貌、横向长短（佟）等结合起来考虑的。晏昌贵、梅莉在《楚秦日书所见的居住习俗》一文中指出：（睡虎地秦简）《日书·相宅篇》实际上是讲述居住环境的空间方位选择，全篇以"宇"为中心基点，以庑、内、宫、祠室、池、水窦、圈、囷、井、屏、门、道、祠木等建筑物位于"宇"的方位来占断吉凶。在方位吉凶方面，大致以东、南方为吉利，西、北方为凶险。如"庑居东方，乡井，日出炙其乾，其后必肉食"，"内居正东，吉。""为池正北，不利其母。"[51]这个以东、南为吉的结论与我们上述讨论的结果相一致。

以上，我们通过对楚地墓葬和城邑的考察得出楚人尚东和尚南的习俗。为进一步研究楚墓所表现出的方位尊卑这个命题，在墓地的考察中，我们尚需搞清楚诸如礼器、乐器、车马器的尊卑问题，楚墓尚左与墓葬方向、死者头向的关系。另外，如果能够更细致的研究每一个室内器物的摆放位置，那对楚墓方位尊卑，无疑大有裨益。在城邑方面，还需进一步加大对楚人城邑布局的探究，尤其是楚国都邑的寻找以及中小型聚落布局的揭露，只有这样才能较为全面地解答这个问题。

注　释

[1]　参见《日知录》卷二八"东向座"条。
[2]　凌廷堪：《礼经释例》卷一〈通例上〉。
[3]　刘恭懋：《贵州社会科学》2001年第2期，第105页。
[4]　饶尚宽：《新疆师范大学学报（哲学社会科学版）》1996年第2期，第43页。
[5]　胡厚宣：《楚民族源于东方考》，北京大学《史学论丛》第一册，1934年。
[6]　徐士友：《当阳赵家湖楚墓头向的亮点启示》，《江汉考古》1999年第2期。
[7]　颜家安：《屈赋与楚俗杂识》，《湘潭大学学报（社会科学版）》1990年第1期，第65页。
[8]　《楚辞》卷第五。
[9]　李炳海：《幽都入道境，寒门达阆阖：〈楚辞〉的天宫方位漫议》，《古典文学知识》1993年第1期，第49页。
[10]　李炳海：《楚辞所反映东夷空间观念》，《东北师范大学学报（哲科版）》1992年第6期。
[11]　《道德经》，第三十一章。
[12]　郭德维：《楚系墓葬研究》，湖北教育出版社，1995年。
[13]　同[12]。

[14] 关于墓葬等级，墓主人身份的说法，本文采用《楚国丧归制度研究》及《楚系墓葬研究》文中观点。
[15] 湖北省博物馆:《曾侯乙墓》，文物出版社，1989 年。
[16] 河南省文物研究所:《信阳楚墓》，文物出版社，1986 年。
[17] 同 [16]。
[18] 湖北省荆沙铁路考古队:《包山楚墓》，文物出版社，1991 年。
[19] 陈伟:《关于包山楚简中的丧葬文书》，《考古与文物》1996 年第 2 期，第 70 页。
[20] 湖北省文物考古研究所:《江陵望山沙冢楚墓》，文物出版社，1996 年。
[21] 黄冈市博物馆、黄州区博物馆:《湖北黄冈两座中型楚墓》，《考古学报》2000 年第 2 期。
[22] 这里所指的下层社会等级，郭德维先生在《楚系墓葬研究》中专门进行了分析，他认为：从文献记载来看：皂、舆、隶他们比士以上的各等级的社会地位要低，比僚、仆、台他们的社会地位要高。要判断是否是士的墓，最主要的一是要看棺椁、二是要看礼器。
[23] 湖北省荆州地区博物馆:《江陵雨台山楚墓》，文物出版社，1984 年。
[24] 湖北省宜昌地区博物馆，北京大学考古系:《当阳赵家湖楚墓》，文物出版社，1992 年。
[25] 湖北省文物考古研究所:《江陵九店东周墓》，科学出版社，1995 年。
[26] 宋公文:《楚墓的头向与葬式》，《考古》1994 年第 9 期。
[27] 张胜琳、张正明:《上古墓葬头向与民族关系》，载《湖北省考古学会论文选集（一）》，《武汉大学学报》编辑部，1987 年。
[28] 同 [6]。
[29] 郭德维:《楚系墓葬研究》，文物出版社，1995 年。
[30] 王鸣盛:《蛾术编说地》。
[31] 曲英杰:《先秦都城复原研究》，黑龙江人民出版社，1991 年。
[32] 冯永轩:《说楚都》，《江汉考古》1980 年第 2 期。
[33] 刘彬徽、何浩:《论包山楚简中的几处楚郢地名》，《包山楚墓附录二四》，文物出版社，1991 年。
[34] 郭德维:《楚都纪南城复原研究》，文物出版社，1999 年。
[35] 湖北省文物管理委员会:《湖北宜城楚皇城遗址调查》，《考古》1965 年第 8 期；楚皇城考古发掘队:《湖北宜城楚皇城勘察简报》，《考古》1980 年第 2 期。
[36] 晏昌贵:《楚国都城制度再认识》，《社会科学》2008 年第 8 期。
[37] 黄盛璋:《楚王城》，《历史研究》1960 年 1，2 合期；欧潭生:《信阳楚王城是楚顷襄王的临时国都》，《中原文物》1983 年特刊。
[38] 湖北省潜江博物馆、湖北省荆州博物馆:《潜江龙湾 1987～2001 年龙湾遗址发掘报告》，文物出版社，2005 年 10 月。
[39] 杨权喜:《楚文化》，文物出版社，2000 年。
[40] 湖北省博物馆:《当阳季家湖楚城遗址》，《文物》1980 年第 10 期。
[41] 刘东亚:《河南鄢陵县古城调查》，《考古》1963 年第 4 期。
[42] 朱炽:《河南舞阳北舞渡古城调查》，《考古通讯》1958 年第 2 期。
[43] 詹汉青:《固始县北山口春秋战国古城址调查报告》，《中原文物》1983 年特刊。
[44] 草店坊城联合考古勘探队:《孝感市草店坊城的调查与勘探》，《江汉考古》1990 年第 2 期。

[45] 大冶县博物馆:《鄂王城遗址调查简报》,《江汉考古》1983年第3期。
[46] 黄陂县文化馆:《黄陂作京城遗址调查简报》,《江汉考古》1985年第4期。
[47] 张泽栋:《云梦"楚王城"遗址简记》,《江汉考古》1983年第2期。
[48] 朱俊英:《大冶五里界—春秋城址与周围遗址考古报告》,科学出版社,2006年。
[49] 湖北文物考古研究所、北京大学古文系编:《九店楚简》,中华书局,2000年。
[50] 睡虎地秦墓竹简小组:《睡虎地秦墓竹简》,文物出版社,1978年。
[51] 晏昌贵、梅莉:《楚秦日书所见的居住习俗》,《民俗研究》2002年第2期。

东魏北齐墓葬陶俑的分区特征

魏青利　司红伟

　　天平元年（534），北魏分裂为东魏、西魏，高欢立元善见为东魏孝静帝，都邺城，天保元年（550）高洋代魏称帝，仍然以邺城为都，至承光元年（577）北周陷邺城，邺城为东魏北齐之政治文化中心达四十三年。而晋阳作为东魏北齐的军事中心，终东魏北齐四十三年之中，高氏统治者"穿梭来回凡三十七次，在晋阳的时间约二十九年，在邺都的时间为十四年，在晋阳时间为邺都时间之倍[1]"。近年考古工作者在这两个地区发现了大量东魏和北齐时期的墓葬，其出土的陶俑不仅反映了当时墓主人的生活情形，而且也是当时社会生活的缩影。我们通过比较研究发现，两地出土的陶俑特征存在差异，显示两地的生活葬俗有所不同。现将两地陶俑特征差异综述于后。

　　迄今发现的东魏、北齐墓葬多分布在今河北、河南、山西等地，即主要分布在东魏、北齐的2个行政地理范围：一是以邺城为中心的京畿地区；二是以晋阳为中心的并州地区[2]。两区域内墓葬随葬陶俑种类繁多，依据其象征意义的不同可分为三大类。

　　第一类：镇墓类俑，即表现驱邪避祟、震慑鬼怪、保护死者灵魂不受侵扰的镇墓俑，由镇墓兽、镇墓武士俑组成，均放置于墓门口附近，左右分置。镇墓兽位于最前面，一般成对出现，一件为人首兽体，另一件为狮首兽体，两者均呈蹲坐状，身下设有足踏板。人首兽体者面相较为和善；狮首兽体者面目狰狞，头顶有一支冲天戟，背部一般竖有三簇鬃毛，腹部中空。镇墓武士俑以两件为最常见数量组合，皆头戴兜鍪，身着明光铠，肩有披膊，神态威武，形体较大。其头部与身躯系分别模制后，插合成形，腹部中空呈筒状。

　　第二类：出行仪仗俑，包括步行人物俑、骑马人物俑、出行畜力俑三种造型。多置于墓室的东部，根据出行时的身份和职责依次排开。此类俑大多合模制成，腹部中空。通体施白粉为底，外部加以彩绘，有些细部如眉、眼等用线描。据其服务功能不同，可分五组。

　　① 墓主位置喻示俑　包括牛拉车俑、身披辔鞍障泥的陶马、胡服牵马俑。

　　② 军卒俑　分为步行和骑马两种。步行俑多手持盾，或背盾，或背箭囊，服饰各有差异。骑马武士俑为甲骑具装俑，骑俑头戴兜鍪，身着铠甲，威风凛凛地端坐于着具装的马上，双手作持缰绳状。

　　③ 仪仗俑　这类俑均作侍立或双手作持物状，手执戟盾、华盖、羽葆一类仪仗用

具，由侍卫俑、侍从俑、武吏俑、文吏俑、套衣俑、笼冠俑、侍俑等组成，其中一些俑类兼有步行和骑马两种造型。

④ 鼓吹乐俑　双手作敲击或吹奏状，有步行与骑马两种造型。

⑤ 出行畜力俑　指背负垂囊的陶骆驼，背负褡裢的陶马或陶驴，以及光背的马。

第三类：表现家居生活的俑，分三组。

① 乐舞俑　服饰姿态各有差别。

② 僮仆俑　包括跽坐俑与劳作女俑。跽坐俑皆作跽坐听候吩咐状。劳作女俑皆蹲坐，作执盆、箕劳作形象。

③ 畜禽俑　有鸡、犬、羊、猪等；鸡俑一般分公、母。犬、猪一般呈雌雄出现，雌犬或猪均侧卧于地，作哺乳状，腹下有几只小犬或猪，雄犬或猪均卧伏于地。

京畿地区与并州地区的随葬陶俑各有自己的区域性特征，通过对两个地区墓葬陶俑资料的梳理与比较，可以从四个方面探讨两地区随葬陶俑的差异。

（1）从塑工技艺上来讲，京畿地区的陶俑塑工较为精细，面相较为清秀，仪态端庄。造型比例匀称，如头与身之比立像为1∶7，坐像为1∶5，符合人体画像的真实比例。一些服饰、器物等的细部装饰刻画的细腻精美，较为繁缛。如和绍隆夫妇墓中的镇墓武士俑，头所戴的兜鍪中脊起棱，额前伸出冲角，两侧有耳护，耳护上又加一方形护，身着明光铠，胸前与背后均佩有两片椭圆形护，肩有披膊，呈分层重叠状，腰间束带，下着裤，腿裹甲裙，整体造型神形兼备，栩栩如生[3]。而并州地区出土的陶俑，塑工技艺则不及京畿地区的出土的陶俑的面相浑圆，下颌过于丰满，眉目口鼻挤在脸面中部，表情粗犷傲慢，仪态显得豪放和不拘小节。整体造型显得臃肿，腹胯圆鼓，比例不甚协调，体态不够美观。服饰、器物等的细部装饰则不及京畿地区的出土品讲究，较为粗放简略。如徐显秀墓中的镇墓武士俑，头戴圆顶盔，仅在两侧有两个小型耳护，身着虎皮明光铠，披膊形式简单，于胸前背后连成一体，身较后仰，腹鼓，上身体宽浑厚，而下身则窄细，左手所按之盾更是与俑整体不协调，过于窄细、薄小，不够大气[4]。

（2）从造型风格上看，京畿地区的陶俑多为"秀骨清像"式，"以适当的夸张和大体上写实的手法相结合，追求一种理想的宁静而含蓄的美"[5]，如赵胡仁墓中的女侍俑，面相清秀可人，纤纤细腰，摇曳生姿，仪态万方，衣裙纹路清晰，给人一种飘逸的美感。在第二大类出行仪仗俑群的表现手法上，俑类虽各呈不同姿态，但刻画逼真，皆有一种含蓄而神秘的味道。并州地区的陶俑，尤其是军卒类俑多体态臃肿，大腹便便，着胡服，袒右肩，胡气特色浓厚，总体上给人一种粗犷豪迈的游牧民族形象。如贺娄悦墓中头戴三棱风帽的侍卫俑，右肩袒露，大腹便便以至于腰带束于圆鼓腹之下[6]。

（3）从组合上来讲，京畿地区与并州地区相比多随葬与墓主人身份、等级相关的陶俑，如牵马胡俑、套衣俑、步行击鼓俑、负箭俑、跽坐俑、舞蹈俑、女侍俑等。在北齐皇族高润墓中，出土的陶俑数量多，种类全，尽显统治阶级的养尊处优的享乐生活[7]。

而并州地区则随葬较多的具有浓厚军事气氛的陶俑，如披氅武士俑、甲装武士俑、背盾武士俑以及头戴三棱风帽的侍卫俑等。尤其是在并州地区出土的身着半袖、脑后辫发的胡气甚浓骑俑，则在京畿地区十分罕见。如贺拔昌墓出土的鼓吹骑俑，"长耳圆胖脸，体短而肥硕，仰面作吹口哨状，头前部之发似被剃去，余发作扇形笼于背部，长发分十三辫，中间一辫较细且无装饰，其余十二辫左右两边各六辫，并有不规则状小月牙饰，似代表每辫的辫结，发辫至下部以绳系结分为五小辫垂于腰带处"[8]。并州地区还出有头戴卷沿平顶帽、短袖襦上饰有特殊的尖叶状饰的骑俑[9]。

（4）在一些陶俑的具体形态和局部特征方面，各地区的陶俑还存在着不同的地方。

1. 京畿地区（图一）

镇墓类俑：镇墓兽多为爪状足；镇墓武士俑均站立于踏板之上，"所戴兜鍪前有冲角，披膊由两肩下垂，且常作多层重叠状"[10]，腿裹甲裙，左手按盾，盾形宽大，盾脊中部饰狮面，俑整体造型大气。

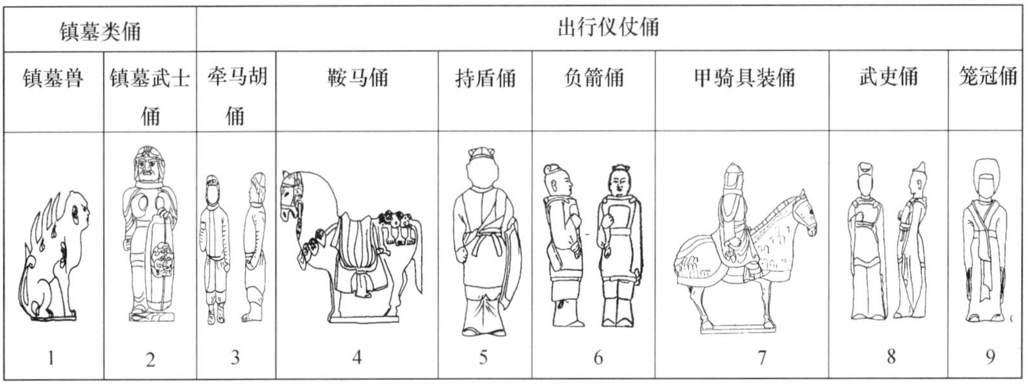

镇墓类俑		出行仪仗俑						
镇墓兽	镇墓武士俑	牵马胡俑	鞍马俑	持盾俑	负箭俑	甲骑具装俑	武吏俑	笼冠俑
1	2	3	4	5	6	7	8	9

图一　京畿地区东魏北齐墓葬出土陶俑
1、7、9. 赵胡仁墓　2~4、8. 菇菇公主墓　5. 高润墓　6. 磁县湾漳墓

出行仪仗类俑：牵马胡俑仅出现于此区，与之相配的鞍马俑作低首曲颈嘶鸣状，形态生动，体备辔鞍障泥，障泥长大而外侈，装饰繁缛、华丽。持盾武士俑手持之盾较大，盾面中脊居中处装饰有兽面。负箭囊俑多见于此区。甲骑具装俑，"马具装为套头的整面帘，骑士所披铠甲的披膊也是自两肩下垂"[11]，骑俑端坐于马背上，神态安定自如，身上没有多余的佩饰。身着裲裆的武吏俑多右手按腰带，左手下垂。头戴笼冠的女俑手微起作牵裙状，腰带及胸打结垂下，神情恭顺贤淑。女侍俑身着裙装，发型多样，有单髻、双髻、月牙形髻、高髻、双辫、带辫高髻、带辫双髻等。

家居生活类俑：舞俑、跽坐俑、劳作俑等较为常见。

2. 并州地区（图二）

镇墓类俑：镇墓兽足多为蹄状；镇墓武士俑足下多无踏板，面部器官紧凑，所戴

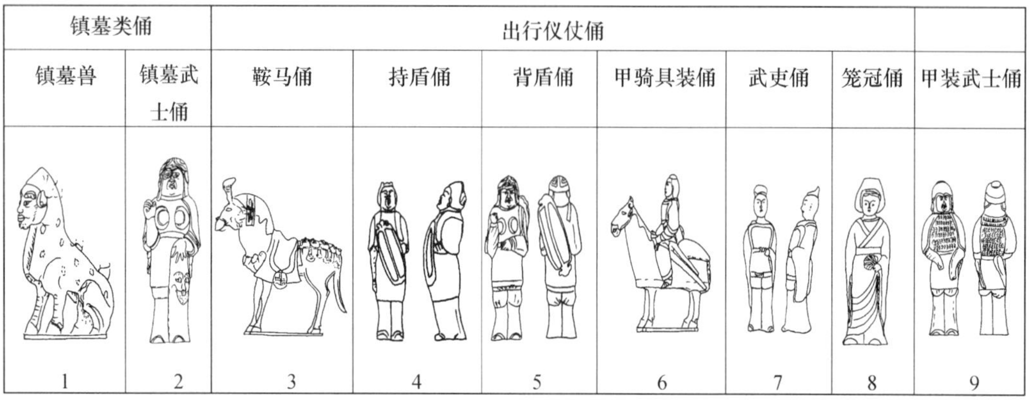

镇墓类俑		出行仪仗俑						
镇墓兽	镇墓武士俑	鞍马俑	持盾俑	背盾俑	甲骑具装俑	武吏俑	笼冠俑	甲装武士俑
1	2	3	4	5	6	7	8	9

图二 并州地区东魏北齐墓葬出土陶俑
1. 库狄业墓 2、5、6. 贺拔昌墓 3、8. 娄叡墓 4. 张海翼墓 7. 贺娄悦墓 9. 狄湛墓

"兜鍪无冲角，披膊在胸前和背后连成一体"[12]，腿着裤，左手或按狭长素面盾，或按中部饰有刻画简练的窄细兽面盾，或曲举作持物状。

出行仪仗类俑：鞍马俑作简单的昂首行走状，多于头、颈、胸部佩金贝、金花，装饰华丽。披氅武士俑、甲装武士俑、背盾武士俑这三类俑仅见于此区，其中背盾武士俑所背之盾有云头盾、长方形盾等不同造型不见于京畿地区。持盾武士俑所持之盾较小，多为云头盾，且有身着明光铠，肩加披膊的持盾武士俑。甲骑具装俑的马具装中的"马面帘是下缘作弧曲状的半面帘"[13]，"骑士所披铠甲的披膊，在胸前和背后连成一体，骑士上体长大，腿短而细，比例不调"[14]，骑俑左、右袴多佩有器物。身着裲裆的武吏俑多左手曲于腹部按腰带，右手下垂，动作恰于京畿地区相反。笼冠女俑手握裙及腹部，腰束带，表情呆板，动作僵硬，身体不够舒展，远不及京畿地区的优美动人。女侍俑有着裙装，也有着裤，发型较为单一，常见双髻。

家居生活类俑：不见舞俑，但贺拔昌墓中见有杂技俑。踞坐俑、劳作俑均不及京畿地区普遍，但娄叡墓中出现的劳作俑肩有披风，为京畿地区所不见。

通过以上四个方面的分析，可知京畿地区的陶俑在造型、种类上偏重展现统治阶级所规范，所倡导的封建礼仪、身份地位所体现的等级制度，而并州地区的陶俑在造型、种类上突出的特征是大量着胡服的不同种类的武士俑。分析差异形成的原因，各区特征形成的背景，笔者以为有以下几点原因：

（1）天平元年（534），北魏分裂为东魏、西魏，高欢立元善见为东魏孝静帝，迁都邺城。以邺城为中心的京畿地区集中了较多的工匠，原由洛阳迁去，继承并发展着北魏时期陶俑的高超塑造技艺，使邺城成为东魏、北齐的一个工艺中心，"魏郡，邺都所在，浮巧成俗，雕刻之工，特云精妙，士女被服，咸以奢丽相高，其性所尚习，得京、洛之风矣"[15]。而以晋阳为中心的并州地区的工匠则技艺水平稍逊于邺城工匠。故在陶俑的塑造技艺上，并州地区不及京畿地区的精美细致。

（2）北魏孝文帝迁都洛阳以后，全力推行汉化改革，礼仪制度日益规范严密，在此影响下形成的埋葬制度日趋规范严格，随之形成了新的随葬俑群规范。东魏、北齐迁都于邺城之后，直接继承了北魏的传统，在作为政治文化中心的邺城大力巩固和加强汉族士人制定和确立的礼仪制度与等级制度。京畿地区多皇室、贵族的墓葬，因此随葬俑多有封建贵族用以"表尊"和"警众"的种类组合，如击鼓俑，所谓"贵者将出，击鼓警众"。而晋阳自十六国至东魏、北齐，一直是胡人活动的主要地域。公元532年高欢战败尔朱氏占领晋阳之后，将其手下的鲜卑人从河北迁至并州一带，以六镇鲜卑拱卫于晋阳周围，这是一个"保持鲜卑化的武装集团"[16]，晋阳终东魏北齐四十三年，是军事统治中心，就没有邺城等级森严的汉族封建礼仪制度，反映在随葬陶俑上，就是着胡服，戴胡帽，大腹便便形态的胡俑普遍涌现，以及出现大量着甲装，战斗意味强的武士俑，如甲装武士俑、背盾武士俑、披氅武士俑等，且这些武士俑多身佩有武器。

上述两个地区随葬陶俑特征的差异，从一个侧面反映了东魏、北齐时期邺城、晋阳两座功能不同的城市所统治区域内的社会制度、社会习俗的不同，这对认识和研究当时社会习俗具有重要意义。

注　释

[1] 毛汉光：《中国中古政治史论》，上海世纪出版集团，上海书店出版社，2002年。
[2] 杨效俊：《东魏、北齐墓葬的考古学研究》，《考古与文物》2000年第5期。
[3] 河南省文物研究所、安阳县文管会：《安阳北齐和绍隆夫妇合葬墓清理简报》，《中原文物》1987年第1期。
[4] 山西省考古研究所、太原市文物考古研究所：《太原北齐徐显秀墓发掘简报》，《文物》，2003年第10期。
[5] 宫大中：《洛都美术史迹》，湖北美术出版社，1991年。
[6] 常一民：《太原神堂沟北齐贺娄悦墓整理简报》，《文物季刊》1992年第3期。
[7] 磁县文化馆：《河北磁县北齐高润墓》，《考古》1979年第3期。
[8] 太原市文物考古研究所：《太原北齐贺拔昌墓》，《文物》，2003年第3期。
[9] 山西省考古研究所、太原市文物管理委员会：《太原市北齐娄叡墓发掘简报》，《文物》1983年第10期。
[10] 杨泓：《北朝陶俑的源流、演变及其影响》，《汉唐美术考古和佛教艺术》，科学出版社，2000年。
[11] 同[10]。
[12] 同[10]。
[13] 同[10]。
[14] 同[10]。
[15] 魏徵：《隋书·地理志》（卷二四），中华书局，1975年。
[16] 万绳楠整理：《陈寅恪魏晋南北朝史讲演录》，黄山书社，1984年。

镇墓兽小考

胡亚毅

镇墓兽，顾名思义，就是用来压邪辟胜的神兽。其出现的时代从战国降及晚唐，尤其是从北朝开始，镇墓兽和镇墓武士俑（唐代又加入文官俑）一起，成为北朝至隋唐时期丧葬明器的固定组合。本文试图从镇墓兽的形制分析入手，结合其出土位置、组合状况以及所处社会背景对北朝以来墓葬中出土的镇墓兽的形象来源问题作一尝试性探讨。

一、镇墓兽[①]的形制演变

根据镇墓兽仿生形态的不同，我们将镇墓兽分为以下五类（图一）：

第一类：以湖北江陵、当阳地区楚墓中出土的镇墓兽为代表，多为木质，极个别为陶质。此类镇墓兽由座、身、角三部分组成。

I式：楚墓中出土的镇墓兽。年代跨度长，可分为两类。一类为人形，一类为兽形。人形镇墓兽在春秋中期就已出现，如春秋中期当阳赵家巷M4出土的1件，头为圆角方形，未插鹿角，中立四棱柱形身躯，下接覆斗状方座，周身漆绘卷云纹，高60厘米[1]。该类器物在江陵九店楚墓[2]、雨台山楚墓[3]中也有出土，与前述镇墓兽最大的差异在于头顶增插一对鹿角，面部仿人形象越来越逼真，反映出从早到晚的发展演变过程。

兽形镇墓兽，最早出现于战国早期楚墓中，战国中期开始流行。形态与人面形镇墓兽基本相似，面部为方形，凸目、卷鼻、垂舌、曲径，头顶插一对鹿角，方形直身，梯形方座。此外，到了战国中期还出现了双头兽面形镇墓兽。

II式：以重庆巫山麦沱汉墓[4]出土的镇墓兽为代表，是楚式镇墓兽的一种遗留。陶制，背残，扁方形兽脸，口吐长舌，双犄角。与此形态相近的还有山东临淄金岭镇一号东汉墓出土的镇墓兽等[5]。

第二类：外形仿狗。

I式：以贵州黔西汉墓为代表[6]，四脚站立，张口，犬齿外露，昂首瞪目作守望状。位于墓室东壁下，距离其他器物较远。高25厘米，较其他动物俑为高。

---

① 本文所提到的镇墓兽具有宽泛的概念，包括已发表简报或报告中所有被称之为"镇墓兽"的器物。

分式\分类	第一类	第二类	第三类	第四类	第五类
Ⅰ	1	3	5	7	8
Ⅱ	2	4	6		9
Ⅲ					10
Ⅳ					11
Ⅴ					12
Ⅵ					13
Ⅶ					14

图一 镇墓兽分型分式图

1. 江陵雨台山 M147 出土 2. 重庆巫山麦沱汉墓出土 3. 贵州黔西汉墓出土 4. 安徽马鞍市佳山东吴墓出土
5. 西安南郊潘家庄 169 号汉墓出土 6. 偃师杏园晋墓出土 7. 安徽和县西晋墓出土 8. 北齐贺娄悦墓出土
9. 安阳固岸墓地 2 号北齐墓出土 10. 北齐娄睿墓出土 11. 东梁刺史阎静迁墓出土 12. 北魏元绍墓出土
13. 西安南郊 M31 出土 14. 偃师郑绍方墓出土

Ⅱ式：以安徽马鞍市佳山东吴墓为代表[7]，位于墓室口西侧，状似狗，站立于地，额部有一孔洞。

第三类：外形似牛，站立状。

Ⅰ式：头上生独角，呈低头冲刺式，犀身，尾巴分岔，有翼。以西安南郊潘家庄169号东汉墓[8]出土的灰陶镇墓兽为代表：从头到背长着短鬃毛，翅膀用三根凸线表示。头上独角稍短且向前弯曲。

Ⅱ式：头上生一角或多角，颈上鬃毛2至3处向前刺，背腹部有多个肉瘤，部分有翼。这种镇墓兽在主要出土地域有二：第一处以洛阳为中心，包括洛阳谷水晋墓[9]、洛阳春都路西晋墓[10]，洛阳北郊西晋墓[11]，偃师杏园两座魏晋墓等[12]。第二处以南京为中心，如南京童家山南朝墓[13]：出土有牛形，独角，双耳，猪嘴，腹有翼，背有螺旋形角状饰的镇墓兽。

第四类：形似鳄鱼或穿山甲，仅见于南方。形状低矮，匍匐于地，如安徽和县西晋纪年墓[14]出土的镇墓兽。

第五类：皆成蹲坐状，分为人面和兽面两种，是进入北魏以后新出现的一种镇墓兽形制。按照件数组合可分为：一件和两件组合的两种。从发展演变上来看，兽形镇墓兽存在从虎面向狮面转化的迹象。

Ⅰ式：无鬃毛，无角，无翼翅。以大同石家山司马金龙墓[15]、贺娄悦墓[16]为代表。

Ⅱ式：两件均有鬃毛，无角，无翼翅。以大同北魏宋绍祖[17]墓、偃师南蔡庄北魏墓[18]、北齐高雅夫妇墓[19]、安阳固岸墓地2号墓[20]出土的镇墓兽为代表。

Ⅲ式：形制与上述Ⅱ式相同，只不过头顶有冲天戟，背上鬃毛也变为戟翅状。以北齐娄睿墓[21]出土的镇墓兽为代表。

Ⅳ式：有角，无翼。以河北获鹿东魏、东梁刺史阎静迁墓[22]出土的镇墓兽为代表。有角，但角相对来说还不太明显。

Ⅴ式：无角，有翼翅。以洛阳北魏元邵墓[23]为代表：劲下长须下垂，前肢上部两侧长矛卷曲成翼状，至北齐韩裔墓[24]，其翅膀形象更加突出。

Ⅵ式：有角，带翼镇墓兽，主要流行于盛唐时期的两京地区。角和翼翅都被极度的夸大，特征明显。如唐郑仁泰墓[25]、唐越王李贞墓[26]、唐章怀太子墓[27]、唐金乡县主墓[28]、西安南郊M31[29]等墓葬中出土的镇墓兽。

Ⅶ式：角和翼翅开始衰落，镇墓兽不仅出土数量大大减少，而且制作粗糙，身躯变矮小，形象较为呆板，如郑绍方墓[30]出土的镇墓兽。从时代上来讲，主要出现于中晚唐至五代时期。

以上从宏观角度对镇墓兽的发展演变轨迹进行了型式划分，需要指出的是：不同地区镇墓兽发展演变的过程也不尽相同，限于篇幅，本文不再分区域进行细化分析了。

二、镇墓兽的分期

根据镇墓兽分型分式的结果，我们将其发展演变轨迹分为五期。

第一期：春秋战国时期，从形制上来讲，主要包括镇墓兽的第一类1式。

从目前发掘来看，这一时期的镇墓兽多出土于楚国较高等级墓葬的头厢当中，每墓只出一件。日本学者水野清一最早考证该类器物为"山神像"，或称"镇墓兽"[31]。其后，对于这类镇墓兽的认识有山神像、土伯、死神、灵魂的化身、看管灵魂者、冥府守护者、生命之神、引魂升天的龙、兵主、坟羊等等说法。高崇文先生通过研究指出：以往学界将此物命名为镇墓兽，是因为战国时期盛行面目恐怖的兽面形一类，并且在20世纪70年代以前均是此类，故学术界称为"镇墓兽"。而通过近年来的考古发掘，我们知道兽形镇墓兽是从人形的一类中分化出来的，这类器物应命名为"祖重"，其作用与"人鬼"观念的盛行有关[32]。不论学界如何解读该类器物，仅从现在考古报告中的命名出发，我们将其作为镇墓兽发展的第一期。

第二期：汉晋时期，镇墓兽从形态上来讲，主要包括第二、三、四类，从仿生形态上讲，有仿狗、仿牛、仿鳄鱼等等。本期镇墓兽在西汉中期墓葬中就有发现，东汉时期在甘肃武威磨嘴子[33]、陕西勉县红庙[34]等墓葬中也有出土。其总体形态为四脚站立或匍匐于地，放置于墓门附近。到了西晋时期，在洛阳发现的牛形镇墓兽不但位于墓室门口，而且经常和陶武士俑同出。宾娟认为这类牛形镇墓兽和武士俑可能与魏晋时期流行的一种青牛、髯奴辟邪术有关[35]。总的来看，此期镇墓兽出土数量较少，且仿生形态因时间、地域的不同而不同，这一时期，镇墓兽尚未作为固定的丧葬用器置于墓葬当中。

第三期：北魏至初唐时期：此期镇墓兽在形制上与上述两期镇墓兽截然不同，主要包括第五类中的Ⅰ～Ⅴ式，开隋唐镇墓兽型制之先河。此期镇墓兽的总体特征是蹲坐状，人面和兽面特征明显，并且和镇墓武士俑一起放置于墓室入口处，形成"四位一体"的固定组合模式。其形态演变的规律为：镇墓兽从一件向两件转变，从无鬃毛、无角、无翼翅向有鬃毛、有角、有翼翅转变。

第四期：中唐至盛唐时期：镇墓兽形制以第五类中的Ⅵ式为主，角和翼翅极度发达。镇墓兽恐怖气氛更加浓厚，人面和兽面之间的差异逐渐减弱，底下的托板越来越高，部分镇墓兽脚下踩踏鬼怪。武士俑逐渐演变为天王俑，神态威武凶猛，手的姿态变成一手曲壁握拳，一手上举，不同于北魏时的按盾武士形象。文官俑作为新添加的因素，与镇墓兽、武士俑一起放置于墓室入口处，形成"六位一体"的组合模式。

第五期：中晚唐至五代。镇墓兽形制以第五类中的Ⅶ式为主。这一时期镇墓兽表现出衰退的趋势，人面、兽面难以区分，不但制作粗糙，而且造型趋于简单化，形体变得较矮小，"六位一体"的组合模式随之瓦解，并被以铁牛、铁猪为代表的新组合所替代。

三、北魏以来镇墓兽形象来源之臆测

前文我们将镇墓兽的发展演变分为五个时期，第三期镇墓兽是北魏新兴起的一种镇墓兽形态，与前二期镇墓兽形态差异明显，可自成体系。下文我们将着重考察第五类镇墓兽即北魏以来镇墓兽形制来源问题。

要讨论这类镇墓兽的兴起，我们首先需要了解北魏各种典章制度建立的社会背景。《北史·王肃传》云："自晋氏丧乱，礼乐崩亡，孝文虽厘革制度，变更风俗，其间朴略，未能淳也。肃明练故事，虚心受委，朝仪国典咸自肃出。"陈寅恪先生在《隋唐制度渊源略论考·礼志》篇中认为："蒋少游等具非深习当日南朝典制最新发展之人，故至互相乖诤，其事在太和十年（486）以前，即《北史·王肃传》所谓'其间朴略，未能淳者'。至太和十七年，王肃北奔，孝文帝虚襟相待，盖肃之入北，实应当日魏朝之需要故也。"[36]《南齐书·魏虏传》云："佛狸已来，稍僭华典，胡风国俗杂相揉乱，王肃为虏制官品百司，皆如中国。"如此，陈寅恪先生进一步认为王肃为隋唐制度不祧之远祖。我们认为北魏孝文帝及其以后通过南朝人制定的典章礼仪制度中，应该包括丧葬制度，证据如下：

第一，《南齐书》贰叁《王俭传》云：（南齐）"朝廷初基，制度草创，俭识旧事，问无不答。上叹曰：《诗》云'维岳降神，生甫及申。'今亦天为我生俭也。"同书又载俭"少撰《古今丧服集记》并文集，并行于世。"据此，陈寅恪先生认为："王俭以熟练自晋以来江东之朝政国故，著名当时。其丧服记本为少时所撰，久已流行于世，故掌故学乃南朝一时风尚也。仲宝卒年为永明七年（489），王肃北奔之岁为北魏太和十七年（493），即南齐永明十一年，在俭卒以后，是肃必经受其宗贤之流风遗著所熏习，遂能抱持南朝之利器，遇北主之新知，殆由于此欤？"

第二，魏书伍伍刘芳传（北史肆贰刘芳传同）略云："芳义理精通，类皆如是。高祖崩于行宫，及世宗即位，芳手加衮冕，高祖自袭敛，暨于启祖、山陵、练除始末丧事皆芳撰定。…世宗以朝仪多阙，其一切诸议悉委芳修正，于是朝廷吉凶大事皆就咨芳焉。"刘芳同王肃一样为江左人士，以往学者多认为北朝的典章制度多是通过熟悉南朝典章制度的人北投奔魏，参与或主持相关典章制度的制定和修订，从而使北朝制度南朝化。那么，上述记载就可作为北朝丧葬制度通过刘芳等人的媒介作用而受到南朝丧葬制度影响的一条直接证据。

第三，在正史人物传记中记载了大批官僚死后的丧葬安排，如"鼓吹助丧、监护丧事、帝临其丧、虎贲班剑、赙赗制度、挽歌送礼、居丧之礼、合葬、会葬、家族葬、归葬"等，承袭和沿用了汉晋以来的丧葬制度，这一点在金爱秀《北魏丧葬制度探讨》[37]一文中进行了专门讨论，可资参考。

第四，《隋书·裴矩传》载："其年文献皇后崩，太常旧无仪注，矩与牛弘、李西药等据齐礼参定"，而齐礼之得成，陈寅恪先生通过大量的史料证明与北魏礼制同[38]，可反证北魏时期有成套的丧葬礼仪制度。

考之于镇墓兽，未见报道，双手曲拳握举，原应持有物，其形制与传统北魏按盾武士俑造型不一样，北魏孝文帝以后，镇墓兽在较高等级的官僚墓葬中几乎都有出土，且以两件为主，墓主身份在一定程度上说明当时镇墓兽作为丧葬礼仪的必备用品之一，是受到世家大族的许可的。

既然如此，第五类镇墓兽在出现之初，其仿生形态是什么？我们可分别从兽面蹲坐、角和翼翅、人面三个层面逐一分析。

（一）兽面蹲坐形象

我们认为需要从南朝墓葬中寻找答案，在南朝壁画墓中，通常在甬道壁上发现有狮子和披铠武士形象。如：

丹阳鹤仙坳墓[39]，方向157°，目前尚存一对石兽。两道封门墙，甬道长2.9米，设两重石门。墓室四壁明显外弧，穹隆顶。墓室与墓圹之间有多道护墙，甬道被破坏，发现有带"狮子"题记的残砖。

丹阳建山金家村墓[40]，墓前尚存一对石兽，甬道长5.2米，一道封门墙，两重石门。甬道两壁为蹲伏的狮子和手持长刀的披铠武士。

丹阳胡桥吴家村墓[41]：甬道长5.3米，三重封门，两重石门，墓室与墓圹之间有15道护墙。甬道口与第一重石门之间两壁为蹲伏的狮子，两重石门之间是执长刀披铠甲的武士。

关于这几座墓的时代，学界尚有争议，但基本上为宋齐时期。且等级应为帝陵一级。墓内的模印砖壁画形成了一套完整的组合，如果保存完整，这套画像大致可以用图二示如下[42]：

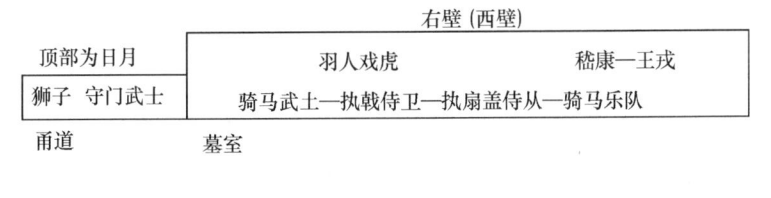

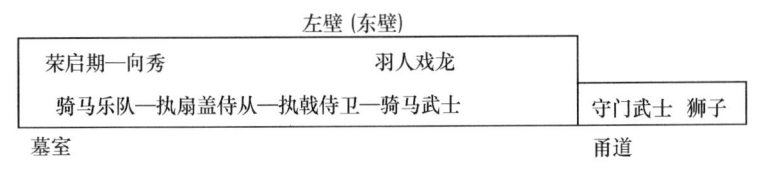

顶部为日月	右壁（西壁）	
	羽人戏虎	嵇康—王戎
狮子 守门武士	骑马武士—执戟侍卫—执扇盖侍从—骑马乐队	
甬道	墓室	

	左壁（东壁）	
	荣启期—向秀	羽人戏龙
	骑马乐队—执扇盖侍从—执戟侍卫—骑马武士	守门武士 狮子
	墓室	甬道

图二　南京地区A2型大墓画像布局示意图

（摘自郑岩《魏晋南北朝壁画墓研究》77页）

此外，我们还在南朝邓县学庄[43]、湖北襄阳贾家冲[44]等壁画墓中都发现有狮子形象。我们知道：壁画墓是将墓室的空间结构与壁画及随葬品巧妙地结合起来的。考察镇墓兽兽面蹲坐形象的源头，我们注意到：

① 汉以来，存在将墓室壁画内容明器化的现象。如我们在汉墓壁画中发现有庭院楼阁、庖厨等内容，在随葬品中也发现了陶楼阁、仓、灶、井等模型明器。

② 南朝壁画墓在甬道两壁多绘制狮子和守门武士的形象，二者前后相接，而这个位置正好与北朝墓中镇墓兽和武士俑的出土位置相仿。

③ 从器物形态上讲，北朝墓葬中出土的镇墓兽均为蹲坐姿态，这和南朝墓中狮子的蹲坐姿态一致。从兽面造型来看，存在向狮面的演变的轨迹，如洛阳北魏元邵墓、陕西长安南里王村地十四号北周墓等均为狮面特征。

④ 目前发现的北魏壁画墓较少，均未发现"狮子"壁画题材，如元乂墓[45]、王温墓[46]、元怿墓[47]等，而在墓葬随葬品中却新增添了镇墓兽俑。

以上我们从放置位置、蹲坐形态、与武士俑组合及墓室壁画内容明器化角度考虑，可知，北魏墓葬中放置的兽形镇墓兽是受到南朝壁画墓中狮子造型的影响而出现的，是模仿南朝墓室壁画经过艺术加工改造而成的。

北朝兽形镇墓兽脱胎于狮子形象，并被当时的统治阶层所接受，还有一个必须提及的缘由，即与北魏时期佛教的流行有关。史料记载，北魏一朝，除了魏太武帝拓跋焘一度反对佛教外，其他诸帝都是信奉或支持佛教的。据《洛阳伽蓝记》记载，仅当时北魏洛阳城内外，就有佛寺一千三百六十七所。而在佛经中，狮子被认为是维护佛法的一种神兽；在古代印度等地，佛教徒们常常利用狮子来表现佛的威严和佛教徒的勇猛。如此，当时人们极易将狮子作为镇墓驱邪的神兽来崇拜，进而应用于墓葬当中，经过夸张的表现手法，变成更加凶恶、更加具有镇煞力量的镇墓兽。

（二）角和翼翅形象

林梅村先生认为其来源与中亚草原有关[48]；我们认为不可否认外来文化因素的影响作用，但是还应看到中国古代文献中很早就有带翼神兽的记载。如《山海经·海内北经》中有"穷奇状如虎，有翼，食人从首始，所食被发。"《周书》也有"无为虎傅翼，将飞入宫，择人而食"的记载。此外，在汉画像艺术中，我们经常可以看到龙、凤、鹿、虎等带翼神兽居于东王公、西王母之下，这些带有翼翅的神兽，学界对它们的解读是与汉人流行的"羽化升仙"的思想观念有关，他们是死者灵魂进入天界的引路者。这些神兽中，有一部分是自然界可以见到的动物形象，还有一部分属于想象出来的形象，无论哪种，在作为通往仙界的向导时，他们都被赐予了角和翼翅，从而使他们具有了超自然的力量。

黄巾起义后，以画像石、画像砖和彩绘壁画装饰墓室、祠堂的风习在中原地区销声匿迹，大约200年之后墓葬壁画在北魏统治地区逐渐复苏。对于这种现象，陈寅恪先生在《隋唐制度渊源论稿》中特别指出："又西晋永嘉之乱,中原魏晋以降之文化转移保存于凉州一隅,至北魏取凉州,而河西文化遂入于魏,其后北魏孝文、宣武两代所定之典章制度遂深受其影响",故此"然后始知北朝文化系统之中,其由江左发展变迁输入者之外,尚别有汉、魏、西晋之河西遗传"[49]。考察河西地区发现的壁画墓,不仅在墓室结构上表现出对中原地区汉文化的继承性,而且在壁画内容上以生产生活和升仙思想为主。我们在敦煌佛爷庙湾照墙上[50]、丁家闸5号墓[51]等壁画中都发现了与升仙思想相关联的壁画。这种"羽化升仙"的思想,通过河西士族入仕北魏朝廷而影响北魏乃至后来继任朝廷,为社会各阶层找到了生命的慰藉和精神的寄托,符合当时统治阶层和被统治阶层的双层需要。正是在这种需要下,具有超自然能力,能够带领灵魂到达仙界的角和双翼也被逐渐发掘,并移植到镇墓兽身上了。

综上所述,如果我们综合考虑南朝和河西地区墓葬材料,就会发现北魏以来的兽形镇墓兽形象来源于南朝壁画墓甬道中的狮子形象,并在汉魏以来传统的羽化升仙思想和当时大力弘扬的佛教思想的共同作用下,经过工匠们丰富的想象力和夸张的艺术创造力而展示出来。

(三)关于人面镇墓兽

中国社科院历史研究所王育成先生《中国古代人形方术及其对日本的影响》一文中,认为"这项方术的重要特点是用人偶或人的模拟物,作为行法施术的基本工具。与其相关的早期材料在史前文化遗址中已见端倪,商周时代逐步结束以活人代厄的事例,东汉时期则进入道教,成为最时髦的道术之一,盛唐之后又东渡大海传入日本与当地信仰融合,时至今日仍可在东瀛见到的人形风俗便是其孑遗"[52]考古发掘中也发现用来镇墓解厄的人形材料,如春秋、战国时期楚人墓葬中就出土有人面形镇墓兽。又如两汉时期在墓门上刻画神荼、郁垒形象。再如墓葬出土墨书题记记载:"桃人一枚,可守张龙勒墓舍一所……使后世并冒(昌)……不得徊俊……如律令"[53]。这些材料大致反映出古代人们除了依托自然神兽外,还将人自身作为一个最有力的武器,通过人面、兽身的组合模式,增强保护墓主人,引导墓主人升仙解厄的功能。

末了,笔者还要提及的一点是:到了隋唐时期,镇墓兽与武士俑、文官俑一起形成"六位一体"的组合方式,之所以这样说是因为这些俑的摆放位置在墓门入口处,高度明显高于其他随葬俑类。《唐六典》卷二十三、《甄官令条》:"甄官令,掌供琢石陶土之事——凡丧葬则只供明器之属,别敕葬者具,余皆私备。三品以上九十事,五品以上六十事,九品以上四十事,当圹,当野,祖明,地轴,诞马,偶人,其高各一尺,其余音声乐队与僮仆之属,威仪服玩各视其生之品秩所有,以瓦木为器,其长率七寸。"这段引文中我们可以得出:当圹,当野,祖明,地轴,诞马,偶人要比一般器物为高,结合《大汉原陵秘葬经》中的当圹,当野,祖明,祖思,天关,地轴刚好也是六件组合,放于墓室门口位置,从这个角度讲镇墓兽在唐代应该称呼为"当圹,当野"。

翻阅各类考古发掘报告，我们看到从春秋以来就有镇墓兽的名称，但在器物形态上却大相径庭，且放置位置不尽相同，在本文即将结束之际，笔者希望学界应尽快还原器物本来名称，以免在今后的研究中发生误导。

注　释

[1] 宜昌地区博物馆：《湖北当阳赵家巷4号春秋墓发掘简报》，《文物》1990年第10期；《江陵九店东周墓》，科学出版社，1995年。

[2] 湖北省文物考古研究所：《江陵九店东周墓》，科学出版社，1995年。

[3] 湖北荆州地区博物馆：《江陵雨台山楚墓》，文物出版社，1984年。

[4] 重庆市文化局、湖南省文物考古研究所、巫山县文物管理所：《重庆巫山麦沱汉墓群发掘报告》，《考古学报》1999年第2期。

[5] 山东省文物考古研究所：《山东临淄金岭镇一号东汉墓》，《考古学报》1999年第1期。

[6] 贵州省博物馆：《贵州黔西县汉墓发掘简报》，《文物》1972年第11期。

[7] 安徽省文物考古研究所：《安徽马鞍山佳山东吴墓清理简报》，《考古》1986年第5期。

[8] 程林泉、王磊、寇小石、呼安林、张小丽、张翔宇、王久刚：《西安南郊潘家庄169号东汉墓发掘简报》，《文物》2008年第6期。

[9] 洛阳市第二文物工作队：《洛阳谷水晋墓（FM6）发掘简报》，《文物》1997年第9期。

[10] 洛阳市第二文物工作队：《洛阳春都路西晋墓发掘简报》《文物》2000年第10期。

[11] 洛阳市文物工作队：《洛阳北郊西晋墓》，《文物》1992年第3期。

[12] 中国科学院考古研究所河南第二工作队：《河南偃师杏园村的两座魏晋墓》，《考古》1985年第8期。

[13] 南京博物院：《南京童家山南朝墓》，《考古》1985年第1期。

[14] 安徽省文物工作队：《安徽和县西晋纪年墓》，《考古》1984年第9期。

[15] 山西省大同市博物馆等：《山西省大同石家寨北魏司马金龙墓》，《文物》1972年第3期。

[16] 常一民：《太原市神堂沟北齐贺娄悦墓整理简报》，《文物世界》1992年第3期。

[17] 山西省考古研究所、大同市考古研究所《大同市北魏宋绍祖墓发掘简报》，《文物》2001年第7期。

[18] 偃师商城博物馆：《河南偃师南蔡庄北魏墓》，《考古》1991年第9期。

[19] 河北省文管处：《河北景县北魏高氏墓发掘》，《文物》1979年第3期。

[20] 河南省文物考古研究所：《河南安阳县固岸墓地2号墓发掘简报》，《华夏考古》2007年第2期。

[21] 山西省考古研究所：《太原市北齐娄睿墓发掘简报》，《文物》1983年第10期。

[22] 河北省正定县文物保管所：《河南获鹿发现北魏东梁刺史阎静迁葬墓》，《文物》1986年第5期。

[23] 洛阳市博物馆：《洛阳北魏元邵墓》，《考古》1973年第4期

[24] 陶正刚：《山西祁县白圭北齐韩裔墓》，《文物》1975年第4期

[25] 陕西省博物馆、礼泉县文教局唐墓发掘组：《唐郑仁泰墓发掘简报》，《文物》1972年第7期。

[26] 昭陵文管所：《唐越王李贞墓发掘简报》，《文物》1977年第10期。

[27] 陕西省博物馆、乾县文教局唐墓发掘组：《唐章怀太子墓发掘简报》，《文物》1972年第7期。

[28] 西安市文物管理委员会：《西安唐金乡县主墓清理简报》，《文物》1997年第1期。

[29] 冯健：《西安南郊唐墓（M31）发掘简报》，《文物》2004年第1期。

[30] 中国社会科学院考古研究所河南第二工作队：《河南偃师杏园村的六座纪年唐墓》，《考古》

1986 年第 5 期。
[31] 水野清一：《关于长沙出土的木偶》，日本京都《东方学报》第八册，1937 年。
[32] 高崇文：《楚"镇墓兽"为"祖重"解》，《文物》2008 年第 9 期。
[33] 甘肃省博物馆：《武威磨咀子三座汉墓发掘简报》，《文物》1972 年第 12 期。
[34] 唐金裕、郭清华：《陕西勉县红庙东汉墓清理简报》，《考古与文物》1983 年第 4 期。
[35] 宾娟：《西晋镇墓兽与青牛、髯奴》，《文博》2009 年第 2 期。
[36] 陈寅恪：《隋唐制度渊源略论稿》，生活·读书·新知三联书店，1954 年。
[37] 来自于中国知网优秀硕士论文库。
[38] 同［36］。
[39] 南京博物院：《江苏丹阳胡桥南朝大墓及砖刻壁画》，《文物》1974 年 2 期。
[40] 南京博物院：《江苏丹阳胡桥、建山两座南朝墓葬》，《文物》1980 年 2 期。
[41] 南京博物院：《江苏丹阳胡桥、建山两座南朝墓葬》，《文物》1980 年 2 期。
[42] 郑岩：《魏晋南北朝壁画墓研究》，文物出版社，2002 年 12 月。
[43] 宿白：《三国两晋南北朝考古》教学讲义。
[44] 宿白：《北朝造型艺术中人物形象的变化》，《中国石窟寺研究》，文物出版社，1996 年。
[45] 洛阳博物馆：《河南洛阳北魏元乂墓调查》，《文物》1974 年第 12 期。
[46] 洛阳市文物工作队：《洛阳孟津北陈村北魏壁画墓》，《文物》1995 年第 8 期。
[47] 徐婵菲：《洛阳北魏元怿壁画墓》，《文物》2002 年第 2 期。
[48] 《天禄辟邪与古代中西文化交流》、《学术集林》卷八，上海远东出版社，1997 年。
[49] 《隋唐制度渊源略论稿》，中华书局，1963 年。
[50] 戴春阳主编，甘肃省文物考古研究所：《敦煌佛爷庙湾西晋画像砖墓》，文物出版社，1998 年。
[51] 甘肃省文物考古研究所：《酒泉十六国墓壁画》，文物出版社，1989 年。
[52] 王育成：《中国古代人形方术及其对日本的影响》，《中国历史博物馆馆刊》1997 年第 1 期。
[53] 柳洪亮：《吐鲁番阿斯塔纳古墓群新发现的"桃人木牌"》，《考古与文物》1986 年第 1 期。

隋唐时期的镇墓神物

张文霞　廖永民

隋唐时期是国家达到空前强大、政治稳定、经济繁荣昌盛、文化高度发展的重要历史时期。隋王朝国祚短暂，因而未形成新的丧葬制度，基本上仍沿袭北朝旧制。入唐以后，随着社会生产力和社会经济的空前发展，社会日益呈现出蓬勃向上的气势，各阶层人民生活的安定，物质生活水平的提高，也带动了文化艺术的发展与繁荣，出现大量具有新的时代风貌的开创性作品。与此同时，兴起厚葬之风。唐王朝在融合前朝丧葬制度的基础上，开始创立更严密的新的丧葬制度。一些大中型墓葬中随葬品形成了新的规模，随葬俑群更为庞大。

隋唐墓葬的随葬品，按性质仍可分为四组：第一组为守护墓主的镇墓神兽和镇墓俑（武士俑、天王俑）；第二组是表现墓主出行的以牛车为主体的仪仗俑群（入唐以后逐渐被以骑马、骑骆驼为主体的仪仗俑群所替代）；第三组是表现墓主家居生活的男女僮仆、侍吏、乐舞、劳作俑以及假山、房舍、厕所、院宅、庙宇等各种建筑模型；第四组是家养畜禽如羊、猪、狗、马、牛、鸡、鸭、鹅以及日常生活用的各种器具器皿等模型。随葬品在墓中的分布有一定的规律：用于震慑鬼魅、守护亡魂的镇墓神兽、武士俑或天王俑放置墓室前部，迎门列布，镇墓神兽在最前面，其后才是武士俑。天王及其他俑类、器皿及各种模型放置在靠近墓室后壁的地方。镇墓神兽、镇墓武士俑、天王俑（盛唐时期武士俑逐渐被天王俑所取代）一般各2件，部分夫妇合葬墓的镇墓神兽、镇墓武士俑或天王俑为4件。唐代随葬镇墓神兽成为相当普遍的现象，它在整个俑群中的地位也更为突出，与镇墓武士俑、天王俑一起成为随葬俑群中的主体部分。这种迹象显示了唐代礼仪制度与丧仪制度更加完备，更趋于规范化，同时也标志着墓中随葬镇墓神物已发展到第二个高峰期。

一、隋唐镇墓神物的出土与分布情况

隋唐陵墓比较集中地分布在陕西和河南两省，其他省份如河北、四川、山西相对较少，这是因为陕、豫两省是都城长安与东都洛阳所在地，又是全国政治、经济、文化中心。据不完全统计，新中国成立以来，陕西境内先后发掘与发现隋唐墓葬2200余座，主要分布在西安及其附近各市县。河南境内先后发掘、发现隋唐墓葬1200余座，主要分布在洛阳及其附近的洛宁、宜阳、偃师、巩义、郑州地带。陕、豫两地隋唐墓300多座是纪年墓，这为我们对隋唐墓葬的分期、分区研究和整个俑类的组合、丧葬习俗以及镇墓神物演变等方面的探讨、研究工作提供了非常有利的条件。

二、隋唐镇墓神物的发展演变

隋唐时期，镇墓神物外貌形象的嬗变，主要表现在躯体形态、面部表情、体形大小、各部位装饰的繁简、足下底板和台座的形状等方面。其在逐步形成自身独特的风格特征的过程中从早期到晚期有着明显的持续性，演化轨迹以及纵横关系相当清晰，大致可以归纳为以下几点：

镇墓神物形体由小变大，再由大变小；

镇墓神物躯体与头部的装饰由简略到繁缛，再到简略；

镇墓神物面部表情由呆滞、冷酷逐渐趋向活跃、传神；

镇墓神物的肩部双翼由刻画变为捏塑，由扇形翼变为上面加饰弯刀形翼；

镇墓神物头上弯角由短变长，由独角为主转变为以双角为主；

镇墓神物足下由较薄的长方形底板变为镂孔方台座。

1. 隋代镇墓神物（581~618）

镇墓神兽同一墓中成对出现，均兽身，一人面，一兽面，可分为陶质、瓷质两种。陶质者一般为泥质灰陶，镇墓神兽头顶部、面部、腹部、胸部多绘褐、红彩；瓷质者均以高岭土烧成，胎色灰白，通体施白釉，或在眉、目、头发、前肢关节处釉下点褐彩。由于隋王朝过于短命而未来得及创建自己新的礼仪制度和丧葬制度，基本上仍沿袭南北朝的遗风。这种情况也自然反映在各地出土镇墓神兽的外貌形象方面。总的看来，人面和兽面镇墓神兽面部表情显得呆板缺乏活力，兽面者面部仍处于由虎形向狮形转变之中，且多与身着明光铠、胸前扎纵横甲绊的镇墓武士俑同出。兽面镇墓神兽由虎面向狮面的转化，可能是接受佛教的影响所致。佛教徒认为，狮子是佛的保护神。狮面镇墓神兽应有神通广大、法力无边的含义。

北方各地隋代的镇墓神兽，外貌形象上明显继承了北朝镇墓神兽的造型特征，陕西与豫西部分地区主要源于北周，而河南大部分地区与山西、河北地区主要沿袭北魏、北齐遗风。如豫西陕县刘家渠1956年发掘的刘伟墓[1]，葬于隋开皇三年（583），出土的一对镇墓神兽均四肢着地，头稍上昂，背无鬃毛；出土的一对镇墓武士俑，所戴兜鍪一为尖顶，一为漫圆顶，都表现出浓郁的北周同类俑的风格特征。山西太原沙沟村1980年发掘的斛律彻墓[2]，葬于隋开皇十七年（597），出土的一对镇墓神兽，人面者与狮面者均前肢直立稍向前伸，后肢弯曲作蹲踞姿态，脑后有冲天戟，脊背有鬃毛；伴出的一对镇墓武士俑身着甲胄，手按长盾，都和太原地区北齐墓出土的同类俑近似。河南省安阳市北郊1959年发掘的张盛夫妇墓[3]，葬于隋开皇十五年（595），出土的一对镇墓神兽，均作蹲坐姿态，身躯上挺，脸稍上扬，双耳垂肩，独角，肩部刻印双翼，脊背有成簇鬃毛，脑后插冲天戟，下有长方形托板。其与洛阳邙山1965年发掘的北魏元邵墓[4]出土的一对镇墓神兽有着明显的承袭关系。

2. 初唐镇墓神物（618~683）

初唐镇墓神兽的形象，上承南北朝与隋代的风格，同时也初步显露自己特有的艺术特征。成对的镇墓神兽多与身披铠甲、神态庄重的镇墓武士俑伴出。人面兽身与狮面兽身的镇墓神兽头上仍都保留着或长或短的独角或弯曲双角，有的脑后饰冲天戟，胸部挺起，肩部均有捏塑的扇形翼，脊背多有两到三簇鬃毛，前肢直立或稍前伸，足趾作兽爪形或偶蹄形，翘尾贴附在臀部，蹲坐在较薄的方形托板上。大部分镇墓神兽以黑色粉彩描绘眉、眼、鼻、嘴和胸毛，或周身绘红色粉彩。人面镇墓神兽有的头上戴盔、面部丰满，有的头部稍上仰，有的平视前方，一般为大耳、瞪目、阔口。有的面部表情严肃，有的表情温和，也有的獠牙外露、怒目圆睁。此期人面神兽开始出现深目高鼻、络腮胡须的胡人形象。此外，个别镇墓神兽为一身双面。兽面镇墓神兽的肩、颈部两侧有条带状长毛装饰，两肩生扇形双翼，脊背部有二至四束竖鬃毛，翘尾贴附臀部。头上生独角或双角。面部富于变化，特征不太稳定，多为狮面，有的似虎面，或嘴部似猪、似狗（图一）。

图一 唐显庆三年史道洛墓镇墓神兽

3. 盛唐镇墓神物（684~756）

随着厚葬之风的盛行，上层人物的墓葬中出现大量躯体高大、制作精美、装饰华丽、釉彩鲜艳、形象狰狞可怖的三彩镇墓神物，成为此时随葬俑群中一个引人注目的特点。这标志着墓中随葬镇墓神物的第二个高峰的到来。初唐时期通常与镇墓神兽伴出的镇墓武士俑基本消失，替代它的是成对的身躯高大，形象威武，足踏牛、羊或小鬼的镇墓天王俑，并成为随葬俑群组合之中的重要角色。天王形象属于佛教雕塑之一，如洛阳唐代奉天洞石窟即有与墓中天王俑形象完全相同的天王雕像。在佛教艺术中，天王显示着威武、勇猛、强悍形象。墓中出现天王俑，显然是接受佛教影响的结果。

人面兽身、兽面兽身两种镇墓神兽的形象威武、凶猛，形成了自身全新的风格特征。人面镇墓神兽，胸部挺起，头上有两支向前弯曲的长角，脑后插多叉冲天戟，颈下有三束须毛，肩部双翼变大，翼的尖部向上弯曲如尖刀，头两侧的双耳似肥大的猪耳，瞪目，阔口，表情冷酷威严，面容狰狞凶猛。人面镇墓神兽此期出现较多的耸鼻深目，八字胡须，络腮虬髯的胡人形象。兽面镇墓神兽仍多为狮面，颈、肩部加饰的成排火焰状竖毛又多又长，肩上双翼边沿作弯刀形。眼、耳、口、鼻等细部刻划得更为形象逼真。前肢直立，后肢蹲踞，足作偶蹄形。躯体往往绘红、黑或金色粉彩斑点（图二）。

盛唐时期，陕西与河南地区出土的镇墓神兽显现一定差异。陕地的镇墓神兽较之豫地显得更为华丽、高大，面部恣意夸张而更富于变化。开元时神兽多作蹲踞状，台座加高，有的前肢竖直似要站立状。开

图二　盛唐人面、兽面镇墓神兽

元末神兽开始出现伸臂露爪、鬃毛伸张、挺身直立、一爪高举、一爪叉腰、后爪踩鬼怪的镇墓神兽。更显得狰狞可怖。以后这种新型镇墓神兽逐渐替代了蹲踞式镇墓神兽。至天宝时期，直立式神兽成为主流，并且人面者与兽面者均龇牙咧嘴，十分狰狞，以至人面、兽面难以区分。天宝末，镇墓神兽周身鬃毛减少，甚至赤身露体。有的上身挺直，下肢作蹲坐状，一前爪高举、一前爪下垂握蛇，或一前爪高举、另一前爪缠绕一蛇，下肢一肢弯曲踩怪兽或"夜叉"，另一下肢直伸踩于高台座上。所踩怪兽或"夜叉"均作挣扎状。

用于镇墓的天王俑，唐代为"四神"之一。初唐时期的墓葬中只有镇墓神兽和镇墓武士俑。至高宗时开始出现镇墓天王俑，并逐渐代替了武士俑的地位。较早时期，镇墓天王俑通常为脚踏卧兽的式样，武则天至中宗时期，除脚踏卧兽者外，又出现一种脚踏俯卧形鬼怪的式样。玄宗时期，又流行脚踏蹲坐状鬼怪的式样。德宗以后，镇墓天王俑的数量减少，制作趋于草率简陋，远不如以前的精致了。

4. 中唐镇墓神物（757~805）

镇墓神兽的外貌形象虽然仍保持着传统的造型特征，但明显呈现出衰落退化迹象，与整个俑群制作一样，已从巅峰迈过，跌落到粗俗简陋的低谷，不见盛唐时期镇墓神兽的风貌。高大而造型生动、雕饰精美的三彩镇墓神兽和伴出的威猛严肃的三彩镇墓天王俑不复存在了。镇墓神兽不仅出土数量大减，而且制作粗糙，躯体矮小，形貌呆板，缺乏生动气韵。神兽仍分人面、兽面两种，均两耳如扇或如猪耳，头顶有短独角或双角，蹲踞在方形台座上，台座变矮。周身鬃毛减少，脊背部与尾部无毛，肩部双翼向外伸张。兽面者面部仍为狮形，但肩、颈部带状鬃毛短小。人面者与兽面者多数已不施彩，只是个别周身涂绘红色粉彩。

5. 晚唐镇墓神兽及其他镇墓、压胜神物（806～907）

宪宗元和以后，唐王朝国势日衰，但上层统治阶层的厚葬之风反而愈演愈烈，随之丧葬习俗也发生了重大变化，如墓中随葬贵重华丽的金银器以及锦绣为饰的木俑、陶俑（半身俑）、金属俑日益盛行，各种陶俑的数量急剧减少。两晋以来延至中唐时期墓中随葬品盛行的"四大组"之制宣告结束，河南地区的镇墓神兽、镇墓天王俑等全部消失，仅陕西地区元和初尚见出土少量造型简陋的镇墓神兽。如葬于元和三年（808）的朱庭玘墓出土的一件人面镇墓神兽，头上无角，双耳如扇状，向外伸张，两前爪握一条蛇，后肢一直一弯，所踩动物形态不清，周身不长竖毛，赤身露体[5]。西安郊区第554号唐墓出土一件兽面镇墓神兽，面部似狮，头上独角退化成尖形头顶，一前肢残失，另一前肢下垂，后肢一直一弯，所踩之物形象不清，躯体不见竖毛而赤身露体[6]。晚唐时期取代镇墓神兽作为守护死者亡魂的是铁牛、铁猪。这种铁牛、铁猪在一般墓葬中较普遍的出现，多放置在靠近墓门处或墓室北侧。它被认为是为死者镇伏邪魅的压胜之物，并能防御土龙和水龙的侵害。

作为死者驱魅辟邪之物，还有一种面目丑恶、狰狞可怖的陶制圆形面具，古人称谓"魌头"。其状貌呈虎面形象而头生双角，突眉、瞠目、耸鼻、阔口，脸颊或颔下饰多簇牛角状须毛，有的鼻、口部绘红彩。面具上下左右各留穿孔，用于系绳以备披挂或戴于面部。其实，以魌头作为驱魅辟邪的灵物，汉、晋时期已经流行。《周礼·夏官·方相氏》："方相氏，掌蒙熊皮……"汉郑玄注云："蒙，冒也。冒熊皮者，以惊殴疫疠之鬼，如今之魌头也。"又汉应劭《风俗通》云："俗说亡人魂气浮扬，故作魌头以存之，言头体魌然盛大也。"洛阳汉魏古城遗址出土的雕像砖上[7]，可以看到与唐代头面具形象基本相同的虎面浮雕像，当属镇宅之灵物，与晚唐魌头有着密切联系（图三）。

图三　洛阳汉魏古城址出土的兽面雕塑砖

晚唐时期的魌头除了用于驱邪镇魅之外，还以之作乐舞以慰死者亡魂。唐段成式《酉阳杂俎·三·尸穸》："世人死者作伎乐，名为'乐丧魌头'，所以存亡者之魂气也。"

初唐时期，墓葬中开始出现形象神奇怪异的镇墓压胜俑。首先是在湖南省长沙地区和山西省长治地区流行，两地的压胜俑各具有浓郁的地域色彩。盛唐以后又扩展到浙江两广以及河南、河北、陕西等地。南唐时期，苏皖地区的帝后陵墓中随葬压胜俑的习俗尤为普遍，一直延续到宋明时期。

唐代压胜俑的外貌形象大体可分为5种。

人首鱼身俑：如山西省长治市1958年王琛墓出土的一件[8]，人首、鱼身、无颈，面部稍上仰，头顶部有独角贴于鱼脊上，鱼体下有四肢，作俯卧状。泥质皮灰陶，模制，周身残留朱彩、白彩遗痕，长26厘米、高16.5厘米（图四）。

人首兽身俑：如山西省太原市金胜村一座盛唐墓中出土的一件[9]，面部昂起，头顶有尖状独角，双耳斜伸，粗颈，四肢粗短、与腹尾平齐，呈俯卧状，腹部圆鼓，脊背部有一道锯齿状鬃毛，尾偏向左方，上刻羽毛，长18厘米、高14.8厘米。另一件为1971年湖南省湘阳城北桐子山唐墓出土[10]，昂首、长颈，人首顶部有发髻形独角，兽身呈俯卧状，挺胸翘尾，两侧有双翼，高15厘米。

人首禽身俑：如河北省定州南关唐墓出土的一件，腰以上为人形，腰以下为鸟形，头顶梳发髻，长须垂胸，穿宽袖衣，双手拱于胸前，合双翼，尾高翘，腿短粗，直立于台板上。

两人首龙（蛇）身俑：1958年山西省长治市唐代王琛墓出土[11]，两人首共一龙（蛇）身，躯体中部拱起，两人首形象相同，均为头顶生独角，双目前视，尖耳向外伸张，各有双足伏于地。高20.8厘米、长43.2厘米（图五）。

图四 山西省长治市唐王琛墓出土的人首鱼身俑　　图五 山西长治市初唐王琛墓出土的两人首龙（蛇）身镇墓神物

两兽首龙（蛇）身俑：1986年湖南省长沙市北郊烈士公园内一唐墓出土[12]。两兽首共一龙（蛇）身，腰部拱起，兽首稍上昂，顶部有双角，高鼻，叶形双耳，圆目，鸟喙形大嘴，颈下双足匍匐在方形台板上，足作犬爪状。周身刻划阴线羽毛纹饰。胎略呈青黄色，高15厘米、长20厘米。

我国学者根据成书于金元时期的《大汉原陵秘葬经》中的有关记载，认为上述镇墓压胜俑的两人首龙（蛇）身俑和两兽首龙（蛇）身俑即该书所说的"墓龙"，而人首鱼身俑和人首兽身俑即该书所说的"仪鱼"。[13]

汉代在石上刻绘镇墓文的习俗，唐代仍然流行。但汉代镇墓石上刻绘的五方五帝之辞所表达的意义，与唐代刻绘的五方五帝之辞并不完全相同。现存陕西咸阳县博物馆唐景龙元年（707）下葬的武三思墓出土的镇墓石，原有5块，此石为"南方三炁丹天文"。其样式如同墓志，有盖，正方形，边长56厘米。镇墓石的上半部为符箓，刻字11行，下半部为楷书18行，行8字，即刻书的"南方三炁丹天文"[14]（图六）。此外，西安南郊庞留村出土唐至德三年（758）下葬的寿王第六女清源县主墓的5合镇墓石[15]。这5合镇墓石各以青、白、赤、黑、黄代表东、西、南、北、中五方五帝。石上镇墓文的内容与武三思墓发现的镇墓文基本相同。由此可见，唐代镇墓石在文字内容方面有着固定的格式，差别甚小。据徐苹芳先生查证得知，唐代的这种镇墓文皆出自当时道家的《太上灵宝洞玄灭度五练生尸经》中的"安灵镇神天文"[16]。敦煌发现的《太上灵宝洞玄灭度五练生尸经》残卷中，还存有"灵宝赤帝练度五仙安灵镇神三炁天文"、"灵宝黄帝练度五仙安灵镇神中元天文"、"灵宝白帝练度五仙安灵镇神七炁天文"、"灵宝黑帝练度五仙安灵镇神五炁天文"等，其辞文与武三思墓和清源县主墓中发现的镇墓石辞文完全相同[17]。

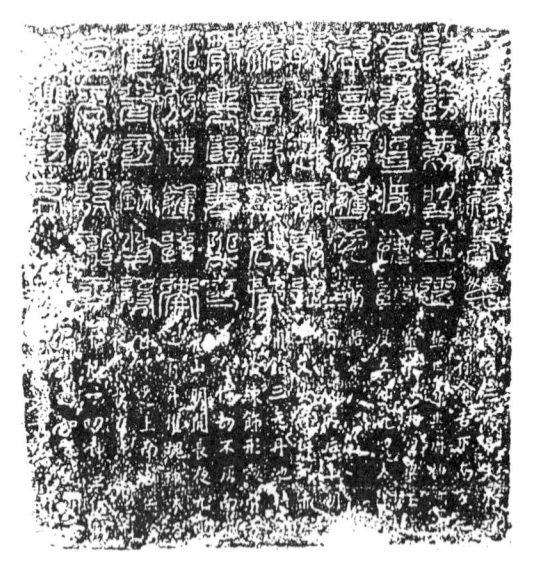

图六 唐武三思镇墓石的镇墓文

三、几个相关的问题

1. 隋唐镇墓神物的艺术特征

从总体上看，人面、兽面两种镇墓神兽的艺术形象，一改隋唐以前的纯朴、古拙、呆板的形象，逐步变成神情逼真、表情外露、气势稳健、凶猛可怖或和善可亲的格调，洋溢着丰富的想象力与浪漫色彩。特别是盛唐时期那些形体高大、色彩鲜艳、形象强劲雄壮的三彩镇墓神兽，堪称开创一代新风的成功佳作，从一个侧面反映了唐代文化艺术的杰出成就。此外，值得一提的是新疆维吾尔自治区吐鲁番阿斯塔那盛唐墓中出土的一件手工泥塑彩绘狮面镇墓神兽，表现出与中原地带唐代镇墓神兽不同的艺术风格，具有鲜明的地域性特点。工匠师以自己丰富的想象力，运用写实与夸张相结合的手法，在泥胎上精雕细刻，施以黄、绿、蓝、橘黄等鲜艳夺目的色彩，取得了很强的艺术效果，是一件很难得的艺术杰作。其表现手法和新疆各地千佛洞泥塑佛像的手法完全一致[18]。

镇墓天王俑的艺术形象，是依据现实生活中武士的形象加以艺术夸张创作而成。一般为方面阔额，浓眉瞠目，高鼻大口，头戴兜鍪，身着铠甲，一手叉腰，一手高举握拳，显现出面容威猛，神态严峻，力大无穷的姿态。它通常放置在镇墓神兽之后，面向墓门。镇墓神物形象的塑造，着意追求整体造型的生动性、多变性以增强其艺术效果和感染力。其特别注意细部的刻划，如面部的耳、目、口、鼻等部位，成为着意加工塑造的重点。

2. 唐代镇墓神物的命名与题名习俗

历史文献和考古资料都证实唐代流行为镇墓俑和镇墓神兽命名和题名的习俗。《大唐六典》卷二三记载，唐王朝针对王公百官愈演愈烈的厚葬之风，为了维护礼制、扼制厚葬而下达的诏令中就随葬俑类的数量、大小、质量等按等级加以明确规定："三品以上九十事，五品以上六十事，九品以上四十事。当圹、当野、祖明、地轴、（鞁）马、偶人，其高各一尺；其余声音队与僮仆之属、威仪、服玩，各视生之品秩所有，以瓦、木为之，其长率七寸。"这种明文规定能否扼制厚葬之风是另回事，值得注意的是文中提到的"当圹"、"当野"、"祖明"、"地轴"等，显然指的是镇墓天王俑、武士俑或镇墓神兽。王去非先生著文认为前二者可能是指天王俑或武士俑，后二者是镇墓神兽[19]。

1986年4月，河南省巩义市康店镇砖厂唐墓中，出土两件镇墓神兽，均白胎、素烧，一人面，一兽面，作蹲踞状，高30.5厘米。兽面者背部墨书"祖明"2字，字迹清晰（图七）；1991年，巩义市黄冶村南岭唐墓中，出土一件镇墓神兽，白胎，周身绘红彩，多已脱落，高67厘米。背部墨书"祖明"2字，字迹模糊不清，细辨尚可认出。这两件镇墓神兽的出土，充分证明了王去非先生的论断是正确的。

1998年在河南巩义市第二造纸厂基建工地发掘的1号唐墓中，出土一件彩绘镇墓神物，俯卧状，体形似鼠，面部似狮，突眉，瞪目，耸鼻，颔下刻划须毛，头顶部刻划长鬃毛，前肢粗短，两肋刻划双翼，下有椭圆形底座，相貌凶悍狰狞。体内中空处墨书"地吞"二字，应是其题名。此俑出土时位于墓门内正中处，同墓还出土有双面蛇身俑、器皿等。从这件题名兽俑的形象与放置看，显然是驱魅辟邪的镇墓神兽。

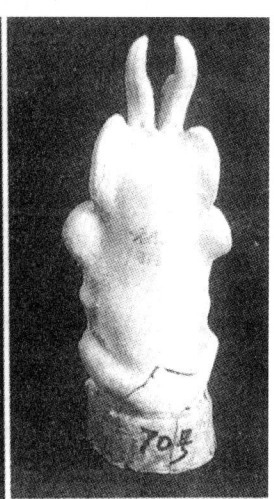

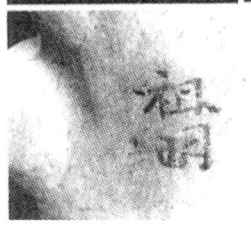

图七 河南省巩义市康店镇砖厂唐墓出土的镇墓神兽

3. 晚唐成对镇墓神兽、镇墓天王俑消失的社会因素与堪舆术的盛行

晚唐时期，丧葬习俗发生了重大变化。随葬品的组合中，体现初唐、盛唐丧葬制度的"四大组"陶俑已很少看到；用于守护死者亡魂的镇墓神兽、镇墓天王俑被铁牛、铁猪所取代；以往不见的以金银、锦绣、美玉制作的华贵物品以及铅制人俑、陶制半身人俑等频繁出土……这些都生动地反映了丧葬习俗的急剧变化，这种变化与当时的社会状况密切相关。藩镇割据，战乱频仍，上层统治者生活的骄奢腐化，经济的萎缩，人民百姓处于惶惶不可终日的环境之中。人们的精神寄托自然转向于乞求生活安宁，企望福瑞方面。人们这种精神状态为堪舆家（风水师、葬师等）迷信之道的泛滥提供了广阔的社会基础。原来的丧葬制度、丧葬习俗已不为人们所重视，举凡墓地的选择、墓区地面建筑、地下墓室形制、丧葬方式、随葬冥器的种类与组合、安放位置等，无不依据风水师、葬师按堪舆术所规定的制度来安排，并与死者后代子孙的吉凶祸福甚至生死兴衰联系在一起。

"世俗信葬师之说，既择年月日时，又择山水形势，以为子孙贫富贵贱，贤愚寿夭尽系于此。"[20]

"凡墓内安长生灯者，主子孙聪明安定，主子孙不患也；墓内安金石者，子孙无风疾之患。"[21]

"墓欲深而狭。深者取其幽，狭者取其固。平地之下一丈二尺为土界；土龙六年而一暴，水龙十二年而一暴。当其隧者，神道不安，故深二丈四尺之下可设窀穸……铸铁为牛豕之状像，可以御二龙；玉润而洁，能和百神。置之墓内，以助神道"。[22]

以上所引文献资料，足可见晚唐时期堪舆术盛行之一斑。考古发掘出土的这一时期的各种随葬品起着印证作用。需要提出的是，晚唐墓中的铁牛、铁猪，跟被其替代的镇墓神兽性质并非完全相同。以往的镇墓神兽是以神通广大、威力外溢的气势，凶猛可怖的姿态震慑驱除鬼魅，起着"守护"死者亡魂的作用。而铁牛、铁猪则完全没有威力外溢、凶猛可怖的气势，仅可防御土龙、水龙对死者施暴，起着"保佑"的作用。这种镇墓神物性质与外貌形象的变化，意味着原始动物神话的成分和影响已经淡化、减弱，而宗教迷信之道的成分和影响在增长，并且这一变化，对后世在丧葬制度、丧葬习俗方面产生着深刻影响。

注　释

[1] 黄河水库考古工作队：《一九五六年河南陕县刘家渠汉唐墓葬发掘简报》，《考古通讯》1957年第4期。

[2] 山西省考古研究所等：《太原隋斛律彻墓清理简报》，《文物》1992年第10期。

[3] 中国社会科学院考古研究所安阳发掘队：《安阳隋张盛墓发掘记》，《考古》1959年第10期。

[4] 洛阳博物馆：《洛阳北魏元邵墓》，《考古》1973年第4期。

[5] 王仁波：《西安地区北周隋唐墓葬陶俑的组合与分期》第429页，《中国考古学研究论集——纪念夏鼐先生考古五十周年》，三秦出版社，1987年。
[6] 秦浩：《隋唐考古》第176页，南京大学出版社，1996年。
[7] 同[4]。
[8] 山西省长治王琛墓1958年出土。
[9] 山西省太原市金胜村3号墓出土。
[10] 《湖南湘阳城北桐子山唐墓》，《考古》1978年第6期
[11] 同[8]。
[12] 湖南省文管会：《湖南长沙唐墓清理记》，《考古》1986年第6期。
[13] 徐苹芳：《唐宋墓葬中的"明器神煞"与"墓仪"制度》，《考古》1963年第2期。
[14] 李子春：《唐武三思之镇墓石》，《人文杂志》1958年第2期。
[15] 陕西省文物管理委员会：《西安南郊庞留村唐墓》，《文物参考资料》1958年第10期。
[16] 同[13]。
[17] 同[13]。
[18] 曹者祉、孙秉根：《中国古代俑》第281页，上海文化出版社，1998年。
[19] 王去非：《四神·巾子·高髻》，《考古通讯》1956年第5期。
[20] 《司马氏书仪》卷七，《学津讨原》本。
[21] 《大汉原陵秘葬经》，《永乐大典》第91册，中华书局，1959年。
[22] 唐·刘肃：《大唐新语·卷十三·记异》第二十八，记张说引僧泓之言对黎坚论"兆域"之说。

（原刊于《中原文物》2003年第6期）

河南唐代白釉彩瓷综述

张松林

一、引　言

　　初步研究表明，从汉晋、南北朝开始，我国北方由青瓷向白瓷发展，并由白瓷向彩瓷发展进程中，河南地区唐代白釉彩瓷产生，并迅速发展起来。品类之多、窑址分布之广，居全国之冠。一些新发现的白釉彩瓷品种，当前学术界还不太熟悉，如白釉灰蓝彩瓷、白釉红彩瓷等。河南一带唐代白釉彩瓷，以白釉褐彩为主，此外有白釉蓝彩（即青花瓷）、白釉灰蓝彩、白釉绿彩、白釉黑彩、白釉红彩等。从用途上看，可以分为外销瓷、民用瓷、宫廷用瓷、宗教用瓷等。由于其用途不同，使用对象不同，各类白釉彩瓷制作工艺的精、粗之分非常明显，艺术特色也各不相同。显而易见，河南地区由白瓷向彩瓷发展过渡时期，各类白釉彩瓷处于一个快速发展阶段。在器物造型、装饰手法、纹样以及制作工艺、原材料的选择与加工等方面都有明显地提高，达到了一个新的境地，对后世彩瓷的发展、窑系的形成等具有较深刻的影响。还可以看到，河南唐代白釉彩瓷与周边各个窑系有着相互交流、相互影响的关系。

　　可以认为，河南唐代白釉彩瓷取得的成就，对我国北方白釉彩瓷的起源、发展以及窑系形成等方面的研究具有非常重要的意义，特别是与其他窑系间的比较研究等，越来越凸现出一个非常重要的课题。

　　唐代是我国封建社会发展的鼎盛时期。政治、经济、文化，各行各业以及对外贸易、交往等都出现了前所未有的新局面。陶瓷制造业也不例外，同样呈现出快速发展的势头。在继承汉、晋、南北朝和隋代施釉挂彩陶瓷器制作工艺的基础上，不少施釉挂彩陶瓷新品种，包括各类白釉彩瓷，黑釉花斑瓷以及唐三彩、绞胎器、绞釉器等，都以独树一帜的崭新面貌在我国北方相继问世。我国陶瓷发展史上，继青瓷、白瓷之后，彩瓷生产进入了一个大发展的新阶段。

　　唐代各类白釉彩瓷不仅率先在河南省境内发展起来，而且品类之多，质量之高，数量之大以及窑口分布之广，都是其他省区所不及的。在白釉彩瓷器物的造型设计、装饰技法、烧造工艺以及对胎料、釉料、彩料性能机理的掌握与运用等方面，都大大提高了一步。充分显示了河南唐代各个窑场制瓷工匠开拓创新的进取精神。

二、河南唐代白釉彩瓷的时代特征与艺术特色

1. 时代特征

处于彩瓷初始阶段的唐代各类白釉彩瓷的时代特征具体表现在制造工艺、造型、装饰等方面,如胎质洁白度较差,多呈米黄色或灰白色与灰色;有的烧成温度相对偏低;胎釉之间较普遍的施一层化妆土;器表所罩白色透明釉不那么纯正,尤其早期阶段釉面多白中泛青或泛黄,有的存在釉层剥落现象;一部分器物的造型基本上仍保持着南北朝与隋代的传统形式;釉上或釉下所绘彩色花纹,存在晕散现象,手触多有凸凹感等。这种情况表明唐代白釉彩瓷是在一个特定时期和特定历史条件下的产物。

2. 艺术特色

唐代各类白釉彩瓷的艺术风格各有自己的独到之处,呈现出各不相同的风格特点,可谓争奇斗艳,令人耳目一新。如巩义市巩县窑独家生产的白釉蓝彩瓷器,制作精细、规整,追求典雅、大方,显得雍容华贵,大有超凡脱俗之感,其最突出的造型特点是模仿当时流行的金银器。以水墨画的技法装饰瓷器,流行由朵花、枝蔓、叶片组成的团花纹、牡丹纹、水藻纹、梅花纹、卷云纹以及由串点组成的各种几何图案,还出现了以人物和飞虫为题材的纹样。艺术风格显得新颖、高雅、别致,情趣盎然。装饰上另一突出特点是吸收、融合海外文化因素而出现具有外域情调的棕榈叶纹、菱形纹、丛叶纹等;鹤壁市的鹤壁集窑、寺湾窑以及安阳县的善应窑、天喜镇窑生产的白釉酱彩、褐彩瓷器,制作比较粗放,造型方面显得厚重、质朴、适用,具有明显的大众化倾向。装饰方面,流行大小不一,排列成行的圆点纹或由圆点组成各种形式的朵花纹、三角纹等,比较复杂的是串叶纹、叶片纹和富有动感的旋形朵花纹以及散乱的菊花纹等。上述鹤壁集窑、寺湾窑、善应窑、天喜镇窑还生产白釉灰蓝彩瓷器,造型古朴、庄重,实用性强,装饰花纹常见的有新颖、别致的葡萄纹、垂叶纹、串叶纹和旋形芍药花纹等。绘彩的笔法非常少见,似用毛笔勾画而成,每个花瓣或叶片的颜色均为中间浅淡,边沿浓重,构成装饰花纹的一大特色。安阳县的北齐村窑以及登封市的曲河窑、荥阳市的翟沟窑、新密市的密县窑等生产的白釉绿彩瓷器,是数量最多的,一般制作比较精致,造型规整、端庄、圆润、饱满,但装饰花纹比较简约,仅见饰于器腹或器盖上的条斑纹和条带纹,显得素雅、单调,有较大的随意性。

三、唐代白釉彩瓷的制作工艺

唐代白釉彩瓷的制作工艺,一般说比较简单、粗放,品种不多,光泽度差,较精致

者甚少。这种情况可能表明此类产品的销售对象主要是普通老百姓。常见器物是碗、罐、执壶、盘、瓶、灯等。多为拉坯成型，小型瓷器则直接用手捏制。烧成工艺方面，采用叠装支烧技法。碗类器内外都有3个支烧痕，支钉较粗大而呈三角形或饼形，胎质呈深灰色者约占1/3，灰白色者约占2/3。一般胎质粗糙，含沙较多，有细小气孔。胎质坚硬，烧成温度一般在1250℃以上。器表施釉前普遍施一层白色化妆土，以使胎面光洁、平整，增强光泽度，并直接在化妆土上绘纹饰。但有的器表胎釉之间的化妆土结合不那么紧密，往往出现脱釉现象。早期，釉色一般不太纯正，多白中泛青或泛黄。这种现象的形成，除了工艺技术和窑炉结构以及所用燃料的因素外，与胎料、釉料成分中含铁量的高低有直接关系。釉层一般说比较均匀，洁净，但口部或上部较薄，内壁底部与外壁下部较厚，积釉较厚处往往闪现青绿色。大部分器物有细小开片。一般器物的内外壁均施釉，内壁满釉，外壁施釉到下腹部，底、足部露胎。唐代早期阶段，釉色纯白者较少，唐代中、晚期，釉面纯白，釉色透明度强的精品彩瓷增多，较之早期，釉、彩的色泽显得更为鲜亮、美观。

唐代白釉彩瓷所用黑、酱、褐以及灰蓝彩料，主要是一种贫铁矿矿石。这种原料的呈色是由含铁量或含其他化学成分的多少以及烧成气氛的不同而决定，可以烧制出黑、酱、褐、灰蓝等不同颜色。如果彩料中所含三氧化二铁较高，则烧成后的颜色即呈现较灰暗的浅蓝色。这种彩料，在高温煅烧时具有不流动的特点，色泽稳定，一般没有晕散现象。绿彩的原料是氧化铜，蓝彩的原料是氧化钴，这两种彩料在还原气氛中高温烧成多有明显的流淌和晕散现象。

唐代白釉彩瓷基本上是一种釉下施彩的瓷器，即以彩料直接在上过化妆土的器胎上作画。这种技法对后世的影响很大，直接促进了五代、宋、元时期白釉彩瓷的发展。

四、唐代白釉彩瓷的分类

1. 白釉蓝彩瓷

简称"唐青花"。为河南巩义市巩县窑的独家产品，是中国最早以绘画艺术与制瓷工艺相结合烧造出的第一代富有笔情画趣的瓷器。采用高质量的坯料与釉料，因而胎薄釉润，器表光洁纯净。在成型的器胎上敷一层洁白细腻的化妆土，再用笔蘸氧化钴为呈色剂的色料绘画纹饰，然后在器表施一层薄而透明的玻璃釉，入窑一次烧成。主要器物有盆、尊、三足炉、盒、罐、碗、盘、执壶等。造型规整、大方、典雅。多为釉下绘彩，一部分为釉上绘彩。透明釉一般稍泛青或泛黄，有细碎开片，个别有脱釉现象。蓝彩呈色鲜丽，有晕散现象。常见纹饰有梅花纹、串点纹、叶片纹、平行直线纹、水藻纹、卷云纹、菱形纹、散叶纹、棕榈叶纹、卷草纹、人物纹、飞虫纹等。烧成的白釉蓝彩瓷器，色泽鲜亮，蓝白两色形成强烈对比。纹饰淡雅、清新，绘在白地上显得更加美丽，其中棕榈叶纹、菱形纹、散叶纹等具有外域色彩。巩县窑这一别开生面，另辟一家的贵重瓷器品种，主要是一种外销产品，远销东南亚、波斯、非洲等地。所到之地，不仅备受青睐，而且对当地陶瓷制造业产生深刻影响，争相仿制。我国第一代青花瓷的烧制成功，被学术界认为"是我国陶瓷史上一件具有划时代意义的大事，是彩瓷大发展的前奏"[1]。唐代晚期，由于战乱导致外销渠道不畅，钴料匮缺等因素而停烧。

2. 白釉酱、褐彩瓷

在唐代白釉彩瓷中居数量之首。鹤壁市鹤壁集窑，安阳市天喜镇窑、善应窑、登封市朱垌窑等都烧制这种瓷器（图一）。装饰技法，是在敷上化妆土的器胎上，用氧化铁为呈色剂的色料绘画纹饰，罩透明釉，高温一次烧成。酱色与褐色彩料的配方区别不大，只是由于彩料中含铁量和烧成气氛的不同，而呈色出现浓淡深浅的变化，从而形成酱色或褐色。常见纹饰是由多个圆点纹或水滴纹有序组成的直线形或三角形图案，最具特色的是串叶纹、草叶纹、雪花纹、菱形纹等。纹样比较简单、原始，但又表现出自由、奔放的风格，同时这种釉下酱、褐彩虽处于我国瓷器绘彩艺术发展史上的初期，却代表着一种不可忽视的新的瓷器装饰艺术，对后世瓷器装饰艺术的影响相当深远。

图一　唐白釉褐彩器

3. 白釉灰蓝彩瓷

安阳市西部的天喜镇窑、善应窑以及鹤壁市鹤壁集窑、寺湾窑的产品。常见器物有碗、执壶、钵、罐、盘（图二、图三）等。胎多呈深灰色，有的呈米黄色，胎质较粗，有小气孔，胎体厚重，器形浑圆，外观显得比较粗糙。采用釉下绘彩的装饰工艺。器表所施化妆土层比较厚，起着掩盖与改变胎体原来的深灰色或米黄色以增强洁白度。以氧化铁为彩料。彩料磨得很细，以料汁绘的纹饰有浓有淡，浓者高高凸起，淡者薄薄一层，浓淡得当。因浓淡不同而呈现出不同颜色，如纹饰周边呈灰褐色，向内逐渐变成淡蓝色，形成深浅不一，而富有立体感的效果，不见晕散现象。纹样主要绘在碗、盘内壁的底心和周壁，罐、执壶等集中绘在肩、腹部。纹样颇为丰富，较简单的纹样有圆点纹、水滴纹以及由5至6个圆点组成的梅花纹，最具特色的是葡萄纹、串叶纹和富有动感的旋形芍药纹。各种纹样，运笔自如，构图新颖，反映出当时绘画者十分娴熟的技巧和绘画功底。所罩透明釉一般比较均匀，但光泽度差，呈米黄色或灰白色，多有细碎开片。脱釉处化妆土与纹饰仍附着在器体上。碗、盘等内壁满釉，外壁施釉至腹部，底、足部无釉。

这种釉下绘彩瓷器因为以前被发现的数量较少，并且未发现其产地，所以没有引起古陶瓷研究者的注意。1988年有人在鹤壁集窑址采集了一件白釉饰灰蓝彩旋形芍药花纹碗的残片（图四）。当时被误认为是"唐青花"，曾予以报道。[2]

图二　唐白釉灰蓝彩碗

图三　唐白釉灰蓝彩丛叶纹碗残片

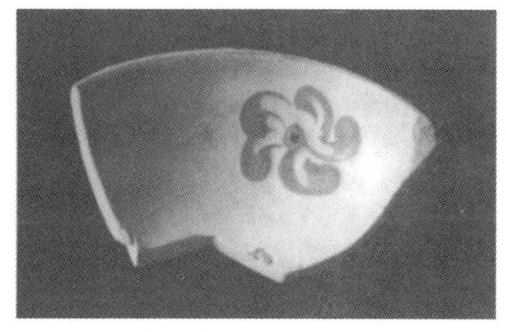

图四　唐白釉灰蓝彩旋形芍药花纹碗标本

4. 白釉绿彩瓷

唐代点彩工艺之一。先在成型的器胎上敷一层洁白的化妆土，罩透明釉后点饰绿彩纹样，在高温氧化气氛中一次烧成。作为绿彩呈色剂的是氧化铜，在还原气氛中高温烧成后鲜艳明晰，多有明显的流动性和晕散现象。主要器物有瓶、执壶、碗、碟、盘、灯等（图五、图六）。唐代白釉绿彩纹饰，主要为条状或片状绿色斑块。多装饰在灯、执壶、瓶等器的腹部以及口、颈、流、柄等部位，另有一种丛叶纹多绘在碗的内壁。瓷器上的绿斑装饰大约始于南北朝时期（图七），唐代更为盛行，河北的邢窑、定窑以及河南的鹤壁集窑、安阳的北齐村窑、荥阳的翟沟窑、登封的曲河窑、登封的朱垌窑、新密的西关窑等均有生产。其特点是这种纹饰多无一定规则，有较大的随意性。如北齐村窑的执壶，纹饰多呈块状或条形斑纹。但巩义市巩县窑生产的白釉绿彩瓷枕和罐所饰的菱形纹、梅花纹等显得格外醒目，格外精彩，特别是以语言文字为装饰更为罕见，从河南白釉彩瓷装饰题材方面看，应是史无前例的，为宋、元时期瓷器广为流行的用诗句或语言文字作装饰之风开了先河。

图五　唐白釉绿彩盘口瓶

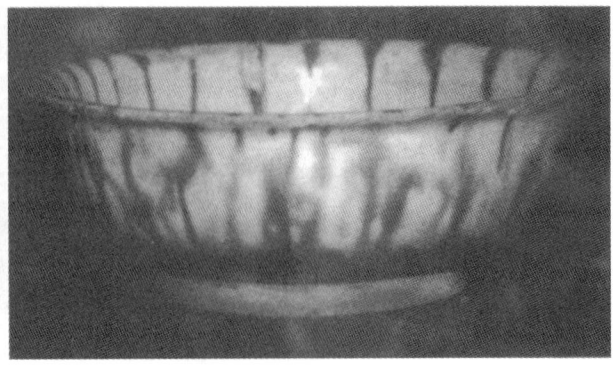

图六　唐白釉绿彩题字碗

图七　北齐莲瓣黄绿彩四系罐

5. 白釉红彩瓷

　　河南省巩义市巩县窑的产品，是在巩县窑烧制高质量白瓷的基础上，借鉴三彩器的制作工艺首创的一种新产品。器类与数量都比较少。大约盛唐晚期开始烧制。据上海复旦大学承焕生先生测定，所用胎料为巩县窑址附近所产的瓷土和高岭土，经过淘洗、澄滤而洁净、细腻。所用彩料也是本地产的一种含铁量较高的矿物，烧制后呈现鲜红或暗红色。烧成温度一般在1250℃左右，胎质细腻、坚硬，呈米黄色。器表施一层白色化妆土，罩稍泛黄色的透明釉，釉层较薄，不见开片或脱釉现象，个别器物不施透明釉，仅在化妆土上饰彩。常见采用点或绘两种技法，鲜红或暗红彩有浓有淡，最浓处呈暗灰色，淡处呈粉红色。多为釉下彩，个别为釉上彩。纹饰有圆点纹、斑块纹、较粗的曲线纹、直线纹等。常见器类有碟、碗、钵、熏炉、盘等（图八）。

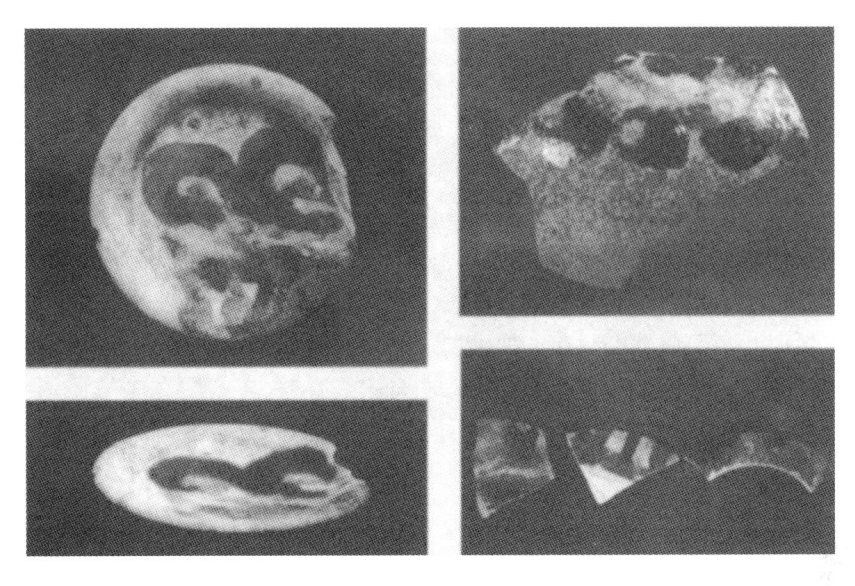

图八 唐白釉红彩标本

巩县窑这种独家生产的白釉红彩瓷，虽然数量和器类较少，而且器物造型多与青花瓷、三彩器中的同类器相似，但可看出，制作工艺精湛、细致，装饰风格比较独特，显得鲜亮、简洁，尤其是或横或竖或弯曲的宽带纹，更给人以粗放、自然与自由、洒脱之感，确有独到之处，也正是其可贵之处。

6. 白釉黑彩瓷

唐代点彩工艺之一。早在隋代便已出现白釉点饰黑彩的瓷器。如安阳张盛墓出土的文史俑、镇墓兽和羊俑，都在头部与关节部位点饰黑彩。但入唐以后，白釉黑彩瓷在河南各地发现甚少，数量上远比不上其他白釉彩瓷，均为初唐时期的产品（图九）。制作、烧造技法与风格与其他白釉彩瓷相同，彩料也是用氧化铁为呈色剂。唐代白釉黑彩瓷虽然较少，但是到五代、宋、金时期发展快速，并领先成为主流产品。

图九 唐白釉黑彩盘口瓶

五、唐代白釉彩瓷窑场的分布及其影响

　　河南省境内较早的白釉彩瓷，是在黄河两岸几个首先以烧制白瓷为主的窑场开始生产的。较早烧制白釉褐彩与白釉酱彩瓷器的应是豫北鹤壁市西南的鹤壁集窑、寺湾窑以及安阳市西部的天喜镇窑和善应窑，大约创烧于初唐至盛唐时期。盛唐末至中唐时期，紧靠黄河南岸的巩义市巩县窑独家生产的白釉蓝彩瓷，以全新面貌问世，并在海外崭露头角。与之同时，黄河以北登封市的曲河窑、朱垌窑，新密市的密县窑，郏县的黄道窑，荥阳市的翟沟窑等也都开始生产白釉绿彩与白釉褐彩瓷器。

　　五代以后，特别是宋金时期，以上各个瓷窑除自身持续发展外，并迅速向外传播，广泛地影响到附近窑场。特别是鹤壁集窑、天喜镇窑与善应窑对五代、宋、金时期各类白釉彩瓷的影响非常强烈。最明显、最直接的是对冀南宋代磁州窑赋予的重大影响。在漳河流域以磁县境内的观台窑为中心，沿河出现了观台、冶子、东艾口、观兵台等一系列窑场。北宋中晚期形成了具有独特风格的磁州窑系。与此同时，黄河以南禹县的扒村窑、修武的当阳峪窑等相继兴起。河南白釉彩瓷以崭新而貌进入繁盛时期。胎质细密、洁白；造型规整多样；纹饰从单调、粗率变得复杂和形式、内容多样化，风格活泼流畅而结构严谨。

　　总之，从五代到宋金，白釉彩瓷纹饰经过简单与繁缛并存阶段之后，突破了以花草类植物图案为主的格局，开始流行山水、人物、动物、书法题材等花纹图案，进入白釉彩瓷居于诸瓷之首的巅峰时期。

　　河南白釉彩瓷在继承古代釉下彩技术的基础上，从胎质、造型、釉、彩以及制作工艺上取得了全面发展；制作由粗放到精细；胎体由厚重到追求薄胎，胎质更加致密；外观由浑厚、朴实到优美秀致、装饰由点洒技法到描绘技法。毛笔绘画艺术成功地运用到瓷器装饰艺术上，是我国陶瓷装饰艺术史上的一个突破性进展，为以后多色彩瓷的产生奠定了基础。唐代白釉彩瓷对后世异彩纷呈的白釉彩瓷赋予了深远的影响，对我们探讨白釉彩瓷及其装饰艺术的产生与发展具有重要价值。在中国陶瓷史上应有其重要地位。

注　释

[１]　张柏、刘兰华：《中国古代陶瓷纹饰》第121页，哈尔滨出版社，1994年。
[２]　刘荷英：《我国最早青花瓷器在鹤壁出土》，《中国文物报》1988年10月21日第1版。

（原刊于《中国古陶瓷研究》第十五辑，紫禁城出版社，2009年）

唐青花的兴衰、外销及其在国外的影响

张松林 廖永民

一、唐青花的产生、兴起与衰落

唐代巩县窑位于河南省巩义市（原巩县）境内的洛水支流黄冶河两岸。窑址南北向连绵约8000米，宽约2000米，其中包括水地河村（又称白河村）、铁匠炉村、大小黄冶村等。在初唐时期开始烧造出精细白瓷、三彩制品以及唐青花的前身——白釉蓝彩器。盛唐时期，三彩制品的制作工艺已达鼎盛阶段，并以氧化钴为蓝彩呈色剂大量应用到三彩制品的纹饰中。与此同时，白釉蓝彩器也开始较大规模生产，器类、装饰纹样逐渐增多，烧成温度也普遍提高到1000℃以上。在白釉蓝彩器的基础上，大约盛唐中晚期，以氧化钴为呈色剂，采用绘画技法在釉下装饰纹样的唐青花以新的工艺技术和独特的艺术风格问世。20世纪80年代，在扬州发现了巩县窑的唐青花碗、枕等标本，以后又陆续发现唐青花标本与器物。

盛唐中期到中唐中期，正是巩县窑陶瓷生产最兴旺的时期。窑炉、作坊遍布黄冶河两岸。唐三彩制品与唐青花犹如盛开的一对并蒂莲，成为巩县窑的两种重要产品。除满足国内市场需求外，还漂洋过海，销售到世界各地而享誉海内外。

（一）巩县窑唐青花产生与发展的多种因素

1. 唐青花的产生

2002年以来，巩县窑址区内的水地河与黄冶村的考古发掘证明，北魏时期便已开始烧造白瓷，初唐到中唐时期，烧制出精细白瓷[1]。巩县窑精细白瓷的生产为唐青花的产生打下了胎质的基础。三彩制品的烧制，以其雍容华贵、庄重大方的造型与斑驳陆离的色彩和独特的艺术风格表明，巩县窑的工匠师们对多种彩料、釉料的化学组成、配制与呈色机理以及焙烧技术熟练地掌握和运用，特别是对青花彩料——氧化钴性能的掌握和应用，在工艺技术上为唐青花的产生准备了色料方面的必备条件。

2. 唐青花生产的物质基础

黄冶河两岸属浅山丘陵地带，地下有着丰厚的瓷土、高岭土层和作为釉料的矿物。地面上草木繁茂，黄冶河水清流急。这种自然环境为当时陶瓷生产提供了必要条件。

3. 唐青花外销的交通条件

巩县窑的位置正处于洛水与黄河交汇的洛汭地带，这里正是沟通北方大半个中国的漕运枢纽。水上，溯洛水向西可达东都洛阳和京师长安；顺黄河东去，可抵郑州、开封，转入大运河向北直通华北大平原，由天津到朝鲜、日本；向南直达当时重要港埠、国内国际商贸城市扬州；再顺长江东去，可直航海外达东亚、南亚与中东地区。陆上，从巩县窑址向西南，经轩辕关即达唐代大都会东都洛阳，洛阳当时是丝绸之路的东端，成为巩县窑产品陆上输往西域和欧洲的重要通道。

4. 唐青花的出现是扩展对外贸易的需要

入唐以后，巩县窑的白瓷、三彩制品和青花瓷等陆续输出国外，除东亚的日本、朝鲜外，还有中东、伊斯兰地区。此外，伊斯兰国家中的波斯、埃及等地，不仅盛产优质钴料，而且当地人们有着崇尚蓝色的习俗，认为蓝色象征着纯洁和高尚[2]。

中唐晚期，当巩县窑精美艳丽的唐三彩制品已从巅峰迈过，逐渐跌入低谷而趋于消失之际，唐青花的生产却作为一个新兴的瓷器品种，沿着自己的道路持续发展了一段时间。但是，另一个方面，由于社会习俗、风尚等原因，唐青花始终未能呈现出蓬勃发展之势，没有像唐三彩制品那样形成宏大的生产规模，产品的种类与数量也和唐三彩制品相差甚远。

晚唐时期，大约9世纪末，巩县窑唐青花的生产开始萎缩，随之凋落。

（二）唐青花衰落的原因

1. 社会动荡，战乱不止

发生于天宝十四年的安史之乱使唐王朝由盛而衰，中原地带藩镇割据，兵燹不断，经济与社会生产遭到严重破坏。陶瓷业也不例外，窑工逃亡，煊赫一时的巩县窑逐渐失去了昔日的辉煌。

2. 交通受阻

由于巩县窑生产唐青花的氧化钴材料需要外购，这时通往海外的交通受阻，钴料匮乏，同时，产品外运也无法保证，失去了对外贸易的刺激，生产不得不停顿下来。

3. 唐青花没有受到国内各阶层的青睐

唐代京都西安和东都洛阳，是帝后大臣、皇亲国戚陵墓最集中的地方，陵墓中普遍随葬唐三彩制品或彩绘陶制品，却少见唐青花的踪迹。只是极个别的中小型唐墓中随葬有唐青花。这说明唐青花既未能迎合上层人们的审美情趣，也未能获得中下层人民的喜爱。在唐代遗址中出土唐青花的只有当时国内最大的商品集散地和对外贸易港口城市扬州。主要集中出土于唐代扬州城内市（官）河两侧的唐代文化层中。这种情况充分说明唐青花主要是一种为了扩大对外贸易而生产的外销品，一旦断绝外销之路，唐青花的生产基础也就随之丧失了。

总之，晚唐时期，已经有了100多年烧造历史的唐青花，由于遭遇了不可抵挡的连年战争，外销之路中断，钴蓝彩料匮乏以及窑工逃亡等原因而陷于绝境，进入萎缩阶段。

二、由白釉蓝彩器到青花瓷的演变与特征

唐青花的产生到发展经历了一个不断积累经验、革新工艺、提高质量，由粗到精，逐渐形成自身艺术风格的过程。它从早到晚发展演变的轨迹比较清楚。

作为唐青花前身的白釉蓝彩器大约创烧于初唐时期。器形主要有罐、碗、壶、三足炉、钵、杯、水注、盂、盒、盅等。罐、碗的数量较多，并且有多种形式。一般说，罐、钵类器物的形体较大，其他器类都形体较小，因而实用性甚差。器体造型仍保持着隋代与初唐时期原有的风格特点，多与初唐时期巩县窑所产三彩器皿的同类器相同，如罐、碗、执壶、水注等器均为饼形足，足的外侧下端多斜削一周，器形显得凝重、敦厚、古朴等。均以高岭土为胎，胎质可分为陶质、瓷质两种。陶质的烧成温度约在900℃左右，胎质比较疏松，胎体断面多呈米黄色或粉红色，吸水率较高，基本上属于釉陶。瓷质的烧成温度可达1100℃以上，瓷化程度较高，胎质坚硬，胎体断面多呈灰白色或米黄色，吸水率较低[3]。制作工艺上白釉蓝彩器都是在烧过的素胎上先施一层化妆土，然后施釉饰彩，再次入窑烧制。器表所罩透明釉，稍呈淡青色或淡黄色，碗、杯、盂、盅类器物内外壁均施釉，内壁施满釉，外壁一般施釉到腹部，底、足部露胎，露胎处可见釉下所施的化妆土。壶、三足炉、罐类器物从腹部施釉到下腹部。有的器物因胎釉结合欠佳，往往器面出现面积不等的脱釉现象。蓝色彩料均为氧化钴，烧成后的蓝彩呈色深浅不一，深蓝处可见闪光晶体，有晕散现象。蓝彩纹饰比较简单，主要是以点或洒的技法形成的排点纹、散点纹、斑块纹、条纹纹等，或利用彩釉的流淌性形成条带状纹饰。纹饰多装饰在口沿、上腹部、柄部或流部，部分碗类器内外壁均饰彩（图一、图二、图三、图四、图五）。

图一 唐陶质白釉蓝彩樽

图二 唐陶质白釉蓝彩敛口钵

图三 唐陶质白釉蓝彩高圈足罐

图四 唐瓷质白釉蓝彩盒

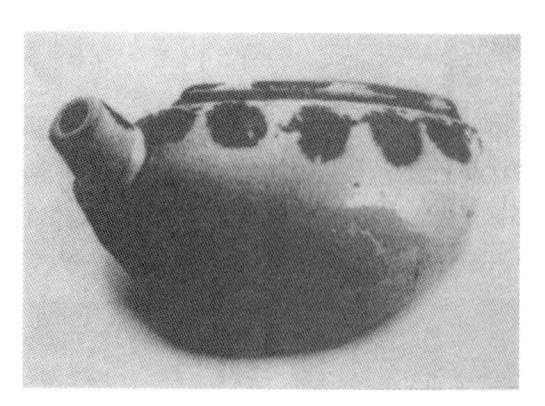

图五 唐瓷质白釉蓝彩水注残片

初期阶段（初唐至盛唐初期）的白釉蓝彩器，作为巩县窑首创的一个新品种，最突出的标志是基本上以单一的氧化钴为呈色剂来装饰器物表面，这就初步具备了唐青花的雏形。这种具有明显地方色彩与时代风格的白釉蓝彩器，尽管在胎、釉、装饰与烧造技法上跟成熟期的唐青花有着一定的差距，但是它的出现对于唐青花的产生却有着划时代的历史意义。

后期阶段（盛唐中晚期）的白釉蓝彩器，常见器物主要是碗，其次是盘、罐、三足炉和杯等。器物造型规整、稳重、大方。碗多为侈口、卷沿、弧壁、圆底，饼形足消失，出现璧形圈足或环形圈足。盘为宽斜沿，平底，多有三个柱形短足。烧成温度一般在1100℃左右，有的达1200℃，瓷化程度普遍升高。胎质一般较粗，但相当坚硬，敲击时声音清脆，胎体断面多呈米黄色或灰白色，有的含黄色或灰色细砂粒，并形成小气孔。也有一部分器物烧成温度较低，仍属于陶质器，这部分器物往往因胎质疏松、胎釉结合不良而出现面积或大或小的脱釉现象。从制作工艺看，首先在烧过的器胎表面施一层化妆土，入窑焙烧，然后罩透明釉，施彩，再次入窑烧成。多为釉后施彩，少数彩后施釉，可能因器而异。还发现有的是在未经素烧的坯体上施化妆土，施彩，罩透明釉，然后入窑一次烧成。器表所罩透明釉略呈淡黄色或淡青色，釉层厚薄不一，碗类器往往内壁、底部积釉较厚，厚处手触有凸凹感，其他部位釉面光洁明亮，多有细碎开片，一般内壁施满釉，外壁施釉到腹部，足、底部露胎。露胎处可见胎釉之间的一层化妆土。钴蓝彩料经烧成后呈深蓝色，发色纯正、艳丽，在放大镜下可看到黑色晶点，多有晕散现象。釉后施彩者有的彩料渗于釉中，因此有人称之为"釉中彩"。装饰技法上多采用点、绘综合手法。纹样多见在碗的内壁底部点绘二至三层梅花形朵花组成的图案，作为主体纹饰。一般为中心一朵，周围5朵。最外一层为6至7朵。每个朵花多由5个蓝色的花瓣和一个黄色的花心组成。花朵排列均匀，蓝彩、黄彩合理搭配，显得格外醒目。整个图案的布局富有规律性，装饰效果明显。此外，碗的内壁口沿下往往绘一周蓝彩竖平行直线纹作为辅助纹饰。这种梅花形朵花图案（图六）也见装饰于唐三彩器皿的表面。令人耳目一新的是以串点纹组成的多种几何图案，这种纹饰形式多样，富于变化，清新自然，却不见于唐三彩器皿的装饰（图七）。

后期的白釉蓝彩器有着明显的由初级阶段向高级阶段过渡的性质，起着承上启下的作用。在造型与装饰风格上与唐三彩器皿有了更大的差别。此外，胎质方面尽管瓷质器数量增多了，瓷化程度也普遍有所升高，但仍然存在一部分烧成温度相对偏低的陶质器。瓷质与陶质并存，釉上彩与釉下彩并存，表现了这一时期白釉蓝彩器制作工艺的特点。

成熟阶段的唐青花，最早可能到盛唐晚期。常见器物有盘、碗、执壶、罐、枕、盆等。造型丰满、素雅、庄重、大方。经理化测试，烧成温度一般在1200℃以上，已经完全瓷化，1000℃以下的陶质器极为少见。胎质细腻，胎体断面呈乳白色或米黄色，内含极细灰、黄色砂粒。胎釉之间仍施一层化妆土。所罩透明釉白中稍泛灰或泛黄，有的呈乳白色。釉层表面多有细碎开片，器物内外壁均施釉，而碗、盘类器物底、足部无釉。

图六　唐白釉蓝彩朵花碗　　　　　　　　图七　唐白釉蓝彩串点纹碗

个别器物有脱釉现象，脱釉处可见釉下的化妆土。器形相当规范，盘、碗类器物，一般为侈口，弧壁，口沿稍外撇作4瓣形，内壁突起4道凸棱，环形圈足或璧形圈足。执壶器形饱满、典雅，一般为敞口，直径，弧壁，平底，一侧有双条形柄，连接口、腹部，另一侧有圆形流。蓝彩纹饰大多发色浓艳，呈色稳定。仅个别器物发色较浅淡。绝大多数为釉下彩，蓝彩中可见黑色结晶点，有的手触有明显凹凸感。花纹图案，盘、碗类大口器物均绘于器体内壁。作为主体纹饰常见的有菱形纹、花卉纹等，作为辅助纹饰的有卷云纹、散叶纹、蔓藤纹、棕榈叶纹等（图八、图九、图一〇）。饰彩技法全部采用毛笔绘画而成，显然是由绘画艺术移植而来，富有浓郁的写实或写意韵味，这是我国把绘画技法应用于青花瓷器装饰的肇始。

图八　唐青花塔式罐

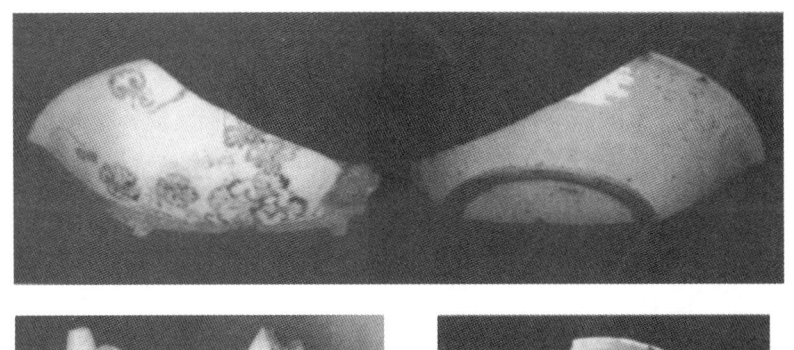

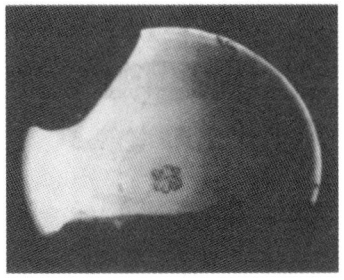

图九　唐青花的纹饰

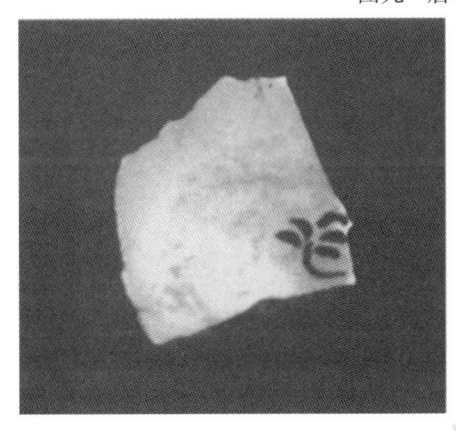

图一〇　唐青花的纹饰

三、唐青花的外销

（一）外销路线

巩县窑的唐青花是与该窑所产唐三彩、白瓷等一起输出海外的。

唐代，由中原通往少数民族地区和海外的交通十分发达。据《新唐书·地理志》载，通往边疆少数民族地区和通往海外的要道达7条之多：

第一条，是陆上经由营州（今辽宁朝阳市）入安东道（高丽平壤市）通往高丽（新罗）；

第二条，是经渤海湾由海上通往高丽、日本；

第三条、第四条，是从陆上通往漠西（蒙古大沙漠以西地带）回纥（古代民族名，其先匈奴）等少数民族地区；

第五条，通往西域（玉门关以西，巴尔喀什湖以东、以南广大地区，后泛指葱岭以西诸国）少数民族地区，再通向西亚、欧洲、非洲等地；

第六条、第七条，是经隋唐开凿的南北大运河在扬州入长江，由海上直通中东、伊斯兰国家。

其中，最著名的是陆上通往西域直达西亚、欧洲、非洲各国的丝绸之路和通往我国东部、东南部被称为陶瓷之路的海上通道。

唐代的东都洛阳，是中原地区的大都会，也是水陆交通要道的交汇点，成为东方、南方往返京师长安的必经之地和丝绸之路的东端。距洛阳东约40公里的巩县窑，在东都洛阳畿域之内，所产唐青花与唐三彩制品的一部分即通过洛阳、长安，从陆上输往国外。产品主要是用骆驼队、马帮、牛帮运载，甚至人力担运。运输量小，装卸不便，且陶瓷容易破碎，因此，实际上巩县窑的外销陶瓷产品大部分是从扬州通过东部海上航道，即陶瓷之路输往国外的。

巩县窑位于洛汭地带，即洛水与黄河汇流处，这里正是沟通大半个中国的漕运中枢，水上运输极为方便。巩县窑的外销产品从洛汭东运出海有两条航线：

第一条，是顺黄河东去，横穿华北大平原，经渤海湾到高丽（新罗）直达日本；

第二条，是经南北大运河，由长江直航海外。

后者是巩县窑产品外运的主航道：一是出长江口，沿海北上到高丽，再向东抵达日本，这也是我国高僧鉴真和尚和日本圆仁和尚进出的路线；二是出长江口南下经南沙群岛达越南、加里曼丹、菲律宾、印尼等国；再穿过马六甲海峡，或者沿孟加拉湾到缅甸、孟加拉、印度、巴基斯坦、向南达斯里兰卡，或者横渡印度洋，穿过阿拉伯的亚丁。然后，要么沿阿拉伯半岛的南岸经阿曼进入波斯湾。要么，由马拉巴海岸顺印度西海岸往北，经巴基斯坦印度河河口的班布尔进入波斯湾，由亚丁穿过红海直达埃及，再往东南即达东非。

（二）对外贸易情况

大约公元8世纪中叶至9世纪末，巩县窑所产大批量的造型高雅、装饰新颖别致的唐青花与色彩斑斓的唐三彩制品作为贵重礼品、珍奇陶瓷和贸易商品输送海外，深得所到国家和地区不同阶层人们的喜爱，迅速深入到他们的日常生活、宗教、婚丧、手工业以及文化艺术等各个领域。它成为一种特殊的和平使者，沟通和加强了当时中国同世界一些国家的友好往来以及经济、文化交流。甚至有些国家是通过唐青花、唐三彩制品和其他陶瓷制品的输入才认识中国的。今天，各国出土和收藏的巩县窑唐三彩和唐青花制品，也和其他陶瓷制品一样，成为我们探讨唐代对外文化交流、外交与贸易往来等方面的珍贵史料和见证。

中、晚唐时期，支撑中国陶瓷业生产的扩大、建立起完整商品流通网络的海内外商人非常活跃，有着需求与供给关系大幅度增长的基础。我国出口商贸活动中，陶瓷成为大宗商品。唐初便已开始烧造白釉蓝彩器和三彩制品的巩县窑，随着国内外销售市场的发展和需求量的猛增，生产规模迅速扩大，新品种不断出现，盛唐晚期应运而生的唐青花便作为一种新的名贵瓷器商品输出海外。当时的长安、洛阳以及沿海的扬州、明州（宁波）、泉州、交州（广西交趾）、广州等地都已成为中外商人聚集的国际都市。唐王朝的官方经商者除主要从事商业活动外，还担负着政治外交的一部分任务。早在唐宣宗时，大食（伊斯兰教的创立者穆罕默德所建立的阿拉伯帝国）商人苏来曼在《东游记》一书中曾记述了中国商船行驶于波斯湾的情景，书中不少赞誉中国陶瓷之辞。

中唐时期，巩县窑的唐青花和三彩制品向中东、伊斯兰国家的出口处于上升趋势，贸易活动日益兴旺。首先是由于当时伊斯兰在阿巴斯统治下，下达了禁止奢侈的命令，禁止或限制生产金、银器和铜器，取而代之的是高质量的陶瓷，特别是高雅华贵的唐青花与唐三彩制品。由于这种原因，公元8~9世纪大量进口唐青花与三彩制品。

由于安史之乱，以唐王朝贵族为中心的政治体制基础受到严重冲击而濒临崩溃。这时，整个陶瓷业也遭受挫折，但由于商业网络的扩大，特别是对外贸易地扩展和广阔的销路，保持了需求的平衡，因之，唐青花的生产仍然保持一定的兴旺势头，一直持续到晚唐中晚时期。

（三）唐青花对中东、伊斯兰地区的影响

巩县窑的唐青花作为中国一个重要瓷器品种出现于中东、伊斯兰地区，大约是从公元8世纪初开始的，到公元8世纪中晚期出口数量大增。这从东南亚的菲律宾、婆罗州、苏拉威西岛以及中东、伊斯兰地区属于这个时期的遗址中出土的唐青花可以清楚地看到。其中，爪哇、斯里兰卡、巴基斯坦、伊朗、伊拉克、埃及、叙利亚等国的一些古遗址多年来都发现了巩县窑的唐青花或其他陶瓷。巩县窑的各种陶瓷产品在上述各国的出土情况，日本以三上次男先生为代表的学者们进行了卓有成效地考察与研究。三上次男先生指出：

> 更有趣的是，中国陶瓷给埃及社会带来的影响。从八~九世纪至十五~十六世纪，埃及不断输入性质不同的中国陶瓷。当中国陶瓷的新品种以优美的姿态出现时，不管在什么时代，马上就能造出仿制品来。一输入唐三彩，就出现了所谓的埃及三彩（多彩彩纹陶瓷）。白瓷对白釉陶器，越州窑对黄褐釉陶器，青白瓷对青白釉陶器，青瓷对青釉陶器。还有对青花瓷的是白地蓝彩彩画陶器。虽说仿制品都是陶器，但青釉陶器和白蓝彩彩画陶器等，如果只看照片，

几乎会误认为是真的中国青瓷和青花瓷。而且，仿制品陶器的数量大得惊人。

中国陶瓷之所以被珍重，当然是因为它质量优良而又珍贵。同时，可以造出很多的仿制品，适合当时的嗜好而深被喜爱。大概是由于中国样式的流行，而所谓的中国时髦当时在埃及是很盛行的。

这种风潮绝不只是埃及，同时代的波斯也是一样。在八～九世纪的时候，从中国输入唐三彩和邢州白瓷后，马上就造出华丽的所谓波斯三彩（多彩彩纹陶器和多彩刻文陶器）和白釉蓝彩陶器……时兴中国式样，还有叙利亚也是同样。在陶瓷方面，流行中国作风的情况，遍及整个中东地域。[4]

当然各地仿制的唐青花制品，虽然基本上采取了中国的样式，但并非原封不动地照搬，而是在当地文化传统强烈影响下，加工为具有当地的风格和色彩的制品。关于唐青花在伊斯兰国家发生影响的具体情况，汪庆正先生在《中国唐代陶瓷器对伊斯兰地区9至10世纪制陶业影响的若干问题》一文中指出：

首先是中国的白瓷对伊斯兰世界的制陶业起到了一个根本性的推动作用，因为，当地在此之前并没有白色陶瓷。在中国白瓷的诱惑下，当地的陶工开始试制白釉陶器。其办法是在铅釉中加入微量锡的氧化物，开始制造锡釉（Tin Glaze），其效果即是我们在美、英及欧洲各大博物馆所常见的那类仿唐式的不透明的白釉碗……在这类仿制中国白瓷的锡釉白陶器上，开始用钴蓝进行装饰，这就出现了伊斯兰地区的青花陶器（图一一）。这恐怕是在中国唐代陶瓷器推

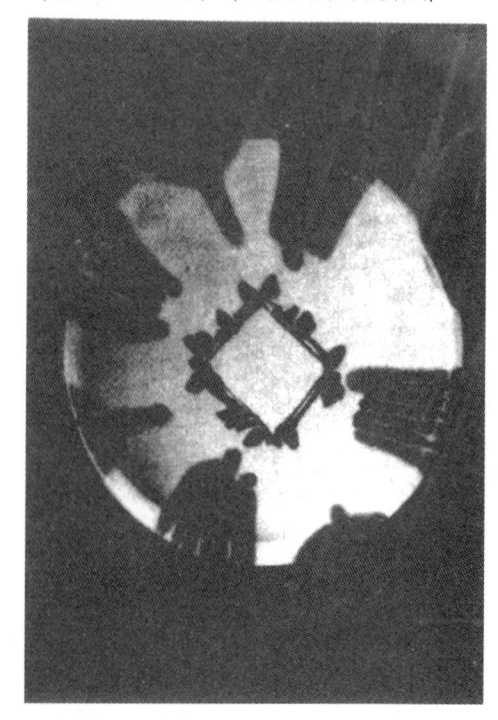

图一一　中东、伊斯兰地区8～9世纪生产的彩釉陶器

动下,伊斯兰地区制陶业的第二个大成就……伊斯兰地区的青花陶器显然是模仿中国唐青花而在白色陶器皿上用钴蓝装饰的品种,但选择了伊斯兰市场需求的图案[5]。

四、结 语

中古时代,巩县窑的唐青花跨越千山万水远渡重洋,输送到亚非各国,作为高雅华贵的商品活跃在国际贸易市场上,深受异邦各基层人士的喜爱,被视为稀世珍宝予以收藏。这种情况从英、美、丹麦等国家著名博物馆中收藏的唐青花可以看出。从实质上讲,唐青花的外销正是中国文化在国外的传播。

唐代是我国陶瓷史上一个大发展时期,巩县窑的唐青花就是在当时陶瓷烧造工艺发展提高的基础上产生的。因此,它不仅反映着当时中国先进的物理、化学等方面的科学技术知识和已达到的水平,而且显示了中国科学技术在世界上的领先地位。同时,也反映了中国先进的科学技术在国外的推广与应用,成为中华民族对世界科学和人类文明发展作出的伟大贡献。

唐青花在东南亚以及中东、伊斯兰国家的发现（被称为"花瓷"和"花釉瓷"）,表明当时巩县窑担负着出口外销陶瓷的重要任务。巩县窑正是唐青花与唐三彩制品的主要产地和主要货源。

通过中外陶瓷贸易、交流给巩县窑唐青花带来了产销两旺的勃勃生机。为了适应国际贸易市场的需求,带有异国风采的新装饰内容的唐青花应运而生。这种现象正是中国对外来文化的吸收,也是外来文化对中国文化的影响。

总的说来,巩县窑唐青花的外销活动,除大大促进了自身的发展、提高,带来巨大经济效益外,更重要的是对沟通中外人民的友好关系,活跃国际贸易,促进中外文化交流等方面作出了积极贡献。对世界文化和人类文明事业的发展起了推动作用。正如日本已故学者三上次男先生所说:"(中国)陶瓷是跨越中世纪(欧洲历史上指封建社会时代)东西世界的一条友谊纽带,同时也是一座东西文化交流的桥梁[6]。"

注 释

[1] 赵志文、刘兰华:《河南巩义白河窑址发现北魏青瓷、白瓷和唐青花瓷》,《中国文物报》2008年2月6日第2版。
[2] 王健华:《浅谈永宣青花瓷器的伊斯兰因素》,《中国古陶瓷研究》第四辑,紫禁城出版社,1997年。

［3］ 参考河南省巩义市文物保管所编《黄冶唐三彩窑》附录一，表6。科学出版社，2000年6月。

［4］ ［日］三上次男：《陶瓷之路——访中西文明的接点》页84、88，《中国古外销陶瓷研究资料》第二辑。

［5］ 以上所引汪庆正先生的文章载于《上海博物馆集刊》第九期，上海书画出版社，2002年。

［6］ ［日］三上次男：《陶瓷之路——访中西文明的接点》页90，《中国古外销陶瓷研究资料》第二辑。

（原刊于《中国古陶瓷研究》第十四辑，2008年10月）

漫谈唐代青花瓷器

张松林

中国是世界上最早发明瓷器的国家，也是青花瓷器的发源地和首创国，但是对青花瓷起源的认识一直比较模糊。最近几年，随着巩义唐三彩窑址[1]、巩义白河窑址[2]及郑州市上街区正岩公司工程项目中唐墓的发掘[3]，唐代青花瓷名正言顺登上中国古陶瓷的殿堂，越来越引起陶瓷研究界和全国各界的关注，同时又促使一批研究成果问世[4]。然而关于唐代青花瓷的有些问题也存在不同认识和盲区，在此不得不就唐代青花瓷器发现的历史进行一些回顾，并就其中的一些问题进行一些探讨，以求教各位专家。

一、唐代青花瓷的发现与定名

青花瓷是中国古代人民聪明才智和创造能力的代表之作，也是中国古陶瓷中最具民族特色的创造成果。然而中国青花瓷起源于何时？怎样产生、发展、传播，并进入成熟阶段，从而发展成元明清三代最具特色的瓷种，历史史籍中很少涉及，即使新中国成立后编撰第一本具有权威性的《中国陶瓷史》一书时，也由于资料限制，对当时已发现的唐代青花瓷片仅仅只敢按传统的认识定为原始青花瓷。具体到1975年江苏省扬州唐城遗址出土的唐代青花瓷枕残片则作如下介绍："枕面釉下蓝彩绘菱形轮廓线，菱形四角各绘一圆形略如花朵状纹，菱形线内绘一小菱形轮廓线，空间绘不规则的叶形纹饰。枕面蓝色清晰，经测试为钴矿。但这件瓷枕残片的纹饰风格和唐代传统纹饰截然不同，似与西亚地区波斯有关"[5]接着又说"中国在传统造型的器物上，绘以波斯的纹饰，是值得注意的。"

除此之外，还介绍了香港冯平山博物馆收藏的唐代白釉蓝彩三足罐。"这两件高温蓝彩器物的发现，说明早在唐代就已开始了青花瓷器的制作，比起元代景德镇成熟的青花瓷器来，那还只是处于原始的阶段。"这已是研究唐代青花瓷中最权威，最早的结论。

其实唐代青花瓷器发现时间更早，只是限于缺少史料记载以及受传统观念的限制，很多人不敢也无法认定罢了。从目前来看，首次发现唐代青花瓷是在1975年《扬州唐城遗址考古工作简报》[6]中第一次正式披露，后又于1985年在《文物》杂志公布了第二批、第三批扬州新发现的唐代青花瓷片资料[7]，另外扬州三元路工地考古调查资料也同期发表[8]。其中尤其是1985年第10期《文物》刊载的文化部文物局扬州培训中心编发的《扬州新发现的唐代青花瓷片概述》一文，首次较系统地公布了扬州唐城考古中唐代青花瓷片的资料，并首次公布了科学鉴定和研究成果，确认唐代青花瓷的存在，开创了对中国唐代青花瓷认知的基础，也引起了中国陶瓷界讨论唐代青花瓷的一次高潮。

自 20 世纪 80 年代的研究热潮之后，唐代青花瓷的发现与研究从表面上看是一直处于沉默期，考古发现报道极少，学术界的研究成果也不多，但实际上无论陶瓷界或是民间陶瓷爱好者对唐代青花瓷关注的程度并未减少，而且不断有新的发现。我们根据目前掌握资料，对唐代青花瓷有关的蓝彩器及青花瓷器情况作了初步统计（表一）。

表一 与唐代青花瓷有关的蓝彩器及青花瓷器情况统计表

序号	收藏单位	蓝彩器 整	蓝彩器 残	蓝彩器 片	青花瓷 整	青花瓷 残	青花瓷 片	合计（件）
1	陈氏陶瓷博物馆	5	1	10	2		4	22
2	鹤壁煤业集团古典艺术博物馆	4	1		1			6
3	洛阳市文物工作队		1					1
4	郑州大河古陶瓷艺术馆	1	1	5		3	2	12
5	巩义市博物馆	3		40		2	3	48
6	河南省炎黄文化博物馆				2			2
7	河北省沧州市博物馆	1						1
8	中国社科院考古所洛阳工作站	1						1
9	瑞典斯德哥尔摩远东古博物馆	1			1			2
10	新乡市拱宝斋			3			3	6
11	江苏省博物馆		1					2
12	中国国家博物馆	1						1
13	上海博物馆	1						1
14	江苏省扬州市文物工作队						10	10
15	澳大利亚华人宁志超	5			3			8
16	洛阳龙门博物馆	2	3					5
17	河北省文物考古研究所	1						1
18	中国社科院考古所洛阳汉魏古城工作队	1						1
19	江苏镇江市博物馆				1			1
20	江苏省扬州博物馆	3			3		7	13
21	江苏省扬州文物培训中心				2		3	5
22	香港大学美术博物馆				1			1
23	新加坡圣淘沙机构				3			3
24	江苏省扬州市文管会		1	2	1	2	2	8
25	南京博物院				1			1
26	安阳市收藏协会				1			1
27	河南省文物考古研究所	2		30			20	52
28	郑州市文物考古研究院			3	2		2	7
29	上海理工大学创造学研究室				6		10	16
30	丹麦国立博物馆	1						1
31	美国				1			1
32	故宫博物院	1						1
	合计	34	9	93	26	13	66	241

漫谈唐代青花瓷器 ·1041·

枕残片
1975年江苏省扬州师范学院唐城遗址出土

执壶残片
2003年江苏省扬州市老城区唐代遗址出土

碗残片
江苏省扬州市老城区唐代遗址出土

四系罐
鹤壁煤业集团古典艺术博物馆收藏

盘
江苏省扬州市唐城遗址出土

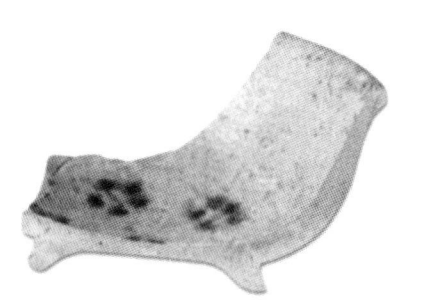

碗残片
河南省巩义市黄冶窑址出土

盘
江苏省扬州市唐代遗址出土

三足炉
河南省洛阳唐墓出土

碗残片
河南省巩义市黄冶窑址出土

盘
印尼海域"黑石号"沉船中发现

盘
印尼海域"黑石号"沉船中发现

盘
印尼海域"黑石号"沉船中发现

碗
河南省郑州市大河村古陶瓷艺术馆收藏

碗
河南省巩义市黄冶窑址出土

碗残片
河南省巩义市黄冶窑址出土

樽残片
1998年江苏省扬州市时代广场建设工地出土

碗残片
1998年江苏省扬州市时代广场建设工地出土

碗
河南省巩义市黄冶窑址出土

碗残片
河南省巩义市黄冶窑址出土

执壶
河南省巩义市黄冶窑址出土

碗残片
河南省巩义市黄冶窑址出土

罐
鹤壁煤业集团古典艺术博物馆收藏

碗残片
河南省巩义市黄冶窑址出土

罐
河南省巩义市黄冶窑址出土

盖罐
江苏省扬州市城北乡红星村唐墓出土

罐
河南省洛阳龙门博物馆收藏

四系罐
鹤壁煤业集团古典艺术博物馆收藏

高足盖罐
中国国家博物馆收藏

盖罐
鹤壁煤业集团古典艺术博物馆收藏

碗
河北省沧州市博物馆收藏

罐
鹤壁煤业集团古典艺术博物馆收藏

三足炉残片
河南省巩义市黄冶窑址出土

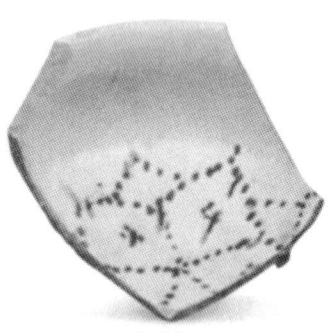

碗残片
河南省巩义市黄冶窑址出土

碗
河南省巩义市黄冶窑址出土

执壶
河南省洛阳唐代白居易故里出土

执壶
瑞典斯德哥尔摩远东古物博物馆收藏

塔形罐
河南省郑州市上街区唐墓出土

三足炉残片
河南省巩义市黄冶窑址出土

樽残片
江苏省扬州市老城区唐代遗址发掘出土

杯
河南省巩义市黄冶窑址出土

盒
河南省洛阳市东北郊唐墓出土

塔形罐
河南省郑州市上街区唐墓出土

樽
上海博物馆收藏

罐
澳大利亚华人收藏

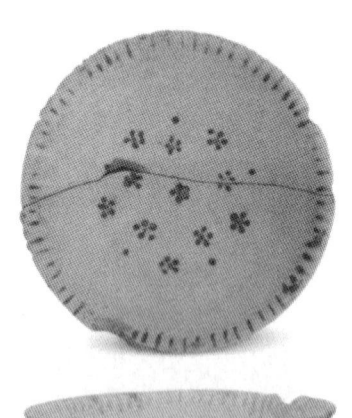

碗
河北省深州市下博村13号唐墓出土

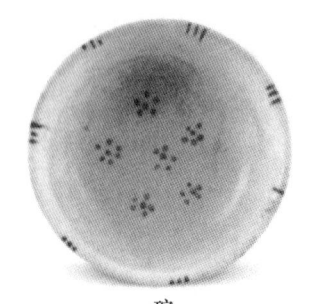

碗
河南省洛阳龙门博物馆收藏

其中，扬州市文物工作队和河南省文物考古所藏蓝彩器和青花瓷应该比公布的数量更多。

长期以来，随着收藏热、盗卖文物活动的加剧，唐青花瓷也随着唐三彩标本的大量流失而散落社会，尤其是1986年以前，仅"三·二一"案件缴获唐三彩标本达3万多件，其中不乏唐三彩蓝彩器与青花瓷片，至于由其他渠道流向社会的不一而足。

进入21世纪以后，"黑石号"沉船出水唐代青花瓷盘的拍卖，又一次引起学术界对唐青花的高度重视。国内相关的考古发掘，也逐渐廓清了人们对唐青花的认识，如：河南省文物考古研究所与郑州市文物考古研究院对巩义黄冶三彩遗址的抢救发掘，中国文化遗产研究院与河南省文物考古研究所联合对巩义市白河遗址的发掘，特别是郑州市文物考古研究院在巩义近邻的上街区中铝河南分公司工地唐代墓葬的发掘，大量青花瓷片及两个白釉青花塔式罐的出土，完全确认了唐代青花瓷的存在，并证明从唐代中期已进入成熟阶段。目前已可以正式正名为青花瓷，而唐三彩中钴料彩则应统称为唐三彩蓝彩器。

二、唐代蓝彩器与青花瓷

要研究唐代青花瓷，必须谈及蓝彩三彩器的问题。这不仅是因为三彩中有蓝彩，而且还有蓝彩应用更早，青花瓷产生较晚，它们有传承和借鉴关系。这有助于对中国制瓷业怎样认识利用钴蓝材料、怎样从唐三彩发展到唐青花以及怎样区分蓝彩器与唐青花的研究。唐三彩中使用钴蓝作为装饰手段，考古界普遍承认起源较早，但至今对其起源的绝对年代还未得到确认。我们从众多的唐代考古发掘中可以看到，出土唐代蓝彩器物数量较多，但出土唐代青花瓷器很少。唐三彩中蓝彩器出土地点有河北、江苏、河南、陕西等省，而唐代青花瓷却只有河南郑州、洛阳、江苏扬州[9]，从唐代墓葬中出土青花瓷器的只有郑州上街区正岩公司唐墓一例。

蓝彩器是唐三彩中的一种，虽然尚未发现其在纪年墓葬中出现，但从器形类比看，它出现较早，大约在唐代初期（618~683）已经产生（表二）。蓝彩器的器形有碗、罐、炉、注子、盘、盒、樽、水盂等，主要特征为使用高岭土，两次烧制，第一次先烧素坯，然后上彩罩釉复烧。一般使用釉下施彩，有的与多种釉混合使用，有的单用钴蓝彩，烧制火候较低，一般在800~900℃，釉多有流淌现象；纹饰以斑点和粗杠纹为主，还有斑块梅花、粗线条及水草纹等。

唐青花虽然出现略晚，类比结果应定于唐代中期（684~756）[10]，器形有塔式罐、盘、碗、炉、小罐、注子、枕、盆等，纹饰有水草纹、花卉纹、菱形纹、昆虫纹、人物等。

二者区别是蓝彩器为陶器，烧制温度低，吸水率高，而青花瓷器为瓷器，烧制温度高，大概在1200℃左右，一次烧成，使用釉下彩，均有晕散现象[11]。从目前已发现唐代

表二　河南唐三彩

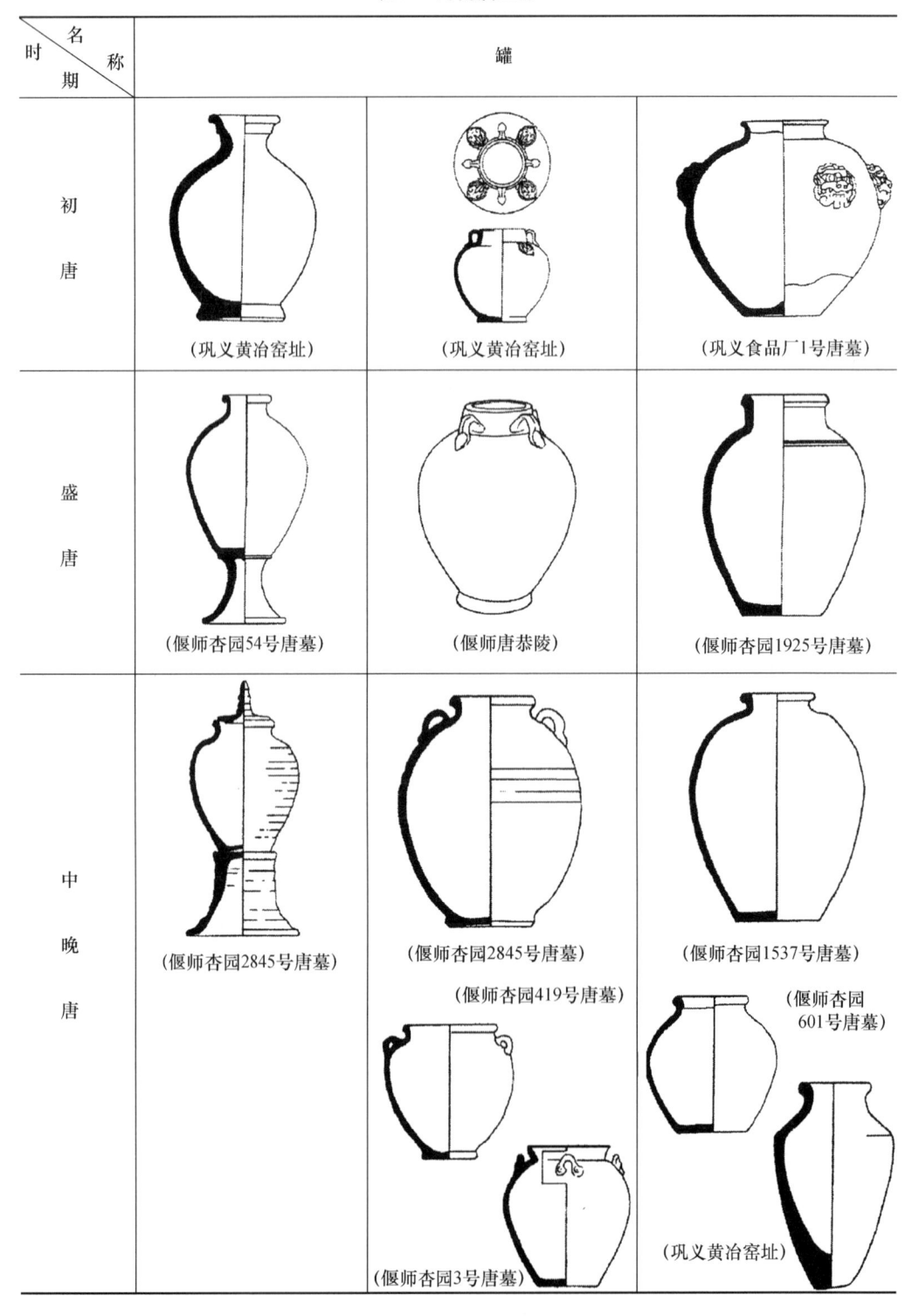

时期 \ 名称	罐		
初唐	(巩义黄冶窑址)	(巩义黄冶窑址)	(巩义食品厂1号唐墓)
盛唐	(偃师杏园54号唐墓)	(偃师唐恭陵)	(偃师杏园1925号唐墓)
中晚唐	(偃师杏园2845号唐墓)	(偃师杏园2845号唐墓) (偃师杏园419号唐墓) (偃师杏园3号唐墓)	(偃师杏园1537号唐墓) (偃师杏园601号唐墓) (巩义黄冶窑址)

青花瓷观察，其虽然主要作为外销而产生，但无论造型、纹饰或者风格，均以中国传统风格为主，仅有个别图案受外来影响。从唐代三彩蓝彩器与唐代青花瓷的对比，我们不仅可以清楚地看出其区别，同时也可对看出蓝彩器对青花器图案的影响，更可以看出唐代青花瓷装饰图案更多受波斯文化影响。

三、唐代青花瓷的研究

唐代青花瓷自1975年首次被确认已30多年了，但30多年来，唐代青花瓷迟迟没有被陶瓷界公认，原因是多方面的，特别是历史文献中缺少唐代青花瓷的记载，甚至宋元青花瓷的记载也基本不见，没有确凿的考古材料实在是很难得到公认。随着现代考古学的发展和社会的前进，我们对唐代青花瓷产生和发展的认识必会趋于多方面、全方位。

1. 唐代青花瓷产生的历史原因

中国原始青瓷已在二里头文化遗址中发现[12]，说明夏代原始青瓷的发生，郑州商城遗址[13]与小双桥遗址[14]中也屡屡发现。它经历了千余年的孕育，直到春秋战国时期制瓷中心南移，中国南北共同促进中国陶瓷的发展，但真正进入鼎盛阶段又经历了千余年，直到隋唐时期才达到第一个高潮期。

隋朝的统一以及对扬州的开发，对唐代瓷器的发展有着极大的推动作用。唐王朝的繁荣兴盛又为中国陶瓷进入鼎盛阶段提供了牢固的社会和市场基础。随着大唐王朝的兴盛，旺盛的对外贸易需求、大量波斯人及与之相关的外国人进入中国、伊斯兰民族的审美观与艺术风格的进入，对唐代青花瓷的需求促使了新的瓷种产生。钴料的进口与西方玻璃、钴彩釉陶等的影响，中国从汉代就已经发明的铁釉、铜釉陶的技术，使瓷器生产技术更进了一大步。在唐三彩使用以钴料为原材料的蓝彩器成熟的基础上发明青花瓷技术是唐代制瓷业的一项划时代的发明。

2. 唐代青花瓷产生的社会原因

中国人传统上崇尚红色、黄色、褐色等，认为黑色、白色、蓝色为不祥之色，所以民间凡在人死后无论做幡、帐、仗、棺、挽联及门联等多使用黑、白、蓝等色。而自唐代对外开放，大批中国人走向世界，同时又有大量波斯人和其他国籍的商人进入中国。尤其进入唐王朝的都城长安、陪都洛阳、商业城市扬州等地后，对中国人的审美观念、生活习惯、艺术欣赏等都产生了深刻的影响，而随着外销瓷的增加，商业利益与市场需求也引导着制瓷业的新突破，这是唐青花瓷产生的动力。

3. 唐代青花瓷产生于巩义的地理原因和社会因素

唐代是中国陶瓷自产生以来第一个鼎盛时期，此时期中国陶瓷，尤其是瓷器生产发生了质的变化，如瓷器火候的提升，一般已接近1250℃左右，瓷器的胎体用料更纯净、更细腻，尤其白瓷广泛生产，并出现了大量的装饰艺术，如褐彩、绿彩、黑彩、青彩以及唐三彩的广泛应用等，都体现了中国瓷器鼎盛时代的到来，然而为什么唐代青花瓷单单在巩义窑产生、发展与推广呢？

首先，巩县具有得天独厚的地理优势和区位优势。巩县地处嵩山北麓浅山丘陵区，西连唐王朝陪都洛阳，北临黄河。东连黄淮平原，尤其东扼虎牢关口，成为东西交流重要渠道必经之地，又处东西大运河浚仪渠之重镇，水陆交通便利，又有洛阳这个大都市作支撑是重要的条件。

其次，具有丰富的水利和矿产资源，巩县北临黄河，境内除了洛水贯穿之外还有汜水、罗水、洪河、白河等河流和无数山泉，地下有丰富的煤炭资源，山上有丰实的森林资源，还有极为丰富的瓷土和各种釉土矿，虽然目前尚不能证明唐代已使用煤炭作为烧制瓷器的燃料，但山林资源，尤其乔木与灌木资源之丰富是足可以供制瓷燃料使用的。

第三，巩县历史上就具有良好的匠作传统，夏商周时期这里为太康失国之都和复国之后斟鄩之都，除冶铜、制骨、制玉传统有待考古证实之外，我们已知汉代河南郡第三冶铁作坊即在巩义铁生沟，其规模和工艺先进性居全国之冠，而制陶传统可追溯至7000年前，裴李岗文化时期之蛋壳陶为中国之首。北魏迁都洛阳之后，又特别重视巩县，第一个佛教石窟即在巩县开凿，尤其在白河窑发掘中还发现汉至北魏窑址，更可说明其制瓷传统悠久。

第四，巩县是汉唐丝绸之路和海上陶瓷之路的源头所在地，具有良好的国内外信息交流和商业渠道，贸易的需求和科技的发展促进巩县制瓷在国内外占据领先水平。

第五，国家统一、强盛，对外交流带来的信息，新需求的促进。

4. 唐代青花瓷产生的生产力水平和技术基础

从大量考古发掘资料表明，中国古代人们的认识和利用高岭土的时代较早。从河南新石器时代仰韶文化考古中，先从巩义水地河遗址[15]、长葛石固遗址[16]等出土有6000年前的白陶制品来看，高岭土用于制陶，虽然生产器形不大，多为杯、环等，但已足以表明6000年前的人们已认识和能够利用高岭土的事实。从6000年前使用高岭土制作白陶，经过2000年不断发展，到偃师二里头文化遗址发现原始青瓷尊[17]，是中国瓷器逐步走向成熟，成为中国陶瓷史上划时代的发明，它表明瓷器正式从夏代中期以前产生。从二里头文化遗址发现原始青瓷，经商代[18]、周代不断发展[19]，到了汉代以后，中国陶瓷脱离了原始瓷阶段，而目前考古中从巩义白河瓷窑遗址出土的北魏青瓷、白瓷再次证明了这个推断[20]。

唐王朝重视经济、发展生产及实行开放政策，极大促进了中外经商。社会对瓷器的需求与雄厚技术积淀使唐朝青瓷、白瓷得到突破性发展，同时大量白釉褐花、白釉绿彩、白釉贴花瓷器及三彩器异军突起。唐代青花瓷正是在这种深厚的技术支撑下随着社会的需求应运而生的。

5. 唐代艺术对唐青花瓷的影响

唐代不仅是中国历史封建社会发展的顶峰时期，也是艺术发展的巅峰。从传统的绘画作品和佛教造像、壁画上可以看出唐朝艺术成就之一斑。唐朝社会登峰造极的艺术也对陶瓷艺术产生极大影响，其结果就是瓷器领域出现造型多样化的器形：宝塔形、鸭形、凤首、鸡首、龙首形器物层出不穷[21]，国外的一些器物造型也不断被使用。反映在装饰艺术上就是除了大量花卉图案、草木植物图案、昆虫图案等应用，以人物为主的绘画艺术也在瓷器装饰图案中应用。白釉青花塔式罐上手持曲棍球棒击球图案的出现，正是唐王朝人物纹盛行的反映和写照。

6. 宗教对唐代制瓷业的影响

陶瓷自它产生起就受社会、政治、风俗等因素的深刻影响，同时在宗教产生以后，也与宗教发生有着千丝万缕的联系。唐朝儒、道、释三教并行，尤其从武则天掌权以后佛教大盛，佛教对社会生活各个方面产生着重大影响。又因波斯人大量进入中国，伊斯兰文化等都对瓷器生产发生重要影响，所以唐朝以后陶瓷器中大量出现净瓶、魂罐、塔式罐等。上街正岩工地唐墓中出土的唐代白釉青花塔式罐正是受佛教和伊斯兰教综合影响的产物。从器物造型看，塔式罐是典型的佛教用品，而青花习惯与花卉装饰则是具有大量伊斯兰的风格，这两件东西结合在一起，加上击打曲棍球的人物图案使之成为中国传统体育项目的杰作。积多种因素于一身，使青花塔式罐成为中国历史文化遗产宝库中极为难得的珍宝。

四、唐代青花瓷的年代与成熟期的确定

从目前考古发掘情况看，除黑石号沉船的唐代青花瓷外，其他所有考古发现及民间收藏均无确切年代。巩义黄冶唐三彩遗址的发掘，也仅仅是根据地层叠压关系和器物类比作了相对年代推定；巩义白河瓷窑遗址发掘收获颇丰[22]，遗存从汉至唐，但大部分资料没有公布，从已公布材料看，仅讲"圈足碗内的菱形花卉纹饰，与江苏扬州唐城和印尼黑石号沉船出土的唐青花装饰完全相同"，绝对年代也没有判定，郑州上街正岩公司工地唐墓出土的两件白釉青花塔式罐，也因该墓没有文字资料可供参考，只好定于唐代中晚期。至于收藏机构和个人手中的唐代青花瓷标本，就只能判断相对年代。

目前已见唐代青花瓷均无可以确认绝对年代的直接证据，但从一些纪年墓内出土的同类器物与印尼黑石号沉船打捞出的同类器物的造型、纹饰进行类比，应该还是可以基本确认其比较准确的年代。首先是印尼沉船中发现长沙窑生产的瓷器上有"宝历二年"题铭[23]，而巩义市北瑶湾村唐代蒋华墓内出土墓志载其墓于元和十年（815）[24]，该墓出土有两件三彩塔式罐，造型与唐青花塔式罐特征相近，所以我们讲郑州上街正岩公司唐墓出土青花塔式罐的年代应定在815年前后，而其纹饰与黑石号出土瓷盘进行类比，其制作水平、菱形纹装饰在唐代青花瓷上的出现应不晚于宝历二年（826），这说明唐代青花瓷至少在815年前已进入成熟阶段。

五、唐代青花瓷的创烧与传承

唐代青花瓷创烧年代至今仍未确认，但从世界闻名的唐三彩器物群中的蓝彩器可以发现一些线索。学术界公认，唐三彩于隋代开创先河，唐三彩中大量钴蓝的使用是青花用于白釉彩瓷的先决条件，钴蓝彩在唐三彩中大量的应用，以及它的沉稳、清净、高雅、悦目等特征更得到社会和外销支持。另一方面，白釉瓷器的日益成熟又是唐代青花瓷产生的基础。白釉瓷器的大量生产和走向成熟，到唐代中早期阶段已远不能适应社会发展和人们的审美与外销要求，大量铜绿釉、铁褐釉、黑釉、蓝釉用于白瓷的装饰，使洁白如玉的白瓷熠熠生辉，相得益彰，很快形成规模，大量问世，既满足了大唐盛世日益增长的社会需求，又促进了对外贸易。彩瓷作为新的瓷种走向全国，走向世界，尤其是钴料青花瓷更融合了波斯人的生活习惯和审美观念。

虽然唐代末期社会大动荡影响了外销渠道，钴料来源也受到制约，但青花瓷并未停止发展。1957年浙江省龙象县金沙塔塔基发掘中，曾在宋代夯土层中出土13片青花瓷片，因塔基砖上带有铭文"太平兴国二年"（977），原报告明确判定为宋代青花瓷[25]，据业内人士透露，好像说该塔明代重修过，青花瓷应为明代遗物。不过最近郑州市文物普查时，发现有从新密西关窑采集的青花产品，经有关专家鉴定，确认是宋青花。大量资料证明唐代末期未因社会动乱，钴料来源受限而限制青花瓷的烧造，但并未停烧。正是经唐宋数百年积淀，宋代进一步完善烧造技术，元青花在社会气候适应时得到突然释放。

六、唐代青花瓷与巩县窑

唐代青花瓷确定为河南巩县（现巩义市）窑生产，从考古发掘资料证明是确实无误了。但巩县窑分布范围广，面积大，有黄冶唐三彩窑、白河窑、铁匠炉窑、水地河窑等，到底是全部巩县窑都生产青花瓷，还是一个、两个？它们之间的联系是什么？有什么差别？都应有一个明确答案。

从数年连续对巩县窑、黄冶唐三彩遗址、白河瓷窑址的发掘情况看，目前已确认生产青花瓷的有黄冶三彩窑、白河窑。另外据文物收藏线索，20世纪80年代中期曾于铁匠炉采集到唐代青花瓷片标本。那么，巩义窑中已有三处窑址内生产唐代青花瓷了。除去铁匠炉窑中采集标本不明外，经对巩县黄冶唐三彩窑和白河窑中出土的唐代青花瓷标本进行观察、分析和类比，我们发现白河窑烧制的唐代青花瓷比较精细，瓷胎比较薄，胎土细腻，火温比较高，可能达1250℃以上，主要为生活用具，器型为碗、盘、碟、执壶等。黄冶窑烧制的唐代青花瓷略粗糙，胎较厚，瓷胎杂质较高，火温略低，大概在1200~1230℃左右，器型有碗、盘、壶、塔式罐等。从器表施加透明釉情况看，白河窑唐青花瓷表面透明釉清亮，较薄；黄冶窑青花瓷表面透明釉混浊，釉层较厚。从青花颜色看，白河窑青花色彩较鲜亮，而黄冶窑青花色彩较深，略泛黑色结块。从扬州出土唐青花瓷中绝大部分应为白河窑产品，少量碗和盘应为黄冶窑产品，而郑州上街铝业公司工地出土的青花塔式罐应为黄冶窑产品，这是我们初步观察的一些印象。

七、上街正岩公司唐墓主人的身份问题

唐青花瓷器正式通过科学发掘出土的已经较多，但真正以科学发掘从墓葬出土的只有郑州上街区正岩公司工地一例。这次发现不仅具有突破性意义，而且有许多疑问值得探讨，诸如塔式罐墓主人的身份，与唐代佛教、伊斯兰教及外贸的关系，丝绸之路中陶瓷器的地位等。

郑州上街区正岩公司唐代墓葬是一座土洞式小型墓，骨架虽已腐朽，但仍可看出这是一座单人单棺的墓葬，墓主人性别无法鉴定，身份显然不高。埋入与佛教以及伊斯兰教有关的青花塔式罐，显然非一般从事农业生产的平民，因为一般平民既不欣赏青花瓷，也买不到青花瓷。如果是佛教徒，则应火化后将骨灰装入塔式罐中，而青花塔式罐中并没有装入骨灰；如果是伊斯兰信徒，一般都没有陪葬品，但该墓却陪葬有5件瓷器；如果是商人，则不会把如此珍贵的青花瓷放入墓内。所以最有可能是制瓷工匠，他的儿孙把一对他的得意之作和另外三件白釉瓷罐作为陪葬品埋入墓内，是很有意义的纪念和追思。所以，我们推测该墓应为颇有造诣的制瓷工匠。

八、唐代青花瓷器的市场状况与外销

唐代青花瓷器的国内市场状况与对外销售虽然不见于史书记载，但可从考古发掘资料和其他形式的出土情况发现些线索。

从国内考古情况看，唐代青花瓷出土地点有郑州、巩义、洛阳、安阳、扬州等地；国外主要为"黑石号"沉船所见资料。国内出土唐青花瓷地点中，扬州应列入外销瓷范畴，巩义主要为唐代青花瓷出产地。从目前掌握资料情况看，可以分四种情况：①在

巩义市主要是从唐代瓷窑址中出土唐代青花瓷，是烧制瓷器中遗弃废品和残损器的遗物；②在郑州、新乡、洛阳、安阳等地出土的唐代青花瓷是市场流通中的遗物；③在扬州出土唐代青花瓷中既有外销又有国内市场消费的因素；④在"黑石号"出土的唐代青花瓷，则纯属外销瓷的遗物。从考古资料看，唐代青花瓷的市场流通与外销的范围应远远高于我们目前的认识，它与唐三彩、唐代其他陶瓷器一样，在国内市场和国外市场中占有重要份额，同时应有更为丰富的遗存[26]。

九、曲棍球图考略

郑州市上街区正岩公司施工工地考古发掘中，从一座唐代土洞墓内出土一对唐代青花瓷塔式罐和三个白釉瓷罐。其中，一件上绘有一幅"一人物手持曲钩状棒，前下方绘有一球状物"的图形，我们初步定为曲棍球图。有许多人提出异议，"认为现代曲棍球运动起源于19世纪初的美国，于1908年才被奥运会正式定为比赛项目，1928年成为固定比赛项目，1980年在其基础上又增加了女子项目，而从历史文献上看多数人还是认可起源于波斯的说法。"经查阅资料，曲棍球起源时代久远，起源地点多，是世界各民族早期先人们创造的一种原始娱乐活动（我这里用活动而非运动）。埃及金字塔和古希腊的壁画中就有类似曲棍球比赛的图像。中国唐代以前从敦煌石窟内发现就已流行步打球，其运动方式和当今流行的曲棍球相近。

曲棍球是一种很古老的运动，距今应有数千年历史了。这种运动取材方便，场地不限，随时随地只要有兴趣即可，人员数量限制也不论，尤其从新石器时代考古中出土的石球，除了狩猎所用索球外，恐怕也有用于步打球的可能，另外可能还有木球或皮球，只不过与曲棍棒一样全部腐朽而无法见到。曲棍球的发明人是谁，显然已无法考证，但远在新石器时代可能已经产生，它成为中国古代人民、印度人以及波斯人所喜欢的运动。所以柏林体育出版社1981年出版的专著《曲棍球运动》记载"距今2697年前，中国军队中的士卒就用曲棍球进行比赛"，这已是春秋时期的事了。在历经1000多年后，由于大量佛教石窟壁画的产生，从甘肃敦煌等石窟壁画及流失到日本古都奈良正仓院北仓的一条隋唐时期花毡上，也织有一幅儿童在作步打球的形象。

唐代有关步打球的记录在史籍中也不乏见到，其在唐代已成为很普遍的宫廷活动。《全唐诗》卷804载女诗人鱼玄机写《打球作》："坚圆净滑一星流，月杖争敲未拟休。无滞碍时从拨弄，有遮栏处任钩留。不辞宛转长随手，却恐相将不到头。毕竟入门应始了，愿君争取最前筹。"另有唐代宗大历十年（775）考取进士的王建也作了一曲宫词传门，描述宫女们打步打球的活动，词中论："殿前铺设两边楼，寒食宫人步打球，一半走来争跪拜，上棚先谢得头筹。"《北梦琐言》中曾记载唐僖宗即为"精于步打"。而唐代步打球传入日本，除文字记载外，日本奈良东大寺佛殿西北的正仓院北仓中，保存有两条各长2.36、宽1.2米的花毡，中央各织着一儿童，周围织着花朵，一儿童左手持弯曲球杖作接球状。这就是最直接最形象的唐代曲棍球存在的证据。

唐代盛行步打球，巩县窑又处大唐陪都近郊，曲棍球在民间也有相当市场，正是如此，当时盛行的活动才能够在唐代白釉青花瓷塔式罐上出现。从青花塔式罐图案观察，我们过去认为这是一儿童持钩状图，下有一圆球，作击球状。但经认真考虑和思考，我们认为还是应该按我们最初的判断，图案虽然很小，却不是幼童，应为成年人。该人束发，身着胡装，腰束丝涤，足着运动靴，右手持曲头球棒，左手外摆，右下前方一圆球，描绘出了左右两手正要合力持棒击球的瞬间动作，生动、逼真、形象，是难得的步打球——曲棍球运动图。多方面证据证明唐代曲棍球应已是一种很普遍的运动项目，是上至皇帝和达官贵人，下至民间百姓都喜爱乐见的运动项目。虽然目前唐代青花瓷仍很少见，但郑州上街区正岩公司唐墓中出土的两件青花塔式罐中即有一件绘制了步打球图案，反映了唐代制瓷业高超的艺术造诣和当时人物画对制瓷装饰艺术的影响，进而反映唐代青花瓷到唐中晚期已进入了成熟阶段，这应是最好的说明。

十、唐代青花瓷的鉴定

1. 市场上流传的唐青花赝品

几年来，唐代青花瓷一经确定和公认，文物市场中立即有仿制青花瓷出现，尤其令人不能容忍的是赝品充斥市场。这些赝品制作手法多样、品质低劣，但却迷惑了不少爱好者和收藏者，不能不引起注意。

仿制手法有：①旧胎新作：即用唐代窑址找到的未挂釉残坯绘彩、挂釉烧制后作旧；②仿制：仿制唐代小碗、小罐或三彩器；③主观臆造：近年来，一些作假者根据唐代三彩蓝釉器和瓷器的各种造型，移花接木，七拼八凑臆造出一些不伦不类的器形，诸如变形塔式罐等。尤其是马、骆驼、人物是至今未见有施蓝彩的，而现今市场上这些都出现了。④新器作旧：随意造出一些不伦不类的器物，作旧后骗人等等。

造假之风盛行，不乏有人动辄数十万元买下假东西，其中河南某市有位建材老板，先后花去2000多万元买了一批"宝贝"，竟无一件真品。另有一位收藏爱好者，在他听说唐青花瓷确实存在后，先后从各种渠道花巨资收藏了10多件唐代青花藏品，据说有专家出具的鉴定书，还有鉴定机构出具的热释光年代测定书，结果从一位学者手中见到照片后，经仔细辨认，这些藏品基本无一真品，另外还有很多例子，在此不再赘述。这些教训沉痛，不能不引起世人注意。

我们有许多人是搞考古和研究的，平时接触的都是有明确出土层位的真东西，对鉴定并不在行，而且对作假手段很不了解，所以建议考古工作者不要给别人鉴定文物，更是不能给别人出具鉴定书，以防造成伤害别人、贻害社会，助长作假的事。

2. 如何鉴定唐青花

　　唐代青花瓷传世珍品很少，蓝彩器也不多见，完整的器物就更少了。所以，郑州上街正岩工地唐代墓葬出土唐代青花塔式罐，应该是陶瓷考古的一个重大考古发现。但由于考古学科的特殊性，发掘资料未公布前不得对外展示，所以会引起个别收藏者猜疑。最近一位唐青花研究学者见面后直问真假，使我感到甚为诧异，他进而还说有人讲此对青花塔式罐为做假者预先埋入，想欺骗世人等。我作为该墓发掘主持人，有必要做一澄清。该墓位于郑州正岩公司上街工地，同时遗存还有很多古墓葬。根据考古发掘规程，考古发掘前已正式进行文物勘探，发掘前订立有严格的考古保护与工作程序，针对基本建设中的考古发掘，钻探前施工用地已圈好围墙，与基建和考古无关人员根本进入不了现场，考古发掘开始后，我们按现场墓葬分布次序逐个进行发掘。因考古发掘后基建单位要盖房子，所以采用大揭顶方法进行。发掘开始先揭去表土层，寻找墓道开口和查找墓室上方扰动情况，经认真清理，不仅墓道无任何扰动，而且墓室上方与扩方范围无任何盗扰。由于墓葬经千余年雨水和其他水渗入，墓室已完全为淤积土填实。且发掘中逐层清理淤土，淤积层理清晰，也无任何扰动，墓室内遗物完全为淤土掩埋。清理后，绘图照相，每件器物当天即入库珍藏。

　　这些器物先后经袁南征、耿宝昌、王莉英、叶培兰、刘兰花、冯小琦、赵青云、孙新民诸先生进行详细观察研究，确认为唐代青花瓷无疑。目前，唐青花仿制水平尚不高，可以从瓷胎、釉色、图案、钴蓝成分以及造型等方面去深入观察，多到收藏单位看真品，反复地比较。千万不要相信一些奇异器物，尤其是至今从青花瓷和蓝彩器中尚未发现有动物俑和人物俑等。还要说明的是墓葬与窑址中因出土环境不同，土渍情况又不相同，即使从墓葬中出土的器物也因被土掩埋或没有被土掩埋，而且埋藏时间的长短不尽相同而有所差别。

注　释

[1]　刘兰花:《新识唐青花》,《文物天地》2004年第8、9期。

[2]　赵志文、刘兰花:《河南巩义白河窑》,《2007中国重要考古发现》,国家文物局主编,文物出版社2008年。

[3]　郑州市文物考古研究院:《郑州上街正岩公司唐代墓葬发掘简报》,《文物》2008年特刊。

[4]　张松林、廖永民:《郑州上街区唐墓出土青花罐初探》,《收藏》2008年第5期;王蔚波:《浅析河南唐青花与蓝彩器的造型与装饰》,《收藏界》2008年第6期。

[5]　中国硅酸盐学会编:《中国陶瓷史》,文物出版社1982年。

[6]　南京博物院等:《扬州唐城1975年考古工作简报》,《文物》1977年第9期;《扬州市郊出土一件唐白釉蓝彩盖罐》,《文物》1977年第9期。

[7]　文化部文物局扬州培训中心:《扬州新发现的唐代青花瓷片概述》,《文物》1985年第10期。

[8]	扬州博物馆：《扬州三元路工地考古调查》，《文物》1989年第10期。
[9]	顾风、徐良玉：《扬州所出土两件唐代青花碗瓷片》，《文物》1985年第10期；马福坤：《扬州发现的一件唐青花瓷片》，《文物》1985年第10期。
[10]	张松林、廖永民：《河南唐三彩与唐青花》，科学出版社2000年第二版。
[11]	张浦生：《青花瓷器鉴定》，北京图书馆出版社1995年。
[12]	中国社科院考古所二里头工作站内部资料。
[13]	郑州市博物馆：《郑州市铭功路西侧的两座商代墓》，《考古》1965年第10期。
[14]	郑州市文物考古研究院：《郑州引黄入郑管道工程考古资料》，2003年6月，尤其2007年在郑州市区考古中又发现一件完整的青釉瓷尊。
[15]	张松林：《河南巩义水地河遗址发掘简报》，《郑州文物考古与研究》，科学出版社2003年。
[16]	河南文物研究所：《长葛石固遗址发掘报告》，《华夏考古》1987年第1期。
[17]	中国社科院考古所二里头工作站内部资料。
[18]	郑州市博物馆：《郑州市铭功路西侧的两座商代墓》，《考古》1965年第10期。
[19]	洛阳市文物局等《洛阳出土瓷器》，河南美术出版社2005年。
[20]	赵志文、刘兰花：《河南巩义白河窑》，《2007中国重要考古发现》，国家文物局主编，文物出版社2008年。
[21]	张松林、廖永民：《河南唐三彩与唐青花》，科学出版社2000年第二版。
[22]	同［20］。
[23]	谢明良：《记黑石号（BaTu Hi-tam）沉船中的中国瓷器》，台湾大学美术史研究集刊编辑委员会《美术史研究集刊》，台湾大学艺术史研究所2002年发行。
[24]	河南省文物考古研究所等：《巩义市北瑶湾汉晋唐五代墓葬》，《考古学报》1996年第3期。
[25]	浙江省博物馆：《浙江两处塔基出土宋青花瓷》，《文物》1980年第4期。
[26]	张松林、廖永民：《唐青花的兴衰、外销及其在国外的影响》，《中国古陶瓷研究》、紫禁城出版社，2008年。

（原刊于《收藏家》2009年第2、3期）

郑州市上街区唐墓出土青花罐初探

张松林　廖永民

郑州市上街区峡窝镇西距巩县窑约 19 公里，2006 年 10 月，该镇以西 4 公里的 7 号唐墓出土了两件青花瓷罐（图一、图二）。这两件青花瓷罐是目前国内外所见工艺最复杂、最精湛，器形最大的完整唐代青花瓷精品。器表装饰的蓝彩纹样有多种为新面世品种。这一重大发现于 2007 年 11 月在昆明召开的中国古陶瓷学术年会上发布，立刻引起与会国内外古陶瓷专家的注意，大家为之振奋。会后不久，耿宝昌会长及王莉英、袁南征、孙新民等副会长先后到郑州市文物考古研究院对实物进行观摩、研究（图四、图五），都给予很高评价，认为这两件青花瓷完全符合学术界公认的青花瓷标准。即：必须是白瓷；以氧化钴为蓝彩呈色剂；釉下绘彩在高温下一次烧成。他们一致认为，这是中国古陶瓷史上一个激动人心的重大发现，借此足以对我国制瓷史的认知体系进行调整和重新认识。

图一　出土唐青花罐之一　　　　图二　出土唐青花罐之二

这里，有必要回顾一下以往有关问题：

（1）对青花瓷的起源问题学术界存在着分歧。一部分学者不承认唐青花的存在。还有人提出元代说，认为"唐代青花瓷都是唐三彩中珍贵的纯蓝彩器，属于陶器，青花瓷应始于元代"。另有一部分人依据1957年和1970年浙江两处宋代塔基下分别发现的两只青花碗与10多块青花瓷残片，持青花瓷起源于宋代说。还有一种观点，虽然承认唐青花的存在，但把巩县窑初唐晚期开始烧造的唐青花的前身——白釉蓝彩器归为唐青花。这种白釉蓝彩器的烧成温度一般在1000~1200℃，只是一种低温瓷。除上述不同观点外，还有青花瓷中国起源说和外来技术影响说的争论。

（2）唐青花的几次重要发现。1998年，印尼海域一艘被称为"黑石号"的9世纪初阿拉伯沉船中发现了3件唐青花瓷盘，船中还发现了长沙窑生产的带有唐"宝历二年"（826）题铭的瓷器；1975年至1983年间，江苏扬州市中唐时期的文化遗址中出土唐青花瓷残片以及完整或可修复的白釉蓝彩器。以上两次重要考古发现，解决了唐青花的相对生产年代、贸易市场及出口到海外的航线、外销地区等问题；2002年至2007年巩县窑址的考古发掘，找到了包含唐青花执壶、碗、盘、盒、枕等器物残片的文化层，解决了唐青花的产地与层位关系问题。以上每一次重要发现，都曾在海内外学术界引起轰动，同时将唐青花的研究工作向前推进了一大步。这次郑州7号唐墓出土的两件青花罐，不仅是目前国内首次发现的有明确出土地点、时间和出土单位的完整器，并且是一种新器型，装饰纹样也有多种前所未见的。这次发现在唐青花的研究方面为我们拓宽了视野，扩展了新的思路。当前，海内外有关学者和唐青花爱好者都抱有一个愿望，就是由中国古陶瓷学会与有关单位学者召开一个"唐青花专题研讨会"。

一、7号墓的形制、随葬品与墓主身份问题

7号墓为一竖穴土坑墓，南北向，由墓道、甬道、墓室三部分组成。墓道较宽，甬道塌陷，长方形墓室。此墓平面基本呈梯形，总长7.8米，墓道窄处约1米，最宽处约2米，墓底距地面6.1米。人骨与葬具均朽为粉状，已看不出葬式。随葬品散置于墓室底后部的东西两侧。除两件精美的青花塔式罐外，另有3件大小不一的白釉素面瓷罐（图三）。据负责该墓清理工作的郑州市文物考古研究院汪旭先生介绍，两件塔式罐出土时器体与托座已分离，但未损毁，分布在墓室东侧。

图三　郑州市上街区7号唐墓随葬品分布

从此墓的规模与形制看，属于小型墓葬，是豫中、豫西地区唐代常见的墓葬形制。墓主一般为社会地位较低下的平民。但从此墓随葬品的组合、品类看，显然不合乎当

图四　中国古陶瓷学会会长耿宝昌、常务副会长王莉英对唐青花罐进行考查　（摄影　蔡　强）

图五　河南省古陶瓷学者孙新民、张松林、廖永民等对郑州出土唐青花罐进行探讨　（摄影　李慧明）

时的一般风尚习俗。如当时随葬品中常见的牛车、男女俑、猪、狗、鸡、鸭等动物俑或井、杵臼等模型在该墓中都未见，也不见唐三彩制品，却随葬一般被认为是佛教珍贵用品的塔式瓷罐。此外，还随葬3件日常实用的白釉素面瓷罐。由此特殊现象，我们有理由认为墓主并非一般平民，有可能是一位佛教信奉者，或从事佛教事务活动者。还应考虑到，唐代青花瓷是销往中东地区伊斯兰国家的一种外销瓷，因此也不排除墓主是从事外贸活动，往来于中东伊斯兰国家的经商人员。当时，唐王朝尽管大力倡导对外开放政策，国内经济迅速发展，对外贸易繁荣昌盛，但从事贸易经营的商人身份和社会地位并不高，按当时的丧葬制度，这类人死后葬以小型墓亦属情理。

关于7号墓的埋葬年代，单从该墓形制看不出比较具体的埋葬年代，只能从随葬5件器物的时代特征加以判断。塔式罐作为一种佛教用品，最早出现于我国南北朝时期的北方，正是佛教盛行之时。隋末唐初的塔式罐，形体粗矮，多以模制兽面贴花为装饰（图六）。盛唐至中唐早期，流行低温釉陶三彩塔式罐，罐体变得瘦长，不见模制贴花装饰，但整器结构更复杂化（图七）。这件三彩塔式罐出土于巩义市北窑湾村一座有纪年的唐墓，墓主薛华，葬于元和十年（815）十月十七日，单就此器整体造型看，跟郑州上街区7号墓出土的2件青花塔式罐基本相同，仅托座不同，三彩罐托座为莲瓣形，青花罐托座为碗形。由此可以认为二者大体应是同时期的产品。就是说，这两件青花罐的生产时间可定在8世纪末至9世纪初。另从郑州上街区7号墓出土的3件白瓷罐的造型特征看，体形较粗矮、小平底，具有盛唐时期同类器的特征。这样，7号墓的埋葬时期也就大体上定下来了。

图六 巩义市食品厂1号唐墓出土白瓷兽面
　　　贴花罐

图七 巩义市北窑湾18号唐墓出土
　　　三彩罐

二、青花瓷罐的制作工艺、造型与装饰

　　从制作工艺看，这两件青花瓷罐是当时工艺复杂、制作难度较大的产品，器盖、器体、托座与圈足都是分别制作，然后黏结为一个整体。这种组合体产品一般器形较大，要求每个部件都大小适宜、尺寸严密、粘结牢固，保证整体的协调一致和器形端正。这两件青花瓷罐都已达到合格水准，无可挑剔。

　　两件青花瓷罐的造型基本相同。器盖呈覆碟形，盖纽呈宝塔形。器体为敞口、圆唇、直颈、圆肩、弧腹、平底。下为碗形托座，托座下为喇叭形圈足。只是其中一个的肩部有两道凸弦纹（图一），而另一个的肩部只有一道凸弦纹，圈足上部又有一道凸弦纹，似形成一周折棱（图二）。均为瓷质，烧成温度较高，胎呈乳白色，胎质细腻。周体罩白色透明釉至圈足下部，釉层均匀，釉色洁白而有光泽，无脱釉现象，但部分器面稍泛黄。器盖、器体肩腹部均釉下绘蓝彩纹饰，蓝彩浓淡不一，浓处呈深蓝色，可见细小黑色斑点，淡处呈浅蓝色，不见晕散现象。两器的尺寸与所绘蓝彩纹饰各有不同：图一盖纽顶部绘"卍"纹，纽的周边绘对称草叶纹。器体肩部绘蔓草纹，腹部绘束花纹、牡丹纹、草叶纹和童戏纹，幼童手拿弯钩状长物，下有一圆球，作击球状。器通高44厘米。

M7:4，盖纽顶部绘草叶纹，纽周围亦绘对称4个草叶纹。器体、肩部绘牡丹纹、蔓草纹、草叶纹，另绘对称两只飞虫，虫体枣核形，双须双翅，看上去似蜂似蝶。通高44.2厘米。

三、艺术风格

两器造型浑圆丰满，端庄朴实，加之制作规整精细，釉色光洁莹润，蓝彩鲜丽朴素，充分显示了清秀雅致、雍容华贵的特色。装饰纹样新颖别致，简洁明快，格调自由舒展，形成自身独具的艺术风格，成为实用与美观高度结合的典范。

巩义市以东约8公里的巩县窑是唐代生产白釉蓝彩器和唯一烧造唐青花的窑场，毫无疑问，这两件青花塔式罐即巩县窑所产。唐青花与唐三彩都是巩县窑在国内外享有盛誉的产品，犹如异军突起的两朵并蒂莲花，二者相互借鉴，相互促进，并驾齐驱，各显风光。这种复杂造型的塔式罐也见于此窑生产的三彩器。二者不仅造型结构与制作工艺基本相同，而且都强调整体美和形体的规范化，富于个性，富于变化，但器表装饰的艺术风格差异非常明显，各有自身鲜明的个性特征：青花罐器表洁白、莹润，纹饰用彩只有蓝色一种，装饰手法只用绘画技法，花纹简约、清秀、明快、用笔细致，轮廓清晰，整体给人以超凡脱俗之感；三彩罐则器表色彩鲜艳，斑驳陆离，蓝、白、绿、红、黄、青、赭等杂色并陈于一器，饰彩手法则不用描绘，而是采用点、抹、洒、涂，还巧妙运用彩料流动和呈色深浅不一的特性，创造出色彩复杂多变、自由搭配的不同纹样。另有不同的是：青花罐为瓷质，胎质坚固耐用，不渗水；三彩罐为低温釉陶，胎质疏松，有渗水性，易损毁，因而实用性较低。两者相比，青花罐在实用性和艺术性相结合上明显更胜一筹。

四、继承与创新

巩县窑成功烧制的唐青花，作为我国第一代青花瓷，应该说它是一种时代产物，或者说它是文化艺术与陶瓷工艺技术持续发展的产物。首先，唐青花是在烧制高质量白瓷和釉陶传统工艺技法的基础上产生的。隋唐时期，陶瓷业得到空前的发展。当时巩县窑烧造的白瓷被认为是我国北方最早出现的精细白瓷之一。近年来巩县窑的考古发掘也进一步证明，从北魏时期到晚唐时期，此窑场一直在烧造白瓷，白瓷的生产显然为唐青花瓷胎的生产工艺打下了基础。工匠们在长期烧制低温釉陶唐三彩制品当中，对各种材料、釉料的化学组成与调配，特别是各种彩料的呈色机理以及焙烧技法加以熟练掌握和运用，从而成功烧制出蓝、黄、绿、白、赤、酱等不同的色彩。其中特别是对蓝彩色料——氧化钴性能的熟练掌握和应用，为制作唐三彩制品与唐青花制品，在彩料和釉料的选择、加工方面准备了必要条件。

据初步研究，郑州7号唐墓出土的这两件青花罐，从胎料、釉料、彩料的选择、加工、调配到制坯、器形设计、粘接，再到绘彩施釉、晾干至入窑焙烧、火候掌握等整个工艺流程都非常规范、精细，不仅显示了工匠们娴熟的技艺，也显示了当时制瓷业已达到的最高水平。两件青花瓷罐生动地表明了唐代制瓷业的革新技术与大胆创新得益于工匠们敏锐的市场意识，显示出他们能够根据市场需求进行新产品的开发。正是这种勇于创新的精神为巩县窑在中国陶瓷史上争得了重要地位。

此两罐作为主体纹样是花卉纹、童戏纹和水藻纹、束花纹等，作为辅助纹的是蜂（蝶）纹、散叶纹等，这些纹饰都是工匠师笔下创新、升华描绘出来的新款。如此新颖别致的纹样在当时其他陶瓷器上少见或不见，却往往见于五代与宋代的瓷器上，足见其对后世的影响。饰彩技法全部采用毛笔绘画而成，显然是由纸帛绘画艺术移植而来，具有浓郁的写实或写意韵味。隋唐以来瓷器装饰艺术的这项重大革新，为以后瓷器上出现的各种趣味浓郁、十分生动的花鸟画、人物画打下了基础，为后来釉下彩的繁荣与发展开辟了道路。

（原刊于《收藏》2008年第5期）

河南唐代白釉彩瓷探析

张　倩　廖永民

我国古代釉陶挂彩始于西汉时期，而加彩瓷的出现可以追溯到三国时期。1983年江苏省南京市雨花台长岗村出土的一件青釉褐彩壶，应是我国时代最早的一件釉下绘彩瓷器[1]。西晋晚期至东晋时期多在青瓷上加饰褐彩斑点。南北朝时期我国北方开始了白瓷生产，并出现青釉、黄釉、白釉饰彩的瓷器。如河南安阳北齐范粹墓出土的白釉绿彩瓷瓶，胎质比较细密，釉呈乳白色或微泛青色，釉色不太稳定。这个时期为了增强器表的洁白度和填补疵点，常在器坯上先施一层白色化妆土，然后罩釉饰彩入窑烧制，有效地提高了白瓷的呈色效果[2]。河南濮阳北齐武平七年（公元576）李云墓出土的淡黄釉加六条绿色彩带的莲瓣四系罐，可称为当时瓷器加彩的代表作[3]。这些器物标志着加彩瓷生产在中国陶瓷史上的一个突破，为河南唐代白釉彩瓷的产生与发展提供了工艺技术基础。

隋代白釉彩瓷的烧造又有了进一步提高。安阳张盛墓出土了近20件以高岭土为胎，施白中泛青透明釉的白瓷器与瓷俑。其中人俑与镇墓兽的头顶、眉、眼球、膝盖处均饰黑彩或褐彩。这批瓷器釉色稳定，虽然还有若干白中泛青的特征，但白瓷质地精细，胎薄质硬，胎与釉中含铁量减少，烧成温度也有所提高。巩义市夹津口镇隋墓出土的一件盘口瓶（图一），沿下与腹部饰酱色斑纹，胎质坚硬，造型优美、精致，釉面莹

图一　盘口瓶

润，光洁纯净，是隋代河南白釉彩瓷中的佳作。隋代以前白瓷器皿与俑类在突出部位饰黑彩和褐彩斑块或涂抹成片状，不见以点、线组成的纹样，由此表明当时釉下施彩技术虽已熟练地掌握和应用，但只是简单的点饰，具有明显的初创性。

入唐以后，随着经济的飞速发展，社会上增加了对瓷器的需求量，各地窑业兴旺昌盛，制瓷工艺技术不断提高，唐代各类白釉彩瓷率先在河南省境内发展起来，不仅窑场与烧造的白釉彩瓷的品类都是最多的，而且产品质量之高、数量之多亦为全国之冠。各个窑场在白釉彩瓷器物的造型设计、装饰技法、烧造工艺以及对胎料、釉料、彩料性能机理的掌握与运用等方面，都大大提高了一步。

河南省境内较早的白釉彩瓷，是在黄河两岸几个首先以烧制白瓷为主的窑场开始生

产的。这里自然条件良好，水源与燃料充足，瓷土资源丰富，交通比较便利，因而成为南北朝、隋、唐直至宋、金时期我国北方瓷器生产的中心之一。其中生产规模较大的鹤壁集窑、善应窑和北齐村窑，在生产白釉彩瓷方面都拥有一定的优势。此外，黄河以南一些窑口也先后开始烧造白釉彩瓷，如巩义市的巩县窑、荥阳市的翟沟窑、新密市的西关窑、登封市的曲河窑以及鲁山县的段店窑、郏县的黄道窑等。白釉褐彩与白釉酱彩瓷器的发源地应是豫北鹤壁市西南的鹤壁集窑、寺湾窑以及安阳市西部的天喜镇窑和善应窑，大约创烧于初唐至盛唐时期。大概由于豫北各个窑口在工艺技术方面的启蒙与示范作用，中晚唐时期，紧靠黄河南岸的巩义市巩县窑开始生产白釉蓝彩瓷器，并在海外崭露头角。与之同时，黄河以北登封市的曲河窑、朱峒窑，新密市的密县窑，郏县的黄道窑，荥阳市的翟沟窑等也都开始生产白釉绿彩与白釉褐彩瓷器。

一、白釉彩瓷制作工艺与造型、装饰特点

1. 制作工艺

唐代白釉彩瓷的制作工艺，一般说比较简单、粗放，产品光泽度差，较精致者甚少。这种情况可能表明此类产品的销售对象主要是面对普通的老百姓。常见器物是碗、罐、执壶、盘、瓶、灯等，多为拉坯成型，小型瓷器则直接用手捏制。烧成工艺方面，采用叠装支烧技法。碗类内外壁都有3个支烧痕，支钉较粗大而呈三角形或饼形。胎质呈深灰色者约占1/3，呈灰白色者约占2/3，一般胎质粗糙，含砂较多，有细小气孔。胎质坚硬，烧成温度一般在1250°C以上。器表施釉前普遍施一层白色化妆土，以使胎面光洁、平整，增强光泽度，并直接在化妆土上绘纹饰。但有的器表胎釉之间的化妆土结合不那么紧密，往往出现脱釉现象。早期，釉色一般不太纯正，纯白者甚少，多白中泛青或泛黄。这种现象的形成，除了工艺技术、窑炉结构以及所用燃料的因素外，还与胎料、釉料成分中含铁量的高低有直接关系。釉层一般说比较均匀，洁净，但口部或上部较薄，内壁底部与外壁下部较厚，积釉较厚处往往闪现青绿色。大部分器物有细小开片。一般器物的内外壁均施釉，内壁满釉，外壁施釉到下腹部，底、足部露胎。唐代早期阶段，釉色纯白者较少；唐代中晚期，釉面纯白，釉色透明度强的精品加彩瓷增多。较之早期，釉、彩的色泽显得更为鲜亮、美观。

唐代白釉彩瓷所用黑、酱、褐以及灰蓝彩料，主要是一种贫铁矿矿石。这种彩料的呈色原理是由于含铁量的多少或含其他化学成分以及烧成气氛的不同，烧制出黑、酱、褐、灰蓝等不同的颜色，如果彩料中所含三氧化二铁较高，则烧成后的颜色即呈现较灰暗的浅蓝色。这种彩料，在高温煅烧时具有不流动的特点，色泽稳定，一般没有晕散现象。绿彩的原料是氧化铜，蓝彩的原料是氧化钴，这两种彩料在还原气氛中高温烧成多有明显的流淌和晕散现象。

2. 造型与装饰

河南唐代白釉彩瓷中除白釉蓝彩瓷是一种外销瓷外，均为日常生活用瓷。器物的造型与装饰可以分为传承与创新两个方面。就是说一方面一些器物仍保持着南北朝与隋代以来传统的形制特征，另一方面也体现出不少时代的新特点与新风格，并且具有明显的嬗变轨迹。

（1）造型

总的看来，白釉彩瓷的造型多为圆形器，体态敦厚圆润，端庄而不呆板，质朴而不失典雅，具有强烈的民族与地域特点，不见新奇的外来造型。早期，碗仍保持着隋与初唐时期的形制，胎体厚重，丰满，直口，腹部较深，以后腹部变浅，直口向卷沿发展，器胎从口部到底部胎壁逐渐加厚，饼形足，足下部外侧斜削一周，绕足根有一周沟槽等。执壶多形体粗重敦厚，弧腹，平底或饼形足，肩部一侧有圆形短流，另一侧有双条形柄。体形逐渐向瘦高发展。唐代晚期的部分白釉彩瓷器皿的造型显然受当时盛行的金银器影响创造而成。这方面尤以成熟期的白釉蓝彩瓷最为突出，如碗、盘造型采用葵口、起棱等做法。这类瓷器制作精细，外形优美，胎质细腻，瓷化程度较高。

（2）装饰

唐代各个生产白釉彩瓷的窑场，多是以烧造白瓷为主要品种，但白瓷表面挂彩的甚少，大约不到5%，此外，还采用刻花、划花、印花、贴花等多种装饰技法。这些装饰技法与花纹题材的多种多样，显示出唐代白瓷的装饰是丰富多彩而又富于变化的，取得了各不相同的艺术效果和新鲜、自然的艺术特色。

从总体上看，唐代白釉彩瓷常见的装饰技法是用点彩和绘彩相结合的技法，但更多的是单独运用点彩或绘彩技法。一般说，早期阶段运用点彩者居多，晚期阶段则广泛单独运用绘彩技法或点彩、绘彩相结合的技法。

唐代白釉彩瓷的纹饰，内容丰富，灵活多变而不拘一格。早期，纹样比较简单、疏朗、质朴，多为洒、点而成的斑块纹、成组的圆点纹或蝌蚪形纹，进而由四至七个圆点构成的梅花纹、平行竖线纹和以串点纹组合而成的各种几何图案等。花纹多凸起于器表。晚期白釉彩瓷纹饰趋于复杂化、多样化、形象化，而且各类彩瓷纹饰之间的差异更为明显。纹饰题材主要是植物，有枝叶纹、串叶纹、兰草纹、旋形芍药纹、朵花纹、卷草纹、棕榈叶纹、梅花纹以及现实中并不存在的花草纹等。可以看出，唐代彩瓷装饰已经确定了以植物为主体纹饰的地位。除植物纹外，还有卷云纹、菱形纹、三角纹等辅助性纹饰。各种花纹运笔自如，线条流畅，构图严谨、新颖，成为一种完全程式化了的图案花纹，开创了用绘画技法装饰瓷器的先例。其中尤以白釉蓝彩瓷最为出色。晚期纹饰的表现形式，主要是单独花纹，基本上不见二方连续、四方连续花纹等形式。在绘画技巧上，对变化与统一，简略与复杂，参差与平衡等都掌握得恰到好处。这种情况，充分表明绘画者对所绘对象的细微观察和深刻认识，同时也反映了当时民间绘画水平。

二、唐代白釉彩瓷的分类

1. 白釉蓝彩瓷

简称"唐青花",为河南巩义市巩县窑的产品,巩县窑址位于巩义市东北大小黄冶村一带,分布在黄冶河两岸。隋代开始烧造白瓷,入唐以后开始烧造唐三彩制品。唐代中晚期在烧制高质量白瓷与三彩制品基础上开始烧制白釉蓝彩瓷器,并与白瓷、唐三彩制品一起大量销往海外。这是我国最早以绘画艺术与制瓷工艺相结合制造出的一种富有笔情画趣的白釉蓝彩瓷器。瓷器采用高质量的坯料与釉料,因而胎薄釉润,器表光洁纯净。装饰工艺是在成型的器胎上敷一层洁白细腻的化妆土,再用笔蘸以氧化钴为呈色剂的色料绘画纹饰,然后器表施一层薄而透明的玻璃釉,入窑一次烧成。主要器物有盆、樽、三足炉、盒、罐、碗、盘、执壶、盆残片、碗残片等。

三足炉,1948 年洛阳出土,香港大学美术博物馆收藏。器高 6.5 厘米(图二)。

执壶,2003 年江苏省扬州市老城区唐代遗址出土,江苏省扬州市文物管理委员会收藏。稍残。敞口,卷沿,圆唇,束颈,弧腹,平底,肩部与口部连接双条形柄,另一侧有短柱形流。瓷质,胎呈乳白色,器表罩白色透明釉。腹部绘蓝彩菱形纹、草叶纹组成的图案。蓝彩呈色浓艳,色深处有黑色结晶斑点。

盆残片,新乡市拱宝斋主人收藏。残存底、足、口沿的一部分。宽平沿,圆唇,斜直壁稍弧,底近平,饼形足。瓷质,胎呈白色稍灰,胎质坚硬,有大小不等的气孔,胎厚 0.9~1.2 厘米。器表罩白色透明釉,釉层均匀,光泽度较强,有细开片,施釉到下腹部。釉下蓝彩呈深蓝色,浅淡处可见黑色结晶体。内壁底部饰菱形纹、叶片纹、点纹组成的图案,沿部饰条形叶片纹。口径约 38 厘米,足径 20.3 厘米,高 13~15 厘米(图三)。

图二 三足炉

图三 盆残片

碗残片，江苏省扬州市文昌阁附近三元路北基建工地发掘出土，扬州博物馆收藏。残存一部分口沿与近1/2的器底，残存口沿弧长12.6厘米，内壁有直棱，可知为四瓣形口。复原后器高5.9厘米，口径24厘米，足径11.7厘米。圆唇，敞口，圜底，环形圈足。胎骨厚重。器身满施白色透明釉，足部露胎，釉层均匀，泛淡黄色，有细碎开片。釉下施化妆土。蓝彩厚处有黑色结晶斑点。据残存部分推测，所绘蓝彩花纹主体花纹应是"十"字形，器底中心绘一朵重瓣大团花，团花四方各向外延伸一根葛藤，葛藤上各有四朵单瓣团花，两朵正开，另两朵侧开，葛藤尖端处有两片翻卷叶片。两组花纹之间的上方，描绘灵芝形卷云纹，应为两朵或四朵。此器造型饱满、规整、端正。花纹图案布局合理，构图疏朗、简洁明快，线条流畅，具有水墨画的韵味，堪称成熟期唐青花中的佳品（图四）。

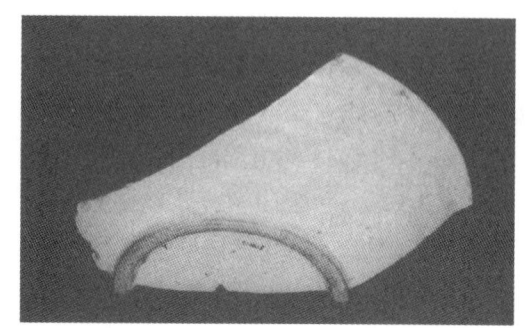

图四　碗残片

白釉蓝彩瓷造型一般规整、大方、典雅。多为釉下绘彩，一部分为釉上绘彩。透明釉一般稍泛青或泛黄，有细碎开片，个别有脱釉现象。蓝彩呈色鲜丽，有晕散现象。常见纹饰有梅花纹、串点纹、叶片纹、平行直线纹、卷云纹、菱形纹、散叶纹、棕榈叶纹、卷草纹等，最具特色的是以串点纹组成的各种图案，其中棕榈叶纹、菱形纹、散叶纹等具有外域色彩（图五）。烧成的白釉蓝彩瓷器，色泽鲜亮，蓝白两色形成强烈对比。纹饰淡雅、清新，绘在白地上显得更加美丽。黄冶窑这种瓷器，主要是作为外销产品，远销东南亚、波斯、非洲等地。白釉蓝彩瓷装饰纹样也影响到我国南方的窑业。如蓝彩纹饰中常见的丛叶与菱形纹组成的图案，出现在唐代长沙窑的白釉彩瓷壶上[4]。唐代青花瓷的烧制成功，被学术界称为"是我国陶瓷史上一件具有划时代意义的大事，是彩瓷大发展的前奏"[5]。唐代晚期白釉蓝彩瓷由于战乱导致外销渠道不畅，钴料匮缺等因素而停烧。

2. 白釉酱、褐彩瓷

此类彩瓷在唐代白釉彩瓷中居数量之首。鹤壁市鹤壁集窑、安阳市天喜镇窑、善应窑、巩义市巩县窑等都烧制这种瓷器，主要器物有碗、钵、盆、罐、双鱼瓶、丛叶纹碗、执壶、盒、高足碗等。

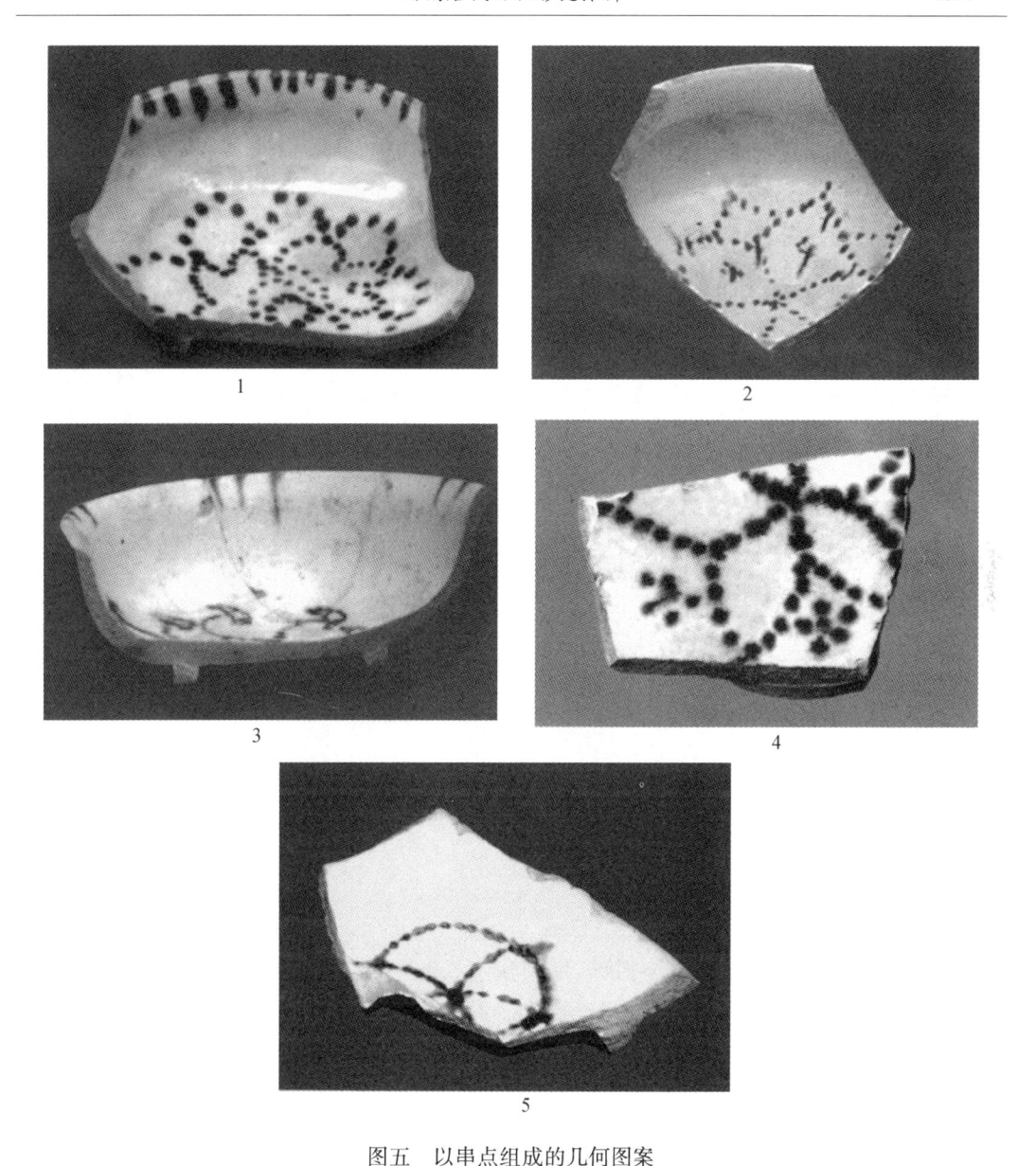

图五 以串点组成的几何图案
1. 朵花形图案 2. 菱形、梅花组成的图案 3. 月牙形、弧形组成的图案 4. 环形、弧形组成的图案
5. 五角星、梅花组成的图案

  双鱼瓶，鹤壁煤业集团古典艺术博物馆收藏。小口，圆唇，溜肩，圆腹，喇叭形圈足。肩部饰凹弦纹二周，腹部贴饰鱼鳍纹，下部收腹处模印连珠纹二周，腹部有对称四个拱形横系。肩、腹部模印白中泛青色，施釉不到底，下腹部、底、足露胎，有流釉现象。口、肩部相间饰黄、绿彩竖斑带纹。高18.5厘米，口径5.5厘米，底径9厘米。
  丛叶纹碗，新乡市拱宝斋主人李清洲先生收藏。直口，圆唇，弧壁，平底，饼形足。胎呈深灰色，胎质较粗，有小气孔。器表罩白色透明釉，釉色白中泛青，釉层均匀，内壁满釉，外壁施釉至上腹部，下腹与足部露胎。胎釉之间有一层化妆土。内壁一侧饰褐彩丛叶纹有结晶体。高7厘米、口径17.5厘米、足径10厘米（图六）。

执壶，郑州大河古陶瓷艺术馆李慧明先生收藏。喇叭口，长颈，广肩，弧腹，饼形足。肩部一侧有短流，另一侧双条形柄残失。胎呈米黄色，有小气孔。周体施白色透明釉，有光泽，底部露胎，有细碎开片。肩部饰凹弦纹二周。流下饰褐彩丛叶纹，另一侧饰褐彩斑块纹，手触有凹凸感。高19厘米，口径7.2厘米，底径6.7厘米（图七）。

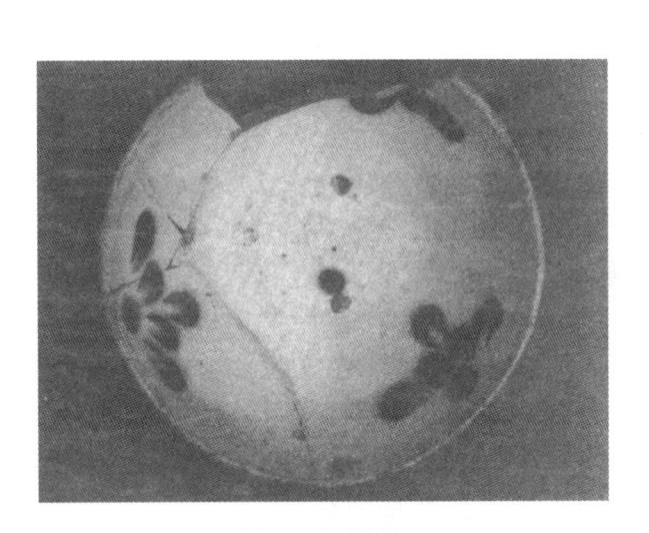

图六　丛叶纹碗 　　　　　　　　　图七　执壶

盒，安阳市收藏协会董文军先生收藏。子母口，直壁，平底。盖面隆起，顶部压印单蝶，长须振翅，似翩翩飞舞。外饰一周凸弦纹。胎呈灰白色。器表罩白色泛青透明釉，内壁满釉，外壁施釉不到底，底、足部露胎，露胎处可见化妆土。盒壁、盒盖顶部飞蝶处饰褐彩斑点纹。通高3.9厘米，口径5.7厘米，底径3.4厘米。

高足碗，鹤壁市煤业集团古典艺术博物馆收藏。圆唇，卷沿，直壁，高足中空。胎呈米黄色，内壁与外壁腹部以上施白色透明釉，釉色泛黄。外壁腹部饰褐彩散叶纹和圆点纹。高13.3厘米，口径14.7厘米，足径5厘米。

白釉酱、褐彩瓷装饰技法是在敷上化妆土的器胎上，用氧化铁为呈色剂的色料绘画纹饰，罩透明釉，高温一次烧成。酱色与褐色彩料的配方区别不大，只是由于彩料中含铁量和烧成气氛的不同，而呈色出现浓淡深浅的变化，从而形成酱色或褐色。主要纹饰是由多个圆点纹或水滴纹有序组成的直线形或三角形图案，最具特色的是串叶纹、草叶纹等。纹样比较简单、原始，但又表现出自由、奔放的风格，同时这种釉下酱、褐彩却代表着一种不可忽视的新的瓷器装饰艺术，处于我国瓷器绘彩艺术发展史上的初期阶段，对后世瓷器装饰艺术的影响相当深远。

3. 白釉灰蓝彩瓷

为安阳市西部的天喜镇窑、善应窑以及鹤壁市鹤壁集窑、寺湾窑的产品。常见器物有碗、执壶、钵、罐等。

丛叶纹执壶，郑州大河古陶瓷艺术馆李慧明先生收藏。口、流、柄均残失。喇叭形口，长颈，广肩，弧腹，下腹斜直，饼形足。腹部留有圆流和扁形柄痕。胎呈灰白色，胎质细腻，不见气孔。器表罩白色透明釉，釉层厚而均匀，有大面积脱釉现象，光泽度甚差，施釉不到底，底、足部露胎，露胎处可见化妆土。肩部饰凹弦纹两周。流下与腹部两侧均饰灰蓝彩叶片纹，手触有凹凸感。残高20厘米，底径6.8厘米。

丛叶纹执壶，郑州大河古陶瓷艺术馆李慧明先生收藏。直口，圆唇，长颈，溜肩，弧腹，下腹斜直，饼形足。肩部一侧有短流，另一侧有双条形柄。胎呈黄灰色，有小气泡。器表施乳白色透明釉。施釉不到底，底、足部露胎，露胎处可见化妆土。腹部两侧饰灰蓝彩丛叶纹，倒置似葡萄纹，手触有凹凸感。高18.5厘米，口径6厘米，底径6.5厘米。

旋形勺药纹碗，鹤壁市鹤壁集窑址出土，鹤壁市博物馆收藏。敞口，圆唇，弧壁，饼形足。胎呈灰白色。器表罩白中泛黄透明釉，内壁满釉，外壁施釉不到底，底、足部露胎，露胎处可见化妆土。内壁及内底饰灰蓝彩旋形团花纹。高7.2厘米，口径11厘米（图八，1）。

梅花纹碗，安阳市善应窑址出土，安阳市收藏协会王云女士收藏。敞口，圆唇，斜弧壁，饼形足。胎呈灰白色。器表罩白色透明釉，内壁满釉，口沿无釉，外壁施釉不到底，底、足部露胎，露胎处可见化妆土。内饰灰蓝彩梅花纹五朵，每朵由五点组成。高7.5厘米，口径18厘米，底径11.5厘米（图八，2）。

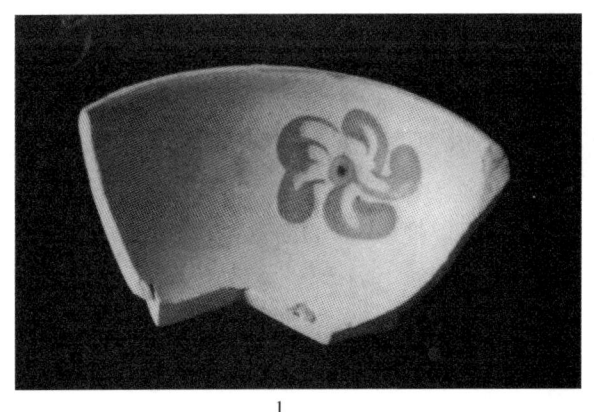

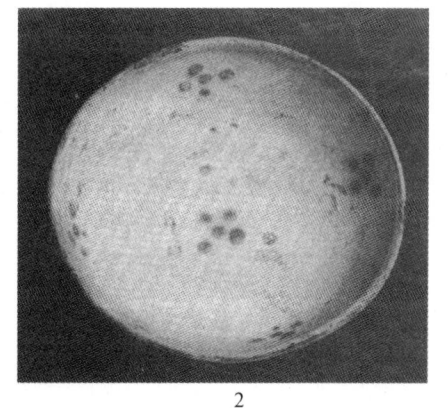

1　　　　　　　　　　2

图八　碗
1. 勺药纹碗　2. 梅花纹碗

白釉灰蓝彩瓷胎多呈深灰色，有的呈米黄色，胎质较粗，有小气孔，胎体厚重，器型浑圆，外观显得比较粗糙，采用釉下绘彩的装饰工艺。器表所施化妆土相当重要，用于掩盖与改变胎体原来的深灰色或米黄色以增强洁白度。以氧化铁为彩料，彩料磨得很细，料汁有浓有淡，浓者高高凸起，淡者薄薄一层，因浓淡不同而呈现出不同颜色，纹饰周边呈灰褐色，向内逐渐变成淡蓝色，形成深浅不一、富有立体感的效果，不见晕散现象。纹样主要绘在碗、盘内壁的底心和周壁，罐、执壶等集中绘在肩、腹部。纹样颇为丰富，较简单的纹样有圆点纹、水滴纹以及由五至六个圆点组成的梅花纹，最具特色的是葡萄纹、串叶纹和富有动感的旋形芍药纹。各种纹样，运笔自如，构图新颖，反映出当时绘画者十分娴熟的技巧和绘画功底。所罩透明釉一般比较均匀，但光泽度差，呈米黄色或灰白色，有的有细碎开片。脱釉处化妆土与纹饰仍附着在器体上。碗、盘等内壁满釉，外壁施釉至腹部，底、足部无釉。

这种釉下绘彩瓷器因为以前被发现的数量较少并没有引起众多古陶瓷研究者的注意。我们从器物造型上可以看出它应是盛唐至中唐时期的产品。白釉灰蓝彩瓷用釉下绘彩的技法，以富有立体感的纹饰装饰器表，显然是一种大胆的尝试，表现出强烈的创新精神，在我国陶瓷史上应是一个突破性进展，对研究唐代白釉彩瓷的发展无疑是一批极为珍贵的实物资料。

4. 白釉绿彩瓷

唐代"点彩"工艺之一。先在成型的器胎上敷一层洁白的化妆土，罩透明釉后点饰含铜色料一次烧成。常见器物有壶、罐、豆、碗等。

盘口瓶，鹤壁煤业集团古典艺术博物馆收藏。盘口，细颈，溜肩，扁圆腹，饼形足。肩部相间饰叶片纹和菊花纹贴花四个。胎呈米黄色。器表罩透明釉，釉呈米黄色。施釉不到底，底、足部露胎。周体点饰绿彩斑点纹。高19.8厘米，口径9.5厘米，底径10.5厘米（图九）。

盖罐，河南省收藏协会陶瓷分会收藏。盖中部稍隆起、有圆形钮。罐卷沿、圆唇、束颈、弧腹、平底。腹部以上罩白色釉，釉稍泛绿，下腹部白色化妆土。盖、罐口、肩部饰绿彩。向下流淌呈叶状。高30.8厘米，口径9.5厘米，底径9厘米。

图九　盘口瓶

三系壶，鹤壁煤业集团古典艺术博物馆收藏。盘口，长颈，丰肩，弧腹，平底略内凹。颈部饰两周凹弦纹，肩部有三个三角形系。白胎。通体施白中泛青透明釉，外底部分露胎。器壁相间饰黄、绿彩竖斑带纹六条。高15.8厘米，口径4.9厘米，底径5.3厘米。

贴花豆，鹤壁煤业集团古典艺术博物馆收藏。侈口，尖唇，卷沿，弧壁，细长柄，喇叭形圈足。外壁相间饰模印坐佛与莲叶贴花各三组。白胎，器表罩白色透明釉。豆盘内底无釉，外饰绿彩竖斑带纹六条。高10.8厘米，口径12.4厘米，底径9.2厘米（图一〇，1）。

侈口罐，鹤壁煤业集团古典艺术博物馆收藏。侈口，圆唇，卷沿，直颈，广肩，鼓腹，平底。灰白胎。器表罩透明釉，釉色白中泛黄，施釉不到底，底、足部露胎，有流釉现象。肩、腹部饰凹弦纹四周。肩部饰绿彩叶片纹。高20厘米，口径8.5厘米，底径8厘米（图一〇，2）。

图一〇　绿彩瓷器
1. 贴花豆　2. 侈口罐

题字碗，巩义市巩县窑址出土。大口，卷沿，圆唇，弧壁，平底，环形圈足。胎呈米黄色。内外壁罩白色透明釉，下腹与足、底部露胎。胎釉之间有一层化妆土。内壁底部与绿彩竖行书写"家中藏之，何日忘之，言不文"11字，字体大小不一。沿部饰绿彩竖平行线纹一周。外壁饰绿彩条斑纹，有流淌现象。高6.8厘米，口径17.3厘米，足径9.5厘米。

唐代白釉绿彩瓷纹饰主要为条状或片状绿色斑块。多装饰在灯、执壶、瓶等器的腹部以及口、颈、流、柄等部位。瓷器上的绿斑装饰始于北朝时期，唐代更为盛行，河北的邢窑、定窑以及河南的鹤壁集窑、安阳的北齐村窑、荥阳的翟沟窑、登封的曲河窑、

图一一 长方形枕

新密的西关窑等均有生产。其特点是这种纹饰多无一定规则，有较大的随意性。如北齐村窑的执壶，多呈块状或条形斑纹。但巩义市巩县窑生产的白釉绿彩瓷枕（图一一）和罐所饰的菱形纹、梅花纹等显得格外醒目，格外精彩。特别是以语言文字为装饰更为罕见，从白釉陶瓷器装饰题材方面看，应是史无前例的，开启了宋元时期瓷器用诗句或语言文字作装饰之先河。作为绿彩呈色剂的氧化铜，在还原气氛中高温烧成后鲜艳明晰，多有明显的流动性和晕散现象。

三、艺术风格与成就

唐代白釉彩瓷的装饰艺术可谓多姿多彩。其中的精品是实用器与艺术品的完美结合。各类白釉彩瓷都曾经历了一个不断积累经验，革新工艺，产品由粗到精，逐渐形成自身鲜明个性特点与艺术风格的过程。

可以看出，唐代各类白釉彩瓷之间，在品类、形制、纹饰题材与表现手法等方面，多有相似或相同之处，如釉的底色白中稍泛青或泛黄；褐彩色调晦暗沉滞，灰蓝彩纹饰褐中又有暗蓝色；纹饰呈图案化、程式化倾向；工艺相一致以及艺术表现形式都具有简朴、厚重、粗犷的风格特点等。这种情况反映了各类白釉彩瓷之间有着直接的联系，同时也表明它们均具有早期白釉彩瓷的特征，属于初始阶段的白釉彩瓷。此外，这些瓷器不仅真实地反映了当时制瓷的工艺水平，也生动地反映了当时人们的审美观。

河南唐代各类白釉彩瓷除了共有的时代、艺术特征之外，彼此之间也各具特点，存在不少差异，从而形成各自的个性特征，并取得各不相同的艺术效果，同时也充分显现出各个民窑的特色。最明显的是白釉蓝彩瓷与白釉酱彩、褐彩、灰蓝彩瓷器之间的差异。首先由于销路的不同，导致它们在造型与装饰上的差异：如白釉蓝彩瓷作为一种外销产品，为了在海外扩展销路而追求器形规整、精美，质地纯净，造型上模仿当时流行的金银器，装饰上追求鲜丽、典雅，并吸取中东地区伊斯兰国家流行的花草纹样，出现了异域情趣；白釉酱彩、褐彩、灰蓝彩瓷器则是一种博得国内公众喜好的日用瓷，产品主要销售于民间，相比之下，胎质显得相当粗糙，造型上追求丰满、敦厚、质朴，但器表光泽度较差，装饰上显得自由、奔放。

河南唐代各类白釉彩瓷的成就是多方面的，可以归纳为以下几点：

① 最早把氧化钴作为呈色剂成功地应用到瓷器的装饰上。如河南巩义市巩县窑的白釉蓝彩器。

② 一些纹饰具有水墨画的特点，成为运用毛笔描绘技法装饰瓷器的开端。

③ 瓷器的装饰内容开始吸收、融合外来文化因素，出现了外域情调的花纹。

④ 制作与烧造工艺的改革与创新，提高了瓷器的质量，增加了产量，进一步满足了国内对瓷器日益增长的需求。同时沟通了国内瓷器的销售渠道，扩大了市场。

⑤ 创制了多种品格优良的白釉彩瓷，并以其敦厚、朴实的造型与新颖、别致的装饰成为独领风骚的瓷器新品种。

⑥ 不少灵巧秀美作品的艺术风格显现出浓厚的时代气息和浓郁的地域特色，成为当时人们最喜爱的表现形式，因而有着广阔的社会基础。

⑦ 唐代白釉彩瓷承上启下、继往开来的作用是显而易见的。其胎质、胎色较之隋代以前的釉彩瓷器更为纯正，烧成温度普遍升高，釉、彩的呈色更加稳定，为后世白釉彩瓷的发展开了先导，为质量更高、更精美的白釉彩瓷的产生在工艺技术上奠定了基础，打开了广阔的发展道路，特别是对宋代北方一些名窑的蓬勃兴起，直接起了促进与推动作用。

唐代白地釉下彩瓷器的出现，打破了以前单一色的白瓷，丰富了瓷器的装饰艺术，奠定了以后釉下彩瓷器的工艺基础。它把毛笔绘画艺术成功地运用到瓷器装饰艺术上，是我国陶瓷装饰艺术史上的一个突破性进展，为以后多色彩瓷的产生奠定了基础。

注　释

[1] 李知宴、程雯：《中国陶瓷简史》图47，外文出版社，1996年。
[2] 河南省博物馆：《河南安阳北齐范粹墓发掘简报》，《文物》1972年第1期。
[3] 周到：《河南濮阳北齐李云墓出土的瓷器和墓志》，《考古》1964年第9期。
[4] 周世荣：《长沙窑瓷绘艺术》图90、图101，上海人民美术出版社，1994年。
[5] 张柏、刘兰华：《中国古代陶瓷纹饰》第121页，哈尔滨出版社，1994年。

（原刊于《中原文物》2007年第2期）

洛阳地区东汉晚期至西晋墓葬制度的差异

魏青利

洛阳于东汉建武元年（25）成为封建大统一之帝都，以后凭其在政治、经济、交通、地理等各方面优势仍为曹魏和西晋两个王朝的统治中心，至西晋永嘉五年（311）刘曜攻破洛阳而执怀帝入平阳，在这个长达两个半世纪的历史长河中，洛阳一直属于封建王朝统治的核心区域，洛阳地区东汉晚期、西晋时期的墓葬资料颇为丰富。本文将依据这些资料尝试对两个时期墓葬制度的演变而形成的差异，以及其形成原因进行分析。

一、墓葬形制

东汉晚期洛阳地区的大、中型墓的主墓室多为双室，由斜坡墓道、墓门、前甬道、横列前室、耳室、后甬道、后室等七部分组成，也有前、中、后三主室的墓葬形制，如南昌路东汉墓M1151[1]，但已不多见。从东汉晚期洛阳地区墓葬形制的主流双墓室来看，仍能观察到宫室制度在墓葬形制上的体现，即可分出"前庭"、"明堂"、"后寝"、"车马库"、"炊厨库"[2]。如洛阳东关东汉殉人墓[3]，墓道北置"车马库"，并用封门砖封库门，东西向长方形前甬道象征"前庭"，宽大的横前室象征"明堂"，南耳室即所谓的"外藏椁"，后室象征"后寝"[4]。

曹魏时期的墓葬于东汉晚期墓之间，有着明显的继承关系，又有较多的简化因素。如曹魏前期偃师杏园M6[5]，虽较东汉晚期大、中型墓已将横列前室简化为较小的方形前室，但其模拟宫室制度的埋葬习俗仍然在变相地向前延续，从总体布局上仍可分出"前庭"、"明堂"、"后寝"，从两侧耳室内堆放车马器和瓮、瓦罐可以表明仍分别象征着"车马库"和"炊厨库"。

曹魏后期至西晋初模拟宫室制度的埋葬习俗仍在进行，但较前期有更大的简化。如洛阳正始八年墓[6]，其基本结构虽与杏园M6较一致，但在左右耳室的砌筑上和后室规模上可见这种埋葬习俗已有消退的迹象。

西晋时期的墓葬形制较之曹魏和东汉时期的制度有较大的区别，模拟宫室制度的多室葬制几乎不见痕迹。由单墓室代替东汉时期的多墓室成为主流，墓葬规模有所缩小，其变化最突出的是出现了引人注目的墓葬装饰，如元康九年（299）徐美人墓[7]，墓室壁、顶都砌出了外凸的弧线，墓室四隅又砌出了内凸的起棱线的角柱。除此之外，东汉晚期出现的斜坡墓道发展到西晋已成为大型墓固定形制，且更长并呈台阶状收缩，如徐美人墓的墓道长达37.36米，两侧自上而下递减为五层，形成台阶。

二、随葬器物

对保存较好的大、中型墓（东汉晚期、曹魏早段、曹魏晚至西晋初，西晋中晚期）的随葬器物按类分组进行比较，从而来探讨它们之间的发展变化规律。

表一　东汉晚期至西晋随葬器物组合演变表

年代 器类	东汉晚期	曹魏早段	曹魏晚—西晋初	西晋中晚期
礼器类	壶、鼎	壶、鼎		
灵前祭奠类	案、盘、盒、奁、耳杯、勺	案、盘、奁、耳杯、勺	案、盘、奁、耳杯、勺	盘、奁、耳杯、勺、多子盒
模型明器类	仓、灶、井、磨、碓、猪圈、仓楼	仓、灶、井、磨、碓、猪圈	仓、灶、井、磨、碓、猪圈	灶、井、磨、碓、猪圈、牛车
生活用具类	罐、盆、瓮、碗、熊斗	罐、盆、甑	罐、盆、甑、碗、四系罐、双沿罐、帷帐器具、熊柱灯	罐、盆、甑、碗、四系罐、双沿罐、帷帐器具、熊柱灯、空柱盘
俑类	鸡、狗、猪、技乐俑	鸡、坐俑	鸡、狗、猪、男女侍俑、武士俑	鸡、狗、猪、马牛、男女侍俑、武士俑、镇墓兽

就表一所显示的随葬品种类而言，西晋时期与东汉晚期相比，一方面是东汉晚期的一些器物，如盘、奁、耳杯、勺、灶、井、磨、碓、猪圈、罐、盆、甑、碗、鸡、狗、猪被延续下来；另一方面是东汉晚期的一些典型器物，如壶、鼎、盒、仓、仓楼、熊斗、案等均已绝迹，而且出现了大量具有西晋时期鲜明特点的重要器物种类，如多子盒、牛车、双沿罐、四系罐、空柱盘、熊柱灯、牛俑、马俑、男女侍俑、武士俑、镇墓兽等。而处于两个时期中间曹魏时的随葬品既具有汉的特征，又具有西晋的特征，是东汉晚期墓向西晋时期发展的过渡性阶段，如西晋时期已经绝迹的汉代器物如案、仓在曹魏墓中仍继续使用，而西晋时期新出现的器物，如四系罐、双沿罐、帷帐器具、熊柱灯、男女侍俑、武士俑等，在曹魏时就开始萌芽，而西晋时期典型的多子盒、牛车、空柱盘、镇墓兽在曹魏墓中则没有发现。

就从东汉时期至西晋墓中一直沿用的随葬器物形制特征而言，曹魏早段与东汉晚期，曹魏后段与西晋时期共存的随葬器物基本上没有多大的差别，而西晋与东汉晚期墓中的随葬品则有显著的变化。如耳杯，其器壁已由薄变厚，形状由椭圆变成瘦长的身形；井由方形变为带有屋顶状的折沿圆桶；灶的火口均作方形并有较高的挡火墙等。

三、差异形成的原因

东汉末年社会矛盾达到高峰，导致黄巾军引起的全国大动乱，为镇压黄巾军又引致地方豪强割据，社会经济遭到空前破坏。曹魏的屯田制和小农经济的发展，以及西晋初年在屯田制的基础上，大力推进占田课田制，这些虽使洛阳地区的社会经济得到了一定的发展，但终魏晋之世，社会经济状况远远不能与汉代水平相提并论。在这种经济背景下产生的丧葬制度，较之汉代有所简化，体现在墓葬形制上，就是象征等级礼制的宫室制度的大规模多室墓，在魏晋时期的隐退，而单室墓成为主流，以墓道的长短、墓道台阶的多少，有无石墓门等作为区别身份等级的标准。

"厚葬久丧已送死，孔子所立也"，汉代厚葬的盛行与提倡礼治天下的儒学昌盛是分不开的。东汉末年的两次党锢之祸对儒学的打击，黄巾起义动摇了与东汉息息相关的儒家思想的统治地位，而以"任自然而无为"为主导思想的玄学兴起，当时的名士群体，豪门氏族以老庄思想为依据，形成超然自得的魏晋风度，目的是为了摆脱传统礼教的束缚，追求放任无羁，超然物外的主体精神。体现在墓葬中随葬物种类上，便是以壶、鼎类为代表属于礼器范畴的随葬品退出历史舞台，代之而兴起的是随葬种类的增多，特别是反映墓主人的生活用具复杂化，除了沿用汉代罐、奁、耳杯、勺、灶、井、猪圈、家禽家畜俑外，还增添了极富时代特色的帷帐器具，多子盒、空柱盘、四系罐、双沿罐、牛车等器物。在这种思想意识的支配下，也导致西晋一代大中型墓墓室结构的精致，如洛阳涧西十六工区82号墓[8]，为了抬高墓室，接砌了二层墓顶，并在墓室外兴建了护顶拱券以维护接砌的墓顶，墓室内还砌出了复杂的仿木结构。

东汉末年是战火绵延的动荡时代，为获取金宝以充军费，或为获取战争中所用的物资，前代厚葬的坟墓遭到空前的盗掘，曹魏军中将帅都是公开的盗墓者，曹魏统治者惧怕自己的冢墓遭盗掘，力主不封不树，"欲便易代之后不知其处"。使得东汉晚期盛行的墓前立碑和享堂建筑不再存在，而盛行在墓室中间置帐设奠。虽三国各自割据以后，社会逐渐趋于稳定，但各种战争依然不断发生，掘墓抛尸之事仍有发生，这种社会状况使得墓葬中随葬品出现了新的因素，即镇墓兽和武士俑。洛阳春都路92CM1568[9]未经盗扰，保存完好，其墓门内侧左边为武士俑，右边为镇墓兽和狗，其意应在把守防止盗掘。

注　释

[1]　洛阳市第二文物工作队：《洛阳南昌路东汉墓发掘简报》，《中原文物》，1987年第3期。
[2]　俞伟超：《汉代诸侯王列侯墓葬的形制分析》，《中国考古学第一次年会论文集》，文物出版社，1979年。
[3]　余扶危、贺官保：《洛阳东关东汉殉人墓》，《文物》，1973年第2期。
[4]　吴曾德、肖亢达：《就大型汉代画像石墓的形制论"汉制"——兼谈我国墓葬的发展进程》，

《中原文物》，1985年第3期。
[5] 中国社会科学院考古研究所河南第二工作队：《河南偃师杏园村的两座魏晋墓》，《考古》，1985年第8期。
[6] 张剑、余扶危：《洛阳曹魏正始八年墓发掘报告》，《考古》，1989年第4期。
[7] 河南省文化局文物工作队第二队：《洛阳晋墓的发掘》，《考古学报》，1957年第1期。
[8] 河南省文化局文物工作队第二队16工区发掘小组：《洛阳涧西16工区82号墓清理记略》，《文物》，1956年第3期。
[9] 洛阳市第二文物工作队：《洛阳春都路西晋墓发掘简报》，《文物》，2000年第10期。

(原刊于《决策探索》2007年第3期)

郑州市出土"盈"字款邢窑白釉瓷碗及相关问题

张小红

2007年11月，郑州市文物考古研究院在考古发掘中，清理了一批唐宋墓葬。其中19号唐墓内出土"盈"字款邢窑白瓷碗一件（图一）。同时，该墓中还出土有素面四方铜镜，海棠形铜杯和"开元通宝"钱币若干。

该碗敞口，圆唇，口沿下有凹弦纹一道。斜浅腹，壁形底。足底部外缘斜削一周。内外壁施白釉，内壁满釉，外部施釉至足沿部，底内施满釉。足底中心用尖状工具刻划一"盈"字（图二）。釉色白中泛青，呈乳浊状，釉内有小气泡存在。釉面莹润、光滑、平整。胎质细洁、致密，淘洗纯净，洁白度很高。造型规整，足底外缘斜削一周，修坯干净利落。显示了高超的制作技艺。口径16.4、高4、底径7.6厘米。

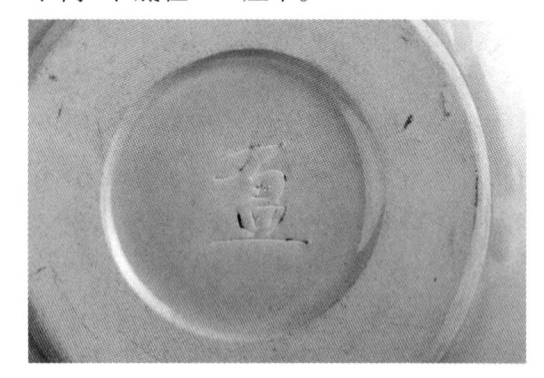

图一 "盈"字款白釉瓷碗　　　　图二 "盈"字款白釉瓷碗底足

根据以往发表的资料显示："盈"字款白瓷器，多集中在西安市和内丘县两地出土。考古工作者曾在河北内丘城关邢窑遗址中发现20多件刻盈字款的标本[1]。1957年，冯先铭先生在西安唐代大明宫遗址发现过邢窑"盈"字款碗残片[2]。1985年，中国社会科学院考古研究所西安唐城工作队在西安发掘唐代名刹西明寺时，出土"盈"字款邢窑白瓷碗标本[3]。1992年在西安另一处唐代名刹青龙寺遗址曾出土"盈"字款邢窑白釉碗和执壶残器[4]。1992年，内蒙古文物考古研究所在赤峰市阿鲁科尔沁旗罕苏木苏木朝格图山辽耶律羽之墓出土一件"盈"字款白瓷大碗[5]。上海博物馆收藏有一件刻"盈"字款邢窑白釉盒[6]。2002年在西安大明宫遗址出土一件邢窑白瓷罐，外底刻有"盈"字和"翰林"款[7]。2003年在西安南郊唐长安新昌坊遗址曾出土邢窑白釉瓷器执壶4件，花口盘4件，其底部均刻有"盈"字款[8]。2004年邢台市桥西区中兴西大街北侧唐墓中出土邢窑白釉瓷罐和白釉瓷碗各一件，底部均刻有"盈"字款[9]。其中西安市发现地多为唐代遗址，如：唐代长安大明宫、西明寺、青龙寺遗址等。器型有碗、执壶、五曲花口盘、盒、罐等，以碗最为多见。西安（即长安）是唐代的都城，又是政治、经济、文化中心。"盈"字款瓷器代表了当时白瓷的最高水平，出现在京都地带应在情理之中。内丘为唐代邢窑所在地。在有唐一代，瓷业发展格局大致呈"南青北白"之势。邢窑生产的白瓷是当时北方白瓷的代表。"盈"字款白瓷器即其代表性产品。

邢窑瓷器多光素无纹。虽然比同时期享有盛名的越窑的刻划花青瓷相比在装饰方面略有不足。但就其所处的时代和烧成技术上来说：白瓷的烧成条件明显比青瓷要高。其对胎釉原料的处理方面，已经达到了相当精细的程度。这是越窑所不能比拟的。经上海硅酸盐研究所对邢窑瓷所作的成分化验：其中三氧化二铁与二氧化硅的总含量约为1%。含量之低仅次于明、清时期以素有"中国白"著称的德化白瓷。也比同时期的定窑及巩县窑白瓷均低。邢窑白瓷以其白胜雪的洁净色调和精良的制作工艺在中国陶瓷发展史上占有重要地位。

唐代邢窑白瓷的特点是"如银""类雪"，洁白度很高。这一方面首先对胎料的精选处理有关，使胚体的白度高。相对于透明釉来说则釉面白度也高。另一方面，由于其烧成温度较高，釉在高温时黏度减小，流动性增强，使釉面平整光洁。同时，因釉中有较多小气泡存在，釉中存在于基础釉（即透明釉）中折射率不同的第二相（即气相），亦可以增大漫反射，从而使釉面白度提高。又因釉中有气泡存在，也会影响釉的硬度，使釉面抗磨性较差[10]。从这次出土的白瓷碗来看，釉面上所留的摩擦痕和局部受沁也可以看出。这正是有学者将邢窑白釉瓷称为"软质瓷"的原因[11]。

邢窑白瓷曾作为地方特产向朝廷进贡。其署"盈"字款者，一般认为与皇室内"大盈库"有关。"大盈库"是宫廷仓储机构。在《新唐书》、《旧唐书》中均有记载。玄宗、肃宗时称之为"百宝大盈库"，又称"中藏""内藏""禁藏""内库""中库"等。"大盈库"是皇宫内最大的储存金银财宝的库房。库内的财宝只能由皇帝支配使用，由宦官掌管。"大盈库"设置的时间从盛唐到唐代末年，与"盈"字款出现的时间相吻合。

已发表"盈"字款邢窑白瓷碗的相关资料显示："盈"字在刻划方法上也与以往有所不同。郑州出土邢窑白釉碗的制作过程是：首先将器物制作成坯体，通体施釉，然后用尖锐工具在足底中心刻划"盈"字，然后入窑烧制而成。另一种是在器物成型后刻划"盈"字，而后再施釉，入窑烧制[12]。这两种在制作工序上的先后不同，为研究"盈"字款白瓷方面又增添了一项新的内容。

本次发现的"盈"字款邢窑白瓷碗，在郑州地区尚属首次。对于研究唐代的经济贸易往来具有重要意义。同时，也印证了李肇在《唐国史补》中所说"内丘白瓷瓯，端溪紫石砚，天下……通用之"的说法是有根据的。

本文在写作过程中得到郑州市文物考古研究院张松林研究员的指导，特致谢忱。

摄　影：蔡　强

注　释

[1] 冯先铭：《近十年陶瓷考古主要收获与展望》，(台湾)《中华文物学会》1991 年。
[2] 冯先铭：《近十年陶瓷考古主要收获与展望》，(台湾)《中华文物学会》，1991 年。
[3] 中国社会科学院考古研究所西安唐城工作队：《唐长安西明寺遗址发掘简报》，《考古》1990 年第 1 期。
[4] 翟春玲、王长启、西安寺文物保护考古研究所：《青龙寺遗址出土"盈"字款珍贵白瓷器》，《考古与文物》1997 年第 6 期。
[5] 内蒙古文物考古研究所、赤峰市博物馆阿鲁科尔沁旗文物管理所：《辽耶律羽之墓发掘简报》，《文物》1996 年第 1 期。
[6] 周丽丽：《唐代邢窑和上海博物馆藏邢窑珍品》，《上海博物馆集刊》1982 年第 2 期，建馆三十五周年特辑。
[7] 王长启、西安市文物保护研究所：《西安市出土"翰林""盈"字款邢窑白瓷罐》，《文物》2002 年第 4 期。
[8] 尚民杰、程林泉、西安市文物保护所：《西安南郊新发现的唐长安新昌坊"盈"字款瓷器及相关问题》，《文物》2003 年第 12 期。
[9] 邢台市文物管理处：《河北邢台中兴西大街唐墓》，《文物》2008 年第 1 期。
[10] 李家驹主编：《陶瓷工艺学》，中国轻工业出版社，2001 年。
[11] 叶喆民：《隋唐宋元陶瓷通论》，紫禁城出版社，2003 年。
[12] 尚民杰、程林泉、西安市文物保护所：《西安南郊新发现的唐长安新昌坊"盈"字款瓷器及相关问题》，《文物》2003 年第 12 期。

文物保护

郑州商代城墙保护刍议

宋秀兰

古城墙是世界古老文明发展史的重要标志,是保存于地面上能够体现我们几千年文明史的文物古迹中历史最长、工程最大的建筑工程,是中华民族文明史的重要载体。古老的城墙建筑,真实地记录着古代的军事和政治制度、民族和地域关系、工程技术与环境变迁、国家的兴旺与衰败等重要信息,是中华民族非常珍贵的历史文化遗产。郑州商代城墙,是郑州城市发展所留下来的重要印记,是郑州历史文化名城的保护中心。

郑州商城城垣遗址周长近7公里,目前保存地面城墙还有4公里,这在世界现存土城墙遗址中,可为年代最久、保存最长的城墙遗址。它位于省会郑州市区内。属商代早期的都城。为了加强对城墙遗址的保护工作,并探索在现代文化城市中怎样对古都遗址进行保护的新路子,十多年来,我们郑州商城遗址保护管理处在国家、省、市有关部门的支持下,做了些积极的探索与研究,取得了一些成绩,也存在一些有争议的问题,现论述如下,以期起到抛砖引玉的效果。

一、郑州商城遗址保护治理前的状况

对于商城遗址的保护工作,各级政府一直较为重视,如:成立专门的保护机构,划定保护范围,发布通告等。但是,很多年以来,仍达不到预期的效果。那么,原因何在呢?我们归纳为以下几个方面:①经费短缺;②没有相应法规;③城市特定的历史原因与环境因素,使郑州商城遗址成了某些人私搭乱建,乱排污水,乱堆垃圾和偷取黄土的地方;④对城墙的保护措施不得力等。这样,使城墙遗址的保护问题累累。

例如:南城墙西段是老郑州居民的集中居住地,人们就住在城墙上下,这对城墙的危害可想而知;东段城墙保存较好,但城墙外侧重点保护区建有100多间违章建筑,在此洗车、收废品、养鸡喂鸡、堆放建材等;东城墙被马路切割成6段,两侧的重点保护区内布满了建筑;而在商城路口南北城墙的外侧,还有一条长约600米的污水沟侵害城墙,常年污水横流,蚊蝇滋生,臭味熏天,严重地破坏了城墙的环境风貌。城墙壁上及根部,普遍存在堆垃圾现象。另外,在城墙根部埋死人、树墓碑的现象也有发生。

对于上述问题,尽管文物工作人员东奔西走,疲于奔命,但还是刚按下葫芦就浮起瓢,不但问题得不到彻底解决,而且情况越来越严重。

怎么办?若按照老路走下去,采用死看硬守的方式来进行保护,最终还是看也看不住，守也守不牢，束手待毙；若积极寻求出路，就必须不怕异议，敢为人先，努力开拓创新，才能为子孙后代保护好这笔文化遗产。我们选择了后者。

那么，怎样才能在文物保护经费困难，文物保护理念守旧，城市现代化建设突飞猛进的情况下，求生存、谋发展呢？这无疑给我们提出了一个课题——在现代化城市建设中怎样对古都城址进行保护。

二、从环境建设入手制定科学保护规划

对于古城墙遗址，不能采取孤立保护、消极保护的态度来处理，而应该主动地积极的来占领文物保护阵地。由于城墙遗址有它的"概性""不可移动性"，我们只有对它进行环境规划和设计，以便创造有利于城墙保护的物理环境和视角效应。

早在1991年，我们就在对郑州商城遗址进行深入调查研究的基础上，制定了《郑州商城遗址保护利用规划》。规划的指导思想为：以城墙遗址保护为重点；以治理重点保护区环境、搞好绿化为基础；以围绕周长近7公里的城垣遗址，建设具有一定商代文化风味的绿色长廊为阶段性目标；以科学保护宫殿遗址、建设郑州商城遗址博物苑、保护作坊遗址等为长远奋斗目标，使郑州商城这座"生命的印记"安全起来、鲜活起来，从而提高郑州市的文化品位和旅游的地位，进而促进郑州的经济繁荣，提高人民群众的生活质量，并以此为根本目的。

按照这一指导思想，我们的规划明确提出："在保护好商城遗址的前提下，科学合理利用，逐步拆除重点保护区建筑物、构筑物，围绕城墙遗址长藤结瓜布置景观，将商城遗址建设成一个以展示商代历史文化风貌为主体，园林绿化为基础，建设雕塑为点缀，融自然生态、发掘现场，陈列展示为一体的大型露天博物苑。"

1991年7月，国家文物局正式下文批准并立项，指出："指导思想积极，基本路线正确，技术手段可行。"至此，一幅郑州商城保护的蓝图初步绘就。

1995年，河南省出台了《河南省古代大型遗址保护暂定规定》。我们按照《规定》要求，在上述规划的基础上，总结四年实践摸索的经验，又制定出《郑州商代遗址保护规划》。规划拆除重点保护区建筑，围绕城墙遗址建十大绿化景观。该规划被郑州市政府作为历史名城规划的重要组成部分，纳入郑州市总体规划。在规划中，对商城遗址的保护明确规定：

（1）严格保护商城城墙、商城北部宫殿区宫殿遗址、商城周围墓群遗址、手工业作坊遗址以及外城墙遗址；禁止在商城城墙及内外20米范围内和已发现宫殿遗址及划定宫殿区内进行建设；对于现有商城城墙遗址、宫殿遗址上所建房屋，要制定措施，逐步拆除；商城控制地带内的各项建设应进行文物钻探发掘。

（2）沿商城城墙及其内外20米范围内建设绿化带，以展示商城平面轮廓；在城市道路路口设置体现商城风格的标志性城市景观设施；在商城东南角建设一处以商代文物、

文物展示为主要内容的"敖都园"。

（3）拓宽商城外围的城南路、顺城街，减少机动车交通对商城的影响。

（4）对商城保护区进行高度和建筑风格的控制。

（5）在商城内东西大街以南、紫荆山路以东的范围内，通过土地使用功能的调整、建筑高度的控制、建筑风格形式色调的控制，形成反映商城意象的特殊风貌地带，外迁工业用地、改造居住地，形成由古文化商业区、古文化旅游式、传统风貌住宅区组成的商城风貌区。古文化旅游设施的建筑应与商城的保护相协调。在进行城市设计中，建筑物、构筑物设计要体现商城风貌。

这样一来，在郑州市城市化建设和发展中，商城遗址的保护就步入健康发展的轨道。

三、针对城墙现状，制定具体措施

自1991年以来，我们每年根据商城遗址每段每片的不同情况，在《郑州商代遗址保护规划》的总体原则下，具体制定一些行之有效的、可操作性强的阶段性实施方案，逐步使商城的保护落到了实处。

1992年，我们抓住郑州市创建的机会，请求市政府协调有关部门配合，经过多方努力，拆除了南城墙东段重点保护区1公里内的100多间违章建筑。为主动占领这块文物保护阵地，根据保护规划，国家文物局、省文物局、市人民政府投资200多万元，在这里建设了融雕塑小区、仿商代建筑的小品、栅栏、廊子、围墙、绿篱为一体的城墙保护屏障，并在此基础上建立了商都文化街，不但彻底杜绝了违章建筑再发生，而且成为我市一道亮丽的文化风景线。为防止天长日久游人践踏造成水土流失，我们在城墙上都铺设了鹅卵石小路、设置了天然小品、进行了环境绿化，较为有效地保护了城墙。

针对商城路口北侧城墙根部的污水沟和废品收购中转站的问题，我们通过人大代表和附近群众呼吁，促使市政府将污水沟改为暗沟。之后，我们在这里铺设了曲径小路，种植了花卉草坪，建设成环境优美的绿化景观。对商城路口南侧城墙根部的污水沟和违章建筑等现象，经过我们多方呼吁和不懈奔波，1998年初，郑州市政协提出了"关于加强郑州商城遗址保护"的1号提案。市政府认真落实政协提案，决定对郑州商城遗址进行综合治理，投资近200万元治理了污水沟，又投入了150万元对商城进行综合治理。我们根据市政府的要求，在市文化局的领导下，拆除了这一区域内的违章建筑，清理了建材厂，采取垒筑毛石的方法进行了城墙根部保护，在拆迁后的城墙内外20米重点保护区范围内，分别种植了花草苗木，铺设了曲径小路，又建设成两处环境优美的绿化景区。

东城墙东段外侧，原来公厕、群众搞的化工厂、自娱自乐演唱会搭的戏台戏棚及居民住宅挤满了城墙重点保护区。在1998年的商城综合治理中，清理了上述建（构）筑物，也垒筑了城墙根部保护墙，种植了花卉草坪，建成了绿化景区。东大街南北两侧的重点保护区，有1万多平方米的居民住房，为加快实施商城保护规划，1999年至2001

年，市政府拨款 400 多万元对这些建筑进行了拆除，并拨款 170 万元对拆迁后的 2 万多平方米的场地进行环境美化。

总的来讲，10 年来，我们已拆除商代城墙重点保护区建筑 1.5 万平方米左右，建设景区 7 处，面积达 4 万多平方米，绿化 2 万多平方米，有效地保护地上城墙 1800 米，使郑州这座现代化省城中出现了一道古朴中透着宁静、绿茵中透着沧桑的独特的风景线。

四、在保护中建设，在建设中保护城市建设与城墙保护联姻

近年来，随着郑州市社会经济和城市建设的快速发展，郑州市政府实施构建郑东新区和商都历史文化区"双子星座"的战略部署，为了保护具有 3600 年历史的商城文化遗产，充实郑州历史文化名城内涵，营造古都文化氛围，改善中心城区人居环境，构建文化产业促进郑州文物保护与社会经济可持续发展，郑州商代城墙保护被列为郑州中心城区改造及"四城联创"项目之中，开辟了文物保护纳入城市建设的先河。

特别是 2004 年以来，市政府加大对郑州商代城墙与周边环境整治力度，计划投资 5 亿元来进行这项工作。目前，第一期工程正在实施过程中，政府已投资 3000 万元对商城文化区域内的两座古建筑群进行保护维修。2005 年，将投资 6600 多万元对商城重点保护区内建筑物、构筑物进行拆迁，计划拆迁建筑面积为 40000 多平方米。拆迁之后，投资 5700 万元对商代城墙进行本体保护与环境绿化，总投资额 1.2 亿元。

五、建立健全保护法规，使城墙遗址保护步入法制轨道

郑州商城发现至今已将近 50 年了，保护工作之所以步履维艰，一个重要原因就是没有具体的法规保障。在市场经济条件下，城市建设、旅游开发等与文物保护的矛盾相当复杂，有时也很尖锐，特别是商城遗址处在大都市中，人口密集，城市发展快，如果没有切实可行、操作性强的法规来保驾护航，要想在繁华的都市中保护商城这块"净土"，所面临的困难和复杂局面是很难克服的。

针对上述情况，从 1955 年开始，我们便着手制订了《郑州商城遗址保护管理办法草案》。通过几年的探讨与实践，并多次邀请省、市有关领导和专家进行研讨会。1999 年，该项工作被郑州市政府纳入立法规划。郑州市法制局会同郑州市文化局对《郑州商代遗址保护管理规定草案》逐步逐句进行了修订。2000 年，郑州市人民政府正式批准了《郑州商代遗址保护管理规定》，并于 2000 年 5 月 1 日颁布实施。从即日起，郑州商城遗址的保护不仅有国家大法保护，而且有了正式的专项法规进行保护。

几年来，我们的工作受到各级领导和社会各界的肯定，并先后被省文物局、郑州市委宣传部命名为"优秀爱国主义教育基地"，又荣获"河南省文物工作先进集体"、"郑州市文明单位"、"郑州市文明标兵单位"、"郑州市绿化先进单位"、"郑州市文化系统先

进单位"、"管城区花园式单位"和"管城区绿化先进单位"等光荣称号。

六、郑州商代城墙遗址保护的心得体会

① 文物工作者的责任心是历史文化遗产保护者的必备素质。只有有了高度的责任心，才会有见解，才会有思路，才会有坚强的意志，才会为实现我们的目标刻苦奋斗，咬定青山不放松，这是非常重要的前提。

② 对文物保护制定长期规划与阶段性工作目标。规划是文化遗产保护的实施依据。郑州商城是早在1990年就做了整体保护规划，1991年国家文物局立项。之后，1994年，郑州市为保护历史文化遗产，专门制定了历史文化名城保护规划，将遗址保护纳入到城市规划中，使商城的保护具有了可操作性。

③ 采取主动占领文物保护阵地的做法。从1991年以来，我们变过去死看硬守式的保护方式为主动占领式保护方式，即文物部门采取一定的措施、方法，用一定形式来主动占领文物保护区，如南城墙外侧，拆除原有100多间杂乱无章、侵蚀城墙的违章建筑，建成由廊子、栅栏、建筑小品组成的城墙保护屏障；在东城墙内外两侧，拆除违章建筑、治理污水沟、清理垃圾，建设成与城墙风貌相协调的绿化景区。

④ 对违法违章事件铁面无私，毫不留情。二十多年来，我们一贯坚持原则，没有为不法行为开过绿灯。对于发生的违法事件，我们一旦发现，就坚决制止，揪住不放，直到问题有效解决。这样，既有效保护了遗址，又捍卫了文物保护法的尊严。

⑤ 在文物保护中，注意和新闻部门配合，和新闻部门联动。新闻舆论为文物保护起到了很好的保驾护航的作用。

⑥ 建立健全法规，使商代古都遗址保护纳入到法制轨道。在我们多年实践的基础上，通过和郑州市法制局的共同努力，郑州市政府正式颁布了《郑州商城遗址保护管理规定》。

⑦ 加强加大对商城遗址的宣传力度。利用报纸、电台、电视台等新闻媒体，采用多种多样的宣传方式进行广泛宣传，以提高各级领导对商城的认知程度，提高群众保护商城的意识。

⑧ 争取各级领导的支持，是我们事业向前推进的根本保障。为了使商城的保护落到实处，我们曾奔走呼吁，找专家、找领导、请人大、政协呼吁，最终赢得了各级领导与专家的支持，政府对商城保护的投资从刚开始的10万元起步，逐步发展到上百万、上千万、上亿元，使商城的保护走上了长久发展的健康道路。

七、在遗址保护中的教训

1. 规划审批手续中有漏洞，致使有些不该搞建设的地方却有了正规的证件，使某些

保护工作陷于被动。

2. 文物遗迹进入院中的，因为得不到公共监督，最容易被破坏（如新华二厂和老红军家属院）。

3. 文物执法队伍成立的不及时，跟不上文物事业发展要求。

八、对城墙遗址需进一步探讨研究的问题

针对商城城墙本体的保护，最先我们是采用天然毛石加固城墙根部，这样做，一是防水土流失，二是力求自然、和谐。但这种方式只能放在城墙根部，墙体没办法加固。后来，我们采用水泥框固土，其内填土种草，但，人为痕迹也很浓，如果大面积做来，使人有修河堤的感觉。究竟怎样不使水土流失，又能保持城墙原始风貌，还需进一步探讨。

1995年，我们曾在南城墙与东城墙上修筑了鹅卵石小路，意在人们可以不再践踏城墙。10年过年了，我们发现鹅卵石路竟比两侧城墙高出10～20公分，也就是说，土城墙水土的自然流失每年达1～2公分，这样依次类推的结果是很惊人的，那么，100年后呢？1000年后呢？

根据上述情况，我们设想在墙体上根据城墙目前的形态及凸凹状况，均衡夯筑50公分或1米厚的新土，其上种植草皮和灌木，意在保护商代城墙不被常年的水土流失所损毁，这样，虽然眼前看来会有人为痕迹，但时间长了就会恢复自然。况且，从目前城墙断面的发掘现场看，春秋战国、唐、宋时期城墙均有修补、加厚的情况。此种办法能否成立，希望专家见仁见智，多提宝贵意见。

（原刊于《郑州商都3600年学术研讨会暨中国古都学会2004年年会论文选编》）

郑州文庙的保护与复建

宋秀兰

一、历 史 沿 革

郑州文庙，位于市区东大街东段路北，始建于东汉明帝永平年间[1]。据明嘉靖《郑州志》记载，初建时的文庙占地约 5 万平方米，建筑布局严谨，规模宏大，红墙绿瓦，俨如皇宫一般。中轴线上共有五进院落，殿宇廊亭 200 余间。棂星门以内并排三院，左侧门额题"圣域"，右侧门额题"贤关"，正南 50 米处有一座彩陶照壁，迎面是"太祖元气"四个大字，背面是"鲤鱼跳龙门"图案，东西有过街牌坊各一座，东牌坊额题"德配天地"，西牌坊额题"道冠古今"。自棂星门顺神道而北，经泮池，越过戟门至主体建筑——大成殿。殿前有广阔的月台，是阖郡文职官员和举人、秀才拜祭之处所。两旁东西庑 20 余间，供奉孔门弟子 72 贤人及历代清官、名儒等。东院有学正宅、名宦祠；西院有儒学、乡贤祠。大成殿后为名伦堂，再后为敬一亭，最后为尊经阁。东有书斋、启圣祠；西有斋房、土地祠和射圃亭[2]。除上述建筑外，据乾隆十三年《郑县志》记载，还有金声玉振坛、居仁门、崇义门、祭器库、神厨、育德仓、义仓、宰杀厅、进德斋、修业斋、存诚斋等。

以上建筑，俱已倾毁无存。元顺帝至正年（1366），曾仿原貌重建。明洪武二十八年（1395），知州黄廷佐重修。明宣宗宣德八年（1433），知州林厚重修。明英宗正统九年（1444），知州史彬重修。明宪宗成化八年（1472），知州洪宽重修；十三年（1518），知州刘仲和重修。明世宗嘉靖十一年（1532），知州肖腾汉重修。清顺治六年（1649）知州王登联重修；十五年（1658）知州刘永清、学正戚若鳃、训导李枢重修，庙貌巍然。当时文庙有"大成殿七楹、东西两庑二十楹、戟门三楹、东角门一间、西角门一间、泮池半规、棂星门一座、启圣祠三楹、土地祠三楹、明伦堂五楹、敬一亭三楹、尊经阁五楹"。

清康熙五十年（1711）重修。此后数十年间文庙遭到严重破坏，风雨侵蚀，墙垣相继倒塌。

清乾隆三年（1738）春，知州张钺对大成殿、东西两庑、敬一亭、尊经阁、名宦祠、乡贤祠等一一修整，并重建明伦堂、东西两斋房、射圃亭。

清光绪二十二年（1896）五月文庙复遭火劫，焚毁殆尽。"灾事上闻，部议重修，按亩捐款，土木大兴，岁两度始克告成。"但是建筑与规模已今非昔比。光绪二十四年

（1898），知州汤以慈建东院宫厅三间，名宦祠三间……[3]

民国初年和抗日战争期间，文庙内多次驻兵，复遭破坏。1955年郑州电力学校对大成殿进行了局部维修。1963年6月26日，河南省人民政府将郑州文庙大成殿公布为河南省重点文物保护单位。1987年，郑州市商城遗址保护管理所对大成殿进行了落架大修与油漆彩绘。

二、文庙维修前的状况

文庙维修前，庙内只存清代建筑大成殿，属省级文物保护单位。大成殿左右两侧，是残破的起脊瓦房，为郑州市轴承厂职工宿舍；大成殿前为轴承厂幼儿园、试验小工厂等建筑，后为轴承厂车间、厂房。这座珍贵的文化遗存被湮没在工厂建筑之中。

大成殿，面阔七间，进深三间，高15.7米，单檐歇山式建筑。殿宇雄伟高大，巍峨壮观。正脊高70厘米，阳面为琉璃烧制的高浮雕二龙戏珠图案，背面为凤穿牡丹。两山为琉璃烧制的博风悬鱼。殿内雕梁画栋，前后两排朱漆明柱。

大成殿两山的博风，也是采用三彩釉烧制而成的琉璃饰件。东山博风正中，镶嵌着雕刻的玉皇大帝，两侧为三国人物故事。博风正中对角线下，悬鱼是琉璃烧制的三朵竞相开放的牡丹花卉。整个博风悬鱼采用的是平地起突手法，线条圆润流畅，简繁适中得体，形象生动逼真，堪称是杰出的艺术品，在全国范围内实为罕见。

但大成殿由于年久失修，加之历史变迁，致使屋瓦、门窗不同程度地受到损毁，特别是原来高出地面近两米的月台地平已低于马路路边石，由于周围地理环境的变化，亦显示不出文庙大成殿巍峨高大的气势。

三、维修与保护工程

对于大成殿的维修与保护，首先应解决雨水侵蚀倒灌冲刷基座问题。我们经过广泛调查研究，并征求专家意见，最后决定把大成殿抬升起来。具体到如何抬升，当时有两种意见：一种认为按传统做法一缝一缝地抬，采用传统的用千斤顶或撬杠进行顶升。这种方法致命的缺点是极易造成榫卯间的损伤。一种意见为整体起架向上抬，不拆梁柱和屋架，在计算好荷载、构架加固、科学安排工艺次序等的前提下，利用起臂设备整体原地升高梁架。这种方法的缺点是没有现成的经验，有一定的风险；优点是对建筑的扰动较小、施工不受场地限制、相对容易操作，不会对建筑构架造成任何损伤，同时可保护文物本体的细微构造（如侧脚、生起等）的原真性，又相对节约资金。二者对比，显然整体抬升比传统的分缝逐步抬升要优越得多，故此我们采用了整体抬升的办法。

工程中我们选用螺杆式起臂设备进行抬升，因为螺杆式起臂设备提升高度比千斤顶精确，相对容易控制。

关于抬升的高度，我们根据现场挖掘出的原大成殿基座被埋进1.87米的情况，再根据地面高差情况和郑州市的气象资料，决定将大成殿台基前的地面设至比路边道牙高出0.50米的位置，即将大成殿整体抬高1.70米。这样大成殿台基基面就比马路道牙高出2.20米。

这次抬升主要是遵照古建筑维修原则，最小限度地减少振动建筑主体。分次序、分步骤如下：1. 局部拆除围护的墙体以探查柱的残损状况；2. 墩接或更换柱子；3. 以垡杆加固各梁架；4. 拆除围护的墙体；5. 以垡杆将纵向各缝梁架加固；6. 设置监测设备及装置；7. 分次逐根稳定柱子；8. 拆除柱下磉石；9. 以钢梁为承重并安置抬升设备；10. 抬升；11. 分次砌作基础及栏土；12. 分步夯筑回填灰土；13. 砌围墙体；14. 修补椽飞；15. 维修屋面；16. 清理出月台南部及东、西淤埋部分；17. 做月台阻水工程；18. 砌筑观测壕沟；19. 制作防护罩等，然后再砌月台，安放栏板等。2005年1月27日，郑州文庙大成殿平稳抬升至1.70米的既定高度。之后，又相继完成了屋面维修、油漆彩绘、展示月台基础等工程。

本次古建筑抬升在技术上创下了三项全国之最：一是大殿整体抬升，避免了传统的逐缝梁架分件抬升所带来的榫头易"骨折"的重大弊端，大大延长了文物本体的寿命；二是整体抬升时建筑下部不做连为一体的基础梁和庞大的承台，为国家节约了大笔资金；三是屋面不卸瓦顶，尽量保存古代建筑丰富的历史、艺术与科技信息（图一）。

图一 整体抬升后的大成殿

四、复建工程

2004年，郑州市人民政府成立郑州商城遗址及环境整治项目部，郑州文庙维修及复建工程被列入其中。根据文物保护与复建工程应尽量保持原貌的原则，我们以现有大成殿为中轴线，参照乾隆十三年《郑县志》文庙图与中国文庙传统形制，复建照壁、东西牌楼、棂星门、泮池、戟门（大成门）、尊经阁等。在戟门两侧，分别建设名宦祠、乡贤祠；在大成殿前两侧，建设东西庑房及碑廊；在尊经阁前两侧，亦建设东西庑房、古井亭等；尊经阁后建设保护管理房。由于文庙地理现状的限制，已无法恢复中轴线两侧的旁院，更谈不上恢复院内的建筑了。

复建工程个体建筑的文化内涵：

1. 照壁

郑州文庙的照壁，拟建于棂星门之外的18米处，与两侧金声坊、玉振坊相呼应。主题雕塑为"二龙戏珠"、"狮子滚绣球"、"鲤鱼跃龙门"、"五子登科"等。（此项目正在

设计中)

2. 金声玉振坊

在照壁与棂星门之间的东、西两侧建设金声玉振坊。金声玉振源自《孟子·万章下》："孔子之谓集大成：集大成者，金声而玉振之也。"金指钟，玉指磬。比喻孔子的德行全备，正如奏乐，以钟发声，以磬收韵，集众者之大成也。用"金声玉振"来表彰孔子的"圣德勋绩"。

金声玉振坊为歇山式木牌楼，小巧玲珑、秀丽别致。

3. 棂星门

采用草白玉制作，为三间四柱柱出头式，立于三级石台上，台基横宽12米，纵深5.2米。石门明间面阔3.6米，次间面阔各2.6米，通面阔8.8米。明柱高约6.45米，边柱高约5.9米，均上置双覆莲石雕。

4. 泮池

东西直径13.88米，南北半径6.94米。泮桥为单孔半圆拱桥。泮池的石桥及池周边均置汉白玉单钩栏石栏杆，石栏杆由望柱、栏板地栿和抱鼓石构成，栏板浮雕24孝及吉花圣草图案。整个泮池如月，虹桥曲架，白玉栏杆玲珑剔透、精巧别致。

5. 戟门（大成门）

面阔三间，进深六架，东西长10.6米，南北宽7.2米。建筑坐落在东西长12.6米、南北宽7.4米的台基上，单檐歇山式建筑，屋面覆以绿琉璃瓦，饰以黄琉璃方胜，双龙戏日脊饰。檐下施单昂三踩斗拱。脊柱为木制通柱，实榻大门三台，分别装在脊柱上，实榻大门的上槛以上、脊檩枋以下装有直棂式亮窗。门前有五步青石垂带踏跺。

6. 名宦、乡贤祠

名宦、乡贤二祠分别坐落于戟门的东、西两侧，东为名宦祠，西是乡贤祠。建筑平面和造型相同，平面均呈长方形，各面阔三间、进深六架，东西长9.6米，南北宽7.6米。建筑坐落在东西长11.1米、南北宽9.2米的台基上，台基为青砖垒砌，悬山式建筑，砌五花山墙，屋面覆盖绿琉璃瓦，脊饰为双龙戏月。祠前、后明间装有四扇五抹隔扇，次间装有槛窗，格心均为一马三箭式。门前有五步青石垂带式踏跺。

7. 前院东西两庑

建在戟门与大成殿之前的东西两侧。各面阔七间、进深六架，南北长25.9米，东西宽8.2米。前建有步廊。悬山式建筑，砌五花山墙，屋面覆以灰筒瓦，绿琉璃瓦剪边，中间饰有绿琉璃三连方胜，东西两庑的明间、梢间装有四扇四抹隔扇；次间、尽间装有槛窗，格心均为一马三箭式。

8. 后院东西两庑

建在大成殿与尊经阁之间的东西两侧，各面阔九间、进深六架，南北长32米，东西宽8.2米。前建有步廊，悬山式建筑，砌五花山墙，屋面覆以灰筒瓦，绿琉璃瓦剪边，中饰以五连方胜。东西两庑的明间、梢间装有四扇四抹隔扇，第一、第二次间、尽间装有槛窗，格心均用一马三箭式。东庑陈列有砖雕《孔子圣迹图》；作品采用高浮雕、透雕手法，构图严谨，人物形象生动，雕刻技法精湛，作品形象地再现了孔子的生平事迹。

9. 尊经阁

大成殿后建尊经阁，重檐歇山式屋顶，副阶周匝，面阔七间；二层设有平座，回廊可供四周环视；屋顶为绿色琉璃瓦覆盖，中饰以黄琉璃三连方胜，脊饰黄、绿琉璃吻兽；正脊中央置高层楼阁狮驮宝瓶（高2.8米），两侧置狮驮宝瓶（高1.7米），两端置大吻，垂脊饰走兽、仙人。建筑高15.4米，巍峨壮观，瑰丽多姿。

尊经阁的台基平面呈长方形，东西长23.4米，南北宽16.8米，高1.5米；殿内两排8个金柱为须弥座式梅兰竹菊石柱础。柱础分为三层。底层为须弥座，上雕梅兰竹菊一周；中层雕仰莲；上为古镜式，中刻缠枝牡丹。其金柱全采用双龙缠柱高浮雕包镶。殿前建有月台，东西长14.7米，南北宽6.62米，高约0.9米，月台前与两侧均置踏跺七步。殿前明间置踏跺二步，台明和月台均为青砖垒砌，周围以檐石平铺，转角处各安角石一块，地面以方砖铺墁。台基与月台上均置单钩栏草白玉栏板望柱。

底层四周建有围廊，东西长21米，南北宽14.4米。面阔七间，进深四间，栏板雕刻历代劝学故事及吉祥图案。"副阶周匝"式。

围廊斗拱的布列，除柱头科与角科外，前后明间平身科三攒，次间二攒，梢间一攒；两侧平身科每间一攒。三踩、单下昂，角科施把臂厢拱。

尊经阁上檐斗拱用五踩双下昂，蚂蚱耍头，角科施把臂厢拱，平身科耍头后尾平插垂莲柱，垂莲柱与下金枋相连，而柱的上端直承下金檩，使内外结构、斗拱、梁架连贯成一个整体。

五、郑州文庙恢复建设的思考

在对郑州文庙进行复建规划设计时，曾经有三种意见：一种意见认为应完全按照清《郑县志·四关图》所示进行恢复，尽管现存文庙没有那么大面积，但可以按图所示恢复中轴线建筑，即大成殿后建设明伦堂、敬一亭，两侧建设庑房；一种意见认为应打破规制，在大成殿后建设三层高大雄伟的建筑，两侧东西厢房建设成两层，前院建钟楼、鼓楼，以增加使用面积；另一种意见认为既保留传统建制，又在传统建制上有所创新，但不能违背文庙建筑的规制。

在众说纷纭、莫衷一是的情况下，我们在坚持文物保护原则的同时，又根据文庙实际情况，不生搬硬套，而是进一步开拓思路，做到了收放合理。在规划方案中按照规制的地方有：中轴线上从前到后为照壁、棂星门、泮池、戟门、大成殿，东西两侧建设单檐悬山灰瓦庑房。和原规划略有变化但符合文庙文化内涵的建设部分有：前院建设东西牌楼，名曰金声坊、玉振坊，金声坊额题"德配天地"，玉振坊额题"道冠古今"；在戟门两侧建设名宦祠、乡贤祠；在大成殿后省去明伦堂、敬一亭，直接建设尊经阁；将井亭建至尊经阁右前方。这些在建筑平面布局上的变化，完全是根据目前文庙所存在的实际情况来确定的，而且尽可能地去恢复文庙原有的建筑，只是位置有所变更而已，目的是尽量地恢复文庙的文化内涵。

对于文庙恢复建设的建筑材料，我们的原则是尽可能地使用古建材料以提高文庙的档次，达到"修旧如旧"的目的。如：大木构架全部采用实木结构，坚决杜绝水泥结构；屋顶用瓦全部采用传统瓦件；院内地平铺设青砖；建筑构件细部采用传统木雕、石雕、砖雕的方式来体现建筑的细节变化等。

正是由于我们在规划设计、建设用材、制作方式等方面充分尊重历史、尊重传统、采撷精华，合理利用，致使维修建设后的文庙不但大气稳重，而且典雅丰满，得到了中外游客的认同，并称郑州文庙"完全采用传统手法进行恢复建设，在全国也不多见"。

注　释

[1]　明嘉靖《郑州志·建设志·庙学》。
[2]　据清乾隆《郑县志·四关图》所示。
[3]　明嘉靖《郑州志》、清康熙《郑州志》、民国《郑州志·艺文志·郑州重修庙学记》。

（原刊于《中原文物》2006年第4期）

郑州文庙大成殿的抬升保护及其他

宋秀兰　马玉鹏

郑州文庙从始建至今近两千年来，数毁数立，延续至今，仅存清代建筑大成殿。2004年，郑州市政府启动了郑州文庙大成殿维修保护及周边环境综合整治工程，在工程设计和实施过程中，有遵制，亦有创新，溶入了许多领导与专家的心血，终于以崭新的面貌呈现在世人面前。

一、郑州文庙的历史沿革

郑州文庙，位于市区东大街东段路北，始建于东汉明帝永平年间[1]。据明嘉靖《郑州志》记载，汉代文庙占地约5万余平方米，建筑布局严谨，规模宏大，红墙碧瓦，俨如皇宫一般。中轴线上共有五进院落，殿宇廊亭200余间。自棂星门顺神道而北，经泮池，过戟门至主体建筑——大成殿。殿前有广阔的月台，是昔日阖郡文职官员和举人、秀才拜祭之所。两旁东西庑20余间，供奉孔门弟子72贤人及历代清官、名儒等。大成殿后面为名伦堂，再后为敬一亭，最后为尊经阁。东有书斋、启圣祠；西有斋房、土地祠和射圃亭[2]。除上述建筑外，据乾隆十三年《郑县志》记载，还有金声玉振坛、居仁门、崇义门、祭器库、神厨、育德仓、义仓、宰杀厅、进德斋、修业斋、存诚斋等。以上建筑，俱已倾毁无存。

元顺帝至正年（1366），曾仿原貌重建。明洪武二十八年（1395），知州黄廷佐重修。清顺治六年（1649）知州王登联，十五年（1658）知州刘永清、学正戚若鳃、训导李枢重修，庙貌巍然。清康熙五十年（1711）重修。此后数十年间又因破坏严重，风雨侵蚀，墙垣相继倒塌。清乾隆三年（1738）春，知州张钺对大成殿、东西两庑、敬一亭、尊经阁、名宦祠、乡贤祠等重新修整，并重建明伦堂、东西两斋房、射圃厅。清光绪二十二年（1896）五月文庙复遭火劫，焚毁殆尽。因而"灾事上闻，部议重修，按亩捐款，土木大兴，岁两度始克告成。"但是建筑与规模已今非昔比。光绪二十四年（1898），知州汤以慈建东院宫厅三间，名宦祠三间……[3]

民国初年和抗日战争期间，文庙内多次驻兵，复遭破坏，庙内只存清代建筑大成殿。1955年，郑州电力学校对大成殿进行了局部维修。1963年6月26日，河南省人民政府将郑州文庙大成殿颁布为河南省重点文物保护单位。1987年，郑州市商城遗址保护管理所对大成殿进行了落架大修和油漆彩绘。

二、大成殿的保存状况及周边环境

文庙维修前，庙内仅存清代建筑大成殿。大成殿左右两侧，是残破的起脊瓦房，为郑州轴承厂职工宿舍，前为轴承厂幼儿园、试验小工厂等建筑，后为轴承厂车间、厂房。垃圾遍地，蚊蝇滋生。这座珍贵的文化遗存被掩蔽在残破的工厂建筑之中。

大成殿，面阔七间，进深三间，高15.7米，为单檐歇山式建筑。殿宇雄伟高大，巍峨壮观。正脊高70厘米，阳面为琉璃烧制的高浮雕二龙戏珠图案，背面为凤穿牡丹。两山为琉璃烧制的博风悬鱼。殿内外雕梁画栋，前后两排朱漆明柱。

大成殿两山的博风，也是采用三彩釉烧制而成的琉璃饰件，东山博风正中，镶嵌着高浮雕的玉皇大帝，两侧博风为八仙持宝祝寿图。西山博风正中为高浮雕如来说法像，两侧为三国故事戏曲人物。博风正中对角线下，悬鱼是琉璃烧制的三朵竞相怒放的牡丹。整个博风悬鱼，采用的是平地起凸手法，线条圆润流畅，简繁适中、疏密得体，造型生动、形象逼真，堪称是杰出的艺术珍品，实为罕见。

大成殿内部梁架的各间接点雕刻有精细的牡丹花卉，下金檩的花墩，雕有青山野鹿、仙树太空、原野大象、牧童水牛、天马行空、鼎前舞剑、奔马相斗、凤鸟栖树、猛虎下山、蛟龙腾空等图案。老檐檩置含苞待放的垂莲枝，衔接在内拽斗拱的上昂上，它和各檩及梁架间的雕刻互为陪衬、交相辉映，烘托出大殿内部独具特色的艺术效果。但大成殿由于年久失修，在风侵雨蚀下，致使屋瓦、门窗不同程度的存在残损现象，特别是紧邻大成殿东西两侧郑州轴承厂的职工家属房内，烧火做饭的火源隐患时时威胁着古建筑的安全。另外，由于周围地理环境的变迁，原来高出地面近两米的月台地平已低于马路路边石，形成雨水倒灌现象，亦显示不出文庙大成殿巍峨高大的气势。那么，针对现实情况，怎样对大成殿进行保护维修，是该工程的重中之重。

三、大成殿的整体抬升及保护维修工程

大成殿的抬升是经过广泛调查研究并征求专家意见后形成的共识。方向确定后，对如何抬升存在两种意见。其一为按传统做法一缝一缝地抬，用千斤顶或撬杠进行顶升，这种方法致命缺点是易造成榫卯间的损伤；其二为整体起架向上抬，不拆梁柱和屋架，在计算好荷载、构架加固、科学安排工艺次序等前提下，利用起臂设备整体升高梁架。第二种方法的弊端是因没有现成的实践经验而存在一定的风险；优点是对建筑的扰动较小，从而对建筑构架造成的损伤系数低，同时可保持文物本体的细微构造（如侧脚、生起等）的原真性。对比之下，显然整体抬升比传统的分缝逐步抬升要优越得多，故此采用了后者。

抬升设备的选用是工程成败的关键细节。经过调查、实验、比较和论证后，工程选

用螺杆式起臂设备进行抬升,因为螺杆式起臂设备提升高度比千斤顶精确,相对容易控制。抬升高度的确定,是根据现场挖掘出的原大成殿月台基座被埋深1.87米的实际情况,再考虑地面高差情况和建筑整体的比例尺度及环境效果而定,决定将大成殿台基前的地面高度设置比路边道牙高出0.50米,即将大成殿整体抬高1.70米。这样大成殿台基面就比马路道牙高出2.20米。

大成殿抬升的指导思想主要是遵循古建筑维修原则,最小限度的减少振动建筑主体。次序、步骤如下:1. 局部拆除墙体以探查柱子的残损状况;2. 墩接或更换柱子;3. 以牮杆加固各梁架;4. 拆除围护的墙体;5. 以牮杆将纵向各缝梁架加固;6. 设置监测设备及装置;7. 分次逐根稳定柱子;8. 拆除柱下础石;9. 以钢梁为承重并安置抬升设备;10. 抬升;11. 分次砌做基础及栏土;12. 分步夯筑回填灰土;13. 砌围墙体;14. 修补椽飞、维修屋面;15. 清理出月台淤埋部分;16. 做月台阻水工程;17. 砌筑观测壕沟、制作防护罩等;18. 垒砌月台,安装栏板等。2005年1月27日,郑州文庙大成殿平稳抬升至1.70米的既定高度。又相继完成了屋面维修、油漆彩绘、月台基础展示等工程。

此次古建筑抬升在技术上创下了三项全国之最:一是大殿整体抬升,避免了传统的逐缝梁架分件抬升所带来的榫头易"骨折"的弊端,延长了文物本体的寿命;二是整体抬升时建筑下部不做连为一体的基础梁和庞大的承台,为国家节约了大笔资金;三是屋面不卸瓦顶,最大限度地保存了古代建筑丰富的历史、艺术与科学信息。

四、大成殿周边环境的综合整治

根据文物工作"保护为主,抢救第一,合理利用,加强管理"的方针,为了更好地保护文庙大成殿,净化其周边环境,形成与文物主体和谐的古建风貌,凸现八大古都之一——郑州的历史文化内涵,2004年,郑州市人民政府决定对郑州文庙大成殿周边环境进行综合整治。在净化周边环境的过程中,拆除了大成殿东西两侧原轴承厂的家属房24间,拆除大成殿后的车棚、厂房及大成殿前的试验加工厂、幼儿园等40余间,根据文物保护与复建工程应尽量保持原貌的原则,以现有大成殿为中轴线,参照乾隆十三年《郑县志》文庙图与中国文庙传统形制,复建照壁、东西牌楼、棂星门、泮池、戟门(大成门)、尊经阁等。在戟门两侧,分别建设名宦祠、乡贤祠;在大成殿前两侧,建设东西庑房;在尊经阁前两侧,亦建设东西庑房、古井亭及碑廊等。由于文庙地理现状的限制,已无法恢复中轴线两侧的旁院。除了恢复上述具有文庙文化内涵的建筑外,在文庙戟门前,建设了文庙广场,使历史文化遗迹和广大市民更加亲融。

正是由于在规划设计、建设用材、制作方式等方面充分尊重历史、继承传统,采撷精华,合理利用,才使得维修后的郑州文庙大成殿不但大气稳重,巍峨壮观,而且与周边环境和谐共融，郑州文庙大成殿的抬升保护受到中外专家的一致好评，堪称古建保护方面一次比较成功的范例。

注　释

[1]　明嘉靖《郑州志·建设志·庙学》，中州古籍出版社，2002年，第16页。
[2]　据明嘉靖《郑州志·儒学图》所示，中州古籍出版社，2002年，第2页。
[3]　据明嘉靖《郑州志》、清康熙《郑州志》，中州古籍出版社，2002年。

（原刊于《近代中国与文物》2007年第1期）

关于现代繁华市区中大遗址保护的尝试

——简述建设郑州商城遗址公园的风雨历程

宋秀兰

郑州市是河南省省会，位于河南省中部偏北，北临黄河，西依嵩山，东南为广阔的黄淮平原，是河南省政治、经济、文化中心。郑州地处中原腹地，"雄峙中枢，控御险要"，为全国重要的交通、通讯枢纽，是新亚欧大陆桥上的重要城市，是国家开放城市和历史文化名城，是中国八大古都，已经成为一个铁路、公路、航空、邮电通信兼具的综合性重要交通通讯枢纽。据2007年的统计资料，年末全市总人口735.6万人。在郑州市繁华的市中心，五十年代考古发现了一座规划科学、布局合理、城市功能完备的古都遗址，距今大约3600年，属商代早期的都城。郑州商都城垣遗址周长近7公里，目前保存地面城墙还有4公里，这在世界现存土城墙遗址中，可为年代最久，保存最长的城墙遗址。古城墙是世界古老文明发展史的重要标志，是保存于地面上能够体现我们几千年文明史的文物古迹中历史最长、工程最大的建筑工程，是中华民族文明史的重要载体。古老的城墙建筑，真实地记录着古代的军事和政治制度、民族文明和地域关系、工程技术与环境变迁、国家的兴旺与衰败等重要信息，是中华民族非常珍贵的历史文化遗产。郑州商代城墙，是郑州城市发展所留下来的重要印记，是郑州历史文化名城的保护中心。

由于该遗址所处的特殊环境，毫无疑问为其保护带来了难以想象的难度。为了加强对城墙遗址的保护工作，并探索在现代城市中怎样对古都遗址进行保护的新路子，近二十年来，我们在国家、省、市有关部门的支持下，做了些积极地探索与研究，取得了一些成绩，也存在一些有争议的问题，现论述如下，以期起到抛砖引玉的效果。

一、郑州商城遗址保护治理前的状况

郑州商城遗址发现于1955年，对于商城遗址的保护工作，各级政府一直较为重视，如：成立专门的保护机构，划定保护范围，发布通告等。但是，很多年以来，仍达不到预期的效果。那么，原因何在呢？我们归纳为以下几个方面：1.经费短缺；2.没有相应法规；3.城市特定的历史原因与环境因素，使郑州商城遗址成了某些人私搭乱建、乱排污水，乱堆垃圾和偷取黄土地的地方；4.对城墙的保护措施不得力等。这样，使城墙遗址的保护问题累累。

例如：南城墙西段是老郑州居民的集中居住区，人们就住在城墙上下，这对城墙的危害可想而知；东端城墙保存较好，但城墙外侧重点保护区建有100多间违章建筑，在此洗车、收废品、养鸡喂鸡、堆放建材等；东城墙被马路切割成6段，两侧的重点保护区内布满了建筑；而在商城路口南北城墙的外侧，还有一条长约600米的污水沟侵害城墙，常年污水横流，蚊蝇滋生，臭味熏天，严重地破坏了城墙的环境风貌。城墙壁上及根部，普遍存在堆放垃圾现象。另外，在城墙根部埋死人、竖墓碑的现象也时有发生。

对于上述问题，尽管文物工作人员东奔西走，疲于奔命，但还是刚按下葫芦就浮起瓢，不但问题得不到彻底解决，而且情况越来越严重。

怎么办？若按照老路走下去，采用死看硬守的方式来进行保护，最终还是看也看不住，守也守不牢，束手待毙。若积极寻求出路，就必须不怕异议敢为人先，努力开拓创新，才能为子孙后代保护好这笔文化遗产。我们选择了后者。

那么，怎样才能在文物保护经费困难，文物保护理念守旧，城市现代化建设突飞猛进的情况下，求生存、谋发展呢？这无疑给我们提出了一个课题——在现代化城市建设中怎样对古都城址进行保护。

二、从环境建设入手制定科学保护规划

对于古城墙遗址，不能采取孤立保护、消极保护的态度来处理，而应该主动地积极地来占领文物保护阵地。由于城墙遗址有它的"概性""不可移动性"，我们只有对它进行环境规划和设计，以便创造有利于城墙保护的物理环境和视角效应。

早在1991年，我们就在对郑州商城遗址进行深入调查研究的基础上，制定了《郑州商城遗址保护利用规划》。规划的指导思想为：以城墙遗址保护为重点；以治理重点保护区环境、搞好绿化为基础；以围绕周长近7公里的城垣遗址，建设具有一定商代文化风味的绿色长廊为阶段性目标；以科学保护宫殿遗址、建设郑州商城遗址博物苑、保护作坊遗址等为长远奋斗目标，使郑州商城这座"生命的印记"安全起来、鲜活起来，从而提高郑州市的文化品位和旅游地位，进而促进郑州的经济繁荣，提高人民群众的生活质量，并以此为根本目的。

按照这一指导思想，我们的规划明确提出："在保护好商城遗址的前提下，科学合理利用，逐步拆除重点保护区建筑物、构筑物，围绕城墙遗址长藤结瓜布置景观，将商城遗址建设成一个以展示商代历史文化风貌为主体，园林绿化为基础，建设雕塑为点缀，融自然生态、发掘现场，陈列展示为一体的大型露天博物苑。"

1991年7月，国家文物局正式下文批准并立项，指出："指导思想积极，基本路线正确，技术手段可行。"至此，一幅郑州商城保护的蓝图初步绘就。

1995年，河南省出台了《河南省古代大型遗址保护暂定规定》。我们按照《规定》

要求，在上述规划的基础上，总结四年实践摸索的经验，又制定出《郑州商代遗址保护规划》。规划拆除重点保护区建筑，围绕城墙遗址建十大绿化景观。该规划被郑州市政府作为历史名城规划的重要组成部分纳入郑州市总体规划。在规划中，对商城遗址的保护明确规定：

① 严格保护商城城墙、商城北部宫殿区宫殿遗址、商城周围墓群遗址、手工业作坊遗址以及外城墙遗址；禁止在商城城墙及内外 20 米范围内和已发现宫殿遗址及划定宫殿区内进行建设；对于现有商城城墙遗址、宫殿遗址上所建房屋，要制定措施，逐步拆除；商城控制地带内的各项建设应进行文物钻探发掘。

② 沿商城城墙及其内外 20 米范围内建设绿化带，以展示商城平面轮廓；在城市道路路口设置体现商城风格的标志性城市景观设施；在商城东南角建设一处以商代文物、文物展示为主要内容的"敖都园"（目前称郑州商城遗址博物苑）。

③ 拓宽商城外围的城南路、顺城街，减少机动车交通对商城的影响。

④ 对商城保护区进行高度和建筑风格的控制。

⑤ 在商城内东西大街以南、紫荆山路以东的范围内，通过土地使用功能的调整、建筑高度的控制、建筑风格形式色调的控制，形成反映商城意象的特殊风貌地带，外迁工业用地、改造居住地，形成由古文化商业区、古文化旅游区、传统风貌住宅区组成的商城风貌区。古文化旅游设施的建筑应与商城的保护相协调。在进行城市设计中，建筑物、构筑物设计要体现商城风貌。

这样一来，在郑州市城市化建设和发展中，商城遗址的保护就步入健康发展的轨道。

三、针对城墙现状，制定具体措施

自 1991 年以来，我们每年根据商城遗址每段每片的不同情况，在《郑州商代遗址保护规划》的总体原则下，具体制定一些行之有效的、可操作性强的阶段性实施方案，逐步使商城的保护落到实处。

1992 年，我们抓住郑州市创建的机会，请求市政府协调有关部门配合，经过多方努力，拆除了南城墙东段重点保护区 1 公里内的 100 多间违章建筑。为了主动占领这块文物保护阵地，根据保护规划，国家文物局、省文物局、市人民政府投资 200 多万元在这里建设了融雕塑小区、仿商代的建筑小品、栅栏、廊子、围墙、绿篱为一体的城墙保护屏障，并在此基础上建立了商都文化街，不但彻底杜绝了违章建筑再发生，而且成为我市一道亮丽的文化风景线。为防止天长日久游人践踏造成水土流失，我们在城墙上部铺设了鹅卵石小路、设置了天然小品、进行了环境绿化，较为有效地保护了城墙。

针对商城路口北侧城墙根部的污水沟和废品收购中转站的问题，我们通过人大代表和附近群众呼吁，促使市政府将污水沟改为暗沟。之后，我们在这里铺设了曲径小路，种植了花卉草坪，建设成环境优美的绿化景观。对商城路口南侧城墙根部的污水沟和违章建筑等现象，经过我们多方呼吁和不懈奔波，1998年初，郑州市政协提出了"关于加强郑州商城遗址保护"的1号提案。市政府认真落实政协提案，决定对郑州商城遗址进行综合治理，投资近200万元治理了污水沟，又投入150万元对商城进行综合治理。我们根据市政府的要求，在市文化局的领导下，在管城区政府的大力协助下，拆除了这一区域内的违章建筑，清理了建材厂，采取垒筑毛石的方法进行了城墙根部保护，在拆迁后的城墙内外20米重点保护区范围内，分别种植了花草苗木，铺设了曲径小路，又建设成两处环境优美的绿化景区。

东城墙东段外侧，原来公厕、群众搞的化工厂、自娱自乐演唱会搭的戏台戏棚及居民住宅挤满了城墙重点保护区。在1998年的商城综合治理中，清理了上述建（构）筑物，也垒筑了城墙根部保护墙，种植了花卉草坪，建成了绿化景区。东大街南北两侧的重点保护区，有1万多平方米的居民住房，为加快实施商城保护规划，1999年至2001年，市政府拨款400多万对这些建筑进行了拆除，并拨款价170万元对拆迁后的2万多平方米的场地进行环境美化。

总的来讲，十年来，我们已拆除商代城墙重点保护区建筑1.5万平方米左右，建设景区7处，面积达4万多平方米，绿化2万多平方米，有效地保护地上城墙1800米，使郑州这座繁华的省城中出现了一道古朴中透着宁静、绿茵中透着沧桑的独特的风景线。

四、在保护中建设，在建设中保护，城市建设与遗址保护联姻

近年来，随着郑州市社会经济和城市建设的快速发展，郑州市政府实施构建郑东新区和商都历史文化区"双子星座"的战略部署，为了保护具有3600年历史的商城文化遗产，充实郑州历史文化名城内涵，营造古都文化氛围，改善中心城区人居环境，构建文化产业促进郑州文物保护与社会经济可持续发展，郑州商代城墙保护2004年被列为郑州中心城区改造及"四城联创"项目之中，开辟了文物保护纳入城市建设的先河。

特别是2004以来，市政府加大对郑州商代城墙与周边环境整治力度，计划投资5亿元来进行这项工作。目前，第一期工程正在实施过程中，政府已投资3000多万元对商城文化区域内的两座古建筑群进行保护维修。2005年，投资6000多万元对商城重点保护区内建筑物、构筑物进行拆迁，2008年，郑州市政府又把郑州商城遗址公园项目纳入郑州市跨越式发展重点项目之一，计划一期工程拆迁盘踞城墙上的老居民户482户，面积为33000平方米。拆迁之后，将展开对商代城墙进行本体保护与环境绿化，使之成为现代化城市中的大型古文化遗址公园。

五、建立健全保护法规，使城墙遗址保护步入法制轨道

郑州商城发现至今已经50多年了，保护工作之所以步履维艰，一个重要原因就是没

有具体的法规保障。在市场经济条件下，城市建设、旅游开发等与文物保护的矛盾相当复杂，有时也很尖锐，特别是商城遗址处在现代化大城市中心，人口密集，城市发展快，如果没有切实可行、操作性强的法规来保驾护航，要想在繁华的都市中保护商城这块"净土"，所面临的困难和复杂局面是很难克服的。

针对上述情况，从1995年开始，我们便着手制订了《郑州商城遗址保护管理办法草案》。通过几年的探讨与实践并多次邀请省、市有关领导和专家进行研讨论证，1999年该项工作被郑州市政府纳入立法规划。郑州市法制局会同郑州市文化局对《郑州商代遗址保护管理规定草案》逐字逐句进行了修订。2000年，郑州市人民政府正式批准了《郑州商代遗址保护管理规定》，并于2000年5月1日颁布实施。从即日起，郑州商城遗址的保护不仅有国家大法保护，而且有了正式的专项法规进行保护。

六、郑州商代城墙遗址保护的心得体会

1. 文物工作者的责任心是历史文化遗产保护者的必备素质，只有有了高度责任心，才会有见解，才会有思路，才会有坚强的意志，才会为实现我们的目标刻苦奋斗，咬定青山不放松，这是非常重要的前提。

2. 对文物保护制定长期规划与阶段性工作目标。规划是文化遗产保护的实施依据。郑州商城是早在1991年就做了整体保护规划，1991年国家文物局立项。之后，1994年，郑州市为保护历史文化遗产，专门制定了历史文化名城保护规划，将遗址保护纳入到城市规划中，使商城的保护具有了可操作性。近两年来，为了更高起点、更加全面的保护郑州商城遗址，郑州市政府委托北京清华城市规划设计研究院制定更加完善的郑州商城遗址保护规划；委托中国文化遗产研究院等进行城垣总体保护方案设计，目前正在报批过程中。

3. 采取主动占领文物保护阵地的做法。从1991年以来，我们变过去死看硬守式的保护方式为主动占领式的保护方式，即文物部门采取一定的措施、方法，用一定形式来主动占领文物保护区，如南城墙外侧，拆除原有100多间杂乱无章、侵蚀城墙的违章建筑，建成由廊子、栅栏、建筑小品组成的城墙保护屏障；在东城墙内外两侧，拆除违章建筑、治理污水沟、清理垃圾，建设成与城墙风貌相协调的绿化景区。

4. 对违法违章事件铁面无私，毫不留情。二十多年来我们一贯坚持原则，没有为不法行为开过绿灯。对于发生的违法事件，我们一旦发现，就坚决制止，揪住不放，直到问题有效解决。这样，既有效保护了遗址，又捍卫了文物保护法和文物保护者的尊严。

5. 在文物保护中，注意和新闻部门配合，和新闻部门联动。新闻舆论为文物保护起到了很好的保驾护航的作用。

6. 建立健全法规，使商代古都遗址保护纳入到法制轨道。在我们多年实践的基础上，通过和郑州市法制局的共同努力，郑州市政府正式颁布了《郑州商城遗址保护管理

规定》。

7. 加强加大对商城遗址的宣传力度。利用报纸、电台、电视台等新闻媒体，采用多种多样的宣传方式进行广泛宣传，以提高各级领导对商城的认知程度，提高群众保护商城的意识。

8. 争取各级领导的支持，是我们事业向前推进的根本保障。为了使商城的保护落到实处，我们曾奔走呼吁，找专家、找领导，请人大、政协呼吁，最终赢得了各级领导与专家的支持，政府对商城保护的投资从刚开始的10万元起步，逐步发展到上百万、上千万、上亿元，使商城的保护走上了长久发展的健康道路。

七、在遗址保护中的教训

① 规划审批手续中有漏洞，致使有些不该搞建设的地方却有了正规的证件，使某些保护工作陷于被动。

② 文物遗迹进入单位院中的，因为得不到公共监督，最容易被破坏（如新华二厂和老红军家属院）。

③ 文物执法队伍成立的不及时，跟不上文物事业发展要求。

八、对城墙遗址需进一步探讨研究的问题

针对商城城墙本体的保护，最先我们是采用天然毛石加固城墙根部，这样做，一是防水土流失，二是力求自然、和谐。但这种方式只能放在城墙根部，墙体没办法加固。后来，我们采用水泥框固土，其内填土种草，但，人为痕迹也很浓，如果大面积做来，使人有修河堤的感觉。究竟怎样不使水土流失，又能保持城墙原始风貌，还需进一步探讨。

1995年，我们曾在南城墙与东城墙上修筑了鹅卵石小路，意在人们可以不再践踏城墙。10年过去了，我们发现鹅卵石路竟比两侧城墙高出10～20厘米，也就是说，土城墙水土的自然流失每年达1～2厘米，这样依次类推的结果是很惊人的，那么，100年后呢？1000年后呢？

根据上述情况，我们设想在墙体上根据城墙目前的形态及凸凹状况，均衡夯筑50厘米或1米厚的新土，其上种植草皮和灌木，意在保护商代城墙不被常年的水土流失所损毁，这样，虽然眼前看来会有人为痕迹，但时间长了就会恢复自然。况且，从目前城墙断面的发掘现场看，春秋战国、唐、宋时期城墙均有修补、加厚的情况。此种办法能否成立，希望专家见仁见智，多提宝贵意见。

（原刊于《2009大遗址保护良渚论坛》2009年）

优秀近现代民族建筑的保护和利用研究

宋秀兰

刚刚过去的一个世纪，中国走过了一条从积贫积弱、饱受欺凌到奋起反抗、进而强国富民的曲折道路。100年过去，花开花落，时空转换。面对这段沧桑，谁能担负起"讲述"历史的重任？幸好有各个时期散落的遗存，它们在无语中见证着时代的变迁。

放眼望去，100多年可歌可泣的中国近现代史，留下了多少令人触目生情的优秀建筑，隐含了多少震撼华宇的历史事件，记录了多少涂抹不去的精英枭雄。这些优秀建筑，因其艺术的多元性、建筑技术的先进性和人文的共融性，使它们的价值更贴近时代，是中国近现代建筑文化、城市文化的宝贵财富，是中华文明积淀的重要一层，也是进行爱国主义教育的重要阵地。那么，这些优秀建筑的保护利用情况如何呢？

一、各地情况参差不一，保护工作不容乐观

1. 优秀近现代建筑人为破坏严重

对于中国古代建筑的保护，目前已经普遍达成共识，认为古代建筑年代久、数量少，更需要保护；而对于近现代建筑来讲，则认为近现代建筑数量大、判别难，因此在保护上就显得滞后，以致一些优秀现代建筑不时遭到破坏，从城市的记忆中消失。像北京建于20世纪50年代中叶的"国庆十大工程"，后被誉为北京的"十大建筑"，是向新中国成立十周年的献礼工程。它们倾注了第一代领导人的心血，凝聚了一代知识分子的智慧，浸透着建设者的汗水，反映了举国之力的体制优势。为此，1959年9月25日的人民日报以《大跃进的产儿》为题发表社论，称赞这些建筑是"我国建筑史上的创举"。距今近50年的时光，从那个年代走过来的人，看一眼这些建筑，也许就会浮想联翩。

然而，当初的"十大建筑"如今已经残缺，其中之一的华侨大厦，上个世纪90年代被拆除重建，这是一件非常令人遗憾的事情；2003年9月9日，建于1955年的旧的中华全国总工会大楼拆除，该建筑样式属于清末兴建的、在中国传统建筑基础上受西洋建筑风格影响的早期折中主义建筑。此建筑造型独具特点，与同时期民宅入口处理有类似之处，但又比之庄重，为早期公共建筑所特有风格。在西城区，还有一些优秀近代建筑彻底被拆毁。北京四中校园里有一处标志性建筑，风格有点像清华大学的"二校门"，牌

楼式的格局下含有 3 个拱门，上书四个大字"北京四中"，被在读的四中学生亲切地叫做"老校门"，但他们中的多数并不知道，这个"老校门"是后来仿造的，真正的老校门已于上世纪 90 年代拆掉。据《北平市市立第四中学廿周年纪念刊》记载，"（民国）四年七月建筑疗养室翻修学生寄宿舍改建校门"，也就是说真正的老校门始建于 1915 年 7 月，而现在坐落在四中体育场边上的"老校门"边角，细小的字体镌刻着"校友×××敬建，一九九七年九月二十七日"字样。对于被移址重建的仿造"老校门"，几名教师认为，虽然保持了原貌，并且气质更清新，"但多少损失了纪念意义"，与四中的"老校门"比，位于西交民巷甲 25 号的中国首家由政府创设的银行——户部银行要幸运得多，直到今年 7 月 11 日之前，它还是工商银行北京西交民巷储蓄所的工作地。该银行始建于 1905 年 9 月，户部奏准设立户部银行，是为政府创设银行之始。1907 年户部改称"度支部"，户部银行亦于 1908 年 7 月改称大清银行。1912 年 8 月，大清银行改组为"中国银行"，仍沿用西交民巷原有建筑。然而，就是这个矗立老街百余年的旧址，也前途未卜。

另外，在我国其他城市，同样存在此类问题。如：

在邯郸市，人民日报社旧址，已拆毁，人民日报社想找一张人民日报在邯旧址的照片。遗憾的是早在几年前，这座颇有纪念意义的建筑已被拆除改造，更为可惜的是，咨询了很多单位竟然找不到一张记录这座小楼的照片；更为遗憾的是西南庄前街 12 号的建筑，为刘邓进驻邯郸后的办公地址，竟也被无情的拆毁；晋冀鲁豫军区故址，亦被拆毁。

在济南市，20 世纪 80 年代初开始的"危旧房改造"工程，以及随后展开的"旧城改造"工程，拆迁和建设规模日益扩大。而在城市大规模建设表面繁荣的背后，则是优秀近现代建筑被边缘化的现实：历史悠久的近现代建筑"文化遗产"频频告危，有的建筑濒临倒塌，有的建筑斑驳不堪，有的建筑被随意拆除。如 1992 年 7 月被拆除的济南老火车站、1996 年 12 月被拆除的泉城路瑞蚨祥布店、2002 年 12 月被拆除的洪家楼教堂附属仁慈堂等。最近，位于经二路 295 号的百年老字号中药店——宏济堂西店又被列入了拆迁冻结的范围。

在南京市，在现有的民国建筑中，位于东郊风景区的纪念性建筑群、官邸及体育建筑保存完好，老城内民国建筑基本保持完整，但由于城市快速发展，部分民国建筑的保护也受到威胁。如鼓楼消防大楼改变了金陵大学北侧重要建筑的周围环境；大华电影院杂乱无章的外立面装潢破坏了建筑原有的形象。此外，使用不当也造成了民国建筑周边的无序搭建，像某原大使馆成了居民大杂院。

韶关是广东省历史文化名城，在中国近代史上占有一席之地，新中国成立后又成为广东省重工业基地和"小三线"建设的重点，因而有着不少优秀近现代建筑。然而，由于种种历史原因，大量优秀近现代建筑早已不复存在，还有不少正在遭受各种破坏而未得到应有的保护等，不一而足。

郑州市是历史文化名城，是中国八大古都之一，有着"中、通、丰、古"的称谓，然而，随着城市建设大潮的兴起，不少优秀近现代建筑或已荡然无存，或已面目全非，比如西大街的红旗大楼，解放路的手工业大楼等。

2. 保护措施力度不足

大家知道，前两次全国文物普查分别于1952年和1987年展开。20来年没有摸过情况了。而这20年间，文物破坏比较严重，因为经济诱惑太大了。已列入各级文保单位的各类别文物基本上"平安无事"，而那些尚未进入保护名单的遗存正碎片般散落。环顾我们生存的城市，那些令我们倍感亲切的老建筑正一天天消失。有的地方也促进评选了自己城市的优秀近现代建筑，并且进行挂牌公示等措施。

然而，无论怎样挂牌、入围，这其中仍有相当多老建筑没能逃脱被毁掉的厄运，往事难追。重要的是不能让这种势头继续下去。毕竟，可供我们保护的，已经不多了。在优秀建筑文化的传承中，历代经典建筑的积累不可或缺。没有经典，文脉就缺少筋骨，记忆就会消失。早在2004年8月，中国建筑学会建筑师分会为国际建协等学术机构提交了一份20世纪中国建筑遗产的清单，如上海外滩建筑群（上海市，1901年~1936年）；重庆人民大礼堂（重庆市，1954年）；延安杨家岭中央大礼堂（延安市，1942年）；北京儿童医院（北京市，1954年）；集美学村（厦门市，1934年~1968年）；北京电报大楼（北京市，1958年）等共22处。这些建筑都蕴含着大量的历史信息，但迄今已有的六批全国重点文物保护单位名单中，有近半尚未列入其中，也就是说它们尚缺乏可保护性。这是因为近现代建筑的价值一直没有引起人们高度的重视，对近现代建筑在认识上还有相当的误区，尤其是对优秀现代建筑价值的认识还处在很低的水平。所以，认识不够，措施不力，是近现代优秀建筑保护亟待解决的问题。

二、亡羊补牢犹未晚，各地政府已经开始重视优秀近现代民族建筑的保护

近一时期，偶见一些城市发布对优秀近现代建筑的保护措施，说明保护优秀近现代建筑已经引起一些地方的重视。如北京将71处188栋建筑列为第一批优秀近现代建筑名录，其中包括北京天文馆、北京市百货大楼等；1920年建的中国儿童剧场、1955年建的798工厂、原为"北京苏联红十字医院"的友谊医院……

南京市人大颁布《南京市重要近现代建筑和近现代建筑风貌区保护条例》；据《江南时报》报道，南京有关部门今年全面启动以民国建筑为核心的优秀近现代建筑保护和修缮工作。为了彰显历史文化名城特色，今年将深度推进一批历史文化项目建设，大力推进明城墙风光带的保护与建设；实施南捕厅二期整治工程，开工建设大报恩寺塔遗址公园，完成江宁织造府主体建设，今年开始对240多幢近现代民国时期单体建筑进行保护和修缮。

广东中山500多座优秀近现代建筑获得保护。

四川省将60余处不满百岁的近现代工业遗产、乡土建筑和少数民族文化遗存确立为第七批省级文保保护单位。

《成都市优秀近现代建筑保护大纲》中，旗帜鲜明地提出以利用促保护，成都画院、四川大学老校区、四圣祠基督教堂、祠堂街"老妈蹄花"、署袜街老邮政局、成都量具刃具厂办公楼、位于和平街11号的皇汉绣庄、公道街2号西式小洋楼等90多处成都老建筑被纳入保护的视野。

郑州将启动优秀建筑保护计划，对能够体现城市特色的建筑给予更多的关注。目前，郑州市计划启动城市优秀建筑评选及保护管理工作，通过对城市中优秀建筑的评选、挂牌、管理、保护，对能够体现城市特色的建筑给予更多的关注。郑州市文化局下一步还将加强与规划部门的合作，加大老城区改造过程中特色民居的保护力度，并适时、适度开发，合理利用。此外，郑州市已经成立了"郑州市近现代优秀建筑保护领导小组"，制定了郑州市优秀建筑保护管理规定和郑州优秀建筑物评选方案草案。经郑州市文物考古研究院对郑州市名人故居调研发现，目前郑州市还存在有优秀近现代建筑二十余座，如：北伐阵亡将士祠堂，位于今郑州市碧沙岗公园。全园由北向南由4部分组成：第一部分为中山公园。有石拱桥、水池及东西并排的民族、民权、民生三亭。第二部分为烈士祠。内有大殿、东西廊房及后殿，砖木结构，建筑面积共4300平方米。第三部分为烈士公墓。位于烈士祠后，占地1800平方米，葬有3000名左右阵亡官兵。墓隙2米，纵横排列，墓前皆有碑，青石刻成，上书姓名、所在部队番号及军衔。现已不存。第四部分为民生公墓。现在是河南省文物保护单位，这组建筑是中国人民反对军阀和国共合作的见证；黄河博物馆，是新中国成立之后治理黄河的展示，遵照毛主席"要把黄河的事情办好"的指示，见证着河南人民一直坚持不懈的治理着黄河，把害河变为利河的不朽伟业；二七纪念堂，是为纪念京汉铁路总工会成立及全路工人大罢工而建；二七纪念塔，是为纪念被直系军阀危害的铁路罢工工人领袖汪胜友、司文德而建；黄河迎宾馆，毛主席生前曾多次视察或经过河南。其他老一代国家领导人到河南，大都入住这里。毛主席在郑州主持召开了中共中央政治局扩大会议，即具有历史意义的"郑州会议"；毛主席视察燕庄纪念亭，他在郑州黄河边视察了黄河，视察了工厂、农田，郑州市人民建造亭阁进行纪念；另外，人民公园内的胡公祠、日本驻郑州领事馆、郑棉二厂办公楼、郑棉三厂办公楼、河南宾馆、郑州大学南校区文科楼、郑州大学工学院教学楼、郑州市政府办公大楼、河南省社会科学院办公大楼、人民会堂、河南省体育馆、陇海影剧院等。

邯郸市建设、文化等部门组织专家和学者已经开始对非文物的、优秀的、有历史和纪念意义的邯郸近现代建筑进行现场踏勘，如：硝场胡同1号，晋冀鲁豫边区政府参议会故址，原为日军兵工厂，硝场胡同因此得名，现在建筑保存非常完整。晋冀鲁豫边区会议原址，1946年3月19日，来自晋冀鲁豫边区的512名参议员第一次聚集到一起，在邯郸举行边区参议会首届2次会议。50年代建设的市二招东院、矿务局办公楼等见证了邯郸大规模建设的第一次高峰，是邯郸"工业基地"的标牌，成为最具特色的建筑群。

城内中街 146 号谢家院。带廊明柱，明三暗四，卷棚拱斗式民宅，光绪年间邯郸石印厂和卷烟厂厂主住宅。据院内老住户讲，此屋有 150 年以上的历史。跃进里（原纺织局家属院）14~20 号住宅楼，仿苏式二层小楼，具有抗震功能，保存完好，现居民对此老屋非常留恋。城内中街 29 号，河北银行旧址，邯郸市第一届人民政府所在地。清朝中期的典型建筑，院落保存非常完整。十里铺果园小屋、铁路专线及站台。始建于 20 世纪六十年代中期，党和国家领导人毛泽东、周恩来、朱德、邓小平等到过此地，其中毛泽东同志的专列曾多次在这里停车休息。城内东街 24 号，邯郸专署招待所，院内有朴素、典雅的二层小楼，清末建筑等，对于这些优秀近现代建筑，研究采取多种切实可行的办法进行保护。

韶关是广东省历史文化名城，在中国近代史上占有一席之地，解放后又成为广东省重工业基地和"小三线"建设的重点，因而有着不少优秀近现代建筑。然而，由于种种历史原因，大量优秀近现代建筑早已不复存在，还有不少正在遭受各种破坏而未得到应有的保护，因此，韶关市政府积极组织编制《韶关市近现代建筑保护规划》，初步确定基督教循道会西教士住所、天主教圣若瑟堂、芙蓉古刹、广富新街、圣主女修道会址、基督教浸信会礼拜堂、何氏宗祠、太傅庙、滇军墓地碑亭、帽子峰碉堡群、风采楼、韶关冶炼厂、韶关钢铁厂、东堤中路和东堤北路骑楼街等为韶关城市优秀近现代建筑。为更好地做好该项工作，特向韶关市民广泛征集市区范围内优秀近现代建筑的相关信息。

三、近现代优秀建筑在城市发展中面临的问题

尽管目前各级政府已经开始对优秀近现代建筑的保护开始重视，但是，近现代优秀建筑的保护与发展所面临着的问题还很严峻，不仅是近现代优秀建筑有被湮没的可能，更重要的是其存在的价值难以被社会所认同。

① 城市管理方面的问题。在城市管理方面，一是文化遗产保护观念淡薄，受部门利益影响，历史文化名城保护规划迟迟难以落实，严重阻碍了对近现代优秀建筑的保护与合理利用；二是规划实施的城市"旧城改造"工程，一般是以城市中心为基点向外延展的。而近现代优秀建筑的位置又往往处于城市中心的黄金地带。因而在"旧城改造"过程中，近现代优秀建筑首当其冲受到了冲击。

② 保护资金投入不足的问题。由于对近现代优秀建筑的保护以及涉及的周围搬迁成本越来越高，单纯依靠政府财政资金已难以满足近现代优秀建筑的保护投入需求。

③ 传统的保护理念，不仅使近现代优秀建筑的资源价值难以被挖掘，其功能和作用也难以正常发挥，而且限制了社会力量和社会资金对近现代优秀建筑的保护投入，对近现代优秀建筑的保护与发展产生了束缚作用。

④ 对城市环境、资源的影响问题。粗放型建设模式，不仅使近现代优秀建筑陷入生存危机，对城市文脉的延续也产生了深刻的影响，进而对城市的快速交通、能源供应等

形成了相当大的压力。不仅浪费了大量的能源、资金和土地资源，而且拆除旧房屋与修建新房屋所产生的建筑垃圾、工地扬尘以及噪声、振动等，不仅对大气环境造成严重的污染，而且对城市生态环境也造成严重的破坏。

四、城市发展过程中对近现代优秀建筑保护与合理利用的对策和措施

近现代优秀建筑，属于稀缺性资源。它的不可再生性决定了对它的保护与合理利用，在于不断提高资源的配置效率。因此，在市场经济条件下，必须改变原来依靠行政手段配置资源的做法，积极发挥市场在资源配置中的基础性作用。在有效保护近现代优秀建筑的前提下，优化资源配置，加强与改善近现代优秀建筑的经营管理，合理有效地开发利用近现代优秀建筑，不仅有助于资源配置效率的提高，更有利于探索适合保护要求的"旧城改造"新模式。

1. 转变管理方式，创新发展思路

实践证明：有效保护近现代优秀建筑，并使其得以保持与发展，就必须对其进行合理的利用。要做好这一工作，首先要努力提高全社会的文化素质和保护意识，自觉维护好城市的历史人文景观，以建立可持续发展的文化基础；其次要积极贯彻落实历史文化名城保护规划，将近现代优秀建筑的保护与合理利用融入到城市总体规划中去，使城市的特色和个性在"旧城改造"过程中得到有效的保护。

① 政府主管部门要强化执法监督能力，严格按照历史文化名城保护规划要求，提高社会管理和公共服务水平，积极发展和"建立依法经营、违法必究、公平交易、诚实守信的市场秩序，创造公开、公平、公正的市场竞争环境。"对近现代优秀建筑的保护，从资金方面给予扶持，在税收方面给予优惠，引导和鼓励社会力量参与近现代优秀建筑保护的积极性，促进对近现代优秀建筑的合理利用。

② 对近现代优秀建筑的保护，必须从依靠增加政府财政资金投入转移到提高近现代优秀建筑的利用效率上来。"以项目投入为手段，以激发活力为目标，提高资金的使用效益。"要逐步建立健全投资保护"近现代优秀建筑"绩效评估制度以及"近现代优秀建筑"使用责任认证办法，进一步加强对"近现代优秀建筑"修缮保护工程的监督检查，促进提高财政资金与社会资金的投资效果。

2. 建立多元保护体制，确立市场化运作机制

市场经济的有序发展，为近现代优秀建筑有偿使用机制的构建，创造了良好的外部环境。通过建立近现代优秀建筑的使用权交易制度，按照产权置换（非文物保护单位）、授权管理、租赁经营或委托经营等多种形式，按照市场经济运行的规则，通过实行公开、透明、非歧视的市场准入制度，打破部门界限和所有制界限，形成公有民办、民办公助

等多种所有制形式的保护机制。对于增加保护资金投入，拓宽资金来源渠道，有着非常重要的作用。对这些建筑来讲，应根据其地理环境位置和建筑风格特点等因素，来确定其保护与合理利用的方式。应根据市场经济的发展要求，积极引进市场竞争机制，按照"谁投入、谁受益、谁负担"的原则，允许使用者积极参与近现代优秀建筑的保护、经营和收益，切实促进提高"近现代优秀建筑"保护与合理利用效率，并由此形成保护与利用、投入与产出两者之间相辅相成、相互协调的良性循环。

3. 节约资源，促进城市持续发展

城市要持续发展，就必须珍惜资源，大力提高资源的利用效率，努力获得最大的经济效益和社会效益。这就要求我们通过转变经济增长方式，贯彻实施有利于建设资源节约型社会的方针政策，朝着重视环保、节能、可持续发展的方向积极努力。近现代优秀建筑所见证的历史与其周边的环境有着密切的联系。加强对近现代优秀建筑的保护，将有助于其周边环境的保护与改善，消弭"旧城改造"过程中对城市生态环境的影响，而且由于是利用已有的房屋建筑和道路交通等基础设施，免除了拆除费用和节省了能源、资金，同样可以获得很大的经济效益。由此可以看出，对近现代优秀建筑的保护，不仅是对城市人文资源的保护，也是对城市生态环境的保护；而对城市生态环境的保护，更有利于城市的可持续发展。正是为了变被动为主动，南京市从启动民国优秀建筑三年保护行动，以环境整治、立面整治、设立标识、配建广场绿地等不同的保护方式，变"死保"为"活保"。据介绍，在三年保护行动中，对于建筑本体的保护将根据建筑的历史、艺术价值和保存状况采取多元化的保护措施。如对历史价值较高、遗存状况较好的实施全面保护；对建筑立面艺术价值较高的，保护其特色外壳，内部整修、装饰；还有一些实施局部保护，即保留反映民国建筑特色的标志性建筑构件，在不影响历史资源点整体风貌的前提下，对建筑立面进行调整；对历史、艺术价值一般但有自身特色的，则按原风格重新建设。

4. 合理利用，以利用促保护

对一些有特殊历史意义和艺术、技术价值的民国建筑，将被开辟成博物馆、展览馆、纪念馆或有展览空间的小型公共建筑，使之发挥其应有的社会价值。保护和利用相结合的好，将会更加促进其保护工作的健康发展。

总之，保护优秀近现代建筑不能只停留在口头上，更不能只靠专家们呼吁，这是全社会的事情。

（原刊于《中国民族建筑研究会学术年会暨第二届民族建筑（文物）保护与发展高峰论坛》）

传承与更新：乡土建筑文化延续与新农村建设的对立统一

宋秀兰　别治明

一、研究背景

乡土建筑是指散落于村镇中、富有地方特色的传统建筑，除了一般的居民住宅外，还包括与人民生活息息相关的祠堂、商铺、作坊、桥梁等建筑。我国广大农村地区文化遗产数量众多。其中，乡土建筑是文化遗产的重要组成部分。在全国约40万处不可移动文物中，半数以上分布在村、镇。具有鲜明地方特色的大量乡土建筑，蕴含着丰富的历史、科学和艺术价值，凝聚了数千年人类的辛勤劳动和无穷智慧，沉淀了中华民族世代相传的文明资源和信息。它们不仅是历史上不同文明背景和文化传统所凝结的物质载体，也见证和体现了长期农耕文明时期建筑文化的基本特征，是人类文明的历史见证。

社会主义新农村建设是我国全面建设小康社会，实现现代化进程中的重大历史任务。其根本目的是为了改善农村生态环境，加快农业生产发展，提高农民生活水平。正在全国范围内迅速展开的社会主义新农村建设，将为我国农村地区带来前所未有的巨变。在这场深刻的历史变革中，如何正确处理新农村建设与乡土建筑保护的关系，使乡土建筑的文化内涵、建筑特色、历史风貌得以传承，是事关我国文化遗产保护和新农村建设全局的重大问题。

二、新农村建设中乡土建筑之现状

我们所谈的乡土建筑究竟是一个什么样的概念呢？从广义上讲，凡带有地域本土特征的建筑皆为乡土建筑。从狭义上讲，在乡村中土生土长的建筑即农村的建筑称为乡村建筑。它的类别非常广泛，包括寺庙、祠堂、住宅、商店、亭子、廊子，以及桥梁、道路等。它们组成一个很完整的村落，这就是本文所研究的乡土建筑的所指。

我国先民自古以来就具有辛勤劳作，攒钱盖房的传统生活习惯，祖祖辈辈，世世代代，拆旧建新，反复无穷；加之我国大部分地区的乡土建筑多为土木结构，不易长期保存，因此那些历史悠久的乡土建筑能够完好的保存至今的确实为数不多，故而愈发弥足珍贵。近十几年来，随着世界经济的全球化与信息业的高速发展，拉近了人类的距离，带来了全球生活、文化的趋同。我国城乡经济的迅猛发展和农村社会生活的急剧变化，乡土建筑的保护受到前所未有的冲击。根据中国社会科学院社会学所所长李培林先生提供的调查数字，"从1985年到2001年，在这不到20年的时间里，中国村落的个数，从940617个，锐减到70925个。仅2001年一年，中国那些延续了数千年的村落，就减少了25458个，平均每天减少约70个"[1]。这直接导致了我国文化多样性的日益削减。

当前大规模的新农村建设正在全国各地蓬勃开展，这一行动的开启给广大农村地区带来深刻的变化。文化遗产保护作为经济社会发展不可或缺的重要组成部分，在新农村建设中理应得到重视和加强。但是由于对新农村建设的目标在认识上存在偏差，特别是对拆旧建新后的"新村新面貌"不断进行大量宣传，而对于新农村建设中加强文化遗产保护的宣传力度不够，导致一些地方错误地把新农村建设理解为"新村建设"。新农村建设的误读导致的"大拆大建"对乡土建筑等文化遗产造成了严重破坏。

在推进村庄整治的过程中，一些地方在计划经济的思维惯性下，不顾地域特征和文化传统，强行推进统一的规划目标和设计标准；一些地方热衷于对现有村庄进行撤并、迁移和重建，其理由往往为可以节约土地，能够树立集体土地集体所有的观念，促进村容镇貌整齐划一改善村镇卫生条件等，这些理由似乎很充分，但是效果往往适得其反。由于技术和材料的引入造成对传统产业的冲击，对于传统文化特色也造成极大的威胁。新的规划、设计、建设成果，逐渐与历史文化村镇原有的人文与自然环境相脱离，"千村一面"的状况在不少地方已经成为现实。在这种趋势下，具有民族传统、地方特色的村镇风貌逐步丧失，向不断重复、单调、一致性的异质空间靠拢。"神州大地上一个个风情各异的古村古镇，转瞬之间变成一片片洋楼群。它们傲立于山野，突现于平原。它们和这里的历史没有关系，和周围的自然环境与人文环境全无关系，这些金发碧眼的小洋楼就像是从天上掉下来的"[2]。这种单一化、缺乏特色的新农村建设，便是我国传统地方乡土建筑文化湮没于全球化的浪潮中的具体表现。在走样的"新农村建设"中，一些宏大的规划设想对历史文化村镇的结构肌理、空间构成和传统风貌造成威胁。

以上现象目前在全国各地的农村中具有一定的普遍性。曾经以南方水乡、中原村落和塞外游牧生活为代表的风物各异的中国广大农村，现在几乎被清一色、缺乏个性的水泥建筑所覆盖。这个问题值得深思。

总体说来，新农村建设中乡土建筑的现状大概可以归结为以下四点：

1. 对新农村建设认识存在偏差

一些地方误把新农村建设理解为新村建设运动，存在简单的城市化倾向。有的甚至擅自在古村落内迁建、复建或兴建人造景观，致使一些乡土建筑原有的历史风貌格局被肢解破坏，造成乡村、民族、地域特色的丧失。

2. 村民文化遗产保护意识薄弱

乡土建筑数量庞大，且大都分布在偏远乡村，由于条件所限，村民对文化遗产的认知度和理解度不够。许多村民不理解对乡土建筑进行保护的原因和目的，甚至认为：这是我们自己的房子，破了旧了为什么不能推倒重新再盖？加上这些年农村经济条件的好转，不少村民都扒掉了老房子，盖上了漂亮的小楼房，使得乡土建筑保护受到重重阻碍。

3. 保护维修经费受限

许多乡土建筑由于年久失修，已经非常破败，要在新农村建设中既不被破坏，又不影响整体美观，就需要进行保护维修，其维修费用甚至高于新建建筑。但因许多乡土建筑都是民居，属于村民私有财产，按照现行政策，文物保护专项资金不能补贴私人产权的文物，不少有重要价值的乡土建筑无法得到及时的维修保护；

4. 政策法律滞后

已有的《文物保护法》及其实施条例不能完全适应保护需要，一些地方性法规也有明显的局限性。在新农村建设全面展开的形势下，乡土建筑保护法规制度不健全的矛盾更显突出。一些政策甚至鼓励农民将未列入文物保护单位的乡土建筑自愿拆除改造，千百年来幸存的宝贵文化遗产因此而随时面临灭顶之灾[3]。

三、如何在新农村建设中延续乡土建筑文化

乡土建筑是依然保持着活力和现实生活功能的社会历史演变的例证，在当前文化全球化趋势下，乡土建筑对于表达地方文化多样性和文化传统的传承均具有十分重要的意义和价值。充分利用新农村建设这一宝贵机遇，积极推动乡土建筑等农村地区文化遗产的保护工作，对于传承和弘扬优秀传统文化，促进各项建设事业，实现经济、社会的全面、协调和可持续发展，具有重大的现实意义和深远的历史意义。

保护历史文化村镇和乡土建筑遗产，是农村地区文化发展中走现代与传统相融合、经济与文化相统筹、自然与社会相和谐之路的可行模式，是文化农村建设的明智选择。历史文化村镇和乡土建筑遗产保护的目标、内容、方式决定了其保护的社会性和综合性，而不能仅仅依靠保护技术加以解决，必须寻求更广泛、更有效的保护方法与途径，进行更积极、更有益的探索与实践。

1. 合理利用，继续发挥乡土建筑的功能和价值

乡土建筑遗产是村镇民众的共同财富，它们与民众的生活密不可分，至今仍然是社会生活的主要场所。在新农村建设中，有人曾规划：将重要的乡土建筑保护起来，在村子附近另外规划一片地方作为居民活动区域。但是没有民众的日常生活与日常维护，乡土建筑遗产就会失去生机与活力，而这些古村所显示的是百姓活生生的物质与精神生活，离开了有生命力的人，它们的价值就会大大降低。最终难逃自然损毁的结局。[4]因此，应在积极保护的前提下，引导民众合理利用，继续发挥乡土建筑遗产的功能和价值。

2. 整体布局，保持新农村原生态美感

抓好新村建设规划。文物、规划部门要从生态文明的内在要求认真搞好农村整体规划，应充分考虑历史与村庄现状的形态特征，应尽最大努力维持古村落的原有格局，避免大拆大建、拓宽取直的做法，尽量采用自由式路网布局。在对农村山、水、田、林、路、电进行规划时要综合考虑。加强市政设施建设，整修排水系统，划分防火区域，改造防火通道，规划设计垃圾集中收集点，采用"减法"原则拆迁那些与传统建筑风格不相协调的建筑，保护古村落的历史风光，还原古村落原有的古朴风貌。在新村场建设中要保护好古树古木、古建筑以及原生态的地形地貌，保护农村文化和生态美感。

新农村单体建筑设计中，主体结构和材料都可按照现代建筑的方式进行，在外观式样、立面造型、建筑色彩和布局方式等方面上还应该继承传统建筑的元素符号。

3. 引导农民树立文化遗产保护意识

发挥多方面积极性，动员村民树立文化遗产保护意识，促进乡土建筑保护。建立村民自我管理机制是保护乡土建筑的有效办法。即要启发和提高乡土建筑产权所有者（乡村基层政权、族群、居户）的文物保护意识，充分调动产权所有者自发保护乡土建筑的积极性，并结合村规民约、祭祀、民俗文化活动，合理利用、有效保护乡土建筑。这方面，河南新郑市薛店街村民做得非常好。薛店街村的老房非常多，占整个村建筑的三分之一，有些具有非常明显的时代特征和民族特色，由于地理位置较为偏远，远离尘嚣，加之村民具有比较高的文物保护意识，这个古村落保存的很完好（见图一、图二）。

4. 加大保护维修的投资力度

按照文物保护法规的规定和"分级管理、分级负担"的保护管理原则，地方政府应

图一 保存完好的薛店村乡土建筑（一）　　图二 保存完好的薛店村乡土建筑（二）

将文物维修、保护经费纳入地方财政预算；在省级文物保护专项补助经费基数增加的基础上，应根据已列为省级文物保护单位的乡土建筑保护的实际情况继续给予资金支持，用于进行必要的勘测、编制保护规划，以及抢救性维修保护的补助，避免发生重大险情。鼓励有条件的地方通过开放参观旅游获取经济收益，进而促进乡土建筑的保护维修。同时，地方政府应研究给予乡土建筑产权所有者适当优惠政策，如合理解决这部分居户（农民）建房宅基地问题，以避免农民在建新房时以及新农村建设中随意拆除乡土建筑的建设性破坏现象发生。

5. 继续做好基础性工作，有步骤地实施各项保护

随着近些年来我国文物保护理念的进步，文物保护范围不断扩展，乡土建筑日益受到关注。1988年以来，在国务院先后公布的第三至第六批全国重点文物保护单位中，乡土建筑的数量不断增长。2003年、2005年，建设部、国家文物局先后公布了第一批和第二批共80处中国历史文化名村、名镇。2006年5月，国务院公布了第六批全国重点文物保护单位，将127项历史文化村镇和乡土建筑遗产列为国家保护对象。各级地方政府也陆续将一大批具有重要历史、艺术、科学价值的乡土建筑和古村镇公布为相应级别的文物保护单位和历史文化名村、名镇，为乡土建筑的有效保护提供了重要的法律保障。河南省公布的第五批283处省级文物保护单位中，乡土建筑占了较大比重，一批建筑单体和建筑群得以公布。同时，在世界遗产委员会日益注重世界遗产类别平衡性的背景下，乡土建筑遗产这一新兴类别成为我国申报世界文化遗产项目的重点，"安徽古村落"、"开平碉楼及村落"、"福建土楼"等已相继列入《世界遗产名录》在《中国世界文化遗产预备名单》中，还收入了江南水乡古镇，贵州苗寨、侗寨，四川藏、羌碉楼及村寨，云南哈尼梯田，晋商大院，山陕民居等历史文化村镇和乡土建筑遗产项目[5]。乡土建筑被列为第三次全国文物普查中一项新的重点门类，应按照国家文物局的部署依照科学的方法步骤开展普查；对于具有重要价值的古民居类文物建筑，应尽可能地进行实际测绘，以留取建筑资料。继续将具有较高科学、历史、艺术价值的乡土建筑陆续公布为相应级别的文物保护单位。凡已列入各级文物保护单位的，要切实做到文物保护单位"四有"，即"有保护范围、有保护标志、有记录档案和有保护管理机构"（文物建筑群应设置专门保护机构进行管理）。

6. 将乡土建筑保护规划纳入当地城乡建设及新农村建设总体规划

按照文物保护规划的规范内容，制定乡土建筑的保护规划是目前可行的一项重要保护措施。既可制定文物建筑群保护规划，也可制定重要文物单体建筑的保护规划，以此明确其保护内容，并将其纳入当地城乡建设及新农村建设的总体规划。当前，制定这一保护规划，应特别注意村落类型、历史建筑群落和历史文化名村（镇）的保护，即不仅要保护乡土建筑本体，更要借此保护其赖以传承的原生态及历史文化环境，保护土地、建筑与环境的相互关系。

四、结　　论

文化的全球化推动着地区的迅速变化与发展，而建筑文化和当时当地的生活方式结合得最为密切，随着全球各国之间文化的日益趋同，保护具有地方特色的本土文化精华也愈显迫切。从空间上看，建筑是地区的产物，其形式的意义来源于地方文脉，并使地方文化发扬光大。可是，这并不是说地区建筑仅仅是地区历史的产物，一成不变。恰恰相反，地区的建筑更与地区的未来相连。

在当前大规模的新农村建设的背景之下，一方面为乡土建筑的保护和更新带来了更多的契机，可以有效遏制部分农民在自建住宅中盲目与无序的现象；但另一方面，如果片面强调"旧貌换新颜"的新村规划建设以及农村住宅的标准化设计等形式，也会造成具有广义上多样性的乡土建筑遗产更为迅速地消失。因此，在新农村建设的大背景下，保护优秀乡土建筑，对物质文化遗产的保护，对优秀传统文明的传承，对探索具有中国特色的城镇化道路，都具有重要意义。

保护优秀乡土建筑，要坚持"保护为主，抢救第一"的原则，真实完整地保护古民居、古村落的建筑本身、其周边环境以及在村落中传承至今的各类非物质文化遗产，不为旅游开发去保护，为了传承文化而利用，做到永久保护、永续利用。建筑是体，文化是魂，古老的乡土建筑是我们祖先优秀文化的积累和延续。在规划中要坚持以人为本的原则，把保护与建设相结合，充分保障群众利益，积极改善生活条件，实现人与自然和谐共进。

中华文化是中华民族代代相传、团结奋进的力量源泉。保护和传承乡土建筑文化遗产也应该成为农村建设的根本出发点之一，因为保护好乡土建筑文化遗产也就是保护了历史的记忆，更是善待祖宗留下的无价之宝。

注　释

［1］　李培林：《从"城中村"探寻"村落终结"的逻辑》，《北京日报》2006年9月25日20版。
［2］　冯骥才：《神州遍地小洋楼》，《建筑与文化》2004年第6期。
［3］　单霁翔：《把握新农村建设机遇积极推进乡土建筑保护》，《中国文物科学研究》2008年第2期。
［4］　楼庆西：《中国古村落困境与危机：乡土建筑的价值及其保护》，《中国文化遗产》2007年第2期。
［5］　单霁翔：《乡土建筑遗产保护理念与方法研究》，《城市规划》2008年第12期。

（原刊于《中国民族建筑研究会第四届会员代表大会暨第十二届民族建筑学术年会》）

考古发现与赏析

郑州战国墓出土布币述略

信应君　张文霞

2004年2～3月，郑州市文物考古研究所对市政工程总公司住宅楼工程区内古墓葬进行了发掘清理，其中M44出土布币10枚。经整理确认，这些布币均为三晋货币，平首方肩方足，面、背俱有周郭和纹饰，有䣖、平阳、宅阳、安阳、閺、郫子、北屈7种，下面分别予以阐述：

一、魏国方足布

"䣖"布1枚（图一，1），或释"梁邑"。面有一直纹，上通于首。文字左右两半，分别在直纹两侧。背有一直纹在中，左右各有一斜纹，下达于足。通长4.4厘米，宽2.4厘米，重6克。梁为魏后期都城，地名作"大梁"，在今河南开封市，后为秦灭（前225）。《史记·魏世家》："秦灌大梁，虏王假，遂灭魏以为郡县。"梁惠王九年（前362）从安邑迁都于此，梁布的铸行年代当在此以后。

"宅阳"布1枚（图一，2）。背三直线，反写左读。通长4.3厘米，宽2.4厘米，重4.8克。"宅阳"布或归属魏，或归属韩。宅阳春秋属晋，战国时当属韩。《史记·韩世家》："懿侯（即韩庄侯）五年（前366）与魏惠王会宅阳"；《史记·魏世家》惠王五年（前366）"与韩会宅阳"。《正义》引《括地表》解："宅阳故城一名北宅，在郑州荥阳县东南十七里。"《史记会注考证》："宅阳故城，在今河南开封府荥泽阳东。"宅阳处于韩魏交接地带，也可能一度归属不定。本文遵从唐石父先生主编《中国古钱币》将此布归于魏国铸币[1]。

"北屈"布1枚（图一，3）。通长4.6厘米，宽2.5厘米，重5.8克。北屈，古邑名，今山西吉县东北20里，有北屈故城可证。战国时属魏。据《古钱今略》载："北屈亦晋地。"杜注："北屈今平阳北屈县。"高士奇曰："战国属魏，汉置北屈县。"此币当属魏国铸币。

"安阳"布2枚（图一，4）。或释"阳安"，钱体小而薄，钱文细而规整。通长4.4厘米，宽2.5厘米，重5.6克。

安阳布数量较多。战国时赵、魏、燕三国均有地名安阳。赵有东、西二安阳（东安阳在河北蔚县附近，西安阳在内蒙古包头西）。《史记·赵世家》赵惠文王三年（前296）"封长子章为代安阳君"，说明赵有东安阳当在赵惠文王三年（前296）"封长子章为代安

正　　　　背　　　　　　正　　　　背
　　　1　　　　　　　　　　　2

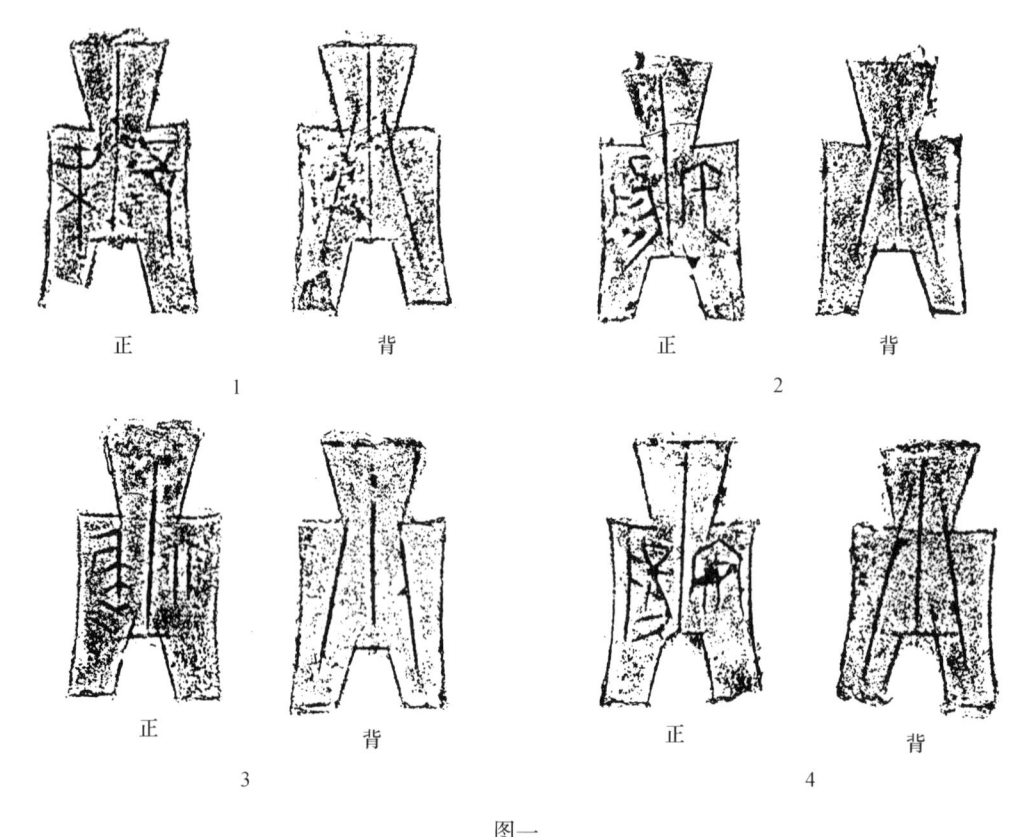

正　　　　背　　　　　　正　　　　背
　　　3　　　　　　　　　　　4

图一
1. 鄅　2. 宅阳　3. 北屈　4. 安阳

阳君"时，有内蒙古凉城出土"安阳"铁范为证[2]。赵拥有西安阳，有内蒙古包头出土"安阳"石范为证[3]，其时在赵惠文王二十四年（前275）。可知赵铸方足布不会迟于公元前296年。又据郭若愚先生讲"燕国境内世有安阳。"在杨科先生文中根据各地出土的安阳布考证，赵安阳布多为尖足布，燕安阳布多耸肩，束颈束腰，魏安阳布多为平首平肩方足。本文将"安阳"布定为魏国铸币。

二、韩国方足布

"鄅子"布1枚（图二，1）。文字反写。通长4.5厘米，宽2.4厘米，重5.6克。其地在今山西长子县西南。"鄅子"曾先后属赵、韩二国。《国语·晋语》："智伯攻赵，襄子将出，从者曰，鄅子近，且城厚完。"此时"鄅子"属赵，时代较早。《史记·赵世家》："成侯五年（前370），韩与我鄅子。"是鄅子属韩后又与赵。韩国兵器有"鄅子"[4]，"鄅子"属韩的时间较长。故"鄅子"布应为韩国铸币之一。

"平阳"布3枚（图二，2）。通长4.5厘米，宽2.6厘米，重5.8克。方足布铸行区域内韩、赵、魏境均有平阳。平阳的地望在今山西临汾县西南。战国初期为韩国国都，

正　背
1

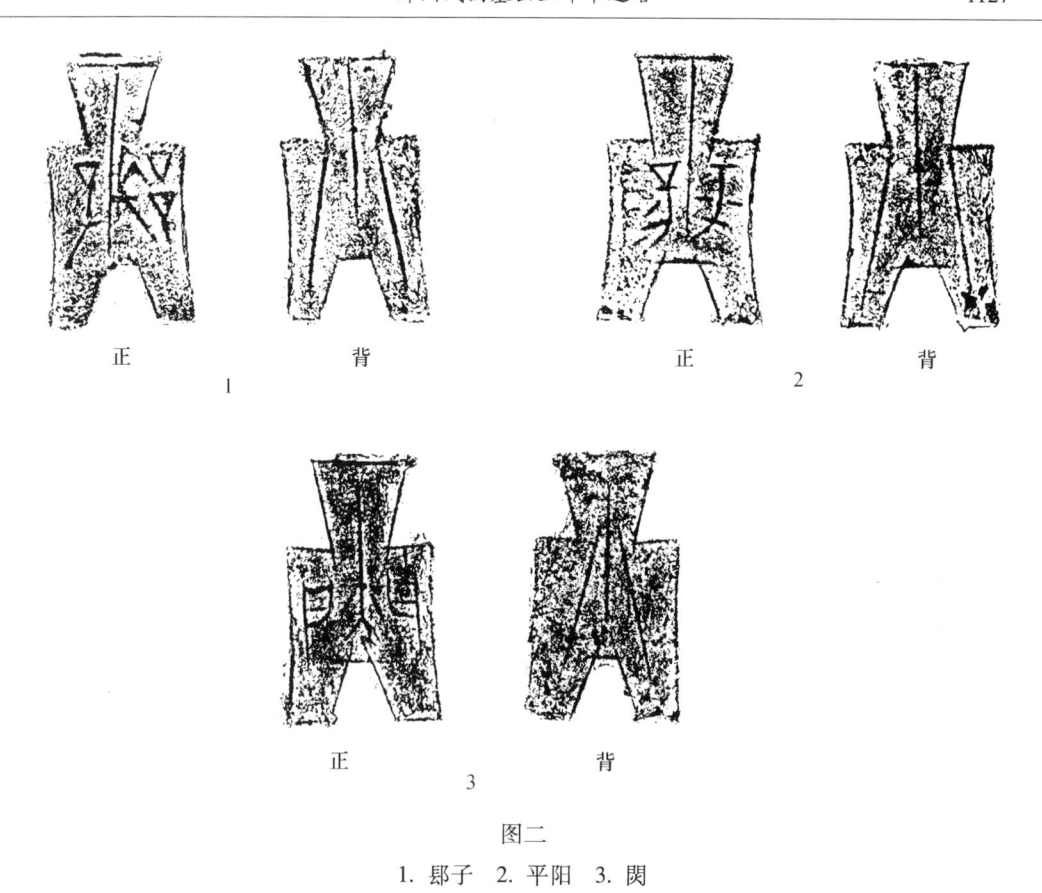

正　背
2

正　　背
3

图二
1. 郚子　2. 平阳　3. 蔺

后又归赵国。《史记·韩世家》晋定公十五年（前497），韩"贞子徙居平阳"。至韩哀侯二年（前375）"灭郑，因徙都郑"。韩以平阳为都，达一个多世纪。本文将此币定为韩国铸币。也有将"平阳"布均归属赵国铸币的[5]。

三、赵国方足布

"蔺"布1枚（图二，3）。借中直纹成字。通长4.5厘米，宽2.6厘米，重5.8克。"蔺"字通闾、蔺。地名，战国赵地，今山西省离石县西。蔺在战国时代是赵国的一处重要边城，是秦向东发展必须克服的障碍，在此常常发生战争。如《史记·赵世家》：赵成侯二十四年（前351）"秦攻我蔺"。《史记·六国年表》：赵武灵王十三年（前313）"秦拔我蔺，虏将军赵庄"。上述记载"蔺"曾被秦占领，但被秦最后夺取前大部分时间还是属赵。此事又见《史记·周本纪》：周赧王三十四年（前281），苏厉谓周君曰："秦破韩、魏，扑师武，北取赵蔺、离石者，皆白起也。"此币当为赵国铸币。

M44所出土的布币均为小型方足布。小方足布是战国中晚期中原地区流通的主要货币形式，这种货币的出现对中国古代钱币的发展具有十分重要的意义，它从形状上达到了高度的统一，从币值上看各国货币的重量基本相同，这种货币形状和币值基本统一的特征，说明战国中晚期各国货币已趋向统一，这是以前各国货币所没有的。所有的方足布都铸有古邑名，这种铸造地方性和流通全国的特点，一直影响了中国几千年货币铸造的历史。方足布数量之多，流通之广，是以前任何一种先秦货币所不能比拟的，足以说明当时商业的高度发展。方足布钱文简化的特点又影响了中国古文字由繁到简的过程。同时，小方足布的铸造质量逐渐下降，重量逐渐减轻，形体逐渐变小等，都反映了战国中晚期列国货币经济从繁荣走向衰弱的变化。这对于研究战国时期的商业贸易、货币制度、货币文字和地名变迁等都提供了可贵的新资料。

注　释

[1]　唐石父：《中国古钱币》，上海古籍出版社，2001年。
[2]　张文芳、田光：《内蒙古凉城"安阳"、"戈邘"布同范铁及相关问题探论》，《中国钱币论文集》第3辑，中国金融出版社，1988年。
[3]　李逸友：《包头市窝尔兔壕发现安阳布范》，《文物》1959年第4期。
[4]　黄盛璋：《试论三晋兵器的国别和年代及有关问题》，《考古学报》1974年第1期。
[5]　朱华：《试谈方足平阳布》，《中国钱币》1989年第2期。

（原刊于《中国历史文物》2006年第5期）

荥阳苜蓿洼墓地出土新莽布币

于宏伟　刘良超　乔艳丽

苜蓿洼墓地位于荥阳市豫龙镇苜蓿洼自然村东部台地上,该地古称檀山。檀山西起荥阳索河东岸,东至须水石庙一带,地势逶迤,绵延10余公里,高出周围10米左右。墓地北临310国道,南临中原西路,东临御马路。2007年5月,为配合中原国际小商品城二期工程建设,在占地面积约1.5万平方米范围内,经文物钻探,发现古墓葬300余座。经国家文物局批准,郑州市文物考古研究院会同荥阳市文物保护管理所组成考古发掘工作队,对苜蓿洼墓地进行抢救性考古发掘。出土各类器物1000多件。在对位于该墓地中部的3座墓葬清理中,出土有6枚新莽时期布币,分别为"壮布七百"、"中布六百"、"幺布二百"、"小布一百"、"大布黄千"、"货布"。另有五铢钱及"大泉五十"钱伴出。这批新莽时期货币,品相极佳,铜质精良,悬针篆书体,字形稳重妥帖,笔力沉着劲健,瘦硬有力,篆法刚中寓柔,纤细秀丽,清晰工整,布白疏匀,具有朴厚风格,又有端庄秀美之感。分别介绍如下。

"壮布七百"布币（M128:1-1）,通长4.8厘米,足枝长1.15厘米,首宽1.25厘米,肩宽2.05厘米。首上有一圆形穿,穿的两面与钱两面都有周廓,廓厚0.2厘米。正面篆书"壮布七百"4字（图一,1）。

"中布六百"布币（M128:1-2）,通长4.55厘米,足枝长1厘米,首宽1.3厘米,肩宽2.05厘米。首上有一圆形穿,穿的两面与钱两面都有周廓,廓厚0.2厘米。正面篆书"中布六百"4字（图一,2）。

"幺布二百"布币（M128:1-3）,通长3.65厘米,足枝长1.2厘米,首宽1.15厘米,肩宽1.95厘米。首上有一圆形穿,穿的两面与钱两面都有周廓,廓厚0.19厘米。正面篆书"幺布二百"4字,钱文稍细（图一,3）。

"小布一百"布币（M128:1-4）,通长3.4厘米,足枝长0.9厘米,首宽1.1厘米,肩宽1.7厘米。首上有一圆形穿,穿的两面与钱两面都有周廓,廓厚0.15厘米。正面有篆文"小布一百"4字,铜色略泛白（图一,4）。

"大布黄千"布币（M78:3）,通长5.55厘米,足枝长1.4厘米,首宽1.4厘米,肩宽2.15厘米。首上有一圆形穿,穿的两面与钱两面都有周廓,廓厚0.2厘米。正面有篆文"大布黄千"4字,字迹较浅,铜色泛红（图一,5）。

"货布"布币（M283:1）,通长5.8厘米,足枝长1.9厘米,首宽1.85厘米,肩宽2.25厘米。首上有一圆形穿,穿的两面与钱两面都有周廓,廓厚0.25厘米。正面有篆文

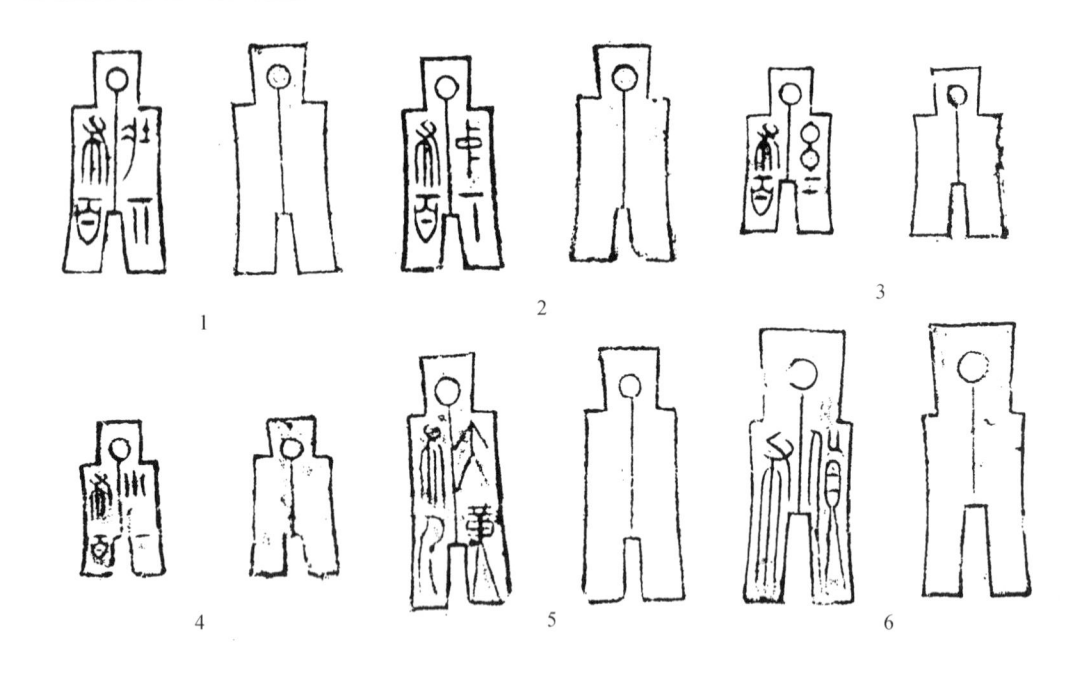

图一　新莽布币

1. 壮布七百　2. 中布六百　3. 幺布二百　4. 小布一百　5. 大布黄千　6. 货布

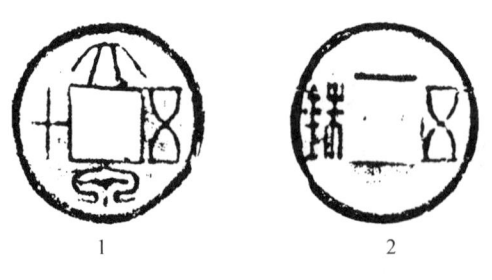

图二　新莽布币

1. 大泉五十　2. 五铢

"货布"2字，钱文修长，铜色泛红（图一，6）。

"大泉五十"钱（M128：1-5），铜质稍呈红色，方孔圜钱，面背肉好皆有郭，背平素无文。钱面模铸篆文"大泉五十"4字，直读，笔致柔美工整，"泉"字中间直竖中断，面径2.65厘米，穿径1.10厘米，肉厚0.13厘米（图二，1）。

五铢钱（M128：1-6），铜质稍呈红色，圆形方穿，有内外郭，正方形穿，穿上横，穿之两面有郭，钱面模铸篆文"五铢"2字，笔画较细，清晰工整，面径2.6厘米，穿径1.15厘米，肉厚0.12厘米（图二，2）。

王莽在居摄二年（7）进行第一次货币改革，变汉制，更造大钱，径寸二分，重十二铢，文曰"大泉五十"。又造错刀、契刀，其环如大钱，身形如刀，长二寸，文曰"契刀五百"。与五铢钱凡四品，并行。始建国元年（9），进行第二次货币改革，铸"小泉直一"，与"大泉五十"并行。时隔一年（10），实行第三次币制改革，"更作金、银、龟、贝、钱、布之品，名曰'宝货'"，设金货一品、银货二品、龟宝四品、贝货五品、钱货六品、布货十品。《历代古钱图说》："《汉书·食货志》'始建国二年，王莽铸大布、次布、第布、壮布、中布、差布、序布、幼布、幺布、小布，小布长寸五分，重十五铢，文曰小布一百，小布以上，各相长一分，相重一铢，文各为其布明。直各加一百，上至大布，长二寸四分，重一两，而直千钱矣，是为布货十品。'"[1] 第四次是在地皇元年（20），又继续使用"小泉直一"和"大泉五十"两种钱，不久又废除大小钱，改铸"货布"、"货泉"两种钱同时使用，以"货布"为主币，"货泉"为辅币。另《汉书·食货志》载："天凤元年……罢大、小钱，改作货布，长二寸五分，广一寸，首长八分有奇，广八分，其圜好径二分半，足枝长八分，间广二分，其文右曰'货'，左曰'布'，重二十五铢，直货泉二十五。"[2] 汉代计量单位一尺合今制23厘米，一分合0.23厘米，按此，"小布一百"当长3.45厘米，"幺布二百"长3.68厘米，"中布六百"长4.57厘米，"壮布七百"长4.8厘米，"大布黄千"长5.52厘米，"货布"长5.75厘米，首宽1.84厘米。首蓿洼墓地出土的6枚布币在长度上与之基本吻合。

王莽在居摄二年（7）到地皇元年（20）短短的13年中，连续进行了4次货币改革，因为违背了经济规律而最终失败。但莽钱的制作精良，在书法艺术和铸造工艺上具有较高价值，有"钱绝"之誉，代表了我国古代铸币工艺的水平，为历代收藏家所珍爱。首蓿洼墓地出土的这批莽钱，堪称是王莽币制改革的代表作，尤其是"壮布七百"、"中布六百"、"幺布二百"、"小布一百"，是王莽钱中极为珍贵的币种，在郑州地区尚不多见，具有较高的历史研究价值和收藏价值。

发掘整理：田建华　刘良超　于宏伟
拓　　片：郭秀芳

注　释

[1]　丁福保：《历代古钱图说》，第105页，齐鲁书社，2006年。
[2]　《汉书·食货志》，第989页，中华书局，2005年。

（原刊于《中原文物》2008年第5期）

河南荥阳苜蓿洼墓地出土的几枚汉印

于宏伟　刘良超

苜蓿洼墓地位于荥阳市豫龙镇苜蓿洼自然村东部台地上，2007年年初，郑州市文物考古研究院会同荥阳市文物保护管理所对苜蓿洼墓地进行抢救性考古发掘。共发掘古墓葬361座，其中5座墓出土汉印6枚，另在墓地附近还采集到1枚汉印。现将此7枚汉印做一简要介绍。

一、王□私印

出土于M67，M67为长方形竖穴墓道空心砖墓。该印编号M67：1，铜质，方形，瓦纽，通高1.6、瓦纽高0.75、纽下部宽0.95厘米。印面1.5×1.5、厚0.95厘米。印面白文篆书"王□私印"四字，凿印，印文较浅且有剥落，第二字剥蚀严重，初步隶定为"能"字。印文古拙和谐（图一，1）。

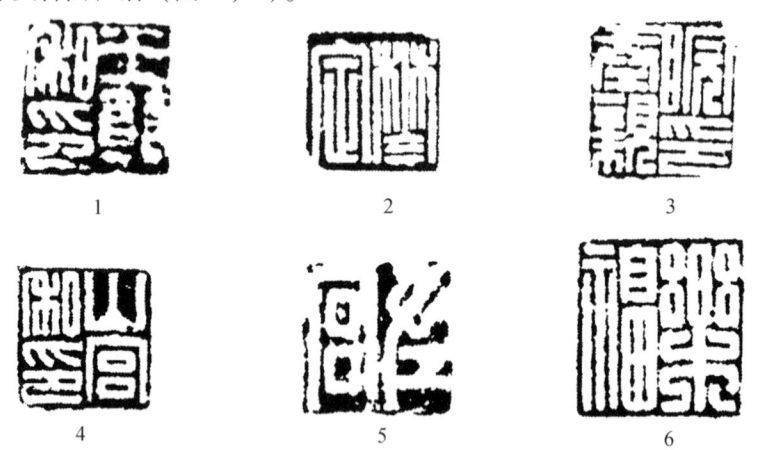

图一　荥阳苜蓿洼墓地出土汉印拓本
1. M67：1　2. M79：34　3. M79：34　4. M151：10　5. M239：7　6. M306：5

二、楚定，奉亲皖印

均出土于M79，M79为长方形竖穴墓道小砖墓。

"楚定"印　编号M79：34-1，铜质，方形，瓦纽。通高1.35、瓦纽高0.6、纽下部宽 0.85 厘米，印面 1.3×1.3、厚 0.75 厘米。印面白文篆书"楚定"二字，铸文较深，字体规范，布局饱满（图一，2）

"奉亲睆印"印　编号 M79:34-2，铜质，方形，瓦纽，通高 1.3、瓦纽高 0.8、纽下部宽 1.0 厘米，印面 1.5×1.5、厚 0.5 厘米。印面白文篆书"奉亲睆印"四字，铸文较深，书法端庄严整，线条方折峻厉（图一，3）。

三、山宫私印

出土于 M151，M151 为长方形竖穴墓道土洞墓。编号 M151:10，铜质，方形，瓦纽，通高 1.1、瓦纽高 0.6、纽下部宽 0.85 厘米，印面 1.35×1.35、厚 0.5 厘米。印面白文篆书"山宫私印"四字，篆法工整（图一，4）

四、左　宫

出土于 M239，M239 为长方形竖穴墓道空心砖墓。编号 M239:7，铜质，方形，瓦纽，通高 1.5、瓦纽高 0.65、纽下部宽 1.0 厘米。印面 1.5×1.5、厚 0.85 厘米。印面白文篆书"左宫"二字，凿印，铸文较深，笔致粗犷有力（图一，5）。

五、福　樂

出土于 M306，M306 为长方形竖穴墓道土洞墓。编号 M306:5，铜质，方形，瓦纽，通高 1.35、瓦纽高 0.65、纽下部宽 1.0 厘米。印面 1.7×1.7、厚 0.7 厘米。印面白文篆书"福樂"二字，铸文较深，书法圆转流美，"樂"字笔画缠绵盘曲，有缪篆之意（图一，6）

六、部曲将印

在墓地附近采集，编号 07XYS 采:1，铜质，方形，鼻纽，通高 1.9、鼻纽高 1.0、纽下部宽 0.95 厘米，印面 2.3×2.3、厚 0.9 厘米。印面白文篆书"部曲将印"四字，凿印，铸文略浅，端正工整（图二）。

图二　07XYS 采:1

汉印制作精良，篆刻绝美，风格多样，为历朝之最。这 7 枚汉印中，"部曲将印"为官印，"部曲"是军队编制单位。《后汉书·百官志》云："将军领军皆有部曲。大将军营五部，部校尉一人……部下有曲，曲有军侯一人……"[1]。"奉亲睆印"，《张家山汉墓竹简（二四七号墓）》中《傅律》与《徭律》："不更年五十八，簪褭五十九，上造六十，公士六十一，公卒、士五（伍）六十二，皆为睆老"，"睆老各半其爵（徭），□入独给邑中事。当（徭）戍而病盈卒岁及（系），毋聂（摄）"[2]，"睆老"者享有政府的优待政策。"奉亲睆印"在一定程度上印证了汉代的养老制度。"王能私印""楚定"为姓名印，"左宫""山宫私印"为记执印者职官名的私印，与"奉亲睆印"，均属姓名印的范畴，"福樂"为吉语印。这里所介绍的汉印数量虽不多，亦可大致地窥测到汉代古印的些许风采。

注　释

[1] 《后汉书·志第二十四》，中华书局，第 1020 页。
[2] 张家山汉墓竹简整理小组：《张家山汉墓竹简（二四七号墓）》，文物出版社，2001 年，第 181~187 页。

（原刊于《考古与文物》2009 年第 4 期）

郑州一座西晋墓出土的青瓷器

魏青利　任广岭

中国是世界上最早烧制瓷器的国家，地处中原的郑州则是目前国内考古发现烧制瓷器最早的地区。1965年在郑州市铭功路商代墓中出土的原始瓷器，使世人惊讶地发现瓷器的萌芽源自地处中原的郑州地区。汉代亮绿釉陶发现较早，较多，且器型丰富多样，为中原地区青瓷之始，至北魏后期所出的胎体厚重、灰黄色釉的较成熟的青瓷，其间依然还有三个世纪的空隙，中原地区青瓷的发展似乎断了环节，无从用其他器物填补和解释原始瓷器萌芽地青瓷的发展脉络。

2008年，郑州市文物考古研究院在郑铁经济房项目工程发掘未被盗掘晋墓一座，出土了铜器、瓷器、陶器、铁器、银器等各种质地器物19件，这些器物多为西晋时期的典型器，其中3件青瓷罐的出土，更是中原地区西晋墓难得一见。这批青瓷罐保存完好，造型工整，敦厚质朴，为西晋时期典型的器类，其质地细腻坚硬，吸水性弱，胎骨大体成青灰色，底部个别部位呈现褐色，结构坚密，火候高，硬度大，敲击起来能发出清脆的金石声，内外施有光亮晶莹的青黄色玻璃质釉，外不及底并留有釉滴，釉层较厚。胎釉结合不紧密处出现脱釉现象。现将情况介绍如下：

均系罐类，依其形态可分为二型。

Ⅰ型　1件（M1:9）。内外施青灰釉泛黄，外不及底，釉层厚，有气泡，口、颈部有气泡鼓，腹及上有流釉结晶。盘口，直颈，溜肩，鼓腹，平底内凹。肩部饰对称桥状四横系，器表印有麻布纹，造型工整，布纹清晰。高21.2、口径9.7、腹径22、底径16.4厘米（图一）。

Ⅱ型　2件（M1:10、M1:17）。形制相同，大小不同。内外施青灰釉泛黄，外不及底，釉层厚。直口，平沿，斜肩，肩部对称附桥状四系。M1:10，口径4.6、腹径10.8、底径6、高9.3厘米（图二）。M1:17，口径8.1、腹径18.1、底径9、高13.5厘米（图三）。

这3件西晋青瓷罐有胎色不够洁白，釉层厚薄不均，青釉不够明亮且泛黄闪绿，在流釉处呈凝珠状，凝珠处颜色深黑等缺点，与后代的传世精美青瓷器相比，虽带有少许原始的色彩，但已具备了成熟青瓷的特征。

这3件青瓷罐从釉色、从式样，为我们提供了新鲜确实的物证，虽然郑铁经济房晋墓内出土的这3件青瓷器的产地和窑口尚不能确定，但它们的出现肯定地告诉我们，它们可作汉至北魏间数百年中原地区陶瓷历史的新桥梁，上承汉代青黄釉陶的优秀传统，下启隋唐二代北方的三彩陶。

图一　西晋青瓷罐（M1:9）　　　　图二　西晋青瓷罐（M1:10）

图三　西晋青瓷罐（M1:17）

这3件西晋青瓷的发现，为研究中原地区青瓷发展系列的贯串提供了弥足珍贵的实物资料，为中原地区青瓷的发展、变化及与唐代成熟青瓷的关联搭上了衔接之桥。

（原刊于《文物世界》2009年第5期）

新密市新发现一处古瓷窑遗址

张小红

2007年年初，郑州市文物考古研究院在全国第三次文物普查暨河南省第五次文物普查工作中，在新密市境内新发现古瓷窑遗址一处。该古瓷窑遗址位于新密市西南部的牛店乡境内。村南是由西向东的玉台河，向东注入李湾水库。遗址北起郭窑村北台地，西至村西，南到玉台河岸台地，整个遗址东西长750米，南北宽约200米。面积15万平方米。遗址范围内地表暴露有大量的瓷片和窑具，断崖可见多处窑炉残壁和堆积层。

该遗址釉色较为丰富。从采集的标本来看：有白釉、青釉、酱釉、黑釉、棕黄釉、绿釉、钧釉和三彩。以白釉和青釉的数量最多。器型多样，品种较为齐全。有碗、盘、罐、枕、围棋子、器盖、碟、钵等，以碗类的数量最多。装饰方法多种多样：有白釉划花、青釉印花、点彩、白釉黑口（黑覆轮）、三彩。另有素烧残片和印花模具残片。窑具有直筒形匣钵、漏斗形匣钵、垫柱、三足垫饼、垫圈、垫钵等。器物胎质不够纯净，可见有黑色小颗粒，胎色普遍较深，呈灰黑色和灰白色。典型器物有白釉划花直口钵：直口、腹略呈弧形、平底内凹。内施满釉，外部施釉至下腹部，底部无釉，胎体上施化妆土。内底心划有团菊纹为饰，外腹壁饰以水波纹一周。纹饰纤细、流畅、生动形象，简洁明快，划法熟练生动。其制作方法是在器物成型，施化妆土后，用尖细工具于化妆土上划纹饰，然后罩透明釉入窑烧制而成。

通过对遗址所采集标本的整理，初步认为：该古瓷窑遗址创烧于北宋，金代时继续发展，停烧于元代。郭窑在北宋时所生产以白釉器和三彩为主。白釉器胎薄质细，釉色莹润，器型规整。显示出高超的成型技术和胎料的精细程度。在装饰方法上多用素面和纤细划花的技法，纹饰发现有水波纹和团菊纹。金代时期的变化较大，除白釉瓷继续生产外，另有青釉、酱釉瓷。青釉以素面和印花为主要装饰方法。从在窑址采集的印花模范可以得知：郭窑所生产的印花青瓷为碗类。内底印缠枝菊纹，菊纹为三朵或四朵，上腹印缠枝忍冬纹，纹样之间隔以锯齿纹一周。此种纹饰为北宋晚期时陕西耀州窑、河南临汝严和店、内乡大窑店、宜阳二里庙等窑口在

新密市牛店乡瓷窑遗址

青瓷印花类中常见的一类纹饰。在郑州地区发现生产印花青瓷窑址，尚属首次。这也是郭窑有别于西关窑、窑沟窑的一个重要品种。此类印花青瓷残片发现较少。所发现的青瓷残片，多光素无纹。酱釉瓷器以碗、盘为主。釉色较暗，呈棕褐色。与河北定窑、焦作当阳峪窑的酱釉产品相比，有不小的差别，胎体亦较厚。元代时郭窑以生产白釉瓷为主。器型多为碗。胎体厚重，釉色直白。内施满釉，外部施釉不到底。碗内底有一周涩圈，可以知道这一时期采用的是刮圈叠烧的支烧方式。造型略粗笨，圈足内多不施釉，挖足过肩。是元代器物的典型特征。

新密市境内已发现的古瓷窑遗址有西关窑和窑沟窑。西关窑位于新密市老城关西部。其烧造瓷器的年代约在唐至宋初。以烧白瓷为主，此外还有黑釉、黄釉、青釉及白釉绿彩、珍珠地划花。品种以碗、碟、壶、枕等生活用具为主。在装饰方法上采用珍珠地划花来做装饰，西关窑是最早的。窑沟窑位于新密市区东南约18公里的洧水河南岸。烧造品种主要有：白瓷、黑瓷和黄釉瓷器。器型有碗、盆、罐、注子，其次是盘、瓶、灯、枕等。多以白地绘黑花做装饰。创烧于五代，元代停烧。郭窑烧造的品种和上述两窑既有相同之处，又有所区别。其中印花青瓷也是郑州地区目前所发现的唯一窑口，对于研究河南地区青瓷系有重要的研究价值。

（原刊于《河南文物工作》2009年第1期）

华夏族的传统炊器——鼎

廖永民

华夏族的发源地就在豫中地区。所谓豫中地区，是指郑州到洛阳，黄河南岸到嵩山北麓这一广阔地带。我国新石器时代早期，从裴李岗文化开始，这里的先民便以鼎为炊器。仰韶文化时期，鼎不仅数量大，而且形式多样。一直延续到龙山文化以及夏商周时期，仍保持着用鼎作炊器的习惯。从早到晚，鼎的形制特征与演化轨迹相当清楚。这一点，远非其他地区原始文化所能比拟。

苏秉琦先生说："小口尖底瓶在仰韶文化的年代、分期方面具有'标准化石'的性质"。说得很好，很有见地。但苏先生是指整个仰韶文化所说的。而豫中地区的仰韶文化却有点特殊。它的东部，大约始于仰韶文化中期偏晚阶段，小口尖底瓶便逐渐减少了。如笔者多年从事发掘工作的郑州大河村遗址仰韶文化遗存中，从早期开始小口尖底瓶就不多，十几次大面积发掘，竟没有发现一件可以复原者。甚至第三期遗存中就很少见这种器物了。似乎从郑州越往东、往北这种器物就越少，地处豫东北的濮阳地区，笔者调查过的多处仰韶文化遗址中都未发现小口尖底瓶，而鼎却相当普遍[1]。豫中地区的新石器时代，鼎的延续使用时间要比小口尖底瓶长得多，况且鼎的形制变化灵敏度很高。所以就豫中地区而言，解决原始文化的年代、分期问题，首先应该注意的是鼎而不是尖底瓶。

我们认为，豫中地区的原始文化是华夏族遗留下来的一支自成一系并经历了一个独特发展过程的古代文化。这在它拥有的陶瓷器群中有着明显的启示。其中一些具有一定代表性的陶器如鼎、罐、盆、钵、壶、瓮等，其器形、陶质、装饰诸方面的变化，都明确反映了这种原始文化发展进程中的连续性和阶段性。这方面，最突出、最具代表性的典型器，就是创造这种原始文化的华夏族集团用作炊器的陶鼎。

炊器是人所必需之物。炊器数量之多少，可以据以推测当时当地人口的数量和密度。古代，使用的不同炊具，显示着不同部族集团之间的差异。因之，使用炊器的不同，成为我们判别不同族属的一种重要标志。豫中地区原始文化遗存中鼎的数量大，形式多。各种形式的鼎又有其发生、发展的过程，并且在阶段性变化中各具特点而可排出演化序列。由此可见，鼎是豫中地区原始文化特有的一种传统特征因素。鼎的演化过程，是沿着更适用、更美观的方向发展的。从这里，我们似乎可以看到本地区整个原始文化在历史进程中的步伐，即由简单到复杂、由低级到高级、由不合理到合理的不断创新的过程。

我们探讨豫中地区新石器时代的陶鼎，目的也就在于：确定其演变规律与阶段性变化；确定各个阶段的陶鼎与之共存的其他原始遗存的对应关系和相对年代。

当我们把各个不同时期、不同性质的陶鼎按其早晚进行排比时，就可以清楚地看到它们具有明显的连续变化下去的趋势。表现在：（1）各类陶鼎有其从早到晚完整的发展演变序列；（2）各类陶鼎都有自己的"原始型"和更新了的"成熟型"；（3）越往后，形制变化越复杂化。根据这种变化的连续性，通过综合分析，我们就能够比较容易地掌握它的相对年代以及与其共存的其他遗存的关系。

裴李岗文化的钵形鼎，形制比较简单，可能是豫中地区最早、最原始的陶鼎了。到仰韶文化时期出现了三种形式，即釜形鼎、罐形鼎、盆形鼎。盆形鼎出现的时间可能较晚，应是从釜形鼎派生演化而来。这三种鼎发生与共存发展以及彼此间的关系，从附图中大体可以看出一些端倪。

仰韶文化早期的陶鼎，多为夹砂棕褐陶，总的特点是浅腹、长足（初为锥形、柱形，以后发展为中间出现凹槽）；中期，多夹砂红陶，腹部加深，足逐渐变短，锥形足、柱形足消失，代之以凿形足；晚期，腹部变深，腹径变宽，体形增大，出现镂孔足，铲形足和瓦形足，这个时期，多数鼎的足长与腹深相等；发展到从仰韶文化向河南龙山文化过渡时期，一部分陶鼎的形制又开始按另一方向发展，即由直口变为侈口，腹部变浅，出现了盘形鼎。

这里以大河村遗址的鼎为例子加以具体说明：下层的（前一、前二期）仰韶文化早期，釜形鼎为小口、短颈、平肩、浅腹、锥形长足。发展到仰韶文化中期，（一、二期），腹部加深，变为斜肩、扁圆形带凹槽足，同时出现瓦形足。仰韶文化晚期（三、四期）的盆形鼎显然是从釜形鼎演化而来，一方面保留着折服、圜底、直颈的特点，另一方面腹部变深，短颈变为高颈，较长的扁圆带凹槽足变为较短的凿形足或铲形足。这种变化不仅逐渐增大了容量，放置也更加稳固。陶质由夹砂红陶变为夹砂灰陶，火候升高，陶质变硬，器形合理、美观、实用。这种形制一直延续到龙山文化早期阶段，同时又出现了大口、浅腹盆形鼎和盘形鼎。标志着鼎的形制朝着另一个方向的发展[2]。

夏商周时期，由于从龙山文化晚期开始，有三个袋形足陶鬲的出现与普及，它以一种新的炊器逐渐取代了陶鼎。陶鼎的形制开始呈现退化状态。战国时期的陶鼎仅仅作为冥器随葬于墓葬之中。

注 释

[1] 马连成、廖永民：《濮阳市郊考古调查》，《中原文物》，1986年4期。
[2] 郑州市博物馆：《郑州大河村遗址发掘报告》，《考古学报》，1979年3期。

（原刊于《古都郑州》2009年第2期）

追寻唐青花的轨迹

廖永民

2002 年至 2003 年,河南省文物考古研究所等单位对河南巩义市巩县窑址大面积考古发掘,证明这个以盛产唐三彩而闻名中外的古窑址,文化层堆积相当丰厚,延续的时间跨度也比较长。重要发掘成果之一是找到了唐青花的产地。同时,也为唐青花提供了明确可靠的地层依据。出土的作坊与窑炉遗迹以及大量遗物,显示了唐青花的起源及其发展进程中的阶段性与连续性。巩县窑的考古发掘,把唐青花的研究工作大大向前推进一步。

1983 年前后,在扬州几处唐代遗址中陆续发现了 30 多块胎釉洁净、色彩鲜明、图案清晰的唐青花残片。从碗、盘、壶、枕、樽等器残片的造型、胎质、釉彩与装饰技法等方面进行观察、测试来看,均为巩县窑所产,大多属于该窑中晚唐时期的产品。扬州的发现被看做中国陶瓷研究上的重大考古发现。结合国外一些国家出土、收藏的唐青花制品进行考察,对巩县窑所产唐青花的中晚期阶段,即成熟期的产品产销情况,特别是作为名贵商品对海外销售路线、外销地点、外销规模等方面的研究,提供了非常有利的条件。并且为我们探讨巩县窑唐青花达到的工艺水平、艺术风格以及演变规律等方面,提供了极为宝贵的实物资料。

一、找到唐青花的源头

早期青花器大多是以约 900°C 左右烧成的施釉陶制品,即用氧化钴为蓝色彩料装饰器表的低温釉陶。巩县窑址的考古发掘,在唐代文化层中出土不少以高岭土作胎、器表施白色透明釉、点洒蓝彩的陶器残片,另有少量基本完整或可复原者。

中国釉陶制品的出现可上溯到两汉时期。一些造型奇特、色彩别致的釉陶制品,其突出特点是追求器物表面的色彩效果,出现了褐、绿、酱、红、白等釉色。多为单色釉,复色釉较少。釉层凝厚,光泽温润。器胎以灰色或红色居多,因陶质疏松而釉层容易脱落。这些施釉陶器主要是为了满足统治阶级的生活需求或为死者随葬的冥器。

魏晋南北朝时期,釉陶生产又有了新的发展。南北朝时期,不仅越来越多的出现用高岭土作胎的釉陶制品,而且也开始烧制白瓷。从安阳洪河屯村北齐范粹墓出土的一批白瓷来看,器型有罐、壶、碗等。以高岭土作胎,胎质一般比较细腻洁白,胎壁施白釉。釉色白中泛黄或泛青,釉层薄而莹润。器型浑厚端庄。器物造型与纹饰均与同时期的青瓷器相同。北齐末年创烧白瓷成功,使我国的制瓷工艺进入了新的阶段,为隋唐瓷业的大发展提供了工艺技术的基础。

北齐中晚期，瓷器表面装饰流行釉层上挂彩的技法，在罐、壶类器物表面的白色或褐色透明釉层上涂洒绿彩条带纹、斑块纹或排点纹等。如大家熟知的1958年河南濮阳县北齐武平七年（576）李云墓出土的淡黄釉挂六条绿色彩带的四系瓷罐，可称为当时的代表作。上海鹤煤古典艺术博物馆收藏的一件北齐莲瓣四系瓷罐，与李云墓出土的四系罐形制相同，是在白色透明釉上挂数条黄、绿色彩带。该馆收藏的另一件侈口平底瓷罐，肩部在淡黄色透明釉上施六道绿彩叶形纹。这些器物标志着彩釉陶瓷生产发展到了一个新的阶段。这种彩釉陶瓷的制作工艺为以后的唐三彩与唐青花在胎釉与烧造方面奠定了基础。

关于釉陶生产，李知宴先生认为："北齐时期……从釉陶的造型和装饰艺术看，与同时期的青瓷风格一样。可能这个时期釉陶生产已经不再生产粗陶的窑场，而是转移到生产瓷器的窑场里。后来发展成在瓷窑窑场生产的唐三彩"。2002年与2003年巩县窑的考古发掘，证明李先生的论断是正确的。在巩县窑址唐代文化层中包含有大量的青瓷、白瓷残片以及三彩、白釉蓝彩器残片。由此也证明了早期唐青花——白釉蓝彩器也同样是在瓷窑窑场生产的。

隋代彩釉陶瓷的制作工艺又有了进一步提高。1959年安阳清理的隋代张盛墓，出土了近20件以高岭土作胎、施淡青透明釉的瓷器与瓷俑。其中两件瓷质镇墓兽，均周体施淡青透明釉，头顶、眉、眼球、膝、爪部涂黑彩或褐彩。巩义巩县窑隋代也开始大规模生产高质量的白瓷，被认为是我国最早出现的精细白瓷之一。器型主要是罐、碗、壶、樽等器皿，胎质细腻，器胎略呈米黄色。一般先在器胎上施一层化妆土，以填补疵点和增加烧成后的白度，釉色白中泛黄或泛青，造型精美。

入唐以后，白瓷与彩釉陶瓷生产在汉魏以来生产技术传承不断的基础上持续发展，达到鼎盛阶段。最重要的标志之一就是巩县窑开始烧造唐三彩制品与白釉蓝彩器，并且二者大量采用氧化钴作为蓝彩呈色剂来装饰器物的表面。同时，巩县窑也出现了胎釉晶莹的精美白瓷。巩县窑址的考古发掘，不仅找到了唐青花的产地，为国内外出土、收藏的唐青花找到了窑口，而且由于唐代早期文化层中出土的大量青瓷、白瓷、唐三彩与白釉蓝彩器残片，充分证明这些白釉蓝彩器就是处于孕育阶段的唐青花，它与唐三彩应该是同一源头、同步发展、相互影响、相互促进，而后逐渐分道扬镳各成体系的关系，二者并非渊源关系。早期的唐三彩与白釉蓝彩器之间不仅有共同特征，也存在着明显的差异。

二、唐三彩与唐青花共同点

① 胎料与烧造工艺相同。器胎都是以白色的高岭土为原料，胎色以米黄、粉红色为主，白色、灰色为次。都需经两次烧成，即在经过素烧的胎体上施彩、施釉后再次入窑烧制始为成品。

② 施釉技法相同。器皿类胎体内外壁均先施一层化妆土，然后施彩涂釉。化妆土层，外壁一般施釉至下腹部，底、足部露胎。

③ 器类与器体造型基本一致。均以罐、钵、碗、壶和小件器物居多。胎体厚重，而

罐、碗、壶等器除平底者外，多为饼形足。

④ 施釉技法与施彩部位相同。主要采用点、洒技法，施釉一般至下腹部，可见未被覆盖的化妆土层。纹饰大多饰在口沿、肩、流与上腹部。

⑤ 都大量使用氧化钴为呈色剂。

三、唐三彩与唐青花的不同点

① 白釉蓝彩器作了明显的改进，开创了器面以白色为地、施蓝彩纹饰的新工艺，从而生产一种崭新的装饰效果。这就与唐三彩在装饰手法上拉开了一定的距离。

② 胎质。唐三彩的胎质始终保持着低温釉陶的本色，而白釉蓝彩器则一开始便出现一部分瓷质器物。并从整体上由陶质逐渐向瓷质靠拢，烧成温度不断上升。

③ 装饰风格。唐三彩是集多种色釉于一器而富于变化，追求色彩鲜艳、灿烂绚丽的艺术效果；白釉蓝彩器则基本上为单彩器，仅仅一部分器物的装饰上以少许简单的黄彩或褐彩点缀在作为主色的蓝彩纹饰之间。整个格调显得清素淡雅，使人耳目一新。

④ 性质与功用。唐三彩因其色彩鲜艳、华丽而观赏性较强，又因陶质疏松、容易破碎而实用性较差，只能作为陈列观赏的艺术品，更多的是用来为死者作随葬品；白釉蓝彩器因装饰纹样简约而观赏性较差，但又因其瓷化程度高而实用性较强。发展方向主要是作为商品进行贸易。

关于唐青花的创烧年代问题，从巩县窑址唐代早期文化层包含的遗物来看，三彩制品与白釉蓝彩器残片具有的时代特征属于初唐至盛唐初期阶段的遗存。这个时期三彩制品与白釉蓝彩器之间，在器类、制作工艺、器体造型、装饰技法与纹饰等方面多有相通之处，甚至没有清楚的界限。

总而言之，唐代初期的巩县窑在烧造高质量的白瓷与高度发展的釉陶方面，不断积累经验，通过生产实践，已经形成了一整套传统工艺基础，这在胎质、釉彩、烧造工艺上为青花瓷的产生准备了必要条件。约在初唐到盛唐初期，我国第一代青花瓷与三彩制品大约基本上同时应运而生了。

关于我国早期青花瓷的创烧年代问题，学者之间的看法存在着分歧。笔者认为关键问题在于如何确定不同时期青花瓷的"标准"问题。我们知道，青花瓷产生以后，不同时期的青花瓷除了其共有的基本特征外，又都有着其自身独具的时代特征。有的学者认为"所谓'青花瓷'，不过是'唐三彩'之中的一个品种而已"。持这种观点的学者彻底否定了唐青花的存在，认为中国青花瓷起源于宋、元时期。笔者认为，不同时期的青花瓷有着不同的规格，在质量上甚至性能上存在着差异，因此，要求的标准和条件也应该有所不同。就是说，可以认为唐青花是我国历史上的第一代青花瓷，应属于较低级的青花瓷，它的存在是不容抹杀的，元代及其以后的青花瓷应属于品格更高、更完美的青花瓷。

（原刊于《中国收藏》2005 年第 11 期）

豫中地区远古各类陶鼎演化序列表

追寻唐青花的轨迹　·1145·

巩县窑仿金银器制品鉴赏

廖永民

河南唐代巩县窑以生产造型优美、装饰华丽、釉彩鲜艳的唐三彩和不同色釉的陶瓷制品而蜚声中外。该窑所产制品种类繁多，主要可概括为器皿类、俑类和陶塑小品等三大类。器皿类中就包含着一些仿金银器制品。

仿金银器制品，主要是跟饮食有关的酒具、茶具和用于置放茶、酒具的器皿，如杯、碗、壶、盏、盘等。

一、仿金银器制品的兴起

唐王朝时期，政治稳定，经济繁荣，加之丝绸之路的畅通，导致外贸需求不断扩大，因而此时各类工艺制品的创作呈现出欣欣向荣的景象。陶瓷、漆器、金银器等工艺技术不断创新，各个品类相互借鉴，相互促进，新式样、新种类不断出现。反映在陶瓷生产上，则力争其产品尽量增强造型优美、晶莹绚丽的艺术效果，也在不断谋求创新发展，这就为仿金银器制品新款式、新格调的陶瓷器生产提供了条件。

盛唐、中唐时期，饮酒、饮茶之风的盛行，刺激了酿酒业、制茶业的发展，随着酿酒、制茶业的发展，不仅促进了金银器制造业的发展，同时也促进了生产酒具、茶具的陶瓷业的发展与创新，以适应社会的需求。巩县窑仿金银器制品就在这种历史背景下生产出来，并以崭新的面貌出现在世人面前。

由于优雅华丽的金银器制品制作工艺复杂、原料稀少、价格昂贵，使一般人难以购置使用。相比之下，陶瓷器的制作，原料丰富，价格便宜，制作工艺简单，产品价格低廉。这种情况刺激了仿金银器制品的生产与兴起，种类、样式也日益增多，这就进一步满足了社会各阶层人士不断增长的需求。

二、仿金银器制品的发展演变

巩县窑址出土的仿金银器制品，主要是残件，完整或可复原的甚少。巩义以及附近郑州、洛阳等地的唐墓中，却出土不少可以确认属于巩县窑所产的仿金银器制品。

巩县窑烧制仿金银器制品，从初唐晚期开始，一直延续到宋金时期。因此，在品类、数量、造型、装饰等方面，前后有着明显的连续性与阶段性。一般来说，初始阶段，产品仅为小型的高足杯一类，制作比较粗糙；盛唐时期，产品不仅数量大增，而且出现了形体较大的盘、碗、壶一类器皿，工艺水平、产品质量有了很大提高，显得晶莹华贵，初步形成了自己的艺术风格；中、晚唐时期，情况发生了较大变化，三彩仿金银器制品逐渐减少，绿釉陶瓷仿金银器制品逐渐增多，造型与装饰纹样更多接受了外域的影响，进一步形成了自己特有的艺术风格。

初唐晚期阶段，巩县窑所产的高足杯，窑址内仅出土有残片，而与之形制、釉彩、制作技法完全相同的三彩高足杯，却在窑址附近的北窑湾村一座唐墓中出土，此杯虽残但可复原（图一）。直口，深腹，节柱形圈足。器体施黄、绿、白釉。高7.2厘米。从其造型特点和艺术风格上，可以看出明显的仿自拜占庭金银器高足杯，其浓郁的外域情调一目了然。巩义市芝田镇66号唐墓出土一件铜高足杯，侈口，深弧腹，圜底，喇叭状高柄圈足。圈足径2.9、高6.9厘米。造型与上述三彩高足杯相同，唯上腹部有凸弦纹一周（图二）。

图一 三彩高足杯

图二 铜高足杯

盛唐时期，巩县窑所产绿釉八棱碗，出土于窑址内（图三）。此碗从造型特点到装饰纹样都成功地模仿了当时流行的工艺考究、纹饰精美的银盘，从而取得了逼真的质感效果，显得富有创意，技高一筹；巩县窑还出土一件仿金银器五棱碗的内模（图四）。

河南省文物考古研究所收藏的一件仿金银器凤头壶（图五），胎色洁白，通体施蓝、棕、黄釉，釉面均匀，润泽。壶腹两侧开光，中心部位饰鸾凤纹，周围饰卷须纹，器体装饰显得繁缛瑰丽。此器工艺精湛，造型秀美，富有艺术魅力，是河南唐三彩器皿中罕见的珍品。其造型与装饰显然源于古代波斯萨珊王朝时期的金银器（见万新君著：《西域装饰艺术》，新疆人民出版社，1997年4月）。

中、晚唐时期，巩县窑所产金银器绿釉盘，窑址中仅出土有残片。郑州市19中学一座晚唐墓出土的一件巩县窑所产三彩四瓣盏（图六）。高4.6，径10～14厘米。高岭土

图三 绿釉八棱碗

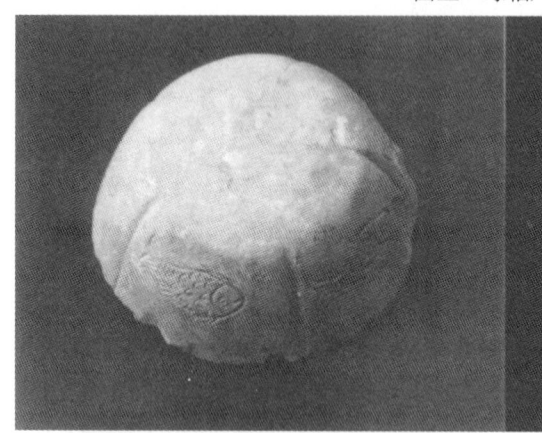

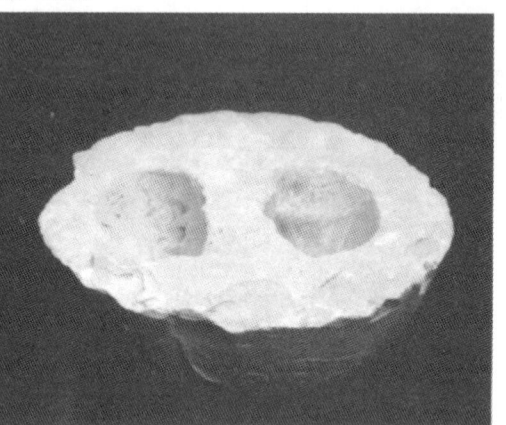

图四 五棱碗内模

图五 凤头壶

制作，粉红胎，椭圆四棱体，敞口，斜直壁，底部内收，圈足。内壁底部模印双鱼，头尾相向，内壁四周刻印对应4个桃形图案。通体施绿釉，釉色凝重，器底双鱼施酱黄釉。器体造型规整，装饰华丽，釉彩鲜艳，不失为晚唐一件艺术珍品。

1983年，扬州市三元路出土一件巩县窑绿釉模印堆塑龙纹盏（图七），高岭土制作，模制。高4.3，口径14.6厘米。葵形口，斜弧腹，圈足，外腹与足心各饰两道凹弦纹。内壁底部中心饰模印蟠龙纹，龙口大张，吐长舌，遍体鳞甲，四爪伸张，盘尾于腹下，四周饰云气纹。通体施绿、白釉，色泽晶莹华美。

河南省文物交流中心收藏的一件三彩直口碗（图八）。

图六 三彩四瓣盏　　　　　　　图七 绿釉模印堆塑龙纹盏

口微侈，方唇，斜直壁，平底。外壁模印连珠纹，器底部饰两道凸弦纹，中间用斜曲线相连，内壁光滑。通体施黄、绿、白釉。高4厘米。

洛阳博物馆收藏的一件三彩八瓣葵口碗（图九）。圆唇，卷沿，弧壁，环形圈足。外壁满饰乳丁纹，施黄釉；内壁施黄、白、蓝相间竖条纹釉；底足露胎。高7厘米。此器造型规整，典雅大方，釉彩鲜艳，显得雍容华贵，既不失三彩制品的格调，又显露出金银器制品的气质。其造型与西安何家村金银器窖藏中出土的一件摩羯纹金盏（图一〇）基本相同。

巩义市食品厂1号唐墓出土的一件素烧直口鸾凤纹碗（图一一），直口，弧壁，圜底。外壁饰模印25个浅浮雕鸾凤纹，沿下饰凸起平行直线纹一周。内壁绘黑色不规则线条。高4.1、口径10厘米。此器虽未施彩釉，但从其造型、装饰特点看，显然系仿金银器制品，更显露出其清素高雅的艺术风格。

图八 三彩直口碗

图九 三彩八瓣葵口碗

除三彩仿金银器制品外，还有较多的绿釉仿金银器制品。

中国历史博物馆收藏的一件五瓣葵口盘（图一二），内壁有五个凸棱，敞口，圆唇，浅斜壁，平底。内壁凸棱处印叶脉纹，内壁底部印花卉六朵，中心一朵，周围五朵。通体施绿釉。高1.6厘米。此器与西安何家村金银器窖藏中出土的六瓣鸾凤纹银盘（图一三）相似。

洛阳白居易遗址出土的六瓣椭圆形双鱼纹盘

图一〇 摩羯纹金盏　　　　　　　　图一一 素烧直口鸾凤纹碗

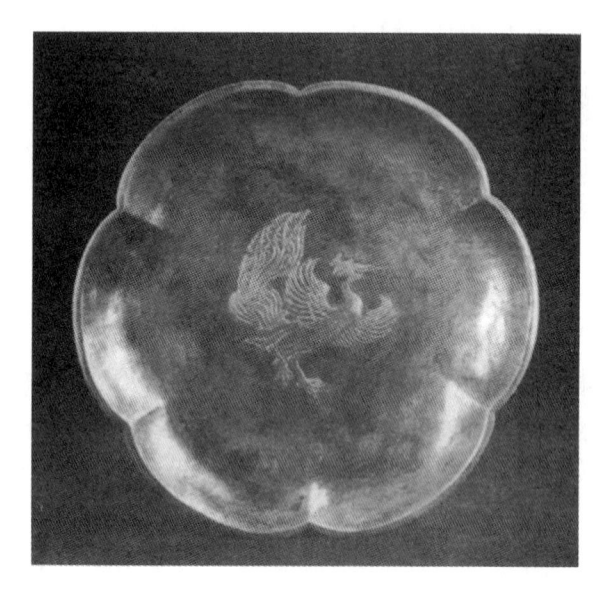

图一二 五瓣葵口盘　　　　　　　　图一三 六瓣鸾凤纹银盘

（图一四），敞口，尖唇，浅斜壁，平底。内壁底部模印鱼藻纹，两鱼相向，周壁模印芦雁花草纹。通体施绿釉。高2厘米。

洛阳白居易遗址出土的一件方形花卉纹盘（图一五），四角有棱，敞口，尖唇，浅斜壁，平底。内壁底部中心模印一桃形组成的圆形花卉图案，周围数朵花蕾。通体施绿、白釉。高1.7厘米。

郑州上街鸿元小区唐墓出土一件束腰莲瓣纹盘（图一六），侈口，圆唇，圈足。外壁饰覆、仰莲瓣印花两周，莲瓣内为菊朵团花纹，绕莲瓣饰小朵菊花纹三周。内外壁施淡绿釉。高6.6厘米。

图一四　六瓣椭圆形双鱼纹盘　　　　　　　图一五　方形花卉纹盘

图一六　束腰莲瓣纹盘

三、巩县窑仿金银器制品的艺术风格

考古成果表明，从南北朝到隋唐，早期的金银器大多是由丝绸之路输入的拜占庭、波斯等地的制品，主要是杯、盘、胡瓶之类的器皿。初唐时期，巩县窑开始烧制仿金银器的高足杯，样式上明显接受了外域金银器的影响；盛唐及其以后生产的仿金银器制品，从造型特点到装饰纹样，不仅充分显示出中国的传统风格，而且也呈现出逐渐增多的异域色彩。显而易见，对外域金银器的模仿，并非原封不动地照搬，而是借鉴、汲取并融入到自己的文化传统之中，以形成自己特有的鲜明个性和更具魅力的艺术风格。可以说，这是当时将异域的装饰风格与中国造型艺术相结合的例证，也是当时巩县窑仿金银器制品逐渐融合异域情调，进而改造、更新、创制出别具一格的产品的具体表现。上述情况充分显示出巩县窑工匠师们善于学习、兼收并蓄、推陈出新，另辟蹊径的探索精神。中晚唐时期，巩县窑仿金银器制品的制作工艺更加成熟；产品突出了个性，体现了丰富多彩和民族特色。绿釉双鱼盏和葵花形盘，都显得技艺高超而富有魅力，达到了理想的艺术效果。而在装饰纹样上，中晚唐似乎逐渐转向以花卉、游鱼、飞鸟等题材为主的方面。

总之，巩县窑烧制的仿金银器制品，既不失陶瓷艺术的本色，又达到了具有金银器气质的效果，可谓二者完美的结合。从器体造型、器表装饰到釉彩的运用，都做到了紧密结合，和谐统一，体现了器皿整体的完美性、具有很强的韵律感。其艺术风格显得典雅、华美、光洁、明快，具有耐人寻味的情趣韵味，进一步强化了它在不同陶瓷品类中自身鲜明的个性。同时仿金银器制品显示了唐代陶瓷生产技术的辉煌成就，折射出大唐盛世的经济繁荣。

（原刊于《炎黄天地》2009 年第 4 期）

郑州铁路职工学校旧址的建筑特色

张 彦 张高岭

郑州铁路职工学校旧址位于郑州市管城区东三马路天荣服装城内（原三益街小学），在原日本驻郑州领事馆旧址的北侧。民国年间曾是"湖北会馆"，1920年北洋政府交通教育司在这里创办铁路职工学校，被称为"京汉铁路郑州职工学校"，新中国成立后改为"三益街小学"。1987年3月4日，被郑州市政府公布为市文物保护单位。2004年6月3日，由郑州二七纪念馆接管。2006年6月列为省级文物保护单位。众多教员曾在此讲学，其中教员赵子健是湖北共产主义小组创建人之一，北京马克思学说研究会成员。党的创始人之一李大钊也曾来此视察和指导工人运动，宣传马克思主义。因此该校成为中国共产党在河南最早组织工人运动、启发工人觉悟的场所。

京汉铁路郑州职工学校旧址整体保存较好，现占地面积560平方米，建筑面积360平方米。因市场建设，院内原地平面已被挖掘，现地平面低于原地面2米左右。现存讲堂两座，坐北朝南，立于不规则形土台之上，东讲堂面阔三间，西讲堂五间，东西相连，组成一个"一"字形平面。两座建筑原构性较强，大部分构架及构件均保持民国始建时的原状（见图）。

郑州铁路职工学校旧址

东讲堂面南坐北，灰色板瓦屋顶的单檐硬山式带前廊建筑。平面呈矩形，面阔三间，进深三间（轴线），平面轴网左右对称布局，由柱网和墙体轴网共同组成，整座建筑有两根前檐柱和两根内柱。其内柱的布局基本置于室内中部，与上部梁架的布置不是直接对应（相对于中国传统建筑）。除前檐外，其余三面用墙体做维护。明间（轴线距离）宽3.52米，次间宽3.50米，通进深11.11米，建筑通高8.28米。室内地面用青条砖铺地，高于外廊地面10厘米，前檐柱轴线处用青石阶条石作为地面的边缘，柱下用鼓镜柱础。廊子里侧做墙体，每间正中辟门，使用夹心门，门罩用西方建筑式样，无窗。东山墙开两窗，后墙每间开一窗，西山墙与西讲堂共用。檐柱柱头上部安置额枋连接，大梁直接安放于柱头之上，大梁使用方木拼接而成，梁上做三角屋架，三角屋架由大梁、腹杆、斜梁、拉筋等组成。斜梁一端插入大梁，另端插入中部垂直腹杆，并用拉筋上下拉结，节点处均用把钜固定。梁架横向用檩条连接，檩条垂直方向用椽，木望板钉于木椽之上，整个屋架空间是一个由两排桁架组成的形式，结构形式为砖木混合。室内使用柱子承重，外围使用墙体承重，这是中国传统硬山建筑的基本结构模式。但其屋架结构却一改中国传统木构建筑"抬梁式"或"穿斗式"的梁架形式，融入现代建筑力学原理，是中国建筑结构从古代到现代的过渡期的特殊表现形式。"三角屋架"在现代建筑设计中，主要用于钢结构，与河南地方建筑的梁架表现手法类似。

西讲堂面南坐北，为灰色板瓦屋顶的单檐硬山式建筑，其室内建筑结构和东讲堂基本相同。平面呈矩形，面阔五间，进深三间（轴线），平面轴网对称布局，由柱网和墙体轴网共同组成，整座建筑有九根内柱，其内柱的布局与上部梁架的布置不直接对应（相对于中国传统建筑），四面用墙体做维护。明间（轴线距离）宽4.19米，次间宽3.38米，尽间面阔3.73米，通进深11.78米，建筑通高8.16米。室内地面用青条砖铺地，高于外廊地面61厘米，柱下用鼓镜柱础。前墙每间开一门、一窗，使用夹心门，除明间使用两扇门外，其余使用一扇，西山墙开三窗，后墙明间开两窗，其余每间一窗，东山墙与东讲堂共用。大梁两端直接安插于前后墙体，并使用圆木拼接而成，梁上做"三角屋架"，基本前后对称。"三角屋架"由大梁、腹杆、斜梁、拉筋等组成，斜梁一端插入大梁，另端插入中部垂直腹杆，并用斜腹杆支撑，节点处均用把钜固定。梁架横向用檩条连接，檩条垂直方向用椽，木望板钉于木椽之上，整个屋架空间是一个由四排桁架组成的。

郑州铁路职工学校旧址建筑，虽没有复杂的平面组合，但其单体建筑相对于中国传统硬山建筑来说，体型庞大。木构架不用中国传统的"抬梁式"或"穿斗式"，而采用屋架形式，此种构架形式系现代钢屋架普遍采用的结构形式。短柱、腹杆（铁、木两种）、大梁、斜梁等构件间使用铁扒锔或螺栓相连，节点连接采用刚节点的形式，弃用了中国传统的榫卯结构，即"软节点"。在细部使用门罩或窗罩，体现在门、窗上最典型的时代特点是：用两层门窗、一层实体门窗（夹心门和玻璃窗）、一层虚门窗（纱窗门和纱窗），这在阻止蚊蝇上，有着一定的科学性。在结构上使用"三角屋架"大屋顶形式，用把钜、铁板、拉筋等构件连接，使用拼接技术，组成跨度较大的空间结构。这在财力、物力等条件缺乏的情况下，解决大空间使用要求，使西方的建筑结构理论完美地结合到中国古典建筑营造中，体现了中国建筑理论的科学发展。在建筑艺术的处理手法上，采用外来的艺术手法点缀到中国古典建筑的门、窗上，形成中西结合的建筑艺术形式。整座建筑远观是中国古典的建筑形式，近看却产生异国建筑风情，这是两种不同文化和艺术相撞的结果，是在特定时期表现出的特有建筑形式。

民国时期的中国建筑多为中西结合，整体外观为中国特色的坡屋顶，细部为西方古典建筑式样（如门、窗），构架（梁架）相对中国传统的木构架有所简化，部分采用"三角屋架"，材料上出现混凝土和钢筋混凝土等构件。这一时期是中国在建筑历史上建筑形式多元化发展的时期，也是中国近代第一批海外留学生回国后，带来西方建筑设计思想的时期。这个时期建筑在设计和单体建筑的组合上，相对于中国的庭院式组团形式来讲，独立性较强，常使用屋顶组合的方式，将每个本来独立的单体建筑组合成平面复杂的庞大建筑。这种建筑形式的变化，是西方建筑理论融入中国古典建筑理论的表现，也是中国近代第一批建筑学留学生归国后建筑设计理论实践活动的实物见证。

（原刊于《中原文物》2009年第4期）

商汤后裔

——宋氏文化探源

宋秀兰　宋　歌

一、宋渊源于商

宋姓源于春秋战国时期的宋国，是以国为姓的姓氏。宋国的第一代国君微子启，是商代最后一个国王殷纣王的同母庶兄。

微子启为商朝第三十位国王帝乙的大儿子，本应立为太子继承王位，但因庶出，帝乙又喜欢小儿子辛（纣王）。（史记注云：微子的母亲生微子时还是妾，及生纣时已是正妃，所以微子为纣的同母庶兄）就立辛为太子，继承王位。也是商王朝气数已尽，辛继位后荒淫暴虐，多行不义，其兄微子启屡谏不听，并对敢于批评他的比干施以挖心、箕子"囚禁"，随遭"武王伐纣"而灭亡。微子启深明大义，在此历史转折关键时刻，归顺了周王朝。他向周武王提出保全商族香火的要求，得到周武王的同意，就封纣王儿子武庚于殷墟，并让自己的弟弟管叔、蔡叔（即管国、蔡国，今郑州管城，即管国之地），协助武庚管理商族遗民。武王死后，武庚又与管、蔡联合发动叛乱，史称"武庚之乱"。微子启明辨是非，在这次叛乱中，又站在当时主政的周成王和周公旦一边，随被周成王改封于商的旧部及周围地区，为宋国，定都商邱。微子启就成了宋的第一代君，奉守商人的宗祀，管理商朝遗民。

微子启作为宋国开国之君，和郑桓公姬友一样都是对执政的昏君敢于进谏。姬友是在遇到外族入侵时，为保周幽王战死疆场，以忠君报国的形象流传后世。而微子启是在商王朝大厦将倾的关键时刻，审时度势，明辨是非，站在代表光明和进步势力的周王朝一边，反对腐朽没落的殷王朝，取得周王的信任被周成王封为宋国，微子启是以"持其祭器于军门"迎接武王，从而以大义灭亲的形象流传后世。

二、商之祖——黄帝后裔

宋姓既是以国为姓而得姓，微子就成了宋姓的始祖。从微子上溯，追溯到商朝历代君王，进而追至中华民族的共同祖先——炎黄二帝。其发展脉络，按《史记》记载为：黄帝

（二十五子，得姓十四人，实有十二姓，即姬、酉、祁、己、滕、葴、任、荀、僖、姞、儇、衣）→玄嚣（姬姓，正妃嫘祖所生）→蟜极（又名泄极，玄嚣、蟜极均不在王位）→高辛（即帝喾），帝喾贤明即帝位，元妃有邰氏，生后稷（为姬周始祖）；次妃简狄生契→殷契（为商之始祖，殷契母曰简狄，为帝喾次妃，因食玄鸟卵怀孕生契，契生而贤，尧立为司徒，佐禹治水有功，受帝舜封于商，赐姓子氏）。商族下传十四世到成汤，其传承《史记》云："契卒，子昭明立。昭明卒，子相土立。相土卒，子昌若立。昌若卒，子曹圉（同圉）上。曹圉卒，子冥立。冥卒，子核立（核曾讹传振）。核卒，子微（上甲微）立。微卒，子报丁立。报丁卒，子报乙立。报乙卒，子报丙立。报丙卒，子主壬立，主壬卒，子主癸立，主癸卒，子天乙（大乙）立，是为成汤。"

三、成汤伐桀，建立商朝（前1600~前1046）

从契到成汤居地八迁，历经十四代。这大体是中国历史上夏代由盛到衰的时期。此时夏王桀暴虐荒淫，诸侯昆吾氏也跟着干坏事，成汤亲征昆吾，继讨夏桀。诸侯敬服，都归顺成汤。汤即天子位，作《汤诰》，教育诸侯说："要有功于民……不然，我要重重的惩罚你们……"又说："古代禹王和皋陶常年在外辛劳受苦，才能有功于民，人民才能安定下来。他们东治江、北治济、西治河、南治淮，这四条大川治理好以后，民众才有地居住。后稷教民播种，努力繁殖百谷。这三位都有功于民，所以他们后代才能立国……"（见《史记·殷本纪》第三）。

成汤实为以民为本的开国之君，他时时处处为民着想，故"桑林祷雨"的佳话流传后世。民国《汜水县志》已载曰："汤伐夏，徙都于西亳。《尚书》郑氏注云：东成皋、南轩辕、西降谷是时为亳都畿内地。今邑东郭外有汤王沟，吏有桑林，传说系汤王祷雨处。及仲丁，因亳都有河决为害，迁都于嚣（隞），以征蓝寇。嚣都在今汜城东北。嚣，《史记》作隞，并音煞。《水经注》云：敖，山上有城，即仲丁之所迁。秦置仓于中，亦曰敖仓城。今汜水城东北有村，名东仓头、西仓头，东属河阴，西属汜水。其名盖昉于古也。"这里明确汜水为汤都畿内之地，而有"汤王沟"与"桑林"地名流传，现郑州以其大量商代文物遗存，经专家论证被定为我国"八大古都"之首的"商都汤都"，说明数千年前的商代文化之光，已首先在此照耀。《诗经·商颂篇》之"猗与那与，置我鞉鼓。奏鼓简简，衎我祖烈。汤孙奏假，绥我思成。鞉鼓渊渊，嘒嘒管声。既和且平，依我磬声。于赫汤孙，穆穆厥声……温恭朝夕，执事有恪。顾予烝尝，汤子之将……""天命玄鸟，降而生商。宅殷土芒芒，古帝命武汤。正域彼四方……""挞彼殷武，奋伐荆楚。采入其阻，裒荆之旅。有截其所，汤孙之绪。维女荆楚，居国南乡，昔有成汤，自彼氐羌。莫不敢来享，莫不敢来王。曰商是常……"。

上述摘录虽是只言片语，但对先祖商汤追念之情却溢于言表。据传周大夫正考甫得《商颂》十二篇，至孔子编《诗经》时，又亡七篇，余五篇编入《诗经》，今摘抄之，以显中华文化之传承延续。

宋源于商，商始于公元前十七世纪，终于公元前十一世纪，近六百年。其传承为：（一世）成汤：天乙，开国之君。汤崩，子太子未立而卒，立其弟外丙为帝；（二世）外丙，外丙三年崩，立其弟仲壬。仲壬四年崩，立太丁之子太甲为帝；（三世）太甲：太甲，成汤长孙，不遵汤法，被伊尹逐于桐宫三年，伊尹摄政。太甲悔过，伊尹还政，诸侯归服，百姓安宁，伊尹嘉之，称太宗，太甲崩，子沃丁立；（四世）沃丁：沃丁崩，弟太庚立。太庚崩，子小甲立；（五世）小甲：小甲崩，弟雍己立。雍己崩，弟太戊立。伊陟为相，殷复兴，称中宗。太戊崩，子仲丁立；（六世）仲丁：迁都于嚣，河亶甲居相。仲丁崩，弟外壬立。外壬崩；弟河甲立。河亶甲崩，子祖乙立；（七世）祖乙：殷复兴，巫贤任职。祖乙崩，子祖辛立；（八世）祖辛：祖辛崩，弟沃甲立。沃甲崩，祖辛之子祖丁立；（九世）祖丁：祖丁崩，弟沃甲之子南庚立，南庚崩，祖丁之子阳甲立；（十世）阳甲：阳甲崩，弟盘庚立。盘庚复居成汤故都，行汤政，百姓安宁，殷复兴。盘庚崩，弟小辛立。小辛崩，弟小乙立。小乙崩，子武丁立；（十一世）武丁：得付说为相，祭成汤，修德政，殷复兴。武丁崩，立庙为高宗，子祖庚立；（十二世）祖庚：祖庚崩，弟祖甲立。祖甲崩，子廪辛立；（十三世）廪辛：廪辛崩，弟庚丁立。庚丁崩，子武乙立；（十四世）武乙：徙河北，无道，行猎时暴雷震死。子太丁立；（十五世）太丁：太丁崩，子帝乙立；（十六世）帝乙：帝乙崩，少子辛立（即殷纣王）；（十七世）辛（纣王）荒淫无道，被周武王率诸侯征伐，殷亡，周朝建立。商代共经十七代，二十八王，五百五十四年。

四、微子事周，周封宋国（前1024~前286）

历史进入西周王朝，"武庚之乱"后，周成王、周公姬旦封微子启于宋国。微子启作为宋国第一个国君，一方面继承殷商祖宗香火，传承殷商文化，同时维护周王朝统治。

其宋国传承为：（一世）微子启：微子仁贤，殷世爱戴，启卒，弟衍立，为微仲。微仲卒，子宋公稽立；（二世）宋公稽：稽卒，子丁公申立；（三世）丁公申：申卒，子湣公共立；（四世）湣公共：湣公共卒，弟炀公熙立。湣公子鲋祀弑炀公熙自立，是为厉公；（五世）厉公：厉公卒，子釐公举立；（六世）釐公举：举卒，子惠公覵立；（七世）惠公覵，覵卒，子哀公立；（八世）哀公：哀公卒，子戴公立；（九世）戴公：戴公二十九年，周王朝发生犬戎之乱，西周亡。戴公卒，子武公司空立；（十世）武公司空：女儿做了鲁惠公夫人。武公司空卒，子宣公公力立；（十一世）宣公公立：宣公病危，要把君位让给弟弟和，未让太子与夷继位，和谦让不成，随立，是为穆公。穆公病危，嘱大司马孔父，要把君位还给太子与夷。孔父说："百官愿立公子冯。"穆公坚持立与夷，并安排公子冯到郑国居住。这样穆公卒，侄子与夷立，是为殇公。人们都称赞宣公为道义之君，既成全了弟弟，也不误儿子君位；（十二世）与夷殇公：因冯在郑，受卫君姬完唆使，攻打郑国。后又多次遭到郑国报复。后又中太宰华督计谋，杀死孔父，霸占孔妻。而后杀死殇公，迎回在郑国的穆公的儿子冯为君，是为庄公。庄公卒，子湣公捷立；（十三世）湣公捷：捷因口角被下属南宫万用棋盘打死，并杀死太宰华督，改立公子游为国君，其他几个公子因畏惧南宫万外逃，后集结杀死南宫万弟弟南宫牛和新君公子游，拥立湣公御说，是为桓公。桓公卒，子兹甫立，是为襄公；（十四世）兹甫襄公：任用庶兄目夷作相国。宋襄公就是毛泽东批评的"蠢猪式的军事家"。是因为宋国讨伐郑国，招致楚国援郑，襄公应战，相国目夷说："楚国兵多，我们兵少，趁他们没有完全渡河，我们就先发动攻击。"襄公不听。楚兵已全部渡河，尚未列成阵势，目夷又说："可以攻击了"。襄公说："等他们布成阵式。"楚兵成阵，宋兵进攻而大败，襄公大腿还受了伤。宋国人都埋怨襄公，襄公却说："君子不在人家艰难的时候去困窘他，不在人家没有布成阵势的时候击鼓去进攻他。"谋士子鱼说："战争以取胜为功绩，有什么陈词滥调可空谈呢！一定要像你说那样，那么就当奴隶侍奉人家好了，又何必要打仗呢？"

作为春秋五霸之一的宋襄公，在那本无义战的年代，只能以失败的军事家贻笑后世，同时我也在想，如果宋襄公把他这一套用于为人处世，亦不失为正人君子，所以，太史公："孔子称'微子离开殷纣王，箕子被降为奴隶，比干规劝而被杀死，殷朝有三位仁人呀！'（春秋《公羊传》）。批评宋国的祸乱是从宣公废黜太子而立弟弟为君开始的，使国家不得安宁达十年之久。襄公修行仁义，想成为盟主，他的大夫正考父却赞美这事。宋襄公打了败仗，但是仍有君子称赞他，这是悲叹当时中原地区的国家缺少礼义，所以表彰襄公，因为他还是一个有礼让精神的人啊！"（见《史记·宋微子世家》）襄公因泓水之战腿伤而卒，子成公王臣立；（十五世）成公王臣：成公远楚亲晋。成公卒，其弟御杀死太何司马孙固，自立为君。激怒国人，宋国人联合杀死御，拥立成公小儿子杵臼，是为昭公；（十六世）昭公：昭公辜负国人，不行德政。其弟鲍革，德才兼备，谦恭待士。义士卫伯杀昭公，昭公弟鲍革立，是为文公，昭公儿子不服，乃结弟须联合武公、穆公、戴公、庄公、桓公家族作乱。文公粉碎叛乱，驱除武公、穆公家族。文公卒，子共公瑕立；（十七世）共公瑕：实行厚葬。用华元与楚、晋结盟。共公瑕卒，小儿子成立，是为平公；（十八世）平公：在位四十四年卒，子元公立；（十九世）元公：不讲信义，谋杀诸公子，大夫华氏、向氏讨伐，奔鲁途中卒，子景公头曼立；（二十世）景公：十六年鲁国阳虎来投（后又辞去）。三十年占领曹国。三十七年，火星侵占心宿星区，因心宿区是宋国天区，景公十分担忧。司星子韦说："可以将灾祸移到宰相身上。"景公说："宰相是我的大腿胳臂。"子韦说："可以移到人民身上。"景公说："国君要依靠人民。"子韦说："可以移到年成上。"景公说："年成欠收闹饥荒，人民困苦，我做谁的国君？"子韦说："上天神明虽然高远却能听到人间最细微的声音。您有为人君的话三句，火星应该移动了。"再观测火星，火星果然移了三度。景公卒公子特杀太子而自立，是为昭公（这又是宋国的一次内讧。昭公父愓泰为元公小儿子。为景公的侄子）；（二十一世）昭公：在位四十七年卒，子悼公购由立；（二十二世）悼公：在位八年卒，子休公田立；（二十三世）休公田：在位二十三年卒，子辟公辟兵立；（二十四世）辟公：在位三年卒，子剔成立；（二十五世）剔成：在位四十一年，其弟偃叛乱，剔成败逃齐国。偃自立为君。君偃十一年，东面打败齐国，南面打败楚国，西面打败魏国。一时成为军事强国。之后骄傲自满沉溺于酒色之中，大臣们谁敢于规劝他，他就射死谁。诸侯都称他为"桀宋"，说："宋国又要步纣王后尘，为所欲为，不可不杀。"在宋王偃即位四十七年，齐、魏、楚联合伐宋，杀死偃，三分其地，宋国灭亡。宋国经二十五代，三十四君，七百三十八年。

五、祖德流芳，惠及子孙

宋氏文化的传承，应该由契被封司徒和商族起，到成汤伐桀与殷三仁（箕子、微子、比干）敢谏，从而形成"爱国为民，见义勇为，孝义为本，崇祖报德"的传统思想，造就了历朝历代的宋氏名人贤达。他们从战国时期的思想家宋研（又名宋坚、宋荣、宋荣子）和宋意。宋研曾被齐宣王招为学者，赐给宅弟，封为上大夫，并为其设立学馆，进行思想辩论，抨击时政得失。宋研主张认识事物首先要破除成见，并提出"寡欲"，要求人们"见侮不辱"、"使人不斗"，力图从思想上清除人与人之间的矛盾。另外他还反对诸侯之间的争霸战争。宋意是战国末期燕太子丹的门客，他与著名乐师高渐离为送壮士荆轲刺杀秦始皇创作流传千古的"风萧萧兮易水寒，壮士一去兮不复还"的慷慨悲歌，都显示其寡欲而安，仗义勇为的气概。

宋国灭亡后，寄居楚国的著名辞赋家宋玉，著赋十六首，其《九辨》、《招魂》、《风赋》、《高唐赋》、《登徒子好色赋》，既抒发了其抑郁不满的情怀，又显示了他的诗赋才华。楚人宋义作为楚人项梁、项羽起兵伐秦的谋士，曾细说项梁不可骄傲轻敌，项梁不听而被秦军击败战死。宋义受到楚怀王信任，被封为卿子冠军上将军。后虽因惧怕秦兵强大不敢进军，与其子宋襄一起被项羽诛杀，但其在项梁起兵初期的作用，应予肯定。

历史进入汉代，西汉时期，宋义的孙子宋昌任代王中尉。汉高祖刘邦死后，吕后把持朝政，陈平、周勃铲除吕氏家族势力，拥立代王，代王深为忧虑，犹豫不决。宋昌为代王分析形势，谋划行动，保护代王向京城进发，使代王顺利继承王位，是为汉文帝。宋昌被封为壮武侯卫将军，显赫一时。东汉时期，有一个名叫宋弘的，在西汉哀帝和平帝时，宋弘官至侍中，王莽时为共工。东汉光武帝刘秀即位后，征拜宋弘为太中大夫，后又升迁为大司空，封旬邑侯。宋弘以为人正直、敢于劝谏而知名。一次光武帝饮宴时，命任议郎官的经学大师桓谭鼓琴。桓谭当众鼓琴，既不符合自己的身份，又有曲意奉承之嫌。宴会结束，宋弘严责桓谭，要求桓谭以忠心正直为国操劳。桓谭被他说得无地自容，只好连连认错。又一次，光武帝在御座旁立了一架绘有美女的新屏风。光武帝与大臣议事时，常常盯着屏风上的美女发呆而无心议事。对此许多大臣很有意见，但无人敢公开批评。只有宋弘挺身而出，对光武帝说道："君主应追求美好的道德情操，为臣下和百姓做表率，而不应该沉迷于美色。……"光武帝认为言之有理，就命人撤去了屏风。东汉初年，河南南阳宋均，精通诗礼，善于辩论，十五岁就出任郎官。明帝时任尚书令，曾自作主张删除奏章中疑难之事。为此明帝震怒，众臣惶恐。宋均却直言劝谏说："忠臣执义，无有二心，宋均虽死，志向不移。"受到明帝赦免。宋均的侄子宋意，明帝时也被征为尚书，举为孝廉。章帝时，宋意目睹诸侯称霸，骄横不法，特意上疏章帝，令诸侯居守封地，不可常留京师，扰乱治安，被章帝接受。后宋意又升任司隶校尉。

魏晋时期，社会动荡，政权更迭，宋氏子孙以其智慧和良知为社会的发展和进步作出积极的贡献。北魏时期，曾任徐州刺史的宋恭的儿子宋隐任北魏尚书史部郎，辅佐卫王镇守中山，因对时政不满，以母丧为由辞官回乡，后朝廷屡次征召，都避而不就，临终时，谆谆教诲子侄："在家要孝顺父兄，出门要和睦乡党，出仕要以忠心和清白自守。"广平宋弁曾以司徒司马、曜武将军、东道副将的身份随北魏高祖南征，以军令严明著称，受到高祖的信任，后来高祖出征时，就将宋弁留在营中，代掌兵权。宋弁总是兢兢业业完成朝廷交给的重任，从而成为名重一时的朝臣。死后，赠安东将军，瀛洲刺史，谥号贞顺。宋弁族弟宋翻，少有节操，为人刚直，曾任河阴令，适逢顺阳公主的家奴抢劫，公主包庇家奴，不许抓捕。宋翻便亲自领兵围住家宅，直到抓住罪犯才罢休。时有太监杨小驹到县里公干，骄横不法，宋翻予以严惩，从而威震京师。宋翻三弟宋世景，精通刑理，著作律令，裁决疑狱，剖判如流，被《魏书》列入《良史传》，宋世景任荥阳太守，当代豪强郑氏的一些纨绔子弟，经常为非作歹，无人敢管。宋世景一到任，就召见他们说："我未来之前的事一概不问，从今以后应奉公守法。"那些平时耀武扬威的纨绔子弟，根本不把太守看到眼里，依然故我，世景执法如山，坚决把他们绳之以法，大大整肃了社会治安。据传现在荥阳大庙村的静姓，就是当时的一些郑姓人为了和那些纨绔子弟划清界限而改姓"静"的。同时，宋世景对其下属官吏亦严加管束，若有食人一肉，受人一帽者，必予严责。北齐时有广平宋世良、宋世轨兄弟两位名人。宋世良胆气过人，屡立战功，任清河太守时，清河郡一些豪强称霸，占领曲堤，隐匿盗贼，扰乱治安，民怨沸腾。宋世良坚决予以打击。老百姓编歌谣赞之曰："曲堤虽险有盗贼，但有宋公自拼迹。"他对百姓非常宽厚，就是有过错，也多施以教育引导的方法，使其纠正错误。当地一位年过90岁的丁金刚老人感动地说："我见过很多当官的，但像你这样真正把老百姓放在心上，事事为老百姓着想的好官还是第一回。"宋世良还著有《字略》5篇，《宋氏别录》10卷。盛唐时期，名相宋璟连保四代，左右朝政。为大唐基业作出了不朽贡献。宋璟为北魏重臣宋弁七世孙，为人正直，注重名节，学识渊博，工于文墨。武则天当政时期，宋璟任凤阁舍人之职，为官清正，深得武则天器重。他对武则天所宠幸的张易之、张宗昌兄弟的骄纵霸道敢于揭露，敢于斗争。张易之为诬陷御史大夫魏元忠，逼迫凤阁舍人张说作伪证。张说犹豫不决，宋璟恳切的规劝张说要保持名节，绝不能阿附权贵，以求侥幸，并说："……和二张斗争会流芳百世……如果你因得罪二张也遭遇不测，我一定不惜身家性命来救你……"张说大为感动，从而奋起力保魏元忠，避免了一场冤狱之祸。宋璟在任左御史台中丞时，多次向武则天揭露二张罪行，要求将其绳之以法。有一次，宋璟言词激烈，几乎使武则天下不了台，大臣惧怕宋璟因此获罪，纷纷劝其出去回避。宋璟大义凛然，据理力争。武则天无可奈何，只好将二张收押。不久，二张又被放出，武则天让他俩向宋璟赔罪，宋璟拒见，他说："如果是公事，就要公开处理。如果是私事，国法无私。"由于宋璟的坚决斗争，二张的行为不得不有所收敛。唐中宗在位时，宋璟官至黄门侍郎。他巡行河北时，天降暴雨，水灾频繁，百姓生活困苦。而封地在河北的武三思却仍派人催收租赋，致使百姓生活更加艰难。宋璟当机立断，严令武三思派来的人停收租赋，已收起的租赋，也被用来救济灾民。由于宋璟多次得罪武氏势力而招致打击报复，被迫离开京城。睿宗继位，宋璟被任命为吏部尚书，同中书门下二品。这时外戚、权臣干扰朝政，请托之风盛行，科举选官制度受到极大干扰。宋璟到任即从整顿选官制度入手，免掉了一些不法官员，杜绝权贵们的营私舞弊，为改良当时选人机制起到了好的作用。在此期间，太子李隆基与太平公主之间的斗争非常激烈。宋璟与姚崇等人坚决站在李隆基一边，奏请朝廷强令太平公主迁居东都洛阳，为李隆基的顺利继位扫除了障碍。玄宗在位期间，宋璟官至侍中，被封为广平郡公。他对玄宗直言敢谏，处事大度得体，对开元盛世的政局起了积极作用。一次玄宗巡行东都洛阳，因小事要免除两名官员的职务。宋璟直言不合法度，玄宗听从后，宋璟又巧妙地给玄宗一个台阶，既解决了问题，又维护了玄宗的权威。宋璟还积极协助皇帝整顿和改革当时的封邑制度，回收、销毁了当时流通的质量低劣的钱币，保护了当时政治、经济秩序的稳定。宋璟于开元十七年升迁为尚书右丞相，开元二十五年病逝，享年75岁，死后赠太尉，谥号文贞。宋璟历官武周、中宗、睿宗、玄宗四代。他以为官清、直言敢谏、奉公守法、处事大度著称于世，对当时的改除弊政，选拔良才起到了很大作用，后人称之为德高望重的一代名相。

宋璟如此结局，实为封建王朝宫廷争斗中的幸运者，与其相比，家居湖南的宋申锡就太大不幸了。宋申锡自幼勤奋好学，以平民身份考中进士，出仕做官。唐宪宗、唐文宗时，朝臣中党派林立，斗争激烈。宋申锡为人清正，洁身自好，不参与党争，不依靠宦官，在朝臣中很有威信。唐文宗时，宦官王守澄飞扬跋扈，欺君压臣，无恶不作。文宗欲削弱宦官势力，除掉王守澄，就把为人忠厚、耿介自立的宋申锡作为心腹，并任命宋申锡为左丞相加平章事，并依靠他谋划大事。宋申锡任宰相后，一方面大力整顿朝风，一方面秘密准备除掉王守澄。不料此事被人告密，王守澄大为惊恐，于是劫持文宗，并指使奸人诬告宋申锡谋反，把宋申锡流放岭南。宋申锡妻子埋怨他不该做此事，宋申锡镇定自若地说："我是一个读书人，深受国家大恩，应当为国家锄奸去乱，可惜没有成功，反被奸人诬陷，这才是最大的遗憾。至于个人的荣辱得失，又算得什么！"他的这种临危不惧大义凛然的精神，感动了很多人。宋申锡死后得到平反，后来他的儿子宋慎微做了城固县尉。

大宋年间，倡行刑律，宋氏子弟再露锋芒。湖北安陆人宋庠，以第一名成绩考中进士后，入朝任知审刑院、刑部员外郎一类专掌司法的官职。他精通刑律，善于辨难析疑。密州豪强王懈酿造私酒，还令家奴打死举报他的邻居父子四人，而当时的宰相陈尧佐还对其百般庇护。宋庠据理力争，终于处死主凶王懈，伸张了正义，平息了民愤，并因此受到宋仁宗的赞许，于宝元年间宋庠被任命为右谏议大夫参知政事，入居宰相之位。宋庠风度儒雅、熟悉法度、对策得体，非常重视使用有真才实学的人才。他遗留后世的文字作品有：校订《国语》；撰写《补音》3卷；辑录《纪年通谱》12卷；撰述《掖坦丛志》3卷；《尊号录》1卷；《别集》40卷。曾被仁宗封"莒国公"，英宗封"英国公"。死后，赠太尉兼侍中，谥元献。其弟宋祁与宋庠同期考中进士，宋祁排名第一，宋庠排名第十。当时的章献皇太后，认为弟弟不应排在哥哥之前，特令将宋庠改为第一，将宋祁改为第十。宋祁任官亦以直言敢谏出名。他直言朝政有三患：一是皇帝不能决断而导致朝政混乱；二是重视选拔大臣而不能任用；三是不谋国家大事而急于小事。他主张："与贤人谋划而断绝与不肖之徒的来往，以强君威、别邪正、急先务。"其主张切中时弊，引发共鸣，备受赏识。他长期在国史馆任职，和欧阳修共同撰修《新唐书》，并单独撰有《大乐图》2卷和文集百卷，受到史学家的重视。还有赵州（今河北赵县）人宋绶，其母是一位学识渊博的女性，精通经史诸子，亲自教绶读书。仁宗继位初期，绶在朝中任尚书工部侍郎兼侍读学士，后因反对太后临朝亲政，触怒太后被降职。太后崩，绶又被仁宗召回朝中。宋绶为官谨慎仔细，事事以国为重，多次上书仁宗，请其严防朋党作怪。对仁宗不当之举，他也常直言相谏。政务之余，宋绶以书为乐，文章淳丽，享有盛名，著有《卤薄图》十卷留世，死后赠司徒兼侍中，谥宝献。其子宋敏求，是北宋著名的文学家与史地学家。宋神宗时期，被授予史馆修撰、集贤院学士之职，后升迁至龙学阁直学士，以家藏书三万卷成为当时著名藏书家。当时有许多喜欢读书的人为求读书方便，都想住在他家附近，致使周围地价飞涨，宋敏求著有《春明退朝录》3卷，《唐大诏全集》、《长安德》等，并行于世。敏求族弟宋昌言任泽州司理参军，为官清正廉洁，当时泽州发生一起命案，凶犯已被捉拿归案。宋昌言在审案时，发现许多疑点，就坚决发回重审，最后真相大白，抓住了真正的凶犯。熙宁初年黄河决口时，宋昌言还因治理黄患立下大功，受到灾民赞扬。总之，在大宋年间，宋氏子孙，上为朝廷，下为黎民，立下了不朽的时代功勋，特别是在执法行律上功绩卓著，受到广泛赞誉。2005年上映的52集电视剧《大宋提刑官》，虽侧重于史书中宋慈与《洗冤集录》的法医学方面的记载，但纵观宋氏子孙在大宋王朝维护刑律之所为，笔者认为应是对宋氏子孙为国为民"清官"艺术形象的高度概括。

明清时期，祖居浙江金华的宋濂以明朝开国文臣之首，进入朝廷，对明朝刑律的制订和程朱理学的推广发挥了很大的作用。宋濂曾在浦江义门"东明书院"学习和教书32年，后又在郑氏的帮助下迁住义门的青萝山上。因为他献身东明书院，为九代同居的义门郑氏培养了大量人才，受到义门郑氏的尊敬和爱戴。在义门郑氏大宗祠进门大厅，就单独为宋濂悬挂巨像，设立祭案，每到祭日，家长都率领族众前往祭典。宋濂为义门郑氏修订的《族规》，就成了制定《明律》的重要依据。宋濂提出："《春秋》是孔子褒贬善恶的书，如能以此治国，就会赏罚有度，天下大定。"并提出："得天下要以人心为本。如果失掉了人心，即使金帛充裕，又有什么用呢？"此说得到明太祖朱元璋的肯定。宋濂还力劝朱元璋："养心最好的办法是寡欲，如果能认真做到这一点，就会心里清静而身体健康。"有一次主事茹太素上书万言批评时政。有人乘机挑拨，说茹太素诽谤圣上。宋濂则劝太祖说："陛下要求广开言路，听取各种不同意见。茹太素上万言书，正是他对陛下忠心的表现。"太祖听从宋濂之言，仔细阅览茹太素的所上之书，发现其中有许多好的建议，并无诽谤之意。宋濂因此受到朱元璋的赏识，又当了朱元璋儿子的老师。朱元璋为宋濂赠言："朕以布衣为天子，卿为开国文臣之首。当俾能世世与国同体，不亦美乎。"可惜好景不长，在宫廷内部倾轧斗争中，因长孙宋慎为权臣胡维庸孙女婿而受株连贬职，并流放四川茂州（今四川茂汶县），享年七十二岁，死后葬莲花山峰下。并遗言："平生无别念，念念在麟溪（因义门郑氏为荥阳郑氏白麟公之后，故义门有小河叫麟溪），生在长相思，死当得来归。"表明宋濂先生成长在义门，事业在义门，念念不忘义门。义门郑氏则称：宋濂先生是郑义门毓秀培英，陶模铸范，辅佐同居的良师，有德于义门，义门是宋濂韬光养晦，明法修身，履道昌仁之乐也。故有"宋濂不可无义门，义门不可无宋濂"之说。

宋濂以后的数百年，虽也有明朝郑和下西洋和大清康乾盛世的辉煌时期，但总体上是东、西方文明相互碰撞，腐臭没落的封建王朝误国、害民，遂使偌大中国陷入丧权辱国的境地，为报国救民，宋氏子孙出现的水利专家宋礼，书法大家宋克，和热衷研究农学、声学、天文学、医学的科学家宋应星；以及为表达其愤世嫉俗而撰写《杜十娘怒沉百宝箱》和市民英雄《葛道人传》等文学作品的宋懋澄；还有反对封建、追求民国思想倾向清代诗坛"三宋"（宋琬、宋荦、宋湘），以及基于今文经学立场，贬斥古文经学伪作，将今文经学推向极盛的宋凤翔，从而有《周易考异》、《挂气解》、《尚书略说》、《尚书谱》、《论语说义》、《论语郑注》、《大学古义说》、《尔雅释服》、《尔雅训纂》、《孟子赵注补正》、《孟子刘熙注》、《五经要义》、《五经通义》、《四书释地辩证》等大批著作传留后世。如此等等都对活跃人们的思想起到了推波助澜的作用。

在推翻满清王朝腐朽统治的斗争中，有被孙中山先生称之为"为宪法流血，公真第一人"的宋教仁先生。宋先生是湖南桃源县人，他在民族苦难沉重中度过童年，后在民主革命思潮的鼓舞与熏陶下，发起和组织革命团体"华兴会"和"科学补习所"，发起以长沙为中心的反清武装起义，积极支持孙中山先生建立统一的革命组织的倡议，促进了同盟会的成立。并积极发表揭露敌人鼓吹革命的文章，对西方资产阶级议会政治和国家制度进行深入研究并翻译这方面的著作。还积极参加黄花岗起义、武昌起义，并负责起草了《鄂州约法》这一具有资产阶级民主共和宪法性质的文献。他发动对同盟会的改组和成立国民党的工作。并以极大的热情投入民国成立后的第一届国会选举，积极推行他政党内阁的理想，显示了一位政治家的卓越才干。袁世凯窃取胜利果实后，以高官厚禄收买宋先生，被宋先生严词拒绝，最后招致袁世凯派凶手暗杀，他的文章被汇编成《宋渔父集》传世。

原籍海南岛文昌县的宋嘉树先生，以其在海外经商所赚的钱，屡屡支持孙中山领导的革命事业，其四个儿女，宋庆龄、宋霭龄、宋美龄、宋子文受其影响，也都积极拥护孙中山的民主革命，之后都成为民国时期的重要人物，影响着当时时局的发展。特别是宋美龄、宋子文在抗战时期，以其特殊的身份，对联合美国共同抗日发挥了特殊的作用。宋庆龄以其孙中山夫人的身份，坚持孙中山先生联俄、联共、扶助农工的三大政策，对新中国的缔造和建设发挥了不可替代的作用。

在海峡彼岸的祖国宝岛台湾，在祖国暂时分离的状态下，一批宋氏子孙在为宝岛的繁荣发展和祖国的完全统一做积极的贡献，其中最具代表性的人物有宋达、宋楚瑜父子二人。宋达，祖籍湖南湘潭，黄埔军校五期毕业生，中将军衔，曾任台湾"国防部"人事局局长、"联勤"副总司令、"行政院研究发展管制考核委员会"副主任、"国军退役官兵辅导委员会"秘书长，与蒋经国私人关系密切。著作有《国军参谋业务后勤篇》、《行使三联制的理论体系与实施方法》、《行使业务管制考核手册》、《美军行使（后勤）管理新观念》、《人力资源发展的新境界》、《企业管理之发展》等流传后世。他最大的功劳是成功的培养了一个爱国、爱台的儿子宋楚瑜。宋楚瑜在两岸关系上，认同"九二共识"，反对"台独"，主张发展两岸关系，致力于两岸和平，所以继国民党主席连战先生2005年4月26日至5月3日大陆"和平之旅"之后，宋楚瑜又于2005年5月5日至13日进行了"搭桥之旅"的访问。宋楚瑜在这次访问中，语出惊人，振奋人心，给大陆人民留下美好而深刻的印象。他所说的"两岸心通，一通百通"，"跨过鸿沟，寻根搭桥"，"一统尚未完成，两岸仍需加油"、"炎黄子孙，合则两利"、"台独是条死胡同"、"世界有多大，中国的机会就会有多大"等等惊人之语，和他祭拜黄帝陵的虔诚、拜谒中山陵的激情，叩拜祖坟的真情，都使我们宋氏子孙感到骄傲和自豪。在当今太平盛世，国泰民安的大好形势下，唯一的缺憾就是祖国尚未完全统一。所以，当今时代"悠悠万事，统一为大"，完成祖国统一大业已成为当今时代的最大课题，作为炎黄子孙的宋氏后裔，能为完成祖国统一大业作出贡献，实现"千秋功业有宋氏"的愿望，实为上报祖宗之德，下荫万代之福，为祖国争光，为祖宗争荣的英雄之举。

（原刊于《古都郑州》2006年第2期）

建设郑州商城博物馆刍议

宋秀兰

郑州商代遗址发现于1950年。时年秋，小学教师韩维周在郑州二里冈采集了一些绳纹陶片和磨光石器，经鉴定，确定为商代遗物。1952年~1953年，文物工作者相继在二里冈一带进行考古发掘，发现了丰富的商代遗物和遗迹，分布在近25平方公里的范围内。1955年秋，在遗址中部白家庄发现夯土层，沿夯土层走向进行钻探发掘，发现了近似长方形的商代城址，至此，沉睡了3000多年的商代城垣展现在世人面前，成为新中国成立初期的重大考古发现之一。

郑州商城的发现，使中国考古学领域首次找到了盘庚迁殷之前的商代都邑，它填补了商代前期文化的空白，并为早商文化和夏文化的研究开阔了视野，也为"夏商周断代工程"提供了可靠的依据。

我们从20世纪90年代初就开始研究与规划郑州商代遗址的保护与利用问题并且在国家、省、市政府的支持下逐步进行了实施。目前，政府已投资上千万元，将东城墙与南城墙重点保护区内的1万多平方米的建筑物、构筑物进行了拆除，并将东城墙外侧500多米长的污水沟进行了治理，在拆迁治理的基础上建设了绿化景区，使1700多米的城墙遗址得到了较好的保护。

然而，从目前现状看，郑州商城远远没有发挥出它应有的作用。那么，怎么改变这种状况呢？笔者认为，画龙须点睛，建设郑州商城博物馆，营造兴奋点，是扬名郑州、繁荣郑州、振兴郑州经济的契机。下面就这个问题谈谈我的一些粗浅的想法，以求抛砖引玉。

一、建设郑州商城博物馆，是中外游人的企盼

郑州商城闻名中外，但颇有墙内开花墙外香的味道。中外名人、学者及游览观光的各界人士来郑州，大家都要求看一看郑州商城，涉猎一下3500年前古都的都市文化，更有学者是抱着参观、探索、研究的目的来的，更想对郑州商代文化多些观察与了解，但是大多数是乘兴而来，遗憾而去。因为他们远渡重洋跋山涉水、辗转车船来到郑州商城，能看到的却只是几段断壁残垣，而郑州商城出土洋洋上万件文物，却分别保存在郑州博物馆、河南博物院、河南省文物考古研究所、郑州市文物考古研究所等单位，而且大多数文物存于库房中，很难满足参观游览者的心愿。加之这些单位

有的位于郑州的西区,有的位于郑州的南区,有的位于郑州的北区,而商代遗址却位于郑州的东区。这些单位与单位之间相距均有5公里左右,又没有专线游览车辆,要想多看些商城的东西是很困难的。在我接待的中外参观郑州商城的各界人士中,普遍有一种余兴未尽的感觉。

二、建设郑州商城博物馆,是郑州发展的需要

山不在高,有仙则名,水不在深,有龙则灵。郑州商城是蛰伏的一条巨龙,这里出土的洋洋万件文物,留存浩浩古城遗址,无不凝聚着历史的精华,倾注着古人的智慧。它是郑州历史的记忆,是郑州得天独厚的财富,更是郑州历史文化名城的根脉,也是郑州人引以为自豪的心理支持。目前,市政府已确定全市第三产业发展目标,并且将旅游、教育、文化作为重点产业来抓。建立郑州商城博物馆,把祖先留给我们的无价之宝妥善保护与展示。搞得好,不但能丰富郑州市的文化内涵,还会以此为突破点,找到郑州文化建设的兴奋点,促使郑州假日经济、旅游经济、文化产业形成气候,达到以史兴市、以史扬名的目的。

每座城市都应有自己的标志性事物,文物最能显示自己的个性和品位,因为文物不仅静静地诉说着城市的历史,而且会以它特有的方式使城市鲜活起来,像西安的兵马俑、洛阳的龙门、北京的长城、上海的城隍庙、埃及的金字塔、罗马的斗兽场……这些古文化遗存,都曾带动了一个城市、一个地区旅游事业的发展,使一个城市、一个地区繁荣了起来。文物旅游又从多层次、多侧面、多形式有效地促进了经济发展,促进了城市的兴旺发达。这样,文化价值和经济价值很好地结合起来,还将会有效地改善产业结构,创造大量的就业岗位,增加财政收入和城市居民收入。

另外,我们知道,城市文化的延续比历史记载更为直观和可贵,城市的发展和文化的发展是密不可分的。历史文化与其他的文化区别在于它反映的是一定时期的文化特色,是对一定时期人们的思维、价值的取向,科学精神与科学技术的表象,对于发扬民族精神能起到促进作用。

综上所述,建设郑州商城博物馆,是加快郑州经济发展和精神文明建设的需要。

三、建设郑州商城博物馆,使历史文化重现光彩

商代的历史距今已非常久远、模糊,几千年来,人们只能从古籍中搜寻出商代的故事,寻觅出它早已失去的神话般的身影。1989年甲骨文的发现,打开了一条通往古老王国的道路。1955年郑州商城的发现,更是拨开了重重迷雾,使沉睡了3500多年的古都,以它古朴壮丽的神韵,多姿的风采,真实地呈现在世人面前。可以讲,郑州商城是一座灿烂的文化宝库,它对人类的贡献,堪与尼罗河流域的古埃及文明、两河流域的西亚文

明、地中海岛屿的迈锡尼——克里特文明相媲美。

郑州商城遗址是中国漫漫历史长廊中幸存下来的沧海之一粟，它曾经负载过郑州历史上的兴衰荣辱的生命历程，对于这一珍贵的文化遗存，我们一方面加倍珍爱，精心呵护，一方面要让它在当今社会发挥它应有的作用，使洋洋上万件历史的精华能展现于世。

郑州商城的发现，已走过快50年的历程。50年来，文物工作者含辛茹苦，孜孜以求，我们所有的大量的考古资料和研究成果，已逐步揭开了郑州商城的神秘面纱，下一步的目标和任务，应该努力使3500年前辉煌灿烂的古老文明与当代文明相映生辉，将50年来文物工作者的辛勤耕耘硕果展示于众。

四、建设郑州商城博物馆，是充分利用文物资源，造福后代，功在千秋的大事

资源是生产资料和生活资料的来源。对不断扩大的社会需要来说，资源总是有限的，特别是文物资源，更是稀有的，它不能生长也不能再生。郑州商城有着3500多年的中原文化内涵，是中国乃至世界珍贵的文物资源，怎样能将这一有限的资源合理地利用，以获取最佳效益，是至关重要的。本人认为，我们不能将它们长期藏在库房，束之高阁，也不应该把它们分散于数个馆中进行陈列，而是应该把它们集中陈列在最佳的环境状态中让其发挥作用。

首先，在郑州商城遗址范围内建设商城博物馆，理由为：其一，便于游人参观；其二，占领文物阵地。今后一个时期，是郑州市城市发展的重要时期，根据当前形势和未来趋势分析，郑州商城遗址所在地的区街改造势在必行，特别是东里路宫殿区遗址范围内与东南城角内，都面临着城市发展与文物环境保护的矛盾，选择一处建设具有保护遗址与展示功能的博物馆，可以起到一举两得的作用。

其次，因社会生活是历史发展在每一阶段实实在在的重要内容，所以，要想全面了解郑州商城所处时代的社会生活，就需要通过对商代遗址所遗存的文物资源进行研究，还有助于深入了解和把握社会的发展实质，对于现代经济和文化建设也会起到一定的借鉴作用。建设商城博物馆，使商城文物资源集中起来，尽可能做到全面、完整、如实地概括商王建都郑州时期的社会生活与生产状况，尽可能展示当时社会生活中的各个主要方面。如：政治活动：商代的兴衰历史、政治制度等，涉及与政治有关的诸如迁徙、生态环境、地理位置等；军事活动：军事制度、军事设施、兵员构成、武器装备以及商王朝以建立、发展、开拓疆土、掠夺其他部落和方国的重要战争；经济生活：经济性质、形式、发展阶段，着重展示与社会生活密切相关的诸如农业、畜牧业、商业以及青铜、玉器、陶器、骨器等行业的发展；科学文化：天文、气象、历法、医学、数学的科学成就及应用；精神生活：神仙的图腾崇拜、宗教政治在社会生活中形

成、发展和支配人们精神生活的思想、意识、观念以及宗教在人们精神生活中的影响；衣食住行：衣食住行方面的具体模式、方法、制度、历史演变及所达到的水平，对后人的影响等。

集中利用商城文物资源，建设商城博物馆，这是一件恢宏的工程。但是，只要各级领导及社会各界有识之士达成共识，任重而道不远，我们的目的一定能达到！

（原刊于《博物馆学论丛（五）》2003年9月）

后　　记

本文集是继《郑州文物考古与研究（一）》出版之后，我院考古工作者的又一部研究成果集，反映了我院近年来的考古新发现、新资料及考古学研究的新进展。该文集收录了我院考古工作者 2004~2009 年所发表的报告、论文及其他文章，另有部分新整理编写的文章。作者既有年逾八旬的老一辈考古工作者，又有年富力强的业务骨干，还有刚刚走上考古岗位的年轻人。内容涉及年代更是从旧石器时代至近现代。

从 1960 年的郑州市文物工作队发展到现在的郑州市文物考古研究院，我院历经 50 年风雨。50 年来，我院考古工作者的足迹踏遍了郑州六县（市）六区，参与了众多考古调查、勘探、发掘等工作，先后承担了 20 多项国家重大工程项目的考古发掘任务，参与了数以百计的考古发掘，获得突破性考古发现 10 多项，为郑州发展文化强市的战略打下了坚实的基础。

为纪念我院成立 50 周年（1960~2010），展示我院近年来考古工作取得的新成果与新收获，亦为 50 周年的贺礼，2010 年 3 月，张松林院长提出了编辑出版该文集的建议，随后，成立编辑委员会，具体工作由张文霞同志负责。张松林院长拟定了《郑州文物考古与研究（二）》的结构及体例，资料收集由张文霞、焦建涛负责，插图部分由焦建涛负责，文字录入工作大部分由王庆丽、扶明华完成，付晓静、肖卫参与了部分工作。篇目选定后，几经调整，完成初稿，由张松林院长统审。

本文集的编辑出版是我院集体努力的结果。在编辑过程中，张松林院长给予了诸多指导，专业人员亦给予了大力支持，积极提供材料、图片等，在此谨致衷心感谢。

本书的编辑出版，得到了方方面面的关心和支持，科学出版社的张亚娜女士为本书的出版付出了诸多辛劳，在此一并致谢。

由于编者的水平有限，难免有疏漏之处，敬请有关专家、同仁批评指正。

编　者

2010 年 10 月 16 日

附录

《中国·郑州考古》系列专著、图录

编号	书名	著者	出版社	出版时间
1	郑州大河村	郑州市文物考古研究所	科学出版社	2001
2	郑州文物考古与研究（一）	郑州市文物考古研究所	科学出版社	2003
3	巩义芝田晋唐墓葬	郑州市文物考古研究所	科学出版社	2003
4	郑州大师姑	郑州市文物考古研究所	科学出版社	2004
5	二十世纪郑州考古	郑州市文物考古研究所	香港国际出版社	2004
6	中国古代镇墓神物	郑州市文物考古研究所	文物出版社	2004
7	河南旧石器考古与第四纪研究论文集	郑州市文物考古研究所	科学出版社	2005
8	河南唐三彩与唐青花	郑州市文物考古研究所	科学出版社	2006
9	郑州宋金壁画墓	郑州市文物考古研究所	科学出版社	2005
10	河南唐代白釉彩瓷	郑州市文物考古研究所	科学出版社	2008
11	中国腹心地区体质人类学研究	郑州市文物考古研究院	科学出版社	2008
12	郑州文物考古与研究（二）	郑州市文物考古研究院	科学出版社	2010
13	郑州市城市快速轨道交通文化遗产环境影响评估报告	郑州市文物考古研究院	科学出版社	2010

彩版一

1. 北区L31-22

2. 北区出土的石制品

3. 北区剖面

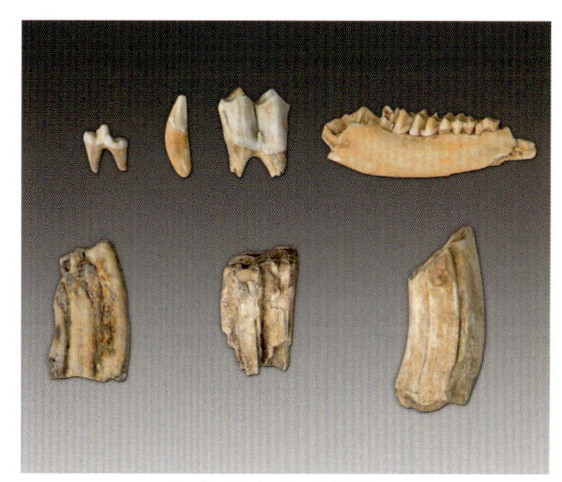

4. 南区出土动物化石

5. 南区出土细石器

新密李家沟遗址遗迹遗物

彩版二

1. 发掘现场（Ⅳ区）

2. 06ZXTF21（北—南）

3. F21出土的部分陶器

新郑唐户遗址裴李岗文化遗址、遗物

1. 高足鼎（T4扩H50∶6） 　　　　　2. 乳足鼎（T11H26∶4）

3. 高领罐（T11H26∶24） 　　　　　4. 深腹罐（T14H32∶40）

5. 玉璋（T17H40∶1）

巩义花地嘴遗址出土器物

彩版四

1. 东城墙地层图

2. 东城墙地层图

新砦遗址东城墙地层图

新砦遗址东城墙遗迹图

彩版六

1. 陶小口高领罐（AT51H29：1）

2. 陶折肩罐（CT1H5：3）

3. 陶刻槽盆（CT1H5：16）

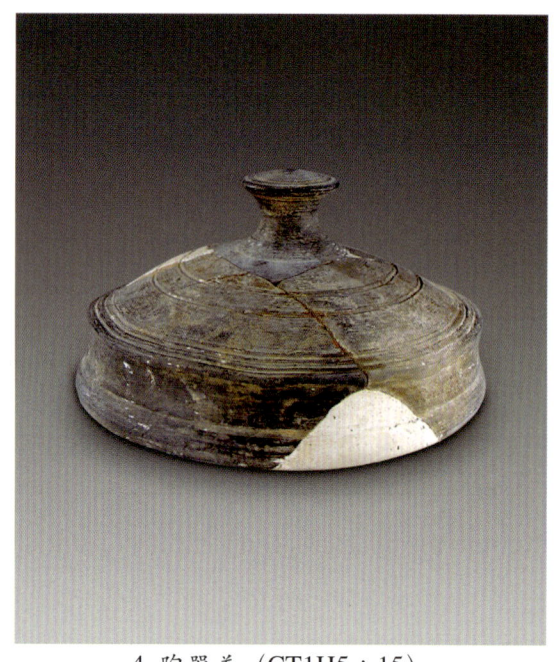

4. 陶器盖（CT1H5：15）

新砦遗址2002年度出土陶器

彩版七

1. 曲腹碗（CT1H1：2）

2. 陶双耳罐（AT51H30：10）

3. 陶甗（AT51H8：1）

4. 陶双腹盆（AT51H30：8）

5. 深腹罐（CT1H1：2）

新砦遗址2002年度出土陶器

彩版八

1. 陶器盖（CT1H5：12） 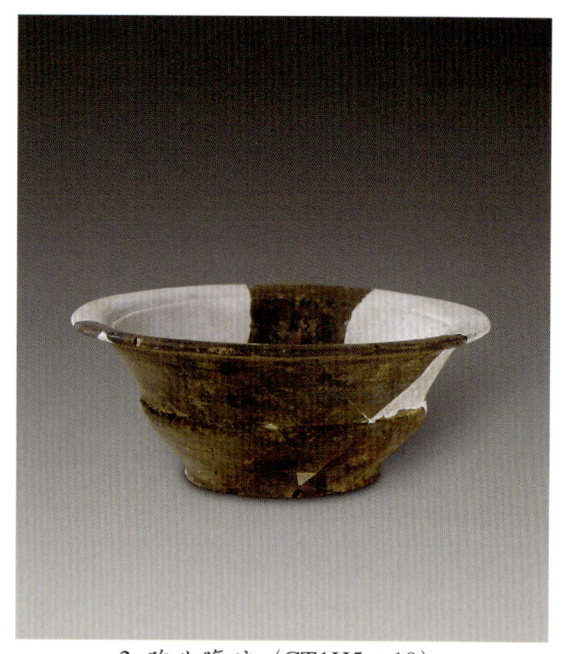　　2. 陶曲腹碗（CT1H5：10）

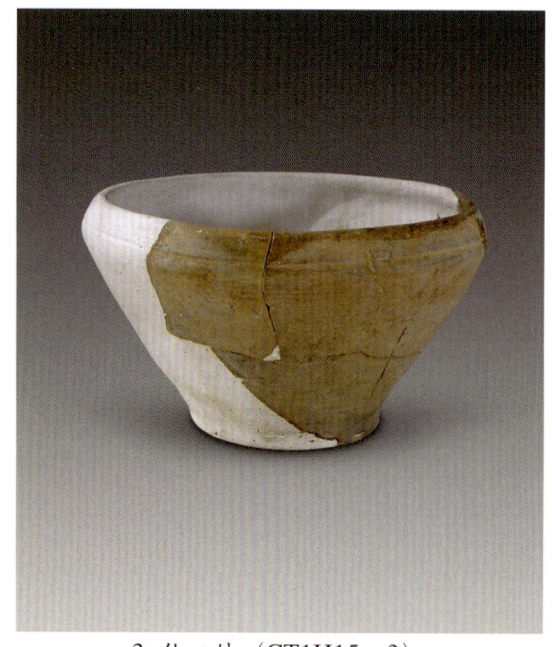

3. 敛口钵（CT1H15：3） 　　4. 陶器盖（CT1H5：14）

新砦遗址2002年度出土陶器

彩版九

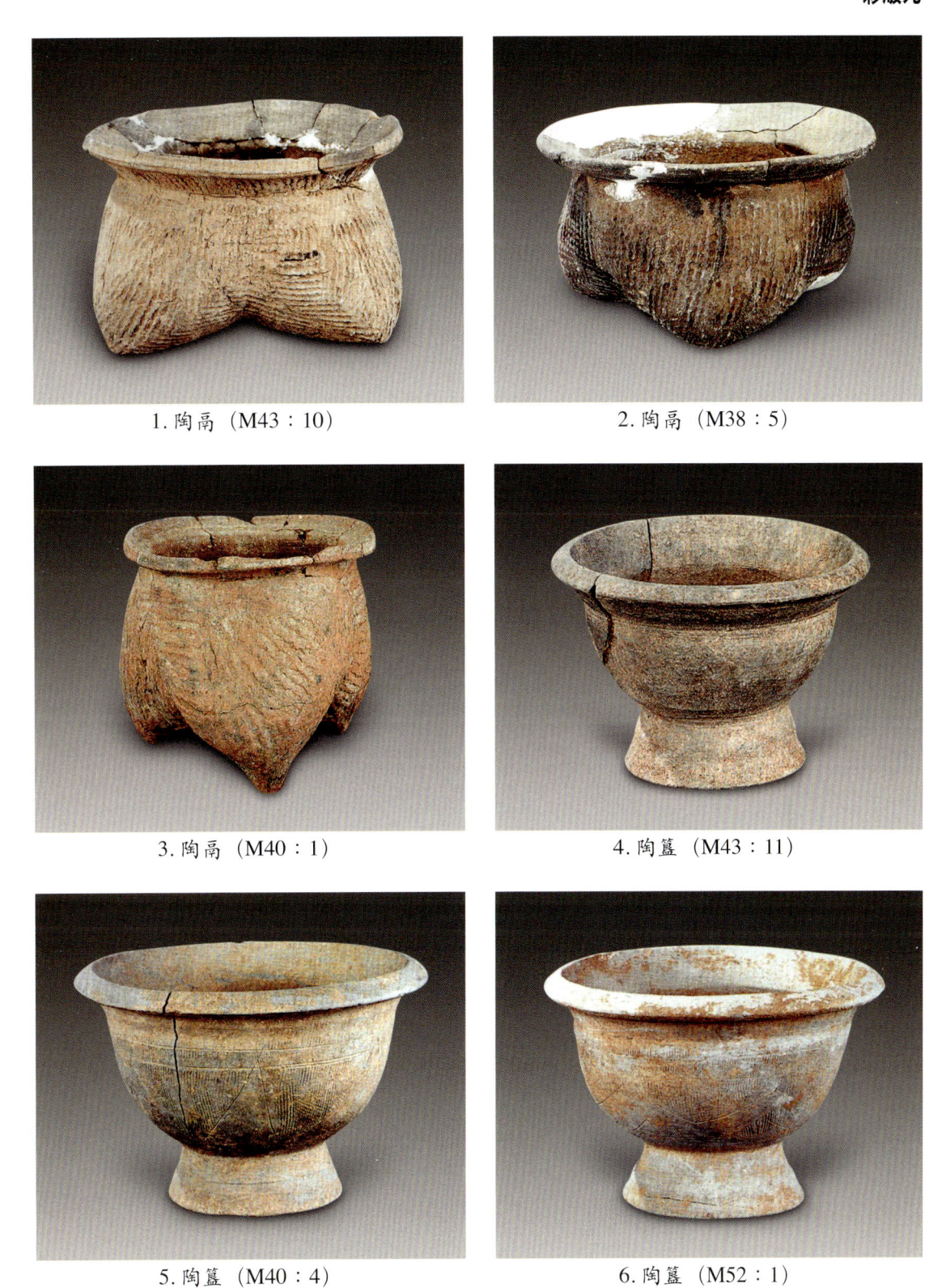

1. 陶鬲（M43：10）

2. 陶鬲（M38：5）

3. 陶鬲（M40：1）

4. 陶簋（M43：11）

5. 陶簋（M40：4）

6. 陶簋（M52：1）

河南荥阳西司马遗址晚商墓地出土陶器

彩版一〇

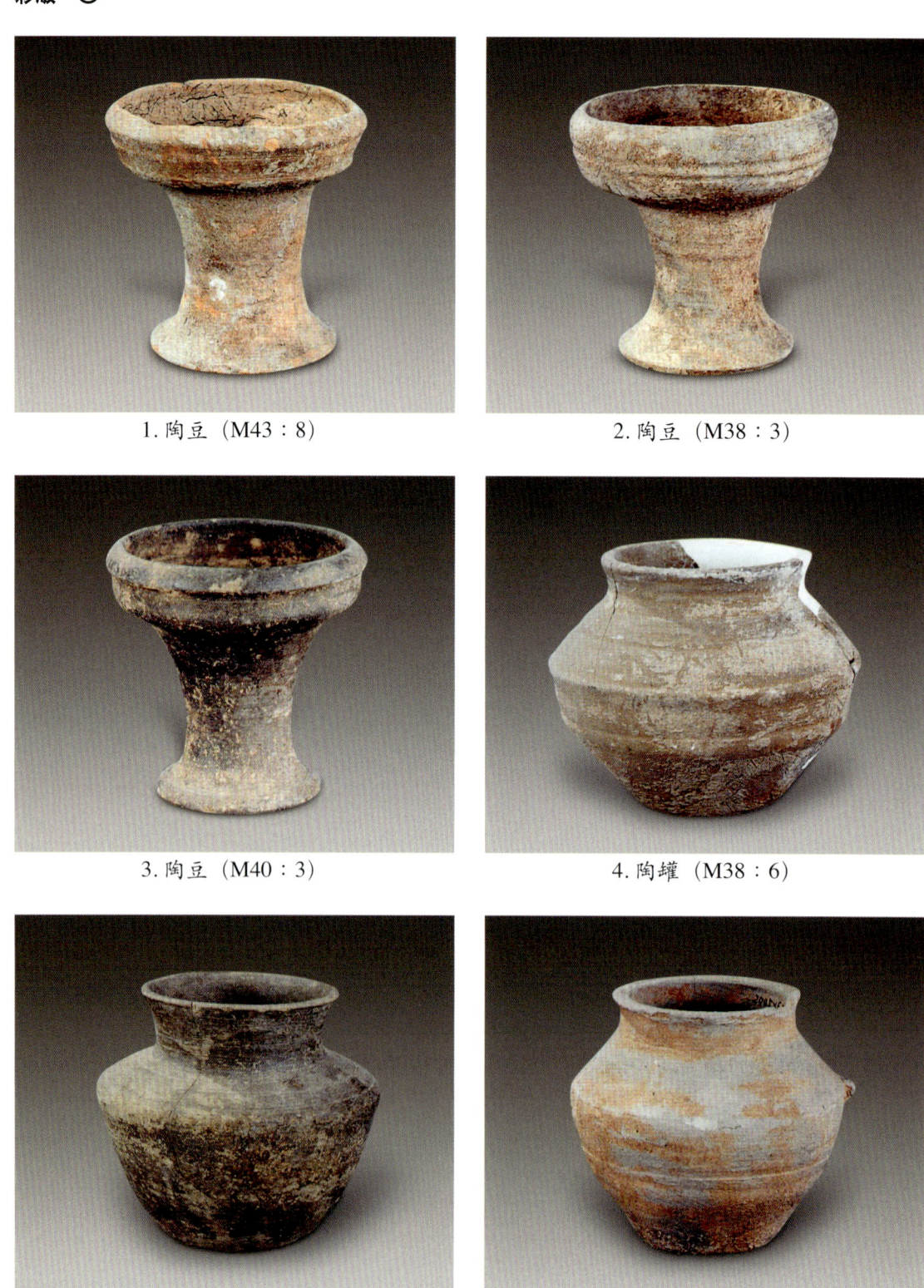

1. 陶豆（M43：8）
2. 陶豆（M38：3）
3. 陶豆（M40：3）
4. 陶罐（M38：6）
5. 陶罐（M20：1）
6. 陶罐（M52：2）

河南荥阳西司马遗址晚商墓地出土陶器

1. 铜爵（M43∶14）

2. 铜觯（M43∶13）

河南荥阳西司马遗址晚商墓地出土铜器

彩版一二

1. M9（南—北）

2. M34（南—北）

3. M36（南—北）

4. M37（南—北）

河南荥阳娘娘寨遗址西周墓葬（M9、M34、M36、M37）

彩版一三

1. BⅡ式陶鬲（M8∶1）

2. BⅢ式陶鬲（M39∶1）

3. BⅣ式陶鬲（M38∶1）

4. BⅣ式陶鬲（M40∶1）

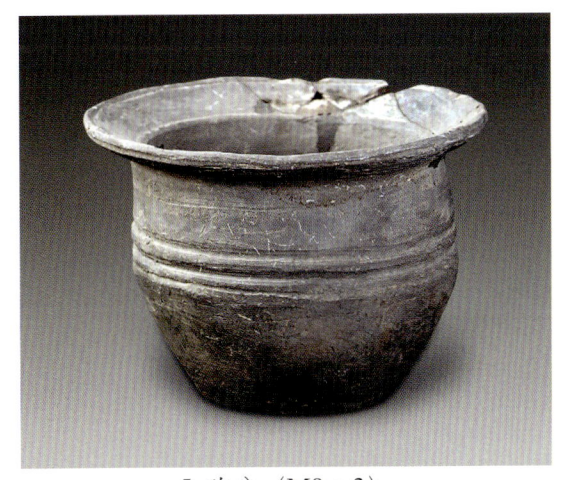

5. 陶盆（M9∶3）

6. Ⅱ式陶豆（M8∶2）

河南荥阳娘娘寨遗址西周墓葬出土陶器

彩版一四

1. 玉璜（M13∶2）

2. 玉珑（M13∶3）

3. 玉冲牙（M13∶8）

河南荥阳娘娘寨遗址西周墓葬出土玉器

彩版一五

1. 玉玦（M13:6）

2. 玉玦（M13:7）

3. 玉璜（M13:1）

4. 玉觽（M13:3）背面

5. 网坠形玉饰（M13:13）

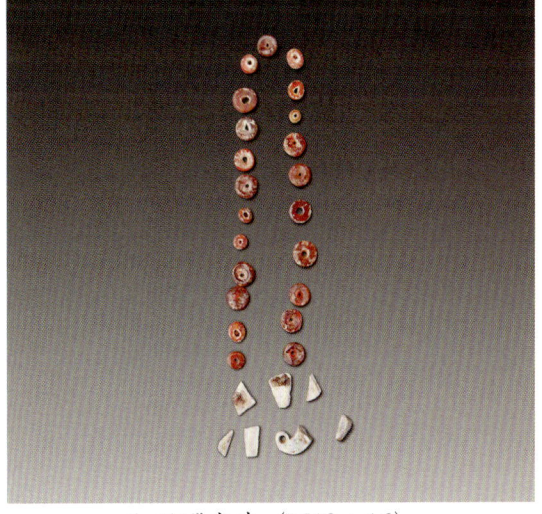

6. 玛瑙串珠（M13:16）

河南荥阳娘娘寨遗址西周墓葬出土玉器

彩版一六

1. 玉玦（M13∶4）

2. 玉冲牙（M13∶8背面）

3. 梯形玉饰（M13∶9）

4. 长方形玉饰（M13∶14）

河南荥阳娘娘寨遗址西周墓葬出土玉器

1. Ⅰ式铜鼎（M1:130） 　　2. Ⅱ式铜鼎（M1:133）

3. Ⅲ式铜鼎（M1:132） 　　4. Ⅰ式铜鼎（M1:131）

河南登封告成春秋墓铜鼎

彩版一八

1. Ⅲ式铜鼎（M1∶135）

2. 铜簋（M1∶137）

3. 铜甗（M1∶158）

4. 铜盆（M1∶139）

5. 铜盘（M1∶160）

河南登封告成春秋墓铜器

彩版一九

1. 铜壶（M1∶142）

2. 铜壶（M1∶142）

3. 铜壶（M1∶142）局部

4. 铜壶（M1∶142）壶身铭文

河南登封告成春秋墓铜壶

彩版二〇

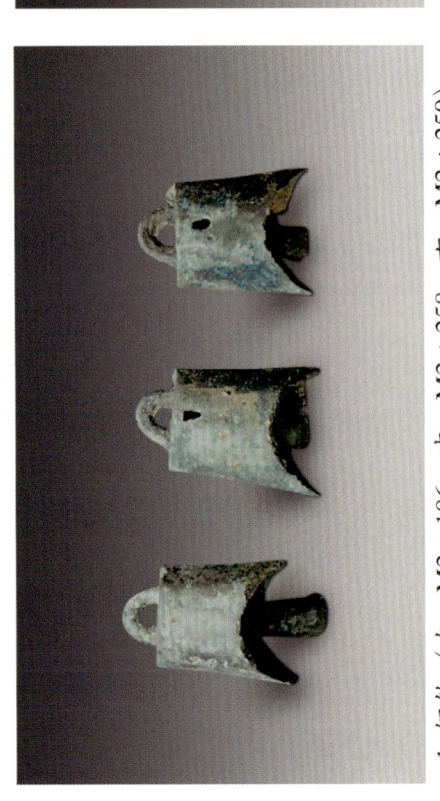

1. 铜铃（左：M2:186，中：M2:258，右：M2:259）

2. 铜鱼（上：M2:63、67、55、56、131，下：M2:133、135、132、161、130）

3. 玉贝（上：M2:276、241、274、273、239，下：M2:268、226、277、251、219）

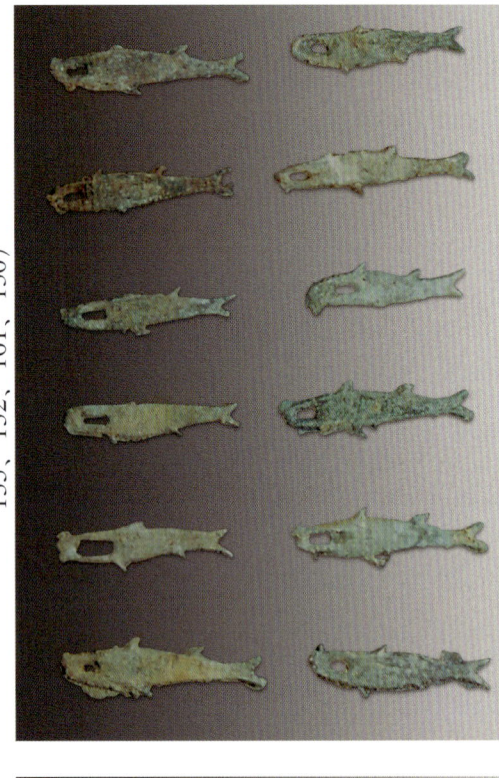

4. 铜鱼（上：M1:96、105、116、112、117、119，下：M1:86、90~94）

河南登封告成春秋墓出土器物

彩版二一

1. 铜銮铃（M1∶150）

2. 玉戈（M1∶57）

3. 铜构件（M1∶155）

4. 铜杖首（M1∶156）

5. 铜车害（M1∶148）

6. 铜铃（M1∶97）

7. 铜节约（左：M1∶151、中：M1∶153、右：M1∶152）

河南登封告成春秋墓出土器物

彩版二二

1. 铜簋（M1:143） 　　2. 铜簠（M2:177）

3. 铜鼎（M2:175） 　　4. 铜盘（M2:176）

5. 铜盉（M2:179） 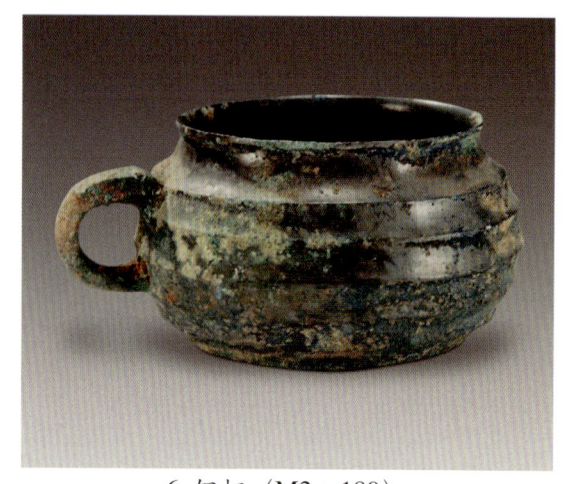　　6. 铜杯（M2:180）

河南登封告成春秋墓铜器

彩版二三

1. 佩饰 （M2∶76）

2. 玉璧

河南登封告成春秋墓出土玉器

彩版二四

1. 左：玉玦（M2：75）中：玉琮（M2：72）右：玉玦（M2：71）

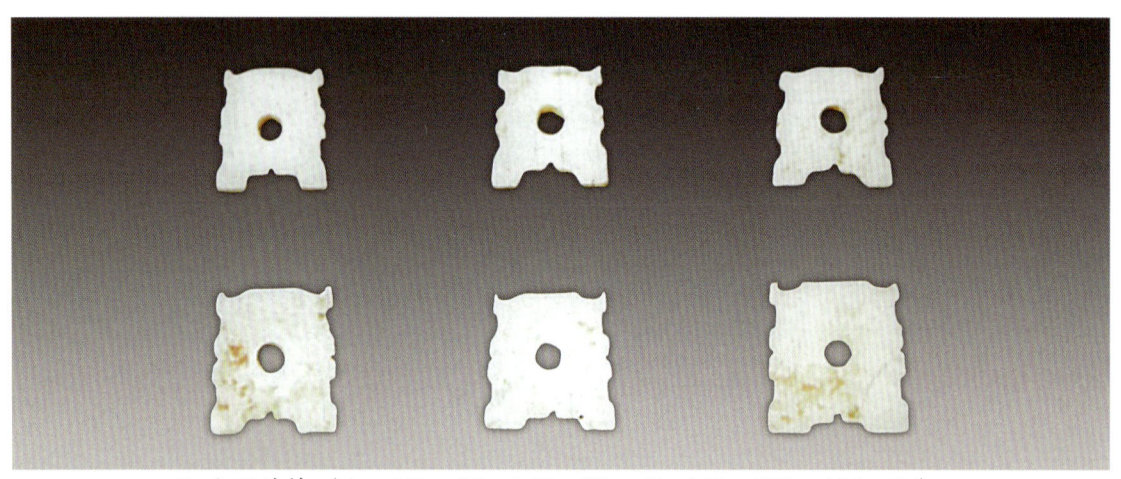

2. 方形蚌饰（上：M2：99、145、90，下：M2：122、105、97）

3. 蚌贝（上：M2：283、290、224、270、223，下：M2：287、284、269、221、222）

河南登封告成春秋墓出土玉、蚌器

彩版二五

1. Ⅰ式铜鼎（M3:181）

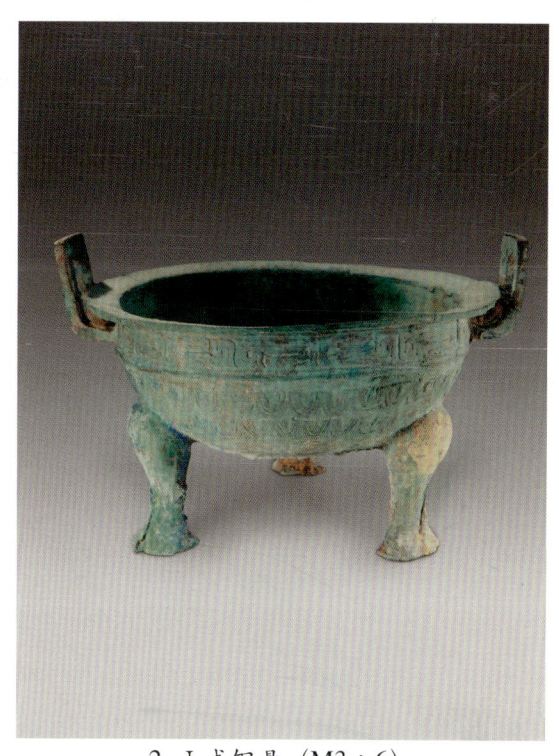

2. Ⅰ式铜鼎（M3:6）

3. 铜簋（M3:54）

4. Ⅱ式铜鼎（M3:7）

河南登封告成东周墓地三号墓出土铜器

彩版二六

1. 铜方壶（M3:4）

2. 铜甗（M3:450、M3:256）

3. 铜盉（M3:53）

4. 铜盘（M3:1）

5. 铜扁壶（M3:3）

河南登封告成东周墓地三号墓出土铜器

彩版二七

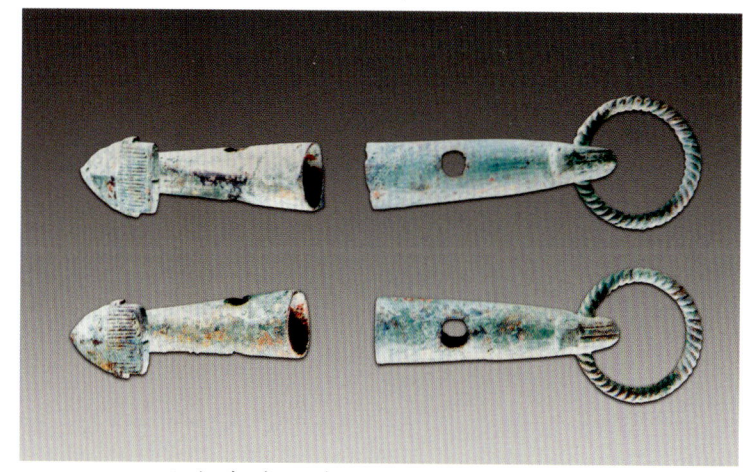

1. 铜剑（M3：448）

2. 铜勾首器（M3：251、M3：252）

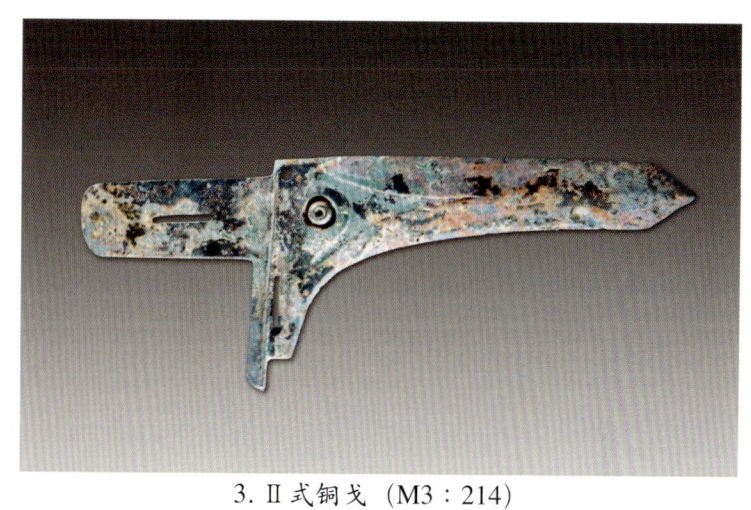

3. Ⅱ式铜戈（M3：214）

4. Ⅰ式车軎（M3：284-1、M3：249-1）

5. Ⅰ式马镳（M3：455、M3：457）

河南登封告成东周墓地三号墓出土铜器

彩版二八

1. 金虎（M3∶246）

2. 金虎（M3∶259）

3. 玉片玛瑙串饰（M3∶135）

4. 金牌饰（M3∶260）

河南登封告成东周墓地三号墓出土金器、玉石器

彩版二九

1. AⅠ式陶鬲（04ZMDM 20∶5）

2. AⅡ式陶鬲（04ZMDM 11∶2）

3. BⅠ式陶鬲（04ZMDM 10∶3）

4. BⅡ式陶鬲（04ZMDM 19∶3）

5. C型鬲（04ZMDM12∶1）

6. 陶罍（04ZMDM28∶3）

布袋李春秋墓陶器

彩版三〇

1. A型陶鼎（04ZMDM28：1） 　　　2. B型陶鼎（04ZMDM16：1）

3. A型陶盘（04ZMDM28：2） 　　　4. B型陶盘（04ZMDM28：6）

5. Ⅰ式陶匜（04ZMDM28：5） 　　　6. Ⅱ式陶匜（04ZMDM7：2）

布袋李春秋墓陶器

彩版三一

1. 陶鼎（M126∶22） 　　2. 陶深腹豆（M126∶46）

3. 陶深腹豆（M126∶24） 　　4. 小陶壶（M126∶29）

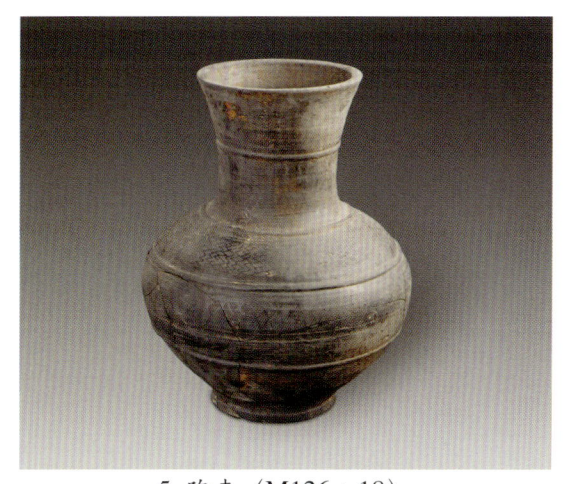

5. 陶壶（M126∶18） 　　6. 陶壶（M126∶25）

河南郑州信和置业普罗旺世住宅小区M126战国墓出土陶器

彩版三二

1. 铜剑（M126∶1）

2. 铜鐏（M126∶3）

3. 铜戈（M126∶2）

4. 铜带钩（M126∶8）

5. 玛瑙环（M126∶4）

6. 骨镞（M126∶9-2）

河南郑州信和置业普罗旺世住宅小区M126战国墓出土器物

彩版三三

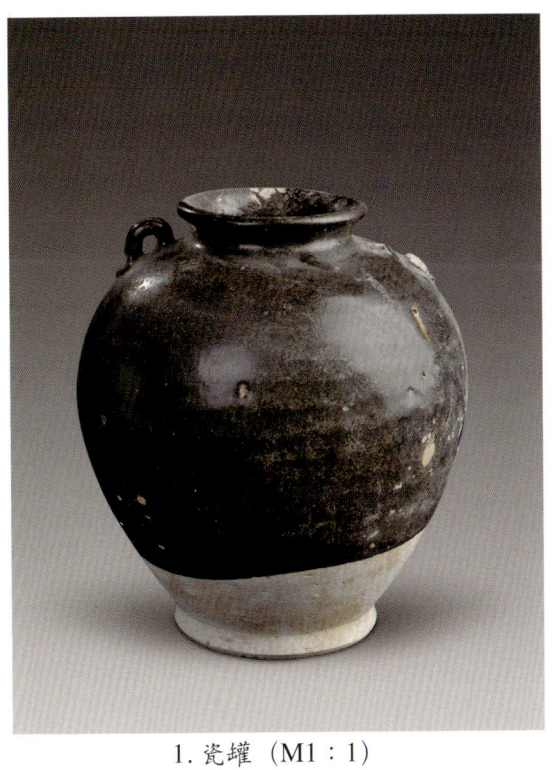

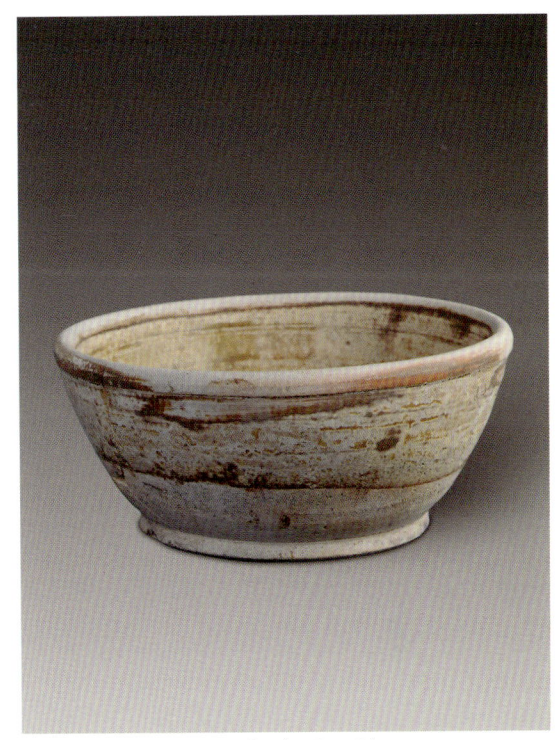

1. 瓷罐 （M1∶1）

2. 瓷碗 （M3∶8）

3. 陶瓶 （M3∶6）

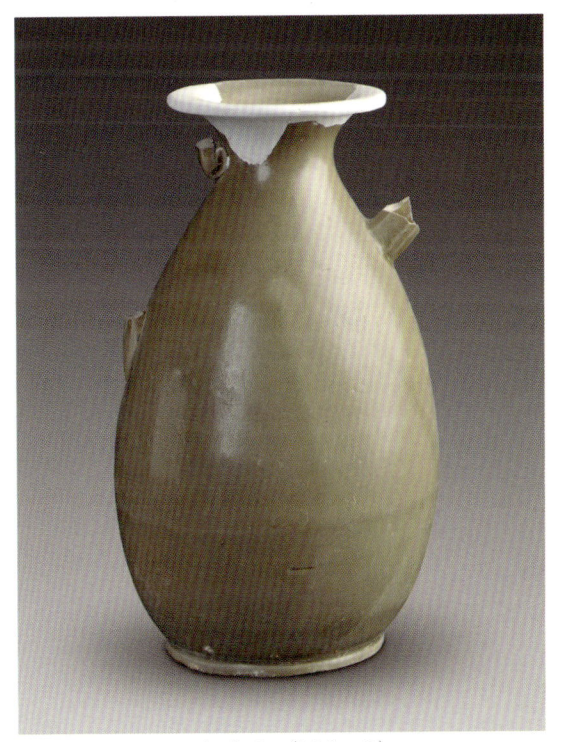

4. 瓷注子 （M5∶2）

河南郑州永威鑫城唐墓出土器物

彩版三四

1. 铜镜（SJM1:3）

2. 陶砚（SGM1:9）

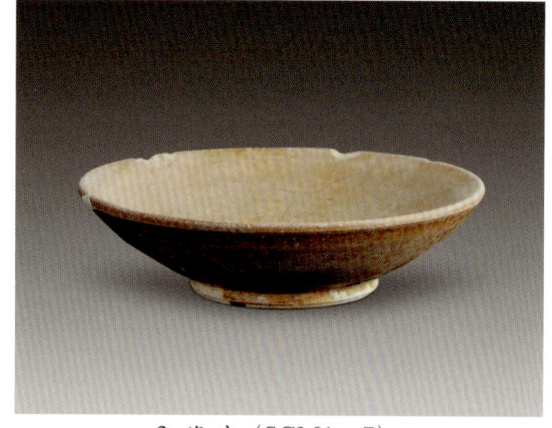

3. 瓷碗（SGM1:7）

4. 瓷盏（SGM1:6）

5. 瓷壶（SGM1:5）

6. 双系瓷罐（SDM1:1）

河南郑州上街区唐墓出土器物

彩版三五

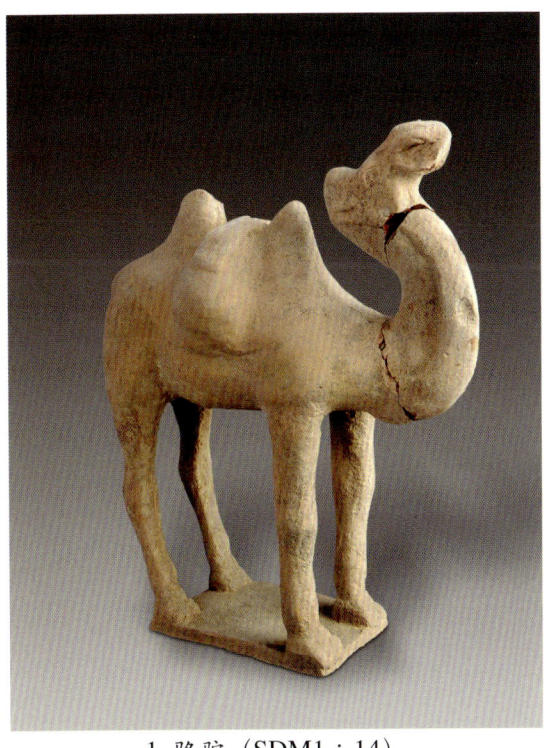

1. 骆驼（SDM1∶14）

2. 骆驼（SJM1∶27）

3. 马（SJM1∶28）

4. 马（SJM1∶26）

河南郑州上街区唐墓马、骆驼

彩版三六

1. 镇墓兽（SNM1∶9）

2. 镇墓兽（SNM1∶21）

3. 镇墓兽（SJM1∶24）

4. 镇墓兽（SJM1∶25）

河南郑州上街区唐墓镇墓兽

1. 马（SNM1∶5）

2. 牵马俑（SJM1∶20）

3. 武士俑（SJM1∶23）

河南郑州上街区唐墓陶俑

彩版三八

1. 青花塔式罐（M7:3）

2. 青花塔式罐（M7:4）

郑州上街峡窝唐墓出土瓷器

彩版三九

1. 男侍俑（M1:10）

2. 男侍俑（M1:6）

3. 骆驼（M1:11）

4. 女侍俑（M1:7）

河南巩义站街花地嘴唐墓陶俑

1. 武士俑（M1∶5）   2. 武士俑（M1∶15）

3. 镇墓兽（M1∶3）   4. 镇墓兽（M1∶4）

河南巩义站街花地嘴唐墓陶俑、镇墓兽

彩版四一

1. 井 (M1∶2)

2. 灶 (M1∶16)

3. 磨 (M1∶17)

4. 羊 (M1∶14)

河南巩义站街花地嘴唐墓陶明器

彩版四二

1. 出行图（摹本）

2. 烙饼图（摹本）

河南登封高村壁画墓出土壁画

彩版四三

1. 升仙图

2. 备宴图

3. 蔡顺图

4. 丁兰图

5. 西南壁上部壁画

6. 东南壁上部壁画

河南登封高村壁画墓出土壁画

彩版四四

1. 墓室北壁下东部

2. 墓室东壁下南半部

河南荥阳槐西宋代壁画墓出土壁画

彩版四五

1. 墓室南壁下西部

2. 墓室西壁上南部

3. 墓室西壁上中南部

河南荥阳槐西宋代壁画墓出土壁画

彩版四六

1. 墓室西壁上中部
2. 墓室西壁上北部 
3. 墓室北壁上中西部 
4. 墓室北壁上中部 

河南荥阳槐西宋代壁画墓出土壁画

彩版四七

1. 墓室北壁上东部
2. 墓室东壁上北部 
3. 墓室东壁上北中部 
4. 墓室东壁上中南部 

河南荥阳槐西宋代壁画墓出土壁画

彩版四八

1. 墓室西壁下南半部

2. 墓室西壁下北半部

河南荥阳槐西宋代壁画墓出土壁画

彩版四九

1. 墓室北壁下西部

2. 墓室北壁下中部

河南荥阳槐西宋代壁画墓出土壁画

彩版五〇

1. 器物出土现场

2. 瓷盘

3. 瓷盘

河南郑州黄岗寺明墓出土器物

彩版五一

1. 爵杯 　　　　　　　　2. 爵杯底部

3. 小瓷壶 　　　　　　　4. 瓷香炉

河南郑州黄岗寺明墓出土器物

彩版五二

1. 黑釉双系罐 (J1:1)

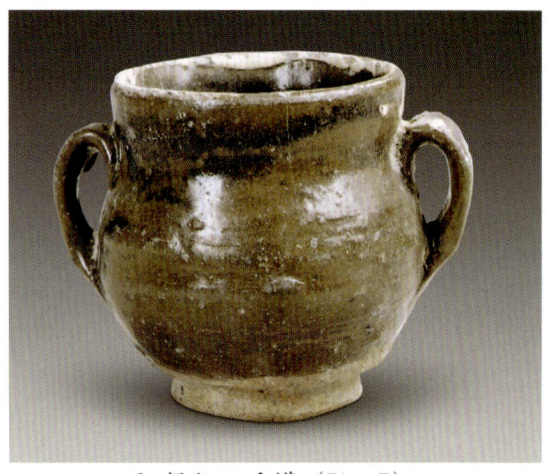

2. 褐釉双系罐 (J1:7)

3. 花斑白釉罐 (ZWJ:8)

4. 黑釉提梁小罐 (ZWJ:9)

5. 青釉瓷碗 (J1:36)

6. 灰白釉瓷碗 (J1:2)

河南郑州文庙出土器物

彩版五三

1. 白釉瓷灯（J1∶3）

2. 白釉瓷灯（J1∶5）

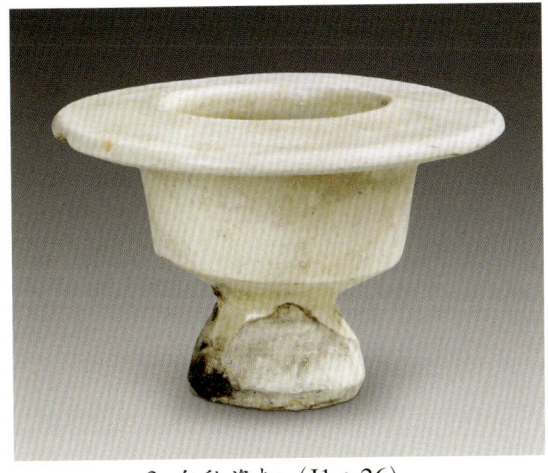

3. 白釉瓷灯（J1∶26）

4. 白釉瓷灯（J1∶27）

5. 白釉瓷灯（J1∶28）

6. 瓷炉（J1∶4）

河南郑州文庙出土器物

彩版五四

1. 小羊（J1∶33）前视

2. 小羊（J1∶33）侧视

3. 小兽面饰（J1∶34）

4. 银簪（J1∶29）

5. 石球（J1∶32）

6. 石坠（J1∶42）

河南郑州文庙出土器物

彩版五五

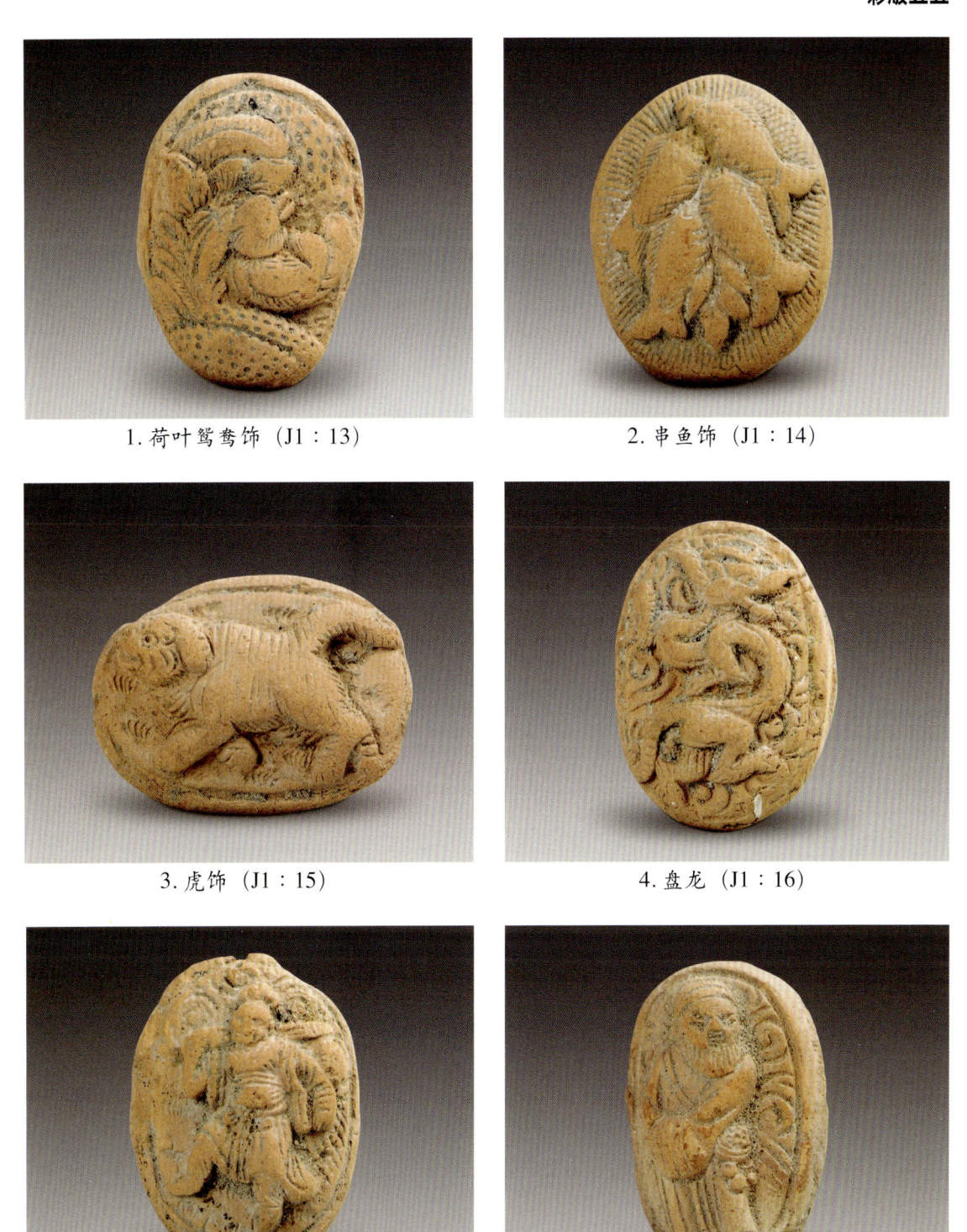

1. 荷叶鸳鸯饰 (J1∶13)

2. 串鱼饰 (J1∶14)

3. 虎饰 (J1∶15)

4. 盘龙 (J1∶16)

5. 武士 (J1∶17)

6. 有髯人 (J1∶18)

河南郑州文庙出土器物

彩版五六

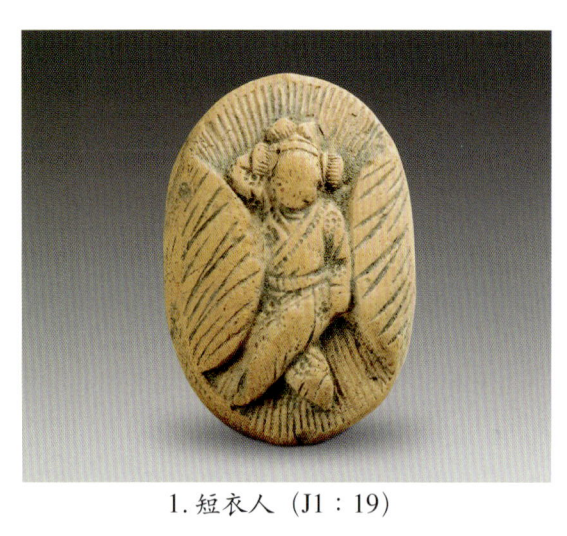

1. 短衣人 (J1∶19)

2. 长衫人 (J1∶20)

3. 持书人 (J1∶21)

4. 持物人 (J1∶22)

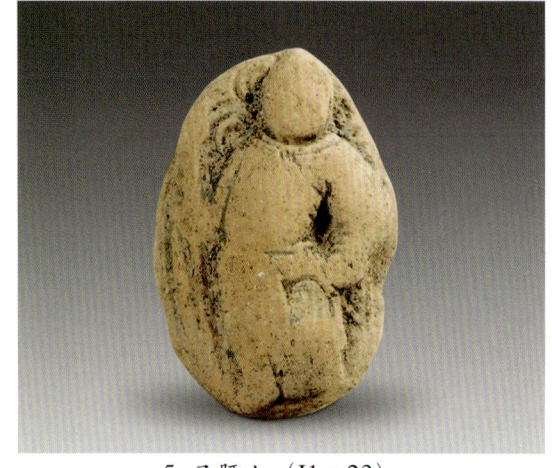

5. 叉腰人 (J1∶23)

6. 变形人物 (J1∶24)

河南郑州文庙出土器物